SoP
1510
HAN

D1677395

Stadtbibliothek Salzgitter

003789942000

gelöscht

1 0. MaR 2003

Wolfgang Schröer, Norbert Struck,
Mechthild Wolff (Hrsg.)
Handbuch Kinder- und Jugendhilfe

Wolfgang Schröer, Norbert Struck,
Mechthild Wolff (Hrsg.)

Handbuch Kinder- und Jugendhilfe

Juventa Verlag Weinheim und München 2002

Die Deutsche Bibliothek - CIP-Einheitsaufnahme

Ein Titeldatensatz für diese Publikation ist bei
der Deutschen Bibliothek erhältlich.

Das Werk einschließlich aller seiner Teile ist urheberrechtlich geschützt. Jede Verwertung außerhalb der engen Grenzen des Urheberrechtsgesetzes ist ohne Zustimmung des Verlags unzulässig und strafbar. Das gilt insbesondere für Vervielfältigungen, Übersetzungen, Mikroverfilmungen und die Einspeicherung und Verarbeitung in elektronischen Systemen.

© 2002 Juventa Verlag Weinheim und München
Umschlaggestaltung: Atelier Warminski, 63654 Büdingen
Printed in Germany

ISBN 3-7799-0809-3

Inhalt

Wolfgang Schröer, Norbert Struck und Mechthild Wolff
Ein Handbuch der Kinder- und Jugendhilfe –
Einführende Bemerkungen..9

I. Kindheit und Jugend – Kinder und Jugendliche

Sabine Andresen
Kindheit...15

Jörg Maywald
Kleinkinder..39

Thomas Drößler
Kids...53

Wolfgang Schröer
Jugend...81

Thomas Koditek
Jugendliche...99

Barbara Stauber und Andreas Walther
Junge Erwachsene...113

II. Lebensorte der Kinder und Jugendlichen

Karl Lenz
Familien..147

Karlheinz Thimm
Schule..177

Benno Hafeneger
Kinder- und Jugendräume, Peer-group, Straße..............................199

Helmut Arnold
Ausbildung, Arbeit und Beschäftigung...211

Karsten Fritz und Steffi Karn
Medien..243

Christian Reutlinger
Stadt..255

Martin Rudolph
Ländliche Region..273

Andreas Oehme und Patricia Liebscher-Schebiella
Ost und West..291

III. Soziale Konfliktfelder und die Kinder- und Jugendhilfe

Susanne Maurer
Geschlecht – Mädchen 311

Gerd Stecklina
Geschlecht – Jungen 325

Marion Gemende und Wolfgang Schröer
Interkulturalität 343

Roland Merten
Armut 359

Stephan Sting
Bildung 377

Jutta Ecarius
Generation 393

Stephan Sting
Gesundheit 413

Martina Müller
Sexualität 427

Theo Frühauf
Behinderungen 441

Lothar Böhnisch
Gewalt – Jungen und junge Männer 465

Berith Möller
Gewalt – Mädchen und junge Frauen 481

Christian v. Wolffersdorff
Kinder- und Jugenddelinquenz 495

IV. Rahmenbedingungen der Kinder- und Jugendhilfe

Norbert Struck
Kinder- und Jugendhilfegesetz / SGB VIII 529

Peter Marquard
Jugendamt 545

Karin Beher
Träger der Kinder- und Jugendhilfe 563

Hans Gängler
Jugendverbände 581

Matthias Schilling
Kinder- und Jugendhilfestatistik 595

V. Handlungsfelder der Kinder- und Jugendhilfe

Cordula Jaletzke
Kindertagesbetreuung 611

Klaus Wolf
Hilfen zur Erziehung 631

Wolfgang Trede
Adoption und Vollzeitpflege 647

Joachim Henseler
Familienhilfen 667

Heide Funk
Elternarbeit 681

Ulrich Deinet, Martin Nörber und Benedikt Sturzenhecker
Kinder- und Jugendarbeit 693

Monika Weber
Mädchenarbeit 715

Sabine Koch
Interkulturelle Jugendarbeit 735

Paul Fülbier
Jugendsozialarbeit 755

Gertrud Oelerich
Kinder- und Jugendhilfe im Kontext der Schule 773

Gerd Engels
Kinder- und Jugendschutz 789

Theresia Höynck
Jugendgerichtshilfe 801

Karin Wehner
Kinder- und Jugendhilfe und Psychiatrie 815

VI. Handlungsformen der Kinder- und Jugendhilfe

Peter Hansbauer
Methoden der Kinder- und Jugendhilfe 833

Uwe Uhlendorff
Hilfeplanung 847

Franz Herrmann
Jugendhilfeplanung 869

Friedhelm Peters
Einmischungsauftrag der Kinder- und Jugendhilfe 883

Simone Menz
Organisation und biografischer Zugang 895

Kerstin Petersen
Partizipation 909

Helga Treeß
Prävention und Sozialraumorientierung.. 925

VII. Spannungsfelder in den Organisationen der Kinder- und Jugendhilfe

Reinhold Schone
Hilfe und Kontrolle 945

Luise Hartwig
Spezialisierung versus Entspezialisierung 959

Gaby Flösser
Qualität... 971

Bernd Halfar
Finanzierung 983

Mathias Schwabe
Jugendhilfeforschung und -praxis 995

Christian Niemeyer
Professionalisierung von Erziehung.. 1019

VIII. Entwicklungsperspektiven der Kinder- und Jugendhilfe im Rahmen der Sozialpolitik

Lothar Böhnisch
Jugendhilfe im gesellschaftlichen Wandel..................................... 1035

Matthias Bartscher und Martina Kriener
Rechte von Kindern und Jugendlichen... 1051

Mechthild Wolff
Lebenswelt, Sozialraum und Region.. 1071

Werner Schefold
Hilfeprozesse und Hilfeverfahren 1085

Fabian Kessl
Ökonomisierung... 1113

Klaus Schäfer
Kinder- und Jugendhilfe und Politik... 1129

Andreas Walther
Kinder- und Jugendhilfe und Europa 1139

Schlagwortregister 1161
AutorInnen.. 1171

Wolfgang Schröer, Norbert Struck und Mechthild Wolff

Ein Handbuch der Kinder- und Jugendhilfe
– Einführende Bemerkungen

Mit diesem Handbuch wollen wir das Spektrum der pädagogischen, institutionellen und sozialpolitischen Diskussionen und Perspektiven in der Kinder- und Jugendhilfe am Anfang des 21. Jahrhundert zusammenfassen. Das Handbuch wird darum nicht nur einen Überblick über die Aufgaben und Arbeitsfelder der Kinder- und Jugendhilfe geben, sondern vor allem aktuelle soziale Fragen und gesellschaftliche Entwicklungen aufgreifen, die die Kinder- und Jugendhilfe bestimmen und herausfordern. Es richtet sich an alle, die sich für die Kinder- und Jugendhilfe engagieren und interessieren, insbesondere an die dort tätigen PraktikerInnen, Studierenden und WissenschaftlerInnen in den Erziehungs- und Sozialwissenschaften.

Kindheit und Jugend erscheinen heute als typische Vergesellschaftungsformen der industriekapitalistischen Moderne, die angesichts des Strukturwandels der Arbeitsgesellschaft hin zum digitalisierten Dienstleistungskapitalismus gegenwärtig an klaren Konturen verlieren. Das soziale Leben am Anfang des 21. Jahrhunderts bietet nur wenig soziale Sicherheiten, Räume, Kontinuitäten und Beziehungsstrukturen, die eine selbstbestimmte Handlungsfähigkeit der Kinder und Jugendlichen stärken und entsprechende Bildungsprozesse ermöglichen. Raum-zeitlich unterschiedlich getaktete und verortete Lebenssequenzen prägen heute die Biographien von Kindern und Jugendlichen. Kaum ein Beitrag in diesem Handbuch geht nicht von der Individualisierung und Pluralisierung von Kindheit und Jugend, der ‚Erosion' des Lebenszeitregimes oder der Entstrukturierung der Jugendphase aus oder stellt das ‚Überflüssigwerden' oder die soziale Spaltung der nachkommenden Generation heraus. In den Mittelpunkt der Kinder- und Jugendhilfe rücken wir darum die Lebenslagen und Bedürftigkeiten der *Kinder und Jugendlichen als AkteurInnen* im Horizont der gesellschaftlichen Formierung von Kindheit und Jugend. Dabei scheint die Biographie für die Kinder- und Jugendhilfe und die Kinder- und Jugendforschung im Rahmen des Wandels der Kindheits- und Jugendphase insgesamt zu einem Zugangskonzept zu werden, um die Vergesellschaftungsformen und sozialen Regulationsformen von Kindheit und Jugend zu begreifen, wie sie sich in den unterschiedlichen *Lebensorten* der Kinder und Jugendlichen ausdrücken.

Die Vergesellschaftungs- und sozialen Regulationsformen können aber nur in ihrer Heterogenität, sozialen Differenziertheit und Widersprüchlichkeit wahrgenommen werden, soweit die *Konfliktfelder* ebenfalls betrachtet werden, die die Sozialisationsbedingungen und Bewältigungsstrategien der Kinder und Jugendlichen durchziehen und einerseits eine problemzentrierte

Bearbeitung herausfordern, andererseits als soziale Querschnittsthemen angesehen werden müssen. Gerade die Spannung zwischen problemzentrierter Bearbeitung und sozialer Querschnittsaufgabe wird in den unterschiedlichen *Handlungsfeldern* der Kinder- und Jugendhilfe deutlich. In dem vorliegenden Handbuch wird diese Spannung exemplarisch am Beispiel der Mädchenarbeit und der Arbeit mit Kindern und Jugendlichen mit Migrationshintergrund aufgenommen, die sowohl im Kontext der *Konflikt-* als auch der *Handlungsfelder* der Kinder- und Jugendhilfe diskutiert werden.

Die Kinder- und Jugendhilfe ist eine Reaktion auf die Ausgrenzungs-, Desintegrations- und Entfremdungsprozesse in der industriekapitalistischen Moderne und hat sich als ein zentraler Bestandteil der sozialen Infrastruktur im Kontext der Sozialstaatsentwicklung des 20. Jahrhunderts etabliert. Mit der Konzeption des Handbuches wollen wir deutlich machen, dass wir diese Entwicklung nicht als einen historisch abgeschlossenen Prozess betrachten, sondern als eine – in ihren ganz unterschiedlichen Dimensionen – immer wieder neu aufbrechende sozialhistorische Aufgabe. Wir haben darum auf einen separaten historischen Einführungsteil verzichtet, stattdessen werden in einzelnen Beiträgen differenziert historische Kontinuitäten und Diskontinuitäten aufgezeigt.

Heute umfasst die Kinder- und Jugendhilfe ausdifferenzierte Programme, Angebote, Interventionsstrategien und soziale Unterstützungspolitiken, die sich nicht nur auf Kinder und Jugendliche in Krisensituationen oder sozial vernachlässigten Lebenslagen sowie ihr ‚Wächteramt' beziehen. Sie ist ebenso eine elementare Sozialisationsinstanz, die Kindheit und Jugend in unserer Gesellschaft sozialpädagogisch mitgestaltet. Fast jedes Kind oder jeder und jede Jugendliche in unserer Gesellschaft hat mit Einrichtungen oder Programmen der Kinder- und Jugendhilfe nicht nur Kontakt gehabt, sondern sie mitunter als selbstverständlich erlebt.

Die institutionalisierte und rechtlich verankerte Kinder- und Jugendhilfe ist dabei ein selbstständiges Kernsegment der sozialstaatlichen Vergesellschaftung und Sicherung von Kindheit und Jugend in Deutschland. Nunmehr zehn Jahre nach dem Inkrafttreten des Kinder- und Jugendhilfegesetzes und der Vereinigung der beiden deutschen Staaten werden die institutionellen und rechtlichen *Rahmenbedingungen* und die darauf bezogenen Reformstrategien kritisch betrachtet. Gefragt wird, inwieweit die pädagogische und soziale Arbeit in den *Handlungsfeldern* die notwendige Stabilität bieten und gleichzeitig Entwicklungsperspektiven ermöglichen.

In der Kinder- und Jugendhilfe werden immer wieder neue impulsgebende pädagogische und soziale Ansätze entwickelt und die *Handlungsformen* den pädagogischen und sozialen Herausforderungen entsprechend angepasst. Insgesamt wird die Kinder- und Jugendhilfe aber im öffentlichen Sozialdiskurs in den letzten Jahren wieder zunehmend mit Hilfe- und Kontrollmodellen konfrontiert, die sich einer sozialpädagogischen Argumentationsweise entledigen oder versuchen, die *Handlungsformen* der Kinder- und Jugendhilfe als überholt erscheinen zu lassen. Gleichzeitig weichen Begriffe wie Chancengleichheit und politische Partizipation im Bildungsdiskurs denen der neuen Steuerung und der marktgerechten Bildung. Vor diesem Hintergrund ist die Kinder- und Jugendhilfe derzeit gefordert, die Reichweite und Reformkraft ihrer eigenen pädagogischen und sozialen Qualität herauszustreichen, damit nicht – immer neu – bewährte *Handlungsformen* in Frage gestellt werden und die Innovationspotentiale den wirklich neuen Aufgaben zugewandt werden können.

Vor allem die Organisationen der Kinder- und Jugendhilfe stehen derzeit aus vielfacher Perspektive unter Legitimationsdruck. Einerseits bricht der sozialstaatliche und demographische Hintergrund zunehmend auf, der insbesondere in den westlichen Bundesländern Institutionalisierungs- und Professionalisierungsprozesse in der Kinder- und Jugendhilfe bis in die neunziger Jahre hinein sicherte. Andererseits werden die Organisationen mit neuen sozialtechnologischen Phantasien und Managementanforderungen konfrontiert. Die Organisationen der Kinder- und Jugendhilfe sind gegenwärtig die Schnittstellen, in denen sich die unterschiedlichen politischen und pädagogischen Ansprüche (Verwaltungsreform, Entspezialisierung, Jugendhilfeforschung) zu *Spannungsfeldern* verdichten. Sie sind dabei nur unzureichend in einer übergreifenden Lobbyarbeit oder in etablierten Berufsverbänden verankert.

Der Blick über die nationalstaatlichen Grenzen hinaus zeigt zudem, dass in fast allen europäischen Ländern derzeit über die nationalen Bildungs- und Sozialregimes angesichts der Ausgrenzungs- und Spaltungstendenzen in den jeweiligen Gesellschaften gestritten wird. Die Kinder- und Jugendhilfe hat sich dabei international mit einer Politik der Privatisierung und Ökonomisierung des Erziehungs- und Bildungswesens und gesellschaftlicher Konflikte auseinander zu setzen. Diese Tendenz macht die soziale Zugehörigkeit von Kindern und Jugendlichen zu einem privaten und ökonomisch-privilegierten Umfeld, das die Förderung von Bildungs- und Erfolgskarrieren zur Norm erhoben hat, zu einer neufeudalen Plattform sozialer Stratifikation. Die Kinder- und Jugendhilfe wird in diesem Zusammenhang ihr eigenes sozialpolitisches Mandat herausstreichen müssen, damit ihre Einrichtungen nicht in den Sog der Privatisierung und Ökonomisierung geraten. Im Übergang zum 21. Jahrhundert muss sie sich stärker als eine eigenständige sozialpolitische Regulierungsform betrachten und behaupten. Entsprechend können die sozialpädagogischen *Entwicklungsperspektiven* der Kinder- und Jugendhilfe nur im Rahmen der Sozialpolitik debattiert werden.

Zum Schluss bleibt noch zu sagen, dass wir die Darstellungsformen der Autorinnen und Autoren bewusst nicht in ein starres, vereinheitlichendes Schema gepresst haben. Uns war es wichtig, ihre Herangehensweisen und Positionierungen, die sie auf der Grundlage der ihnen gestellten Aufgabe entwickelt haben, zu respektieren. Wir sind davon überzeugt, dass auch dies dazu beigetragen hat, dass ein nicht nur materialreiches, sondern auch spannendes Handbuch entstanden ist.

Teil I
Kindheit und Jugend –
Kinder und Jugendliche

Sabine Andresen

Kindheit

Zusammenfassung: In diesem Beitrag geht es um Kinder als Akteure, um gesellschaftliche Bilder vom Kind und um Kindheit. Ausgehend von der sozialwissenschaftlichen Kindheitsforschung wird die Frage gestellt, wie der Besonderheit von Kindern als Kinder und wie ihrer Gleichheit als Menschen gerecht zu werden ist. Dabei steht die Frage nach dem Konzept von Kindheit als „Schonzeit" und „Schutzraum" im Zentrum der Diskussion. Nach dem Versuch, eine sozialwissenschaftliche Theorie von Kindheit als Moratorium zu entwickeln, geht es exemplarisch um die Konstruktionen von Kindern und Kindheit zu Beginn des zwanzigsten Jahrhunderts, nicht zuletzt um die verzweigten Wurzeln unserer Vorstellungen bis heute aufzuzeigen. Dabei liegt der Schwerpunkt auf einer ideen- und diskursgeschichtlichen Rekonstruktion.

1. Einführung

Kinder und Kindheit sind in der Diskussion. Dafür gibt es verschiedene Gründe und nicht zuletzt die Frage, ob von einem „*Jahrhundert des Kindes*" zu sprechen sei, hat zu Reflexionen aufgefordert. Im Unterschied zur auffällig deutschlastigen Rezeption der Reformpädagogin Ellen Key (1849-1926) und der „Pädagogik vom Kinde aus" zu Beginn des zwanzigsten Jahrhunderts, zeigt sich heute eine international geführte Debatte mit skandinavischen und anglo-amerikanischen Zentren.

Im Kontext jüngerer Diskussionen wird zwischen Kindern und Kindheit differenziert, Kindheit als Lebensphase problematisiert, der Rekurs auf Jean-Jacques Rousseau (1712-1778) in Frage gestellt, aber der Mythos Kind wird gleichwohl weiter zelebriert. Anhand der Diskussion zentraler Positionen der sozialwissenschaftlichen Kindheitsforschung soll der vorliegende Beitrag zeigen, dass die Konzeption von *Kindheit als Moratorium* nach wie vor sinnvoll ist.[1] Entscheidend für diese Argumentation ist jedoch die Forderung nach einer Neubegründung und -gestaltung von Schonräumen – sei es für Kindheit, sei es für Jugend. Kindheitsforschung muss deshalb die Dekonstruktion vertrauter mythologisierender Traditionen leisten und sich darum bemühen, Kindheit im Lichte modernisierungstheoretischer Annahmen einerseits und der Sozialgeschichte ebenso wie der empirischen Situation heutiger Kinder andererseits zu konzeptualisieren. Dies scheint

---

1 Moratorium meint einen Aufschub fälliger Verbindlichkeiten, also eine Entpflichtung. Er wird hier als Schon- und Schutzraum im Generationenverhältnis, der nicht aus der Natur abgeleitet werden kann, verstanden.

nicht zuletzt vor dem Hintergrund aktueller Diskussionen über die Kinder- und Jugendhilfe evident.

2. Die Bedingtheit des Aufwachsens

Kindern als Adressaten der Kinder- und Jugendhilfe sollte Raum für ihre Kindheit gegeben werden. Kindheit ist demnach Teil der problematisch gewordenen Fortschrittsgeschichte. Kinder- und Jugendhilfe bezieht sich somit immer auf gesellschaftlich normative Vorstellungen der Lebensphase Kindheit. Kindheit setzt, und das könnte ein zentraler Unterschied zum Jugendmythos sein, Kinder, also die jüngsten Menschen, als konkrete Subjekte voraus. Aus der Kritik am Sozialisations- und Entwicklungsparadigma resultiert die Vorstellung vom Kind als Akteur, das eben nicht nur passiv sozialisiert wird, sondern seine Wirklichkeit aktiv gestaltet und letztlich durch sein (manchmal überraschendes) Handeln auch die Erwachsenen sozialisiert. Die internationale sozialwissenschaftliche Kindheitsforschung betrachtet seit den siebziger Jahren (in Deutschland seit den achtziger Jahren) Kinder nicht mehr primär als bildsame und lernbedürftige Wesen, sondern als Handelnde (Honig 2000, S. 257ff.). *Michael-Sebastian Honig* kommt hinsichtlich der wissenschaftlich-methodischen und der politischen Diskussion zu dem Schluss, Kinder würden als soziale Akteure portraitiert, „die ihre Lebensführung selbstständig disponieren, ihre sozialen Beziehungen als eigenständigen Lebenszusammenhang organisieren und aktiv an ihrer sozialen und persönlichen Entwicklung mitwirken. Sie sind dabei auf eine soziale Infrastruktur angewiesen, die ihnen Eltern und Sozialstaat gleichermaßen zur Verfügung stellen müssen." (Honig 1999, S. 157).

Insofern ist es notwendig, zwischen dem Kind als Subjekt (Akteur) und der Kindheit als Konstrukt in einer gesellschaftlichen generationalen Ordnung sowie dem historisch generierten Typus Kind zu differenzieren, jedoch ohne den inneren Zusammenhang aus dem Blick zu verlieren. Leena Alanen fordert darüber hinaus, Kinder und Kindheit nicht getrennt von der allgemeinen Soziologie und damit von der gesellschaftlichen Determiniertheit zu untersuchen (Alanen 1997, S. 164). Der Umgang mit Kindern, die Vorstellungen „kindgemäßen" Handelns bzw. „kindgemäßer" Anforderungen und Umwelten korrespondieren mit einer Konstruktion von Kindheit im Generationenverhältnis ebenso wie mit einem historisch kulturellen Bild vom Kind. Zugleich aber haben wir es – und das ist für die Sozialpädagogik besonders relevant – mit der Sozialgeschichte zu tun, d.h. mit den spezifischen sozialen Bedingungen des Aufwachsens.

Im voraussetzungsvollen und gleichwohl anthropologischen Begriff des Aufwachsens zeigt sich der Zusammenhang vom Bild des Kindes mit dem Konstrukt Kindheit und den Kindern als Akteuren. Schließlich verweist die Frage nach den Bedingungen des Aufwachsens auf die gesellschaftsbezogene soziale Komponente ebenso wie auf das Generationenverhältnis. Dass die Bedingungen des Aufwachsens unterschiedlich waren und sind und in Abhängigkeit stehen u.a. zu Raum, Zeit, Klasse und Geschlecht liegt auf der Hand. Hier soll jedoch gezeigt werden, dass ungeachtet der Unterschiede im „*Jahrhundert des Kindes*" (Key 1902), das rückblickend auch als „Jahrhundert der Sozialpädagogik" (Thiersch 1992) und als „Zeitalter der Extreme" (Hobsbawm 1998) bezeichnet wurde, das Aufwachsen auf einem zentralen Grundgedanken basierte, und zwar auf einer Separierung der Kinder- von der Erwachsenenwelt und der sowohl zeitlich als auch räumlich dimensionierten Einrichtung eines Schonraumes. Zur Charakterisierung dieser Schonraumkonzepte scheint es sinnvoll, erstens vom Generationenbegriff auszugehen, zweitens die Ausdifferenzierung der Lebensphasen zu berücksichtigen, also – wie es im vorliegenden Handbuch angelegt ist – nach den Unterschieden zwischen Kindern verschiedenen Alters und Jugendlichen zu fragen und drittens die historische Genese stärker als bisher zu analysieren und die vielleicht allzu lieb gewordenen historiographischen Bilder zu dekonstruieren.

Honig verweist auf insgesamt drei Dimensionen eines der Theorie der Kindheit verpflichteten Forschungsprogramms, nämlich erstens auf die Kategorie der Selbstbezüglichkeit Erwachsener, zweitens auf die Kategorie der Sozialstruktur und des kulturellen Wissens und schließlich drittens auf die Kategorie der Erfahrung und des Konfliktes sozialer Akteure (Honig 1999). Im vorliegenden Beitrag soll durchaus in Anlehnung an Honig gezeigt werden, dass man Kindheit nur dann neu denken kann (Honig 1999, S. 9), wenn es gelingt, die seit dem ausgehenden 18. Jahrhundert entstandenen Bilder und die bis heute andauernde Rezeption kritisch zu diskutieren und darüber hinaus zur Sozialgeschichte in Beziehung zu setzen. Gerade in die moderne Sozialgeschichte als Geschichte der sozialen Frage ist die Kinder- und Jugendhilfe in besonderer Weise involviert (Schröer 1999) und zudem mit gegenwartsorientierten Normalitätsvorstellungen konfrontiert.

Insofern geht es in einem ersten, hier unmittelbar anknüpfenden Schritt um den Zusammenhang von Konstruktion und Leiblichkeit, zweitens um den Versuch, eine Theorie des Schonraums zu entfalten, um drittens die zentralen Linien der Kinder- und Kindheitsbilder sowie die Bedingungen des Aufwachsens in den Anfängen professioneller sozialer Fürsorge aufzuzeigen und zu diskutieren, wobei die Diskussion in den zwanziger Jahren des letzten Jahrhunderts einen Höhepunkt hatte. Und schließlich soll viertens adressatenspezifisch Stellung im Hinblick auf Gegenwart und Zukunft der Kinder- und Jugendhilfe bezogen werden, aber mit dem zuletzt von Honig propagierten Anspruch, dass Kindheit neu zu denken sei.

3. Zwischen Konstruktion und Leiblichkeit

Kind und Kindheit bezeichnen verschiedene Sachverhalte und weisen unterschiedliche Konnotationen auf. Als Kinder werden die direkten Nachkommen von Menschen und auch von Tieren bezeichnet, ferner versteht man unter „Kind" den Menschen von seiner Geburt bis zu einem bestimmten Alter, in dem es um den Übergang in die Jugend geht. Folgerichtig unterscheiden die Autorinnen und Autoren des zehnten Kinder- und Jugendberichts, der vornehmlich Kindern in der Kinder- und Jugendhilfe gewidmet ist, Kinder als Menschen von ihrer Geburt bis zum 13. Lebensjahr. Gemeint ist demnach das Kindesalter als relativ klar begrenzte Lebensphase. Gleichwohl macht der Bericht darauf aufmerksam, dass man intensiver als bisher nach den Folgewirkungen von Kindheitserfahrungen in späteren Jahren forschen und diese in die Kindheitsforschung einbeziehen sollte (Bundesministerium für Familie, Senioren, Frauen und Jugend 1998, S. 13).

Von Kindheit kann man einerseits sprechen, wenn es um die persönlich erlebte Lebensphase geht, die eigene Kindheit thematisiert und biographisch verortet wird, aber andererseits bezeichnet Kindheit auch die jeweilige Unterscheidung zwischen den Lebensphasen, die Differenzierung zwischen Kindern und Erwachsenen sowie die Ordnung des Generationenverhältnisses (Scholz 1994). Kinder gibt es demnach „von Natur aus", das Kind ist in jeder Kultur eine „Tatsache" (Scholz 1994, S. 201), Kindheit hingegen nicht. Das Kind wird geboren und fordert im Prinzip den Erwachsenen auf, sich so zu verhalten, dass die Widersprüchlichkeit, die aus der Gleichzeitigkeit von Nähe und Fremdheit bzw. von Andersartigkeit und Gleichartigkeit resultiert, aufgefangen wird. Spätestens mit der Geburt nämlich werde das Kind, so eine These gegenwärtiger Kindheitsdiskussionen, prinzipiell als das Fremde und als das Gleiche betrachtet (Honig/Lange/Leu 1999; Scholz 1994).

Die sozialwissenschaftliche Kindheitsforschung differenziert explizit zwischen Kindern und Kindheit, nicht zuletzt deshalb, weil Kinder als aktive Subjekte, als Konstrukteure ihrer Wirklichkeit, als ‚persons in their own right' Anerkennung finden sollen (Alanen 1997; Honig 1999). An diesem normativen Sachverhalt diskutiert Honig in seiner Auseinandersetzung mit Ellen Key den in der Kindheitsforschung bis heute virulenten Mythos vom Kind als Opfer und Erlöser der Gesellschaft (Honig 2000). Dahinter verberge sich zudem ein emphatischer Subjektbegriff, eine der Aufklärung verpflichtete Vorstellung vom autonomen, epistemischen, moralischen und politischen Kind als Subjekt. Darin scheint Honig eine erste Antwort auf seine Frage nach der „Einheit der Kindheit" in der Moderne zu sehen (Honig 1999). Pädagogik und der Mythos des Kindes folgten einer „Logik des Versprechens" (Oelkers 1983) und mit ihrer Mehrdeutigkeit habe die Vision vom ‚Jahrhundert des Kindes' dazu beigetragen, „die Kindheit als Lebensphase des Lernens und der Entwicklung normativ zu generalisieren und in einem mehrere Jahrzehnte andauernden Prozess auch faktisch durchzusetzen." (Honig 2000, S. 254). Hier soll gezeigt werden, dass die Begründung und Definition von Kindheit als Moratorium zwar unterschiedlich ausfallen konnte, aber grundsätzlich aus einer Logik des Versprechens resultierte. Insofern ist Honig beizupflichten, wenn er das visionäre Erbe der sozial- und erziehungswissenschaftlichen Kindheitsforschung zu dekonstruieren trachtet. Ein Beleg für die Stichhaltigkeit seiner These ist beispielsweise auch die Kritik an einer erwachsenenzentrierten Forschung und dem daraus ableitbaren Versuch, soziologisch keinen Unterschied zwischen Kindern und Erwachsenen zu machen, also Kinder als normale soziale Wesen zu betrachten (Waksler 1991). In diesem Sinne resümiert Alanen: „Was immer man für die Besonderheit von Kindern und Kindheit in einer bestimmten Gesellschaft halten mag – ihren Unterschied zu Erwachsenen und zur Erwachsenheit, ihre andere Art des In-der-Welt-Seins, ist als ein durch und durch soziales Phänomen oder als eine soziale Konstruktion zu begreifen und zu analysieren." (Alanen 1997, S. 168).

Nicht zuletzt die wissenschaftliche Diskussion habe in Anlehnung an die Entwicklung der gender-studies (Becker-Schmid/Knapp 1995; Butler 1991) eine narrative Darstellung der sozialen Konstruktion moderner Kindheit hervorgebracht. Diese sei in der Mittelschicht domestiziert und in ein Zwangsverhältnis zwischen Staat, Familie und Wohlfahrt eingebunden worden. Damit einher ging eine Standardisierung und Institutionalisierung der Bedingungen des Aufwachsens. Konstruiert worden sei ferner ein Typus Kind mit bestimmten Anforderungen bzw. Kinder als bedürftige Gruppe, denen „gute Erwachsene" gerecht werden müssten (Bühler-Niederberger/Hungerland/Bader 1999). Das heißt, dass Bilder vom Kind mit bestimmten Vorstellungen hinsichtlich des erziehenden, sorgenden, vermittelnden Erwachsenen korrespondieren (Lenzen 1985). Gleichwohl aber rückt in der wissenschaftlichen Ausdifferenzierung auch das Unverfügbare, das Fremde, das Ferne des Kindes in den Vordergrund der Betrachtung. (Richter 1987; Lippitz/Meyer-Drawe 1984; Meyer-Drawe/Waldenfels 1988) Kinder werden als Wissende, die ein spezifisches Wissen aus ihrer Position als Kinder beziehen, begriffen. Wissen und Handeln erscheinen somit als wesentliche Kategorien bei der Vorstellung vom Kind als Akteur, was darüber hinaus mit Kompetenzansprüchen und -erwartungen verbunden ist.

Die Analyse sozialhistorischer Konstruktionen verschiedener Kindheiten gibt nicht nur Aufschluss über die Entwicklung der Generationenverhältnisse oder über das „generationale ordering" (Alanen 1997), sondern verweist auch auf heutige Kinder und Kindheiten, nicht zuletzt deshalb, weil zumindest Elemente der Konstruktionen ein starkes Beharrungsvermögen aufweisen, was Honig beispielsweise an der Konstanz des reformpädagogischen Kinderbegriffs nachweisen konnte (Honig 1996; 2000).

Darüber hinaus stellt sich aber die Frage nach dem, was Alanen in Anlehnung an die sex und gender Dichotomie als Differenz zwischen natürlichen Kindern und Kindheit benennt. Oder anders gewendet: auf was reagiert man mit den sozialen Konstruktionen, mit kulturellen Deutungen, Vereinnahmungen und gesellschaftlichen Ordnungen? Diese Anfrage mit dem Hinweis auf die Generationendifferenz zu beantworten, ist überzeugend. Problematisch würde dieser Diskurs, wenn er wie der Geschlechterdiskurs um 1900 in unversöhnlichen Positionen zwischen Gleichheit und Differenz stehen bliebe (Andresen 1994; 1997).

Ohnedies geht es nicht nur um den Unterschied zwischen Kindern und Erwachsenen und der darauf beruhenden sozialen Ordnung. Wenn hier von Kindern als Adressaten der Kinder- und Jugendhilfe die Rede ist, dann geht es um die jüngsten Mitglieder der Gesellschaft, um den Säugling ebenso wie um das Klein- und Vorschulkind. Das bedeutet, die quasi innergenerationale Differenz stärker als bisher zu beachten, was nicht primär aus entwicklungspsychologischer Perspektive geschehen muss. Im gegenwärtigen sozialwissenschaftlichen Diskurs über die Lebensphase Kindheit zeigt sich das Bemühen, zwischen früher Kindheit, Grundschulkindheit, späterer oder Übergangskindheit zu unterscheiden. Ein solches Vorgehen ist nicht zuletzt aufgrund der theoretischen Annahme von Kindern als sozialen Akteuren sinnvoll und notwendig. Die gebotene wissenschaftliche Sensibilität für diese Differenziertheit innerhalb der Gruppe der Kinder ist auch für die Praxis der Kinder- und Jugendhilfe relevant.

Dieter Lenzen machte 1985 darauf aufmerksam, dass die Diskurse über Kindheit sich keineswegs bruchlos in einer sozialen Wirklichkeit niederschlagen. Somit wird es notwendig, neben der Beschreibung und Interpretation der mentalen Konstrukte nach den Variationen ihrer Konkretion zu suchen. Zugleich zeigt sich auch eine umgekehrte Verhältnisbestimmung, und zwar in der Annahme, dass der Beginn und die Begrenztheit menschlichen Lebens als konfrontierende Wirklichkeit den Menschen ihre Deutungen abverlangt. Das neugeborene Kind in seiner leiblichen Hilflosigkeit, macht unsere Fürsorge und unseren Schutz unabdingbar. Somit unterscheidet sich das Kind zunächst in seiner spezifischen Leiblichkeit von dem Erwachsenen und dem Jugendlichen, und diese Differenz basiert in der sozialen Wirklichkeit, die gedeutet wird und in diesem Kontext das Phänomen Kindheit als mentales Konstrukt hervorbringt. Der niederländische Anthropologe Martinus Langeveld spricht in seinen Studien zur Anthropologie des Kindes von vier Grundgegebenheiten der menschlichen Entwicklung, dem biologischen Moment des lebenden menschlichen Wesens, dem Prinzip der Hilflosigkeit auf Seiten des Kindes, dem Prinzip der Geborgenheit, geleistet durch die Erwachsenen und dem Prinzip der Exploration als Leistung des Kindes (Langeveld 1956). Die Anthropologie setzt sich nicht zuletzt auch mit der menschlichen Beschaffenheit vor dem Hintergrund von Kindheit und Jugend auseinander. Unabhängig davon, ob der Mensch sich restlos problematisch geworden ist (Scheler), ob von seiner Weltoffenheit im Unterschied zur Umweltgebundenheit des Tieres auszugehen ist (v. Uexküll), ob er als Mängelwesen betrachtet wird, ein extrauterines Frühjahr benötigt (Gehlen) oder ob wir ihn auf der Folie seiner „exzentrischen Positionalität" betrachten (Plessner), der Diskurs der wissenschaftlichen Anthropologie, die im späten 18. Jahrhundert ihren Ursprung hat, thematisiert das Generationenverhältnis und den Unterschied zwischen Kindern und Erwachsenen (Honegger 1991; Moravia 1989; 1996). Zu fragen wäre, ob in diesen Diskursen eine bestimmte Beschaffenheit des Körpers als natürlich hingestellt wurde. Doch auch die Leiblichkeit des Kindes und die damit einhergehenden Notwendigkeiten der älteren, für das Kind sorgenden Personen unterliegen mit der Entwicklung oder dem Älterwerden des Kindes dem Wandel. Ein auch in der Kindheitsforschung bislang nur unzureichend gelöstes Problem bleibt somit die Frage nach der Leiblichkeit des Kindes als wesentlicher Bestandteil des Kindseins, was auch in der Diskussion um Kinder als Akteure nur partiell zur Sprache kommt. Dabei ist die Leiblichkeit des Kindes eine grundlegende Bedingung für den Aufbau von Erfahrungen, für die Verbindung zur Welt (Langeveld 1956). In der Erziehungswissenschaft wurde in den vergangenen Jahren verstärkt die Bedeutung des Leibes für das Lernen thematisiert, und zwar in der Regel vor einem anthropologischen und phänomenologischen Theoriehintergrund und damit vornehmlich zwischen den Positionen Gehlens, Portmanns und Plessners (Schultheis 1998).

Neben der Beachtung der Leiblichkeit des Kindes und der vorsichtigen Anfrage an eine „Anthropologie des Kindes" geht es aber zweifellos um die Analyse der Unterscheidungen sozialer Ordnungen, wie die Geschlechterordnungen und Generationenordnungen hergestellt und begründet werden und wie sich die Akteure in diesen Ordnungen bewegen. Im Hinblick auf die in diesem Kontext relevanten Forschungsfragen geht es um die Differenz zwischen Kindern, „Kids" und Jugendlichen, zwischen Kindheit und Jugend sowie um die Differenz zwischen Kindern und Erwachsenen, Kindheit und Erwachsenheit. Ferner geht es um die Suche nach Normalitätsvorstellungen und diesen angelehnte Kindheiten wie beispielsweise Mädchen- und Jungenkindheit (Kelle/Breidenstein 1998; Kelle 1999).

4. Eine sozialwissenschaftliche Theorie der Kindheit als Moratorium

Im Zuge der Durchsetzung bürgerlicher Lebensformen entfaltete sich der sozial organisierte Generationenunterschied durch die Separierung der Kinder von der Welt der Erwachsenen (Ariès 1992). Daran hat nicht zuletzt die romantische Liebes- und Familienauffassung ihren Anteil, aber ebenso die Pädagogik und das generelle Streben nach einer wissenschaftlichen Erforschung des Kindes wie in der Psychologie (Preyer 1881/1989) oder der Medizin (Gstettner 1981). Gegenwärtig stehen in der sozialwissenschaftlichen Kindheitsforschung die Bemühungen um eine anthropologische Annäherung und die tendenziell dominierende sozialkonstruktivistische Sichtweise, die vor allem auch die Konstruktionsleistungen des Kindes als Akteure in den Blick nimmt, häufig nebeneinander. Darüber hinaus mahnen Vertreterinnen und Vertreter einer sozialhistorischen und sozialkritischen Kindheitsforschung, sich auf die Vergesellschaftung von Kindern, deren soziale Abhängigkeit und Betroffenheit von Armut, Katastrophen und von ökologischer Gefährdung zu konzentrieren (Sünker 1991; Neubauer/Sünker 1993).

Der Transformationsforscher Dieter Kirchhöfer versteht Kindheit als „Ensemble gesellschaftlicher Verhältnisse" und als deren konkrete Erscheinungsform (Kirchhöfer 2000, S. 247). Darüber hinaus definiert er Kindheit auch als Zusammenspiel von Widersprüchen zwischen Bewusstem und Spontanem, zwischen Vergesellschaftung und Individuation. Er betont ferner, dass Subjekte jenes Bild von Kindheit konstruieren, nach dem sie handeln. „In ihrem praktischen Tun objektivieren die Individuen Kindheit als das subjektiv Gewollte und subjektivieren das objektiv Gegebene." (Kirchhöfer 2000, S. 248).

Ohne die Unterschiede in den sozial- und erziehungswissenschaftlichen Herangehensweisen an Kinder und Kindheit einerseits und den sozialhistorischen Gestaltungen der generationalen Ordnung andererseits relativieren zu wollen, wird hier die These vertreten, dass eine Einheit von Kindheit in der Moderne durch den Leitgedanken, Kinder zu schützen und zu schonen und Kindheit als Schonraum zu gestalten, gestiftet wird. Damit ist nicht gesagt, dass das Konzept von Kindheit als Moratorium von Zeit und Raum unabhängig ist. Vielmehr ist das, was man Kindern „zumutet" und das, wovor man sie bewahren will, vom politischen System ebenso abhängig, wie von der Kultur einer Gesellschaft und von der daraus schließlich resultierenden Kultur des Aufwachsens (Andresen 2000b). Darüber hinaus, so eine weitergehende These, sind die Moratoriumskonzepte seit 1900 bis in die heutige Zeit sowohl rousseauistisch als auch psychoanalytisch geprägt. Die moderne Vorstellung vom Moratorium repräsentiert somit eine spezifische Mischung von Schutz der Unschuld und Befreiung.

Es kommt demnach insgesamt darauf an, den Aspekt der Widersprüchlichkeiten einerseits und der Ambivalenzen andererseits für die Rekonstruktion verschiedener Kindheitskonzepte zu entfalten, weil beides bereits in der Differenz Kind und Kindheit sowie in der Differenz Kind und Erwachsener enthalten ist (Honig 1999). Insofern erscheint die sich im Prozess der Modernisierung durchsetzende Idee der Schaffung eines spezifischen Raumes für Kinder zur Gestaltung von Kindheit als geeigneter Zugang, gerade auch die Widersprüchlichkeit und Ambivalenz der Konstruktion Kindheit angemessen erfassen zu können. Schutz beispielsweise kann grundsätzlich unterschiedlich konnotiert sein, Integrität ebenso fördern wie Paternalisierung ermöglichen. Demnach ist es unabdingbar, einen Blick für Widersprüche und Ambivalenzen in den Kindheitskonstruktionen zu entwickeln, und zwar auf unterschiedlichen Konstruktionsebenen. In einem etwas anderen Sinn schreibt Böhnisch, dass nicht die neue Kinderkultur, sondern der frühe Zwang zur Bewältigung einer ambivalenten Kindheit kennzeichnend für die „neuen Kinder" sei (Böhnisch 1997, S. 99). Des Weiteren ist zu berücksichtigen, dass in die Differenz zwischen den Generationen auch die Abhängigkeit des Erwachsenen von vornherein eingelassen scheint, weil das menschliche Leben begrenzt und die Gattung insofern auf Nachwuchs angewiesen ist.

Gerold Scholz hingegen legt dar, dass sich in den verschiedenen Kindheitskonstruktionen bis in die Gegenwart hinein drei – seinen Ausführungen nach gleichrangige – Haltungen gegenüber dem Kind abzeichnen: erstens die Nutzung des Kindes, zweitens der Schutz des Kindes und drittens die Bedrohung durch das Kind (Scholz 1994, S. 203f.). Scholz' Versuch, die Konstruktionen von Kindheit mit Hilfe der Typisierungen Nutzen, Schutz, Bedrohung aufzulösen, scheint plausibel, greift jedoch in zwei Punkten zu kurz. Erstens sind diese „Haltungen" nicht als gleichwertig zu betrachten. Stattdessen sollte die Analyse auf die Dekonstruktion von Dominanzen einer oder mehrerer Haltungen gegenüber dem Kind und auf die Geschichtlichkeit von Konstruktionen zielen. Zweitens verhält es sich bei den Haltungen um relativ einseitige Zuschreibungen, die gerade nicht die Ambivalenzen herauszuarbeiten vermögen und auch nicht das Spannungsverhältnis der generationalen Ordnungen und Zuschreibungen aufnehmen. Schließlich können die Nutzung des Kindes mit dem Verzicht auf eigene Interessensrealisierung, etwa in der spannungsreichen Eltern-Kind-Beziehung, der Schutz des Kindes mit seinem tendenziellen Ausgeliefertsein und die Bedrohung durch das Kind mit der Befreiung durch das Kind bzw. mit der Befreiung des Kindes korrespondieren. Mit *Rousseaus* Erziehungstheorie, die aus dem 18. Jahrhundert auf das 19. Jahrhundert übergreift und die romantische Idee vom Kind beeinflusst, dominiert der Schutzgedanke, wohingegen die vormodern geprägte Sicht auf das sündige, bedrohliche Kind an Wirksamkeit verliert (Baader 1996; Ullrich 1999). Dies trifft auch für die Säkularisationsprozesse im ausgehenden 19. Jahrhundert sowie für die reformpädagogischen Bewegungen zu Beginn des 20. Jahrhunderts zu. Zweifellos waren die Auswirkungen Rousseaus und die Diskurse der Romantik über Kind, Familie und Liebe zentral für eine neuartige Sicht auf die generationale Ordnung (Honig 1999), auf das Kind sowie auf die Lebensphase Kindheit. Dabei ist grundsätzlich zwischen dem mentalen bzw. ideellen Diskurs, den diskursiven Praktiken sowie der Alltagspraxis zu unterscheiden. So schlägt sich das romantische Ideal des Kindes zwar in der Kindergartenpädagogik Fröbels nieder, ohne jedoch zu einem allgemeinen kulturellen Deutungsmuster zu werden. Eine weitere entscheidende Etappe im Prozess der Modernisierung von Kindheit ist die reformpädagogische Diskussion der Jahrhundertwende um 1900, verbunden mit der Entstehung der Kinderpsychologie und den zahlreichen wissenschaftlichen Versuchen, das „Kind" zu erforschen. Mit der Einführung der allgemeinen Schulpflicht für Kinder kommt es auch ganz praktisch zu einem veränderten Kindheitskonzept und zu einem veränderten Kinderalltag, der zwar gravierende Unterschiede im Hinblick auf Alter, Schicht, Geschlecht und Region auswies, aber dennoch erstmals den Anspruch des Kindes als Kind auf Bildung manifestierte. Damit einher ging in den reformpädagogischen Debatten die Frage nach der richtigen Unterrichtung der Kinder, nach einer zeitgemäßen generationalen Ordnung und nicht zuletzt nach juristisch zementierten Rechten des Kindes (Zitelmann 2000; Plewig 1994). Die ersten Kinderschutzdebatten fallen demnach ebenfalls mit den Anfängen der sozialen Fürsorge und der „neuen Erziehung" zusammen. Sie seien „Männer der Sehnsucht" gewesen, postulierte 1915 der Kulturhistoriker Karl Lamprecht (Herrmann 1987; Lichtblau 1996) und man wähnte sich in einem „Pädagogischen Frühling", in dem Rousseau-Stimmung in der Luft liege, mit dem „Verlangen nach einer Wiedergeburt der Erziehung, nach einer Erneuerung des Lebens mit der Losung: das Recht des Kindes." (Mittendorf 1906). Dieser Leitgedanke wurde zu Beginn des zwanzigsten Jahrhunderts zur Gemeinsamkeit stiftenden Idee einer modernen generationalen Ordnung und artikuliert sich bis heute in der Rede vom *„Wohl des Kindes"* (Zitelmann 2000). Die vorhandenen Unterschiede in der Rechtsauslegung zeigten sich u.a. auch an den Verhältnissen der Förderung von Individualität und den Pflichten gegenüber der Gemeinschaft. Das Bewusstsein von Modernität scheint geradezu nach dem Schutz des Kindes, das Ursprung und Zukunftsverheißung zugleich verkörperte zu verlangen, was nicht zuletzt auch die Rezeption innerhalb der Pädagogik über das Inkrafttreten des Kinderschutzgesetzes in Deutschland 1904 zeigt (Rohrscheidt 1903). Dieses regelte vornehmlich die Kinderarbeit in gewerblichen Betrieben und zielte darauf, die Gefahren für Gesundheit und Sittlichkeit des Kindes einzudämmen sowie die Schulzucht zu erleichtern. Ohne Kinderschutzgesetz, so die reformorientierte Lehrerschaft, wäre die Durchsetzung der allgemeinen Schulpflicht nicht realisierbar.[2] An diesem Beispiel sollte deutlich geworden sein, dass die Konstruktionen von Kindheit sowie die Hervorbringung von Bildern über das Kind in einem modernisierungstheoretischen Rahmen betrachtet werden müssen (Andresen 1998; 2000a).

Im zwanzigsten Jahrhundert gab es die unterschiedlichsten Versuche, das Generationenverhältnis der Modernisierung und Industrialisierung der Gesellschaft anzupassen. Als bedeutsamste Haltung bzw. als dominierendes Deutungsmuster setzte sich durch, das Kind als schutzbedürftiges Wesen anzusehen und Kindheit als eine Lebensphase, die dieser Schutzbedürftigkeit Rechnung zu tragen hatte. Darüber hinaus entwickelte sich im Zuge einer Standardisierung des Lebenslaufs eine relativ fest umrissene Einteilung der Lebensphasen in Kindheit, Jugend, Erwachsenheit und Alter, wiewohl seit langem eher von einer Destandardisierung die Rede ist (Kohli 1978). So diskutiert auch Lothar Böhnisch die Frage, inwieweit die Lebensalter in der heutigen Industriegesellschaft noch prägend sind oder ob nicht vielmehr von einer Relativierung gar Nivellierung auszugehen sei (Böhnisch 1997).

Eine zentrale Unterscheidungsmöglichkeit zwischen dem Kindheitsmoratorium und dem Jugendmoratorium ist ungeachtet dessen zunächst die Frage nach ihrer jeweiligen Gültigkeit. Während die Schutz- und Schonbedürftigkeit des Kindes zunächst dem Ideal nach übergreifend Anerkennung fand und in verschiedenen Praxen allmählich umgesetzt wurde, gab es für die Durchsetzung des Jugendmoratoriums relativ strikte Grenzen entlang der Klassen- und Geschlechterdifferenz (Andresen 1997). Ohnedies kommt es darauf an, den Rahmen bzw. die Grenzen des Schonraums Kindheit klar zu benennen,

---

2 Rundschau zum Kinderschutzgesetz. In: Pädagogische Zeitung. Hauptorgan des Deutschen Lehrervereins. Hg. vom Berliner Lehrerverein 1904, S. 8f.

um Wandel angemessen beschreiben und die in einer Zeit nebeneinander existierenden Schonraumkonzepte vergleichen und analysieren zu können. Zugleich ist jedoch zu berücksichtigen, dass es sich bei der historischen Entwicklung des Schonraumkonzeptes nicht um ein lineares, ausschließlich auf Fortschritt hin ausgerichtetes Projekt handelt. Vielmehr scheint dem Schonraum eine ambivalente, wenn nicht gar eine widersprüchliche und dialektische Struktur zugrunde zu liegen. Für Böhnisch sind die Herausbildung der Lebensalter und die damit letztlich immer verbundenen Konstruktionen Bewältigungskonstellationen der Moderne (Böhnisch 1997). Dazu zählt er sowohl die Entstehung der bürgerlichen Familie, als auch die Entdeckung der Kindheit, die Erfindung des Jugendlichen und die Formung der (männlichen) Erwerbsarbeitsbiographie.

Der Rahmen des Kindheitsmoratoriums im zwanzigsten Jahrhundert ist meines Erachtens durch unterschiedliche Grade und spezifische Verhältnisstrukturen bestimmt. Ohne Anspruch auf Vollständigkeit sind hier wesentlich: der Grad der Pädagogisierung, der Institutionalisierung, der Trennung von der Erwachsenenwelt, der Abhängigkeiten, der Ökonomisierung als Befreiung von sozialen Zwängen, als Integration in den wirtschaftlichen Prozess, aber auch als Betroffenheit von Armut, der Grad der Politisierung, der Partizipation, der Hilfe sowie der Ausformulierung von Rechten – auch im Sinne des Verhältnisses zwischen privater und öffentlicher Verantwortung für das Aufwachsen. Zudem sind das Verhältnis zur „Natur des Kindes" und die Frage nach Anlage und Umwelt und das Verhältnis von Militarisierung oder „Befriedung" der Kindheit relevant. Das zwanzigste Jahrhundert ist keineswegs nur als Fortschrittsgeschichte zu verstehen, nicht zuletzt Adorno und Horkheimer haben die „Dialektik der Aufklärung" benannt (Horkheimer/Adorno 1981). Es liegt deshalb nahe, danach zu fragen, ob und wenn ja, welchen Zuschnitt die Konstruktion von Kindheit als Moratorium in totalitären Systemen hatte. Sowohl im Nationalsozialismus als auch in der DDR hat man beispielsweise versucht, der „Entwicklungstatsache" Rechnung zu tragen und ein spezifisches Konzept von Kindheit als Moratorium zu entfalten. Im Nationalsozialismus waren diese Konzepte der rassenideologischen Politik und der Vernichtung der jüdischen Bevölkerung unterworfen, weshalb dem Kind nicht per se als Kind der Anspruch auf Schutz und Leben zugesprochen, Kindheit nur für die rassenideologisch und politisch erwünschten Menschen konzeptualisiert wurde (Keim 2000). Unter Berücksichtigung gravierender Unterschiede zwischen dem Nationalsozialismus und dem DDR-System ist festzuhalten, dass beide Staaten hofften, durch eine übergreifende Erziehung und Politisierung bereits im Kindesalter die Zukunft des politischen Systems zu sichern. Beide verließen sich dazu nicht allein auf die Schule und schon gar nicht auf die Familie, weshalb sie der herrschenden Partei nahestehende Kinder- und Jugendorganisationen schufen. Darüber hinaus entstanden Schonraumkonzepte, die jeweils durch eine eigentümliche Mischung aus Elementen moderner Auffassungen vom Kind und der Kindheit, aus totalitären Ansprüchen gegenüber dem Individuum sowie aus gezielten Politisierungstendenzen gekennzeichnet sind. Dabei war sowohl im Nationalsozialismus als auch in der DDR die Integration von Politik, Produktion/Ökonomie, Kampf und Militarisierung in die Kindheitskonstruktionen zentral (Andresen 2000b).

Im Folgenden soll untersucht werden, auf welche Konzepte von Kindheit, auf welches Bild vom Kind in den Anfängen der sozialen Arbeit zurückgegriffen werden konnte. Dabei geht es primär um die auch sozialpädagogisch ausgerichtete Forschung über Kinder und Kindheit. Zu fragen wäre hier, welche Kultur des Aufwachsens antizipiert und welche Rahmung von Kindheit als Moratorium konzipiert wurde. Vor allem in den zwanziger Jahren bildet sich in der Forschung ein Differenzbewusstsein heraus, gekoppelt mit dem Bemühen, Hilfe adressatenspezifischer einzusetzen. Dabei wurde auch diskutiert, wie sinnvoll die Unterscheidung zwischen Kindern und Jugendlichen als Adressaten sozialer Arbeit für die Praxis sei. Insofern ist die ideengeschichtliche Rekonstruktion der Diskurse über Kinder und Kindheit bis 1933 aufschlussreich für die Grundproblematik sozialer Arbeit im Hinblick auf die Unterschiedlichkeit der Adressaten und kann als solche zum gegenwärtigen Klärungsprozess, wie er im zehnten Kinder- und Jugendbericht entfaltet wurde, beitragen.

5. Kinder und Kindheit in den Anfängen der sozialen Arbeit

Jugendhilfe und sozialpädagogische Intervention griffen in ihrer Geschichte vornehmlich dann, wenn Kinder oder Jugendliche aus dem relativ eng definierten pädagogischen und familiären Schon- und Schutzraum herausfielen und damit den Normalitätsvorstellungen nicht entsprachen. Böhnisch thematisiert dementsprechend die Sozialpädagogik des Kindes- und Jugendalters anhand des Begriffspaares Lebensbewältigung und Sozialintegration, die in einem spezifischen Spannungsverhältnis stehen, da sich die Bewältigungsperspektiven von Kindern und Jugendlichen häufig nicht mit den Integrationsvorgaben der Gesellschaft decken (Böhnisch 1992). Moderne Sozialpädagogik lebe deshalb, so Böhnisch, von der Ambivalenz ihres Gegenstandes, weil sich in ihr das Interesse der Gesellschaft am Kind und Jugendlichen ebenso ausdrückt wie die Bedürfnisse der Kinder und Jugendlichen. Ungeachtet dessen stellt sich die Frage, wie die historische Genese des sozialpädagogischen Begriffs vom Moratorium Kindheit verlief. Böhnisch macht deutlich, dass vor allem die pädagogische Jugendkunde zu dem sozialpädagogischen Zugang zu Kindern beigetragen habe. Durch die Studien von u.a. Adolf Busemann, Hildegard Hetzer und Martha Muchow hat sich eine vom Jugendbegriff absetzende Vorstellung von Kindern und Kindheit entwickelt (Busemann ^{3}1950; Hetzer 1932; Muchow 1935/1998). Dabei dominierten die Perspektiven auf das Spiel des Kindes sowie auf die

Ordnung innerhalb der Kindergruppe, auf Räume und wie bei Busemann auf die Bedeutung eines Führers.

Kindheitsvorstellungen und Kinderbilder der Moderne wurzeln nicht zuletzt in der von Rousseau inspirierten romantischen Idee des Kindes und der Kindheit. Rousseau selbst, so die Rezeption, ziehe die Natur als Argument heran, weil diese wolle, dass Kinder Kinder sind, bevor sie erwachsen werden. Bei Rousseau finden sich solche Aussagen sowohl im „Emile" als auch in „Julie" (Rousseau 1761; 1762). An dieser Stelle ist jedoch zu fragen, ob der Rekurs auf Rousseau nicht einer etwas problematischen Rezeption entspringt. Es gibt plausible Gründe dafür, Rousseaus Verweis auf die Natur als Polemik und vielmehr politisch, denn pädagogisch zu verstehen[3] (Tröhler 1999). Demnach ging es Rousseau weniger um Kinder und Kindheit, sondern um die Menschenbildung als einzige Antwort auf die korrupte Gesellschaft, in der die Bildung zum Citoyen nicht (mehr) möglich ist und die deshalb lediglich den Bourgeois hervorzubringen vermag. Der Bourgeois aber war für Rousseau der Inbegriff eines korrumpierten Bürgers, der nur an seinen eigenen Interessen orientiert handelt und dem Staatsganzen keinen Sinn abgewinnen kann. Dagegen kämpfte Rousseau mit der Fiktion der Menschenbildung polemisch an. „*Menschenbildung* bleibt auf ein einziges heilbringendes Exempel bezogen. Die *Natürlichkeit* Emiles erweist sich so als künstliches Produkt, gleich wie die *natürliche Erziehung* durch die arrangierten Verhältnisse (Zauberer, Gärtner etc.) künstlich war. Emile ist das Wesen, das Rousseau zu Beginn des Werkes versprochen hat, das also trotz der Tatsache, dass es lediglich *für sich selbst erzogen wurde*, soziale, republikanische Tugenden ausbilden konnte. Die Pädagogik des ‚Emile' ist dadurch paradox: Die Künstlichkeit soll zur Natürlichkeit führen, die Natürlichkeit wird mit Menschenbildung jenseits der Gesellschaft assoziiert, die am Schluss zum sozialverantwortlichen, republikanischen Bürger führt." (Tröhler 1999, S. 129f., Herv. im Original).

Die von Honig aufgezeigte komplexe Aufgabe, nämlich dem Kind als Kind und als Mensch gerecht werden zu müssen, wäre somit nur bedingt auf Rousseau zurückführbar, weil seine Intention eben nicht primär auf das Kind in seiner Kindheit, sondern auf die Bedingungen des Menschseins zielte. Somit wäre die Rousseausche Rede von der Unschuld des Kindes und seinem Anspruch auf Schutz im Licht der Menschenbildung neu zu diskutieren.

Die romantische Idee von der Unschuld des Kindes schließlich ist zudem ohne die Befreiung von der Erbsünde nicht denkbar und bildet zusammen mit der romantischen Lesart der Rousseauschen Pädagogik den Auftakt einer neuen Betrachtung des Kindes (Baader 1996). Bis weit ins zwanzigste

---

3 Ich verdanke diesen Hinweis auf die spezifisch deutsche Lesart Rousseaus Daniel Tröhler (Zürich), der in Rousseaus Einlassungen zur Natur primär eine Polemik gegen bzw. eine Reaktion auf die korrupte Gesellschaft sieht und der auf die politische Dimension des Republikanismus im „Emile" aufmerksam macht.

Jahrhundert hinein dienen Rousseau und die „negative Pädagogik" auch der Auseinandersetzung mit der kapitalistischen Gesellschaft (Schröer 1999). Wolfgang Schröer kann zeigen, dass es um 1900 auch eine sozialpädagogisch ausgerichtete Rezeption einer bei Rousseau entlehnten Dichotomie von Natur und Gesellschaft gab. Man habe auch hier das Kind zum Ausgangspunkt der neuen Zeit erhoben, und zwar in seiner ganzen Unverdorbenheit und Freiheit. Schröer zeigt u.a. an dem Natorp-Anhänger Albert Görland den Rousseauismus der sozialpädagogischen Theoriebildung. Görland versuchte letztendlich Rousseaus Staatsidee in die idealistische Sozialpädagogik zu integrieren, während Natorp selbst sich primär auf Pestalozzi berief (Fatke 2000).

Der psychoanalytisch versierte Mediziner Fritz Wittels ist ein Beispiel für die zu Beginn des zwanzigsten Jahrhunderts nicht selten anzutreffende Verknüpfung rousseauscher Metaphern mit psychoanalytischen Gedanken. Wittels bezeichnete dementsprechend Rousseau 1927 als großen „Beweger des Abendlandes" und führte seine Abhandlung über „die Befreiung des Kindes" in Anlehnung an den von ihm verehrten Philosophen mit den Worten ein: „Jedermann weiß, dass Kinder kleiner und leichter sind als Erwachsene. Die Wenigsten wissen, dass Kinder, über diesen Unterschied des Maßes und des Gewichtes weit hinaus, ganz anders sind als Erwachsene. Wenn ein Großer 70 kg wiegt und ein Säugling 5, dann werden die seelischen Äußerungen dieses Kindes nicht verständlich, wenn man die seines Vaters durch vierzehn dividiert." (Wittels 1927, S. 9). Und weiter hebt Wittels hervor, dass das Seelenleben des Kindes eben ganz anderen Gesetzen folgen würde, die für uns wegen des Verlustes unserer kindlichen Gefühle schwer verstehbar seien.

Der ebenfalls psychoanalytisch argumentierende *Siegfried Bernfeld* fordert in den zwanziger Jahren, Kindern in Theorie und pädagogischer Praxis zu ihrem Recht zu verhelfen (Lippitz 1999; Bernfeld 1921; 1926). Während der Bericht über den letztlich gescheiterten praktischen Schulversuch Bernfelds, nämlich die Realisierung einer jüdischen Schulgemeinde als Synthese der Prinzipien Montessoris, Ottos und Wynekens, als sozialpädagogisches Projekt kindorientierter Gestaltung aufgefasst werden kann, analysiert er im „Sisyphos" auf der theoretischen Ebene des „sozialen Ortes" und reflektiert von dort das pädagogische Generationenverhältnis (Müller 1992). Denn da das Kind in die kulturellen Werte eingepasst werden müsse, sei auch der Pädagoge gezwungen, sich auf den Boden bestimmter Werte zu stellen, vor allem dann, wenn es sich um Fürsorgeerziehung handle. Bernfeld macht deutlich, dass aus den unterschiedlichen Bedingungen des sozialen Ortes subjektive Sinnperspektiven resultieren. Für die generationale Ordnung heißt das unter Umständen, dass nicht zuletzt die Handlungen komplementär aufeinander bezogen sind. Entgegen der These Müllers, dass Bernfeld vor allem die Tantalussituation des Kindes, also hungernd vor reich gedeckten Tischen stehen, im Blick hatte, gibt es Hinweise darauf, dass er zumindest vor dem Sisyphos versuchte, die kindlichen Sinnstrukturen im allgemeinen nachzuvollziehen. So fordert Bernfeld im „Korrespondenzblatt des Jüdischen Instituts für Jugendforschung und Erziehung" 1922 dazu auf, Geheimsprachen und -schriften von Kindern und Jugendlichen sowie deren Phantasiespiele zu sammeln. Darin zeigt sich die durchaus phänomenologische Zielsetzung, das fremde Kind in der Nähe entdecken zu wollen (Bernfeld Bd. 2, S. 460-463). In diesem Sinne zitiert er einen Auszug aus einem Phantasiespiel zweier Mädchen: „Wir sind jeden Sonntag an einer bestimmten Stelle zusammengekommen und haben dort gespielt, indem die L. (die ältere) erzählt hat: Jetzt fahren wir auf einem Schiff, da kommt ein Wind und wir scheitern. Alle ertrinken, nur wir zwei kommen auf eine Insel. Dort leben wir jetzt von Datteln. Da kommen die Neger, und wir müssen ihnen kochen, und sie lassen uns nicht fort. Wir bekommen ein Kind usw." (Bernfeld Bd. 2, 1922, S. 462/463). In sozialpädagogischer Absicht plädiert Bernfeld hier für einen Blick auf das Kind und seine innere und äußere Lebenswelt. Das ist der Kontext, aus dem heraus er in seiner Anklageschrift über das „Kinderheim Baumgarten" das romantische Bild von Kindern und Kindheit sowie das daraus resultierende Generationenverhältnis anprangert. So polemisiert er dagegen, dass man es in pädagogischen Schriften weithin liebe, vom Garten der Kindheit zu sprechen und vom Pädagogen als Gärtner. „Man denkt dabei aber – im Grunde – an nebensächliche Hantierungen des Gärtners, als wären sie seine wichtigsten, ans Beschneiden der Äste, ans Ausgraben und Eingraben, ans Unkraut jäten, an das Veredeln mit dem Messer und der Schere." Man habe gar das Bild eines hysterischen Pflegers, der so tue als mache er die Gräser wachsen und die Blumen blau und rot (Bernfeld Bd. 11 1921, S. 42). Gerade für die sozialpädagogische Praxis fordert Bernfeld die genaue Beobachtung von Kindern, eine soziale und psychologische Analyse des Kindes, das beispielsweise von seinen Eltern in eine Fürsorgeeinrichtung gebracht wird, aber auch die Ermittlung im Milieu des Aufwachsens (Bernfeld, Bd. 11 1926, S. 171). Somit zeigt sich, dass der professionelle Blick auf das Kind und auf die Kindheit im Kontext von Fürsorgeerziehung durchaus im Kontext von Lebenswelt und Psychoanalyse betrachtet wurde, wobei die Positionen immer rousseauistisch durchdrungen gewesen zu sein scheinen. Ferner fordert Bernfeld nicht zuletzt für die Fürsorgepraxis eine differenzierte Problemwahrnehmung im Hinblick auf das Alter der Kinder. Deutlich wird das anhand seiner Auseinandersetzung mit der „Schwererziehbarkeit". Hier kann er zeigen, dass sich, entgegen der häufigen Praxis, eine Altersgrenze für die Schwererziehbarkeit nicht ziehen lasse, also auch junge Kinder davon betroffen seien (Bernfeld, Bd. 11 1926, S. 169ff.).

An Rousseau und weniger an die Psychoanalyse knüpfen auch die reformpädagogischen Diskurse zu Beginn des zwanzigsten Jahrhunderts an, und mit Rousseaus negativer Pädagogik korrespondiert das Postulat einer Pädagogik „vom Kinde aus" (Gläser o.J.). So haben beispielsweise für die Schwedin Ellen Key nur noch die Lehren von Rousseau, Montaigne und Spencer Zukunftsrelevanz und mit ihren Metaphern von der „Heiligkeit" und „Majestät des Kindes" schließt sie explizit an die Romantik an. Hier findet sich jedoch eine Engführung romantischer Kindheitskonzepte mit naturwissenschaftlichen Auffassungen, was sich bei Key u.a. an ihrer Anlehnung an die romantische Parallelisierung von Onto- und Phylogenese ablesen lässt. Diese begründet Key jedoch vornehmlich biologisch unter Bezugnahme auf Ernst Haeckels biogenetischem Grundgesetz. Bei Key zeigt sich die im Zeitalter der Anfänge der Sozialen Fürsorge dominante Verknüpfung von Erziehung und Evolution als Theorie der Perfektionierung und der Hervorbringung des neuen Menschen (Brumlik 2000; vgl. Lepp u.a. 1999). Micha Brumlik bezeichnet Key ebenso wie die US-Amerikanerin Jane Addams, Begründerin des sozialpädagogischen Projektes Hull-House, als Reformdarwinistin. Ohne Zweifel ist der Einfluss des Darwinismus ab dem ausgehenden 19. Jahrhundert nicht nur für Fragen der Erziehung, der Anthropologie und der Kinder- und Jugendpsychologie von großer Bedeutung. Darin zeigt sich zum einen eine starke Orientierung an naturwissenschaftlichen Denkmustern und zum anderen die Hoffnung, Phänomene der Modernisierung bewältigen zu können. Ein interessantes Beispiel dafür ist die frühe grundlegende Studie des Psychologen *Wilhelm Preyer* (Preyer 1881/1989). Aufschluss über dessen relativ breite Wirkung und Rezeption geben die dokumentierten Tagebuchaufzeichnungen von Eltern, die sich an den Vorgaben Preyers orientierten. Bekannt, vielfach erwähnt und bearbeitet sind dabei die ab 1904 geführten Tagebücher des Ehepaares Scupin über ihren Sohn Ernst Wolfgang (Scupin 1907; 1910; 1931). Im Vorwort des dritten Bandes über den Schuljungen schreibt der Herausgeber Adolf Busemann, dass das Tagebuch eine Bereicherung gerade auch für die Erziehungswissenschaft sei, weil diese dem Leben dienen wolle und deshalb vom „Gange der Natur" zu lernen habe (Busemann in Scupin 1931, S. 5). Mit Preyer beginnt die Ausdifferenzierung von Kinder- und Jugendpsychologie, was dann in Deutschland und Österreich zu Beginn des zwanzigsten Jahrhunderts u.a. durch Stern in Hamburg und die Bühlers in Wien fortgeführt und weiter ausdifferenziert wurde (Dudek 1990).

Das Psychologische Laboratorium in Hamburg war unter der Leitung von William Stern ein Zentrum der Kinder- und Jugendpsychologie (Zinnecker 1978/1998). In einem Nachruf für seine Mitarbeiterin *Martha Muchow* betonte Stern 1933, sie sei wie wenige berufen gewesen, in die Lebenswelten der Kinder und jugendlichen Menschen einzudringen (zit. bei Zinnecker 1978/1998). Muchows für die Kindheitsforschung wichtige Studien waren nicht zuletzt durch den Einfluss der Hamburger Volksheimbewegung sozialpädagogisch motiviert und repräsentieren das bis 1933 zunehmende Interesse an der Lebenswelt des Arbeiterkindes, und zwar nicht nur von Seiten der sozialdemokratischen Kinderfreundebewegung oder der kommunistischen Erziehungstheoretiker wie Edwin Hoernle. Martha Muchow hielt das Wissen von den Inhalten der „gelebten Welt" gerade für die sozialpädagogische Praxis für zentral. „Es besteht immer wieder, ganz besonders in der fürsorgerischen Praxis eine bedeutende Schwierigkeit für die Arbeit darin, dass der Fürsorgende und der Hilfsbedürftige, auch der erwachsene, in verschiedenen „Welten" leben, und dass auch die Hilfsbedürftigen, je nach dem Lebenskreis, in dem sie stehen, untereinander noch wieder ganz verschiedene „Welten" haben." Muchow erforschte den Raum, in dem das Großstadtkind lebt, den es erlebt und schließlich den Raum, den das Kind lebt (Muchow 1934, zit. n. Zinnecker 1998, S. 72). Damit grenzte sie sich eindeutig von der dominierenden Begabungsforschung ab und ging neue Wege, indem sie der Strukturgesetzlichkeit der kindlichen Welt eine zentrale pädagogische Relevanz einräumte. Dafür bezog sie sich einerseits auf die Psychologie Sterns und andererseits auf die „Umweltlehre" des Biologen Jakob von Uexküll. Muchows Studie öffnete neue Perspektiven auf das Kind in seiner Welt, die eben keinesfalls mit der des Erwachsenen identisch ist. Vielmehr überlagere, so Muchow, der Lebensraum des Kindes den des Erwachsenen bzw. durchwachse ihn. Interessant ist dabei nicht zuletzt das Ziel Muchows, vor allem Fürsorgern vertieftes Wissen über ihre Klientel zu vermitteln. Damit einher ging zweifellos die Überzeugung der Wissenschaftlerin, dass man im Interesse der Kinder parteilich sein müsse, was wiederum auch in einer reformpädagogischen Sprache zum Ausdruck kommt, wenn sie beispielsweise die „Nähe vom Kinde aus" beschreibt.

Ein interessanter Vorläufer Muchows und zugleich ihr Vorbild für die Großstadtstudie war der Schuldirektor Ernst Goldbeck mit seinem Buch über „Die Welt des Knaben" (Goldbeck 1926). Trotz der von Goldbeck bereits im Titel angelegten Geschlechterpolarisierung, scheint der Autor unentschlossen, ob man von getrennten Mädchen- und Knabenwelten sprechen müsse oder ob die Annahme der Wesensverschiedenheit nicht zu relativieren sei. Muchow kann in ihrer Studie zeigen, dass es eher soziologisch zu erklärende Unterschiede der Geschlechter in der Lebensraumaneignung gibt. Goldbeck schreibt in seiner Einleitung: „Ich habe stets den Eindruck, als kämen bei den Mädchen schließlich Erscheinungen zutage, die den bei den Knaben auftretenden recht ähnlich sind, aber alle unterschieden sie sich doch irgendwie in einer nicht recht ausdrückbaren Weise. So habe ich mich denn trotz mehrfacher Abmahnungen entschlossen, diese Frage in der Schwebe zu lassen und immer nur von Knaben zu sprechen, wo man vielleicht ebensogut Mädchen meinen könnte." (Goldbeck 1926, S. 12). Während Muchow die pädagogische Brauchbarkeit ihrer Studien anstrebte, ging es Goldbeck zunächst um die Vermittlung einer Einsicht, der Einsicht in den tiefen Sinn, der dem übermütigen Treiben der Knaben und, wie der Autor betont, wohl auch der Mädchen innewohne (Goldbeck 1926, S. 113).

Auffällig an diesen Untersuchungen ist die Intention, die Welt des Kindes zu verstehen und als eine von den Erwachsenen und den Jugendlichen unterschiedene, aber nicht minder sinnstiftende und strukturierte Welt aufzufassen. Darüber hinaus sollte aber der durch Beobachtung, Teilnahme und Befragung methodisch gestützte Erkenntnisprozess handlungsleitend für die pädagogische Praxis und hier v.a. für die sozialpädagogische Praxis werden. Insofern erweist sich dieser Diskurs zwar als vom reformpädagogischen Blick auf das Kind geprägt, aber gleichwohl durch empirische Studien über die Lebenswelt des Kindes geerdet. Darüber hinaus zeigt sich die Anlehnung an die psychologische Kinder- und Jugendforschung und die daraus resultierende Anlehnung an entwicklungspsychologische Kriterien.

Hans Thiersch greift das Lebensweltkonzept am Ende des zwanzigsten Jahrhunderts schließlich wieder auf und macht es für die Sozialpädagogik stark (Thiersch 1992; 1995). Während bei Thiersch der Begriff des Leidens von zentraler Bedeutung für den Diskurs über das „Jahrhundert der Sozialpädagogik" ist, scheint für die oben diskutierte Auseinandersetzung über Kinder, Kindheit und Sozialpädagogik (im weitesten Sinne) im ersten Drittel des zwanzigsten Jahrhunderts nicht das Leiden, sondern die Suche nach Sinn und Sinnstrukturen im Fokus der Aufmerksamkeit zu stehen. Bernfeld, Muchow und Goldbeck lesen sich als Versuch, die Spannung zwischen dem modernen Individuum und der modernen Gesellschaft von den subjektiven Sinnkonstruktionen her zu bewältigen. Kinder erscheinen als kompetente Akteure, die ihre Lebenswelt zu gestalten wissen und die darüber hinaus eigene Zeit und Raum – Konstruktionen vornehmen. Muchow fordert unmissverständlich, dass die Fürsorge an diese anknüpfen müsse. Ihre Lesart eines Handelns „vom Kinde aus" könnte aus heutiger Sicht als ein Versuch interpretiert werden, Kinder und Kindheit zwischen Konstruktion und Leiblichkeit zu verorten. Damit löst sie zwar in keiner Weise die Paradoxien der Erziehung und der Generationenverhältnisse in modernen Gesellschaften, was Bernfeld zum Gegenstand seines „Sisyphos" macht. Gleichwohl bietet Muchow heute Anknüpfungspunkte an die nach wie vor virulente Frage nach Raum und Zeit in der generationalen Ordnung, was die heutige Diskussion ihres Ansatzes legitimiert, aber nicht als weiteres Mosaik der Klassikerdebatte in der Sozialpädagogik verstanden werden sollte (vgl. u.a. Fatke 2000; Graf 2000; Kraft 1999; Niemeyer 1998).

6. Übergänge und Modernisierungsphänomene

Böhnisch fordert für eine sozialpädagogisch orientierte Kindheit die Einrichtung von Räumen zum Ausleben der Kindheit, zwar nicht als eng begrenzte pädagogische Schonräume, aber doch als gestaltete Räume, in denen Kinder außerhalb der Familie ihr Eigenleben leben, ihren Eigenwert erfahren und Beziehungen zu Erwachsenen aufbauen können (Böhnisch 1992, S. 147f.). Darüber, wie diese Gestaltung aussehen soll, gibt es keinen umfassenden Konsens. Das, was Kinder und Kindheit bedeuten, hängt mindestens ebenso sehr von persönlichen Erwartungen wie von gesellschaftlichen Interpretationen ab. „Wir müssen zur Kenntnis nehmen, dass es keine einheitliche Auffassung davon gibt, welchen Platz Kinder in der Gesellschaft einnehmen und wie für sie am besten gesorgt ist. Die unterschiedlichen Bedeutungs- und Werttraditionen hinter diesen Kontroversen müssen respektiert werden" (Bundesministerium für Familie, Senioren, Frauen und Jugend 1998, S. 15).

Wenn gegenwärtig der Wandel von Kindheit charakterisiert wird, dann geschieht dies zumeist durch den Blick auf die veränderten Bedingungen des Aufwachsens. In diesem Sinn wird Kindheit heute gerne als verhäuslichte, verinselte, mediatisierte, institutionalisierte oder individualisierte Kindheit beschrieben (vgl. u.a. Geulen 1989; Zeiher/Zeiher 1994) und im Kontext einer Pluralisierung der Lebenslagen und Individualisierung der Lebensformen typisiert (8. Jugendbericht).

Die Vorstellungen über ein „normales Kinderleben", über „normale Kindheiten" einer Gesellschaft verhindern allzu oft den Blick auf die Heterogenität von Lebensverhältnissen, auf die Unterschiede von Jungen- und Mädchenkindheit, auf die Situation von Kindern aus Zuwandererfamilien oder auf die von Kindern aus von Armut betroffenen Familien. Zudem ist zu berücksichtigen, dass auch in Zukunft die elterliche Fürsorge als Garantie für gelungene Integration in die Gesellschaft nicht ausreicht, sondern Kinder und auch ihre Eltern Unterstützung benötigen. Insofern fordern die Verfasserinnen und Verfasser des zehnten Kinder- und Jugendberichts eine gerechte „Kultur des Aufwachsens", in der nicht zuletzt die Kinder- und Jugendhilfe eine zentrale Rolle spielt.

Zu fragen wäre, wie zukünftig eine sozialpädagogisch orientierte Diskussion die Gestaltung der Kindheitsräume und -zeiten konzeptualisiert und wie sich die Konzepte in der sozialen Praxis niederschlagen. Zudem bleibt Honigs Frage, wie der Besonderheit von Kindern als Kinder und der Gleichheit von Kindern als Menschen gerecht zu werden ist, relevant und muss nicht zuletzt auch aus einem sozialpädagogischen Blickwinkel heraus betrachtet werden (Honig 1999).

Können wir auf den Anspruch, Kindern unterschiedlichen Alters, Säuglingen, Klein-, Vorschul- und Grundschulkindern, Zeit zu gewähren und Räume zu öffnen, für ihr Menschsein als Kindsein, ernsthaft verzichten? Oder anders gefragt: Bleiben wir hoffnungslos dem Mythos des heiligen Kindes, der romantischen Sehnsucht nach Unschuld und Schutz und der eigenen, seit Kindertagen erfahrenen Triebunterdrückung verhaftet, wenn wir auch im 21. Jahrhundert Kindheit als Moratorium diskutieren? Hier wird die These vertreten, dass wir weiterhin gehalten sind, wie Brumlik es für die Gerechtigkeit zwischen den Generationen formulierte, die Neuankömmlinge zum Bleiben zu bewegen und durchaus im Sinne einer advokatorischen Ethik zu handeln (Brumlik 1992; 1995). Zu fragen wäre dann jedoch, ob wir den Paradoxien moderner Erziehung entkommen können, die Ambivalenz von Moratoriumskonzepten aushalten und ob es gelingt, Kindheit so zu gestalten, dass nicht nur Pädagogisierung und Isolierung im Vordergrund stehen. Eine sozialpädagogisch anspruchsvolle Theorie der Kindheit kommt jedenfalls nicht darum herum, auch nach Gerechtigkeit und Glück in der generationalen Ordnung des Sozialen zu fragen. Sie könnte diese Anfrage nicht zuletzt wiederum mit Bezug auf Rousseau und dessen Polemik gegen die korrupte Gesellschaft stellen. Kindheit als Moratorium zu konzipieren, schließt die Akzeptanz des Kindes als Subjekt, als kompetenten Akteur, keineswegs aus, vielmehr ist zu überlegen, ob das Konzept nicht sogar die Anerkennung der Einzigartigkeit des Kindes voraussetzt. Honig stellt die Anerkennung von Kindern als Akteuren zu Recht in einen politischen Kontext und artikuliert die darin verborgene Forderung, Kinder als Seiende auch politisch in ihrer Kompetenz anzuerkennen. Dies korrespondiert mit dem Zugang der sozialwissenschaftlichen Kindheitsforschung, die an Kindern eben nicht als zukünftige Erwachsene interessiert ist, sondern nach den „Personen aus eigenem Recht" fragt (Honig 1999, S. 157ff.). Die wissenschaftlichen Konsequenzen liegen u.a. in der Methodik, die politischen in Fragen der Partizipation von Kindern an öffentlichen, sie betreffenden Entscheidungen.

Kindheit neu zu denken, hieße demnach, historische Mythenbildung zu entlarven, sozialgeschichtlich zu argumentieren, das Generationenverhältnis angesichts moderner Widersprüchlichkeiten gegebenenfalls neu zu rahmen und dabei den Zusammenhang von Leiblichkeit und Konstruktion zu beachten. Kinder neu zu denken, erfordert die Bereitschaft und Fähigkeit, ihre Kompetenzen anzuerkennen und zu fördern, ohne ihr Anrecht auf Zeit und Raum zu ignorieren.

Literatur zur Vertiefung

Baader, Meike Sophia/Jacobi, Juliane/Andresen, Sabine (Hrsg.) (2000): Ellen Keys reformpädagogische Vision. „Das Jahrhundert des Kindes" und seine Wirkung. Weinheim/Basel.
Honig, Michael-Sebastian (1999): Entwurf einer Theorie der Kindheit. Frankfurt/M.
Böhnisch, Lothar (1997): Sozialpädagogik der Lebensalter. Eine Einführung. Weinheim/München.

Literatur

Alanen, Leena (1997): Soziologie der Kindheit als Projekt: Perspektiven für die Forschung. In: Zeitschrift für Soziologie der Erziehung und Sozialisation 17, S. 162-177.
Ament, Wilhelm (1906): Die Seele des Kindes. Eine vergleichende Lebensgeschichte. Stuttgart.
Andresen, Sabine (1994): Ellen Key – Pädagogin und Frauenrechtlerin zwischen Tradition und Moderne. In: neue praxis. Zeitschrift für Sozialarbeit, Sozialpädagogik und Sozialpolitik, Heft 3, S. 249-262.
Andresen, Sabine (1997): Mädchen und Frauen in der bürgerlichen Jugendbewegung. Soziale Konstruktion von Mädchenjugend. Neuwied/Berlin.
Andresen, Sabine (1998): Die Umkehrung der Generationen- und Geschlechterverhältnisse für die Vervollkommnung des Menschengeschlechts. In: engagement. Zeitschrift für Erziehung und Schule. Heft 4. Das Jahrhundert des Kindes – am Ende? Ellen Key und der pädagogische Diskurs: eine Revision, S. 206-227.
Andresen, Sabine (2000a): „Das Jahrhundert des Kindes" als Vergewisserung. Ellen Keys Echo im pädagogischen Diskurs der Moderne. In: Zeitschrift für Soziologie der Erziehung und Sozialisation. Heft 1, S. 22-39.

Andresen, Sabine (2000b): „Die Kindheit im Sozialismus ist eine glückliche Zeit." Vom Wandel des Kindheitskonzeptes in der DDR und seiner Bedeutung für sozialpädagogisches Denken. In: neue praxis. Zeitschrift für Sozialarbeit, Sozialpädagogik und Sozialpolitik. Heft 2, S. 120-134.

Andresen, Sabine/Baader, Meike Sophia (1998): Wege aus dem Jahrhundert des Kindes. Tradition und Utopie bei Ellen Key. Neuwied/Kriftel.

Ariès, Philippe (1992): Geschichte der Kindheit. München.

Baader, Meike Sophia (1996): Die romantische Idee des Kindes und der Kindheit. Auf der Suche nach der verlorenen Unschuld. Neuwied/Kriftel/Berlin.

Baader, Meike Sophia/Jacobi, Juliane/Andresen, Sabine (Hrsg.) (2000): Ellen Keys reformpädagogische Vision. „Das Jahrhundert des Kindes" und seine Wirkung. Weinheim/Basel.

Becchi, Egle/Julia, Dominique (1998): Histoire de l'enfance en Occident. Du XVIIIe siècle à nos jours. Paris.

Becker-Schmid, Regina/Knapp, Gudrun Axeli (Hrsg.) (1995): Das Geschlechterverhältnis als Gegenstand der Sozialwissenschaften. Frankfurt/M./New York.

Bernfeld, Siegfried (1991): Theorie des Jugendalters. Schriften 1914-1938. In: Sämtliche Werke Band 1. Hg. von Ulrich Herrmann. Weinheim/Basel.

Bernfeld, Siegfried (1994): Jugendbewegung und Jugendforschung. Schriften 1909-1930. In: Sämtliche Werke Bd. 2. Hg. von Ulrich Herrmann. Weinheim/Basel.

Bernfeld, Siegfried (1996): Sozialpädagogik. Schriften 1921-1933. In: Sämtliche Werke Bd. 11. Hg. von Ulrich Herrmann. Weinheim/Basel.

Bernfeld, Siegfried (1996/1921): Kinderheim Baumgarten – Bericht über einen ernsthaften Versuch mit neuer Erziehung. In: Sämtliche Werke, Bd. 11, S. 9-157.

Bernfeld, Siegfried (1996/1926): Gibt es eine Altersgrenze für „Schwererziehbarkeit"? In: Sämtliche Werke, Bd. 11, S. 169-173.

Böhnisch, Lothar (1992): Sozialpädagogik des Kindes- und Jugendalters. Eine Einführung. Weinheim/München.

Böhnisch, Lothar (1997): Sozialpädagogik der Lebensalter. Eine Einführung. Weinheim/München.

Breidenstein, Georg/Kelle, Helga (1998): Geschlechteralltag in der Schulklasse. Ethnographische Studien zur Gleichaltrigenkultur. Weinheim/München.

Brumlik, Micha (1992): Advokatorische Ethik. Zur Legitimation pädagogischer Eingriffe. Bielefeld.

Brumlik, Micha (1995): Gerechtigkeit zwischen den Generationen. Berlin.

Brumlik, Micha (2000): Pädagogik des Perfektionismus: Ellen Key. In: Baader u.a.: Ellen Keys reformpädagogische Vision, S. 42-54.

Bühler-Niederberger, Doris/Hungerland, Beatrice/Bader, Arnd (1999): Minorität und moralische Instanz – der öffentliche Entwurf von Kindern. In: Zeitschrift für Soziologie der Erziehung und Sozialisation, Heft 2, S. 128-150.

Bundesministerium für Familie, Senioren, Frauen und Jugend (1998): Zehnter Kinder- und Jugendbericht. Bericht über die Lebenssituation von Kindern und die Leistungen der Kinderhilfen in Deutschland. Bonn.

Bundesministerium für Familie, Senioren, Frauen und Jugend (1994): Neunter Jugendbericht. Bericht über die Situation der Kinder und Jugendlichen und die Entwicklung der Jugendhilfe in den neuen Bundesländern. Bonn.

Busemann, Adolf (1931/1950): Pädagogische Jugendkunde. Eine Einführung. Frankfurt/M./Bonn.

Butler, Judith (1991): Das Unbehagen der Geschlechter. Frankfurt/M.

Dudek, Peter (1990): Jugend als Objekt der Wissenschaften. Geschichte der Jugendforschung in Deutschland und Österreich. Opladen.

Fatke, Reinhard (2000): Der „Heros makelloser Menschenliebe" und die „schmuddelige Lebenswelt". Pestalozzi und die heutige sozialpädagogische Theoriebildung. In: Neue Pestalozzi Blätter. Zeitschrift für pädagogische Historiographie. Heft 1, S. 9-17.
Geulen, Dieter (Hrsg.) (1989): Kindheit. Neue Realitäten und Aspekte. Weinheim.
Gläser, Johannes: Vom Kinde aus. In: Gläss, Theo (Hrsg.): „Pädagogik vom Kinde aus". Aufsätze Hamburger Lehrer. Weinheim o.J.
Goldbeck, Ernst (1926): Die Welt des Knaben. Berlin.
Graf, Martin (2000): Der Blick vom Diwan aufs Baugerüst. Zum Bedürfnis nach Klassikern in der Sozialpädagogik. In: Neue Pestalozzi Blätter. Zeitschrift für pädagogische Historiographie. Heft 1, S. 17-25.
Grundwald, Klaus/Ortmann, Friedrich/Rauschenbach, Thomas/Treptow, Rainer (Hrsg.) (1996): Alltag, Nicht-Alltägliches und die Lebenswelt. Beiträge zur lebensweltorientierten Sozialpädagogik. Weinheim/München.
Gstettner, Peter (1981): Die Eroberung des Kindes durch die Wissenschaft. Aus der Geschichte der Disziplinierung. Reinbek.
Herrmann, Ulrich (1987): „Neue Schule" und „Neue Erziehung" – „Neue Menschen" und „Neue Gesellschaft". Pädagogische Hoffnungen nach dem ersten Weltkrieg in Deutschland. In: Ders. (Hrsg.): „Neue Erziehung" „Neue Menschen". Erziehung und Bildung zwischen Kaiserreich und Diktatur. Weinheim/Basel, S. 11-35.
Hetzer, Hildegard (1932): Kindheit und Armut. Leipzig.
Hetzer, Hildegard (1948): Kind und Jugendlicher in der Entwicklung. Hannover.
Higonnet, Anne (1998): Pictures of Innocence. The History and Crisis of Ideal Childhood. London.
Hobsbawm, Eric (1995): Das Zeitalter der Extreme. Weltgeschichte des 20. Jahrhunderts. München.
Honegger, Claudia (1991): Die Ordnung der Geschlechter. Die Wissenschaft vom Menschen und das Weib. Frankfurt/M./New York.
Honig, Michael-Sebastian (1996): Normative Implikationen der Kindheitsforschung. In: Zeitschrift für Soziologie der Erziehung und Sozialisation. Heft 1, S. 9-25.
Honig, Michael-Sebastian (1999): Entwurf einer Theorie der Kindheit. Frankfurt/M.
Honig, Michael-Sebastian (2000): Sind Kinder Subjekte? Ellen Keys doppelte Erbschaft in der Kindheitsforschung. In: Baader u.a.: Ellen Keys reformpädagogische Vision, S. 251-273.
Honig, Michael-Sebastian/Lange, Andreas/Leu, Hans Rudolf (Hrsg.) (1999): Aus der Perspektive von Kinder? Zur Methodologie der Kindheitsforschung. Weinheim/München.
Horkheimer, Max/Adorno, Theodor W. (1981): Dialektik der Aufklärung. Philosophische Fragmente. Frankfurt/M.
Hörster, Reinhard/Müller, Burkhard (Hrsg.) (1992): Jugend, Erziehung und Psychoanalyse. Zur Sozialpädagogik Siegfried Bernfelds. Neuwied/Berlin/Kriftel.
Keim, Wolfgang (2000): Die Eliminierung „rassisch" unerwünschter Kinder im „Jahrhundert des Kindes" – Rückfragen an die deutsche Pädagogik. In: Lingelbach, Karl-Christoph/Wolfgang Keim (Hrsg.): Das Jahrhundert des Kindes? Jahrbuch für Pädagogik 1999, S. 55-83.
Kelle, Helga (1999): Geschlechterterritorien. Eine ethnographische Studie über Spiele neun- bis zwölfjähriger Schulkinder. In: Zeitschrift für Erziehungswissenschaft, Heft 2, S. 211-229.
Key, Ellen (1992/1902): Das Jahrhundert des Kindes. Studien. Neu herausgegeben mit einem Nachwort von Ulrich Herrmann. Weinheim/Basel.

Kirchhöfer (2000): Kindheit als soziale Bewegungsform. Widersprüche in der sozialen Konstruktion von Kindheit in der DDR. In: Jahrbuch für Pädagogik 1999. Das Jahrhundert des Kindes? Redaktion: K.-Ch. Lingelbach/H. Zimmer. Frankfurt/M./Berlin/Bern/Bruxelles/New York/Wien, S. 247-267.
Kohli, Martin (Hrsg.) (1978): Soziologie des Lebenslaufs. Darmstadt/Neuwied.
Kraft, Volker (1999): Erziehung im Schnittpunkt von Allgemeiner Pädagogik und Sozialpädagogik. In: Zeitschrift für Pädagogik, Heft 4, S. 531-547.
Langeveld, Martinuns J. (1956): Studien zur Anthropologie des Kindes. Tübingen.
Lenzen, Dieter (1985): Mythologie der Kindheit. Die Verewigung des Kindlichen in der Erwachsenenkultur. Reinbek.
Lepp, Nicola/Roth, Martin/Vogel, Klaus (Hrsg.) (1999): Der Neue Mensch. Obsessionen des 20. Jahrhunderts. Katalog zur gleichnamigen Ausstellung im Deutschen Hygiene Museum Dresden vom 22. April bis 8. August 1999.
Lichtblau, Klaus (1996): Kulturkrise und Moderne um die Jahrhundertwende. Zur Genealogie der Kultursoziologie in Deutschland. Frankfurt/M.
Lippitz, Wilfried (1999): Selbstständige Kinder im Kontext ihrer Lebenswelten. Phänomenologisch-pädagogische und sozialwissenschaftliche Interpretationen. In: Seibert, Norbert (Hrsg.): Kindliche Lebenswelten. Eine mehrperspektivische Annäherung. Bad Heilbrunn, S. 65-103.
Lippitz, Wilfried/Meyer-Drawe, Käte (Hrsg.) (1984): Kind und Welt. Phänomenologische Studien zur Pädagogik. Königstein/Ts.
Meyer-Drawe, Käte/Waldenfels, Bernhard (1988): Das Kind als Fremder. Vierteljahresschrift für wissenschaftliche Pädagogik, 64, S. 271-287.
Mittendorf, Fr. (1906): Pädagogischer Frühling. Braunschweig.
Moravia, Sergio (1989): Beobachtende Vernunft. Philosophie und Anthropologie in der Aufklärung. Frankfurt/M.
Moravia, Sergio (1996): Der Aufschwung der Humanwissenschaften im 18. Jahrhundert. In: Hager, Fritz-Peter/Tröhler, Daniel (Hrsg.): Pestalozzi – wirkungsgeschichtliche Aspekte. Dokumentationsband zum Pestalozzi-Symposium 1996. Bern/Stuttgart/Wien, S. 143-165.
Muchow, Martha (1949): Aus der Welt des Kindes. Beiträge zum Verständnis des Kindergarten- und Grundschulalters. Mit einem Lebensbild Martha Muchows von Elfriede Strnad. Ravensburg.
Muchow, Martha/Muchow, Hans Heinrich (1935/1998): Der Lebensraum des Großstadtkindes. Neuherausgabe mit biographischem Kalender und Bibliographie Martha Muchow. Herausgegeben und eingeleitet von Jürgen Zinnecker. Weinheim/München.
Müller, Burkhard (1992): Sisyphos und Tantalus – Bernfelds Konzept des „Sozialen Ortes" und seine Bedeutung für die Sozialpädagogik. In: Hörster/Müller, Jugend, Erziehung, S. 59-75.
Neubauer, Georg/Sünker, Heinz (Hrsg.) (1993): Kindheitspolitik international. Opladen.
Niemeyer, Christian (1998): Klassiker der Sozialpädagogik. Einführung in die Theoriegeschichte einer Wissenschaft. Weinheim/München.
Oelkers, Jürgen (1983): Rousseau und die Entwicklung des Unwahrscheinlichen im pädagogischen Denken. In: Zeitschrift für Pädagogik 30, Heft 5, S. 801-816.
Peukert, Detlev J. K. (1986): Grenzen der Sozialdisziplinierung. Aufstieg und Krise der deutschen Jugendfürsorge 1878 bis 1932. Köln.
Plewig, Hans (1994): Das „Kindeswohl". Grenzen der Sozialdisziplinierung durch Kindesrechte. In: Steindorff, Caroline (Hrsg.): Vom Kindeswohl zu den Kinderrechten. Neuwied/Berlin/Kriftel, S. 7-19.
Preyer, Wilhelm (1881/1989): Die Seele des Kindes. Beobachtungen über die geistige Entwicklung des Menschen in den besten Lebensjahren. Leipzig.

Renner, Erich (Hrsg.): Kinderwelten. Pädagogische, ethnologische und literaturwissenschaftliche Annäherungen. Weinheim 1995.
Richter, Dieter (1987): Das fremde Kind. Zur Entstehung der Kindheitsbilder des bürgerlichen Zeitalters. Frankfurt/M.
Rohrscheidt, Kurt v. (1903): Kinderschutzgesetz. Berlin.
Rousseau, Jean-Jacques (1985): Emil oder über die Erziehung. Paderborn.
Rowe, David C. (1997): Genetik und Sozialisation. Die Grenzen der Erziehung. Weinheim.
Schellenbaum, Peter (1996): Die Spur des verborgenen Kindes. Heilung aus dem Ursprung. Hamburg.
Scholz, Gerold (1994): Die Konstruktion des Kindes. Über Kinder und Kindheit. Opladen.
Schröer, Wolfgang (1999): Sozialpädagogik und die soziale Frage. Der Mensch im Zeitalter des Kapitalismus um 1900. Weinheim/München.
Schultheis, Klaudia (1998): Leiblichkeit – Kultur – Erziehung. Zur Theorie der elementaren Erziehung. Weinheim.
Scupin, Ernst und Gertrud (1907): Bubi's erste Kindheit. Ein Tagebuch. Leipzig.
Sünker, Heinz (1991): Das Kind als Subjekt. Notizen zu Kindheit und Kinderleben heute. In: Widersprüche, Heft 38, S. 7-20.
Tenorth, Heinz-Elmar (2000): Natur als Argument in der Pädagogik des zwanzigsten Jahrhunderts. In: Baader u.a.: Ellen Keys reformpädagogische Vision, S. 301-323.
Thiersch, Hans (1992): Lebensweltorientierte Soziale Arbeit. Aufgaben der Praxis im sozialen Wandel. Weinheim/München.
Thiersch, Hans (1995): Lebenswelt und Moral. Beiträge zur moralischen Orientierung Sozialer Arbeit. Weinheim/München.
Tröhler, Daniel (1999): Rousseaus Problem von Mensch- oder Bürgerbildung und die pädagogische Implikation in Pestalozzis „Nachforschungen". In: Ders. (Hrsg.): Pestalozzis „Nachforschungen" II: kontextuelle Studien. Tagungsakten des interdisziplinären Kolloquiums am Pestalozzianum im April 1998. Bern/Stuttgart/ Wien.
Uhlendorff, Uwe (2000): Auf der Suche nach einem Verhältnis von Öffentlich und Privat. Jugendfürsorgeleitbilder im Wilhelminischen Reich. In: neue praxis. Zeitschrift für Sozialarbeit, Sozialpädagogik und Sozialpolitik. Heft 2, S. 155-166.
Ullrich, Heiner (1999): Das Kind als schöpferischer Ursprung. Studien zur Genese des romantischen Kindbildes und zu seiner Wirkung auf das pädagogische Denken. Bad Heilbrunn/OBB.
Waksler, Frances C. (1991): Studying the social worlds of children. In: Sociological readings. London u.a.
Wittels, Fritz (1927): Die Befreiung des Kindes. Stuttgart/Berlin/Zürich.
Zeiher, Hartmut/Zeiher, Helga (1994): Orte und Zeiten der Kinder. Soziales Leben im Alltag von Großstadtkindern. Weinheim.
Zeiher, Helga/Büchner, Peter/Zinnecker, Jürgen (Hrsg.) (1996): Kinder als Außenseiter? Umbrüche in der gesellschaftlichen Wahrnehmung von Kindern und Kindheit. Weinheim/München.
Zitelmann, Maud (2000): Das „Wohl des Kindes" – Zur Entwicklung des Kindschaftsrechts im zwanzigsten Jahrhundert. In: Baader u.a.: Ellen Keys reformpädagogische Vision, S. 234-251.

Jörg Maywald

Kleinkinder

Zusammenfassung: Kinder sind von Geburt an eigenständige Subjekte mit spezifischen Kompetenzen. Die Erfüllung von Grundbedürfnissen in körperlicher, geistig-seelischer und sozialer Hinsicht ist überlebenswichtig. Bei der Reifung und Entwicklung des Kindes spielen Veranlagung und Umwelt eine komplementäre Rolle. Eine positive sozial-emotionale Entwicklung hängt entscheidend davon ab, ob Sicherheits- oder Bindungsbedürfnisse und Erkundungs- oder Autonomiebestrebungen gleichermaßen und ausgewogen befriedigt und unterstützt werden. Der Ausbau und die Qualifizierung vorschulischer familienergänzender Tageseinrichtungen zu einem hochwertigen Bestandteil des Bildungssystems bleibt eine bisher unerfüllte Aufgabe. Eltern mit kleinen Kindern brauchen eine familienfreundliche Infrastruktur und leicht erreichbare Beratungs- und Unterstützungsangebote, die interdisziplinär orientiert sind.

Frühe Kindheit (Early Childhood) bezeichnet den Lebensabschnitt von der Geburt bis zum Eintritt in die Schule, in etwa also die ersten sechs Lebensjahre. Unterteilt werden kann diese Zeitspanne in das Säuglingsalter (1. Lebensjahr), das Kleinkindalter (2. und 3. Lebensjahr) und das Kindergartenalter (4. bis 6. Lebensjahr).

Das erste bis dritte Jahr galt lange Zeit als kinderärztliche Domäne. Aus dieser Zeit stammt die bisweilen noch gebräuchliche Gleichsetzung von früher Kindheit mit den ersten drei Lebensjahren. Etwa seit Beginn der 1990er Jahre wurden die Erkenntnisse aus Neurobiologie, Pädiatrie und Kinderpsychiatrie, Entwicklungspsychologie, Psychoanalyse, Kleinkindpädagogik und Soziologie immer mehr vernetzt. Mit der zunehmenden Kooperation der unterschiedlichen Disziplinen hat sich das Bild des kleinen Kindes in der Wissenschaft und auch im Alltagsbewusstsein stark verändert.

Besonders markant ist der damit verbundene Paradigmenwechsel in dem Begriff des *„kompetenten Säuglings"* (*Dornes* 1993) ausgedrückt worden. Bis in die 1980er Jahre hinein dominierte ein Bild des Säuglings als hilflospassives, undifferenziertes, von Reizschranke und autistischer Schale abgeschirmtes und allein seinen Trieben ausgeliefertes Wesen, das überwiegend mit der Wahrnehmung innerer Zustände beschäftigt und zu bedeutsamen Sinneswahrnehmungen und differenziertem Gefühlsausdruck nicht fähig sei (vgl. Spitz 1965). In der Entwicklungstheorie von Mahler (1983) wurde das Neugeborene als autistisch, ab vier bis sechs Wochen als symbiotisch bezeichnet. Durch verbesserte Beobachtungstechniken wie z.B. videogestützte Analysen konnte jedoch gezeigt werden, dass der Säugling bereits unmittelbar nach der Geburt lern- und interaktionsbreit ist, Neugierverhalten zeigt und sich als eigenständiges Gegenüber positioniert, „das aktiv mit allen Sinnen nach angemessen strukturierten Anregungen in seiner Umwelt sucht und mit seinem Verhalten auf die Umwelt Einfluss nimmt" (*Papousek* 1994, S. 15).

Auch in anderen Disziplinen hat sich das Wissen um die frühe Kindheit revolutioniert. In der Neurobiologie wurde lange angenommen, dass die Gehirnstrukturen des Menschen mit der Geburt genetisch determiniert und damit unveränderbar seien. Moderne bildgebende Verfahren wie die Positron-Emmissions-Tomographie (PET), mit der neuronale Verknüpfungen sichtbar gemacht werden können, haben demgegenüber gezeigt, dass Umwelteinflüsse Bau und Funktion des Gehirns direkt beeinflussen. Eines der wichtigsten neuen Schlagworte in diesem Zusammenhang heißt *„neuronale Plastizität"*, derzufolge sich sämtliche Nervengewebe in ihren Verknüpfungen reaktiv auf innere und äußere Signale verändern: „So zeigen persönliche Erlebnisse, Eindrücke, Gefühle – wie Sicherheit und Geborgenheit oder Angst und Verlassenheit – ihre Spuren im Substrat des Gehirns. Das Gehirn ist also nicht mit einer Kamera zu vergleichen, welche einfache Umweltinformationen abbildet, sondern das Gehirn rekonstruiert seine Vernetzungsstruktur nach den Phänomenen, die erkannt und wiedererkannt werden. Das Gehirn ist also eine Art Interpretationssystem, das aus der Fülle von Außenreizen Informationen schafft und weiterverarbeitet. (...) Je häufiger ein bestimmtes *neuronales Aktivierungsmuster* auftritt, desto dauerhafter wird die innere Repräsentation desselben. Neurobiologische Prozesse stehen also mit psychosozialen Prozessen in kontinuierlicher Wechselbeziehung" (Resch 1999b, S. 13).

In der Pädiatrie haben nach dem Rückgang aufgrund verbesserter Impfmöglichkeiten der klassischen kindbezogenen Infektionskrankheiten die so genannten neuen Kinderkrankheiten an Bedeutung gewonnen. *Regulationsstörungen* (exzessives Schreien, Schlaf- und Essstörungen), chronische Erkrankungen, Verhaltensauffälligkeiten, psychosomatische Beschwerden, umweltbedingte Krankheiten (z.B. Allergien) und psychosoziale Anliegen werden in der Praxis des Kinderarztes immer wichtiger. Individualmedizinisches Arbeiten und eine nur organbezogene Sichtweise des Kindes sind an ihre Grenzen gestoßen. Präventive Schwerpunktsetzung, sozialpädiatrische Öffnung, interdisziplinäre Zusammenarbeit sowie die Orientierung hin auf „Public Health" und eine sich entwickelnde Gesundheitswissenschaft (vgl. von Voss 1999) sind die neuen Herausforderungen in der Kinderheilkunde.

Auch in der Kleinkindpädagogik haben sich die Perspektiven verschoben. Während das Kind im vorschulischen Alter lange Zeit vor allem als Objekt von Erziehung und Betreuung gesehen wurde, rückt nunmehr die *Selbstbildung des Kindes* von Geburt an in den Mittelpunkt des Interesses. Bildung wird dabei in einem umfassenden Sinne auf die emotionale, kognitive und soziale Entwicklung bezogen, als „Konstruktionsprozess des Kindes, in dessen Verlauf das Kind Welt- und Selbstkenntnisse erwirbt" (Laewen

1997, S. 3). Die Rolle der Pädagog(inn)en besteht in dieser Perspektive nicht mehr in erster Linie darin, dem Kind „richtiges Verhalten" beizubringen, sondern ihre Aufgabe ist es, die Welterkundung der Kinder zu ermöglichen, sie in ihrem Forschungsdrang zu begleiten und zu unterstützen und die dabei auftauchenden Themen zu erweitern.

Schließlich hat die neue Sichtweise der frühen Kindheit sich auch in einer Veränderung der rechtlichen Position des jungen Kindes niedergeschlagen. Die beinahe weltweit gültige und von Deutschland 1992 ratifizierte UN-Kinderrechtskonvention verpflichtet die Vertragsstaaten, allen Kindern unabhängig von ihrem Alter umfassende Schutz-, Förderungs- und Beteiligungsrechte zu garantieren. Seit den 1960er Jahren gehört es zur ständigen Rechtsprechung des Bundesverfassungsgerichts, Kinder von Geburt an uneingeschränkt als Grundrechtsträger anzuerkennen.

Am Beginn des 21. Jahrhunderts ist die Vorstellung, Kinder als noch nicht vollwertige Menschen anzusehen, unhaltbar geworden. Kinder in den ersten Lebensjahren sind Menschen in einer sensiblen Entwicklungsphase, die des besonderen Schutzes und der Förderung bedürfen. Zugleich sind sie eigenständige Subjekte, die ihre spezifischen Kompetenzen und Potentiale in die menschliche Gemeinschaft einbringen. Janusz Korczak hat diese neue Sicht des Kindes bereits vor mehr als fünfzig Jahren prägnant zusammengefasst: „Das Kind wird nicht erst ein Mensch, es ist schon einer."

Grundbedürfnisse (Basic needs of children)

Für die körperliche und seelische Gesundheit kleiner Kindheit ist die Befriedigung elementarer Bedürfnisse unabdingbar. Zusammengefasst werden diese *Grundbedürfnisse* im Begriff des *Kindeswohls*, der sich wiederum von der Menschenwürde des Kindes und seiner besonderen Schutzbedürftigkeit ableiten lässt. Erste Versuche einer Konkretisierung des Kindeswohlbegriffs sind in der Kindeswohl-Trilogie von Goldstein, Freud und Solnit (1974, 1982, 1988) zu finden. Orientiert an den basalen Entwicklungsbedürfnissen kleiner Kinder erarbeiteten sie interdisziplinäre Kriterien für die Bestimmung der am wenigsten schädlichen Alternative zum Schutz von Wachstum und Entwicklung des Kindes. Zu den grundlegenden Bedürfnissen rechnen sie Nahrung, Schutz und Pflege, intellektuelle Anregungen und Hilfe beim Verstehen der Innen- und Außenwelt. Außerdem brauche das Kind Menschen, die seine positiven Gefühle empfangen und erwidern und sich seine negativen Äußerungen und Hassregungen gefallen lassen. Sein Selbstgefühl und seine Selbstsicherheit im späteren Leben bleibe abhängig von seiner Stellung innerhalb der Familie, d.h. von dem Gefühl geschätzt, anerkannt und als vollwertiges Familienmitglied betrachtet zu werden.

Von Fegert (1999) stammt der Versuch, die in der UN-Kinderrechtskonvention formulierten Normen in sechs große Bedürfnisbereiche (Basic needs of children) zu übersetzen und die negativen Folgen bei deren Nichtbeachtung zu beschreiben. Hierzu gehören (1) Liebe, Akzeptanz und Zuwendung: Der Mangel an emotionaler Zuwendung kann zu schweren körperlichen und psychischen *Deprivationsfolgen* bis hin zum psychosozialen Minderwuchs und „failure to thrive" (nicht organisch bedingten Gedeihstörungen) führen; (2) Stabile Bindungen: Bindungsstörungen zeigen sich bei kleinen Kindern zunächst in Auffälligkeiten der *Nähe-Distanz-Regulierung* und können später zu massiven Bindungsstörungen führen; (3) Ernährung und Versorgung: als Folgen einer Mangel- oder Fehlernährung treten Hunger, Gedeihstörungen und langfristig körperliche sowie kognitive Entwicklungsbeeinträchtigungen auf; (4) Gesundheit: Mängel im Bereich der Gesundheitsfürsorge führen zu vermeidbaren Erkrankungen mit unnötig schwerem Verlauf, z.B. infolge von Impfmängeln, Defektheilungen etc.; (5) Schutz vor Gefahren von materieller und sexueller Ausbeutung: psychisch können diese Belastungen zu Anpassungs- bzw. *posttraumatischen Störungen* führen, die durch eine Fülle von Symptomen und teilweise langfristige Erkrankungsverläufe gekennzeichnet sind; (6) Wissen, Bildung und Vermittlung hinreichender Erfahrung: Mängel in diesen Bereichen führen zu Entwicklungsrückständen bis hin zu Pseudodebilität (vgl. Fegert 1999, S. 326f.).

Die hier beschriebenen Grundbedürfnisse stehen nicht gleichwertig nebeneinander, sondern lassen sich nach Maslow (1978) in dem Bild einer Bedürfnispyramide hierarchisch beschreiben. Am Fuße der Pyramide stehen die unmittelbar zum Überleben notwendigen Bedürfnisse nach Versorgung, Ernährung usw. Darauf aufbauend folgen der Schutz vor Gefahren und das Bedürfnis nach Gesundheit, die Erfüllung von Kontakt- und Bindungswünschen und schließlich das Bedürfnis nach Bildung und hinreichender Anregung.

Reifung, Entwicklung und Erfahrung

Veranlagung und Umwelt spielen bei der Reifung und Entwicklung des Kindes eine komplementäre Rolle. Die in den rund 30.000 menschlichen Genen enthaltenen Informationen legen körperliche und psychische Merkmale wie Körpergröße, Haarfarbe, aber auch sprachliche und motorische Fähigkeiten in groben Zügen fest. Dieses Erbgut, welches das Kind zu gleichen Teilen von Mutter und Vater erhält, schafft die Voraussetzungen, dass ein Kind entstehen kann und ist verantwortlich für den Entwicklungsplan. Das Erbgut allein vermag jedoch kein menschliches Lebewesen hervorzubringen. Dazu bedarf es einer fördernden Umwelt und insbesondere der Eltern.

Besonders eindrucksvoll ist das Zusammenspiel von anlagenbedingter Reifung und Umwelterfahrung bei der Entwicklung des Gehirns. Zum Zeitpunkt der Geburt sind die etwa 100 Milliarden Nervenzellen des Gehirns bereits durch mehr als 50 Billionen Verbindungen (Synapsen) verknüpft. Die genetischen Informationen haben dafür gesorgt, dass die Grundverknüpfungen festgelegt sind: Sie haben die Verbindungen im Hirnstamm gebildet, die das Herz schlagen und die Lunge atmen lassen. In den ersten Lebensmonaten vervielfältigt sich die Zahl der Synapsen etwa um das 20fache auf mehr als 1.000 Billionen. Die Herstellung dieser enormen Anzahl neuer Verbindungen geht auf die „Lebenserfahrung des Säuglings" (*Stern* 1992) zurück – all den Signalen, die ein Baby aus seiner Umwelt erhält. „Ein Geheimnis der natürlichen Voraussetzungen des Menschen liegt darin, dass das Gehirn hochindividuell in Bau und Funktion die Geschichte eines Lebens widerspiegelt. Das Gehirn folgt in seinem grundsätzlichen Bauplan genetischen Informationen. Die Architektur ist genetisch vorprogrammiert, aber die Realisierung dieses Bauplans geschieht unter dem Einfluss des Baumeisters Leben, wobei bereits Einflüsse im Mutterleib über Ernährungsfaktoren, Giftstoffe, Infektionen und Hormone den Bauplan modifizieren können. Die Nervenzellen bilden funktionelle Systeme, die Informationen aus der Außenwelt sowie der Innenwelt des Körpers (z.B. hormonelle Signale) registrieren, verarbeiten, und speichern. Neuronen verbinden sich zu Netzwerken, verschiedene Netzwerke bilden übergeordnete Systeme, die wiederum Kooperativität zeigen, um spezifische Funktionsleistungen zu ermöglichen" (Resch 1999a, S. 7).

Die Formung des kindlichen Gehirns durch Umwelteinflüsse ist jedoch nicht beliebig möglich, da das Gehirn kritische Entwicklungsabschnitte durchläuft, in denen es auf spezifische Formen der Reizbeeinflussung angewiesen ist, um Fähigkeiten wie Gestaltwahrnehmung, Sprache, Muskelkontrolle und logisches Denken ausbilden zu können. Entscheidend für eine optimale Entwicklung ist daher die *altersgemäße Passung* zwischen dem Kind und seiner Umwelt. *Largo* (1999) hat das Ziel einer sich immer wieder neu regulierenden Passung zwischen Kind und Umwelt in einem Fit-/Misfit-Konzept formuliert. Das Fit-Konzept steht dabei für eine Erziehungshaltung, „die eine möglichst gute Übereinstimmung zwischen den individuellen Bedürfnissen und Entwicklungseigenheiten des Kindes und seiner Umwelt anstrebt" (Largo 1999, S. 248). Entsprechend liegt ein Misfit vor, wenn die Übereinstimmung zwischen Kind und Umwelt mangelhaft ist.

Die kindliche Umwelt umfasst sowohl die unmittelbaren als auch die weiter entfernteren Lebensbereiche. Bronfenbrenner (1981) unterscheidet in einer „Ökologie der menschlichen Entwicklung" vier Arten von Umweltsystemen, die sich wechselseitig beeinflussen. Das Mikrosystem als Muster von Aktivitäten, Rollen und zwischenmenschlichen Beziehungen bezeichnet die unmittelbare Umgebung des Kindes, in der Bindungsprozesse, *Affektabstimmung* (affektives Tuning) und Rolleneinübung stattfinden. Das Mesosystem umfasst die Wechselbeziehungen zwischen verschiedenen Lebensbereichen, an denen das Kind aktiv beteiligt ist. Hierzu gehören Nachbarschafts- und Verwandtschaftsbeziehungen und die Kontakte in der Peergroup. Das Exosystem enthält diejenigen Lebensbereiche, an denen das Kind nicht selbst beteiligt ist (Arbeitsplatz der Eltern, Schulklassen älterer Geschwister u.a.), in denen aber Ereignisse stattfinden, die beeinflussen, was in seinem Lebensbereich geschieht, oder die davon beeinflusst werden. Das Makrosystem schließlich umfasst die übergeordneten sozialen und politischen Strukturen und Institutionen einschließlich der zugrunde liegenden kulturellen und weltanschaulichen Traditionen, die indirekt auf die Entwicklungsbedingungen des Kindes einwirken.

Kennzeichnend für Entwicklungsverläufe in der frühen Kindheit sind das Zusammenspiel von Kontinuität und Diskontinuität sowie von Einheit und Vielfalt. Kinder entwickeln sich in keinem Bereich pausenlos vorwärts. Die Verlaufskurven weisen allesamt Gipfel, Täler und Ebenen auf, für die auch kurzzeitige Rückschritte typisch sind. *Brazelton* (1998) spricht von *„Touchpoints"* in der Entwicklung eines jeden Kindes: „Sie treten dann ein, wenn auf einer Entwicklungsebene – sei es auf der motorischen, der kognitiven, oder der psychischen – eine Sturzwelle stürmischen Wachstums unmittelbar bevorsteht und das Verhalten des Kindes für kurze Zeit aus den Fugen gerät. Die Eltern können sich nicht mehr auf das bis dahin Erreichte verlassen. Oft fällt das Kind in mehreren Entwicklungsbereichen auf bereits überwundene Stadien zurück, und sie verstehen nicht recht, was mit ihm geschieht. Sie geraten selbst aus dem Gleichgewicht und fangen an, sich Sorgen zu machen" (Brazelton 1998, S. 10).

Alle Kinder durchlaufen alterstypische *Entwicklungskrisen* (vgl. *Erikson* 1987), in denen sich neue Entwicklungsaufgaben wie z.B. die Beherrschung der Auge-Hand-Koordination, der aufrechte Gang, die ersten Worte usw. ankündigen. Die verschiedenen Stadien der Entwicklung weisen bei allen Kindern im Wesentlichen die gleiche Abfolge auf. So macht z.B. jedes Kind in seiner Sprachentwicklung bestimmte Stadien des Lautierens durch, kommt dann zu den ersten Wörtern, bildet anschließend Zweiwortsätze, eignet sich nach und nach die grammatikalischen Regeln der Wort- und Satzbildung an und kann sich im Alter von vier bis fünf Jahren allmählich in korrekten Sätzen ausdrücken.

Zugleich ist jedes Kind verschieden. Konstitutionelle Unterschiede und Umwelteinflüsse führen dazu, dass die Entwicklung von Kind zu Kind sehr vielfältig verläuft. „Die kindliche Entwicklung ist einheitlich in der Abfolge der Entwicklungsstadien. Sie ist sehr vielfältig hinsichtlich des zeitlichen Auftretens und der Ausprägung bestimmter Verhaltensmerkmale" (Largo 1995, S. 28).

Bindung und Trennung

Kinder sind von Natur aus soziale Wesen. Sie kommen mit einem angeborenen Bedürfnis nach *Bindung* und sozialem Kontakt zur Welt. Seelische Gesundheit in der frühen Kindheit lässt sich als gelungene Integration von emotionaler Verbundenheit zu vertrauten Personen und Erkundungsverhalten beschreiben. Bindungstheoretisch kommt dies in der Annahme eines Gleichgewichtes zwischen Bindungs- und Explorationsbedürfnissen zum

Ausdruck. Demnach hängt eine positive sozial-emotionale Entwicklung entscheidend davon ab, ob Sicherheits- oder Bindungsbedürfnisse und Erkundungs- oder Autonomiebestrebungen gleichermaßen und ausgewogen befriedigt werden.

Das *Bindungs- und Explorationssystem* des Kindes stehen miteinander in einer komplementären Beziehung und regulieren sich gegenseitig. In sicheren und vertrauten Situationen wollen Kinder Neues erkunden und reagieren auf ihre Umwelt vor allem mit Interesse und Neugier. Dieses Interesse wird von dem schon für Neugeborene befriedigenden Gefühl aufrecht erhalten, Verhalten oder Ereignisse verursachen und kontrollieren zu können und dadurch selbst wirksam und erfolgreich zu sein.

Demgegenüber wird in Situationen von Verunsicherung oder Angst, wie zum Beispiel in einer fremden Umgebung oder bei Abwesenheit der Bezugsperson, das Bindungssystem der Kinder aktiviert. Sie suchen die Nähe und den Kontakt zu einer Bindungsperson, die ihnen als sichere Basis dient: sie weinen, strecken die Arme nach ihr aus, folgen ihr, schmiegen sich an oder klammern sich an sie. *Bowlby*, der Begründer der Bindungstheorie, definierte Bindungsverhalten als jede Form von Verhalten, „die darauf hinausläuft, dass eine Person zu einer anderen unterschiedenen und vorgezogenen Person Nähe erlangt oder aufrechterhält" (Bowlby 1984, S. 57). In biologischer Perspektive stellt das Bindungssystem ein primäres, genetisch verankertes motivationales System dar, das nach der Geburt zwischen dem Säugling und seinen wichtigsten Bezugspersonen aktiviert wird und überlebenssichernde Funktion hat. Aus psychologischer Sicht vermitteln Bindungsbeziehungen emotionale Sicherheit und Selbstvertrauen. Bindung kann nicht mit Abhängigkeit gleichgesetzt werden. Einmal etablierte Bindungsbeziehungen weisen eine große Stabilität im Lebenslauf auf und bleiben auch bei voneinander unabhängigen Personen wirksam.

Alle Kinder entwickeln im Verlauf des ersten Lebensjahres gewöhnlich eine oder mehrere Bindungsbeziehungen zu nahestehenden Personen, in der Regel Mutter und Vater. Im zweiten und dritten Lebensjahr, die als besonders bindungsempfindliche Zeit gelten, werden die Bindungserfahrungen als innere Arbeitsmodelle stabilisiert und zu einer *zielkorrigierten Partnerschaft* mit den Bezugspersonen ausgebaut. Dabei hängt die Stärke einer Bindung nicht von der Qualität der Beziehung ab. Auch Kinder, die abgelehnt oder gar misshandelt werden, bauen eine tiefgreifende Bindung zu den ihnen nahestehenden Personen auf.

Die Qualität einer Bindung entwickelt sich in Abhängigkeit von den Temperamentseigenschaften des Kindes und den Verhaltensweisen und inneren Repräsentanzen der erwachsenen Bindungspersonen. Für angemessenes elterliches Verhalten hat *Ainsworth* (1978) den Begriff der *Sensitivität* (Feinfühligkeit) geprägt. Feinfühliges Verhalten zeichnet sich dadurch aus, dass die Signale und Bedürfnisse des Kindes korrekt wahrgenommen, richtig interpretiert sowie prompt und altersangemessen beantwortet werden.

Werden die Bedürfnisse des Säuglings von den Bindungspersonen in feinfühliger Weise beantwortet, entwickelt sich in der Regel eine sichere Bindungsbeziehung. Sicher gebundene Säuglinge lernen, dass sie verlässlich beruhigt und getröstet werden, sobald sie Unruhe oder Kummer signalisieren. Sie erleben die Bindungsperson als *sichere Basis*, von der aus sie interessiert die Umgebung erkunden und auf die sie sich in alltäglichen Notsituationen stützen können.

Kinder, die ihre Bindungsperson als zurückweisend, ignorierend oder feindselig erleben, entwickeln gewöhnlich eine unsicher-vermeidende Bindung. In Belastungssituationen neigen sie dazu, wenig von ihren Bindungsbedürfnissen zu äußern und die Bindungsperson eher zu meiden. Auf diese Weise passen sie sich so gut es geht den Anforderungen der Bindungsperson an, die von dem Kind rasche Selbstständigkeit und eine frühe Selbstregulation negativer Gefühle wie Angst und Ärger erwartet.

Kinder, deren Bindungspersonen sich in Belastungssituationen in einer für das Kind wechselhaften und wenig nachvollziehbaren Weise verhalten, entwickeln eine unsicher-ambivalente oder kontrollierende Bindung. Das Verhalten der Bindungsperson signalisiert gleichermaßen Zuwendung, aber auch Hilflosigkeit und Ärger. Das Kind versucht, mit verstärkten und übertriebenen Gefühlsäußerungen die Aufmerksamkeit der Bindungsperson zu erregen. Gleichzeitig wird es von diesen Bemühungen stark in Anspruch genommen und wirkt dadurch emotional abhängig.

Schließlich wurde bei einer kleinen Gruppe von Kindern ein desorganisiertes Bindungsverhaltensmuster gefunden. Diese Kinder zeigen in Stresssituationen stereotype Verhaltensweisen oder sie erstarren für kurze Zeit, da ihnen aufgrund des uneindeutigen Verhaltens ihrer Bindungspersonen keine adäquaten Verhaltensstrategien zur Verfügung stehen. Desorganisierte Bindungen sind häufig Zeichen gravierender Beziehungs- und *Bindungsstörungen* (vgl. *Brisch* 1999).

Unter der Voraussetzung eines quantitativ und qualitativ ausreichenden Bindungsangebots können Kinder altersangemessene Trennungen gut für ihre Entwicklung nutzen. Insofern sind Trennungen nicht per se schädigend. Risiken und Gefahren ergeben sich erst durch das kumulative Zusammenspiel einer Reihe von im Einzelfall zu gewichtenden Variablen. Neben der individuellen Empfindlichkeit des Kindes zum Zeitpunkt der Trennung sind Alter und Entwicklungsstand bedeutsam. Während bei einem Säugling bereits die kurzzeitige Nichtverfügbarkeit der Mutter bzw. Bindungsperson zu einem Gefühl großer Hilflosigkeit und Verlassenheit führen kann, erweitert sich mit zunehmendem Alter das Zeitverständnis und damit die Toleranz für überschaubare Trennungen. Besonders trennungsempfindlich sind Kinder im Alter zwischen etwa sechs Monaten und drei Jahren. In dieser Zeit binden sie sich in der Regel intensiv an eine, manchmal auch zwei oder drei Hauptbindungspersonen und zugleich ist ihr Verständnis für Zeit, Dauer und die Gründe von Trennungen noch nicht sehr entwickelt.

Eine zweite Variable betrifft die Intensität der Bindung und damit die emotionale Nähe zu der Person, von der das Kind getrennt wird. Wenn seine *Hauptbindungsperson* z.B. die Großmutter ist, wird die Reaktion auf eine Trennung von Mutter oder Vater weniger schwerwiegend sein. Zum emotionalen Kontext gehören ebenso *Übergangsobjekte* (vgl. Winnicott 1974) wie vertraute Gegenstände (Bett, Kleidung, Spielzeug), Gewohnheiten (Essensrituale, Schlaflied) und die sozialräumliche Umgebung (Kindergarten, Schule, Freundeskreis), deren weitere Verfügbarkeit bzw. Aufrechterhaltung *Trennungsreaktionen* lindern können.

Weiterhin spielen die Vorgeschichte des Kindes insbesondere im Hinblick auf frühere Trennungserfahrungen und die Qualität der Ersatzbeziehungen eine wichtige Rolle. Ängste aufgrund zurückliegender, nicht verarbeiteter Trennungen können in der aktuellen Situation reaktiviert und verstärkt werden. Zu den Erfahrungen nach der Trennung, die eine Bewältigung erleichtern oder erschweren können, gehört, ob eine spezielle Person kontinuierlich zur Verfügung steht, wie die Rahmenbedingungen der Ersatzbetreuung sind (Qualität der Einzel- oder Gruppenbetreuung), die materielle Ausstattung und Versorgung und inwieweit Erinnerungen an die Personen, von denen das Kind getrennt ist, akzeptiert und gefördert werden.

Insgesamt hängt die Bedeutung einer Trennung auf einem Kontinuum zwischen Trauma und Chance davon ab, „wie groß der reale Verlust ist, welche Ängste dadurch reaktiviert werden, wie tragfähig die neuen Beziehungen sind und inwiefern es gelingt, für den Zusammenhang von altem und neuem Zustand einen lebensgeschichtlichen Sinn zu erschließen" (Maywald 1997, S. 30).

Tagesbetreuung und Bildung

Mangelnde Spiel- und Erkundungsmöglichkeiten für Kinder jenseits der elterlichen Wohnung, fehlende Geschwisterbeziehungen und nicht zuletzt die wachsende Berufstätigkeit beider Eltern machen familienergänzende Erziehungs-, Bildungs- und Betreuungsangebote immer wichtiger. Fast 90% aller 3 bis 6-Jährigen in Deutschland besuchen einen Kindergarten, auf den seit Mitte der 1990er-Jahre gemäß §24 Kinder- und Jugendhilfegesetz (KJHG/SGB VIII) ein Rechtsanspruch besteht. Bei den unter 3-Jährigen liegt die Quote der *Tagesfremdbetreuung* bei etwa 5% im Westen und 25% im Osten Deutschlands. Bei dieser Altersgruppe sind die Kommunen lediglich in der Pflicht, ein bedarfsgerechtes Angebot bereitzustellen. Neben dem Problem der an vielen Orten vor allem in den westlichen Bundesländern weiterhin bestehenden Angebotsmängel (fehlende Plätze mit bedarfsgerechten Öffnungszeiten) konzentriert sich die Debatte um die vorschulische Tagesbetreuung vor allem auf zwei Punkte: (1) die Verbesserung der

Qualität und damit verbunden die Neudefinition des Bildungsauftrags von Kindertagesstätten und (2) die Auswirkungen von Tagesfremdbetreuung auf die Entwicklung von Kindern unter drei Jahren.

Weitgehende Übereinstimmung bei allen Konzepten, die zu einer Verbesserung der Qualität beitragen wollen, besteht darüber, dass im Spektrum der verschiedenen Perspektiven auf Qualität dem Interesse des Kindes und damit der *pädagogischen Qualität* eine Vorrangstellung zukommt. In diesem Sinne kann von einer qualitativ guten Tagesbetreuung gesprochen werden, „wenn diese das körperliche, emotionale, soziale und intellektuelle Wohlbefinden und die Entwicklung der Kinder in diesen Bereichen fördert und die Familien in ihrer Betreuungs- und Erziehungsaufgabe unterstützt" (*Tietze* 1998, S. 28f.). Zu diesem Zweck werden Verbesserungen der Strukturqualität wie die Verkleinerung der Gruppen, eine Optimierung des Erzieher-Kind-Schlüssels, die Anhebung der Ausbildung von Erzieherinnen auf (Fach-)Hochschulniveau und eine verbesserte Ausstattung der Einrichtungen angemahnt. Außerdem wird die Erhöhung der Prozessqualität für erforderlich gehalten, was durch eine Qualifizierung der Erzieher-Kind-Interaktionen, die Verbesserung des räumlich-materialen Arrangements, den verstärkten Einbezug der Familie des Kindes und durch eine sozialräumliche Öffnung der Kindertagesstätte erreicht werden soll. Die angestrebten Verbesserungen haben zum Ziel, die vorschulische Tagesbetreuung in Ergänzung zur Familie zu einem festen Bestandteil emotionaler, kognitiver und sozialer Bildung des Kindes auszubauen und zu qualifizieren.

In der lange Zeit ideologisch belasteten Diskussion um die Auswirkungen früher Fremdbetreuung auf die Gesundheit von Kindern unter drei Jahren, ist durch die Veröffentlichung gesicherter Forschungsergebnisse eine Versachlichung eingetreten. Wichtigster Befund der wohl umfangreichsten Studie des National Institute of Child Health and Human Development (NICHD) ist, dass es „keinerlei Indizien dafür (gibt), dass Quantität oder Qualität der Fremdpflege oder des Eintrittsalters des Kindes irgendeinen Effekt auf die Bindungsqualität mit der Mutter hat" (Dornes 1998, S. 16). Auch wenn dadurch Befürchtungen, Tagesbetreuung könne sich negativ auf die Beziehung des Kindes zu seiner Hauptbindungsperson auswirken, der Boden entzogen wurde, kann daraus nicht der Schluss gezogen werden, die Qualität der Fremdbetreuung hätte keinen Einfluss auf die kindliche Entwicklung, denn der beschriebene Zusammenhang bezieht sich allein auf die Variable der Qualität der Mutter-Kind-Bindung. Untersuchungen, die sich auf den Leistungs- und Entwicklungsstand von Kindern beziehen, zeigen, dass Qualitätsunterschiede in den Kindergartengruppen mit Entwicklungsunterschieden von bis zu einem Jahr bei den Kindern verbunden sind (vgl. Tietze u.a. 1998).

Besonders wichtig für die seelische Gesundheit des sehr kleinen Kindes, das noch wenig Erfahrung mit fremden Erwachsenen hat, sind eine längere *Eingewöhnungszeit* von der Familie in die Kindertagesstätte und das Vorhandensein einer besonderen Erzieherin, die sich in der Anfangszeit vorwiegend um dieses eine Kind kümmert. Wenn eine Tagesgruppe so gestaltet ist, „dass die Kinder dort individuelle Wertschätzung erfahren und gut behütet werden, dann kann dies für Kinder aus Familien mit hinreichender liebevoller Zuwendung als günstige Erweiterung ihrer Erfahrungen gesehen werden. Kinder aus problemreichen Familien erfahren in guten Krippen unter günstigen Voraussetzungen vielleicht sogar eine zuverlässige, liebevolle und wertschätzende Beziehung zu einem neuen Erwachsenen, eine Erfahrung, die ihnen im Elternhaus möglicherweise vorenthalten bleibt" (Grossmann 1998, S. 12).

Gefährdungen und Hilfebedarf

Gefährdungen in der frühen Kindheit ergeben sich aus einem dynamischen Zusammenspiel von *Schutzfaktoren* auf der einen und *Risikofaktoren* auf der anderen Seite. Risikofaktoren können durch Eigenarten des Kindes (z.B. Behinderungen, schwieriges Temperament), das Klima in der Familie (hohes Konfliktpotential) und durch außerfamiliale Einflüsse (Armut, Arbeitslosigkeit, soziale Isolierung) gegeben sein. Entsprechende protektive Faktoren beim Kind, in der Familie und im sozialen Kontext fördern die *Resilienz* (Widerstandsfähigkeit) des Kindes gegenüber auftretenden Belastungen.

Übereinstimmend wird das Vorhandensein zumindest einer stabilen und sicheren Bindungsbeziehung als bedeutsamer Schutzfaktor angesehen. „Eine gute Eltern-Kind-Beziehung ist ein wichtiger Schutz gegen eine Vielfalt von sozialen Widrigkeiten" (Suess/Fegert 1999, S. 14). Auf der familialen Ebene werden kommunikative Fähigkeiten und die Kompetenz, Übergänge (z.B. beim Eintritt in den Kindergarten oder im Falle einer Trennung oder Scheidung der Eltern) zu bewältigen, immer wichtiger, um die Kinder „auf eine Welt vorzubereiten, die durch ein hohes Maß an Diskontinuität, an kultureller Diversität, an Mobilität und Flexibilität gekennzeichnet ist" (Fthenakis 1998, S. 27). Beim Übergang von der Partnerschaft zur Elternschaft wird auch von den Erwachsenen ein erhebliches Maß an Neuorientierung, Anpassung und Aushandlungsbereitschaft gefordert. Viele Paare fühlen sich diesem kritischen Lebensereignis gegenüber hilflos und greifen – entgegen ihrer ursprünglichen Absicht – auf unbefriedigende Rollenaufteilungen und überwunden geglaubte Verhaltensweisen zurück. In gesellschaftlicher Hinsicht haben Eltern mit kleinen Kindern unter einer strukturellen Rücksichtslosigkeit zu leiden, ist doch die Entscheidung für Kinder mit einem hohen Armutsrisiko und der Gefahr des sozialen Abstiegs verbunden. Besonders prekär ist die Situation bei Alleinerziehenden und in Familien mit mehr als zwei Kindern, wenn nur ein Einkommen zur Verfügung steht. In Migrantenfamilien kommt hinzu, dass kulturelle Offenheit und interkulturelle Kompetenzen in der Gesellschaft zu wenig vorhanden sind.

Um gesundheitlichen Schäden in der frühen Kindheit, Entgleisungen in der Eltern-Kind-Beziehung bis hin zu Gewalt und Vernachlässigung und gesellschaftlicher Marginalisierung von Familien mit kleinen Kindern vorzubeugen bzw. eingetretene Schäden zumindest zu mildern, sind koordinierte Maßnahmen und Hilfeangebote auf verschiedenen Ebenen notwendig. Krankheitsprävention und Gesundheitsförderung (gesunde Ernährung, Impfungen, Suchtvorbeugung, Unfallverhütung) müssen in der Schwangerenbetreuung und im Aufgabenspektrum des Kinderarztes größeres Gewicht erhalten. Besonders erfolgversprechend ist die frühe und präventive Förderung der Eltern-Kind-Beziehung. Angebote der Geburtsvorbereitung, Familienhebammen, Elternschulen, Eltern-Kind-Gruppen sowie Angebote der Familienbildung und -erholung sind hierfür besonders geeignet. Notwendig ist auch ein bedarfsgerechter Aufbau von Beratungsstellen für Säuglinge und Kleinkinder mit Regulationsstörungen sowie deren Vernetzung mit Frühfördereinrichtungen und kinder- und jugendpsychiatrischen Diensten. Kindertageseinrichtungen sollten zu Kinder- und Familienzentren mit einem umfassenden Bildungs-, Erziehungs- und Betreuungsauftrag ausgebaut werden. Schließlich ist die Abstimmung mit infrastrukturellen sowie kinder- und familienpolitischen Maßnahmen erforderlich.

Insgesamt sollten weitaus mehr als bisher niedrigschwellige beziehungs- und ressourcenorientierte Interventionen verstärkt und unter dem Aspekt der interdisziplinären Zusammenarbeit erprobt und evaluiert werden.

Bei allen Maßnahmen ist die Vernetzung der Kinder- und Jugendhilfe mit dem Gesundheitsbereich und die Schaffung einer Lobby für die frühe Kindheit gegenüber Öffentlichkeit und Politik unabdingbar.

Literatur zur Vertiefung

Dornes, Martin (1997): Die frühe Kindheit. Entwicklungspsychologie der ersten Lebensjahre. Frankfurt/M.
Largo, Remo H. (1999): Kinderjahre. Die Individualität des Kindes als erzieherische Herausforderung. München
Spangler, Gottfried, Zimmermann, Peter (1995): Die Bindungstheorie. Grundlagen, Forschung und Anwendung. Stuttgart

Literatur

Ainsworth, Mary D. et al. (1978): Patterns of attachment: assessed in the strange situation and at home. Hillsdale
Bowlby, John (1984): Bindung. Eine Analyse der Mutter-Kind-Beziehung. Frankfurt/M.
Brazelton, T. Berry (1998): Kleine Schritte, große Sprünge. Ein Kind wächst auf. Stuttgart
Brisch, Karl Heinz (1999): Bindungsstörungen. Von der Bindungstheorie zur Therapie. Stuttgart
Bronfenbrenner, Urie (1981): Die Ökologie der menschlichen Entwicklung. Stuttgart

Dornes, Martin (1993): Der kompetente Säugling. Die präverbale Entwicklung des Menschen. Frankfurt/M.

Dornes, Martin (1997): Die frühe Kindheit. Entwicklungspsychologie der ersten Lebensjahre. Frankfurt/M.

Dornes, Martin (1998): Mütterliche Berufstätigkeit als Risikofaktor? In: frühe Kindheit, 1. Jg., Heft 3, S. 13-16

Erikson, Erik H. (1987): Kindheit und Gesellschaft. Stuttgart

Fegert, Jörg M. (1999): Welches Wissen erleichtert dem Verfahrenspfleger die Kommunikation mit Kindern? In: Familie, Partnerschaft, Recht, 2. Jg., Heft 6, S. 321-327

Fthenakis, Wassilios E. (1998): Wie zeitgemäß ist unsere Erziehung? Veränderte Lebenswelten von Kindern und deren Konsequenzen für die Qualität von Tagesbetreuung. In: frühe Kindheit, 1. Jg., Heft 3, S. 24-27

Goldstein, Joseph, Freud, Anna, Solnit, Albert J. (1974): Jenseits des Kindeswohls. Frankfurt/M.

Goldstein, Joseph, Freud, Anna, Solnit, Albert J. (1982): Diesseits des Kindeswohls. Frankfurt/M.

Goldstein, Joseph, Freud, Anna, Solnit, Albert J. (1988): Das Wohl des Kindes. Frankfurt/M.

Grossmann, Karin (1998): Gute Gruppenbetreuung für Kinder unter Drei. In: frühe Kindheit, 1. Jg., Heft 3, S. 4-12

Laewen, Hans-Joachim (1997): Kurzfassung des Modellprojekts: Zum Bildungsauftrag von Kindertageseinrichtungen. Potsdam

Largo, Remo H. (1995): Babyjahre. Die frühkindliche Entwicklung aus biologischer Sicht. München

Largo, Remo H. (1999): Kinderjahre. Die Individualität des Kindes als erzieherische Herausforderung. München

Mahler, Margaret (1983): Symbiose und Individuation. Stuttgart

Maslow, A.H. (1978): Motivation und Persönlichkeit. Freiburg/Brsg.

Maywald, Jörg (1997): Zwischen Trauma und Chance. Trennungen von Kindern im Familienkonflikt. Freiburg/Brsg.

Papousek, Mechthild (1994): Vom ersten Schrei zum ersten Wort. Anfänge der Sprachentwicklung in der vorsprachlichen Kommunikation. Bern

Resch, Franz (1999a): Frühe Kindheit und Persönlichkeitsentwicklung. In: frühe Kindheit, 2. Jg., Heft 1, S. 6-11

Resch, Franz (1999b): Kind und Familie in der postmodernen Gesellschaft. In: frühe Kindheit, 2. Jg., Heft 4, S. 12-17

Spangler, Gottfried, Zimmermann, Peter (1995): Die Bindungstheorie. Grundlagen, Forschung und Anwendung. Stuttgart

Spitz, René (1965): Vom Säugling zum Kleinkind. Naturgeschichte der Mutter-Kind-Beziehungen im ersten Lebensjahr. Stuttgart

Stern, Daniel N. (1992): Die Lebenserfahrung des Säuglings. Stuttgart

Suess, Gerhard, Fegert, Jörg M. (1999): Das Wohl des Kindes in der Beratung aus entwicklungspsychologischer Sicht. In: Familie, Partnerschaft, Recht, 2. Jg., Heft 3, S. 1-16

Tietze, Wolfgang u.a. (1998a): Wie gut sind unsere Kindergärten? Neuwied

Tietze, Wolfgang (1998b): Pädagogische Qualität in Kindertagesstätten. Was ist das? In: frühe Kindheit, 1. Jg., Heft 3, S. 28-34

Voss, Hubertus von (1999): Interdisziplinäre Sozialpädiatrische Versorgung. In: frühe Kindheit, 2. Jg., Heft 1, S. 12-13

Winnicott, Donald W. (1974): Reifungsprozesse und fördernde Umwelt. München

Thomas Drößler

Kids

Zusammenfassung: Mit Kids werden im folgenden Beitrag Heranwachsende zwischen dem 10. und dem 14. Lebensjahr bezeichnet. In diesem Alter vollzieht sich der Übergang von der Entwicklungsphase der Kindheit in die der Jugend. Damit einher gehen mannigfache individuelle Entwicklungsschritte auf psychosozialer und soziokultureller Ebene. Die Heranwachsenden bewegen sich zwischen der Kindheit und der Jugend, was in der Pädagogik zu einer intensiven Diskussion altersangemessener, entwicklungsadäquater Angebote für diese Heranwachsenden führte. Schließlich sind diese Heranwachsenden weder mit kind- noch mit jugendbezogenen pädagogischen Angeboten erreichbar. Insbesondere die so genannten Lücke-Kinder stellen diesbezüglich eine problematische Gruppe dar, da diese oftmals unter benachteiligten Lebensbedingungen heranwachsen, was auch dazu führt, dass sich bei ihnen die Widersprüche am Übergang von der Kindheit zur Jugend besonders stark ausprägen und in individuellen Problemlagen resultieren können. Der Text versucht ein umfassendes Bild dieses Entwicklungsabschnittes zu zeichnen. Dabei steht die Betrachtung der wichtigsten sozialen Lebensfelder der Heranwachsenden und die sich in ihnen vollziehenden Verhaltensänderungen sowie deren Ursachen im Vordergrund. Zentrale These ist, dass die Vermischung von Kindlichem und Jugendlichem an der Schwelle von der Kindheit zur Jugend nicht mehr nur ein Kennzeichen der Lücke-Kinder ist, sondern immer mehr zur biographischen Normalität heutiger Heranwachsender zwischen dem 10. und 14. Lebensjahr avanciert. Insofern ist die Pädagogik als Ganzes gefordert, sich den veränderten Entwicklungsbedingungen und Lebensformen im späten Kindes- bzw. frühen Jugendalter zu stellen.

Als im Jahr 1984 zum ersten Mal die Studie „Die ‚Lücke'-Kinder. Zur Freizeitsituation von 9- bis 14jährigen" von Peter Friedrich u.a. erschien, warteten die Autoren mit der überraschenden Erkenntnis auf, dass sich Kinder und Jugendliche zwischen dem 9. und dem 14. Lebensjahr, was ihre Freizeitsituation anbetrifft, in einer pädagogischen Lücke befänden (vgl. dies. 1989). 9- bis 14-Jährige passten den gewonnenen Einsichten zufolge nicht in die Angebote der offenen Kinder- und Jugendarbeit. Als ausschlaggebend für diese prekäre Situation, die nicht nur die räumlichen Gegebenheiten des Lebensumfeldes der untersuchten Population betraf, wurde eine Besonderheit des Übergangs zwischen den Entwicklungsphasen der Kindheit und der Jugend ausgemacht. Denn in diesem Altersabschnitt besitzen die Heranwachsenden nicht mehr nur kindliche Interessen, gelten aber auch noch nicht als Jugendliche. Die Angebote der traditionellen Kinderarbeit konnten demnach den Bedürfnissen der Kinder nicht mehr durchgehend entsprechen. Andererseits wurden sie ihres Alters wegen in den jugendbezogenen Maßnahmen nicht berücksichtigt, geschweige denn, dass sie von den älteren Jugendlichen in deren Angeboten akzeptiert worden wären. Angebote, die diese Besonderheit aufgreifen und pädagogisch zugänglich machen konnten, standen laut Analyse der Autoren nicht oder nicht in ausreichendem Maße zur Verfügung. Zu einem ähnlichen Befund kommt auch Ulrich Deinet in seinem Praxisbericht aus dem Jahre 1987. Daher ist es nicht verwunderlich, dass sich Beiträge und Aufsätze, welche die Altersgruppe der 9- bis 14-Jährigen thematisieren, vor allen Dingen auf (sozial-)pädagogische Fragestellungen konzentrieren. Im Mittelpunkt der ohnehin mageren Debatte stehen Berichte über Projekte und Aktionen, die im Rahmen der offenen Kinder- und Jugendarbeit erarbeitet und speziell auf die Zielgruppe der Kids zugeschnitten wurden (vgl. bspw. Deinet 1984, 1989, 1994; Lukas u.a. 1982). Theoretisch fundierte Betrachtungen und Forschungsarbeiten gab es lange Zeit nicht, so dass kaum aktuelle Erkenntnisse zu den entwicklungspsychologischen und soziokulturellen Spezifika dieses Lebensalters gesammelt und in die sozialpädagogische Diskussion eingebracht wurden (Ausnahmen bei Lukas 1987; Wichard 1988). Die Eckpunkte des in diesem Diskurs aufscheinenden Wissens um die Befindlichkeiten und Besonderheiten der Heranwachsenden dieses Alters sind definiert durch die (fundierte) Annahme, dass sich die physische und psychosoziale Entwicklung im Kindesalter beschleunigt hat. „Neben der vorzeitigen körperlichen Reifung führt aber auch das Phänomen der sozialen Akzeleration zu einem früheren Ende der Kindheit. Gemeint ist damit die beschleunigte Entwicklung im psychischen und sozialen Bereich, also die [biografisch früher einsetzende] Übernahme jugendlicher oder erwachsener Verhaltensweisen in vielen Lebensbereichen." (Deinet 1987, S. 37)

1. Kids – Gesellschaftliche Hintergründe

Für die beschleunigte psychosoziale Entwicklung der Heranwachsenden wird vor allem das veränderte gesellschaftliche Umfeld verantwortlich gemacht. Mit der Ausdifferenzierung der Gesellschaft haben sich freilich auch die Lebens- und Erfahrungsbereiche von Kindern vervielfältigt. Ein Moratorium im Sinne eines abgegrenzten Sozialraumes „Kindheit" kann angesichts dieser Entwicklungen und aufgrund der deshalb gestiegenen Komplexität moderner Sozialisationsanforderungen nur noch als begrenzt wirksam angesehen werden. Die Abschwächung der Grenzen des Moratoriums Kindheit zeigt sich in der wachsenden Konfrontation der Jüngeren mit gesellschaftlichen Problemen beispielsweise über die Familie, aber auch durch die globalisierten Informationsstrukturen in unserer Gesellschaft. Die Schule trägt durch ihren biografisch individualisierenden und durch Wettbewerb und Konkurrenz geprägten Charakter ebenfalls zum verfrühten Aufbrechen des kindlichen Schutzraumes bei. Und nicht zuletzt verlangen die Angebote der modernen Medien- und Konsumgesellschaft bereits sehr frühzeitig die Fähigkeit, sich als Subjekt mit Bedürfnissen, Interessen und Ressourcen in diesen Bereichen autonom bewegen zu können, denn sie üben einen erheblichen Einfluss auf die Lebensführung des allergrößten Teils der Heranwachsenden aus. Gerade Medien und Konsum machen Kindern nicht nur Erfahrungsbereiche zugänglich, die früher Erwachsenen vorbehalten waren. Sie sorgen darüber hinaus dafür, dass vielfältige, auch jugendlich geprägte Deutungsmuster und Orientierungen unter den Kindern Verbreitung finden und so beispielsweise Moden und Trends ihr Leben frühzeitig beeinflussen, wenn nicht gar bestimmen. Die Heranwachsenden müssen also sehr früh lernen, mit den Anforderungen der vielfältigen gesellschaftlichen Systeme und Institutionen umzugehen, um hier ihren Part spielen zu können. Es gibt also eine Menge unterschiedlichster Gruppen, Instanzen und Systeme, in denen Kinder im Alltag ihre Erfahrungen sammeln können, sammeln wollen und sammeln müssen, in denen sie letztendlich aber auch lernen, mit der Komplexität der Gesellschaft an sich umzugehen. Diese Entwicklung wurde beispielsweise von Dieter Baacke als „Vergesellschaftung der Kindheit" (ders. 1999) bezeichnet.

In der Folge kommt es in vielen Bereichen zu einem Einbrechen jugendlicher Entwicklungsanforderungen und -aufgaben in das späte Kindesalter. Lothar Böhnisch hat dieses Phänomen unter dem Stichwort „Verfrühung der Jugendphase" thematisiert (vgl. Böhnisch 1997). Über die Vorverlagerung jugendlicher Entwicklungsanforderungen hinaus formuliert er die These, dass ältere Kinder aufgrund ihrer frühzeitigen und intensiven Separierung vom familialen Umfeld des Elternhauses besonders durch die Schule immer stärker in die für sie schwierige Situation kommen, ihre „...spezifische Lebenskonstellation aus noch eindeutigem Familienstatus, Schülersein und zunehmend entwicklungsnotwendiger Suche nach eigenen außerfamilialen Sozialräumen..." (Böhnisch 1997, S. 135) auszubalancieren. Die Heranwachsenden leben demnach eine Zeit lang in einem Zwitterstatus zwischen Kind und Jugendlicher. Ein Status, der einerseits gekennzeichnet ist durch ein Nebeneinander jugendlicher und kindlicher Interessen und Bedürfnisse, und der sich andererseits durch ein soziokulturelles Vakuum auszeichnet, da die Kids noch nicht als Jugendliche, aber eben auch nicht mehr als Kinder angesehen werden. Auf soziokultureller Ebene ist das zentrale Kennzeichen der Gruppe der Kids eine Statusinkonsistenz, die von den Heranwachsenden immer wieder erfahren und bewältigt werden muss. Auf der Einstellungs- und Handlungsebene führt dies dazu, dass ältere Kinder heute immer häufiger als jugendlich einzustufende Verhaltensweisen und Orientierungen an den Tag legen, ohne dass sie jedoch schon als Jugendliche gelten und ohne dass sie hierfür immer über die entsprechenden Strategien und Ressourcen verfügen. Das ist freilich nicht ohne Risiko für die Heranwachsenden, die durch die Vorverlagerung jugendtypischer Entwicklungsanforderungen leicht überfordert werden können.

2. Kids – die pädagogische Perspektive

Aus pädagogischem Blickwinkel ist es daher nicht verwunderlich, dass Kids vor allem als problembelastete Gruppe erscheinen. Hierbei spielen zwei zentrale Diskussionszugänge eine wichtige Rolle. Aus der Praxisreflexion wurde die Erkenntnis gewonnen, dass Kids vor allem ein Großstadtphänomen sind. Aufgrund ihres urbanen Lebensumfeldes kommen sie einerseits frühzeitig und intensiv mit einer Öffentlichkeit in Kontakt, die im traditionellen Verständnis von der menschlichen Entwicklung in unserer Gesellschaft Jugendlichen und Erwachsenen vorbehalten ist. Neben die Konsequenz, dass damit die Jugendphase als wichtiges biografisches Entwicklungsstadium „...aufgrund vieler Faktoren früher [beginnt] und die Kindheit für einen Teil der Großstadtkinder nicht mehr dem traditionellen Muster [entspricht]." (Deinet 1987, S. 38) tritt die Erkenntnis, dass Kids eine Umwelt vorfinden, die ihren spezifischen Entwicklungsbesonderheiten und den daraus resultierenden Interessen und Bedürfnissen nur ungenügend Rechnung tragen kann. Und hierin ist das eigentliche Problem pädagogisch erst lokalisiert. Den Heranwachsenden fehlen in großstädtischen Ballungsräumen die Möglichkeiten und Orte, den ihren Interessen entsprechenden Tätigkeiten und Beschäftigungen nachzugehen (vgl. ausführlich hierzu Deinet 1987, Böhnisch/Münchmeier 1990). Zeiher und Zeiher haben eindrucksvoll darauf hingewiesen, welchen Anforderungen sich bereits Kinder bei der Gestaltung ihres Alltagslebens gegenübersehen. Aufgrund ihrer räumlichen Separierung von der städtischen Welt der Erwachsenen sind sie auf speziell für sie eingerichtete Orte und Plätze verwiesen, deren Besuch geplant und organisiert werden muss. (vgl. Zeiher/Zeiher 1994) Darüber hinaus wirkt die Spezialisierung kindlicher Räume freilich auf die Zugangsmöglichkeiten anderer Orte für Heranwachsende zurück. Da städtische Siedlungsgebiete und Viertel heutzutage in ihrer Struktur oftmals einer spezifischen Nutzungslogik folgen, bleiben gerade Kindern und Jugendlichen viele Räume tendenziell verschlossen. Doch besonders in der Aneignung von Raum, der Erkundung und Eroberung der Umwelt wird eine wesentliche Entwicklungstätigkeit des Kindes- und Jugendalters gesehen, was die spezifische räumliche Problematik der Kids unterstreicht.

Erschwerend kommt aus der Praxisreflexion das Wissen hinzu, dass die Gruppe der „Lücke-Kinder" oftmals aus benachteiligten und problembelasteten Familien kommt. Damit ist zwar gesagt, „...dass es natürlich auch 12- und 13-jährige Großstadtkinder gibt, die von ihrem Verhalten her eher der traditionellen Beschreibung älterer Kinder entsprechen und jugendliches Verhalten in der beschriebenen Weise noch nicht zeigen." (Deinet 1987, S. 36) Auf der anderen Seite wird jedoch auch deutlich, dass die betreffenden Heranwachsenden häufig in benachteiligten Stadtvierteln mit eingeschränkter Infrastruktur leben (müssen). Ihnen mangelt es also nicht nur an sozialen und materiellen Ressourcen. Gleichzeitig stellen für sie die beengten räumlichen Verhältnisse in sozialen Brennpunkten (kleine Wohnungen, Hochhäuser, kaum Freiflächen, Wiesen, Parks etc.) ein Problem dar. Die Heranwachsenden befinden sich hier also in einem besonderen Dilemma. Lücke-Kindern bleiben nicht nur die Räume tendenziell verschlossen, die auch Kindern und Jugendlichen nicht oder nur eingeschränkt zugänglich sind. Sie sehen sich aufgrund ihres „Zwischenstatus" als Nicht-mehr-Kind und Noch-nicht-Jugendlicher häufig aus den ohnehin knappen Freizeitangeboten, also jenen Räumen, die auf Kinder und Jugendliche zugeschnitten sind, ausgegrenzt bzw. können mit ihnen nichts anfangen (vgl. bspw. Friedrich u.a. 1989).

Mithin, so könnte man meinen, handelt es sich bei den Kids vornehmlich um Heranwachsende im späten Kindes- bzw. frühen Jugendalter, die sich aufgrund ihrer benachteiligten Lebenssituation mit Schwierigkeiten und Anforderungen konfrontiert sehen, denen sich andere Kinder noch nicht stellen müssen. Dies ist gemeint, wenn von Lücke-Kindern die Rede ist. Doch das Problem ist allgemeinerer Natur, denn Kids leben in einer Welt zwischen Kindheit und Jugend. Das Reden vom Nicht-mehr-Kind- und Noch-nicht-Jugendlicher-Sein (vgl. bspw. Böhnisch 1997) macht diesen sozialen und psychischen Zwischenstatus augenfällig. Auf dem Weg vom Kind zum Jugendlichen lavieren die Kids in ihrem Verhalten, ihren Interessen und Bedürfnissen sowie in ihren Orientierungen und Handlungsweisen zwischen Kindlichem und Jugendlichem hin und her, stets darauf bedacht, möglichst groß und erwachsen zu wirken. Dieses Lavieren hat aber gesellschaftliche Ursachen, die alle Kinder betreffen. Mit dem Terminus „Kids" sollen daher über den Begriff der Lücke-Kinder hinaus Heranwachsende beschrieben werden, die sich im Alters- und Entwicklungsabschnitt zwischen Kindheit und Jugend befinden. In dieser psychosozialen Situation spielen für die Heranwachsenden sowohl eher jugendliche wie auch eher kindliche Interessen, Anforderungen und Orientierungen eine wichtige Rolle. Diese überlagern sich jedoch zum Teil, geraten in Konkurrenz zueinander und führen so zu einer Statusunsicherheit, die mitunter in individuellen wie sozialen Schwierigkeiten bei den Heranwachsenden wie auch bei ihrem Umfeld resultieren kann. Dies betrifft insbesondere die Lebensspanne zwischen dem 10. und 14. Lebensjahr.

Die spezifische Situation der Kids heute macht deutlich, dass die für die Pädagogik zentrale Grundannahme einer Trennung biografischer Entwicklungsphasen brüchig zu werden scheint. Jugend zerfasert offensichtlich auch an ihrem unteren Ende. Zu behaupten, dass Jugend heute früher, wenn auch zunächst weniger umfassend in das Leben der Heranwachsenden eingreift, erscheint verkürzt. Denn die These einer biografischen Vorverlagerung der Jugendphase speist sich aus klassisch zu nennenden Kindheits- und Jugendbildern. Dabei wird jedoch verkannt, dass die menschlichen Entwicklungsphasen, mithin auch Kindheit und Jugend, stets an die gesellschaftlichen Bedingungen, unter denen sie sich vollziehen, gekoppelt sind. In diesem Sinne ist es keine vorgreifende Jugend, welche die späte Kindheit quasi okkupiert. Die umfassenden Wandlungsprozesse in modernen Industriegesellschaften haben dazu geführt, dass sich vielfältige Lebensbereiche heute bereits sehr früh nachwachsenden Generationen öffnen und von diesen ja auch erobert werden. Damit einher gehen freilich vielfältige Anforderungen, die – entsprechend früher – erkannt und bewältigt werden müssen. Somit kann neben der Annahme, dass die gesellschaftlichen Bedingungen die Trennung zwischen Kindheit und Jugend haben unscharf werden lassen, die These gewagt werden, dass frühe Teilhabe an Konsum, Medien, Jugendkultur, die Vorverlagerung vielfältiger Entwicklungsanforderungen im Ergebnis eine umfassende strukturelle Veränderung menschlicher Biografie- und Entwicklungsverläufe darstellen. So gesehen sind die „jugendlichen" Verhaltensweisen und Beschäftigungen, wie sie 10-, 11-, ja mitunter schon 9-Jährige heute an den Tag legen, völlig normal. Und daher ist das Uneigentliche dieser Heranwachsenden auch nicht unbedingt nur auf die „pädagogischen Lücke-Kinder" im Sinne Friedrichs beschränkt. Der Terminus Lücke-Kinder kann, wenn man die Entwicklungsprozesse an der Schwelle zur Jugend insgesamt in den Blick nimmt, auch dahingehend ausgelegt werden, dass sich die älteren Kinder in einer biografischen „Lücke" befinden. Ein Zwischenraum, in dem das Gelernte und Gewusste nicht mehr recht passen will bzw. zu eng wird, das Neue, Kommende aber auch noch nicht passt, noch nicht beherrscht wird, wenngleich von ihm eine große Faszination ausgeht.

Die Statusinkonsistenz der Kids soll damit nicht wegdiskutiert werden. Ihre pädagogisch motivierte Problematisierung hätte jedoch ihre Ursache in einem klassischen Verständnis von Kindheit und Jugend. Ein solches Verständnis mit all seinen Implikationen nämlich erschwert ein unvoreingenommenes Einlassen auf die Lebens- und Erfahrungswelt der Kids. Sie erscheinen aus der Perspektive biografisch geordneter Entwicklungsaufgaben vielmehr als eine Gruppe, die mit Anforderungen zu tun hat, für die sie noch nicht „erwachsen genug" ist. Somit stehen die Probleme, die Kids (vermeintlich) haben, im Vordergrund des pädagogischen Interesses. Und für jene, die sie machen, lassen sich genau in diesem Verständnis dann auch die dazugehörigen Erklärungen und Handlungsnotwendigkeiten ausmachen. Tatsache ist jedoch, dass Pädagogik und Sozialpädagogik nur sehr wenig systematisches Wissen über die Altersgruppe der Kids und ihre Besonderheiten vorweisen können. Hier müssen, gerade auch aufgrund der nach wie vor bestehenden Ungewissheit im pädagogischen Umgang mit Lücke-Kindern, noch weit reichende Forschungsanstrengungen unternommen werden, die gesellschaftliche und entwicklungspsychologische Bedingungen in den Blick nehmen. Beides verbindend kann dies jedoch nur durch die Pädagogik geleistet werden. Denn die Gruppe der Kids stellt ein Forschungsfeld dar, das seine wissenschaftliche wie praktische Bedeutung vor allem aus pädagogischen Zusammenhängen gewinnt. Die hierfür jedoch notwendige, im Hinblick auf die „Problemgruppe Kids" relativ unvoreingenommene Perspektive in den Mittelpunkt zu rücken, ist das Anliegen des vorliegenden Beitrages. Er konzentriert sich auf das psychische und psychosoziale Entwicklungsgeschehen zwischen dem 11. und 14. Lebensjahr.

3. Zwischen Kindheit und Jugend – Vorpubertät als Phase der Labilisierung?

Im Mittelpunkt des entwicklungspsychologischen Zuganges steht die Betrachtung der vorpubertären Phase und ihre Diskussion. Die Vorpubertät stellt im hier diskutierten Zusammenhang aus entwicklungspsychologischer Perspektive den vielleicht interessantesten und gleichzeitig relevantesten Abschnitt dar. Ohne tatsächlich schon in Pubertät und Jugendphase einzutreten, kündigen sich bei älteren Kindern die Vorboten dieser individuellen Entwicklungsstadien an und führen zu ersten Veränderungen in Selbstbild, Verhalten und Auftreten. Die „Kinderschuhe" werden sukzessive und in immer neuen Lebensbereichen abgestreift, ohne dass tatsächlich schon von wirklicher Jugendlichkeit die Rede sein kann. Dabei darf nicht übersehen werden, dass sich 9- und 14Jährige in Nichts gleichen, dass innerhalb der hier thematisierten Altersgruppe sehr starke Variationen beim individuellen Entwicklungsstand auftreten, dass sowohl die Kindheit wie auch die Jugend in dieses Alter hineinreichen.

Helmut Fend stellt in seinem Buch „Vom Kind zum Jugendlichen" (1992) die wichtigsten Charakteristika dieses Entwicklungsstadiums aus Sicht der klassischen Entwicklungspsychologie dar. Sie begreift die Vorpubertät in erster Linie als eine Phase der psychischen Destabilisierung. Die langsam einsetzenden körperlichen, psychischen und sozialen Veränderungen des anbrechenden Jugendalters bringen das kindliche Gleichgewicht mehr und mehr aus dem Lot, ohne dass den Heranwachsenden bereits neue und griffige Orientierungs- und Wahrnehmungsmuster zur Verfügung stehen. Diese These gründet sich vornehmlich auf die Wahrnehmung einer gewissen Labilität im Verhalten der Heranwachsenden; ein Verhalten, das zwischen schwer zu bändigender Hyperaktivität und verträumter Passivität zu schwanken scheint. Remplein (nach Fend 1992) lokalisiert diese Phase in einem Alter zwischen ca. 10 bis 13 Jahren bei den Mädchen und ca. 12 bis 14 Jahren bei den Jungen. Er nennt eine Reihe quasi typisierender Kennzeichen im Sinne übergreifender Charakteristika, die Jungen und Mädchen in diesem Alter aufweisen: Jungen kommen in die Flegeljahre, benehmen sich ungebärdig und grob, sind aufbegehrend. Bei Mädchen beginnt die so genannte negative Phase. Sie sind launisch und albern, verhalten sich der Umwelt und insbesondere Erwachsenen gegenüber ablehnend und kratzbürstig. Generell neigen Heranwachsende dieses Alters nach Remplein zu „negativen und extremen Verhaltensweisen: Opposition, Jähzorn, Trotz, Auflehnung, Kritiksucht, Aggressivität." (Fend 1992, S. 57) Schulisch kommt es zu einem Abfall des Leistungsvermögens, die Konzentrationsfähigkeit erleidet Einbrüche, die Heranwachsenden sind zerstreut, dösen, kichern, träumen und schwatzen. Diese Veränderungen markieren den Beginn eines seelischen Strukturwandels, welche den Abbau kindlicher Verhaltensweisen und Einstellungen im Sinne einer Vorbereitung weitergehender Reifungsprozesse zum Ziel hat. Der Abschnitt relativer psychischer Destabilisierung mündet nach den Vorstellungen der klassischen Entwicklungspsychologie schließlich in den Aufbau neuer, erwachsenerer Haltungen und Handlungen, wenn die Heranwachsenden die für die Jugendphase typische Fähigkeit zur bewussten Distanzierung gegenüber sich selbst und ihrer Umwelt erworben haben.

Demgegenüber geht die moderne Entwicklungspsychologie bei der Vorpubertät von einem Entwicklungsabschnitt aus, der eher durch relative Stabilität und kontinuierliche Entwicklung gekennzeichnet ist. Zwar nimmt im späteren Kindesalter die Rollenunsicherheit und Statusungewissheit der Heranwachsenden zu, stellt sich ein Streben nach Verselbstständigung ein. Jedoch ist nicht von einer gravierenden Labilisierung in Verhalten und Seelenleben der Heranwachsenden auszugehen. So konnte Fend in einer Sichtung aktueller Forschungsdaten keine globale, psychische Destabilisierung feststellen; eher findet in diesem Alter (Ausschnitt der 12- bis 14-Jährigen, T.D.) eine Stabilisierung der individuellen Selbstwahrnehmung und -zufriedenheit statt. Allerdings ist diese Stabilität nicht mehr ungebrochen, hat nicht mehr die Gewissheit der Kindheit. In der Auswertung seiner empirischen Ergebnisse finden sich auch einige wichtige geschlechtsspezifische Unterschiede, die für eine Destabilisierung in bestimmten Bereichen sprechen. Während sich in den Dimensionen „allgemeine Zufriedenheit" und „Selbstkonzept Aussehen" kaum Veränderungen zeigen, erleben die Mädchen nach dem 13. Lebensjahr eine Destabilisierung bei der emotionalen Selbstkontrolle und ein Abnehmen der individuellen Selbstakzeptanz. Bei den Jungen tritt dieses Phänomen erst ca. zwei Jahre später auf, was für die These spricht, dass die psychosozialen Entwicklungsprozesse bei Mädchen früher einsetzen als bei Jungen. Von diesen Ausnahmen abgesehen zeigt sich aber eher ein Bild individueller Stabilität oder gar Stabilisierung in dieser Lebensphase.

Ein weiterer wichtiger Punkt, der in diesem Kontext zu sehen ist, ist die Annahme, dass es mit Beginn des Jugendalters zu einer gesteigerten Hinwendung zur eigenen Persönlichkeit kommt. Dies wird durch Fends Ergebnisse bestätigt, allerdings wiederum mit einer deutlichen Geschlechterdifferenz. Während es bei Jungen im Alter zwischen 12 und 14 Jahren nur zu einer leichten Steigerung der Innenwendung kommt – hier erfolgt der „Sprung" mit 16 Jahren –, nimmt die Blickwendung auf die eigene Persönlichkeit bei den Mädchen vom 12. Lebensjahr an wesentlich stärker und kontinuierlich zu. Die Mädchen weisen diesbezüglich mit 14 Jahren ein (weiter steigendes) Niveau vor, das die Jungen erst mit 16 erreichen. Offenbar betreiben Mädchen das Studium der eigenen Persönlichkeit nicht nur früher, sondern auch intensiver als es die Jungen tun. Möglicherweise kann hierin auch eine Erklärung dafür gesehen werden, dass sie sich bei der emotionalen Selbstkontrolle und auch im Hinblick auf die Selbstakzeptanz vor größere „Probleme" gestellt sehen, als die gleichaltrigen Jungen, wobei hier sicher auch Faktoren der geschlechtsspezifischen Sozialisation eine wichtige Rolle spielen dürften (vgl. in Bezug auf emotionale Selbstkontrolle bei Jungen bspw. Böhnisch/Winter 1997).

4. Die Familie – das Verhältnis zu den Eltern

Eine wichtige These der klassischen Entwicklungspsychologie ist, dass die Heranwachsenden in der Vorpubertät damit beginnen, sich von den Erwachsenen zu distanzieren. Betrachtet man diese Phase im Kontext der biografisch zu durchlaufenden Entwicklungsabschnitte, mithin in ihrer Nachbarschaft zur Jugend, so deutet sich hier eine zentrale Entwicklungsaufgabe des Jugendalters an: die Ablösung vom Elternhaus, daraufhin angelegt, die Heranwachsenden aus der Bindung an die Eltern herauszulösen, mit dem Ziel einer emotionalen und sozialen Verselbstständigung. Im Mittelpunkt steht dabei die Herausbildung einer eigenständigen Geschlechterrolle, gekoppelt mit dem Aufbau individuellen Bindungsverhaltens, das schließlich in Partnerschaftsbeziehungen mündet (vgl. Hurrelmann 1995). Medium und Katalysator dieses Geschehens ist die Gleichaltrigengruppe, deren Charakter sich beim Übergang von der Kindheit in die Jugendphase wesentlich verändert und die im Verlauf der Jugendphase normalerweise in den Mittelpunkt jugendlicher Lebensführung rückt.

Bevor jedoch auf Rolle und Bedeutung von Gleichaltrigenbeziehungen näher eingegangen wird, soll zunächst untersucht werden, wie sich das Verhältnis der Heranwachsenden zu ihren Eltern zwischen dem zwölften und vierzehnten Lebensjahr verändert. Dieter Baacke hat darauf hingewiesen, dass sich Kinder in einem vollständigen und akzeptierten Abhängigkeitsverhältnis zu ihren Eltern befinden (vgl. Baacke 1998). Diese Einschätzung trifft im Kindesalter sicherlich auf alle Aspekte des Zusammenlebens von Eltern und Kindern zu. Kinder sind in emotionaler, materieller und sozialer Hinsicht von ihren Eltern abhängig. Das familiale Zusammenleben ist gekennzeichnet durch ein klares und unhinterfragtes Statusgefälle zwischen den erwachsenen Eltern und ihren Kindern. Die Eltern üben in vielerlei Hinsicht eine starke Kontrolle auf das Leben der Heranwachsenden aus, was nicht heißen soll, dass das Verhältnis zwischen den Generationen kein partnerschaftliches wäre bzw. dass die nachwachsende Generation über keine oder nur wenige Freiheiten bei der Gestaltung ihres kindlichen Lebens verfügt. Der Terminus des Verhandlungshaushaltes (vgl. z.B. Fuhs in Büchner et. al 1998) verweist auf gegenläufige Tendenzen im Zusammenleben der Generationen. Darüber hinaus sind die Eltern in der Regel die zentralen sozialen und emotionalen Bezugspersonen, sind PartnerIn, Vorbild und FreundIn für die Kinder zugleich. Aus diesem sozialemotionalen Stellenwert speist sich die natürliche Autorität der Eltern den Kindern gegenüber, die im Vergleich beispielsweise zu LehrerInnen nicht an einen, hier durch Beruf und Position begründeten, Statusvorsprung geknüpft ist. Der Statusvorsprung der Eltern ist vielmehr ein struktureller, der im familiären Alltag nur selten, z.B. in Konfliktsituationen, zum Vorschein kommt – er bedarf im Kindesalter nur selten einer expliziten Demonstration.

Am Übergang zum Jugendalter verändert sich das Beziehungsgefüge zwischen Eltern und Heranwachsenden zusehends. Die Autorität der Eltern verliert in vielen Bereichen an Stellenwert, ihre sozialemotionale Zentralstellung im Leben der Kinder muss einen Bedeutungsverlust zugunsten der Position gleichaltriger Gesellungsformen und Freundschaftsbeziehungen hinnehmen. Das Urteil der Eltern wird im Gegensatz zum Kindesalter immer seltener unhinterfragt übernommen bzw. akzeptiert, ihre Kontrollbefugnisse werden in Frage gestellt und die elterlichen Machtinstrumente erodieren unter dem Einfluss fortschreitender jugendlicher Verselbstständigung. Dieser Prozess der Abwendung von den Eltern beginnt sehr frühzeitig, ist also keineswegs auf den biografischen Kernbereich der Jugendphase beschränkt. So verliert das elterliche Stützsystem bereits zwischen dem zwölften und dem vierzehnten Lebensjahr kontinuierlich an Bedeutung für die Heranwachsenden (vgl. für die folgenden Ausführungen Fend 1992). Damit auf einer Linie liegt der Befund, dass sich auch der Anteil derjenigen Heranwachsenden, die sich zu Hause wohlfühlen, über die Jahre hinweg verringert. Geschlechtsspezifisch betrachtet ergeben sich Unterschiede dahingehend, dass sich Mädchen zu Hause weniger wohlfühlen als Jungen, hingegen Jungen einen stärkeren Bedeutungsverlust der Eltern als Ressource angeben. Die naheliegende Annahme, dass diese Veränderungen auch von einer Zunahme der Konflikte zwischen Eltern und Kindern begleitet sind, erweist sich empirisch als nicht zutreffend: Die sich abzeichnenden „...Distanzierungsprozesse sind [in diesem Alter] jedoch [noch] nicht von einem rapiden Anstieg der Konfliktpunkte zu Hause begleitet. Hier zeigt sich vielmehr ein kompliziertes Bild, das zudem für Mädchen und Jungen etwas unterschiedlich aussieht." (Fend 1992, S. 98) Danach liegen Mädchen im Alter von ca. 13 Jahren am wenigstens mit ihren Eltern auf einer Wellenlänge – bei Jungen ist dieser Höhepunkt erst mit 15 Jahren erreicht. Die größten Meinungsverschiedenheiten ergeben sich diesbezüglich in Fragen jugendstilspezifischer Kleidung und bei Kaufwünschen, was sich im weiteren Verlauf des Jugendalters auf Probleme mit dem Ausgehen und mit Freundschaftsbeziehungen verlagert. Die Schulleistungen der Kinder repräsentieren über die Jahre hinweg ein Thema mit gleichbleibend hohem Konfliktpotential.

Interessant und vielsagend für die Frage nach der emotionalen Abwendung der Heranwachsenden von ihren Eltern ist darüber hinaus die Tatsache, dass die Eltern als Ansprech- oder als „Enthüllungspartner" (Fend 1992, S. 99) bei persönlichen Problemen rapide an Bedeutung verlieren. Die Wahrscheinlichkeit, dass ihre Kinder mit persönlichen Problemen (zuerst) zu ihnen kommen, sinkt bei den Mädchen von ca. 50% (12 Jahre) auf ca. 35% (14 Jahre) und bei den Jungen von ca. 70% auf ca. 50%. Es kommt also zu einer Verschiebung in den sozialen und auch emotionalen Beziehungen auf Seiten der Heranwachsenden, die bereits jetzt damit beginnen, wichtige Bezüge außerhalb der Familie zu suchen, aufzubauen und zu unterhalten. Dabei machen sie auch die Erfahrung, zunehmend für sich selbst eintreten und Verantwortung übernehmen zu müssen. „Gerade die Übergangssituation von der vertrauten Kinderkultur zu einer faszinierenden, aber unübersichtlichen Jugend- und Erwachsenenkultur bedeutet eine schwierige Gratwanderung. Auf der einen Seite sind sie mit vernunftbetonten Ratschlägen der Eltern konfrontiert, die mit dem Blick auf die Zukunft auf Gefahren hinweisen, die bei einer falschen Orientierung drohen. Auf der anderen Seite müssen sie erkennen, dass mit dem Ende der Kindheit auch das Ende der elterlichen Haftung verbunden ist." (Fuhs in Büchner et al. 1998, S. 135)

5. Das Verhältnis zur Schule

Die Schulzeit nimmt den größten Teil der alltäglichen Zeit von Heranwachsenden in Anspruch. Um sie herum organisieren sich Leben und Alltag der jungen Menschen über einen sehr langen biografischen Zeitraum. Die Schule repräsentiert neben der Familie den wesentlichen Ort im Leben der Heranwachsenden. Ihre Hauptfunktion liegt in der Vermittlung von Wissen, in der Vorbereitung der nachwachsenden Generationen auf ihr zukünftiges Leben in der Gesellschaft. Und ebenso besteht im individuellen Wissenserwerb die Hauptaufgabe der Heranwachsenden – wenn es nach der Schule geht.

Nimmt man allerdings das Verhältnis der Heranwachsenden zur Institution Schule in den Blick, dann fällt auf, dass das Bild von der Schule im hier behandelten Altersabschnitt in eine Krise gerät. So kommt es in den Bereichen schulischen Leistungsvermögens, schulischer Leistungsbereitschaft sowie Disziplin zu einer gravierenden Verschlechterung zwischen dem 12. und dem 14. Lebensjahr (vgl. Fend 1992, S. 91ff.). Zwar weist der Notendurchschnitt eine nur leichte Abwärtstendenz auf, die, abgesehen von fächerbezogenen Unterschieden, auf beide Geschlechter zutrifft. Jedoch sinkt bei den Heranwachsenden deutlich die Bereitschaft, den gestellten schulischen Anforderungen nachzukommen, was sich u.a. darin niederschlägt, dass die für Hausaufgaben aufgewendete Zeit sich nicht verändert, obwohl die schulischen Leistungsanforderungen zunehmen (neue Fächer). Noch deutlicher zeichnet sich eine negative Veränderung in puncto Disziplin ab. Schulische Disziplin- und Verhaltensschwierigkeiten erfahren bei Jungen wie bei Mädchen zwischen dem 12. und 14. Lebensjahr eine deutliche Steigerung, die bei den Mädchen im 15. und bei den Jungen erst im 16. Lebensjahr stagniert. Dabei zeigen die männlichen Heranwachsenden der Form nach deutlich größere Verhaltensschwierigkeiten und Abweichungen als ihre Altergenossinnen.

Eine Erklärung für diese Veränderungen bietet möglicherweise der Befund, dass sich die Heranwachsenden mit steigendem Lebensalter in der Schule immer weniger wohlfühlen. Ist der Anteil derjenigen, die sich in der Schule wohlfühlen, mit 12 Jahren noch recht hoch, so erfährt er bereits im Alter von 13 Jahren einen dramatischen Einbruch, um dann bis zum 15. Lebensjahr weiter abzufallen. Damit korrespondiert eine wachsende Distanz der Heranwachsenden zu Schule und Lehrerschaft, eine Entwicklung, die bei den Mädchen zwischen dem 12. und dem 13. Lebensjahr am stärksten ausgeprägt ist (vgl. Fend 1992, S. 101f.). Offenbar sind die Heranwachsenden nun immer weniger bereit, vorgegebene Verhaltenserwartungen, Ordnungsschemata und Normensysteme unhinterfragt zu übernehmen bzw. zu befolgen. Richten sich jüngere Kinder in der Regel noch nach dem „Buchstaben des Gesetzes", stellen also allenfalls die Anwendung einer Norm in konkreten Handlungskontexten, nicht aber die Norm selbst in Frage (vgl. z.B. Starck 1985), so ändert sich das mit dem Älterwerden. Die Norm wird zum Gegenstand der Reflexion. Sie wird auf ihren Sinn und Zweck hin befragt und dahingehend überprüft, ob sie angesichts einer immer autonomer werdenden individuellen Verhaltenssteuerung noch relevant für das eigene Handeln ist. Ebenso verhält es sich mit dem Verhältnis der Schüler zu ihren LehrerInnen. Es ist nun offenbar nicht mehr nur der qua Beruf und Institution verliehene Status der LehrerInnen, der ihre Autorität in den Augen der Heranwachsenden rechtfertigt. Diesem Einstellungswandel der Heranwachsenden steht auch eine Verhaltensänderung der LehrerInnen gegenüber. „Deutlich ist z.B. die Wahrnehmung, dass die persönliche Zuwendung von Seiten der Lehrer in dieser Altersphase nachlässt. Dadurch steigt auch das Bewusstsein, dass jeder für sich allein kämpfen muss. Die Lehrer scheinen sich also in ihrer Zuwendung sehr stark zurückzunehmen, andererseits reduzieren sie die strikte Kontrolle im Unterricht, gewähren also mehr Selbstständigkeit. Sie behandeln die Heranwachsenden seltener wie kleine Kinder und wollen seltener nur bestimmte Antworten hören. Sie schreien die Kinder weniger häufig an, stellen sie dafür aber eher bloß." (Fend 1992, S. 102) Die Beziehung zwischen Heranwachsenden und LehrerInnen wird also distanzierter. Die Person des Lehrers, der Lehrerin verliert tendenziell an Autorität bzw. muss diese neu rechtfertigen. Gleichzeitig sehen sich die Heranwachsenden mit veränderten Verhaltensanforderungen seitens der Schule konfrontiert.

Zu diesen gestiegenen Verhaltenserwartungen – nicht zuletzt nehmen mit der Klassenstufe auch die Leistungsanforderungen zu – gesellen sich ferner veränderte Interessen- und Bedürfnislagen der nun ins Jugendalter eintretenden Heranwachsenden. Hieraus kann auf einen weiteren Erklärungsansatz für den Abfall schulischer Disziplin und Leistungsbereitschaft geschlossen werden. Eine wachsende jugendkulturelle Orientierung seitens der Heranwachsenden lässt individuelle und gruppenbezogene Interessen immer stärker ins Zentrum der individuellen Alltagsgestaltung treten. Dies erfordert nicht nur ein neues Zeitmanagement, welches offenbar zu Lasten der Schule umgestellt wird. Es führt den SchülerInnen auch den Widerspruch zwischen Schülerrolle und Schüler-Sein (vgl. Böhnisch 1996, S. 75ff.) immer deutlicher vor Augen. Während die Heranwachsenden durch die Institution Schule dazu angehalten werden, dem Rollenmuster des Schülers, der Schülerin mit Attributen wie Fleiß, Leistungsorientierung, Zukunftsbezogenheit des Lernens, Respekt vor den Lehrern usw. gerecht zu werden, sehen sie sich in ihrer Freizeit mit hiervon völlig verschiedenen Handlungsanforderungen konfrontiert. Das „Schüler-Sein" ist alles andere als auf die Schule zentriert, sondern definiert sich sehr stark über die außerschulischen Befindlichkeiten, Beziehungen und Interessen der Heranwachsenden. Gleichaltrigenkontakte, die Entdeckung jugendkultureller Möglichkeiten, Konsum und Medien spielen in diesem Interessenhorizont eine wichtige Rolle und erfahren mit zunehmendem Alter und damit wachsender Handlungs- und Orientierungsautonomie eine subjektive Aufwertung. Solche Interessen sind jedoch ausgerichtet auf den Augenblick, auf Erlebnisintensität, auf Konsumieren, Teilhaben und Abwechslung. Sie widersprechen damit tendenziell den schulischen Erwartungen. Insofern werden die schulischen Rollenzuweisungen mehr und mehr zu instrumentellen Rollen. Es ist also nicht verwunderlich, dass die Schule eben nicht mehr nur als Lerneinrichtung, sondern auch als jugendkulturelle Bühne wahrgenommen wird und sich somit natürlich die Konflikte zwischen Schülerrolle und Schüler-Sein, zwischen SchülerInnen und Schule verstärken.

6. Die Gleichaltrigengruppe

Gleichaltrigenkontakte erfüllen vielfältige Funktionen. Sie sind Orte des gemeinsamen Spiels, Experimentierräume, Bühnen, aber auch Gelegenheiten der organisierten Freizeitgestaltung, des Sports und der aktiv lernenden Betätigung. In Gleichaltrigengruppen machen Kinder und Jugendliche Beziehungserfahrungen, die unerlässlich für ihre soziale Entwicklung sind. Insofern sind Peergruppen ein unverzichtbarer Bestandteil kindlichen und jugendlichen Entwicklungsgeschehens. Sie spielen in der gesamten kindlichen und jugendlichen Entwicklung eine wichtige Rolle. In der mittleren Kindheit formieren sich die Gleichaltrigenkontakte neu, verlagern sich mehr und mehr aus der Familie der Kinder heraus. „Während sie (die Kinder, T.D.) im jüngeren Alter, mit 6 oder 7 Jahren, ihre Spielkameraden häufig unter Anleitung und Ermunterung von Eltern finden, die auch die Räume für die Spiele bereitstellen und, soweit es geht, beobachtend und überwachend in die Spiele eingreifen, greifen die 10-Jährigen räumlich weiter aus und regeln zunehmend selbst, mit wem sie Beziehungen eingehen." (Baacke 1998, S. 330f.) Kinder dieses Alters suchen ganz bewusst nach Räumen und Gesellungsmöglichkeiten, die nicht unter dem Einfluss und der Kontrolle Erwachsener stehen. In dieser Intensivierung und familialen Auslagerung der Gleichaltrigekontakte wird eine Verstärkung der individuellen Bemühungen der Heranwachsenden zur Ablösung von ihren Eltern gesehen. So beginnt im Alter von 11 Jahren ein deutlicher Abfall bei der Bevorzugung der Eltern als Partner durch die Heranwachsenden (vgl. Baacke 1998, S. 332). Dies deckt sich in der Tendenz mit den oben referierten

Befunden Fends. Trotz der enormen Bedeutung der Gleichaltrigengruppe für die Erlangung personaler und sozialer Autonomie, sieht Baacke den Stellenwert der Gleichaltrigengruppe jedoch vornehmlich in der „Erschließung neuer Dimensionen für soziales und personales Wachstum." (ebd., S. 334) Seiner Ansicht nach liegt die wesentliche Funktion darin, dass die Heranwachsenden in der Gruppe wichtige Erfahrungen sammeln und vielfältige soziale Fähigkeiten erwerben. „Die Kinder lernen hier, sich selbst Anerkennung zu verschaffen – oder die Erfahrung zu machen, dass dies misslingt." (ebd., S. 335) Die Heranwachsenden müssen sich ihre Zugehörigkeit zu und ihren Status in einer Gruppe gewissermaßen verdienen. Die Zugehörigkeit zu einer Gruppe ist etwas anderes als die zu einer Familie – hier bleibt das Kind immer das Kind. Baacke spricht in diesem Zusammenhang von einer Reorganisation der Sozialkontakte des Kindes und nicht von expliziten Ablösungsbemühungen.

Im Zusammenleben einer Gleichaltrigengruppe spielen jedoch nicht nur Fragen der Zugehörigkeit und des Gruppenstatus eine wichtige Rolle. Das Zusammenleben selbst muss von den Heranwachsenden geregelt und verhandelt werden. „Die Kinder müssen untereinander von gleich zu gleich aushandeln, was sie tun wollen. In dieser Gemeinschaft der oft heftig streitenden Kinder entwickeln sich grundlegende soziale Fähigkeiten, nämlich Interessen zu berücksichtigen, sich durchzusetzen, einzulenken, Kompromisse zu finden." (Krappmann zit. nach Deinet 1987, S. 30) Sie lernen hierdurch in gewissem Sinne, sich selbst eine Autorität, ein gruppenbezogenes Regel- und Normensystem zu schaffen, sich diesem unterzuordnen und es bei Bedarf zu verändern. Gleichzeitig gelangen sie über diese Lernprozesse zu der Erkenntnis, dass außerhalb von Familie und Schule andere Regeln und Anforderungen wirksam sind. Dies wendet den Blick von partikularistischen hin zu universalistischeren, mehr generalisierenden Handlungsorientierungen, die für ein Überleben in der Gesellschaft unbedingt erforderlich sind. Insofern repräsentiert die Gleichaltrigengruppe aufgrund der in ihr möglichen und nötigen sozialen Erfahrungen die wichtigste Sozialisationsinstanz neben Familie und Schule.

6.1 Das Dilemma der Kids

Neben der Abwendung von den Eltern hin zu einer mehr und mehr gleichaltrigenzentrierten Lebensgestaltung, finden sich auch im Sozialisationsfeld Schule vielfältige Anhaltspunkte und Möglichkeiten jugendkultureller Organisation und Betätigung, welche von den Heranwachsenden auch intensiv genutzt werden. Das Eintauchen in die faszinierende und unübersichtliche Jugend- und Erwachsenenkultur am Ende der Kindheit ist untrennbar verbunden mit der Clique, den unterschiedlichen gleichaltrigen Gesellungsformen. Cliquen und Gruppen sind das Medium, welches die Ablösung von der Familie vorantreibt, jugendkulturelles Leben ermöglicht und fordert, Trends transportieren und ausleben hilft und nicht zuletzt für neue soziale Erfahrungen und somit auch für eine Weiterentwicklung individueller Einstellungs- und Verhaltensmuster sorgt. Gleichaltrigenbeziehungen spielen zwar für Heranwachsende in jedem Alter eine wichtige Rolle, doch verändert sich der Charakter der Gesellungsformen mit dem Alter der Heranwachsenden, insbesondere, was die Altersgruppe der Kids anbelangt. Für die Kids ist die Gruppe oder Clique ein ganz zentrales Lebensfeld. Indes wartet die Clique in diesem Alter mitunter auch mit Anforderungen auf, die den Selbstansprüchen der Kids einerseits entgegenkommen und von ihnen selbst hervorgebracht werden, die Heranwachsenden allerdings auch leicht überfordern können. In der Gruppe, gerade zusammen mit Älteren, reagieren Heranwachsende dieses Alters, und hier ganz besonders Jungen, übertrieben jugendlich, sind durch ältere Jugendliche leicht beeinflussbar und versuchen, sich durch ihr Auftreten einen Statusvorsprung in der Gruppe zu verschaffen. Der Wunsch, bereits als Jugendlicher zu gelten, wirft für die Kids jedoch das Problem auf, dass sie von den Älteren durchaus nicht als Ihresgleichen angesehen werden. Für sie ergibt sich daraus die Notwendigkeit, sich als Jugendliche zu beweisen. Das ist man seinem Selbstbild schuldig – schließlich ist man kein Kind mehr. Das heißt allerdings nicht automatisch, dass sie bereits über ein gesichertes, jugendliches Handlungsrepertoire verfügen. Das Kopieren jugendlicher Verhaltensweisen erscheint dann als Weg, den scheinbaren oder tatsächlichen Handlungsanforderungen in der Gruppe gerecht werden zu können. Das dann oftmals zu beobachtende übertrieben jugendliche Auftreten der Kids findet gerade in diesen Nachahmungsversuchen seine Ursache. Oftmals sind sich die Kids nicht sicher, in welchem Kontext welches Verhalten angemessen „jugendlich" ist; sie kennen die Grenzen der betreffenden Strategien nicht so genau und schließlich lässt das Interesse an Statuserwerb bzw. -sicherung in der Gruppe Anlass und Sinn einer Handlung mitunter in den Hintergrund treten.

Der massivste Druck, desavouierende Kontexte und Handlungen zu meiden und demgegenüber so jugendlich wie möglich zu wirken, geht jedoch von den Gleichaltrigen selbst, insbesondere von der Gleichaltrigengruppe aus. Das seltsame Zusammenspiel einer gemeinsam empfundenen Enge und Unzufriedenheit mit dem Dasein als Kind und dem persönlichen Interesse an der jugendlichen Lebenswelt schafft eine Cliquenatmosphäre, die kindliche Verhaltensweisen kaum zulässt. Nicht nur der eigene Status steht dann unweigerlich zur Disposition. Das Bedürfnis, von Älteren und Erwachsenen nicht mehr als Kinder angesehen zu werden, führt bei den Heranwachsenden selbst zu einer strikten Ablehnung alles Kindlichen. Insbesondere der Wunsch nach eigenen Räumen und Gesellungsmöglichkeiten, der frei ist von der Schar „kleiner Kinder" wird in diesem Zusammenhang oftmals vehement vertreten. Ebenso kann man sich aufgrund dieser starken Abgrenzung freilich nicht wie ein Kind benehmen, schon gar nicht unter Gleichaltrigen. Denn eine Clique aus Heranwachsenden, die erst noch zu wirklichen Jugendlichen werden müssen, kann es sich nicht leisten, „Kinder" unter sich zu haben, da sie dann als Ganzes „ruiniert" wäre – ein Kinderhaufen halt.

Demnach ist die Situation für die Heranwachsenden in Gleichaltrigengruppen nicht immer unproblematisch. Sie befinden sich in einem Dilemma zwischen der mehr und mehr hereinbrechenden und selbst gesuchten jugendlichen Norm und den noch vorhandenen starken, aber nun heimlichen und zu verheimlichenden kindlichen Neigungen und Wünschen. Und aufgrund ihres Alters und ihres psychosozialen Entwicklungsstandes treffen Kids gerade in Gruppenkontexten oftmals auf Situationen, die sie überfordern, sie an die Grenzen ihrer Handlungskompetenzen und psychischen Ressourcen treiben, was sie jedoch vor ihrer Clique nicht zugeben können. Brechen dann die kindlichen Anteile der jungen Persönlichkeit unweigerlich auf, ist da plötzlich wieder das Kind, welches einen Schonraum benötigt, das emotionaler Zuwendung und sozialer Geborgenheit bedarf, kann der Heranwachsende sich diesbezüglich nicht ohne die Gefahr eines Gesichtsverlustes an seine Freunden wenden. Aus pädagogischer Sicht ist das Wissen um dieses Dilemma und die damit verbundenen Gefahren der Überforderung von ganz entscheidender Bedeutung. Pädagogische Einrichtungen und Arrangements, die mit Heranwachsenden dieses Alters zu tun haben, müssen Räume und Gelegenheiten zur Verfügung stellen, auf die sich Kids in solchen schwierigen und überfordernden Situationen zurückziehen können, die ihnen Fluchtpunkt und Ressource sein können. Es müssen Angebote entwickelt werden, die den jugendlichen und den kindlichen Anteilen der heranwachsenden Persönlichkeit gerecht werden können. Und es muss eine besondere Sensibilität im Umgang mit den Heranwachsenden entfaltet werden, die sicherstellen kann, dass das Bedürfnis nach Statusgewinn und Jugendlichkeit seitens der jüngeren Jugendlichen geachtet und gestützt und gleichzeitig in kritischen Situationen bloßstellende, allzu erwachsene und verletzende Strategien vermieden werden.

6.2 Die Entdeckung des anderen Geschlechts

Neben dem Bedeutungszuwachs, den die Gleichaltrigengruppe bei den Kids erfährt, das was als Reorganisation der sozialen Beziehungen bezeichnet wurde, gewinnen Gesellungen in diesem Alter eine neue Funktion hinzu – das erwachende Interesse am anderen Geschlecht zu befriedigen. Die Dominanz geschlechtshomogener Gesellungsweisen bricht am Ende der Kindheit langsam auf: „Zu Ende des zwölften, zu Beginn des dreizehnten Lebensjahrs – also mit Beginn der Pubertät – beginnt sich diese rigide Trennung wieder aufzulockern – allerdings nur in den Wünschen und Vorstellungen der Kinder: Zwar bekennt sich in der 6. Klasse etwa die Hälfte der Mädchen auch zu Freundschaften mit Jungen, aber gemischtgeschlechtliche Gruppen konnten in diesem Alter noch nicht entdeckt werden. ... Die meisten 12- bis 13-Jährigen bewegen sich zwar nach wie vor in einem geschlechtshomogenen Freundschaftskreis, artikulieren aber deutlich den Wunsch, dass sich dies ändern möge." (Tillmann 1992, S. 14). Die Jungen und Mädchen verlassen das „definitorische Niemandsland" (Fend 1992, S. 4) geschlechtshomogenen Bezogenseins. Mit dem Beginn der Pubertät, dem

Einsetzen der physischen und auch psychischen sexuellen Reifung, erwacht nicht nur das Interesse am anderen Geschlecht aufs Neue (vgl. zur biographischen Vorverlagerung der physischen Reifung in den vergangenen hundert Jahren ausführlich: Mitterauer 1986), es hat sich auch verschoben. Interessant sind Mädchen oder Jungen für Mädchen oder Jungen nun nicht mehr als SpielkameradInnen, die sie in den letzten Jahren ja sowieso nicht waren. Interessant werden die VertreterInnen des anderen Geschlechts nun mehr und mehr aus emotionaler und nicht zuletzt aus sexueller Perspektive. Das verlangt nach neuen und anderen Strategien der Kontaktaufnahme und -pflege, welche die Heranwachsenden erst erlernen müssen. Zunächst noch mehr auf der Ebene individueller Wünsche angesiedelt, beginnen sie, ihr erwachendes Interesse am anderen Geschlecht vorsichtig in die Tat umzusetzen.

Dieses Dilemma zwischen Wollen und Wissen führt bei den jüngeren Jugendlichen häufig zu großen Unsicherheiten im Umgang mit Gleichaltrigen des anderen Geschlechts. Was Jugendlichen und Erwachsenen als plumpes, wenn nicht gar kindisches Imponiergehabe erscheinen mag, ist zunächst nichts anderes als ein Versuch, mit Mädchen oder Jungen in Kontakt zu kommen. Dies ist jedoch nicht so einfach, da die Mädchen und Jungen diesbezüglich über keinerlei relevante Erfahrungen verfügen und es ihnen daher an Strategien der Beziehungsaufnahme und -gestaltung ermangelt. Das „Plumpe" und „Kindische" deutet also auch darauf hin, dass die Jungen und Mädchen versuchen, ihre Unsicherheit irgendwie in den Griff zu bekommen. Die (noch geschlechtshomogene) Gleichaltrigengruppe spielt hierbei eine sehr wichtige und gleichzeitig ambivalente Rolle. Der Kontakt wird unspezifisch, spielerisch und im Schutze der Gruppe herzustellen versucht. Die Gruppe oder Clique ist dabei Bühne und Schutzraum gleichermaßen. Man kann sich vor den anderen beweisen als jemand, der schon recht weit ist und der vor allem den Mut besitzt, Mädchen richtig anzumachen bzw. Jungen herauszufordern. Wenn man sich zu weit vorgewagt hat, nicht mehr weiter weiß oder sein Gesicht zu verlieren droht, kann man sich in die Sicherheit der Clique zurückziehen und mit den FreundInnen einen kleinen Sieg feiern.

Besonders problematisch ist in diesem Zusammenhang das Auftreten der männlichen Heranwachsenden Mädchen gegenüber. Jungen sind in diesem Alter im Umgang mit Mädchen oftmals sehr grob, häufig sogar sexistisch und abfällig. Mädchen hingegen erübrigen für Jungen in ihrem Alter meist gar kein Interesse. Es ist sicherlich auch dieses Ungebärdige und Grobe, das sie an ihnen abschreckt und was sie in ihren Augen kindisch erscheinen lässt. Die Jungen wissen offenbar noch nicht so recht, ob sie ihr wachsendes Interesse an Mädchen sich selbst und vor allem ihren Freunden gegenüber eingestehen können. Mit Blick auf die Gleichaltrigengruppe ergibt sich also insbesondere für die Jungen wiederum das Dilemma, dass sie sich gleichermaßen zwischen der drohenden Gefahr des Gesichtsverlustes in der Gruppe und einem stärker werdenden Wunsch nach der ersten Freundschaft mit einem Mädchen bewegen. Sie sehen sich offenbar auch gezwungen, zu lavieren zwischen ihrem Status als ganzer Kerl in der Clique, der sich nicht mit „Weiberkram" abgibt, und den selbst gewünschten Kontakten zu den Mädchen, die die Clique nunmehr zunehmend eng und langweilig erscheinen lassen. Kaschiert wird diese Zerrissenheit auf die spielerische, machohafte Art. Machohaftes Gehabe taugt (noch) dazu, in der Clique seinen Mann zu beweisen. Gleichzeitig jedoch kann dieses betont männliche, betont jugendliche und dennoch so jungenhafte Gehabe durchaus als Versuch der Maskierung und in gewissem Sinne auch als Ausdruck von Hilflosigkeit verstanden werden. Das zeigt die Tatsache, dass viele Jungen hinsichtlich ihres Verhältnisses zu Mädchen in diesem Alter sehr verletzbar sind. Tillmann weist u.a. darauf hin, wie sensibel Jungen auf die Zurückweisung durch ihre Altersgenossinnen reagieren (vgl. ders. 1992). Deren Interesse an älteren männlichen Jugendlichen – die nach dem Selbstbild vieler Mädchen eher dem bereits erreichten eigenen Entwicklungsstand entsprechen – trifft die gleichaltrigen Jungen durchaus auf einer emotionalen Ebene, bei der von verletztem Stolz zu reden, fahrlässig wäre. Die Jungen sehen sich vor die schmerzliche Erkenntnis gestellt, dass sie bei „ihren" Mädchen nicht landen können, gleichzeitig die jüngeren Mädchen noch nicht „so weit sind", ihrerseits also noch kein Interesse an Jungen entwickelt haben. Vielen bleibt daher nichts anderes, als zu warten, älter und reifer zu werden, bis sie in den Augen der jüngeren und dann auch der gleichaltrigen Mädchen ernstzunehmende Beziehungskandidaten darstellen. Aus pädagogischem Blickwinkel ist diesbezüglich wiederum auf eine spezifische Sensibilität im Umgang mit den Heranwachsenden beider Geschlechter zu verweisen. Im Hinblick auf die Jungen darf dabei jedoch nicht übersehen werden, dass ihr Verhalten den gleichaltrigen Mädchen gegenüber von Achtung und Respekt geprägt sein sollte. Hier gilt es, gezielt erzieherischen Einfluss geltend zu machen und notfalls entschieden auf die Regeln des mitmenschlichen Umgangs in unserer Gesellschaft aufmerksam zu machen.

7. Konsequenzen für die Jugendhilfe

Pädagogisch gesehen, so das Fazit von Friedrich, Deinet u.a., stellt die Gruppe der Kids eine „untypische" Klientel dar: Untypisch deshalb, weil sie weder mit den Mitteln der Kinder- noch mit den Angeboten einer Jugendpädagogik adäquat erreicht werden können und untypisch auch deshalb, weil die Kinder- und Jugendpädagogik offenbar große Schwierigkeiten damit hat, Angebote zu entwickeln, die auf die Bedürfnisse dieser Altersgruppe zugeschnitten, also weder Kinder- noch Jugendarbeit im klassischen Sinne sind. In Folge dieser „Entdeckung" der Lücke-Kinder ist ein, wenn auch vergleichsweise schmaler Erfahrungsaustausch in Gang gekommen (vgl. bspw. Deinet 1984, 1989, 1994; Wichard 1988; Lukas u.a. 1982; Lukas 1987), der sich allerdings in den letzten Jahren nicht verstärkt hat. Der Schwerpunkt dieser Debatte konzentriert sich auf den Bereich der offenen Kinder- und Jugendarbeit, also jenes Handlungsfeld der Jugendhilfe, welches Friedrich u.a. im Hinblick auf die Altersgruppe der Kids bereits 1984 als gleichzeitig vordringlichstes wie problematischstes ausgemacht hatten. Diese Schwerpunktsetzung ist nachvollziehbar, wenn man sich vor Augen hält, dass Kids immer stärker aus dem behüteten Dasein in der Familie heraustreten, gleichzeitig jedoch mit Problemen und Schwierigkeiten seitens ihrer Lebensumwelt konfrontiert sind, die einer altersgemäßen, zunehmend nach Selbstständigkeit strebenden Entfaltung ihrer mehr und mehr jugendlichen Persönlichkeit entgegenstehen. Angesichts dieser Situation, die in fehlenden Räumen, mangelhaften Ressourcen und nicht zuletzt in der Statusambivalenz der Kids ihre Ursachen hat, erscheint die offene Kinder- und Jugendarbeit geradezu prädestiniert, die Lebenssituation von Kids aufzugreifen und mit entsprechenden, fachlich abgesicherten Jugendhilfeangeboten unterstützend und begleitend zu unterlegen. Das betrifft insbesondere den Freizeitbereich vieler Kids, also das Leben der Heranwachsenden nach der Schule und außerhalb des Elternhauses. Hier ergeben sich nicht nur aufgrund spezifischer Bedarfslagen und Freizeitinteressen mannigfache Anknüpfungspunkte für die Gestaltung von altersadäquaten Jugendhilfeangeboten im Rahmen offener sozialpädagogischer Arbeit mit Kindern und Jugendlichen. Auch das hinlänglich bekannte Phänomen der Lücke-Kinder, also jener Gruppe von Kids, die mit schwirigen Lebens- und Aufwachsensbedingungen seitens ihres Wohnumfeldes, ihrer Familie usw. zu kämpfen haben, zeugt von der Notwendigkeit entsprechender Maßnahmen, gerade in benachteiligten Wohngegenden. Hier sind Maßnahmen gefragt, die neben den entwicklungsspezifischen Faktoren dieser Altersgruppe auch die problematische Situation der Heranwachsenden angemessen aufgreifen und in entsprechende Praxiskonzepte umsetzen können. Insofern sind Kids eine sehr typische pädagogische Klientel.

Viele Kids fallen – entsprechend den Befunden einer DJI-Studie – gerade nach der Schule in eine Betreuungslücke (vgl. DJI 1992). Auch Deinet hat in vielen seiner Praxisberichte darauf hingewiesen, dass Kids am Nachmittag oftmals ohne adäquate Betreuung und Versorgung durch Erwachsene sind, insbesondere in benachteiligten städtischen Wohngegenden. Eine wichtige Aufgabe bei der Arbeit mit Kids im Rahmen der offenen Jugendarbeit ist daher in der Bereitstellung und konzeptionellen Fundierung familienergänzender Angebote im nach- und außerschulischen Bereich zu sehen. Dies ist umso notwendiger, da nach den Befunden der DJI-Studie ein starker Bedarf an außerschulischen, familienergänzenden Angeboten gerade auch für diese Altergruppe artikuliert wird. Insbesondere in städtischen Regionen ist dieser Bedarf sehr stark ausgeprägt, so dass es nicht verwunderlich ist, dass die Nachfrage nach entsprechenden Möglichkeiten bei weitem die vorhandenen Kapazitäten übersteigt (vgl. DJI 1992). Auffallend ist in diesem Zusammenhang weiterhin, dass die Nachfrage nach familienergänzenden Betreuungsangeboten besonders stark in den unteren sozialen Schichten ausgeprägt ist. Es kann also – mit der gebührenden Vorsicht –

darauf geschlossen werden, dass es sich hierbei um das klassische Klientel der Lücke-Kinder handelt, welches sich einer besonders schwierigen Betreuungssituation gegenübersieht.

Im Bereich der nachschulischen Betreuung ist daher mit Blick auf die „Lückies" ein besonderer Handlungsbedarf zu konstatieren. Für die offene Kinder- und Jugendarbeit hat dies schon hinsichtlich der Öffnungszeiten weit reichende Folgen. Viele Lücke-Kinder sind Schlüsselkinder, das heißt, dass sie am Nachmittag, nach der Schule, auf sich allein gestellt sind. Sie sind gezwungen, die Zeit zwischen dem Ende des Unterrichts und dem Feierabend der Eltern selbstständig zu gestalten, auch was die Versorgung mit Nahrung anbetrifft. Es erscheint also sinnvoll, den Heranwachsenden eine (fakultative) Grundversorgung, also beispielsweise ein preiswertes Mittagessen, anzubieten. Andererseits muss freilich auch die Unterstützung und Hilfestellung bei der Bewältigung der schulischen Aufgaben eine feste Größe im konzeptionellen Rahmen entsprechender Angebote sein. Dies ist besonders mit Blick auf sozial benachteiligte Familien von Bedeutung, da die Kinder hier oftmals nicht die nötige Unterstützung seitens der Eltern bei der Bewältigung der schulischen Anforderungen erfahren (niedriges Bildungsniveau, starke Arbeitsbelastung, große Familien in beengten Wohnverhältnissen etc.). Bei der Planung und Gestaltung entsprechender Angebote ist jedoch darauf zu achten, ihren Freizeitcharakter für die Heranwachsenden in den Vordergrund treten zu lassen. Ein Blick auf das klassischste aller nachschulischen Betreuungsangebote, den Hort, lässt diese Forderung deutlich werden. Zwar sind Kids für die knappen Plätze in Horteinrichtungen oftmals sowieso zu alt, doch kommen ältere Kinder bzw. jüngere Jugendliche einmal in den Genuss eines Hortplatzes, so sehen sie sich häufig mit einer Angebotsstruktur konfrontiert, die kaum geeignet ist, ihre Bedürfnisse nach mehr Selbstständigkeit und Unabhängigkeit bei der Freizeitgestaltung zu befriedigen, die ihrem Entwicklungsstand wie auch ihren individuellen Befindlichkeiten und Interessen nicht entsprechen. Als familienergänzende Betreuung nach der Schule gedacht, sind die Angebote im Hort oftmals auf die Interessen von Kindern zugeschnitten. Das bedeutet einerseits, dass den Kids kaum angemessene Beschäftigungsmöglichkeiten zur Verfügung stehen. Andererseits geschieht die Arbeit mit Kindern häufig nach festen Regeln, was Zeiten und Aktivitäten anbetrifft. Die Kids finden sich in einer Betreuungssituation wieder, die sie mit institutionalisierten, starren Regeln nach dem Muster der Schule konfrontiert. Paradoxerweise erfahren die Heranwachsenden also ausgerechnet in einem außerschulischen Angebot oftmals sehr deutlich eine bloße Verlängerung des kontrollierten und durch Erwachsene und ihre Regeln strukturierten Schulalltages, beispielsweise durch den häufig hohen Verbindlichkeitscharakter der Freizeitangebote im Hort für alle Altersgruppen, durch festgelegte Hausaufgabenzeiten usw. Das Leben und die Befindlichkeit der Kids außerhalb und unterhalb schulischer Erwartungen kann so jedoch kaum Berücksichtigung finden. Soll Jugendarbeit bzw. Jugendfreizeitarbeit mit Kids erfolgreich sein, muss sie also strikt darauf achten, dass ein schulischer Charakter, insbesondere in der direkten nachschulischen Betreuung vermieden wird. Denn die Tatsache einer bloßen Verlängerung schulischer Anforderungen in den Freizeitbereich hinein, noch dazu unter dem Dach der offenen Kinder- und Jugendarbeit, würde sicherlich dazu führen, dass die Heranwachsenden der Einrichtung fern bleiben. Dementsprechend ist die nachschulische Betreuung so zu gestalten, dass sie den Kids einerseits die Möglichkeit bietet, ihre Hausaufgaben in der Einrichtung und mit Hilfestellung durch die BetreuerInnen erledigen zu können, andererseits jedoch auch Aktivitäten und Angebote vorfinden, die nichts mit Schule oder Hausaufgaben zu tun haben. Hier die Balance dergestalt zu finden, dass letztlich nicht nur die freilich attraktiveren Beschäftigungen im Mittelpunkt stehen, sondern eben auch eine angemessene Unterstützung bei der Bewältigung der schulischen Anforderungen durch die Kids angenommen wird, ist wahrscheinlich das schwierigste Praxisproblem.

Neben dieser spezifischer Bedarfssituation muss die offene Arbeit freilich Angebote für Kids unterbreiten, die ihren „bloßen" Freizeitinteressen entgegenkommen und geeignet sind, die altersspezifischen Bedürfnislagen aufzunehmen und zu befriedigen. Es ist ja bereits im Zusammenhang mit der nachschulischen Betreuung deutlich geworden, dass der Freizeitbereich für Kinder und Jugendliche im Rahmen ihrer individuellen Lebensführung mithin auch für Kids eine sehr bedeutsame Rolle spielt. Die Freizeit vieler Kids ist – mit Blick auf deren Ausgestaltung – nach Kromer/Tebbich in erster Linie Konsumzeit. „Die Konsumentenrolle ist ... eine zentrale Freizeitrolle moderner Jugendlicher, zumal die Marketingstrategen (z.B. Merchandising) Kinder und Jugendliche als gewinnbringendes Marktsegment erkannt haben." (dies. 1998, S. 47) Kids entwickeln jedoch eine große Vielfalt von Freizeitinteressen und -aktivitäten, die weit über das verbreitete Vorurteil von der Konsum- und Medienkindheit hinausreichen, und denen sie mit zunehmender Selbstständigkeit nachgehen. Die offene Arbeit mit Kindern und Jugendlichen verfügt über vielfältige Möglichkeiten, diesen Interessen und Bedürfnissen von Kids entgegenzukommen. Sie ist beispielsweise in der Lage, bildungsorientierte oder auch musisch-kreative Angebote zur Verfügung zu stellen, die relativ unverbindlich daherkommen und den Kids somit eine große Freiheit bei der Gestaltung ihrer individuellen Freizeit lassen. Unverbindlichkeit kann im Rahmen offener Jugendarbeit auch im Hinblick auf den Einfluss der erwachsenen Betreuungspersonen hergestellt werden. Denn Kids suchen in ihrer Freizeit ganz gezielt nach Räumen und Möglichkeiten, in denen sie relativ ungestört durch Erwachsene ihren Interessen nachgehen können. Gleichzeitig ist jedoch in den vorangegangenen Abschnitten deutlich geworden, dass besonders diese Altersgruppe AnsprechpartnerInnen und Bezugspersonen braucht, gerade dann, wenn die Heranwachsenden Probleme haben oder vom „Jugendlich-Sein" überfordert zu werden drohen. Für diese Betreuung und Unterstützung „auf Abruf", die noch dazu ohne feste inhaltliche Strukturvorgaben operiert, scheinen Häuser der offenen Tür, Jugendklubs oder Jugendfreizeitheime geradezu prädestiniert.

Ein wichtiges Kriterium bei der Gestaltung von Angeboten für Kids bildet ihr Bedürfnis nach eigenen Räumen. Dies resultiert aus der Tatsache, dass die Erweiterung der räumlichen Umwelt in diesem Alter eine ganz besondere sozialisatorische Bedeutung inne hat. Für viele Kids sind in ihrer Freizeit jene Aktivitäten sehr bedeutsam, die in der Fachdiskussion als Aneignung der räumlich-materiellen Umwelt bezeichnet werden. Und sie treffen bei diesen Aktivitäten freilich auch oftmals auf die bereits beschriebenen Einschränkungen und Probleme. Dies trifft auch für die offene Kinder- und Jugendarbeit zu. Der Vorwurf der konzeptionellen Ratlosigkeit, die häufig durch eine Verlängerung kind- bzw. jugendbezogener Angebote aufzufangen versucht wird, bezieht sich auch auf die räumliche Gestaltung und die in den Räumen liegenden Aneignungsmöglichkeiten im Jugendhaus. Vielfach erleben Kids in solchen Einrichtungen, dass die bestehenden Möglichkeiten entweder auf Kinder oder auf Jugendliche zugeschnitten sind. Entsprechend müssen sie die Erfahrung machen, dass sie weder in dem einen noch in dem anderen sozialräumlichen Setting richtig zu Hause sind, ja aufgrund ihres Zwischendaseins sogar aus diesen Settings verdrängt werden. Dies geschieht beispielsweise dann, wenn am späten Nachmittag die Jugendlichen „einreiten", die mit den ‚Kiddies' nichts zu tun haben wollen. Ist zu diesem Zeitpunkt die Kindergruppe aber erst gegangen, bleiben für die Kids kaum Möglichkeiten, das Jugendhaus als ihr Jugendhaus in Beschlag zu nehmen. Der sozialräumliche Aspekt spielt mithin in der pädagogischen Arbeit mit Kids eine sehr wichtige Rolle. Kids befinden sich hier in einem bedeutsamen Entwicklungsabschnitt und in einem Dilemma zugleich. Ihnen müssen Räume zur Verfügung gestellt werden, die offen sind für Aneignung und Umwidmung, die ein breites Spektrum an Betätigungen ermöglichen und somit den verschiedenen Bedürfnissen der heranwachsenden Persönlichkeit entgegenkommen – also weder Räume für Kinder, noch solche für Jugendliche. Ergänzend zu diesen einrichtungsgebundenen Möglichkeiten sind Angebote zu unterbreiten, welche die Aneignungstätigkeit der Heranwachsenden bezogen auf ihr Wohnumfeld unterstützen. Die Fachdiskussion führt hierzu eine ganze Reihe von Ideen an, wie beispielsweise Stadtteilrallys, Fotoexpeditionen, Fahrradkorsos etc. In diesen Zusammenhang gehören auch Höhepunktveranstaltungen, die über das nähere Wohnumfeld hinaus führen. Und nicht zuletzt muss diesbezüglich auch auf die kommunalpolitische Funktion der Sozialen Arbeit verwiesen werden. Einmischung, Beteiligung und Mitwirkung von Kindern und Jugendlichen sozialpädagogisch zu fördern und in eine gemeinwesenorientierte Sozialarbeit zu integrieren, die die Interessen aller Bewohner eines Wohngebietes berücksichtigt und vertritt, ist gerade mit Blick auf die oftmals nachrangigen Interessen der jungen Generationen eine wesentliche Pflicht parteilicher Jugendarbeit. Hierher gehört also auch die parteiliche Funktion der Kinder- und Jugendarbeit, wenn es in kommunalpolitischen

Zusammenhängen um die Verplanung und Gestaltung städtischer Räume geht.

Die Räume und Angebote müssen nicht nur den jugendlichen Anteilen und Interessen, sondern darüber hinaus freilich den kindlichen Anteilen der Kids Rechnung tragen. Sie müssen demnach auch Schutz- und Schonräume sein, Sicherheit bieten. Wie herausgearbeitet wurde, trifft die Orientierung an jugendlichen Verhaltensweisen, Stilen und Aktivitäten oftmals auf kindliche Interessenlagen und Wünsche, die für das Alter normal sind, jedoch bei offener Artikulation den sozialen Status wie den eigenen Selbstanspruch der Heranwachsenden gefährden können. Gleichzeitig erlaubt und erfordert ihr ambivalenter Status jedoch, dass sie sich in sicheren Situationen des Allein- bzw. Ungestörtseins auf kindliche Verhaltensweisen zurückziehen, den kindlichen Interessen und Bedürfnissen nachgeben. Den Kids muss also die Möglichkeit geboten werden, ihren kindlichen wie jugendlichen Anteilen gleichermaßen nachgehen zu können. Hier ist es seitens der MitarbeiterInnen unerlässlich, dass sie die subjektiven Problemlagen und Artikulationswünsche der Heranwachsenden ernst nehmen und diese in ihrer Suche nach Jugendlichkeit bei gleichzeitig noch bestehender Verwurzelung in der Kindheit behutsam unterstützen. Dem „Wechselbad der Gefühle", dem übertriebenen Streben nach Jugendlichkeit, müssen PädagogInnen mit großer Sorgfalt und Sensibilität gegenübertreten. Das ist jedoch nur möglich, wenn ein Verständnis für die Besonderheiten dieses Alterabschnittes vorhanden ist. Kids sind auf der Suche. Sie experimentieren in einem (Lebens-)Raum, den sie noch nicht genau kennen. Sie machen täglich neue Erfahrungen – in der Clique, mit Mädchen oder Jungen, mit den Verheißungen der Jugendkultur. Diese Erfahrungen sind wichtig, und die Heranwachsenden können es oftmals kaum erwarten, ihrer habhaft zu werden. Jedoch liegt hierin auch ein doppeltes Risiko: das einer Überforderung der noch zu großen Teilen kindlichen Persönlichkeit und jenes, Erfahrungen der Ausgrenzung, Ablehnung und Zurechtweisung machen zu müssen. Hier mit erwachsenen Belehrungen, Zurechtweisungen und Erinnerungen an das Alter zu reagieren, verstärkt nur diese Gefühle von Ausgrenzung und Unverständnis auf Seiten der Kids. Somit gewinnt jene Praxiseinstellung an Stellenwert, die oben als „Betreuung und Unterstützung auf Abruf" bezeichnet wurde. Das Bedürfnis nach Selbstständigkeit, die zunehmenden und vehement vorgetragenen Abgrenzungsversuche gegenüber Erwachsenen lassen auch gut gemeinte Zuwendungsangebote ihrerseits in den Augen der Heranwachsenden als Einmischungsversuche und Gängelung erscheinen. Umgekehrt macht es dieses Streben nach Unabhängigkeit den Kids besonders schwer, sich in schwierigen Situationen mit ihren Problemen an erwachsene Bezugspersonen zu wenden. Betreuung und Unterstützung auf Abruf meint also dreierlei: da zu sein, wenn es die Heranwachsenden fordern, selbstständig zu erkennen, wenn Hilfe gebraucht wird und behutsam das Gespräch suchen und ansonsten – ausgestattet mit dieser Sensibilität – im Hintergrund zu bleiben.

Einen weiteren wichtigen Punkt in der Arbeit mit Kids stellen, gerade auch im Zusammenhang mit der räumlichen Situation, die geschlechtliche Sozialisation und die damit verbundenen Schwierigkeiten und Probleme im frühen Jugendalter dar. Aus der Fachdiskussion ist hinlänglich bekannt, dass beispielsweise bei der Verfügbarkeit über freie Zeit Mädchen gegenüber Jungen deutlich benachteiligt sind. Sie werden viel früher und in jedem Alter stärker in hauswirtschaftliche Pflichten eingebunden als ihre Altersgenossen. Hinzu kommt, dass die Eltern bei ihren Töchtern gerade an der Schwelle von der Kindheit ins Jugendalter sehr viel stärker in die Freizeitplanung und Gestaltung eingreifen, als dies bei den gleichaltrigen Jungen der Fall ist. Doch auch im Hinblick auf die eigenständige Freizeitgestaltung bzw. auf die entsprechenden Möglichkeiten ergeben sich deutliche Unterschiede zwischen Jungen und Mädchen. Mehrfach ist darauf hingewiesen worden, dass Mädchen bei ihren Freizeitaktivitäten weniger „raumgreifend" sind als Jungen. Mädchen nehmen so nicht nur weniger an räumlich-aneignenden und -gestaltenden Aktivitäten teil. Sie erfahren auch von ihrer Umwelt oftmals, dass die Räume und die in ihnen lagernden Nutzungs- und Aneignungsmöglichkeiten im Freizeitbereich auf Jungen und deren Interessen und Bedürfnisse zugeschnitten sind. „Mädchen treffen sich zwar auch gerne in Parks und auf Spielplätzen, sie nutzen jedoch die dort angebotene Infrastruktur kaum, weil sie so gestaltet ist, dass sie eher die Interessenlagen der Burschen abdecken, während ‚weibliche Bedürfnisse' ignoriert werden. Denn was Kinder und Jugendliche in Freizeitanlagen vorfinden, wenn sie dem Kinderspielbereich entwachsen sind, ist keineswegs geschlechtsneutral. Der typische Spielplatz hat für ältere Kinder einen Fußballplatz, meist in Gestalt eines Käfigs." (Kromer/Tebbich 1998, S. 65f.) So verwundert es nicht, dass sich beispielsweise Mädchen im Alter zwischen 10 und 12 Jahren vom Spielplatz als Treffpunkt und Tätigkeitsbereich stärker abwenden als gleichaltrige Jungen. (vgl. DJI 1992) Darüber hinaus werden Mädchen in vielen Bereichen der Freizeitgestaltung, die ihre Aufmerksamkeit wecken, von gleichaltrigen Jungen verdrängt. Dieses Zurückweichen der Mädchen geschieht oftmals aus Angst, „...dass sie [von den Jungen] verspottet werden, oder aber aus Angst vor einer bloß antizipierten Verspottung gar nicht erst öffentlich ‚antreten', oder von Übungsanlagen verdrängt werden durch Burschen mit [vermeintlich] höherer Expertise." (Kromer/Tebbich 1998, S. 66)

Entsprechende Berichte finden sich auch im Zusammenhang mit der offenen Jugendarbeit. „Nach wie vor ist der Hauptaufenthaltsort der Mädchen – quasi als klassischer Mädchenraum in offenen Jugendeinrichtungen – die Mädchentoilette, und das aus banalen Gründen: weil die Freizeiträume durch die innenarchitektonische Gestaltung und Atmosphäre (Tischtennisplatten, Flipper, Kicker, Billiard- u.a. Spieltische) auf Burschen zugeschnitten und somit automatisch männliche Territorien sind." Und weiter: „Zugangs- und Aufenthaltsbereiche werden für Mädchen zu ‚Laufsteg-, Präsentierteller- und Nadelöhrsituationen', und daher auch zumeist gemieden: Sie werden begafft, nach ihrem Aussehen beurteilt und in sexistischer Manier bewertet oder verbal angemacht." (Kromer/Tebbich 1998, S. 65) Der Vorwurf, das Jugendarbeit Jungenarbeit sei, hat daher nach wie vor nicht an Aktualität eingebüßt. Dies ist besonders für die Mädchen im Kids-Alter problematisch, da sie wegen ihrer körperlichen Entwicklung einerseits zunehmend als Sexualpartnerin interessant werden. Andererseits sehen sie sich aufgrund ihres Alters und zusätzlich aufgrund ihres Geschlechts mit einer Situation konfrontiert, die ihnen die räumliche Autonomie auch in Einrichtungen der Jugendarbeit und mithin die gleichberechtigte Teilhabe an ihren Angeboten nahezu unmöglich macht. Dabei lassen sich auch hier vielversprechende Anknüpfungspunkte für eine offene Mädchenarbeit finden, auch unterhalb der geschlechtsspezifischen Problemlagen junger Mädchen. So konstatierte das DJI bei Mädchen zwischen dem 10. und 12. Lebensjahr ein starkes Interesse an musisch-kreativen Angeboten, denen sie sich denn auch häufig zuwandten. (vgl. DJI 1992) Hier erfahren die Mädchen offenbar nicht nur eine Bestätigung ihrer Freizeitinteressen und -bedürfnisse. Ihnen werden in derartigen Angeboten offensichtlich auch die notwendigen und geschützten Räume eröffnet, um ihren Interessen nachgehen und relativ frei von sexistischer Anmache unter sich sein zu können. Inwiefern jedoch diese „weiblichen Interessenlagen" tatsächlich mit denen in den spezifischen Angeboten bedienten übereinstimmen, ist eine pädagogische Fragestellung, die einer weiteren Klärung bedarf. Auf praktischer Ebene bedeutet dies, dass sehr genau darauf geachtet werden sollte, welche Bedürfnisse Mädchen tatsächlich artikulieren, ob die musisch-kreativen Angebote nicht die Mädchenangebote, die Halfpipe für die Jungen da ist. Denn möglicherweise finden sich bei Mädchen Interessen, die man eher als „männlich" betrachten würde. Gerade dieser Blickwinkel ist es jedoch, gepaart mit dem oftmals abwertenden Verhalten der Jungen gleichaltrigen Mädchen gegenüber, der dazu führt, dass sich Mädchen nicht trauen, beispielsweise ihr Interesse am Basketballspielen, ihre Fähigkeiten beim Skateboard fahren oder ihre profunde Kenntnis der angesagten Hardrockbands Kund zu tun. Geschlechtsspezifisch betrachtet, befinden sich Mädchen in diesem Alter also in derselben prekären Situation, wie ältere weibliche Jugendliche, wobei ihr ambivalenter Status diese Situation noch verkompliziert. Ihnen fehlt es an Möglichkeiten und Räumen, unter sich zu sein und über ihre Probleme reden zu können. Es erscheint daher sinnvoll, wenn entsprechende Angebote nicht nur geschaffen, sondern gemeinsam mit den Mädchen geplant und auf die Beine gestellt werden.

Und mit Blick auf Mädchen in der Jugendarbeit: Jungen verhalten sich anders. Sie sind raumgreifender und expressiver, gleichzeitig aber auch aggressiver, was ihr Verhalten, auch Mädchen gegenüber, anbetrifft. Insbesondere mit Blick auf ihr Verhältnis zu den Altersgenossinnen jedoch können Lernprozesse pädagogisch initiiert und begleitet werden. Die Jungen müssen in diesem Alter für sie schmerzliche und negative Erfahrungen im Umgang mit dem anderen Geschlecht machen. Diese Erfahrungen stützend zu begleiten und gleichzeitig dafür zu sorgen, dass die Jungen den Mädchen (dennoch?) mit Achtung und Respekt gegenübertreten, ist wahrscheinlich eine der größten Herausforderungen in der pädagogischen Arbeit mit Kids. Diesem Aspekt muss gerade auch aus der Perspektive mädchenorientierter Arbeit in der offenen Jugendarbeit besondere Aufmerksamkeit geschenkt werden. Denn sonst bleiben Mädchen immer nur unter sich und können nur dort sie selbst sein.

Die genannten pädagogischen Implikationen sind nicht neu. Wichtig ist jedoch herauszustellen, dass sie nicht nur aus der Tatsache erwachsen, dass die Lücke-Kinder eine „pädagogischen Problemgruppe" repräsentieren. Nicht zuletzt ist das weite Feld der Freizeit ein wichtiger Faktor im Hinblick auf die soziale Entwicklung der Heranwachsenden. Hier hat denn auch ein wesentliches Feld der Jugendhilfe, die offene Kinder- und Jugendarbeit ihren Platz. Entsprechend der bedeutsamen sozialisatorischen Entwicklungsvorgänge, die außerhalb von Schule und Familie ablaufen, auf die die Jugendarbeit jedoch zugreifen kann, ist diese gut beraten, das Spezifische am Entwicklungsgeschehen in diesem Alter und dessen Zusammenhang mit den gesellschaftlichen und sozialen Bedingungen pädagogisch aufzunehmen. Dem charakteristischen – soziokulturell und entwicklungspsychologisch begründeten – biografischen Dilemma, in dem letztlich auch die konkreten Probleme der Lücke-Kinder ihre Ursache haben, pädagogisch gerecht zu werden, gleicht oftmals einem Drahtseilakt, bei dem die Balance zwischen kindlichen und jugendlichen Angebotsanteilen, zwischen Belehrung und Anleitung, Respekt und Unterstützung zu wahren, nicht einfach ist. Doch nur wenn beide Anteile der sich entwickelnden Persönlichkeit berücksichtigt werden, kann der pädagogische Umgang mit der „Problemgruppe" der Kids gelingen.

Literatur zur Vertiefung

Baacke, Dieter (1998): Die 6- bis 12jährigen. Einführung in die Probleme des Kindesalters. 6. Aufl., Weinheim und München
Deinet, U. (1987): Im Schatten der Älteren. Offene Arbeit mit Kindern und jüngeren Jugendlichen. Weinheim und München
Fend, Helmut (1992): Vom Kind zum Jugendlichen. Der Übergang und seine Risiken. Bern, Stuttgart, Toronto
Friedrich, P. et al. (1989): Die „Lücke"-Kinder. Zur Freizeitsituation von 9- bis 14jährigen. Weinheim
Kromer, I./Tebbich, H. (1998): Zwischenwelten. Das Leben der 11- bis 14jährigen. Graz-Wien

Literatur

Baacke, D. (1991): Die 13- bis 18jährigen. Einführung in die Probleme des Jugendalters. 5. Aufl., Weinheim und Basel
Baacke, Dieter (1998): Die 6- bis 12jährigen. Einführung in die Probleme des Kindesalters. 6. Aufl., Weinheim und München

Böhnisch, L. (1996): Pädagogische Soziologie. Eine Einführung. Weinheim und München
Böhnisch, L. (1997): Sozialpädagogik der Lebensalter. Weinheim und München
Böhnisch, L., Winter, M. (1997): Männliche Sozialisation. Bewältigungsprobleme männlicher Sozialisation im Lebenslauf. 3. Aufl.: Weinheim und München
Böhnisch, L., Münchmeier, R. (1990): Pädagogik des Jugendraumes. Zur Begründung und Praxis einer sozialräumlichen Jugendpädagogik. Weinheim und München
Büchner, P. et al. (1998): Teenie-Welten. Aufwachsen in drei europäischen Regionen. Opladen
Deinet, U. (1984): Hort und offene Tür unter einem Dach. Vorschläge zur Verbesserung der Arbeit mit 9- bis 14jährigen in sozialpädagogischen Einrichtungen. In: Deutsche Jugend, Jahrgang 32, S. 209-216
Deinet, U. (1987): Im Schatten der Älteren. Offene Arbeit mit Kindern und jüngeren Jugendlichen. Weinheim und München
Deinet, U. (1989): Hortarbeit im Jugendhaus. Eine konzeptionelle Alternative? In: Deutsche Jugend, Jahrgang 37, S. 398-406
Deinet, U. (1994): Ganztagsangebote im Jugendhaus. Inpflichtnahme oder Perspektive für die offene Kinder- und Jugendarbeit? In: Deutsche Jugend, Jahrgang 42, S. 122-130
Deutsches Jugendinstitut (1992): Was tun Kinder am Nachmittag? Ergebnisse einer empirischen Studie zur mittleren Kindheit. München
Fend, Helmut (1992): Vom Kind zum Jugendlichen. Der Übergang und seine Risiken. Bern, Stuttgart, Toronto
Friedrich, P. et al. (1989): Die „Lücke"-Kinder. Zur Freizeitsituation von 9- bis 14jährigen. Weinheim
Hurrelmann, K. (1995): Lebensphase Jugend. Eine Einführung in die sozialwissenschaftliche Jugendforschung. Weinheim und München
Kromer, I./Tebbich, H. (1998): Zwischenwelten. Das Leben der 11- bis 14jährigen. Graz-Wien
Lukas, H. et al. (1982): Offene Arbeit mit 10- bis 14jährigen. Ausländische Modelle. In: Deutsche Jugend, Jahrgang 30, S. 365-374
Lukas, H. (1987): 9- bis 14jährige im Stadtquartier. Sozialpädagogische Forschung im Vorfeld von Kinder- und Jugendarbeit. In: Deutsche Jugend, Jahrgang 35, S. 79-87
Mitterauer, M. (1986): Sozialgeschichte der Jugend. Frankfurt am Main
Oerter, R., Montada, L. (1987): Entwicklungspsychologie. 2. Aufl., Weinheim
Starck, W. (1985): Kindes- und Jugendpsychologie. 5. Aufl., Hamburg
Tillmann, K.-J. (1992): Von Spielbubis und eingebildeten Weibern. In: Tillmann, K.-J. (Hrsg.): Jugend weiblich – Jugend männlich. Sozialisation, Geschlecht, Identität. Opladen
Ullrich, M. (1999): Wenn Kinder Jugendliche werden. Die Bedeutung der Familienkommunikation im Übergang zum Jugendalter. Weinheim und München
Wichard, R. (1988): Freizeitinteressen von Schülern. Ergebnisse einer Befragung 13- bis 16jähriger Jugendlicher. In: Deutsche Jugend, Jahrgang 36, S. 389-399
Zeiher, H.J., Zeiher, H. (1994): Orte und Zeiten der Kinder. Soziales Leben im Alltag von Großstadtkindern. Weinheim und München

Wolfgang Schröer

Jugend

Zusammenfassung: Es ist das Anliegen dieses Beitrages, die Vergesellschaftung von Jugend im Kapitalismus ins Zentrum der Diskussionen um Jugend und Jugendhilfe zu rücken. Die Vergesellschaftungsgeschichte der Jugend im 20. Jahrhundert ist in den letzten Jahren in vielfältigen Untersuchungen beschrieben worden. Die Entwicklung der Jugendhilfe im „sozialpädagogischen Jahrhundert" (vgl. Thiersch 1992) war ein Ergebnis und Motor dieser Entwicklung. Es gilt nunmehr, die historischen Betrachtungen zu nutzen und zu fragen, inwieweit sie Anknüpfungspunkte für eine neue sozialpolitische Profilierung der Jugendhilfe bieten. Denn mit dem Strukturwandel der Arbeitsgesellschaft zu Beginn des 21. Jahrhunderts hat die Jugendhilfe angesichts von Entkoppelungs- und Freisetzungsprozessen erneut die Vergesellschaftungsformen von Jugend aus der Perspektive der Lebensbewältigung der Jugendlichen zu begreifen und dafür zu streiten, dass die alltäglichen Bedürftigkeiten sozialpolitisch wieder wahrgenommen werden.

1. Jugend im Übergang zum 21. Jahrhundert

Die gegenwärtigen Betrachtungen zum Thema Jugend haben nicht selten melancholischen Charakter. Wir nehmen Abschied von der Jugend des 20. Jahrhunderts. So schreiben Uwe Sander und Ralf Vollbrecht in ihrer Rückbetrachtung: „Nie zuvor wurde Jugend so intensiv diskutiert, thematisiert und erforscht wie im 20. Jahrhundert; und nie zuvor konnte sich aus der Alterspanne Jugend (die außerhalb des klassischen Erwachsenenalters liegt!) eine so universale Idealfigur für fast alle Erwachsenen entwickeln." (Sander/Vollbrecht 2000, S. 7) Jugend war im 20. Jahrhundert eine gesellschaftliche Figur und wurde als ein zentrales ‚principium medium' (Karl Mannheim) der gesellschaftlichen Entwicklung angesehen. Das *Moratorium*, den Bildungsaufschub und -raum, den die Gesellschaft der Jugend gewährte, war gleichzeitig ihr – der Gesellschaft – Spiegel. An der Jugend vergewisserte sich die Gesellschaft des 20. Jahrhunderts und die Entwicklung der Kinder- und Jugendhilfe sowie der Pädagogik ist ohne diese Vergesellschaftungsgeschichte der Jugend gar nicht zu begreifen.

Der Jugend selbst ist diese gesellschaftliche Überhöhung nicht immer gut bekommen. Sie sollte über die Bildungs- und Sozialchancen, die ihr die Gesellschaft „jugendgemäß" meinte zu eröffnen, profitieren. Doch gleichzeitig hat sie seitdem auch eine schweres Los zu tragen: Sie wird kontrolliert und bewacht. Verhaltensumschwünge in der Jugend werden intensiv registriert. Wenn etwas mit der Jugend nicht in Ordnung ist, scheint auch in der Gesellschaft etwas nicht zu stimmen oder umgekehrt. Die Jugend hat seit der damaligen Zeit zu beweisen, dass sie *gesellschaftsfähig* ist.

Als 1997 mit der 12. Shell-Jugendstudie das Fanal ausging *Die Krise der Arbeitsgesellschaft hat die Jugend erreicht!* war in erster Linie eine Formel für eine Entwicklung gefunden, die sich bereits vielfach angedeutet hatte. Jugendliche werden gegenwärtig mit sozialen Problemen konfrontiert – Arbeitslosigkeit, Konkurrenzdruck, Berufsnot –, von denen sie eigentlich im traditionellen jugendpädagogischen Modell des *Moratoriums* ferngehalten sein sollten. Gleichzeitig befinden sich die Jugendlichen weiterhin in der psychisch-physischen Entwicklung der Pubertät mit ihren Vor- und Nachphasen und somit ist auch die Art und Weise, wie Jugendliche mit diesen auf sie zukommenden sozialen Problemen umgehen, stark durch die Logik dieser Lebensphase bestimmt. Damit wird die Jugend zu Beginn des 21. Jahrhunderts in eine *verwundbare* Zone freigesetzt. Sie soll weiterhin ständig beweisen, dass sie (arbeits-)gesellschaftsfähig ist, gleichzeitig wird offensichtlich, dass das Modell des Moratoriums aufgebrochen ist. Zwar halten die pädagogischen Institutionen noch an dem Modell des (Übergangs-, oder heute Bildungs-)Moratoriums (vgl. Zinnecker 1991) fest, doch sie können in vielen Fällen nicht mehr das institutionalisierte Versprechen der entsprechenden sozialen Integration einlösen. So geben sie letztlich den Druck des Strukturwandels der Arbeitsgesellschaft an die Jugend weiter.

Es wäre nun falsch, wenn mit dem Übergang zum 21. Jahrhundert und der Rede vom Strukturwandel der Arbeitsgesellschaft ein Zwei-Felder-Schema des Neuen und des Alten sowie der integrierten und ausgegrenzten Jugend die Betrachtungen bestimmen würde. Aus diesem Blickwinkel würde die moderne Jugend des 20. Jahrhunderts idealisiert und dabei übersehen, dass auch im 20. Jahrhundert die meisten Jugendlichen nicht ein Bildungs-*Moratorium* oder eine „gestreckte" Pubertät (vgl. Bernfeld 1991ff.) erfahren haben, sondern mitunter eine „verkürzte" Pubertät (vgl. Lazarsfeld 1931) in „unwürdigsten und elendsten Lebensstellungen" erleben mussten (Castel 2000, S. 11).

„Denn ein Konzept von Jugend als Moratorium, als pädagogische Provinz und als produktive Entwicklungsphase, wie es in den Jugendtheorien von Rousseau (1762) bis zu Spranger (1924) seit der Wende des 18. Jahrhunderts beschrieben wurde, gab es, ähnlich wie in den ersten Jahrzehnten des 20. Jahrhunderts, als Realität allenfalls für einen kleinen Kreis der bürgerlich akademischen, vor allem der männlichen Jugend. (...) Da die Mehrheit (mehr als 70%) der Jugendlichen der 50er Jahre, ebenso wie in den ersten Jahrzehnten des 20. Jahrhunderts, mit 14 oder 15 Jahren die Volksschule abschloss, dann in die Berufswelt eintrat, dort in der Regel 48 Stunden in der Woche arbeiten musste und in der geringen frei verfügbaren Zeit auch nur wenig Freizeitangebote hatte, ist es auch nicht verwunderlich, dass die Mitglieder dieser Jugendgeneration, sieht man einmal von den wenigen Gymnasiasten oder von Anhängern subkultureller Gruppen wie den Halbstarken oder den Exis ab, in biographischen Gesprächen über kein entfaltetes Konzept von Jugend verfügen. Für relativ viele Angehörige dieser Generation schrumpft Jugend in den biographischen Erinnerungen auf die Bedeutung eines Anhängsels zusammen – als Ende der Kindheit und als Eingangsphase des Erwachsenseins." (Grunert/Krüger 2000, S. 197-199)

Es geht also weniger darum, die Jugend heute als nicht mehr pädagogisch geschütztes und darum gefährdetes Lebensphase darzustellen und sie damit als eine neue Problemgruppe zu stigmatisieren. Viel mehr sollten die sozialen Entkoppelungsprozesse betrachtet werden, die die Jugend im 20. Jahrhundert und im Übergang zum 21. Jahrhundert „von der Zone der Integration in die der Verwundbarkeit" hinüberwechseln lassen. Es gilt somit weniger, die Jugendlichen als neue Problemgruppe in gefährdeten ‚Zonen' zu verorten, als vielmehr die Prozesse aufzuklären, die ihren „Übergang" von der einen in die andere Zone „bewirken" (Castel 2000, S. 14). Vor diesem Hintergrund hat die Kinder- und Jugendhilfe ihren Blick auf die Jugendlichen selbst zu richten und ausgehend von den Bewältigungsformen der Jugendlichen zu fragen, wie Bildungsprozesse angesichts der Vergesellschaftungsformen von Jugend im 21. Jahrhundert überhaupt möglich sind. Im Folgenden soll einerseits das Verhältnis von *Jugend und Arbeit* sowie von *Jugend und Jugendhilfe* am Anfang des 20. Jahrhunderts analysiert werden, um darauf aufbauend einige Anknüpfungspunkte für die Jugenddiskussion der Gegenwart vorzustellen.

2. Die Ausgangskonstellation im 20. Jahrhundert: Jugend und Arbeit

Als 1875 der gerade erst gegründete Verein für Sozialpolitik sechzehn Gutachten darüber einholte, wie das Lehrlingswesen in Deutschland reformiert werden könnte, um auf einer seiner ersten Versammlungen in Eisenach über das Problem der beruflichen und moralischen Ausbildung der Jugend verhandeln zu können, waren die Fragen um eine sozialpädagogische Regulierung der jugendlichen Arbeiter schon in vielen Vereinen, Städten und Verbänden ernsthaft debattiert worden und hatten sich in unterschiedlichen Projekten niedergeschlagen (vgl. z.B. Gedrath 2000). Gustav Schmoller hielt besorgt fest:

„Die weitgehende Arbeitstheilung, der große Maschinenbetrieb hat oder duldet keine Lehrlinge mehr im alten Sinne des Wortes; (...) für diese jugendlichen Arbeiter in den größeren Etablissements reicht der Erlass eines Lehrlingsgesetzes nicht aus; zu Lehrlingen im alten Sinne des Wortes kann sie ein Gesetz nicht machen, das alte Lehrlingswesen setzt die alte einfache Werkstatt und den Mangel an Arbeitstheilung voraus." (Schmoller 1878, S. 191)

Der jugendliche Arbeiter war in erster Linie ein Arbeiter, er war – aus der Perspektive bürgerlicher Sozialreformer – von jeglicher pädagogischer Regulation freigesetzt. Gesucht wurden institutionelle Möglichkeiten (z.B. Fortbildungsschulen, gewerbliche Schulen oder Lehrwerkstätten), auf diese pädagogische Regulationslücke zu reagieren, denn der jugendliche Arbeiter wurde nicht nur als Ordnungsproblem wahrgenommen. Das Problem war grundsätzlicher. Im jugendlichen Arbeiter fand die Industrie die unabhängigen Arbeitskräfte, die sie brauchte. Der jugendliche Arbeiter war der Prototyp des modernen industriekapitalistischen Arbeiters: Der ungebundene Mensch, der sein Leben jenseits der tradierten, ganzheitlichen Ordnungsformen von Werkstatt, Handwerkerhaushalt und städtischer Zunftordnung lebte. Jugend war aus dieser Perspektive nicht eine biographische Entwicklungsstufe, sondern war im Unterschied zur Kindheit in erster Linie bestimmt durch *Arbeit*. Pädagogische Regulierungsformen wurden aus der Jugendzeit verdrängt (vgl. Perrot 1997).

Wie intensiv die industriekapitalistischen Vergesellschaftungsprinzipien die Jugend prägten, zeigen insbesondere sozialwissenschaftliche Jugendstudien in der Zeit der Weimarer Republik. Paul Larzarsfeld, der z.B. 1931 eine Untersuchung zur Berufswahl von Jugendlichen vorlegte, konnte feststellen, dass die Berufswünsche der großstädtischen Jugend in ihrer statistischen Verteilung den ökonomischen Aufbau der Städte und den Konjunkturschwankungen deutlich widerspiegeln. Soweit in einer Stadt die Bekleidungsindustrie sehr stark und erfolgreich vertreten sei, wünschen sich die Jugendlichen auch mehrheitlich in diesem Bereich zu arbeiten. Zudem könne eine deutliche geschlechtspezifische Differenzierung bei den Berufswünschen ausgemacht werden. Die Anzahl von Berufen, an denen sich die jungen Frauen orientieren, sei wesentlich geringer als die bei den jungen Männern, die gerne in der Metallverarbeitung tätig sein oder mit Maschinen und Elektrizität zu tun haben wollen (vgl. Lazarsfeld 1931). Lazarsfeld Resümee lautete: Die Jugend wird gebraucht als Beschleuniger der industriekapitalistischen Moderne. Dabei konstruiert die industriekapitalistische Moderne die Jugendphase einerseits als eine Phase, in der die Jugendlichen Entscheidungen treffen sollen, die für ihr ganzes Leben von größter Bedeutung sind. Nicht mehr festgesetzt durch die Familie, sollen sie selbst eine Rolle im Arbeitsleben finden und sich gesellschaftlich positionieren, sich in ihrer Pubertät selbst im sozialen Mannsein oder Frausein zurechtfinden. Andererseits werden die Beziehungen und Lebensformen zergliedert, verzerrt und überfrachtet, in denen die Jugendlichen erst einmal Kenntnis ihrer selbst gewinnen können, was für diese Entscheidungen grundlegend wäre. Es stellt sich die sozialpolitische Frage, in welchen sozialen Beziehungen oder Räumen, die Jugendlichen Kenntnisse von der sachlichen Seite des Lebens finden können, die nötig wären, um eine richtige Entscheidung zu begründen.

Schon Pädagogen wie Siegfried Kawerau (1921) und Karl Mennicke mahnten deshalb in den 20er Jahren nicht nur die Bildungsperspektive an – wie es damals in sozialreformerischen Kreisen durchaus üblich war – und beschrieben die wachsende kulturelle und wirtschaftliche Bedeutung der Bildungsbestrebungen und des bürgerschaftlichen Engagements für die Gesellschaft und die individuelle Persönlichkeitswerdung, sondern sie fragten nach den gesellschaftlichen Formen, in denen die jungen Menschen von der niederdrückenden Arbeit und der alltäglichen „Bewältigung der Lebenslast" befreit würden (Mennicke 1928, S. 283). Sie diskutierten über die *sozialpädagogischen Verlegenheit* (vgl. Mennicke 1926) der industriekapitalistischen Moderne: Die jungen Menschen würden freigesetzt aus den traditionellen sozialen Lebensformen und von ihnen würde subjektive Handlungsfähigkeit erwartet, doch sie leben in einer Gesellschaft, in der Wirtschafts- und Arbeitsverhältnisse vorherrschen, die sich gleichgültig gegenüber Lebens- und Bildungsbedingungen verhalten, in denen sie ihre subjektive Handlungsfähigkeit bilden könnten. Die Lebensphase Jugend wurde aus dieser Perspektive eine eigene Phase von besonderer Bedeutung, als man feststellte, wie es Georg Simmel zur Jahrhundertwende ausdrückte, dass „die Dissoziierung (...) in Wirklichkeit nur eine (...) elementare() Sozialisierungsform" der industriekapitalistischen Moderne ist (Simmel 1903, S. 198). Dieser Vergesellschaftungsaspekt ist das eigentliche Grundthema der Jugendhilfe bis in die Gegenwart geblieben.

3. Die Vergesellschaftung von Jugend und die Jugendhilfe

Insbesondere in der Pädagogik ist die Vergesellschaftungsgeschichte der Jugend in den letzten Jahren zum Gegenstand historisch-systematischer Untersuchungen geworden. Seitdem die soziale Gestalt *Jugend* aufzubrechen scheint und die Diagnosen von der Individualisierung, Pluralisierung und „Entstrukturierung der Jugendphase" (vgl. Olk 1985) um sich greifen, versucht man zu erklären, welche ökonomischen, kulturellen, politischen und nicht zuletzt pädagogischen Konstellationen die moderne Erfolgsgeschichte und das Bild von der Jugend im 20. Jahrhundert ausgemacht haben. In einem Punkt herrscht weitgehend Einigkeit. Zwar wurde „die Jugend" zur „selben Zeit erfunden wie die Dampfmaschine" (vgl. Herrmann 1991, S. 203), die Vergesellschaftungsgeschichte der Jugend als eigenständige Lebensphase beginnt aber erst mit der endgültigen sozialstrukturellen und soziokulturellen Durchsetzung der industriekapitalistischen Moderne am Ende des 19. Jahrhunderts (vgl. Peukert 1986; Dudek 1990):

„Neuere jugendhistorische Untersuchungen versuchen begriffsgeschichtlich Entstehung und Wandel von Jugendbildern nachzuweisen. Sie zeigen, dass das gesellschaftlich erzeugte und alltagsgeschichtlich akzeptierte Jugendbild des 19. Jahrhunderts das des männlichen christlichen Jünglings war, das vorwiegend den Sohn aus bürgerlichen Schichten, nämlich den Gymnasiasten, repräsentierte. Nach 1871 ist das Bild in zwei Varianten ausdifferenziert worden, nämlich dem ‚Jüngling' im Gymnasium und den sogenannten ‚Jünglingen aus dem Volk', eine zeitgenössische Beschreibung der aus der Volksschule entlassenen männlichen Jugendlichen. Der uns vertraute Begriff des ‚Jugendlichen' tauchte dagegen erst Ende des 19. Jahrhunderts zunächst in der Semantik der Juristen auf, und er identifizierte dort die potentiell kriminellen und verwahrlosten jungen Menschen. Mit Beginn der aktiven staatlichen Jugendpolitik zwischen 1911 und 1914 vollzog sich dann eine Image-Korrektur und Umwertung des Bildes vom ‚Jugendlichen' in eine ins Positive gewendete Konzeption vom jungen Menschen, den es für Staat und Gesellschaft zu gewinnen gilt." (Dudek 1997, S. 48-49)

Zum relevanten Diskursthema wurde die Jugend somit als die Kriminalitätsrate Jugendlicher angeblich steigende Tendenz aufwies. „Zwischen Vierzehn und Achtzehn" nannte Nordhausen, eines seiner Bücher, in dem er hervorhob, dass es noch nie in der deutschen Geschichte ein Land gegeben habe, welches „seinen Nachwuchs so verlottern lasse" (Nordhausen 1910, S. 16). Es wurde vor allem die Atomisierung der sozialen Verbände oder die Auflösung der Familienbande beklagt. „Die Gründe, die das Eingreifen der (...) Jugendfürsorgeorganisationen erforderlich machen", schrieb der Sozialpädagoge Karl Wilker, „sind letzten Endes immer (oder doch fast immer) in sozialen Momenten zu suchen, die die ganze Familie betreffen" (Wilker 1912, S. 17). Erst der Eintritt ins Heer schien dann die Lebensphase der Unordnung zwischen den staatlichen Institutionen, der Schule und dem Militär, zu beenden. Diese „Kontrolllücke" (vgl. Peukert 1986) war angesichts der Vergesellschaftungsformen in der industriekapitalistischen Moderne nicht über traditionelle Ansätze allgemeiner Bildung auszugleichen. Vielmehr bedurfte es einer (sozial-)pädagogischen Herangehensweise, die den Bildungswert sozialen Lebens aus der Perspektive der Bewältigungsformen im Jugendalter thematisierte.

In diesem Kontext wurden die Jugendlichen selbst zunehmend zum Rätsel. Das Ordnungsbild der jungen Menschen, so empfand es zumindest die ältere Generation, war nicht mehr kalkulierbar. Gleiches galt für die soziale Entwicklung, deren Unberechenbarkeit und Dynamik sich der Jugendliche einerseits in nachhaltiger Weise unterworfen sah. Andererseits, darin waren sich fast alle pädagogische Analytiker des Jugendalters einig, musste gerade in der Entwicklungsphase Jugend einer Verbindung zwischen der Selbstsetzung der Individualität und den Interessen der Gesellschaft geschaffen werden. Gerade aus diesem pädagogischen Blickwinkel begaben sich viele Jugendforscher auf die Suche nach der *Gestalt* des Jugendlichen. Die sich ausbreitenden Betrachtungen des Jugendalters waren insbesondere im ausgehenden Kaiserreich vom preußisch-deutschen Machtstaatsgedanken und dem Versuch beeinflusst, diesem mit kulturnationalem Rückenwind eine selbstbewusste Generation zu verschaffen, eine Haltung, die sich bis weit in die Jugendbewegung widerspiegelte (vgl. Niemeyer 2001). Mehr und mehr verdeckte dabei die Konzentration auf den Generationenkonflikt als Motor gesellschaftlicher Entwicklung die sozialstrukturellen Unterschiede. Ein bürgerlich-mythologisiertes Jugendbild, so kann man vielleicht auch sagen, überzeichnete die soziale Demographie des Jugendalters, die in erster Linie durch die Klassenunterschiede geprägt war (vgl. Bühler 1992). Infolgedessen erscheint auch die damalige Jugendpflege aus heutiger Sicht als Versuch einer soziokulturellen Überwindung sozialstrukturell begründeter Unterschiede.

Die Pädagogen der Zeit übersahen nicht selten, dass die Jugendeuphorie der Jahrhundertwende zum 20. Jahrhundert und in der Weimarer Republik eine Metapher war, in der sich die anomische Krise der industriekapitalistischen Gesellschaft ausdrückte, die zudem durch den demographischen Wandel, die Verjüngung der Gesellschaft zugespitzt wurde (vgl. Böhnisch 1997a). Nichts passte mehr zusammen, die industriekapitalistische Entwicklung hatte in ungeheurer Beschleunigung zu Brüchen innerhalb der patriarchalisch-starren gesellschaftlichen und familialen Herrschafts- und Ordnungssystemen geführt, der Fortschritt der Arbeitsteilung brachte neue Berufe und soziale Schichtungen und Differenzierungen, welche nicht mehr in die alte Ordnung von Adel, Bürgertum und Proletariat hineinpassten, die Arbeiterschaft spaltete sich, Ansätze einer Dienstleistungsgesellschaft waren zu erkennen und schließlich wurde die Jugend als neue Generationsgruppe freigesetzt. Diese gesellschaftliche Freisetzung der Jugend war es, aus welcher die Pädagogik die Illusion gewann, sie könne mit Hilfe der Jugend die konkurrierenden Miterzieher Kino, Konsum, Fabrik aus dem Lebensalltag verbannen und sich selbst zum generativen Kern der sozialen und kulturellen Erneuerung ernennen. Zugespitzt formuliert: Die Jugendfrage löste die Arbeiterbildungsfrage ab, und die Pädagogik wanderte aus den Fabriken ins Jugendmoratorium.

Kritisch wurde dieser Prozess von Sozialwissenschaftlern wie Ferdinand Tönnies begleitet. Er setzte sich um die Jahrhundertwende intensiv mit den zeitgenössischen sozialpädagogischen Theorie- und Praxisperspektiven sowie mit der entsprechenden Gesetzesentwicklung auseinander. Im Jahr 1900 kommentierte er z.B. die Gesetzesentwürfe zum Preußischen Fürsorgeerziehungsgesetz und stellte den behaupteten großen Kriminalitätsanstieg unter Jugendlichen, der mitunter zur Gesetzesinitiative führte, sozialempirisch in Frage und bemängelte, dass es wohl das alleinige Interesse von Sittenpredigern und entrüsteten Staatsbürgern sei, „die kapitalistisch zersetzte Gesellschaft (...) von gewissen auffallenden Flecken zu befreien. Aber, wie die in den Zeitungen annoncierenden Heilgehilfen: brieflich, ohne jede Änderung der Lebensweise" (Tönnies 1900, S. 485). Wenn ein Junge als ‚Zeitungsausträger' arbeite, argumentierte Tönnies, und aus einem Brotbeutel eine Schrippe stehle, so habe man doch nicht aus der Entwendung, sondern aus der Erwerbstätigkeit die Verwahrlosung zu schließen.

Mit dem Reichs-Jugend-Wohlfahrts-Gesetzes (RJWG) von 1922 galt dann in Deutschland zwar *Kindheit* und *Jugend* als ein per Gesetz der öffentlichen Förderung anvertrautes, nationales Gut, als Zukunft der Nation und das einzelne Kind wie der einzelne Jugendliche als *Individuum mit Rechtsstatus*. Zudem wurde in §1 eine „Orientierung an Erziehung und Erwerbsfähigkeit" festgeschrieben, „die jede sorgepflichtige Person oder Behörde dem Kind schuldig ist", und in ihrem „bildungsemanzipatorischen Anspruch" für die sozialpädagogischen Institutionen der Zeit durchaus „einigen Sprengstoff in sich barg" (Niemeyer 2000, S. 442), jedoch bedeutete diese Formel nicht, dass der insbesondere zu Beginn des Jahrhunderts diskutierte Vorschlag eines „allgemeinen Jugendrechtes" sich durchsetzten konnte. Es wurde somit kein „Rechtssystems für den gesellschaftlichen Teilbereich Jugend" verabschiedet, das „durchaus vergleichbar mit der Entwicklung des Arbeitsrechts zur Regelung der Rechtsposition des Arbeitnehmers gegenüber Betrieb und Staat" gewesen wäre. Wirklichkeit wurde ein „Jugend*hilfe*recht, das den Maßnahmen von Erziehungsinstitutionen eine gesetzliche Grundlage geben sollte" (Hering/Münchmeier 2000, S. 132-133).

Was sich damit auf institutioneller Ebene ausdrückte, war letztlich der Versuch, das herausgeforderte Generationenverhältnis in eine modernisierte Balance zu bringen. Das Jugendhilferecht und das *Recht des Kindes auf Erziehung* gesteht den Kindern und Jugendlichen eine eigenständige Rechtsposition zu, wie sie spätestens in der Weimarer Republik mit der Freisetzung der Jugend als eigenständige Lebensphase und insbesondere als *Modernisierungsfaktor im industriellen Kapitalismus* gefordert war, entlässt sie aber nicht aus dem pädagogischen Generationenverhältnis, sondern bindet sie in eine – nun sozialstaatlich regulierte – Verhältnisbestimmung ein.

4. Die Generationenfrage als epochale soziale Frage im 20. Jahrhundert

In der pädagogischen Jugenddebatte der Wende zum 20. Jahrhundert und der Weimarer Republik stand entsprechend das Generationenverhältnis im Mittelpunkt. „Erziehung, ob zufällig oder absichtsvoll, vollzieht sich als eine Verknüpfung der das gesellschaftliche Erbe vermittelnden und aneignenden Tätigkeit. Dabei tritt die ältere Generation als Subjekt der Vermittlung, die jüngere Generation als Subjekt der Aneignung auf." (Winkler 1988, S. 112) Viele Pädagogen erkannten aber die neue Vergesellschaftungsform von Jugend nicht. Sie dachten immer noch, dass es *ihre* bürgerliche Jugend sei, die aus dem Schonraum des bildungsbürgerlichen Moratoriums heraus ins Licht der Gesellschaft rückte. Man hing am Bild einer nach innen gerichteten, sich autonom entwickelnden Jugend, die in ihrer Idealität und Zukunftsfähigkeit in die Gesellschaft hinausstrahlte, und war ratlos und fassungslos, als man eine Jugend erlebte, die gegenwartsbezogen und außengerichtet war. Das gesuchte Bild der „Kulturpubertät" (Spranger 1924), mit dem die normative Autonomie der Jugend umschrieben wurde, hielt nicht mehr angesichts einer Wirklichkeit, in der sich die Jugend an Konsum und Freizeit orientierte und nach allem griff, was sie erreichen konnte.

Schnell war das Etikett von der „amerikanischen Jugend" (Diesel 1929) geboren, bevor überhaupt darüber nachgedacht wurde, ob dieses Such- und Bewältigungsverhalten der Jugend nicht in den neuen gesellschaftlichen Verhältnissen seinen Grund hatte.

Der soziologische Generationenbegriff der Weimarer Epoche reflektierte in diesem Kontext, dass die Jugend von der modernen gesellschaftlichen Arbeitsteilung erfasst und strukturiert wird. Mannheim hat den Generationenbegriff am grundlegendsten definiert. Phänomenologisch meint Generation einen gemeinsamen Erfahrungshorizont von Altersgruppen, ein ähnliches Zeitgefühl und Zeitverständnis, das darauf beruht, dass man nicht nur altersmäßig ähnlich in der Gesellschaft und ihrer aktuellen Geschichte, sondern vor allem auch über die gemeinsame Stellung in der modernen Arbeitsteilung – über Klassen und Schichten hinweg – miteinander verbunden bzw. ähnlich sozial ‚gelagert' ist (vgl. Mannheim 1970). Die Generationenlagerung ist also durch die industrielle Arbeitsteilung im Kapitalismus strukturiert. Das Prinzip des arbeitsteiligen linearen Fortschritts lässt die jeweils junge Generation immer wieder dem Neuen näher und rücksichtsloser gegenüber dem Alten erscheinen. Der junge Mensch wird zum Symbol des Fortschritts. Diese Perspektive der ‚jungen Generation' schlägt in entsprechende Haltungen um, die gesellschaftliche Generationenkonflikte erzeugen, die Arbeitsteilung aber weiter mit vorantreiben: Die jungen Menschen sind die Protagonisten des Neuen, so wie es sich gegen das Alte richtet: seien es neue Ideen, seien es neue Konsumformen oder einfach nur andere – vom Alten abweichende – Verhaltensformen.

Mit anderen Worten: Jenseits der Erfahrungen der älteren Generationen und gesellschaftlicher Institutionen wie Familie und Schule, wird die Jugend dazu gezwungen, sich herauszustellen, auf sich selbst zu bauen und die eigene Selbstständigkeit schon früh wahrzunehmen. Sie wird jeweils mit ganz neuen Anforderungen und Herausforderungen konfrontiert, die in dieser Form ihren Eltern oder der Vorgänger-Generation nicht bekannt waren. Gleichzeitig „sorgt" sich der Kapitalismus aber nur soweit um die Selbstständigkeit der Jugend, wie sie in Form von Arbeitskraft oder als neuer Pool von Konsumenteninteressen genutzt werden kann.

Spätestens in der Weimarer Republik wurde den Sozialpolitikern deutlich, dass für jede Generation neu soziale Integrationsformen geschaffen werden müssen, dass die industriekapitalistische Moderne jede Generation – und jede Generationslage die Sozialpolitik neu herausfordert. Keine Generation überlebt so die eigenen Formen der gesellschaftlichen Integration, sondern jede Generation wird in neue Bedingungen gesellschaftlicher Integration hineingeboren und hat die Integrationsformen zu einem Teil letztlich selbst zu schaffen.

In Zeiten, wie in den 60er Jahren in der Bundesrepublik, in denen junge Arbeitskräfte vielfältig gebraucht wurden und Modernisierungsrückstände durch eine Qualifizierungsoffensive aufgeholt werden sollten, wurden breite gesellschaftliche Räume zur Verfügung gestellt, damit die Jugend ihren Weg finden kann, das Selbstbewusstsein der jungen Generation wurde gestärkt. Gegenwärtig hat sich die Lage geändert, Jugend ist zwar mehr denn je als Konsum-Jugend integriert, doch der Normierungsrahmen für die berufliche und gesellschaftliche Integration wird eng gesetzt.

In der Jugendfrage spitzt sich momentan die sozialpolitische Integrationsfrage zu. Jugend bedeutet heute nicht mehr, wie Ernst Bloch es noch schreiben konnte, die Zukunft auf der Zunge zu haben, nur noch nicht zu wissen, wie sie schmeckt. Gegenwärtig wird u.a. von der ‚überflüssigen Jugend' (vgl. Krafeld 2000) gesprochen, eine Bezeichnung, die zu Teilen auch auf die Jugend der Weimarer Republik zutrifft (vgl. Peukert 1987). Jugend muss nun von den Jugendlichen stärker individuell ‚bewältigt' werden. Die Statuspassage Jugend wird brüchig, der Übergang in eine gesellschaftlich kalkulierbare Zukunft ist nicht mehr selbstverständlich und die biographischen Konstellationen rücken in den Vordergrund.

In der Gesellschaft des beginnenden 21. Jahrhunderts hat die Jugend nur noch bedingt Kredit; umgekehrt scheint es aber allerdings genauso zu sein. Der Strukturwandel der Arbeitsgesellschaft hat offensichtlich auch zu einer Entstrukturierung des Generationenverhältnisses geführt. Der 35-jährige Arbeitslose wird kaum verstehen, dass der Jugendliche nun – weil er im Entwicklungsübergang zur Gesellschaft, in der fragilen Phase der Identitätsfindung ist – den Arbeitsplatz dringender braucht als er. Er sieht ihn eher als Konkurrenten mit staatlich alimentiertem Wettbewerbsvorteil. Die neue Generationenkonkurrenz (vgl. Böhnisch/Schröer 2001), die sich vor den Augen der Jugendpädagogik abspielt, treibt Jugendliche weiter in die Familien mit dem Effekt, dass die öffentliche Verantwortung für die Jugend noch mehr privatisiert wird. Die einzelnen Familien kümmern sich um ‚ihre' Kinder und Jugendlichen mit einem teilweise unerbittlichen Familienegoismus und Durchsetzungsanspruch. Die Frage der gesellschaftlichen Bedeutung der Jugend, soll sie nicht in der ökonomisierten Generationenkonkurrenz untergehen, muss darum mehr denn je in einem sozialpolitischen Diskurs eingebettet werden.

5. Biographisierung der Lebensverhältnisse im Übergang zum 21. Jahrhundert

Mit dem Strukturwandel der Arbeitsgesellschaft und dem Übergang zum digitalen Kapitalismus sowie der Biographisierung der Lebensverhältnisse fallen gegenwärtig institutioneller Lebenslauf und biographischer Lebensverlauf bei vielen Menschen auseinander (vgl. Schefold 1993; Böhnisch 1997b). Der Begriff institutionalisierter Lebenslauf meint, dass in der modernen Gesellschaft den Lebensaltern unterschiedliche gesellschaftliche Erwartungen zugeordnet sind, die die Funktionserfordernisse der Lebensphasen für den industriekapitalistischen Modernisierungsprozess widerspiegeln: Entwicklung in der Kindheit und frühen Jugend, Qualifikation in der mittleren und späten Jugendphase bis hinein in die junge Erwachsenenzeit, Erwerbstätigkeit im Erwachsenenalter, Entberuflichung im Alter. Auf diese Ablaufstruktur des institutionellen Lebenslaufs sind die Erziehungs- und Bildungsprozesse und Institutionen – Beispiel Jugend und Schule – ausgerichtet. Traditionelle Grundlage dieses Lernmodells ist, dass der Mensch in seinem Leben Entwicklungsstufen durchläuft und abschließt, und auf diesen aufbauend, sich in einer neuen Entwicklungsphase entfaltet (vgl. Havighurst 1951). Am Anfang des 21. Jahrhunderts scheinen die Strukturvoraussetzungen des institutionalisierten Lebenslaufs nicht mehr durchgängig gewährleistet und im Wandel begriffen. Die Jugend als separierte Lern- und Qualifikationsphase hat nicht mehr die Garantie der entsprechenden Integration.

Insbesondere in den letzten dreißig Jahren wurde der institutionelle und biographische Lebenslauf in eine strukturelle und konfliktdynamische Parallelität gesetzt und gleichzeitig das Bild von der Jugend an die entsprechenden institutionalisierten Vergesellschaftungsformen gebunden. Selbstbestimmung der Jugend und Jugendemanzipation – das Zu-sich-finden der Jugendlichen – wurde in Verhältnis zu den gesellschaftlichen Institutionen – insbesondere der Schule und dem Elternhaus – definiert, die den Entwicklungsraum Jugend aus der Perspektive der Erwachsenengeneration regulieren sollten. So schrieb der Dichter Wolf Dieter Brinkmann – wohl einer der bekanntesten Lyriker Ende der sechziger Jahre des 20. Jahrhunderts – über seine Schulzeit in seinen *Erkundungen für die Präzisierung des Gefühls für einen Aufstand*: „Bewusstsein/: *Erinnerung/Vorgang*: dass alle Wissensvermittlung und Vermittlung von Fakten und Übersichten in der Schule verstümmelt worden ist durch blöde Typen!/: vermittelt durch ängstliche Typen, vermittelt durch Ordnungen, die zu eng waren!/:" (Brinkmann 1987, S. 253) Eigensinn wurde im Verhältnis zu den institutionalisierten Erwartungen, den sozialen Rollen, erfahrbar. Der Konflikt mit den gesellschaftlichen Institutionen wurde als ein pädagogisch notweniger Bestandteil der Identitätsbildung der nachwachsenden Generation gedeutet. Identitäts- und Integrationsbalance gingen ineinander über (vgl. Erikson 1970).

Von Jugendemanzipation und Selbstbestimmung der Jugend ist gegenwärtig nur noch selten die Rede. Eigensinn wird kaum mehr in der Spannung zum institutionellen Lebenslauf erfahrbar und der junge Mensch ist auf den eigenen biographisierten Lebensverlauf in der Einzigartigkeit und Personalität zurück verwiesen. Mit der Zuwendung zur eigenen Biographie verändern sich auch Zeitstruktur und Zeiterwartungen im Lebenslauf (vgl. Lenz 1998). So wie für nicht wenige Jugendliche gilt, dass sie nicht mehr warten wollen, bis der Punkt ihrer – unsicher gewordenen – gesellschaftlichen Integration gekommen ist, so wollen zunehmend Ältere, wenn sie nun in den Ruhestand treten, sich nicht einfach zurückziehen und zurückstecken, und die gesellschaftlichen Räume den Jüngeren überlassen. Diese Prozesse der Entstrukturierung und Biographisierung von Lebenslauf und Lebensverlauf sind nicht durchgängig. Der traditionelle institutionalisierte Lebensverlauf ist für die meisten Menschen weiterhin der Grundbaustein ihrer biographischen Karriere. Aber dieses dominante Prinzip wird zunehmend neu sozialstrukturell gerahmt. Das Prinzip der Biographisierung tritt hinzu und pluralisiert die Lebenslaufszenerie.

Gleichzeitig gilt weiter, dass Jugendliche sich in der psychisch-physischen Entwicklung der Pubertät mit ihren Vor- und Nachphasen befinden und somit die Art und Weise, wie Jugendliche mit diesen auf sie zukommenden sozialen Problemen umgehen, stark durch die Logik dieser Entwicklungsphase bestimmt ist. Der Zustand der Schwebe, der Unwirklichkeit und Unbefangenheit, in dem sich Jugendliche im pubertären Alter befinden, bestimmt in der Regel auch die Art und Weise, in der sie mit denen ihn nun auf einmal zugemuteten sozialen Belastungen umgehen bzw. umzugehen imstande sind (vgl. Blos 1974). Sie sind zwar nach außen – im Umgang mit neuen Sachen, in der Rücksichtslosigkeit gegenüber Altem und in den Formen ihrer Abgrenzung von der Erwachsenenkultur – selbstständig und selbstbewusst, aber sie leben dazwischen, sind noch nicht mit sich fertig und haben noch lange nicht ihren Platz in der Gesellschaft gefunden. Dennoch sind sie schon von der Bedrückung erfasst, ob sie diesen Platz je finden werden, von der diffusen Angst, nicht mithalten zu können, und gleichzeitig von dem Frust, die eigene Jugend nicht so ausleben zu können, wie man es in sich spürt. Bedrückung, Angst und Frust sind keine kognitiv bewertbaren Erfahrungskategorien, sondern Stresszustände (vgl. Hurrelmann 1990), denen Jugendliche wiederum durch die Inszenierung von Unwirklichkeit, wie sie die Event-Kulturen der Konsumgesellschaft anbietet, zu entgehen versuchen. Jugendliche erfahren soziale Belastungen somit vor allem als Stress, als emotionale Bedrängnisse, also auf der gleichen Empfindungsebene, auf der sie sich in ihrer pubertären Unwirklichkeit und Unbefangenheit befinden. Sie reagieren dann auf diese Belastungen aus ihrer emotionalen Befindlichkeit heraus, verlängern ihr Experimentierverhalten hinein in die soziale Umgebung.

In der Pubertät steht das eigene Selbst narzisstisch im Mittelpunkt der Welt und den gesellschaftlichen Optionen, an denen man sich entsprechend reibt (vgl. Erdheim 1992; Winnicott 1974). Heute reiben sich viele Jugendliche nicht mehr am Gesellschaftlichen, sondern übernehmen früh das biographische Bewältigungsmodell der Erwachsenen. Die sozial indifferente Ausrichtung am Projekt des ‚eigenen Lebens' und der jugendkulturelle Narziss gehen ineinander über. Die Mediengesellschaft feiert sie als optimistische Generation, die ‚Tritt gefasst' hat, und übersieht dabei die utilitaristische Tendenz genauso wie die Tatsache, dass fast ein Drittel der Jugendlichen nicht Tritt fasst, möglicherweise im Sog des biographischen Scheiterns steckt und nur noch in der ‚peer group' Anerkennung findet.

Aufgrund der leibseelischen Befindlichkeit in der Pubertät, im jugendlichen Schweben, in der Unbefangenheit, überblicken viele Jugendliche ihre sozialen Belastungen nicht, gehen mit eben dieser jugendlichen Unbefangenheit damit um. Das Experimentier- und Risikoverhalten, das der Eigenart des Jugendalters als Lebensphase ‚potentieller Devianz' gesellschaftlich bisher immer noch zugebilligt wurde, weil es in der Regel in einem kalkulierbaren und gesellschaftlich noch unverbindlichen jugendkulturellen Raum abgelaufen ist, hat heute bei nicht wenigen Jugendlichen diese jugendkulturelle Schwelle übersprungen und ist deshalb sozial problematisch geworden (vgl. Böhnisch 1999). Die Probleme im Strukturwandel der Arbeitsgesellschaft (Arbeitslosigkeit der Eltern; Unübersichtlichkeit der biographischen Übergänge) wirken so in das Jugendalter hinein, dass das lebensphasentypische Experimentierverhalten Jugendlicher unter der Hand – ohne das sie es merken, da sie sich ja im leibseelischen Zustand der Unbefangenheit und Unwirklichkeit befinden – zum sozialen Bewältigungsverhalten wird. Als solches kann es sich verfestigen und ins Erwachsenenalter hinüberreichen. Während jugendkulturelles Risikoverhalten – wie die Verlaufsstatistiken der Jugendkriminalität es belegen – mit dem Ende der Jugendphase abklingt, besteht die Gefahr, dass sich Muster sozialer Bewältigung, die sich im Jugendalter nicht intendiert und ungeplant entwickelten, später verstetigen.

6. Jugendhilfe und die Politik der Bewältigung

In den letzten dreißig Jahren hat man sich in der Kinder- und Jugendhilfe zunehmend darauf verlassen, dass der Sozialstaat die sozialen Bedingungen und die soziale Sicherheit garantiert, so dass Bedürftigkeiten der Jugend sozialpolitisch verhandelbar bleiben und Räume für jugendlichen Eigensinn und subjektive Handlungsfähigkeit eingefordert werden können. Im Übergang zum 21. Jahrhundert ist diese vermeintliche sozialpolitische Selbstverständlichkeit aufgebrochen. Kollektive Sicherungssysteme werden abgebaut. Die sozialstrukturellen und ökonomischen Ursachen der Entkoppelung und Freisetzung der jungen Menschen werden nicht gesellschaftspolitisch reflektiert. Soziale Konflikte sollen reguliert werden, wo sie auftreten – auf jeden Fall den sozialen Nahraum nicht verlassen. Dabei wird die Ausdehnung der ‚Zonen der Verwundbarkeit' als Ressourcenmangel betroffener Regionen im Standortwettbewerb gedeutet. Anstatt die Vergesellschaftungsformen von Jugend im Strukturwandel der Arbeitsgesellschaft zu betrachten, werden – insbesondere auch in Bezug auf das Verhältnis von Jugend und Arbeit – Ansätze der biographischen Kompetenzentwicklung und in dieser Hinsicht Perspektiven der Selbstorganisation betont. Maria Bitzan hat in der kritischen Tradition der Alltagstheorie von Hans Thiersch die neuen Leitideen der Selbstorganisation resümiert:

„Die Ideologie der eigenen Gestaltbarkeit der Lebensverhältnisse wird begierig von den Subjekten reproduziert. Und sie entspricht ja auch einem tatsächlichen Wechselverhältnis. Die Individuen machen etwas aus den vorgegebenen Situationen, sie bewegen sich in den Widersprüchen und finden ihre eigenen Deutungsmuster und Lösungen. Das heißt, die Mehrzahl bewältigt Spaltung, Benachteiligung, Widersprüchlichkeit. Allerdings nicht ohne Verluste. Denn es gibt keinen Raum, in dem die Widersprüchlichkeit der Anforderungen tatsächlich thematisierbar wäre." (Bitzan 2000, S. 341)

Richtet man aus dieser Perspektive den Blick auf die Vergesellschaftungsformen von Jugend, so wird deutlich, dass nicht nur eine soziale Infrastrukturpolitik und soziale Hintergrundsicherheit (vgl. Evers/Nowotny 1987) notwendig ist, sondern auch der Blick für die subjektive Bedürftigkeiten von Jugend gegenwärtig verdeckt (vgl. Funk/Schwarz 1999) wird. Die Gesellschaft scheint kaum mehr bereit, sich mit dem jugendlichen Eigensinn auseinander zu setzen und ihm Raum zu geben. Mangelnde Teilhabe am Arbeitsleben oder Jugendkriminalität werden heute als Kompetenzschwäche der jeweiligen Jugendlichen gesehen, die scheinbar das Defizit haben, nicht genügend mit markt- und sozialkonformem Wissen ausgestattet zu sein. Dagegen wird die Jugendhilfe, soweit sie ausgeht von der Lebensbewältigung der Menschen und die Bildungsprozesse aus dieser Perspektive reflektiert, mit den sozialen Widersprüchen und Benachteiligungen konfrontiert, die von den Jugendlichen biographisiert ausgehalten werden müssen.

Eine *doppelte Anomie* charakterisiert gegenwärtig die Lebensphase Jugend. Einerseits wird sie in der Gesellschaft immer noch als Fortschrittsmotor und Modernisierungsfaktor gefeiert. Gleichzeitig wird ihr vermittelt, dass sie eigentlich gesellschaftlich nicht gebraucht wird. Ihre alltäglichen Probleme und Fragen werden kaum aufgegriffen. Zudem wird die Lebensphase Jugend weiterhin grundlegend an Institutionen gebunden, die sich immer noch an einer Jugendvorstellung orientieren, als wenn das Bildungs-*Moratorium* diese Lebensphase strukturieren würde. Diese Vorstellung scheint den Fortbestand der Institutionen zu garantieren, erschwert aber den Zugang zu den alltäglichen Bewältigungsherausforderungen der Jugendlichen. Soweit die Bildungsdiskussion dieses „anomische Reizklima" (vgl. Böhnisch 1999) nicht aufgreift, wird sie sich zunehmend von den Bedürftigkeiten der Jugendlichen entfernen und Jugend immer weniger pädagogisch einbinden können. Die Jugendlichen werden dann in Zukunft die Pädagogen in den Jugendhilfe-Einrichtungen und der Schule nicht unbedingt stärker herausfordern, sondern sich mitunter entziehen. Dabei besteht für die Jugendhilfe nicht nur die Gefahr, sondern der gesellschaftliche Druck wird erhöht, dass sie ihre Kontrollfunktion intensiviert (vgl. v. Wolffersdorff in diesem Band).

Insgesamt entsteht somit das Bild, dass die Jugendhilfe in eine *sozialpolitische Verlegenheit* geraten ist. Der Blick über die nationalen Grenzen hinaus in europäische Diskussionszusammenhänge zeigt, dass in fast allen europäischen Ländern über die Vergesellschaftungsformen von Jugend im Strukturwandel der Arbeitsgesellschaft gestritten wird (vgl. Walther 2000). Längst ist hier die Jugendhilfe ins Zentrum der sozialpolitischen Debatten um soziale Ausgrenzungs- und Spaltungsprozesse gerückt. Gleichzeitig wird deutlich, dass es in den ganz unterschiedlichen europäischen Bildungsregimes für die Jugendhilfe immer schwieriger wird, darauf zu verweisen, dass Jugendhilfe sich nicht auf die Integration in den Arbeitsmarkt und Kriminalitätsprävention beschränken kann. Die inneren Bedürftigkeiten der Jugendlichen und der nach innen gehende soziale Druck werden in diesen Kontexten kaum thematisiert. Die biographisierten Bewältigungsformen und sozialemotionalen Bildungsaufgaben der Lebensphase Jugend versinken in die *Unsichtbarkeit* (vgl. Reutlinger in diesem Handbuch).

Angesichts der Vergesellschaftungsformen von Jugend zu Beginn des 21. Jahrhundert ist die Jugendhilfe gefordert, sich sozialpolitisch stärker zu artikulieren und in diesen Kontext eine ‚Politik der Bewältigung' (Böhnisch/Schröer 2001) zu unterstützen. Sie hat darauf zu verweisen, dass ihre Entwicklung und ihre subjektorientierten Programme immer im Kontext sozialpolitischer Vergesellschaftungsprozesse und Diskurse in der industriekapitalistischen Moderne entwickelt wurden, die nicht zuletzt darauf ausgerichtet waren, den Bewältigungsdruck von den Einzelnen zu nehmen. Selbst Gertrud Bäumer hat 1929 in ihrem berühmten Aufsatz zur Sozialpädagogik darauf aufmerksam gemacht, dass die Entwicklung der Kinder- und Jugendhilfe nur zu verstehen ist, soweit man sie vor dem Hintergrund der gesellschaftlichen Strukturveränderungen in der industriekapitalistischen Moderne und der damit einhergehenden Entwicklung *Von der Caritas zur Sozialpolitik* reflektiere. Will die Kinder- und Jugendhilfe den Anspruch aufrecht erhalten, subjektive Bildungsprozesse ausgehend von den alltäglichen Bewältigungskonstellationen der Menschen zu ermöglichen und jugendlichen Eigensinn zulassen, dann muss sie ihre sozialpolitische Reflexivität (vgl. Böhnisch/Arnold/Schröer 1999) neu profilieren. Es besteht aus dieser Perspektive gegenwärtig kein Grund der Jugend des 20. Jahrhunderts melancholisch hinterher zu trauern, sondern es gilt, auf der Grundlage der historischen Erfahrungen sich entsprechend in den Gestaltungsprozess der Vergesellschaftungsformen von Jugend im digitalen Kapitalismus einzumischen.

Literatur zur Vertiefung

Böhnisch, L. (1997): Sozialpädagogik der Lebensalter. Weinheim und München
Böhnisch, L./Schröer, W. (2001): Pädagogik und Arbeitsgesellschaft. Weinheim und München
Dudek, P. (1990): Jugend als Objekt der Wissenschaften. Opladen
Krafeld, F.-J. (2000): Die überflüssige Jugend in der Arbeitsgesellschaft. Leverkusen

Literatur

Bäumer, G. (1929): Die historischen und sozialen Voraussetzungen der Sozialpädagogik und die Entwicklung ihrer Theorie. In: Nohl, H./Pallat, L.: Handbuch der Pädagogik. 5. Bd. Langensalza

Bernfeld, S. (1991ff.): Sämtliche Werke. Hg. von U. Herrmann. Weinheim und Basel

Bitzan, M. (2000): Konflikt und Eigensinn. Die Lebensweltorientierung repolitisieren. In: neue praxis, Jg. 30

Blos, P. (1974): Adoleszenz. Stuttgart

Böhnisch, L. (1997a): Die Großstadtjugend und der sozialpädagogische Diskurs der 20er Jahre. Von der „pädagogischen" zur „soziologischen" Jugend. In: Niemeyer, C./ Schröer, W./Böhnisch, L. (Hrsg.): Grundlinien Historischer Sozialpädagogik. Weinheim und München

Böhnisch, L. (1997b): Sozialpädagogik der Lebensalter. Weinheim und München

Böhnisch, L. (1999): Abweichendes Verhalten. Weinheim und München

Böhnisch, L./Arnold, H./Schröer, W. (1999): Sozialpolitik. Weinheim und München

Böhnisch, L./Schröer, W. (2001): Pädagogik und Arbeitsgesellschaft. Weinheim und München

Brinkmann, W. D. (1987): Erkundungen für die Präzisierung des Gefühls für einen Aufstand: Träume, Aufstände/Gewalt/Morde; Reise, Zeit, Magazin. Reinbek

Bühler v., J.-C. (1990): Die gesellschaftliche Konstruktion des Jugendalters. Weinheim

Castel, R. (2000): Metamorphosen der soziale Frage. Eine Chronik der Lohnarbeit. Konstanz

Diesel, E. (1929): Die deutsche Wandlung. Das Bild eines Volkes. Berlin

Dudek, P. (1990): Jugend als Objekt der Wissenschaften. Opladen

Dudek, P. (1997): Jugend und Jugendbilder in der pädagogischen Reflexion seit dem späten 18. Jahrhundert. In: Niemeyer, C./Schröer, W./Böhnisch, L. (Hrsg.): Grundlinien Historischer Sozialpädagogik. Weinheim und München

Erikson, E. H. (1970): Jugend und Krise. Die Psychodynamik im sozialen Wandel. Stuttgart

Erdheim, M. (1992): Die gesellschaftliche Produktion von Unbewusstheit. Frankfurt a.M.

Evers, A./Nowotny, H. (1987): Über den Umgang mit Unsicherheit. Die Entdeckung der Gestaltbarkeit von Gesellschaft. Frankfurt a.M.

Funk, H./Schwarz, A. (1999): Bedürfnisse und Konfliktlagen von Mädchen. In: Sozialpädagogisches Institut Berlin (Hrsg.): Neue Maßstäbe in der Jugendhilfeplanung. Berlin

Gedrath, V. (2000): Gesellschaftliche Modernisierung und Sozialpädagogik – Bürgerliche Sozialreform im Vormärz. In: Schröer, W./Stecklina, G. (Hrsg.) (2000): 100 Jahre Sozialpädagogik Paul Natorps. Beiträge zum 2. Fachtreffen: Historische Sozialpädagogik/Sozialarbeit. Dresden

Grunert, C./Krüger, H.-H. (2000): Zum Wandel von Jugendbiographien im 20. Jahrhundert. In: Sander, U./Vollbrecht, R. (Hrsg.): Jugend im 20. Jahrhundert. Neuwied, Kriftel, Berlin

Havighurst, R. J. (1951): Development Tasks and Education. New York

Hering, S./Münchmeier, R. (2000): Geschichte der Sozialen Arbeit. Weinheim und München.

Herrmann, U. (1991): Was heißt „Jugend"? In: Hermann, U.: Historische Bildungsforschung und Sozialgeschichte der Bildung. Weinheim

Hurrelmann, K. (1990): Familienstress, Schulstress, Freizeitstress. Weinheim und München

Jugend '97: Deutsche Shell AG (Hrsg.) (1997). Opladen

Kawerau, S. (1921): Soziologische Pädagogik. Leipzig

Krafeld, F.-J. (2000): Die überflüssige Jugend in der Arbeitsgesellschaft. Leverkusen

Lazarsfeld, P.F. (1931): Jugend und Beruf. Jena
Lenz, K. (1998): Zur Biografisierung der Jugend. In: Böhnisch, L./Rudolph, M./Wolf, B. (Hrsg.): Jugendarbeit als Lebensort. Weinheim und München
Mannheim, K. (1970): Das Problem der Generationen. In: Mannheim, K.: Wissenssoziologie. Neuwied/Berlin
Mennicke, C. (1926): Das sozialpädagogische Problem in der gegenwärtigen Gesellschaft. In: Tillich, P. (Hrsg.): Kairos. Zur Geisterlage und Geisteswendung. Darmstadt
Mennicke, C. (1928): Die sozialen Lebensformen als Erziehungsgemeinschaften. In: Nohl,H./Pallat, L. (Hrsg.): Handbuch der Pädagogik. Bd. II. Langensalza
Niemeyer, C. (2000): Das Kinder- und Jugendhilfegesetz (KJHG) – eine Bilanz aus historischer Perspektive. In: neue praxis, Heft 5, 30. Jg.
Niemeyer, C. (2001): Jugendbewegung zwischen Reform und Restauration. Eine exemplarische Studie anhand der Debatten in der „Wandervogelführerzeitung" zwischen 1912 und 1920. In: Neumann, D./Uhle, R. (Hrsg.): Bildung zwischen Restauration und Reform. Weinheim
Nordhausen, R. (1910): Zwischen vierzehn und achtzehn. Leipzig
Olk, T. (1985): Jugend und gesellschaftliche Differenzierung – Zur Entstrukturierung der Jugendphase. In: Zeitschrift für Pädagogik. 19. Beiheft. Weinheim und Basel
Perrot, M. (1997): Zwischen Werkstatt und Fabrik: Die Arbeiterjugend. In: Levi, G./Schmitt, J.-C.: Geschichte der Jugend. Frankfurt a.M.
Peukert, D.J.K. (1986): Grenzen der Sozialdisziplinierung. Aufstieg und Krise der deutschen Jugendfürsorge 1878-1932. Köln
Peukert, D.J.K. (1987): Die Weimarer Republik. Frankfurt a.M.
Sander, U./Vollbrecht, R. (2000): Jugend im 20. Jahrhundert. In: Sander, U./Vollbrecht, R. (Hrsg.): Jugend im 20. Jahrhundert. Neuwied, Kriftel, Berlin
Schefold, W. (1993): Ansätze zur einer Theorie der Jugendhilfe. In: Diskurs, Heft 2
Schmoller, G. (1878): Reform der Gewerbe-Ordnung. In: Verhandlungen der fünften Generalversammlung des Vereins für Socialpolitik. Leipzig
Simmel, G. (1903): Die Gross-Städte und das Geistesleben. In: Simmel, G.: Das Individuum und die Freiheit. Frankfurt a.M. 1993
Spranger, E. (1924): Psychologie des Jugendalters. Leipzig, Heidelberg
Thiersch, H. (1992): Lebensweltorientierte Soziale Arbeit. Weinheim und München
Tönnies, F. (1900): Die Erweiterung der Zwangserziehung. In: Archiv für soziale Gesetzgebung und Statistik 15.
Walther, Andreas (2000): Spielräume im Übergang in die Arbeit. Junge Erwachsene an den Grenzen der Arbeitsgesellschaft in Großbritannien, Italien und Deutschland. Weinheim und München
Wilker, K. (1912): Kinderschutz und Jugendfürsorge. In: Die Deutsche Schule, Heft 15
Winkler, M. (1988): Eine Theorie der Sozialpädagogik. Stuttgart
Winnicott, D. W. (1974): Reifungsprozesse und fördernde Umwelt. München
Zinnecker, J. (1991): Jugend als Bildungsmoratorium. In: Melzer, W. u.a. (Hrsg.): Osteuropäische Jugend im Wandel. Weinheim und München

Thomas Koditek

Jugendliche

Zusammenfassung: Anhand einiger ausgewählter Ergebnisse der 12. und 13. Shelljugendstudien sollen Tendenzen in den Einstellungen und Werthaltungen von Jugendlichen aufgezeigt werden. Es wird deutlich, dass Jugendliche der Gesellschaft einen Spiegel vorhalten und bereit sind, Verantwortung bei der Gestaltung des Sozialen zu übernehmen, wenn die Erwachsenen sie teilhaben lassen und ihr Engagement in konkreten Ergebnissen sichtbar wird. Bevor die Ergebnisse vorgestellt werden, wird geklärt, wie in diesem Kontext der Begriff „Jugendlicher" definiert wird.

1. Was verstehen wir unter einem Jugendlichen?

Die Bestimmung des Begriffs „Jugendlicher" ist nach §7 KJHG eindeutig. Als Jugendlicher wird bezeichnet, wer 14, aber noch nicht 18 Jahre alt ist. Davon unterschieden werden im Gesetzestext die Altersgruppe der Kinder (bis 14), der jungen Volljährigen (18-26) und der jungen Menschen (bis 27). Diese Alterseinteilung wirkt statisch und entspricht nicht unserem Alltagsverständnis. Hier gilt als Jugendlicher, wer durch seine äußere Erscheinungsform, Sprache und Verhalten deutlich macht, dass er sich dieser Altersgruppe zugehörig fühlt. Richtig unübersichtlich wird die Situation, wenn wir uns ein konkretes Beispiel vorstellen. Ist die 30jährige Vorsitzende der Jugendorganisation einer Partei noch Jugendliche oder sitzen wir hier einem Etikettenschwindel auf? Und was ist mit dem 19jährigen Industrieschlosser, der gerade seine Ausbildung beendet hat und eine Familie gründet? Ist das noch ein Jugendlicher? In einem weiteren Schritt nehmen wir eine kulturspezifische Perspektive ein und stellen fest, dass immer auch bestimmte Prototypen stellvertretend oder symbolhaft für eine Jugendgeneration in den Medien und der öffentlichen Diskussion präsent sind. Diese Vorstellungen oder Zuschreibungen lassen sich zum Beispiel epochenspezifisch identifizieren. Waren es in den 60er/70er Jahren der Hippie, in den 70er/80er Jahren die „Punks" und die „Alternativen", so sind es in den 90er Jahren die „Rechten" und die „Techno-Jugendlichen" deren subkultureller Habitus Garant war für eine breite öffentliche Aufmerksamkeit. Dabei wird bei genauerem Hinsehen deutlich, dass es weder den „Hippie", den „Punk" und natürlich auch den „Jugendlichen" nicht gibt. Die Konstruktion eines bestimmten Typus scheint aber notwendig zu sein, um im alltäglichen Handeln die Ausdrucksformen anderer Menschen bewerten zu können, als eine Voraussetzung für die Bildung einer eigenen Identität.

Beim Stichwort Identität wird deutlich, dass der Begriff „Jugendlicher" zunächst eine subjektive biographische Lebensphase bezeichnet, in der nach klassischer Lehrbuchmeinung Aufgaben der inneren Entwicklung und des Lernens gemeistert werden müssen. Zudem ist eine gesellschaftlich bestimmte Lebenslage angesprochen, die im besonderen Maße von den soziokulturellen und ökonomischen Bedingungen abhängig ist. In diesem Kontext gelten Jugendliche nicht selten als Hoffnungsträger des sozialen Wandels, als kritisches Korrektiv bestimmter gesellschaftlicher Entwicklungen, gemeinhin als Innovationspotential oder auch als soziales Gewissen einer Gesellschaft. Jugendliche gelten aber auch als Risikogruppe und damit immer auch als potentiell deviant. Die Vermutung liegt nahe, dass Jugendliche in diesem Sinne eine wichtige Verständigungsfunktion innerhalb moderner Industriegesellschaften haben, wenn Fragen der zukünftigen Entwicklung der Gesellschaft diskutiert werden. Dabei stellen wir fest, dass viel über Jugendliche gesprochen wird und es Schwierigkeiten gibt, die Jugendlichen selbst zur Sprache kommen zu lassen.

2. Jugendliche aus wissenschaftlicher Perspektive

In der Fachdiskussion herrscht Einigkeit, dass es „den Jugendlichen" nicht gibt. Gemeinhin ist auch nicht klar, ob Jugendliche als Vorreiter oder Resultat bestimmter gesellschaftlicher Entwicklungen anzusehen sind (vgl. Roth 1983). Die Vermutung liegt nahe, dass weder das eine noch das andere für sich alleine stehen kann. Vorreiter sind Jugendliche insoweit, als durch sie kollektive Muster entstehen, die symbolhaft für Innovation und Zukunft gewertet werden. Resultat gesellschaftlicher Entwicklungen sind sie, da die Phase des Übergangs von einer Altersphase zur nächsten sich in modernen Industrie- und Dienstleistungsgesellschaften beständig ausdehnt und diese Übergänge immer unspezifischer definiert werden. Vieles deutet darauf hin, dass die traditionelle Phaseneinteilung des Lebenslaufs in Kindheit, Jugend und Erwachsensein, in denen unterschiedliche Entwicklungsaufgaben aber auch Rechte und Pflichten vorgegeben waren, sich in hochkomplexen Industrie- und Dienstleistungsgesellschaften in Folge des rasanten sozioökonomischen Wandels auflösen (vgl. Beck 1986).

Parallel dazu ändern sich die Lebensbedingungen für Jugendliche permanent und verweisen auf ein widersprüchliches Geflecht von Anforderungen für eine „gelingendere Biographie" (vgl. Thiersch1986). Im fachlichen Diskurs wird seit dem Ende der achtziger Jahre von der „Entstrukturierung der Jugendphase" gesprochen. Damit ist u.a. gemeint, dass sich traditionelle soziale Milieus verändern, die bis dorthin als klar strukturiert und verlässlich galten. Biographische Entscheidungen sind nicht mehr vorgegeben und müssen im Prinzip von jedem Jugendlichen individuell entschieden werden. Die berufliche Karriere ist abhängig vom Bildungsabschluss, der individuellen Leistungsbereitschaft und den ökonomischen Rahmenbedingungen, die durch den einzelnen Jugendlichen nicht beeinflussbar sind. In der Fachliteratur ist die Rede von der „Destandardisierung durch Differenzierung und Individualisierung" der Jugendphase (vgl. Hornstein 1999). Dabei gelten „Entstrukturierung" und „Destandardisierung" als Resultat des Strukturwandels moderner Industrie- und Dienstleistungsgesellschaften, in denen sich die Jugendphase als ein eigenständiger Lebensabschnitt überhaupt erst etablieren konnte.

Jugendforschung präsentiert sich insgesamt in Deutschland als ein sehr heterogenes Feld. Neben der soziologisch und pädagogisch ausgerichteten Jugendforschung bildet die psychologische Adoleszensforschung einen Schwerpunkt. Erst in den 80er Jahren sehen wir die ersten Ansätze einer geschlechterdifferenzierenden Mädchenforschung, die in den 90er Jahren durch die Jungenforschung ergänzt wurde (vgl. Rose 2000). Die vergleichende Forschung zur Jugend in Ost- und Westdeutschland hat seit den 90er Jahren ebenso Konjunktur (vgl. Melzer 1992), wie die Forschungen zum Thema Jugend und Gewalt (vgl. Heitmeyer 1992). Die Europäisierung der Jugendforschung steckt noch in den Anfängen (vgl. Granato 1994). Im Rahmen der weiteren Entwicklung eines zusammenwachsenden Europas wird in den folgenden Jahren dieser Bereich stark expandieren.

3. Die Shell-Jugendstudien

In diesem Beitrag soll nicht weiter auf die „Geschichte der Jugend" (vgl. Gillis 1980) und die unterschiedlichen Ansätze der Jugendforschung eingegangen werden, sondern wir konzentrieren uns aus folgenden Gründen auf einige Resultate der 12. und 13. Shell-Jugendstudien: Zum einen, weil sie zu den umfangreichsten Jugendstudien der letzten Jahre gehören und Ergebnisse abbilden, die für sich in Anspruch nehmen können, die subjektiven Einstellungsmuster und Haltungen von Jugendlichen und jungen Erwachsenen im Alter von 12 bis 24 Jahren aufzuzeigen und aufgrund ihres Designs und ihrer Stichprobengröße als repräsentativ gelten; zum anderen, weil dieser Beitrag dem Anspruch dieser beiden Jugendstudien zu folgen versucht, nicht allein die Sichtweise der Gesellschaft aus der Erwachsenenperspektive auf sog. „Jugendprobleme" darzustellen. Die Sicht der Jugendlichen auf diese Gesellschaft und die für Sie relevanten Probleme sollen in den Mittelpunkt gerückt und ernstgenommen und darüber in die Überlegungen einer modernen Jugendhilfe einbezogen werden. Nur auf diese Weise können die verschiedenen Angebote der Jugendhilfe Jugendliche erreichen. Eine wesentliche Voraussetzung für diese Herangehensweise steckt in der Beantwortung folgender Fragen.

- Welche Probleme beschreiben Jugendliche als für sie relevant?
- Wem trauen sie die Lösung von Problemen zu?
- Welches sind ihre wesentlichen Bezugspersonen?
- Wie schätzen sie die Zukunft ein?
- Welche Rolle spielen die Neuen Medien?

3.1 Arbeit

Nach der skeptischen Generation der 50er Jahre und der emanzipierten Generation der 60er und 70er Jahre sprechen wir in der Jugendforschung von der „realistischen" Generation der heute 12- bis 24-Jährigen. Was ist damit gemeint? „Realistisch" meint eine bestimmt Sicht der Jugendlichen auf die Gesellschaft und die dort vorhandenen Probleme. Die 12. und 13. Shell-Jugendstudie zeigt deutlich, dass die Probleme der Arbeitswelt die Jugendlichen am meisten beschäftigen. Es sind nicht mehr die klassischen Lehrbuchprobleme der Identitätsfindung, Partnerwahl und Verselbstständigung, die Jugendliche zentral beschäftigen, sondern Hauptsorge der Jugendlichen ist, dass die derzeit bestehende Arbeitslosigkeit, und der Lehrstellenmangel von der Politik nicht bearbeitet wird und in absehbarer Zeit Lösungen nicht erwartbar sind. Diese Sorge spiegelt sich in den aktuellen Arbeitsmarktzahlen der Jahre 1994 bis 2000, die auch im europaweiten Vergleich interessante Tendenzen verdeutlichen.

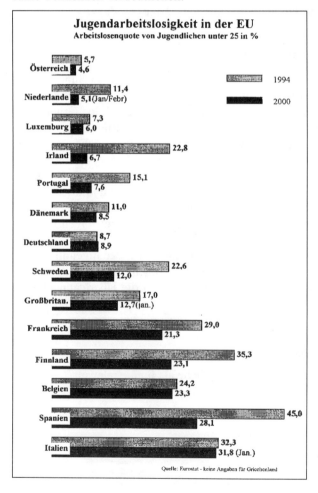

Zwar zeigt die Statistik einerseits, dass die Zahlen in anderen europäischen Ländern höher ausfallen, andererseits ist Deutschland das einzige Land der Gemeinschaft mit einer zunehmenden Zahl von jugendlichen Arbeitslosen. Dieser negative Trend findet seine Entsprechung in den Antworten der Jugendlichen, obwohl sie diese Zahlen vielleicht gar nicht kennen.

Abb.: Hauptprobleme der Jugendlichen heute (in %)^

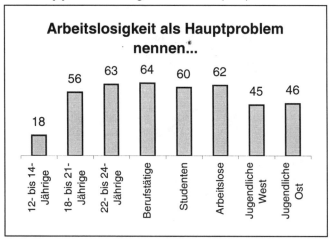

Besonders zu denken gibt, dass Arbeitslosigkeit um so häufiger genannt wird, je älter die Jugendlichen sind: 18% der Jüngsten (d.h. der 12- bis 14-Jährigen), aber 58,5% der 18- bis 21-Jährigen und sogar 62,5% der 22- bis 24-Jährigen. Dies zeigt die neue Schwierigkeit der Jugendphase an: es ist problematisch, sie zu beenden, wenn der Arbeitsmarkt den Übergang in die Selbstständigkeit des Erwachsenseins ökonomisch nicht mehr verlässlich sichert. So erklärt sich wohl auch, dass bereits Berufstätige Jugendliche mit 64% am häufigsten (häufiger noch als Beschäftigungslose) Arbeitslosigkeit als Hauptproblem bezeichnen. Wer es „geschafft" hat und bereits berufstätig ist, hat offensichtlich Angst davor, dass der erreichte Standort nicht so sicher ist und man wieder zurückfallen könnte. Auffällig ist auch, dass es in Bezug auf die Wahrnehmung der Arbeitslosigkeit als herausragendes Hauptproblem keine geschlechtsspezifischen Unterschiede oder Unterschiede zwischen ost- und westdeutschen Jugendlichen gibt. Es scheint so, dass hier ein Konsens in der gesamten jungen Generation liegt, gewissermaßen eine *„prägende Generationenerfahrung"* (vgl. Münchmeier 1997, S. 277ff.).

3.2 Politik

Im Zusammenhang mit der Angst, in dieser Gesellschaft nicht gebraucht zu werden und dem Vertrauen in die Lösungskompetenz politischer Instanzen muss auch die rapide Abnahme des politischen Interesses im zeitlichen Vergleich interpretiert werden. In dem Maße, in dem Jugendliche der Politik die Lösung relevanter politischer Probleme nicht mehr zutrauen, schwindet ihr Interesse an Politik und politischem Engagement.

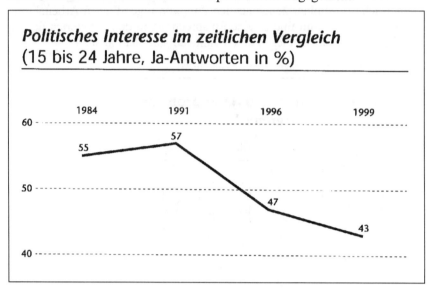

Welche Bedeutung dies für ein demokratisches Selbstverständnis der heute 12- bis 24-Jährigen hat, kann nur spekuliert werden. Die Wahlbeteiligung der 18-bis 24-Jährigen bei den letzten Kommunal- und Landtagswahlen sprechen eine deutliche Sprache und bestätigen diese Ergebnisse. Es scheint so zu sein, dass die jungen Leute der Politik kaum noch etwas zutrauen, schon gar nicht, die „großen" Probleme in der Gesellschaft lösen zu können. Auf die Frage, ob es in der Zukunft „für alle einen angemessenen Arbeitsplatz geben" und „die Arbeitslosigkeit verschwinden wird", antworten nur 7% mit „wahrscheinlich" und 1% mit „bestimmt". Von daher erscheint es ihnen auch nicht plausibel, sich in der Politik bzw. in ihren klassischen Organisationen zu engagieren.

Die politischen Parteien schneiden in der Rankingliste „Vertrauen" besonders schlecht ab. Umweltschutzgruppen und Menschenrechtsgruppen haben ein vergleichsweise positives Image bei den Jugendlichen. Um Missverständnissen vorzubeugen, muss gesagt werden, dass dies nicht bedeutet, dass Jugendliche sich aktiv dort beteiligen oder bereit sind, einen Mitgliedsbeitrag zu bezahlen. Vertrauen heißt zunächst, dass die Arbeit dieser Organisationen auf der Skala „Probleme aktiv anpacken" positiv eingeschätzt werden. Das gute Abschneiden der Polizei und der Gerichte bedeutet, dass Jugendliche diesen Institutionen vertrauen, wenn es um den wichtigen Punkt „Gerechtigkeit in der Gesellschaft" geht. Die potentielle Chance jeder Bürgerin und jedes Bürgers auf Gleichbehandlung – unabhängig von Status und Ansehen – ist ein hoher Wert, der von Jugendlichen anerkannt wird. Gemeinsam ist diesen Organisationen, dass ihre Aktivitäten im vordergründigen Sinn und schon gar nicht parteipolitisch bestimmt, sondern vielmehr von bestimmten Wertmaßstäben und ethischen Prinzipien geleitet werden. Offensichtlich führt diese moralisch-wertbezogene Ausrichtung zu Glaubwürdigkeit und Vertrauenswürdigkeit. Insgesamt liegt bei den ostdeutschen Jugendlichen die Bereitschaft, den Institutionen viel oder sehr viel Vertrauen zuzuschreiben, niedriger als bei den westdeutschen Jugendlichen. Es lässt sich also eine leicht höhere „Institutionendistanz" in Ostdeutschland festhalten.

Vertrauen in Organisationen (Mittelwerte)

	1996	1999
1. Umweltschutzgruppen	3,8	3,5
2. Gerichte	3,3	3,4
3. Menschenrechtsgruppen	3,5	3,4
4. Polizei	3,1	3,3
5. Bürgerinitiativen	3,2	3,1
6. Gewerkschaften	3,1	3,1
7. Zeitungen	3,1	3,1
8. Bundeswehr	–	3,0
9. Fernsehen	2,8	2,9
10. Bundesregierung	2,4	2,7
11. Bundestag	2,5	2,7
12. Arbeitgeberorganisationen	2,6	2,6
13. Kirchen	2,4	2,5
14. Politische Parteien	2,4	2,5

1 = sehr wenig Vertrauen, 5 = sehr viel Vertrauen

3.3 Familie

Beim Thema „Werte" ist eine klare Orientierung zu erkennen, die nicht leichtfertig oder vorschnell als traditionsgebunden oder konservativ bezeichnet werden darf.

Partnerschaft und Familie haben mit 79 bzw. 71% einen hohen Stellenwert. Nicht mehr weltanschauliche Fragen und das Engagement für abstrakte politische Ideologien stehen im Fokus der Aufmerksamkeit von jungen Menschen, sondern der private überschaubare Raum der unmittelbaren sozialen Beziehungen. Der Rückzug ins Private ist eine Metapher, die vielleicht die größte Aussagekraft besitzt. Die überschaubare, verlässliche Beziehung zu Partnern oder guten Freunden ist für Jugendliche ein zentraler Wert. Eine Tatsache, die zum Beispiel auch direkte Auswirkungen auf die Mitgliedschaft in Jugendorganisationen von Parteien, Kirchen etc. hat. Bei der Frage nach der Wichtigkeit von Bezugspersonen ist der Rückbezug auf die Herkunftsfamilie aussagekräftig. An erster Stelle werden Mutter und Vater genannt, wenn es um die Frage geht: „Mit wem würdest Du ein für Dich wichtiges Problem besprechen?"

Werte - Lebensziele		
„Familienorientierung - Partner, Heim und Kinder"		
Item	Mittelwert	Wichtigkeit in % 4+5 auf 5stufiger Skala
1. In einer glücklichen Partnerschaft leben	4,20	79
2. Kinder haben	3,64	59
3. eine eigene Familie aufbauen, in der man sich wohlfühlt	4,00	71
4. sich später ein angenehmes Zuhause schaffen	4,21	81
5. seinen Kindern einmal ein sicheres Zuhause bieten	4,11	76
6. treu sein	4,02	72

Wichtigkeit von Bezugspersonen bei deutschen und ausländischen Jugendlichen (Mittelwerte ohne Nennung „habe ich nicht"; 4=sehr wichtig, 1=gar nicht wichtig)

	deutsche Jugendliche West	deutsche Jugendliche Ost	ausländische Jugendliche
Mutter	3.5	3.6	3.7
Vater	3.3	3.3	3.5
Bruder/Brüder	3.1	3.2	3.4
Schwester/Schwestern	3.1	3.2	3.3
Ältere Verwandte	2.4	2.6	2.7
Gleichaltrige Verwandte	2.2	2.4	2.5

Interessant ist, dass im Unterschied zur Familie als erster Sozialisationsinstanz, dem zweiten relevanten Sozialisationsort, nämlich der Schule, eine geringe Bedeutung zukommt. Lehrerinnen und Lehrer als Vertrauensperson werden weit abgeschlagen auf Position 19 genannt. Über die Vermittlung von Lernstoff hinaus sind Lehrerinnen und Lehrer nicht mehr die relevanten Ansprechpartner für Jugendliche zwischen 12 und 24 Jahren, wenn es um ihre psychosoziale Entwicklung geht. Relevante geschlechtsspezifische Unterschiede sind festzustellen, wenn von der Vereinbarkeit von Familie und Beruf gesprochen wird. Hier verzichten junge Frauen eher auf berufliche Chancen als junge Männer. Wir sehen bei ihnen eine noch stärkere Familien- und Partnerschaftsorientierung.

3.4 Zukunft

Erstaunlicherweise beurteilen viele Jugendliche ihre Zukunftsaussichten als durchaus positiv. Die Grundlage hierfür können nicht die aktuellen Arbeitsmarktzahlen sein, wie wir oben schon erwähnt haben. Trotzdem lässt sich die Grundstimmung als deutlich gewachsene Zuversicht, bezogen auf die persönliche wie auch gesellschaftliche Zukunft, festhalten. Wir sprechen hier von einem Zeitraum von 4 Jahren, die eine Unterscheidung zwischen den Ergebnissen der 12. und 13. Shell Jugendstudie zulassen. Die Hälfte aller Jugendlichen beurteilt 1999 die persönliche Zukunft „eher zuversichtlich", bei der gesellschaftlichen Zukunft gilt das für sogar fast zwei Drittel der Jugendlichen. Allerdings bestehen Unterschiede zwischen verschiedenen Untergruppen. Bei der Frage nach der subjektiven Einschätzung der Vorbereitung auf die Zukunft ist jedoch eher Zurückhaltung angesagt (vgl. Münchmeier u.a. 2000).

Noch relativ am besten auf die Zukunft vorbereitet fühlen sich vor allem die Jugendlichen, die über einen mittleren und höheren Bildungsabschluss verfügen. Die Indikatoren für eine optimistische Einstellung liegen nicht so sehr bei den Angeboten des staatlichen Bildungssystems, sondern beruhen auf der Tatsache, dass Jugendliche bereit sind, eigene Ressourcen einzubringen. Hierzu gehört zum Beispiel eine flexible Haltung und die Bereitschaft zur beruflichen Selbstständigkeit. Auch die Bereitschaft flexibel und mobil zu sein, spricht für eine hohe Motivation der jungen Menschen zwischen 12 und 24 Jahren, ihr Leben in die eigene Hand zu nehmen. Jugendliche nehmen die Herausforderung der modernen Dienstleistungs- und Kommunikationsgesellschaft an und realisieren, dass ohne besondere Anstrengungen die persönlichen Ziele nicht erreicht werden können. Besonders ins Auge sticht die Mobilitätsbereitschaft der jungen Frauen aus den neuen Bundesländern (63%), die damit auf ihre aktuell schlechteren Ausbildungs- und Arbeitsplatzchancen reagieren. Wie oben bereits erwähnt, ändert sich diese Haltung erst, wenn es darum geht, eine Familie zu gründen bzw. Kinder zu haben.

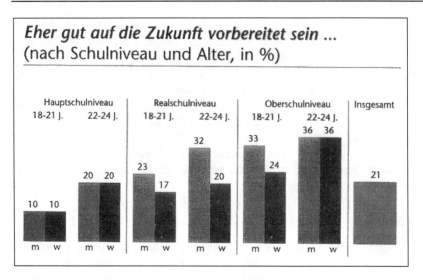

Mobilitätsbereitschaft nach Landesteil und Geschlecht („wäre sicher bereit", in %)

	Ost	West	Ost	West		
			männlich	weiblich	männlich	weiblich
Ziel						
innerhalb von Deutschland	62	47	60	63	49	45
innerhalb von Ländern der Europäischen Union	21	20	21	21	22	17
nach Nordamerika	25	21	25	24	24	18
nach Australien	19	15	20	19	17	12

Die sogenannten Wunschbranchen sind bei den Mädchen und jungen Frauen dabei eindeutig im Medien- und Kommunikationsbereich zu finden, bei den männlichen Jugendlichen und jungen Männern ist es mit deutlichem Abstand die Computerbranche und der Technikbereich, vor allen Dingen dann, wenn es um eine selbstständige Tätigkeit geht.

Wunschbranchen nach Geschlecht und Bereitschaft zur beruflichen Selbständigkeit (in %)

	Hauptstichprobe n=4546	Berufliche Selbständigkeit			
		Ja, sicher		Nein, sicher nicht	
		männl. n=578	weibl. n=373	männl. n=394	weibl. n=553
Medien (Fernsehen, Zeitungen, Radio) Kommunikationsbereich, Kunst, Lifestyle	19	17	30	14	14
Computerbranche	15	26	8	15	5
Bildungsbereich (Schulen, Hochschulen, Wissenschaft), Sozialbereich, Gesundheitswesen	13	5	21	6	20
Industrie, Technik, Verkehr (auch Luftfahrt)	11	11	6	22	6
Handel	10	12	7	9	15
Banken, Versicherungen	10	8	9	6	14
öffentl. Dienst/Verwaltung, Ministerium, Polizei, Rechtswesen	8	5	8	8	9
Hotel-/Gaststättengewerbe	7	6	9	6	11
Handwerk	3	6	0	5	1
Land-/Forstwirtschaft	2	3	1	3	2
sonstiges	2	2	2	2	2
keine Angabe	1	0	0	3	2

3.5 Computer und Internet

Mit der 12. Shell Jugendstudie wurde zum ersten Mal der Versuch unternommen, mit Hilfe des Mediums Internet mit Jugendlichen zu kommunizieren. Eine Diskussion der Ergebnisse in Chat-Rooms war möglich oder auch der direkte Kontakt zu festgelegten Zeiten mit den Autoren und Autorinnen der Studie. Die Resonanz auf die Präsentation der Ergebnisse im Netz (Kommentare im Gästebuch und die Statistik der Zugriffe) war unter anderem ein Zeichen dafür, dass dieses Medium von deutschen und ausländischen Jugendlichen intensiv genutzt wird.

Überhaupt scheint sich der Computer als ein wichtiges und selbstverständliches Medium für Arbeit und Freizeitgestaltung bei Jugendlichen etabliert zu haben. Zur Textverarbeitung wird der Computer zu 88% der 22- bis 24-Jährigen genutzt. Bei den Computerspielen sind es vor allem die männlichen Jugendlichen zwischen 15 und 17 Jahren, die regen Gebrauch von dieser Möglichkeit der Freizeitgestaltung machen. Dies passt auch zu der bereits erwähnten Tendenz, sich eine Berufstätigkeit im Bereich der neuen Medien vorstellen zu können. Mit einer weiteren Zunahme des Interesses der Computer- und Internetnutzung darf in den kommenden Jahren gerechnet werden. Die Notwendigkeit, dass sich Bildungsinstitutionen wie z.B. die Schule darauf einstellen, ist nachvollziehbar und gehört mittlerweile zu den Forderungen, die sich zum Beispiel in politischen Wahlprogrammen wiederfinden.

Das Internet nutzen ...
(ausgewählte Gruppen, in %)

	Total	männlich	22-24 J.	Schüler	Studenten	Azubis
Deutsche Jugendliche	25	30	**30**	23	**60**	21
Italienische Jugendliche	19	**26**	23	20	**54**	13
Ausländische Jugendliche	23	**32**	24	23	**64**	21
Türkische Jugendliche	18	**27**	17	20	**61**	17

(Fett: eher bereit, Unterstrichen: weniger bereit als der Durchschnitt)

Computer-Nutzungsfelder, Häufigkeiten bei deutschen Jugendlichen (sehr häufig und häufig, in %)

	Total	Männlich	Weiblich	15-17 J.	18-21 J.	22-24 J.	Schüler	Studenten
Textverarbeitung	70	67	**75**	_63_	72	**88**	_50_	**86**
Computerspiele	54	**66**	39	**68**	51	_41_	**64**	37
Tabellenkalkulation	35	36	33	_22_	36	**48**	_24_	**51**
Lernprogramme	29	27	30	29	27	29	29	38
Internet	31	**34**	_25_	_18_	33	**41**	_22_	**51**
Sprachprogramme	19	17	20	19	17	20	19	**27**
Musikbearbeitung	17	**21**	_9_	15	17	14	16	13
Softwareentwicklung	7	**10**	_3_	5	7	**10**	5	**12**

Fett: überproportionaler, Unterstrichen: unterproportionaler Anteil

4. Resümee

Die Darstellung einiger ausgewählter Ergebnisse der Shell-Studien sollte Tendenzen in den Einstellungen und Werthaltungen von Jugendlichen aufzeigen. In einem ersten Schritt wurde deutlich, dass Jugendliche, wenn sie befragt werden, nichts anderes tun, als der Gesellschaft einen Spiegel vorzuhalten. Sie bringen Themen auf den Punkt, die auch Erwachsene betreffen. Die mangelnde Engagementbereitschaft von Jugendlichen, die vielerorts beklagt wird, ist ein Abwarten auf eine „realistische Chance", das Leben in die eigenen Hände nehmen zu können. Das „Hotel Mama" erscheint vor diesem Hintergrund nicht als psychologisches Problem mangelnder Ablösungsbereitschaft, sondern als „realistische" Einschätzung der eigenen Möglichkeiten im Sinne ökonomischer Notwendigkeit. Wir sprechen hier von einer Entwicklung, durch die das „Erwachsenwerden" eher hinausgezögert bzw. aufgeschoben wird, bis bessere Zeiten kommen. Dazu neigen vor allem jene Schülerinnen und Schüler, die einen höheren Bildungsabschluss anstreben, sowie Studierende. Je schwieriger sich der Abschluss der Jugendphase gestaltet, d.h., je unsicherer die Übergänge in den Erwachsenenstatus werden, desto langsamer wollen sich Jugendliche diesem „Engpass" nähern. Erwachsen werden zu wollen, zugleich aber möglichst lange Jugendlicher bleiben zu müssen, scheint gegenwärtig eine paradoxe Aufgabe für Jugendliche zu sein.

Die jugendpolitische Erfahrung zeigt, dass Jugendliche bereit sind, Verantwortung über ihr eigenes soziales Umfeld hinaus zu übernehmen, dies aber nur unter der Voraussetzung, dass die Aufforderung zur Teilhabe ernst gemeint ist und dann konkrete Ergebnisse erzielt und umgesetzt werden können. Beziehen wir diese Aussagen auf exemplarische Bereiche der Jugendhilfe, so kann dies heißen: Im Feld der Jugendsozialarbeit realisieren Jugendliche, dass sich ihre Ausbildungs- und Berufschancen im Rahmen unterschiedlicher Maßnahmen (z.B. der Jugendberufshilfe) nur unter den Bedingungen einer arbeitsplatzschaffenden Arbeitsmarkt- und Wirtschaftspolitik wirklich verbessern. Ein (sozial)pädagogischer Lehrplan, der z.B. die Entwicklung sozialer Kompetenzen oder ganz allgemein der Persönlichkeit in den Vordergrund der Bemühungen stellt, wird im besten Falle vorübergehend akzeptiert. In Verbindung mit pädagogischen oder psychologischen Defizitzuschreibungen entwickeln Jugendliche Widerstände, die dann oft als fehlende Motivation – im Sinne nicht vorhandener Anstrengungsbereitschaft – missverstanden werden. Eine „realistische" Haltung zu haben, heißt aber aus der Sicht der Jugendlichen, sich für Ziele einzusetzen, deren Erreichbarkeit zumindest möglich erscheint.

Im Feld der offenen Jugendarbeit fordern Jugendliche selbstbestimmte Räume. Zurückhaltung ist bei pädagogisch gut gemeinten Angeboten angebracht. Jugendarbeit ist darum eher (kommunal)politisch und sozialräumlich angelegt. Jugendliche sind auch hier engagementbereit, wenn auf ihre Vorschläge eingegangen wird. Der Verweis auf Verwaltungsvorschriften oder den Dienstweg interessieren Jugendliche wenig. Hier haben die Mitarbeiter in der Jugendhilfe die wichtige Aufgabe, zwischen unterschiedlichen Interessen zu vermitteln und die Sprache und die Bedürfnisse der einen in die der anderen Lebenswelt zu übersetzen. Zugegebenermaßen ist dies keine leichte Aufgabe, die professionelle Kompetenzen erfordert und eine qualifizierte Ausbildung zur Voraussetzung hat.

Literatur zur Vertiefung

Hornstein, W. (1999): Jugendforschung und Jugendpolitik. Entwicklungen und Strukturen in der zweiten Hälfte des 20. Jahrhunderts. Weinheim und München.
Jugendwerk der Deutschen Shell (Hrsg.): Jugend 2000. 13. Shell Jugendstudie, 2 Bände. Opladen.
Krafeld, Franz Josef (2000): Die überflüssige Jugend der Arbeitsgesellschaft. Opladen
Merkens, Hans/Zinnecker, Jürgen (Hrsg.) (2001): Jahrbuch Jugendforschung 1/2001. Opladen
Rose, L. (2000): Mädchenarbeit und Jungenarbeit in der Risikogesellschaft. Kritische Überlegungen zur geschlechterbewussten Qualifizierung in der Jugendhilfe. In: Neue Praxis. Zeitschrift für Sozialarbeit, Sozialpädagogik und Sozialpolitik, Heft 3, 30. Jg. (2000).

Literatur

Beck, U. (1986): Risikogesellschaft. Auf dem Weg in eine andere Moderne. Frankfurt a.M.
Gillis, J.R. (1980): Geschichte der Jugend. Weinheim und Basel.
Granato, M.(1994): Bildungs- und Lebenssituation junger Italiener. Bielefeld.
Heitmeyer, W. (1992): Die Bielefelder Rechtsextremismus-Studie. Weinheim.
Hornstein, W. (1999): Jugendforschung und Jugendpolitik. Entwicklungen und Strukturen in der zweiten Hälfte des 20. Jahrhunderts. Weinheim und München.
Hurrelmann, K. (1995): Lebensphase Jugend. Einführung in die sozialwissenschaftliche Jugendforschung. Weinheim und München.
Jugendwerk der Deutschen Shell (Hrsg.) (1997): Jugend '97. Zukunftsperspektiven, Gesellschaftliches Engagement, Politische Orientierungen. 12. Shell Jugendstudie. Opladen.
Jugendwerk der Deutschen Shell (Hrsg.) (2000): Jugend 2000. 13. Shell Jugendstudie. Opladen.
Melzer, W. (1992): Jugend und Politik in Deutschland. Gesellschaftliche Einstellungen, Zukunftsorientierungen und Rechtsextremismus-Potenzial in Ost- und Westdeutschland. Opladen.
Münchmeier, R. (2001): Jugend. In: H.U. Otto/H. Thiersch (Hrsg.): Handbuch Sozialarbeit und Sozialpädagogik, Seite 818. Neuwied, Kriftel
Münchmeier R. (2001): Strukturwandel der Jugendphase. In: P. Fülbier/R. Münchmeier (Hrsg.): Handbuch Jugendsozialarbeit, Seite 103. Münster.
Rijke, J. de u.a. (1998): Jugend im Blickpunkt emirischer Forschung – drei aktuelle Jugendstudien. In: Sozialwissenschaftliche Literatur Rundschau Heft 36, 1998, S. 17-28.
Rose, L. (2000): Mädchenarbeit und Jungenarbeit in der Risikogesellschaft. Kritische Überlegungen zur geschlechterbewussten Qualifizierung in der Jugendhilfe. In: Neue Praxis. Zeitschrift für Sozialarbeit, Sozialpädagogik und Sozialpolitik, Heft 3, 30. Jg. (2000).
Roth, L. (1983): Die Erfindung des Jugendlichen. München.
Thiersch, H. (1986): Die Erfahrung der Wirklichkeit. Perspektiven einer alltagsorientierten Sozialpädagogik. Weinheim und München.

Barbara Stauber und Andreas Walther

Junge Erwachsene

„Es gibt zwei Arten des Erwachsenseins: das erzwungene Erwachsenwerden, das dir die Gesellschaft mit dem Eintritt in die Arbeitswelt auferlegt und das wirkliche Erwachsenwerden, und das werde ich wohl nie erreichen" (Junge Frau, zitiert in Leccardi 1990: 90).
„Also meine Vorstellung wäre erst einmal Ausprobieren. ... Das ist dann das Problem, da kämpfe ich selber mit mir. Wenn ich mich hängen lasse, dann werde ich nichts, und wenn ich jetzt aufwärts strebe, weiß ich nicht, was aus mir wird. ... Je länger man arbeitet, desto konservativer wird man. Und deswegen möchte ich halt auch 'nen Beruf haben, wo ich mich wohlfühlen kann, wo ich mich selbst verwirklichen kann. ... Denn irgendwo habe ich auch Angst erwachsen zu werden, also so richtig erwachsen zu werden. Erwachsen werden heißt für mich konservativ zu werden, das heißt, so wie meine Eltern zu werden." (Teilnehmer in einer Arbeitsbeschaffungsmaßnahme, zitiert bei Zoll 1993: 74-78).

Zusammenfassung: Übergänge zwischen Jugend und Erwachsen-Sein sind nicht nur länger geworden, sondern auch wesentlich komplexer. Die Gleichzeitigkeit jugendlicher und erwachsener Anforderungen über eine immer längere Lebensphase hinweg birgt Widersprüche, die junge Frauen und Männer in eigenen Lebensstilen ‚aufzuheben' versuchen. Dies alles rechtfertigt die Rede von jungen Erwachsenen als einer eigenständigen Lebenslage im Übergang. Dies erfordert, den oft auf Ausbildung und Arbeit reduzierten Blick auf Übergänge zu öffnen, um die Wechselbeziehungen zwischen vielfältigen Lebensbereichen, in denen junge Frauen und Männer Übergänge bewältigen, zu erfassen. Unterstützung muss partizipativ an den Ressourcen und Lebensentwürfen der Subjekte ansetzen, anstatt in Fixierung auf normalbiografische Kanalisierung zu erstarren.

1. Die Entstandardisierung von Übergängen zwischen Jugend und Erwachsen-Sein

Gesellschaftliche Modernisierungsprozesse haben zu einer grundlegenden Veränderung individueller Lebensläufe und Biographien geführt. Am deutlichsten macht sich dies an den Übergängen zwischen Jugend und Erwachsen-Sein bemerkbar. Die Frage: „Wie lang kann die Jugendphase verlängert werden?" (Chisholm 1996: 44) beschäftigt deshalb nicht nur die Wissenschaft, die *eine* mögliche Antwort im Konzept „Junge Erwachsene" gefunden hat. Auch die jungen Frauen und Männer selbst müssen sich zunehmend damit auseinandersetzen. Grund für diesen gestiegenen Auseinandersetzungsbedarf ist eine zunehmende Diskrepanz zwischen dem eigenen Leben und einer „Normalvorstellung" von Übergang, die immer noch institutionell – in Schulen, im Ausbildungssystem, bei den Arbeitsämtern – verankert ist. Diese sieht die Jugendphase als „Bildungsmoratorium" vor, das an die Kindheit anschließt und automatisch in den Erwachsenenstatus führt. Letzterer definiert sich in dieser Vorstellung über die Merkmale einer stabilen Erwerbsposition und einer eigenen Familie, natürlich geschlechtsspezifisch mit den Schwerpunkten Erwerbsarbeit für den Mann und Familie für die Frau (Kohli 1985).

Abb. 1: Die „Yoyoisierung" von Übergängen zwischen Jugend und Erwachsen-Sein

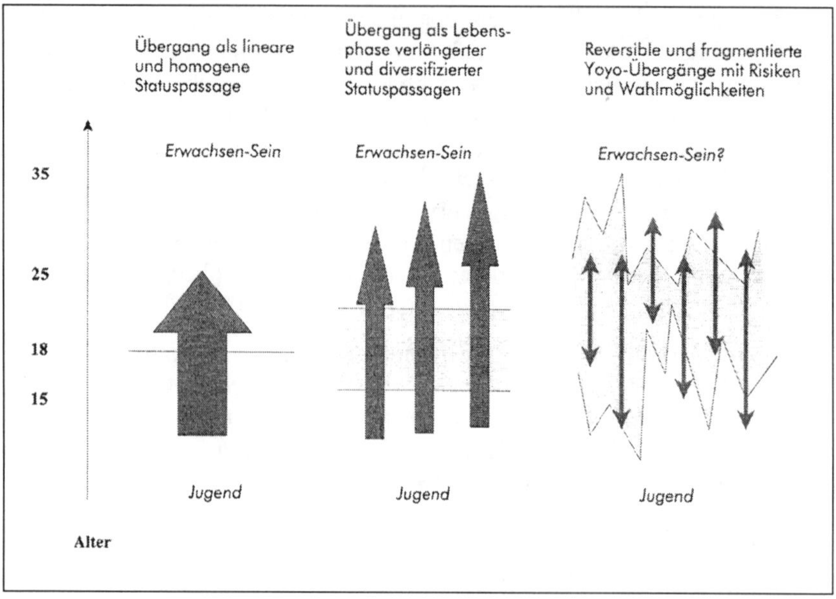

Die realen Lebensläufe von Männern und Frauen haben sich in den letzten Jahrzehnten soweit diversifiziert, dass von „normal" nur noch in Anführungsstrichen die Rede sein kann. Diese gesellschaftliche Tatsache war und ist Gegenstand diverser sozialwissenschaftlicher Debatten und Konzepte: Das Konzept der *Individualisierung* unterstreicht vor allem, dass der oder die Einzelne stärker als früher darauf verwiesen ist, die eigene Biografie selbst zu konstruieren, ohne sich dabei allzu sehr auf stabile Kontexte verlassen zu können: das gilt für die Erwerbsarbeit, die auch für Frauen eine Selbstverständlichkeit und Lebensnotwendigkeit geworden ist, das gilt für Beziehungs- und Lebensformen, das gilt auch für die Ansprüche an das „eigene Leben" (Beck 1986; Heitmeyer 1994; Böhnisch 1997). Mit *Pluralisierung* wurde darauf hingewiesen, dass immer neue Lebenslaufmuster und Lebensformen entstanden sind und entstehen, die sich mit den herkömmlichen männlichen oder weiblichen Normalbiografien nur noch partiell decken. *Fragmentierung* schließlich bezieht sich auf die Brüchigkeit von Lebensläufen, die auch bedeutet, dass Übergänge immer weniger linear verlaufen, vielmehr zunehmend reversibel und asynchron werden, weil sie sich in verschiedenen Lebensbereichen nach unterschiedlichen Rhythmen und Gesetzmäßigkeiten vollziehen (Bauman 1995a). Biografische Schritte müssen (bzw. können) zurückgenommen werden, weil sie sich nicht umsetzen lassen oder den eigenen Erwartungen nicht entsprechen. Die Übergänge junger Erwachsene oszillieren wie *Yoyos* zwischen Jugend und Erwachsen-Sein (Pais 1996; Walther et al. 1997; du Bois-Reymond 1998; EGRIS 2000); auch in der Binnenperspektive – für junge Frauen und Männer wird es zunehmend normal, sich von einer Einordnung als Jugendliche *oder* Erwachsene kritisch zu distanzieren.

2. Strukturelle Dimensionen der Lebenslage ‚junge Erwachsene'

Welches sind Anforderungen des Erwachsenwerdens, denen sich junge Frauen und Männern ausgesetzt sehen, und die sie gleichzeitig an deren Bewältigung hindern, oder andersherum: welche Strukturen führen zu einem immer weiteren Hinausschieben des Erwachsenwerdens, ohne gleichzeitig Möglichkeiten zu eröffnen, dieses Hinausschieben auch produktiv zu gestalten? Im Folgenden werden wir einige zentrale Übergangsthemen wie Arbeit und Bildung, Wohnen und Familie, Geschlecht, Partnerschaft und Sexualität sowie Lebensstil, Jugendkultur und Konsum unter dieser Perspektive betrachten. Wichtig bei der Auseinandersetzung mit diesen biographischen Themen ist erstens, dass sie aus subjektiver Perspektive bzw. im lebensweltlichen Alltag keineswegs voneinander isoliert sind, sondern in wechselseitigem Bezug stehen. Dies ist kein Widerspruch zur oben behaupteten Fragmentierung von Übergängen, erschwert ihre Bewältigung jedoch zusätzlich. Zweitens stehen junge Erwachsene diesen Lebensbereichen und Entwicklungsaufgaben zwar als Einzelne, aber dennoch nicht unvermittelt gegenüber. Vielmehr sind es in der Regel wohlfahrtsstaatliche Institutionen (z.B. Berufsberatung), mit denen es die Individuen direkt oder indirekt zu tun haben.

Arbeit und Bildung

Der Wandel der Erwerbsarbeit, Strukturmerkmal vor allem der herkömmlichen männlichen Normalbiographie, wird seit den frühen 80er Jahren als „Ende der Arbeitsgesellschaft" thematisiert (Dahrendorf 1983). Trotz ihrer immer wiederkehrenden Aktualität lässt sich diese Frage inzwischen dahingehend beantworten, dass die Arbeitsgesellschaft keineswegs am Ende ist, dass sie aber einen zunehmend widersprüchlichen Modus der Vergesellschaftung darstellt.

Individuelle Erwerbsarbeit wird auf der einen Seite für immer mehr Personen, vor allem für immer mehr Frauen, zur notwendigen Existenzgrundlage, auf der anderen Seite ist sie immer weniger selbstverständlich, weder was den Einstieg noch die Stabilität und Verlässlichkeit bestehender Arbeitsverhältnisse betrifft. Stärker als die Arbeitslosenquote bei den unter 20-Jährigen ist seit Mitte der 80er Jahre die der 20- bis 25-Jährigen gestiegen (1997: 12% im Westen, 19% im Osten, bei nur geringfügigen geschlechtsspezifischen Unterschieden; Bundesanstalt für Arbeit 1999: 84f.). Ein weiteres Symptom brüchig werdender Erwerbskarrieren ist die Zunahme befristeter Erwerbsverhältnisse, von denen häufig auch AusbildungsabsolventInnen betroffen sind (BMBF 1997).

Die steigende Arbeitslosigkeit auch bei Jugendlichen und jungen Erwachsene hat eine zunehmende Sorge um die Arbeitsorientierung junger Erwachsener mit sich gebracht: Quantitative Einstellungssurveys berichten von einer abnehmenden Berufs- und Leistungsorientierung, am deutlichsten die VertreterInnen der Wertewandelthese (Inglehart 1977; Noelle-Neumann/ Strümpel 1984). In qualitativen Untersuchungen dagegen zeigt sich, dass sich Arbeitsorientierungen in erster Linie differenziert haben: wie Baethge und andere (1988) herausgefunden haben, verfügen junge Frauen und Männer in hohem Maße über selbstbezogene Arbeitseinstellungen, in denen der Wunsch nach Selbstverwirklichung, Spaß und Wohlbefinden an erster Stelle stehen. Arbeitsorientierungen sind also keineswegs gewichen, sondern werden zunehmend subjektiv „aufgeladen". Instrumentelle Arbeitsorientierungen, genauso wie eine stärkere Hinwendung zu andere Lebensbereichen wie Freizeitinteressen oder Familiengründung, treten dann in den Vordergrund, wenn sich solche Ansprüche nicht umsetzen lassen (Baethge u.a. 1988; vgl. Zoll 1993; Haunert/Lang 1994; Evans/Heinz 1994; Beispiele für Gegenentwürfe bei jungen Frauen mit schlechten Bildungsvoraussetzungen bei Schittenhelm 2000).

Der Strukturwandel des Arbeitsmarktes und die Subjektivierung von Arbeitsorientierungen stehen in einem direkten Wechselverhältnis mit der Bildungsbeteiligung junger Frauen und Männer. Einerseits haben sich mit einer Verlängerung der Bildungsphasen und höheren Schulabschlüssen die Ansprüche an Erwerbsarbeit erhöht, vor allem bei jungen Frauen. Andererseits hat die Angst vor möglicher Arbeitslosigkeit zu einer Fortführung der Bildungsspirale geführt, um die individuelle Ausgangs- und Wettbewerbsposition zu verbessern – ebenfalls ein Phänomen, das vor allem junge Frauen betrifft und auf ihre immer noch schlechteren Erwerbschancen verweist. Zwischen 1991 und 1995 ist die Bildungsbeteiligung 20- bis 25-Jähriger im Westen von 27% auf 32% gestiegen, während die Erwerbsbeteiligung von 62% auf 52% gesunken ist; im Osten stieg die Bildungsbeteiligung von 13% auf 23%, während die Erwerbsbeteiligung von 70% auf 60% sank. Der höhere Anstieg in Ostdeutschland sowie die geringfügig höhere Zunahme in der Bildungsbeteiligung junger Frauen (auf ein nunmehr gleiches Niveau wie die jungen Männer) zeigen den Wechselbezug zur Arbeitsmarktlage deutlich (IAB 1998a; 1998b).

Immer noch machen junge Frauen dabei die Erfahrung, dass auch der Ausbildungsmarkt geschlechtsspezifisch segmentiert ist: in den von ihnen eher gewählten Ausbildungsberufen, die ein deutlich begrenztes Berufswahlspektrum bedeuten (BMBF 2000:74), sind die Zugangsvoraussetzungen häufig höher, die Ausbildungsdauer länger, die Ausbildungsvergütungen geringer, und die erlernten Berufe führen zu Erwerbspositionen mit niedrigerem Einkommen und begrenzten Aufstiegsmöglichkeiten. Diese „Doing Gender" -Strukturen (Krüger 1991) des Ausbildungsmarktes lassen sich offensichtlich auch mit den sogenannten ‚neuen' Dienstleistungs- und Medienberufen nicht abbauen. Im Gegenteil, in den seit 1996 neu geschaffenen Ausbildungsberufen liegt der Frauenanteil unter 30% (BMBF 2000: 72).

Junge Frauen und junge Männer machen dabei die Erfahrung der Ambivalenz und des Dilemmas lebenslangen Lernens: existierende Strukturen funktionieren nach dem alten Schema: Motivationsvorschuss für spätere Teilhabe – ein ‚Später', das jedoch immer ungewisser wird. Andere, informell erworbene Kompetenzen werden nur bei gleichzeitigen formalen Bildungsabschlüssen anerkannt: die Kreativität des Informatikstudenten, der sein Studium abbricht, um sich ganz der freiberuflichen Produktion von Software zu widmen, die er in Nachtarbeit entwickelt, findet wesentlich mehr Anerkennung als die „Managementerfahrungen" einer alleinerziehenden Mutter (vgl. du Bois-Reymond/Walther 1999). Junge Frauen und Männer werden damit zunehmend zu „ArbeitskraftunternehmerInnen" (Voß 1998), die sich immer weniger auf die normalbiographische Verknüpfung zwischen Bildung und Beschäftigung verlassen können, sondern den Verkauf ihrer Arbeitskraft selbst in die Hand nehmen müssen.

Familie und Wohnen

Verlängerte Bildungsphasen und späterer Eintritt in den Arbeitsmarkt mit dem damit verbundenen Einkommen haben die ökonomische Abhängigkeit junger Frauen und Männer verlängert. In vielen Fällen sind es die Eltern, die für ihren Unterhalt aufkommen, kombiniert mit Einkünften aus Jobs, Ausbildungsvergütungen, Bafög oder Sozialleistungen (Jugendwerk 2000: 285). Einer Studie von Vaskovicz zufolge nehmen viele junge Frauen und Männer auch jenseits der 25 sowohl materielle als auch immaterielle Unterstützung von Seiten ihrer Eltern in Anspruch (Vaskovicz 1997: 147ff.). Dagegen lässt sich die These eines deutlich verlängerten Verbleibs im Elternhaus in Deutschland – im Gegensatz zu den meisten anderen europäischen Ländern – statistisch nur bedingt nachweisen. Die Studie von Silbereisen und anderen (1996) zeigt für die alten Bundesländern zwischen 1991 und 1996 keine nennenswerten Veränderungen, in den neuen Bundesländern einen leichten Anstieg des Auszugsalters (vgl. Gaiser 1999; Bertram 2000). Dies bestätigt die ersten empirischen Untersuchungen zur Lebenslage junger Erwachsener, in denen der Auszug aus dem Elternhaus und die eigene Wohnung als zentrales Merkmal für die Eigenständigkeit dieser Lebensform herausstellten (Müller 1990; Kröhnert 1994). Auffällig ist jedoch, dass bis Mitte 20 noch ein Viertel aller jungen Frauen und Männer zwischen einer eigenen Wohnung und dem Elternhaus „pendelt", d.h. aus verschiedenen Gründen eine Teilautonomie einer vollständig selbstständigen Lebensführung vorzieht – ein weiteres Indiz für die Yoyo-Form von Übergängen (Silbereisen u.a. 1996: 356).

Mit den vielfältigen Konstellationen von Teilautonomie sind neue Anforderungen an die Generationenbeziehungen in den Familien verbunden. Ist – etwa aus ökonomischen Gründen – ein früher Auszug aus dem Elternhaus nicht möglich, so kann dies von jungen Frauen und Männern durchaus als erzwungener Verzicht auf ein eigenes Leben wahrgenommen werden. Andererseits gibt es jedoch auch das pragmatische Abwägen zwischen Kosten für ein eigenes Zimmer/eine eigene Wohnung und mehr Spielraum für sonstigen Konsum. Es gibt vielfältige (Teil-)Lösungen, den Anspruch auf ein eigenständiges Leben umzusetzen: Pendeln zwischen Elternhaus und eigenem Zimmer/Wohnung, das die Ansprüche an die Beschaffenheit der letzteren relativieren hilft, frühes Jobben für materielle (Teil-)Autonomie, für eigenständige Bereiche im Elternhaus sorgen etc. Der Transfer von Ressourcen und Unterstützung zwischen den Generationen ist dabei keineswegs eine Einbahnstraße: auch die jungen Erwachsenen unterstützen ihre Eltern (Vaskovic 1997: 152). Vor allem die Töchter wachsen häufig relativ früh in eine Mischung aus freundschaftlicher Beziehungs- und fürsorglicher Verantwortungsrolle für ihre Eltern hinein, besonders in Situationen der Trennung. Carol Hagemann-White hat in ihren Studien zu Töchtern gezeigt, was sicherlich auch für Jungen gilt: dass es viel mehr um eine Neugestaltung der Generationenbeziehungen und das Ausbalancieren eines semi-autonomen Verhältnisses zu den Eltern geht als um eine schlichte Ablösung (Hagemann-White 1998:30). Dass junge Frauen im Durchschnitt früher von zuhause ausziehen als junge Männer muss dabei vor dem Hintergrund engerer Spielräume für ein ‚eigenes Leben' in der Familie interpretiert werden. Hinzu kommt für junge Frauen ein anderer biographischer Zeithorizont, der nicht nur mit der Option, ein Kind bekommen zu können, zusammenhängt, sondern auch damit zu tun hat, dass sich junge Frauen für die Realisierung dieser Option (bzw. ihre Vereinbarkeit mit anderen Lebensbereichen) alleine zuständig sehen (vgl. Leccardi 1990).

Geschlecht und Identität

Übergänge zum Erwachsen-Sein heißen prinzipiell immer auch: eine Frau oder ein Mann zu werden, und dies gilt in zweifacher Hinsicht: sozial (‚gender') und körperlich (‚sex').

Auch wenn wir inzwischen von einem balancierenden (Krappmann 1997) unabgeschlossenen Identitätsmodell ausgehen, von einer Identität, die alltäglich „erarbeitet" werden will und in der es auf das Vereinbaren unterschiedlicher Teilidentitäten ankommt (Keupp 1997:34, Bilden 1997), braucht dieser Prozess Orientierungen, (Vor-)Bilder, Möglichkeiten des

Sich-Identifizierens. Erwachsene Frauen und Männern scheinen dabei immer weniger die passenden „role-models" zu sein. An Bedeutung gewonnen haben dagegen medial vermittelte Bilder von jungen Frauen und Männern auf der Fast-Gleichaltrigen-Ebenen: VIVA-ModeratorInnen, Mädchen-Bands, Boy-Groups, regionale TrendsetterInnen in jugendkulturellen Szenen etc. Sie liefern Folien, auf denen es möglich wird, zu sagen: so will ich sein als (junge) Frau, als (junger) Mann. Diese Bilder transportieren auch den Anspruch, traditionelle Rollenzuschreibungen hinter sich zu lassen. Hierin liegt ihr widerständiger Charakter, und *gleichzeitig* bedienen sie damit den Mythos, die alten Hierarchien lägen tatsächlich schon hinter ihnen. „Die dominierende gesellschaftliche Gleichheitsrhetorik erschwert (...) eine Thematisierung der subtiler gewordenen Ungleichheitsstrukturen und führt nicht selten zur Produktion von ,Gleichheitsmythen'" (Oechsle/Geissler 1998:24, vgl. Bradley 1996, Walby 1997). Für junge Frauen hat dies zur Konsequenz, sich mit diesen Ungleichheitsstrukturen vereinzelt auseinander setzen zu müssen. Zum Beispiel führt der Widerspruch zwischen der inzwischen selbstverständlichen eigenen Lebensplanung, einschließlich Berufsplanung, und einer vorweggenommenen Alleinzuständigkeit für die Vereinbarkeit von Familie und Beruf dazu, dass junge Frauen ab einem gewissen Alter deutliche Abstriche von ihren beruflichen Ansprüchen machen (Shell 2000: 345).

Der Gleichberechtigungsmythos und die individualisierte Verantwortlichkeit für strukturelle Risiken gehen Hand in Hand: Als Folge wird immer weniger über Probleme gesprochen, Probleme zu haben ist „out". Was bei jungen Männern ohnehin aus den Männlichkeitszuschreibungen verbannt war, wird nun auch bei jungen Frauen zunehmend zum Tabu – und zwar paradoxerweise gerade unterstützt durch die neuen Weiblichkeitsbilder, die die Selbstständigkeit und Eigenwilligkeit von Mädchen und jungen Frauen betonen (Stauber 1998). Sie müssen nun also verstärkt das Gespalten-Sein zwischen oft resignativer Selbsteinschätzung und möglichst ,problemloser' Selbstdarstellung bewältigen. Sie müssen die Spannung aushalten zwischen den neuen Bildern der „trendigen", schönen, erfolgreichen, jungen Frau, und der am eigenen Leib erfahrenen Unmöglichkeit, diesen Bildern zu entsprechen. Junge Frauen bleiben damit gezwungenermaßen weiterhin „Expertinnen des Zwiespalts" (Funk 1993). Hier ist ein erweiterter Blick auf das Geschlechterverhältnis nötig, um verdeckte Hierarchien und Konfliktlinien im modernisierten Geschlechterverhältnis zu entdecken (Tübinger Institut für Frauenpolitische Sozialforschung 1998: 41ff.).

Was die jungen Männer anbelangt, so knüpft die moderne Anforderung des Zurechtkommens relativ nahtlos an die alte Zumutung an, als Mann keine Probleme haben zu dürfen. Natürlich gibt es auch für die jungen Männer inzwischen andere Bilder von Männlichkeit – zum Beispiel den familienorientierten jungen Mann, zum Beispiel den gesprächsbereiten und reflektierten Freund – doch ist vieles, was junge Männer umgibt – an Klima, an gesellschaftlicher Normalität, an ausbildungs- und berufsbezogenen „Selbstverständlichkeiten" – wenig dazu angetan, diese Bilder auch in die Realität umzusetzen. Junge Männer fühlen sich mangels solcher strukturellen Ermöglichungen vielfach schnell unter Druck, verunsichert und irritiert durch das, was sie plötzlich alles noch sein sollen, anstatt das Aufbrechen der traditionellen männlichen Geschlechterrolle als Chance für sich begreifen zu können (Winter/Neubauer 1998:150). Solange das Ausbildungs- und Berufssystem immer noch geschlechtsspezifisch segmentiert ist, und Männerberufe immer noch ganz eindeutig die „Ernährerrolle" implizieren, solange Teilzeitausbildungen allenfalls im Hinblick auf frühe Mutterschaft diskutiert werden, nicht aber im Hinblick auf ein erweitertes Spektrum männlichen Engagements in der Familie, findet hier wenig Ermutigung zur Veränderung statt (vgl. Meuser 1998). Die Realität der verschlechterten Ausbildungs- oder Arbeitsmarktsituation verstärkt indessen eher den Normalisierungsdruck, dem junge Männer oft mit Anpassung (in der Arbeitswelt) und Externalisierung (bis hin zu Gewalttätigkeit) begegnen. Auch diejenigen, die sich durchaus einen zwischen Familie oder Partnerschaft, Freizeit und Arbeit ausbalancierten Lebensentwurf vorstellen können, werden durch institutionelle und betriebliche Erwartungen und durch ihr gleichzeitiges Interesse an zufriedenstellender Arbeit auf die männliche Normalbiographie verwiesen (vgl. Rerrich 1989; May 1995).

Körperlichkeit und Sexualität

Angesichts der ungewissen Realisierungschancen biographischer Entwürfe und der Vieldeutigkeit geschlechtsbezogener Identitätsmuster wird für viele junge Frauen und Männer der Körper zum wichtigen, manchmal vielleicht einzigen Bereich, in bzw. an dem sich Eigenständigkeit ausleben lässt. Auf der Körperebene werden, wie Cornelia Helfferich gezeigt hat, imaginäre Lösungen für reale Konflikte gefunden – auch wenn diese „Lösungen" autodestruktive Züge (wie Drogenkonsum oder Essstörungen) haben können (Helfferich 1994). Auch frühe Schwangerschaften lassen sich in diesem Rahmen interpretieren: als Weg, um als junge Frau einen vermeintlich unzweifelhaften gesellschaftlichen Status zu erwerben (vgl. Wittel-Fischer 2001). Der Körper ist gewissermaßen ein Autonomiezentrum, gestärkt durch die vielfältigen medialen Präsentationen, die den jugendlichen Körper überhöhen und in seiner Überlegenheit bestärken. Gleichzeitig ist der Körper auch eine Stressquelle, insbesondere dann, wenn er den jeweiligen Bildern nicht entspricht. Neue Bilder von jungen Frauen und Männern haben hier zwar eine gewisse Variationsbreite geschaffen, dennoch können sie junge Frauen und Männer leicht auch unter Druck bringen: So bieten die neuen Frauenbilder genauso die Befreiung von alten Körperdiktaten (die einen beschränkten Bewegungsradius, eine Zurücknahme im Körperausdruck vorsahen), wie sie neue Körperdiktate aufstellen. Dabei lässt die Vielfalt der Bilder sicherlich mehr Raum für unterschiedliche Darstellungen und Selbstdarstellungen, welcher auch von jungen Frauen, die nicht dem klassischen Schönheitsideal entsprechen, genutzt werden kann (ersichtlich z.B. in Outfit und Habitus von Rapperinnen, von Grunge-Anhängerinnen, von Teilen der Techno-Szene). Auffällig sind aber dennoch altbekannte Schönheitsideale wie z.B. schlank zu sein, um auf einem möglichst ebenmäßigen Körper Haut, Piercings und Tattoos zur Geltung zu bringen. Und die Vorgaben der neuen Bilder junger Männer, die einen eher androgynen, gleichzeitig jedoch wohltrainierten sportlichen Körper zeigen, sind ebenfalls nicht einfach zu erfüllen und führen nun auch verstärkt auf der männlichen Seite zu extremer Körperdisziplinierung; neue Freiheiten und neue Reglementierungen liegen hier dicht beieinander (vgl. Winter/Neubauer 1998).

In Bezug auf den Bereich der Sexualität soll nur ein Aspekt hervorgehoben werden, der wiederum auf das „Gebot" der Individualisierung verweist: klarzukommen, keine Probleme zu haben. Für junge Männer ist dies eine bekannte Zumutung ihrer männlichen Sozialisation (vgl. Böhnisch/Winter 1993). Bei jungen Frauen ist die kompetente junge Frau, die alles „checkt", eine ideale Folie, um Verunsicherungen, Irritationen und Ängste zu kaschieren. Tatsächlich existierende Fragen, zum Beispiel zu den Themen Sexualität und Verhütung, bleiben ungefragt: eine „richtige" Frau weiß Bescheid (vgl. Preiß u.a. 1996; Schwarz 1998). Diese neuen Bilder betonen sexuelle Aktivität von jungen Frauen, kehren zum Beispiel die traditionelle Rollenverteilung bei sexueller Anmache um, und können (auch unerfüllte) Wünsche nach einer solchen Form sexueller Selbstbestimmung in sich aufheben. Andererseits ist mit ihnen die der weiblichen Seite zugewiesene Kontrolle integrierbar: Der „Auftrag" der kontrollierten Sexualität (vgl. Helfferich 1996) kann so auf moderne Weise erfüllt werden, zumal junge Frauen mit einer gestiegenen Verantwortlichkeit der jungen Männer etwa für Verhütung immer noch nicht rechnen können.

Partnerschaften und Familiengründung

Die Verunsicherungen, die mit der Vieldeutigkeit und Selbstverantwortlichkeit im Ausbalancieren sexueller und geschlechtlicher Identität verbunden sind, haben Auswirkungen auf die andere klassische Statuspassage des Erwachsenwerdens: die Familiengründung. Für junge Frauen und Männer steht dabei zuerst einmal ‚die Beziehung' im Vordergrund. Durch den Aufschub von Heirat und Familiengründung haben sie sich einen größeren Experimentierraum für Partnerschaftlichkeit geschaffen: Waren 1970 bei den 20- bis 24-Jährigen noch 25% Männer und 57% der gleichaltrigen Frauen verheiratet, so sind es 1994 in der gleichen Altersgruppe nur noch 7 bzw. 18%. Bei den 25- bis 29-Jährigen fiel der Anteil im gleichen Zeitraum von 82% bei den Frauen auf 50% und bei den Männern von 65% auf 30% (Bauereiss u.a. 1997:2). Dieser Trend spiegelt sich auch in einem deutlich gestiegenen Alter junger Frauen bei der Geburt des ersten Kindes (ebd.: 126). Beide Entwicklungen sind auch auf der europäischen Ebene ablesbar (Eurostat 1997: 70ff.). Dies als abnehmende Familienorientierung zu interpretieren wäre jedoch mehr als oberflächlich. Denn gleichzeitig nimmt (zumindest in Deutschland und im Norden Europas) sowohl das Zusammenleben unverheirateter Paare als auch der Anteil Alleinerziehender (in erster Linie alleinerziehender Frauen; Bauereiss u.a. 1997: 16ff.; Eurostat 1997: 70ff.; Gaiser 1999: 68f.) zu. Außerdem kann die Verlängerung der Phase des Suchens und Ausprobierens auch unter dem Aspekt gestiegener Ansprüche an Familie und Partnerschaft interpretiert werden (vgl. Giddens 1993). Deren Realisierung scheint jedoch am ehesten in eben dieser Phase möglich zu sein. Die Geburt des ersten Kindes markiert häufig eine Wiederherstellung der traditionellen Geschlechterrollen (Geissler 1998:118). Dies dokumentiert zudem die geringe Beteiligung der jungen Väter am Erziehungsurlaub (Schneider/Rost 1998). Wie im Kontext von Arbeit und Bildung erleben junge Frauen auch in Beziehungsfragen eine Diskrepanz zwischen dem Diskurs der Gleichberechtigung und einem nach wie vor bestehenden Geschlechterkonflikt, der sich in der konkreten Auseinandersetzung mit ‚ihren Männern' zeigt. Dieser Geschlechterkonflikt findet seine (imaginäre) Überwindung bei jungen Frauen durch ein neues, selbstbestimmtes und selbstbewusstes Image, das die patriarchale Hierarchie so weit wie möglich hinter sich lassen will. In der Realität werden sie jedoch immer wieder von ihr eingeholt. Nach wie vor gehört z.B. die Bedrohung durch sexuelle Gewalt zum alltäglichen Lebensgefühl von Mädchen und jungen Frauen. Für junge Männer entsteht eine Diskrepanz zwischen den neuen Männerbildern und faktisch immer noch geltenden patriarchalen Mustern und Strukturen, in denen die Verarbeitung eigener Unsicherheiten verläuft. Das „alte" Thema, dass Jungen und Männer ihre Bedürftigkeit kaschieren sollen, kehrt hier in neuer Form wieder. Gleichzeitig nimmt das Ideal der partnerschaftlichen Beziehung zu und tritt neben die traditionellen Vorstellungen, die viele junge Männer durchaus noch im Hinblick auf ihre Beziehungen zum anderen Geschlecht haben (Meuser 1998).

Lebensstil, Jugendkultur und Konsum

Nicht erst im Zusammenhang mit der Ausdifferenzierung der Lebensform ‚junge Erwachsene' ist in der Jugendforschung auf die Bedeutung von Jugendkulturen bzw. jugendkulturellen Lebensstilen hingewiesen worden – als Ausdruck für das Bedürfnis, einen biographischen Zeitraum sinnhaft zu gestalten, der immer mehr an Eigenständigkeit und damit an Bedeutung für die weitere Lebensperspektive gewinnt (Baacke 1987, Hagemann-White 1992; Ferchhoff et al. 1995). Sinnhaftigkeit entscheidet sich unter den Bedingungen eines individualisierten Erwachsenwerdens zunehmend auf der symbolischen Ebene (vgl. Ziehe 1991): Wo die Subjekte die eigene Biographie immer mehr nach außen und nach innen, vor sich selbst, „begründen" müssen, weil feste Lebensverlaufsmuster ausgedient haben, sind sie verstärkt darauf angewiesen, sich in dem, was für sie bedeutsam geworden ist, auch darstellen zu können. Nicht-Darstellbarkeit kann unter individualisierten Bedingungen sogar das Risiko sozialer Ausgrenzung bedeuten. Auf diesen Zwang zur Selbstdarstellung hat Sighard Neckel (1991) hingewiesen: „Niemals in der Geschichte konnten Unterlegenheitsgefühle im Subjekt subkutan derart anwachsen wie in einer Gesellschaft, (...) wo alle Blicke auf das Individuum gerichtet sind, alles von ihm abzuhängen scheint, die soziale Konkurrenz es in all seinen Merkmalen bald vollständig in Beschlag nimmt und gleichzeitig es zur Norm geworden ist, gegenüber den gesellschaftlichen Zwängen jedenfalls autonom zu erscheinen" (Neckel 1991:177). Alles, was in diesem gesellschaftlichen Kontext nicht hinreichend darstellungsfähig ist, gerät zum Tabu, produziert „die Scham der Unterlegenheit" und damit das Selbst- und Fremdbild einer „defizitären Individualität" (ebd.: 180).

Dabei ist es im Hinblick auf junge Erwachsene wichtig, ihr Verhältnis zu Jugendkulturen nicht im Sinne ‚klarer' und ausschließlicher Zugehörigkeiten und Identifikation zu vereinfachen. Es geht keineswegs ausschließlich darum, Teil einer Jugendkultur zu sein, als vielmehr jugendkulturelle Symbole zu einem (Lebens-)Stil zu kombinieren, der sowohl Individualität als auch Zugehörigkeit und Teilhabe ausdrückt: „fitting in and sticking out" (Miles u.a. 1998). Peter Alheit spricht in diesem Sinn von biographischen BastlerInnen, NetzwerkerInnen und DesignerInnen, Christoph Clermont und Johannes Goebel von den LebensästhetInnen (Alheit 1996; Goebel/Clermont 1997). Sampling ist die Methode, vielfältige Mitgliedschaften zu kombinieren und flüssig zu halten und somit den wechselnden Anforderungen des gesellschaftlichen Wandels zu entsprechen. Neben der Pflege von Cliquen und Zugehörigkeiten zu Szenen ist der Konsum grundlegende Lebensstilpraxis, nicht nur als Aneignung (und eventuell Umdeutung) notwendiger Ressourcen und Requisiten, sondern als integraler Bestandteil von Lebensstilen selbst.

Es ist davon auszugehen, dass die symbolische Dimension von Lebensentwürfen, d.h. ihre Darstellbarkeit in Übergangssituationen – aufgrund der hier verstärkt geforderten Bewältigungsleistungen – stärker Thema werden und auch auffälligere Formen annehmen wird. Allerdings neigt der „Erwachsenenblick" dazu, diese symbolischen Ausdrucksformen zu „entbetten", sie als Gefährdungen zu dramatisieren oder aber zu überhöhen als Anzeichen einer neuen gesellschaftlichen Entwicklung. Statt dessen soll hier die symbolische Ebene in den Blick auf Übergänge integriert werden, so dass sie der realen Bedeutung des Symbolischen für die Bewältigung von Übergängen in unterschiedlichen Lebensbereichen und in ihrer Bedeutung für biographische Orientierungen gerecht wird (Stauber 2000). Wichtig ist hier auch ein erweiterter, entmoralisierter Begriff symbolischer Kreativität, der auch waren- und konsumförmige Lebensstilkreationen umfasst und ihre interaktiven und integrativen Aspekte erkennt (Willis 1991; Miles 2000: 127ff.).

Die sozialpolitische Übergangenheit junger Erwachsener

In den vorangegangenen Abschnitten haben wir strukturelle Kategorien beschrieben, an denen sich der Strukturwandel von Lebensläufen im Allgemeinen und des Übergangs zwischen Jugend und Erwachsen-Sein im Besonderen festmachen lässt. Junge Erwachsene stehen diesen Anforderungen teilweise direkt gegenüber (z.B. im Kontakt mit den Erwachsenengenerationen), in bestimmten „statusrelevanten" Lebensbereichen wie etwa Schule und Ausbildung werden sie jedoch vermittelt durch gesellschaftliche Institutionen: Arbeitsamt, Berufsschule, Universität, Jugendhilfe, Sozialversicherung, Sozialamt usw. Diese Institutionen basieren nach wie vor auf dem Normallebenslauf mit seinen geschlechtsspezifischen Unterstellungen (männliche „Ernährerrolle" versus weibliche „Vereinbarerin"). Diese Unterstellungen sind selber wieder eine Anforderung, mit der sich junge Frauen und Männer auseinandersetzen müssen. Sie kommen unter Rechtfertigungsdruck, wenn sie mit 25 Jahren immer noch Orientierungsschwierigkeiten bezüglich ihrer Berufswahl haben; sie müssen sich im gleichen Alter unter Umständen aber immer noch an ihre Eltern wenden, weil sie weder eigenes Einkommen noch einen eigenständigen Anspruch auf Sozialhilfe haben (der erst ab 27 elternunabhängig einsetzt). Besonders deutlich wird dieses Dilemma am Beispiel der Jugendhilfe: Mit §41, Absatz 1 des Kinder- und Jugendhilfegesetzes ist der Zuständigkeitsbereich der Jugendhilfe bis zu 27 Jahren ausgedehnt worden – als Reaktion auf die Verlängerung der Jugendphase bzw. auf die Herabsetzung der Volljährigkeit. Junge Volljährige erhalten danach „Hilfe für die Persönlichkeitsentwicklung und eigenverantwortliche Lebensführung, wenn und solange die Hilfe aufgrund der *individuellen Situation* [Hervorhebung B.S./A.W.] notwendig ist" (Wiesner 1998: 26). InstitutionenvertreterInnen wollen mit dieser Formulierung zwar Stigmatisierungen vermeiden, gehen aber dennoch davon aus dass ...

„... ,im Normalfall' diese individuelle und soziale Verselbständigung durch den individuellen Reifeprozess, die Abstützung durch das soziale Umfeld ... sowie durch die Integration in Ausbildung und Beschäftigung gelingt ... Der eigentliche Grund für das Tätigwerden der Jugendhilfe liegt aber in den Störungen und Defiziten der Persönlichkeitsentwicklung" (Wiesner 1998: 28).

Die strukturellen Veränderungen des Übergangs können als Zunahme an Anforderungen interpretiert werden. Dies bedeutet, dass die Bewältigungsaufgaben für junge Frauen und Männer komplexer geworden sind. Gleichzeitig wird ihnen jedoch keine zusätzliche Unterstützung zugestanden, es sei denn um den Preis der Zuschreibung als „Benachteiligte" (vgl. Walther 2000: 348). Damit werden faktisch Übergangsprobleme individualisiert und privatisiert – oder pädagogisiert. Hans-Ulrich Müller spricht diesbezüglich von einem „sozialpolitischen Vakuum" (Müller 1996: 139). Die Übergangenheit trifft die Lebensrealität junger Frauen und Männer dabei zweifach: im Hinblick auf übergangene Probleme genauso wie im Hinblick auf übergangene Potentiale.

3. Deutungsmuster der Jugendforschung im europäischen Kontext

Bilder, die sich die Gesellschaft, sprich: Medien, Wissenschaft, Politik von *der* Jugend macht, sind ein Teil des Individualisierungsdiskurses – sie können die Komplexität der Anforderungen und die strukturellen Hintergründe von Lebenslagen nur „abbilden", nicht jedoch analytisch erfassen. Jugend wird für die Vergewisserung der Gesellschaft über sich selbst funktionalisiert – ein Phänomen, das so alt ist wie der Begriff der Jugend selbst. Dieses Jugendbild wurde immer wieder – in Abhängigkeit von gesamtgesellschaftlichen Entwicklungen, Verunsicherungen, Herausforderungen etc. konstruiert und umgestaltet, je nach Bedarf wurde Jugend damit zum Hoffnungsträger, zur „strategischen" Gruppe oder zur Projektionsfläche kollektiver Ängste (Hebdige 1983; Heinz/Hübner-Funk 1997).

Erst in den 90er Jahren hat die Jugendforschung „junge Erwachsene" als Thema entdeckt. Während der Begriff aufgrund seiner Plausibilität und Anschaulichkeit vergleichsweise schnell Akzeptanz gefunden und sich konzeptionell auch im Kinder- und Jugendhilfegesetz niedergeschlagen hat, sind die Versuche, die veränderten Übergänge einzuordnen, vielfältig und uneindeutig. In den meisten Studien und Aufsätzen geht es dabei um die Frage, ob junge Erwachsene einen Teilabschnitt der verlängerten Jugendphase, eine eigene Lebensphase oder einen Aspekt des sich ausdifferenzierenden Erwachsen-Seins darstellen.

Klaus Hurrelmann etwa sieht junge Erwachsene als Konsequenz komplexer gewordener Statuspassagen, zu deren Bewältigung immer längere Zeiträume erforderlich sind (Hurrelmann 1995: 54f.). Matthias Junge reflektiert junge Erwachsene im allgemeinen Kontext der „Flexibilisierung des Jugendendes" und der „Pluralisierung des Erwachsenenstatus", um seine Perspektive dann jedoch wieder auf die Bewältigung der Statuspassagen „Arbeit" und/oder „Familie" zu reduzieren (Junge 1995: 54ff.). Die Mädchen- und Frauenforschung hat ein ganzes Bündel an Studien hervorgebracht, die zusammengenommen einen sehr umfassenden Blick auf die Lebenslagen junger Frauen erlauben (vgl. die Beiträge in Oechsle/Geissler 1998, Flaake/King 1992). In Studien wie der von Seidenspinner u.a. (1996) oder der von Schittenhelm (2000) wird die ganze Palette widersprüchlicher Anforderungen und Ermöglichungen der Modernisierung dieser Lebenslagen aufgearbeitet und bleiben auch die Ebenen der körperlichen und sexuellen Entwicklung nicht ausgespart. Die Nicht-Linearität von Übergängen ist hier überall präsent, wird jedoch, bis auf wenige Ausnahmen (Geissler 1998), nur implizit auf die Auseinandersetzung junger Frauen mit dem Erwachsenenstatus bezogen.

Inzwischen hat die Perspektive auf junge Erwachsene auch Eingang in quantitative Jugendsurveys gefunden, etwa in die Shellstudien von 1997 und 2000 (Jugendwerk 1997; 2000) oder in die Studie „Jung-Sein in

Deutschland 1991 und 1996" (Silbereisen u.a. 1996). In diesen Studien wird danach gefragt, ob sich junge Frauen und Männer als Jugendliche oder Erwachsene einstufen. Dabei sehen sich über die Hälfte ab dem 20sten (in Westdeutschland) oder dem 21. Lebensjahr (in Ostdeutschland) als Erwachsene, während von der Antwortmöglichkeit „weder noch" oder „weiß' nicht" nur sehr wenige Gebrauch machen (Silbereisen u.a. 1996: 148; Jugendwerk 1997: 286). Offensichtlich schließt die Dominanz des Ziels, erwachsen und darüber ökonomisch unabhängig zu werden, nach wie vor andere Lebensformen aus. Weder für die JugendforscherInnen noch für die jungen Erwachsenen selbst ist ‚ein Drittes' im Bereich des Vorstellbaren (vgl. Jugendwerk 2000: 290). Wie in den Einstellungsuntersuchungen zu Arbeitsorientierungen zeigt sich auch hier die begrenzte Reichweite standardisierter, quantitativer Herangehensweisen. Dass dieses Dritte dennoch gelebt wird, vielleicht nur keinen Namen hat, zeigen eher auf qualitativen Interviews beruhende Studien, in denen junge Erwachsene die Frage „jugendlich oder erwachsen?" differenziert und situationsabhängig „mal so, mal so" beantworten (Müller 1990: 148ff.). Auch die Bewertung des Erwachsenenstatus ist weder durchgängig positiv noch durchgängig negativ. Auf der einen Seite herrscht Skepsis gegenüber dem Erwachsenenstatus, der als festgefahren, langweilig und konservativ wahrgenommen wird, auf der anderen Seite beanspruchen junge Frauen und Männer durchaus, wie Erwachsene behandelt zu werden (vgl. Evans/Heinz 1994: 90ff.; Miles 2000: 147ff.). Dahinter steht das Dilemma, dass die Gesellschaft bislang Alternativen zur Normalbiographie weder anerkennt noch unterstützt (Behrens/Voges 1996: 20ff. sprechen deshalb von „Normalitätsunterstellungen"), während jungen Frauen und Männer vor dem Hintergrund fragmentierter Übergänge in unterschiedlichen Lebensbereichen die Risiken eines zu starken Festhaltens an der Normalbiographie bewusst sind. In Hans-Ulrich Müllers qualitativer Studie erscheint die „Lebenslage junger Erwachsener" (1990) als Umweg, wenn ein direkter Übergang in den Erwachsenenstatus nicht gelingt oder den eigenen Vorstellungen und Ansprüche nicht entspricht. Nicht-Gelingen steht hier keineswegs nur für mangelnde Möglichkeiten und Ressourcen, sondern auch für eine – teilweise positiv bewertete und kultivierte – „Tugend der Orientierungslosigkeit" (Goebel/ Clermont 1997), für eine eigenständige Lebenslage zwischen Jugend und Erwachsen-Sein, die junge Frauen und Männer auch als solche (er)leben (vgl. Müller 1996; für Ostdeutschland siehe Kröhnert 1994; Schröer 1996).

Die Distanzierung vom Erwachsenenstatus und seinen gesellschaftlichen Institutionen, die eine verbindliche Zukunftsorientierung verlangen, ist aus dieser Perspektive eine durchaus realistische Reaktion darauf, dass dieser Erwachsenenstatus keineswegs mehr so allgemein „erreichbar" und planbar ist, wie es die normalbiographisch ausgerichteten gesellschaftlichen Institutionen versprechen (Böhnisch 1994: 31ff.; vgl. 1997). Die häufig als hedonistisch beklagte Gegenwartsorientierung junger Frauen und Männer bedeutet weniger die prinzipielle Aufgabe zukunftsorientierter Lebensentwürfe, als dass Zukunft aus der Gegenwart her oft schwer vorstellbar und mit gegenwärtigen lebensweltlichen Verpflichtungen und Orientierungen schwer vereinbar erscheint (Walther 2000: 309ff.).

Die Erkenntnis, dass sich Alter und Status im Lebenslauf tendenziell entkoppeln, hat sich bereits seit längerem in der Jugendforschung durchgesetzt und dies keineswegs nur in den westeuropäischen Gesellschaften (Olk 1988; Zoll 1993; Evans/Heinz 1994; Cavalli/Galland 1995; Furlong/Cartmel 1997; Wallace/Kovacheva 1998). Im europäischen Vergleich wird sichtbar, wie unterschiedlich sich die Lebensform 'junge Erwachsene' in den verschiedenen Kontexten ausprägt und wie stark sie von den gültigen Normalitätsvorstellungen und ihren Institutionalisierungen in den jeweiligen Übergangsregimes (Walther 2000: 247ff.) abhängig ist.

- In den südeuropäischen Ländern, in denen die Familie traditionell die mangelnde bildungspolitische Kanalisierung und sozialpolitische Absicherung des Übergangs kompensieren musste, äußert sich das Phänomen junge Erwachsene zuallererst in der noch längeren Abhängigkeit junger Frauen und Männer von ihren Eltern; die 'familia lunga' (Guerra/Morgagni 1996) oder „Wohlfahrtsfamilie" (Pais 1996), in der junge Erwachsene häufig bis Mitte 30 leben, wird jedoch von der Forschung auch als „erzwungene Harmonie" (López Blasco 1996) interpretiert, die zunehmend eine „Kultur der Abhängigkeit" (Cavalli 1997) erzeugen könnte.
- In Großbritannien wird die Verlängerung des traditionell kurzen Übergangs – zum Beispiel über längere Bildungsphasen – zwischen Schule und Arbeitswelt stark als vom Arbeitsmarkt erzwungen wahrgenommen. Mitte 26 noch nicht etabliert zu sein gilt als „getting nowhere", d.h. als sozial ausgegrenzt oder zumindest von Ausgrenzung bedroht (Bynner et al. 1997; Furlong/Cartmel 1997).
- In den nordeuropäischen Ländern (Niederlande und skandinavische Länder) dagegen wird die Lebenslage 'junge Erwachsene' vom Wohlfahrtsstaat geradezu gefördert. Individuelle und flexible Zugänge ins Bildungssystem sind wohlfahrtsstaatlich in hohem Maße abgesichert, so dass individuell gestaltete Übergänge möglich sind (Mørch 1996; Peters/du Bois-Reymond 1996; du Bois-Reymond 1998).
- In Frankreich, Belgien, Deutschland, Österreich oder der Schweiz sind zwar sowohl durch die kulturelle Entwicklung als auch durch das Bildungssystem biographische Ansprüche individualisiert worden, doch bestehen kaum Spielräume, die Entstandardisierung von Übergängen auch produktiv zu nutzen. Selektive und standardisierte Bildungssysteme verhindern individuell gestaltete Bildungskarrieren, korporatistische Strukturen sozialer Sicherung setzen normalbiographische Weichenstellungen voraus (Müller 1990; Galland 1996; Walther 2000).
- In Osteuropa schließlich hat der Transformationsprozess zu besonders offensichtlichen Entstandardisierungserscheinungen geführt. Die Gleichzeitigkeit von Unternehmensgründungen durch SchulabgängerInnen auf der

einen Seite und informeller Familiensubsistenzlandwirtschaft auf der anderen zeigt, dass keineswegs in einem nachholenden Modernisierungsprozess eine industriegesellschaftliche Jugend institutionalisiert wird, sondern sich direkt fragmentierte und pluralisierte Strukturen ausdifferenzieren (Wallace/Kovacheva 1998).

Diese unterschiedlichen Ausprägungen haben zu unterschiedlichen Forschungsperspektiven geführt. Diese Veränderungen mithilfe von Begriffen wie „Verlängerung der Jugendphase" oder „Post-Adoleszenz" erfassen zu wollen, greift unseres Erachtens zu kurz. Das Konzept ‚junge Erwachsene' soll uns vielmehr den Blick in drei Richtungen öffnen:

Erstens kann die Entstrukturierung der Jugendphase nicht nur aus sich selbst heraus analysiert und verstanden werden, sondern nur in Auseinandersetzung mit dem Strukturwandel von Lebensläufen im Allgemeinen – und damit auch des Erwachsenenstatus; die Verlängerung von Jugend und die Fragmentierung von Übergängen werfen die Frage auf, ob der Erwachsenenstatus selbst – als Kern des Normallebenslaufes – noch eine gültige Orientierungsgröße für das Erwachsenwerden und seine Analyse darstellen kann (vgl. Chisholm 1996).

Zweitens weisen Yoyo-Übergänge sowohl *wahl*biographische als auch *risiko*biographische Aspekte auf, sind teils erzwungen, teils gewählt – je nach individuell verfügbaren Ressourcen und Spielräumen. In deren ungleicher Verteilung spielen sozialstrukturelle Kategorien wie Geschlecht, Bildung, Ethnizität und Region nach wie vor eine wichtige Rolle, allerdings kommen auch Faktoren hinzu wie soziales Kapital (z.B. informelle Unterstützungsnetzwerke) und personales Kapital (z.B. Motivation, soziale Kompetenzen) (du Bois-Reymond 1998; Walther 2000).

Drittens reicht es nicht, nur in den Blick zu nehmen, dass und wie sich die Übergänge in ein wie auch immer geartetes Erwachsensein verändert haben, sondern auch, wer die AkteurInnen dieser Übergänge sind, wie sie durch ihr Gestalten von Übergängen modernisierte soziale Integrationsformen, eine modernisierte Form der sozialen Reproduktion schaffen. Erst dann entfaltet sich die Qualität der Forschung zu jungen Erwachsenen – auch in ihrem gesellschaftspolitischen Potential.

4. Junge Erwachsene als AkteurInnen dieser Übergänge

Junge Erwachsene sind keineswegs nur „Opfer" der Entstandardisierung von Übergängen – sie bewegen sich aktiv handelnd in diesen Strukturen und nutzen dabei die Spielräume, die sie haben. Diese Spielräume sind freilich immer noch sehr unterschiedlich – je nach Schulabschluss, nach familiärer Unterstützung, nach Staatszugehörigkeit, nach Geschlecht – auch wenn sich traditionelle Hierarchien modernisiert haben. Die Aufgabe, die sich für junge Frauen und Männer in allen Lebensbereichen stellt, ist: aktiv mit den neuen (und alten) Anforderungen umzugehen, hieraus ein irgendwie stimmiges, bewältigbares, zumindest kurzfristig tragfähiges „Programm" oder besser: „Projekt" zu machen. Mit Unterstützung können sie oft nicht rechnen (freilich kann es sie trotzdem geben), ebenso wenig damit, dass zu einem bestimmten Zeitpunkt getroffene Entscheidungen auch Perspektive haben. Dass die Koordinatensysteme für biographische Entscheidungen sich permanent wandeln (welche Berufsausbildung hat Perspektive, welche Beziehungen sind tragfähig, zu welcher Szene fühle ich mich hingezogen etc.) ist eine Grunderfahrung junger Frauen und Männer, die genauso müde machen kann, wie sie der Ansporn ist, permanent Ausschau zu halten, permanent offen zu bleiben. Orientiert man sich an qualitativen Studien, so scheinen für die Bewältigung biographischer Übergänge die Handlungsdimensionen *Wählen können – Entscheiden müssen, Optionen offenhalten, Vereinbaren* sowie *Selbstinszenierungen* besonders bedeutsam zu sein.

Wählen können – Entscheiden müssen

Seit die Individualisierung in aller Munde ist, wird auch viel vom Wandel der Normalbiographie zur Wahlbiographie gesprochen. Individuelle Biographien sind weniger als früher in soziale Zusammenhänge eingebettet, sondern müssen durch individuelle Entscheidungen hergestellt werden. Dadurch gewinnt freilich der Aspekt des Wählens an Bedeutung (Schulze 1992: 207), gestützt durch die individualisierenden Auswirkungen einer steigenden Bildungsbeteiligung und höherer Bildungsabschlüsse sowie durch den individualisierten Konsum als einem immer wichtiger werdenden Vergesellschaftungsprinzip. Dennoch ist mit dem „Wählen" das, worum es hier geht, nur verkürzt erfasst. Denn die Subjekte *müssen* wählen, bei nach wie vor unterschiedlichen strukturellen Wahlmöglichkeiten. Sie müssen biographische Entscheidungen treffen, ganz besonders in den Übergängen, die junge Frauen und Männer beschäftigen: mache ich eine Ausbildung oder nicht, akzeptiere ich auch eine Ausbildung der zweiten, dritten oder vierten Wahl, kriege ich dieses Kind, riskiere ich den Auszug von Zuhause, das Zusammenleben mit dieser Freundin, in dieser Wohngemeinschaft usw. Diese Entscheidungen stellen eben nicht nur einen Spielraum für Selbstverwirklichung dar, sondern bedeuten auch Selbstverantwortlichkeit und damit eine Privatisierung sozialer Risiken (Baethge u.a. 1988; Zoll 1993; Beck/Sopp 1997). Selber zu entscheiden ist dabei für junge Menschen inzwischen aber auch selbstverständlich. Auch TeilnehmerInnen in Maßnahmen der Jugendsozialarbeit bestehen auf der Wahl-Option. Dies kommt zum Beispiel dadurch zum Ausdruck, dass sie sich von der Art und Weise, wie die Berufseinmündung ihrer Eltern verlaufen ist, abgrenzen (vgl. Höfer/Straus 1998: 13ff.).

Vereinbaren

Wenn wir von der Fragmentierung von Übergängen und Biographien reden, bedeutet dies im Alltag der Subjekte, dass zunehmend Anforderungen und Ansprüche aus unterschiedlichen Lebensbereichen miteinander vermittelt werden müssen, auch wenn sie sich widersprechen, um ein Mindestmaß an sozialer Integration zu gewährleisten. In der Sozialpsychologie hat dies zu einer weitgehenden Verabschiedung von „Identität" als einer personalen, inneren Einheit geführt, weitaus vorsichtiger wird nun vom „sense of coherence" gesprochen, den Individuen über ihr alltägliches Bewältigungshandeln herzustellen versuchen (Antonovsky 1987, Keupp 1997). Zum Beispiel kann auf den familiären Rückhalt nicht verzichtet werden, so prekär er auch sein mag, d.h. es müssen die Brüchigkeit der Herkunftsfamilie bewältigt und gleichzeitig Perspektiven eines eigenen Lebens entwickelt werden. Hieraus können sich dilemmatische Bindungen und Zwänge für den Prozess beruflicher Orientierung ergeben, für junge Frauen wahrscheinlich noch stärker als für junge Männer, weil sie tendenziell immer noch stärker in diese familiären Zusammenhänge eingebunden sind. Hier entstehen ganz neue Themen von Vereinbarkeit (auch für junge Männer), auch abseits institutionell als relevant wahrgenommener Lebensbereiche, z.B. zwischen Arbeitswelt und Freizeit, zwischen Beruf und Clique oder Szene. Dies ist nicht nur ein Zeitproblem, sondern auch ein Stilproblem (Zoll 1993: 119; vgl. Willis 1991) und die „alten" Vereinbarkeitsanforderungen kommen hinzu – immer noch vor allem für die jungen Frauen: Vereinbarkeit von Plänen, eine eigene Familie zu gründen, mit beruflichen Plänen, die durch entsprechende Qualifikationen abgesichert sein sollen.

Optionen offenhalten

Indem junge Frauen und Männer einen Umgang mit diesen Anforderungen finden, gehen sie (zwangsweise) Wege und Umwege und produzieren damit neue Übergangsmuster, die selbst wieder normativ wirksam sind. Eines davon ist das Offenhalten von Optionen. Wo Zukunft nicht planbar ist, wo auch die Auswirkungen und Tragfähigkeit individueller Lebens- und Berufsentscheidungen nicht absehbar sind, ist es realistisch, sich nicht zu sehr festzulegen, keine unlösbaren Verbindlichkeiten einzugehen, mit denen man spätere Entscheidungen verbauen könnte, die dem individuellen Lebensentwurf wesentlich besser entsprechen. Hier wird die latente Paradoxie zwischen dem oben genannten Handlungsprinzip des Entscheidens und dem Offenhalten von Optionen deutlich. wie halte ich das aus, wenn ich jetzt alles auf ein Karte setze, dann scheitere und mit nichts in der Hand dastehe? Wie gewinne ich Zeit? Oder (vor allem bei jungen Frauen; vgl. Leccardi 1990): Wie spare ich Zeit? Wofür lohnt es sich, die Jugend zu investieren? Die Haltung des Optionen Offenhaltens entspricht dem, was Zygmunt Bauman als postmoderne Anforderung an die alltägliche Identitätsarbeit ausmacht:

„Wenn das *moderne* ‚Problem der Identität' darin bestand, eine Identität zu konstruieren und sie fest und stabil zu halten, dann besteht das *postmoderne* ‚Problem der Identität' darin, die Festlegung zu vermeiden und sich Optionen offenzuhalten" (Bauman 1997: 133).

Das Offenhalten spiegelt sich auch in der häufig positiv konnotierten Haltung des „Nicht-Erwachsen-Werden-Wollens" wider. Die Abgrenzung von der Festgefahrenheit der Erwachsenen ist nicht nur Lebensstil, sondern Lebensnotwendigkeit. Der Weg wird zum Ziel und verändert sich dadurch: Gerade der Verzicht auf ein (fest definiertes) Ziel macht es möglich, auf dem Wege neue Ziele zu entdecken, ihnen positive Eigenwertigkeit zuzuschreiben, und damit auch neue Ressourcen sozialer Integration quasi „von unten" zu erschließen.

Selbstinszenierungen

Real existierende (Rollen-)Konflikte lassen sich nicht immer lösen, aber sie lassen sich ausdrücken. Zu nennen sind hier z.B. jugendkulturelle Selbstinszenierungen, d.h. bestimmte, immer symbolisch „gehaltvolle" Moden in der Kleidung, im Körperausdruck (der somatischen Kultur), der Musik, mit der Szenenzugehörigkeit oder Lebensstil dokumentiert werden – Formen, in denen „Vermittlungsleistungen" zwischen eigenen Ansprüchen und gesellschaftlichen Anforderungen erbracht werden (vgl. Clarke u.a. 1975). Patchworkstile spiegeln beispielsweise den Aspekt der Vereinbarkeit wider, indem sie Dinge kombinieren, die eigentlich nicht zusammengehören und drücken damit ein Gefühl aus, das der Lebenslage junger Erwachsener entspricht. Die gesellschaftliche Relevanz von Lebensstilen und kulturellen Praktiken liegt darin, dass hier neue Wege sozialer Integration erkundet und gegangen werden (vgl. Walther u.a. 1997). Cornelia Helfferich hat darauf hingewiesen, dass symbolische Handlungen und Ausdrucksweisen, auch wenn sie die jeweilige Problematik nicht wirklich lösen können, auf symbolischer Ebene (d.h. subjektiv) eine Lösung im folgenden Sinn darstellen: einen Umgang mit dem Problem möglich machen, Platz zu haben für die eigene Gestaltung, zumindest jedoch: sich weiterhin handlungsfähig fühlen können (Helfferich 1994: 103ff.). Imaginäre Lösungen sind somit sinnhaft auf bestimmte Problemlagen bezogen. Sie machen die Sinnhaftigkeit von Handlungsstrategien verständlich, die aus der Außenperspektive zunächst einmal unerklärlich bleiben, und erlauben zudem den rekonstruktiven Blick zurück auf die strukturellen Anforderungen, mit denen junge Frauen und Männer sich permanent auseinandersetzen. Übergänge wollen sinnhaft gestaltet sein, und die Handlungsstrategien junger Frauen und Männer sind sinnhafte Umsetzungen hiervon – auch wenn ihr Handeln „nur" auf der symbolischen Ebene eine Lösung darstellt.

Im Rahmen der zunehmenden Unzuverlässigkeit traditioneller Vergewisserungen (über Arbeit, über eine bestimmte Geschlechterrolle, über Religion, über die Normalbiographie) bekommen symbolische Vergewisserungen ein neues Gewicht, als Zeichen, die geeignet sind,

„das Subjekt darin zu bestätigen, die Ergebnisse seiner Selbstzusammensetzung seien tatsächlich befriedigend. Diese Bestätigung ist der Ersatz für die fehlende Gewissheit, so wie die Orientierungspunkte, zusammen mit den zugehörigen symbolischen Zeichen, ein Ersatz für die vorbestimmten Muster von Lebensprojekten sind" (Bauman 1995: 230).

Je nach Ressourcen und Spielräumen sind die Integrationseffekte von Selbstinszenierungsstrategien möglicherweise nur kurzfristige, dennoch biographisch relevante Strohfeuer. Strukturelle Integrationsbarrieren wie z.B. geschlechtsbezogene und sozial segmentierte Zugänge zu den Arbeitsmärkten können sie nicht aufheben. Manchmal jedoch können sie diese „unterspülen", zum Beispiel da, wo Formen und Räume der Selbstinszenierung auch neue Arbeitsformen und Erwerbsmöglichkeiten hervorbringen, etwa bei Unternehmensgründungen innerhalb von jugendkulturellen Szenen wie der Techno-Szene oder aus ihnen heraus (Smith/Maugham 1998; Leadbeater/Oakley 1999).

Den Blick auf das Bewältigungshandeln junger Erwachsener zu richten, sie als handelnde Subjekte ernst zu nehmen heißt nicht, sie zu idealisieren (vgl. Miles 2000), und heißt auch nicht, dass alle Wege, die sie beschreiten, gleichermaßen tragfähig sind. Wie tragfähig sie sind, hängt von den Ressourcen und Spielräumen der Einzelnen ab. Empirische Untersuchungen, wer welche Übergangsdilemmata wie subjektiv befriedigend löst und was das dann jeweils heißt, stehen noch aus. Wahrscheinlich würde diese zeigen, dass ‚alte' Ungleichheiten auch in diesen neuen Lebenslagen fortwirken: unterschiedliche Gestaltungsspielräume bzw. unterschiedliche hohe Vereinbarkeitsanforderungen für Frauen und Männer, für Frauen und Männer unterschiedlicher Herkunft, mit unterschiedlichem Bildungsabschluss und unterschiedlichem Familienrückhalt.

Angesichts der Ungewissheit und Unübersichtlichkeit gesellschaftlicher Verhältnisse und Entwicklungen, die sich in der Offenheit der Lebenslage ‚junge Erwachsene' sowie in den subjektiven Lebensentwürfen junger Frauen und Männer spiegelt, sind die Bewältigungsaufgaben, die sich aus den strukturellen Verschiebungen ergeben und die individuellen Bewältigungsformen zusammenzudenken. Bewältigungsstrategien junger Frauen und Männer produzieren Bilder voller Irritationen und Widersprüche: Stärke und Angewiesenheit, Oberflächlichkeit und ernsthafter Anspruch, Entscheidungskraft und Verunsicherung. Dass junge Frauen und Männer als ExpertInnen im „Umgang mit Unsicherheit" (Evers/Nowotny 1987) oft „klarkommen", ist genau ein Effekt der Individualisierung: Wo Gelingen und Scheitern zur Sache der/des Einzelnen wird, da treten die existierenden Hierarchien und Konflikte zunehmend in den Hintergrund. Hier wird Dechiffrieren nötig als Aufgabe einer modernen Jugendforschung: Junge Erwachsene zwar einerseits als aktiv Handelnde (in ihren sämtlichen Vermittlungsleistungen) anzuerkennen, andererseits aber auch zu sehen, dass es – bei aller autonomen Fassade – eine Angewiesenheit gibt: auf persönliche Unterstützung, auf strukturelle Ermöglichung.

3. Anerkennung und Unterstützung jenseits der Normalbiographie

Es ist deutlich geworden, dass moderne (oder spätmoderne) Lebensformen durch die sozioökonomische und soziokulturelle Entstrukturierung des geschlechtsspezifischen Normallebenslaufs bedingt sind, sowie dadurch geprägt werden, dass die wohlfahrtsstaatlichen Institutionen weiterhin an diesem Normallebenslauf als Leitperspektive festhalten. Insofern auch die Übergangsforschung in erster Linie an der Frage orientiert ist, wie junge Erwachsene die normalbiographischen Statuspassagen bewältigen, hat sich diese Lebensform oder besser: haben sich diese Lebensformen weithin unbeachtet ausdifferenziert. Beachtet werden die Extreme: entweder die Erfolgsgeschichten junger ExistenzgründerInnen, die sich kreativ über alle formalen Hindernisse hinwegsetzen, oder die ‚Problemfälle', in denen sich Jugendhilfe oder Arbeitsförderung mit der ihnen zugrundeliegenden Defizitperspektive kompensatorisch auf das Noch-Nicht-Bewältigt-Haben von Statuspassagen des Erwachsenwerden beziehen.

Ein (sozial)pädagogischer und sozialpolitischer Blick auf Lebensformen und Lebenslagen junger Erwachsener muss sich deshalb weiten, und zwar in zwei Richtungen:

Zum einen müssen junge Erwachsene als ExpertInnen im Umgang mit Unsicherheit anerkannt werden, d.h. als Subjekte, die auch angesichts der Offenheit ihrer Lebensperspektive versuchen, ihre Handlungsfähigkeit zu erhalten und herzustellen. Damit haben sie den wohlfahrtsstaatlichen AkteurInnen – Arbeitsamt, Jugend- und Sozialamt, Bildungseinrichtungen oder Jugendhilfe – prinzipiell etwas voraus. Gleichzeitig müssen sie sich auf diese Instanzen einlassen, da diese Ressourcen in Form von Sozialleistungen, Bildungsabschlüssen oder Information und Beratung anbieten, die zumindest formal den Anspruch auf Verwertbarkeit enthalten: als Zugang zu weiteren Qualifikationsschritten, zu Sozialleistungen, zu Arbeitsplätzen. Wenn junge Erwachsene dies eher mit eingeschränktem Vertrauen und gebremster Motivation tun, dann deshalb, weil sie die abnehmende Verlässlichkeit dieser Ressourcen erkennen und weil sie gleichzeitig wissen, dass nur sie selbst entscheiden können, ob diese Bewältigungsschritte in ihr Alltagsleben und ihre subjektiven Lebensentwürfe auch hineinpassen. Unter Umständen sind es informelle Zusammenhänge, die ihren Vorstellungen und Bedürfnissen am weitesten entgegenkommen und die dazu führen, dass Ausbildungen abgebrochen, Beratungsangebote nicht wahrgenommen und unter Umständen der damit verbundene Verzicht von Sozialleistungen in Kauf genommen werden. Aus sozialpädagogischer Perspektive heißt dies, über die Maxime eines alltags- oder lebensweltorientierten Ansatzes und einer Subjektperspektive hinaus die innovativen Potentiale wahrzunehmen, die in den modernisierten Übergängen und in den Bewältigungsstrategien und Gestaltungsversuchen junger Frauen und Männer stecken – nicht nur für ihre Übergänge, sondern für die Integration der Gesellschaft im Ganzen. Diese Übergänge sind voller Hinweise darauf, wie notwendige Voraussetzungen eines produktiven Umgangs mit Unsicherheit aussehen können (vgl. du Bois-Reymond/Walther 1999).

Zum anderen ist es wichtig, im Blick zu behalten, dass die Anerkennung des ExpertInnenstatus junger Erwachsener keineswegs heißt, sie bedürften keiner Unterstützung für die Bewältigung ihrer Übergänge. Sie heißt jedoch, dass junge Frauen und Männer in vielen Fällen sehr genau selbst wissen, welche Form von Unterstützung in ihrer individuellen Lebenssituation und mit Blick auf ihre subjektiven Lebensentwürfe angemessen ist; Unterstützung; Bildung, soziale Sicherung, Arbeitsförderung müssen (mit)gestaltbar sein.

Was heißt dies für Politik und Sozialpädagogik? Es heißt erstens, den im Achten Jugendbericht formulierten Anspruch einer Querschnittspolitik (BMFSFJ 1990: 78) einzulösen und ihn über die Jugendpolitik hinaus zu erweitern in Richtung einer *integrierten Übergangspolitik;* und zweitens, dass sich *Sozialpädagogik im Übergang* stärker auf die Lebensentwürfe und Bewältigungsversuche junger Erwachsener selbst als auf die formalstandardisierte Kriterien der Normalbiographie beziehen muss.

Integrierte Übergangspolitik

Im Kontext einer integrierten Übergangspolitik müssen sich nicht mehr die Individuen in ihrer Lebenführung an den Vorgaben der Bildungs-, Arbeitsmarkt- und Sozialpolitik orientieren, sondern umgekehrt: Bildung (im Sinne eines ganzheitlichen und allgemein zugänglichen lebenslangen Lernens), Arbeit und soziale Sicherung müssen sich an individuellen Lebensprojekten orientieren. Hierzu bedarf es einer *Politik der Lebensführung* (vgl. Giddens 1997: 132ff.), die: *erstens* anerkennt, dass junge Frauen und Männer die gesellschaftlichen Anforderungen des Umgangs mit Ungewissheit nur dann erfüllen können, wenn sie gleichzeitig *sozialen Halt* finden (Böhnisch 1994: 190ff.), der nicht im Zuge derselben Modernisierungsprozesse zerstört wird: *Optionen erfordern Ligaturen* (Dahrendorf 1979), und das heißt soziale Bindungen genauso wie den Zugang zu Ressourcen. Die notwendigen Bedingungen für diesen sozialen Halt kann man nur im konkreten regionalen Kontext präzise bestimmen, weshalb diese sozialpolitische Forderung eine zwar europäische, jeweils aber im spezifischen regionalen Kontext auszufüllende Aufgabe darstellt. Eine solche, den regionalen Rückhalt berücksichtigende Politik der Lebensformen muss *zweitens auf Normalisierung verzichten*, um nicht wiederum festzuschreiben, festzulegen, über positive oder negative Sanktionen sozialen Ausschluss zu produzieren oder zumindest anzudrohen. Zentral ist dies gerade auch für die Öffnung und Variation von Geschlechterrollen. Dies bedeutet für die Sozialpolitik – und wahrscheinlich am stärksten für diejenigen wohlfahrtsstaatlichen Regimes, die, wie das deutsche, einen stark selektiven, wenn auch staatlich gesteuerten Zugang zu sozialer Sicherung gewähren (vgl. Lessenich 1995: 59), – eine deutliche Umorientierung:

> „Wenn bestimmte Lebensweisen, biographische Muster, geschlechtliche Arbeitsteilungen usw. nicht mehr privilegierend und diskriminierend typisiert werden können, dann verliert die Sozialpolitik ihr herkömmliches Mandat, an der kulturellen Verankerung einer hegemonialen Lebensweise belohnend und strafend mitzuwirken. Das bedeutet, dass sie dann statt des Zielwertes der ‚Konformität' (bzw. Normalität, Anm. d. A.) nur noch den der ‚Optionalität' maximieren kann. Im Zuge eines solchen Paradigmen-Wechsels würde das positive Ziel der Anpassung an bestimmte Leitbilder und biographische Normalverläufe durch das negative Ziel der Verhinderung von Sackgassen, Marginalisierung und irreversiblen Festlegungen von Personen auf bestimmte Tätigkeitsarten und -sphären verdrängt" (Offe 1990: 200).

Grundlage dafür ist ein wohlfahrtsstaatliches Verständnis, das der gesellschaftlichen Individualisierung stärker Rechnung trägt, indem soziale Rechte stärker an die Individuen selbst als an den Status, den sie im Lebenslauf erreicht haben (bzw. erreichen sollen), gekoppelt werden: „von der Statussicherung zur Passagensicherung" (Ostner 1995). Weitreichende Reforminitiativen in diese Richtung wären beispielsweise Modelle eines Grundeinkommens, das Übergangsprozesse, das heißt Bildungs-, Such- und Experimentierphasen vergleichsweise bedingungslos mit einschließt.

Im Kontext lebenslangen Lernens und des Wandels der Arbeitsgesellschaft zu einer Bildungsgesellschaft (Alheit u.a. 1994) hieße dies sowohl die Flexibilisierung von Zugängen zu Bildung, Ausbildung und Weiterbildung (unter anderem durch eine Relativierung der Dreigliedrigkeit des deutschen Schulsystems und der Irreversibilität seiner Selektionsmechanismen), die Möglichkeit von Teilzeitausbildungen als auch die Anerkennung informellen Lernens, d.h. die Anerkennung von Kompetenzen, die junge Erwachsene in jugendkulturellen Zusammenhängen, in der Familie oder in Jobberkarrieren erwerben. Ein konkretes Beispiel für eine solche Integrationsstrategie ist das Konzept der *„Übergangsarbeitsmärkte"* von Günther Schmid:

> „Übergangsarbeitsmärkte wären eine Möglichkeit, die Vision des ‚atmenden' Arbeitsmarktes zu realisieren und der Arbeitsmarktpolitik ein neues strategisches Beschäftigungsziel zu geben. *Organisatorisch* sind Übergangsarbeitsmärkte Brücken zwischen bezahlter abhängiger Beschäftigung und anderen Erwerbsformen oder produktiven Aktivitäten. *Rechtlich* bieten sie dauerhafte und somit berechenbare Optionen zum Wechsel oder zur Kombination verschiedener Arbeitsverhältnisse, ... zwischen Vollzeit- und Teilzeitarbeit, zwischen unselbständiger und

selbständiger Arbeit oder auch hier (..) Kombinationen von beiden. *Finanziell* kompensieren Übergangsarbeitsmärkte zeitweise vermindertes Erwerbseinkommen teilweise mit Transferleistungen oder mit eigenen zweckgebundenen Sparleistungen ... *Ordnungspolitisch* sind Übergangsarbeitsmärkte also Institutionen, die Variabilität in der Dauerhaftigkeit von Beschäftigungsverhältnissen unterstützen" (Schmid 1996: 631).

Den Sozialwissenschaften obliegt es dabei, die Problematik nichtabgesicherter Übergänge von jungen Frauen und Männern genauso wie die Auswirkungen, die eine Politik der Lebensalter mit sich bringt, differenziert zu beschreiben; etwa in Form einer kritischen Analyse der Problemgruppenkonstruktion durch bestimmte politische Programme. Eine auf sozialpolitische Umsetzung orientierte Forschung hat darüber hinaus auch sehr genau die Ebenen zu differenzieren, auf denen sie ihre Untersuchungen anlegt: Geht es etwa um eine Analyse der für soziale Integration notwendigen Ligaturen, so kann diese sinnvoll nur auf der sozialräumlichen Ebene geschehen, auf der sich die biographische Aneignung lebensweltlicher Ressourcen alltäglich vollzieht (bzw. auf der sie konkret scheitert). Demgegenüber schärft auf einer interkulturell-vergleichenden Ebene die Konfrontation mit anderen Normalitätsverständnissen, anderen Ausprägungen von Jung-Erwachsen-Sein, anderen Forschungsansätzen den kritischen Blick auf die eigene Forschungsanlage und darauf, was im eigenen Kontext als Normalität des Übergangs verhandelt, vorausgesetzt und zugemutet wird (vgl. Stauber/Walther 1996: 226ff.).

Sozialpädagogik des Übergangs: Netzwerke statt Maßnahmen

Überträgt man die Idee einer integrierten Übergangspolitik oder Politik der Lebensführung in sozialpädagogische Begriffe, dann ist zu hinterfragen, ob das Prinzip der Lebensweltorientierung schon so weit verinnerlicht worden ist, dass normalbiographische Orientierungen an Macht verlieren (Hinweise darauf, dass dies etwa in der Jugendberufshilfe nach wie vor *nicht* der Fall ist, geben Galuske 1993 sowie Haunert/Lang 1994 und der Tagungsband von Pohl/Schneider 2000). In Bezug auf junge Erwachsene muss dies in Richtung einer konsequenten Subjektorientierung weitergedacht werden, in der die subjektive Sicht der jungen Frauen und Männer nicht nur verstanden wird (vgl. Goffman 1963; Mariak/Seus 1993; Walther 2000), sondern als Perspektive, an der sich sozialpädagogisches Unterstützungshandeln orientiert, etabliert wird. Einen Rahmen für eine solche Haltung bietet das Konzept des *Empowerment* (Rappaport 1984; vgl. Böhnisch 1997): die Lebensentwürfe junger Frauen und Männer ernst nehmen, mit ihnen Schritte entwerfen, wie sie ihnen näherkommen können, diese Schritte begleiten – und nicht von vornherein die Orientierung am Möglichen (möglich im Sinne von institutionell für jeweilige Zielgruppen als normal und angemessen definiert). Diese Definition von Empowerment erfährt jedoch zunehmende Aushöhlung und Inflation, genauso wie das Prinzip der Partizipation, das in der Subjektorientierung angelegt ist. Soll Partizipation den Subjektstatus von Individuen anerkennen und widerspiegeln, setzt sie bereits bei der Definition der „Bedürfnisinterpretation" (Fraser 1994: 222ff.; 247ff.) an und nicht erst als Ziel einer Hilfe zur Selbsthilfe: bei der Definition von Problemlagen und bei der Definition von Zielen sozialpädagogischer und sozialpolitischer Intervention. Eine solch weitreichende Reformulierung von Subjektorientierung hat Konsequenzen für die Form sozialpädagogischen Handelns: sie kann sich nicht auf die Zuständigkeit für ‚Benachteiligte' zurückziehen, sondern muss ihre lebensweltorientierten Kompetenzen auf einer breiteren wohlfahrtsstaatlichen Ebene einbringen. Sie kann nicht länger die Geschlechtsspezifik der Übergänge übergehen, sondern muss strukturelle Möglichkeiten für das Aufbrechen von Geschlechterrollen schaffen. Sie kann sich nicht länger im dominanten Handlungstyp der Jugendhilfe einigeln: der ‚Maßnahme'. Vielmehr muss sie junge Frauen und Männer dabei unterstützen, Netzwerke zu knüpfen zwischen Familie, FreundInnen, Jugendkultur, Arbeitsmarkt und wohlfahrtsstaatlichen Institutionen – Netzwerke, die Milieus darstellen, in denen ihre Lebensentwürfe eingebettet sind, anerkannt werden und eine Zukunftsperspektive bekommen.

Literatur zur Vertiefung

Böhnisch, Lothar (1997): Sozialpädagogik der Lebensalter. Eine Einführung. Weinheim/ München.
Lessenich, Stephan (1995): Wohlfahrtsstaatliche Regulierung und die Strukturierung von Lebensläufen. Zur Selektivität sozialpolitischer Interventionen, in: Soziale Welt, 1/1995.
Miles, Steven (2000): Youth Lifestyles in a Changing World. Buckingham/Philadelphia.
Oechsle, Mechthild/Geissler, Birgit (Hrsg.) (1998): Die ungleiche Gleichheit. Junge Frauen und der Wandel im Geschlechterverhältnis. Opladen.
Walther, Andreas (Hrsg.) (1996): Junge Erwachsene in Europa – Jenseits der Normalbiographie? Opladen.
Walther, Andreas (2000): Spielräume im Übergang in die Arbeit. Junge Erwachsene an den Grenzen der Arbeitsgesellschaft in Großbritannien, Italien und Deutschland. Weinheim und München.

Literatur

Alheit, Peter (1996): Changing Basic Rules of Biographical Construction: Modern Biographies at the End of the 20th Century, in: Weymann, A./Heinz, W.R (Hrsg.): Society and Biography. Weinheim.
Alheit, Peter u.a. (Hrsg.) (1994): Von der Arbeitsgesellschaft zur Bildungsgesellschaft? Universität Bremen.
Antonovsky, Aaron (1987): Unraveling the Mystery of Health, San Francisco.
Baacke, Dieter (1987): Jugend und Jugendkulturen, Weinheim, Juventa.
Baethge, Martin/Hantsche, Brigitte/Pelull, Wolfgang/Voskamp, Ulrich (1988): Jugend: Arbeit und Identität – Lebensperspektiven und Interessenorientierungen von Jugendlichen, Opladen.
Bauereiss, Renate/Bayer, Hiltrud/Bien, Walter (1997): Familienatlas II. Lebenslagen und Regionen in Deutschland. Opladen.

Bauman, Zygmunt (1995a): Moderne und Ambivalenz: Das Ende der Eindeutigkeit, Frankfurt a.M.
Bauman, Zygmunt (1995b): Ansichten der Postmoderne, Hamburg/Berlin.
Bauman, Zygmunt (1997): Flaneure, Spieler und Touristen. Essays zu postmodernen Lebensformen. Hamburg.
Beck, Ulrich (1986): Risikogesellschaft. Auf dem Weg in eine andere Moderne. Frankfurt a.M.
Beck,Ulrich/Sopp, Peter (1997): Individualisierung und Integration. Neue Konfliktlinien und neuer Integrationsmodus? Opladen.
Behrens, Johann/Voges, Wolfgang (1996): Kritische Übergänge. Statuspassagen und sozialpolitische Institutionalisierung. Frankfurt a.M./New York.
Bertram, Hans (2000): Die verborgenen familiären Beziehungen in Deutschland: Die multilokale Mehrgenerationenfamilie, in: Kohli, Martin/Szydlik, Marc (Hrsg.): Generationen in Familie und Gesellschaft, Opladen.
Bilden, Helga (1997): Das Individuum – ein dynamisches System vielfältiger Teil-Selbste, in: Keupp, Heiner/Höfer, Renate (Hrsg.): Identitätsarbeit heute. Frankfurt a.M.
Bitzan, Maria (1996): Geschlechterhierarchie als kollektiver Realitätsverlust. Zum Verhältnis von Alltagstheorie und Feminismus, in: Grunwald, Klaus et al. (Hrsg.): Alltag, Nicht-Alltägliches und die Lebenswelt. Beiträge zur lebensweltorientierten Sozialpädagogik. Weinheim und München.
BMBF (Bundesministerium für Bildung und Forschung) (1997): Berufsbildungsbericht 1997. Bonn.
BMBF (Bundesministerium für Bildung und Forschung) (2000): Berufsbildungsbericht 2000. Bonn.
BMJFFG (Bundesministerium für Jugend, Frauen, Familie und Gesundheit) (1990): Achter Jugendbericht. Bericht über Bestrebungen und Leistungen der Jugendhilfe. Bonn.
Böhnisch, Lothar (1994): Gespaltene Normalität. Lebensbewältigung und Sozialpädagogik an den Grenzen der Wohlfahrtsgesellschaft. Weinheim/München.
Böhnisch, Lothar (1997): Sozialpädagogik der Lebensalter. Eine Einführung. Weinheim/München.
Böhnisch, Lothar/Winter, Reinhard (1993): Männliche Sozialisation. Bewältigungsprobleme männlicher Geschlechtsidentität im Lebenslauf. Weinheim/München.
Bois-Reymond, Manuela du (1998): „Ich will noch so viel erleben, ich will mich noch nicht festlegen". Die Offenheit männlicher und weiblicher Lebensentwürfe junger Erwachsener, in: Walther, Andreas/Stauber, Barbara (Hrsg.): Lebenslanges Lernen in Europa, Band 1: Optionen für die Vereinbarkeit von Leben, Lernen und Arbeiten/Lifelong Learning in Europe, Vol. 1: Options for the Integration of Living, Learning and Working, Tübingen.
Bois-Reymond, Manuela du/Walther, Andreas (1999): Learning between Want and Must: Contradictions of the Learning Society, in: Walther, Andreas/Stauber, Barbara (Hrsg.): Lifelong Learning in Europe, Vol. 2: Differences and Divisions. Tübingen.
Bradley, Harriet (1996): Fractured Identities: Changing Patterns of Inequality. Cambridge
Bynner, John/Ferri, Elsa/Shpeherd, Peter (Hrsg.) (1997): Twenty-something in the 1990s – getting on, getting by, getting nowhere. Aldershot.
Bundesanstalt für Arbeit (1999): Arbeitsstatistik 1998. Nürnberg.
Cavalli, Alessandro (1997): The delayed entry into adulthood: is it good or bad for society, in: Pais, J.M./Chisholm, L. (Hrsg.): Jovens em mudança (Jugend in Bewegung). Lissabon.

Cavalli, Alessandro/Galland, Olivier (Hrsg.) (1995): Youth in Europe. London: Pinter.
Chisholm, Lynne (1996): Junge Erwachsene zwischen Phantom und Realität, in: Walther, Andreas (Hrsg.) 1996: Junge Erwachsene in Europa – Jenseits der Normalbiographie? Opladen.
Clarke, John u.a. (1979): Jugendkultur als Widerstand, Frankfurt a.M.
Dahrendorf, Ralf (1979): Lebenschancen. Anläufe zur sozialen und politischen Theorie. Frankfurt a.M.
Dahrendorf, Ralf (1983): Wenn der Arbeitsgesellschaft die Arbeit ausgeht, in: Krise der Arbeitsgesellschaft? Verhandlungen des 21. Deutschen Soziologentages, hrsg. von Joachim Matthes, Frankfurt a.M./New York.
EGRIS (2000): Misleading Trajectories: The Transition Dilemmas of Young Adults, in: Journal for Youth Studies, Vol.3, No. 4.
Evans, Karen/Heinz, Walter R. (1994): Becoming adults in England and Germany. London.
Evers, Adalbert/Nowotny, Helga (1987): Über den Umgang mit Unsicherheit. Die Entdeckung der Gestaltbarkeit von Gesellschaft. Frankfurt a.M.
Eurostat (1997): Youth in the European Union – from Education to Working Life. Luxemburg.
Ferchhoff, W./Sander, U./Vollbrecht, R. (Hrsg.) (1995): Jugendkulturen – Faszination und Ambivalenz. Einblicke in jugendliche Lebenswelten, Weinheim/München.
Fraser, Nancy (1994): Widerspenstige Praktiken. Macht, Diskurs, Geschlecht. Frankfurt a.M.
Funk, Heide (1993): Mädchen in ländlichen Regionen. Theoretische und empirische Ergebnisse zur Modernisierung weiblicher Lebenslagen. Weinheim/München.
Furlong, Andy/Cartmel, Fred (1997): Young People and Social Change. Individualization and risk in late modernity. Buckingham/Philadelpia.
Gaiser, Wolfgang (1999): Young people and housing: A challenge for individuals and the welfare state, in: Bendit, R./Gaiser, W./Marbach, J. (Hrsg.): Youth and Housing in Germany and the European Union. Data and Trends on Hosuing: Biographical, Social and Political Aspects. Opladen.
Galuske, Michael (1993): Das Orientierungsdilemma. Jugendberufshilfe, sozialpädagogische Selbstvergewisserung und die modernisierte Arbeitsgesellschaft. Bielefeld.
Galland, Olivier (1996): Die soziale Integration junger Erwachsener. Neue Entwicklungen in Frankreich und im europäischen Vergleich, in: Walther, Andreas (Hrsg.): Junge Erwachsene in Europa – Jenseits der Normalbiographie? Opladen.
Giddens, Anthony (1997): Jenseits von Links und Rechts. Die Zukunft radikaler Demokratie. Frankfurt a.M.
Goebel, Johannes/Clermont, Christoph (1997): Die Tugend der Orientierungslosigkeit. Berlin.
Goffman, Erving (1963): On ‚cooling the mark out': Some aspects of adaptation and failure, in: Rose, A. (Hrsg.): Human Behaviour and Social Processes. Boston.
Gorz, André (2000): Arbeit zwischen Misere und Utopie. Frankfurt a.M.
Guerra, Luigi/Morgagni, Enzo (1996): Die Lautlosigkeit des verzögerten Erwachsenenwerdens. Die öffentliche Wahrnehmung neuer Lebenslagen in der Emilia-Romagna, in: Walther, Andreas (Hrsg.): Junge Erwachsene in Europa – Jenseits der Normalbiographie? Opladen.
Hagemann-White, Carol (1992): Berufsfindung und Lebensperspektive in der weiblichen Adoleszenz, in: Flaake, K./King, V. (Hrsg.): Weibliche Adoleszenz. Zur Sozialisation junger Frauen. Frankfurt a.M./New York.

Hagemann-White, Carol (1998): Identität – Beruf – Geschlecht, in: Oechsle, Mechthild/Geissler, Birgit (Hrsg.): Die ungleiche Gleichheit. Junge Frauen und der Wandel im Geschlechterverhältnis, Opladen.

Haunert, Friedrich/Lang, Reinhard (1994): Arbeit und Integration. Zur Bedeutung von Arbeit in der Jugendsozialarbeit am Beispiel von Projekten freier Träger. Frankfurt a.M.

Hauser, Richard (1995): Reformperspektiven des Systems der sozialen Sicherung bei veränderten Rahmenbedingungen, in: Döring, D./Hauser, R. (Hrsg.): Soziale Sicherheit in Gefahr. Frankfurt a.M.

Hebdige, Dick (1983): Posing ... threats, striking ... poses: youth, surveillance and display, zunächst: SubStance, 37/38 (1983), wiederabgedruckt in: Gelder, Ken/Thornton, Sarah (Ed.) (1997): The Subcutlures Reader, pp. 393-405.

Heinz, Walter R. (Hrsg.) (1991): Theoretical advances in Life-Course Research. Weinheim.

Heinz/Hübner-Funk (1997): Die Quadratur des Jugendbegriffs. Zur sozialen (Re-)Konstruktion einer Übergangsphase, in: DISKURS 2/1997, S. 4-11.

Heitmeyer, Wilhelm (1994): Entsicherungen. Desintegrationsprozesse und Gewalt, in: Beck, U./Beck-Gernsheim, E. (Hrsg.): Riskante Freiheiten, Frankfurt a.M.

Helfferich, Cornelia (1994): Jugend, Körper und Geschlecht. Die Suche nach sexueller Identität. Opladen.

Höfer, R./Straus, F. (1998): Erwerbsgesellschaft ade – Arbeitsidentität passé? Die veränderte Bedeutung von Erwerbsarbeit für die Identität junger Erwachsener, in: Diskurs 1/1998.

Hurrelmann, Klaus (1995): Lebensphase Jugend. Eine Einführung in die sozialwissenschaftliche Jugendforschung. Weinheim/München.

IAB (Institut für Arbeitsmarkt- und Berufsforschung) (1998a): Jugendliche im Sog der Arbeitsmarkt-Turbulenzen. Erwerbstätigkeit der 15- bis 24-Jährigen seit 1991 in Westdeutschland drastisch gesunken. IAB-Kurzbericht 5/98. Nürnberg.

IAB (Institut für Arbeitsmarkt- und Berufsforschung) (1998b): Bildungsbeteiligung der Jugendlichen hat in Ostdeutschland 1995 Westniveau erreicht. Arbeitsmarkt in den Neuen Bundesländern seit 1991 um 380 000 Personen entlastet – Probleme aber nur aufgeschoben. IAB_Kurzbericht 14/98. Nürnberg.

Inglehart, Ronald (1977): The silent revolution: changing values and political styles among western publics, Princeton.

Jugendwerk der Deutschen Shell (Hrsg.) (1997): Jugend 97'. Zukunftsperspektiven – gesellschaftliches Engagement – politische Orientierungen. Opladen

Jugendwerk der Deutschen Shell (Hrsg.) (2000): Jugend 2000. 13. Shell Jugendstudie. Opladen.

Junge, Matthias (1995): Forever Young? Junge Erwachsene in Ost- und Westdeutschland, Opladen.

Keupp, Heiner (1992): Identitätsverlust oder neue Identitätsentwürfe, in Zoll, R. (Hrsg.): Ein neues kulturelles Modell. Opladen.

Keupp, Heiner (1997): Diskursarena Identität: Lernprozesse in der Identitätsforschung, in: Keupp, Heiner/Höfer, Renate (Hrsg.): Identitätsarbeit heute, Frankfurt a.M.

Kohli, Martin (1985): Die Institutionalisierung des Lebenslaufs. Historische Befunde und theoretische Argumente, in: Kölner zeitschrift für Soziologie und Sozialpsychologie, Jg. 37.

Kröhnert, Brigitte (1994): Junge Erwachsene Ost. Hinweise auf eine neue Lebensformen der Nachwendezeit. Abschlussbericht. Dresden.

Krüger, Helga (1991): Doing Gender – Geschlechts als Statuszuweisung im Berufsbildungssystem, in: Brock, D. u.a. (Hrsg.): Übergänge in den Beruf. Zwischenbilanz zum Forschungsstand. Weinheim/München.

Leadbeater, Charles/Oakley, Kate (1999): The Independents. Britain's new cultural entrepreneurs, London: DEMOS.

Leccardi, Carmen (1990): Die Zeit der Jugendlichen: Was heißt männlich und weiblich in der Zeiterfahrung? In: du Bois-Reymond, M./Oechsle, M. (Hrsg.): Neue Jugendbiographie – Zum Strukturwandel der Jugendphase. Opladen, S. 95-115.

Lessenich, Stephan (1995): Wohlfahrtsstaatliche Regulierung und die Strukturierung von Lebensläufen. Zur Selektivität sozialpolitischer Interventionen, in: Soziale Welt, 1/1995.

López Blasco, Andreu (1996): Erzwungene Harmonie. Junge Erwachsene – zufrieden, freundlich, aber ohne Zukunft? In: Walther, Andreas (Hrsg.): Junge Erwachsene in Europa – Jenseits der Normalbiographie? Opladen.

Mariak, Volker/Seus, Lydia (1993): Stolpersteine an der ‚ersten Schwelle': Selektion, Aspiration und Abkühlung in Schule und Berufsausbildung, in: Leisering, L. u.a. (Hrsg.): Moderne Lebensläufe im Wandel. Weinheim.

May, Michael (1995): Konstruktionen von Männlichkeit in unterschiedlichen soziokulturellen Milieus, in: Widersprüche Heft 56/57.

Meuser, Michael (1998): Gefährdete Sicherheiten und pragmatische Arrangements. Lebenszusammenhänge und Orientierungsmuster junger Männer, in: Oechsle, Mechthild/Geissler, Birgit (Hrsg.): Die ungleiche Gleichheit – Junge Frauen und der Wandel im Geschlechterverhältnis, Opladen.

Miles, Steven/Cliff, Dallas/Burr, Vivien (1998): „Fitting In and Sticking Out: Consumption", Consumer Meanings and the Construction of Young People's Identities, in: Journal of Youth Studies, Vol. 1 (1998) No. 1, S. 81-91

Miles, Steven (2000): Youth Lifestyles in a Changing World. Buckingham/Philadelphia.

Mørch, Sven (1996): Individualisierung und ‚Container'-Projekte. Probleme und Forschungsperspektiven der Konstruktion von Lebensphasen, in: Walther, Andreas (Hrsg.): Junge Erwachsene in Europa – Jenseits der Normalbiographie? Opladen.

Müller, Hans-Ulrich (1990): Junge Erwachsene in der Großstadt. Annäherung an Lebenslage und Lebensbewältigung einer sich neu ausdifferenzierenden gesellschaftlichen Gruppierung. DJI Materialien, München.

Müller, Hans-Ulrich (1996): Fragile Identitäten und offene Optionen. Lebensentwürfe junger Erwachsener in einer westdeutschen Großstadt, in: Walther, Andreas (Hrsg.): Junge Erwachsene in Europa – Jenseits der Normalbiographie? Opladen.

Neckel, Sighard (1991): Status und Scham. Zur symbolischen Reproduktion sozialer Ungleichheit. Frankfurt a.M./New York.

Noelle-Neumann, Elisabeth/Strümpel, Burkhard (1984): Macht Arbeit krank? Macht Arbeit glücklich? Zürich.

Oechsle, Mechthild/Geissler, Birgit (Hrsg.) (1998): Die ungleiche Gleichheit. Junge Frauen und der Wandel im Geschlechterverhältnis. Opladen.

Oechsle, Mechthild (2000): Gleichheit mit Hindernissen, Berlin: Sozialpädagogisches Institut

Offe, Claus (1990): Akzeptanz und Legitimität strategischer Optionen in der Sozialpolitik, in: Sachße, C./Engelhard, H.T. (Hrsg.): Sicherheit und Freiheit. Zur Ethik des Wohlfahrtsstaates. Frankfurt a.M.

Olk, Thomas (1988): Gesellschaftstheoretische Ansätze in der Jugendforschung", in: Krüger, Heinz-Hermann (Hrsg.): Handbuch der Jugendforschung. Opladen, S. 179-200

Ostner, Ilona (1995): Wandel der Familienformen und soziale Sicherung der Frau oder: Von der Status- zur Passagensicherung, in Döring, D./Hauser, R. (Hrsg.): Soziale Sicherheit in Gefahr. Frankfurt a.M.

Ostner, Ilona (1997): Alleinerziehen vor und nach der deutschen Einigung. Ein Testfall für die Logik deutscher Sozial- und Familienpolitik, in: Sozialwissenschaftliche Literaturrundschau, Heft 34.

Pais, José Machado (1996): Erwachsenwerden mit Rückfahrkarte? Übergänge, biographische Scheidewege und sozialer Wandel in Portugal, in: Walther, Andreas (Hrsg.): Junge Erwachsene in Europa – Jenseits der Normalbiographie? Opladen.

Pais, José Machado (2000): Transitions and Youth Cultures: Forms and Performances, in: International Social Science Journal, Vol. LII, No. 2; S. 221-232.

Peters, Els/du Bois-Reymond, Manuela (1996): Zwischen Anpassung und Widerstand: Junge Frauen im Modernisierungsprozess, in: Walther, Andreas (Hrsg.): Junge Erwachsene in Europa – Jenseits der Normalbiographie? Opladen.

Pohl, Axel/Schneider, Sabine (2000): Sackgassen – Umleitungen – Übergänge? Ausgrenzungsperspektiven und neue Perspektiven im Übergang in die Arbeit. Tübingen.

Popp, Ulrike (1997): Berufliche und private Lebensentwürfe männlicher und weiblicher Jugendlicher im Zeitverlauf, in: deutsche jugend 4/1997.

Rappaport, Julian (1985): Ein Plädoyer für die Widersprüchlichkeit: ein sozialpädagogisches Konzept des ‚Empowerment' anstelle präventiver Ansätze, in: Verhaltenstherapie und psychosoziale Praxis 2/1985.

Rerrich, Maria (1989): Die ‚neuen Väter', in: Keupp. H./Bilden, H. (Hrsg.): Verunsicherungen. Das Subjekt im gesellschaftlichen Wandel. Göttingen

Schittenhelm, Karin (2000): Dissens, Distinktion und Gegenentwürfe in soziokulturellen Milieus junger Frauen, in: Roth, Roland/Rucht, Dieter (Hrsg.) Jugendkulturen, Politik und Protest, Opladen.

Schmid, Günther (1996): Reform der Arbeitsmarktpolitik. Vom fürsorgenden Wohlfahrtsstaat zum kooperativen Sozialstaat, in: WSI-Mitteilungen 10/1996.

Schröer, Andreas (1996): Kollektivität als Ressource? Die Veränderung kollektiver Lebensformen durch junge Erwachsene in Ostdeutschland, in: Walther, Andreas (Hrsg.): Junge Erwachsene in Europa – Jenseits der Normalbiographie? Opladen.

Schulze, Gerhard (1992): Die Erlebnisgesellschaft. Kultursoziologie der Gegenwart. Frankfurt a.M./New York.

Silbereisen, Rainer K./Vaskovics, Laszlo/Zinnecker, Jürgen (Hrsg.) (1996): Jungsein in Deutschland. Jugendliche und junge Erwachsene 1991 und 1996. Opladen

Smith, Richard J./Maughan, Tim (1998): Youth Culture and the Making of the Post-Fordist Economy: Dance Music in Contemporary Britain, in: Journal of Youth Studies, Vol 1, No. 2.

Stauber, Barbara (1998): Starke Mädchen Kein Problem? In: Beiträge zur feministischen Theorie und Praxis, Jg. 22, Heft 51.

Stauber, Barbara/Walther, Andreas (1996): All different, all equal? Erkundung des Geländes eines europäischen Diskurses 'Junge Erwachsene', in: Walther, Andreas (Hrsg.): Junge Erwachsene in Europa – Jenseits der Normalbiographie? Opladen.

Stauber, Barbara (2000): Übergänge schaffen – Jugendkulturelle Zusammenhänge und ihre Bedeutung für das Erwachsen(?)werden am Beispiel Techno, in: Gebhardt, Winfried/Hitzler, Ronald, Pfadenhauer, Michaela (Hrsg.): Events. Zur Soziologie des Außergewöhnlichen. Opladen.

Tübinger Institut für frauenpolitische Sozialforschung (Hrsg.) (1998): Den Wechsel im Blick – Methodologische Ansichten feministischer Sozialforschung. Pfaffenweiler.

Vaskovicz, Laszlo (1997): Generationenbeziehungen: Junge Erwachsene und ihre Eltern, in: Liebau, E. (Hrsg.): Das Generationenverhältnis: über das Zusammenleben in Familie und Gesellschaft. Weinheim/München.

Voß, G. Günther (1998): Die Entgrenzung von Arbeit und Arbeitskraft. Ein subjektorientierte Interpretation des Wandels der Arbeit, in: Mitteilungen aus der Arbeitsmarkt- und Berufsforschung 3/1998.

Walby, Sylvia (1997): Gender Transformations. London und New York

Wallace, Claire/Kovatcheva, Sijka (1998): Youth in Society. The Construction and Deconstruction of Youth in East and West Europe. London.

Walther, Andreas/Stauber, Barbara/Bolay, Eberhard/Bois-Reymond, Manuela du et al. (1997): Junge Erwachsene in Europa – Neue Übergänge zwischen Jugend und Erwachsensein, in: neue praxis Jg. 27, Heft 3

Walther, Andreas (Hrsg.) (1996): Junge Erwachsene in Europa – Jenseits der Normalbiographie? Opladen.

Walther, Andreas (2000): Spielräume im Übergang in die Arbeit. Junge Erwachsene an den Grenzen der Arbeitsgesellschaft in Großbritannien, Italien und Deutschland. Weinheim und München.

Wiesner, Reinhard (1998): Entwicklung im Bereich der Volljährigenhilfe nach §41 SGB VIII, in: Freie und Hansestadt Hamburg, Dokumentation der Fachtagung: Hilfe für junge Volljährige nach §41 SGB VIII – Lebenssituation junger Erwachsener – Hilfekonzept, hrsg. vom Amt für Schule, Jugend und Berufsbildung. Hamburg.

Winter, Reinhard/Neubauer, Gunter (1998): Kompetent, authentisch und normal? Aufklärungsrelevante Gesundheitsprobleme, Sexualaufklärung und Beratung von Jungen – Eine quantitative Studie im Auftrag der BZgA, Köln.

Willis, Paul (1991): Jugend-Stile. Zur Ästhetik der gemeinsamen Kultur. Hamburg/Berlin.

Ziehe, T. (1991): Vom vorläufigen Ende der Erregung – Die Normalität kultureller Modernisierungen hat die Jugend-Subkulturen entmächtigt, in: Helsper, H. (Hrsg.): Jugendliche Außenseiter. Opladen.

Zoll, Rainer (1993): Alltagssolidarität und Individualismus. Zum soziokulturellen Wandel. Frankfurt a.M.

Teil II
Lebensorte der Kinder und Jugendlichen

Karl Lenz

Familien

Zusammenfassung: Im Alltag reden wir in den verschiedensten Zusammenhängen über Familie und vertrauen darauf und können auch darauf vertrauen, dass wir hinreichend verstanden werden. Für die Kinder- und Jugendhilfe und für das politische Handeln kann dies aber ebenso wenig ausreichen wie für die Familienforschung selbst. Es kann nicht ausreichen, da mit „Familie" unterschiedliche Vorstellungen verbunden sind und vor allem, da die Gefahr besteht, dass eine verengte Fassung von Familie zugrunde gelegt wird. Im ersten Hauptteil soll ausgehend von Fallstricken eines verengten Familienbegriffs ein Familienbegriff präsentiert werden, der in der Lage ist, der historischen und kulturellen Vielfalt von Familienformen gerecht zu werden. In diesem Zusammenhang soll auch die Differenzierung zwischen Familien und Ehen eingeführt und die Ehen als besondere Form der Zweierbeziehungen verstanden werden. Der zweite Hauptteil widmet sich dem Wandel der Familienformen, zunächst in Übergang von der traditionellen zur modernen Gesellschaft und dann mit Blick auf einige aktuelle Wandlungstendenzen.

1. Familie ein Allerweltsbegriff mit hohem Aufklärungsbedarf

Familie ist – wie kaum ein anderer – ein wertbeladener Begriff. Mit Familie werden – vielfach unreflektiert – die eigenen Auffassungen und Hoffnungen vermengt, wie eine „richtige Familie" oder ein „richtiges Familienleben" auszusehen habe. Als eine weitere Schwierigkeit kommt hinzu, dass die Vokabel „Familie" im deutschen Sprachgebrauch im Laufe des 18. Jahrhunderts gebräuchlich wurde, parallel mit dem Aufkommen des modernen oder – synonym gebraucht – des bürgerlichen Familienmodells. Diese Parallelität hat bis heute zur Folge, dass vielfach Familie mit diesem historisch gebundenen Familienmodell gleichgesetzt wird. Beides zusammen, diese normative Aufladung und diese Gleichsetzung von Familie mit dem historischen Familienmodell, stellt in Frage, ob Familie als wissenschaftliche Kategorie überhaupt noch brauchbar ist (vgl. Lenz 2001a). John Scanzoni et al. (1989) haben schon Ende der 80er-Jahre vorgeschlagen, auf Familie als wissenschaftlichen Begriff zu verzichten und ihn durch den Begriff der primären Beziehung zu ersetzen. Dieser Vorschlag hat sich jedoch bis heute nicht durchsetzen können. Vieles spricht dafür, dass auch dies in Zukunft nicht der Fall sein wird. Dieser Begriff scheint zu gebräuchlich zu sein, als dass er trotz der Probleme einfach substituiert werden könnte. Wenn dies nicht einmal in der wissenschaftlichen Diskussion möglich ist, gilt dies für die Anwendungsfelder Politik und pädagogische Praxis umso mehr. Da der Ausweg, einen nicht belasteten Grundbegriff zu inthronisieren, versperrt ist, bedarf es einer intensiven Aufklärungsarbeit am Familienbegriff. Um die Vielfalt der vorhandenen Familienformen anzuzeigen, bietet es sich an, möglichst häufig von „Familien" zu sprechen, also die Pluralform zu gebrauchen[1]. Immer stärker verbreitet sich auch der Begriff der „familialen Lebensformen"; auch dadurch soll auf die Gestaltungsvielfalt hingewiesen werden.

1.1 Fallstricke eines verengten Familienbegriffs

Ein erster Fallstrick ist die Gleichsetzung des Familienbegriffs mit „Familienbildern". Familienbilder oder auch Familienleitbilder sind Wunschvorstellungen, wie eine „richtige" Familie „eigentlich" sein sollte oder wie eine Familie „eigentlich" auszusehen habe. Familienbilder sind normativ aufgeladen, vielfach emotional hoch besetzt und dienen dabei als Projektionsflächen eigener Hoffnungen und Ängste. Ein jeder von uns hat Idealvorstellungen davon, was Familie zu sein hat. Nicht die prinzipielle Berechtigung solcher Ideale im Alltagsleben soll hier angezweifelt werden. Fatal werden diese Idealvorstellungen aber dann, wenn sie in der Wissenschaft, Politik oder auch der pädagogischen Praxis zum verbindlichen Maßstab von Familie erhoben und jede Abweichung davon als defizitär aufgefasst wird.

Für den Begründungszusammenhang von Familienpolitik und Familienrecht besitzen solche Familienbilder eine enorme Bedeutung (vgl. Lüscher 1997). Aber nicht nur in die Politik, auch – um einige Beispiele zu nennen – in die Jugendhilfe, in Gerichtsverfahren oder in Therapien fließen Familienbilder ein und werden vielfach als impliziter Maßstab der Beurteilung des Familienalltags verwendet. Auch in der wissenschaftlichen Thematisierung von Familie ist die Gefahr akut, dass diese alltagsweltlichen Bilder stillschweigend und versteckt einfließen. Das wissenschaftliche Denken ist dagegen nicht gefeit. Kurt Lüscher (1995b: 4) konstatiert für die Familienforschung eine „notorische Ideologisierung ihres Gegenstandes" und fordert deshalb eine verstärkte wissenssoziologische Ausrichtung dieses Forschungsbereichs. Als Gegenstrategie hilft nur ein hohes Maß wissenschaftlicher Selbstreflexion, um die mitgebrachten Selbstverständlichkeiten, die unreflektierte Selektion und Perspektivität dieser Relikte des Alltagsdenkens aufzudecken und durchbrechen zu können.

Um die Wirksamkeit von Familienbildern sichtbar zu machen, bietet es sich an, diese selbst zum Gegenstand wissenschaftlicher Erforschung zu machen.

---

[1] Ich folge im Weiteren der folgenden Konvention: Wenn ich die Vielfalt dieser Lebensform im Blick habe, verwende ich den Plural, wenn es mir um eine besondere Ausprägung von Familie (z.B. moderne Familie) oder um die analytische Kategorie Familie geht, greife ich auf die Singularform zurück.

Diese Aufgabe hat Kurt Lüscher (1995a) dem Forschungsfeld der Familienrhetorik zugewiesen. Als Familienrhetorik bezeichnet Lüscher: „Texte, Bilder und Reden, denen das Bemühen zugrunde liegt, ‚die' Familie bzw. spezifische Formen von Familie (bzw. familiale Verhaltensweisen) öffentlich zu bewerten und sie als vorbildlich oder unerwünscht darzustellen" (Lüscher 1995a: 52). Aus der Konstanzer „Familien"-Werkstatt um Lüscher liegen inzwischen einige Analysen vor, die Familienrhetorik anhand konkreter Materialien, wie z.B. der Familienberichte der Bundesregierung, untersucht haben (vgl. Bräuninger/Lange/Lüscher 1996; Lange/Bräuninger/Lüscher 2000; Walter 1993).

Ein zweiter Fallstrick von Familie ist die Gleichsetzung mit dem modernen oder bürgerlichen Familienmodell. Als familienwissenschaftlicher Grundbegriff darf mit Familie nicht nur eine besondere, historisch gebundene Form bezeichnet werden, sondern damit ist der Anspruch verbunden, dass es sich hier um einen Allgemeinbegriff mit einer überzeitlichen Geltung handelt. Dies erfordert jedoch, dass Familie in einer Weise definiert wird, die geeignet ist, die historisch und interkulturell gegebene Variabilität wie auch die in der Gegenwart vorfindbare Pluralität dieses Wirklichkeitsausschnittes tatsächlich umspannen zu können. Bis in die Gegenwart hinein ist die Familienforschung jedoch reich an Beispielen, dass Familie zwar in diesem Sinn als ein wissenschaftlicher Allgemeinbegriff verstanden wird; in der konkreten Begriffsbestimmung schimmert aber dennoch an einigen Stellen unverkennbar die Ausrichtung an dem Formtypus der bürgerlichen oder modernen Familie durch.

Ein Beispiel für die starke Verwurzelung der Grundkategorie der Familienforschung in diesem Familienverständnis ist die unkritische Übernahme des Verweisungszusammenhangs von Ehe und Familie. Dem bürgerlichen Familienmodell liegt – wie noch zu zeigen sein wird – eine enge strukturelle Koppelung von Ehe und Familie zugrunde. Aus der Ehe folgt in diesem Modell unmittelbar die Familiengründung, und die Ehe geht voll und ganz in der Familie auf. Dieser für die bürgerliche Familienform konstitutive Verweisungszusammenhang von Ehe auf Familie wurde von der Familienforschung als ein allgemeines Bestimmungsmerkmal von Familie (als analytische Kategorie) übernommen und wird bis heute mitgeschleppt. Im „Handbuch der Familien- und Jugendforschung, Band 1" wird im Einleitungskapitel, verfasst von der Mitherausgeberin Rosemarie Nave-Herz (1989: 3), als ein Kennzeichen von Familie herausgestellt, dass „in der Regel die Familie durch Eheschließung begründet oder ergänzt" wird. Noch deutlicher kommt dieser Verweisungszusammenhang in der Ehedefinition in diesem Beitrag zum Vorschein: Nave-Herz (1989: 6) bezeichnet Ehe als „durch Sitte oder Gesetz anerkannte, auf Dauer angelegte Form gegengeschlechtlicher sexueller Partnerschaft" und fügt unmittelbar hinzu: „Weiterhin ist ein wesentliches Strukturmerkmal aller Ehen, auch der modernen, dass sie über das bloße personale Paarverhältnis auf Gruppenbildung – *auf Familie – hinausweist* (Hervorhebung des Autors)". Erst nach und nach wächst in der Familienforschung die Einsicht, dass dieser Verweisungszusammenhang in einer Familiendefinition, die mehr sein will als eine bloße Beschreibung des modernen Familientypus, nichts zu suchen hat[2].

1.2 Familie als analytische Kategorie

Es ist hier nicht der Raum, gängige Definitionsmerkmale von Familie zu diskutieren und ihre Brauchbarkeit zu überprüfen (vgl. Lenz 2001a). Vielmehr soll hier nur das Ergebnis dieser Überprüfung präsentiert werden.

(1) Das konstitutive Merkmal von Familie ist die *Zusammengehörigkeit von zwei (oder mehreren) aufeinander bezogenen Generationen, die zueinander in einer Elter-Kind-Beziehung*[3] stehen. In unserer Gegenwart beschränkt sich Familie auf die Zusammengehörigkeit zweier Generationen, in der Vergangenheit und in anderen Kulturen lassen sich Beispiele finden, dass sich Familie über mehr als zwei Generationen erstreckt. Von der Kind-Position aus gesehen, handelt es sich um die *Herkunftsfamilie*, von der Elter-Position aus um die *Eigenfamilie*[4]. Durch das Aufeinanderbezogensein als Elter und Kind ergibt sich eine besondere Generationenbeziehung, die eine breite Palette von Ausgestaltungen zulässt. Als kleinste Größe umfasst eine Familie ein Kind und ein Elter, die inzwischen meist als *Ein-Eltern-* oder – präziser – als *Ein-Elter-Familie* – bezeichnet wird. Wird die Ein-Elter-Familie mit der Mutter gebildet, was ganz überwiegend der Fall ist, spricht man von *Mutterfamilie*, wird sie mit dem Vater gebildet, von *Vaterfamilie*. Setzt sich eine Familie aus einem oder mehreren Kind(ern) und einem Paar in der älteren Generation zusammen, dann spricht man von einer *Kernfamilie*. Die Kernfamilie ist die Familienform, die dem bürgerlichen Familienmodell zugrunde liegt. Eine Familie, die in der Generationentiefe

---

2 So verzichtet Nave-Herz in dem Einführungsbuch „Familie heute" (1994) bei der ansonsten deckungsgleichen Übernahme der Definition von Familie aus dem Handbuch auf dieses Bestimmungsmerkmal. Sie begründet diesen Schritt damit, dass „es zu allen Zeiten und in allen Kulturen auch Familien gab (und gibt), die nie auf einem Ehesubsystem beruht haben oder deren Ehesubsystem im Laufe der Familienbiographie durch Rollenausfall, infolge von Tod, Trennung oder Scheidung entfallen ist" (Nave-Herz 1994: 6).

3 Wenn hier Elter-Kind-Beziehung geschrieben steht und nicht Eltern-Kind-Beziehung, so ist das kein Tippfehler, sondern der Begriff wurde bewusst gewählt. Damit soll bereits angedeutet werden, dass es nicht zwei Elternteile sein müssen, sondern möglicherweise nur ein Elternteil vorhanden ist. Von „Elter" statt von „Elternteil" zu sprechen, ist nicht nur eleganter, sondern auch unbedingt notwendig, da bei „Elternteil" das „Teil" auf etwas Ganzes verweist. Sichtbar wird dadurch, wie stark unsere Sprache von einer Normalunterstellung durchzogen ist. „Elter" ist übrigens keine Neuschöpfung, sondern war im Frühneuhochdeutsch als Singularform von Eltern gebräuchlich. Die Familienforschung tut gut daran, dieses aus dem Sprachgebrauch verschwundene Wort wiederzuentdecken (vgl. Clason 1989; Hoffmann-Riem 1989).

4 An Stelle der Eigenfamilie ist in der Literatur noch vielfach von der Zeugungsfamilie die Rede. Wegen der darin sichtbar werdenden männlichen Perspektive sollte diese Terminologie vermieden werden.

um eine oder mehrere Generationen vergrößert ist, wird als *Mehrgenerationenfamilie*, eine, die neben einem Generationenzusammenhang noch weitere Personen (z.B. Geschwister der Eltern) einschließt, wird als *erweiterte Familie* bezeichnet.

Vielfach wird die Familie als eine „Gruppe besonderer Art" charakterisiert. Am ausführlichsten hat sich mit dieser Bestimmung von Familie Hartmann Tyrell (1983a) befasst. Tyrell ordnet Familie, in Abgrenzung zu den von Niklas Luhmann (1975) stammenden Systemebenen Interaktion und Organisation, der von ihm dazwischen angesiedelten Systemebene der Gruppe (vgl. auch Tyrell 1983b) zu. Während Interaktion auf dem Kriterium der Anwesenheit basiert, ist für die Familie als Gruppe die auf Personen zugerechnete Zusammengehörigkeit konstitutiv. Diese Personalisierung als Systemprinzip trennt eine Gruppe auch von einer Organisation, die bestrebt ist, alles ‚Persönliche' draußen zu halten. Eine breite Traditionslinie fortsetzend, qualifiziert Tyrell Familie als eine besondere Gruppe. Ihre besondere Qualität im Unterschied zu anderen Gruppen liege (1) in der Rekrutierung und Zusammensetzung des Familienpersonals, (2) im biographisch langfristigen alltäglichen Zusammenleben der Mitglieder sowie (3) in der kulturellen Besetzung mit Erwartungen der Liebe und des Glücks.

Wenn man von einer Mindestgröße einer Gruppe von drei Personen ausgeht, greift das Gruppenkonzept zur Charakterisierung zu kurz. Familien umfassen zwar in vielen Fällen drei und mehr Mitglieder, sie können aber auch – wie bei Ein-Elter-Familien – aus nur zwei Mitgliedern bestehen. Die Verwendung des Gruppenbegriffs im Zusammenhang mit Familien ist allem Anschein nach mit der aus dem bürgerlichen Familienmodell übernommenen Vorstellung der Kernfamilie verknüpft. Aus diesem Grunde ist es für eine Ausweitung des Familienbegriffs ratsam, an die Stelle des Gruppenkonzepts auf das breitere Konzept der persönlichen Beziehung zurückzugreifen (vgl. Lenz 1998). Familien können zwar Gruppen sein, der Gruppencharakter ist aber kein allgemeines Kennzeichen von Familie. Familien entsprechen dagegen dem Strukturtypus der persönlichen Beziehung, wobei sich ihre Besonderheiten daraus ergeben, dass dieser Strukturtypus – ausschließlich oder zumindest als Zentrum – aus Personen gebildet werden, die unterschiedlichen, unmittelbar aufeinander bezogenen (Abstammungs-)Generationen angehören (ausführlicher dazu vgl. Lenz 2001b).

Abschied nehmen muss die Familienforschung von der lange Zeit vertretenen These der Universalität der Kernfamilie. Diese These geht auf den amerikanischen Anthropologen Peter Murdock (1949) zurück, der anhand von 250 Gesellschaften zu dem Ergebnis kam, dass die Kernfamilie eine „universelle menschliche Sozialgruppe sei", die entweder als alleinige Familienform oder als zentrale Einheit in komplexeren Familienformen eingebaut ist. Diese These ist aber aufgrund des vorhandenen ethnologischen Materials nicht mehr haltbar. Beispiele von archaischen Gesellschaften, wie z.B. den Nayar aus Vorderindien, oder auch die Beschreibungen der Familienformen in Verbindung mit der „culture of poverty" aus dem mittelamerikanischen Raum lassen erkennen, dass – wie Eickelpasch, vielfach unbeachtet, schon Mitte der 70er-Jahre formuliert hat – „sich die Kernfamilie nicht als urwüchsiges und universales Grundmuster (darstellt), sondern als eine unter einer Vielzahl möglicher Kombinationen elementarer Beziehungsdyaden mit der Mutter-Kind-Dyade als Grundeinheit" (Eickelpasch 1974: 336f.). Nicht die Kernfamilie, sondern die Mutter-Kind-Dyade ist der Grundbaustein der Familienbildung. Die Anbindung des Vaters bzw. des Mannes an diese Dyade stellt vielfach eine schwierige Aufgabe dar. Jedoch – auch das darf nicht übersehen werden – ist die Anbindung auch nicht immer intendiert. Sie ist in solchen archaischen Gesellschaften nicht vorgesehen, in denen die Mutter (mit Kind) am Wohnort ihrer Herkunft bleibt (Matrilokalität) und das Kind nur mit den Angehörigen mütterlicherseits verwandt (Matrilinearität) ist[5]. In der Gegenwart wird eine solche Anbindung nicht angestrebt, wenn sich eine Frau bewusst für eine ledige Mutterschaft entscheidet, was aber in Deutschland – bislang zumindest – allerdings nur sehr selten vorzukommen scheint (vgl. Nave-Herz 1992).

Die Mutter-Kind-Dyade als Grundeinheit einer Familie muss keineswegs notwendigerweise auf die Annahme eines biologisch vorgegebenen Brutpflegemotivs verweisen. Stattdessen kann auch mit der hohen, über Plausibilitätsstrukturen gestützten und im kollektiven Gedächtnis gespeicherten Evidenz der Zuschreibung des Kindes an seine Mutter argumentiert werden. Diese Zuschreibung konstituiert erst die Mutter-Kind-Dyade als eine soziale Einheit. Zugleich wird diese Einheit durch die der Mutter aufgebürdeten Verpflichtungen gegenüber dem Kind kulturell abgesichert. Diese Zuschreibungen und die daraus erwachsenen Verpflichtungen sind kulturelle Setzungen, die die Verantwortung für das Kind der Mutter aufbürdet, und nicht naturgegeben. In der Gegenwart lassen sich gewisse Freisetzungstendenzen erkennen, die es auch Müttern ermöglichen, zugunsten des Vaters die elterliche Zuständigkeit abzugeben, wie Ein-Elter-Familien in Form der Vaterfamilie oder auch Stieffamilien mit dem leiblichen Vater belegen.

(2) Dem herkömmlichen Familienkonzept liegt ein *versteckter Biologismus* zugrunde. Vielfach stillschweigend wird angenommen, dass zu einer Familie die leibliche Mutter und der leibliche Vater oder zumindest einer von beiden gehört. Zur Überwindung dieses versteckten Biologismus ist es erforderlich, zwischen biologischer und sozialer Vater- bzw. Mutterschaft zu unterscheiden (vgl. Kaufmann 1995; Peuckert 1999). Mit biologischer Vaterschaft ist die Zeugung, und mit biologischer Mutterschaft die Konzeption, Schwangerschaft und Geburt des Kindes umschrieben; mit der sozialen Vater- und Mutterschaft die Übernahme und Ausübung der Vater- bzw.

---

5 Matrilinearität und Matrilokalität darf nicht mit Matriarchat gleichgesetzt werden, da in diesen Gesellschaften die Autoritätsposition typischerweise beim Bruder der Mutter liegt (vgl. Müller 1984). Als Einführung in die Deszendenz- und Residenztypen vgl. Vivelo 1995.

Mutter-Position gegenüber einem Kind im Lebensalltag. Auch in der Kulturanthropologie ist diese Unterscheidung verbreitet. Hier wird auf den Vater bezogen zwischen „Genitor" und „Pater" und auf die Mutter bezogen zwischen „Genetrix" und „Mater" unterschieden (vgl. Vivelo 1995).

Die biologische Vaterschaft bzw. Mutterschaft übt offenkundig – nicht in allen, aber in vielen Gesellschaften – eine besondere Überzeugungskraft für die Übernahme und Ausübung der Vater- und Mutter-Position aus. Dennoch kann eine Vater- oder Mutter-Position übernommen und ausgeübt werden – und wird auch –, ohne dass diese auf einer biologischen Vater- bzw. Mutterschaft fundiert ist. Dies ist – bei einem Elter oder gar beiden Eltern – der Fall bei Adoptivfamilien, Stieffamilien und auch bei Familiengründung durch heterologe Insemination („Inseminationsfamilie").

Diese Fälle der Entkoppelung von biologischer und sozialer Mutter- und/oder Vaterschaft zeigen, dass eine Familie auch dann entsteht, wenn eine soziale Elternschaft ohne biologische Elternschaft vorliegt. Deutlich wird dadurch, dass ausschlaggebend für eine Familie *die Übernahme und das Innehaben der Elter(n)-Rolle(n) ist*. Adoptiv-, Inseminations- und Stieffamilien machen deutlich, dass nicht die biologische, sondern die soziale Mutter- und Vaterschaft eine Familie konstituiert. Es hat den Anschein, dass offensichtlich kulturübergreifend das Wissen um die eigene biologische Mutter- und Vaterschaft in einem herausragenden Maße motivationsschaffend und -verstärkend wirkt, elterliche Zuständigkeit für ein Kind zu übernehmen. Aber auch wenn man aus dieser Quelle nicht zehren kann, ist es möglich, dass ein Kind als „eigenes", und der nichtleibliche Vater bzw. die nichtleibliche Mutter als der „richtige" Vater bzw. als die „richtige" Mutter gesehen wird. Zugleich wird dadurch erkennbar, dass die biologische Tatsache der Vater- und Mutterschaft erst dann sozial relevant wird, wenn sie als solche anerkannt wird, und das heißt, wenn sie in eine soziale Vater- und Mutterschaft überführt wird. In beiden Fällen ist es also die Übernahme und das Innehaben einer oder beider Elter(n)-Rolle(n), wodurch eine Familie geschaffen wird und fortbesteht.

(3) Wenn in der Familienforschung über Familien gesprochen wird, schwingt in aller Regel der Haushalt als Definitionskriterium mit. Meistens wird in den unterschiedlichsten Definitionen implizit unterstellt, dass die Familienmitglieder in einem Haushalt zusammenleben. Was oben in der Bestimmung von Familie als *Zusammengehörigkeit* einer besonderen Generationenbeziehung herausgestellt wurde, wird weithin als Zusammenwohnen und als Zusammenwirtschaften, also als Haushalt, ausgelegt und verstanden. Unbestritten kommt in der großen Mehrzahl der Familien die Zusammengehörigkeit durch eine über eine lange Zeit – 18, 20 oder mehr Jahre – andauernde Haushaltsgemeinschaft zum Ausdruck. Das gemeinsame Wohnen und Wirtschaften hat – ebenso wenig bestreitbar – massive Auswirkungen auf den Familienalltag. Dennoch ist die familiale Zusammengehörigkeit nicht auf Zusammenwohnen und -wirtschaften begrenzbar. Das

Zusammengehörigkeitsgefühl, die Verantwortung, die Sorge füreinander und auch die verschiedenen Formen von Unterstützungsleistungen hören mit dem Verlassen des Elternhauses (vielfach eine Wohnung) nicht auf. Der Solidarverband Familie endet nicht an der Haushaltsschwelle. Eine Familie kann eine Haushaltsgemeinschaft bilden, aber ein Familienzusammenhang bleibt auch dann – in aller Regel – erhalten, wenn ein gemeinsamer Elter(n)-Kind(er)-Haushalt wegfällt. Familie als die Zusammengehörigkeit einer Elter(n)-Kind(er)-Konstellation und Haushalt als eine sozioökonomische Wohn- und Wirtschaftseinheit müssen strikt voneinander getrennt werden, auch wenn sie über eine lange Zeitdauer zusammenfallen (vgl. Bertram 1996).

In einer Reihe von Arbeiten zum Familiensurvey, durchgeführt am Deutschen Jugendinstitut, wurde überzeugend gezeigt, dass die amtliche Statistik, die die Familie in Form der Haushaltsstatistik in den Blick nimmt, kein zutreffendes Bild zeichnet. „Wer, obwohl er der Familie angehört, nicht Mitglied des Haushalts ist, auf den sich das Visier der Haushaltsstatistik richtet, der wird als Teil eines Lebenszusammenhangs nicht wahrgenommen" (Bien/Marbach 1991: 4). Dies gilt – um nur einige Beispiele zu nennen – für das Kind eines geschiedenen Elternteils, das beim bzw. bei der Ex-Partner/in lebt, aber dennoch regelmäßig zu Besuch kommt; für die in einer anderen Stadt studierenden Söhne und Töchter, die dort gemeldet sind, aber dennoch die meisten Wochenenden im Elternhaus verbringen; für die Großeltern, die zwar im selben Haus leben, aber einen eigenen Haushalt unterhalten und vielfältige Unterstützungen für die junge Familie erbringen.

Wie aus den Ergebnissen des Familiensurvey hervorgeht, verdoppelt sich der Anteil der Personen, die in einer Konstellation mit drei Generationen leben (von 4% auf 8%), wenn das gemeinsam bewohnte Haus und nicht der Haushalt als Bezugspunkt gewählt wird (vgl. Bien/Marbach 1991: 33). Selbst wenn sich die Haushalte der Eltern und erwachsenen Kinder in getrennten Häusern befinden, wohnen sie meisten nur in einer geringen Entfernung voneinander. 82% der Befragten im Familiensurvey gaben an, dass mindestens ein Elternteil in weniger als einer Stunde erreichbar ist (vgl. Bien 1994: 8). Eine „Netzwerksicht", eine Bestandsaufnahme des Gefüges der bestehenden persönlichen Beziehungen von Familienmitgliedern, lässt erkennen, dass Familienmitglieder (wie auch Personen ohne Eigenfamilie) in aller Regel keineswegs sozial isoliert sind, sondern in ein dichtes Netz familialer (und auch verwandtschaftlicher) Beziehungen integriert sind[6]. Nach Auflösung der

---

6 Die Grenzziehung zwischen „Familie" und „Verwandtschaft" ist durchaus variabel. So können die Großeltern noch zur Familie, aber eventuell auch schon zur Verwandtschaft gehören. Ein fester Bestandteil der Verwandtschaft sind in unserem heutigen Verständnis – von der Kind-Position aus betrachtet – die Geschwister der Eltern und deren Familie. Insgesamt scheint die Tiefe der Verwandtschaft – bis zu welchem Grad wird jemand als verwandt wahrgenommen – kleiner geworden zu sein. Ausführlich zu Verwandtschaft vgl. Wagner/Schütze 1998.

Haushaltsgemeinschaft mit den Kindern kommt es – wie Hans Bertram (1996) formuliert – zur „multilokalen Mehrgenerationenfamilie".

Neben der Haushaltszusammensetzung wurden im Familiensurvey die Befragten zugleich auch danach gefragt, welche Personen, „sie persönlich zu ihrer Familie zählen". Es zeigt sich, dass die subjektiv wahrgenommene Familie deutlich größer ist als der Haushalt. Berechnet auf 100 Befragte wurden 211 Haushaltsmitglieder und 408 (subjektiv wahrgenommene) Familienmitglieder genannt (vgl. Bien/Marbach 1991: 18). Was als die eigene Familie wahrgenommen wird, reicht also deutlich über die Haushaltsgrenzen hinaus. Fast die Hälfte der Personen, die zur eigenen Familie zählen, wohnt nicht im eigenen Hauhalt. Und es gibt Personen, wenn auch wenige – von 100 Befragten werden 17 genannt –, mit denen zwar eine Haushaltsgemeinschaft besteht, die aber dennoch nicht in die subjektiv wahrgenommene Familie eingeschlossen sind. Auf den ersten Blick mag das überraschen; es lässt sich aber aufklären: Nicht allen neuen Partner/innen einer schon bestehenden Familie („Stieffamilie") gelingt es, obwohl sie im Haushalt leben, als Inhaber einer Elter-Position akzeptiert zu werden. Aus einer amerikanischen Studie geht hervor, dass fast jedes dritte Kind den neuen Partner der Mutter bzw. die Partnerin des Vaters nicht zur eigenen Familie rechnet (vgl. Furstenberg 1988). Weitere Konstellationen sind durchaus denkbar, z.B. die betreuungsbedürftige Mutter, die in den Familienhaushalt eines Kindes aus diesem Anlass aufgenommen wird.

1.3 Familie, Ehe und Zweierbeziehung als Lebensformen

Nachdem der Familienbegriff geklärt wurde, ist jetzt noch notwendig, die vielfach in Familie eingeschlossene Beziehung zwischen Erwachsenen genauer zu betrachten, die die Gestalt einer Ehe haben kann, aber nicht muss. Ehe und nichteheliche Beziehungsformen können auch ohne eine Familie zu bilden existieren. Um Familien, Ehe und andere Beziehungsformen zusammenfassend zu bezeichnen, wird vielfach der Begriff der Lebensformen – manchmal mit den Attribut privat – verwendet (vgl. Schneider et al. 1998).

Die unkritische Übernahme des Verweisungszusammenhanges von Ehe auf Familie in der Familienforschung hat lange Zeit dazu geführt, dass die Ehe in der Forschung nur wenig Beachtung gefunden hat. Auch für die Familienforschung ist die Ehe weitgehend in der Familie aufgegangen und konnte von daher kaum eigenständiges Forschungsinteresse binden. Ehe und Elternschaft sind aber, was sich in der Familienforschung inzwischen immer mehr durchzusetzen scheint, als unterschiedliche Subsysteme oder als unterschiedliche Beziehungsformen aufzufassen (vgl. Tyrell/Herlth 1994; Kaufmann 1995; Huinink 1995; Nave-Herz 1996) und folglich auch getrennt zu betrachten. Der Fokus auf Ehen reicht aber inzwischen nicht mehr aus, um die Beziehungsformen in der Eltern-Generation einer Familie einzufangen. Mit der Forderung nach einer eigenständigen Eheforschung ist es jedoch nicht mehr getan, da die Ehe selbst mittlerweile massive Einbußen als kulturelle Selbstverständlichkeit hinzunehmen hat. Neben Ehen haben nichteheliche Beziehungsformen, sei es in Form des unverheiratet Zusammenlebens („nichteheliche Lebensgemeinschaft") und mit zwei getrennten eigenständigen Haushalten („Living-apart-together" oder „Distanzbeziehungen"), einen deutlichen Aufschwung erlebt.

Als Sammelkategorie für Ehen und nichteheliche Beziehungsformen wird vielfach der Begriff der Partnerschaft, so z.b. bei Johannes Huinink (1995) oder Hartmann Tyrell und Alois Herlth (1994), verwendet. Die Partnerschaft ist aber bereits mit einem anderen Bedeutungsgehalt besetzt. Unter Partnerschaft wird ein kulturelles Ideal für die interne Gestaltung einer Beziehung verstanden. Das Ideal der Partnerschaft fordert unabhängig von der Geschlechtszugehörigkeit weitgehend gleiche Rechte und Pflichten für beide Beziehungspersonen und eine aus dem konstruktiven Miteinander gewonnene Verständigung über das gemeinsame Leben. Trotz starker Ausbreitung dieses Ideals wäre es u.E. voreilig zu meinen, dass andere Beziehungsleitvorstellungen, z.B. die des „natürlichen Autoritätsvorsprungs" des Mannes, bereits völlig verdrängt wären. Aber auch dann, wenn das Ideal der Partnerschaft übernommen wird, bleibt offen, wie es mit seiner Realisierung im Beziehungsalltag bestellt ist. Partnerschaft als Sammelkategorie aller Beziehungsformen einzuführen, würde diese empirisch vorhandenen Unterschiede in der Verbreitung und Umsetzung verdecken und wäre damit in der Gefahr einer Ideologisierung. Vor allem spricht gegen diese Begriffswahl, dass damit eine Kategorie, die auf das Machtgefüge der Beziehung abzielt, vermengt wird mit einer Formkategorie. Statt „Partnerschaft" habe ich an anderer Stelle (vgl. Lenz 1998), den Begriff der Zweierbeziehung vorgeschlagen, um Ehen und nichteheliche Beziehungsformen einschließen zu können. Dieser Begriff umfasst gleichermaßen hetero- wie auch homosexuelle Beziehungen. Unter Zweierbeziehung soll eine enge, verbindliche und auf Dauer angelegte Beziehung zwischen Personen unterschiedlichen oder gleichen Geschlechts verstanden werden, die sich durch eine besondere Zuwendung auszeichnet und die die Praxis sexueller Interaktion einschließt bzw. eingeschlossen hat.

Obwohl die Ehe über eine relativ lange Zeitdauer gleichsam ein Monopol über die Zweierbeziehung besessen hat, ist die Ehe dennoch lediglich eine mögliche Ausprägung einer Zweierbeziehung. In unserer Gesellschaft ist die Ehe eine rechtlich legitimierte, auf Dauer angelegte Beziehung zweier ehemündiger, verschiedengeschlechtlicher Personen. Das wesentliche Kriterium, das Ehen von anderen Zweierbeziehungen trennt, ist die rechtliche Legitimation durch den Staat[7]. Da es nicht in allen Kulturen der Staat ist,

---

7 Inzwischen ist mit Wirkung zum 1. August 2001 das Lebenspartnerschaftsgesetz in Kraft getreten, auf dessen Grundlage eine staatliche Registrierung gleichgeschlechtlicher Paare möglich wird. Durch eine „eingetragene Lebenspartnerschaft" werden

der Ehen schließt (vgl. Vögler/Welck 1985), kann man allgemeiner formulieren, dass das Besondere einer Eheschließung in der Verpflichtungserklärung gegenüber Dritten und unter dem Schutz von Dritten besteht. Die Abgabe dieser Verpflichtungserklärung wird in Form von Ritualen symbolisch erhöht, um sich und den anderen den nun vollzogenen Wechsel der Loyalitäten und Zugehörigkeit anzuzeigen. Welche Instanz als Dritter befugt ist, eine Ehe als verbindlich zu erklären, ist kulturell variabel und unterliegt historischen Verschiebungen. Das staatliche Monopol auf Anerkennung einer Ehe existiert im deutschen Raum erst seit etwa vier Generationen. Vorher war die Kirche die zentrale Instanz der Ehestiftung. Aber auch die Kirche hat sich ihrerseits dieses Privileg im Laufe des Mittelalters erst nach und nach gesichert, indem sie die Verwandtschaftssysteme aus dieser Funktion verdrängt hat (vgl. Ariès 1986; Schröter 1985).

Mit der Heirat verknüpft ist eine Reihe von rechtlichen Festlegungen sowie rechtlichen Ansprüchen und Pflichten, die das Paar nunmehr einander gegenüber hat (vgl. Limbach 1989; Barabas/Erler 1994). Mit der Namensrechtsreform von 1994 ist der Zwang weggefallen, dass ein Ehepaar einen gemeinsamen Namen führen muss. Gleichwohl präferiert der Gesetzgeber – durch die Sollformulierung deutlich zu erkennen – weiterhin einen einheitlichen Ehenamen. Mit der Eheschließung verpflichtet sich ein Paar zu einer „ehelichen Lebensgemeinschaft", eine Verpflichtung, die jedoch weitgehend nur programmatischen Charakter hat. In Abkehr von der im Bürgerlichen Gesetzbuch (BGB) festgeschriebenen Hausfrauenehe wird ein Ehepaar seit der Eherechtsreform von 1978 aufgefordert, die Haushaltsführung im gegenseitigen Einvernehmen zu regeln. Mit der Ehe gehen Vorgaben zu den vermögensrechtlichen Beziehungen zwischen den Eheleuten einher. Sofern keine anderen Vereinbarungen (Gütergemeinschaft oder Gütertrennung) getroffen werden, tritt der gesetzliche Güterstand der Zugewinngemeinschaft ein: Danach wird bei einer Auflösung der Ehe lediglich der während der Ehe gewonnene Zugewinn geteilt und ausgeglichen. Durch die Heirat wird ein Erbanspruch begründet. Eine Ehe kann dann und nur dann geschieden werden, wenn sie gescheitert ist. Mit der Reform von 1978 hat das Zerrüttungsprinzip das Schuldprinzip abgelöst. Als Anhaltspunkte für das Scheitern gelten Trennungszeiten, die – von Sonderregelungen abgesehen – bei einer einvernehmlichen Scheidung ein Jahr, bei einer einseitig gewollten drei Jahre betragen. Die Unterhaltsregelung und der Versorgungsausgleich stellen bei Scheidungen einen besonderen Konfliktstoff dar.

Im abendländischen Kulturkreis gilt für die Ehe das Prinzip der Monogamie. Eine jede Frau darf nur mit einem Mann, ein jeder Mann darf nur mit einer Frau verheiratet sein. Das Monogamieprinzip betrifft jedoch nur das Verbot der Gleichzeitigkeit: Gleichzeitig darf man nicht mit mehr als einer

---

gleichgeschlechtliche Paare nunmehr auch in Deutschland bei einer Reihe von Rechten – nicht allen – den Ehen gleichgestellt.

Person verheiratet sein, was aber nicht ausschließt, dass man nacheinander häufiger als einmal heiratet. Im Unterschied zu einer absoluten Monogamie (lebenslang nur ein Partner bzw. eine Partnerin) wird diese Ausprägung als „relative" oder „serielle Monogamie" bezeichnet. Über alle Kulturen hinweg ist jedoch nicht die monogame Eheform der Regelfall. Deutlich häufiger kommen Formen der Polygamie vor, vor allem in der Ausprägung, dass ein Mann mehrere Ehefrauen hat („Polygynie"). Auch der umgekehrte Fall, eine Frau hat mehrere Ehemänner („Polyandrie"), kommt vor, allerdings nur selten (vgl. Vivelo 1995). Polygame Eheformen sind in diesen Gesellschaften immer ein Privileg der Reichen und Mächtigen. Nur einige wenige können sich diese Eheform leisten. Zu beachten ist auch, dass polygamen Eheformen bereits aufgrund der Sexualproportion Grenzen in der Verbreitung gesetzt sind. Nirgendwo gibt es so viel mehr Männer oder Frauen, als dass Polyandrie oder Polygynie für alle oder für die Mehrzahl der Gesellschaftsmitglieder möglich wäre.

Kehren wir in die deutsche Gegenwart zurück: Das Prinzip der Monogamie als wechselseitige Treueverpflichtung findet auch in der Gegenwart bei den meisten Paaren eine hohe Akzeptanz (vgl. Peuckert 1999). Durchaus nicht nur bei Ehepaaren, sondern auch bei den unverheiratet Zusammenlebenden hat die wechselseitige Treueverpflichtung eine große Bedeutung (vgl. Vaskovics/Rupp 1995). Egal ob in Form einer Ehe oder nicht, bestehende Zweierbeziehungen zeichnen sich durch einen hohen Anspruch auf Exklusivität aus. Unterschiede existieren allerdings, wie strikt dieses Treuegebot gelebt wird. Es kann von „keine/n-andere/n-anschauen-dürfen" über den Ausschluss sexueller Interaktionen bis hin zu „keine-andere-Beziehung-haben" reichen. Dieser Exklusivitätsanspruch ergibt sich unmittelbar aus dem romantischen Liebescode, der – wie noch zu zeigen sein wird – mit dem Aufkommen der modernen Familie für die Paarbildung zum dominanten Leitbild wurde.

Allerdings wäre es kurzsichtig, wenn man die stets auch praktizierten Verstöße gegen diesen kulturell verankerten Exklusivitätsanspruch übersehen würde. „Seitensprünge" sind eine verbreitete Erscheinung. In einer Repräsentativstudie aus den alten Bundesländern, in der Personen im Alter von 15 bis 59 Jahren befragt wurden, gab etwas mehr als ein Drittel der Befragten (37%) an, schon (zumindest) einmal Sexualverkehr außerhalb einer festen Beziehung gehabt zu haben (vgl. Hunnius/Jung 1994). Darunter dürfte eine große Zahl einmaliger Sexualkontakte sein, bei Männern zu einem nicht geringen Anteil im Rahmen von Prostitution. Aus dieser Studie geht auch hervor, dass 26% der befragten Männer schon zumindest einmal bei einer Prostituierten waren. 4% von ihnen nahmen eine „sexuelle Dienstleistung" im letzten Jahr in Anspruch. Neben flüchtigen Sexualkontakten kommen aber auch – zumindest längere Zeit bestehende – *Nebenbeziehungen* vor. Neben einer bestehenden Zweierbeziehung – egal ob Ehe oder Nicht-Ehe – hat eine der beiden Beziehungspersonen noch eine weitere feste Beziehung zu einer bzw. zu einem „Geliebten". Hier stoßen wir auf eine soziale Wirklichkeit, die offenbart, dass auch in unserer Gesellschaft – entgegen dem kulturellen Leitprinzip – Formen der Polygamie durchaus vorkommen. Mit Nebenbeziehungen hat sich die Forschung bislang nur in geringem Umfang befasst (vgl. als Ausnahmen: Richardson 1985; Lawson 1988). In der großen Mehrzahl der Fälle wird die Existenz der Nebenbeziehung der bzw. dem (ersten) Beziehungspartner/in gegenüber verheimlicht. Dies schließt natürlich nicht aus, dass die Nebenbeziehung zu einem späteren Zeitpunkt bekannt oder auch offen gelegt wird. Die Offenlegung steht dabei meist im Zusammenhang mit einer Trennungsabsicht. Nebenbeziehungen stellen für die Beteiligten eine vielfach hohe Belastung dar. Dies nicht nur – und auch nicht vorrangig – wegen des hohen erforderlichen Aufwands für die Geheimhaltung. Als belastend wird offensichtlich der Vertrauensbruch gegen die Partnerin bzw. den Partner der „Hauptbeziehung" erlebt. Die Verheimlichungsanstrengungen wie auch die emotionalen Belastungen sind zugleich Belege dafür, wie stark der Anspruch von Exklusivität in Zweierbeziehungen in unserer Kultur verankert ist. Offen gelebte „Dreiecksbeziehungen" kommen nicht nur äußerst selten vor, sondern sie scheinen darüber hinaus eine markante Tendenz zum Ausschluss der „dritten Person" zu haben.

2. Wandel von Familien

Wie schon deutlich wurde, sind familiale Lebensformen keine überzeitlichen Konstanten, sondern einem sozialen und kulturellen Wandel unterworfen. In den letzten drei Jahrzehnten hat die historische Familienforschung einen starken Aufschwung erlebt. Ihr kommt die wichtige Funktion zu, lange Zeit in der Familienforschung vorherrschende Verklärungen und Vereinfachungen als solche zu entlarven und diese durch eine möglichst differenzierte Beschreibung zu ersetzen. Durch die Rezeption der familienhistorischen Forschung konnte (1) die Vorstellung, dass Familie als Gefühlsgemeinschaft eine Naturkonstante sei, die immer und überall in dieser Ausprägung vorhanden ist, (2) die Vorstellung, dass das Familienleben in der Vergangenheit durch Harmonie und Eintracht geprägt und Konflikte in Familien erst eine moderne (Fehl-)Entwicklung seien, und auch (3) die Vorstellung, dass in der vorindustriellen Zeit das Zusammenleben von drei und mehr Generationen die dominante Lebensform gewesen sei, als Mythen in der Familienforschung entlarvt werden. Die historische Familienforschung wird inzwischen breit rezipiert; nur am Rande sei angemerkt, dass eine kulturvergleichende Familienforschung dagegen leider immer noch ein Schattendasein fristet.

Im Weiteren soll zunächst auf die Veränderung der Lebensformen im Übergang von der traditionellen zur modernen Gesellschaft eingegangen werden. Dadurch soll deutlich gemacht werden, dass die uns so vertraute und selbstverständlich erscheinende moderne Familie ein historisches Produkt ist. Anschließend werden dann noch aktuelle Wandlungstendenzen aufgezeigt.

2.1 Familiale Lebensformen im Übergang von der traditionellen zur modernen Gesellschaft

Entgegen einer verbreiteten Vermutung weist die traditionelle Gesellschaft eine „bunte Vielfalt von sehr unterschiedlichen Familientypen" (Mitterauer 1989a: 179) auf. Die Familienformen besitzen in der traditionellen Gesellschaft ein höheres Maß an Pluralität als über weite Strecken der modernen Gesellschaft. Dies gilt es von vornherein zu betonen und zu beachten, wenn man sich den Lebensformen der traditionellen Gesellschaft zuwendet (vgl. Burguière/Lebrun 1997).

Die traditionelle Gesellschaft war ganz überwiegend eine Bauerngesellschaft. Aus diesem Grund werde ich mich hier auch auf die Bauernfamilie konzentrieren. Der primäre Sektor weist in dieser Gesellschaft eine ausgeprägte Dominanz auf, eine Dominanz, die weder in der industriellen noch in der nachindustriellen Gesellschaft der jeweilige Leitsektor auch nur annähernd erreichen konnte. In West- und Mitteleuropa waren vom Hochmittelalter bis zum ausgehenden 18. Jahrhundert ziemlich gleich bleibend etwa 80% der Bevölkerung in der Landwirtschaft beschäftigt (vgl. Sieder 1987).

Charakteristisch für die bäuerliche Lebensform ist die Sozialform des „ganzen Hauses" (vgl. Dülmen 1990; Frevert 1989). Der Personenverband aller Mitglieder der bäuerlichen Wirtschaft bildete eine soziale Einheit. Im „ganzen Haus" arbeiteten, wohnten und lebten Menschen verschiedenster Beziehungen zusammen, wobei für die Zugehörigkeit die Blutsverwandtschaft nur eine nachgeordnete Rolle spielte. Auch nicht-verwandtschaftlich gebundene Personen, im bäuerlichen Milieu das Gesinde und die Inwohner, gehörten zur Hausgemeinschaft. Es handelt sich also in diesem Falle um eine erweiterte Familienform. Die Sozialform des „ganzen Hauses" fand sich auch bei den Handwerkern, Kaufleuten und im Adel; nicht dagegen in der ländlichen und städtischen Unterschicht. Das „ganze Haus" darf jedoch nicht als Großfamilie im Sinne des Zusammenlebens von drei und mehr Generationen missverstanden werden. Diese verbreitete Vorstellung wurde von der historischen Familienforschung inzwischen für die traditionelle Gesellschaft in Nord-, Mittel- und Westeuropa eindeutig falsifiziert (vgl. Dülmen 1990; Laslett 1988). Erst im 19. Jahrhundert lässt sich ein Ansteigen von Dreigenerationenfamilien beobachten und aus dieser Zeit stammt auch der Mythos der vorindustriellen Großfamilie. Die vorliegenden Forschungsergebnisse zeigen, dass im 16., 17. und 18. Jahrhundert nur bei einem geringen Prozentsatz der bäuerlichen Hausgemeinschaft drei Generationen anzutreffen sind. Und vielfach umfasste dabei die älteste Generation – soweit sie überhaupt vorkam – nur noch eine Person. Dies ist darauf zurückzuführen, dass die Heirat des Erben an die Hofübergabe gebunden war. In einigen, vor allem in den wirtschaftlich ärmeren Gebieten, erfolgte die Hofübergabe erst mit dem Tod eines Elternteils. In anderen zwar noch zu Lebzeiten, aber auch hier wurde durch ein langes Aufschieben der Hofübergabe sichergestellt, dass das Zusammenleben von drei Generationen in den allermeisten Fällen auf eine relativ kurze Zeitdauer beschränkt blieb. Die allermeiste Zeit lebten in der bäuerlichen Hausgemeinschaft nur zwei Generationen.

Mit der Heirat des Erben ist die Übernahme der Autoritätsposition verknüpft. Der Vater verzichtet zugunsten des erbenden Kindes auf die Hausgewalt und zieht sich mit seiner Frau, sofern beide noch leben, aufs „Altenteil", ins „Ausgedinge" – hierfür existieren eine Reihe regionalspezifischer Bezeichnungen – zurück. Das Ausgedinge stellt eine hauswirtschaftliche Form der Altenversorgung dar (vgl. Gaunt 1982). Hierfür stand ein eigener Raum im Bauernhof oder ein kleines Häuschen in der Nähe des Hauptgebäudes zur Verfügung. Die vielfach bis ins letzte Detail gehenden Übergabeverträge zeigen, dass ein gespanntes Verhältnis zwischen den Generationen eher die Regel als die Ausnahme war. Darauf deuten auch viele überlieferte Redewendungen hin, wie „Übergeben und nimmer leben" oder „Auf der Altenbank ist hart sitzen".

Die Eheschließung kam zustande unter einer starken Einflussnahme der Eltern bzw. des noch lebenden Elternteils. Die Partnerwahl im bäuerlichen Milieu war nicht nur eine persönliche Angelegenheit. Sie konnte es auch nicht sein, da davon die gesamte Hausgemeinschaft betroffen war. Ausschlaggebend für die Wahl war der Besitz oder die Mitgift, die Arbeitsfähigkeit und die Gesundheit und nicht die Gefühle des Paares füreinander. Die bäuerliche Hausgemeinschaft war nicht auf die Sozialisationsaufgabe konzentriert. Das Aufziehen der Kinder erfolgte als integraler Bestandteil der hauswirtschaftlichen Arbeits- und Lebensgemeinschaft (vgl. Sieder 1987; Rosenbaum 1982). Keineswegs gab es eine alleinige Zuständigkeit der Mutter, sondern Mägde und ältere Schwestern hatten in der Kinderbetreuung eine große Bedeutung. Kinder wurden frühzeitig in den häuslichen Arbeitsprozess integriert. Entsprechend ihren körperlichen Fähigkeiten wurden ihnen anfallende Aufgaben übertragen. In ihrer Stellung und Tätigkeit unterschieden sie sich nicht vom Gesinde, mit dem sie – häufig beginnend mit ihrer Integration in den Arbeitsprozess – auch die Schlafkammern teilten. Die Kinder lernten von Älteren, egal ob Eltern, Geschwister, Gesinde usw., durch Mitleben und Mitarbeiten. Mindestens eines der Kinder verblieb bis zur Hofübergabe in der Hausgemeinschaft mit den Eltern. War die Kinderzahl größer als der erforderliche Arbeitskräftebedarf, wurden die Kinder schon in jungen Jahren in fremde Dienste geschickt. In der unterbäuerlichen Schicht war es gängig, dass Kinder bereits in einem sehr jungen Alter das Elternhaus verließen.

Das *Aufkommen der modernen Gesellschaft* war ein langfristiger Prozess, in dessen Rahmen sich im späten 18. Jahrhundert mit der „modernen Familie" nach und nach ein neues Familienleitbild heraus kristallisierte. Zuerst noch mehr Idee und Wunschdenken als Realität, wurde es in der Folgezeit immer mehr wirklichkeitsbildend. Anfangs nur von einer kleinen sozialen Schicht getragen, wurde es langfristig zur vorherrschenden Familienform der Moderne. Der soziale Ort ihrer Herkunft war das Bürgertum, das sich jenseits der ständischen Gesellschaft als neue soziale Formation etablierte. Das Bürgertum konnte sich weder auf Vorrechte der Geburt noch auf ererbten Besitz stützen, sondern musste die eigene gesellschaftliche Stellung auf individuell zuschreibbare Leistungen fundieren. Hierin wurzelt der ausgeprägte Individualismus des Bürgertums wie auch die neue Familienidee, ausgedrückt und gelebt in einer deutlichen Abgrenzung gegen den „Müßiggang" des Adels wie auch gegen die „Derbheit" des einfachen Volkes.

Von einer grundlegenden Bedeutung war die Trennung von Produktion und Reproduktion, von Arbeit und Leben, die im Bürgertum vollzogen wurde und die sich nachhaltig im Familienleitbild niedergeschlagen hat. Die Familie wurde im Bürgertum als Gegen-Welt entworfen, und damit zur Insel der Harmonie, abgeschottet von der als bedrohlich empfundenen Welt „da draußen". Die Familie wird zum Inbegriff des Privaten und diese so neu definierte Gemeinschaft wird auf die Kernfamilie beschränkt. Es wird eine klare Grenzziehung zur Außenwelt vorgenommen (vgl. Shorter 1977), die auch durch die häusliche Gemeinschaft geht und die Dienstboten, deren Arbeitskraft im Haushalt zwar weiterhin gebraucht wird, zu familienfremden Personen macht. Sie werden aus dem intimen Kreis ausgeschlossen und werden bei einer unvermeidlichen Anwesenheit als Unperson behandelt.

Produktion und Reproduktion zerfallen im Bürgertum in zwei getrennte Lebensbereiche, die jeweils der alleinigen Zuständigkeit eines Geschlechts zugeordnet werden. Der Mann geht außerhalb des Hauses der Erwerbsarbeit nach, muss sich dort behaupten und erwirbt durch seine Leistungen den monetären Unterhalt der Familie. Die Frau wird von solchen produktiven Tätigkeiten entbunden, damit sie sich voll und ganz dem häuslich-familiären Bereich widmen könne. Neben der Haushaltsorganisation hat sie hier vor allem emotional-psychische Aufgaben zu leisten. Die Frau hat für die Erholung und Entspannung des von der anstrengenden Berufsarbeit heimkehrenden Mannes zu sorgen und die Kinder zu tugendhaften Menschen zu erziehen. Statt eines unmittelbar greifenden Beitrags zur täglichen Existenzsicherung verlagert sich ihre Aufgabe gleichsam auf eine unsichtbare Ebene, „auf das leise und immer bereite 'Dasein für die Familie'" (Beck-Gernsheim 1988).

Diese Aufteilung der Aufgaben- und Zuständigkeitsbereiche wurde ideologisch in der Ausbildung polarer Geschlechtercharaktere überhöht, in der diese Aufteilung aus „Wesensunterschieden" der Geschlechter abgeleitet und legitimiert wurde (vgl. Hausen 1976; Frevert 1995). Während noch anfangs des 18. Jahrhundert die „überlieferten Aussagen über den Mann und die Frau Aussagen über den Stand, also über soziale Positionen und die diesen Positionen entsprechenden Tugenden" waren (Hausen 1976: 370), werden diese nunmehr durch Charakterdefinitionen abgelöst. Diese Charakterdefinitionen bestimmen allgemeine, abstrakte Eigenschaften für das gesamte männliche oder weibliche Geschlecht als typisch. Durch diese Ausdehnung über die gesamte Geschlechtsklasse wird es möglich, die neuen Geschlechtscharaktere aus der Natur abgeleitet zu legitimieren und als „Wesensmerkmale" in das Innere der Menschen zu verlagern. Von Natur aus – so die neuen Zuschreibungen – sei die Frau passiv und emotional und von daher zu personenbezogenen Dienstleistungen in der Familie prädestiniert. Der Mann dagegen sei von Natur aus aktiv und rational veranlagt, was ihn für produktive Tätigkeiten auszeichne. Diese Wesensmerkmale gewinnen Gestalt aus der neuen geschlechtsspezifischen Arbeitsteilung und legitimieren diese zugleich als natürliche Ordnung.

Das neue Familienmodell ging einher mit einer starken Emotionalisierung der Zweierbeziehung. Nicht sachlich-ökonomische Erwägungen, sondern die Liebe wurde im Bürgertum zum zentralen ehestiftenden Motiv erhoben. „Persönliche Eigenschaften" und nicht der positionale Status sollten in der Partner/innenwahl ausschlaggebend sein. Die Grundlage lieferte der romantische Liebescode. Nach diesem Liebescode ist die Zweierbeziehung eine höchstpersönliche Angelegenheit der beiden Beteiligten (vgl. Luhmann 1994; Dux 1994). Sie kommt zustande durch ihre freie, gegenseitige Wahl und basiert auf einer starken Gefühlsneigung füreinander, die nicht an einzelnen Qualitäten der Person, sondern auf die Person als Ganzes ausgerichtet ist (oder zumindest sein soll). Eine glückliche Ehe, so das bürgerliche Credo, braucht eine emotionale Basis und stützt sich auch auf eine geistige Gemeinsamkeit und ein waches Interesse füreinander. Das wortkarge Neben- und Miteinander in der Bauernfamilie wird durch den regen Austausch der Erfahrungen zwischen den Ehegatten ersetzt. Die Ehe wird als Gefühls- und geistige Gemeinschaft entworfen, die ein hohes Maß an Individualisierung voraussetzt und gleichermaßen fördert.

Nachhaltig verändert hat sich in der modernen Familie auch das Verhältnis zu den Kindern. Die moderne Familie basiert auf einer „institutionellen Koppelung" von liebesfundierter Ehe und Elternschaft. Durch die Elternschaft erfährt die durch Liebe gegründete und durch sie getragene Ehe ihre letzte Vollendung, und die Familiengründung ist zugleich der eigentliche Zweck der Heirat. Die Ehe verschwindet weitgehend in der Familie, sie wird fraglos unter die Familie subsumiert. Das Kind ist „Liebespfand" und zugleich Sinn der Ehe, und hier ist die zentrale Schaltstelle, an der die Emotionalisierung der Ehebeziehung in die Emotionalisierung der Eltern-Kind-Beziehung nahtlos übergeht (vgl. Rosenbaum 1982; Sieder 1987). Die althergebrachte distanzierte Einstellung der Eltern zu den Kindern wurde durch eine intensive Hinwendung, vor allem der Mutter, abgelöst. Den Kindern als Produkt der liebenden Ehegatten wurde der Rang von Individuen zugesprochen, wodurch ein Verständnis für Eigentümlichkeiten des Kindlichen und für ihre besonderen Bedürfnisse geweckt wurde. Leitsätze einer bewussten Kindererziehung wurden entworfen. Durch angemessene Pflege und Erziehung können die Eltern wesentlich zum Gedeihen des Kindes beitragen. Ein wichtiger Leitsatz war es, das Kind von allen fremden Einflüssen fern zu halten. Die Erziehung wandelte sich von einem Nebenbei-Geschehen zu einer Hauptaufgabe, die die liebende und aufopferungsbereite Mutter und niemand sonst zu leisten habe und auch nur sie in dieser besonderen Weise leisten könne. Je mehr die Männer zu Berufsmenschen werden, desto stärker kommt ihnen als Vater im Erziehungsgeschehen nur noch eine „Gastrolle" zu. Gleichzeitig rückt die Mutter immer stärker in den Mittelpunkt aller Bemühungen, die sich auf das Kind richten. Auch die Ratgeber richten sich im Laufe des 19. Jahrhunderts immer ausschließlicher an die Mutter (vgl. Schütze 1991; Frevert 1989). Aufgrund der neu aufkommenden Geschlechtercharaktere wird die Frau als besonders geeignet für die Kindererziehung aufgefasst. Immer mehr wird die Mütterlichkeit als das „Eigenste im Weibe" aufgefasst (vgl. Beck-Gernsheim 1988). Frauen werden von nun an wesentlich durch die Mutterschaft definiert.

Durch die Freistellung von körperlicher Arbeit sowie durch die Stärkung ihrer Stellung durch die hohe Wertschätzung ihrer Erziehungsleistung und durch die Ausgestaltung der Ehe als Gefühlsgemeinschaft hatte dieses neue Familienmodell für Frauen eine durchaus attraktive Seite, die lange Zeit die Schattenseite überdecken konnte. Die in der Polarisierung der Geschlechtercharaktere zum Vorschein kommende Komplementarität ist aber nur eine scheinbare. In dieses Modell ist unauflösbar ein Dominanzanspruch eingebaut. Aus der Rolle des Ernährers und Familienoberhaupts erwächst ein als „natürlich" aufgefasster Autoritätsanspruch des Mannes. Auch gerät die Frau in diesem Familienmodell in eine völlige ökonomische Abhängigkeit vom Ehemann, die vor allem dann zur Bedrohung wird, wenn die Verlässlichkeit der Stabilität der Ehe abnimmt.

2.2 Wandel der familialen Lebensformen in der Gegenwart

Bis in die zweite Hälfte des 20. Jahrhunderts war das moderne Familienmodell weit verbreitet und noch bis heute wirkt dieses Modell in unserem Bild von Familie fort. Inzwischen haben sich allerdings eine Reihe von Veränderungen vollzogen, die im Weiteren in vier Tendenzen gebündelt werden sollen.

(1) Monopolverlust der Ehe

Die Ehe hatte in diesem Familienideal eine doppelte Monopolstellung inne: sie war die einzig legitime Form von einer auf Dauer gestellten Zweierbeziehung und auch der einzig legitime Ort gemeinsamer Sexualität. Beide Monopole haben in der Gegenwart keinen Bestand mehr.

Der Monopolverlust der Ehe kommt in der rückläufigen Heiratsneigung zum Ausdruck. Anfangs der 60er-Jahre – in der Hoch-Zeit der Hochzeit – lag die Heiratswahrscheinlichkeit für einen 18-jährigen Mann bei 96%, bei einer 16-jährigen Frau bei 95%. Bei diesen hohen Zahlen konnte man mit Fug und Recht davon sprechen, dass die Ehe eine „kulturelle Selbstverständlichkeit" ist (vgl. Peuckert 1999). Inzwischen geht man davon aus, dass jeder vierte Mann und jede fünfte Frau zeitlebens unverheiratet bleiben wird (vgl. Höhn 1989). Während zu DDR-Zeiten in Ostdeutschland die Heiratshäufigkeit noch deutlicher höher war als im Westen, geht inzwischen die Angleichung sehr schnell voran. Von den 30- bis unter 35-Jährigen waren 1990 14,5% ledig, acht Jahre später sind es bereits 36% (vgl. Grünheid/Roloff 2000).

Biographisch deutlich vorverlagert haben sich die Aufnahme einer ersten „festen Beziehung" und die ersten sexuellen Erfahrungen – und dies in beiden Teilen Deutschlands: Feste Beziehungen zu dem anderen Geschlecht werden früh aufgenommen, einige erweisen sich als kurzlebig, andere dagegen gewinnen an Dauer. Es werden Erfahrungen in unterschiedlichen Beziehungen und Beziehungsformen gesammelt. Diese starke Aufwertung der festen Beziehung im Vorfeld einer (möglichen) Eheschließung lässt es nicht länger ausreichend erscheinen, diese Phase lediglich als Partnerwahl zu konzeptualisieren. Im Vordergrund steht nicht die Suche nach einem geeigneten Partner bzw. einer geeigneten Partnerin, sondern es werden Beziehungen gelebt, die einen Eigenwert haben und sich nicht als Partnersuche instrumentalisieren lassen (vgl. auch Lenz 1998).

Selbst wenn geheiratet wird, der Abstand zwischen Beziehungsbeginn und Heirat wird immer größer. Das kulturelle Muster, demzufolge nach einer kurzen Werbe- und Kennenlernphase die Eheschließung folgt, ist heute verschwunden. Das für die bürgerliche Familie bestehende Gebot des Aufschubs der Sexualität bis zur Ehe ist dadurch obsolet geworden. Gerade für Frauen hat sich hier ein massiver kultureller Umbruch vollzogen, da für sie im Geltungsbereich des bürgerlichen Familienideals – im Unterschied zu den jungen Männern – voreheliche Sexualerfahrungen unter der Androhung, die Heiratschancen zu ruinieren, strikt verboten waren. In der Gegenwart sind die Unterschiede in den Beziehungs- und Sexualerfahrungen zwischen den Geschlechtern inzwischen verschwunden, z.T. berichten Studien sogar von einem Erfahrungsvorsprung der jungen Frauen (vgl. Schmidt et al. 1993).

Die Beziehungen vor einer möglichen Ehegründung schließen nicht nur den sexuellen Austausch, sondern häufig auch ein Zusammenwohnen als ein selbstverständliches Element mit ein. Im alten Modell stellten Eheschließung und die Gründung eines eigenen Haushalts zwei Ereignisse dar, die völlig parallelisiert und ineinander verschmolzen waren. Der starke Anstieg von nichtehelichen Lebensgemeinschaften zeigt, dass beide Ereignisse im Beziehungsverlauf zunehmend auseinander fallen und an Eigenständigkeit gewonnen haben. Eine gemeinsame Wohnung wird unterschiedlich früh in Zweierbeziehungen bezogen, vielfach ohne dass die Frage einer möglichen späteren Heirat überhaupt zur Debatte steht. Am Anfang von nichtehelichen Lebensgemeinschaften stehen vielfach keine konkreten Heiratsabsichten und von daher erscheint es nicht angemessen, hierin nur eine Form der Verlobung oder der Probe-Ehe zu sehen (vgl. Hettlage 1998). Dies schließt jedoch nicht aus, dass sich das zusammenlebende Paar zu einem späteren Zeitpunkt dennoch entschließt zu heiraten. Eine ganz große Mehrzahl junger Ehen geht aus nichtehelichen Lebensgemeinschaften hervor. Die Ehestudie von Klaus A. Schneewind und Laszlo A. Vaskovics (1992) kommt zu dem Ergebnis, dass 80% der Paare bereits vor der Ehe und zwar im Schnitt zwei Jahre zusammenlebten. Eine relativ dauerhafte Zweierbeziehung kann in der Gegenwart auch bestehen, ohne dass es zur Gründung eines gemeinsamen Haushalts kommt (vgl. Schneider et al. 1998; Peuckert 1999). Möglich ist auch, dass beide Beziehungspersonen einen eigenen Haushalt beibehalten. Diese Beziehungsform wird häufig – da ein deutscher Begriff noch fehlt – als „living-apart-together" bezeichnet.

Aus Liebe folgt heute nicht mehr – wie es Hartmann Tyrell (1988: 155) formuliert – „bindend und motivational zwingend Heirat/Ehe", zumindest – wie hinzuzufügen wäre – nicht sofort. Die Paare lassen sich zunehmend Zeit bei ihrer Entscheidung, ob aus ihrer Liebe eine Ehe werden soll. Man kann als Paar heiraten, aber es auch sein lassen. Für ein Paar stehen unterschiedliche Beziehungsformen offen, in denen das gemeinsame sexuelle Erleben fest eingeschrieben und ein gemeinsamer Alltag in einer variablen Dichte erlangbar ist. Wer liebt, muss noch lange nicht auch heiraten (vgl. auch Kaufmann 1995).

(2) Entkoppelung von Ehe und Elternschaft

Auch ein anderer enger Zusammenhang, der für die bürgerliche Familie konstitutiv war, ist in der Gegenwart brüchig geworden: der von Ehe und Elternschaft. Der eigentliche Zweck der Eheschließung war – wie bereits ausgeführt – die Familiengründung. Aber auch der umgekehrte Zusammenhang bestand: Nur wer verheiratet ist, „kann" eine Familie gründen. In beiden Richtungen hat dieser Verweisungszusammenhang an normativer und damit an verhaltenssteuernder Verbindlichkeit stark eingebüßt.

Immer mehr Paare haben keine Kinder. Diese Entwicklung hat in Westdeutschland früher eingesetzt als in Ostdeutschland. Zu DDR-Zeiten war es noch weitgehend selbstverständlich, eine Familie zu gründen. Bis zum Geburtsjahrgang 1960 gab es einen kinderlosen Frauenanteil von weniger als 10% während es in Westdeutschland bereits über 20% waren. Seither haben sich die Kinderlosenanteile in den neuen Bundesländern aber drastisch erhöht. Für den Geburtsjahrgang 1965 ist bereits mit einer Kinderlosigkeit von 26% zu rechnen. Dies ist zwar noch weniger als im Westen (über 30%); jedoch haben sich diese Unterschiede sehr schnell verkleinert (vgl. Dorbritz/Gärtner 1999). Ein Teil der Kinderlosigkeit ist – was nicht außer Acht gelassen werden darf – medizinisch bedingt. Der hohe Anteil von Kinderlosen übersteigt aber den Anteil infertiler Paare, der mittlerweile auf 5% (vgl. Höpflinger 1991) geschätzt wird, bei Weitem. Hinzu kommt, dass durch die Reproduktionsmedizin Möglichkeiten geschaffen wurden, wenn auch mit einer niedrigen Erfolgsquote, trotz Fertilitätsstörungen einen Kinderwunsch zu realisieren.

Was die Geburten außerhalb von Ehen betrifft, hatte die ehemalige DDR einen deutlichen Vorsprung vor der alten Bundesrepublik. Seit Mitte der 70er-Jahre gab es hier einen rasanten Anstieg der unehelichen Geburten. In der DDR war jede dritte Geburt nichtehelich. Nach der Wende hat sich dieser Anteil noch weiter erhöht. Ende der 90er erfolgt in Ostdeutschland fast jede zweite Geburt außerhalb einer bestehenden Ehe. Ein Anstieg der Nichtehelichenquote zeigt sich auch in Westdeutschland, jedoch im Vergleich dazu sehr moderat: Dort ist es gerade mal jedes sechste Kind. Deutlich wird hier ein unterschiedliches Familiengründungsmuster in Ost- und Westdeutschland. In den alten Bundesländern ist weiterhin die kindzentrierte Eheschließung weit verbreitet. Viele Paare heiraten dann, wenn der Kinderwunsch dominant wird oder die Schwangerschaft eingetreten ist. In den neuen Bundesländern wird dagegen die Vorverlagerung der Familiengründung vor eine möglicherweise nachfolgende Eheschließung immer mehr zum „Normalfall". Man gründet zunächst eine Familie und heiratet später.

Das hohe Ausmaß an Kinderlosigkeit und die wachsende Zahl nichtehelicher Geburten machen deutlich, dass sich – wie es Franz Xaver Kaufmann (1995) ausdrückt – eine „Entkoppelung von Ehe und Elternschaft" vollzogen hat. Auch unter diesen veränderten Bedingungen wird sich die große Mehrzahl von Ehepaaren für Kinder entscheiden, und die große Mehrzahl von Kindern wird weiterhin in Ehen geboren werden, aber dies ist kein Quasi-Automatismus mehr, sondern eine biographische Entscheidung.

(3) Wachsende Instabilität

Während die Ehebeziehung in der Vergangenheit als eine einmalige und lebenslang verbindliche Wahl aufgefasst wurde, zeichnen sich Zweierbeziehungen in der Gegenwart durch eine wachsende Instabilität aus. Nicht nur nichteheliche Lebensgemeinschaften, Paarbeziehungen ohne gemeinsamen Haushalt zerbrechen, auch Ehe- und Familiengründungen garantieren immer weniger Dauer und Stabilität der Paarbeziehungen. Wie Karl Schwarz (1995) aufgezeigt hat, ist davon auszugehen, dass bei den ab 1970 geschlossenen Ehen in Westdeutschland 30% vor dem Gericht enden werden. In Ostdeutschland dürfte die Scheidungshäufigkeit dieser Ehejahrgänge sogar bei 40-45% liegen. Allerdings ist man hier aufgrund der Datenlage in stärkerem Maße auf Schätzungen angewiesen. In Westdeutschland sind in weniger als der Hälfte der geschiedenen Ehen Kinder betroffen, in Ostdeutschland dagegen in 2/3 der Fälle.

Eine hohe Unbeständigkeit von Ehen und Familien gab es auch schon in der Vergangenheit. Neu ist, dass diese Instabilität nicht mehr – primär – durch die vielfältigen Lebensgefahren verursacht wird, sondern durch Willenshandlungen der Beziehungspersonen. Sicherlich ist die starke Verminderung der Mortalitätsrisiken eine der großen Errungenschaften der modernen

Gesellschaft. Noch vor 100 Jahren war jede dritte Ehe schon nach 20 Jahren durch den Tod einer Beziehungsperson beendet. Unter den heutigen Sterbeverhältnissen dagegen hat ein junges Ehepaar die Aussicht auf 40 bis 50 gemeinsame Ehejahre (vgl. Höhn 1989). Die „gewonnenen Jahre" (Imhof 1986) für ein gemeinsames Leben werden heute vielfach freiwillig – zumindest von einer Seite – abgekürzt, die Unbeständigkeit kehrt in neuem Gewande wieder (vgl. Trotha 1990). Die wachsende Instabilität resultiert aus gestiegenen Anforderungen, Ansprüchen und Erwartungen, vor allem der Frauen, an das emotionale und kommunikative Miteinander in Beziehungen. „Im Enttäuschungsfall gaben früher die Frauen die Hoffungen auf. Heute dagegen halten sie an den Hoffnungen fest – und geben die Ehe auf" (Beck-Gernsheim 1990: 86). Die im bürgerlichen Familienideal mühselig geknüpfte Verbindung von Ehe als Gefühlsgemeinschaft und Ehe als unauflösbare Institution, hat sich zugunsten des erstgenannten Pols aufgelöst. Dauerhaftigkeit ist durchaus weiterhin wünschenswert, aber nur wenn die Gefühle füreinander von Dauer sind.

Scheidungen tragen in der Gegenwart nachhaltig zu einem verstärkten Nebeneinander unterschiedlicher Familien- und Beziehungsformen bei. Auf Scheidungen geht zu fast 2/3 die wachsende Zahl von Alleinerziehenden zurück, die im Osten noch höher als im Westen ist. Allein erziehende – zu 86% sind das Frauen – sind keineswegs immer allein. Die allein stehende Dyade (Elternteil plus Kind), an die mit dem Begriff Ein-Elter-Familie gedacht wird, ist nur eine Form (vgl. Krappmann 1988). In vielen Fällen wird nach einer Scheidung eine nichteheliche Lebensgemeinschaft eingegangen, die also nicht nur *vor* einer Ehe, sondern auch *nach* einer Ehe vorkommt. Andere Geschiedene mit und ohne Kind/ern gründen zwar keinen gemeinsamen Haushalt, haben aber dennoch eine neue feste Beziehung. Der Anteil der Ehen, bei denen die Frau oder der Mann oder beide bereits verheiratet waren, nimmt zu. Und Scheidungen haben auch einen wachsenden Anteil an der Vermehrung von Stieffamilien, die durch Wiederverheiratung eines Elternteils entstehen. Da diese „nachehelichen" Beziehungsformen in einem noch höheren Maße von Instabilität bedroht sind, führt dies zu einer weiteren Vermehrung der Beziehungserfahrungen, die eine Person im Verlauf ihrer Biographie ansammelt.

Familienformen nach einer Scheidung werden vorrangig aus einer „Defizit-Perspektive" betrachtet. Es wird nach den strukturell induzierten Belastungen und den typischen Konfliktpotentialen Ausschau gehalten. Dass es bereichernd sein kann, auch jenseits dieser Annahme zu forschen, darauf hat Frank Furstenberg (1988) aufmerksam gemacht. Auf der Grundlage amerikanischer Studien hat Furstenberg darauf hingewiesen, dass es durch Scheidung und Wiederheirat zu einer Ausdehnung des Verwandtschaftssystems kommen kann. Zumindest wenn die Ausbildung einer binuklearen Familie gelingt, hat ein Kind nicht nur zwei, sondern vier Großelternpaare. Dadurch erhöhen sich die Kontaktmöglichkeiten für die Kinder und auch ihre Quellen für Unterstützungsleistungen in Krisenzeiten. Eine Folgeerscheinung, die Aufmerksamkeit verdient.

(4) Wandel der Geschlechterrollen

Ein massiver Umbruch hat sich auch in den Geschlechterrollen ereignet, unübersehbar im weiblichen Lebenszusammenhang. Von Elisabeth Beck-Gernsheim (1983) stammt die einprägsame und inzwischen zahlreich wiederholte Formel, wonach sich in der Lebensführung der Frauen eine Entwicklung „vom Dasein für andere zum Anspruch auf ein Stück eigenes Leben" vollzogen hat. An Stelle eines Lebens für den Partner und die Familie treten stärker Ansprüche nach eigener, selbstbestimmter Lebensgestaltung.

Wie erwähnt war für die bürgerliche Familie eine Aufteilung der Lebensbereiche konstitutiv. Mit ihrer Entstehung wurde die Frau verhäuslicht und zur Mutter und Hausfrau, als ihrer „eigentlichen" Berufung, gemacht. Von der Erwerbsarbeit und der Öffentlichkeit – als der Welt des Mannes – wurde sie freigestellt und ausgesperrt. Diese starre Zuweisung ist inzwischen aufgebrochen. Das Wahlrecht nach dem 1. Weltkrieg, die rechtliche Gleichberechtigung in beiden Teilen Deutschlands nach dem 2. Weltkrieg, aus der – wie wir inzwischen hinlänglich wissen – noch keineswegs eine soziale Gleichstellung folgt, sind Meilensteine einer Angleichung der Rechte der beiden Geschlechter. Über einen langen Prozess ist es Frauen auch gelungen, nach und nach in immer mehr Berufsfelder einzudringen, und zwar nicht nur als Zuverdienst zu einem zu knappen Einkommen des Ehemannes. Lange Zeit liefen zwei konträre Prozesse gleichzeitig ab: Während Frauen aus „besseren Kreisen" versuchten, im Erwerbssystem Fuß zu fassen, waren gerade Frauen aus Arbeiterfamilien bestrebt, sich vom Joch der Lohnarbeit zu befreien und sich das bürgerliche Frauenideal zu Eigen zu machen. Ab 1950 ist in der (alten) Bundesrepublik – wie auch in anderen Industrieländern – ein hoher Anstieg der Erwerbstätigkeit verheirateter Frauen zu verzeichnen. Nicht mehr die Heirat, sondern die Geburt eines Kindes wurde zum entscheidenden Einschnitt in der Erwerbsbiographie. Inzwischen bleiben immer mehr Frauen auch nach der Geburt eines Kindes berufstätig oder unterbrechen nur für eine kurze Zeit ihre Erwerbstätigkeit. In Ostdeutschland war die Frauenerwerbstätigkeit, beginnend schon in den fünfziger Jahren, deutlicher höher als im Westen (vgl. Trappe 1995) und sie ist es auch weiterhin. 1998 lag die Erwerbsquote ostdeutscher Frauen im erwerbsfähigen Alter bei 73,5% und damit deutlich über der in Westdeutschland (60,5%) (vgl. Grünheid/Roloff 2000).

Diese starke Tendenz einer „Entfamilialisierung" der Frau, die seit Mitte diesen Jahrhunderts unverkennbar ist, führt zu einer Doppel- und Dreifachbelastung, da mit dieser nicht im gleichen Maße eine „Familialisierung" des Mannes einhergeht. Die Hausarbeit ist weiterhin – wie viele Studien zeigen – eine weibliche Domäne. Trotz ungleich höherer Berufstätigkeit konnten auch die ostdeutschen Frauen nicht mehr Hausarbeit an ihre Männer abgeben.

Deutliche Verschiebungen haben sich in den Beziehungsidealen ereignet. An die Stelle des „natürlichen Autoritätsvorsprungs des Mannes", der in der bürgerlichen Familie durch seinen alleinigen Verdienerstatus fundiert wurde, ist eine deutliche Tendenz zu einer Egalisierung in den Geschlechterbeziehungen getreten. Der Anspruch einer prinzipiellen Gleichheit der Geschlechter, der Männern wie Frauen die gleichen Rechte und Pflichten zuerkennt und im kulturellen Ideal der Partnerschaft zum Ausdruck kommt, stellt unverkennbar das neue Leitbild für den Umgang der Geschlechter in Zweierbeziehungen dar. Dass zwischen dem Anspruch und der Wirklichkeit noch vielfach eine Lücke klafft, sollte nicht den Blick verstellen auf den massiven kulturellen Umbruch, der damit einhergeht (vgl. Lenz 2001c).

Wandlungsprozesse bewirken einen Niedergang des bürgerlichen Familienmodells

Diese aufgezeigten Veränderungstendenzen machen den tiefen Bruch mit dem alten – dem „bürgerlichen" oder „modernen" – Familienmodell offenkundig. Einige Elemente wurden völlig aufgelöst und abgelöst (z.B. das Sexualmonopol der Ehe), andere in ihrem Geltungsbereich (z.B. Koppelung Ehe und Elternschaft) eingeschränkt. Dieser Niedergang betrifft eine *bestimmte Ausprägung von Familie,* nicht aber die Familie schlechthin. Die Umwälzungen resultieren aus einem fortschreitenden Modernisierungsprozess und sind das Ergebnis einer ungebremsten Dynamik der Moderne. Vieles, was unter den Geltungsbedingungen des alten Familienmodells verbindlich vorgegeben war, ist mittlerweile biographisch zur Option geworden, für oder gegen die man sich entscheiden kann: Soll man eine Beziehung vertiefen oder lieber aufgeben und eine neue suchen? Soll man zusammenziehen oder lieber zwei getrennte Wohnungen behalten? Heiraten oder lieber nicht heiraten? Kind(er) haben, noch warten mit der Familiengründung oder lieber kinderlos bleiben? Gerade Frauen – mit ihren Partnern – müssen Antworten auf Fragen finden, die sich in früheren Frauengenerationen mangels Alternativen oft gar nicht gestellt haben: Welche Rolle soll der Beruf, welche Rolle die Familie in ihrem Leben spielen? Sollen nach der Familiengründung beide arbeiten oder die Ehefrau lieber zu Hause bleiben? Oder vielleicht gar der Ehemann? Wie lange soll – oder vielfach auch: kann – die Berufsarbeit unterbrochen werden: Ein Jahr oder bis zum Kindergarten, bis zur Schule? Alles das und vieles mehr sind Fragen, mit denen sich die Paare und die Individuen beschäftigen (müssen). Die Biographien der Menschen haben sich – wie man in Anschluss an Ulrich Beck und Elisabeth Beck-Gernsheim (1990) formulieren kann – aus traditionalen Vorgaben, Sicherheiten und Fremdkontrollen herausgelöst; sie sind offener, entscheidungsabhängiger und zu einer Handlungsaufgabe jedes Einzelnen geworden.

Diese vielfältigen Wandlungstendenzen führen zu einer Pluralisierung von familialen und nichtfamilialen Lebensformen, zu einem Nebeneinander unterschiedlicher Beziehungsformen, unterschiedlicher privater Lebensformen mit und ohne Kind/ern. Trotz des Niedergangs des bürgerlichen Familienmodells ist es verfehlt, von der Familie als einem Auflaufmodell zu sprechen. Auch weiterhin werden sich viele Paare für Kinder entscheiden. Da die Familiengründung keine biographische Selbstverständlichkeit mehr ist, wird eine massive Benachteiligung der familialen Lebensformen gegenüber nichtfamilialen sichtbar (vgl. BMFuS 1994). Familien mit zwei Kindern haben durchschnittlich nur 70% des Pro-Kopf-Einkommens eines kinderlosen Ehepaares zur Verfügung. Dieser Benachteiligung von Familien entgegenzuwirken, ist eine zentrale Herausforderung der zukünftigen Gesellschaftspolitik.

Literatur zur Vertiefung

BMFuS (Hrsg.) (1994), Familien und Familienpolitik im geeinten Deutschland. Fünfter Familienbericht. Bonn

Böhnisch, Lothar/Lenz, Karl (Hrsg.) (1999), Familien. Weinheim und München

Burguière, André/Lebrun, François (1997), Die Vielfalt der Familienmodelle in Europa. In: Geschichte der Familie Bd. 3, Frankfurt/M.: 13-118

Lenz, Karl (1998), Soziologie der Zweierbeziehung. Eine Einführung. Opladen

Schneider, Norbert F./Rosenkranz, Doris/Limmer, Ruth (1998), Nichtkonventionelle Lebensformen. Entstehung, Entwicklung, Konsequenzen. Opladen.

Literatur

Ariès, Philippe (1986), Die unauflösbare Ehe. In: Ariès, P. et al., Die Masken des Begehrens und die Metamorphosen der Sinnlichkeit. Frankfurt/M.: 176-196

Barabas, Friedrich K./Michael Erler (1994), Die Familie: Einführung in Soziologie und Recht. Weinheim: Juventa

Beck, Ulrich (1990), Freiheit und Liebe. Vom Ohne-, Mit- und Gegeneinander der Geschlechter innerhalb und außerhalb der Familie. In: Beck, U./E. Beck-Gernsheim, Das ganz normale Chaos der Liebe. Frankfurt/M.: 20-64

Beck-Gernsheim, Elisabeth (1983), Vom „Dasein für andere" zum Anspruch auf ein Stück „eigenes Leben". Individualisierungsprozesse im weiblichen Lebenszusammenhang. In: Soziale Welt 34: 307-340

Beck-Gernsheim, Elisabeth (1988), Die Kinderfrage. Frauen zwischen Kinderwunsch und Unabhängigkeit. München: Beck

Beck-Gernsheim, Elisabeth (1990), Von der Liebe zur Beziehung? Veränderungen im Verhältnis von Mann und Frau in der individualisierten Gesellschaft. In: Beck, U./E. Beck-Gernsheim, Das ganz normale Chaos der Liebe. Frankfurt/M.: 65-104

Bertram, Hans (1996), Familienwandel und Generationsbeziehungen. In: Buba, H.P./N.F. Schneider (Hrsg.) Familie. Zwischen gesellschaftlicher Prägung und individuellem Design. Opladen: 61-80

Bien, Walter (Hrsg.) (1994), Eigeninteresse oder Solidarität. Beziehungen in modernen Mehr-Generationen-Familien. DJI-Familien Survey, Bd. 3, Opladen: Leske + Budrich

Bien, Walter/Jan Marbach (1991), Haushalt – Verwandtschaft – Beziehungen. Familienleben als Netzwerk. In: Bertram, H. (Hrsg.), Die Familie in Westdeutschland. Stabilität und Wandel familialer Lebensformen. DJI-Familien-Survey, Bd. 1, Opladen: 3-44

BMFuS (Hrsg.) (1994), Familien und Familienpolitik im geeinten Deutschland. Fünfter Familienbericht. Bonn

Bräuninger, Bettina/Andreas Lange/Kurt Lüscher (1996). Familienwissenschaftliche Rhetorik. Konstanz: Forschungsschwerpunkt Gesellschaft und Familie. Arbeitspapier

Burguière, André/Lebrun, François (1997), Die Vielfalt der Familienmodelle in Europa. In: Geschichte der Familie Bd. 3, Frankfurt/M.: 13-118

Clason, Christine (1989), Die Einelternfamilie oder die Einelterfamilie? In: Nave-Herz, R./M. Markefka (Hrsg.), Handbuch der Familien- und Jugendforschung. Bd. 1, Neuwied: 413-422

Dobritz, Jürgen/Karla Gärtner (1999), Berechnungen zur Kinderlosigkeit am Bundesinstitut für Bevölkerungsforschung. In: BiB-Mitteilungen 20: 13-5

Dülmen, Richard von (1990), Kultur und Alltag in der Frühen Neuzeit. Bd. 1. München: Beck

Dux, Günter (1994), Geschlecht und Gesellschaft. Warum wir lieben. Frankfurt/M.: Suhrkamp

Eickelpasch, Rolf (1974), Ist die Kernfamilie universal? Zur Kritik eines Ethnozentristischen Familienbegriffs. In: Zeitschrift für Soziologie 3: 323-338

Frevert, Ute (1989), Bürgerliche Familie und Geschlechterrollen. Modell und Wirklichkeit. In: Niethammer, L. et al. (Hrsg.), Bürgerliche Gesellschaft in Deutschland. Reinbek: 90-98

Frevert, Ute (1995), „Mann und Weib, und Weib und Mann". Geschlechter-Differenzen in der Moderne. München: Beck

Furstenberg, Frank F. (1988), The new extended family. The experience of parents and children after remarriage. In: Parsley, K./M. Ihringer-Tallman (Hrsg.), Remarriage and stepparenting. New York: 42-61

Gaunt, David (1982), Formen der Altersversorgung in Bauernfamilien Nord- und Mitteleuropa. In: Mitterauer, M./R. Sieder (Hrsg.), Historische Familienforschung. Frankfurt/M.: 156-191

Grünheid, Evelyn/Juliane Roloff (2000), Die demographische Lage in Deutschland 1999 mit dem Teil B „Die demographische Entwicklung in den Bundesländern – ein Vergleich". In: Zeitschrift für Bevölkerungswissenschaft 25: 3-150

Hausen, Karin (1976), Polarisierung der „Geschlechtscharaktere". Eine Spiegelung der Dissoziation von Erwerbs- und Familienleben. In: Conze, W. (Hrsg.), Sozialgeschichte der Familie in der Neuzeit Europas. Stuttgart: 363-393

Hettlage, Robert (1998), Familienreport. Eine Lebensform im Umbruch, 2. Aufl. München: Beck

Hoffman-Riem, Christa (1989), Elternschaft ohne Verwandtschaft. Adoption, Stiefbeziehung und heterologe Insemination. In: Nave-Herz, R./M. Markefka (Hrsg.), Handbuch der Familien- und Jugendforschung. Bd. 1, Neuwied: 389-411

Höhn, Charlotte (1989), Demographische Trends in Europa seit dem 2. Weltkrieg. In: Nave-Herz, R./M. Markefa (Hrsg.), Handbuch der Familien- und Jugendforschung. Bd. 1, Neuwied: 195-209

Höpflinger, François (1991), Neue Kinderlosigkeit – Demographische Trends und gesellschaftliche Spekulationen. In: Acta Demographica: 81-100

Höpflinger, François (1997), Entwicklung der Elternschaft in europäischen Ländern. In: L. A. Vaskovics (Hrsg.), Familienleitbilder und Familienrealität. Opladen: Leske + Budrich

Huinink, Johannes (1995), Warum noch Familie? Zur Attraktivität von Partnerschaft und Elternschaft in unserer Gesellschaft. Frankfurt/M.: Campus

Hunnius, Gerhard/Helmut Jung (1994), Sexualverhalten in Zeiten von Aids im Spiegel repräsentativer Bevölkerungsumfragen. In: Heckmann, W./M. A. Koch (Hrsg.), Sexualverhalten in Zeiten von Aids. Berlin: 33-52

Imhof, Arthur E. (1986), Historische Demographie. In: Schieder, W./W. Sellin (Hrsg.), Sozialgeschichte in Deutschland. Bd. 2. Göttingen

Kaufmann, Franz Xaver (1995), Zukunft der Familie im vereinten Deutschland. Gesellschaftliche und politische Bedingungen. München: Beck

Krappmann, Lothar (1988), Über die Verschiedenheit der Familien alleinerziehender Eltern: Ansätze zu einer Typologie. In: Lüscher, K. et al. (Hrsg.), Postmoderne Familie. Konstanz: 131-142

Lange, Andreas /Bettina Bräuninger/Kurt Lüscher (2000), Der Wandel von Familie: Zur Rhetorik sozialwissenschaftlicher Texte. In: Österreichische Zeitschrift für Soziologie 25: 3-28

Laslett, Peter (1988), Verlorene Lebenswelten. Geschichte der vorindustriellen Gesellschaft. Wien: Böhlau

Lawson, Annette (1988), Adultery. An analysis of love and betrayal. New York: Basic Books

Lenz, Karl (1998), Soziologie der Zweierbeziehung. Eine Einführung. Opladen

Lenz, Karl (2001a), Abschied vom Familienbegriff? In: Ethik und Sozialwissenschaften (im Druck)

Lenz, Karl (2001b), Pädagogische Generationenbeziehungen aus soziologischer Sicht. In: Helsper, W./T. Kramer (Hrsg.), Generationsbeziehungen in Familie und Schule. Opladen 3-25

Lenz, Karl (2001c), Im ehernen Gehäuse der Kultur: Geschlechterkonstruktion in heterosexuellen Zweierbeziehungen. In: Brückner M./L. Böhnisch (Hrsg.), Geschlechterverhältnisse. Gesellschaftliche Konstruktion und Perspektiven ihrer Veränderung. Weinheim: 179-207

Limbach, Jutta (1989), Die rechtlichen Rahmenbedingungen von Ehe und Partnerschaft. In: Nave-Herz, R./M. Markefka (Hrsg.), Handbuch der Familien- und Jugendforschung. Bd. 1, Neuwied: 225-240

Luhmann, Niklas (1975), Interaktion, Organisation, Gesellschaft. In: Luhmann, N., Soziologische Aufklärung 2: Aufsätze zur Theorie der Gesellschaft. Opladen: 9-20

Luhmann, Niklas (1994), Liebe als Passion. Zur Codierung von Intimität. Frankfurt/M.: Suhrkamp

Lüscher, Kurt (1995a), Was heißt heute Familie? Thesen zur Familienrhetorik. In: Gerhardt, U. et al. (Hrsg.), Familie als Zukunft. Opladen: 51-66

Lüscher, Kurt (1995b), Familie und Postmoderne. In: Nauck, B./C. Onnen-Isemann (Hrsg.), Familie im Brennpunkt von Wissenschaft und Forschung. Neuwied: 3-15

Lüscher, Kurt (1997), Familienleitbilder und Familienpolitik. In: Meier, U. (Hrsg.), Vom Oikos zum modernen Dienstleistungshaushalt. Festschrift für Rosemarie von Schweitzer. Frankfurt/M. 381-397

Mitterauer, Michael (1989a), Entwicklungstrends der Familie in der europäischen Neuzeit. In: Nave-Herz, R./M. Markefka (Hrsg.), Handbuch der Familien- und Jugendforschung. Bd. 1, Neuwied: 179-194

Müller, Klaus E. (1984), Die bessere und die schlechtere Hälfte. Ethnologie des Geschlechterkonflikts. Frankfurt/M.: Campus

Murdock, George. P. (1949), Social Structure. New York: Macmillian

Nave-Herz, Rosemarie (1989), Gegenstandsbereich und historische Entwicklung der Familienforschung. In: Nave-Herz, R./M. Markefka (Hrsg.), Handbuch der Familien- und Jugendforschung. Bd. 1, Neuwied: 1-17

Nave-Herz, Rosemarie (1992), Ledige Mutterschaft. Eine alternative Lebensform. In: Zeitschrift für Sozialisationsforschung und Erziehungssoziologie: 219-232

Nave-Herz, Rosemarie (1994), Familie heute. Wandel der Familienstrukturen und Folgen für die Erziehung. Darmstadt: Wissenschaftliche Buchgesellschaft

Nave-Herz, Rosemarie (1996), Zeitgeschichtliche Differenzierungsprozesse privater Lebensformen – am Beispiel der veränderten Verhältnisses von Ehe und Familie. In: Clausen, L. (Hrsg.), Gesellschaften im Umbruch. Verhandlungen des 27. Kongresses der Deutschen Gesellschaft für Soziologie in Halle an der Saale. Frankfurt/M.: 60-77

Peuckert, Rüdiger (1999), Familienformen im sozialen Wandel. 3. Aufl. Opladen: Leske + Budrich

Richardson, Laurel (1985), The new other woman. New York: Macmillan (dt. 1987)

Rosenbaum, Heidi (1982), Formen der Familie. Untersuchungen zum Zusammenhang von Familienverhältnissen, Sozialstruktur und sozialem Wandel in der deutschen Gesellschaft des 19. Jahrhunderts. Frankfurt/M.: Suhrkamp

Scanzoni, John/Karen Polonko/Jay Teachman/Linda Thompson (1989), The Sexual Bond. Rethinking Families and Close Relationships. Newbury Park: Sage

Schmidt, Gunter et al. (1993), Veränderungen 1970-1990. In: Schmidt, G. (Hrsg.), Jugendsexualität. Sozialer Wandel, Gruppenunterschiede, Konfliktfelder. Stuttgart: 27-48

Schneewind, Klaus A./Laszlo A. Vascovics (1992), Optionen der Lebensgestaltung junger Ehen und Kinderwunsch. Schriftenreihe des Bundesministeriums für Familie und Senioren. Stuttgart: Kohlhammer

Schneider, Norbert F./Doris Rosenkranz/Ruth Limmer (1998), Nichtkonventionelle Lebensformen. Entstehung, Entwicklung, Konsequenzen. Opladen: Leske + Budrich

Schröter, Michael (1985), „Wo zwei zusammenkommen in rechter Ehe ..." Sozio- und psychogenetische Studien über Eheschließungsvorgänge vom 12. bis 15. Jahrhundert. Frankfurt/M.: Suhrkamp

Schütze, Yvonne (1991), Die gute Mutter. Zur Geschichte des normativen Musters „Mutterliebe". 2. Aufl., Bielefeld: Kleine

Schwarz, Karl (1995), In welchen Familien wachsen die Kinder und Jugendlichen in Deutschland auf? In: Zeitschrift für Bevölkerungswissenschaft 3: 271-291

Shorter, Edward (1977), Die Geburt der modernen Familie. Reinbek: Rowohlt

Sieder, Reinhard (1987), Sozialgeschichte der Familie. Frankfurt/M.: Suhrkamp

Trappe, Heike (1995), Emanzipation oder Zwang? Frauen in der DDR zwischen Beruf, Familie und staatlicher Sozialpolitik. Berlin: Akademie-Verlag

Trotha, Trutz von (1990), Zum Wandel der Familie. In: Kölner Zeitschrift für Soziologie und Sozialpsychologie 42: 442-473

Tyrell, Hartmann (1983a), Zwischen Interaktion und Organisation II: Die Familie als Gruppe. In: Neidhardt, F. (Hrsg.), Gruppensoziologie. Perspektiven und Materialien. Sonderheft der KZfSS, Opladen: 362-390

Tyrell, Hartmann (1983b), Zwischen Interaktion und Organisation I: Gruppe als Systemtyp. In: Neidhardt, F. (Hrsg.), Gruppensoziologie. Perspektiven und Materialien. Sonderheft der KZfSS, Opladen: 75-87

Tyrell, Hartmann (1988), Ehe und Familie. Institutionalisierung und Deinstitutionalisierung. In: Lüscher, K. et al. (Hrsg.), Die „postmoderne" Familie. Konstanz: 145-156

Tyrell, Hartmann/Alois Herlth (1994), Partnerschaft versus Elternschaft. In: Herlth, A. et al. (Hrsg.), Abschied von der Normalfamilie? Partnerschaft versus Elternschaft. Berlin: 1-15

Vaskovics, Laszlo A./Marina Rupp (1995), Partnerschaftskarrieren. Entwicklungspfade nichtehelicher Lebensgemeinschaften. Opladen: Westdeutscher Verlag

Vivelo, Frank R. (1995), Handbuch der Kulturanthropologie. 2. Aufl., Stuttgart: Klett-Cotta

Vögler, Gisela/Karin von Welck (1985), Die Braut: geliebt, verkauft, geraubt. Zur Rolle der Frau im Kulturvergleich. Köln: Rautenstrauch-Jöst-Museum

Wagner, Michael/Yvonne Schütze (Hrsg.) (1998), Verwandtschaft. Sozialwissenschaftliche Beiträge zu einem vernachlässigten Thema. Stuttgart: Enke

Walter, Wolfgang (1993). Vom Familienleitbild zur Familiendefinition. Familienberichte und die Entwicklung des familienpolitischen Diskurses. Konstanz: Forschungsschwerpunkt „Gesellschaft und Familien". (Arbeitspapier Nr. 5)

Karlheinz Thimm

Schule

Zusammenfassung: Schulen als Bildungs- und Lebensorte stehen unter gesellschaftlichem Druck und Modernisierungsanfragen. Die Institution hat sich mit dem relativ ungefilterten „Einfall" des Wandels der Arbeitsgesellschaft, von Benachteiligungen, ethnischer Vielfalt, sozialemotionalen Befindlichkeiten, jugendkulturellen Themen sowie biographischen Risiken auseinander zu setzen und wird damit auch zur „sozialen Arena" (Helsper 1991). Schulen müssen heute aus der Perspektive von Kindern und Jugendlichen diverse Funktionen erfüllen, u.a. zukunftsfähige Bildung ermöglichen, ein gegenwärtiger, sozialkommunikativer Erfahrungsort sein und teilweise Hilfen zur Lebensbewältigung in erschwerten sozialen Lagen bieten. Mögliche Antworten auf das erschlossene Bildungsdilemma liegen in der angekoppelten, partizipativen und aktivierenden Gestaltung von Lernorganisation, -zielen, -inhalten, -methoden. Mögliche Antworten auf ein nachweisbares Akzeptanz- und Sinndilemma siedeln u.a. in informeller Beziehungspflege und zwangloser, annehmender Kommunikation, in der Gestaltung eines kind- und jugendgemäßen Schullebens, in Modellen der Mitwirkung, in Öffnungen zu Arbeitswelt, Gemeinwesen, Jugendhilfe. Mögliche Antworten auf allgegenwärtige Sozialisations- und Integrationsdilemmata finden sich in der offensiven schulischen Annahme von sozialem Lernen, Lernhilfen, Berufsorientierung und Übergangsangeboten, Entwicklungsbegleitung, interkulturellem Lernen, geschlechtsspezifischen Zugängen, Elterneinbezug.

1. Veränderte Bedingungen des Aufwachsens – Gesellschaftliche und jugendtheoretische Grundlagen für das Verhältnis von Schule und Jugend

Schule ist eine Selbstverständlichkeit im Dasein von jungen Menschen. Alle Kinder und Jugendlichen werden zum Besuch verpflichtet und anders: sie haben ein Recht auf Bildung. „Jeder muss zur Schule, und unter neun oder zehn Jahren kommt man nicht davon (...) und die Gesamtrichtung deutet eher dahin, dass es mehr Schule, mehr Unterricht und längere Lernzeiten geben wird als weniger." (Prange 1995, S. 7) Das mag man befürworten oder ablehnen – „Bildungs- und Kulturgüter" zu erwerben liegt, so der herrschende Konsens, im gesamtgesellschaftlichen und im Einzelinteresse. Mehr als zehn Millionen Kinder und Jugendliche gehen täglich in die allgemein bildende Vollzeit Schule (diese ist Schwerpunkt des Überblickartikels). Die Schule ist die größte soziale Institution in der Gesellschaft und ein schwerlich wegzudenkender Aufbewahrungs-, Qualifizierungs- und Erziehungsort in (noch) sehr traditioneller struktureller Verfasstheit.

Jugend heute ist geprägt durch einen lang gestreckten Besuch von Schul- und Ausbildungseinrichtungen, vielfältige Zerstreuungs-, Unterhaltungs-, Entfaltungsangebote, einen hohen Erwartungsdruck der Eltern und geringe Zukunftsgewissheit. Es zeigen sich im Zuge des sozialen Wandels tief greifende, sich beschleunigende Veränderungen in allen Lebensbereichen. Auch für SchülerInnen unmittelbare Folgen sind u.a. Ausbildungsplatz-Mangel (besonders für weniger positiv bewertete SchülerInnen, überdurchschnittlich im Osten Deutschlands), Beschäftigungsprobleme, eine Verschlechterung der materiellen Situation des „unteren Viertels". Gefahren des Herausfallens durch biographische Risiken gehen in die Mitte der Gesellschaft hinein. Der gesellschaftliche Trend zur Schwächung externer Kontrollen und fester Maßstäbe kann mit Orientierungslosigkeit, Entwurzelung, Überforderung korrespondieren. Die Jugendphasen sind zeitlich gedehnt, es existiert eine außerordentliche Verlaufsvielfalt auf der Basis der Aufweichung der Generationengrenzen. Bildungschancen, verbesserte gegenständliche Versorgung, erhöhte Mobilität, eigene Soziokultur, Ausweitungen im Kommunikationsbereich stehen für die Mündigkeitssteigerung, die Erleichterungs- und Optionsseite von Jugendleben. Der Alltag vieler junger Menschen ist weniger entbehrungsreich und mit mehr Möglichkeiten der individuellen Gestaltung verbunden. Gleichwohl deutet vieles darauf hin, dass heutiges Aufwachsen nicht weniger, sondern andere Probleme verursacht. Zusammenfassend und akzentuierend einige von mir erweiterte Einschätzungen Hurrelmanns (1994):

- Junge Menschen sind Anhängsel der Beziehungs- und Lebensführungen der Erwachsenen quer durch alle Schichten. Viele Kinder und Jugendliche haben nicht die Chance, Anforderungen mit der belastbaren Elternbeziehung im Rücken entgegenzutreten.
- Jugendlicher Hunger nach Sinnlichkeit, nach unmittelbarer Erfahrung wird durch die Freizeitindustrie animiert und bedient. Manchmal kommt es zu Risikoverhalten, zu Drogenexperimenten, anderen bedrohlich-spektakulären Formen der Aneignung und Grenzerweiterung.
- Die Flut der Medienreize fördert Passivität, erzeugt Sensationserwartungen für das eigene Leben. Die allzeitige mediale Vorführung des Außergewöhnlichen erschwert ein realistisches Selbst- und Weltbild, eine geerdete Zufriedenheit und Lebensplanung im eigenen Passformat.
- Informationstechnologie und Computer-Realitäten prägen Bilder, Wahrnehmung, Verarbeitungsweisen.
- Leistungsanforderungen wirken schon früh und lassen das Leben junger Menschen als endlose Kette von Weichenstellungen erscheinen.
- Materielle, soziale und kulturelle Armut zeichnet viele Kinder und Jugendliche.

- Die Zunahme von konkurrenzgeprägten Spannungsfeldern (Armut – Reichtum, Haben – Nicht-Haben, drin – draußen, von Hier – von Woanders, Junge – Mädchen, „gut" in der Schule – „schlecht" in der Schule, Chancen- – Benachteiligungsregion, gehandicapt – „makellos", verwertbar und „fit" ...) drückt in Selbstpräsentation, Abwehr- und Kampfbereitschaft.
- Eine große Zahl junger Menschen erlebt sich schon im Jugendalter als überflüssig und lästig, trotz ihrer Wünsche, dabei zu sein und dazuzugehören.

Der lineare Zusammenhang von Bildung mit Beschäftigung, Lebensplanung und Zukunftsperspektiven ist brüchig. Gesicherte Aussichten sind heute weder über soziale Herkunft noch durch die Verfügung über in Bildungsinstitutionen erworbene Berechtigungsscheine erreichbar. Entscheidend ist nicht nur, wer man ist, was man kann und schwarz auf weiß nachweist, sondern auch, wie clever, flexibel, pragmatisch man sich einstellt. Schule verteilt wie eh und je die Startposition. Garantiescheine gibt es nicht, doch man kann entscheidenden Boden verlieren. Die Formel des „Lernens für später" beinhaltet für zahllose Jugendliche eine irreführende Tauschwertversprechung. Plätze erweisen sich als vergeben. Schule hat nicht mehr vorrangig Zuweisungsfunktion, sondern Ausschlussfunktion: Wer durchhält, kann weitermachen, wer herausfällt, hat geringe Sozialchancen. Die Minderheit jener Jugendlichen, die Kernanforderungen nicht meistert, wächst. Die Belastungen kommen sowohl aus dem außer- als auch aus dem innerschulischen Raum. SchülerIn-Sein heißt heute, einem starken Leistungsdruck gerecht werden zu müssen; einen möglichst hochwertigen Abschluss als notwendige, aber nicht hinreichende Bedingung zu erlangen; mit permanentem Vergleich, Misserfolgen, mit Bedrohungen des Selbstwertgefühls also fertig zu werden; sich mit der Hierarchisierung der Schulformen und dem eigenen Status im Gefüge auseinander zu setzen; sich in rauen jugendlichen und anforderungsreichen schulischen Kontexten zurechtzufinden (vgl. Schubarth u.a. 1996). Schule bewirkt jedoch nicht ausschließlich Belastungen, hinterlässt nicht total und flächendeckend negative Bilder. Sie wird von SchülerInnen unterschiedlich erlebt, etwa:

- als ereignisarmer Ort, den man zu vermeiden trachtet oder als anregender Platz mit passabler Gesellschaft in ansonsten trister Landschaft des übrigen Alltags;
- als Terrain, auf dem man unter Druck zäh arbeitet oder wo man taktisch dosiert mit geringem Einsatz über die Runden kommt bzw. wo man sich durch den Wechsel von Stoßarbeit und Ruhephasen konjunkturell und periodisch engagiert;
- als gleichgültig absolvierte Periode oder als Vormittag, der Erfolg und Bestätigung ermöglicht oder als drohend herannahender, Qual bereitender Schultag (vgl. Spies 1987).

Hier werden verschiedene Wahrnehmungen und Label deutlich: Schule als Belastung und Überwältigung, als positiv angenommene Herausforderung und Kalkülplateau, als selbstverständlicher Lebensbereich, als unattraktiver oder zukunftssichernder, Emanzipation ermöglichender und Herkunftschancen weitender Ort etc. Sozialpädagogik kennt Schule allerdings oft von der Misslingens- oder gar Katastrophenseite her.

Jedenfalls trifft die strukturell alte Schule auf eine neue Jugend. Im Vergleich zu früher werden Identitäts-, Sinn- und Wertprobleme Jugendlicher in wesentlich höherem Maß an die Schulen herangetragen. Schulische Bezugsgröße bleibt jedoch der junge Mensch im von den institutionellen Anforderungen her angelegten Denkrahmen. Zentral ist nicht der/die Jugendliche, wie er/sie täglich in die Schule kommt. Schule ist von ihrer Logik her zukunftsorientiert, während das Leben der Kinder außerhalb der Schule, vorher und nachher, auch in den Pausen, im Schulbus, in den Fluren, auf der Hinterbühne und in den Nischen der Unterrichtszeit unabweisbar in der Modalität des Präsens zur Entfaltung drängt (vgl. auch Böhnisch 1994, S. 83). Junge Menschen sind gezeichnet von im offiziellen Schulprogramm ignorierten Entwicklungsthemen wie Identitätssuche mit Ablösung von den Eltern, Selbsterprobung, „Beziehungshunger", Experimentierfreude, Suche nach Reputation in der Gruppe, von Themen wie Geschlechtlichkeit, Körperlichkeit und Sexualität, der Position als Konsumenten und dem Kampf um Eigenrecht und Anerkennung. Die Schule versucht, schulisches und außerschulisches Lernen und Leben zu trennen. Das gelingt erstens kaum und verringert zweitens ihre pädagogische Wirksamkeit.

Zudem setzt Schule personale Ressourcen – Neugier und Optimismus, Leistungsfähigkeit und Frustrationstoleranz, Planungshorizonte und Koproduktionsbereitschaft etc. – voraus, die sie braucht und verbraucht. Die Zahl der sozial benachteiligten und deshalb aus Schulsicht desorganisierten jungen Menschen steigt. 10 bis 20% der Kinder und Jugendlichen eines jeden Jahrgangs haben im familialen, im schulischen und im Freizeitbereich extraordinäre Probleme zu bewältigen. Annähernd die Hälfte der jungen Leute bzw. deren Eltern dürften eine Schule benötigen, die sie zuverlässig vom Morgen bis zum Nachmittag begleitet, weil die elterliche Umsonst-Sozialisierung für einen wachsenden Teil der Jungen und Mädchen nicht mehr gesichert ist. Von hier erhält die Argumentation Nahrung, dass Einzelschulen – als regional ausgerichtete Sozial- und Lebensschulen ggf. mit Jugendhilfe-Ergänzung – bis zur zehnten Jahrgangsstufe auch sozialkommunikative, abstützende Grunderfahrungen ermöglichen müssten: Zuhören und Zuhören abverlangen, Daseinsberechtigung unterfüttern und sich seines Wertes bewusst werden lassen, mangelnde Beheimatung und Geborgenheitsdefizite kompensieren, eine Konfliktkultur installieren, Kooperation und Verantwortung entwickeln, Phantasie und Risikofreude fördern ...

In einer durch den Verdrängungswettbewerb gekennzeichneten Arbeitsmarktsituation werden familiale Ressourcen und personale Copingstrategien entscheidend, um die verschärfte Konkurrenz um Einmündung und Statusprivilegien zu bestehen, wobei es strukturell VerliererInnen gibt bzw. gar geben muss. Insgesamt wächst die Abhängigkeit der Herkunftsmilieus von zunehmend destabilen und selektierenden institutionellen Stützsystemen (vgl. Helsper u.a. 1991, S. 262). Kurz: Das „problematische Verhältnis zwischen Schule und Jugend verschärft sich dramatisch, wenn wir die Lebenslagen von Jugendlichen aus den unteren Statuspositionen, dem unteren Fünftel oder Drittel der Gesellschaft betrachten. Hier treten zu aller Distanz zwischen Schule und Jugend schicht- und milieuspezifisch bedingte Gegensätze, eine kulturelle Distanz zwischen der Schule und (...) Schülerinnen und Schüler auf der anderen Seite hinzu. (...) Der Riss, der die Gesellschaft in oben und unten teilt, in Integrierte und Ausgegrenzte, verläuft mitten durch die Schule." (Mack 1999b, S. 10)

Schule hat sich durch das Eindringen jugendkultureller Stile, durch erweiterte Spielräume, die erhöhte Streitbarkeit der jungen Menschen und schwindende Einordnungsbereitschaft (im Verbund mit der gesellschaftlich bedingten Schwächung der Gratisproduktion von Lehrerautorität) gewandelt. Schulen sind heute ein mischkulturelles Gemenge im Nebeneinander von gesetzten, unhinterfragbaren Normen, Druck, Repression, Schikanen und Liberalitäts- und Toleranzsignaturen, von Vakuen und Unübersichtlichkeit, gar „Wirrwarr". Der Schulbereich erscheint heute vielgesichtig: Schulen zeigen sich phänomenal, von Einzelschule zu Einzelschule und von Lehrkraft zu Lehrkraft unterschiedlich, wenn gleichwohl auch strukturell einheitlich. Einer „sozialräumlich blockierten Schule" (Böhnisch 1999) muss bis dato allerdings jede, die institutionellen Schemata irritierende und Lehrerskripte überwindende Andersartigkeits-Enklave abgerungen werden. Zusammengefasst: Schulen sind faktisch

- Ort für defizitorientierte Beurteilung, Selektionsstress, Kritik und Milieu für Erwartung freundlichen Umgangs und Förderung;
- Platz für sachbezogene Bildungsprozesse und für Beziehungsangelegenheiten;
- Gegenwart und Zukunftsvorbereitung;
- Stätte der Bedürfnisbefriedigung und für Training von Rollenhandeln, Verzicht, Einordnung;
- System mit Vorgaben, Standards, Verregelung und Dialogfeld für Aushandlung, Neigungsbeachtung, Wahlmöglichkeiten;
- Lernort und Lebensraum;
- Kontext für den Erwerb von Berechtigungen und jugendliche Bühne.

Zusammengefasst: Die Legitimations- und Einflussschwächung von Schule erschwert ihr ein „Weiter so!". Die Bildungsinstitution gibt nur noch eine Stimme im pluralen Sozialisationskonzert unter anderen ab. Die elektronische Revolution und die neuen Medien, der Trend zum Verlust der Zuweisungsfunktion durch Entwertung der Lizenzen, die Attraktionssteigerungen neben Schule in einer Kultur der schnellen Bedürfnisbefriedigung schwächen die Institution in ihrer heutigen Verfasstheit. Eindringende Vielfalt und Benachteiligung treffen auf starre Schemata und fixe Erwartungsmuster. Der hausgemachte Gegenwartsverzicht verschärft Lagen. Aus der Subjektperspektive sind Sinn- und Akzeptanzeinbußen und aus institutionszentriertem Blick Funktions- und Integrationsprobleme zu markieren. Deutlich dürfte sein, dass ein theoretisches Verständnis von Schule benötigt wird, das die Gleichzeitigkeit von Prinzipien, Anforderungen und Interessen wenigstens zulässt oder gar annimmt: System und Lebenswelt, gesellschaftliche Funktionen und subjektiver Sinn, Gegenwart und Zukunft, Ermutigung und Beurteilung, messbare Leistung und personal bedeutsame Bildungsbewegungen, Gebrauchswert und Tauschwert, Unterscheidung und Schematisierung, Rolle und Mensch, Sache und Beziehung, Konkurrenz und Solidarität, SchülerIn-Rolle und SchülerIn-Sein etc. Teile der sozialpädagogischen Praxis haben Nachholbedarf, grundlegende Ambivalenzen von Schule zu akzeptieren und Entwicklung, Statuserhöhung etc. für viele Kinder durch Schule – an Gymnasien, Gesamt- und Realschulen etwa – anzuerkennen (statt Frustration, Scheitern etc. einer zweifellos großen Minderheit von VerliererInnen zu totalisieren).

2. Einblicke in aktuelle Schuldiskurse

Seit einigen Jahren wird Schule als Lebens- und Erfahrungsort wieder entdeckt, auch wenn sich die alltäglich-pädagogische Relevanzzuerkennung nicht unbedingt in Veröffentlichungen und empirischer Forschung spiegelt. Jugend in der Schule und Schule als sozialer Raum sind trotz unabweisbarer Alltagsprobleme im Handlungsfeld eher ein Randthema in Wissenschaft, Bildungspolitik, Lehreraus- und Lehrerfortbildung. Auch die Sozialpädagogik beachtete Schule zwischen 1985 und 1995 wenig, obwohl die Schule unbezweifelt ein außerordentlich wichtiger Teil der Lebenswelten von Jungen und Mädchen ist. Kurz: Schule und außerschulische Lebenswelten, Schul- und Sozialpädagogik, Schüler- und Jugendforschung stehen traditionell eher beziehungslos nebeneinander. Jüngst gelangen am Gewaltthema Brückenschläge (vgl. Holtappels u.a. 1999 und Schubarth 2000). Das Projekt des Deutschen Jugendinstituts „Schulentwicklung und Lebenswelten" (vgl. Mack 1999a) mag ein Beleg dafür sein, dass auch die Sozialpädagogik Schule und SchülerInnen als Thema sukzessive reanimiert. Parallel entwickelte sich seit Beginn der 90er-Jahre ein Funktionsstreit, der seit einigen Jahren ergänzt wird um Fragen nach der Leistungsfähigkeit der Schulen in ihrem traditionellen Kernbereich des Unterrichts und nach einem zukunftsfähigen Bildungsverständnis. Auf diese Diskurslinien wird kurz eingegangen.

2.1 Schule als Ort des fachlichen Lernens

Für die Lehrermehrheit liegt die wesentliche Funktion von Schule darin, berufsbezogen zu qualifizieren. Aus dieser Sicht wird in der Schule auf Vorrat für die Zukunft gelernt. Unterrichtende und Wissenschaft verweisen auf die 70% (plus/minus), die mit der Schule zurecht kommen und dabei mittlere und höhere Abschlüsse erzielen. Unstrittig gelingt der Schülermehrheit auch ein Belastungsmanagement, aspektreiche Balancen also zwischen oft nicht kompatiblen schulischen Anforderungen, Selbst- und Elternansprüchen sowie Peererwartungen durch flexibles „role-making". Allerdings ist Schulverdrossenheit, ungeachtet der unklaren Datenlage mit widersprüchlichen Interpretationsmöglichkeiten, verbreitet. Das hat auch etwas mit den Strukturen und Inhalten des schulischen Lernens zu tun. Theoretisch ist durchaus und zunehmend strittig, was wie und wozu gelernt werden muss. Mit der Sozialpädagogik verbindungsinteressierbare SchulpädagogInnen wenden kritisch gegenüber der Sitz-, Papier- und Sprechschule, gegenüber der Instruktion statischer Wissensbestände mit Verzicht auf die aneignungstheoretische Vorstellung von Lernsubjekten ein: Hat das Lernen der Kinder und Jugendlichen etwas mit ihren Fragen zu tun? Wissen sie durch Schule besser über die für sie relevante Welt Bescheid? Können sie Ergebnisse erarbeiten, die für sie oder andere Erkenntnis- und Gebrauchswert haben? Fühlen sie sich motiviert und vorbereitet, nächste Entwicklungsschritte zu gehen? Bleibt etwas in ihrem Besitz, was sie nicht nach dem nächsten Test abhalftern? Ein Schüler formuliert nach einer durch Selbsttätigkeit an einer relevanten Fragestellung geprägten Lernepisode in der außerschulischen Bildungsarbeit mit Transferwünschen hinein in den unterrichtlichen Regelalltag: Hier wurde ich ernst genommen; ich lernte an einem realen Objekt; ich konnte mir die Arbeit selbst einteilen; ich musste nicht immer nur sitzen; ich musste mich nicht ausschließlich in einem geschlossenen Raum aufhalten; ich hatte keine Langeweile und musste keine Vorträge hören (vgl. Durdel u.a. 2000, S. 99). Genereller moniert eine erhebliche Zahl von Jugendlichen gemäß neuerer Untersuchungen (vgl. Waldvogel 1994; Olk u.a. 1996 und 2000; Rolff 1997; Seithe 1998) weiterhin methodische Monotonie und inhaltliche Bedeutungsarmut schulischen Lernens. Der Preis des Gegenwarts- und Ankoppelungsverzichts sind Verantwortungsabgabe (Unterricht als Veranstaltung der Lehrkraft) und leidenschaftsloses Tauschwert-Denken. Ein weiteres großes Thema aus Schülersicht ist die große Zahl kommunikativ aversiver, unfreundlicher, angespannter LehrerInnen.

Einige empirische Präzisierungen. Nur 7,5% der SchülerInnen bezeichnen nach einer aktuellen Untersuchung in Thüringen Schule als Zeitverschwendung. Schule wird von fast allen als notwendig akzeptiert, weil sie Pflicht ist und damit unausweichlich. „Gleichzeitig ist für etwa die Hälfte der SchülerInnen unserer Stichprobe Schule auch Stress, etwas, was Mühe macht, was belastet und unter Druck setzt." Quellen für Schulstress könnten neben den Leistungsanforderungen die soziale Situation in der Klasse, Konflikte mit LehrerInnen, mit anderen SchülerInnen, auch Angst vor Gewalt und Nichtachtung sein. Schule „ist vor allem Kommunikationsort. Ein Viertel der befragten SchülerInnen sagt zudem aus, Schule mache Spaß (...). Bei den SchülerInnen, die einen Hauptschulabschluss anstreben, liegt die Nennungshäufigkeit für (...) diese positiven Bewertungen deutlich niedriger." (Seithe 1998, S. 198) Die überwiegende Mehrheit der älteren SchülerInnen – circa 70% nach Olk u.a. (1996; 2000) – geht in Sachsen-Anhalt ungern oder sehr ungern zur Schule. Von den SchülerInnen des ersten Leistungsdrittels in der Klasse besucht fast die Hälfte (46%) gern die Schule, vom zweiten Drittel sind es 26%, im letzten Drittel 15%. Ergänzend heißt es: „Unruhe im Unterricht (Nennungshäufigkeit 70% „trifft vollkommen/sehr zu", K.T.), Entsolidarisierung, Konkurrenz, Egoismus und Gewalttätigkeit sind keine Einzelerscheinungen, sondern verbinden sich für einen beachtlichen Teil der SchülerInnen mit dem Klassenklima." (Olk u.a. 2000, S. 72) Zu anderen Ergebnissen kommt die Studie „Jugend in Brandenburg" (Sturzbecher 1996). Gemäß dieser Untersuchung verbinden 94% der Jugendlichen im Sekundarbereich mit der Schule Spaß am Zusammensein mit MitschülerInnen und am Wissenszuwachs. 72% fühlen sich lernmotiviert, 59% erleben sich nicht durch Schulstress belastet. Bei forschungskritischer Betrachtung zeigt sich, dass Ergebnisse auch von Fragestellungen und methodischer Untersuchungsdurchführung abhängen.

Nach Olk u.a. (vgl. 1996, S. 278ff.) unterstreicht die große Mehrheit der Sekundarstufe I-SchülerInnen, dass die Unterrichtenden helfen, wenn sie etwas nicht verstanden haben. Dagegen bescheinigt nur noch ein knappes Fünftel der Mehrheit der LehrerInnen vollkommen, dass sie freundlich seien und man mit ihnen gut reden könne. Relativ schwach wird den Unterrichtenden auch ein Bemühen um einzelne (schwierige) SchülerInnen zugeschrieben.

Positive Besetzungen bzw. Schülerwünsche zeigen sich in folgenden Richtungen: Ausbau von Schule als Kommunikationsort; Freizeitmöglichkeiten in der Schule; Verkürzung der Unterrichtszeit, mehr Pausen; „Verschönerung" der Schule; zugewandte, freundliche LehrerInnen; stabile Lerngruppen; einbeziehende Mitwirkung als Möglichkeit, eigene Ideen und Vorstellungen einbringen zu können; mehr sozialer Friede unter den Jugendlichen; mehr Ruhe im Unterricht (vgl. Waldvogel 1994; Seithe 1998; Olk u.a. 2000). Die Rangliste der positiven Ereignisse aus der Schulzeit wird gemäß der Studie von Waldvogel im Rückblick angeführt von Klassenfahrten, gefolgt von schulischen Erfolgen und sozialen Kontakten. Attraktiv sind für Kinder und Jugendliche Erlebnisse in informellen Randsektoren wie schulische Freizeit und Gemeinschaftsveranstaltungen, aber auch unterrichtliche Abwechslungen wie Projektwochen, individuelle Lernformen (Freiarbeit, Wochenplan-Arbeit oder Gruppenunterricht) sowie „Lesen im Wald" und „Biologie am Wasser". Deutlich zeigt sich in den Untersuchungen, dass die SchülerInnen hinaus aus den Klassenzimmern drängen. Gefragt ist die Arbeit mit dem Computer. Fast die Hälfte hat Interesse an einer Steigerung des praktischen Lernens (vgl. Seithe 1998, S. 199). Wünsche, eigene Erfahrungen machen zu können, Zeit zu haben und zu spielen sowie die Verfügung über Experimentierräume stehen hoch im Kurs. Zu berücksichtigen ist auch Osterlohs Befund: „Personen sind die wohl nachhaltigste Erfahrung in der Schule. Es folgen mit großem Abstand Gedanken (...) und Gegenstände, die durch Personen, Texte und Unterrichtsprojekte vermittelt wurden." (vgl. Rauschenbach u.a. 1993, S. 70) Thematisch vermissen Jugendliche nach Waldvogel und Seithe – hier ein Satz von 50% – auf ihr Selbst bezogene Themen wie „Leben bewältigen", „Miteinander reden lernen", „Gespräche führen". In Thüringen wünscht sich („nur" – in Anpassung an wahrgenommene Realität?) jede/r fünfte SchülerIn, dass LehrerInnen Personen sind, denen man persönliche Probleme anvertrauen kann. Mehr als die Hälfte imaginieren jedoch „mehr LehrerInnen, die ein offenes Ohr für Fragen und Probleme der SchülerInnen und die nicht nur Leistung im Kopf haben" sowie „mehr Lockerheit und Spaß im Unterricht". Weniger Gewalt ist vor allem das Interesse eines großen Teils der jüngeren SchülerInnen (vgl. Seithe 1998, S. 199). Zuletzt, vielleicht zentral, ein Beleg aus der Praxis von reformpädagogischen Schulversuchen: SchülerInnen verteidigen – so Negt – „eher den Raum freier Bewegungen und die Atmosphäre als irgendeine einzelne Errungenschaft, ein Angebot, das sie besonders lieben, oder eine Lehrperson." (1997, S. 252) Damit sind wesentliche Bedürfnis- und Hoffnungsfelder im Blick. Gleichwohl muss berücksichtigt werden, dass für die große Mehrheit der SchülerInnen jedenfalls die heutige Schule leichter erträglich ist, wenn sie zu kalkulierbaren, eher enger bemessenen Zeiträumen auch wieder beendet ist.

Ein Ausblick: Selbstverantwortung und Selbstorganisation, Problemlösungsfähigkeiten und Risikomanagement, Strategien der Kooperation und Kommunikation u.a.m. sind Schlüsselqualifikationen, die die biographische Entwicklung bzw. das Umgehen mit der Moderne kompetenter ermöglichen, die aber auch arbeitsweltlich nachgefragt werden. Sozialpädagogik nun könnte eine mitsprechende Rolle dabei einnehmen, ein neues, personale, emotionale und soziale Dimensionen umspannendes Bildungsverständnis zu entwickeln und ihre Erfahrungen mit Lernen einzubringen. Schließlich sind auch Bildung und Lernen zentrale Kategorien in Jugendhilfediskursen und -praxen. Zu einem erweiterten Bildungsbegriff würden auch die Begleitung der biographischen Gestaltungsaufgaben, der Persönlichkeitsentwicklung und die Entfaltung von Fähigkeiten des selbstständigen und sozialen Handelns gehören.

2.2 Schule als sozialer Ort – Sozialwissenschaftlich-jugendtheoretische Anfragen an Schule

Sich unterrichten zu lassen und sich dabei sozial angepasst zu verhalten fällt nicht wenigen Schülerinnen und Schülern offenkundig schwer. Ein Kenner der Situation – der Jugendsoziologe Lothar Böhnisch (vgl. 1994, S. 248) – formuliert: Wohl nie zuvor seien die Lehrer so bösartig vorgeführt, sei die relative Ohnmacht von Erziehung so drastisch offenbart worden wie heute. Aufschließend ist diese Unterscheidung: „Schule als funktionales System ist nach dem Leistungs- und Ausleseprinzip strukturiert, folgt institutionellen Schulordnungen und Curricula. Schule als soziales System meint die Gruppe der Schüler und Schülerinnen, deren Leben als Kinder und Jugendliche von den jugendkulturellen Besonderheiten des Aufwachsens gekennzeichnet ist (...)." (Böhnisch 1994, S. 82) Kinder und Jugendliche definieren Schule als sozialen Raum, wodurch in Kollision mit schulstrukturellen und -funktionalen Anforderungen tendenziell anomische Verhältnisse bzw. Entschädigungsbestrebungen entstehen (können). „Keine Hausaufgaben zu machen, gehört zum „guten" Ton. Drei Viertel der SchülerInnen macht fast regelmäßig keine Hausaufgaben. (...) Da auch der Unterricht durch häufige Unruhe gekennzeichnet ist, muss gefragt werden: Wie kann die Schule unter diesen Voraussetzungen ihre Aufgabe noch erfüllen? (...) Ernst zu nehmen ist weiterhin, dass (...) jede(r) sechste bis siebente SchülerIn die Schule schwänzt, etwa jede(r) zehnte SchülerIn öfter Wände bewusst beschmiert (...)." (Olk u.a. 1996, S. 283f.) Zahllose Kinder und Jugendliche zeigen sich in einer Weise erwartungs- und ordnungswidrig, dass Unterrichtende kaum noch weiter wissen. Schulen in „abrutschenden Quartieren", Sekundarstufe I, ein hoher Jungenanteil, Förder- und Hauptschule, Grundkurse an Gesamtschulen, ein großer Zuwandereranteil, zum Beispiel: hier schichten sich Anforderungen besonders auf. Die Überwältigung von Schulen durch die sozialen Realitäten und die mit Begriffen wie Schule als Lebenswelt und Erfahrungsort skizzierten Einflüsse lassen sich so systematisieren:

1. Die Entwicklungstatsache ist unumkehrbar von einem Subjektstatus der Kinder und Jugendlichen geprägt. Die jungen Menschen erzeugen (eben auch) in der Schule emotionale, körperliche und interaktive Dynamiken in Eigenmächtigkeit und mit Eigensinn.
2. Zudem muss sich Schule mit vielfältig bedingten externen, soziokulturell und sozioökonomisch bedingten Spannungslagen, Benachteiligungen, Sozialisationsdefiziten auseinander setzen und kann weniger denn je auf die „Schulgerechtigkeit" aller Kinder bauen.
3. Auch die Schulklasse ist eine Peer-Kultur. Jugendkulturell-interkulturelle und geschlechtsbezogene Themen, aber auch polare Konstellationen von Tätern und Opfern, Stärkeren und Schwächeren, Älteren und Jüngeren, hier und woanders Geborenen tragen Spannungen. Aus den Liveszenen erwachsen aber auch bedeutsame und ernste Lerninhalte, die nicht zuletzt politisch relevant sind.
4. Schule selbst erzeugt mit ihren Anpassungs- und Leistungsforderungen in einem Milieu von Konkurrenz und Selektion Belastungsstress, bietet jedoch kaum Angebote zwecks Kompensation, Stützung, Entlastung, kurz: wenig Bewältigungshilfe. Hier sind Offerten von Sozialarbeit an Schule oft die einzige Chance der Erholung und Selbstaufwertung.

Ein zweiter grober Blick in die Empirie. Seithe kam in ihrer Schülerbefragung im Rahmen des Modellvorhabens „Jugendarbeit und Schule" in Thüringen zu diesen Ergebnissen: Die Lagen in der Familie und im Wohnumfeld wurden von den Jugendlichen deutlich weniger dramatisch wahrgenommen, als man es nach den Aussagen der PädagogInnen hätte erwarten müssen. Fast alle SchülerInnen gaben an, einen Freund/eine Freundin zu haben. 67% signalisierten Cliquenzugehörigkeit. Das „einfache Zusammensein" mit Gleichaltrigen stand mit 72% der Nennungen an der Spitze der Freizeitaktivitäten. Infrastrukturelle Wünsche für die Wohngebiete richteten sich auf informelle Treffpunkte, vor allem aber Schwimmbäder, Kinos und Discos. 75% der Befragten äußerten Angst, später keinen Job zu bekommen (vgl. Seithe 1998, S. 197f.). Als Hauptattraktionen des Modellprojekts wurden prospektiv vor allem „Kommunikation" und „Spaß" genannt. Freizeitangebote im schulischen Rahmen begrüßte eine große Mehrheit. Jugendliche wünschten sich darüber hinaus sehr zahlreich eine allgemeine Klimaveränderung an den Schulen, in den einzelnen Klassen und im Unterricht.

Eine Minderheit (maximal 20 bis 25%) artikuliert Bedarf an Bewältigungshilfe und Beratung (vgl. Seithe 1998; Olk u.a. 2000). Dies sind – so Seithe – vor allem Jugendliche mit schlechteren Schulleistungen, Stress mit den Eltern, SchülerInnen mit Zukunftsangst und solche, die ein verstärktes Bedürfnis haben, sich auszuprobieren. Nachfrage wird besonders bei den sozialpädagogischen Hilfen im Bereich „Übergang Schule – Beruf" und im Rahmen der Konfliktmoderation verankert. In der Bilanz hinsichtlich der Bedarfsklärung wird von Seithe eine Ähnlichkeit zwischen den Erwartungshorizonten der PädagogInnen und SchülerInnen in folgenden Bereichen identifiziert: Verbesserung der Freizeitsituation; Abnahme von Gewalt; Schaffung von Kommunikationsgelegenheiten; Klimaveränderung; individuelle Hilfen für benachteiligte und belastete Jugendliche.

Ein weiterer Ausblick. Kinder und Jugendliche werden im System der Regelschule traditionell als SchülerInnen in den Dimensionen von Leistung und Konformität beurteilt. Kognitive Stofforientierung, Selektion, Rollenhandeln und Gruppenpädagogik mit hohem Erledigungsdruck sind u.a. konstitutiv für Schule und trennen die Teilsysteme. Die Jugendhilfe fokussiert lebensweltlich bedingte Entwicklungsauffälligkeiten, Chancenbenachteiligungen und soziale Konflikte bzw. die Freizeit-, Aneignungs- und Kommunikationsbedürfnisse. Sozialpädagogik besetzt mit der Betonung der sozialen Situation (in und außerhalb der Schule) und dem individualpädagogischen Verstehen von subjektiver Bewältigung die unterrichts- und rollenabgewandte Seite von SchülerIn-Sein. Sozialpädagogik akzentuiert: Auch wenn Schulen nicht am Ort der Entstehung von Problemen wirken, sondern Raum des Auftretens sind, wird sich die Institution jedenfalls in Regionen mit Problemverdichtung nicht Aufgaben entziehen können (z.B. Lebenserfahrungen begleiten und auswerten, alltägliche Stützung bieten, Chancenverengung und Benachteiligungszukunft in Rechnung stellen etc.), für die sie ursprünglich nicht angelegt und verfasst ist. Es bleibt mit sozialpädagogischem Blick die Verpflichtung von Schule, jedenfalls auf hausgemachte Entwertung und Frustration mit der Schaffung einer Pluralität von Anerkennungsfeldern und Würdechancen zu antworten. Eine UNESCO-Kommission visioniert gar die Zukunftsfähigkeit der Schule im Sinne von „learning to know", „learning to do", „learning to be" und „learning to live together" (vgl. Delors 1996 in Heimlich 1999, S. 51).

2.3 Die Funktionsfrage – Verbindung von Sozial- und Bildungsdiskurs

In Antworten auf die Fragen „Wozu ist die Schule da?", „Was kann und soll sie leisten?", „Was ist eine gute Schule?" gibt es breiten Dissens. Es lassen sich – extrem vereinfacht – zwei schulpädagogische Linien nachweisen. Einerseits sind Perspektiven erkennbar, die mit der Ambition immanenter Steigerungen der Lerneffektivität von einem strukturellen und funktionalen Erhaltungsstandpunkt her argumentieren (vgl. „Effective school"-Forschung, z.B. Aurin 1990; Oelkers 1993; Giesecke 1997). Schule könne – so die beschwörend-konservierende Rede – nicht auf das Spaßempfinden der Lernenden warten. Das Grundübel nach Giesecke ist, dass viele Klassen zu Problemgruppen geworden seien und erhebliche Lernzeit durch unterrichtsfremde Aktivitäten verloren gehe. Die Familien bzw. als Ausfallbürge die Jugendhilfe hätten das Kind schultauglich zu machen und für die nötigen sozialen und emotionalen Grundqualifikationen zu sorgen. SchülerInnen müssten sich disziplinieren und ihre mitgebrachten Probleme eben nicht ausleben. Gelinge dies nicht, habe Schule zu strafen und ggf. auszugliedern. Die Position ist mindestens tendenziell – jenseits der Überziehungen – anschlussfähig an vorherrschende Auslegungen der Lehrerrolle in der schulischen Praxis. Von dort verweist man auf diese einschränkenden Bedingungen: Kontrolle und Beurteilung sowie Angebote, sich anzuvertrauen u. Ä. stünden in einem Spannungsverhältnis. Der curriculare Druck lasse keine Zeit für „Sonstiges". Es fehle die Qualifikation für sozialpädagogische Unterstützung. Die große Zahl täglich und wöchentlich mit einem geringen Stundenvolumen unterrichteter SchülerInnen lasse individualpädagogische Besonderung, Einfühlung und genauere Kenntnis nicht zu.

Andererseits sind zunehmend schulpädagogische Zugänge auszumachen, die von der „systemfremden" lebensweltgeprägten Subjektperspektive und den Lebenslagen im Aufwachsen ihren Ausgang nehmen. In Gegendiskurs-Stellungnahmen (vgl. z.B. von Hentig 1994; Winkel 1997; Negt 1997; Böhnisch 1994 und 1999; Holtappels u.a. 1999; Schubarth 2000) ist die Schule auch Ort für Gegenwartserfahrung, Entwicklungsbegleitung und Lebensbewältigungshilfe. In diesen Diagnosen wird die schulische Definition als funktionales System mit traditionellen Kernzwecken wie Wissensvermittlung, Kulturbewahrung, Einspurung des Nachwuchses in das Rollenhandeln, Plätzezuweisung etc. konfrontiert mit der Infektion der Schule durch gesellschaftliche Umbrüche, soziale Probleme und jugendkulturellen

Eigensinn. Dabei wird über Schule nicht ausschließlich von der gesellschaftlichen, sondern auch von der individuellen Seite her nachgedacht. Wer Schule auf Bildung und Bildung auf Unterricht beschränke, ignoriere schlicht die Realität und verpasse Chancen. Klassische Arbeitsteilungen und Aufgabenzuweisungen funktionierten nicht mehr. Wer sollte sich für die Lebenswirklichkeit junger Menschen zuständig erklären, wenn nicht die Schule – mit einer starken Jugendhilfe als Vernetzungspartner?

Schule selbst greift erstens aus kritischer Sicht massiv in Lebenswelten und Biographien ein, sie erzeugt Risiken der Hilflosigkeit und Ausgrenzung. SchülerIn-Sein ist zweitens unstrittig durch den Lebensalltag – d.h. z.B. Migration, Scheidung, Krankheit, Armut, Peer-Kultur, Medien, Freizeitsettings, Konsum – gezeichnet. Insbesondere soziale Desintegrationsprozesse stellen die pädagogischen Institutionen vor neue Herausforderungen, die nicht unerheblich in Lehrerüberlastung, teilweise in Abwehr bzw. Ratlosigkeit münden. Werden von hier aus bisherige Aufgabenzuschreibungen an die Schule und die Sozialpädagogik sowie klassische Kompetenzprofile zunehmend nicht nur problematisch, sondern gar obsolet? Bildung als Prozess der selbstbestimmten Entfaltung des Subjekts ist nur möglich, wenn die psychosozialen Bewältigungsaufgaben gelingen. Dieses Gelingen wird in schul- und bildungstheoretischen Entwürfen und schulpraktischen Funktionsbestimmungen überwiegend vorausgesetzt (vgl. Mack 1999b). Auch die innovationsgerichtete schulwissenschaftliche Rede, die Schule neu denkt, stellt nicht in Abrede, dass eine realistische Theorie über das Lernen und Sein in der Schule Antinomien, Gegensätze und Polaritäten annehmen muss. In der schulischen Praxis Tätige müssen ständig vermittelnde Balancearbeit leisten. Vor allem für Schulen (weniger für einzelne Lehrkräfte) bestehen allerdings Chancen zu entschiedenen Schwerpunktsetzungen und damit Akzentverschiebungen im Geflecht der Schulfunktionen. Evident ist, dass es „die" Schule in diesen Umbrüchen nicht gibt, sodass mir die Rede von Schulen als Individualitäten teilweise gedeckt erscheint. Mithin ist die Suche nach „der" Ausrichtung und „der" Funktion von „der" Schule kein angemessener Zugang (mehr). Dabei ist die Warnung vor einer sozialökologischen Fragmentierung des Bildungswesens zwar berechtigt. Sicher sind jedoch in Arealen sozialer Benachteiligung mit Erfahrungsbrüchen von inner- und außerschulischer Lebenswelt andere Mittel und Wege, Inhalte und Ziele erforderlich als etwa dort, wo noch ein relativer soziokultureller Gleichklang, eine gewisse Homologie zwischen Schule und Umfeld besteht. Unterricht wird allerdings recht breit mehr und mehr zur Herstellung der Möglichkeitsbedingungen desselben. Kurz: Bezugschancen von Sozialpädagogik und SchulreformerInnen in Wissenschaft, Politik und Praxis könnten sowohl in sozialisatorischen Fragen als auch in Verständigungen über einen neuen Bildungsbegriff liegen.

3. Entwicklungsrichtungen – Öffnung von Schule und Kooperation mit Jugendhilfe

Auch wenn ein „geregeltes Nebeneinander" von Schule und Jugendhilfe für die Teilsysteme durchaus funktional zwecks Status Quo-Erhaltung und gewinnreich sein kann, entstehen gleichwohl zunehmend Notwendigkeiten, junge Menschen/SchülerInnen bei der Entwicklung von Lebensentwürfen, Handlungsstrategien und bei der Alltagsbewältigung zu unterstützen sowie Schulzeit auch als Gegenwartszeit zu begreifen. Schulen sind den Herausforderungen von Risikoverbreiterung und Globalisierung, der ethnischen Vielfalt und dem Wandel der Familien, lebensweltlichen Prägungen und den Sinnfragen der jugendkulturell „geladenen" Subjekte allein jedenfalls nicht gewachsen. Eine Systemkooperation auf der Basis von isolierten, spektakulären, Handlungsdruck erzeugenden Symptomen wie Gewalt oder Unterrichtsstörungen ist wenig aussichtsreich. Institutionelle, konzeptionelle bzw. inhaltliche Schnittmengen und Kooperationsnotwendigkeiten zwischen Jugendhilfe und Schule sind wie folgt zu bestimmen (vgl. ausführlich Thimm 2000a):

1. Kooperationsstrukturen als
   - Festschreibung von Kooperation in Gesetzen, Empfehlungen, Förderrichtlinien, Geschäftsverteilungsplänen, Stellenbeschreibungen, Konzepten, Schulprogrammen, Qualitätsstandards,
   - Verbesserung der kommunalen Zusammenarbeit von Schulamt und Jugendamt,
   - Aufbau regionaler Netzwerkstrukturen und sozialräumlicher Verbindungen von Schule und Jugendhilfe;
2. das Problem der schwierigen bzw. verhaltensauffälligen SchülerInnen, Projekte mit schulmüden bzw. verweigernden Jugendlichen;
3. der Übergang Schule – Beruf;
4. Zusammenarbeit zwischen Schulen und den Hilfen zur Erziehung (vgl. Thimm 2000b);
5. unterrichtsergänzende Vorhaben (Ganztagsbetreuung, Mittagstisch, Freizeit ...);
6. gemeinsame Projekte, Räume, Orte zwischen Schulen und Jugendarbeit/Jugendbildung zwecks Einbeziehung der Lebenswelt und Ansprechens der Gesamtpersönlichkeit der Kinder und Jugendlichen mit den Zielen
   - Bewältigung von Problemen aus den außerschulischen Lebenswelten,
   - Hilfen zum Erwachsenwerden und zur Orientierung in der Gesellschaft,
   - Anreicherung von Schulen durch die Öffnung nach außen und Vernetzung,
   - vertiefte Elternarbeit,

- Etablierung vielfältiger Formen des Sozialen Lernens,
- Motivierung der SchülerInnen durch eine stärkere Verbindung von schulischen Inhalten mit Schülerbedürfnissen und außerschulischen Erfahrungen,
7. Einzelfallberatung, Fallkooperation;
8. gemeinsame Fachtage, Runde Tische und berufsgruppenübergreifende Fortbildung.

Nutzen für SchülerInnen kann dann dadurch entstehen, dass Schule und Jugendhilfe bei der Schulprofil-Entwicklung zusammenarbeiten, oder dadurch, dass sozialpädagogische Arbeitsweisen und Angebote in die Schule integriert werden (vgl. Mack 1999b, S. 7). Beide Teilsysteme hätten vor dem Beginn der Kooperationsaktivitäten zunächst Hausaufgaben zu machen. In der aktuellen Diskussion werden zur Weiterentwicklung von Schule insbesondere die Profilierungs- und Gestaltungsspielräume der Einzelschule und Öffnungskonzepte thematisiert. Eine kopernikanische Wende für Schule symbolisierte die Aufnahme der Fragen, was Schule für Kinder und Jugendliche heute bedeuten kann und wie die Lebenslage SchülerIn vor dem Hintergrund unterschiedlicher Kompetenzen und Ressourcen zu bewältigen ist. Für Schule würde eine Akzeptanz dieser Impulse beinhalten anzuerkennen, dass sie die Voraussetzungen zur Erfüllung ihrer Aufträge mehr und mehr selbst zu produzieren hat und dass dies ein gewichtiger Teil der Auftragserfüllung selbst ist. Eine lebensweltorientiertere Schule entwickelt neue Lern-, Betreuungs- und Begleitungsangebote aus sich heraus. Dort würden die Lebensthemen der Kinder und Jugendlichen jedenfalls nicht ausschließlich als lästige Störgröße definiert. Erheblich für ein neues Verhältnis ist auch, dass Schule sich nicht als geschlossenes System sieht, das andere hereinlässt, sondern als Platz gesellschaftlicher Öffentlichkeit.

In der Jugendhilfe sind das Konzept der Einmischungsstrategie, das Kooperationsgebot des KJHG sowie der Sozialraum- und Lebensweltbezug (mit Maximen wie Prävention, Dezentralisierung, Alltagsorientierung etc.) grundlegende Anknüpfungsmöglichkeiten. Jugendhilfe träfe junge Menschen am pflichtigen Regelort ohne Stigmatisierung und Schwelle und würde sich nicht in die Benachteiligtenecke drängen lassen. Indem etwa die Schulsozialarbeit Kinder und Jugendliche am Ort Schule sogar alltäglich und beiläufig aufsucht, könnten im Bedarfsfall Unterstützung, Ausgleich und Weitervermittlung früher und umfassender geleistet werden. Jugendhilfe-Prinzipien wie Situationsbezug, Ermutigung, Ganzheitlichkeit, Freiwilligkeit etc. sind auch im „Gaststatus" an bzw. in der „Vernunftehe" mit der Schule nicht per se gefährdet. Jugendhilfe sollte sich schulbezogener und entsäulter konzipieren, Ressourcen verlagern und systematisch sowohl Ankoppelungs- als auch Abgrenzungsstrategien an das System Schule aus professionellem Selbstbewusstsein entwickeln.

Nach Seithe (1998, S. 58f.) ist das Lebensfeld Schule bestimmt durch die drei
Funktionen Bildung (1), Kommunikation (2) und Lebensbewältigung (3).

1. Gefragt und notwendig sind eine neue Lernkultur (Vielfalt der Anforderungen, Weitung und Aktualisierung des Bildungsbegriffs und verschiedene Lern-, Selbstwert- und Sinnangebote, Schüleraktivierung ...); eine schülergerechtere Lernorganisation, Atmosphäre und Rhythmen; die Erweiterung der Lehrerrolle (auch: Klassenleiterprinzip stärken) und ein reichhaltiges Schulleben. Bildung bleibt das Kerngeschäft in der Zuständigkeit von Schule. Offerten der Jugendbildung, von internationalen Begegnungen und Jugendkulturarbeit könnten unterstützen und innovative Akzente setzen.

2. Jugendliche suchen Selbstaufwertung und leben jugendkulturelle Manifestationen auch in der Schule. Deshalb sind informelle Kommunikations- und Experimentierräume mit unterschiedlichen Offenheitsgraden objektiv notwendig. Denn es sind „vor allem die reduzierten Möglichkeiten der Selbstwertschöpfung, die in der Schülerrolle liegen (primär Leistungs- und Anpassungsbereitschaft an schulische Vorgaben), welche Probleme heraufbeschwören." (Böhnisch 1999, S. 200) Ich empfehle der Jugendarbeit zu prüfen, ob und wie sie gemeinsam mit Lehrkräften und Bildungsressourcen ergänzend Schule als Erfahrungs- und Beziehungsraum konzeptionell gestalten kann und will. Eine die gegenwärtige Lebensqualität steigernde jugendkulturelle Erweiterung des Ortes Schule (dafür steht Böhnisch 1994; 1999) mit sozialpädagogischer Unterstützung und Ergänzung ist nicht als minderwertiges, uneigentliches Vorspiel bzw. „Opium fürs Schülervolk" zu werten.

3. Sozialpädagogik ist auch gefordert zu bestimmen, ob und welche Angebote zur Lebensbewältigungshilfe für Benachteiligte sie am Ort Schule – als Schulsozialarbeit bzw. als Kooperation von externer Jugendhilfe und Schule – bereit hält. Ich nenne Beispiele für den zweiten und dritten Bereich: Beratung bei individuellen Problemen in Familie und Schule; außerunterrichtliche Selbstwertangebote; Spiel, Geselligkeit; Arbeit mit Eltern; Konfliktbehandlung; Erstellung von Regeln und guten Ordnungen; Partizipations- und Rückmeldungssysteme; Übergangshilfen Schule – Beruf; geschlechterdifferenzierte Arbeit; interkulturelle Konzepte; Orte und Programme für den Umgang mit dem Körper und mit heftigen Gefühlen an Schulen; Öffnung im Sinne von Nachbarschafts- und Stadtteilschule.

Wir brauchen keine zentralistisch definierten Generallinien. Aufgaben und Angebote sollten partizipativ gemäß der Bedürfnisse und des Bedarfs auf Grund lokaler Besonderheiten bestimmt und entwickelt werden. Jugendhilfe könnte auch bei der Außenöffnung und Vernetzung von Schulen mit ihren Umfeldern eine wichtige Übersetzungs- und Brückenfunktion einnehmen. Allerdings ist eine hermetisch getrennte „Zwei-Zonen-Kultur" (harte Schule, weiche Jugendhilfe) aus sozialpädagogischer Sicht keine Lösung (zustimmend Seithe 1998). Spannungen sind jedoch per se nicht suspendierbar, sie entstehen durch

- Kompensationsbereitschaft von Jugendhilfe und eine dem funktionalen Schulsystem gegenüber kritische sozialpädagogische Gegengewichtsfunktion,
- Brücken- und Vermittlungsarbeit zwischen Lehrkräften und SchülerInnen und Jugendlichenunterstützung in gefilterter Parteilichkeit.

Kooperation baut realistisch zunächst auf der Erkenntnis und Anerkennung unterschiedlicher Fremd- und Selbstdefinitionen der zwei eigenständigen Teilsysteme. Angemessen ist m.E. eine Positionierung in einer historisch und theoretisch begründbaren skeptischen, aber offenen Stellung in der Mitte: Die gewachsene Differenzierung von Jugendhilfe und Schule ist nicht einzuschmelzen. Es erscheint allerdings genauso wenig sinnvoll, Konkurrenz und Ignoranz zu festigen und ein abgestimmt-arbeitsteiliges oder sogar gemeinsames und vernetztes Tätigwerden zu verhindern. Ein neues Niveau der Kooperation zwischen Jugendhilfe und Schule wird eine qualitative Steigerung nicht aus zufälliger, punktueller institutioneller Zusammenarbeit und aus Kämpfen an abschiebenden Zuständigkeitslinien gewinnen. Prüfmarke und Gütesiegel werden sein müssen, ob inhaltliche, konzeptionelle Zusammenarbeit entsteht. Allerdings sind das Erhaltungsinteresse von Institutionen in ihrer bestehenden Gestalt und – systembezogen – Aufwand-/Kosten-Nutzen-Überlegungen zu beachten. Öffnung z.B. ist – genauso wie andere sozialpädagogisch angeforderte Schritte auf Kinder und Jugendliche zu – für Schulen Mittel zum Zweck, um Lernen zu ermöglichen und zu qualifizieren. Der Kernzweck, die Identität – die Unterscheidung von anderen ermöglicht –, will optimiert werden. Auch für die Jugendhilfe gilt im übertragenen Sinne: Ein Kegelverein will kein Bridgeclub sein. Anreicherung und Anpassung müssen für alle Systeme unabdingbar notwendig sein. Schulen nehmen primär auf Grund von (existenzieller) Unsicherheit, Mangel, Überlastung, Ausfallerscheinungen das auf, was ihnen (unmittelbar) nützt. Extern-normative Erlaubnis, Anregung und Aufforderung, sich zu entwickeln, moralische Appelle an Verantwortung u. Ä. scheinen für die Breite nicht auszureichen. Entwicklung von Kooperation wie überhaupt das Lernen von Organisationen sind womöglich zuerst mit Binneninteressen berücksichtigendem Profit und Problemdruck erklärbar. Mobilisatoren wie gesetzliche und administrative Außensteuerung (z.B. durch Ressourcen und Verpflichtungsdiktate) oder entwicklungsparadigmatisch verstandenes Wachstum dürften die (letztlich ebenfalls unerlässliche) zweite Geige im Motivkonzert spielen. M.E. ist ein Mix aus von außen gesetzten und innen entstehenden, von „Top down"- und „Bottom up"-Veränderungsimpulsen auch für Kooperationssteigerung aussichtsreich. U.a. könnte schülergerechte Schulentwicklung mit Ressourcenumverteilung auch aus Jugendhilfemitteln belohnt werden.

4. Bilanz

Was soll und kann Schule tun? Wer soll es in der Schule tun? Schule ist nicht automatisch gleich Lehrer. Die Zukunft der Schule ist Schule = Lehrkräfte und SchülerInnen plus x, y, z. Dieser Zugang könnte den Paradigmen- und Konzeptwechsel in Kopf und Praxis fördern. X kann, muss jedoch nicht die Jugendhilfe sein. Zwei hier zugespitzte Linien stehen sich allerdings gegenüber:

A. Sollen Identität, Profil und Zuständigkeiten von Jugendhilfe und Schule verstärkt gegeneinander abgegrenzt werden? Schule für die Mitarbeitsfähigen, die Starken, die Leistung und Jugendhilfe für die Schwachen, das Soziale, die Freizeit und die Beziehungen? Oder Schule für die einfache und Jugendhilfe für die erschwerte Integration?

B. Oder müssen wir vom Ross der Tradition und des institutionellen Denkens, der Zergliederung und der Zuständigkeitsabgrenzung herunter? Dann würden sich – besonders im unteren Schulform-Segment – weitere Verwischungen und Vermischungen zwischen den Pädagogiken entwickeln.

Ich möchte keine Generalklausel verbreiten, weil ich eine prinzipielle Antwort für unmöglich halte. Hier ist allerdings eine neue offene Diskussion erforderlich. Schulen sind unterschiedlich und schulische Vielfalt ist zu befördern. Das bedeutet zwar an manchen Schulen, Funktions- und Aufgabenmischungen mit starken sozialpädagogischen Akzenten offensiv zu akzeptieren. Es ist m.E. allerdings ein Irrweg, einebnend über Schulstufen und Schulformen hinweg, unabhängig von Umfeldfaktoren und Schülerzusammensetzungen Schulen fundamentalistisch und zumal aus sozialpädagogischer Halbdistanz Marschrichtungen zu verordnen. Dass die Jugendhilfe durch Konzeptausrichtungen auf den Ort, die Lebenswelt Schule und die Lebenslage SchülerIn Profil verliert, halte ich nicht für wahrscheinlich. Zu prüfen wird allerdings sein,

- ob Ressourcenverlagerungen wirklich die Lebens- und Unterstützungsqualität für SchülerInnen steigern,
- welche aktive und annehmende Resonanz Schulen auf die anwaltliche Thematisierung von Lebenswirklichkeiten Jugendlicher zeigen und
- wie der „unendliche Bedarf" zu decken ist.

Jugendhilfe sollte sich bei Schnittmengen-Themen vor Alleinzuständigkeiten in Acht nehmen. Sich entwickelnde Diskurse sollten sich zudem nicht nur auf Abkoppelungsjugendliche und Schulformen unterhalb des mittleren Segments beziehen. Für alle Kinder und Jugendlichen stehen Fragen von Identität, Sinn, angekoppelter und nachhaltiger Bildung, von sozialer Teilnahme sowie kultureller und materieller Teilhabe auf der Tagesordnung. Eine Delegation dieser Themen an eine der Disziplinen und Professionen halte ich nicht für zukunftsfähig. Löst sich die Funktionsdifferenzierung an den Rändern weiter auf und bleibt dafür im übergewichtigen Zentrum fest? Steigt die Quantität der Schnittmengen? Entsteht sukzessive echte Kooperation als Regelfall? Gibt es perspektivisch gar Schulen, die sich als lebensweltorientierte Dienstleister verstehen (vgl. Mack 1999a)? Ob Schule Sozialpädagogik brauchen kann, erscheint mir kaum strittig. Wofür eine selbstbewusste Sozialpädagogik mit eigenen Ansprüchen in tatsächlichen und möglichen Verhältnissen stehen kann, darf und soll, ist derzeit offen und kann nicht ex cathedra beantwortet werden. Allerdings geht es im Interesse von Kindern und Jugendlichen um ein interdisziplinäres und institutionsübergreifendes Denken, das sich der Beschränkungen durch Segmentierung und Spezialisierung bewusst wird. Die Schülerschaft ist vom Umtausch ausgeschlossen. Konzepte erzwingen – das weiß die Jugendhilfe – vor allem die Abnehmer: Schülerinnen und Schüler. Wenn sie (innerlich) aussteigen, weil die Geschäftsgrundlagen nicht mehr tragen, sind Bewegung und Gestaltungsversuche hinein in die Offenheit unabweisbar. Was ist mit Blick auf den Ort Schule zu tun?

1. Überfällig sind ein erweiterter Bildungsbegriff und eine neue Lernkultur. Zukunftskompetenz ist gefragt. Einige Notwendigkeiten sind: Erkämpfung von Freiräumen durch Machen, durch Tun; Risikonahme auf Lehrerseite in der Abschüttelung von Üblichkeiten; radikale Strukturreformen; Schüleraktivierung; Schlüsselqualifikationen; Partizipation; Gebrauchswertorientierung. Dies könnte zur Streitformel aus Schülerperspektive werden: Nicht für die Schule, für das Leben sollen wir doch lernen ...

2. Schulen bereiten nicht nur auf Leben vor, sie sind Lebensorte im Präsens mit vielfältigen Beziehungswünschen und Beziehungsspannungen. Nimmt man die jugendliche Lebendigkeitssuche in den Schulen auf, dürfte sich das auf die Präsenz positiv auswirken. Zwingend notwendig ist Anreicherung: durch sonstige Zeiten, sonstige Räume, sonstige Lernorte, sonstige Menschen, sonstige Aufgaben. Erfolgserfahrungen für alle werden möglich. Und so kommen wir eher zu einer Infantilisierung überwindenden Anstrengungskultur mit mehr Ernst und Spaß.

3. Der Ort Schule muss Hilfen zur Lebensbewältigung speziell für sozial Benachteiligte parat halten. Eine große Zahl von Risikokindern ist schon früh identifizierbar. Nicht wenige stammen aus Benachteiligungsdynastien. Das Problem ist nicht, dass Warnsignale unerkannt bleiben. Es besteht kein Wahrnehmungs-, sondern ein Umsetzungsproblem. Hier liegt ein Betätigungsfeld für unverzichtbare Schulsozialarbeit. Warum werden Projekte der Schulsozialarbeit, und zwar nur in fester Anstellung, nicht durch intelligente Mischfinanzierungen umgesetzt: mit anteiligen Mitteleinspeisungen durch die örtliche Jugendhilfe und den Schulträger sowie die Schul- und Jugendseite des Landes und vielleicht sogar die Arbeitsverwaltung? Die Grundschulen sind auch durch Jugendhilfe-Ergänzung und sozialräumliche Ausrichtung stark zu machen.

4. Die bildungspolitisch fälligen Lernkultur- und Leistungsdiskurse erzeugen in ihrer Dominanz eine Schieflage. Das weitere unabweisbare bildungspolitische Zentralthema hat Schule als jugendkultureller Ort und sozialer Raum zu sein. Die Lehrerausbildung schreibt die anachronistische Lehrerrolle und tote Stoffvermittlung bisher fort. Sozialpädagogische Verstehens- und Handlungskompetenzen sind für die neue, bald einzustellende Lehrergeneration deutlich höher zu gewichten. Fachhochschulen haben die Lebenswelt Schule in der Sozialarbeiter-Ausbildung ebenfalls stärker zu berücksichtigen.

Mittelfristig könnten diese zweifellos utopisch anmutenden Orientierungsgrößen die PädagogInnen und Professionen zusammenführen: 20% des Personals an Schule sind keine LehrerInnen; 20% der Lernzeit wird nicht in der Schule verbracht, sondern am anderen Ort; 20% der Zeit, die Lehrkräfte und SchülerInnen miteinander teilen, wird nicht mit Unterricht, sondern mit anderen Formen des Umgangs gefüllt; 20% des Geldes, über das Schulen perspektivisch verfügen, wird für den Einkauf von Projekten (z.B. bei der Jugendhilfe) verwendet; 20% der Lehrerarbeitszeit wird für Konzeptionierung, Beratung, Kooperation mit außerschulischen Partnern verrechnet. Sozialpädagogik und Schule und schon gar Jugendkultur und Schule werden nie in ein spannungsfreies Verhältnis geraten. Die regulative Idee, das Ideal einer Schule, aus der Jugendliche nicht – nach Sloterdijk – wie Landsknechte einer aufgelösten Armee fliehen, sondern die – so von Hentig – erfreulich, vielseitig, herausfordernd und für die Kinder bedeutsam ist, könnte eine fortschrittliche Schul- und Sozialpädagogik allerdings einen. Das Soziale und die Bereitschaft, in kommunikativ-partizipativen Prozessen auf das zu hören, was Kinder und Jugendliche als SchülerInnen beschäftigt, könnten ein neues Verhältnis von Sozialpädagogik und Schule mitbegründen und mitbestimmen. Die Gültigkeit dieser visionären, gar utopisch anmutenden Überlegungen – vielleicht unlösbare Aufgaben, aber dennoch unverzichtbare Leitideen – bleibt von der Schwierigkeit, dies auf der politischen Tagesordnung zu halten und Gestaltungsressourcen zu erwirken, unberührt. Das neue Verhältnis zwischen Jugend und Schule kann aus einsichtiger und wahrhabender Responsivität entstehen oder weil die Jugendlichen in der Schule und aus ihr aussteigen bzw. die Lehrkräfte nicht mehr aushalten, was unter ihrer (Nicht-)Regie geschieht. No pain – no change – no gain? Wahrscheinlich ist, dass ein zeit- und kostenreicher, nur widerwillig erduldeter und dann sukzessive gestalteter Prozess das Lernen und Sein in der Schule schleichend und mit nicht-uniformen Ergebnissen verändern wird. Eine bunte Schullandschaft ist nicht aufzuhalten. Es bleibt eine gesamtgesellschaftliche Aufgabe zu verhindern, dass sich gesellschaftliche Spaltungen ungeschützt in Schulen reproduzieren und es dann perspektivisch Rest- und Gettoschulen gibt.

Literatur zur Vertiefung

Böhnisch, Lothar (1999): Abweichendes Verhalten. Eine pädagogisch-soziologische Einführung. Weinheim/München
Hentig, Hartmut von (1994): Die Schule neu denken. München/Wien (3. Auflage)
Holtappels, Heinz Günter/Heitmeyer, Wilhelm/Melzer, Wolfgang/Tillmann, Klaus-Jürgen (Hrsg.) (1999): Forschung über Gewalt an Schulen. Erscheinungsformen und Ursachen, Konzepte und Prävention. Weinheim/München (2. Auflage)
Negt, Oskar (1997): Kindheit und Schule in einer Welt der Umbrüche. Göttingen
Seithe, Mechthild/Thüringer Ministerium für Soziales und Gesundheit (Hrsg.) (1998): Abschlussbericht der wissenschaftlichen Begleitung des Landesprogramms „Jugendarbeit an Thüringer Schulen". Erfurt
Thimm, Karlheinz (2000): Schulverweigerung. Zur Begründung eines neuen Verhältnisses von Sozialpädagogik und Schule. Münster

Literatur

Aurin, Kurt (Hrsg.) (1990): Gute Schulen – Worauf beruht ihre Wirksamkeit? Bad Heilbrunn
Böhnisch, Lothar (1994): Gespaltene Normalität. Weinheim/München
Böhnisch, Lothar (1999): Abweichendes Verhalten. Eine pädagogisch-soziologische Einführung. Weinheim/München
Durdel, Anja/Zieske, Andreas/Knauer, Sabine (2000): Verantwortung zumuten. Stärkung von Engagement und Demokratie in Brandenburger Schülerclubs. Potsdam (Hektographiertes Manuskript)
Giesecke, Hermann (1997): Wozu ist die Schule da? Die neue Rolle von Eltern und Lehrern. Stuttgart (2. Auflage)
Heimlich, Ulrich (Hrsg.) (1999): Sonderpädagogische Fördersysteme. Auf dem Weg zur Integration. Stuttgart – Berlin – Köln
Helsper, Werner/Müller, Hermann J./Nölke, Eberhard/Combe, Arno (1991): Jugendliche Außenseiter. Zur Rekonstruktion scheiternder Bildungs- und Ausbildungsverläufe. Opladen;
Hentig, Hartmut von (1994): Die Schule neu denken. München/Wien (3. Auflage)
Holtappels, Heinz Günter/Heitmeyer, Wilhelm/Melzer, Wolfgang/Tillmann, Klaus-Jürgen (Hrsg.) (1999): Forschung über Gewalt an Schulen. Erscheinungsformen und Ursachen, Konzepte und Prävention. Weinheim/München (2. Auflage)
Hurrelmann, Klaus (1994): Die alten Kinder. In: Sozialmagazin 10, S. 72-77
Mack, Wolfgang (Hrsg.) (1999a): Schule ist mehr als Unterricht. Auf dem Weg zu einer lebensweltorientierten Schule? In: DJI-Bulletin 49, S. 6-9
Mack, Wolfgang (Hrsg.) (1999b): Hauptschule als Jugendschule. Beiträge zur pädagogischen Reform der Hauptschulen in sozialen Brennpunkten. Ludwigsburg
Oelkers, Jürgen (1993): Schulkritik und Schulreform. Grosshöchstetten
Olk, Thomas/Bathke, Gustav-Wilhelm/Hartnuß, Birger (1996): Schulsozialarbeit in Sachsen-Anhalt. Übernahme sozialpädagogischer Funktionen und Aufgaben durch SchulsozialarbeiterInnen sowie Kooperationschancen mit LehrerInnen am Ort der Schule. Halle
Olk, Thomas/Bathke, Gustav-Wilhelm/Hartnuß, Birger (2000): Jugendhilfe und Schule. Empirische Befunde und theoretische Reflexionen. Weinheim/München
Prange, Klaus (1995): Die Zeit der Schule. Bad Heilbrunn
Rauschenbach, Thomas/Ortmann, Friedrich/Karsten, Maria-E. (Hrsg.) (1993): Der sozialpädagogische Blick. Lebensweltorientierte Methoden in der Sozialen Arbeit. Weinheim

Schubarth, Wilfried (2000): Gewaltprävention in Schule und Jugendhilfe. Theoretische Grundlagen – Empirische Ergebnisse – Praxismodelle. Neuwied und Kriftel

Schubarth, Wilfried/Stenke, Dorit/Melzer, Wolfgang (1996): Schülersein unter neuen gesellschaftlichen Bedingungen. In: Flösser, Gabi/Otto, Hans-Uwe/Tillmann, Klaus-Jürgen (Hrsg.): Schule und Jugendhilfe. Neuorientierung im deutschdeutschen Übergang, S. 101-117

Seithe, Mechthild/Thüringer Ministerium für Soziales und Gesundheit (Hrsg.) (1998): Abschlussbericht der wissenschaftlichen Begleitung des Landesprogramms „Jugendarbeit an Thüringer Schulen". Erfurt

Spies, Werner (1987): Die Gestalt unserer Schule. Stuttgart

Sturzbecher, Dietmar (1996): Jugend in Brandenburg. Potsdam

Thimm, Karlheinz (2000a): Schulverweigerung. Zur Begründung eines neuen Verhältnisses von Sozialpädagogik und Schule. Münster

Thimm, Karlheinz (2000b): Kooperation: Heimerziehung und Schule. Berlin/Ludwigsfelde

Waldvogel, Markus (1994): Schule zwischen Stoff, Stress und fehlenden Visionen. Lichtenau/München

Winkel, Rainer (1997): Theorie und Praxis der Schule. Oder: Schulreform konkret ¬ im Haus des Lebens und Lernens. Baltmannsweiler

Benno Hafeneger

Kinder- und Jugendräume, Peer-group, Straße

Zusammenfassung: Kinder und Jugendliche organisieren ihr Leben in der Freizeit immer auch selbst in Eigenwelten und selbst bestimmt. Für das 20. Jahrhundert können eine Vielfalt von Gesellungsformen und Peer-group-Vergemeinschaftungen sowie Strategien rekonstruiert werden, sich Räume und die Straße anzueignen. Für die jeweiligen Entwicklungsherausforderungen und Prozesse des Erwachsenwerdens hat das Zusammensein von Gleichaltrigen in eigenbestimmten Räumen eine große sozialisatorische Bedeutung; hier werden prägende Erfahrungen gemacht. Ein sozialräumliches Verständnis von Kinder- und Jugendhilfe ist herausgefordert, Räume und Zeiten zur Verfügung zu stellen bzw. zu entwickeln, die als Lernen und Erfahrung sowie mit ihren – professionell begleiteten – Angeboten und Aktivitäten solche Prozesse fördern, die auf Selbstbestimmung, Demokratie und Reflexivität zielen.

Einleitung

Die Freizeit von Kindern und Jugendlichen ist die relativ selbstbestimmte Lebenszeit, in denen sie jeweils zeitbezogen ihre eigenen und selbstbestimmten, von Erwachsenen unabhängigen Gesellungsformen, Cliquen, Milieus, Szenen, Kulturen, Treffpunkte und Aktivitäten entwickeln und realisieren können. Als spezifische Lebensabschnitte geben Kindheit und Jugend in der Neuzeit historisch sich herausbildende Chancen des gemeinsamen informellen und formellen Zusammenseins – als Wahlgemeinschaften in der Freizeit – und der eigensinnigen Zeitverwendung unter *Gleichaltrigen*. Die *Freizeit* ist neben der Schule für Kinder und Jugendliche der Lebensort, in dem sie Gleichaltrige (Freunde) entsprechend ihren Attraktivitäts- und Beliebtheitsnormen und ihren Präferenzen für „gemeinsames Tun" suchen. Die soziokulturell eigenständigen Gesellungsformen und vielfältigen Jugendkulturen haben neben den Organisationen und den professionalisierten Angeboten der Erwachsenengesellschaft im Rahmen der Jugendhilfepolitik (in Form von Jugendverbänden, Offener Jugendarbeit und freizeitpädagogischer „Betreuung") einen bedeutsamen Stellenwert in der Sozialisation und den Identitätsbildungsprozessen von Kindern und Jugendlichen. Hier können Herausforderungen bewältigt, Themen behandelt, Kompetenzen erlernt, Artikulations- und Organisationsformen erprobt, Eigensinn und Protest realisiert werden, mit denen die jeweiligen Bedingungen des Aufwachsens gespiegelt werden und die als Formen der Auseinandersetzung mit sich und der Gesellschaft zu verstehen sind. Räumliche und zeitliche

Arrangements des Zusammenseins sind immer auch Erscheinungsformen gesellschaftlicher Verhältnisse und verweisen als Antworten von Lebenswelten bzw. Vergesellschaftungsprozessen auf die jeweiligen Bedingungen des Aufwachsens im Spannungsfeld von fremdbestimmter sozialer Kontrolle und selbstbestimmtem individuellen Handeln. Das Agieren von Kinderkulturen, Peer-groups und jugendlichen *Cliquen* im öffentlichen (lokalen und regionalen) Raum trägt damit auch dazu bei, dass Lebensverhältnisse und Befindlichkeiten angezeigt und Kinder und Jugendliche auf „ihre Art und Weise" zu „aktiven AgentInnen" ihrer eigenen Biographie und Geschichte (Gillis 1980) werden. Sie teilen in ihren sozialen Lebensorten mit ihren unterschiedlichen Lebensäußerungen ihre jeweilige kindliche und jugendliche Subjektivität bzw. subjektiven Sinn mit. Der Zusammenhang von „Kinder- und Jugendräumen, Peer-groups und Straße" ist – zyklisch wiederkehrend – zu einer Ligatur in der Geschichte der vor allem männlichen Kindheits- und Jugendforschung und in den neueren Reflexionen der Konstruktion von Männlichkeit geworden.[1]

Historischer Blick

Das Ende des 19. und das 20. Jahrhundert zeigen mit den Prozessen der Herausbildung von Kindheit, einer eigenständigen Jugendphase und von Freizeit als spezifischem Freiraum, dass in der Pädagogik und Jugendhilfe (Jugendwohlfahrt) historisch wiederholt – in zeitbezogener Diktion – über Kinder- und Jugendräume, Peer-groups und Straße diskutiert wurde (vgl. Muchow/Muchow 1978, Becker u.a. 1984, Thole 1991). Es lässt sich mit Blick auf das Freizeitverhalten der jungen Generation geradezu eine „Gesellungs-, Sozialraum- und Straßenchronik" im Spannungsfeld von räumlicher *Aneignung,* räumlicher Verdrängung und Separierung (kontrollierter Schutz- und Schonraum, pädagogisierter „Kindheit und Jugend") mit einer Professionalisierung des Kinder- und Jugendalltages bzw. ihrer Orte und Zeiten schreiben. Diese macht deutlich, wie jeweils im Zeitbezug die Lebensbedingungen aussehen und wie sich kindliche und jugendliche Gesellungsformen „ihre" *Räume* (als soziale Räume und pädagogische Spezialorte) und die Straße aneignen sowie als Bestandteil ihrer Lebensbewältigung durchzusetzen versuchen.

Mit der Publikation „Die Halbstarken" von Clemens Schultz im Jahre 1912 und der „Großstadtheimat" von Walther Classen im Jahre 1906 werden in der Kaiserzeit zwei Publikationen vorgelegt, die das Leben von männlichen Jugendlichen aus den unteren sozialen Schichten in Großstädten unter der Verwahrlosungs- und Erziehungsperspektive populär machen. Ihr „abweichendes" Verhalten, das so genannte vagabundierende, unkontrollierte und

---

1 Der Beitrag bietet einen allgemeinen Blick an und nimmt auf geschlechts- und altersspezifische sowie soziale und ethnisch-kulturelle Differenzierungen keinen Bezug (vgl. dazu Rose 2000).

„unzivilisierte" Leben auf der Straße, in Wohnquartieren, dem „Handlungsraum Stadt" und beim „wilden Wandern" sowie die von den „eingeschworenen Feinden der Ordnung" (Schultz 1912, S. 9) ausgehenden Gefahren und Gefährdungen sind Thema der Pädagogik und Jugendhilfe im Spannungsfeld von Repression, Kontrolle, Erziehung und Hilfe. Mit den preußischen Jugendpflegeerlassen beginnt ab der Jahrhundertwende die staatliche Jugendpflege solche Entwicklungen aufzunehmen und in kontrollierte, „geordnete" Bahnen der autoritär-vaterländischen Erziehung zu lenken. Parallel dazu entwickeln die bürgerliche Jugendbewegung im „Wandervogel" und die „Arbeiterjugendbewegung" eigene Gesellungsformen, Aktivitäten und Ziele. Die Gesellungsformen der bürgerlichen Jugend – im Spektrum von völkisch-nationalistisch bis radikal-demokratisch – hinterließen in der politischen Kultur – bei allen Differenzierungen – einen positiven Jugendkult und den Mythos eines Aufbruchs mit der Metapher „Mit uns zieht die neue Zeit" (vgl. Koebner u.a. 1985). Die bürgerliche Jugendbewegung drückte ihren kulturellen Bedarf nach Selbstveränderung und als Avantgarde für neue kulturelle und erzieherische Modelle auch öffentlich (auf Fahrten, beim Wandern, bei Treffen, in Schriften) aus, während die Arbeiterjugendbewegung vor allem ihre Arbeits- und Lebensbedingungen thematisierten und zu verändern suchten.

In der Weimarer Republik ist der Verwahrlosungsdiskurs in der Jugendhilfe (Jugendwohlfahrt), mit den jugendlichen Gesellungsformen wie „Banden, Halbstarken, Wilde Cliquen, Komplizengemeinschaften", mit dem Label abweichendes Verhalten, Gewalt, Kriminalität verknüpft. Jugendliche Gesellungsformen der unteren sozialen Schichten, mit einem Leben unter Armutsbedingungen und ihrem Durchschlagen auf der Straße waren – entgegen den Organisationsformen der bürgerlichen Jugend in Gruppen, Bünden und Verbänden oder der „ordentlichen" organisierten Arbeiterjugend in Jugendverbänden und Parteien – nicht positiv mit Aufbruch, Zukunft besetzt, sondern diente negativ als Projektionsfläche für Ängste, Bedrohungen und Gefährdungen. Der Verwahrlosungs- und Gefährdungsblick gilt auch für die so genannte „herumstreunende, heimat- und bindungslose" Nachkriegsjugend wie auch für die fünfziger Jahre mit den „Halbstarken" (vgl. Bondy u.a. 1957, Kaiser 1959), die „die Ordnung stören" (so der Buchtitel von Bondy u.a.). Der Blick auf die pädagogische Kontrolllücke gilt im 20. Jahrhundert bis in die fünfziger Jahre; damit waren „die Jugendlichen ‚auf der Straße' gemeint, die sozial nicht kontrollierbar und vor allem deshalb gefährdet erschienen" (Böhnisch 1998, S. 22). In der weiteren Geschichte der Bundesrepublik „kreieren Jugendszenen neue Ausdrucksformen, anfangs spielerisch, experimentierend, manchmal schockierend und provozierend" (Simon 2000, S. 63). In der öffentlichen Aufmerksamkeit zeigen dies insbesondere seit den sechziger Jahren die Mods, Hippies, Studentenbewegung und vielfältigen Jugendinitiativen, die Alternativszene, die Hausbesetzerszene, Proteste von „Autonomen" und „Antifa", die sozialen Bewegungen der 80er-Jahre im Kontext von Ökologie, Frieden, Feminismus, Dritte Welt (die immer auch Jugendbewegungen waren) sowie die spezifischen jugendkulturellen Milieus und Szenen (Rocker, Punks, rechtsradikale Szene). Diese haben ihre Ausdrucksformen, Mentalitäten und alltagsästhetischen Lebenswelten im lokalen Raum öffentlich präsentiert und „auf die Straße getragen" (Zinnecker 1987, Hafeneger 1994, Simon 1996). Gleichzeitig ist das Straßenleben immer auch durch Erwachsene (Nachbarn, Anwohner, Polizisten, Hausmeister, Händler, Passanten) oder anonym und abstrakt durch Regeln, technische Anlagen und Überwachung sozial reguliert und kontrolliert worden und hat schließlich zur „Verhäuslichung" der Kindheit beigetragen (vgl. Behnken/Zinnecker 1992).

Die gesellschaftlichen und öffentlichen Reaktionen sowie das Spektrum der Maßnahmen lassen sozialgeschichtlich zwei Strategien unterscheiden: eine erzieherisch-integrierende, die mit unterschiedlichen sozial- und jugendpolitischen bzw. pädagogischen „Instrumenten" als Ergänzung der nicht mehr ausreichenden Sozialisation in Familie, Schule und Arbeitswelt versehen ist; dann eine ordnungspolitische, die mit polizeilichen und rechtlichen Maßnahmen der Strafverfolgungsbehörden, mit öffentlicher Anklage und Skandalisierung, Repression und Strafe agiert (vgl. Krafeld 1984).

Aktuelle Szenen und Milieus

Die vielfältigen und pluralisierten kinder- und jugendkulturellen Gesellungsformen, Praxen, Stile und Szenen in den 90er-Jahren und zu Beginn des neuen Jahrzehnts, die sich „auf der Straße" bewegen und Räume aneignen, sind – eingewoben in die gesellschaftlichen Rahmenbedingungen und eine markt- bzw. medieninduzierte Konsumkultur – Ausdruck von experimentellen Suchbewegungen, von spielerischer Selbsterprobung, von Distanz und Empörung, von Abgrenzung und Protest. Sie sind gleichzeitig von vielfältigen Ambivalenzen geprägt. In den neunziger Jahren wird mit der veränderten (verlängerten) und hochgradig ambivalenten Jugendphase, reflexiver Modernisierung und Individualisierung der Gesellschaft eine zunehmende Bedeutung der Peer-Kontexte im Verbringen der Freizeit diagnostiziert. Freunde, andere Kinder und Jugendliche werden vor dem Hintergrund veränderter häuslicher Lebenswelten (wie geschwisterloses Aufwachsen, Zugewinn an Freiheitsräumen) ein wichtiges Beziehungs- und Kontaktfeld. Sie haben im Kontext einer ausgedehnten und entstrukturierten Jugendphase, in Folge von Prozessen kultureller Freisetzung und verlängerter *Adoleszenzphase* mit ihren jugendtypischen Entwicklungsaufgaben und sozialen *Bewältigungsproblemen* ihre Bedeutung und ihren Sinn verändert. Kindliche und jugendliche Gesellungsformen sind nicht mehr nur ein vorübergehendes, mit Protest verbundenes Abgrenzungsphänomen gegenüber der Erwachsenengesellschaft und deren Kultur, sondern sie begleiten – mit schnell wechselnden Stilen und Moden in Medien und Technik – die eigenständige Kindheit und Jugendphase in einem langen Prozess des Erwachsenwerdens, der Bewältigung von Entwicklungsaufgaben, von Krisen und Brüchen sowie die Ausbildung von Geschlechtsidentität. Diagnostizierte Prozesse wie Mediatisierung, Kommerzialisierung und Globalisierung kultureller jugendlicher Lebenswelten haben zu einer Entmythologisierung des Jugendsubkulturmythos beigetragen und einem Plural modisch stilbezogener Kulturen und Szenen zum Durchbruch verholfen, die wiederum sich auf ihre Art und Weise öffentliche Räume und die Straße aneignen und sie zu sozialen Räumen machen. Zu ihnen zählen Phänomene wie Techno, Hiphop, Skater, Sprayer mit ihren Events ebenso wie technologische Avantgarden im Spannungsfeld von Protest und Konsum, von kommerzieller Überformung und jugendkulturellem Eigensinn, oder auch als neue rechte Jugendkultur (Skinheads, Cliquen) mit Protest und Ideologie. Den markt- und medienvermittelten Jugendkulturen wird – als Teil der jungen Generation – eher in kulturpessimistisch-bewertender Denktradition keine innovative Kraft oder politisch-kulturelle Avantgarderolle mehr zugewiesen, weil gesellschaftliche Grenz- und Konfliktlinien nicht mehr primär als Generationenkonflikt (zwischen Alt und Jung) konturiert sind. Jugend- und Medienkulturen sind durch Konsum, Kommerz und Medien vermittelt. Thrill, Event, Selbstpräsentation, Musik, Bewegung, Sprache, Kleidung, Körperaccessoires, Out-fit, Rituale und Styling prägen – verbunden mit Bricolage und Patchwork – symbolisch und ästhetisch aufgeladene, inszenierte Erlebnis- und Ausdruckswelten. Gleichzeitig wird in der Jugendforschung in den neunziger Jahren die Bedeutung von Gleichaltrigengruppen für die Bewältigung von Kindheit und Jugend, der Entwicklung von Vertrautheit und Sicherheit sowie als Lebensform erneut hervorgehoben und damit die subjektive und interaktive Dimension akzentuiert. Hier gibt die Studie von Eckert u.a. (2000) Einblicke in die „Wirklichkeiten" von 20 unterschiedlichen Gruppen und Cliquen; dies sind u.a. HipHop, Graffiti, Techno, Stadtteilclique, Dorfclique, Pfadfinder, rechte Skinheads, obdachlose Punks, Breakdancer und Paintballer. Die Portraits zielen auf eine „Rekonstruktion" spezifischer Gruppenwirklichkeiten aus der subjektiven Sicht der Beteiligten" (2000, S. 27).

In der Auseinandersetzung mit der Frage, ‚warum die junge Generation die ältere braucht und warum die ältere Generation die jüngere braucht', verweist Müller auf die Bedeutung des Umgangs unter Gleichaltrigen; hier wird die moralische Entwicklung und Ausbildung von Werten gelernt, vor allem der „Sinn für Gerechtigkeit und Fairness", die „Bereitschaft zu teilen" und die „Fähigkeit, sich in die Lage eines anderen zu versetzen" (1996, S. 24). Damit ist die Gleichaltrigenwelt ein Ort, an denen Kinder und Jugendliche ihre Befindlichkeiten artikulieren, ihre Interessen, Ansichten und Präferenzen aushandeln; sie lernen Regeln auszuhandeln und Kompromisse einzugehen wie auch kulturelle Standards und Praxen zu entwickeln und zu erproben. Dies steht im Spannungsfeld einer markt-/medienvermittelten Kultur *für* Kinder und Jugendlichen und kann zu Kollisionen mit den Vorstellungen *von* Erwachsenen und zur Emanzipation von kulturellen Vorgaben des Elternhauses führen. Müller verbindet raumorientiertes und pädagogisches Denken für die Jugendarbeit, dabei ist *Raumorientierung* für ihn eine „nicht hintergehbare Wissensgrundlage" (1998, S. 39) einer theoretisch fundierten Jugendarbeit.

Er bietet einen umfassend angelegten Sockel an, der andere Denktraditionen wie geschlechtsspezifische Sozialisation, Bedeutung von Gleichaltrigen und kulturelle Differenz einschließt. Auch Böhnisch thematisiert – neben dem „pädagogischen Bezug" und „Gebrauchtwerden" der Erwachsenen als Bestandteil des Generationenverhältnisses – die Tradition des jugendkulturellen Zusammenseins im 20. Jahrhundert und fragt nach der heutigen „jugendtypischen Bedürftigkeit in der Identitätsfindung auf dem Weg zum Erwachsenwerden" (1998, S. 20). Im Hineinwachsen in die Gesellschaft und im Erwachsenwerden wird auf den Bedeutungszuwachs von institutionalisierten (organisierten) Freizeitaktivitäten, von Peers und die besondere Qualität von kulturellen Milieus in der Freizeit hingewiesen. Sie helfen den Kindern und Jugendlichen sich familienunabhängig zu treffen, neue Erfahrungen und Räume zu erschließen, die wiederum experimentelle Wege von Lebensführung und jugendkulturellen Zugehörigkeiten sowie sozial-emotionalen Halt ermöglichen. Unbestritten ist, dass die Kinder- und Jugendwelt eine eigene, unverzichtbare Sozialisationsinstanz im Prozess des Erwachsenwerdens, der Loslösung aus dem Elternhaus und der Bewältigung von Entwicklungsaufgaben ist.

Gesellschaftlicher und wissenschaftlicher Blick

Das Agieren von Kindern und Jugendlichen im öffentlichen Raum und auf der Straße ist mit seinen Differenzierungen und Dynamiken als deren vielfältiger Versuch zu verstehen, auf sich auffallend, eigenwillig, provozierend, fordernd, aggressiv aufmerksam zu machen, sich mitzuteilen und Forderungen zu artikulieren. Die Chancen und Möglichkeiten der Aneignung sozialer Räume ist immer auch ein Indikator, welche Anerkennung, welchen Stellenwert und Platz eine Gesellschaft ihrer nachwachsenden Generation einräumt. Der gesellschaftliche Blick auf Besetzungs- und Aneignungsformen ist eher von Unsicherheit und Abwehr unkontrollierter Sozialräume und jugendlicher Gesellungsformen geprägt. Er ist auf Zuschreibungen wie Abweichung, Konflikt, Gewalt und Kriminalität zentriert, die wiederum mit wissenschaftlichen Portraitangeboten und Typenbildungen versehen sind, die versuchen Jugendliche zu deuten und einzuordnen. In der Geschichte der Kinder- und Jugendhilfe war der Verwahrlosungsblick als Geschlechtsrollensstereotype auf die Durchsetzung von Normalkonzepten der Männlichkeit und Weiblichkeit gebunden. Er galt vor allem männlichen Jugendlichen aus den unteren sozialen Schichten, aber auch den „sittlich und sexuell gefährdeten" Mädchen und jungen Frauen. In den 60er-Jahren gibt es dann einen Paradigmenwechsel, indem mit der Ausbildung subjektbezogener und emanzipationsfördernder Kinder- und Jugendhilfe deren Einrichtungen als Orte „des jugendkulturellen Auslebens des Generationenkonflikts, als Fluchtpunkt vor der Erwachsenengesellschaft, als Ermöglichungsraum einer daran anknüpfenden Gleichaltrigenkultur" (Böhnisch 1998, S. 23) begründet werden.

In den achtziger Jahren werden die vielfältigen und unüberschaubaren Jugendkulturen und Stilmischungen – neben den pauschalisierten Jugendbildern – erneut zu sortieren versucht (vgl. Baacke 1993). So werden fünf Strömungen angeboten: Die männlich-dominanten Action-Szenen mit einer gegenwartsbezogenen, aggressiv-körperlichen Handlungsform; die institutionell-integrierten Szenen mit einem Habitus, der bemüht ist, sich den gesellschaftlichen Anforderungen anzupassen; die manieristischen Szenen, die sich vor allem über ihr äußeres Bild definieren und konsumptiv orientiert sind; die Rückzugsszenen, die sich in okkulten, magischen Gruppen finden; die politisch-sozial engagierten Protest- und Aktionsszenen (vgl. Krüger/Thole 1989). Für die junge Generation unterscheidet Ferchhoff (1993) Anfang der neunziger Jahre fünf Milieus (religiös-spirituell, kritisch-engagiert, actionorientiert, manieristisch-alternativ und institutionell-integriert) und die Shell-Jugendstudie (1997) bietet mit Kids, gesellschaftskritisch-loyalen, traditionellen, konventionellen, (noch) nicht integrierten jungen Erwachsenen fünf Typen an. In der Nachkriegsgeschichte der Bundesrepublik werden der inhomogenen Altersgruppe Jugend als Zeitdiagnosen immer wieder Typen wie „heimatlose Generation", „skeptische Generation" (Schelsky), „unbefangene Generation" (Blücher), dann „rebellische, kritische Generation", „verunsicherte, vergessene Majorität", „Null-Bock-Generation" bis hin zur „angepassten" oder „Generation@" angeboten. Ferner werden für die neueren Jugendkulturen u.a. die eher spaß-, konsum- und erlebnisorientierten Szenen von den eher gewaltbereiten Milieus (Cliquen, Gangs, Skinheads, Hooligans) unterschieden. Die entworfenen pauschalisierten Bilder vom mentalen „Zustand der Jugend" und ihrer jeweiligen Jugendphase bleiben unterhalb empirischer Studien und Arbeiten, die ein differenzierteres Bild zeigen.

Mit Blick auf sozial-ökologische Aspekte und Handlungsräume bieten Becker/Hafemann/May (1984a) drei Formen sozial-räumlicher Bezugnahme an: bei den Jugendlichen aus „proletarischen Milieus" dominieren Formen der körperlich-sinnlichen Aneignung und Besetzung von Räumen, bei den „Normalos" ist eine Fixierung auf private Innenräume anzutreffen und bei den „gegenkulturellen Milieus" gibt es eine Art des „Flippens" im Raum. Baacke (1980) bietet ein „Zonenmodell" und Zeiher (1983) ein „Inselmodell" an. In Anlehnung an Bronfenbrenner betritt das Kind nach Baacke nacheinander vier ökologische Zonen: das ökologische Zentrum der Familie/des ‚Zuhauses', den ökologischen Nahraum der Nachbarschaft, funktionsspezifische Orte und Aufgaben und schließlich die ökologische Peripherie als gelegentliche Kontakte. Nach Zeiher ist die Struktur des großstädtischen Lebensraumes des Kindes nach einem Inselmodell zu beschreiben, und die Aneignung sowie Erweiterung vollzieht sich im Kindheitsverlauf unter den entsprechenden Bedingungen der Inselstruktur: „Der Lebensraum ist nicht ein Segment der realen räumlichen Welt, sondern besteht aus einzelnen separaten Stücken, die wie Inseln verstreut in einem größer gewordenen Gesamtraum liegen, der als Ganzer unbekannt oder zumindest bedeutungslos ist" (Zeiher 1983, S. 187).

Pädagogische Begründungen

Bedeutung, Ausmaß und Instrumente der erzieherischen und sozialisatorischen Angebote im Rahmen der Kinder- und Jugendhilfe werden in der Weimarer Republik im RJWG, in der Bundesrepublik dann im JWG und seit 1990 im KJHG fixiert. Mit den gesellschaftlich vorgegebenen funktionalen, verregelten und verrechtlichten, verplanten und festen Strukturen von städtischen Räumen werden – so eine Tendenzmarkierung – Erlebnis- und Erfahrungsmöglichkeiten kindlicher und jugendlicher Lebenswelt eingeschränkt, damit werden Aneignungsprozesse und schöpferische Eigeninitiative blockiert und auf die pädagogisch angebotenen Räume verwiesen. Wiederholt wird in der pädagogischen Literatur auf das Straßenleben, die prägende Bedeutung der *Milieus,* die Bedeutung räumlicher Bezogenheit und von Milieuwechseln sowie die Erweiterung von Handlungsräumen hingewiesen, um Entwicklungen von Kindern und Jugendlichen positiv zu beeinflussen (vgl. Zeiher/Zeiher 1994). Die räumlichen Bedingungen der Lebenswelt von Kindern und Jugendlichen verweisen auf die „Partikularisierung des Raumes", dem eine „Partikularisierung der sozialen Beziehungen" mit begrenzten Zeiten und definierten Interessen entspricht; daneben entwickeln Kinder und Jugendliche in ihrer Freizeit eigene, „persönliche Inselzusammenstellungen" und kombinieren Elemente. Ausgehend von Wyneken – mit seiner Begründung einer eigenständigen Jugendkultur – geht es im 20. Jahrhundert über einen langen Zeitraum im Kern um die Begründung einer subjektbezogenen und emanzipatorischen Tradition in der Kinder- und Jugendhilfe, nach der Kinder und Jugendliche neben ihrem rhythmisierten, verplanten und eingeengten Leben in ihrem Alltag immer auch soziale Zeiten individueller Selbstbestimmung sowie Freiräume brauchen, um Autonomie, Selbstbestimmung und eigene Kultur zu realisieren. Solche Konzepte gehen von aktiven Kindern und Jugendlichen sowie von deren Eigenständigkeit und dem Konstrukt „kompetenter Akteure" aus. Nach Hurrelmann sind Kinder aktive, produktive, realitätsverarbeitende und -erschaffende Subjekte, die wiederum in vorgegebene Realitäten, in materielle, soziale und kulturelle Umwelten eingebunden sind; diese ermöglichen oder verhindern Erfahrungen, Wege und Möglichkeiten der Entwicklung.

In der Jugendforschung und der Kinder- und Jugendhilfe ist in den neunziger Jahren die lebensweltliche, alltagsorientierte und sozialräumliche Begründung – vor dem Hintergrund zahlreicher empirischer Studien zur Raumaneignung (vgl. zusammenfassend Deinet 1998) – zum leitenden Prinzip und Ansatz geworden (Böhnisch/Münchmeier 1987, 1990, Müller 1998, Deinet 1992, 1999). Das theoretische Konzept der „Aneignung von Lebenswelt" – von Situationen, Räumen und Zeiten – begründet in der Tradition von Leontjew und Holzkamp sowie sozialökologischen Theorieansätzen (u.a. Muchow/Muchow, Baacke, Zeiher) einen altersstufenbegründeten sowie an Übergangsentscheidungen und biographischen Einschnitten (Schulwechsel, Ortswechsel, Schul- Ausbildungsende) gebundenen Prozess, der für ein heutiges sozialräumliches Verhalten von Kindern und Jugendlichen und deren Aktivitäten produktiv gemacht wird. „Weil Räume, vor allem städtische Räume nicht naturbelassen, sondern ganz und gar von Menschen bearbeitet, gestaltet, verändert und strukturiert sind, müssen sich die Kinder und Jugendlichen diese Räume und die Bedeutungen, die in ihnen enthalten sind, genauso aneignen, wie die Gegenstände und Werkzeuge der unmittelbaren Umgebung des Kleinkindes" (Deinet 1992, S. 41). Pädagogisch-praktisch geht es unter den Bedingungen der Verinselung sozialer Beziehungen um die altersstufengemäße Erschließung, Erweiterung und Ausweitung von Handlungsräumen sowie um Arrangements, die selbstbestimmte, eigentätige und angebotene Aneignungsmöglichkeiten in pädagogischen Einrichtungen bzw. den abgetrennten, den Kindern vorbehaltenen Orten (wie Kindergarten, Hort, Schule, Einrichtungen der Kinder- und Jugendhilfe), im Wohnumfeld und den räumlichen Infrastrukturen und Netzwerken von kommunalen und städtischen Landschaften ermöglichen. Die sich in der biographischen Entwicklung und den Übergängen (Kindergarten, Schule, Ausbildung etc.) veränderte Freizeitsituation von Kindern und Jugendlichen erzwingt neue Lebenszusammenhänge und immer wieder neue, angemessene sozialräumliche Angebote der Kinder- und Jugendhilfe.

Die Bedingungen des Aufwachsens in zunehmend verregelten und verrechtlichten, segmentierten und verinselten öffentlichen Räumen (zu denen auch die Straße gehört) verengen die Chancen und Möglichkeiten der spielerischen und experimentellen Nutzung und Aneignung der natürlichen Umwelt und der sozialen Lebenswelt. „Die Aneignung ihrer Lebenswelt als zentrale Entwicklungsaufgabe für Kinder und jüngere Jugendliche ist auf eine Umwelt bezogen, die scheinbar natürliche Aneignungsprozesse, wie z.B. die Ausweitung des Handlungsraumes erschwert, und es deshalb zur Hauptaufgabe der Kinder- und Jugendarbeit macht, solche Aneignungsprozesse zu unterstützen" (Deinet 1992, S. 126). Dabei wird in der Qualitätsdebatte von Kinder- und Jugendhilfe über „gute" Kinder- und Jugendarbeit und deren konzeptionelle Planung auf die Bedeutung von erfahrungs- und erlebnisfördernden Orten und Räumen im Wohnumfeld sowie auf die Dimension sozialräumlicher Ressourcen und Chancen von Aneignung hingewiesen; hier bedarf es der Planung und Angeboten von pädagogischen Arrangements. Nach Böhnisch/Münchmeier handelt es sich bei raumorientierten Begründungen nicht um ein Konzept, sondern um allenfalls einen „konzeptionellen Sockel" (1987, S. 26), der weitere konzeptionelle Klärungen und Orientierungen notwendig macht. Nach ihnen ist „die qualitative Rückbindung des Thematischen an das Räumliche – sowohl in der pädagogischen Reflexion als auch in den Inhalten – der Kernpunkt sozialräumlicher Jugendpädagogik. Das Räumliche ist dabei keineswegs nur Medium, Transportmittel der Inhalte" (1990, S. 66). Für die Träger der Kinder- und Jugendhilfe wird die Her- und Bereitstellung von Situationen, Angeboten und Aktivitäten in Gemeinden zur infrastrukturellen Herausforderung. Die Durchsetzung und Absicherung sozialraumlicher Ressourcen wird zu einem Kompetenzmerkmal der professionellen Rolle und zentraler Bezugspunkt der konzeptionellen Arbeit von Mitarbeiterinnen und Mitarbeitern. Mit durchdachten und gleichzeitig offenen sozialräumlichen Arrangements und Formen erwirken sie Gestaltungsmöglichkeiten und Optionen, ermöglichen sie neue Erfahrungen und Gelegenheiten für das außerschulische Kinder- und Jugendleben, die ihre Lebenswelt gestaltbar und veränderbar erscheinen lässt, in denen Erfahrungen der Begegnung, Produktivität und Reflexion sowie hilfreiche Unterstützung und Begleitung von professioneller Seite zu Gütekriterien der pädagogischen Arbeit werden (vgl. von Spiegel 2000). Sozialraum- und Lebensweltanalysen gehören dann ebenso zum methodischen Know-how in der pädagogischen Praxis der (institutionalisierten) Kinder- und Jugendhilfe wie begleitende Erwachsene, die strukturell und pädagogisch-praktisch an der Qualität von Orten, Räumen und Aktivitäten für Kinder und Jugendliche arbeiten, die ihnen hier Hilfen in der Biographieentwicklung und zur Bewältigung anbieten, Ratschläge geben, attraktive Angebote machen, sie unterstützen und motivieren, weil Bildungsprozesse sich allemal als Selbst- Bildungsprozesse vollziehen.

Literatur zur Vertiefung

Deinet, Ulrich (1999): Sozialräumliche Jugendarbeit, Opladen
Müller, Burkhard (1998): Entwurf einer mehrdimensionalen Theorie der Jugendarbeit. Modell zur Integration „raumorientierter", „pädagogischer" und anderer Ansätze. In: Kiesel, Doron/Scherr, Albert/Thole, Werner (Hrsg.), Standortbestimmung Jugendarbeit, Schwalbach/Ts., S. 37-64
Zeiher, Hartmut J./Zeiher, Helga (1994): Orte und Zeiten der Kinder, Weinheim und München

Literatur

Baacke, Dieter (1980): Der sozialökologische Ansatz zur Beschreibung und Erklärung des Verhaltens Jugendlicher. In: deutsche jugend, 11, S. 493-499
Baacke, Dieter (1993): Jugend und Jugendkulturen, Weinheim und München
Becker, Helmut/Eigenbrodt, Jörg/May, Michael (1984): Pfadfinderheim, Teestube, Straßenleben, Frankfurt/M.
Becker, Helmut/Hafemann, Helmut/May, Michael (1984a): Das hier ist unser Haus, aber ... Raumstruktur und Raumaneignung im Jugendzentrum, Frankfurt/M.
Behnken, Imbke/Zinnecker, Jürgen (1992): Straßenkinder und ihre Wächter. In: Die alte Stadt. Vierteljahreszeitschrift für Stadtgeschichte, Stadtsoziologie und Denkmalpflege, 19, S. 117-136
Böhnisch, Lothar/Rudolph, Martin/Wolf, Barbara (Hrsg.) (1998): Jugendarbeit als Lebensort, Weinheim und München
Böhnisch, Lothar/Münchmeier, Richard (1987): Wozu Jugendarbeit? Weinheim/ München
Dies. (1990): Pädagogik des Jugendraumes, Weinheim /München
Bondy, Curt/Braden, J./Cohen, R./Eyferth, Klaus (1957): Jugendliche stören die Ordnung, München
Deinet, Ulrich (1998): Aneignung und Sozialer Raum. In: Kiesel, Doron/Scherr, Albert/ Thole, Werner (Hrsg.), Standortbestimmung Jugendarbeit, Schwalbach/Ts. S. 127-146

Deinet, Ulrich (1999): Sozialräumliche Jugendarbeit, Opladen
Ders. (1992): Das Konzept „Aneignung" im Jugendhaus, Opladen
Eckert, Roland/Reis, Christa/Wetzstein, Thomas (2000): „Ich will halt anders sein wie die anderen". Abgrenzung, Gewalt und Kreativität bei Gruppen Jugendlicher, Opladen
Ferchhoff, Wilfried (1993): Jugend an der Wende des 20. Jahrhunderts. Lebensformen und Lebensstile, Opladen
Gillis, John (1980): Geschichte der Jugend, Weinheim/Basel
Hafeneger, Benno (1994): Jugendgewalt, Opladen
Kaiser, Günter (1959): Randalierende Jugend, Heidelberg
Koebner, Thomas/Janz, R.-P./Trommler, Frank (Hrsg.) (1985): „Mit uns zieht die neue Zeit". Der Mythos Jugend, Frankfurt/M.
Krafeld, Franz-Josef (1984): Geschichte der Jugendarbeit, Weinheim
Krüger, Hans-Hermann/Thole, Werner (1989): Jugendliche Selbstinszenierungen und soziokulturelle Phantasie. In: Förster, Jürgen u.a. Wozu noch Germanistik? Wissenschaft – Beruf – kulturelle Praxis. Stuttgart
Muchow, Hans Herrmann/Muchow, Martha (1978): Der Lebensraum des Großstadtkindes (Reprint), Bensheim
Müller, Burkhard (1998): Entwurf einer mehrdimensionalen Theorie der Jugendarbeit. Modell zur Integration „raumorientierter", „pädagogischer" und anderer Ansätze. In: Kiesel, Doron/Scherr, Albert/Thole, Werner (Hrsg.), Standortbestimmung Jugendarbeit, Schwalbach/Ts., S. 37-64
Müller, Burkhard K. (1996): Jugendliche brauchen Erwachsene. In: Brenner, Gerd/Hafeneger, Benno (Hrsg.), Pädagogik mit Jugendlichen, Weinheim und München, S. 22-29
Rose, Lotte (2000): Mädchenarbeit und Jungenarbeit in der Risikogesellschaft. Kritische Überlegungen zur geschlechtsbewussten Qualifizierung in der Jugendhilfe. In: neue praxis, Heft 3/2000, S. 240-253
Schultz, Clemens (1912): Die Halbstarken, Leipzig
Simon, Titus (2000): Straßenjugendkulturen im Wandel. In: Roth, Roland/Rucht, Dieter (Hrsg.), Jugendkulturen, Politik und Protest, Opladen, S. 63-79
Ders. (1996): Raufhändel und Randale, Weinheim und München
Spiegel, Hiltrud von (Hrsg.) (2000): Jugendarbeit mit Erfolg, Münster
Thole Werner (1991): Familie Szene Jugendhaus, Opladen
Walther Classen (1906): Großstadtheimat, Hamburg
Zeiher, Hartmut J./Zeiher, Helga (1994): Orte und Zeiten der Kinder, Weinheim und München
Zeiher, Helga (1983): Die vielen Räume der Kinder. In: Preuss-Lausitz, Ulf u.a.: Kriegskinder, Konsumkinder, Krisenkinder, Weinheim, S. 176-194
Zinnecker, Jürgen (1987): Jugendkultur 1940-1985, Opladen

Helmut Arnold

Ausbildung, Arbeit und Beschäftigung

Zusammenfassung: Die Veränderungen in der Arbeitswelt erschüttern die wohlfahrtsgesellschaftliche Grundannahme einer chancenoffenen, für alle erreichbaren Berufswelt. Der zukunftsoptimistische Lebensentwurf bricht sich an den Grenzen eines segmentierten Arbeitsmarktes, der die nachwachsende Generation vor schwierige und oft unüberwindbare Eintrittshürden stellt. Die arbeitsweltbezogene Jugendhilfe steht insgesamt und besonders in den neuen Bundesländern vor der Verlegenheit, die an sie gestellten Erwartungen nicht einzulösen zu können. Darum ist sie gerade in diesem sozialpolitisch exponierten Handlungsfeld in besonderer Weise herausgefordert, ihr tradiertes problemindividualisierendes Grundverständnis zu überwinden und über eine Neubestimmung ihres gesellschaftlichen Handlungsauftrags adäquate Handlungsformen zu entwickeln. Im Spannungsfeld von Integration und Desintegration, das in die lebensweltlichen Kontexte der Menschen als Bewältigungsproblem hineinreicht, muss die Gestaltungsfrage ihren Ausgangspunkt in den biographischen Bewältigungsaufgaben der Jugendlichen suchen: Die Jugendberufshilfe ist unter funktionalen Gesichtspunkten der Beschäftigungsentwicklung Ausfallbürge und Kompensationssystem der durch die Marktökonomie hergestellten Selektionsprozesse und Disparitäten und leistet Beiträge zur ‚sekundären Normalisierung'. Um ihre Handlungsmöglichkeiten auszuschöpfen, muss die Jugendhilfe im Lebensort Arbeit berufsqualifizierende und zugleich biografisch produktive Arrangements schaffen, die Jugendliche in ihrer Lebensbewältigung unterstützen. Dies kann nur gelingen, wenn die Jugend(berufs)hilfe ihre defensive Maßnahmeorientierung überwindet und als Innovationsmotor netzwerkorientierte Regionalentwicklungsprozesse implementiert.

1. Arbeit und Beschäftigung – von der Arbeits- zur Tätigkeitsgesellschaft?

Ausbildung und Arbeit sind gesellschaftlich organisierte Lebensbereiche, von denen zentrale Anforderungen an junge Menschen ausgehen. Über den Prozess der Berufsfindung, die erfolgreiche Absolvierung einer Ausbildung und die Bewältigung des Eintritts in das Arbeitsleben vollzieht sich die soziale Platzierung der nachrückenden Generation in der Arbeitsgesellschaft, deren Selektions- und Gratifikationsmechanismen heute nicht mehr auf tradierte Statusvererbung sondern auf Leistung ausgerichtet sind. Der gelingende Übergang ins Erwerbsleben verbürgt zugleich die Anerkennung des Erwachsenenstatus'. Infolge der Ausdehnung der Bildungsphase hat sich die Begegnung mit dem Ernstcharakter von Erwerbsarbeit im durchschnittlichen Lebenslauf junger Menschen nach hinten verschoben – ins junge Erwachsenenalter. Jugend ist demnach vor allem Bildungsjugend (vgl. Hurrelmann 1995; Münchmeier 1997).

Im Gefolge der Wertewandeldebatte wurde in den 80er-Jahren die These vom Bedeutungsverlust der Arbeit populär: Die Bildungsexpansion, der Zuwachs an arbeitsfreier Zeit und das gestiegene Wohlstandsniveau hätten eine postmaterialistische Wertorientierung befördert (vgl. Inglehart 1989); die Erwerbsarbeit und die mit ihr verbundenen Anforderungen hätten ihre Zentralität im Lebensentwurf und ihre Bedeutung für die Identitätsbildung junger Menschen bzw. aller Lebensalter eingebüßt. Diese Leitthese unterbreitete Offe (1984) dem Bamberger Soziologentag und Dahrendorf (1982) proklamierte ebendort ein neues Ordnungsmodell gesellschaftlichen Zusammenlebens, dessen Umrisse er im Übergang von der Arbeitsgesellschaft zur Tätigkeitsgesellschaft erkannte, in welcher die Organisation der Arbeit nicht länger den disziplinierenden Fokus für die Lebensführung der Menschen bildet. Wenn nun der Arbeitsgesellschaft die Arbeit ‚ausgeht', wie Guggenberger (1988) meinte, dann sah man Fragen danach aufgeworfen, an welchem lebenslaufformierenden ‚Geländer' die Menschen Halt finden können, wie ihr Leben gesellschaftlich geordnet und ihre Existenzgrundlage, die nun nicht mehr (allein) aus der Arbeitsleistung resultiert, gesichert werden kann. Im Horizont dieser Fragen bewegt sich bis heute die Diskussion zur *Zukunft der Arbeit:*

Der amerikanische Sozialphilosoph Rifkin (1996; 1998) prophezeit das Ende der Arbeitsgesellschaft und geht davon aus, dass in wenigen Jahren in unserer hochgradig effizienten Ökonomie nur noch zwanzig Prozent der heutigen Arbeitskräfte wirklich ‚gebraucht' werden, indem sie produktive Aufgaben erfüllen. Diese ‚Symbolanalytiker' bewegen sich – als Modernisierungsgewinner der Wissens- und Dienstleistungsgesellschaft – auf der Sonnenseite des Arbeitsmarktes (vgl. Bonß 1999). Rifkin stellt die Gesellschaft vor die plakative Alternative, entweder nützliche Tätigkeiten im Dritten Sektor oder Gefängnisse zu finanzieren. Giarini und Liedtke (1998) haben in ihrem Bericht an den Club of Rome das Zukunftsmodell einer Vollbeschäftigungsgesellschaft entwickelt. Sie sehen ein unausgeschöpftes Beschäftigungsreservoir im Feld ‚nichtmonetarisierter' Tätigkeiten, die gesellschaftlich aufgewertet und so organisiert werden sollen, dass „jedem menschlichen Wesen ein Minimum an bezahlter produktiver Tätigkeit" (S. 231) angeboten werden kann, der dann allerdings auch nachzugehen ist. Zur Finanzierung dieser ‚Grundbeschäftigung' sollen alle derzeitigen Arbeitslosen- und Sozialleistungen gebündelt werden. „Es wird keine Bezahlung mehr für das Untätigbleiben geben, sondern Unterstützung für das Tätigbleiben. Man muss dabei akzeptieren, dass die Tätigkeit in der ersten Schicht [der ‚Grundbeschäftigung' – H.A.] in vielen Fällen nicht den individuellen Vorlieben entsprechen werden, aber wir sehen hier keine Alternative" (S. 260).

Wenngleich nicht Vollbeschäftigung, so doch eine Steigerung der durchschnittlichen Beschäftigungsquote von derzeit 62% auf 70% in allen Mitgliedsländern verfolgt die *Europäische Kommission* als prioritäres Ziel (vgl. Europäische Kommission 1999a/b/c; kritisch: Tidow 1999). Die Kommission geht ebenfalls von einem brachliegenden Beschäftigungsreservoir aus, lokalisiert dieses jedoch im Unterschied zu Giarini und Liedtke weniger bei den ‚nichtmonetarisierten' Tätigkeiten, sondern im Bereich der Umwelttechnologie, in der Erschließung transeuropäischer Verkehrsnetze sowie vor allem im Bereich der lebensweltnahen Versorgungsdienste und in Freizeit- und Kulturangeboten (vgl. bereits Europäische Kommission 1994). Dabei entfällt der Großteil jener prognostizierten drei Millionen unerschlossener Arbeitsplätze auf einfache Dienstleistungen, womit zugleich der in den sozialpolitischen Analysen und Berichte der 1990er-Jahre konstatierten zentralen Herausforderung der Beschäftigungspolitik, nämlich der arbeitsmarktlichen Integration der ‚wenig produktiven' und deshalb ‚suboptimalen Arbeitskräfte', unmittelbar begegnet werden soll (vgl. Scharpf 1995; Kaufmann 1997; Kommission für Zukunftsfragen Bayern und Sachsen 1997; Zukunftskommission der Friedrich-Ebert-Stiftung 1998). Diese anspruchsvolle Zielsetzung versucht die Kommission über die beschäftigungspolitischen Leitlinien zu operationalisieren, die – alljährlich geringfügig modifiziert – eine auf ‚Harmonisierung' angelegte Rahmenvorgabe für die nationalen Beschäftigungspolitiken darstellen und den Mitgliedsstaaten ein verpflichtendes Berichtswesen (monitoring) abverlangen, sofern sie an den Strukturfonds partizipieren wollen. Für unseren Zusammenhang ist die Leitlinie 1 (Bekämpfung der Jugendarbeitslosigkeit und Verhinderung von Langzeitarbeitslosigkeit) von besonderem Belang, nach der etwa die administrative Mittelbereitstellung zur Finanzierung der JUMP-Maßnahmen erfolgt. Die Kommission behält sich vor, im Sinne einer modernen Administrationsphilosophie ‚good practice'-Ansätze auszuzeichnen und deren nachhaltige Verankerung und transnationale Verbreitung (mainstreaming) zu forcieren.

Auf eine zielführende Kombination von ‚fordern und fördern' setzt das neue Leitbild des aktivierenden Staates (vgl. v. Bandemer/Hilbert 2000). Das Konzept versucht, die Rechte und Pflichten gesellschaftlicher Akteure in eine neue Balance zu führen. Demnach sollen staatliche Leistungen und Zuwendungen stets so angelegt sein, dass die Eigenverantwortung all jener gestärkt wird, die an staatlichen Programmen partizipieren. Die Wohlfahrtsproduktion und die an ihrer Herstellung beteiligten Akteure werden als ‚Leistungskette' aufgefasst, wobei der Staat fördert und von den intermediären Organisationen bis hin zum Endverbraucher (Arbeitslose, Sozialhilfeempfänger usw.) Gegenleistungen in Form einer aktiven Mitwirkung an der Problemlösung bzw. des Einbringens eigener Ressourcen und Kräfte gefordert wird. In der Absicht von Effizienz- und Outputmaximierung wird dem Staat in deutlicher Abgrenzung gegenüber dem *Subsidiaritätsprinzip* eine aktiv-steuernde Rolle als ‚Entwicklungsagentur' zugewiesen (Initiativrecht, Herstellung von Anreizkompatibilität, Wettbewerb um ‚good practice'): „Die Förderung der dezentralen Aktivitäten entspricht durchaus den Anforderungen des Subsidiaritätsprinzips, das Fordern durch die Inszenierung eines Leistungs-, Qualitäts- und Kostenwettbewerbs verschafft dem aktivierenden Staat jedoch eine deutlich aktiverer, gestaltende Position" (ebd., S. 5).

Den Gegenpol zu arbeitszentristischen Gesellschaftsmodellen, wie sie dezidiert Giarini und Liedtke vertreten und wie sie auch in der (sozialdemokratisch inspirierten) europäischen Beschäftigungspolitik gestaltungsmächtig zum Ausdruck kommen, bilden Konzepte in der Tradition des französischen Sozialphilosophen Gorz (1980; 1998) und des skandinavischen Wohlfahrtsforschers Esping-Andersen (1998). Gorz sieht mit der ‚mikroelektronischen Revolution' einen arbeitslosen Kapitalismus heraufziehen; er deutet das Ende der Massenarbeit aber nicht als Tragödie, sondern als positive Gesellschaftsutopie. Die ‚Wege ins Paradies' (1983) führen über eine Vollausschöpfung der Produktivität zur gleichzeitiger Minimierung der zur Güterversorgung notwendigen Arbeit. Der so vom Zwang zur Maloche befreite Mensch hat Zeit zur Muße und engagiert sich in der Sphäre gesellschaftlich nützlicher Arbeit. Die Optionen zur selbstbestimmten Lebensgestaltung – vom Halbtagsjob über die Erziehungs- oder Bildungspause bis zum Sabbatjahr – sollen gesellschaftlich verbürgt und durch ein garantiertes Mindesteinkommen materiell flankiert werden. Diese Grundidee greift zehn Jahre später Esping-Andersen mit seinem Konzept einer de-kommodifizierenden Sozialpolitik auf und beide fordern eine Aufhebung bzw. Milderung der Koppelung der Existenzsicherung an die Erwerbsarbeit, eine Entkoppelung von ‚Arbeiten und Essen' (Vobruba 1989). Die basale Voraussetzung zur Verwirklichung dieser Gesellschaftsvision, die vom Arbeitszentrismus Abschied genommen hat, müsste ein wohlfahrtsstaatliches Arrangement bilden, das die „Utopie einer öffentlichen, allgemeinen, bedingungslos garantierten, existenzsichernden Sozialen Grundsicherung" (Lessenich 1998) institutionell verankert und so den Menschen die Arbeitsmarktteilnahme freistellt – als eine Option neben anderen möglichen und gleichwertigen. Die Soziale Grundsicherung soll als Existenzbasis lebenslagen- und lebensphasenbezogene Arrangements der Teilnahme an Arbeit, Bildung und Familienleben gewährleisten. In der Konkretisierung auf die Lebensphase Jugend implizieren diese sozialutopischen Modelle, dass Lebenswege junger Menschen weniger unter dem systemischen Aspekt von arbeitsweltlicher Integration, denn hinsichtlich ihrer biografischen Produktivität und der Ermöglichung ganzheitlichen Kompetenzerwerbs zu deuten wären (vgl. dazu auch Walther 2000).

Die Debatten zur Zukunft der Arbeit bewegen sich auf mindestens zwei unterschiedlichen Ebenen:

- Einmal werden Veränderungen im Bereich der formellen Arbeit aufgewiesen, die als *Erwerbsarbeit* zur Erledigung formalisierter Aufgaben in betrieblichen Kontexten gegen Entgelt erbracht wird und kontraktuell eingefasst ist. An der Funktionsbestimmung von Erwerbsarbeit als zentralem Vergesellschaftungsmodus der industriekapitalistischen Moderne (vgl. Böhnisch/Arnold/Schröer 1999) wird dabei – trotz aller strukturellen Verschiebungen (s.u.) – festgehalten. Qualifizierte Berufsarbeit wird „auch in absehbarer Zukunft für eine eher wachsende Zahl von Menschen materielle Lebenschancen, eine sinnvolle Daseinsgestaltung, soziale Identität und gesellschaftliche Anerkennung bestimmen" (vgl. Mayer 2000, S. 409).

- Zum anderen wird die Bedeutung informeller Arbeit hervorgehoben, die als ‚Eigenarbeit', als unbezahlte ‚Reproduktionsarbeit' im sozialen Nahraum (insbesondere als Erziehungs-, Haus- und Familienarbeit von Frauen geleistet) oder schließlich als gemeinwohlorientierte, ‚gesellschaftlich nützliche Arbeit' (im Ehrenamt oder als Freiwilligenarbeit im intermediären Bereich angesiedelt) unentgeltlich verrichtet wird.

An diese letztgenannten Formen freiwilliger und gemeinschaftsbezogener Tätigkeiten, die im *Dritten Sektor* (vgl. Kistler/Noll/Priller 1999; Böhnisch/ Schröer 2001) zwischen Markt und Staat verortet werden und zugleich den familialen Nahraum übergreifen, knüpfen die neueren Konzepte zur *Bürgerarbeit* (vgl. Beck 1999; Kommission für Zukunftsfragen 1997) und zum *Bürgerengagement* (vgl. Heinze/Olk 2000) an. Im Mittelpunkt stehen hier Probleme der gesellschaftlichen Kohäsion und der sozialen Integration. Kritisch anzumerken ist, dass in allen Konzepten eine lediglich deskriptive Bestimmung von geeigneten Tätigkeitsbereichen vorgenommen wird und insbesondere eine systematische Begründung dafür aussteht, weshalb „bestimmte Arten gesellschaftlich nützlicher, menschlich sinnvoller Tätigkeit als Erwerbsarbeit organisiert und wahrgenommen werden können, andere aber nicht" (Kocka 2000, S. 486). Gleichwohl werden für einige gesellschaftliche Aufgabenfelder „Grenzen der erwerbswirtschaftlichen Bedienung" (Offe 2000, S. 499) ausgemacht. Das Paradebeispiel ist hier die ‚Lohnpflege'. Denn wird die Aufgabenerledigung allein an einer strikten Dienstleistungs- und Erwerbslogik ausgerichtet, so drohen wertgebundene Solidarbezüge – das gemeinwohlorientierte ‚Proprium' (vgl. Pankoke 1995) – gleichsam wegzuschmelzen. Somit unterhöhlt die fortschreitende Ökonomisierung der Lebensbereiche die soziale Produktivität gerade jener gesellschaftlichen Zonen, die für die Generierung von ‚Sozialkapital' ausschlaggebend sind (vgl. Offe 1999). Dennoch – oder gerade deshalb – werden aktuell hohe Erwartungen an die Ausweitung der Tätigkeiten im Dritten Sektor geknüpft. Ein merklicher Beitrag zur Lösung der Beschäftigungskrise kommt allerdings nur unter der Bedingung zustande, dass staatliche Mittel für die Einrichtung von Arbeitsplätzen bereitgestellt werden, womit der Dritte Sektor – nicht zuletzt auch unter dem Gesichtspunkt der Vermeidung von ‚Marktstörung' – zum Einsatzfeld der Beschäftigungsförderung und so zum gesellschaftlichen Experimentierfeld entwickelt werden kann (vgl. Bauer/Betzelt 1999; Arnold 2000).

Die These von der Dezentrierung der Erwerbsarbeit im Lebensentwurf – so kann heute konstatiert werden – hielt einer empirischen Überprüfung nicht stand und trat mit dem zyklisch-schubweisen Anschwellen der Beschäftigungskrise in den Hintergrund. Erwerbsarbeit – von der Arbeitssoziologie der 70er-Jahre unter dem Paradigma der Entfremdung als Mühsal und oft sinnentleerte Maloche identifiziert – avanciert mit steigender Arbeitslosigkeit zum umkämpften, weil knappen Gut. Entgegen der „oft gehörte[n] These, dass Arbeit und Leistung in der modernen Mußegesellschaft an Wert verlieren", seien die individuelle Leistungsbereitschaft und die gesellschaftliche Wertschätzung von Arbeit unvermindert vorhanden (Hondrich 1998, S. 496). Im Rückblick auf ihr Lebenswerk hebt auch Marie Jahoda gerade die soziale Qualität der Erwerbsarbeit hervor, die den Menschen in eine Zeitstruktur einbettet und ihm einen sozialen Erfahrungsrahmen für die Ausbildung seines Selbstgefühls bereitstellt:

Die Erwerbstätigkeit „zwingt [...], als ein unbeabsichtigtes Nebenprodukt ihrer Organisation, denjenigen, die daran beteiligt sind, bestimmte Kategorien der Erfahrung auf: Sie gibt dem wach erlebten Tag eine Zeitstruktur; sie erweitert die Bandbreite der sozialen Beziehungen über die oft stark emotional besetzten Beziehungen zur Familie und zur Nachbarschaft hinaus; mittels Arbeitsteilung demonstriert sie, dass die Ziele und Leistungen eines Kollektivs diejenigen des Individuums transzendieren; sie weist einen Status zu und klärt die persönliche Identität; sie verlangt eine regelmäßige Aktivität" (Jahoda 1995, S. 136).

Nun könnte diese zentrale Orientierungsfunktion für die Lebensführung, die Jahoda allein der Erwerbsarbeit als Medium der Vergesellschaftung zuweist, auch von anderen Bereichen geleistet werden. Allerdings verkennt eine in dieser Absicht vorgenommene Gleichsetzung von (beispielsweise) freiwilligem Bürgerengagement und Erwerbsarbeit den Verpflichtungscharakter, welcher nur der Erwerbsarbeit innewohnt: Denn nur „im Berufsleben ist selbst eine scheue und zurückgezogene Person gezwungen, ihre Kenntnisse von der sozialen Welt zu erweitern, da sie Ähnlichkeiten, Ansichten und Lebenserfahrungen im Vergleich zu den eigenen beobachtet. Ein solcher Mensch kann die sozialen Kontakte des Berufslebens innerlich ablehnen, doch sind sie eine unausweichliche Quelle für die Erweiterung seines sozialen Horizonts" (Jahoda 1995, S. 50). Es ist also – folgen wir Jahodas Grundüberlegung – gerade der Verpflichtungscharakter der Erwerbsarbeit, über den die Menschen sozialisiert und in hierarchische, kollegiale und arbeitsteilige Ordnungen integriert werden, in denen sie dann sich zu bewegen und zu handeln lernen. Scheiternde Biografien Jugendlicher haben ihren Ausgangspunkt nicht selten im misslungenen Eintritt in den Lebensort Arbeit (vgl. Alheit/Glass 1986; Lex 1997). Den Mangel dieser sozial erweiternden Kontakte erfahren Erwerbslose wie ‚Nur-Familienhausfrauen', die sich oftmals sozial isoliert fühlen. In geschlechtsvergleichender Perspektive zeigt sich zudem, dass Männer stärker als Frauen unter dem Verlust ihrer Beschäftigung leiden, da ihnen eine legitime ‚Ersatzrolle' (Hausfrau, Mutter, Oma, ehrenamtliche Helferin) mit gesellschaftlich anerkanntem Prestige nicht verfügbar oder auch subjektiv weniger zugänglich ist. Männer koppeln ihr Selbstwertempfinden weit stärker an die ihnen zugedachte Rolle des Familienernährers und Haushaltsvorstandes (vgl. Kieser 1988; Kieselbach 1998). Dazu passen auch die Befunde aus Untersuchungen zum ehrenamtlichen Engagement, die zeigen, dass Arbeitslose – obwohl sie ja jetzt Zeit hätten – sich unter allen Vergleichsgruppen am schwächsten beteiligen (Beck 1999; Immerfall 1999).

Ob zivilgesellschaftliches Engagement und Bürgerarbeit ein funktionales Äquivalent für das zurückgehende Erwerbsarbeitsvolumen darstellen, ob und ggf. über welche gesellschaftlichen Lern- und sozialpolitischen Umgestaltungsprozesse wir von der Arbeitsgesellschaft zur Tätigkeitsgesellschaft gelangen, scheint in keiner Weise ausgemacht. Im Hinblick auf die materielle Existenzsicherung ist die Teilhabe am Erwerbsleben jedenfalls solange unverzichtbar, wie unsere Gesellschaft als Arbeitsgesellschaft organisiert ist. Die Erwerbsarbeit bleibt somit ‚Achse der Lebensführung' und in sozialintegrativer Perspektive jenes ‚Geländer', an dem entlang die Lebensführung des einzelnen und das soziale Miteinander funktional geordnet wird. Denn es gibt – wie oben ausgeführt – allenfalls sozialutopische Denkmodelle, deren Umsetzung in Deutschland aufgrund unseres wohlfahrtspolitischen ‚Bismarck-Regimes' (lohnarbeitszentriertes Versicherungssystem) auf große Barrieren stößt und deshalb trotz aller leidenschaftlichen Plädoyers ihrer Verfechter (vgl. Mückenberger u.a. 1989; Offe 1995; 2000) – zumindest in absehbarer Zukunft – wenig erwartbar ist (vgl. Hauser/Döring 1995; Döring 1999).

2. Jugend und Arbeitsgesellschaft

Wurden bisher generelle und lebensaltersübergreifende Konstitutionsmerkmale und Zukunftsentwürfe der Arbeitsgesellschaft betrachtet, in welche die junge Generation ja nachrücken soll und muss, so geben auch dezidiert jugendsoziologische Studien wenig Anhaltspunkte für einen sinkenden Bedeutungsverlust von Arbeit im Jugendalter. Die Jugendforschung bestätigt vielmehr die Identitätsrelevanz von Beruf und Arbeit einhellig (vgl. Krüger 1991; Fend 1991; Hurrelmann 1995; Heinz 1995); sie macht allerdings darauf aufmerksam, dass Jugendliche heute veränderte Ansprüche an Beruf und Arbeit herantragen (intrinsische Arbeitsmotivation): Jugendliche fragen verstärkt anspruchsvolle Arbeit nach, von der sie erwarten, dass sie das, was sie lernen sollen und gelernt haben, auch anwenden können (vgl. Voskamp 1990; Olk/Strikker 1990; Straus/ Höfer 1998). Diese angebotsseitigen Präferenzen harmonieren auf den ersten Blick mit den veränderten Anforderungen auf der Nachfrageseite: Die modernisierte Arbeitswelt fordert ein mitdenkendes Engagement, das auf kundenorientierte, arbeitsplatzübergreifende und vernetzte Berufsvollzüge setzt und mit einem stumpfen Malocherhabitus oder einem isolierten Spezialistentum wenig kompatibel ist. Das fordistische Arbeitsregime hat seine Produktivitätsreserven erschöpft (vgl. Baethge 1999).

Neben diesen ‚objektiven' Befunden liefern Einstellungsbefragungen Jugendlicher wichtige Indikatoren zur Befindlichkeit, zum Lebensgefühl, zu den Zukunftserwartungen und -sorgen junger Menschen (vgl. Jugend '97). Gleichwohl spiegeln sich in den Ergebnissen von Einstellungsbefragungen immer auch zeitgeistgetränkte Wahrnehmungs- und Deutungsmuster gesellschaftlicher Vorgänge – jugendkulturell überformt und oft zugespitzt auf Haltungen und Präferenzen, die gerade als hip und cool gelten. So berichtete etwa ein Leipziger Meinungsforschungsinstitut zum Jahresende 2000, dass Mädchen, die noch Mitte der 90er-Jahre den Berufswunsch Friseurin hatten, heute lieber ‚Model' werden wollen. Allerdings erfährt man aus solchen Umfragequellen wenig Substanzielles, etwa – um im Beispiel zu bleiben – wo Mädchen eine Ausbildung als Model absolvieren können, welche Chancen für Models auf dem Arbeitsmarkt bestehen usw. Wichtiger ist deshalb für unsere Belange, einen nüchternen Blick auf die Situation am Ausbildungs- und Arbeitsmarkt zu werfen. Nachfolgend werden in einer knapp gehaltenen Skizze einige markante Trends der jüngeren Entwicklung der Arbeitsgesellschaft und im zweiten Schritt die Auswirkungen auf den Ausbildungs- und Arbeitsmarkt für junge Menschen aufgewiesen, um abschließend darzulegen, welche Bewältigungsaufgaben vom Lebensort Ausbildung und Arbeit an Jugendliche gestellt sind.

2.1 Strukturelle Veränderungen in der Arbeitswelt – von der Vollbeschäftigung zur schlanken Ökonomie

In der Beschäftigungsstruktur aller entwickelten Länder Europas wie auch in Nordamerika und Japan lässt sich ein anhaltender Strukturwandel von der Industrie- zur Dienstleistungsökonomie beobachten. Dieser sektorale Strukturwandel wird von einer basisinnovatorischen Komponente begleitet: Mit der ‚mikroelektronischen Revolution' (vgl. Gorz 1983) sind enorme Informationszuwächse und zugleich Möglichkeiten ihrer betrieblichen Nutzung verbunden, die zu einer enormen Beschleunigung, weltweiten Verflechtung und Kontrolle der Produktion von Gütern und Dienstleistungen sowie der Finanzströme führten, was als Kennzeichen der Globalisierung gilt. Die ökonomische Ausschöpfung der technischen Schlüsselinnovationen erfordert neue ‚posttayloristische' Formen der Arbeitskraftverwendung (vgl. Baethge 1999; Böhnisch/Arnold/Schröer 1999). Unsere Arbeitsgesellschaft wird unter dem Eindruck dieser Veränderungsdynamik als „digitaler Kapitalismus" (Böhnisch/Schröer 2001), als wissensbasierte Ökonomie im „Zeitalter der Information" (Nefiodow 1999), als „unternehmerische Wissensgesellschaft des 21. Jahrhunderts" (Kommission für Zukunftsfragen) oder als „spätkapitalistische" (Habermas 1973) und nunmehr „postfordistische" (vgl. Hirsch/Roth 1986; Schaarschuch 1990) Gesellschaft typisiert – um nur einige Schlagworte aufzugreifen, mit denen die epochale Zäsur begrifflich zu fassen versucht wird.

Betrachtet man den substanziellen Kern des Getöses vom Epochenwandel, so lassen sich einige Veränderungen in der Arbeitswelt benennen, die bei der Nachfrage nach Arbeitskräften zu Mengenänderungen und zu qualitativ neuen Anforderungsprofilen und damit auch zu weitreichenden Folgen für die Allokation und Selektion im Rahmen betrieblicher Nachwuchsrekrutierung führen. So haben sich – auch bedingt durch den Zuwachs verfügbaren Wissens – komplexere Tätigkeitszuschnitte herausgebildet mit der Folge, dass sowohl gegenüber den Kunden als auch betriebsintern den Kommunikations- und Kooperationskompetenzen eine wachsende Bedeutung zugemessen wird. Die ökonomisch-technischen und prozessualen Restrukturierungen führen zu erheblichen Umbrüchen in der Arbeitswelt – und zwar sowohl im Bereich der industriellen Produktion wie auch bei der Erbringung von Dienstleistungen:

- War die Entwicklung der Bundesrepublik Deutschland von einer langanhaltenden Phase kontinuierlichen Wachstums und einem dynamischen und aufnahmefähigen Arbeitsmarkt mit überwiegend stabiler Beschäftigungslage gekennzeichnet, bei der auch ungelernte und gering qualifizierte Arbeitskräfte in dieser integrationsfähigen Arbeitsgesellschaft – als Anlernkräfte und ‚Hilfsarbeiter' – einen Arbeitsplatz finden und so ihr Auskommen eigenverantwortlich sichern konnten, so ist nun seit Mitte der 70er-Jahre ein treppenförmiger Anstieg der Arbeitslosigkeit zu beobachten: Mit jeder konjunkturellen Rezession nimmt die Zahl der Erwerbslosen sprunghaft zu. In der nachfolgenden Aufschwungsphase wird zwar ein weiterer Zuwachs gestoppt, es kommt jedoch zu keinem merklichen Abbau des hohen Sockels (vgl. Priewe 1998). Das Wirtschaftswachstum verläuft weitgehend beschäftigungsneutral *(jobless growth)*.

- Die Rationalisierungs- und Reorganisationsprozesse erstrecken sich nicht allein auf den unternehmenswirtschaftlichen Marktsektor, sondern führen auch im öffentlichen Sektor im Zuge von Spardruck, Kostenentlastung und Aufgabenprivatisierung zu einem merklichen Abbau von Arbeitsplätzen. Am deutlichsten spüren dies derzeit die Kommunalverwaltungen in den neuen Bundesländern. Unter Steuerungs- und Modernisierungsdruck wollen sie über eine ‚Konzentration auf die Kernaufgaben' Einsparpotentiale freisetzen, lassen dazu ihren angeblich völlig übersetzten Personalbestand von Consultern durchforsten und versuchen dann die in den Gutachten fixierten Empfehlungen zu exekutieren. So stellt sich beispielsweise die führende Partei der Kreisstadt Meißen folgendes Ziel: „Im Grunde genügen für die Verwaltung dieser Stadt 90 [statt bisher 150] Leute im Rathaus" (Sächsische Zeitung vom 18.10.2000). Wo der Abbau von ‚Personalüberhängen' als wichtigste Zukunftsaufgabe gilt, werden auch die Ausbildungsplätze knapp gehalten und der nachrückenden Generation der Eintritt ins Berufsleben versperrt.

- Auf betrieblicher Ebene können durch neue Personaleinsatzkonzepte wie Gruppenarbeit, job rotation und job enrichment sowohl die Arbeitszufriedenheit wie auch die Produktivität gesteigert werden. Die Unternehmen setzen also auf gut qualifizierte Mitarbeiter, die mitdenken, flexibel einsetzbar und teamfähig sind – und auch gut vergütet werden. Die Kehrseite der Medaille: Im Trend zur Verschlankung verschwinden zunehmend die Nischen der Einfachstarbeit, die einst ‚Jedermannsarbeitsplätze' ohne besondere Qualifikationsanforderungen boten. Diese werden ausgelagert, automatisiert oder technikgestützt zu anspruchsvolleren Tätigkeitszuschnitten gebündelt, deren Ausfüllung ein nunmehr gewachsenes Anforderungsprofil bedingt. In den durchorganisierten Betrieben – und dies gilt nicht allein für die großen, sondern ebenso für die kleinen und mittleren Betriebe – ist heute beispielsweise nur noch selten der Allrounder anzutreffen, der sich zuverlässig um alle anfallenden kleinen Arbeiten kümmert, eine Art Hausmeister, der den Hof fegt, ein Waschbecken festschraubt, Botengänge erledigt usw. Mit der Ausführung all dieser Tätigkeiten, die ja nicht verschwunden sind, werden spezialisierte Kontraktunternehmen beauftragt, die hocheffizient arbeiten müssen. Wer früher mit einem Besen den Hof kehrte und dabei allenfalls den Stiel abbrechen konnte, hat heute eine hochgerüstete Kehrmaschine zu bedienen, die eine Verhundertfachung des Tagespensums erlaubt und deren Fehlbedienung auch Schäden in hundertfacher Höhe auslöst. Kundendienstmonteure sollen nicht nur reparieren, sondern ihren Kunden gegenüber ihr Vorgehen erläutern und so ihren Arbeitsaufwand legitimieren. Selbst Wohlfahrtsverbände greifen als ‚Sozialunternehmen' aus Kostengründen bei der Besetzung einer Hausmeisterstelle lieber auf den jungen Kinderlosen als auf den gesundheitlich eingeschränkten Familienvater zurück, was in diesem Fall zwar die Beschäftigungschancen der nachwachsenden Generation verbessert, zugleich aber die Verdrängungskonkurrenz in bezeichnender Weise verdeutlicht. Sogar im beschäftigungsintensiven Primärsektor sind Restrukturierungsprozesse in vollem Gang. So erläuterte ein niederländischer Professor für Gewächshausproduktion die Zukunftstrends seiner Branche: „Wir experimentieren derzeit mit einem Roboter zur Gurkenernte. Er muss zwischen den Pflanzen herumfahren, die Gurke erkennen, feststellen, ob sie reif ist, und sie abschneiden, ohne den Rest der Pflanze zu beschädigen. So weit ist es noch nicht. Aber Roboter werden in Kürze in alle Teile der Landwirtschaft einziehen, auch in den biologischen Anbau, denn die menschliche Arbeitskraft ist einfach zu teuer. Und hier in den Niederlanden ist sie auch nicht zu kriegen." (Der Spiegel, Heft 43/2000).
- Die Industriesoziologie weist für die Bundesrepublik bereits seit Mitte der 80er-Jahre eine Herausbildung von segmentierten Arbeitsmärkten auf betrieblicher Ebene nach: Die Kernbelegschaften verfügen über gute Jobs mit prinzipiell hoher Beschäftigungsstabilität, deren Inhaber jedoch einem hohen Leistungsdruck ausgesetzt sind. Um diesen Kern gruppiert

sich ein Puffersegment von flexibel integrierten Arbeitskräften, die über Zeitverträge bzw. Honorarkontrakte beschäftigt sind. Dazu gehören auch aufgabenbezogen zusammengestellte und gut bezahlte Projektteams freier Mitarbeiter für strategische Aufgaben – eine Entwicklung, die im Wandel zur ‚unternehmerischen Wissensgesellschaft', die auf den flexiblen Menschen setzt, zunehmend an Bedeutung gewinnen wird (vgl. Sennett 1998). Die Randbelegschaften müssen sich mit schlecht entlohnten und prekären Arbeitsverhältnissen zufrieden geben (vgl. Böhnisch/Arnold/Schröer 1999).

- Die Arbeitssoziologie konstatiert einen Trend zur Erosion des Normalarbeitsverhältnisses (vgl. Mückenberger 1990; Kommission für Zukunftsfragen 1997; kritisch: Kohli 2000). Das Normalarbeitsverhältnis hat als normatives Leitkonzept die fordistische Arbeitsgesellschaft geprägt. Nach wie vor arbeiten heute zwar noch zwei Drittel aller Beschäftigten in unbefristeten Vollzeitverhältnissen, daneben nehmen aber andere Formen der Erwerbstätigkeit zu. In diesem Kontext regt der katholische Sozialphilosoph Hengsbach (1999) an, Ehrungen heutzutage nicht mehr für eine vierzigjährige, ununterbrochene Betriebszugehörigkeit auszusprechen, sondern jene auszuzeichnen, denen ein mehrfacher Betriebs- und Berufswechsel ohne psychosoziale Beeinträchtigung gelingt. Und der amerikanische Sozialwissenschaftler Sennett (1998) wirft – ohne dies als solche zu benennen – die sozialpädagogische Frage auf, wie der flexible Mensch in einer Gesellschaft ohne Verlässlichkeit Identität herstellen kann, wie es ihm möglich wird, das Erleben von Fragmenten und Episoden zu einer Lebenserzählung zu bündeln. Er verweist auf die Angst der Menschen, die Kontrolle über ihr Leben zu verlieren, und zeigt, dass sich mit der Pluralisierung und Flexibilisierung gerade die Lebenszuschnitte der Mittelklassen fundamental verändern.

In der Bilanz zeigt sich, dass eine unzureichende oder fehlende Qualifikation ein Arbeitslosigkeitsrisiko ersten Grades darstellt. Der Anteil der nichtqualifizierten Arbeitskräfte an den Arbeitslosen beträgt inzwischen fast 50% und besonders für die Langzeitarbeitslosen wird es immer schwerer, aus ihrer Lage herauszukommen (vgl. Kommission für Zukunftsfragen 1997).

Der Arbeitsmarkt weist auf der anderen Seite auch Schwankungen des Arbeitskräfteangebots auf. Die ‚Beschäftigungsfähigkeit' wird in qualitativer Hinsicht durch die Bildungspolitik und die konkreten Beschäftigungschancen werden in quantitativer Hinsicht vor allem durch die Geburtenstärke der ins Arbeitsleben eintretenden Kohorten, der regionalen Wirtschaftsstruktur sowie durch soziokulturelle Normen bestimmt. So ist hinsichtlich des letztgenannten Aspekts insbesondere eine gestiegene Erwerbsneigung und Erwerbsbeteiligung von Frauen zu verzeichnen, die einen Abschied von der Nur-Hausfrauenrolle vollziehen und nicht länger gewillt sind, unbezahlte Reproduktionsarbeit als ‚stille Reserve' des Sozialstaats zu leisten und stattdessen vom Dasein für andere den Anspruch auf ein Stück ‚eigenes Leben' erheben (vgl. Beck-Gernsheim 1983; Ostner 1995). Hier wird bereits deutlich, dass der Ausbildungs- und Arbeitsmarkt regionale, geschlechtsspezifische und soziale Disparitäten aufweist. Begreift man den Arbeitsmarkt und den vorgelagerten Ausbildungsmarkt als zentrale Zuweisungsinstanz von sozialen Lebenschancen, so lassen sich die Ressourcen zur Behauptung am Markt nach drei Dimensionen unterscheiden, die in ihrer Summe und wechselseitigen Verschränkung auch die Lebenslage junger Menschen bestimmen: das ökonomische Kapital (der Herkunftsfamilie), das soziale (Beziehungs-)Kapital und das kulturelle (Bildungs-)kapital, wobei die unterschiedlichen Kapitalien jeweils ineinander konvertierbar sind (vgl. Bourdieu 1983) – jedoch dem Bildungskapital in der Dienstleistungs- und Wissensgesellschaft eine herausragende Bedeutung zukommt.

2.2 Ausbildung und Arbeit als gesellschaftlich strukturierter Lebensort – Der erschwerte Zugang zur Arbeitswelt

Im Übergang von der Schule zur Arbeitswelt kommt dem beruflichen Ausbildungssystem eine entscheidende Scharnierfunktion zu. Gelingende oder misslingende Einmündungsprozesse haben entscheidenden Einfluss auf die weitere Berufsbiografie (vgl. Lex 1997). In der Bundesrepublik ist das duale System der beruflichen Bildung mit einer überwiegend dreijährigen Ausbildungszeit Kern und Hauptträger der Berufsausbildung und genießt weltweite Anerkennung. Fachschulische Ausbildungsgänge haben in den letzten Jahren zwar zugenommen, konnten jedoch die Dominanz des dualen Systems nicht gefährden: „Nahezu zwei Drittel aller Schulabgänger durchlaufen derzeit eine Berufsausbildung im dualen System" (Heinz 1995, S. 139; vgl. ebenso Schmidt 1998). Der im Vergleich mit anderen europäischen Ländern hohe Qualifikationsstand der Arbeitskräfte in der Bundesrepublik wird ganz wesentlich der Leistungskraft des dualen Systems zugeschrieben. So hebt die Europäische Kommission (1999a) in ihrer Würdigung der deutschen Beschäftigungspolitik das duale System einerseits als Erfolgsgaranten für die im EU-Vergleich niedrige Jugendarbeitslosigkeit hervor. Auf der anderen Seite sei dem dualen System aber ebenso der hohe Anteil langzeitarbeitsloser Jugendlicher – zumindest zu Teilen – anzulasten. Denn wer sich mit dem relativ rigiden Regime des dualen Systems nicht zurechtfindet und ohne Ausbildung bleibt, hat statistisch gesehen große Chancen, langzeitarbeitslos zu werden.

Als Reformvorschlag wird seit vielen Jahren die Forderung nach stärkerer Modularisierung mit dem Ziel einer Flexibilisierung des institutionalisierten dualen Ausbildungssystems unterbreitet (vgl. Kloas 1993; 1996). Durch eine zielgruppenorientierte ‚Qualifizierung in Portionen' könnte es insbesondere Ausbildungsabbrechern sowie ungelernten älteren Jugendlichen ermöglicht werden, eine berufliche Nachqualifizierung mit anerkanntem Abschluss zu erreichen. Schützenhilfe kommt hier auch vonseiten der europäischen Berufsbildungsdiskussion, die eine stärkere Modularisierung der Berufsbildung vor allem unter der Perspektive der binneneuropäischen Vergleichbarkeit, der Kompatibilisierung und der damit besseren Übertragbarkeit von Berufsabschlüssen bzw. Teilen davon anstrebt (vgl. Sellin 1996). Dieses Anliegen stößt jedoch insbesondere seitens der Berufsschulen auf erhebliche Widerstände (vgl. Braun 1996).

Tabelle 1: Angebot und Nachfrage auf dem Ausbildungsmarkt *

Jahr	WEST			OST		
	Stellen-Angebot	Bewerber	Relation	Stellen-Angebot	Bewerber	Relation
1977	583.900	585.400	99,7			
1980	694.600	667.300	104,1			
1984	726.800	764.100	95,1			
1988	666.000	628.800	105,9			
1990	659.000	559.500	117,9			
1991	668.000	550.700	121,3	**	**	
1992	623.400	511.700	121,8	89.500	96.400	102,1
1993	554.800	486.000	114,2	101.000	101.900	99,2
1994	503.000	467.700	107,6	119.300	119.400	99,9
1995	493.400	469.500	105,1	123.600	128.200	96,4
1996	483.200	473.900	101,9	126.100	138.800	90,8
1997	487.000	494.000	98,6	126.300	140.900	89,7
1998	506.200	506.700	99,9	129.700	141.500	91,7
1999	504.900	500.700	100,8	149.600	159.700	93,7
2000	507.800	497.300	102,1	139.500	148.000	94,3

* die Angaben beziehen sich jeweils auf den Stichtag 30. September und sind auf volle Hundert gerundet
** keine verlässlichen Daten verfügbar

Quelle: Berufsbildungsbericht 1998, S. 11 und 2000, S. 39f.; Pressemitteilung bmbf Nr. 194/2000 vom 8.12.2000.

Wie der Tabelle zu entnehmen ist, kann dem dualen System hinsichtlich seiner Aufnahmekapazität in den alten Bundesländern durchaus eine Elastizität attestiert werden. In den neuen Ländern konnte das duale System trotz des erheblichen staatlichen Subventionsaufwandes nicht auf einen Versorgungsstand getrieben werden, der notwendig gewesen wäre, um die bei den ostdeutschen Schulabgängern in den ersten Jahren noch vorhandene höhere Priorität für eine Ausbildungsstelle in ausreichendem Maße zufrieden zu stellen (vgl. Engelbrech/Reinberg 1998). Die Unterversorgung hat inzwischen sogar zugenommen, wie die Grafik zeigt. War man in der Berufsbildungsdiskussion der 80er-Jahre noch davon ausgegangen, dass zur Einlösung des Versprechens einer freien Berufswahl nach Eignung und Neigung ein Angebotsüberschuss an Ausbildungsstellen von 10% gegeben sein müsste, was damals mit Ausnahme einiger überlaufener ‚Modeberufe' durchaus gewährleistet war, so wäre man heute mit einer rechnerisch ausgeglichenen Angebot-Nachfrage-Relation schon zufrieden.

Abb. 1:

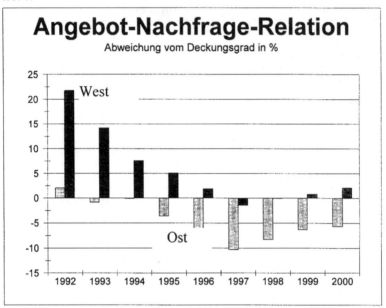

Ein Ausblick auf die zukünftige Entwicklung erlaubt vor allem für die neuen Länder keine Entwarnung an der *ersten Schwelle*: „Ein Teil der Jugendlichen nimmt wegen fehlender Ausbildungsplätze und Unsicherheiten in der Berufsentscheidung Überbrückungsmaßnahmen an. [...] Umwege und Wartepositionen bedeuten ein Ansteigen der ‚Altnachfrager' unter den Bewerberinnen und Bewerbern. Im Ausbildungsjahr 1997/98 hatte dieser Anteil im bundesdeutschen Durchschnitt knapp 40% der Gesamtnachfrage erreicht. Das durchschnittliche Alter der Auszubildenden hat im Zeitraum von 1970 bis 1995 um ca. zweieinhalb Jahre von 16,6 auf 19,0 Jahre zugenommen." (Sund 1999, S. 4)

Dem Ausbildungsnotstand an der ersten Schwelle soll nun mit dem Jugendsofortprogramm der Bundesregierung entgegengewirkt werden, wobei absehbar ist, dass aufgrund des zeitlichen Umsetzungsdrucks viele ad-hoc-Maßnahmen ohne ausreichende Vorbereitung – eben ‚sofort' – angefahren werden und insofern Nachhaltigkeit von ihnen nicht erwartet werden darf. Mit dem Programm wird zwar eine erhebliche Verbesserung der statistischen Werte erreichbar, allerdings besteht mit nachlassendem Handlungsdruck auch die Gefahr, die Beseitigung der strukturellen Defizite des dualen Systems zu vertagen (vgl. dazu Raab/Rademacker 1999, S. 127f. und 136f.; Sund 1999, S. 6f.; Braun/Lex/Rademacker 1999, S. 26f.).

Dem ‚Lernort Betrieb' werden hohe Vorzüge gegenüber schulischen und überbetrieblichen Ausbildungsgängen zugesprochen: Die betriebliche Ausbildung fördere eine intrinsische Arbeitsmotivation (vgl. Heinz/Lappe 1998), gewährleiste einen „hohen Ernstcharakter in den Anforderungen" (Braun 1995, S. 5) und erspare den Jugendlichen eine Stigmatisierung als Maßnahmeteilnehmer. Allerdings wird in denselben Expertisen vor einer Verklärung des Lernorts Betrieb und der Kooperation von Jugendhilfe und Wirtschaft zu ‚neuen sozialpädagogischen Zauberformeln' gewarnt. Denn zum einen ist – bedingt durch gestiegene Anforderungsstrukturen gerade in Handwerksbetrieben – das Lernen eines Berufes durch ‚Mitlaufen' kaum mehr möglich (vgl. Sund 1999). Damit wächst für leistungsschwächere Jugendliche die Gefahr, dass sie nur noch erschwert Zugang zu betrieblicher Ausbildung finden können und wenn dies gelingt, besteht für sie das Risiko, von vorne herein zum Handlanger degradiert zu werden. Zum anderen sei zu beobachten, dass oftmals gerade wirtschaftlich schlecht gestellte Betriebe auf die Fördermittel als Notnagel zurückgreifen, deren Ausbildungsqualität generell fragwürdig erscheine (vgl. Braun 1995).

Gleichwohl kann durch eine Öffnung der Jugendberufshilfe hin zu den Betrieben der Problematik entgegengewirkt werden, dass sich die Benachteiligtenausbildung „inhaltlich und strukturell vom regulären Arbeitsmarkt abschottet" (Braun/Lex/Rademacker 1999, S. 26), denn der außerbetrieblichen Ausbildung fehle „trotz Praktika eine kontinuierliche betriebsspezifische Ausgestaltung" (Berufsbildungsbericht 1998, S. 118). Zugleich wird hier eine durchaus ernst zu nehmende Kritik an der Auswahl der Berufsfelder in der Benachteiligtenförderung vorgetragen. Denn einerseits wird die außerbetriebliche Ausbildung in den meisten Studien als qualitativ gehaltvoll eingestuft; und dies gilt in besonderer Weise im Hinblick auf die lernschwachen Jugendlichen, denen im Ausbildungsarrangement der außerbetrieblichen Einrichtungen – abgeschirmt von einem betrieblichen Produktionsstress – Zeit gelassen wird, berufsnotwendige Fertigkeiten und Kenntnisse auch wiederholt einzuüben. Hochproblematisch bleibt andererseits die Auswahl der angebotenen Berufsfelder in Entsprechung zur vorgehaltenen Werkstattkapazität. Damit betreibt die Jugendberufshilfe eine ‚Berufslenkung' junger Menschen auf das ‚bewährte' und eingeschränkte Berufsspektrum, das die Benachteiligtenförderung traditionell kennzeichnet. Bevorzugt handelt es sich dabei um Bauberufe sowie Landschafts- und Gartenbau für männliche und die Berufsrichtungen Hauswirtschaft und (einfache) Bürofachkraft für weibliche Jugendliche. Die Einrichtung und Unterhaltung von solchen Ausbildungsplätzen ist äußerst kostengünstig. Selten findet hingegen eine Ausrichtung der Berufsfeldauswahl am regionalen Bedarf statt, sofern ein solcher überhaupt erkennbar und darüber hinaus prognostizierbar ist. Auch werden die Wünsche und Neigungen der ‚Maßnahmeteilnehmer' weitgehend ignoriert, weil sie über die vorhandene Kapazität nicht bedient werden können. In besonderer Weise sind Mädchen und junge Frauen in strukturschwachen Regionen mit einem unzulänglichen Angebot auf dem Ausbildungsstellenmarkt konfrontiert, sodass sie sich nicht selten vor die Alternative gestellt sehen, abzuwandern oder mit wenig anspruchsvollen und oft leider auch wenig zukunftsträchtigen Ausbildungsgängen Vorlieb zu nehmen.

Zwar wird der ab 2005 stattfindende Eintritt der geburtenschwachen Kohorten (Geburtenknick der Wendejahre) durchaus für eine *partielle Entspannung* der Situation sorgen. Das Problem der Jugendarbeitslosigkeit wird sich deshalb aber nicht erledigen. Denn der ‚Berg' der Altnachfrager nach Ausbildungs- und Arbeitsplätzen wird auch bis 2005 nicht restlos abgearbeitet sein.

Der Stau an der zweiten Schwelle

Im Zuge der aufgezeigten strukturellen Veränderungen in der Arbeitswelt ist die bisherige Annahme eines weitgehend problemlos erscheinenden Übertritts in das Beschäftigungssystem – gleichsam als Belohnung für die Ausbildungsanstrengungen – nachhaltig erschüttert: „Rationalisierung und neue Formen der Arbeitsorganisation [...] haben offensichtlich eine Dynamik entwickelt, die auch über die Dauer einer dreijährigen Ausbildung die traditionelle Form der Übernahme in unbefristete Beschäftigung nicht mehr kalkulierbar macht. Damit ist das duale System an einer Stelle anfällig geworden, die bis dahin seine Stärke war: die durch die Betrieblichkeit der Ausbildung weitgehend gesicherte betriebliche Verwertbarkeit der erworbenen Qualifikation." (Raab/Rademacker 1999, S. 127)

Die Arbeitslosenquote Jugendlicher unter 25 Jahren lag für Gesamtdeutschland nach Angaben der Bundesanstalt für Arbeit im Jahresdurchschnitt 1997 bei 12,2%, in 1998 bei 11,8% und in 1999 bei 10,5%; die Quote bewegt sich geringfügig unter der Gesamtarbeitslosenquote und hebt sich deutlich positiv von der Jugendarbeitslosigkeit anderer EU-Länder ab, sodass die Bundesrepublik allein bei diesem Beschäftigungsindikator in den Kreis der drei Besten vorstoßen konnte (vgl. Europäische Kommission 1999a). Der im europäischen Vergleich relativ gute statistische Durchschnittswert kann nun allerdings nicht als Anlass für Entwarnung gedeutet werden. Denn es zeigen sich erhebliche regionale Unterschiede zwischen Ost und West, darüber hinaus auch zwischen Nord und Süd. Dabei ist die Dauer der Arbeitslosigkeit junger Menschen „im Osten nicht länger als im Westen, sie erhalten hier aber oftmals nur befristete Angebote und müssen immer wieder Arbeitslosigkeit in Perioden erleben" (Sund 1999, S. 4).

In den neuen Bundesländern wird, wie bereits ausgeführt, der Ausbildungsnotstand verstärkt durch außerbetriebliche Einrichtungen aufgefangen. Geradezu zwangsläufig münden diese ausbildungspolitisch zwar durchaus richtigen und angesichts der sich weiter verstetigenden Lehrstellenknappheit unverzichtbaren Bemühungen in einen Stau an der *zweiten Schwelle.*

Hier tritt zutage, dass nicht nur Ausbildungsstellen, sondern ebenso Arbeitsplätze fehlen. Die Beschäftigungsrisiken verschärfen sich in strukturschwachen Regionen, in denen oftmals die außerbetrieblichen Ersatzmaßnahmen erheblich ‚hochgefahren' werden mussten. Die Beschäftigungsrisiken verteilen sich unterschiedlich auf einzelne Personengruppen. „Ohne Zweifel verstärken die verringerten Übernahmeangebote an der zweiten Schwelle den Leistungsdruck und den intragenerationellen Konkurrenzkampf um die verbleibenden Arbeitsplätze in modernisierten Betrieben" (Heinz/Lappe 1998, S. 7).

Tabelle 2: Jugendarbeitslosigkeit unter 25-Jährige in %

JAHR	WEST	OST
1993	7,5	12,8
1994	8,6	13,2
1995	8,8	12,3
1996	10,3	13,8
1997	11,1	16,2
1998	10,4	17,0
1999	9,1	15,8
2000	7,7	16,6

Abb. 2:

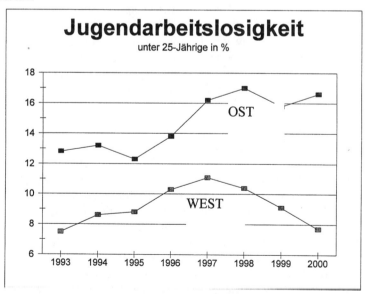

Auf verengte Zugänge beim Berufsstart stoßen vor allem außerbetrieblich und schulisch ausgebildete Fachkräfte; noch schlechtere Berufschancen haben ungelernte Jugendliche, die sich auf dem Weg in die berufliche und soziale Marginalität befinden. Wie dabei die Übernahmechancen von Jugendlichen stehen, die zwar betrieblich, aber – wie der frühere Bildungsminister Rüttgers zu sagen pflegte – dort ‚über den Durst' ausgebildet wurden, ist gerade für Ostdeutschland eine äußerst spannende Frage. Hier werden die Betriebe alljährlich aufgefordert, zusätzliche Ausbildungsplätze einzurichten, was durch Ausbildungsprämien gratifiziert wird. Diese Strategie folgt der Maxime, dass eine Ausbildung immer die bessere Alternative darstellt, selbst wenn die spätere Übernahme ungewiss ist. Im Endeffekt verstärkt aber auch dieses Unterfangen den Stau an der zweiten Schwelle und führt zudem zu einer Verschärfung des Konkurrenzdrucks in den Betrieben, da keiner der Auszubildenden sicher sein kann, wer nach seiner Lehre bleiben kann und wer gehen muss.

Überlagert wird der ‚intra-generationelle Konkurrenzkampf' von dem inter-generationellen, dessen Auswirkungen sich ebenfalls am schärfsten in Ostdeutschland zeigen: Nach der raschen und inzwischen abgeschlossenen Umstrukturierung des Marktsektors führt der Stellenabbau in den ‚überbesetzten' Bereichen des staatlichen, halbstaatlichen und ehemals staatlichen Sektors in Verbindung mit einer gewerkschaftlichen Strategie der Stellensicherung für die ‚Insider' zu Tendenzen der sozialen Schließung und Abschottung gegenüber dem Nachwuchs, sodass ganze Kohorten junger Verwaltungsangestellter, ErzieherInnen, LehrerInnen (vor allem im Grundschulbereich) und weiterer Berufsgruppen nach ihrer Ausbildung keine oder nur geringe Chancen auf einen Berufseintritt haben. Die betroffenen Berufsgruppen haben mittlere und hohe Berufsabschlüsse. Oftmals versuchen sie, durch eine Zweitausbildung ihre Berufschancen zu steigern oder weichen in unterqualifizierte Tätigkeiten aus, was wiederum die Verdrängungseffekte ‚nach unten' verstärkt; so müssen vor allem Real- und Hauptschüler/innen um ihre angestammten Berufsdomänen fürchten.

3. Jugend und Arbeit – Berufliche Integration als biografische Bewältigungsaufgabe

Berufsfindung, Berufswahlentscheidung und der Eintritt in die Arbeitswelt können als lebensaltertypische Entwicklungsaufgabe gesehen werden, die alle Jugendlichen zu bewältigen haben. Die Konfrontation mit und die Bewältigung dieser Entwicklungsaufgabe sind subjektiv bedeutsam und identitätsrelevant (s.o.). Mit der Expansion der Bildungszeiten hat sich die wirtschaftliche Verselbstständigung der Jugendlichen zeitlich hinausgeschoben – ins *junge Erwachsenenalter*. Wenn Jugendliche sich soziokulturell verselbstständigt haben, also ihr eigenes Leben führen, aber gleichwohl in ökonomischer Abhängigkeit von ihrer Herkunftsfamilie stehen, werden deren Ressourcen zum entscheidenden Unterstützungselement im Jugendalter. Diesbezüglich zeigen sich beträchtliche soziale Ungleichheiten: Jugendliche, die auf wenig oder keine von ‚zu Hause' verfügbaren Ressourcen zurückgreifen können, gelten als benachteiligt und sind in besonderer Weise auf einen Zugang zu sozialstaatlich bereitgestellten Programmen angewiesen. Dazu kommen Aspekte regionaler und geschlechtsspezifischer Ungleichheit in der Chancenstruktur.

Im Zuge der Ausdifferenzierung, Spezialisierung und Dynamisierung der Gesellschaft haben sich die Übergänge von der Schule in den Beruf individualisiert und enttraditionalisiert. Die gesellschaftlichen Statuspassagen haben an Verlässlichkeit eingebüßt (vgl. Olk/Strikker 1990). Ein Großteil der Jugendlichen kann sich heute nicht mehr an den Leitbildern und dem Erfahrungswissen der Elterngeneration orientieren. Gerade Jugendliche in den neuen Bundesländern, aber auch Migrantenjugendliche haben diesbezüglich erhebliche Ambivalenzen auszuhalten: Letztere sind oftmals dem familiären Druck zum frühzeitigen Verdienen des eigenen Geldes und damit einem wenig (aus-)bildungsförderlichen Grundklima ausgesetzt; bei ersteren sind noch „tradierte Vorstellungen von Berufs- und Bildungskarrieren verbreitet, die an die stark regulierten Verhältnisse der DDR erinnern. Gleichzeitig sind sie die erste Generation, die die Entscheidungsmöglichkeiten und gleichzeitig den Entscheidungsdruck des neugewonnenen Alltags erlebt und daraus Erfahrungen zur eigenen Lebensführung gewinnen muss. Dabei werden sie von den Eltern und Erwachsenen mit deren biographischen Erfahrungen konfrontiert" (Rudolph 1997, S. 487). Der Erfahrungsvorsprung der Elterngeneration, aber auch der Lehrer und Ausbilder, hat sich jedoch aufgezehrt. Das Orientierungswissen der Älteren ist für die Behauptung in der dynamisierten Arbeitsgesellschaft partiell dysfunktional – es wurde von der neuen Zeit gleichsam überholt.

Der zukunftsoffene Lebensentwurf und die darin angelegten Individualisierungstendenzen mutet Definitionsleistungen nunmehr den Individuen selbst zu. Mit der Auflösung tradierter und milieuverwurzelter Orientierungshorizonte schmilzt auch die Verlässlichkeit der auf diese Orientierungen bezogenen und in ihrem Rahmen sicherheitsverbürgenden Handlungsmuster. Dies eben ist das historisch-epochale Resultat der Freisetzung in der Moderne, in der die Menschen nunmehr strukturell herausgefordert sind, ihre Biografie selbst herzustellen – als Chance und Zumutung zugleich: „Die Situation des Wählenkönnens und Wählenmüssens kumuliert heute im Jugendalter" (Münchmeier 1996, S. 7). An die Stelle der Normalbiografie tritt somit die Wahlbiografie (vgl. Lenz 1999).

Folgt man dieser Ausdeutung von Moderne, so sind Jugendliche gezwungen, Lernleistungen als biografischer Vorschuss ins gesellschaftlich Ungewisse hinein zu erbringen. Dabei stellt die permanente Zumutung, Auswahlentscheidungen zu treffen, einen Stressfaktor für Jugendliche dar. Dies ist nun nicht so zu verstehen, dass Jugendliche täglich lebenswichtige Entscheidungen zu treffen hätten; der Stress resultiert vielmehr aus der Ungewissheit, ob durch die getroffene Festlegung (hier: bei der Berufswahl, dem Ausbildungsort, der ersten Arbeitsstelle) nicht anderswo etwas Wichtiges und Zukunftsweisendes versäumt wird. Diese Ambivalenz wird durch ein medial konsumtives Klima zusätzlich verstärkt, das eine überall offen stehende Welt suggeriert, deren Gelegenheiten man nur am Schopf zu packen brauche. Der risikogesellschaftlich angelegte und medial geschürte Zweifel an dem einmal eingeschlagenen Weg kommt nicht zuletzt in der hohen Abbrecherquote zum Ausdruck. Jeder vierte Jugendliche bricht bundesweit seine Ausbildung ab, wobei paradoxerweise auch diesbezüglich eine Annäherung von Ost und West stattgefunden hat, obwohl doch in Ostdeutschland Lehrstellen ein knappes Gut darstellen und man meinen sollte, dass Jugendliche hier an ihrer hart erkämpften Lehrstelle festhalten.

Dazu sehen sich Jugendliche aktuell einer anomischen Situation par excellence ausgesetzt: Auf der einen Seite wird lauthals ein Fachkräftemangel beschworen, aus dem eine Zukunftsgefährdung des Wirtschaftsstandorts Deutschland hergeleitet wird und der inzwischen das nach wie vor ungelöste Problem der Massenarbeitslosigkeit von der Prioritätenskala der politischen Agenda zu verdrängen scheint. Auf der anderen Seite erfahren die Jugendlichen in ihrer regionalen Lebenswirklichkeit, wie schwer es ist, eine Lehrstelle zu finden, wie viele Abstriche sie dabei machen müssen. Und sie erleben insbesondere in strukturschwachen Regionen, dass sie nicht gebraucht werden. Böhnisch (vgl. in diesem Handbuch) sieht die moderne Jugendphase durch die biografisch vorverlagerten Risiken der sozialen Platzierung und Behauptung sowie der entwicklungsalterbedingten Aufgaben einem doppelten Risiko ausgesetzt. Unübersichtliche Situationen und die Notwendigkeit, Entscheidungen zu treffen, die weit in die eigene Zukunft hinausgreifen, erzeugen Stress und führen mitunter zu Ohnmachtsgefühlen und sozialer Desorientierung. Um dies durchzustehen und (wieder) handlungsfähig zu werden, sind Jugendliche in besonderer Weise auf sozialen Rückhalt angewiesen. Diesen Rückhalt finden sie in sozialen Kontexten unter Gleichaltrigen und in der Teilhabe an jugendkulturellen Szenen, die Deutungsangebote von Welt liefern und Möglichkeiten zur eigenen Rollenausgestaltung und Selbstwerterfahrung bieten, dabei aber überwiegend im Freizeitbereich angesiedelt sind und von dort aus die Arbeitswelt betrachten. Mit diesem Grundverständnis eröffnet sich zugleich ein Zugang, um im weiteren die Aufgaben der Jugendhilfe – als Unterstützungselement zur biografischen Bewältigung von entwicklungsalterspezifischen Anforderungen – zu bestimmen.

Mit der tendenziellen Entkoppelung von Bildungs- und Beschäftigungssystem entsteht eine Übergangszone, in der Jugendliche nach Anschlüssen suchen und biografisch experimentieren. Viele Jugendliche arrangieren sich pragmatisch mit den ihnen verfügbaren Optionen und schauen, dass sie irgendwie über die Runden kommen. Die arbeitsweltbezogene Jugendforschung beobachtet einen Trend zu „Jobberkarrieren' (vgl. Gericke 1997).

Im Handlungsmuster des Irgendwie-über-die-Runden-kommen sind stets Gefahren der sozialen Marginalisierung angelegt. Eine einseitig pessimistische Ausdeutung, die in den Abweichungen von der Normalitätsvorstellung geradliniger Statuspassagen eine Zwangläufigkeit berufsbiografischer Sackgassen erkennt, konfligiert jedoch mit den Erkenntnissen der Bewältigungsforschung und trägt auch der tatsächlich beobachtbaren und oben ausgeführten Pluralisierung der Arbeitsformen wenig Rechnung.

Dieser Hinweis sollte nicht als Verharmlosung missgedeutet werden, sondern will vielmehr den Blick dafür öffnen, dass im Kontext einer Destandardisierung von Berufsbiografien und einer Pluralisierung von Lebensentwürfen bei größerer Gestaltungsoffenheit und gleichzeitig stärkerer Eigenverantwortlichkeit ein selbstaktives Biografiemanagement unabdingbar ist und die Kompetenzen dafür zur entscheidenden Handlungsressource werden. Biografische Such- und Experimentierprozesse bleiben freilich auf die gegebene Chancenstruktur verwiesen. Alle Lernorte – vom Betrieb über die (Berufs-)schule bis zur Jugendhilfe – werden sich demnach immer auch daraufhin befragen lassen müssen, in welcher Weise sie zur Kompetenzentwicklung junger Menschen beitragen. Dabei ist zu berücksichtigen, dass die Formalqualifikation nur mehr als eine – zwar notwendige, aber keineswegs hinreichende – Ressource gelten kann und lebensweltbezogene Erfahrungskontexte zunehmend relevant werden (vgl. Walther 2000). In diesem Deutungskontext müssen erzwungene wie selbst gewählte Umwege keineswegs zwangsläufig in biografische Sackgassen führen, sondern können unter Entwicklungsaspekten der Persönlichkeitsreifung und des Kompetenzerwerbs durch lebens*weites* Lernen durchaus produktiv sein (vgl. Krafeld 2000). Wichtig sind sowohl die Fähigkeit wie auch das Grundvertrauen, dass man aus vermeintlichen Sackgassen auch wieder herausfinden kann. Und gerade deshalb ist es auch lohnend, die spezifischen Potentiale der unterschiedlichen Lebensorte zu erkennen und zu würdigen und biografiestützende Schnittstellen zwischen arbeitsweltbezogenen und lebensweltlich gebundenen Lern- und Erfahrungskontexten herzustellen.

4. Herausforderungen für die Jugendhilfe

Die Krise der Arbeitsgesellschaft und die damit neu aufgeworfene soziale Frage stellt auch die Jugendhilfe vor die Aufgabe, ihre Handlungsbezüge zu überprüfen. Die Jugendhilfe habe – so fordert die eine Seite – an ihrem generellen Bildungsauftrag festzuhalten und dürfe sich nicht zum arbeitsmarktpolitischen Hilfsdienst degradieren und instrumentalisieren lassen. Die offenen Angebote, wie sie etwa die Jugendarbeit auszeichnen, folgen einem am ‚ganzen Menschen' (vgl. Schröer 1999) orientierten klassischen Verständnis von Bildung und Erziehung und hätten darüber ihre eigene Würde und Daseinsberechtigung – gerade in gesellschaftlichen Krisen- und Umbruchzeiten. Andere positionieren dagegen die Jugendhilfe mit stringenter Ausrichtung auf die ‚dringlichsten Sorgen' junger Menschen. Die Shell-

Jugendstudie 1997 stellt als zentrale Erkenntnis heraus, dass die Jugend „am meisten die Probleme der Arbeitswelt [...] beschäftigen und nicht die klassischen Lehrbuchprobleme der Identitätsfindung wie Partnerwahl und Verselbstständigung" (Münchmeier 1999, S. 136). Jugendhilfe habe daher zielgruppenspezifische Beiträge zur Bekämpfung der Berufsnot zu leisten, wie Mielenz schon 1985 einforderte, und einen Gegenpol zum gewerblichen Bildungs-, Förderungs- und Umschulungsmarkt zu bilden, indem sie ihr sozialpädagogisches Grundverständnis in den arbeitsweltbezogenen Programmen stärker zur Geltung bringe. In dieser Perspektive habe die Jugendhilfe die „subjektbildende Funktion einer Ausbildung, die biografieprägend und lebenslaufsichernd ist," zu betonen und sich von den „Maßnahmeunternehmern" zu unterscheiden (Otto 1999, S. 94).

Wenngleich beide Positionen auf der Zielebene zusammentreffen, so lässt sich im Feldzugang und in den Handlungsformen eine immer deutlicher zutage tretende Abkehr von der vielbeschworenen Einheit der Jugendhilfe konstatieren: Auf der einen Seite stehen die offenen Formen, die einen autonomen Bildungs- und Erziehungsauftrag für die Jugendhilfe postulieren und diesen auf pragmatischer Ebene zunehmend auch als ‚Prävention' (wovor auch immer) zu legitimieren versuchen, sich aber schwer tun, den Strukturmaximen ‚Neuer Steuerung' folgend, ihre Effizienz zu steigern und ihre Effektivität nachzuweisen. Die Schwierigkeiten beginnen bereits damit, dass die Jugendhilfe generell – und in ihren offenen Angebote insbesondere – keine eindeutigen Produktbeschreibungen vornehmen und aufgrund ihres ‚strukturellen Technologiedefizits' nicht mit Gewissheit ausweisen kann, mit welchen Methoden welche Effekte erzielbar sind, eben weil sie es in der Regel mit Menschen und deren Eigenwilligkeit zu tun hat. Diesem Dilemma ist nur begrenzt durch ‚riskante Evaluationen' (vgl. Olk 1994) oder einer selbstvollzogenen Umdefinition zur ‚Prävention' zu begegnen. Auch das gebetsmühlenartige Pochen auf den Sonderstatus Sozialer Arbeit im Konzert kommunaler Dienstleistungen erscheint so wenig überzeugungsstark wie Erfolg versprechend, um in der Ressortkonkurrenz um knappe Mittel zu bestehen.

Auf der anderen Seite stehen die Handlungsformen der Jugendberufshilfe, die für sich beanspruchen, sich ‚echten' lebenslagenspezifischen Problemen junger Menschen, wie eben der Berufsnot und Arbeitslosigkeit, zuzuwenden. Aber auch hier wird nach dem Ertrag der Bemühungen gefragt und dabei zeichnet sich ein ebenso eklatantes Legitimierungsproblem ab. Denn die Bonität von Maßnahmen zur beruflichen und sozialen Integration junger Menschen wird in aller Regel über das harte Erfolgskriterium der Übergangsquote zum ersten Arbeitsmarkt beurteilt. Je breiter nun die Maßnahmen als ‚Brücke in die Arbeitswelt' ausgebaut sind, desto höhere Erfolgserwartungen werden an die arbeitsweltbezogene Jugendhilfe herangetragen. Die Brücke kann allerdings noch so breit tragen und mit allen Segnungen einer modernisierten Jugendberufshilfe beglückt sein (in der Diskussion stehen Vorschläge, die – vom Qualitätsmanagement bis zum Assessmentcenter – letztlich auf Binnenrationalisierung ausgerichtet sind; vgl. Arnold 2001), sie wird zwangsläufig immer wieder in jenen Stau auflaufen, der sich an der blockierten Abfahrt zum rettenden Ufer in die Arbeitswelt (zweite Schwelle) auftürmt. Deshalb werden sich Maßnahmen, die nicht in ein Regionalentwicklungskonzept rückgebunden und deren Handlungsschritte wenig vernetzt sind, als zunehmend kontraproduktiv erweisen. Und so kündigt auch die Europäische Kommission für die neue Förderphase 2000-2006 eine Abkehr von der bisherigen Einzelprojektförderung an und insistiert auf sog. Entwicklungspartnerschaften, um auf regionaler Ebene eine größere Nachhaltigkeit zu bewirken und den bislang beobachteten Nachteil des Verpuffens der Erfahrungen mit Förderende zu vermeiden (vgl. dazu exemplarisch die Programmphilosophie der Gemeinschaftsinitiative ‚Equal').

In Regionen mit erheblichen Strukturdefiziten ist weniger Beschulung denn Beschäftigung gefordert. Jugendhilfebetriebe haben hier eine wichtige Ergänzungs- und Entwicklungsfunktion. Mit der Krise der Beschäftigung hat sich gerade die Jugendberufshilfe vom einst randständigen Mauerblümchen zu einem Kernfeld der Jugendhilfe gemausert, in dem entgegen larmoyanter, zunfttradierter Wehklagen über fehlende bzw. zu geringe Ressourcen erhebliche Mittel aus europäischen und nationalen Programmen (z.B. JUMP) umgesetzt werden, sodass durchaus auch Beiträge und Leistungen erwartet werden dürfen. Die arbeitsweltbezogene Jugendhilfe muss zum gestaltenden Element einer flexiblen Übergangspolitik werden, die ihrer Klientel Optionen der Lebensführung schafft. Damit könnte sie zu einem intermediären gesellschaftlichen Feld werden, in dem das sozialpädagogische Konzept der ‚sekundären Normalisierung' (vgl. Böhnisch/Schefold 1985) und die sozialpolitische Perspektive einer Erweiterung der Spielräume der Lebenslage ineinander greifen.

Eine zentrale Herausforderung besteht darin, regional unterschiedliche und zielgruppenspezifizierte Modelle zu entwickeln. Dazu bedarf es geeigneter Trägerkooperationen, über die Leistungselemente (Bausteine) von dafür besonders profilierten Anbietern zu einem bedarfsbezogen spezifizierten Maßnahmenspektrum kombiniert werden. So sieht etwa Raab (1998) das Handlungsinstrumentarium der Jugendberufshilfe als ein in sich differenziertes und zueinander vernetztes ‚Kontinuum von Förderangeboten', das sich von den niederschwelligen Beratungsangeboten bis hin ‚zur berufspädagogischen Intensivstation' der Ausbildungs- und Beschäftigungswerkstätten erstrecke. Zielstellung müsse sein, jeden Jugendlichen über ein individuelles Förderkonzept zu einem anerkannten beruflichen Vollabschlusses zu führen. Diese Perspektive markiert den traditionellen Auftrag der arbeitsweltbezogenen Jugendhilfe. Will sie für ihre Stammklientel Integrationschancen wahren, darf sie sich nicht aus einer Orientierung auf den (ersten) Markt verabschieden, weil sie dann zu einem Soziotop für Marginalisierte degenerieren würde, für die sie ‚Exklusionsverwaltung' (vgl. Scherr 1999) betreibt.

Der Strukturwandel der Arbeitsgesellschaft trifft aber nun gerade die klassischen Zielgruppen der Jugendhilfe mit voller Wucht und treibt sie in die soziale Marginalisierung. Sie sind in besonderer Weise ‚Opfer des Arbeitsmarktes' und stellen das Hauptsegment jener ‚wenig Produktiven' (vgl. Scharpf 1995; Kaufmann 1997). In dieser Situation reicht es nicht mehr aus, für einen ersten Arbeitsmarkt zu trainieren, dessen für die klassische Klientel erreichbaren Segmente zunehmend verschwinden. Die beschäftigungspolitische Herausforderung einer arbeitsweltbezogenen Jugendhilfe besteht vielmehr in der intelligenten Erschließung zukunftsträchtiger Tätigkeitsfelder, in denen Jugendliche gleichermaßen ihr berufliches Profil erweitern und sich persönlich entwickeln können.

Die marktergänzenden Maßnahmen im außerbetrieblichen Bereich stellen in systemisch-funktionaler Perspektive ein unverzichtbares Flankierungselement dar. Gleichwohl wird der Alltag in den Maßnahmen von jungen Menschen oft als frustrierend erlebt. Die biografisch produktiven Gelegenheiten, die Fördermaßnahmen im Bereich der Ausbildung und Beschäftigung als sinnlich erfahrbarer Lebensort immer auch bieten, sind durch eine stringente Übergangsorientierung und das defensive Selbstverständnis, allenfalls zweitbeste ‚Hilfsmaßnahme' zu sein, oftmals verschüttet und können deshalb ihre Potenzen als Experimentierräume nur schwer entfalten.

Hier soll nun keineswegs die These vertreten werden, dass Maßnahmen der arbeitsweltbezogenen Jugendhilfe als pädagogische Spielwiese (‚mit Samthandschuhen') ausgestaltet werden sollen. Vielmehr geht es in diesen Maßnahmen im Kern um eine gelingende Verschränkung von Arbeitswelt- und Sozialisationsbezug. Denn die arbeitsweltbezogene Jugendhilfe ist in dieser Perspektive Sozialisationsfeld und Integrationshilfe zugleich. Sie darf sich deshalb auch nicht arbeitsmarktpolitisch instrumentalisieren lassen und nur einseitig auf ihren Integrationsauftrag ausrichten. Im Kern kann sie ihrem systemisch-arbeitsweltbezogenen (und scheinbar prioritären) Auftrag zur Herstellung von ‚Beschäftigungsfähigkeit' gerade dadurch gerecht werden, dass sie nutzbare Gelegenheitsstrukturen für ihre Jugendlichen schafft und die ‚Umwege' biografisch produktiv werden lässt. Diese Umwege sind insofern als produktiv zu werten, als sie zur Herstellung jener für Beschäftigungsfähigkeit zentralen Kompetenzen, nämlich Selbstvertrauen und Handlungsfähigkeit, beitragen. Die oben beschriebene anomische Grundsituation unterstreicht diesen Auftrag, der an die Jugendhilfe nicht als normatives Postulat herangetragen wird, sondern aus einer systematischen Vergewisserung des Verhältnisses von Jugend und Arbeitsgesellschaft hergeleitet ist und seinen Ausgangspunkt in den biografischen Bewältigungsaufgaben sucht.

Aus sozialpädagogischer Perspektive stellt sich damit für die arbeitsweltbezogene Jugendhilfe die Aufgabe, Prozesse der Berufsfindung, der Berufsbildung und der qualifizierenden Beschäftigung so auszugestalten, dass junge Menschen eine berufliche Orientierung finden *und* ihren eigenen Lebensentwurf weiterverfolgen und weiterentwickeln können. Die Exekution einer bloßen Anpassungsstrategie, wie sie etwa mit der Forderung nach gezielter Berufslenkung zum Ausdruck gebracht wird, erscheint in dieser Perspektive kontraproduktiv. Vielmehr muss eine balancierende Verschränkung von biografischer Orientierung, die auf Lebensbewältigung zielt, und sozialer Integration, die auf gesellschaftliche Anschlussfähigkeit zielt, geleistet werden.

Mit diesem Selbstverständnis kann die arbeitsweltbezogene Jugendhilfe ihren Gestaltungsauftrag freilegen. Sie selbst muss dabei anschlussfähig bleiben an den arbeitsgesellschaftlichen Diskurs, in welchem sie Modelle zur Realisierung ihrer Biografie- und Lebenslagenperspektive nicht nur einfordert, sondern auch durch eigene Praxis generiert und so Optionen der Lebensführung schafft. Denn mit dem Ende der Vollbeschäftigungsgesellschaft und der partiellen Obsoleszenz des Humankapitals kann Beschäftigung nicht mehr allein auf den Marktsektor hin definiert werden. Deshalb wird es immer wichtiger, einen erweiterten Arbeitsbegriff gesellschaftlich zu thematisieren und nach Wegen seines praktischen Wirksamwerdens zu suchen. Dies ist nicht nur aus zielgruppenbezogener Sichtweise, sondern ebenso unter Gesichtspunkten der Regionalentwicklung von Bedeutung. Dabei zeigt sich, dass in jenen Regionen, die im Schatten der wirtschaftlichen Modernisierungsachsen liegen, große Ratlosigkeit herrscht und oft keine Entwicklungskonzepte vorliegen. In der aktuellen wirtschaftspolitischen Diskussion wird immer stärker eine Abkehr von einer Strukturförderung nach dem ‚Gießkannenprinzip' gefordert. Die Strukturhilfen sollen nach der Maxime der ‚Clusterbildung' nunmehr konzentriert werden, um synergetische lift-off-Effekte in den entwicklungsstarken Zentren zu ermöglichen – und die Menschen sollen dorthin gehen. Diese Perspektive mündet in die Aufforderung an Jugendliche zu erhöhter Mobilität. Dabei wissen wir, dass regionale Mobilität nicht voraussetzungslos zu bewerkstelligen ist. Lebensstilorientierten Jugendlichen gelingt es leichter als milieugebundenen Jugendlichen, mit den Anforderungen einer neuen sozialräumlichen Umgebung zurecht zu kommen. Letztere sind auf die unmittelbare Erlebnisqualität ihres Heimatumfeldes sozialemotional stärker angewiesen (vgl. Böhnisch 1999). Damit ist deutlich, dass die Wanderung zu den reichlicheren Pfründen des Ausbildungs- und Arbeitsmarktes im Westen als Ausweg aus der Lehrstellen- und Arbeitsmarktmisere in strukturschwachen Gebieten faktisch nur jenen möglich wird, die über genügend sozialen Rückhalt verfügen, der ihnen diesen biografischen Kraftakt erlaubt. Die schwächeren Jugendlichen bleiben in aller Regel in ihrer Heimatregion verhaftet und viele werden dort nicht selten zur Klientel der Jugendberufshilfe. Hier hat die Jugendhilfe den Auftrag, gegenzusteuern und diese Jugendlichen in ihrer Heimatregion bei der Ausbildung einer tragfähigen Lebensperspektive zu unterstützen. Und sie kann diesem Auftrag nachkommen, wenn sie ihre defensive und problemindividualisierende Maßnahmeorientierung, die in diesem Handlungsfeld so überdeutlich zutage tritt, überwindet und experimentelle Modelle in den Regionen schafft. Eine selbstbewusste Jugendhilfe kann auf genügend vorzeigbare Erfolgsprojekte verweisen, von denen wichtige Anstöße zur Regionalentwicklung ausgehen. Solche Initiativen generieren ‚Sozialkapital' (vgl. Offe 1999), sofern man ihre soziale Produktivität sehen will und diese nicht im Rückfall auf eine stringente Marktlogik negiert. Und diese Initiativen können sich später durchaus auch marktförmig verselbstständigen und somit stärker selbsttragende Strukturen entwickeln, aber sie können nicht aus dem Markt selbst heraus generiert werden, wie dies Evers (1999) an einigen Beispielen plausibel aufzeigt. Als Vorzeigebeispiel kann man das Elektronikschrottrecycling hernehmen: Einst in den Nischen von Beschäftigungsprojekten exploriert, hat es sich heute zu einem florierenden Geschäftszweig entwickelt, der überwiegend kommerziell organisiert ist. Zur Erschließung von solchen Feldern zusätzlicher Beschäftigung kann die Jugendberufshilfe ihren Beitrag leisten, wenn sie in einer Verzahnung mit der regionalen Wirtschaft, der Beschäftigungsförderung und dem Dritten Sektor zum Innovationsmotor netzwerkorientierter Regionalentwicklungsprozesse wird.

Literatur zur Vertiefung

Böhnisch, L./Arnold, H./Schröer, W. (1999): Sozialpolitik. Eine Einführung. Weinheim und München

Heinz, W. R. (1995): Arbeit, Beruf und Lebenslauf. Eine Einführung in die berufliche Sozialisation. Weinheim und München

Jahoda, M. (1995): Wieviel Arbeit braucht der Mensch. Arbeit und Arbeitslosigkeit im 20. Jahrhundert. Weinheim

Kocka, J./Offe, C. (Hrsg.) (2000): Geschichte und Zukunft der Arbeit. Frankfurt/New York

Sennett, R. (1998): Der flexible Mensch: Die Kultur des neuen Kapitalismus. Berlin

Walther, A. (2000): Spielräume im Übergang in die Arbeit. Junge Erwachsene im Wandel der Arbeitsgesellschaft in Deutschland, Italien und Großbritannien. Weinheim und München

Literatur

Alheit, P./Glass, C. (1986): Beschädigtes Leben. Soziale Biografien arbeitsloser Jugendlicher. Frankfurt/New York

Arnold, H. (2000): Der Strukturwandel der Arbeitsgesellschaft und das sozialpolitische Mandat der Jugendberufshilfe. Dissertation. Technische Universität Dresden

Arnold, H. (2001): Stand und Perspektiven der Jugendberufshilfe in Ostdeutschland. In: Paritätische Akademie Berlin (Hrsg.): „Kompetenzen erweitern – Neue Ansätze der arbeitsweltbezogenen Jugendsozialarbeit in den neuen Bundesländern". Tagungsdokumentation. Berlin

Baethge, M. (1999): Subjektivität als Ideologie. Von der Entfremdung in der Arbeit zur Entfremdung auf dem (Arbeits-)Markt. In: Schmidt, G. (Hrsg.): Kein Ende der Arbeitsgesellschaft. Arbeit, Gesellschaft und Subjekt im Globalisierungsprozess. Berlin

Bandemer, S.v./Hilbert, J. (2000): Vom expandierenden zum aktivierenden Staat. In: v. Bandemer, S. u.a. (Hrsg.): Handbuch zur Verwaltungsreform. Opladen

Bauer, R./Betzelt, S. (1999): Erwerbsarbeit im „Dritten Sektor": Wachstum oder Stagnation? Bericht zum Forschungsstand über das Beschäftigungspotential und die Zukunft der Arbeit in gemeinnützigen Organisationen der Bundesrepublik. In: Zeitschrift für Sozialreform, Heft 4

Beck, U. (1999): Schöne neue Arbeitswelt. Vision Weltbürgergesellschaft. Frankfurt/New York

Beck-Gernsheim, E. (1983): Vom Dasein für andere zum Anspruch auf ein Stück „eigenes Leben". In: Soziale Welt, Heft 2

Böhnisch, L. (1999): Sozialpädagogik der Lebensalter. Weinheim und München

Böhnisch, L./Arnold, H./Schröer, W. (1999): Sozialpolitik. Eine Einführung. Weinheim und München

Böhnisch, L./Schefold, W. (1985): Lebensbewältigung. München

Böhnisch, L./Schröer, W. (2001): Pädagogik und Arbeitsgesellschaft. Weinheim und München

Bonß, W. (1999): Jenseits der Vollbeschäftigungsgesellschaft. Zur Evolution der Arbeit in globalisierten Gesellschaften. In: Schmidt, G. (Hrsg.): Kein Ende der Arbeitsgesellschaft. Arbeit, Gesellschaft und Subjekt im Globalisierungsprozess. Berlin

Bourdieu, P. (1983): Ökonomisches Kapital, kulturelles Kapital, soziales Kapital. In: Kreckel, R. (Hrsg.): Soziale Ungleichheiten. Soziale Welt, Sonderband 2. Göttingen

Braun, F. (1995): Förderung benachteiligter Jugendlicher in privatwirtschaftlichen Betrieben. Anforderungen an eine Kooperation von Jugendhilfe und Betrieben. DJI-Werkstattbericht. München/Leipzig, Arbeitspapier 8

Braun, F. (1996): Lokale Politik gegen Jugendarbeitslosigkeit. Arbeitsweltbezogene Jugendsozialarbeit Band 1. Weinheim und München

Braun, F./Lex, T./Rademacker, H. (1999): Probleme und Wege der beruflichen Integration von benachteiligten Jugendlichen und jungen Erwachsenen. Expertise. München/Leipzig, Arbeitspapier 1

Dahrendorf, R. (1982): Wenn aus Arbeit sinnvolles Tun wird. In: Die Zeit v. 3.12.

Döring, D. (1999): Sozialstaat in unübersichtlichem Gelände. Erkundungen seiner Reformbedarfe unter sich verändernden Rahmenbedingungen. In: ders. (Hrsg.): Sozialstaat in der Globalisierung. Frankfurt a.M.

Döring, D./Hauser, R. (Hrsg.) (1995): Soziale Sicherheit in Gefahr. Frankfurt a.M.

Engelbrech, G./Reinberg, A. (1998): Im Sog der Arbeitsmarktturbulenzen. In: IAB Kurzbericht 5/1998. Nürnberg

Esping-Andersen, G. (1998): Die drei Welten des Wohlfahrtskapitalismus. Zur Politischen Ökonomie des Wohlfahrtsstaates. In: Lessenich, S./Ostner, I. (Hrsg.): Welten des Wohlfahrtskapitalismus. Frankfurt/New York

Europäische Kommission (1994): Wachstum, Wettbewerbsfähigkeit, Beschäftigung. Herausforderungen der Gegenwart und Wege ins 21. Jahrhundert. Weißbuch, Luxemburg

Europäische Kommission (1999a): Beschäftigungspolitiken in der EU und in den Mitgliedstaaten. Gemeinsamer Bericht 1998. Luxemburg

Europäische Kommission (1999b): Entschließung des Rates zu den beschäftigungspolitischen Leitlinien für 1999. Internetausgabe

Europäische Kommission (1999c): Gemeinschaftspolitiken zur Förderung der Beschäftigung. Mitteilung vom 21.4.1999. Internetausgabe, COM 127

Europäische Kommission (2000): Vorschlag für eine Mitteilung der Kommission an die Mitgliedstaaten zur Festlegung der Leitlinien für Programme im Rahmen von Gemeinschaftsinitiativen (PGI), für die die Mitgliedstaaten Vorschläge für eine Unterstützung im Zuge der Initiative EQUAL einreichen können. KOM (99) 476 (endg.) vom 13.10. 1999. Internetausgabe

Evers, A. (1999): Lokale Beschäftigungspolitik und der Beitrag des 3. Sektors. In: Sachße, C./Tennstedt, F./Uhlendorff, U. (Hrsg.): Kommunale Beschäftigungspolitik zwischen Sozialhilfe und Arbeitsmarkt. Kassel

Fend, H. (1991): Identitätsentwicklung in der Adoleszenz. Bd. 2. Bern

Gericke, T. (1997): Jobben – Lebensentwurf oder Krisenmanagement? DJI-Werkstattbericht (München/Leipzig), Arbeitspapier 7

Giarini, O./Liedtke, P. M. (1998): Wie wir arbeiten werden. Der Neunte Bericht an den Club of Rome. Hamburg

Gorz, A. (1980): Abschied vom Proletariat. Reinbek b. Hamburg

Gorz, A. (1983): Wege ins Paradies. Berlin

Gorz, A. (1998): Arbeit zwischen Elend und Utopie. Frankfurt a.M.

Guggenberger, B. (1988): Wenn uns die Arbeit ausgeht. Die aktuelle Diskussion um Arbeitszeitverkürzung, Einkommen und die Grenzen des Sozialstaats. München/Wien

Habermas, J. (1973): Legitimationsprobleme im Spätkapitalismus. Frankfurt a.M.

Heinz, W. R. (1995): Arbeit, Beruf und Lebenslauf. Eine Einführung in die berufliche Sozialisation. Weinheim und München

Heinz, W. R./Lappe, L. (1998): Strukturwandel der Arbeit – Orientierungswandel der Jugend? In: Diskurs (DJI), Heft 1. München

Heinze, R. G./Olk, T. (2000): Bürgerengagement in Deutschland – Zum Stand der wissenschaftlichen und politischen Diskussion. InWIS-Bericht Nr. 28 (Vorabdruck). Bochum

Hengsbach, F. (1999): Ein erweiterter Gesellschaftsvertrag im Schatten der Globalisierung. In: Döring, D. (Hrsg.): Sozialstaat in der Globalisierung. Frankfurt a.M.

Hirsch, J./Roth, R. (1986): Das neue Gesicht des Kapitalismus. Hamburg

Hondrich, K. O. (1998): Vom Wert der Arbeit – und der Arbeitslosigkeit. In: Zeitschrift für Erziehungswissenschaft, Heft 4

Hurrelmann, K. (1995): Lebensphase Jugend. Weinheim

Immerfall, S. (1999): Sozialkapital in der Bundesrepublik. In: Kistler, E./Noll, H.-H./ Priller, E. (Hrsg.): Perspektiven gesellschaftlichen Zusammenhalts. Berlin

Inglehart, R. (1989): Kultureller Umbruch. Frankfurt a.M.

Jahoda, M. (1995): Wieviel Arbeit braucht der Mensch. Arbeit und Arbeitslosigkeit im 20. Jahrhundert. Weinheim

Jugend '97 (1997). Zukunftsperspektiven, Gesellschaftliches Engagement, Politische Orientierung. Jugendwerk der Deutschen Shell (Hrsg.): 12. Jugendstudie. Opladen

Kaufmann, F.-X. (1997): Herausforderungen des Sozialstaates. Frankfurt a.M.

Kieselbach, T. (1998): Arbeitslosigkeit. In: Grubitzsch, S./Weber, K.: Psychologische Grundbegriffe. Ein Handbuch. Reinbek b. Hamburg

Kieser, A. (1988): Zwischen Siechtum und Widerstand. Sozialarbeit und Erwerbslosenbewegung. Bielefeld

Kistler, E./Noll, H.-H./Priller, E. (Hrsg.) (1999): Perspektiven gesellschaftlichen Zusammenhalts. Berlin

Kloas, P.-W. (1993): Modulare Weiterbildung – Zur Kombination von Beschäftigung und Qualifizierung mit dem Ziel anerkannter Berufsabschlüsse. In: BBJ consult info. Berlin, Heft 3

Kloas, P.-W. (1996): Die Benachteiligtenförderung wird erwachsen – die Zielgruppen auch. In: Jugend, Beruf, Gesellschaft. Zeitschrift für Jugendsozialarbeit, Heft 1-2

Kocka, J. (2000): Arbeit früher, heute, morgen: Zur Neuartigkeit der Gegenwart. In: Kocka, J./Offe, C. (Hrsg.): Geschichte und Zukunft der Arbeit. Frankfurt/New York

Kohli, M. (2000): Arbeit im Lebenslauf: Alte und neue Paradoxien. In: Kocka, J./Offe, C. (Hrsg.): Geschichte und Zukunft der Arbeit. Frankfurt/New York

Kommission für Zukunftsfragen der Freistaaten Bayern und Sachsen (Hrsg.) (1997): Erwerbstätigkeit und Arbeitslosigkeit in Deutschland. Entwicklungen, Ursachen und Maßnahmen. Leitsätze, Zusammenfassung und Schlussfolgerungen der Teile I, II und III der Kommission. Bonn

Krafeld, F. J. (1998): Vorbereitung auf die Erwerbslosigkeit – Aufgabe von Jugendwerkstätten? In: Jugend, Beruf, Gesellschaft. Zeitschrift für Jugendsozialarbeit, Heft 1

Krafeld, F. J. (2000): Die überflüssige Jugend der Arbeitsgesellschaft. Eine Herausforderung an die Pädagogik. Leverkusen

Krüger, H. (1991): Subjektbildung in der Adoleszenz und die Bedeutung von Arbeit. In: Helsper, W. (Hrsg.): Jugend zwischen Moderne und Postmoderne. Opladen

Lenz, K. (1999): Zur Biografisierung von Jugend. Befunde und Konsequenzen. In: Böhnisch, L./Rudoph, M./Wolf, B.: Jugendarbeit als Lebensort. Weinheim und München

Lessenich, S. (1998): „Relations matter": De-Kommodifizierung als Verteilungsproblem. In: Lessenich, S./Ostner, I. (Hrsg.): Welten des Wohlfahrtskapitalismus. Frankfurt a.M./New York

Lex, T. (1997): Berufswege Jugendlicher zwischen Integration und Ausgrenzung. Arbeitsweltbezogene Jugendsozialarbeit Band 3. Weinheim und München

Mayer, K. U. (2000): Arbeit und Wissen – Die Zukunft von Bildung und Beruf. In: Kocka, J./Offe, C. (Hrsg.): Geschichte und Zukunft der Arbeit. Frankfurt/New York

Mielenz, I. (1985): Aufgaben der Jugendhilfe bei Arbeitslosigkeit und Berufsnot junger Menschen. Bonn

Mückenberger, U./Offe, C./Ostner, I. (1989): Das staatlich garantierte Grundeinkommen – Ein sozialpolitisches Gebot der Stunde. In: Krämer, H. L./Leggewie, C. (Hrsg.): Wege ins Reich der Freiheit. André Gorz zum 65. Geburtstag. Berlin

Münchmeier, R. (1996): Aufwachsen unter veränderten Lebensbedingungen – Die Lebenswelt der Jugendlichen heute. In: Jugend, Beruf, Gesellschaft. Zeitschrift für Jugendsozialarbeit, Heft 1-2

Münchmeier, R. (1997): Die Lebenslage junger Menschen. In: Fischer, A./Münchmeier, R. (Hrsg.): Jugend '97. Zukunftsperspektiven. Gesellschaftliches Engagement. Politische Orientierungen. 12. Shell Jugendstudie. Opladen

Münchmeier, R. (1999): Jugend in der Krise der Arbeitsgesellschaft – Verantwortung von Staat, Wirtschaft und Gesellschaft. In: Jugend, Beruf, Gesellschaft. Zeitschrift für Jugendsozialarbeit, Heft 3

Nefiodow, L. (1999): Der sechste Kondratieff. Wege zur Produktivität und Vollbeschäftigung im Zeitalter der Information. Rhein-Sieg

Offe, C. (1984): „Arbeitsgesellschaft": Strukturprobleme und Zukunftsperspektiven. Frankfurt/New York

Offe, C. (1995): Vollbeschäftigung? Zur Kritik einer falsch gestellten Frage. In: Bentele, K./Reissert, B./Schettkat (Hrsg.): Die Reformfähigkeit von Industriegesellschaften. Frankfurt/New York

Offe, C. (1999): „Sozialkapital". Begriffliche Probleme und Wirkungsweise. In: Kistler, E./Noll, H.-H./Priller, E. (Hrsg.): Perspektiven gesellschaftlichen Zusammenhalts. Berlin

Offe, C. (2000): Anmerkungen zur Gegenwart der Arbeit. In: Kocka, J./Offe, C. (Hrsg.): Geschichte und Zukunft der Arbeit. Frankfurt/New York
Olk, T. (1994): Jugendhilfe als Dienstleistung. Vom öffentlichen Gewährleistungsauftrag zur Marktorientierung? In: Widersprüche, Heft 53
Olk, T./Strikker, F. (1990): Jugend und Arbeit. Individualisierungs- und Flexibilisierungstendenzen in der Statuspassage Schule/Arbeitswelt. In: Heitmeyer, W./Olk, T. (Hrsg.) Individualisierung von Jugend. Weinheim und München
Ostner, I. (1995): Wandel der Familienformen und soziale Sicherung der Frau oder: von der Status- zur Passagensicherung. In: Döring, D./Hauser, R. (Hrsg.): Soziale Sicherheit in Gefahr. Frankfurt a.M.
Otto, H.-U. (1999): Jugendliche Arbeitsdissidenten? In: Neue Praxis, Heft 1
Pankoke, E. (1995): Subsidäre Solidarität und freies Engagement – Zur „anderen" Modernität der Wohlfahrtsverbände. In: Rauschenbach, T./Sachße, C./Olk, T. (Hrsg.): Von der Wertegemeinschaft zum Dienstleistungsunternehmen. Jugend- und Wohlfahrtsverbände im Umbruch. Frankfurt a.M.
Pankoke, E. (1999): Die Krise der Arbeitsgesellschaft und die Zukunft der Arbeit. In: Sachße, C./Tennstedt, F./Uhlendorff, U. (Hrsg.): Kommunale Beschäftigungspolitik zwischen Sozialhilfe und Arbeitsmarkt. Kassel
Priewe, J. (1998): Persistente Arbeitslosigkeit in Deutschland – neoklasssische versus keynesianische Erklärungen und Politikoptionen. In: Eicker-Wolf, K. u.a. (Hrsg.): Die arbeitslose Gesellschaft und ihr Sozialstaat. Marburg
Raab, E. (1998): Kein Leben ohne Arbeit – Beruf und Arbeit in der Lebensplanung Jugendlicher. In: Jugend, Beruf, Gesellschaft. Zeitschrift für Jugendsozialarbeit, Heft 1
Raab, E./Rademacker, H. (1999): Strukturmerkmale der regionalen Übergangssysteme von der Schule in den Beruf – Entwicklungsperspektiven und Empfehlungen. In: Rademacker, H. (Hrsg.): Hilfen zur beruflichen Integration. Beispiele und Empfehlungen zur Gestaltung kommunaler Berufsbildungspolitik. München
Rifkin, J. (1996): Das Ende der Arbeit und ihre Zukunft. Frankfurt/New York
Rifkin, J. (1998): Arbeit in Gemeinschaft und Markt. In: Becker, K. E./Schreiner, H. P.: Geht uns die Arbeit aus? Beschäftigungsperspektiven in der Gesellschaft von morgen. Frankfurt/New York
Rudolph, M. (1997): Unterschiede auf dem Land – Landjugendliche in Ost- und Westdeutschland. In: Berichte über Landwirtschaft. Zeitschrift für Agrarpolitik und Landwirtschaft. Band 75
Schaarschuch, A. (1990): Zwischen Regulation und Reproduktion. Von der fordistischen zur postfordistischen Gesellschaft. Bielefeld
Scharpf, F. W. (1995): Subventionierte Niedriglohn-Beschäftigung statt bezahlter Arbeitslosigkeit? In: Zeitschrift für Sozialreform, Heft 2
Scherr, A. (1999): Inklusion/Exklusion – soziale Ausgrenzung. Verändert sich die gesellschaftliche Funktion der Sozialen Arbeit? In: Treptow, R./Hörster, R. (Hrsg.): Sozialpädagogische Integration. Entwicklungsperspektiven und Konfliktlinien. Weinheim und München
Schmidt, H. (1998): Das duale System der Berufsausbildung hat Zukunft. In: Diskurs (DJI), Heft 1. München
Schröer, W. (1999): Sozialpädagogik und die soziale Frage. Weinheim und München
Sellin, B. (1996): Berufsausbildung in Europa – Auf dem Wege ihrer Modularisierung? Hrsg. von CEDEFOP. Thessaloniki
Sennett, R. (1998): Der flexible Mensch: Die Kultur des neuen Kapitalismus. Berlin

Straus, F./Höfer, R. (1998): Erwerbsgesellschaft ade – Arbeitsidentität passé? Die veränderte Bedeutung von Erwerbsarbeit für die Identität junger Erwachsener. In: Diskurs (DJI), Heft 1. München

Sund, O. (1999): Sofortprogramm der Bundesregierung zum Abbau der Jugendarbeitslosigkeit. In: Recht der Jugend und des Bildungswesens, Heft 1

Tidow, S. (1999): Aktive Politik oder „Passive Revolution"? Beschäftigungspolitik als neues Politikfeld der EU. In: Zeitschrift für Sozialreform, Heft 1

Vobruba, G. (1989): Arbeiten und Essen. Politik an den Grenzen der Gesellschaft. Wien

Vobruba, G. (1998): Ende der Vollbeschäftigungsgesellschaft. In: Zeitschrift für Sozialreform, Heft 2

Voskamp, U. (1990): Abschied von der „Arbeitsgesellschaft"? Zum Stellenwert und Bedeutungsgehalt von Erwerbsarbeit in den Lebensperspektiven Jugendlicher. In: Projekt Jugend und Arbeit (Hrsg.): Jugendliche beim Einstieg in das Arbeitsleben. München

Voß, G./Pongratz, H. (1998): Der Arbeitskraftunternehmer – Eine neue Grundform der Ware Arbeitskraft? In: KZfSS, Heft 1

Walther, A. (2000): Spielräume im Übergang in die Arbeit. Junge Erwachsene im Wandel der Arbeitsgesellschaft in Deutschland, Italien und Großbritannien. Weinheim und München

Zukunftskommission der Friedrich-Ebert-Stiftung (Hrsg.) (1998): Wirtschaftliche Leistungsfähigkeit, sozialer Zusammenhalt, ökologische Nachhaltigkeit. Drei Ziele – ein Weg. Bonn

Karsten Fritz und Steffi Karn

Medien

Zusammenfassung: Medien als Lebensort von Kindern und Jugendlichen? In einer Gesellschaft, welche wahlweise die Begriffe Information, Medien oder Multimedia vor sich herträgt und in der die Heranwachsenden ganz selbstverständlich mit und über Medien sozialisiert werden, ist diese Frage mit einem eindeutigen JA zu beantworten. In dem Beitrag soll aufgezeigt werden, welche Rolle die Medien als Sozialisationsinstanz spielen, über welche Kompetenzen Kinder und Jugendliche im Umgang mit Medien verfügen und wie sich diese im aktuellen Mediennutzungsverhalten manifestieren. Ein eigener Abschnitt ist der Frage gewidmet, inwieweit Medien zur Herausbildung von Geschlechteridentität bzw. zur Fundamentierung hierarchischer Geschlechterbeziehungen beitragen. Abschließend wird die Breite der medienpädagogischen Handlungsansätze diskutiert und auf der Grundlage eines handlungsorientierten Verständnisses von Medienpädagogik einige Beispiele praktischer Medienarbeit exemplarisch vorgestellt.

1. Kinder und Jugendliche in der Medienwelt

Kaum ein Thema wird wohl so kontrovers diskutiert, wie der Umgang mit den Medien. Alle leben mit ihnen, jeder weiß irgendwie Bescheid. Umfragen, Untersuchungen bringen immer wieder neue Details über die Mediengewohnheiten der Bevölkerung im Allgemeinen oder die von Kindern und Jugendlichen im Speziellen zutage. Und bei der Schnelllebigkeit dessen, was sich gerade im Medienbereich abspielt, tut sich auch die Wissenschaft schwer, zu verallgemeinerbaren Positionen gerade im Hinblick auf Mediennutzung und Medienwirkung bei Heranwachsenden zu kommen: „Eine einheitliche Theorie zur Erklärung der Phänomene im Zusammenhang mit dem Mediengebrauch von Kindern und Jugendlichen gibt es zurzeit (noch) nicht" (Charlton/Neumann-Braun 1992, S. 24). Und die Pädagogik hat sich schließlich traditionell schwer getan mit diesen Miterziehern. Schon Platon, griechischer Philosoph, forderte die Überwachung der Märchen- und Sagendichter, damit sie nur Gutes schreiben. Insofern ist wohl die Frage nach dem Einfluss und der Wirkung von Medien auf die Sozialisation von Kindern und Jugendlichen keine neue Frage, auch wenn wir heute den Eindruck haben, dass die Medien eine neue Qualität erreicht haben.

„Wie lange darf mein Kind fernsehen?" Diese Frage ist der Titel einer Ratgeberseite eines Fernsehmagazins (rtv 2/95). Dort finden sich dann so rührend harmlose Sätze: „Die Fachleute geben als Orientierungshilfe folgende Faustregeln: Kinder unter vier Jahren überhaupt nicht (...), 8- bis 12-Jährige nicht länger als 90 Minuten hintereinander und nach 20 Uhr nur mit den Eltern und nach gezielter Programmauswahl." Außerdem sollte kein Kind täglich fernsehen, nicht mehrere Sendungen nacheinander und vor allem nicht wahllos. Der Ratgeber empfiehlt, Kindern auch andere Beschäftigungsmöglichkeiten als Alternativen zum Fernsehen anzubieten. Zum Beispiel mal wieder spielen vor dem Schlafengehen, statt fernsehen. Abgesehen davon, dass hier vor dem gewarnt wird, was auf den nächsten Seiten angepriesen wird, kann ein solcher Text der heutigen Lebenswirklichkeit der Familien wohl kaum noch gerecht werden. Andererseits wirkt auch professionelle Medienpädagogik traditionell häufig von einem kulturpessimistischen Aspekt einer „negativen Pädagogik des Abschirmens und Behütens" (Schwendtke 1991, S. 201).

Nötig ist aber ein Ansatz, der Akzent auf die aktive Auseinandersetzung mit den Medien legt. Dazu ist es notwendig, sich anzuschauen, welche Rolle die Medien im Leben der Heranwachsenden spielen und warum. Notwendig wäre sicher auch zu fragen, warum das Medienverhalten der Heranwachsenden immer wieder besorgte Eltern und Pädagogen auf den Plan ruft. Ein interessanter Gedanke dazu findet sich bei Bachmaier: Medien wurden schon weit bevor es das Fernsehen gab mit „Realitätsflucht" in Verbindung gebracht. „Bei dieser 200 Jahre alten Theorie von der Realitätsflucht und Droge spielt sicher auch die Angst unserer Kultur vor der unberechenbaren Phantasie eine Rolle" (Bachmaier, 1993, S. 15).

Nach Böhnisch gehört die Frage nach der *Mediennutzung* ins Bewältigungsverhalten von Kindern und Jugendlichen. Medien strahlen nicht nur in Räume hinein, sie sind selbst Räume im übertragenen Sinne. Für Kinder und Jugendliche sind die sozialräumlichen Aneignungsprozesse grundlegend:

„Bei der Mediennutzung handelt es sich dabei um eine ‚parasoziale' Interaktion, weil in der subjektiven Interpretation gemeinsam geteilter symbolischer Gehalte sinnliche Bezüge auf eine nicht reale Wirklichkeit hergestellt werden, welche das dingliche soziale Handeln thematisch ‚aufladen' können. Gerade im Kindes- und Jugendalter sind Entwicklungsaufgaben zu lösen und Übergangsprobleme und -konflikte zu bewältigen, die den Kindern und Jugendlichen in ihrer Struktur und ihrem Ablauf noch unbekannt, als emotionale ‚Themen' aber fühlbar und über die mediale Inszenierung anschaulich sind" (Böhnisch 1999, S. 153).

Medien vermitteln also Kindern und Jugendlichen einerseits Aneignungsformen sozialer Wirklichkeit, sind andererseits aber als Wirklichkeiten aus zweiter Hand selbst soziale Wirklichkeit und zum Alltag der Heranwachsenden gehörend. Hier bilden sich jugendkulturelle Stile in Abgrenzung zur Erwachsenenwelt, hier können Jugendliche ihren eigenen abgegrenzten gegenwartsorientierten Alltag leben. Einen Alltag, für den z.B. die Schule keine Lebensmuster liefert. Gleichzeitig werden Medien zu Ersatzwelten, bei einer immer anregungsärmeren und aneignungswidrigen Umwelt. Wenn von einer „Verhäuslichung der Kindheit" – und damit sicher verbunden ein höherer Fernsehkonsum – gesprochen wird, steht das im unmittelbaren Zusammenhang mit fehlenden sozialen Lebensräumen. Medien können anderseits Heranwachsenden Kompetenzen verschaffen, über welche Erwachsenen nicht verfügen (siehe nächster Abschnitt).

Medien erfüllen also im Rahmen der Sozialisation von Kindern und Jugendlichen komplexe und vielfältige Funktionen. Auf zwei Aspekte soll in diesem Zusammenhang noch verwiesen werden: Der Kinobesuch oder die Videonacht mit der Clique könnte beim gemeinsamen Anschauen von Horror- und Gewaltfilmen etwas von einem Initiationsritual haben (Mutprobe). Im Miteinander-aushalten-und-darüber-Reden suchen Jugendliche nach Techniken, sich vom Geschehen zu distanzieren, quasi Bewältigungsverhalten zu trainieren. Gleichzeitig ist die Rezeption von Horror- oder Action-Filmen eine Möglichkeit, den entwicklungsbedingten unbestimmten Ängsten und Verunsicherungen einen Namen zu geben, ein Bild für die Angst zu haben. „Damit ist über die zweite mediale Wirklichkeit die Möglichkeit gegeben, Tabus zu brechen und Verdrängtes frei zu machen. Gleichzeitig entwickelt sie eine mediale Illusion, die sozial Widersprüchliches harmonisiert, Problembelastungen medial auflöst (...)" (Böhnisch 1992, S. 189).

Schließlich ist für Jugendliche das Hören von Musik spätestens seit den 50er-Jahren immer auch ein „Hunger nach Intensität" (von Spiegel 1988, S. 97) und eine individuelle Gestaltung und Vervollständigung ihrer Umwelt: „Sie machen sie durch das Hinzufügen einer akustischen Spur genießbar." (ebenda). Dazu gehört auch, einen Klangteppich zwischen sich und der Umwelt zu legen, oder Musik so laut zu hören, dass sie körperlich spürbar wird – sich also versichern, dass es den eigenen Körper gibt. So oder so: die Art und Weise, wie Kinder und Jugendliche mit den Medien umgehen, sich über Medien die Welt aneignen, macht auf dahinterliegende gelingende oder gefährdende Alltagsbewältigungen aufmerksam. Diese zu erkennen ist für Erzieher und Pädagogen nicht einfach. Aber zur aktiven Medienarbeit gehört die Reflexion und die sollte beim Pädagogen beginnen. „Meist finden sich unter Pädagogen, denen Medien ohnehin suspekt sind, wenig Kompetenzen im Umgang mit denselben. Sie sollten sich deshalb der Geschichte ihrer Einstellung gegenüber Medien vergewissern und überlegen, wie sie diese einbeziehen können, ohne sich Gewalt anzutun" (von Spiegel 1988, S. 110).

Abschließend bleibt festzustellen, dass die Medien ohne Zweifel auf die Entwicklungsthematik des Kinder- und Jugendalters reagieren, wenn auch die Medienproduzenten unter marktgesteuerten Kriterien arbeiten. Die Auswahl der darzustellenden Themen richtet sich gezielt auf die speziellen Probleme der Lebensbewältigung von Kindern und Jugendlichen, natürlich auch mit dem Hintergrund der Erhöhung von Einschaltquote und Umsatz. Aufgrund der Typik der Medien kann man eine Art Vertrautheit schaffen, die dann auf ihre Weise beim Rezipienten emotionale Sicherheit erzeugt. Böhnisch geht davon aus, dass in Verbindung von Anlehnung an die Entwicklungsthemen und von Wiederholbarkeit der Themen in den Medien, diese jugendkulturell verfügbar werden und damit ihren eigenen pädagogischen Bezug konstruieren (vgl. Böhnisch 1996, S. 186f.).

Gleichzeitig ist den Medien noch eine weitere sozialintegrative Funktion zuzuschreiben. Diese bezieht sich auf die Ambivalenz des modernen Sozialisationsprozesses: sowohl offen und verfügbar für die wechselnder Anforderungen der Gesellschaft und dennoch bei sich, mit sich identisch zu sein. Mit Hilfe der Medien können Kinder und Jugendliche diese Ambivalenz überbrücken, indem die Medien mit ihren „parasozialen Eigenschaften der Entgrenzung, Verflüssigung und Bricolage, d.h. der Möglichkeit zu beliebiger Bildverfremdung und Symbolkombination" (ebenda, S. 187), die Machbarkeit dieser unterschiedlichen Sozialisationsanforderungen suggerieren und damit die Jugendlichen „in ihrem Gegenwartsoptimismus und ihrer jugendkulturellen Unbekümmertheit – die auch Voraussetzung für das Anpacken der Entwicklungsaufgaben ist – bestärken" (ebenda, S. 187).

2. Medienkompetenz von Kindern und Jugendlichen

„Zum ersten Mal in unserer Zivilisation bringen Kinder den Erwachsenen etwas bei. Jugendliche sind viel geschickter im Umgang mit den Computern. Eltern, Lehrer und andere Erwachsene bitten Kinder um Hilfe, wenn sie mit Computern und ähnlichen Technikkram nicht zurechtkommen" (Tapscott 1998, S. 60). Die Worte eines 15-jährigen Mädchens, die der Autor hier zitiert, machen deutlich, dass es in den letzten Jahren eine Verschiebung in der Bedeutung von rein schulischen Wissen und jenem Wissen gibt, durch das sich Heranwachsende auszeichnen. Einem Wissen, dass einerseits durch hohe kognitive Kompetenz, anderseits durch Kreativität und Phantasie geprägt ist.

Wenn heute die Rede von *Medienkompetenz* ist, meint dieser Begriff eine zentrale Qualifikation bzw. Ressource in der Informations- bzw. Wissensgesellschaft. Nach Baacke umfasst Medienkompetenz vier Dimensionen:

- Medienkritik umfasst die kritische Auseinandersetzung mit Medienprodukten, z.B. Geschlechterrollenstereotype in der Werbung,
- Medienkunde bezieht sich auf das Wissen über die Medien, deren Strukturen, Finanzierungsgrundlagen und Macht,
- Mediennutzung zielt einerseits darauf, mit Medien ästhetische Erfahrung zu machen, andererseits selber einen Film, eine Zeitung etc. zu produzieren,
- Mediengestaltung schließlich meint das auch durch Medien vermittelte selbstbewusste Agieren im öffentlichen Raum (nach Baacke 1999, S. 19f.).

Betrachtet man diese Dimensionen und wirft dann einen Blick auf solche Sozialisationsinstanzen wie Familie und Schule, wird deutlich, dass hier in den kommenden Jahren ein grundlegende Einstellungswechsel bei vielen

Erwachsenen notwendig ist. Augenscheinlich ist dies beim Umgang mit Computer, Internet und Multimedia. Nur mit den traditionellen Kulturtechniken allein lassen sich multimediale Anwendungen kaum mehr realisieren.

„Die neuen Medien zeichnen sich häufig durch einen Hypertext, also einen nichtlinearen Text aus, der ein anderes Lesen verlangt. Nicht linear oder sequentiell muss das Wissen sich angeeignet werden, sondern in einer vernetzten Struktur, die verlangt, selbst linear seinen Lernweg zusammenzustellen. Aber das Schreiben solcher Hypertexte, wie es beispielhaft Webseiten mit ihrer Verweisstruktur auf andere Materialien häufig darstellen, bedeutet eine neue Form des Sichausdrückens. Beides, das Lesen und das Schreiben von hypermedialen Texten (...) stellt eine neue Kulturtechnik dar, die in der Schule noch gelernt werden muss, die viele Jugendliche zwar schon beherrschen, die meisten Erwachsenen jedoch noch nicht. Damit unbefangen umzugehen, ist etwas, was die jüngere Generation der älteren voraus hat" (Aufenanger 1999, S. 340).

Auch bleibt anzumerken, dass die Erwachsenengeneration ihre eigene medienbiografische Erfahrung reflektieren muss, um den Mediengebrauch von Kindern und Jugendlichen zu verstehen und sinnvoll zu lenken. Das schließt überhaupt nicht aus, dass Erwachsene von Heranwachsenden Kompetenzen erwerben können. Für Pädagogen ist das Eingestehen mangelnder Beherrschung eines technischen Gerätes gegenüber den Schülern nicht zwangsläufig mit Autoritätsverlust verbunden. Sobald Pädagogen bereit sind, Heranwachsende bei ihren Medienerfahrungen abzuholen, diese Erfahrungen in der Schule auch zu akzeptieren, gegebenenfalls sogar zu honorieren, wäre damit eine erste wichtige Bestimmungsgrundlage für das Generationenverhältnis im Medien- und Informationszeitalter formuliert.

3. Mediennutzung von Kindern und Jugendlichen

Nach wie vor ist die Motivation für die Mediennutzung der einzelnen Medien sehr unterschiedlich. Ob und wann die Medien genutzt werden, hängt von persönlichen Erfahrungen und Erwartungen ab, von ihrer Verfügbarkeit, von den Inhalten und auch von der zur Verfügung stehenden Zeit oder der Stimmung. Nach Schorb haben Medien für Jugendliche folgende Funktionen: Informationsfunktion, Qualifikations- und Bildungsfunktion, Integrations- und Meinungsbildungsfunktion, Prestigefunktion, Enthaltungs- und Entspannungsfunktion sowie Ersatzfunktion nach denen sich die Art und Weise sowie die Zeit der Nutzung richten (vgl. Schorb 1995a).

Quantitativ dürfte die Mediennutzung durch ihre Vielfältigkeit kaum noch zu fassen sein, denn es gibt in der Freizeit kaum eine Situation oder einen Ort, der nicht mit Medien durchsetzt ist. Meist dienen Medien als Hintergrund für den Alltag, wenn beispielsweise nach dem Aufstehen oder während der Hausaufgaben das Radio als Klangteppich angeschaltet wird, mit dem Freund oder der Freundin telefoniert wird oder zur Unterhaltung der Fernsehapparat eingeschaltet wird. Den Alltag bestimmen Medien, wenn der abendliche Kinofilm ansteht oder die Lieblingssendung im Fernsehen läuft. Die Angst von Eltern, dass Mediennutzung andere Freizeitbeschäftigungen verdrängt, ist unbegründet. Nach wie vor steht der Treff mit Freunden an erster Stelle bei Jugendlichen. Zur exzessiven Fernseh- oder Video- und zunehmend Computernutzung kommt es bei Kindern und Jugendlichen in der Regel erst, wenn Sozialkontakte verloren gingen.

Die rasante Entwicklung technischer Neuerungen bedingt, dass die Sozialwissenschaft kaum noch mit empirischen Daten folgen kann. Gerade Kinder und Jugendlichen nutzen selbstsicher und souverän die unterschiedlichen Medien in unterschiedlicher Weise. Aus der Studie „Jugend, Information, (Multi) Media 2000" des Medienpädagogischen Forschungsverbundes Südwest geht hervor, dass sich die technische Ausstattung weiter verbessert hat (vgl. Media Perspektiven 11/2000). Über eine eigene Hifi-Anlage verfügen 90% und über ein eigenes Fernsehgerät 67% der befragten 12- bis 19-jährigen Jugendlichen. Besonders Mobiltelefone verzeichnen den größten Zuwachs. Während in der Befragung 1999 nur 14% über ein Mobiltelefon verfügten, stiegt der Anteil auf 49%. Fast ebenso hoch liegt die Ausstattung mit Computern (46%), es folgen Videorecorder (34%) und Spielkonsolen (31%). Mädchen besitzen seltener eigene technische Geräte. Am ausgeprägtesten sind die Unterschiede in der Spielkonsole (19 zu 44%) und bei dem eigenen Computer (37 zu 55%). Die Ausstattung mit einem Computer spiegelt die geschlechtsbezogenen Unterschiede hinsichtlich der Nutzung wider. Zwar haben Mädchen und Jungen gleichermaßen Computererfahrung, so kommen die Unterschiede in der Intensität der Nutzung zum Ausdruck. Nur jedes zweite Mädchen gibt an, mehrmals in der Woche den Computer zu nutzen, während es bei den Jungen sieben von zehn sind (vgl. Feierabend/Klingler 2000).

Ein ähnliches Verhältnis ergibt sich, wenn man die Nutzung des Computers nach dem Bildungsniveau betrachtet. „Während jeder zweite Hauptschüler angibt, zu den intensiven Computernutzern zu gehören, sind es bei den Gymnasiasten zwei Drittel" (Feierabend/Klingler 2000, S. 520). Wird dieser Gedanke fortgesetzt, sind es die Hautschülerinnen, die den Computer am wenigsten nutzen.

4. Geschlechterrollen in Medien

Die Geschlechtsrolleninszenierung in den Medien umfasst zwei Ebenen: Auf der einen Seite geht es um die inhaltsanalytische Betrachtung der Darstellung von Frauen und Männern, auf der anderen Seite um die Körpersprache mit ihren Ritualen der Über- und Unterordnung. Empirische Forschungen seit 1975 (vgl. Küchenhoff 1975, Schmerl 1984, Weiderer 1993, Kroll/Röser 1995) belegen, was beim alltäglichen Fernsehen zu vermuten ist: „Die Untersuchung der Anteile von Männern und Frauen in unterschiedlichen Rollen und Funktionen oder mit bestimmten Eigenschaften lässt (...) erkennen, dass trotz der Vielfalt der Charaktere beide Geschlechter überwiegend mit den ihnen traditionell zugesprochenen Eigenschaften in Verbindung gebracht werden. Dabei soll (...) betont werden, dass nicht nur die Darstellung von Frauen an Geschlechtsstereotypen orientiert ist, sondern dass ebenso in weiten Bereichen ein traditionelles Männerbild propagiert wird" (Weiderer 1993, S. 308). Besonders im fiktionalen Bereich hat sich an der Unterrepräsentanz und Nachrangigkeit des weiblichen Geschlechts im Verhältnis zu vergangenen Studien kaum etwas geändert. Bei Dokumentar- und Nachrichtensendungen lässt sich feststellen, dass ebenfalls Männer und Jungen die Inhalte bestimmen sowie Handlungsträger sind. Wenn Frauen dargestellt werden, so in Person der Betroffenen oder als Alltagsperson. Männer werden häufiger als Experten und Repräsentanten gezeigt. Dazu kommt das mangelnde Interesse an Themen hinsichtlich des Geschlechterverhältnisses. Lediglich als Sprecherinnen und Moderatorinnen konnten Frauen in diesem Bereich aufholen.

Was bedeuten die an dieser Stelle nur angeschnittenen Stereotype für die weibliche Identifikation? In Ermangelung starker, selbstbestimmter und selbstbewusster Modelle bleibt Frauen nur die Identifikation mit dem stereotypen Bild abhängiger, gesellschaftlich unbedeutender, auf ihre Emotionen oder gar nur auf Sexualität festgelegter Weiblichkeit, die ihre Erfüllung einzig und allein in der Abhängigkeit von einem starken Mann findet (Mühlen-Achs 1990, S. 103). Um überhaupt eine weibliche Identifikationsfigur für sich zu finden, suchen sich Mädchen absolute Nebenfiguren. Zu diesem Ergebnis kam Theunert in einer Studie zur geschlechtsbezogenen Wahrnehmung von Cartoons (vgl. Theunert 1993). Für Jungen und Männer ist die Identifikation mit den männlichen Darstellern ebenso problembehaftet. „Männer sind Täter, Frauen die Opfer, Gewalt von Männern muss keine Begründung haben (...) und vor allem ist sie folgenlos. Diese Bilder dürften auf Seiten der Jungen zu einer Verharmlosung von Gewaltdarstellungen führen und ein Weltbild entwickeln lassen, in dem Gewalt als etwas Alltägliches und zum Mann Dazugehöriges zählt" (Aufenanger 1994, S. 23/24).

Unter Berücksichtigung, dass Mädchen und Jungen in den Medien Anregungen für entwicklungsbedingte Themen, Hinweise für Bewältigungen bei Problemen und Vorbilder für die eigenen Handlungen suchen, wird deutlich: Für Mädchen und Frauen wie für Jungen und Männer bieten die überwiegend einseitigen und stereotypen Darstellungen von Frauen und Männern wenig Angriffspunkte für eine erweiterte Geschlechterrolle.

5. Medienpädagogische Handlungsansätze

Im Folgenden soll die Genese einer medienpädagogischen Selbstbestimmung aufgezeigt werden. Selbstbestimmung definiert über ein Selbstverständnis, welches sich immer in Auseinandersetzung befand mit traditionellen Kulturtechniken. Entstanden sind drei Richtungen eines Verständnisses von Medienpädagogik, welche wir als normativ, funktional bzw. reflexivpraktisch bezeichnen können (vgl. Schorb 1998, S. 12ff.). Das Grundproblem medienpädagogischen Agierens liegt im „pädagogischen Widerwillen gegen den Seh-Sinn" (Baacke 1995, S. 80). Dazu vorab drei Positionen:

„Wie die Motten ins Licht, so flattern die Kinder den Lichtspieltheatern zu. Je greller die Beleuchtung des Eingangs, je grausiger die dort ausgehängten Plakate, desto größer die kindliche Besucherschar. Wer die Seele des Kindes kennt, wird sich nicht darüber wundern – wohl aber darüber, dass man es längere Zeit hindurch ruhig mit angesehen hat, welche Wirkung hier vielfach auf die Seelen von Tausenden und Abertausenden von Kindern ausgeübt wurde" (Schultze 1911, S. 114).

„Nur die Eltern bestimmen, welche Sendung für ihre Kinder geeignet ist. Denn: Wie jede vernünftige Mutter ihrem Kind nicht den ganzen Tag über Bonbons und Schokolade zu naschen gibt, so soll sie auch dafür sorgen, dass ihr Kind sich nicht hemmungslos seiner Fernsehsucht hingibt... Überhaupt gehört ein Kind nicht vor den Fernsehapparat, sondern in den Sandkasten" (Sieben Fernsehregeln für alle Eltern. In: Film und Frau, Heft 11, 1964).

„Seit dem Schuljahresbeginn schleppen zunehmend mehr Kinder diesen Psychoschrott (gemeint sind Tamagotchis K.F.) mit sich herum. In vollem Einvernehmen mit dem gesamten Kollegium habe ich verboten, dass diese ‚Wesen' oder ähnliche sinnleere Konzentrations-Killer in die Schule mitgebracht werden. Stattdessen stehen wir gerne zur Beratung über sinnvolle Freizeitgestaltung zur Verfügung" (Rektor einer Grundschule, In: Stern, Heft 43, 1997).

Was haben die drei Autoren gemeinsam? Sie verfügen über den pädagogischen Blick. Dieser ist nach Baacke ein Blick, der den Adressaten verfehlt, auf den er sich richtet. So ist der pädagogische Blick auf das Kino, auf das Fernsehen oder auf das Tamagotschi einseitig und von großer Bedenklichkeit geprägt. Die Zitate belegen die immer währende Angst der Pädagogik nicht nur gegenüber der Macht der Bilder, sondern vor allem gegenüber den durch sie verbreiteten Inhalten. Erzieher outeten das Kino genauso wie die so genannte Schundliteratur als die Medien, die bei Kindern und Jugendlichen sittlich negatives Denken und Handeln auslösen könnten. Bis heute hat sich diese Vorstellung erhalten: Es gilt die Heranwachsenden zu schützen vor allen Inhalten, die die Verletzung von Tabus und Normen in den Bereichen menschlicher Konflikte und Sexualität beschreiben oder gar visualisieren. Hier liegen die Ursachen für ein noch immer weit verbreitetes Verständnis von einer rein *normativ ausgerichteten Medienpädagogik*. Dem gesellschaftlichen Bedürfnis nach geregelten Schutzmechanismen entsprachen in diesem Zusammenhang nach 1945 verschiedene Maßnahmen zum Jugendmedienschutz, wie z.B. Freiwillige Selbstkontrolle: FSK (1949), das Gesetz über Verbreitung jugendgefährdende Schriften: GjS (1953) oder die

Bundesprüfstelle für jugendgefährdende Schriften: BPjS (1954). Flankiert wurden diese gesetzlichen Regelungen durch den propädeutischen Jugendschutz, dessen wichtigstes Element die Filmerziehung war, welche Filmarbeit nur mit den Ziel der Desillusionierung und der Schärfung des moralischen Urteils zuließ. Der Glaube, dass der Schutz vor „schlechten Filmen", wie er in der Kinoreformbewegung begründet ist, ersetzt werden kann durch eine pädagogische Erziehung der Rezipienten, konnte aber nicht entscheidend auf das Rezeptionsverhalten der Jugendlichen einwirken.

Ende der 60er-Jahre werden zunehmend die politischen und ökonomischen Funktionen der Medien erkannt und benutzt. Mit professioneller Film- und Videoausstattung in Schulen und Hochschulen sowie der Einführung von Computern hielten die Medien in großem Umfang Einzug in den Bildungsbereich, was gleichzeitig den Beginn ihres Einzuges in alle Bereiche des privaten Lebens bedeutete. Es bestand die Auffassung, dass durch den Einsatz von Technik wirtschaftliche und bildungspolitische Ziele rasch verwirklicht werden können. Durch eine damit einhergehende *funktionale Medienpädagogik*, die stark an der Bildungstechnologie orientiert war, erhoffte man sich, die Krise im Bildungswesen zu überwinden. Dabei waren Reiz-Reaktions-Theorien Grundlage für die Konzepte. Wichtige Stichworte waren Rationalisierung, Steuerung und Standardisierung sowie Kontrolle. Sprachlabore mit Sichtschutz und für den Schüler nicht erkennbare Zuschaltung des Lehrers zu einer Übung sind eine der praktischen Umsetzungen dieser Zeit. Die Überzeugung, Unterrichtsziele allein durch technische Vermittlungssysteme zu erreichen, musste bald der Realität weichen.

Die Neuformulierung der Frage nach dem Zweck medienpädagogischer Arbeit zeigt gleichzeitig den Beginn der handlungsorientierten Phase. Nicht „Was machen die Medien mit den Bürgern?", sondern „Was machen die Bürger mit den Medien?" steht im Mittelpunkt der theoretischen Diskussion und praktischen Angebote. Die *handlungsorientierte Medienpädagogik* versteht den Menschen als gesellschaftliches Subjekt, das grundsätzlich die Fähigkeit besitzt, eingebettet in den gesellschaftlichen Kontext diesen kritisch-reflexiv zu gestalten und zu verändern. Medien sind dabei Bestandteil dieses Kontextes und für Kinder und Jugendliche eine wichtige Sozialisationsinstanz, die in vielfältigen Formen immer stärker die verschiedenen Lebensbereiche durchdringt. Kinder und Jugendliche rezipieren die medialen Botschaften und verarbeiten sie in Abhängigkeit von ihren individuellen Biographien und der sozialen Umgebung, in der sie leben. Sie sind jedoch nicht nur Rezipienten von Medienbotschaften, sondern potentiell auch in der Lage, die Medien zu gestalten und selbstbestimmt zur Verwirklichung ihrer Interessen zu nutzen. Die Medien sind somit einerseits Mittler gesellschaftlicher Botschaften, die von Kindern und Jugendlichen aufgenommen und verarbeitet werden und anderseits Mittel zur Artikulation von Vorstellungen, Meinungen und Forderungen an die Gesellschaft (vgl. Schorb 1995, S. 52). Die handlungsorientierte Medienpädagogik sieht in der Medienarbeit eine wichtige Chance zur Arbeit mit jungen Menschen. Da die

Medien nicht nur passives Rezeptionsmittel sind, können Jugendliche durch deren aktive Nutzung ihre spezifischen Fähigkeiten und Kompetenzen ausloten und entwickeln, wodurch gleichzeitig ihr Selbstbewusstsein und ihr kritisches Urteilsvermögen gefördert wird. Medien können dazu beitragen, segmentierte Lebensräume aufzubrechen oder zu erweitern sowie die eigene Selbstwahrnehmung und Kommunikationsfähigkeit der Kinder und Jugendlichen zu stimulieren.

6. Beispiele für praktische Medienarbeit mit Kindern und Jugendlichen

Durch die Alltagsnähe von Medien und der Notwendigkeit Kinder und Jugendliche, bei dem Erwerb von Medienkompetenz zu unterstützen, sollte praktische Medienarbeit ein fester Bestandteil der Kinder- und Jugendhilfe sein. Folgende Formen können dabei praktiziert werden:

Reproduktionsorientierte Medienarbeit bezieht sich auf die Medienerfahrungen der Kinder und Jugendlichen. Diese gilt es aufzunehmen und durch Gespräche, Collagen oder Spiele zu verarbeiten (vgl. Maier/Mikat/Zeitter 1997).

Rezeptionsorientierte Medienarbeit beschreibt den kritischen und lustvollen Umgang mit Medien – Hörfunk, Büchern, Film etc.. Kinder und Jugendliche sollten dabei die Möglichkeit erhalten, Inhalte in ihrer je nach dem Medium spezifischen Bearbeitung zu beurteilen und Alternativen zu den kommerziellen Angeboten kennen zu lernen. Ein Projekt, welches diesen Ansatz beispielhaft praktiziert, ist das Schulkino, welches seit 1999 in Dresden arbeitet
(*www.schulkino.de*, zur Konzeption des Projektes vgl. Beer 2000).

Produktionsorientierte Medienarbeit: Indem Strukturen, Symbolisierungen und Technik durchschaubar gemacht werden, erhalten Kinder und Jugendliche das Handwerkszeug zur Herstellung eigener Medienprodukte entsprechend ihrer Ideen und Anliegen. Exemplarisch wird dieser Ansatz seit 1993 z.B. im Rahmen eines Kindermedienferienlagers in Sachsen realisiert (www.filmcamps.de).

Geschlechtsbezogene Medienarbeit geht von der noch immer überwiegend einseitigen Darstellung von Frauen und Männer in Medien aus. Hier kann die Konsequenz für die Medienpädagogik nur heißen, dass sie die Kategorie Geschlecht grundsätzlich kritisch hinterfragt, um nicht selbst zu einer Reproduktion der genannten Stereotype beizutragen. Ihre Aufgabe muss es sein, den Kindern und Jugendlichen eine kritische Distanz gegenüber Fernsehinhalten zu ermöglichen und sie gegenüber den diskriminierenden Darstellungen einer polarisierenden Geschlechterordnung zu sensibilisieren (vgl. Karn 1996, Mühlen Achs/Schorb 1995).

Literatur zur Vertiefung

Böhnisch, Lothar (1999): Sozialpädagogik der Lebensalter – Eine Einführung. Weinheim und München
Hüther, Jürgen/Schorb, Bernd/Brehm-Klotz, Christiane (1997): Grundbegriffe Medienpädagogik. München
Mühlen Achs, Gitta/Schorb, Bernd (Hrsg.) (1995): Geschlecht und Medien. München

Literatur

Aufenanger, Stefan (1994): Geschlechtsspezifische Medienrezeption und Gewalt. In: medien praktisch 18, 1 (1994), S. 22-24
Aufenanger, Stefan (1999): Generationenverhältnisse im Medienzeitalter. In: medien + erziehung, 43. Jg., Heft 6, S. 339-340
Baacke, Dieter (1995): Zum pädagogischen Widerwillen gegen den Seh-Sinn. In: GMK Rundbrief, Heft 37, S. 80-94
Baacke, Dieter (1999): Was ist Medienkompetenz? In: Schell, Fred/Stolzenburg, Elke/Theunert, Helga (Hrsg.) (1999): Medienkompetenz – Grundlagen und pädagogisches Handeln. München, S. 19-20
Bachmaier, Ben (1993): TV-Kids. Ravensburg
Beer, Niels (2000): Rezeptive Filmarbeit in der Schule. Dresden (Diplomarbeit)
Böhnisch, Lothar (1992): Sozialpädagogik des Kinder- und Jugendalters. Weinheim und München
Böhnisch, Lothar (1996): Pädagogische Soziologie. Weinheim und München
Böhnisch, Lothar (1999): Sozialpädagogik der Lebensalter – Eine Einführung. Weinheim und München
Charlton, Michael/Neumann-Braun, Klaus (1992): Medienkindheit – Medienjugend. Eine Einführung in die aktuelle kommunikationswissenschaftliche Forschung. München
Feierabend, Sabine/Klingler Walter (2000): Jugend, Information (Mult-)Media 2000. In: Media Perspektiven 11/2000, S. 517-527
Hüther, Jürgen/Schorb, Bernd/Brehm-Klotz, Christiane (1997): Grundbegriffe Medienpädagogik. München
Karn, Steffi (1996): Geschlecht & Medien. Die audiovisuellen Medien als Konstrukteur eines heterosexuellen Geschlechterverhältnisses. Dresden (Diplomarbeit)
Kroll, Jutta/Rösner, Claudia (1995): Was Frauen und Männer vor dem Bildschirm erleben: Rezeption von Sexismus und Gewalt im Fernsehen. Düsseldorf
Küchenhoff, E. (1975): Die Darstellung von Frauen und die Behandlung von Frauenfragen im Fernsehen. Stuttgart
Maier, Rebecca/Mikat, Claudia/Zeitter, Ernst (1997): Medienerziehung in Kindergarten und Grundschule – 490 Anregungen für die praktische Arbeit. München
Mühlen Achs, Gitta (1990): Von Männern und Mäuschen. In: dies. (Hrsg.): Bildersturm. Frauen in den Medien. München. S. 88-106
Mühlen Achs, Gitta (1993): Wie Hund und Katz. Körpersprache der Geschlechter. München
Mühlen Achs, Gitta/Schorb, Bernd (Hrsg.) (1995): Geschlecht und Medien. München
Schmerl, Christiane (1984): Das Frauen- und Mädchenbild in den Medien. Opladen
Schmerl, Christiane (Hrsg.) (1992): Frauenzoo der Werbung. Aufklärung über Fabeltiere. München

Schorb, Bernd (1995a): Medienalltag und Handeln. Medienpädagogik im Spiegel von Geschichte, Forschung und Praxis. Opladen

Schorb, Bernd (1995b): Medien machen Männer. Lebensvorstellungen von Jungen, ihre alltäglichen und medialen Vorbilder. In: Mühlen-Achs, Gitta/Schorb, Bernd (Hrsg.): Medien und Geschlecht: München. S. 101-118

Schorb, Bernd (1998): Stichwort: Medienpädagogik. In: Zeitschrift für Erziehungswissenschaft, 1. Jg., Heft 1, S. 7-22

Spiegel, H. von (1988): Teenies – Die Lebenswelt der 9-14jährigen. Unna

Theunert, Helga (Hrsg. 1993): „Einsame Wölfe" und „schöne Bräute" – Was Mädchen und Jungen in Cartoons finden. Schriftenreihe des BLM, Bd. 6, München

Schultze, E. (1911): Der Kinematograph als Bildungsmittel. Halle

Schwendtke, A. (Hrsg.) (1991): Wörterbuch der Sozialarbeit und Sozialpädagogik. Heidelberg, Wiesbaden

Tapscott, Don (1998): Net Kids. Die digitale Generation erobert Wirtschaft und Gesellschaft. Wiesbaden

Weiderer, Monika (1993): Das Frauen- und Männerbild im Deutschen Fernsehen. Eine inhaltsanalytische Untersuchung der Programme von ARD, ZDF und RTL plus. Regensburg

Christian Reutlinger

Stadt

Zusammenfassung: Das Aufwachsen im Lebensort Stadt ist vermehrt durch die immer globaler werdenden Lebenszusammenhänge geprägt. Die bisherigen Ansätze der sozialräumlichen Kinder- und Jugendraumforschung arbeiten mit Gesellschafts- und Handlungsmodellen, die in vergangenen urbanen Realitäten entstanden und deshalb für die räumlichen und sozialen Probleme von Kindern und Jugendlichen in der globalen Stadt blind geworden sind. Nach einem allgemeinen Überblick über die verschiedenen Ansätze, die sich mit dem Lebensort Stadt befassen und der kritischen Darstellung der heute vorherrschenden Theorien wird im vorliegenden Artikel aufgezeigt, dass für eine zeitgemäße Kinder- und Jugendhilfeforschung in der Stadt neue Perspektiven nötig sind. Mit dem sozialgeographischen Ansatz der „unsichtbaren Bewältigungskarten" wird gezeigt, wie Heranwachsende in der Stadt die mit der radikalen Veränderungen zusammenhängenden Probleme und Herausforderungen bewältigen.

1. Einleitung

Das Bild der Städte verändert sich laufend, und durch die verstärkten Tendenzen der globalen wirtschaftlichen Verflechtungen unterliegt auch die Stadt dem Einfluss dieser Entwicklung. Städte sind Arbeits- und/oder Wohnort für die meisten Menschen dieser Erde. Damit erlangt auch für Kinder und Jugendliche die Stadt als Lebensort, als Ort des Aufwachsens eine wichtige Bedeutung. Im vorliegenden Aufsatz geht es um die Darstellung des Lebensortes Stadt und um die laufenden Veränderungen der vermeintlichen Chancen und Handicaps für Kinder und Jugendliche durch die Entwicklung der Stadt. Die Schwierigkeiten in der Darstellung dieses Lebensortes liegen nach *Elisabeth Pfeil* nicht nur „in der Komplexität des Gegenstandes, sondern auch darin, dass die Großstädte sich in rascher Verwandlung befinden. So gelten Befunde an der Großstadt von gestern nicht ohne weiteres für die Großstadt von heute und die von morgen: das Objekt wandelt sich fort, während es unter die Lupe genommen wird. Es gibt daher wenige Aussagen, so gesichert sie zunächst sein mögen, von dauernder Geltung" (Pfeil 1972 [1947], S. 1). Um die räumlichen und sozialen Probleme von Kindern und Jugendlichen zu verstehen, gilt es bei der Darstellung der verschiedenen Betrachtungsperspektiven des Lebensortes Stadt, die jeweilig dahinterliegende Idee von Stadt zu berücksichtigen.

Es wird in diesem Beitrag zunächst ein allgemeiner Überblick über die Breite an Themen und Forschungslinien zum Thema Kinder und Jugendliche in der Großstadt – Stadt als Lebensort von Kindern und Jugendlichen gegeben. Die dann folgende Skizzierung eines sozialpädagogischen und eines sozialgeographischen Ansatzes aus dem Bereich der sozialräumlichen Jugendraumforschung dient erstens dazu, laufende Veränderungen des Lebensortes Stadt darzustellen; zweitens soll damit aufgezeigt werden, dass für die Erklärung von heutigen räumlichen und sozialen Problemen von Kindern und Jugendlichen in der Stadt neue Ansätze nötig sind. Ein solcher wird mit den ‚unsichtbaren Bewältigungskarten' vorgestellt.

2. Historische Entwicklung der sozialräumlichen Forschung

Der Lebensort Stadt befindet sich im Schnittpunkt mehrerer wissenschaftlicher Disziplinen. Arbeiten aus den Bereichen Pädagogik, Psychologie, Soziologie, Sozialgeographie und Städteplanung beschäftigen sich mit den räumlichen und sozialen Bedingungen des Aufwachsens von Kindern und Jugendlichen in der Stadt. Dementsprechend unterscheiden sich die verschiedenen Perspektiven, und je nach Standpunkt werden zum Beispiel die „private" resp. „öffentliche Nahwelt" (Bahrdt 1961), die „Straße" (Specht 1991b; Steffan 1988) resp. die „Straßensozialisation" (Zinnecker 1979; Behnken/ Zinnecker 1989), der „Sozialraum" (Becker u.a. 1984b), die „Kinderöffentlichkeit" (Harms u.a. 1988), der „Spielraum" (Jacob 1987; Daum 1990), der „Aktionsraum" (Blinkert 1993), die kindliche, resp. jugendliche „Lebenswelt" (Kilb 1993) resp. das „Wohnumfeld" (Monzel 1995) untersucht. Wenn auch der Fokus jeweils je nach wissenschaftlicher, zeitlicher und theoretischer Perspektive ein anderer ist, so stellt die von Martha Muchow (Muchow/Muchow 1998 [1935]) in den 30er-Jahren in Hamburg durchgeführte Studie über den ‚Lebensraum des Großstadtkindes' den Ausgangspunkt vieler solcher Schriften dar. Die neuartige Perspektive in Muchows Untersuchung bestand darin, „den Menschen und die Umwelt als eine unauflösliche dialektische Einheit zu fassen, als zwei Seiten ein und derselben Welt" (Deinet 1990, S. 58). Das Leben realisiert sich über die Spannung von Person und Umwelt. Deshalb sind Kinder und Jugendliche ständig darum bemüht, ihren Handlungsraum zu erweitern. „Gerade die Veränderung vorhandener Arrangements erschließt für Kinder besondere Aneignungsmöglichkeiten" (Muchow 1998, S. 123). Muchow macht auf die Wichtigkeit der Nutzung der an sich für Kinder verbotenen oder zumindest nicht für Kinder angelegten Flächen und Orte aufmerksam und streicht heraus, „dass der Aufbau der Lebensräume von ‚erwachsenen' Gesichtspunkten wie Verkehrsbedeutung, Arbeitsgelegenheit, Wohnbedürfnis usw. weitgehend unabhängig ist und vielmehr abhängt von Spielplatznähe, Bebauungsart, Geeignetheit als Spielgelände, Naturgrenzen und Zugehörigkeit zur Heimat im engsten Sinne" (Muchow/Muchow 1998, S. 88).

Die Mehrzahl der aktuellen modernen Texte über die Lebensorte von Kindern und Jugendlichen in der Stadt beziehen sich auf Ergebnisse, theoretische Überlegungen oder auf Forschungsmethoden (wie zum Beispiel die so genannte „Lebensraumanalyse"; vgl. Muchow/Muchow 1998) dieser Studie, die 1978 von Jürgen Zinnecker für die Wissenschaft wieder zugänglich gemacht wurde (vgl. Zinnecker 1978). Damit lässt sich der Ausgangspunkt der so genannten *sozialräumlichen resp. sozialökologischen Jugendforschung* im deutschen Sprachraum in den 30er-Jahren verorten. Nach den Jahren der Stille in diesem Forschungsbereich, bedingt durch den Zweiten Weltkrieg, wurde sie nach Kriegsende nach und nach wieder aufgenommen. In den 60er-Jahren knüpfte zum Beispiel Elisabeth Pfeil mit ihrer Untersuchung über das „Großstadtkind" (Pfeil 1965) im Rahmen der „Großstadtforschung" (vgl. Pfeil 1972) an diese Forschungstradition an. Pfeil beschrieb die allmähliche Ausdehnung des Lebensraumes von Kindern in konzentrischen Kreisen, in welchen sich das Kind mit zunehmendem Alter zuerst in der Wohnung, dann über das ganze Haus und schließlich die nähere und weitere Umgebung des Hauses aneignet. Urie Bronfenbrenner bezeichnete die Umwelt, in welcher Kinder und Jugendliche aufwachsen, als eine „ineinander geschachtelte Anordnung konzentrischer Ebenen", die sich als Mikro-, Meso-, Exo- und Makroebene unterscheiden lassen (Bronfenbrenner 1976, S. 32ff.). Aus der Idee des sich langsam ausbreitenden Aktionsraumes wurde mit dieser Fundamentierung ein Zonenmodell mit vier aufeinander folgenden Zonen erarbeitet (Thomas 1979; Baacke 1984).

Hartmut und Helga Zeiher zeichnen in der Analyse der „Orte und Zeiten von Kindern" im Alltag von „Großstadtkindern" die Veränderungen von räumlichen und zeitlichen Kindheitsbedingungen in der zweiten Hälfte des 20. Jahrhunderts nach (vgl. Zeiher 1983; Zeiher/Zeiher 1994). Die dargestellte Entwicklung der so genannten „Nachkriegskinder" geht von den „Trümmerkindern" aus und führt über die „Wiederaufbaukinder" und die „Boomkinder" (vgl. Schütze/Geulen 1983) zu den „Konsumkindern" (Preuss-Lausitz u.a. 1990). Seit den 80er-Jahren erschienen im Zusammenhang mit der Wiederaufnahme sozialräumlicher bzw. sozialökologischer Forschung zahlreiche theoretische Aufsätze – vor allem aus den Bereichen der Pädagogik und Soziologie –, welche sich mit der Problematik der Kinder und Jugendlichen in der Stadt befassen: Großstadtsozialisation, Lebensweltanalysen, Sozialraumkonstruktion, Raumaneignung und so weiter (vgl. Becker u.a. 1983a, 1983b; Harms u.a. 1988; Lippitz/Rittelmeyer 1989). Daneben wurden diese Ansätze in kleineren und größeren empirischen Arbeiten über einzelne Städte und Stadtgebiete umgesetzt, wie zum Beispiel die drei allgemeinen Studien über Kinderwelten in der Stadt aus dem Marie-Meierhofer-Institut in Zürich (1993; 1994; 1996), die monographischen Studien über die Veränderungen des Lebensraumes von Kindern und die Folgen durch den Einzug des Autos in die Stadt (Berg-Laase u.a. 1985; Hüttenmoser u.a. 1995), oder über die Probleme von Mädchen im öffentlichen Raum (Neubauer u.a. 1987; Nissen 1990; Specht 1991; Flade 1993; Lotte 1995).

Eine Sonderstellung innerhalb der großen Auswahl an Literatur über die Lebensorte und den damit zusammenhängenden sozialen und räumlichen Problemen von Kindern und Jugendlichen in der Stadt nimmt das Buch „Sozialpädagogik des Jugendraums" von Lothar Böhnisch und Richard Münchmeier (1990) ein. Es handelt sich um den umfassenden Versuch, eine sozialräumliche Jugendpädagogik theoretisch herzuleiten, programmatisch zu begründen und Praxisanregungen bereitzustellen.

Nach diesem kurzen allgemeinen Überblick über die Bandbreite von Themen und Forschungslinien über Kinder und Jugendliche im Lebensort Stadt soll nun das Augenmerk auf die aktuelle sozialräumliche Diskussion gerichtet werden, indem die räumlichen und sozialen Probleme von Heranwachsenden aus sozialpädagogischer resp. sozialgeographischer Perspektive dargestellt werden.

3. Die industriekapitalistische entfremdete Stadt und der sozialpädagogische Ansatz der „Aneignung"

Die Entwicklung der Stadt in den 60er und frühen 70er-Jahren, welche als industriekapitalistische Stadt bezeichnet werden kann, war durch eine zunehmende Spezialisierung und Funktionstrennung von Außenräumen gekennzeichnet. Damit wurden die Straßen mehr und mehr „vom dichter und schneller werdenden Autoverkehr geprägt", „Tante-Emma-Läden von Supermärkten" ersetzt und die „Innenstädte von Handel und Dienstleistungsgewerbe" besetzt. Es entstanden „neue Wohnsiedlungen: große und kleine Mehrfamilienhäusergruppen, Agglomerationen von Eigenheimen, Hochhaussiedlungen am Stadtrand und Trabantenstädte" (Zeiher/Zeiher 1994, S. 19ff.). Nach der hinter dieser Veränderungen stehenden Logik der Rationalisierung im Rahmen des Industriekapitalismus werden nach und nach sämtliche Bereiche des menschlichen Lebens von den Regeln des Kapitals durchdrungen.

Die Lebensorte von Kindern und Jugendlichen in dieser so genannten ‚sozialdemokratischen Mittelschichtsstadt' waren von „Anregungsarmut", räumlicher „Monofunktionalität" und „Beschränkungen" gekennzeichnet und die Heranwachsenden wurden „in abgegrenzte Privaträume verdrängt" (Zeiher 1994, S. 355ff.). Die räumliche Welt wurde als durchkapitalisiert, gleichförmig und unangreifbar beschrieben; für Kinder und Jugendliche gab es nichts zu verändern oder anzugreifen, da alles schon vorgefertigt war.

Die in den 70er-Jahren entwickelte und in der sozialräumlichen Jugendraumdiskussion noch heute aktuelle Entfremdungsthese (Deinet 1999) baut auf dem gesellschaftlichen Hintergrund der industriekapitalistischen oder ‚ersten' Moderne auf. Dem in der sozialräumlichen Diskussion gebräuchlichen Handlungsbegriff der *Aneignung* folgend (vgl. Deinet 1990, 1991, 1992; Rolff/Zimmermann 1990), brauchen Kinder und Jugendliche für ein gelingendes Aufwachsen die Auseinandersetzung mit dem (physisch-materiellen und sozialen) „Raum", der sie umgibt. Das Aneignungskonzept geht auf die so genannte kulturhistorische Schule der sowjetischen Psychologie zurück und wird mit dem Namen Alexejew Nikolajew Leontjew (Leontjew 1967; Holzkamp 1973) in Verbindung gebracht. Damit reiht sich dieses Konzept, das für das Verständnis der konkreten Handlungen von Kindern und Jugendlichen konzipiert wurde (vgl. Deinet 1990), in eine marxistische Gesellschaftstheorie ein. Im Zusammenhang mit der Durchkapitalisierung entfremden sich nicht nur die vom Menschen durch Arbeit geschaffenen Gegenstände, sondern auch die räumlichen und sozialen Welten, die Lebensorte der Kinder und Jugendlichen. Aneignungshandlungen sind in einer entfremdeten Stadt blockiert. Kinder und Jugendliche müssen jedoch handlungsfähig bleiben und sich ihre Umwelt aneignen, auch wenn diese entfremdet ist. Aus diesem Grund eignen sich Kinder und Jugendliche die physisch-materiellen Gegebenheiten mit eigenen, kindspezifischen oder jugendkulturellen Formen und außerhalb der Normorientierung an. Gleichzeitig verstoßen sie mit diesen Formen der Aneignung, wie zum Beispiel der symbolischen Raumaneignungen durch ‚Graffities' (vgl. Specht 1991a) resp. der Raumveränderungen durch das Einrichten eines Jugendtreffpunktes (vgl. Glöckler 1988; Arnold/Stüwe 1992; Thile/Taylor 1995), gegen die gesellschaftlichen Normen und Regeln, verhalten sich damit ‚abweichend' und werden ‚sozial auffällig'. Die Formen der jugendspezifischen Aneignung können als Gesellschaftskritik (oder als Kapitalismuskritik) gesehen werden und es besteht die Angst, dass die Jugendlichen einen subkulturellen Gegenentwurf zur industriekapitalistischen Arbeitsgesellschaft darstellen könnten und nicht (mehr) in die gesellschaftlichen Strukturen integrierbar sind.

Die sozialpädagogische Jugendraumforschung hat viel dazu beigetragen, auf diese Gefahr hinzuweisen. Daraus entsteht die Forderung, dass aneignungsfähige physisch-materielle Gegebenheiten und räumliche Bedingungen oder kurz ‚Räume' geschaffen werden, damit sich Kinder und Jugendliche selbst einbringen, die Welt aneignen können und dadurch in die Gesellschaft und die gesellschaftlichen Strukturen hineinkommen. Das Kinder- und Jugendproblem in Städten wird aus dieser Perspektive als Raumproblem gesehen; die sozialpädagogische Reaktion darauf war, Räume zu schaffen. Durch die aufklärerische Arbeit und massiven Forderungen entstanden in vielen Stadtteilen „Spielplätze, Sportanlagen, Kindergärten und Freizeithäuser", aber auch „Abenteuerspielplätze" (Zeiher/Zeiher 1994, S. 21), „Jugendhäuser" (Becker u.a. 1984a; 1984c) oder ‚Halfpipes' für Skater usw. In der sozialdemokratischen Mittelschichtsstadt interessierte man sich für die Probleme der Kinder und Jugendlichen – deshalb hatte ihr ‚abweichendes Verhalten' ein integratives Moment.

4. Die spätmoderne verregelte Stadt, die Verinselungsthese und der sozialgeographische Ansatz der ‚Alltäglichen Regionalisierungen'

Ausgangspunkt ist die Idee, die gesellschaftlichen Bedingungen der 90er-Jahre nicht als Postmoderne oder Risikogesellschaft (Beck 1986), sondern als Spätmoderne (vgl. Giddens 1988, 1995) bzw. als „reflexive Moderne" (Beck/Giddens/Lash 1996) oder „2. Moderne" zu bezeichnen. Mit spätmodernen Städten sind dann zeitgenössische westliche Städte gemeint, in welchen sich die Konsequenzen der industriekapitalistischen Moderne radikalisiert und universalisiert haben. Unter spätmodernen Bedingungen wird das Aufwachsen im Lebensort Stadt durch eine räumliche und zeitliche Entbettung (Giddens 1995) oder in ihrer radikalisierten Form durch eine Entankerung (Werlen 1995a) charakterisiert. Die Sozialisation in der Kindheit und im Jugendalter vollzieht sich nicht mehr entlang einer allgemein vorgegebenen, institutionell abgesicherten und gewährleisteten Normalbiographie, sondern auf individualistische Art und Weise. Mit der in diesem Zusammenhang entstandenen „Individualisierungsthese" wird von einer dreifachen Individualisierung gesprochen: von der „Herauslösung" aus traditionellen sinnstiftenden Orientierungsmustern, dem „Verlust von traditioneller Sicherheit" und einer entstehenden „neuen Art der sozialen Einbindung" (Beck 1986, S. 206). Durch die Herauslösung aus den traditionellen Mustern der Sozialisation sind Kinder und Jugendliche mit einer Pluralität von Optionen konfrontiert, mit zahlreichen „Bausätze(n) biographischer Kombinationsmöglichkeiten" (Beck 1986, S. 217). Diese bergen Risiken in sich, und Heranwachsende müssen in einer spätmodernen Stadt gleichzeitig Entwicklungsaufgaben und soziale Probleme lösen (vgl. Böhnisch 1993, S. 74ff.). Die Biographie wandelt sich von der Normalbiographie zur „Wahlbiographie" (Beck 1986, S. 217), resp. „Bastelbiographie" (Beck 1993, S. 152). Das einzelne Individuum wird zu Entscheidungen gedrängt, durch die jeder als Einzelner notwendigerweise ins Zentrum der eigenen Entscheidungen rückt, denn „in der individualisierten Gesellschaft muss sich der Einzelne als Handlungszentrum, als Planungsbüro in Bezug auf seinen eigenen Lebenslauf, seine Fähigkeiten, Orientierungen, Partnerschaften usw. begreifen" (Beck 1986, S. 217).

In der Spätmoderne ist die Kapitalisierung der Städte weiter fortgeschritten und radikalisiert. Deshalb werden sämtliche Bereiche der räumlichen (und sozialen) Welt über (versteckte) Besitz- und Machtverhältnisse, Verregelungen bzw. Einbeziehungs- und Ausschlussprinzipien geordnet. Die spätmoderne Stadt wird von Kindern und Jugendlichen als verregelt, brüchig und widersprüchlich wahrgenommen und erlebt. Die Brüche und Widersprüche eröffnen sich auf Grund verschiedener Rationalitäten, welche gleichzeitig in einer Gesellschaft nebeneinander existieren. Während die einen Lebenszusammenhänge nach zweck-rationaler Logik funktionieren, sind andere noch in traditioneller, prämoderner Logik verhaftet (Giddens

1997). Die unterschiedliche Logik in den Rationalitäten führt dazu, dass die räumliche Welt, in der Kinder und Jugendliche aufwachsen, brüchig und widersprüchlich wird. Nach der in der sozialräumlichen Diskussion über die Lebensorte von Kindern und Jugendlichen in der spätmodernen Stadt von Hartmut und Helga Zeiher aufgestellten Verinselungsthese geschieht die Raumaneignung in der Spätmoderne anders, als es Elisabeth Pfeil (Pfeil 1965) für den einheitlichen Lebensraum beschrieben hat. „Kinder weiten nicht einen zusammenhängenden Lebensraum allmählich aus (...). Vielmehr leben (...) Kinder in einem verinselten Lebensraum. Eltern transportieren sie zu den Inseln: zu Wohnungen von Freunden, Verwandten, zum Spielplatz, zum Kindergarten, zum Ort des Sporttrainings, zu Einkaufsorten in der Innenstadt, zum Wochenend- und Urlaubsort" (Zeiher/Zeiher 1994, S. 27). „Der verinselte individuelle Lebensraum besteht aus einzelnen separaten Stücken, die wie Inseln in einem größer gewordenen Gesamtraum verstreut sind, der als ganzer bedeutungslos und weitgehend unbekannt bleibt" (Zeiher 1994, S. 362ff.). Der verinselte Lebensraum verlangt – den Ideen der individualisierten Bastelbiographie folgend, der so genannten „Politik der Lebensführung" (Giddens 1992), – eine „größere Mitwirkung der Betroffenen bei der Konstitution" ihres Lebensraumes ab. Dieser individuelle Lebensraum muss durch „viele aufeinander folgende Entscheidungen" und „in einem Zustand selbst steuerbarer Verfügung (...) aktiv hergestellt werden" (Zeiher 1994, S. 363).

Die aus dem sozialpädagogischen Bereich stammenden Ansätze können zur Erklärung der sozialräumlichen Probleme von Kindern und Jugendlichen in einer spätmodernen Stadt wenig beitragen, da sie in der Regel an der Entfremdungsthese und somit an der industriekapitalistischen Moderne festhalten. Jedoch haben Ansätze aus der Disziplin der Sozialgeographie, der so genannten „handlungszentrierten Sozialgeographie" (Meusburger 1999) unter dem Begriff der ‚Sozialgeographie der Kinder' (Zierhofer 1989; Werlen 1995b, 2000; Monzel 1995) zum Verständnis von sozialräumlichen Problemen in Kindheit und Jugendalter in diesem verinselten Lebensraum beigetragen. Nach der handlungszentrierten Theorie der ‚Sozialgeographie alltäglicher Regionalisierungen' (*Werlen* 1988, 1995a, 1997, 2000) ist die räumliche Welt, sind die „materiellen und immateriellen Artefakte", das heißt vom Menschen geschaffene Gegenstände und „Raumausschnitte", als vergegenständlichte, beabsichtigte bzw. unbeabsichtigte Handlungsfolge von vergangenem Handeln zu verstehen. Diese dient (oder eben nicht) als Handlungsbedingungen für gegenwärtiges Handeln. Das Verhältnis von Handlungsbedingung und Handlung ist im Prozess der Strukturierung (Giddens 1988) dualistisch: Soziale, physisch-materielle und subjektive Handlungsbedingungen ermöglichen Handlungen, schränken sie jedoch gleichzeitig ein. Bei den sozialräumlichen Kinder- und Jugendproblemen handelt es sich aus dieser Perspektive nicht um Raumprobleme, wie dies in der entfremdeten Stadt gesehen wurde, sondern mit der Verregelungsthese um Macht- oder Ordnungsprobleme. Das Aneignungsproblem ist aus dieser

Perspektive nicht ein ‚Raumproblem', sondern ein „Problem räumlicher Handlungsbedingungen" für aktuelles Handeln (Werlen 1997). Nach Benno Werlen soll nicht ‚Raum', sondern sollen „vielmehr jene Handlungen der Subjekte, über welche deren ‚Geographien' hergestellt und reproduziert werden", zum Gegenstand sozialgeographischer Forschung gemacht werden. Dahinter steht die Annahme, dass „'Geographie' nicht nur etwas ist, das allein wissenschaftlich betrieben wird. ‚Geographie' machen alle handelnden Subjekte auch auf alltäglicher Ebene" (Werlen 1997, S. 6). „So wie jeder Mensch tägliche Geschichte macht – mehr oder weniger – macht jeder Mensch natürlich auch Geographie. Beides allerdings unter nicht selbst gewählten Umständen" (Werlen 1997, S. 305). Kinder und Jugendliche können trotz der Verregelungen handeln und sich die Umwelt aneignen, sie *machen* ihre altersspezifischen *Geographien*. Können Kinder und Jugendliche nicht der Norm entsprechend handeln oder machen so genannte ‚abweichende Geographien', so ist die räumliche Welt von stärkeren Handlungen, materialisierten Handlungsfolgen von (einigen) Erwachsenen, wie Planer, Bodenspekulanten etc. überlagert.

Bei der sozialgeographischen Forschung sollen Machtverhältnisse, bestehend aus Regeln und allokativen bzw. autoritativen Ressourcen (Giddens 1995), aufgedeckt werden. Aus dieser Sicht müssen, als sozialräumliche resp. sozialgeographische Maßnahmen, Situationen geschaffen werden, in welchen die Individuen die Sinnstiftung ihrer Handlungen selber in die Hand nehmen können. Durch Deregulierungen und Ermächtigungen sollen Handlungsbedingungen verändert, Modernisierungsrückstände aufgeholt und eine durchrationalisierte Gesellschaft geschaffen werden, in welcher Kinder und Jugendliche ohne Verregelungen (resp. negative Handlungsbedingungen) ihre Geographien machen und ihre Lebensführungspolitik verfolgen können und so in die spätmoderne Gesellschaft integriert werden.

5. Neue Perspektiven in der sozialräumlichen Jugendraumforschung – Die gespaltene Stadt, die Überflüssigkeitsthese und Probleme der bisherigen Ansätze

Zu Beginn des 21. Jahrhunderts werden Städte und städtische Entwicklungen durch die immer stärker werdenden globalen wirtschaftlichen Verflechtungen geprägt (Hall/Pfeiller 2000). Um sich als Stadt auf dem internationalen Markt behaupten zu können und den internationalen Kampf als Konkurrentin anderer Kommunen, Städte und Regionen für sich zu entscheiden, müssen alle Energien und Ressourcen einer Stadt auf die so genannte ‚unternehmerische Stadt', d.h. den Teil, der sich vermarkten lässt, gerichtet werden (*Dangschat* 1999; Berger/Schmalfeld 1999). Im Rahmen der daraus resultierenden Standortpolitik soll eine Umwelt bereitgestellt werden, die für Unternehmungsgründungen und -ausdehnungen förderlich ist (Sassen

1996). Bei der Schaffung von hochwertigen Zonen für Geschäfte vor allem des dritten Wirtschaftssektors (zum Beispiel Banken, Versicherungen, Firmen im ‚IT-Bereich') kommt es zur massiven Ausdehnung dieser Gebiete und durch eine „Architektur und Raumplanung der Verdrängung" (Rodenstein 1992) zur Ausgrenzung von sozialen Randgruppen aus den Zentren und attraktiven Punkten der Stadt. Die konsequente soziale und räumliche Ausgrenzung von sozialen Problemen bzw. von Menschen mit sozialen Problemlagen, von ‚Abgehängten', ‚Unerwünschten' oder „Verlierern des digitalen Kapitalismus" (Böhnisch/Schröer 2001) ist für die Umsetzung der unternehmerischen Ziele notwendig und hilfreich, da sie das Leben innerhalb der ‚unternehmerischen Stadt', in den Zentren der Wirtschaft, stören.

Die Konsequenz dieser Stadtpolitik ist ein Kampf um soziale Zugangsmöglichkeiten (vgl. Rifkin 2000), die Öffnung der Schere zwischen Arm und Reich (vgl. Häußermann 1997) und die zunehmende soziale und räumliche Ausgrenzung von ‚Unerwünschten' führt mehr und mehr zur Entstehung und Verstärkung einer „unsichtbaren Mauer", entlang welcher es zu einer *Spaltung der Stadt* kommt (Berger/Schmalfeld 1999, S. 326): In der ‚unternehmerischen Stadt' haben sozial benachteiligte Menschen nichts zu suchen; sie ist zugänglich für die ‚Erfolgreichen' für die so genannten ‚global players' oder ‚Gewinner des digitalen Kapitalismus', welche die sozialen und/oder ökonomischen Möglichkeiten und Ressourcen besitzen, sich den räumlichen Zugang zu diesen Orten zu erkaufen. In der ‚Stadt der Abgehängten' bzw. der ‚überflüssigen oder störenden Stadt' konzentriert sich die sozial benachteiligte Bevölkerung, welche gerade durch ihre räumliche und soziale Ausgrenzung ständig an Möglichkeiten verliert, jemals in die ‚unternehmerischen Stadt' hineinzukommen und somit in die Gesellschaft integriert zu werden.

Die globalen wirtschaftlichen Verflechtungen führen zur zunehmenden Tendenz der räumlichen und sozialen Polarisierung der Bevölkerung der Städte, zu einem erneuten Auseinanderdriften von Chancen, wie zum Beispiel auf dem Arbeits- und Wohnungsmarkt, in der Erreichbarkeit öffentlicher Einrichtungen und dem Angebot an (Aus-)bildungschancen und letztlich zur Spaltung oder Dichotomisierung der Stadt selbst (Dangschat 1999, S. 27f.). Die immer stärker werdende Tendenz der wirtschaftlichen Globalisierung, des so genannten „digitalen Kapitalismus", führt nicht mehr zu einem Diskurs „zur sozialen Emanzipation und Autonomie tendenziell aller Menschen einer Gesellschaft, sondern – nach dem postmodernen Prinzip der segmentierten Arbeitsteilung – zur sozial erweiterten Freisetzung eines Teils und sozial regressiven Freisetzung des anderen Teils (der ‚nichtproduktiven' Gruppen) der Bevölkerung" (Böhnisch/Schröer 2001, S. 228). Damit wurde die Vorstellung einer hoch integrierten Gesellschaft, in der alle vom gleichmäßigen Wohlstandszuwachs profitieren, welche von den neoliberal ausnutzbaren ‚Gesellschaftsoptimisten' als „Fahrstuhleffekt" bezeichnet wird (Beck 1986, S. 122-125), hinterfragt.

Der Lebensort Stadt hat sich durch die städtische Spaltungstendenz massiv verändert. Kinder und Jugendliche eignen sich auch unter den Bedingungen der gespaltenen Städte ihre (räumliche und soziale) Umwelt an, doch liegt das eigentliche Problem von Heranwachsenden nicht mehr in der Entfremdung (obwohl die räumliche Welt durch die Radikalisierung des Kapitalismus noch stärker entfremdet ist), sondern in der Freisetzung und damit der Überflüssigkeit von Menschen im Zusammenhang mit dem digitalisierten Kapitalismus. Nicht alle Kinder und Jugendlichen haben mehr die Garantie, über Bildung und Arbeit in die Gesellschaft integriert zu werden. Viele von ihnen sind mit dem „Ende der Erwerbsarbeit" (Rifkin 1995) vom wirtschaftlichen Prozess freigesetzt und überflüssig. Um mit der derzeitigen Entwicklung (zum Beispiel der Kampf um soziale Zugangsmöglichkeiten, Generationenkonkurrenz, Bewältigungs- und Bewährungsdruck usw.) mithalten zu können, entsteht ein immer größer werdender Druck auf alle Jugendlichen. Das Gefühl der Überflüssigkeit und der sich ständig vergrößernde Mithaltedruck muss jeder auf individueller Ebene in seiner Biographie bewältigen. Versuchen Heranwachsende heute, um handlungsfähig zu bleiben, sich die räumliche Welt anzueignen (unter Umständen mit denselben Aneignungsformen wie in den 70er und 90er-Jahren), so interessiert sich entweder niemand mehr dafür (in der ‚abgehängten Stadt') oder aber sie werden von den Raumwärtern (private und staatliche Sicherheitsleute) vom angeeigneten Objekt abgetrennt oder verdrängt (in der ‚unternehmerischen Stadt'); werden angezeigt und erhalten durch diese Kriminalisierung das Stigma der ‚abweichenden oder delinquenten' Jugendlichen. Da sich heute niemand mehr für den dahinterliegenden Grund solcher Bewältigungsformen von Kindern und Jugendlichen interessiert, führen Aneignungstätigkeiten nicht zur gesellschaftlichen Integration, sondern zur Verstärkung der (räumlichen und sozialen) Exklusion. Auf ‚abweichendes Verhalten' wird tendenziell nicht mehr sozialpädagogisch, sondern ordnungspolitisch reagiert.

Die Freisetzung bzw. Überflüssigkeit eines Teils der Bevölkerung und die allgemeine Steigerung des Mithaltedrucks hat zur Veränderung der Handlungslogik vieler Menschen geführt. Im sozialgeographischen Konzept der ‚Alltäglichen Regionalisierungen' herrschte noch ein zweck-rationaler und damit auf die erste bzw. industriekapitalistische Moderne rückbezogener Handlungsbegriff vor. Unterschiede beim ‚Geographie-Machen' ergeben sich lediglich auf Grund ungleich verteilter Handlungsressourcen und unterschiedlicher Macht der Akteure, welche Einbezug und Ausschlussmuster von und zu Raumausschnitten regeln. Zwar machen Jugendliche sowohl in der ‚unternehmerischen Stadt' als auch in der ‚abgehängten Stadt' ihre alters- und lebenslagenspezifischen Geographien, doch existieren durch die Freisetzungsmechanismen unterschiedliche Handlungslogiken. Ansätze, welche zur Erklärung von sozialräumlichen Phänomenen in der Kindheit oder im Jugendalter dieses zweck-rationale Handlungsmodell verwenden, können zwar gute Aussagen für die ‚Politik der Lebensführung' der integrierten

Heranwachsenden, diejenigen, die so genannte ‚*Lebensführungskarten*' schreiben, machen, die sehr wohl immer mehr Möglichkeiten haben und ihr Leben aktiv planen (vgl. Zeiher 1994), jedoch verlieren sie die „überflüssigen" und die unter Mithaltedruck stehenden Kinder und Jugendlichen und deren Handlungslogik aus dem Blickwinkel. Die Gründe des Geographie-Machens letzterer sind in erster Linie nicht als Rationalisierungs- oder Ordnungsproblem zu verstehen, welches es aufzudecken und nach- oder aufzuholen gilt. Im Rahmen des digitalisierten Kapitalismus muss jedes Individuum die Probleme und die Angst durch die Bedrohung des ‚Abgehängtseins' bzw. des Überflüssigseins auf individueller Ebene in seiner Biographie selber bewältigen. Es geht in diesen Geographien weniger um eine „Politik der Lebensführung" und damit um das Schreiben von ‚Lebensführungskarten', als um eine „Politik der Bewältigung" (Böhnisch/Schröer 2001, S. 226ff.), bei welcher sie trotz ihrer Überflüssigkeit und dem gesteigerten Mithaltedruck handlungsfähig bleiben. Durch die ordnungspolitische Reaktion auf das Geographie-Machen geht es nicht mehr um die Integration des abgehängten Teils der nachkommenden Generation. Überflüssige Kinder und Jugendliche sind von Beginn an abgehängt und bewältigen ihr Leben in Territorien der institutionellen Unsichtbarkeit: sie schreiben *unsichtbare (Bewältigungs-)karten*.

Die bisherigen Ansätze (sowohl aus der Sozialpädagogik als auch aus der handlungszentrierten Sozialgeographie) verlieren die sozialräumlichen Probleme von Kindern und Jugendlichen in einer gespaltenen Stadt aus den Augen; oder es hat sich, mit den Worten von Elisabeth Pfeil (1972), „das Objekt Großstadt gewandelt" und die einst sicheren Aussagen gelten für die heutigen Bedingungen des Aufwachsens im Lebensort Stadt nicht mehr. Will die Kinder- und Jugendhilfeforschung Erklärungsansätze für die Probleme von Kindern und Jugendlichen in der Großstadt von heute und morgen liefern, so muss sie von der Überflüssigkeitsthese ausgehen. Es geht heute nicht mehr darum (wie oben aufgezeigt wurde) ‚Räume' zu schaffen und ‚Handlungsbedingungen' zu verändern, um den heutigen Problemen des Aufwachsens im Lebensort Stadt (die ‚Neue Armut' und die Verelendung von immer mehr Menschen, die steigende Delinquenz und die Jugendkriminalität, oder die vermehrten Integrationsprobleme ganzer Bevölkerungsgruppen etc.) zu begegnen, sondern es geht darum, die unsichtbar gewordenen Formen der Bewältigung des Überflüssigseins zu sehen und die dahinterliegenden Gründe zu erklären. Einen wichtigen Beitrag kann in diesem Zusammenhang der sozialgeographische Ansatz der „*unsichtbaren Bewältigungskarten*" aus dem Bereich der „*Sozialgeographie der Kindheit*" bzw. der „*Sozialgeographie des Jugendalters*" (Reutlinger 2000a) leisten. Der Ansatz der „unsichtbaren Bewältigungskarten" geht davon aus, dass Kinder und Jugendliche unter den Bedingungen des Aufwachsens im digitalen Kapitalismus die Probleme im Zusammenhang mit der Überflüssigkeit vermehrt außerhalb der traditionellen Einrichtungen der Sozialisation (Familie, Schule, Sozialsystem) lösen. Sie schreiben bei der „Politik der Bewältigung", in der sie auf der Suche nach Orientierung, Sinnstiftung, Anerkennung und Selbstwert sind, unsichtbare Bewältigungskarten. Auszugehen ist dabei davon, dass jeder Mensch (in Anlehnung an die Idee des Geographie-Machens), um auch in einer Welt, in der immer mehr Menschen überflüssig sind, handlungsfähig zu bleiben, jeden Tag seine sozialen (Bewältigungs-)karten schreibt.

In der gespaltenen Stadt ist die Aneignungstätigkeit von Kindern und Jugendlichen ihrer integrativen Komponente entledigt, es interessiert sich niemand mehr für die dahinterstehenden Gründe und als (gesellschaftliche) Reaktion werden sie noch weiter ausgegrenzt. Durch die Fokussierung der bisherigen Ansätze wird die hinter der „Politik der Bewältigung" stehende Leistung der Kinder und Jugendlichen nicht gesehen. Genau hier muss die zukünftige Kinder- und Jugendhilfeforschung ansetzen: die Bewältigungskarten sollen als Ganzes gesehen und die Bewältigungsformen in unsichtbaren Territorien als Leistung anerkannt werden. Durch die Sichtbarmachung der unsichtbaren Bewältigungskarten soll die Bedeutung der Unsichtbarkeit, der Sichtbarkeit, bzw. des Schreibens von Bewältigungskarten für Kinder und Jugendliche in der gespaltenen Stadt erforscht werden. Diese Karten der Bewältigung liegen im Spannungsfeld zwischen der ‚gesellschaftlichen resp. institutionellen Sichtbarmachung' von einigen Teilen der Karten durch die Forschung und vermehrt auch die Presse, wie zum Beispiel die in den 90er-Jahren aktuelle Diskussion um die so genannten ‚Straßenkinder' (z.B. Langhanky 1993; Britten 1995; Pfennig 1995; Degen 1995; Jogschies u.a. 1995) und dem kindlichen bzw. jugendlichen Drang des ‚Sich-Sichtbar-Machen-Wollens', wie zum Beispiel so etwa durch die Besetzung und Einrichtung eines Treffpunktes an einem öffentlichen Platz (Steffan 1990), Provokation von anderen Gesellschaftsmitglieder und dem Austesten von Grenzen.

Das Konzept von Sichtbarkeit und Unsichtbarkeit kann die überkommene klare Trennung von privatem vs. öffentlichem Raum (vgl. Sennett 1983) ablösen. Auf der einen Seite stehen dann diejenigen Handlungen, die im sozialen, räumlichen und subjektiven Bezug von der Dynamik der ökonomisierten Stadt und seiner Einrichtungen in die Sichtbarkeit gehoben werden, auf der anderen Seite jene, die in der Unsichtbarkeit gehalten oder in die Unsichtbarkeit gedrängt werden.

Bei der Sichtbarmachung der Bewältigungskarten im Rahmen von zukünftiger Kinder- und Jugendhilfeforschung soll das Augenmerk nicht nur auf den sichtbaren Bezug dieser Karten gerichtet werden (zum Beispiel wenn Jugendliche innerhalb von Einrichtungen Bewältigungshilfen erhalten), oder auf den Moment, in welchem diese Karten sichtbar werden (zum Beispiel bei Konflikten mit gesellschaftlichen Normen und Werten), sondern vor allem auf die Bedeutung der Unsichtbarkeit. Unter dieser neuen Perspektive würden zum Beispiel Straßenkinder als Kinder und Jugendliche gesehen, die zur Bewältigung ihrer Probleme dazu gezwungen sind, sämtliche Karten in der Unsichtbarkeit zu schreiben, und um auf diese Unsichtbarkeit anzuspielen, als „*unsichtbare Jugend*" bezeichnet werden sollten (Reutlinger 2000b). Die Bewältigungskarten dieser „unsichtbaren Jugendlichen" werden sonst erst beim Konflikt mit Ordnungskräften, im Zusammenhang mit einer Krankheit (zum Beispiel AIDS), dem Suchtmittelmissbrauch bzw. -handel, Tod oder durch die Skandalisierung der sensationshungrigen Boulevardpresse, sichtbar. Bei diesen Formen der Sichtbarwerdung resp. Sichtbarmachung werden die Bedeutung der Unsichtbarkeit für diese Jugendlichen und die negativen Konsequenzen, die aus der Sichtbarmachung resultieren, nicht gesehen. Durch das Aufdecken in der bisherigen Art (durch Skandalisierung und Kriminalisierung) wird nur ein bestimmter Punkt im Leben der Heranwachsenden, ein bestimmter Ausschnitt sichtbar und somit auch kontrollierbar. Dieser Teil wird in der Regel als ganzes Kinder- oder Jugendleben betrachtet und stigmatisierbar, kriminalisierbar, und es wird mit weiterer Ausgrenzung reagiert. In der Sichtbarmachung liegt jedoch auch die größte Gefahr zukünftiger Forschung – wer sichtbar ist, ist auch kontrollierbar, wie dies zum Beispiel in der totalen Sichtbarkeit in Gefängnissen (mit Foucault 1992 „Totale Kontrolle") zu sehen ist. Eine weitere Gefahr liegt in der Tatsache, dass jedes Sichtbarmachen gleichzeitig ein Unsichtbarmachen bedeutet (Nowotny 2000). Zukünftige Forschung der Kinder- und Jugendhilfe ist sich dieser Gefahren bewusst und orientiert sich aus diesem Grund an den folgenden drei Maximen: (1) Kinder und Jugendliche haben das Recht auf Sichtbarkeit, es soll alles dazu unternommen werden, dass alle Heranwachsenden die Möglichkeit haben, Probleme in der Sichtbarkeit zu bewältigen. (2) Kinder und Jugendliche haben das Recht auf Unsichtbarkeit, und die (erwachsene) Sichtbarmachung darf nicht so weit gehen, dieses Recht zu verletzen. (3) Kinder und Jugendliche müssen und wollen ‚Sich-Sichtbar-Machen'. Sie haben das Recht, die Grenze zwischen Sichtbarkeit und Unsichtbarkeit (in einer spielerischen Art und Weise) auszuprobieren und zu finden.

Mit dem Hintergrund der drei Maximen sollen in einer so genannten ‚mitagierenden Forschung' die ganzen Bewältigungskarten gesehen, die unsichtbaren Teile als Leistung in der „Bewältigungspolitik" anerkannt werden und, durch den gleichzeitigen Einbezug aller Akteure eines sozialen Prozesses in einem Stadtteil, Kontakte und Netzwerke aufgebaut und untereinander vermittelt werden. Damit wird das Schreiben von Bewältigungskarten in der Sichtbarkeit ermöglicht, das Ausprobieren der Grenzen erlaubt und nicht ausschließlich sanktioniert und das Schreiben von Karten in der Unsichtbarkeit akzeptiert.

Literatur zur Vertiefung

Böhnisch, Lothar und Richard Münchmeier (1990): Pädagogik des Jugendraums: zur Begründung und Praxis einer sozialräumlichen Jugendpädagogik. Weinheim und München

Werlen, Benno (1995a): Sozialgeographie alltäglicher Regionalisierungen. Band 1 Zur Ontologie von Gesellschaft und Raum. Erdkundliches Wissen. Stuttgart
Werlen, Benno (1997): Sozialgeographie alltäglicher Regionalisierungen. Band 2 Globalisierung, Region und Regionalisierung. Erdkundliches Wissen. Stuttgart
Zeiher Hartmut und Helga Zeiher (1994): Orte und Zeiten der Kinder. Soziales Leben im Alltag von Großstadtkindern. Weinheim und München

Literatur

Arnold, Thomas und G. Stüwe (1992): Jugendcliquen als sozialpolitisches Problem. Eine Untersuchung zu Jugendlichen an öffentlichen Plätzen. In: Neue Praxis 22, Heft 3/92, S. 145-361
Bahrdt, Hans Paul (1961): Die moderne Großstadt. Soziologische Überlegungen zum Städtebau. Reinbek
Beck, Ulrich (1986): Risikogesellschaft. Auf dem Weg in eine andere Moderne. Frankfurt/Main
Beck, Ulrich (1993): Die Erfindung des Politischen. Zu einer Theorie reflexiver Modernisierung. Frankfurt/Main
Beck, Ulrich, Anthony Giddens und Scot Lash (1996): Leben in einer posttraditionalen Gesellschaft. Frankfurt/Main
Becker, Helmut/Eigenbrodt, Jörg und Michael May (1983a): Cliquen und Raum. Zur Konstituierung von Sozialräumen bei unterschiedlichen sozialen Milieus von Jugendlichen. In: Kölner Zeitschrift für Soziologie und Sozialpsychologie. Sonderheft 25. (Hrsg. Neinhardt, F.: Gruppensoziologie) S. 451-480
Becker, Helmut/Eigenbrodt, Jörg und Michael May. (1983b): Der Kampf um Raum – Von den Schwierigkeiten Jugendlicher, sich eigene Sozialräume zu schaffen. In: Neue Praxis 13, Heft 2, S. 125-137
Becker, Helmut/Eigenbrodt, Jörg und Michael May (1984a): Pfadfinderheim, Teestube, Straßenleben – Jugendliche Cliquen und ihre Sozialräume. Frankfurt/Main
Becker, Helmut/Eigenbrodt, Jörg und Michael May (1984b): Unterschiedliche Sozialräume von Jugendlichen in ihrer Bedeutung für pädagogisches Handeln. In: Zeitschrift für Pädagogik 30, Heft 4, S. 499-419
Becker, Helmut/Eigenbrodt, Jörg und Michael May (1984c): „Das ist unser Haus, aber...". Raumstruktur und Raumaneignung in Jugendzentrum. Veröffentlichung des Instituts für Jugendforschung und Jugendkultur e.V. Frankfurt/Main
Behnken, Imbke und Jürgen Zinnecker (1989): Entwicklung der Straßenkinder oder: Härtetest für junge Stadtbewohner. In: Ch. Büttner u.a. (Hrsg.): Lebensräume für Kinder. Entwicklungsbuch für Kinder im ausgehenden 20. Jhdt. Weinheim und München. S. 37-66
Berg-Laase, Günther u.a. (1985): Verkehr und Wohnumfeld im Alltag von Kindern. Eine sozialökologische Studie zur Aneignung städtischer Umwelt am Beispiel ausgewählter Stadtteile in Berlin. Pfaffenweiler
Berger, Olaf und Andreas Schmalfeld (1999): Stadtentwicklung in Hamburg zwischen ‚Unternehmen Hamburg' und ‚Sozialer Großstadtstrategie'. In: Dangschat, Jens S. (Hrsg.): Modernisierte Stadt – Gespaltene Gesellschaft. Opladen
Blinkert, Baldo (1993): Aktionsräume von Kindern in der Stadt. Eine Untersuchung im Auftrag der Stadt Freiburg. Pfaffenweiler
Böhnisch, Lothar und Richard Münchmeier (1990): Pädagogik des Jugendraums: Zur Begründung und Praxis einer sozialräumlichen Jugendpädagogik. Weinheim und München
Böhnisch, Lothar (1992; 1993): Sozialpädagogik des Kindes- und Jugendalters: Eine Einführung. Weinheim und München

Böhnisch, Lothar und Wolfgang Schröer (2001): Pädagogik und Arbeitsgesellschaft. Weinheim und München
Britten, Uwe (1995): Abgehauen – Wie Deutschlands Straßenkinder leben. Bamberg
Bronfenbrenner, Urie (1976): Ökologische Sozialisationsforschung. Stuttgart
Dangschat, Jens S. (Hrsg.) (1999): Modernisierte Stadt – Gespaltene Gesellschaft. Ursachen von Armut und sozialer Ausgrenzung. Opladen
Daum, E. (1990): Orte finden, Plätze erobern. Räumliche Aspekte der Kindheit. In: Praxis Geographie 6/90, S. 18-22
Degen, Martin (1995): Straßenkinder: Szenenbetrachtung, Szenebetrachtungen, Erklärungsversuche und sozialarbeiterische Ansätze. Bielefeld
Deinet, Ulrich (1990): Raumaneignung in der sozialwissenschaftlichen Theorie. In: Böhnisch, Lothar und Richard Münchmeier: Pädagogik des Jugendraums. München
Deinet, Ulrich (1991): Das Aneignungskonzept: Eine pädagogische Praxistheorie für die offene Kinder- und Jugendarbeit. In: Deutsche Jugend 6/91
Deinet, Ulrich (1992): Das Konzept „Aneignung" im Jugendhaus: neue Impulse für die offene Kinder- und Jugendarbeit. Opladen
Deinet, Ulrich (1999): Sozialräumliche Jugendarbeit: eine praxisbezogene Anleitung zur Konzeptentwicklung in der Offenen Kinder- und Jugendarbeit. Opladen
Flade, Antje und Beatrice Kustor-Hüttl (Hrsg.) (1993): Mädchen in der Stadtplanung. Weinheim
Foucault, Michel (1992): Überwachen und Strafen: die Geburt des Gefängnisses. Frankfurt am Main
Giddens, Anthony (1988): Die Konstitution der Gesellschaft. Grundzüge einer Theorie der Strukturierung. Frankfurt/Main
Giddens, Anthony (1995): Konsequenzen der Moderne. Frankfurt/Main
Glöckner, Ulrich (1988): Aneignung und Widerstand. Eine Feldstudie zur ökologischen Pädagogik. Stuttgart
Hall, Peter und Ulrich Pfeiller (2000): Urban21. Der Expertenbericht zur Zukunft der Städte. Stuttgart und München
Harms, Gerd (1984): Kinder und Jugendliche in der Großstadt. Dissertation, Technische Universität Berlin. Berlin
Harms, Gerd und Christa Preissing (1988): Kinderöffentlichkeit und Straßensozialisation. In: Harms, Gerd und Christa Preissing (Hrsg.): Kinderalltag. Beiträge zur Analyse der Veränderung von Kindheit. Berlin. S. 91-107
Häußermann, Hartmut (1997): Armut in den Großstädten – eine neue städtische Unterklasse? Leviathan 25, Heft 1. S. 12-27
Holzkamp, Klaus (1973): Probleme der Entwicklung des Psychischen/Alexejew Nikolajew Leontjew. Mit einer Einführung von Klaus Holzkamp. Frankfurt/Main
Hüttenmoser, Marco und Dorothee Degen-Zimmermann (1995): Lebensraum für Kinder. Empirische Untersuchung zur Bedeutung des Wohnumfeldes für den Alltag und die Entwicklung der Kinder. In: Bericht 70 des Nationalforschungsprojektes, Stadt und Verkehr'. Zürich
Jacob, Joachim (1987): Umwelt, Spiel und Ökologie. In: Zacharias, W. (Hrsg.): Spielraum für Spielräume. Zur Ökologie des Spiels 2. München. S. 43-48
Jogschies, P., H. Perminen und G. Zink (1995): Straßenkinder. Annäherungen an ein soziales Phänomen. Projektgruppe: ‚Straßenkarrieren von Kindern und Jugendlichen.' München/Leipzig
Kilb, Rainer (1993): Zerteilte Stadtregionen – Zerrissene Lebenswelten Jugendlicher in benachteiligten Wohngebieten. Beispiel Frankfurt am Main. In: Deutsche Jugend 2/93. S. 69-78

Langhanky, M. (1989): Annäherung an Lebenslagen und Sichtweisen der Hamburger Straßenkinder. In: Neue Praxis 3/93, S. 271-277

Leontjew, Alexejew Nikolajew (1967): Probleme der Entwicklung des Psychischen. Berlin

Lippitz, W. und Ch. Rittelmeyer (Hrsg.) (1989): Phänomene des Kinderlebens, Beispiele und methodische Probleme einer pädagogischen Phänomenologie. Bad Heilbrunn

Lotte, Rose (1995): Mädchen ohne Raum? Kritische Bestandsaufnahme zu den Spiel- und Bewegungsmöglichkeiten von Mädchen in der Stadt und mögliche Handlungskonsequenzen für die Jugendhilfe. In: Jahrbuch 1995. Butzbach

Marie Meinerhofer Institut (1993): Alleine Unterwegs. „und Kinder", Nr. 47. Zürich

Marie Meinerhofer Institut (1994): Verschaukelte Kinder. „und Kinder", Nr. 49. Zürich

Marie Meinerhofer Institut (1996): Abschied vom gelobten Land. „und Kinder", Nr. 54. Zürich

Meusburger, Peter (1999): Handlungszentrierte Sozialgeographie. Benno Werlens Entwurf in kritischer Diskussion. Erdkundliches Wissen. Heft 130. Stuttgart

Monzel, Sylvia (1995): Kinderfreundliche Wohnumfeldgestaltung!? Anthropogeographische Schriftenreihe, Bd. 13, Geographisches Institut der Universität Zürich. Zürich

Muchow, Martha und Hans Heiner Muchow (1935/1978/1998). Der Lebensraum des Großstadtkindes. Reprise Weimar und München

Neubauer, Georg und Thomas Olk (Hrsg.) (1987): Clique, Mädchen, Arbeit. Jugend im Brennpunkt von Jugendarbeit und Jugendforschung. München und Weinheim

Nissen, U. (1990): Räume für Mädchen. Geschlechtsspezifische Sozialisation in öffentlichen Räumen. In: Preuss-Lausitz Ulf u.a. (1983) S. 148-160

Nowotny, Helga und Martina Weiss (Hrsg.) (2000): Shifting the Boundaries of the Real: Making the Invisible Visible. ETH Zürich

Pfennig, G.(1995): Straßenkinder in Deutschland – Eine Herausforderung für die Pädagogik. Dissertation Universität Köln

Pfeil, Elisabeth (1965): Das Großstadtkind. München und Basel

Pfeil, Elisabeth (1972): Großstadtforschung. Entwicklung und gegenwärtiger Stand. Hannover

Preuss-Lausitz, Ulf u.a. 1983): Kriegskinder, Konsumkinder, Krisensenkinder. Zur Sozialisationsgeschichte seit dem Zweiten Weltkrieg. Weinheim

Reutlinger, Christian (2000a): Juventud invisible, exclusión social y geografías diarias – hacia una geografía social de la juventud. In: Actas del VII Congreso de Geografía Humana, Juventud, la edad de las opciones. Universidad Complutense. Madrid

Reutlinger, Christian (2000b): Sociedad laboral sin trabajo, juventud y territorios invisibles – un análisis socio-geográfico de la situación actual de la juventud en España. In: Marchioni, Marco (Hrsg.): Experiencias del trabajo social comunitario . Ed. Popular. Madrid

Rodenstein, Marianne (1992): Städtebaukonzepte. Bilder für den baulich-sozialen Wandel der Stadt. In: Häußermann et al.: Stadt und Raum. Soziologische Analysen. Pfaffenweiler, S. 31-67

Rolff, Hans Georg und P. Zimmermann (1990): Kindheit im Wandel. Eine Einführung in die Sozialisation im Kindesalter. Weinheim und Basel

Rifkin, Jeremy (1995): The End of Work. New York

Rifkin, Jeremy (2000): Access. Das Verschwinden des Eigentums. Frankfurt/Main 2000

Schütze, Y. und D. Geulen (1983): Die „Nachkriegskinder" und die „Konsumkinder": Kindheitsverläufe zweier Generationen. In: Preuss-Lausitz Ulf u.a.: Kriegskinder, Konsumkinder, Krisenkinder. Zur Sozialisationsgeschichte seit dem Zweiten Weltkrieg. Weinheim. S. 29-52
Seidel, M. H. (1994): Straßenkinder in Deutschland. Schicksale, die es nicht geben dürfte. Frankfurt/Main, Berlin
Sennett, Richard (1983): Verfall und Ende des öffentlichen Lebens. Die Tyrannei der Intimität. Teil1: Das Problem der Öffentlichkeit. Frankfurt/Main
Steffan, Werner (1988): Streetwork in der Drogenszene. Freiburg i.Brsg.
Specht, Christa (1991): Ausgrenzung und Teilhabe. Mädchen in den Straßencliquen und ihr Kampf um öffentlichen Raum. In: Specht, Walter (Hrsg.): Die gefährliche Straße. Jugendkonflikte und Stadtteilarbeit. Bielefeld
Specht, Walter (Hrsg.) (1991a): Straßenfieber. Stuttgart
Specht, Walter (Hrsg.) (1991b, 2.Auflage): Die gefährliche Straße. Jugendkonflikte und Stadtteilarbeit. Bielefeld
Thile, Gisela und Carl S. Taylor (1998): Eine Betrachtung zur Raumaneignung und Raumverdrängung nachgewiesen an Entwicklungen in den neuen Bundesländern und den USA. Berlin
Thomas, Inge (1979): Bedingungen des Kinderspiels in der Stadt. Stuttgart
Werlen, Benno (1988): Gesellschaft, Handlung und Raum. Stuttgart
Werlen, Benno (1995a): Sozialgeographie alltäglicher Regionalisierungen. Band 1: Zur Ontologie von Gesellschaft und Raum. Erdkundliches Wissen. Stuttgart
Werlen, Benno (1995b): Zur Sozialgeographie der Kinder. In: Monzel, Sylvia: Kinderfreundliche Wohnumfeldgestaltung!? Anthropogeographische Schriftenreihe, Bd. 13, Geographisches Institut der Universität Zürich. Zürich
Werlen, Benno (1997): Sozialgeographie alltäglicher Regionalisierungen. Band 2: Globalisierung, Region und Regionalisierung. Erdkundliches Wissen. Stuttgart
Werlen, Benno (2000): Sozialgeographie. Eine Einführung. Bern/Stuttgart/Wien
Zeiher, Helga (1983): Die vielen Räume der Kinder. Zum Wandel räumlicher Lebensbedingungen seit 1945. In: Ulf Preuss-Lausitz u.a.: Kriegskinder, Konsumkinder, Krisenkinder. Zur Sozialisationsgeschichte seit dem Zweiten Weltkrieg. Weinheim. S. 176-194
Zeiher, Helga (1994): Kindheitsräume. Zwischen Eigenständigkeit und Abhängigkeit. In: Beck, Ulrich und Elisabeth Beck-Gernsheim (Hrsg.): Riskante Freiheiten. Frankfurt/Main. S. 353-375
Zeiher Hartmut und Helga Zeiher (1994): Orte und Zeiten der Kinder. Soziales Leben im Alltag von Großstadtkindern. Weinheim und München
Zierhofer, Wolfgang (1989): Alltagsroutinen von Erwachsenen und Erfahrungsmöglichkeiten von Vorschulkindern. Ein Humangeographischer Beitrag zur Sozialisationsforschung. In: Geographica Helvetica 2, S. 87-92
Zinnecker, Jürgen (1978): Recherchen zum Lebensraum des Großstadtkindes. In: Muchow, Martha: Der Lebensraum des Großstadtkindes. Weinheim und München
Zinnecker, Jürgen (1979): Straßensozialisation. In: Zeitschrift für Pädagogik, 25. Jg., S. 727-746

Martin Rudolph

Ländliche Region

Zusammenfassung: Das Aufwachsen von Jugendlichen in ländlichen Regionen wird in diesem Beitrag im Kontext der Urbanisierung im 20. Jahrhundert und des demographischen Wandels analysiert. Die Urbanisierung (1. Abschnitt) wird dabei hinsichtlich der Entwicklung in den Bereichen Ökonomie/Arbeit, Politik/Verwaltung und Sozialform betrachtet. Über die Darstellung des demographischen Wandels (2. Abschnitt) werden die Dimensionen: (Binnen-)Migration, Größe von Altersgruppen und lebensbegleitende Institutionen aufgeschlossen. Ein besonderes Augenmerk gilt insgesamt den unterschiedlichen Entwicklungen in West- und Ostdeutschland. Im dritten Abschnitt werden Bewältigungsmuster von Jugendlichen in ländlichen Regionen vor dem Hintergrund der Bewältigungsressourcen auf dem Land dargestellt. Offenheit und Halt als ambivalente Orientierungen der Sozialisation werden im Bewältigungsverhalten Jugendlicher aufgespürt.

Einführung

Das Verhältnis von Stadt und Land ist seit dem 19. Jahrhundert mit der „Freisetzung" der Landbevölkerung in Deutschland ein Indikator für die ökonomische und soziale Entwicklung der Gesellschaft. Ökonomische Austauschprozesse und (Binnen-)Migrationen verliefen als Verstädterungsprozess, der eine Struktur der Moderne ist. Mit der Jahrtausendwende fällt in dieser Hinsicht ein historisches Datum zusammen: Die Bevölkerung Deutschlands ist mehrheitlich Stadtbevölkerung.

Die historischen Entwicklungen des Verhältnisses zwischen Stadt und Land, der ökonomisch, politisch und kulturell forcierte Strukturwandel von bäuerlich-landwirtschaftlich geprägten Gebieten zu ländlichen Regionen, wurde bis nach dem Zweiten Weltkrieg in Stadt-Land-Dichotomien analysiert. Im letzten Drittel des 20. Jahrhunderts wurde der Strukturwandel auf dem Land als Stadt-Land-Kontinuum beziehungsweise als funktionsräumliche Gliederung bis hin zum „globalisierten Dorf" (Müller 1998) und dem „Verschwinden des Dorfes" (Mak 1999) beschrieben. Der sozialwissenschaftliche Fokus der Betrachtung von Land war bis in die 70er-Jahre der Blickwinkel der „nachholenden Modernisierung" (Planck 1970/1982), aber auch der Eigen-Sinn beziehungsweise die „Persistenz" (Jeggle) der dörflich-ländlichen Sozialform sowie die Stellung und der Bedeutungsverlust der (bäuerlichen) Landwirtschaft (Rudolph 1996), deren baldiges Verschwinden prognostiziert wurde.

(Binnen-)Migrationen und Veränderungen der Altersverteilung der Bevölkerung sind für die Analyse des sozialisatorischen Rahmens von Kindern und Jugendlichen von Bedeutung. Für das Hineinwachsen in die Gesellschaft ist es für Jugendliche auf dem Land wichtig, ob ökonomische, politische, kulturelle oder ökologische Entwicklungen ein „Bleiben-Können" ermöglichen oder ob push-Faktoren zum Verlassen der Region zwingen. Ebenso wichtig für den Verlauf von Kindheit und Jugend ist aber auch die Größe des Alterssegmentes, also der Bevölkerungsanteil von Altersgruppen innerhalb von Dörfern, Regionen und der Gesellschaft. Längst ist das Bild des „natürlichen" Bevölkerungsaufbaus als Bevölkerungspyramide, mit seinem breiten Sockel von Kindern und Jugendlichen als historischer Übergang der (beginnenden und fortschreitenden) Industrialisierung entmythologisiert (vgl. Höpflinger 1997) und die Gegenwart durch den Übergang der Symbole von der Pagoden- zur Urnenform gekennzeichnet. Der epochale (irreversible) Rückgang des Anteils von Kindern und Jugendlichen an der Bevölkerung ist in ländlichen Regionen durch das Problem der „kleinen Kohorten" und den damit meist einhergehenden infrastrukturellen Rückwirkungen auf die lebensbegleitenden Institutionen gebrochen und verschärft wahrnehmbar. Ob es Kindergärten, Horte, Schulen, Ausbildungsplätze und Freizeiteinrichtungen in ausreichender Anzahl und in erreichbarer Entfernung gibt, ist für viele Biographien ein entscheidendes Bewältigungsproblem.

Es gibt widersprüchliche gesellschaftliche und individuelle Anforderungen für das Aufwachsen von Kindern und Jugendlichen in der Gegenwart. Einerseits produziert diese Gesellschaft stetigen Wandel; Jugendliche wachsen darin auf und müssen ihn als Gegebenheit akzeptieren und weitertreiben. Sie müssen sich mit dieser dynamischen Umwelt auseinander setzen und sich diese verändernd aneignen. Diese einzig auf Veränderung angelegte Struktur der Moderne produziert und verlangt Offenheit von allen und für alles. Dabei ist es eine wesentliche Entwicklungsaufgabe von Jugendlichen, sich selbst zu finden, bei sich zu sein, eine Identität aufzubauen. Andererseits ist eine solche Offenheit nur dann möglich, wenn Jugendliche sozial integriert sind, also Halt finden. Für Jugendliche in ländlichen Regionen bedeutet die Ambivalenz von Offenheit und Halt, die Strukturen Urbanisierung (Nivellierung von Lebenslagen versus ländliche Sozialformen) und demographischer Wandel (Migration, Problem der kleinen Anzahl) vor dem Hintergrund der Spezifika ländlicher Regionen (z.B. Entfernung) zu bewältigen.

1. Urbanisierung und Landbevölkerung – Von der stillen Mehrheit zur bedeutungslosen Minderheit?

Historische Wegmarken der gesellschaftlichen Überformung des Landes sind „Land als (Arbeitskräfte-)Reservoir", „Land als Funktionsraum" und die dorflose Gesellschaft der globalisierten Konkurrenz. Im Oktober 1999 veröffentlichte das Statistische Bundesamt die Ergebnisse der jährlichen Bevölkerungszählung (vgl. Datenreport 1999), danach lebten 30% der Bevölkerung Deutschlands in Gemeinden mit über 100.000 Einwohnern. „In Europa und Nordamerika leben je nach Land heute zwischen 60-80% der Bevölkerung in als urban definierten Gebieten, wobei die Definition einer Stadt national variiert." (Höpflinger 1997, S. 107). Historisch betrachtet verlief der Urbanisierungsprozess im 19. Jahrhundert in mehreren Migrationsschüben. Einerseits waren dies vor allem Auswanderungen (um 1830, 1850, 1865; vgl. Köllmann 1976, S. 29), aber auch (Binnen-)Migrationen vom Land in die Städte. Der existielle ökonomische und politische Druck verschärfte das Stadt-Land-Gefälle und bewirkte einen Druck zur Abwanderung aus den ländlichen Gebieten. Karl Kautsky fasste 1902 die Entwicklung so zusammen: „Die ganze Tendenz der modernen Produktionsweise geht nach Bereicherung der Stadt auf Kosten des flachen Landes. (...) Diese Tendenz wird erst mit der kapitalistischen Gesellschaft verschwinden." (Kautsky 1902, S. 407) Die miserablen sozialen und hygienischen Verhältnisse der städtischen Auswucherungen hatten trotz allem eine immense, oftmals allerdings vorübergehende Anziehungskraft. Bei der Beschreibung der Transformation der ländlichen Gebiete im 19. Jahrhundert und der Veränderung des gemeinschaftlichen Sozialgefüges betont Sombart (1934) die ökonomischen Grundlagen: „Die erste Folge des (...) geschilderten Auflösungsprozesses war die Verwandlung ursprünglich sesshafter Bevölkerungsschichten in eine *Masse* hin- und hergehender *Einzelpersonen*, die dem Flugsande gleich vom Winde der „Konjunktur" bald hierhin und bald dorthin geweht wurden und die schließlich zu einigen Stellen – Sandbergen gleich – sich anhäuften – nicht mehr untereinander verbunden als die Körner in einem wirklichen Sandhaufen. Diese Sandhaufen sind die Großstädte und Industriereviere. Man nennt diesen Vorgang einer völligen Umschichtung der Bevölkerung „Agglomeration", man kann ihn auch als „Urbanisierung" bezeichnen." (Sombart 1934, S. 16). Das dauerhafte Wachstum der städtischen Agglomerationen wurde bis in die 2. Hälfte des 20. Jahrhunderts wesentlich durch Land-Stadt-Migration bewirkt (vgl. Höpflinger 1997, S. 107ff). Für viele Migranten bedeutete der Umzug in die Städte sozialen Aufstieg, für andere war es Proletarisierung und Verslumung.

1.1 Die Entwicklung des Landes nach dem Zweiten Weltkrieg im Westen

Erst die Entwicklung nach dem Zweiten Weltkrieg, die in den unterschiedlichen Teilen Deutschlands spezifisch verläuft, zeigt jene explosionsartigen Veränderungen, die das Land in seinen Grundstrukturen irreversibel verändert. Die Ausgangsbedingung in allen Teilen Deutschlands war die Nahrungssicherung der Bevölkerung vor dem Hintergrund einer kleinbäuerlichen Landwirtschaft, die im Westen weniger kriegsbedingte Zerstörungen als im Osten aufwies. Eine Bodenreform, obwohl sie in den großen Parteien diskutiert wurde, gab es nicht. Bei der Aufnahme der Flüchtlinge und dem damit zusammenhängenden Wohnungsbau konnte man z.T. auf Marshallplanmittel zugreifen. Mit der Währungsreform 1948 begann der Einstieg in die Intensivierung und Maschinisierung der Landwirtschaft und dem damit einhergehenden Abbau von Arbeitskräften in der Landwirtschaft. Erste Flurbereinigungen veränderten die Landschaften. Für die Dörfer gab es Verbesserungen der Infrastruktur vor allem im Hinblick auf die Verkehrsanbindung, aber auch hinsichtlich der lebensbegleitenden Institutionen wie Dorfkindergarten, Dorfschulen und Dorfbibliotheken. Kommunikationsmedien wie Telefon und Fernsehen (im halböffentlichen Rahmen der Dorfgasthäuser) fanden erste Verbreitung. Mit der Europäisierung der Landwirtschaft in den 60er-Jahren vollzieht sich der Strukturwandel auf dem Land: Die Aussiedlung der landwirtschaftlichen Höfe aus dem Dorf in die Flur veränderten das Dorfbild, „Wachsen oder weichen" wurde zum Grundsatz der landwirtschaftlichen Produktion. Nicht nur für Zu- und Nebenerwerbslandwirte wurde das Pendeln zu (Industrie-)Arbeitsplätzen Grundlage der wirtschaftlichen Existenz. Neubauten legten in den stadtnahen dörflichen Gebieten ganze ‚Ringe' um die Altdörfer.

Die zentralen politischen Bemühungen nach dem Zweiten Weltkrieg galten vor allem der Beseitigung von Infrastrukturschäden und betrafen hauptsächlich Städte und deren Umfelder. „Zentrale Orte", „Wachstumspole", „Leuchtturmpolitik" und Verkehrsachsenkonzepte „suburbanisierten" die angrenzenden ländlichen Gebiete, allerdings auf Kosten der ländlichen Peripherie. Ökonomisch betrachtet war der Strukturwandel des Landes die Entwicklung von der weitgehenden Selbstversorgung zum Geldkreislauf und zum Konsum, vom (klein-) bäuerlichen Familienbetrieb zum industrialisierten Agrarunternehmen, vom Hof zum ‚farming'. Die nichtlandwirtschaftliche Bevölkerung gerät unter Mobilitätsdruck (Pendeln, Weggehen). Industrialisierungsprogramme der 70er-Jahre, mit einem erhofften Kapitaltransfer zum Land, sollten insbesondere entwicklungsschwachen Gebieten Arbeit und Wohlstand bringen, gleichzeitig gab es Mobilitätsförderungen, die weiträumiges Pendeln erlaubten. Der Erfolg dieser Maßnahmen hielt sich in engen Grenzen. Die staatlichen Regulationsbemühungen im gleichen Zeitraum hatten weit größere Auswirkungen. Über Infrastrukturmaßnahmen (Stärkung des ländlichen Raumes, Zentralisierung der Verwaltung, Kreisreform) mit dem Ziel der funktionsräumlichen Gliederung, sollten die Veränderungen ländlicher Regionen sozialstaatlich gesteuert werden. Die funktionsspezifische Zuweisung in ländlichen Regionen sollte Entwicklungen im ländlichen Raum fördern, während auf europäischer Ebene die forcierte Subventionierung der Landwirtschaft mit Blick auf den europäischen Markt betrieben wurde. Land sollte eine zunehmende Eigenständigkeit in ökonomischer, sozialer und vor allem kultureller Hinsicht gegenüber den Agglomerationen erhalten. „Das funktionsräumliche Prinzip enthielt eine regionalökonomische Planungs- und Förderungsperspektive, welche die

Produktions- und infrastrukturell entwickelten Standorte und Standortachsen in den Vordergrund stellt. Anderen ländlichen Räumen werden dagegen reproduktive Funktionen zugewiesen: Erholungs-, Wohnungs-, Fremdenverkehrs- und Naturfunktionen" (Böhnisch/Rudolph 1997, S. 17). Funktionszuweisungen trafen auch die gemeindliche Verwaltung: der Ausbau von Mittel- und Unterzentren erfolgte. Damit war die politische und kulturelle Kompetenzzuweisung erfolgt. Mit dem Verlagern der lebensbegleitenden (Kindergarten, Schule, oftmals Kirche, Bahn, Post) und lebensgestaltenden Institutionen (Politik, Verwaltung, Konsum) in die (Unter- und Mittel-) Zentren ging vielerorts erheblicher Widerstand der Bevölkerung einher. Der Kampf um den Erhalt oder später den Wiedergewinn dieser Einrichtungen mobilisierte und politisierte ganze Landstriche. Auch die erhöhte Aufmerksamkeit für ökologische und landwirtschaftliche Veränderungen, die durch die funktionsräumliche Zuweisung häufig gesteigert wurde, setzte die ‚Nutzungskonzepte' der Skepsis der veränderten Landbevölkerung aus. Die sozialen Gegenbewegungen suchten Alternativen in Konzepten ‚endogener Regionalentwicklung', die regionale Vermarktungskonzepte, ‚sanften Tourismus' und öffentlich gestützte Tante-Emma-Läden bewirkten.

Die Modernisierung des Dorflebens, deren Grundlage die soziale Differenzierung des Dorfes war, wurde nicht zuletzt durch den Zuzug (Neubauviertel, Bau von Freizeitanlagen) vorangetrieben. Eine „neue Ländlichkeit" mit den ländlichen Insignien „ruraler Landhausstil", soziale Bewegungen (z.B. Wackersdorf, Wendland etc.) und sozio-kultureller Initiativen war in den 80er-Jahren zu verzeichnen. Das Land und mit ihm das Dorf hatten Konjunktur. Die Dörfer erkämpften sich ihren Platz in der Region, die „eigene Geschichte" wurde wieder entdeckt, alte Traditionen lebten (wieder) auf. Die ‚exogenen Planungsleitbilder' wurden durch endogene Konzepte verändert bzw. ergänzt, die Dorfentwicklung ‚ganzheitlich' mit Bürgerbeteiligung betrieben. Bis in die Dorfkerne war die Runderneuerung vorgedrungen. Politische Konzepte der Regionalisierung genießen seither zumindest auf symbolisch-konzeptioneller Ebene eine gewisse Relevanz (‚Europa der Regionen'), ohne dass sie den ökonomischen und politischen Alltag ländlicher Regionen nachhaltig prägen, auch wenn in den gerade vergangenen Auseinandersetzungen zur lokalen Agenda 21 diese immer wieder anklangen. Die gesellschaftlich-hegemonialen Themen der 90er-Jahre der Globalisierung und Standortkonkurrenz überdecken vielfach lokale und regionale ‚Persistenzen'.

1.2 Die Entwicklung des Landes nach dem Zweiten Weltkrieg im Osten

Eine grundlegend andere Struktur hatte die Entwicklung ländlicher Regionen im Osten, obgleich sich in den Nachkriegsjahren durch die vielen Flüchtlinge, die angesiedelt werden mussten (‚Neubauern') eine kleinbäuerliche Struktur bildete. Auch im Osten stand die Ernährungssicherung im Vordergrund. Durch eine grundlegende Bodenreform (Privatisierung und Parzellierung von Großgrundbesitz; vgl. Bauerkämper 1994, S. 121ff) wurde ein veränderter Aufbau der ländlichen Sozialstruktur möglich. Allerdings waren große Zerstörungen an Gebäuden und die anhaltenden Demontagen (bis 1953) zu überwinden. Von Anbeginn an benötigte die Landwirtschaft große Anzahlen von Arbeitskräften, da die Ausstattung mit landwirtschaftlicher Technik und Arbeitstieren nicht ausreichend war und zudem einer politischen Steuerung unterlag. Der politische Druck auf die ‚sozialistische Umgestaltung' und die ‚Stärkung der demokratischen Kräfte im Dorf' zielten auf die Einrichtung von landwirtschaftlichen Produktionsgenossenschaften. Die Umwälzung der Strukturen im ländlichen Raum im Osten verlief also in einer vom Westen gesehen völlig unterschiedlichen Richtung. Politische Entscheidungen forcierten in den 50er-Jahren einerseits die Maschinisierung/Technisierung und Kollektivierung der Landwirtschaft, andererseits eine „Kulturrevolution auf dem Lande". Neben dem massiven Auf- und Ausbau von Maschinenausleihstationen (MAS) und Maschinen-Traktoren-Stationen (MTS) gab es deutliche politische Einwirkungen in Richtung auf das „genossenschaftliche Dorf". Die hohe Fluktuation der Landarbeiter, die in den 40er-Jahren zu Selbstversorgern erklärt wurden, verstärkte sich durch die Entwicklung dieser Stationen, da sie ihre Arbeitskräfte vor allem von den bäuerlichen Betrieben gewannen. Der Arbeitskräftemangel, der saisonal noch größer wurde, erhöhte sich darüber hinaus durch die Einführung der 48-Stunden-Woche und schriftlicher Arbeitsverträge zwischen Bauern und Landarbeitern. Ernteeinsätze von Massenorganisationen (Freie Deutsche Jugend, Volkssolidarität) kompensieren den Arbeitskräftemangel nur teilweise. Eine kulturelle Belebung erfuhren die ländlichen Räume durch die Einrichtung von Volks-Kulturhäusern, Kinderkrippen und die wegen ihrer politischen Gehalte oft abgelehnte Volksbildungsarbeit. Starke Migrationsbewegungen schwächten insgesamt die Bevölkerung des ländlichen Raumes; vor allem Landarbeiter nutzten die besseren Arbeits- und Lebensverhältnisse in der sich restrukturierenden Industrie, aber auch Bauern flüchteten in den Westen.

Die DDR riegelte ihre Außengrenze ab und machte damit der massenhaften Flucht ein Ende. Anfang der 60er-Jahre, dem „sozialistischen Frühling auf dem Lande", schien sich die LPG als Produktions- und Lebensform durchgesetzt zu haben. „Mit dem Eintritt aller Bauern in die LPG hatte der Jahrhunderte alte Befreiungskampf der deutschen Bauern siegreich auf dem Gebiet der DDR geendet" (Institut für Marxismus-Leninismus, S. 199). Das sozialistische Dorf war geprägt durch die Genossenschaftsbauern, die Landarbeiter der LPG. Und seit den 60er-Jahren befand es sich im Wettkampf um das „schöne sozialistische Dorf", das sich durch „geduldige Überzeugung aller noch individuell arbeitenden Bauern", die Einführung des wissenschaftlich technischen Fortschritts und einer „Atmosphäre des Lernens sowie des kulturellen, sozialen und gesunden Lebens im Dorf" (GddtA 1966, S. 550) auszeichnen konnte.

Die Landwirtschaft war der zentrale strukturierende Einfluss, wobei die LPG der zentrale ökonomische, organisatorische und kulturelle Eckpfeiler war. Mit der Durchdringung des Landes durch die LPG ging eine soziale Nivellierung der Dorfbevölkerung einher, deren Führungsschicht die Genossenschaftsbauern und die „sozialistische Intelligenz" (landwirtschaftliche Intelligenz und „soziale Infrastrukturintelligenz") war. Die industrielle Produktionsform brachte eine Vielzahl von Berufen und Tätigkeiten aller Männer und Frauen und Arbeitszeiten, die denen der Industrie vergleichbar waren. Dörfer und Kleinstädte in ländlichen Regionen waren in direkter Abhängigkeit von der ökonomischen und kulturellen Leistungsfähigkeit und Leistungsbereitschaft der landwirtschaftlichen Produktionsform. Im Süden und in der Mitte gab es viele Industriearbeiter, die im Dorf wohnten und in die Städte pendelten; diese waren nicht an die landwirtschaftszentrierte Dorföffentlichkeit gebunden und konfrontierten die Dörfer mit anderen Anforderungen. Die Bautätigkeit der 60er-Jahre erstreckte sich hauptsächlich auf den Wohnungsbau und landwirtschaftliche Gebäude am Ortsrand. In diesen Zeitraum fiel auch die gesamtgesellschaftliche Versorgung mit polytechnischen Oberschulen, ein wichtiger Schritt zur Urbanisierung des ländlichen Raums.

Das sozialistische Leitziel der Annäherung von Stadt und Land brachte in den 70er-Jahre erhebliche Bevölkerungsumschichtungen mit sich (vgl. Abs. 2. Demographie). Veränderungen im produktions-technischen und -organisatorischen Bereich wie Zusammenlegungen von LPG sowie Trennungen in Produktionsbereiche und Technikbereiche verlangten den vermehrten Einsatz von Wissenschaft und agrar-technischer Intelligenz, um die Großproduktion zu steigern. Aber auch die Ablösung der Gründergeneration trug zu einer sozialen Instabilität der Dörfer bei. Dörfer, die an keine LPG angeschlossen waren, verloren wichtige Einrichtungen wie z.B. Kaufhalle und Gaststätte. Die Modernisierung der Dörfer ging mit der Bildung von Zentralgemeinden einher, eine entsprechend angelegte Dorfförderung verstärkte die V*erödu*ng der Dörfer.

Mehrere Maßnahmen in den 80er-Jahren sollten zu einer Aufwertung des Dorfes führen, das unter der anhaltenden Landflucht und der hohen Fluktuation litt. Schon in der 2. Hälfte der 70er-Jahre gab es in der DDR einen erheblichen ökonomischen Druck, Energie zu sparen, vor allem Benzin. Deshalb wuchs auch der Zwang dorfnah zu produzieren und damit Arbeitszeit zu verkürzen. Ebenso waren ökologische Folgen der agrarischen Großproduktion erkennbar. Erste Öko-Pax-Gruppen fanden sich in den Gemeinden. Diesen Folgen der Zentralisierung versuchte man mit einer Aufwertung des Dorfes abzuhelfen. Gleichzeitige Kampagnen in immer rascherer Abfolge wollten die kulturelle Aufwertung befördern (‚Dorf als Kulturerbe'). Maßnahmen im Wohnungsbau (‚individueller Wohnungsbau', Bauen für junge Familien) waren sozialpolitische Maßnahmen, die mit politischen Maßnahmen (‚Einheit von Agrar- und Kommunalpolitik' (1985), 'Für ein produktives Dorf' (1987), verschiedene ‚Mach mit Kampagnen') gekoppelt waren. Die Zusammensetzung der Dorfbevölkerung hatte sich verändert, die Abwanderung Jugendlicher aus der Landwirtschaft verstärkte sich, die Fluktuation von jugendlichen Arbeitskräften in der Landwirtschaft blieb hoch. Obwohl es eine Umorientierung der Politik gab (weg von der Urbanisierung der Dörfer hin zur Dorfstruktur erhaltenden Dorferneuerung) waren die Ergebnisse, insbesondere was die Abwanderung Jugendlicher betrifft, unbefriedigend. Auch der forcierte Ausbau von Jugendkultur- und Jugendfreizeiteinrichtungen konnte diesen Trend nicht stoppen.

In der Folge der Wende gab es massive Veränderungen des Landes in den Neuen Bundesländern. Mit dem Wegfall der Besitz- und Organisationsstruktur und der Restrukturierung des Landes gemäß den Strukturen der Alten Bundesländer, wurde die agrarische Produktion von GmbH, Neueinrichtungen und Landwirten aus den Alten Bundesländern übernommen. Der Bedeutungsverlust der Agrarproduktion für den ländlichen Raum, die sich nun gemäß der EU-Richtlinien entfaltete, verursachte eine hohe strukturelle Arbeitslosigkeit ländlicher Räume, da Ersatzarbeitsplätze rar waren und sind, Qualifikationen nicht mehr benötigt wurden und auf andere wirtschaftliche Bereiche nicht übertragbar waren und die neu entstehenden Wirtschaftbereiche wie Verteilung/Logistik wenige Arbeitsplätze gebracht haben. Der kurzfristig aufblühende Mittelstand (insbesondere und schnell vorübergehend das Bauhandwerk) benötigte das Arbeitsangebot kaum. Die 'Alt'-Bevölkerung der Dörfer ist durch die Rückübertragung von Grund und Boden gespalten, vor allem dann, wenn die Wirtschaftskraft der neu entstandenen landwirtschaftlichen GmbH nicht ausreichte, entsprechende Ablösungen zu gewährleisten. Die Versuche der Verwaltungen, funktionsräumliche Konzepte zu implementieren, scheitern an der dauernd mangelnden Wirtschaftskraft ländlicher Räume, sodass z.B. die Unter- und Mittelzentren über direkte Verwaltungszentren hinaus kaum Bedeutung für die ländlichen Regionen haben. Insgesamt gesehen kann gegenwärtig von einem ausgeprägten Stadt-Land-Gefälle ausgegangen werden, das in vielen ländlichen Regionen mit massiven Abwanderungen, insbesonders von Jugendlichen und jungen Erwachsenen einhergeht, sodass regional 'überaltete' Landstriche entstehen. Selbst großstädtische Agglomerationen ('Leuchttürme') stehen immer noch unter diesem Druck.

2. Der demographische Wandel

Berichte über die demographische Veränderung der Bevölkerung finden sich in allen Medien. Ob es sich um die drohende 'Überbevölkerung' des Planeten oder die 'Überalterung' oder gar um das prognostizierte 'Aussterben' von Ländern dreht: die demographische Entwicklung genießt gegenwärtig eine hohe Aufmerksamkeit. Drei Themenbereiche sind dabei von Bedeutung, der Geburtenrückgang in den Industriestaaten und die Bevölkerungsexplosion in der Dritten Welt, die Inversion der Altersproportionen und die Suche nach demographischen Alternativen.

Wie gefährlich es im Zeitalter der Globalisierung wäre, sich nur auf Deutschland zu beziehen, zeigt ein Blick in Studien der Vereinten Nationen. Nach der „Population Division" der UN erreichte die Weltbevölkerung am 12. Oktober 1999 den Stand von 6 Milliarden Menschen. In der Bevölkerungsprognose werden es im Jahr 2013 7 Milliarden, 8 Milliarden 2028 und 2054 schließlich 9 Milliarden sein. Eine Stabilisierung erfolgt nach dieser Studie im Jahr 2200 bei 10 Milliarden Menschen. Der Sprung von 5 auf 6 Milliarden brauchte nur 12 Jahre, das war die kürzeste Zeitspanne, um die Weltbevölkerung um eine Milliarde Menschen wachsen zu lassen. Es dauerte z.B. bis 1804, bis die erste Milliarde erreicht war und weitere 123 Jahre – also bis 1927 – bis es zwei waren. Das Wachstum der Weltbevölkerung verläuft auf den Kontinenten unterschiedlich. Vor allem Europa läuft diesem Wachstumstrend entgegen. Hier gehen die Prognosen von erheblichen Rückgängen der Bevölkerung aus. Die Bedeutung dieses Verlaufes wird im Folgenden am Beispiel Deutschlands veranschaulicht.

Der Aufbau der Altersstruktur der deutschen Bevölkerung ist durch einen sehr schmalen Sockel (sehr geringe Geburtsraten, insbesondere im Osten) geprägt, gut erkennbar ist die Generation der 'baby-boomer' in den 50er und 60er-Jahren im Westen und die immer noch deutlichen Einschnitte in die Bevölkerung durch den Zweiten Weltkrieg. Das Bild des Bevölkerungsaufbaus entspricht nicht mehr dem einer Pyramide mit breitem Sockel und dünner Spitze, sondern eher dem der Urnenform (vgl. Höpflinger 1997, S. 183). Unterschiedliche koordinierte Bevölkerungsvorausschätzungen prognostizieren für das Jahr 2030 einen Rückgang der Gesamtbevölkerung auf knapp 70-74 Millionen (vgl. Höhn 1998, S. 144ff.). Betrachtet man die Verteilung der Alter geschlechtsspezifisch, so überwiegt der Anteil der Männer bis zum 60. Lebensjahr, ebenso deutlich ist die Feminisierung des Alters (>60). Der demographische Umbau der deutschen Gesellschaft bezieht sich keineswegs nur auf das Anwachsen der Anzahl und des Alters alter Menschen. Sämtliche Sozialformen sind während des 20. Jahrhunderts kaum mehr wieder zu erkennen (vgl. Datenreport 1999, S. 37ff.). Ein-Personenhaushalte haben sich zwischen 1900 und 1998 nahezu verfünffacht, während 5- und Mehrpersonenhaushalte nur noch ein Zehntel ihres Anteils von 1900 haben. Die Schrumpfung der Haushalte auf die Kernfamilie ist ebenso augenscheinlich wie die Ausbreitung der Singlehaushalte. Einen Teil der Erklärung für die Verkleinerung der Haushalte findet sich in der Veränderung der Geburtenzahl. Der Rückgang der Geburtenzahl ist in beiden Teilen Deutschlands festzustellen. Die Verläufe und das Ausmaß sind jedoch sehr unterschiedlich.

Der Geburtenrückgang im Osten in den 50er-Jahren wird von den hohen Abwanderungen in den Westen verursacht und verstärkt dort den Geburtenboom. Da ab 1950 keine 'Neubürger' – im westlichen Sprachgebrauch 'Flüchtlinge', später Vertriebene in den Osten hinzukommen (bis 1950 kamen 4,1 Millionen, was 1948 zu einer Gesamtbevölkerung von 19,1 Millionen führte), waren die Abwanderungen nicht kompensierbar. Die kurze

Stabilisierung der Geburtenrate nach dem Mauerbau (Gesamtbevölkerung 1961: 17,1 Millionen) bis Mitte der 60er-Jahre wird dann rückläufig. Dieser Rückgang wurde nicht nur in der DDR zunächst als Pillenknick fehlgedeutet und auf die ab 1968 in der DDR erhältliche Anti-Baby-Pille zurückgeführt. Dieser Einschnitt war jedoch keineswegs ein passageres Ereignis, wie die Gesamtentwicklung der Haushalte zeigt, sondern nur eine Bestätigung des epochalen Trends. Den Geburtenrückgang wollte ein engagiertes sozialpolitisches (Bevölkerungs-)Programm aufhalten, eine bare Notwendigkeit für den Arbeitskräftebedarf in der DDR. Nach und nach kam es in den 70er-Jahren zu folgenden sozialpolitischen Maßnahmen: Erhöhung des Kindergeldes; Wohnungsbauprogramm mit Bevorzugung junger Paare; massive Erhöhung der Krippen-, Hort- und Kindergartenplätze; zinslose Kredite für junge Eheleute, die 'abgekindert' werden konnten; Geburtenbeihilfen in Höhe von 1000 DDR-Mark für das erste, mit Steigerungen bei folgenden Kindern; Babyjahr und bezahlte Freistellungen bei Krankheit der Kinder; Verkürzung der Arbeitszeit für Mütter; Berücksichtigung von Kindererziehungszeiten bei der Rentenberechnung (vgl. Gerhard 1994, S. 392ff.). Die maßnahmen- und kostenintensive sozialpolitische Bevölkerungspolitik wurde bis in die 80er-Jahre hinein ständig erweitert und verbessert, gleichwohl war sie in der DDR nicht unumstritten und verursachte Proteste vor allem bei älteren Frauen (vgl. Markel 1994, S. 372f.). Die anfänglich erreichten Effekte der Steigerung der Geburtenraten ließen bereits ab 1982 deutlich nach, ab 1986 waren die Geburtenquoten bereits wieder um 2-5% pro Jahr rückläufig. Der historisch einmalige Einbruch, der größere Auswirkungen als der Zweiten Weltkrieg hatte, erfolgte bei den Geburten von 1990, mit nur 39,6% des Vorjahres.

Da sich das Erstgeburtsalter der Frauen in den Neuen Bundesländern im Zeitraum bis 1998 weitestgehend dem des Westens angeglichen hat, ist in den letzten Jahren ein gewisser „Erholungseffekt" (bis ca. 60% von 1989) erfolgt, der sich zumindest die nächsten Jahre – bedingt durch die Generation der geburtenstärkeren 70er-Jahre – noch leicht erhöhen kann. Die Folgen des Geburtenrückgangs sind bekannt: zunächst eine Schließungswelle von Kindereinrichtungen, gefolgt von Grundschulen, und mittlerweile stehen weiterführende Schulen an; besonders betroffen davon waren großstädtische und ländliche Gebiete. Letztere werden dadurch für den Zuzug besonders unattraktiv.

Der Westen Deutschlands erlebte in den Nachkriegsjahren erhebliche Zuwanderung mit einem Wanderungssaldo von ca. 3 Millionen Vertriebenen und Flüchtlingen (inkl. der Familienzusammenführung bis 1961) (vgl. Köllmann 1976, S. 42f.), die in der Nachkriegszeit vor allem in ländliche Bereiche zuzogen, da die Großstädte erhebliche Zerstörungen aufwiesen. Mit der Entwicklung der Arbeitsnachfrage in den städtischen Agglomerationen begannen starke Abwanderungen vom Land in die Städte. In den 50er bis Mitte der 60er-Jahre stieg die Geburtenrate an (baby boom). Die Anzahl der Lebendgeburten pro tausend Frauen stieg von knapp über 2000 (1950) bis knapp über 2500 (1966). Ebenso rasch wie der Anstieg fiel jedoch die Geburtenrate wieder, allerdings bis weit unterhalb des Ausgangsniveaus. Erst Anfang der 70er-Jahre stabilisierte sich die Geburtenziffer im Westen zwischen 1300 und 1400 Kindern. Ausschlaggebend für die Stabilisierung waren Arbeitsmigrationen, die in den 60er-Jahren und mit wenigen Ausnahmen Mitte der 70er und Anfang der 80er-Jahre in der Bundesrepublik zu einem positiven Wanderungssaldo führten. Vor allem Kinder aus Migrantenfamilien verhinderten einen weiteren Geburtenrückgang. Die Arbeitsmigranten zogen zunächst fast ausschließlich in die städtisch-industriellen Agglomerationen und erst in den 70er und 80er-Jahren erreichten sie die Mittel- und Unterzentren ländlicher Regionen. Für die Wohnbevölkerung von ländlich peripheren Gebieten, insbesondere den Dörfern, spielen Arbeitsmigranten kaum eine Rolle, anders als die Gruppe der Aussiedler in den 90er-Jahren.

Der Geburtenrückgang von Kindern und Jugendlichen in ländlichen Regionen des Westens verlief eher kontinuierlich, und entsprechend wurden die lebensbegleitenden Institutionen umgebaut, da Mitte der 70er und der 80er-Jahren das Land wieder vermehrten Zuzug erfuhr und die Pendelbewegungen zwischen Stadt und Land sozialstaatlich gestützt wurden und sich entsprechend ausweiteten. Ländliche Regionen mussten allerdings nach wie vor einen erheblichen Zoll an gut gebildeten Jugendlichen entrichten, da diese in ländlichen Regionen keine adäquate Arbeit fanden. Die fortschreitende Modernisierung sorgte bis Mitte der 70er-Jahre für eine Nivellierung der Bildungssituation zwischen Stadt und Land, eine Angleichung der Arbeitsgelegenheiten fand jedoch nicht statt. So bleibt für die jungen Menschen nur ein Abwandern oder der Verzicht auf (aus-)bildungsgemäße Beschäftigung.

Der größere demographische Wandel fand jedoch in den Neuen Bundesländer statt, wie oben schon bei der Entwicklung der Geburten beschrieben. Neben der rückläufigen Geburtenquote der Neuen Bundesländer ist die anhaltende, wenn auch mittlerweile gebremste Binnenwanderung in die Alten Bundesländern zu beachten. Nach wie vor gibt es für alle Neuen Bundesländer einen Negativsaldo von über 10000 Abwanderungen pro Jahr (1998), betroffen davon sind hauptsächlich ländliche periphere Gebiete, die ihre Jugendlichen und jungen Erwachsenen verlieren. In einer Landjugendstudie (Böhnisch/Rudolph 1997) konnte nachgewiesen werden, dass der Abwanderungsdruck auf junge Frauen auf dem Land mit hohen und guten Bildungsabschlüssen besonders hoch ist. Ob solche Migrationen nur deshalb geschehen, um nach erfolgter Ausbildung zurückzukehren, ist offen, obgleich erste Untersuchungen davon ausgehen, dass eher informationstechnisch qualifizierte junge Männer den Weg vom Westen in den Osten gehen. Bei dem vorhandenen Arbeitsplatzmangel in den Bereichen der (hoch-)qualifizierten Frauenberufe in den Neuen Bundesländern und besonders in den ländlichen Gebieten scheint eine Rückkehr jedoch nicht sehr wahrscheinlich. Die 'Erholungseffekte' der Geburtenquoten dürften entsprechend abgeschwächt werden.

Für die peripheren ländlichen Gebiete in den Neuen Bundesländern bedeutet dies mittel- und langfristig, dass sie erhebliche Anstrengungen unternehmen müssen, Bleibenkönnen zu ermöglichen und attraktiv für Zuzug zu werden, sonst droht das kollektive Altersheim (mit zu wenigem und schlechtqualifiziertem Personal). Für den Zuzug von Außenstehenden sind aber lebensbegleitende Institutionen für Kinder und Jugendliche von nicht zu unterschätzendem Wert. Gerade in dem Bereich der Kinder- und Jugendhilfe und der Bildung sind ‚Negativspiralen' häufig schon absehbar, da Einrichtungen wie Kindergärten und Schulen, aber auch Jugendclubs und andere jugendkulturelle Gelegenheitsstrukturen ausgedünnt und zentralisiert werden. Die wenigen vorhandenen Einrichtungen erreichen weder fachlich-inhaltlich noch in qualitativer Breite städtisches Niveau, womit Qualitätseinbußen unvermeidbar werden. Die Wege (und damit der Zeitaufwand) verlängern sich, so dass Bildungsprozesse und Freizeitaktivitäten erheblich erschwert oder gar verunmöglicht werden. Hier wären veränderte (bildungs-)politische Konzepte mit einer Kombination von Schule und Freizeit als Ganztagesschule dringend notwendig. Gegenwärtig bildet die Schließung die einzig gegangene Alternative.

In den Dörfern selbst finden sich immer weniger Gleichaltrige, mit denen jugendkulturelle Stile ausprobiert und gelebt werden können. Die unterentwickelte Infrastruktur ländlicher Räume verhindert bis zum Führerscheinalter überlokale Gesellungsformen, so dass Vereinzelungen von Jugendlichen in den Dörfern wahrscheinlicher wird. Das Problem der kleinen Zahl verstärkt sich in den ohnehin erwachsenenzentrierten Vereinen, da vereinzelte Jugendliche die intergenerationelle Auseinandersetzung kaum wagen mögen. Die soziale Kontrolle der vielen Erwachsenen und Alten über die wenigen Kinder und Jugendlichen, wird zu einem Anwachsen von Auffälligkeiten und Abweichungen führen.

Konsum und Geselligkeit in den Dörfern sind an die wenigen Gelegenheiten im Ort gebunden. Kneipen und Einkaufsläden unterliegen ökonomischen Gesetzen, wenn der zu erwirtschaftende Profit ausbleibt. Das wird wiederum durch das Problem der kleinen Zahl rapide wahrscheinlicher, dann ist die Schließung die einzige Möglichkeit. Die Rückwirkungen solcher Veränderungen betreffen darüber hinaus auch Arztpraxen, Apotheken und Banken etc. Wenn solche Einrichtungen fehlen, dann wird sogar Alter in der eigenen Wohnung unwahrscheinlich und die Einweisung in stationäre Einrichtungen erfolgt zwangsläufig früher. Solche ‚toten' Dörfer (ohne Kindergarten, Jugendclub, Kneipe, Einkaufsmöglichkeit, Arzt etc.) sind dann in einem Maße unattraktiv, dass Weggehen zur einzigen zukunftsträchtigen Alternative zur ländlichen Öde wird.

Für die Institutionen der Kinder- und Jugendhilfe, aber auch des Bildungswesens wird sich eine ruinöse Konkurrenzsituation ergeben mit einem starken Zwang zur konzeptionellen Arbeit im Sinne flächenübergreifender Netzwerkmodelle. Obwohl die in ländlichen Bereichen bestenfalls im Aufbau begriffene Infrastruktur der Jugendhilfe bisher noch nicht einmal eine flächendeckende Grundvorsorgung entwickeln konnte, wird das Problem der kleinen Zahl politisch dazu benutzt werden, vielen kleinen Initiativen und Trägern der Jugendhilfe das Ende zu bereiten. Gerade diese sichern aber bisher noch am ehesten die jugendkulturelle Gelegenheitsstruktur und geben den Jugendlichen Halt.

Die sektorale Umstrukturierung und z.T. Deindustrialisierung der ländlichen Räume nach der Wende brachten immense wirtschaftliche Probleme. Für viele bedeutete dies nicht nur den Verlust von Arbeitsplätzen, sondern darüber hinaus den Verlust von Qualifikation, da viele Berufe nicht mehr gebraucht wurden und zudem Qualifikationen und Berufsausbildungen keine Anerkennung mehr fanden.

Die Ausbildungs- und Berufsmärkte wurden umstrukturiert. Dabei wurde der ambivalente Charakter der demographischen Perspektive deutlich. In den vergangenen 10 Jahren waren einerseits die geburtenstarken Jahrgänge der DDR im Berufsausbildungsalter; diese zahlenmäßig großen Kohorten werden ja nach Bildungs- und Ausbildungsgang noch einige Jahre ihren Platz suchen. Dazu kamen jene, deren Qualifikation nicht gebraucht oder anerkannt wurde. Bis jetzt sind die damit verbundenen Probleme der dualen Berufsausbildung nicht gelöst. Die überbetriebliche Ausbildung erlangte dadurch riesige Anteile, staatlich eingerichteter Warteschleifen stattliche Ausmaße, und ein Heer von nicht ausgebildeten Jugendlichen wartet auf seine Chance. Nicht nur in den ländlichen Gebieten, aber dort besonders, ergibt die Analyse der abgeschlossenen Berufsausbildungen ein wenig zukunftsträchtiges Bild, da viele Berufsausbildungen im Handwerk, und dort vor allem im Bauhandwerk, stattgefunden haben und immer noch stattfinden. Für weibliche Jugendliche schränkt sich das ohnehin kleine Spektrum der Ausbildungsberufe in ländlichen Gebieten auf ein Minimum ein; selbst dieses ist für viele junge Frauen nicht erreichbar. Damit sind die Probleme mit Ausbildung und Beruf noch nicht einmal angerissen, denn der Übergang von der Ausbildung in den Beruf bringt für viele unüberwindbare Schwierigkeiten mit sich, da Übernahmen in Dauerarbeitsverhältnisse, die der Qualifikation entsprechen und tarifvertraglich bezahlt werden, selten sind. So bleiben für viele nur prekäre, außertarifliche Beschäftigung oder das Abwandern in andere Regionen, häufig in die Alten Bundesländer. Sozial- und arbeitsmarktpolitische Alternativen, wie der Aufbau eines qualifizierenden und qualifikationserhaltenden Beschäftigungssektors werden aufgrund ideologischer Vorbehalte nur randständig in Angriff genommen. Dabei spielen andererseits wiederum demographische Spekulationen eine bedeutsame Rolle. Indem mit der Zukunft der kleinen Zahl, also mit dem künftigen starken Rückgang der Geburtskohorten, gerechnet wird, scheinen sich für viele Verantwortliche die Probleme von selbst zu lösen. Mittelfristig im Zeitraum von 5-7 Jahren wird eine 'Nachfrage-Situation' auf Arbeitgeberseite entstehen. Diese Situation besteht in einigen Berufen schon seit geraumer Zeit und kann aufgrund mangelnder Qualifikation der Arbeiter nicht gelöst werden. Die mittelfristige Veränderung bringt auch denjenigen wenig, die in den letzten 10 Jahren nur Ausbildungen erhalten haben, die auch in Zukunft wenig nachgefragt werden, ganz zu schweigen von den Unausgebildeten. Wichtiges ‚endogenes' Kapital ländlicher Räume ist damit nicht (mehr) vorhanden, und die Folgen sind jetzt schon thematisierbar, denn die bisher geglückten Versuche, zukunftsträchtige Industrien und Dienstleistungen in den Neuen Bundesländern anzusiedeln, waren immer mit dem hohen Qualifikations- und Ausbildungsbestand der DDR verknüpft. Vermindert sich dieses ‚Kapital' so werden eben die Einzeltalente mobilisiert und abgeworben, die Ansiedlungsversuche aber unterbleiben.

3. Jugend auf dem Land

Die Untersuchungen zur Jugend auf dem Land beschäftigen sich mit den Auswirkungen des im ersten Abschnitt beschriebenen Strukturwandels. Bis in die 70er wurden im Westen die unterschiedlichen Verläufe städtischer und ländlicher Jugend dokumentiert. Die allmähliche Nivellierung der Unterschiede, insbesondere der Bildungsverläufe, (als Indikator der Modernisierung) stellte Planck (1982) fest. Das besondere Augenmerk der Landjugendstudien auf Jugendliche aus der Landwirtschaft ist seither nur noch ein Randthema.

Die Aneignung der funktionsräumlichen Gliederung ländlicher Räume nehmen L. Böhnisch und H. Funk (1989) in ihren Untersuchungen auf. Nicht mehr allein das Dorf, sondern die ländliche Region als jugendkulturelle Gelegenheitsstruktur wird zum Forschungsthema. Damit rücken Mobilität, Entfernung und Zeit(verbrauch) ebenso in den Mittelpunkt wie die Gleichaltrigengesellung, die sozialen Beziehungen in der Region als auch Fragen der Generationenbeziehungen. Fragen der Bleibeorientierung werden in den Kontext des ‚Lebens in zwei Welten' (Böhnisch/Winter 1992) gestellt. Die landspezifische Öffentlichkeit mit ihrer hohen sozialen Kontrolle sowie der generationen- und geschlechterhierarchische Aufbau dörflicher Gemeinwesen werden im Bewältigungsverhalten der Jugendlichen aufgespürt. In den 90er-Jahren stellten sich der Landjugendforschung neue Probleme (vgl. Böhnisch/Rudolph 1997). Die strukturellen Unterschiede ländlicher Regionen im Osten und Westen der Republik lenkten den Blick auf die Unterschiede der Vergesellschaftung von Landjugendlichen. Die erheblichen Unterschiede der Lebenslagen machte einen direkten Vergleich sehr schwierig, gemeinsame Kategorien der Beschreibung der Jugendlichen fanden sich nur in der abstrakten Zusammenfassung der Individualisierung und Pluralisierung. Die vorgefundenen empirische Unterschiede im Bereich der Bildung und Ausbildung soll deshalb am Anfang der Beschreibung der Landjugendlichen stehen.

Der allgemeingesellschaftliche Trend zur höheren Schulqualifikation gilt für Stadt und Land in beiden gesellschaftlichen Bereichen besonders für Mädchen und junge Frauen, sie haben mehrheitlich höhere und bessere

Schulabschlüsse. Diese Tendenz hat sich in den Neuen Bundesländern in den 90er-Jahren durchgesetzt, ohne dass es möglich wäre, in der Zukunft von der einfachen Fortschreibung der Entwicklung auszugehen. Durch die Schließung von Schulen, die es im Westen bisher eher vereinzelt, im Osten jedoch flächendeckend gibt, werden im weiter führenden Bereich die Auswahlmöglichkeiten geringer werden, und schon im Grundschulbereich sind für viele Landkinder die Fahrtzeiten länger. Mit dem täglichen Pendeln zwischen zwei Welten sind z.t. außerordentliche Belastungen verbunden, da täglich bis zu 3 Stunden für die Bewältigung der Entfernung verbraucht werden, und darüber hinaus müssen z.t. erhebliche finanzielle Mittel eingesetzt werden. Bei den hohen Arbeitslosenquoten in den Neuen Bundesländer, die in ländlichen Regionen mitunter zwischen 35 und 60% betragen, und der geringen Entlohnung für die geleistete Arbeit der Eltern, ist Bildungsmobilität und eine sozialstaatliche Abfederung der Lebenslage Land nicht nur im Osten für die Zukunft der Jugendlichen bedeutsam.

Das eigentliche Problem der Jugendlichen auf dem Land ist die berufliche Ausbildung. Die Jugendlichen strengen sich an, ihre große Berufsorientierung mit den damit verbundenen Anpassungseinstellungen wie Flexibilität, Anpassungsfähigkeit und Durchsetzungsfähigkeit in einer Berufsausbildung umzusetzen. Schulbildung als Voraussetzung für Berufsausbildung wird vor allem für Mädchen und junge Frauen, die dem Druck des Ausbildungs- und Arbeitsmarktes in ländlichen Regionen am schärfsten ausgesetzt sind, zu einem Schlüsselfaktor. Da Mädchen und junge Frauen sich der (regionalen) Ausgrenzung aus den Märkten aber am ehesten widersetzen, gehen sie am häufigsten vom Land weg und dann nicht selten in die Alten Bundesländer. Männliche Jugendliche sind nicht so mobil. Sie ergreifen eher Angebote der Region auch dann, wenn die angebotenen Berufe bzw. Warteschleifen wenig zukunftsträchtig sind, also z.B. in den ohnehin nachfragelosen Bauhandwerken. Häufig ergeben sich durch solche Ausbildungen Folgeprobleme, wie die Nicht-Übernahme in Regelarbeitsverhältnisse. Andere Ausbildungs- und Berufsangebote sind in den ländlichen Peripherien aber rar. Die mittelfristig andauernde hohe Nachfrage nach Ausbildung- und Arbeitsplätzen durch die großen Geburtenkohorten wird auch in den nächsten Jahren auf kein adäquates Angebot treffen, sodass einerseits der Druck zum Verlassen ländlicher Gebiete nicht geringer wird und andererseits die sozialstaatliche Stützung der Lebensläufe gefragt bleiben wird. Die Situation wird sich frühestens ab 2005 entspannen, dann allerdings wird die Nachfrage nach qualifizierten Mitarbeiterinnen sehr stark sein; sie wird aus den Agglomerationen einen Sog auf die ländlichen Gebiete auslösen. Die Attraktivität ländlicher Regionen wird schließlich der Gradmesser für viele sein, ob sie weggehen, um einen Beruf zu erhalten und wiederkehren, weil sie gerne und gut auf dem Land leben können und wollen, oder ob sie wegbleiben.

Die Attraktivität ländlicher Regionen bestimmt sich dabei aber nicht nur in wirtschaftlicher Hinsicht. Für die Jugendlichen sind die Cliquen sehr wichtig. Diese finden sich nicht nur im Dorf, sondern vor allem in der Region.

In den jugendkulturellen Gelegenheitsstrukturen findet man jenen Halt, der zur Bewältigung der generationen- und geschlechterhierarchischen Erwachsenenwelt benötigt wird. Obgleich die Jugendlichen anerkanntermaßen viel für das ländliche Gemeinwesen leisten, z.B. bei Festen und in den Vereinen, können sie kaum Einfluss ausüben, wenn es sich um die Gestaltung des Sozialen und des Gemeinwesens handelt. Wie die Umfragen zeigen, liegt dies nicht an mangelndem Wissen um die kommunalpolitischen Problemlagen. Es sind die Arten der Konfliktaustragung und die hohe soziale Kontrolle, die den Generationenaustausch und die Partizipation verhindern. Deshalb wird Freizeit in der jugendkulturellen Gelegenheitsstruktur der Region verbracht. Hier finden sich auch genügend 'Gleichgesinnte', die die jugendspezifischen Experimente mit Lebensstilen erlauben (vgl. Böhnisch/Rudolph 1997). Die Jugendlichen sind also auf Mobilität auch in der Freizeit angewiesen. Deshalb sind die Fahrlizenzen und Fahrzeuge wichtige Statusmittel. Mit dem dramatischen Rückgang der Geburtenkohorten werden sich in den einzelnen Gemeinden kaum genügend Jugendliche finden, die sich ihre 'Räume' in den heute schon erwachsenen dominierten Gemeinden erobern. Solange diese auf den Transport durch Erwachsene angewiesen sind, sind sie in ihren Dörfern aber auf eigene Räume verwiesen. Auch in diesen Kämpfen entscheidet sich die Attraktivität ländlicher Räume.

Jugendarbeit und mit Einschränkungen Jugendhilfe unterstützen im Westen längst die jugendkulturelle Gelegenheitsstruktur. Mit Konzepten der Kooperation von Profis und Ehrenamtlichen wird eine Flächendeckung des Angebotes angestrebt. In den Neuen Bundesländern ist selbst diese jugendkulturelle Infrastruktur nicht in Ansätzen erkennbar. Zum einen gibt es für ländliche Gegenden keine Konzepte, die z.B. in Klein- und Mittelstädten auch den Support der umliegenden Gemeinden leistet. Dies liegt nicht zuletzt daran, dass ausgebildete Profis in ländlichen Gebieten fehlen. Auch eine ausreichende Anzahl ‚Ehrenamtlicher' ist selten vorhanden. Darüber hinaus brechen viele jugendliche Initiativen ('Bauwagen') wegen mangelnder Unterstützung durch die Jugendhilfestrukturen wieder zusammen. Gerade im ländlichen Raum wäre der Ausbau der Jugendhilfestruktur besonders wichtig, da hier fremdenfeindliche und gewaltbereite Einstellungen stark ausgeprägt sind. Vereine und Verbände, insbesondere dann, wenn sie Mitgliederstrukturen schaffen sollen, sind bisher nicht in der Lage, konzeptionelle Netze für jugendkulturelle Gelegenheiten zu schaffen (vgl. Rudolph 1998; 2000).

Literatur zur Vertiefung

Böhnisch, Lothar/Rudolph, Martin (Hrsg.) (1997): Jugendliche in ländlichen Regionen. Ein Ost – West Vergleich. Bonn

Müller, Christa (1998): Von der lokalen Ökonomie zum globalisierten Dorf. Bäuerliche Überlebensstrategien zwischen Weltmarktorientierung und Regionalisierung. Frankfurt am Main; New York
Rudolph, Martin (2000): Wie und wohin geht offene Jugendarbeit im ländlichen Raum? In: Bassarak, Herbert (Hrsg.): Offene Jugendarbeit im ländlichen Raum. Köln

Literatur

Bauerkämper, Arnd (1934): Von der Bodenreform zur Kollektivierung. Zum Wandel der ländlichen Gesellschaft in der Sowjetischen Besatzungszone Deutschlands und DDR 1945-1952. In: Kaelbe, Hartmut/Kocka, Jürgen/Zwahr, Hartmut (Hrsg.): Sozialgeschichte der DDR. Stuttgart, S. 119-143
Böhnisch, Lothar/Rudolph, Martin (Hrsg.) (1997): Jugendliche in ländlichen Regionen. ein Ost-West Vergleich. Bonn
Böhnisch, Lothar/Winter, Reinhard (1992): Pädagogische Landnahme. Eine Einführung in die Jugendarbeit des ländlichen Raums. Weinheim/München
Böhnisch, Lothar/Funk, Heide (1989): Jugend im Abseits? Zur Lebenslage Jugendlicher im ländlichen Raum. Weinheim/München
Datenreport 1999 (Statistisches Bundesamt (Hrsg.) in Zusammenarbeit mit WZB und ZUMA) Zahlen und Fakten über die Bundesrepublik Deutschland. Schriftenreihe der Bundeszentrale für politische Bildung. Bd. 365. Bonn
Gerhard, Ute (1994): Die staatlich institutionalisierte „Lösung" der Frauenfrage. Zur Geschichte der Geschlechterverhältnisse in der DDR. In: Kaelbe, Hartmut/Kocka, Jürgen/Zwahr, Hartmut (Hrsg.): Sozialgeschichte der DDR. Stuttgart, S. 383-403
Höhn, Charlotte (Hrsg,) (1998): Demographische Trends, Bevölkerungswissenschaft und Politikberatung. – Aus der Arbeit des Bundesinstitutes für Bevölkerungsforschung (BiB), 1973 bis 1998-. Opladen
Höpflinger, Francois (1997): Bevölkerungssoziologie. Eine Einführung in bevölkerungssoziologische Ansätze und demographische Prozesse. München
Institut für Marxismus-Leninismus beim Zentralkomitee der SED (Hrsg.) (1966): Geschichte der deutschen Arbeiterbewegung (GddtA). Band 8 von 1956-1963. Berlin
Jeggle, Utz (1977): Kiebingen - eine Heimatgschichte. Zum Prozeß der Zivilisation in einem schwäbischen Dorf. Tübingen
Kautsky, Karl (1902): Die Agrarfrage. Eine Übersicht über die Tendenzen der modernen Landwirtschaft und die Agrarpolitik der Sozialdemokratie. Stuttgart
Köllmann, Wolfgang (1976): 2. Bevölkerungsgeschichte 1800-1970. In: Aubin, Hermann/Zorn, Wolfgang (Hrsg.): Handbuch der deutschen Wirtschafts- und Sozialgeschichte. Stuttgart. S. 9-50
Kuczynski, Jürgen (1981): Geschichte des Alltags des deutschen Volkes. Bd. 4. 1871-1918. Berlin
Mak, Geert (1999): Wie Gott verschwand aus Jorwerd: Der Untergang des Dorfes in Europa. Berlin
Mayer, Tilman (1999): Die demographische Krise. Eine integrative Theorie der Bevölkerungsentwicklung. Frankfurt/New York
Merkel, Ina (1994): Leitbilder und Lebensweisen von Frauen in der DDR. In: Kaelbe, Hartmut/Kocke, Jürgen/Zwahr, Hartmut (Hrsg.): Sozialgeschichte der DDR. Stuttgart, S. 359-382

Müller, Christa (1998): Von der lokalen Ökonomie zum globalisierten Dorf. Bäuerliche Überlebensstrategien zwischen Weltmarktorientierung und Regionalisierung. Frankfurt am Main; New York

Planck, Ullrich (1982): Situation der Landjugend. Die ländliche Jugend unter besonderer Berücksichtigung des landwirtschaftlichen Nachwuchses. Münster-Hiltrup

Planck, Ullrich (1970): Landjugend im Wandel. München

Population Division, Department of Economic and Social Affairs, United Nations Secretariat (2000): Replacement Migration: Is it A Solution to Declining and Ageing Populations?

Population Division, Department of Economic and Social Affairs, United Nations Secretariat (1999): The world at six Billion

Rudolph, Martin (2000): Wie und wohin geht offene Jugendarbeit im ländlichen Raum? In: Bassarak, Herbert (Hrsg.): Offene Jugendarbeit im ländlichen Raum. Köln

Rudolph, Martin (1998): Bleibenkönnen. Jugendliche in ländlichen Regionen. In: Böhnisch, Lothar/Rudolph, Martin/Wolf, Barbara (Hrsg.): Jugendarbeit als Lebensort. Jugendpädagogische Orientierungen zwischen Offenheit und Halt. Weinheim/München, S. 131-152

Rudolph, Martin (1996): Sozialisation von Landwirten. Empirische Regionalstudie zu Absolventen von Landwirtschaftsschulen. Sinzheim

Sombart, Werner (1934): Deutscher Sozialismus. Berlin-Charlottenburg 2

Statistisches Bundesamt (Hrsg.) (1998): Im Blickpunkt: Die Bevölkerung der Europäischen Union heute und morgen – mit besonderer Berücksichtigung der Entwicklung in Deutschland. Stuttgart

Andreas Oehme und Patricia Liebscher-Schebiella

Ost und West

Zusammenfassung: Die Verschiedenheiten der Lebensorte Ost und West werden zunächst mit Ergebnissen der nach 1990 boomartig einsetzenden deutsch-deutschen Jugendforschung umrissen. Mit Blick auf die den Untersuchungen zugrunde liegenden Theorien und Ansätze wird jedoch deutlich, dass die Forschungsergebnisse und ihre Interpretationen eher theoretischen Grundannahmen und den angewandten Methoden geschuldet sind und dass aufgrund der mangelhaften fachlichen Diskussion darüber die Situation der ostdeutschen Jugendlichen nicht aussagekräftig abgebildet werden konnte. Aus der Kritik der Forschungspraxis ergibt sich die Forderung, die Jugendlichen in ihren gesellschaftlichen Kontexten zu begreifen und ihre Problemlagen zu erfassen, um Forschungsergebnisse zu liefern, die auch einer sozialpolitischen Diskussion über den Bedarf an Jugendhilfe als argumentatives Fundament dienen können.

1. Der Spannungsort Ostdeutschland

Über 10 Jahre nach der Wiedervereinigung der deutschen Staaten bedarf das Thema Ost-West immer noch einer gesonderten Betrachtung. Zwar kann man die Trennlinie zwischen unterschiedlichen Lebensorten mit ihren je spezifischen Auswirkungen auf Jungsein auch anders ziehen. Jedoch sind die Lebensorte Ost und West durch die unterschiedlichen historischen Entwicklungen der beiden deutschen Staaten und das weitere Geschehen vor allem in Ostdeutschland seit der Wende grundsätzlich verschieden geprägt. Deshalb muss die Diskussion um die Ost-West-Unterschiede auf einer anderen Ebene geführt werden als beispielsweise die um Unterschiede zwischen Stadt und Land oder Nord und Süd.

Dass man im einen Landesteil anders lebt als im anderen, wird schon mit dem Blick eines Reisenden deutlich. Aufgabe der Forschung sollte zunächst sein, dieses ‚anders' zu lokalisieren und erklärend zu vermitteln. Das ist aber sowohl in der öffentlichen Diskussion als auch in der deutsch-deutschen Forschung kaum gelungen. Entweder fand man keine Unterschiede oder sie wurden sofort bewertet: Differenzen wurden und werden dem Osten weniger zugestanden als angelastet, geschweige denn dass man eigene Qualitäten und Entwicklungen anerkennt. Vielmehr steht die Diskussion immer noch viel zu häufig unter dem Zeichen von Anpassungsproblemen an die vom Westen definierte Normalität. Damit wird Ostdeutschland zum Spannungsort für einen Konflikt zwischen Ost und West.

Genau in dieser Spannung steht auch die Jugendhilfe im Osten im doppelten Sinne: institutionell hauptsächlich geprägt (und konstituiert) durch die aus Westdeutschland stammenden ‚transformierten' Strukturen, muss sie doch an die spezifische Situation politischer und ökonomischer Art in Ostdeutschland anknüpfen und wird weitestgehend von ostdeutschen MitarbeiterInnen getragen; gleichzeitig steht ihre Klientel stark unter dem Zeichen der Dynamik, den Bedingungen und Widersprüchen, die sich durch das Aufprallen der einen gesellschaftlichen Realität auf die andere ergaben.

Die Geschichte der neueren deutsch-deutschen Jugendforschung ist für den zukünftigen europäischen Einigungsprozess noch einmal von besonderer Bedeutung. Auch in diesem Rahmen wird es Konflikte zwischen Ost und West (und Nord/Süd) geben, die auf den grundsätzlich gleichen Problemlagen beruhen. Deswegen kann und muss das deutsch-deutsche Beispiel als Lehrstück dafür stehen, wie ein Vereinigungsprozess nicht vollzogen werden darf, wenn dabei das in einem solchen Prozess enthaltene Konfliktpotential für das Ganze fruchtbar gemacht, anstatt als Ungleichheit zwischen den verschiedenen Teilen zementiert werden soll.

2. Forschungsergebnisse im Überblick

Unmittelbar nach der ‚Wende' in der DDR setzte ein Boom an Forschungen ein, die den schon bald so benannten *Transformationsprozess*' (was ein breiter Begriff ist, der sich auf die Übertragung von Institutionen, Lebensstilen, Einstellungen usw. bezieht) in Ostdeutschland wissenschaftlich ‚begleiten' wollten. In den letzten Jahren hat allerdings das anfangs rege Forschungsinteresse an den Ost-West-Differenzen unter Jugendlichen stark nachgelassen. Inzwischen werden sie kaum noch gesondert behandelt und sind oft nur als statistische Abweichung Thema. Die meisten Studien und besonders diejenigen, die Jugend im Ost-West-Vergleich zum Gegenstand haben, beschränken sich in hohem Maße auf eine Beschreibung der psychosozialen Verfassung der Jugendlichen, deren Werte und Einstellungen. Außerdem wird angesichts der großen Dynamik im Geschehen in Ostdeutschland eher eine vergangene Situation beschrieben als die gegenwärtige Lage, zumal bei den meisten Arbeiten (vor allem den neueren) zwischen Datenerhebung und Veröffentlichung mehrere Jahre liegen. So lässt sich der Lebensort Ost auch mit der folgenden Skizze des Forschungsstandes weit mehr durch seine Entwicklung kennzeichnen als in seinem Zustand.

Der 10. Kinder- und Jugendbericht hebt vor allem die verschiedenen familiären Situationen hervor: In Ostdeutschland sind Mütter stärker erwerbstätig und es gibt mehr Alleinerziehende, die seit der Wende zunehmend in Armut geraten. Die Wohnungen der Familien mit Kindern waren 1995 im Osten durchschnittlich schlechter ausgestattet und kleiner als im Westen (vgl. Bundesministerium 1998, S. 52), und sie mussten weit stärker gestützt werden: 20,2% der ostdeutschen Kinder lebten 1994 in Haushalten mit

Wohngeld (26,8% mit Arbeitslosengeld); 6,1% (4,2%) der westdeutschen (vgl. ebd., S. 90). Die hohe Arbeitslosigkeit im Osten trifft vor allem Frauen mit Kindern (und verstärkt die mit mehreren Kindern). In Folge davon geraten viele Kinder in direkte oder indirekte Abhängigkeit von Unterstützungsleistungen (vgl. Nauck/Joos 1996). Durch das bundesrepublikanische Wohlfahrtssystem, das Transferleistungen für Kinder eher an Familien und Verdiener (über Steuervergünstigungen) auszahlt, kommt es besonders im Osten zur „Infantilisierung der Armut" (ebd., S. 287).

Werte und Einstellungen unter Jugendlichen sind auf vielfältigste Weise vor allem Gegenstand der Vergleichsstudien geworden. Die zu Anfang der 90er-Jahre meist als gering beschriebenen Unterschiede diesbezüglich zwischen den Jugendlichen in Ost und West (vgl. Jugendwerk 1992; Bundesministerium 1994, S. 191) wurden im Allgemeinen auf einen bereits in den 70er und 80er-Jahren in der DDR vollzogenen massiven Werte- und Mentalitätswandel zurückgeführt (vgl. z.B. Friedrich/Förster 1996, S. 21; Bundesministerium 1994). Gleichzeitig sind für dieses Ergebnis auch die angewandten Methoden und theoretischen Prämissen, die die bestehenden Unterschiede einfach nicht aufdecken können, verantwortlich (vgl. Schefold/Hornstein 1993). Ein neues Bild ergibt sich erst später, so mit dem DJI-Jugendsurvey 2000 und der Shell-Studie 2000, die wieder deutliche (und zunehmende) Differenzen aufzeigen, die zudem alle anderen Unterschiede zwischen den Bundesländern überlagern (vgl. Deutsche Shell 2000, S. 284). Letztlich scheinen in den hier wahrgenommen Einstellungen die Bewältigungsformen und Suche nach Rückhalt durch, die sich mit der erzwungenen Flexibilisierung im Strukturwandel der Arbeitsgesellschaft in Ostdeutschland ergeben: Sowohl „Autonomiebewusstsein" (d.h. Eigenständigkeit, Konfliktfähigkeit, Selbstbehauptung) und der Anspruch auf persönliche Kongruenz bzw. Glaubwürdigkeit („Authentizität") wie Berufs- *und* Familienorientierung (zur Widersprüchlichkeit der Vereinbarkeit von Familie und Beruf s.u.) sind im Osten deutlich stärker ausgeprägt (vgl. ebd., S. 99ff.; Gille/Krüger 2000). Ostdeutsche (und besonders weibliche) Jugendliche haben eine höhere Leistungsorientierung und Mobilitätsbereitschaft (vgl. auch schon Starke 1995; Golz 1995) und würden vor allem aus finanziellen Gründen (Sicherheit) sich eher in die berufliche Selbstständigkeit wagen (vgl. Deutsche Shell 2000, S. 291ff.). Ihre Orientierungen sind also deutlich durch die aktuellen gesellschaftlichen Bedingungen (besonders auf dem Arbeitsmarkt) geprägt (vgl. auch Abschnitt 4). So wird bei Ostdeutschen zunehmend eine Koexistenz von sowohl (konventionellen) Pflicht- und Akzeptanzwerten als auch Selbstentfaltungswerten als Besonderheit konstatiert (vgl. Gille/Krüger 2000; Gensicke 1998). Diese Synthese von „klassischen modernen" Werten verweist auf den frühen Druck zur Selbstbehauptung, dem die Jugendlichen insbesondere in Ostdeutschland ausgesetzt sind.

Gewalt und *Fremdenfeindlichkeit* waren Brennpunktthemen spätestens seit den Ausschreitungen in Hoyerswerda und Rostock 1991 bzw. 1992. Für die

Zeit von 1990 bis 1993 werden mehr oder weniger übereinstimmend eine weit höhere Gewaltbereitschaft gegen Fremde und ein generell höheres Repressionspotential unter ostdeutschen Jugendlichen beschrieben (vgl. z.B. Hoffmann-Lange 1995; Heitmeyer u.a. 1995; Schmidtchen 1997). Demgegenüber gehen Forschungen zur Gewaltbelastung an Schulen von einer generellen, geradlinigen Angleichung des Gewaltniveaus sowie der -formen im Osten an die des Westens aus. Die Gewaltbelastung an sächsischen Schulen sei im Vergleich zu der an hessischen nur geringfügig *niedriger* (vgl. Forschungsgruppe Schulevaluation 1998). Zwischen Einstellungen zur und Ausübung von Gewalt besteht überhaupt eine gewisse Widersprüchlichkeit: Während die Gewaltbereitschaft gegen Fremde im Osten seit 1993 sich nur tendenziell abschwächte, gingen die tatsächlich ausgeübten Gewalttaten erheblich zurück. Mit Bezug auf die Verfassungsschutzberichte 1993 und 1994 wird darauf verwiesen, dass bezogen auf den Bevölkerungsanteil im Osten weniger Straftaten mit rechtsgerichtetem Hintergrund verzeichnet wurden als im Westen (vgl. Friedrich/Förster 1996). Jugendliche im Osten sind also offensichtlich wesentlich gewaltbereiter, aber kaum gewalttätiger als im Westen (vgl. Heitmeyer u.a. 1995; Mansel 1999). Der starke Anstieg rechtsextremer Orientierungen nach 1990 könnte aufgrund von Abschwächungstendenzen nach 1993 (vorsichtig) als Übergangsphänomen interpretiert werden (vgl. Friedrich Förster 1996). Die fremdenfeindlichen Einstellungen im Allgemeinen gingen jedoch in den letzten Jahren im Osten geringfügiger zurück als im Westen (vgl. Gille/Krüger 2000), sodass auch 1997 bzw. 1999 eine deutlich höhere Fremden- bzw. Ausländerfeindlichkeit (in den Einstellungen) im Osten konstatiert wurde (vgl. ebd.; Deutsche Shell 2000).

Eine plausible Erklärung hierfür sind die hohen strukturellen „Desintegrationspotentiale" (Heitmeyer u.a. 1995) in Ostdeutschland: Die Chancen auf einen Ausbildungs- und Arbeitsplatz wurden unkalkulierbar, die jugendspezifische Infrastruktur brach weg oder veränderte sich grundlegend, und die innerfamilialen Belastungen haben sich erhöht. Zudem wurden früher erlernte Bewältigungsformen unbrauchbar (vgl. ebd., S. 124). Auch die grundlegend verschiedene Sozialstruktur ist zu bedenken: Da es im Osten kaum eine ‚soziale Unterschichtung' der Gesellschaft durch Migranten gibt (vgl. insbes. Nauck 1991) steht faktisch der ostdeutsche Jugendliche, der nicht ‚gebraucht' wird (vgl. Seifert 1995), mit dem türkischen Jugendlichen im Westen auf der gleichen sozialen Statusstufe. Was dem desintegrierten Ostdeutschen in unterster sozialer, eigentlich ‚anderen' zugewiesenen Stellung bleibt, ist die Vergewisserung seiner ethnischen ‚Überlegenheit': Er sucht seine „Integration durch Ausgrenzung" anderer (Böhnisch/Arnold/Schröer 1999, S. 285).

Mädchen und junge Frauen stehen im Osten in einem besonderen Spannungsverhältnis. Hier generiert sich in den Lebensentwürfen der Wunsch (bzw. die ökonomische Notwendigkeit) nach (Voll-)Beschäftigung und finanzieller Unabhängigkeit (vgl. Schlegel 1997). Das bringt sie (zukünftig) in besondere Nöte: Einerseits werden Frauen aufgrund hoher Arbeitslosigkeit sowohl aus beruflichen Frauendomänen als auch aus klassischen Männerbereichen zunehmend verdrängt; ihnen wird plötzlich eine ‚erhöhte Erwerbsneigung' zugeschrieben. Andererseits lässt sich der Wunsch nach Kindern (bzw. Familie) mit der stärker leistungszentrierten und Flexibilität fordernden Arbeitswelt schwerer vereinen, wodurch nicht nur Stress, sondern auch ein erhöhtes Armutsrisiko entsteht (zur Widersprüchlichkeit zwischen Berufs- und Familienorientierung vgl. auch Deutsche Shell 2000, S. 112ff.). Tendenziell werden also die Geschlechterverhältnisse ‚restrukturiert' (vgl. Schlegel 1995), womit besonders weibliche Jugendliche im Osten in große Schwierigkeiten bei der Umsetzung ihrer Zukunftswünsche geraten (vgl. Friedrich/Förster 1996, S. 121) und ihre persönliche Zukunft dementsprechend weniger klar und zuversichtlich sehen (vgl. Jugendwerk 1997, S. 293; Deutsche Shell 2000, S. 287ff.).

Die allgemein weit größeren Zukunftssorgen und -unsicherheiten in Ostdeutschland sind ein entscheidender Indikator für die dortige Lage und ihre Auswirkungen auf die Stimmung unter den Jugendlichen. Förster zeigte einen deutlichen Rückgang der Zukunftszuversicht (sowohl bezüglich der gesellschaftlichen wie der persönlichen) bei ostdeutschen Jugendlichen bereits von 1987 an bis 1994 auf (vgl. Förster 1997). Die persönliche Zukunft (und nur die) wurde später wieder optimistischer gesehen, während die älteren Jugendlichen so wenig Klarheit über ihren Verlauf haben wie die jüngeren (vgl. Deutsche Shell 2000, S. 288ff.). Im Osten herrscht nahezu ausnahmslos eine wesentlich höhere Problemwahrnehmung vor, wobei die gravierendsten Unterschiede beim Lehrstellenmangel und den mangelnden Freizeitmöglichkeiten liegen; Arbeitslosigkeit wurde in Ost und West gleich stark als wichtigstes Problem angegeben (vgl. Jugendwerk 1997, S. 282; auch Büchner u.a. 1996, S. 80f.). Die Krise der Arbeitsgesellschaft ist somit im Osten mehr noch als im Westen in die Jugendphase hereingebrochen und unterhöhlt ihren Sinn, indem Jugendlichen die Perspektive auf einen Platz in der stark an Erwerbsarbeit gebundenen Erwachsenenwelt verloren geht (vgl. Jugendwerk 1997, S. 13).

2.1 Lage und Ansätze der Jugendhilfe Ost

Vor allem das kommunal organisierte Freizeitangebot hat sich durch den Schwund von Einrichtungen, eine zu schnelle Übernahme von westdeutschen Strukturen (was Gestaltungspotentiale zerstörte) und die prekäre Finanzlage der Kommunen verschlechtert (vgl. Bundesministerium 1998, S. 224; auch Jugendwerk 1997, S. 351 und 356). Das Wegbrechen von ca. 80% der (im westdeutschen Verständnis) ‚offenen' Jugendarbeit (vgl. Schefold 1995) hinterließ Lücken, die nicht einfach durch die Übertragung der „institutionellen Muster und Verfahren von West- nach Ostdeutschland" zu schließen sind: Die „entsprechende Jugend- und Sozialstruktur, welche diese Institutionen erst zum Leben bringt, war [...] nicht übersetzbar, muss sich erst hier unter den besonderen historischen und lokalen Bedingungen entwickeln" (Böhnisch 1995, S. 85; vgl. auch Angerhausen u.a. 1998). Die westdeutschen Verbands- und Vereinsstrukturen haben in Ostdeutschland nur verminderte Zugkraft, weil die Erfahrung einer an Schule bzw. sozialen Nahraum (Jugendclubs) gebundene Jugendfreizeit nachwirkt (vgl. Böhnisch 1995). Zudem wurden die vielen Ansätze, wie die ‚Runden Tische der Jugend' oder ‚Arbeitsgemeinschaft neuer demokratischer Jugendverbände', aus der hoffnungsfrohen und experimentierfreudigen Zeit direkt nach der Wende kaum gewürdigt und weder durch Finanzen noch Beratung genügend unterstützt; viele Handlungsimpulse konnten sich somit nicht verstetigen, und die Energien verpufften wirkungslos (vgl. Schefold 1995; Thole 1993).

Für die ostdeutsche Jugend der Nachwendezeit wird das mit dem extremen *Geburtenrückgang* einhergehende „Problem der kleinen Zahl" (vgl. den Artikel von M. Rudolph in diesem Band) entscheidend werden (bzw. ist es schon); die Zahl der Geburten hatte sich 1991 auf 52,8%, 1993 auf 39,9% des Standes von 1988 verringert (vgl. Grundmann 1998, S. 227) und war damit ca. halb so groß wie in den alten Bundesländern (vgl. Dorbritz 1998). Besonders auf dem Land wird wegen knapper kommunaler Mittel bei abnehmender Kinderzahl die soziale Infrastruktur (Kindergärten, Schulen, Berufsschulen, Angebote offener Jugendarbeit usw.) ausgedünnt, die Wege entsprechend länger und die Auswahlmöglichkeiten geringer werden. Die Problematik dieser Entwicklung wird noch deutlicher, zieht man das ohnehin schon dünnere Maßnahmeangebot im Osten in Betracht: So gab es z.B. 1996 in den alten Bundesländern 159 Maßnahmen pro 10 000 Jugendliche der Kinder- und Jugendarbeit (mit durchschnittlich 32 Teilnehmern pro Maßnahme), in den neuen Ländern waren es dagegen nur 97 mit durchschnittlich 58 Teilnehmern pro Maßnahme (vgl. Statistisches Bundesamt, Fachserie 13, Reihe 6.2).

Die anderen Ausgangsbedingungen im Verlauf des *Transformationsprozesses* haben auch qualitativ andere Hilfeansätze im Osten hervorgebracht: Die anfangs wenig verfestigte, kaum institutionell versäulte offene Jugendarbeit entwickelte sich entlang von Grund- bzw. Strukturprinzipien, die sich z.T. von denen der institutionell hoch entwickelten, aber zugleich darin befangenen westdeutschen Jugendhilfe unterscheiden. Es galt, sich auf die Bedürfnisse der Jugendlichen, die in diese gesellschaftliche Umbruchsituation gestellt waren, schnell und unbefangen einzulassen. Dadurch konnten sich in dem offenen Feld Grundprinzipien und Ansätze entwickeln, die nicht nur der Situation in Ostdeutschland entsprechen, sondern auf deren Grundlage gleichzeitig auch auf die Bedürfnisse Jugendlicher in der so genannten ‚modernen Gesellschaft' generell mit ihren Brüchen und Diskontinuitäten eingegangen werden kann.

Vor dem Hintergrund des umfassenden Wandels wurde Jugendarbeit vor allem als „Ort von Verlässlichkeiten" (Seifert 1995, S. 215) bedeutsam, der

Entlastung und Sicherheit im Alltag bietet. So suchen Jugendliche Räume, über die sie als „Organisationsrahmen für soziale Beziehungen" (Wolf 1999, S. 308) verfügen können. Dabei entstehen sozialräumliche Bindungen, die Rückhalt für soziale Orientierungen und Handlungen im sozialen Nahraum geben. Dazu gehören sowohl selbstgesuchte Peerbeziehungen als auch personale Beziehungen zu Erwachsenen, die für sie verfügbare und verlässliche Ansprechpartner sind. Indem diese zunächst als ‚erwachsene Person' für die Jugendlichen da sind, über die sie sich mit Formen und Ideen von Erwachsensein auseinander setzen – sich an ihnen orientieren wie von ihnen absetzen – können (vgl. Böhnisch 1997), ihnen dann aber auch vor dem Hintergrund der eigenen biographischen Bewältigungsanforderungen Beratung und Unterstützung anbieten, kommt ein „*pädagogischer Bezug*" (Böhnisch 1997) ins Spiel. Solche Beziehungsstrukturen konnten durch den milieubildenden Charakter von Projekten („*Milieubildung*") der offenen Jugendarbeit im Osten mit eher „sozial aktivierenden und vermittelnden Tätigkeiten, die an den alltagsweltlichen Bezügen der Jugendlichen ansetzen" (Böhnisch 1997, S. 79), gebildet und darüber der Wohnort auch für alle anderen sozialen Aktivitäten (Cliquenbildung usw.) attraktiv gemacht werden. Viele der Projekte haben ihre besondere Qualität in der einer gemeinwesenorientierten Perspektive entstammenden Vernetzungsarbeit, die weit über die Arbeitsfelder der Jugendhilfe hinausgeht und auf Entwicklung der Region und deren Infrastruktur zielt. Die Entwicklungen in der Jugendarbeit im Osten haben gezeigt, dass Persönlichkeit und Befähigung zur persönlichen Interaktion – neben der funktionalen Aufgabenwahrnehmung – zentrale Momente von Professionalität in der Sozialarbeit sind.

3. Blickwinkel der Forschungen

Für den Versuch, die verschiedenen Ansätze und Blickwinkel zu bündeln, geraten als Kriterien vor allem die ost- oder westdeutsche Herkunft der Autoren (und damit ihre eigene Betroffenheit vom ostdeutschen Wandel), die Abbildungskraft der verwendeten Methoden und zugrunde liegenden (Modernisierungs-)Theorien und, daran anschließend, die Sensibilität der Autoren für Probleme des direkten Vergleichens zwischen Ost und West in den Blick. Darüber hinaus stellt sich die entscheidende Frage nach der Relevanz der Forschungen für sozialpädagogische und -politische Problemstellungen.

Der Großteil der Forschung ist durch eine Theorie der Modernisierung des Ostens im Sinne von „*nachholender Modernisierung*" (zurückgehend auf Zapf; vgl. z.B. Zapf 1994) geprägt. Nahezu alle Studien, die Jugend im Osten und Westen vergleichend gegenüberstellen, gehen mehr oder weniger implizit von diesem Ansatz aus. Vorausgesetzt wird dabei von vornherein ein eindimensionaler, als zeitliche Verschiebung (bzw. als Vielzahl solcher Verschiebungen) gesehener Unterschied: Das von Zinnecker in die Ost-West-Jugendforschung eingeführte und sie entscheidend beeinflussende Konzept der „*verzögerten und selektiven Modernisierung*" des Ostens (Zinnecker 1991, S. 9) geht von Westeuropa als Zentrum der fortschreitenden Modernisierung aus, während sich in Osteuropa die „Institution Jugend [...] unter dem Vorzeichen historisch-gesellschaftlicher Peripherie entwickelt" (ebd., S. 17). Die Jugendphase ist hier (noch) Übergangsphase bzw. Einstiegsphase zum Erwachsenenleben, in Westeuropa ist sie (schon) erweitertes Bildungsmoratorium und eher eigenständiger Lebensabschnitt. Diese beiden Grundmuster „repräsentieren folglich in spezifischer Weise den historischen Wandel der Jugendphase in Europa" (ebd., S. 9). Mit dem Aufrücken Ostdeutschlands 1990 ins Zentrum muss es nun auch schneller aufholen. Anfang der 90er-Jahre wird hier noch eine „selektive Modernisierung der Jugendphase" unterstellt, die nicht „zur Entfaltung einer weitgehend selbstständigen Jugendkultur" führte (Silbereisen u.a. 1996, S. 132); später bestätigte sich die Hypothese von der „Angleichung an das postindustrielle Modell Westdeutschlands" (ebd., S. 132).

Ostdeutschland wird somit nicht als eigenständiger Ort gegenüber dem Westen beschrieben, sondern – wie in dem Begriff schon angelegt – als einer, der noch eine Entwicklung auf mehr oder weniger *gleichem* Weg nachzuholen hat. Untersuchungen dieser Art sind weniger an Unterschieden interessiert als an Gleichheit und, wo diese (noch) nicht gefunden werden kann, an der Angleichung der beiden Landesteile. Die Verwendung von Begriffen, Methoden und Theorien aus der westdeutschen Forschung vor der Wende zur Beschreibung ostdeutscher Jugendlicher erscheint damit unproblematisch und bleibt in den meisten Fällen unreflektiert. Vereinzelt tauchen dagegen auch in Studien mit diesem Ansatz Bedenken auf, finden aber letztendlich keine konsequente Berücksichtigung (vgl. z.B. Jugendwerk 92, Bd. 1, S. 28: „Die empirische Umfrage ist für den ökologischen Kontext der Befragten blind"; Büchner 1993 und Büchner u.a. 1996). Dementsprechend gering sind die beschriebenen Differenzen zwischen Ost und West. So kommen die allermeisten Studien zu dem „grundsätzlichen Ergebnis einer konvergenten Entwicklung in den Einstellungen und Orientierungen der Jugendlichen im Sinne einer 'nachholenden Modernisierung'" (Melzer 1998, S. 17).

Dagegen hebt sich eine zweite Gruppe von Forschern durch ihre z.T. scharfe Kritik an der Modernisierungstheorie und deren impliziten Annahmen ab. Hierunter lassen sich viele der ostdeutschen Autoren anführen, die vorwiegend schon vor 1989 in der DDR Jugendforschung (meist am Leipziger ‚Zentralinstitut für Jugendforschung' ZIJ) betrieben, aber auch einige westdeutsche: So kommt Griese zu dem Schluss, die Forschungslandschaft nach 1989/90 habe „eine tendenziell ignorante, quasi unmoralische und karrieresüchtige Wendeforschung hervorgebracht, die systematisch das verdrängt, was zuvor postuliert wurde" (Griese 1995, S. 288). Schmeling fordert die „Anerkennung der Fremdheit des zu Beschreibenden" ein und verwahrt sich gegen das Verständnis von DDR-Kultur als „Abirrung oder Umweg, bzw. als kurzzeitige, ‚widernatürliche' Entgleisung von der westdeutschen Kultur" (Schmeling 1995, S. 44f.). Angesichts des Gleichstellungs-Vorsprungs der Geschlechter in der DDR wird der Begriff der ‚nachholenden Modernisierung' ebenfalls fraglich (vgl. Schlegel 1997).

Für die fast ausschließliche Wahrnehmung von ‚Rückständigkeiten' in Ostdeutschland werden die „Einbahnstraßen-Modernisierungstheorien" (Hradil 1996, S. 69) verantwortlich gemacht, die implizit schon darauf festgelegt sind, in welche Richtung ‚*Modernisierung*' geht und daher die DDR nicht als ‚modernen' Staat wahrnehmen können (vgl. Hradil 1996; 1992). Heitmeyer (im Übrigen auch mit der Modernisierungsthese argumentierend) warnte schon 1991 vor schnellen „konkurrenzbelasteten Vergleiche[n]", von denen „fatale jugendpolitische Signale" (Heitmeyer 1991, S. 251) ausgingen. Er forderte die Entwicklung eines methodischen „Transformations-Designs", da es in „dieser einzigartigen Situation [...] keine quasi ‚stillstehenden' Rahmenbedingungen" (ebd., S. 249) gäbe. Die Methoden betreffend wird darauf aufmerksam gemacht, dass durch den schnellen und radikalen Wandel Forschungen in Ostdeutschland kaum nachträglich auf methodische Fehler hin überprüfbar werden und somit Trendaussagen aus Vergleichen verschiedener Untersuchungen zweifelhaft sind; dass oft nur mit Hilfe von verschiedenen Variablen in West und Ost differenzierte Aussagen getroffen werden könnten und schließlich gleiche Fragestellungen in den beiden Landesteilen verschiedene Bedeutungen haben können, also die gleichen Sachverhalte mit unterschiedlichen Fragestellungen erhoben werden müssten (vgl. exempl. Schwenk 1995, S. 14f.). Grundlage für derartige Vorsicht ist die Annahme, dass es sich bei beiden Landesteilen um generell verschiedene Untersuchungsgebiete handelt bzw. handeln könnte (als Hypothese), womit „die Anwendung kulturvergleichender, ethnographischer, im weitesten Sinn des Wortes komparativer Verfahren" (Schefold/Hornstein 1993, S. 920) nötig wird.

Vor allem ostdeutsche Autoren stellen den Vergleich zwischen Ost und West zugunsten einer eingehenden Betrachtung des Wandlungsprozesses im Osten zurück. Es gelingt dadurch auch, ein differenzierteres und adäquateres Bild der alltäglichen Lebensverhältnisse, deren Kontinuitäten und Veränderungen nachzuzeichnen (vgl. z.B. Kirchhöfer 1998 mit seinem sensiblen Gespür für Alltagswelten). Auch durch die im ZIJ begonnenen und später z.T. weiterverfolgten Längsschnittstudien kann die Dynamik im ostdeutschen Geschehen als ein zentrales Moment begreiflich gemacht werden, was den sonst üblichen Querschnittstudien versagt bleibt. Jugend nach der Wende wird hier als grundlegend verschieden zur DDR-Jugend gesehen; jedoch habe sie trotz (bzw. gerade wegen) der stattgefundenen und stattfindenden Veränderung ihrer Lebenswelt ihre eigene Charakteristik und werde sie bis auf weiteres haben (vgl. Friedrich/Förster 1996, S. 8). Mit diesem Blick wird deutlich, dass der umfassende Wandlungsprozess schon an sich Ostdeutschland als Lebensort eine andere Charakteristik verleiht: Die ostdeutsche Jugend (insbesondere die ältere) befindet sich nach wie vor in einem Prozess des Wandels und der Suche (vgl. Förster 1997).

Ein entscheidendes Kennzeichen der deutsch-deutschen Jugendforschung ist, dass auch in der Diskussion um Theorie- und Methodenkritik kaum nach der sozialpädagogischen und -politischen Aufgabe in Bezug auf die Gestaltung von gesellschaftlichen Institutionen (resp. Kinder- und Jugendhilfe) gefragt wurde. Dabei wäre es angesichts des kompletten institutionellen Umbruchs der Jugendhilfe in der DDR (vgl. dazu Seidenstücker 1990) gerade wichtig gewesen, die Besonderheiten der Sozialstrukturen und der Jugend im Osten in Hinblick auf die darin angelegte gestalterische Dimension zu thematisieren. Thole sprach sich in diesem Sinne dafür aus, an Elemente der DDR-Jugendarbeit anzuknüpfen: „Die Kinder- und Jugendfreizeiteinrichtungen sollten sich der Selbstartikulationsfähigkeiten, die zum Teil durch unsichere Lebenslagen verdeckt wurden und sind, kritisch erinnern und konzeptionell reintegrieren" (Thole 1993, S. 203). So sei z.B. eine „Reaktivierung der Verzahnung von Schule und Freizeit, schulischen und außerschulischen Freizeitangeboten" (ebd.) überlegenswert. Weiterhin gab es (rare) Versuche, die Eigenheiten zu beschreiben, die die Jugendarbeit unter den Bedingungen des *Transformationsprozesses*' entwickelte und die durch ihren innovativen Gehalt auch die westdeutsche befruchten könnte (vgl. exempl. Seifert 1995; Böhnisch 1997; Wolf 1999; auch Olk/Bathke/ Hartnuß 2000).

Mit ihren Einwänden gegen Aufgabenverständnis und Art der Thematisierung von Problemen in der Jugendforschung der Nachwendezeit formulieren Schefold und Hornstein bereits 1993 die bis heute weitreichendste Kritik: „Die Thematisierung der Anforderungen und Folgen, welche der objektive soziale Wandel für die Lebensführung der Personen mit sich brachte", scheine „ins Leere gefallen zu sein", und die „gewaltige *pädagogische* Dimension des ‚Großexperiments' Vereinigung" sei „in den öffentlichen Debatten wie in der pädagogischen Praxis unbearbeitet" geblieben (ebd., S. 910; Herv. im Orig.). Sie fordern neben der Berücksichtigung von sozialen Kontexten der Jugend (Institutionen, Milieus, alltägliche Lebensformen) eine „Untersuchung problembezogener pädagogischer Fragestellungen: [...] die Aufgabe, Bestand und Bedarf von Jugendhilfe zu erheben, müsste zu einer Fülle von lokal und regional orientierten Forschungen führen, die eine notwendige Voraussetzung für die Beteiligung der Erziehungswissenschaften, insbesondere der Sozialpädagogik, an fachpolitischen Diskussionen darstellen" (ebd., S. 926). Gefordert wird damit eine Forschung, die weit über Werte, Einstellungen und Mentalitäten hinaus- bzw. davon abgeht und Erkenntnisse über Belastungssituationen, Bewältigungsmöglichkeiten und Ressourcenstrukturen (vgl. ebd., S. 924) zutage fördert.

4. Kritisches Resümee

Diese Forderungen blieben größtenteils unbeachtet. Es ist bis heute in der Jugendforschung kaum gelungen, Ostdeutschland als einen eigenständigen Lebensort mit ganz spezifischen Anforderungen und Problemen *wertungs-*

frei wahrzunehmen und zu akzeptieren. So wirkt z.B. die Auswahl biographischer Interviews in der Shell-Studie '97 verzerrend: Die vier ostdeutschen Interviewten engagieren sich ausschließlich im politisch extrem linken bzw. rechten Bereich, drei von ihnen auch mit Gewalt. Die acht aus Westdeutschland stammenden bringen sich durchweg auf akzeptierte und ‚ehrenwerte' Weise in die Gesellschaft ein. Aus ähnlicher Perspektive heraus entstand schon 1992 das „Aktionsprogramm gegen Aggression und Gewalt" (AgAG) als Reaktion darauf, dass ostdeutsche Jugendliche durch Gewalttätigkeiten in der Öffentlichkeit auffällig wurden. Mit Mitteln dieses Programms wurde der Aufbau der Jugendarbeit im Osten maßgeblich vorangetrieben und somit eng an das Problem gewalttätiger Ausschreitungen Jugendlicher geknüpft (vgl. Wolf 1999). Zumindest in der öffentlichen Wahrnehmung wurde dadurch die Klientel der Jugendarbeit pauschal als gewaltbereit stigmatisiert.

Die Jugendlichen wurden so zum Forschungsobjekt, ohne dass sie vor ihren eigenen, ‚anderen' Lebensumständen verstanden wurden. Auf der Folie westdeutscher Erfahrung blieb meist gerade noch Rückständigkeit als Unterschied sichtbar. Der westdeutschen Perspektive fehlte größtenteils die Sensibilität, um das 'Fremde' im Osten als solches wahrzunehmen. Mit dem Versuch, ostdeutsche Wirklichkeiten in westdeutschen Begriffen aufzulösen, wurde so letztendlich nur die im Osten existierende Spannung zwischen Ost und West banalisiert, was sie in Wirklichkeit nur erhöhen konnte.

Viel zu kurz gekommen ist in der deutsch-deutschen Jugendforschung bislang nicht nur die Debatte um Metatheorien und Methoden des Vergleichs, sondern auch die Thematisierung deren politischen Gehalts. Dadurch hätte klar werden müssen, dass sich ‚Modernisierung' nicht einfach von selbst vollzieht, sondern die theoretische Voraussage darüber erst durch asymmetrische Machtverhältnisse erfüllt wird; und diese Machtungleichgewichte wirken nicht nur sozialpolitisch, sondern auch als „Wissenschaftspolitikum" (du Bois-Reymond 1997). Mit ‚*Modernisierung*' wird hier weniger ein Prozess beschrieben als ein Programm formuliert: Der Begriff ‚Modernisierung' ist zur schillernden Verpackung geworden, in der die neue Durchkapitalisierung der Gesellschaft im Osten wie im Westen verkauft werden kann. Durch diese thematischen Defizite in der Diskussion hat sich die Jugendforschung zum Großteil darum gebracht, die bestehenden Konflikte auszuhandeln und darüber wirklich nutzbare Ergebnisse für die Kinder- und Jugendhilfe im Osten (und davon rückwirkend für die im Westen) zu liefern.

Dabei ist die These von der *nachholenden Modernisierung* nicht nur (wissenschafts-)politisches Instrument, sondern versperrt auch die Sicht auf die entscheidenden Dimensionen im ‚*Transformationsprozess*'. Indem das Ziel – die Angleichung an den implizit oder explizit angenommenen Maßstab – fixiert wird, gerät der Prozess als solcher aus dem Blick. Tatsächlich ist aber der Wandlungsprozess immer auch im Ergebnis enthalten: Die Geschichte hat die Gegenwart hervorgebracht und kommt in ihr zum Ausdruck. Die Geschichte des geteilten und wieder vereinten Deutschlands beschränkt sich jedoch nicht auf das Votum zum Beitritt des einen Teils zum anderen, sondern beinhaltet 45 Jahre unterschiedliche Sozialgeschichte und alle daraus resultierenden und sich immer noch regenerierenden sozialen und kulturellen Unterschiede ebenso wie die darüber geführten vorurteilsgeladenen Debatten und Stigmatisierungen. Hinter der Annahme einer Angleichung versteckt sich ein normativer Ansatz, was entsprechende Auswirkungen auf die Ergebnisse hat: Andersartigkeiten gegenüber der westdeutschen Norm werden Ostdeutschland als Abweichung vom rechten Zustand angelastet. Dadurch geraten die Differenzen meistens nur als Probleme in den Blick bzw. bleiben nur noch die Probleme als Differenzen übrig. Die „noch"s und „immer noch"s in den entsprechenden Veröffentlichungen entspringen oft diesem Ansatz. Die Eigenheiten der ostdeutschen Jugend werden zu stark vor dem Muster der westdeutschen interpretiert und zu wenig als eigenständige Phänomene wahrgenommen, die erst in ihrem spezifischen Kontext sinnvoll zu begreifen sind.

In der Diskussion wurde nahezu gänzlich unterlassen, die Ost-West-Differenzen vor ihren gesellschaftlichen Hintergründen bzw. als sozialen Konflikt zu thematisieren. Zwischen beiden Teilen Deutschlands sind aber gewisse Unterschiede gegeben, die für Jugendliche zukünftig oder schon gegenwärtig bedeutsam sind: Ein erheblicher Teil der ostdeutschen Immobilien ist in westdeutscher Hand und wird auf absehbare Zeit dort verbleiben. Betrachtet man die Bevölkerungszahlen und die Steuereinnahmen der ost- und westdeutschen Länder in ihren Verhältnissen, so zeigt sich, dass z.B. 1998 in Westdeutschland knapp 19 mal so viel Erbschaftssteuer und ca. 247 mal so viel Vermögenssteuer wie in Ostdeutschland gezahlt wurde (vgl. Statistisches Bundesamt 1999), was die tatsächlichen Vermögensverhältnisse illustriert.

Völlig verschieden ist auch die Situation im Berufsbildungssektor: Im Osten war 1998 für knapp 12 000 Ausbildungssuchende (8,3%) keine Lehrstelle vorhanden (gegenüber 486 bzw. 0,1% im Westen) (vgl. Bundesministerium 1999, S. 2). Insgesamt kommen ca. 40% aller Auszubildenden Ostdeutschlands nur über Sonderprogramme oder Benachteiligtenförderung zu einer Lehrstelle, etwa 10% davon pendeln oder ziehen zwecks Ausbildung ganz in den Westen Deutschlands (vgl. ebd., S. 3f.). Selbst von dem relativ geringen Anteil der betrieblichen Ausbildungsverhältnisse im Osten (ca. 95.300 gegenüber 129.200 gesamt) werden 70% (66.700) mehr oder weniger stark staatlich gefördert – in den alten Ländern gibt es insgesamt 12.000 geförderte Ausbildungsverhältnisse bei ca. 483.600 neu (1998) geschlossenen Ausbildungsverträgen. Die ungeförderten Lehrstellen verringern sich im Osten dagegen weiterhin (ebd., S. 7 bzw. 34). Dementsprechend werden auch ca. 40% der Jugendlichen, die in den neuen Ländern eine duale Ausbildung erfolgreich abgeschlossen haben, zunächst arbeitslos (vgl. ebd., S. 148); den Umständen geschuldet sind Ostdeutsche stärker zu Mobilität gezwungen (58% würden für eine Lehrstelle den Wohnort wechseln; 28% in den alten Ländern), sind weit flexibler in der Berufswahl und auch entsprechend unzufriedener mit ihrem eingeschlagenen Bildungsweg (ebd., S. 48ff.) – womit deutlich wird, dass die Jugendlichen im Osten in stärkerem Maße gezwungen sind, die ‚modernen' Einstellungen (flexibel und mobil sein) anzunehmen als im Westen (vgl. auch Abschnitt 2).

Derartige Ungleichheiten bringen natürlich auch unterschiedliche Zukunftsperspektiven für Jugendliche in beiden Landesteilen mit sich. Der Wunsch nach sozialer Sicherheit steht im Osten vor einem ganz anderen Hintergrund und bedeutet auch inhaltlich etwas anderes als im Westen. Warum muss angesichts dieser gesellschaftlichen Lage noch „auf die in den ehemaligen Systemzugehörigkeiten begründeten und fortlebenden unterschiedlichen Anspruchshaltungen hinsichtlich biografischer Absicherung und sozialer Sicherheit" (Deutsche Shell 2000, S. 110) als Erklärung zurückgegriffen werden?

5. Perspektivische Forderungen

Vor solchen Hintergründen muss auch heute ganz entschieden die Forderung (in Anschluss an Schefold/Hornstein 1993) nach einer Forschung bekräftigt werden, die (1.) die lokal spezifischen Bedürfnisse und Probleme von Jugendlichen zutage fördert. Dazu ist (a) die Beschreibung der *subjektiven* Lebenswelten und Erlebnisse der Jugendlichen nötig, um ihre Perspektive einnehmen zu können, (b) müssen diese im Zusammenhang mit den relevanten gesellschaftlichen Strukturen interpretiert werden, um Jugendliche in ihren sozialen Kontexten zu begreifen; dieses Verständnis erschließt sich besonders bzgl. der Ostjugend erst durch Blickwinkel, die sowohl den Wandel in der Geschichte als auch zukünftige Perspektiven aufspüren. Schließlich aber kann man dort nicht stehen bleiben, sondern wird (c) danach fragen müssen, wo und wie eine gesellschaftliche (Re-)Aktion auf gesellschaftlich verursachte Bedürfnis- und Problemlagen von Jugendlichen gefordert ist: Es muss (2.) neben Bestand und Ressourcen der infrastrukturelle *Bedarf* an Jugendhilfe unter sozial*pädagogischer* Perspektive ermittelt werden, um (3.) mit den Ergebnissen sozial*politisch* zu argumentieren. Erst so kann Handlungsbedarf in Handeln umgesetzt werden. Die Erforschung von Werten und Einstellungen zeigt bestenfalls Jugendliche in ihrer Reaktion auf gesellschaftliche Verhältnisse, die dann meist noch auf falschen Folien interpretiert werden. Soll die Jugendforschung Relevanz haben, hat sie sich verstärkt auch in Hinblick auf die Jugendhilfe zu vergewissern, in welche Strukturen Jugendliche gestellt sind, welche Anforderungen daraus an sie erwachsen und welche Möglichkeiten sie haben, diese zu bewältigen.

Die oben beschriebenen Problemfelder, in denen die Jugend steht, müssten dann mit Blick darauf thematisiert werden, an welcher Stelle die Anforderungen an Kinder und Jugendliche ihre Ressourcen zu deren Bewältigung überfordern: Wo muss die Jugend (generell und besonders im Osten) aufgefangen werden und wie kann das (institutionell) geschehen? Mit welchen Angeboten kann sie erreicht werden? Welche Formen der Hilfe sind für die Jugendlichen annehmbar, ohne Stigmatisierungen auf sich zu ziehen? Und welche Anforderungen ergeben sich aus diesen Fragestellungen an die Jugendhilfe?

Besonders Art und Umfang der Aufgaben für die Jugendhilfe in Ostdeutschland machen deutlich, dass sie ein strukturelles Element der Gesellschaft ist und als solches verankert werden muss. Jugendprobleme werden vor ihren sozialen Kontexten als biographische Bewältigungsaufgaben mit gesellschaftlichem Hintergrund verstehbar (vgl. Böhnisch 1992), die nach einem gesellschaftlichen Angebot zur Unterstützung verlangen, das sich mit Selbstverständlichkeit in Anspruch nehmen lässt; sie erst über problemzentrierte Debatten zu individualisieren und dann mit Hilfe entsprechend benannter Sonderprogramme bearbeiten zu wollen, stigmatisiert die Jugendlichen und wird kaum zu deren sozialer Integration beitragen. Gerade die Jugendhilfe im Osten brauchte Zeit, Raum und Ressourcen, um verstärkt eigene Konzepte zu entwickeln, mit denen sie in ihrer spezifischen Situation auf die ihrer Klientel eingehen könnte.

Wie notwendig eine solche strukturelle Verankerung von Jugendhilfe als Institution mit *sozialpolitischem Auftrag* wäre, zeigt exemplarisch die Jugendberufshilfe: Angesichts des drastischen Ausbildungsnotstands und Arbeitsplatzmangels an der 2. Schwelle kann sie im Osten kaum mehr „Ausfallbürge für ein Regelsystem" (Arnold 2000, S. 234) sein und dem freien Arbeitsmarkt zuarbeiten, der die ‚klassische Klientel' dann doch nicht aufnimmt. Die Jugendberufshilfe hätte das „problemindividualisierende Grundverständnis ihrer Aufgabe zu überwinden und ihren sozialpolitischen Handlungsauftrag freizulegen" (ebd., S. 236). Sie müsste für die biographischen Bewältigungsaufgaben Jugendlicher Angebote schaffen, „was sie wiederum nur kann, wenn sie sich über ihre Projekte als Akteur sozialer Gestaltung erweist" (ebd.).

Aus allen Erfahrungen, die im nunmehr 10-jährigen *Transformationsprozess* der Jugendhilfe Ostdeutschlands gesammelt werden konnten, könnte und sollte die gesamtdeutsche Jugendhilfe befruchtet werden. Dass andere Formen und Selbstverständnisse in der ostdeutschen Jugendhilfe durch besondere Ausgangslagen entstanden sind, heißt nicht, dass sie keine Impulse für die Jugendhilfe in den alten Ländern liefern könnten. Die Forschung müsste dazu allerdings zunächst ihr normatives, eindeutig-einliniges Modernitätsverständnis aufgeben, um Eigenheiten überhaupt erst zu erkennen und in der daran anschließenden theoretischen Reflexion die Diskussion zu beleben. Denn die Entwicklungen in Ostdeutschland zeigen, dass für die sozialen Fragen, vor die die ‚moderne Gesellschaft' gestellt ist, zwar Instrumente zur Abfederung vorhanden sind, diese jedoch dringend einer

Weiterentwicklung bedürfen: Die Sozialpädagogik bedarf heute einer neuen Vergewisserung ihres *sozialpolitischen Auftrags*. Dass die Auseinandersetzung mit diesen Fragen bisher kaum stattfand, ist ein weitreichendes Versäumnis; dass sie unumgänglich ist, sollte deutlich geworden sein.

Literatur zur Vertiefung

Böhnisch, Lothar (1997): Ostdeutsche Transformationspraxis und ihre Impulse für eine Pädagogik der Jugendhilfe. In: Zeitschrift für Pädagogik, 37. Beiheft, S. 71-88

Seifert, Thomas (1995): Der Strukturwandel der Jugendphase in Ostdeutschland und seine Folgen für die Jugendarbeit. Eine empirische Studie aus dem Bereich einer besonderen Jugendpopulation. Dissertation Technische Universität Dresden

Schefold, Werner; Hornstein, Walter (1993): Pädagogische Jugendforschung nach der deutsch-deutschen Einigung. In: Zeitschrift für Pädagogik, 39. Jg, Heft 6, S. 909-930

Zinnecker, Jürgen (1991): Jugend als Bildungsmoratorium. Zur Theorie des Wandels der Jugendphase in west- und osteuropäischen Gesellschaften. In: Melzer, Wolfgang; Heitmeyer, Wilhelm; Liegle, Ludwig; Zinnecker, Jürgen (Hrsg.) (1991): Osteuropäische Jugend im Wandel. Ergebnisse vergleichender Jugendforschung in der Sowjetunion, Polen, Ungarn und der ehemaligen DDR. Weinheim und München, S. 9-24

Literatur

Angerhausen, Susanne; Backhaus-Maul, Holger; Offe, Claus; Olk, Thomas; Schiebel, Martina (1998): Überholen ohne Einzuholen. Freie Wohlfahrtspflege in Ostdeutschland. Opladen/Wiesbaden

Arnold, Helmut (2000): Der Strukturwandel der Arbeitsgesellschaft und das sozialpolitische Mandat der Jugendberufshilfe – Eine historisch-systematische Studie. Dissertation Technische Universität Dresden

Böhnisch, Lothar (1992): Sozialpädagogik des Kindes- und Jugendalters. Eine Einführung. Weinheim und München

Böhnisch, Lothar (1995): Verbände für Jugendliche. Aussichten einer pädagogischen Idee in Ost und West. In: Rauschenbach, Thomas; Sachße, Christoph; Olk, Thomas (Hrsg.) (1995): Von der Wertegemeinschaft zum Dienstleistungsunternehmen. Jugend- und Wohlfahrtsverbände im Umbruch. Frankfurt a.M., S. 84-97

Böhnisch, Lothar (1997): Ostdeutsche Transformationspraxis und ihre Impulse für eine Pädagogik der Jugendhilfe. In: Zeitschrift für Pädagogik, 37. Beiheft, S. 71-88

Böhnisch, Lothar; Arnold, Helmut; Schröer, Wolfgang (1999): Sozialpolitik. Eine sozialwissenschaftliche Einführung. Weinheim und München

Bois-Reymond, Manuela du (1997): Deutsch-deutsche Kindheit und Jugend aus verschiedenen Blickwinkeln betrachtet. In: Zeitschrift für Pädagogik, 37. Beiheft, S. 89-112

Büchner, Peter (1993): Jugend im vereinten Deutschland – Herausforderungen für die künftige Jugendforschung. In: Krüger, Heinz-Hermann (Hrsg.) (1993): Handbuch der Jugendforschung. 2. erweiterte und aktualisierte Auflage. Opladen, S. 43-62

Büchner, Peter; Fuhs, Burkhard; Krüger, Heinz-Hermann (Hrsg.) (1996): Vom Teddybär zum ersten Kuss. Wege aus der Kindheit in Ost- und Westdeutschland. Opladen

Bundesministerium für Familie, Senioren, Frauen und Jugend (Hrsg.) (1994): Neunter Jugendbericht. Bericht über die Situation der Kinder und Jugendlichen und die Entwicklung der Jugendhilfe in den neuen Bundesländern. Bonn

Bundesministerium für Familie, Senioren, Frauen und Jugend (Hrsg.) (1998): Zehnter Kinder- und Jugendbericht. Bericht über die Lebenssituation von Kindern und die Leistungen der Kinderhilfen in Deutschland. Bonn

Bundesministerium für Bildung und Forschung (Hrsg.) (1999): Berufsbildungsbericht 1999. Bonn

Deutsche Shell (Hrsg.) (2000): Jugend 2000. Band 1 (2 Bände). Opladen

Dorbritz, Jürgen (1998): Der Wandel in den generativen Entscheidungen in Ostdeutschland – ein generationenspezifischer Prozess? In: Häder, Michael; Häder, Sabine (Hrsg.) (1998): Sozialer Wandel in Ostdeutschland. Theoretische und methodische Beiträge zur Analyse der Situation seit 1990. Opladen/Wiesbaden, S. 123-155

Forschungsgruppe Schulevaluation (1998): Gewalt als soziales Problem in Schulen. Die Dresdner Studie: Untersuchungsergebnisse und Präventionsstrategien. Opladen

Förster, Peter (1997): Der lange Weg vom DDR- zum Bundesbürger. In: Schlegel, Uta; Förster, Peter (Hrsg.) (1997): Ostdeutsche Jugendliche. Vom DDR-Bürger zum Bundesbürger. Opladen, S. 207-223

Friedrich, Walter; Förster, Peter (1996): Jugend im Osten. Politische Mentalität im Wandel. Leipzig

Gensicke, Thomas (1998): Die neuen Bundesbürger. Eine Transformation ohne Integration. Opladen/Wiesbaden

Gille, Martina; Krüger, Winfried (Hrsg.) (2000): Unzufriedene Demokraten. Politische Orientierungen der 16- bis 29-jährigen im vereinten Deutschland. DJI-Jugendsurvey 2. Opladen

Golz, Lutz (1995): Zur Befindlichkeit Jugendlicher in den Städten Neubrandenburg, Greifswald und Schwerin (Mecklenburg-Vorpommern). In: Sydow, Hubert; Schlegel, Uta; Helmke, Andreas (Hrsg.) (1995): Chancen und Risiken im Lebenslauf: Beiträge zum gesellschaftlichen Wandel in Ostdeutschland. Berlin, S. 45-72

Griese, Hartmut M. (1995): Jugendvergleichsstudien – Königsweg oder Fallgrube? In: Bolz, Alexander; Griese, Hartmut M. (Hrsg.) (1995): Deutsch-deutsche Jugendforschung: Theoretische und empirische Studien zur Lage der Jugend aus ostdeutscher Sicht. Weinheim und München, S. 267-292

Grundmann, Sigfried (1998): Bevölkerungsentwicklung in Ostdeutschland. Demographische Strukturen und räumliche Wandlungsprozesse auf dem Gebiet der neuen Bundesländer (1945 bis zur Gegenwart). Opladen

Heitmeyer, Wilhelm (1991): Politische Orientierungen bei westdeutschen Jugendlichen und die Risiken von deutsch-deutschen Vergleichsuntersuchungen. In: Büchner, Peter; Krüger, Heinz-Hermann (Hrsg.) (1991): Aufwachsen hüben und drüben. Deutsch-deutsche Kindheit und Jugend vor und nach der Vereinigung. Opladen, S. 243-253

Heitmeyer, Wilhelm u.a. (1995): Gewalt. Schattenseiten der Individualisierung bei Jugendlichen aus unterschiedlichen Milieus. Weinheim und München

Hoffmann-Lange, Ursula (Hrsg.) (1995): Jugend und Demokratie in Deutschland. DJI-Jugendsurvey 1. Opladen

Hradil, Stefan (1992): „Lebensführung" im Umbruch. Zur Rekonstruktion einer soziologischen Kategorie. In: Thomas, Michael (Hrsg.) (1992): Abbruch und Aufbruch. Sozialwissenschaften im Transformationsprozess. Erfahrungen – Ansätze – Analysen. Berlin, S. 183-197

Hradil, Stefan (1996): Überholen ohne Einzuholen? Chancen subjektiver Modernisierung in Ostdeutschland. In: Kollmorgen, Raj; Reißig, Rolf; Weiß, Johannes (Hrsg.) (1996): Sozialer Wandel und Akteure in Ostdeutschland. Empirische Befunde und theoretische Ansätze. Opladen, S. 55-79

Jugendwerk der Deutschen Shell (Hrsg.) (1992): Jugend '92. Lebenslagen, Orientierungen und Entwicklungsperspektiven im vereinigten Deutschland. 4 Bände, Opladen

Jugendwerk der Deutschen Shell (Hrsg.) (1997): Jugend '97. Zukunftsperspektiven, Gesellschaftliches Engagement, Politische Orientierungen. Opladen

Kirchhöfer, Dieter (1998): Aufwachsen in Ostdeutschland. Langzeitstudie über Tagesläufe 10- bis 14-jähriger Kinder. Weinheim und München

Mansel, Jürgen (1999): Brutalität ohne Grenzen? Befunde aus Dunkelfeldforschungen über die Entwicklung der Häufigkeit aggressiven Verhaltens Jugendlicher. In: Timmermann, Heiner; Wessela, Eva (Hrsg.) (1999): Jugendforschung in Deutschland. Eine Zwischenbilanz. Opladen, S. 205-241

Melzer, Wolfgang (1998): Gewalt als gesellschaftliches Phänomen und soziales Problem in Schulen – Einführung. In: Forschungsgruppe Schulevaluation (1998): Gewalt als soziales Problem in Schulen. Die Dresdner Studie: Untersuchungsergebnisse und Präventionsstrategien. Opladen, S. 11-49

Nauck, Bernhard (1991): Migration, ethnische Differenzierung und Modernisierung der Lebensführung. In: Zapf, Wolfgang (Hrsg.) (1991): Die Modernisierung moderner Gesellschaften. Verhandlungen des 25. Deutschen Soziologentages in Frankfurt am Main (1990). Frankfurt a.M., S. 704-723

Nauck, Bernhard; Joos, Magdalena (1996): Wandel der familiären Lebensverhältnisse von Kindern in Ostdeutschland. In: Trommsdorff, Gisela (Hrsg.) (1996): Sozialisation und Entwicklung von Kindern vor und nach der Vereinigung. Opladen, S. 243-298

Olk, Thomas; Bathke, Gustav-Wilhelm; Hartnuß, Birger (2000): Jugendhilfe und Schule. Empirische Befunde und theoretische Reflexionen zur Schulsozialarbeit. Weinheim und München

Schefold, Werner (1995): Das schwierige Erbe der Einheitsjugend: Jugendverbände zwischen Aufbruch und Organisationsmüdigkeit. In: Rauschenbach, Thomas; Sachße, Christoph; Olk, Thomas (Hrsg.) (1995): Von der Wertegemeinschaft zum Dienstleistungsunternehmen. Jugend- und Wohlfahrtsverbände im Umbruch. Frankfurt a.M., S. 404-427

Schefold, Werner; Hornstein, Walter (1993): Pädagogische Jugendforschung nach der deutsch-deutschen Einigung. In: Zeitschrift für Pädagogik, 39. Jg, Heft 6, S. 909-930

Schlegel, Uta (1995): Ostdeutsche Frauen in neuen gesellschaftlichen Strukturen. In: Sydow, Hubert; Schlegel, Uta; Helmke, Andreas (Hrsg.) (1995): Chancen und Risiken im Lebenslauf: Beiträge zum gesellschaftlichen Wandel in Ostdeutschland. Opladen, S. 23-43

Schlegel, Uta (1997): Weibliche Jugendliche in Ostdeutschland – makrosoziologische Perspektiven. In: Schlegel, Uta; Förster, Peter (Hrsg.) (1997): Ostdeutsche Jugendliche. Vom DDR-Bürger zum Bundesbürger. Opladen, S. 169-191

Schmeling, Dirk (1995): Kindheit und Jugend in der DDR. Lebenslagen und Strukturen. In: Bolz, Alexander; Griese, Hartmut M. (Hrsg.) (1995): Deutsch-deutsche Jugendforschung: Theoretische und empirische Studien zur Lage der Jugend aus ostdeutscher Sicht. Weinheim und München, S. 44-66

Schmidtchen, Gerhard (1997): Wie weit ist der Weg nach Deutschland? Sozialpsychologie der Jugend in der postsozialistischen Welt. Opladen

Schwenk, Otto G. (1995): Lebensbedingungen und Bausteine für die Konstruktion sozialer Lagen in Ostdeutschland. Werkstattbericht. In: Bertram, Hans (Hrsg.) (1995): Ostdeutschland im Wandel: Lebensverhältnisse – politische Einstellungen. Opladen, S. 3-30

Seidenstücker, Bernd (1990): Jugendhilfe in der DDR. In: Institut für soziale Arbeit e.V. (Hrsg.) (1990); Bernd Seidenstücker/Johannes Münder: Soziale Praxis. Jugendhilfe in der DDR. Perspektiven einer Jugendhilfe in Deutschland. Münster, S. 9-59

Seifert, Thomas (1995): Der Strukturwandel der Jugendphase in Ostdeutschland und seine Folgen für die Jugendarbeit. Eine empirische Studie aus dem Bereich einer besonderen Jugendpopulation. Dissertation Technische Universität Dresden

Silbereisen, Reiner K.; Vaskovic, Laszlo A.; Zinnecker, Jürgen (Hrsg.) (1996): Jungsein in Deutschland. Jugendliche und junge Erwachsene 1991 und 1996. Opladen

Starke, Uta (1995): Jugend in Leipzig: Wertorientierungen nach der Wende. In: Sydow, Hubert; Schlegel, Uta; Helmke, Andreas (Hrsg.): Chancen und Risiken im Lebenslauf: Beiträge zum gesellschaftlichen Wandel in Ostdeutschland. Berlin, S. 23-43

Statistisches Bundesamt (Hrsg.) (1999): Statistisches Jahrbuch. Wiesbaden (Stuttgart)

Thole, Werner (1993): Straße oder Jugendclub. Zur Reaktivierung der außerschulischen Kinder- und Jugendarbeit in den neuen Bundesländern. In: Neue Praxis, 17. Jg, (1993), Heft 3, S. 185-206

Wolf, Barbara (1999): Milieubildung in der Offenen Jugendarbeit. Dissertation Technische Universität Dresden

Zapf, Wolfgang (1994): Die Transformation in der ehemaligen DDR und die soziologische Theorie der Modernisierung. In: Berliner Journal für Soziologie, 4. Jg. (1994), H. 3, S. 295-305

Zinnecker, Jürgen (1991): Jugend als Bildungsmoratorium. Zur Theorie des Wandels der Jugendphase in west- und osteuropäischen Gesellschaften. In: Melzer, Wolfgang; Heitmeyer, Wilhelm; Liegle, Ludwig; Zinnecker, Jürgen (Hrsg.) (1991): Osteuropäische Jugend im Wandel. Ergebnisse vergleichender Jugendforschung in der Sowjetunion, Polen, Ungarn und der ehemaligen DDR. Weinheim und München, S. 9-24

Teil III
Soziale Konfliktfelder und die Kinder- und Jugendhilfe

Susanne Maurer

Geschlecht – Mädchen[1]

Zusammenfassung: Der Beitrag zeigt, inwiefern die – vor dem Hintergrund der Neuen Frauenbewegung entwickelte – Aufmerksamkeit für Mädchen als Adressatinnen ein spezifisches Konfliktfeld der Jugendhilfe zum Thema werden lässt: die (umstrittene) Bedeutung der Kategorie Geschlecht in Problemwahrnehmungen, -definitionen, Angebotsplanung und Arbeitsstrategien. Geschlecht: Mädchen verweist auf ein widersprüchliches Spektrum zwischen Dramatisierung und Entdramatisierung der Geschlechterdifferenz, das nicht zuletzt den BerufspraktikerInnen zu schaffen macht oder zumindest zu schaffen machen kann. Wichtige Entwicklungslinien der Thematisierung werden dargestellt, der aktuelle Stand der Debatte – auch im Spiegel der Sprachpolitik – gekennzeichnet sowie Aufgabenstellungen für die Zukunft formuliert.

„Weil ich ein Mädchen bin"?

Die Rede von *Mädchen in der Jugendhilfe* verbindet sich für viele zunächst mit der Vorstellung, dass hier die Frage nach Mädchen im Sinne der *Berücksichtigung einer besonderen Zielgruppe mit spezifischen Problemlagen* aufgeworfen und diskutiert wird. Eine solche Betrachtungsweise erscheint in der Tat durchaus als notwendig und berechtigt – und soll doch in diesem Beitrag auch (selbst)kritisch hinterfragt werden. Denn die Betonung der *besonderen* Situationen von Mädchen hat neben der pädagogisch wie politisch unumgänglichen eine problematische Seite: sie *kann* – sozusagen *gegen die eigene (emanzipatorische) Absicht* – zur Bestätigung von Zuschreibungen qua Geschlecht werden. Auf diese schwierige, komplizierte Seite der Aufmerksamkeit für Mädchen hat gerade die feministische Forschung und Theoriebildung der letzten Jahre hingewiesen. Von daher wird eine (zumindest) theoretische Entzerrung von *Geschlechterungleichheit und Geschlechterunterscheidung* gefordert.

Anstatt die *Kategorie Geschlecht* feststellend als Denkvoraussetzung und Wegweiser zu benutzen, soll sie hier *als Konfliktfeld* ins Auge gefasst werden. Dieses Konfliktfeld ließe sich historisch umreißen – mit Blick auf die Geschichte gesellschaftlicher Auseinandersetzungen sowie auf die Entwicklung pädagogischer Praxis (vgl. hierzu etwa Friebertshäuser 1997). Im Kon-

---

1 Ich danke Brigitte Knör, Dorothea Herrmann und Martina Krojer, deren Arbeiten mich zu einigen der hier formulierten Überlegungen angeregt haben, sowie Maria Bitzan für ihre hilfreiche Kritik.

trast bzw. in Ergänzung dazu werde ich eine eher systematische Betrachtungsweise entfalten, indem ich die *Kategorie Mädchen* vor dem Hintergrund feministischer Kritik und neuer Praxis zunächst als *bedeutsame Kategorie* kennzeichne; in einem zweiten Schritt gehe ich auf den Aspekt der damit potentiell verbundenen *Begrenzung* bzw. Reduzierung ein, um „Mädchen" schließlich vor allem als *politische Kategorie* hervorzuheben.

1. „Mädchen" als bedeutsame Kategorie oder „Mein Leben in rosarot"

Im Verlauf der 1970er-Jahre begannen Pädagoginnen in der Jugendarbeit damit *feministische Mädchenarbeit* zu praktizieren (vgl. Savier/Wildt 1979). Die koedukative Praxis in der Jugendarbeit wurde als „Jungenarbeit" (d.h. überwiegend an den Jungen orientiert) kritisiert, Mädchen sollte nun ausdrücklich Aufmerksamkeit zukommen, die pädagogische Arbeit an ihren Bedürfnissen und Anliegen bzw. besonderen Problemlagen ansetzen. Dabei ging es nicht etwa darum „zu beweisen, dass Mädchen so gut sind wie Jungen, sondern darum, uns für ihre Stärken und Schwächen zu sensibilisieren, die eben mit männlichen Stärken und Schwächen weder vergleichbar sind, noch mit ihnen konkurrieren sollen" (Savier/Wildt 1979, S. 86). Wichtiges Medium hierfür war die *Mädchengruppe* bzw. der *Mädchenraum*, z.B. ein Raum im Jugendhaus, der ausdrücklich und ausschließlich den Mädchen zur Verfügung stand, und sei es nur für bestimmte Zeiten. (Die Idee, Mädchen geschlechtshomogene Räume zur Verfügung zu stellen, in denen sie sich von dem Druck geschlechtsrollenkonformer Selbst-Präsentation entlastet fühlen können, ist bis heute ein Kernstück von Mädchenarbeit.)

Es ging darum, *eigene Maßstäbe* zu entwickeln und die bislang gültigen Maßstäbe kritisch danach zu hinterfragen, inwieweit sie von Geschlechtermachtverhältnissen durchzogen waren. Diese Kritik wurde auch auf die bisherigen Kriterien einer „guten, fortschrittlichen Jugendarbeit" angewandt. Gleichzeitig wurden wichtige Gesichtspunkte wie *Bedürfnisorientierung, Parteilichkeit* und Bezugspunkte wie *Emanzipation* aufgenommen, sozusagen feministisch gewendet und weitergetrieben.

Die Entwicklung dieser ersten Praxisansätze mit feministischem Vorzeichen spielte sich also im Schnittfeld dreier Dimensionen von Praxis ab: Da war zum einen die *professionelle (sozial)pädagogische Praxis* – die konkrete Erfahrung mit Jungen und Mädchen sowie mit deren jeweiligen Schwierigkeiten in der offenen Jugendarbeit oder in der Jugendgruppenarbeit, aber auch die konkrete Erfahrung mit Geschlechterverhältnissen im Team oder im Kontext der Trägerstruktur. Da war zum anderen für manche Kolleginnen die *politische Praxis* in der Neuen Frauenbewegung – z.B. der Kampf gegen den §218, der in dieser Zeit sehr viele Frauen aus sehr unterschiedlichen Lebensbereichen zusammenbringen konnte; einige Kolleginnen hatten auch Erfahrung mit den frühen Consciousness-Raising-Gruppen (Frauengruppen, die versuchten, die persönliche Erfahrung in ihrer gesellschaftlichen Dimension zu begreifen und daraus politisches Bewusstsein und politisches Handeln zu entwickeln). Da war zum Dritten die *persönliche Erfahrung* jeder einzelnen Kollegin mit ihrem Frau-Sein, das unter den widersprüchlichen, ambivalenten Bedingungen des *weiblichen Lebenszusammenhangs* (Ulrike Prokop) durchaus konfliktgeladen sein konnte. Diese drei Dimensionen von Praxis, diese unterschiedlichen Erfahrungsfelder spielen bis heute eine Rolle, wenn es um die Kategorie Geschlecht in der Jugendhilfe bzw. in der (sozial)pädagogischen Praxis geht.

Auch die feministisch angeregte und orientierte *Forschung zur subjektiven und gesellschaftlichen Bedeutung von Geschlecht*, zu den Geschlechterverhältnissen als Macht- und Ungleichheitsverhältnissen kann als eine spezifische innovative Praxis wahrgenommen werden. Ihre Forschungsfragen und -notwendigkeiten wurden aus der Praxis selbst entwickelt, ihre Ergebnisse und Denkangebote fließen in die professionelle, politische und individuelle Praxis zurück. Bis heute wird hier vieles *außerhalb* der akademischen Institutionen herausgearbeitet, also nicht unbedingt in institutionell abgesicherten Lern- und Bildungsprozessen – ob in Aus- oder Weiterbildung –, sondern in eher selbstorganisierten Zusammenschlüssen. Oft ist die pädagogische *Praxis schon da, die etwas Neues riskiert,* bevor die konzeptionelle und theoretische Reflexion einsetzt. Es handelt sich hier vielfach um Forschungs- und Erkenntnisprozesse, die gleichzeitig zu immer wieder neuen, vor dem Hintergrund reflektierter Erfahrung veränderten Versuchen einer Praxis führen können.

2. „Mädchen" als begrenzende Kategorie oder „Schneewittchen – zerschlag deinen gläsernen Sarg"

Aus der Verdeckung in die Offensive – so ließe sich die Entwicklung im Verlauf der 80er-Jahre beschreiben, die mit dem *sechsten Jugendbericht von 1984 – zur Verbesserung der Chancengleichheit von Mädchen in der Bundesrepublik Deutschland* – einen öffentlichkeitswirksamen und wirkungsstarken Ausdruck sowie einen offiziellen Argumentationsrahmen erhielt: Gestützt von der Autorität der Expertinnen des sechsten Jugendberichtes konnten nun geschlechterdifferenzierende Perspektiven und Praxen auf andere Weise in die öffentlichen Auseinandersetzungen eingebracht und als Themen und Aufgabenstellungen etabliert werden. Die bis dahin gewonnenen Erfahrungen feministischer Pädagoginnen konnten in der *gesellschaftlichen Wahrnehmung* also an Bedeutung gewinnen. Ohne die politische Kraft der Neuen Frauenbewegung wäre dieser Prozess allerdings kaum denkbar – die *kollektive Arbeit* vieler Frauen an vielen Orten verweist auf das hohe *kritisch-utopische Potential*, mit dem bisherige Strukturen angegangen, aufgebrochen und verändert wurden.

Die Praxis feministischer Mädchenarbeit entwickelte sich in gewisser Weise analog zur – durchaus kontroversen – Praxis der Frauengruppen und -projekte im Kontext der *Neuen Frauenbewegung*, überkreuzte sich allerdings mit den konkreten pädagogischen Erfahrungen im Alltag und mit der eigenen Berufsrolle gegenüber den Mädchen und Jungen. Meines Erachtens konnten gerade von daher immer wieder auch die problematischen Seiten der verschiedenen Emanzipationsmodelle hervortreten. An der feministisch orientierten Sozialpädagogik lassen sich deshalb fast exemplarisch die widersprüchlichen Aspekte und mehrdeutigen Effekte von „Frau" bzw. „Mädchen" als Kategorie aufzeigen. Umgekehrt können die inzwischen breit und differenziert vorliegenden (selbst)kritischen Reflexionen im Rahmen feministischer Denk-Bewegungen zur Problematik der Kategorie „Frau" bzw. „Geschlecht" für das Geschehen im Bereich der Jugendhilfe produktiv genutzt werden (vgl. etwa Kehlenbeck 2001; Schmidt 2001).

Die Neue Frauenbewegung hat sich als politische Bewegung konstituiert, indem sie unwürdige Lebensverhältnisse von Frauen unter Bedingungen der *Geschlechterhierarchie* öffentlich skandalisierte. Damit brach sie mit bestimmten gesellschaftlichen Tabus, setzte den bis dahin dominierenden Bildern von Weiblichkeit und den herrschenden „Normalitäten" in Bezug auf Frauen- und Mutterrolle provozierende andere Positionen entgegen. Seit seinen Anfängen ist feministisches Denken dabei von bestimmten Widersprüchen durchzogen, die z.B. darin bestehen, dass Mädchen und Frauen angesichts des Ausmaßes sexistischer Gewalt vor allem als *Opfer* dieser – konkreten und strukturellen – Gewalt erscheinen müssen, andererseits sich selbst als handelnde, schöpferische Individuen erfahren, die ihr Leben selbst gestalten – wenn auch unter Voraussetzungen sozialer Ungleichheit. Aus dieser Spannung können „Politiken der Gleichheit" in ganz unterschiedlicher Hinsicht entwickelt werden: z.B. als „Gleichstellungspolitik", die – sozusagen strukturpolitisch – darauf abzielt, Frauen *grundsätzlich die gleichen selbstverständlichen Lebensmöglichkeiten zu eröffnen wie Männern*, oder als „Politik der Gleichheit in der Differenz", die auf der *Wahrnehmung, Beachtung und Anerkennung der Differenz-Erfahrung von Frauen* beruht. (Eine solche Differenz-Erfahrung verweist übrigens nicht nur auf die gesellschaftliche Position von Frauen im Kontext hierarchisierter Geschlechtermachtverhältnisse, sondern auch auf das bislang nicht wahrgenommene, nicht gewürdigte, nicht thematisierbare in den Erfahrungen von Frauen.) Auch in der sozialpädagogischen Arbeit mit und für Mädchen finden sich bis heute beide Orientierungen.

Eine „Politik der Gleichheit" als Idee, alle Frauen teilten aufgrund ihres Frau-Seins im Grunde die gleiche unterdrückte Position innerhalb einer Geschlechterhierarchie (Differenz zwischen „Männern" und „Frauen"), erzeugte allerdings ein neues Problem: Einzelne kamen mit ihrem je Besonderen (in ihrer Differenz zu allen anderen) auch in diesem verallgemeinerten Bild des Frau-Seins nicht vor – an diesem Punkt wird vielleicht deutlich, weshalb Mädchen und Frauen sich immer wieder weigern (müssen),

"Mädchen" bzw. "Frau" als Kategorie auf sich selbst "anzuwenden". Wenn diese Kategorien subjektiv als Reduzierung der eigenen Individualität begriffen werden, geraten deren befreiende Momente allerdings leicht aus dem Blick – die gesellschaftliche Dimension der eigenen Existenz kann dann möglicherweise nicht mehr als solche wahrgenommen werden. Denn das *Absehen von Unterschieden, das Betonen der Gemeinsamkeit in der Erfahrung von Diskriminierung und Unterdrückung* hatte historisch und politisch zweifellos eine wichtige Funktion: Frauen konnten sich auf diesem Weg auch eine *kollektive Ausgangslage für veränderndes Handeln* schaffen, konnten sich in Frauenräumen gegenseitig auch in all ihrer Verschiedenheit wahrnehmen und – nicht zuletzt – gegenseitig faszinieren. Hier scheint die soziale und kulturelle Dimension feministischer Praxen auf: *Erfahrungen von Gemeinsamkeit, Zugehörigkeit und Solidarität* stehen den begrenzenden Effekten der Kategorien gegenüber. Indem Menschen sich Zugehörigkeiten zu schaffen versuchen, bilden sich Gruppen und Gemeinschaften, die ihre „Identität" zum Teil auch über die Abgrenzung von anderen gewinnen. Die Rede von „'Wir' und 'die Anderen'" verweist wiederum auf Prozesse der *Homogenisierung und Normierung*, zeigt, wie der Wunsch und das Bedürfnis nach Solidarität auch zur *Verdeckung von Differenz und Konflikt* „im Innern" führen kann.

Dieses Problem findet sich allerdings nicht nur in der sozialen und politischen Praxis, sondern auch in der Praxis der Wissenschaft, in Forschung und Theoriebildung: Wenn systematische Aussagen (hier: über die Wirklichkeiten von Mädchen und Frauen) gemacht werden sollen, wenn bspw. die nach wie vor festzustellenden strukturellen Benachteiligungen gekennzeichnet werden sollen, dann drängt sich die kategorisierende Rede von „Mädchen" und „Frauen" geradezu auf. Die (nicht nur) mit der Kategorie Geschlecht einhergehende Begrenzung dient hier der Verdeutlichung sozialer Ungleichheit, der Analyse struktureller Bedingungen und Bedingtheiten.

In der konkreten sozialpädagogischen Praxis treten Tag für Tag diese ganz unterschiedlichen Seiten hervor – einzelne Mädchen erscheinen hier als „Mädchen" (im Sinne der analytischen und politischen Kategorie „Mädchen"), aber auch als einzigartiges Individuum, das – ob freiwillig oder nicht – über die unterschiedlichsten „Zugehörigkeiten" verfügt und damit in der eigenen Lebenspraxis umgeht bzw. umgehen muss. Reflektierte professionelle Praxis verfügt daher oft über ein *Wissen des „doing and undoing gender" im Alltag*, das Forschung wie Theoriebildung erst einholen müssen.

Exkurs: Geschlechterpolitiken als Spektrum

Die in diesem Exkurs vorgestellten *Geschlechterpolitiken* wirk(t)en sowohl in der Geschlechterforschung wie auch in der (sozial)pädagogischen Praxis durchaus prägend und stehen immer wieder erneut zur Diskussion. Ihre systematische Charakterisierung kann dazu verhelfen, die sich überkreuzenden

Elemente des Denkens und Handelns im Kontext von Mädchenarbeit, Jungenarbeit bzw. geschlechtsbezogener Jugendarbeit zu sortieren und genauer zu betrachten. Die einzelnen Denkfiguren kommen nicht unbedingt in Reinform vor, häufig treffen wir auf Mischungen, und das hat in der Regel gute (auch pragmatische) Gründe.

Jede der im Folgenden unterschiedenen Politiken könnte auch historisch dargestellt werden (z.B. im Hinblick darauf, wann sich welches Konzept bzw. welche Strategie wo findet, sich durchgesetzt hat, im Vordergrund stand etc.). Die historische Rekonstruktion wählt häufig ein Phasen- oder Etappen-Modell (vgl. Friebertshäuser 1997), mit dem allerdings die *Gleichzeitigkeit der unterschiedlichen Politiken in der professionellen und politischen Praxis*, die auf Kontroversen, Vielfalt, Mehrdeutigkeit verweist, unberücksichtigt bleiben muss. Meines Erachtens verdient jede der besprochenen Perspektiven Beachtung – ihre verschiedenen Facetten sind immer wieder von neuem daraufhin zu überprüfen, wie sie zur Demokratisierung der Geschlechterverhältnisse genutzt werden können.

Hier interessiert vor allem, welche der bisher skizzierten, im weiteren noch auszudifferenzierenden Sichtweisen auf Geschlecht, Geschlechterdifferenz, Geschlechterhierarchie welche Praxis ermöglicht bzw. herausfordert. Mit welcher Denkweise lässt sich welche Praxis entwickeln und gestalten, und – nicht zuletzt – politisch rechtfertigen?

„Wer sagt, dass Mädchen dümmer sind?" – Das Denken der Gleichheit

Hier liegt in der Regel die Vorstellung zugrunde, dass Männer und Frauen in erster Linie menschliche Wesen sind (diese Position wird daher auch als *humanistische Position* bezeichnet), grundsätzlich mit denselben Potentialen ausgestattet und im Prinzip zu gleichen Leistungen und Verhaltensweisen fähig. Real wahrnehmbare Geschlechterdifferenzen werden vor allem als Effekte von Ungleichheitsverhältnissen interpretiert. Gleiche Möglichkeiten, gleiche Zugangschancen, gleiche Rechte auf Teilhabe werden gefordert und als Bedingung für eine mögliche Gleichheit (im Sinne von Gleichrangigkeit) der Geschlechter betrachtet. Ausgehend von dieser Position lassen sich alle bestehenden Ungleichheiten kritisieren und eine Anti-Diskriminierungspolitik (z.B. in Bezug auf Bildungs- und Berufsmöglichkeiten für Mädchen und Frauen) entwickeln. Machthierarchien zwischen Männern und Frauen sind dann zumindest nicht mit „Differenz" begründbar. Allerdings können Erfahrungen von Individualität und Unterschiedlichkeit mit dem Denken der Gleichheit nicht in allen Aspekten erfasst werden.

**„Mädchen sind halt doch irgendwie anders ..." –
Das Denken der Differenz**

Hier wird von der Realität bzw. von der realen *Erfahrung des Unterschieds* zwischen den Geschlechtern ausgegangen. Dabei kann die Vorstellung, wie eine solche Unterschiedenheit sich erklären lässt, variieren: Von der historisch-gesellschaftlichen *Produktion der Differenz*, die aber nunmehr die Wirklichkeiten der Einzelnen in entscheidender Weise strukturiert, bis zur Idee einer Unterschiedlichkeit qua „Wesen" (z.T. assoziiert mit der Anatomie der Geschlechter, der Gebärfähigkeit etc.) reicht das Spektrum. Die Stärke dieser Denkweise liegt darin, dass sich die jeweils „anderen" als Gruppe zusammenschließen und miteinander identifizieren können, von da aus (politisch) aktiv werden können. Wenn bspw. eine Entwertung des „Weiblichen" erfahren wurde, so kann im Gegenzug dieses „Weibliche" stilisiert und kultiviert, d.h. auch als Chance und Potential begriffen werden. Das Denken der Differenz hat aber noch einen anderen Aspekt: Mit ihm können auch Differenzen *unter* Mädchen bzw. *unter* Jungen in den Blick genommen werden – und nicht zuletzt die Differenz-Erfahrungen im Selbst.

„Ganz unterschiedlich verschieden" – Konstellationen des Vielfältigen

Insbesondere die Rassismusdiskussion und die in diesem Zusammenhang entwickelte *Sensibilität für Zuschreibungsprozesse* hat klar gemacht, dass wir es immer mit verschiedenen Differenzen zu tun haben. Es ist nicht in *jeder* sozialen Situation eindeutig auszumachen, aufgrund welcher „Zugehörigkeit", besser; aufgrund welcher Zuschreibung eine Jugendliche/ein Jugendlicher marginalisiert und benachteiligt erscheint oder aufgrund welcher Zugehörigkeit/Zuschreibung, aufgrund welches Selbstverständnisses eine/einer sich Gehör und Raum verschaffen kann. In der Diskussion um Identität ist das inzwischen sehr deutlich geworden. Von „Identitäten im Fluss" ist die Rede, von „Patchwork-Identitäten" oder auch von Identitätsaspekten, die immer wieder in unterschiedlichen Konstellationen zum Tragen kommen. Hieraus ergeben sich gewisse Schwierigkeiten für *zielgerichtete Politiken*, aber auch für eine pädagogische Praxis, die darauf angelegt ist, mit ganz bestimmten *Zielgruppen* zu arbeiten. In welcher „Eigenschaft", in welchem Aspekt wird eine Person wann von wem behandelt oder angesprochen? Die Kategorien vermischen sich und wechseln in ihrer Bedeutung. Wie können vor einem solchen Hintergrund Problemdefinitionen angemessen formuliert werden, die sozialpädagogisches Handeln erforderlich machen? Wie lässt sich vor einem solchen Hintergrund Mädchenarbeit (und Jungenarbeit) legitimieren?

**„Geschlecht ist relativ" –
Geschlechtergrenzen dehnen, überschreiten, parodieren**

Die Relativität von Geschlecht wurde im Kontext der Schwulen- und Lesbenbewegung in spezifischer Weise formuliert und praktiziert; der *relativierende, parodierende Umgang mit Geschlecht* kommt (nicht nur dort) z.B. in der Praxis des Cross dressing, der Travestie zum Ausdruck. Geschlecht erscheint hier plötzlich losgelöst von eindeutiger Zuordnungsmöglichkeit qua Anatomie, Körper oder Leiblichkeit. Gender crossing meint die *Überschreitung der Geschlechtergrenzen* – per Kleidung, Verhalten, Rollenübernahme oder gar – sehr existentiell – per Operation. Im spielerischen, auch *politisch bewusst dynamisierenden* Umgehen mit Geschlechtergrenzen werden diese Grenzen ausgedehnt, durchlässig gemacht, erscheinen flexibel. Die theoretische und politische Relativierung der Kategorie Geschlecht setzt die nach wie vor bestehenden Hierarchien und Ungleichheitsverhältnisse entlang der Trennlinie Geschlecht allerdings ebenso wenig einfach außer Kraft wie der spielerische Umgang mit Geschlechterbildern.

„Praxis der gegenseitigen Anerkennung" – Geschlechterdemokratie

Das Bemühen um *Geschlechterdemokratie* ist eine Art Vision und gleichzeitig praktische Politik. Eine geschlechtsbezogene kritische Jugendarbeit kann sich an Vorstellungen von Geschlechterdemokratie orientieren. Es geht hier *nicht* darum, sich für die eine oder andere der weiter oben skizzierten Denkweisen oder gar für eine *bestimmte* Bedeutung von Geschlechterdifferenz zu entscheiden. Vielmehr steht das praktische Bemühen im Vordergrund, in jeder Situation und im alltäglichen Umgang miteinander (zum Teil auch inszeniert mit Hilfe von Regeln und Verfahren, in symbolischen Handlungen) zu demokratischen Verhältnissen zwischen den Geschlechtern beizutragen. Demokratie meint hier die grundsätzliche Annahme und Anerkennung von Gleichrangigkeit bei vollem Bewusstsein der Realität struktureller Ungleichheit, das Bemühen um Aufhebung von Benachteiligung und die Entwicklung einer für beide Geschlechter lebbaren respektvollen Praxis.

Insgesamt sind feministische Initiativen und Geschlechterpolitiken heute in einem widerspruchsvollen *Spannungsfeld von (prekärer, ungewisser) Etablierung, Normalisierung und Dethematisierung* angesiedelt (vgl. Maurer 2001). Auch die Arbeit mit und für Mädchen im (sozial)pädagogischen Bereich hat sich in gewisser Weise etabliert und normalisiert (vgl. Bitzan u.a. 1999), muss sich aber unter veränderten gesellschaftlichen Vorzeichen immer wieder auf neue Weise legitimieren. In der Schule stellt sich das sicherlich anders dar als bspw. in der Jugendsozialarbeit. Hier ist also nach Bereichen und Aufgabenstellungen auf jeden Fall zu differenzieren. Auch die inhaltlichen Orientierungen haben sich verändert und weiterentwickelt: So ist bspw. die Idee der Parteilichkeit für Mädchen differenziert worden (vgl. Bitzan 1993). Der Wandel drückt sich u.a. im Sprachgebrauch aus (vgl. hierzu wieder Kehlenbeck 2001), der zudem als Reflex des Kampfes um gesellschaftliche Akzeptanz, Ressourcen und fachliche Profilierung zu sehen ist: von der *feministischen Mädchenarbeit* (deren Entsprechung in einer *antisexistischen Jungenarbeit* zu sehen ist) zur *geschlechtsbezogenen sozialpädagogischen Arbeit* im Allgemeinen, die sowohl im Kontext *reflexiver Koedukation* (vgl. Beetz 1998) als auch im Rahmen eigens für Mädchen konzipierter Angebote auf jeden Fall *mädchengerechte Arbeit* sein soll.

3. Zwischenbilanz: „Mädchen" als politische Kategorie

1993 hat Anita Heiliger die feministisch orientierte politische Perspektive wie folgt charakterisiert: *„Ziel feministischer Mädchenarbeit und Mädchenpolitik* ist zunächst die volle Entwicklung der eigenständigen unabhängigen Persönlichkeit von Mädchen, ihrer Individualität, Ganzheitlichkeit und Selbstbestimmtheit, die Gewährleistung ihrer körperlichen und seelischen Unversehrtheit und ihrer Widerstandskraft sowie die Unterstützung bei der Überwindung und Heilung der allzu oft bereits erfolgten tiefen Verletzungen und schließlich die positive Bewertung und Selbstbewertung von Weiblichkeit jenseits patriarchaler Definitionen." (Heiliger 1993, S. 25)

Als kritischer und normativer Horizont im Kontext strukturell verankerter und abgesicherter Ungleichheitsverhältnisse hat diese Perspektive nicht an Aktualität verloren. Sie sieht sich heute allerdings mit der *kritischen Dekonstruktion klassischer Konzepte von Subjekt und Autonomie* konfrontiert, die auch Geschlecht als Kategorie berührt. Ein „jenseits patriarchaler Definitionen" ist demnach Utopie im Sinne von „kein Ort".

Selbstverständlichkeiten infrage stellen, vermeintliche Gewissheiten hinter sich lassen, immer wieder alles bezweifeln, sind Verfahren der Kritik. Pädagogik und Soziale Arbeit brauchen allerdings Handlungsorientierungen und konkrete Ansatzpunkte für eine konkret auszugestaltende Praxis. Geschlecht kann daher nicht nur als diskursives Konstrukt aufgefasst, sondern muss immer auch als sich sehr konkret darstellender *Erfahrungszusammenhang* gesehen werden. Die Rede von *doing gender* verweist letztlich auf beide Dimensionen – auf gesellschaftlich-kulturelle Zuschreibungsprozesse, auf individuelle wie kollektive *Identitätsbildungsprozesse,* wie auch auf Alltagserfahrung und Handlungspraxis.

Vor diesem Hintergrund plädiere ich dafür, „Mädchen" nicht als essentialistische, sondern als politische Kategorie zu begreifen, mit der Problemlagen thematisiert und auf die bezogen konkrete Arbeitskonzepte entwickelt werden können.

4. Konkretisierung am Beispiel: Sozialpädagogische Ansätze zur Unterstützung von jungen Frauen im Übergang von der Schule in die Berufsausbildung/Arbeitswelt

Ich spreche hier einen *bestimmten* Zusammenhang der Mädchenförderung und -politik im Bereich Sozialer Arbeit an, der sich durch eine spezifische Aufmerksamkeit für die Situation des „Übergangs" auszeichnet. Von feministisch orientierten Pädagoginnen werden dort bspw. folgende Fragen formuliert und bearbeitet: Wie können angemessene („mädchengerechte") sozialpädagogische Ansätze der „Unterstützung im Übergang" entwickelt werden? Worauf muss theoretisch wie empirisch und praktisch geachtet werden, wenn aktuelle Diagnosen zur „Arbeitsgesellschaft" und Ergebnisse der Frauen- und Geschlechterforschung zum segmentierten und hierarchisierten Feld der Arbeit in die Auseinandersetzung einbezogen werden?

Hier wird eine vor allem *struktur- und handlungsbezogene Perspektive* deutlich: Interesse also zum einen für die strukturellen Begrenzungen, mit denen Mädchen und Frauen in einer geschlechtshierarchischen Gesellschaft konfrontiert sind, zum anderen für deren subjektive Handlungsmöglichkeiten und Orientierungen. Mädchen werden daher auch als „Subjekte des Übergangs", als *aktive Gestalterinnen ihres Übergangsprozesses* gesehen. Das Problem der Homogenisierung steht jedoch im Raum, wenn Mädchen als Gruppe oder Kategorie erscheinen und interessieren. Es ergibt sich also die schwierige Aufgabe, einerseits die *soziale Positionierung* von Mädchen und Frauen qua Geschlecht und die damit verbundene Ungleichheit bzw. Benachteiligung ausreichend zu berücksichtigen, andererseits die *zuschreibende Wirkung* der Kategorie Geschlecht auch selbstkritisch zu reflektieren. Ein solches Problembewusstsein trägt dem aktuellen Stand der Frauen- und Geschlechterforschung bzw. der feministischen Theoriebildung Rechnung. Diskussionswürdig finde ich selbst vor allem zwei Punkte: erstens den – allen Arbeitskonzepten und -vorschlägen jeweils zugrunde liegenden – Subjektbegriff, der z.B. im Kontext einer Theorie der Praxis sicherlich differenziert werden kann; zweitens die mit der Vorstellung von Ganzheitlichkeit gelegentlich verbundene Verallgemeinerung der sozialpädagogischen Unterstützung von Mädchen im Übergang, die auch die problematische Seite eines *umfassenden Zugriffs* enthalten kann. Diese nachdenklichen Anfragen beziehen sich allerdings auf die Landschaft der Auseinandersetzung in Theorie, Empirie und Praxis insgesamt, nicht ausschließlich auf feministische Perspektiven.

Das Arbeitsfeld der sozialpädagogischen Unterstützung von Mädchen und Jungen im Übergang von der Schule in den Beruf erscheint als *Schnittstellenarbeit* in einem gesellschaftlich-historischen Spannungsfeld. Gesetzlich haben sich Grundlagen und Rahmungen seit dem neuen Kinder- und Jugendhilfegesetz verändert, das ausdrücklich die Berücksichtigung der unterschiedlichen Lebenslagen von Mädchen und Jungen verlangt (siehe §9 Absatz 3). Wird ein solcher Ansatz ernsthaft verfolgt, so lassen sich die herkömmlichen Schneidungen von Arbeitsfeldern nicht einfach aufrechterhalten. Das wird exemplarisch an Mädchenprojekten deutlich, die einen ganzheitlicheren Ansatz der Unterstützung verfolgen, der Berufs- und Lebensplanung als ineinander greifend versteht. Die *Normalität* der Herausforderung „Übergang" verlangt auch eine kritische Diskussion des Konzeptes der *Benachteiligung*, über das die Bereitstellung finanzieller Ressourcen immer noch geregelt ist.

Wenn „Übergang" als komplexer Prozess im Kontext von Modernisierungs- und Individualisierungsprozessen verstanden werden soll, der letztlich unabgeschlossen bleibt (vgl. Stauber/Walther 2000), dann spielt die Auseinandersetzung mit dem geschlechtsspezifisch segmentierten und hierarchisierten Ausbildungs- und Arbeitsmarkt hierfür eine zentrale Rolle. Die aktuellen Veränderungsprozesse der „Arbeitsgesellschaft" noch einmal gesondert in den Blick genommen, lassen sich folgende Fragen formulieren: Welche konkreten Effekte haben diese Entwicklungen für Mädchen und Frauen? Und welche Neuorientierungen der Unterstützung im Übergang sind vor diesem Hintergrund notwendig? Denn heutige Lebenslagen verweisen zwar auf neue Möglichkeiten der Lebensführung, sind dabei aber auch von neuen Konflikten und Widersprüchen durchzogen: „Kennzeichnend für die Lebensführung der jungen Frauengeneration ist ein paradoxes Nebeneinander von Gleichheits- und Ungleichheitserfahrungen sowohl innerhalb der einzelnen Lebensbereiche als auch zwischen ihnen; die dominierende Gleichheitsrhetorik erschwert jedoch eine Thematisierung der subtiler gewordenen Ungleichheitsstrukturen." (Oechsle/Geissler 1998, S. 23) In diesem Zusammenhang kann der analytische Begriff des *Verdeckungszusammenhangs* (Bitzan u.a.) weiterführen.

Es bleibt das Problem der Gerechtigkeit in Bezug auf Zugänge zu Ressourcen und Möglichkeiten der Wahl, es bleibt das Problem der Integrität angesichts von alltäglicher Gewalt und Verletzungserfahrungen, es bleibt das Problem der Teilhabechancen in Bezug auf gesellschaftliche Prozesse und Entscheidungen.

5. Alltäglicher oder spektakulärer Feminismus? Arbeitsaufgaben der Zukunft

Neben dem andauernden Bemühen um *Sensibilisierung* für die Bedeutung der Kategorie Geschlecht im Denken und Handeln in einer Perspektive der Gerechtigkeit, das sich im Kontext übergreifender sozialpolitischer Auseinandersetzungen ebenso bewähren muss wie in der konkreten Hilfe- und Angebotsplanung vor Ort (vgl. auch Bitzan/Funk 1995), steht der *alltägliche Kampf um Ressourcen*, um Geld und Räume, um eine qualifizierte personelle Ausstattung. Diese Problematik der Finanzierung der notwendigen Ressourcen und des Aufbaus einer auch *langfristig abgesicherten Infrastruktur* für geschlechterdemokratische Arbeit erinnert noch einmal an die durchaus schwierige Dynamik von Dramatisierung und Entdramatisierung der Geschlechterdifferenz. Für den Bereich der Schule hat Sibylle Beetz das einmal so formuliert: „Emanzipatorische Ansprüche können durch unbewusste Arrangements unterlaufen werden; damit können sie ungewollt Geschlechterdifferenzen im Sinne von Rollenzuschnitten fixieren ... Mein Plädoyer gilt einer bewusst innovativen Schulpraxis, die über verführerische Dualitäten hinwegweist und experimentell neue Bereiche erobert. In der postmodernen, historisch bewussten Dramatisierung der Geschlechterverhältnisse in Bildungsinstitutionen liegen Chancen der durchaus lustvollen

Inszenierung des (noch) nicht Verarbeiteten bzw. des (noch) nicht Erreichten. Auf der Basis einer selbstverständlichen Anerkennung der Verschiedenheiten zwischen Männern und Frauen, aber auch der Verschiedenheiten zwischen Frauen und zwischen Männern mag dabei eine Entdramatisierung der Geschlechterdifferenz via Dramatisierung betrieben werden ..." (Beetz 1998, S. 260f.).

Aufgabenstellungen ergeben sich von daher in *allen* Bereichen, von der Entwicklung und langfristigen Absicherung der Angebote und Infrastrukturen über die Verankerung entsprechender Ausbildungsinhalte bis hin zur kontinuierlichen Weiterqualifizierung und Selbstreflexion der beruflichen wie ehrenamtlichen Praxis.

Eine der schwierigsten Aufgaben liegt vielleicht darin, Entwürfe und Praxen zu riskieren und zu verwirklichen, ohne dem *Sog der Identifizierung* zu unterliegen. Dafür braucht es meines Erachtens einen eher unscheinbaren, alltäglichen Feminismus, der die *Sehnsucht nach Normalität* berücksichtigt und eine Praxis ermöglicht und festigt, in der junge Frauen z.B. die *Selbstverständlichkeit eines eigenen Raums* sowie dessen kulturelle und soziale Ausgestaltung (er)leben können. Gleichzeitig wird in einer solchen Perspektive nicht die Besonderheit qua Geschlecht betont, sondern in konkreten Schritten an Wahl- und Verwirklichungsmöglichkeiten gearbeitet. Es braucht aber nach wie vor auch einen spektakulären, kämpferischen Feminismus, der im Alltag vernachlässigte Themen immer wieder offensiv zur Sprache bringt, Ungleichheitsverhältnisse skandalisiert und deutlich politisiert. Diese Perspektive hält die in den Geschlechterverhältnissen enthaltene Konfliktdimension präsent, öffnet sie der Auseinandersetzung und Bearbeitung – denn der Kampf um Anerkennung gehört noch lange nicht der Vergangenheit an.

Literatur zur Vertiefung

Beetz, Sibylle (1998): Koedukationsdiskurs zwischen Programmatik und Erfahrungswissen. Von der Notwendigkeit einer Inszenierung entdramatisierter Geschlechterverhältnisse im Bildungswesen. In: Zeitschrift für Pädagogik, 44. Jg., Heft 2, S. 253-262

Bitzan, Maria/Daigler, Claudia/Rosenfeld, Edda (1999b): Der doppelte Blick. Quer denken und strategisch handeln. In: SPI Berlin (Hrsg.) (1999): Neue Maßstäbe. Mädchen in der Jugendhilfeplanung. Berlin, S. 178-188

Friebertshäuser, Barbara (1997): Geschlechtertrennung als Innovation. Etappen geschlechtsbezogener Jugendarbeit im 20. Jahrhundert. In: Friebertshäuser, Barbara/Jakob, Gisela/Klees-Möller, Renate (Hrsg.): Sozialpädagogik im Blick der Frauenforschung. Weinheim 1997, S. 113-135

Funk, Heide (1993): Mädchen in ländlichen Regionen. Theoretische und empirische Ergebnisse zur Modernisierung weiblicher Lebenslagen. Weinheim/München

Literatur

Beetz, Sibylle (1998): Koedukationsdiskurs zwischen Programmatik und Erfahrungswissen. Von der Notwendigkeit einer Inszenierung entdramatisierter Geschlechterverhältnisse im Bildungswesen. In: Zeitschrift für Pädagogik, 44. Jg., Heft 2, S. 253-262

Bitzan, Maria (1993): Parteilichkeit zwischen Politik und Professionalität. In: Heiliger, Anita/Kuhne, Tina (Hrsg.) (1993): Feministische Mädchenpolitik. München, S. 196-206

Bitzan, Maria/Funk, Heide (1995): Geschlechterdifferenzierung als Qualifizierung der Jugendhilfeplanung. Grundlagen eines feministischen Planungsverständnisses. In: Bolay, Eberhard/Herrmann, Franz (Hrsg.): Jugendhilfeplanung als politischer Prozess. Neuwied, S. 71-123

Bitzan, Maria/Funk, Heide/Stauber, Barbara (1998): Den Wechsel im Blick. Methodologische Ansichten feministischer Sozialforschung. Hrsg. vom Tübinger Institut für frauenpolitische Sozialforschung e.V. Pfaffenweiler

Bitzan, Maria/Daigler, Claudia/Rosenfeld, Edda (1999a): Jugendhilfeplanung im Interesse von Mädchen. In: SPI Berlin (Hrsg.) (1999): Neue Maßstäbe. Mädchen in der Jugendhilfeplanung. Berlin, S. 9-16

Bitzan, Maria/Daigler, Claudia/Rosenfeld, Edda (1999b): Der doppelte Blick. Quer denken und strategisch handeln. In: SPI Berlin (Hrsg.) (1999): Neue Maßstäbe. Mädchen in der Jugendhilfeplanung. Berlin, S. 178-188

Düring, Sonja (1993): Zwischen Aufbruch und Verharren, Autonomie und Liebessehnsucht. Eine Untersuchung über den Verlauf der Adoleszenz von Frauen und ihre Konflikte mit der kulturellen Form der Zweigeschlechtlichkeit. Hamburg (Dissertation)

Flaake, Karin/King, Vera (Hrsg.) (1992): Weibliche Adoleszenz. Zur Sozialisation junger Frauen. Frankfurt a.M./New York

Friebertshäuser, Barbara (1997): Geschlechtertrennung als Innovation. Etappen geschlechtsbezogener Jugendarbeit im 20. Jahrhundert. In: Friebertshäuser, Barbara/Jakob, Gisela/Klees-Möller, Renate (Hrsg.): Sozialpädagogik im Blick der Frauenforschung. Weinheim 1997, S. 113-135

Funk, Heide (1993): Mädchen in ländlichen Regionen. Theoretische und empirische Ergebnisse zur Modernisierung weiblicher Lebenslagen. Weinheim/München

Funk, Heide/Schwarz, Anne (1999): Bedürfnisse und Konfliktlagen von Mädchen. In: SPI Berlin (Hrsg.) (1999): Neue Maßstäbe. Mädchen in der Jugendhilfeplanung. Berlin, S. 88-102

Geissler, Birgit/Oechsle, Mechthild (1996): Lebensplanung junger Frauen. Zur widersprüchlichen Modernisierung weiblicher Lebensläufe. Weinheim

Glücks, Elisabeth/Ottemeier-Glücks, Hans Gerd (Hrsg.) (1996): Geschlechtsbezogene Pädagogik. Ein Bildungskonzept zur Qualifizierung koedukativer Praxis durch parteiliche Mädchenarbeit und antisexistische Jungenarbeit. Münster (2. Auflage)

Goffman, Erving (1994): Interaktion und Geschlecht. Frankfurt a.M.

Hagemann-White, Carol (1998): Identität – Beruf – Geschlecht. In: Oechsle, Mechthild/Geissler, Birgit (Hrsg.) (1998): Die ungleiche Gleichheit. Junge Frauen und der Wandel im Geschlechterverhältnis. Opladen, S. 27-41

Heiliger, Anita (1993): Grundsätze feministischer Mädchenpolitik. In: Heiliger, Anita/Kuhne, Tina (Hrsg.) (1993): Feministische Mädchenpolitik. München, S. 20-31

Kehlenbeck, Corinna (2001): „... und was heißt das für die Praxis?" Historische Entwicklungslinien der Frauen- und Geschlechterforschung im Spannungsverhältnis zwischen Theorie und Praxis – aufgezeigt an der sozialpädagogischen

Diskussion über eine *geschlechterdifferenzierende Jugendhilfe*. In: Fritzsche, Bettina u.a. (Hrsg.) (2001): Dekonstruktive Pädagogik. Erziehungswissenschaftliche Debatten unter poststrukturalistischen Perspektiven. Opladen (im Erscheinen)
Klees, Renate/Marburger, Helga/Schumacher, Michaela A.C. (1989): Mädchenarbeit. Weinheim u.a.
Krüger, Helga (1995): Dominanzen im Geschlechterverhältnis: zur Institutionalisierung von Lebensläufen. In: Becker-Schmidt, Regina/Knapp, Gudrun-Axeli (Hrsg.) (1995): Das Geschlechterverhältnis als Gegenstand der Sozialwissenschaften. Frankfurt a.M. u.a., S. 195-219
Lehnert, Nicole (1999): „... und jetzt wollen sie uns wieder in die Frauenecke stellen!" Die Bedeutung der Kategorie Geschlecht in den Vorstellungen von Frauenförderung. Bielefeld
Lemmermöhle, Doris (1997): „Ich fühl' mich halt im Frauenpelz wohler". Biographisches Handeln junger Frauen beim Übergang von der Schule in die Arbeitswelt. In: Feministische Studien, 15. Jg., Heft 2, S. 23-37
Liesering, Sabine/Rauch, Angela (Hrsg.) (1996): Hürden im Erwerbsleben. Aspekte beruflicher Segregation nach Geschlecht. Nürnberg
Maurer, Susanne (2001): Das Soziale und die Differenz. Zur (De-)Thematisierung von Differenz in der Sozialpädagogik. In: Lutz, Helma/Wenning, Norbert (Hrsg.) (2001): Unterschiedlich verschieden. Differenz in der Erziehungswissenschaft. Opladen, S. 125-142
Metz-Göckel, Sigrid (1998): Mikropolitik in den Geschlechterbeziehungen: Selbstvertrauen, Anerkennung und Entwertung. In: Oechsle, Mechthild/Geissler, Birgit (Hrsg.) (1998): Die ungleiche Gleichheit. Junge Frauen und der Wandel im Geschlechterverhältnis. Opladen, S. 259-279
Oechsle, Mechthild/Geissler, Birgit (Hrsg.) (1998): Die ungleiche Gleichheit. Junge Frauen und der Wandel im Geschlechterverhältnis. Opladen
Savier, Monika/Wildt, Carola (1979): Mädchen zwischen Anpassung und Widerstand – Neue Ansätze feministischer Mädchenarbeit. München
Seidenspinner, Gerlinde u.a. (1996): Junge Frauen heute – Wie sie leben, was sie anders machen. Opladen
Schmidt, Andrea (2001): Poststrukturalistische Perspektiven. Ein Beitrag zur Reflexion sozialpädagogischer Handlungspraxen. In: Fritzsche, Bettina u.a. (Hrsg.) (2001): Dekonstruktive Pädagogik. Erziehungswissenschaftliche Debatten unter poststrukturalistischen Perspektiven. Opladen (im Erscheinen)
Stauber, Barbara/Walther, Andreas (1995): Nur Flausen im Kopf? Berufs- und Lebensentscheidungen von Mädchen und Jungen als Frage regionaler Optionen. Bielefeld
Stauber, Barbara/Walther, Andreas (2000): Yo-yo's at work – Ein europäischvergleichender Blick auf Handlungsspielräume junger Frauen und Männer. Vortrag am 24. Nov. 2000 im Rahmen des Tübinger Sozialpädagogiktages (Internet-Publikation)
Timmermann, Evelyn (1998): Das eigene Leben leben. Autobiographische Handlungskompetenz und Geschlecht. Opladen
Wetterer, Angelika (1995): Dekonstruktion und Alltagshandeln. Die (möglichen) Grenzen der Vergeschlechtlichung von Berufsarbeit. In: Wetterer, Angelika (Hrsg.) (1995): Die soziale Konstruktion von Geschlecht in Professionalisierungsprozessen. Frankfurt a.M. u.a., S. 223-246

Gerd Stecklina

Geschlecht – Jungen

Zusammenfassung: Geschlechtsspezifische Arbeit mit Mädchen und Jungen ist nach dem Kinder- und Jugendhilfegesetz eine Querschnittsaufgabe von Jugendhilfe. Mädchen und junge Frauen werden heute in der Jugendhilfe in ihrer Geschlechtsspezifik wahrgenommen, Jungen und männliche Jugendliche überwiegend als problemverursachende Kids und Jugendliche, die zudem die koeduktiven Räume in der offenen Jugendarbeit dominieren. In dem Beitrag werden im Gegensatz dazu Fragen des individuellen Junge- und Mann-Sein thematisiert, aus denen sich spezifische Anforderungen an die Jugendhilfeplanung und die unmittelbare Arbeit mit Jungen und jungen Männern in den verschiedenen Tätigkeitsbereichen der Jugendhilfe ergeben. Im zweiten Teil des Beitrages wird der kritische Ansatz in der Jungenarbeit dargestellt.

Einleitung

Das konzeptionelle Grundmuster der geschlechtsspezifischen Arbeit ist heute ein zentraler Baustein von Jugendhilfeplanung und praktischer Jugendarbeit. Der Platz, der der Kategorie Geschlecht mit ihrer Zielgruppen-, Lebenswelt-, Bedürfnis- und Problemorientierung in der Jugendhilfe beigemessen wird, gewinnt seinen Stellenwert historisch, politisch und wissenschaftlich aus den Forderungen der ‚Neuen Frauenbewegung', aus aktuellen sozialwissenschaftlichen Forschungen zum weiblichen und männlichen Geschlecht, der theoretischen Erkenntnis von der kulturellen und sozialen Konstruktion von Zweigeschlechtlichkeit in der Moderne (vgl. Hagemann-White 1984; vgl. Butler 1995), sowie der unmittelbaren praktischen Arbeit mit Mädchen und Jungen.

Mädchen werden in der Jugendhilfe inzwischen selbstverständlich und berechtigterweise als eigenständige Zielgruppe wahrgenommen, ihnen werden geschlechtshomogene Räume zur Verfügung gestellt und Mädchenarbeit ist zu einem nicht mehr zu negierenden Teil von Jugendhilfe geworden (Bitzan/Daigler/Hilke/Rosenfeld 1995, 150). Im Gegensatz dazu stehen Einrichtungen der Jugendhilfe vor der bisher nur bedingt bewältigten Problematik, sich grundsätzlich der geschlechtsspezifischen Arbeit mit Jungen zu nähern, diese zu begründen und konzeptionell zu verankern. Die Ursachen für die Schwierigkeit, das männliche Geschlecht zur Arbeitsgrundlage von Jugendhilfe zu machen, mögen vielfältig und komplex sein und können an dieser Stelle in ihrer Ausführlichkeit nicht erörtert werden. Dass geschlechtsspezifische Arbeit mit Jungen und männlichen Jugendlichen am Beginn des 21. Jahrhunderts aber Bestandteil von Jugendhilfe sein muss, erfährt seine Relevanz nicht nur aus der gesetzlichen Verankerung von geschlechtsspezifischer Arbeit als Querschnittsaufgabe im KJHG, sondern insbesondere aus veränderten sozioökonomischen Bedingungen für das individuelle Junge- und Mann-Sein in der Moderne, aus einer Reihe von initiierten Praxismodellen der Jungenarbeit, in denen die Geschlechtscharakteristik des Maskulinen thematisiert und Wege für die „Bewältigung des Mannsein" aufgezeigt werden (Böhnisch/Winter 1993, 119ff.), sowie einer inzwischen umfangreichen wissenschaftlichen Forschung zum Verhältnis von männlicher Geschlechtsidentität und männlicher Kultur, die gesellschaftliche männliche Hegemonie differenziert analysiert (vgl. Connell 1987) und unterschiedliche männliche Lebensentwürfe in der Moderne erörtert (vgl. Zulehner/Volz 1998).

Gleichzeitig offenbaren die Praxismodelle der Jungenarbeit und die theoretische Forschungslage zum Junge- und Mann-Sein, dass Junge-Sein und geschlechtsspezifische Entwicklung von männlichen Kids und Jugendlichen sowie jungen Männern explizit im Kontext der sozialen Konstruktion von Männlichkeit gesehen wird. Fragen jugendlicher Spezifika der Bewältigung von Junge-Sein, mit jugend- und jungentypischen Handlungs- und Verhaltensmustern „zur Belastungskompensation und subjektiven Bewältigung" (Franzkowiak 1995, 7) und einem jugend- und jungentypischen Verständnis von männlicher Geschlechtsidentität, bleiben hierdurch weitgehend außen vor.

In dem Beitrag sollen die hier kurz skizzierten Problemfelder von sozialer Konstruktion von Männlichkeit und männlicher Geschlechtsidentität erörtert und in 2 Schritten ein Zugang zur Kategorie Junge geschaffen werden. In einem ersten Schritt wird der Blick der Jugendhilfe auf das Geschlecht Junge dargelegt und die Notwendigkeit der Arbeit mit Jungen in der Jugendhilfe formuliert, um darauf aufbauend im zweiten Komplex ein aktuelles Konzept in der Jungenarbeit vorzustellen.

1. Der Blick auf männliche Jugendliche in der Jugendhilfe

In der Sozialisations- und Männerforschung setzte sich seit den frühen 90er-Jahren des 20. Jahrhunderts die Auffassung durch, dass es nicht ausreicht, Jungen und Männer ausschließlich auf der Folie der „Polarisierung der Geschlechtercharaktere" (vgl. Hausen 1978) und dem Paradigma männlicher Machtausübung zu erfassen. In der Forschung zur männlichen Geschlechtsidentität wird inzwischen von der Annahme der Entkopplung von männlichen Dominanzstrukturen in der Gesellschaft und individuellem Junge- und Mann-Sein ausgegangen, sowie die Forderung erhoben, Jungen und Männern Räume zu bieten, in denen sie die Chance erhalten, ein anderes Junge- und Mann-Sein zu leben und auch das männliche „Leiden am modernen Patriarchat" thematisieren zu können (Böhnisch 1997, 63). Mit diesem Ansatz wird die nur auf die Forderungen aus der Mädchen- und Frauenarbeit reagierende, geschlechtsbezogene Arbeit mit Jungen in verschiedenen Praxisprojekten (Wegner 1995, 161) sowie die traditionelle Jugendhilfe, die auffällige Jugendliche und Jungen aus sozialen Randgruppen ausschließlich als gesellschaftlich integrationsbedürftig ansieht und von der Tatsache ausgeht, dass Jugendarbeit schon immer Jungenarbeit war, überwunden. Für die Jugendhilfe in ihrer Gesamtheit ergibt sich hieraus die Konsequenz, die eigenen Konzepte der geschlechtsspezifischen Arbeit mit Jungen – insofern sie existieren – zu hinterfragen und die Ambivalenzen männlicher Geschlechtsidentität sowie das Geschlechterverhältnis zur Basis der eigenen Tätigkeit zu erheben.

Jugendhilfe und geschlechtsspezifische Arbeit mit Jungen und jungen Männern

Die Schwierigkeiten, die Jugendhilfe bis heute mit jungenpädagogischer Arbeit hat, lassen sich in drei Dimensionen beschreiben:

1. Jugendhilfekonzepte konzentrieren sich überwiegend auf ältere Jungen und männliche Jugendliche, die Probleme durch externalisierende Verhaltensmuster zu bewältigen versuchen, die sich Räume – bei Verdrängung Schwächerer bzw. ‚Zweckentfremdung' von Räumen – aneignen, die provozieren und die gesellschaftlich wahrgenommen werden. Im Gegensatz dazu wird Jungen, männlichen Jugendlichen und jungen Männern, die nicht öffentlich präsent sind, aber genauso Probleme mit ihrer Geschlechtsidentität und der individuellen Bewältigung von gesellschaftlichen Anforderungen an die Geschlechterrolle haben, nur bedingt Aufmerksamkeit zuteil. Bei den öffentlich auffälligen männlichen Jugendlichen wird zudem nur selten der Umstand offenbar, dass hinter nonkonformen externalisierten Verhaltens- und Handlungsweisen die sozial und individuell verwehrte Chance für männliche Jugendliche steht, Probleme im Zusammenleben mit anderen Menschen, Generationskonflikte und individuelle Bewältigungsprobleme von Lebenskrisen nicht über den Umweg der Externalisierung zu thematisieren und einen Zugang zu den eigenen Gefühlen zu haben.

Zentral ist somit in der Jugendhilfe die Arbeit mit benachteiligten Jungen und männlichen Jugendlichen (Migrantenjungen, Jungen aus sozial benachteiligten Familien, Jungen mit geringen Chancen zur Berufsausbildung und -findung); Jungen, die gesellschaftlich nicht akzeptierte Bewältigungsformen praktizieren (kriminelles Verhalten, expressive Gewalt gegen andere, Übergriffe gegenüber Mädchen, etc.) sowie männlichen Jugendlichen, die öffentlichkeitswirksam Probleme fabrizieren und Reaktionen seitens der Institutionen hervorrufen. Die Konzentration der Jugendhilfe auf die Kompensation von sichtbaren Problemlagen der Jungen verdeckt die Problematik, dass das von der Jugendhilfe angesprochene Klientel nicht nur Probleme macht, sondern welche hat (Sielert 1989, 44f.). Jungen und männlichen Jugendlichen werden hierdurch nicht unter der Perspektive der jugend- und jungentypischen Bedürftigkeit, der personalen und geschlechtsspezifischen Identitätsfindung, sowie der jugendlich definierten Neugier am Erwachsenwerden, sondern vordergründig unter dem Aspekt der Statuspassage Jugend mit den Möglichkeiten zum Ausleben des Generationskonfliktes in Gleichaltrigengruppen und der Flucht vor der Erwachsenengesellschaft gesehen (Böhnisch 1998, 186ff.).

In der Forschung zur geschlechtsspezifischen Sozialisation sowie als Ergebnis von Praxismodellen zur Arbeit mit Jungen wird deshalb zunehmend auf den Umstand verwiesen, dass Jungen nicht nur Probleme machen, d.h. gesellschaftlich nonkonforme Verhaltens- und Handlungsweisen praktizieren, sondern von der sozialen Umwelt als problematisch wahrgenommenes Verhalten von männlichen Jugendlichen Ausdruck von individuellen Schwierigkeiten der Jugendlichen mit sich selbst und ihrer Umwelt ist. Die Jungen und jungen Männern zur Verfügung stehenden Handlungs- und Verhaltensweisen verwehren ihnen den Zugang und die Thematisierung ihrer individuellen Problemlagen; sie sind zum einen Ausdruck der Sozialisationserfahrungen, die für Jungen ein bestimmtes Repertoire an Verhaltensweisen offerieren und von ihnen individuell angeeignet werden müssen, zum anderen verweisen sie auf die Problematik der Zählebigkeit traditioneller Geschlechterrollenstereotype, die Jungen und männlichen Jugendlichen andere Verhaltensweisen zuweisen als Mädchen und weiblichen Jugendlichen. Wenn Kolip in ihrer Studie zum Gesundheitsverhalten von Mädchen und Jungen empirisch nachweist, dass Jungen und junge Männer weniger ärztliche Hilfe in Anspruch nehmen bzw. sich eher als weibliche Jugendliche gefährlichen und riskanten Situationen aussetzen, welche auch eine höhere Sterblichkeitsrate zur Folge haben, so korrelieren Risikobereitschaft und expressive Verhaltensmuster von Jungen und jugendlichen Männern nach Kolip mit den Mustern der traditionellen männlichen Sozialisation der Außenorientierung und der Abspaltung von Emotionen (vgl. Kolip 1997; Bründel/Hurrelmann 1999).

Die Abkehr von der Problemzentrierung im Hinblick auf die geschlechtsspezifische Arbeit mit Jungen durch die Jugendhilfe muss deshalb nicht nur zu einer Neubestimmung der Zielgruppe Jungen und junge Männer führen, sondern gleichzeitig auch wahrnehmen, dass öffentlich präsente männliche Jugendliche einerseits durchaus Bewältigungsstärken haben und in der Lage sind, in individuellen Krisen- und Konfliktsituationen sozial verträgliche Strategien und Konfliktlösungen zu entwickeln, aber andererseits ihr externalisierendes Verhalten Ausdruck von Problemen mit ihrem eigenen Junge- bzw. Mann-Sein, ihrer geschlechtlichen und personalen Identität, sowie geringer Ressourcen zur sozialen Ausbalancierung der eigenen Hilflosigkeit ist.

2. Geschlechtsspezifische Arbeit mit Jungen und männlichen Jugendlichen wird von der Jugendhilfe noch zu wenig als Querschnittsaufgabe gesehen, was sich in den einzelnen Tätigkeitsfeldern der Jugendhilfe widerspiegelt. Die Entwicklung von Leitlinien für die geschlechtsspezifische Arbeit mit Jungen und männlichen Jugendlichen durch die Entscheidungsgremien der verschiedenen Ebenen der Jugendhilfe wäre eine Voraussetzung für die intentionale Arbeit mit der Zielgruppe Jungen, sowie für die Sensibilisierung von politischen Gremien und Mandatsträgern für das Konfliktfeld Junge und die Hinterfragung der eigenen geschlechtsreflektierenden Arbeit durch die Mitarbeiter in der Jugendhilfe.

Dabei sind durch die Mitarbeiter der Jugendhilfe für die Konzeptionen der Arbeit mit Jungen und männlichen Jugendlichen die vereinzelten Erfahrungen von jungenpädagogischen Projekten und Männerzentren in die Vorstellungen von geschlechtsspezifischer Arbeit zu integrieren, sowie Wege für die professionelle Absicherung dieser Aufgabe durch erwachsene männliche Mitarbeiter der Jugendhilfe zu finden. Zugleich heißt dies, die noch nicht selbstverständliche Thematik der geschlechtsspezifischen Arbeit mit männlichen Jugendlichen zum Gegenstand der eigenen Arbeit zu erheben und zu erkennen, dass diese weder eine Reproduktion der geschlechtsspezifischen Arbeit mit Mädchen, noch jugendkulturelle Arbeit ohne biographischen Zugang ist.

3. Die gesellschaftlichen Veränderungen in der Arbeitsgesellschaft haben nicht nur zu einer Verunsicherung von Männern im Erwerbsalter geführt, sondern auch zu einer Entwertung der erwerbszentrierten Normalbiographie als Modell für die Sozialisation von Jungen (Sielert 1989, 22f.). Faludi sieht – bedingt durch die veränderten gesellschaftlichen Bedingungen und die Erfolge der Frauenbewegung in den letzten Jahrzehnten – in den Männern bereits die Verlierer des 21. Jahrhunderts (vgl. Faludi 2001), Münchmeier fordert speziell von den Jugendarbeitern, die erschwerten Bedingungen des Einstiegs von Jugendlichen in den Erwerbsbereich zum Gegenstand von Jugendarbeit zu machen (Münchmeier 1997, 15f.). Die mit diesem Sachverhalt verbundenen Ängste von heranwachsenden männlichen Jugendlichen hinsichtlich der eigenen Biographie und das Fehlen von Vorbildern für die eigene männliche Sozialisation finden in der Arbeit mit Jungen und männlichen Jugendlichen bisher kaum Berücksichtigung (vgl. Böhnisch 2000, 71). Krafeld fordert deshalb von der Jugendhilfe die Beachtung des Phänomens der Entwertung von männlicher Erwerbsbiographie und deren Gehalt für die Sozialisation von Jungen und jungen Männern, da die Verunsicherung der heranwachsenden männlichen Jugendlichen in ihrer berufsorientierten männlichen Identität eine der Ursachen für die Inszenierung von männlichen Jugendlichen in der Berufsausbildung „als richtiger Mann" und für rassistische Verhaltensmuster sei (Krafeld 2000, 139).

Dabei korrespondieren die Entwertung der männlichen Normalbiographie und fehlende individuelle Ressourcen für die Bewältigung von Junge- und Mann-Sein in der Moderne mit einer geringen Zahl von Offerten in der Jugendhilfe, um den Abbau der traditionellen Männlichkeitsbilder und das Bild vom Modernisierungsverlierer ‚Mann' durch Angebote für ein gelingendes Junge- und Mann-Sein zu kompensieren (Böhnisch 1999, 218ff.; vgl. Böhnisch/Schröer 2001). Zugleich haben die Prozesse der Individualisierung von Lebensläufen und der Pluralisierung von Lebenslagen für die geschlechtliche Sozialisation von Jungen und jugendlichen Männern zur Folge, dass die Anforderungen an die eigenverantwortliche Aneignung der eigenen Geschlechtsidentität und des eigenen (männlichen) Lebensentwurfs, die den traditionellen Ideologien vom Mann-Sein widersprechen können, wachsen und mit der Chance für ein anderes Junge- und Mann-Sein verbunden sind (Lenz 1998, 51ff.).

Wandel der männlichen Geschlechtsidentität und Jugendhilfe

Die Entwertung der traditionellen männlichen Geschlechterrolle als Folge des ökonomischen, sozialen und politischen Wandels in den letzten 30 Jahren muss heute wesentlich die inhaltliche Gestaltung von Jugendhilfe im Bereich der geschlechtsspezifischen Arbeit mit Jungen mitbestimmen. Die Mitarbeiter der unterschiedlichen Felder der Jugendhilfe sehen sich aus diesem Kontext heraus mit einer vierfach gebrochenen Anforderung in ihrer Arbeit mit Jungen und jungen Männern konfrontiert:

- Ansätze für eine neue männliche Geschlechterrolle sind durch die Mitarbeiter der Jugendhilfe konstruktiv aufzugreifen, zum Gegenstand der Arbeit mit Jungen und männlichen Jugendlichen zu machen, und zugleich sind Wege und Mittel zu finden, um die versteckt sich dokumentierenden Probleme von Jungen mit ihrer eigenen männlichen Rolle und personalen Identität – die gewissermaßen hinter der ‚männlichen Fassade' liegen – erkennen und thematisieren zu können. Ein biographischer Zugang zum Junge- und Mann-Sein ist hierfür unabdingbare Voraussetzung.
- Die Mitarbeiter sehen sich angesichts des Auseinanderfallens von männlicher Hegemonie und individuellem Junge- und Mann-Sein mit männlichen Strukturen in der eigenen Institution konfrontiert. Sie stehen deshalb vor der Anforderung, auch strukturell-institutionelle Aspekte zu thematisieren und Wege für den Abbau von männlich-hegemonialen Strukturen zu initiieren. Die Strukturen männlicher Hegemonie in Institutionen verweisen zudem auf die Konflikte, denen Jungen, männliche Jugendliche und junge Männer in öffentlichen und privaten Räumen ausgesetzt sind. Die Stärkung von Selbstwert und die Befähigung der Jungen und männlichen Jugendlichen, die Spannungen zwischen der eigenen männlichen Geschlechtsidentität, den sozialen Erwartungen an Männlichkeit und männlich-hegemonialen Strukturen in Institutionen auszuhalten, ist eine

der zentralen Aufgaben, die an die Mitarbeiter der Jugendhilfe gestellt wird.

- Als dritte Anforderung kristallisiert sich für die Mitarbeiter der Jugendhilfe der Komplex der eigenen männlichen Geschlechtsrolle heraus. Winter verweist auf die Problematik von männlichen Mitarbeitern in der Jugendhilfe, die unbewusst versuchen, die Konfrontation mit der eigenen Männlichkeit zu vermeiden und stattdessen die Auseinandersetzung mit der eigenen Identität auf die geschlechtsspezifische Arbeit mit Jungen übertragen (Winter 1997, 159f.). Böhnisch/Winter fordern als Voraussetzung für den Umgang mit dem eigenen Mann-Sein, sowie für die Interaktion mit heranwachsenden männlichen Jugendlichen, anderen Männern und dem weiblichen Geschlecht, das Zulassen des Selbstbezuges von Männern (vgl. Böhnisch/Winter 1993). Karl sieht im männlichen Pädagogen „das wichtigste Werkzeug" für die Thematisierung von ideologischen Männlichkeitsbildern und individuellem Junge- und Mann-Sein, da geschlechtsspezifische Arbeit mit Jungen für ihn in erster Linie zwischenmenschliche Beziehungsarbeit ist, wo die Sozialisationserfahrungen und die gelebte Männlichkeit der Mitarbeiter in die unmittelbare Arbeit einfließen und diese strukturieren (Karl 1994, 214).

- Soziale Erwartungen an männliche Verhaltens- und Handlungsmuster bei Jungen, männlichen Jugendlichen und jungen Männern werden heute nicht nur von den Sozialisationsinstanzen Familie und Schule, sondern in immer stärkerem Umfang von Medien und Konsum transportiert. Medien- und Konsumgesellschaft haben „die Jugend selbst zum Konsumgut gemacht" und hierdurch einen nicht unwesentlichen Einfluss auf die personale und geschlechtliche Identität von weiblichen und männlichen Jugendlichen (Böhnisch 1998, 24). Konsum und Medien inszenieren dabei überwiegend ein ideologisches Bild von Männlichkeit, welches den Mann als beruflich erfolgreich und leistungsbereit sowie sportlich durchtrainiert abbildet. Durch beide werden zudem traditionelle Anforderungen an die männliche Geschlechterrolle mit Erwartungen an eine modernisierte und gesellschaftlich verfügbare Männlichkeit verknüpft. Die Jugendhilfe muss die Bilder und Inszenierungen von funktionalisierten Männlichkeiten kennen, sie in der unmittelbaren Arbeit beachten, sich mit ihnen auseinander setzen bzw. als eine Form der Problembewältigung und der Auseinandersetzung von Jungen, männlichen Jugendlichen und jungen Männern mit der eigenen Geschlechtsidentität wahrnehmen.

Da Jugendhilfetätigkeit zuerst unmittelbare Arbeit mit einzelnen Jungen, männlichen Jugendlichen und jungen Männern ist – also Beziehungsarbeit –, muss in der Jugendhilfe ebenso die Tatsache Berücksichtigung finden, mit Jungen und jungen Männern aus unterschiedlichen sozialen Zusammenhängen, mit differierenden Lebenserfahrungen und Entwürfen zur männlichen Geschlechtsidentität, sowie Jungen unterschiedlichen Alters konfrontiert zu sein. Jungen und männliche Jugendliche erwerben heute ihre Geschlechtsidentität nicht in erster Linie in der Familie, sondern in Cliquen und peer-groups, die einen Großteil der Freizeit von Jugendlichen bestimmen und den individuellen Lebensentwurf sowie das Junge- und Mann-Sein von Jungen und männlichen Jugendlichen bedingen. Auf die Bedeutung von „Männlichkeit als kollektive[r] Praxis" wird u.a. von Connell verwiesen (Connell 1999, 129ff.), Wolf und Deinet thematisieren die Relevanz von Gleichaltrigengruppen, Mobilität, Eigenständigkeit sowie zeitlicher und institutioneller Unabhängigkeit von Jungen für die geschlechtsspezifische Sozialisation (Wolf 1998, 169ff.; Deinet 1999, 64f.). Bründel/Hurrelmann stellen die Bedeutung von Gleichaltrigengruppen bei Jungen und männlichen Jugendlichen hinsichtlich des Konkurrenzverhaltens, den Konformitätsdruck sowie das Ausüben und das Erleiden von Gewalt heraus und diagnostizieren ein unterschiedliches Raumaneignungsverhalten bei Jungen und Mädchen (Bründel/Hurrelmann 1999, 38ff.). Engelfried beschreibt in ihrer Studie zu Männlichkeiten und Mann-Sein die Problematik der Ritualisierung von Konkurrenz und Gewalt bei gleichzeitiger Abwehr von emotionaler und körperlicher Beziehungsnähe in peer-groups, die bisher zu wenig Beachtung in den Sozialwissenschaften gefunden hat und kaum Gegenstand einer zielgerichteten Auseinandersetzung in der unmittelbaren praktischen Arbeit mit männlichen Jugendlichen und jungen Männern ist. Zugleich macht sie auf eine Ambivalenz aufmerksam: Jungen und Männer müssen mit „konträren Botschaften" lernen umzugehen. Auf der einen Seite erleben sie in den peer-groups hierarchische Strukturen, die von Gewalt und Konkurrenz durchzogen sind, andererseits erfahren sie in eben diesen Gruppen solidarische Anerkennung und soziale Unterstützung (vgl. Engelfried 1997; Engelfried 2000, 121f.).

In der Sozialisationsforschung greift zunehmend die Erkenntnis, dass es *den* männlichen Lebensentwurf nicht gibt. Die Pluralisierung von männlicher Geschlechtsidentität und Mann-Sein wird in der wissenschaftlichen Forschung als Folge gesellschaftlicher Modernisierungsprozesse thematisiert, die die kulturell gegebene Selbstverständlichkeit des traditionellen männlichen Lebensentwurfs in Frage stellt, und von Jungen eine größere Eigenverantwortung in Hinblick auf die Aneignung der männlichen Geschlechtsidentität und des je eigenen Lebensentwurfs fordert. Die sich hieraus ableitenden Fragestellungen an die geschlechtsspezifische Arbeit mit Jungen und jugendlichen Männern werden von der Jugendhilfe bisher nur zum Teil wahrgenommen, die Bedeutung der Individualität für die Herstellung und Präsentation der eigenen Geschlechtlichkeit nur bedingt erkannt. Zugleich gewinnt aus den gesellschaftlichen Veränderungen die Sozialisationsinstanz Clique bzw. peer-group auch in Bezug auf die Aneignung der männlichen Geschlechtsidentität an Gewicht, da die kulturelle Autonomie vom Elternhaus bei gleichzeitiger Abhängigkeit in finanzieller Hinsicht von den Eltern zunimmt, und die Eltern auf die Lebensgestaltung und die Auseinandersetzung der Kids, Jugendlichen und jungen Erwachsenen mit der eigenen Geschlechtsrolle einen schwindenden Einfluss haben. Der Funktionsverlust von traditionellen Sozialisationsinstanzen und Erziehung bringt aber nicht nur größere Freiräume und Selbstverantwortung für die Heranwachsenden, sondern „bedeutet ... andererseits auch einen höheren Druck auf die Individuen", einen größeren Selbstbezug und ein Mehr an individuellen Orientierungsmöglichkeiten und -risiken (Münchmeier 1997, 13f.).

Erst in den letzten Jahren ist sowohl in der Jugendhilfe selbst als auch in den Sozialwissenschaften ein zaghaftes Umdenken hinsichtlich des Umgangs mit Jungen in der Jugendhilfe erkennbar, weg von dem Ziel, benachteiligende Sozialisation – als Auslöser für das problematische, auffällige und aggressive Verhalten von Jungen – zu kompensieren. Eine Neubestimmung der Zielgruppe Jungen, männliche Jugendliche und junge Männer unter dem Gesichtspunkt der Geschlechtsspezifik offenbart, dass Jungen und jugendliche Männer keine homogene Gruppe sind. Auch bei den als klassisch skizzierten Adressaten von Jugendhilfe bestehen hinsichtlich der eigenen männlichen Geschlechtsidentität kulturelle und schichtspezifische Unterschiede. Die Installation von geschlechtsspezifischer Arbeit als Querschnittsaufgabe in der Jugendhilfe lässt Jungen, männliche Jugendliche und junge Männer ins Blickfeld geraten, die öffentlich nicht präsent sind. Zugleich sind durch die Jugendhilfe – unter geschlechtsspezifischem Blickwinkel –, Jungen und männliche Jugendliche als Opfer von familialer und außerfamilialer Gewaltanwendung zu thematisieren sowie Betreuungs- und Beratungsmöglichkeiten zu schaffen (Lenz 2000; 25ff.).

Aktuelle Anforderungen an die Jugendhilfe

Aus der Entkoppelung von Männlichkeit und individuellem Junge- und Mann-Sein, sowie den Anforderungen an die eigene Biographie von Jungen und jungen Männern ergeben sich für den geschlechtsspezifischen Zugang als Querschnittsaufgabe der Jugendhilfe, zusammenfassend folgende aktuelle Anforderungen:

1. Jugendhilfe hat in ihrer Arbeit die Tatsache zu beachten, dass durch die Individualisierungsprozesse der Lebensführung und dem Wandel familialer Beziehungsstrukturen Junge- und Mann-Sein offener geworden ist, was dem einzelnen Jungen und jungen Mann die Chance eröffnet, sein Junge- und Mann-Sein selbstbestimmter zu gestalten und nicht tradierte Männlichkeitsmuster zu übernehmen. Die größere Eigenverantwortlichkeit für die Herstellung der personalen und geschlechtlichen Identität erhöht zugleich die Anforderung an Jungen und männliche Jugendliche, die jugend- und geschlechtstypischen Probleme mit der eigenen Geschlechtsidentität, das individuelle Junge- und Mann-Sein sowie die gesellschaftlichen Erwartungen an das Junge- und Mann-Sein zu bewältigen. Der Jugendhilfe muss es aus diesem Verständnis heraus gelingen, durch ihre pädagogischen Konzepte das Selbstkonzept und den Selbstwert bei Jungen und männlichen Jugendlichen zu stärken, und die geschlechtsspezifische Komponente als eine zentrale Kategorie in der Identitätsfindung von Jugendlichen zu sehen.

2. Die überwiegend einseitige Sicht der Jugendhilfe auf das Junge- und Mann-Sein sowie männliche Handlungs- und Verhaltensmuster ist zu überwinden. Es gilt, Junge- und Mann-Sein als Chance und positive Option für ein gelingendes Junge- und Mann-Sein zu erkennen sowie die positiven Anteile und Stärken von Jungen, männlichen Jugendlichen und jungen Männern für die jugend- und jungenspezifische Arbeit zu nutzen.

3. Jungen, männliche Jugendliche und junge Männer sind durch die Jugendhilfe nicht nur aus der Perspektive des Abbaus männlicher Hegemonie und der Forderung nach einem anderen Junge- und Mann-Sein zu erfassen, sondern durch die Jugendhilfe sind auch Konzepte für die Arbeit mit Jungen und jungen Männern zu entwickeln, in denen männliche Opfererfahrungen thematisiert werden.

4. Die Jugendhilfe hat in ihrer Arbeit von der Pluralisierung der Lebenslagen und von unterschiedlichen kulturellen Orientierungen bei Jungen auszugehen. Sie kann nicht den Stereotyp ‚Junge' zur Basis ihrer Arbeit erheben (Vielfalt von Lebenslagen: Bildung, Schicht, kulturelle Orientierungen, ethnische Zugehörigkeit, regionale Herkunft, unterschiedliche biographische Erlebnisse). Die Zielgruppe Junge, männliche Jugendliche und junge Männer ist als heterogene Gruppe zu erfassen. Zu ihr gehören: Jungen aus unterschiedlichen kulturellen und politischen Gruppierungen; in Deutschland aufgewachsene ausländische Jungen und männliche Jugendliche; junge Männer, die in Bildung und Beruf erfolgreich sind (Gewinnertypen) bzw. deren soziale Lebensressourcen nicht ausreichen, um den Anforderungen zu entsprechen (Verlierertypen); Cliquen und peer-groups; sich öffentlich zurückhaltende Jungen und männliche Jugendliche; Jungen aus Migrantenfamilien, Jungen und junge Männer unterschiedlicher sexueller Orientierung etc.

5. Die Berücksichtigung der individuellen Lebensführung von Jungen erfordert von der Jugendhilfe einen subjektorientierten Zugang vor einem geschlechtsbezogenen Hintergrund. Dies schließt ein, im individuellen Junge-Sein Stärken, Schwächen, Leistungspotentiale und Unsicherheiten zuzulassen und zu erkennen, dass externalisierte Verhaltens- und Handlungsmuster spezifisch männliche Bewältigungsformen sind, die im Sozialisationsprozess erworben werden und zugleich Jungen und männlichen Jugendlichen den Zugang zum eigenen Selbst und anderen Bewältigungsformen verwehren.

6. In der Jugendhilfe – insbesondere der offenen Jugendhilfe – müssen Wege gefunden werden, um Jungen und jungen Männern Räume zu bieten, in denen sowohl ihre geschlechtsspezifische Aneignung von Sozialräumen (hohe Mobilität, Bedeutung von Cliquen und Gruppen, Spontaneität und Unabhängigkeit) Beachtung findet als auch für sie die Chance besteht, die Anforderungen der subjektiven Bewältigung von männlicher Geschlechtsidentität zu problematisieren. Dabei gilt es nicht nur, traditionelle männliche Verhaltensweisen sowie verdeckte Anteile von

Junge- und Mann-Sein – das ‚positive Potential' für eine gelingende männliche Geschlechtsidentität – zu thematisieren, sondern auch, kulturell negative Jungen- und Männerbilder (Jungen/Männer sind sexistisch, gewalttätig, frauen- und männerabwertend etc.) in die eigene Arbeit als Ausgangsgröße mit einzubeziehen.

Die Jugendhilfe sollte in ihre Arbeit jugend- und jungenspezifische Verhaltens- und Handlungsmuster von Jungen und jungen Männern im Prozess der Identitätsfindung und der Auseinandersetzung mit der Erwachsenenwelt berücksichtigen, die geprägt sind durch eine hohe Mobilität und die geringe Bereitschaft von männlichen Jugendlichen und jungen Männern, sich langfristig institutionell einzubinden. Dauerhafter direkter pädagogischer Intervention seitens der Jugendhilfe werden sich Jungen und jugendliche Männer aus dieser Tatsache heraus hinsichtlich der eigenen männlichen Geschlechtsidentität, des Umgangs mit dem anderen Geschlecht und des eigenen Lebensentwurfes, nur bedingt stellen.

7. Jugendhilfemitarbeiter haben sich in ihrer jungenpädagogischen Arbeit nicht nur mit dem Selbstwert und der geschlechtlichen Identität von Jungen und männlichen Jugendlichen auseinander zu setzen, sondern ebenso mit ihrer eigenen männlichen Geschlechtsidentität und ihrer eigenen Geschlechtsrolle. Arbeit mit Jungen und männlichen Jugendlichen ist zuerst unmittelbare Beziehungsarbeit, die auch die persönliche Seite des Mitarbeiters in das Blickfeld rückt und auf den Gebrauch von strukturell-institutionellen Machtmitteln verzichtet. Müller plädiert dafür, dass Jugendarbeiter ihre gesicherte Rolle verlassen müssen, um ihre Intentionen glaubhaft vertreten zu können (Müller 1996, 95).

2. Zur Geschichte von Jungenarbeit

Der Beginn von Jungenarbeit als geschlechtsbezogene Arbeit von erwachsenen Männern mit Jungen kann zeitlich nicht eindeutig terminiert werden. Ebenso birgt die mitunter vorgenommene Phaseneinteilung die Gefahr in sich, parallel verlaufende Entwicklungen und Überschneidungen zu negieren, sowie einzelne praxisbezogene Konzepte von Jungenarbeit auszugrenzen. Dennoch lassen sich – in Weiterführung von Willems/Winter (1990) drei Entwicklungsstufen der Jungenarbeit aufzeigen:

- Die erste Phase wird als „Jungenarbeit als Jugendarbeit" bezeichnet. Diese kann jedoch im eigentlichen Sinne nicht als geschlechtsbezogene Jungenarbeit angesehen werden. (Willems/Winter 1990, 1ff.).

- Besteht hinsichtlich der ersten Phase von Jungenarbeit in den Veröffentlichungen kaum Diskussionsbedarf, wird anhand der begrifflichen Zuschreibungen der zweiten Phase von Jungenarbeit schon offensichtlicher, dass der Disput um Jungenarbeit, insbesondere hinsichtlich ihrer begrifflichen Fixierung, inhaltlichen Gestaltung und Methodik zugenommen hat.

Die sich in den 80er-Jahren gründenden Projekte im Bereich der Jungenarbeit übernahmen weitgehend unkritisch die Formen und Inhalte der feministischen Mädchenarbeit, ohne jedoch deren Komparabilität hinsichtlich der Situation für Jungen zu prüfen. Ziel sei nicht eine eigenständige Jungenarbeit gewesen, sondern vielmehr habe die Aufgabe von Jungenarbeit darin bestanden, „die Jungen zu beschäftigen, damit die Kolleginnen eine vernünftige Mädchenarbeit machen können" (Heimvolkshochschule Frille 1989, 73).

- Seit Ende der 80er-Jahre des 20. Jahrhunderts hat die Jungenarbeit durch eine Reihe von Veröffentlichungen und die Initiierung von Jungenprojekten als Teil der Arbeit mit Mädchen und Jungen einen Paradigmenwechsel erlebt, der wesentlich die 3. Phase von Jungenarbeit bestimmte und bestimmt. In das Zentrum der theoretischen Jungenforschung rücken geschlechtsspezifische Fragen von Jungensozialisation (u.a. Sielert 1989; Willems/Winter 1990; Glücks/Ottemeier-Glücks 1994; Winter/Neubauer 1998). Indem die soziale Kategorie Geschlecht und das individuelle Junge- und Mann-Sein stärker in das Zentrum von Jungenarbeit gestellt wird, öffnet sich die Jungenarbeit neuen Zugängen zum Junge-/Mann-Sein. Diskutiert werden nun nicht mehr nur ausschließlich die Abgrenzung von der traditionellen männlichen Geschlechterrolle, sondern Fragen des positiven Zugangs zur eigenen Männlichkeit, sowie Differenzierungen innerhalb männlicher Lebensentwürfe (vgl. Hollstein 1999; Volz/Zulehner 1998). Erst die dritte Phase von Jungenarbeit ist im eigentlichen engeren Sinne als geschlechtsspezifische Arbeit mit Jungen mit konzeptioneller Zielstellung und Methodik zu sehen.

Konzepte der Jungenarbeit

Konzepte in der Jungen- und Männerarbeit werden seit Ende der 80er-Jahre beschrieben. Dabei wird zumeist zwischen dem antisexistischen, emanzipatorischen, kritischen und maskulinen bzw. mythopoetischen Ansatz unterschieden (vgl. Meuser 1998; Ax 2000, 13). Zwischen dem antisexistischen, emanzipatorischen und kritischen Ansatz gibt es eine Vielzahl von Gemeinsamkeiten, die insbesondere den Zugang und die Intention von pädagogischer Jungenarbeit – einen Beitrag zum geschlechterdemokratischen Verhalten von Jungen/Männern sowie zur Gleichberechtigung der Geschlechter zu leisten – betreffen. Wegner verweist auf Übereinstimmungen in den drei Konzepten, wobei er als weiteres Konzept in der Jungenarbeit den reflektierenden pädagogischen Ansatz bzw. identitätsorientierten Ansatz in seine Systematisierung einbezieht. Als Gemeinsamkeiten werden von ihm benannt:

„1. Männlichkeit muss sozial erworben, erhalten, bewiesen/gezeigt werden, und sie kann umgekehrt aberkannt werden.

2. In den Ansätzen wird die besondere Rolle des Pädagogen als männliches Identifikationsmodell betont ebenso wie

3. Körperlichkeit als ein allgemein als wichtig erachteter Arbeitsansatz dargestellt wird" (Wegner 1995, 164).

Die Nähe zentraler Intentionen kann aber nicht verdecken, dass zwischen den drei Konzepten auch Unterschiede hinsichtlich methodischer Konzeption und Eigenverständnis bestehen. Während der antisexistische und emanzipatorische Ansatz in erster Linie Praxisrelevanz haben, versteht sich das kritische Konzept vor allem als Theorie-Praxis-Konzept mit einem sozialisationstheoretischen und gesellschaftspolitischen Hintergrund. Eine Vielzahl von Veröffentlichungen zum kritischen Ansatz hat deshalb nicht nur die inhaltliche und konzeptionelle Gestaltung von Projekten zum Gegenstand, sondern versucht, diese mit eigenen theoretischen und empirischen Analysen rückzubinden.

Im Folgenden soll näher auf die Zielstellungen und Methoden des kritischen Ansatzes eingegangen werden. Für die Vorstellung des kritischen Ansatzes spricht, dass dieser die aktuellen Diskussionen zur Jungenarbeit bzw. konzeptuelle Ansätze in der Jugendhilfe konfiguriert.

Kritische Jungenarbeit

Der antisexistische, emanzipatorische und kritische Ansatz werden durch eine Vielzahl von Gemeinsamkeiten strukturiert. Dies betrifft u.a. die Trennung von Männlichkeit und Mann-Sein, wobei im kritischen Konzept von Winter dieser Sachverhalt zentral für die pädagogische Arbeit mit Jungen ist. Zugleich wird die ausschließlich negative Sicht auf die männliche Geschlechtsidentität/Geschlechterrolle aufgehoben sowie der pädagogischen Beziehung zwischen Jungenarbeiter und den Jungen eine zentrale Stellung beigemessen. Selbstreflexion und Hinterfragung der eigenen männlichen Geschlechtsidentität beim Pädagogen sind für Winter genauso wichtig wie der Selbstbezug beim Jungen. Einzelarbeit und therapeutisches Setting erhalten im kritischen Konzept ebenso wie gruppendynamische Prozesse einen zentralen Platz. Mit der Entwicklung des ‚magischen Dreiecks' von Jungenarbeiter, Junge und Struktur als Komponenten für gelingende Jungenarbeit, verweist Winter auf das Zusammenspiel von gesellschaftlichen männlichen Strukturen und individueller Internalisierung von kulturellen Männlichkeitsentwürfen. Mit der Trennung der Lebenslagen ‚Junge' und ‚Mann' wird auf die Problematik des Aufwachsens von Jungen verwiesen, die wesentlich geprägt werde von fehlender „annehmender und anerkennender Resonanz" und der Suche nach männlicher Geschlechtlichkeit (Winter/Neubauer 1998, 75ff.). Eine Folge der Ignoranz der Lebenslage ‚Junge' durch die Erwachsenenwelt könne der Rückgriff von Jungen auf traditionelle Männlichkeitskonzepte sein.

Der Erfolg von Jungenarbeit ist nach Winter abhängig von der Einbeziehung folgender Grundannahmen:

1. Jungen fehle der männliche Bezugspunkt; sowohl Familie als auch soziale Institutionen (Kindertagesstätten, Schule) und soziale Netzwerke (Nachbarschaft) würden von Frauen dominiert, wodurch Jungen der Selbstbezug auf das eigene Geschlecht verwehrt werde. Der abwesende Vater lasse Jungen nicht erfahren, was ‚Mann-Sein' eigentlich ist. Hier haben Jungenarbeiter ihren Beitrag für positive Vorbilder zu leisten.
2. Individualisierungs- und Pluralisierungsprozesse in der modernen Gesellschaft erhöhen zunehmend die Bedeutung der Kategorie Geschlecht für Selbstentfaltung und personale Integrität. „Das Geschlecht wurde zunehmend zu einer wichtigen Komponente der Selbstdarstellung und des Selbstverständnisses" (Winter 1997, 150).
3. Des Weiteren sieht Winter es als zentral an, dass sich in Folge gesellschaftlicher Modernisierungsschübe „traditionelle Fixpunkte des Mannseins" auflösen und es Jungen und Männern in einer sich verändernden Welt „an kulturell verankerten Vorbildern" fehle (ebd., 149). Zu den traditionellen Bezügen zählt Winter die Erwerbstätigkeit, die Erzeuger-, Beschützer- und Ernährerfunktion sowie die Orientierung auf das soziale Ganze.

Böhnisch entwickelt in seinen Veröffentlichungen diese Annahme weiter und spricht von der Herausbildung einer segmentierten Arbeitsgesellschaft, in der Männlichkeitsideologie und männliche Strukturen sich verselbstständigen. Männlichkeit sei nicht mehr an den Mann gebunden, sondern könne in der Erfolgskultur auch von Frauen umgesetzt werden. Die Kehrseite sei, dass auch Männer, die nicht die Anforderungen, die an den Einzelnen in der Erfolgskultur gestellt werden, erfüllen, von Abwertungen der sozialen Umwelt betroffen sein können und mit dem Rückgriff auf traditionelle Männlichkeitsbilder individuelle und soziale Sicherheit wiedererlangen möchten (vgl. Böhnisch 2000; vgl. Böhnisch in diesem Band).

Mit der Trennung von Männlichkeit als „kulturell geronnene und traditionell überlieferte Bilder, Botschaften und Aussagen über Männer" (Winter 1997, 151) und Junge- und Mann-Sein öffnet Winter zugleich den Blick auf die Variationsbreite vom individuellen Mann-Sein. Eigenschaften, die den einzelnen Jungen/Mann charakterisieren, können sowohl als männliche Eigenschaften gesehen werden, sie können aber auch *nicht* Bestandteil des traditionellen männlichen Handlungsmuster und des männlichen Verhaltensrepertoires sein. Angst, Scham, Verletzbarkeit und Nachsicht gehören für Winter genauso zu den männlichen Eigenschaften wie Stärke, Konkurrenzdenken und Durchsetzungskraft. Entscheidend ist für Winter, dass es den Jungenarbeitern gelingt, in einer gegebenen pädagogischen Situation nicht als männlich deklariertes Verhalten von Jungen zu erkennen, um dieses für den Aufbau von pädagogischen Bedingungen zu nutzen, in denen Jungen ein anderes Junge-/Mann-Sein erleben und ausprobieren können.

Als Ziele von kritischer Jungenarbeit können beschrieben werden:

1. Mit der Entwicklung des ‚magischen Dreiecks' von Struktur, Jungenarbeiter und Junge wird von Winter auf die Komplexität von kritischer Jungenarbeit verwiesen. Sie will nicht nur das Verhalten von Jungen verändern, sondern zugleich männliche Ideologie in den Institutionen und bei Jungenarbeitern aufdecken. Jungenarbeit ist hierdurch nach Winter als Teil der sozialen Realität zu akzeptieren und habe nicht von einer „heile[n] Welt oder geschlechtsneutrale[n] Welt", in der Jungenarbeit stattfinde, auszugehen (Winter 1997, 160).
2. Jungenarbeit wird von Winter als „geschlechtsbezogene Arbeit erwachsener Männer mit Jungen" definiert (Winter 2000, 28). Mit der Herstellung von Selbstbezügen bei Jungenarbeitern als auch bei Jungen wird durch die Jungenarbeit die Voraussetzung geschaffen, eigene männliche Bilder und die Ausnahmekonstellationen zu erkennen, um hierauf aufbauend pädagogische Situationen zu inszenieren, die Jungen die Chance bieten, sich Rollen jenseits von gesellschaftlich dominanten Männlichkeitsideologien anzueignen (Winter 1997, 155; Winter/Neubauer 1998, 71ff.).
3. Ziel von Jungenarbeit ist demzufolge „Jungen und männliche Jugendliche zur Aneignung und Befähigung ihres eigenen Junge- und Mannseins im Sinne erweiterter Handlungskompetenz zu befähigen" (ebd., 150). Unter erweiterter Handlungskompetenz versteht Winter die Fähigkeit, selbstreflektiv und gestaltend mit der eigenen männlichen Geschlechtlichkeit umgehen zu können.
4. Das kritische Konzept von Jungenarbeit grenzt sich klar von der mythopoetischen Jungenarbeit ab, da er die Gefahr sieht, dass durch die Integration von Initiationen und Riten in die Jungenarbeit traditionelle Männlichkeitsstereotype neu installiert werden (vgl. Winter 1997).

Gelingende Jungenarbeit ist aus Sicht der kritischen Jungenarbeit nur möglich, wenn der direkte Zusammenhang von Struktur, Jungenarbeiter und Junge in das Zentrum der pädagogischen Arbeit rückt. Hiermit wird der kritische Ansatz am ehesten der aktuellen Anforderungen an Jungenarbeit am Beginn des 21. Jahrhunderts gerecht. Jungenarbeit hat in einer verändernden sozialen Umwelt sich den Fragen von männlicher Geschlechtsidentität immer wieder neu zu stellen. Die aktuellen Diskussionen zur biologischen Begründung von Geschlechterungleichheit werden zukünftig die Jungen- und Männerarbeit ebenso mitbestimmen wie Globalisierungseffekte und die Segmentierung des Arbeitsgesellschaft. Ein wesentliches Strukturelement von Jungenarbeit wird das Vermögen von Jungenarbeitern sein, männliche Lebensentwürfe auf Basis traditioneller Männlichkeitsbilder bzw. den ‚Männerkodex' nicht ausschließlich negativ zu sanktionieren, sondern die positiven Anteile für ein verändertes Junge-/Mann-Sein zu erkennen, in die eigene Arbeit zu integrieren und ihre eigene Tätigkeit zu reflektieren.

Literatur zur Vertiefung

Böhnisch, Lothar/Winter, Reinhard (1993): Männliche Sozialisation. Bewältigungsprobleme männlicher Geschlechtsidentität im Lebenslauf. Weinheim München.
Neubauer, Gunter/ Winter, Reinhard (2001): So geht Jungenarbeit. Geschlechtsbezogene Entwicklung von Jugendhilfe. SPI Berlin (Hrsg.). Berlin.
Winter, Reinhard/Neubauer, Gunter (1998): Kompetent, authentisch und normal?: Aufklärungsrelevante Gesundheitsprobleme, Sexualaufklärung und Beratung von Jungen. Köln.

Literatur

Ax, Detlef: Strömungen der Männerforschung/Männerarbeit/Männerbewegung. In: Kritische Männerforschung. 1. Halbjahr 2000; Nr. 18/19. S. 13.
Bitzan, Maria/Daigler, Claudia/Hilke, Gabriele/Rosenfeld, Edda (1995): Mädchen in der Jugendhilfeplanung. Anfragen an eine geschlechtsdifferenzierende Jugendhilfe und Jugendhilfeplanung. In: Jugendhilfe 33.1995; 3. S. 150-160.
Böhnisch, Lothar/Winter, Reinhard (1993): Männliche Sozialisation. Bewältigungsprobleme männlicher Geschlechtsidentität im Lebenslauf. Weinheim München.
Böhnisch, Lothar (1997): Möglichkeitsräume des Mannseins: Zur sozialisationstheoretischen und historischen Begründung einer Jungen- und Männerarbeit. In: Möller, Kurt (Hrsg.): Nur Macher und Macho? Geschlechtsreflektierende Jungen- und Männerarbeit. Weinheim München. S. 61-88.
Böhnisch, Lothar (1998): Jugendarbeit als „Beziehungsanker". Sozial ausgegrenzte Jungen als Adressaten aufsuchender Jugendarbeit. In: Böhnisch, Lothar/Rudolph, Martin/Wolf, Barbara (Hrsg.). Jugendarbeit als Lebensort. Jugendpädagogische Orientierungen zwischen Offenheit und Halt. Weinheim und München. S. 183-193.
Böhnisch, Lothar (1999): Sozialpädagogik der Lebensalter. Eine Einführung. Weinheim München, 2., überarbeitete Auflage.
Böhnisch, Lothar (2000): Männer als Opfer – ein paradigmatischer Versuch. In: Lenz, Hans-Joachim (Hrsg.): Männliche Opfererfahrungen. Problemlagen und Hilfeansätze in der Männerberatung. Weinheim München. S. 70-78.
Böhnisch, Lothar/Schröer, Wolfgang (2001): Pädagogik und Arbeitsgesellschaft. Historische Grundlagen und theoretische Ansätze für eine sozialpolitisch reflexive Pädagogik. Weinheim München.
Bründel, Heidrun/Hurrelmann, Klaus (1999): Konkurrenz, Karriere, Kollaps. Männerforschung und der Abschied vom Mythos Mann. Stuttgart Berlin Köln.
Butler, Judith P. (1995): Körper von Gewicht: die diskursive Grenze von Geschlecht. Berlin.
Connell, Robert W. (1987): Gender and Power. Society, the Person and Sexual Politics. Cambridge.
Connell, Robert W. (1999): Der gemachte Mann. Konstruktion und Krise von Männlichkeiten. Opladen.
Deinet, Ulrich (1999): Sozialräumliche Jugendarbeit. Eine praxisbezogene Anleitung zur Konzeptentwicklung in der Offenen Kinder- und Jugendarbeit. Opladen.
Engelfried, Constance (1997): Männlichkeiten. Die Öffnung des feministischen Blicks auf den Mann. Weinheim München.
Engelfried, Constance (2000): Mit Widersprüchen leben lernen. Ergebnisse einer empirischen Studie über männliche Jugendliche in der Gruppe von Gleichaltrigen. In: Lenz, Hans-Joachim (Hrsg.): Männliche Opfererfahrungen. Problemlagen und Hilfeansätze in der Männerberatung. Weinheim München. S. 119-133.

Franzkowiak, Peter (1995): Lebenskompetenzen fördern, Netzwerke schaffen – Eine neue Richtung für die Suchtvorbeugung? In: Landeszentrale für Gesundheitsförderung in Rheinland-Pfalz (Hrsg.): Dokumentation der länderübergreifenden Fachtagung ‚Lebenskompetenzen fördern – Netzwerke schaffen'. Mainz. S. 5-13.

Hagemann-White, Carol (1984): Sozialisation: Weiblich – männlich? Alltag und Biografie von Mädchen. Opladen.

Hausen, Karin (1978): Die Polarisierung der „Geschlechtercharaktere". In: Rosenbaum, H. (Hrsg.): Seminar: Familie und Gesellschaftsstruktur. Frankfurt/Main. S. 161-191.

Heimvolkshochschule Frille (1989): „Was Hänschen nicht lernt ... verändert Clara nimmer mehr!" Parteiliche Mädchenarbeit und antisexistische Jungenarbeit. Heimvolkshochschule Alte Molkerei Frille. Petershagen-Frille.

Hollstein, Walter (1999): Männerdämmerung. Von Tätern, Opfern, Schurken und Helden. Göttingen.

Karl, Holger (1994): Tricks und Kniffe sind nicht gefragt – Methoden in der Jungenarbeit. In: Glücks, Elisabeth/Ottemeier-Glücks, Franz-Gerd (Hrsg.): Geschlechtsbezogene Pädagogik. Münster. S. 214-226.

Kolip, Petra (1997): Geschlecht und Gesundheit im Jugendalter. Die Konstruktion von geschlechtlichkeit über somatische Kulturen. Opladen.

Krafeld, Franz (2000): Die überflüssige Jugend der Arbeitsgesellschaft. Eine Herausforderung an die Pädagogik. Opladen.

Lenz, Hans-Joachim (2000): „... und wo bleibt die solidarische Kraft für die gedemütigten Geschlechtsgenossen?" Männer als Opfer von Gewalt – Hinführung zu einer (noch) verborgenen Problemstellung. In: Lenz, Hans-Joachim (Hrsg.) (2000): Männliche Opfererfahrungen. Problemlagen und Hilfeansätze in der Männerberatung. Weinheim München. S. 19-69.

Lenz, Karl (1998): Zur Biografisierung der Jugend. Befunde und Konsequenzen. In: Böhnisch, Lothar/Rudolph, Martin/Wolf, Barbara (Hrsg.): Jugendarbeit als Lebensort. Jugendpädagogische Orientierungen zwischen Offenheit und Halt. Weinheim und München. S. 51-74.

Meuser, Michael (1998): Geschlecht und Männlichkeit. Soziologische Theorie und kulturelle Deutungsmuster. Opladen.

Müller, Burkhard K. (1996): Jugendliche brauchen Erwachsene. In: Hafeneger, Benno/Brenner, Gerd. (Hrsg.). Pädagogik mit Jugendlichen. Weinheim München. S. 22-29.

Münchmeier, Richard (1997): Lebensphase Jugend. In: Hafeneger, Benno (Hrsg.): Handbuch der politischen Jugendbildung. Schwalbach/Ts. S. 7-20.

Sielert, Uwe (1989): Jungenarbeit. Praxishandbuch für die Jugendarbeit. Teil 2. Weinheim München.

Wegner, Lothar (1995): Wer sagt, Jungenarbeit sei einfach? Blick auf die aktuellen Ansätze geschlechtsbezogener Arbeit mit Jungen. In: Sozialistisches Büro (Hrsg.): Widersprüche. 1995; 56/57. S. 161-179.

Willems, Horst/Winter, Reinhard (1990): „... damit du groß und stark wirst". Beiträge zur männlichen Sozialisation. MännerMaterial Band 1. Schwäbisch Gmünd Tübingen.

Winter, Reinhard (1997): Jungenarbeit ist keine Zauberei. In: Möller, Kurt (Hrsg.): Nur Macher und Macho? Geschlechtsreflektierende Jungen- und Männerabeit. Weinheim München. S. 147-163.

Winter, Reinhard/Neubauer, Gunter (1998): Kompetent, authentisch und normal?: Aufklärungsrelevante Gesundheitsprobleme, Sexualaufklärung und Beratung von Jungen. Köln.

Winter, Reinhard (2000). Jungenarbeit. Beitrag zur Tagung „Männerlernprozesse – vor dem Aufschwung oder im Rückschlag? In: Kritische Männerforschung. 1. Halbjahr 2000; Nr. 18/19. S. 27-33.

Wolf, Barbara (1998): Kann Jugendarbeit Halt bieten? In: Böhnisch, Lothar/Rudolph, Martin/Wolf, Barbara (Hrsg.): Jugendarbeit als Lebensort. Jugendpädagogische Orientierungen zwischen Offenheit und Halt. Weinheim und München. S. 169-181.

Zulehner, Paul M./Volz, Rainer (1998): Männer im Aufbruch. Wie Deutschlands Männer sich selbst und wie Frauen sie sehen. Ostfildern.

Marion Gemende und Wolfgang Schröer

Interkulturalität

Zusammenfassung: Die Kinder- und Jugendhilfe hat lange gebraucht, um die interkulturelle Lebenswirklichkeit von Kindern und Jugendlichen anzuerkennen. Sie hat Interkulturalität vor allem als ein problemkonstituierendes und defizitäres soziales Übergangsstadium in der Entwicklung von Kindern und Jugendlichen mit Migrationshintergrund angesehen, das eine Herausforderung für ausgewählte Einrichtungen der Kinder- und Jugendhilfe darstelle. Angesichts der Prozesse ethnisch strukturierter Segregation, Segmentierung und Ausgrenzung sowie der Ausländerfeindlichkeit in Deutschland ist die Kinder- und Jugendhilfe gegenwärtig mehr denn je aufgefordert, sich grundsätzlich für die Rechte von Kindern und Jugendlichen mit Migrationshintergrund einzusetzen und auf die Stigmatisierungsprozesse und benachteiligten Lebenslagen aufmerksam zu machen. Dabei muss sie auch die eigenen Praktiken hinterfragen, inwieweit sie selbst die Abschottungspolitik indirekt unterstützt und hinter internationalen Rechtsmaßstäben zurückfällt.

1. Interkulturalität als Grundthema der Kinder- und Jugendhilfe – zwei Zugänge

Der Begriff *Interkulturalität* hat sich auch in der Kinder- und Jugendhilfe mehr oder weniger als Kennwort für die Arbeitsfelder durchgesetzt, in denen mit Kindern, Jugendlichen und Familien mit Migrationshintergrund gearbeitet wird. Der soziale Diskurs um den Begriff Interkulturalität hat sich insgesamt gegenüber der ethnischen Homogenitätsfiktion des Nationalstaates entwickelt und mit „dem Habitus einer Sozialen Bewegung" (Hamburger 1999a, S. 38) als Forderung nach der sozialen und kulturellen Anerkennung von MigrantInnen manifestiert. Für das Selbstverständnis der Kinder- und Jugendhilfe sind zwei – miteinander verbundene – Diskussionsstränge zentral, die darauf verweisen, dass Interkulturalität in der Kinder- und Jugendhilfe mehr bedeutet als nur ein abgegrenzter Aufgabenbereich, sondern die Grundpositionen moderner Kinder- und Jugendhilfe herausfordert:

Erstens legt „Interkulturalität" (z.B. als interkulturelle Bildung und Erziehung) nahe, dass sich Lebenslagen von und Konflikte mit Kindern und Jugendlichen mit Migrationshintergrund aufgrund ihrer – anderen – ethnisch-nationalen Kultur entwickeln. Für diesen Blickwinkel spricht, dass sich situativ kulturelle Unterschiede durchaus feststellen lassen. Diese Unterschiede erfahren aber häufig im öffentlichen und sozialen Diskurs eine Dynamik, die zur Überbewertung und Emotionalisierung des Kulturellen führen. Äußere Merkmale in der Physiognomie und/oder Sprache von MigrantInnen steigern dabei häufig die Bereitschaft, Unterschiede zur ‚anderen' Kultur wahrzunehmen (vgl. z.B. Mecheril 2000, S. 28). Kulturalistische Konstruktionsprozesse von Unterschieden können dann zu interkulturellen Konflikten führen und wiederum Selbstwahrnehmungen und Handlungen der MigrantInnen beeinflussen. Auch die Kinder- und Jugendhilfe muss sich den Vorwurf gefallen lassen, an solchen Konstruktionsprozessen beteiligt zu sein, wenn sie vornehmlich kulturelle Unterschiede zum Ausgangspunkt ihrer interkulturellen Arbeit macht (vgl. Radtke 1995). Franz Hamburger (1999a) plädiert deshalb für einen *reflexiven Umgang mit Interkulturalität*, d.h. bedacht und situativ kulturelle Faktoren zu thematisieren und mit den sozialen Lebenswirklichkeiten von Kindern und Jugendlichen, wie Schule, Ausbildung und Beschäftigung, Sexualität und Partnerschaft, Familie und Erziehung, Freizeit, Konsum und Medien usw., zu verbinden (vgl. auch Bendit 1991). Die Begriffe von Zugehörigkeit und Handlungsfähigkeit sind also entsprechend aus der Perspektive der Bewältigungskonstellationen der Kinder und Jugendlichen zu überdenken.

Zweitens implizieren die Maßnahmen der Kinder- und Jugendhilfe allzu oft eine Defizitorientierung. Konstatiert werden fehlende oder mangelnde Kenntnisse, Fähigkeiten und Einstellungen in verschiedenen Bereichen, die kompensiert werden sollen, oder psychische Leiden und Anomalien durch Konflikte ‚zwischen den Kulturen' zum Beispiel mit den Eltern und der deutschen Umwelt, die durch (interkulturell genannte) Interventionen behoben werden sollen (vgl. z.B. die kritischen Analysen bei Polat 2000; Montau 1998). Die Defizitorientierung als vorherrschendes pädagogisches Deutungs- und Handlungsmuster verstellt den Blick auf die Kompetenzen der Kinder und Jugendlichen. Anstatt z.B. schlechte Deutschkenntnisse und doppelte Halbsprachigkeit ständig zu bemängeln, gilt es dagegen, an (unvollkommene) Zweisprachigkeit anzuknüpfen und Bilingualität zu fördern. Kinder und Jugendliche mit Migrationshintergrund können häufig auf kulturelle Alternativen vergleichend zurückgreifen oder sie verstehen es, unterschiedliche kulturelle und soziale Normen und Werte miteinander zu verbinden (vgl. Polat 2000; Hamburger 1997). Diese interkulturellen Kompetenzen erlernen sie zum Teil fast automatisch und problemlos, zum Teil als Ergebnis der (produktiven und kreativen) Bewältigung von subjektiv empfundenen Belastungen und mit Hilfe pädagogischer Angebote. Interkulturalität ist als Handlungskompetenz zu entwickeln. Dies bedeutet gleichzeitig, die interkulturell geprägten Biographien der Kinder und Jugendlichen nicht als zerrissene und widersprüchlich erscheinende Biographien zu denunzieren. Defizit und Konflikt sind als Interpretationsfolien soziale Zuschreibungen und – bewusst oder unbewusst – assimilativ ausgerichtet. Ihre Betonung ist Bestandteil von Machtverhältnissen und macht es möglich, „sozialstrukturelle Benachteiligungen junger Ausländer bzw. rechtliche und soziale Gründe für Orientierungsschwierigkeiten auszublenden" (Boos-Nünning 1994, S. 15; vgl. auch Auernheimer 1988, S. 9). Konflikte und Defizite von Kindern und Jugendlichen mit Migrationshintergrund sind in erster Linie soziale Konflikte und gesellschaftliche Defizite, erzeugt durch eine „Politik der Abschottung" (Habermas 1993, S. 154) einer kulturellen Mehrheit gegenüber Minderheiten. „Ein wichtiges Aufgabenfeld der Kinder- und Jugendhilfe ist daher nach wie vor die Bearbeitung migrationsbedingter Belastungen und Diskriminierungen. Ergänzend dazu ist ein ausländerpolitisches Engagement erforderlich, das auf rechtliche und politische Gleichstellung" (Gemende/Schröer/Sting 1999, S. 22) zielt. Interkulturelle Erziehung und Bildung innerhalb der Kinder und Jugendhilfe sollte also sowohl bezüglich der pädagogischen Ziele und Inhalte von „Interkulturalität" als auch *migrations- und sozialpolitisch* reflexiv sein.

2. Zur Statistik

Die Kinder und Jugendlichen mit Migrationshintergrund bilden hinsichtlich ihres Einreisealters, ihrer Aufenthaltsdauer, ihres Geburtslandes (einschließlich Deutschland), ihrer Staatsbürgerschaft, ihres Bildungsabschlusses und ihrer Berufsausbildung sowie bezüglich ihrer interkulturellen Kompetenzen, Zugehörigkeitswahrnehmungen und Befindlichkeiten eine *heterogene Gruppe*. Sie sind Kinder und Enkelkinder von weniger und hoch qualifizierten ArbeitsmigrantInnen und ausländischen Studierenden, von AsylbewerberInnen/Asylberechtigten/Geduldeten, Kriegs- und Kontingentflüchtlingen und AussiedlerInnen, aus binationalen Partnerschaften oder sie sind (unbegleitete) minderjährige) Flüchtlinge. In der Bundesrepublik leben mehr als 200 Nationalitäten, wobei die größten ethnischen bzw. nationalen Gruppen aus der Türkei, dem ehemaligen Jugoslawien, Italien, Griechenland und Polen sowie im Falle der AussiedlerInnen aus Ländern der ehemaligen Sowjetunion stammen. In den neuen Bundesländern gehören Kinder mit vietnamesischen Eltern(teilen) und Aussiedlerkinder zu den größten Gruppen.

In der Bundesrepublik Deutschland lebten 1997 nach ausländerrechtlichen Erfassungskriterien etwa 1,7 Millionen ausländische Kinder und Jugendliche, die jünger als 18 Jahre alt waren (eingebürgerte Kinder und Jugendliche mit Migrationshintergrund sind darin nicht enthalten). Ihr Anteil an der ausländischen Bevölkerung entspricht ca. 23% und lag damit über dem Anteil gleichaltriger Deutscher von ca. 19% (vgl. Bericht der Beauftragten der Bundesregierung für Ausländerfragen 2000). In den neuen Bundesländern ist ihr Anteil geringer, weil in der DDR der Nachzug von ausländischen Familienangehörigen und die Geburt von Kindern z.B. von ausländischen Vertragsarbeitern nur begrenzt bzw. nicht möglich waren.

Hinsichtlich der erzieherischen Hilfen hat Karl Späth die statistischen Werte folgendermaßen zusammengefasst: „Der Ausländeranteil an allen erzieherischen Hilfen, von der Erziehungsberatung bis zur Heimerziehung betrug 1996 7,0 Prozent, wobei zwischen den einzelnen Erziehungshilfen noch eine beträchtliche Schwankungsbreite besteht. So beträgt der Ausländeranteil in der Erziehungsberatung nur 6,1 Prozent, in der Heimerziehung immerhin 9,4 Prozent. Der Anteil der ausländischen Minderjährigen an der gesamten Alterspopulation beträgt dagegen 11,6 Prozent. Damit sind ausländische junge Menschen in den Erziehungshilfen stark unterrepräsentiert. (...) So muss abschließend konstatiert werden, dass die Erziehungshilfen längst noch nicht so ausgestaltet sind, dass sie den besonderen Bedarfslagen ausländischer Kinder, Jugendlicher und junger Volljähriger in dem erforderlichen Maße genügen können" (Späth 1999, S. 22.; die Zahlen für 1998 unterscheiden sich nicht wesentlich; vgl. auch Knösel 2000). Trotz vielfältiger vorbildlicher Einzelprojekte in der Kinder- und Jugendhilfe stellen erfahrene Pädagogen immer wieder fest, dass „nur in wenigen Fällen (...) eine tragfähige Anknüpfung an die Familien/Kultur und eine gute Entwicklung des Kindes/Jugendlichen" (Schwabe 1999, S. 43) erfolgt, so dass hier die Forderung nach bedachtem Umgang mit kulturellen und defizitären Deutungsmustern von Problemen der Kinder und Jugendlichen sowie die sozialpolitische Verankerung der Projekte relevant wird. Es ist insgesamt zu beobachten, dass die interkulturellen Herausforderungen innerhalb der Kinder- und Jugendhilfe weiterhin in ein randständiges Dasein gedrängt werden. Dies steht in einem Missverhältnis zu dem großen Engagement, das viele PädagogInnen in diesem Bereich aufbringen, und den Erfahrungen, über die sie aus den unterschiedlichen Modellprojekten inzwischen verfügen, sowie zu dem sich verstärkenden Ruf nach politischem Handeln gegenüber Rechtsextremismus und Gewalt gegen MigrantInnen.

3. Kritische Anmerkungen zum Ausländerrecht aus der Perspektive der Kinder- und Jugendhilfe

Blickt man aus der Perspektive des Ausländerrechts auf die Personengruppe, so wird deutlich, wie ungenau auch hier der Begriff „ausländische Jugendliche" ist: „Die Geschichte des Ausländerrechts ist von einem bruchstückhaften heterogenen und lang andauernden Einwanderungsprozess geprägt, der naturgemäß zu einer ebenso zersplitterten Rechtslage geführt hat. Eine Vielzahl von Regelungen, völkerrechtlichen Abkommen und Rechtsnormen macht es selbst Eingeweihten schwer, den Überblick zu bewahren" (Knösel 2000, S. 123). Knösel (ebd.) unterscheidet vier Personengruppen.

- *AusländerInnen mit zeitlich unbefristetem Aufenthalt*: z.B. Kinder und Jugendliche aus Familien, die zu der sog. ersten Generation von MigrantInnen (der 50er bis Ende 70er/Anfang 80er-Jahre) zählen; EG-Staatler; Kontingentflüchtlinge und Asylberechtigte.
- *AusländerInnen mit zeitlich befristetem Aufenthalt*: z.B. Studierende, WerkvertragsarbeitnehmerInnen, AsylbewerberInnen.
- *Bürgerkriegsflüchtlinge und de-facto-Flüchtlinge*: z.B. abgelehnte AsylbewerberInnen, die aus humanitären und völkerrechtlichen Gründen nicht abgeschoben werden.

- *Unbegleitete minderjährige Flüchtlinge*: Flüchtlinge, die ohne Begleitung Erwachsener fliehen und darum in besonderer Weise auf die Unterstützung der Kinder- und Jugendhilfe angewiesen sind.

Bewusst sprechen wir in unserem Beitrag von Kindern und Jugendlichen mit Migrationshintergrund. Dadurch versuchen wir eine produktive Distanz zum Ausländerrecht zu schaffen und auf die sozialen Benachteiligen, Lebenslagen und Bewältigungsaufgaben der Kinder und Jugendlichen aufmerksam zu machen. Geht man vornehmlich vom Ausländerrecht und der damit verbundenen Klassifizierung aus, so fällt auf, dass z.B. die Gruppe der Statuslosen, also der *Kinder und Jugendlichen ohne Aufenthaltsrechte*, fehlt, deren Lebensbedingungen am grundlegendsten durch die derzeitige Abschottungspolitik und das geltende Ausländerrecht bestimmt werden. Zudem geraten Kinder und Jugendliche aus dem Blickfeld, die die deutsche Staatsbürgerschaft besitzen – eingebürgerte Kinder und Jugendliche oder Kinder von AussiedlerInnen – deren Leben aber entscheidend durch die Migration oder Interkulturalität bestimmt ist (vgl. Meister 1997; Colla 1999). Weiterhin unterstellt ein Zugang über das Ausländerrecht implizit, dass es bei Interkulturalitätsangelegenheiten um die Regulierung der Zugehörigkeitsformen einer Gruppe von neu zugewanderten ‚Fremden' geht. Dagegen zeigt die Migrationsforschung, dass ein Viertel der Menschen, die in Deutschland leben, einen Migrationshintergrund haben. Auch der Zehnte Kinder- und Jugendbericht (Bundesministerium für Familien, Senioren, Frauen und Jugend 1998, S. 289) verweist auf diesen Zusammenhang.

Die kulturelle und soziale Heterogenität erfordert von der Kinder- und Jugendhilfe, dass sie die Frage der Zugehörigkeit biographisch aus der Bewältigungsperspektive der Kinder und Jugendlichen fasst und sozialstrukturell reflektiert. Dieser Zugang schließt ein, aufzuzeigen, wie das Ausländerrecht in die einzelnen Biographien der Kinder und Jugendlichen hineinwirkt, die Lebenslagen bestimmt und in vielen Fällen eben auch Zugehörigkeiten zerstört und verhindert. Die Kinder- und Jugendhilfe hat dabei das Mandat der Lebensbewältigung (vgl. Böhnisch/Schröer 2001) anzunehmen und die Konsequenzen der Abschottungspolitik in die politischen Diskurse einzubringen, wie sie sich in der alltäglichen Lebensrealität der Kinder und Jugendlichen darstellen. Vor diesem Hintergrund lassen sich – bezogen auf die rechtliche Situation von Kinder und Jugendlichen mit Migrationshintergrund – vier zentrale Problembereiche ausmachen:

- Das neue Staatsbürgerschaftsrecht ist als viel versprechendes Signal für eine neue Migrationspolitik gedeutet worden, auch wenn es nur die Gruppe von MigrantInnen betrifft, die bereits über einen gefestigten Aufenthaltsstatus verfügen. Insgesamt wird sich dieses Signal daran messen lassen müssen, inwieweit es weitere migrationspolitische Programme, insbesondere auch zur Minderung der krassen sozialen Benachteiligung von MigrantInnen in den Bereichen Arbeit, Bildung und Politik nach sich zieht (vgl. Knösel 2000).

- Das Ausländergesetz ist seinerzeit (1990) zusammen mit dem Kinder- und Jugendhilfegesetz verabschiedet worden (vgl. Philipps 1991). Zwar wird im KJHG die formale Gleichberechtigung von Ausländern festgeschrieben, die Beanspruchung bestimmter Leistungen der Jugendhilfe im Ausländergesetz aber als Ausweisungsgrund genannt. Zudem – und dies betrifft insbesondere die unbegleiteten minderjährigen Flüchtlinge – sind seither auch Kinder und Jugendliche unter 16 Jahren nunmehr aufenthaltsgenehmigungspflichtig (vgl. Huber 1999). Dies bedeutet, dass sie auch an der Grenze abgewiesen werden können. Weiterhin wird in der Kinder- und Jugendhilfe weitgehend das asylgesetzliche Diktat akzeptiert, dass minderjährige Flüchtlinge bereits mit 16 Jahren asylverfahrensrechtlich handlungsfähig und darum nicht mehr als Kinder und Jugendliche anzusehen sind, obwohl dies mit dem Haager Minderjährigenschutzabkommen nicht zu vereinbaren ist (vgl. Schröer/Rooß 1996; Jordan 1999). In Deutschland werden insgesamt hinsichtlich dieser Personengruppe nicht die Anforderungen des Haager Minderjährigenschutzabkommens und der UNO-Kinderrechtskonvention erfüllt (vgl. Rooß/Schröer 1994; Schmidt-Behlau 1999). Vor diesem Hintergrund ist einzufordern, dass minderjährigen Flüchtlingen die Leistungen nach dem KJHG grundsätzlich gewährt werden, die asylverfahrensgesetzliche Altersgrenze bei 16 Jahren aufgehoben und auf 18 Jahre angehoben wird, die internationalen Abkommen zum Rechtsmaßstab (vgl. Schnapka 1997) und die Grundlagen für ein Flüchtlingsrecht für Kinder und Jugendliche geschaffen werden (vgl. Bundesministerium für Familie, Senioren, Frauen und Jugend 1998, S. 175).

- Herbert Colla hat darauf aufmerksam gemacht, dass sich die Kinder- und Jugendhilfe nicht zuletzt auch fachlich gegen die Kürzung von Integrationshilfen für AussiedlerInnen zu wehren hat. Sie „wird sich, unter Beteiligung der Betroffenen, um die Ermöglichung von Handlungsautonomie zu bemühen haben und Selbsthilfepotentiale fördern, damit der jugendliche Aussiedler als Person anerkannt und eine individuelle Wertschätzung erfahren kann in einer gleichwertigen Lebensform" (Colla 1999, S. 94).

- Nach einer Schätzung von Wohlfahrtsverbänden lebten 1997 in Berlin ca. 100 000 Menschen ohne Aufenthaltsrechte – darunter auch viele Kinder und Jugendliche (vgl. Bührle 1997). Die Menschen arbeiten in den ökonomischen Nischen und in der sozialen Peripherie der ‚global cities', haben in ihrem Lebensalltag keine Rechte und Absicherungen und müssen ständig mit einer Ausweisung rechnen. Es gilt in Zukunft energisch, Legalisierungsverfahren zu fordern, wie sie in anderen Ländern bereits durchgeführt wurden. Zudem gilt es, das Grundrecht auf Bildung und niedrigschwellige Hilfen zur Lebensbewältigung für die Kinder und Jugendlichen einzufordern, die aufgrund ihres fehlenden Aufenthaltsstatus ganz von den pädagogischen und sozialen Einrichtungen ausgegrenzt werden und deren rechtliche Unsicherheit ausgenutzt wird, um ihre Arbeitskraft und sie selbst in ihren Notlagen im alltäglichen Leben auszubeuten. „Mit Hannah Arendt lässt sich zusammenfassend sagen, dass den statuslosen Menschen das grundlegende ‚Menschenrecht auf Rechte' fehlt. Die sozialpolitische Dimension und menschenrechtliche Brisanz ist den staatlichen Stellen längst bekannt: So haben bezirkliche Ausländerbeauftragte in Berlin darauf hingewiesen, dass bei Kindern von Eltern ohne Aufenthaltsstatus das Grundrecht auf Bildung betroffen wird. Beratungsstellen machen darauf aufmerksam, dass Arbeitnehmer ohne Arbeitserlaubnis, die um ihren Lohn betrogen wurden, keine Möglichkeit sehen, ihre Ansprüche von Gerichten überprüfen zu lassen – obwohl ein Anspruch auf Lohn aus solchen ‚faktischen Arbeitsverhältnissen' besteht. Die Fachkommission Frauenhandel des Berliner Senats hat verdeutlicht, dass die repressiven Aufenthaltsbestimmungen zur Prostitution gezwungene Frauen nicht nur schutzlos machen, sondern auch die Ermittlungs- und Aufklärungsarbeit der Polizei erschweren" (Cyrus 1999, S. 163).

4. Die aktuelle Debatte: Integration und Partizipation

Es ist nicht zu übersehen, dass wir uns – wie Ludger Pries (1998, S. 55) es nennt – in einem neuen „Zeitalter der Migration" befinden. Dabei stellen weiterhin Arbeitsmigration und Flucht grundlegende Bestandteile der globalisierten kapitalistischen Gesellschaft dar, sie treten nur „kaum noch in ‚Reinkultur', sondern in unterschiedlichen Varianten auf" (Treibel 1999, S. 235). Die Migrationsrealität nimmt an Komplexität zu und hat dennoch „eine erkennbare Struktur, die mit den Beziehungen und Interaktionen zwischen Herkunfts- und Zielländern zusammenhängen" (Sassen 1997, S. 14). Zum einen heißt dies, dass die Gründe für Migration und Flucht strukturell nicht einseitig, z.B. in der Armut von Herkunftsländern, gesucht werden können, sondern vor allem durch die politisch-ökonomischen Beziehungen und Strukturen der Zielländer bestimmt werden, wie z.B. die neueren Diskussionen um Migration und Arbeitskräftebedarf zeigen. Zum anderen halten die MigrantInnen vielfach selbst soziale Beziehungen mit dem Herkunftskontext aufrecht und entwickeln „transnationale soziale Räume" (Pries 1998), wobei diese in Systemen sozialer Ungleichheit sowohl ihrer Herkunftsgesellschaften als auch der Aufnahmeländer zu verorten sind.

In der Bundesrepublik (zum Teil auch in der DDR) war die Arbeitsmigration in den sechziger und siebziger Jahren des 20. Jahrhunderts Bestandteil einer allgemeinen Modernisierung der Ökonomie auf der Basis einer Mobilisierung und Qualifizierung des Humankapitals. Sie diente dabei letztlich der sozialen Unterschichtung der Gesellschaft. Heute dagegen ist die „neofeudale Absetzung" (Hoffman-Nowotny 1973) der einheimischen Bevölkerung eingelagert in eine arbeitsmarktbezogene, kapitalistische Konkurrenzpolitik. Seit die Krise der Arbeitsgesellschaft im globalisierten Kapitalismus bis in die sog. Mitte der Mittelstandsgesellschaft hineinreicht und die Menschen aus der Mitte der Gesellschaft beginnen, ihre hegemonialen Privilegien einzufordern, ist eine grundlegende Abschottung anstelle des Ausbaus weiterer elastischer und integrativer Übergänge zu beobachten. Ausländerfeindlichkeit ist zu einer zentralen Vergesellschaftungsform in der Krise der Arbeitsgesellschaft (vgl. Böhnisch/Marthaler 1999) geworden: „Dazu sind Migrationen nicht nur erwünscht, sondern notwendig. Arbeitslose und (illegale) Einwanderer sind die ‚Reservearmee', die den Druck auf die Beschäftigten erhöht und die eigene ‚Nischen-Ökonomien' entwickelt. Um die daraus sich verschärfenden ethnischen und rassistischen Konflikte gering zu halten, müssen Kontaktmöglichkeiten eher selten sein. Die Folge ist nicht nur eine zunehmende residentielle Segregation, sondern auch eine weitgehende Trennung ökonomischer Informationskreisläufe zwischen Ethnien und Rassen" (Dangschat 1998, S. 85f.).

Zudem zeigen die Diskussionen, dass über den Begriff *„Integration"* gegenwärtig mehrheitlich Defizitzuschreibungen formuliert werden. Integration ist zu einem Begriff geworden, der nicht mehr zur Diskussion über Möglichkeits- sowie Chancenstrukturen und -verteilungen auffordert. Integration steht immer seltener für das Öffnen von sozialen und politischen Gestaltungsräumen, in denen die Desintegration als sozial bedingte erfahren werden kann, sondern der Begriff löst Debatten über eine Unzahl von problemgruppenbezogenen Bildungs- und Verhaltensdefiziten aus. ‚Der Ausländer' wird dann nicht selten als vormoderner, fundamentalistischer und patriarchaler Mensch beschrieben, der nur mit einem hohen Kostenaufwand in ‚unsere' Moderne katapultiert werden kann. Franz Hamburger zeigt in radikaler Absetzung zu diesen Positionen, dass Migrantenjugendliche nicht einen Modernisierungsrückstand aufzuholen haben, sondern dass sie sich – wenn man so will – durch ein modernes Persönlichkeitsprofil auszeichnen:

„Migrantenjugendliche entwickeln ein differenziertes Selbstbild multipler Zugehörigkeiten. Sie pflegen eine individualisierte biographische Reflexion, in der Vergangenheit, Gegenwart und Zukunft in einen sinnhaften Zusammenhang gebracht werden. Sie entwickeln eine reflexiv distanzierbare Ethnizität, in der Zugehörigkeit kein blindes Schicksal mit fundamentalistischem Wiederholungszwang darstellt. Individuelle Selbstbestimmung, gemeinschaftliche Einbindung und gesellschaftliches Prinzipienbewusstsein können in eine spannungsreiche Balance gebracht werden. Sie haben ein differenziertes Gesellschaftsbild, können ethnische Segmentation ablehnen und konkrete Pluralismuskonzepte im Hinblick auf Religion und Lebensform befürworten. Demokratische Gleichheitspostulate und Diskriminierungskritik machen ihr politisches Bewusstsein aus. Sie sind Kinder einer modernen Gesellschaft, die nur unter Diskriminierung leiden, also unter den Verstößen gegen die Regeln der demokratischen Gesellschaft selbst." (Hamburger 1999b, S. 52f.; vgl. dazu auch Treibel 1999, S. 227f.)

Die Kinder und Jugendlichen mit Migrationshintergrund leben aus dieser Perspektive in einer Gesellschaft, die nicht in der Lage ist, sich auf die modernen Widersprüche und Bewältigungsprobleme einer Jugend, die durch sie geprägt ist, einzustellen. Es wird diesen Jugendlichen keine Chancengleichheit gewährt, sondern ihre Lebensbedingungen werden durch eine „vordemokratische Ausländerpolitik" (ebd.) bestimmt. MigrantInnen werden unter den Bedingungen des globalisierten Kapitalismus zu ‚fremden' Konkurrenten im Mithalte- und Flexibilisierungskampf um die lokalen Ressourcen. So zeigt z.B. die Shell-Jugendstudie 2000, in der zum ersten Mal eine große Gruppe von ausländischen Jugendlichen befragt wurde, nicht nur, dass deutsche und ausländische Jugendliche in ihrem Alltagsleben weitgehend getrennte Wege gehen, sondern auch, dass eine große Mehrheit der sog. einheimischen Jugendlichen der Ansicht ist, dass in diesem Land zu viele Ausländer leben. Es heißt in der Shell-Studie: „Im Kern der Ausländerfeindlichkeit scheinen sich Konkurrenzgefühle zu verstecken, bzw. die Furcht, in der wachsenden Konkurrenz um Arbeitsplätze und Zukunftschancen (projektiv verlängert: um Anerkennung, Mädchen und öffentliche Aufmerksamkeit) zu unterliegen." (Jugend 2000, S. 259)

Eine Debatte über Integration setzt vor diesem Hintergrund vor allem eine sozialökonomische Analyse von sozialen Teilnahmestrukturen und -formen voraus. Es gilt in erster Linie, soziale Benachteiligungen abzubauen und über Partizipationsrechte zu verhandeln, denn nur auf diesem Wege kann Integration als eine gesellschaftliche Übergangsstruktur erfahren werden, durch die Desintegration und Ausgrenzung abgebaut werden. Nur so kann die interkulturelle Realität des sozialen Zusammenlebens und der sozialen Konflikte anerkannt werden. Die PädagogInnen in der Kinder- und Jugendhilfe sollten aus dieser Perspektive vor allem daran mitarbeiten, Partizipationsrechte einzufordern und sozial abzusichern sowie Infrastrukturen und Möglichkeiten zu erweitern, in denen Zugehörigkeiten und „interkulturelle Zwischenwelten" (Gemende 1999) variabler gesucht werden können. Zusammenfassend kann mit Zygmunt Bauman konstatiert werden, dass die „Chance auf ein menschliches Miteinander" nicht von der Frage abhängt, wer über die Mitgliedschaft entscheidet, sondern ganz allein davon abhängt, welche „Rechte" die Fremden haben (Bauman 1999, S. 63).

5. Interkulturelle Erziehung und Bildung – Kulturalistische vs. Universalistische Ansätze

Mit der Kritik an der Ausländerpädagogik und ihres kompensatorischen Charakters von Defiziten und Konflikten, die MigrantInnen pauschal aufgrund ihrer anderen Kultur und Traditionalität gegenüber der Kultur und Modernität der deutschen Bevölkerung zugeschrieben wurden, wurde programmatisch der Weg für eine Interkulturelle Pädagogik auch in der Kinder- und Jugendhilfe bereitet. Damit begann eine kontroverse Debatte um die Ziele und Inhalte einer sog. „interkulturellen Erziehung für eine multikulturelle Gesellschaft". Einigkeit herrschte darüber, sich von der ausschließlichen Orientierung an den Defiziten der MigrantInnen und einer offensichtlichen assimilativen Grundhaltung zu distanzieren und den Blick nicht nur auf die Angehörigen der ethnisch-kulturellen Minderheiten, sondern auf die der deutschen Mehrheit und die Beziehungen zwischen ihnen zu richten. Manfred Hohmann (1989, S. 15) z.B. betonte, dass internationale Migrationsprozesse und die Wanderungsbewegungen im Rahmen der Annäherungsprozesse der europäischen Länder die „kulturelle Pluralität der Gesellschaft" bedingen, wobei „die ‚Kultur' als entscheidendes Kriterium dieser Pluralität" – neben anderen relevanten Faktoren – zu betrachten sei. Auf dieser Grundlage arbeitete Hohmann zwei Grundrichtungen interkultureller Pädagogik heraus: die begegnungsorientierte und die konfliktorientierte Richtung. Diese zwei Richtungen könne man kontrovers, aber auch als zwei Dimensionen einer einzigen Auffassung verstehen:

> „Die Pädagogik der Begegnung unterschiedlicher Kulturen in einer kulturell pluralen Gesellschaft ist in ihrer simpelsten Form zu beschreiben als die schlichte Repräsentation einer fremden Kultur in einem mono- oder multikulturellen Zusammenhang, affektiv und/oder kognitiv. In ihrer am weitesten entwickelten Form vertritt interkulturelle Erziehung den hochgreifenden, wenn nicht utopischen Anspruch auf kulturellen Austausch und kulturelle Bereicherung im Verhältnis zwischen kulturell unterschiedlichen Gruppen. Insgesamt geht es hier um ein Erfahren und Kennenlernen fremder Kulturen in einer weitgehend harmonischen Atmosphäre. Die andere typologisch unterscheidbare Form ist dagegen eher konfliktorientiert. Sie lässt sich zwar auch als Fortsetzung des begegnungspädagogischen Ansatzes verstehen, muss aber in ihren prägnantesten Formen von diesem eher abgesetzt werden. In der Grundintention handelt es sich hier um einen Ansatz, der sich die Beseitigung von Barrieren zum Ziel setzt, die der Entwicklung einer multikulturellen Gesellschaft entgegenstehen: die Bekämpfung von Ausländerfeindlichkeit, Diskriminierung und Rassismus, die Beseitigung von Ethnozentrismus und Vorurteilen, aber auch die Herstellung von Chancengleichheit als Voraussetzung für die angestrebte Begegnung von Kulturen." (Hohmann 1987, S. 103)

Pädagogische Ansätze auf dieser Grundlage basieren auf der Annahme, dass kulturelle Unterschiedlichkeit *und* Gleichwertigkeit von Sozialisationsverläufen die Chance bieten, die eigene kulturelle Prägung zu erkennen und das Fremde (im Eigenen und beim Fremden) wahrzunehmen und zu respektieren sowie wechselseitige soziale Lernprozesse voranzutreiben, die die Wahrnehmung und Bearbeitung von Konflikten einschließen.

Diesem *kulturalistischen* Verständnis von interkultureller Erziehung stehen *universalistische* Positionen gegenüber, die die Exklusivität kultureller Andersartigkeit von MigrantInnen gegenüber anderen sozialen Zugehörigkeiten (z.B. Geschlecht, Jugendkultur, Bildung und Ausbildung) als Ausgangspunkt pädagogischer Intervention kritisieren (vgl. vor allem zum Folgenden: Hildebrand/Sting 1995; Hamburger 1994; zur Kritik auch Griese 1984). Universalistische Positionen rücken von einer individuellen Zugehörigkeit zu einer nationalen oder ethnischen Kultur als pädagogischem Ausgangspunkt ab. Stattdessen orientieren sie sich am Individuum als autarkes, autonom handelndes Subjekt, das in die Lage zu versetzen ist, kulturelle Be- und Ausgrenzungen durch eine humanistische und multiperspektivische, einen monokulturellen Horizont überwindende Bildung zu hinterfragen (vgl. z.B. Gamm 1986; Borrelli 1986; Dickopp 1986). Kindern und Jugendlichen soll ermöglicht werden, ihre biographischen Möglichkeiten des Vergleichs unterschiedlicher kultureller und sozialer Normen und Werte zu nutzen und im Sinne der Suche nach produktiven und kreativen Lebensmustern zu interpretieren und voranzutreiben (vgl. Apitzsch 1994; Hamburger 1997).

Kritiker universalistischer Ansätze zur Bildung und „Interkulturalität" (im Sinne der Überwindung einseitig kultureller Sichtweisen) betonen, dass erstens die angestrebte humanistische und multiperspektivische Bildung letztlich doch die Interessen der dominanten Mehrheit zum Ausdruck bringt und damit ‚kulturimperialistisch' im Sinne der Herrschaft nordamerikanisch-eurozentrischer Weltanschauung sei. Zweitens werde vernachlässigt, dass soziale Ausgrenzungen auch aufgrund kultureller Problemlagen von MigrantInnenfamilien verursacht werden, z.B. in der Kindererziehung und in der Gestaltung des Familienlebens, in der Identitätsbildung oder im Umgang mit gesellschaftlichen Institutionen, die in der konkreten Situation nicht anerkannt werden (vgl. Schiffauer 1997).

Vor allem seit den 90er-Jahren des 20. Jahrhunderts wird die Zusammenführung universalistischer und kulturalistischer Auffassungen in den pädagogischen Überlegungen zur Interkulturalität verstärkt diskutiert. Grundsätzlich wird dafür plädiert, *Kultur als dynamische und diskursive Kategorie* zu verstehen, so dass ihre Erscheinungsformen als situativ abgrenzbar, historisch veränderlich, in Machtbeziehungen eingeordnet und mit anderen sozialen Faktoren verbunden zu analysieren sind (vgl. Schiffauer 1997; Auernheimer 1990; Gemende/Schröer/Sting 1999). Die Herangehensweisen an Interkulturalität und vor allem an die Lösung interkultureller Konflikte sind aber auch hier wieder unterschiedlich: Wolfgang Nieke (1995) ordnet seinen Versuch, einen möglichst allgemein gültigen Maßstab für alle bzw. viele Kulturen zu finden, der die Grundlage ihrer Bewertung und gemeinsamen Konfliktregelung sein könnte, in die Position des ethischen Universalismus ein. Ausgangspunkt ist die Annahme kulturell differenter Sozietäten und ein interaktionistisch-diskursethischer Ansatz. Die inhaltlich-strukturelle Position benennt Nieke in Anlehnung an Hans Jonas' „Prinzip Verantwortung" als „Ethik der planetaren und gattungsgeschichtlichen Verantwortung" (ebd., S. 149ff.). Die Träger unterschiedlicher Kulturen sollen durch den Diskurs auf der Grundlage einer menschheitserhaltenden „planetaren und gattungsgeschichtlichen Verantwortung" zu einem kulturell aufgeklärten Ethnozentrismus finden. Ein solcherart aufgeklärter Ethnozentrismus – oder im Selbstblick auf Europa: ein aufgeklärter Eurozentrismus – könnte den Anderen ein größeres Recht auf ihre kulturelle Weltsicht zugestehen, ohne die eigenen Positionen aufgeben zu müssen oder zu können. „Wenn aus der Verschiedenheit der Weltbilder und Wertungen Konflikte im Zusammenleben entstehen, könnte eine solche Position auf die klärende Kraft vernünftiger Verständigung hoffen – und sich dabei bewusst sein, dass diese Form der Konfliktbewältigung selbstverständlich wiederum eurozentrisch ist." (Nieke 1995, S. 95).

Franz Hamburger (1999b) betrachtet MigrantInnen dagegen nicht in erster Linie als kulturell Andere, sondern als Menschen in modernen kapitalistischen Gesellschaften mit gemeinsamen und unterschiedlichen Lebens- und Problemlagen. Er kritisiert eine Überbewertung des Kulturellen gegenüber anderen sozialen Faktoren und verwehrt sich gleichzeitig gegen eine vornehmlich systemtheoretische Sichtweise und die Hoffnung, allein mit politischen Steuerungsprozessen kulturelle Diskriminierungen und Ausgrenzungen regulieren zu können, (wie es z.B. von Radtke (1995) vertreten wird). Hamburger sieht ein modernes Vereinbarkeitsdilemma von gesellschaftlich-universalen Erwartungshaltungen und Prinzipien mit individuellpartikularen Bedürfnissen und Ansprüchen. In der „nicht zu bereinigenden" (Hamburger 1999b, S. 46) ambivalenten kapitalistischen Moderne ist die Pädagogik demnach gefordert, die politischen Möglichkeiten und Grenzen pädagogischen Handelns auszuloten und kulturelle Selbstwahrnehmungen und Bewältigungsformen anzuerkennen und kritisch zu reflektieren.

6. Ausblick: Kinder und Jugendliche mit Migrationshintergrund in der Kinder- und Jugendhilfe

Klaus Mollenhauer hat in einem Beitrag zu den sozialpädagogischen Grundfragen der Kinder- und Jugendhilfe festgehalten, dass „die Verschiedenheit kultureller Herkünfte nicht nur aktuell zum Problem des Erziehungssystems geworden ist, sondern vermutlich auch dessen Zukunft wesentlich mitbestimmen wird". Die interkulturelle Lebenswirklichkeit, so Mollenhauer weiter, verweist die Pädagogik dabei eindringlich auf die Tatsache, dass sie heute „mit fragmentierten oder konkurrierenden Identitäten konfrontiert ist" (Mollenhauer 1996, S. 880f.). „Interkulturalität" ist zu einer ‚Normalität' in der modernen Lebenspraxis mit ihren Spannungen und Widersprüchen geworden und durchzieht alle Bereiche der Kinder- und Jugendhilfe.

Der gegenwärtig vorherrschende Abschottungsdiskurs zwingt die PädagogInnen in der Kinder- und Jugendhilfe in neue sozial- und gesellschaftspolitische Kontexte. Der Migrationsdiskurs wird vor allem deshalb zum Problem, weil die interkulturelle Lebenswirklichkeit stigmatisiert oder gar nicht erst zur Kenntnis genommen wird. Vor diesem Hintergrund haben die PädagogInnen sozial- und migrationspolitische sowie lokale und überregionale Vernetzungen zu suchen, um – im Sinne einer advokatorischen Ethik (vgl. Brumlik 1999) – nicht nur auf die sozialen Benachteiligungen von

Kindern und Jugendlichen mit Migrationshintergrund aufmerksam zu machen, sondern politische und soziale Rechte einzufordern.

In der Lebenswirklichkeit von Kindern und Jugendlichen mit Migrationshintergrund und in den oft asymmetrischen Situationen interkultureller Begegnungen drängen sich – scheinbar weit auseinander liegende – Erfahrungen und Diskurse über Migrationsbewegungen und Fluchtursachen, Ausländergesetze und Asylpolitik, über das Leben in einer fremden Kultur mit den daran geknüpften wechselseitigen Selbst- und Fremdbildprojektionen sowie über die erfahrenen Diskriminierungen und die Angst vor Fremdenfeindlichkeit zusammen. Die PädagogInnen handeln auf diesen Ebenen gleichzeitig, sie müssen situativ differenzieren können und ihren Handlungsspielraum in Abhängigkeit vom jeweiligen Arbeitsfeld und den sozialen Diskursen erkennen. In einem Praxisforschungsbericht „Ethnizität als Joker" beschreibt Ute Schad (2000), wie in der Arbeit mit Jugendlichen unterschiedlicher ethnischer Herkunft interkulturelle Ansätze mit geschlechtsspezifischen Ansätzen verknüpft wurden. Hier wird beispielhaft deutlich, wie in der Jugendarbeit die soziale Verflechtung und hegemoniale Einordnung kultureller Deutungsmuster und die innere Bewältigungsdimension differenziert werden können, um Handlungsperspektiven aufzubauen und Zugehörigkeiten zu vermitteln.

Literatur zur Vertiefung

Gemende, M./Schröer, W./Sting, S. (Hrsg.): Zwischen den Kulturen. Pädagogische und sozialpädagogische Zugänge zur Interkulturalität. Weinheim und München 1999.

Treibel, A.: Migration in modernen Gesellschaften. Soziale Folgen von Einwanderung, Gastarbeit und Flucht. Weinheim und München 1999.

WOGE e.V./Institut für Soziale Arbeit e.V. (Hrsg.): Handbuch der Sozialen Arbeit mit Kinderflüchtlingen. Münster 1999.

Literatur

Apitzsch, U. (1994): Migration und Ethnizität. In: Kössler, R.; Schiel, T. (Hrsg.): Nationalstaat und Ethnizität. Frankfurt a.M., S. 161-178.

Auernheimer, G. (1988): Der so genannte Kulturkonflikt. Orientierungsprobleme ausländischer Jugendlicher. Frankfurt a.M., New York.

Auernheimer, G. (1990): Einführung in die interkulturelle Erziehung. Darmstadt.

Bendit, R. (1991): Sozialer Wandel und seine Auswirkungen auf die Lebenslage ausländischer Kinder und Jugendlicher in der Bundesrepublik Deutschland. In: Kiesel, D.; Wolf-Almanasreh, R. (Hrsg.): Die multikulturelle Versuchung. Ethnische Minderheiten in der deutschen Gesellschaft. Frankfurt a.M.

Bericht der Beauftragten der Bundesregierung für Ausländerfragen über die Lage der Ausländer in der Bundesrepublik Deutschland (2000). Berlin und Bonn.

Bauman, Z. (1999): Unbehagen in der Postmoderne. Hamburg.

Böhnisch, L./Marthaler, T.: Hegemoniale Ethnizität und Zitadellenkultur. In: Gemende, M./Schröer, W./Sting, S.: Zwischen den Kulturen. Weinheim und München 1999.

Böhnisch, L./Schröer, W. (2001): Pädagogik und Arbeitsgesellschaft. Weinheim und München.
Boos-Nünning, U. (1994): Türkische Familien in Deutschland. Auswirkungen der Wanderung auf Familienstruktur und Erziehung. In: Luchtenberg, S.; Nieke, W. (Hrsg.): Interkulturelle Pädagogik und Europäische Dimension. Münster, New York, S. 5-24.
Borrelli, M. (1986): Interkulturelle Pädagogik als pädagogische Theoriebildung: Hypothesen zu einem (neuen) Bildungsbegriff. In: Borrelli, M. (Hrsg.): Interkulturelle Pädagogik. Baltmannsweiler, S. 8-36.
Brumlik, M. (1999): Ethik und Moral. In: WOGE e.V./Institut für Soziale Arbeit e.V. (Hrsg.): Handbuch der Sozialen Arbeit mit Kinderflüchtlingen. Münster, S. 516-526.
Bührle, C.: (Erzbischöfliches Ordinariat Berlin; Hrsg.) (1997): Rechtlos in Deutschland. Berlin.
Bundesministerium für Familie, Senioren, Frauen und Jugend (Hrsg.) (1998): Zehnter Kinder- und Jugendbericht. Bonn.
Colla, H.E. (1999): „In Russland war ich ‚Faschist', in Deutschland bin ich der ‚Russe', eigentlich sollte ich hier nur ‚Deutscher' sein." In: Zeitschrift für Pädagogik. 39. Beiheft. Weinheim und Basel, S. 83-95.
Cyrus, N. (1999): Migrationssozialarbeit im rechtsfreien Raum. In: Widersprüche 19, S. 157-168.
Dangschat, J. S. (1998): Warum ziehen sich Gegensätze nicht an? Zu einer Mehrebenen-Theorie ethnischer und rassistischer Konflikte um den städtischen Raum. In: Heitmeyer, W.; Dollase, R.; Backes, O. (Hrsg.): Die Krise der Städte. Analyse zu den Folgen desintegrativer Stadtentwicklung für das ethnisch-kulturelle Zusammenleben. Frankfurt a.M., S. 21-96.
Dickopp, K.-H. (1986): Begründungen und Ziele einer interkulturellen Erziehung – Zur Konzeption einer transkulturellen Pädagogik. In: Borrelli, M. (Hrsg.): Interkulturelle Pädagogik. Baltmannsweiler, S. 37-48.
Gamm, H.-J. (1986): „Interkulturelle Pädagogik" – Über die Schwierigkeiten eines Begriffs. In: Borrelli, M. (Hrsg.): Interkulturelle Pädagogik. Baltmannsweiler, 96-109.
Gemende, M.; Schröer, W.; Sting, S. (1999): Pädagogische und sozialpädagogische Zugänge zur Interkulturalität. In: Gemende, M.; Schröer, W.; Sting, S. (Hrsg.): Zwischen den Kulturen. Pädagogische und sozialpädagogische Zugänge zur Interkulturalität. Weinheim, München, S. 7-24.
Gemende, M. (1999): Migranten in den neuen Bundesländern – Interkulturelle Zwischenwelten und Ethnizität als Ressource gegen politische Missachtung. In: Gemende, M.; Schröer, W.; Sting, S. (Hrsg.): Zwischen den Kulturen. Pädagogische und sozialpädagogische Zugänge zur Interkulturalität. Weinheim, München, S. 79-101.
Griese, H. M. (Hrsg.) (1984): Der gläserne Fremde. Bilanz und Kritik der Gastarbeiterforschung und der Ausländerpädagogik. Opladen.
Habermas, J. (1993): Anerkennungskämpfe im demokratischen Rechtsstaat. In: Taylor, C.: Multikulturalismus und die Politik der Anerkennung. Frankfurt a.M., S. 147-196.
Hamburger, F. (1994): Pädagogik der Einwanderungsgesellschaft. Frankfurt a.M.
Hamburger, F. (1997): Kulturelle Produktivität durch komparative Kompetenz. Mainz (ism).
Hamburger, F. (1999a): Von der Gastarbeiterbetreuung zur Reflexiven Interkulturalität. In: Migration und Soziale Arbeit, Heft 3/4, S. 33-38.

Hamburger, F. (1999b): Modernisierung, Migration und Ethnisierung. In: Gemende, M.; Schröer, W.; Sting, S. (Hrsg.): Zwischen den Kulturen. Pädagogische und sozialpädagogische Zugänge zur Interkulturalität. Weinheim, München, S. 37-53.
Hildebrand, B./Sting, S. (Hrsg.) (1995): Erziehung und kulturelle Identität. Münster, New York.
Hoffmann-Nowotny, H.-J. (1973): Soziologie des Fremdarbeiterproblems. Eine theoretische und empirische Analyse am Beispiel der Schweiz. Stuttgart.
Hohmann, M. (1987): Interkulturelle Erziehung als Herausforderung für allgemeine Bildung? In: Vergleichende Erziehungswissenschaft, Heft 17, S. 98-115.
Hohmann, M. (1989): Interkulturelle Erziehung – eine Chance für Europa? In: Hohmann, M.; Reich, H. H. (Hrsg.): Ein Europa für Mehrheiten und Minderheiten. Diskussionen um interkulturelle Erziehung. Münster, New York, S. 1-32.
Huber, B. (1999): Gesetzliche Grundlagen. In: WOGE e.V./Institut für Soziale Arbeit e.V. (Hrsg.): Handbuch der Sozialen Arbeit mit Kinderflüchtlingen. Münster, S. 223-246.
Jordan, S. (1999): Minderjährigkeit/Vorgezogene Volljährigkeit. In: WOGE e.V./ Institut für Soziale Arbeit e.V. (Hrsg.): Handbuch der Sozialen Arbeit mit Kinderflüchtlingen. Münster, S. 258-260.
Jugend 2000 (2000). 13. Shell Jugendstudie. Opladen.
Knösel, P. (2000): Die rechtliche Situation ausländischer Jugendlicher – Konsequenzen für die Jugendhilfe. In: Jugendhilfe 38, S. 123-129.
Mecheril, P. (2000): Zugehörigkeitsmanagement. Aspekte der Lebensführung von Anderen Deutschen. In: Attia, I.; Marburger, H. (Hrsg.): Alltag und Lebenswelten von Migrantenjugendlichen. Frankfurt a.M., S. 27-47.
Meister, D.M. (1997): Zwischenwelten der Migration. Weinheim; München.
Mollenhauer, K. (1996): Kinder- und Jugendhilfe. Theorie der Sozialpädagogik – ein thematisch-kritischer Grundriss. In: Zeitschrift für Pädagogik 42, S. 869-886.
Montau, R. (1998): Sozialarbeit als kulturelle Agentur – Konzepte, Ziele, Utopien. In: Jugend-Beruf-Gesellschaft, Jugendsozialarbeit mit zugewanderten jungen Menschen, Heft 3/4, S. 245-252.
Nieke, W. (1992): Konzepte Interkultureller Erziehung: Perspektivwechsel in der Arbeit mit ausländischen Kindern und Jugendlichen. In: Baur, R. S.; Meder, G.; Previšič, V. (Hrsg.): Interkulturelle Erziehung und Zweisprachigkeit. Baltmannsweiler, S. 47-70.
Nieke, W. (1995): Interkulturelle Erziehung und Bildung. Wertorientierungen im Alltag. Opladen.
Philipps, W. (1991): Junge Ausländer im Jugendhilfe- und Ausländerrecht – eine „chronique scandaleuse". In: Zeitschrift für Ausländerpolitik und Ausländerrecht Heft 1, S. 15-21.
Polat, Ü. (2000): Zwischen Integration und Desintegration. Positionen türkischstämmiger Jugendlicher in Deutschland. In: Attia, I.; Marburger, H. (Hrsg.): Alltag und Lebenswelten von Migrantenjugendlichen. Frankfurt a.M., S. 11-25.
Pries, L. (1998): Transnationale Soziale Räume. In: Beck, U. (Hrsg.): Perspektiven der Weltgesellschaft. Frankfurt a.M., S. 55-86.
Radtke, F.-O. (1995): Interkulturelle Erziehung. Über die Gefahren eines pädagogisch halbierten Anti-Rassismus. In: Zeitschrift für Pädagogik, Heft 6, S. 853-864.
Rooß, B./Schröer, W. (1994): Jugendliche ohne Jugendhilfe. Flüchtlingskinder und Kinderflüchtlinge ohne legalen Aufenthalt in der Bundesrepublik. In: Sozialmagazin 19, Heft 2, S. 19-22.
Rooß, B./Schröer, W. (1996): Jugendhilfe wider politischen Willen. In: Jugendhilfe 34, S. 3-12.

Sassen, S. (1997): Migranten, Siedler, Flüchtlinge. Von der Massenauswanderung zur Festung Europa. Frankfurt a.M.
Schad, U. (2000): Ethnizität als Joker. In: Jugendhilfe 38, S. 131-138.
Schiffauer, W. (1997): Fremde in der Stadt. Frankfurt a.M.
Schmidt-Behlau, B. (1999): Kinderrechte. In: WOGE e.V./Institut für Soziale Arbeit e.V. (Hrsg.): Handbuch der Sozialen Arbeit mit Kinderflüchtlingen. Münster, S. 252-258.
Schnapka, M. (1997): Kinder ohne deutschen Pass in Deutschland – ein Leben ohne Rechte. Beitrag beim Zweiten Kinderkoalitionsgespräch der „National Coalition für die Umsetzung der UN-Kinderrechtskonvention in Deutschland" am 3.12.1997 in Bonn.
Schwabe, M. (1999): „Fremd und unverständlich". Heimkarrieren von Migrantenkindern. In: Zeitschrift für Migration und Soziale Arbeit, Heft 2, S. 43-49.
Späth, K. (1999): Inanspruchnahme von Erziehungshilfen durch Ausländer. In: Zeitschrift für Migration und Soziale Arbeit, Heft 2, S. 16-22.
Treibel, A. (1999): Migration in modernen Gesellschaften. Soziale Folgen von Einwanderung, Gastarbeit und Flucht. Weinheim, München.

Roland Merten

Armut

Zusammenfassung: Ausgehend von einer gesellschaftspolitischen Bestimmung der Bundesrepublik Deutschland als Sozialstaat werden im vorliegenden Beitrag unterschiedliche Armutsbegriffe vorgestellt, die die wissenschaftliche Debatte bestimmen. Hierbei wird deutlich, dass mit je unterschiedlichen theoretischen Akzentuierungen auch die quantitative Bestimmung des Ausmaßes von Verarmungsprozessen jeweils unterschiedlich ausfällt. Im Anschluss daran werden anhand der aktuellsten amtlichen Statistiken Ausmaß, Erscheinungs- und Verlaufsformen von Armut dargestellt. Dabei zeigt sich, dass Armut in Deutschland nicht linear verteilt ist, sondern bestimmte Personengruppen in besonderem Maße belastet. Exemplarisch wird dies an der Population der Kinder und Jugendlichen gezeigt. Abschließend erfolgt eine Rückbindung des Themas Armut an staatliche (Sozial-)Politik und die mit ihr verbundenen Steuerungs- bzw. Einflussmöglichkeiten.

Einführung

Die Bundesrepublik Deutschland ist, wie das Grundgesetz im seinen Artikeln 20 und 28 formuliert, ein demokratischer und sozialer Rechtsstaat. Ausdruck dieser Sozialstaatlichkeit ist ein dichtgeknüpftes soziales Sicherungssystem, das nach dem Zweiten Weltkrieg auf- und ausgebaut worden ist. Diese Form sozialstaatlich gewährleisteter Sicherheit ist das Ergebnis eines ungeheuren wirtschaftlichen Aufschwungs, der im Begriff des „Wirtschaftswunders" festgehalten ist. Aber weder dieses Wirtschaftswunder der Nachkriegszeit noch die damit einhergehende exorbitante Wohlstandsmehrung noch der funktionierende und stabile Sozialstaat haben in der Bundesrepublik, einem der fünfzehn reichsten Länder der Welt, Armut beseitigen können. Armut hat sich – bedingt durch (sozial-)staatliche Interventionen – quantitativ und qualitativ verändert.

Die Entfaltung des Themas Armut über einen staatsrechtlichen und rechtspolitischen Rahmen verweist darauf, dass Formen sozialer Ungleichheit legitimationsbedürftig und innerhalb dieses Rahmens gestalt- und veränderbar sind. „Das Bekenntnis des Grundgesetzes zum demokratischen und sozialen Rechtsstaat öffnet ... nicht nur den Weg zu gelegentlichen Staatsinterventionen, um eine in ihrem Gleichgewicht bedrohte, aber als grundsätzlich feststehend und gerecht anerkannte Gesellschaftsordnung zu balancieren, *sondern stellt grundsätzlich diese Gesellschafts- und Wirtschaftsordnung selbst zur Disposition der demokratischen Willensbildung des Volkes*" (Abendroth 1968, S. 127). Mit dieser inhaltlichen Bestimmung Abendroths ist zugleich ein Wechsel der Blickrichtung vorgegeben: es wird nicht länger danach gefragt, ob Armut ein gesellschaftlich zu bearbeitendes Problem ist, sondern welches Ausmaß erreicht sein muss, damit es zu solchen Interventionen kommt. Hradil (1999, S. 239) hat diese Schwelle formal bestimmt: Einerseits werden soziale Ungleichheiten im demokratischen Rechtsstaat dann problematisch, wenn sich Vermögen und Eigentum bei einer kleinen Personengruppe konzentrieren, andererseits signalisieren sie dann Handlungsbedarf, wenn Teile der Bevölkerung unter einem gesellschaftlich bestimmten Minimum leben müssen, das ihnen die Teilhabe an dieser Gesellschaft nicht mehr gewährleistet.

Der Verweis auf den internationalen wie den innergesellschaftlichen Vergleichsmaßstab macht deutlich, dass die Thematisierung von Armut notwendigerweise eine Klärung der im Vergleich enthaltenen Wertmaßstäbe verlangt. Armut ist also ein wertbesetzter und wertender Begriff: „Armut ist ... eine soziale Kategorie, deren konkrete Ausgestaltung in ganz besonderem Maße von sozialen Definitionsprozessen abhängig ist (Andreß 1999, S. 71; vgl. auch Hanesch u.a. 1994, S. 23; Hanesch u.a. 2000, S. 50f.).

Erklärungsansätze

Aus den bisher entfalteten Gründen ist es nahe liegend, dass der Begriff Armut nicht als ein einheitliches und geschlossenes Konzept betrachtet werden kann. Je nach theoretischem Zugriff verändert sich das Bild des betrachteten Phänomens. Das heißt zugleich, eine allgemeine Theorie der Armut existiert nicht. Trotz der nunmehr erwartbaren Heterogenität lassen sich gleichwohl verschiedene Ansätze hinsichtlich ihres Erklärungsanspruchs und ihrer Erklärungsreichweite systematisch unterscheiden.

Die grundlegende Differenz verläuft entlang der Dimension „absolute" und „relative Armut". *Absolute Armut* hebt dabei ab auf die Versorgung eines Menschen mit den die physischen Existenz garantierenden Grundausstattungen (Lebensmittel, Kleidung, Wohnung etc.). Demgegenüber bezieht sich die *relative Armut* auf ein Absinken der Versorgung eines Menschen unter ein durchschnittliches Maß innerhalb einer bestimmten Gesellschaft. „Diese Grenze kann als *sozio-kulturelles Existenzminimum* innerhalb einer Gesellschaft bezeichnet werden" (Neumann/Hertz 1998, S. 14). Während sich bei der Definition des absoluten Armutsbegriffes bereits Interpretationsspielräume abzeichnen, ist beim Begriff der relativen Armut unverkennbar, dass normative Kriterien ein zwar problematisches, zugleich aber *unvermeidbares* Bestimmungsmerkmal bilden. Vor diesem Hintergrund kommt es darauf an, die normativen Bestandteile transparent zu machen und in einem eigenen Verfahren ausdrücklich zu begründen.

Abb. 1: Armutskonzeptionen

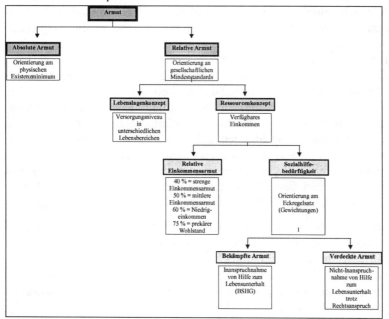

Während in der Bundesrepublik die absolute Armutsgrenze auf Grund des sozialstaatlichen Sicherungssystems und des mit ihm garantierten Versorgungsniveaus keine Bezugsgröße mehr ist, erfolgt die Bestimmung von Armut in der wissenschaftlichen Debatte als „relative". Hier lässt sich ein eindimensionaler Ressourcenansatz von einem mehrdimensionalen Lebenslagenkonzept unterscheiden. Beim *mehrdimensionalen Lebenslagenansatz* wird der Blick auf die Gesamtsituation der Versorgung eines Menschen in den unterschiedlichsten Lebensbereichen gelenkt: (1) Wohnung: Wohnfläche pro Kopf, Gesamtwohnfläche, Anzahl der Räume, Ausstattungsmerkmale, Miete/Eigentum. (2) Wohnumwelt: Infrastruktur, Verkehrsanbindungen, Lärmbelästigung, Luftreinheit, subjektive Beurteilung der Wohnumwelt. (3) Einkommen/Vermögen: Nettohaushaltseinkommen, Pro-Kopf-Einkommen, gewichtetes Haushaltseinkommen, Wertanlagen, Spartguthaben, Vermögenswerte. (4) Erwerbstätigkeit: Selbstständige/unselbstständige Arbeit, Merkmale der Arbeitsbedingungen, Arbeitszufriedenheit. (5) Freizeit: Verbrachte Urlaubstage, Freizeitaktivitäten. (6) Gesundheit: Gesundheitsbeeinträchtigungen, Krankheiten, Arztbesuche, Krankenhausaufenthalte. (7) Bildung: Schulabschlüsse. (8) Zufriedenheit: Zufriedenheit in unterschiedlichen Lebensbereichen; Integration in gesellschaftliche Gruppen usw. (vgl. Bourdieu 1983; Berger/Hradil 1990; Vester u.a. 1993; Vester u.a. 1995; Bourdieu u.a. 1997; Hradil 1999 ; BT-Drs. 14/5990).

Die Plausibilität, die der Lebenslagenansatz zur Bestimmung von Armut in Anspruch nehmen kann, resultiert aus der Berücksichtigung sowohl *objektiver* als auch *subjektiver* Faktoren. Armut wird aus dieser Perspektive als

„multiple soziale Deprivation" (Neumann/Hertz 1998, S. 15) verstanden. Hier stellt sich jedoch ein doppeltes Problem ein: Einerseits hat der Lebenslagenansatz bisher keine allgemein gültige theoretische Verdichtung erfahren, sodass heute höchst heterogene Ansätze vorliegen. Andererseits brechen sich die unbestreitbaren Vorteile dieses Konzepts spätestens beim Versuch seiner wissenschaftlichen Umsetzung, denn es müssen Messverfahren für alle relevanten Dimensionen der Lebenslage entwickelt werden. Bezüglich jeder Dimension müssen dann Armuts- bzw. Unterversorgungsgrenzen festgelegt werden, wobei hier das Wertproblem verschärft hervortritt. „Weiterhin sind Gewichtungen und Kompensationsregeln festzulegen, die bestimmen, inwieweit die Unterversorgung in einer Dimension durch andere Lagebereiche kompensiert werden kann" (Hradil 1999, S. 240). Bisher liegen auf Grund dieser Probleme nur vereinzelte Ansätze bzw. Ergebnisse vor, ein geschlossenes Bild zeichnet sich nicht ab (vgl. AWO 2000).

Demgegenüber zeichnet sich das *eindimensionale Ressourcenkonzept* durch eine Beschränkung auf die Dimension der Verfügbarkeit ökonomischer Mittel aus. Armut wird als Mangel an Ressourcen definiert, die zum Erreichen des sozio-kulturellen Existenzminimums nötig sind. Der Informationsverlust, der sich durch diese Beschränkung auf nur eine Dimension ergibt, wird durch den Vorzug einer klaren Bestimmung erkauft.

Bevor die sich an dieser Dimension orientierenden Konzepte vorgestellt werden, bedarf es einer Zwischenüberlegung zur *haushaltsorientierten Betrachtung* von Armut. Die neuere Armutsforschung orientiert sich am (Familien-)Haushalt als einer Konsumgemeinschaft und nicht am Individuum, was ihr den Vorwurf des „Familienkommunismus" (Berger/Hradil 1990, S. 11) eingetragen hat. Jenseits dieses grundsätzlichen Problems stellt sich eine weitere, technisch zu lösende Schwierigkeit: Damit unterschiedliche Haushaltsgrößen und -zusammensetzungen verglichen werden können, werden die erfragten monatlichen Haushaltsnettoeinkommen (Nettoeinkommen plus Transferleistungen) in sog. „bedarfsgewichtete Äquivalenzeinkommen" umgerechnet. Der Hintergrund dieser Überlegungen ist Folgender: Große Haushalte können günstiger wirtschaften als kleine, weil bestimmte Kosten sich mit der Anzahl der Personen eines Haushaltes proportional reduzieren bzw. nicht entsprechend erhöhen. Ein Fünf-Personen-Haushalt bezahlt bspw. nicht den fünffachen Mietpreis im Verhältnis zum Ein-Personen-Haushalt, Ähnliches gilt für ein Fahrzeug, für Heizkosten etc. Um diesen positiven Effekt zu berücksichtigen (sog. *economies of scale*), werden je nach Anzahl und Alter der einzelnen Haushaltsmitglieder Gewichtungsfaktoren festgelegt. Nach der älteren OECD-Skala wird für das erste erwachsene Familienmitglied der Faktor 1, für die weiteren Personen bis einschließlich 14 Jahre der Faktor 0,5 und für die Haushaltsmitglieder ab dem vollendeten 15. Lebensjahr der Faktor 0,7 angesetzt. „Die Division des gesamten Haushaltseinkommens durch die Summe dieser Personengewichte ergibt die sog. ‚Netto-Äquivalenzeinkommen' des Haushalts, auch ‚bedarfsgewichtete Pro-Kopf-Haushaltseinkommen' genannt" (Hradil 1999,

S. 214). So berechnet sich bspw. das bedarfsgewichtete Pro-Kopf-Haushaltseinkommen für einen (fiktiven) Fünf-Personen-Haushalt (Elternpaar und drei Kinder im Alter von 2, 4 und 8 Jahren), der über ein monatliches Nettoeinkommen in Höhe von DM 6368,- DM verfügt, wie folgt: Nettoeinkommen dividiert durch (summierte) Gewichtungsfaktoren für die einzelnen Personen (1 + 0,7 + 0,5 + 0,5 + 0,5), m.a.W.: 6368 : 3,2 = 1990 DM. Über die Äquivalenzeinkommen werden – dies ist bei einkommensorientierten Ressourcenkonzepten von Armut zentral – unterschiedliche Haushaltstypen in ihren Einkommensverhältnissen vergleichbar.

Innerhalb des *eindimensionalen Ressourcenkonzepts* der Armut, das sich am Einkommen orientiert, lassen sich zwei Ansätze unterscheiden, die sich auf verschiedene Bezugsgrößen beziehen, nämlich das Konzept der *relativen Einkommensarmut* und das Konzept der *Sozialhilfebedürftigkeit*. Der Ansatz der *relativen Einkommensarmut* bezieht sich auf das Verhältnis von jeweiligem Haushaltseinkommen zu verfügbarem Durchschnittseinkommen aller privaten Haushalte. Es operiert dabei mit der Bezugsgröße des Netto-Äquivalenzeinkommens und lehnt sich hierzu an folgenden – in internationalen Untersuchungen inzwischen üblichen – Armutsgrenzen an: „Als arm gilt danach, wer in einem Haushalt lebt, dessen Äquivalenzeinkommen nicht mehr als 50% des arithmetischen Mittels der Einkommen in der gesamten Bevölkerung beträgt. Zusätzlich werden Armutsschwellenwerte zur Abgrenzung einer strengen Armut (40%-Schwelle) sowie zur Abgrenzung des so genannten ‚prekären Wohlstands' (75%-Schwelle) bereitgestellt" (Krause/Habich 2000, S. 588).

Legt man diese Schwellen zu Grunde, dann ergeben sich für die Bevölkerung der Bundesrepublik – differenziert nach alten und neuen Bundesländern – die folgenden Äquivalenzeinkommen und Armutsbelastungen:

Tab. 1: Einkommensverhältnisse und Armutsquoten

Jahr	Äquivalenzeinkommen (im Vorjahr)		„Strenge Armut" 40 %- Schwelle	„Armut" 50 %- Schwelle	„Prekärer Wohlstand" 75 %- Schwelle	„Strenge Armut" 40 %- Schwelle	„Armut" 50 %- Schwelle	„Prekärer Wohlstand" 75 %- Schwelle
	West	Ost	West			Ost		
1990	23.883	-	-	-	-	0,8	3,7	23,7
1991	25.200	-	3,7	8,7	34,9	2,2	4,2	21,9
1992	26.538	14.494	4,0	8,6	33,8	1,9	5,7	23,0
1993	27.555	17.539	4,5	10,1	33,7	2,8	5,8	25,5
1994	28.387	20.656	4,1	9,4	35,2	3,0	7,5	25,2
1995	29.115	21.818	5,3	11,1	35,5	2,6	6,8	26,8
1996	29.087	22.229	4,3	9,5	34,8	2,1	4,7	25,2
1997	29.314	23.567	3,7	9,1	35,5	2,0	6,2	24,7

(vgl. Krause/Habich 2000, S. 584, S. 589 und S. 590)

Der zweite Ansatz, der sich innerhalb des einkommensorientierten Ressourcenansatzes entfaltet, hebt auf eine sozialrechtlich sanktionierte Basis ab, auf den Bezug *laufender Hilfe zum Lebensunterhalt (Sozialhilfebedürftigkeit)*. Hierbei handelt es sich um eine Armutsschwelle, die in der höchstrichterlichen Rechtsprechung des Bundesverfassungsgerichts inzwischen mehrfach bestätigt worden ist (vgl. BVerfGE 87, 153 [171] sowie zuletzt BVerfGE 99, 246 [260]). Allerdings liegen zwischen der verfassungsgerichtlichen Einschätzung einerseits und der politischen Wertung dieses Sachverhaltes andererseits breite Interpretationsspielräume, die entsprechend genutzt werden. So hat die ehemalige CDU/CSU-F.D.P.-Regierung die Orientierung der Armutsdiskussion an der Zahl der BezieherInnen laufender Hilfe zum Lebensunterhalt strikt abgelehnt. Sie verwies in ihrer Antwort auf eine Große Anfrage der damaligen Opposition auf den folgenden Sachverhalt. „Auch die Zahl der Sozialhilfebezieher ist kein Armutsindikator. Die Sozialhilfe bekämpft Armut, sie schafft sie nicht. Wer die ihm zustehenden Leistungen der Sozialhilfe in Anspruch nimmt, ist nicht mehr arm" (BT-Drs. 13/3339, S. 2; vgl. auch BMFSFJ 1998a, S. XV; BT-Drs. 14/1213, S. 1). Um diese Einschätzung auch wissenschaftlich untermauern zu können, hat sie eigens ein Gutachten in Auftrag gegeben, das ihre Position nachhaltig stützen sollte (vgl. Krämer 1997; 2000).

Auch die derzeitige Bundesregierung aus SPD/Bündnis 90/Die Grünen wehren politische Bemühungen der Opposition um eine Grundsicherung für Kinder mit ähnlichen Argumenten wie ihre Vorgängerin ab: „Sozialhilfe und vorgelagerte Transferleistungen leisten einen wirksamen Beitrag zur Prävention von Familien- und Kinderarmut" (BT-Drs. 14/5031, S. 2).

Das Bundessozialhilfegesetz (BSHG) liefert die Rechtsgrundlage, nach der laufende Hilfe zum Lebensunterhalt gewährt wird. Es ist 1961 verabschiedet worden und im Folgejahr in Kraft getreten. Das BSHG kennt einerseits die laufende Hilfe zum Lebensunterhalt (HLU) (§§11ff.), andererseits die Hilfe in besonderen Lebenslagen (HBL) (§§27ff.); in den weiteren Ausführungen interessiert nur HLU. „Aufgabe der Sozialhilfe ist es, dem Empfänger der Hilfe die Führung eines Lebens zu ermöglichen, das der Würde des Menschen entspricht. Die Hilfe soll ihn so weit wie möglich befähigen, unabhängig von ihr zu leben; hierbei muss er nach seinen Kräften mitwirken" (§1 (2) BSHG). Die Hilfe nach dem BSHG ist *subsidiär*, m.a.W. alle anderen Möglichkeiten einer von Sozialhilfe unabhängigen Lebensführung (Einkommen, Eigentum, Unterhalt, sonstige Transferleistungen etc.) müssen ausgeschöpft sein, ehe laufende Hilfe zum Lebensunterhalt gewährt wird. Obgleich die Hilfe den Besonderheiten des Einzelfalles Rechnung zu tragen hat, erfolgt die Unterstützung als Geldleistung in Form von Regelsätzen, einmaligen Leistungen, Kaltmiete und Heizungskosten. Die Summe dieser Faktoren bildet das Existenzminimum, das durch das staatliche Sicherungssystem jeder Person mindestens zu gewähren ist bzw. steuerlich verschont werden muss. So hat die Bundesregierung für das Jahr 2001 das steuerlich freizustellende bzw. das sozialhilferechtlich zu gewährleistende Existenzminimum wie folgt berechnet (vgl. Tab.2).

Die Regelsätze sind so bemessen, dass sie den laufenden Bedarf einer Person decken sowie in angemessenem Umfang die Teilnahme am kulturellen Leben ermöglichen. Berechnungsgrundlage der Regelsätze ist (seit dem

1.7.1999) die Einkommens- und Verbrauchsstichprobe. Diese empirische Fundierung, die frühere Modelle abgelöst hat, kann nicht darüber hinwegtäuschen, dass auch hier die Regelsätze eine normative Festsetzung der zu befriedigenden Regelbedarfe darstellen, weil letztlich offen und damit einer Wertentscheidung vorbehalten bleiben muss, was konkret der notwendige laufende Bedarf zum Lebensunterhalt ist. „Regel*bedarf* und Regel*satz* werden in der Praxis der Hilfegewährung gleichgesetzt ... Es ist jedoch zu beachten, dass der Regelsatz eine feste, *normative Größe* ist, während der Regelbedarf nach der Gesetzessystematik das ist, *was der Mensch zu einem menschenwürdigen Leben laufend benötigt*. Anders ausgedrückt: Die Gleichsetzung von Regelbedarf und Regelsatz kann verschleiern, dass der Regelsatz den Regelbedarf möglicherweise nicht deckt, sondern vielmehr tatsächlich darunter liegt" (Roscher 1998, 351, Rz. 2).

Tab. 2: Steuerfrei zu stellendes Existenzminimum 2001

	Haushalte mit		
	1 Erwachsenen	2 Erwachsenen	1 Kind[*)]
Leistungen	DM	DM	DM
1. Regelsatz	6.660	11.988	4.308
2. Einmalige Leistungen	996	1.848	864
3. Kaltmiete	4.296	6.528	1.308
4. Heizkosten	852	1.416	288
Insgesamt	12.804	21.780	6.768

[*) Sächliches Existenzminimum]
(vgl. BT-Drs. 14/1926, S. 5)

Hierzu ist es notwendig, sich die Höhe der Regelsätze anzusehen. Ähnlich wie bei Äquivalenznettoeinkommen wird auch bei der Regelsatzhöhe dem Umstand einer kostengünstigeren Bewirtschaftung größerer Haushalte Rechnung getragen, andererseits werden die altersbedingten (reduzierten) Bedarfslagen berücksichtigt. Hierdurch ergibt sich eine Abstufung des sog. Eckregelsatzes des Haushaltsvorstandes (100%) auf 50% bei Kindern bis 7 Jahren bzw. auf 55% bei Kindern allein Erziehender, auf 65% bei 8- bis 14-jährigen Kindern, auf 90% bei 15- bis 18-jährigen Jugendlichen (wegen des erhöhten Nahrungsbedarfs in dieser Wachstumsperiode) und auf 80% bei über 19-jährigen Personen. Die aktuell gültigen Regelsätze umfassen die folgenden Beträge (vgl Tab. 3).

Die sozialstaatliche Unterstützung in Form von Geldleistungen (so bescheiden in der Höhe sie auch ausfallen mag) eröffnet dem Hilfeempfänger Entscheidungsspielräume, indem er als Marktteilnehmer zwischen verschiedenen Angeboten zur Bedürfnisbefriedigung wählen kann. „Die *Geldform der*

Regelsätze bringt die gesellschaftliche Komponente ... der Existenz des Sozialhilfeempfängers als Marktteilnehmer zur Geltung und trägt der Verpflichtung zur sozialen Integration Rechnung" (Roscher 1998, S. 354, Rz. 12). Diese Integrationsperspektive ist nicht selbstverständlich, wie mit Blick auf das Asylbewerberleistungsgesetz (§3) deutlich wird, das ausdrücklich Sachleistungen vorsieht.

Tab. 3: Regelsätze nach dem BSHG (gültig ab 01.07.2001)

rechnerischer Durchschnitt	Haushaltsvorstand/ Alleinstehende	Sonstige Haushaltsangehörige (nach Alter)				
		< 7	< 7 (bei allein Erziehenden)	8 - 14	15 - 18	19 und älter
	DM	DM	DM	DM	DM	DM
Alte Bundesländer*)	560	280	308	364	504	448
Neue Bundesländer**)	541	271	298	352	487	433

*) Dieser Durchschnitt ist nach unten verzerrt, weil für Bayern lediglich der Landesregelsatz (Mindestregelsatz) i.H. von DM 543 berücksichtigt worden ist.

**) Dieser Durchschnitt ist nach oben verzerrt, weil Berlin (Ost) mit DM 561 den gleichen Regelsatz aufweist wie der Westteil der Stadt, der damit deutlich über dem Eckregelsatz der neuen Bundesländer liegt.

(Quelle: www.bma.de/de/asp/aktuell/presse.asp?id=1432)

Nimmt der nach dem BSHG Leistungsberechtigte die ihm zustehenden Leistungen in Anspruch, so handelt es sich hier (terminologisch) um *bekämpfte Armut*. Als das BSHG 1961 verabschiedet wurde, ist der Gesetzgeber davon ausgegangen, dass diese Form staatlicher Unterstützungsleistung ein Ausnahmetatbestand der wirtschaftlich prosperierenden Bundesrepublik sein werde. Armut galt als Übergangsphänomen, das spätestens dann überwunden sein würde, wenn die Integration in den Arbeitsmarkt gesichert sei. Auch aus diesem Grunde wurden Leistungen nach dem BSHG als subsidiäre, also nachrangige Anspruchsrechte formuliert. Betrachtet man vor diesem Hintergrund ab 1962 die Entwicklung der Zahl derjenigen Personen, die zur Sicherung ihrer Existenz auf laufende Hilfe zum Lebensunterhalt angewiesen sind, dann zeigt sich, dass die damalige Annahme eines sich auflösenden Armutsproblems unzutreffend ist. Vielmehr wird deutlich, dass es zu einem ersten Anstieg der Armutspopulation in den 70er-Jahren infolge des Ölpreis-Schocks gekommen ist, sich die entscheidende zweite Steigerungswelle der Armutsbevölkerung aber ab 1982 mit geradezu galoppierenden Steigerungsraten eingestellt hat.

Der Lebensunterhalt von Asylbewerbern, abgelehnten und zur Ausreise verpflichteten Asylbewerbern sowie geduldeten Ausländern wurde bis November 1993 ebenfalls nach dem BSHG sichergestellt. Zu diesem Zeitpunkt trat das – im Verhältnis zum BSHG leistungsreduzierte – Asylbewerberleistungsgesetz (AsylbLG) in Kraft (vgl. Statistisches Bundesamt 1999b, S. 5), sodass dieser Personenkreis nun nicht mehr – wie bis dato – in der Sozialhilfestatistik auftauchte. Hier wurde also durch die rechtliche Umsteuerung und die mit ihr einhergehende veränderte sozialstatistische Erfassung administrativ die Zahl der SozialhilfeempfängerInnen reduziert. Vor diesem Hintergrund erklärt sich auch der (numerische) Rückgang der Sozialhilfebedürftigen ab 1994, obgleich der auf (sozial-)staatliche Unterstützungsleistungen zur Sicherung seines Lebensunterhaltes angewiesene Personenkreis faktisch nicht nur nicht geringer geworden ist, sondern sich ausgeweitet hat. Berücksichtigt man diese Veränderung jedoch bei der inhaltlichen Diskussion, dann zeigt sich bis 1998 ein ungebrochener Zuwachs im Bereich der Sozialhilfe.

Für die alten Bundesländer ist 1998 erstmals ein sehr leichter Rückgang der Bezieherquoten laufender Hilfe zum Lebensunterhalt zu verzeichnen (vgl. Statistisches Bundesamt 1999b, S. 46). So lebten am Jahresende 1999 genau 2.379.745 SozialhilfeempfängerInnen in den alten Bundesländern (- 3,7% gegenüber 1998) und 412.734 in den neuen Bundesländern (+ 0,2% gegenüber 1998) (vgl. Statistisches Bundesamt 2001a, S. 44 und 47).

Abb. 2: EmpfängerInnen laufender Hilfe zum Lebensunterhalt außerhalb von Einrichtungen (31.12. des jeweiligen Jahres): 1963-1999

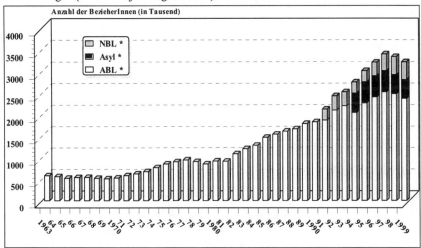

*: ABL = Alte Bundesländer; NBL = Neue Bundesländer; Asyl = Asylbewerberleistungsgesetz
(Datenbasis: Statistisches Bundesamt 1999b, S. 46 u. 49; 2000, 3; 2001a, S. 44; eigene Grafik)

Dem realisierten Anspruch auf laufende Hilfe zum Lebensunterhalt steht jedoch derjenige Teil der Armutspopulation gegenüber, der zwar einen rechtlichen Anspruch auf Sozialhilfeleistungen hat, diesen jedoch – aus welchen Gründen auch immer – nicht realisiert. Hierbei handelt es sich um die sog. *verdeckte Armut* (vgl. detailliert Schönig/Ruiss 2000, S. 122f.). Zur

Problematik der verdeckten Armut liegen inzwischen Untersuchungen über längere Zeiträume vor. Da sie alle tendenziell zu den gleichen Ergebnissen (Quoten) gelangen, soll hier nur auf die Untersuchung von Neumann/Hertz (1998; Neumann 1999) zurückgegriffen werden. Sie haben in einem Zeitreihenvergleich zwischen 1991 und 1995 auf der Basis des Sozio-ökonomischen Panels für die alten und die neuen Bundesländer die folgenden Daten ermittelt:

Tab. 4: Bezieherquoten laufender Hilfe zum Lebensunterhalt (HLU) sowie verdeckte Armut

	Westdeutschland		Ostdeutschland	
	1991	1995	1991	1995
HLU-Bezug am Jahresende	2,8	3,4	1,4	1,8
Verdeckte Armut	3,2	3,2	5,6	4,2
Summe	6,0	6,6	7,0	6,0
Dunkelziffer der Armut in%	53,3	48,5	80,0	70,0

(vgl. Neumann/Hertz 1998, S. 55 und 75)

Die Untersuchung macht deutlich, dass 1995 in Westdeutschland von 100 Anspruchberechtigten 48,5% ihr Recht auf laufende Hilfe zum Lebensunterhalt nicht realisierten, während in den neuen Bundesländern sogar 70% die ihnen zustehenden Leistungen nach dem BSHG nicht in Anspruch nahmen. Diese – insbesondere in den neuen Bundesländern – außerordentlich hohen Quoten verdeckter Armut machen jenseits daraus resultierender individueller Belastungen deutlich, in welch prekärer sozialpolitischer Situation sich die Kommunen befinden, da ihnen die Finanzierung der laufenden Hilfe zum Lebensunterhalt obliegt.

Kinderarmut

Das Armutsrisiko in der deutschen Bevölkerung ist nicht linear verteilt. Es sind bestimmte persönliche bzw. familiale Konstellationen, die ein erhöhtes Risiko nach sich ziehen, in Armutssituationen zu geraten. „Im Gefolge wachsender Arbeitslosigkeit und zunehmender Anteile von allein Erziehenden verarmen immer mehr Familien mit mehreren Kindern. Das Armutsrisiko der *Kinder* nimmt in Westdeutschland seit den 80er-Jahren, in Ostdeutschland seit der Wende ständig zu" (Hradil 1999, 249; vgl. detailliert Hanesch u.a. 2000, S. 302ff.). Betrachtet man die Entwicklungen im Bereich laufender Hilfe zum Lebensunterhalt an dieser Stelle als Indikator der eben geschilderten Entwicklung, dann zeigen sich die exorbitanten Entwicklungsverläufe für Kinder und Jugendliche seit Beginn der 80er-Jahre (vgl. Abbildung 3).

Auf das Problem einer rasanten Zunahme der Armut unter Kindern und Jugendlichen wurde öffentlichkeitswirksam erstmals durch den 10. Kinder- und Jugendbericht (vgl. BMFSFJ 1998b, S. 88ff.) aufmerksam gemacht, während die wissenschaftliche Auseinandersetzung in einer Reihe von Beiträgen (vgl. u.a. Bieligk 1996; Otto 1997; Mansel/Brinkhoff 1998; Iben 1998; Mansel/Neubauer 1998; Hock u.a. 2000; Butterwegge 2000; Klocke/Hurrelmann 2001) schon längere Zeit vorher – und weiterhin anhaltend – die sich in diesem Bereich der Gesellschaft verschärfende Armutslage analysiert und politischen Handlungsbedarf eingefordert hat. Inzwischen hat sich zur Kennzeichnung der verschärften Armutsproblematik in der nachwachsenden Generation der Begriff der „Infantilisierung der Armut" (Hauser 1995, S. 9) durchgesetzt. Dieser *Gestaltwandel der Armutspopulation* lässt sich genauer erst anhand der altersspezifischen Verteilung der SozialhilfeempfängerInnen innerhalb der deutschen Population illustrieren.

Abb. 3: Entwicklungsverlauf laufender Hilfe zum Lebensunterhalt bei Kindern und Jugendlichen (1984-1999)

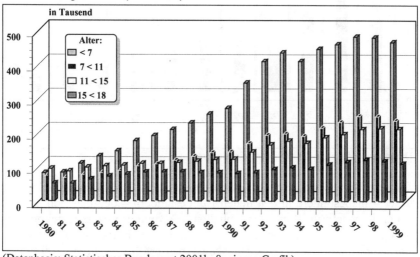

(Datenbasis: Statistisches Bundesamt 2001b, 8; eigene Grafik)

Das Verarmungsrisiko ist umso höher, je jünger die Kinder sind. „Während am Jahresende 1999 insgesamt 3,4% der Bevölkerung Sozialhilfe im engeren Sinne bezogen, war diese Quote bei den Minderjährigen mit 6,6 fast doppelt so hoch. Am höchsten war sie in der Gruppe der unter 3-Jährigen mit 9,6%" (vgl. Statistisches Bundesamt 2001b, S. 3; Haustein 2000, S. 445; AWO 2000, S. 39). Verteilen sich bis zum vollendeten 18. Lebensjahr die Armutsquoten zwischen der männlichen und weiblichen Population annähernd gleich, so steigt das Risiko der Verarmung für Frauen im gebärfähigen Alter deutlich an, insbesondere dann, wenn sie allein erziehend sind. Die Entscheidung für ein Kind, das nicht in einer Ehe zur Welt kommt, hat sich in den letzten fünfundzwanzig Jahren geradezu sprunghaft entwickelt. Während sich in den alten Bundesländern der Anteil nicht ehelich geborener Kinder im Zeitraum von 1977 bis 1997 von 6,5% auf 14,3% aller Lebendgeburten erhöht hat, ist er in der DDR bzw. den neuen Bundesländern im gleichen Zeitraum von 15,8% auf 44,1% hochgeschnellt. Wenngleich ein nicht unerheblicher Anteil dieser Kinder durch eine spätere Heirat der Mütter in den formalen Rahmen einer ehelichen Lebensgemeinschaft überwechselt, verbleibt dennoch ein zunehmend größerer Anteil in der Allein-Erziehenden-Konstellation, zu deren sozialpolitischer Integration der Gesetzgeber bisher noch keine zureichende Absicherung eingerichtet hat.

Abb. 4: Prozentualer Anteil der Armutsbevölkerung an der jeweiligen Altersgruppe (Stand: Jahresende 1998)

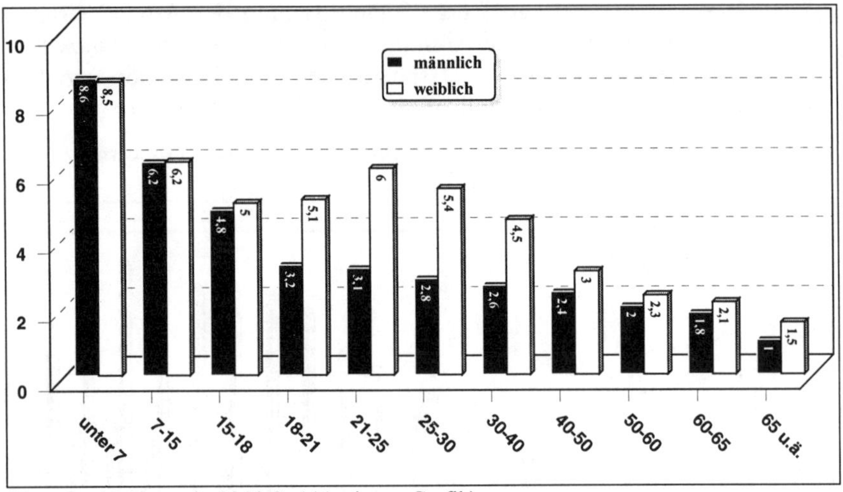

(Datenbasis: Haustein 2000 S. 444; eigene Grafik)

Vor dem Hintergrund einer unbefriedigenden sozialpolitischen Flankierung dieser – insbesondere in den neuen Bundesländern – deutlich sich ausweitenden Lebensform ist es zu erheblichen Verarmungsprozessen gekommen. Dies lässt sich dann klar erkennen, wenn eine Betrachtung der HLU-EmpfängerInnen entlang von Haushaltstypen erfolgt: Während 1998 exakt 4% aller bundesdeutschen Haushalte auf Sozialhilfe angewiesen sind, liegt die Quote bei Ehepaaren mit Kind(ern) bei 2,3% dieses Haushaltstyps, die HLU-Quote der allein erziehenden Frauen aber bei 28,1% (vgl. Haustein 2000, S. 445). Damit ist heute schon das Risiko eines nicht ehelich geborenen Kindes gegenüber einem in einer Ehe zur Welt gekommenen rund 11-mal höher, in Armut aufwachsen zu müssen.

Dynamische Armutsforschung

Die bisher vorgestellten Ansätze zur Erklärung bzw. Beschreibung von Armut teilen alle im Wesentlichen ein gemeinsames Problem: Armut wird jeweils anhand von Querschnittsdaten ausgewiesen. So beziehen sich bspw. die Angaben zum Bezug laufender Hilfe zum Lebensunterhalt immer auf einen bestimmten Zeitpunkt (31.12. eines jeden Jahres) und vermögen nicht, die Wege *in die*, die Wege *durch die* und die Wege *aus der* Armut zu rekonstruieren. Während die neuere sozialstatistische Erfassung der Sozialhilfedaten inzwischen auch Verlaufsdaten bereitstellt, hat sich jedoch vor einigen Jahren bereits die *dynamische Armutsforschung* in Deutschland entwickelt (vgl. u.a. Leibfried/Leisering u.a. 1995; Buhr 1995; Ludwig 1996; Olk/Rentzsch 1997; Rentzsch 2000).

Der dynamisierende Zugriff auf die Armutsproblematik erfolgt anhand der SozialhilfeempfängerInnen in Bremen und Halle/S., die innerhalb eines Jahres erstmals in den Sozialhilfebezug (HLU) eingetreten sind. Von dieser jeweiligen Gesamtpopulation wurden 10% aller Akten nach dem Zufallsprinzip ausgewählt und in ihrem weiteren Entwicklungsverlauf einer begleitenden, längsschnittorientierten Untersuchung zugeführt (vgl. Buhr/Ludwig/Priester 1990).

Die Ergebnisse der Bremer und Hallenser Studie haben zunächst mit einem in der Armutsforschung bis dato festen Vorurteil gebrochen, das sich auf die vereinfachte Formel bringen lässt: „Einmal arm, immer arm" (vgl. Zwick 1994). Es zeigte sich vielmehr, dass der größte Teil der von laufender Hilfe zum Lebensunterhalt abhängigen Personen nur vorübergehend auf diese Hilfeform angewiesen war. So ergab sich eine Nettobezugsdauer (Gesamtbezugszeit minus Bezugsunterbrechungen) „bei 57% ... von unter einem Jahr und nur für 11% eine Dauer von sechs oder mehr Jahren. (...) Armutslagen erweisen sich also als komplexe Gebilde, bestehend aus Armutsphasen, Unterbrechungen, Wiedereinstiegen und zum Teil endgültigen Ausstiegen" (Leibfried/Leisering u.a. 1995, S. 80f.). Das Bild der Armut ist also komplexer und dynamischer zugleich, als dies allein anhand von Querschnittsdaten vermutet werden konnte. Ursächlich für den Bezug laufender Hilfe zum Lebensunterhalt waren dabei das Warten auf vorrangige Leistungen (also Sozialhilfe als Überbrückung), Arbeitslosigkeit, familiäre Ursachen (Scheidung, Trennung etc.), Ausbildung (zu geringe Ausbildungsförderung bzw. -vergütung) und soziale Probleme (Sucht, Haftentlassung, Nichtsesshaftigkeit usw.) (vgl. ebd., S. 86f.).

Nachdem inzwischen weitere Zugangskohorten untersucht worden sind, zeichnen sich allerdings Ergebnisse ab, die die ursprünglichen Aussagen bezüglich der hohen Armutsdynamik wieder etwas relativieren. Während die Kohorte, die 1990 in den Sozialhilfebezug eingetreten ist, zwar ein hohes Zugangsrisiko hatte, wies sie gleichzeitig ein niedriges Verbleibs- und Rückfallrisiko auf. „Anders hingegen in den Sozialhilfezugängen 1991 und 1992: Hier hatten Familien mit Kindern und darunter auch die Gruppe der allein Erziehenden sowohl ein *hohes* Zugangs- als auch ein *hohes* Verbleibs- und ein *hohes* Rückfallrisiko. Im Sozialhilfezugang 1993 trifft dies auf die Kategorie der Familien mit Kindern insgesamt zu, bei der Gruppe der allein Erziehenden ist das Rückfallrisiko allerdings davon abweichend relativ gering" (Olk/Rentzsch 2001, S. 112f.). Bevor also weitreichende

Aussagen über die Dynamik von Armutsverläufen gemacht werden können, dies zeigen die Ergebnisse der Hallenser Längsschnittuntersuchung, bedarf es einer längerfristig angelegten Forschung. Denn nur so kann vermieden werden, dass eventuelle Besonderheiten einer einzelnen Zugangskohorte zur Grundlage für theoretische Verallgemeinerungen (Übergeneralisierungen) von Armutsverläufen insgesamt genommen werden, die dann jedoch fehlerhaft wären.

Gegen die dynamische Armutsforschung ist eingewandt worden, sie *verharmlose das Armutsproblem* in unzulässiger Weise, gerade weil sie sich ausschließlich auf den Bereich der *bekämpften Armut* beziehe und der Gesamtproblematik gesellschaftlicher Armut zu wenig Aufmerksamkeit schenke. So berechtigt dieser Einwand zunächst erscheint, so darf jedoch nicht übersehen werden, dass mit diesem Zugang erstmals herausgearbeitet worden ist, dass die Armutsproblematik auf Grund der Einstiegs-/Verbleibs-/Ausstiegsdynamik nicht allein auf die jeweils im Querschnitt gemessene Population beschränkt ist, sondern einen ungleich größeren Teil der deutschen Bevölkerung erfasst, der im dynamischen Zwischenbereich zwischen Armut und prekärem Wohlstand lebt.

Jenseits dieser Kritik hat die dynamische Armutsforschung Ergebnisse zu Tage gefördert, die über weite Strecken deckungsgleich mit denen der Querschnittsanalyse der Sozialhilfedaten sind. Es sind allein Erziehende, Personen ohne Berufsangaben sowie Personen mit Kindern und in größeren Haushalten, die im Schnitt deutlich länger in der Sozialhilfe verweilen als die jeweiligen Vergleichsgruppen (vgl. Leibfried/Leisering u.a. 1995, S. 100). „Ganz besonders fällt das Risiko überdurchschnittlich langer Sozialhilfebezugszeiten bei Kindern aus Ein-Eltern-Familien und den zu Beginn des Bezuges jüngsten, unter 3-jährigen Kindern auf" (Rentzsch 2000, S. 149).

Zusammenfassung und Ausblick

Armut stellt sich in Deutschland – je nach ihrer theoretischen Konzeptualisierung – unterschiedlich dar. Ein einheitlicher oder gar geschlossener bzw. allgemein akzeptierter Vorschlag, wie sie konzeptualisiert werden könne, existiert bis dato nicht, und es steht auch angesichts der mit der Erfassung von Armut verbundenen *notwendigen normativen Setzung* nicht zu vermuten, dass es zu einer solchen übergreifenden Konzeptualisierung kommen wird. Gleichwohl liegen heute unterschiedliche Ansätze vor, die ein differenziertes Bild der Armutsproblematik in einem der reichsten Länder zu zeichnen gestatten (vgl. zusammenfassend Leibfried/Voges 1992). Jenseits aller Differenzen im inhaltlichen und methodischen Zugriff kristallisieren sich heute bestimmte Problemgruppen der Armut heraus: Kinder, allein Erziehende, große Familien, Ausländer (vgl. Statistisches Bundesamt 1999a, S. 34; BT-Drs. 14/4357, S. 15; BMFSFJ 2000, S. 143f.). Die sich in diesem Befund ausdrückende unzureichende soziale Absicherung diesseits des subsidiären Netzes

"Sozialhilfe" verweist auf die Notwendigkeit und Möglichkeit (sozial-)politischer Gestaltung. Die Beseitigung der Altersarmut durch politische Entscheidungen (vgl. Leibfried/Leisering u.a. 1995, S. 87) zeigt hier Lösungswege auf.

In diese Richtung zeigen auch die politischen Ansätze, (Kinder-)Armut als eines der zentralen Themen der Auseinandersetzung um soziale Gerechtigkeit aus seinem bisherigen politischen Schattendasein herauszuführen (Koalitionsvereinbarung 1998, S. 26) und durch eine „Nationale Armuts- und Reichtumsberichterstattung" (BT-Drs. 14/999) ins öffentliche Bewusstsein zu rücken. Inzwischen hat die Expertenkommission ihren Berichtsauftrag abgeschlossen. Seit April 2001 liegt der Bericht (BT-Drs. 14/5990; BMAS 2001a, b) nunmehr vor und bestätigt einerseits im Wesentlichen die durch die wissenschaftliche Armutsforschung zutage geförderten Ergebnisse, er eröffnet aber auch konkrete (sozial-)politische Handlungsperspektiven (vgl. BMAS 2001a, 215ff.). Jenseits dieser ermutigenden Ansätze zeigt sich jedoch, dass die konditionierten Reflexe der politischen Auseinandersetzung dann sofort einsetzen, wenn die Oppositionsparteien, einerlei ob links (BT-Drs. 14/2018; 14/4856) oder rechts der Regierungskoalition (BT-Drs. 14/1213), das Thema Armut für sich entdecken. Die Thematisierung von Armut scheint zugleich auch eine Anklage gegen die jeweilige Regierung darzustellen. Das deutet darauf, dass Armut in einer reichen Gesellschaft ein gerechtigkeitstheoretisches und -praktisches Problem zugleich zu sein scheint.

Literatur zur Vertiefung

Hanesch, Walter u.a. (2000): Armut und Ungleichheit in Deutschland. Der neue Armutsbericht der Hans-Böckler-Stiftung, des DGB und des Paritätischen Wohlfahrtsverbands. Reinbek

Klocke, Andreas/Hurrelmann, Klaus (Hrsg.) (^{2}2001): Kinder und Jugendliche in Armut. Umfang, Auswirkungen und Konsequenzen. Opladen

Leibfried, Stephan/Voges, Wolfgang (Hrsg.) (1992): Armut im modernen Wohlfahrtsstaat. [Kölner Zeitschrift für Soziologie und Sozialpsychologie: Sonderheft 32]. Opladen

Weiß, Hans (Hrsg.) (2000): Frühförderung mit Kindern und Familien in Armutslagen. München

Literatur

Abendroth, Wolfgang (1968): Zum Begriff des demokratischen und sozialen Rechtsstaates im Grundgesetz der Bundesrepublik Deutschland. In: Forsthoff, Ernst (Hrsg.): Rechtsstaatlichkeit und Sozialstaatlichkeit. Aufsätze und Essays. Darmstadt, S. 114-144

Andreß, Hans-Jürgen (1999): Leben in Armut. Analysen der Verhaltensweisen armer Haushalte mit Umfragedaten. Opladen/Wiesbaden

AWO (2000): Gute Kindheit – schlechte Kindheit. Armut und Zukunftschancen von Kindern und Jugendlichen. AWO-Sozialbericht 2000. Bonn

Berger, Peter A./Hradil, Stefan (Hrsg.) (1990): Lebenslagen, Lebensläufe, Lebensstile. [Soziale Welt: Sonderband 7]. Göttingen
Bieligk, Andreas (1996): „Die armen Kinder". Armut und Unterversorgung bei Kindern. Belastungen und ihre Bewältigung. Essen
BMAS (Bundesministerium für Arbeit und Sozialordnung) (Hrsg.), 2001a: Lebenslagen in Deutschland. Der erste Armuts- und Reichtumsbericht der Bundesregierung. (Stand: April 2001). Bericht. Bonn
BMAS (Bundesministerium für Arbeit und Sozialordnung) (Hrsg.), 2001b: Lebenslagen in Deutschland. Der erste Armuts- und Reichtumsbericht der Bundesregierung. (Stand: April 2001). Daten und Fakten. Materialband zum ersten Armuts- und Reichtumsbericht der Bundesregierung. Bonn
BMFSFJ (Bundesministerium für Familie, Senioren, Frauen und Jugend) (Hrsg.) (1998a): Stellungnahme der Bundesregierung zum Zehnten Kinder- und Jugendbericht. [BT-Drs. 13/11368]. Bonn, S. III-XXXII
BMFSFJ (Bundesministerium für Familie, Senioren, Frauen und Jugend) (Hrsg.) (1998b): Bericht über die Lebenssituation von Kindern und die Leistungen der Kinderhilfen in Deutschland. – Zehnter Kinder- und Jugendbericht –. [BT-Drs. 13/11368]. Bonn, S. 1-343
BMFSFJ (Bundesministerium für Familie, Senioren, Frauen und Jugend) (Hrsg.) (2000): Familien ausländischer Herkunft in Deutschland. Leistungen, Belastungen, Herausforderungen. Sechster Familienbericht. Berlin
Bourdieu, Pierre (1983): Die feinen Unterschiede. Kritik der gesellschaftlichen Urteilskraft. Frankfurt am Main
Bourdieu, Pierre u.a. (1997): Das Elend der Welt. Zeugnisse und Diagnosen alltäglichen Leidens an der Gesellschaft. Konstanz
BT-Drs. 13/3339 (Deutscher Bundestag, Drucksache vom 28.11.95): Antwort der Bundesregierung auf die Große Anfrage ... der Fraktion der SPD – Drucksache 13/1527 –: „Armut in der Bundesrepublik Deutschland". Bonn
BT-Drs. 14/999 (Deutscher Bundestag, Drucksache vom 05.05.1999): Nationale Armuts- und Reichtumsberichterstattung. Antrag der Fraktion der SPD und Bündnis 90/Die Grünen. Bonn
BT-Drs. 14/1213 (Deutscher Bundestag, Drucksache vom 22.06.1999): Bekämpfung der „verdeckten Armut" in Deutschland. Antrag der ... Fraktion der CDU/CSU. Berlin
BT-Drs. 14/1926 (Deutscher Bundestag, Drucksache vom 04.01.2000): Unterrichtung durch die Bundesregierung: Dritter Bericht über die Höhe des Existenzminimums von Kindern und Familien für das Jahr 2001. Berlin
BT-Drs. 14/2018 (Deutscher Bundestag, Drucksache vom 05.11.1999): Neufeststellung des steuerfreien Existenzminimums für Kinder. Kleine Anfrage der Abgeordneten Dr. Barbara Höll ... und der Fraktion der PDS. Bonn
BT-Drs. 14/4357 (Deutscher Bundestag, Drucksache vom 20.10.2000): Unterrichtung durch die Bundesregierung: Sechster Familienbericht „Familien ausländischer Herkunft in Deutschland. Leistungen – Belastungen – Herausforderungen". Berlin
BT-Drs. 14/4856 (Deutscher Bundestag, Drucksache vom 05.12.2000): Grundsicherung für Kinder. Kleine Anfrage der Abgeordneten Dr. Barbara Höll ... und der Fraktion der PDS. Berlin
BT-Drs. 14/5031 (Deutscher Bundestag, Drucksache vom 27.12.2000): Antwort der Bundesregierung auf die Kleine Anfrage der Abgeordneten Dr. Barbara Höll ... und der Fraktion der PDS – Drucksache 14/4856 –. Berlin

BT-Drs. 14/5990 (Deutscher Bundestag, Drucksache vom 08.05.2001): Unterrichtung durch die Bundesregierung: Lebenslagen in Deutschland. Erster Armuts- und Reichtumsbericht. Berlin

Buhr, Petra (1995): Dynamik von Armut. Dauer und biografische Bedeutung von Sozialhilfebezug. Opladen

Buhr, Petra/Ludwig, Monika/Priester, Tom (1990): Die Bremer 10-%-Stichprobe von Sozialhilfeakten : Konstruktion und Auswertungsperspektiven. [Zentrum für Sozialpolitik: Arbeitspapier 90, 1]. Bremen

Butterwegge, Christoph (Hrsg.) (2000): Kinderarmut in Deutschland. Ursachen, Erscheinungsformen und Gegenmaßnahmen. Frankfurt am Main

BVerfGE 87, 153: Entscheidungen des Bundesverfassungsgerichts. Beschluss vom 25. September 1992 (2 BvF 5, 8. 14/91). Grundfreibetrag im Einkommenssteuerrecht. Tübingen, S. 153-181

BVerfGE 99, 246: Entscheidungen des Bundesverfassungsgerichts. Beschluss des Zweiten Senats vom 10. November 1998 (2 BvL 42/93). Einkommensteuerlich zu berücksichtigendes Kinderexistenzminimum für den Veranlagungszeitraum 1985. Tübingen, S. 246-268

Hanesch, Walter u.a. (1994): Armut in Deutschland. Der Armutsbericht des DGB und des Paritätischen Wohlfahrtsverbandes. (Herausgegeben vom Deutschen Gewerkschaftsbund und dem Paritätischen Wohlfahrtsverband – Gesamtverband – in Zusammenarbeit mit der Hans-Böckler-Stiftung). Reinbek

Hanesch, Walter u.a. (2000): Armut und Ungleichheit in Deutschland. Der neue Armutsbericht der Hans-Böckler-Stiftung, des DGB und des Paritätischen Wohlfahrtsverbands. Reinbek

Hauser, Richard (1995): Das empirische Bild der Armut in der Bundesrepublik Deutschland – ein Überblick. In: Aus Politik und Zeitgeschichte, B 31-32/95, 45. Jg., S. 3-13

Haustein, Thomas (2000): Ergebnisse der Sozialhilfe- und Asylbewerberleistungsstatistik 1998. In: Wirtschaft und Statistik, 6/2000, S. 443-455

Hock, Beate/Holz, Gerda/Wüstendörfer, Werner (2000): Folgen familiärer Armut im frühen Kindesalter – Eine Annäherung anhand von Fallbeispielen. Frankfurt/Main

Hradil, Stefan (1999): Soziale Ungleichheit in Deutschland. Opladen

Klocke, Andreas/Hurrelmann, Klaus (Hrsg.) ([2]2001): Kinder und Jugendliche in Armut. Umfang, Auswirkungen und Konsequenzen. Opladen

Koalitionsvereinbarung (1998): Aufbruch und Erneuerung – Deutschlands Weg ins 21. Jahrhundert. Koalitionsvereinbarung zwischen der Sozialdemokratischen Partei Deutschlands und Bündnis 90/Die Grünen. Bonn, 20. Oktober 1998

Krause, Peter/Habich, Roland (2000): Einkommensverteilung und Armut. In: Statistisches Bundesamt (Hrsg.): Datenreport 1999. Zahlen und Fakten über die Bundesrepublik Deutschland. Bonn, S. 581-591

Krämer, Walter (1997): Statistische Probleme bei der Armutsmessung. Gutachten im Auftrag des Bundesministeriums für Gesundheit. Baden-Baden

Krämer, Walter (2000): Armut in der Bundesrepublik. Zur Theorie und Praxis eines überforderten Begriffs. Frankfurt am Main/New York

Leibfried, Stephan/Leisering, Lutz u.a. (1995): Zeit der Armut. Lebensläufe im Sozialstaat. Frankfurt am Main

Leibfried, Stephan/Voges, Wolfgang (Hrsg.) (1992): Armut im modernen Wohlfahrtsstaat. [Kölner Zeitschrift für Soziologie und Sozialpsychologie: Sonderheft 32]. Opladen

Ludwig, Monika (1996): Armutskarrieren. Zwischen Abstieg und Aufstieg im Sozialstaat. Opladen

Mansel, Jürgen/Brinkhoff, Klaus-Peter (Hrsg.) (1998): Armut im Jugendalter. Soziale Ungleichheit, Gettoisierung und die psychosozialen Folgen. Weinheim/München
Mansel, Jürgen/Neubauer, Georg (Hrsg.) (1998): Armut und soziale Ungleichheit bei Kindern. Opladen
Neumann, Udo (1999): Verdeckte Armut in der Bundesrepublik Deutschland. Begriff und empirische Ergebnisse für die Jahre 1983 bis 1995. In: Aus Politik und Zeitgeschichte, B 18/99, 49. Jg., S. 27-32
Neumann, Udo/Hertz, Markus (1998): Verdeckte Armut in Deutschland. Forschungsbericht im Auftrag der Friedrich-Ebert-Stiftung. Frankfurt am Main
Olk, Thomas/Rentzsch, Doris (1997): Armutsverläufe – erste Ergebnisse einer Kohortenanalyse Hallenser Sozialhilfeempfänger(innen). In: Becker, Irene/Hauser, Richard (Hrsg.): Einkommensverteilung und Armut in Deutschland. Deutschland auf dem Weg zur Vierfünftel-Gesellschaft? Frankfurt am Main, S. 161-184
Olk, Thomas/Rentzsch, Doris (2001): Kinder in ostdeutschen Armutshaushalten – Ergebnisse der Halleschen Längsschnittstudie zur Sozialhilfe (HLS). In: Klocke, Andreas/Hurrelmann, Klaus (Hrsg.): Kinder und Jugendliche in Armut. Umfang, Auswirkungen und Konsequenzen. Wiesbaden, S. 93-119
Otto, Ulrich (Hrsg.) (1997): Aufwachsen in Armut. Erfahrungswelten und soziale Lagen von Kindern armer Familien. Opladen
Rentzsch, Doris (2000): Kinder in Sozialhilfe. In: Butterwegge, Christoph (Hrsg.): Kinderarmut in Deutschland. Ursachen, Erscheinungsformen und Gegenmaßnahmen. Frankfurt am Main, S. 135-149
Roscher, Falk (1998): §22 Regelbedarf. In: Birk, U.-A. u.a.: Bundessozialhilfegesetz. Lehr- und Praxiskommentar (LPK-BSHG) mit einer Kommentierung zum Asylbewerberleistungsgesetz. Baden-Baden, S. 347-377
Schönig, Werner/Ruiss, Dirk (2000): Verdeckte Armut. Forschungsstand in einer Grauzone der Armutsforschung. In: Sozialer Fortschritt, 49. Jg., S. 122-124
Statistisches Bundesamt (1999a): Sozialleistungen. Sozialhilfe in Deutschland: Entwicklung und Strukturen. Presseexemplar. Januar 1999. Wiesbaden
Statistisches Bundesamt (1999b): Statistik der Sozialhilfe. Empfänger/-innen laufender Hilfe zum Lebensunterhalt am 31.12.1998. Deutschland. Arbeitsunterlage. Dezember 1999. Bonn
Statistisches Bundesamt (2000): 1999 3% weniger Sozialhilfeempfänger. Mitteilung für die Presse, Nr. 367/00 vom 13.10.2000. Wiesbaden
Statistisches Bundesamt (2001a): Statistik der Sozialhilfe. Empfänger/-innen von laufender Hilfe zum Lebensunterhalt am 31.12.1999. Deutschland. Arbeitsunterlage. Februar 2001. Bonn
Statistisches Bundesamt (2001b): Informationen aus der Sozialhilfestatistik: Kinder in der Sozialhilfe. Mit Daten für das Jahr 1999. April 2001. Wiesbaden
Vester, Michael u.a. (1993): Soziale Milieus im gesellschaftlichen Strukturwandel. Zwischen Integration und Ausgrenzung. Köln
Vester, Michael u.a. (1995): Soziale Milieus in Ostdeutschland. Gesellschaftliche Strukturen zwischen Zerfall und Neubildung. Köln
Weiß, Hans (Hrsg.) (2000): Frühförderung mit Kindern und Familien in Armutslagen. München
Zwick, Michael M. (Hrsg.) (1994): Einmal arm, immer arm? Neue Befunde zur Armut in Deutschland. Frankfurt am Main

Stephan Sting

Bildung

Zusammenfassung: Im öffentlichen Diskurs herrscht ein schulisch verengtes Verständnis von Bildung vor, das Bildung mit Hilfe gesellschaftlicher Qualifikationserfordernisse zu bestimmen versucht. Demgegenüber steht in den klassischen Bildungskonzepten der beginnenden Moderne ein Selbstbildungsprozess im Zentrum, in dem es um die Konstitution eines umfassenden Subjekt-Welt-Verhältnisses geht. Anknüpfend an die klassische Diskussion werden Hauptelemente von Bildung herausgearbeitet und mit einer Reflexion der sozialen und biographischen Einbettung sowie der sozialen Rahmenbedingungen von Bildungsprozessen verknüpft, um daraus Perspektiven für ein sozialpädagogisch relevantes Bildungsverständnis abzuleiten.

Einführung

In der öffentlichen Diskussion wird Bildung meist mit den Institutionen des Bildungssystems assoziiert – von den allgemein bildenden Schulen über das berufliche Bildungswesen bis hin zur Hochschulbildung. „Bildungspolitik" wird dementsprechend gleichgesetzt mit der Regulierung und Finanzierung von Bildungsinstitutionen, und „Bildungsforschung" betreibt vor allem die Analyse des Bildungssystems, dessen wissenschaftlich kontrollierte Weiterentwicklung und die Bereitstellung von Begründungen für die Bildungspolitik (vgl. v. Hentig 1996, 52; Richter 1999, 26; Marotzki 1995, 101). Ein derart schulisch verengtes Verständnis von Bildung bietet wenig Anhaltspunkte für die Kinder- und Jugendhilfe. Die Diagnose, die Scherr und Thole für die Bildungsrelevanz der außerschulischen Jugendarbeit stellen, kann getrost auf die Sozialpädagogik insgesamt ausgedehnt werden: „Bildung wird zum Großthema stilisiert, die Schule, das duale Ausbildungssystem und die Hochschullandschaft rücken ins Zentrum der gesellschaftspolitischen Diskurse, jedoch die Sozialpädagogik der außerschulischen Jugendarbeit bleibt außen vor" (Scherr; Thole 1998, 10).

Wird Bildung zu einem zentralen Aufgaben- und Konfliktfeld der Kinder- und Jugendhilfe erhoben, so erfordert dies zunächst eine Erweiterung des Bildungsbegriffs über den schulischen Horizont hinaus. Zu dem Zweck erscheint es sinnvoll, an das klassische Bildungsverständnis anzuknüpfen, um Grundbestimmungen von Bildung aus der Konstitutionsphase des modernen Bildungsdenkens herauszuarbeiten. Auf dieser Grundlage sollen schließlich Perspektiven für ein sozialpädagogisch akzentuiertes Bildungsverständnis aufgezeigt werden, die den Bildungsbegriff für Arbeitsfelder der Kinder- und Jugendhilfe anwendbar machen.

1. Bildung zwischen gesellschaftlichen Anforderungen und den Bildungsansprüchen des Subjekts

Im Kontext der aktuellen Bildungsdebatten werden Aufgaben und Inhalte von Bildung von gesellschaftlichen Anforderungen abgeleitet, die zwischen der Notwendigkeit einer gesellschaftlichen Grund- und Allgemeinbildung und je spezifischen Qualifikationsanforderungen des Arbeitsmarktes lokalisiert sind. Im Zentrum dieses Bildungsverständnisses steht die Übernahme des gesellschaftlichen Konkurrenz- und Leistungsprinzips: Der Bildungsgang erscheint als Folge institutionalisierter Anstrengungen, die in Form von Abschlüssen und Zertifikaten belegbar sind und jenseits konkreter Lebensziele eine abstrakte Leistungsfähigkeit und -bereitschaft dokumentieren sollen. Der Lebenslauf des Individuums enthält somit Bildung als ein „institutionelles Programm" (Meulemann 1999, 308f.), das zwar keine Garantien für den Erwerb von sozialem Status und das Erreichen von Lebenszielen bietet, aber Lebenschancen eröffnen oder beschränken kann. Kinder- und Jugendhilfe wäre an einer so verstandenen Bildung nur indirekt beteiligt, indem die Lebenswelt ihres Klientels „kompensatorisch" auf die institutionalisierten Bildungserfahrungen bezogen bleibt (vgl. Richter 1999, 157): Lebensprobleme werden durch Bildungsprobleme verstärkt oder überhaupt erst manifest, sodass ein großer Teil der Kinder- und Jugendhilfe sich mit der Verhinderung, Verarbeitung oder nachträglichen Korrektur des Scheiterns von Bildungskarrieren zu befassen hat.

Ein derart von gesellschaftlichen Anforderungen und Ansprüchen an das Individuum ausgehendes Verständnis von Bildung, das den Bildungsgang an zumindest relativ autonom fungierende Institutionen koppelt, ist vor unlösbare immanente Schwierigkeiten gestellt, die seiner Einbettung in die Dynamik des gesellschaftlichen Wandels entspringen: So führt die beschleunigte Veränderung beruflicher Anforderungsprofile zu einer permanenten Dequalifizierung von in der Schule und Ausbildung erworbenen Qualifikationen, während die dauerhafte Ausbreitung von Arbeitslosigkeit den Vorbereitungscharakter institutionalisierter Bildung problematisiert. Darüber hinaus untergräbt die Vervielfältigung und Ausdifferenzierung gesellschaftlichen Wissens die Legitimität von Wissenskanonisierungen. Sie macht die Frage nach dem Bildungskanon zu einem offenen Problem, das durch die Zersplitterung des Bildungsgangs in modularisierte „Teilqualifikationen", die an „multilokalen Lernorten" im Rahmen eines „lebenslangen Lernens" zu erwerben sind, nicht gelöst, sondern nur verlagert wird (vgl. Richter 1999, 117ff.). Ebenso wenig überzeugen Versuche, allgemein verbindliche Kriterien für Bildung mit Hilfe der Auflistung von „Schlüsselproblemen", „Schlüsselqualifikationen" oder übergreifenden Bildungsmaßstäben wie Demokratiefähigkeit, Abscheu vor Unmenschlichkeit, Verständigungsbereitschaft usw. zu erstellen (vgl. z.B. Klafki 1985; Tippelt 1990; v. Hentig 1996), über die bisher kein gesellschaftlicher Konsens herzustellen ist. Schließlich kann auch die Hervorbringung einer abstrakten Leistungsorientierung per formale Bildungsabschlüsse hinterfragt werden, da der Erfolg in der Schule von zahlreichen Faktoren mit bedingt ist, die dem Blickfeld der Bildungsinstitutionen entzogen sind. Dazu zählen die nach wie vor nachweisbare soziale Selektivität des Bildungswesens, die konkreten, aus der individuellen Lebenswelt entspringenden Lebensbedingungen der Schüler sowie die Integration des schulischen Lernens in ein Ensemble unterschiedlicher Lernwelten mit verschiedenartigen Ansprüchen und Lernchancen (z.B. peer groups, Medien).

Bildung erscheint daher nur zum Teil über gesellschaftliche Bildungsanforderungen und die gesellschaftsweite Institutionalisierung von Bildungsgängen bestimmbar. Ihre andere Seite ist das sich bildende Subjekt, das sich mit Hilfe von Bildung in eine Beziehung zur Gesellschaft und Kultur setzt. In einem umfassenderen Sinn wird Bildung als „Subjekt-Welt-Relation" bzw. als „Kultur nach der Seite ihrer subjektiven Zuneigung" beschrieben (Tenorth 1997, 973ff.; Adorno 1972, 94). Die Bemühung des einzelnen, mit Hilfe von Bildung ein Verhältnis zur Gesellschaft sowie soziale Anerkennung zu erlangen, wurde seit der Bildungsreform der 70er-Jahre dem Vorwurf des Traditionalismus ausgesetzt. Leitfigur dafür war der Bildungsbürger, der Bildung als soziales Distinktionsmittel einsetzte und seine Bildung durch Teilhabe an der tradierten Hochkultur zum Ausdruck brachte. Der zeitweilige Verzicht auf den Bildungsbegriff bei der Betrachtung individueller Entwicklungsprozesse rückte „theoretische Äquivalente", wie Lernen, Sozialisation, Qualifikation oder Kompetenzerwerb, in den Vordergrund, die jedoch alle nicht die Bedeutungsfülle und den spezifischen Bedeutungsgehalt des Bildungsbegriffs erlangen konnten. So kehrte der Bildungsbegriff seit der zweiten Hälfte der 80er-Jahre als anscheinend unverzichtbare „Orientierungskategorie für die pädagogische Reflexion" in die Fachdiskussion zurück (Hansmann 1988; Koller 1999, 11), um jenseits der Verengung auf die Schule und das Bildungswesen von den subjektiven Anforderungen der Selbstkonstitution und der Persönlichkeitsbildung aus die Frage nach der Beziehung von Subjekt und Gesellschaft zu stellen. Dabei lässt sich angesichts der Vielheit von Bildungskonzeptionen bisher kein Konsens darüber verzeichnen, was inhaltlich unter Bildung zu verstehen ist. Bildung tendiert zu einem „Container-Wort", das einerseits als Schlagwort fungiert und andererseits aufgrund seiner Undeterminiertheit für alle möglichen Bestimmungen offen ist (Lenzen 1997, 949ff.). In diesem Sinn kann konstatiert werden, dass „alles bildet", dass Bildung als Stärkung und Entfaltung der Person nicht an inhaltliche oder formale Konkretisierungen gebunden werden muss (v. Hentig 1996, 9-34), sondern das gesamte Leben – dessen Sinn, Aufgaben und Qualität – umfasst. Bildung enthält eine grundsätzliche „Offenheit" und „Unbestimmtheit" (Marotzki 1991; Benner 1991), die der Tatsache geschuldet ist, dass sie sowohl auf die Dynamik gesellschaftlicher Veränderungen als auch auf die Selbstbestimmung der sich bildenden Subjekte bezogen bleibt.

Bildung hat ihren Ausgangspunkt in der *Selbstbildung*; Subjektivität und Selbstbestimmung sind ihr wesentlich. Zugleich soll sie gesellschaftliche Anforderungen erfüllen, die bloß subjektive Willkür überschreiten. Sie zielt also auf eine Verbindung der konkreten Individualität mit gesellschaftlichen und allgemein-universellen Bestimmungen (vgl. Langewand 1994, 69). Dabei ist sie gleichzeitig dynamischer Bildungsprozess – Entwicklungsgang des Subjekts – und zustandhafte Bildungsfigur – Ziel oder Resultat (vgl. Heid 1994, 44). Schließlich ist das Verhältnis von Prozess und Ziel harmonisch und zwanglos herzustellen; als innere Selbstgestaltung und -formung des Subjekts bedarf sie zwar gewisser Orientierungen, ist aber nicht durch äußerliche Regeln, Pflichten und Methoden verbindlich zu machen. Daher kann die Diagnose gestellt werden, dass eine Formalisierung von Bildung in Bildungsgängen und Bildungsinstitutionen gerade Bildung im eigentlichen Sinn verhindert, da die „disaffected youth" sich nicht mehr (innerlich) am pädagogischen Prozess beteiligt (Langewand 1994, 69f.; v. Hentig 1996, 52f.).

Wie Bildung vor sich gehen soll, bleibt in diesem Zusammenhang unklar. Die Entstehung des Bildungsbegriffs führt zur mittelalterlichen Mystik zurück, in der „Bildung" eine „Wiedereinbildung Gottes" im Menschen bezeichnete. Im Rahmen der „Imago-Dei-Lehre" sollte der Lebenswandel des Christen dem Bild Gottes folgen. Bis in die Zeit des Pietismus sollte die dazu notwendige Bildung aus der Verknüpfung der aktiven Bildungsbemühung des einzelnen Christen mit einer göttlichen Gnadenwirkung entspringen, deren Effektivität in den christlichen Gemeinschaften kommunikativ abgesichert wurde (vgl. Langewand 1994, 70f.). Im Übergang zur modernen, bürgerlichen Gesellschaft um 1800 verschärfte sich die Diskrepanz zwischen dem Individuum und der Gesellschaft. In dieser Situation erhielt der Bildungsbegriff seine moderne Prägung, in der der magisch-irrationale Gehalt seiner christlichen Vorgeschichte nicht gänzlich verschwunden ist. Als nicht restlos rationalisierbarer Vorgang sollte Bildung zwischen dem Anspruch an die Behauptung autonomer Individualität und den Ansprüchen der Gesellschaft vermitteln. Sie sollte die Risiken der Individualisierung absichern, ohne ihre eigene Kontingenz aufheben zu können (vgl. Frevert 1999, 148f.). Die klassische Bildungsdiskussion suchte daher paradigmatisch nach Antworten, die weniger konkrete Bestimmungen von Bildung als die Offenlegung des *Bildungsproblems* der Moderne beinhalten, das in der tendenziell unmöglichen Gewährleistung einer nicht-deterministischen Integration von Subjekt und Sozialem besteht.

2. Das Bildungsverständnis in der klassischen Bildungsdiskussion

Zur Entstehungszeit des modernen Bildungsbegriffs um 1800 konnte von dessen Konzentration auf Schule und staatliche Bildungsinstitutionen noch keine Rede sein. Zwar wurde die allgemeine Schulpflicht in Preußen bereits 1794 im „Allgemeinen Preußischen Landrecht" verankert, doch stellten Schulen zu dieser Zeit disparate, vereinzelte Einrichtungen dar, die weder von der Mehrheit der Heranwachsenden besucht wurden noch einen homogenisierten, abgestuften Bildungsgang ermöglichten. Die Durchsetzung der allgemeinen Schulpflicht war z.B. in Preußen erst Ende des 19. Jahrhunderts erreicht, sodass die klassische Bildungsdiskussion weitgehend schulfern verlief.

Bildung stellte zu jener Zeit einen ganzheitlichen Vorgang dar, der nur zum Teil planbar und verfügbar ist, der „Resultat tausend würkender Ursachen" ist, die der Gesamtheit des sozialen Lebens entspringen (Herder 1967, 81). Für Humboldt ist sie Begleiterscheinung aller unserer Tätigkeiten, indem sie die zersplitterten Aktivitäten und Fähigkeiten eines Menschen wie in einem „versammelnden Spiegel" in dessen „innerer Bildung" fokussiert. Jedes „Geschäft des Lebens" steht nicht nur für sich selbst, sondern dient darüber hinaus der „Erhöhung seiner Kräfte" und der „Veredlung seiner Persönlichkeit" (Humboldt 1980a, 238). Eine derartige Bildung trennt nicht zwischen Willkürlichem und Unwillkürlichem und auch nicht zwischen Physisch-Sinnlichem und Kognitiv-Geistigem, da die geistige Entwicklung des Menschen in seiner physischen Existenz wurzelt (vgl. Herder 1966, 99f.; Humboldt 1980b, 352f.). Das Bildungsdenken beansprucht damit einen gegen den Rationalismus der Aufklärung gerichteten umfassenden *Lebenswelt*-Bezug. Der Einzelne wird zum „Fragment des Lebens", geformt aus dem „Elemente seiner Lebensumstände", die eine je individuelle „Lage" mit spezifischen „Bedürfnissen" und „Bedrückungen" hervorbringen (Herder 1967, 40-45, 135ff.). Durch die soziale Einbettung hat die Bildung des einzelnen quasi-organisch teil an der Bildung der Gemeinschaft oder des Volkes; als Kriterium dafür benennt Herder die gemeinsame Sprache und den gemeinsamen „Charakter" einer Nation oder Gemeinschaft (Herder 1961, 100f., 121). Das klassische Bildungsverständnis beschreibt Bildung somit nicht als autonomen pädagogischen Prozess, sondern als sozial integriertes Geschehen, dem gemäß heutiger Terminologie ein umfassender Sozialisationsprozess zugrunde liegt.

Bildung ist jedoch keine bloße Anpassung an die Bildungswirkungen des sozialen und physischen Umfelds, sondern zugleich Konsequenz eines Individualisierungsschubs, der eine Distanz zwischen Subjekt und Welt hervorbringt. Ausgehend von einer grundlegenden Plastizität des Menschen, die Herder im Bild des „biegsamen Tons" beschrieb und Herbart im Begriff der „Bildsamkeit" konkretisierte (Herder 1967, 44; Herbart 1982, 165), ist Bildung in erster Linie Selbstbildung: Der sich bildende Mensch, der die „Stärkung seiner Kräfte" und die Stabilisierung und Steigerung seines Selbst zu einem wesentlichen Moment der Auseinandersetzung mit der umgebenden Welt macht, steht im „Mittelpunkt" (Humboldt 1980a, 235). Die soziale Einbindung des modernen Menschen ist brüchig geworden. Sie erfordert eine *Selbstreflexivität*, die Herder anthropologisch begründet: Der

Mensch sei der erste „Freigelassene" der Schöpfung. Aufgrund seines Mangels an natürlichen Instinkten bedarf er von Geburt an der „Besonnenheit" und der Kommunikation mit anderen mittels „Sprache". Die Abhängigkeit des Neugeborenen wird zum einen durch einen sozialen Hilfetrieb kompensiert, der ein „Band des Unterrichts und der Erziehung" zwischen den Generationen knüpft – eine Vorstellung, die Schleiermacher im Bild des „Generationenverhältnisses" zur Grundbedingung des pädagogischen Geschehens erhebt. Zum anderen bringt sie einen inneren „Trieb" zur Selbstentfaltung der nur potentiell vorhandenen Anlagen des Menschen hervor, der eine „Kette der Entwicklung" bis zum Tod erzeugt (Herder 1966, 81-85; Schleiermacher 1983, 38f.). Der Bildungsprozess ist somit lebenslang. Er folgt einem gegen die naturhaften Abhängigkeiten gerichteten Bildungstrieb, der über die Sozialisation hinaus weisende Bildungsziele und Bildungsaufgaben anvisieren lässt. Das Postulat des im Subjekt verankerten Bildungstriebs ist – von Rousseaus Gedanke der permanenten Selbstüberbietung des Emile über Pestalozzis lernbegierige Kinder in Stans bis zur Vorstellung des aufgestauten Wissensdrangs des in seiner Bildung blockierten Kaspar Hauser – eine der unhinterfragten Prämissen der Bildungsdiskussion jener Zeit, die auf einen Mangel an *sozialer Reflexivität* des klassischen Bildungsdiskurses hindeutet. Frevert weist darauf hin, dass diese Figur der „an ihrer Selbstvervollkommnung arbeitenden Persönlichkeit" überaus voraussetzungsreich ist und bereits einer spezifischen bürgerlich-familialen Sozialisation bedarf (Frevert 1999, 149).

Aus der Distanz des Individuums heraus kann sich Bildung nicht mehr mit der bloßen Integration in bestehende Gemeinschaften und soziale Lebenszusammenhänge begnügen. Sie muss diese in Richtung einer „allgemeinen Menschenbildung" und möglichst vielseitigen „harmonischen" Ausbildung aller potentiellen menschlichen Fähigkeiten überschreiten. Jede spezifische Lebenswelt erscheint in gewisser Weise „plump", einseitig und „träge". Sie verengt sich selbst durch Kontrastbildung und Abgrenzung gegenüber anderen bis hin zum „Familien- und Nationalhass" (Humboldt 1980b, 346; Herder 1966, 109f.). Bildung verweist demgegenüber auf einen Lebensüberschuss, der zur Lebensgestaltung und -qualifizierung auffordert. Sie beinhaltet ein Offenhalten für das Mögliche und Ideale, das die jeweilige Lebenswirklichkeit übersteigt. Humboldt beschreibt dies als Bildungsaufgabe der „Veredlung" und „Verfeinerung", der Selbst-Differenzierung durch möglichst vielseitige „Verknüpfung unseres Ichs mit der Welt zu der allgemeinsten und freiesten Wechselwirkung" (Humboldt 1980a, 235f.).

Die allgemeine Menschenbildung hebt die Individualität nicht auf, sondern sie knüpft an die Verschiedenheit der Individuen an, um diese zur vollen Entfaltung ihrer „Eigentümlichkeiten" anzuregen. Bildung bringt die Verschiedenartigkeit und Pluralität menschlicher Lebensweisen und -formen überhaupt erst vollständig zur Geltung. Sie erfordert daher eine individualisierende Vorgehensweise, die auf einer „individualisierenden Menschenkenntnis" beruht (Humboldt 1980b, 344ff.). Eine Beschränkung von Bildung auf Maßnahmen öffentlicher Erziehung erscheint aus dieser Sicht nicht nur fragwürdig, sondern sogar kontraproduktiv. Humboldt, der sich später selbst an der Reform und Institutionalisierung des preußischen Bildungswesens beteiligte, äußerte sich in seinen frühen Schriften skeptisch zur Möglichkeit einer staatlich organisierten Bildung. Seine Einwände lassen sich in folgenden Punkten zusammenfassen:

- Die vielseitige Ausbildung aller Kräfte des Menschen erfordert „höchste Mannigfaltigkeit". Öffentliche Erziehung muss dagegen bestimmte Erzieher anstellen, die eine bestimmte Form begünstigen und damit eine gewisse Einförmigkeit der Bildung hervorbringen.
- Die Beschränkung öffentlicher Erziehung auf eine eingegrenzte biographische Phase suggeriert, man könne den Menschen ein für alle Mal in eine festgelegte Richtung bilden. Mindestens genauso bedeutend ist jedoch der kontinuierliche bildende Einfluss der „Umstände, welche den Menschen durch das ganze Leben begleiten".
- Schließlich vermag öffentliche Bildung zwar eine bestimmte, sozial erwünschte Form von Bildung durchsetzen, doch kann sie nicht gleichzeitig die Einhaltung der Gesetzmäßigkeit gewährleisten. Das heißt, jede Bildung bringt immer auch ihre eigenen „Ausschweifungen" hervor, ihre typischen Formen von Delinquenz und Abweichung. Je einseitiger Bildung (als Resultat der staatlichen Organisation), desto mehr „fehlt es an aller entgegenstrebenden Kraft und mithin an allem Gleichgewicht" (Humboldt 1967, 69-74).

Zusammenfassend wird Bildung in klassischen Bildungstheorien als ein Prozess betrachtet, der die Möglichkeit schulischer Bildungsinstitutionen übersteigt und vielfältige Anschlüsse für eine sozialpädagogische Bildungsperspektive bietet. Zu dem Zweck sind folgende Dimensionen von Bildung zu unterscheiden:

- Der Bildungsprozess umfasst unwillkürliche und unplanbare Aspekte des sozialen Zusammenlebens, das in seiner gesamten *Geselligkeitsdimension* bildungsrelevant ist.
- Als lebenslanger Selbstbildungsprozess verlangt Bildung eine Berücksichtigung der *biographischen Dimension*, die individuelle Lebensverläufe im Spannungsfeld von Selbststabilisierung und Offenheit, von Kohärenz-Bildung und Transformationsfähigkeit des Selbst beschreibt.
- Die gesellschaftliche Bevorzugung einer bestimmten Form von Bildung bringt spezifische „Missbildungen", Abweichungen und Ausgrenzungen mit sich, die kompensatorischer Maßnahmen bedürfen und eine Reflexion der *sozial differenzierenden Dimension* von Bildung einfordern.

3. Perspektiven sozialer Bildung

Die gesellschaftsweite Institutionalisierung von Bildung führte zu einer Transformation ihres Bedeutungsgehalts; sie koppelte die Selbstbildungsbestrebungen an gesellschaftliche „Pflichten", deren Einhaltung Prestige und Privilegien des Bildungsbürgertums absicherten. Der „Gebildete" nutzte Bildung als Mittel der sozialen Distinktion und Abgrenzung nach unten, die seine „Verschiedenartigkeit" mit der Aufrechterhaltung sozialer Ungleichheit vermengte. Während Voraussetzungen und Zugänge zu Bildungswegen sozial exklusiv blieben, etablierte die „Berechtigungskette" formalisierte, von den Individuen abstrahierte Bildungsgänge, die Lebenschancen, berufliche Positionen und sozialen Status mit Hilfe der „Währung" des Bildungssystems – der Zertifikate und Noten – regulieren sollten, um so die Fiktion der Chancengleichheit auf der Grundlage des Leistungsprinzips durchzusetzen (vgl. Frevert 1999, 153ff.; Meulemann 1999, 313; Bourdieu 1998, 37-40).

Trotz der wachsenden Kritik am etablierten Bildungssystem ist keine einfache Rückkehr zum klassischen Bildungsdenken möglich, da erstens inzwischen schulische Bildung als fester Bestandteil in die Biographie der Heranwachsenden integriert ist und da zweitens die klassischen Ansätze die sozialen Differenzierungsprozesse und die soziale Bedingtheit ihres eigenen Standortes nicht ausreichend reflektiert haben. Der historische Rückblick lässt jedoch einen sozialpädagogischen Bildungshorizont erstellen, der über die Engführung des Bildungsbegriffs auf schulische Bildung hinausweist und entlang der skizzierten Dimensionen Bildungsperspektiven für den Bereich der Kinder- und Jugendhilfe eröffnet.

Die bisherigen Ausführungen haben deutlich gemacht, dass Bildung einen grundlegenden gesellschaftlichen Bezug aufweist und mit der gesamten Lebenserfahrung der Subjekte verwoben ist. Daraus ergeben sich vielfältige Ansatzpunkte für eine Qualifizierung der Lebenspraxis, die von der Auseinandersetzung mit alltäglichen Lebens- und Verhaltensweisen über die Beschäftigung mit gesellschaftlichen Problemstellungen bis zur Reflexion der Konstitutionsbedingungen von Sozialität überhaupt reichen (vgl. Marotzki 1995, 107ff.; Peukert 1992). Bildung ist hierbei wesentlich *soziale Bildung*; sie vollzieht sich in heterogenen sozialen Kontexten und erfordert eine soziale Reflexivität bzgl. ihrer Voraussetzungen und Rahmenbedingungen. Im Sinne Natorps hat sie „die sozialen Bedingungen der Bildung ... und die Bildungsbedingungen des sozialen Lebens" zu berücksichtigen (Natorp 1968). Zu dem Zweck können die Erkenntnisse der Sozialisationsforschung und die daraus ableitbaren Muster der Lebensbewältigung als je individuelle und kontextbezogene Rahmenbedingungen von Bildungsprozessen analysiert werden.

Die Geselligkeitsdimension von Bildung

Bildung findet an unterschiedlichen Lernorten statt. Jenseits der kognitiven Wissensbildung und der Übernahme leistungs- und konkurrenzorientierter Verhaltensmodelle in der Schule kann sie als pädagogische Orientierungskategorie für den institutionell vielfältigen und pluralen Bereich der Kinder- und Jugendhilfe dienen. Dabei ist nicht nur – in Anlehnung an das etablierte schulische Verständnis von Bildung – an die Vorverlagerung des Bildungsgangs durch die Diskussion um die bloße Betreuung überschreitende Bildungsfunktion des Kindergartens oder an die kompensatorische Abfederung problematischer Bildungsverläufe durch Schulsozialarbeit bzw. Nachqualifizierungen, Übergangs- und Vorbereitungsmaßnahmen der Jugendberufshilfe zu denken. In bisher eher sporadischen Ansätzen werden Bildungsperspektiven darüber hinaus in einem umfassenderen, lebensweltbezogenen Sinn thematisiert: So versuchen Mollenhauer und Uhlendorff den Bildungsbegriff für den Bereich der erzieherischen Hilfen zurückzugewinnen, indem sie „sozialpädagogische Diagnosen" mit der Reflexion bildungswirksamer Tätigkeiten verbinden (vgl. Mollenhauer; Uhlendorff 1992). In ähnlicher Weise, aber stärker bezogen auf Beziehungs- und Kommunikationsaspekte, beschreibt Schreiber Lebensprobleme psycho-sozial belasteter Klientel als Bildungsprobleme (vgl. Schreiber 1999), während Müller den Sozialisationsort „Straße" als selbstgewähltes „Bildungsmilieu" betrachtet, in welchem mit Hilfe von street work Selbstbildungsprozesse durch Beziehungs- und Gesprächsangebote angestoßen werden können (Müller 1997). Im Bereich des erzieherischen Kinder- und Jugendschutzes ist schon seit einiger Zeit ein Übergang von negativen, bewahrpädagogisch ausgerichteten Ansätzen zu positiven, kompetenz- und ressourcenorientierten Arbeitsweisen zu beobachten, die durch den Bildungsbegriff eine Präzisierung und Neuorientierung erfahren können. Beispielsweise kann die „Lebenskompetenzförderung" – der Leitbegriff der Suchtprävention – als umfassender Bildungsauftrag verstanden werden oder enthalten die Debatten um „Medienkompetenz" vielfältige, nicht nur kognitiv ausgerichtete Bildungsanforderungen der informationsgestützten Selbstorientierung, Kommunikationsfähigkeit und Sinndeutung, die mit Hilfe des Bildungsbegriffs neu fokussiert und systematisiert werden können (vgl. Sting 1999; Sting 1998, 350-379).

Am explizitesten sind die Bezüge zum Bildungsbegriff im Feld der außerschulischen Jugendarbeit, für das im KJHG Ansprüche an eine politisch-soziale Bildung rechtlich verankert worden sind (vgl. Münder u.a. 1993, 157ff.). Für Müller transportiert Jugendarbeit immer zumindest implizite Bildungsansprüche, die sie von bloßer Unterhaltung und Freizeitgestaltung abheben und ihre Aktivitäten als Bildungsanlässe erscheinen lassen, die den Selbstbildungsprozess Jugendlicher anregen sollen (vgl. Müller 1996). Ebenso verweisen Scherr und Thole auf die Bildungsrelevanz einer nicht nur privaten oder kommerzialisierten Freizeitgestaltung als Bereitstellung von sozialisationsfördernden Gelegenheiten (Scherr; Thole 1998, 10f.). Mollenhauer führt die Bildungsmöglichkeiten der außerschulischen Kinder- und Jugendarbeit auf die Forderung Schleiermachers zurück, jenseits von Familie und Schule ein bildungswirksames „gemeinsames Leben" der Jugend für „freie Tätigkeit und Spiel" zu ermöglichen, um diese auf die Teilhabe am „freien geselligen Verkehr" vorzubereiten (Schleiermacher 1983, 241ff.; Mollenhauer 1996, 876ff.). Schon in der Modernisierungsphase um 1800 wurden die Gesellungsformen und Verhaltenspraktiken des sozialen Zusammenlebens ungewiss; und angesichts der Pluralisierung und Entstandardisierung der Lebensweisen im gegenwärtigen Modernisierungsprozess erscheint eine auf die Geselligkeitsdimension bezogene Bildungsarbeit unumgänglich. Eine derartige Bildungsarbeit hat an der freien Selbsttätigkeit der Kinder und Jugendlichen anzusetzen, jedoch ohne außerschulische Bildungsfelder in schulanaloge Lernorte zu transformieren (vgl. z.B. demgegenüber für die Jugendarbeit: Brenner 1999).

Für die Geselligkeitsdimension von Bildung lassen sich thematische Schwerpunkte bestimmen, die angesichts der Pluralität sozialer Orientierungen und Werte nicht mit normativen Festlegungen verknüpft werden können, sondern Felder für kommunikative Aushandlungs- und Selbstbildungsprozesse umschreiben, in denen es vor allem um die Verarbeitung sozialer Differenzierungsprozesse geht. Mollenhauer definiert das Generationenverhältnis, Normalitätsbalancen, Armut und Interkulturalität als zentrale thematische Bezugspunkte der Kinder- und Jugendhilfe (vgl. Mollenhauer 1996, 876ff.). Diese Liste kann ergänzt und konkretisiert werden: Ein weiterer Schwerpunkt ist z.B. die Geschlechterdifferenz. Die Frage der Normalitätsbalancen enthält den gesamten Bereich der „somatischen Kultur", der körperbezogenen Lebenspraktiken, die Themen wie Gewalt, Umgang mit Rausch und Genussmitteln, Sport, Ernährung, Gesundheit usw. umfassen (vgl. Rittner 1999; Sting 2000, 67f.). In all diesen thematischen Bezügen geht es um eine Auseinandersetzung mit differierenden Lebensoptionen und -stilen, die mit Hilfe des Kriteriums der *Lebensqualität* auf ihre Bildungsmöglichkeiten überprüft werden können. Die Ausdifferenzierung der Lebensformen und des Habitus ist dabei nicht unabhängig von der sozialen Differenz im Sinne von sozialer Ungleichheit zu betrachten. Im Lebensstil verschränken sich „intrinsische und relationale Merkmale einer Person". Selbstbildung ist immer auch Suche nach sozialer Anerkennung, was sie mit „Lebensbewältigung" bzw. „schichtspezifischen Strategien" der Kompensation sozialer Defizite verknüpft (vgl. Bourdieu 1998, 20ff.; Böhnisch 1997, 59f.; Wexler 1994, 298ff.).

Die biographische Dimension von Bildung

Da Bildung wesentlich Selbstbildung im Kontext vielfältiger sozialer Bezüge ist, wird die Biographie des Individuums zum zentralen Fokus von Bildungsverläufen. „Biographizität" ist nicht nur eine bloß subjektive und nachgeordnete Reflexion eines objektiven „Lebenslaufs", der sich in der

„Institutionalisierung von Lebenslaufentscheidungen" manifestiert (Meulemann 1999, 307-311): Zwar stellt z.B. der Schulbesuch eine einschneidende und unumgängliche biographische Phase für Heranwachsende dar, doch ist hierbei neben der Vermittlung gesellschaftlichen Wissens und der Verpflichtung auf sozial akzeptierte Werte und Lebensmodelle der „Gesellungsaspekt" von Schule wichtig. Als „sozialer Ort" ist Schule das Konstitutionsfeld für jugendliche Gleichaltrigengruppen; zugleich steht sie in einer spezifischen Spannung zu außerschulischen Sozialisationserfahrungen und der je individuellen Identitätsproblematik, was eine umfassende „Bewältigung" von Schule erforderlich macht (vgl. Böhnisch 1997, 113ff.). Schule wird damit zum Bestandteil der biographischen Gesamtkonstellation; Schulbesuch und Schulerfolg sind nur im Kontext der individuellen Biographie interpretierbar. In noch stärkerem Maße erfordern Institutionen der Kinder- und Jugendhilfe eine Berücksichtigung der biographischen Dimension, da ihre Wirksamkeit nicht über objektivierbare Bildungsleistungen (wie z.B. Zeugnisse), sondern nur über individuelle Entwicklungs- und Selbstbildungsprozesse rekonstruierbar ist. „Biographie" als konstruktiver Akt der Lebensbeschreibung und Selbstreflexion verweist zum einen auf die notwendig gewordene Selbstreflexivität in einer Situation pluraler Lebensoptionen; zum anderen ist sie nicht bloßer Ausdruck subjektiver Willkür, sondern selbst an Standards sprachlich-schriftlicher Selbstdefinition sowie an sozial vorgegebenen biographischen Modellen und Bildungsfiguren orientiert.

Die biographische Reflexion enthält den Versuch, dem individuellen Leben Sinn, Bedeutung und Ordnung zu verleihen. Die biographische Selbstkonstitution verschränkt gesellschaftliche Bestimmungen und Selbstbestimmungen: Sie basiert auf dem jeweiligen Lebenskontext entnommenen Sinnwelten, Deutungsmustern, Lebensstilen und Konflikt- und Problemlösestrategien. Zugleich bleibt sie Ausdruck einer subjektiven Gestaltung des eigenen Lebens, eines „individuellen Stils" der Problemverarbeitung (Marotzki 1995, 124; Koller 1999, 165f.). Die Subjektivität von Bildung scheint sich in diesem Zusammenhang vor allem aus der Differenzerfahrung zu ergeben – aus dem Gefühl des „Nichtidentischen" oder der „unwillkürlichen Differenz" zu vorgeformten Kategorien und Lebensmodellen (Adorno 1966, 163ff.; Sting 1998, 376ff.). Noch fundamentaler als zur Zeit des klassischen Bildungsdenkens erfährt sich das Individuum in Distanz zu widerstreitenden, nicht mehr integrierbaren Bildungsidealen, die Kohärenzbildung und Selbstgestaltung zu einer die Biographie durchziehenden Aufgabe machen.

Zur Untersuchung biographischer Bildungsverläufe hat sich eine eigenständige, pädagogisch orientierte *Biographieforschung* etabliert. Wie die sozialwissenschaftliche Biographieforschung folgt sie dem qualitativen, interpretativen Forschungsansatz. Doch im Gegensatz zu dieser richtet sie ihr Augenmerk weniger auf soziale Konstitutionsprozesse individueller Biographien als auf die „individuellen Formen der Erfahrungsverarbeitung" und der „biographischen Selbstorganisation". Als Bildungsprozesse werden biographische Transformationen herausgearbeitet, die die Ordnungsprinzipien und den kognitiven Rahmen einer Person verändern, die also das gesamte Muster der Welt- und Selbstinterpretation erfassen. Bildung zielt so auf biographische „Innovationen", auf die Suche nach neuen Möglichkeiten der (Selbst-)Artikulation, die den bisherigen Lebenshorizont für neue Erfahrungsformen und Betrachtungsweisen öffnen. Das sich bildende Subjekt verharrt nicht in seiner Lebenswelt; es überschreitet diese und wird per Bildung zum „Weltenwanderer" (Koller 1999, 149ff.; Marotzki 1995, 112-119).

Die Untersuchung von Bedingungen für gelingende biographische Bildungsprozesse kann Anhaltspunkte für die Arbeit der Kinder- und Jugendhilfe liefern. Ihr ganzheitliches Vorgehen enthält von vornherein einen biographischen Bezug. Ihr Bildungsauftrag könnte demnach in der subjektiv passenden Initiierung von Bildungsprozessen durch die Ermöglichung neuer Erfahrungshorizonte und den Anstoß zu Selbstreflexionsprozessen bestehen. Im Hinblick auf die Geselligkeitsdimension von Bildung ist deutlich geworden, dass derartige Bildungsprozesse neben der kognitiv-sprachlichen Ebene auch eine *körperbezogene Bildung* der habituellen Praktiken und die sozial-emotionale Beziehungsgestaltung umfassen. Sie scheinen dabei immer eine Rückbindung an den Lebenszusammenhang der gesamten Person zu erfordern; ihre Bildungswirksamkeit offenbart sich erst im Kontext der Gesamtbiographie. Darüber hinaus muss die pädagogisch orientierte Biographieforschung die Erkenntnisse der sozialwissenschaftlichen Biographieforschung einbeziehen, um die sozialen Differenzen hinsichtlich biographischer Bildungschancen zu erfassen.

Die sozial differenzierende Dimension von Bildung

Bildung ist sozial selektiv: Der Zugang zu schulischen Bildungsgängen weist einen sozialen Gradienten zugunsten höherer Schichten auf, der sich im Verlauf der Bildungsexpansion zwar abgeschwächt, aber „niemals umgekehrt" hat (Meulemann 1999, 317). Und eine wichtige Funktion des Bildungssystems ist die *soziale Selektion* durch Abschlüsse und Zertifikate, mit deren Hilfe bestehende soziale Differenzen bestätigt und verstärkt werden. Auf diese Weise reproduziert schulische Bildung die bestehende Sozialstruktur; sie eröffnet ungleiche Chancen der sozialen Partizipation und des Statusgewinns (vgl. Sünker u.a. 1994, 12; Bourdieu 1998, 36ff.). Für die sich bildenden Subjekte eröffnet die Spannung von formalisierter Bildung und sozialer Differenzierung unterschiedliche Perspektiven für die Selbst- und Identitätsbildung, die in und außerhalb der Schule unterscheidbare „soziale Praktiken, ... Interpretationsmuster und Lebensziele generieren" (Wexler 1994, 288). Als Grundlage von Bildung kann daher kein abstrakter „Bildungstrieb" angenommen werden, sondern die Selbstbildungsbestrebungen konkretisieren sich in Abhängigkeit von der sozialen Situation und den Chancen für den Erwerb sozialer Anerkennung. Für die amerikanische Gesellschaft z.B. analysiert Wexler drei verschiedene schichtspezifische Strategien der Selbstbehauptung als Voraussetzungen für Bildungsprozesse: „Kommunikation" für die gehobene Mittelschicht, „Image" für die Arbeiterschicht und „expressive Selbstdarstellung in der Clique" für die städtische Unterschicht (Wexler 1994, 298-302).

Die sozial etablierten Formen von Bildung sind im Kontext sozialer Differenzierung nicht neutral, sondern Ausdruck einer „schichtspezifischen Kultur" (Sünker u.a. 1994, 20ff.). Wissenskanonisierungen fixieren soziale Standards und spezifische Weltsichten, die auf sozialen Machtkämpfen und Auseinandersetzungen um Werte und Bedeutungen beruhen. Ebenso orientiert sich die geselligkeitsbezogene habituelle Praxis trotz der Pluralisierung der Lebensstile nach wie vor am Verhaltensmodell der „Bürgerlichkeit" (vgl. Frevert 1999, 157ff.), das Bildungsanforderungen wie Leistungs- und Kommunikationsfähigkeit, rationale Selbstkontrolle und eine selbstverantwortete Integration von individuellen Interessen und Gemeinsinn stellt. Die Selbstbildungsbestrebungen stehen zu diesen Anforderungen in Abhängigkeit von der sozialen Position und der Bildungsperspektiven des Subjekts in einem Verhältnis der Akzeptanz, der oberflächlichen Anpassung oder des Widerstands. Eine sozial reflektierte Bildungsarbeit hat in diesem Zusammenhang nicht auf der gesellschaftlichen Normativität zu beharren, sondern im Sinne des Empowerments die sozial differenzierten Selbstbildungsbestrebungen zu akzeptieren und zu bestärken, um „Nicht-Artikuliertem", im Widerstreit der Parteien unterdrückten Positionen zum Ausdruck zu verhelfen (vgl. Koller 1999, 149ff.).

Jenseits sozialer Differenzierung setzt das Leben in der demokratischen Gesellschaft „gebildete, d.h. handlungsfähige und in politische Angelegenheiten eingreifende Bürgerinnen und Bürger" voraus (Sünker 1996, 186), die über eine den eigenen Lebenshorizont überschreitende Bildung verfügen. Im Kontext sozialer Differenzierungs- und Pluralisierungsprozesse wurde seit Beginn der modernen Bildungsdiskussion die Freiheit des Subjekts, die Befreiung aus sozialen Zwängen und Einbindungen, zur Grundbedingung einer aufs Allgemeine gerichteten Bildung erhoben, die in Vorstellungen wie „Mündigkeit", „Widerstandsfähigkeit" oder universeller „Vernunft" zu beschreiben versucht wurde (vgl. Sünker 1996, 186ff.; Bourdieu 1998, 216ff.). Bourdieu bezeichnet diese Befreiung der Subjekte aus den Notwendigkeiten und Verpflichtungen ihrer Lebenskontexte als Grundidee der „Schule", die etymologisch auf das altgriechische „skholè" (Muße) zurückgeführt wird. Bildung erfordert Muße, freie Zeit, die einen Abstand zur umgebenden Welt verschafft und die „scholastische Sicht" des reflektierend-abwägenden Sich-Einlassens auf Neues und Unbekanntes ermöglicht (Bourdieu 1998, 203ff.). Die Institution Schule ist heute selbst zu einem Zwang geworden, sodass sich Bildung in vieler Hinsicht in Distanz zur Schule vollzieht. Kinder- und Jugendhilfe kann durch die Berücksichtigung des gesamten geselligen Lebens und durch ihren Biographiebezug Bildungsbewegungen in einem umfassenderen Sinn erfassen. Zur Initiierung von Bildungsprozessen erscheint es dabei notwendig, Gestaltungsmöglichkeiten und Freiräume gegen die zunehmende Formalisierung von Bildungsanforderungen aufrechtzuerhalten. Zugleich ist die Situation der Muße ein soziales Privileg; die Chancen für Bildungsprozesse sind in Abhängigkeit von den ökonomischen und sozialen Bedingungen ungleich verteilt. Muße bedeutet Freiheit vom unmittelbaren Druck der Lebensbewältigung. Gerade bei psycho-sozial belastetem Klientel, der Haupt-Zielgruppe der Kinder- und Jugendhilfe, ergibt sich daraus die schwierige Aufgabe, wenigstens partielle und punktuelle Freisetzungen aus den sozialen, psychischen und physischen Belastungen zu erreichen, um auf diese Weise Rahmenbedingungen für Bildungsprozesse zu schaffen, die Strategien der Lebensbewältigung in Bildungsbewegungen der Lebensgestaltung und -qualifizierung transformieren.

Literatur zur Vertiefung

Adorno, Th. W. (1972): Theorie der Halbbildung. In: Ders.: Soziologische Schriften I. Frankfurt a.M., S. 93-121.
Bourdieu, P. (1998): Praktische Vernunft. Zur Theorie des Handelns. Frankfurt a.M.
Humboldt, W. v. (1980): Theorie der Bildung des Menschen. In: Ders.: Werke in fünf Bänden, Bd. 1. Darmstadt, S. 234-240 (a).

Literatur

Adorno, Th. W. (1972): Theorie der Halbbildung. In: Ders.: Soziologische Schriften I. Frankfurt a.M., S. 93-121.
Adorno, Th. W. (1966): Negative Dialektik. Frankfurt a.M.
Benner, D. (1991): Zur theoriegeschichtlichen und systematischen Relevanz nichtaffirmativer Erziehung- und Bildungstheorie. In: Benner, D.; Lenzen, D. (Hrsg.): Erziehung, Bildung, Normativität. Weinheim, München, S. 11-28.
Böhnisch, L. (1997): Sozialpädagogik der Lebensalter. Weinheim, München.
Bourdieu, P. (1998): Praktische Vernunft. Zur Theorie des Handelns. Frankfurt a.M.
Brenner, G. (1999): Jugendarbeit in einer neuen Bildungslandschaft. In: Deutsche Jugend (47), H. 6, S. 249-257.
Frevert, U. (1999): Renaissance der Bürgerlichkeit? Historische Orientierungen über die kulturellen Ressourcen der Wissensgesellschaft. In: Graf, F. W.; Platthaus, A.; Schleising, S. (Hrsg.): Soziales Kapital in der Bürgergesellschaft. Stuttgart, Berlin, Köln, S. 147-160.
Hansmann, O. (1988): Kritik der so genannten „theoretischen Äquivalente" von „Bildung". In: Hansmann, O.; Marotzki, W. (Hrsg.): Diskurs Bildungstheorie I. Weinheim, S. 21-54.
Heid, H. (1994): Erziehung. In: Lenzen, D. (Hrsg.): Erziehungswissenschaft. Ein Grundkurs. Reinbek, S. 43-68.
Hentig, H. v. (1996): Bildung. Ein Essay. Frankfurt a.M.
Herbart, J. F. (1982): Umriss pädagogischer Vorlesungen. In: Ders.: Pädagogisch-didaktische Schriften. Stuttgart.
Herder, J. G. (1961): Ideen zur Philosophie der Geschichte der Menschheit. Frankfurt a.M.
Herder, J. G. (1966): Abhandlung über den Ursprung der Sprache. Stuttgart.

Herder, J. G. (1967): Auch eine Philosophie der Geschichte zur Bildung der Menschheit. Frankfurt a.M.
Humboldt, W. v. (1967): Ideen zu einem Versuch, die Grenzen der Wirksamkeit des Staats zu bestimmen. Stuttgart.
Humboldt, W. v. (1980): Theorie der Bildung des Menschen. In: Ders.: Werke in fünf Bänden, Bd. 1. Darmstadt, S. 234-240 (a).
Humboldt, W. v. (1980): Plan einer vergleichenden Anthropologie. In: Ders.: Werke in fünf Bänden, Bd. 1, Darmstadt, S. 337-375 (b).
Klafki, W. (1985): Neue Studien zur Bildungstheorie und Didaktik. Weinheim, Basel.
Koller, H.-Ch. (1999): Bildung und Widerstreit. Zur Struktur biographischer Bildungsprozesse in der (Post-)Moderne. München.
Langewand, A. (1994): Bildung. In: Lenzen, D. (Hrsg.): Erziehungswissenschaft. Ein Grundkurs. Reinbek, S. 69-98.
Lenzen, D. (1997): Lösen die Begriffe Selbstorganisation, Autopoiesis und Emergenz den Bildungsbegriff ab? In: Zeitschrift für Pädagogik (43), H. 6, S. 949-968.
Marotzki, W. (1991): Bildung, Identität und Individualität. In: Benner, D.; Lenzen, D. (Hrsg.): Erziehung, Bildung, Normativität. Weinheim, München, S. 79-94.
Marotzki, W. (1995): Qualitative Bildungsforschung. In: König, E.; Zedler, P. (Hrsg.): Bilanz qualitativer Forschung. Bd. 1: Grundlagen qualitativer Forschung. Weinheim, S. 99-133.
Meulemann, H. (1999): Stichwort: Lebenslauf, Biographie und Bildung. In: Zeitschrift für Erziehungswissenschaft (2), H. 3, S. 305-324.
Mollenhauer, K. (1996): Kinder- und Jugendhilfe. Theorie der Sozialpädagogik – ein thematisch-kritischer Grundriss. In: Zeitschrift für Pädagogik (42), H. 6, S. 869-885
Mollenhauer, K.; Uhlendorff, U. (1992): Sozialpädagogische Diagnosen. Weinheim, München.
Müller, B. K. (1996): Bildungsansprüche der Jugendarbeit. In: Brenner, G.; Hafeneger, B. (Hrsg.): Pädagogik mit Jugendlichen. Bildungsansprüche, Wertevermittlung und Individualisierung. Weinheim/München, S. 89-96
Müller, H. R. (1997): Muss Pädagogik sozialintegrativ sein? In: Neue Praxis (27), H. 2, S. 107-117.
Münder, J. u.a. (1993): Frankfurter Lehr- und Praxiskommentar zum Kinder- und Jugendhilfegesetz. Münster.
Natorp, P. (1968): Erziehung und Gemeinschaft. Sozialpädagogik. In: Röhrs, H. (Hrsg.): Die Sozialpädagogik und ihre Theorie. Frankfurt a.M., S. 1-10.
Peukert, H. (1992): Die Erziehungswissenschaft der Moderne und die Herausforderungen der Gegenwart. In: Benner, D.; Lenzen, D.; Otto, H.-U. (Hrsg.): Erziehungswissenschaft zwischen Modernisierung und Modernitätskrise (Zeitschrift für Pädagogik, 29. Beiheft). Weinheim, Basel, S. 113-127.
Richter, I. (1999): Die sieben Todsünden der Bildungspolitik. München, Wien.
Rittner, V. (1999): Körper und Identität. Zum Wandel des individuellen Selbstbeschreibungsvokabulars in der Erlebnisgesellschaft. In. Homfeldt, H. G. (Hrsg.): „Sozialer Brennpunkt" Körper. Hohengehren, S. 104-116
Scherr, A.; Thole, W. (1998): Jugendarbeit im Umbruch. In: Kiesel, D.; Scherr, A.; Thole, W.: Standortbestimmung Jugendarbeit. Theoretische Orientierungen und empirische Befunde. Schwalbach, S. 9-34.
Schleiermacher, F. D. E. (1983): Theorie der Erziehung. Die Vorlesungen aus dem Jahre 1826 (Nachschriften). In: Ders.: Ausgewählte pädagogische Schriften. Paderborn, S. 36-243.
Schreiber, W. (1999): Bildungskonzepte und Bildungswiderstände in der Arbeit mit psych-sozial belasteter Klientel. In. Neue Praxis (29), H. 5, S: 457-470.

Sting, S. (1998): Schrift, Bildung und Selbst. Eine pädagogische Geschichte der Schriftlichkeit. Weinheim.

Sting, S. (1999): Suchtprävention als Bildungsaufgabe. In: Neue Praxis (29), H. 5, S. 490-499.

Sting, S. (2000): Gesundheit als Aufgabenfeld sozialer Bildung. In: Sting, S.; Zurhorst, G. (Hrsg.): Gesundheit und Soziale Arbeit. Weinheim, München, S. 55-68.

Sünker, H. (1996): Kritische Bildungstheorie – Jenseits von Markt und Macht? In: Benner, D.; Kell, A.; Lenzen, D. (Hrsg.): Bildung zwischen Staat und Markt (Zeitschrift für Pädagogik, 35. Beiheft). Weinheim, Basel, S. 185-201.

Sünker, H.; Timmermann, D.; Kolbe, F.-U. (Hrsg.) (1994): Bildung, Gesellschaft, soziale Ungleichheit. Frankfurt a.M.

Tenorth, H.-E. (1997): „Bildung" – Thematisierungsformen und Bedeutung in der Erziehungswissenschaft. In: Zeitschrift für Pädagogik (43), H. 6, S. 969-984.

Tippelt, R. (1990): Bildung und sozialer Wandel. Weinheim.

Wexler, P. (1994): Schichtspezifisches Selbst und soziale Interaktion in der Schule. In: Sünker, H.; Timmermann, D.; Kolbe, F.-U. (Hrsg.): Bildung, Gesellschaft, soziale Ungleichheit. Frankfurt a.M.; S. 287-305.

Jutta Ecarius

Generation

Zusammenfassung: Dieser Beitrag thematisiert Generation, Kindheit und Jugend. Die Erziehungswissenschaft liefert zentrale Ansätze zu Generation, Generationenkonflikt, Generationenverhältnissen und Generationsbeziehungen. Generation fungiert als analytische Kategorie zur Beschreibung von pädagogischen Verhältnissen zwischen Jüngeren und Älteren, wobei Prozesse der reflexiven Moderne im Kontext von Familie, Erziehung und Bildung berücksichtigt werden. Auch in der Kindheits- und Jugendforschung sind Generationsbeziehungen zwischen Jüngeren und Älteren Thema. Sowohl empirische Studien als auch theoretische Ansätze setzen an der Veränderung in der Machtbalance zwischen den Generationen an, der Veränderung in den Verhaltensstandards und den Umgangsmustern, und erfassen die modernen Lebensformen für Kinder und Jugendliche sowie die Erziehungsmuster in der Familie. Die Sozialpädagogik setzt an diesen Begrifflichkeiten an und verwendet sie zur Beschreibung professionellen Arbeitens.

Einleitung

Kindheit und Jugend sind in pädagogische Generationenbeziehungen eingebunden, sei es in der Familie durch Erziehung oder in pädagogischen Institutionen, in denen Heranwachsende mit professionellen PädagogInnen interagieren. In der Erziehungswissenschaft gehört Generation (Liebau, Wulf 1996) zu den Grundbegriffen. Thematisiert werden im Kontext dessen Erziehung und Bildung, womit immer zugleich Jüngere und Ältere fokussiert werden. Die Kindheitsforschung und Jugendforschung beschäftigt sich ebenfalls mit dem Thema Generation, wenn auch aus einer anderen Perspektive. In diesem Beitrag wird in einem ersten Schritt ein Klärung des Generationenbegriffs vorgenommen. Daran schließt eine Diskussion der Kindheitsforschung in Bezug auf die intergenerative Erziehung und Bedeutung des Generationenbegriffs für die Kindheitsforschung an. In einem weiteren Schritt wird im Kontext der Jugendforschung der Wandel in der Jugendphase unter dem Fokus von Generation diskutiert und es werden Bezüge zur Jugendarbeit hergestellt.

1. Generation

In der Erziehungswissenschaft dient *Generation* zur Beschreibung von pädagogischen Verhältnissen und Interaktionsformen, um das Besondere des Pädagogischen herauszustellen (vgl. Brumlik 1995; Zinnecker 1997, Ecarius 1998; Müller 1999; Winterhager-Schmid 2000). Generation als pädagogisches Thema nimmt seinen Anfang mit Schleiermacher (1983) und Kant, die von einem Ungleichgewicht zwischen jüngeren und älteren Generationen ausgehen, wobei die nachkommende Generation so zu erziehen ist, dass die Selbsttätigkeit gefördert wird und sie als erwachsene mündige Person bestehende gesellschaftliche Unvollkommenheiten abwenden und verändern (Schleiermacher 1983). Die aus dem Kontext der Pädagogik der Aufklärung entstandene geisteswissenschaftliche Pädagogik betont im Kontext der Kunst- und Jugendbewegung schon stärker die Selbsttätigkeit der Heranwachsenden und formuliert eine Pädagogik vom Kinde aus. Die Heranwachsenden erhalten vor allem bei Flitner (1987) eine neue Wichtigkeit, sie werden als Jugendgeneration zum Antrieb sozialer und gesellschaftlicher Innovationen.

In den 60er-Jahren des 20. Jahrhunderts setzt ein Wandlungsprozess ein, der die Beziehungsstrukturen zwischen Jüngeren und Älteren nachhaltig verändert und neue Debatten über das pädagogische Verhältnis zwischen den Generationen nach sich zieht. Die Gesellschaftsstruktur basiert bis in die Nachkriegszeit hinein auf klaren und übersichtlichen Hierarchien, versehen mit einem traditionalen Macht- und Rollenverständnis. Kennzeichen sind Hierarchisierungen zwischen den jüngeren und älteren Generationen, den Höher- und Niederstehenden, der Geschlechter, der Scham- und Peinlichkeitsschwelle sowie den Näher- und Fernerstehenden. Strukturell basieren sie auf asymmetrischen „Machtbalancen, die sich in den jeweiligen Beziehungsgeflechten erkennen lassen und die als eine Art Regulativ für die Entwicklung von Verhaltensstandards und Umgangsnormen gelten" (Büchner 1983, 197). Befehlen und Gehorchen, Anordnen und Unterordnen markieren das traditionale Generationenverhältnis zwischen Älteren und Jüngeren, das eine Unter- und Einordnung in eine traditionale bzw. konservative Gesellschaftsstruktur enthält (Fend 1988; Peukert 1987).

Ein grundlegender Wandel der traditionalen *Machtbalance zwischen den Generationen* setzt im Übergang von den 70er zu den 80er-Jahren mit der Ausdifferenzierung der Jugendphase ein, die mit einer Verschiebung in der Bedeutungszuschreibung des Erwachsenenstatus verbunden ist. Böhnisch und Blanc (1989) argumentieren vor dem Hintergrund zunehmender Modernisierungsprozesse und betonten die „Relativierung der Lebensalter". Festzustellen ist nach ihnen eine zunehmende Nivellierung im Konsumverhalten zwischen Älteren und Jüngeren sowie eine Durchbrechung der lebensphasentypischen Bildungs-, Ausbildungs- und Karrieresysteme. Ältere wie Jüngere sind zu allen Zeiten im Lebenslauf aufgefordert, sich zu bilden bzw. weiterzubilden, Karriereverläufe lösen sich als institutionalisierte Struktur auf und Jüngere können aufgrund eines raschen Wandels im Wirtschaftssystem im Berufssektor bessere Arbeitschancen haben als ältere Arbeitnehmer. Aber auch die Massenmedien richten sich gleichermaßen an alle Altersgruppen. Vor diesem Hintergrund wird betont, dass Jüngere nichts mehr von Älteren lernen können. Böhnisch/Blanc (1989) sprechen von einer doppelten *Relativierung der Lebensalter*: „Zum einen lernen und erlernen die Jungen heute augenscheinlich mehr Neues, das die Älteren nicht kennen und deshalb auch nicht weitergeben können, als zu früheren Zeiten; zum anderen ist vieles von dem, was die Älteren früher gelernt haben – zumindest unter dem industriegesellschaftlichen Verwertungsgesichtspunkt – heute wert- und belanglos geworden" (Böhnisch, Blanc 1989, 11). Zugleich ist das Älterwerden, womit der Übergang vom Erwachsenenalter in das Alter gemeint ist, nicht mehr mit dem Ausschluss von Neuem gleichzusetzen. Alter bedeutet nicht mehr „Disengagement". Auch in dieser Lebensphase können neue Entfaltungsräume entdeckt und erprobt werden. Argumentiert man vor dem Hintergrund zivilisationstheoretischer Annahmen (Elias 1976) ist von einem langfristigen Wandel auf makrosozialer Ebene sowie in den konkreten Interaktionen auszugehen, der zu einem veränderten Umgang der Generationen führte. Es ist der Wandel von der traditionalen Machtbalance hin zu einer symmetrischen Machtstruktur zwischen Älteren und Jüngeren, aber auch zwischen Höher- und Niederstehenden sowie den Geschlechtern (vgl. Büchner 1983).

In der Pädagogik wandelten sich damit auch die Ansätze und Betrachtungsweisen in Bezug auf Generation. Giesecke spricht in den 80er-Jahren vom „Ende der Erziehung" (Giesecke 1985). Nach Giesecke hat sich ein Wandel der Generationsbeziehungen zwischen Erwachsenen und Heranwachsenden vollzogen. Unterschieden werden drei historische Phasen. Vom Ende des 18. Jahrhunderts bis zum Ende des 19. Jahrhunderts besteht, wenn auch mit Ausnahmen und Brüchen, das klassische erzieherische Verhältnis, in dem die Erwachsenen, versehen mit einem Erfahrungsvorsprung und der Pflicht, das gemeinsame Überleben zu garantieren, über die Zukunft der Heranwachsenden und damit über die Erziehungsmittel und Erziehungsziele bestimmen. Erziehung wird personal über Eltern, Lehrer, etc. vermittelt. In der zweiten Phase (von 1900 bis Mitte der 60er-Jahre) postuliert die Reform- und Jugendbewegung den Selbsterziehungsanspruch der Jugend. Der unmittelbare persönliche Einfluss der Erwachsenen geht zurück zugunsten von Gleichaltrigengruppen. Theorien der geisteswissenschaftlichen Pädagogik nehmen das Theorem der Pädagogik vom Kinde aus (Nohl, Flitner, Spranger) zum Ausgangs- und Bezugspunkt für eine Beschreibung des pädagogischen Verhältnisses zwischen den Generationen. Diese Phase mündet in einer weiteren, dritten Phase. Im Nationalsozialismus wird das Jugendalter politisiert und dem allgemeinen öffentlichen Zugriff preisgegeben. Nach 1945 treten weitere gesellschaftliche Veränderungen wie die Mediatisierung, Funktionalisierung und Separierung der Generationen hinzu. Der Erwachsenenstatus verliert dadurch seinen klar definierten Status und das Ideal der Jugendlichkeit beherrscht die Gesamtgesellschaft. Die Jugendlichen verharren heute in einem „pädagogisierten" Zustand, da ihnen auch ehemalig dem Erwachsenenstatus zugehörende Privilegien wie Sexualität und Freizeitautonomie zugestanden werden. Das psychosoziale Moratorium, einst eine Lebensphase mit Probierstatus und einem zukunftsweisenden Übergang in das Erwachsenenalter, sei zum Dauerzustand geworden. Erziehung sei zur Sozialisation verkommen, da ihr die

Emotionalität und Intentionalität genommen wurde: „Eltern (...) handeln wie Funktionäre, ebenso handeln Lehrer" (Giesecke 1983, 69). Die wesentlichen Elemente von Erziehung, wobei sich Giesecke hier auf Theoreme der geisteswissenschaftlichen Pädagogik bezieht, die persönlich verantwortete und planmäßige Erziehung, würden nun von einer anonym gesteuerten Sozialisation, den Medien und den Gleichaltrigen, übernommen. Als Antwort auf den veränderten pädagogischen Status quo entwickelt Giesecke eine Erziehungsanleitung für Eltern und ein Konzept für die Schule.

Anfang der 90er-Jahre relativiert Giesecke seine Annahmen und betont, dass die Familie auch als moderne Generationsgemeinschaft (Giesecke 1994) weiterhin eine pädagogische Qualität habe. Zugleich aber sei gegenwärtig davon auszugehen, dass Aufwachsen nicht auf eine oder zwei Sozialisationsinstanzen begrenzt sei. Giesecke spricht von einer pluralistischen Sozialisation. Dies führt zu einer Relativierung der Erziehungsansprüche der Familie, aber auch anderer pädagogischer Orte. Zugleich betont Giesecke, dass gegenseitiges Lernen der Generationen zum zentralen Bestandteil von Erziehung werde. „In Zeiten rascher Wandlungen und Veränderungen nimmt die durch Erfahrung und Lebensreife begründete Überordnung der Generationen ab zugunsten einer Art gemeinsamer Solidarität gegenüber gleichen Lebensproblemen, die unter anderem durch Lernen von allen lebenden Generationen gelöst werden müssen. Diese Tatsache kann nicht ohne Einfluss auf das Verständnis von Erziehung überhaupt bleiben. An die Stelle eines hierarchischen Gefälles von ‚Wissenden' und ‚Unwissenden', von ‚Mündigen' und ‚Unmündigen', von ‚Erfahrenen' und ‚Unerfahrenen' tritt immer stärker ein Verhältnis der Wechselseitigkeit der Lernenden" (Giesecke 1994, 75).

Brumlik nähert sich der Generationenthematik aus der Sicht sozialwissenschaftlicher Studien und argumentiert zugleich aus einer historischen Perspektive. In Auseinandersetzung mit Hanna Arendt und Walter Benjamin gelangt er zu der Annahme, dass es Aufgabe der Pädagogik ist, „das *Generationenverhältnis* zu beherrschen, ein Verhältnis, das ganz offensichtlich (...) mit einer gewissen Notwendigkeit krisenhaft ist" (Brumlik 1995, 35f.). Die Krisenhaftigkeit der pädagogischen intergenerativen Beziehung ergibt sich aus der wechselseitigen Anerkennung, wobei sich „die Herausbildung eines Selbstverständnisses als eines unvertretbaren, verantwortlichen und sich nur in Beziehungen entfaltenden Individuums sich nur auf dem Hintergrund bereits existierender Institutionen, kollektiver Deutungsmuster und intersubjektiver Liebes- und Konfliktverhältnisse vollziehen kann" (Brumlik 1995, 37). Die Geschichtlichkeit als kollektives Gedächtnis wird in Interaktion von der älteren an die jüngere Generation weitergegeben, als Wissensvermittlung, aber auch als Erinnerung und Unvergessenmachen von Schrecklichem, als Mahnmal für zukünftiges Leben und Aufwachsen in geschichtlichem Gedenken, das in Lern- und Bildungsprozessen zu einem Selbstverständnis des Heranwachsenden führt.

Für Zinnecker (1997) verschränkt sich in pädagogischen Beziehungen Generation und Lebenslauf miteinander. Die professionelle generationelle Sorge als Organisation und Profession konzentriert sich auf Ausschnitte des Lebenslaufs, wobei zugleich die Einseitigkeit eines kanonischen Singular, die eine Generation erzieht die andere Generation, aufgegeben wird. „Pädagogik bezeichnet alle sorgenden Verhältnisse zwischen allen zu einer Zeit lebenden Generationen, seien diese nun dominant auf Bildung/Unterrichtung, Erziehung oder soziale Hilfe fokussiert. Konstitutiv für pädagogische Sorgeverhältnisse zwischen Generationen ist, dass dabei die eine Seite im Generationsverhältnis auf Zeit für die andere Seite eine stellvertretende Einbeziehung (Inklusion) in das gesellschaftliche System in Form eines Moratorium übernimmt" (Zinnecker 1997, 201). Der pädagogische Code umfasst in Bezug auf das kognitive Wissenssystem Unterricht und Bildung und in Bezug auf das Werte- und Normensystem die sozialisierte Persönlichkeit, wobei eine Betonung des Letzteren dazu geführt hat, dass die Sozialpädagogik neben der Allgemeinen Erziehungswissenschaft und der Schulpädagogik zunehmend an Bedeutung gewinnt. Die pädagogische Generationsbeziehung ist dabei vor allem als „stellvertretende Inklusion" auf begrenzte Zeit (Zinnecker 1997, 212ff.) zu verstehen, deren Zeitpunkt der Auflösung in der Regeneration von Inklusion in gesellschaftliche Teilsysteme besteht. Die professionelle pädagogische Hilfe als sorgende Beziehung zwischen Generationen ist als ein „Stellvertreter- und Delegationsverhältnis" (Zinnecker 1997, 221) anzusehen, als ein hochdifferenziertes System (sozial-)pädagogischer Profession, das teilweise sogar in Konkurrenz zum primären Generationenverhältnis, das der Familie, steht.

Rauschenbach, der sich mit dem Ansatz von Kaufmann (1993) auseinander setzt, gelangt ähnlich wie Zinnecker zu der Erkenntnis, dass eine Verwendung des Generationenbegriffs es vermag, das disziplinäre Koordinationssystem der Erziehungswissenschaft aus dem Blick der Generationenthematik miteinander zu verschränken. „Sozialpolitik für Kinder, Familienpolitik, Bildungspolitik oder Jugendhilfepolitik würden von hier aus ebenso selbstverständliche Themengebiete der Erziehungswissenschaft wie der pädagogische Takt, die Didaktik des Schulunterrichts oder die Rolle des Lehrers" (Rauschenbach 1998, 23). Angedeutet wird damit die enorme Reichweite des Generationenbegriffs, wobei für den Bereich der Sozialpädagogik verdeutlicht wird, dass vor allem die in diesem Kontext entstandenen Institutionen als Antwort auf Veränderungen in privaten, familialen Lebensformen zu verstehen sind, die sich weitgehend differenziert haben. Im Kinder- und Jugendhilfegesetz ist im Paragraphen §1 in Verbindung mit dem Grundgesetz verankert, dass die Erziehung und Pflege der Kinder das Recht und zugleich die Pflicht der Eltern ist. Um die private Erziehung herum sind familienunterstützende, -ergänzende oder gar -ersetzende sozialpädagogische Instanzen entstanden. Der Staat hat durch eine Ausweitung der sozialen Dienste auf den Wandel privater Generationenverträge geantwortet. Ein Blick auf Statistiken belegt dies. In Kindertageseinrichtungen ist zwischen 1974 und 1994 die

Versorgung von kleinen Kindern von 48,1% auf 73% gestiegen, gleichzeitig hat auch die Berufstätigkeit der Frauen von 38,3% im Jahr 1975 auf 52,8% im Jahr 1995 zugenommen. Im Gleichzug ist eine Zunahme in den Sozial- und Erziehungsberufen von 815.00 im Jahr 1973 auf 1,91 Millionen im Jahr 1995 zu verzeichnen. Daraus zieht Rauschenbach den Schluss, „dass öffentlich organisierte Formen der Erziehung, dass pädagogisch inszenierte Orte des Aufwachsens, immer stärker zu jenen neustandardisierenden Geländern der Lebensführung und der sozialen Integration werden, die als intermediäre Organisationen und hergestellte Milieus soziale Stabilität (...) erwartbar sichern" (Rauschenbach 1998, 35) und in der Zweiten Moderne ein öffentlich organisierter Generationenvertrag neben den familialen Bereich tritt, in dem Erziehung, Bildung und Hilfe zentrale Aufgaben im Kontext von Generationenverhältnissen und Generationsbeziehungen sind.

Die *Sozialpädagogik* verwendet somit ebenfalls den Generationenbegriff. Er dient dazu, sozialpädagogische Tätigkeiten zu umgreifen, wobei entlang des Lebenslaufes alle Altersgruppen wie Kinder, Jugendliche, Erwachsene und alte Menschen umfasst werden. Sozialpädagogik als professionelle Tätigkeit ist dabei als sorgendes Verhältnis auf Zeit zwischen Generationen zu verstehen. Hierbei fließen sowohl pädagogische Aspekte wie der pädagogische Bezug, das Konflikthafte im intergenerativen Verhältnis als auch die Relativierung in der Machtbalance sowie die Vielzahl der Erziehungs- und Sozialisationsinstanzen ein.

2. Generation und Kindheit

Vor allem Kinder sind in Generationenverhältnisse und -beziehungen eingebunden. Kinder wachsen in der Regel in Familien auf und werden von älteren Generationen erzogen und betreut. *Kindheit* wird seit den 80er-Jahren mit Hilfe von sozialwissenschaftlichen Ansätzen untersucht und im Spannungsfeld von biographie- und lebenslauftheoretischen Diskussionen gefasst (Fuchs-Heinritz, Krüger 1991; Huinink, Grundmann 1993). Zinnecker (1990), Büchner (1990) und Qvortrup (1993) betonen, dass sich der Statusübergang von der Kindheit in die Jugendphase beschleunigt hat und Kindheit durch eine frühe Biographisierung gekennzeichnet ist. Seit Bestehen des Bundesverfassungsgerichtsurteil vom 29.9.1968 werden Kinder als Rechtssubjekte behandelt. Seither eingeleitete sozial- und bildungspolitische Reformen sind mit dem Ziel verbunden, die psychische und physische Unversehrtheit der Kinder zu gewährleisten. Überwacht und reglementiert wird Kindheit von SpielpädagogInnen, LogopädInnen, Kinderpsychologinnen, Kinderärztinnen und vielen anderen Vertretern der älteren Generation. Institutionelle Einrichtungen zur Stabilisierung moderner Kindheit sind Kinderkrippen, Kindergärten (Statistisches Bundesamt 1997), aber auch die Grundschulausbildung. Die Sozialpädagogik ist hier drittes Sozialisationsfeld neben der Familie und der Schule. Sie arrangierten in pädagogischen Settings kindliche Räume der Erziehung und Sozialisation.

Moderne Kindheit vollzieht sich hauptsächlich in Innenräumen (vgl. Behnken, Bois-Reymond, Zinnecker 1989), die von den älteren Generationen, und hier speziell den Eltern, organisiert und strukturiert werden. Die Ausgestaltung der Innenräume ist von der sozialen Lage der Eltern, dem Geschlecht und der geographischen Lage (Stadt/Land) beeinflusst. Diese Innenräume, die Muster moderner Kindheit vergegenständlichen, sind weitgehend fremdorganisierte Räume. Das Kind wächst innerhalb einer klassen- und geschlechtsspezifischen sozialen Welt auf und orientiert sich an den darin vorherrschenden Normierungen, die weitgehend von den älteren Generationen präsentiert werden. „Die Kinder werden in der Familie für die soziale Lage ihrer Eltern sozialisiert – die Kompetenzen, die sie im familiären Umkreis erwerben, ‚passen' nur für den sozio-kulturellen Raum, in den sie hineingeboren werden" (Liebau 1984, S. 250). Eine nachbarschaftliche Kinderwelt überwiegt in randstädtischen Hochhaussiedlungen (vgl. Zeiher 1990) mit hohem Ausländeranteil. Mittelständige Familien bieten Spielgelegenheiten in Wohnungen und Gärten oder anderen öffentlichen Einrichtungen. Dazu gehören auch über Distanzen hinweg organisierte Spielfreundschaften. Kinderfreizeit konzentriert sich auf begrenzte Orte, wobei die Zwischenräume nicht mehr erfahren werden, sie sind verinselt und begrenzt auf Teilausschnitte städtischer Räume (vgl. Zeiher, Zeiher 1992). Die Altersheterogenität verschwindet, so dass Kinder eine Altershomogenität erfahren, die sie als Selbstverständlichkeit ihres Kinderalltags wahrnehmen. Kindheit ist zugleich eine Welt des Spielens. Ein Zweig der Freizeit- und Kulturindustrie konzentriert sich auf diesen Bereich und bietet jede Art von Spielzeug wie Puppen, Bastelkästen bis zu hoch technisiertem Spielzeug an. Kindheit ist in einen Konsumraum für Kinder eingebunden. Dazu zählen Medienangebote (vgl. Hengst 1989) wie Kinderfernsehsendungen, Kinderzeitschriften und Kinderlerncomputer.

In der Kindheitsforschung werden Kinder als „soziale Akteure" (Zinnecker 1996, S. 50) betrachtet, die ihre Lebenswelt mitmodellieren und schon früh ein biographisches Selbst entwickeln. Das bedeutet jedoch nicht, dass die Generationsbeziehung zwischen Älteren und Jüngeren an Bedeutung verliert. Honig (1996) hat mit der Frage „wem gehört das Kind" die *Generationsbeziehung* zwischen Älteren und Jüngeren herausgearbeitet und aufgezeigt, dass Kindheit und Erwachsenenalter sozial-gesellschaftliche Konstruktionen sind. Insofern ist von einer generationalen Ordnung von Kindheit und Erwachsenenalter auszugehen, die die konkreten Interaktionen beeinflusst. Zwar verschwindet gegenwärtig die traditionale Machtbalance, jedoch ist an dessen Stelle eine generationale Ordnung getreten, die von einer stärkeren Symmetrie zwischen den Generationen geprägt ist. Zugleich bleibt Erziehung weiterhin ungleichgewichtig (Wimmer 1998). Denn an Kinder werden ganz konkrete Anforderungen des Handelns und der Bildung von der älteren Generation gestellt. Kindheit als biographisches Erleben und Auseinandersetzung mit sozialer Wirklichkeit ist eingebettet in Generationsbeziehungen, in ein spezifisches Verhältnis zwischen Älteren und Jüngeren, den damit verbundenen Anforderungen an kindliche Verhaltensweisen und dem Verständnis der älteren Generationen von Kindheit. Dabei hat die Familie als pädagogische Generationsgemeinschaft eine eigene pädagogische Qualität (Giesecke 1990). Sie ist für Kinder Ort primären Lernens, auch wenn Aufwachsen nicht mehr auf eine Erziehungs- und Sozialisationsinstanz begrenzt ist. Das Verhältnis zwischen Eltern und Kindern wandelte sich vom Befehls- zum Verhandlungshaushalt (Büchner 1983). Der autoritäre Befehlshaushalt weist im Vergleich zum Verhandlungshaushalt einen geringen Grad der Intimisierung sowie Informalisierung der Familie auf. Im Verhandlungshaushalt werden die Kinder zur Selbstständigkeit erzogen und Verhandeln steht als Interaktionsmuster der Erziehung im Vordergrund. Während beim autoritären Befehlshaushalt die Verflechtung von familialer und biographischer Zeit groß ist und die Kinder in die Mithilfe der Familienreproduktion eingebunden sind, ist beim Verhandlungshaushalt eine zeitliche Entflechtung festzustellen. Kinder, die einen Verhandlungshaushalt erfahren, lernen früh, die Freizeit selbst zu gestalten, über die Kleidung selbst zu entscheiden und das freundschaftliche Beziehungsnetz eigentätig zu organisieren. Beim Befehlshaushalt sind es die Eltern, die die Kleidung, die Schullaufbahn planen und die Freizeit der Kinder bestimmen (Bois-Reymond, Büchner, Krüger, Ecarius, Fuhs 1994; Büchner, Bois-Reymond, Ecarius, Fuhs, Krüger 1998).

Während der autoritäre *Befehlshaushalt* auf der Zeitachse historischer Wandlungsprozesse ein Modell darstellt, das zunehmend seltener anzutreffen ist, ist der *Verhandlungshaushalt* als ein Erziehungsmuster zu verstehen, das sich in den zunehmenden Modernisierungsprozess einpasst und den Erfordernissen einer individualisierten und zugleich globalisierten Gesellschaftsstruktur entspricht. Gegenwärtig ist das Generationenverhältnis ausgewogener, so dass Kinder gegenüber Erwachsenen mehr Einfluss haben. Die Familie intimisiert sich und aus dem Erziehungsverhältnis ist ein Beziehungsverhältnis (Bois-Reymond 1994) geworden. Die Kinder verfügen über eigene Freundschaftsbeziehungen und hochmodernisierte Kinder nehmen bis zu fünf Freizeittermine pro Woche wahr (Büchner, Fuhs 1994).

Familiale Generationsbeziehungen enthalten nicht nur Eltern-Kinder-Interaktionen, sondern auch solche zwischen Großeltern und Kindern. Die Wahrscheinlichkeit, dass Enkelkinder ihre Großeltern über einen längeren Zeitraum bis in das Jugendalter hinein erleben, hat stetig zugenommen und ist gegenwärtig eine alltägliche Erfahrung. Lauterbach (1995) betont, dass Großeltern erstmals in diesem Jahrhundert ihre Enkel aktiv miterleben und die gemeinsame Zeit zunimmt. Die *Dreigenerationenfamilie* ist ein gegenwärtiges Muster privater Lebensführung. Van Combrugge (1993) vermutet in Anlehnung an amerikanische und französische Literatur, dass Großeltern zum Halt von Heranwachsenden in Zeiten reflexiver Modernisierung und der Auflösung der Zweigenerationenfamilie werden, da sie Ruhe, Zuverlässigkeit und Stabilität vermitteln und Großelternschaft erst durch die Errungenschaft gesellschaftlicher Modernisierung möglich geworden sei. In der Studie über Kindheit und Erziehung in drei Generationen (Ecarius 2000) wird der Frage nachgegangen, welche Bedeutung Großeltern in der Erziehung von Enkelkindern haben und ob sich über Generationen hinweg ein Wandel abzeichnet. In der ältesten Generation (1908-1927 Geborene) werden die Großeltern als Teil der mehrgenerationalen Familie wahrgenommen. Bedeutsam sind gemeinsame Treffen, das Erzählen von Geschichten und Singen, das oft in Pflichten der notwendigen Reproduktion eingeflochten ist, wobei der Rhythmus des Selbstverständlichen im Kontext einer traditionalen Lebenswelt mit einer hierarchischen Machtbalance zwischen den Generationen überwiegt. In der mittleren Generation (1939-1952 Geborene) tritt eine Veränderung in der Struktur der diachronen Generationsbeziehungen ein. Die Großeltern sind nun in die Erziehung eingebunden, zum Teil in Form einer stundenweisen Betreuung oder sie übernehmen die Enkelkinder, während die Eltern einer Berufstätigkeit nachgehen. In der jüngsten Generation (1968-1976 Geborene) wiederholt sich dieses Muster. Auch dort versorgen und erziehen die Großeltern ihre Enkelkinder.

Sozialpädagogische Einrichtungen stellen neben der Familie Räume des Handelns und Lernens bereit, in den Kinder spielen können, aber auch angeleitet werden. Wie Mead (1991) bemerkt, entsteht das Selbst in Auseinandersetzung mit anderen. Verhaltensmuster, die jedes Kind erst langsam erlernt, bilden sich durch die antizipative Übernahme der Sicht sowie der Erwartungen der anderen, der älteren Generation, aus. Es sind zu Beginn des Lebens ganz konkrete Personen, die Eltern, Geschwister, Freunde sowie professionellen Erziehungspersonen, die dem Kind eine bestimmte soziale Welt präsentieren. Bilder des Selbst entstehen im Kontext der intergenerativen familialen Interaktion sowie in Auseinandersetzung mit den Erfahrungen sozialgesellschaftlicher Ereignisse. Zugleich jedoch ist jedes Kind in der Lage, Dinge zu verändern oder Normen und Werte in der Familie umzugestalten. Soziale Strukturen, familiale Erziehungspraxis, Kindheitsräume und die Konstitution des Selbst, die Handlungskompetenzen und Lebensvorstellungen sind aufeinander bezogen. Die Generationsbeziehungen zwischen Kindern und Eltern sowie professionellen PädagogInnen bilden ein zentrales Bindeglied im Vermittlungsprozess von sozialen Erwartungen, Normierungen und Verhaltensanforderungen (Ecarius, Krüger 1997).

3. Generation und Jugend

Die Generationenthematik umfasst auch die Jugendphase. Hier gehen die Ansätze bis zum Beginn des 20. Jahrhunderts zurück, wobei *Jugend und Generation* im Kontext von sozialen Wandel gefasst wird. Dilthey betont, dass jugendliche Gruppen, die „in den Jahren der Empfänglichkeit dieselben leitenden Einwirkungen erfahren, (...) zusammen eine Generation" bilden „welche durch Abhängigkeit von denselben großen Tatsachen und Veränderungen, wie sie im Zeitalter ihrer Empfänglichkeit auftraten, trotz der

Verschiedenheit anderer hinzutretender Faktoren zu einem homogenen Ganzen verbunden sind" (Dilthey 1973, 37). Aber erst Mannheim (1928) hat die Abfolge der Generationen von Jugendlichen als sozialen Wandel gefasst. Soziale Verschiebungen bzw. sozialer Wandel basiert nach Mannheim auf „vitale Bestimmungen" (Mannheim 1928, 176), dem neuartigen Zugang von jungen Menschen. Wesentlich ist das Hineinwachsen der neuen Generation in bereits vorhandene Lebenshaltungen und -einstellungen. Diese sind die Basis für weitere Erfahrungen der jungen Generation, mit denen während der Jugendphase, der Zeit des In-Frage-Stellens und der dadurch hinzugewonnenen Reflexivität, geschichtlich Geronnenes problematisiert wird. Auch hier geht es – weitgehend ohne Anleitung der älteren Generation – um die Weitergabe von Wissensbeständen und geschichtlicher Erfahrung sowie um gesellschaftliche Zukunftsentwürfe.

Eisenstadt (1966), Tenbruck (1962) und Schelsky (1957) entwickeln in der Tradition von Mannheim ein theoretisches Konzept der Peer-group, wonach in solidarischen Peergroup-Beziehungen sich Heranwachsende in emotional distanzierte Rollenmuster einüben. Als Verbindungsbereich zwischen primärer und sekundärer Sozialisation ist die Peer-group der Ort, an dem partikularistisch-diffuse mit universalistisch-spezifischen Strukturelementen verknüpft werden (vgl. Buchhofer, Friedrichs, Lüdtke 1970, 312). Die in hochkomplexen Gesellschaften erforderlichen Anforderungen von Verhaltensweisen, die solidarisch, expressiv sowie instrumentell sind, können Erwachsene nicht mehr alleine vermitteln.

Es entsteht eine sozialwissenschaftlich orientierte Jugendforschung (Projektgruppe Jugendbüro 1975, 1977; Arbeitsgruppe Schulforschung 1980), die den Generationenbegriff zur Beschreibung jugendlichen Verhaltens nutzt, indem sie vorwiegend *Generationenkonflikte* analysiert. Schelsky (1957) bezeichnet die Jugend der 60er-Jahre als „skeptische Generation".

Die *Jugendarbeit* zeichnet sich in dieser Zeit durch sozialintegrative Konzepte aus und löst damit obrigkeitsstaatliche Kontrolldefinitionen und die staatsbürgerlichen sowie kriminalpräventiven Erziehungsdefinitionen ab. Mit der Bildungsreform und der Bewegung der 68er wird Jugendarbeit als Balance zwischen jugendkultureller Autonomie und Erwachsenwerden definiert, unterlegt von einem Kompetenzmodell des Lernens und einer Entwicklung zu einem mündigen Mitglied der Gesellschaft. Jugendarbeit avanciert in dieser Zeit zum dritten Sozialisationsfeld.

In den 70er-Jahren werden Themen wie die zunehmende Arbeitslosigkeit, die ökologische Bedrohung, das Wettrüsten und die Kriegsgefahr thematisiert und es wird versucht, Einstellungen von Jugendlichen wie die Null-Bock-Haltung, die Verunsicherung oder die Distanziertheit vor der Übernahme politischer Verantwortung zu erklären. Jugend wird als „narzisstische" und „verwöhnte Generation" (Ziehe 1980, Sinus 1985), als „verunsicherte" und „gespaltene Generation" (Sinus 1983; Hornstein 1983) bezeichnet. Aber auch solche Titulierungen wie „zwischen Anarchie und Apathie" (Baacke 1980), „orientierungslose", „alternativ-orientierte" oder „sinnsuchende" Jugend tauchen auf. Im Fokus der Diskussion steht zugleich die von Inglehart prognostizierte These vom Wertewandel (Inglehart 1979a/b). Danach befördern umfassende Industrialisierungs- und Demokratisierungsprozesse hochmoderner Gesellschaften einen Wandel in den Wertorientierungen, den Jagodzinski (1985) auch als intergenerationellen Wertewandel bezeichnet. Während für die ältere Generation ökonomisches Wachstum, hohes Leistungsstreben, Disziplin und Ordnung sowie Rivalität und Stabilität zentrale Werte sind, haben diese Werte aufgrund veränderter sozialhistorischer Wandlungsprozesse für die Heranwachsenden an Bedeutung verloren. Für die jüngeren Generationen sind solche Werte wie Selbstverwirklichung, soziale Zugehörigkeit und Solidarität, Freizeit sowie spielerische Aktivität und Verbesserung der Lebensqualität zentral. In der Sinus-Studie von 1983, der Studie von Allerbeck und Hoag (1985) sowie der Jugend-Shell-Studie von Fischer, Fuchs und Zinnecker (1985) werden diese jugendlichen Lebensformen empirisch untersucht. Entspannung im Alltag, Rauchen und Trinken sind dabei genauso Themen wie Selbstbehauptung und Anpassungsbereitschaft als jugendliche Lebensstile.

Zugleich kommt die These auf, dass die Linien von Kindheit, Jugend und Erwachsenenalter ihre Konturen verlieren. Bildet sich seit den 60er-Jahren die Jugendphase langsam als eine Lebensphase für alle Jugendliche heraus, entsteht nach Zinnecker (1981) mit der Öffnung höherer Bildungseinrichtungen die postadoleszente Lebensform. Diese Lebensform wird praktiziert, wenn junge Menschen sich innerhalb des tertiären Bildungsbereichs in langjährige Ausbildungsgänge begeben oder wenn vorübergehende, manchmal auch langandauernde berufliche Verlegenheitslösungen gewählt werden und/oder in urbanen selbstständigen Szenen gelebt wird. Auch kann eine vorübergehende Arbeitslosigkeit zu einer postadoleszenten Lebensweise führen. In der Postadoleszenz werden neuartige Lebensformen und Lebensstile ausprobiert und in vielfältiger Weise die Medien- und Konsumangebote genutzt.

In dem Maße wie sich die Lebensphase der Postadoleszenz herausbildet, büßt das Erwachsensein seinen Monopolanspruch ein (vgl. Zinnecker 1981, 98f.), der sich aus der ökonomischen Selbstständigkeit begründete, mit der die Berechtigung verbunden war, eine Ehe zu gründen und aus der Herkunftsfamilie herauszutreten. Die Technologisierungsprozesse des Spätkapitalismus erfordern von den Erwachsenen ihren Tribut. Sie müssen sich mit ständigen neuen Ausbildungserwartungen auseinander setzen und den neuen Leistungsanforderungen gerecht werden. Hornstein wirft die Frage auf, was das „Neue" an diesen Generationsbeziehungen sei, da der Erwachsenenstatus als fixe Größe seine Bedeutung verloren hat und es zu einer „Relativierung des Erwachsenenstatus" (Hornstein 1982, 68) gekommen ist. Die Hierarchisierung des Lebenslaufs, nach der das Erwachsenenalter Höhepunkt im Leben ist, das mit exklusiven Privilegien und Rechten versehen ist, hat sich aufgelöst. Durch diese Entwicklung „ist die einfache Gegenüberstellung von Kindheit und Erwachsensein mit dem als Übergangsphase und Durchgangsphase verstandenen Jugendalter fragwürdig geworden" (Hornstein 1982, 69). Folglich sind auch Erwachsenenalter und Kindheit- sowie Jugendalter keine eindeutigen Gegenbegriffe mehr.

Es entsteht eine Diskussion über die Brauchbarkeit des Generationenkonzepts, das auf der Annahme eines Generationenkonfliktes beruht. Gillis (1980) stellt die Überlegung an, ob Generationenkonflikte nicht eher Ausdruck von Klassengegensätzen sind, als Ausdruck unterschiedlicher Altersgruppen innerhalb der selben sozialen Schicht. Im Anschluss daran wirft Hornstein (1982) die Frage auf, ob in der pädagogischen Diskussion der Generationenkonflikt nicht als eine ahistorische Größe betrachtet wird, mit der angenommen wird, dass zu allen sozialgeschichtlichen Zeiten das pubertär bedingte Gären nach einer Zeit des Aufstandes in das abgeklärte Erwachsenenalter überleite. Vielmehr müsse überlegt werden, ob das Konzept von Mannheim und auch von Schelsky nicht angesichts differenzierter gesellschaftlicher Verhältnisse an Aussagekraft eingebüßt hat.

In der *Jugendarbeit* entsteht anstelle der unspezifischen Freizeitorientierung eine Zielgruppenarbeit mit Jugendlichen, ausgerichtet auf besondere Lebensprobleme und Schwierigkeiten. Kritisch diskutiert werden die sich zunehmend pädagogisch professionalisierten Jugendbereiche. Mollenhauer betont Anfang der 80er-Jahre für den Bereich der Jugendhilfe, dass er mittlerweile „totalitär" und zugleich notwendig sei. Sein Argument ist, dass die Jugendhilfe „durch ein Zusammenwirken ordnungspolitischer, familienfürsorglicher, bildungspolitischer, freizeitpädagogischer und therapeutischer Maßnahmen zu erreichen versucht, was unsere kulturellen und sozialstrukturellen Bestände nicht mehr hergeben" (Mollenhauer 1982, 33). Dies wiederum habe zur Folge, dass durch die Zunahme der gesellschaftlich organisierten öffentlichen Erziehung und Ausbildung die Kontakte zwischen Jugendlichen und Erwachsenen institutionalisiert würden. Jugend könne nicht mehr wie noch zu Beginn der sechziger Jahre als Faktor sozialen Wandels betrachtet werden (Hornstein 1982). Stattdessen sei Jugend aufgrund gravierender gesellschaftlicher Veränderungen, die u.a. auch zur Jugendarbeitslosigkeit führen, zu einem „sozialem Problem" geworden.

Mit der These von der Individualisierung des Lebenslaufs (Kohli 1985) wird dann auch von einer Entstrukturierung der Jugendphase gesprochen. Vorbereiter dieser Annahmen sind Überlegungen von Fuchs (1983) zur Individualisierung der Jugendbiographie. Die zunehmende Individualisierung eröffnet Jugendlichen Wahlmöglichkeiten und -chancen in der Planung ihrer Lebensgestaltung. Es kommt zu einer Verlangsamung bzw. Umkehrung altersspezifischer, abzulesen an der zeitlichen Streuung zentraler, den Übergang Jugend-Erwachsenenalter kennzeichnender Lebensereignisse. Verlängert hat sich die Schul- und Ausbildungszeit (vgl. auch Hornstein 1985, 158f; Fuchs 1985, 239) und verändert haben sich das Heiratsverhalten sowie die Teilhabemöglichkeiten der Jugendlichen in den Bereichen Konsum und

Freizeit. Jugend hat sich entlang des Wandels hin zu einer Erlebnisgesellschaft (Schulze 1992), durchzogen mit sozialen Reproduktionsmechanismen (Bourdieu 1982), pluralisiert und ist vor allem im Freizeitbereich durch vielfältige Lebensstile ohne ganzheitliche Stilbildung gekennzeichnet (Ecarius, Fromme 2000).

Mit dem Wandel in den Alterszuschreibungen ändern sich auch die Themen. Nicht mehr Konflikte und Alterssegregation werden erforscht, sondern die Interaktionsmuster älterer und jüngeren Generationen sind nun von Interesse, wobei Erziehung fokussiert wird. Oswald und Boll (1992) fragen in einer empirischen Studie Jugendliche nach der Zustimmung zum Erziehungsstil der Eltern und stellen einen Vergleich zu anderen *Jugendgenerationen* an. Nachdem in den 60er-Jahren ein Rückgang der Zustimmung zum elterlichen Erziehungsstil festzustellen war, ist die Zustimmung der Heranwachsenden zum elterlichen Erziehungsstil gegenwärtig wieder auf der gleichen Höhe wie in den 50er-Jahren. Anstelle einer intergenerativen Abgrenzung nimmt die Bindung zwischen den Generationen zu. Erziehung ist nicht mehr nur mit dem Ziel der Ablösung in Form eines Generationenkonflikts verbunden. Eltern und Gleichaltrige sind gleichwertige Einflussquellen für Heranwachsende. Gleichaltrige sind Berater in Fragen der Freizeitgestaltung sowie der Kleidung und Eltern dominieren im Bereich der Berufs- und Zukunftspläne. Konflikte entstehen hauptsächlich im Bereich der Alltagsorganisation und bei schulischen Problemen, aber weniger wegen unterschiedlicher politischer Einstellungen. Werden solche Konflikte genannt, dann wird auch der Erziehungsstil der Eltern kritisiert. Je mehr Konflikte mit den Eltern genannt werden, wobei es sich hier um etwa 5-10% der Fälle handelt, desto stärker orientieren sich Jugendliche an Gleichaltrigen.

Die Jugendphase ist somit auch weiterhin in die Generationenthematik eingebunden, auch wenn es weniger der Generationenkonflikt zwischen Älteren und Jüngeren ist, der das Besondere der Jugendphase markiert. Mit der Pluralisierung der jugendlichen Lebensformen und der Öffnung von altersspezifischen Privilegien, der stärkeren Symmetrie zwischen Älteren und Jüngeren, entstehen auch andere Aufgaben für die Sozialpädagogik.

Es folgt eine Neudefinition der Jugendarbeit unter pädagogisch-orientierter Perspektive mit einem sozialisatorischen Ansatz. In Anlehnung an die Pluralisierung und Individualisierung der jugendlichen Lebenswelten wird Sozialpädagogik zur lebensweltorientierten Hilfe der Bewältigung von Normalität. Thiersch (1992) versteht sein Konzept als „Produkt der zunehmenden Vergesellschaftung des Lebens. Lebensweltorientierung der Sozialen Arbeit nutzt ihre spezifischen Möglichkeiten eines institutionellen, professionellen und rechtlich abgesicherten Agierens, um Menschen in ihrer Lebenswelt zur Selbsthilfe, also zur Selbständigkeit in ihren Verhältnissen zu verhelfen" (Thiersch 1992, 17). Sozialpädagogik ist Hilfe zur Selbsthilfe in einer Lebenswelt mit komplexen Lebens- und Familienverhältnissen, ganz entsprechend der Annahme einer individualisierten Jugendphase, die gleichwertig neben dem Erwachsenenalter steht. Jugendliche sollen individuell je nach Lebenslage in ihrer Situation unterstützt werden (Rauschenbach 1998).

Nach Böhnisch hat Jugendarbeit (1998) aus der Perspektive der Generationen eine sozialintegrative Funktion in Form von Milieubildung einzunehmen und den Jugendlichen die Möglichkeit zu bieten, Rückhalt zu finden, sich aber in einem Erprobungsraum – stellvertretend – mit erwachsenen Pädagogen auseinander setzen zu können. Auch Hafeneger (1996) betont die Generationsbeziehung. Ohne das Pathos, das den Begriff des pädagogischen Bezuges begleitet, übernehmen zu wollen, geht es ihm um die Bezugnahme auf das Pädagogische, wobei Bezugspunkt die realen Lebenswelten von Jugendlichen sind. Sozialarbeit als pädagogische Arbeit habe, unter Rückgriff auf die Entwicklungstatsachen von Heranwachsenden, einen Lern- und Bildungsauftrag. Verstehe man das Pädagogische als Lernkultur, als auszubalancierendes Nähe-Distanz-Verhältnis, erhalten auch die PädagogInnen in ihrem Erwachsensein wieder Bedeutung. Kinder und Jugendliche brauchen Erwachsene (Müller 1996), zwar nicht als alleinige Personen, aber doch als solche neben anderen, als Repräsentanten einer bestehenden realen Welt. Sozialpädagogen sind immer auch Erwachsene, die Grenzen aufzeigen und zugleich versuchen, eine produktive Lern- und Beziehungsatmosphäre herstellen.

4. Abschließende Überlegungen

Eine Analyse von Generationsbeziehungen liefert einen Schlüssel zum Verständnis menschlichen Zusammenlebens. Sozialität ist hierin Verwiesenheit innerhalb von pädagogischen Generationenbeziehungen, in das biologisches Alter, Macht und Reziprozität, aber auch Zeitlichkeit und Entwicklungsaufgaben hineinwirken. Eine Einbeziehung der generationalen Ordnung lässt den Zusammenhang von Vorstellungen, Praxen und Institutionalisierungen der älteren Generationen und Möglichkeiten der Subjektwerdung sowie der Bildung für die jüngere Generation deutlich werden. Die Generationenthematik einzubinden heißt für die Sozialpädagogik, die implizit enthaltenen Annahmen zu Kindheit Jugend und Erwachsenenalter zu reflektieren. Zu berücksichtigen ist dann, welche Bilder von Kindern und Jugendlichen mit welchen theoretischen Bezügen übernommen werden und wie dadurch die professionelle Arbeit mit Jugendlichen beeinflusst wird. Denn die Vorstellungen von Kindheit, Jugend und Erwachsenenalter bestimmen weiterhin, welche Freiräume gewährt werden und wie Sozialpädagogen handelnd in Situationen eingreifen, diese lenken und gestalten. Eigene Erfahrungen, aber auch Wünsche werden auf Heranwachsende in der sozialen Arbeit übertragen. Aber auch Kinder und Jugendliche haben in der Regel Vorstellungen darüber, wie sie sich verhalten sollen, was die „Sollnormen" einer modernen Kindheit und Jugend sind und welche Rolle sie gegenüber professionellen Erwachsenen einzunehmen haben bzw. einnehmen wollen.

Literatur zur Vertiefung

Böhnisch, Lothar; Rudolph, Martin; Wolf, Barbara (Hrsg.) (1998): Jugendarbeit als Lebensort. Jugendpädagogische Orientierungen zwischen Offenheit und Halt. Weinheim, München

Brenner, Gerd; Hafeneger, Benno (Hrsg.) (1996): Pädagogik mit Jugendlichen. Bildungsansprüche, Wertvermittlung und Individualisierung. Weinheim, München

Büchner, Peter; Bois-Reymond, Manuela du; Ecarius, Jutta; Fuhs, Burkhard: Krüger, Heinz-Hermann (1998): Teenie-Welten. Aufwachsen in drei europäischen Regionen. Opladen

Ecarius, Jutta (Hrsg.) (1998): Was will die jüngere mit der älteren Generation. Generationsbeziehungen und Generationenverhältnisse in der Erziehungswissenschaft. Opladen

Liebau, Eckart; Wulf, Christoph (Hrsg.) (1996): Generation. Versuche über eine pädagogisch-anthropologische Grundbedingung. Weinheim

Zinnecker, Jürgen (1997): Sorgende Beziehungen zwischen Generationen im Lebensverlauf. Vorschläge zur Novellierung des pädagogischen Codes. In: Lenzen, Dieter; Luhmann, Niklas (Hrsg.): Bildung und Weiterbildung im Erziehungssystem. Lebenslauf und Humanontogenese als Medium und Form. Frankfurt a.M., S. 199-227

Literatur

Allerbeck, Klaus; Hoag, W. (1985): Jugend ohne Zukunft? München

Arbeitsgruppe Schulforschung (1980): Leistung und Versagen. Alltagstheorien von Schülern und Lehrern. München

Baacke, Dieter (1980): Der sozioökologische Ansatz zur Beschreibung und Erklärung des Verhaltens Jugendlicher. In: deutsche jugend 1980, H.11, S. 493-505

Beck, Ulrich (1986): Risikogesellschaft. Auf dem Weg in eine andere Moderne. Frankfurt a.M.

Behnken, Imbke; du Bois-Reymond, Manuela; Zinnecker, Jürgen (1989): Stadtgeschichte als Kindheitsgeschichte. Lebensräume von Großstadtkindern in Deutschland und Holland um 1900. Opladen

Böhnisch, Lothar; Blanc, Klaus (1989): Die Generationenfalle. Von der Relativierung der Lebensalter. Frankfurt a.M.

Böhnisch, Lothar (1994): Gespaltene Normalität. Lebensbewältigung und Sozialpädagogik an den Grenzen der Wohlfahrtsgesellschaft. Weinheim, München

Böhnisch, Lothar (1998): Das Generationenproblem im Lichte der Biografisierung und der Relativierung der Lebensalter. In: Ecarius, Jutta (Hrsg.): Was will die jüngere mit der älteren Generation. Generationsbeziehungen und Generationenverhältnisse in der Erziehungswissenschaft. Opladen, S. 67-80

Böhnisch, Lothar (1998): Grundbegriffe einer Jugendarbeit als „Lebensort". In: Böhnisch, Lothar; Rudolph, Martin; Wolf, Barbara (Hrsg.): Jugendarbeit als Lebensort. Jugendpädagogische Orientierungen zwischen Offenheit und Halt. Weinheim, München, S. 155-168

Böhnisch, Lothar; Rudolph, Martin; Wolf, Barbara (Hrsg.) (1998): Jugendarbeit als Lebensort. Jugendpädagogische Orientierungen zwischen Offenheit und Halt. Weinheim, München

Bois-Reymond, Manuela, du (1994): Die moderne Familie als Verhandlungshaushalt. Eltern-Kind-Beziehungen in West- und Ostdeutschland und in den Niederlanden. In: Bois-Reymond, Manuela; Büchner, Peter; Krüger, Heinz-Hermann;

Ecarius, Jutta; Fuhs, Burkhard: Kinderleben. Modernisierung von Kindheit im interkulturellen Vergleich. Opladen, S. 137-220

Bourdieu, Pierre (1982): Die feinen Unterschiede. Kritik der gesellschaftlichen Urteilskraft. Frankfurt a.M.

Brenner, Gerd; Hafeneger, Benno (Hrsg.) (1996): Pädagogik mit Jugendlichen. Bildungsansprüche, Wertvermittlung und Individualisierung. Weinheim, München

Brumlik, Micha (1995): Gerechtigkeit zwischen den Generationen. Berlin

Buchhofer, Bernd; Friedrichs, Jürgen; Lüdtke, Hartmut (1970): Alter, Generationsdynamik und soziale Differenzierung. Zur Analyse des Generationsbegriffs als analytisches Konzept. In: KZfSS 22. Jg., S. 300-334

Büchner, Peter (1983): Vom Befehlen und Gehorchen zum Verhandeln. Entwicklungstendenzen von Verhaltensstandards und Umgangsformen seit 1945. In: Preuss-Lausitz, Ulf; u.a. (Hrsg.): Kriegskinder, Konsumkinder, Krisenkinder. Zur Sozialisationsgeschichte seit dem 2. Weltkrieg. Weinheim, S. 196-212

Büchner, Peter (1990): Aufwachsen in den 80er-Jahren – Zum Wandel kindlicher Normalbiographien in der Bundesrepublik Deutschland. In: Büchner, Peter; Krüger, Heinz-Hermann; Chisholm, Lynne (Hrsg.): Kindheit und Jugend im interkulturellen Vergleich. Zum Wandel der Lebenslagen von Kindern und Jugendlichen in der Bundesrepublik Deutschland und Großbritannien. Opladen, S. 79-94

Büchner, Peter; Bois-Reymond, Manuela du; Ecarius, Jutta; Fuhs, Burkhard: Krüger, Heinz-Hermann (1998): Teenie-Welten. Aufwachsen in drei europäischen Regionen. Opladen

Büchner, Peter; Fuhs, Burkhard (1994): Kinderkulturelle Praxis: Kindliche Handlungskontexte und Aktivitätsprofile im außerschulischen Lebensalltag. In: Bois-Reymond, Manuela du; Büchner, Peter; Krüger, Heinz-Hermann; Ecarius, Jutta; Fuhs, Burkhard: Kinderleben. Modernisierung von Kindheit im interkulturellen Vergleich. Opladen, S. 63-137

Crombrugge, H. van (1993): Großeltern sind einfach da. Über die sich ändernde Bedeutung der Großeltern für das Kind, die Familie und die Gesellschaft. In: Neue Sammlung, 33, S. 295-301

Dilthey, Wilhelm (1973): Der Aufbau der geschichtlichen Welt in den Geisteswissenschaften. Bd. 7. (6. Aufl.), Göttingen

Ecarius, Jutta (2000): Intergenerative Familienerziehung im historischen Wandel über drei Generationen. Halle

Ecarius, Jutta (Hrsg.) (1998): Was will die jüngere mit der älteren Generation. Generationsbeziehungen und Generationenverhältnisse in der Erziehungswissenschaft. Opladen

Ecarius, Jutta; Fromme, Johannes (2000): Außerpädagogische Freizeit und jugendkulturelle Stile. In: Sander, Uwe; Vollbrecht Ralf (Hrsg.): Jugend im 20. Jahrhundert. Berlin, S. 138-157

Ecarius, Jutta; Krüger, Heinz-Hermann (1997): Machtverteilung, Erziehung und Unterstützungsleistungen in drei Generationen. Familiale Generationsbeziehungen in Ostdeutschland. In: Krappmann, Lothar; Lepenies, Annette (Hrsg.): Alt und Jung. Spannung und Solidarität zwischen den Generationen. Frankfurt a.M., New York, S. 137-160

Eisenstadt, Samuel N. (1966): Von Generation zu Generation. Altersgruppen und Sozialstruktur. München

Fend, Helmut (1988): Sozialgeschichte des Aufwachsens. Bedingungen des Aufwachsens und Jugendgestalten im 20. Jahrhundert. Frankfurt a.M.

Fischer, Arthur; Fuchs, Werner; Zinnecker, Jürgen (1985): Jugendliche und Erwachsene '85. Generation im Vergleich. Biographien, Orientierungsmuster, Perspektiven, Bd. 1. Opladen, S. 9-32

Flitner, Wilhelm (1987): Neue Wege der Erziehung und Selbstbildung. In: Erlinghagen, K. (Hrsg.): Wilhelm Flitner: Gesammelte Schriften. Bd 4: Die Pädagogische Bewegung. Beiträge – Berichte – Rückblicke. Paderborn, S. 170-231

Fuchs, Werner (1985): Jugend als Lebenslaufphase. In: Jugendwerk der Deutschen Shell (Hrsg.): Jugendliche und Erwachsenen '85. Bd 1. Opladen, S. 195-264

Fuchs, Werner (1983): Jugendliche Statuspassage oder individualisierte Jugendbiographie? In: Soziale Welt. 34.Jg. Göttingen, S. 341-371

Fuchs-Heinritz, Werner; Krüger, Heinz-Hermann (1991): Feste Fahrpläne durch die Jugendphase? Jugendbiographie heute. Opladen

Giesecke, Hermann (1982): Brauchen wir noch Erziehungsziele? In: Neue Sammlung 22, S. 357-365

Giesecke, Hermann (1985): Das Ende der Erziehung. Stuttgart

Giesecke, Hermann (1994): Einführung in die Pädagogik. Weinheim/München

Gillis, John, R. (1980): Geschichte der Jugend. Weinheim, Basel

Grundmann, Matthias; Huinink, Johannes; (1993): Kindheit im Lebenslauf. In: Markefka, Manfred; Nauck, Bernhard (Hrsg.): Handbuch der Kindheitsforschung. Neuwied, S. 67-78

Hafeneger, Benno (1996): Zur Wi(e)derbelebung des Pädagogischen. In: Brenner, Gerd; Hafeneger, Benno (Hrsg.): Pädagogik mit Jugendlichen. Bildungsansprüche, Wertvermittlung und Individualisierung. Weinheim, München, 11-22

Hengst, Heinz (1989): Zum Wandel der Kinderkultur – Neue Erfahrungen in pädagogisch verdünnten Zonen. In: Geulen, Dieter (Hrsg.): Kindheit. Neue Realitäten und Aspekte. Weinheim, S. 86-107

Honig, Michael-Sebastian (1996): Wem gehört das Kind? Kindheit als generationale Ordnung. In: Liebau, Eckart, Wulf, Christoph (Hrsg.): Generation. Versuche über eine pädagogisch-anthropologische Grundbedingung. Opladen, S. 201-221

Hornstein, Walter (1982): Jugendprobleme, Jugendforschung und politisches Handeln. In: Aus Politik und Zeitgeschichte (B3), S. 3-37

Hornstein, Walter (1983): Die Erziehung und das Verhältnis der Generationen heute. In ZfPäd., Beiheft 18, S. 59-79

Hornstein, Walter (1985): Jugend 1985 – Strukturwandel, neues Selbstverständnis und neue Problemlagen. In: MittAB2., S. 157-166

Inglehart, Ronald: Wertewandel in den westlichen Gesellschaften: Politische Konsequenzen von materialistischen und postmaterialistischen Prioritäten. In: Klages, Helmut; Kmieciak, Peter (Hrsg.): Wertewandel und gesellschaftlicher Wandel. Frankfurt a.M., New York 1979.

Jagodzinski, Walter (1985): Gibt es intergenerationellen Wertewandel zum Postmaterialismus? In: ZSE, S. 71-88

Kaufmann, Franz-Xaver (1993): Generationsbeziehungen und Generationenverhältnisse im Wohlfahrtsstaat. In: Lüscher, Kurt; Schultheis, Franz (Hrsg.): Generationenbeziehungen in 'postmodernen Gesellschaften'. Analysen zum Verhältnis von Individuum, Familie, Staat und Gesellschaft. Konstanz, S. 95-108

Kohli, Martin (1985): Die Institutionalisierung des Lebenslaufs. Historische Befunde und theoretische Argumente. In: KZfSS, 37. Jg., S. 1-29

Lauterbach, Wolfgang (1995): Die gemeinsame Lebenszeit von Familiengenerationen. In: Zeitschrift für Soziologie. Jg. 24, Heft 1, S. 22-41

Liebau, Eckart (1984): Gesellschaftlichkeit und Bildsamkeit des Menschen. Neue Sammlung, H. 24, S. 245-261

Liebau, Eckart; Wulf, Christoph (Hrsg.) (1996): Generation. Versuche über eine pädagogisch-anthropologische Grundbedingung. Weinheim
Mannheim, Karl (1928): Das Problem der Generationen. In: KZfSS, 7, 2, S. 157-185; 3, S. 309-330
Mead, Georg Herbert (1991): Geist, Identität und Gesellschaft. Frankfurt a.M.
Mollenhauer, Klaus (1982): Ist das Verhältnis zwischen den Generationen gestört? In: deutsche Jugend, 30. Jg., H.1, S. 27-37.
Müller, Burkhard, K. (1996): Jugendliche brauchen Erwachsene. In: Brenner, Gerd; Hafeneger, Benno (Hrsg.): Pädagogik mit Jugendlichen. Bildungsansprüche, Wertvermittlung und Individualisierung. Weinheim, München, S. 22-30
Müller, Hans-Rüdiger (1999): Das Generationenverhältnis. Überlegungen zu einem Grundbegriff der Erziehungswissenschaft. In: ZfPäd., 45. Jg., Nr. 6, S. 787-805
Oswald, Hans; Boll, Walter (1992): Das Ende des Generationenkonflikts? Zum Verhältnis von Jugendlichen zu ihren Eltern. In: ZSE, 12, 1, S. 30-51
Peukert, Detlev J.K. (1987): Die Weimarer Republik. Krisenjahre der Klassischen Moderne. Frankfurt a.M.
Projektgruppe Jugendbüro (1977): Subkultur und Familie als Orientierungsmuster. Zur Lebenswelt von Hauptschülern. München
Projektgruppe Jugendbüro und Hauptschülerarbeit (1975): Die Lebenswelt von Hauptschülern. Ergebnisse einer Untersuchung. München
Qvortrup, Jens (1993): Die soziale Definition von Kindheit. In: Markefka, Manfred; Nauck, Bernhard (Hrsg.): Handbuch der Kindheitsforschung. Neuwied, S. 109-124
Rauschenbach, Thomas (1994): Inszenierte Solidarität: Soziale Arbeit in der Risikogesellschaft. In: Beck, Ulrich; Beck-Gernsheim, Elisabeth. (Hrsg.): Riskante Freiheiten. Individualisierung in modernen Gesellschaften. Frankfurt a.M., S. 89-114
Rauschenbach, Thomas (1998): Generationenverhältnisse im Wandel. In: Ecarius, Jutta (Hrsg.): Was will die jüngere mit der älteren Generation. Generationsbeziehungen und Generationenverhältnisse in der Erziehungswissenschaft. Opladen, S. 13-40
Schelsky, Helmut (1957): Die skeptische Generation. Düsseldorf, Köln
Schleiermacher, Friedrich E.D. (1983): Ausgewählte pädagogische Schriften. Paderborn
Schulze, Gerhard (1993): Die Erlebnisgesellschaft. Kultursoziologie der Gegenwart. Frankfurt a.M., New York
Sinus Studie (1983): Die verunsicherte Generation. Jugend und Wertewandel. Opladen
Sinus Studie (1985): Die verunsicherte Generation. Jugend und Wertewandel. Materialienbände 1 u.2. Stuttgart
Statistisches Bundesamt (Hrsg.) (1997): Datenreport. Bonn
Tenbruck, Friedrich, H. (1962): Jugend und Gesellschaft. Freiburg
Thiersch, Hans (1992): Das sozialpädagogische Jahrhundert. In: Rauschenbach, Thomas; Gängler, Hans (Hrsg.): Soziale Arbeit und Erziehung in der Risikogesellschaft. Neuwied, Kriftel, Berlin, S. 9-24
Wimmer, Michael (1998): Fremdheit zwischen den Generationen. Generative Differenz, Generationsdifferenz, Kulturdifferenz. In: Ecarius, Jutta (Hrsg.): Was will die jüngere mit der älteren Generation. Generationsbeziehungen und Generationenverhältnisse in der Erziehungswissenschaft. Opladen, S. 81-114
Winterhager-Schmid, Luise (Hrsg.) (2000): Erfahrung mit Generationendifferenz. Weinheim

Zeiher, Hartmut J.; Zeiher, Helga (1992): Organisation von Raum und Zeit im Kinderalltag. In: Markefka, Manfred; Nauck, Bernhard (Hrsg.): Handbuch der Kindheitsforschung. Neuwied, S. 389-401

Zeiher, Helga (1994): Kindheitsräume. Zwischen Eigenständigkeit und Abhängigkeit. In: Beck, Ulrich, Beck-Gernsheim, Elisabeth (Hrsg.): Riskante Freiheiten. Frankfurt a.M., S. 353-375

Zeiher, Helga (1990): Organisation des Lebensraums bei Großstadtkindern – Einheitlichkeit oder Verinselung? In: Bertels, Lothar; Herlyn, U. (Hrsg.): Lebenslauf und Raumerfahrung. Opladen, S. 35-58

Ziehe, Thomas (1980): Trendanalyse zur Situation der jungen Generation aus psychologischer Sicht. In: Ilsemann, W., v.: Jugend zwischen Anpassung und Ausstieg? (Symposium des Jugendwerks der Deutschen Shell). Hamburg, S. 47-55

Zinnecker, Jürgen (1981): Jugend 1981: Portrait einer Generation. In: Jugendwerk der Deutschen Shell (Hrsg.): Jugend '81. Lebensentwürfe, Alltagskulturen, Zukunftsbilder. Bd.1.u.2., S. 80-123

Zinnecker, Jürgen (1990): Vom Straßenkind zum verhäuslichten Kind. Kindheitsgeschichte im Prozess der Zivilisation. In: Behnken, Imbke (Hrsg.): Stadtgesellschaft und Kindheit im Prozess der Zivilisation. Opladen, S. 142-200

Zinnecker, Jürgen (1996): Soziologie der Kindheit oder Sozialisation des Kindes? Überlegungen zu einem aktuellen Paradigmenstreit. In: Honig, Michael S.; Leu, Hans R.; Nissen, Ursula (Hrsg.): Kinder und Kindheit. Soziokulturelle Muster – sozialisationstheoretische Perspektiven. Weinheim, München, S. 31-54

Zinnecker, Jürgen (1997): Sorgende Beziehungen zwischen Generationen im Lebensverlauf. Vorschläge zur Novellierung des pädagogischen Codes. In: Lenzen, Dieter; Luhmann, Niklas (Hrsg.): Bildung und Weiterbildung im Erziehungssystem. Lebenslauf und Humanontogenese als Medium und Form. Frankfurt a.M., S. 199-227

Stephan Sting

Gesundheit

Zusammenfassung: Vor dem Hintergrund eines veränderten Krankheitsspektrums und eines Modernisierungsschubs, der Kinder und Jugendliche vor neue gesellschaftliche Anforderungen stellt, ist die Aufmerksamkeit auf gesundheitliche Belastungen der Heranwachsenden gestiegen. Gesundheit gilt nicht mehr nur als Aufgabenbereich des Gesundheitssektors, sondern als verschiedene Lebensbereiche durchziehendes Kriterium der Lebensqualität, das eng mit der sozialen Gestaltung von Lebensbedingungen und körperbezogenen Bildungsprozessen verwoben ist. In diesem Zusammenhang wird deutlich, dass Soziale Arbeit immer schon einen mehr oder weniger expliziten Gesundheitsbezug aufweist und dass die Perspektive auf Gesundheit trotz kritischer Einwände gegen die bisherige Praxis sozialpädagogischer Gesundheitsförderung zu einer Präzisierung und Differenzierung der Arbeit in der Kinder- und Jugendhilfe beitragen kann.

Einleitung

Eine Durchsicht des Kinder- und Jugendhilfegesetzes ergibt, dass in dieser ansonsten umfassenden Regelung des Kinder- und Jugendhilfebereichs „Gesundheit" bestenfalls peripher thematisiert wird.[1] Viele der beschriebenen Leistungen und Aufgaben mögen zwar implizit gesundheitliche Auswirkungen nach sich ziehen, doch werden sie mit keiner expliziten Reflexion auf Möglichkeiten der Gesundheitsförderung und Gesunderhaltung verknüpft. Wenn „Gesundheit" zu einem der zentralen Konfliktfelder der Kinder- und Jugendhilfe gemacht wird, besteht demnach in mehrfacher Hinsicht Erklärungsbedarf: Erstens stellt sich angesichts des in der Gesellschaft vorherrschenden Bildes der Jugend, das mit Gesundheit, Vitalität und Attraktivität verknüpft ist, die Frage, weshalb Gesundheit gerade für Heranwachsende ein wichtiges Thema darstellen soll. Zweitens erscheint unklar, warum gesundheitliche Probleme von Kindern und Jugendlichen im Kontext von Kinder- und Jugendhilfe verhandelt werden sollen, da sie doch in unserer Gesellschaft dem medizinischen Sektor zur Bearbeitung anheim gestellt werden. Und drittens bleibt schließlich für den Fall, dass sowohl Problemstellung als auch Zuständigkeit der Kinder- und Jugendhilfe akzeptiert werden, immer noch offen, in welcher Form sozialpädagogisches Handeln als das spezifisch professionelle Tun in diesem Feld zur Förderung von Gesundheit bei Kindern und Jugendlichen beitragen kann.

---

1 Z.B. findet sich „gesundheitliche Bildung" in der Auflistung der Aufgaben von Jugendarbeit (§11) oder wird die Versorgung in Notsituationen mit eventuellen Erkrankungen von Betreuungspersonen in Verbindung gebracht (§20) (vgl. KJHG 1995).

1. Kinder und Jugendliche als gesundheitliche Problemgruppe?

Statistische Untersuchungen zum Gesundheitszustand von Kindern und Jugendlichen ergeben regelmäßig, dass insbesondere die Altersgruppe der Jugendlichen im Vergleich zu anderen Altersgruppen relativ gesund ist, was sich zugleich in der subjektiven Selbsteinschätzung widerspiegelt (vgl. Kolip; Nordlohne; Hurrelmann 1995, 31). Allerdings vermehren sich Anzeichen dafür, dass dieses generelle Bild der „gesunden Jugend" Brüche aufweist, die dahinter liegende Probleme offenbaren. Während in den letzten Jahrzehnten infolge einer allgemeinen Verbesserung der Lebensqualität in den Industriestaaten die Morbiditäts- und Mortalitätsraten in allen anderen Altergruppen rückläufig sind, nehmen sie in der Altersgruppe der 10- bis 20-Jährigen zu (vgl. Lohaus 1993, 23). Befragungen unter Jugendlichen bringen eine weite Ausbreitung von Befindlichkeitsstörungen zum Vorschein, wobei chronische Erkrankungen wie Allergien und Atemwegserkrankungen und psychosomatische Beschwerden (v.a. Kopfschmerzen, Nervosität, Konzentrationsschwierigkeiten und Rückenschmerzen) eine wichtige Rolle spielen. Die Auswertung von Schuleingangsuntersuchungen macht deutlich, dass ein enger Zusammenhang zwischen Gesundheit und kindlicher Entwicklung besteht und dass auch im Kindesalter „Krankheiten eher die Regel denn die Ausnahme" sind (Mersmann 1998; Kolip; Hurrelmann; Schnabel 1995, 10).

Diese Befunde zeigen zwei gegenläufige Tendenzen: Einerseits haben die Erfolge der Medizin akute Infektionskrankheiten wie z.B. die klassischen Kinderkrankheiten zurückgedrängt und haben Verbesserungen der Lebensbedingungen zahlreiche Gesundheitsrisiken vermindert. Andererseits führen Veränderungen der Lebensbedingungen wie die Zunahme an Stress, Leistungsdruck, Mobilität und Lebenstempo zur Entstehung neuer Krankheiten und Belastungen. Diese Doppeltendenz ergibt sich auch aus den Befragungen unter Jugendlichen, die zwar ihren Gesundheitszustand überwiegend positiv beurteilen, aber zugleich eine relativ hohe Besorgnis über die eigene Gesundheit äußern, wobei die Besorgnisbereiche häufig nicht mit den von Erwachsenen angenommenen übereinstimmen (z.B. Aussehen, Ernährung, Sexualität, Verletzungen und Unfälle, Sozialbeziehungen) (vgl. Lohaus 1993, 29ff.).

Die veränderten Krankheitsbilder führen dazu, Gesundheitsprobleme stärker im Kontext individueller und kollektiver Verhaltensweisen zu betrachten. Die heute vorherrschenden „chronischen" Krankheiten wie Herz-Kreislauf-Erkrankungen, Krebs, Allergien, Atemwegserkrankungen usw. (auch als „Zivilisationskrankheiten" bezeichnet) scheinen stärker durch Veränderungen der Lebensweise beeinflussbar als Infektionskrankheiten. Sie verlangen eine Erweiterung des biomedizinischen Krankheitsmodells durch die Berücksichtigung psychischer, sozialer und ökologischer Faktoren. Ihre Entstehung hängt mit der Verarbeitung von „Stress" zusammen, die sich aus dem Zusammenspiel von Belastungen, Bewältigungs- bzw. Copingressourcen und Schutzfaktoren ergibt. Im Umgang mit Stress werden sowohl die Beförderung von (Bewältigungs-)Kompetenzen als auch die Beeinflussung der personalen Konstitution durch die Ausbildung von Ressourcen und Schutzfaktoren relevant (vgl. Troschke 1998, 373ff.). Darüber hinaus stellen die sozialen Lebensbedingungen, die sozialstrukturellen Voraussetzungen und die darin enthaltenen sozialen Ressourcen und Unterstützungspotentiale wichtige Einflussfaktoren von Gesundheit dar (vgl. Hurrelmann 1994a, 110ff.).

Auch Gesundheitsprobleme im Kindes- und Jugendalter gelten heute weniger als unmittelbarer Ausdruck physisch-materieller und sozialer Defizite denn als Resultat eines über kollektive Lebensweisen vermittelten, eher kontingenten Fehlverhaltens, das durch soziale und individuelle Anstrengungen korrigierbar erscheint. Symptomatisch lässt sich dies an Ernährungsproblemen verdeutlichen: Standen hier früher Ernährungsstörungen bei Säuglingen und Kindern durch mangelhafte oder fehlerhafte Zusammensetzung von Nahrungsmitteln im Vordergrund, so verbreiten sich heute Störungen im Essverhalten durch Überfütterung und falsche Regulierung der Bedürfnisbefriedigung (vgl. Kolip; Hurrelmann; Schnabel 1995, 12). Zugleich ist ein großer Teil der Gesundheitsgefährdungen unter Jugendlichen und jungen Erwachsenen Resultat des jugendspezifischen Risikoverhaltens, das zu Verletzungen infolge von Verkehrsunfällen und Gewalteinwirkungen oder zu Vergiftungen infolge des Konsums legaler und illegaler Drogen führt. Der „Anteil prinzipiell vermeidbarer Gesundheitsrisiken" ist damit in dieser Altersgruppe relativ hoch (Lohaus 1993, 22). In Verbindung mit der diagnostizierten Zunahme der Mortalitäts- und Morbiditätsraten im Jugendalter hat dies zur Folge, Jugendliche trotz des relativ niedrigen Niveaus gesundheitlicher Beeinträchtigungen als eine besondere Problemgruppe der gesundheitlichen Versorgung zu betrachten.

2. Gesundheit als Aufgaben- und Konfliktfeld der Kinder- und Jugendhilfe

Die Veränderungen des Krankheitsspektrums bringen zum Vorschein, dass Gesundheit und Krankheit keine natürlichen oder wertneutralen, sondern zutiefst sozial konstituierte Kategorien darstellen: Sie sind abhängig von sozialen Voraussetzungen und Lebensbedingungen, Ergebnis historisch und sozial variabler Bedeutungskonstruktionen und in unterschiedliche sozialpolitische Traditionen eingebettet (vgl. Labisch 1992, 17; Rosenbrock 1998a, 711f.). Gesundheit ist Dauerthema sozialpolitischer Auseinandersetzungen, in denen es um ihren gesellschaftlichen Stellenwert, um die soziale Verteilung von Chancen, Risiken und Kosten der Gesundheitssicherung und um die Bedeutung des sozialen Zusammenlebens für Gesundheit geht. Darüber hinaus ist sie eine pädagogisch zu vermittelnde Leitorientierung, die an der kulturellen Formierung und Bildung körperlichen Verhaltens und körperbezogener Lebenspraxis teilhat.

Gegenwärtig ist ein Aufstieg des Gesundheitsmotivs im Bewusstsein der Bevölkerung zu verzeichnen. Gesundheit wird zu einem mit persönlicher Aktivität verbundenen Wert, der in der Kombination mit „Fitness" zum Ausdruck jener „diffus-universellen Leistungsbereitschaft" wird, die in der heutigen Gesellschaft erforderlich zu sein scheint (Keupp 2000, 33). In sozialpädagogischen Kreisen wird diese Entwicklung meist als Ideologisierung und Individualisierung von Gesundheit kritisiert und abgelehnt (vgl. z.B. Hörmann 1999).[2] Doch sie markiert grundsätzliche Veränderungen der körperbezogenen bzw. „somatischen Kultur"[3], von denen auch das sozialpädagogische Gesundheitsverständnis nicht unberührt bleibt (vgl. Labisch 1992 321.ff.). Alte Zwänge der Hygieneorientierung wie körperliche Distanz oder die Ausklammerung körperlicher Befindlichkeiten aus Sozial- und Arbeitsbeziehungen werden hierbei aufgelockert; zugleich werden neue Zwänge der Fitness, Beweglichkeit und des Gesundheitsaktivismus eingeführt. Kennzeichen dieses „Zivilisationsschubs" sind eine Ästhetisierung des Körpers und eine „gesteigerte Körper-Aufmerksamkeit" (Rittner 1995, 195f.), die Anteil daran haben, dass trotz der Erfolge der Medizin, trotz des statistischen Rückgangs der Sterblichkeitsraten für eine Reihe chronischer Krankheiten, das subjektive Gefühl der Zufriedenheit mit der eigenen Gesundheit sinkt (vgl. Milz 1995, 22f.).

Die skizzierten Entwicklungen machen gesundheitsbezogene Fragestellungen in doppelter Hinsicht für die Kinder- und Jugendhilfe relevant: die Transformation der somatischen Kultur verlangt insgesamt eine stärkere Berücksichtigung der leiblichen und körperlichen Dimensionen in der Sozialpädagogik. Heranwachsende müssen sich im Verlauf ihrer Entwicklung und Selbstkonstitution in neuer Weise zwischen extremen Formen der Körperinszenierung und der Körperverdrängung positionieren, wobei die Gefahr des Scheiterns und damit verbundener Gesundheitsprobleme relativ hoch zu sein scheint (vgl. Hünersdorf 1999; Rittner 1999, 115). Zugleich lässt die verstärkte Berücksichtigung der sozialen und psychischen Aspekte von Gesundheit gesundheitsbezogenes Handeln auch in nicht-medi-

---

2 Die Zunahme des Gesundheitsbewusstseins zeigt sich z.B. in einer Repräsentativstudie unter Eltern zur Wichtigkeit gesundheitsbezogener Themen in der Schule, die für nahezu alle Themenkomplexe zwischen 1985 und 1996 deutlich gestiegene Werte vermerkt (Arnold; Lang 1996, 58f.). Keupp weist darauf hin, dass Gesundheit einen über die faktischen gesellschaftlichen Veränderungen hinausgehenden Sinn- und Bedeutungsüberschuss produziert, der als „säkularisierte Heilserwartung" interpretiert werden kann (vgl. Keupp 2000). An Gesundheit knüpfen sich damit vielfältige Hoffnungen und Erwartungen auf individueller wie kollektiver Ebene, von denen auch die sozialpädagogische Gesundheitsbewegung nicht ganz frei ist.
3 Nach Rittner umfasst der Begriff der „somatischen Kultur" Dimensionen wie Gesundheitsverständnis, Ernährung, Bewegung, Sexualität, Hygiene, körperliche Selbstdarstellung und körperlichen Habitus (vgl. Rittner 1999).

zinischen Professionsfeldern zu einem wichtigen Aufgabenfeld werden. So ist z.B. im Bereich der gesundheitlichen Versorgung von Kindern festgestellt worden, dass organisch bedingte Gesundheits- und Entwicklungsrisiken durch günstige psychosoziale Bedingungen im sozialen Nahbereich kompensiert werden können. Ebenso scheinen die nachteiligen Folgen ungünstiger familiärer Bedingungen durch außerfamiliäre soziale Netzwerke und professionelle sozialpädagogische Unterstützung zumindest teilweise revidierbar zu sein (vgl. Schlack 1998, 58f.; Nestmann 2000, 139ff.).

Für die Berücksichtigung gesundheitsbezogener Aufgaben in der Kinder- und Jugendhilfe lassen sich im Einzelnen folgende Argumente anführen:

1. Im Kontext des gewandelten gesellschaftlichen Stellenwerts von Gesundheit haben gesundheitspsychologische Untersuchungen die enorme Bedeutung des Laienhandelns bezüglich Gesundheit und Krankheit zum Vorschein gebracht. Der größte Teil gesundheitlicher Probleme wird im Alltagshandeln bearbeitet und nicht im medizinischen Expertensystem. Gesundheitsbezogenes Alltagswissen und -handeln steuert den Zugang zur professionellen medizinischen Versorgung, indem der erste Schritt zur Auseinandersetzung mit gesundheitlichen Problemen einer Laienentscheidung entspringt. Dies legt eine gesundheitsbezogene Beratung, Prävention und Intervention nahe, die sowohl an das Klientel und deren Bezugspersonen als auch an die Professionellen der Kinder- und Jugendhilfe gerichtet ist (vgl. Faltermaier 1994, 62f.; Hörmann 1999, 7f.; Nestmann 2000, 128ff.). Besonders Eltern sind Schlüsselfiguren für das Erkennen von Auffälligkeiten und die Inanspruchnahme von Versorgungsangeboten (vgl. BZgA 1998, 88), während bei Professionellen zumindest eine diagnostische Sensibilität, ein Grundwissen um gesundheitsrelevante biopsychosoziale Zusammenhänge und eine Kenntnis von Hilfe- und Unterstützungsmöglichkeiten notwendig erscheint.

2. Die frühen Lebensabschnitte gelten als entscheidende Phasen für die Herausbildung „handlungsbestimmender Lebensstile", die den körperlichen Habitus und gesundheitsrelevante Verhaltensweisen und Einstellungen in den nachfolgenden Lebensphasen determinieren (Lohaus 1993, 25; Palentien u.a. 1998, 79). Eine gesundheitsbezogene Erziehung und Bildung erscheint deshalb gerade im Kindes- und Jugendalter besonders wichtig. Derartige Bestrebungen kollidieren jedoch mit den gegenwartsbezogenen Interessen von Jugendlichen und deren positiver gesundheitlicher Selbsteinschätzung (vgl. Troschke 1995, 337ff.). Die Tatsache, dass Jugendliche durch herkömmliche Maßnahmen der Prävention und Gesundheitsförderung schwer erreichbar sind, macht die Suche nach einer nicht reglementierenden Integration gesundheitlicher Perspektiven in die Arbeit mit Jugendlichen erforderlich.

3. Der Anstieg von Gesundheitsproblemen im Jugendalter verweist auf „Überbeanspruchungen" und „Überforderungen" dieser Altersgruppe, die als Indiz dafür gewertet werden, dass die Heranwachsenden die

„Kosten der Modernisierung" zu tragen haben. Kinder und Jugendliche werden als „gesundheitliche Seismographen" betrachtet, die eine mit dem gesellschaftlichen Wandel verbundene Beeinträchtigung der Lebensqualität großer Teile der Bevölkerung anzeigen (vgl. Kolip; Nordlohne; Hurrelmann 1995, 44f.). Die von den Veränderungen der Lebensweise hervorgerufene Ambivalenz von Chancen und Risiken scheint vor allem diejenigen unter Druck zu setzen, die ihren Platz in der Gesellschaft noch suchen (vgl. Haberlandt u.a. 1995, 88). Zugleich stellt der mit der Transformation der Arbeits- und Lebensformen verknüpfte Zivilisationsschub neue Verhaltensanforderungen wie die Ausbalancierung von sozialer und räumlicher Mobilität, die Herausbildung neuer Kommunikations- und Leistungsfähigkeiten oder die Etablierung neuer körperbezogener Selbstdarstellungstechniken, in denen Gesundheit diesseits ideologischer Überhöhungen zu einem geradezu existentiellen Wert aufsteigt (vgl. Labisch 1992, 321f.).

4. Trotz der Entkoppelung von materiellen Notlagen und gesundheitlichen Beeinträchtigungen und der Etablierung einer allgemeinen sozialen und gesundheitlichen Grundversorgung weist die Verteilung von Gesundheitsproblemen auch in modernen Industriestaaten einen „eindeutigen sozialen Gradienten" auf: „Je niedriger die soziale Schicht, desto größer sind die gesundheitlichen Belastungen" – ein Standardbefund der Sozialepidemiologie, der auch für Kinder und Jugendliche zutrifft (Zurhorst 2000, 49; vgl. Schlack 1998; Mersmann 1998). Zugleich stellen Kinder und Jugendliche in unserer Gesellschaft die Gruppe mit dem höchsten Armutsrisiko dar, und sozial Benachteiligte stellen nach wie vor das Hauptklientel der Kinder- und Jugendhilfe. Damit wird *„gesundheitliche Ungleichheit"* (Mielck; Helmert 1998) zu einem wichtigen Konfliktfeld der Kinder- und Jugendhilfe, und gesundheitliche Belastungen können immer noch – wie schon in den Anfängen der modernen Sozialpädagogik – als sozialer Indikator genommen werden, der soziale Missstände sichtbar und in ihren Konsequenzen wahrnehmbar macht (vgl. Sting 2000, 57f.). Das Klientel der Kinder- und Jugendhilfe ist in besonderem Maß von jener „Demoralisierung" betroffen, die sich als Grundstimmung der Zukunftsangst, der Hilfs- und Hoffnungslosigkeit und des mangelnden Selbstvertrauens in sozial niedrig stehenden Bevölkerungsgruppen auszubreiten scheint (vgl. Keupp 2000, 23). Die drohende soziale Spaltung der Gesellschaft scheint sich demnach auf der gesundheitlichen Ebene zu verdoppeln.

3. Sozialpädagogisches Handeln als Beitrag zur Gesundheitsförderung bei Kindern und Jugendlichen

Zentraler Bezugspunkt für die Neuorientierung gesundheitsbezogener Arbeit wurde die Ottawa-Charta zur *Gesundheitsförderung* der Weltgesundheitsorganisation (WHO) von 1986. Herkömmliche Bemühungen zur Krankheitsprävention und zu einer auf das individuelle Verhalten zielenden Gesundheitserziehung, die in den meisten Fällen mit Strategien der Abschreckung, der asketischen Disziplinierung und der Moralisierung von Gesundheit assoziiert wurden, sollten in mehrfacher Hinsicht überschritten werden: „Gesundheitsförderung" wird als eine umfassende gesamtgesellschaftliche Aufgabe verstanden, die auf unterschiedlichsten Ebenen realisiert werden soll (von Einzelpersonen über gesellschaftliche Gruppen, Gemeinden, Institutionen bis hin zur Gesellschaft insgesamt). Zugleich handelt es sich um ein positives Konzept, das sich an Kompetenzen und Ressourcen orientiert und Strategien zur Selbststärkung und zur Stärkung von „Schutz"- bzw. „Protektivfaktoren" favorisiert. Im Kern geht es schließlich um einen sozialpolitischen Zugang zur Gesundheit, der soziale und ökologische Grundvoraussetzungen von Gesundheit thematisiert (z.B. Frieden, angemessene Wohn- und Lebensbedingungen, Bildung, soziale Gerechtigkeit) und die Förderung einer gesundheitsorientierten Lebenspraxis in allen Lebensbereichen nahe legt (Ottawa-Charta 1995; vgl., Laaser; Hurrelmann 1998, 395ff.; Hörmann 1999, 14ff.). Gesundheit wird damit zu einem entscheidenden Kriterium der *Lebensqualität* erhoben, das nicht als abschließbarer Zustand, sondern als dynamischer Prozess einer aktiv betriebenen Herstellung und Erhaltung – als ständige Bemühung um Gesundheit – zu realisieren ist.[4]

Das WHO-Konzept zur Gesundheitsförderung erfuhr in der sozialpädagogischen Gesundheitsdiskussion eine schnelle und uneingeschränkte Akzeptanz. Dies lag vor allem daran, dass es mit dem ganzheitlichen, lebensweltorientierten Vorgehen der Sozialen Arbeit übereinstimmte. Franzkowiak und Zurhorst weisen darauf hin, dass der Gesundheitsförderungsansatz selbst zu großen Teilen aus konzeptionellen Grundlagen und Handlungsansätzen der Sozialen Arbeit entstanden ist und Soziale Arbeit historisch immer schon einen mehr oder weniger expliziten Gesundheitsbezug hat (Franzkowiak 1998, 173f.; Zurhorst 2000, 46). Neue professionelle Zugänge der Sozialen Arbeit wie „Empowerment" und „Netzwerkarbeit" erhalten durch das Gesundheitsmotiv eine zusätzliche Legitimation. Und umgekehrt können bereits etablierte Arbeitsweisen durch eine gesundheitsbezogene Reflexion präzisiert und differenziert werden. Darüber hinaus hat sich die Hoffnung ausgebreitet, mit Hilfe einer spezifisch sozialpädagogischen Gesundheitsförderung den Zuständigkeitsbereich der Sozialen Arbeit durch eine eigenständige Gesundheitsarbeit zu erweitern.[5]

---

4 Dieses Verständnis stimmt mit neuen prozessualen Gesundheitsvorstellungen überein (vgl. z.B. Antonovsky 1997); doch zugleich ist es nicht frei von jener oben erwähnten Ideologisierung von Gesundheit, indem diese z.T. zu einer „konkreten Utopie" und damit zum Hebel für vielfältige gesellschaftliche Veränderungen erklärt wird (vgl. Kickbusch 1987, 125ff.).

5 Mangels finanzieller Absicherungen und rechtlicher Verankerungen sind diese Hoffnungen zwischenzeitlich gedämpft worden. Stattdessen werden Versuche zur Ausdifferenzierung und Professionalisierung der Sozialen Arbeit im bereits bestehenden Ge-

Trotz der breiten Akzeptanz der Ottawa-Charta ist bisher eine relativ geringe praktische Bedeutung der Gesundheitsförderung zu verzeichnen. Die positive und integrative Perspektive auf Gesundheit hat den real existierenden Widerstreit gesellschaftlicher Interessengruppen und Ziele übersehen. Das Gesundheitsmotiv steht dem Primat der Ökonomie entgegen, weshalb zu seiner Durchsetzung sowohl „gegentendenzielles Handeln" als auch ein „kollektiver Diskurs" über Fragen der Lebensorientierung, der Lebensweise und Lebensqualität erforderlich sind (Rosenbrock 1998b, 206, 214; Troschke 1995, 333). Eine Gesundheitsförderung von allen für alle benennt weder zu erwartende Konfliktlinien noch mögliche Akteure der sozialpolitischen Auseinandersetzungen. Dementsprechend wird vielerorts beklagt, dass Umsetzungsversuche auf der sozialstrukturellen Ebene kaum in Sicht sind und dass die Praxis der Gesundheitsförderung sich auf einzelne Modellprojekte und eine Neuformierung der verhaltens- und individuumsbezogenen Prävention beschränkt.

Für den Bereich der Kinder- und Jugendhilfe sind beispielsweise die „Leitlinien der Gesundheitsförderung im Kindesalter" relevant, die von der Bundeszentrale für gesundheitliche Aufklärung (BZgA) im Rahmen einer Expertentagung erstellt wurden. Ziel ist hierbei die „Vermittlung gesundheitsbezogenen Wissens" und die „Motivation zu gesundheitsförderlichem Verhalten". Kompetenzfördernde Maßnahmen in Abhängigkeit von der kindlichen Entwicklung (z.B. zur Bewegungsförderung, zur aktiven Freizeitgestaltung und zur sozialen Kommunikation) sollen mit problemorientierten Ansätzen im Hinblick auf unterschiedliche Gefährdungen (z.B. Unfälle, Essstörungen, Sucht, sexueller Missbrauch) kombiniert und (in Abstimmung mit Kinderärzten und jugendärztlichen Diensten) um spezifische Strategien für sozial Benachteiligte und schwer erreichbare Gruppen ergänzt werden (vgl. BZgA 1998, 87ff., 118f.). Als wichtige Institution für die Durchführung solcher Aktivitäten gilt der Kindergarten, da hier ein leichter Zugang zu unterschiedlichen sozialen Gruppen sowie zu Eltern möglich zu sein scheint und gerade im frühen Kindesalter Gesundheitspotentiale gut zu aktivieren sind. Die Einbeziehung der Eltern (z.B. im Sinne der Verbreitung eines gesundheitsbezogenen „Kulturwissens" im Rahmen von Elternabenden, Elterngesprächen und speziellen Informationsveranstaltungen) erscheint unumgänglich, da in der Familie sowohl die Wurzeln für gesundheitliche Ressourcen und Belastungen als auch für Gesundheitshandeln und die Inanspruchnahme von Vorsorgemaßnahmen zu finden sind (BZgA 1998, 87f.; Palentien u.a. 1998, 84). Es wird zurecht kritisiert, dass eine derartige Gesundheitsförderung einen klaren Vorrang verhaltensbezogener Aktivitäten erkennen lässt und dazu tendiert, trotz aller gegenteiligen Absichten den Zugang zu bildungsfernen, sozial benachteiligten Gruppen zu erschweren (vgl. Zurhorst 2000, 52).

---

sundheitssektor unter dem Stichwort „klinische Sozialarbeit" diskutiert (vgl. Hey 2000; Ansen 2000).

Als zentrale Institution für gesundheitsfördernde Aktivitäten im Kindes- und Jugendalter gilt die Schule. Die Schule erlaubt in besonderer Weise die Durchführung bevölkerungsbezogener, unspezifischer Strategien, da sie zum einen die Gesamtheit einer Altersgruppe erreicht und zum anderen für das Schulalter eine „homogenisierende Wirkung von Schule, peer-groups und Jugendkultur" diagnostiziert worden ist. Während der Schulzeit wird der Einfluss des Elternhauses relativiert bzw. maskiert. Diese bis zum frühen Erwachsenenalter anhaltende „Latenzzeit" des Sozialmilieus wird als geeigneter Ausgangspunkt für gesundheitsfördernde Maßnahmen betrachtet (Zurhorst 2000, 52).

Erste Versuche zur Etablierung der Gesundheitsförderung in der Schule bestanden in der Erneuerung didaktischer Konzepte für den Unterricht oder für schulische Projektwochen. Methoden der aufklärenden Abschreckung und der Orientierung an Risikofaktoren sollten durch eine Stärkung von „Gesundheitsfaktoren" und die Verbreitung gesundheitsorientierter Lebensmodelle abgelöst werden (vgl. Staeck 1990; Schneider 1990). Etwas umfassender waren Ansätze zur Gesundheitsbildung angelegt, die die Anregung biographie- und körperbezogener Bildungsprozesse in zentralen Lebensbereichen wie Ernährung, Kleidung oder Naturerleben zum Ziel hatten, um eine gesundheitsbezogene „Kultur der Lebensführung" zu befördern (Schipperges 1990; Homfeldt 1993; Homfeldt; Schulz 1997).

Inzwischen werden institutionelle, strukturbezogene Strategien eingefordert, die die gesamte Schule einbeziehen und ein kooperatives Vorgehen mit Schulsozialarbeitern, Jugendämtern, öffentlichem Gesundheitsdienst und jugendärztlichem Dienst anstreben. Schule wird als wichtiger Arbeits- und Lebensort betrachtet, dessen soziale und ökologische Voraussetzungen bis hin zur räumlichen und zeitlichen Gestaltung wesentlichen Einfluss auf die Gesundheit von Kindern und Jugendlichen ausüben. Ebenso ruft sie als soziale Selektionsinstanz und Vermittlungsagentur des gesellschaftlichen Konkurrenz- und Leistungsprinzips vielfältige gesundheitliche Belastungen hervor. Dementsprechend erscheint es notwendig, Schule gesundheitsförderlich zu gestalten und in ein Netz von Hilfen zur Abfederung gesundheitlicher Beeinträchtigungen einzubetten. Zu dem Zweck wird z.B. die Integration von Beratungs- und Gesundheitszentren in Schulen vorgeschlagen, da vor allem die Altersgruppe der 10-20-Jährigen gesundheitliche Versorgungseinrichtungen mit ausgeprägter Kommstruktur wenig in Anspruch nimmt (Hurrelmann 1994b, 213-219; Priebe u.a. 1993, 145ff.). Im Rahmen eines EU-weiten „Netzwerks gesundheitsfördernder Schulen" wurden BLK-Modellversuche durchgeführt, in denen in Verbindung mit generellen Reformbemühungen im Bildungswesen räumliche und organisatorische Veränderungen unter Einbeziehung ganzer Schulkollegien und Elternschaften vorgenommen wurden. Gesundheitsförderung wird in diesem Zusammenhang zu einem die gesamte Institution erfassenden Modell der „Schulentwicklung" erhoben (vgl. Barkholz; Homfeldt 1994, 184; Paulus 2000,248).

Die praktische Umsetzung schulischer Gesundheitsförderung bleibt bislang auf vorwiegend mittelschichtsorientierte Projekte beschränkt (z.B. Hofbegrünung, Vollwertkiosk, Entspannung, Schönheitspflege; vgl. Barkholz; Homfeldt 1994, 178ff.; Zurhorst 2000, 53). Auf die organisatorischen und strukturellen Rahmenbedingungen von Schule als Selektionsinstrument, das soziale Deklassierung und Ausgrenzung mit hervorbringt, scheint sich mit Hilfe des Gesundheitsmotivs wenig Einfluss nehmen zu lassen. Zugleich ist die Grundprämisse fraglich, die Gesundheitsförderung mit der homogenisierenden Wirkung von Schule verknüpft, da diese die Heterogenität der Sozialisationserfahrungen und Lebenschancen nicht tatsächlich beseitigt. Von daher erscheint eine gesundheitsbezogene Aufmerksamkeit und ein Aufgreifen gesundheitsbezogener Themen gerade auch in sozial differenzierten lebensweltlichen Kontexten, z.B. in den Institutionen der Kinder- und Jugendhilfe, notwendig. Insbesondere bei Jugendlichen besteht jedoch das Problem, dass Gesundheit kaum verhaltensleitende Funktionen übernimmt, dass stattdessen gegenwartsbezogene Fragen der sozialen Anerkennung, des Selbstbilds und des Aufbaus sozialer Beziehungen im Vordergrund stehen, die eher zu gesundheitsriskantem als zu gesundheitsförderlichem Verhalten veranlassen (vgl. Haberlandt u.a. 1995; Troschke 1995). Wird gegen derartige Selbstbestimmungsbestrebungen versucht, Gesundheit mit Hilfe „positiver Imagebildung" und psychologischen Strategien zur „Verhaltensbeeinflussung" zu einem Verhaltens-Leitbild der „körperlichen Attraktivität, Vitalität und Lebensfreude" zu erheben (Laaser; Hurrelmann 1998, 398ff.), dann beteiligt sich sozialpädagogische Gesundheitsförderung nicht nur an der vielfach kritisierten Ideologisierung von Gesundheit, sondern trägt zugleich zur Stigmatisierung jener bei, deren Chancen, dem Gesundheitsideal zu entsprechen, am geringsten sind.

Zur Einbeziehung gesundheitsförderlicher Aspekte in die sozialpädagogische Arbeit mit Kindern und Jugendlichen finden sich in der Gesundheitsdiskussion zwei Ansatzpunkte, die eine (nach wie vor notwendige) gesundheitliche Informations-, Erziehungs- und Beratungsarbeit im engeren Sinn überschreiten. Der *erste Ansatzpunkt* lässt sich aus Antonovskys Überlegungen zur Salutogenese ableiten, in denen das „*Kohärenzgefühl*" (sense of coherence) im Mittelpunkt steht. Unter Kohärenzgefühl versteht *Antonovsky* eine „globale Orientierung" sich selbst und der Welt gegenüber, ein Gefühl der Übereinstimmung und des Vertrauens darauf, dass die umgebende Welt verstehbar, die daraus erwachsenden Anforderungen handhabbar und die zu deren Bearbeitung notwendigen Anstrengungen bedeutsame Herausforderungen sind, für die zu engagieren sich lohnt (vgl. Antonovsky 1997, 36). Das Kohärenzgefühl stellt den Gegenpol zur „Demoralisierung" dar (Keupp 2000, 26). Es scheint sich nach bisherigen Untersuchungen zum einen direkt positiv auf die psychische und physische Gesundheit auszuwirken und zum anderen vermittelt über den Stress-Coping-Prozess (vgl. Antonovsky 1997, 123ff.; vgl. Franke 1997; Bengel u.a. 1998, 40ff.). Es entsteht im Prozess des Heranwachsens als Resultat von Lebenserfahrungen, die von sozialen Lebensbedingungen und Ressourcen abhängig sind (hierunter werden sowohl kulturelle und sozialstrukturelle als auch materielle, psychische und soziale Bedingungen des sozialen Nahraums gefasst) und spezifische Bildungsprozesse nach sich ziehen. Das Kohärenzgefühl wird Teil der Persönlichkeit; es ist nicht gleichbedeutend mit einer stabilen Ich-Identität, weist aber eine gewisse Nähe zu neuen offenen Identitätskonzepten auf, indem es auf die Notwendigkeit hindeutet, „sich ein kohärentes Interaktionsmuster mit der Realität zu erarbeiten" (Antonovsky 1997, 154).

Die Beförderung von Kohärenz könnte demnach eine indirekte Gesundheitsorientierung für die Kinder- und Jugendhilfe darstellen. Es ginge dabei um eine Präzisierung bestehender Bestrebungen zur Persönlichkeitsbildung, indem Erfahrungen ermöglicht werden, die jenes Gefühl der Verstehbarkeit, der Handhabbarkeit und der Bedeutsamkeit des eigenen Lebens und Tuns hervorbringen. Zu dem Zweck sind die sozialstrukturellen Lebensbedingungen und die sozialen Lebenswelten des Klientels im Hinblick auf Kohärenz zu reflektieren, um strukturelle Verbesserungen anzustreben. Und es sind bildungsrelevante Aktivitäten vorstellbar, die positive, selbststärkende Lebenserfahrungen sowie eine Differenzierung der Wahrnehmung und Selbstreflexion anregen, um Kohärenzerfahrungen in den Prozess der Selbstkonstitution zu integrieren.[6]

Der *zweite Ansatzpunkt* für eine gesundheitsförderliche sozialpädagogische Arbeit mit Kindern und Jugendlichen kann anhand von Faltermaiers Erweiterung des Salutogenese-Modells von Antonovsky erläutert werden. In seiner Perspektive stellt das „Gesundheitsbewusstsein" einen eigenständigen Teilbereich des Kohärenzgefühls dar (Faltermaier u.a. 1998, 28ff.). Im gesundheitlichen Alltagswissen und Alltagsbewusstsein finden sich komplexe und differenzierte Vorstellungen von Gesundheit, die unmittelbar praktisch wirksam werden. Das Gesundheitsbewusstsein fließt direkt in alltägliches Handeln zur Erhaltung und Förderung von Gesundheit ein, das eigene gesundheitsrelevante Kompetenzen und Selbsthilfepotentiale herausbildet (Faltermaier u.a. 1998, 189ff.). Unter Kindern und Jugendlichen sind derartige Kenntnisse und Fähigkeiten noch wenig ausgebildet; doch zumindest im Jugendalter zeichnen sich erste Anhaltspunkte dafür ab, die gerade für diese im Hinblick auf gesundheitliche Fragen schwierige Altersgruppe eine „Gesundheitsarbeit von unten" möglich erscheinen lassen.

In einigen Bereichen jugendlichen Risikoverhaltens haben sich unter den Beteiligten selbst Kenntnisse, Verhaltensregeln und Rituale etabliert, die vor gravierenden Unfällen bzw. Gefährdungen und vor Langzeitschäden schützen sollen. Damit ist gerade im Feld gesundheitsriskanten Verhaltens eine gesundheitliche Sensibilität entstanden, die Selbsthilfepotentiale im Sinne des

---

6 Trotz der Akzeptanz postmoderner Identitätskritik weist Keupp auf die Gefahr schwerwiegender gesundheitlicher Konsequenzen hin, die beim Fehlen von Kohärenz in der Selbstkonstitution zu erwarten sind (vgl. Keupp 2000, 32).

„peer support" aktiviert. Dazu zählen z.B. die Verbreitung von „Konsumregeln" zur Schadensminimierung innerhalb drogennaher Szenen oder die Errichtung eines spezifischen „Hooligan-Ethos" unter gewaltbereiten Fußballfans. Insbesondere für die Gesundheitsförderung unter Jugendlichen erscheint es angebracht, diese Bestrebungen nicht zu ignorieren, sondern im Sinne des Empowerments aufzugreifen, Selbsthilfeansätze zu unterstützen und zur Verbreitung einer von den Betroffenen ausgehenden gesundheitsbezogenen Prävention beizutragen.[7] Auf diese Weise wird eine Beschäftigung mit exemplarischen gesundheitsrelevanten Themen möglich, die im Grenzbereich von Selbstbehauptung und Risiko eine Auseinandersetzung mit körperbezogenen Selbsterfahrungen und Selbstinszenierungen eröffnet. Vielleicht ergibt sich hieraus über die konkrete Schadensabwehr hinaus die Chance für eine *körperbezogene Bildung*, die die Anforderungen der neuen somatischen Kultur im Spannungsfeld von Individuum und Gesellschaft reflektiert und die somatische Dimension unserer kollektiven wie individuellen Lebenspraxis in den Prozess der Persönlichkeitsbildung einbezieht.

Literatur zur Vertiefung

Hurrelmann, K.; Laaser, U. (Hrsg.) (1998): Handbuch Gesundheitswissenschaften. Weinheim, München.
Labisch, A. (1992): Homo Hygienicus. Gesundheit und Medizin in der Neuzeit. Frankfurt a.M., New York.
Sting, S.; Zurhorst, G. (Hrsg.) (2000): Gesundheit und Soziale Arbeit. Gesundheit und Gesundheitsförderung in den Praxisfeldern Sozialer Arbeit. Weinheim, München.

Literatur

Ansen, H. (2000): Klinische Sozialarbeit und methodisches Handeln. In: Sozialmagazin (25), H. 2, S. 16-26.
Antonovsky, A. (1997): Salutogenese. Zur Entmystifizierung der Gesundheit. Deutsche erweiterte Herausgabe von A. Franke. Tübingen.
Arnold, K.; Lang, E. (1996): Gesundheitserziehung an Schulen 1996. Hamburg
Barkholz, U.; Homfeldt, H. G. (1994): Gesundheitsförderung im schulischen Alltag. Weinheim, München.
Bengel, J.; Strittmatter, R.; Willmann, H. (1998): Was erhält Menschen gesund? Antonovskys Modell der Salutogenese – Diskussionsstand und Stellenwert. Köln.
BZgA (Hrsg.) (1998): Gesundheit von Kindern. Epidemiologische Grundlagen. Köln.
Faltermaier, T. (1994): Gesundheitsbewusstsein und Gesundheitshandeln. Über den Umgang mit Gesundheit im Alltag. Weinheim.
Faltermaier, T.; Kühnlein, J.; Burda-Viering, M. (1998): Gesundheit im Alltag. Laienkompetenz in Gesundheitshandeln und Gesundheitsförderung. Weinheim, München.

---

7 Innovative Ansätze hierzu gibt es bereits im Feld der sekundären Suchtprävention, wo unter Einbezug drogenerfahrener peers Drogengebrauch als Handlungsoption ernstgenommen, aber zugleich eine gesundheitliche Aufklärung und Information in drogennahen Szenen betrieben wird. Franzkowiak versucht solche Zugänge unter dem Stichwort der „Risikokompetenz" zu verallgemeinern (Franzkowiak 1996).

Franke, A. (1997): Zum Stand der konzeptionellen und empirischen Entwicklung des Salutogenesekonzepts. In: Antonovsky, A.: Salutogenese. Tübingen, S. 169-190.
Franzkowiak, P. (1996): Risikokompetenz. Eine neue Leitorientierung für die primäre Suchtprävention? In: Neue Praxis (26), H. 5, S. 409-425
Franzkowiak, P. (1998): Gesundheitsbezogene Soziale Arbeit zwischen Public Health und Gesundheitswissenschaft. In: Neue Praxis (28), H. 2, S. 171-179.
Haberlandt, M.; Höfer, R.; Keupp, H.; Seitz, R.; Straus, F. (1995): Risiken und Chancen der Entwicklung im Jugendalter. In: Kolip, P.; Hurrelmann, K.; Schnabel, P.-E. (Hrsg.): Jugend und Gesundheit. Weinheim, München, S. 87-109.
Hey, G. (2000): Klinische Sozialarbeit. Zu den Aufgaben Sozialer Arbeit in Einrichtungen des Gesundheitswesens. In. Sting, S.; Zurhorst, G. (Hrsg.): Gesundheit und Soziale Arbeit. Weinheim, München, S. 163-175.
Homfeldt, H. G. (Hrsg.) (1993): Anleitungsbuch zur Gesundheitsbildung. Hohengehren.
Homfeldt, H. G. (Hrsg.) (1999): „Sozialer Brennpunkt" Körper. Körpertheoretische und praktische Grundlagen für die Soziale Arbeit. Hohengehren.
Homfeldt, H. G.; Schulz, W. (1997): Biographisches Lernen, Gesundheit und Soziale Arbeit. In: Homfeldt, H. G.; Hünersdorf, B. (Hrsg.): Soziale Arbeit und Gesundheit. Neuwied, Kriftel, Berlin, S. 127-154.
Homfeldt, H. G.; Hünersdorf, B. (Hrsg.) (1997): Soziale Arbeit und Gesundheit. Neuwied, Kriftel, Berlin.
Hörmann, G. (1999): Stichwort: Gesundheitserziehung. In: Zeitschrift für Erziehungswissenschaft, 1-99, S. 5-29.
Hünersdorf, B. (1999): Die Vernachlässigung des Leibes in der lebensweltorientierten Sozialpädagogik. In: Homfeldt, H. G. (Hrsg.): „Sozialer Brennpunkt" Körper. Hohengehren, S. 97-102
Hurrelmann, K. (^{3}1994): Sozialisation und Gesundheit. Weinheim, München (a).
Hurrelmann, K. (^{2}1994): Familienstress, Schulstress, Freizeitstress. Gesundheitsförderung für Kinder und Jugendliche. Weinheim, Basel (b).
Hurrelmann, K.; Laaser, U. (Hrsg.) (1998): Handbuch Gesundheitswissenschaften. Weinheim, München.
Keupp, H. (2000): Gesundheitsförderung als Ermutigung zum aufrechten Gang. Eine salutogenetische Perspektive. In: Sting, S.; Zurhorst, G. (Hrsg.): Gesundheit und Soziale Arbeit. Weinheim, München, S. 15-40.
Kickbusch, I. (1987): Vom Umgang mit der Utopie. In: Venth, A. (Hrsg.): Gesundheit und Krankheit als Bildungsbegriff. Bad Heilbrunn, S. 119-129.
Kinder- und Jugendhilfegesetz (1995). Bonn.
Kolip, P.; Hurrelmann, K.; Schnabel, P. E. (Hrsg.) (1995): Jugend und Gesundheit. Weinheim, München.
Kolip, P.; Hurrelmann, K.; Schnabel, P.-E. (1995): Gesundheitliche Lage und Präventionsfelder im Kindes- und Jugendalter. In: Kolip, P.; Hurrelmann, K.; Schnabel, P.-E. (Hrsg.): Jugend und Gesundheit. Weinheim, München, S. 7-21.
Kolip, P.; Nordlohne, E.; Hurrelmann, K. (1995): Der Jugendgesundheitssurvey 1993. In: Kolip, P.; Hurrelmann, K.; Schnabel, E.-P. (Hrsg.): Jugend und Gesundheit. Weinheim, München, S. 24-48.
Laaser, U.; Hurrelmann, K. (1998): Gesundheitsförderung und Krankheitsprävention. In: Hurrelmann, K.; Laaser, U. (Hrsg.): Handbuch Gesundheitswissenschaften. Weinheim, München, S. 395-424.
Labisch, A. (1992): Homo Hygienicus. Gesundheit und Medizin in der Neuzeit. Frankfurt a.M., New York.
Lohaus, A. (1993): Gesundheitsförderung und Krankheitsprävention im Kindes- und Jugendalter. Göttingen, Bern, Toronto, Seattle

Mersmann, H. (1998): Gesundheit von Schulanfängern – Auswirkungen sozialer Benachteiligungen. In: BzgA (Hrsg.) (1998): Gesundheit von Kindern. Köln S. 60-78.

Mielck, A.; Helmert, U. (1998): Soziale Ungleichheit und Gesundheit. In: Hurrelmann, K.; Laaser, U. (Hrsg.): Handbuch Gesundheitswissenschaften. Weinheim, München 1998, S. 519-535.

Milz, H. (1995): Persönliche Gesundheit in ökosozialer Verantwortung. In: Göpel, E.; Schneider-Wohlfart, U. (Hrsg.): Provokationen zur Gesundheit. Frankfurt a.M., S. 17-32.

Nestmann, F. (2000): Gesundheitsförderung durch informelle Hilfe und Unterstützung in sozialen Netzwerken. In: Sting, S.; Zurhorst, G. (Hrsg.): Gesundheit und Soziale Arbeit. Weinheim, München, S. 128-146.

Ottawa-Charta zur Gesundheitsförderung (1995). In: Göpel, E.; Schneider-Wohlfart, U. (Hrsg.): Provokationen zur Gesundheit. Frankfurt a.M., S. 279-283.

Palentien, C.; Settertobulte, W.; Hurrelmann, K. (1998): Gesundheitsstatus und Gesundheitsverhalten von Kindern als Grundlage der Prävention. In: BZgA (Hrsg.): Gesundheit von Kindern. Köln, S. 79-86.

Priebe, B.; Israel, G., Hurrelmann, K. (Hrsg.) (1993): Gesunde Schule. Gesundheitserziehung, Gesundheitsförderung, Schulentwicklung. Weinheim, Basel, S. 145-151.

Rittner, V. (1995): Selbstbehauptung mit dem Körper. Fitness und Sportlichkeit als Körperideale und neue soziale Zwänge. In: Göpel, E.; Schneider-Wohlfart, U. (Hrsg.): Provokationen zur Gesundheit. Frankfurt a.M., S. 195-210.

Rittner, V. (1999): Körper und Identität: Zum Wandel des individuellen Selbstbeschreibungsvokabulars in der Erlebnisgesellschaft. In: Homfeldt, H. G. (Hrsg.): „Sozialer Brennpunkt" Körper. Hohengehren, S. 104-116.

Rosenbrock, R. (1998a): Gesundheitspolitik. In: Hurrelmann, K.; Laaser, U. (Hrsg.): Handbuch Gesundheitswissenschaften. Weinheim, München, S. 707-751.

Rosenbrock, R. (1998b): Wa(h)re Gesundheit. In: Roeßiger, S.; Merk, H. (Hrsg.): Hauptsache gesund! Gesundheitsaufklärung zwischen Disziplinierung und Emanzipation (Ausstellungskatalog). Marburg, S. 202-216.

Schipperges, H. (1990): Das Bild der Gesundheit im Spiegel der Geschichte. In: Friedrich Jahresheft VIII: Gesundheit. Seelze-Velber, S. 14-16.

Schlack, H. G. (1998): Lebenswelten von Kindern als Determinanten von Gesundheit und Entwicklung. In: BZgA (Hrsg.): Gesundheit von Kindern. Köln, S. 49-59.

Schneider, V. (1990): Motiviert für Gesundheit? Inhalte und Methoden einer schulischen Gesundheitsförderung. In: Friedrich Jahresheft VIII: Gesundheit. Seelze-Velber, S. 30-33.

Staeck, L. (1990): Gesundheitserziehung heute: Überwindung traditioneller Konzepte? In: Friedrich Jahresheft VIII: Gesundheit. Seelze-Velber, S. 25-29.

Sting, S. (2000): Gesundheit als Aufgabenfeld sozialer Bildung. In: Sting, S.; Zurhorst, G. (Hrsg.): Gesundheit und Soziale Arbeit. Weinheim, München, S. 55-68.

Sting, S.; Zurhorst, G. (Hrsg.) (2000): Gesundheit und Soziale Arbeit. Gesundheit und Gesundheitsförderung in den Praxisfeldern Sozialer Arbeit. Weinheim, München.

Troschke, J. F. v. (1995): Zukunft der Gesundheitsförderung und Prävention. In: Kolip, P.; Hurrelmann, K., Schnabel, P.-E. (Hrsg.): Jugend und Gesundheit. Weinheim, München, S. 333-346.

Troschke, J. F. v. (1998): Gesundheits- und Krankheitsverhalten. In: Hurrelmann, K.; Laaser, U. (Hrsg.): Handbuch Gesundheitswissenschaften. Weinheim, München, S. 371-394.

Zurhorst, G. (2000): Armut, soziale Benachteiligung und Gesundheit. In: Sting, S.; Zurhorst, G. (Hrsg.): Gesundheit und Soziale Arbeit. Weinheim, München, S. 41-54.

Martina Müller

Sexualität

Zusammenfassung: Jugend muss heute als komplexe Gruppe verstanden werden, die sich sowohl nach hinten als auch nach vorne verlängert und sich immer stärker in verschiedene Teilkulturen differenziert, auch was die spezifischen Themen im Bereich Freundschaft, Partnerschaft, Liebe, Sexualität betrifft. Jugendliche heute verhalten sich sexualitätsbejahend, müssen jedoch früher als die Angehörigen vorhergehender Generationen auch im Intimbereich eigene Entscheidungen treffen und verantworten, da sich die Grenzen richtungsgebender Orientierungsmuster sowie fester Rollenvorschriften verschoben haben. Dazu bedarf es einer Kompetenz, die ein hohes Maß an Informationen und Orientierungswissen, einen gewachsenen Grad an Selbstreflexion und die Fähigkeit zum Diskurs, zu Gesprächen mit Gleichaltrigen und Erwachsenen erfordert.

1. Einleitung

Mittlerweile wird der Beginn der Pubertät bei Mädchen zwischen dem 9. und 11. Lebensjahr angesetzt, bei Jungen zwischen dem 11. und 14. Lebensjahr. Mädchen haben ihre erste Menstruation zwischen dem 11. und dem 16., Jungen die Pollution zwischen dem 12. und dem 15. Lebensjahr. 30% der Jugendlichen haben bis zum 14. Lebensjahr Petting (vgl. Neubauer 1987). „In der Pubertät geht es darum, unabhängig von der Ursprungsfamilie und ihrem Beziehungsnetz ein eigenständiges Selbstkonzept zu entwerfen, eine selbstständige Identität als erotisch-sexuelles Wesen aufzubauen und die Persönlichkeit neu zu strukturieren." (Klees u.a. 1989, S. 30)

Zwischen dem 12. und dem 14. Lebensjahr werden Kinder mit ihren körperlichen Veränderungen konfrontiert. Sie lösen sich vom Kindheitsalter ab, erobern sich Freiräume und machen erste sexuelle Erfahrungen. Von besonderer Wichtigkeit sind hier die Freundschaftsgruppen. Als „Turbulenzphase" (vgl. Neubauer 1987) gilt die Periode zwischen dem 15. und dem 17. Lebensjahr. Die Jugendlichen erfahren hier verschiedene Stadien und Formen sexuellen Erlebens und experimentieren damit. Die Spanne zwischen dem 18. und dem 21. Lebensjahr ist die der sog. jungen Erwachsenen. Die meisten haben dann ein stabiles soziales Umfeld und nutzen die erste langjährige Freundschaft als Möglichkeit, sich langsam vom Elternhaus, auch räumlich, abzusetzen. „Über 90% aller jungen Erwachsenen betrachten das Vater- oder Muttersein als wichtige Station ihres Lebensfahrplans." (Sielert 1993, S. 62)

„Die Adoleszenzphase bietet die Chance zur Verselbstständigung. Die Lebensgrammatik der Begierden, Bedürfnisse und Zukunftsvorstellungen, aber auch der Selbst- Einschätzung und der Selbst- Wert- Schätzung formt sich aus." (Klees u.a. 1989, S. 30) Der erste Geschlechtsverkehr „passiert" für die Mehrheit der Jugendlichen eher ungeplant. Nach Neubauer (1987) erleben 75% der Jugendlichen das „erste Mal" im Elternhaus bzw. im Elternhaus der Partnerin oder des Partners. Begegnen sie der Situation „völlig überraschend", so beeinflusst dieser Effekt natürlich das Verhütungsverhalten. Dazu kommt, dass die Mädchen und Jungen desto eher zu ungeschütztem Verkehr bereit sind, je weniger sie den Partner oder die Partnerin kennen. Nach einer Befragung von Emnid (1994) antworteten Jugendliche auf die Frage, ob sie schon einmal mit einem Mädchen/Jungen geschlafen haben:

	Mädchen	Jungen
14 Jahre	11%	10%
15 Jahre	21%	17%
16 Jahre	35%	33%

(vgl. Wolfrum/Süß 1996, S. 140)

Nach oben genannter Befragung antworteten 70% der siebzehnjährigen Mädchen und 71% der siebzehnjährigen Jungen, dass sie schon einmal Geschlechtsverkehr gehabt hätten. Die Mädchen und Jungen sind heute beim „ersten Mal" gleich alt, nämlich im Durchschnitt 14,9 Jahre. Mädchen und Jungen, die sich zu ihrem eigenen Geschlecht hingezogen fühlen, sind ebenfalls über ihre ersten Erlebnisse befragt worden. Die jungen Männer waren zwischen fünfzehn und siebzehn Jahre alt, die jungen Frauen zwischen siebzehn und neunzehn. (vgl. ebd.)

Ein positives und selbstbestimmtes Erleben von Sexualität ist nicht angeboren, es muss, genau wie das Lieben, erlernt werden. Wie wir letztendlich Sexualität erfahren, hängt mit unserem übrigen Leben zusammen. Das Sexualverhalten ist so individuell wie die Lebenswelten, generalisierende Aussagen, auch was das sexuelle Erleben von Jugendlichen betrifft, können also nicht getroffen werden.

Die Frage stellt sich, in wieweit Jugendliche „2000" auch im sexuellen Bereich kompetent sind, bzw. wie kompetent sie sein sollten. Bewegen sie sich in ihrer Sexualität gleichberechtigt und mit Selbstbewusstsein oder orientieren sie sich an eher traditionellen Rollenvorgaben?

2. Jugendkonflikte im Bereich der Sexualität

Was hat Sexualität mit heutigen Jugendkonflikten zu tun ? Eine sexualpolitische und -pädagogische Diskussion fand schließlich vor mehr als dreißig Jahren statt. Seit der „sexuellen Revolution" haben sich die Geschlechterrollen sowie die zwischenmenschlichen Beziehungsmodelle verändert und das Wirtschaftssystem reagierte mit neuen Angeboten. „Dieser kulturelle Modernisierungsschub hat auch die Jugendlichen erfasst und lässt für sie die Sexualität alltäglicher erscheinen. Sie können die Sexualität heute anders und angstfreier erleben, müssen aber auch erfahren, dass sie zunehmend leistungsorientierter betrieben wird." (Neubauer 1987, S. 125)

Jugendliche haben heute weniger moralische Bedenken und weniger Angst vor Schwangerschaften. Es ergeben sich andere Themen, mit denen sich die Jugendhilfe auseinander setzen muss. So schafft z.b. AIDS neue Voraussetzungen, bzw. setzt andere Maßstäbe für die und in der Sozial- und Sexualpädagogik.

Wenn auch schon lange, sowohl im privaten als auch öffentlichen Raum, nicht mehr tabuisiert, ist und bleibt Sexualität ein „heikles Thema". Eine offene Kommunikation und insbesondere ein akzeptierend-unbefangener Umgang mit sexuellen Wünschen und Bedürfnissen von Heranwachsenden ist nicht unbedingt die Regel. Eigenes Nichtwissen und Scham behindern häufig schon die bloße Sexualaufklärung. Noch schwerer fällt es Erwachsenen, Kinder, insbesondere Mädchen, als sexuelle Wesen anzuerkennen und ihnen eine positive, angstfreie Einstellung zum eigenen Körper und seinen sexuellen Funktionen zu vermitteln. Eltern neigen dazu, während der Pubertät die Sozialkontakte ihrer Töchter einzuschränken, sie vorzuplanen und/oder zu kontrollieren, da sie oft um die körperliche/sexuelle Integrität der Mädchen fürchten.

Barrieren und Verbote sind zwar zu einem großen Teil abgebaut worden, doch kann dies auch neue Probleme schaffen. Wenn z.B. die Partnerin oder der Partner des „Kindes" im Elternhaus übernachten darf, könnte dadurch auf eine liberale Haltung der Eltern geschlossen werden, die „Erlaubnis" kann aber auch eine Form subtiler Kontrolle möglich machen.

Sexualität wird nach wie vor oftmals nur dem Personenkreis zugestanden, der sich auch potentiell fortpflanzen kann, d.h. allen anderen Lebensformen wird entweder gar keine oder sozusagen eine „niedrigere" Variante der Sexualität zugestanden. Dadurch werden Jugendliche darauf verwiesen, dass am Ende ihrer sexuellen Entwicklung der heterosexuelle Geschlechtsverkehr stehen sollte und der damit verbundene Orgasmus. Damit einher geht, dass andere sexuelle Erfahrungen eingeschränkt werden und dies dem eigentlichen Ziel einer Sexualerziehung entgegenläuft, die dafür sorgen sollte, dass Jugendliche Sexualität als Lust- und Kraftquelle für ihr ganzes Leben erfahren.

Die früher einsetzende Geschlechtsreife der Jugendlichen bedeutet nicht unbedingt, dass sie auch früher reif für sexuelle Beziehungen sind. Vielmehr kommen in der Jugendphase so viele neue, physische und psychische, Erfahrungen auf die Jugendlichen zu, dass mit dem Thema „Sexualität/sexuelles Erleben" sensibel umgegangen werden muss. Neben den erweiterten Freiheitsgraden des Handelns werden durch die veränderten Lebens(lauf)bedingungen auch Risiken, Probleme sowie Belastungen verstärkt. Ein weiterer Problemkreis, der diskutiert werden sollte, ist, dass Jugendliche ihre Identitätsbildung in Abhängigkeit von Beziehungen erleben. D.h. dass die Selbstfindung der meisten Jugendlichen in Abhängigkeit von einer anderen Person als auch unter der Belastung, sich selbst nicht zu finden, steht. Die Angst des Selbstverlustes führt dann beim ersten Konflikt zur Trennung. Die Erfahrung des „Mit-sich-allein-sein-Könnens" kann so nicht erlernt werden.

Sexualität hat also grundsätzlich etwas mit Jugendkonflikten zu tun. Jugendhilfe ist immer auch ein Ort sexueller Kommunikation; ihre Hauptaufgabe ist: Die Sache klären, die Menschen stärken. (vgl. Sielert 2000) Dabei ergeben sich Themen, die die Auseinandersetzung mit Jugendlichen begleiten. Dazu gehört natürlich die Beschäftigung mit AIDS und anderen sexuell übertragbaren Krankheiten, wobei das Hauptaugenmerk darauf gelegt werden muss, dass Mädchen die Verwendung von Kondomen sowie den Umgang mit safer sex bei den Jungen mutiger und stärker einfordern und dass Jungen Kondome und safer sex akzeptieren bzw. erlernen, dies in ihren sexuellen Alltag zu integrieren. Zu diesem Themenkreis gehört auch eine sensible Diskussion der Probleme Prostitution und Drogenkonsum.

Gerade in Einrichtungen der Jugendhilfe ist es äußerst wichtig, vor dem Hintergrund sexueller Gewalt, Sexismus sowie nicht-gleichberechtigter sexueller Beziehungen, die Auseinandersetzung mit Gewalthandlungen und sexueller Aggression nicht außen vor zu lassen. Zwei Problemkreise, die den Konfliktbereich Sexualität in der Jugendhilfe betreffen, möchte ich näher ausführen: „Homosexualität im Jugendarbeitsdiskurs" und „Jugendliche Mütter in Maßnahmen der Jugendhilfe".

3. Homosexualität im Jugendarbeitsdiskurs

Sexualität ist von Geburt an ein identitätsbildender Faktor; die Entscheidung für eine (sexuelle) Lebensform ist das Resultat von sozialisatorischen Prozessen, nicht von einer biologischen Determination. Die Zuneigung zum eigenen Geschlecht ist in der Jugendhilfe noch kein ausreichend diskutiertes Thema; das Modell einer Partnerschaft mit einem gleichgeschlechtlichen Menschen wird in der Jugendhilfe nicht genügend akzeptierend diskutiert.

Ein Lebensentwurf, der das Gebären und das Erziehen von Kindern sowie das familiäre Leben mit Kindern einschließt, ist in unserer Gesellschaft bislang noch an ein heterosexuelles Paarmuster geknüpft. Gerade bei Mädchen (in Einrichtungen der Jugendhilfe) ist die Aufnahme einer stabilen Beziehung mit einem akzeptablen jungen Mann ein Zeichen von Normalität und einer „gesunden" Entwicklung und wird als solche gefördert. Wenn ein Mädchen sich entscheidet, ein anderes Mädchen zu lieben, reagieren Mitarbeiterinnen der Jugendhilfe sowie das soziale Umfeld des Mädchens noch allzu oft mit Befremdung. Um nicht als „unnormal" zu gelten, nehmen etliche Mädchen Beziehungen zu Jungen und jungen Männern auf, obwohl sie das vielleicht gar nicht möchten und ihnen diese Form der Intimität Probleme bereitet.

Grundsätzlich hat die Jugendhilfe Jugendliche im Prozess der sexuellen Identitätsfindung zu unterstützen. Notwendige Voraussetzungen für eine freie Wahl der sexuellen Lebensform sind zum einen der Vorurteilsabbau gegenüber den gleichgeschlechtlichen Lebensweisen und zum anderen das Aufzeigen von Identitätsentwürfen fern der traditionellen Rollenbilder für beide Geschlechter.

4. Der Umgang mit Homophobie in der antisexistischen Arbeit mit Jungen/Jungensozialisation

„Die Angst davor, möglicherweise mit dem Stigma des Schwulseins behaftet zu werden, erschwert nicht unerheblich den offenen und vertrauten Umgang zwischen Jungen. Im Jugendzentrum vergeht kaum ein Tag, an dem nicht irgendjemand als ‚schwule Sau' beschimpft wird oder ein neuer Schwulenwitz die Runde macht. Die seltenen Jungenfreundschaften befinden sich in der Zwickmühle: einerseits möchten zwei Freunde miteinander durch dick und dünn gehen und vertrauen sich tatsächlich sehr intime Dinge an. Andererseits dürfen sie ihre Beziehung nicht körperlich ausdrücken und sich nicht allzu oft von der Clique absondern, um nicht den Verdacht der Homosexualität auf sich zu lenken oder einfach als unmännlich zu gelten. Schwule sind für viele Jugendliche keine richtigen Männer und wer sich so ähnlich verhält, hat sein Image auf's Spiel gesetzt." (Sielert 1989, S. 78)

Die Freizeit in Gruppen oder Cliquen zu verbringen, ist kein Problem, da diese Zusammenkünfte denen von Männern ähneln, die zusammen angeln, saufen, Motorrad fahren und sich auch mal aus Freude über einen Sieg der favorisierten Fußballmannschaft in die Arme fallen. Solche „zärtlichen Anfälle" gelten dann als begrenzte Kontrollverluste. Eine reflektierte, antisexistische Jungenarbeit bricht z.B. mit dem Tabu des Bedürfnisses nach zärtlichem Körperkontakt, auch unter bzw. zwischen Jungen und Männern.

Die Homophobie unter Jungen kann, so der Pädagoge Sielert, oft nur im Schutz der Abwehr von Homosexualität möglich sein, die sich allerdings nicht in Form klarer Abwertung, sondern als deutliches Sich-absetzen äußert. Öfter als notwendig wird z.B. betont, dass größere Körpernähe zueinander nichts mit Schwulsein zu tun hat. „Gradliniger und gelungener ist natürlich die Abwehr interner und externer homosexueller Fantasien durch eine offene Diskussion, die des Umwegs über die Betonung heterosexueller Identität nicht bedarf." (ebd. S. 79) Aber dies ist nicht in allen Jungengruppen möglich, weil hier zwei Tabus gleichzeitig durchbrochen werden müssen: „Das traditionelle Bild des harten Mannes und die Homosexualität als sexuelle Lebensweise." (ebd.)

Junge zu sein bedeutet, erst noch ein „richtiger Mann" werden zu müssen und das ist, bei einer so komplizierten Rollenvorgabe, ein anstrengendes Unternehmen. „Ein Mann konkurriert, kämpft, begeistert sich für Technik, besteht Abenteuer. Ein Mann ist aktiv, beherrscht seine Emotionen und lässt sich sein Schwachsein nicht anmerken." (...) „Erwiesenermaßen wird Jungen viel Disziplin, Selbstkontrolle und Verzicht abverlangt, um jene Verhaltensweisen zu erlernen, die als mädchenuntypisch gelten und der Männerrolle zugeschrieben werden." (Sielert 1993, S. 66) Dass Männer in unserer Gesellschaft in vielen Bereich ein Machtmonopol haben, ist nicht von der Hand zu weisen. Diese Tatsache darf aber nicht ein genaueres Hinsehen verhindern bzw. die diffizilen Prozesse des Erwerbs von Geschlechtsrollenidentität und der sexuellen Sozialisation vernebeln. Die Beziehungen zwischen Männern und Frauen sind zu komplex, als dass sie damit erklärt werden könnten. Der Missbrauch von Macht steht oft in Beziehung zu Ohnmachtserfahrungen und kann häufig als Gefühl des Sich-bedroht-Fühlens gewertet werden.

Jungen entwickeln ein Selbstbild, das zwischen erheblichen Selbstzweifeln und Selbstüberschätzung schwankt. Dazu kommt, dass sie in erster Linie, v.a. in den ersten Lebensjahren, von Frauen erzogen werden und männliche Identifikationsmuster nicht ausreichen. Später, z.B. in der Jugendarbeit, stellen sich immer noch zu wenig Männer, gerade Männer, die ihr Mannsein reflektieren, dieser Aufgabe. Wenn Jungen sich auf die Suche nach lebenden Vorbildern machen, begegnen sie sehr oft nur Schablonen von Männlichkeit. Wenn Jungen sich für Sexualität und Sexualverhalten interessieren, finden sie meist keine sinnvollen Aufklärungsmedien und greifen auf (schlechte) Pornovideos zurück, in denen ein Männerbild dargestellt wird, das erstens nicht der Realität entspricht und zweitens nicht einem wünschenswerten Mannsein. Auch konventionellere Medien, wie z.B. Kabelsender, arbeiten diesen Eindrücken nicht unbedingt entgegen.

„Tagtäglich kann an den Unterhaltungen der Jungen im Schulbus, an den Frotzeleien und Rempeleien gegenüber Mädchen im Jugendzentrum, an den Wettspielen um „Erfolg bei Frauen" abgelesen werden, wie sehr Männlichkeit mit Potenz, Aktivität, Erfolg, Coolness, Leistung und Gefühlsbeherrschung sowie Abwertung von Mädchen in Verbindung gebracht wird. (...) Ganz anders das reale Selbstbild. Die meisten Jungen wissen, dass sie himmelweit entfernt sind von dem gespielten Rollenbild des coolen, beliebten und potenten Mannes." (ebd. S. 68)

Über sich und ihre Gefühle zu sprechen ist für Jungen besonders schwierig, oftmals stehen ihnen dafür keine Bezugspersonen zur Verfügung. Eine emotionale Beziehungsgestaltung wird erschwert. Jungen lernen, dass Männer lieben lassen. Sie projizieren ihre weichen, passiven, fürsorglichen Anteile und Bedürfnisse auf Mädchen und Frauen und verstehen dann oft die Welt nicht mehr, wenn sie von ihrer Freundin verlassen werden, obwohl sie sich doch wie ein „ganzer Kerl" verhalten haben.

5. Mädchen – Körper – Sexualität

Die Auseinandersetzung mit Weiblichkeit und Körperlichkeit gehört zu den zentralen und wichtigen Themen in der Mädchenarbeit. „Ab der Pubertät werden die Mädchen mit sehr widersprüchlichen Anforderungen konfrontiert: Da ist zum einen der Zwang zu Attraktivität, zu Körperinszenierung und der Bereitschaft zu ersten sexuellen Kontakten. Gleichzeitig wird ihnen Sexualität nun vermehrt als „Gefahrenquelle" geschildert, was ihren Bewegungsradius einschränkt und sie mit der ständigen Drohung vor den Folgen leben lässt." (Duppel/Scholz 1990, S. 145)

Nach wie vor besteht für Mädchen ein hoher Anpassungsdruck an das vorherrschende Schönheits- und v.a. Schlankheitsideal; Mädchen müssen dafür sorgen, dass sie ein „gutes Bild" abgeben, während die Körperkonzepte von Jungen eher auf das Körperinnere gerichtet sind, d.h. darauf, was sie damit schaffen, bewirken können. Ästhetische Normabweichungen werden dabei meist als persönliches Versagen empfunden, abschätzende Kommentare von außen tun das ihre dazu. „Die Verunsicherung über ihren Körper und ihr Aussehen ist für Mädchen und Frauen so etwas wie eine zweite Haut. Überflutet von Werbung, aggressiven Diät-, Kosmetik- und Mode-Artikeln lernen sie erstens, dass Schönheit und v.a. Schlankheit für Glück und Erfolg stehen, und zweitens, dass sie das wahre Schönheitsideal letztlich nie erreichen werden." (ebd. S. 151) Die Auseinandersetzung mit stereotypen Schönheitsidealen ist eine wichtige Aufgabe der Jugendhilfe, auch im Hinblick darauf, dass viele Mädchen in Jugendhilfeeinrichtungen ein gestörtes Ess-Verhalten haben, was häufig eine direkte Folge erlebter sexueller Gewalt ist.

Körpermanipulationen, wie z.B. Tattoos oder Piercings, bieten Jugendlichen einen Weg zur Selbstaufwertung, Selbstdarstellung und Demonstration der Zugehörigkeit zu Gruppen sowie ein Instrument zur Regelung sozialer Beziehungen und sollten als solche akzeptiert werden, solange sie keinen selbstzerstörerischen Charakter haben.

In den noch bestehenden hierarchischen Geschlechterverhältnissen ist Sexualität zunächst an männlichen Bedürfnissen orientiert, wird hauptsächlich in männlichen Kategorien gedacht und männliche Sexualität bedeutet in erster Linie Geschlechtsverkehr. Daraus folgt, dass viele Mädchen und Frauen in ihren (ersten) intimen Beziehungen zu Jungen oder Männern diesen die

Aufgabe überlassen, sexuelle Aktivitäten zu initiieren. Oft unfähig, eigene Wünsche oder Bedürfnisse zu erkennen und zu formulieren, sind ihre sexuellen Kontakte stark von den Bedürfnissen der männlichen Partner bestimmt. Damit wird es noch schwieriger, Selbstbestimmtheit und Sicherheit im eigenen Körper zu erlernen und Verantwortung dafür zu entwickeln. Damit hängt wiederum zusammen, dass mit der Pubertät das Selbstvertrauen der Mädchen abnimmt und das „objektive Befinden" der Mädchen und jungen Frauen im 2. Lebensjahrzehnt schlechter wird. Mädchen selbst definieren Gesundheit auch meist als ihr „allgemeines Wohlbefinden", wobei für viele von ihnen auch ein Beziehungsaspekt enthalten ist.

Mit dem 2. Lebensjahrzehnt werden weibliche Körperprozesse zunehmend pathologisiert und medikalisiert. Kaum noch eine körperliche Umbruchphase kann ohne medizinische Interventionen, und dazu gehören auch Hormongaben, Schmerzmittel, Tranquilizer sowie Appetitzügler, Abführmittel und Psychopharmaka, ablaufen.

Was das zyklische Körpergeschehen, die Menstruation, Reproduktionsfähigkeit, Phasen des weiblich-biologischen Lebens und Verhütung angeht, sind Mädchen heute grundsätzlich informiert und interessiert. Bei den Kontrazeptionsmethoden ist Sicherheit das Hauptkriterium, Verhütung wird als etwas gesehen, was „beide angeht", wenn auch die Praxis oft anders aussieht. Das Thema Menstruation, als „historisches Erbe" eher negativ besetzt, wird in der jetzigen Generation zwar oft noch widersprüchlich, aber eher positiv gesehen. Da das zyklische Geschehen jedoch einen starken Einfluss auf die Physis und die Psyche hat, geraten Mädchen manchmal in einen Zwiespalt zwischen dem, was ist und dem, was man ihnen „anmerken" darf.

Aufgabe der Jugendhilfe und Jugendarbeit ist es, über Sexualität so zu sprechen, dass Mädchen sie in guter Weise auf sich beziehen können. Das Recht auf eine eigene, selbstbestimmte Sexualität ist vielen Mädchen zwar als Schlagwort bekannt, doch können sie es für sich häufig nicht deuten bzw. umsetzen. Mädchenfreundschaften haben hier eine besonders große Bedeutung, denn mit der besten Freundin ist Freud und Leid teilbar. Nicht selten aber wird die Freundin dann vernachlässigt, wenn eine Beziehung zu einem Jungen entsteht. Mädchen übernehmen dann mit viel Energie die Aufgabe, Spannungen auszugleichen und die Verantwortung für die Beziehungsgestaltung zu tragen.

In der Erziehungshilfe herrscht heute kein tabuisierter Umgang mit Sexualität mehr. Dennoch wird die Entwicklung einer stabilen Partnerschaft mit einem „ordentlichen" Jungen gewünscht, andere Lebensmodelle eher vernachlässigt. Gerade in der Erziehungshilfe ist beim Thema sexuelle Gewalt ein besonders sensibler Umgang vonnöten. Nahezu jedes Mädchen und jede Frau erlebt in ihrer Biographie sexuelle Gewalt in Form von verbaler Anmache, sexistischen Sprüchen und/oder körperlichen Übergriffen. Aber auch Mädchen, die sexuelle Gewalt erfahren mussten, sind sexuelle Wesen mit erotischen Ansprüchen und Bedürfnissen. Vor allem hier bedarf es einer eindeutig parteilichen Grundhaltung, einer empathischen Diskussionsweise, eines eindeutigen Standpunktes gegen jede Art von Handlungen gegen die sexuelle Selbstbestimmung sowie eines sensitiven Umgangs mit dem Problemkreis Körperlichkeit, gerade auch seitens der Mitarbeiterinnen.

6. Jugendliche Mütter in Maßnahmen der Jugendhilfe

Bei Frauen übernimmt die Krankenkasse bis zum vollendeten 20. Lebensjahr die Kosten für empfängnisverhütende Mittel, wenn diese verschrieben werden. Jugendliche Mädchen werden dennoch schwanger und viele von ihnen entscheiden sich, das Kind zu bekommen. Wenn nun Mädchen, die selbst gerade dem Kindsein entwachsen sind, ein Kind bekommen, ergeben sich Fragestellungen und Probleme:

Wie kann die eigene Entwicklung zur Jugendlichen bzw. der Eintritt ins Erwachsenenleben mit der Übernahme der Verantwortung für ein anderes Wesen zusammen bewältigt werden? Woher erhalten die Mädchen Unterstützung, wie können sie ihr Leben unter den neuen Bedingungen ordnen und führen, ohne selbst dabei unterzugehen? Wie lassen sich die eigenen Interessen und die des Kindes miteinander vereinbaren?

Jung schwanger zu werden, ist in der gesellschaftlichen Bewertung immer noch eher ein Makel als ein Glück. Junge Frauen, die früh ein Kind bekommen, stehen vor der Vereinbarkeit zweier ihnen relativ unbekannter Bereiche. Dies ist mit einem immensen Lernprozess verbunden, vermittelt sich das gesellschaftliche Problem der Unvereinbarkeit von Beruf und Aufziehen von Kindern doch auf der Ebene normativer Orientierungen als widersprüchliche Handlungsanforderung an Mädchen und Frauen mit Kindern. Die Verantwortung, ein Kind zu versorgen und zu erziehen, stellt hohe Anforderungen an die jungen Frauen. Die Phase der Mutterschaft, in der eine stabile Lebenssituation notwendige Voraussetzung für die Entwicklung des Kindes darstellt, fällt zusammen mit der Adoleszenzphase, in der die Suche nach einem geeigneten Lebensmodell und das Experimentieren mit Lebensstilen für viele Mädchen zeitweise das Vordergründige und Wichtige ist.

Die Verantwortung für die Verhütung einer Schwangerschaft liegt auch heute noch meistens bei den jungen Mädchen, viele Jungen verlassen sich darauf. Bei jungen Frauen bis zum 20. Lebensjahr tritt eine ungewollte Schwangerschaft doppelt so häufig auf, wie bei Frauen über 20. (vgl. „Betrifft Mädchen" 1/1994). Dahinter steht meist das Nichtanwenden geeigneter Kontrazeptionsmethoden, mangelhaftes Wissen, aber auch der Wunsch, schwanger zu werden. „Die Motivation nach einem Kind ist oft begleitet von dem Wunsch, dadurch dem Elternhaus zu entkommen, ein erwachsener Mensch zu sein und ein eigenes Leben zu führen. Die Schwangerschaft wird zur Erfüllung einer Sehnsucht: der Sehnsucht zu heiraten, den Partner an sich zu binden, die Beziehung durch ein Kind zu stabilisieren. Die Erfahrungen der eigenen Kindheit, die erfahrene mangelnde Liebe und Geborgenheit durch das Elternhaus sind wesentliche Bestimmungsmerkmale dieser Sehnsucht. Die Realität der Schwangerschaft und Mutterschaft werden ignoriert, ihre Folgen sind für das Mädchen nicht absehbar." (Kavemann et al. 1985, S. 168)

Minderjährige Mütter haben meist ein niedrigeres Bildungsniveau als ältere. Im Zuge der Schwangerschaft und Geburt werden die Ausbildungspläne zu einem großen Teil hinfällig, wenn das Mädchen bei den Eltern wohnen bleibt, verschlechtert sich die Raumsituation und die finanziellen Belastungen müssen diskutiert werden. Die Schwangerschaft greift besonders stark in das Leben der jungen Mädchen ein und wird bestimmend für die weitere Lebensplanung. Die Belastungen wirken sich physisch und psychisch auf die werdende Mutter und das Kind aus und bleiben oft langfristig wirksam. Je jünger die Mütter sind, desto weniger sind die Unterhaltszahlungen gesichert, da die Väter meist auch im gleichen Alter sind und kein Einkommen haben. Durch all diese Faktoren wird die Situation der jungen Mütter extrem unbefriedigend. „Selbst noch unmündig, besitzen sie nicht das Recht, ihre Kinder gesetzlich zu vertreten, ein gesetzlicher Vormund wird bestimmt, gleichwohl besitzen sie die Pflicht, das Kind zu erziehen und für es zu sorgen." (ebd. S. 170)

Damit die Situation nicht eskaliert, können Mädchen und junge Frauen, die ein Kind bekommen, eine Schwangerschaftsberatung und auch verschiedene Maßnahmen der Jugendhilfe in Anspruch nehmen. Dazu gehören Mutter- Kind- Einrichtungen, betreutes Einzelwohnen, der Aufenthalt in einer betreuten Wohngemeinschaft, Modelle für junge Familien, auch um Rahmen der SPFH, die zeitweise Unterbringung des Kindes in einer Pflegefamilie sowie die Möglichkeit, das Kind zu Adoption freizugeben.

Die Betreuung der jungen Frau mit ihrem Kind setzt eine parteiliche Grundhaltung der Mitarbeiterinnen in der Einrichtung voraus. Eine parteiliche Arbeit mit jungen Frauen und ihren Kindern hat zur Voraussetzung, dass strukturell verankerte Benachteiligungen von Mädchen und Frauen Eingang in Problemdeutungen und Handlungsansätze der Jugendhilfeeinrichtungen finden. Konfrontiert zu sein mit der Notwendigkeit der Parteinahme für das Kind, für das stabile Lebensverhältnisse eine Grundbedingung seiner Entwicklung darstellen, auf der einen Seite und der Parteinahme für die junge Frau auf der anderen Seite, deren Interessen und Bedürfnisse, Träume und Hoffnungen nicht anders sind als die anderer junger Frauen und Mädchen, nämlich Wünsche nach dem Ausprobieren von Lebensstilen, Autonomie und Selbstständigkeit, führt für Pädagoginnen zu schwer vereinbarenden Widersprüchen. Dieses auszuhalten und dabei professionell zu agieren, gehört zu den anspruchsvollsten Aufgaben der Jugendhilfe.

7. Sexualpädagogische Beratungsgespräche in der Jugendhilfe

Die sexualpädagogische Beratung im Rahmen der Jugendhilfe gestaltet sich in der Regel als Gespräch zwischen weiblichen oder männlichen Jugendlichen und Professionellen und gehört zum Alltag der Jugendhilfe. Sielert (2000) nennt hier folgende Schwerpunkte:

1. Das Wahren von Anonymität als Gebot: Vor dem Gespräch muss unbedingt geklärt werden, ob zwischen der oder dem Jugendlichen und der Beraterin oder dem Berater in irgendeiner Form ein Abhängigkeitsverhältnis besteht, denn das Schaffen von vertrauensvollen Beziehungen und Erlaubnisräumen muss ohne die Gefahr der Grenzverletzung geschehen. Die Inhalte des Gespräches müssen vertraulich behandelt werden.
2. Die Wichtigkeit der Vernetzung mit anderen Einrichtungen und Beratungsstellen, um z.B. im Falle einer bestehenden Abhängigkeit die Klientin bzw. den Klienten an einen anderen Berater oder eine andere Beraterin überweisen zu können.
3. Die Transparenz des Erlaubnisraumes bedeutet, dass die Jugendlichen zunächst wissen müssen, wohin sie gehen können und dass sie mit allen Fragen kommen können.
4. Die Professionalität der Situation: Wenn auch das Beratungsgespräch in den Alltag der Jugendhilfeeinrichtung eingebunden ist, muss doch klar sein, dass es sich hier um ein professionelles Gespräch handelt, das Zeit und Energie in Anspruch nimmt, Zeit und Raum benötigt und sich nicht „beim Abwasch" erledigen lässt.

8. Emanzipatorische Sexualpädagogik als Aufgabenfeld der Jugendhilfe

Eine emanzipatorische Sexualpädagogik versteht sich als Teilbereich des Prozesses der Befreiung zur Mündigkeit, auch im Bereich der Sexualität, auf dem Weg in eine geschlechterdemokratische Gesellschaft. Angst, Schuldgefühle, Verklemmungen und Fremdbestimmung sollen zugunsten von Ich- Stärke, Autonomie und Selbstbestimmung abgebaut werden. „Die entscheidende Frage, um die es geht, ist nicht die Liberalisierung im Sinne einer größeren Freizügigkeit, die sich hauptsächlich in der Altersverlagerung des ersten Koitus misst. Entscheidend ist, ob eine selbstbestimmte Sexualität erlernt wird." (Duppel/Scholz 1994, S. 144)

Die Aufgabe der Jugendhilfe ist, helfend zu begleiten, die Jugendlichen zu stärken, ihnen Unterstützung anzubieten, damit sie ihre Empfindungen und Möglichkeiten herausfinden können. Im Elternhaus ist die Sexualaufklärung oft unzureichend, in der Schule geht es meist zunächst um einen eher biologistischen Zugang. Sexualerziehung als Aufgabe der außerschulischen Jugendarbeit muss, sowohl in geschlechtsspezifischen als auch in geschlechtsgemischten Gruppen, die Selbstbestimmung über den eigenen Körper, die positive Entwicklung der Geschlechtsidentität sowie die Erfahrung des eigenen Körpers als Wahrnehmungs- und Ausdrucksinstrument, zu unbedingten Themen machen.

In der Jugendarbeit und in der Jugendhilfe existieren relativ günstige Voraussetzungen für die Thematisierung von Liebe, Freundschaft, Partnerschaft und Sexualität. Die Auseinandersetzung mit diesen Themen gehört mit allen Facetten zum Alltag jeder Arbeit mit Kindern und Jugendlichen. Als Verliebtheit, Freundschaft, Liebe, Zärtlichkeit, Schwärmerei in Form von homo- sowie heterosexuellen Kontakten ebenso wie in Form von (auch aggressiver) Anmache, (indirektem oder direktem) Sexismus und Gewalt.

„Jugendliche fragen in der Jugendarbeit zunächst nicht so sehr nach sachlich biologischer Aufklärung (...), sondern nach Möglichkeiten, mit ihrem Körper, ihrer sexuellen Identität und ihrer Beziehungsgestaltung zurechtzukommen. Viele sind unsicher, wie sie mit ihrem Partner oder ihrer Partnerin über Sexualität, Erotik und Gefühle reden können, wie sie Treue und sexuelle Abwechslung, Sehnsüchte und konkretes Handeln miteinander in Einklang bringen können. Sie suchen nach Entscheidungshilfen, ob sie mit ihrem Freund oder ihrer Freundin zusammenziehen sollen, wie sie mit Eifersucht umgehen können, wie Sexualität in ihrer Beziehung lebendig bleiben kann." (Sielert 1993, S. 25)

Jungen neigen dazu, „richtige" Sexualität erst mit dem Vollzug des Samenergusses zu empfinden und setzen sich mit dieser Vorstellung selbst unter Leistungsdruck. Dadurch verschließen sie sich der Vielgestaltigkeit sexuellen Erlebens. Mädchen werden sehr stark von idealtypischen Schönheitsidealen beeinflusst. Oft akzeptieren sie ihren Körper nicht oder lehnen ihn sogar ab. Viele Mädchen empfinden auch ihren Genitalbereich als hässlich. Es ist aber gerade für Mädchen wichtig, sich mit ihrem Körper zu beschäftigen und ihn anzunehmen. Sowohl Mädchen als auch Jungen assoziieren mit Sexualität heterosexuellen Geschlechtsverkehr mit Orgasmus, der auch noch möglichst gleichzeitig erlebt werden sollte. Sexualität sollte jedoch von den Jugendlichen als phantasievolle Erfahrung des gesamten Wesens begriffen werden und die Voraussetzung dafür ist, über viel mehr zu sprechen, als über Menstruation und Pollution, Lustfaktor, Genitalflüssigkeit, Koitus und Verhütungsmittel. Oft ausgespart wird die „dunkle Seite" der Sexualität, die gewaltsame, verdinglichte, pornographische. „Wenn diese Seite von Sexualität in der Jugendarbeit überhaupt aufgegriffen wird, dann nur unter dem Gesichtspunkt der Warnung und Verdrängung ins Abseits. Die allseits beobachtbare Aufspaltung von Zärtlichkeit und Geilheit wird verstärkt, indem alles Lustvolle, Geile, Heftige, Aggressive mit Gewalt, Vergewaltigung und Ausbeutung in einen Topf geworfen und – je nach Ideologie – den kapitalistischen Verhältnissen oder der „Verderbtheit der menschlichen Existenz" angelastet wird. Dabei könnte Sexualerziehung helfen, dass unterschieden wird zwischen sexuellen Phantasien, lustvoller Geilheit einerseits und Gewaltverhältnissen in Prostitution, Pornographie und realen Beziehungen andererseits." (ebd. S. 26)

Zu einer emanzipatorischen Sexualerziehung gehört auch, dass sich Jugendarbeiterinnen und -arbeiter mit ihrer Person einbringen. Nach Aussagen von Sielert (2000) haben 21% der Jungen und 11% der Mädchen keine Ansprechpartnerin bzw. keinen Ansprechpartner für Fragen und Probleme im sexuellen Bereich. Aber grundsätzlich ist es im Sinne einer solidarischen Kommunikation nicht sinnvoll, über die eigenen Intim- und Sexualprobleme offen zu reden, auch nicht, wenn eine vertraute Situation dazu verführt. Das Gleiche gilt auch umgekehrt. Betreuerinnen und Betreuer müssen sich nicht auf jedes von den Jugendlichen angebotene Thema einlassen. Erwachsene müssen zwischen der eigenen und der Sexualität von Jugendlichen unterscheiden und die Grenzen der Kommunikation erspüren können.

Literatur zur Vertiefung

Klees, Renate/Marburger, Helga/Schumacher, Michaela(1989): Mädchenarbeit. Praxishandbuch für die Jugendarbeit. Weinheim/München
Sielert, Uwe (1989): Jungenarbeit. Praxishandbuch für die Jugendarbeit. Weinheim/München
Ders. (1993): Sexualpädagogische Konzeption und didaktische Anregungen. Weinheim/Basel

Literatur

Bast, Christa (1991): Weibliche Autonomie und Identität. Untersuchungen über die Probleme von Mädchenerziehung heute. Weinheim/München
„Betrifft Mädchen" 1/94 (1994): „Und plötzlich bist du erwachsen...". Jugendliche Mütter in Maßnahmen der Jugendhilfe. Münster
Duppel, Marion/Scholz, Nina (1990): Mädchen in der Kirche. Eine Darstellung ihrer Lebensräume und daraus folgende Konsequenzen für eine feministische Mädchenarbeit. Bonn
Eyferth, Hanns/Otto, Hans-Uwe/Thiersch, Hans (Hrsg.) (1982): Handbuch zur Sozialarbeit/Sozialpädagogik. Darmstadt
Hartwig, Luise (1990): Sexuelle Gewalterfahrungen von Mädchen. Konfliktlagen und Konzepte mädchenorientierter Heimerziehung. Weinheim/München
Helfferich, Cornelia (1994): Jugend, Körper und Geschlecht. Die Suche nach sexueller Identität. Opladen
Kavemann, Barbara et al. (1985): Sexualität- Unterdrückung statt Entfaltung. Opladen
Klees, Renate/Marburger, Helga/Schumacher, Michaela(1989): Mädchenarbeit. Praxishandbuch für die Jugendarbeit. Weinheim/München
Neubauer, Georg/Olk, Thomas (Hrsg.) (1987): Clique- Mädchen- Arbeit. Jugend im Brennpunkt von Jugendarbeit und Jugendforschung. Weinheim/München
Sielert, Uwe (1989): Jungenarbeit. Praxishandbuch für die Jugendarbeit. Weinheim/München

Ders. (1993): Sexualpädagogische Konzeption und didaktische Anregungen. Weinheim/Basel

Ders. „Jugend und Sexualität". Vortrag mit Workshop anlässlich des 5. Regionalen Jugendhilfefachtages am 23.06.2000 in Dresden.

Sozialwissenschaftliche Forschung und Praxis für Frauen e.V. (Hrsg.) (1999): Beiträge zur feministischen Theorie und Praxis/51: Mädchen. Zwischen patriarchalen Zuschreibungen und feministischen Ansprüchen. Köln

Strötges, Gisela (1992): Auf der Suche nach einer weiblichen Sexualität. Ein Leitfaden für die sexualpädagogische Arbeit mit Frauen. Hannover

Wolfrum, Christine/Süß, Peter (1997): So wild nach deinem Erdbeermund. Ein Aufklärungsbuch für Jugendliche. München

Theo Frühauf

Behinderungen

Zusammenfassung: Solange die öffentlichen Belange nichtbehinderter und behinderter Kinder in der Praxis der Leistungserbringung getrennt organisiert waren bzw. sind (Allgemeine Angebote – Sondereinrichtungen), wurde die Trennung in die Zuständigkeit unterschiedlicher gesetzlicher Leistungsgrundlagen (KJHG – BSHG) und damit auch die Trennung der Finanzverantwortung unterschiedlicher Leistungsträger nicht tiefergehend problematisiert. Erst mit der Entwicklung von Ansätzen gemeinsamen Lebens und Lernens behinderter und nichtbehinderter Kinder und Jugendlicher entstand eine grundsätzliche Debatte um die Einbeziehung aller Kinder, somit auch der Kinder mit Behinderung, unter das Dach der Jugendhilfe als Ort der Übernahme von Verantwortung für besondere Problem- und Bedarfslagen von Kindern insgesamt. Aus der getrennten Zuständigkeit für seelisch behinderte Kinder und Jugendliche im Kinder- und Jugendhilferecht (§35 a SGB VIII) und für sonstige behinderte Kinder und Jugendliche sowie von Behinderung bedrohte Kinder und Jugendliche im Bundessozialhilfegesetz (§39 Abs. 1,2, 3 BSHG) ergeben sich vielfältige Probleme der Zuordnung und Abgrenzung in der Kombination von Leistungen der Jugend- und Sozialhilfe (vgl. z.B. Wagner-Stolp 1999). Im folgenden Beitrag sollen Informationen und Grundlagen zum Verständnis und zum fachlichen Umgang mit behinderten Kindern und Jugendlichen vermittelt sowie Schnittfelder zwischen Kinder- und Jugendhilfe und Eingliederungshilfe nach dem Bundessozialhilfegesetz dargelegt werden.

1. Definitionen von Behinderung

Behinderung wurde bislang zumeist im Zusammenwirken von drei Ursachenbündeln gesehen: Eine Schädigung (Impairment) tritt auf, hieraus folgen Funktionsstörungen (Disabilities) sowie Behinderungen, die sich dann als Konsequenz im sozialen Umfeld ergeben (Handicaps). Traditionell wird zumeist in vier unterschiedliche Behinderungsformen unterteilt, die Grundlage medizinischer, pädagogischer und sozialrechtlicher Maßnahmen sind:

- Körperbehinderungen (z.B. Anomalien im Bereich von Muskulatur und Skelettsystem, Fehlstellung oder Amputation von Gliedmaßen);
- Sinnesschädigungen (Beeinträchtigungen des Seh-, Hörvermögens oder der Sprache);
- Intelligenzschädigungen (z.B. Lernstörung, Lernbehinderung, Geistige Behinderung);

- Psychische Behinderungen (z.B. Psychosen, Neurosen, psychosomatische Krankheiten, Suchtkrankheiten).

Unter rechtlichen Gesichtspunkten wird ein „regelwidriger Zustand von mehr als sechsmonatiger Dauer, der die Eingliederung des Betroffenen in die Gesellschaft infolge körperlicher Regelwidrigkeit, Schwäche der geistigen Kräfte oder seelischer Störungen in erheblichem Umfang beeinträchtigt oder zu beeinträchtigen droht" als Behinderung definiert. (vgl. Trenk-Hinterberger 1997, S. 33/34) Diesen Sichtweisen gemeinsam ist die primäre Orientierung an (mehr oder weniger) lang andauernden Defiziten einer Person sowie die Zentrierung der anschließenden Maßnahmen an eben diesen Defiziten zumeist im Sinne einer Anpassung des betroffenen Individuums an gesellschaftliche Normen und Standards.

Die rehabilitationswissenschaftliche Diskussion auf internationaler Ebene geht jedoch in eine neue Richtung. Einbezogen in die Klassifikation einer Behinderung wird im neuen WHO Konzept der ICIDH nun zusätzlich das Merkmal der „handicap situations", d.h. die Abhängigkeit einer Behinderung von gesellschaftlichen Anforderungen und Erwartungen sowie von den ökologischen, materiellen und sozialen Lebensbedingungen einer Person. Dieser Perspektivenwechsel ist bereits im Titel kenntlich. Während bisher die ICIDH-1 Version von 1980 als Akkürzung für „International Classification of Impairments, disabilities, and handicaps" stand, trägt der Entwurf einer neuen ICIDH-2 Version, die 2001 von der Generalversammlung der WHO verabschiedet werden soll, in der vorliegenden Beta–2 Fassung den Titel „International Classification of Functioning and Disability". (vgl. ICIDH-2, DEUTSCHE FASSUNG, STAND 10. April 2000)

In der ICIDH-2 werden die Informationen grundlegend nach drei Dimensionen eingeteilt: Ebene des Körpers (1), Ebene der Person (2) sowie Ebene der Gesellschaft (3). Diese Dimensionen beinhalten dann jeweils nähere Aussagen zu den Bereichen „Körperfunktionen (physiologische oder psychische Funktionen von Körpersystemen) und „Körperstrukturen" (anatomische Teile des Körpers wie Organe, Gliedmaßen und ihre Bestandteile), „Aktivitäten" (Durchführung einer Aufgabe oder einer Tätigkeit, z.B. „sehen", „Nahrung beschaffen" oder „multiple Aufgaben lösen") sowie zu dem Bereich der „Partizipation" (Teilhabe oder Teilnahme einer Person in einem Lebensbereich bzw. einer Lebenssituation vor dem Hintergrund ihrer körperlichen, geistigen und seelischen Verfassung). (vgl. ebenda S. 11, 15ff.)

Als weitere (vierte) Dimension werden Kontextfaktoren erfasst, die in enger Wechselwirkung mit den vorgenannten Dimensionen stehen. Hierzu zählen die Bereiche „Umweltfaktoren", personenbezogene Faktoren", „Eigenschaften der physikalischen und sozialen Umwelt", „fördernde oder unterstützende Faktoren" sowie „Barrieren und Hindernisse". „Sie umfassen alle Umweltfaktoren und persönlichen Faktoren, die eine Bedeutung für eine Person mit einer bestimmten körperlichen, geistigen und seelischen Verfassung und einen bestimmten funktionalen Zustand haben. Umweltfaktoren beziehen sich auf die physikalische, soziale und einstellungsbezogene Umwelt, in der die Menschen ihr Leben gestalten ... Personenbezogene Faktoren stellen den individuellen Hintergrund des Lebens einer Person dar ... Diese können sein Alter, Geschlecht, Bildung und Ausbildung, Erfahrung, Persönlichkeit und Charakter, andere Gesundheitsprobleme, Fitness, Lebensstil, Gewohnheiten, Erziehung, Bewältigungsstile, sozialer Hintergrund, Beruf sowie vergangene oder gegenwärtige Erlebnisse." (ebenda S. 19/20)

„Die Dimensionen der ICIDH-2 können als zweipolig gedacht werden: Der eine Pol kann verwendet werden, um Probleme aufzuzeigen (z.b. Schädigungen, Beeinträchtigungen von Aktivitäten oder Beeinträchtigungen der Partizipation). Der andere Pol kann genutzt werden, um unproblematische (z.b. neutrale oder positive) Aspekte der funktionalen Zustände anzuzeigen. Der Begriff „Funktionsfähigkeit" wird als Oberbegriff für positive oder neutrale Aspekte der Dimensionen auf Körper-, Personen- und Gesellschaftsebene verwendet. Der Begriff „Behinderung" wird als Oberbegriff für Probleme auf diesen Dimensionen verwendet...Funktionsfähigkeit und Behinderung können als eine dynamische Wechselwirkung zwischen der körperlichen, geistigen und seelischen Verfassung einer Person und ihren Kontextfaktoren betrachtet werden. Kontextfaktoren sind personenbezogene Faktoren und Umweltfaktoren." (ebenda S. 11/12)

Mit dieser Betrachtung personenbezogener und sozialer, kompetenzbezogener und problemorientierter Dimensionen und Klassifikationen sollen insgesamt die Rahmenbestimmungen für die Herstellung von mehr Chancengleichheit für Menschen mit Behinderung verbessert werden. (vgl. ebenda S. 10)

Unter Definitionsgesichtspunkten wird von den Koordinatoren der deutschen Fassung der ICIDH-2 als letztlich maßgebend jedoch der Aspekt der gesundheitlichen Beeinträchtigung im Sinne eines regelwidrigen körperlichen, geistigen oder seelischen Zustands einer Person gesehen, während der Aspekt der Funktionalität für die Definition selbst nicht als bedeutsam gewertet wird, sondern auf die Ebene der Diagnostik und des Rehabilitationsprozesses verlagert wird. Auch wird die Schlussfolgerung gezogen, dass der Begriff der Partizipation, der auf Faktoren der sozialen und physikalischen Umwelt zielt, bei der Behinderungsdefinition nicht explizit benannt werden brauche. „,Behindert' ist eine Person, deren Teilhabe am Gesellschaftsleben, insbesondere am Arbeitsleben, infolge ihrer gesundheitlichen Beeinträchtigung aufgehoben oder nicht nur vorübergehend eingeschränkt ist. Eine ‚gesundheitliche Beeinträchtigung' ist (a) eine Gesundheitsstörung im Sinn eines regelwidrigen körperlichen, geistigen oder seelischen Zustands, oder (b) damit in Zusammenhang stehend ein anatomischer Strukturschaden oder eine psychische bzw. physiologische Funktionsstörung oder Aktivitätsstörung." (Schuntermann 1999, S. 361)

Mit derartigen Interpretationen, die wieder einseitig auf Problembereiche innerhalb einer Person abstellen, werden Chancen vertan, den Neuansatz der ICIDH-2 für eine neue Sichtweise von Behinderung umfassend zu nutzen. Das Menschenbild bleibt vorrangig defizitär. Der Fortschritt der ICIDH-2 liegt eindeutig in der Betonung der Folgen im Vergleich zu den Ursachen einer Gesundheitsstörung.

Eine Person *ist* nicht behindert, sondern sie *wird* erst behindert durch das Zusammenwirken von subjektiven Merkmalseigenschaften und gesellschaftlichen Zuschreibungsprozessen bzw. (vorenthaltenden) Partizipationsangeboten. Dies lässt sich beispielhaft an der Gruppe der so genannten „Lernbehinderten" belegen. Erst eine Gesellschaft, die normierte Leistungsstandards setzt, zu denen vor allem auch ein hoher Stellenwert der „Kulturtechniken" in der Schule gehört, kennt lernbehinderte Schüler, die durch eine bestimmte Normabweichung definiert sind. Und derartige Normen sind kulturell sehr unterschiedlich in verschiedenen Gesellschaften ausgeprägt.

So kommen selbst Behindertenpädagogen verstärkt zu der fachlichen Schlussfolgerung, dass letztlich die Schüler/innen als lernbehindert zu bezeichnen sind, die in eine Schule für Lernbehinderte gehen. Behinderung wird somit erst aus der Verknüpfung individueller Merkmale mit gesellschaftlichen Zuschreibungsprozessen und einem daraus resultierenden (benachteiligenden) Lebensalltag beschreibbar. So kommen aus der Gruppe betroffener Menschen auch durchaus kritische Stimmen zum Versuch, gesellschafts- und damit normübergreifend, quasi objektiv Behinderung zu klassifizieren. „Stimmt die Annahme, dass die Welt logisch und konsistent ist, oder wissen wir heute nicht vielmehr, dass, was dem einen (z.B. einem Europäer) logisch und richtig erscheint, für den anderen (z.B. einen behinderten indischen Bettler) genauso als vollkommen falsch erscheinen kann? ..Die Krux ist, dass der, der mich klassifiziert, gar nicht mehr fragen will, wie ich mich sehe, weil er ja glaubt eine ‚objektive' Methode zu besitzen, mit deren Hilfe er mich begreifen (ergreifen, beherrschen) kann. Eine Klassifikation ist also ein Instrument der Mächtigen, mit dessen Hilfe sie ihre Macht verfestigen, indem sie ihre Sicht der Welt zur einzig, objektiv und universell' richtigen erklären." (Wehrli 1998, S. 5/6) Dennoch wird auch aus der „Selbstbestimmt Leben Bewegung" durchaus der Fortschritt der ICIDH-2 gegenüber bisherigen Klassifikationsmodellen anerkannt, da der Benachteilungsaspekt behinderter Menschen als sozialpolitisches Phänomen im Gesamtkonzept deutlich verankert ist. (vgl. ebenda S. 7)

2. Häufigkeit und Verteilung

Sucht man empirisches Material zur Anzahl von Menschen mit Behinderungen in Deutschland, so gibt vor allem die jährliche Schulstatistik der Kultusministerkonferenz der Länder eine gute Übersicht. Kinder und Jugendliche im schulpflichtigen Alter mit Behinderungen besuchen immer noch weit überwiegend einen Sonderschultyp. Die Integrationsquote dürfte bezogen auf Behinderungsarten insgesamt erst bei ca. 5% liegen, wenn 15.000 „Integrationskinder" (vgl. Sander 1996, S. 196) zugrunde gelegt werden. Unser differenziertes Sonderschulwesen weist die einzelnen Behinderungsarten getrennt aus, so dass die jährliche Schulstatistik recht valide den relativen Anteil der einzelnen Behinderungsarten gemessen an der vergleichbaren Alterspopulation insgesamt aufzeigt (vgl. Tabellen 1 und 2).

Die Behindertenquote dürfte damit insgesamt bei ca. 4,5% der Kinder und Jugendlichen im schulpflichtigen Alter liegen. Den Hauptanteil haben dabei die lernbehinderten Schülerinnen und Schüler (ca. 2,3%). Bei einer differenzierten Bewertung vorgenannter Zahlen sind allerdings gewisse Verschiebungen zwischen den Quoten der einzelnen Behinderungsarten zu berücksichtigen, da ein Sonderschultyp nicht immer ausschließlich Kinder mit einer Behinderung entsprechend der Bezeichnung des Sonderschultyps aufnimmt (so beschulen z.B. viele Körperbehindertenschulen auch Kinder und Jugendliche mit geistiger Behinderung). Auch im Hinblick auf den einzelnen Schüler ist nicht immer eindeutig diagnostisch zu klären, welches Behinderungsbild dominiert (Mehrfachschädigungen). Dennoch ergibt sich aus der Schulstatistik ein valider Näherungswert an die Häufigkeitsverteilung der in unserer Gesellschaft definierten Behinderungsarten.

3. Einrichtungen und Dienste im Primarbereich

Die pädagogische Förderung von Menschen mit einer Behinderung wird traditionell in unterschiedliche Lebensabschnitte und Handlungsfelder eingeteilt:

- Frühbereich (0-3 Jahre)
- Elementarbereich (3-6)
- Schulbereich (6- ca. 24 Jahre)
- Erwachsenenbereich
- Berufliche Bildung /Arbeitsleben
- Wohnen
- Freizeit – Sport – Erwachsenenbildung
- Spezielle Angebote für Menschen mit Behinderung im Alter

Inhaltlich interessieren für den vorliegenden Beitrag dabei nur die Angebote für Kinder und Jugendliche mit Behinderungen und ihre Familien.

Tabelle 1: Bundesergebnisse – Schülerzahlen in den einzelnen Sonderschultypen

	1989	1990	1991	1992	1993	1994	1995	1996	1997	1998
Schüler	246.080	251.679	343.527	360.425	371.318	382.265	390.444	399.723	405.381	409.855
Davon										
Förderschwerpunkt Lernen	131.589	133.102	196.813	206.358	212.417	217.646	220.540	220.276	220.396	219.755
Sonstige Förderschwerpunkte	114.491	118.577	146.714	154.067	158.901	164.619	169.904	179.447	184.985	190.100
- Sehen	3.138	3.166	4.154	3.987	3.995	4.030	3.961	5.008	4.300	4.260
- Hören	7.441	7.558	9.887	10.050	9.955	9.942	9.942	11.047	10.064	10.049
- Sprache	20.946	22.168	27.855	29.172	29.972	31.247	31.393	31.860	32.195	32.577
- Körperliche und motorische Entwicklung	13.873	15.144	18.623	19.262	19.468	19.411	19.401	20.090	20.701	20.919
- Geistige Entwicklung	37.013	36.991	46.704	49.298	51.735	53.976	56.157	58.054	60.735	62.167
- Emotionale und soziale Entwicklung	15.282	15.447	17.797	19.648	19.515	20.605	21.762	22.412	22.515	23.488
- Förderschwerpunkt übergreifend bzw. ohne Zuordnung 1)	9.360	10.617	13.679	14.665	16.637	17.925	19.528	23.093	26.510	28.346
- Kranke2)	7.438	7.486	8.015	7.994	7.624	7.483	7.760	7.883	7.965	8.294

1) Schüler in Klassen, die anderen Behinderungsarten nicht zugeordnet werden können, siehe Seite 31.
2) Von 1993 bis 1996 ohne Sachsen.

Aus: Sekretariat der Ständigen Konferenz der Kultusminister ... 2000, S. 3.

Tabelle 2: Bundesergebnisse – Sonderschulbesuchsquoten

	1989	1990	1991	1992	1993	1994	1995	1996	1997	1998
Sonderschulbesuchsquoten										
Alle Förderschwerpunkte	4,050	4,030	4,193	4,183	4,220	4,262	4,277	4,320	4,353	4,426
Davon										
Förderschwerpunkt Lernen	2,166	2,131	2,402	2,395	2,414	2,427	2,416	2,381	2,366	2,373
Sonstige Förderschwerpunkte	1,884	1,899	1,791	1,788	1,806	1,836	1,861	1,940	1,986	2,053
- Sehen	0,052	0,051	0,051	0,046	0,045	0,045	0,043	0,054	0,046	0,046
- Hören	0,122	0,121	0,121	0,117	0,113	0,111	0,109	0,119	0,108	0,109
- Sprache	0,345	0,355	0,340	0,339	0,341	0,348	0,344	0,344	0,346	0,352
- Körperliche und motorische Entwicklung	0,228	0,243	0,227	0,224	0,221	0,216	0,213	0,217	0,222	0,226
- Geistige Entwicklung	0,609	0,592	0,570	0,572	0,588	0,602	0,615	0,627	0,652	0,671
- Emotionale und soziale Entwicklung	0,252	0,247	0,217	0,228	0,222	0,230	0,238	0,242	0,242	0,254
- Förderschwerpunkt übergreifend bzw. ohne Zuordnung	0,154	0,170	0,167	0,170	0,189	0,200	0,214	0,250	0,285	0,306
- Kranke2)	0,122	0,120	0,098	0,093	0,087	0,083	0,085	0,085	0,086	0,090

1) Schüler in v. H. der Schüler im Alter der Vollzeitschulpflicht (Klassenstufen 1 bis 10 und Sonderschulen).
2) Vor 1993 bis 1996 ohne Sachsen.

Aus: Sekretariat der Ständigen Konferenz der Kultusminister ... 2000, S. 5.

3.1 Frühbereich

Von Bedeutung sind hier vor allem die interdisziplinären Frühförderangebote. In diesem Feld wurde speziell von der Lebenshilfe für Menschen mit geistiger Behinderung ein interdisziplinäres Konzept mobiler und ambulant arbeitender Frühförderstellen entwickelt (vgl. BUNDESVEREINIGUNG LEBENSHILFE 1998[5]) Ein über alle Bundesländer hinweg in gleicher Weise flächendeckendes Netz von mobil und ambulant arbeitenden lokalen bzw. regionalen Frühförderstellen mit dem Schwerpunkt der häuslichen Frühförderung gibt es bisher nicht. Derartige flächendeckende Netze gibt es in den alten Bundesländern insbesondere in Baden-Württemberg, Bayern, Bremen, Hessen, Niedersachsen, Nordrhein-Westfalen, im Saarland sowie in Schleswig-Holstein.

Neben diesen Frühförderstellen sind vor allem Sozialpädiatrische Zentren (SPZ) im Rahmen der Frühförderung tätig. Sozialpädiatrische Zentren nehmen vor allem Aufgaben bei Diagnostik und Therapie wahr, welche die Möglichkeiten in örtlichen Frühförderstellen überschreiten. Sozialpädiatrische Zentren sind zumeist an Kinderkliniken befindliche, ambulant arbeitende Spezialeinrichtungen, die über weitgehende Möglichkeiten zu differenzierter fachspezifischer wie interdisziplinärer Diagnostik und Therapie verfügen und damit die Voraussetzungen haben, behinderte und von Behinderung bedrohte Kinder angemessen zu versorgen.

Sozialpädiatrische Zentren sind ärztlich geleitete Einrichtungen mit einem interdisziplinär zusammengesetzten Team, gemäß §119 Sozialgesetzbuch V (SGB V). Danach ist „die Behandlung ... auf diejenigen Kinder auszurichten, die wegen der Art, Schwere oder Dauer ihrer Krankheit nicht von geeigneten Ärzten oder in geeigneten Frühförderstellen behandelt werden können. Die Zentren sollen mit den Ärzten und den Frühförderstellen eng zusammenarbeiten." Paragraph 43a SGB V schränkt ein: „Versicherte Kinder haben Anspruch auf nichtärztliche sozialpädiatrische Leistungen, insbesondere auf psychologische, heilpädagogische und psychosoziale Leistungen, wenn sie unter ärztlicher Verantwortung erbracht werden und erforderlich sind, um eine Krankheit zum frühestmöglichen Zeitpunkt zu erkennen und einen Behandlungsplan aufzustellen."

Wertet man das vom Bundesministerium für Arbeit und Sozialordnung im Jahre 1989 zum ersten Mal herausgegebene Verzeichnis „Frühförderung. Einrichtungen und Stellen der Frühförderung in der Bundesrepublik Deutschland. Ein Wegweiser" nach Organisationsformen von Einrichtungen im Bereich der Frühförderung aus, ergeben sich danach neben den Sozialpädiatrischen Zentren insgesamt zehn unterschiedliche Organisationsformen. Darunter sind etwa 70 bis 75% lokal-regional arbeitende allgemeine Frühförderstellen im klassischen Sinne, zwischen 12 und 16% überregional arbeitende Frühförderstellen für sinnesbeeinträchtigte bzw. sprachbehinderte Kinder, etwa 3% machen ein Angebot nur für Kinder mit autistischen Verhaltensweisen.

Neben der Entwicklung von ambulanten und mobilen Frühförderangeboten gibt es eine heftige Diskussion um die Bedeutung institutioneller Tagesangebote für (behinderte) Kinder unter 3 Jahren. Bisherige Erfahrungen und Erkenntnisse mit den Tagesangeboten in dieser frühen Lebensphase zeigen, dass weder eine generelle Befürwortung noch eine generelle Ablehnung zu rechtfertigen ist. So sind zum Beispiel zum einen die spezifischen Wünsche, Lebenslage und Bedürfnisse einer Familie, zum anderen die konkreten pädagogischen Rahmenbedingungen maßgeblich für die Beantwortung der Frage, inwieweit ein Tagesangebot für behinderte Kinder unter drei Jahren sinnvoll oder sogar notwendig ist. Folgende Motive können dabei eine Rolle spielen:

- das Recht auf Persönlichkeitsentfaltung aller Familienmitglieder, gerade auch der Mutter;
- die wirtschaftliche Notwendigkeit der Berufstätigkeit beider oder allein erziehender Elternteile;
- die positive Bedeutung von frühzeitigen Sozialkontakten zu anderen Kindern und das Streben der Kinder nach Kontakten mit anderen Kindern;
- die (drohende) emotionale und soziale Isolierung vieler betroffener Eltern.

Der Grundsatz, dass Kinder andere Kinder für eine positive Entwicklung brauchen, gilt in besonderer Weise gerade auch für behinderte Kinder. Ihr behinderungsbedingter Entwicklungsverlauf erhält durch soziale Erfahrungen und Anregungen in der Begegnung mit anderen Kindern viele positive Impulse, die auch durch noch so positives Bemühen erwachsener Kontaktpersonen nicht ersetzt werden können. Tagesangebote für Kinder unter 3 Jahren in integrativer Form ermöglichen darüber hinaus allen beteiligten Kindern frühzeitige soziale Erfahrungen im Zusammenleben von behinderten und nichtbehinderten Menschen, die für integrative Prozesse in späteren Lebensabschnitten gute Voraussetzungen schaffen.

Je nach den landesspezifischen und örtlichen Gegebenheiten, dem aktuellen Bedarf und den Wünschen der Eltern haben sich unterschiedliche Formen institutioneller Tagesangebote für (behinderte) Kinder unter drei Jahren entwickelt:

- Krabbelgruppen
  Eltern behinderter und nichtbehinderter Kinder gründen selbstorganisierte Kleinkindgruppen in eigenen oder privat angemieteten Räumen, die eine stundenweise Betreuung der Kinder am Vormittag ermöglichen. Häufig gibt es eine kommunale Unterstützung dieser Privatinitiativen.
- Tagesmütter und -väter
  Tagesmütter oder -väter sind Einzelpersonen, die im eigenen Haushalt die stundenweise Betreuung von Kleinkindern übernehmen. Sie werden privat gesucht oder mancherorts von städtischen/kommunalen Ämtern vermittelt.

- Sozialpädagogische Spielkreise
  Derartige Spielkreise gibt es als institutionelle Angebote auf geregelter Grundlage derzeit z.B. in Bremen.
- Kinderkrippen
  Die Kinderkrippen sind eigenständige teilstationäre Einrichtungen und stehen zur Betreuung und Förderung der (behinderten) Kinder bis zu drei Jahren in der Regel als Ganztagsangebot zur Verfügung.
- Altersgemischte Kindergärten
  Mancherorts werden „Mischkonzepte" für Kinder im Krippen- und Kindergartenalter angeboten. Beispiele hierfür sind Kindergärten mit altersgemischten Gruppen oder mit eigenen Gruppen für Kinder im Krippenalter unter dem Dach des Kindergartens.

Die Finanzierung von Tagesangeboten für Kinder unter drei Jahren ist bundesweit nicht einheitlich geregelt, weshalb ein durchgängiges hohes fachliches Niveau der Betreuung und Erziehung (vgl. §22 Abs. 2 KJHG) flächendeckend heute auch nicht gegeben ist. Sofern in einem Bundesland integrative Tagesangebote für Kinder unter drei Jahren vorgesehen sind, erfolgt in der Regel eine Mischfinanzierung aus Mitteln der Jugendhilfe (KJHG) und der Sozialhilfe (BSHG).

In den alten Bundesländern gab es laut einer eigenen Umfrage bei den zuständigen Ministerien und Behörden 1995 kaum rechtliche Rahmenbedingungen für dieses Aufgabenfeld. Mit Ausnahme von Thüringen gab es zu diesem Zeitpunkt in den neuen Bundesländern Nachfolgestrukturen zum System der Kinderkrippen der ehemaligen DDR, zumeist in Mischform mit Kindergärten oder auch schulergänzenden Hortangeboten.

3.2 Elementarbereich

Der Kindergarten (in verschiedenen Bundesländern wird als synonymer Begriff „Kindertagesstätte" verwendet) ist eine Einrichtung mit sozialpädagogischem Erziehungsauftrag und somit ein ergänzendes Angebot zum Lebens- und Lernraum der Familie. Im Vordergrund steht die individuelle Entwicklung und Förderung des Kindes in seinem sozialen Zusammenhang. Die vielen unterschiedlichen Angebotstypen für Kinder mit Behinderung und deren Bezeichnungen verwirren oftmals im Kindergartenalter. So gibt es z.B. Schulkindergärten, Heilpädagogische Kindergärten, Förderkindergärten, Sprachheilkindergärten, Integrative Kindertagesstätten, Kindertageseinrichtungen etc. Es handelt sich dabei oft um länderspezifische Begriffe und mancher Begriff sagt neben einer speziellen Zielgruppe u.U. auch etwas über die rechtliche Zuordnung und damit die Finanzierung aus. So sind z.B. Schulkindergärten in Baden-Württemberg den Sonderschulen zugeordnete Einrichtungen und werden wesentlich über den Etat des Kultusministeriums finanziert und von den Schulen personell betreut.

Kinder sollen durch die Erziehung im Kindergarten angeregt werden, sich entsprechend des jeweiligen Standes ihrer Fähigkeitsentwicklung in die soziale und materielle Umwelt einzuleben, sich mit ihr erlebend und handelnd auseinander zu setzen und die dort bestehenden Anforderungen bewältigen zu lernen. Auf der Ebene der allgemeinen Ziele sind keine Unterschiede für Kinder mit oder ohne Behinderung zu machen. Für Kinder mit schwerer geistiger Behinderung oder Mehrfachschädigung gilt ebenfalls die gleiche Zielorientierung.

In den vergangenen Jahren haben sich unterschiedliche Organisations- und Angebotsformen im Elementarbereich entwickelt:

- Einzelintegration in Regelkindergarten oder Kindertagesstätte (KITA): Aufnahme und angemessene Förderung von (einzelnen) Kindern mit einer Behinderung im wohnortnahen Regelkindergarten;
- Integrative Gruppen in Regelkindergärten: mehrere Kinder mit Behinderungen aus einem größeren regionalen Einzugsbereich werden in einem Regelkindergarten mit nichtbehinderten Kindern zusammengeführt;
- Integrative Gruppen in Sonderkindergärten: Sonderkindergarten mit Öffnung für nichtbehinderte Kinder;
- Integrative Kindergärten: Ein Kindergarten wird durchgängig in allen Gruppen für die gemeinsame Förderung von Kindern mit und ohne Behinderung konzipiert;
- Additive Kindergärten: Sonder- und Regelkindergarten arbeiten als zwei eigenständige Institutionen „unter einem Dach" mit entsprechenden Begegnungsformen im Gruppenalltag zusammen;
- Kooperative Kindergärten: Kooperation zwischen (benachbarten) Gruppen aus Sonder- und Regelkindergarten mit zeitweisem gemeinsamem Tun unter Beibehaltung der unterschiedlichen Organisationsformen.
- Sonderkindergärten: In diesen Kindergärten werden ausschließlich Kinder mit sonderpädagogischem Förderbedarf betreut.
- Schulvorbereitende Einrichtung (SVE / nur in Bayern). Diese Einrichtungen sind bestimmt für noch nicht schulpflichtige Kinder mit sonderpädagogischem Förderbedarf, die zur Entwicklung ihrer Fähigkeiten auch im Hinblick auf die Schulreife sonderpädagogischer Anleitung und Unterstützung bedürfen.
Diese SVE haben sich in den letzten 20 Jahren in direkter Verbindung mit den verschiedenen Sonderschularten entwickelt und sind damit ein alternatives Angebot zum Kindergarten in der gleichen Lebensphase eines Kindes.

Mit dem Konzept der Einzelintegration verbinden sich offensichtlich die meisten fachlichen Probleme. Grundsätzlich ist dieses Konzept unter pädagogischen Gesichtspunkten nicht unbedingt dem Konzept der Integrationsgruppe unterlegen. Strukturell ist der Weg der Einzelintegration eine gute Ergänzung zum Modell der integrativen Kindertagesstätten, um gerade in ländlichen Regionen „weite Wege" und neue große Zentraleinrichtungen zu vermeiden. Unter den Vorgaben knapper Finanzressourcen besteht jedoch die Gefahr, dass die notwendigen Rahmenbedingungen nicht gesichert sind. Offensichtlich gibt es bundesweit starke Qualitätsunterschiede hinsichtlich wichtiger Erfolgsfaktoren: Ausstattung, Fachberatung, Vorbereitung aller Beteiligten, Weiterqualifikation der Erzieherinnen, Sicherstellung heilpädagogischer und therapeutischer Angebote. Das Modell der Einzelintegration läuft daher Gefahr, einerseits zwar wichtige Grundsätze wie die flächendeckende Integration (auch in ländlichen Regionen) und die Wohnortnähe zu unterstützen, bei gleichzeitiger Mangelausstattung jedoch aus Sicht der Haushaltsplaner vor allem als (Ein-)Sparmodell zu dienen. Die Qualitätsentwicklung und -sicherung ist in diesem Feld integrativer Kindergartenarbeit daher eine besonders wichtige Zukunftsaufgabe.

Ein weiteres Problem besteht in der Frage, inwieweit Kinder aller Behinderungsarten und Behinderungsschweregrade an der integrativen Gesamtentwicklung gleichermaßen Anteil haben. Die statistischen Informationen weisen in der Regel nicht differenziert Daten für die verschiedenen Teilgruppen aus (was im frühen Kindesalter auch diagnostisch häufig noch recht problematisch sein kann). Wenn auch die Landesgesetze und -verordnungen in der Regel für eine Beteiligung an Integrationsgruppen unabhängig von Art und Schwere einer Behinderung offen sind, so gibt es doch zahlreiche Hinweise aus der Praxis, dass insbesondere in Maßnahmen der Einzelintegration eher von Behinderung bedrohte und leichter behinderte Kinder Aufnahme finden (vgl. Werner 2000). Mit der Zunahme des Schweregrades einer Behinderung sinkt somit gerade in den Bundesländern, die weiterhin ein breit ausgebautes System von Sondereinrichtungen im Vorschulalter vorhalten, die Chance auf einen Integrationsplatz.

Eine durchdachte Mischfinanzierung aus Mitteln der Jugend- und Sozialhilfe war und ist in den meisten Bundesländern ein wesentliches Fundament für den Auf- und Ausbau integrativer Kindergärten. Dabei dominiert bundesweit ein Kostenteilungsmodell, nach dem die allgemeine Kindergartenförderung durch die Kinder- und Jugendhilfe die behinderten Kinder mit einschließt und nur die behinderungsbedingten Mehrkosten von der Sozialhilfe übernommen werden (vgl. Ziller 1989, S. 95). Auf der Basis der gegebenen gesetzlichen Grundlagen wird auch zukünftig ein bedarfsgerechtes Angebot gerade für behinderte Kinder in Integrationsgruppen ohne ein solches Modell der Mischfinanzierung nur schwer denkbar sein. Damit wird die gute Zusammenarbeit zwischen diesen beiden Hauptkostenträgern auf Basis einer Festlegung von fachlichen Rahmenbedingungen mit geregelter Verteilung der Kostenanteile von Jugendhilfe und Sozialhilfe zu einer wichtigen Strukturfrage künftiger Entwicklungen.

3.3 Schulergänzende Hortangebote

Zahlreiche Bundesländer sehen in ihren Kindertagesstättengesetzen den Hort als Angebot der Jugendhilfe und als organisatorischen Teil der Kindertagesstätte vor. Derartige Kindertagesstätten ermöglichen damit grundsätzlich eine durchgängige Betreuung für Kinder im Altersbereich von 0 bis 12/14 Jahre. In der Regel bleibt es den Einrichtungen überlassen, die Hortkinder in altersgemischten Gruppen zusammen mit Kindern im Kindergartenalter oder aber als eigene Gruppen zu organisieren.

Horte gewinnen für Kinder mit Behinderung fachlich vor allem dort an Bedeutung, wo der gemeinsame Unterricht behinderter und nichtbehinderter Kinder dazu führt, dass Kinder mit Behinderung anstelle einer Sonderschule als Ganztagsschule eine öffentliche Grundschule mit Halbtagsbetrieb besuchen.

Die praktische Ausgestaltung und Verbreitung von Hortangeboten hat allerdings nicht mit dem Ausbau und der wachsenden Bedeutung des gemeinsamen Unterrichts Schritt gehalten. Ein Rechtsanspruch auf einen Hortplatz gibt es bislang nur in Sachsen-Anhalt, wo jedes Kind bis zum 14. Lebensjahr nach §2 des Kinderbetreuungsgesetzes vom 18. Juli 1996 den Anspruch auf einen Platz in einer Kindertageseinrichtung hat. Im Unterschied zu diesem Bundesland sind Einschränkungen in den Landesgesetzen dagegen heute immer noch die Regel. Der Hort wird analog zur Kinderkrippe immer noch eher in der Funktion als Instrument der Erziehungshilfe bei sozialer Notlagenindikation und nicht so sehr als notwendiges Ergänzungsangebot für Kinder mit Behinderung aus Halbtagsschulen gesehen. Eine telefonische Umfrage bei Landesbehörden zeigte deutlich, dass ein Hortangebot für behinderte Kinder derzeitig allgemein die Ausnahme ist. Eine Ausnahme stellt Berlin dar: In landeseigenen Kindertagesstätten wurden zum Stichtag 18.12.1996 im Altersbereich 7 bis 12 Jahre insgesamt 118 behinderte Kinder in Integrationsgruppen und 122 Kinder in Sondergruppen betreut. In den neuen Bundesländern ist grundsätzlich eine etwas größere Bereitschaft für integrative Ansätze erkennbar, was zum Teil auch mit Überlegungen zur Existenzsicherung größerer Kindertagesstätten zusammenhängen kann.

Der bedarfsgerechte Ausbau und die finanzielle Absicherung der Hortstruktur ist in allen Bundesländern daher eine wichtige Forderung zur Ergänzung und Erweiterung integrativer Bemühungen für Kinder und Jugendliche mit Behinderung.

3.4 Schulbereich

Lernorte und schulische Organisationsformen für Kinder und Jugendliche mit sonderpädagogischem Förderbedarf haben sich in den letzten zwanzig Jahren in unserem Land zunehmend ausdifferenziert. Aufgrund der Kulturhoheit der Länder im Schulwesen verläuft diese Entwicklung jedoch bundesweit äußerst unterschiedlich. Dies gilt ganz besonders für den Bereich des gemeinsamen Unterrichts behinderter und nichtbehinderter Kinder und Jugendlicher. Unterschiede finden sich z.B. in Bezug auf

- die gesetzliche Verankerung,
- die entwickelten Organisationsformen,
- die schülerbezogenen Zugangskriterien,
- die finanzielle Ausstattung und Ausgestaltung,
- die beteiligten Schulstufen und Schulformen,
- die quantitative Verbreitung,
- den Einfluss der Erziehungsberechtigten.

So sind es heute vor allem landesspezifische und regionale Bedingungen, die bestimmen, was für Kinder mit vergleichbarem pädagogischem Förderbedarf, je nach Bundesland bzw. sogar Region, ausschließlich oder alternativ möglich ist:

- der Besuch einer traditionellen Sonderschule;
- der Besuch einer Sonderschule mit engen Kooperationsbeziehungen zu einer allgemeinen Schule;
- die Unterrichtung in einer ausgelagerten Sonderklasse unter dem Dach einer allgemeinen Schule;
- der Besuch einer wohnbezirksübergreifenden Integrationsschule oder
- der Schulbesuch in der wohnortnahen Grundschule „um die Ecke".

Die Zahl der behinderten Kinder mit sonderpädagogischem Förderbedarf, die als „Integrationskinder" eine Regelschule besuchen, wird bundesweit auf etwa 15.000 geschätzt (vgl. Sander, A. 1996, S. 179). Dies bedeutet gleichzeitig, dass damit erst ca. 4% aus der Zielgruppe aller schulpflichtigen Kinder und Jugendlichen, die ohne Integrationsangebote eine Sonderschule besuchen müssten, in der Regelschule unterrichtet werden (laut KMK-Statistik besuchten 1994/95 bundesweit ca. 390.000 Schüler eine Sonderschule).

Während bundesweit ein eindeutiger Trend zu verzeichnen ist, Kinder und Jugendliche mit sonderpädagogischem Förderbedarf, die mit zusätzlichen Hilfen das Lernziel der allgemeinen Schule erreichen können, zunehmend integrativ zu unterrichten, führen vor allem die Kinder und Jugendlichen, die aufgrund der Art und Schwere ihrer Behinderung eine zieldifferente Unterrichtung in der allgemeinen Schule benötigen, zu einer Polarisierung in der Schulpolitik der Bundesländer.

Insgesamt dürften etwa 1.100 Kinder und Jugendliche mit geistiger Behinderung amtlich legitimiert in Grundschulen (ca. 850 Schüler) und Sekundarstufe I-Schulen (ca. 250 Schüler) gemeinsam mit nichtbehinderten Kindern im gemeinsamen Unterricht unterrichtet werden. Dies ergibt bundesweit eine Quote von ca. 2% Anteil an der unterrichtlichen Gesamtversorgung aller Schülerinnen und Schüler mit geistiger Behinderung. Angesichts der großen Länderdifferenzen darf nicht übersehen werden, dass bei entsprechendem Gestaltungswillen dieser Anteil in Flächenstaaten auch heute schon auf nahezu 8% (Schleswig-Holstein) und in Stadtstaaten auf 10% (Hamburg) ausgeweitet werden konnte. Diese Zahlen berücksichtigen allerdings nur die Ansätze mit voller Teilhabe am Unterricht der allgemeinen Schule und verdecken damit, dass für weitaus mehr Kinder dieser Zielgruppe durch unterschiedlich intensive Formen der Kooperation ebenfalls der Zug in Richtung allgemeine Schule – wenn auch in vermindertem Tempo – in Bewegung gekommen ist.

Alle Bundesländer mit der Möglichkeit lernzieldifferenter gemeinsamer Unterrichtung haben einen Ressourcenvorbehalt verankert, das heißt, nur bei entsprechender sonderpädagogischer Ausstattung wird der Zugang zur allgemeinen Schule eröffnet. Ein derartiger Ressourcenvorbehalt scheint zumindest in solchen Ländern rechtlich fragwürdig, die die sonderpädagogische Förderung vorrangig als Aufgabe von allgemeinen Schulen in ihrer Landesgesetzgebung verankern. Faktisch läuft diese Entwicklung Gefahr, unter formaler Wahrung des Wahlrechts zwischen verschiedenen Lernorten zwei jeweils qualitativ unzureichend ausgestattete Lernwege in Kauf zu nehmen. Damit werden gleichzeitig schwierige und unzureichende pädagogische Zustände riskiert, die letztlich auch aufgrund von Überforderungssituationen zu Negativstimmungen bei allen Beteiligten gegenüber dem Integrationsansatz führen könnten.

Daher gibt es bisher auch in keinem Bundesland eine Ausgewogenheit von Angebot und Nachfrage: In allen Bundesländern übersteigt die Anzahl der Anträge von Eltern auf gemeinsamen Unterricht bei weitem die Zahl der ausgestatteten Plätze in allgemeinen Schulen.

Wenn auch in mehreren Bundesländern keine gesetzlichen Ausgrenzungsbestimmungen für bestimmte Formen und Schweregrade behinderter Kinder bestehen, so ist doch auch in diesen Ländern zu beobachten, dass bei den überall zu knappen Ressourcen für den gemeinsamen Unterricht die umfänglichen sonderpädagogischen Rahmenbedingungen für Kinder mit schweren Behinderungen eher verweigert werden. In dieser Entwicklung liegt die Gefahr einer zusätzlichen Beeinträchtigung und Benachteiligung von Kindern mit einer besonders schweren Behinderung.

Alle Erfahrungen machen deutlich, dass pädagogischen Standards und materiellen Rahmenbedingungen eine wichtige Schlüsselfunktion für Erfolg oder Misserfolg von schulischem Lernen zukommt. Die angemessenen Standards gilt es unabhängig vom Lernort Sonderschule oder allgemeine Schule abzusichern.

Probleme ergeben sich auch aus der häufig noch unklaren Abgrenzung der Leistungsverpflichtungen von Bildungs- und Sozialbereich bei Kindern und Jugendlichen mit schwerer Behinderung. So hat es in den letzten Jahren wiederholt Gerichtsverfahren gegeben, die sich mit der Frage der Finanzierung von „Integrationshelfern" gem §40 Abs. 1 Nr. 3 BSHG durch den zuständigen Sozialhilfeträger zu befassen hatten. Derartige Abgrenzungsprobleme stellen das Recht auf Schulbesuch für sehr schwer behinderte Kinder in Frage.

3.5 Hilfen für die Familie

Die Familie ist auch für ein Kind mit Behinderung grundsätzlich der beste Lebensraum für seine Entwicklung. Die körperlichen und seelischen Anforderungen, die Angehörige von Menschen mit Behinderung zu bewältigen haben, sind mittlerweile vielfach dokumentiert (vgl. hierzu zusammenfassend den Forschungsbericht von Thimm 1997). Es scheint in der Öffentlichkeit noch immer zu wenig bekannt, wie viel Zeit, Kraft und Energie vor allem von den Frauen in den Familien für die Erziehung, Pflege und Betreuung behinderter Kinder, Jugendlicher und Erwachsener aufgebracht werden müssen. Mit scheinbarer Selbstverständlichkeit wird vielfach immer noch, vor allem von den Müttern schwer behinderter Kinder, eine drastische Einschränkung ihres Anspruchs auf eine selbstbestimmte Lebensgestaltung erwartet.

Familienentlastende Dienste (heute dürfte es weit über 200 FED in Deutschland geben; vgl. Thimm 1997, S. 16) wollen den pflegenden und betreuenden Angehörigen „Freiräume" schaffen. Ihre Notwendigkeit ergibt sich also wesentlich aus der Situation der permanenten Belastung und häufig auch Überlastung der Familienangehörigen. Der Aufbau von FEDs bedeutet somit eine konsequente Fortführung des Prinzips des Nachteilsausgleichs auf betroffene Familien. Die bisherigen Erfahrungen zeigen, dass die regelmäßige Inanspruchnahme solcher Hilfen für Familien mehr Lebensqualität mit sich bringt und einen Schritt hin zu einem Familienleben „so normal wie möglich" darstellt.

Zu den Angeboten Familienentlastender Dienste gehören stundenweise, tageweise und mehrtägige Betreuungs- und Pflegehilfen innerhalb und außerhalb der Familie, die sozialpädagogische Beratung und Begleitung der Familien sowie die Vermittlung weiterer Hilfen (vgl. Bundesvereinigung Lebenshilfe 1995a).

Familienentlastende Dienste sind ein Baustein im System Offener Hilfen (vgl. Bundesvereinigung Lebenshilfe 1995b). Aufgrund ihrer Ziele und Aufgaben haben sie enge Verbindungen mit anderen offenen Angeboten, vor allem mit ambulanten Pflegediensten, Beratungsstellen, Kurzzeitheimen, Frühförderstellen und mit Assistenzdiensten im Wohn- und Freizeitbereich.

Ein Grundproblem Familienentlastender Dienste besteht in der unzureichenden rechtlichen und der hieraus resultierenden fehlenden finanziellen Absicherung. Im Bundessozialhilfegesetz haben die betreuenden und pflegenden Angehörigen keinen ausgewiesenen Rechtsanspruch auf entlastende Hilfen. Ziel muss es sein, über eine Verbindung von Maßnahmen der Eingliederungshilfe (§69 b Abs. 1 Satz 2) mit Maßnahmen der ambulanten Pflege nach dem Pflegeversicherungsgesetz ein neues Gesamtsystem familienunterstützender Dienste aufzubauen. Freiwillige Landesprogramme aus Mitteln der überörtlichen Sozialhilfe, wie gegenwärtig z.B. in Nordrhein-Westfalen, sind zwar ein begrüßenswerter Schritt, reichen jedoch zu einer dauerhaften Struktursicherung nicht aus, da sie letztlich rechtlich unverbindlich bleiben. In einigen Regionen werden auch Regelungen des Kinder- und Jugendhilfegesetzes (§§20, 27ff. KJHG) zur Finanzierung individueller Leistungen eines FED herangezogen.

Nachfolgend eine Übersicht der familienorientierten Hilfen (Familienfreizeit, Familienerholung, Betreuung und Versorgung des behinderten Kindes in Notsituationen, Hilfe zur Erziehung), die über das Kinder- und Jugendhilfegesetz beansprucht werden können. Zielgruppen sind Eltern mit Behinderung, Eltern und Personensorgeberechtigte von Minderjährigen mit einer Behinderung, junge volljährige Menschen mit einer Behinderung:

Hilfeform:	Grundlagen (im KJHG):
1. Familienfreizeit und -erholung, insbesondere in belastenden Familiensituationen.	§16 SGB VIII (Kann-Leistung): Allgemeine Förderungsangebote.
2. Betreuung und Versorgung von Kindern in Notsituationen, wenn ein Elternteil aus zwingenden Gründen ausfällt und der andere Elternteil Unterstützung benötigt.	§20 SGB VIII (Sollleistung): Betreuung und Versorgung des Kindes in Notsituationen.
3. Hilfe zur Erziehung, wenn eine dem Wohl des Kindes oder des Jugendlichen entsprechende Erziehung nicht gewährleistet ist.	§27 SGB VIII (Muss-Leistung): Pädagogische und auch damit verbundene therapeutische Leistungen.
4. Hilfe nach dem Bedarf des Einzelfalls in ambulanter Form. Es wird insbesondere auf die Möglichkeit integrativer Erziehung hingewiesen.	§35a SGB VIII (Muss-Leistung). Eingliederungshilfe für seelisch behinderte Kinder und Jugendliche.

(vgl. Bundesvereinigung Lebenshilfe 2000a, S. 14)

4. Politischer Trend zur gemeinsamen Erziehung und Bildung von Kindern und Jugendlichen mit und ohne Behinderung

Sondereinrichtungen als gleichberechtigte oder vorrangige Angebotsform neben integrative Institutionen zu stellen oder aber deutlich die Nachrangigkeit von Sondereinrichtungen zugunsten integrativer Angebote festzulegen, ist jeweils landespolitisch zu entscheiden. Es gibt jedoch bereits seit einigen Jahren vielfältige Impulse aus dem politischen Raum, die eine gemeinsame Erziehung und Bildung von Kindern und Jugendlichen mit und ohne Behinderung unterstützen.

Achter Jugendbericht (1990)

Der Achte Jugendbericht stand inhaltlich und zeitlich in engem Zusammenhang mit der gesetzlichen Reform des Kinder- und Jugendhilferechts. In diesem Zusammenhang wurde ausführlich die Gesamtverantwortung der Jugendhilfe für alle Kinder und somit auch für Kinder mit Behinderung diskutiert. Der Bericht befürwortet in seiner Gesamttendenz eindeutig den weiteren Ausbau integrativer Angebote, diskutiert werden einzelne Merkmale in der praktischen Ausgestaltung integrativer Betreuungsformen sowie die fehlende Harmonisierung in der Verzahnung unterschiedlicher gesetzlicher Anspruchgrundlagen, z.B. im Zusammenspiel von BSHG und KJHG (vgl. hierzu Teil II Abschnitt 5 sowie Teil IV Abschnitte 7.1 und 7.2). Die Bundesregierung greift in ihrer Stellungnahme zum Achten Jugendbericht die befürwortende Linie der Berichterstatter auf. „Die Bundesregierung unterstützt die Aussage der Kommission, dass die Integration behinderter Jugendlicher, so weit wie irgend möglich, leitendes Prinzip in allen Bereichen der Jugendhilfe sein soll" (Deutscher Bundestag: Drucksache 11/6576 vom 06.03.90, S. XII).

Dritter Bericht der Bundesregierung über die Lage der Behinderten und die Entwicklung der Rehabilitation (1994)

Die Aussagen in diesem Bericht zu den Aspekten der Bildung im Vorschul- und Schulalter werden deutlich durch Aspekte zur Integration bestimmt. Insbesondere für das Kindergartenalter werden dabei positive Feststellungen zur Bedeutung integrativer Angebotsformen getroffen und kritisch bemängelt, dass es noch weitaus zu wenig Plätze in integrativen Gruppen gibt und bestimmte Länderregelungen für schwerstbehinderte Kinder einen Vorrang der Förderung in Sondereinrichtungen vorsehen, der pädagogisch nicht durch Kriterien der Behinderung selber zu rechtfertigen sei (vgl. Deutscher Bundestag: Drucksache 12/7148 vom 24.03.94, Kapitel 4.2 und 4.3).

Für das Schulalter werden in diesem Bericht ebenfalls deutliche Bestrebungen einer Zunahme des gemeinsamen Unterrichts von Kindern mit und ohne Behinderung in allen Bundesländern festgestellt, gleichzeitig jedoch die parallele Angebotsstruktur des gegliederten Sonderschulwesens umfänglich herausgearbeitet.

Beschlüsse der Konferenz der Jugendminister und -senatoren der Länder

In den Jahren 1985 und 1989 haben die Jugendminister und -senatoren den Aufbauprozess integrativer Kindergartenarbeit durch wegweisende Beschlüsse unterstützt. So heißt es z.B. in dem Beschluss vom 18/19. Mai 1989: „Die Konferenz der Jugendminister und -senatoren begrüßt den weiteren Ausbau der verschiedenen Formen gemeinsamer Förderung und Erziehung und empfiehlt, diesen je nach örtlichen Gegebenheiten weiterhin gezielt fortzusetzen." In dem diesem Beschluss zugrunde liegenden Bericht werden Erfahrungen aus der pädagogischen Praxis sowie aus Modellversuchen zusammenfassend vorgestellt: Stand der bundesweiten Entwicklung, Ergebnisse von Modellversuchen, Rahmenbedingungen, pädagogische Grundlagen und Finanzierungsgrundlagen. Als Perspektive wird der weitere Ausbau der integrativen Erziehung formuliert, wobei insbesondere für Flächenstaaten die enge Kooperation verschiedener Integrationsformen – einschließlich qualifizierter Formen der Einzelintegration – für notwendig erachtet wird, um auch in ländlichen Regionen ein wohnortnahes Integrationsangebot zu ermöglichen. Hingewiesen wird daher auch auf die positive Bedeutung einer engen Kooperation zwischen Frühförderung und Kindergarten.

Aussagen der Kultusministerkonferenz der Länder

Mit Datum vom 6. Mai 1994 hat die Ständige Konferenz der Kultusminister und -senatoren der Länder in der Bundesrepublik Deutschland (KMK) „Empfehlungen zur sonderpädagogischen Förderung in den Schulen in der Bundesrepublik Deutschland" herausgegeben, die die bis dahin gültige „Empfehlung zur Ordnung des Sonderschulwesens" vom März 1972 ablösten. In den neuen Aussagen der KMK vom 6. Mai 1994 haben sich, im Vergleich zu den alten Empfehlungen, eine Reihe neuer pädagogischer Leitvorstellungen und Orientierungen durchgesetzt, so z.B.:

- vom Denken in Behinderungsarten zur personenbezogenen, bedürfnisorientierten, individualisierenden Sichtweise;
- von der Defizitorientierung zum förderdiagnostischen Konzept;
- von der starren Fixierung auf die Sonderschule und dem damit verbundenen Primat institutioneller Regelungen und Festlegungen zur Vielfalt und flexiblen Ausstattung verschiedener Schulformen für behinderte Kinder;
- von der Sonderpädagogik als eigenständigem Weg zur Sonderpädagogik als Bestandteil und Ergänzung allgemeiner Pädagogik.

Im Hinblick auf die Frage der Entscheidung über den Bildungsgang und den Förderort wird eine eher neutrale institutionelle Gleichwertigkeit von Sonderschule und allgemeiner Schule formuliert. „Die Erfüllung Sonderpädagogischen Förderbedarfs ist nicht an Sonderschulen gebunden; ihm kann auch in allgemeinen Schulen, zu denen auch berufliche Schulen zählen, vermehrt entsprochen werden" (aus dem Vorwort zur Empfehlung, S. 2). Der weitere Ausbau schulischer Integration hätte durch eine „Sollbestimmung" anstelle der gewählten „Kann-Bestimmung" sicherlich mehr Unterstützung erfahren. Die gewählte „Neutralität" bot letztlich den einzig möglichen gemeinsamen Nenner zwischen den Ländern, um überhaupt zu einer längst überfälligen neuen gemeinsamen Empfehlung der KMK zu kommen.

5. Kinder mit Behinderung in der Diskussion um ein neues Kinder- und Jugendhilfegesetz

Vor der Verabschiedung des Kinder- und Jugendhilfegesetzes 1990 wurde eine intensive und kontroverse Fachdiskussion um die Neuordnung von Zuständigkeiten für Kinder und Jugendliche mit Behinderung geführt. Im Grundsatz bestand weitgehend Einigkeit, dass es strukturell zu begrüßen wäre, der Jugendhilfe ein Gesamtmandat für alle Kinder und Jugendliche, ob mit oder ohne Behinderung, zu übertragen. Hierin wurde die Chance für eine Stärkung des Normalisierungs- und Integrationsgedankens gesehen. Kinder mit Behinderung sind zunächst einmal Kinder wie alle anderen auch, für die allgemeine Sozialisations- und Erziehungsbedürfnisse im Vordergrund stehen und erst in zweiter Linie Kinder mit zusätzlichen Bedürfnissen, die heilpädagogische Maßnahmen erfordern. Kritisiert wurde daher auch, dass das KJHG in seiner Endfassung keine Aussagen mehr enthielt, „die Jugendhilfe zur Förderung integrativer Ansätze im Elementarbereich zu verpflichten. In dem Referentenentwurf von 1988 war dies noch vorgesehen (§23 Abs. 3)" (Wendt 1991, S. 324).

Gleichzeitig gab es aber ernst zu nehmende Bedenken, dass die Rechtsansprüche behinderter Kinder an das Leistungsgesetz BSHG bei einem Übertrag der Inhalte auf eine andere gesetzliche Grundlage abgeschwächt werden und z.T. ganz verloren gehen könnten, zumal es sich bei Leistungen nach dem KJHG vielfach um Ermessensleistungen handelt, auf die kein einklagbarer individueller Rechtsanspruch besteht – und dies angesichts leerer Jugendhilfekassen. Auch wurden fachliche Probleme der diagnostischen Abgrenzung von seelischer und sonstiger Behinderung gerade in der Frühförderung gesehen (vgl. Bundesvereinigung Lebenshilfe 1993).

Das Resultat einer geteilten Zuständigkeit war letztlich nur ein halbherziger Schritt in Richtung Jugendhilfe, so wird es z.B. im Land Brandenburg gesehen. „Die Zuordnung der Eingliederungshilfe für seelisch behinderte Minderjährige zur Jugendhilfe ist Resultat der Bemühungen der Jugendhilfepolitiker, die Eingliederungshilfe für alle Minderjährigen mit Behinderung der Jugendhilfe zuzuordnen, was allerdings nicht durchgesetzt werden konnte. Die Zuordnung entsprang nicht dem Bedürfnis der Jugendhilfepraxis, die sich einer Gruppe von Menschen gegenüber sah, denen mit den bisherigen Instrumentarien nicht geholfen werden konnte. Die Aufnahme der Hilfen für Kinder und Jugendliche mit seelischer Behinderung in das Jugendhilferecht vermeidet im Wesentlichen nur den Zwang, seelische Behinderungen bei Minderjährigen von erzieherischen Problemen abzugrenzen, was die Streitigkeiten über Kostenträgerschaft zwischen Jugendhilfe- und Sozialhilfebehörden vermindert" (Schreiben des Ministeriums für Bildung, Jugend und Sport im Land Brandenburg vom 28.02.1995 – „Empfehlungen zum Verhältnis der Hilfen zur Erziehung zu den Eingliederungshilfen gem. §35 a SGB VIII", S. 1/2).

Auch heute wird in verschiedenen aktuellen Stellungnahmen auf diagnostische Probleme im Kleinkindalter (Frühförderung) sowie auf andere „Ungereimtheiten" hingewiesen. „Aus informellen Gesprächen mit den Jugendamtsleitungen ist bekannt, dass im Zuständigkeitsbereich einzelner öffentlicher Träger der Jugendhilfe in auffällig großer Zahl ambulante Leistungen nach §35 a SGB VIII begehrt werden. Dagegen gibt es im Zuständigkeitsbereich anderer Jugendämter nur relativ wenige Hilfefälle. Die Ursachen dieser unterschiedlichen Entwicklungen konnten noch nicht ermittelt werden. Bei der Aufnahme von Kindern nach §35 a SGB VIII in eine Kindergartengruppe stellt sich die Frage, ob dann die gleichen Rahmenbedingungen (Gruppengröße, Personalbesetzung, Finanzierung) gelten wie für behinderte Kinder nach BSHG, nur mit dem Unterschied, dass die Kosten vom örtlichen Träger der Jugendhilfe zu tragen sind" (Schreiben aus dem Ministerium für Arbeit, Gesundheit und Soziales des Landes Schleswig-Holstein vom 7. März 1997).

Aus fachlicher Sicht wird eine Integration aller behinderten Kinder und Jugendlichen unter einem Dach favorisiert, wobei der Jugendhilfe dabei eine koordinierende Rolle zukommen solle. „In der Jugendhilfe muss sich dabei ein stärkeres Selbstbewusstsein für die eigene Fachlichkeit entwickeln, damit die Anforderungen des interdisziplinären Handelns akzeptiert werden können." (Fegert 1999, S. 154)

6. Ausblick

Der Beitrag hat aufgezeigt, dass zahlreiche Schnittfelder in der Zuständigkeit für Kinder und Jugendliche mit Behinderung zwischen Kinder- und Jugendhilfe sowie Eingliederungshilfe zu vielfältigen Problemen bei der zuverlässigen Sicherstellung notwendiger Dienste und Angebote für den betroffenen Personenkreis führen. Lösungen werden von den meisten Fachleuten bisher in einer anderen leistungsrechtlichen Zuordnung der Bedarfe behinderter Kinder und Jugendlicher diskutiert.

Ein ganz anderer, neuer Weg wird gegenwärtig in der Behindertenhilfe diskutiert: Das Persönliche Budget (vgl. Bundesvereinigung Lebenshilfe 2000b). Persönliches Budget bedeutet: am individuellen Hilfebedarf orientierter Anspruch auf Geldleistungen, mit denen der behinderte Mensch seine notwendigen Hilfen auf dem „Markt sozialer Dienstleistungen" direkt einkauft anstelle der bisherigen einrichtungsgebundenen Entgelte für jeden belegten Platz.

Während die einen in diesen Reformvorstellungen die Chance für mehr „Kundenorientierung" vor allem im Sinne von mehr Regiekompetenz und damit Empowerment für Betroffene sowie die Chance zur Verschlankung von Verwaltungsabläufen sehen, fürchten andere die Abkehr vom Bedarfsdeckungsprinzip durch festgelegte, vermutlich möglichst niedrig gehaltene

Geldbeträge und damit eine einseitige Motivation zur Kosteneinsparung aus Sicht der öffentlichen Hand.

Die Diskussion um das Modell des Persönlichen Budgets wird in den nächsten Monaten und Jahren an Bedeutung gewinnen. Modellversuche in Rheinland-Pfalz und demnächst auch in Hamburg, europäische Erfahrungen vor allem aus Holland, England und Skandinavien, aber auch neue sozialpolitische Leitgedanken aus der Behindertenhilfe selbst fordern zu einer ernsthaften und ausgewogenen Beschäftigung mit diesem grundlegend neuen Leistungsmodell zur Gestaltung der Hilfen für Menschen mit Behinderung auf. Der §101 a BSHG eröffnet den Bundesländern in Deutschland bis zum Jahre 2004 Spielräume für eigene Modellerfahrungen.

Literatur zur Vertiefung

Bundessozialhilfegesetz (BSHG)
Bundesvereinigung Lebenshilfe (1995): Offene Hilfen zum selbstbestimmten Leben für Menschen mit (geistiger) Behinderung und ihre Angehörigen. Marburg
Bundesvereinigung Lebenshilfe (2000): Persönliches Budget. Fachdienst der Bundesvereinigung Lebenshilfe 1. S. 1-21
ICIDH-2. Internationale Klassifikation der Funktionsfähigkeit und Behinderung. Beta-2 Entwurf. Vollversion. (Schuntermann, M.F. Für die Koordination der Deutschen Fassung): Stand 10. April 2000
Trenk-Hinterberger, P. (1997): Quantitativer und qualitativer Ausbau ambulanter familienentlastender Dienste. Abschlussbericht. Baden-Baden
Wendt, S. (1991): Rechtsfragen zur Integration behinderter Kinder im Elementarbereich. In: Z. Geistige Behinderung 4. S. 324-335

Literatur

Bundesministerium für Arbeit und Sozialordnung (1989): Verzeichnis „Frühförderung. Einrichtungen und Stellen der Frühförderung in der Bundesrepublik Deutschland. Ein Wegweiser." Bonn
Bundesregierung der Bundesrepublik Deutschland (1990): Achter Jugendbericht. Deutscher Bundestag Drucksache 11/6576 vom 06.03.90
Bundesregierung der Bundesrepublik Deutschland (1994): Dritter Bericht der Bundesregierung über die Lage der Behinderten und die Entwicklung der Rehabilitation. Deutscher Bundestag Drucksache 12/7148 vom 24.03.94
Bundessozialhilfegesetz (BSHG)
Bundesvereinigung Lebenshilfe (1993): Abgrenzungsprobleme durch die neue Zuständigkeitsverteilung zwischen Jugendhilfe und Sozialhilfe. In: Rechtsdienst der Bundesvereinigung Lebenshilfe 1/1993, S. 4-6
Bundesvereinigung Lebenshilfe (1995a): FED – Selbstverständnis und Konzeption, Arbeitsweisen und Finanzierung. Marburg
Bundesvereinigung Lebenshilfe (1995b): Offene Hilfen zum selbstbestimmten Leben für Menschen mit (geistiger) Behinderung und ihre Angehörigen. Marburg
Bundesvereinigung Lebenshilfe (1998^5): Frühe Hilfen. Frühförderung aus Sicht der Lebenshilfe. Marburg
Bundesvereinigung Lebenshilfe (2000): Persönliches Budget. Fachdienst der Bundesvereinigung Lebenshilfe 1. S. 1-21

Bundesvereinigung Lebenshilfe (2000): Rechtsansprüche auf Offene Hilfen. Marburg

Fegert, Jörg (1999).: Brauchen wir doch noch die große Lösung? Sollen alle Eingliederungsmaßnahmen im Kindes- und Jugendalter bei allen Behinderungsformen in der Zuständigkeit der Jugendhilfe angesiedelt werden? In: Z. Gemeinsam leben 7(1999)4. S. 152-155

ICIDH-2. Internationale Klassifikation der Funktionsfähigkeit und Behinderung. Beta-2 Entwurf. Vollversion. (Schuntermann, M.F. Für die Koordination der Deutschen Fassung): Stand 10. April 2000

Konferenz der Jugendminister und -senatoren (1989): Beschluss vom 18/19. Mai 1989

Ministerium für Arbeit, Gesundheit und Soziales des Landes Schleswig-Holstein (1997): Schreiben vom 7. März 1997

Ministerium für Bildung, Jugend und Sport im Land Brandenburg (1995): Schreiben vom 28.02.1995 – „Empfehlungen zum Verhältnis der Hilfen zur Erziehung zu den Eingliederungshilfen gem. §35 a SGB VIII"

Sander, A (1996).: Neue Formen der sonderpädagogischen Förderung in deutschen Schulen. In: Z. Recht der Jugend und des Bildungswesens 2/1996

Schuntermann, M. F. (1999): Behinderung und Rehabilitation. Die Konzepte der WHO und des deutschen Sozialrechts. In: Z. Die neue Sonderschule 44(1999)9. S. 342-363

Sekretariat der Ständigen Konferenz der Kultusminister der Länder in der Bundesrepublik Deutschland (2000): Die Sonderschulen in der bundeseinheitlichen Schulstatistik. Bonn

Ständige Konferenz der Kultusminister und -senatoren der Länder in der Bundesrepublik Deutschland (KMK) (1994) „Empfehlungen zur sonderpädagogischen Förderung in den Schulen in der Bundesrepublik Deutschland". 6. Mai 1994

Thimm, W (1997).: Quantitativer und qualitativer Ausbau ambulanter familienentlastender Dienste. Abschlussbericht. Baden-Baden

Trenk-Hinterberger, P. (1997): Quantitativer und qualitativer Ausbau ambulanter familienentlastender Dienste. Abschlussbericht. Baden-Baden

Wagner-Stolp, W (1999).: Aufbau und Organisation der interdisziplinären Frühförderung in der Bundesrepublik Deutschland – Sozialrechtlicher, sozialpolitischer und institutioneller Handlungsrahmen. In: Wilken, E. (Hrsg.): Frühförderung von Kindern mit Behinderung. Stuttgart, S. 13-33

Wehrli, P (1998): Eine Klassifikation (er)schafft Wirklichkeit. Z. Inforum (Schweiz) 2/1998. S. 4-7

Wendt, S. (1991): Rechtsfragen zur Integration behinderter Kinder im Elementarbereich. In: Z. Geistige Behinderung 4. S. 324-335

Werner, W (2000).: Bald nur noch Aufbewahrung? Heilpädagogische und Integrative Kinderbetreuung in Kindertagesstätten in Hessen. In: Fachdienst der Bundesvereinigung Lebenshilfe 1/2000. S. 26-28

Ziller, H.(1998): Der integrative Kindergarten als Einrichtung der Jugendhilfe und der Eingliederungshilfe für Behinderte. In: Z. Nachrichtendienst des Deutschen Vereins 3/1989. S. 94-95

Lothar Böhnisch

Gewalt – Jungen und junge Männer

Zusammenfassung: In dem Beitrag werden Faktoren rechtsextremer Gewaltbereitschaft von männlichen Jugendlichen und jungen Männern analysiert (jugendkultureller Generationskonflikt, Krise der Arbeitsgesellschaft, soziale Provokation, Entstrukturierung der Jugendphase als Übergangsraum) sowie der Zusammenhang von männlicher Sozialisation und Gewaltbereitschaft sowie Gewalt in der Familie thematisiert. Dabei wird aufgezeigt, dass junge Männer sich der rechten Jugendkultur zuwenden, wenn ihnen kaum Möglichkeiten geboten werden, die Tendenz zur Abwertung von Schwächeren und einer externalisierten Männlichkeit biografisch zu bewältigen und sozial auszubalancieren.

1. Rechtsextreme Gewaltbereitschaft junger Männer

Eine Fortbildung mit Jugendrichtern zum Thema rechtsextreme Gewaltbereitschaft und rechte Gewalttäter. Einige klagen, dass diese jungen Männer überhaupt kein Unrechtsbewusstsein hätten, ob sie nun zu Knast, Arrest, Geldstrafe oder zur Ableistung von gemeinnütziger Arbeit verurteilt werden; dies sei ihnen irgendwie egal, zu ihrem Delikt hätten sie überhaupt kein Verhältnis.

Jürgen Leinemanns Film „Jung und böse", Anfang der neunziger Jahre gedreht: Ein junger Mann – regelmäßig mit der Clique im Auto unterwegs – erzählt ohne Hemmungen (vgl. Leinemann 1993). Wenn sie herumfahren, da ist so eine Spannung da und wenn sie dann einen Ausländer sehen, da überkommt es sie einfach: Sie machen ihn an und steigern sich so rein, dass sie ihn manchmal zusammenschlagen und dann immer noch auf ihm herumtrampeln, auch wenn er am Boden liegt. Da müssen sie schon von den Kameraden weggerissen werden, da sind sie wie im Rausch.

Diesen hier geschilderten Vorgang können wir wie folgt erklären. So wie der junge Mann auf den Ausländer blind einschlägt, läuft ein typischer Vorgang von Abstraktion ab: Der Junge prügelt es *sich* heraus. Aber das sind Extremkonstellationen, in die die meisten Jugendlichen gar nicht erst kommen. Uns interessiert hier vor allem der große Vorhof der alltäglich demonstrierten Ausländerfeindlichkeit, unser Blick richtet sich also auf die jungen Männer, die meist unterhalb der Schwelle körperverletzender Gewalt bleiben: Jungen in rechtsextremen Gruppen. Sie suchen Geborgenheit über Ein- und Unterordnung. Sie demonstrieren selbstbewusste Sekundärtugenden – Sauberkeit, Pflicht, Gehorsam. Das ist in ihrem Selbstverständnis auch nötig, denn sonst würden ja die schmutzigen „Zecken" – Punks und manche Ausländergruppen – überhand nehmen. Die Clique setzt sich für einen ein und zeigt auch wo es lang geht. Schon die Kids, die zwölf- bis fünfzehnjährigen sind davon angezogen (vgl. Möller 2000). Kein Wunder, wenn sie für die Gruppe alles tun.

Rechtsextrem gewaltbereite Cliquen beziehen ihr Zusammengehörigkeitsgefühl aus der Abgrenzung gegenüber und der Abwertung von Schwächeren, vor allem Ausländern. Ausländerfeindlichkeit ist nachgewiesenermaßen der Dreh- und Angelpunkt des Gruppenprozesses. Sie muss immer wieder verbal und in der öffentlichen Anmache demonstriert werden. Ausländerfeindliche Flips und Events, meist von Einzelnen aus der Clique heraus angezettelt, steigern das Ansehen in der Gruppe und damit den fragilen Selbstwert. So ist es nicht verwunderlich, dass Jugendrichter kein Unrechtsbewusstsein entdecken können, die Jungen tun es ja für die Gruppe, viele von ihnen sehen im Delikt gar nicht so sehr das Unrecht an anderen, sondern möchten sich vor der Gruppe beweisen, auch wenn es ihnen dabei mulmig ist (Bohnsack 1995; Kühnel 1995).

Auch von einem anderen Stereotyp der Interpretation können wir uns verabschieden. Unter den rechtsextremistisch auftretenden jungen Männern – so die Statistik – sind die Arbeitslosen nicht über-, sondern im Gegenteil eher unterrepräsentiert. Dennoch spielen die sozialökonomischen Verhältnisse eine wichtige Rolle. Wenn man bedenkt, dass in der segmentierten Arbeitsgesellschaft in Deutschland zu Beginn des 21. Jahrhunderts fast die Hälfte der Arbeitnehmer keinen gesicherten Arbeitsplatz im Sinne des bisher gewohnten Normalarbeitsverhältnisses hat, und dass die Berufs- und Arbeitsplatzunsicherheit schon das Denken der Jugend erfasst, dann wird plausibel, dass junge Männer bei früher Arbeitsplatz- und Ausbildungskonkurrenz und -unsicherheit und damit verbundener gestörter sozialer Integrationsperspektive fürchten, sozial isoliert zu werden. Zur Einsamkeit des Alters ist die Einsamkeit der Jugend gekommen. Solche jungen Männer suchen sozialen Anschluss und vor allem auch Gewissheit – ich möchte einen festen Platz haben – und landen in rechtsextremen Gruppierungen, die ihnen mit ihrer autoritären Eindeutigkeit und Unterordnung beides bieten können. Das sind dann nicht nur junge Männer aus sozial benachteiligten Milieus, sondern genauso Jugendliche aus anderen Schichten. So ist es inzwischen nichts ungewöhnliches, dass Jungen, die unter der Woche unauffällig in monotonen, kontaktarmen Arbeitsverhältnissen stehen, am Wochenende als Fußball- oder Straßenhooligans zu ausländerfeindlichen und gewaltbereiten Szenen stoßen. Wenn man an solche Jugendliche herankommt, merkt man bald, dass sie Orte suchen, wo sie ihre Männlichkeit ausleben und demonstrieren können. Denn die Arbeitsvorgänge über die Woche hinweg sind bei den meisten so von Körperlichkeit und Maskulinität entleert, dass sie bei denen, die in puncto Selbstwert und Anerkennung auf Maskulinität angewiesen sind, eine Suche nach solchen sozialen Orten der aggressiven Maskulinität auslösen. Sie verfügen nicht über andere, kulturelle und soziale Ressourcen um Selbstwert zu erlangen und sich sozial auszudrücken. Da die jungen Männer der Gleichaltrigenkultur der Jugend schon entwachsen sind, machen sie sich oft mit ihrer Maskulinität in der Öffentlichkeit lächerlich. Auch Mädchen und jungen Frauen kann man damit nicht mehr so wie zu früheren Zeiten imponieren. Also werden solche jungen Männer von in sich geschlossenen „männlichen" Orten, wie sie fremdenfeindliche Cliquen darstellen, fast magisch angezogen. Hier handelt es sich um Gruppen, die durch Abgrenzung und Abwertung von Ausländern zusammengehalten und bewegt werden. Gehört man einmal zu einer derartigen Gruppe oder – im Zusammenhalt abgeschwächt – Szene an, entwickelt diese nicht nur ihre eigene ethnozentrische Dynamik, sondern wird auch noch durch eine typische Irritation angeheizt. Denn im gängigen Ausländerbild unserer Gesellschaft haben ausländische junge Männer, die von Deutschen abgewertet werden, den Deutschen eines voraus: sie hätten keine Probleme damit, ihre Männlichkeit öffentlich und selbstverständlich auszuleben und einen Machohabitus der Ehre, des nationalen Stolzes und eine Beschützerpose gegenüber Mädchen aus dem eigenen ethnischen Milieu zu kultivieren. Viele junge deutsche Männer sind von diesem Bild überzeugt und es kann sich so in deutschen Cliquen ein Aufschaukelungsmuster von Fremdenfeindlichkeit und Maskulinität entwickeln, das dann an einem bestimmten Punkt nicht mehr beherrschbar ist. Es herrscht dann das Zurückfallen in übersteigerte Maskulinität vor, mit der Mann sich aus den Alltagsmustern der Zivilisation ausklinkt und in der sozialen Umwelt Abwehr und Furcht heraufbeschwört.

Öffentliche Regressionen, die aus den Rollenmustern des zivilisierten Alltags herausfallen, erzeugen immer Angst, zumindest Unbehagen. Der Rückfall in die archaisch-körperliche Maskulinität gehört zu unbewältigten und wiederkehrenden Entwicklungsbrüchen, die unter der Decke aufgeklärter Zivilisation schwelen und immer wieder hervorbrechen (vgl. Gottschalch 1998). Außerdem kommt hier noch ein neues Phänomen hinzu: Diese archaisch-aggressive Männlichkeit gibt sich öffentlich, ignoriert die gesellschaftlichen Ausgrenzungsversuche, zelebriert alltägliche Provokation: Stigmaaktivisten eben. Und meist gelingen diese Provokationen auch – auf der Straße, in der Tram und der Metro, auf Bahnhöfen. Die Passanten huschen ängstlich oder passager empört vorbei, die jungen Männer scheinen die Spannung, die sie erzeugen, zu genießen. All diese Beobachtungen lassen den Schluss zu, dass das gesellschaftliche Klima dieser Provokationen trägt, auch wenn die meisten Bürger subjektiv peinlichst berührt sind. Dazwischen spürt man Achselzucken und hört Rationalisierungen: ‚Kein Wunder, dass die so werden, schaut euch doch nur an, was im Fernsehen läuft und an was die sonst alles herankommen. Die werden ja richtiggehend dazu ‚ermuntert''.

Das hat etwas für sich. In der Erlebnisgesellschaft hat auch die soziale Provokation ihren Platz und ihre entsprechende Bedeutung gefunden. Mit gewaltnahen Provokationen kann man nicht nur auf sich aufmerksam machen, sie können einem auch den emotionalen Kick geben, der mit den üblichen

Alltagsflips nicht mehr zu bekommen ist. In die ungenierte Provokationsszenerie der Medien – Gewaltfilme und Talkshows –, des Verdrängungskampfes am Arbeitsplatz und auf der Autobahn, der Armut im Reichtum, kann sich auch der alltägliche Rechtsextremismus junger Männer einfügen. Die Medien warten ja gerade darauf, sind richtig geil auf extremistische Events. Somit ist es nicht abwegig, den Regressions-Provokations-Habitus junger Männer als paradoxes Muster gesellschaftlicher Teilhabe zu interpretieren und weniger als Mechanismus der Selbstausgrenzung.

Auf sich aufmerksam machen, soziale Orientierung, Geborgenheit und Gewissheit suchen und erfahren wollen, dass man etwas losmachen kann und sei es über Gewalt und Provokation – das alles sind Charakteristika der Lebensphase Jugendlicher und junger Erwachsener im Übergang in die Arbeitsgesellschaft. Dieser Übergang ist in der Krise der Arbeitsgesellschaft für viele erschwert, ungewiss, für manche aussichtslos geworden. Die jungen Männer, von denen hier die Rede ist, versuchen, sich auch im Alter von 25 Jahren noch jugendkulturell auszuleben, obwohl sie mitten in gravierenden sozialen Belastungen und Bewältigungsproblemen stecken. Die Gesellschaft, die sie hilflos macht, bekommt diese Hilflosigkeit als Gewalt gegen die Schwächeren zurück.

Es ist ein brisantes Gemisch, das sich da im sozialstaatlich unzureichend flankierten und deshalb sozial rücksichtslosen Umbruch der Arbeitsgesellschaft bei der Jugend zusammenbraut. Denn das Modell Jugend der industriekapitalistischen Moderne funktioniert nicht mehr so selbstverständlich und durchgängig wie früher und wird auch weiterhin seine Integrationskraft verlieren. Dieses Modell – ‚Integration durch Separation' – enthält ein typisches Funktionsmuster der modernen Vergesellschaftung von Jugend: Jugendliche werden aus der Gesellschaft zum Zwecke des Lernens und der Qualifikation und – damit zusammenhängend – aufgrund der Besonderheiten ihrer leibseelischen Entwicklung (Pubertät) ausgegliedert, um später – nun ‚gereift' und qualifiziert – in die Arbeitsgesellschaft eingegliedert, integriert werden zu können. Voraussetzung dafür aber, das dieser Mechanismus auch funktioniert, ist die von der Gesellschaft verantwortete und gewährte Sicherheit und Verlässlichkeit, dass die Integration in die Arbeitsgesellschaft klappt, Beruf und Arbeitsplatz einigermaßen sicher und erreichbar sind und der Sonder- und Schonraum Jugend nicht schon früh von sozialen Problemen überschattet wird. Beides ist aber heute nicht mehr so gegeben. Jugendliche und junge Erwachsene experimentieren immer noch relativ unbefangen und riskant, geraten aber früh unter sozialen Druck – Bildungs- und Ausbildungskonkurrenz, sozialer Stress bei den Eltern – und merken dabei gar nicht, wie ihr riskantes Sozialverhalten, das ja eigentlich der sozialen Erprobung dienen soll, in riskantes Bewältigungsverhalten umschlägt. Wir beobachten dies in der Drogenszene, wenn Jugendliche in unbefangener jugendkultureller Gewissheit behaupten, für sie sei es doch kein Problem, mit Drogen umzugehen, sie wollten sie ja nur ausprobieren, auch wenn sie dann – oft über Nacht – nicht mehr davon loskommen, weil sie sie zur Bewältigung von sozialem Alltagsstress brauchen. Der Übergang vom Experimentierer zum User ist vollzogen, ohne das es ihnen rational bewusst, dafür aber somatisch geradezu zwangsläufig ist (vgl. Arnold/Schille 2001).

Wenn dies eintritt, dann ist Jugend nicht mehr der Übergangsraum, in dem ohne großes Risiko und gesellschaftlich geschützt mit der sozialen Gewissheit experimentiert werden kann, dass dieser nur vorübergehend und im Erwachsenenalter zu Ende ist. Die statistischen Verlaufskurven zur Jugendkriminalität bestätigen das: Mit Ende der Jugendphase – um die zwanzig – flacht die Kurve ab, das jugendtypische Muster des Risiko- und Deliktverhaltens verschwindet. Bei der zunehmenden Zahl derer aber, die im Jugendalter schon massive soziale Probleme, wie Arbeitslosigkeit, Scheitern an der Schulkarriere oder soziale Isolation erfahren haben und bei denen jugendexperimentelles Verhalten und soziales Bewältigungsverhalten ineinander übergehen, droht eine Verstetigung des riskanten Bewältigungsverhaltens. Das Gewaltverhalten geht über die Jugendphase hinaus.

Dabei trifft es vor allem die jungen Männer, die außenfixiert agieren und in Gewaltzonen als letztmögliche Bewältigungsräume rutschen. In dem Maße, in dem der soziale Druck der arbeitsgesellschaftlichen Krise – schon bei der Schule über die Eltern vermittelt – in die Jugendzeit hineinreicht, wird externalisiertes Verhalten zum Bewältigungsverhalten, spalten manche Jugendliche ihre soziale Hilflosigkeit in Gewalt – vermischt mit jugendkulturellem Experimentier- und Demonstrationsverhalten – ab. Bei den Schulabbrechern und zwischen Aushilfs- und Billigjobs Herumirrenden, sind es vor allem die jungen Männer, die sich nicht zurechtfinden und deshalb unter dem Zwang stehen, auf rigide Männlichkeitsmuster zurückzugreifen.

Schließlich ist nicht der jugendkulturelle Generationenkonflikt als ein möglicher Einflussfaktor auf der Entstehung rechtsextremer Gewaltdispositionen zu vergessen. Bei Jungen wendet er sich wiederum vielmehr nach außen als bei Mädchen. Dabei ist nicht zu übersehen, dass sich in unserer Gesellschaft der typische Generationenkonflikt als Ablösungskonflikt von den Eltern entstrukturiert, entdramatisiert hat. Die früheren brisanten Auseinandersetzungen zwischen Jugendlichen und Eltern um Lebensstile, Werte und soziales Anpassungsverhalten sind einer familialen Praxis des Verständigens und des Aushandelns gewichen. Die Generationen leben heute in den Familien eher miteinander und nebeneinander als im Konflikt. Gleichzeitig gibt es aber auch in unserer Gesellschaft so gut wie keine Tabus mehr. Die klassischen Tabus als Reibungsflächen öffentlicher Generationenkonflikte – Sexualität und Sitte, Arbeitsmoral, Ordnung und Unterordnung, abweichende Lebensformen – sind längst aufgelöst. Gerade dies aber wird in der Jugendforschung dann als problematisch angesehen, wenn Gesellschaft und Politik keine (respektierende) Auseinandersetzung mit der Jugend suchen, sondern sie links liegen lassen oder Teile von ihr kriminalisieren (vgl. Wolffersdorff in diesem Handbuch). Dies ist umso prekärer, als das Modell

Jugend, nach dem zu leben die Gesellschaft von den Jugendlichen erwartet, für viele nicht mehr tragfähig und schwer lebbar ist. Deshalb ist es wohl kein Wunder, wenn es Jugendliche gibt, die von den gesellschaftlichen Tabus angezogen werden und sich an ihnen aggressiv zu reiben versuchen. Auch so werden rechtsextreme Gewaltszenen für junge Männer attraktiv.

So stellt sich insgesamt der Rechtsextremismus und die rechtsextreme Gewaltbereitschaft einer – allerdings nicht zu übersehenden – Minderheit junger Männer in Deutschland als komplexe Faktorenkonstellation dar, in der die einzelnen Einflussgrößen verschieden gewichtet sind und unterschiedlich zusammenspielen. Die Tiefenstruktur der männlichen Sozialisation, die im Aufwachsen und in der Erziehung von Jungen im Kindes- und Jugendalter angelegt ist, spielt dabei eine *relative* Rolle. Denn die Tendenz zur Abwertung von Schwächeren und Idolisierung einer außenfixierten Männlichkeit kann von den meisten Jugendlichen im Laufe ihrer Biografie sozial einigermaßen ausbalanciert werden. Bei den rechtsextremen jungen Männern dagegen schlägt innere Hilflosigkeit in manifeste Einstellungs- und Verhaltensweisen um, da diese Jugendlichen in ihren Familien und ihrem sozialen Umfeld biografisch wenig Möglichkeiten hatten, diese tiefenstrukturellen Antriebe sozial verträglich auszubalancieren. In den Szenen rechtsgepolter Jugendkultur finden sie ihre Resonanz und das entsprechende Lernfeld für rechtsextremes Verhalten.

2. Der sozialpädagogische Zugang zu männlicher Gewalt

Empirische Untersuchungen zu rechtsextremistischen Einstellungen, die durch eine hohe Gewaltakzeptanz gekennzeichnet sind, haben uns eindeutig vor Augen geführt, dass Gewalt für Jugendliche ein integraler Bestandteil des Alltagslebens sein kann. Alltägliche Ohnmachtserfahrungen gelten als Hintergrund für den Anschluss an rechtsextreme Szenen. Die meist männlichen Jugendlichen möchten über den Anschluss an diese Szenen wieder etwas wert sein und versuchen, sich dieses Erlebnis über die rassistische und sexistische Abwertung anderer (Ausländer- und Frauenfeindlichkeit) zu verschaffen. Sie suchen Sicherheit und Eindeutigkeit in einer Gruppe, die ihnen diese Bedürfnisse über autoritäre Gruppenunterordnung und „Führung" vermittelt. Gewalt stellt dabei ein Medium dar, in dem man sich in Szene setzen, diffuse Situationen entscheiden, die Welt nach dem Schema Oben – Unten, Stark – Schwach wieder „in Ordnung bringen" kann (vgl. zur sozialwissenschaftlichen und sozialpädagogischen Gewaltdiskussion: Heitmeyer 1992, 1995, Thiersch u.a. 1995, Möller 2000).

Obwohl der Rechtsextremismus ein Extrembeispiel ist, macht uns doch hellhörig, dass seine psychosozialen Merkmale auf allgemeine Bewältigungsprobleme verweisen. Von daher ist er keineswegs als ein Sonderproblem ausgrenzbar, vor allem dann nicht, wenn man – wie Heitmeyer – mit dem Begriff der „rechtsextremen Anschlussdisposition", die sich prinzipiell aus alltäglichen Ohnmachtserfahrungen entwickeln kann, operiert. Gewalt und Gewaltakzeptanz sind in dieser Herleitung in den Alltag eingebettete soziale Reaktionsweisen, mithin Formen biografischer Lebensbewältigung. Dieses Theorem der „Anschlussdisposition" lässt sich mit dem Biografisierungs- und Bewältigungsansatz des Risikoverhaltens (Böhnisch 1999) plausibel verbinden.

Für die Zwecke der sozialpädagogischen Diagnostik lassen sich dabei verschiedene Ebenen der subjektiv-biografischen Bedeutung von Gewalt für die Lebensbewältigung unterscheiden. Gewalt ist:

- ein Mittel zur Selbstwertsteigerung und -demonstration, um zu zeigen, dass man da ist und an der Gesellschaft teilhaben will, indem man (z.B. nationalistische und autoritäre) Werte hochhält.
- der Versuch, die „Eindeutigkeit" in der sozialen Orientierung in einer unübersichtlich und widersprüchlich gewordenen sozialen und kulturellen Umwelt wieder herzustellen, indem man sich situativ zum Herrn der Lage macht bzw. die „Rangordnung" gegenüber Schwächeren demonstriert.
- nach außen gerichtete Reaktion auf Überforderung in sozialen Beziehungen und gegenüber Problembelastungen, welche die eigene Hilflosigkeit freisetzen, die dann abgespalten und gewalttätig auf Schwächere projiziert wird.
- strategisches Verhalten (Umwegverhalten) bei sozialer Isolation und Kontaktschwäche; man möchte mangels kommunikativer und sozialemotionaler Kompetenzen soziale Beziehungen im wahrsten Sinne des Wortes „mit Gewalt" herbeiführen und tut dies über den Umweg der gewalttätigen Annäherung und Suche nach sozialem Anschluss an abweichende Gruppierungen, wenn andere sozialintegrative Muster versagen oder nicht zugänglich sind.

Die Biografisierung des Bewältigungsverhaltens schafft sich seine eigene sozialintegrative Moral (negative Integration). Die Bewältigungsbezüge erklären aber (noch) nicht die erregende Lust an der Gewalt, die man bei gewalttätigen Jugendlichen quer durch alle Schichten befremdet beobachten und bestürzt spüren kann. Dies scheint nun wiederum etwas damit zu tun zu haben, wie Jugendliche sich im gesellschaftlichen Umfeld als Jugendliche fühlen. Neben dem Gefühl des Nicht-Gebraucht-Werdens ist es wohl ein Gefühl der Langeweile – als ständiges Defizit an eigener Wirksamkeit (vgl. Pilz u.a. 1982, S. 17) –, das Jugendliche dazu treibt, sich über Gewalt in lustvolle Erregungszustände und omnipotente Narzissmen zu versetzen. Solche Zustände sind zwar in der pubertären und nachpubertären Konstellation der Jugendphase angelegt, münden aber nur dort in aggressive und gewalttätige Ausdrucksformen, wo um die Jugendlichen herum alles beliebig ist, keine Tabus mehr zu brechen sind. Es ist ja angesichts der rechtsextremen Gewalttaten in den 90er-Jahren immer wieder gesagt worden, dass der Holocaust das letzte von der deutschen Gesellschaft nicht bewältigte Tabu ist, das man herausfordern kann. Mit der Biografisierung der Jugendphase und der damit verbundenen Spannung von Selbstinszenierungszwang und sozialem Ausgesetztsein ist der übliche jugendkulturelle Schwebezustand zwischen Langeweile und Erregung (Klinkmann 1982) auf das eigene Selbst und seine Befindlichkeit verwiesen. Von dieser – wie also Jugendliche mit ihrem Selbst umgehen können – hängt es also ab, wie sich dieses Selbst sozial äußert. Helge Peters (1989) sieht in diesem Ansatz auch eine Möglichkeit, gewalttätiges Verhalten von Jugendlichen zu plausibilisieren, die sonst sehr angepasst in stark normierten und kontrollierten Milieu- und Arbeitsverhältnissen leben.

Dass vor allem Jungen und junge Männer in die Vorhöfe und Zonen der Gewalt geraten, ist vor dem Hintergrund der Erkenntnisse zur männlichen Sozialisation und Lebensbewältigung, plausibel: Frauenabwertung gilt als struktureller Bestandteil problematischer männlicher Geschlechterrollenfindung; die männlichen Bewältigungsprinzipien Außen, Konkurrenz, Körperferne sind gewaltnah (vgl. Böhnisch/Winter 1993). Das bedeutet nun nicht, dass Mädchen keine gewaltnahen, d.h. die persönliche Integrität Schwächerer verletzende Einstellungen, haben können. Die AgAG-Jugendstudie (Böhnisch/Fritz/Seifert 1997) zeigt, dass gewaltnahe Einstellungen bei Jungen *und* Mädchen ziemlich gleich verteilt sind, dass aber eine handlungsorientierte Gewaltbereitschaft vor allem bei den Jungen anzutreffen ist. Diese Gewaltdisposition bringt den Jungen aber nur scheinbar und akzidentiell Vorteile. Sie reduziert und fixiert nicht nur die Bewältigungsperspektive auf Gewalt und schränkt damit die sozialen Aneignungsmöglichkeiten drastisch ein, sondern beinhaltet auch Gewalt gegen sich selbst: Unterdrückung der eigenen Emotionalität, Konkurrenz- und Gewaltfixierung in der Sexualität sind zwei verbreitete Beispiele, welche einen perspektivlosen „Bewältigungskreisel" in Gang halten: Gewalt gegen andere schlägt – meist unbewusst – auf einen selbst zurück, und dies nährt wiederum die eigene Gewalttätigkeit.

3. Interventionsmöglichkeiten der Jugendhilfe

Diesen aussichtslosen Gewaltkreisel den Jungen bewusst zu machen, gelingt in der sozialpädagogischen Arbeit nur, wenn drei Voraussetzungen erfüllt sind.

- Die Sozialpädagogik muss über Räume, regelmäßige Aktionen und persönliche Beziehungen Milieus anbieten können, in denen man sich aufgehoben und nicht ausgesetzt fühlen kann. Jugendliche müssen im Kontrast zu ihren Ohnmachtserlebnissen ihren Selbstwert über eigenverantwortete Aktionen und Projekte – je nach ihren Fähigkeiten – erleben, darstellen, inszenieren können.

- Die körperliche und räumliche Grundstruktur des gewalttätigen Handelns – Körpereinsatz, Bewegung, Ausagieren – darf im sozialpädagogischen

Arbeitsfeld nicht verpönt sein, sondern muss in Abläufe und Kontexte gelenkt werden, in denen sie ohne Abwertung und Demütigung anderer auskommt. Dies hat vor allem auch deeskalierende Wirkungen, die durch erlebnis- und aktionspädagogische Angebote erzielt werden können.
- Die Angebote und Projekte müssen so aufgebaut sein, dass sie andere attraktive, nicht gewaltförmige Gruppenerlebnisse ermöglichen und somit zur Gewalttätigkeit alternative Kristallisations- und Kohäsionspunkte für die Gruppen schaffen können.

Die Grundstruktur des Gewaltverhaltens entwickelt sich also im biografischen Prozess der Umweltaneignung. Gewalt wird *gelernt*. Dieser Aspekt des Lernens ist nun für den Umgang mit ritualisiertem antisozialem Aggressions- und Gewaltverhalten wichtig: Zwar ist das (gelernte) Gewaltverhalten bei den betreffenden Jugendlichen eingefahren, die menschliche *Lernfähigkeit* ist aber prinzipiell weiter vorhanden und eröffnet deshalb Möglichkeiten, Spielräume des Umlernens, des Erlernens von Kompetenzen und Fähigkeiten, selbstwertbedrohende und sozial blockierende Situationen und Konstellationen ohne Gewalt durchzustehen, zu bewältigen (vgl. dazu Nolting 1987).

Diesen Zusammenhang der Umweltaneignung nimmt die „sozial-kognitive" Lerntheorie von A. Bandura (1977) auf. Nach ihr lernt man am Verhalten anderer, in welchen Situationen und mit welchem Erfolg man entsprechende Verhaltenskomponenten so aufbauen und verbinden kann, dass man situationsgerecht agiert und handlungsfähig bleibt bzw. wird. Dies ist die sozialemotionale Dimension des *Lernens am Modell*. Nun werden aber die bei anderen beobachteten Verhaltensmuster nicht einfach übernommen, sondern entsprechend dem eigenen biografischen Erfahrungshintergrund selektiv aufgenommen und mit dem eigenen Vermögen verknüpft. Dies ist die sozialkognitive Dimension des Modellernens. Wir können unschwer erkennen, dass Elemente dieses Ansatzes im Konzept des „differentiellen Lernens" stecken. Der differentielle Aspekt scheint mir dabei für das Gewaltlernen bei Kindern und Jugendlichen besonders entscheidend, da sie noch nicht wie die Erwachsenen positionell gebunden sind und sich sozialräumlich orientieren und handeln. Deshalb können sie auch eher differentiell agieren (wo werde ich am ehesten anerkannt, kann ich etwas bewirken).

Das Konzept des differentiellen Lernens am Modell, das übrigens zum klassischen Repertoire der verhaltenstherapeutisch orientieren Beratung gehört (vgl. dazu Huber 1990) eignet sich deshalb auch als allgemeiner lerntheoretischer Begründungszusammenhang für Trainingsprogramme zur Abschwächung und Entstrukturierung von antisozialem Aggressions- und Gewaltverhalten (vgl. dazu beispielhaft Weidner/Kilb/Kreft 1997).

Vor diesem lerntheoretischen Hintergrund, der die Struktur und den Spielraum für Verhaltensänderungen angibt, können dann auch Methoden der Desensibilisierung und des Verstärkungslernens eingesetzt werden. Das

Prinzip des Verstärkungslernens geht davon aus, dass die Verhaltensdisposition und die von ihr ausgelösten Reize (Wohlbefinden, Hilflosigkeit, Stärkegefühl, Anerkennung etc.) beeinflusst und personal integriert werden. Wiederholtes, sozial verstärktes Erleben, das man in gleichen kritischen Situationen durch gewaltloses Verhalten auch positive Gefühle erhalten kann, können die eingefahrenen Gewaltdispositionen aufweichen und zur Verhaltensänderung führen. Desensibilisierung wiederum funktioniert nach dem Prinzip der „reziproken Hemmung" (Huber 1990): Der Klient wird in eine ihm bekannte stress- und gewaltauslösende Situation gebracht (Beschimpfung, Bedrohung, Erzeugung von sozialer Hilflosigkeit durch öffentliche Konfrontation mit seinen Schwächen etc.) und *gleichzeitig* wird arrangiert, dass so auf ihn zugegangen, er angenommen wird, dass neben dem (ritualisierten) gewalttätigen Antrieb Gefühle auftreten können (wie Entspannung oder Neugier), die eigentlich mit der erlernten Gewaltreaktion unvereinbar sind, diese aber nun deeskalieren. Dann kann es auch möglich werden, Gefühle der Empathie für andere (auch für Opfer) zu erzeugen, die sonst – bei der üblichen aggressiven Reaktion verbunden mit dem Mechanismus der Abstraktion – nicht entstehen können.

Weidner/Kilb/Kreft (1997) haben in diesem verhaltenstherapeutischen Kontext ein Konzept des Antiaggressivitäts-Trainings vorgestellt, in dem das methodische Vorgehen in mehrere Stufen/Phasen eingeteilt ist. Ein ähnliches, auf vier Stufen angesetztes Grundmodell von Schlüsselkonstellationen aggressiven Verhaltens und entsprechenden pädagogisch-therapeutischen Interventionen finden wir bei Petermann (1993), dessen Strukturierung ich im Folgenden benutze:

1. Stufe/Phase: Der Wahrnehmungskontext. Hier geht es um die Veränderung der ritualisierten Wahrnehmungsgewohnheit: Infragestellung des Zwangs, gewalttätig zu reagieren, Kosten-Nutzen-Analyse des Gewaltverhaltens in der Situation, Konfrontation mit Neutralisierungsgewohnheiten (halb so schlimm, der hat's verdient).

2. Stufe/Phase: Verringerung der „Gewohnheitsstärke für antisoziales aggressives Verhalten". Durchbrechen des Handlungsrituals und der Selbstverständlichkeit der Abstraktion durch Provokationen seitens der Gruppe (das soll stark sein?!), Methode des „heißen Stuhls" (man wird von mehreren Seiten in die Mangel genommen und kann nicht wie gewohnt gewalttätig um sich schlagen, sondern muss standhalten). Gleichzeitig werden aber auch Angebote von den TherapeutInnen bzw. der Gruppe gemacht in der Richtung, dass man spürt, dass man auch in dieser Situation etwas gilt und gemocht wird, auch wenn man nicht gleich mit Gewalt reagiert hat (Desensibilisierung).

3. Stufe/Phase: Verstärkung der Hemmungspotentiale. Konfrontation mit der Situation des Opfers; deutlich machen, dass durch den Gewaltakt eine Beziehung zum Opfer hergestellt ist, ob der Täter nun will oder nicht; Ansprechen seiner „weichen" Seiten, dem Jugendlichen zeigen, dass

man neugierig auf diese Seiten ist, so dass er spüren kann, dass auch mit ihnen etwas zu bewirken ist; Einbringen von Personen, zu denen eine starke Bindung seitens des Jugendlichen besteht (wie geht's wohl deiner Mutter/Freundin dabei, wenn du so gewalttätig bist).
4. Stufe/Phase: Neubewertung möglicher biografischer Folgen. Durch Rollenspiele oder kleines Zukunftsszenario deutlich machen, dass, wenn so etwas wieder passiert, das Leben ganz verpfuscht ist, das dann niemand mehr für den Jugendlichen da ist; aufzeigen, dass man so wie der oder der eigentlich nicht enden möchte etc.

Aus dem Programm wird ersichtlich, dass es sich hier vor allem um eine „Gruppentherapie" handelt. Drei bis fünf Jugendliche, die immer wieder in Gewalttaten verstrickt waren und zwei bis drei SozialpädagogInnen/TherapeutInnen, welche die Stimuli setzen und Provokationen und verstärkende Selbstwertangebote gleichermaßen steuern. Das Training muss – in der Regel und Kombination der verschiedenen Stufen und Schlüsselstellen – wiederholt durchgeführt werden.

Wichtig ist natürlich – wie bei allen sanktionierenden Interventionen –, wie das Antiaggressivitäts-Training *sozial eingebunden* ist und welche weiterführenden Handlungsperspektiven es eröffnet. So wie Lernen immer kontextgebunden ist, müssen auch die Jugendlichen spüren können, dass sich mit ihrem veränderten Verhalten auch ein neuer sozialer Rahmen um sie herum bildet, in dem sie sich selbst nun anders aber doch mit Wohlgefühl und stressfrei erleben können. Sonst verkommt das Training zum bloßen Konditionalprogramm, zur „Verhaltenswäsche". Die Verhaltensänderung kann dann personal-biografisch nicht ausreichend integriert werden und muss immer wieder von außen stimuliert werden. Sicher werden Vermeidungs- und Keepcool-Techniken erlernt, aber entscheidend ist ja doch – wenn wir uns wieder auf Banduras Lernmodell beziehen – dass die Individuum-Umwelt-Beziehung neu strukturiert wird. Deshalb muss mit dem Reframing des individuellen Verhaltens ein Reframing der sozialen Umwelt des Klienten einhergehen, denn er spürt erst dann, dass für ihn die Verhaltensänderung positiv ist, wenn er merkt, dass er damit etwas *bewirken* kann. Man könnte hier also als Faustregel formulieren: Antiaggressivitäts-Training im Jugendgefängnis oder Heim muss sukzessiv flankiert werden durch die (behutsame) Öffnung der Knast- und Heimstruktur. Antiaggressivitäts-Training in der Schule verlang eine entsprechende sozialräumliche Öffnung der Schule.

Nicht nur das Kontextproblem, auch das Pädagogische wird in den Konzepten zum Antiaggressivitäts-Training meist übergangen. Man ist zwar mit dem Begriff der „Konfrontationspädagogik" schnell zur Hand, aber das Pädagogische stellt sich ja nicht einfach durch die konfrontative Interaktion her. Gerade auch in verhaltenstherapeutischen Arrangements gilt es, die pädagogische Dimension zu explizieren und auszugestalten weil sich in ihr viel bezüglich der personalen Integration der Verhaltensänderung und des

Aufbaus von Selbstwert entscheidet. Schon aus verhaltenstherapeutisch-tiefenpsychologischer Sicht kommt der Beziehung zwischen Sozialpädagogen/Therapeuten/Erzieher/Lehrer und den Jugendlichen in solchen therapeutisch aufgeladenen Situationen eine wichtige Rolle zu: Er/sie ist *Identifikationsobjekt*, das vom Jugendlichen aus seinen Erfahrungen heraus positiv oder negativ besetzt wird, sein intervenierendes Agieren löst Emotionen von Angst und Hass vielleicht dann auch Scham und Hilflosigkeit aus (vgl. dazu Heigl/Triebel 1977). Umso mehr muss die erwachsene Bezugsperson im Antiaggressivitäts-Training checken können, wie sie sich immer wieder während, aber auch nach den Sitzungen, den Jugendlichen so zeigen kann, dass sie spüren, dass ein Interesse an ihnen da ist, das sich hier – trotz aller Provokation und Konfrontation – eine hoffnungsvolle Gegenseitigkeit aufbaut, welche überdauert (unzerstörbare Umwelt, vgl. Winnicott 1984), auch wenn der Jugendliche im therapeutischen Prozess immer wieder in die Hilflosigkeit gestoßen wird. Die verhaltenstherapeutisch beteiligten Erziehungspersonen sollten deshalb auch die Gelegenheit haben, diese Beziehungsambivalenzen ihrer pädagogischen Rolle in einer Supervision aufzuarbeiten.

4. Gewalt und Bedürftigkeit – Die männliche Gewalt in der Familie

Neben der öffentlich sichtbaren Gewalt gibt es auch die männliche Gewalt im Verborgenen. Männer, die in Familien schlagen, Frauen und Kinder zwingen, ihnen zu Willen zu sein. Es sind Männer dabei, die selbst fassungslos sind, über das, was sie angerichtet haben, wenn das häusliche und nachbarliche Schweigen gebrochen und das Ausmaß der Familienkatastrophe sichtbar wird. Sie lieben doch ihre Frau und ihre Kinder, sie haben sich doch nur etwas geholt, auf das sie Anspruch haben und das sie brauchen – Intimität, Zuwendung. Gewalt aus Liebe? Sind solche Männer nur über Gewalt zu Intimität fähig? So absurd das klingen mag, so schnell wir solche Anklänge wegschieben, weil sie uns widersinnig erscheinen, so real sind sie. Der außengeleitete Mann sucht in seinen Krisen die Geborgenheit und Intimität der familialen Bindung in einer Art und Weise, welche die Familie überfordert, was dazu führen kann, dass sie sich ihm verschließt. Er gerät in den Zwang, dies aufzubrechen, „seine" Familie sich gefügig zu machen. Je ausgesetzter Männer ökonomischem und gesellschaftlichem Druck sind, desto verheißungsvoller erscheint ihnen die Geborgenheit und Intimität der Familie. Die Familie muss es bringen, um jeden Preis. Das hören wir auch unterhalb der Schwelle der Gewalt, überall: Kaum ein Manager, kaum ein Bundesligaspieler gibt in Interviews nicht zu Protokoll, dass sie den Druck nur aushalten, weil sie ihren Rückzugsort und Anker in der Familie haben. Wie es Frau und Kindern dabei geht, wird kaum ausgesprochen, die Option, der Anspruch des Mannes, steht im Vordergrund. Deshalb ist es problematisch bei Extremkonstellationen der Gewalt stehen zu bleiben (vgl. Funk 1997).

Sicher sind bei den jungen Rechtsextremisten die meisten aus sozial desolaten Verhältnissen, kommen aus Milieus, in denen direkte gewalttätige Auseinandersetzungen gang und gebe sind. Man hat früh gelernt, Probleme so zu lösen und deshalb sind die Hemmschwellen des Gewalthandelns niedrig, wenn man sein Problem nicht auf andere Weise mitteilen kann, wenn man mit sich selbst weder aus noch ein weiß. Auch unter den Gewalttätern in den Familien sind viele, die schon selbst als Kind Gewalt erfahren haben. Aber gerade bei diesen Tätern zeigt sich, dass die Problematik nicht auf die unteren sozialen Schichten begrenzbar ist, sondern quer durch alle Schichten geht. Und bei den Schülern? Die schulische Gewaltforschung sagt, das es meist Jungen sind, die keine Bindung an die Schule haben, aus überforderten Familien stammen, die es den Kindern und Jugendlichen schwer machen, Bindungen – und damit Einfühlungsvermögen und Verantwortlichkeit für andere – aufzubauen und zu leben. Dies zieht sich durch alle Schichten (vgl. Schubarth/Melzer 1995).

Wenn wir diesen Zugang vertiefen, dann befinden wir uns – noch in den Vorhöfen der Gewalt – in jener männlicher Problematik, die der Schweizer Psychoanalytiker Arno Gruen (1992) wie folgt kennzeichnet: männliche Gewalt ist eingebunden in eine typische Konstellation männlicher Hilflosigkeit. Er entwickelt die Theorie, dass Männer mit dem modernen gesellschaftlichen „Ausgesetzt-Sein" des Menschen, dass sich im Zwang zur Unterdrückung der eigenen Bedürfnisse und der Verleugnung der menschlichen Hilflosigkeit psychisch äußert, in der Tendenz schlechter umgehen können als Frauen.

Hilflosigkeit ist für Gruen erst einmal ein allgemein menschliches Phänomen, das Mann und Frau im Ausgesetzt-Sein gegenüber der modernen Gesellschaft gleichermaßen erfasst. Der Mann aber ist dem gesellschaftlichen Anpassungszwang im Sinne des ‚Verwehrens der eigenen Gefühle' in einer patriarchalischen Gesellschaft am unmittelbarsten ausgesetzt. Jungen müssen von Vätern und Müttern für spätere aktive und konsequente Positionen „draußen" fit gemacht werden. Eine breite Palette ihrer Gefühle – Angst, Ohnmacht, Hilflosigkeit, Trauer – würde dabei sehr stören und „passt" nicht zum Mannsein. Sie wird von Vater und Mutter nicht gespiegelt, sondern ignoriert, unterdrückt und bestraft. So entsteht ein nur schwacher Kontakt zum Selbst – oder er geht gänzlich verloren.

Wir haben es also hier mit einem tiefenstrukturellen Mechanismus der Abwertung und mithin mit einem tiefenpsychischen „Kern" männlicher Gewaltverführung zu tun. Die Abwertung des Schwächeren, wie sie sich schon im Prozess des Aufwachsens von Jungen aufbaut, beinhaltet damit schon einen Aspekt von Gewalt, da anderen – Schwächeren – eine Definition ihres Selbst aufgezwungen wird. Dieses „jemanden gegen seinen Willen etwas aufzwingen" steckt ja im Kern jenes Gewaltbegriffes, wie ihn der Soziologe Max Weber entwickelt hat: Gewalt als die Chance, jemanden auch gegen dessen Willen ein bestimmtes Handeln, Tun oder Unterlassen aufzuzwingen. Dieser Zwang trägt immer den Aspekt der Abwertung, der Missachtung der persönlichen Integrität des anderen in sich. Wichtig ist nun bei der Argumentation Gruens, dass in solchen bis zur Gewaltförmigkeit gehenden Abwertungsvorgängen zwar konkrete Personen involviert, aber letztlich gar nicht gemeint sind. Die eigene Frau oder Partnerin wertet man nicht ab, aber das Weibliche als das ‚Schwächere' im Allgemeinen. Mit dem türkischen Nachbarn behauptet man gut auszukommen, man hat nichts gegen ihn, aber etwas gegen „die Türken" insgesamt. Die Erkenntnis dieses Mechanismus der Abstraktion ermöglicht es uns einen Zusammenhang zwischen seelischer Befindlichkeit und männlicher Gewaltbereitschaft herzustellen.

Der Mechanismus der Abstraktion erlaubt es dem Manne, seine innere Hilflosigkeit, mit der er sich selbst schwer auseinandersetzen kann, da er nicht gelernt hat, mit ihr bei sich selbst umzugehen, nach außen abzuspalten, zu externalisieren. Dies läuft über den Mechanismus der Projektion ab: Die eigene Hilflosigkeit und Ausgesetztheit, die einen innen bedroht, wird auf Andere, Schwächere projiziert, vor allem auf solche, die das Signum der Hilflosigkeit tragen, bzw. denen es gesellschaftlich zugeschrieben ist: Frauen, Behinderte, Ausländer etc. Diese werden nun abgewertet, gedemütigt, körperlicher oder psychischer Gewalt ausgesetzt. Generell kann man sagen: Die eigene Hilflosigkeit sucht sich ihren Weg nach außen in die Hülle von Schwächeren und wird dort bekämpft.

Dieser innere Mechanismus der Abstraktion geht mit einem äußeren, gesellschaftlichen Mechanismus zusammen. Am Beispiel der Gewalt gegen Frauen in der Familie kann man sehen, wie die konkrete Betroffenheit und damit Verantwortung des Mannes nicht nur durch den Zwang zur Abspaltung und Projektion seiner Hilflosigkeit auf die schwächere Frau gemindert und schließlich aufgelöst wird, sondern wie ihn auch die gesellschaftlichen Ideologien von der Unterlegenheit des Weiblichen und der Überlegen des Männlichen darin (bisher) unterstützte: In Wirklichkeit sieht der Mann sich selbst in Frauen durch Abstraktionen, „die einer Metaphysik der Notwendigkeit von Stärke, des Herrschens und der Macht entsprechen und nicht der eigentlichen Realität des Anderen" (Gruen 1992, S. 59). Das Entwicklungsprinzip der industriekapitalistischen Gesellschaft, die Externalisierung als Überwindung der Abhängigkeit von Natur und Abstraktion von naturgebundener Hilflosigkeit kommt dem Mann, in den das Externalisierungsprinzip inkorporiert ist, entgegen. Männliche Gewalt als Bekämpfung der eigenen Hilflosigkeit gedeiht also in einer gesellschaftlichen Kultur der Unterdrückung von Hilflosigkeit, ihrer Abwertung und Überformung im Namen des externalisierenden Fortschritts. Männern wird von ihrer Kindheit an die Angst eingeflößt, dass sie sich Gefühlen wie Hilflosigkeit und Schwäche nicht hingeben dürfen, dass sie sie abspalten müssen. Das Konkurrenzsystem der industriekapitalistischen Arbeitsgesellschaft bietet ihnen die legalen Wege an, Hilflosigkeit von sich abzutrennen. Der illegale Weg der offenen Gewalt wird dann umso mehr gesellschaftlich angeprangert, je stärker bei den Menschen der Verdacht aufkeimt, dass das System selbst Gewalt – wenn auch verdeckt strukturell und nicht offen ausagiert – produziert. Die, die ausgeschlossen werden in diesem System, die Ausgegrenzten und Überflüssigen, aber auch die, die den Alltagsdruck nicht mehr aushalten, und zur Gewalt greifen, ziehen so die Ängste und Unsicherheiten der Durchschnittsbevölkerung auf sich, entlasten dadurch das System, in dem sie von seiner gewalttätigen Struktur ablenken und den Massen das Gefühl geben, nicht nur besser als sie, sondern auch in der Normalität aufgehoben zu sein.

So ist männliche Gewalt in ihren offenen Formen immer ein Kampf gegen die eigene Hilflosigkeit, ein Kampf gegen sich selbst. Das ändert nichts am Schicksal der Opfer dieser Gewalt und soll sie nicht aus dem Blick geraten lassen. Hier aber kommt es uns darauf an, zu zeigen, in welche ausweglose Lage gerade jene Männer geraten können, die biografisch keine Chance hatten und haben, mit der eigenen Hilflosigkeit selbstbezogen umgehen, sie aussprechen und mitteilen zu können, ohne Angst haben zu müssen, zu verlieren oder gar unterzugehen. Vor allem aber muss immer wieder daran erinnert werden, dass die Gesellschaft die Ideologien für jene Abstraktionen liefert, die den Umschlag von Hilflosigkeit in offene Gewalt begünstigen. Dem Übel männlicher Gewalt kann deshalb erst dann an die Wurzeln gegangen werden, wenn eine gesellschaftliche Kultur der Anerkennung von Hilflosigkeit um sich greifen kann. Dann erst ist die konkrete gesellschaftliche Voraussetzung dafür geschaffen, dass das Gegenüber konkret bleibt, das gespürt werden kann, das die Erkennung der eigenen Hilflosigkeit in Empathie und Verantwortung für andere münden kann.

Vor diesem Hintergrund ist es nicht mehr abwegig, im Falle von männlicher Gewalt gleichzeitig von männlicher Bedürftigkeit zu sprechen. Unter Bedürftigkeit verstehe ich einen leibseelischen Zwangszustand, in dem man sich nach etwas sehnt, das gleichzeitig verwehrt ist und – da dieser Zustand schwer aushaltbar ist –, nach Entladung drängt. Je stärker Männer der zunehmend segmentierten und emotionslosen Konkurrenzgesellschaft ausgesetzt sind, je weniger sie ihre Überlegenheit im Alltagsleben ausspielen und bewundern lassen können, desto mehr macht sich das männliche Bedürfnis breit, die ‚quasinatürlichen' und entsprechend privaten Beziehungen für die Bewältigung der eigenen Hilflosigkeit und Schwächen zu verwenden.

Aus dem Bedürfnis entsteht Bedürftigkeit, wenn die Familie vor allem die Partnerin, nicht bereit ist, diesem, so wie es sich als einseitige Forderung darstellt, entsprechend nachzukommen. Dass diese Bedürftigkeit bei manchen Männern nicht nur in Frustration oder Rationalisierungen aufgeht, sondern in Gewalt umschlagen kann, hat wiederum mit dem tiefenpsychischen Wirken der patriarchalen Dividende zu tun, die besonders von denen aktiviert wird, die geschlechtshierarchische Familienstrukturen biografisch gewohnt sind.

Literatur zur Vertiefung

Böhnisch, L./Winter R. (1993): Männliche Sozialisation. Weinheim und München.
Böhnisch, L. (1999): Abweichendes Verhalten. Eine pädagogisch-soziologische Einführung. Weinheim und München
Gottschalch, W. (1998): Geschlecht und Gewalt. Weinheim und München.
Möller, K. (1997): Nur Macher und Macho? Geschlechterreflektierende Jungen- und Männerarbeit. Weinheim und München.

Literatur

Arnold, H./Schille J. (2001): Praxishandbuch Drogenarbeit. Weinheim und München.
Bandura, A. (1977): Social learning theory. Englewood Cliffs.
Bohnsack, R. u.a. (1995): Die Suche nach Gemeinsamkeit und die Gewalt in der Gruppe. Opladen.
Böhnisch, L./Fritz, K./Seifert, Th. (1997): Wissenschaftliche Begleitung des ‚Aktionsprogrammes gegen Aggression und Gewalt' (AgAG). Münster.
Funk, H. (1997): Familie und Gewalt. Gewalt in Familien. In: Böhnisch, L./Lenz, K. (Hrsg.): Familien. Weinheim und München, S. 251-263.
Gottschalch, W. (1998): Geschlecht und Gewalt. Weinheim und München.
Gruen, A. (1992): Der Verrat am Selbst. München.
Heigl, F. S./Triebel, A. (1977): Lernvorgänge in psychoanalytischer Therapie. Bern.
Heitmeyer, W. (1992): Die Bielefelder Rechtsextremismus-Studie. Weinheim und München.
Heitmeyer, W. u.a. (1995): Gewalt. Schattenseiten der Individualisierung bei Jugendlichen aus unterschiedlichen Milieus. Weinheim und München.
Huber, G. L. (1990): Beratung als Lehren und Lernen. In: Brunner, E. J./Schönig, W. (Hrsg.): Theorie und Praxis von Beratung. Freiburg, S. 41-61.
Klinkmann, N. (1982): Gewalt und Langeweile. In: Kriminologisches Journal, Heft 4.
Krafeld, F. J. (1992): Akzeptierende Jugendarbeit mit rechten Jugendlichen. Bremen 1992.
Leinemann, J.: Dokumentarfilm (1993): „Jung und böse' im Rahmen des AgAG-Programms. Institut für Kommunalwissenschaften. Berlin.
Kühnel, W./Matuschek, I. (1995): Gruppenprozesse und Devianz. Weinheim und München.
Petermann, F. (1993): Umgang mit aggressiven Kindern. Weinheim.
Möller, K. (1997): Nur Macher und Macho? Geschlechterreflektierende Jungen- und Männerarbeit. Weinheim und München.
Möller, K. (2000): Rechte Kids. Eine Langzeitstudie über Auf- und Abbau rechtsextremistischer Orientierungen bei 13- bis 15jährigen. Weinheim und München.
Nolting, H.-P. (1982): Lernfall Aggression. Reinbek bei Hamburg.
Peters, H. (1989): Devianz und soziale Kontrolle. Weinheim und München.
Pilz, G. u.a. (1982): Sport und Gewalt. Schorndorf.
Schubarth, W./Melzer, W. (Hrsg.) (1995): Schule, Gewalt und Rechtsextremismus. Opladen.
Thiersch, H./Wertheimer, J./Grunwald, K. (Hrsg.) (1994): ... überall in den Köpfen und Fäusten. Auf der Suche nach Ursachen und Konsequenzen von Gewalt. Darmstadt.
Weidner, J./Kilb, R./Kreft, D. (1997): Gewalt im Griff. Neue Formen des Anti-Aggressivitäts-Trainings. Weinheim und Basel.
Winnicott, D. (1984): Reifungsprozesse und fördernde Umwelt. Frankfurt a.M.

Berith Möller

Gewalt – Mädchen und junge Frauen

Zusammenfassung: Die Ausführungen in diesem Beitrag beschränken das Thema Gewalt als querliegendes Thema in der Kinder- und Jugendhilfe auf eine mädchenspezifische Perspektive. Diese Eingrenzung des Themas begründet sich in einer noch immer zu konstatierenden Unterschätzung des zahlenmäßigen Anteils von Mädchen, deren Verhalten als abweichend eingeschätzt wird, in einem fortlaufendem Mangel an Aufmerksamkeit für die sowohl in der Familie als auch in Hilfeeinrichtungen spezifischen Konflikte von Mädchen und in der relativ ungebrochenen gesellschaftlichen Tendenz, das Leiden von Mädchen in Konfliktkonstellationen eher zu übergehen. Ausgehend vom Konzept des weiblichen Lebenszusammenhangs und dem theoretischen Begriff des Verdeckungszusammenhangs, stellt der Beitrag zunächst Zusammenhänge von Konflikterfahrungen und Bewältigungsverhalten bei Mädchen her. Diese thematische Linie zirkuliert grundlegend um Erkenntnisse zu den Wirkungen der Geschlechterhierarchie, die einerseits unterstreichen, dass Konflikte von Mädchen und deren Lösungswege auch heute noch sozial und gesellschaftlich (institutionell) übergangen werden und Mädchen andererseits keine konstruktiven Konfliktlösungsstrategien bzw. Strategien zur Eindämmung von Macht in einem kulturell-symbolischen Horizont zur Verfügung stehen. Im Kontext einer notwendigen Auseinandersetzung mit eher irritierenden Verhaltensweisen von Mädchen durch die Jugendhilfe, die zugleich die Wirkungen der Geschlechterhierarchie bewusst und durchgängig in den Blick nehmen muss, werden im weiteren Chancen der Offenlegung des Gewalthandelns von Mädchen aufgezeigt: Es ist davon auszugehen, dass die Gewaltthematik ein analytischer Schlüssel zu den Lebenswelten von Mädchen ist. Diese Position wird im Kontext einer eigenen Untersuchung zum Gewalthandeln von Mädchen dargelegt. Abschließend wird der Frage nachgegangen, welche Impulse sich aus diesen Überlegungen für fachliche Perspektiven in Angeboten der Jugendhilfe ergeben könnten.

Einleitung

Im Kontext kriminalstatistischer Erhebungen und Untersuchungen zur Aggressivität und zum Ausmaß von Gewalt an Schulen sowie jüngerer Praxisberichte aus der Jugendhilfe entwickelt sich zunehmend ein Interesse für das Thema Gewalttätigkeit und Gewaltbereitschaft bei Mädchen. Diese Tendenz ist relativ neu: Ein Vergleich von Studien zu Jugendgewalt zeigt, dass das Gewaltverhalten von Mädchen zum einen bisher vor allem nur im Kontext von Rechtsextremismus von Interesse war (vgl. u.a. Utzmann-

Krombholz 1994) und zum anderen das Gewalthandeln von Mädchen im Alltag eher vernachlässigt wurde (vgl. Funk/Schwarz 1999). In Untersuchungen zu den Zusammenhängen von peers und Delinquenz (vgl. u.a. Kühnel/Matuschek 1995) zieht sich zwar die Geschlechtstypik „wie ein roter Faden hindurch ... – immer sind es die Jungen und Männer, von denen diese Studien handeln ..."- aber merkwürdigerweise wird auf diese explizite Gegebenheit von den Untersuchenden kaum näher eingegangen. Weder wird danach gefragt, weshalb Jungen so dominant sind, noch wo die Mädchen in Cliquen bleiben (vgl. Böhnisch 1999, S. 79f.). Im Mittelpunkt dieser Studien stehen scheinbar immer Jugendliche schlechthin, der Geschlechteraspekt ist nie Ausgangspunkt des Untersuchungsdesigns. Ein durchgehender geschlechtsspezifischer Ansatz bezüglich der Analyse von Gewaltverhalten taucht – wenn überhaupt – nur am Rande auf.

Festzustellen ist, dass das Thema Jugend und Gewalt nicht grundlegend vor der Folie des sozialen Geschlechts analysiert wurde und noch bis vor kurzem lediglich in feministischen Zusammenhängen und in der Männerforschung eine Relevanz (vgl. u.a. Connell 1999) hatte. Die neueren sozialwissenschaftlichen Untersuchungen zum Thema Jugend und Gewalt bearbeiten hingegen zunehmend auch Geschlechterfragen, wobei sich wiederum verschiedene Ausblendungen und Vernachlässigungen abzeichnen: Die entsprechenden Berichte und Untersuchungen messen das Gewaltverhalten von Mädchen tendenziell „nur" im Vergleich zu dem der Jungen. Entsprechend kommen dabei alle Untersuchungen zu dem Ergebnis, dass Mädchen und Frauen weniger gewaltbereit sind. Studien im Kontext rechtsextremistischer Gewalt hingegen fragen zwar nach eigenen Motiven und aktiven Seiten von Mädchen in Gewaltzusammenhängen, aber auch hier – gerade bei Gewalthandlungen von Jugendlichen im Alltag – fehlt eine durchgängige analytische Perspektive, die von den Wirkungen der Geschlechterhierarchie für Jungen und Mädchen ausgeht und Fragestellungen zu eigenen Konflikthintergründen, Verletzungs-, Degradierungs- und Entwertungserfahrungen, Gewaltformen und deren Deutungen von Mädchen selbst verfolgt (vgl. u.a. Stenke 1993). In der Tendenz belegen diese Studien aber alle, dass Mädchen in Gruppenzusammenhängen gewaltverstärkend und in Einzelfällen auch selbst offen gewalttätig agieren (vgl. Wittmann/Bruhns 1999), auch wenn nach wie vor resümiert wird, dass Gewalt von Jugendlichen ein männliches Gesicht hat (vgl. Pfeiffer/Wetzels 2000). Es gibt als Hinweise dafür, dass sich eine Veränderung im Gewaltverhalten von Mädchen vollzogen hat. Dieser Tendenz wird aber offenbar in der parteilichen Mädchen- und Frauenforschung nur wenig Aufmerksamkeit geschenkt. Dabei wissen insbesondere Praktikerinnen, dass Aggression und Gewaltverhalten in Anlehnung an männliches Verhalten auch Bestandteile des Verhaltensrepertoire von Mädchen geworden sind (vgl. Funk/Schwarz 1999). Gerade über den sensiblen Zugang zu Mädchen und ihren Lebenswelten wird offenkundig, wie sehr gerade psychische Gewalt – wenn auch weniger sichtbar –

dennoch ernst und mit Folgen für Mädchen – untereinander wie gegen Jungen – ausgeübt wird.

Praxisforschungen, die im Rahmen des Aktionsprogramms gegen Aggression und Gewalt (AgAG) realisiert wurden (vgl. Dokumentationen zum AgAG-Programm), legen ohnedies offen, dass auch Mädchen, die sich nicht in rechtsextremistischen Cliquen bewegen und eher als sozial anerkannt gelten, über eigenes gewaltvolles Verhalten berichten und sich nicht bruchlos – auch in der Veröffentlichung dieser Erfahrungen – am Rollengebot der sozial Kompetenten, Harmonisierenden und Schlichtenden orientieren. Darin liegt eine klare Verantwortungsübernahme von Seiten der Mädchen für ihr Handeln, die aber tendenziell – sowohl in der Praxis der Jugend- und Mädchenarbeit wie in der Theorie – nicht wahrgenommen und bearbeitet wird.

Es ist zu beobachten, dass sich zwar Frauenforscherinnen mit wachsendem Interesse vor allem im Bereich der nationalsozialistischen Forschung (vgl. u.a. Windaus-Wlaser 1988), im Kontext von sexuellem Missbrauch (vgl. u.a. Elliott 1992) und Rassismus (vgl. u.a. Rommelspacher 1992) dem Thema Frauen als Täterinnen zuwenden. Die Frage nach generativen Zusammenhängen bleibt dabei eher offen. Fragen und Perspektiven von Gewaltdelinquenz im Alltag werden insofern auch von der Frauenforschung vernachlässigt. Angesichts des Forschungsstandes und vorliegender Praxisreflektionen zum Thema Mädchen und Gewalt müssen wir davon ausgehen,

- dass entsprechende Untersuchungen zum Teil reduzierte und (Mädchen selbst) reduzierende Perspektiven verfolgen,
- diese eher offene Fragen als dezidierte Forschungsergebnisse aufweisen und
- zugleich, indem Ausblendungen tendenziell fortgeschrieben werden, stagnieren.

Es liegt insofern die Vermutung nahe, dass das Thema in den aktuellen Diskussionen von zwei Seiten ideologisch überformt ist: Einerseits stellen entsprechende Fragestellungen kein forschungsleitendes Interesse dar, was letztlich einer Entwertung und Degradierung weiblicher Lebenszusammenhänge entspricht, andererseits scheinen entsprechende Fragen auch in der Mädchen- und Frauenforschung selbst mit bestimmten Tabus behaftet zu sein, die einen offenen Zugang und entsprechende fachliche Diskussionen eher verhindern.

Diese Vermutung erhärtet sich bei einem näheren Blick auf die wenigen expliziten Untersuchungen zum Gewalthandeln von Mädchen: Biersl (1992) verfolgt den Ansatz einer eigenständigen Ursachenanalyse im Kontext rechtsradikaler Orientierungen bei Mädchen. Sie verortet rechtsradikal motivierte Gewalt als Bewältigungsverhalten individueller Überforderungen im Spannungsfeld von Gleichberechtigung im Alltag (im Beruf und in der Öffentlichkeit) und fehlender Möglichkeiten ihrer Erreichbarkeit oder politischen Umsetzung. Ebenso wie bei Wobbe (1992) erkennt sie zwar Mädchen im Gewalthandeln eigene Ziele (Durchsetzung eigener Raumansprüche) sowie eine eigene Gewaltdefinition zu, doch in beiden Untersuchungen fehlt ein konsequenter Blick für das Unkontrollierte oder Degradierende am Gewalthandeln von Mädchen in der Privatheit und in der Öffentlichkeit, in ihrer Besonderheit und Allgemeinheit (vgl. Stenke 1994). Insofern müssen wir sehen, dass sich Gewalthandeln im Kontext von Konflikten entwickelt, u.a. dem Konflikt der Vereinbarkeit zwischen Berufsrolle und Familienorientierung, der als Vereinbarkeitsleistung und Entwicklungsaufgabe durch jedes Mädchen zu bewältigen ist und dem hier eine herausgehobene Bedeutung zukommt. Insgesamt scheint hier ein besonderer Erklärungszwang wirksam zu sein, da an guten Weiblichkeitsbildern gerüttelt wird. Diese Analyse führt m.E. wiederum tendenziell zu Verengungen in der Wahrnehmung und in der Erklärung des Gewaltverhaltens von Mädchen: auch wenn die Untersuchungen einer konfliktorientierten Perspektive Rechnung tragen, wird dennoch der Aspekt vernachlässigt, dass Mädchen alternative und offensive Verfahrensregelungen kulturell nicht zugänglich sind. Der generelle Mangel an kulturell und symbolisch zugänglichen Regelungsverfahren, Macht für und unter Mädchen einzudämmen, wird damit auch durch feministische Untersuchungen eher übergangen. Die Frage, wo Mädchen lernen können, wie Auseinandersetzungen im Sinne einer aktiven und zugleich respektvollen Selbstbehauptung geführt werden können, bleibt somit unbeantwortet.

Die bereits konstatierte Zurückhaltung in der Auseinandersetzung mit einem veränderten Gewaltverhalten von Mädchen in der Mädchenforschung wie in der Mädchenpraxis, lässt sich ohnedies mit einem Mangel an adäquaten methodischen Instrumenten der Analyse erklären (vgl. Funk/ Schwarz 1999). Es ist aber zugleich zu fragen, weshalb der methodische Bedarf eher unbearbeitet bleibt. Diese fragende Perspektive verstärkt sich noch einmal, wenn wir uns unsere Bemühungen, Mädchen in ihrem Status als Akteurinnen und Handelnde zu unterstützen und ins öffentliche Bewusstsein zu rücken, vergegenwärtigen (vgl. SPI 1999). Die Barriere in einer parteilichen Forschungsperspektive auf Mädchen und ihr Gewaltverhalten begründet sich wohl vor allem in den damit verbundenen Risiken der Verstärkung immer noch relevanter gesellschaftlicher Tendenzen, Gewalt an Frauen und Mädchen nicht anschauen zu wollen bzw. zu müssen. In einem gleichmachenden und die Wirkungen der Geschlechterhierarchie nivellierenden Schritt könnte unterstellt werden, dass Mädchen gerade in ihrem veränderten Gewaltverhalten eine verinnerlichte Gleichberechtigung bekunden und der besondere Schutzanspruch für die von Gewalt betroffenen Mädchen in der Praxis für zunehmend weniger Mädchen Geltung habe. Frauenforschung und parteiliche Mädchenarbeit stehen aber trotzdem in der selbstkritischen Verpflichtung, eigene rassistische Anteile, Standpunkte moralischer Überlegenheit, der Abwertung, der Enge und der Ausblendungen in den eigenen Weiblichkeits- und Männlichkeitsbildern zu prüfen (vgl.

Rommelspacher 1992). Wege der Öffnung eingefahrener Wahrnehmungen und vordefinierter Bilder bieten dabei insbesondere Einsichten und Überlegungen der feministischen Erkenntniskritik. Solche Wege bestehen darin, sich bewusst auf verdeckte und unbekannte Zusammenhänge einzulassen, die bislang tabuisiert waren. Die Fragen müssen dabei gerade an Denkverboten und Angstbarrieren ansetzen, die eigene Subjektivität als Forschungsinstrument berücksichtigen und zugleich ermöglichen, sich überprüfend von den eingefahrenen Praktiken und Wahrnehmungen (wieder) zu entfernen. Gerade in der Betrachtung und Analyse des Gewaltverhaltens von Mädchen liegen m.E. neue Anstöße für eine Auseinandersetzung mit den verdeckten und modernisierten Wirkungen der Geschlechterhierarchie. Diese Behauptung soll im Weiteren dargelegt werden.

Wirkungen der Geschlechterhierarchie als Zugang zum Gewaltverhalten von Mädchen

Das Konzept des weiblichen Lebenszusammenhangs geht von einer Beziehungsbezogenheit und Verpflichtungen aus, die als privat, emotional und natürlich gelten. Mädchen und Frauen werden damit in ganz bestimmte Widersprüchlichkeiten gezwungen, die individuell nicht zu lösen sind. Für Mädchen und Frauen resultiert daraus die Gegebenheit, dass es keine „richtigen" Lösungen gibt, sondern immer nur ein leichteres oder schwierigeres Einrichten in der Widersprüchlichkeit. Immer bleibt ein Mangel, ein Gefühl des Nicht-Genügens. Subjektiv bedeutet dies nicht zuletzt einen ständigen Angriff auf das eigene Selbstbewusstsein. Nur vor dem Hintergrund des weiblichen Lebenszusammenhangs können Probleme und Konflikte von Mädchen und Frauen als Schwierigkeiten in der Balance der unterschiedlichen, teilweise widersprüchlichen Anforderungen richtig interpretiert werden. Besonders problematisch ist, dass die Bewältigung dieser Widersprüche als „Privatsache" gesehen wird, auch von Mädchen und Frauen selbst. Zum weiblichen Lebenszusammenhang gehört die Erwartung an Mädchen und Frauen, es „zu schaffen", quasi trotz allem zu funktionieren. Diese Zuschreibung der „Belastbarkeit" wirkt auch nicht selten dort weiter, wo Gewalt gegen Mädchen und Frauen öffentlich wird. Mädchen und Frauen haben „etwas auszuhalten" – diese offene Erwartung an sie verlängert sich bis in das Verständnis des Privaten und Intimen (vgl. Bitzan/Klöck 1993).

Mädchen und junge Frauen müssen generell ihre Lebensrealität in einem gesellschaftlichen Horizont bewältigen, der ihnen Chancengleichheit und reale Möglichkeiten zur Bedürfnisbefriedigung suggeriert und gleichzeitig nicht die dafür notwendigen strukturellen Bedingungen absichert. Die Einlösung von Ansprüchen an einen befriedigenden sinnerfüllten Lebenszusammenhang wird der Einzelnen zugeschoben, muss individuell bewältigt werden und bleibt dabei verdeckt. Zugleich werden ihnen, wie bereits thematisiert – in einem kulturellen symbolischen Horizont – keine konstruktiven Konfliktbearbeitungsstrategien zur Verfügung gestellt. Bekanntermaßen führen jedoch ein Mangel an Abgrenzung und Konfliktfähigkeit, das Offenbleiben von elementaren Persönlichkeitsrechten und Bedürfnissen dazu, dass an die Stelle von Würde und Selbstachtung die Erfahrung von Ohnmacht, die nun ihrerseits Gefühle von Wut und destruktiver Aggressivität, welche sich in offener oder verdeckter Form Bahn brechen werden, treten können. Die umrissenen Positionen zum Verständnis des weiblichen Lebenszusammenhangs sind im weiteren auf das engste mit weitergehenden Analysen der vielschichtigen Wirkungszusammenhänge der Geschlechterhierarchie verknüpft: Erst im Blick feministischer Forschung und Praxis auf die Wirkungen der Geschlechterhierarchie wurde wahrgenommen, dass sowohl im gesellschaftlichen Kontext als auch im individuellen Lebenszusammenhang bei Jungen wie Mädchen zentrale Subjektbereiche wie Bedürftigkeit und Abhängigkeit, Verletzlichkeit und Demütigung, soziale Fähigkeiten und Stärken verdeckt bleiben. Diese Verdeckung äußert sich sowohl im gesellschaftlichen Maßstab in Denk- und Handlungsverboten, die sich als „verdeckte Relevanzstrukturen" beschreiben lassen, insofern sie wesentliche Erfahrungsqualitäten im Alltag darstellen, die aber nicht offen gelegt und weitergedacht werden können (vgl. Funk/Schmutz/Stauber 1993, S. 155ff.). Sie äußert sich aber auch im biographischen Kontext. „Wir müssen in diesen Zusammenhängen zugleich qualitativ veränderte Bedingungen im Aufwachsen von Kindern und Jugendlichen in Betracht ziehen: Im Zuge der Modernisierung der Lebenslagen werden letztlich immer weitere Aufgaben aus dem gesellschaftlichen Verantwortungsbereich herausdefiniert und in den Zuständigkeitsbereich des Individuums gestellt. Diese Entwicklung ist durch eine generelle Abwertung und Nichtanerkennung von Leid, Konflikten und Abhängigkeiten im öffentlichen Diskurs überformt. Konflikte werden zu Herausforderungen umgedeutet, Leidenserfahrungen individualisiert, alles muss lösbar und regelbar sein, es gilt die Norm des gesellschaftlichen ‚Erfolgsimperativ'" (Funk/Schwarz 1999, S. 90).

Für Mädchen kommt insofern zu den erfahrenen Verletzungen und Zurücksetzungen der Zwang hinzu, sich als problemlos zu präsentieren. „Was bei Jungen ohnehin aus den Männlichkeitszuschreibungen verbannt war, wird nun auch bei Mädchen zunehmend zum Tabu- und zwar paradoxerweise gerade unterstützt durch die neuen Mädchenbilder, die die Selbstständigkeit und Eigenwilligkeit von Mädchen betonen" (Stauber 1999, S. 59). Der Realitätsverlust, der Prozess der Derealisierung von Erfahrungen und Bedürftigkeiten, der mit dem Verdeckungszusammenhang einher geht, betrifft dabei letztlich auch die verschwiegene und eine nicht zugestandene Aggressivität von Mädchen, den Täter- und Opferstatus von Jungen und schließlich auch die Täterinnenrolle von Frauen. Die Muster des Verbergens sind dabei für Mädchen und Jungen unterschiedlich, Muster von Idealisierung und Funktionalisierung (z.B. guter Mütterlichkeit oder überlegener guter Männlichkeit gegenüber schlechter Männlichkeit, von der man sich skandalisierend abgrenzen kann) (vgl. Funk/Scheu 1994). In ihrer Studie zum Gewaltverhalten von Frauen problematisiert Heyne (1993) insofern, dass Frauen zwar betonen, dass Mädchen und Frauen häufig unter einem ausgeprägten Mangel an Autonomie leiden und wegen dieses Mangels an Ich-Stärke keine ausreichende Konfliktfähigkeit entwickelt haben und dass dennoch davon ausgegangen wird, dass Mädchen und Frauen nicht unter den bekannten Folgen von Ich-Schwäche – nämlich der Entwicklung destruktivaggressiver Impulse und Verhaltensweisen – leiden. Sie fragt nach einer hinreichenden Begründung dafür, dass diese Impulse sich vorzugsweise gegen die eigene Person richten sollen, wenn Abwehrmechanismen wie Spaltung und Projektion doch gerade darauf zielen, das Böse außerhalb der eigenen Person anzusiedeln, um es in Gestalt von Sündenböcken dort dann zu bekämpfen (vgl. Heyne 1994, S. 90). Nun werden auch in diesem Zugang zu dem Thema Mädchen, Frauen und Gewalthandeln Zusammenhänge von sozialem Geschlecht, Sozialisation und Lebensbewältigungsmustern nicht umfassend berücksichtigt, es bleibt aber dennoch die Frage, weshalb es uns selbst auch schwer zu fallen scheint, Mädchen und Frauen eine eigene Gewalt zuzugestehen.

Hier eröffnen sich blinde Flecken und Widersprüche in den auch frauenpolitisch reproduzierten Weiblichkeitsbildern, die uns aber letztlich Zugänge zu einer weitestgehenden Verantwortungsnahme für uns und unseren Lebenszusammenhang verwehren. Wir sind gerade im Sinne der bewussten Wahrnehmung der aktiven Seiten von Mädchen und Frauen dazu aufgefordert, danach zu fragen, wie Frauen und Mädchen Erfahrungen der Zurücksetzung, der Konkurrenz und der Hierarchie zu verarbeiten. Wie Funk und Scheu (1994) schreiben, ist dies die allgemeinste Folie auf der wir uns den Fragen nach Mädchen und Gewalt zuwenden könnten. Vorab stehen jedoch immer Vergewisserungen und notwendige Verunsicherungen über die Bilder von Männlichkeit und Weiblichkeit. Wenn wir geschlechtsspezifisch fragen, müssen wir uns immer bemühen, dass wir nicht erneut Klischees wiederholen, weil es gerade diese Klischees sind, die es Jungen wie Mädchen nicht ermöglichen, sich mitzuteilen. Es gilt anzuerkennen, dass bestimmte Konflikte bei Jungen und bestimmte Konflikte bei Mädchen nicht zugelassen werden, d.h. sie werden zum individuellen Defizit. Indem z.B. die Vereinbarkeit von Familie und Beruf Mädchen zugeschrieben wird, wissen sie mehr über die Welt, müssen dieses Wissen aber in sich verdecken. Es wäre wichtig zu fragen, wo dieser Konflikt sichtbar wird, wo ihn die Mädchen wahrnehmen und wo sie ihn verdrängen und vor allem welche Folgen dies hat. Es könnte nach Alltagssituationen gefragt werden und nach Grenzsituationen: „Wo wurdest du anerkannt in deiner Bedürftigkeit, in deinen Bedürfnissen nach Eigenständigkeit und welche Unsicherheiten liegen dahinter?" Auch und gerade die Mitarbeiterinnen und Mitarbeiter der Institution oder Einrichtung sollten sich fragen: „Wo beteilige ich mich an Ausgrenzung und Abwertung, um meine eigene Position zu sichern, wo grenze ich innere Erfahrungsbereiche ab, wo möchte ich diese nicht wahrhaben?". In den sozialen Einrichtungen ist schließlich das Bewusstsein, in der gesellschaftlichen Hierarchie relativ weit hinten zu sein und zugleich unter ständigem ökonomischen Leistungsdruck zu stehen, verdeckt und zugleich alltäglich (vgl. Funk/Scheu 1994).

Diese eher die Diskussion anregende und fragende Perspektive soll mit einigen Selbstsichten von Mädchen auf ihr Gewaltverhalten noch einmal konkretisiert und spezifiziert werden. Es werden dabei Ergebnisse einer qualitativen Untersuchung zu Mädchen und ihrer Affinität zu Gewalt und gewalttätigen Gruppen vorgestellt, die durch eine Forscherinnengruppe in Dresden (Möller/Pretzschner/Schellenberger 1994) im Auftrag des Vereins für Kommunalwissenschaften in Berlin realisiert wurde. Mit der Untersuchung sollten Mädchen in den Blick kommen, die weder durch sich selbst noch durch Professionelle als besonders gewaltbereit wahrgenommen wurden. Die insgesamt 18 Mädchen wurden in Interviews und Gruppendiskussionen befragt, der Kontakt zu ihnen wurde über offene Angebote eines Jugendhauses im Stadtteil und über ein Mädchenprojekt hergestellt.

Sichten von Mädchen auf ihr eigenes Gewaltverhalten

Das Vorgehen bestand zunächst darin, Lebenslagen von Mädchen in Abhängigkeit zum Lebensalter zu bestimmen, um die darin verborgenen Strategien zur Lebensbewältigung freilegen zu können. In leitfadengestützten Einzelinterviews sollte der Lebenszusammenhang der Mädchen bestimmt werden, um die individuelle Gewaltthematik darin einbetten zu können. In allen konkret formulierten Fragen verbarg sich die Suche nach den vielschichtigen Subjektleistungen der Mädchen. Wir wollten lebensweltliche Diskrepanzerfahrungen, Bewältigungsstrategien und Rollenbrüchen von Mädchen auf die Spur kommen, um dadurch ihre Sichten auf die Gewalt hinsichtlich ihrer Motive, Ursachen, Ziele zu gewinnen. Nach einer Selbstverortung der Mädchen im Lebenszusammenhang wurde es möglich, die Bedingungen zu bestimmen, unter denen die Mädchen ihre Opfer- und Täterseite anschauen können. In diesen Zusammenhang ordneten wir das individuelle Gewaltverständnis, die eigenen Hemmschwellen und Grenzen ein. Aus der Lebenslage erschloss sich, wann das Mädchen um seine Affinität zu Gewalt weiß. Wie sich dies individuell gestaltete, d.h. in welchen Formen und Kontexten, wurde unmittelbar erfragt. Die Erfahrungen von Gewalt wurden auf der peer- und familiären Ebene ermittelt, wobei es uns wesentlich erschien, die geschlechtsspezifische Wahrnehmung in doppelter Hinsicht zu erfassen. Es ging um die Perspektiven der Mädchen: auf ihre eigene Gewalt, auf Gewalt durch andere Mädchen und Frauen sowie auf Gewalt durch Jungen und Männer. Mit verschiedenen Methoden wollten wir einen Rahmen umreißen, in dem spezifisch für Mädchen gefragt werden konnte nach:

- den Bedingungen zur Wahrnehmung von Demütigungen, Aggressionen, Unsicherheiten und deren Bewältigung,
- den Bedürfnissen nach Geborgenheit und Autonomie und

- der Art und Weise der Verarbeitung von Gewalterfahrungen und den Erfahrungen von Ungleichbehandlung, Zweitrangigkeit und Abwertung.

Wir wollten wissen, wo die Mädchen Konflikte wahrnehmen, wo sie sie verdrängen, und vor allem, welche Folgen dies hat. Alltagssituationen sollten ebenso wie Grenzerfahrungen thematisiert werden. Es galt, der konkreten individuellen, aber auch der geschlechtsspezifischen Ausformung des Konflikts zwischen Geborgenheit und Eigenständigkeit, zwischen Bedürftigkeit und Leistung auf die Spur zu kommen. Es sollte herausgefunden werden, inwiefern die Mädchen an Ausgrenzungen, Abwertungen beteiligt sind und ob sie bestimmte Erfahrungsbereiche nicht reflektieren, um Verletzungen damit zu kaschieren. Mit Hilfe der Interviews suchten wir für uns selbst und für die Mädchen ein Stück verborgener Realität von der verschwiegenen und nicht zugestandenen Aggressivität von Mädchen abzuheben. Die Mädchen konnten so ihre Subjektleistung bei der Bewältigung von Diskrepanzerfahrungen gerade in ihrer teilweisen Verborgenheit beschreiben, ebenso ihre Verletzungen und ihren Opferstatus. Damit wurde ein Rahmen geschaffen, der es ihnen ermöglichte, ihren Bezug zur Gewalt in seiner Vielfalt zu erkennen, einschließlich einer möglichen Täterinnenseite. Wesentlich war, dass dem Mädchen jeweils eine Definitionsmacht darüber gegeben wurde, was Gewalt für es ist und wie es diese Situationen wahrgenommen hat.

In der Zusammenschau der lebensweltlichen und biographischen Beschreibungen der Mädchen waren für uns zunächst die breite Palette und die Vielfalt von Gewalterfahrungen, die von den Befragten angesprochen wurden, augenfällig: sie reichten von Formen struktureller Gewalt über physische bis zu psychischer und verbaler Gewalt. So wurden benannt: Wirkungen, die z.B. von den Behörden ausgehen, „Schule ist Gewalt", „sich gegenseitig fertig machen", „sich seelisch fertig machen", Erpressungen, Androhung von Gewalt, Schlägereien, ausgrenzen, sticheln, vereinnahmende Liebe, Liebesentzug. Durchgängig spiegelten die Mädchen psychische verbale Gewalt als verletzender, als Abwertung, die härter trifft, die eine gravierende Grenzverletzung erfahren lässt. Sinngleich mit anderen formulierte eines der Mädchen: „Also wenn mich einer verbal verletzt, da rede ich nicht drüber. Weil, das geht mir meistens zu tief. Damit muss ich alleine fertig werden. Aber wenn mich einer körperlich verletzt, das ist etwas anderes. Da kann ich auch drüber reden. Und da hab ich auch das Gefühl, dass ich zurückschlagen würde. Das ist etwas anderes, weil, das ist ja nur von außen. Das tut zwar weh, aber das kann nicht so schlimm sein."

Gewalt wurde als geschlechtsspezifisch wahrgenommen, wobei jedem Geschlecht bestimmte Formen der Gewaltausübung als bevorzugte und gängige zugewiesen wurden. Die Spannweite von Gewaltformen, die Frauen/Müttern zugeordnet wurden, reichte dabei von zu erstickender Fürsorge und überfordernder Liebe, von diffizilen Formen der Ausgrenzung bis zum Drang nach gänzlicher Vereinnahmung der/des anderen. Es waren gerade diese Formen von Gewaltausübung, die von den Befragten gerade als besonders schmerzvoll reflektiert wurden.

Mehrfach werden Schulen als gewalttätige Orte bezeichnet, die Ängste auslösen. Ältere Mädchen beklagten ein „hierarchisches" Schulsystem, das „überhaupt nicht auf Menschen zugeschnitten (ist), sondern das ist zu allgemein. Und man wird irgendwie ein bisschen zu Einheitsbrei verarbeitet." Demgegenüber sollten die Lehrer „auf den einzelnen Menschen eingehen", ihn „nicht ... in ein Notenschema reinzupressen", versuchen, sondern „die Auswertung für den Schüler ganz persönlich" zu halten.

In der Thematisierung ihrer lebensweltlichen Erfahrungen in der Familie kristallisierte sich Gewalt als emotional-rationales Bezugssystem bei allen befragten Mädchen als eine wesentliche biographische Erfahrungslinie heraus, allerdings in verschiedener Qualität. In der Familie wurde Liebe als mit Gewalt verflochten erlebt, Intimität gekoppelt mit Wortbruch, Zuwendung zusammen mit emotionalem Verrat. So erschien es den Mädchen auch legitim, in der Familie Gewalt einzusetzen, um Konflikte zu lösen. Vor diesem Hintergrund implizierten Mädchen die Lernerfahrung, dass sie einer gewaltfreien Liebe nicht wert sind. Sie entwickelten schützende und idealisierende Sichtweisen auf ihre Eltern und bewerteten die eigenen Fehler, „Ungenügsamkeiten", als eigentliche Ursache der erfahrenen Misshandlungen. Unter dem Schlüssel Gewalt thematisierten die Mädchen insofern tief greifende Verletzungen wie z.B. Vertrauensverluste („...das sie alle vor mir standen und sie haben gesagt, sie stehen hinter mir..."), Demütigungen und Abwertungen. Mädchen erzählen dabei ganz präzise, wie sehr sie um eine Widerständigkeit ringen und dennoch an den Zwang zur Anpassung gebunden sind: „...da habe ich mir überlegt, was ich an mir ändern kann, damit ich den anderen gefalle. Und das ist auch immer beschissen, ich will so bleiben, wie ich bin und mir nichts daraus machen und das ist das Schwierige." Insofern entäußerten die befragten Mädchen gleichfalls Druck und Zwänge – sowohl in der Gleichaltrigengruppe wie in der Familie – in Bezug auf die eigenen Bilder von sich selbst, gegen die sie z.T. Widerstände entwickeln, sich aber auch z.T. damit arrangieren müssen.

Hinsichtlich der Verarbeitungsformen von Gewalt durch Mädchen erzählten alle befragten Mädchen, dass sie sich auf sich selbst zurückziehen, erfahrene Grenzverletzungen erst einmal mit sich selber ausmachen: Sie reden mit ihren Kuscheltieren, schreiben Tagebuch oder Gedichte u. Ä. Ohne an dieser Stelle dezidierte Auskünfte über den durch die Mädchen offen gelegten weiten Begriff des eigenen Gewalthandelns, der zugleich Unschärfen hervorbringt, und dessen individuelle Unterlegung geben zu können, sollen im Folgenden ebenso auch die aktiven Seiten des Verhältnisses von Mädchen und Gewalt zumindest skizziert werden:

In der Zusammenschau der Interviews und Gruppendiskussionen legten die Mädchen offen, dass:

- sie sich nicht an das Gebot der weiblichen Friedfertigkeit gebunden fühlen, wenn es galt, die eigenen Gewalthandlungen anzuschauen. Die Mädchen spiegelten uns nicht, dass entsprechende Fragen für sie irritierend waren;
- die Mädchen ihr eigenes Gewalthandeln sehen können und somit klar in die Verantwortung gehen;
- Gewalt als etwas zum Leben dazugehörendes von den Mädchen angenommen wird;
- es Mädchen gibt, die sich durchaus wehrhaft auch in Schlägerein mit Jungen fühlen („...ich kann auch zurückschlagen...", „ich denke, dass es eigentlich keine Grenze gibt, dass man sich auch gegenüber den Größten wehren kann..", „Ich würde es mir schon mal wünschen, um zu wissen, wie stark ich bin, ob ich es schaffe, jemand mal total fertig zumachen....");
- in den Beschreibungen der Mädchen Gewalt nicht eindeutig ist, d.h. in ihren Formen sehr unterschiedlich ist und auch lustvolle Seiten hat;
- körperliche Gewalt anderen Mädchen gegenüber zumeist eher höherschwellig ist, es ebenso dabei eine Hemmschwelle gegenüber Schwächeren gibt, die aber z.T. aus der eigenen Erfahrung der Überschreitung heraus rührt. Gerade hier wurde offensichtlich, wie wichtig den Mädchen die Frage der Fairness ist;
- die eigene Gewalt am ehesten als Wehr thematisiert werden kann. Wenn das gewaltvolle Handeln auch vor sich selbst gerechtfertigt erscheint, konnten die Mädchen am ehesten offen darüber sprechen.

Im Kontext der thematisierten Gewalterfahrungen in der Lebenswelt Familie verdeutlichten die Mädchen im weiteren die Bedingungen, die das Anschauen der eigenen destruktiven Aggressivität ermöglichen: Mädchen konnten dann ihre eigene Gewalt beschreiben, wenn sie in anderen gewaltsamen Situationen geschützt wurden. Standen ihnen diese Erfahrung im eigenen Erleben nicht zur Verfügung, konnte ihre Gewalt in ihrer grenzverletzenden destruktiven Wirkung auch nicht als solche benannt werden. Feministische Praktikerinnen wissen, dass das eigene Leid nur dann in seinem vollen Ausmaß und seiner Ungeheuerlichkeit erfasst werden kann, wenn das Bewusstsein darüber erträglich ist und reale Alternativen, Auswege vorhanden sind. Ansonsten muss das Mädchen oder die Frau ihr Wissen auch vor sich selbst verbergen und verleugnen. Gewalterfahrungen als das, was sie sind zu beschreiben, bedarf also als lebbar empfundene soziale und psychische Alternativen und die Gewissheit, ein Recht auf ein Leben in respektvollen Beziehungen, die Übergriffe ausschließen, zu haben (vgl. Brückner 1991, S. 71).

Wir haben bei der Realisierung der Interviews eine große Offenheit von Mädchen zu der Thematik erfahren. Bedenken, die wir im Vorfeld entwickelten, erwiesen sich als unbegründet. An dieser Stelle wurden unsere verfestigten Weiblichkeitsbilder mit der noch im Fluss befindlichen eigenen Identitätssuche der Mädchen konfrontiert. Es wurde offenkundig, dass Mädchen das kulturelle Gebot einer nicht zugestandenen Aggressivität nicht durchgehend verinnerlichen und es eher brechen. Wir haben ebenso implizit offen gelegt, wie sehr sich Mädchen ihrer Erfahrungen in der Auseinandersetzung mit der Geschlechterhierarchie vergewissern wollten. Maßgeblich dafür war u.E. ein offener Raum, der stilprägend war.

Wir wollten gerade diese bisher von ihnen nach außen eher verdeckten Erfahrungen heben, projizierten aber dabei z.T. zugleich unsere eigenen Konstruktionen weiblichen Seins (während des Untersuchungsprozesses durchliefen wir selbst eine fortlaufende gemeinsame Auseinandersetzung zu den eigenen Positionen zum Gewaltphänomen, die neu gesehen und z.T. auch verworfen werden mussten). Unsere eigenen Widerstände trafen also auf offensiv vertretene Versuche der Lebensbewältigung und Versuche der Überschreitung durch die Mädchen selbst und wir entschlüsselten damit eine Wirkung der Verdeckung der Geschlechterhierarchie, nämlich dass Mädchen scheinbar keine eigene Aggressivität haben und diese ihnen auch nicht zugestanden wird, in uns selbst. Wir konnten sehen, dass das Aufgreifen des Gewalthandelns ein thematischer Schlüssel zur Aufdeckung bislang verborgener lebensweltlicher Erfahrungen im Kontext erfahrenen Mangels, verwehrter Entwicklungsräume und uneingelöster Bedürfnisse sein kann. Im Laufe der Befragungen wurde ebenso immer deutlich, dass die Frage der Gewalterfahrung eine Frage der Individualisierung von Konfliktbewältigungen und des Zugangs zu und das Erleben von konstruktiven Konfliktlösungsstrategien ist. Erst auf diesem Hintergrund wurde die Beziehung zu Gewalt und gewaltvollem Gruppenverhalten relevant (vgl. Schellenberger 1997).

Perspektiven für die Jugendhilfe: Gewalt von Mädchen als analytischer Schlüssel zu verdeckten Konflikten

Will die Jugendhilfe das Thema Gewalt von Mädchen verstärkt aufgreifen, muss zunächst Raum für die Ambivalenz in den familialen Erfahrungen der Mädchen gegeben werden. Es geht dabei nicht nur um eine professionelle Entschärfung der familialen Konflikte und die Kritik von Mädchen an ihren Familien, sondern vor allem um die Überprüfung unseres Wissens um die aktuelle Lebensrealität von Mädchen. Zweifellos haben sich Konflikte weiter in der Privatheit der Familie und anderer Beziehungen hinein verschärft, aber auch für Mädchenangebote muss z.T. jedoch konstatiert werden, dass die Bereitschaft und Lust, sich mit Widersprüchen und Ambivalenzen zu beschäftigen (angesichts des permanenten Drucks von außen und der schwierigen existenziellen Bedingungen), gegenwärtig nicht unbedingt wächst. Wir müssten aber merken, dass diese Bereitschaft dennoch von Mädchen selbst gefordert wird. Unsere programmatisch gebundene Offenheit und Aufmerksamkeit für Mädchen mit all ihren Kämpfen darf also auch nicht vor scheinbar unliebsamen, weil ambivalenten Themen wie der eigenen Gewalttätigkeit relativiert werden. „Der Zugang zu Mädchen – und damit ist die Art und Weise, wie wir auf das, was Mädchen uns zeigen, erzählen, interpretieren und reagieren, gemeint – muss letztlich immer wieder neu gesucht und dokumentiert werden, weil sich die hinter der Geschlechterhierarchie liegenden Bilder immer wieder ändern und zugleich verdeckt sind und es sonst auch bleiben" (Funk/Schwarz 1999). In diesem Zusammenhang sind wir auch dazu aufgefordert, uns zu fragen, inwieweit nicht eigene Ansprüche – z.B. auf friedvolles, gewaltfreies Handeln – auf Mädchen übergestülpt werden. Nur so vermeiden wird das Reproduzieren von Gewohntem, Gleichem, auch wenn das dabei zu Tage tretende Betroffenheit in der Frauengeneration auslöst.

Dies bedeutet auch, dass wir in uns hineinhören müssen, unsere eigenen Feindbilder, unsere Ausgrenzungs- und Diskriminierungstendenzen erkennen müssen. Nur dann kann sich etwas ändern (vgl. Rommelspacher 1992). Das bedeutet zudem, dass wir uns all der Strategien bewusst werden müssen, die wir gegen die Wahrnehmung unserer eigenen Schattenseiten einsetzen. Schließlich vermittelt nicht zuletzt dieses Thema Auskünfte darüber, welche Ansprüche Mädchen an Gleichaltrige, Eltern, Institutionen etc. haben, welchen Konflikte ihre Lebensrealität bestimmen, welchen Bewältigungsstrategien sie entwickeln. Es ist deshalb verstärkt zu fragen, wie Mädchen Konflikte definieren und umdeuten, inwieweit Mädchen und Frauen überhaupt Zugänge zu Konfliktlösungsverfahren haben, wie sich diese Konfliktlösungsmuster vermitteln, wie Mädchen und Frauen Macht definieren und welche Durchsetzungsstrategien sie für sich entwickeln (vgl. Funk/Schwarz 1999).

Literatur zur Vertiefung

Biersl, Ursula (1992): Frauen und Rechtsextremismus. In: Aus Politik und Zeitgeschichte, B 3-4, S. 22-30

Bitzan, Maria/Klöck, Thilo (1993): „Wer streitet denn schon mit Aschenputtel?": Konfliktorientierung und Geschlechterdifferenz in der Gemeinwesenarbeit – eine Chance zur Politisierung sozialer Arbeit? München

Böhnisch, Lothar (1999): Abweichendes Verhalten. Eine pädagogisch-soziologische Einführung. Weinheim, München

Funk, Heide/Schwarz, Anne (1999): Bedürfnisse und Konfliktlagen von Mädchen. In: Neue Maßstäbe. Mädchen in der Jugendhilfeplanung 2000. Berlin, S. 88-102

Heyne, Claudia (1993): Täterinnen. Offene und versteckte Aggression von Frauen. Zürich

Rommelspacher, Birgit (1992): Mitmenschlichkeit und Unterwerfung. Zur Ambivalenz der weiblichen Moral. Frankfurt/Main

Utzmann-Krombholz, Hilde (1994): Rechtsextremismus und Gewalt: Affinitäten und Resistenzen von Mädchen und jungen Frauen. Düsseldorf

Wobbe, Teresa 1992: Rechtsradikalismus – nur eine Männersache? Anmerkungen zur Geschlechterverteilung im sozialen Raum. In: Jansen, Mechthild (Hrsg.): Rechtsradikalismus. Politische und sozialpsychologische Zugänge. Frankfurt/Main

Literatur

Biersl, Ursula (1992): Frauen und Rechtsextremismus. In: Aus Politik und Zeitgeschichte, B 3-4, S. 22-30

Bitzan, Maria/Klöck, Thilo (1993): „Wer streitet denn schon mit Aschenputtel?": Konfliktorientierung und Geschlechterdifferenz in der Gemeinwesenarbeit – eine Chance zur Politisierung sozialer Arbeit? München

Brückner, Margrit (1991): Frauenprojekte und soziale Arbeit. Eine empirische Studie. Frankfurt/Main

Böhnisch, Lothar (1999): Abweichendes Verhalten. Eine pädagogisch-soziologische Einführung. Weinheim, München

Böhnisch, Lothar (1994): Gespaltene Normalität. Lebensbewältigung und Sozialpädagogik an den Grenzen der Wohlfahrtsgesellschaft. Weinheim, München

Cornell, Robert W. (1999): Der gemachte Mann. Konstruktion und Krise von Männlichkeiten, Opladen

Elliott, Michele (1992): Tipp of the Iceberg? Social Work Today. Ausgabe vom 12.3.1992

Funk, Heide/Scheu, Birgit (1994): Gewalthandeln von Frauen, unveröff. Manuskript

Funk, Heide/Schmutz, Anne/Stauber, Barbara (1993): Gegen den alltäglichen Realitätsverlust. Sozialpädagogische Frauenforschung als aktivierender Prozess. In: Rauschenbach, Thomas/Ortmann, Friedrich/Karsten, Maria (Hrsg.): Der sozialpädagogische Blick. Lebensweltorientierte Methoden in der Sozialen Arbeit. Weinheim, München

Funk, Heide/Schwarz, Anne (1999): Bedürfnisse und Konfliktlagen von Mädchen. In: Neue Maßstäbe. Mädchen in der Jugendhilfeplanung 2000. Berlin, S. 88-102

Kühnel, Wolfgang/Matuschek, Ingo (1995): Gruppenprozesse und Devianz, Weinheim, München

SPI Berlin, Bitzan, Maria/Daigler, Claudia/Rosenfeld, Edda (Hrsg.) (1999): Neue Maßstäbe in der Jugendhilfeplanung. Mädchen in der Jugendhilfeplanung. Berlin, Tübingen

Stenke, Dorit (1994): Kritische Anmerkungen zur Thematisierung des Geschlechterverhältnisses in der Auseinandersetzung um Jugendgewalt. In: Informationsdienst AGAG, Nr. 3, S. 19-29

Heyne, Claudia (1993): Täterinnen. Offene und versteckte Aggression von Frauen. Zürich

Rommelspacher, Birgit (1992): Mitmenschlichkeit und Unterwerfung. Zur Ambivalenz der weiblichen Moral. Frankfurt/Main

Schellenberger, Petra (1997): Der Umgang mit Gewalt. Schwierigkeiten und Möglichkeiten von (ostdeutschen?) Wissenschaftlerinnen im Zugang zur Problematik. In: Ulrike Diedrich/Stecker, Heidi (Hrsg.): Veränderungen – Identitätsfindung im Prozess. Frauenforschung im Jahre Sieben nach der Wende, S. 123-130

Stauber, Barbara (1999): Starke Mädchen – kein Problem? In: Beiträge zur feministischen Theorie und Praxis. Köln, S. 53-64

Utzmann-Krombholz, Hilde (1994): Rechtsextremismus und Gewalt: Affinitäten und Resistenzen von Mädchen und jungen Frauen. Düsseldorf

Pfeiffer, Christian/Wetzels, Peter (2000): Jugend und Gewalt. Eine repräsentative Dunkelfeldanalyse in München und acht anderen deutschen Städten. München

Windaus-Walser, Karin (1988): Gnade der weiblichen Geburt? Zum Umgang der Frauenforschung mit Nationalsozialismus und Antisemitismus. In: Feministische Studien: Radikalität und Differenz, S. 102-115

Wobbe, Teresa (1992): Rechtsradikalismus – nur eine Männersache? Anmerkungen zur Geschlechterverteilung im sozialen Raum. In: Jansen, Mechthild (Hrsg.): Rechtsradikalismus. Politische und sozialpsychologische Zugänge. Frankfurt/Main

Christian v. Wolffersdorff

Kinder- und Jugenddelinquenz

Zusammenfassung: Kontroverse Diskussionen über das Ausmaß und den Anstieg der Kinder- und Jugenddelinquenz haben die öffentliche Diskussion in den letzten Jahren mehrfach beschäftigt. Maßnahmen zur Strafverschärfung und zur Erprobung neuer Ansätze im Umgang mit kriminellen Kids wurden erwogen und wieder verworfen, vehement gefordert und kühl abgewehrt. Dies ist der Ausgangsbefund des Beitrags. Im weiteren Verlauf werden die Hintergründe des Problems ausgeleuchtet: Kriminalität und Gewalt als männliches Gruppenphänomen, sozialräumliche Erfahrungen, Fremdenhass. Ein Kapitel über kriminologische Erklärungsansätze fasst prominente Theorieprofile über abweichendes Verhalten zusammen, bevor der Focus auf die sozialpädagogische Praxis gerichtet wird. Sowohl das klassische Konzept des therapeutischen Milieus als auch die Möglichkeiten und Grenzen von Reformen im schwierigen Verhältnis von Jugendhilfe und Justiz kommen dabei zur Sprache. Warum haben Auseinandersetzungen über Kinder- und Jugenddelinquenz die Tendenz, sich ergebnislos im Kreise zu drehen? Die Erörterung dieser Frage schließt den Beitrag ab.

1. Kinder- und Jugenddelinquenz im Brennpunkt der öffentlichen Diskussion

Wellen öffentlicher Erregung über die Kinder- und Jugenddelinquenz sind nichts Neues. Wer historische Analogien schätzt, findet schon in der griechischen Klassik einschlägige Beispiele dafür, und selbst die Entstehung des Wortes „Jugendlicher" im neunzehnten Jahrhundert ist nicht zu trennen von der Beunruhigung des Bürgertums über die Umtriebe junger Menschen aus der sozialen Unterschicht, in denen man die Vorboten von Aufruhr und Umsturz sah (Peukert 1986). Doch erhielten die Diskussionen über dieses Thema in den letzten Jahren eine neue Qualität. Nicht nur der boomende Medienmarkt mit seinem ständigen Hunger nach grellen Bildern von Sex, Gewalt und Drogen, sondern auch die Politik benutzte die Ängste der Bevölkerung wiederholt für Interessen, die mit konkreten Verbesserungen im Bereich von Straffälligenhilfe und Resozialisierung wenig zu tun haben. Im Vorfeld des Bundestagswahlkampfs 1998 und in mehreren Landtagswahlkämpfen bewegte die Debatte über Kriminalität und Strafe die Gemüter quer durch Deutschland fast so stark wie das politische Hauptthema dieser Jahre – die Bekämpfung der Arbeitslosigkeit. Beim Streit über die Größenordnungen und Ursachen der Jugendkriminalität überboten sich die Kontrahenten gegenseitig darin, den jeweiligen politischen Gegner für Versäumnisse bei der Kriminalitätsbekämpfung verantwortlich zu machen. Ein beträchtlicher Teil der Diskussion folgte dem sattsam bekannten Kalkül, durch das Schüren von Kriminalitätsängsten Wählerstimmen zu gewinnen.

Aber nicht nur in Politik und Medien, sondern auch aus der Praxis wurden in den letzten Jahren wiederholt Stimmen laut, die nach einer grundlegenden Revision des Umgangs mit delinquenten Kindern und Jugendlichen verlangten. Ein ganzes Bündel von Veränderungen wurde gefordert: Herabsetzung des Strafmündigkeitsalters von 14 auf 12 Jahre; Bestrafung Heranwachsender (18- bis 21-Jähriger) im Regelfall nach dem Erwachsenenstrafrecht; härtere und längere Gefängnisstrafen; Ausbau des Jugendarrests; Ausgangsverbote; Wiedereinführung der kurzen Freiheitsstrafe; Ausbau der geschlossenen Heimerziehung; Erprobung elektronischer Überwachungssysteme u.a. Selbst die in den USA praktizierten *boot camps* mit ihren gezielt eingesetzten Techniken zur Brechung von Personen weckten das Bedürfnis nach Nachahmung. Sogar in Holland, dem Mutterland liberaler Kriminalpolitik, wurde eine Zeit lang mit der Errichtung von Lagern für kriminelle Jugendliche experimentiert. Skandalmeldungen über erlebnispädagogische Projekte im fernen Ausland nährten in der Öffentlichkeit den Verdacht, hier solle mit Hilfe knapper Steuergelder eine laxe „Pädagogik unter Palmen" finanziert werden. Hinzu kam die Erregung über erschreckende Aggressions- und Tötungsdelikte, begangen von Jungen, die eben erst das Strafmündigkeitsalter erreicht hatten. Die Morde an einer Lehrerin in Meißen, an einem Kioskbesitzer in Hamburg und an zufälligen Passanten eines Hauses in Berchtesgaden, die fortgesetzten Aggressionsdelikte des türkischen Jungen „Mehmet" oder die Gefährdung durch Kinder, die mit entwendeten 40-Tonnen-LKWs die Straßen unsicher machen, haben der Frage nach den Ursachen der Kinder- und Jugenddelinquenz erneute Aktualität verliehen. Jedes Mal wird das Entsetzen über die Tat begleitet von bohrenden Zweifeln an der Kompetenz von Jugendhilfe, Schule und Justiz, beim Umgang mit verwahrlosten Kindern und gefährlichen Gewalttätern das richtige Maß zu finden.

Die Verwirrung wird noch gesteigert durch die beunruhigende Ausbreitung der rechtsextremen Gewalt in Deutschland. Die Jugendlichen und jungen Erwachsenen, die Hetzjagden auf Ausländer unternehmen, Asylbewerber verbrennen, Juden verfolgen und Synagogen anzünden, Obdachlose totttreten oder vermeintliche Linke zusammenschlagen, leiden entgegen einer notorischen öffentlichen Fehleinschätzung nicht unter einem Mangel an Orientierung, oft nicht einmal unter einem Mangel an Arbeit. Die Werte, auf die sie ihren eliminatorischen Hass auf Fremde gründen, sind nicht nur das Produkt irregeleiteter Cliquen, denen mit ein wenig Erziehung und Resozialisierung beizukommen wäre. Oft wachsen sie aus einem subkutanen Einverständnis, das selbst ein Produkt von *Erziehung* ist und historisch verwurzelten Ressentiments entspringt. Mit den Mitteln der Jugendarbeit und der erzieherischen Hilfen lassen sich allenfalls die Ränder der kulturellen und sozialen Milieus erreichen, in denen der Hass seinen Ursprung hat.

In diesem Konglomerat von Problemen, Meinungen und Lösungsvorschlägen haben die aus den Reformansätzen der siebziger und achtziger Jahre hervorgegangenen kriminalpädagogischen Initiativen gegenwärtig einen schweren Stand. Wo man im Umgang mit Delinquenz bislang auf präventive und „lebensweltorientierte" Lösungen setzte, bekommt die Praxis zu spüren, dass sich der Wind gedreht hat. Nichts bringt diesen Stimmungsumschwung besser auf den Punkt als der Begriff *Nulltoleranz*, der im Gefolge einer international geführten Debatte über die Kriminalpolitik von New York über Nacht salonfähig wurde. Während sich das geltende Kinder- und Jugendhilfegesetz an einem sozialintegrativen Konzept von Prävention orientiert und die lebensweltliche Gestaltungsfunktion sozialer Arbeit hervorhebt, lässt sich in der Justiz- und Sicherheitspolitik international das Vordringen einer ganz anderen Auffassung von Prävention beobachten. Prävention wird dabei nicht mehr als „empowerment" für eine soziale Kultur des Konfliktausgleichs verstanden, sondern in eine räumliche Überwachungsstrategie mit expansiven Märkten für Sicherheitstechniken verwandelt. Das zeigt sich nicht nur an der Ausbreitung privater Sicherheitsdienste, die heute in allen europäischen Großstädten beobachtet werden kann, sondern auch an einem schleichenden Strukturwandel des öffentlichen Raums. Wo die gutbewachten Zentren des globalen Industrie- und Bankenkomplexes und die Risikozonen einer wachsenden Armuts- und Unterklasse hart aufeinander stoßen, steigt das Bedürfnis nach Abgrenzung. Die soziale Spaltung der Gesellschaften setzt sich in einer räumlichen Segregation fort. Tendenzen zur Isolation und zur Abschottung der Lebenswelten bringen Ansätze einer urbanen Apartheid mit sich, die das soziale Klima, in dem Kinder und Jugendliche aufwachsen, tiefgreifend verändern.

2. Immer mehr und immer schlimmer? Erkenntnisse und Einschätzungen über die Kriminalität junger Menschen

Während das Problem der Jugendkriminalität international schon seit geraumer Zeit aufmerksam verfolgt und vielfach erforscht wurde, ist die Diskussion über Kinderdelinquenz neueren Datums. Im Folgenden werden einige zentrale Erkenntnisse über beide Themenbereiche zusammengefasst und vor dem Hintergrund der beträchtlichen öffentlichen Erregung, zu der die Angst vor „ständig steigenden Tatverdächtigenzahlen" geführt hat, bewertet.

(1) Unter den zahllosen Aussagen zur *Jugendkriminalität* gibt es nur weniges, was zweifelsfrei feststeht. Immerhin so viel scheint klar: Es handelt sich um ein „ubiquitäres" und ein „episodenhaftes" Phänomen, und was wie eine schwierige kriminologische Kopfgeburt aussieht, erschließt sich auch der Alltagsbeobachtung. Jugendkriminalität kommt in allen Gesellschaften vor, besitzt stets einen deutlich höheren Anteil an der Gesamtkriminalität als die Erwachsenenkriminalität und verweist auf Entwicklungsprobleme

vor allem männlicher Jugendlicher. Kulturübergreifend stellt Jugendkriminalität einen Reflex auf Probleme des Hineinwachsens in die Gesellschaft, auf Konflikte im Bereich der psychosozialen Entwicklung und des Statuserwerbs dar, die mit zunehmendem Alter nachlassen oder verschwinden. So gesehen, geht es bei der Verständigung über Maßnahmen gegen abweichendes Verhalten zunächst einmal darum, den *Sinn* dieses Verhaltens zu entschlüsseln und es als Symptom für die Erfahrung von Lebensphasen und Lebensbedingungen zu begreifen.

„Wenn die Probleme des Hineinwachsens in eine Gesellschaft besonders groß sind oder zunehmen (wie z.B. in modernen Industriegesellschaften wie Deutschland), dann ist auch eine – im Vergleich zu den eher traditionellen Gesellschaften – besonders hohe und ansteigende Jugendkriminalität normal. Umfang und Anstieg der offiziell registrierten Jugendkriminalität können sowohl auf Veränderungen im Verhalten der Jugendlichen zurückzuführen sein als auch auf Veränderungen in der sozialen Kontrolle oder Registrierung von Delinquenz; dies ist auf jeden Fall zu klären, bevor weitreichende Schlussfolgerungen gezogen werden können." (Brusten 1999, S. 522f.)

Vor allem mit seinem lapidaren Schlusssatz weist das Zitat des Kriminologen M. Brusten auf jenen Bereich des Diskurses über Jugendkriminalität und abweichendes Verhalten hin, in dem nichts mehr eindeutig, vieles umstritten und einiges ausgesprochen kontrovers ist. Spätestens bei der Frage nach verlässlichen Zahlen beginnen die Unklarheiten. Kaum eine Darstellung zur Entwicklung der Jugendkriminalität kommt bekanntlich ohne den Hinweis aus, dass die Zahlen immer mehr steigen und die Probleme immer größer werden. Der Diskurs über die Jugendkriminalität folgt einer Logik des „immer mehr und immer schlimmer", die sich von ihrem Gegenstand längst abgelöst hat und – obwohl es sich dabei lediglich um ein Konstrukt handelt – als unerschütterliche Tatsachenbehauptung auftritt. Der Einfluss dieses Konstrukts auf die öffentliche Wahrnehmung und insbesondere die Medienberichterstattung ist schwerlich zu überschätzen und steht in merkwürdigem Gegensatz zu dem, was professionelle Kriminologen über die Kriminalitätsentwicklung zu berichten haben.

Da eine ausführliche Analyse der komplizierten Wechselwirkungen zwischen medial beeinflussten Wahrnehmungsstrukturen, Kriminalitätsängsten, kriminalpolitischen Entwicklungen und statistischen Daten zur Kriminalitätsentwicklung an dieser Stelle nicht möglich ist, müssen wenige Hinweise über den problematischen Umgang mit den Zahlen der polizeilichen Tatverdächtigenstatistik genügen. Zieht man einen langfristigen Vergleichszeitraum heran, dann stellen sich die messbaren Anstiege der Jugendkriminalität sehr viel weniger dramatisch dar, als dies bei der Betrachtung kurzfristiger Schwankungen der Fall sein kann. So zeigt sich, dass die Gesamtzahl der Tatverdächtigen (einschließlich der Erwachsenen) zwar von 1963 bis 1994 auf das Doppelte angestiegen ist, dass jedoch „der prozentuale Anteil der Kinder, Jugendlichen und Heranwachsenden an diesen Tatverdächtigen eher gesunken ist" (Brusten, a.a.O. S. 522). Tab. 1 gibt darüber Aufschluss:

Tabelle 1: Kriminalitätsentwicklung nach Alter der Tatverdächtigen

Zeitraum	Tatverdächtige pro Jahr	Kinder bis 13 J.	Jugendliche 14-17 J.	*)	Heranwachs. 18-20 J	Erwachsene 21 J. u. mehr
1955-59	1.167.033	3,2%		19,0%		77,8%
1960-62	1.320.581	3,6%		20,4%		76,0%
1963-64	863.037	5,1%		18,2%		76,7%
1965-69	942.025	6,0%		21,6%		72,4%
1970-74	1.030.422	6,9%		26,5%		66,6%
1975-79	1.228.683	7,0%	14,7%		12,8%	65,6%
1980-82	1.520.189	5,7%	14,9%		13,8%	65,6%
1984-89	1.304.601	4,4%	10,4%		11,3%	73,9%
1990-94	1.556.608	4,4%	9,6%		10,0%	76,0%

*) Bis 1975 wurden Jugendliche und Heranwachsende nicht getrennt aufgeführt
(M. Brusten, a.a.O. S. 522)

Da die TVBZ (Tatverdächtigenbelastungsziffer) nur die *angezeigten* Delikte erfasst, sind bei einer genaueren Betrachtung auch die Veränderungen zu berücksichtigen, die etwa aus einem Anstieg der Anzeigebereitschaft in der Bevölkerung oder aus einer Intensivierung der polizeilichen Nachforschungstätigkeit resultieren. Beide Variablen können auf die Zahlen, die über das Kriminalitätsgeschehen Aufschluss geben sollen, erheblichen Einfluss haben, sind aber aus verschiedenen Gründen schwer messbar. Notwendig ist daher ein Blick auf die Verurteiltenstatistik der Justiz, die sich nur auf die tatsächlich in einem Verfahren verurteilten Personen bezieht. Von dieser Seite her betrachtet relativiert sich das Problem der Jugendkriminalität ein weiteres Mal, da die Zahlen der Verurteiltenstatistik im Vergleich zur Polizeilichen Kriminalstatistik sehr viel niedriger liegen. Die Gründe dafür sind vielschichtig und umfassen Verfahrenseinstellungen aufgrund Mangels an Beweisen ebenso wie aufgrund unzureichenden Tatverdachts oder Geringfügigkeit. Anders als es von dem gängigen Bild einer kriminell zunehmend auffälligen Jugend suggeriert und von den Werten der PKS zuweilen nahe gelegt wird, bietet die Strafverfolgungsstatistik für eine solche Dramatisierung keine Anhaltspunkte. Auch hier erscheinen die von Brusten errechneten langfristigen Werte aufschlussreich (vgl. Tab. 2).

Auch wenn solche Daten das gängige Bild von exorbitanten Kriminalitätswellen korrigieren und insofern einen heilsamen Effekt haben, sollten sie nicht – einem umgekehrten Reflex folgend – für eine Verharmlosungsstrategie benutzt werden. So kam es nach einer längeren stabilen Phase in den 90er-Jahren zu einer deutlichen Zunahme im Bereich der polizeilich registrierten Gewaltdelikte – während die Zahlen in diesem Bereich seit 1997 wieder rückläufig sind. Der im Juli 2001 vom Innenministerium und dem Justizministerium gemeinsam veröffentlichte Erste Periodische Sicherheitsbericht der Bundesrepublik fasst die aktuelle Situation wie folgt zusammen:

> Die registrierten Zunahmen bis 1997 sind in erster Linie bei männlichen Jugendlichen und Heranwachsenden zu verzeichnen. Junge Männer sind als Tatverdächtige wie auch als Opfer erheblich überrepräsentiert ... Der Anstieg der registrierten Gewaltdelikte bis etwa 1997 ist in erster Linie auf Vorfälle unter Jugendlichen und Heranwachsenden untereinander zurückzuführen. Die Opferrisiken für ältere Menschen sind dagegen nicht größer geworden. Zugleich liegen Hinweise dafür vor, dass diese Steigerungen zum einen mit einer Verringerung der Deliktschwere sowie zum anderen mit einem Anstieg der Anzeigebereitschaft in Zusammenhang stehen ... Der Anstieg der Gewaltdelikte in den 90er Jahren beruht vor allem auf einer Zunahme der Raubdelikte und der gefährlichen/schweren Körperverletzungsdelikte. Tötungsdelikte und Vergewaltigungen sind langfristig im wesentlichen stabil geblieben oder sind zurückgegangen (BMI/BMJ (Hrsg.) 2001, S. 9)

Tabelle 2: Entwicklung der Kriminalität anhand der Verurteiltenziffern (alle Straftaten einschl. Verkehrsdelikte; Verurteilte pro 100.000 der gleichen Bevölkerungsgruppe)

Zeitraum	gesamt	Jugendliche 14-17 J.	Heranwachsende 18-20 J.	Erwachsene 21 J. u. m.
1955-1959	1.358	1.184	2.858	1.261
1960-1964	1.307	1.506	3.207	1.169
1965-1969	1.318	1.511	3.163	1.204
1970-1974	1.406	1.740	3.536	1.256
1975-1979	1.420	1.772	3.461	1.261
1980-1984	1.459	1.970	3.298	1.283
1985-1989	1.330	1.527	2.727	1.225
1990-1994	1.112	1.055	2.495	1.054
Anstieg 1960/64-1985/89	1,8%	1,4%	- 15,0%	4,8%

(M. Brusten, a.a.O., S. 524)

Auch wenn die Anzahl von Straftaten, bei denen Gewaltanwendung einen zielgerichteten und routineförmigen Charakter annimmt, gegenüber dem Bereich der leichten und mittleren Jugendkriminalität nach wie vor gering ausfällt, ist gerade in diesem Bereich künftig genaues Hinsehen gefragt. Die pauschalen Ursachenbehauptungen, die der Jugend- und Kriminalitätsdiskussion der letzten Jahre ihren Stempel aufgeprägt haben, haben diese Qualität allzu oft vermissen lassen – gerade dort, wo es um die Auseinandersetzung über rechtsextreme Gewalt und die Frage nach geeigneten Formen von Jugendarbeit geht.

(2) Auch die jüngsten Diskussionen über Delikte von strafunmündigen *Kindern* unterlagen einer medialen Eigendynamik, die sich aus der Konzentration auf spektakuläre Einzelfälle ergibt. Zu fragen ist daher, ob sich hinter den Steigerungsraten, von denen die Statistik auch in diesem Bereich berichtet, eine qualitativ neue Entwicklung der Kinderdelinquenz verbirgt oder ob es sich dabei doch eher um eine vorübergehende Begleiterscheinung des rapiden gesellschaftlichen Wandels vor allem in Ostdeutschland handelt. Zu letzterer Auffassung gelangt z.B. das Bundeskriminalamt, das die überproportionale Zunahme tatverdächtiger Kinder in den Neuen Bundesländern seit 1991 mit den einschneidenden Auswirkungen des gesellschaftlichen Wandels in Verbindung bringt (Weitekamp 1999, S. 91). Die Tatsache, dass sich der Anstieg der Tatverdächtigenzahlen in letzter Zeit wieder verlangsamt hat, dürfte für diese Vermutung sprechen.

Andererseits sieht sich die Jugendhilfepraxis in verstärktem Maße mit schwierigen „Problemkindern" aus hochgradig belasteten Wohn- und Lebensverhältnissen konfrontiert. Dabei macht sie die Erfahrung, mit herkömmlichen Methoden nicht mehr weiterzukommen und sieht sich zur Erprobung neuer Ansätze genötigt. Dabei erscheint es bemerkenswert, in wie vielen Fachveröffentlichungen, Tagungen etc. seit einiger Zeit Worte wie „Herausforderung" benutzt werden, um diese Erfahrung zu beschreiben. Schließlich lassen sich delinquente Verhaltensweisen von Kindern immer auch als Seismograph gesellschaftlicher und familiärer Zustände verstehen und fordern von daher gesellschaftspolitische Deutungen geradezu heraus. Statt sich nur mit den jeweils letzten Werten der Tatverdächtigenstatistik zu befassen, kommt es also gerade hier darauf an, die Problemlagen zu rekonstruieren, aus denen kindliche Dissozialität resultiert. Welche persönlichen Erfahrungen sind es, die gewaltbezogene Symbole und Orientierungen heute schon für zwölf- oder dreizehnjährige Jungen attraktiv werden lassen? Warum waren so viele kindliche Täter selbst einmal Opfer? Welchen *kick* versprechen Straftaten? Im Interesse einer verstärkten Aufmerksamkeit für primärpräventive Handlungsansätze in Schule und Jugendarbeit ist aber auch zu fragen, was die mit Abstand größte Gruppe kindlicher Delikte, der einfache Diebstahl (und hier vor allem der Ladendiebstahl) mit Werbemethoden zu tun hat, die Kinder ganz gezielt ins Fadenkreuz aggressiver Verkaufsstrategien nehmen.

Die Polizeiliche Kriminalstatistik wies 1996 bundesweit ca. 130.000 Kinder als Tatverdächtige aus, wobei sich drei Viertel dieser Zahl auf ältere Kinder (in der überwiegenden Mehrzahl Jungen) von 12-13 Jahren bezogen. Deutliche Anstiege sind seit 1993 zu registrieren. Allerdings ist daran zu erinnern, dass die TVBZ in den alten Bundesländern 1984 schon einmal bei 1.4% lag, bis 1988 auf 1% absank und bis 1996 auf 1.9% anstieg. Lange

Zeit also waren die Zahlen rückläufig, und erst ab ca. 1993 werden wieder die Werte überschritten, die zehn Jahre zuvor schon einmal erreicht wurden. Bei den Deliktarten dominiert eindeutig der einfache Diebstahl, z.B. Fahrraddiebstahl und vor allem der Ladendiebstahl, die typischste Art von Kinderdelinquenz (Weitekamp/Meier 1999, S. 100). Bei der Bewertung dieser Anstiege ist in Betracht zu ziehen, dass ein Teil davon auf ein geändertes Anzeigeverhalten, die Aktivität von Kaufhausdetektiven, den Abschluss von Versicherungspolicen etc. zurückzuführen ist – doch wie groß dieser Teil ist, ist nicht bekannt.

Auch für den Bereich der Gewaltdelikte, der die öffentliche Wahrnehmung von Kinderdelinquenz in besonderer Weise prägt (Körperverletzung, Raub/räuberische Erpressung) wies die polizeiliche Kriminalstatistik in den letzten Jahren deutliche Zunahmen auf. Erstmals zeichnen sich in der PKS von 1999 wieder leicht rückläufige Werte ab (DVJJ Journal 2000, S. 158). Auch hier sind relativierende Faktoren zu beachten: Aufgrund der niedrigen absoluten Zahlen in diesem Bereich können schon wenige zusätzliche Fälle prozentuale Steigerungen um fünfzig oder hundert Prozent bewirken – die dann wiederum zur panikartigen Verallgemeinerung solcher Einzelfälle führen. Die bundesweite Resonanz auf den Fall des türkischen Jungen „Mehmet" war dafür ein Beispiel.

Um die Relationen an einer Millionenstadt wie München zu verdeutlichen: Auf 55.000 Kinder kamen 1995 zweiundvierzig Gewaltdelikte (31 gefährliche Körperverletzungen, 11 Raubdelikte), an denen 78 Tatverdächtige (davon 19 Mädchen mit 7 Delikten) beteiligt waren. Mehr als 56% dieser Kinder hatten keinen deutschen Pass. Bemerkenswert ist weiterhin, dass sich die überwiegende Zahl dieser Delikte mit Gewalteinwirkung auf andere gleichaltrige Kinder richtete, und dass sich Täter und Opfer in ca. 70% der Fälle vorher kannten (Elsner/Steffen/Stern 1998).

Als widerlegt muss inzwischen die verbreitete Annahme gelten, bei der Kinderdelinquenz handle es sich um eine Art „Einstiegsdelinquenz" in kriminelle Karrieren. In der Fachliteratur gibt es für eine solche Einstiegstheorie keine Belege. Was die am meisten schockierenden Deliktarten Mord und Totschlag betrifft, so macht es wenig Sinn, die Delikte von Kindern überhaupt in prozentualen Werten zu beschreiben – hier genügt der Blick auf die absoluten Zahlen: 1974 waren es in der (alten) BRD acht Fälle, 1984 fünf, 1994 dreizehn und 1996 neun Fälle; alle von Ihnen gewiss tragische Einzelfälle mit hochproblematischen Hintergründen – bei denen weitreichende sozialstrukturelle Interpretationsversuche aber kaum weiterführen.

All dies belegt mit Sicherheit nicht die von der Öffentlichkeit befürchtete „Explosion" der Kinderdelinquenz, wie sie von so vielen Beiträgen in Spiegel, Focus, Stern und anderswo in letzter Zeit suggeriert worden ist. Auch hier gilt eine Einsicht, die der Tübinger Kriminologe Hans Jürgen Kerner nach gründlichen Untersuchungen über die langfristigen Verlaufsmuster der

Kriminalitätsentwicklung auf eine prägnante Formel brachte: Die Kriminalitätskurve macht keine Sprünge (vgl. hierzu ausführlich: Kerner 1993). Zu beachten ist aber, dass sich ein Anteil von bis zu 60% der kindlichen Delinquenz bei der schon erwähnten relativ kleinen Gruppe so genannter Mehrfach- oder Intensivtäter konzentriert (Müller/Peter 1999, S. 14). Zwar bewegt sich auch hier der weitaus größte Teil der Delikte im Bereich der leichteren Straftaten. Doch sind in dieser Gruppe auch diejenigen zu finden, bei denen das Begehen von Delikten eben nicht mehr als vorübergehendes Entwicklungsphänomen erklärt werden kann, sondern im Zusammenhang mit jenen schwer wiegenden und dauerhaften psychosozialen Belastungen gesehen werden muss, die sich unter ungünstigen Begleitumständen im Extremfall zur „kriminellen Karriere" verdichten.

Im Folgenden ist daher zu fragen, welche weitergehenden Erkenntnisse sich – abgesehen von den stets interpretationsbedürftigen Zahlenreihen sowie dem allgemeinen Wissen über den vorübergehenden Charakter der leichteren Kinder- und Jugenddelinquenz – über die Hintergründe der schwereren, vor allem der mit Gewaltausübung verbundenen Jugendkriminalität abzeichnen. Folgt man der aktuellen theoretischen und praxisbezogenen Fachliteratur, so lassen sich einige Grundmuster isolieren.

3. Männlichkeit, kollektive Erregung, Gewalt

Bei der schwereren Jugendkriminalität, wie sie in der Öffentlichkeit für Aufsehen sorgt, handelt es sich vorwiegend um ein männliches Gruppenphänomen. Der überwiegende Teil dieser Delikte geschieht aus Cliquen und Netzwerken heraus, die einen ausgeprägten Bedarf an Feinden aufweisen. Wie die statistischen Zahlen zeigen, ist dieser Trend in den neuen Bundesländern noch schärfer ausgeprägt als in den alten. Gewalt wird am häufigsten dort angewendet, wo ausgeprägte Männlichkeitskulturen herrschen. Doch was heißt „Männlichkeit"? Welche Bedeutung Gruppenzugehörigkeiten, Symbole, Stile und Rituale für die Selbstdefinition junger Männer besitzen, bleibt einer distanzierten Schreibtischforschung verschlossen. Nur wer sich mit den „Trägern" dieser Merkmale auseinander setzt und die Situationen erforscht, in denen Gewaltbereitschaft in Gewalt umschlägt, erfährt mehr darüber als eine Außenansicht, die sich in der Reproduktion von Routineerklärungen erschöpft.

Um hervorzuheben, dass in delinquenten Gruppierungen Strukturen und Normen existieren, die sich von denen der Normalgesellschaft keineswegs fundamental unterscheiden, wird in der herkömmlichen kriminologischen Literatur das Konzept der *Subkultur* herangezogen. Ohne Zweifel verbindet sich mit der Subkulturtheorie eine bedeutende Tradition von Forschungen, in denen die sozialen Beziehungen, Hierarchien und Handlungsmuster jugendlicher Banden und anderer Gruppierungen genau beschrieben worden sind (Thrasher 1927; Whyte 1943; Cohen 1955; Miller 1968; vgl. auch

S. 15ff.). Trotzdem ist zu bezweifeln, dass der Terminus Subkultur mit seiner stark normativen Ausrichtung und seiner Verwurzelung in der nordamerikanischen Realität um die Mitte des zwanzigsten Jahrhunderts hinreicht, um das heutige Geschehen angemessen zu beschreiben. Die Gruppierungen, um die es geht, präsentieren sich kaum noch so, wie sie der klassische Gangsterfilm der dreißiger oder vierziger Jahre zeichnete – als fest strukturierte Gebilde mit eindeutigen Führern, geregelter Gefolgschaft und lange etablierter territorialer Anbindung. Angemessener erscheint es, sie als lockere Netzwerke, als Cliquen auf der Suche nach action und Erregung zu beschreiben. Trotzdem lassen sich auch in ihnen die Funktionen auffinden, die von der klassischen Subkulturforschung als wesentlich beschrieben wurden. Oft ist die Gruppe/Clique so etwas wie eine Ersatzfamilie, die Schutz, Sicherheit und Zugehörigkeit bietet (Stickelmann 1996, S. 42). Neuere Befunde des Deutschen Jugendinstituts zeigen, dass Gruppenzugehörigkeit für fremdenfeindliche junge Leute „noch wichtiger (ist) als für andere – als soziale Heimat, in der Solidarität empfangen und „action" erlebt wird, aber auch als Ort von Alkohol, rechtsextremen Liedern und Gewalt" (Wahl/Tramitz 2000, S. 11). Die zentralen Themen der Mitglieder sind Ehre, demonstrative Härte und coole Präsenz. Die öffentliche Zurschaustellung von harter, aggressiver Männlichkeit beinhaltet für sie nicht selten eine letzte Ressource von Selbsterfahrung und Selbstwert. Wenigstens auf diesem Wege gelingt es, sich selbst als anerkannt und bedeutsam zu erfahren – auch dann noch, wenn die Schlüsselerfahrungen des eigenen Lebens in Familie und Schule, in der Arbeitswelt und auf dem Heiratsmarkt eigentlich nur noch eine Botschaft vermitteln: Du hast nichts zu sagen und bist weniger wert als (fast) alle anderen.

Vor diesem Hintergrund, so haben H. V. Findeisen und J. Kersten in ihrem Buch „Der Kick und die Ehre" aufgezeigt, entwickeln sich unter männlichen Jugendlichen Auseinandersetzungen um Vorherrschaft, die zugleich dazu dienen, Orientierung und Ordnung herzustellen, Zugehörigkeit zu demonstrieren und den Unterschied zwischen Freund und Feind deutlich zu machen. Im Sinne des Konzepts von hegemonialer Männlichkeit (Connell 1983) geht es um den Beweis von Mut und Stärke, um ständige Kampfbereitschaft, um die Darstellung souveräner Kompetenz im Umgang mit Motorrädern, Autos und Waffen. Der Kult heterosexueller Potenz geht einher mit aggressiver Schwulenverachtung und der Ablehnung alles Weichen und Weiblichen, das als unmännlich bzw. weibisch tabuisiert werden muss. Subjektiv betrachtet, schafft die körperliche Auseinandersetzung einen Spannungszustand von höchster Intensität und Gegenwärtigkeit, wie er in unserer Gesellschaft ansonsten kaum noch erfahrbar ist. Das Spiel von Drohung und Gegendrohung, der Ausbruch von Gewalt und das Erleben der gemeinschaftlichen Aktion vermitteln eine rauschartige Präsenz. „Körper und Geist werden in vollster Aktivität als Handlungseinheit erfahren... Der Einzelne erfährt dies als ein In-der-Situation-Aufgehen und (kann sich) gerade in dieser Erfahrung, mit sich selbst identisch zu sein, ganz spüren"

(May 1993, S. 23). Die Trink- und Schlagrituale der Fußballhooligans, die sich rings um die Fußballarenen Europas zur kostspieligen Wochenendroutine ausgeweitet haben, gleichen einer Eruption, in der sich überflüssig gewordene Traditionen kollektiver Männlichkeit – Kameradschaft, körperliche Kampfbereitschaft, unverbrüchlicher Zusammenhalt, Bahn brechen. Je weniger Raum ihm in den mediengesteuerten Verkehrsformen der heutigen Gesellschaft bleibt, desto intensiver wird der fossile Wertekanon in der Verbrüderung des Männerbundes noch einmal beschworen und erlebbar gemacht.

„Der Hooliganismus ist ein Männlichkeitsaufstand, wie Neonazis und Skins einem antiquierten Modell verpflichtet, das medienwirksam und provokant ist. Nach der Entwertung des klassischen bürgerlichen Nationalismus und der Aufstellung der Glotze im Wohnzimmer, die das allabendliche Hindämmern flimmernd begleitet, wurde der Sport, insbesondere aber der Fußball, zu einem der letzten großen Life-Schauspiele, bei dem es um den nationalen Selbstwert geht. Fußball wurde weltweit zum Aushängeschild der europäischen Kultur. Und die Hools gehören zum Fußball wie die Grausamkeit zum Krieg... Hools setzen das, worum es beim Fußball geht, nämlich das Verteidigen eines geschützten Territoriums (...) in ein Mitspielen, ein *living theatre* ohne Regie um." (Findeisen/Kersten 1999, S. 133f.)

Alkohol und illegale Drogen üben dabei häufig eine Verstärkerfunktion aus, besonders dann, wenn Aktionen und Delikte aus der Gruppe heraus begangen werden. Kollektives Trinken stärkt den Zusammenhalt der Gruppe, senkt Hemmschwellen beim Zuschlagen, erleichtert das Vergessen von Problemen, erlaubt Ich-Entgrenzung und schafft so die Voraussetzungen für das Aufgehen des Einzelnen in der Aktion des Kollektivs. Bill Buford hat diesen ekstatischen Aspekt kollektiver Aggressionen in seinem Bericht über Fußball-Hooligans aus der Perspektive teilnehmender Beobachtung beklemmend genau herausgearbeitet. Seine Beschreibung thematisiert dabei auch die Rolle des „Zuschauers", die seit den pogromartigen Übergriffen von Rostock-Lichtenhagen, den Ereignissen von Hoyerswerda und verschiedenen in aller Öffentlichkeit stattfindenden Jagdszenen auf Wehrlose und Ausländer auch die deutsche Diskussion über (jugendlichen) Rechtsradikalismus mitbestimmt. Ausgangspunkt der Beschreibung ist ein Junge, der vom Mob zusammengeschlagen wurde und auf dem Boden liegend weiter getreten wird.

„Ich war wie gelähmt...Es wäre nicht viel dabei gewesen, den Jungen zu retten, aber ich tat es nicht. Ich kam gar nicht auf den Gedanken. Es war, als ob sich die Zeit dramatisch verlangsamt hätte, Anfang und Ende jeder Sekunde schien so deutlich markiert wie die Bilderfolge auf einer Filmspule; und ich war hypnotisiert von jedem Bild, das ich sah...Nun war es „losgegangen", wie es im Jargon der Fans hieß. Mit diesem ersten Zusammenstoß war eine Art Schwelle überschritten worden, eine imaginäre

> Trennlinie: diesseits der Schwelle hatte ein Sinn für die Grenzen des Erlaubten bestanden, ein normales Einverständnis – selbst in diesem Haufen – darüber, was man nicht machen konnte... Ich holte Sammy ein. Er war ganz aus dem Häuschen, schnalzte mit den Fingern, tänzelte, auf der Stelle tretend, hin und her und wiederholte immer wieder den Satz: Es geht los, es geht los. Alle um ihn her waren erregt. Es war eine Erregung, die an etwas Größeres, an ein transzendentes Gefühl grenzte – zumindest Freude, aber eher wohl etwas wie Ekstase. Eine durchdringende Energie ging davon aus; unmöglich, nicht ein wenig davon gepackt zu werden. Neben mir sagte jemand, er sei glücklich, sehr glücklich, er könne sich nicht erinnern jemals so glücklich gewesen zu sein..." (Buford 1992, S. 98)

Bufords Bericht vermittelt die Anatomie eines Geschehens, das mit der Konfrontation „verfeindeter" Gruppen beginnt und in exzessiver Gewalt mündet. Die Steigerung der Erregung folgt einer Eigendynamik, durch die bestehende Aggressionshemmungen abgebaut werden. Es vollzieht sich so etwas wie eine Verwandlung, die den Mitläufer von *Glück* faseln lässt und auch den bürgerlich erzogenen Berichterstatter in ihren Bann zieht. Im entscheidenden Augenblick wird die Rolle des teilnehmenden Beobachters für ihn zur Falle. Er kann die Ereignisse nur noch in verzerrten zeitlichen Relationen wahrnehmen – zunächst quasi in Zeitlupe, mit fortschreitender Zuspitzung der Aggression im Zeitraffer –, ist aber nicht mehr fähig zu handeln. Beim Auftauchen der Ordnungsmacht (so zeigt der weitere Verlauf des Berichts) verfällt er selbst dem Fluchtreflex, der die Akteure gemeinsam Reißaus nehmen lässt. Auch er ist von der Ekstase ergriffen, die die Gewaltorgie bei den Männern freigesetzt hat und die ihnen ein „transzendentes Gefühl" vermittelt.

Prägnant erscheint dieses Beispiel nicht nur aufgrund der Mikro-Beobachtung eines kollektiven Aufschaukelungsprozesses, der den Jungen Sammy in „tänzerische Ekstase" versetzt, sondern auch deswegen, weil es auf die ambivalente, von Lähmung befallene Haltung des Zuschauers verweist.

4. Sozialer Raum, Verteidigung des Territoriums, Fremdenhass

Vor allem in den städtischen Ballungszentren kumulieren familiäre Belastungen, Langzeitarbeitslosigkeit, ethnische Spannungen und psychosoziale Probleme zu einer Konfliktlage, die bei deutschen Jugendlichen das Gefühl sozialer Benachteiligung verstärkt. Mischt sich dieses Gefühl mit bestimmten Neutralisationstechniken, die in der Degradierung potentieller Opfer gipfeln und *legitime Gründe* für Gewaltanwendung bereitstellen, so ist der Boden für Übergriffe gegen Fremde und Feinde bereitet. Aggressive Feindbilder von schmarotzenden Ausländern, Asylbetrügern u.Ä. führen zu Phantasien von einer Bereinigung der Situation durch die Eliminierung von „undeutschem

Schmutz". Die Vorstellung, nur mit ihrer Hilfe könne die gestörte Ordnung wiederhergestellt werden, schweißt die Gruppierungen im Bewusstsein einer gemeinschaftlichen („nationalen") Aufgabe zusammen, so dass die Bereitschaft zur Verletzung sozialer Normen unmittelbaren Statusgewinn verspricht. Am meisten gilt dies dort, wo es gelingt, Tabuzonen der bürgerlichen Gesellschaft zu verletzen. Es bedarf keiner langen Erkundung, um herauszufinden, dass zwei Bereiche sich in dieser Hinsicht als besonders empfindlich, störungsanfällig und in diesem Sinne lohnend erweisen. Zum einen geht es um das ambivalente Verhältnis der Gesellschaft zur Gewalt, die sie einerseits instinktiv fürchtet, nach der sie andererseits aber geradezu süchtig ist (Sofsky 1995); zum anderen um den Bereich nationalsozialistischer Symbolik, deren öffentliche Darstellung die Angst vor einer Wiederkehr des Verdrängten auslöst und insofern einen Genuss der besonderen Art verspricht. Je spektakulärer die Tabuverletzung, desto größer die Aufmerksamkeit der Medien, die über entsprechende Aktionen und Szenen einerseits pflichtgemäß berichten, mit dem Abscheu ihrer Berichterstattung aber auch die Sichtbarkeit der Akteure erhöhen und ihren Spaß an der Überschreitung zivilisatorischer Grenzen steigern. Und nichts benötigen diese Gruppierungen in einer Mediengesellschaft für ihren inneren Zusammenhalt mehr als Sichtbarkeit.

Auf dieser emotionalen Grundlage wird die Konfrontation mit fremden ethnischen Gruppierungen zum Auslöser für Konflikte und Kämpfe. Dabei geht es um die Besetzung von Räumen, aber auch um Respekt, um die männliche und nationale Ehre, um Frauen und andere Statusobjekte. Das folgende Beispiel vermittelt im O-Ton männlicher Insassen eines Jugendgefängnisses etwas von dem Hassstereotyp, zu der diese Elemente sich im Bewusstsein straffällig gewordener „Unterschichtjugendlicher" zusammenfügen:

„Sind alles Kanaken, das Geschwärl. Die Türken, die Jugoslawen, die Italiener, die Gastarbeiter. Was wollen die denn hier, die ficken unsere Weiber, was wollen die denn überhaupt? Es gibt ja mehr Kanaken als wie Deutsche. Die Deutschen kriegen keine Arbeit, die würden das auch machen, Straßenkehren. Sind ja auch so Drecksäue. Wenn du dir die Wohnungen von den Kanaken anschaust, da ist eine Knoblauchwolke drüber. Messerstecher sind's und Kinderficker, deswegen sitzen sie ja auch hier. Vergewaltigung! Von zehn Vergewaltigungen macht vielleicht eine ein Deutscher und den Rest machen die Kanaken. Alles raus, einsperren. Juden und Kanaken, Eintritt verboten. Man hört doch kaum, dass z.B. in der Türkei ein Deutscher türkische Weiber vergewaltigt. So was fassen Deutsche gar nicht an. Die treten nur rudelweise auf, kriegst ja nicht mehr los, das Geschwärl. Stockschwul sind die meisten, ich hab halt einen Hass auf das Geschwärl, ich weiß nicht. Die fallen schon am Gestank auf, die Burschen. Sie sind halt mehr als wir, und dann kommen sie hier nach Deutschland. Dass sie dumm genug sind, zu kommen, liegt auch daran, dass sie Kanaken sind. Ja, so ein Kanak, der bei uns was ausgefressen hat, der freut sich, dass er bei uns eingesperrt wird, dass er nicht in der Türkei eingesperrt wird. So ein Fressen hat der wahrscheinlich draußen noch nie gekriegt wie da herinnen. Die meisten wissen ja noch nicht mal, was ein Topf ist, bevor sie hierher kommen, die alten Drecksäue. Im Kauderwelsch quatschen sie da ihre Storys. Die sind doch selber schuld, oder? *Wir* sind doch auch total unterm Druck gestanden. Die Deutschen haben's zwar selbst gewollt im Endeffekt, ja, und haben sich überreden lassen und so weiter und so fort, wissen wir ja, den ganzen Pipapo da – aber wir sind doch wieder *aufwärts*. Und die werden *nie* aufwärts kommen. Wie ist denn das mit dem Riesen und dem Zwerg? Der Zwerg hat einen kleinen Diamanten, da nimmt sich der Riese den Diamanten und dann weg mit dem Zwerg. So ist es doch!"[1]

Diese Meinungen reflektieren nicht, wie man annehmen könnte, den grassierenden Fremdenhass ostdeutscher Jugendlicher aus dem Jahr 2000. Das Gespräch, aus dem zitiert wurde, fand vor ca. 25 Jahren in einem bayerischen Jugendgefängnis statt. Die Erregung der Gefangenen gilt Abkömmlingen der ersten bundesdeutschen „Gastarbeitergeneration", deren kultureller Hintergrund und deren Verhaltensweisen als Ausdruck einer ultimativen Minderwertigkeit dargestellt werden. Auf der Folie von Themen wie Wohnverhältnisse, Arbeit, Sexualität und Politik bilden sich, unbeeinflusst von der teilweise grotesken Widersprüchlichkeit, in der die einzelnen Aussagen zueinander stehen, die Ängste der Gefangenen ab. Da sie sich im Gefängnis selbst in einem Zustand der Minderwertigkeit, Verächtlichkeit und Ausgrenzung erleben, steigert sich ihre Bereitschaft, die erlittene Demütigung an anderen auszulassen, zum Äußersten. Im „Kanakenhass" finden sie das Ventil, das ihnen ein Infragestellen der eigenen Person erspart und ihnen ein gemeinsames Aggressionsobjekt zur Verfügung stellt.

Die frappierende Ähnlichkeit der Zitate mit den Äußerungen heutiger Rechtsextremer verweist auf Grundstrukturen des Stereotyps vom bedrohlichen Ausländer, die über längere Zeiträume hinweg stabil bleiben. Was die heutige Situation in den neuen Bundesländern betrifft, so tut die in Wirklichkeit sehr geringe Zahl von Ausländern der Wirksamkeit des Hassstereotyps keinen Abbruch. Jugendliche des *Heimatlandes* sehen sich als Beschützer ihres angestammten Territoriums aufgerufen, fühlen sich an den Rand gedrängt, bedroht und ausgenutzt. Bei der Verteidigung der Heimat gegen „Fremde", die sie als Eindringlinge und Parasiten erleben, erfahren sie sich plötzlich in einer ordnungsstiftenden Funktion – wie in Hoyerswerda und Rostock, wo aus dem Schulterschluss einer gewaltbereiten rechten

---

1 aus: Kersten, J./v. Wolffersdorff-Ehlert, C.: Jugendstrafe – Innenansichten aus dem Knast; Frankfurt 1980, S. 340ff. Aus Platzgründen wurden die im Verlauf von etwa einer Stunde von mehreren Gefangenen geäußerten Ansichten im obenstehenden Zitat zu *einem* Text zusammengefasst. Die Interviewerfragen und zahlreiche weitere Kommentare wurden ausgelassen. Das Hassstereotyp vom feindlichen „Kanaken" tritt dadurch in komprimierter Form hervor.

Szene und einer gewaltambivalenten, schweigenden Gemeinschaft von Zuschauern plötzlich die Bereitschaft zum Pogrom hervorbrach. Zur Erklärung der aktuellen rechtsextremen Jugendgewalt reicht es daher nicht aus, Gewalthandlungen unvermittelt aus langfristigen gesellschaftlichen Strukturveränderungen – Individualisierung, Auflösung traditioneller Sozialmilieus etc. – abzuleiten. Ohne die Analyse von lebensgeschichtlicher Erfahrungen, Gruppenprozessen und situativen Rechtfertigungen von Gewaltausübung bleiben solche Makroerklärungen unbefriedigend, abgehoben und blind für die Bedeutung geschlechtsbezogener Hintergründe von Gewalt. In diesem Sinne weisen Wahl u.a. darauf hin, dass sich hinter dem Phänomen Fremdenfeindlichkeit bzw. Ausländerhass zumeist eine tiefere emotionale Disposition verbirgt, bei der es letztlich nicht um Fremde im ethnischen Sinne als um ein existentielles Misstrauen gegen Anderes, Unvertrautes geht. Fremdenfeindlichkeit hat eine emotionale Basis, „die sich *nicht* primär gegen *ethnisch* Fremde, sondern vielmehr gegen fremde und unvertraute Menschen *überhaupt* richtet. Hinter der „Ausländerfeindlichkeit" steckt also eine Art allgemeiner Menschenscheu oder gar Menschenfeindlichkeit" (Wahl/Tramitz 2000, S. 11). Albert Scherr hat den aktuellen Diskussionsstand zur rechtsextremen Jugendgewalt – auch in kritischer Abgrenzung vom populären Ansatz Wilhelm Heitmeyers – wie folgt resümiert:

„Die Entstehung rechtsextremer Jugendgewalt ist immer dann wahrscheinlich, wenn sich als machtlos und sozial randständig empfindende männliche Jugendliche sich als Beschützer ihrer Eigengruppe vor einer Bedrohung darstellen und dabei auf gesellschaftlich verfügbare Rechtfertigungsnormen zurückgreifen können. Die von marginalisierten männlichen Jugendlichen ausgeübte Gewalt stellt sich so betrachtet als eine Form der Darstellung und Bewerkstelligung von Männlichkeit dar, die ein als positiv betrachtetes Merkmal hegemonialer Männlichkeit, nämlich die Fähigkeit, die Eigengruppe vor bedrohlichen Fremden zu schützen, in einer sozial unerwünschten Weise aktualisiert." (Scherr 1999, S. 28)

5. Erklärungsansätze und Theorieprofile über abweichendes Verhalten

Wer sich einen Überblick über die wichtigsten kriminologischen Theorien verschaffen möchte, hat es nicht leicht. Bei der erdrückenden Fülle unterschiedlichster „Ansätze" ist nicht auszuschließen, dass man die Orientierung verliert oder angesichts der Selbstgerechtigkeit, mit der einige von ihnen sich jeweils als *der* angemessene Zugang zum Verständnis abweichenden Verhaltens präsentieren, ins Grübeln verfällt. Ist diese Vielfalt gleichbedeutend mit Beliebigkeit, also mit der impliziten Botschaft, jeder möge sich aus dem Angebot bedienen wie er/sie mag und dabei eine Art Favoritenkür vornehmen? Und liegt darin nicht eine geradezu unwissenschaftliche Aufforderung zur Haltung des *anything goes*?

Hilfreich mag daher die Empfehlung sein, den Impuls zur Ermittlung eines theoretischen „Gesamtsiegers" von Anfang an ad acta zu legen und bei der Rezeption des einschlägigen Schrifttums getrost eine pragmatische, eventuell auch eklektizistische Haltung einzunehmen. Nähert man sich den vorliegenden Einführungen, Lehrbüchern und Überblicksdarstellungen über Kriminalitätstheorien in einer solchen Haltung, dann schälen sich insgesamt vier Hauptrichtungen heraus, die sich einer eher sozialstrukturellen, einer (sozial)psychologisch-lerntheoretischen, einer subkulturtheoretischen und einer institutionenbezogenen Sichtweise zuordnen lassen.

Anomie

Das eindeutigste Beispiel für den soziologischen, von sozialstrukturellen Entwicklungen ausgehenden Erklärungszugang stellt die klassische *Anomietheorie* dar. Sie wurde Ende des neunzehnten Jahrhunderts von dem französischen Soziologen Emile Durkheim formuliert und bestand auf einer konsequenten Abkehr von jeglicher Täterorientierung, wie sie dem damaligen Zeitgeist nach den Aufsehen erregenden körperbezogenen Studien der kriminalbiologischen Schule Lombrosos und den tiefenpsychologischen Erklärungsstrategien der jungen Psychoanalyse vertraut war. Nicht der Täter, sondern die Tat und ihr soziales Bedingungsgefüge sollten im Mittelpunkt stehen – ausgehend von der gegen die Psychologie gerichteten methodologischen Prämisse, *Soziales* dürfe nur durch *Soziales* erklärt werden. Durkheims zentrales Argument besagt, dass die rapide Ausbreitung der Industriegesellschaft mit ihren tief greifenden Auswirkungen auf die Lebensformen der Menschen einen Zusammenbruch kultureller Werte und einen Zustand der Normlosigkeit (A-nomie) nach sich zieht. Abweichendes Verhalten resultiert daraus, dass „die Individuen nicht nur die Bindung zur Gesellschaft, sondern nach der Integrationslogik der modernen Arbeitsteilung auch untereinander soziale Bindung und Gegenseitigkeit verloren haben" (Böhnisch 1999, S. 27). Durkheims Entwurf der Anomietheorie entsprang jener Krisenstimmung in den letzten Jahrzehnten des neunzehnten Jahrhunderts, in der sich auf unterschiedlichen Ebenen (Arbeitslosigkeit, zwischenmenschliche Beziehungen, Zusammenbruch intermediärer Strukturen) der Verlust *organischer Solidarität* – mit anderen Worten: die pathologische Dimension der frühen Industrialisierung – erfahrbar wurde.

Durkheims Grundgedanke eines anomischen Zusammenbruchs von Regeln, Normen und Werten, in dessen Folge sich abweichendes Verhalten ausbreitet, wurde einige Jahrzehnte später von dem amerikanischen Soziologen Robert K. Merton aufgenommen und weiterentwickelt. Die auf Werte wie Besitz, Erfolg und Status aufgebaute nordamerikanische Gesellschaft, so Merton, erzeugt für ihre Mitglieder einen schwer auszuhaltenden Druck: Den hochbesetzten, als universell geltenden kulturellen Leitwerten und *Zielen* korrespondiert auf der Ebene der Sozialstruktur ein höchst ungleich angelegtes System von *Mitteln*, diese Ziele auf legitimen Wegen zu erreichen.

Je nach Position in der gesellschaftlichen Hierarchie wird dieses Auseinanderklaffen von kultureller und sozialer Struktur von den Menschen unterschiedlich erfahren und verarbeitet. In seiner bekannt gewordenen Typologie der Anpassungsformen unterscheidet Merton zwischen mehr nach außen gerichteten Modi (Innovation, Rebellion) und mehr nach innen gerichteten Modi (Rückzugsverhalten, Ritualismus). Insgesamt wird also in der Anomietheorie versucht, „abweichende Verhaltensweisen als Anpassungsprozesse von Gesellschaftsmitgliedern an widersprüchliche Anforderungen seitens der Gesellschaft zu fassen" (Lamnek 1979, S. 141).

Subkultur

Einen entgegengesetzten, weniger schematischen Erklärungsansatz formulierten demgegenüber die *Subkulturtheoretiker* (Thrasher 1927, Whyte 1943, Cohen 1955, Miller 1968), die sich in ihren theoretischen Schlussfolgerungen zum Teil auf groß angelegte empirische Forschungen stützen konnten. Der Grundgedanke der Subkulturtheorie lässt sich wie folgt zusammenfassen: Die Gesellschaft bringt aufgrund ihrer zunehmenden Komplexität, die sich etwa in der äußerst heterogenen ethnisch-sozialen Zusammensetzung der Großstädte manifestiert, eine Vielzahl normativer Subsysteme mit unterschiedlichen Werten und kulturellen Formen hervor. Diese *Subkulturen* stimmen in mancher Hinsicht mit der dominanten Kultur überein, können sich in anderer Hinsicht aber auch deutlich von ihr unterscheiden – indem sie abweichende normative Orientierungen pflegen, deren Befolgung in einem anderen Bezugsrahmen als abweichendes Verhalten definiert ist. Jungen Menschen bietet die Subkultur eine Bezugsgruppe, in der Lösungen für die aus Elternhaus und Schule resultierenden Anpassungsprobleme erprobt werden können. Da Unterschichtjugendliche in ihrer Sozialisation erheblich schlechtere Chancen haben, schulischen Erfolgsmaßstäben zu genügen, erfahren sie sich dort mit erhöhter Wahrscheinlichkeit als Versager. In dieser Situation bietet ihnen die delinquente Subkultur eine Lösung: In einem Akt aggressiver Reaktionsbildung wird das mittelschichtorientierte Statussystem von Schule und Familie in sein Gegenteil verkehrt: Verachtung für Eigentum und Autorität; unmittelbares Ausleben von Bedürfnissen statt Affektkontrolle; Gleichgültigkeit statt Strebsamkeit etc. (Cohen 1955; Braithwaite 1989, S. 22). Das Ergebnis: Die Mitglieder sind von der Richtigkeit ihres Handelns überzeugt, weil es im inversen Bezugsrahmen der Subkultur zur Normalität geworden ist. In diesem Sinne beschreibt Walter B. Miller eine Reihe von *focal concerns* – Kristallisationspunkte hochbewerteten Rollenverhaltens, die in männlichen Unterschichtgangs zum Kriterium für die Verteilung von Status, Respekt und Ehre werden: Härte, Geschicklichkeit, Selbstständigkeit u.a. (Miller 1968, S. 339ff.).

Lernen, Bindung, Kontrolle

Eben dieser Prozess der Normalisierung abweichenden Verhaltens ist es, der auch bei verschiedenen sozialpsychologischen bzw. mikrosoziologischen Erklärungsansätzen über Delinquenz im Mittelpunkt steht. So beschrieb der Klassiker der *Lerntheorie*, Edwin Sutherland, eine Reihe von Mechanismen *differentieller Assoziation*, mit denen er die Prozesshaftigkeit des Hineinwachsens in kriminelle Orientierungen herausarbeitete (Sutherland 1969, S. 395ff.). Von besonderem Interesse ist in diesem Zusammenhang die von Gresham Sykes und David Matza formulierte Theorie der *Neutralisierungstechniken* (Sykes/Matza 1969, S. 360ff.). Indem sie nach den Mechanismen fragt, mit denen Jugendliche normative Orientierungen situativ ausblenden und Schuldgefühle vermeiden, eröffnet dieser Ansatz besonders für die Erforschung kollektiver Rechtfertigungs- und Rationalisierungsstrategien (Ablehnung der Verantwortung für die Tat; Verneinung des Unrechts; Ablehnung bzw. Entwertung des Opfers; Zurückweisung moralischer Instanzen und rechtlicher Sanktionsansprüche; Berufung auf „höheres Recht" etc.) wichtige Perspektiven. Gerade für die Erforschung von Cliquen und Gruppierungen im heutigen Kontext rechter Jugendgewalt erscheint eine solche Fragerichtung aufschlussreich.

Einer anderen Perspektive folgt die *Kontrolltheorie*, die den Schlüssel für die Erklärung kriminellen Verhaltens in der Störung sozialer Bindungen (*social bonding*) sieht und dadurch der Frage nach den Kriminalitätsursachen eine neue Richtung gibt. Trotzdem besteht zum Konzept der Neutralisierungstechniken eine gewisse Ähnlichkeit, denn auch hier geht es um die Frage, wie Kontrollstrukturen zur Verhinderung kriminellen Verhaltens aufrechterhalten bzw. situativ außer Kraft gesetzt werden – und was getan werden müsste, um verloren gegangene Bindungen wieder herzustellen. Nicht so sehr die Frage, warum *diese Person* sich abweichend verhält, steht im Mittelpunkt der Kontrolltheorie, die sich wie die Anomietheorie auf Durkheim beruft und in neuerer Zeit vor allem von M. Gottfredson und T. Hirschi (1990) vertreten wurde. Vielmehr geht es um die Frage, warum die große Mehrzahl der Menschen sich angesichts der übergroßen Fülle von Versuchungen, sich auf kriminellem Wege Vorteile zu verschaffen, *nicht* abweichend verhält. Die Kontrolltheorie macht deutlich, auf welche Weise etwa geringe Selbstkontrolle bei Jugendlichen, verbunden mit einer Haltung unmittelbarer Bedürfnisbefriedigung, wie sie durch entsprechende Gruppenkulturen vermittelt und verstärkt wird, Dispositionen zu abweichendem Verhalten entstehen lässt. Im Umkehrschluss: Junge Menschen mit starken familialen und gemeinschaftlichen Bindungen engagieren sich deutlich seltener in abweichendem Verhalten als junge Menschen mit schwachen, problematischen Bindungen. Gottfredson und Hirschi haben Kriminalität in diesem Sinne als Konsequenz aus Gelegenheit und mangelnder Selbstkontrolle beschrieben. Sie folgern daraus, dass innere Kontrollen eigentlich nur in der Kindheit angemessen entwickelt werden können und spätere Versuche einer Kriminaltherapie nur sehr bedingt Aussichten auf Erfolg haben, weil sie an früh erworbenen Haltungen wenig ändern können.

Positiv ist am Ansatz der Kontrolltheorie hervorzuheben, dass sie der *Prävention* in Familie und Schule einen zentralen Stellenwert einräumt. Einzuwenden ist allerdings, dass nicht jedes Delikt von Kindern und Jugendlichen sinnvollerweise einem „Zusammenbruch der Selbstkontrolle" zugeschrieben werden kann, gerade weil es sich in den meisten Fällen um ein „ubiquitäres und episodenhaftes" Phänomen handelt (s.o.). Der Anwendungsbereich der Theorie liegt daher vor allem dort, wo kriminelle Delikte mit langfristigen Erfahrungen von Bindungslosigkeit und Unsicherheit zusammenhängen. Darauf verweisen auch die Kategorien, mit denen die zentralen Konzepte *Bindung* und *Kontrolle* von den Autoren ausformuliert wurden – attachment, commitment, involvement und belief.

Mit *attachment* ist die emotionale Verbundenheit zu anderen Menschen gemeint – die Fähigkeit, ihren Standpunkt wahrzunehmen, Empathie für ihre Gefühle und Erwartungen entwickeln und ihren Standpunkt verstehen zu können. Oft verweist die Unfähigkeit zu solcher Rollenübernahme darauf, dass auch der Zugang zu den eigenen Gefühlen gestört ist. Während sich attachment auf die emotionale Komponente sozialen Verhaltens bezieht, richtet sich das *commitment* eher auf die rationale Seite und lässt sich daher auch als „bewusstes Engagement" bezeichnen: „Commitment is the investment in relationship, the rational aspect of social bond, the stake in conformity" (Braithwaite 1989, S. 27). Wer in verschiedenen Beziehungsfeldern *committed* ist, häuft auf diese Weise zugleich soziales Kapital auf, das ihn gesellschaftlich bindet. Als drittes Element beschreiben Hirschi und Gottfredson das *involvement*, mit dem das Einbezogensein in gesellschaftskonforme Zeitstrukturen und Rhythmen gemeint ist, etwa durch regelmäßigen Schulbesuch und durch die Verpflichtungen der Arbeit. Wie viel Zeit verbringt der Einzelne mit solchen Aktivitäten, und wie viel Energie verwendet er auf die Gestaltung reziproker Beziehungen? Auch hier ist die implizite sozialpädagogische These des Ansatzes deutlich: Je besser es gelingt, die soziale Partizipation des Individuums zu stärken, desto mehr Ansätze zur Prävention von Delinquenz können sich daraus ergeben. Als vierten Bereich nennen die Autoren schließlich *belief* – übersetzbar als Wertüberzeugung, Bereitschaft zur Anerkennung gesellschaftlicher Regeln. In einer aktualisierten Interpretation des Begriffes lässt sich das so verstehen, dass es zur Aufrechterhaltung zivilgesellschaftlicher Strukturen nicht nur der passiven Kenntnis, sondern des aktiven Eintretens für bestimmte Regeln menschlichen Zusammenlebens bedarf.

Stigmatisierung

Im Gegensatz zu den bisher dargestellten Theorien fragt der *labeling approach* (Etikettierungsansatz) explizit nicht nach Ursachen delinquenten Verhaltens im ätiologischen Sinne des Wortes, sondern interessiert sich für gesellschaftliche Reaktionen auf Abweichungen. Vor allem Institutionen mit hoher Definitionsmacht, die darüber mitbefinden, ob Verhaltensweisen als „normal" oder „deviant" einzuordnen sind, geraten dadurch ins Zentrum der Aufmerksamkeit. Um den Gegensatz zum herkömmlichen *ätiologischen Paradigma* der Kriminologie deutlich zu machen, wird der Grundgedanke des labeling approach daher auch als *Reaktionsparadigma* bezeichnet – eine Veränderung des Denkansatzes, die sowohl höchst originellen Forschungskonzepten als auch groben Vereinfachungen an der Grenze zur Blauäugigkeit den Boden bereitete. So überraschte der zum „Urvater des Etikettierungsansatzes" (Lamnek 1979, S. 219) erklärte amerikanische Kriminologe Frank Tannenbaum die Fachöffentlichkeit 1938 mit einer Sichtweise, die den damals schon bestehenden dramatisierenden Einschätzungen zur Jugendkriminalität ein Programm von überwältigender Schlichtheit entgegensetzte:

„Die Person wird schließlich zu dem, als was man sie fortwährend beschrieben hat... Eltern und Angehörige, Polizisten, Gerichte und Bewährungshelfer, sie alle stehen sich mit ihrem Eifer selbst im Weg – je mehr sie sich darum bemühen, das Böse zu überwinden, desto größer wird es unter ihren Händen...Der einzige Ausweg besteht daher in einer Haltung, die das Böse nicht auch noch dramatisiert. Je weniger man darüber redet, desto besser." (Tannenbaum 1938, S. 20; zit. nach Braithwaite 1993, S. 17; Übersetzung v. W.)

In einer theoretisch anspruchsvolleren Version griffen die dem symbolischen Interaktionismus nahe stehenden Autoren Edwin Lemert (1975; orig. 1967) und Howard S. Becker (1973; orig. 1963) sowie (für die bundesdeutsche Diskussion maßgeblich) Fritz Sack (1968, 1972) den Gedanken von der Konstruktion abweichenden Verhaltens durch Etikettierungsprozesse wieder auf. Vor allem die vom labeling approach vertretene „Umkehrung der Beweislast" fiel in einer Epoche antiautoritärer Institutionenkritik auf fruchtbaren Boden: Nicht mehr der Täter, sondern die gesellschaftlich vermittelten Reaktionen auf ihn, das Tun und Unterlassen von Polizei, Gericht und Gefängnissen, die Selektionsprozesse von Schulen, Jugendhilfebehörden, Erziehungsheimen und psychiatrischen Anstalten – kurz: die Strukturen norm*setzender* und norm*anwendender* Instanzen zogen ein breit gefächertes Forschungsinteresse auf sich. Stets geht es in einer solchen Perspektive nicht nur um den Normverstoß selbst, sondern um die Frage nach der Macht, Normverstöße als solche zu definieren (oder eine solche Definition zu unterlassen), Sanktionen (vor allem Strafen) selektiv zur Anwendung zu bringen und bestimmte Situationsdefinitionen durchzusetzen. In gewisser Weise liegt die Pointe des labeling approach daher in der Behauptung, es seien das Recht und die Instanzen sozialer Kontrolle selbst, die abweichendes Verhalten überhaupt erst schaffen. „Zwar entstehen die Handlungen von Menschen nicht durch das Recht, doch erhalten sie erst vor dem Hintergrund rechtlicher Normen die Qualität von Straftaten. Insofern stellt das Kriminalrecht durch die Definition von crimen (Verbrechen) den Gegenstand, auf den es sich bezieht, selbst her, konstituiert ihn." (Walter 1995, S. 19)

In verallgemeinerter Perspektive war es eben diese Aufmerksamkeit für Prozesse institutioneller Normgenese und Normanwendung, die dem labeling approach nicht nur in der Kriminologie und in der Kriminalpolitik, sondern auch in der Sozialen Arbeit eine anhaltende Popularität bescherte. Vor allem das *Karrieremodell* abweichenden Verhaltens, das auf Beckers empirische Studien über gesellschaftliche Außenseiter (unter anderem über die Genese des Marihuanakonsums) zurückgeht, erwies sich für die damalige Delinquenz- und Jugendhilfeforschung als außerordentlich anregend. Neben den Beobachtungen zur Stigmatisierung von Menschen durch Institutionen, die Erving Goffman in seinen großen Studien über das Wesen totaler Institutionen und den Umgang mit sozialer Stigmatisierung anstellte (Goffman 1970, 1973), ist es vor allem Beckers Karrierekonzept, das die Rezeption des labeling approach in Deutschland seit den siebziger Jahren bestimmte.

6. Vom Anstaltswesen zum therapeutischen Milieu: Klassische Konzepte zum Umgang mit delinquenten Kindern und Jugendlichen

Die praktischen Lösungsansätze für den Umgang mit „schwierigen" Kindern und Jugendlichen, die im Laufe der Zeit erprobt wurden, waren stets Produkte ihrer Epoche und Spiegelbilder der gesellschaftlichen Entwicklung. Seit dem Waisenhausstreit, in dem Vertreter der Aufklärungspädagogik erstmals den dumpfen Arbeits- und Religionszwang des pietistischen Anstaltswesens geißelten, standen sich dabei Konzepte disziplinierender Anstaltsunterbringung und Versuche einer offenen Erziehung „vom Kinde aus" wiederholt diametral gegenüber. Im wilhelminischen Kaiserreich erhielt die geschlossene Anstaltsfürsorge vor dem Hintergrund der preußischen Zwangserziehungsgesetze von 1878 zunehmend eine politische Konnotation, die der „Fürsorgeerziehung" noch Jahrzehnte später anhaftete. Mit der Stärkung nationaler Gesinnung und sozialer Disziplinierung sollte zugleich ein erzieherisches Bollwerk gegen den wachsenden Einfluss der Sozialdemokratie errichtet werden. Auch bei den Debatten über Jugendgefährdung, den „Erziehungsnotstand" der proletarischen Schichten, das „Halbstarkenunwesen" und die Errichtung von Verwahranstalten zur Ruhigstellung aufrührerischer Arbeiterjugendlicher, die in den ersten Jahrzehnten des zwanzigsten Jahrhunderts stattfanden, ging es immer wieder darum, mit den Mitteln öffentlicher Erziehung politische Anliegen durchzusetzen.

Besonders die psychoanalytische Kritik an den geschlossenen Anstalten bedeutete in der Fachdiskussion über Methoden der Straffälligenhilfe eine wichtige Zäsur. Schon August Aichhorn, Schüler von Sigmund Freud, sah in der Verwahrlosung von Kindern aus der Wiener Arbeiterschicht nicht nur ein soziales, sondern auch ein psychologisch-pädagogisches Problem, dem er sich in seiner psychoanalytisch inspirierten Erziehungspraxis widmete. Eine Beschreibung dieser Praxis findet sich in seinen berühmten, um 1925 in Wien gehaltenen Vorlesungen über Aggressive Jugend (Aichhorn 1925). Aichhorn wusste (und er handelte danach), dass es sich bei der gängigen Auffassung von Verwahrlosung als persönlicher „Eigenschaft" um eine unzulässige Verkürzung handelt. Er weigerte sich, die Aggressivität dieser Kinder und Jugendlichen nur als Bestandteil einer defizitären Persönlichkeit zu sehen, der man nur durch Härte und ständige Bereitschaft zur Gegenaggression Herr werden könne. Sein Lösungsansatz bestand darin, dass er den Kindern Raum und Gelegenheit bot, ihre Aggressionen zu zeigen und in gewissen Grenzen „auszuleben" (für die damalige Zeit eine ziemliche Provokation), und dass er die genaue Erforschung psychischer Übertragungsprozesse dazu nutzte, die in den Aggressionen der Kinder frei werdende Energie in andere Bahnen zu lenken.

Unabhängig von der Frage, inwieweit sich Aichhorns Lösung auf heutige Bedingungen übertragen lässt, haben seine Grundeinsichten in das Wesen kindlicher Verwahrlosung bis heute ihren Sinn behalten und das Nachdenken über Resozialisierung entscheidend mitgeprägt. Wie zukunftsweisend diese Einsichten waren, lässt sich ermessen, wenn man sich an den ursprünglichen Bedeutungskern des Wortes „Verwahrlosung" erinnert, der in Generationen stigmatisierender Fürsorgetexte und Heimdokumente bis zur Unkenntlichkeit entstellt worden ist: Das mittelhochdeutsche *wahren* ebenso wie das altsächsische *wara* bedeuten: aufmerksam sein, achten, beachten. Sowohl das englische: to be aware als auch das deutsche gewahren beziehen sich auf eine Haltung der Achtsamkeit und Offenheit für den anderen, und auch die eng damit verwandten Worte bewahren, verwahren, aufbewahren, Gewahrsam etc. meinen im Kern nichts anderes als einen Zustand, in dem der bewahrten Sache bzw. Person ungeteilte Aufmerksamkeit und Schutz zuteil werden. In diesem Sinn ist auch das alte Wort *warlos*, aus dem unser Begriff der Verwahrlosung hervorgegangen ist, gleichbedeutend mit *achtlos* (Kluge 1989). Kurz: Ein verwahrloster Mensch ist zunächst einmal nicht eine Person mit defizitären Eigenschaften, sondern eine Person, der die Beachtung vorenthalten worden ist, die sie für ihr Gedeihen benötigt. Ein verwahrlostes Kind definiert sich nicht primär dadurch, dass es abweichende Handlungen begeht, sondern dass es nicht – oder zu wenig – geachtet wurde.

Alle bekannten Pädagogen und Psychologen von Makarenko bis Stierlin, die sich mit hochgradig delinquenten Kindern und Jugendlichen befasst haben, wussten um diesen Bedeutungskern des Verwahrlosungsproblems und haben sich, je auf ihre eigene Weise, in ihrer pädagogischen Arbeit von diesem Wissen leiten lassen. Dies gilt auch für Fritz Redl, der in seinen fesselnden Schilderungen über „Kinder, die hassen" (1951) das Konzept des therapeutischen Milieus begründete – von dem die Praxis der Heimerziehung und der Straffälligenhilfe noch heute zehrt (Redl 1951, 1979). Genaue Beobachtungen und gezielte Interventionen befähigten ihn dazu, das Ich delinquenter Kinder unter dem Aspekt misslingender Selbstkontrolle zu betrachten. Diese Kinder, so zeigte Redl, stabilisieren ihr Selbstbild dadurch, dass sie sich Strategien des Vermeidens von Schuldgefühlen aneignen – Neutralisierungstechniken (s.o. S. 511f.), mit denen die Stimme des Gewissens zum Schweigen gebracht werden kann. Diese Techniken machen es ihnen möglich, im Auftrag der Gruppe zu agieren, eigene Emotionen beim Begehen von Straftaten zu verdrängen und jegliches Gefühl für die Perspektive des Opfers auszublenden. Die Formen der Problembewältigung, die sie auf diese Weise gelernt haben, gleichen einem Bollwerk gegen jeden Versuch erzieherischer Zuwendung und Beeinflussung. Bezugnehmend auf das Konzept der Abwehrmechanismen, das von Anna Freud und weiteren VertreterInnen der Ich-Psychologie formuliert wurde, schreibt Redl: „Weit davon entfernt, aus Hilflosigkeit oder nur wegen eines gelegentlichen Ansturms ungewöhnlicher Triebintensität delinquent zu handeln, haben diese Kinder ein organisiertes System gut entwickelter Abwehrmechanismen und begegnen dem Erwachsenen, der sie zu ändern versucht, mit einem konsequenten und geplanten Sperrfeuer von Gegentechniken." (Redl 1979, S. 148). Mit großem Einfühlungsvermögen und pädagogischer List beschreibt Redl, wie er und seine Erzieherinnen und Erzieher sich darum bemühten, Zugang zu den „Wertinseln" zu erlangen, die sich bei den Kindern an der Oberfläche ihres delinquenten Ichs erhalten hatten – um sich schrittweise mit den Resten ihrer pro-sozialen Orientierungen zu verbünden.

Auch der englische Kinderpsychologe David Winnicott setzt mit seinen bekannten Überlegungen zur „fördernden Umwelt" am Problem der Aggression an. Aggressionen werden dabei zunächst einmal als triebgebundene Aktivitäten verstanden – wobei es jeweils von den Wechselwirkungen mit der Umwelt abhängt, inwieweit es gelingt, Aggressivität in Kreativität zu verwandeln. Lothar Böhnisch hat Winnicotts Ansatz zusammengefasst:

„Aggressive Aktivitäten (als sozial gerichtete Triebimpulse) entwickeln sich dann kreativ, wenn das Kind die soziale Umwelt, auf die sich seine Aktivität richtet, als „unzerstörbar" erfährt. Das heißt, seine (nach außen „zerstörerischen") aggressiven Impulse werden für das Kind nicht gefährlich, schlagen nicht unvermittelt zurück... Antisoziale Tendenzen hingegen treten dann ein, wenn das Kind seine Umwelt als zerstörbar erfährt, d.h. wenn seiner Aggression nichts entgegengesetzt wird, wenn die aggressiven Impulse für das Kind grenzenlos werden und irgendwann – aus einer nicht mehr überschaubaren Umwelt heraus – auf ein nicht mehr beherrschbares Selbst zurückschlagen." (Böhnisch 1999, S. 247)

Mit Winnicott könnte man also sagen: Die Probleme, die wir heute mit der Delinquenz von Kindern haben, gehen auch darauf zurück, dass die heutige Gesellschaft für viele Kinder keine *fördernde Umwelt* ist. Von diesen Überlegungen ausgehend, wird die Attraktivität von Cliquen, Szenen und Subkulturen verständlicher, die darauf angelegt sind, sich Aufmerksamkeit durch auffälliges Verhalten, im Extremfall eben auch „mit Gewalt", zu sichern. Kindliche und jugendliche Gewalt, so zeigt sich daran, kann eine stabilisierende Funktion besitzen. Aus der Perspektive der Akteure wird sie verstehbar als Instrument, das Sicherheit schafft. Mit ihrer Hilfe erscheint es möglich, sich das zu sichern, was einem zusteht, von außen aber permanent vorenthalten wird. Nicht die Familie und die primäre soziale Umwelt des Kindes, sondern die delinquente Gruppe selbst wird dabei zur „fördernden Umwelt", weil sie den Kindern die Unzerstörbarkeit und Unverbrüchlichkeit von Beziehungen verspricht, die ihre ursprüngliche Lebenswelt ihnen vorenthält. Indem das geltende gesellschaftliche Wert- und Normgefüge umgekehrt und durch ein eigenes Normsystem ersetzt wird, erlaubt die delinquente Gruppe ihren Mitgliedern, zerstörerische Impulse „legitim" auszuleben. Ein weiteres Mal schließt sich hier der Kreis zu August Aichhorns frühen Einsichten über den Umgang mit verwahrlosten Kindern.

7. Modernisierung der Straffälligenhilfe: Reformprozesse in Jugendhilfe und Justiz

Der Anspruch, der disziplinierenden Pädagogik der Vergangenheit eine Methodik des „Verstehens und Durcharbeitens" entgegenzustellen, erwies sich also weit über die Epoche der Reformpädagogik und der klassischen Ansätze psychoanalytischer Pädagogik hinaus als fruchtbar. Trotzdem waren die Wege und Methoden, mit denen dies geschehen sollte, bis zu den in letzter Zeit neu aufgeflammten Auseinandersetzungen um die geschlossene Unterbringung immer wieder höchst umstritten. In den siebziger Jahren stieß der Versuch, die in Misskredit geratenen geschlossenen Heime mit Hilfe psychologischer Behandlungskonzepte zu erneuern, auf das geballte Misstrauen einer reformorientierten, institutionenkritischen Fachöffentlichkeit. Dabei zeigten die Impulse der antipsychiatrischen und antipädagogischen Kritik auch in der Sozialarbeit ihre Wirkung. Im Gegenzug zur herkömmlichen paternalistischen Jugendhilfe mit ihrem Vertrauen auf institutionelle Lösungen entstand eine facettenreiche Bewegung *alternativer* Erziehungshilfen mit dezentralen Strukturen, offener Arbeitsweise und gemeinwesenorientierten Konzepten. Projekte betreuten Wohnens und aufsuchender Hilfe setzten neue Schwerpunkte: Stadtteilbezug, Integration ins lokale Umfeld, regionale Öffnung, Mädchen- und Jungenarbeit. Die Alltags- und Lebensweltorientierung, die diesen Ansätzen ihre gemeinsame Richtung und ihr Selbstverständnis vermittelte, wirkte sich allmählich auch im Bereich der Heimerziehung aus. Je bereitwilliger sie sich auf neue Arbeitsformen wie Tagesbetreuung, Hausaufgabenhilfen, Elternberatung, Freizeitangebote und erlebnispädagogische Projekte einließ, desto mehr kam es auch hier zu einer Flexibilisierung der erzieherischen Hilfen. Vor allem die Ergänzung traditioneller Gruppenkonzepte um Elemente wie betreutes Wohnen, Übergangswohngemeinschaften u. Ä., die eine Bereitschaft zur Dezentralisierung der Heimerziehung voraussetzten, erwies sich als erfolgreich.

Die Einführung und rechtliche Absicherung dieser veränderten Strukturprinzipien war für die erzieherischen Hilfen in zweifacher Hinsicht folgenreich. Zum einen erweiterte sich dadurch ihr fachlich-methodischer Horizont um das Prinzip der „Lebensweltorientierung". Zum anderen wurde es den Heimen möglich, auch bei der Betreuung ihrer schwierigsten Klientel neue Wege zu erproben, etwa die im KJHG erstmals in einer eigenen Vorschrift geregelte intensive sozialpädagogische Einzelbetreuung. Für das notorisch empfindliche Verhältnis zwischen Jugendhilfe, Justiz und Jugendpsychiatrie brachte dies eine gewisse Entspannung mit sich und eröffnete neue Kooperationsmöglichkeiten.

Auch in der Drogenhilfe lässt sich ein solcher Strukturwandel beobachten. Die allmähliche Abkehr vom therapeutischen Rigorismus früherer Behandlungsansätze und eine wachsende Aufmerksamkeit für die Möglichkeiten präventiven Handelns führten in der offenen Arbeit mit Drogenkonsumenten und -gefährdeten, z.B. in der Straßensozialarbeit, aber auch in der stationären Betreuung zu zahlreichen Fortschritten. Trotzdem stehen auf diesem Gebiet sowohl in der Schule als auch in der Jugend- und Straffälligenhilfe noch wichtige Verbesserungen aus. Dies gilt sowohl für den Bereich der Prävention, wo es bislang kaum mehr als Ansätze einer systematischen Arbeit gibt und die Kooperation von Schule und Jugendhilfe noch immer unzulänglich ist, als auch für den institutionellen Bereich. Vor allem im Strafvollzug stellt die Verfügbarkeit von Drogen aller Art ein zusätzliches Hindernis für erzieherische, an sozialer Integration orientierte Bemühungen dar.

Dass es bisher trotz anders lautender Rhetorik um den Ausbau der Prävention schlecht bestellt war, hat mehrere Ursachen. Viel zu lange versuchten Schule und Jugendhilfe bisher, das Problem der Suchtprävention an Experten außerhalb des eigenen Hilfesystems zu delegieren – die Drogenberatungsstellen etwa, die aber kaum im Bereich der Primärprävention wirksam werden können, wo eine moderne Drogenhilfe heute besonders gefordert ist. Im Gegensatz zur alten, defizitorientierten Auffassung von Prävention kommt es heute darauf an, Konzepte wie die Förderung von „Lebenskompetenz" nicht nur programmatisch zu beschwören, sondern sie bei der Erziehung gefährdeter Kinder und Jugendlicher auch rechtzeitig zu praktizieren. Allerdings: Sobald man die alte Defizitperspektive wirklich verlässt und Drogenkonsum als integralen Bestandteil unserer Gesellschaft betrachtet, lässt sich die Aufgabe der Suchtprävention nicht mehr auf bloße Suchtvermeidung reduzieren. Dass heute über akzeptierende Drogenhilfe und über die notwendige Entwicklung von Risikokompetenz erheblich offener als in früheren Jahren diskutiert wird, lässt hoffen, dass die populistische Fixierung auf den letztlich siegreichen „Kampf gegen die Drogen" sich nach einer überlangen Periode drogenpolitischer Stagnation von selbst erledigt.

8. Neue Irritationen

Im Zeichen wachsender sozialer Gegensätze und neuer Armutserfahrungen verändern sich auch die Erwartungen, die an den Bereich der erzieherischen Hilfen und an die Justiz gerichtet werden. Am Beginn des „neuen Jahrtausends" wachsen in der reichen Gesellschaft Deutschlands immer mehr Kinder und Jugendliche unter Armutsbedingungen auf. Über eine Million Kinder leben von Sozialhilfe. Ca. 20% der Kinder in Deutschland wohnen in Haushalten, die von ihren Einkommensbedingungen her als arm bezeichnet werden müssen. Dies führt zu psychosozialen Belastungen, die auf längere Sicht zu einer verstärkten Nachfrage nach intensiven (und damit auch teuren) erzieherischen Hilfen führen werden. Steigende Zahlen von Heimunterbringungen, der Bedeutungszuwachs der sog. Intensiven Sozialpädagogischen Einzelbetreuung und der Bedarf an unterschiedlichen Formen von Anti-Gewalt-Training und Konfliktausgleich lassen dies schon heute erkennen. In der sozialpädagogischen Praxis ist es gerade die Gruppe der „Mehrfachbelasteten", die für Kinder- und Jugendnotdienste, die Straßensozialarbeit und das betreute Wohnen zum Problem werden. Auch die hochdifferenzierte Sozialpädagogik unserer Tage tut sich immer noch schwer damit, überzeugende Konzepte für die Betreuung von Kindern in Extremsituationen zu entwickeln – über die sie theoretisch doch so vieles weiß.

Deshalb scheiden sich an der Frage, ob geschlossene Heime in bestimmten Fällen nicht doch als angemessene Reaktion auf Kinder- und Jugenddelinquenz anzusehen sind, seit einiger Zeit erneut die Geister. Die Befürworter erhoffen sich davon einen pädagogischen Ort, an dem ernsthafte Erziehungsarbeit mit delinquenten Kindern überhaupt erst möglich wird. Den dafür unabdingbaren Zwang sehen sie nicht als Selbstzweck, sondern als pädagogisches Mittel der Kontaktaufnahme, und obwohl sie das geschlossene Heim nicht eigentlich als strafende Instanz begreifen, sprechen sie sich doch für eine Pädagogik aus, die strenge Normen vorgibt und enge Grenzen setzt. Mit den erzieherischen Zwingburgen der Vergangenheit wollen auch sie nichts zu tun haben. Doch vertreten sie die Auffassung, es gebe unter den Kindern mit delinquenten Auffälligkeiten eine wenn auch kleine Gruppe, die nur unter den Bedingungen begrenzter Freiheitsbeschränkungen überhaupt noch pädagogisch erreichbar sei. Im Gegensatz dazu verweisen Kritiker auf die Risiken, die heute mit einem erneuten Ausbau geschlossener Heime verbunden wären: Gerade unter den gegebenen, restriktiven Finanzierungsbedingungen könne kaum etwas anderes dabei herauskommen als eine Sonderinstitution, die von anderen Einrichtungen der Jugendhilfe als „Überlaufbecken" benutzt wird – das ihnen die Möglichkeit bietet, Problemfälle endlich guten Gewissens und mit pädagogischer Legitimation weiterzureichen. Auch vor der gängigen Meinung, geschlossene Heime könnten ein probates Mittel zur Umerziehung von Jugendlichen mit rechtsradikaler Gesinnung sein, wird aus dieser Sicht gewarnt. Gerade der geschlossene Rahmen sei erfahrungsgemäß ein Nährboden für die Aufschaukelung von Gruppenkonflikten und könne die Unterdrückung Schwächerer begünstigen (v. Wolffersdorff/Sprau-Kuhlen/Kersten 1996; Pankofer 1997; v. Wolffersdorff 1999).

Die Schlüsselbegriffe dieser Diskussion zeigen, worum es gehen muss, damit es wirklich zu neuen Antworten und nicht nur zur Wiederholung alter Fragen kommen kann: Dringlich erscheint eine verbesserte, d.h. nicht erst im Jugendalter, sondern viel früher ansetzende Prävention. Entscheidend ist dabei weniger die frühzeitige Information über Risiken als eine wachere Aufmerksamkeit für die emotionale Entwicklung von Kindern. Nur wenn die Signale, die von verhaltensauffälligen und gefährdeten Kindern ausgehen, rechtzeitig ernst genommen werden, lassen sie sich für präventives Handeln nutzen. Schulische Ansätze zur Mediation in Konfliktfällen müssen weiterentwickelt werden. Wichtig ist der weitere Ausbau des Täter-Opfer-Ausgleichs, bei dem Justiz und Jugendhilfe neue Formen der Zusammenarbeit finden müssen. Auf derselben Linie liegt die Stärkung sozialer Kontrolle im Nahraum, so wie sie von kommunitaristischen Autoren gefordert wird (Etzioni 1995). In der Straffälligenhilfe muss es vor allem darum gehen, geeignete Ansätze zur Normverdeutlichung, kurz: mehr Elemente einer *restorative justice* zu entwickeln. Ein schlüssiges Gesamtkonzept ist noch nicht gefunden. Doch das ist angesichts des brisanten Themas kaum verwunderlich, denn ein solches Konzept müsste die Strafphantasien kriminalpolitischer Scharfmacher ebenso hinter sich lassen wie den Glauben, mit einer Pädagogik bloßen Verstehens und Akzeptierens ließen sich auch die schlimmsten Konflikte schon irgendwie lösen. Eines jedenfalls ist sicher: Im abgeschliffenen ideologischen Bezugsrahmen der herkömmlichen Debatten über mehr Strafe mit ihrer allfälligen Forderung, wieder zur ausgrenzenden Pädagogik des Freiheitsentzugs zurückzukehren, kann sich die Suche nicht weiterbewegen. Worauf es bei der Erziehung schwieriger Jugendlicher stattdessen ankäme, haben Hans-Volkmar Findeisen und Joachim Kersten am Schluss ihrer Betrachtungen über den Sinn jugendlicher Gewalt prägnant zusammengefasst:

> „Das Einklagen von Respekt durch aggressives Verhalten ist Zeichen eines jugendlichen Unvermögens innezuhalten, sich selbst nahe, achtsam auf sich und andere und auf die Umgebung zu sein. Sanktionen müssen den natürlichen Zustand der Achtung wiederherstellen. Erziehung muss diese Achtsamkeit fördern und erfordert eben auch von den Erziehern Achtsamkeit im Umgang mit ihren Schützlingen." (Findeisen/Kersten 1999, S. 227)

9. Schluss

Dass sich die Debatte über Kinder- und Jugendkriminalität seit geraumer Zeit im Kreise dreht, lässt sich nicht übersehen. Offenbar krankt sie daran, dass die zur Ursachenanalyse verwendeten Beurteilungsmaßstäbe entweder überkomplex oder überkonkret sind. Ersteres muss zahlreichen der in Mode gekommenen Versuchen vorgehalten werden, den Anstieg von Kriminalitätszahlen (auch wenn es sich nur um Schwankungen binnen weniger Jahre handelt) und vor allem die zunehmende Gewaltbereitschaft junger Menschen direkt aus epochalen Prozessen wie Individualisierung, Armut und gesellschaftlicher Desintegration abzuleiten. Letzteres gilt für das von den Massenmedien zur Perfektion getriebene Jonglieren mit schlimmen Einzelfällen, die je nach Bedarf als Vorboten des Wertezerfalls, als Anzeichen für den Zusammenbruch der Familie oder als Resultat liberaler Erziehung präsentiert werden. Die erste Erklärungsstrategie greift zu kurz, weil sie sich auf makrosoziologische Analyseansätze fixiert und diese unvermittelt auf das Handeln von Individuen überträgt, die zweite, weil sie weniger an Sachaufklärung als am Marktwert des Kriminalitätsthemas interessiert ist. Beide verkennen die Wirksamkeit von Faktoren, die sich wissenschaftlich nicht durch schlichte Deduktion, sondern nur durch die methodisch ungleich mühsamere genaue Beobachtung von Akteuren und Situationen erschließen lassen. All dies hat dazu beigetragen, dass die Diskussion über Delinquenz und Gewalt seit geraumer Zeit von verzerrten Wahrnehmungen bestimmt wird, die weniger von den empirisch feststellbaren Abweichungen junger Menschen als den auf sie projizierten *Ängsten* entspringen. Komplementär zu den gängigen Erklärungen über die strukturellen Ursachen von Kriminalität und Gewalt setzen auch die populären Rezepte zur Eindämmung des Problems – Strafverschärfungen, Erhöhung des Verfolgungsdrucks, Einschluss – erst an den „letzten Gliedern der Ursachenkette" an (Wahl/Tramitz 2000, S. 9).

Das Resozialisierungs- und Behandlungskonzept, das den Umgang mit delinquentem Verhalten seit den siebziger Jahren bestimmte und seinerzeit für einen konzeptionellen Neuanfang der Straffälligenhilfe stand, ist in die Jahre gekommen. Die Art, wie es sich entwickelt bzw. *nicht* entwickelt hat, bietet manchen Anlass für Zweifel und Kritik. Zu deutlich blieb es in vieler Hinsicht hinter seinen ursprünglichen Absichten zurück, und zu oft wurde es unter den reformfeindlichen Bedingungen des in seinen Binnenwidersprüchen gefangenen Strafvollzugs zur Alibiveranstaltung. Zu selten wurde die klassische Einsicht, nach der die beste Kriminalpolitik in einer guten Sozialpolitik liegt, als Maßstab für die Praxis wirklich ernst genommen. Doch wäre die Zuflucht zu einem radikalisierten Verständnis von Prävention, das diese Wurzeln schlicht abtrennt und das Feld der Straffälligenhilfe hinter der Fassade von „mehr Sicherheit" wieder einem aggressiven Nulltoleranzkonzept überlässt, auch wieder nur eine Scheinlösung. Modelle für einen zeitgemäßen Umgang mit Kinder- und Jugenddelinquenz lassen sich daraus nicht ableiten. Notwendig bleibt daher eine Art von Kriminalpolitik, die gegenüber der neuen Faszination der einfachen Lösungen (selbst)kritisch bleibt, gleich ob diese Faszination von den Verheißungen einfacher Strafverschärfungsrhetorik, von harten Erziehungskonzepten, elektronischen Kontrolltechniken oder militärisch durchorganisierten boot camps ausgeht. Erforderlich wird angesichts von so viel Ideologie eine pragmatische Position, die die berechtigte Kritik an den Fehlern und Fehlschlägen des Resozialisierungsmodells nicht dazu benutzt, ein bewährtes und vernünftiges System pauschal in Frage zu stellen – die aber auch in Zeiten einschneidender Sparzwänge noch in der Lage bleibt, gesellschaftspolitisch Stellung zu beziehen. Denn trotz der besagten Fehler existiert auch heute nichts besseres als der Versuch, mit jungen Straffälligen, Drogenkonsumenten und sozial Gefährdeten unter möglichst guten Rahmenbedingungen *soziales Lernen* zu erproben.

Literatur zur Vertiefung

Böhnisch, L. (1999): Abweichendes Verhalten. Eine pädagogisch-soziologische Einführung, Weinheim und München.
Brusten, M. (1999): Kriminalität und Delinquenz als soziales Problem. In: Albrecht, G./Groenemeyer, A./Stallberg, F.W. (Hrsg.): Handbuch Soziale Probleme, Opladen/Wiesbaden, S. 507-555
Lamnek, S. (1979): Theorien abweichenden Verhaltens. München.
Wolffersdorff, C.v./Sprau-Kuhlen, V./Kersten, J. (1996): Geschlossene Unterbringung in Heimen. Kapitulation der Jugendhilfe? 2. Aufl., München.

Literatur

Aichhorn, A. (1925): Verwahrloste Jugend. Wien.
Amendt, G. (1992): Die Droge – Der Staat – Der Tod. Auf dem Weg in die Drogengesellschaft. Hamburg.
Becker, H. S. (1973): Außenseiter. Zur Soziologie abweichenden Verhaltens. Frankfurt a.M. (orig.: Outsiders. Studys in the Sociology of Deviance, New York 1963).
Böhnisch, L. (1999): Abweichendes Verhalten. Eine pädagogisch-soziologische Einführung, Weinheim und München.
Böhnisch, L. (1998): Kindheit und Devianz. In: Müller, S./Peter, H. (Hrsg.): Kinderkriminalität. Empirische Befunde – öffentliche Wahrnehmung – Lösungsvorschläge. Opladen.
Braithwaite, J. (1989): Crime, shame and reintegration. Cambridge.
Brusten, M. (1999): Kriminalität und Delinquenz als soziales Problem. In: Albrecht, G./Groenemeyer, A./Stallberg, F.W. (Hrsg.): Handbuch Soziale Probleme. Opladen/Wiesbaden, S. 507-555
Buford, B. (1992): Geil auf Gewalt: Unter Hooligans. München.
Bundesministerium für Familie, Senioren, Frauen und Jugend: Zehnter Kinder- und Jugendbericht (1998). Bericht über die Lebenssituation von Kindern und die Leistungen der Kinderhilfen in Deutschland. Bonn.
Bundesministerium des Inneren/Bundesministerium der Justiz (2001): Erster periodischer Sicherheitsbericht. Kurzfassung. Bonn.
Cohen, A. (1961): Kriminelle Jugend. Hamburg 1961 (orig.: Delinquent Boys, New York 1955).
Connell, R. (1983): Which Way is up? Essays on Class, Sex and Culture. Sydney, London, Boston.
DVJJ-Journal (2000), Zeitschrift für Jugendkriminalrecht und Jugendhilfe, Heft 2.
Elsner, E./Steffen, W./Stern, G. (1998) (Kriminologische Forschungsgruppe der bayerischen Polizei): Kinder- und Jugendkriminalität in München. München.

Etzioni, A. (1995): Die Entdeckung des Gemeinwesens. Ansprüche, Verantwortlichkeiten und das Programm des Kommunitarismus. Stuttgart.
Findeisen, H. V./Kersten, J. (1999): Der Kick und die Ehre – Vom Sinn jugendlicher Gewalt. München.
Goffman, E. (1970): Stigma. Frankfurt a.M.
Goffman, E. (1973): Asyle. Frankfurt a.M.
Gottfredson, M./Hirschi, T. (1990): A General Theory of Crime. Stanford.
Kerner, H.-J. (1993): Jugendkriminalität zwischen Massenerscheinung und krimineller Karriere. In: Nickolai, W./Reindl, R. (Hrsg.): Sozialarbeit und Kriminalpolitik. Freiburg im Breisgau.
Kluge, F. (1989): Etymologisches Wörterbuch der deutschen Sprache. 22. Aufl., Berlin.
Lamnek, S. (1979): Theorien abweichenden Verhaltens. München.
Lemert, E.M (1975): Der Begriff der sekundären Devianz. In: Lüderssen, K./Sack, F. (Hrsg.): Seminar: Abweichendes Verhalten I. Die selektiven Normen der Gesellschaft. Frankfurt a.M.
Lemert, E.M. (1967): Human Deviance. Social Problems and Social Control. Englewood Cliffs, N.J.
May, M. (1993): Gewalt – Aufgabe für die Jungenarbeit. In: Hessischer Jugendring (Hrsg.): Jugend und Gewalt – Materialien zur aktuellen Diskussion. 3. Aufl. Wiesbaden.
Miller, W.B. (1968): Die Kultur der Unterschicht als ein Entstehungsmilieu für Bandendelinquenz. In: Sack, F., König, R. (Hrsg.): Kriminalsoziologie. Frankfurt a.M., S. 339-359 (original: Lower Class Culture as a Generating Milieu of Gang Delinquency, In: The Journal of Social Issues, 24, 1958, S. 5-19).
Müller, S./Peter, H. (Hrsg.) (1998): Kinderkriminalität. Empirische Befunde – öffentliche Wahrnehmung – Lösungsvorschläge. Opladen.
Pankofer, S. (1997): Freiheit hinter Mauern. München.
Peukert, D. (1986): Grenzen der Sozialdisziplinierung. Aufstieg und Krise der deutschen Jugendfürsorge 1878 bis 1932. Köln.
Redl, Fritz/Wineman, David (1979): Kinder, die hassen. München 1979 (orig.: Children who hate, 1951).
Sack, F./König, R. (Hrsg.) (1968): Kriminalsoziologie. Frankfurt a.M.
Sack, F. (1972): Definition von Kriminalität als politisches Handeln: der labeling apporach, in: Kriminologisches Journal, Heft 1.
Scherr, A. (1999): Forschungsbefunde zum Rechtsextremismus. In: Neue Kriminalpolitik Heft 2, S. 23-29.
Sofsky, W. (1995): Traktat über die Gewalt, Frankfurt a.M.
Stickelmann, B. (Hrsg.) (1996): Zuschlagen oder Zuhören. Jugendarbeit mit gewaltorientierten Jugendlichen. Weinheim und München.
Sutherland, E.H. (1968): Die Theorie der differentiellen Kontakte. In: Sack, F., König, R. (Hrsg.) Kriminalsoziologie. Frankfurt a.M., S. 395-399.
Tannenbaum, F. (1938): Crime and Community. London 1953.
Thrasher, F.M. (1927): The Gang. A Study of 1313 Gangs in Chicago (2). Chicago 1936.
Wahl, K./Tramitz, C. (2000): Fremdenfeindlichkeit: Die tiefen Wurzeln extremer Emotionen. In: DJI – Bulletin Heft 51/52, Oktober, S. 9-13
Walter, M. (1995): Jugendkriminalität. Stuttgart.
Whyte, W.F. (1943): Street Corner Society. The Social Structure of an Italian Slum. Enlarged Edition, Chicago.
Weitekamp, E./Meier, U. (1998): Werden unsere Kinder immer krimineller? Kinderkriminalität im Zerrbild der Kriminalstatistik. In: Müller, S./Peter, H. (Hrsg.):

Kinderkriminalität. Empirische Befunde – öffentliche Wahrnehmung – Lösungsvorschläge. Opladen.

Wolffersdorff, C.v. (1999): Wohin mit den schwierigen Fällen? Ratlose Pädagogen, politische Scharfmacher und die Faszination der einfachen Lösungen. In: Recht der Jugend und des Bildungswesens, Heft 3, S. 319-331.

Wolffersdorff, C.v./Sprau-Kuhlen, V./Kersten, J. (1996): Geschlossene Unterbringung in Heimen. Kapitulation der Jugendhilfe? 2. Aufl., München.

Teil IV
Rahmenbedingungen der Kinder- und Jugendhilfe

Norbert Struck

Kinder- und Jugendhilfegesetz / SGB VIII

Zusammenfassung: Der Artikel erläutert den rechtlichen Kontext und skizziert die Entstehungsgeschichte des Kinder- und Jugendhilfegesetzes. Er benennt die grundlegenden Änderungen, die das Kinder- und Jugendhilferecht im Übergang vom Jugendwohlfahrtsgesetz zum Kinder- und Jugendhilfegesetz erfahren hat. Entlang der Kapitelstruktur des Achten Buches Sozialgesetzbuch werden die wichtigsten Inhalte des Gesetzes erläutert. Schließlich werden einige Ausblicke auf notwendige und unnötige Diskussionen über Änderungen des Gesetzes gegeben.

1. Das KJHG – ein *Artikelgesetz*

Das Kinder- und Jugendhilfegesetz (KJHG) wurde am 28. März 1990 vom Bundestag und am 11. Mai 1990 vom Bundesrat verabschiedet, am 26. Juni 1990 veröffentlicht (BGBl. I S. 1163) und trat am 3. Oktober 1990 in den neuen Bundesländern und am 1. Januar 1991 in den alten Bundesländern in Kraft.

Das KJHG ist ein *Artikelgesetz*. Artikel 1 dieses Gesetzes ist das Achte Buch Sozialgesetzbuch (SGB VIII). In juristischer Sprache besteht also ein Unterschied zwischen KJHG und SGB VIII. In der Alltagssprache wird jedoch häufig auch dann vom KJHG gesprochen, wenn nur das SGB VIII gemeint ist.

Die weiteren 23 Artikel des KJHG regeln einerseits Anpassungen anderer Gesetze an Sprache und Inhalt des SGB VIII (Artikel 2 bis 9), Übergangsfassungen einzelner Vorschriften des SGB VIII (Artikel 10), Übergangsvorschriften (Artikel 11 bis 15), weitere rechtliche Details (Artikel 16 bis 19) und die Schlussvorschriften (Artikel 20 bis 24). Zu diesen gehört die „Stadtstaatenklausel" des Artikels 22, die es den Ländern Berlin, Bremen und Hamburg erlaubt, einige abweichende Regelungen zur Organisation der Kinder- und Jugendhilfe zu treffen. Artikel 20 zitiert die Grundrechte der Freiheit der Person, der Freizügigkeit und der Unverletzlichkeit der Wohnung, die „nach Maßgabe dieses Gesetzes" eingeschränkt werden.

Die Übergangsvorschriften traten am 31.12.1994 außer Kraft.

Mit von Bedeutung für die Auslegung von Gesetzen sind auch die Begründungstexte für die Gesetzesentwürfe. Der Regierungsentwurf zum KJHG mit Begründung findet sich in der Bundestagsdrucksache 11/5948, die Stellungnahme des Bundesrates in der Drucksache 11/5948 und die Gegenäußerung der Bundesregierung zur Stellungnahme des Bundesrates in Drucksache 11/6002. Die Aussprache im Bundestag zum KJHG-Entwurf findet sich in den Protokollen des Deutschen Bundestages 11. Wahlperiode, 203. Sitzung vom 28.3.1990, S. 15847-15863.

Das SGB VIII hat sich im Laufe seiner Geschichte stetig geändert. Diese Änderungen betrafen teilweise kleine Korrekturen, die aufgrund praktischer Erfahrungen bei der Umsetzung notwendig wurden oder aber in Folge der Änderung anderer Gesetze, auf die das SGB VIII Bezug nimmt, zum Teil aber auch erhebliche sachliche Veränderungen. Die wichtigsten Änderungen waren insbesondere:

- Die Einführung eines Rechtsanspruchs auf einen Kindergartenplatz (§24), der zum 1.1.1996 – allerdings dann doch mit Übergangsregelungen bis zum 31.12.1998 versehen – in Kraft trat, durch das Schwangeren- und Familienhilfegesetz vom 27. Juli 1992 (BGBl I S. 1398, 1400).

- Die Neuordnungen der Vorschriften über Zuständigkeiten, Kostenerstattung, Teilnahmebeiträge und die *Heranziehung zu den Kosten* und die Einführung des §35 a „Eingliederungshilfe für seelisch behinderte Kinder und Jugendliche" durch das Erste Gesetz zur Änderung des Achten Buches vom 16. Februar 1993 (BGBl I S. 239)

- Die Neuregelungen der *Entgelt*finanzierung für (teil-)stationäre Leistungen der Kinder- und Jugendhilfe (§§78 a ff.) durch das Zweite Gesetz zur Änderung des Elften Buches Sozialgesetzbuch vom 29. Mai 1998 (BGBl I S. 1188)

Aufgrund solcher fortlaufenden Änderungen wird das SGB VIII von Zeit zu Zeit zusammenhängend auf dem neuesten Stand offiziell bekannt gemacht. Die dritte Neubekanntmachung stammt vom 8. Dezember 1998 (BGBl I S. 3546).

2. Das SGB VIII – ein Teil des Sozialgesetzbuches

Artikel 1 des KJHG ist das Achte Buch Sozialgesetzbuch. Dies hat zur Folge, dass das Erste Buch Sozialgesetzbuch, der Allgemeine Teil, der am 1. Januar 1976 in Kraft trat, ebenso Bedeutung hat für die Leistungsgewährung in der Kinder- und Jugendhilfe wie auch das Zehnte Buch Sozialgesetzbuch (Verwaltungsverfahren, Schutz der Sozialdaten, Zusammenarbeit der Leistungsträger und ihre Beziehungen zu Dritten), das am 1. Januar 1981 in Kraft trat.

Das SGB I legt den Rahmen für die Ausgestaltung der sozialen Rechte fest und damit auch die Grundsätze des *Leistungsrecht*s und die Mitwirkungspflichten der Leistungsberechtigten. In ihm sind z.B. auch die Aufklärungspflicht (§13), die Beratungspflicht (§14) und die Auskunftspflicht (§15) der Sozialleistungsträger niedergelegt, sowie deren Verpflichtung, darauf hinzuwirken dass jeder Berechtigte die ihm zustehenden Leistungen in zeitgemäßer Weise, umfassend und schnell erhält (§17 I 1).

Das SGB X regelt vor allem das Verwaltungsverfahren und den *Sozialdatenschutz* sowie die Kooperationen und Erstattungsansprüche der Leistungsträger.

Die Einordnung des Kinder- und Jugendhilferechts ins Sozialgesetzbuch „war zuletzt allgemein akzeptiert, 20 Jahre früher jedoch während der Diskussion um den künftigen Zuschnitt des SGB sehr umstritten. Vor allem Fachverbände fürchteten, die Jugendhilfe könnte angesichts der Dominanz der Sozialversicherung im SGB ihren spezifischen Standort zwischen Schule und Elternhaus und damit ihre Bildungskomponente verlieren und schließlich (wieder) auf ihre fürsorgerischen Aspekte reduziert werden" (Wiesner 2000, Einleitung Rz. 30).

3. Die Vorgeschichte des KJHG

Die weitere Vorgeschichte des KJHG beginnt mit dem am 9. Juli 1922 verkündeten und am 1.4.1924 in Kraft getretenen Reichsjugendwohlfahrtsgesetz (RJWG), durch das die Jugendhilfe rechtlich als eigenständiger Bereich konstituiert wurde: „Von den Schöpfern des RJWG war ausdrücklich ein Erziehungsgesetz, ein ‚Kulturgesetz' beabsichtigt, dessen einer Zweig, die Jugendfürsorge, aus dem Bereich der damaligen Armenpflege bewusst herausgelöst und mit der Jugendpflege zu dem neuen Aufgabengebiet Jugendhilfe vereinigt werden sollte." (Hasenclever 1978). Seinen parlamentarischen Durchbruch verdankte es einer überfraktionellen Initiative der Frauen des Reichstags (vgl. Hasenclever 1978, S. 53; Jordan/Münder 1987, S. 82ff.).

Schon beim In-Kraft-Treten waren aber Teile des Gesetzes aufgrund der Finanzkrise der Weimarer Republik gar nicht in Kraft getreten. Die Nationalsozialisten gliederten die Jugendhilfe in ihr Herrschaftssystem ein, den formellen rechtlichen Rahmen des RJWG veränderten sie dabei nicht grundlegend. 1945 erklärten die Militärregierungen das RJWG in seiner ursprünglich in Kraft getretenen Fassung für anwendbar. 1953 traf eine Novelle des RJWG einige Neuregelungen, durch die Jugendämter eine klarere Rechtsgrundlage und Verbindlichkeit erhielten. 1961 erfolgte dann eine weitere Novellierung, durch die das Gesetz dann auch den Namen Jugendwohlfahrtsgesetz (JWG) erhielt. Es enthielt insbesondere neue Bestimmungen zum Verhältnis freier und öffentlicher Träger, schuf die „Freiwillige Erziehungshilfe" (FEH) und modifizierte damit die „Fürsorgeerziehung" (FE) und regelte erstmals die Heimaufsicht. Gegen einige Bestimmungen legten verschiedene Bundesländer und Städte Verfassungsbeschwerden ein, die schließlich zum Urteil des Bundesverfassungsgerichts vom 18. Juli 1967 (BVerfGE Bd. 22 S. 180) führten, das in den zentralen Punkten die Gesetzgebungskompetenz des Bundes bestätigte und die Bestimmungen zum Verhältnis freier und öffentlicher Träger für verfassungskonform erklärte. (vgl. Münder/Kreft 1990)

Nach dem Urteil des Bundesverfassungsgerichts entwickelte sich bald eine neue Diskussion, deren Anfangspunkte mit den „Vorschlägen der Arbeiterwohlfahrt für ein erweitertes Jugendhilferecht" (1967), den „Leitsätzen der Arbeitsgemeinschaft für Jugendpflege und Jugendfürsorge für ein neues Jugendhilferecht" (1970) und den „Grund- und Einzelthesen des Deutschen Vereins für öffentliche und private Fürsorge für ein neues Jugendhilferecht" (1970) markiert werden können. Kernpunkte der Forderungen waren:

- Die Gewährung förmlicher, einklagbarer Rechtsansprüche auf Erziehungshilfen
- Die Herausstellung des Leistungscharakters der Jugendhilfe und die Stärkung offener Angebote
- Die Aufhebung von FEH und FE und der Übergang zur gleichen Kostenregelung für alle Formen der Fremdplatzierung, damit Entscheidungen ausschließlich nach dem Hilfebedarf getroffen werden können
- Die Stärkung der Rechtsstellung der jungen Menschen
- Der Abbau der unterschiedlichen Ausstattung der Jugendämter
- Die Ansiedlung aller Leistungen beim örtlichen Jugendhilfeträger
- Eine bessere Abstimmung mit den BSHG-Normen im Hinblick auf die Integration von jungen Menschen mit Behinderungen

(vgl. Jordan 1975, S. 27f.)

Beginnend mit dem Diskussionsentwurf von 1973 begann dann die Vorgeschichte der Entwürfe zu einem neuen Jugendhilferecht. Es folgten verschiedene Referentenentwürfe, 1978 ein Regierungsentwurf und 1979 ein Gegenentwurf des Bundesrates. Am 23. Mai 1980 wurde ein Jugendhilfegesetz im Bundestag verabschiedet, das dann jedoch im Bundesrat scheiterte, wobei Finanzierungsbedenken mit Ausschlag gebend waren. Ab 1988 gab es dann wieder Referentenentwürfe, die das Reformvorhaben aufgriffen und weitertrieben und die schließlich im Regierungsentwurf vom 29. September 1989, der Grundlage des dann verabschiedeten KJHG, mündeten. Die Aufnahme des Begriffs „Kinder" in den Gesetzestitel bedeutete dabei eine Verdeutlichung des Gegenstandsbereichs, keine substanzielle Ausweitung.

4. Grundlegende Neuregelungen des SGB VIII

Leistungen der Jugendhilfe waren im JWG eigentlich nur in zwei Paragraphen geregelt. Weit überwiegend befasste es sich mit Organisationsnormen und der Regelung von Eingriffsbefugnissen. Dies hat sich im SGB VIII geändert. Das SGB VIII ist viel ausgeprägter ein *Leistungsrecht*. Deutlichster Ausdruck des Sozialleistungscharakters sind die im SGB VIII verankerten individuellen Rechtsansprüche, insbesondere auf die Hilfen zur Erziehung, dann aber auch auf einen Kindergartenplatz und auf Eingliederungshilfe für seelisch behinderte junge Menschen. Bei Vorliegen der Voraussetzungen sind diese Leistungen zwingend zu gewähren, unabhängig von fiskalischen Erwägungen. Diese Entwicklung wird pointiert oft als Veränderung vom „Eingriffsrecht" zum „*Leistungsrecht*" beschrieben, was die Akzentverschiebung verdeutlicht, allerdings nicht vergessen lassen darf, dass auch das SGB VIII Eingriffsrechte normiert, die es allerdings deutlicher auf die Verwirklichung des Rechts auf Unterstützung und Erziehung junger Menschen und die zu seiner Verwirklichung nötigen Leistungen zurückbezieht.

Neu waren auch die explizit beteiligungsorientierten Bestimmungen zur Hilfeplanung (§36) und zur Jugendhilfeplanung (§80). Mit der Hilfeplanung wurde ein Weg der Aushandlung notwendiger und geeigneter längerfristiger Hilfen zur Erziehung beschritten, der den Definitionen und Wünschen der beteiligten jungen Menschen und ihrer Eltern Räume gegenüber den beteiligten JugendhilfeexpertInnen einräumt.

Voraussetzung für diesen Weg war auch die konsequente Kommunalisierung der Kinder- und Jugendhilfe, durch die grundlegend die örtlichen Träger für die Leistungserbringung zuständig wurden, und die damit vollzogene Vereinheitlichung der Rechtsgrundlagen und Finanzierungszuständigkeiten für Fremdplatzierungen. Auch die Einbeziehung seelisch behinderter junger Menschen in den Regelungsbereich der Kinder- und Jugendhilfe – zunächst über den §10 SGB VIII a.F., später dann durch den §35 a, diente diesem Ziel.

Wesentlich erweitert wurden auch die Leistungen für junge Volljährige (§41). Hier hatte die Herabsetzung des Volljährigkeitsalters von 21 auf 18 Jahre 1974 zu praktischen Problemen geführt, die im JWG nur unzureichend gelöst worden waren.

Zum ersten Mal wurden auch kinder- und jugendhilfespezifische Regelungen zum *Sozialdatenschutz* eingebaut.

Die Rechte des SGB VIII werden nicht mehr nur jedem deutschen Kind eingeräumt, wie es noch im §1 des JWG hieß, sondern jedem jungen Menschen, wie es im §1 SGB VIII heißt.

5. Inhalte des SGB VIII

Das SGB VIII ist in zehn Kapitel untergliedert, von denen einige weiter in Abschnitte und Unterabschnitte unterteilt sind.

Erstes Kapitel: Allgemeine Vorschriften

Das erste Kapitel enthält „Allgemeine Vorschriften". Als grundlegende Aufgaben der Kinder- und Jugendhilfe werden in §1 Abs. 3 insbesondere beschrieben:

„1. Junge Menschen in ihrer individuellen und sozialen Entwicklung fördern und dazu beitragen, Benachteiligungen zu vermeiden oder abzubauen,
2. Eltern und andere Erziehungsberechtigte bei der Erziehung beraten und unterstützen,
3. Kinder und Jugendliche vor Gefahren für ihr Wohl schützen,
4. dazu beitragen, positive Lebensbedingungen für junge Menschen und ihre Familien sowie eine kinder- und familienfreundliche Umwelt zu erhalten oder zu schaffen."

Darüber hinaus werden aber auch *Querschnittsaufgaben* z.B. in §9 (Beachtung der Grundrichtung der Erziehung, Beachtung wachsender Selbstständigkeit junger Menschen, Beachtung sozialer und kultureller Bedürfnisse und Eigenarten, Abbau der Benachteiligung von Mädchen und Hinwirken auf eine Gleichberechtigung der Geschlechter) festgelegt. §8 enthält grundlegende Beteiligungsrechte von Kindern und Jugendlichen.

Die Normen zum Verhältnis freier und öffentlicher Jugendhilfe (§§3 und 4) knüpfen in der Sache an das JWG an. Sie schreiben die Verpflichtung zu einem pluralen Jugendhilfeangebot und zur partnerschaftlichen Zusammenarbeit öffentlicher und freier Träger fest.

Das Wunsch- und Wahlrecht der Leistungsberechtigten (§5) ist ein grundlegendes Prinzip der Kinder- und Jugendhilfe, das ein plurales Angebot voraussetzt.

Zweites Kapitel: Leistungen der Jugendhilfe

Das zweite Kapitel des SGB VIII kann als dessen Kernstück bezeichnet werden. In vier Abschnitten beschreibt es die grundlegenden Leistungsbereiche der Kinder- und Jugendhilfe: Jugendarbeit, Jugendsozialarbeit, erzieherischen Kinder- und Jugendschutz (§§11-15); *Förderung* der Erziehung in der Familie (§§16-21); Förderung von Kindern in Tageseinrichtungen und Tagespflege (§§22-26) und Hilfe zur Erziehung, Eingliederungshilfe für seelisch behinderte Kinder- und Jugendliche, Hilfe für junge Volljährige (§§27-41).

All diese Leistungsangebote sind zwar Pflichtaufgaben der örtlichen Träger, aber sie sind mit unterschiedlichen Verpflichtungsgraden ausgestattet. Einerseits gibt es allgemeine Aufgabenzuweisungsnormen bzw. *Infrastrukturnormen*, die zwar zur Vorhaltung von Angeboten und Einrichtungen verpflichten, aber große Gestaltungsspielräume enthalten hinsichtlich der konkreten quantitativen und qualitativen Ausgestaltung der Angebote, die im Rahmen der Jugendhilfeplanung konkretisiert werden müssen. Beispiele hierfür sind die Bestimmungen zur Jugendarbeit (§11), zum erzieherischen Kinder- und Jugendschutz (§14), die Angebote zur allgemeinen Förderung der Erziehung in der Familie (§16) sowie die Tagesangebote für unter 3-jährige und schulpflichtige Kinder (§24).

Auf andere Leistungen jedoch entstehen nach Maßgabe des Einzelfalls subjektive Rechtsansprüche der Leistungsberechtigten, für deren Verpflichtungsgrad das Recht drei grundlegende Vorschriftstypen kennt: *Mussvorschriften*, *Sollvorschriften* und *Kannvorschriften*.

Mussvorschriften verpflichten den öffentlichen Träger – bei Vorliegen der entsprechenden Voraussetzungen – zwingend zur Gewährung der Leistung. Beispiele hierfür sind: Der Anspruch auf Beratung in Fragen der Partnerschaft, Trennung und Scheidung (§17), der Beratungsanspruch Alleinerziehender (§18), der Rechtsanspruch auf einen Kindergartenplatz (§24), der Rechtsanspruch auf Hilfen zur Erziehung (§27) und der Anspruch auf Eingliederungshilfe für seelisch behinderte Kinder und Jugendliche (§35 a).

Sollvorschriften verpflichten den öffentlichen Träger im Prinzip genau so eindeutig wie *Mussvorschriften*. Sie erlauben lediglich bei Vorliegen atypischer Umstände, die der öffentliche Träger ggf. darlegen und begründen muss, eine abweichende Entscheidung. Beispiele für Sollvorschriften sind: gemeinsame Wohnformen für Mütter/Väter und Kinder (§19), die Betreuung und Versorgung von Kindern in Notsituationen im elterlichen Haushalt (§20) und die Hilfen für junge Volljährige (§41).

Kannvorschriften räumen demgegenüber der Verwaltung ein Ermessen ein. Sie kann erwägen, welche Maßnahme ihr im vorliegenden Fall die geeignetste erscheint. Sie ist aber verpflichtet, die Gründe für ihre *Ermessensauswahl* darzulegen. Das Ermessen muss den Grundsätzen der Gleichbehandlung entsprechen, es kann allerdings auch Kostengesichtspunkte mit einbeziehen. Die Leistungsberechtigten haben nach §39 I Satz 2 SGB I einen Rechtsanspruch auf die pflichtgemäße Ausübung des Ermessens. Beispiele für solche *Kannvorschriften* sind: Maßnahmen der Jugendsozialarbeit (§13) und die Tagespflege (§23).

Drittes Kapitel: Andere Aufgaben der Jugendhilfe

Zu den Aufgaben der Jugendhilfe gehören die oben beschriebenen Leistungen und die in diesem Kapitel zusammengefassten „anderen Aufgaben" (s. §2). Sie berühren stärker das hoheitliche Handeln der Jugendämter und sind sehr heterogen. Sie umfassen: Vorläufige Maßnahmen zum Schutz von Kindern und Jugendlichen (§§42, 43); den Schutz von Kindern und Jugendlichen in Familienpflege und Einrichtungen (§§44-49); die Mitwirkung in gerichtlichen Verfahren (§§50-52); Regelungen zu Beistandschaft, Pflegschaft und Vormundschaft und Auskunft über die Nichtabgabe von Sorgeerklärungen (§§52a-58) sowie Vorschriften zu Beurkundung und Beglaubigung und zu vollstreckbaren Urkunden (§§59-60).

Im Unterschied zu den Leistungen, die von freien und öffentlichen Trägern erbracht werden können, werden andere Aufgaben grundsätzlich von den öffentlichen Trägern wahrgenommen. Nur bei den in §76 genannten anderen Aufgaben können diese auch von anerkannten Trägern der freien Jugendhilfe durchgeführt werden. Im Wesentlichen sind dies Aufgaben der Inobhutnahme und der Mitwirkung in gerichtlichen Verfahren.

Kinder und Jugendliche haben einen unbedingten Rechtsanspruch darauf, vom Jugendamt in Obhut genommen zu werden, wenn sie darum bitten (§42 II). Kinder oder Jugendliche sind in Obhut zu nehmen, wenn eine dringende Gefahr für ihr Wohl dies gebietet (§42 III).

Eine Pflegeerlaubnis braucht heute nur noch selten erteilt zu werden, da die meisten Pflegeverhältnisse (im Rahmen der Hilfen zur Erziehung, Verwandte, SchülerInnenaustausch, Dauer bis zu 8 Wochen) von der Erlaubnispflicht befreit sind (§44 I). Die frühere „Heimaufsicht" hat mit dem KJHG ein deutlich präventives Gepräge bekommen. Vor Inbetriebnahme von Einrichtungen soll die Geeignetheit für das Wohl der Kinder und Jugendlichen vom Landesjugendamt geprüft werden, um so eine Mindestqualität der Betreuung und Erziehung in Einrichtungen sicherzustellen (§45). Allerdings kann eine solche Erlaubnis auch mit Nebenbestimmungen versehen werden oder auch zurückgezogen werden, wenn das Wohl der Kinder und Jugendlichen in dieser Einrichtung das erforderlich macht. Auch kann ungeeigneten MitarbeiterInnen die Tätigkeit untersagt werden (§48).

Jugendämter haben bei Verfahren der Vormundschafts- und Familiengerichtsbarkeit, die Minderjährige betreffen (§§50, 51), und in jugendgerichtlichen Verfahren Mitwirkungspflichten (§52). Jugendämter beteiligen sich dabei als eigenständige Fachbehörde und nicht mehr als „Gerichtshilfe" – wie es früher hieß. Der Zweck der Mitwirkung ist vor allem, sicherzustellen, dass notwendige und geeignete Hilfeangebote rechtzeitig in Betracht gezogen werden können.

Viertes Kapitel: Schutz von Sozialdaten

Die Vorschriften zum *Sozialdatenschutz* sind kinder- und jugendhilfespezifische Konkretisierungen des *Sozialdatenschutzes* des §35 SGB I („Sozialgeheimnis"), der die allgemeine Zielsetzung des *Sozialdatenschutz*es festlegt, und des zweiten Kapitels SGB X, das grundlegende Bestimmungen zur Datenerhebung und -verarbeitung und zur Datensicherung sowie dem Rechtsschutz enthält.

Das Bundesverfassungsgericht hat in seinem „Volkszählungsurteil" (1983) das Recht auf informationelle Selbstbestimmung als Grundrecht präzisiert, das sich aus dem Recht auf freie Persönlichkeitsentfaltung (Art. 2 GG) und der staatlichen Verpflichtung zum Schutz der Menschenwürde (Art. 1 GG) ergibt.

Die besondere Bedeutung des Datenschutzes für die Kinder- und Jugendhilfe ergibt sich daraus, dass Verschwiegenheit und Vertrauensschutz eine Grundbedingung helfender Beziehungen sind.

Die Kernstruktur des *Sozialdatenschutzes* in der Kinder- und Jugendhilfe ist durch folgende Grundsätze bestimmt:

Erhebung von Sozialdaten:

- Sozialdaten dürfen nur erhoben werden, soweit ihre Kenntnis zur Erfüllung der jeweiligen Aufgabe erforderlich ist.(§62 I).
- Sozialdaten sind grundsätzlich beim Betroffenen zu erheben (§62 II).
- Ohne Mitwirkung des Betroffenen dürfen Sozialdaten nur erhoben werden, wenn dies ein Gesetz erlaubt oder in §62 II und III abschließend festgelegte Bedingungen gegeben sind.

Speicherung von Sozialdaten:

- Sozialdaten dürfen nur zur Erfüllung der jeweiligen Aufgabe gespeichert werden (§63 I).
- Sozialdaten, die zu unterschiedlichen Zwecken erhoben wurden, dürfen nur zusammengeführt werden, wenn und solange dies wegen eines unmittelbaren Sachzusammenhangs notwendig ist (63 II).

Nutzung und Übermittlung von Sozialdaten:

- Sozialdaten dürfen nur zu dem Zweck übermittelt oder genutzt werden, für den sie erhoben worden sind (§64).
- Auch ansonsten im Sozialleistungsbereich zulässige Datenübermittlungen dürfen nur stattfinden, wenn dadurch der Erfolg einer zu gewährenden Leistung nicht in Frage gestellt wird (§64 II).
- Für die Jugendhilfeplanung dürfen Sozialdaten anonymisiert verwendet werden (§64 III).

Einen besonderen Vertrauensschutz für Daten, die innerhalb von persönlichen und erzieherischen Hilfen entstehen, schafft §65.

§61 IV verpflichtet den öffentlichen Träger, sicherzustellen, dass der Schutz von Sozialdaten auch durch die – von den Regelungen nicht unmittelbar betroffenen – freien Träger gewährleistet wird.

Fünftes Kapitel: Träger der Jugendhilfe, Zusammenarbeit, Gesamtverantwortung

In diesem Kapitel sind die zentralen Organisationsnormen des KJHG beschrieben. Die Gesamtverantwortung, einschließlich der Planungsverantwortung haben die Träger der öffentlichen Jugendhilfe (§80 I). Träger der öffentlichen Jugendhilfe sind die örtlichen Träger (Kreise und kreisfreie Städte und ggf. nach Landesrecht auch kreisangehörige Gemeinden) und die überörtlichen Träger, die landesrechtlich bestimmt werden (§69). Zur Wahrnehmung der Aufgaben der Kinder- und Jugendhilfe sind die örtlichen Träger zur Errichtung von Jugendämtern und die überörtlichen Träger zur Errichtung von Landesjugendämtern verpflichtet. Jugendamt wie auch Landesjugendamt sind als zweigliedrige Ämter auszugestalten, eine Besonderheit im deutschen Verwaltungsaufbau, die aus den Traditionen des RJWG und JWG bewusst beibehalten wurde. Das bedeutet, dass das Jugendamt aus der Verwaltung des Jugendamtes und dem ihr übergeordneten Jugendhilfeausschuss (vgl. Münder/Ottenberg 1999) besteht – analog für die Landesebene aus Verwaltung des Landesjugendamtes und Landesjugendhilfeausschuss (§70). Durch den Jugendhilfeausschuss werden die anerkannten Träger der freien Jugendhilfe und weitere ExpertInnen in die Aufgabenwahrnehmung des örtlichen Trägers eingebunden. Der Jugendhilfeausschuss hat eine breite Zuständigkeit für die Kinder- und Jugendhilfe und insbesondere Verantwortung für die Jugendhilfeplanung nach §80 und die *Förderung* der freien Jugendhilfe nach §74. Der Begriff der freien Träger ist sehr weit gefasst. Er umfasst die gemeinnützigen Träger ebenso wie privat-gewerblich organisierte Träger. Einige Beteiligungsrechte im SGB VIII setzen jedoch die Anerkennung als Träger der freien Jugendhilfe nach §75 voraus. Diese Anerkennung wird nur gegenüber gemeinnützigen, fachlich geeigneten Trägern ausgesprochen. Träger, die die Voraussetzungen des §75 I erfüllen und mindestens 3 Jahre auf dem Gebiet der Kinder- und Jugendhilfe tätig sind, haben einen Rechtsanspruch auf Anerkennung. Kirchen und die Spitzenverbände der freien Wohlfahrtspflege sind qua Gesetz anerkannt. Der öffentliche Träger ist verpflichtet, im Jugendamt und Landesjugendamt Fachkräfte zu beschäftigen, und Fortbildung und Praxisberatung seiner MitarbeiterInnen sicherzustellen (§72) sowie ehrenamtlich tätige Personen zu beraten und zu unterstützen (§73). §81 verpflichtet die Träger der öffentlichen Jugendhilfe zur Zusammenarbeit mit anderen Stellen und öffentlichen Einrichtungen, u.a. mit Schulen, Ausbildungsstätten, der Bundesanstalt für Arbeit und der Polizei. Leider fehlen zum Teil noch immer die korrespondierenden Verpflichtungsnormen für diese Stellen.

In diesem Kapitel sind auch die zentralen Finanzierungsvorschriften enthalten. Das Kinder- und Jugendhilferecht kennt zwei grundlegende Finanzierungsformen der Arbeit der freien Träger: die *Förderung* und die *Entgelt*finanzierung. Die freien Träger müssen ihre Angebote entweder aus Förder- und Eigenmitteln(§74) bestreiten oder aber ihre Leistungserbringung über *Entgelt*e (§§77 und 78 a – 78 g) refinanzieren.

Auch wenn es teilweise in der rechtsdogmatischen Diskussion, vor allem aber auch in der Praxis manche Abweichungen gibt, so kann man doch im Großen und Ganzen sagen, dass die Leistungen, auf die individuelle Rechtsansprüche bestehen, durch leistungsgerechte *Entgelt*e zu finanzieren sind, während die anderen Leistungen eher durch die *Förderung* zu finanzieren sind.

Das System der *Entgelt*finanzierung wurde durch die §§78 a bis g, die am 1.1.1999 in Kraft traten, für den Bereich der (teil-)stationären Leistungen erheblich differenziert und konkretisiert. Die Verpflichtung zur *Entgelt*übernahme besteht für den öffentlichen Träger in der Regel nur, wenn mit dem Einrichtungsträger Leistungs-, *Entgelt*- und Qualitätsentwicklungsvereinbarungen abgeschlossen wurden (§78b I). Auf den Abschluss solcher Vereinbarungen haben geeignete Träger allerdings einen Anspruch (§78b II) gegenüber dem örtlichen Träger, in dessen Bereich die Einrichtung liegt (§78e). Diese Vereinbarungen müssen für einen zukünftigen Zeitraum abgeschlossen werden (prospektive *Entgelt*e) (§78d). Für Streitfälle wurden Schiedsstellen eingerichtet (§78g). In Rahmenverträgen auf Landesebene sind konkretisierende Bestimmungen über die Inhalte der drei geforderten Vereinbarungstypen auszuhandeln (§78f.).

Sechstes Kapitel: Zentrale Aufgaben

In diesem Kapitel werden die Aufgaben von Ländern und Bund festgelegt. Die Oberste Landesjugendbehörde muss die Tätigkeit der Jugendhilfeträger anregen und fördern (§82 I). Jedes Bundesland muss auf einen gleichmäßigen Ausbau der Einrichtungen und Angebote hinwirken und seine Jugendämter und Landesjugendämter unterstützen (§82 II). Der Bund soll die Tätigkeit der Jugendhilfe anregen und fördern, soweit sie von überregionaler Bedeutung ist (83 I). Er kommt dieser Verpflichtung insbesondere durch den Kinder- und Jugendplan des Bundes (KJP) nach. Das Gesetz bestimmt auch, dass die Bundesregierung durch das Bundesjugendkuratorium beraten wird (§83 II) und dass sie in jeder Legislaturperiode einen Jugendbericht vorzulegen hat, der von einer Jugendberichtskommission zu erstellen ist (§84). Jeder dritte Jugendbericht soll einen Überblick über die Gesamtsituation der Jugendhilfe vermitteln. Einen solchen Gesamtüberblick gibt der im Sommer 2001 fertig gestellte 11. Kinder- und Jugendbericht.

Siebtes Kapitel: Zuständigkeit, Kostenerstattung

Dies ist das Kapitel, das seit In-Kraft-Treten des SGB VIII die meisten Änderungen erfahren hat. Zu den ursprünglich 4 Paragraphen, sind mittlerweile 17 weitere hinzugekommen. Das liegt daran, dass in diesem Kapitel insbesondere die Fragen der Finanzierungsverpflichtungen der örtlichen Träger aufgrund ihrer Zuständigkeit und Fragen der Kostenerstattung öffentlicher Träger untereinander geregelt sind. Bei diesen Fragen zeigten sich bei der Umsetzung des Gesetzes immer wieder Fallkonstellationen, die gesetzlichen Nachbesserungsbedarf erzeugten. Die grundlegende Verantwortung für die Gewährung von Leistungen nach dem SGB VIII haben die zuständigen örtlichen Träger (§85 I). Nur für die Wahrnehmung der abschließend in §85 II genannten Aufgaben (vor allem Anregungs- und Beratungsaufgaben und Aufgaben zum Schutz von Kindern und Jugendlichen in Einrichtungen) ist der überörtliche Träger zuständig. Die örtliche Zuständigkeit für Leistungen wird in den §§86 bis 88 geregelt. Grundsätzlich gilt der gewöhnliche Aufenthalt der Leistungsberechtigten als Anknüpfungspunkt für die Zuständigkeitsregelungen. Hilfsweise kommen auch die tatsächlichen Aufenthaltsorte der Leistungsberechtigten oder der Leistungsempfänger in Betracht.

Die Bestimmungen der §§89 bis 89h regeln Kostenerstattungsansprüche örtlicher Träger gegenüber dem überörtlichen Träger oder gegenüber anderen örtlichen Trägern. Warum ihnen eine große praktische Bedeutung zukommt, erklärt Wiesner so: „Erfahrungen aus der Praxis der kommunal finanzierten Jugendhilfe zeigen, welche entscheidende Bedeutung finanzielle Erwägungen für eine schnelle Entscheidung und eine umfassende Hilfegewährung haben. Aufgrund der Konzentration aller Hilfen zur Erziehung auf der örtlichen Ebene kommt deshalb einer gerechten Kostenverteilung eine Schlüsselrolle beim Vollzug des materiellen Jugendhilferechts zu. Da eine solche gleichmäßige Kostenverteilung aus fachlichen Gründen vielfach nicht bereits über die Regelung der örtlichen Zuständigkeit zu erreichen ist, ist der einzige Weg des Lastenausgleichs der Anspruch der Träger der öffentlichen Jugendhilfe auf (gegenseitige) Kostenerstattung." (Wiesner 2000, Vor §89 Rz. 3)

Achtes Kapitel: Teilnahmebeiträge, Heranziehung zu den Kosten, Überleitung von Ansprüchen

Die öffentliche Kinder- und Jugendhilfe hat auch Einnahmen von jährlich knapp 4 Mrd. DM zu verzeichnen – das sind immerhin 11,3% der Gesamtausgaben. Diese kommen im Wesentlichen aus der Erhebung von Teilnahmebeiträgen und der *Heranziehung zu den Kosten*. In diesem Kapitel wird geregelt, welche Personen an den Kosten welcher Leistungen und anderen Aufgaben in welcher Form und Höhe beteiligt werden.

Nur für die Inanspruchnahme von Angeboten der Jugendarbeit, der Familienbildung, Familienfreizeit und Familienerholung sowie der Förderung von Kindern in Tageseinrichtungen – und je nach Landesrecht auch die Tagespflege (§91 II) – können Teilnahmebeiträge oder Gebühren erhoben werden. Die Aufzählung des §90 I ist abschließend. Deshalb dürfen auch z.B. für Beratungsleistungen keine Beiträge erhoben werden, sie müssen kostenlos erbracht werden. Bei der Frage, ob und in welcher Höhe Beiträge erhoben werden, können bzw. im Fall der Tageseinrichtungen (§90 III) sollen sogar die Beiträge ganz oder teilweise erlassen werden, wenn dies aus sozialen und pädagogischen Gründen notwendig ist.

Bei den in §91 abschließend genannten Leistungen können das Kind oder der Jugendliche und dessen Eltern zu den Kosten herangezogen werden. Umgekehrt bestimmt §92 I aber auch, dass die Kosten für diese Leistungen durch die Träger der öffentlichen Jugendhilfe zu tragen sind, soweit die Kostenheranziehung nicht zumutbar ist, eine Rechtsbasis übrigens für *Ent-*

*gelt*finanzierung statt *Förderung*sfinanzierung (s.o.). Bei der Festsetzung der Höhe der Heranziehung greift der Gesetzgeber in der Regel auf die Regelungen des BSHG zurück. Für die (teil-)stationären Hilfen zur Erziehung und zur Eingliederungshilfe gelten die Sonderregelungen des §94. Wenn aber Ziel und Zweck einer Leistung durch die Geltendmachung von Heranziehungsansprüchen gefährdet würden oder sich eine besondere Härte ergäbe, soll der öffentliche Träger von der Heranziehung im Einzelfall ganz oder teilweise absehen (§93 VI).

Die §§95 und 96 schließlich ermöglichen es dem öffentlichen Träger Zahlungsansprüche von Leistungsempfängern gegenüber Unterhaltspflichtigen oder anderen unter definierten Voraussetzungen auf sich überzuleiten.

Sinn dieser Vorschriften ist es auch, zu verhindern, dass die Gewährung einer notwendigen Jugendhilfeleistung an strittigen, nicht realisierten oder nicht realisierbaren Finanzierungsmöglichkeiten der Leistungsberechtigten scheitert.

Neuntes Kapitel: Kinder- und Jugendhilfestatistik

Die Rechtsgrundlagen der Kinder und Jugendhilfestatistik wurden in diesem Kapitel grundlegend neu gestaltet und erstmals in das Fachgesetz mit einbezogen. Diese Statistik dient zur Evaluation und Weiterentwicklung des Gesetzes. Erhoben werden jährlich Daten zu den erzieherischen Hilfen und alle vier Jahre zu Maßnahmen der Jugendarbeit, zu Einrichtungen und Personal und zu den Ausgaben und Einnahmen. Die Erhebungsmerkmale sind im Detail in §99 festgelegt, Periodizität und Berichtszeitraum in §101. Die Ergebnisse werden von den Statistischen Landesämtern und dem Statistischen Bundesamt veröffentlicht.

Zehntes Kapitel: Straf- und Bußgeldvorschriften

Abschließend enthält das SGB VIII noch Bestimmungen über Bußgelder und Strafen, die bei Verstößen gegen definierte Normen des Gesetzes verhängt werden können. Bußgelder bis 1000 DM und in schweren Fällen eine Geld- bzw. Haftstrafe bis zu einem Jahr drohen dem, der Minderjährige ohne Erlaubnis beherbergt. Bußgelder bis zu 30.000 DM oder in schweren Fällen die gleiche Haft- oder Geldstrafe drohen denen, die ohne Erlaubnis eine Einrichtung betreiben. Bei Verstößen gegen Melde- und Auskunftspflichten können Bußgelder bis zu 1.000 DM drohen.

6. Aktuelle Diskussionen um die Ausgestaltung des SGB VIII

Eine Gesetzesmaterie wie das Kinder- und Jugendhilferecht ist natürlich immer in Bewegung. Motoren hierfür sind einerseits fachliche Erfahrungen, aber andererseits auch gesellschaftliche Entwicklungen und Veränderungen in anderen gesellschaftlichen Subsystemen. Anlässlich des 10-jährigen Bestehens des KJHG wurden aber dennoch weit überwiegend fachlich positive Bilanzen in Beiträgen (vgl. z.B. RdJB 2/2000) und auf Fachtagungen gezogen. Einhellige Bilanz war: Das KJHG hat sich im Prinzip als modernes Sozialleistungsgesetz bewährt.

Aber es gibt einige zentrale Themen, bei denen derzeit um die künftige Ausgestaltung des SGB VIII gerungen wird.

Ein Themenkomplex sind die Versuche, insbesondere aus Kreisen der Innenminister und Teilen der Kommunalen Spitzenverbände, zentrale Organisationsnormen des SGB VIII zu deregulieren: Die Zweigliedrigkeit des Jugendamtes und die Verpflichtung zur Schaffung von Jugendämtern überhaupt aufzuheben und die Landesjugendämter in ihrer Funktion zum Schutz von Kindern und Jugendlichen zu schwächen (vgl. Thole 2000). Einen ersten legislativen Vorstoß in diese Richtung versuchten im Januar 1998 die Innenminister der Bundesländer mit einer Initiative, im Rahmen des Zuständigkeitslockerungsgesetzes Änderungen der §§69, 70 und 71 des KJHG coupmäßig durchzusetzen. Dieser Versuch scheiterte schon im Plenum des Bundesrates. Derzeit noch anhängig ist ein Gesetz zur Änderung des Art. 125 a GG, eine Bundesratsinitiative vom 15.10.1999, die auch einen Artikel mit Änderungen des §85 SGB VIII umfasst, der es den Ländern ermöglichen soll, die Aufsicht über Kindertageseinrichtungen vom Landesjugendamt auf die Kommunen zu übertragen. Solche Änderungsabsichten werden zumeist im Kontext allgemeiner Deregulierungsforderungen oder im Kontext von Programmen der Verwaltungsmodernisierung begründet. Die Fachwelt spricht sich größtenteils gegen solche Änderungen aus. Auch die Jugendministerkonferenz hatte sich schon im Juni 1999 gegen alle diesbezüglichen Änderungsabsichten ausgesprochen, ebenso wie die Bundesjugendministerin und eine Vielzahl von Fachverbänden der Kinder- und Jugendhilfe.

Ein weiteres Thema ist die Frage der Integration von Kindern mit Behinderungen in den Regelungsbereich des SGB VIII. Insbesondere durch die gegenwärtigen Diskussionen um das SGB IX (Rehabilitationsrecht) ist dieses Thema wieder verstärkt in die Diskussion gekommen. Dabei werden sowohl Forderungen nach einer Abschaffung des §35a laut und damit die Rückverweisung der Eingliederungshilfen für seelisch behinderte junge Menschen an das BSHG, wie auch Forderungen, endlich die damals im Entstehungsprozess des KJHG abgelehnte „große Lösung" – die Integration der Eingliederungshilfen für alle jungen Menschen mit gleich welcher Behinderung – in die Kinder- und Jugendhilfe zu vollziehen. Da eine solche „große Lösung" aber gravierende praktische und organisatorische Probleme aufwirft – so müssten z.B. Personal- und Finanzressourcen von überörtlichen und örtlichen Trägern der Sozialhilfe in die kommunalen Jugendämter umgeschichtet werden –, ist dieser Schritt aber nicht im Zuge der Verabschiedung des SGB IX vollzogen worden (vgl. Fegert 2000).

Mit den Konjunkturen ordnungs- und kriminalpolitischer Diskurse kommt immer auch wieder das Thema „geschlossene Unterbringung in Heimen der Kinder- und Jugendhilfe" in die Debatte – zumeist im Verein mit Forderungen nach einer Herabsetzung des Strafmündigkeitsalters und Verschärfungen im Jugendstrafrecht. Das SGB VIII enthält hierzu sehr enge, klare Vorschriften in §42 III i.V.m. Artikel 20 KJHG. Freiheitsentziehende Maßnahmen sind nur zulässig, „wenn und soweit sie erforderlich sind, um eine Gefahr für Leib oder Leben des Kindes oder Jugendlichen oder eine Gefahr für Leib oder Leben Dritter abzuwenden". Alle Fachverbände der Hilfen zur Erziehung haben sich gegen Änderungen dieser Regelungen ausgesprochen. (vgl. AG „Geschlossene Unterbringung" 1995)

Abschließend möchte ich noch anmerken, dass die Frage eigenständiger Rechtsansprüche von Kindern und Jugendlichen auch auf Hilfen zur Erziehung erneut zu einem Thema der SGB VIII-Diskussionen werden sollte.

Das KJHG wäre ohne seine familienbezogene Komponente wohl 1989 nicht verabschiedet worden. Bestandteil dieser familienbezogenen Komponente war die Festlegung darauf, dass der Rechtsanspruch auf Hilfen zur Erziehung den Sorgeberechtigten eingeräumt wurde und nicht bei den Minderjährigen belassen wurde – wie dies im Jugendwohlfahrtsgesetz noch der Fall war. Dass diese Konstruktion nicht die einzig verfassungskonforme Möglichkeit ist – wie es die Gesetzesbegründung zum KJHG (BR-Drucksache 503/89, S. 42f.) damals suggerierte, hat Oberloskamp (1990, vgl. auch Häbel 2000 und Münder 2000) schon 1990 überzeugend dargelegt. Nun hatten sich die rund um die Verabschiedung des KJHG heftigen Diskussionen zu diesem Thema alsbald ein ganzes Stück weit beruhigt. Dennoch sollte dieses Thema aus zwei Motiven heraus wieder aufgegriffen und neu verhandelt werden:

1. Praxiserfahrungen weisen – gerade auch in der Arbeit mit sog. Straßenkindern (Vgl. Hansbauer 1998; Permien/Zink 1998) – darauf hin, dass die Einräumung eines eigenständigen Antragsrechts für Jugendliche in manchen Bereichen die praktische Arbeit wesentlich erleichtern würde und auch die praktische Wahrnehmung von Kinderrechten durch die Verwaltung befördern würde.

2. Der Kinderrechtediskurs würde durch eine solche Änderung der Ausgestaltung eigenständiger Rechte Minderjähriger eine sinnvolle Unterstützung erfahren.

Schließlich sollte dabei auch in Betracht gezogen werden, dass mit der Einfügung des §35a SGB VIII ohne jegliche verfassungsrechtliche Problematisierung den Kindern und Jugendlichen, die seelisch behindert oder von einer seelischen Behinderung bedroht sind, der Rechtsanspruch auf Eingliederungshilfe – in Entsprechung zu den BSHG-Normen – zuerkannt worden ist.

Literatur zur Vertiefung

Fieseler, Gerhard/Herborth Reinhard (2001): Recht der Familie und der Jugendhilfe, Neuwied/Kriftel

Hasenclever, Christa (1978): Jugendhilfe und Jugendgesetzgebung seit 1900. Göttingen

Münder, Johannes (1996): Einführung in das Kinder- und Jugendhilferecht. Münster

Westerholt, Matthias u.a. (Hrsg.) (2000): Kinder- und Jugendhilfe (SGB VIII) – Rechtssprechungssammlung. Münster

Wiesner, Reinhard u.a. (Hrsg.) (2000): SGB VIII – Kinder- und Jugendhilfe. München

Literatur

AG „Geschlossene Unterbringung" (1995): Argumente gegen die geschlossene Unterbringung. Frankfurt/M.

Fegert, Jörg (2000): Bessere Teilhabe durch Integration unter ein gemeinsames Dach, in: Zentralblatt für Jugendrecht, 87. Jg., Heft 12, S. 441-446

Fieseler, Gerhard/Herborth Reinhard (2001): Recht der Familie und der Jugendhilfe, Neuwied/Kriftel

Häbel, Hannelore (2000) §27, in: Fieseler/Schleicher (Hrsg.): Gemeinschaftskommentar SGB VIII. Neuwied/Kriftel

Hansbauer, Peter (Hrsg.) (1998): Kinder und Jugendliche auf der Straße, Münster

Hasenclever, Christa (1978): Jugendhilfe und Jugendgesetzgebung seit 1900. Göttingen

Jordan, Erwin/Münder, Johannes (Hrsg.) (1987): 65 Jahre Reichsjugendwohlfahrtsgesetz – ein Gesetz auf dem Weg in den Ruhestand? Münster

Münder, Johannes/Kreft, Dieter (Hrsg.) (1990): Subsidiarität heute. Münster

Münder, Johannes (1996): Einführung in das Kinder- und Jugendhilferecht. Münster

Münder, Johannes/Ottenberg, Peter (1999): Der Jugendhilfeausschuss. Münster

Münder, Johannes (2000): 10 Jahre Kinder- und Jugendhilfegesetz: Renovierungs-, Modernisierungs-, Reformbedarf; in: Recht der Jugend und des Bildungswesens, 48. Jg., Heft 2, S. 123-132

Oberloskamp, Helga (1990): Die rechtliche Stellung von Kindern und Jugendlichen nach dem Regierungsentwurf eines Gesetzes zur Neuordnung des Kinder- und Jugendhilferechts; in: Zentralblatt für Jugendrecht, 77. Jg. Heft 3, S. 260ff.

Permien, Hanna/Zink, Gabriele (1998): Endstation Straße? Straßenkarrieren aus der Sicht von Jugendlichen, München

Thole, Werner u.a. (Hrsg.) (2000): Zukunft des Jugendamtes, Neuwied/Kriftel;

Westerholt, Matthias u.a. (Hrsg.) (2000): Kinder- und Jugendhilfe (SGB VIII) – Rechtssprechungssammlung. Münster

Wiesner, Reinhard u.a. (Hrsg.) (2000): SGB VIII – Kinder- und Jugendhilfe. München

Peter Marquard

Jugendamt

Zusammenfassung: Jugendämter als sozialpädagogisch wirkende Ämter haben die Gesamtverantwortung für die allgemeine Förderung und individuellen Hilfen im Rahmen der Kinder und Jugendhilfe (SGB VIII). Die „Einheit der Jugendhilfe" wird repräsentiert durch den Gestaltungsauftrag aller Akteure und die Sicherung einer sozialen Infrastruktur, die Ganzheitlichkeit der Angebote und Hilfen, den Lebenswelt- und Sozialraumbezug sowie die Funktionen von Interessensvertretung und Teilhabe. Diesen Handlungsmaximen entsprechen die organisatorische Verfasstheit des Jugendamtes und die Partnerschaft öffentlicher und freier Träger ebenso wie die Anforderungen an eine Verwaltungsmodernisierung.

1. Geschichte der Jugendhilfegesetzgebung und des Jugendamtes

Jugendämter sind als Kinder der ersten Deutschen Republik mit ihrer Aufgabenstellung ein Gemischtwarenladen und haben eine Sonderstellung in der kommunalen Selbstverwaltung: „Die Geschichte des Jugendamtes ist die Geschichte der Erfindung einer sozialpädagogischen Behörde" (Müller 1994, S. 13). Soziale Arbeit bezieht sich als personenbezogene Sach- und Dienstleistung in diesem Rahmen auf Sozialpolitik, Jugendpolitik und Bildungspolitik: „So gesehen ist Sozialpädagogik eine Zusammenfassung von vergesellschafteten Sozialisationsleistungen. So gesehen ist das Jugendamt in der Tat oder wenigstens im Prinzip ein sozialpädagogisch und sozialpolitisch wirkendes Amt" (a.a.O., S. 18). Die erste große Befragung von Jugendämtern in der Bundesrepublik zeigte 1957 schon eine Vielfalt in der Aufgabenwahrnehmung, organisatorischen Struktur, Personalausstattung und Finanzkraft (vgl. a.a.O., S. 65ff.). Unter Einbeziehung neuer Entwicklungen wie z.B. der Verwaltungsmodernisierung (vgl. KGSt) zeigt das Jugendamt auch 40 Jahre später eine erhebliche Heterogenität von Entwicklungsdynamiken: „Diese findet ihren Ausdruck insbesondere in beträchtlichen regionalen bzw. geographischen Disparitäten, die auf strukturelle Differenzen verweisen" (Seckinger u.a. 1999, S. 172; zur „Eingliederung des Jugendamtes in die kommunale Verwaltung" vgl. auch Kreft/Lukas 1993).

Das Reichsjugendwohlfahrtsgesetz (RJWG) postulierte zum ersten Mal einen öffentlich-rechtlichen (allerdings nicht einklagbaren) Anspruch für junge Menschen auf Erziehung im umfassenden Sinn – in einer fortwährenden Spannung zum Elternrecht richtet sich dieser Anspruch an die öffentliche Jugendhilfe (vgl. Hasenclever 1978, S. 15). Die Erfüllung dieser neuen öffentlichen Aufgabe wurde dem Jugendamt zugewiesen, gleichzeitig musste damit erstmals das Verhältnis der öffentlichen zur freien Jugendhilfe geregelt werden. Bis heute dauert die Kritik der Kommunen an der vorgeschriebenen Beteiligung der freien Jugendhilfe und der Sonderkonstruktion des Jugendamtes an als einem „unzulässigen Eingriff in die kommunale Selbstverwaltung und Verwaltungsorganisation ... Dabei hat das Bundesverfassungsgericht in seinem Urteil von 1967 die Sonderstellung des Jugendamtes für verfassungskonform erklärt" (a.a.O., S. 17).

Die Aufgaben der Jugendhilfe und ihre grundlegenden Normen werden heute (In-Kraft-Treten zum 3. Oktober 1990 in den neuen Bundesländern und am 1. Januar 1991 in Westdeutschland) im Kinder- und Jugendhilfegesetz (SGB VIII/KJHG) beschrieben. Der Gesetzgeber hat ein modernes Leistungsgesetz geschaffen, das an die Stelle der eher eingriffs- und ordnungsrechtlichen Regelungen des Jugendwohlfahrtsgesetzes (JWG) trat. Der gesellschaftliche Auftrag der Jugendhilfe ist nicht auf die Sicherung individueller Rechtsansprüche (z.B. Kindergartenplatz, Hilfen zur Erziehung) und allgemeine Förderung (z.B. Angebote der Jugendarbeit, der Jugendsozialarbeit, des erzieherischen Jugendschutzes) sowie die Gewährleistungsverpflichtung zum Vorhalten einer jugendhilfegerechten Infrastruktur beschränkt, sondern Jugendhilfe hat einen jugendpolitischen Auftrag zur allgemeinen Förderung von Kindern und Jugendlichen. Das Jugendhilferecht normiert primär fördernde und präventive Angebote unter der Maßgabe, Angebote, Hilfen und Leistungen in Kooperation mit den Leistungsberechtigten zu erbringen, aber auch ordnungsrechtliche Aufgaben der Intervention. Jugendhilfe ist eine Einheit von allgemeiner Förderung und individueller Hilfe (zur „Einheit der Jugendhilfe" vgl. gleichnamigen Sammelband der Arbeitsgemeinschaft für Jugendhilfe, AGJ 1998).

2. Reflexive Modernisierung und Dienstleistungsarbeit

2.1 Enttraditionalisierung und Demokratisierung

Die Kritik an politischen Mechanismen, Forderungen nach Verwaltungsmodernisierung und Beteiligung der Bürgerschaft lassen sich als Ausdruck einer gesteigerten sozialen Reflexivität verstehen. In diesem Kontext bleibt Demokratie nicht (nur) ein Mittel der Interessenvertretung, sondern wird (auch) zu einem Verfahren zur Schaffung eines öffentlichen Forums, in dem durch dialogische Aushandlung in persönlicher und sozialer Verantwortung statt durch Rückgriff auf Macht die Konflikte (zumindest) geregelt werden (vgl. Giddens 1997).

Neue Impulse für eine partizipativ-demokratische Reformstrategie können zumindest auf der kommunalen Ebene mit neu definierten Modellen der Subsidiarität und des Ausbaus der Selbstverwaltung verbunden werden. Demokratie beruht nicht auf Konsens, sondern auf dem zivilen Umgang mit

Dissens. „Demokratische Rationalität" (vgl. Dewe/Otto 1996) kann hier genutzt werden sowohl für eine öffentlich-politische als auch für eine fachlich-soziale Praxis. Damit würden emanzipatorische Elemente einer progressiven Sozialarbeit den Weg weisen für eine dialogische Politik: „In einer Gesellschaft, in der Tradition und Gewohnheiten an Einfluss verlieren, führt der einzige Weg zur Begründung von Entscheidungsbefugnissen über demokratische Verfahren" (Giddens 1999, S. 82). Demokratisierung zielt hier auf eine Dimension, in der individuelle Lebensgestaltung und gesellschaftliche Solidarität verknüpft werden können: „Öffentliche Demokratie beinhaltet formale Gleichheit, individuelle Rechte, gewaltfreie, öffentliche Diskussionen der Probleme und Entscheidungsbefugnisse, die weniger traditionsgebunden als ausgehandelt sind. ... Demokratisierung im familiären Umfeld bedeutet Gleichheit, gegenseitigen Respekt, Selbstbestimmung, kommunikative Entscheidungsfindung und Gewaltfreiheit" (a.a.O., S. 111).

2.2 Jugendhilfe und Dienstleistungsarbeit

Die Ungewissheiten einer „reflexiven Moderne" verlangen nach einer entsprechenden Offenheit sozialpädagogischer Konzepte. Deren Leistungsfähigkeit und Legitimität muss für die NutzerInnen immer wieder (neu) begründet, praktisch im Alltag erhalten und in der Wirksamkeit (Wiedererlangung der Selbstständigkeit) verbessert werden: Dies erfordert eine Stärkung der wissenschaftlich-reflexiven Kompetenz der Professionellen. Gefordert ist eine politische Dimension, „Demokratische Rationalität als Steuerungselement moderner personenbezogener Dienstleistungstätigkeit" zu etablieren. Dewe/Otto (1996, S. 238) fordern unter diesem Leitsatz, zukünftig den idealen Handlungs- und Entscheidungsprozess im professionellen Handeln demokratisch anzulegen. Im Rahmen von Enttraditionalisierung und Individualisierung können mit dem hier geforderten reflexiven System – in Verbindung mit Strukturmaximen und Handlungsprinzipien (vgl. 8. Jugendbericht 1990) – neue Formen der Kooperation von NutzerInnen und Professionellen begründet werden. Als demokratische Rationalität ist eine solche Maxime dann ein Steuerungselement moderner Sozialarbeit, das wesentlich die individuelle Autonomie der NutzerInnen voraussetzt. Damit wird die Erörterung der Ethik von Interventionen ebenso zwingend wie die Aushandlung gesellschaftlicher und subjektiver Handlungsziele. Zum Einen legitimiert sich soziale Arbeit nicht allein, weil sie „gut gemeint" ist; aber vor allem zeigt die Praxis, wie in den verschiedenen Handlungsbereichen sehr unterschiedliche und wissenschaftlich wie politisch immer wieder anders legitimierte Formen der professionellen Intervention und Prävention angewandt werden. Das Paradigma der „Jugendhilfe als Dienstleistung" (vgl. 9. Jugendbericht 1994, S. 581ff.) will als reflexive Strategie in diesem Kontext den partizipativen Charakter von Jugendhilfe in den Vordergrund rücken.

3. Handlungsansätze der Jugendhilfe: Auftrag des Jugendamtes

Mit dem SGB VIII werden Selbsthilfe, Sozialraumorientierung und Beteiligung tatsächlich weiter normiert: Jugendhilfe soll eine familienfreundliche Umwelt schaffen; sie soll verschiedene Formen der Selbsthilfe stärken; Kinder und Jugendliche sind an allen sie betreffenden Entscheidungen zu beteiligen; die Gleichberechtigung von Mädchen und Jungen ist zu fördern; Jugendarbeit soll zur Selbstbestimmung befähigen; in Tageseinrichtungen soll die Entwicklung des Kindes zu einer eigenverantwortlichen und gemeinschaftsfähigen Persönlichkeit gefördert werden; für die Hilfen zur Erziehung soll das engere soziale Umfeld einbezogen werden; bei einer finanziellen Förderung soll die Orientierung an den Interessen der Betroffenen und deren Einflussnahme bevorzugt werden; die Planung soll Wünsche, Bedürfnisse und Interessen ermitteln und helfen, Kontakte im sozialen Umfeld zu erhalten.

3.1 Interessensvertretung

In der Praxis darf nun nicht bei der Umsetzung individueller Rechtsansprüche verharrt werden; Interessensvertretung und Einmischung sind bezogen auf die Lebenslagen nicht in einzelnen Hilfearten zu realisieren sondern nur durch die Mobilisierung des demokratischen Gemeinwesens. Im Rahmen dieser Aufgabenstellung des Kinder- und Jugendhilferechtes gilt es, konkrete Rechte der Kinder und Jugendlichen auszubauen. §8 SGB VIII formuliert die Grundnorm für die „Beteiligung von Kindern und Jugendlichen" und besagt in Absatz 1, dass sie „entsprechend ihrem Entwicklungsstand an allen sie betreffenden Entscheidungen der öffentlichen Jugendhilfe zu beteiligen" sind. Außerdem hat die Jugendhilfe Fähigkeiten und Bedürfnisse „zu selbstständigem, verantwortungsbewusstem Handeln sowie die jeweiligen besonderen sozialen und kulturellen Bedürfnisse und Eigenarten junger Menschen und ihrer Familien (zu) berücksichtigen" (§9 Nr. 2). Die Mitwirkung von Betroffenen durch ihre Organisationen und Verbände steht unter dem Gebot von Pluralismus und Partnerschaft aller Jugendhilfeträger. Die Jugendhilfe kann ihren Anspruch, Interessensvertretung für Kinder und Jugendliche wahrzunehmen, aus ihrem besonderen Handlungsansatz und ihrer gesetzlich normierten Zielsetzung ableiten. §1 Abs. 1 Kinder- und Jugendhilfegesetz (SGB VIII/KJHG) ist dafür die zentrale Grundlage: „Jeder junge Mensch hat ein Recht auf Förderung seiner Entwicklung und auf Erziehung zu einer eigenverantwortlichen und gemeinschaftsfähigen Persönlichkeit". Damit hebt sich die Jugendhilfe auch von anderen öffentlichen Aufgaben deutlich ab: Über die Sicherung des Kindeswohls und über die Unterstützung der Eltern hinaus soll Jugendhilfe insbesondere

- „junge Menschen in ihrer individuellen und sozialen Entwicklung fördern und dazu beitragen, Benachteiligungen zu vermeiden oder abzubauen" (§1 Abs. 3 Nr. 1);
- „dazu beitragen, positive Lebensbedingungen für junge Menschen und ihre Familien sowie eine kinder- und familienfreundliche Umwelt zu erhalten oder zu schaffen" (§1 Abs. 3 Nr. 4);
- „die unterschiedlichen Lebenslagen von Mädchen und Jungen ... (zu) berücksichtigen, Benachteiligungen ab(zu)bauen und die Gleichberechtigung von Mädchen und Jungen (zu) fördern" (§9 Nr. 3).

3.2 Strukturmaximen der Jugendhilfe

Soziale Arbeit und speziell die Jugendhilfe verfügen mit ihren Strukturmaximen einer Lebensweltorientierung über adäquate Optionen für eine Aktivierung und Nutzung der Ressourcen des Gemeinwesens (8. Jugendbericht 1990, S. 86ff.). Dafür ist Transparenz in der Kooperation, Koordination und Planung aller Dienste, Angebote und Maßnahmen wesentlich und die Teilhabe der NutzerInnen ist gefordert. Die Entwicklung der Leistungen muss zudem in der Region offen und für alle zugänglich erfolgen. Schließlich muss es zwischen freien Trägern und der Kommune klare Absprachen, eine gemeinsame Planung mit nachvollziehbaren Standards und entsprechender Überprüfung geben. Soll sich Partizipation in Lebensweltorientierung und Transparenz realisieren, müssen sowohl öffentliche als auch freie Träger ihre unterschiedlichen Funktionen in Bezug auf Planung und Entwicklung, Beratung, Controlling und Bewilligung/Prüfung/Verwaltung offen legen. Dafür ist nun eine komplexe Kommunikationskultur erforderlich und sogar „Streitkultur verstanden als die Fähigkeit, die jeweils eigenen Standpunkte zu behaupten und sich doch in offen ausgetragenen Unterschiedlichkeiten und Konflikten zu verständigen" (a.a.O., S. 201).

Inzwischen sind fachliche Standards einer offensiven Jugendhilfe wissenschaftlich wie auch gesetzlich abgesichert. Aus den Strukturmaximen der Prävention, Dezentralisierung, Alltagsorientierung, Integration und Partizipation sind Handlungsprinzipien abgeleitet, die die fachliche Entwicklung prägen sollen: präventives Handeln, Lebensweltorientierung, Beteiligung und Freiwilligkeit, Existenzsicherung und Alltagsbewältigung sowie Einmischung. Diese zentralen Grundsätze sind sowohl Steuerungsinstrumente als auch Beurteilungskriterien für die Praxis Sozialer Dienste.

3.3 Nachfrageorientierung am Beispiel von Flexiblen Erziehungshilfen

Unter Berufung auf das Gesetz spezialisieren sich Anbieter erzieherischer Hilfen oft auf eine der im SGB VIII genannten Formen. Diese Logik der „angebotsorientierten Strukturierung" zeichnet sich so durch ein fachliches Denken in Form von Angeboten und Konzepten aus. Die Angebotsorientierung der hilfedurchführenden Einrichtungen entspricht gleichzeitig der Produktorientierung der hilfegewährenden Verwaltung. Die angebotsorientierte Variante hat zur Folge, dass die Lebenslagen von Kindern und Jugendlichen vor dem Hintergrund der verfügbaren Konzepte und Angebote betrachtet werden. Einer solchen begrenzenden Fokussierung sollte ein Aushandlungsprozess im Sinne der Hilfeplanung (§§8, 9, 36 SGB VIII) entgegenstehen. Die dafür vorausgesetzten Verständigungsprozesse bilden aber nur dann eine verlässliche Handlungsbasis, wenn alle Beteiligten als selbstbestimmte Subjekte einsichtsvoll agieren könnten. Die übliche Strukturierung von Hilfeprozessen unterstellt hier ein Rationalitätspotential für ein angemessenes, professionelles Handeln, das häufig nicht gegeben ist: Die soziale und – im Verhältnis zur Hilfeinstanz – oft hierarchisch untergeordnete Position der Betroffenen, Normalitätskonzepte der Professionellen u.v.a.m. beeinflussen die Vernünftigkeit von Problemdefinitionen und abgeleiteten Handlungsmustern.

Klatetzki hat auf diesem Hintergrund kritisch festgestellt: „... – die gängige Repräsentation sieht die Anwendung der im Abschnitt über die Hilfen zur Erziehung genannten Behandlungsverfahren als Professionalität konstituierende Elemente an. Sie versucht so, das in der Jugendhilfe auftretende Standardisierungsproblem profibürokratischer Organisation zu lösen. ... Weil keine Kriterien für die Problemdefinition vorhanden sind, können die Probleme der Klienten mit den verfügbaren Standardprozeduren der Zunft verwechselt werden" (Klatetzki 1995, S. 43). So entsteht eine problematische Tendenz zu einem fachlichen Denken in vorgegebenen Konzepten und Angeboten. Dies könnte erstens eine sozialwissenschaftlich geleitete Analyse der Problemlagen einzelner Kinder und Jugendlicher zumindest behindern; dies könnte zweitens verhindern, dass sozialpädagogische Handlungsarrangements induktiv aus einzelfallbezogenen Problemanalysen abgeleitet werden. Aus dem Unterschied, dass angebotsorientierte Einrichtungen Konzepte oder Produkte verkaufen, adressatInnenorientierte Organisationen sich hingegen auf Prozesse konzentrieren und im Prinzip einzelne Leistungen anbieten, ergibt sich, dass flexible Institutionen eine komplexere Organisation aufweisen. Problematisch wird dies gerade für den öffentlichen Träger der Jugendhilfe als hilfegewährende Instanz, wenn er zur „Produktsteuerung" auf schon vorhandene oder einfach zugängliche Informationen zurückgreifen möchte. Auch deshalb bedarf die Steuerung von Ressourcen und ihr effektiver wie effizienter Einsatz mehr denn je eines Dialogs über Qualität und Wirkung!

3.4 Sozialraumorientierung

Eine sozialräumliche Regionalisierung (vgl. Marquard 1999a) bleibt mehr denn je ein wesentliches Arbeitsprinzip, das die Integration verschiedener Bedingungen bzw. Ziele zulässt oder gar fördert: Eigenverantwortlichkeit, Selbsthilfe, Selbstorganisation, Teilhabe; reflexive Kommunikation und dialogische Politik; Professionalität, Ganzheitlichkeit, Normalisierung; Bürgerfreundlichkeit, Verwaltungsmodernisierung und Effizienz. Diese übergeordneten Ziele dürfen nicht aus dem Blick geraten, wenn die fachliche, organisatorische und personelle Umsetzung für die Aufbau- und Ablauforganisation geprüft wird. Die Mitwirkung der politischen Gremien und der Bürgerschaft im offenen Dialog, ein Gesamtkonzept für die Gesamtverwaltung und vor allem die Einbeziehung der Mitarbeiterschaft sind nicht nur verfahrensrechtlich und pragmatisch geboten, sondern entsprechen der Entwicklungslogik und Funktionsweise der hier vorgestellten Konzeption für Soziale Dienste als Element einer (kommunalen) Sozialpolitik. Die mit dem Begriff der „reflexiven Modernisierung" zusammengefassten gesellschaftlichen Umbruchprozesse erfordern tatsächlich enorme Umstellungen auch in der Organisation unseres (kommunalen) Gemeinwesens. Soziale Arbeit kann auf eine lange Tradition entsprechender Konzepte zurückgreifen: Alltags- und Lebensweltorientierung (vgl. Thiersch 1992); Einmischungsstrategie (vgl. Mielenz 1981); Gemeinwesenarbeit (vgl. Rausch 1998); Entwicklung der Jugendhilfeplanung; Neue Steuerung und Dienstleistungsarbeit (vgl. Olk 1995); Qualitätsdebatte (vgl. Merchel 1998, Jordan/Reismann 1998). Selbstkritisch und politisch bleibt nach den Ursachen für die bisher mangelhafte Umsetzung zu fragen. Gleichzeitig kann jedoch selbstbewusst und pragmatisch festgestellt werden, dass Soziale Dienste fachlich und organisatorisch über moderne Konzepte verfügen, die für eine solidarische sozialstaatliche Reform anschlussfähig sind.

4. Struktur und Verfahren des Jugendamtes

Es gibt nicht „die" öffentliche Jugendhilfe – weder bezogen auf Dienste und Angebote des öffentlichen Trägers noch im Hinblick auf Strukturen der Organisation, Angebote und Kooperation zwischen öffentlichem und freien Trägern. Es gibt auch nicht „das" Jugendamt (zu einer „Bestandsaufnahme" vgl. Müller 1994, S. 122ff.). Kommunale Selbstverwaltung und örtliche Praxis – als alltagspraktische Umsetzung des Artikels 28 Grundgesetz – suchen nach günstigen Handlungsbedingungen, die hier weder empirisch nachgezeichnet noch allgemein gültig definiert werden können. Das „moderne Jugendamt" wird auf der Grundlage des SGB VIII/KJHG gedacht als Handlungsgrundlage für soziale Dienstleistung und demokratische Teilhabe! Jenseits der notwendigen Auseinandersetzung um optimale Umsetzungsstrategien sollte damit eine konsensfähige Grundhaltung aus der Sicht öffentlicher Träger beschrieben sein.

4.1 Partnerschaft und Pluralität

Die Jugendhilfe in Deutschland wird historisch durch eine Pluralität von Trägern mit unterschiedlicher Wertorientierung und einer Vielzahl von Inhalten, Methoden und Arbeitsformen repräsentiert. Leistungen der Jugendhilfe werden von Trägern der freien und öffentlichen Jugendhilfe erbracht, wobei sich die Leistungsverpflichtungen an die öffentliche Jugendhilfe richten (§3 SGB VIII). Der Grundsatz von Pluralität und Vielfalt gehört nicht nur zu den strukturbildenden Merkmalen von Jugendhilfe, sondern ist auch unter dem Aspekt demokratischer Beteiligung und Mitverantwortung für das Gemeinwesen von zentraler Bedeutung. Mit der Normierung von Pluralität, Vielfalt sowie Partnerschaft und dem Gebot des §4 Abs. 2 SGB VIII, die „Selbstständigkeit ... in Zielsetzung und Durchführung ihrer Aufgaben" zu achten, wird die eigenständige Stellung der freien Träger als Partner der öffentlichen Jugendhilfe beschrieben.

Mit trägerübergreifenden Arbeitsgruppen und Gremien sind in der Jugendhilfe vielfältige Strukturen geschaffen, die eine Beteiligung der im sozialen Bereich tätigen Träger, Initiativen und der Bürgerschaft an der sozialen Entwicklung in der Stadt ermöglichen. Das Jugendamt braucht die Mitwirkung eines breiten Trägerspektrums und von Bürgergruppen im Sinne eines bürgerschaftlichen Engagements sowohl für die Propagierung einer „Sozialen Kommunalpolitik" als auch für eine betroffenen-orientierte Alltagspraxis. – Der „Erziehungsauftrag" der Jugendhilfe, die Sicherung von Pluralität und Vielfalt und die Umsetzung von Partnerschaft erfordern die bundeseinheitlichen Strukturen und Verfahrensabläufe, wie sie im SGB VIII normiert sind.

4.2 Zweigliedrigkeit des Jugendamtes

Der Auftrag der Jugendhilfe, junge Menschen bei der Verwirklichung ihres Rechtes auf Förderung der Entwicklung und Erziehung zu einer eigenständigen und gemeinschaftsfähigen Persönlichkeit zu unterstützen, wird über die im SGB VIII normierte Sicherung individueller Rechtsansprüche, allgemeine Förderung sowie die Gewährleistungsverpflichtung zum Vorhalten einer jugendhilfegerechten Infrastruktur eingelöst. Die Aufgaben der Jugendhilfe werden auf der örtlichen Ebene im Rahmen der kommunalen Selbstverwaltung verantwortet. Hierzu sind im SGB VIII eine Reihe von Steuerungsgrundlagen und -instrumenten normiert, die den unverzichtbaren organisatorischen und strukturellen Rahmen der Aufgabenwahrnehmung – auch bei der Implementierung Neuer Steuerungsinstrumente – setzen. So befasste sich schon der 3. Jugendbericht (1972) mit den Strukturen des Jugendamtes und formulierte dabei Fragestellungen, die in den nachfolgenden Jugendberichten und in praktischen Organisationsreformen bearbeitet wurden. Selbstkritische Überlegungen richten sich dabei auf die tatsächliche jugend(hilfe)politische Aufgabenwahrnehmung im JHA. Auch die Spezialisierung und Versäulung von Hilfeformen sind weder aus der Sicht der AdressatInnen noch unter dem fachlichen Aspekt einer flexiblen, möglichst auf „Ganzheitlichkeit" ausgerichteten Hilfeleistung als plausibel anzusehen. Ebenso ist die organisatorische und fachliche Dezentralisierung wie Sozialraumorientierung und Zusammenarbeit mit anderen Institutionen häufig nicht ausreichend entwickelt und in der alltäglichen Praxis verankert.

Die Zweigliedrigkeit des Jugendamtes, die Position des JHA als Teil des Jugendamtes und die sich daraus gegenüber anderen Ratsausschüssen ergebenden weitergehenden Rechte und Aufgaben sind ebenso häufig kontrovers diskutiert worden wie die gesetzliche Organisationsverpflichtung zur Schaffung eines Jugendamtes und zur Zusammenfassung aller Jugendhilfeaufgaben ebendort. Die Zweigliedrigkeit und das damit verbundene Stimmrecht von sachkundigen BürgerInnen, die auf Vorschlag der freien Träger vom Gemeinderat berufen werden, hat jedoch in jüngster Zeit durch das bundesweit angestrebte politische Ziel der Bürgerbeteiligung und der Partizipation junger Menschen und ihrer Verbände neue Aktualität erhalten. Das produktive Potential, das in der Beteiligung dieser BürgerInnen an den Entscheidungen zur Gestaltung der Jugendhilfe enthalten ist, sollte nicht aufgrund ambivalenter Erfahrungen aufgegeben werden. Die Möglichkeiten einer pluralen Trägerstruktur müssen weiterhin genutzt werden, wozu auch eine geregelte Beteiligung an den zentralen jugendhilfepolitischen Willensbildungs- und Entscheidungsverfahren und Gremien gehört. Im JHA konkretisiert sich die partnerschaftliche Zusammenarbeit, hier kann sich Trägerbeteiligung als eine Mitverantwortung gesellschaftlicher Kräfte in der Jugendhilfe konstituieren. Dies entspricht auch den Zielen einer „Bürgergesellschaft", die vermehrt bürgerschaftliches Engagement aktivieren und Beteiligungsstrukturen verbessern will; die im JHA liegenden Möglichkeiten für einen Ausbau dialogischer Form zwischen BürgerInnen, Parlament und Verwaltung sollten genutzt werden. Durch die Beteiligung der freien Träger im JHA können Perspektivdifferenzen und unterschiedliche fachpolitische Positionen besser für Entscheidungen abgewogen werden (zu einem Überblick zu „Veränderte Zuständigkeiten in der Jugendhilfe" vgl. Baltz 1999a).

4.3 Der Jugendhilfeausschuss (JHA)

Jugendhilfeausschüsse können nur dann ihrem kinder- und jugendhilfepolitischen Gestaltungsauftrag umfassend nachkommen, wenn sie ihre Aufgaben selbstbewusst wahrnehmen und ihre Rechte offensiv nutzen. Dann ist das Jugendamt in seiner einzigartigen Struktur beispielhaft ein Modell für eine zivilgesellschaftliche, moderne kommunale Verwaltung (vgl. AGJ 1999a, S. 5). Dieses Grundverständnis bedingt notwendig die Beteiligung auch von Trägern der freien Jugendhilfe insbesondere auch im JHA und in der Jugendhilfeplanung. Zentrales Instrument zur Realisierung des Anspruchs auf Mitwirkung ist zumindest dem Auftrag nach der JHA (§71; im Folgenden immer SGB VIII). Seine kommunalverfassungsrechtlichen Besonderheiten haben den Sinn, die Kompetenz in den Beratungen und Beschlüssen sowie die partnerschaftliche Zusammenarbeit zwischen Verwaltung und Trägern der freien Jugendhilfe zu fördern. Außerdem sollen die Beschlüsse des JHA über seine

Stellung als Teil des Jugendamtes sowie durch sein Anhörungs- und Antragsrecht gegenüber dem Kommunalparlament eine größere Durchsetzungskraft bekommen (vgl. Marquard/Pütz-Böckem 1996). Im Rahmen der Zuständigkeit des örtlichen Trägers (§69), der sachlichen Zuständigkeit des Jugendamtes (§§69, 89) und seiner Gesamtverantwortung (§79) ist das Jugendamt mit JHA und Verwaltung (§70) die zentrale Institution, in der sich auch strukturell die Mitwirkung realisieren muss. Der JHA (§71) hat durch die Beteiligung von sachkundigen BürgerInnen, die von Trägern der freien Jugendhilfe vorgeschlagen sind, ein besonderes Gewicht: Er hat das Beschlussrecht in Angelegenheiten der Jugendhilfe im Rahmen der von der Vetretungskörperschaft bereitgestellten Mittel, der von ihr erlassenen Satzung und der von ihr gefassten Beschlüsse.

Jede Verwaltungsneugliederung muss diese Aufgabenstellung und den Funktionszusammenhang zwischen der Verwaltung des Jugendamtes und dem JHA sowie die besondere Stellung gegenüber der Kommunalparlament berücksichtigen. Damit ist der JHA unter Berücksichtigung der normativen Vorgaben auch zentraler Ort der Steuerung der Jugendhilfe (und dies entspricht dem Grunde nach der Philosophie des „Neuen Steuerungsmodells" nach dezentraler Ressourcenverantwortung).

4.4 Jugendhilfeplanung

Jugendhilfeplanung soll als öffentlicher, kommunikativer Prozess gestaltet werden. In Verbindung mit §1 Abs. 3 Nr. 4 (im Folgenden immer SGB VIII) erhält die Jugendhilfe hiermit die rechtliche Legitimation für eine „Einmischungsstrategie" in für Kinder und Jugendliche bedeutsame gesellschaftliche Bereiche und Institutionen.

Gemäß §80 „Jugendhilfeplanung" ist der Bedarf unter „Berücksichtigung der Wünsche, Bedürfnisse und Interessen der jungen Menschen und der Personensorgeberechtigten" zu ermitteln (Abs. 1 Nr. 2) und es wird festgestellt: „Die Träger der öffentlichen Jugendhilfe haben die anerkannten Träger der freien Jugendhilfe in allen Phasen ihrer Planung frühzeitig zu beteiligen" (Abs. 3). Schließlich wird in Abs. 4 ausdrücklich gefordert, „die Jugendhilfeplanung und andere örtliche und überörtliche Planungen aufeinander" abzustimmen. Dieses Gebot korrespondiert mit §81, wonach die Träger der öffentlichen Jugendhilfe „mit anderen Stellen und öffentlichen Einrichtungen" zusammenzuarbeiten haben. Die Jugendhilfeplanung ist zudem im §71 Abs. 2 Nr. 2 ausdrücklich als Aufgabe des JHA normiert. Eine vertiefende Befassung mit dieser Aufgabe muss für die jeweiligen örtlichen Verhältnisse klären, welche Formen von Beteiligung in Frage kommen. Auf der Grundlage von Befragungen und statistischen Daten, Beobachtungen und Analysen sowie Experimenten bzw. Modellen kann es verschiedene Formen geben, wie

- die Anhörung/Gelegenheit zur Stellungnahme als „Mitwirkung",

- die Absprache und Aushandlung auf partnerschaftlicher Ebene als „Mitbestimmung" und
- die eigene Regelungskompetenz von Betroffenen und Trägern als „Selbstbestimmung".

Eine so normierte träger- und betroffenenorientierte Planung rechtfertigt allerdings auch eine Bindung, wie sie bezogen auf die „Förderung der freien Jugendhilfe" in §74 Abs. 2 verankert ist: Danach kann „die Förderung von der Bereitschaft abhängig gemacht werden, diese Einrichtungen, Dienste und Veranstaltungen nach Maßgabe der Jugendhilfeplanung und unter Beachtung der im §9 genannten Grundsätze anzubieten".

4.5 Gesamtverantwortung des öffentlichen Trägers der Jugendhilfe

Der Träger der öffentlichen Jugendhilfe hat im Rahmen der ihm in §79 SGB VIII übertragenen Gesamtverantwortung dafür Sorge zu tragen, dass die gesetzlich normierten Leistungen der Jugendhilfe in der richtigen Art (Qualität) und im richtigen Umfang (Quantität) für Kinder, Jugendliche und Familien zur Verfügung stehen. Dazu ist es nötig, und zwar für den konkreten Bereich des jeweiligen Trägers der öffentlichen Jugendhilfe, sich über die vorhandenen Jugendhilfeleistungen nach Art und Umfang ein Bild zu machen und Entscheidungen darüber herbeizuführen, welche und wie viele Leistungen gebraucht werden und in welchem Umfang Leistungen finanziert werden können bzw. sollen.

Jugendhilfepolitisch verheerend ist allerdings ein Verständnis des Bundesarbeitsgerichtes, wonach der Träger der öffentlichen Jugendhilfe wegen seiner „Gesamtverantwortung" verpflichtet sei, die laufende Tätigkeit des freien Trägers vollkommen zu überwachen; dies soll den öffentlichen Träger gleichzeitig zu Weisungen im Einzelfall berechtigen. (Vgl. Urteil vom 06.05.1998 – 5 AZR 347/97 –, wonach FamilienhelferInnen regelmäßig ArbeitnehmerInnen und damit nicht Honorarkräfte sind.) Alle KommentatorInnen des Kinder- und Jugendhilferechts erzielen letztlich Einvernehmen über das Verständnis des Begriffs „Gesamtverantwortung" dahingehend, dass damit das Leitprinzip und Steuerungsinstrument für das Verhältnis von öffentlicher und freier Jugendhilfe, ihrer partnerschaftlichen Zusammenarbeit, des sinnvollen Einsatzes finanzieller Mittel sowie die Koordination öffentlicher und privater Anstrengungen gemeint sei (vgl. Baltz 1999, S. 6). Die – unzutreffende – Interpretation des BAG zur Gesamtverantwortung würde in der Praxis dazu führen, dass wegen der in erzieherischen Fragen und mit Blick auf den „Kinderschutz" (Wächteramt) immer gegebenen Einzelfallverantwortung, auch in allen Fragen der praktischen Durchführung, das Jugendamt als zuständiger öffentlicher Träger in keinem Fall die Verantwortung an einen freien Träger und dessen MitarbeiterInnen abgeben könnte. Das „Subsidiaritätsprinzip" sowie das „Wunsch- und Wahlrecht" (§§4, 5 SGB VIII) würden schließlich außer Kraft gesetzt.

4.6 Wächteramt (Garantenstellung) und Sozialrechtliches Dreiecksverhältnis

Die Besonderheiten des „sozialrechtlichen Dreiecksverhältnisses" beruhen auf der Beziehung des/der Betroffenen (als LeistungsempfängerInnen) zum Leistungserbringer (häufig ein freier Träger) (vgl. Bernzen 1993, S. 119ff.) und der Finanzierung dieser Leistung durch das Jugendamt (als leistungsverpflichtetem öffentlichen Träger). Zur Sicherung von quantitativem und qualitativem Angebot macht der Leistungsverpflichtete im Voraus Verträge mit den Leistungserbringern (die dadurch nicht zu Erfüllungsgehilfen auf Grundlage eines Beschaffungsvertrages werden), nach welchen Regeln er im Einzelfall das Entgelt übernimmt. Zentrale Grundlage für die Finanzierung ist nun, dass der/die BürgerIn ein Angebot des freien Trägers in Anspruch nimmt und dadurch verschiedene Rechtsbeziehungen entstehen (vgl. Münder 1998, S. 8). Gleichzeitig müssen Fragen des Arbeits- und Sozialversicherungsrechtes im Hinblick auf die Beziehung zwischen Leistungserbringer und Leistungsempfänger geprüft werden. „Dem Träger der öffentlichen Jugendhilfe als Kostenträger steht auch nach §79 SGB VIII kein umfassendes Weisungs- und Kontrollrecht gegenüber dem leistungserbringenden Träger zu" (Stähr/Hilke 1990, S. 160). Unberührt bleibt die staatliche „Garantenstellung", wonach das Jugendamt bei einer Kindeswohlgefährdung einzugreifen hat.

Der Auftrag des SGB VIII zielt immer auf das Kindeswohl und gilt insoweit immer gleichzeitig für die MitarbeiterInnen eines freien Trägers wie auch für solche des öffentlichen Trägers der Jugendhilfe. In einem ganzheitlichen Verständnis einer offensiven Jugendhilfe würde ein Gegensatz zwischen Prävention und Wächteramt oder zwischen Dienstleister und hoheitlichem Wächter zu Unrecht eine Alternative beschreiben. Freiheitsrechte und Elternrecht nach dem Grundgesetz, Rechte und Pflichten nach dem Bürgerlichen Gesetzbuch, das Strafgesetzbuch, der Datenschutz und vieles mehr „beauftragen und begrenzen" die Jugendhilfe – mit Recht! Auch bei Verstößen von Eltern gegen das Kindeswohl ist nach Artikel 6 GG zunächst zu versuchen, durch helfende, unterstützende, auf Herstellung oder Wiederherstellung eines verantwortungsbewussten Verhaltens der Eltern gerichtete Maßnahme das Ziel zu erreichen, das Kindeswohl durch die Eltern selbst herstellen zu lassen. Diese helfende, unterstützende Rolle entspricht ebenso dem staatlichen Wächteramt wie die, durch (gerichtlich beschlossene) Intervention gegen den Willen der Eltern den Schutz des Kindes sicherzustellen (wenn die Eltern trotz zur Verfügung gestellter Hilfen nicht bereit oder in der Lage sind, das Kindeswohl zu gewährleisten).

5. Verwaltungsmodernisierung und Definitionsmacht der Jugendhilfe

Waren die Reformen in früheren Jahren eher planungs- und politikwissenschaftlich orientiert, wurde mit dem Neuen Steuerungsmodell der KGSt in den 90er-Jahren die betriebswirtschaftliche Orientierung priorisiert. Die Verwaltungsmodernisierung hat zu unterschiedlichen Organisationsformen der Jugendhilfe auf der kommunalen Ebene geführt. Eine erste empirische Zwischenbilanz des Deutschen Jugendinstituts zu „Situation und Perspektiven der Jugendhilfe" (Seckinger u.a. 1999) brachte anhand einer Jugendamtsbefragung im Jahr 1995 auch Erkenntnisse zu den Rahmenbedingungen für Umstrukturierungen (Qualifikation der Fachkräfte, Produktbeschreibungen, Budgetierung, Jugendhilfeplanung) sowie zu den Haushaltsentwicklungen i.R. der Umsetzung neuer Steuerungsinstrumente in der Kinder- und Jugendhilfe. Die Befunde geben aus Sicht der Autoren Aufschluss über die Zielsetzung von Umstrukturierungen in den Jugendämtern und zugleich Anlass zur Befürchtung, dass das innovative Potential der Neuen Steuerung nicht ausgeschöpft und selektiv einzelne Elemente für die Durchsetzung vorhandener Sparzwänge instrumentalisiert werden. Diese Einschätzung wird in der Diskussion um Neue Steuerung in der Jugendhilfe ergänzt durch eine grundsätzliche Organisationskritik: „Jugendhilfe als Objekt der Verwaltungsmodernisierung auszuwählen, ist auch der fehlenden Jugendamtsdiskussion geschuldet. Jugendhilfe hat versäumt, die Organisationsdiskussion zu besetzen, obwohl durch die historisch gewachsene und inhaltlich begründete Verfasstheit sich diese Diskussion geradezu aufgedrängt hat..." (Prölß 1998, S. 105).

Die kritische Diskussion um Neue Steuerung in der Jugendhilfe hat inzwischen einen kaum überschaubaren Umfang angenommen. Die Kritiker weisen vor allem darauf hin, dass unreflektiert betriebswirtschaftliche Konzepte und deren Terminologie auf sozialpädagogische Handlungsfelder übertragen wurden. Die Befürworter setzen sich insbesondere in neueren Beiträgen verstärkt damit auseinander, wie die Instrumente des NSM offensiv auf die spezifischen Belange der Jugendhilfe transformiert und über eine veränderte Aufbau- und Ablauforganisation in den Jugendämtern wirkungsvoll implementiert werden können, um damit die qualitative Weiterentwicklung der Jugendhilfe zu fördern (vgl. AGJ 1999; Jordan/Reismann 1998; Marquard 1999; 9. Jugendbericht 1994, S. 581ff; Reis 1997; Wiesner 2000). Es ist eine Frage der Definitionsmacht, ob Jugendhilfe und Soziale Arbeit insgesamt vor Ort Objekt oder Subjekt der Verwaltungsreform sind (vgl. AGJ 1999). Qualität und Quantität sozialer Leistungen bleiben Gegenstand gesellschaftspolitischer Aushandlung!

In einen solchen Kontext eingebettet ist Verwaltungsmodernisierung kein radikaler Systemwechsel, sondern gekennzeichnet durch die Überprüfung und Nutzung von Gestaltungs-, Veränderungs- und Einsparpotentialen innerhalb des traditionellen bürokratisch-kameralistischen Steuerungssystems unter Nutzung von Elementen der neuen Steuerungsinstrumente. So können die sog. Produkte als Leistungsbeschreibung auch bei der Herstellung von Kostentransparenz hilfreich sein. So können Organisations- und Personalentwicklungsprozesse wieder für die Neuorganisation in der Jugend- und Sozialhilfe genutzt werden, die in ihren Kernpunkten (wie z.B. mit dezentralen Dienststrukturen) seit Anfang der 70er-Jahre bekannt sind. Die Integration von Fach- und Ressourcenverantwortung bringt dabei einen Bedeutungszuwachs für Verfahren wie das Controlling in der Jugendhilfe, Jugendhilfeplanung und Sozialberichterstattung. Das Fachcontrolling in der Jugendhilfe muss auch die Evaluation mit der Mitarbeiterschaft und den NutzerInnen einbeziehen und berücksichtigen, dass Wirkungen in der sozialen Arbeit nur in komplexen Prozessen einzuschätzen sind. – Diese Strategien der Qualitätssicherung und Qualitätsüberprüfung sind innerhalb des traditionellen Systems mit dem Rechtsrahmen des BSHG und des SGB VIII im Wesentlichen vereinbar (vgl. Kreft 1999).

6. Kritik und Perspektiven

- Es gibt berechtigte Kritik an der jugendpolitischen Aufgabenwahrnehmung vieler VertreterInnen in den Jugendhilfeausschüssen – sie sind oft nur Lobbyisten für ihre Partei oder ihren Verein. Der öffentliche Träger muss im JHA über alle fachlichen und finanziellen Belange frühzeitiger und umfassender informieren. Kommunalparlamente müssen die Entscheidungskompetenzen des JHA achten und seine Rechte stärken. Das Jugendamt muss seine Definitionsmacht für seine Leistungsgestaltung und Ressourcenverantwortung stärker durchsetzen und die Instrumente der Neuen Steuerung den Erfordernissen der Jugendhilfe anpassen.

- So bleiben Veränderungsbedarf und Verbesserungsnotwendigkeiten für die Jugendhilfe auf der Tagesordnung – das SGB VIII bietet mit seinen normativen Strukturen dafür klare und ausreichende gesetzliche Bedingungen: Auf die Praxis kommt es an! Die „VertreterInnen" der freien Jugendhilfe sollten ihr Beratungs- und Stimmrecht so wahrnehmen, dass der JHA – auch als unbequeme Instanz – den Bedarf an Jugendhilfeleistungen zum Thema der Politik macht.

- Das zweigliedrige Jugendamt ist mit seiner verpflichtenden Kooperation von Verwaltung und freien Trägern eine sehr moderne Organisation im Hinblick auf Beteiligung von Betroffenen und Bürgerschaft. Seine Strukturen und die umfassende Aufgabenstellung der Förderung von Kindern und Jugendlichen bieten die beste Grundlage für die Einheit der Jugendhilfe – ganzheitliche Wahrnehmung aller Aufgaben der Beratung, Erziehung, Förderung und Betreuung sowie Zusammenarbeit der MitarbeiterInnen der öffentlichen und der freien Jugendhilfe bei fachlichen und jugendpolitischen Aufgaben!

- Die Diskussion über neue Steuerungsinstrumente lässt sich nicht von der Diskussion über fachliche Standards trennen! Es bleibt also eine Verständigung über fachliche, strukturelle und finanzielle Bedingungen für die Qualität und Quantität des Angebots – vor Ort, im Stadtteil – erforderlich. Ein entsprechender Prozess kann zu einem Kontraktmanagement führen, das wiederum die Definition von klaren Zielen voraussetzt. Sozialberichterstattung und Sozialplanung haben dabei eine wesentliche Funktion zur zielorientierten Wirkungsanalyse der fachlichen und stadtteilbezogenen Systeme der Sozialen Dienste. Ein differenziertes Berichtswesen mit bereichsspezifischen Statistiken, Darstellung des Ressourceneinsatzes im Verhältnis zu Ergebnissen und Wirkungen unter Einbeziehung der Haushaltsdaten ist eine Voraussetzung gerade für die Steuerung der fachlichen und finanziellen Ressourcen in einem Konzept der Regionalisierung (Sozialraumorientierung). Bis heute ist es letztlich den Fachressorts jedoch nicht gelungen, neben einer effizienten Mittelverwendung auch die Wirkungen der Arbeit zu dokumentieren oder gar die Wirksamkeit tatsächlich nachzuweisen. Nicht der Verweis auf das fachspezifische „Technologiedefizit" ist hier gefragt, sondern das gesellschaftspolitische Engagement der Professionellen für Standards, Strukturen und Ressourcen der eigenen Profession.

Literatur zur Vertiefung

Arbeitsgemeinschaft für Jugendhilfe (AGJ) (Hrsg.) (1998): Einheit der Jugendhilfe. 50 Jahre Arbeitsgemeinschaft für Jugendhilfe. Bonn
Hasenclever, Christa (1978): Jugendhilfe und Jugendgesetzgebung seit 1900. Göttingen
Müller, C. Wolfgang (1994): JugendAmt – Geschichte und Aufgabe einer reformpädagogischen Einrichtung. Weinheim und Basel
Thole, Werner; Galuske, Michael; Struck, Norbert (2000) (Hrsg.): Zukunft des Jugendamtes. Neuwied/Kriftel

Literatur

Arbeitsgemeinschaft für Jugendhilfe (AGJ) (Hrsg.) (1998): Einheit der Jugendhilfe. 50 Jahre Arbeitsgemeinschaft für Jugendhilfe. Bonn
Arbeitsgemeinschaft für Jugendhilfe (Hrsg.) (1999): Hinweise und Empfehlungen zur Steuerung der Jugendhilfe. Gemeinsame Stellungnahme des Deutschen Städtetages (DST) und der Arbeitsgemeinschaft für Jugendhilfe (AGJ). Bonn
Arbeitsgemeinschaft für Jugendhilfe (1999 a): Rothenburger Thesen der AGJ zur gegenwärtigen Diskussion über Organisation und Struktur der Jugendhilfe. In: Forum Jugendhilfe 1, Bonn, S. 3-5
Arbeitsgemeinschaft für Jugendhilfe (1993): Das Jugendamt. Arbeitshilfe. Bonn
Baltz, Jochem (1999): Rechtsprechungsdienst. In: Nachrichtendienst des Deutschen Vereins, Heft 1, Frankfurt a. Main, S. 3-7
Baltz (1999 a): Veränderte Zuständigkeiten in der Jugendhilfe. In: Nachrichtendienst des Deutschen Vereins, Heft 11, S. 367-374
Bernzen, Christian (1993): Die rechtliche Stellung der freien Jugendhilfe. Köln

BM für Jugend, Familie, Frauen und Gesundheit, 1990: 8. Jugendbericht. Bonn
BM für Jugend, Familie, Frauen und Gesundheit (1994): Neunter Jugendbericht. Bonn
Dewe, Bernd/Otto, Hans-Uwe (1996): Demokratische Rationalität – ein notwendiges Steuerungselement moderner Sozialer Arbeit als Dienstleistung. In: Münder/Jordan (Hrsg.): Mut zur Veränderung, Münster, S. 236-245
Giddens, Anthony (1997): Jenseits von Links und Rechts. Frankfurt a. M.
Giddens, Anthony (1999): Der dritte Weg. Frankfurt a. M.
Hasenclever, Christa (1978): Jugendhilfe und Jugendgesetzgebung seit 1900. Göttingen
Jordan, Erwin/Reismann, Hendrik (1998): Qualitätssicherung und Verwaltungsmodernisierung in der Jugendhilfe. Soziale Praxis, Heft 19, Münster.
Klatezki, Thomas (Hrsg.) (1995): Flexible Erziehungshilfen. Münster
Kommunale Gemeinschaftsstelle für Verwaltungsvereinfachung (KGSt)(1991): Dezentrale Ressourcenverantwortung: Überlegungen zu einem neuen Steuerungsmodell (B 12/1991). Köln
Kommunale Gemeinschaftsstelle für Verwaltungsvereinfachung (KGSt) (1993): Das Neue Steuerungsmodell. Begründung, Konturen, Umsetzung (B 5/1993). Köln
Kommunale Gemeinschaftsstelle für Verwaltungsvereinfachung (KGSt) (1994): Outputorientierte Steuerung der Jugendhilfe (B 9/1994). Köln
Kommunale Gemeinschaftsstelle für Verwaltungsvereinfachung (KGSt) (1994 b): Verwaltungscontrolling im Neuen Steuerungsmodell (B 15/1994). Köln
Kommunale Gemeinschaftsstelle für Verwaltungsvereinfachung (KGSt) (1995): Aufgaben und Produkte der Gemeinden und Kreise in den Bereichen Soziales, Jugend, Sport, Gesundheit und Lastenausgleich (B 11/1995). Köln
Kommunale Gemeinschaftsstelle für Verwaltungsvereinfachung (KGSt) (1996): Integrierte Fach- und Ressourcenplanung in der Jugendhilfe (B 3/1996). Köln
Kommunale Gemeinschaftsstelle für Verwaltungsvereinfachung (KGSt) (1996 b): Das Verhältnis von Politik und Verwaltung im Neuen Steuerungsmodell (B 10/1996). Köln
Kommunale Gemeinschaftsstelle für Verwaltungsvereinfachung (KGSt) (1998): Kontraktmanagment zwischen öffentlichen und freien Trägern in der Jugendhilfe (B 12/1998). Köln
Kreft, Dieter (1999): Verwaltungsmodernisierung im Rechtsrahmen des SGB VIII/SGB VIII. In: Nachrichtendienst des DV, Heft 4, Frankfurt a.M., S. 108-111
Kreft, Dieter/Lukas, Helmut (1993): Perspektivenwandel der Jugendhilfe. 2 Bände, Frankfurt a.M.
Marquard, Peter (1999): Verwaltungsmodernisierung als Demokratisierung. In: Blätter der Wohlfahrtspflege Heft 1+2. Stuttgart, S. 25-27
Marquard, Peter (1999 a): Plädoyer für eine sozialräumliche Regionalisierung. In: Nachrichtendienst des DV. Frankfurt a.M., Heft 5, S. 157-163, und 6, S. 190-196
Marquard, Peter/Pütz-Böckem, Marie-Therese (1996): Mitbestimmung und Teilhabe – Problemorientierte Einführung. In: VfK/AGJ (Hrsg.): Jugendhilfepraxis im Wandel. Bonn, S. 42-47
Merchel, Joachim (Hrsg.) (1998): Qualität in der Jugendhilfe. Kriterien und Bewertungsmöglichkeiten. Münster
Mielenz, Ingrid (1981): Die Strategie der Einmischung – Soziale Arbeit zwischen Selbsthilfe und kommunaler Politik. In: Neue Praxis Sonderheft 6, Neuwied, S. 57-67
Müller, C. Wolfgang (1994): JugendAmt – Geschichte und Aufgabe einer reformpädagogischen Einrichtung. Weinheim und Basel

Münder, Johannes u.a. (1998): Frankfurter Lehr- und Praxiskommentar zum KJHG/SGB VIII. (Stand: 01.01.1999). Frankfurt a. Main

Münder, Johannes (1998): Von der Subsidiarität über den Korporatismus zum Markt? In: Neue Praxis Heft 1, S. 3-12

Olk, Thomas (1995): Jugendhilfe als Dienstleistung – Fachlichkeit contra Marktorientierung? In: Arbeitsgemeinschaft für Jugendhilfe (AGJ) (Hrsg.): Das Jugendamt als Dienstleistungsunternehmen. Bonn, S. 17-39

Prölß, Reiner (1998): Verwaltungsmodernisierung und Jugendhilfe. Sieben Gedanken. In: Arbeitsgemeinschaft für Jugendhilfe (Hrsg.):Einheit der Jugendhilfe. 50 Jahre Arbeitsgemeinschaft für Jugendhilfe. Bonn

Rausch, Günter (1998): Gemeinschaftliche Bewältigung von Alltagsproblemen – Gemeinwesenarbeit in einer Hochhaussiedlung. Münster

Reis, Claus (1997): „New Public Management" im Rahmen der Produktion von Dienstleistungen. Das Konzept der „Leistungskette" als Alternative zur „Produktorientierung". Teil 1 und 2. In: Nachrichtendienst des Deutschen Vereins für öffentliche und private Fürsorge. Frankfurt a.M., Heft 10, S. 318-322, Heft 11, S. 354-358

Schaarschuch, Andreas (1996): Der Staat, der Markt, der Kunde und das Geld ...? Öffnung und Demokratisierung – Alternativen zur Ökonomisierung sozialer Dienste. In: Flösser, G./Otto, H.-U. (Hrsg.): Neue Steuerungsmodelle für die Jugendhilfe. Neuwied, S. 12-32

Seckinger, Mike/Weigel, Nicole/van Santen, Eric/Markert, Andreas (1999): Situation und Perspektiven der Jugendhilfe. Eine empirische Zwischenbilanz. 2. unv. Aufl. München

Stähr, Axel/Hilke, Andreas (1999): Die Leistungs- und Finanzierungsbeziehungen im Kinder- und Jugendhilferecht vor dem Hintergrund der neuen '' 78a bis 78g SGB VIII. In: Zentralblatt für Jugendrecht. Köln, S. 155-194

Thiersch, Hans (1992): Lebensweltorientierte Soziale Arbeit. Aufgaben der Praxis im sozialen Wandel. Weinheim/München

Thole, Werner; Galuske, Michael; Struck, Norbert (2000)(Hrsg.): Zukunft des Jugendamtes, Neuwied/Kriftel

Wiesner, Reinhard u.a. (2000): SGB VIII – Kinder- und Jugendhilfe. Kommentar. München

Karin Beher

Träger der Kinder- und Jugendhilfe

Zusammenfassung: Die Kinder- und Jugendhilfe hat sich in den letzten Jahren zu einem quantitativ bedeutsamen und vielschichtigen Teilarbeitsfeld sozialer Dienste entwickelt. Einen wesentlichen Beitrag zur Expansion und Ausdifferenzierung dieses Sozialleistungsbereich haben hierbei die höchst unterschiedlichen Träger der öffentlichen und freien Jugendhilfe geleistet. Derzeitig befindet sich die Jugendhilfe aufgrund verschiedener sozialer, ökonomischer und rechtlicher Entwicklungen in einem Umstrukturierungsprozess, dessen Folgewirkungen auch die Organisationsstrukturen des Arbeitsfeldes und das „kooperative" Miteinander öffentlicher und freier Träger betreffen. Wesentliche Veränderungsimpulse gehen hierbei momentan vor allem von den öffentlichen Trägern aus, die vor dem Hintergrund eines allgemeinen sozialpolitischen Paradigmenwechsels in Richtung „Ökonomisierung" auch in diesem Arbeitsfeld in verstärktem Umfang auf marktbezogene Steuerungselemente und eine wachsende Wettbewerbsorientierung setzen. Aus fachlicher Perspektive werden die Trägerstrukturen momentan verstärkt im Rahmen gemeinwesen- und sozialraumorientierter Ansätze thematisiert, die mit Kooperations- und Vernetzungsanforderungen einhergehen.

1. Das Trägerspektrum in der Kinder- und Jugendhilfe

Kindergärten, Wohngemeinschaften, Abenteuerspielplätze, Jugendgruppen oder Spielmobile sind Beispiele für höchst unterschiedliche Einrichtungen, Dienste, Projekte und Aktivitäten, die von so unterschiedlichen Institutionen und Organisationen wie Jugendämtern, Kirchengemeinden, Wohlfahrts- und Jugendverbänden, Jugendringen, Vereinen, Initiativen, Selbsthilfegruppen und auch Wirtschaftsunternehmen für Heranwachsende und Familien angeboten werden. Diese, die komplexe Trägerlandschaft in der Jugendhilfe prägenden Organisationen werden zumeist in zwei große Gruppen differenziert: Zum einen in die Träger der öffentlichen Jugendhilfe, d.h. die örtlichen Kreise und Städte und die überregionalen Landschaftsverbände, die zur Erfüllung ihrer jugendhilfespezifischen Aufgaben Jugend- und Landesjugendämter eingerichtet haben; zum anderen in die Träger der freien Jugendhilfe, die einen wesentlichen und in manchen Arbeitsfeldern sogar den überwiegenden Anteil an den Leistungen und Hilfen erbringen.

Hierbei lassen sich die jugendhilfepolitische Bedeutung der nicht-staatlichen Organisationen und ihre zentrale Rolle im Trägergefüge dieses Arbeitsfeldes bereits anhand weniger Eckwerte auf der Grundlage der Kinder- und Jugendhilfestatistik beschreiben (vgl. Tab 1): So hatten gut 69% aller

Einrichtungen im Jahr 1998 in Westdeutschland einen freien Träger. Zugleich betrug ihr Anteil am Gesamtplatzangebot und am Personalvolumen jeweils rund 65%. Im Vergleich zu den beginnenden 80er-Jahren haben die öffentlichen Träger vor dem Hintergrund eines allgemeinen Wachstumsprozesses dieses Arbeitsfeldes mit Blick auf die Einrichtungen und Plätze bei einer Steigerung von 3,3% und 4,6% leicht an Boden gewonnen. Gleichwohl handelt es sich bei der Relation zwischen öffentlichen und freien Trägern in Westdeutschland insgesamt um ein vergleichsweise stabiles Gefüge. Auch in Ostdeutschland ist der Aufbau pluraler Trägerstrukturen weiter vorangeschritten. Während der Anteil der freien Träger 1994 noch bei rund 27% lag, waren es am 31.12.1998 bereits gut 44%.[1]

Tab. 1: Einrichtungen, Plätze und Personal in der Kinder- und Jugendhilfe nach Trägergruppen in West- und Ostdeutschland (jeweils am 31.12.)

	West			Ost		BRD
	1982	1994	1998	1994	1998	1998
	%	%	%	%	%	%
Einrichtungen						
Insgesamt (abs.)	100,0 (52.452)	100,0 (54.323)	100,0 (61.687)	100,0 (16.498)	100,0 (18.073)	100,0 (79.760)
Öff. Träger	27,4	30,9	30,7	73,0	52,0	35,5
Freie Träger	72,6	69,1	69,3	27,0	48,0	64,5
Plätze						
Insgesamt (abs.)	100,0 (1.723.364)	100,0 (2.356.956)	100,0 (2.648.483)	100,0 (991.833)	100,0 (775.454)	100,0 (3.423.937)
Öff. Träger	30,1	33,5	34,7	80,1	65,3	41,6
Freie Träger	69,9	66,5	65,3	19,9	34,7	58,4
Personal						
Insgesamt (abs.)	100,0 (264.156)	100,0 (403.436)	100,0 (446.191)	100,0 (145.857)	100,0 (126.962)	100,0 (573.153)
Öff. Träger	36,0	34,9	35,4	73,4	55,6	39,8
Freie Träger	64,0	65,1	64,6	26,6	44,4	60,2

Quelle: Statistisches Bundesamt, verschied. Jg; Statistische Landesämter 2000; eigene Berechnungen

Doch auch die freien Träger bilden in sich wiederum eine höchst heterogene Gruppe von Organisationen, die sich durch ihre Werthaltungen und Ziele, aber auch durch ihre organisatorischen Grundlagen und Voraussetzungen voneinander unterscheiden (etwa mit Blick auf die jeweilige Rechts-

---

[1] Zur Beschreibung des Transformationsprozesses nach der Deutschen Einheit und zur Entwicklung freier Träger in Ostdeutschland vgl. Angershausen u.a. (1998).

form, die Größe, den Formalisierungsgrad oder die Finanzausstattung). Vereinfachend wird häufig – orientiert an der historischen Entwicklung und den spezifischen Organisationsstrukturen – von drei Gruppen gesprochen: (1) den klassischen kirchlich und verbandlich organisierten Institutionen und Organisationen, (2) den so genannten „neuen" Trägern und (3) den privat-gewerblich orientierten Anbietern.

(1) Die kirchlich und verbandlich organisierten Institutionen und Organisationen

Hierzu werden vor allem die Kirchen, Wohlfahrts- und Jugendverbände sowie die ihnen nahe stehenden Verbände, Vereine, Dienste, Einrichtungen und Gruppen gerechnet. Diese oftmals auch als tradierte oder etablierte Träger bezeichneten Organisationen können – wie die Kirchen und Wohlfahrtsverbände in der ehemaligen helfenden Jugendfürsorge oder die Jugendverbände und -gruppen in der damaligen Jugendpflege – auf eine lange Geschichte zurückblicken und waren in einigen Arbeitsfeldern der Jugendhilfe sogar über weite Zeit fast ausschließlich tätig. Unter diesen Trägern spielen vor allem die so genannten sechs Spitzenverbände der freien Wohlfahrtspflege eine große Rolle, zu denen die Arbeiterwohlfahrt, das Deutsche Rote Kreuz und der Paritätische sowie die drei konfessionellen Verbände gezählt werden – d.h. der Deutsche Caritasverband, das Diakonische Werk der Evangelischen Kirche Deutschlands und die Zentralwohlfahrtsstelle der jüdischen Kultusgemeinden, die jeweils über eine kirchliche Zweitstruktur verfügen.[2] Sie haben sich seit ihrer Gründungs- bzw. Konsolidierungsphase in der Weimarer Republik bis heute zu relevanten Sozial- und Dienstleistungsvereinigungen im Sozial- und Gesundheitswesen entwickelt und spätestens seit den 70er-Jahren einen enormen Wachstumsprozess durchlaufen, auf dessen interne und externe Folgeprobleme in den letzten Jahren verstärkt hingewiesen worden ist.[3] Zugleich hat sich mit Blick auf ihr Verhältnis zu staatlichen Instanzen eine Struktur herausgebildet, bei der die Wohl-

---

2 Die Wohlfahrtsverbände sind konzeptionell und organisatorisch vielschichtige Gebilde, die in der aktuellen Diskussion als bundesrepublikanisches Paradebeispiel für einen Organisationstypus gelten, der auch als »Non-Profit-« (NPO) oder »Non-Govermental-Organisation« (NGO) bezeichnet wird. Sie verstehen sich als integraler Bestandteil des Sozialstaats und betrachten sich nicht allein als gesundheitsbezogene und soziale Leistungsanbieter, sondern zugleich als »Gemeinwohl-Agenturen«, die ihre Überzeugungen und Werthaltungen in gestaltender und demokratischer Weise der Gemeinschaft zur Verfügung stellen (vgl. Beher/Liebig/Rauschenbach 2000). Vgl. zur Struktur der Wohlfahrtsverbände auch Boeßenecker (1995).

3 So wurden den Wohlfahrtsverbänden massive Modernisierungs-, Steuerungs- und Kontrolldefizite vorgehalten, verbunden mit deutlich formulierten Zweifeln an ihrer Funktionsfähigkeit bei der Aufgabenerfüllung, zum Beispiel beim Umgang mit öffentlichen Geldern oder durch den Widerspruch zwischen wachsenden Anforderungen an die Führung sozialer Einrichtungen und der formalen Machtstellung von Laien in den ehrenamtlich besetzten Leitungsgremien (vgl. u.a. Meyer 1999; Monopolkommission 1998; Seibel 1994).

fahrtsverbände fest in das staatlich regulierte und finanzierte duale Gesamtsystem öffentlicher und freier Wohlfahrtspflege eingebunden wurden. Dieses auch als koporatistisch bezeichnete System, das auf dem priviligierten sozialrechtlichen Status der Wohlfahrtsverbände, ihrer dominanten Position im Arbeitsfeld und gewachsenen informellen Bezüge zwischen öffentlicher und freier Jugendhilfe insbesondere auf lokaler Ebene fußt, ist allerdings in den letzten Jahren auf verschiedenen Ebenen unter Druck und in die Diskussion geraten (vgl. Backhaus-Maul/Olk 1997; Merchel 2000; Rauschenbach/Sachße/Olk 1995).[4]

Tab. 2: Plätze und tätige Personen in der Kinder- und Jugendhilfe nach Trägern am 31.12.1998

	Plätze		Personal	
	Abs.	%	Abs.	%
Insgesamt	3.423.937	100,0	573.153	100,0
Öffentliche Träger	1.425.639	41,6	228.304	39,8
Freie Träger	1.998.298	58,4	344.849	60,2
Davon: Wohlfahrtsverbände[1]	1.701.548	85,1	275.247	79,8
AWO[2]	131.936	7,8	23.000	8,4
DPWV[2]	178.471	10,5	41.725	15,2
DRK[2]	82.317	4,8	12.530	4,6
DW/EKD[2]	566.413	33,3	93.074	33,8
DCV/Kath. Kirche[2]	741.765	43,6	104.762	38,1
ZWSt[2]	646	0,0	156	0,1
Sonst. Religionsgem. des öff. Rechts[1]	8.496	0,4	1.997	0,6
Jugendgruppe, -verband, -ring[1]	13.657	0,7	5.898	1,7
Sonst. jur. Personen/andere Vereinigungen[1]	247.758	12,4	54.108	15,7
Wirtschaftsunternehmen[1]	26.839	1,3	7.599	2,2

1 Anteil an der Plätzen bzw. am Personal der freien Träger in der Kinder- und Jugendhilfe
2 Anteil des jeweiligen Wohlfahrtsverbandes an den Plätzen bzw. am Personal der freien Wohlfahrtspflege in der Kinder- und Jugendhilfe
Quelle: Statistische Landesämter 2000; eigene Berechnungen

---

4 Die Art der Verflechtung zwischen den öffentlichen Trägern und den Wohlfahrtsverbänden lässt sich als Tauschverhältnis charakterisieren, bei dem der Sozialstaat die infrastrukturellen, personellen und sozialkulturellen Ressourcen sowie den bereichsspezifischen Sachverstand der Wohlfahrtsverbände für die Realisierung sozialpolitischer Ziele und Programme nutzt. Im Gegenzug wird den Spitzenverbänden der freien Wohlfahrtspflege eine hervorgehobene Position gegenüber anderen möglichen Anbietern gesichert und öffentliche Mittel zur Verfügung gestellt (vgl. Backhaus-Maul/Olk 1994).

Auch statistisch wird bei einer Aufschlüsselung der Trägerstrukturen für das Jahr 1998 die große Dominanz der Wohlfahrtsverbände unter den nichtstaatlichen Organisationen deutlich (vgl. Tab. 2): So zeigt sich am Beispiel des Platzangebots, dass im Jahr 1998 bundesweit gut 85% aller Plätze in freier Trägerschaft von den Wohlfahrtsverbänden angeboten wurden. Zugleich hatten fast 80% der Beschäftigten bei freien Trägern einen Arbeitsplatz in der Freien Wohlfahrtspflege. Die wohlfahrtsverbandlichen Angebotsstrukturen werden hierbei insbesondere von den beiden großen konfessionellen Verbänden – dem Deutschen Caritasverband und dem Diakonischen Werk – geprägt, die allein über fast 77% des Platzangebots verfügten und weit mehr als zwei Drittel (bzw. 71,9%) der MitarbeiterInnen innerhalb der Freien Wohlfahrtspflege beschäftigten. Allerdings hat sich der relative Anteil beider konfessioneller Verbände an den Plätzen und am Personal der freien Wohlfahrtspflege im Vergleich zu 1994 leicht rückläufig entwickelt, während die entsprechenden Werte bei der Arbeiterwohlfahrt, dem Paritätischen und dem Deutschen Roten Kreuz nicht zuletzt durch ihr überdurchschnittliches Engagement in Ostdeutschland nach oben geklettert sind. Der quantitative Stellenwert der verbandlichen Träger unterscheidet sich hierbei je nach Arbeitsfeld und einzelverbandlichem Profil. So sind etwa die Jugendverbände in der Kinder- und Jugendarbeit stark vertreten (vgl. Böhnisch u.a. 1991).

(2) Die „neuen" Träger

Neben den etablierten Wohlfahrts- und Jugendverbänden sowie den Kirchen werden aber auch die Initiativ- und Selbsthilfeprojekte zum Kreis der freien Träger gerechnet. Diese „neuen" und oftmals kleinen Träger sind als Folge verschiedener sozialer Aufbrüche (wie der Kinderladen- und Elterninitiativbewegung, der Frauen- und Jugendzentrumsbewegung oder der Autonomie- und Integrationsbewegung behinderter Menschen und ihrer Angehörigen) und im Zuge der Selbsthilfebewegung der 70er-Jahre als Reaktion auf neue Bedürfnislagen und veränderte Wertpräferenzen entstanden. Sie haben häufig flexibel auf neue Entwicklungen in den Problemlagen von Heranwachsenden und auf Verkrustungen in der öffentlichen und verbandlichen Jugendhilfe reagiert. Aus heutiger Perspektive wird ihnen vor allem der Verdienst zugeschrieben durch neuartige inhaltliche Zielsetzungen und andersartige Organisationsstrukturen innovative Impulse in der Jugendhilfe ausgelöst zu haben, die nicht ohne Rückwirkungen auf die etablierten Träger geblieben sind (zum Beispiel mit Blick auf den Stellenwert der Selbsthilfe oder die Betroffenenorientierung und -partizipation). Sie haben in der Kinder- und Jugendhilfe – ebenso wie im gesamten sozialen Sozial- und Gesundheitswesen – zu einer Ausweitung selbstorganisierter Organisationsformen geführt. Damit wurde zugleich ein Prozess der allmählichen Pluralisierung der Trägerlandschaft in Gang gesetzt, mit dem Bewegung in das relativ fest gefügte Machtgefüge zwischen öffentlich und verbandlich organisierten Trägern gebracht worden ist. Mittlerweile haben sich viele Träger und Projekte im Vergleich zur Gründungsphase weitgehend institutionalisiert und professionalisiert sowie sich zum Teil wiederum einzelnen Wohlfahrtsverbänden angeschlossen, darunter insbesondere dem Paritätischen (vgl. Merchel 1993b). Inwieweit aufgrund der neuen Trägersäule im Wohlfahrtsmix jedoch grundsätzlich von einer Erosion korporatischer Strukturen gesprochen werden kann, wird kontrovers diskutiert.[5]

Statistisch sind die neuen Träger nur schwer zu identifizieren und werden zum Teil in der Sammel- und Restkategorie der „sonstigen Vereinigungen und juristischen Personen" erfasst (vgl. Tab. 2). Diese bilden nach den Wohlfahrtsverbänden mit einem Anteil von rund 12% und 16% am Platz- und Personalvolumen die zweitgrößte Gruppe der freien Kinder- und Jugendhilfe.

(3) Die privat-gewerblich orientierten Organisationen

Und schließlich werden zu den freien Träger auch privat-gewerbliche Organisationen gezählt, die auf dem Gebiet der Kinder- und Jugendhilfe tätig sind und die beispielsweise mit Blick auf Wettbewerbsstrukturen im Sozial- und Gesundheitswesen und die europäische Integration zunehmend Beachtung auf dem Wohlfahrtsmarkt bzw. innerhalb einer „economie sociale" finden (vgl. Ottnad 2000; Backhaus-Maul 1996). Sie spielen in der Kinder- und Jugendhilfe unter quantitativen Aspekten und im Unterschied zu anderen Sozialleistungsbereichen (bislang) keine nennenswerte Rolle (vgl. Tab. 2): So verfügten diese, in der Statistik als Wirtschaftsunternehmen bezeichneten Träger im Jahr 1998 über einen Anteil an den Plätzen der freien Jugendhilfe in Höhe von 1,3% und am Personal im Umfang von 2,2%.

2. Die aktuelle Diskussion

Das gewachsene Nebeneinander verschiedenster Träger mit unterschiedlichen Wertorientierungen und einer Vielzahl von Inhalten, Methoden und Arbeitsformen wird auch auf rechtlicher Ebene im SGB VIII als zentrales und strukturbildendes Prinzip der Kinder- und Jugendhilfe anerkannt und durch das ebenfalls rechtlich fixierte Wunsch- und Wahlrecht der Anspruchsberechtigten auf ein ihren Wert- und Erziehungsvorstellungen entsprechendes Angebot legitimiert. Das Verhältnis der Träger der öffentlichen und freien Kinder- und Jugendhilfe basiert hierbei auf dem Leitbild der „partnerschaftlichen Zusammenarbeit", zu der der Gesetzgeber die öffentlichen Träger unter Beachtung der Selbstständigkeit und der Autonomie

---

5 Ob die Pluralisierung der Trägerlandschaft mit dem sukzessiven Ende des lokalen Korporatismus gleichzusetzen ist oder ob es sich lediglich um eine Erweiterung bzw. Modernisierung korporatischer Strukturen handelt, bei der die etablierten Träger ihre bisherige Machtposition verteidigen können, wäre weiter zu analysieren (vgl. Heinze/Strünck 1996; Merchel 2000).

der freien Jugendhilfe zum Wohl der Heranwachsenden und ihrer Familien verpflichtet (vgl. Wiesner 2000b). In dieser Formel spiegelt sich die Normierungskraft des so genannten „Subsidiaritätsprinzip", wie es im Anschluss an das Reichsjugendwohlfahrtsgesetz der Weimarer Republik zunächst im vorgängigen, bundesrepublikanischen Jugendwohlfahrtsgesetz aufgenommen und vom Bundesverfassungsgericht im Jahr 1967 interpretiert und relativiert worden ist (vgl. Greese 2000; Heimerl 1995). Subsidiarität als gesellschaftliches Ordnungsprinzip und die hieraus abgeleitete Trägerpluralität werden dabei als Elemente einer demokratischen Staats- und Sozialordnung sowie als Ausdruck einer breiten gesellschaftlichen Verantwortung unterschiedlicher Interessengruppen für die Jugendhilfe bzw. die Sozialisationsbedingungen Heranwachsender gewertet (Merchel 1993a). Zugleich wurde die „Jugendhilfe (...) seit Beginn ihrer Institutionalisierung nicht nur als eine staatliche Aufgabe verstanden, sondern als ein Aufgabenbündel, zu dessen Bearbeitung gesellschaftliche Gruppierungen nicht nur als ausführende leistungserbringende Institutionen, sondern auch als bei Steuerungsvorgängen beteiligte Kooperationspartner einbezogen" werden sollten (Merchel 2000, S. 92).

Auch dem SGB VIII liegt ein kooperatives Verständnis vom Zusammenwirken zwischen öffentlicher und freier Jugendhilfe zugrunde, bei dem die öffentliche Seite die Aufgabe hat, die notwendigen Rahmenbedingungen für die plurale Trägerlandschaft und die strukturelle Vielfalt zu schaffen und zu erhalten. Ihr obliegt die Letzt- bzw. Gesamt- und Planungsverantwortung für die Erfüllung der rechtlich normierten Aufgaben und sie hat dementsprechend dafür Sorge zu tragen, dass die Jugendhilfeleistungen in angemessenem Umfang und in ausreichender Qualität zur Verfügung stehen (vgl. Wiesner 2000b). Zur Gestaltung der pluralen Jugendhilfestruktur und zur Absicherung des kooperativen Miteinanders öffentlicher und freier Jugendhilfe hat der Gesetzgeber spezifische Strukturen und Instrumente vorgesehen, deren Spektrum im Vergleich zum Jugendwohlfahrtsgesetz sogar noch erweitert worden ist. So finden kooperative Steuerungsmechanismen bzw. die Mitwirkung der freien Träger ihren institutionellen Ausdruck u.a. in:

- der zweistufigen und -gliedrigen Organisation des (Landes-)Jugendamtes in einen Verwaltungsbereich und den übergeordneten (Landes-)Jugendhilfeausschuss als zentrales Gremien für alle Jugendhilfeangelegenheiten und mit breitem Gestaltungsauftrag (§71), in das unterschiedliche gesellschaftliche Gruppierungen einbezogen werden und Repräsentanten der freien Träger mitwirken,
- in der Jugendhilfeplanung (§§79, 80), an der alle anerkannten freien Träger umfassend und frühzeitig beteiligt werden sollen,
- in den örtlichen, trägerübergreifenden Arbeitsgemeinschaften (§78), die sich als Beratungs- und Kooperationsgremien zur Umsetzung der Planungsergebnisse und zur Konkretisierung der partnerschaftlichen Zusammenarbeit kennzeichnen lassen (vgl. Merchel 2000).

Auf rechtlicher Ebene gestaltet sich das Verhältnis öffentlicher und freier Träger also höchst komplex und ist als sensible Partnerschaft unabhängiger Träger konzipiert, bei der insbesondere die sozialpolitische Funktion der freien Jugendhilfe und die eigenständige Rolle der nicht-staatlichen Organisationen im Trägerensemble rechtlich normiert werden. Dieses partnerschaftliche Leitbild und die hiermit verbundenen Strukturen beruhten lange Zeit auf einem breiten Konsens zwischen öffentlicher und freier Jugendhilfe, obgleich in der Jugendhilfepraxis das Miteinander unterschiedlicher Träger durchaus mit Problemen verbunden war und ist – etwa mit Blick auf Trägerkonkurrenzen in Anbetracht begrenzter finanzieller Ressourcen, die Zersplitterung der Jugendhilfelandschaft bei wachsenden Kooperations- und Vernetzungsanforderungen, die verbandsorientierte Zusammensetzung des Jugendhilfeausschusses im Spannungsfeld von Partialinteressen und sozialpolitischer Anwaltsfunktion oder die nur unzureichende Beteiligung freier Träger an der Jugendhilfeplanung (vgl. u.a. Wiesner 2000a; Seckinger u.a. 1998).

Über die zu verzeichnenden Steuerungs- und Handlungsdefizite in der Praxis hinaus sind die Form des kooperativen Miteinanders und die hiermit korrespondierenden Organisationsstrukturen allerdings auch aus anderer Stoßrichtung in die Diskussion geraten. So haben insbesondere die Vertreter der öffentlichen Jugendhilfe angesichts gravierender sozial- und finanzpolitischer Probleme der Länder, Städte und Kreise die Frage nach einer möglichen Reform der Jugendhilfestrukturen aufgeworfen. Die hierbei zu verzeichnende stärkere Ausrichtung an wettbewerbsorientierten Steuerungselementen und die konsequentere Akzentuierung ökonomischer Prinzipien hat auf rechtlicher Ebene mit Blick auf die Finanzierungsregelungen bei den teilstationären und stationären Einrichtungen bereits Eingang in das SGB VIII gefunden. Veränderungstendenzen spiegeln sich aber auch in den Aktivitäten zur Verwaltungsreform („neue Steuerung") und den hiermit korrespondierenden grundsätzlichen Zuständigkeitsfragen zwischen den verschiedenen föderalen Ebenen. Zugleich hat in der Fachöffentlichkeit in Anschluss an den Achten Kinder- und Jugendbericht und als Reaktion auf die komplexeren Lebenswelten von Heranwachsenden und Familien eine Sichtweise an Konjunktur gewonnen, bei der unter Rückgriff auf Konzepte der Gemeinwesenarbeit und sozialökologischer Ansätze nicht aus betriebswirtschaftlicher, sonder fachlicher Perspektive Modernisierungsbedarf in Richtung einer verstärkten Sozialraumorientierung und trägerübergreifender Kooperationen angemahnt wird.

(1) Die Neuregelung der Entgeltfinanzierung

Mit der zum 1.1.1999 erfolgten Novellierung des §77 bzw. den Ergänzungen der §§78a-g KJHG, sollten sowohl ökonomische Zielsetzungen verfolgt (wie die Dämpfung der Kostenentwicklung, eine höhere Transparenz zwischen Kosten und Leistungen) als auch fachlichen Erwägungen Rechnung getragen werden. Zentrale Elemente der Neuordnung, bei der zusammengefasst vor allem die verschiedenen Formen teilstationärer und stationärer Leistungserbringung im Rahmen der erzieherischen Hilfen im Mittelpunkt stehen, sind der Abschluss von Vereinbarungen mit Trägern, die „unter Berücksichtigung der Grundsätze der Leistungsfähigkeit, Wirtschaftlichkeit und Sparsamkeit zur Erbringung der Leistung geeignet sind" als Voraussetzung für die Kostenübernahme, die Differenzierung zwischen Leistungs-, Entgelt- und Qualitätsentwicklungsvereinbarungen, die Einbeziehung aller Leistungsanbieter (auch privat-gewerblicher), die Prospektivität der Pflegesätze, ein abgestuftes Vereinbarungssystem durch Rahmenverträge auf Landesebene und die Einführung einer Schiedsstelle zur Regelung von Konflikten zwischen den Verhandlungspartnern (vgl. Merchel 1999a; Wiesner 2000b).[6] Mit Blick auf das Verhältnis öffentlicher und freier Jugendhilfe signalisiert der Gesetzgeber durch den Begriff der „Vereinbarungen", dass es sich nicht um ein Über- und Unterordnungsverhältnis handeln soll, sondern um eine Partnerschaft mit Aushandlungscharakter. Damit wird eine neue Form kooperativer Steuerung favorisiert, bei der im Idealfall zwei unabhängige Verhandlungspartner ein von beiden getragenes Ergebnis fachlich kompetent und zweiseitig aushandeln sowie vertraglich festlegen. Insofern tritt zugleich ein marktähnliches System an die Stelle des Subsidiaritätsprinzips bzw. an den Platz einer Form der „partnerschaftlichen Zusammenarbeit zwischen öffentlichen und freien Trägern im Sinne eines geschlossenen Systems von Partnern, die gemeinsam im Jugendhilfeausschuss Bestand und Bedarf feststellen und anschließend gemeinsam entscheiden, wer (von ihnen) jeweils die notwendigen Einrichtungen und Dienste schafft" (Wiesner 1999, S. 11).

In der Fachöffentlichkeit schwankt die Einschätzung der neuen Regelungen zwischen Euphorie und Skepsis (vgl. Späth 1999). Besondere Hoffnungen werden hierbei auf das der Qualitätsentwicklungsvereinbarung inhärente fachliche Innovationspotential gesetzt. Dagegen beziehen sich kritische Stimmen vor allem auf die mögliche Reduktion des komplexen und relativen Qualitätsbegriffs auf ein lediglich formales, betriebswirtschaftliches Verständnis, die Handhabung der Vereinbarungen bzw. den hierarchischen Umgang mit den freien Trägern auf kommunaler Ebene, die zu verstärkende Einbeziehung der Nutzerperspektive sowie die Vernachlässigung infrastruktureller und sozialer Bezüge durch eine einrichtungszentrierte Perspektive. Die tatsächlichen jugendhilfepolitischen Effekte sind empirisch allerdings nur schwer einzuschätzen, etwa mit Blick auf den durch die Regelungen angestrebten Effekt der Kostendämpfung, einen transparenten Wettbewerb, die Trägerlandschaft, die Qualität des Angebots, die Position der Leistungsberechtigten, die Einheitlichkeit von Leistungsstandards in der Bundesrepublik und die Rolle der Landesjugendämter (vgl. Merchel 1999a,b; Hansbauer 2000; Späth 1999; Wiesner 1999; Wolf 2000)

---

6 Zu den Details der neuen Regelungen vgl. den Sammelband von Kröger (1999) sowie Wiesner (2000b).

(2) Neue Steuerung

Seitdem die Kommunale Gemeinschaftsstelle für Verwaltungsvereinfachung (KGSt) Anfang der 90er-Jahre mit dem Ziel einer umfassenden, bürger- und kundenfreundlichen Reform der öffentlichen Verwaltung angetreten ist und das Modell der „neuen" oder auch „outputorientierten Steuerung" Mitte der 90er-Jahre am Beispiel der Kinder- und Jugendhilfe in verschiedenen Berichten durchdekliniert hat (vgl. KGSt 1994, 1995, 1996, 1998), beherrscht dieses Thema die jugendhilfepolitische Diskussion. Die konzeptionellen Vorstellungen der KGSt, die aus der internationalen Debatte um das „New Public Management" hervorgegangen, beruhen hierbei auf der betriebs- und verwaltungswirtschaftlich inspirierten Grundidee der „Kommune als Dienstleistungsunternehmen" oder auch „Konzern", mit der die Leistungsdefizite traditionellen Verwaltungshandelns durch Abkehr von der traditionellen Dezernats- und Ämterstruktur und die Einführung unternehmensähnlicher Strukturen überwunden werden sollen. Sie können momentan wohl als sichtbarster Ausdruck eines Paradigmenwechsels in Richtung einer verstärkten Markt- und Wettbewerbsorientierung interpretiert werden, der im Vergleich zu anderen Feldern des Gesundheits- und Sozialwesens, das Handlungsfeld der Kinder- und Jugendhilfe relativ spät erreicht hat und in der Rezeption durch die Fachöffentlichkeit insbesondere durch die ungenügende Integration fachlicher Inhalte gegenüber ökonomischen Aspekten stark kritisiert worden ist.[7]

Als Folge der Debatte um neue Steuerungsmodelle hat sich auf örtlicher Ebene inzwischen ein großer Teil der Jugendämter auf den Weg zu einem neuen Selbstverständnis als Dienstleistungsunternehmen und einer veränderten Organisationsgestalt gemacht (vgl. Liebig 2001; Seckinger u.a. 1998). Die Strategien, die hierbei verfolgt werden, sind höchst unterschiedlich und stehen zum Teil sogar im Widerspruch zu den bundesrechtlichen Vorgaben zur Konstruktion des Jugendamtes.[8] Das gewandelte Selbstverständnis der kommunalen Jugendämter, ihr wachsendes Steuerungsbedürfnis und die veränderten Organisationsstrukturen berühren zwangsläufig auch den Bereich der freien Jugendhilfe und zwar in doppelter Hinsicht, da zum einen die gewachsenen Beziehungen und Organisationsstrukturen zwischen öffentlichen und freien Träger grundsätzlich auf dem Prüfstand stehen und zum anderen die wachsende Wettbewerbsorientierung auf Seiten der öffentlichen Kostenträger nicht ohne Rückwirkungen auf den internen Diskussionsprozess und die organisatorischen Strukturen der freien Träger bleibt. Ungeklärt erscheint bis-

---

7 Zur Philosophie der neuen Steuerungsmodelle und ihrer Rezeption in der Fachöffentlichkeit vgl. zusammenfassend Jordan/Reisman (1998) sowie Liebig (2001) und zur Darstellung und Entwicklung der KGSt-Berichte vgl. Schilling (2000).

8 Liebig (2001) unterscheidet in diesem Zusammenhang vier grundlegende Veränderungsmuster: die Eingliederung des Jugendamts in größere Organisationseinheiten, die Dezentralisierung des Jugendamts mit interner Umstrukturierung, die Auslagerung von Aufgaben aus der Verwaltungseinheit Jugendamt und die Privatisierung von Jugendamtsaufgaben.

lang die Sonderstellung der Jugendamts als eigenständige Organisationseinheit im politischen und bürokratischen Gefüge der Kommune und die Zweigliedrigkeit dieser Behörde bzw. der Bestand und die Funktion des Jugendhilfeausschusses als Ort partnerschaftlicher Kooperation und Entscheidungs- und Mitwirkungsorgan freier Träger auf örtlicher Ebene (vgl. Wiesner 2000a). Weitgehend offen ist auch der zukünftige Status der nicht-staatlichen Organisationen, die – so die Kritik – im Horizont neuer Steuerung und vor dem Hintergrund der modifizierten Finanzierungsregelungen und -verfahren (wie Ausschreibungen, Leistungsverträge, Qualitätsanforderungen und Kontrolloptionen) eher in der Funktion „bloßer Erfüllungsgehilfen", „reiner Auftragnehmers" oder abhängiger Leistungserbringer der öffentlichen Hand erscheinen und damit einem reduzierten funktionalen Rollenverständnis freier Trägerschaft entsprechen, das dem normierten Bild partnerschaftlicher Zusammenarbeit entgegenlaufen könnte (vgl. Liebig 2001; Wolf 2000).

Auch innerhalb der freien Jugendhilfe werden seit Beginn der 90er-Jahre verstärkt Diskussionen darüber geführt, in welcher Form den gewandelten Umweltbedingungen und neuen ökonomischen Anforderungen Rechnung getragen werden kann. Diese Debatte wird am ausgeprägtesten für und in der freien Wohlfahrtspflege geführt, die bei drohenden Legitimationsverlusten um einen neuen Standort zwischen Gemeinwohl- und Wettbewerbsorientierung ringt (vgl. u.a. Ottnad/Wahl/Miegel 2000). Als vorläufiges Zwischenergebnis dieses Prozesses werden im Umfeld der Wohlfahrtsverbände unterschiedliche Modernisierungsstrategien verfolgt – wie etwa die Überwindung von Defiziten in der Betriebsführung der Einrichtungen, die Veränderung kontraproduktiver organisatorischer Strukturen zur Vermeidung von Reibungsverlusten, die Unterstützung und Förderung ehrenamtlichen Engagements (z.B. durch Freiwilligenagenturen), die unabhängige Außenprüfung mit und ohne Zertifikat, die Aufgabe unrentabler Aufgabenfelder und Angebotsformen, die betriebswirtschaftlich bedingte Ausgliederung von Aufgabenbereichen (wie Seniorenhilfe) bzw. Teilleistungen (wie Hausreinigung oder Essensversorgung) an verbandseigene Organisationen mit veränderter Rechtsform oder verbandsfremde Dritte zur Minimierung von Geschäftsrisiken (vgl. Backhaus-Maul/Olk 1994; Boeßenecker u.a. 2000; Ludemann/Negwer 2000).

(3) Die Verteilung der Zuständigkeiten zwischen Bund, Ländern und Kommunen

In Fortsetzung der bereits mit der Verabschiedung des SGB VIII eingeleiteten Kommunalisierung der Kinder- und Jugendhilfe und befördert durch die Verwaltungsreform wird derzeitig aus ordnungsrechtlicher Perspektive grundsätzlich die Verteilung von Zuständigkeiten thematisiert und die „politische Legitimation der Bundesebene für die Vorgabe von administrativen Strukturen bei der Aufgabenerfüllung der kommunalen Ebene in Zweifel gezogen" (Liebig 2000, S. 245). In diesen Zusammenhang lassen sich Forderungen nach Deregulierung und Reduzierung bundes- und landesrechtlicher Vorschriften zur Erweiterung und Flexibilisierung kommunaler Handlungsspielräume bzw. Initiativen zur Rückführung von Regelungszuständigkeiten vom Bund auf die Ebene der Länder einordnen. Hierunter fallen etwa die Gesetzesinitiative der Innenminister der Bundesländer „zur Erleichterung der Verwaltungsreform in den Ländern" von 1998 (bzw. das sogenannte Zuständigkeitslockerungsgesetz[9]) und die Bestrebungen einzelner Bundesländer zur funktionellen Entwertung, Umstrukturierung oder Auflösung der Landesjugendämter, die insbesondere auf Seiten der freien Träger aufgrund der befürchteten Qualitätseinbußen und der Schwächung zentraler Steuerungseinheiten großen Protest ausgelöst haben (vgl. AGJ 1998; Liebig 2001; Struck 2000; Rothenburger Thesen 1999; Wolf 2000).

(4) Sozialraumorientierung

Im Verlauf der 90er-Jahre wurde in verschiedene Arbeitsfeldern über ein erweitertes konzeptionelles Arbeitsverständnis nachgedacht, bei dem über der Grenzen der einzelnen Einrichtung hinaus zunehmend größere Aggregate und sozialräumliche Zusammenhänge ins Blickfeld geraten sind – wie andere Institutionen und benachbarte Dienste, der Stadtteil, die Gesamtversorgungsstruktur, das familiale und soziale Netzwerk oder auch der kommunalpolitische Kontext. Am vehementesten werden derartige Diskussionen derzeitig im Bereich der erzieherischen Hilfen geführt, bei denen unter Etiketten wie „flexible Hilfen", „Jugendhilfestationen", „Hilfen aus einer Hand" oder „integrierte Hilfen" in unterschiedlicher Weise versucht wird, individuellere Betreuungsarrangements für Kinder und Jugendliche, wohnortnah und entspezialisiert, unter Orientierung am Gemeinwesen bzw. an den Ressourcen des Sozialraums zu kreieren und in der örtlichen Praxis sozialverantwortlich mit Leben zu füllen. Sie stellen u.a. eine Reaktion auf versäulte rechtliche und starre organisatorische Strukturen sowie die hieraus resultierenden Probleme dar (wie Beziehungsabbrüche, Verschiebepraktiken und Ausgrenzungsmechanismen von Jugendlichen). Zugleich handelt es sich um Versuche einer verstärkten trägerbezogenen und -übergreifenden Vernetzung verschiedener jugendhilfespezifischer Angebote und Arbeitsfelder sowie den Ausdruck eines wachsenden, weit die Jugendhilfe hinausreichenden sozialräumlichen Kooperationsbedürfnisses. Die Umsetzung sozialräumlicher Verantwortlichkeit und die hiermit zusammenhängenden Vernetzungsfragen setzen – wie erste Erfahrungen zeigen – u.a. ein ge-

---

9 Mit den in diesem Kontext geplanten Änderungen des SGB VIII sollte den Ländern durch Landesrechtsvorbehalt bzw. per Öffnungsklausel die Möglichkeit gegeben werden, (1) abweichende Regelungen über die sachliche Zuständigkeit der überörtlichen Träger zu treffen und so eine Kommunalisierung von Aufsichtsfunktionen der Landesjugendämter in die Wege zu leiten, (2) von der Verpflichtung zur Errichtung von zweigliedrigen Jugendämtern durch die Zulassung einer abweichenden Organisationsstruktur abzurücken sowie (3) den für Jugendhilfeangelegenheiten zuständigen Ausschuss zu modifizieren (vgl. Struck 2000).

meinsames Konzept zwischen verschiedenen Trägern auf der Grundlage einer gleichberechtigten Zusammenarbeit und jenseits einseitiger finanzieller Abhängigkeiten und Trägerkonkurrenzen im Horizont neuer Finanzierungsregelungen voraus (vgl. Wolff 2000a, b; EREV 2000).

Diese Thematik beleuchtet auch der im Jahr 1998 publizierte KGSt-Bericht zum „Kontraktmanagement zwischen öffentlichen und freien Trägern in der Jugendhilfe", in dem das Verhältnis beider Trägergruppen thematisiert und für die Notwendigkeit flexibler Finanzierungsregelungen in Form von Sozialraumbudgets plädiert wird. Die Zusammenarbeit zwischen öffentlichen und freien Trägern soll hiernach in Form des Kontraktmanagement und im Rahmen eines auf Verständigung zielenden Kommunikationsprozesses erfolgen. Um eine verstärkte sozialräumliche Orientierung zu gewährleisten bzw. den Übergang von der fall- zur feldorientierten Arbeit voranzutreiben, sei – so die KGSt mit Blick auf das Beispiel der ambulanten Erziehungshilfen – eine Neuregelung der Finanzierungsmodalitäten in Form von Sozialraumbudgets erforderlich.[10] Hiernach können ein oder mehrere Träger auf der Basis von Belastungsindikatoren und der Bedarfsentwicklung in einem sozialen Raum (d.h. einem Bezirk, Ortsteil oder Wohnquartier) ein jeweils auszuhandelndes Budget über einen Leistungsvertrag bekommen. Diese Form der Finanzierung würde die freien Träger nicht allein zur kostengünstigen Bearbeitung des Einzelfalls motivieren, sondern zugleich zur Nutzung der Ressourcen des sozialen Raums und zur Prävention beitragen (vgl. KGSt 1998).

In diesen Vorstellungen kommt nach Merchel „eine intensivierte und zugespitzte Tendenz zur kooperativen Steuerung in der Jugendhilfe zum Ausdruck, bei der die bisher differenzierten Funktionen von öffentlichem Träger und freien Trägern allmählich aufweichen, und zwar in einer Weise, die die tradierte Einbindung von Repräsentanten der freien Träger in den Jugendhilfeausschuss überschreitet und erweitert. Freie Träger und ihre Einrichtungen werden in die alltagsnahe, kleinteilige und kleinräumige Steuerung von sozialpädagogischen Leistungen so eingebunden, dass Funktionsdifferenzen des öffentlichen Trägers nur noch marginal bedeutsam werden" (Merchel 2000, S. 101f.). Mit Blick auf die Weiterentwicklung der integrierten Hilfen und die Trägerstrukturen müssen die jeweilige Gestaltung der Gesamtverantwortung, die potentielle Einschränkung der Trägervielfalt zum Beispiel durch einen Verdrängungswettbewerb zu Lasten kleiner Träger oder die mögliche Ausgestaltung der Rolle des Trägers mit Generalversorgungsauftrag (Erbringung aller Leistungen durch eigene Dienste, Funktionalisierung anderer Träger als Subunternehmer oder Einbeziehung aller Träger in ei-

---

10 Mit Blick auf die Budgetierung schlägt die KGSt vor, daß vom Gesamtbudget der ambulanten Erziehungshilfe ein auszuhandelnder Betrag (ca. 70%) als garantierter Sockelbetrag den freien Trägern ausgezahlt wird, die dafür die Verpflichtung zur Bearbeitung aller anfallenden Fälle im Sozialraum übernehmen. Hinzu kommen weitere 10% für fallunspezifische Tätigkeiten. Der Anspruch auf die verbleibenden 20% muß durch den Nachweis qualitativ befriedigender Arbeit (z.B. in Controlling-Workshops) erworben werden (vgl. KGSt 1998).

nem Gemeinschafter-Modell) in verstärktem Umfang thematisiert werden (vgl. Briel 1999).[11]

4. Ausblick

Die pluralen Trägerstrukturen in der Kinder- und Jugendhilfe haben in der Vergangenheit unbestritten zum ungewöhnlichen Entwicklungs- und Wachstumsprozess dieses Arbeitsfeldes beigetragen. Nun stehen sie in doppelter Hinsicht auf dem Prüfstand: Einerseits mit Blick auf sozialen Wandel und die hiermit korrespondierenden komplexeren Herausforderungen an die Gestaltung der Angebotsstrukturen und der pädagogischen Arbeit; andererseits aufgrund der sich de facto vollziehenden Veränderungsprozesse in der öffentlichen Jugendhilfe, die aufgrund der Nebeneffekte für die freien Träger eine verstärkte Diskussion über das Leitbild, die Strukturen und Formen partnerschaftlicher Kooperation erfordern. Im Einzelnen gilt es hierbei für die verschiedenen Orte institutioneller Zusammenarbeit nach Wegen zur konstruktiven Weiterentwicklung zu suchen, zum Beispiel mit Blick auf:[12]

- ein lebendiges Jugendamt als Organisationseinheit vor Ort, die in der Lage ist, in Zeiten sozialen Wandels gegenüber den neuen Herausforderungen und orientiert an sozialpädagogischen Erfordernissen, inhaltlich offen und problemnah sowie politisch handlungsfähig zu agieren;
- den Jugendhilfeausschuss grundsätzlich über den Stellenwert und die Grenzen dieses Gremiums als Ort der Trägerbeteiligung nachzudenken und in seiner Zusammensetzung in Richtung einer Öffnung für bürgerschaftliches Engagement und einer stärkeren Beteiligung von Kindern, Jugendlichen und Eltern zu diskutieren;
- die Landesjugendämter als Instanzen auf Landesebene, die zentrale Aufgaben durchführen und planen, Träger und Einrichtungen beraten und unterstützen, neue Modelle und Projekte anregen und fördern;
- den Kommunikationsprozess zwischen Verwaltung und Trägern der freien Jugendhilfe, um strukturelle Verbesserungen in Angriff zu nehmen bzw. weitergehende Informations- und Beteiligungsformen zu schaffen;
- die Zusammenarbeit mit anderen Akteuren innerhalb und außerhalb der Kinder- und Jugendhilfe, um neue träger- und bereichsübergreifende Formen der Kooperation und Vernetzung zu entwickeln und als Antwort auf die immer komplexeren Lebenswelten der Heranwachsenden, Ressourcen zu bündeln und gemeinsam neue Wege der Zusammenarbeit auf lokaler Ebene zu beschreiten.

---

11 Vgl. zur Sozialraumorientierung EREV (2000) und Hinte u.a. (1999), zu den integrierten Erziehungshilfen Wolff (2000) sowie zur Entwicklung der KGSt-Berichte Schilling (2000).
12 Vgl. zu den folgenden Punkten u.a. Hinweise und Empfehlungen (1999); Kreft (1999); Merchel (2000); Rothenburger Thesen der AGJ (1999); Wiesner (2000a).

Angesichts des derzeitig zu verzeichnenden Systemwechsels in Richtung Wirtschaftlichkeit und Kostensparen geht es darüber hinaus grundsätzlich darum, sozialpädagogische Fachlichkeit in der Kinder und Jugendhilfe zu definieren und weiterzuentwickeln. Diese Zielsetzung umfasst auch die Frage nach der bundes- und landesweiten Absicherung und Vergleichbarkeit inhaltlicher, organisatorischer und personeller Standards, die es in Anbetracht der Gefahren einer örtlich deregulierten und finanzschwachen Jugendhilfe in Zukunft verstärkt zu thematisieren gilt.

Literatur zur Vertiefung

Böhnisch, Lothar/Gängler, Hans/Rauschenbach, Thomas (1991); Handbuch Jugendverbände; Weinheim/München
Boeßenecker, Karl-Heinz (1995): Spitzenverbände der freien Wohlfahrtspflege in der BRD: Eine Einführung in Organisationsstrukturen und Handlungsfelder, Münster
Dahme, Heinz-Jürgen/Wohlfahrt, Norbert (Hrsg.) (2000): Netzwerkökonomie im Wohlfahrtsstaat. Wettbewerb und Kooperation im Sozial- und Gesundheitssektor, Berlin
Liebig, Reinhard (2001): Strukturveränderungen des Jugendamts. Kriterien für eine gute Organisation der öffentlichen Jugendhilfe, Weinheim u.a.
Rauschenbach, Thomas/Sachße, Christoph/Olk, Thomas (Hrsg.) (1995): Von der Wertgemeinschaft zum Dienstleistungsunternehmen. Jugend- und Wohlfahrtsverbände im Umbruch, Frankfurt am Main

Literatur

AGJ – Arbeitsgemeinschaft für Jugendhilfe (1998): Stellungnahme der Arbeitsgemeinschaft für Jugendhilfe zum Entwurf eines Gesetzes zur Erleichterung der Verwaltungsreform (Zuständigkeitslockerungsgesetz. In: Forum Jugendhilfe, Heft 1, S. 22
Angershausen, Susanne u.a. (1998): Überholen ohne einzuholen. Freie Wohlfahrtspflege in Ostdeutschland, Opladen
Backhaus-Maul, Holger (1996): Trägerkonkurrenz und Wirtschaftlichkeitsmaximen im Sozialsektor. In: Nachrichtendienst des Deutschen Vereins für öffentliche und private Fürsorge, Heft 9, S. 280-286
Backhaus-Maul, Holger/Olk, Thomas (1994): Von Subsidiarität zu „outcontracting": Zum Wandel der Beziehungen von Staat und Wohlfahrtsverbänden in der Sozialpolitik. In: Streeck, Werner (Hrsg.) (1994): Staat und Verbände, Opladen, S. 100-135
Backhaus-Maul, Holger/Olk, Thomas (1997): Vom Korporatismus zum Pluralismus? Aktuelle Tendenzen im Verhältnis zwischen Staat und Wohlfahrtsverbänden. In: Theorie und Praxis der Sozialen Arbeit, 28. Jg., Heft 3, S. 25-32
Beher, Karin/Liebig, Reinhard/Rauschenbach, Thomas (2000): Strukturwandel des Ehrenamts. Gemeinwohlorientierung im Modernisierungsprozess, Weinheim u.a.
Böhnisch, Lothar/Gängler, Hans/Rauschenbach, Thomas (1991); Handbuch Jugendverbände; Weinheim/München
Boeßenecker, Karl-Heinz (1995): Spitzenverbände der freien Wohlfahrtspflege in der BRD: Eine Einführung in Organisationsstrukturen und Handlungsfelder, Münster

Boeßenecker, Karl-Heinz u.a. (Hrsg.) (2000): Privatisierung im Sozialsektor. Rahmenbedingungen, Verlaufsformen und Probleme der Ausgliederung sozialer Dienste, (Sozialpolitik und Sozialmanagement, Bd. 1), Münster

Briel, Rudi (1999): Chancen erkennen. Sozialraumorientierung heißt nicht automatisch Deckelung. Sie kann bei entsprechenden Rahmenbedigungen auch Innovationsmöglichkeiten eröffnen. In: Neue Caritas, Heft 4, S. 19-20.

Dahme, Heinz-Jürgen/Wohlfahrt, Norbert (Hrsg.) (2000): Netzwerkökonomie im Wohlfahrtsstaat. Wettbewerb und Kooperation im Sozial- und Gesundheitssektor, Berlin

EREV – Evangelischer Erziehungsverband e.V. (Hrsg.) (2000): Jugendhilfe im Sozialraum. Lippenbekenntnis oder neue Verantwortung für die Sozialverwaltung und freie Träger der Jugendhilfe, (Schriftenreihe, 41 Jg., Nr. 1), Hannover

Greese, Dieter (2000): Strukturpolitisches Ungleichgewicht zwischen freier und öffentlicher Jugendhilfe nach §27 SGB VIII). In: Evangelische Jugendhilfe, 77. Jg., Heft 1, S. 21-25

Hansbauer, Peter (2000): Vom Qualitäts- zum Partizipationsdiskurs. In: Zeitschrift für Jugendrecht, 87. Jahrgang, Nr. 2, S. 50-56.

Heimerl, Peter (1995): Wohlfahrtsverbände im Dritten Sektor: Entwicklung und Struktur der Arbeiterwohlfahrt Baden, Konstanz

Heinze, Rolf G./Strünck, Christoph (1996): Kontraktmanagement im Windschatten des „Wohlfahrtsmix"? Neue kommunale Steuerungsmodelle für das System der Wohlfahrtsverbände. In: Evers, Adalbert/Olk, Thomas (Hrsg.) (1996): Wohlfahrtspluralismus. Vom Wohlfahrtsstaat zur Wohlfahrtsgesellschaft, Opladen, S. 294-322

Hinte, Wolfgang u.a. (1999): Soziale Dienste: Vom Fall zum Feld. Soziale Räume statt Verwaltungsbezirke, Berlin

Hinweise und Empfehlungen zur Steuerung der Jugendhilfe (1999). Gemeinsame Stellungnahme des Deutschen Städtetags (DST) und der Arbeitsgemeinschaft für Jugendhilfe (AGJ). Beschlossen vom Sozialausschuss des Deutschen Städtetags am 14./15. Januar 1999 sowie vom Vorstand der Arbeitsgemeinschaft für Jugendhilfe am 27. Januar 1999

Jordan, Erwin/Reismann, Hendrik (1998): Qualitätssicherung und Verwaltungsmodernisierung in der Jugendhilfe, (Institut für soziale Arbeit e.V. (Hrsg.): Soziale Praxis, Heft 19), Münster

KGSt – Kommunale Gemeinschaftsstelle (1994): Outputorientierte Steuerung der Jugendhilfe, Bericht Nr. 9, Köln

KGSt – Kommunale Gemeinschaftsstelle (1995): Aufbauorganisation in der Jugendhilfe, Bericht Nr. 3, Köln

KGSt – Kommunale Gemeinschaftsstelle (1996): Integrierte Fach- und Ressourcenplanung in der Jugendhilfe, Bericht Nr. 3/1996, Köln

KGSt – Kommunale Gemeinschaftsstelle (1998): Kontraktmanagement zwischen öffentlichen und freien Trägern in der Jugendhilfe, Bericht Nr. 12, Köln

Kreft, Dieter (1999): Jugendhilfe – was hat sich eigentlich bewährt? Was gilt es zu verteidigen? In: Theorie und Praxis der sozialen Arbeit, 30. Jg., Nr. 8, S. 290-293)

Kröger, Reinhard (Hrsg.) (1999): Leistungs-, Entgelt- und Qualitätsentwicklung in der Jugendhilfe. Arbeitshilfen mit Musterbeispielen zur praktischen Umsetzung der §§78a-g SGB VIII, Neuwied u.a.

Liebig, Reinhard (2000): Strukturveränderungen der Jugendämter – Strategien, Positionen und Problemfelder. In: Zentralblatt für Jugendrecht, 87. Jg., Heft 7, S. 241-280

Liebig, Reinhard (2001): Strukturveränderungen des Jugendamts. Kriterien für eine gute Organisation der öffentlichen Jugendhilfe, Weinheim u.a.

Ludemann, Georg/Negwer, Werner (2000): Rechtsformen kirchlich-caritativer Einrichtungen. Verein – Stiftung – GmbH, Freiburg im Breisgau
Merchel, Joachim (1993a): Pluralität und Subsidiarität als Bestimmungselemente der sozialen Infrastruktur. Zur Bedeutung freier Träger für die Jugendhilfe. In: Jugendhilfe, 31. Jg., Heft 3, S. 98-108.
Merchel, Joachim (1993b): Unkonventionelle Träger auf dem Weg zur Normalität? Thesen zu Wirkung und Entwicklung von Selbsthilfe- und Initiativgruppen in der sozialen Arbeit. In: Soziale Arbeit, Heft 4, S. 110-115
Merchel, Joachim (1999a): Leistungsvereinbarung, Entgeltvereinbarung, Qualitätsentwicklungsvereinbarung. Anmerkungen zu den drei Vereinbarungsformen. In: Kröger, Reinhard (Hrsg.) (1999): Leistungs-, Entgelt- und Qualitätsentwicklung in der Jugendhilfe. Arbeitshilfen mit Musterbeispielen zur praktischen Umsetzung der §§78a-g SGB VIII, Neuwied u.a.
Merchel, Joachim (1999b): Die Qualitätsentwicklungsvereinbarung. Welche Anforderungen sind an die Akteure in der Praxis zu stellen? In: Kröger, Reinhard (Hrsg.) (1999): Leistungs-, Entgelt- und Qualitätsentwicklung in der Jugendhilfe. Arbeitshilfen mit Musterbeispielen zur praktischen Umsetzung der §§78a-g SGB VIII, Neuwied u.a., S. 170-188.
Merchel, Joachim (2000): Kooperation und Vernetzung in der Jugendhilfe. Programm und Realität. In: Dahme, Heinz-Jürgen/Wohlfahrt, Norbert (Hrsg.) (2000), S. 91-118
Meyer, Detlev (1999): Wettbewerbliche Neuorientierung der Freien Wohlfahrtspflege, Berlin
Monopolkommission (Hrsg.) (1998): Marktöffnung umfassend verwirklichen. Zwölftes Hauptgutachten, Baden-Baden
Ottnad, Adrian u.a. (2000): Zwischen Markt und Mildtätigkeit. Die Bedeutung der Freien Wohlfahrtspflege für Gesellschaft, Wirtschaft und Beschäftigung, München
Rauschenbach, Thomas/Sachße, Christoph/Olk, Thomas (Hrsg.) (1995): Von der Wertgemeinschaft zum Dienstleistungsunternehmen. Jugend- und Wohlfahrtsverbände im Umbruch, Frankfurt am Main
Rothenburger Thesen der AGJ zur gegenwärtigen Diskussion über Organisation und Struktur der Jugendhilfe (1999). In: Forum Jugendhilfe, Heft 1, S. 3-5
Schilling, Matthias (2000): Die Kinder- und Jugendhilfe und die KGSt. In: Recht der Jugend und des Bildungswesens. 10 Jahre Kinder- und Jugendhilfegesetz (KJHG/SGB VIII). Sonderdruck, Heft 2, S. 143-158
Seckinger, Mike u.a. (1998): Situation und Perspektiven der Jugendhilfe. Eine empirische Zwischenbilanz, Weinheim u.a.
Seibel, Wolfgang (1994): Funktionaler Dilettantismus. Erfolgreich scheiternde Organisationen im „Dritten Sektor" zwischen Markt und Staat, 2. Aufl., Baden-Baden
Späth, Karl (1999): Erwartungen an die neuen Regelungen der §§78a-g KJHG. In: Jugendwohl – Zeitschrift für Kinder- und Jugendhilfe, 80. Jg., Heft 2, S. 59-69
Statistisches Bundesamt (versch. Jg.) (Hrsg.): Fachserie 13: Sozialleistungen. Reihe 6.3: Einrichtungen und tätige Personen in der Jugendhilfe, Stuttgart
Struck, Norbert (2000): Partnerschaftliche Kooperation oder marktwirtschaftlicher Wettbewerb? Die Zukunft der Zusammenarbeit von öffentlicher und freier Jugendhilfe. In: Zeitschrift für Jugendrecht, 87. Jg., Nr. 2, S. 57-60
Wiesner, Reinhard (1999): Die jugendhilfepolitische Bedeutung der Neuordnung der Entgeltfinanzierung. Welche Auswirkungen hat die neue gesetzliche Regelung auf die fachliche Entwicklung der Jugendhilfe? In: Kröger, Reinhard (Hrsg.) (1999): Leistungs-, Entgelt- und Qualitätsentwicklung in der Jugendhilfe.

Arbeitshilfen mit Musterbeispielen zur praktischen Umsetzung der §§78a-g SGB VIII, Neuwied u.a., S. 3-16

Wiesner, Reinhard (2000a): Jugendamt im Spannungsfeld von Politik und Fachlichkeit. In: Evangelische Jugendhilfe, 77. Jg., Heft 1, S. 6-13

Wiesner, Reinhard (Hrsg.) (2000b): SGB VII Kinder- und Jugendhilfe, 2. Auflage, München

Wolf, Volker (2000): Auflösung der Landesjugendämter, Zweigliedrigkeit der Landesjugendämter und Arbeit der Jugendhilfeausschüsse. In: Evangelische Jugendhilfe, 77. Jg., Heft 1, S. 14-20

Wolff, Mechthild (2000a): Integrierte Erziehungshilfen. Eine exemplarische Studie über neue Konzepte in der Jugendhilfe, Weinheim u.a.

Wolff, Mechthild (2000b): Orientierung am Sozialraum, an der Lebenswelt, am Gemeinwesen, am Lebensfeld, am Stadtteil? In: EREV – Evangelischer Erziehungsverband e.V. (Hrsg.) (2000): Jugendhilfe im Sozialraum. Lippenbekenntnis oder neue Verantwortung für die Sozialverwaltung und freie Träger der Jugendhilfe, (Schriftenreihe, 41. Jg., Nr. 1), Hannover, S. 6-15

Hans Gängler

Jugendverbände

Zusammenfassung: Jugendverbände haben sich in den vergangenen hundert Jahren zu einem wesentlichen Träger der Jugendarbeit entwickelt. Ihre zentralen Merkmale bestehen in einer engen Milieubindung, einer vereinsförmigen Organisation, einer überwiegend ehrenamtlichen Personalstruktur, einer sekundären Institutionalisierung des Generationenverhältnisses, einer methodischen Präferenz der Gruppenarbeit sowie in Gesellungsformen Gleichaltriger. Mitgliederstruktur und Ehrenamtlichkeit sind diejenigen Merkmale, die in den vergangenen Jahren den stärksten Wandlungsprozessen unterworfen sind.

Einleitung

Jugendverbände gehören neben den Kommunen, den Kirchen und kleineren örtlichen Initiativgruppen zu den zentralen Trägern der Jugendarbeit in der Bundesrepublik Deutschland. Ihre Aufgabengebiete ergeben sich im Wesentlichen aus den §§11 und 12 SGB VIII. In §12 SGB VIII wird zudem noch die besondere jugendpolitische Aufgabe der Jugendverbände formuliert: „Durch Jugendverbände und ihre Zusammenschlüsse werden Anliegen und Interessen junger Menschen zum Ausdruck gebracht und vertreten". Unter Jugendverbänden versteht man im Allgemeinen eine Vielzahl von Organisationen, die Angebote der Jugendarbeit auf der Basis von Freiwilligkeit und spezifischen Wertorientierungen durchführen. Abgesehen von wenigen Ausnahmen (z.B. die Pfadfinderorganisationen) sind Jugendverbände an Erwachsenenorganisationen angegliedert. Ihre spezifischen inhaltlichen und weltanschaulichen Präferenzen (z.B. konfessionell, berufsständisch, gewerkschaftlich, politisch, freizeitbezogen, ökologisch) prägen ihre Angebote. Sie sind „Orte der sozialen und kulturellen Bildung, Foren der Auseinandersetzung mit Sinn- und Wertfragen, aber auch Räume der Begegnung und Gesellligkeit" (Böhnisch/Gängler/Rauschenbach 1991a: 15).

1. Geschichte der Jugendverbände

Jugendverbände sind eine vergleichsweise junge Erscheinung. Erst seit gut hundert Jahren kann man davon ausgehen, dass Jugendliche ihre Freizeit in organisierten Gruppen verbringen, dass diese Gruppen wiederum durch die Organisation verschiedener gesellschaftlicher Gruppierungen zu Verbänden zusammengefasst werden, kurz: dass es einen gesellschaftlichen Teilbereich gibt, in dem schwerpunktmäßig die Betreuung und Bildung von Jugendlichen außerhalb von Familie, Schule und Betrieb organisiert wird.

Entstehung und Entwicklung der Jugendverbände lassen sich verstehen als Begleiterscheinung der Herausbildung einer eigenen Lebensphase Jugend, die entsprechende Institutionalisierungsformen nach sich zog. Die gesellschaftliche Freisetzung der Jugend und mithin die Entstehung von Jugendorganisationen basiert dabei im Wesentlichen auf drei Voraussetzungen. Zum einen existierten spezifische gesellschaftliche Rahmenbedingungen, die eine Organisation unterschiedlicher Interessengruppen erst ermöglichten, nämlich das sich im 19. Jahrhundert entwickelnde Vereinsrecht und das aufblühende *Vereinswesen*. Zum Zweiten etablierte sich eine eigene Jugendphase durch die Entstehung eines *Freizeitbereichs*, der erst durch die Reduzierung der Arbeitszeit der erwerbstätigen Jugendlichen zustande kam. Und schließlich wurden diese Prozesse begleitet und dynamisiert durch die Entwicklung einer eigenen *Semantik* zur Codierung der Lebensphase Jugend, wie sie besonders die bürgerliche Jugendbewegung seit der Gründung des Wandervogels vorantrieb.

Die historischen Wurzeln der heutigen Jugendverbände lassen sich unschwer im obrigkeitsstaatlichen Gefüge des ausgehenden Kaiserreichs identifizieren. Die organisatorische Entwicklung der Jugendverbände zeichnet sich dabei durch eine enge Verzahnung mit den jugendpolitischen Entscheidungen des Staates aus. Im Industrialisierungs- und Modernisierungsprozess um die Jahrhundertwende richteten sich die ordnungspolitischen Bemühungen, was die Jugend anging, vor allem auf die erwerbstätige, männliche, städtische Jugend. Der Beginn der „staatlichen Jugendpflege" lässt sich in etwa auf die Gründung des preußischen „Zentralausschuss für Jugend- und Volksspiele" im Jahre 1895 datieren, welcher ca. 20% der männlichen Jugendlichen in Preußen organisierte (vgl. Saul 1971). Im obrigkeitsstaatlichen Gefüge des Kaiserreichs sollte die erwerbstätige, männliche, städtische Jugend erfasst und auch in der Freizeit zu – im Sinne der Obrigkeit – sinnvollen Beschäftigungen angeleitet werden. Durch die um die Jahrhundertwende einsetzende Wandervogelbewegung inspiriert, erweiterten sich im Lauf der Zeit die kontrollierend-disziplinierenden Zielsetzungen der Jugendpflege um jugendkulturelle und dienstleistungsbezogene Angebote, wie sich in den preußischen Erlassen von 1901, 1911/1913 und 1919 zunehmend dokumentiert (vgl. Gängler 1995a). In dieser Phase entwickelten sich nicht nur Grundlinien der Förderungsstruktur der Jugendorganisationen sowie eine auf Ehrenamtlichkeit basierende Personalstruktur; es bildete sich darüber hinaus auch das plurale System der Jugendverbandsarbeit, indem eine Vielzahl von Erwachsenenorganisationen eigene Jugendvereinigungen gründeten. Zudem wurden Kooperationsformen der Jugendverbände – wie etwa die halbamtliche preußische Zentralstelle für Volkswohlfahrt – eingerichtet.

Während der Weimarer Republik entwickelten die Jugendverbände eine bisher nicht erreichte gesellschaftspolitische Aktivität (vgl. Böhnisch/Gängler 1991). Voraussetzung dafür war jedoch, dass es gelang, die weltanschaulich sehr unterschiedlich geprägten Jugendorganisationen – von der kirchlichen Jugend bis zur sozialistischen Jugend – innerhalb einer Dachorganisation zu vereinigen, dem später so genannten „Reichsausschuss der deutschen Jugendverbände". Dieser Ausschuss vertrat die Interessen der Jugendverbände auf Reichsebene – vergleichbar dem heutigen Deutschen Bundesjugendring. In der Weimarer Zeit gelang es den Jugendverbänden zudem, den höchsten auf Freiwilligkeit basierenden Organisationsgrad zu erreichen: knapp 50% aller Jugendlichen zwischen 14 und 21 Jahren waren Mitglieder in Jugendorganisationen (vgl. Rauschenbach 1991). Dieser vergleichsweise hohe Organisationsgrad ermöglichte es den Jugendverbänden auch, auf einer legitimen Grundlage zu gesellschaftlichen und jugendpolitischen Fragen Stellung zu nehmen. Vielfach zeigte sich in den zwanziger Jahren eine zunehmende Politisierung der Jugendverbände: Sie war zum einen hervorgerufen durch „den Kampf der Parteien um die Jugend", zum anderen aber auch dadurch, dass die junge Weimarer Demokratie Jugendfragen gegenüber vergleichsweise ambivalent eingestellt war (vgl. Trommler 1985). In diese Entwicklungsepoche fielen auch erste Ansätze einer wissenschaftlichen Beschäftigung mit Jugendverbänden (vgl. Böhnisch/Gängler/Rauschenbach 1991b).

Der Selbstanspruch nationalsozialistischer Ideologie stand einer pluralen und offenen Struktur der Jugendverbandsarbeit ablehnend gegenüber. Insofern erstaunt es nicht, dass bereits früh, nämlich am 5. April 1933 die Geschäftsstelle des Reichsausschusses der deutschen Jugendverbände in Berlin von der Hitlerjugend gestürmt wurde. Die Jugendorganisationen wurden teils verboten (wie die sozialistischen), teils in den Reichausschuss integriert. Lediglich den kirchlichen Jugendorganisationen wurde noch ein kleiner Spielraum zugebilligt. Die so genannte „Gleichschaltung" machte indes auch vor den Jugendverbänden nicht halt. Teile der in Jugendverbänden, aber auch in der Bündischen Jugend organisierten Jugend trafen sich weiter, teils heimlich, teils mit Akzenten des Widerstands. Ein Großteil der in der Jugendbewegung und in den Jugendverbänden entwickelten jugendkulturellen Elemente und Accessoires wurde von der Hitlerjugend – in ihrem Sinne modifiziert – übernommen.

Die Jahre nach Ende des Zweiten Weltkriegs kann man als eine Phase der Selbstbesinnung und Neuorientierung der Jugendverbandsarbeit bezeichnen. Unterschiedliche Strategien und Ansätze wurden erprobt. In Westdeutschland wurde teils an alte bündische oder kirchliche Traditionen angeknüpft, teils wurde versucht, kleine elitäre Zirkel in der Jugendverbandsarbeit zu etablieren. Bedeutsam allerdings wurde für die Zukunft der Jugendverbandsarbeit, dass hier – teils unter Anleitung und Unterstützung der Besatzungsmächte – Formen der Aus- und Weiterbildung für Jugendverbandsarbeit etabliert wurden, die sich an Methoden der (angloamerikanischen) Gruppenarbeit orientierten. Schlagworte vom „personalen Angebot" der Jugendverbände oder von deren „geistiger Mitte" machten die Runde in den Fachdiskussionen.

In Ostdeutschland entwickelte sich nach einer ersten, bis Anfang der fünfziger Jahre dauernden Phase der Offenheit und Experimentierfreude dann – unter der Ägide der SED – eine einheitliche Staatsjugendorganisation (die FDJ), die sich – was Accessoires, Organisationsstruktur, parteipolitische Abhängigkeit oder auch die enge Verzahnung mit dem Bildungssystem anging – ganz in der Tradition der Hitlerjugend bewegte – allerdings vor dem Hintergrund einer völlig anderen ideologischen Orientierung.

Bereits ab Mitte der fünfziger Jahre ereiferten sich viele Diskutanten in Westdeutschland über die gesellschaftliche Rolle und Funktion der Jugendverbände. Die Jugendverbände definierten ihre Rolle in der Gesellschaft neu, indem sie sich eine „ergänzende Erziehungsfunktion neben Familie und Schule" zuschrieben. Aber gerade die „vergesellschaftete Jugendarbeit" (vgl. Münchmeier 1995) barg in sich auch die Widersprüche, die dann Ende der sechziger Jahre fast alle Jugendverbände bis an die Grenze ihrer Belastbarkeit – und einige darüber hinaus – treiben sollten. Es war die Frage nach der Legitimität der normativen Orientierung eines solchen Erziehungsauftrags, um die – angestoßen durch die Studenten-, Schüler- und Lehrlingsbewegung – nach 1968 erbittert gerungen und gestritten wurde.

Ab Anfang der siebziger Jahre begann ein Prozess, der das Gesicht der Jugendverbände deutlicher als viele Entwicklungen vorher verändern sollte: ein Prozess der Professionalisierung. Dieser Prozess zeichnete sich auf unterschiedlichen Ebenen ab. Aufgrund des jugendpolitischen Engagements der frühen sozialliberalen Koalition ergaben sich im Laufe der siebziger Jahre für immer mehr Jugendverbände die Möglichkeit, hauptberufliche Mitarbeiterinnen und Mitarbeiter einzustellen – Jugendbildungsreferenten, Geschäftsführer etc. auf Bundes- und Landesebene –, die aufgrund ihrer Qualifizierung (überwiegend Hochschulabschluss) neue Sichtweisen und Handlungsorientierungen in die bis dahin überwiegend ausschließlich ehrenamtlich geführten Verbände einbrachten (vgl. Rauschenbach 1991b). Darüber hinaus starteten die meisten Verbände in den siebziger Jahren auch Qualifizierungsoffensiven für ihr ehrenamtliches Personal. Gruppenleiterschulungen wurden entwickelt, deren fachliches Niveau nicht selten die Qualität von einschlägigen Berufsausbildungen erreicht oder überschreitet. Schließlich erforderten es die zunehmend komplexer werdenden Verteilungsmechanismen der öffentlichen Förderung der Verbände, dass sich auch im verwaltungstechnischen Bereich ein Professionalisierungszwang ergab. Gefördert wurde dieser Professionalisierungsprozess sicherlich auch durch die Tatsache, dass es seit den frühen siebziger Jahren auch einschlägig ausgebildete und qualifizierte Hochschulabsolventen der Fachhochschulen und Universitäten (Sozialpädagogik/Sozialarbeit) gab, die das Arbeitsfeld Jugendarbeit häufig als Einstiegsarbeitsfeld wählten.

Wenn es denn überhaupt möglich ist, die historische Entwicklung sinnvoll bis zur Gegenwart durchzubuchstabieren, so könnte man die letzte Phase der Entwicklung der Jugendverbände als strukturelle Modernisierung kennzeichnen. Zu beobachten sind dabei Prozesse, die die Binnenstruktur der Verbände selbst verändern und an gesellschaftliche Entwicklungen anpassen. Abgesehen davon, dass ein solcher Anpassungsprozess über die Jahrzehnte hinweg immer stattgefunden hat, scheint er nun Bereiche zu betreffen, die seit jeher zu den Kernbestandteilen der Jugendverbandsarbeit zählten (vgl. Rauschenbach 1994). Eine wichtige Entwicklung scheint hier die klassische Organisationsform der Jugendverbandsarbeit – die Gruppe – zu betreffen. Zunehmend weniger scheinen sich Jugendliche in der herkömmlichen Art und Weise – einmal wöchentlich ist Gruppenstunde – organisieren zu lassen. Viele Jugendverbände entwickeln daher – insbesondere auch in den neuen Bundesländern – Formen der offenen, teilweise selbstorganisierten und individualisierten Angebote für Jugendliche (vgl. Gängler 1995b). Darüber hinaus deuten weitere Entwicklungen auf ein stärkeres Revirement jugendverbandlicher Strukturen hin: Formen der Organisations- und Personalentwicklung, des Managements oder ganz allgemein der Dienstleistungsorientierung werden in den Führungsetagen der großen Verbände wie selbstverständlich diskutiert, Projekte unter diesen Themenstellungen initiiert und umgesetzt (vgl. Gängler 1998).

2. Merkmale von Jugendverbänden

Die Vielfalt der seit der Jahrhundertwende entstandenen Jugendorganisationen und -verbände, ihre weltanschaulichen Unterschiede und die ausgeprägte Heterogenität in Organisationsformen und Tätigkeitsschwerpunkten, lassen es auf den ersten Blick sehr fraglich erscheinen, überhaupt von *den* Jugendverbänden zu reden. Dies gilt im Übrigen nicht nur für die Entstehungsphase; auch heute noch ist das Spektrum der Verbände außerordentlich breit. Im „Handbuch Jugendverbände" (vgl. Böhnisch/Gängler/Rauschenbach 1991a) werden über 250 Jugendverbände genannt. Jedoch lassen sich bei systematischer Betrachtungsweise dennoch sechs den meisten Jugendverbänden gemeinsame Merkmale ausmachen.

1. Entstehung und Erfolg der Jugendverbände seit Beginn des Jahrhunderts verdanken sich nicht zuletzt der engen *Bindung an Milieus*. Jugendverbände entstanden aus den spezifischen Milieus und Mentalitäten des ausgehenden Kaiserreichs. Dabei gelang es insbesondere den konfessionellen Organisationen, Jugendliche entsprechend ihren Berufsrollen, verstärkt auch in ländlichen Regionen zu rekrutieren. Ähnlich erfolgreich, wenn auch nicht im gleichen Umfang, war die sozialistische und sozialdemokratische Jugendbewegung im Arbeitermilieu der wachsenden industriellen Zentren. Zahlenmäßig am stärksten waren seit jeher die Sportverbände. Dies scheint zunächst ein Widerspruch zur These der Milieugebundenheit zu sein, denn ein spezifisches „Sportmilieu" wäre schwierig zu identifizieren. Der Widerspruch löst sich allerdings auf, wenn man zwei Tatbestände in die Überlegungen miteinbezieht: Zum einen entwickelten sich milieuspezifische Sportarten. So galt etwa Fuß-

ball lange als proletarische Sportart. Zum anderen waren die jeweiligen Sportvereine selbst milieuspezifisch verankert. Nicht von ungefähr entwickelten sich etwa eigenständige Arbeitersportvereine oder konfessionelle Sportjugendverbände wie z.B. die katholische „Deutsche Jugendkraft". Lokale Milieus wurden häufig mit und durch Sport entwickelt. Diese Milieunähe der Verbände erwies sich dabei als besonders ergiebiger Rekrutierungsfaktor, der über die Organisationsform Verband gleichzeitig wieder zur Stabilisierung der Milieus beitrug. Jugendverbände waren damit gleichzeitig Produzenten und Produkte von Milieus.

2. Ihre *Organisationsform* ist – obwohl staatlich initiiert und gefördert – eine privatrechtliche, überwiegend eine *vereinsförmige*. Sie sind daher von Anfang an auch Teil des Systems gesellschaftlicher Dienstleistungen im Sozial-, Bildungs- und Erziehungsbereich, rechtlich kodifiziert und über staatliche Mittelvergabe gebunden. Von Anbeginn an war der Jugendpflegebereich von staatlichem Interesse geprägt, blieb jedoch organisatorisch und inhaltlich den einzelnen Vereinigungen weitgehend überlassen. Hatten die Zielvorgaben im preußischen Jugendpflegeerlass von 1911 etwa noch deutlich national- und wehrpolitischen Charakter, so veränderte sich diese Aufgabenstellung in der Weimarer Zeit deutlich. Die Erziehungspflicht und -aufgabe des Staates wurde im §1 RJWG kodifiziert in Bezug auf die „körperlich, geistige und sittliche Bildung der Jugend", die zwar zuallererst den Familien obliege, für deren Einhaltung der Staat durch die Jugendgesetzgebung Sorge zu tragen hatte. Was die Jugendpflege anging, so wurde diese Aufgabe an die „staatstragenden" Jugendverbände delegiert; die Jugendpflegeaufgaben des Staates und der kommunalen Jugendämter reduzierten sich in aller Regel auf die Verteilung der für Jugendpflege zur Verfügung stehenden Mittel sowie den breiten Bereich des Jugendschutzes. Hier profitierten die Jugendverbände von der im Vorfeld des RJWG stattfindenden Auseinandersetzung, in denen die freien Träger das Subsidiaritätsprinzip durchsetzten. Nicht ohne Grund war der Interessenverband der Jugendverbände, der „Ausschuss", zunächst von den konfessionellen Vereinigungen dominiert worden, sodass man von Gemeinsamkeiten in der Interessenlage mit den entsprechenden Wohlfahrtsverbänden ausgehen kann. Damit beschränkte sich die Steuerungsmöglichkeit des Staates zunehmend auf die Förderungspolitik.

3. Ihre *Personalstruktur* war von Anfang an ganz überwiegend *ehrenamtlich* geprägt. Im Gegensatz etwa zu den Wohlfahrtsverbänden entwickeln die Jugendverbände erst vergleichsweise spät Formen der Verberuflichung. „Die Arbeit an der Jugendpflege ist in der Regel ehrenamtlich", hieß es lapidar bereits in der Anlage zum Jugendpflegeerlass von 1911 (Zentralblatt 1911: 282). Diese Feststellung prägte nachhaltig die Struktur der Jugendverbände. Bis heute ist Ehrenamtlichkeit ein zentrales Merkmal der Jugendverbandsarbeit geblieben, dem sowohl in Grundsatzerklärungen wie politischen Äußerungen ein hoher Stellenwert ein-

geräumt wird (vgl. Rauschenbach 1991b). Die Grundformen ehrenamtlichen Engagements, wie sie im 19. Jahrhundert entstanden (vgl. Pankoke 1992), wandelten sich innerhalb der Jugendverbände im Verlauf ihrer Entwicklung: Waren zu Beginn des Jahrhunderts die ehrenamtlich in der Jugendpflege Tätigen reputierliche Erwachsene (überwiegend männlichen Geschlechts), so veränderte sich dies zunehmend unter dem Einfluss der Jugendbewegung und ihres Anspruchs „Jugend führt Jugend". In den meisten Jugendorganisationen – nicht nur den „bündischen Gruppen" – verjüngten sich die Ehrenamtlichen. Mit dieser Verjüngung setzte eine Differenzierung ein, die bis heute Bestand hat: Die Verbandsfunktionen, Leitungsgremien und die meisten Führungsaufgaben bleiben den „Erwachsenen" vorbehalten, die pädagogische Tätigkeit auf der Ebene der Jugendgruppen, bei Fahrten, Zeltlagern etc. übernehmen Jugendliche und junge Erwachsene. Auf diese Art und Weise differenzierte sich innerhalb der Jugendverbände das politische vom sozialen Ehrenamt (vgl. Gängler 1992). Gleichwohl gab es von Beginn der Jugendpflegetätigkeit an Bemühungen um eine Qualifizierung der Ehrenamtlichen. Erst seit den 70er-Jahren lässt sich eine deutliche Zunahme der hauptberuflich in der verbandlichen Jugendarbeit Tätigen konstatieren (vgl. Rauschenbach/Schilling 1995).

4. Die Jugendverbände stellen eine *Institutionalisierung des Generationenverhältnisses* außerhalb von Familie, Schule und Berufsausbildung dar. Sie werden daher auch als „dritte Bildungs-" oder „vierte Sozialisationsinstanz" bezeichnet. Die Entdeckung der „gefahrvollen Lücke" in der Jugenderziehung förderte eine Erkenntnis zutage: Es gibt eine Zeit in der Biographie Jugendlicher, in denen sie nicht dem Zugriff der herkömmlichen Sozialisationsinstanzen ausgesetzt sind. Die zur Schließung der Lücke eingesetzte Jugendpflege und mithin die Jugendverbände entwickelten sich damit zu einer „vierten Sozialisationsinstanz" (vgl. Schefold 1972) bzw. zunehmend zu einem Ort „institutionalisierter Ersterfahrung" (vgl. Rauschenbach 1994). Jugendverbände stellen damit zunächst einmal *soziale Ressourcen* dar, die unter pädagogischen (sozialisatorischen) Aspekten für Jugendliche Bedeutung bekommen. Sie bieten Kindern und Jugendlichen die Möglichkeit, eigene soziale Netze aufzubauen. Diese Möglichkeit gewinnt vor dem Hintergrund demographischer Entwicklungen (wachsende Zahl von Einzelkindern) eine neue Qualität. Innerhalb von Jugendgruppen können Beziehungsfähigkeiten entwickelt und erprobt werden. Jugendverbände stellen darüber hinaus nicht zu unterschätzende *Experimentierfelder für Lebensentwürfe* dar. Jugendliche können sich innerhalb der Verbände der Frage stellen, ob und wie sie sich für unterschiedliche Lebensentwürfe entscheiden. Es bieten sich Möglichkeiten der Diskussion, des Experiments, des Abwägens und des Integrierens verschiedener Perspektiven. Jugendverbände können für Jugendliche schließlich auch ein *Forum für kritische Auseinandersetzung* bieten. Innerhalb der Gesellschaft sind für Jugendliche

kaum Orte in Sicht, in denen sie ernst genommen werden und sich in ihren Ansichten auch kritisch mit Erwachsenen und Jugendlichen auseinander setzen können (vgl. Gängler 1991).

5. Sie entwickeln eigene pädagogische Formen und Methoden, von denen insbesondere die *Arbeit mit Gruppen* herausragende Bedeutung gewinnt. Die Gruppe ist nach wie vor das pädagogische Herzstück der Jugendverbandsarbeit; sie ist durch die Jugendverbände geradezu als pädagogisches Medium entdeckt worden (vgl. Böhnisch 1991). Zu Beginn des Jahrhunderts, als die staatliche Jugendpflege institutionalisiert wurde und das sozialkulturelle Potential der bürgerlichen Jugendbewegung an Einfluss gewann, konnte die Jugendverbandsarbeit dabei in hohem Maße auf *bereits existierende Gruppen* zurückgreifen. Diese Gruppen waren im Bereich der Jugendpflege vor allem die Schulklassen (von der ländlichen Fortbildungsschule bis zu städtischen Gymnasien) sowie die jahrgangsmäßig organisierten Jugendlichen, die so genannten „Jahrgänge" in den jeweiligen Sozialmilieus (die Dorfjugend, die Arbeiterjugend in Stadtvierteln etc.). Die in der Jugendpflege Tätigen (vor allem Pfarrer und Lehrer) orientierten sich hierbei also an den „naturwüchsigen" Gruppen wie bereits bestehenden Cliquen oder an solchen Gruppen, die durch die pädagogische Inszenierung „Schule" bereits vorgegeben waren. Zudem wurden freilich auch neue Gruppen initiiert; allerdings geschah dies in geringerem Ausmaß. Diese Anknüpfung an bestehenden Gesellungsformen ermöglichte damit den erfolgreichen Ausbau der Jugendverbandsarbeit. Nicht vergessen werden darf dabei die in pädagogischer Hinsicht relevante Differenz zwischen den inszenierten Gruppen der Jugendverbände einerseits und der „naturwüchsigen" Cliquenstruktur von peer groups andererseits.

6. Sie organisieren Jugendliche vornehmlich in Gesellungsformen *Gleichaltriger*. Die pädagogische Arbeit in Jugendverbänden findet überwiegend statt in Gestalt der Gleichaltrigenerziehung in organisierten peer groups (vgl. Gängler 1992). Dieses pädagogische Phänomen der Gleichaltrigenerziehung, die als organisierte Gleichaltrigenbeziehung den Kern verbandlicher Jugendarbeit ausmacht, ist ein so in keinem anderen pädagogischen Bereich vorfindbares Phänomen. Die Eigentümlichkeit dieses Erziehungsverhältnisses ist nur zu verstehen vor dem Hintergrund eines sich in der Gleichaltrigenerziehung konstituierenden eigenen Erfahrungs- und Handlungsfeldes. Die pädagogische Beziehung zwischen Jugendlichen und Jugendlichen (bzw. Kindern) öffnet spezifische eigene Erfahrungsräume, die durch eine intergenerative Erziehung nicht vermittelt werden können: In ihrer alltäglichen Lebensbewältigung machen Jugendliche Erfahrungen, sammeln Wissen und erlernen Fähigkeiten und Fertigkeiten, die auch für ihre Altersgenossen, ihre Generation brauchbar und wichtig sein können. Dieses Wissen, diese Erfahrungen, Fähigkeiten und Fertigkeiten haben Jugendliche den Erwachsenen voraus. Jugendliche können diese Erfahrungen, ihre eigene Lebenspraxis anderen

Jugendlichen zugänglich machen und dies in mehr oder minder institutionalisiertem Rahmen innerhalb der Jugendverbände.

Die angesprochenen Strukturmerkmale der Jugendverbände haben im Laufe ihrer Entwicklung zunehmend Ambivalenzen entwickelt, sodass sich heute die Frage stellt, ob es sich bei den Jugendverbänden möglicherweise um ein Übergangsphänomen handelt. Die starke Milieubindung der Jugendverbände verkehrt sich in ein zunehmendes Rekrutierungsproblem, wenn die traditionellen Milieus sich, wie allerorten von den Sozialwissenschaften konstatiert wird, aufzulösen beginnen oder zumindest ihre selbstverständliche Bindungskraft abnimmt. Die vergleichsweise hohe inhaltliche Autonomie der Verbände wird zunehmend eingeschränkt bei knapper werdenden Mitteln, sodass etwa die Politik mit Hilfe bestimmter Finanzierungstechniken (Programmfinanzierung etc.) die durch die wachsende Zahl hauptberuflicher Mitarbeiter und Mitarbeiterinnen von öffentlichen Mitteln abhängiger werdenden Jugendverbände in ihrem Sinne sozialstaatlich funktionalisieren kann. Die gewachsene Organisationsstruktur mit einem hohen Anteil ehrenamtlichen Engagements wird brüchig, wenn das Ehrenamt zunehmend an Attraktivität verliert (vgl. Rauschenbach 1994). Schließlich werden seit Mitte der 80er-Jahre zunehmend Auflösungserscheinungen der Gruppe im Jugendverbandsbereich konstatiert. Ob dies eine Begleiterscheinung des gesellschaftlichen Individualisierungsprozesses ist oder ob es als Zeichen für eine Umwandlung und Restrukturierung von Gesellungsformen zu deuten ist, ist zurzeit in den Sozialwissenschaften ein kontrovers diskutiertes Thema. Die zentrale Diagnose für die Jugendverbände lautet allerdings, dass sie immer weniger auf „naturwüchsige" oder vorgängig bereits vorhandene Gruppen zurückgreifen können, sondern Gruppen erst inszenieren müssen. Ob und in welchem Ausmaß dies den staatlich finanzierten Jugendorganisationen gelingen wird, ist eine offene Frage.

Diese Sachlage hat allerdings auch Konsequenzen im Hinblick auf Kernbestandteile traditioneller jugendverbandlicher Organisationsstrukturen: *Ehrenamtlichkeit* und *Mitgliedsstruktur*.

1. Aussagen zur quantitativen Bedeutung des Ehrenamts in Jugendverbänden sind außerordentlich schwierig, da es keine zuverlässigen empirischen Untersuchungen gibt. Schätzungen decken eine Bandbreite von 200.000 bis zu 1.000.000 ab (vgl. Düx 2000: 118), wobei die niedrigeren Zahlen in der Regel von wissenschaftlicher Seite, die höheren Zahlen von Verbandsseite stammen. Unabhängig von einer präzisen Quantifizierung der Ehrenamtlichen, weisen die Diskussionen der letzten Jahre – und insbesondere die intensivierten Bemühungen der Verbände um die Rekrutierung Ehrenamtlicher – auf fünf Strukturprobleme hin, mit denen sich Jugendverbände auseinander setzen müssen (vgl. Düx 2000: 133). Erstens befinden sich die Verbände in einem Rekrutierungsdilemma, da Ehrenamtliche verstärkt gewonnen werden müssen, und nicht mehr selbstverständlich „nachwachsen". Zweitens befinden sich die

Verbände in einem Konkurrenzdilemma, da sie hinsichtlich der Freizeitangebote nur noch ein Veranstalter unter vielen anderen – kommerziellen und nichtkommerziellen sind. Drittens entwickelt sich ein Gratifikationsdilemma, da ehrenamtliche Tätigkeit kaum mehr zum Nulltarif zu haben ist. Daher haben auch die Verbände in den letzten Jahren verstärkt Varianten der materiellen und symbolischen Gratifikationen entwickelt. Viertens verschärft sich das Verberuflichungsdilemma. Zunehmende Professionalisierung im Verbandsbereich, so notwendig und unverzichtbar sie hinsichtlich immer komplexer werdenden Förderungsstrukturen und anspruchsvoller pädagogischer Anforderungen auch ist, erhöht den Leistungsdruck für Ehrenamtliche, die ja in aller Regel die Vorgesetzten der Professionellen sind. Fünftens entwickelt sich aus den geschilderten Anforderungen heraus ein Qualifizierungsdilemma angesichts der gestiegenen pädagogischen, administrativen und politischen Herausforderungen (vgl. Nörber 1998). Aus diesen Gründen kommt Düx zu dem Schluss, „dass die 'klassische' Form des Ehrenamts im Jugendverband – aus Verantwortung, Überzeugung, Pflichtgefühl und Verbandsidentifikation – als langfristiges institutionengebundenes Engagement für andere außerhalb des privaten Umfelds ohne direkte Rückerstattung und ohne spezielle Qualifikation mehr und mehr zu schwinden scheint" (Düx 2000: 135).

2. Ähnlich schwierig wie bei der Frage nach den Ehrenamtlichen gestaltet sich die Frage nach den Mitgliedern der Verbände. Auch hier kann man nicht auf zuverlässige empirische Untersuchungen zurückgreifen. Zwar wird in repräsentativen Jugenduntersuchungen (z.B. Shell-Studien) immer wieder der so genannte Organisationsgrad der Jugendlichen erhoben, jedoch ist daraus kein eindeutiger Rückschluss auf Jugendverbände möglich. Insofern schwanken auch die Angaben zum Organisationsgrad zwischen knapp 30% und über 40%. Die zentrale Problematik dieser Diskussion besteht aber nicht eigentlich darin, wie viele Kinder und Jugendliche denn „wirklich" in Verbänden organisiert sind, sondern in der Auflösung des traditionellen Mitgliederverständnisses. Denn je nachdem, wie man den Begriff „Mitglied" definiert, erhält man entsprechend andere Zahlen. Verallgemeinernd lassen sich wenigstens vier Gruppen von Kindern und Jugendlichen unterscheiden, die Angebote der Jugendverbände nutzen: Da sind erstens die *„Konsumenten"*, die bestimmte Angebote der Verbände – ähnlich wie diejenigen anderer Dienstleistungsanbieter – entsprechend ihrem eigenen Verwertungsinteresse nutzen. Eine zweite Gruppe könnte man als *„Stammkunden"* bezeichnen. Sie gehen kurzfristige, engere Verbindlichkeiten mit den Verbänden ein, machen beispielsweise eine Ferienfreizeit mit, besuchen regelmäßiger Veranstaltungen der Verbände, binden sich hingegen selbst nicht an den Verband. Dies tut dann die dritte Gruppe, die Gruppe der klassischen *„Mitglieder"*. Sie identifizieren sich mit „ihrem" Verband, nehmen regelmäßig an Gruppenstunden, Treffen, Veranstaltungen o.Ä. teil und

entwickeln auf diese Weise eine mehr oder weniger starke Bindung an den Verband. Während bei den Konsumenten noch stark der Erlebnis- und Verwertungsaspekt des verbandlichen Angebots im Vordergrund steht, tritt bei den Stammkunden bereits das Interesse an der Gemeinschaft (auf Zeit) hinzu, Mitglieder schließlich orientieren sich zudem auch an den Wertvorstellungen, Zielen etc. der Verbände. *Ehrenamtliche Mitarbeiter* – als vierte Gruppe – lassen sich am ehesten aus dem Kreis der Mitglieder gewinnen (vgl. Gängler 1995b). Vor diesem Hintergrund ist der traditionelle Mitgliederbegriff ungeeignet, etwas über die Reichweite der Angebote und die gesellschaftliche Wirksamkeit der Jugendverbände auszusagen.

3. Jugendarbeit in Verbänden

Nach wie vor ist die Jugendgruppe der Kern verbandlicher Jugendarbeit. In der organisierten Gleichaltrigengruppe wird von Seiten der Verbände ein pädagogisches Verhältnis von Jugendlichen bzw. Erwachsenen zu Kindern bzw. Jugendlichen institutionalisiert und (z.B. durch Schulungen, Kurse oder Fortbildungen) unter pädagogischen Gesichtspunkten weiterentwickelt. Inzwischen traten jedoch neben die sich regelmäßig treffende Jugendgruppe eine Vielzahl anderer Angebote: von offenen Angeboten (z.B. Sommerlager, Ferienmaßnahmen, Discos) bis hin zu den auf spezifische Inhalte hin ausgerichteten und meist mittelfristig geplanten Projekten. So zeigt sich innerhalb der Jugendverbandsarbeit eine breite Palette von Arbeitsformen.

Zunächst sind hier die traditionellen Arbeitsformen zu nennen, die zu Beginn des 20. Jahrhunderts in der Jugendbewegung entwickelt und in den Verbänden tradiert worden sind: Gruppenarbeit, Fahrt und Zeltlager. Die Tätigkeiten und Unternehmungen in Jugendgruppen lassen sich grob vier Bereichen zuordnen: 1. Geselligkeit, musische, kreative und handwerkliche Tätigkeiten; 2. Gespräche, Information, Bildung und Besinnung; 3. größere, zeitlich befristete Aktionen; 4. Öffentlichkeitsarbeit, Mitgliederwerbung. In vielen Jugendverbänden wurden inzwischen auch zielgruppenspezifische Angebote entwickelt. Dabei lässt sich seit Jahren eine Ausweitung der Arbeit mit Kindern feststellen. In den Angeboten für Kinder geht es den Jugendverbänden vor allem darum, soziale Kontakte zu stiften und zu erhalten, den Kindern sinnliche Erlebnisse zu ermöglichen sowie zur Orientierung und Welterklärung beizutragen. Neben den bereits beschriebenen Arbeitsformen wurden auch spezielle kindgemäße Arbeitsformen entwickelt, so z.B. sozialräumliche Erkundungen, Kinderfeste und Kinderumzüge, die von den Jugendverbänden organisiert werden. Eine weitere zielgruppenspezifische Arbeitsform, die in den letzten Jahren an Bedeutung gewonnen hat, ist die geschlechtsspezifische Arbeit, bei der allerdings Mädchenarbeit verbreiteter ist als Jungenarbeit. Eigene Arbeitsformen, die sich speziellen Gegenständen widmen, finden sich in der Medien- und Kulturarbeit. Zur Qualifikation der ehrenamtlichen Mitarbeiterinnen und Mitarbeiter haben Jugendverbände zudem eine Vielzahl von Bildungsangeboten entwickelt. Seminare oder Tagungen, in denen sowohl sachbezogene als auch pädagogische Kenntnisse vermittelt werden, sind aus dem Angebot der größeren Verbände nicht mehr wegzudenken. Schließlich organisieren Jugendverbände im Bereich der internationalen Jugendbegegnungen alljährlich eine Vielzahl von Austauschprogrammen.

In vielen Verbänden zeigen sich in den letzten Jahren verstärkt Tendenzen zum Übergang von der regelmäßigen Gruppenarbeit hin zur Projektarbeit. Dabei ist von besonderer Bedeutung, dass die Projektarbeit nicht sämtliche Aktivitäten der Jugendlichen überdeckt, sondern dass neben der Arbeit am Projekt noch genügend Spielraum für weitere Aktivitäten bleibt. So scheint Projektarbeit für manche Jugendverbände zunehmend zu einer Arbeitsform zu werden, die die überkommene Gruppenarbeit neu strukturiert: Gruppen werden auf Zeit und sachbezogen gebildet. Dazu kommt ein externer Faktor: Die immer stärker projektbezogen und nicht mehr tätigkeitsbezogen gewährte Förderung verlangt den Jugendverbänden ein solches Vorgehen ab.

Darüber hinaus engagieren sich Jugendverbände in unterschiedlichem Maße sozial- und jugendpolitisch. Insbesondere ihre Bundes- und Dachorganisationen weisen nachdrücklich auf die Defizite einer von der „großen Politik" in aller Regel sektoral und problembezogen verhandelten Jugendpolitik hin.

Literatur zur Vertiefung

Beher, Karin/Liebig, Reinhard/Rauschenbach, Thomas (Hrsg.) (2000): Strukturwandel des Ehrenamts. Weinheim
Böhnisch, Lothar/Gängler, Hans/Rauschenbach, Thomas (Hrsg.) (1991): Handbuch Jugendverbände, Weinheim
Rauschenbach, Thomas/Sachße, Christoph/Olk, Thomas (Hrsg.) (1995): Von der Wertgemeinschaft zum Dienstleistungsunternehmen. Frankfurt/M.

Literatur

Böhnisch, Lothar (1991): Die Jugendgruppe. In: Böhnisch/Gängler/Rauschenbach (1991a), S. 478-490
Böhnisch, Lothar/Gängler, Hans (1991): Jugendverbände in der Weimarer Zeit. In: Böhnisch/Gängler/Rauschenbach (1991a), S. 49-57
Böhnisch, Lothar/Gängler, Hans/Rauschenbach, Thomas (Hrsg.) (1991a): Handbuch Jugendverbände, Weinheim
Böhnisch, Lothar/Gängler, Hans/Rauschenbach, Thomas (1991b): Jugendverbände und Wissenschaft. In: Dies. (1991a), S. 162-171
Düx, Wiebke (2000): Das Ehrenamt in Jugendverbänden. In: Beher, Karin/Liebig, Reinhard/Rauschenbach, Thomas (Hrsg.) (2000): Strukturwandel des Ehrenamts. Weinheim, S. 99-142.
Gängler, Hans (1991): Sozialisation und Erziehung in Jugendverbänden. In: Böhnisch/Gängler/Rauschenbach (1991a), S. 469-477

Gängler, Hans (1992): Ehrenamt im Jugendalter. In: Müller, Siegfried/Rauschenbach, Thomas (Hrsg.) (1992), Das soziale Ehrenamt. Weinheim, 2. Aufl., S. 127-134
Gängler, Hans (1995a): Staatsauftrag und Jugendreich. In: Rauschenbach, Thomas/Sachße, Christoph/Olk, Thomas (Hrsg.) (1995), Von der Wertgemeinschaft zum Dienstleistungsunternehmen. Frankfurt/M., S. 175-200
Gängler, Hans (1995b): Jugendarbeit als Dienstleistung? In: Neue Sammlung, 35. Jg., S. 61-76
Gängler, Hans (1998): Personalentwicklung in der Jugendverbandsarbeit In: Jugendpolitik, Heft 2, S. 6-7.
Münchmeier, Richard (1995): Die Vergesellschaftung von Wertgemeinschaften. In: Rauschenbach, Thomas/Sachße, Christoph/Olk, Thomas (Hrsg.) (1995), Von der Wertgemeinschaft zum Dienstleistungsunternehmen. Frankfurt/M., S. 201-227
Nörber, Martin (1998): Keine Qualität ohne Qualifizierung, (BMFSFJ, QS-Materialien, Nr. 17), Bonn
Pankoke, Eckart (1992): „Ehre", „Dienst" und „Amt". In: Müller, Siegfried/Rauschenbach, Thomas (Hrsg.) (1992), Das soziale Ehrenamt. Weinheim, 2. Aufl., S. 207-222
Rauschenbach, Thomas (1991a): Jugendverbände im Spiegel der Statistik. In: Böhnisch/Gängler/Rauschenbach (1991a), S. 115-131
Rauschenbach, Thomas (1991b): Das Ehrenamt im Jugendverband. In: Böhnisch/Gängler/Rauschenbach (1991a), S. 282-294
Rauschenbach, Thomas (1994): Jugendverbände im Spagat. In: Deutscher Bundesjugendring (Hrsg.) (1994), Jugendverbände im Spagat. Münster, S. 12-26
Rauschenbach, Thomas/Schilling, Matthias (1995): Die Dienstleistenden. In: Rauschenbach, Thomas/Sachße, Christoph/Olk, Thomas (Hrsg.) (1995), Von der Wertgemeinschaft zum Dienstleistungsunternehmen. Frankfurt/M., S. 321-355
Saul, Klaus (1971): Der Kampf um die Jugend zwischen Volksschule und Kaserne. In: Militärgeschichtliche Mitteilungen, 9. Jg., S. 97-125
Schefold, Werner (1972): Die Rolle der Jugendverbände in der Gesellschaft, München
Trommler, Frank (1985): Mission ohne Ziel. In: Koebner, T. u.a. (Hrsg.) (1985), Mit uns zieht die neue Zeit. Frankfurt/M., S. 14-49
Zentralblatt für die gesamte Unterrichtsverwaltung in Preußen (1911), Berlin

Matthias Schilling

Kinder- und Jugendhilfestatistik

Zusammenfassung: Der Beitrag geht zunächst auf die geschichtliche Entwicklung der Kinder- und Jugendhilfestatistik ein, um deutlich zu machen, dass sich die Statistik in einem ständigen Anpassungsprozess an die sich verändernden Realitäten der Kinder- und Jugendhilfe befindet. Daran schließt sich eine Darstellung und Analyse des aktuellen Erhebungskonzeptes an. Abschließend werden Nutzungsmöglichkeiten und das Erkenntnispotential anhand einiger ausgewählter Erhebungsergebnisse aufgezeigt.

Einleitung

Statistiken können, je nachdem, wie gut sie sind, zu einem Spiegelbild gesellschaftlicher Realität werden, die mit wenigen Zahlenreihen viele wichtige Informationen vermitteln, die sonst nicht verfügbar wären. Statistiken können aber auch zu einem fatalen Zerrspiegel werden, wenn sie das, was sie zu messen vorgeben, nur unvollständig ins Blickfeld rücken – und dies anhand des Datenmaterials möglicherweise noch nicht einmal erkennbar wird. In der bundesdeutschen Kinder- und Jugendhilfe scheint unterdessen noch nicht so ganz klar zu sein, was sie an der Statistik mehr fürchtet: die Wahrheit oder den Irrtum, also ihren möglicherweise gewohnte und lieb gewordene Annahmen irritierenden Informationsgehalt oder aber ihre unter Umständen folgenreiche Ungenauigkeit.

In der Kinder- und Jugendhilfe wächst erst langsam die Überzeugung, dass systematisierte, kontinuierliche und unabhängige Beobachtungen ihrer Entwicklung, ihrer Maßnahmen und ihrer Wirkungen anhand amtlichstatistischer Erhebungen von zentraler Bedeutung sind.

Hierzu verfügt die Kinder- und Jugendhilfe inzwischen über eine umfangreiche amtliche Statistik, die auf einer bundesgesetzlichen Grundlage basiert und wesentliche Leistungen und Aufgaben der Kinder- und Jugendhilfe erfasst. Sie wird zumeist als jährliche Vollerhebung durchgeführt, für die die Träger der öffentlichen Jugendhilfe und teilweise der freien Jugendhilfe auskunftspflichtig sind. Gesetzliche Grundlage sind die §§98 bis 103 SGB VIII.

Bei der Beschäftigung mit der amtlichen Statistik ist es sinnvoll sich zu vergegenwärtigen, dass Statistik ein Instrument der Beobachtung, der standardisierten Beobachtung ist, mit deren Hilfe es u.U. möglich wird, Entwicklungen kontrolliert zu verfolgen, Veränderungen frühzeitig wahrzunehmen – und dies fallübergreifend, einrichtungsübergreifend, trägerübergreifend und überregional. Amtliche Statistiken haben zudem den Vorteil, dass ihnen als eine Form der gesetzlich geregelten und unabhängigen Statistik zudem nicht der Geruch einer interessengeleiteten Geschäftsstatistik anhaftet.

So hilfreich im einzelnen gut gemachte Statistiken auch sein mögen, so wichtig ist es doch zugleich, immer auch den Blick darauf zu lenken, was Statistiken ins Blickfeld rücken, also was sie beobachten – und was sie zugleich *nicht* beobachten. Mit anderen Worten: Statistiken gehen immer mit Prozessen der Selektion und der Reduktion von Komplexität einher, sie wählen aus einer in der Regel großen Vielfalt von zu erfassenden Möglichkeiten eine definierte Anzahl aus – und vernachlässigen andere Erhebungsmerkmale. Infolgedessen ist es in der Frage der Auseinandersetzung mit den Möglichkeiten und Grenzen der Statistik mindestens genauso wichtig, nach den Auslassungen und nach dem Nicht-Beobachteten zu fragen (vgl. hierzu ausführlich Rauschenbach/Schilling 1997a). Denn letztlich gilt auch hier: Eine Statistik kann nur so gut sein wie sie gemacht wird.

1. Geschichtliche Entwicklung

Erste amtliche Erhebungen für die Bereiche der Jugendfürsorge gehen auf das Jahr 1927 zurück, als im Zuge der Umsetzung des Reichsjugendwohlfahrtsgesetzes (RJWG) die Reichsjugendwohlfahrtsstatistik eingeführt wurde, um die Tätigkeiten der neu eingerichteten Jugendämter reichseinheitlich zu dokumentieren. Der Schwerpunkt dieser ersten Jugendhilfestatistik lag eindeutig auf den obrigkeitsstaatlichen und eingriffsorientierten Aufgaben der Jugendbehörden. So wurden z.B. die Tätigkeiten zum Schutz der Pflegekinder, die Mitwirkung im Vormundschaftswesen, bei der Schutzaufsicht und der Fürsorgeerziehung, der Jugendgerichtshilfe sowie die Beaufsichtigung der Arbeit von Kindern und Jugendlichen rechenschaftlich nachgewiesen. Die weitere Entwicklung der amtlichen Statistik ist zwar durch vielfältige Veränderungen geprägt, allerdings behält sie bis in die 80er-Jahre ihren Amtscharakter im Sinne des Tätigkeitsnachweises der eingriffsorientierten Maßnahmen bei (vgl. ausführlich Rauschenbach/Schilling 1997a). Dies führte dazu, dass die amtliche Jugendhilfestatistik gerade von Fachleuten immer wieder kritisiert und besonders für Planungszwecke für unbrauchbar erklärt wurde (vgl. Voit 1972; Schäfer/Cremer 1979). Auf diesem Hintergrund wurde Mitte der 80er-Jahre unter Federführung der Arbeitsgemeinschaft der Obersten Landesjugendbehörden (AGOLJB) und in enger Zusammenarbeit mit dem Statistischen Bundesamt ein neues Erhebungskonzept entwickelt, das zwar immer noch den rechenschaftlichen Nachweis berücksichtigt, sich aber in einem erheblich stärkeren und umfangreicheren Maße auf personen- und maßnahmenbezogene Merkmale sowie die familienunterstützenden Hilfen konzentriert. Dadurch sollte ein „quantitatives Gesamtbild über die Jugendhilfe entstehen, das der Politik und der Administration eine Gegenüberstellung von Maßnahmen und Kosten erlaubt und gleichzeitig Hintergrundmaterial über soziodemographische und sozialpädagogische Zusammenhänge liefert" (Hoffmann 1991, S. 154).

Dieser Wandel der amtlichen Jugendhilfestatistik war auch deshalb möglich, da durch das neue Bundesstatistikgesetz vom 22. Januar 1987 (BGBl. I S. 462, 565) zum einen eine höhere Rechtssicherheit geschaffen wurde und zum anderen der allgemeine Informationsauftrag der amtlichen Statistik für alle gesellschaftlichen Gruppen und nicht nur für die Gesetzgebung und öffentliche Verwaltung hervorgehoben wurde. Durch diese neuen Perspektiven können die Vorteile der amtlichen Statistik, die in der Rechtssicherheit, der Auskunftspflicht, den Grundsätzen der Neutralität und Objektivität sowie der allgemeinen – meist kostenfreien oder kostengünstigen – Zugänglichkeit liegen, stärker genutzt werden.

2. Das Erhebungskonzept der amtlichen Kinder- und Jugendhilfestatistik

Die gesetzliche Verankerung des reformierten Erhebungskonzeptes der amtlichen Kinder- und Jugendhilfestatistik wurde in das neue Kinder- und Jugendhilferecht (§§98–103 SGB VIII) integriert, da sich eine enge Verzahnung der Erhebungstatbestände mit den Aufgaben- und Leistungsparagraphen anbot. Somit wird seit 1991 die amtliche Erfassung der Leistungen und Aufgaben der Kinder- und Jugendhilfe mit einem reformierten Erhebungskonzept durchgeführt, das inhaltlich neue Schwerpunkte bei den familienunterstützenden Hilfen setzt und methodisch größtenteils auf Individualerhebungsbögen umgestellt wurde, wodurch einzelfallbezogen erheblich mehr Informationen abgefragt und ausgewertet werden können.

Die Erhebung gliedert sich in vier Teile.

Teil I: Da sich die erhobenen Hilfeleistungen hauptsächlich auf die erzieherischen Hilfen gemäß §§27ff. SGB VIII beziehen, wird dieser Teil mit „erzieherische Hilfen" überschrieben (vgl. Übersicht 1). Hier werden gemäß einiger ausgewählter Leistungsparagraphen des SGB VIII folgende Hilfearten erfasst: (1) die abgeschlossenen institutionellen Beratungen gemäß §28; (2) die Unterstützungen durch Betreuungshelfer bzw. Erziehungsbeistände (§30) und soziale Gruppenarbeit (§29), die als ambulante Einzelbetreuungen überschrieben werden; (3) die sozialpädagogischen Familienhilfen gemäß §31; (4) die Hilfen zur Erziehung außerhalb des Elternhauses mit der Untergliederung nach Tagesgruppe (§32), Vollzeitpflege (§33), Heimerziehung und sonstige betreute Wohnformen (§34) sowie intensive sozialpädagogische Einzelbetreuung (§35); (5) die abgeschlossenen Adoptionen und schließlich (7) die vorläufigen Schutzmaßnahmen innerhalb eines Jahres (§§42, 43). Darüber hinaus werden (6) Aufgaben des Jugendamtes (Pflegschaften, Vormundschaften etc.) zusammenfassend gezählt.[1] Die Erfassung der Eingliederungshilfen für seelisch behinderte Kinder und Jugendliche ist aus pragmatischen Gründen und definitorischen Schwierigkeiten auf das Jahr 2002 verschoben worden.

Übersicht 1: Übersicht der Teilerhebungen der amtlichen Kinder- und Jugendhilfestatistik gemäß §§98 bis 103 SGB VIII

Teil I: Erzieherische Hilfen	Teil II: Maßnahmen der Jugendarbeit	Teil III: Einrichtungen und tätige Personen	Teil IV: Ausgaben und Einnahmen der Kinder- und Jugendhilfe
1. Institutionelle Beratung	• Maßnahmen der Jugendbildung • Kinder- und Jugendfreizeiten	1. Kindertageseinrichtungen	1. Ausgaben und Einnahmen für Einzel und Gruppenhilfen
2. Betreuung einzelner junger Menschen	• Maßnahmen der internationalen Jugendarbeit • Maßnahmen der Mitarbeiterfortbildung freier Träger	2. Andere Einrichtungen der Kinder- und Jugendhilfe	2. Ausgaben und Einnahmen für Einrichtungen
3. Sozialpädagogische Familienhilfe			
4. Hilfen zur Erziehung außerhalb des Elternhauses			
5. Adoptionen			
6. Pflegschaften, Vormundschaften, Beistandschaften, Pflegeerlaubnis, Vaterschaftsfeststellungen, Sorgerechtsentzug			
7. Vorläufige Schutzmaßnahmen			
8. Eingliederungshilfe für seelisch Behinderte			

Teil II: „Maßnahmen der Jugendarbeit". Die Teilstatistik erfasst alle vier Jahre die öffentlich geförderten Maßnahmen in den Bereichen Jugendbildung, Kinder- und Jugendfreizeit, internationale Jugendarbeit und Mitarbeiterfortbildung freier Träger für ein Berichtsjahr.

---

1 Diese sind in der Gesetzeslogik eigentlich nicht den erzieherischen Hilfen zuzuordnen, werden hier aber aus pragmatischen Gründen geführt, da für diese Angaben sonst ein eigener Teil in dem Erhebungskonzept notwendig gewesen wäre. Gleiches gilt für die Adoption.

Teil III: „Einrichtungen und tätigen Personen in der Kinder- und Jugendhilfe", die als Stichtagserhebung zum 31. Dezember alle vier Jahre durchgeführt wird. Die erste Erhebung erfolgte im Jahr 1974 als Sondererhebung und wird regelmäßig seit 1982 erhoben.

Teil IV: „Ausgaben und Einnahmen der öffentlichen Jugendhilfe" wird jährlich erhoben. Die Erhebung basiert auf der kommunalen und staatlichen Haushaltssystematik und ermöglicht die Darstellung der öffentlichen Ausgaben nach den Leistungsparagraphen des SGB VIII.

Das Erhebungskonzept der Kinder- und Jugendhilfestatistik umfasst somit vier Teile, die in erster Linie einer erhebungstechnischen Pragmatik geschuldet sind. Für inhaltlich orientierte Analyse bedeutet dies, dass für die Darstellung und Analyse der einzelnen Arbeitsfelder der Kinder- und Jugendhilfe immer auf die Ergebnisse mehrere Teilerhebungen zurückgegriffen werden muss. So werden zwar die Maßnahmen und Adressatendaten sowie die Einrichtungen und tätigen Personen jeweils gemeinsam erhoben, aber aus der Statistik sind keine Rückschlüsse zu entnehmen, in welcher Einrichtung z.B. ein Kind untergebracht wurde. Aus diesem Grund können ebenso wenig Auslastungsquoten der Einrichtungen errechnet werden. Einziges Verbindungselement zur Zusammenführung der Ergebnisse der Teilerhebungen sind die Leistungsparagraphen.

Die Erhebungsergebnisse erscheinen in der Fachserie 13 „Öffentliche Sozialleistungen", Reihe 6 „Jugendhilfe" des Statistischen Bundesamtes (Metzler-Poeschel-Verlag). Die Reihe 6 untergliedert sich in: 6.1.1: Institutionelle Beratung, Einzelbetreuung und sozialpädagogische Familienhilfe, 6.1.2: Erzieherische Hilfen außerhalb des Elternhauses, 6.1.3: Adoptionen, vorläufige Schutzmaßnahmen und sonstige Hilfen, 6.1.4: Erzieherische Hilfen außerhalb des Elternhauses am 31.12.xx (alle 5 Jahre, Beginn 1991), 6.2: Maßnahmen der Jugendarbeit, 6.3: Einrichtungen und tätige Personen in der Jugendhilfe, 6.3.1 Kindertageseinrichtungen und 6.4: Ausgaben und Einnahmen der öffentlichen Jugendhilfe. In der Fachserie werden die Bundes- und ausgewählte Länderergebnisse veröffentlicht. Von den Statistischen Landesämtern werden zumeist in der Reihe K der Statistischen Berichte zeitlich eher die jeweiligen Landesergebnisse und ausgewählte Eckdaten der kreisfreien Städte und Kreise veröffentlicht.

3. Was ist in der Statistik enthalten?

Die Aufzählung der Leistungsparagraphen, die in der Statistik berücksichtigt werden, macht schon deutlich, dass nicht alle Leistungen erfasst werden. Die nachfolgende Übersicht verdeutlicht, welche Leistungen unter welcher Perspektive erfasst werden. Dabei ist zwischen den Erhebungsperspektiven Maßnahmen, AdressatIn, Einrichtung, tätige Personen und Kosten zu unterscheiden (vgl. Übersicht 2).

Übersicht 2: Gegenüberstellung der SGB VIII-Paragraphen mit direktem Adressatenbezug und den Erhebungstatbeständen der amtlichen Kinder- und Jugendhilfestatistik

§§SGB VIII	Kurzbeschreibung der Paragraphen	Maßnahme	Adressat	Einrichtung	Tätige Personen	Kosten
Angebote der Jugendarbeit, Jugendsozialarbeit und des erzieherischen Kinder- und Jugendschutzes						
11	Außerschulische Jugendbildung	√		√	√	√
11	Jugendarbeit in Sport, Spiel und Geselligkeit			√	√	√
11	Arbeitswelt, schul- und familienbezogene Jugendarbeit					√
11	Internationale Jugendarbeit	√				√
11	Kinder- und Jugenderholung	√		√	√	√
11	Jugendberatung			√	√	√
13	Jugendsozialarbeit			√	√	√
14	Erzieherischer Kinder- und Jugendschutz					√
74	Mitarbeiterfortbildung	√		√	√	√
Angebote zur Förderung der Erziehung in der Familie						
16	Allgemeine Förderung der Erziehung in der Familie			√	√	√
17	Beratung in Fragen der Partnerschaft, Trennung, Scheidung			√	√	√
18	Beratung/Unterstützung bei der Ausübung der Personensorge			√	√	√
19	Gemeinsame Wohnformen für Mütter/Väter und Kinder			√	√	√
20	Betreuung und Versorgung des Kindes in Notsituationen					√
21	Unterstützung b. notw. Unterbr. zur Erfüllung d. Schulpflicht					
Angebote zur Förderung von Kindern in Tageseinrichtungen und in Tagespflege						
23	Tagespflege					√
24	Förderung von Kindern in Tageseinrichtungen			√	√	√
25	Unterstützung selbstorganisierter Förderung von Kindern			√	√	√

§§SGB VIII	Kurzbeschreibung der Paragraphen	Maßnahme	Adressat	Einrichtung	Tätige Personen	Kosten
Hilfen zur Erziehung, Hilfen für seelisch behinderte Kinder und Jugendliche und ergänzende Leistungen						
28	Erziehungsberatung	√	√	√	√	√
29	Soziale Gruppenarbeit	√	√	√	√	√
30	Erziehungsbeistand, Betreuungshelfer	√	√	√	√	√
31	Sozialpäd. Familienhilfe	√	√	√	√	√
32	Erziehg. in einer Tagesgr.	√	√	√	√	√
33	Vollzeitpflege	√	√			√
34	Heimerziehung, sonstige betreute Wohnformen	√	√	√	√	√
35	Intensive sozialpädagogische Einzelbetreuung	√	√	√	√	√
35a	Eingliederungshilfe f. seelisch behinderte Kd./Jg.		√	√		√
36	Mitwirken, Hilfeplan					√
41	Hilfen für junge Volljährige und Nachbetreuung	√	√			√
Andere Aufgaben der Jugendhilfe						
42	Inobhutnahme von Kindern und Jugendlichen	√	√	√	√	√
43	Herausnahme des Kd./Jg. ohne Zustimmung des PersSorgeBe.	√	√	√	√	√
50	Mitwirkung in Verfahren vor Vormundschafts-/Familiengerichten	√	√	√	√	√
51	Beratung/Belehrung in Verfahren zur Annahme als Kind	√	√			√
52	Mitwirkung in Verfahren nach d. Jugendgerichtsges.	√	√			√
53	Beratung und Unterstützung von Pflegern und Vormündern					√
55	Amtspflegschaft und Amtsvormundschaft	√	√	√	√	√
56	Führung der Amtspflegschaft und der Amtsvormundschaft					
58	Beistandschaft und Gegenvormundschaft des Jugendamtes	√	√	√	√	√
Bürgerliches Gesetzbuch (BGB) §1747						
	Adoptionen		√			√

Die Gegenüberstellung der Leistungsparagraphen und die unterschiedlichen Erhebungsperspektiven lassen nun für die einzelnen Arbeitsfelder der Kinder- und Jugendhilfe folgende Tendenzen erkennen:

1. Die erzieherischen Hilfen sowie die Schutzmaßnahmen für Kinder und Jugendliche werden im reformierten Erhebungskonzept am umfangreichsten erfasst.
2. Von der Jugendarbeit werden hauptsächlich die Kosten, die den öffentlichen Haushalten entstehen, erfasst. Außerdem stehen Informationen zu den Einrichtungen der Jugendarbeit zur Verfügung, und die Maßnahmen der Jugendarbeit – trotz eigener Statistik – werden nur geringfügig dokumentiert. Was in Jugendzentren oder im Rahmen der Jugendsozialarbeit geleistet wird, kommt nicht ins Blickfeld der Statistik. Weiterhin wird das gesamte ehrenamtliche Engagement ausgeblendet (vgl. Thole 1997, S. 279ff.).
3. Auch die Förderung der Erziehung in der Familie wird hauptsächlich unter Kostengesichtspunkten erfasst. Es liegen zwar Informationen zu einzelnen Einrichtungen und den darin tätigen Personen vor, allerdings gibt die Statistik weder Auskunft über die konkreten Hilfsangebote oder -maßnahmen, noch über die Hilfeempfänger.
4. Die Angebote der Förderung von Kindern in Kindertageseinrichtungen und Tagespflege werden nur unter strukturellen und finanziellen Gesichtspunkten betrachtet. Diese Teilerhebung ist zwar deutlich verbessert worden, da jetzt auch Informationen darüber bereitstehen, ob es sich bei den verfügbaren Plätzen um Ganztages-, Vormittags- oder Nachmittagsplätze handelt und für welche Altersgruppe die angebotenen Plätze bestimmt sind. Allerdings werden keine Informationen darüber abgefragt, wie viele und welche Kinder die Tageseinrichtung besuchen (vgl. ausführlich Beher 1997, S. 331ff.).
5. Die Aufgabenvielfalt des Jugendamtes ist oft nur indirekt über die Arbeitsbereiche der tätigen Personen dokumentierbar, und die finanzielle Seite wird vielfach in Sammelkategorien zusammengefasst.

Löst man sich in der generellen Analyse von der Arbeitsfeldsystematik und fragt nach übergreifenden Tendenzen der statistischen Erfassung, so können folgende Aussagen gemacht werden:

1. Die öffentlichen finanziellen Aufwendungen für die Jugendhilfe werden umfassend und differenziert abgebildet. Allerdings, alles was von freien Trägern selbst finanziert wird, findet in der Statistik keine Würdigung (vgl. Kolvenbach 1997, S. 388ff.).
2. Die strukturellen Rahmenbedingungen sind eine Stärke der amtlichen Jugendhilfestatistik. Durch die vierjährige Vollerhebung der Einrichtungen und tätigen Personen steht mit einer zeitlichen Perspektive von 20 Jahren und 5 Erhebungszeitpunkten umfangreiches und differenziertes

Datenmaterial zur Verfügung, das allerdings bisher nur wenig genutzt wird.
3. Die Differenzierung der Hilfsangebote und Maßnahmen der Jugendhilfe findet zunehmend Berücksichtigung. Gerade die Ergebnisse der einzelerfassten ambulanten Hilfen können eindeutig aufzeigen, ob sich der Leitgedanke des SGB VIII, die Erziehung in der Familie zu unterstützen und zu ergänzen, durchsetzt.
4. Die maßnahmenspezifischen Statistiken beschränken sich nicht nur auf die Fallzählung, sondern berücksichtigen zunehmend Angaben zur Hilfe, wie z.b. „wer hat die Hilfe angeregt" oder „welcher Anlass hat zur Hilfegewährung geführt".
5. Zunehmend werden auch Angaben zu den Hilfeempfängern aufgenommen. Neben Alter und Geschlecht werden bei den erzieherischen Hilfen auch Staatsangehörigkeit, Kindschaftsverhältnis und Aufenthaltsort abgefragt. Hierin zeigt sich der Ansatz einer klienten-/adressatenorientierten Statistik. Ein Mangel, der allerdings von der sozialwissenschaftlichen Seite beklagt wird, ist das Fehlen von Angaben zu den Lebenslagen und Lebensverhältnissen der Adressaten wie Arbeitslosigkeit, Wohnverhältnisse etc.
6. Die familienunterstützenden Hilfen, die ja eine Prämisse des SGB VIII darstellen, werden nur so weit berücksichtigt, als es sich um Hilfen zur Erziehung im Sinne des §27 SGB VIII handelt. Die vielfältigen Beratungsleistungen der öffentlichen und freien Jugendhilfe gemäß §§16 bis 18 SGB VIII werden nicht als konkrete Hilfeleistung einzeln erfasst. Ebenso wenig werden die umfangreichen präventiven Aktivitäten im Rahmen des Kinder- und Jugendschutzes und der offenen Kinder- und Jugendarbeit berücksichtigt. Hierüber können nur allgemeine Informationen über öffentlichen Ausgaben gemacht werden.

Insgesamt zeigt sich, dass das Konstruktionsprinzip der amtlichen Kinder- und Jugendhilfestatistik auf der gesetzlich geregelten Kinder- und Jugendhilfe basiert. Infolgedessen bleibt alles, was keinen oder nur einen allgemeinen Bezug zu gesetzlichen Regelungen aufweist, in der Erhebung unberücksichtigt (vgl. Rauschenbach/Schilling 1997a, S. 178f.). Innerhalb der gesetzlich geregelten Aspekte der Kinder- und Jugendhilfe wird bislang – trotz des Generalanspruchs des §98 SGB VIII – keine vollständige Erfassung aller Leistungen und Aufgaben umgesetzt. Praktisch alle nicht unmittelbar adressatenbezogenen Aufgaben, wie z.B. konkrete Verwaltungsakte oder allgemeinere Tätigkeiten wie die Jugendhilfeplanung oder die Durchführung von Hilfeplangesprächen bleiben unberücksichtigt. Im Blickfeld sind dagegen die adressatenbezogenen Leistungen und Aufgaben unter den fünf Perspektiven des Empfängers, der Hilfe bzw. des Angebotes, der Einrichtungen, der tätigen Personen und der Kosten. Allerdings sind auch hier deutlich unterschiedliche Gewichtungen zu beobachten. Wird die empfänger- und hilfebezogene Perspektive nur bei den Hilfen zur Erziehung umgesetzt, werden die anderen Perspektiven praktisch bei allen rechtlich verankerten adressatenbezogenen Leistungen und Aufgaben des SGB VIII erfasst. Für die Festlegung der Erhebungsmerkmale werden aktuell anstehende und deutlich artikulierte fachpolitische Anforderungen herangezogen.

4. Nutzungsmöglichkeiten und Ergebnisse der amtlichen Kinder- und Jugendhilfestatistik

Für die Nutzung der Erhebungsergebnisse können mehrere Bereiche benannt werden. Die Ergebnisse sollen dazu dienen, die Umsetzung der Leistungen des SGB VIII zu beurteilen und zu seiner Fortentwicklung beizutragen (§98 SGB VIII). Darüber hinaus bieten die Ergebnisse Verwendungsmöglichkeiten im Bereich der Jugendhilfeplanung (vgl. Schilling 1998), der Jugendhilfepolitik und der Öffentlichkeitsarbeit. Aus dem allgemeinen Informationsauftrag der amtlichen Statistik ergibt sich, dass die Erhebungsergebnisse als Entscheidungshilfe bei fachlichen und fachpolitischen Entscheidungen, als wirklichkeitsgetreue, zuverlässige und umfassende Informationsquelle über soziale Strukturen und Prozesse im Rahmen der *Sozialberichterstattung* (vgl. Simons 1993) und als Datengrundlage für Sekundäranalysen zum Erkenntnisgewinn im Kontext der wissenschaftlichen Forschung genutzt werden können. Generell kann gesagt werden, dass überall dort, wo empirisch gewonnenes Zahlenmaterial benötigt wird, um für Dritte nachvollziehbare und überprüfbare Aussagen zu machen, sich prinzipiell Verwendungsmöglichkeiten der amtlichen Kinder- und Jugendhilfestatistik ergeben (vgl. ausführlich Rauschenbach/Schilling 1997a, S. 259ff.).

Die vielfältigen Auswertungs- und Nutzungsmöglichkeiten (vgl. Rauschenbach/Schilling 1997b) haben sich allerdings bei fachlichen und fachpolitischen Fragestellungen noch nicht umfassend durchgesetzt. Zur Erleichterung des Umgangs mit den differenzierten Datenbeständen und zur Gewährleistung einer regelmäßigen fachlichen Kommentierung der Erhebungsergebnisse wurde Mitte der 90er-Jahre an der Universität Dortmund die Arbeitsstelle Kinder- und Jugendhilfestatistik eingerichtet, die in enger Kooperation mit den Statistischen Ämtern arbeitet. Generelles Anliegen der AKJ^{Stat} ist es, die Ergebnisse der amtlichen Kinder- und Jugendhilfestatistik nutzerfreundlich aufzubereiten und fachwissenschaftlich aus sozialpädagogischer Perspektive zu analysieren.

In diesem Zusammenhang wurden von der AKJ^{Stat} und weiteren Fachleuten mehrere Analysen vorgelegt, die die Erkenntnismöglichkeiten der amtlichen Kinder- und Jugendhilfestatistik deutlich machen.

So wurden beispielsweise Analysen zum Arbeitsfeld der Kinder- und Jugendarbeit auf der Basis der Erhebungsergebnisse der Statistik zu den öffentlich geförderten Maßnahmen der Jugendarbeit vorgelegt, wobei sich folgende Tendenzen zeigten.

Die Entwicklung der öffentlich geförderten Maßnahmen der Kinder- und Jugendarbeit weist zwischen Ost- und Westdeutschland unterschiedliche Tendenzen auf. Während in Westdeutschland bei geringfügig steigenden TeilnehmerInnenzahlen die Anzahl der Maßnahmen rückläufig ist, zeigt sich in Ostdeutschland sowohl ein Anstieg der TeilnehmerInnen als auch der Maßnahmen. Letzteres ist zum einen auf die Mehrausgaben der öffentlichen Hand auf kommunaler Ebene zurückzuführen sowie zum anderen auf Fördermittel des Kinder- und Jugendplans sowie der Bundesanstalt für Arbeit (vgl. Pothmann/Thole 1999).

Das Verhältnis von öffentlichen und freien Trägern bei der Maßnahmendurchführung in Ostdeutschland hat sich der Situation in Westdeutschland angeglichen. Haben 1992 in den neuen Bundesländern die öffentlichen Träger noch mehr Maßnahmen durchgeführt als die freien Träger, zeigt sich 1996 sowohl in Ost- als auch in Westdeutschland ein Anteil der freien Träger von über 80% an der Maßnahmendurchführung. Gleichzeitig ist allerdings zu beobachten, dass das Spektrum der freien Träger in Ost- und Westdeutschland unterschiedlich ist.

Die Ergebnisse zu den Maßnahmen der Kinder- und Jugendarbeit des Jahres 1996 bestätigen die stattgefundene Wende von der bildungsorientierten hin zur erholungsorientierten Jugendarbeit. Dies gilt sowohl für die alten als auch die neuen Bundesländer (vgl. Pothmann/Thole 1999).

Für den statistisch gut dokumentierten Bereich der Hilfen zur Erziehung (institutionelle Beratung, die soziale Gruppenarbeit, die Betreuungshilfen, die Erziehungsbeistandschaft, die sozialpädagogische Familienhilfe, die Tagesgruppenerziehung, die Vollzeitpflege, die Heimerziehung und die sonstigen betreuten Wohnformen sowie für die individuellen sozialpädagogischen Einzelbetreuungen) konnten u.a. folgende generelle Entwicklungslinien herausgearbeitet werden.

Die Hilfen zur Erziehung haben in den 90er- Jahren des letzten Jahrhunderts eine kontinuierliche Ausweitung in Ost- und Westdeutschland erfahren. Dabei gilt spätestens seit Mitte der 90er Jahre, dass in den neuen Bundesländern bezogen auf die altersentsprechende Bevölkerung eine größere Anzahl von Erziehungshilfen gezählt werden. Diese Befunde für die Hilfen zur Erziehung insgesamt bestätigten sich für die institutionelle Beratung, die ambulanten Hilfen zur Erziehung (§§29 bis 32 SGB VIII) sowie die Maßnahmen der Fremdunterbringung.

Parallel zum Anstieg der Erziehungshilfen hat die Auswertung der Daten allerdings auch gezeigt, dass

- bei den unter 12-Jährigen die Anzahl der Fremdunterbringungen rückläufig ist, während die Zahl der ambulanten Hilfen steigt (vgl. Pothmann 2000),
- bei der Gegenüberstellung von männlichen und weiblichen AdressatInnen der Hilfen zur Erziehung in den verschiedenen Hilfeformen deutliche Un-

terschiede bestehen sowie dass der Anteil der weiblichen Adressatinnen im Zeitreihenvergleich zugenommen hat (vgl. Pothmann/Rauschenbach 1999),
- die Anzahl von so genannten Fremdunterbringungskarrieren sowohl in der zeitlichen Entwicklung als auch in der regionalen Verteilung zwischen Ost- und Westdeutschland vergleichsweise konstant ist (vgl. Schilling 1999b),
- sich Pflegeverhältnisse im Rahmen der Kinder- und Jugendhilfe wandeln (vgl. Janze 1998) oder aber dass
- beim Zugang zur Erziehungsberatung über alle Altersgruppen hinweg deutliche Unterschiede zwischen Ost- und Westdeutschland bestehen (vgl. Pothmann/Janze 1999).

Die Analyse der Inobhutnahme, die seit 1995 im Rahmen der amtlichen Kinder- und Jugendhilfestatistik erfasst werden, hat gezeigt, dass zwischen 1995 und 1997 die Anzahl der Maßnahmen kontinuierlich gestiegen ist. Allerdings weisen die Angaben für das Jahr 1998 erstmalig darauf hin, dass die Anzahl der Schutzmaßnahmen sowohl in Ost- als auch in Westdeutschland nicht weiter gestiegen ist. Darüber hinaus ist unabhängig von der Entwicklung des Maßnahmenvolumens auffällig, dass Schutzmaßnahmen vor allem für Jugendliche und hier vor allem für weibliche Jugendliche geleistet werden (vgl. Pothmann/Schilling 1999).

Bezogen auf die Strukturentwicklung der Kinder- und Jugendhilfe konnten auf der Grundlage der Statistik „Einrichtungen und tätige Personen in der Kinder- und Jugendhilfe" vielfältige Erkenntnisse gewonnen werden (vgl. zuletzt Rauschenbach/Schilling 2000). Diese beziehen sich einerseits auf die generelle Entwicklung der Einrichtungen, der Plätze und des Personals in der Kinder- und Jugendhilfe, andererseits auf speziellere Auswertungen zur Qualifikationsstruktur, zur Geschlechterverteilung und zur Altersstruktur in der gesamten Kinder- und Jugendhilfe und den einzelnen Arbeitsfeldern.

Neben diesen Strukturdaten stellt die amtliche Kinder- und Jugendhilfestatistik Informationen zu den Ausgaben und Einnahmen in der Kinder- und Jugendhilfe zur Verfügung (vgl. Kolvenbach 1997). Die Analysen haben gezeigt, dass die Entwicklung der öffentlichen Ausgaben für die Kinder- und Jugendhilfe in den 90er Jahren durch unterschiedliche Entwicklungen in Ost- und Westdeutschland gekennzeichnet ist. Während in den neuen Bundesländern vor allem aufgrund des notwendig gewordenen Abbaus im Bereich der Kindertagesbetreuung die finanziellen Aufwendungen rückläufig sind, ist vor dem Hintergrund der Erfüllung des Rechtsanspruchs auf einen Kindergartenplatz in den alten Bundesländern vor allem im Bereich der Kindertagesbetreuung ein Anstieg der Ausgaben zu beobachten (vgl. Schilling 1999b). Dies verdeutlicht allerdings gleichzeitig, dass die Ausgabenentwicklung insgesamt zu einem großen Teil von den Tendenzen für den Bereich der Kindertagesbetreuung mitgeprägt wird. Daneben weisen die Angaben für den Bereich der Hilfen zur Erziehung sowohl in Ost- als auch in Westdeutschland einen Anstieg der Ausgaben aus. Gleiches gilt auch für die Kinder- und Jugendarbeit zumindest in den westlichen Bundesländern, während gleichzeitig das Ausgabenvolumen in den östlichen Bundesländern für diesen Bereich rückläufig ist (vgl. ebd.).

Neben der generellen Ausgabenentwicklung für die einzelnen Arbeitsfelder ist es ebenfalls von Bedeutung nachzuweisen, in welchem Maße sich die staatlichen Ebenen an der Finanzierung der Kinder- und Jugendhilfe beteiligen. Die amtliche Kinder- und Jugendhilfestatistik stößt dabei an ihre Grenzen, da sie ausschließlich die Ausgaben der jeweiligen Gebietskörperschaft an den Letztempfänger erfasst werden, wobei die Beteiligungen der unterschiedlichen staatlichen Ebenen unberücksichtigt bleiben. Hierüber geben die Rechnungsergebnisse des öffentlichen Gesamthaushalts (Finanzstatistik) Aufschluss, sodass in der Analyse nachgewiesen werden konnte, dass die Kinder- und Jugendhilfe zu 61% seitens der Gemeinden, zu über 35% von den Ländern und zu knapp 4% aus Mitteln des Bundes finanziert wird (vgl. Schilling 2000).

5. Ausblick

Das Erhebungsinstrument basiert im Kern auf dem Entwicklungstand der Kinder- und Jugendhilfe kurz vor Einführung des SGB VIII Anfang der 90er-Jahre. Aufgrund vieler fachlicher und struktureller Anforderungen hat sich die Kinder- und Jugendhilfe innerhalb der letzten Jahre verändert. Die amtliche Kinder- und Jugendhilfestatistik als Instrument der Dauerbeobachtung muss sich daher kontinuierlich an diese Entwicklungen anpassen, um weiterhin empirisch gesichertes und aussagekräftiges Datenmaterial bereitzustellen. Dabei sind neue Hilfearten, z.B. flexible Erziehungshilfen gemäß §27 Abs. 2 SGB VIII, neue Planungsanforderungen, wie z.B. die Kinder in Kindertageseinrichtungen oder veränderte Rechtsformen (privatgewerbliche Träger) zu berücksichtigen. Zusätzlich sollten bisher ausgeblendete Bereiche wie z.B. die Jugendsozialarbeit oder die Beratungstätigkeit des allgemeinen sozialen Dienstes in den Jugendämtern sukzessive in die statistische Erfassung aufgenommen werden, damit nach und nach ein umfassendes Abbild der Kinder- und Jugendhilfe in der amtlichen Statistik entsteht.

Literatur zur Vertiefung

Rauschenbach, T./Schilling, M. (1997): Die Kinder- und Jugendhilfe und ihre Statistik. Band I: Einführung und Grundlagen. Neuwied (a)
Rauschenbach, T./Schilling, M. (Hrsg.) (1997): Die Kinder- und Jugendhilfe und ihre Statistik. Band 2: Analysen, Befunde und Perspektiven. Neuwied (b)
Rauschenbach, T./Schilling, M. (2001): Soziale Dienste, in: W. Böttcher, K. Klemm, T. Rauschenbach (Hrsg.), Bildung und Soziales in Zahlen. Weinheim und München, S. 207-270

Literatur

Beher, K. (1997): Tageseinrichtungen für Kinder. Perspektiven einer reformierten Statistik, in: T. Rauschenbach, M. Schilling (Hrsg.), Die Kinder- und Jugendhilfe und ihre Statistik. Band II: Analysen, Befunde und Perspektiven. Neuwied u.a., S. 321-366

Hoffmann, U. (1991): Neuordnung der Jugendhilfestatistik, in: Wirtschaft und Statistik, 43. Jg., Heft 3, S. 153-164

Janze, N. (1998): Vollzeitpflege im Wandel. Pflegeverhältnisse jenseits von Kurzzeit- und Dauerpflege, in: KomDat Jugendhilfe, 1. Jg., Heft 2, S. 1-2

Kolvenbach, F.-J. (1997): Die Finanzierung der Kinder- und Jugendhilfe. Zur Empirie eines vernachlässigten Themas, in: T. Rauschenbach, M. Schilling (Hrsg.), Die Kinder- und Jugendhilfe und ihre Statistik. Band II: Analysen, Befunde und Perspektiven. Neuwied, S. 367-402

Pothmann, J. (2000): Zwischen Wachstum und Wandel. Trends zu den Erziehungshilfedaten 1998, in: KomDat Jugendhilfe, 3. Jg., Heft 1, S. 1-2.

Pothmann, J./Janze, N. (1999): Beratungsexpansion in der Jugendhilfe, in: KomDat Jugendhilfe, 2. Jg., Heft 3, S. 1-2.

Pothmann, J./Rauschenbach, Th. (1999): Mädchen – benachteiligt in der Erziehungshilfe? in: KomDat Jugendhilfe, 2. Jg., Heft 2, S. 1-2

Pothmann, J./Schilling, M. (1999): Weiterer Anstieg der Inobhutnahmen. Stärkste Zunahme bei den 16- bis unter 18-jährigen Mädchen, in: KomDat Jugendhilfe, 2. Jg., Heft 1, S. 3

Pothmann, J./Thole, W. (1999): Abbau im „Westen" – Wachstum im „Osten". Die Maßnahmen der Kinder- und Jugendarbeit 1996 im Spiegel statistischer Daten, in: deutsche jugend, 47. Jg., Heft 4, S. 169-179.

Rauschenbach, T./Schilling, M. (1997): Die Kinder- und Jugendhilfe und ihre Statistik. Band I: Einführung und Grundlagen. Neuwied (a)

Rauschenbach, T./Schilling, M. (Hrsg.) (1997): Die Kinder- und Jugendhilfe und ihre Statistik. Band 2: Analysen, Befunde und Perspektiven. Neuwied (b)

Rauschenbach, T./Schilling, M. (2001): Soziale Dienste, in: W. Böttcher, K. Klemm, T. Rauschenbach (Hrsg.), Bildung und Soziales in Zahlen. Weinheim und München, S. 207-270

Schäfer, H./Cremer, G. (1979): Zum Problem der amtlichen Jugendhilfestatistik, in: Forum Jugendhilfe, Heft 3, S. 23-32

Schilling, M. (1999): Eine Nullrunde in der Kinder- und Jugendhilfe? in: KomDat Jugendhilfe, 2. Jg., Heft 2, S. 2-4 (a)

Schilling, M. (1999): Fremdunterbringungskarrieren, in: KomDat Jugendhilfe, 2. Jg., Heft 3, S. 3-4 (b)

Schilling, M. (2000): Wie finanziert sich die Kinder- und Jugendhilfe, in: KomDat Jugendhilfe, 3. Jg., Heft 2, S. 3

Simons, K. (1993): Die Mängel der Sozialstatistik. Zur Notwendigkeit des Aufbaus praktischer und theoretisch belangvoller Erhebungsprogramme für Sozialberichterstattung und Sozialplanung, in: Archiv für Kommunalwissenschaften, 32. Jg., Heft 2, S. 344-373

Thole, W. (1997): Jugendarbeit – ein Stiefkind der Statistik, in: T. Rauschenbach, M. Schilling (Hrsg.), Die Kinder- und Jugendhilfe und ihre Statistik. Band II: Analysen, Befunde und Perspektiven, Neuwied, S. 279-320

Voit, H. (1972): Kritik der amtlichen Jugendhilfestatistik, in: Zeitschrift für Pädagogik, 18. Jg., Heft 2, S. 227-243

Teil V
Handlungsfelder der Kinder- und Jugendhilfe

Cordula Jaletzke

Kindertagesbetreuung

Zusammenfassung: Die geschichtliche, gesellschaftliche und wirtschaftliche Entwicklung in Deutschland seit Mitte des 19. Jahrhunderts brachte je unterschiedliche Ideen und Konzepte für die Betreuung von Kindern durch öffentliche Institutionen mit sich. Von Fröbel über Montessori, von psychoanalytischen Konzepten zum Situationsansatz, der vielen Konzeptionen der Kindertagesbetreuung als Modell diente, in unterschiedlicher Weise Eingang gefunden hat und nach der Wende in den ostdeutschen Bundesländern bestimmend wurde, gab es viele Versuche, öffentliche Kinderbetreuung auf ein professionelles Niveau zu heben und damit Qualität zu sichern. Dies ist ein fortwährender Prozess der flexiblen Anpassung an die neuen gesamtgesellschaftlichen Bedingungen und erfordert weitere Professionalisierung in diesem Handlungsbereich.

Einleitung

Der grundlegende Struktur- und Wertewandel, der mit der Modernisierung der Industriegesellschaft beschrieben wird und durch Rationalisierungsmaßnahmen und Flexibilisierung von Arbeitszeit und -ort gekennzeichnet ist, führte zu Veränderungen auf der sozialen Mikroebene im Bereich Kindheit, Jugend, Elternschaft, Familie und Ehe. Immer mehr Kinder wachsen in unserer Gesellschaft mit nur einem Elternteil bzw. in sog. Patchwork-Familien auf. Die Vielfalt gesellschaftlicher Lebensformen kann neben der individuellen Freiheit auch Unüberschaubarkeit und Orientierungslosigkeit bedeuten. Für Kinder müssen zunehmend Orte-'Inseln' geplant und organisiert werden, während Bolz- und Spielplätze, Toberäume und andere Plätze kindlichen 'Wildsein-könnens' in unserer Gesellschaft immer knapper werden. Die Tendenzen der gegenwärtigen Entwicklungen in unserer Gesellschaft stellen Kinder vor besondere Herausforderungen. Sie bekommen die Gleichzeitigkeit kultureller Spielraumerweiterungen und sozio-ökonomischer Möglichkeitsverengungen sehr deutlich zu spüren (Ziehe 1985). Kinder unter 7 Jahren sind seit den 80er-Jahren und zunehmend nach der Wende, besonders in Ostdeutschland, überproportional von materieller Armut betroffen (Geißler 1992). Verstärkt werden diese zu bewältigenden Aufgaben durch die tendenzielle Aufhebung der Generationengrenzen sowie der Grenzen der Wirklichkeitsbereiche Kinderalltag und Welt der Erwachsenen. Themen der Erfahrungs- und Erlebnisbereiche aus der Erwachsenenwelt wie bspw. Tschernobyl, Klimaveränderungen, Umweltkatastrophen, Bürgerkriege, alltägliche Gewalt sind über die Medien Gesprächsstoff zwischen Kindern und Erwachsenen geworden.

Mit dem In-Kraft-Treten des Kinder- und Jugendhilfegesetzes (KJHG) 1990/91, das die Eigenständigkeit der Jugendhilfe als Sozialisationsinstanz für Kinder und Jugendliche neben Elternhaus und Schule verbürgt und Kinder mit ihren Familien nicht mehr als Objekte staatlichen Tuns sieht, sondern als eigenverantwortlich handelnde (Rechts-)Subjekte, ist die Hinwendung zur alltäglichen Lebenswelt und zur präventiven Gestaltung der Lebensbedingungen von Heranwachsenden und ihren Bezugspersonen erstmals formuliert. In §1 verpflichtet sich der staatliche Rechtsgeber und mit ihm die Gesellschaft auf dieses Anliegen in der Kinder- und Jugendhilfe, wenn er schreibt, dass die „Eltern und andere Erziehungsberechtigte bei der Erziehung beraten und unterstützt" werden sollen und „positive Lebensbedingungen für junge Menschen und ihre Familien sowie eine kinder- und familienfreundliche Umwelt zu erhalten und zu schaffen" sind (§1, Abs. 2.4 KJHG).

Dem Bereich der Kindertageseinrichtungen wird im KJHG erstmals ein eigener Abschnitt zuerkannt mit dem Anliegen, dass der ganz normale Alltag von Kindern, Jugendlichen und ihren Familien resp. Bezugsgruppen unterstützt werden soll und Hilfe- und andere Dienstleistungsangebote bereitgestellt werden müssen. In Kindertagesbetreuungseinrichtungen soll „die Entwicklung des Kindes zu einer eigenverantwortlichen und gemeinschaftsfähigen Persönlichkeit gefördert werden" (§22, Abs. 1 KJHG) und zugleich sind die Erzieher/innen und anderen Mitarbeiter/innen angehalten, „mit den Erziehungsberechtigten zum Wohl der Kinder" zusammenzuarbeiten (§22, Abs. 3 KJHG).

1. Historische und konzeptionelle Entwicklung zentraler pädagogischer Modelle der Kinderbetreuung

Als sozialgeschichtlicher Hintergrund für die Entwicklung der Kindertagesbetreuung ist festzuhalten, dass sich Ende des 18. Jahrhunderts aufgrund der industriellen Entwicklungen und ihren sozio-ökonomischen Folgen allgemein die gesellschaftlichen Bedingungen veränderten und mit ihnen die familialen Strukturen sich schneller und deutlicher wandelten. Die bürgerliche Kleinfamilie mit ihrer geschlechtsspezifischen Arbeits- und Rollentrennung, die private Erziehung der Kinder einschloss, gewann zunehmend an normativer Kraft und wird für die kommenden beiden Jahrhunderte zum Leitbild geglückten Lebens. Gemessen daran erhält die 'proletarische Familie', in der Arbeitszwang für alle Mitglieder, also auch für Frauen und Kinder gilt, einen defizitären Status. Aus der wirtschaftlichen Lage der Arbeiterfamilien entsteht ein Bedarf an öffentlicher Erziehung. So hatten die gegründeten Bewahranstalten für Proletarierkinder vor allem eine soziale Kontrollfunktion. Dagegen stand bei den Schulvorbereitungsgruppen für die Bürgerkinder die Bildungsförderung im Vordergrund. Die Idee einer ‚umfassenden Menschenerziehung' einschließlich des damit verbundenen erzieherischen Milieus ist eng mit dem Namen Friedrich Fröbel (1782-1852) verbunden. Zentraler Gedanke der frühkindlichen Erziehung im Sinne Fröbels war das ‚soziale Lernen'. Mit seinem in Rudolfstadt/Thüringen geleiteten Spielkreis, in dem bei der Eröffnung 1840 24 Kinder im Alter von 2 bis 5 Jahren zweimal in der Woche für je zwei Stunden zum gemeinsamen Spielen zusammenkamen, wurde der erste „Allgemeine Deutsche Kindergarten" gegründet. In den folgenden Jahren, in denen Fröbel seine pädagogischen Ziele für den Kindergarten entwickelte, wurden weitere Kindergärten, u.a. in Frankfurt/M., Gotha und Dresden eröffnet (Grossmann 1994). Die Reichsschulkonferenz beschloss die Zuordnung des Kindergartens zur Jugendhilfe (RJWG) 1922.

Für Fröbel selbst war weniger die sozialpolitische Notwendigkeit von Betreuungssituationen ausschlaggebend als vielmehr die Frage nach einer bildenden Betreuung. Die Erziehung des Kleinkindes sowie die Erneuerung der Familie waren seit 1835 ein wichtiges Anliegen Fröbels. Die bewusste Erziehung ereignete sich nach Fröbel im Kindergarten, der in Anlehnung an den biblischen 'Garten Eden' für das Kind etwas ‚paradiesisches' haben sollte sowie anhand geeigneter Spielmaterialien. Der Kindergarten verkörperte für ihn die unterste Stufe eines einheitlichen Bildungssystems. Seine Entwicklungstheorie ist anthropologisch umfassend angelegt. Zwei Aspekte der Fröbelschen Pädagogik sind dabei als besonders bedeutend einzuschätzen: Zum Einen die anthropologische Grundannahme einer seelisch-geistigen Entwicklung in früher Kindheit und zum Zweiten die von ihm entwickelte Spieltheorie und die daraus abgeleiteten „Spielgaben" (vgl. Grossmann 1994). Zu den von Fröbel konzipierten Betreuungseinrichtungen gehörte ein Garten, in dem die Kinder sich betätigen konnten, daher der Begriff *Kindergarten*. Verbunden mit der Arbeit im Garten ist seine Vorstellung von der Pflege, vom Wachsen und Formgeben des Kindes durch Erziehung entsprechend der allgemeinen pädagogischen Auffassung seiner Zeit.

Bedeutend ist Fröbels Beobachtung, dass das Kind durch einen angeborenen Tätigkeits- und Bildungstrieb seine Persönlichkeit selbsttätig aufbaut und darin ein entscheidender Ansatzpunkt für die frühe Erziehung des Kindes liegt (Schmutzler 1991). Fröbel geht von einer ganzheitlichen Entwicklung des Menschen aus, die er in Entwicklungsstufen einteilt. Die einzelnen Stufen kennzeichnen dabei weniger biologisch klar trennbare Lebensabschnitte, sondern sollten eher als besondere „Empfänglichkeit und Erregbarkeit" gesehen werden. Fröbel greift mit der Erkenntnis, „dass die kräftigen, vollständigen und eigentümlichen Entwicklungen aller und jeder (auf der) einzelnen vorhergehenden Entwicklungsstufe beruhe" (Fröbel 1968, S. 22), bereits dem konstruktivistischen Modell Jean Piagets vor.

Erzieherische Aufgaben nach Fröbel

Mit der Gründung des Kindergartens hatte Fröbel einen neuen Beruf vornehmlich für Frauen geschaffen. Obgleich Fröbel den Kindergarten nicht von vornherein als ein weibliches Berufsfeld betrachtete, zeigt die Geschichte und Gegenwart, dass vor allem Frauen in der Kleinkinderziehung tätig waren und sind (Böhnisch/Winter 1993; Sachße 1986). Fröbel sah in der Frau sein Ideal der Mütterlichkeit verkörpert und meinte, dass die Frau ‚naturgegeben' sich der Kleinkinderziehung widmen könne. Dieses mütterliche Bild der Frau erschwert noch heute die Professionalisierung dieses Berufes. Verstehen und erziehen kann man Kinder nach Fröbel nur dann, wenn das Erzieherverhalten auf der Basis der anthropologischen Grundlage umfassend betrachtet und bestimmt wird. Die Fröbelsche Annahme vom angeborenen Bildungs- und Tätigkeitstrieb und der Unbeholfenheit des Kindes macht ein verantwortungsbewusstes Erzieherverhalten notwendig. Die Erzieher, und damit sind nicht nur die Berufserzieher/innen sondern auch die Eltern gemeint, sind verpflichtet, die Umgebung des Kindes entwicklungsfördernd zu gestalten und/oder ihm nahe zu bringen. Da Fröbel in der Nachahmung das entscheidende Moment der Aneignung sieht, leitet sich die Vorbildfunktion des Erziehers hieraus für ihn ab. Nachahmungslernen ist ein schnelles und grundlegendes Lernen und darum sollte ein vorbildliches Erzieherverhalten angestrebt werden. Die Erziehungsarbeit muss als eine systematische, pädagogische Hilfe verstanden werden, d.h. in einem erklärenden und belebenden Wort liegen sowie in einer gezielten Anleitung zur Selbsttätigkeit. Die Aufgaben des Erziehers sind für Fröbel das Bereitstellen von Materialien, um alle Sinne, Intelligenz und Sprache zu fördern. Dabei ist es wichtig, ein Gleichgewicht zwischen selbsttätiger Erkundung und Entdeckung und von außen herangetragener Belehrung zu halten. Wie Fröbel sich das Erzieherverhalten vorstellt, wird in folgender Erziehungsregel deutlich: „Beantworte ihm auch durchs Wort nicht viel mehr, als es ohne ein Wort sich selbst beantworten könnte" und „gebt ihnen die Bedingungen, die Antworten selbst zu geben" (Fröbel 1968, S. 22). Hier wird ähnlich wie bei Montessori die Nachrangigkeit der direkten Erziehung und Unterrichtung benannt. Auch für Maria Montessori (1870-1952) steht die indirekte Erziehung im Vordergrund und damit die Fähigkeit des „Sichhelfen-Könnens aus sich selbst". Aus der Erkenntnis, dass das Spielen die höchste Stufe der Kindesentwicklung ist, ergibt sich eine weitere Aufgabe für den Erzieher, die Motivation und Förderung des Spieltriebes, die systematisch geschehen soll. Fröbels Spielgaben lassen diese Systematik erkennen und geben dem Erzieher Anhaltspunkte für seine pädagogische Begleitung. Fröbel setzt an die Stelle der Belehrung das Spiel, an die Stelle isolierter, also abstrakt-formaler kognitiver Übung die lebensnahe ganzheitliche Situation. Sein Begriff der 'Lebenseignung' als pädagogisches Programm schließt stets auch den pädagogischen Bezug, die Zuwendung des Pädagogen zum Heranwachsenden, mit ein.

Das Motto „Kommt, lasst uns mit unseren Kindern leben", das leitend für die Fröbel-Pädagogik geworden ist, meint, dass der Erzieher sich mit seiner ganzen Person auf das Kind einlassen soll und so im Kind Vertrauen wecken und stabilisieren kann. Das bedeutet keineswegs eine Überformung des Kindes, aber auch keine antipädagogische Zurückhaltung oder therapeutische Distanz, sondern das Wagnis, auf das Kind zuzugehen, im Miteinander sich aufzuschließen und so in der gemeinsamen Lebensgeschichte sich gegenseitig zu erleben und anzuerkennen.

Reformpädagogische Bewegungen

Die aus der Kulturkritik Anfang des 20. Jahrhunderts hervorgegangene pädagogische *Reformbewegung* hatte große Auswirkungen auf das Schul- und Berufsschulwesen bspw. für den Schulbereich durch Gustav Wyneken, Peter Petersen und die Jenaplanschulen oder Rudolf Steiner (1861-1925), Begründer der Waldorf-Schulen. Für Steiner, dessen Grundanschauung in seiner Anthroposophie begründet liegt, lag die Aufgabe des Erziehers vor allem darin, die Umgebung des Kindes möglichst anregend, angenehm und nachahmenswert zu gestalten. Früh erlebte Krisen und Probleme erschweren und gefährden die Entwicklung des Kindes.

Aber auch der Vorschulbereich bekam durch die Reformpädagogen Anregungen für die Neugestaltung und die pädagogische Konzeption der Kindertageseinrichtungen, die an der Montessori-Pädagogik beispielhaft beschrieben werden können. Gemeinschaftserlebnis und Gemeinschaftserziehung verbunden mit Lebensnähe und individuellem Eingehen auf das Kind waren die Ziele der reformpädagogischen Einrichtungen. Sie erkannten mehr oder weniger klar den Mangel an herkömmlicher Familienerziehung und die Notwendigkeit einer ergänzenden und kompensatorischen außerfamilialen Erziehung. „Wie viele Eltern haben sich noch nie die Mühe gegeben, sich pädagogisch zu beobachten und zu kontrollieren! Wie vielen fehlt die natürliche Begabung, Kinder zu verstehen und mit ihnen umzugehen, eine Begabung, die keineswegs mit der Fähigkeit, Kinder zu erzeugen schon gegeben ist." (Wyneken 1919, S. 14) Zu ihrem Hauptverdienst gehört die Anerkennung der elementaren Tatsache, dass das Kind in einer Eigenwelt lebt, die auch die Schule (und Vorschuleinrichtung) respektieren muss.

Montessori-Pädagogik

Montessori baute ihre Pädagogik auf der Grundannahme auf, dass das Kind sein „eigener Baumeister" ist und sich von Geburt an durch Individualität auszeichnet. Sie setzte damit einen wichtigen Grundsatz, der durch die Begriffe „Zentrum" und „Peripherie" vertreten wird. Das Zentrum gehört dem Individuum allein. Die Erwachsenen haben sich nicht mit den Vorgängen im Zentrum zu befassen. Durch die Peripherie tritt das Individuum mit seiner Umgebung in Verbindung, das geschieht durch seine Sinne und seine Handlungen. An dieser Peripherie kann und soll Erziehung ansetzen.

Im Zentrum sind von Geburt an individuelle Charakterzüge in einem Bauplan festgeschrieben, die in unterschiedlichen Phasen zur Entfaltung kommen. Montessori spricht in diesem Zusammenhang von sensiblen Perioden, die fortschreitenden Aufbaucharakter haben. Die nächste Entwicklungsstufe kommt zur Geltung, wenn die Sensitivitäten der vorangegangenen Periode angemessen gefördert wurden, d.h. jede vorangegangene Phase ist das Fundament für die folgende. Wie für Fröbel ist auch für Montessori eine angeborene Kraft die Voraussetzung für die Entwicklung des Kindes. Des weiteren ist die Entdeckung wichtig, dass das Kind und der Erwachsene in einem Verhältnis leben, welches Spannungen hervorruft. Die Erwachsenen glauben, dass die Seele des Kindes passiv ist und vollkommen von der Leitung der Erwachsenen abhängt. Sie glauben, die kindliche Seele sei „ein leeres Gefäß, das mit einem Inhalt erfüllt werden muss" (Montessori 1972, S. 92). Die Erwachsenen haben sich ihre Umgebung geschaffen, die ihren Bedürfnissen entspricht. Das Kind wird in diese Umgebung hineingeboren und kommt sich vor wie ein Fremder in der sozialen Ordnung der Erwachsenen. Die von Montessori entwickelte Pädagogik orientiert sich unmittelbar an den Bedürfnissen des Kindes und schließt die Forderung an die Erzieherin ein, den kindlichen Selbstaufbau zu stärken. Der Erwachsene soll all das bereithalten, was das Kind benötigt, und zwar so, dass das Kind sich nicht gedrängt fühlt und selbst entscheiden kann, ob es das Bereitgehaltene will. Für den Erziehenden sind zwei Aufgaben relevant: Schaffung einer angemessenen Umwelt und Entwicklung einer neuen Haltung gegenüber dem Kind. Der Erzieher ist aktiv, wenn er das Kind mit der Umgebung in Beziehung bringt, er ist passiv, wenn diese Beziehung eingetreten ist. Die Beobachtung des Kindes ist seine wichtigste Aufgabe. Er muss das noch suchende Kind von einem wahllos umherirrenden Kind unterscheiden können. Das suchende Kind sollte er in Ruhe probieren lassen. Das konzentriert arbeitende Kind ist in seiner Tätigkeit nicht zu stören, auch wenn es zunächst bspw. umständliche Lösungen findet oder gar Fehler macht. Der Pädagoge versucht, seinen persönlichen Einfluss möglichst gering zu halten und bleibt dennoch in der Rolle desjenigen, der die kognitiven Leistungen und die damit verbundenen realen Forderungen an das Kind diesem gegenüber vertritt.

Der Einfluss der Psychoanalyse

Der Psychoanalyse ist es zu verdanken, dass Erziehung nicht nur als eine absichtlich durchgeführte, bewusste Handlung interpretiert wird. Durch sie lernen wir erkennen, welchen gewichtigen Anteil unser Unbewusstes an unserem Fühlen, Denken und Handeln hat. „Das ‚unartige', das ‚schwierige' Kinde steht anders vor uns, wenn wir sein Unbewusstes und den Anteil unserer eigenen, durch unbewusste Strömungen beeinflussten Verhaltensweisen anerkennen." (Wolffheim 1973, S. 9f.) Durch die Kenntnis oder besser durch das Wissen vom Vorhandensein des Unbewussten können Erziehende die Kinder besser verstehen lernen. Freuds Einsichten verdeutlichen, dass der Erzieher vorsichtiger in seinem Denken und Handeln dem Kind gegenüber zu sein habe. Er wird die Schwierigkeiten der infantilen Triebverzichte anerkennen und die notwendige Anpassung an die Realität, möglichst unter Anerkennung des kindlichen Luststrebens, sich entwickeln lassen. Der Erzieher soll seine Intentionen mit den Ich-Kräften des Kindes verbinden, damit die vorhandenen Triebbedürfnisse nicht verdrängt, sondern gemeistert werden. Dabei ergibt sich die Frage, in welcher Art und Weise der Erzieher bei der Triebbefriedigung Hilfestellung geben kann, ohne einerseits durch zu starke Einschränkung eine neurotische Entwicklung beim Kind heraufzubeschwören und um andererseits dem Kind in seiner Anpassung an die Realität hilfreich zu sein, d.h. auch die Normen der Umwelt zu vermitteln. Seine Tochter Anna Freud wie auch Melanie Klein haben aus seinen Schriften die Erkenntnisse für ein psychoanalytisches Erziehungsverständnis herausgelöst und weiterentwickelt. Auch wenn sie beide von Anfang an verschiedene Wege gingen, trugen sie wesentlich zur Entwicklung der Kinderanalyse bei und damit auch zu einer psychoanalytisch ausgerichteten Pädagogik. Jede von ihnen errichtete in Wien bzw. in London ein Zentrum der Kinderanalyse, in dem sie zu unterschiedlichen Schwerpunkten forschten. Klein beschäftigte sich sehr intensiv mit der Spielanalyse. Anna Freud arbeitete an einem veränderten Erziehungsverständnis. Der Lehrer und Erzieher sollte ihrer Auffassung nach eine psychoanalytische Ausbildung erhalten. Sie meinte, dass die Pädagogik, wenn sie nicht einen außerordentlich großen Teil ihrer Pflichten versäumen will, sich mit der Psychoanalyse als einer erzieherischen Methode befassen muss (Freud, A. 1965).

Das Leben in der Gemeinschaft, wie es im Kindergarten erlebbar wird, bietet ein großes Sublimierungspotential. Das Zusammensein mit vielen Kindern verschafft dem Einzelnen eine Erweiterung seiner Gefühls- und Interessenwelt. Es bedeutet aber nicht nur Ablenkungsmöglichkeit von seinen Schwierigkeiten, sondern ist für das Kind Anregung, sich an die Realität anzupassen.

„Spiel ist die Umgestaltung der Realität in Lust bringender Form" (Wolffheim 1972, S. 138), d.h. im Spiel kann und soll das Kind ungestraft Handlungen ausführen, die im öffentlichen Leben verboten sind. Verbotenes kann in erlaubter Form teilweise von der Umwelt unentdeckt und ohne mit dem Über-Ich in Konflikt zu kommen, erlebt werden. Dabei fallen einem sofort die Kampfspiele im Kindergarten ein. Wolffheim lehnt in diesem Zusammenhang ein „pädagogisches Eingreifen" ab, auch wenn „wir die Rohheitsakte und andere 'Entgleisungen' bemerken (...), da deren Ausführungen im Spiel unerwünschten Handlungen in der Realität vorbeugen kann und, soweit es nicht anderen Schaden bringt, eine gesunde Abfuhr affektiver Belastungen ist" (ebd.).

Im Umgang mit verhaltensauffälligen Kindern hat die psychoanalytisch orientierte Erziehung einen wesentlichen Beitrag geleistet. Sie möchte uns eine Sensibilität gegenüber diesen Kindern vermitteln. Diese Kinder bereiten nämlich nicht nur Schwierigkeiten, sondern sie haben selbst Schwierigkeiten. Unter die verhaltensauffälligen Kinder sind aber nicht nur die, die durch negative Äußerungen auffallen, sondern auch die überangepassten zu zählen. Die Kinder bedürfen eines verständnisvollen Begreifens ihrer Eigenheiten und Ängste. Schutz, Liebe, Rückhalt und Zutrauen sind Voraussetzungen für das Bewältigen der Schwierigkeiten und nicht Ablehnung und Bestrafung. Wichtig für eine Erfolg versprechende Maßnahme der Erzieher ist eine enge Zusammenarbeit mit den Eltern, um eventuell störende Einflüsse im Elternhaus zu sehen und vielleicht sogar zu beheben.

Erziehung in der alten Bundesrepublik am Beispiel öffentlicher Kleinkinderziehung (1945-1989)

Der Kindergarten fiel nach der Kapitulation und dem Zusammenbruch des Hitler-Faschismus in die Funktion zurück, die er zu Beginn seines historischen Auftretens hatte, nämlich Nothilfemaßnahme für elternlose, bedürftige und vernachlässigte Kinder zu sein. Bevor an Neukonzipierungen gedacht werden konnte, mussten existentielle Aufgaben gelöst werden, wie bspw. der Aufbau und die Renovierung beschädigter Kindertageseinrichtungen. Die Besatzungsmächte gaben Richtlinien und Vorschläge zur Neugestaltung der Erziehung in Kita, Schulen und Universitäten aus. So wies die amerikanische Erziehungskommission in ihrem Bericht über die „Erziehung in Deutschland" darauf hin, dass die Beseitigung nazistischer Wurzeln im „deutschen Volk" nur aus eigener Kraft vollständig gelingen könne. Des Weiteren sahen sie die „Um-Erziehung" Deutschlands nur dann gewährleistet, wenn sie Teil eines Gesamtkonzeptes zum Wiederaufbau ist, in der Politik- und Wirtschaftsrichtlinien ebenfalls enthalten sind. Die Re-Edukation nach amerikanischem Willen spiegelte sich in der Kleinkinderziehung nur wenig wider. So knüpften die Reformer bei der Suche nach Erziehungskonzepten an den organisatorischen, rechtlichen und konzeptionellen Stand der öffentlichen Kleinkinderziehung der Weimarer Republik an, insbesondere zog man sich auf vorpolitisch-familiäre Werte zurück.

Der Kindergarten nahm in der 1949 gegründeten BRD wieder die Position einer familienergänzenden und freiwilligen Institution der Jugendhilfe ein, deren bildungspolitische und pädagogische Zielsetzung in den Hintergrund rückte. Im Artikel 6 des Grundgesetzes kommt die subsidiäre Betrachtungsweise der öffentlichen Kleinkinderziehung zum Ausdruck. Darin heißt es: Pflege und Erziehung der Kinder sind das natürliche Recht der Eltern und die zuförderst ihnen obliegende Pflicht. Über ihre Betätigung wacht die staatliche Gemeinschaft. Fortsetzung fand diese Regelung auch in dem am 11.08.1961 novellierten JWG in Anknüpfung an das RJWG der Weimarer Zeit, das den Kindergartenbereich der Wohlfahrt zuordnete. „Die junge Republik lebte im wesentlichen von der Verdrängung, die am besten durch fleißige Geschäftigkeit und das Anklammern an vorgeblich unpolitische, althergebrachte Alltagsnormen organisiert werden konnte" (Neumann 1987, S. 87). Das Erbe der reformpädagogischen Bewegung bestimmte ohne politische Skrupel und moralische Reserve das pädagogische Denken und Planen deutscher Politiker und Pädagogen. Sie waren der Ansicht, dass an die Reformbewegungen um 1900 anzuknüpfen sei, um sich am ehesten von dem belastenden Erbe der Nazi-Vergangenheit distanzieren zu können. Die Möglichkeit grundsätzlicher Neuorientierung nach 1945 wurde in keiner der vier alliierten Besatzungszonen wahrgenommen.

In den 60er-Jahren wurden Stimmen zur Reformierung der Kindergärten laut. Die Diagnosen von „Bildungsnotstand" und „Bildungskatastrophe" für Gegenwart und Zukunft der BRD im Zusammenhang mit dem „Sputnikschock" wurden zu politischen Schlagzeilen. Die Arbeit der öffentlichen Kleinkinderziehung wurde unter dem Gesichtspunkt der Schulvorbereitung betrachtet. Gerade auch Artur Kerns Buch „Sitzenbleiberelend und Schulreife" (1951) löste diese Diskussion aus, Begriffe wie „Vorschulerziehung", aber auch „Verlängerung der Schulzeit nach unten", tauchten in diesem Zusammenhang auf. Reformelle Maßnahmen ließen sich nur schleppend an, der Deutsche Ausschuss für Erziehungs- und Bildungswesen empfahl die Schaffung von Schulkindergärten (Hort) und Vorschulen, die den Schulen zuzuordnen waren. Die 'Vorklasse' wurde eine Erziehungs- und Bildungsinstitution für schulpflichtige Kinder, die noch nicht hinreichend schulfähig sind. Die erfolgreiche Durchsetzung dieser Einrichtung blieb jedoch aus, da sie keinen eigenen theoretischen und methodischen Ansatz zur „geistig-seelischen" Förderung des Vorschulkindes entwickelt hat.

Erst die Modellversuche zur Einrichtung von Schul- (Eingangsstufen) in den 70er-Jahren zeigten neue Wege für die öffentliche Kleinkinderziehung. Im Strukturplan von 1970 wurden dann die Reformvorschläge der ausgehenden 60er-Jahre zusammengefasst, die vor allem die traditionelle Gestaltungsautonomie der Kindergartenpraxis grundlegend in Frage stellten. Der Kindergarten wurde auf Beschluss des Deutschen Bildungsrates zur „Elementarstufe" des Bildungssystems ernannt. Damit wurde ihm ein eigener Bedeutungs- und Aufmerksamkeitsgrad zugestanden. Elementarerziehung wurde unter staatliche Aufsicht gestellt, in allen Bundesländern wurden von 1970-1975 Kindergartengesetze verabschiedet und die Erzieherausbildung neu geregelt.

Bereits Mitte der 60er-Jahre prägte die Berliner Gruppe um Robinsohn den Begriff *Curriculum*. In ihrem Strukturkonzept gingen sie davon aus, dass in der Erziehung Ausstattung zur Bewältigung von Lebenssituationen geleistet wird, die zur Entwicklung von Kenntnissen, Fertigkeiten und Haltungen notwendig ist. Die Curricula und – in engerem Sinne – ausgewählte Bildungsinhalte dienen der Vermittlung dieser Basisqualifikationen (Robinsohn 1976). Didaktische Ansätze enthalten die Zuordnung von Bildungsinhalten und Lernzielen.

Im 1973 verabschiedeten Bildungsgesamtplan der Bundesregierung wurden quantitative und qualitative Perspektiven der Reform verankert. So sollte die Versorgungsquote bei Drei- und Vierjährigen bis 1980 auf 70% und bei Fünfjährigen sogar auf 85% steigen, ab 1985 wurde jedem 5-jährigen Kind ein Kindergartenplatz zugesichert und die Erzieher-Kind-Relation sollte 1:17 und das Verhältnis Fachkraft zu anderen 2:1 betragen. Die Bildungskommission des Deutschen Bildungsrates beschloss weiterhin die Durchführung eines überregionalen Modellprogramm für Curriculum-Entwicklung, um die bereits entwickelten Curricula allgemein nutzbar zu machen bzw. noch neue zu entwickeln.

Bei der Entwicklung von neuen Spiel- und Lernangeboten wurde von den realen Lebenssituationen der Kinder ausgegangen, während der einseitig kognitiv ausgerichteten Frühförderung entgegengewirkt wurde. Dabei sollten die Kinder befähigt werden, ihre Lebenssituation zu beeinflussen und zunehmend selbstständiger zu bewältigen; zugleich sollten sie in der Lage sein, sachliche Probleme so weit als möglich gemeinsam zu lösen und soziale Konflikte zu verstehen, zu meistern oder zu ertragen (Deutscher Bildungsrat 1973, S. 25).

Die Struktur des Erprobungsprogramms war dezentral, da die Bundesländer für die inhaltliche Durchführung des Programms zuständig waren. Es gab keine einheitliche Erprobungsanordnung im Sinne des festgelegten Einsatz- und Erprobungsplans für ausgewählte Curricula.

Das Deutsche Jugendinstitut (DJI) wirkte an der Entwicklung eines Evaluationskonzeptes mit und sicherte den ständigen überregionalen Austausch der Daten, indem es Tagungen und Fortbildungen für alle MitarbeiterInnen der Erprobungskindergärten sowie Praxisberatungen vor Ort durchführte. Außerdem fungierte es als Ansprechpartner für die Bund-Länder-Kommission (BLK).

Die AG Elementarbereich der BLK hatte die politisch-administrative Verantwortung für die überregionalen Aspekte des Erprobungsprogramms und für die Koordination der überregionalen wissenschaftlichen Begleitung. Sie wählte die Curricula aus, die von Bund und Ländern vorgeschlagen worden warenn und entwarf einen Angebotskatalog, aus dem die einzelnen Länder ihre Programme auswählen konnten, die sie erproben wollten.

Der fach- und disziplinorientierte Ansatz zielte auf eine Verbesserung einzelner psychischer Funktionen und kognitiver Fertigkeiten und auf die Einführung der Kinder in bestimmte wissenschaftliche Bereiche. Die bereichsübergreifenden Curricula waren die bedeutendsten im Erprobungsprogramm, und dabei war der sog. situationsorientierte Ansatz die wichtigste curriculumtheoretische Position. Der Situationsbezug des Curriculums ist ein durchgängiges Prinzip nicht nur bei den bereichsübergreifenden Curricula, wo er sowieso nahe liegt, sondern auch bei den fach- und disziplinorientierten.

Vom Strukturkonzept zum Situationsansatz

Der situationsorientierte Ansatz verstand sich als die weiterentwickelte Variante des Strukturkonzepts nach Saul B. Robinsohn. Die DJI-Arbeitsgruppe um Jürgen Zimmer griff die Vorstellungen von einem Curriculum auf, das Qualifikation zur Bewältigung von Lebenssituationen vermitteln wollte. Damit unterscheidet sich der Situationsansatz von den wissenschafts- und fachorientierten Ansätzen, deren Bezugspunkt für das Lernen eine rekonstruierte Wirklichkeit ist, indem die geforderten Qualifikationen von den Experten und nicht von den konkret beteiligten Personen festgelegt werden. Im *Situationsansatz* ist soziales Lernen nicht ein Lernbereich neben vielen, sondern wird als zentraler Bezugspunkt des Lernens verstanden, der andere Lerninhalte tangiert. Im Unterschied zu Robinsohns Strukturkonzept und den anderen didaktischen Ansätzen hebt der Situationsansatz die Trennung zwischen Konstrukteur und Adressat auf. Die Erzieherinnen, Kinder und Eltern waren sowohl Mitwirkende als auch nach dem Konzept Handelnde. Dadurch wurde erst die Orientierung an der Lebenswirklichkeit möglich, denn nur die situativ Betroffenen können wirkliche Schlüsselsituationen erkennen. So entstand im Rahmen der Erprobung eine Sammlung von 28 didaktischen Einheiten zu 28 Schlüsselsituationen, in die Kindergartenkinder kommen können, z.B. „Kinder allein zu Hause", „Kinder im Krankenhaus", „Werbung", „Fernsehen" etc. In der heutigen Literatur und Praxis ist die Bedeutung dieser Einheiten anderen Punkten des Situationsansatzes gewichen. Das Problem war, dass diese Materialsammlung bei den Erzieherinnen den Eindruck erweckt hatte, sie können, weil erprobt, kritiklos und feststehend in ihre Arbeit übernommen werden, bzw. sie wurde als eine Art Rahmenprogramm und -plan verstanden. Einige Einheiten sind heute überholt und neue Schlüsselsituationen, wie das Zusammenleben mit Ausländern oder Umgang mit Computerspielen sind hinzugekommen. Deshalb können die didaktischen Einheiten nur als anregende Hilfe für selbstständiges Erarbeiten einer Schlüsselsituation verstanden werden. Der lebensweltorientierte Anspruch des Situationsansatzes orientiert sich im pädagogischen Handeln an Alltagssituationen. An konkreten Lebenssituationen anzusetzen meint, den Kindern einen Lern- und Lebensraum anzubieten, nicht im Sinne von Rousseaus Lernort, der das Kind von seiner übrigen Umwelt isoliert und auch nicht als pädagogisch kontrollierter Schonraum der frühbürgerlichen Aufklärung, sondern eher in Anlehnung an Pestalozzi, der eine Synthese von Lern- und Lebensraum bezweckte. Der Bildungsaspekt im Situationsansatz zielt auf weitergehende Handlungsmöglichkeiten und Optionen, die kulturelle und zugleich politische Entwicklung und Emanzipation der Kinder fördert.

Der Situationsansatz hat sich in den Jahren seiner Erarbeitung von einem Ansatz der vorschulischen Curriculumentwicklung zu einem Bezugsrahmen reformierter Arbeit im Kindergarten erweitert (Zimmer 1984, S. 23). Er ist also der am deutlichsten durchgesetzte neue didaktische Ansatz im Kindergarten, neben den traditionellen pädagogischen Konzepten von Fröbel,

Montessori und Steiner, die nach wie vor in der Kindergartenarbeit anzutreffen sind. Die klassischen Konzepte sowie deren modifizierte Formen behielten hinsichtlich ihrer Gedanken zum Menschenbild, zu den anthropologischen Sinnkriterien, die die Erzieherpersönlichkeit ausmachen, ihre Bedeutung. Ein übergeordnetes Menschenbild wird in den modernen Ansätzen nicht explizit erörtert. Der situationsorientierte Ansatz stärkt durch Rückgriff auf die aktuelle Lebenssituation der Kinder deren Ich-Autonomie, Kompetenz und Solidarität. Gefragt wird eher nach Sinn und Ziel, die prinzipiell mit der Legitimationsfrage erzieherischen Handelns verknüpft sind.

Die konzeptionellen Umrisse des Situationsansatzes sind der Bezug zur Lebenssituation der Kinder, die engere Verbindung von Kindergarten und Gemeinwesen, die Mitwirkung der Eltern und anderer Bezugspersonen an der pädagogischen Arbeit sowie das Lernen in Erfahrungszusammenhängen. Der Situationsansatz, der institutionskritische Momente hat, verkennt nicht, dass auch die Kindertagesstätte – wie viele andere Spezialeinrichtungen für Kinder – eine 'Insel' mit begrenzten Erfahrungsmöglichkeiten bleibt, die den Kindern aber zugleich einen Raum eröffnet, vielfältige Einbindungen und Begrenzungen zu erfahren und daran selbstbestimmter, sachgerechter und solidarischer sich entwickeln und reifen zu können.

Während früher der Erzieher durch Sinnkriterien wie Liebe und Achtung zum Kind und Mitmenschlichkeit charakterisiert wurde, steht heute der Professionalisierungsgedanke im Mittelpunkt. Die Erzieher/innen werden zu Fachleuten vorschulischen Lernens. Des Weiteren ist die persönliche Bindung an einen didaktischen Ansatz für den Erzieher geringer als bei einem pädagogischen Konzept. So verfolgen Montessoripädagogen fast ausschließlich ihr pädagogisches Konzept, wohingegen die mit dem Situationsansatz arbeitenden Erzieher offener für andere Curricula sind. Dennoch sind heute Erzieherinnen, die nach der Montessori-, Fröbel- oder Steiner-Pädagogik arbeiten, offener für neue Methoden und Didaktiken. So sind durchaus in einem Kinderhaus neben den Montessori-Materialien andere Spiel- und Lernmaterialien zu finden. Eine alternative Bewegung der Kleinkinderziehung, die sog. Kinderladen-Pädagogik, die in der alten Bundesrepublik zeitgleich mit der bildungspolitisch gesteuerten Reform einsetzte, bewirkte eine bis heute fortdauernde Diskussion über antiautoritäre Erziehung und autoritäre Strukturen in der Familie, Kita und Schule.

Kinderladen und antiautoritäre Erziehung

Die Wortschöpfung *Kinderladen* entstand zur Zeit der Studentenbewegung Ende der 60er-Jahre. Anhänger der antiautoritären und antikapitalistischen Protestbewegung mieteten zumeist leer stehende Einzelhandelsgeschäfte, um sie als Unterkünfte für ihre Kindererziehung zu nutzen. Der Begriff Kinderladen weist, wenn auch ungewollt, auf kommerzielle Aspekte in der Kindertagesbetreuung hin. Kindern und deren Eltern werden Beschäftigungs- und Betreuungsmöglichkeiten angeboten, aus denen die Kinder je nach ihrem Interesse wählen. Der Kinderladen ist ein Ort, der vor allem nach den Bedürfnissen der Kinder gestaltet und geführt wird. Die Kinder sind hier die 'Kunden', die Dienstleistungsnutzer. Das Grundprinzip aller antiautoritären Erziehung heißt Selbstregulierung und Selbstbestimmung, d.h. das Kind soll in jedem Alter und auf allen Lebensgebieten seine Bedürfnisse frei äußern und selbst regulieren können, es soll Gelegenheit haben, seine Interessen individuell zu erkennen und angemessen zu vertreten. Erwachsene und Kinder verstehen sich als gleichberechtigte Partner.

Forschungsergebnisse zeigten, dass den Kinderladenkindern mehr persönliche Entfaltungsmöglichkeiten zur Verfügung standen als den Kindern in den traditionell geleiteten Tageseinrichtungen öffentlicher Kleinkindererziehung. Diese Ergebnisse lösten Diskussionen zum Autoritätsproblem in der Erziehungswissenschaft aus. So versprachen sich die Vertreter der empirischen Erziehungswissenschaft von der Zurücknahme der Autorität des Erziehers bessere Voraussetzungen für die Selbstständigkeitsentwicklung bei Kindern. Ein weiterer positiver Aspekt im Zusammenhang mit der Kinderladenbewegung ist in der Renaissance der psychoanalytischen Gedanken für die Kindererziehung zu sehen. Psychoanalyse wurde zum relevanten Fundament antiautoritärer Erziehung.

Die antiautoritäre Erziehung brachte die Problematik Sexualerziehung nach dem Aufkommen der Psychoanalyse erneut ins Gespräch, wenn man auch der teilweise prekären, in den Kinderläden praktizierten Sexualerziehung ablehnend und schockiert gegenüberstand, wurden Erzieherinnen in anderen Einrichtungen zum Nachdenken angeregt. Die Anhänger des Kinderladens forderten einen freien Umgang mit Sexualität und Offenheit in der Beantwortung sexueller Fragen von Kindern. Die Kinderladenbewegung verstand sich als Gegenstück zu den curricularen Ansätzen der Kindergartenreform. Sie kritisierten die überzogene Leistungserwartung, wie sie oft den neuen vorschulischen Trainingsprogrammen zugrunde lag, und beeinflussten durch diese Kritik die Entwicklung der Curricula und die pädagogische Arbeit im Kindergarten in wichtigen Punkten, wie die Rehabilitation von Eltern als sachverständige Laien aber auch die Konzeption einer entschulten Vorschulerziehung, wie es das Curriculum „Soziales Lernen" vorsah.

Am Ende der 80er-Jahre war festzustellen, dass die konzeptionellen und praktischen Erneuerungen der öffentlichen Kleinkindererziehung sich im Wesentlichen auf die Modellkindergärten beschränkten. Für die Zeit der Modellversuche und für einige Zeit danach war es gelungen, eine neue Praxis zu schaffen und neuere Entwicklungen zur Kindergartenpädagogik beizutragen, die auf die pädagogische Arbeit in Regelkindergärten ausstrahlte. Der Staat zog sich zunehmend aus der offensiven Reformpolitik zurück und überließ das Feld den Trägern und Administrationen. Neue Modellversuche in der Kindergartenarbeit, vorwiegend zur Integration von behinderten und ausländischen Kindern, sowie sozialökologische Aspekte von Kindheit (Bronfenbrenner 1976; 1981) rückten zunehmend in den Mittelpunkt, und die Kindertageseinrichtung wurde stärker als erweiterter Lebenszusammenhang des Kindes betrachtet. Menschliche Entwicklung vollzieht sich schrittweise, und da die Menschen im Laufe ihrer Lebensgeschichte in verschiedene soziale Kontexte hineinwachsen, deren Gesamt im Sinne Bronfenbrenners ihren sozialen Lebensraum ausmacht, wurden die Interessen und Ressourcen der Familien stärker berücksichtigt und die Elternarbeit intensiviert. Dies erforderte eine innere Reform der Kindertagesstätte sowie veränderte institutionelle Rahmenbedingungen, um differenzierter auf die unterschiedlichen Lebensbedingungen von Kindern und ihren Familien reagieren zu können.

Ende der 80er-Jahre ist der Kindergarten in der BRD aufgrund der Kürzung des Sozialetats wieder stärker ins Hintertreffen geraten, andere Bereiche der Bildungs- und Sozialpolitik sind ihm übergeordnet. Der Forderung nach Flexibilisierung der Öffnungszeiten, Angebotsgestaltung und nach Steigerung der Versorgungsquote kann aus dem gleichen Grund nicht entsprochen werden. Die Situation des Kindergartens war bis zur Wende ein Ringen um die Absicherung erreichter struktureller wie qualitativer Standards sowie die Legitimation der Kindertageseinrichtung als Institution mit eigenständigem Bildungsauftrag.

Wichtige Erziehungsaspekte in der DDR in der öffentlichen Kleinkinderziehung

Die öffentliche Kleinkindererziehung in der SBZ (Sowjetische Besatzungszone) stand nach dem Kriegsende 1945 vor einer ähnlichen Situation wie in den westalliierten Besatzungszonen. Die Pädagogen und Erzieher griffen gleichfalls auf pädagogische Theorien von vor 1933 zurück, dabei wurden Erziehungswissenschaftler besonders zu Rate gezogen, die den sozialistischen und kommunistischen Erziehungsgedanken verpflichtet waren (bspw. Robert Alt). Der Fachpersonalmangel, der in Folge der Entnazifizierung im gesamten Bildungsbereich entstand, musste durch den sog. Befehl Nr. 225 der Sowjetischen Militäradministration korrigiert werden. Dieser Befehl beinhaltete zum einen die Wiedereinstellung von Leiterinnen und Erzieherinnen, die bereits in Kindereinrichtungen tätig gewesen waren, und zum Zweiten sollte durch intensive sechsmonatige Kurse die Ausbildung von Leiterinnen und Erzieherinnen flächendeckend organisiert werden. Damit war ein Aufbau eines zentralen Kontrollsystems auf den Weg gebracht, der das Einheitsprinzip förderte und spätere bildungspolitische Vorgaben schneller umsetzen ließ.

Während in der alten Bundesrepublik bis in die 70er-Jahre hinein traditionelle familiaristische Grundtendenzen vorherrschend waren und Krippe wie auch Kindergarten als eine 'Nothilfe' verstanden wurden, die mit negativen Sozialisationsauswirkungen (siehe hierzu die Hospitalismusforschung von René Spitz und John Bowlby) argumentativ verfestigt wurden, wurde die

Familienerziehung in der ehemaligen DDR als Gefahr i.S. bürgerlichen Moral- und Lebensorientierungen verstanden. Die Krippe wie auch der Kindergarten hatten wichtige Funktionen hinsichtlich der Kollektiverziehung, wobei hier die Betonung auf dem Kognitiven und der Moralerziehung im Sinne des sozialistischen Menschenbildes (siehe Rubinstein, Wygotsky und Leontjew) lag. Die Vergesellschaftung von Kindererziehung hatte einen konsequenten, flächendeckenden Ausbau sowie die Integration der Einrichtungen in das Bildungssystem zur Folge. Die Krippe allerdings blieb dem Gesundheitsbereich zugeordnet. Während in der alten Bundesrepublik der „Schonraumcharakter" lange Zeit im Vordergrund stand und mit psychologischen Reifungstheorien begründet wurde, lagen in der ehemaligen DDR gesellschaftspolitische Interessen, also einheitliche sozialistische Erziehung, wirtschaftspolitische Ziele sowie Berufstätigkeit der Frauen im Vordergrund.

Ein bis ins letzte Detail differenziertes Erziehungskonzept spiegelte sich in den fünf Erziehungs- und Bildungsprogrammen der 40-jährigen Geschichte der DDR wider. Dieses Programm erfuhr in seinen fünf Fassungen keine wesentlichen Veränderungen, sodass der Kindergartenalltag wenig Innovatives bekam. Der Erziehungsplan basierte auf den Zielen, die das Bild einer sozialistischen Persönlichkeit auszeichnen. Diese sind Erziehung zur Aneignung von Wissen und Können, zum Kollektiv, zur Disziplin, zur Liebe, zur Arbeit und zu hoher Arbeitsmoral, zur Heimatliebe, einschließlich der Bereitschaft, sie zu verteidigen, notfalls mit der Waffe, zur Liebe zur Sowjetunion und zur Solidarität mit den Unterdrückten aller Völker.

Im Erziehungsprozess wie im Spiel wurde großen Wert auf Nachahmung gelegt. Robert Alt sah in der Nachahmung den Weg zur Anpassung und Einordnung des Kindes in die Gesellschaft. Daraus ergab sich für ihn der Anspruch, dass Nachahmung immer sinnvoll sei und ihr Zweck und Ziel vom Kind erfasst und übernommen wird. Da im Rollenspiel nachahmende Tätigkeiten eine besondere Rolle spielen, fand diese Spielart besonderes Interesse in der Kindergartenpädagogik der DDR. Zudem erfuhr das Erzieherverhalten große Bedeutung und Vorbildfunktion. Nicht nur Spielinhalt und -art unterlagen pädagogischer Einflussnahme sondern auch der Spielgegenstand. Die Kinder und Erzieher sollten nur die „als Spielmaterial hergestellten Gegenstände verwenden", d.h. fertiges Spielzeug und zu dem Zweck des Spieles produzierte Dinge. Beim Kind wurde Phantasie- und Kreativitätsentwicklung teilweise gehemmt, da es die sozialistische Spieltheorie ihm nicht gestattete, Spielmaterialien selbst zu gestalten. Die Einsicht Montessoris, die meinte, dass große Fehler des Spielzeugs gerade darin bestünden, dass das Kind mit dem Faksimile erwachsener komplizierter Gegenstände umgehen muss, die der erwachsenen Mentalität entsprechen und nicht der des Kindes, fand hier kein Gehör. Montessori hatte betont, dass die vorgefertigten Spielzeuge nur Reaktionen aber keine eigene Aktivität auslösen.

2. Kindertageseinrichtung – wichtiger Bestandteil der sozialen Infrastruktur im vereinigten Deutschland

Die politische Wende 1989/1990 führte aufgrund unterschiedlicher pädagogischer Grundauffassungen und den verschiedenen Lebensgewohnheiten zu einer verstärkten Diskussion staatlicher Kinderbetreuung. Während in der alten Bundesrepublik den Familien eine hohe Eigenverantwortung zugestanden aber auch zugemutet wurde, organisierten staatliche Institutionen der DDR tagsüber das Leben der Kinder und ihrer Familien. Für die Erwachsenen bedeutete dies eine gesicherte Vollversorgung ihrer Kinder, eine Entlastung in ihrem Verantwortungsbereich, zugleich aber auch Bevormundung. Der im Westen teilweise programmatisch angewandte Situationsansatz stand im deutlichen Widerspruch zu dem „Programm für Bildungs- und Erziehungsarbeit im Kindergarten" der DDR. Er verursachte nach der Wende trotz anfänglicher ideologischer Vorbehalte für das jeweils andere Verständnis eine kontroverse inhaltliche Diskussion, die letztlich zu neuen konzeptionellen Herausforderungen im Bereich der Kindertagesbetreuung auf der Basis des KJHG führte.

Die veränderten Lebensbedingungen und die daran geknüpfte Bedarfslage, die durch Geburtenrückgang nach der Wende, Arbeitslosigkeit besonders von Frauen, finanzielle Engpässe in den öffentlichen Kassen, Kürzungen im sozialen und bildungspolitischen Bereich gekennzeichnet ist, führten einerseits in Ostdeutschland zu Schließungen von Kindertageseinrichtungen, andererseits waren Umstrukturierungen von Betreuungseinrichtungen gefragt. Die veränderte gesamtdeutsche Sozialisationskultur erfordert neue Kooperationsformen mit anderen sozialpolitischen Bildungseinrichtungen, die Aktivierung nachbarschaftlicher Netzwerke und regionaler Interessenverbände. Während in Ostdeutschland durch die radikalen sozialpolitischen Veränderungen zügig neue pädagogische Konzeptionen entwickelt werden mussten, in denen Kinder von unter drei Jahren bis zu Kindern im Grundschulalter in derselben Einrichtung einen Platz finden, geht die Entwicklung in den alten Bundesländern nur zögerlich voran. Bedarfsgerechte Zuschnitte je nach regionalen Lebensbedingungen und Ausgangslagen wurden entwickelt, sodass Kindertageseinrichtungen heute neben der Ganztagsbetreuung, wie sie in der DDR üblich war, in der alten Bundesrepublik aber nur ca. 25% der Plätze ausmachte, eine Vielfalt von zeitlich unterschiedlichen Organisations- und Betreuungsformen anbieten, wie bspw. Halb- und Ganztagsplätze mit und ohne Mittagsversorgung, verlängerte Vormittagsbetreuung, flexible Zeitnutzung ja nach Wochentag u.a.m.

Die knapper werdenden finanziellen Unterstützungen seitens des Staates sowie die veränderten Wünsche und Bedürfnisse der Erziehungsberechtigten, der Familien und ihrer Kinder, führten einerseits zur Frage nach pädagogischen Konzepten und ihren Inhalten und andererseits zu Fragen der Qualitätssicherung bzw. zur Qualitätsentwicklung, die nicht neu sind, aber derzeit im Vordergrund stehen. Die ursprünglich aus der Kinderladenentwicklung stammende Idee, dass das Kind der Kunde der Einrichtung sei, hat sich in Form der Dienstleistungsauffassung des KJHG und in der Frage nach Qualitätssicherung niedergeschlagen. Die Auseinandersetzung mit pädagogischen Konzepten hat immer eine Verbesserung der qualitativen Arbeit zum Ziel. Allerdings ist das Bemühen um Qualität in der Jugendhilfe allgemein und in der Kindertagesbetreuung im Besonderen ein komplizierter Prozess. Leitmotiv ist die Orientierung an Lebensbedingungen von Kindern und ihren Familie sowie die Partizipation von Kindern und ihren Eltern. Hier geht es nicht um einheitliche Standards in den Einrichtungen, sondern die Mitarbeiter/innen der Kindertagesstätten sollten je nach Bedingungen und Ressourcen ihrer regionalen Gegebenheiten die größtmögliche Qualität im Zusammenspiel mit Kindern und ihren Familien entwickeln. Um die Qualität von Kindertageseinrichtungen auf der Ebene der Nachfrage und des Bedarfs, auf der Ebene der Angebote, Ziele, Mittel und Möglichkeiten der jeweiligen Einrichtung sowie hinsichtlich der beruflichen Praxis (Kronberger Kreis 1998) heben zu können, ist eine grundsätzliche Kooperations- und Kommunikationsbereitschaft der verschiedenen Interessengruppen erforderlich. Die größtmögliche Transparenz, die hierbei von allen Beteiligten gefordert ist, kann zur Erweiterung der Handlungsmöglichkeiten und zur wechselseitigen Verantwortlichkeit führen.

Abschließend kann festgehalten werden, dass durch die politische Wende und ihre Auswirkungen in der bundesrepublikanischen Gesellschaft die bestehenden Konzepte der Kindertagesbetreuung flexibel angepasst, verändert und erneuert werden mussten, wodurch die ostdeutschen Bundesländer an die Spitze des Modernisierungsprozesses getreten sind. Der Wandel der gesellschaftlichen Rolle der Frau, die die wachsende Erwerbstätigkeit von Frauen und Müttern einschließt, die unterschiedlichen Familienformen (Alleinerziehende, Stieffamilien, Scheidungsfamilien etc.), die Veränderung des Stellenwertes der Familienphase für die Lebensplanung der Erwachsenen sowie das Aufkommen eines kindzentrierten Familienleitbildes sind Aspekte, die den Bedarf an Kindertageseinrichtungen rechtfertigen. Die 'strukturelle Rücksichtslosigkeit' gesellschaftspolitischer Interessen gegenüber der Familie ist ein weiteres Argument für ein flächendeckendes Angebot unterschiedlicher Kindertagesbetreuungen und lässt das Prinzip der Gleichheit von Bildungschancen als Bürgerrecht noch einmal anders argumentativ verwenden.

Mit den im KJHG aufgeführten fachlich qualifizierten Aufgaben der Kinder- und Jugendhilfe wird es in den kommenden Jahren zu einer Professionalisierung des Erzieherberufes kommen, zugleich werden die Aufgaben im Bereich der Kindertagesbetreuung vielfältiger. Nicht mehr die Fortschreibung des Bestandes steht im Vordergrund, sondern gefragt ist eine stärkere marktwirtschaftliche Orientierung, die Innovation, Sachwissen und Motivation erfordert.

Gerade in den neuen Ländern entwickelte sich eine pluralistische Kindergartenlandschaft, die mit der der alten Bundesrepublik nicht identisch ist. Kindergärten entwickeln sich zu Kindertageszentren, die Krippen- sowie Hortkinder aufnehmen. Sie verstehen sich als Nachbarschaftshilfe- und dezentraler Selbsthilfeort. Einrichtungen öffnen sich vielfältigen Betreuungswünschen. Mit der Schaffung von Angeboten für das Wohngebiet (z.B. Nutzen der Räume für Eltern-, Mütter- Seniorentreffs) übernimmt der Kindergarten die Rolle eines Schnittpunktes des öffentlichen und privaten Lebens im Wohnbereich. Der Kindergarten wird zum Begegnungsort und zur Anlaufstelle für Eltern zum Aufbau eigenständiger sozialer Netze. Diese Funktionsausdehnung hat ein erweitertes berufliches Selbstverständnis zur Folge. Die Erzieherin wird mehr als bisher gefordert sein, ihre Arbeit im Diskurs mit Kolleginnen, Eltern und anderen Erwachsenen zu konzipieren auf der Grundlage eines umfassenderen Verständnisses von der Lebenswirklichkeit von Kindern und ihren Familien. Unterschiedliche Erwartungshaltungen der Eltern an die Kindertageseinrichtungen fordern die Erzieherinnen auf, ihre Erziehungsinhalte und -stile zu debattieren.

Literatur zur Vertiefung

Colberg-Schrader, Hedi/Krug, Marianne (1999): Arbeitsfeld Kindergarten. Pädagogische Wege, Zukunftsentwürfe und berufliche Perspektiven, Weinheim – München
Leuzinger-Bohleber, Marianne/Garlichs, Ariane (1993): Früherziehung West-Ost. Zukunftserwartungen, Autonomieentwicklung und Beziehungsfähigkeit von Kindern und Jugendlichen, Weinheim – München
Krappmann, Lothar/Peukert, Ursula (Hrsg.) (1995): Altersgemischte Gruppen in Kindertagesstätten. Reflexionen und Praxisberichte zu einer neuen Betreuungsform, Freiburg i.Br.
Textor, Martin R (Hrsg.) (1995): Praxis der Kinder- und Jugendhilfe. Handbuch für die sozialpädagogische Anwendung des KJHG. Weinheim – Basel, 2. aktualisierte Aufl.

Literatur

Achter Jugendbericht (1990): Bericht über Bestrebungen und Leistungen der Jugendhilfe. Bundesdrucksache 11/6579, Deutscher Bundestag, Bonn
Böhnisch, Lothar (1992): Sozialpädagogik des Kindes- und Jugendalters. Eine Einführung. Weinheim – München
Böhnisch, Lothar/Winter, Reinhard (1993): Männliche Sozialisation. Bewältigungsprobleme männlicher Geschlechtsidentität im Lebenslauf. Weinheim – München
Bronfenbrenner, Urie (1976): Ökologische Sozialisationsforschung, Stuttgart
Bronfenbrenner, Urie (1981): Die Ökologie der menschlichen Entwicklung. Stuttgart
Colberg-Schrader, Hedi (1998): Kindergarten – Ort für Kinderleben und Treffpunkt für Eltern. Zur Qualität von Kindergärten. In: Fthenakis, Wassilios E./Textor, Martin, R (Hrsg.): Qualität von Kinderbetreuung. Konzepte, Forschungsergebnisse, internationaler Vergleich. Weinheim – Basel S. 86-97
Colberg-Schrader, Hedi/Krug, Marianne (1999): Arbeitsfeld Kindergarten. Pädagogische Wege, Zukunftsentwürfe und berufliche Perspektiven, Weinheim – München

Deutscher Bildungsrat/Bildungskommission (1970): Strukturplan für das Bildungswesen. Bonn

Deutscher Bildungsrat (1973): Empfehlungen der Bildungskommission. Zur Einrichtung eines Modellprogramms für Curriculum-Entwicklung im Elementarbereich. Bonn

Deutsches Jugendinstitut (1993): Tageseinrichtungen für Kinder. Informationen, Erfahrungen, Analysen; Zahlenspiegel. München

Dörfler, Mechthild (1994): Der offene Kindergarten – Ideen zur Öffnung aus Theorie und Praxis. In: Deutsches Jugendinstitut (Hrsg.): Orte für Kinder. Auf der Suche nach neuen Wegen in der Kinderbetreuung, München S. 105-128

Freud, Anna (1965): Einführung in die Psychoanalyse für Pädagogen, 4. Aufl. Stuttgart

Fröbel, Friedrich (1968): Die Menschenerziehung, hrsg. von E. Hoffmann, Düsseldorf, 3. Aufl.

Fthenakis, Wassilios E./Textor, Martin, R (Hrsg.) (1998): Qualität von Kinderbetreuung. Konzepte, Forschungsergebnisse, internationaler Vergleich. Weinheim – Basel

Fünfter Familienbericht (1994): Bundesdrucksache 12/7560, Deutscher Bundestag. Bonn

Geißler, Rainer (1992): Die Sozialstruktur Deutschlands. Ein Studienbuch zur Entwicklung im geteilten und vereinten Deutschland. Opladen

Grossmann, Wilma (1994): KinderGarten. Eine historisch-systematische Einführung in seine Entwicklung und Pädagogik. Weinheim – Basel, 2. erw. Aufl.

Höltershinken, Dieter/Hoffmann, Hilmar/Prüfer, Gudrun (1997): Kindergarten und Kindergärtnerinnen in der DDR. Band I und Band II. Neuwied – Berlin

Krappmann, Lothar/Peukert, Ursula (Hrsg.) (1995): Altersgemischte Gruppen in Kindertagesstätten. Reflexionen und Praxisberichte zu einer neuen Betreuungsform, Freiburg i.Br.

Krenz, Arnim (1994): Kompetenz und Karriere. Für ein neues Selbstverständnis der Erzieherin, Freiburg i.Br.

Kronberger Kreis für Qualitätsentwicklung in Kindertageseinrichtungen (1998): Qualität im Dialog entwickeln. Wie Kindertageseinrichtungen besser werden. TPS Profil. Seelze – Velber

Leuzinger-Bohleber, Marianne/Garlichs, Ariane (1993): Früherziehung West-Ost. Zukunftserwartungen, Autonomieentwicklung und Beziehungsfähigkeit von Kindern und Jugendlichen, München – Weinheim

Montessori, Maria (1965): Grundlagen meiner Pädagogik und weitere Aufsätze zur Anthropologie und Didaktik, hrsg. von B. Michael, Heidelberg

Montessori, Maria (1972): Das kreative Kind. Der absorbierende Geist, hrsg. von P. Oswald (G. Schulz-Benesch, Freiburg i.Br.

Neumann, Karl (1987): Geschichte der öffentlichen Kleinkindererziehung von 1945 bis in die Gegenwart. In: Erning, Günter/Neumann, Karl/Reyer, Jürgen (Hrsg.): Erziehung und Erziehungswissenschaft in der BRD und der DDR. Bd.1: Die Teilung der Pädagogik (1945-1965). Weinheim, S. 173-196

Sachße, Christoph (1986): Mütterlichkeit als Beruf. Sozialarbeit, Sozialreform und Frauenbewegung 1871-1929. Frankfurt/M.

Schmutzler, Hans-Joachim (1991): Fröbel und Montessori. Zwei geniale Erzieher – Was sie unterscheidet, was sie verbindet. Freiburg i.Br.

Seehausen, Harald (1995): Familie, Arbeit, Kinderbetreuung. Berufstätige Eltern und ihre Kinder im Konfliktdreieck. Opladen

Textor, Martin R (Hrsg.) (1995): Praxis der Kinder- und Jugendhilfe. Handbuch für die sozialpädagogische Anwendung des KJHG. Weinheim – Basel, 2. aktualisierte Aufl.

Wiesner, Reinhard (1998): Das Kinder- und Jugendhilfegesetz und seine Bedeutung für Kinder. In: Kinder in Tageseinrichtungen. Handbuch für Erzieherinnen. Seelze-Velber, S. 12-26

Wolffheim, Nelly (1973): Psychoanalyse und Kindergarten und andere Arbeiten zur Kinderpsychologie. Hrsg. von Gerd Biermann, München – Basel, 2. Aufl.

Wyneken, Gustav (1919): Schule und Jugendkultur. Jena, 3.Aufl.

Zehnter Kinder- und Jugendbericht (1998): Bericht über die Lebenssituation von Kindern und die Leistungen der Kinderhilfen in Deutschland. Bundesdrucksache 13/11 368, Deutscher Bundestag. Bonn

Ziehe, Thomas (1985): Vorwärts in die 50er-Jahre? Lebensentwürfe Jugendlicher im Spannungsfeld von Postmoderne und Neokonservatismus. In: Baacke, Dieter/Heitmeyer, Wilhelm (Hrsg.) (1985): Neue Widersprüche. Jugendliche in den achtziger Jahren, Weinheim – München, S. 199-216

Zimmer, Jürgen (1984): Der Situationsansatz als Bezugsrahmen der Kindergartenreform. In: Ders. (Hrsg.): Erziehung in früher Kindheit. Enzyklopädie Erziehungswissenschaft: Bd. 6, Stuttgart, S. 21-38

Zimmer, Jürgen/Preissing, Christel/Thiel, Thomas/Heck, Anne/Krappmann, Lothar (1997): Kindergärten auf dem Prüfstand. Dem Situationsansatz auf der Spur. Seelze – Velber

Klaus Wolf

Hilfen zur Erziehung

Zusammenfassung: Die Erziehungshilfen umfassen ein Feld von Interventionsformen, die deutlich in die Lebensverhältnisse von Familien, Kindern und Jugendlichen eingreifen. Dabei gibt es Traditionen, die stark auf die Normalisierung, Sanktionierung und Besserung von Menschen gerichtet sind, und neuere Entwicklungslinien, die eher Ressourcen für die Bewältigung von aktuellen und zukünftigen Lebens- und Entwicklungsproblemen zur Verfügung stellen wollen. Diese entgegengesetzten Orientierungen lassen sich in nahezu allen Erziehungshilfen nachweisen und erzeugen ein Spannungsfeld, in dem sehr unterschiedliche Projekte zum Teil mit einem hohen Differenzierungsgrad und großer Formenvielfalt in der gleichen Erziehungshilfe entstanden sind. Außerdem beeinflusst der durch das KJHG definierte individuelle Rechtsanspruch auf die geeignete und notwendige Hilfe das Feld: es ist relativ gut mit Ressourcen ausgestattet, aber alle Wege müssen durch das Nadelöhr der Einzelfallentscheidung führen.

Die Hilfen zur Erziehung können einerseits als eine Unterstützung und Hilfe für Kinder, Jugendliche, junge Erwachsene und Familien verstanden werden, die den Menschen in schwierigen Lebenssituationen Ressourcen zur Bewältigung ihrer Probleme zur Verfügung stellen sollen. Betrachtet man andererseits die außerordentlich vielfältige Praxis der Erziehungshilfen, trifft man weiterhin auch auf Umgangsformen, die von den Betroffenen keineswegs als Hilfe empfunden werden und die oft von einem ungebrochenen Interventionsdenken – sei es zur Rettung uneinsichtiger Menschen oder zur Herstellung der öffentlichen Ordnung – bestimmt sind. Dies wird nicht nur in der Praxis geschlossener Einrichtungen deutlich, sondern auch dort, wo man es z.B. in der *Sozialpädagogischen Familienhilfe* (SPFH) mit der Freiwilligkeit der Klienten nicht so genau nimmt oder wo selbst in der Erziehungsberatung die Termine durch Dritte gemacht werden und sich die Klienten als Hingeschickte erleben. Der weitgehende Konsens über eine lebensweltorientierte Programmatik soll daher nicht den Blick für eine vielschichtigere Praxis mit durchaus widersprüchlichen Entwicklungen verstellen.

Die juristische Verankerung der Erziehungshilfen im §27 KJHG begründet einen individuellen Rechtsanspruch auf die im Einzelfall notwendige und geeignete Hilfe. Neben anderem trägt auch diese Regelung dazu bei, dass die Ausgaben für Hilfen zur Erziehung – etwa im Vergleich zur offenen Jugendarbeit – hoch sind. Die Ausgaben für die Erziehungshilfen umfassten 1993 immerhin 5,165 Milliarden DM (vgl. – auch zum Folgenden – Blandow 1997, S. 70f.). Davon wurde für Heimerziehung der mit Abstand größte Anteil ausgegeben: 3,76 Milliarden, es folgen die Vollzeitpflege (789

Millionen) und Tagesgruppen (243 Millionen). Die Ausgaben für ambulante Erziehungshilfen liegen niedriger. Die höchsten Ausgaben wurden für die SPFH errechnet (162 Millionen).

Die Etablierung des individuellen Rechtsanspruchs hat den Erziehungshilfen in der Vergangenheit stabile Ressourcen gesichert. Allerdings kann man in der Praxis Formen finanzieller Steuerung beobachten, die eher als Rechtsbeugung denn als Rechtsanwendung beschrieben werden müssen und die nur wegen der geringen Durchsetzungsmacht der Klienten durch Gerichte sehr selten überprüft und damit korrigiert werden. Während sich die Versuche der kommunalen Spitzenverbände bisher erfolglos darauf richten, den individuellen Rechtsanspruch aufzuheben, wird er in der kommunalen Praxis bereits oft unterlaufen.

Der Anspruch, die im Einzelfall geeignete und notwendige Hilfe zur Verfügung zu stellen, wirft aber auch interessante sozialpädagogische Probleme auf. So wird die Liste der im KJHG einzeln aufgezählten Hilfen – also Erziehungsberatung, soziale Gruppenarbeit, Erziehungsbeistandschaft und Betreuungshelfer, Sozialpädagogische Familienhilfe, Tagesgruppe, Pflegefamilie, Heimerziehung und sonstige Wohnformen und Intensive Sozialpädagogische Einzelbetreuung – nicht als abschließend verstanden, sondern eher als Beispiele für etablierte Erziehungshilfen, die durch neue Arrangements ergänzt werden können. Da auch die einzelnen Hilfen oft ein Feld sehr unterschiedlicher Arrangements umfassen – bedenkt man etwa die Formenvielfalt in der Heimerziehung (vgl. Niederberger/Bühler-Niederberger 1988) – gilt die einfache subsumtionslogische Zuordnung eines Falles zu einer der Hilfen („dies ist ein Fall für die Heimerziehung") als begründungsbedürftig und heikel. In der Fachdiskussion um flexible Erziehungshilfen (vgl. Klatezki 1995; Peters, Trede, Winkler 1998; Wolff 2000) wird daher ein Entscheidungsprozess favorisiert, in dem zunächst – völlig unabhängig von den bereits bestehenden Konzeptionen – ein für den Einzelfall passendes Arrangement konstruiert wird und erst dann geprüft wird, ob und ggf. welcher der in §28-35 KJHG genannten Hilfen das einzelfallgerechte Arrangement zugeordnet werden kann. Besonders deutlich wird dieser Anspruch, wenn in einigen Regionen Hilfen zur Erziehung ausschließlich nach §27 KJHG gewährt werden ohne Bezug auf eine der nachfolgend benannten Hilfen. In jedem Fall ist die filigrane Ausrichtung des Hilfearrangements auf die Probleme der einzelnen Familie und ihre einzelnen Mitglieder ein zentrales Qualitätsmerkmal.

Merkmale und Folgen der *Einzelfallorientierung* werden deutlicher, wenn man z.B. Streetwork – als eine Intervention außerhalb der Erziehungshilfen – mit der Intensiven sozialpädagogischen Einzelbetreuung (ISE) vergleicht. Die Streetworker definieren ihre Zuständigkeit für einen bestimmten Stadtteil oder eine spezifische Szene (vgl. Pfennig 1996; Becker/Simon 1995). Alle Jugendlichen, die sich in diesem Feld aufhalten, sind potentielle Adressaten ihrer Arbeit. Wenn ein Jugendlicher die Szene auf Dauer verlässt, endet damit auch sein Kontakt zu seinem Streetworker. Die ISE-Mitarbeiterin hingegen bekommt vielleicht am Anfang ein Foto von dem Jugendlichen, den sie betreuen soll, sucht ihn, entwickelt im Kontakt mit ihm ein Betreuungsarrangement und begleitet ihn, auch wenn er das Feld wechselt. Im Unterschied zum niederschwelligen und sozialraumorientierten Betreuungsangebot des Streetworkers erhält die Mitarbeiterin der Erziehungshilfen nach einem aufwendigen Verfahren (Antrag der Personensorgeberechtigten, Hilfeplangespräch und Verwaltungsakt des Jugendamtes) einen Auftrag im Einzelfall. Dafür verfügt sie über umfangreichere Ressourcen – etwa auch für den Lebensunterhalt des Jugendlichen – und kann über einen längeren Zeitraum kontinuierlich am Ball bleiben. Der auf die Betreuung eines einzelnen Jugendlichen bezogene Auftrag erfordert allerdings auch hier, dass das Umfeld des Jugendlichen – etwa Belastungen und Ressourcen seines Milieus, Netzwerkbeziehungen u.Ä. – ebenfalls in den Blick genommen wird (vgl. Klatetzki/Winter 1990).

Die meisten Erziehungshilfen werden wegen ihrer relativ hohen Kosten und der aufwendigen Entscheidungsprozeduren erst ausgelöst, wenn die Entwicklung von Schwierigkeiten weit fortgeschritten ist, oft erst wenn gravierende Probleme deutlich nach außen sichtbar werden. Ihre präventive Potenz ist damit begrenzt und bezieht sich primär auf die Vermeidung weiterer Eskalationen.

Als heikel wird die Notwendigkeit einzelfallbezogener Bewilligung insbesondere bei der *Erziehungsberatung* diskutiert. Wenn Erziehungsberatung im Rahmen der Hilfen zur Erziehung in einer Erziehungsberatungsstelle erfolgen soll, setzt dies grundsätzlich voraus, dass die Menschen, die Beratung in Anspruch nehmen wollen, den Bedarf gegenüber Jugendamtsmitarbeiterinnen, als Vertreter des Kostenträgers, begründen. Damit – so der Einwand der Erziehungsberatungsstellen – sei ein anonymer Zugang zur Beratung nicht mehr möglich und eine Schwelle errichtet, die manche von der rechtzeitigen Inanspruchnahme abhielten. Noch heikler beurteilen sie die Notwendigkeit, den Kostenträgern über den Erfolg zu berichten und die Notwendigkeit einer Fortsetzung der Hilfe zu begründen. Unstrittig ist daher, dass der Zugang zur Erziehungsberatung nicht ausschließlich über eine Bewilligung als Erziehungshilfe möglich sein soll, sondern zusätzlich als offenes Angebot, d.h. als Ressource, die auch unabhängig von Einzelfallbewilligung erreichbar ist. Außerdem verzichtet man manchmal auf ein Hilfeplanverfahren, wenn die Beratung auf einen Zeitraum weniger Monate begrenzt ist und keine weiteren Hilfen in Anspruch genommen werden. Die Haltung der Erziehungsberatungsstellen zur Beratung in diesem Kontext illustriert ein allgemeines Merkmal der Erziehungshilfen noch einmal deutlich. Einerseits zwingt der individuelle Rechtsanspruch die Kostenträger zum Nachweis eines entsprechenden Angebotes. Damit ist es nicht in gleicher Weise disponibel wie freiwillige Leistungen. Andererseits bringt es Nachweis- und Begründungspflichten mit sich, die sich u.a. auch in einem höheren bürokratischen Aufwand niederschlagen und als Kontrolle – gele-

gentlich auch als ein Eingriff der Kostenträger in die inhaltliche Gestaltung
– erlebt werden. Auch wenn z.B. die Berichtspflichten der Erziehungsberatungsstellen – verglichen mit anderen Erziehungshilfen, interessanterweise auch verglichen mit der SPFH – sehr eng begrenzt sind, werden sie hier als besonders heikel empfunden. Man beschränkt sie etwa auf eine Mitteilung, dass die Klientin beraten worden sei und in welchem zeitlichen Umfang. Im Rahmen der Erziehungshilfen wird auch die Erziehungsberatung verstärkt als Krisenintervention profiliert.

In der Fachdiskussion über Sozialraumorientierung – etwa unter der Überschrift „vom Fall zum Feld" (Hinte u.a. 1999) – werden die Nachteile einer einzelfallbezogenen Hilfe stärker akzentuiert (vgl. Jordan 1999; für die Jugendarbeit: Deinet 1999). Hiervon sind auf Dauer Legitimationsprobleme für die Erziehungshilfen zu erwarten, insbesondere wenn das interessante sozialpädagogische Thema mit dem Interesse an einer Kostenreduzierung gekoppelt wird. Zurzeit ist die Gefahr sicher groß, dass bei einer Aufhebung des individuellen Rechtsanspruchs auf Erziehungshilfe die freigesetzten Mittel nicht in eine stärker sozialraumbezogene Arbeit investiert werden, sondern in andere kommunale Aufgabenfelder abfließen. Eine Intensivierung sozialraumbezogener Arbeit, die notwendige Ressourcen rechtzeitiger und unter Verzicht auf belastende und manchmal sogar als entmündigend empfundene Verfahren zur Verfügung stellt, ist selbstverständlich sinnvoll. Wie sie sich auf die Fallzahlen bei den Erziehungshilfen auswirkt, bleibt zu untersuchen.

Betrachtet man die Organisationsformen der Einrichtungen, die Erziehungshilfen durchführen, lassen sie sich idealtypisch einem der folgenden Einrichtungstypen zuordnen: Sie sind als Ensemble spezialisierter Einrichtungen, als Jugendhilfekonzern oder als entspezialisierte, mehrere Erziehungshilfen integrierende Einrichtung (etwa Jugendhilfestationen) organisiert. Im Ensemble spezialisierter Einrichtungen haben sich mehrere Einrichtungen auf jeweils eine Erziehungshilfe konzentriert. Erziehungsberatung findet in einer Erziehungsberatungsstelle statt, SPFH in einer speziellen Einrichtung für Familienhilfe, Heimerziehung in stationären Einrichtungen und ISE in einer Einrichtung für Einzelbetreuung. Jede der Einrichtungen versucht das für ihre Arbeit notwendige Fachwissen anzusammeln, ihren Mitarbeiterinnen ein auf ihre spezifische Arbeit ausgerichtetes Professionalitätsverständnis – als Erziehungsberaterin, Familienhelferin, Heimerzieherin usw. – zu ermöglichen und sich die für ihre jeweilige Arbeit notwendigen Ressourcen zuzulegen. Bei einer solchen Organisationsform muss die Entscheidung über die richtige Hilfe früh getroffen werden, da sich daraus unmittelbar die Zuständigkeit einer bestimmten Einrichtung ergibt. Stellt diese fest, dass sie mit ihren Mitteln die Probleme nicht ausreichend bearbeiten kann, verweist sie die Klienten an das Jugendamt zurück oder an eine auf eine andere Hilfe spezialisierte Einrichtung. Natürlich sollen die unterschiedlichen Einrichtungen voneinander wissen und gut zusammenarbeiten. Oft sind die Einrichtungen unterschiedlich groß: einige bieten nur jeweils eine Hilfe an, andere mehrere. Das ganze Feld der Erziehungshilfen wird aber erst durch das Zusammenspiel mehrerer spezialisierter Einrichtungen abgedeckt.

Mit Jugendhilfekonzernen hingegen sind große Einrichtungen gemeint, die mehrere Abteilungen gebildet haben. Jede dieser Abteilungen bietet eine spezielle Erziehungshilfe an. Unter der gemeinsamen Regie einer Gesamtleitung decken sie das ganze oder fast das ganze Feld der Erziehungshilfen ab, oft auch noch zusätzlich weitere Aufgabenfelder (etwa der Behinderten- und Altenhilfe). Solche Einrichtungen, die oft mehrere Hundert Mitarbeiterinnen beschäftigen und einen differenzierten Stellenkegel ausgebildet haben, sind fast immer aus der Weiterentwicklung großer Heime entstanden, die im Verlaufe ihrer Entwicklung die jeweils neu entstandenen Erziehungshilfen zusätzlich angeboten haben. Eine Verlagerung der Zuständigkeit eines Klienten von einer Abteilung zu anderen wird von diesen oft ähnlich erlebt wie der Verweis an eine andere Einrichtung. Die Kostenträger haben für ihre Anfragen allerdings eine zentrale Anlaufstelle. Sowohl die skizzierten Ensembles spezialisierter Einrichtungen als auch umfassende Jugendhilfekonzerne sind verstärkt in die Kritik geraten. In Abgrenzung zu ihnen und als Antwort auf die Kritik hat sich ein dritter Typus entwickelt: kleine, entspezialisierte, auf einen überschaubaren Sozialraum bezogene Einrichtungen, die Hilfe „aus einer Hand" anbieten. Sie beanspruchen eine besondere Leistungsfähigkeit in der Konstruktion von individuellen Betreuungsarrangements, die für den Einzelfall jeweils neu kreiert werden und die dem sich verändernden Bedarf im Einzelfall flexibel folgen sollen. Sie verstehen sich als lernende Organisation und wenden sich mit ihrem professionellen Handlungsverständnis von den klassischen Interventionsmustern – nämlich aus der Störungsdiagnose Behandlungsziele abzuleiten – grundsätzlich ab. Kritische Anfragen an diesen Typus von Einrichtungen beziehen sich insbesondere auf mögliche Qualitätsmängel durch ein entspezialisiertes Team und Einschränkungen für das Wunsch- und Wahlrecht der Klienten, wenn sich durch die Zuständigkeit für einen bestimmten Sozialraum kleine regionale Monopole herausbilden (Peters, Trede, Winkler 1998).

Während sich früher jede einzelne Erziehungshilfe relativ unabhängig von den anderen entwickelte und als Bezugspunkt primär ihre jeweils eigenen, sehr unterschiedlichen Traditionen – z.B. der Erziehungsberatung oder der Heimerziehung oder des Pflegekinderwesens – wählte, hat die Einführung des KJHG's die Kritik an einer Versäulung der Erziehungshilfen verschärft und „Grenzüberschreitungen" begünstigt . Die Nachteile einer Struktur, in der einzelne Hilfen isoliert nebeneinander stehen und ohne Bezug zu den anderen ihre Eigenarten ausbilden, wurden verstärkt zum Thema: der Komplexität sehr unterschiedlicher sozialer und individueller Lebenslagen konnte man so kaum gerecht werden, Delegations- und Abschiebeprozesse waren vorprogrammiert, und gerade die Zuständigkeit für Menschen, die sich in besonders desolaten Situationen befanden, war systematisch unklar, wenn sie zu einem Grenzfall des jeweils eigenen Systems gemacht wurden.

Die Aufweichung traditionell klarer Grenzen zwischen den Hilfen wird auch durch eine Ausdifferenzierung einzelner Hilfen in sehr unterschiedliche Arrangements begünstigt. So waren früher *Pflegekinderwesen* und *Heimerziehung* schon auf den ersten Blick zu unterscheiden. Heute bedarf es genauerer Rechtskenntnisse, um entscheiden zu können, ob eine Sozialpädagogin, die mit mehreren Kindern zusammen wohnt, die Kinder, die nicht ihre leiblichen sind, im Rahmen der Berufsarbeit als Heimerzieherin oder im privaten Rahmen als Pflegemutter betreut. Man kann nämlich zwei Entwicklungen in beiden Feldern beobachten, die zu dieser starken Annäherung geführt haben. Im Pflegekinderwesen gibt es seit einigen Jahren eine Tendenz zur Professionalisierung. Das wird etwa dadurch deutlich, dass Pflegeeltern zur Vorbereitung auf ihre Tätigkeit als Pflegemutter und Pflegevater mancherorts eine spezifische Ausbildung angeboten wird, die vom Umfang her über eine kleine Einführung deutlich hinaus geht. So soll den Pflegeeltern der Zugang zu ungewöhnlichen Lebenserfahrungen der Pflegekinder erleichtert und die Wahrscheinlichkeit des Abbruchs von Pflegeverhältnissen verringert werden. Aus der Heimerziehung heraus haben sich Betreuungsarrangements entwickelt – etwa als Erziehungsstellen oder als professionelle Lebensgemeinschaften bezeichnet – in denen Mitarbeiterinnen eines Heimes mit zu betreuenden Kindern eine Lebensgemeinschaft eingehen (vgl. Freigang/Wolf 2001). Ihr Zusammenleben z.B. mit drei Kindern entspricht einer vollen Stelle. Sie sind bei einer stationären Einrichtung angestellt, werden von dort in ihrer Arbeit unterstützt und unterliegen der Heimaufsicht. Ihre Nachbarin hat aber wahrscheinlich den Eindruck, sie habe Pflegekinder aufgenommen.

Diese Differenzierungen haben auch zu einer Aufweichung der ehemals eindeutigen Grenzen zwischen ambulanten und stationären Betreuungsformen geführt. So ist die Heimerziehung eine Betreuungsform über Tag und Nacht – oder wie es gelegentlich heißt: eine Hilfe mit Bett – also eine stationäre Hilfe. Das bedeutet aber nicht, dass eine Betreuung tatsächlich rund um die Uhr stattfindet. Auch wenn ein Jugendlicher alleine in einer Wohnung lebt, wird er möglicherweise im Rahmen der Heimerziehung (§34 KJHG) oder im Rahmen der ISE (§35 KJHG) betreut. Nicht einmal die Frage, wem das Bett gehört, in dem er schläft, klärt die Sache ohne weiteres.

Die Entwicklungen in der Heimerziehung (vgl. Wolf 1995) sind insgesamt ein eindrucksvolles Beispiel für die Ausdifferenzierung und Formenvielfalt einer Erziehungshilfe. Von *der* Heimerziehung zu sprechen macht da kaum noch Sinn (vgl. Colla u.a. 1999; Freigang/Wolf 2001). So reicht die Vielfalt der Gebäude von Großheimen auf einem zentralen Heimgelände, die alle Assoziationen an eine richtige Anstalt auslösen, und Großheime auf einem zentralen Gelände, die aus vielen modernen Flachbauten bestehen und vielleicht an einen langweiligen Neubaustadtteil erinnern, über ein breites Spektrum an dezentralisierten Heimgruppen, die in einer großbürgerlichen Villa, in einer Mietskaserne oder in einem zum baldigen Abbruch bestimmten Haus platziert sind, bis zu einer Wohnung, in der vielleicht ein Jugendlicher allein wohnt. Bei kaum einem Wohngebäude kann man sich sicher sein, dass dort keine Heimerziehung stattfinden könnte.

Ebenso unterschiedlich sind die pädagogischen Leitideen, die Lebensbedingungen der Kinder und Jugendlichen und das Lernfeld, das sie vorfinden. Da gibt es Konzepte, die sich an der Leitidee des therapeutischen Heimes als „pädagogisches Krankenhaus" orientieren. Dort gibt es ein breites Spektrum an gruppenübergreifend tätigen therapeutischen und sonderpädagogischen Spezialisten, die ihre spezifischen Behandlungsangebote an das einzelne Mädchen oder den Jungen bringen und deren zentrale Legitimation eben in dieser Behandlung liegt, während die sonstigen Lebensbedingungen sich von der klassischen Anstalt kaum unterscheiden. Eine umfassende Versorgung durch Spezialdienste mit der Folge von Unselbstständigkeit, die Bildung einer heimspezifischen Subkultur und die Nivellierung in einer großen Institution werden von den Organisatoren eher als Randbedingungen wahrgenommen, obwohl sie natürlich hochwirksam sind. Andererseits gibt es milieunahe Konzepte, die den Kindern neue Lebenserfahrungen in ihrem bisherigen und zukünftigen Lebensfeld selbst ermöglichen wollen, weiche Übergänge beim Wechsel ins Heim oder aus dem Heim heraus organisieren und Ressourcen des Lebensfeldes nutzen und den Umgang mit dessen Risiken durch neue Lernanreize üben wollen. Es gibt Heimerziehungsformen, die von den Jugendlichen primär als Sanktionsmaßnahme erlebt werden. Dies ist nicht auf geschlossene Einrichtungen beschränkt, sondern kann auch andere Heime betreffen. Denn die Heimerziehung wird manchmal auch heute noch etwa durch Eltern, andere Heime, Jugendamtsmitarbeiterinnen als feindselige Institution zur Abschreckung verwendet. Wenn diese mit der Heimeinweisung oder Verlegung drohen und das neue Heim die dadurch ausgelösten Befürchtungen zu bestätigen scheint, dann ist die klassische Funktion der Heimerziehung restauriert: die der Bestrafung, Umerziehung und Besserung. Aber es gibt auch – etwa Formen des Betreuten Wohnens – die für Jugendliche so attraktiv sind, dass die Jugendämter darauf achten, ob der Jugendliche nur aus Gründen des normalen Generationskonfliktes vom Elternhaus ins Betreute Wohnen umziehen will oder ob er so ernste Probleme zu Hause hat, dass man die Heimerziehung in Erwägung ziehen muss. Außerdem gibt es Heimerziehungskonzepte, die an kollektivpädagogischen oder gruppenpädagogischen Modellen anknüpfen. Sie betrachten die relativ große Heimgruppe und auch die Zusammenfassung vieler Jugendlicher in einem zentralen Gebäude als ein attraktives Lernfeld, in dem die Jugendlichen emotionale Sicherheit finden und auch durch die anderen Jugendliche in ihrem Denken, Fühlen und Verhalten in konstruktiver Weise beeinflusst werden sollen. Manche von ihnen entwickeln intensive Formen der Beteiligung und Mitbestimmung der Jugendlichen. Andererseits gibt es – wie etwa bei den Lebensgemeinschaften – eine Praxis, die sich von der klassischen Heimgruppe und der Betreuung im Schichtdienst weit entfernt und ein stabileres Feld der Primärsozialisation arrangiert, das einige Parallelen zum Leben in Familien hat.

Diese – hier nur holzschnittartig dargestellten – unterschiedlichen Konzepte, Gebäude, Deutungsmuster und Umgangsformen illustrieren einen hohen Grad an Differenzierung in einer Erziehungshilfe mit langer und widersprüchlicher Tradition (vgl. Hansbauer 1999). Zusätzlich zu berücksichtigen ist, dass diese Formen nicht einfach kontinuierlich nebeneinander bestehen, sondern Konjunkturen unterliegen. Es gibt Konzepte, die in den letzten fünfundzwanzig Jahren eher an Bedeutung verloren haben, und andere, die eine Hochkonjunktur hatten. So suchte die Heimerziehung Anfang der 70er Jahre als eine Reaktion auf die massive öffentliche Kritik, ihre Professionalität in einer Entwicklung zur therapeutischen Spezialeinrichtung nachzuweisen. Heute gibt es solche Einrichtungen zwar auch noch – insbesondere im Bereich katholischer Träger – sie spielen aber in der Fachdiskussion kaum noch eine Rolle. Hingegen findet seit vielen Jahren auch in der Heimerziehung eine Sammlungsbewegung unter dem schillernden Label der Lebensweltorientierung statt. Umfangreiche Veränderungen – etwa durch Dezentralisierung, Regionalisierung und Entspezialisierung – haben sichtbare Spuren hinterlassen. Ernste Kontroversen um Lebensweltorientierung hat es nicht gegeben, und nachdem die Chiffre in allen Konzeptionen wieder zu finden ist, hat sie sich allmählich wohl erschöpft und ihren Höhepunkt überschritten. Ob die insbesondere in Ostdeutschland angeregte Diskussion über eine neue Profilierung der Gruppenerziehung breitere Wirkung erzeugen wird, ist schwer einzuschätzen. Sie muss sich prinzipiell von dem Ballast einer Praxis der Kollektiverziehung in der DDR distanzieren, die hoffnungslos vormodern erscheint, und ihre Aktualität durch eine Verbindung zur Diskussion über Kinderrechte und -beteiligung gewinnen. Je deutlicher die Kosten des gesellschaftlichen Individualisierungsprozesses insbesondere für die Menschen am Rande der Gesellschaft werden, desto attraktiver werden Überlegungen zur Gestaltung von Gemeinschaften. Interessante Anknüpfungspunkte an Traditionen gibt es dabei durchaus, in der Sozialpädagogik etwa bei Natorp und in der Heimerziehungspraxis bei Wilker, Bernfeld und Korczak. Würde man auch Makarenko nennen, müsste man allerdings größeren Begründungsaufwand treiben und einige seiner konzeptionellen Ideen zunächst zumindest vor der Inanspruchnahme für eine indiskutable Praxis zu retten versuchen.

Eine weitere – aber andersartige – Dimension der Differenzierung hängt mit der Vielfalt von Lebensstilen zusammen. Wenn man die Typisierung nach Störungen – wie sie im medizinisch und sonderpädagogisch orientierten Konzepten vorherrscht – aufgibt, entwickeln sich neue Typisierungen, die ebenfalls geeignet sind die Komplexität zu reduzieren. Wenn sie sich an den spezifischen Lebenslagen, Entwicklungsaufgaben und Bewältigungsproblemen orientieren, sind sie mit einem sozialpädagogischen Blick betrachtet besonders geeignet, da sie die Wahrnehmung nicht von den Entwicklungsaufgaben ablenken, sondern auf gemeinsame Bewältigungsprobleme von Menschen richten. In diesem Sinne hat in den Hilfen zur Erziehung die Ausrichtung von Betreuungsarrangements nach geschlechtsspezifischen Entwicklungsaufgaben – also andere für Mädchen als für Jungen – nach interkulturell unterschiedlichen – also etwa andere für türkische Jugendliche als für deutsche oder andere für Migranten als für im Land Geborene – und auch in Bezug auf unterschiedliche Lebensfelder – etwa in der Großstadt oder auf dem dünn besiedelten Land. Diese Differenzierung kann man in unterschiedlichen Hilfen beobachten: deutlich etwa in der Heimerziehung und in der Einzelbetreuung, gelegentlich auch in der Erziehungsberatung. Feldkenntnisse und spezifisches Wissen zu den besonderen Entwicklungsaufgaben und Bewältigungsproblemen werden dann als unverzichtbare Professionalitätsmerkmale erkannt. Ähnliche Lebenserfahrungen und Lebensstile erleichtern darüber hinaus auch Identifikationsprozesse von Kindern, Jugendlichen und Erwachsenen. Eine türkische Sozialpädagogin kann zum Beispiel einem türkischen Mädchen Ressourcen zur Bewältigung von deren Problemen anbieten, die ihr deutscher Kollege nicht zur Verfügung hätte.

Bei einer Unterbringung in einem Heim oder in einer Pflegefamilie ist das Grundprinzip der Intervention offensichtlich: Kinder oder Jugendliche erhalten einen anderen und neuen Lebensort. Dieser kann und muss sich dadurch sozialpädagogische Legitimation verschaffen, dass die Kinder hier neue und konstruktive Lebenserfahrungen machen können, von unangemessenen Belastungen befreit werden und sie so neue Entwicklungsmöglichkeiten gewinnen. Auf die Tagesgruppe trifft dieses Interventionsmuster ebenfalls zu. Neben ihren Lebensfeldern in der elterlichen Wohnung, der Schule oder ihrer Clique wird den Kindern ein weiteres Lebensfeld zugänglich gemacht, eben die Tagesgruppe (vgl. Krüger u.a.1998). Auch diese muss ihre sozialpädagogische Legitimation dadurch beweisen, dass sie neue Entwicklungsmöglichkeiten hervorbringt, und zwar im Einzelfall genau die, die dieses Kind benötigt und in den anderen Lebensfeldern nicht (in ausreichendem Maße) findet. Erfüllte sie diesen Anspruch nicht, würde sie eher zu einem „Sonderhort für Verhaltensgestörte". Hinzu kommt der Anspruch – profilierter jedenfalls als in fast allen Formen der Heimerziehung –, die Eltern mit dem Ziel zu beraten und zu unterstützen, dass das Lebensfeld Elternhaus sich so verändert, dass für die Kinder auch dort neue Entwicklungschancen entstehen können und auch die Eltern das Zusammenleben mit ihren Kindern konstruktiver ertragen und gestalten können. Prinzipiell lässt sich dieser Anspruch auch auf die Beeinflussung anderer Lebensfelder des Kindes – wie Schule und Clique – übertragen. Wie in der Heimerziehung können die Mitarbeiterinnen auch hier ein Sozialisationsfeld unmittelbar gestalten – nämlich ihre Tagesgruppe – und zusätzlich andere Felder mittelbar beeinflussen.

Die Erziehungsberatung als Erziehungshilfe und die SPFH sind Interventionsformen zur eher mittelbaren Beeinflussung. Ihr jeweils spezifisches Profil soll durch einen Vergleich ihrer Beratungssettings deutlicher werden. Erziehungsberatung findet nicht nur in Erziehungsberatungsstellen (EB) statt, sondern in vielen Erziehungshilfen, u.a. auch in der SPFH. Trotzdem gibt es deutliche Unterschiede. So sind die Beratung Suchenden in der EB darauf angewiesen, etwa ihr Erziehungsverhalten, das Verhalten ihrer Kinder, wichtige Situationen zu Hause u.Ä. verbal zu transportieren. Außerdem müssen sie mit den organisatorischen Bedingungen zurechtkommen: einen Termin vereinbaren, i.d.R. eine längere Wartezeit bis zum Beratungstermin überbrücken, den Termin einhalten, die Institution aufsuchen und mit dem zeitlichen Rahmen umgehen. Außerdem setzt die kontinuierliche Teilnahme an einem Beratungsprozess über mehrere Monate die Hoffnung und auch die Erfahrung voraus, dass sich längerfristige Investitionen in eine spätere Verbesserung der Lebenssituation lohnen können.

Manche Menschen sind im Umgang mit solchen Settings geübt und können sie gut für sich nutzen, andere nicht. In der SPFH findet ebenfalls häufig Erziehungsberatung statt, das Spektrum möglicher Beratungssituationen ist aber deutlich breiter (vgl. DJI 1998). So können sich hier gesprächsträchtige Situationen am Rande anderer Tätigkeiten ergeben – beim Spazierengehen, beim gemeinsamen Warten im Sozialamt oder vielleicht sogar beim Abwaschen. Diese Situationen sind selbstverständlich auch anfälliger für Störungen, die den Beratungsprozess unterbrechen können, als Gespräche in der Ruhe eines EB-Büros. Auf diese Weise können allerdings Menschen erreicht werden, die sich auf eine Beratung in der EB nicht (auf Dauer) einlassen würden. Da die SPFH-Mitarbeiterin partiell am alltäglichen Leben ihrer Klienten teilnimmt, sind die Menschen auch nicht in gleicher Weise auf eine verbale Darstellung der Probleme angewiesen, sondern sie verfügen über eine gegenseitige Anschauung: die Mitarbeiterin erlebt Situationen in der Familie oft ungefiltert, und die Klientin erlebt die Mitarbeiterin auch im Umgang mit ihrem Kind und vielleicht als Modell für ein anderes Verhalten. Beratungselemente sind hier also eher eingebettet in ein Arrangement, das auch viele weitere Elemente enthalten kann – wie die Unterstützung bei der praktischen Bewältigung im Alltag oder bei der Durchsetzung der Klienteninteressen in Situationen, in denen diese sich als ohnmächtig erleben, oder in der Ermutigung, Netzwerkbeziehungen wieder zu aktivieren und vieles mehr (vgl. Allert u.a. 1994; DJI 1998).

Betrachtet man die Entwicklung der konzeptionellen Leitideen in der SPFH, kann man – mit Parallelen zur Entwicklung in der Heimerziehung – eine Linie darstellen, die ihre Philosophie und Methoden eher aus dem therapeutischen Kontext gewinnt, und eine spätere, die sich eher an Strukturmaximen lebensweltorientierter Sozialarbeit orientiert (vgl. BfJFFG 1990). Das soll nun etwas genauer skizziert werden. Ausgangspunkt von Entwicklungen, die zur Ausdifferenzierung der SPFH geführt haben, war eine kritischere Bewertung der Heimerziehung. Dadurch gewann die Frage an Bedeutung, ob die Heimeinweisung einiger Kinder nicht dadurch verhindert werden könne, dass man ihre Familien in Krisensituationen rechtzeitig und intensiv unterstützt. Man konzentrierte sich daher zunächst auf die Familien, die nach einer langen, stabilen gemeinsamen Zeit in eine gravierende Krise geraten sind – meist durch die Trennungsabsichten der Erwachsenen, manchmal auch durch schwere Erkrankungen – und in denen die Chance auf Restabilisierung der Familiensituation – ggf. mit einem neuen Partner – positiv eingeschätzt wurde. Zur Bewältigung dieser Krise sollten sie eine zeitlich begrenzte Unterstützung erhalten, überwiegend in Form von Beratung über psychosoziale Fragen und ggf. über die materielle Versorgung. Diese Entwicklungslinie gewann ihr professionelles Profil durch eine Übernahme von familientherapeutischen Elementen in die soziale Arbeit. Auf diese Weise erreichte man insbesondere Menschen, die – wie bei der EB bereits dargestellt – sich auf therapeutische Settings gut einlassen können und zu mittel- und langfristigen Investitionen in Problemlösungen in der Lage waren. Diese familientherapeutische Ausrichtung hat in der SPFH-Konzeptionsentwicklung weiterhin große Bedeutung. Im Blick zurück werden allerdings auch weitere Entwicklungen deutlich. Denn da ein großer Teil der im Heim lebenden Kinder aus Familien kam, die schon über längere Zeiträume am Rande der Gesellschaft lebten und sich bei ihnen immer wieder relativ kurze stabile Phasen und gravierende Krisen abwechselten, war die Wirkung zur Vermeidung von Heimeinweisungen zunächst gering. Ein zweites Projekt setzte nicht auf sozialpädagogische Kompetenz, sondern auf die Lebenserfahrung und das Selbstbewusstsein gestandener Hausfrauen, die den Klientenfamilien – präziser: den Müttern – bei der Haushaltsführung auf die Sprünge helfen sollten. Diese Interventionsform – meist als Familienpflege bezeichnet und insbesondere in Westberlin lange praktiziert – handelte sich schnell den Vorwurf der Kolonialisierung und der Entmündigung ein. Wenn sie auf Ablehnung und Gegenwehr der Klientinnen traf, wurde dies als mangelnde Mitarbeitsbereitschaft und Problemeinsicht interpretiert, und wenn sie sich darauf einließen, stieg das Risiko, dass sie auf Dauer unverzichtbar wurde, oft an. In der Fachdiskussion spielen diese Programme keine Rolle, in der Praxis sind sie allerdings noch nicht ganz ausgestorben. Insbesondere in Ostdeutschland treiben sie im ABM-Sektor neue Blüten.

Eine dritte Richtung könnte man als lebensweltorientierte Konzeptionen bezeichnen. Sie ist deutlich jünger als die therapeutische und erst in einigen Elementen zu erkennen. Zentrales Anliegen ist es, den Familienmitgliedern Ressourcen zur Verfügung zu stellen, die ihnen bei der Bewältigung ihrer Probleme nützen und die insbesondere für die Kinder neue Entwicklungschancen eröffnen. Das Spektrum möglicher Ressourcen ist sehr breit. Es kann sich z.B. auf materielle Ressourcen (Wohnungssuche, Ausschöpfung von Rechtsansprüchen usw.), Netzwerkbeziehungen, persönliche Beratung, Ermutigung und Empowerment, partielle Entlastung von Erziehungsaufgaben, Angebote für Identifikationsangebote für die Mütter und Väter und für die Kinder, Zugang zu bisher verschlossenen Lebensfeldern und Ressourcen im Gemeinwesen und vieles mehr beziehen. Ich erwarte, dass diese Entwicklungen in der SPFH – im Unterschied zur Heimerziehung – weiterhin an Bedeutung gewinnen werden, da sie in der SPFH später und heute erst in Ansätzen aufgegriffen wurden.

Eine Perspektive, unter der man Entwicklungen in den unterschiedlichen Erziehungshilfen betrachten kann, ist somit die Frage, wie sich die zentralen Diskurse in der Sozialpädagogik hier auswirken: Wo sie aufgegriffen und forciert werden und wo sie kaum Spuren hinterlassen, welche Elemente jeweils aufgesogen werden und welche Entwicklungsimpulse von den Erziehungshilfen selbst in andere Felder der Jugendhilfe oder der Sozialpädagogik insgesamt ausgehen und zu welchen Verzögerungen, Beschleunigungen und Ungleichzeitigkeiten es dabei kommt. Für die Heimerziehung und die SPFH habe ich solche Entwicklungsprozesse grob skizziert.

Wenn bisher von Hilfen zur Erziehung die Rede war, geschah es im Sinne des im KJHG etablierten Begriffs, also als juristische Chiffre und sozialwissenschaftlich betrachtet: naiv. Denn ob das, was in diesem Rahmen als Hilfe exekutiert wird, von den Betroffenen auch als Hilfe erlebt wird, ob ihre Teilhabechancen und Gestaltungsmöglichkeiten dadurch verbessert werden, ob – pädagogisch gesprochen – neue Entwicklungsmöglichkeiten eröffnet oder eher verschlossen werden oder ob gravierende Eingriffe in die Lebensfelder erfolgen, das muss im Detail untersucht werden und kann nicht im positiven Sinne als garantiert unterstellt werden. Traditionell ist die Notwendigkeit eines solchen Nachweises für die Heimerziehung am deutlichsten. Ihre Tradition als Instanz sozialer Kontrolle ist so unübersehbar, dass sie diesem Verdacht auch in Formen noch ausgesetzt ist, bei denen es ansonsten nicht nahe liegend erschiene. Andere Hilfen – etwa die Erziehungsberatung – sind kaum unter Kategorien sozialer Kontrolle kritisch diskutiert worden.

Die Darstellung zur Heimerziehung hat bereits deutlich gemacht, dass eine grobe Unterteilung der Erziehungshilfen in kontrollierende versus unterstützende oder harte im Vergleich zu weichen Interventionen der Komplexität der Wirklichkeit nicht gerecht wird. So ist die Heimerziehung zwar immer verbunden mit der Konstituierung eines anderen Lebensmittelpunktes des Kindes, und sie greift damit unvermeidbar tief in die bisherigen Lebenszusammenhänge ein – insofern ist die Heimeinweisung immer ein kritisches Lebensereignis (vgl. Lambers 1996) –, aber das Spektrum der Eingriffsformen und die sich daraus ergebenden Konsequenzen für die Kinder sind so unterschiedlich, dass sich allgemeine Aussagen über die damit verbundenen Belastungen und die Chancen, die dadurch ausgelösten Probleme zu bewältigen, verbieten. Ob der Jugendliche in das milieunahe Heim um die Ecke eingewiesen wird oder ob das Großstadtkind in das viele hundert Kilometer entfernte Heim auf dem Lande kommt, ist für diese Frage nicht ein Detail am Rande, sondern entscheidend. Ebenso wenig lassen sich

Konstellationen über einen Kamm scheren, in denen Jugendliche gegen ihren Willen im Heim untergebracht werden und ihre Unterbringung mit Zwang durchgesetzt werden muss, und solche, in denen die Durchsetzungsmacht der Jugendlichen nicht ausreicht, um ihre Heimunterbringung zu erreichen, und die dann – entgegen ihren Wünschen – auf elende Lebensbedingungen in ihrem Elternhaus oder auf der Straße angewiesen bleiben. So gibt es durchaus Situationen, in denen die Jugendlichen nicht den Eingriff in ihre bisherigen Lebensbezüge kritisieren, sondern ihre – etwa durch die SPFH – verzögerte Heimaufnahme beklagen und den Wunsch nach einem neuen Lebensort nicht realisieren können (vgl. Bürger 1998). Dass Heimerziehung tiefer als die meisten anderen Hilfen in die Lebensverhältnisse eingreift, ist unbestritten, ob Kinder und Eltern das als Zumutung und Intervention gegen ihren Willen erfahren oder als große Chance, ist sehr unterschiedlich.

Andere Erziehungshilfen, die keineswegs tief in die Lebensbedingungen der Jugendlichen eingreifen und nicht leicht mit sozialer Kontrolle oder gar Zwang in Verbindung gebracht werden, erscheinen bei genauerer Betrachtung in einem anderen Licht.

Etwa in der Sozialen Gruppenarbeit wird älteren Kindern und Jugendlichen die Teilnahme an einer regelmäßigen mehrstündigen wöchentlichen Gruppenarbeit oder die an einer längeren Freizeitunternehmung angeboten. Sie sollen dort mit anderen Jugendlichen und einem sozialpädagogischen Betreuer ihre Freizeit auf eine Weise verbringen, wie sie es sonst nicht machen. So könnte man eine große Nähe zur offenen Jugendarbeit annehmen. In den Konzeptionen wird allerdings häufig die Stärkung der sozialen Kompetenz als ein zentrales Ziel genannt. Damit wird stärker auf die Veränderung eines Personenmerkmales abgehoben und eine Erziehungsabsicht eher explizit formuliert. Noch stärker wird die Akzentverlagerung nicht nur auf eine defizitorientierte Wahrnehmung der Jugendlichen, sondern auf eine ausdrückliche Legitimation als verhaltenskorrigierende Intervention bei den sozialen Trainingskursen. Denn trotz aller fachlichen Einwände (z.B. Münder u.a. 1998: 281f.) werden sie weiterhin der sozialen Gruppenarbeit zugerechnet und haben dort einen großen Anteil. Der häufigste Anlass für die Teilnahme an der Sozialen Gruppenarbeit ist eine Straftat oder ein in anderer Weise als störend empfundenes Verhalten der Jugendlichen. Die Teilnahme an sozialen Trainingskursen, die Jugendliche auf Veranlassung von Jugendstaatsanwälten oder -richtern besuchen sollen, macht einen wesentlichen Anteil der Sozialen Gruppenarbeit aus, und sie dominiert wahrscheinlich inzwischen diese Erziehungshilfe. Damit soll nicht behauptet werden, dass jede Intervention, die auch und zunächst Unbehagen bei den Jugendlichen auslöst, keine sozialpädagogische Legitimation beanspruchen könnte, also nicht auch die Möglichkeit für neue Entwicklungschancen eröffnen kann. Es wird aber deutlich, dass diese Erziehungshilfe – entgegen dem ersten Anschein in deutlich größerem Umfang als die Heimerziehung – überwiegend zu einer sanktionierenden Maßnahme geworden ist, die zudem unter der Regie der Justiz zumindest initiiert wird. Dabei folgt der Zugang durch die Justiz anderen Prinzipien und Regeln – etwa hinsichtlich der Partizipation – als eine Hilfe zur Erziehung, die als hinreichende Bedingung hat, dass sie notwendig und geeignet ist.

Ähnlich heikel ist das Verhältnis von Erziehungsbeistandschaft und Betreuungshelfer. Tradition und juristische Codierung definieren die Arbeit des Betreuungshelfers als Sanktionsmaßnahme aus der Zuständigkeit der Justiz. Ihre Verwendung als Erziehungshilfe im §30 KJHG ist daher problematisch. Denn die Tätigkeit des Erziehungsbeistandes soll auf eine Unterstützung bei der Bewältigung von (Entwicklungs-)Problemen gerichtet sein und setzt die Freiwilligkeit des Jugendlichen voraus. Er muss zumindest die Hoffnung entwickeln, dass ihm dadurch die Bewältigung von schwierigen Lebenssituationen – in seiner Familie, Clique, Schule o.Ä. – erleichtert wird und sie sich als nützliche Ressource für ihn erweist. Diese Unterstützung soll sich primär auf die Schwierigkeiten richten, die er hat, und – im Unterschied zu Justiz-Interventionen – weniger auf die, die er anderen macht. Zwar hat eine solche Hilfe dann auch oft positive Konsequenzen auf die Probleme, die andere mit ihm haben, aber die Interventionsrichtungen unterscheiden sich doch deutlich.

Literatur zur Vertiefung

Deutsches Jugendinstitut (DJI) E. Helmig u.a. (1998): Handbuch Sozialpädagogische Familienhilfe. Stuttgart.
Freigang, Werner /Wolf, Klaus (2001): Heimerziehungsprofile. Weinheim, Basel
Peters, Friedhelm; Trede, Wolfgang,; Winkler, Michael (Hrsg.) (1998): Integrierte Erziehungshilfen. Qualifizierung der Jugendhilfe durch Flexibilisierung und Integration? Frankfurt

Literatur

Allert u.a.(1994): Familie, Milieu und Sozialpädagogische Intervention. Münster
Becker, Gerd/Simon, Titus (Hrsg.) (1995): Handbuch aufsuchende Jugend- und Sozialarbeit: theoretische Grundlagen, Arbeitsfelder, Praxishilfen. Weinheim, München
Blandow, Jürgen (1997): Hilfen zur Erziehung außerhalb des Elternhauses: Stationäre Erziehungshilfen auf dem statistischen Prüfstand. In: T. Rauschenbach, M. Schilling (Hrsg.): Die Kinder- und Jugendhilfe und ihre Statistik. Bd. II: Analysen, Befunde und Perspektiven. Neuwied, Kriftel, Berlin, S. 15-86
Bundesministerium für Jugend, Familie, Frauen und Gesundheit (BfJFFG) (Hrsg.) (1990): Achter Jugendbericht. Bonn
Bürger, Ulrich (1998): Stellenwert ambulanter Erziehungshilfen im Vorfeld von Heimerziehung. In: Neue Praxis 28 Jg., Heft3, S. 274-292
Colla, Herbert u.a. (Hrsg.) (1999): Handbuch Heimerziehung und Pflegekinderwesen in Europa. Neuwied, Kriftel
Deinet, Ulrich (1999): Sozialräumliche Jugendarbeit: eine praxisbezogene Anleitung zur Konzeptentwicklung in der Offenen Kinder- und Jugendarbeit. Opladen
Deutsches Jugendinstitut (DJI) E. Helmig u.a. (1998): Handbuch Sozialpädagogische Familienhilfe. Stuttgart.

Freigang, Werner /Wolf, Klaus (2001): Heimerziehungsprofile. Weinheim, Basel
Hansbauer, Peter (1999): Traditionsbrüche in der Heimerziehung. Münster
Hinte, Wolfgang u.a. (1999): Vom Fall zum Feld. Berlin
Jordan, Erwin (1999): Soziale Indikatoren und Sozialraumbudgets in der Kinder- und Jugendhilfe. Münster
Klatetzki, Thomas/Winter, Hagen (1990): Flexible Betreuung – zwischen Streetwork und Heimerziehung. In: Neue Praxis, 20. Jg, Heft 1 1990: 1-16
Klatetzki, Thomas (Hrsg.) (1995): Flexible Erziehungshilfen. Ein Organisationskonzept in der Diskussion. Münster
Krüger u.a. (Hrsg.) (1998): Erziehungshilfe in Tagesgruppen. Entwicklungen, Konzeptionen, Perspektiven. Frankfurt/M.
Lambers, Helmut (1996): Heimerziehung als kritisches Lebensereignis. Münster
Münder, Johannes u.a. (Hrsg.) (1998): Frankfurter Lehr- und Praxiskommentar zum Kinder- und Jugendhilfegesetz. Münster
Niederberger, Josef Martin/Bühler-Niederberger, Doris (1988): Formenvielfalt in der Fremderziehung. Zwischen Anlehnung und Konstruktion. Stuttgart
Peters, Friedhelm; Trede, Wolfgang,; Winkler, Michael (Hrsg.) (1998): Integrierte Erziehungshilfen. Qualifizierung der Jugendhilfe durch Flexibilisierung und Integration? Frankfurt
Pfennig, Gabriele (1996): Lebenswelt Bahnhof. Sozialpädagogische Hilfen für obdachlose Kinder und Jugendliche. Neuwied, Kriftel, Berlin
Wolf, Klaus (Hrsg.) (1995): Entwicklungen in der Heimerziehung. Münster
Wolff, Mechthild (2000): Integrierte Erziehungshilfen. Weinheim, München

Wolfgang Trede

Adoption und Vollzeitpflege

Zusammenfassung: Für die Aufnahme junger Menschen in fremden Familien existieren seit langer Zeit zwei Rechtsinstitute, die wir heute Vollzeitpflege und Adoption nennen. Sowohl die Unterbringung in einer Pflegefamilie nach dem Kinder- und Jugendhilfegesetz wie auch die rechtlich wirksame Annahme als Kind nach dem Bürgerlichen Gesetzbuch gelten als Maßnahmen der Jugendhilfe, sie zielen auf das Wohl des Kindes. Der Beitrag informiert über die geschichtliche Entwicklung, wesentliche rechtliche Bestimmungen und die aktuelle Praxis der Adoption und des Pflegekinderwesens.

1. Einleitung, Begriffsklärungen

Schon immer wuchsen Kinder nicht ausschließlich bei den eigenen Eltern auf. Als klassische Gründe für eine Fremdunterbringung können der Tod der leiblichen Eltern bzw. der Ausfall der Sippe sowie Armut und Not gelten. Die zeitweilige oder dauerhafte Pflege und Versorgung von Kindern außerhalb des Elternhauses bei Verwandten oder einer anderen Familie gehört somit zum Menschsein, obgleich sich Gründe, Motive und gesellschaftliche Funktionen eines solchen Lebens am „anderen Ort" historisch wandelten und sich auch weiterhin verändern werden (vgl. Niederberger 1997). Für diese Formen der Aufnahme von zumeist jungen Menschen in „fremden" Familien existieren seit langem zwei Rechtsinstitute, die wir heute „Adoption" und „Vollzeitpflege" (oder „Familienpflege") nennen. Die Adoption ist die in den §§1741-1766 BGB geregelte Annahme eines Minderjährigen als Kind, d.h. die rechtlich wirksame, dauerhafte und bis auf wenige Ausnahmen irreversible Integration eines „fremden" Kindes in eine Familie mit allen damit verbundenen Rechten und Pflichten. Mit der Adoption werden alle rechtlichen Beziehungen des angenommenen Kindes zu dessen leiblicher Familie beendet, es sei denn, es handelt sich um eine Adoption durch Verwandte oder die Adoption eines Volljährigen (gem. §§1767-1772 BGB). Als Vollzeitpflege wird heutzutage die kurz-, mittel- und längerfristige Unterbringung eines jungen Menschen in einer Fremd- oder Verwandtenpflegefamilie im Rahmen der Jugendhilfe bezeichnet. Die Vollzeitpflege gem. §33 des Kinder- und Jugendhilfegesetzes (Achtes Buch Sozialgesetzbuch = SGB VIII) ist – neben der Heimerziehung in all ihren Differenzierungen – eine der beiden stationären Erziehungshilfen, auf die Personensorgeberechtigte einen Rechtsanspruch haben, wenn „eine dem Wohl des Kindes oder des Jugendlichen entsprechende Erziehung nicht gewährleistet ist und die Hilfe für seine Entwicklung geeignet und notwendig ist" (§27 SGB VIII).

Das Kinder- und Jugendhilfegesetz geht von einem Vorrang der Adoption gegenüber der längerfristigen Fremdunterbringung von Minderjährigen in Heimen und Pflegefamilien aus, denn nach §36 Absatz 1 SGB VIII ist „vor und während einer langfristig zu leistenden Hilfe außerhalb der eigenen Familie (...) zu prüfen, ob die Annahme als Kind in Betracht kommt". Dennoch liegen die Zahlen adoptierter Kinder deutlich unter denen der in Pflegefamilien und Heimen untergebrachten. So wurden 1998 insgesamt 7.100 Kinder und Jugendliche als Kind angenommen, davon wurden 3.200 Minderjährige durch nicht verwandte Adoptiveltern adoptiert; seit einigen Jahren geht die Zahl der adoptierten Minderjährigen zurück. Von den 1998 Adoptierten wurden knapp 800 Mädchen und Jungen aus dem Ausland (schwerpunktmäßig aus Osteuropa) „zum Zweck der Adoption ins Inland geholt", wie es in der amtlichen Statistik heißt; der Anteil dieser Auslandsadoptionen steigt seit Jahren leicht an. Bei weitem nicht alle Adoptionswünsche können befriedigt werden: Zum Jahresende 1998 waren in den Adoptionsvermittlungsstellen rund 14 mal mehr Adoptionsbewerber vorgemerkt als zu adoptierende Minderjährige.

Im Rahmen der Vollzeitpflege waren zum Jahresende 1998 insgesamt 54.000 junge Menschen untergebracht. Auch wenn sich die absolute Anzahl der Pflegekinder damit in den letzten Jahren leicht erhöht hat, so nimmt die quantitative Bedeutung der Vollzeitpflege in Relation zu den institutionellen Formen der Fremdunterbringung in Heimen, Wohngruppen etc. seit Jahren ab. Dies ist erklärungsbedürftig, weil nach den Heimreformen der 1970er-Jahre und ihrer Forderung „Holt die Kinder aus den Heimen!" das Pflegekinderwesen zunächst folgerichtig deutlich ausgebaut worden war, seit ca. 1980 aber wieder zurückgeht:

In Heimen, Wohngruppen und Pflegefamilien untergebrachte Minderjährige, jeweils zum Jahresende (nur alte Bundesländer)					
	Insgesamt		davon in Heimen u.Ä. Unterbring.	davon in Vollzeitpflege	
	abs. der Peerpop	auf 1.000		abs.	in %
1975	136.105	8,24	97.031	39.074	28,7
1980	132.613	9,32	63.285	69.328	52,3
1985	93.025	7,86	47.637	45.108	48,8
1990	87.007	7,44	44.076	42.630	49,2
1995	77.446	6,07	41.658	35.788	46,8

Quellen: Statistisches Bundesamt versch. Jahrgänge, eigene Berechnungen

In der Literatur werden für diese Entwicklung eine Reihe von Gründen genannt. Seit den 1980er-Jahren seien die ambulanten Erziehungshilfen wie z.B. die Sozialpädagogische Familienhilfe deutlich ausgebaut worden und hätten Fremdunterbringungen insgesamt, speziell jedoch in Pflegefamilien, vermeiden helfen. Wegen der geringer ausgeprägten Familienorientierung der modernen Zusammenlebensformen, der steigenden Frauenerwerbsquote, aber auch schlicht wegen fehlendem Wohnraum in Ballungsgebieten, stünden nicht genügend geeignete Pflegepersonen zur Verfügung, zumal auch Adoptionsbewerber nur im Ausnahmefall bereit seien, sich als Pflegestelle für ein dann zumeist älteres biografisch belastetes, „schwierigeres" Kind zur Verfügung zu stellen. Die nachlassende Bedeutung der Pflegefamilie hat aber auch etwas damit zu tun, dass die Pflegefamilie in Deutschland – ganz im Gegensatz zu allen anderen europäischen Ländern (vgl. Trede 1999) – noch immer mehr genutzt als geschätzt und systematisch gefördert wird. Die historische Hypothek einer paradoxen Etikettierung von Pflegefamilien als einerseits bewunderte uneigennützige Personen, die ein fremdes Kind bei sich aufnehmen, die aber zugleich misstrauisch beäugt werden, ob die Motive der Pflegepersonen wirklich legitim seien, ob ein Pflegekind also nur wegen des Pflegegeldes oder weil eine zusätzliche Arbeitskraft im Haushalt gebraucht wird, aufgenommen würde etc., diese Hypothek bestimmt bis heute das Pflegekinderwesen.

Dies trifft sowohl für den Bereich der Fremd-Pflegefamilien zu, jene Pflegefamilien, die ein nicht mit ihnen verwandtes Kind aufnehmen, wie auch – sogar noch stärker – für die Verwandtenpflege. Befürchtet werden bei letzterer zudem intergenerative Problemverschiebungen; wenn die Großeltern es schon mit dem eigenen Kind nicht richtig hinbekommen hätten, wie solle es dann mit dem Enkel funktionieren, lautet der fachliche Generalverdacht in Bezug auf diese Pflegeformen. Immerhin knapp ein Viertel aller Pflegepersonen sind der amtlichen Jugendhilfestatistik zufolge Verwandte des untergebrachten Minderjährigen, zumeist handelt es sich um die Großeltern. Rechnet man die informellen Großeltern-/Verwandtenpflegestellen hinzu, also jene Fälle, in denen ein Kind bei den Großeltern lebt, aber nicht offiziell nach §33 SGB VIII untergebracht ist, so dürfte die Verwandtenpflege der Fremdpflege quantitativ zumindest ebenbürtig sein (vgl. Blandow/Walter 2001).

Neben diesen Formen der dauerhaften Unterbringung von Kindern außerhalb der Geburtsfamilie, die in ihrem pädagogisch-psychologischen Charakter sich übrigens kaum von der Adoption (insbesondere der so genannten „offenen Adoption" s.u.) unterscheiden, haben sich in den letzten beiden Jahrzehnten professionalisierte Formen der Familienpflege zur vorübergehenden Unterbringung in Krisen (Bereitschaftspflegestellen) sowie für die mittel- oder langfristige Betreuung von besonders schwierigen Kindern oder Jugendlichen (Erziehungsstellen) entwickelt, die die Grenze zur Heimerziehung, insbesondere deren familienähnlichen Formen (Kleinstheime, Mini-Außenwohngruppen ohne Schichtdienst) verschwimmen lassen.

2. Zur Geschichte von Adoption und Vollzeitpflege

Seit Menschengedenken ist es eine Verpflichtung der Sippe, für ihre verwaisten Kinder zu sorgen; Heitkamp (1995) bezeichnet mit Bezug auf das Alte Testament Moses als das „erste namentlich bekannte Pflegekind" (a.a.O., S. 19). In der Antike war die Adoption weit verbreitet (vgl. Paulitz 1997). Die „Hinzuerwählung" eines häufig Volljährigen diente fast ausschließlich den Interessen des Annehmenden – zur Erhaltung des Familiennamens und des Erbes, aus Machtinteressen etc. Im mittelalterlichen England war es Niederberger (1997) zufolge in Adelskreisen üblich, die Kinder beiderlei Geschlechts ab etwa 7 Jahren am Hofe des Lehnherrn oder von Verwandten unterzubringen. Eine öffentlich organisierte Fürsorge für verlassene, verwaiste und Findel-Kinder lässt sich dagegen erst ab dem späten Mittelalter in größerem Umfang nachweisen.

2.1 Die öffentliche Fürsorge für Waisen und Findelkinder im Mittelalter

Als Reaktion auf die zahlreichen Kindstötungen und Abtreibungen des Mittelalters wurden verstärkt ab dem 12. Jahrhundert Waisen- und Findelhäuser gegründet – zu nennen sind hier vor allem die Heilig-Geist-Spitäler, die auch in Deutschland zahlreiche Niederlassungen hatten. Im römischen Hospital St. Spiritus des Heilig-Geist-Ordens ist zum ersten Mal die „rota" dokumentiert, die später in den romanischen Ländern bis ins 20. Jahrhundert verbreitete Drehlade an der Klosterpforte, in die man ein Neugeborenes bzw. Kleinkind legen und auf diese Weise unerkannt aussetzen konnte. Die Drehlade sollte, so wurde sie begründet, „für das Kind die Schande einer etwaigen illegitimen Geburt austilgen und der Mutter, falls sie einen Fehltritt begangen hatte, den Weg zur Umkehr freimachen. Aber sie führte auch den Aussetzenden (...) anschaulich vor Augen, dass mit der Drehung der Lade, dem Verschwinden des Kindes, die Trennung von ihm, auch in rechtlicher Hinsicht, endgültig vollzogen sei" (Scherpner 1979, S. 20).

Die Hospitäler, die zur damaligen Zeit nicht nur Krankenhäuser, sondern Versorgungsanstalten unterschiedslos für alle Bedürftigen und eben auch für Waisen und Findelkinder waren, gaben Säuglinge und Kleinkinder wenn irgend möglich zunächst zu Ammen zumeist auf dem Land. Die Anstalt bezahlte für die in Pflege gegebenen Kinder einen „Ziehlohn" und lieferte „Strohsäcke, Windeln, Hemden, Decken, Wiegbänder und was sonst erforderlich war" (a.a.O., S. 24). Erst wenn die Kinder mit 5 bis 7 Jahren robust genug erschienen, kamen sie zurück in die „Kinderstuben" der Spitäler, Klöster bzw. Waisenhäuser, wo sie wohl eine gewisse religiöse Unterrichtung erhielten, im Haushalt und der Landwirtschaft mitarbeiteten und „einige von ihnen wurden ‚vor die Kirchen gesetzt', um milde Gaben von den Gläubigen zu erbitten" (a.a.O., S. 25). Wir finden also bereits im ausgehenden Mittelalter, d.h. im 12. bis 14. Jahrhundert, beide Formen der

Fremdplatzierung, die Anstalt und die Unterbringung in Pflegestellen, auch wenn sich diese zum damaligen Zeitpunkt noch nicht als Erziehungsinstitutionen begriffen. Sie erscheinen weniger als sich wechselseitig ausschließende, miteinander konkurrierende Alternativen, wie dies seit dem Waisenhausstreit des 18. Jahrhunderts (s.u.) bis heute der Fall ist, sondern arbeiteten gewissermaßen Hand in Hand.

2.2 Die Bekämpfung der Armen in der frühen Neuzeit

Die Versorgung der Waisen- und Findelkinder scheint den Quellen zufolge in jener Zeit zwar einfach, aber weit besser gewesen zu sein als 200 Jahre später in den Arbeits- und Zuchthäusern des 16 und 17. Jahrhunderts. Der Beginn der Neuzeit war geprägt gewesen von erheblichen Umbrüchen, die die mittelalterlichen Solidargemeinschaften, die Sippen (das „ganze Haus") und Gemeinden, in ihren Fundamenten erschüttert hatten. Reformation, protestantische Arbeitsethik und der frühindustrialistische Bedarf an Arbeitskräften hatten einen neuen Blick auf die Lebenslage Armut zur Folge. Armut wurde, auch weil die Städte dem wachsenden Zuzug entwurzelter verarmter Landbevölkerung anders nicht mehr Herr zu werden glaubten, nicht mehr mittelalterlich als „gottgegeben" hingenommen, sondern zunehmend als persönliches Versagen gebrandmarkt. Die „Bettlerplage" wurde in der Folge durch Bettel- und Armenordnungen streng reglementiert und diszipliniert. „Arbeitsfähige Arme" wurden in Arbeits- und Zuchthäusern kaserniert, als prototypisch gilt das 1555 gegründete „Bridewell" in London. Auch das 1596 gegründete Amsterdamer „Tuchthuis" steht in dieser Tradition, doch zielt diese Zwangsarbeitsanstalt für die „zuchtlose Jugend" erstmals explizit auf moralische Besserung durch Erziehung. Der höchst ambivalente Charakter aller öffentlichen „Erziehungshilfe" bis heute, nämlich die „Zähmung" und Korrektion von als abweichend definierten Lebenslagen und Verhaltensweisen und die Förderung, Stützung und Unterrichtung von Kindern mit dem Ziel einer „guten" Lebensführung, werden bereits im „Tuchthuis" deutlich.

Nachdem die Adoption im Mittelalter unüblich geworden war, entstehen mit Beginn der Neuzeit in einzelnen Städten auch Regelungen für die Adoption (z.B. im Freiburger Stadtrecht von 1520), die auch Schutzbedürfnisse des Kindes berücksichtigten, wenngleich die Adoption – im Grunde bis zur Novellierung der Adoptionsgesetzgebung im Jahr 1977! – primär den Interessen der Annehmenden diente.

2.3 Der Waisenhausstreit und das Pflegekinderwesen

Im 17. Jahrhundert scheint das Pflegekinderwesen vor allem wegen des Dreißigjährigen Krieges, der die Landbevölkerung, mithin auch die dort vorrangig lebenden Pflegefamilien, drastisch reduziert hatte, sowie durch eine Welle von Waisenhausgründungen durch Vertreter der Pietistischen

Bewegung, erheblich an Bedeutung verloren zu haben. Die bekanntesten Waisenhäuser waren die „Franckeschen Anstalten", die nach dem Vorbild des von August Hermann Francke ab 1694 aufgebauten Halleschen Waisenhauses arbeiteten. Ende des 18. Jahrhunderts gerieten die Zustände in diesen zu profitablen Betrieben gewendeten Waisenhäusern in die öffentliche Kritik. Im „Waisenhausstreit" wird angesichts der immensen Sterbezahlen und der Vernutzung der kindlichen Arbeitskraft unter erbarmungswürdigsten und außerordentlich gesundheitsschädlichen Umständen die Fremdunterbringung von Kindern insbesondere in ländlichen Familien gefordert – erneut aus merkantilen Gründen, sei es doch „eine wahre Wohltat für den Staat, dem eine Menge nützlicher Menschen dadurch erhalten wird" – so von der Schulenberg 1783 in der Berlinischen Monatsschrift. Der Streit wird zwischen Befürwortern und Gegnern mit nahezu austauschbaren Argumenten geführt: Auf beiden Seite spielen ökonomische Vorbehalte etwa gegen die Ausbeutung von Kindern in Anstalten und umgekehrt in der Landwirtschaft, Gesundheitsbedenken, wie aber auch solche eine Rolle, die auf die Ausbildungsmöglichkeiten abheben; gewarnt wird vor Entfremdungseffekten durch die Unterbringung von Kindern in ländlichen Familien, die mögliche Rohheit von Pflegeeltern, aber auch von Anstaltsbetreuern (vgl. Sauer 1979). Faktisch mussten die fremdplatzierten Kinder in jener Zeit sowohl in den meisten Waisenhäusern wie auch in der überwiegenden Zahl der Pflegefamilien Not leiden, wurden schlecht versorgt, ausgenutzt und die Sterblichkeit war hoch. Die öffentliche Empörung über diese Missstände verdankte sich indes weniger Mitleid über das Schicksal der Waisenhaus- und Pflegekinder, sondern der Tatsache, dass die jungen Menschen vor allem aufgrund ihrer gesundheitlichen Schäden kein arbeitsfähiges „Menschenmaterial" mehr für die Fabriken, die Landwirtschaft oder das Militär darstellten. Aus der Schweiz wird berichtet, dass arbeitsfähige Kinder ab dem siebten Lebensjahr von ihren Eltern oder den Gemeindeverwaltungen meistbietend an „Koststellen" versteigert wurden (vgl. Heitkamp 1995). In Finnland, das traditionell stark auf die Fremdunterbringung in Pflegefamilien setzte, wurden Kinder im Rahmen jährlicher Auktionen an den billigsten Bieter versteigert – eine Praxis, die sich, obzwar damals schon verboten, bis 1910 gehalten hat (vgl. Kemppainen 1991).

Letztlich wirkte sich der Waisenhausstreit zwischen ca. 1750 und 1800 vorteilhaft auf eine Qualifizierung von Anstalts- und Pflegekinderwesen aus, auch weil durch die Aufklärung, allen voran ist hier Johann Heinrich Pestalozzi zu nennen, erstmals Kinder als *Subjekte* in den Blick kamen. Pestalozzi hatte in seinen beiden Waisenhausgründungen in Stans und Neuhof nicht nur versucht, die Grundlagen einer pädagogischen Heimerziehung, die vom Kind und seinen Bedürfnissen und Möglichkeiten ausgeht (vgl. Pestalozzi 1982/1799), zu schaffen, er hatte bereits damals mit seiner Vorstellung, in einem anstaltsförmigen Rahmen die familiäre Atmosphäre der „Wohnstube" zu verwirklichen mit Erziehern, denen die „allseitige Besorgung" der Kinder aufgetragen ist, den Ausweg aus der Alternative Heimerziehung und

Vollzeitpflege gewiesen und bis heute bestehende Grundlagen einer kindgerechten Praxis der Fremdunterbringung formuliert.

2.4 Rettungshausbewegung und der Beginn einer staatlichen Pflegekinderaufsicht

Gut 100 Jahre nach Beginn der pietistischen Waisenhausgründungen kam es in der „Rettungshausbewegung" zu einer Vielzahl von Neugründungen christlicher Erziehungsanstalten, die in Reaktion auf die sozialen, religiösen und politischen Umbrüche in der ersten Hälfte des 19. Jahrhunderts sich nicht vorrangig um Waisen, sondern um „verwahrloste" Kinder bemühten. Dabei setzte bereits einer der Väter der Bewegung, Johannes Falk, in seiner Weimarer Einrichtung ganz auf die individualisierende Betreuung in Pflegefamilien, ergänzt durch religiösen und allgemein bildenden Unterricht im Falkschen Institut. Andreas Bräm organisierte im Neukirchener Erziehungsverein ab 1845 Gruppen von Pflegeeltern, die mehrere Pflegekinder aufnahmen und vom Verein beaufsichtigt und finanziert wurden.

Zeitlich parallel entwickelten sich als Antwort auf die immer noch schlimmen Zustände im Pflegekinderwesen gesetzliche Regelungen zum Schutz von Pflegekindern. In der Gewerbeordnung von 1869 war die Pflegekinderhaltung als „freies Gewerbe" verankert worden, das einer polizeilichen „Halteerlaubnis" bedurfte. Das Großherzogtum Hessen erließ 1879 ein Gesetz zum Schutz von Pflegekindern. Seit Beginn des 20. Jahrhunderts werden nach dem Vorbild der vom Leiter der Leipziger „Ziehkinderanstalt" Max Taube eingeführten Vormundschaften über uneheliche Kinder auch Pflegekinder durch bezahlte und geschulte Pflegerinnen oder „Ehrenbeamtinnen" beaufsichtigt. Die Pflegestellen erhielten ein bescheidenes Pflegegeld und waren einer behördlichen Kontrolle unterstellt, die die Betreuung und Versorgung der Pflegekinder bis in alle Feinheiten reglementierte (vgl. Blandow 1999). Diese Entwicklung fand einen Abschluss im Reichsjugendwohlfahrtsgesetz von 1922, das Pflegekinder und Pflegestellen der Aufsicht durch das (nun gesetzlich vorgesehene) Jugendamt unterstellte.

Zu Beginn des 20. Jahrhunderts und besonders in der Zeit des Nationalsozialismus wurde das Pflegekinderwesen auch zu bevölkerungs- bzw. nationalpolitischen Zwecken benutzt, indem Pflegekinder bevorzugt in Bauernfamilien in Ostpreußen untergebracht wurden, um der „Ausbreitung des Polenthums", wie es hieß, zu begegnen. Ansonsten gingen zwischen 1933 und 1945 die Anzahl der Pflegeverhältnisse quantitativ zurück, zu sehr schreckten die engmaschige Kontrolle von Pflegeverhältnissen potenzielle Pflegeeltern ab, aber auch zu wenig steuerbar erschien dem Nationalsozialismus offenbar der private Raum Familie. Die Pflegekindervermittlung und -betreuung war in der „Nationalsozialistischen Volkswohlfahrt (NSV)" zentralisiert worden, potenzielle Pflegeeltern wurden auf ihre „vaterländische Gesinnung" und politische Zuverlässigkeit genauestens durchleuchtet.

2.5 Die jüngere Entwicklung im Pflegekinderwesen

Bis in die 1970er-Jahre hinein blieb das Pflegekinderwesen in Westdeutschland die quantitativ relativ gering genutzte Laien-Alternative zur Heimerziehung vor allem für kleinere Kinder mit dauerhafter Unterbringungsperspektive oder für ältere „heimmüde" Kinder. Im Gefolge der Heimkampagnen der Jahre 1969/1970 und der durch sie mit ausgelösten breiten Kritik speziell auch an Säuglingsheimen („Holt die Kinder aus den Heimen!") nahm die Bedeutung des Pflegekinderwesens enorm zu (vgl. die Tabelle weiter oben; zu den Heimreformen der 1970er-Jahre: AG Heimreform 2000). Das Pflegekinderwesen differenzierte sich, es entstanden in Rezeption von Sonderpflegeformen in England, den Niederlanden und Skandinavien „heilpädagogische Pflegestellen", die „Erziehungsstellen" als professionalisierte Formen der Familienpflege für ältere Kinder, Großpflegestellen u.a.m. In der DDR spielte das Pflegekinderwesen bis zur deutschen Vereinigung 1989/1990 eine noch geringere Rolle: Nur rund ein Zehntel der Fremdplatzierungen fanden in Familien statt, und bei diesen handelte es sich überwiegend um Verwandtenpflegestellen bzw. Adoptionspflegestellen.

3. Rechtliche Grundlagen von Adoption und Vollzeitpflege

Das Adoptionsrecht im Bürgerlichen Gesetzbuch von 1900 stand noch deutlich in der Tradition des römischen Rechts, historisches Vorbild war entsprechend die Adoption Volljähriger, die Kinderlosigkeit des Annehmenden wurde vorausgesetzt. Die Annahme wurde „namentlich für wohlhabende, edel denkende Menschen, welche in kinderloser Ehe leben, als ein gewünschtes Mittel angesehen, diesen Mangel zu ersetzen" (zit. nach Baer/Groß 1981, S. 19). Annehmende mussten mindestens 50 Jahre alt sein. Die Adoption erfolgte durch einen privatrechtlichen Vertrag zwischen dem Annehmenden und dem Anzunehmenden bzw. seinem/ihrem gesetzlichen Vertreter, wobei das Adoptivkind rechtlich nur teilweise in die neue Familie eingegliedert wurde.

Erst im Jahr 1976 wurden diese Regelungen – auch unter dem Druck des europäischen Adoptionsübereinkommens von 1967 – gründlich reformiert, insbesondere fokussiert das am 1.1.1977 in Kraft getretene Adoptionsgesetz eindeutig auf das „Wohl des Kindes" als zentralem Kriterium für eine Adoption, mithin wird das zu erwartende Eltern-Kind-Verhältnis zwischen dem Kind und dem Annehmenden zur Grundvoraussetzung für eine Adoption. Es ging nun nicht mehr darum, kinderlosen Ehepaaren zu einem Kind zu verhelfen, sondern für ein Kind „Ersatzeltern" zu suchen. Zu den wichtigsten neuen Regelungen gehören im weiteren (vgl. §§1741-1766 BGB):

- Das minderjährige Adoptivkind wird rechtlich vollständig in die neue Familie eingegliedert (sog. Volladoption) und erhält das volle Erbrecht. Entsprechend erlöschen alle rechtlichen Bindungen zu den leiblichen Eltern.
- Die Annahme als Kind wird durch Ausspruch des Familiengerichts begründet (Dekretsystem statt des früheren Vertragssystems).
- Die Adoption ist unauflösbar. Nur in wenigen Ausnahmefällen und nur wenn es das Wohl des Kindes erfordert kann eine einmal ausgesprochene Adoption rückgängig gemacht werden.
- Die Altersgrenzen der Annehmenden wurden deutlich auf 25 bzw. 21 Jahre gesenkt.
- Die Adoptiveltern müssen nicht mehr kinderlos sein.
- Die Einwilligung zur Adoption kann erfolgen, wenn das Kind acht Wochen alt ist.

Zusammen mit dem Adoptionsgesetz trat auch ein Adoptionsvermittlungsgesetz in Kraft, das dazu dienen soll, die Beratung und Unterstützung des Adoptivkindes (soweit altersmäßig möglich), der leiblichen Eltern und der Adoptiveltern durch die Einrichtung von speziellen Adoptionsvermittlungsstellen in Jugendämtern und bei freien Trägern zu verbessern und damit den Vermittlungsprozess insgesamt zu qualifizieren.

Die „Vollzeitpflege" gemäß §33 SGB VIII ist eine der Hilfen zur Erziehung, auf die nach dem Leitparagraph 27 SGB VIII dann ein Rechtsanspruch der Personensorgeberechtigten besteht, wenn – erstens – eine dem Wohl des Minderjährigen entsprechende Erziehung nicht gewährleistet ist und – zweitens – die Vollzeitpflege für seine Entwicklung geeignet und notwendig ist.

§33 SGB VIII lautet:

„Hilfe zur Erziehung in Vollzeitpflege soll entsprechend dem Alter und Entwicklungsstand des Kindes oder des Jugendlichen und seinen persönlichen Bindungen sowie den Möglichkeiten der Verbesserung der Erziehungsbedingungen in der Herkunftsfamilie Kindern und Jugendlichen in einer anderen Familie eine zeitlich befristete Erziehungshilfe oder eine auf Dauer angelegte Lebensform bieten. Für besonders entwicklungsbeeinträchtigte Kinder und Jugendlichen sind geeignete Formen der Familienpflege zu schaffen und auszubauen."

Die Unterbringung des Kindes oder Jugendlichen „in einer anderen Familie" schließt Verwandte mit ein; auch geht der Gesetzgeber durchaus von einem weiten Familienbegriff aus, der Einzelpersonen, nicht verheiratete Paare oder Wohngemeinschaften einschließt. Daher ist in den §§36, 37 und 44 SGB VIII auch von „Pflegestelle" oder „Pflegeperson" die Rede.

Von der formellen Jugendhilfeleistung „Vollzeitpflege" sind rechtlich zu unterscheiden Pflegeverhältnisse, die nach §44 SGB VIII nicht erlaubnispflichtig sind, u.a. Großeltern- und Verwandtenpflege, die Adoptionspflege (die gem. §8 Adoptionsvermittlungsgesetz der Eingewöhnung des Adoptivkindes im Haushalt der Adoptionsbewerber dient) sowie sonstige (Fremd-) Pflegepersonen, die unter dem Erlaubnisvorbehalt des §44 SGB VIII stehen. Hier handelt es sich um privatrechtliche Regelungen zwischen sorgeberechtigten Eltern und den Pflegepersonen.

4. Kinder und Jugendliche in Adoption und Vollzeitpflege

4.1 Zielgruppen, soziale Herkunft, Indikation

Wie in der Heimerziehung so werden auch in Vollzeitpflege überwiegend Kinder aus sozial benachteiligten Familien untergebracht, i.d.R. liegt eine Kumulierung von wirtschaftlichen, sozialen und psychischen/gesundheitlichen Problemen vor. Übereinstimmend berichten Studien (vgl. zusammenfassend Textor 1995), dass Kinder/Jugendliche überwiegend aus „schwierigen" Familienverhältnissen, geprägt durch z.B. beengten Wohnraum, Arbeitslosigkeit, Sozialhilfebezug etc. stammten. Überproportional betroffen seien in vielen Ländern auch Kinder ethnischer Minderheiten, aus Ein-Eltern- und Stieffamilien. Berichtet wird außerdem, dass ein hoher Prozentsatz der Kinder in ihren Familien Gewalt erfahren hätten, und dass in vielen Familien Alkohol- und Drogenprobleme vorlägen.

Die Zielgruppe für die Vollzeitpflege gibt es nicht, daher ist die Frage der Indikation – wie in den erzieherischen Hilfen überhaupt – schwer oder nur allgemein zu beantworten: Vollzeitpflege kommt für Kinder oder Jugendliche in Frage, die für kürzere oder (zumeist) längere Zeit einen familiärprivaten Lebensort brauchen. Insgesamt wird versucht, jüngere Kinder eher in Pflegefamilien unterzubringen, was sich auch in der Statistik deutlich niederschlägt. Von den im Jahr 1998 neu begonnenen stationären Erziehungshilfen erfolgten in der Altersgruppe der unter 6-Jährigen fast 70% in Vollzeitpflege, während bei den 15- bis 18-Jährigen lediglich 2% neu in Vollzeitpflege vermittelt wurden. Insbesondere bei einer absehbar längerfristigen außerfamiliären Unterbringung kommt natürlich auch eine Adoption in Frage, wobei es sich dann zumeist um Säuglinge und Kleinkinder handelt, die zur Adoption freigegeben und vermittelt werden. Neben dem Alter spielt auch der angenommene pädagogisch-therapeutische Bedarf sowie die Stabilität der Herkunftsfamilie eine Rolle. Minderjährige mit erheblichen Verhaltensauffälligkeiten, die eine Familie ggf. überfordern würden, werden eher in das professionellere Setting von Heimen, Wohngruppen oder Kinderdörfern, aber auch in Erziehungsstellen (s.u.) platziert. Kommen die Kinder aus vollständigen Familien und bestehen einigermaßen tragfähige

Beziehungen zu Eltern und/oder Geschwistern, dann werden sie eher im Heim untergebracht (vgl. Knapp et al. 1987, zit. nach Textor 1995), ein Milieu, das weniger enge Beziehungen und damit entsprechend weniger Konkurrenz erwarten lässt.

Ob ein Kind letztlich in einer Pflegefamilie oder in einem Heim untergebracht wird, hängt aber von weiteren Faktoren ab:

- Was wollen die Personensorgeberechtigten? Empfinden sie die Unterbringung des eigenen Kindes in einer Pflegefamilie z.B. als unerträgliche Konkurrenz, wohingegen eine Heimunterbringung, der Umwelt vielleicht als Kur- oder Internataufenthalt „verkauft", die Herkunftseltern (häufig die allein erziehende Mutter) weniger beschämt zurücklässt?
- Welches sind die fachlichen Einstellungen der fallführenden Sozialarbeiterin? Hat sie gerade schlechte Erfahrungen mit einem Heim/einer Pflegefamilie gemacht oder fällt ihr für das konkrete Kind keine passende Einrichtung/Pflegestelle ein? Hat sie eine fachliche Vorstellung von der Pflegefamilie als einer Ersatzfamilie, bei der die Kontakte zu der Geburtsfamilie am besten vollständig abgebrochen werden sollten – und erhöht damit den Widerstand der Herkunftseltern?
- Wie ausgebaut ist das System erzieherischer Hilfen in der Kommune? Gibt es ein qualifiziertes Pflegekinderwesen, genügend und geschulte potenzielle Pflegeeltern? Existiert ein Netz von ambulanten und teilstationären Erziehungshilfen? Eine New Yorker Untersuchung hat gezeigt, dass mit ambulanten Hilfen wie Tagespflege, Hausaufgabenhilfen, Familienhilfen und finanzieller Unterstützung in drei Viertel der Fälle eine anstehende Fremdplatzierung verhindert werden konnte (vgl. Fanshel/Finch/Grundy 1992).

4.2 Planung, Auswahl und Vermittlung

Die Schwierigkeit einer klaren Indikationsstellung für oder gegen eine bestimmte Hilfeform sowie die vielen Faktoren, die bei einer Entscheidung letztlich eine Rolle spielen, verweist auf die Notwendigkeit einer kooperativen Hilfeplanung, wie sie im §36 SGB VIII vorgesehen ist. An dieser Planung sind alle Betroffenen zu beteiligen, von den Fachkräften eingehend zu beraten und mit ihren Vorschlägen und Meinungen ernst zu nehmen. Mit Blick auf eine Fremdplatzierung besteht die Herausforderung darin, die Hilfeform zu finden, die für das Kind die „am wenigsten schädliche Alternative", so die berühmte Formulierung von Goldstein/Freud/Solnit (1974), darstellt und die auch von den Eltern mitgetragen werden kann (mit Ausnahme der Fälle, in denen ein Entzug der Personensorge gem. §1666 BGB vorausgegangen war). Da sich Hilfebedarfe ändern können, ist Planung in den Erziehungshilfen als kontinuierlicher Prozess auszugestalten. Von entscheidender Bedeutung für die Planung ist es, bei allen Beteiligten Transparenz und Klarheit über die Ziele eines Pflegeverhältnisses herzustellen; dabei ist das kindliche Zeitempfinden zu berücksichtigen (vgl. Piaget 1975; Goldstein/Freud/Solnit 1974).

Potenzielle Pflegeeltern werden ebenso wie Adoptionsbewerber relativ genau überprüft, ob sie tatsächlich geeignet sind, ein i.d.R. fremdes Kind im eigenen Haushalt zu betreuen oder vollständig rechtlich in die Familie zu integrieren. §7 Adoptionsvermittlungsgesetz bemüht gar die kriminalistische Sprache, wenn es heißt, dass „sachdienliche Ermittlungen" bei den Adoptionsbewerbern durchzuführen seien. In den letzten Jahren hat sich aus dieser Praxis, die angehende Pflegeeltern/Adoptionsbewerber als häufig unfaire Investigation ihrer Motive erlebten, eine differenzierte vorbereitende Informations-, Beratungs- und Schulungsphase entwickelt (vgl. für die Adoption: BAGLJÄ 1993; für das Pflegekinderwesen: Naumann/Hammer 1998).

Ist eine bestimmte Pflegeform vereinbart bzw. ist geklärt, dass ein Kind zur Adoption freigegeben werden soll, dann beginnt ein Prozess der Vermittlung, bei dem zunächst von den Fachkräften des Pflegekinder- bzw. des Adoptionsvermittlungsdienstes eine geeignete Familie ausgesucht wird, von der angenommen wird, dass das betreffende Kind passen könnte. Dieses „Zusammenpuzzeln" erfolgt nach einer Reihe fachlicher Kriterien durch gemeinsame Überlegungen im Team des Pflegekinder- bzw. Adoptionsvermittlungsdienstes. Eine wichtige Rolle spielen die Wünsche und Bedürfnisse des zu vermittelnden Kindes sowie die Wünsche und Möglichkeiten der Pflege-/Adoptionsfamilie. Bei der Platzierung in eine Familie mit leiblichen Kindern wird häufig das „Benjamin-Prinzip" angewandt, d.h. das Pflegekind bzw. zur Adoption vorgesehene Kind sollte das Jüngste in der Geschwisterreihe sein, um seine Integration zu erleichtern (vgl. Kaiser 1995). Danach erfolgt eine Phase vorbereitender Information des zu vermittelnden Kindes (abhängig vom Alter) und der aufnehmenden Familie. Das Kennenlernen verläuft in mehreren Stufen bis zum Einzug in der Pflegefamilie bzw. der Beginn der Adoptionspflege.

Dabei ist die ungefähr einjährige Adoptionspflegezeit keine Probezeit, sondern bereits auf dauerhaften Verbleib des Kindes angelegt. Das zeigt auch die Statistik, denn im Jahr 1998 wurden bundesweit lediglich 151 Adoptionspflegen abgebrochen – bei insgesamt 4.443 zum Jahresende 1998 in Adoptionspflege untergebrachten Kindern und Jugendlichen.

4.3 Formen der Vollzeitpflege

Neben der „normalen" Vollzeitpflege existiert mittlerweile ein differenziertes Spektrum von Pflegeformen, die sich nach der jeweiligen rechtlichen Grundlage, der Professionalität des Pflegesettings und der Pflegedauer unterscheiden lassen. Die (zu) wenig genutzte Tagespflege als teilstationäre Erziehungshilfe nach §32 SGB VIII sowie die Wochenpflege (nach §33

SGBVIII oder als nach §44 SGB VIII erlaubnispflichtiges Privatarrangement) bleiben hier unberücksichtigt.

Als *„normale"* *Pflegefamilie* kann die mittel- bis längerfristige Unterbringung eines Kindes in einer fremden Laien-Pflegefamilie bezeichnet werden, die für die Betreuung ein kleines monatliches Honorar (z.Zt. etwa 200,- €) sowie finanzielle Leistungen für den Unterhalt des Kindes (altersgestaffelt zwischen ca. 300,- und 500,- €) erhält. Die Beratung erfolgt i.d.R. durch den Pflegekinderdienst des Jugendamtes, wobei die Betreuungsrelation mit ca. 1:80 bis 1:100 viel zu gering ist, um für Pflegeeltern und Pflegekinder eine wirklich kontinuierliche Unterstützung zu gewährleisten. Immerhin organisieren viele Pflegekinderdienste regelmäßig Fortbildungen für Pflegeeltern und/oder Wochenendseminare für „ihre" Pflegefamilien, was den Austausch unter den Pflegefamilien fördert und deren Selbsthilfepotenziale erhöht; hierzu tragen auch die verschiedenen Selbsthilfegruppen bei (z.B. Bundesverband der Pflege- und Adoptivfamilien) bei.

In vielem ähnelt die *Verwandten-/Großelternpflege* normalen Pflegefamilien. Die formelle Verwandtenpflege nach §33 SGB VIII unterscheidet sich von der Fremdpflege nur dadurch, dass Großeltern weniger Pflegegeld erhalten. Vom pädagogischen Setting her ist es allerdings fraglich, ob die Verwandtenpflege überhaupt als stationäre Erziehungshilfe betrachtet werden kann, stellt sie doch keine „außerfamiliäre" Unterbringung, sondern eine im erweiterten familiären Netzwerk dar. Die Sonderstellung der Verwandtenpflege wird auch dadurch deutlich, dass sie seitens der Fachwelt häufig eher skeptisch betrachtet wird, weil u.a. Problemverschiebungen zwischen den Generationen befürchtet werden, weil Verwandtenpflegestellen wohl zumeist nicht den bürgerlichen Normalitätsanforderungen entsprechen, die üblicherweise an Pflegestellen gestellt werden, weil geargwöhnt wird, die Großeltern wollten ohnehin nur das Pflegegeld einstreichen etc. Verwandtenpflege ist in 90% der Fälle Großelternpflege, die ein Enkelkind zumeist für längere Zeit in ihren Haushalt aufnehmen – u.a. weil das Kind unehelich geboren wurde, die Mutter nicht oder noch nicht für es sorgen kann, weil das Kind nach einer Scheidung unversorgt ist, weil die Mutter Suchtprobleme hat (vgl. Blandow 1999). In den USA hat die Verwandten-/Großelternpflege – auch wegen kommunaler Sparinteressen – einen deutlichen Aufschwung genommen und wird dort nicht als Teil des Pflegekinderwesens, sondern als eigener Hilfetyp betrachtet, der spezifische Beratungskonzepte benötigt.

Bereitschaftspflege ist die kurzfristige Unterbringung eines Kindes oder Jugendlichen in einer Familie. Die Bereitschaftspflege dient vor allem der schnellen Unterbringung von Kindern aus einer akuten familiären Krisensituation heraus, oft auch als Schutzmaßnahme im Rahmen einer Inobhutnahme nach §42 SGB VIII; sie ist dem Charakter nach eine Übergangshilfe bis die Krise in der Herkunftsfamilie entweder gelöst ist und das Kind zurückkehren kann oder ein dauerhafter anderer Lebensort gefunden ist. Die

Dauer der Bereitschaftspflege ist daher auf wenige Tage bis einige Wochen begrenzt. In vielen Kommunen muss die Pflegeperson bzw. ein Elternteil eine sozialpädagogische Fachkraft sein. Bereitschaftspflegestellen gehen mit dem örtlichen Jugendamt oder einem mit der Bereitschaftspflege beauftragten freien Träger ein vertragliches Verhältnis ein und erhalten für ihre Dienste teilweise eine tarifliche Entlohnung, teilweise ein erhöhtes Pflegegeld und ein „Freihaltegeld" für die Zeiten, in denen kein Kind untergebracht ist; sie müssen bereit sein, Kinder im Krisenfall rund um die Uhr aufzunehmen.

Für die Fremdunterbringung älterer, „schwierigerer" Kinder oder Jugendlicher, für die ein familiäres Setting als förderlich angesehen wird und/oder Elternarbeit in einem Umfang zu leisten ist, die der Pflegekinderdienst nicht bewältigen kann, haben sich professionalisierte Formen der Vollzeitpflege entwickelt, die zumeist als „Erziehungsstellen" bezeichnet werden. Eine Untersuchung von Hamberger u.a. (2001) hat festgestellt, dass in Erziehungsstellen untergebrachte Kinder bzw. Jugendliche i.d.R. erhebliche biografische Belastungen aufweisen, die Erziehungsstelle also tatsächlich die Funktion einer familiären Alternative zur Heimerziehung einnimmt. Fast immer sind Erziehungsstellen Profifamilien, d.h. mindestens ein Elternteil verfügt über eine pädagogische Ausbildung. Die Pflegepersonen erhalten eine an den Bundesangestelltentarif angelehnte Honorierung und werden wesentlich intensiver beraten und in ihrem Betreuungsalltag unterstützt als dies bei normalen Pflegefamilien der Fall ist: Die Betreuungsrelation zwischen Beratungsfachkraft und Erziehungsstelle beträgt ungefähr 1:10. Erziehungsstellen sind meistens Teil eines freien Trägers, bei dem auch die für Beratung der Erziehungsstelle zuständige Fachkraft beschäftigt ist, und der im Bedarfsfall auch zusätzliche pädagogische und therapeutische Leistungen bereitstellt.

Die Erziehungsstelle befindet sich an einer Nahtstelle zur familienorientierten Heimerziehung, denn sobald die Erziehungsstelle nicht mehr honoriert wird, sondern eine Pflegeperson ein tarifliches Gehalt bekommt, dann handelt es sich um eine Unterbringung nach §34 SGB VIII („Heimerziehung, sonstige betreute Wohnform"). Auch Außenwohngruppen oder so genannte Lebensgemeinschaftsgruppen unterscheiden sich in ihrem pädagogischen Charakter wenig von Erziehungsstellen.

4.4 Leben mit zwei Familien

Das Leben in der Adoptions- und Pflegefamilie bedeutet zunächst normales Familienleben. Vollzeitpflege bedeutet Zusammenleben im privaten Rahmen, Versorgtwerden, Bestätigung finden und sich streiten, ohne oder mit Geschwistern klar kommen, eine mehr oder weniger traditionelle Arbeitsteilung zwischen den Erwachsenen im Haushalt erleben, Sorgen, Nöte und Freude teilen. Es bedeutet, dass jemand für einen da ist ohne Schichtdienst und ohne intentionale Pädagogik. Die Familienmitglieder erleben sich als

„ganze Personen" und nicht in einer Berufsrolle. Leben in einer Adoptionsfamilie und Vollzeitpflege vereinen also alle Vorteile familiärer Erziehung, das Vertrautsein, die Informalität und die Ganzheitlichkeit, mit allen ihren Nachteilen, u.a. die emotionalen Verstrickungen, die Isolation, die geringen Ressourcen zum Krisenmanagement. Dass es sich bei der Vollzeitpflege auch um öffentliche Erziehung handelt, konstituiert einen unauflösbaren strukturellen Widerspruch innerhalb der Vollzeitpflege, auch wenn dieser im familiären Alltag zumeist keine große Bedeutung einnimmt.

Abgesehen von der Bereitschafts- bzw. Kurzzeitpflege dauert die Vollzeitpflege relativ zur institutionellen Fremdplatzierung in Heimen, Wohngruppen u.Ä. lang. Nach einer Untersuchung von Nielsen (1990) lebten 29% der Pflegekinder länger als 9 Jahre in der Pflegefamilie; die durchschnittliche Aufenthaltsdauer betrug in dieser Untersuchung 7 Jahre. Immerhin 44% der Pflegekinder wurden in ihren Pflegefamilien volljährig. Insofern ist es kein Wunder, dass sich zwischen Pflegeeltern und Pflegekindern relativ enge Eltern-Kind-Beziehungen entstehen. In der Regel sprechen Pflegekinder ihre Pflegeeltern mit „Mama" und „Papa" an, wie auch Pflegeeltern von „unserem Kind" sprechen. Verschiedene Studien (vgl. Textor 1995) ergaben, dass sich rund drei Viertel der befragten Pflegekinder voll bzw. gut in ihre Pflegefamilie integriert fühlen. Hierfür spricht auch, dass ein Fünftel der von Nielsen (1990) untersuchten Pflegekinder nach Einstellung der Pflegegeldzahlungen bei ihren Pflegeeltern wohnen blieben. Für i.d.R. enge Beziehungen spricht auch, wie groß Trauer und Trennungsschmerz sind, wenn Pflegekinder zur Herkunftsfamilie zurückgeführt werden.

Pflegefamilien wie auch Adoptionsfamilien sind aber auch erheblichen Belastungen ausgesetzt, die sich deutlich von denen normaler Familien unterscheiden: Das adoptierte und das Pflege-Kind hat zwei Familien. Dabei sind die Beziehungen zur Herkunftsfamilie (zumeist zur leiblichen Mutter) im Falle der Vollzeitpflege im Übrigen enger, die Kontakte zahlreicher als man dies gemeinhin vermutet (vgl. Textor 1995, S. 53). Diese Kontakte werden von den Pflegeeltern häufig als belastend erlebt. Das hat mit der überwiegend ablehnenden Haltung der Pflegeltern gegenüber dem Herkunftsmilieu des Pflegekindes zu tun und rührt von den Ängsten her, dass die leiblichen Eltern „plötzlich" die Herausgabe des Kindes verlangen könnten, das einem ans Herz gewachsen ist. Denn solange die leiblichen Eltern das Sorgerecht innehaben, haben sie nach § 1632 Abs. 1 BGB das Recht, die Herausgabe des eigenen Kindes zu verlangen. Immerhin schreibt § 1632 Abs. 4 BGB für diesen Fall vor, dass das Familiengericht dem Herausgabeverlangen widersprechen kann, also das Verbleiben des Kindes in der Pflegefamilie anordnen kann, wenn das Kind seit längerer Zeit in der Vollzeitpflege lebt und eine Herausnahme das Wohl des Kindes gefährden würde. Was eine „längere Zeit" ist, hängt vom Alter des Kindes ab, wobei in der Rechtsprechung bei einer Aufenthaltsdauer ab zwei Jahren ein Herausgabebegehren relativ unabhängig vom Alter zumeist abgelehnt wird.

Pflegefamilien und Herkunftseltern erhalten in dieser schwierigen Beziehungsdynamik zu wenig Unterstützung von dritter Seite – obwohl viele Untersuchungen belegen konnten, dass ein einigermaßen guter Kontakt zu den leiblichen Eltern entscheidend ist für den Erfolg einer Vollzeitpflege. Das Pflegekind hat dann die Möglichkeit, in einer „sicheren" Umgebung und von einem förderlichen Ort aus die eigenen Wurzeln zu bearbeiten, um zu einer eigenen positiven Identität zu gelangen. Im letzten Jahrzehnt hat sich ein nicht gerade fruchtbarer konzeptioneller Streit darüber entwickelt, ob sich die Vollzeitpflege in Bezug auf das Herkunftssystem eher als „Ersatzfamilie" oder eher als „Ergänzungsfamilie" verstehen solle (vgl. DJI 1987; Nienstedt/Westermann 1989) – eine Kontroverse, die nicht nur prinzipiell, sondern in Abhängigkeit von der Dauer einer Vollzeitpflege zu beantworten ist. Je länger ein Pflegeverhältnis dauert, desto mehr wird es den Charakter einer „Ersatzfamilie" annehmen, wenn auch die leiblichen Eltern für das Pflegekind immer eine Rolle spielen werden (selbst wenn diese tot sind im Sinne intrapsychischer Repräsentationen). Wie immer „schlecht" die leiblichen Eltern waren oder sind, es sind die einzigen leiblichen Eltern, die ein Pflegekind hat, es sind seine Wurzeln.

Nicht unproblematisch sind auch die Beziehungen zwischen leiblichen Kindern und Pflegekindern. Leibliche Kinder empfinden oft starke Eifersucht, Neid und Rivalität gegenüber dem Pflegekind, fühlen sich häufig zurückgesetzt gegenüber dem „schwierigen" Pflegekind, das viele oder alle psychischen Energien der Eltern zu beanspruchen scheint. Auch kann es für das Pflegekind schwierig sein, wie das erweiterte Pflegefamiliensystem auf es reagiert, ob die Verwandtschaft (Pflege-Omas etc.) beispielsweise ausgrenzend (das „arme Kind") handelt.

Wir haben gesehen, dass auch das adoptierte Kind, auch das früh angenommene, psychisch zwischen zwei Familien lebt. Im Unterschied zur Vollzeitpflege ist mit der Adoption allerdings eine vollständige rechtliche Trennung vom Herkunftssystem vollzogen, während die faktischen natürlichen Bindungen, und sei es unterschwellig, erhalten bleiben. Hier besteht – auch gerade nach der Adoptionspflegezeit – erheblicher Beratungs- und Unterstützungsbedarf seitens der Adoptionsfamilien, der i.d.R. nicht befriedigt wird. Fälschlicherweise besteht hier häufig die Auffassung, dass es sich nach Abschluss der Adoption nun um eine normale Familie handele.

4.5 Zur Beendigung und der Leistungsfähigkeit von Pflegeverhältnissen

Die Frage nach dem Erfolg einer bestimmten erzieherischen Maßnahme ist schwierig, weil kaum generalisierend zu beantworten. Wenn man Vertreter der Heimerziehung bzw. des Pflegekinderwesens jeweils über die Leistungsfähigkeit des anderen Hilfesettings befragt, erhält man zumeist recht negative Antworten. Die Tatsache, dass jedes System die gescheiterten Fälle des anderen erhält – die abgebrochenen Pflegeverhältnisse landen in Heimen (vgl. Heun 1984) und umgekehrt – prägt die (Vor-)Urteile übereinander. Die vergleichenden Befragungen von Colton (1988) haben immerhin ergeben, dass sich Pflegekinder über ihre Situation insgesamt zufriedener äußerten als Heimkinder.

Die Quote gescheiterter Vollzeitpflegen, zumeist definiert als unplanmäßig beendete Pflegeverhältnisse variiert nach den verschiedenen Studien stark zwischen 22 und 40% – Werte, die nicht höher liegen als im Bereich der Heimerziehung (vgl. Baur u.a. 1998). Als Ursachen für Abbrüche werden vor allem „Erziehungsschwierigkeiten" und „Verhaltensauffälligkeiten" des Pflegekindes genannt, im weiteren eine schlechte Eltern-Kind-Beziehung, Spannungen zwischen der Pflegefamilie und der Herkunftsfamilie, schlechte Einflüsse der Herkunftsfamilie und Fehlvermittlungen.

Alle diese Gründe lassen sich freilich auch verstehen als mangelhafte Vorbereitung und Unterstützung der Pflegefamilie und fehlende oder mangelhafte Arbeit mit der Herkunftsfamilie – Punkte, die im Bereich des Pflegekinderwesens verbessert werden müssten.

5. Perspektiven

Insgesamt könnte und sollte ein qualifizierteres Pflegekinderwesen im System der Erziehungshilfen eine bedeutendere Rolle spielen als dies bisher der Fall ist. Was getan werden müsste, ist im Grunde bekannt. Vorbild für die normale Vollzeitpflege können ihre professionalisierteren Formen, insbesondere die Erziehungsstellen, darstellen: Die Vorbereitung der potenziellen Pflegefamilien (Eltern *und* leibliche Kinder) sollte intensiviert werden, die Arbeit mit Elterngruppen hat sich dabei besonders bewährt. Die Betreuungsrelation zwischen Fachkräften des Pflegekinderdienstes und Pflegefamilien sollte deutlich verbessert werden, insbesondere um eine kontinuierlichere Unterstützung des Pflegeverhältnisses zu gewährleisten und eine intensivere Arbeit mit den Herkunftseltern leisten zu können. Denn Pflegefamilien können mit dem Kontakt zur Herkunftsfamilie nicht allein gelassen werden, sie sind damit strukturell überfordert.

Auch im Bereich der Adoption sollte noch mehr mit der so genannten „offenen Adoption" gearbeitet werden, bei der die Beteiligten – angenommenes Kind, annehmende und leibliche Eltern – voneinander wissen. Wie im Fall der Vollzeitpflege müssen von den Beteiligten gewünschte Kontakte professionell begleitet und unterstützt werden. Auch sollte im rechtlichen Bereich darüber nachgedacht werden, die Adoption von Dauerpflegekindern dadurch zu erleichtern, dass von den Möglichkeiten materieller Unterstützung im Rahmen Wirtschaftlicher Adoptionshilfe mehr Gebrauch gemacht wird.

Literatur zur Vertiefung

Deutsches Jugendinstitut (Hrsg.) (1987): Handbuch Beratung im Pflegekinderbereich, München
Krolzik, Volker (1999): Pflegekinder und Adoptivkinder im Focus, Idstein
Nienstedt, Monika/Westermann, Arnim (1989): Pflegekinder. Psychologische Beiträge zur Sozialisation von Kindern in Ersatzfamilien, Münster
Textor, Martin R./Warndorf, Peter Klaus (Hrsg.) (1995): Familienpflege. Forschung, Vermittlung, Beratung, Freiburg
Wiesner, Reinhard u.a. (^{2}2000): SGB VIII - Kinder- und Jugendhilfe, München

Literatur

Arbeitsgruppe Heimreform (2000): Aus der Geschichte lernen: Analyse der Heimreform in Hessen (1968-1983), Frankfurt/Main
Baur, Dieter/Finkel, Margarete/Hamberger, Matthias/Kühn, Axel D. (1998): Leistungen und Grenzen von Heimerziehung. Ergebnisse einer Evaluationsstudie stationärer und teilstationärer Erziehungshilfen, Stuttgart
Blandow, Jürgen (1999): Die Institution Pflegefamilie – Geschichte, Empirie und Differenzierungsformen. In: Blandow, Jürgen u.a. (Hrsg.): Spezialisierung und Qualifizierung der Vollzeitpflege durch einen Freien Träger. Abschlussbericht der Wissenschaftlichen Begleitforschung, Hamburg: PFIFF e.V., S. 27-117
Blandow, Jürgen/Walter, Michael (2001): Großeltern und Jugendhilfe ... ein Versuch, Interesse zu wecken. In: Forum Erziehungshilfen 7. Jg., Heft 1, S. 49-53
Baer, Ingrid/Groß, Helga (1981): Adoption und Adoptionsvermittlung, Frankfurt/Main
Bundesarbeitsgemeinschaft der Landesjugendämter – BAGLJÄ (1993): Empfehlungen zur Adoptionsvermittlung. Auszugsweise abgedruckt in: Wiesner u.a. (1995): SGB VIII – Kinder- und Jugendhilfe, München, S. 1428-1440
Colton, M. J. (1988): Dimensions of substitute care: A comparative study of foster and residential care practice, Aldershot
Deutsches Jugendinstitut (Hrsg.) (1987): Handbuch Beratung im Pflegekinderbereich, München
Fanshel, D./Finch, S.J./Grundy, J.F. (1992): Serving the urban poor: A Study of Child welfare preventive services. In: Child Welfare, 71, pp. 197-211
Goldstein, Joseph/Freud, Anna/Solnit Albert J. (1974): Jenseits des Kindeswohls. Frankfurt a.M.
Heitkamp, Hermann (1995): Geschichte des Pflegekinderwesens. In: Textor, Martin R./Warndorf, Peter Klaus (Hrsg.), S. 19-30
Heun, Hans-Dieter (1984): Pflegekinder im Heim. Eine Untersuchung über Anzahl, Ursachen und Auswirkungen abgebrochener Pflegeverhältnisse von Minderjährigen in hessischen Kinder- und Jugendheimen, München
Kaiser, Peter (1995): Strukturelle Besonderheiten und Probleme von Pflegefamilien. In: Textor, Martin R./Warndorf, Peter Klaus, S. 67-77
Kemppainen, Martti (1991): Residential Child and Youth Care in Finland. In: Gottesman, Meir (Ed.): Residential Child Care – An International Reader, London, S. 112-129.
Krolzik, Volker (1999): Pflegekinder und Adoptivkinder im Focus, Idstein
Kuhlmann, Carola/Schrapper, Christian (2001): Von der Armenpflege bis zu den Hilfen zur Erziehung – Zur Geschichte der Erziehungshilfen. In: Birtsch, Vera/Münstermann, Klaus/Trede, Wolfgang (Hrsg.): Handbuch Erziehungshilfen, Münster, S. 282-328

Naumann, Ute/Hammer, Brigitte (Hrsg.)(1998): Perspektiven der Erziehungsstellen-Arbeit, Frankfurt a.M.
Niederberger, Josef Martin (1997): Fremdplatzierung in Geschichte und Gegenwart, Frankfurt a.M.
Nielsen, Heidi (1990): Beendigung von Pflegeverhältnissen und die Folgen für die Betroffenen. In: Güthoff, Friedhelm/Jordan, Erwin/Steege, Gerhard (Red.): Hamburger Pflegekinderkongress „Mut zur Vielfalt", Münster, S. 211-216
Nienstedt, Monika/Westermann, Arnim (1989): Pflegekinder. Psychologische Beiträge zur Sozialisation von Kindern in Ersatzfamilien, Münster
Paulitz, Harald (1997): Adoption – Reizwort oder Zauberformel? In: Zentralblatt für Jugendrecht 84. Jg., Heft 4, S. 126-132
Pestalozzi, Johann Heinrich (1982/1799): Pestalozzi über seine Anstalt in Stans, mit einer Interpretation von Wolfgang Klafki, 5. Auflage Weinheim und Basel
Piaget, Jean (1975): Der Aufbau der Wirklichkeit beim Kinde. Gesammelte Werke Band 2, Stuttgart
Sauer, Martin (1979): Heimerziehung und Familienprinzip. Neuwied u.a.
Scherpner, Hans (1979): Geschichte der Jugendfürsorge. 2. Auflage, Göttingen
Statistisches Bundesamt (verschiedene Jahrgänge)(Hrsg.): Fachserie 13, Reihe 6.1 „Erzieherische Hilfen außerhalb des Elternhauses", Arbeitsunterlagen. Wiesbaden
Textor, Martin R. (1995): Forschungsergebnisse zur Familienpflege. In: Textor, Martin R./Warndorf, Peter Klaus (Hrsg.), S. 43-66
Textor, Martin R./Warndorf, Peter Klaus (Hrsg.) (1995): Familienpflege. Forschung, Vermittlung, Beratung, Freiburg
Trede, Wolfgang (1999): Konzepte der Heimerziehung im europäischen Vergleich. In: Fatke, Reinhard u.a. (Hrsg.): Erziehung und sozialer Wandel. Brennpunkte sozialpädagogischer Forschung, Theoriebildung und Praxis (= Zeitschrift für Pädagogik, 39. Beiheft), Weinheim und Basel, S. 318-338
Wiesner, Reinhard u.a. (^{2}2000): SGB VIII - Kinder- und Jugendhilfe, München

Joachim Henseler

Familienhilfen

Zusammenfassung: Die gesellschaftlich zugewiesene Erziehungsfunktion der Familie ist durch Anforderungen der modernen Gesellschaft selbst wiederum bedroht. Durch die Anerkennung dieses Sachverhaltes ist der Staat aufgerufen, Familien für ihre erbrachte Leistung zu entlasten wie auch ihre Erziehungsfunktion zu fördern und durch aktive und direkte Hilfe zu unterstützen. So greift der Staat in einem spannungsreichen Verhältnis in die Privatsphäre der Familie ein. Daraus leiten sich die Ansprüche der Familien an den Staat wiederum ab. Wie unterstützt der Familienlastenausgleich die Familie? Werden soziale Infrastrukturen bereitgestellt und können sie von den Familien genutzt werden? Wieso ist darüber hinaus die Familie in ihrer Erziehungsfunktion zu fördern und welche besonderen Hilfen müssen in speziellen Fällen angeboten werden? Sind Familien, deren ökonomischen, sozialen und emotionalen Ressourcen kaum ausreichen, durch die Familienhilfe überhaupt noch zu erreichen? Welche Möglichkeiten der Unterstützung gibt es für diese Problemfamilien?

1. Zum Spannungsverhältnis von Staat und Familie

Unter Hilfen für Familien ist weitaus mehr zu verstehen, als das Handlungsfeld der Familienhilfen innerhalb der Kinder- und Jugendhilfe abdecken kann und soll. Man sollte die Familienhilfen des Kinder- und Jugendhilfegesetzes (KJHG) nicht unabhängig von den staatlichen Transferleistungen für die Familie diskutieren. Die Spannung im Verhältnis Staat und Familie wird deutlich in der Gewährung von allgemeinen Transferleistungen, auf die jede Familie Anspruch hat, und besonderen Hilfen für Familien, die unterstützend in die Erziehungsfunktion der Familie eingreifen.

Allgemein wird davon ausgegangen, dass die Erziehung in der Familie funktioniert, die Familie aber aufgrund der erbrachten gesellschaftlichen Leistung entlastet werden muss. Diese Spannung, die auf das Handlungsfeld zurückschlägt, erfährt im KJHG ihren besonderen Ausdruck in der allgemeinen Förderung der Erziehung in der Familie (§§16-21 KJHG) und den besonderen Hilfen zur Erziehung (§§27-35), wobei die *Sozialpädagogische Familienhilfe* (§31 KJHG) die intensivste und direkteste Form der Unterstützung der Familien in ihren Erziehungsaufgaben ist. Die *Sozialpädagogische Familienhilfe* wird, in der Tradition der Familienfürsorge stehend, gerne als die Familienhilfe schlechthin angesehen. So formulierte schon Marie Baum 1927, dass die Familienfürsorge den gesellschaftlichen Auftrag habe, dafür Sorge zu tragen, dass die Hauptaufgabe der Familie, die Erziehung von Kindern, erfüllt werden könne und die Familie diese Fähigkeit erwerbe. Dabei seien die gesellschaftlichen Umstände sehr wohl zu berücksichtigen und die Familienfürsorge habe im Rahmen ihrer Möglichkeiten auf Veränderung des gesellschaftlichen Umfeldes hinzuwirken (Baum 1927). Dieser Anspruch gilt heute für die gesamte Jugendhilfe sowohl als Zielvorgabe wie auch als dauerhafte Herausforderung. So soll die Jugendhilfe „dazu beitragen, positive Lebensbedingungen für junge Menschen und ihre Familien sowie eine kinder- und familienfreundliche Umwelt zu erhalten oder zu schaffen" (KJHG §1, Abs. 3, Nr. 4).

Seit der Weimarer Republik wird die Familienfürsorge als Aufgabe einer hierauf sich spezialisierenden Profession angesehen, die auch über eine hierfür notwendige Qualifikation und Ausbildung verfügen muss. Die Qualifikation der Familienhelfer und -helferinnen beschäftigt die Professionsdiskussion bis heute. Diese Forderungen nach Professionalität eines Handlungsfeldes muss man in den Kontext einer geforderten „sozialpädagogischen Reform" stellen. Hierbei handelt es sich um eine zeitlich früher ansetzende, breit geführte akademische Debatte, die im heutigen Sinne als Politikberatung verstanden werden kann, und die auf die Umgestaltung des gesamten Bildungswesens zielte (z.B. Tews 1900 u.a. 1904). Die Forderungen des Vorsitzenden des Berliner Lehrervereins und aktiven Streiters für eine umfassende Volksbildung, Johannes Tews, gehören historisch eingeordnet dem ersten Diskurs der Sozialpädagogik an (s. hierzu Niemeyer 1998, Schröer 1999, Reyer 1999, Henseler 2000). In diesem Diskurs werden sozialphilosophische und sozialwissenschaftliche Denkfiguren innerhalb der Erziehungswissenschaft entwickelt, von denen aus auch Bezüge zur Sozialpolitik gezogen werden. Vor allem zu den Forderungen des Vereins für Sozialpolitik lassen sich etliche Verbindungen ziehen (Schröer 1999). Johannes Tews dürfte zu denen gehören, die über die Lebenslage der proletarischen Familien informiert, am deutlichsten Sozialpolitik und Sozialpädagogik zusammenbrachten. Anders als bei Karl Fischers „Grundzügen einer Sozialpädagogik und Sozialpolitik" von 1892 geschah dies bei Tews nicht, um die damals noch klassenkämpferische Sozialdemokratie zu bekämpfen und eine vermeintlich bessere alte Ordnung zu restaurieren, sondern um das Volk in seiner Gesamtheit an der Kulturentwicklung zu beteiligen. Sozialpädagogische Reform bedeutete nicht nur im engeren Sinne pädagogische Unterstützung. So sind viele Forderungen dieses sozialpädagogischen Diskurses heute zwar erfüllt, in ihrer Leistungskraft aber immer noch ungeklärt, wie etwa die nach Familien- bzw. Erziehungsgeld (heute Kindergeld und Erziehungsgeld), Schulgeld- und Lehrmittelfreiheit, Hilfe und auch Kontrolle durch pädagogische Fachkräfte, Ausbau von Kindergarten und -hort. Zugleich finden sich bei Tews die Forderungen nach einer Familienpflege, wenn die Mutter zeitweise durch die Umstände der Geburt – Mutterschutz ist eine selbstverständliche Forderung – oder infolge einer Krankheit als Pflegerin ihrer Kinder ausfällt. Auch diese Forderung ist heute erfüllt. Damit ist aber implizit die Rolle der Frau eindeutig als Pflegerin und Erzieherin der Kinder festgelegt.

Die Familienpflege darf allerdings nicht verwechselt werden, mit der Sozialpädagogischen Familienhilfe, die einsetzt, wenn Schwierigkeiten in der Erziehung oder Gefährdungen des Kindeswohles feststellbar sind (bei Tews war dies noch nicht differenziert und galt generell als Mutterhilfe für die proletarische Frau).

2. Zur allgemeinen Bedrohung der Erziehungsfunktion der Familie

Die Forderungen Tews, obwohl allgemein angelegt, zielten vorerst nur auf eine Unterstützung der Proletarierfamilien, also der armen und ärmsten Familien. Die allgemeine Unterstützung der Familie durch den Staat ergibt sich erst aus der Anerkennung der Erziehungsleistung der Familie und ihrer allgemeinen Bedrohung. Es ist sicherlich ein Kennzeichen der modernen Gesellschaft, dass die Erziehungsfunktion der Familie als bedroht angesehen wird. Allerdings differieren die vermuteten Ursachen und sozialwissenschaftlichen Analysen je nach politischer Auffassung und/oder methodischem Herangehen z.T. ganz erheblich. Allen gemeinsam ist wohl, dass von den „strukturellen Unverträglichkeiten zwischen der Familie und der modernen Gesellschaft" (Coleman 1986) ausgegangen werden muss. Die Familie befindet sich in einem prekären Verhältnis zwischen dem privaten Familienhaushalt und dem öffentlichen Arbeitsmarkt. So geriet auch die traditionelle Rollenteilung zwischen Mann und Frau in diese Strukturkrise und fand in Teilen der Bevölkerung keine Basis mehr. Staatlicherseits besteht die Regelung, dass sowohl die Familie als naturrechtlich legitimierte Gemeinschaft erhalten werden soll, wie auch ihre Erziehungsfunktion so zu fördern ist, dass die individuellen Freiheitsrechte aller Familienmitglieder gewahrt bleiben können. So geniest die Familie sowohl den staatlichen Schutz eines Grundrechtes wie auch sozialstaatliche Förderung. Hieraus lässt sich ableiten, dass die Familie mit einem gesellschaftlichen Auftrag versehen wurde, dem sie sich auch nicht entziehen kann, es sei denn durch Nachweis der Unfähigkeit zu erziehen.

Die Familie ist durch Art.6 des Grundgesetzes der Bundesrepublik Deutschland geschützt. Der staatliche Schutz begründet sich vor allem damit, dass die Familie der Ort ist, der den Hauptteil der Erziehungsleistungen für die nachfolgende Generation erbringt. Erziehung der eigenen Kinder ist sowohl Recht wie auch Verpflichtung der Eltern, über deren Betätigung die staatliche Gemeinschaft wacht (GG Art. 6, Abs. 2; KJHG §1, Abs. 2). Des Weiteren hat sich der Staat verpflichtet, dafür Sorge zu tragen, dass Kinder Pflege und Erziehung erhalten (KJHG §1, Abs. 1). Daraus hat sich allerdings bis heute kein einklagbares Individualrecht des Kindes auf Erziehung ergeben, sondern es bleibt ein Eingriffsrecht des Staates gegenüber der Familie, um bei eingeschränkter oder ausfallender Familienerziehung dieses Recht auch gegen die Eltern durchzusetzen. Durch die langjährige Fachdiskussion angeregt und aufgrund der Leistungsverpflichtung des KJHG durchgesetzt, ist der Staatseingriffsgedanke gegenüber dem Gedanken der Unterstützung der Erziehungsleistung der Familie zurückgedrängt aber nicht aufgehoben worden. Erst jetzt kann man sagen, dass die besonderen Familienhilfen analog der allgemeinen Förderung, d.h. staatliche Transferleistungen wie Kindergeld und Kinderfreibeträge und allgemeine Erziehungsförderung, überhaupt den Charakter einer Unterstützung angenommen haben. Bis weit in die 80er-Jahre hinein war es ein weithin beklagenswerter Umstand, dass die Möglichkeiten eines anderen als kontrollierenden und disziplinierenden Umgangs mit Klienten in der Familienfürsorge stark eingeschränkt waren. Der institutionalisierte Konflikt zwischen der bürokratischen und der fallspezifischen Arbeit versperrte eine Alternative (Kunstreich 1975). Fachlich wurde gefordert, dass weitaus mehr die Lebenssituation der Betroffenen zu berücksichtigen sei und die innerfamiliären Ressourcen aufgespürt und für die Erziehung der Kinder aktiviert werden sollten.

Auch wenn die Familienhilfe als Hilfe zur Erziehung als ein Recht auf Leistung gegenüber der Kommune einklagbar ist, bleibt sie dennoch an Voraussetzungen gebunden und gilt immer noch als eine Notleistung, die erst erbracht werden muss, wenn trotz aller staatlichen Förderung die Familie an der Erziehung scheitert bzw. in Schwierigkeiten gerät (zur Indikation s. Elger 1990, Golz 1993, Rothe 1994). Dabei ist es allerdings sehr zweifelhaft, ob es feststehende Indikatoren überhaupt geben kann, da die vielschichtigen individuellen und gesellschaftlichen Lebensverhältnisse eher offene und flexible Hilfen erfordern (Böllert u.a. 1995). Inwieweit die Verwaltungsgerichte die Möglichkeiten haben, zu überprüfen, ob eine Familienhilfe zu Unrecht abgelehnt wurde, muss wohl erst die Praxis zeigen. Fieseler/Herborth gehen davon aus, dass der Anspruch auf Hilfe zur Erziehung nur ein „Anspruch dem Grunde nach" sei. Das Jugendamt muss zwar Hilfe zur Erziehung nach den Voraussetzungen des §27 Abs. 1 gewährleisten, entscheide aber nach pflichtgemäßen, fachlichen Ermessen über Art und Umfang (Fieseler/Herborth 1999).

Es stellt sich die Frage, ob die Bemühungen des Staates, die Familie in ihrer Erziehungsfunktion zu unterstützen, ausreichend sind. Gesellschaftspolitisch relevant ist dabei, ob nicht durch unzureichende allgemeine Förderung erst die Notwendigkeit einer speziellen eintritt.

Aus der familienpolitischen Analyse der letzten Jahre ist bekannt, dass die Unterstützungs- und Unterhaltsleistungen von Kindern und Jugendlichen nur zwischen 20 und 25% kollektiv durch den Familienlastenausgleich gesichert sind und den größten Teil dieser Leistungen die Familien selbst zu übernehmen haben. Das volkswirtschaftliche Arbeitsvermögen der Familien wird dagegen auf ca. 15 Billionen DM geschätzt (Kaufmann 1997). Kinder sind, da ihr Aufwachsen nur ungenügend ökonomisch gestützt wird, insbesondere in der Ein-Eltern-Familie ein Armutsrisiko bzw. Wohlstandsrisiko geworden (zur Lebenssituation allgemein: Nave-Herz/Krüger 1992, zum Armutsrisiko: 10. Kinder- und Jugendbericht 1998).

Dennoch sind Familien bereit, diese Lasten zu übernehmen, und wollen sich auch weiterhin um ihre eigenen Kinder kümmern, allerdings wird zunehmend erwartet, dass die soziale Infrastruktur für Kinder und Jugendliche bereitgestellt wird (Bertram 1995). Sowohl die Lebensentwürfe der Familien selbst wie auch die gesellschaftlichen Anforderungen an die Mobilitätsbereitschaft erfordern solche infrastrukturellen Maßnahmen. Insbesondere die Bereitstellung ausreichender und wohnortnaher (d.h. auch zu Fuß zu erreichender) Kindertagesstätten wie aber auch zunehmend die Betreuung nach der Schule, haben hier Priorität. Die soziale Infrastruktur lässt sich selbstverständlich nicht allein hierauf reduzieren. Für die Familie im Ganzen gehören daneben auch medizinische Versorgung und andere soziale Dienste ebenso wie auch Einkaufs- und Freizeitmöglichkeiten dazu (zur sozialen Infrastruktur in Deutschland nach Regionen s. Familienatlas 1993 und 1997). Die sozialräumliche Orientierung von Kindern und Jugendlichen macht darüber hinaus eine kommunale Sozialplanung nötig, die entgegen der funktionalen Ausrichtung auch die informellen und kommunikativen Bedürfnisse berücksichtigt und die Gestaltungsmöglichkeiten für Kinder und Jugendliche relativ offen lässt.

Es lässt sich kaum übersehen, dass Infrastrukturmaßnahmen und Familienlastenausgleich, der sich politisch gewollt – und vom Bundesverfassungsgericht in seiner Rechtsprechung immer wieder gefordert – zum Familienleistungsausgleich entwickeln soll, in engem Zusammenhang stehen. Dabei unterstützt eine auf die Bedürfnisse von Familien und deren Kinder zugeschnittene soziale Infrastruktur ein modernes, auf Mobilität und Individualisierung ihrer Mitglieder angelegtes Familienmodell. Der Familienlastenausgleich ist demgegenüber eher konservativ auf häusliche Erziehung ausgerichtet und sichert Familien ein weiteres Einkommen, welches von der Erwerbsarbeitszeit entlasten soll (Böhnisch/Arnold/Schröer 1999). Familien haben nur dann eine Wahlmöglichkeit zwischen beiden Familienmodellen, wenn beide Systeme annähernd gleich befriedigende Leistungen für Familien erbringen. Unter dem Gesichtspunkt der sozialen Ungleichheit ist allerdings festzustellen, dass Familien, die unter einem besonderen Armutsrisiko stehen, sowohl vom Familienlastenausgleich wenig profitieren als auch die soziale Infrastruktur wenig nutzen können (10. Kinder- und Jugendbericht). Ihre Lebenslage lässt den Spielraum für ein subjektiv befriedigendes Familienleben geringer werden und erhöht das Risiko psychosozialer Konflikte. Die Zielvorstellung des KJHG, eine kinder- und familienfreundliche Umwelt zu erhalten oder zu schaffen, kann nicht auf eine mehr oder weniger abstrakte Allgemeinheit ausgerichtet sein, sondern muss lebenslagenorientiert ausgerichtet bleiben und hat also auch immer die Spielräume der Lebenslage der betreffenden Familien zu berücksichtigen.

3. Probleme der Familienbildung und im Familienzyklus

Alle Familien, unabhängig von ihrer spezifischen Lebenslage, stehen vor zwei entscheidenden Problemen: Wie bilde ich eine Familie, d.h. wie schafft man es, von einer Paarbeziehung in eine Familienbeziehung zu gelangen, und wie erhalte ich die Familie aufrecht? Hier bietet die Jugendhilfe vor allem Beratung an (Kurz-Adam/Post 1995, Presting 1991), aber auch Seminare zur *Familienbildung*.

Wenn die Trennung dann doch unvermeidlich ist, stellt sich die Frage, wie ist die Familie zum Wohle der Kinder aufzulösen? *Familienbildung* und Familienauflösung sind zwei Problembereiche, mit denen die Familienhilfe des KJHG denn auch konfrontiert wird. Inwiefern sie Beratung und weitere Hilfen vor bzw. nach einer Scheidung Familien anbieten kann, hängt auch davon ab, wie sie im Scheidungsprozess involviert ist. Scheidungsgerichtsnahe Hilfen sollen der Familie ihre Angebote unterbreiten und sie in ihrer weiteren Umstrukturierung unterstützen (Buchholz-Graf u.a. 1998). Die Jugendämter müssen ihre Angebote wohl stärker den Familien anbieten und für ihre Leistungen werben, um die Familien zu erreichen, die zwar ein gemeinsames Sorgerecht anstreben, aber dennoch Probleme mit dieser Änderung ihres Lebens haben. Das gemeinsame Sorgerecht dürfte ohne entsprechende Beratung auch nicht unbedingt die Gewähr dafür bieten, dass Scheidungskinder nicht doch in hohem Maße belastet bleiben (Kardas/Langenmayr 1996). Das Jugendamt wird aber weiterhin in Streitfragen um das Sorgerecht auch Stellungnahmen für das Familiengericht abgeben müssen und somit auch weiterhin Kontrollinstanz bleiben.

Wenn es, wie gesagt wurde, eine Aufgabe ist, von der Paarbeziehung zur Familienbeziehung zu gelangen, so ist damit nur ein typischer Verlauf der *Familienbildung* angesprochen. Auch die bewusste Entscheidung, ein Kind allein aufzuziehen, stellt die Betroffenen vor ein ähnliches Problem: die Paarbeziehung muss aufgelöst werden, um eine Familie zu gründen. Darüber hinaus stehen sie unter höherem Rechtfertigungsdruck, möglicherweise auch später vor dem eigenen Kind. Allein erziehenden Eltern ist nach §18 KJHG Beratung und Unterstützung bei der Ausübung der Personensorge zu geben. Das Recht des Nichtsorgeberechtigten als ein Umgangsrecht mit dem Kind wird voll anerkannt und diese Person hat ebenfalls Anspruch auf Beratung und Unterstützung durch das Jugendamt. Damit ist die normative Leitlinie des KJHG klar umrissen. Es geht davon aus, dass Elternschaft im Grunde nicht aufhebbar ist. Nur Paare können sich trennen, Familien bleiben durch Elternschaft verbunden. Diese Sichtweise spiegelt sich auch in der Anerkennung des gemeinsamen Sorgerechtes nicht-verheirateter Paare. Das Kind hat, solange es seinem Wohl förderlich ist, ein Umgangsrecht mit beiden Eltern. Rechtlich ist dieses Umgangsrecht von Seiten des Kindes allerdings nicht erzwingbar, für den nichtsorgeberechtigten Elternteil aber sehr wohl. Faktisch bedeutet dies, dass es der Willkür des nichtsorgeberechtigten Elternteils überlassen bleibt, ob er das Umgangsrecht zum Wohl des Kindes wahrnehmen möchte.

Nach §16 KJHG soll Müttern, Vätern, anderen Erziehungsberechtigten und jungen Menschen Leistungen der allgemeinen Förderung der Erziehung in der Familie angeboten werden. Allgemeine Förderung bezieht sich also nicht auf eine bestimmte Familienform, wie bspw. die Ehe. Junge Menschen sind nach §16, 1 auf Ehe, Partnerschaft und das Zusammenleben mit Kindern vorzubereiten, wobei Ehe und Partnerschaft offenbar als gleichberechtigte Familienformen anzusehen sind.

Familienbildungsseminare werden in der Regel von Familienbildungsstätten durchgeführt. Sie haben die Funktion, Familien präventiv auf ihre Erziehungsfunktion vorzubereiten und verkörpern in ihrer Pluralität auch entsprechende Familienleitbilder. Dies heißt allerdings nicht, dass nur am Anfang der *Familienbildung* solche Seminare angeboten werden, sondern vielmehr ist solche familienbezogene Bildungsarbeit auf unterschiedliche Phasen des Familienzyklus ausgerichtet, wie z.B. den Umgang mit adoleszierenden Jugendlichen oder als „neueres" Problem, die Aufnahme pflegebedürftiger Eltern und Großeltern im Haushalt. Ein besonderes Augenmerk liegt auf den Übergangskrisen von einer Phase des Familienzyklus auf eine neue. Diese allgemeinen Angebote werden auch für spezielle Familien und Familienformen angeboten, wie z.B. für Migrantenfamilien und für Alleinerziehende oder Pflegefamilien. Des Weiteren werden Familienseminare bzw. -therapien in besonders belastenden Situationen angeboten, wie z.B. nach dem Tod eines Kindes. Die Familienseminare sind in der Regel – wenn sie nicht familientherapeutisch ausgerichtet sind – nach den Methoden der Erwachsenenbildung aufgebaut. Der überwiegende Teil der Familienseminare wird von freien Trägern der Wohlfahrtspflege angeboten (Vaskovics/Lipinski 1996 und 1997). Die Angebote wenden sich aus diesem Grund an ein breites Publikum und sie sind auf freiwilliger Basis zu wählen. Daneben werden noch *Familienfreizeiten* angeboten und durch ein Netz von Familienerholungsstätten können sich Familien zu ihrer Regeneration preiswerter erholen als es der freie Markt der Urlaubsindustrie erlaubt. Familienerholungsstätten treten allerdings zunehmend in Konkurrenz mit privatwirtschaftlichen Anbietern.

Die *Familienbildungsseminare* stoßen auf Interesse bei Menschen, die entweder unsicher vor bestimmten Problemen im Familienzyklus stehen oder in einer bestehenden Problemlage doch reflektiert genug sind, um sich Hilfe durch solche Angebote zu holen. Die letztere Gruppe versucht in vermehrter Weise auch über Selbsthilfegruppen ihre Probleme in den Griff zu bekommen. Auch hier ist nach allgemeinen Problembelastungen, wie z.B. Mutter-Kind-Gruppen, um der Isolation der Kernfamilie zu entgehen, und besonderen, wie z.B. die Geburt eines behinderten Kindes, zu unterscheiden. Um diese Selbsthilfegruppen zu unterstützen müssten Seminare für Gesprächsführung und Weiterqualifizierung ehrenamtlicher Kräfte angeboten werden. Dabei ist die Einbettung in stadtteil- und gemeinwesenbezogene Projekte der beste Weg, solchen Selbsthilfegruppen eine Anlaufstelle zu bieten, wie es in einigen Großstädten bspw. Berlin teilweise schon realisiert wird (Senat von Berlin 1995). Bei der Unterstützung der Selbsthilfegruppen gilt es wohl noch erhebliche Defizite festzuhalten.

Martin Textor weist aber darauf hin, dass es mit solchen freiwilligen Angeboten auf die Dauer nicht getan sei. Die Angebote familiärer Bildungsarbeit wie auch die Selbsthilfegruppen erreichten nur einen Teil der Familien, insbesondere Familien aus unterprivilegierten Schichten seien nur in geringem Maße zu erreichen. Familien mit Kindern unter drei Jahren gerieten hierbei in den Blickpunkt. Bei ungünstigen Familienverhältnissen sei die Gefahr, dass Entwicklungsdefizite und Verhaltensauffälligkeiten schon im frühen Kindesalter entstünden, entsprechend hoch. Wenn frühzeitig präventiv interveniert werde, seien diese Maßnahmen als effektiver einzuschätzen als spätere heilpädagogische oder therapeutische. Textor weist auf Hausbesuchsprogramme in verschiedenen Staaten der USA hin, wie auch in Australien, den Niederlanden und Israel. Für Deutschland stellt er fest, dass es solche Programme kaum gäbe, da „in der Bundesrepublik die Privatsphäre von Familien zu sehr respektiert" werde (Textor 1996 S. 100f.). Textor übersieht allerdings, dass diese Art der Hausbesuche in Deutschland in der Kinder- und Säuglingsfürsorge institutionalisiert war, und in der DDR bis zu ihrem Ende und in Westberlin bis in die 80er-Jahre praktiziert und tatsächlich aus Respekt vor der familiären Privatsphäre beendet wurde. In dieser institutionalisierten Form war die staatliche Kontrolle zu stark gewichtet. Nichtsdestotrotz ist ein Konfliktfeld ersichtlich, welches in letzter Zeit in der Problematik frühkindlicher Vernachlässigung thematisiert wurde (Kinderschutz-Zentrum Berlin e.V. 1996, Schone u.a. 1997).

Familien, die an den elementarsten Pflege- und Erziehungsleistungen scheitern, sind in der Regel mehrfach belastet, sei es durch Überschuldung, Arbeitslosigkeit oder Drogen- und Alkoholprobleme, sprich: sie befinden sich in einer Gemengelage ökonomischer, psychosozialer und kommunikativer Krisen. Diese so genannten Multiproblemfamilien galten lange Zeit als diejenigen, die, kaum Hilfe annehmend, nicht erreichbar erschienen. Solche vorschnellen Hypothesen lassen dann konsequenterweise nur eine Dauerbegleitung durch Familienhelfer (stützender Langzeitkontakt) oder den Entzug des Sorgerechtes zu, wenn das Wohl des Kindes nicht außer Acht gelassen wird. Wenn nicht frühzeitig geholfen werden kann, führt dies somit zu einer stärkeren Disziplinierung und Einschränkung als eine frühe Intervention.

4. Multiproblemfamilien und die Respektierung des sozialen Ortes der Erziehung

Dieser lange vorherrschende Blick auf die so genannte *Multiproblemfamilie* war im Grunde sehr hilflos und in der Praxis nicht selten von Zynismus begleitet. Nicht nur die Familie wurde als hilflos dargestellt, sondern genauso hilflos standen die Helfer vor den fast undurchschaubaren Problemen. Hat die Familiensicht des KJHG den sozialen Ort der Erziehung in der Familie respektiert, findet sich bei dieser besonderes komplexen Problemlage der alte Stigmatisierungsgedanke wieder. Diese Familien galten und gelten leider immer noch vielen Fachkräften als unfähig oder unwillig, die eigene Situation zu verändern und Hilfsangebote zu nutzen.

Durch die Entwicklung neuer Konzepte ist die Möglichkeit, vom stigmatisierenden Blick abzukommen, größer geworden (Conen 1999, Goldbrunner 1994, Schuster 1997). Allen Ansätzen gemein ist, dass der Aspekt des Verstehens der gesamten Lebenslage wie auch der familiären Kommunikationsstruktur enger mit der Ressourcenlage der Familie und den Interventionsmöglichkeiten und -formen zusammengebracht und in theoretische, verstehende und beobachtende Zugänge eingebettet wurden. Vor allem Gedanken der systemischen Beratung (Hargens 1997) sind hierbei verstärkt aufgenommen worden, es finden sich aber auch weiterhin psychoanalytische (Salmen 1995) und andere Zugänge. Mehrdimensionale Probleme bedürfen wohl auch mehrdimensionaler Zugänge. Des Weiteren finden wir im gesamten Bereich sozialpädagogischer Intervention eine stärkere Berücksichtigung von Lebenslage und Milieu (Allert u.a. 1994).

Im Unterschied zu andern Konzepten der Familienberatung und -hilfe wird in der Arbeit mit Multiproblemfamilien die Mithilfebereitschaft nicht vorausgesetzt, sie wird aber, prekär und brüchig bleibend, als entwicklungsfähig angesehen. Nicht Motivation sondern Kooperation ist Voraussetzung. Durch den Verzicht auf Motivationsbereitschaft wird der Familie der Lösungsdruck und das Gefühl der Fremdbestimmung durch den Helfer, der die Motivation einklagt, genommen. Es lässt sich feststellen, dass entgegen der Annahme, dass die Familien den Problemen hilflos ausgeliefert seien, diese vielmehr eigene subkulturell eingebundene Handlungsstrategien entwickelt haben, die unter dem dauerhaften Problemdruck immer wieder aktiviert werden können, und deren Maximen sich zumeist aus einer Mehrgenerationenperspektive erschließen lassen. Die Möglichkeit zur Reflexion ist durch den Handlungsdruck entschieden herabgesetzt und so sind auch Eskalationen nicht zu vermeiden, die sich durch das permanente Agieren ergeben. Es ist von daher mit hoher Wahrscheinlichkeit davon auszugehen, dass Jugendämter, wenn sie ihre Kontrollfunktion wahrnehmen, den Handlungsmechanismus der Eskalation mit auslösen. So hat die *Sozialpädagogische Familienhilfe* in der Anfangsphase vor allem die Aufgabe zur Beruhigung der eskalierenden Konflikte beizutragen. Nach einer erfolgreichen Beruhigung ist die Gefahr allerdings groß, dass die Familie dies als das bestmögliche Ergebnis ansieht und auf weitere Zusammenarbeit mit der Sozialpädagogischen Familienhilfe verzichtet. Da das Jugendamt zum Wohle des Kindes auf weitere Interventionen nicht verzichten kann, beginnt der Kreislauf der Eskalation von vorn. Anscheinend sind hierbei direktive Handlungsanleitungen insofern nützlich, da sie den familiären Strategien entsprechen, Konflikte handelnd und nicht reflektierend anzugehen (vgl. Schuster 1997).

Da die Zugangsmöglichkeiten und Nutzung der sozialen Infrastruktur durch die Multiproblemfamilien eingeschränkt sind, gilt es für die pädagogischen Fachkräfte, ihre Hilfsangebote an die Familie im Gemeinwesen zu verankern. Die immer noch vorherrschende Vereinzelung der Familienhelfer selbst ist diesem Herangehen hinderlich.

Es soll aber nicht der Eindruck erweckt werden, dass nur so genannte Problemfamilien die spezifische Form der Sozialpädagogischen Familienhilfe in Anspruch nehmen. Der Frankfurter Lehr- und Praxiskommentar zum KJHG sieht die *Sozialpädagogische Familienhilfe* sogar als eine ungeeignete Hilfeform an. Man schließt sich hier Nielsen/Nielsen/Müller (1986) an, die diese Familien in einer andauernden Krise sehen, die sich auf alle existentiellen Lebensbereiche ausbreite, d.h. sie befänden sich in einer chronischen Strukturkrise. Die Autorengruppe schlug aus diesem Grund vor, nur Familien in Einzelkrisen oder Familien in Strukturkrisen, die noch nicht chronisch zu nennen seien, *Sozialpädagogische Familienhilfe* anzubieten. Wenn man sich die herkömmliche Ausstattung, die Hilferessourcen und Qualifikation der Familienhelfer anschaut, ist dieser Warnhinweis immer noch gerechtfertigt.

5. Sozialpädagogische Familienhilfe und neuere Familienhilfekonzepte

In letzter Zeit wird die *Sozialpädagogische Familienhilfe* als Form der ambulanten Hilfe zur Erziehung von den Jugendämtern immer häufiger angeboten. Nach Angaben des Statistischen Bundesamtes erhielten 1998 insgesamt 15.300 Familien mit 38.000 Kindern die Hilfeleistung nach §31 KJHG, dabei ist eine kontinuierliche Steigerung der Inanspruchnahme seit 1991 erkennbar. Die Gruppe der Alleinerziehenden ist mit 51% am größten. Es ist zwar ein Trend erkennbar, dass die Anforderungen an die Qualifikation der Familienhelfer wächst, insbesondere die neuen Bundesländer haben aber noch Probleme, ausgebildetes Personal zu rekrutieren. Auch Supervision ist zwar fachlich schon lange anerkannt, aber nicht alle Familienhelfer werden durch sie unterstützt.

Die *Sozialpädagogische Familienhilfe* hat sich als ambulante Maßnahme durchgesetzt, obwohl die 1968 von Martin Bonhoeffer initiierte und durch die Berliner Gesellschaft für Heimerziehung durchgeführte Familienhilfe die von ihr anvisierte weitgehende Vermeidung der Heimunterbringung nicht hat erreichen können. Eine alleinige Legitimation der Sozialpädagogischen Familienhilfe als Vermeidung von Fremdunterbringung bringt sie und die betroffene Familie unter erheblichen Erfolgsdruck und stigmatisiert die Heimunterbringung und damit auch die Heimkinder. Mittlerweile gibt es auch Zwischenlösungen. Die Jugendämter greifen auf Familienhilfekonzepte zurück, die weniger langfristig angelegt sind und teilweise eher eine Krisenintervention darstellen, sodass die *Sozialpädagogische Familienhilfe* danach fortgeführt wird. Diese Kriseninterventionsprogramme sollen vor allem Fremdunterbringung vermeiden oder sie möglichst kurz halten, wie z.B. die Integrative Familienhilfe (Handbuch SPFH 1998 S. 482ff.). Manche Konzepte leiden aber am ideologischen Ballast der Familienzentriertheit, wie z.B. das „family first program". Insgesamt lässt sich aber feststellen, dass die konservative Wende hin zu einem auslaufenden Familienmodell als einzigem Hort einer kindgerechten fürsorglichen Erziehung, wie dies Hans-Uwe Otto und Maria-Eleonora Karsten 1987 befürchteten, nicht eingetreten ist (Neuabgedruckt np 2000). Allerdings ist die Gefahr auch nicht gebannt, dass gesellschaftliche Problemlagen den Familien aufgebürdet und sie durch die erbrachte Hilfe ihres Privatraumes beraubt werden. Die Entwicklung einer pädagogischen Handlungslehre, die zumindest Letzteres verhindern kann, steht, obwohl Ansätze vorhanden sind (Woog 1998), noch am Anfang.

Literatur zur Vertiefung

Handbuch Sozialpädagogische Familienhilfe (1998). Hrsg. vom Bundesministerium für Familie, Senioren, Frauen und Jugend. 2. überarb. Aufl. Stuttgart

Schuster, Eva-Maria (1997): SPFH: Aspekte eines mehrdimensionalen Handlungsansatzes für Multiproblemfamilien. Frankfurt a.M. u.a.

Textor, Martin (1996): Allgemeine Förderung der Erziehung in der Familie. §16 SGB VIII. Stuttgart u.a

Vaskovics, Laszlo/Lipinski, Heike (Hrsg.) (1996): Familiale Lebenswelten und Bildungsarbeit. Bd.1. Opladen

Vaskovics, Laszlo/Lipinski, Heike (Hrsg.) (1997): Familiale Lebenswelten und Bildungsarbeit. Bd. 2. Opladen

Literatur

10. Kinder- und Jugendbericht (1998). Hrsg. vom Bundesministerium für Familie, Senioren, Frauen und Jugend. Bonn

Allert, Tilman u.a. (1994): Familie, Milieu und sozialpädagogische Intervention. Münster

Balluseck, Hilde v. (Hrsg.) (1999): Familien in Not. Wie kann Sozialarbeit helfen? Freiburg

Bauerreiß, Renate u.a. (1997): Familien-Atlas II: Lebenslagen und Regionen in Deutschland. Karten und Zahlen. Opladen

Baum, Marie (1927): Familienfürsorge. Karlsruhe

Beinroth, Rüdiger (Hrsg.) (1998): Familie und Jugendhilfe. Herausforderungen des Kinder- und Jugendhilfegesetzes an einer familienorientierten Jugendhilfe. Neuwied Kriftel

Bertram, Hans (1992): Die Familie in den neuen Bundesländern. Stabilität und Wandel in der gesellschaftlichen Umbruchsituation. DJI-Familien-Survey 2. Opladen

Bertram, Hans u.a. (1993): Familien-Atlas: Lebenslagen und Regionen in Deutschland. Karten und Zahlen. Opladen

Bertram, Hans 1995: Moralische Verpflichtungen und Werte in einer individualisierten Gesellschaft. In: Bertram, Hans (Hrsg.): Das Individuum und seine Familie. DJI: Familien-Survey 4. Opladen, S. 196-222

Böhnisch, Lothar/Arnold, Helmut/Schröer, Wolfgang (1999): Sozialpolitik. Weinheim München

Böllert, Karin/Karsten, Maria-Eleonora/Otto, Hans-Uwe (1995): Familie: Elternhaus, Familienhilfe, Familienbildung. In: Krüger, Heinz-Hermann/Rauschenbach, Thomas (Hrsg.): Einführung in die Arbeitsfelder der Erziehungswissenschaft. Opladen, S. 15-27

Buchholz-Graf, Wolfgang u.a. (1998): Familienberatung bei Trennung und Scheidung. Eine Studie über Erfolg und Nutzen gerichtsnaher Hilfen. Freiburg

Coleman, James S. (1986): Die asymmetrische Gesellschaft. Vom Aufwachsen mit unpersönlichen Systemen. Weinheim Basel

Conen, Marie-Luise (1999): Aufsuchende Familientherapie – eine ambulante Hilfe für Multiproblemfamilien. In: Sozialmagazin, 24. Jg., Heft 4, S. 35-39

Elger, Wolfgang (1990): Sozialpädagogische Familienhilfe. Neuwied

Fieseler, Gerhard/Herborth, Reinhard (1999): Recht der Familie und Jugendhilfe. Arbeitsplatz Jugendamt/Sozialer Dienst. 5. überarb. Aufl. Neuwied

Fischer, Karl (1892): Grundzüge einer Sozialpädagogik und Sozialpolitik. Eisenach

Goldbrunner, Hans (1994): Arbeit mit Problemfamilien. Systemische Perspektiven für Familientherapie und Sozialarbeit. 4. Aufl. Mainz

Golz, Angelika (1993): Indikation für sozialpädagogische Familienhilfe. In: Soziale Arbeit, 42. Jg., Heft 9/10, S. 299-301

Handbuch Sozialpädagogische Familienhilfe (1998). Hrsg. vom Bundesministerium für Familie, Senioren, Frauen und Jugend. 2. überarb. Aufl. Stuttgart

Hargens, Jürgen (1997): Klar helfen wir Ihnen. Wann sollen wir kommen? Systemische Ansätze in der Sozialpädagogischen Familienhilfe. Dortmund

Henseler, Joachim (2000): Wie das Soziale in die Pädagogik kam. Weinheim München

Kardas, Jeannette/Langenmayr, Arnold (1996): Familien in Trennung und Scheidung. Ausgewählte psychologische Aspekte des Erlebens und Verhaltens von Scheidungskindern. Stuttgart

Kaufmann, Franz-Xaver (1997): Herausforderungen des Sozialstaates. Frankfurt a.M.

Kinderschutz-Zentrum Berlin e.V. (Hrsg.) (1996): Risiken und Ressourcen – Vernachlässigungsfamilien, kindliche Entwicklung und präventive Hilfen. Gießen

Kunstreich, Timm (1975): Der institutionalisierte Konflikt. Eine exemplarische Untersuchung zur Rolle des Sozialarbeiters in der Klassengesellschaft am Beispiel der Jugend- und Familienfürsorge. Offenbach

Kurz-Adam, Maria/Post, Ingrid (Hrsg.) (1995): Erziehungsberatung und Wandel der Familie. Opladen

Münder, Johannes u.a. (1998): Frankfurter Lehr- und Praxiskommentar zum KJHG/SGB VIII. 3. vollständig überarb. Aufl. Münster

Nave-Herz, Rosemarie/Krüger, Dorothea (1992): Ein-Eltern-Familie. Eine empirische Studie zur Lebenssituation allein erziehender Mütter und Väter. Bielefeld
Nave-Herz, Rosemarie (1997): Familien heute – Wandel der Familienstrukturen und Folgen für die Erziehung. Darmstadt
Niemeyer, Christian (1998): Klassiker der Sozialpädagogik. Weinheim München
Nielsen, Heidi/Nielsen, Karl/Müller, C. Wolfgang (1986): Sozialpädagogische Familienhilfe – Probleme, Prozesse, Langzeitwirkungen. Weinheim Basel
Otto, Hans-Uwe/Karsten, Maria-Eleonora (1987): Sozialpädagogische Familienhilfe. Jugendhilfe auf dem Irrweg. In: Neue Praxis, 30 Jg., Heft 1, 2000, S. 59-61
Presting, Günter (Hrsg.) (1991): Erziehungs- und Familienberatung. Untersuchungen zu Entwicklung, Inanspruchnahme und Perspektiven. Weinheim München
Reyer, Jürgen (1999): Gemeinschaft als regulatives Prinzip der Sozialpädagogik. Motive im 19. Jahrhundert. In: Zeitschrift für Pädagogik, 45 Jg., Heft 6, 1999, S. 903-921
Rothe, Marga (1994): Sozialpädagogische Familien- und Erziehungshilfe. Eine Handlungsanleitung. 3. überarb. Aufl. Stuttgart u.a
Salmen, Bernhard (1995): Ohnmacht und Grandiosität. Psychodynamische Aspekte der Arbeit mit einem 9-jährigen Jungen im Rahmen der sozialpädagogischen Familienhilfe. Mainz
Schone, Reinhold u.a. (1997): Kinder in Not. Vernachlässigung im frühen Kindesalter und Perspektiven Sozialer Arbeit. Münster
Schröer, Wolfgang (1999): Sozialpädagogik und die soziale Frage. Der Mensch im Zeitalter des Kapitalismus um 1900. Weinheim München
Schuster, Eva-Maria (1997): SPFH: Aspekte eines mehrdimensionalen Handlungsansatzes für Multiproblemfamilien. Frankfurt a.M. u.a.
Senat von Berlin (Hrsg.) (1995): Bericht über die Situation der Familien in Berlin. Drucksache 12/5997. Abgeordnetenhaus von Berlin. Berlin
Tews, Johannes (1900): Sozialpädagogische Reform. Langensalza
Tews, Johannes (1904): Familie und Familienerziehung. In: Rein, Wilhelm (Hrsg.): Encyklopädisches Handbuch der Pädagogik. 2. Aufl., Bd. 2. Langensalza
Textor, Martin (Hrsg.) (1995): Praxis der Kinder- und Jugendhilfe. Handbuch für die sozialpädagogische Anwendung des KJHG. 2. aktual. Aufl., Weinheim Basel
Textor, Martin (1996): Allgemeine Förderung der Erziehung in der Familie. §16 SGB VIII. Stuttgart u.a.
Vaskovics, Laszlo/Lipinski, Heike (Hrsg.) (1996): Familiale Lebenswelten und Bildungsarbeit. Bd.1. Opladen
Vaskovics, Laszlo/Lipinski, Heike (Hrsg.) (1997): Familiale Lebenswelten und Bildungsarbeit. Bd. 2. Opladen
Woog, Astrid (1998): Soziale Arbeit in Familien – Theoretische und empirische Ansätze zur Entwicklung einer pädagogischen Handlungslehre. Weinheim München

Heide Funk

Elternarbeit

Zusammenfassung: Die Situationen, in denen Kinder und Jugendliche – hier Mädchen und junge Frauen – Familien verlassen, wird zum Anlass genommen, über das Versagen von Eltern und Perspektiven von Elternarbeit neu nachzudenken. Es gilt, die Konflikte im Eltern-Kind-Verhältnis zum offenen Ansatzpunkt zu machen; die Wirkung gesellschaftlicher Überlastung von Familien im Alltagsleben von Müttern und Vätern offen zu legen und schließlich auch den Weg zu tabuisierten – gesellschaftlich und persönlich stillgehaltenen – Konflikten, die sich in gewalttätiges sadistisches Verhalten umsetzen, zu finden.

Einleitung

Wie können wir uns den Krisen und Konflikten und den darin sichtbar werdenden gravierenden Momenten des Versagens von Familie aus der Sicht bzw. der Position von Eltern her nähern? Diese Anforderung ist schwieriger Alltag der Jugendhilfe, in dem nicht selten die Grenzen der Familie mit den Grenzen der Jugendhilfe sich zu überschneiden drohen.

Das Kinder- und Jugendhilfegesetz benennt als eine seiner vordringlichsten Aufgaben die Stärkung der Erziehungsfähigkeit der Familie. Wenn Familien sich an die Jugendhilfe wenden, so ist das meist in Situationen, in denen die Problematik schon weit fortgeschritten ist. Eltern, Mütter suchen Entlastung – insofern ihre Kräfte, der Krise oder den Konflikten standzuhalten, nicht mehr vorhanden sind. Oder Eltern sind gar nicht mehr bereit oder in der Lage, die Last der Versorgung und des Erziehungsalltags auf sich zu nehmen. In einigen Fällen wird bei näherer Betrachtung sichtbar: neben den sozioökonomischen Belastungen der Eltern, hinter der Alkoholabhängigkeit, der Überforderung der Mütter oder Väter liegen tiefe Konflikterfahrungen, die eine eigene Aufarbeitung verlangen, aber nur schwer zugänglich sind.

Diesem oftmals verschwiegenen Leiden der Eltern, der Mutter, des Vaters, stehen die Interessen und Probleme der Kinder und Jugendlichen gegenüber. Bei dem für Mädchen parteilichen Praxis-Ansatz, der Mädchen und junge Frauen begleitet und ihnen hilft, sich aus den Verstrickungen von Gewalt und Krisen der Familiensituation zu lösen, zeigt sich nicht selten: Gerade dann, wenn Mädchen die Kraft und Klarheit über einen eigenen Weg gefunden haben, nimmt ihr Interesse an der differenzierten Auseinandersetzung mit der Mutter, mit dem Vater eine neue Qualität an. Sie wünschen, die Eltern mögen doch die Entscheidung des Mädchens zu gehen verstehen, aber auch einsehen, was sie ihr angetan haben. Und schließlich sollten sie in die Lage kommen, sich ihren eigenen Problemen zuzuwenden, für ihr eigenes Leben Verantwortung zu übernehmen. An dieser Stelle werden dann neue eigene Anforderungen an das, was wir Elternarbeit nennen, sichtbar, aber auch die Grenzen dieser Elternarbeit und die Grenzen von Familien, sich mit den eigenen Problemen als Mutter, als Vater zu konfrontieren.

Gerade von Ansätzen aus, die Wünsche, Ansprüche und Konflikte von Mädchen und Jungen ins Zentrum stellen:

- von einem parteilichen Ansatz für Mädchen oder auch für Jungen aus,
- von dem konflikt-offenen, am Jugendlichen orientierten Ansatz aus,
- von der sozialpädagogischen Diagnose der zentralen Lebensthemen der Kinder und Jugendlichen aus

treten Konflikte und Prozesse des Scheiterns hervor, die zur Lösung drängen und nicht nur den eigenen Lebensweg, sondern die Eltern, die Mutter, den Vater betreffen und von Seiten der Kinder aus auf verwehrte Liebe, verwehrte Anerkennung, verwehrtes Lebensrecht gerichtet sind, von den Eltern aber als Wunsch, als Konflikt nicht anerkannt werden können. Auch in therapeutisch-diagnostischen Gutachten sind Ansprüche und Fragen an die Eltern enthalten. Ihre Bearbeitung in der Elternarbeit bedeutet ein Stück der Chance, Besserung für Kinder und Jugendliche zu erreichen. In dieser Perspektive gehen Ansprüche und Anstöße zu einer Veränderung zuerst von den Kindern aus. Und auch wenn die Beziehungen zwischen Eltern und Kindern von nicht bearbeitbaren Konflikten überschattet bleiben, die Kluft zwischen beiden bestehen bleibt, weil die Eltern nicht (mehr) erreichbar sind, muss die Fürsorge für Kinder und die Arbeit mit Eltern in der Spannung zwischen beiden die Verletzungen und die Sehnsüchte mit einbeziehen und ihnen einen Platz geben. Elternarbeit entwickelt sich damit in eigener Sache weiter – ausgehend von den in Perspektive genommenen Rückkehrmöglichkeiten im Fall von Fremdunterbringung, der Bearbeitung der Krise der Kinder und Jugendlichen, der Verarbeitung von Versagen – hin zu den gesellschaftlichen und inneren Konflikten.

Elternarbeit muss hier auf die Einbuße stützender Rahmenbedingungen, schwer wiegende Verlusterfahrungen und ungelöste Probleme im Leben der Eltern stoßen, die im Widerspruch zu ihrer Aufgabe stehen, für ihre Kinder Verantwortung zu übernehmen. Einige von diesen Belastungen werden in der Jugendhilfe-Praxis aufgenommen und bearbeitet, andere werden übergangen, auf Grund von Grenzen in den Institutionen oder auch eigenen, persönlichen unbewältigten Konflikten. Wir müssen aber auch sehen, dass es Krisen und Konflikte sind, zu denen ein Zugang kaum oder nur unter ganz eigenen Bedingungen möglich wäre.

Im Zentrum der Überlegungen sollen hier also die Ursachen für das Scheitern von Familien beleuchtet und bei der allgemeinen Überlastung der Familie begonnen werden, um darin eine gemeinsame Einsicht in die Tragik von Eltern zu gewinnen, die in ihrer Rolle versagen. Wenn wir aus der gesellschaftlichen Perspektive schauen, dann müssen wir erkennen, dass uns die Alltäglichkeit von Gewalt, von Konflikten und Krisen in Familien, die als Entgleisung, als Versagen angesehen werden, eigentlich geläufig sein müsste und in der Zuspitzung des Versagens zugleich tabuisiert bleiben. Das Versagen wird als gesellschaftliche Erfahrung nicht zugelassen und muss auch als individuelles Scheitern verdeckt bleiben. Es kann nur in der Projektion auf andere zugelassen, es kann nur skandalisiert werden. Wenn wir es psychodynamisch betrachten, dann heißt das, dass ein Konflikt nach Innen genommen wird, dort unbewältigt bleiben muss – und nur in der Abspaltung oder in der Symptombildung ausagiert werden kann. Die Psychologie hat daraus die Folgerung gezogen, dass es gilt, den Konflikt stellvertretend offen zu legen, ihn nachzuerleben und ordnen zu helfen. Diese Vorstellung ist auch leitend geworden für beispielhafte Eröffnung von Lösungswegen. Es gab eine Zeit, in der eine breitere Diskussion über die Grenzen der Familie zugelassen war, wo es Eltern in Sorgentelefonen ermöglicht wurde, dieses Scheitern offen anzusprechen – ohne diese Eltern zu diskriminieren. Mit diesem Vorgehen ist das Konzept der „Normalisierung" verbunden (Honig 1992).

Nun sind wir in der Situation, dass Mädchen in der Halböffentlichkeit einer beispielhaft an den Interessen der Betroffenen arbeitenden Einrichtung selbst die Auseinandersetzung mit dem Scheitern ihrer Eltern, naher Bezugspersonen einfordern und uns vor die Aufgabe stellen, diesen die Möglichkeit von Verantwortungsübernahme zurückzugeben. Wir müssen uns mit den grundlegenden Belastungssituationen, Hintergründen und Formen des Scheiterns auseinander setzen (1-4) und zugleich Eltern in ihrer Verantwortung sehen, diese ihnen abverlangen. Das Gesetz ist da nicht immer eindeutig und erlaubt bzw. duldet Willkür – man kann dies daran ablesen, dass z.B. den Opfern von Gewalt in der Familie der Nachweis auferlegt wird und nicht dem Beschuldigten der Nachweis der Unschuld. Zugleich verweigern wir die Möglichkeit des Scheiterns indem wir die Person ausgrenzen, ihr die Erziehungsfähigkeit grundlegend aberkennen. Zum Zweiten (5) sollten wir versuchen, neue Wege der Offenlegung zu gehen, die Möglichkeiten – Zeit und Räume erweitern helfen, damit Eltern sich an die verdeckten Seiten des Konflikte heranwagen können. In jedem Feld werden wir nach geschlechtshierarchischen Spaltungen fragen müssen, die uns vielleicht als Schlüssel zu Konflikten weiterhelfen. Schließlich soll am Ende aufgezeigt werden, was dies für die Öffnung von Zugängen heißen kann und muss.

1. Belastungen und Konflikte – Widersprüche des Familien-Harmonie-Modells

Dieses Harmonie-Modell ist beständig gegen Alltagserfahrungen zu verteidigen. Die Aufforderung zur Verteidigung dieses Modells liegen in unseren Sehnsüchten und praktischen Anforderungen zugleich: Unsere Vorstellungen von einer guten Mutter enthalten heute die Aufforderung, sich Ausruhzeiten, Quellen von Selbstbewusstsein, von Handlungsmöglichkeiten zu schaffen, damit ich Konflikte zu Hause ausgleichen, aushalten und ein harmonisches Klima immer neu herstellen kann. Diese Anforderung wird dadurch gestärkt, dass Familie als der Fels in der Brandung heute besonders gebraucht wird. Dennoch bleibt diese Stabilität scheinbar allein von meinen Fähigkeiten abhängig und darin liegt ein riesiger Widerspruch.

Ein weiterer Widerspruch liegt darin, dass Familie als Gegenmodell zur Berufswelt steht, wo sich z.b. sonst verweigerte Ansprüche an Autonomie einlösen lassen sollen, wo Ohnmachtserfahrungen kompensiert werden sollen und zugleich wirken Belastungen z.B. Übernahme von Unterstützungsleistungen für die Aufrechterhaltung von Schulmotivation der Kinder, Schulfrust oder auch Arbeitsbelastungen von außen in die Familie hinein. Wenn die Familie diesen Gegenwelt-Charakter behalten soll, dann sind wir bestrebt, sie abgeschlossen und überschaubar zu halten. Dann kann aber auch schnell ein Gefängnis daraus werden, ein Ort der Isolierung, von dem aus keine Wege nach außen, keine Hilfen von außen mehr gesucht werden können.

Eine zusätzliche Quelle der emotionalen Bedeutung von Familie liegt in dem Verlust der Selbstverständlichkeit von Heirat und Übernahme von Elternpflichten im Lebenslauf. Die Emotionalisierung von Partnerschaft ergibt sich daraus, dass sie überdies die Aufgabe übernimmt, in Zeiten von Desorientierung und Verunsicherung als Halt zu dienen. In der Familie will man den widersprüchlichen Anforderungen des Alltags entgehen.

2. Äußere und innere Überlastung: Privatsache Kind

Die Belastung der Eltern-Kind-Beziehung wächst in dem Maße wie Kinder zum Teil der privaten Lebensplanung, insbesondere von Frauen werden; der Kinderwunsch wird damit eingebunden in Vorstellungen von Selbstentfaltung, Selbstwertsteigerung (Nave-Herz 1994). Es steigen die inneren Anforderungen, die man an die eigenen Erziehungskompetenzen stellt, die aber gleichzeitig von außen – nach der Maßgabe von Elternpflichten fremdbestimmt kontrolliert werden. Erziehungsschwierigkeiten, vor allen Dingen da, wo sie nach außen sichtbar werden, stellen die eigene Person und die Lebensentscheidung doppelt in Frage. Hier wird vor allen Dingen das Schwanken der Mütter zwischen liebevoller Zuwendung und Missachtung erklärbar. Der Umschwung entsteht durch eine Enttäuschung, eine Infragestellung ihrer selbst durch das Kind. Diese Infragestellung muss bewältigt werden und dazu braucht es zuverlässige Freunde oder selbstverständlich-professionellen Rückhalt.

Kinder als Stellvertreterinnen für die Einlösung eigener Wünsche, denen diese verwehrt ist, geraten unter eine weitere Quelle von Druck, die den Eltern schwer zugänglich ist und obendrein Nahrung durch äußere Anforderungen erhält.

Unter diesen Bedingungen wird die Familie zu einem überlasteten Ort, an dem Glücksversprechen und Glückserwartungen stellvertretend eingelöst werden sollen (vgl. Wahl 1989). Aus der mehrfachen Überforderung heraus ist ein Scheitern in der familiären Beziehungswelt einerseits normal, andererseits ein Zeichen von Versagen, das in jedem Fall vermieden werden muss bzw. kaum zu bewältigen ist. Als Zeichen des Versagens werden Kinder oder auch Partnerinnen Opfer von Gewalt.: Das ist der strukturelle Hintergrund, die Modernisierungsfalle: In der emotionalen Dichte ist die Familie von innen ein fragiles Gebilde, das sich unter den Belastungen von außen bewähren muss, ein pragmatisches Interesse am Bestand der Familie kann sich kaum noch durchsetzen. Doch Eltern, Väter und Mütter, Partner und Partnerinnen scheitern als Person – individuell und müssen sich dies als individuelles Versagen zurechnen. Ihre Enttäuschung darüber und/oder ihr Bedürfnis, Handlungsfähigkeit zurückzugewinnen, kann nur noch in der Gewalt gegen die schwächere Seite gelebt werden – wenn hier keine inneren oder äußeren Grenzen gesetzt sind. Diese Grenzen wirken bei Frauen entsprechend ihrer Sozialisation immer noch stärker. Sie greifen zwar in der Überlastung durch Erziehung auch zu Gewalt gegenüber Mädchen und Jungen, sind aber eher in der Lage, diese Übergriffe als selbst verschuldet zu sehen und reagieren mit belastetem schlechten Gewissen. Männer blenden die eigenen Anteile am Geschehen eher aus und bleiben vom Überlegenheitsdenken abhängig

Sicher gibt es noch andere, pragmatischere oder auch offenere Beziehungsformen, doch die Versuche, sich in anderen Lebensbereichen Halt, Offenheit, Bestätigung zu suchen oder unsere Erfahrungen hinauszutragen, die Lebensbereiche miteinander zu verzahnen, hängt davon ab, wie viel Zeit und Raum man sich dafür nehmen kann, wie offen man mit seinen verschiedenen Rollen umgehen kann.

3. Belastungen aus dem Strukturwandel der Arbeitsgesellschaft

Unmittelbare Belastungen ergeben sich aus der zunehmenden Armut und dauerhaften Arbeitslosigkeit in den Familien; dies und der erzwungene Wechsel in andere unqualifizierte Tätigkeiten haben in Ostdeutschland besonders die Mütter entwertet, die ehemals anerkannte Berufsfelder aufgeben mussten und den Wechsel eben nicht immer als Gewinn und Chance leben können.

Den Widerspruch zwischen der Bewältigung von Anforderungen aus dem Erwerbsbereich und neuen Ansprüchen auf ein Stück Eigenleben, auf Erfolg, Einlösung von Glücksansprüchen und den Anstrengungen, die Kinder einfordern, müssen Frauen besonders stark empfinden.

Die Erfahrungen der Erwerbslosigkeit in den Familien (alle Familienmitglieder sind potentiell betroffen) verstärken die Bedeutung oder den Wert von Arbeit – damit steigt der Druck auf Eltern aber auch auf die Erziehungsanstrengungen der Eltern. Aber auch der Druck, der von Qualifizierungsansprüchen ausgeht, wird durch verunsicherte, aber auch statusbewusste Eltern an die Kinder weitergegeben.

Diese Fragen, insbesondere aber die Berufs-Erfahrungen der Mütter und deren Folgen, die Erfahrung des Geschlechtswechsels von Berufsarbeit sind in ihren Konsequenzen für die Begegnung zwischen den Müttern und Töchtern und in weiteren Varianten: Mutter als Alleinverdienerin – Vater langzeit erwerbslos, Alleinerziehende Mütter – Berufstätig – Erwerbslos – Sozialhilfe, wenig erforscht. Aus angrenzenden Untersuchungen zu Arbeitslosigkeit, zu zeitlichen Belastungen und Wende-Erfahrungen im Kontext von selbstwahrgenommem Erziehungsverhalten von Müttern lassen sich jedoch wichtige Hinweise entnehmen.

Studien zur Wirkung von Arbeitslosigkeit enthalten Hinweise, dass viele Familien versuchen, Handlungsfähigkeit über gelingendes Familienleben zu erreichen, sodass der innere Kontrolldruck auf die Familie und die Tendenz zur Abschließung steigt (vgl. Schindler u.a. 1990). Diese Tendenz ist nach Untersuchungen in einer ostdeutschen Großstadt abhängig von Bildungsstatus und fürsorglichem Umgang mit materiellen Engpässen; patriarchale Beziehungsformen verschärfen sich (vgl. Nietfeld; Becker 1999). Unter der Arbeitslosigkeit kann sich emotionale Verständigung erschweren, erlebte Minderwertigkeit wirkt in Richtung einer emotionalen und kommunikativen Distanzierung: Nicht mehr Miteinander-Reden-Können. Kinder werden zum wichtigen Kitt der Familie, über erhöhte Leitungsanforderungen, über die Verlagerung der emotionalen Bedürfnisse auf das Kind.

Die Gegenerfahrung, dass es nicht um ein Harmonie-Modell geht, sondern dass es darum geht, Konflikte austragen zu können, dass es notwendig ist, Konflikte nicht lange zurückzuhalten, sich in der Konfliktaustragung mit dem/der jeweils Dritten Rückhalt zu geben – auch über unterschiedliche Interessen hinweg, ist inzwischen von der Forschung belegt (vgl. z.B. Ossyssek u.a.). Aber diese Konfliktfähigkeit geht verloren, wenn sie allzu oft herausgefordert wird, z.B. durch zeitliche Belastung beider Eltern. Die Qualität der Bewältigung von Konflikten nimmt in Fällen intensiver, fremdbestimmter zeitlicher Inanspruchnahme durch Erwerbsarbeit ab. Die Art der Konfliktbewältigung, die Qualität des Rückhalts, den sich Eltern im Erziehungsalltag gewähren, ist abhängig vom partnerschaftlichen Umgang – doch gerade dieser ist durch die Häufung von Konflikten bei Alltagsstress gefährdet.

Hier nun ist einzurechnen, dass bis auf die Bereitstellung der Kindergarten-Plätze die Gesellschaft bzw. der Staat sich aus der Verantwortung für die Betreuung von Kindern und Jugendlichen – insbesondere im Kleinkindbereich und am Nachmittag zurückgezogen hat, die Verantwortung im Alltag aber auch für die Zukunftsperspektive zur Privatsache geworden ist.

Die Veränderungen in den beruflichen Anforderungen nach der Wende – so ergab die o.g. Untersuchung – bedeuteten gleichzeitig eine Verringerung der Zeiten für das gemeinsame Familienleben und Einbußen an seelischer Kraft, die Mütter für die Erziehung und die emotionale Aufmerksamkeit aufbringen und Kindern zuteil werden lassen. Das ergab eine Langzeit-Studie aus Ostberlin. Schon im frühen Kindesalter reagieren Mädchen darauf eher als Jungen mit kognitiven Bewältigungsanstrengungen (Ahnert; Schmidt 1995). Aus Einzelfallbeschreibungen im Feld von Fördermaßnahmen wird sichtbar, dass die Entwertungen, die Mütter hinnehmen mussten – unter bestimmten familiendynamischen Bedingungen – an die Töchter durch übermäßige Anforderungen und Verpflichtungen auf Versorgung und Wohlverhalten abgegeben werden.

Der Herkunftsfamilie kommt eine zentrale Unterstützungs- und Orientierungsfunktion im oft langwierigen Prozess des Übergangs von der Schule in den Beruf zu. Die Freiheit von Eltern, von Vätern, von Müttern, Experimentierraum zu gewähren und den Übergang von Schule in Ausbildung, von Ausbildung in den Beruf entlastet zu gestalten, bei „Übergangskarrieren" – gerade auch da, wo sie schwierig sind – familiären Rückhalt zu gewähren, unterliegt jedoch oft harten Belastungsproben. Das Konfliktpotential und der soziale Druck innerhalb der Familien verstärken sich, „...wenn die Jugendlichen trotz vorhandener schulischer Qualifikation und größter individueller Bemühungen auf Grund regionaler Engpässe in den Ausbildungsstellen und des Arbeitsmarktes von einer Perspektive langfristig gesicherter beruflicher Existenz ausgeschlossen bleiben und die soziale Teilhabe an dieser Gesellschaft durch Arbeit und Beruf in Frage gestellt ist" (Preiß u.a. 1999: 79).

Konflikte, die Mütter und Väter besonders belasten, entstehen auch durch den von Mädchen und Jungen eingeforderten und gerade den Mädchen oft nicht zugestandenen Experimentierraum. Dieser ist heute auf eine andere Art riskanter und weiter gesteckt als in den Erfahrungen der Mütter und Väter davor. Gelingende Phasen der Selbst-Erfahrung – auch über Umwege, Krisen und deren Bewältigung in der Zeit der Adoleszenz – stellen grundlegende Bedingungen für die zukünftigen Individuierungsprozesse dar. Diese Umwege und Krisen sind der vergangenen Generation auf Grund der zumindestens durch Erziehungs- und Bildungsinstitutionen stärker vorstrukturierten Lebensläufe – so könnte man vermuten – fremd; eher noch unterliegen sicher viele Erwachsenen heute diesen das eigene Selbst herausfordernden Anforderungen der Neuorientierung und Selbstfindung und sind da selbst vom Rückhalt für diese abverlangte Experimentierhaltung abhängig. Man könnte formulieren, sie stehen zu den Umwegen und Überschreitungen der Mädchen- und Jungen-Generation in Konkurrenz. Exzessive Drogenerfahrungen, Essstörungen, Gewalt, Weglaufen sind allerdings als jugendeigene Bewältigungs- und Aufschubzeiten zu betrachten, die auf tieferliegende Krisen und Konflikte verweisen, auch in der Generation der Eltern, deren Ausgang aber offen und vom Zugang zu angemessenen Hilfestellungen abhängig ist (vgl. Möller; Lenz; Funk 2000).

4. Verdeckte systemische und psychodynamische Zusammenhänge zwischen extremen Konfliktlagen von Mädchen und Eltern – an Beispielen

An Konfliktlagen von Mädchen, aber auch aus der Praxisreflexion in geschlechtshierarchisch reflektierten Mädchenarbeitszuammenhängen wird deutlich, in welchen Formen sich Gewaltsituationen zuspitzen und durch besondere seelische Verstrickungen der Eltern vermehren. Es sind Situationen, aus denen heraus Mädchen die Familie verlassen wollen, aber auch besonders gebunden sind.

Mädchen werden dazu angehalten zu funktionieren; wenn sie in der Schule versagen, ist das für die Eltern eine Enttäuschung, die dazu führt, dass sie die Tochter einer massiven Entwertung unterziehen. Die Eltern sind nicht in der Lage, die Tochter zu akzeptieren, sondern sie gehen bis dahin, dass sie die Tochter aus der Familie ausstoßen, weil sie ihre Wünsche an Wohlverhalten nicht erfüllt.

Andere Mädchen müssen übermäßig viele Pflichten in der Familie übernehmen, sie unterliegen hierin einer strengen Zensur. Das geht an manchen Stellen so weit, dass Eltern ihnen Rückhalt und Geborgenheit überhaupt verweigern. Es ist ihnen zu viel, sich mit den Sorgen und Nöten ihrer Tochter zu befassen. Sie formulieren nicht, dass sie selbst überlastet sind, sich nicht in der Lage für die Versorgung ihres Kindes fühlen, weil sie selbst keinen Raum für die Bearbeitung ihrer eigenen Probleme und Bedürfnisses finden, sondern verweigern sich. Sie werden oder sind unsensibel für die Probleme ihrer Töchter in einer Art Seelenblindheit, sodass sie ihre eigenen und die Probleme der Kinder nicht mehr wahrnehmen können. Nach außen aber versuchen sie, mit allen Mitteln das Bild einer intakten Familie beizubehalten.

Eine weitere Erfahrung ist die sadistische Abwertung einer Tochter durch ihre Mutter – man mag daraus schließen, wie sehr sie selbst sich als Frau entwertet fühlt, ihre eigenen Erfahrungen abspaltet und als Wut an der Tochter nachvollzieht.

Es gibt die Mädchen, die stark kontrolliert werden in ihrem Freizeitverhalten, die keine Freizügigkeit entsprechend ihres Alters erhalten. Die Mütter klammern sich an ihre alte Mutterrolle. Oder aber die Tochter hat von klein auf die Mutter versorgt; im Moment der Ablösung schwanken die Eltern, die Mutter zwischen Kontrolle und Ausstoßung.

Es gibt die Rolle von Mädchen als Ersatz für die nicht gelösten Probleme der Eltern, die dabei Objekt der Gewalt von Mutter und Vater werden. Oder auch die massive Abwertung durch den Vater, die mit Gewaltanwendung einhergeht.

Die Ausübung sexueller Gewalt durch Vater, Stiefvater oder auch durch Mütter, die jahrelang angehalten hat, ist für Mädchen eine unausweichliche Erfahrung, die ihr weiteres Leben einschneidend prägt, oft nur langsam offen gelegt und jahrelang aufgearbeitet werden muss. Die dafür verantwortlichen Erwachsenen sind nicht in der Lage und bereit, dies als Übergriff zu sehen – sie bleiben gefangen in der Verkehrung ihrer Bedürfnisse in einen Übergriff auf ein Kind. Gerade hier wird deutlich, wie wenig zielgerichtet immer noch die Interessen von Kindern und Jugendlichen, von Opfern, angesichts der Übergriffe vertreten werden (vgl. Kavemann 1996). Das hinter dem Übergriff stehende Macht- und Kontrollinteresse, das von der Angst vor einer Auslieferung an Weiblichkeit angetrieben wird, bleibt unbearbeitet (vgl. zum Perspektive-Wechsel: Müller 2000).

Töchter sind unter bestimmten Bedingungen fähig, sich aus diesen Gewaltsituationen zu befreien und sie zu durchschauen. Unter der Ungeborgenheit, den Übergriffen verlieren manche von ihnen jedoch jeden Bezug zu sich selbst, zu ihren eigenen Gefühlen und so können sie nicht mehr benennen, worunter sie leiden. Die hier aus der Welt von Mädchen aufgezeigten Erfahrungen ließen sich für Jungen mit einer geschlechtsspezifisch gebrochenen Variante von Übergriffen, Verweigerung von Anerkennung, Überforderung ergänzen.

5. Elternarbeit angesichts von Barrieren

Wenn wir fragen: Was muss das nun für Elternarbeit heißen, dann treffen wir auf ein KJHG, das nicht auf die Spannung zwischen den eigenen Problemlagen und Konflikten der Eltern und den Bedürfnissen der Kinder und Jugendlichen hin angelegt ist. Das KJHG hat die Tendenz, auch in der Elternarbeit das Versagen in der Familie erneut belegen zu müssen, und es fehlt eigentlich an professionellen Ideen, wie man Elternarbeit an dieser Stelle ausfüllen könnte, da, wo es um die Eltern in ihrer eigener Sache geht. Die Situation wird durch eine Intervention auch deswegen verschärft, weil sich in den Spannungen, im Versagen, eigene ungelöste Konflikte der Eltern widerspiegeln. Das KJHG hat die Aufgabe, die Erziehungsfähigkeit der Eltern zu stärken oder die Trennung zu rechtfertigen. Unter diesen Bedingungen ist es im Konfliktfall Aufgabe, festzustellen: ist die Erziehungsfähigkeit noch zu stärken oder ist die Trennung gerechtfertigt. Das heißt, die Sozialarbeit hat an einigen Stellen die Aufgabe der Ermittlung über das Vorliegen von Trennungsgründen. Das bedeutet für das Jugendamt, in diesem Konfliktfeld eigentlich Konflikte nicht offen legen oder dazwischen vermitteln zu können.

Die Praxis, die sich „Erziehungsfähigkeit stärken" nennt, überdeckt die Überforderung, die inneren Spannungen durch neue Aufträge (im Gegensatz zu Aufträgen oder Schritten, die diese Spannungen entlasten oder aufnehmen können). In vielen Hilfeplänen ist zu lesen, was der Mutter an Erziehungsleistungen abverlangt wird: Die Mutter sollte lernen Aufgaben zu erfüllen, dafür sorgen, dass das Kind rechtzeitig zur Schule aufsteht, Zeit haben, Unternehmungen gestalten. Es wird in der Folge vermerkt, ob dies erreicht wurde oder nicht. Der Vater bleibt meistens außen vor, es gibt selten Situationen, wo zu gleicher Zeit mit viel Sensibilität das Problem des Kindes und des Vaters gesehen und angegangen werden kann. Weil es einfach auch schwierig ist, die Rolle des sich streng und überlegen verhaltenden Vaters zu durchschauen und zu durchbrechen.

Das heißt aber, als Hintergrundbedingung muss das KJHG viel grundlegender und bewusster dazu genutzt werden, Mütter und Väter zu entlasten, damit deren eigene Bedürftigkeit zum Zuge kommen kann. Davon ist zu trennen die Behandlung des Konflikts als Rechtskonflikt – der auf dem Versagen aufbaut.

Da, wo innere und äußere Belastungssituationen die Integrität der eigenen Person in der Erziehung bedrohen, wird sichtbar, was Normalisierung heißen kann: Die Entlastung, Unterstützung so zu organisieren, dass die Eltern die Möglichkeit erhalten, ihre Probleme alleine zu lösen, einerseits – andererseits ist es wichtig, realistische Familienbilder zu haben: Diese inneren Zwänge, diese inneren Widersprüche, die das Schicksal zu versagen herbeigeführt haben, offen zu legen.

Schwieriger wird es da, wo Gewalt angewendet wird, wo Handlungsunfähigkeit durch Gewalt überbrückt werden muss und erlaubterweise kann. An dieser Stelle ist es wichtig, dieses Gewaltmonopol zu brechen, aber zugleich sichtbar zu machen und offen zu rekonstruieren, wie Gewalt entstehen kann und gemeinsam zu erarbeiten, welche Alternativen Handlungsfähigkeit ermöglichen. In dieser Konstellation finden wir häufig Eltern, die den Konflikt leugnen, nur über die Probleme des Kindes reden, ja sogar immer wieder versuchen, das Kind zu belasten.

Wir müssen an dieser Stelle berücksichtigen, dass Erziehungsfähigkeit, dass das Sorgerecht als ein Teil unserer natürlichen Fähigkeiten und unseres Erwachsenenstatus gilt. Aberkennung bedeutet einen existenziellen Verlust. Hier sollte stärker zwischen dem Konflikt, der Übertretung eines Rechtes des Kindes und diesem grundlegenden Status unterschieden werden: den Elternstatus anerkennen – auch da wo Fehler gemacht werden. Wir brauchen diese Differenzierung, damit Eltern sich getrennt von den Kindern und in der Verbindung mit ihnen zugleich wahrnehmen können. Die soziale Rückbindung im Moment des Konflikts geschieht auf psychodamischer Ebene und auf familiensystemischer Ebene und nicht auf der Ebene des Rechts – dies ist eine eigene Sphäre, die aber soziale Auswirkungen hat. In der engen Überschneidung von sozialstaatlicher Verantwortung und Aufgabenübertragung an die Familie kann das staatliche Wächteramt nicht unabhängig in die eigene Verantwortung eintreten, sondern braucht den Nachweis des Versagens – das ist die Falle für die Elternarbeit.

Die Trennung könnte unter entlasteten Bedingungen ein einzelner Schritt in einem Prozess werden, sie könnte selbst als krisenhaftes Ereignis im Leben der Eltern thematisiert werden – zum Ausgangspunkt einer Suche nach den eigenen Konflikten werden, um einen Zugang zu finden zum Leiden der Eltern. Beispielhaft hat dies Faltermeier jetzt für die Herkunftseltern im Pflegekinderwesen erarbeitet (vgl Faltermeier 2001). Es entstünden eigene Fragen, wie z.B.: was macht es, wenn das Bild, das wir von unserem Leben als Eltern hatten, nicht aufrecht erhalten werden soll oder kann.

Ein nächster Auftrag wäre nach einer Trennung Alltag wiederherzustellen und die Familie mit der Trennungssituation nicht allein zu lassen – und in diesem Alltag eine eigene Zeit, einen eigenen Anlass für die Bearbeitung von verschlossenen Konflikten zu suchen.

Ausblick

Es ist sichtbar geworden, dass an dieser Stelle unsere Ansprüche an Elternarbeit hoch sind. Es ist notwendig sich selber in diesen Belastungen und Konflikten zu kennen, aber auch die unterschiedlichen Belastungssituationen und Hintergründe für Konflikte auseinander zu halten. Wir müssen für Kinder und Eltern unterschiedliche Rollen spielen können und dennoch verlässlich sein: Parteilichkeit herstellen und vermitteln können. Das übersteigt manchmal das Spektrum einer Person. Wir brauchen im Alltag von Jugendamtsarbeit Raum, für jede Situation etwas entwickeln zu können. Diese Arbeit braucht Zeit, Rückhalt und Anerkennung. An manchen Stellen sind beispielhaft Wege gefunden, die offen thematisiert und für andere zum Beispiel werden können, wir müssen aber auch Grenzen offen legen können, damit wir gemeinsam mit anderen daraus lernen.

Literatur zur Vertiefung

Breitenbach, Eva (1991): Mütter missbrauchter Mädchen. Pfaffenweiler
Engelfried, Constanze (1997): Männlichkeiten. Die Öffnung des feministischen Blicks auf den Mann. Weinheim und München
Faltermeier, Josef (2001): Verwirkte Elternschaft. Münster
Kinderschutz-Zentrum (Berlin) (1992): Kindesmisshandlung. Erkennen und Helfen. Eine praktische Anleitung. Bonn
Müller, U. (2000): Sexuelle Gewalt und Geschlechterhierarchie – Diskurse und Interventionen. In: Senatsverwaltung für Arbeit, berufliche Bildung und Frauen (Hrsg.): Workshop Sexuelle Gewalt. Berlin

Literatur

Ahnert, Liselotte/Schmidt, Alfred (1995): Familiäre Anpassungsbelastungen im gesellschaftlichen Umbruch: Auswirkungen auf die frühkindliche Entwicklung. In: Hubert von Sydow (Hrsg.): Chancen und Risiken im Lebenslauf: Beiträge zum gesellschaftlichen Wandel in Ostdeutschland. Berlin, S. 150-169

Bitzan, Maria/Funk, Heide (1995):Geschlechterdifferenzierung als Qualifizierung der Jugendhilfeplanung. In: Bolay, Eberhard/Herrmann, Franz Jugendhilfeplanung als politischer Prozess. Neuwied, Krifte, Berlin 1995, S. 71-142

Bodenmüller, Martina (1998): Mädchen auf der Straße. Eine Lebenssituation in extremer Armut. In: Forum Erziehungshilfe, 4. Jg. Heft 1, S. 11-16

Dietz, Gerhard-Uhland/Matt, Eduard/Schumann, Karl F./Seus, Lydia (1997): „Lehre tut viel..." Berufsbildung, Lebensplanung und Delinquenz bei Arbeiterjugendlichen. Münster

Diezinger, Angelika/Rerrich, Maria, S. (1998): Die Modernisierung der Fürsorglichkeit in der alltäglichen Lebensführung junger Frauen: Neuerfindung des Altbekannten? In: Oechsle, Mechthild/Geissler, Birgit (Hrsg.): Die ungleiche Gleichheit. Junge Frauen und der Wandel im Geschlechterverhältnis, Opladen. S. 165-183

Eckart, Christel (1991): Selbstständigkeit und Frauen im Wohlfahrtsstaat? Wider eine Sozialpolitik verleugneter Abhängigkeiten im Geschlechterverhältnis. In: Widersprüche Jg. 11, Heft 39, S. 39-50

Eckart, Christel (1999): Zeit zum Sorgen. Fürsorgliche Praxis als regulative Idee der Zeitpolitik. In: Feministische Studien 17. Jg. Heft 1, S. 3-20

Hempel, Marlies (1998): Lebensentwürfe von Mädchen und Jungen in Ostdeutschland. In: Oechsle, Mechthild/Geissler, Birgit (Hrsg.): Die ungleiche Gleichheit. Junge Frauen und der Wandel im Geschlechterverhältnis. Opladen, S. 87-105

Honig, Michael-Sebastian (1992): Verhäuslichte Gewalt. Eine Explorativstudie über Gewalthandeln. Frankfurt/M.

Kavemann, Barbara (1996): Möglichkeiten und Grenzen präventiver Arbeit gegen sexuellen Missbrauch von Mädchen und Jungen. In: neue praxis. Heft 2, S. 137-149

Möller, Berith/Funk, Heide/Lenz, Karl (2000): Endbericht der Wissenschaftlichen Begleitung der Anonymen Zufluchtsstätte für Mädchen und junge Frauen. Ms. Dresden

Müller, U. (2000): Sexuelle Gewalt und Geschlechterhierachie – Diskurse und Interventionen. In: Senatsverwaltung für Arbeit, berufliche Bildung und Frauen (Hrsg.): Workshop Sexuelle Gewalt. Berlin

Nave-Herz, Rosemarie (1994): Familie heute. Wandel der Familienstrukturen und die Folgen für die Erziehung. Darmstadt

Nietfeld, Markus/Becker, Rolf (1999): Harte Zeiten für Familien. Theoretische Überlegungen und empirische Analysen von Arbeitslosigkeit und sozioökonomischer Deprivation auf die Qualität familialer Beziehungen Dresdner Familien. In: Zeitschrift für Erziehungssoziologie, 19. Jg., Heft 4, S. 369-387

Ossyssek, Friedl/Böcker, Susanne/Giebel, Desirée (1995): Alltasbelastungen, Elternbeziehungen und elterliches Erziehungsverhalten. In: Gerhard u.a. (Hrsg.): Familie der Zukunft. Frankfurt/M.

Preiß, Christine et al. (1999): Einstieg auf Raten? Berufliche Integrationsprobleme Jugendlicher in einer ostdeutschen Region. Abschlussbericht. Forschungsschwerpunkt Übergänge in Arbeit. Deutsches Jugendinstitut e.V. München/Leipzig, Arbeitspapier 4/1999

Schindler, Hans/Wacker, Ali/Wetzels, Peter (1990) Familienleben in der Arbeitslosigkeit. Ergebnisse neuerer europäischer Studien. Heidelberg

Wahl, Klaus (1989): Die Modernisierungsfalle. Gesellschaft, Selbstbewusstsein und Gewalt. München

Ulrich Deinet, Martin Nörber
und Benedikt Sturzenhecker

Kinder- und Jugendarbeit

Zusammenfassung: Die Jugendarbeit wird als drittes Sozialisationsfeld – neben Elternhaus und Institutionen der schulischen und beruflichen Bildung – im §11 des SGB VIII (KJHG) definiert. In diesem Paragraphen wird auch das allgemeine Ziel von Jugendarbeit bestimmt: Sie soll an den Interessen junger Menschen anknüpfen und von ihnen mitbestimmt und mitgestaltet werden, sie zur Selbstbestimmung befähigen und zur gesellschaftlichen Mitverantwortung sowie zum sozialen Engagement anregen und hinführen. Dies tut sie in den zwei großen Arbeitsbereichen Verbandliche Kinder- und Jugendarbeit und Offene Jugendarbeit. In beiden Feldern geht es darum, die Selbstorganisation und Partizipation der Jugendlichen zu ermöglichen und so eine Bildung zu gestalten, die die Persönlichkeit entwickelt und auch die politische Handlungsfähigkeit. Die Verbandliche Jugendarbeit ist gekennzeichnet durch das ehrenamtliche Engagement freiwillig engagierter MitarbeiterInnen in den vielen unterschiedlichen Formen wertorientierter Verbände. Die Offene Jugendarbeit ist gekennzeichnet durch nichtmitgliedsorientierte freiwillige Teilnahme, hauptamtliches pädagogisches Personal und einen Ausgang von Räumen, der sich aber auch zunehmend mobilisiert und Jugendszenen und -cliquen in ihrer Lebenswelt aufsucht. Die sozialräumliche Orientierung ist beiden Feldern gemeinsam, ebenso wie der aktuelle Prozess, die eigene Arbeit mit Qualitätsverfahren auch fachlich zu optimieren.

1. Rechtliche Basis und strukturelle Charakteristika von Jugendarbeit (Sturzenhecker)

Die rechtliche Basis der Jugendarbeit findet sich im *SGB VIII* in §11. In Absatz 1 wird ausgesagt: „Jungen Menschen sind die zur Förderung ihrer Entwicklung erforderlichen Angebote der Jugendarbeit zur Verfügung zu stellen. Sie sollen an den Interessen junger Menschen anknüpfen und von ihnen mitbestimmt und mitgestaltet werden, sie zur Selbstbestimmung befähigen und zu gesellschaftlicher Mitverantwortung und zu sozialen Engagement anregen und hinführen." Damit werden die allgemeinsten Großziele und prinzipiellen Arbeitsweisen der Jugendarbeit im Gesetz bestimmt. In Absatz 2 werden die verschiedenen Angebotsformen vorgestellt; sie reichen von freien zu öffentlichen Trägern, von Angeboten für Mitglieder (Jugendverbände) über die Offene Jugendarbeit bis zu gemeinwesenorientierten Angeboten. Die beiden Hauptfelder der Jugendarbeit, die Offene Jugendarbeit und die Jugendverbandsarbeit, werden in diesem Text mit eigenen Absätzen vorgestellt. Der Absatz 3 benennt – ohne eine Festlegung zu treffen – mögliche Schwerpunkte von Jugendarbeit als außerschulische Jugendbildung, Jugendarbeit in Sport, Spiel und Geselligkeit, arbeitswelt-, schul- und familienbezogene Jugendarbeit, internationale Jugendarbeit, Kinder- und Jugenderholung und Jugendberatung. Der Absatz 4 schließlich legt fest, dass auch im angemessenen Umfang Personen, die das 27. Lebensjahr vollendet haben, an der Jugendarbeit teilnehmen können.

Mit §11 Abs. 1 SGB VIII wird Jugendarbeit als drittes Sozialisationsfeld, neben Elternhaus und Institutionen der schulischen und beruflichen Bildung, definiert. Jugendarbeit hat damit eine eigenständige Stellung im Gesamtbereich der Jugendhilfe erhalten und steht gleichwertig neben anderen Leistungen (Schellhorn 2000, S. 104). Jugendarbeit ist damit als Pflichtaufgabe der öffentlichen Jugendhilfe bestätigt worden. Dieses bestimmt der §79 Abs. 2 SGB VIII näher, nachdem ein angemessener Anteil, der für die Jugendhilfe bereitgestellten Mittel, für die Jugendarbeit zu verwenden ist. Doch wie die Angemessenheit und Größe des Anteils bestimmt werden soll, bleibt offen. Auf Grund der starken Position der Jugendarbeit im KJHG müsste eine Ausweitung der Mittel für Jugendarbeit erfolgen. So geht z.B. der Nordrhein-Westfälische Städte- und Gemeindebund (in einer Stellungnahme für die Städte und Gemeinden vom 23. 2. 1993) davon aus, dass gegenüber dem durch das KJHG abgelösten JWG eine Personalerhöhung von 25 bis 30% sinnvoll sei. Die Aufgabe der Klärung dieser Finanzierungshöhe liegt bei den Jugendhilfeausschüssen, deren Verantwortung darin besteht, die Pflichtaufgabe Jugendarbeit nicht nur auf ein formales „Schrumpfniveau" reduzieren zu lassen, sondern eine angemessene Qualität und Quantität des Angebotes von Jugendarbeit durchzusetzen.

Durch die Formulierung, dass Kindern und Jugendlichen „Angebote der Jugendarbeit zur Verfügung zu stellen" sind, wird ein Grundcharakteristikum von Jugendarbeit deutlich gemacht. Es handelt sich um die Freiwilligkeit der Teilnahme. Im Gegensatz zu anderen erzieherischen Feldern (wie z.B. der Schule oder den Erzieherischen Hilfen), können die Kinder und Jugendlichen selber entscheiden, ob und wie sie an der Jugendarbeit teilnehmen möchten. Das heißt, es ist ihnen auch die Möglichkeit offen gestellt, die Jugendarbeit nicht zu nutzen. Durch das strukturelle Charakteristikum der Freiwilligkeit sind die Institution und Arbeitsweisen der Jugendarbeit stark geprägt. Ihre Angebote und Arbeitsweisen sind abhängig von den Interessen, der Beteiligung und der Zustimmung der Kinder und Jugendlichen. Jugendarbeit muss immer wieder um ihre Adressaten werben und sich für sie attraktiv machen. Diese Gebundenheit an die Interessen der Kinder und Jugendlichen und deren Partizipation an der Gestaltung der Angebote wird als Grundcharakteristikum der Jugendarbeit im §11 festgehalten. Hier wird die Besonderheit der Institution Jugendarbeit deutlich: Im Gegensatz zur Schule können in der Jugendarbeit Kinder und Jugendliche selber bestimmen, was und wie etwas geschehen soll. Ihre Interessen und Wünsche sollen umgesetzt werden, nicht die von Erwachsenen, von der Gesellschaft oder von wertorientierten Institutionen bestimmten Ziele und Inhalte. Die *Selbstorganisation* und *Partizipation* an der Gestaltung der Jugendarbeit wird damit zum zentralen Charakteristikum. Jugendarbeit wird damit auch zum Feld der Einübung und Praxis von politischem Handeln. Hier sollen Kinder und Jugendliche lernen, ihr eigenes Handlungsfeld selber zu bestimmen und zu organisieren. Dies sollen und können sie nach ihren Wünschen und Vorstellungen tun – und nicht nach fremden Vorgaben. Damit wird Jugendarbeit zu einem Freiraum, den die Beteiligten nach ihren Interessen selber gestalten können. Diese Aufgabenstellung ist allerdings nicht einfach umzusetzen, denn es muss immer wieder neu herausgefunden werden, was das jeweilige besondere Interesse von Kindern und Jugendlichen in einer Arbeitsform der Jugendarbeit ist. Und es muss gemeinsam geklärt und entschieden werden, wie dieses Interesse in gemeinsame Arbeitsweisen umgesetzt werden kann. Kinder und Jugendliche sind es allerdings nicht gewöhnt, ihre Interessen präzise zu artikulieren. Es sind also häufig durch die pädagogischen MitarbeiterInnen Verstehensprozesse anzuleiten, in denen gemeinsam geklärt wird, um was es gehen soll. So erhält die Jugendarbeit den strukturellen Charakter von Offenheit und Diskursivität. Was und wie etwas geschehen soll, ist nicht festgelegt, sondern muss gemeinsam in diskursiven Prozessen entschieden und realisiert werden. Daraus folgt auch, dass die Verantwortung – so weit es geht – an die beteiligten Kinder und Jugendlichen abgegeben werden muss. Jugendarbeit ist also eines der Hauptfelder der Einübung von demokratischem Handeln in der Lebenswelt der Kinder und Jugendlichen allgemein und im Feld der pädagogischen Institutionen speziell (vgl. Sturzenhecker 1993 und 1996). Jugendarbeit ist als *politische Bildung* auszugestalten, in der Politik und demokratisches Handeln nicht abstrakt vermittelt werden, sondern konkret durch Selbstorganisation und Selbstbestimmung des Handlungsfeldes Jugendarbeit praktiziert werden können.

Die Ziele der Jugendarbeit werden im Gesetz bestimmt als: Befähigung zur Selbstbestimmung und zu gesellschaftlicher Mitverantwortung und zur Anregung und Hinführung zu sozialem Engagement. Im Sinne der Interessenorientierung sollen Kinder und Jugendliche zu Individuen werden, die selbstbestimmt entscheiden und Verantwortung übernehmen. Selbstbestimmung und Interessenvertretung haben in gesellschaftlicher Mitverantwortung und sozialem Engagement ihren Rahmen, zu dem Jugendarbeit Jugendliche führen soll. Individuelle Selbstbestimmung und Umsetzung eigener Interessen sind also berechtigt und nötig, dürfen aber nicht in egoistischer Selbstdurchsetzung enden, sondern die Verantwortung für die Gemeinschaft soll ebenso geübt werden, wie demokratische Diskussion und kooperative Entscheidung in der Gesellschaft. Als Ziel von Jugendarbeit wird also ein demokratischer Bürger als ein selbstbestimmtes, aber auch sozial verantwortliches und engagiertes Individuum entworfen. Damit weist der Anspruch der politischen Partizipation über das Feld der Jugendarbeit hinaus. Im Blick auf gesellschaftliche Mitverantwortung soll Jugendarbeit ihren AdressatInnen auch ermöglichen, sich politisch einzubringen und mitzubestimmen. Dazu sind vor allen Dingen in den letzten Jahren angesichts der Distanz von Kindern und Jugendlichen zur herrschenden Politik und zu den vorhandenen demokratischen Institutionen mehr und mehr Anstrengungen unternommen worden, Partizipation von Jugendlichen zu stärken (vgl. auch Bartscher 1998 und Sturzenhecker 1998).

Mit den Strukturcharakteristika Selbstorganisation und Partizipation in der Jugendarbeit ist auch die besondere Bedeutung von Ehrenamt oder freiwilliger Tätigkeit verbunden. Besonders die Arbeit der Jugendverbände ist weniger durch Einsatz von Hauptamtlichen, sondern durch das Engagement vieler Freiwilliger, also der Jugendlichen selber, bestimmt (vgl. dazu den Absatz zur Jugendverbandsarbeit).

Angesichts aktueller Entwicklungen und Kämpfe um die Jugendarbeit ist darauf hinzuweisen, dass der Jugendarbeit ausdrücklich nicht die Aufgabe zugewiesen ist, sich um Not-, Konflikt- oder Krisensituationen von Kindern und Jugendlichen zu kümmern, Benachteiligungen abzubauen oder Prävention und Jugendschutz zu leisten (vgl. Sturzenhecker 2000). Diese Aufgaben sind anderen Feldern der Jugendhilfe zugeschrieben worden. Allerdings wird besonders in den Kommunen zurzeit versucht, in der Jugendarbeit immer mehr sozialarbeiterische Aufgaben der Befriedung von Jugendszenen und Prävention von jugendlicher Abweichung zu leisten. Jugendarbeit soll zu einer Feuerwehr für Konflikte der Erwachsenen-Gesellschaft mit Jugendlichen gemacht werden. Es ist darauf hinzuweisen, dass das Gesetz diese Arbeitsweisen nicht vorsieht und eine solche Umorientierung auch die Charakteristika von Freiwilligkeit, Selbstbestimmung, Interessenorientierung und Offenheit negieren würde. Die Problemthemen von Kindern und Jugendlichen sind selbstverständlich auch Themen der Jugendarbeit, allerdings unter der Voraussetzung, dass diese durch die Kinder und Jugendlichen selber als Interessen formuliert werden. Jugendarbeit steht damit anwaltschaftlich auf der Seite der Kinder und Jugendlichen, deren Interessen es umzusetzen gilt und deren Potenziale gestärkt und entfaltet werden sollen. Damit ist allerdings auch der klassische Widerspruch von Jugendarbeit gekennzeichnet, der sie in ihrer gesamten Geschichte in Deutschland begleitet hat. Sie ist einerseits gekennzeichnet als Freiraum für Selbstbestimmung und selbstgestaltete Entwicklung, andererseits ist sie als staatlich und kommunal geförderte Institution auch mit Aufgaben der Kontrolle und Erziehung beauftragt worden. In diesem Widerspruch von Erziehung und Bildung, Freiraum und Kontrolle hat allerdings das SGB VIII noch einmal die Bedeutung der selbstbestimmten Gestaltung gestärkt. Damit können auch politische Bestrebungen zurückgewiesen werden, die versuchen, die Jugendarbeit stärker für ihre Ziele in Pflicht zu nehmen.

Allerdings stellt sich diese Aufgabe der Bereitstellung eines selbstgestalteten Freiraumes auch für die Jugendarbeit immer wieder neu. In den vergangenen Jahren zeigte sich, dass heute die Jugendarbeit vielen Jugendlichen kaum noch als „selbstverwaltetes Jugendreich" erscheint, sondern ihnen als erzieherische Institution mit hauptamtlichen Kräften, erwachsenenbestimmten Zielen und Arbeitsweisen und einer wenig flexiblen Infrastruktur gegenüber steht. So gibt es Tendenzen, zumindest in bestimmten Jugendszenen die Jugendarbeit zu meiden und sich selber in Cliquen und Teilkulturen zu organisieren. Andere Gruppierungen jedoch entdecken die Jugendarbeit als wichtige Ressource und als offenes Handlungsfeld, so z.B. Jugendliche aus Migrantenfamilien die Offene Jugendarbeit und Kinder die Angebote der Jugendverbände. Das Freiheits- und Selbstbestimmungspotenzial ist in der Jugendarbeit zumindest größer als in den anderen Erziehungsinstitutionen wie Schule, Erzieherische Hilfen, Jugendsozialarbeit usw. Allerdings muss Jugendarbeit weiter konzeptionelle Anstrengungen unternehmen, um auch diesen Freiraum zu sichern und zu zeigen, dass sie eng an den Interessen der Kinder und Jugendlichen handeln und für diese einen Selbstentfaltungsraum zur Verfügung stellen kann. Diesen auch im SGB VIII bestimmten institutionellen Bedingungen von Offenheit, Freiwilligkeit, Selbstbestimmung und Partizipation können angesichts der aktuellen gesellschaftlichen Situation von Kindern und Jugendlichen große Chancen zugesprochen werden. So zeigt Münchmeier (1992), dass eine solche flexible Institution, offen und nah an der Lebenswelt der Jugendlichen, besser geeignet ist, auf die relativ diffusen Probleme und Widersprüche einer riskanten Jugendphase einzugehen, als eher starre, hierarchisch, bürokratisch und befehlsstrukturierte Institutionen wie die Schule. In einer gesellschaftlichen Situation von Pluralisierung und Individualisierung, in der Orientierung auf eine allgemeine Normalbiografie hinfällig geworden sei, sei die Aufgabe von Sozialpädagogik und Jugendarbeit nicht die unmögliche Vorgabe von Orientierung, sondern eine „Verständigungsarbeit" (Münchmeier 1992, S. 44), in der Kindern und Jugendlichen Möglichkeiten und Unterstützung angeboten werden, qualifizierte Lebensentscheidungen zu fällen. Das Konzept der Verständigungsarbeit benötigt Bedingungen, die in der Jugendarbeit gegeben sind. Statt vorgegebener Inhalte und Ziele, gilt hier die Offenheit und Ausrichtung an den Interessen, die eigenständige, spezifische Orientierung ermöglicht. Statt Befehlsstruktur, herrscht hier die Notwendigkeit diskursiver Aushandlung von Situationsdefinition und Handlungsperspektiven; statt Macht, Biografien zu bestimmen (wie z.B. in der Schule), entstehen hier im Freiraum der Jugendarbeit Möglichkeiten, eigene Entscheidungen selbstständig zu treffen und neue eigene biografische Wege zu entwickeln. In der Zukunft wird es darum gehen, diese Potenziale von Jugendarbeit weiter zu realisieren und politisch zu verteidigen.

2. Verbandliche Kinder- und Jugendarbeit (Nörber)

Verbandliche Kinder- und Jugendarbeit stellt einen Teilbereich des Gesamtfeldes der Kinder- und Jugendarbeit dar. Kinder- und Jugendarbeit in Jugendverbänden ist ein spezifisches Angebot für Kinder, Jugendliche und junge Erwachsene und stellt damit einen Leistungsbereich des Kinder- und Jugendhilfegesetzes (KJHG) dar, nach dem Angebote der Jugendarbeit jungen Menschen zur Förderung ihrer Entwicklung zur Verfügung zu stellen sind. Angebote der Kinder- und Jugendarbeit – so §1 KJHG – sollen junge Menschen in ihrer individuellen und sozialen Entwicklung fördern, Benachteiligungen vermeiden oder abbauen und dazu beitragen, positive Lebensbedingungen für junge Menschen sowie eine kinderfreundliche Umwelt zu erhalten oder zu schaffen. Grundlage der Jugendarbeit ist – so §11 KJHG –, dass deren Angebote an den Interessen junger Menschen anknüpfen, von ihnen mitbestimmt und mitgestaltet werden, junge Menschen zur Selbstbestimmung befähigen sowie zu gesellschaftlicher Mitverantwortung und zu sozialem Engagement anregen und hinführen sollen.

Jugendverbandsarbeit im historischen Blick

Kinder- und Jugendarbeit in Verbänden besitzt eine lange Tradition. Vereinzelt wird die Geschichte der verbandlichen Jugendarbeit in die zweite Hälfte des 19. Jahrhunderts datiert. So werden pietistische Jünglingsvereine (1830) und katholische Gesellenvereine (1850) als erste Ansätze einer verbandlich organisierten Jugendarbeit betrachtet. Obwohl bis Anfang 1900 eine Reihe weiterer Organisationen gegründet werden und diese Organisationen zusammengefasst jeweils über z.T. mehrere hunderttausend Mitglieder verfügen (z.B. Jünglingsvereine, Jungfrauenvereinigungen und Turnvereine), wird allgemein aber der Beginn verbandlicher Kinder- und Jugendarbeit mit der Jugendbewegung um die Jahrhundertwende (Gründung des Vereins „Wandervogel" im Jahr 1901 und des „Verein(s) der Lehrlinge und jugendlichen Arbeiter Berlins" im Jahr 1904) gleichgesetzt. Im Rahmen der Jugendbewegung fließen neue, jugendgemäße Formen in Vereine und Verbände ein. Darüber hinaus entstehen in Abgrenzung zu „althergebrachten" Formen zahlreiche neue, jugendbewegte (Jugend-)Bünde, wobei in der Literatur zwischen einer bürgerlichen und einer Arbeiterjugendbewegung unterschieden wird (vgl. Krafeld 1984).

Diese Entwicklung geschieht in einer gesamtgesellschaftlichen Situation, in der die junge Generation als „auffällig" und von bisherigen gesellschaftlichen Normen abweichend betrachtet wird. Jugendarbeit/-pflege wird kurz vor dem 1. Weltkrieg als breite gesellschaftliche Aufgabe wahrgenommen und erstmals öffentlich gefördert (erste preußische Jugendpflege-Erlasse in den Jahren 1901, 1911 und 1913), aber auch instrumentalisiert. So wird beispielsweise 1911 der „Jungdeutschlandbund" gegründet, der die Wehrertüchtigung und Vaterlandserziehung zum Ziel hat. Der „Jugenddeutschlandbund" erreicht in der Zeit bis 1918 zentrale Bedeutung. Festzustellen ist zudem, dass sich die Angebote der verbandlichen Jugendarbeit bis zu dieser Zeit nahezu ausschließlich an männliche Jugendliche richten.

Die ersten Jahren der Weimarer Republik bringen einen breiten Durchbruch für die Gedanken der Jugendbewegung im gesamten Bereich der Jugendverbände. „Die unmittelbare Nachkriegszeit zeigte, dass sich Jugendarbeit nun eindeutig durchgesetzt hatte als bedeutsames Angebots-, Aktivitäts- und Sozialisationsfeld für Jugendliche. Ihre Organisationsform stützte sich auf einen subsidiär begründeten Verbändepluralismus in klarer Abgrenzung zu den vorherigen Versuchen mit dem staatlich gelenkten ‚Jungdeutschlandbund' als Einheitsverband" (Krafeld 1990, 15), ohne dass allerdings die Trennung zwischen bürgerlicher und proletarischer Jugendverbandsarbeit aufgehoben wird. Mit dem Beginn der Weltwirtschaftskrise im Jahr 1929 wird auch die verbandliche Jugendarbeit immer stärker in Auseinandersetzungen um den „richtigen Weg" in die Zukunft einbezogen. Nach der Regierungsübernahme der Nationalsozialisten (NS) im Jahr 1933 gewinnt die bis dahin eher unbedeutende NS-Jugendorganisation „Hitler-Jugend" (HJ) schlagartig zentrale Bedeutung. Bereits 1933 werden autonome Jugendbünde durch das NS-Regime verboten. Bis zum ersten Staatsjugendtag im Jahr 1934 gelingt es durch Verbot, Zerschlagung und freiwillige, wie auch erzwungene Integration, ca. 90% aller Jugendlichen in der HJ zu organisieren.

Mit der militärischen Niederlage im Jahr 1945 ist auch das Ende der HJ besiegelt. Relativ schnell gründen sich auf lokaler Ebene jugendverbandliche Gruppierungen von ehemals verbotenen oder zerschlagenen Jugendverbänden und bereits 1950 kann von etablierten Jugendverbänden, bis hin zur Existenz von Bundesstrukturen gesprochen werden. Im Mittelpunkt der verbandlichen Jugendarbeit der ersten Jahre der Nachkriegszeit steht dabei der Wille der „Integration der Jugend". Dieser Phase folgt in den sechziger Jahren eine Neubestimmung der verbandlichen Jugendarbeit. Jugendverbände verorteten sich als „drittes Sozialisationsfeld" neben Familie und Schule und stellten die Bildung in den Mittelpunkt ihrer Arbeit. Gesellschaftskritik und Emanzipation vor dem Hintergrund der Unterstützung von jungen Menschen bei der Veränderung der Gesellschaft stehen nun im Vordergrund. Der Ausbau des Bildungswesens führt in den siebziger Jahren dazu, dass auch in der verbandlichen Jugendarbeit eine zunehmend Professionalisierung – wenn auch auf vergleichsweise geringem quantitativem Niveau – durch hauptberuflich tätige MitarbeiterInnen verzeichnet werden kann. Verbandliche Jugendarbeit wird nun in den Bundesländern durch Jugendbildungsgesetze flankiert. Ende der siebziger und bis in die neunziger Jahre verzeichnet die verbandliche Jugendarbeit im Kontext der ökonomischen Strukturkrise eine Stagnation der öffentlichen Förderung und eine wachsende Konfrontation mit Fragen der Alltags- und Lebensbewältigung junger Menschen.

Grundsätze und Ziele verbandlicher Kinder- und Jugendarbeit

Jugendverbände sind das Ergebnis eines freiwilligen Verbundes von Kindern, Jugendlichen und jungen Erwachsenen, die idealistisch betrachtet, durch gleiche Interessen, Wertorientierungen, Lebenslagen u.a. verbunden sind. Diese Verbindungen sind in der Regel auf längere Dauer, Mitgliedschaft und auf Bereitschaft zum Engagement angelegt. D.h.: Jugendverbände stellen in ihrer Art selbstgetragene und selbstorganisierte Organisationen junger Menschen dar. Dabei unterscheiden sie sich von anderen Organisationen dadurch, dass ihre Mitglieder bezogen auf „einzelne Rahmenbedingungen" über vergleichsweise begrenzte Ressourcen (Finanzen u.a.) verfügen. Die normale jugendverbandliche Situation und Entwicklung wird zudem zentral von einer kontinuierlichen personellen Fluktuation geprägt, wie sie aufgrund des Alters der verbandlichen Mitglieder zu erwarten ist. Stärke und Schwäche verbandlicher Kinder- und Jugendarbeit hängt damit vom Grad des Engagements in örtlichen Gruppierungen ab. Im Zentrum der verbandlichen Kinder- und Jugendarbeit stehen somit die *ehrenamtlich* und *freiwillig* engagierten MitarbeiterInnen. Neben der Orientierung auf den eigenen Verband bzw. auf die örtliche verbandliche Clique, bieten Jugendverbände aufgrund des Engagements ihrer ehrenamtlich und freiwillig Engagierten vielfältige Angebote für Kinder und Jugendliche.

Insgesamt gesehen, trägt die verbandliche Kinder- und Jugendarbeit das Prädikat „pädagogisches Feld". Im Mittelpunkt der außerschulischen Pädagogik der verbandlichen Kinder- und Jugendarbeit steht der *pädagogische Bezug* zwischen jungen Erwachsenen, Jugendlichen und Kindern. Unter pädagogischem Bezug wird einerseits ein langfristig angelegter, andererseits aber zeitlich begrenzter Prozess der Begleitung und Unterstützung verstanden, in welchem Kinder, Jugendliche und junge Erwachsene mit einem umfassenden Orientierungssystem konfrontiert werden, in der Absicht, Kompetenzen und Fähigkeiten zu vermitteln, die die Grundlage für eine partizipative Teilhabe an der Gesellschaft darstellen. Unter Orientierungssystem soll dabei ein nach innen (auf Bewusstsein, Einstellungen, kognitive Fähigkeiten u.a.) und nach außen (gesellschaftliche bzw. soziale Lebenszusammenhänge in Familie, Schule, Freizeit u.a.) gerichtetes Konglomerat von Werten und Einstellungen verstanden werden, mit dem Kinder und Jugendliche sich in kontinuierlicher Auseinandersetzung befinden. Insgesamt wird dieses Ziel im Rahmen des „pädagogischen Prozesses" in Jugendverbänden mehr oder weniger reflektiert bzw. anschaulich, präzise, klar ausformuliert und damit bezogen auf die konkrete Arbeit überprüfbar gemacht.

Die Umsetzung der pädagogischen Ziele der verbandlichen Kinder- und Jugendarbeit erfolgt in bzw. durch die konkrete Arbeit und die vielfältigen Angebote der Jugendverbände. Unterschieden werden kann dabei zwischen kurzzeitpädagogischen und langfristigen Angeboten. Unter kurzzeitpädagogischen Angeboten sind all die Angebote zu verstehen, die Kinder und Jugendliche nur punktuell bzw. bezogen auf eine kurze Zeitspanne ansprechen (z.B. Ferienfreizeiten, Projekte). Unter langfristigen Angeboten sind demgegenüber beispielsweise kontinuierliche Gruppenangebote über mehrere Jahre zu verstehen.

Grundlegend orientieren sich die Angebote der Kinder- und Jugendarbeit am sozialräumlichen Lebenskontext von Kindern und Jugendlichen. Verbandliche Kinder- und Jugendarbeit versteht sich überwiegend als sozialräumlich orientierte Gruppenpädagogik, die durch ihren sozialräumlichen Bezug soziale Nahnetze aufbauen will, die einerseits begreifbare soziale Zusammenhänge möglich werden lassen und andererseits die wachsenden Anforderungen an die Ausformung einer eigenen Individualität dadurch „sozial abfedern" können, dass vielfältige kollektive Bezüge möglich werden (vgl. Deinet 1996).

Kinder- und Jugendarbeit in Jugendverbänden

Grundlegende Charakteristika der Angebote der Kinder- und Jugendarbeit in Jugendverbänden sind neben freiwilligem und ehrenamtlichem Engagement die Orientierung an Werten sowie jeweils verbandsspezifische Formen der Selbstorganisation. Wertgebundenheit wie auch Formen der Selbstorganisation werden durch einzelne Jugendverbände bestimmt. Unterscheiden lassen sich dabei Jugendverbände, die der Gruppe der konfessionellen Verbände (z.B. Arbeitsgemeinschaft der Evangelischen Jugend – AEJ, Bund der Deutschen Katholischen Jugend – BDKJ), der Gruppe der humanitär-helfenden Verbände (z.B. Deutsche Jugendfeuerwehr – DJF, Jugend der Deutschen Lebensrettungs-Gesellschaft – DLRG-Jugend, Jugendrotkreuz), der Gruppe der gewerkschaftlichen Verbände (z.B. Deutsche Beamtenbund-Jugend – DBBJ, DAG-Jugend, DGB-Jugend), der Gruppe der politischen Verbände (z.B. Sozialistische Jugend Deutschlands – Die Falken), der Gruppe der Verbände, die sich in ihrer Ausrichtung auf den ländlichen Raum orientiert (z.B. Bund der Deutschen Landjugend – BDL), der Gruppe der Verbände, in deren Mittelpunkt natur- und ökologischen Themen stehen (z.B. BUND-Jugend, Naturschutzjugend), der Gruppe der kulturbezogenen Verbände (z.B. Deutsche Jugend in Europa – DJO), der Gruppe der freizeit- und körperorientierten Verbände (z.B. Deutsche Sportjugend – DSJ, Jugend des Deutschen Alpenvereins – JDAV) sowie die PfadfinderInnenverbände (z.B. Deutsche Pfadfinderschaft Sankt Georg – DPSG, Pfadfinderinnenschaft Sankt Georg – PSG, Bund Deutscher PfadfinderInnen – BDP, Bund der Pfadfinderinnen und Pfadfinder – BdP) angehören. Deutlich wird, dass die verbandliche Kinder- und Jugendarbeit durch ein überaus breites Spektrum von Jugendverbänden repräsentiert wird. Insgesamt zählt das Handbuch der Jugendverbände 74 Jugendverbände, die über eine Struktur verfügen, die von örtlichen Gruppen bis auf Bundesebene reicht (vgl. Böhnisch/Gängler/Rauschenbach 1991).

Bedeutung der verbandlichen Kinder- und Jugendarbeit

Bezogen auf das Gesamtangebot Jugendarbeit, wird der Jugendverbandsarbeit eine besondere Bedeutung beizumessen. Dies wird in der Tatsache deutlich, dass im KJHG – bezogen auf die Jugendverbände als Träger von

Angeboten für Kinder, Jugendliche und junge Erwachsene – eine öffentliche Förderverpflichtung festgeschrieben ist (vgl. §12 Abs. 1 KJHG). Die zentrale Bedeutung, die den Angeboten der Jugendverbände zukommt, spiegelt sich darüber hinaus in der Vielzahl der verbandlich getragenen Angebote wie auch in der Nachfrage dieser Angebote wider. So kann davon ausgegangen werden, dass seit 1982 kontinuierlich ca. 50% aller TeilnehmerInnen an öffentlich geförderten Veranstaltungen der Kinder- und Jugendarbeit (Kinder- und Jugenderholung, außerschulische Jugendbildung, internationale Jugendarbeit sowie MitarbeiterInnenbildung) den Jugendverbänden angehören.

Zwischen den östlichen und westlichen Bundesländern existiert dabei eine erkennbare Differenz. So betrug beispielsweise – bezogen auf das Jahr 1996 – der Anteil aller öffentlich geförderten Maßnahmen der Jugendverbände in den genannten Bereichen in den östlichen Bundesländern nur ca. 28%, während er in den westlichen Bundesländern ca. 58% betrug (vgl. Nörber 1996; Pothmann/ Thole 1999).

MitarbeiterInnen in der verbandlichen Kinder- und Jugendarbeit

Verbandliche Kinder- und Jugendarbeit basiert auf dem freiwilligen und ehrenamtlichen Engagement junger Menschen. Freiwilliges und ehrenamtliches Engagement ist Grundvoraussetzung der politischen und pädagogischen Tätigkeit verbandlicher Kinder- und Jugendarbeit und steht für die Selbstorganisation von Kindern, Jugendlichen und jungen Erwachsenen. Die durch freiwillig, ehrenamtlich Engagierte getragenen Angebote und wahrgenommenen Aufgaben können als breit und umfassend bezeichnet werden. Sie reichen von der Wahrnehmung von Leitungsaufgaben und der Bestimmung der Programmatik der Arbeit in Vorstands- und Vereinsgremien, über die praktisch pädagogische Arbeit in Gruppen, Projekten und kurzzeitpädagogischen Bildungs- und Freizeitangeboten, bis zu spezifisch wahrgenommenen Aufgaben, bei denen freiwillige und ehrenamtliche MitarbeiterInnen ihre besonderen Fähigkeiten, Kenntnisse und Qualifikationen einbringen (z.B. im Finanzbereich, im Computer- und Medienbereich).

Bezogen auf Angaben nach der Gesamtzahl der in der verbandlichen Kinder- und Jugendarbeit freiwillig und ehrenamtlich Engagierten ist davon auszugehen, dass ca. jedes siebte Mitglied in der verbandlichen Kinder- und Jugendverband sich innerhalb des Verbandes freiwillig bzw. ehrenamtlich engagiert (vgl. v. Santen 2000, 110). Von einer mangelnden Bereitschaft bzw. einer Krise junger Menschen bezogen auf eine freiwillige und ehrenamtliche Mitarbeit in den Jugendverbänden kann somit nicht gesprochen werden (vgl. Nörber/Sturzenhecker 1997).

Schwerpunkte verbandlicher Kinder- und Jugendarbeit

Inhaltlich betrachtet, umfasst die verbandliche Kinder- und Jugendarbeit ein breites Feld von Arbeitsfeldern. Genannt werden kann beispielsweise die außerschulische Jugendbildung mit ihren allgemeinen, politischen, sozialen, gesundheitlichen, kulturellen, naturkundlichen und technischen Bildungsangeboten, die freizeitorientierte Jugendarbeit mit ihren auf Sport, Spiel und Geselligkeit ausgerichteten Angeboten, die arbeitsweltbezogene Jugendarbeit, die internationale Jugendarbeit sowie Angebote der Beratung ohne das mit diesen Schwerpunkten eine abschließende Auflistung erfolgt, da die aufgrund der an den Interessen und Bedürfnissen orientierte Arbeit der Jugendverbände aktuell kontinuierlich weitere Schwerpunkte aufgreift bzw. aufgreifen kann.

Angebote in den Schwerpunkten verbandlicher Kinder- und Jugendarbeit zeichnen sich durch eine breite Vielfalt von Methoden und Formen aus. Sie reichen von Referaten und Diskussionen zu kreativen und musischen Angeboten, Plan- und Rollenspielen, öffentlichen Aktionen, Lehrgängen, Kursen, Seminaren, Studienfahrten, Zeltlagern, Jugendfreizeiten, Projektgruppen, Jugendbegegnungen, Aktionen u.a.

Interessenvertretung, Mitbestimmung und Erziehung durch Gleichaltrige

Die verbandliche Kinder- und Jugendarbeit zeichnet sich durch jugendpolitische Interessenvertretung und Mitbestimmung in eigener Verantwortung aus. Darüber hinaus kommt der Erziehung durch Gleichaltrige in der verbandlichen Kinder- und Jugendarbeit zentrale Bedeutung zu (vgl. Ausubel 1968, 368ff.).

Aktuelle Herausforderungen und Probleme verbandlicher Kinder- und Jugendarbeit

Angesichts des gesellschaftlichen Wandels sowie der Entwicklungstendenzen in der Jugendhilfe und der verbandlichen Kinder- und Jugendarbeit, existieren aktuelle Herausforderungen und Probleme, denen gegenüber sich die Jugendverbände verhalten müssen. Zu nennen sind hier beispielhaft die Förderung der Anerkennung und Unterstützung freiwilligen und ehrenamtlichen Engagements, die Qualitätsentwicklung bezogen auf Angebote der verbandlichen Kinder- und Jugendarbeit sowie die Sicherstellung der jugendpolitischen Interessenvertretung.

Trotz der zentralen Bedeutung freiwilligen und ehrenamtlichen Engagements in der verbandlichen Kinder- und Jugendarbeit ist auch in Zukunft nicht mit einer Ausweitung hauptamtlicher MitarbeiterInnen in der verbandlichen Kinder- und Jugendarbeit zu rechnen. Da aber die Angebote der Kinder- und Jugendarbeit für Kinder, Jugendliche und junge Erwachsene immer bedeutender werden, ist die Notwendigkeit und Förderung von freiwilligem und ehrenamtlichem Engagement wichtiger denn je. Der Förderung, Unterstützung und Qualifizierung freiwilliger und ehrenamtlicher MitarbeiterInnen kommt damit zukünftig dahingehend eine hohe Bedeutung zu, als davon auszugehen ist, dass sich ehrenamtlich und freiwillig Engagierte durch ihr Engagement einen subjektiven Kompetenzgewinn versprechen und zukünftig gezielt qualitativ subjektiv anspruchsvolle und herausfordernde Aufgaben wahrnehmen möchten (vgl. Nörber 1995; Bundesministerium für Familie, Senioren, Frauen und Jugend 1998, Sturzenhecker 1999).

Bezogen auf die Qualität der Angebote für Kinder, Jugendliche und junge Erwachsene, ist die verbandliche Kinder- und Jugendarbeit mit der Frage konfrontiert, ob die Angebote den Anforderungen und Wünschen sowohl der NutzerInnen wie auch der „Verbandsideologie" gerecht werden. So scheint die Realität verbandlicher Kinder- und Jugendarbeit vielfach dadurch geprägt, dass eine Hinterfragung von Angeboten nach vorgegebenen Zielen eher als randständig bezeichnet werden kann. Zukünftig wichtig wird es aber sein, Angebote stärker an Zielen zu überprüfen und somit mehr Wert auf Qualität zu legen (vgl. Nörber 2000).

Bezogen auf die jugendpolitische Interessenvertretung zeigen sich auf kommunaler Ebene in der verbandlichen Kinder- und Jugendarbeit z.T. erhebliche Schwierigkeiten. Ehrenamtlich und freiwillige engagierte MitarbeiterInnen räumen der pädagogischen Arbeit eine deutlich höhere Bedeutung ein als der jugendpolitischen Interessenvertretung. Die Kommunalisierung der Jugendhilfe, d.h. die Verantwortlichkeit der Jugendämter für die Ausgestaltung der Angebote der Kinder- und Jugendarbeit, erfordert aber eine weit deutlichere und kompetentere jugendpolitische Interessenvertretung als aktuell (vgl. Nörber 1999).

3. Offene Kinder- und Jugendarbeit (Deinet)

Trotz jahrzehntelangem Krisenlamentos hat sich die *Offene Jugendarbeit* zu einem großen Feld der Jugendarbeit entwickelt. Von 12.257 Einrichtungen der Jugendarbeit insgesamt im Jahr 1994 gehörten 10.543 im weiteren Sinn zur Offenen Kinder- und Jugendarbeit als Jugendzentren, Häuser der offenen Türen, Jugendfreizeitheime, Jugendräume, betreute Spielplätze usw. Ebenso groß ist der Anteil der Offenen Kinder- und Jugendarbeit beim Personal: von 33.637 in der Jugendarbeit tätigen Personen insgesamt waren 1994 24.374 in den oben genannten Einrichtungen aktiv (vgl. Thole 2000, S. 100 u. S. 173).

Offene Jugendarbeit als „Haus der Offenen Tür"

Der Begriff des „Hauses der Offenen Tür" steht synonym für „Jugendfreizeitstätte, Jugendheim" oder „Jugendzentrum" als Einrichtungen der offenen Kinder- und Jugendarbeit. Obwohl es schon vor dem Zweiten Weltkrieg Vorläufer gab, entstanden Häuser der Offenen Tür in größerer Zahl erst nach 1945 in den westlichen Besatzungszonen im Rahmen der „New Education". Entsprechend anglo-amerikanischen Vorbildern waren diese Einrichtungen nicht verbandsspezifischen Interessen unterworfen, sondern gestalteten offene Freizeitangebote insbesondere für die „nicht organisierte" Jugend.

Nach der politisch orientierten Welle der Selbstverwaltung von Einrichtungen in der Jugendzentrumsbewegung in den 70er und 80er Jahren entstand in vielen Bundesländern ein breites Spektrum von Einrichtungen der Offenen Kinder- und Jugendarbeit in öffentlicher und freier Trägerschaft. Als Haus der Offenen Tür wurden die Einrichtungen mehr und mehr mit hauptamtlichem Personal ausgestattet, sodass man im Zuge der 80er und 90er Jahre von einer weitgehenden Professionalisierung dieses Arbeitsbereiches sprechen kann, obwohl es nach wie vor auch zahlreiche kleine, von ehrenamtlichen Mitarbeitern betriebene Einrichtungen gibt.

„Offene" Definition der Offenen Jugendarbeit

Mit der Einführung des KJHG wurde die Offene Jugendarbeit zumindest im Gesetz genannt; so heißt es in §11 Abs. 2: „Jugendarbeit wird angeboten von Verbänden, Gruppen und Initiativen der Jugend, von anderen Trägern der Jugendarbeit und den Trägern der öffentlichen Jugendhilfe. Sie umfasst für Mitglieder bestimmte Angebote, die Offene Jugendarbeit und gemeinwesenorientierte Angebote". Die Bedeutung der Offenen Jugendarbeit wurde mit dieser erstmaligen Erwähnung zwar gestärkt, eine weitere Klärung des Begriffes erfolgt im Gesetz nicht. Die Offene Jugendarbeit gehört damit zu den „weichen" Pflichtleistungen, d.h. die quantitative und qualitative Ausgestaltung lässt der Gesetzgeber offen.

Die früher gängige Negativdefinition über die Besucher/innen als „nicht organisierte" Jugendliche (damit meinte man eine nicht-verbandliche Organisation) ist heute nur noch wenig sinnvoll. Da liegt es schon näher, von Offener Kinder- und Jugendarbeit zu sprechen, wenn man bedenkt, dass Kinder und jüngere Jugendliche in den letzten 20 Jahren zu einer der bedeutendsten Zielgruppen der Offenen Jugendarbeit geworden sind (s.u.). Doch auch diese Konkretisierung bleibt nicht befriedigend, wenn man an die Diskussion der letzten Jahre um Mädchen- und Jungenarbeit denkt; müsste es dann nicht heißen: „Offene Mädchen- und Jungenarbeit"? Eine Definition über die Zielgruppen erscheint also auch als schwierig.

Die oben erwähnte Definition über die Institution „Haus der offenen Tür" ist ebenfalls überholt: Der Begriff Offene Kinder- und Jugendarbeit bezieht sich heute nicht nur auf „stationäre" Einrichtungen, sondern auch auf mobile Angebote (Spielmobile, Rockmobile, cliquenorientierte aufsuchende Arbeit) bis hin zur Streetwork sowie Abenteuer- und Bauspielplätze, Spielhäuser. Klare Abgrenzungen zu angrenzenden Feldern sind schwer zu finden und Übergänge eher fließend. Die beabsichtigte Klärung des Begriffes „Offene Jugendarbeit" wird auch durch die unterschiedlichen jugendpolitischen Rahmenbedingungen in den Bundesländern erschwert. So wird der Begriff Offene Jugendarbeit nicht nur in Nordrhein-Westfalen doppeldeutig benutzt: Als Bezeichnung einer einrichtungsbezogenen Jugendarbeit (z.B. Haus der Offenen Tür als Einrichtungstyp) und als jugendpolitischer Begriff für alle die Formen von Jugendarbeit, die traditionell über die klassischen Ansätze der Jugendverbandsarbeit hinausgehen.

Entwicklungen

Aufgrund der Veränderungen in der Lebenswelt von Kindern und Jugendlichen übernimmt die offene Jugendarbeit zunehmend *Dienstleistungsfunktionen*, d.h. über die Bereitstellung von Räumen und die Funktion der Jugendarbeit als Lebens- und Erfahrungsraum hinaus werden konkrete Hilfestellungen zur Lebensbewältigung von Kindern und Jugendlichen wichtiger. Dies können z.B. Hilfen bei den Schulaufgaben für Kinder sein, räumliche Rückzugs- und Gestaltungsmöglichkeiten für Cliquen, Einzelberatungen durch die Mitarbeiter als „Drehpunktpersonen". Um diesem Anspruch zu genügen, haben sich vor allem die großen Einrichtungen der offenen Jugendarbeit in den letzten Jahren konzeptionell spezialisiert und differenziert.

Vielfach gibt es Versuche, die traditionelle Praxis zu überwinden und neue Formen zu entwickeln. Diese Entwicklungen zeigen sich unter anderem im ländlichen Bereich bzw. in den so genannten Mittelzentren, die zwischen Großstadt und Land eine eigene regionale Bedeutung haben. Oft verwischen sich dabei die traditionellen Grenzen zwischen offener Jugendarbeit und Jugendverbandsarbeit. Die aus der Sicht der Kinder und Jugendlichen geforderte Gebrauchswertorientierung führt zu einer Entwicklung neuer Ansätze in der Jugendarbeit jenseits der klassischen Arbeitsfelder.

Es geht dabei um Vernetzung und Kooperation: Neue Handlungsformen für die MitarbeiterInnen deuten sich an; diese arbeiten zum Teil nicht mehr in einzelnen Einrichtungen, sondern bilden Stadtteilteams (Team Jugendförderung), deren Hauptaufgabe die Betreuung unterschiedlicher Cliquen, die Bereitstellung und Bündelung von Ressourcen für jugendkulturelle Aktivitäten sowie die Vernetzung der unterschiedlichen Angebote und Gruppen ist.

Die Konsumorientierung der Jugendlichen wird als Herausforderung für die Jugendarbeit ernst genommen: Halbkommerziell betriebene Jugendcafes, die zwischen sozialpädagogischem Angebot und kommerzieller Jugendszene den Bedürfnissen der Mehrheit der heutigen Jugendlichen entgegenkommen, werden zunehmend eingerichtet.

Es werden Projekte in Angriff genommen, die eine langfristige Arbeit mit gewaltbereiten Jugendcliquen (Skins, Rechtsorientierte, ausländische Gruppen etc.) machen. Es geht dabei um Ansätze, die akzeptierend statt ausgrenzend, konfliktorientiert statt -vermeidend sind und die bei Beziehungen ansetzen statt bei Bewusstseinsveränderung.

Aufbauend auf dem sozialräumlichen Konzept der Differenzierung, Spezialisierung und damit Qualifizierung der Jugendarbeit insgesamt gehört zu den Entwicklungen der letzten Jahre auch die Erarbeitung spezieller Konzepte für einzelne Zielgruppen.

Kinder und Jugendliche sind Mädchen und Jungen

Ausgehend von der Kritik einer verbreiteten mädchen- und frauenfeindlichen Atmosphäre und dem geringen Mädchenanteil in vielen Einrichtungen hat sich eine z.T. stark feministisch begründete Mädchenarbeit in der Offenen Kinder- und Jugendarbeit etabliert. Mädchenräume, Öffnungszeiten speziell für Mädchen bis hin zu eigenen Einrichtungen (Mädchenhäuser) sind konzeptionelle Ausdrucksformen dieser Entwicklung. In den letzten Jahren setzt sich eine über die Förderung von Mädchen hinausgehende geschlechtsbewusste Pädagogik nicht nur in der Offenen Jugendarbeit durch, die eine z.T. als antisexistisch bezeichnete Jungenarbeit fordert und dafür Konzepte vorlegt.

Eine der größten Zielgruppen: Kinder in der Offenen Jugendarbeit

Obwohl in vielen Einrichtungen und Angebotsformen der Offenen Arbeit Kinder und jüngere Jugendliche inzwischen einen Großteil der BesucherInnen ausmachen, wird die Offene Arbeit mit Kindern in der Literatur sowie in der Fachöffentlichkeit nach wie vor eher zweitrangig behandelt. Eine Orientierung an den Lebenswelten der Kinder, an ihren Bedürfnissen und den Bedarfen z.B. in sozialen Brennpunkten bedeutet: die Bereitstellung vielfacher Aneignungsmöglichkeiten in und außerhalb von Einrichtungen mit dem Ziel der Erweiterung des Handlungsraumes, der Gestaltung und Veränderung von Räumen und Situationen durch die Kinder; ein Selbstverständnis von Einrichtungen und Maßnahmen, die einer Kinderkultur Raum geben und eigenständige Kindermilieus aufbauen, auch in Anbetracht der Tatsache, dass dafür im öffentlichen Raum und in Institutionen kaum Platz ist. Anregung und Animation sind notwendig, um Kinder in ihren Fähigkeiten zu fördern und ihnen – in einem zum Teil sehr tristen Alltag – Entwicklungsmöglichkeiten zu eröffnen. Die Einrichtungen und Maßnahmen der Offenen Arbeit mit Kindern bilden ein Scharnier zwischen der Welt der Kinder und der Welt der Erwachsenen. Sie haben zum Ziel, Öffentlichkeit für die Interessen und Probleme von Kindern herzustellen und damit auch eine Politik für Kinder voranzutreiben. Dazu dienen vermehrt auch Aktionen und Projekte außerhalb der Einrichtungen in der Lebenswelt von Kindern im Stadtteil, in der Öffentlichkeit und in der Politik. Je nach sozialräumlichen Bedingungen müssen einzelne Muster stärker betont werden; das Spektrum reicht von der Einrichtung als zweites „Kinderzimmer" für sozial benachteiligte Kinder mit Über-Mittag-Betreuung, Schulaufgabenhilfe und regelmäßigen Angeboten über Spielmobile, Abenteuerspielplätze bis zur „Kinderkultureinrichtung", in denen der Schwerpunkt auf kreativen Angeboten und einer starken Einzelförderung liegt. Auch die Organisations- und Institutionsformen einer Offenen Arbeit mit Kindern müssen – den sozialräumlichen Bedingungen entsprechend – breit gefächert sein zwischen „stationären" Einrichtungen, mobilen und aufsuchenden Angeboten.

Ganztagsangebote, Kooperation mit Schule

Auf der Grundlage eines steigenden Bedarfes und der jugendpolitischen Inpflichtnahme der Offenen Jugendarbeit haben sich vielfältige Formen von Ganztagsangeboten entwickelt, z.B. in Form von so genannten Schulkindergruppen oder Schülercafes: Kinder und Jugendliche können direkt nach der Schule ins Jugendhaus kommen, erhalten dort ein Mittagessen, Hilfen bei den Schulaufgaben und werden bis zum Beginn des offenen Angebotes betreut. In diesen Konzepten werden Elemente der offenen Arbeit mit denen der Hortarbeit verbunden, d.h. Schulaufgabenhilfe, Mittagessen und Betreuung über die Mittagszeit werden als Hortelemente mit den klassischen Elementen der offenen Arbeit: offener Spielbetrieb, Freiwilligkeit der Teilnahme, dem Miteinander verschiedener Altersstufen usw. verbunden. Schülercafes für Jugendliche setzen stark auf Selbstorganisation und Freiwilligkeit, werden in Jugendeinrichtungen aber auch direkt in Schulen durchgeführt. Die *Kooperation mit Schule* erscheint einerseits als Chance, um sich mit Hilfe der Schule einem breiten Spektrum von Zielgruppen öffnen zu können und über die Durchführung gemeinsamer Projekte eine größere Anerkennung und Akzeptanz durch Schule und andere Institutionen zu gewinnen. Andererseits zeigt die Schieflage vieler Kooperationsprojekte (in denen Konzepte und Ressourcen meist nur von der Jugendarbeit kommen), dass die Offene Kinder- und Jugendarbeit als sozialpolitische Ressource für schulische Belange instrumentalisiert wird und ihre Charakteristika der Freiwilligkeit, Offenheit und Diskursivität verliert (vgl. Sturzenhecker 2000).

„Raus aus dem Haus" –
Cliquenorientierte und mobile Jugendarbeit

Das alte Konzept der offenen Arbeit, d.h. das Prinzip der Offenheit für alle und jeden, stilisiert im offenen Bereich eines jeden Jugendhauses, in dem sich alle Jugendlichen treffen sollen, geht heute ein Stückweit an der Wirklichkeit vorbei. Jugendliche Cliquen und Szenen brauchen sozialräumliche Organisationsformen im Alltag, und dabei können Jugendeinrichtungen wichtige Funktionen übernehmen. Dazu gehört ein cliquenorientiertes Konzept, das die Unterschiede der einzelnen Gruppen, Szenen und Cliquen zunächst ernst nimmt und den altersspezifischen, ethnischen, geschlechtsspezifischen usw. Bedürfnissen Raum bietet (vgl. Krafeld 1992).

Ein solches Konzept verändert auch das räumliche Arrangement eines Jugendhauses, indem der offene Bereich umgestaltet und verändert wird und einzelnen Cliquen unterschiedliche räumliche Bereiche zugänglich gemacht werden (z.B. auch durch separate Zugänge). Die MitarbeiterInnen übernehmen dann die wichtige und oft schwierige Funktion, zwischen den Raumaneignungsversuchen unterschiedlicher Cliquen zu vermitteln, als Beziehungspartner zur Verfügung zu stehen und Angebote und Anregungen für die Gestaltung des Lebens im Jugendhaus zu geben.

Für die Arbeit mit Cliquen kann eine Jugendeinrichtung auch über räumliche Dependancen verfügen, z.B. in Form von Hütten, Kellern, Bauwagen usw., die vom Jugendhaus aus eröffnet und betreut werden.

Professionalität und Personalprobleme

Eine Veränderung des professionellen Selbstverständnisses in der offenen Jugendarbeit ist im Zusammenhang mit der Veränderung der Jugendphase zu sehen: Der sozialisationstheoretische Bezugsrahmen „Lebensbewältigung" zur Erklärung jugendlichen Verhaltens macht heute neue professionelle Qualitäten erforderlich. Auf dem Hintergrund des Strukturwandels der Jugendphase fordern die wechselnden und unterschiedlichen Szenen und Zielgruppen in der Offenen Arbeit professionelle Kompetenzen zwischen Beziehungsarbeit und strukturierender Kompetenz. Verschiedene Zielgruppen (Mädchen, Kinder und jüngere Jugendliche, ausländische Kinder und Jugendliche) verlangen vollkommen unterschiedliche Arbeitsformen und Kompetenzen (Beziehungsarbeit, Erziehungsarbeit, Sozialmanagement, Kulturarbeit usw.). Die lange vernachlässigten Unterschiede zwischen großen und kleinen Einrichtungen/Stadt und Land bilden ebenfalls Rahmenbedingungen für ganz verschiedene Formen des professionellen Selbstverständnisses in der Jugendarbeit. Das Verständnis der Funktion von Jugendhäusern als Bestandteile der sozialen Infrastruktur schafft eine neue professionelle Identität der Mitarbeiter als „Stadtteilbeauftragte" für Kinder- und Jugendarbeit. Die Offenheit der Einrichtungen in Bezug auf lebensweltorientierte und stadtteilorientierte Arbeit hängt wesentlich von der Professionalität der hauptamtlichen Mitarbeiter ab. Deshalb muss an dieser Stelle hingewiesen werden auf zentrale Probleme wie z.B. die unzureichende Beratung und Supervision vieler Mitarbeiter, die fehlenden Aufstiegsmöglichkeiten, die kaum vorhandenen Ausstiegsmöglichkeiten sowie das Problem des Älterwerdens im Jugendhaus. Diese Probleme basieren auch auf der Marginalität des Feldes gegenüber anderen Bereichen der Jugendhilfe (vgl. Sturzenhecker 2000).

Ausblick: Sozialräumliche Konzeptentwicklung und Qualitätsarbeit

Aufgrund allgemeiner gesellschaftlicher Prozesse wie z.B. die Individualisierung und Pluralisierung von Lebenslagen lässt sich Jugend heute immer weniger in homogene Gruppen einteilen. Es wird in der Praxis immer schwerer zu sagen, für welche der sich ständig verändernden Gruppierungen, Szenen und Cliquen welche Form von Jugendarbeit sinnvoll und richtig ist. Ein größer werdender Teil der Jugendlichen ist gar nicht mehr bereit, sich in pädagogisch vorgeformte Situationen einzulassen, sondern bewegt sich relativ ungebunden im ständig expandierenden Konsummarkt und ist für die Jugendarbeit nur schwer erreichbar. Demgegenüber stehen Gruppen wie z.B. viele ausländische Jugendliche, die aufgrund ihrer sozialen Situation auf Angebote der Offenen Jugendarbeit angewiesen sind.

Den völlig unterschiedlichen Bedürfnissen und Interessen von Kindern und Jugendlichen entspricht nicht mehr *ein* Jugendhaus, in dem alle möglichen Aktivitäten und Formen integriert sind. Ein solches Konzept geht heute an der gesellschaftlichen Realität vorbei und ist auch pädagogisch kaum noch machbar. In einem differenzierten Konzept gibt es mobile Arbeit mit Cliquen im Stadtteil, „feste" Jugendhäuser als sozialräumliche Rückzugsmöglichkeiten und Ausgangspunkte für die Aneignung ihrer Lebenswelt genauso wie die Stützung freier Initiativen und Neuentwicklungen in den Jugendverbänden.

Nur vor Ort kann entschieden werden, welche Formen der Offenen Kinder- und Jugendarbeit auf die Bedarfe entsprechend „richtig" regieren. Deshalb ist eine sozialräumliche Konzeptentwicklung (vgl. Deinet 1999) notwendig, die ausgehend von den Lebenslagen der Kinder und Jugendlichen in einem Sozialraum mit Hilfe des Einsatzes unterschiedlicher Methoden einer Lebensweltanalyse und unter Einbeziehung weiterer Daten (etwa aus der Jugendhilfeplanung) Anforderungen an die Kinder- und Jugendarbeit formuliert. Daraus können Ziele abgeleitet werden, die dann zu konzeptionellen Profilen und Schwerpunkten von Maßnahmen und Einrichtungen führen, die bedarfsgerecht sind. Diese Vorgehensweise einer Konzeptentwicklung „von unten" führt aufgrund der sehr verschiedenen sozialräumlicher Bedarfe auch zu sehr unterschiedlichen Arbeitsformen, die nicht vorgegeben sondern im Prozess entwickelt werden müssen. Dieses Verfahren widerspricht aber einem verbreiteten jugendpolitischen Anspruch, Schwerpunktsetzungen „von oben" festzulegen.

Eine sozialpolitische Inpflichtnahme der Offenen Arbeit, etwa durch die Anordnung einer in vielen Bundesländern diskutierten Präventionsarbeit oder der Kooperation mit Schule, also die Durchsetzung von Schwerpunkten durch die Politik, birgt die Gefahr, dass die Offene Jugendarbeit ihren Charakter als ein von Kindern und Jugendlichen weitgehend selbst bestimmter (Frei-) Raum verliert und den jeweiligen sozialpolitischen Ansprüchen unterworfen wird. Andererseits ist die Offene Kinder- und Jugendarbeit aber in der Pflicht, ihre Fachlichkeit nach innen und außen durchschaubarer zu machen. Nicht nur unter dem Druck der „Neuen Steuerungsmodelle" in Gestalt einer an vielen Orten umgesetzten Verwaltungsreform sondern auch aufgrund der Fachdiskussion im Feld gibt es zurzeit eine intensive Debatte zur „Qualitätsarbeit". Auf der Ebene von Einrichtungen und Maßnahmen werden Vorschläge für eine handhabbare Qualitätsarbeit (vgl. von Spiegel 2000) entwickelt, die unterschiedliche Bausteine enthalten: Zentral ist die Formulierung klarer Ziele sowie deren Operationalisierung und die Formulierung von Indikatoren für die Überprüfung der Zielerreichung. Aber auch Methoden der Qualitätssicherung wie die Formulierung von Standards für einzelne Bereiche der Arbeit oder die Beschreibung von Schlüsselprozessen (Qualifizierung besonders wichtiger und wiederkehrender Abläufe) werden angewandt. Eine zentrale Rolle spielen auch Verfahren der Selbstevaluation (vgl. von Spiegel 2000) zur Überprüfung der eigenen Arbeit. Konzeptentwicklung und Qualitätsarbeit gehören zusammen und werden zurzeit im gesamten Bundesgebiet in Tagungen diskutiert, in Modellprojekten und Einrichtungen erprobt.

Literatur zur Vertiefung

Böhnisch, L./Gängler, H./Rauschenbach, Th.(1991): Handbuch Jugendverbände. Weinheim Deinet, U./Sturzenhecker, B. (Hrsg.) (1998): Handbuch Offene Jugendarbeit, Münster

Deinet, U. (1999): Sozialräumliche Jugendarbeit. Eine praxisbezogene Anleitung zur Konzeptentwicklung in der Offenen Kinder- und Jugendarbeit, Opladen

Nörber, M./Sturzenhecker, B. (1997): Die Krise des Ehrenamtes gibt es gar nicht. Pointierte Anmerkungen zur aktuellen Diskussion. In: deutsche jugend, Heft 6, S. 280-283

Sturzenhecker, B. (2000): Grenzen von Planung in der Offenen Jugendarbeit, In: von Spiegel, H. (Hrsg.): Jugendarbeit mit Erfolg. Arbeitshilfen und Erfahrungen zur Qualitätsentwicklung und Selbstevaluation, Münster, S. 159ff.

Thole, W. (2000): Kinder- und Jugendarbeit, Weinheim

Literatur

Achter Jugendbericht (1990): Bericht über Bestrebungen und Leistungen der Jugendhilfe. Deutscher Bundestag. 11. Wahlperiode. Drucksache 11/6576

Ausubel, D.P. (1968): Das Jugendalter. Fakten. Probleme. Theorie. München

Bartscher, M. (1998): Partizipation von Kindern in der Kommunalpolitik. Freiburg i.B.

Böhnisch, L./Gängler, H./Rauschenbach, Th. (1991): Handbuch Jugendverbände. Weinheim

Bundesministerium für Familie, Senioren, Frauen und Jugend (Hrsg.) (1998): Keine Qualität ohne Qualifizierung. Anregungen des Hessischen Jugendringes zum ehrenamtlichen Engagement. QS 17 – Materialien zur Qualitätssicherung in der Kinder- und Jugendhilfe. Bonn

Deinet, U. (1996): Sozialräumliche Konzeptentwicklung. In: Deinet, D./Sturzenhecker, D. (Hrsg.): Konzepte entwickeln. Anregungen und Arbeitshilfen zur Klärung und Legitimation. Weinheim, S. 9-17

Deinet, U./Sturzenhecker, B. (Hrsg.) (1996): Konzepte entwickeln. Anregungen und Arbeitshilfen zur Klärung und Legitimation in der Reihe Praxishilfen für die Jugendarbeit; Weinheim

Deinet, U./Sturzenhecker, B. (Hrsg.) (1998): Handbuch Offene Jugendarbeit, Münster

Deinet, U. (1999): Sozialräumliche Jugendarbeit. Eine praxisbezogene Anleitung zur Konzeptentwicklung in der Offenen Kinder- und Jugendarbeit, Opladen

Krafeld, F.J. (1984): Geschichte der Jugendarbeit. Von den Anfängen bis zur Gegenwart. Weinheim

Krafeld, F.J. (1990): Jugendverbandsarbeit von Wilhelminischer Zeit bis 1945. In: Damm, D./Eigenbrodt, J./Hafeneger, B. (Hrsg.): Jugendverbände in der Bundesrepublik Deutschland. Neuwied, S. 7-19

Münchmeier, R. (1992): Institutionalisierung pädagogischer Praxis am Beispiel der Jugendarbeit. in: Z.f.Päd., Heft 3

Münchmeier, R. (1992): Paradigmenwechsel in der sozialen Arbeit? In: Vahsen, F. G. (Hrsg.): Paradigmenwechsel in der Sozialpädagogik. Bielefeld

Nörber, M. (1995): Ehrenamt und die Zukunft der Jugendverbände. In: Jugendwohl, Heft 8-9, S. 372-382

Nörber, M. (1996): Jugend(verbands)arbeit im Blick der Jugendhilfestatistik. Unterstützung in der gesellschaftlichen Diskussion. In: deutsche jugend, Heft 6, S. 259-265

Nörber, M. (1999): Mit kleinen Schritten zum Erfolg. Jugendverbände und jugendpolitische Interessenvertretung. In: Jugendpolitik, Heft 4, S. 12-16

Nörber, M. (2000): „Mit Qualität Zukunft gestalten". Qualität und Qualitätssicherung in der verbandlichen Kinder- und Jugendarbeit. In: Unsere Jugend, Heft 6, S. 245-254

Nörber, M./Sturzenhecker, B. (1997): Die Krise des Ehrenamtes gibt es gar nicht. Pointierte Anmerkungen zur aktuellen Diskussion. In: deutsche jugend, Heft 6, S. 280-283

Pothmann, J./Thole, W. (1999): Abbau im „Westen" – Wachstum im „Osten". Die Maßnahmen der Kinder- und Jugendarbeit 1996 im Spiegel statistischer Daten. In: deutsche jugend, Heft 4, S. 169-179

Santen, E.v. (2000): Inhalt sucht neue Form. Empirische Befunde zum ehrenamtlichen Engagement in Jugendverbänden und Jugendringen. In: deutsche jugend, Heft 3, S. 107-116

Schellhorn, W. (2000): Sozialgesetzbuch Achtes Buch – Kinder- und Jugendhilfe: SGB VIII – KJHG; ein Kommentar für Ausbildung, Praxis, Rechtsprechung und Wissenschaft. Neuwied, Kriftel (2. Auflage)

Schröder, A./Leonhardt, U. (1998): Jugendkulturen und Adoleszenz. Verstehende Zugänge zu Jugendlichen in ihren Szenen, Neuwied

Spiegel, H. von (Hrsg.) (2000): Jugendarbeit mit Erfolg. Arbeitshilfen und Erfahrungen zur Qualitätsentwicklung und Selbstevaluation, Münster

Statistisches Bundesamt (1996): Fachserie 13: Sozialleistungen. Reihe 6.3: Einrichtungen und tätige Personen in der Jugendhilfe 1994, Wiesbaden. Bearbeitung durch: Universität Dortmund, Fachbereich 12 – Erziehungswissenschaften und Biologie, Institut für Sozialpädagogik, Erwachsenenbildung und Pädagogik der frühen Kindheit, Arbeitsstelle Kinder- und Jugendhilfestatistik, Leitung: Prof. Dr. Th. Rauschenbach, Vogelpothsweg 78, 44227 Dortmund

Sturzenhecker, B. (1993): Demokratie zumuten – Moralerziehung in der Offenen Jugendarbeit. In: deutsche jugend, Heft 3

Sturzenhecker, B. (1996): Moralische Bildung mit Jugendlichen. in: Brenner, G./Hafeneger, B. (Hrsg.): Pädagogik mit Jugendlichen. Bildungsansprüche, Wertevermittlung und Individualisierung. Weinheim/München
Sturzenhecker, B. (1998): Qualitätsanfragen an Jugendpartizipation. In: deutsche jugend, Heft 5
Sturzenhecker, B. (1999): Freiwillige fördern. Ansätze und Arbeitshilfen für einen neuen Umgang mit Freiwilligen in der Kinder- und Jugendarbeit. Weinheim
Sturzenhecker, B. (2000): Grenzen von Planung in der Offenen Jugendarbeit, In: von Spiegel, Hiltrud (Hrsg.): Jugendarbeit mit Erfolg. Arbeitshilfen und Erfahrungen zur Qualitätsentwicklung und Selbstevaluation, Münster, S. 159ff.
Sturzenhecker, B. (2000): Prävention ist keine Jugendarbeit. Thesen zu Risiken und Nebenwirkungen der Präventionsorientierung. In: Sozialmagazin, Heft 1, S. 14-21
Thole, W. (2000): Kinder- und Jugendarbeit, Weinheim
Wabnitz, J.W. (1998): Neue Steuerungsmodelle und Qualitätssicherung. Zur Frage ihrer Vereinbarkeit mit den Rahmenbedingungen und Strukturprinzipien der Kinder- und Jugendhilfe, insbesondere der Jugendverbandsarbeit. In: deutsche jugend, Heft 2, S. 59-69

Monika Weber

Mädchenarbeit

Zusammenfassung: Gegliedert in vier Phasen gibt der folgende Beitrag einen Überblick über die Grundlagen und Entwicklungslinien parteilicher Mädchenarbeit. Dabei werden insbesondere die Bezüge der Mädchenarbeit zur Frauenforschung und zur Jugendhilfe betrachtet, da der Entwicklungsverlauf parteilicher Mädchenarbeit entscheidend von diesen spannungsvollen Wechselverhältnissen mit bestimmt wird. Deutlich wird, dass Mädchenarbeit immer beides sein muss: einerseits eigenständiges Handlungsfeld der Kinder- und Jugendhilfe, andererseits aber auch als Querschnittsaufgabe Anforderung an alle Einrichtungen und Dienste der Kinder- und Jugendhilfe. Abschließend werden neuere Diskussionen in Mädchenarbeit und -forschung skizziert, um von hier aus einige Perspektiven für die Zukunft zu entwerfen.

Aufbruch: Von der Frauenbewegung bis zum 6. Jugendbericht

Angebote für Mädchen und junge Frauen hat es in der Kinder- und Jugendhilfe immer gegeben. Bis in die siebziger Jahre hinein galt das Prinzip der Geschlechtertrennung in der Schule, aber auch in der Jugendhilfe als das vorherrschende Konzept (vgl. Kleinau/Opitz 1996; Friebertshäuser 1997). Mit den Anfängen einer *parteilichen* Mädchenarbeit vollzog sich jedoch ein entscheidender Wandel in den pädagogischen Bezugspunkten und leitenden Orientierungen: Während die traditionelle Mädchenerziehung und -bildung weitgehend an Vorstellungen der „natürlichen Andersartigkeit des weiblichen Geschlechts"[1] festhielt und sich in seinen Erziehungszielen und -inhalten an der den Frauen gesellschaftlich zugedachten Rolle der Hausfrau und Mutter orientierte, stellt die parteiliche Mädchenarbeit genau dieses gesellschaftliche Geschlechterverhältnis kritisch in Frage und möchte Mädchen und Frauen Selbstbestimmung und Autonomie jenseits normativer Rollenvorgaben ermöglichen.

Die parteiliche Mädchenarbeit hat ihre Wurzeln in der zweiten Frauenbewegung. Als sich diese Anfang der siebziger Jahre formiert, sind viele der aktiven Frauen in pädagogischen Berufen tätig. Die Erkenntnis persönlicher Benachteiligung als Frau veranlasst sie bald, ihre eigene pädagogische Praxis und ihr Arbeitsfeld kritisch unter die Lupe zu nehmen: Wie weit werden diese den Bedürfnissen und Interessen von Mädchen gerecht? Zunächst

---

1 Vgl. dazu vor allem das von Henriette Schrader-Beymann geprägte Konzept der ‚geistigen Mütterlichkeit' (vgl. Sachße 1986).

sind es neben den Lehrerinnen (vgl. Schultz 1978) vor allem Frauen aus der offenen Jugendarbeit, die dieser Frage nachgehen (vgl. Savier/Wildt 1978). *„Jugendarbeit ist Jungenarbeit"* – so lautet die ernüchternde Bilanz ihrer Bestandsaufnahme. In den Jugendzentren dominieren die Interessen der Jungen die thematischen Schwerpunkte ebenso wie die Räumlichkeiten.

Um diesem Missstand entgegenzuwirken, initiieren Pädagoginnen Mädchentage, Mädchengruppen und -aktionen, richten Mädchenräume ein und begründen damit die Anfänge einer eigenständigen parteilichen Mädchenarbeit. Die Pionierinnen der Mädchenarbeit sehen sich massiver Kritik ausgesetzt. Gegenüber der erst in den sechziger Jahren eingeführten und als wichtiger Schritt zur Realisierung von Chancengleichheit gefeierten Koedukation gelten ihre Forderungen und Ansätze als Rückschritt. Analysen von Schulpädagoginnen und Jugendarbeiterinnen belegen jedoch: Allein gleiche Zugangsmöglichkeiten für Mädchen sind noch kein Garant für Chancengleichheit. Die Benachteiligung und Ausgrenzung von Mädchen setzt sich vielmehr vielfältig und subtil in Schule wie Jugendarbeit fort: In der Arbeitsteilung zwischen Männern und Frauen, in den Interaktionen zwischen PädagogInnen und Mädchen bzw. Jungen, in den Identifikationsangeboten und der Raumnutzung, im Themenspektrum sowie in der BesucherInnenstruktur spiegelt sich das Geschlechterverhältnis wider (vgl. Trauernicht/Schumacher 1986).[2]

Auf dem Kölner Frauenkongress 1978 wird erstmals *über Ziele und Prinzipien feministischer Mädchenarbeit* diskutiert. Dabei orientieren sich die Pädagoginnen an den bereits für die Frauenarbeit erprobten Handlungsprinzipien feministischer Sozialarbeit:

Autonomie

Unter dieser Überschrift fordern Frauen das Recht auf umfassende Selbstbestimmung – sowohl individuell für jede Frau/jedes Mädchen als auch in organisatorischer Hinsicht für die Fraueninitiativen und -projekte. Sie wollen unabhängig sein von männlichen Vorgaben und Beurteilungskriterien, ihre eigenen Erfahrungen in den Mittelpunkt stellen und eigene Maßstäbe setzen. Mädchenarbeit will Mädchen entsprechend Selbstbestimmungsmöglichkeiten eröffnen und sie zu gelebter Autonomie ermutigen. Eigene Räume allein für Mädchen sollen ihnen ermöglichen, Solidarerfahrungen untereinander zu machen und einen Freiraum zu gewinnen, in dem sie ungestört

---

2 Ebenso wie *gegen eine traditionelle Mädchenbildung*, die Mädchen allein auf ihre gesellschaftliche Rolle als Hausfrau und Mutter vorbereitet und damit in ihren Möglichkeiten und ihrer Selbstbestimmung beschränkt, wendet sich die parteiliche Mädchenarbeit also auch *gegen eine unreflektierte Koedukation*, die die Bedeutsamkeit von Geschlecht übergeht und ausblendet. Dabei plädierte sie niemals für eine Abschaffung der Koedukation, sondern für deren Qualifizierung durch ein paralleles, ebenso selbstverständliches Angebot nur für Mädchen sowie durch die Reflexion der Kategorie ‚Geschlecht' in koedukativen Zusammenhängen.

von männlichen Bewertungen und ohne Druck zur Anpassung ihre eigenen Sichtweisen und Vorstellungen entdecken und realisieren können.

Ganzheitlichkeit

Das Prinzip der Ganzheitlichkeit wendet sich gegen die Zerstückelung von Problemlagen. Probleme und Schwierigkeiten werden vor dem Hintergrund des gesamten 'weiblichen Lebenszusammenhangs' (Prokop 1976) mit seiner Orientierung auf Berufstätigkeit, Familien-/Hausarbeit *und* Kindererziehung gesehen. Angebote nehmen entsprechend die gesamte Lebenssituation der Mädchen in den Blick und beschränken sich nicht auf einzelne Symptome.[3] Ganzheitlichkeit heißt aber auch, Mädchen nicht auf ihre Probleme zu reduzieren, sondern gleichermaßen ihre Stärken in den Blick zu nehmen.

Parteilichkeit

Parteiliche Arbeit mit Mädchen und Frauen meint vor allem einen Perspektivwechsel: Die Welt wird – wie Simone de Beauvoir es beschrieben hat – konsequent aus den Augen der Frauen betrachtet und nicht vom „geliehenen" Standpunkt des Mannes aus.[4] So wird z.B. erkennbar, dass nicht ein Mädchen sich problematisch verhält, wenn sie von zu Hause wegläuft, sondern dass Geschlechterverhältnisse und Familienstrukturen problematisch sind, die sich für Mädchen gewaltvoll auswirken. Hilfe kann dann nicht länger vorrangig auf Wiederanpassung an normative Rollenbilder ausgerichtet sein, sondern zielt neben einer Problemlösung, die dem einzelnen Mädchen gerecht wird, immer auch politisch auf die Veränderung weiblicher Lebensbedingungen insgesamt.

Parteilichkeit ist dabei mehr als Partei für Frauen und Mädchen zu ergreifen. Parteilichkeit meint eine solidarische, aber kritische Haltung unter Frauen. Sie heißt nicht alles gut, was Frauen/Mädchen tun, aber sie ver-

---

3 Das heißt vor allem, auch die Widersprüche im weiblichen Lebenszusammenhang zu sehen und Verhaltensweisen von Mädchen anders verstehen zu können. So wird z. B. verständlich, dass Mädchen in ihrer Orientierung auf Frauenberufe nicht lediglich traditionellen Mustern folgen, sondern auch versuchen, eine individuelle Lösung zu suchen für das gesellschaftlich den Frauen zugemutete und unzureichend gelöste Problem der Vereinbarkeit von Familie und Beruf (vgl. Hagemann-White 1992 und 1998).

4 Parteilichkeit ist aber keinesfalls originär ein feministisches Prinzip: Sie ist vielmehr in der Auseinandersetzung der StudentInnenbewegung mit der kritischen Theorie begründet. Grundlage jeder parteilichen Haltung ist demnach eine Analyse der gesellschaftlichen Machtverhältnisse; ihr Ziel ist, durch Solidarität und Unterstützung die Position benachteiligter und diskriminierter gesellschaftlicher Gruppierungen zu stärken. Diese bezieht sich zunächst auf die Solidarität der Studierenden mit der ArbeiterInnenklasse, später auf die Parteilichkeit der SozialarbeiterInnen mit den Arbeiterjugendlichen, bevor Parteilichkeit zum zentralen Charakteristikum autonomer Praxis unter Frauen wird (vgl. Hartwig/Weber 2000).

sucht, ihre Handlungen als das ihnen zurzeit Mögliche zu verstehen (vgl. Klees/Marburger/Schumacher 1991).

Die Suche nach Orientierung für die pädagogische Praxis macht offenbar, dass es sowohl an Wissen über die Lebensrealität von Mädchen, ihre Verhaltensweisen und Einstellungen wie auch an konsequent geschlechtsspezifisch differenzierten Daten fehlt: „In Forschung und wissenschaftlicher Literatur über Kinder- und Jugendfragen kommen Mädchen wenig vor, da durchweg ohne Unterscheidung über die Lebenskonzepte, die Berufsorientierung, Ausbildungs-, Schul- oder Freizeitprobleme, Familiensituation und Konfliktlagen der Jugendlichen oder der Kinder nachgedacht wird. Schon bei erstem Hinsehen zeigt sich: Es wird praktisch nur von Jungen berichtet – Mädchen erscheinen subsumiert bzw. allenfalls als eine (defizitäre) Untergruppe des Normalfalls der männlichen Jugendlichen." (Sachverständigenkommission 1984, Stellungnahme der Bundesregierung: 1)

Mit ihrem Buch „*Wir werden nicht als Mädchen geboren, wir werden dazu gemacht*" ist Ursula Scheu (1977) eine der ersten bundesdeutschen Wissenschaftlerinnen, die die geschlechtsspezifische Sozialisation zu ihrem Forschungsgegenstand macht. Sie weist erstmals nach, dass Unterschiede zwischen Mädchen und Jungen nicht biologisch bedingt sind, sondern bereits im Kindesalter Folge einer geschlechtsspezifischen Erziehung sind, die Mädchen systematisch benachteiligt, sie stärker als Jungen in ihrer Autonomie beschränkt und sie – so ihre These – entsprechend geringere Fähigkeiten ausbilden lässt. Ähnlich wie Ursula Scheu halten auch Teile der frühen Mädchenarbeit an tendenziell männlichen Maßstäben fest: Sie wollen die Mädchen zu einer kritischen Auseinandersetzung mit ihrer Rolle anhalten, „Männliches" bei ihnen unterstützen und ihnen Zugang zu allen gesellschaftlichen – besonders den „frauenuntypischen" – Bereichen ermöglichen (z.B. durch Holz- und Metallwerkstätten, Programme wie 'Mädchen in Männerberufe').

Schließlich nimmt die Bundesregierung den Mangel an Wissen über Mädchen zum Anlass, den Sechsten Jugendbericht Mitte der achtziger Jahre dem Thema „Alltag und Biografie von Mädchen" zu widmen. In insgesamt 35 Expertisen werden erstmals geschlechtsspezifisch differenzierte Daten für alle Arbeitsfelder der Jugendhilfe vorgelegt, die Lebenssituation von Mädchen systematisch beschrieben und daraus Empfehlungen für die Realisierung der Chancengleichheit von Mädchen abgeleitet. In seiner Breite und Differenziertheit liefert der Bericht bis heute eine unverzichtbare Grundlage für die Mädchenarbeit und begründet den Beginn einer eigenständigen Mädchenforschung (vgl. Sachverständigenkommission 1984ff.). Die Bedeutung der Kategorie „Geschlecht" für die Kinder- und Jugendhilfe erfährt erstmals eine offizielle Anerkennung.

Konsolidierung: Vom 6. Jugendbericht bis zum KJHG

Gute schulische Leistungen und eine berufliche Ausbildung zählen zwar für immer mehr Mädchen zum selbstverständlichen Bestandteil ihrer Lebensplanung, gesamtgesellschaftlich bleibt die Gleichberechtigung von Mädchen aber eher formaler Anspruch als gelebte Wirklichkeit – so lautet die *Negativbilanz der Sachverständigenkommission des Sechsten Jugendberichts.* Der Bedarf an mädchenspezifischen Angeboten wird nachdrücklich unterstrichen (vgl. auch Hessische Mädchenstudie 1986, Trauernicht/Schumacher 1986).

In immer mehr Städten engagieren sich denn auch Frauen nicht nur für Mädchenangebote im koedukativen Jugendzentren, sondern für *Mädchentreffs* und -einrichtungen, die allein Mädchen vorbehalten sind. Ende 1980 gibt es vier Mädchentreffs in der Bundesrepublik: in Berlin, Frankfurt, Kiel und Rüsselsheim. Die anfänglich in der Jugendarbeit entwickelten Konzepte (vgl. Mädchentreff Bielefeld/Stein-Hilbers 1988) werden nach und nach auf andere Arbeitsfelder übertragen. So entstehen in der Jugendsozialarbeit mädchenspezifische Ausbildungsprojekte etc. (vgl. Linde u.a. 1989). Das umfassende Konzept des *„Mädchenhauses"* mit den „Bausteinen" Freizeitangebote, Beratung, Zufluchtstätte und langfristige Wohnmöglichkeiten wird entwickelt (vgl. Kuhne/Heiliger 1993, Kavemann 1991). Aus den Anfängen der Mädchenarbeit wird zunehmend eine *„Mädchenprojektebewegung".*

Zwischenzeitlich zieht in die Verwaltungen, in Betriebe und andere Einrichtungen *die Gleichstellungspolitik* mit Frauenbeauftragten und -büros ein. An den Hochschulen beginnt sich die Frauenforschung zu etablieren. Viele der Frauen engagieren sich auch für die Interessen von Mädchen und unterstützen die Mädchenarbeit vor Ort durch Lobbyarbeit, Praxisberatung, Fortbildung etc. Einige Länder und Kommunen – wie z.B. Hessen – richten Stellen für *Mädchenbeauftragte* ein. Andere Frauen setzen sich dafür ein, einen Teil ihrer Arbeitszeit der Mädchenförderung widmen zu können. Das Netz der Mädchenarbeit wird dichter.

Entscheidend für die wachsende politische Unterstützung der Mädchenarbeit ist aber auch eine andere Entwicklung: die *„Entdeckung" des sexuellen Missbrauchs* an Mädchen. Als Anfang der achtziger Jahre betroffene Frauen erstmals öffentlich über sexuelle Gewalterfahrungen in ihrer Kindheit berichten, verleiht die zutage tretende Bedrohung und Betroffenheit von Mädchen durch sexuelle Gewalt der Forderung nach autonomen Mädchenräumen Nachdruck. Der anfängliche Anspruch der Mädchenarbeit auf „Freiräume" wird durch die Forderung nach „Schutzräumen" ergänzt. Vielerorts entstehen *Anlaufstellen* und Beratungsangebote für betroffene Mädchen und Frauen wie Wildwasser; die Idee der *Zufluchtstätten* für Mädchen aus dem umfassenderen Mädchenhauskonzept wird politisch aufgegriffen. 1986 gelingt es der Initiative Münchner Mädchenarbeit I.M.M.A. als erster Mädchenhausinitiative Teile ihres Konzeptes zu realisieren (vgl. Keller u.a.

1991). Die Problematik sexueller Gewalt bleibt ein zentrales Thema parteilicher Mädchenarbeit (vgl. Weber/Rohleder 1995).

In der Frauenbewegung und -forschung wandelt sich das *Bild der Frau*: Die Analyse gesellschaftlicher Benachteiligungen ermöglicht einerseits Frauen in den 70er-Jahren, ihre Schwierigkeiten und Konflikte weniger als persönliches Problem, sondern vielmehr als Folge gesellschaftlicher Ungerechtigkeit zu werten. Andererseits verhindert die Sicht auf Frauen als weitgehend passives Opfer gesellschaftlicher Zurichtung aber auch, Veränderung aktiv von den Frauen aus denken zu können. In den achtziger Jahren rücken darauf hin stärker die Psyche, *Subjektivität und Eigenaktivität* von Frauen und Mädchen in den Blickpunkt. Wie kommt die Unterdrückung als psychisches Muster „in die Frau", warum fügen sich Frauen in ihre Unterdrückung? Solchen Fragen geht die Frauenforschung der achtziger Jahre nach.

Psychoanalytische Ansätze wie z.B. die Thesen Nancy Chodorows (1984) gewinnen an Bedeutung. Die unterschiedlichen psychischen Voraussetzungen des Aufwachsens in einer arbeitsteilig organisierten Gesellschaft, in der Jungen ihre Geschlechtsidentität in Abgrenzung, Mädchen hingegen in Identifikation mit der ersten – in der Regel weiblichen – Bezugsperson entwickeln müssen, sowie die gesellschaftliche Minderbewertung weiblicher Eigenschaften und Fähigkeiten werden als zentrale Unterdrückungsmechanismen entlarvt (vgl. Gilligan 1984). Neben der Aufhebung der geschlechtsspezifischen Arbeitsteilung erscheint deshalb das Sichtbarmachen und die *Aufwertung der weiblichen Perspektive* als Ansatzpunkt für Veränderung. Andere Wissenschaftlerinnen wehren sich gegen eine vermeintliche Idealisierung der Frauen und fragen mit der These der *„Mittäterschaft"* (vgl. Thürmer-Rohr 1987) nach der Mitwirkung von Frauen bei der Aufrechterhaltung frauenfeindlicher Strukturen. Gemeinsam ist ihnen, dass sie die Handlungsfähigkeit und Verantwortung von Frauen in den Mittelpunkt rücken.

Welche Bedeutung hat diese Forschung für die praktische Mädchenarbeit? Eine solche Auffassung befreit Frauen und Mädchen aus der Opferrolle und konkretisiert damit die Ziele parteilicher Mädchenarbeit: Die Mädchenarbeit der späten siebziger, frühen achtziger Jahre macht auf Defizite in der Berücksichtigung und Förderung von Mädchen aufmerksam, betrachtet aber nicht die Mädchen selbst als defizitär, sondern betont vielmehr deren kreatives Potential, Überlebenswillen und Widerstandskraft im Umgang mit gesellschaftlichen Widersprüchen. Parteiliche Mädchenarbeit setzt an den *Stärken der Mädchen*, ihrer Eigenverantwortlichkeit und Handlungsfähigkeit an und fördert diese.

1990 wird das novellierte *Kinder- und Jugendhilfegesetz* (KJHG) verabschiedet. Nach dem Sechsten Jugendbericht ließ sich die Notwendigkeit einer geschlechterdifferenzierten Betrachtungsweise nicht mehr leugnen, sodass der Gesetzgeber in das Gesetzesvorhaben eine Generalklausel aufnimmt, die die *Geschlechterdifferenzierung* zum grundlegenden Auftrag erhebt. Neben den empirischen Forschungsergebnissen des Sechsten Jugendberichts hat die Mädchenarbeit damit eine gesetzliche Vorgabe, auf die sie Bezug nehmen kann. In §9 Abs. 3 SGB VIII – KJHG heißt es: „Bei der Ausgestaltung der Leistungen und der Erfüllung der Aufgaben sind (...) 3. die unterschiedlichen Lebenslagen von Mädchen und Jungen zu berücksichtigen, Benachteiligungen abzubauen und die Gleichberechtigung von Mädchen und Jungen zu fördern."

Das Gesetz tritt 1991 – in den neuen Bundesländern bereits im Oktober 1990 – in Kraft. Etwa zeitgleich initiiert die Bundesregierung ein *Modellprogramm „Mädchen in der Jugendhilfe"*, das auf die Verbesserung der Chancengleichheit von Mädchen und eine breite Etablierung mädchenspezifischer Ansätze zielt. Bundesweit werden mehr als dreißig ausgewählte Initiativen und Projekte der Mädchenarbeit gefördert, hinzu kommen Fachkraftstellen bei Verbänden o.ä. Für den Ausbau der Mädchenarbeit als eigenständigem Handlungsfeld sind die Grundsteine gelegt.

Strukturbildung: Von der Mädchenarbeit zur Mädchenpolitik

Das In-Kraft-Treten des KJHG fällt in die Zeit der deutschen Einheit. Die fachlichen Inhalte und Ziele, um die im Westen lange gerungen worden ist, treffen in den neuen Bundesländern auf gänzlich andere Voraussetzungen – und das gilt auch für die Mädchenarbeit. Nunmehr gesetzlich gefordert, wird sie dort in einem Umfeld aufgebaut, das zum einen ein soziales System einschließlich der Jugendhilfe völlig neu aufbauen muss und für das zum anderen die Auseinandersetzung mit Geschlechtsunterschieden neu ist – ja bisher durch das geltende Gleichheitsgebot sogar ideologisch untersagt war. Der Schwerpunkt der Mädchenarbeit liegt in den neuen Bundesländern auf der Jugendarbeit, wo z.T. vorhandene Jugendclubs einer anderen Nutzung zugeführt werden, und auf der Berufsvorbereitung/-ausbildung. Ziel ist es weniger, Mädchen den gleichberechtigten Zugang zum Arbeitsmarkt zu eröffnen, als vielmehr ihrem drohenden Ausschluss vom Arbeitsmarkt entgegenzuwirken. Im Vergleich zu den alten Bundesländern kennzeichnen anfangs z.B. ein pragmatischeres Politikverständnis, eine geringere professionelle Identität als „Mädchenpädagogin" und nahezu vollständig fehlende öffentliche Akzeptanz die Frauen- und Mädchenprojekte in den neuen Bundesländern. Mittlerweile ist jedoch eine Angleichung sowohl in den Inhalten und Angebotsformen, als auch in den Möglichkeiten und Hindernissen zu verzeichnen (vgl. Jakob 1997).

Im Osten wie im Westen schätzen die Fachfrauen der Mädchenarbeit den neuen §9 Abs. 3 SGB VIII – KJHG, weil er Mädchenarbeit offiziell vom Status des vermeintlichen „Luxus" oder „Zielgruppenangebots" befreit und die gleichberechtigte Berücksichtigung von Mädchen als fachlichen Handlungsbedarf anerkennt und gesetzlich vorschreibt. Als verbindliche gesetzliche Grundlage für alle Handlungsfelder und Tätigkeitsbereiche der Jugendhilfe fordert das KJHG den *Abbau von geschlechtsspezifischer Benachteiligung als Querschnittsaufgabe* ein: Mit dem §9 Abs. 3 SGB VIII sind alle in der Jugendhilfe Tätigen aufgerufen, ihre Angebote, Konzepte und Handlungsstrategien daraufhin zu überprüfen, ob sie die unterschiedlichen Lebenswelten der Geschlechter berücksichtigen und wie sie die Gleichberechtigung fördern (können).

Daneben begründet sich aus dem §9 Abs. 3 SGB VIII – KJHG aber auch die Notwendigkeit von *Mädchenarbeit als eigenständigem Handlungsfeld*: Geschlechterstereotypen schränken beide Geschlechter – in je spezifischer Weise – in ihren Lebens- und Entwicklungsmöglichkeiten ein; pädagogisch gesehen sind deshalb neben koedukativen Angeboten Angebote nur für Mädchen und Angebote nur für Jungen als ebenso selbstverständlicher Bestandteil der Jugendhilfe erforderlich. An Ressourcen wie Zeit, Geld, Aufmerksamkeit und Personal haben Mädchen aber derzeit auch in der Jugendhilfe nicht gleichermaßen teil wie Jungen. Die Bezugnahme auf beide Geschlechter darf deshalb nicht darüber hinwegtäuschen, dass das gesellschaftliche Machtverhältnis männliche Prinzipien und Lebensweisen begünstigt, die Ausgangsbedingungen für Mädchen also somit nicht nur andere, sondern nach wie vor stärker benachteiligte sind. Vor diesem Hintergrund tragen Angebote parteilicher Mädchenarbeit politisch gesehen mit ihrer Aufmerksamkeit und ihren Ressourcen allein für Mädchen wesentlich dazu bei, Chancengleichheit und Geschlechtergerechtigkeit überhaupt erst herzustellen. Nur in diesem Zusammenwirken von *Mädchenarbeit als Querschnittaufgabe und Handlungsfeld* kann das in §9 Abs. 3 formulierte Ziel – eine Jugendhilfe, die den Interessen beider Geschlechter gerecht wird – erreicht werden.

Schon bald zeigt sich aber, dass die Einführung der Generalklausel des §9 Abs. 3 SGB VIII im KJHG nicht den Endpunkt, sondern erst den Anfang *einer strukturellen Verbreitung und Absicherung der Mädchenarbeit* markiert. Frauen bemühen sich auf vielfältige Art, dass die gesetzliche Vorgabe im pädagogischen Alltag eingelöst wird: In Jugendverbänden, auf kommunaler oder überregionaler Ebene schließen sie sich in arbeitsfeldspezifischen oder örtlichen Netzwerken zusammen.

Einige formulieren programmatische Grundsätze für die jeweilige Mädchenarbeit (vgl. BAG JAW 1993), erarbeiten *Mädchenförderpläne* für bestimmte Arbeitsbereiche (vgl. Landschaftsverbände 1995) oder entwickeln – wie aktuell immer häufiger – *kommunale Leitlinien zur Förderung der Mädchenarbeit*. Die Stadt Frankfurt ist die erste Kommune, in der 1995 solche Leitlinien verabschiedet werden; mittlerweile gibt es sie z.T. auch auf Landesebene (z.B. in Nordrhein-Westfalen). Sie enthalten konkrete Vorgaben zur personellen, materiellen und konzeptionellen Absicherung von Mädchenarbeit wie z.B. Aussagen über qualifiziertes Personal, notwendige Sach- und Honorarmittel, die vorrangige Förderung von Mädchenprojekten etc., die mit der Verabschiedung durch den Jugendhilfeausschuss z.B. für die Förderpolitik verbindlich und handlungsleitend werden und so auf eine gerechtere Verteilung der Mittel und auf die Entwicklung geschlechtsbewusster Konzepte in der Kinder- und Jugendhilfe hinwirken sollen (vgl. Klose/Weissmann 1996, FUMA 2001).[5]

Andere versuchen, Einfluss auf die *kommunale Jugendhilfeplanung* zu gewinnen; sie unterbreiten Vorschläge für eine mädchengerechte Gestaltung des Planungsprozesses oder bemühen sich – wie erstmals in Gladbeck gelungen (vgl. FUMA 1998) – um Anerkennung des Mädchen-*Arbeitskreises als Arbeitsgemeinschaft nach §78 SGB VIII – KJHG*. Die *Jugendhilfeplanung* als breiter kommunalpolitischer Willensbildungsprozess und als mittel- bis langfristiges Planungsinstrument kann zum zentralen Hebel werden, die Jugendhilfe geschlechtergerecht umzugestalten, und hat entsprechend in Forschungs- und Praxisprojekten der Mädchenarbeit eine hohe Aufmerksamkeit erfahren (vgl. SPI 1999). Dabei besteht Einigkeit darüber, dass unabdingbare Voraussetzungen für eine mädchengerechte Jugendhilfeplanung u.a. ein eindeutiger politischer Auftrag durch den Jugendhilfeausschuss zur gleichberechtigten Berücksichtigung von Mädchenbelangen in allen Planungsphasen, für Geschlechterfragen sensibilisierte Fachkräfte, eine konsequent geschlechtsdifferenzierte Datengrundlage und die Einbeziehung des Erfahrungswissens aus der Mädchenarbeit sind. Konsens herrscht auch über das Ziel: Mittels der Planung soll die Jugendhilfe so umgestaltet werden, dass sie Mädchen den gleichen Zugang zu Ressourcen und Chancen eröffnet wie Jungen und den Bedürfnissen und Lebenswelten beider Geschlechter gleichermaßen gerecht wird. Kontrovers diskutiert wird hingegen, ob es angesichts des fortgeschrittenen Entwicklungsstandes der Mädchenarbeit im Vergleich zur Jungenarbeit und der vielerorts bestehenden Mädchenarbeitskreise legitim und sinnvoll ist, mittelfristig zunächst Mädchenbelange im Planungsprozess zu verankern (vgl. Krieter 1996, Wallner 1996, Daigler/Hilke 1995), oder ob eine solche Strategie kontraproduktiv ist, weil sie Gefahr läuft, Mädchen langfristig auf den Status der „Sondergruppe" zu beschränken und damit dem Ziel einer konsequenten Geschlechterdifferenzierung entgegenwirkt (vgl. Bohn 1996).

Neben der Jugendhilfeplanung und der Entwicklung kommunaler Leitlinien kommt der *Qualitätsentwicklung* als weiterem strukturell-politischen Thema in den neunziger Jahren ein zentraler Stellenwert zu. Die in der Jugendhilfe breit geführten Diskussionen werden von der Mädchenarbeit vor allem in zweifacher Hinsicht aufgegriffen: Zum einen werden Methoden zur Evaluation parteilicher Mädchenarbeit entwickelt und erprobt, die ihrem Gegenstand – den Mädchen und der Mädchenarbeit – gerecht werden. Zum anderen werden Qualitätskriterien für parteiliche Mädchenarbeit insgesamt erarbeitet. Darüber hinaus wird die Qualitätsdebatte aber auch genutzt, um

---

5 Nach §74 Abs. 2 SGB VIII - KJHG kann die finanzielle Förderung eines Trägers durch die Kommune davon abhängig gemacht werden, ob die Vorgaben des §9 Abs. 3 SGB VIII - KJHG umgesetzt werden.

die geschlechtsbewusste Differenzierung als Qualitätsstandard für die Jugendhilfe insgesamt verstärkt einzufordern (vgl. Betrifft Mädchen 2-97, Paritätischer 2000).

Die *politische Einflussnahme und die institutionelle Verankerung* tritt damit neben der Weiterentwicklung der Praxis immer mehr ins Zentrum der Arbeit der Mädchenprojekte. Auch das Bundesmodellprogramm „Mädchen in der Jugendhilfe", das 1997 in die zweite Modellphase geht, formuliert die Einbindung der Mädchenarbeit in die vorhandenen kommunalen und institutionellen Strukturen der Jugendhilfe als oberste Zielsetzung.

Gerade in der praktischen Politik werden Widersprüche der Mädchenarbeit spürbar, die sich für die Mädchenpädagoginnen oft in argumentativen Dilemmata äußern: Ihr Ziel ist die Gleichheit der Geschlechter, zur Begründung spezieller Angebote für Mädchen beziehen sie sich aber häufig auch auf die Differenz, auf das Anderssein der Mädchen. Oft genug erweist sich eine solche Argumentation als Bumerang: Das Anderssein wird politisch zum Anlass genommen, Mädchen erneut auf bestimmte Klischees, Rollenvorgaben etc. zu beschränken. Machen dann nicht auch traditionelle Koch- und Strickkurse Sinn, weil sie an den spezifischen Interessen der Mädchen ansetzen und ihre vermeintlichen besonderen Fähigkeiten fördern? Solche Diskussionen werfen die Frage nach dem Ziel von Mädchenarbeit und Frauenpolitik erneut in aller Schärfe auf: Ist es die Gleichheit der Geschlechter oder geht es um die Anerkennung der Besonderheit von Frauen, ohne sie abzuwerten?

Diese Widersprüche beschäftigen zeitgleich auch die Frauenforschung: Die vielfältig geführte *Debatte um Gleichheit und Differenz* fragt Anfang der neunziger Jahre sowohl nach Gemeinsamkeiten und Unterschieden zwischen den Geschlechtern als auch nach Differenzen und Gleichheiten unter Frauen. Diskutiert wird, welche Bedeutung der Körperlichkeit als verbindendem Element für die soziale Stellung und das Empfinden von Frauen beizumessen ist und in welchem Verhältnis die Kategorie Geschlecht zu anderen sozialen Strukturmerkmalen wie Klasse, Ethnie etc. steht. In dieser Debatte setzt sich die heute gängige Differenzierung zwischen den Kategorien „sex" für das biologische Geschlecht und „gender" für das soziale Geschlecht, also all das, was gesellschaftlich mit Weiblichkeit assoziiert wird und die Lebenschancen von Frauen und Mädchen häufig weit entscheidender prägt als ihre biologischen Voraussetzungen, zunehmend durch. In der Mädchenforschung gewinnt dabei ein Ansatz an Bedeutung, der bereits im Rahmen des Sechsten Jugendberichts entwickelt und vorgestellt wurde: die Überlegungen Carol Hagemann-Whites zur „Kultur der Zweigeschlechtlichkeit" (vgl. Hagemann-White 1984).

Zu Beginn der neunziger Jahre bringt auch die empirische Mädchenforschung viel diskutierte neue Ergebnisse hervor: In einer amerikanischen Langzeitstudie weisen Lyn Brown und Carol Gilligan (1996) nach, dass Mädchen mit dem Eintritt in die Pubertät ihre Stimme zu verlieren scheinen. Während sie im Vor- und Grundschulalter differenziert und selbstbewusst ihre Gefühle, Bedürfnisse und Wahrnehmungen ausdrücken können, orientieren sie sich mit zunehmenden Alter immer mehr an den Erwartungen ihres Gegenübers bzw. an normativen Vorgaben. Wie ist dieses Verhalten zu erklären? Diese Frage beschäftigt bis heute auch bundesdeutsche Wissenschaftlerinnen, die darauf unterschiedlich akzentuierte Antworten geben: Während Brown/Gilligan vor allem Vorbilder und Botschaften erwachsener Frauen gegenüber Mädchen als zentralen Wirkungsfaktor analysieren, werden in der bundesdeutschen Mädchenforschung ergänzend z.B. der „weibliche Verdeckungszusammenhang" (vgl. z.B. Bitzan/Daigler 2001), die vielfältigen und widersprüchlichen Anforderungen in dieser Lebensphase (vgl. Hagemann-White 1992) oder kulturelle Definitionen körperlicher Weiblichkeit, die in der Pubertät zunehmend an Bedeutung gewinnen (vgl. Flaake 1996), in ihren Auswirkungen auf Mädchen in der Adoleszenz betrachtet.

Mit den Weiterentwicklungen in der Forschung differenziert sich zunächst das *Verständnis von und für Mädchen* weiter aus. Deutlich wird, dass Mädchen nicht nur als passive Opfer in vorgegebene Geschlechtsrollen gedrängt werden, sondern sich diese in kritischer Auseinandersetzung mit den gesellschaftlichen Vorgaben aktiv aneignen und verändern können. Dabei ist es für jedes Mädchen in einer Kultur der Zweigeschlechtlichkeit nicht nur wichtig, sich selbst eindeutig als einem Geschlecht zugehörig zu fühlen, sondern auch, von anderen eindeutig als Mädchen oder Junge erkannt zu werden (vgl. Hagemann-White 1984). Solange jedes Ausscheren aus der Zweigeschlechtlichkeit sanktioniert wird und Geschlechtsidentität somit für das „kulturelle Überleben" (Butler 1991, S. 205) unabdingbar ist, wirken Mädchen selbst aktiv an der Herstellung von Geschlechtsunterschieden mit. So wird verständlich, dass sie die Befreiung von „Rollenzwängen" nicht zwangsläufig attraktiv finden, drohen sie dadurch doch auch, Sicherheit und Orientierung zu verlieren (vgl. Kuhlmann 2000, S. 235).

Geschlecht wird zunehmend als *soziale Kategorie* begriffen. Nach dem Blick auf die Benachteiligungen von Mädchen und Frauen in den siebziger und der Betonung ihrer spezifischen Stärken in den achtziger Jahren gerät nun das *Verhältnis zwischen den Geschlechtern* in den Blick, das in seiner konkreten Ausformung als gesellschaftlich erschaffenes und damit veränder- und überwindbares gilt. Je mehr sich die Erkenntnis durchsetzt, dass die soziale Konstruktion von Geschlecht immer in der Polarisierung von Männlichkeit und Weiblichkeit erfolgt, wandelt sich die Frauen- zur Geschlechterforschung. Die Mädchenarbeit fordert zunehmend als Gegenstück eine *reflektierte Jungenarbeit* (vgl. Möller 1997) ein.

Nach einer Phase der Hervorhebung der Gemeinsamkeiten unter Frauen und Mädchen geraten zudem stärker die Differenzen untereinander in den Blick, was u.a. zu einer *Ausdifferenzierung der Arbeitsansätze* führt: Angebote für ausländische, behinderte, lesbische, jüngere Mädchen usw. werden konzipiert und erprobt. Auf der Grundlage einer Analyse der Bedeutung von Differenz und Gleichheit in der interkulturellen, integrativen und feministischen Pädagogik entwickelt Annedore Prengel eine *„Pädagogik der Vielfalt"* (1993), die als eine konzeptionelle Grundlage für die parteiliche Mädchenarbeit herangezogen wird (vgl. Glücks/Ottemeier-Glücks 1996). Die Mädchenprojekte breiten sich von den Großstädten in ländliche Regionen aus (vgl. Funk 1993). Neue Themen wie Stadtteilorientierung, neue Medien (Computer, Internet etc.), Ökologie etc. werden aufgegriffen und erhalten neben Dauerbrennerthemen wie „Selbstverteidigung und -behauptung", Körperarbeit und Lebensplanung ihren Stellenwert.

Und schließlich hat auch die Forschung zur „verlorenen Stimme" unmittelbar praktische Relevanz: Wenn die Beteiligung von Mädchen – wie im Kinder- und Jugendhilfegesetz hervorgehoben – gewollt ist, Mädchen aber ihre Bedürfnisse und Interessen z.T. nicht unmittelbar äußern, wie müssen pädagogische Interaktionen dann gestaltet sein? Diese Frage stellt sich gerade für Situationen, in denen die *Partizipation* der Mädchen ausdrücklich gewünscht wird: die Mitwirkung der Mädchen, wenn ihnen individuelle Hilfen gewährt werden (vgl. §36 SGB VIII – KJHG) und die *Beteiligung von Mädchen in der Jugendhilfeplanung* (vgl. §80 SGB VIII – KJHG, vgl. Daigler/Hilke 1995).

Neue Horizonte:
Perspektiven für die Mädchenarbeit 2000+

An der Vielzahl der Mädchenprojekte lässt sich ablesen, dass sich – ausgehend von der offenen Jugendarbeit – die parteiliche Mädchenarbeit mittlerweile als eigenständiges Handlungsfeld in der Kinder- und Jugendhilfe etabliert; quer durch alle bestehenden Handlungsfelder – von der Kindertagesbetreuung über die Jugendarbeit bis hin zu den Erziehungshilfen – finden sich Mädchenprojekte und -initiativen, die sich mit emanzipatorischem Konzept ausschließlich an Mädchen und junge Frauen richten. Von der autonomen Mädchenarbeit sind Impulse in das bestehende Hilfesystem ausgegangen, die zu einer verstärkten Berücksichtigung von Mädchenbelangen quer durch alle Bereiche der Jugendhilfe geführt haben. Mädchenarbeit findet heute sowohl in geschlechtshomogenen wie in koedukativen Einrichtungen statt, in autonomen Projekten wie in verbandlicher oder öffentlicher Trägerschaft, auf Dauer angelegt oder situationsbezogen. Den Schwerpunkt bildet dabei noch immer die offene und die verbandliche Jugendarbeit, gefolgt von der Jugendsozialarbeit (vgl. BAG JAW 1993, Klose/Langmaack 1997) und den erzieherischen Hilfen (vgl. Daigler/Finkel 2000), während Mädchenarbeit in der Kindertagesbetreuung vergleichsweise am Anfang steht (vgl. Permien/Frank 1995, Klees-Möller 1998).[6]

---

6 Zum Stand der Mädchenarbeit in den einzelnen Handlungsfeldern vgl. Weber 1999.

Von einer strukturellen und verbindlichen Absicherung ist die Mädchenarbeit dennoch bis heute weit entfernt (vgl. Bültmann 2000). Ein großer Teil der Mädchenprojekte arbeitet auf der Basis von Modell- oder ungesicherten Projektfinanzierungen, sodass die Mädchenpädagoginnen gezwungen sind, ihre Arbeit mit immer neuen Anträgen stärker an fachpolitischen Aktualitäten als an einer professionellen Weiterentwicklung eigener Erfahrungen auszurichten („Vermodellprojektung"). Viele Mitarbeiterinnen arbeiten ehrenamtlich, auf Honorarbasis oder auf befristeten Stellen, was weder der einzelnen Frau eine kontinuierliche Berufsplanung und Weiterqualifizierung in diesem Arbeitsfeld erlaubt noch der Mädchenarbeit insgesamt ermöglicht, die erworbene Professionalität von Fachfrauen langfristig zu sichern und weiterzugeben („Professionsstau"). Frauen, die in koedukativen Einrichtungen Angebote für Mädchen machen, müssen noch immer erfahren, dass Mädchenarbeit als ihr „persönliches Steckenpferd" gewertet wird und entsprechend keine Berücksichtigung z.B. in Stellenbeschreibungen findet. Ob und welche Mädchenarbeit geleistet wird, ist entsprechend nach wie vor weitgehend abhängig vom Engagement und Interesse einzelner Fachkräfte, in der Regel Frauen. Ansätze parteilicher Mädchenarbeit sind zwar auf zahlreiche Handlungsfelder übertragen worden, in vielen Bereichen aber fehlen noch Konzepte einer mädchenbewussten Praxis, so z.B. für den Bereich der Familienhilfe oder den erzieherischen Kinder- und Jugendschutz (vgl. Wallner 1997, Heiliger 1997).

Auch zukünftig wird sich das Engagement parteilicher Mädchenarbeit deshalb darauf richten müssen, Strukturen zu schaffen und zu nutzen, mit Hilfe derer Mädchenarbeit weiter qualifiziert und gesichert werden kann. Es wird weiterhin darum gehen, die bestehenden gesetzlichen Grundlagen offensiv umzusetzen und alle Steuerungsinstrumente der Jugendhilfe (Jugendhilfeplanung, Qualitätsentwicklung, Leistungsverträge, Zielvereinbarungen, Leitlinien, Förderrichtlinien) im Sinne einer *Förderung und verbesserten Absicherung von Mädchenarbeit* zu nutzen. Mit den Netzwerken und Arbeitskreisen, in denen sich Mädchenpädagoginnen über alle Arbeitsbereiche hinweg zusammenschließen, sind dafür die Grundsteine gelegt. So gibt es mittlerweile in den meisten Kreisen und Kommunen Arbeitskreise/-gemeinschaften zur Mädchenarbeit (vgl. FUMA. 1998), in fast jedem Bundesland existiert eine Landesarbeitsgemeinschaft Mädchenarbeit oder -politik und im vergangenen Jahr hat sich die *Bundesarbeitsgemeinschaft Mädchenpolitik* als Zusammenschluss von Fachfrauen und Vertreterinnen landesweiter Netzwerke gegründet.

Rückenstärkung erhält die Frauen- und Mädchenpolitik dabei zusätzlich durch das von der 4. Weltfrauenkonferenz 1995 in Peking geforderte und mittlerweile von der Europäischen Union für alle Mitgliedsstaaten verpflichtend gemachte *Gender Mainstreaming*. Gender Mainstreaming erklärt Geschlechterdemokratie und Chancengleichheit zum verbindlichen Politikziel für alle und zielt darauf, Geschlechterfragen von Beginn an ähnlich wie z.B. Kosten-Nutzen-Abwägungen zum integralen Bestandteil des Denkens und Handelns vor allem von Verwaltungen und Entscheidungszentren zu machen. Gegenüber den Jugendämtern beispielsweise befreit Gender Mainstreaming die Mädchenpädagoginnen aus der Rolle der Bittstellerin, müssten doch ihre Anregungen und Erfahrungen der Verwaltung vielmehr willkommen sein, damit sie ihrer originären Verpflichtung zur Umsetzung des Gender Mainstreamings nachkommen können (vgl. Stiegler 2001). Zurzeit erleben Mädchenprojekte noch oft das Gegenteil: Gender Mainstreaming wird dazu missbraucht, ihre Existenzberechtigung in Frage zu stellen, da jetzt doch die Chancengleichheit als Querschnittsaufgabe verankert und besondere Initiativen für Frauen und Mädchen damit überflüssig seien. Die EU hat jedoch unmissverständlich festgestellt, dass das Gender Mainstreaming bestehende frauen- und mädchenpolitische Strategien und Förderinstrumente wie Gesetzesvorgaben, Quotierung und die autonome Praxis der Frauen ergänzt und keinesfalls ersetzt.

10 Jahre nach In-Kraft-Treten des KJHG, in denen Mädchenpädagoginnen vor allem die darin liegenden Chancen für eine bessere strukturelle Absicherung der Mädchenarbeit im Rahmen der Kinder- und Jugendhilfe geprüft und erfolgreich genutzt haben, rücken gegenwärtig aber auch die *inhaltlich-konzeptionellen Grundlagen parteilicher Mädchenarbeit* wieder mehr in den Vordergrund. Nach mehr als 20 Jahren Mädchenarbeit vollzieht sich sowohl unter den Mädchen als auch den Pädagoginnen ein Generationswechsel, der verstärkt die Frage aufwirft, in welchem Verhältnis die Mädchenarbeit mit ihren Ansätzen und Konzepten zur gegenwärtigen Lebenssituation von Mädchen und zu Weiterentwicklungen in der Frauen- und Geschlechterforschung steht.

Angefacht vor allem durch Forderungen der wissenschaftlichen Begleitung des laufenden Bundesmodellprogramms „Mädchen in der Jugendhilfe" nach einem „Paradigmenwechsel" in der Mädchenarbeit (vgl. Meyer/Seidenspinner 1999) wird einerseits argumentiert, dass die Kategorie 'Geschlecht' mit der gesellschaftlichen Individualisierung empirisch an Bedeutung verliere und sie angesichts der neueren *dekonstruktivistischen Ansätze in der Geschlechterforschung* auch theoretisch radikal in Frage zu stellen sei (vgl. Weber 2001). In einer *pluralisierten Gesellschaft* sind die Möglichkeiten einer selbstbestimmten Lebensgestaltung gerade auch für junge Frauen zweifellos gestiegen. Folge ist, dass sich Lebensentwürfe und Lebenslagen von Frauen immer mehr ausdifferenzieren und sich gleichzeitig strukturell und kulturell z.B. in den Schulabschlüssen, in der Freizeitgestaltung etc. Tendenzen der Angleichung zwischen den Geschlechtern abzeichnen (vgl. Hering 1999, Oechsle 2000). Sowohl als gemeinsamer Bezugspunkt für Frauen als auch als Unterscheidungsmerkmal zwischen den Geschlechtern tritt das Kriterium „Geschlecht" damit merklich zurück. *Feministische Theoretikerinnen* wie z.B. Judith Butler (1991) wenden sich darüber hinaus grundsätzlich gegen jegliche Bezugnahme auf die Kategorie „Geschlecht", weil diese zwangsläufig die einschränkende Konstruktion kultureller Zweigeschlechtlichkeit stütze.

Vor diesem Hintergrund werfen z.B. Dorit Meyer oder Lotte Rose für die parteiliche Mädchenarbeit die Frage auf, ob es noch gerechtfertigt sei, die Geschlechtszugehörigkeit als „Eintrittskarte" zu betonen oder ob Mädchenarbeit damit nicht „lebensweltlogische Barrieren" bei den Adressatinnen erzeuge, die sich mit ihren Gleichheitsansprüchen und in ihren Selbstbildern doch gerade von der Bedeutung der Kategorie „Geschlecht" zu distanzieren suchen. Sie fordern, Angebote der Mädchenarbeit stärker situativ einzusetzen und zukünftig mehr die konkreten Inhalte (Selbstverteidigung, Computerkurse etc.) als die Form (Geschlechtshomogenität) in den Vordergrund zu rücken (vgl. Meyer/Seidenspinner 1999, Rose 2000).

Andere nehmen eher auf die „Kehrseite" der Individualisierung Bezug und setzen an den widersprüchlichen Erfahrungen von Mädchen in einer zweigeschlechtlich strukturierten Welt an. Trotz vordergründiger Angleichung der Lebensformen von Mädchen und Jungen (vgl. Fritzsche/Münchmeier 2000) besteht die Polarisierung und Hierarchisierung zwischen dem „Männlichen" und dem „Weiblichen" ungebrochen fort (vgl. Krüger 2000, Hering 1999) und die Kategorie „Geschlecht" ist weiterhin als entscheidendes Strukturmerkmal bei der Verteilung gesellschaftlicher Chancen wirksam. Entsprechend machen Mädchen bis heute Erfahrungen geschlechtsspezifischer Zurücksetzung und Diskriminierung – beim Eintritt in den Arbeitsmarkt, bei der Bedrohung durch sexuelle Gewalt etc. In einer individualisierten Gesellschaft, in der das Motto gilt „Jede ist ihres eigenen Glückes Schmiedin!" und sie unter Druck stehen, erfolgreich ihre eigene Biographie zu basteln, können sie dies jedoch kaum thematisieren, weil sie stets Gefahr laufen, dass ihnen ihr Scheitern als persönliches Versagen angelastet wird.

Unter dieser Perspektive betonen z.B. Barbara Stauber oder Mechthild Oechsle einen Funktionswandel parteilicher Mädchenarbeit. Je stärker sich institutionalisierte Lebensläufe auflösen und die Gestaltung der Biographie zum individuellen Projekt wird, umso stärker gewinnen Fragen der Lebensplanung und Lebensführung für Mädchen an Bedeutung (vgl. Oechsle 2000, 54). Für Barbara Stauber begründet sich die Legitimität von Mädchenarbeit heute u.a. „in den immer komplexeren Aufgaben des Übergangs zum Erwachsensein, in der individualisierungsbedingten Verlassenheit von Mädchen bei der Bewältigung dieser Aufgaben und in ihrer Angewiesenheit auf vielfältige, von ihnen selbst wählbare Formen von Unterstützung" (Stauber 1999, S. 62). Dass sich das Konzept mädcheneigener Räume dabei sogar mit dem Verweise auf „doing gender"-Konzepte neu begründen lässt, zeigt Carola Kuhlmann (2000): „Alle unsere sozialen Praktiken werden je nach Geschlecht eingeordnet und bewertet. Dieser Tatbestand wird verstärkt, sobald Mädchen in einem sozialen Raum in der Minderheit sind (...) In reinen Mädchen- bzw. Jungengruppen (...) gibt (es) Raum, die Regeln des Spiels der Geschlechter zu entdecken und im Sinne Butlers Variationen zu entwickeln." (ebd., S. 236f.) Angesichts der mit den Individualisierungsprozessen verbundenen Widersprüchlichkeiten wird es weiterhin zentrale Aufgabe parteilicher Mädchenarbeit sein, Vereinseitigungen in Mädchenbildern entgegenzutreten, Verdecktes sichtbar zu machen, Ambivalenzen von Mädchen nachzuspüren und zuzulassen und das „sowohl als auch" denken zu können.

Über die inhaltlichen Kontroversen hinweg besteht jedoch weitgehend Konsens hinsichtlich der Anforderungen und Perspektiven für die weitere Ausgestaltung parteilicher Mädchenarbeit. So wird übereinstimmend angeregt,

- die vorhandenen Konzepte parteilicher Mädchenarbeit selbstkritisch auf Klischees in den *transportierten Mädchenbilder und Realitätskonstruktionen* zu überprüfen (vgl. Rose 2000, S. 242; Stauber 1999, S. 62).
- die in den neunziger Jahren begonnene *Ausdifferenzierung der Arbeitsansätze* in der Mädchenarbeit fortzusetzen und Angebote weiter auf die sich vervielfältigenden Lebenslagen von Mädchen abzustimmen (vgl. Oechsle 2000, S. 53; Rose 2000, S. 249: „Pluralität in der Geschlechterdualität").
- das *Verhältnis zwischen Pädagoginnen und Mädchen* immer wieder neu auszutarieren. Konstruktivistische Ansätze, die vor allem die Herstellung von Geschlecht in der Interaktion betrachten, eröffnen neue Sichtweisen hinsichtlich der Frage, wie Pädagoginnen an der Konstruktion von „Geschlecht" mitwirken und welche Botschaften sie diesbezüglich den Mädchen gegenüber transportieren (vgl. Kuhlmann 2000, S. 237). Und auch die Suche junger Frauen nach Orientierung in einer individualisierten Gesellschaft stellt neue Anforderungen an Pädagoginnen. „Immer wichtiger wird (...) die Wiederbelebung des Generationenverhältnisses (...) Wünschenswert wäre für die Arbeit der Pädagoginnen: ein reales Gegenüber zu sein (...)" (Stauber 1999, S. 62).

Die Zukunft der Mädchenarbeit hängt aber nicht zuletzt von der Innovationsbereitschaft der Jugendhilfe insgesamt ab: Für eine lebensweltorientierte Jugendhilfe, die an den Selbstbildern, Lebenslagen und Problemdefinitionen ihrer AdressatInnen ansetzen will, ist die Bezugnahme auf die Kategorie „Geschlecht" unverzichtbarer Qualitätsstandard. Die Berücksichtigung geschlechtsspezifischer Lebenswelten muss sich dabei sowohl als Querschnittsaufgabe als auch in spezifischen Angeboten für Mädchen (und für Jungen!) realisieren. Mädchenprojekte haben sich in diesem Zusammenhang als ein notwendiger Beitrag zur Herstellung von Chancengleichheit und als „Dreh- und Angelpunkt, um in der Kinder- und Jugendhilfe (...) selbst modern denken zu lernen" (Krüger 2000, S. 49) erwiesen. Als solche bedürfen sie dringend der strukturellen und langfristigen Absicherung ihrer Arbeit ebenso wie der Ergänzung durch eine reflektierte Jungenarbeit und durch eine konsequente Berücksichtigung geschlechtsspezifischer Lebenswelten in koedukativen Angebotsformen. Nur ein flexibles Neben- und Miteinander von koedukativen, teilkoedukativen und geschlechtshomogenen Settings trägt den Bedürfnissen, Interessen und dem Wunsch- und Wahlrecht von Mädchen Rechnung. Mädchen suchen in allen Zusammenhängen und allen Lebensphasen ebenso geschlechtsgemischte wie geschlechtshomogene Räume. Sie schätzen das Zusammensein mit Jungen in der Clique ebenso wie den Austausch mit Freundinnen. Angebote parteilicher Mädchenarbeit sind deshalb keinesfalls als „Übergangslösung" oder „Nachhilfe" misszuverstehen, bis die Gleichberechtigung der Geschlechter verwirklicht ist, sondern ein selbstverständlicher Anspruch an eine lebensweltorientierte Jugendhilfe.

Literatur zur Vertiefung

Bitzan, Maria und Claudia Daigler (2001): Eigensinn und Einmischung. Einführung in Grundlagen und Perspektiven parteilicher Mädchenarbeit. Weinheim, München

Glücks, Elisabeth/Franz Gerd Ottemeier-Glücks (Hrsg.) (1996): Geschlechtsbezogene Pädagogik. Ein Bildungskonzept zur Qualifizierung koedukativer Praxis durch parteiliche Mädchenarbeit und antisexistische Jungenarbeit. Münster

Prengel, Annedore (1993): Pädagogik der Vielfalt. Verschiedenheit und Gleichberechtigung in Interkultureller, Feministischer und Integrativer Pädagogik. Opladen

Literatur

BAG JAW – Bundesarbeitsgemeinschaft Jugendsozialarbeit (Hrsg.) (1993): §9 Abs. 3 KJHG. Rechtsverbindlichkeit und Handlungsanforderung an die Jugendsozialarbeit. Anregungen. Bonn

Betrifft Mädchen (1997) Heft 2: Produkt: Mädchenarbeit – Zur Diskussion und zum Umgang mit den neuen Steuerungs- und Qualitätsdebatte in der Mädchenarbeit. Hrsg. vom Institut für soziale Arbeit e.V. Münster

Bitzan, Maria und Claudia Daigler (2001): Eigensinn und Einmischung. Einführung in Grundlagen und Perspektiven parteilicher Mädchenarbeit. Weinheim, München

Brown, Lyn M./Carol Gilligan (1994): Die verlorene Stimme. Wendepunkte in der Entwicklung von Mädchen und Frauen. Frankfurt a.M., New York

Bohn, Irina (1996): Von der mädchengerechten zur integrierten mädchenbewussten Jugendhilfeplanung. Hrsg. vom Bundesministerium für Familie, Senioren, Frauen und Jugend. Bonn u.a.

Bültmann, Gabriele (2000): Sexualpädagogische Mädchenarbeit. Eine Vergleichsstudie im Auftrag der Bundeszentrale für gesundheitliche Aufklärung. Köln

Butler, Judith (1991): Das Unbehagen der Geschlechter. Frankfurt a.M.

Chodorow, Nancy (1985): Das Erbe der Mütter. München

Daigler, Claudia/Margarete Finkel (2000): Mädchen und junge Frauen in Erziehungshilfen. Eine Arbeitshilfe. Hrsg. vom Evangelischen Erziehungsverband (EREV). Hannover

Daigler, Claudia/Gabriele Hilke (1995): Mädchen in der Jugendhilfeplanung. Abschlussbericht des Forschungs-Praxis-Projektes. Hrsg. vom Ministerium für Familie, Frauen, Weiterbildung und Kunst Baden-Württemberg. Stuttgart

Flaake, Karin (1996): Weibliche Adoleszenz – Wege in ein eigenes Leben und Verführung zur Selbstbeschränkung. In: Niedersächsisches Modellprojekt „Mädchen in der Jugendarbeit" (Hrsg.): Die eigene Stimme wiedergewinnen. Mädchen und Identität. Verden/Aller, S. 35-42

Friebertshäuser, Barbara (1997): Geschlechtertrennung als Innovation. Etappen geschlechtsbezogener Jugendarbeit im 20. Jahrhundert. In: Friebertshäuser, Barbara u.a. (Hrsg.): Sozialpädagogik im Blick der Frauenforschung. Weinheim, S. 113-135

Fritzsche, Yvonne/Reinhard Münchmeier (2000): Mädchen und Jungen. In: Deutsche Shell (Hrsg.): Jugend 2000. Opladen, S. 343-349

FUMA – Frauen unterstützen Mädchenarbeit e.V., Fachstelle Mädchenarbeit NRW (Hrsg.) (2001): Handbuch – Kommunale Leitlinien zur Förderung der Arbeit mit Mädchen und jungen Frauen in der Jugendhilfe in Nordrhein-Westfalen. Verfasst und zusammengestellt von Claudia Wallner. Gladbeck

FUMA – Frauen unterstützen Mädchenarbeit e.V., Fachstelle Mädchenarbeit NRW (Hrsg.) (1998): Bestandsaufnahme und Bedarfsanalyse von Mädchenarbeitskreisen und Mädchennetzwerken in NRW. Kommentierte Dokumentation einer Forschungsarbeit zur Ermittlung der aktuellen Lage. Gladbeck

Funk, Heide (1993): Mädchen in ländlichen Regionen. München

Gilligan, Carol (1984): Die andere Stimme. Lebenskonflikte und Moral der Frau. München

Glücks, Elisabeth/Franz Gerd Ottemeier-Glücks (Hrsg.) (1996): Geschlechtsbezogene Pädagogik. Ein Bildungskonzept zur Qualifizierung koedukativer Praxis durch parteiliche Mädchenarbeit und antisexistische Jungenarbeit. Münster

Hagemann-White, Carol (1992): Berufsfindung und Lebensperspektive in der weiblichen Adoleszenz. In: Flaake, Karin/Vera King (Hrsg.): Weibliche Adoleszenz. Zur Sozialisation junger Frauen. Frankfurt a.M., S. 64-83

Hagemann-White, Carol (1998): Identität – Beruf – Geschlecht. In: Oechsle, Mechthild/Birgit Geissler (Hrsg.): Die ungleiche Gleichheit. Junge Frauen und der Wandel im Geschlechterverhältnis. Opladen, S. 27-42

Hagemann-White, Carol (1984): Sozialisation: weiblich – männlich? Opladen

Hartwig, Luise/Monika Weber (2000): Parteilichkeit als Konzept der Mädchen- und Frauenarbeit. In: Hartwig, Luise/Joachim Merchel (Hrsg.): Parteilichkeit in der Sozialen Arbeit. Münster u.a., S. 25-48

Heiliger, Anita (1997): Zu Entwicklungen und Ergebnissen von Mädchenforschung und Mädchenpolitik in der BRD (I und II). In: deutsche jugend, 45. Jg., Heft 4, S. 168-176 und Heft 5, S. 220-225

Hering, Sabine (1999): Modernisierungsprozesse weiblicher Lebenslagen. Hrsg. vom SPI Berlin – Bundesmodell „Mädchen in der Jugendhilfe". Berlin

Hessische Mädchenstudie (1986). 3 Bände. Hrsg. von der Bevollmächtigten in der Hessischen Landesregierung für Frauenangelegenheiten. Wiesbaden

Jakob, Gisela (1997): Umbrüche in den Geschlechterverhältnissen und in der pädagogischen Arbeit – Mädchen- und Frauenarbeit in den neuen Bundesländern. In: Friebertshäuser, Barbara u.a. (Hrsg.): Sozialpädagogik im Blick der Frauenforschung. Weinheim, S. 136-154

Kavemann, Barbara (1991): Mädchenhäuser – Zufluchtsorte für Mädchen in Not. In: Birtsch, Vera u.a. (Hrsg.): Mädchenwelten – Mädchenpädagogik. Perspektiven zur Mädchenarbeit in der Jugendhilfe. Frankfurt a.M., S. 163-178

Keller, Gudrun/Andrea Mager/Anke Wolf-Graaf (1991): Zufluchtstelle für Mädchen und junge Frauen – ein Projekt der Initiative Münchner Mädchenarbeit e. V. Abschlussbericht der wissenschaftlichen Begleitung. München

Klees, Renate, Helga Marburger und Michaela Schumacher (1991): Mädchenarbeit. Praxishandbuch für die Jugendarbeit. Weinheim, München

Klees-Möller, Renate (1998): Mädchen in Kindertageseinrichtungen. Erfahrungen, Ergebnisse und Praxisanregungen aus dem Modellprojekt „Mädchenarbeit im

Hort". Hrsg. vom Deutschen Roten Kreuz, Landesverband Nordrhein e. V. Düsseldorf

Kleinau, Elke/Claudia Opitz (Hrsg.) (1996): Geschichte der Mädchen- und Frauenbildung. Band 2: Vom Vormärz bis zur Gegenwart. Frankfurt a.M., New York

Klose, Christiana/Kirsten Langmaack (1997): Mädchenpolitische Bilanz. Mädchenprojekte und Mädchenangebote der hessischen Jugendberufshilfe. Hrsg. vom Hessischen Ministerium für Umwelt, Energie, Jugend, Familie und Gesundheit. Wiesbaden

Klose, Christiana und Beate Weissmann (1996): Beispiel der Organisation von Mädcheninteressen in Frankfurt/M. In: Bohn, Irina (Hrsg.): Von der mädchengerechten zur integrierten mädchenbewussten Jugendhilfeplanung. Stuttgart, Berlin, Köln, S. 65-81

Krieter, Ute (1996): Zur Situation von Mädchen und jungen Frauen in der Jugendhilfe im Kreis Herford. Bestandsaufnahme, Analyse, Perspektiventwicklung und daraus resultierende Anforderungen an die Jugendhilfeplanung. Hrsg. vom Sozialpädagogischen Institut Berlin. Berlin, Herford

Krüger, Helga (2000): Unterschiedliche Lebenswelten von Mädchen und Jungen. Vortrag bei der Eröffnung des 11. Deutschen Jugendhilfetags in Nürnberg. In: Forum Jugendhilfe Heft 2, S. 45ff.

Kuhne, Tina/Anita Heiliger (1993): Das ganzheitliche feministische Mädchenhaus. In: Heiliger, Anita/Tina Kuhne (Hrsg.): Feministische Mädchenpolitik. München, S. 32-40

Kuhlmann, Carola (2000): „Doing gender" – Konsequenzen der neueren Geschlechterforschung für die parteiliche Mädchenarbeit. In: neue praxis, Heft 3, S. 226ff.

Landschaftsverband Westfalen-Lippe/Landschaftsverband Rheinland (Hrsg.) (1995): Förderplan für Mädchen und junge Frauen in der Jugendberufshilfe. Münster, Köln

Linde, Karin/Gitta Trauernicht/Ulrike Werthmanns-Reppekus (1989): Offensive Mädchenarbeit in der Jugendberufshilfe. Hrsg. vom Paritätischen Jugendwerk Nordrhein-Westfalen. Münster

Mädchentreff Bielefeld/Marlene Stein-Hilbers (Hrsg.) (1988): „Marlene hatte andere Pläne ...". Feministische Mädchenarbeit. Bielefeld

Meyer, Dorit/Gerlinde Seidenspinner (1999): Mädchenarbeit – Plädoyer für einen Paradigmenwechsel. In: AGJ – Arbeitsgemeinschaft für Jugendhilfe (Hrsg.): Jubiläumsband zum 50-jährigen Jubiläum. Bonn, S. 58-71

Möller, Kurt (Hrsg.) (1997): Nur Macher und Macho? Geschlechtsreflektierende Jungen- und Männerarbeit. Weinheim, München

Oechsle, Mechthild (2000): Gleichheit mit Hindernissen. Hrsg. vom SPI Berlin – Bundesmodell „Mädchen in der Jugendhilfe". Berlin

Paritätischer Wohlfahrtsverband – Gesamtverband (Hrsg.) (2000): Entwicklung von Qualitätssicherungskonzepten in der Mädchenarbeit. Frankfurt a.M.

Permien, Hanna/Kerstin Frank (1995): Schöne Mädchen – starke Jungen? Gleichberechtigung: (k)ein Thema in Tageseinrichtungen für Schulkinder. Freiburg

Prengel, Annedore (1993): Pädagogik der Vielfalt. Verschiedenheit und Gleichberechtigung in Interkultureller, Feministischer und Integrativer Pädagogik. Opladen

Prokop, Ulrike (1976): Weiblicher Lebenszusammenhang. Von der Beschränktheit der Strategien und der Unangemessenheit der Wünsche. Frankfurt a.M.

Rose, Lotte (2000): Mädchenarbeit und Jungenarbeit in der Risikogesellschaft. In: neue praxis, Heft 3, S. 226ff

Sachße, Christoph 1986: Mütterlichkeit als Beruf. Sozialarbeit, Sozialreform und Frauenbewegung 1871-1929. Frankfurt a.M.

Sachverständigenkommission Sechster Jugendbericht (1984ff.) (Hrsg.): Alltag und Biografie von Mädchen. Expertisen zum 6. Jugendbericht, Abschlussbericht der Kommission und Stellungnahme der Bundesregierung. Band 1-16. Opladen

Savier, Monika/Carola Wildt (1978): Mädchen zwischen Anpassung und Widerstand. Neue Ansätze zur feministischen Jugendarbeit. München

Scheu, Ursula (1977): Wir werden nicht als Mädchen geboren – wir werden dazu gemacht. Zur frühkindlichen Erziehung in unserer Gesellschaft. Frankfurt a.M.

Schultz, Dagmar (1978): Ein Mädchen ist fast so gut wie ein Junge. Berlin

SPI Berlin, Bundesmodell „Mädchen in der Jugendhilfe" (Hrsg.) (1999): Neue Maßstäbe. Mädchen in der Jugendhilfeplanung. Berlin

Stauber, Barbara (1999): Starke Mädchen – kein Problem? In: Beiträge zur feministischen Theorie und Praxis, 22. Jg., Heft 51: Mädchen zwischen patriarchalen Zuschreibungen und feministischen Ansprüchen, Köln, S. 53-65

Stiegler, Barbara (2001): Wenn Gender das Mädchen verschluckt – Gender Mainstreaming und parteiliche Mädchenarbeit. In: Forum Erziehungshilfen, Heft 2, S. 68-73

Thürmer-Rohr, Christina (1987): Vagabundinnen. Feministische Essays. Berlin

Trauernicht, Gitta/Michaela Schumacher (1986): Mädchen in Häusern der offenen Tür. Studie zur verbesserten Einbeziehung von Mädchen in die Angebote der offenen Jugendarbeit in Nordrhein-Westfalen. Hrsg. vom Ministerium für Arbeit, Gesundheit und Soziales Nordrhein-Westfalen. Düsseldorf

Wallner, Claudia (1996): Feministische Mädchenarbeit im Dilemma zwischen Differenz und Integration. In: Jahrbuch der sozialen Arbeit 1997. Münster, S. 208-223

Wallner, Claudia (1996): Mädchengerechte kommunale Jugendhilfeplanung. Münster

Weber, Monika (1999): Mädchengerechte Kinder- und Jugendhilfe. Informationen, Grundlagen und Materialien für die landesweiten Aktionswochen der Frauenbeauftragten. Hrsg. vom Ministerium für Frauen, Jugend, Familie und Gesundheit Nordrhein-Westfalen. Düsseldorf

Weber, Monika (2001): Gender, Dekonstruktion, Individualisierung ...? Neue Begriffe, aktuelle Debatten und Perspektiven der Mädchenarbeit. In: Forum Erziehungshilfen, Heft 2, S. 74-81

Weber, Monika/Christiane Rohleder (1995): Sexueller Missbrauch – Jugendhilfe zwischen Aufbruch und Rückschritt. Münster

Sabine Koch[1]

Interkulturelle Jugendarbeit

Zusammenfassung: Interkulturelle Jugendarbeit ist eine Notwendigkeit, die sich heute angesichts der kulturellen Heterogenität der BesucherInnen von Einrichtungen der offenen Jugendarbeit ergibt. Folgende Aspekte sollen in diesem Beitrag angesprochen werden: Die Lebenssituation und die Zugehörigkeiten von Migrantenjugendlichen sind ebenso vielfältig wie die von deutschen Jugendlichen. Daher ist es wichtig, bisher gängige reduzierende Zuschreibungen zu reflektieren mit dem Ziel, sie zu überwinden. Darüber hinaus muss interkulturelle Jugendarbeit sich antirassistisch verstehen und zum Ziel haben, die Machtungleichheit zwischen MigrantInnen und Deutschen abzubauen. In diesem Zusammenhang ist hier auf die Begrenztheit von Pädagogik angesichts rechtlicher und struktureller Benachteiligungen von MigrantInnen hinzuweisen. Damit wird auch die Notwendigkeit einer politischen Ausrichtung deutlich. Voraussetzung interkultureller Jugendarbeit ist außerdem die Einstellung von PädagogInnen mit Migrationshintergrund.

Einleitung

Ausgehend von der Tatsache, dass offene Jugendarbeit heute mit Jugendlichen verschiedener kultureller Herkunft und nationaler Zugehörigkeit – dadurch also auch mit unterschiedlichem rechtlichen und sozialen Status – stattfindet, soll im Folgenden danach gefragt werden, was dies für die Jugendarbeit bedeutet. In Jugendhäusern sind die NutzerInnen häufig zum überwiegenden Teil Jugendliche mit Migrationshintergrund. Dabei gilt allerdings für jugendliche Migrantinnen, was auch für Mädchen im Allgemeinen gilt: sie sind in Jugendhäusern unterrepräsentiert. Der Grund dafür liegt hauptsächlich darin, dass deren institutionelle Rahmenbedingungen und Angebotsstrukturen auf Jungen zugeschnitten sind und den Bedürfnissen von Mädchen nicht entsprechen. Darüber hinaus wies eine Pädagogin in einem Expertinneninterview[2] darauf hin, dass Migrantinnen in gemischten Jugendeinrichtungen eher diskriminiert werden als in reinen Mädcheneinrichtungen, wenn sie z.B. ein Kopftuch tragen, und dass manche von ihnen dort von ihren Brüdern weggeschickt werden. Ihrer Meinung nach eröffnen Mädchen- und Frauenprojekte gerade auch für Migrantinnen Freiräume gegenüber gemischtgeschlechtlichen Räumen.

---

1 Unter Mitarbeit von Magdalene Schmidt
2 Diese Interviews mit Mitarbeiterinnen in der Mädchenarbeit führte ich im Rahmen meiner Diplomarbeit „Mädchenarbeit in der Einwanderungsgesellschaft. 'Multikulturelle' Arbeit in Mädchenprojekten als Alltag und Herausforderung".

Wenn es hier um interkulturelle Jugendarbeit geht, dann ist darauf hinzuweisen, dass der „missverständliche und inflationsverdächtige" (Kalpaka 1998a, S. 77) Begriff ‚interkulturell' hier lediglich bedeutet, dass es sich bei den AdressatInnen von Jugendarbeit um Jugendliche heterogener ethnischer Herkunft handelt. Interkulturelle Jugendarbeit soll hier am Beispiel interkultureller Mädchenarbeit dargestellt werden. Dadurch lassen sich grundlegende Notwendigkeiten einer interkulturellen Arbeit verdeutlichen und zusätzlich besteht die Möglichkeit, Querbezüge zwischen den Kategorien Ethnizität und Geschlecht herzustellen. Sowohl Geschlecht als auch Ethnizität sind soziale Konstruktionen, die von der jeweils dominanten Gruppe zur Abwertung der ‚anderen' genutzt werden. Zwischen Rassismus und Sexismus bestehen also Parallelen, gleichzeitig gibt es aber auch Unterschiede. Während es bei Rassismus v.a. um die Ausgrenzung *aus* einer bestimmten Gruppe geht, geht es bei Sexismus primär um die Unterdrückung und Benachteiligung von Frauen und Mädchen *innerhalb* einer Gruppe durch die Verwehrung des Zugangs zu gesellschaftlicher Macht und zu strategisch wichtigen gesellschaftlichen Ressourcen (Riegel 1997, S. 24). Ethnizität und Geschlecht als verschiedene Konstruktionsbereiche sind dabei häufig miteinander verknüpft. So beinhalten bestimmte ‚Rasse'-Konstruktionen über die ‚anderen' stets auch bestimmte Geschlechterkonstruktionen, wie z.B. das verbreitete Bild der unterdrückten muslimischen Frauen und Mädchen zeigt, welches im Migrationsdiskurs zur Abwertung von MigrantInnenkulturen eingesetzt wird (vgl. Lutz 1991; Lutz/Huth-Hildebrandt 1998).

Einige grundlegende Hinweise sind für das folgende Thema vorab notwendig: Interkulturalität in der Jugendarbeit darf kein Thema sein, das sich alleine auf junge MigrantInnen bezieht und diese damit erneut als Sondergruppe be- und festschreibt, wie es lange Zeit in der Ausländerpädagogik geschah. Vielmehr müssen auch deutsche Jugendliche in die Betrachtung mit einbezogen werden. Interkulturelle Jugendarbeit ist nicht als abgegrenzter Aufgabenbereich zu sehen, sondern als Querschnittsthema von Jugendarbeit. Dabei ist Interkulturalität keineswegs das einzige Charakteristikum, mit dem der Jugendarbeitsalltag beschrieben werden kann, sondern lediglich *ein* Aspekt davon. Dieser Aspekt steht wiederum nicht immer im Mittelpunkt, aber er kann situativ bedeutsam werden.

Im Folgenden will ich am Beispiel interkultureller Mädchenarbeit zeigen, wie innerhalb von Jugendarbeit ein gleichberechtigtes Miteinander von Jugendlichen unterschiedlicher nationaler Herkunft und kultureller Zugehörigkeiten gefördert werden kann, ohne die Jugendlichen dabei nur vor dem Hintergrund ihrer Kultur wahrzunehmen. Außerdem will ich eine antirassistische Perspektive als Grundlage interkultureller Jugendarbeit aufzeigen und die Notwendigkeit interkultureller Teams begründen.

1. Vielfältige Zugehörigkeiten junger Migrantinnen

‚Die' Migrantin gibt es nicht – junge Migrantinnen bilden vielmehr eine sehr heterogene Gruppe: es gibt türkische Mädchen, kurdische Mädchen, italienische Mädchen etc., Mädchen mit einem deutschen Pass oder ohne, Mädchen mit Migrationserfahrungen und solche, die hier geboren sind, Flüchtlingsmädchen ohne gesicherten Aufenthalt, Mädchen aus binationalen Familien, christliche, muslimische, atheistische Mädchen usw. Angesichts der Vielfalt kultureller, sozialer und rechtlicher Bestimmungsmomente der Einzelnen relativieren sich die Begriffe ‚MigrantInnen' und ‚Deutsche'. Die Grenzen zwischen den beiden Gruppen verwischen sich, während die Unterschiede innerhalb der Gruppen bezüglich Klasse, Schicht, nationaler und kultureller Herkunft und Geschlecht groß sind. Das heißt, wenn man von ‚jungen MigrantInnen' spricht, konstruiert man eine Gruppe, die weder natürlich noch homogen ist. Die Konstruktion der Gruppen ‚MigrantInnen' und ‚Deutsche' ist allerdings dann sinnvoll, wenn sie der politischen Bestimmung von sozialen Ungleichheiten und strukturellen Machtverhältnissen dienen kann (Gümen 1996). Migrantinnen verorten sich selbst – wie alle Individuen – innerhalb verschiedener Zugehörigkeiten wie Geschlecht, Schicht, Stadt, Land, Religion, Nationalität, Kultur usw., die jeweils identitätskonstituierende Momente darstellen und zu denen sich die Einzelnen jeweils unterschiedlich verhalten können. Welches dieser Momente für das jeweilige Individuum aktuell in den Vordergrund tritt, hängt unter anderem von seinen gegenwärtigen Lebensbedingungen und zu bewältigenden Problemen ab (vgl. Kalpaka/Räthzel 1990, S. 50f.).

2. Gesellschaftliche Diskriminierung von MigrantInnen

Die Vielfalt der Lebenssituationen und Zugehörigkeiten von MigrantInnen ist also ebenso groß wie die von Deutschen. Ein Unterschied besteht allerdings in den rechtlichen, strukturellen und alltäglichen Benachteiligungen, denen MigrantInnen ausgesetzt sind. Weil diese Benachteiligungen eine Lebenserfahrung darstellen, die für die Betroffenen prägend ist, müssen sie in einer interkulturellen Mädchenarbeit Berücksichtigung finden.

Rechtliche und strukturelle Benachteiligungen

MigrantInnen sind sowohl von *rechtlichen* als auch von *strukturellen Benachteiligungen* betroffen. Ohne die deutsche Staatsangehörigkeit wird ihnen die volle Anerkennung als politisches und gesellschaftliches Subjekt verweigert (Otyakmaz, 1999b, S. 10). Je nach Aufenthaltsstatus (vgl. Gemende/Schröer in diesem Band) ist die Zukunft in Deutschland möglicherweise äußerst unsicher: Die rechtliche Situation von Flüchtlingsmädchen ohne gesicherten Aufenthaltsstatus kann beispielsweise weitreichende Folgen für diese Mädchen haben und eine individuelle Lebensplanung sowie die Entwicklung einer Zukunftsperspektive u.U. sehr erschweren, wie es eine Pädagogin im Interview schilderte. Neben rechtlichen Benachteiligungen werden MigrantInnen in verschiedenen gesellschaftlichen Bereichen diskriminiert, so v.a. im Bildungs- und Ausbildungsbereich und auf dem Arbeits- und Wohnungsmarkt (vgl. Beauftragte der Bundesregierung für die Belange der Ausländer 1997, 2000; Granato/Meissner 1994). MigrantInnen sind dabei häufig gleichzeitig von verschiedenen strukturellen Ungleichheitsverhältnissen betroffen, die sich überlagern: Neben ihrer ‚ethnischen' Ausgrenzung im Bildungs- bzw. auf dem Wohnungsmarkt sind sie – überwiegend Töchter und Söhne von ArbeitsmigrantInnen – häufig auch von ‚sozialer' Ausgrenzung betroffen (vgl. Held u.a. 1996, S. 141). So hält eine befragte Pädagogin schichtbezogene Merkmale der Mädchen gegenüber ethnischen für bedeutsamer und weist darauf hin, dass die Besucherinnen ihrer Einrichtung – egal ob deutsch oder nichtdeutsch – sich in ihren Lebenswelten und Interessen sehr ähnlich sind. Sie kommen vorwiegend aus Arbeiter- bzw. sozial schwachen Familien und besuchen größtenteils Haupt- oder Sonderschulen.

Interkulturelle Mädchenarbeit darf strukturelle Benachteiligungen junger Migrantinnen, z.B. im Übergangsfeld von der Schule in den Beruf, nicht übersehen und sollte darauf abzielen, kreative Unterstützungsmöglichkeiten für die einzelnen Mädchen zu suchen. Sie sollte sich angesichts der Begrenztheit von (Sozial-)Pädagogik aber auch auf politischer Ebene für eine gleichstellungsorientierte Minderheitenpolitik einsetzen. Bei der Unterstützung und Beratung von Mädchen z.B. in der Übergangsphase Schule-Beruf sind immer auch geschlechtsspezifische Aspekte im Sinne einer parteilichen Mädchenarbeit zu berücksichtigen.

Die Benachteiligungen junger Migrantinnen wahrzunehmen ist also eine Aufgabe von Pädagoginnen. Allerdings ist für deren Thematisierung sowohl eine hohe Sensibilität als auch eine Offenheit gegenüber Sichtweisen, die nicht der eigenen Perspektive entsprechen, Voraussetzung. Was dies heißt, lässt sich am Beispiel der Wohnsituation von MigrantInnen verdeutlichen. Im Vergleich zu deutschen Familien ist die Wohnsituation von MigrantInnenfamilien im Durchschnitt qualitativ schlechter, da ihnen weniger Wohnraum zur Verfügung steht (vgl. Beauftragte der Bundesrepublik für Ausländerfragen 1997, S. 63ff). Konkret heißt das für viele nichtdeutsche Jugendliche – außer sie kommen aus privilegierten Familien – dass ihnen kein eigenes Zimmer als Rückzugsort und Freiraum zur Verfügung steht (vgl. Stegmann 2000, S. 64). Allerdings muss die subjektive Einschätzung der Jugendlichen nicht notwendig so negativ sein, wie eine stigmatisierende Bewertung aus deutscher Sicht suggeriert. Otyakmaz (2000, S. 165) erwähnt das Beispiel einer fünfzehnjährigen Jugendlichen türkischer Herkunft, die sich mit drei jüngeren Schwestern ein Zimmer teilt. Das gemeinsame Zimmer hat für sie viele positiven Aspekte (z.B. können sie sich abends im Bett noch unterhalten), führt aber auch manchmal zu Konflikten. Diese Konflikte verschweigt sie jedoch den LehrerInnen und KlassenkameradInnen gegenüber, da diese sie sonst bedauern würden, was zur Folge hätte, dass sie sich „irgendwie asozial" und „ganz doof" vorkäme (Otyakmaz 2000, S. 165). Die Wahrnehmung von gesellschaftlichen Benachteiligungen und Unterdrückungsverhältnissen von MigrantInnen darf daher nicht zu ihrer Stigmatisierung führen.

Dominanzverhältnisse

Unterdrückung äußert sich nicht nur in der rechtlichen und strukturellen Diskriminierung von Minderheiten, sondern auch in gesellschaftlichen Symbolen und Praxen (Rommelspacher 1997, S. 252). Rommelspacher spricht in diesem Zusammenhang von *„Dominanzkultur"*. Ähnlich wie im Geschlechterverhältnis prägt hier die kulturelle Dominanz das Verhältnis zwischen Deutschen als Angehörigen der ‚Mehrheitskultur' und EinwanderInnen als Angehörigen von ‚Minderheitenkulturen' (ebd., S. 256). Diese Dominanz zeigt sich in den sozialen Strukturen sowie in internalisierten Normen und reproduziert in eher unauffälliger Weise politische, soziale und ökonomische Hierarchien, die von allen mehr oder weniger bewusst mitgetragen werden (vgl. Rommelspacher 1995, S. 25ff). Die Folgen der Dominanzkultur können an Integrationsforderungen gegenüber MigrantInnen sichtbar gemacht werden: MigrantInnen sollen sich einer deutschen (welcher?) Normalität anpassen, wodurch gleichzeitig die Minderwertigkeit der Einwandererkulturen unterstellt wird. Dabei möchten die Mitglieder der Mehrheitsgesellschaft die eigenen Privilegien beibehalten und erwarten, dass die Minderheiten sich einfügen.

Stereotype Bilder von MigrantInnen

MigrantInnen werden häufig vorrangig vor dem Hintergrund einer ihnen zugeschriebenen Kultur wahrgenommen, unabhängig davon, welche Bedeutung ihre kulturelle Herkunft für sie selbst tatsächlich hat. Sie sehen sich damit konfrontiert, dass sie in unserer Gesellschaft auf äußerst beharrliche Bilder – sowohl in der Politik und in den Medien als auch in den alltäglichen Interpretationen – festgeschrieben werden.

Vor dem Hintergrund dieser Bilder wird die Situation junger MigrantInnen immer noch oft als ‚Kulturkonflikt' beschrieben. Dabei wird angenommen, dass die Jugendlichen in Konflikt geraten – sozusagen hin- und hergerissen zwischen den Normen, Werten und Verhaltensweisen ihrer Herkunfts- und denen der Aufnahmegesellschaft. Sie leben dann ‚zwischen zwei Welten' oder sitzen ‚zwischen allen Stühlen' und geraten in einen ‚Kulturkonflikt', der angeblich ‚Identitätskonflikte' mit sich bringt. In dieser Sichtweise wird die Herkunftskultur der MigrantInnen als geschlossenes und unveränderbares System betrachtet anstatt als prozesshaft, sich verändernd und kontextabhängig. Dabei wird keine Möglichkeit für die Jugendlichen gesehen, die verschiedenen Kulturen miteinander zu verbinden. Die Subjekte verschwinden somit hinter den zugeschriebenen oder tatsächlichen Normen ihrer Kultur, und es wird davon ausgegangen, dass ihnen keine individuellen Spielräume zum selbstständigen Agieren außerhalb dieser Normen zur Verfügung stehen (Lutz/Huth-Hildebrandt 1998, S. 164).

Die Herkunftskulturen von MigrantInnen werden dabei nicht nur als feststehende, sondern auch als rückständige, patriarchale Gesellschaften mit rigiden und unveränderlichen, traditionellen Moralvorstellungen beschrieben. Gängige Themen in der Diskussion sind dabei Geschlechtersegregation, Ehre und Schande, Jungfräulichkeit vor der Ehe, Verheiratung der Mädchen/Kinder durch die Eltern und das Kopftuch (Lutz/Huth-Hildebrandt 1998, S. 163). Dem Bild einer statischen und traditionellen Kultur von MigrantInnen wird die Vorstellung einer modernen, dynamischen Fortschrittskultur westlicher Industriegesellschaften gegenübergestellt (vgl. Lutz 1991, S. 23ff). Bedeutsam für die Mädchen und Frauen ist dabei v.a., dass in einer solchen dichotomen Gegenüberstellung von ‚traditionell' versus ‚modern' angenommen wird, dass Mädchen und Frauen in den westlichen Gesellschaften fortschrittlich und emanzipiert seien, während Migrantinnen – als stereotypes Bild meist gleichgesetzt mit muslimischen Migrantinnen – als besonders rückständig, unemanzipiert und unterdrückt angesehen werden. Diese Dichotomisierung, auch Traditions-Modernitäts-Paradigma genannt, ist also nicht wertneutral, sondern hierarchisch: Eine Entwicklung der traditionellen Einstellungen von MigrantInnen hin zu modernen, westlich orientierten Einstellungen wird dabei als Zielvorstellung formuliert oder gedacht (vgl. Lutz 1991, S. 23). Die Begriffe ‚westlich' und ‚modern' werden in diesem Zusammenhang gleichgesetzt, sodass dem Traditions-Modernitäts-Paradigma ein westlich geprägtes Modell von Modernität zugrunde liegt. Demgegenüber lassen sich für verschiedene Gruppen von Zuwanderinnen die Existenz anderer Formen und Inhalte von Modernität im Sinne einer „nichtwestlichen Modernität" (Herwartz-Emden 1997, S. 902) beschreiben.

Die beschriebenen stereotypen Fremdzuschreibungen werden natürlich auch von jungen MigrantInnen wahrgenommen und bleiben nicht ohne Wirkung bei ihnen, auch wenn sie subjektiv unterschiedlich darauf reagieren. Nicht selten übernehmen sie die Bilder, die so genannte Einheimische sich von ihnen machen, in ihre Selbstdefinition oder sie setzen alles daran, ihnen nicht zu entsprechen (vgl. Prasad 1994). Möglicherweise ziehen EinwanderInnen die Stereotype über sie selbst auch zu dem Zweck heran, sich gegenüber Einheimischen nicht lange erklären zu müssen (vgl. Lutz 1991, S. 31f.). Gleichzeitig machen sie sich ebenfalls Bilder von den ‚Anderen', den Einheimischen, die genauso dichotomisierend und interessanterweise häufig komplementär zu den Bildern der Deutschen über sie sind (Kalpaka 1992, S. 119).

In der Arbeit mit Mädchen unterschiedlicher Herkunft sind Pädagoginnen aufgefordert, sich ihrer eigenen Bilder bewusst zu werden und zu versuchen, ihre Wahrnehmung junger Migrantinnen nicht auf Klischees zu reduzieren.

3. Umgang mit Interkulturalität in der Mädchenarbeit

Zwischen den Kulturen?

Schwierigkeiten junger Migrantinnen werden häufig als Folge ihres Aufwachsens mit zwei Kulturen gesehen. Differenzen zwischen Eltern und Töchtern werden dann beispielsweise als Konflikte interpretiert, die durch das Aufeinandertreffen zweier unvereinbarer Kulturen hervorgerufen werden. Wenn bei jungen Migrantinnen solche jugendspezifischen Abgrenzungsprozesse aber auf einen vermeintlichen ‚Kulturkonflikt' reduziert werden, ist das nicht nur falsch und polarisierend, sondern auch problematisch, weil sich die Konflikte dadurch scheinbar dem Einflussbereich der einzelnen Mädchen entziehen und bei diesen die Bereitschaft nachlässt, nach individuellen Konfliktlösungsmöglichkeiten zu suchen (Otyakmaz 1999b, S. 9). In der Arbeit mit eingewanderten Mädchen ist es daher wichtig, solche fatalistischen Selbstwahrnehmungen nicht zu bekräftigen, sondern mit den Mädchen alternative Perspektiven zu entwickeln und ihre persönlichen Ressourcen und Handlungsmöglichkeiten ins Zentrum zu rücken und zu verstärken (ebd.). Es ist zwar so, dass eingewanderte Mädchen tatsächlich von ihren Eltern mit Normen und Vorschriften konfrontiert werden, die nicht immer in Einklang mit ihren eigenen Vorstellungen und Bedürfnissen stehen, diese Tatsache unterscheidet sie allerdings nicht grundsätzlich von deutschen Jugendlichen (Otyakmaz 1999a, S. 89). Auch ihre Umgangsweisen mit den Vorschriften, wie z.B. offene Auseinandersetzungen mit den Eltern, heimliches Unterlaufen der Normen oder kognitive Strategien, die mit einem ‚Sich-den-Zwängen-Fügen' einhergehen, sind nichts, was ausschließlich spezifisch für junge MigrantInnen wäre. Allerdings wird deutschen Jugendlichen im Unterschied zu eingewanderten Jugendlichen von der Mehrheitsgesellschaft das Recht auf Abgrenzung von den elterlichen Werten als ein natürlicher und unabdingbarer Bestandteil des Erwachsenwerdens zugestanden, während Abgrenzungsprozesse jugendlicher MigrantInnen von den Werten und Vorstellungen ihrer Eltern zum ‚Kampf der Kulturen' umgedeutet werden (ebd.).

Mögliche Konsequenzen ethnisierender Zuschreibungen für Mädchen

Pädagoginnen, die nicht nur die gewohnten kulturellen Erklärungsmuster auf eingewanderte Mädchen anwenden wollen, haben es unter Umständen mit der zusätzlichen Schwierigkeit zu tun, dass sich junge Migrantinnen gegen Ethnisierungen und Kulturalisierungen häufig nicht wehren und zur Begründung für ihre Probleme und schwierigen Lebenslagen selbst auf solche Bilder zurückgreifen (vgl. Kalpaka 1998, S. 32). Die verbreiteten Bilder und konstruierten Gegensätze der Situation von eingewanderten und von deutschen Mädchen können auf eingewanderte Mädchen so wirken, dass sie völlig irreale Freiheitsvorstellungen entwickeln. Sie vergleichen dann ihre Situation mit der Vorstellung, die sie von gleichaltrigen deutschen Mädchen haben und fühlen sich ihnen gegenüber benachteiligt. Dabei gehen sie oft von falschen Informationen oder Annahmen aus und übersehen gleichzeitig die Möglichkeiten, die ihnen ihre eigenen Familien bieten (Klaczko-Ryndziun 1996, S. 24). Wenn die Mädchen dann auf Ansprechpartnerinnen treffen, die sie in ihren geglaubten Benachteiligungen weiter unterstützen, anstatt ihre konkrete Situation zu überprüfen und danach zu handeln, kann es sein, dass Konflikte mit der Familie, mit FreundInnen oder mit sich selbst verstärkt werden beziehungsweise mitunter erst entstehen und eine positive Lösung für alle unmöglich wird (ebd.).

Ethnisierende Zuschreibungen können junge MigrantInnen auch unter Druck setzen, ‚ihre' Kultur zu verteidigen, selbst wenn ihre subjektive Orientierung und Lebenssituation nichts mit den Zuschreibungen gemeinsam hat. Das wird beispielsweise deutlich am „öffentlichen Commonsense zum Thema Sexualbereich von Migranten moslemischen Hintergrunds" (Aktas 2000, S. 170): MitschülerInnen unterstellen nichtdeutschen Jugendlichen „abfällig und diskreditierend, aber auch mitleidig-bedauernd, stets jedoch mit dem Gefühl der Höherwertigkeit und Überlegenheit ‚eigener' Orientierungen und Handlungsmuster" ein bestimmtes Verhalten oder eine bestimmte Orientierung. Diese Abwertung verstehen die betroffenen Jugendlichen als Angriff auf ‚ihre' Kultur und geraten unter einen Rechtfertigungsdruck oder werden als Reaktion darauf zu „‚Verfechtern' traditioneller Werte und Standards" (ebd.). Junge MigrantInnen wehren sich aber auch gegen reduzierende Zuschreibungen: sie wollen sich nicht auf ihre Nationalität reduzieren lassen – auch dann nicht, so eine Pädagogin, wenn sie nach außen hin möglicherweise eine solche Zugehörigkeit provokativ inszenieren, indem sie sich beispielsweise mit Symbolen wie einer türkischen Flagge zeigen. Allgemein ist in der Jugendarbeitspraxis zu beobachten, wie sich junge MigrantInnen zunehmend Räume für ihre eigenen Selbstdefinitionen erobern.

Ressourcenorientierung statt Defizitblick

Wenn MigrantInnen primär als Angehörige ihrer ‚Kultur' wahrgenommen werden, gehen damit häufig Annahmen über besonders belastete Lebenslagen und Schwierigkeiten einher. Als Reaktion auf diese verbreitete defizitäre Sichtweise auf MigrantInnen weisen einige AutorInnen auf besondere Ressourcen hin, über die MigrantInnen aufgrund ihres Migrationskontextes und ihrer doppelten Sozialisation verfügen. Diese Sichtweise ist ein Gegenentwurf zur defizitorientierten Wahrnehmung von MigrantInnen und „bedeutet einen wichtigen Zwischenschritt in der Überwindung bisheriger Paradigmen" (Granato 1999, S. 103), weil MigrantInnen nun im Vergleich zu Deutschen als ‚moderner' und flexibler dargestellt werden. Sie ist allerdings nicht unproblematisch, da auch sie im Spannungsfeld der ‚Kulturkonfliktthese' – welche die Lebensrealität von Migrantinnen nicht erfasst – verhaftet bleibt. Indem der Ressourcenansatz keine Gegenposition ergreift, bietet er auch keine Überwindung dieses Diskurses. Ähnlich wie der Versuch in der Mädchenarbeit, Mädchen durch die Betonung ihrer besonderen ‚weiblicher Kompetenzen' gegenüber Jungen aufzuwerten, und damit den gängigen Abwertungen etwas entgegenzusetzen, bleibt also auch dieser Ansatz im dominanten Diskurs – hier demjenigen über MigrantInnen – verhaftet. Außerdem tritt an die Stelle einer negativen Definition von Differenz, die den ‚Defizitansatz' prägte, im Kompetenzansatz eine positive Differenz, womit jedoch Ausgrenzungsprozesse verschleiert bleiben (vgl. Gümen 1996). Diese kritische Sichtweise des Kompetenzansatzes widerspricht allerdings keineswegs der Forderung, die individuellen Kompetenzen und Alltagsbewältigungsmuster bei jungen MigrantInnen ebenso anzuerkennen wie bei deutschen Jugendlichen.

Ethnisch homogene Peergroups

Im Alltag der Mädchenarbeit wird es häufig als problematisch angesehen, wenn Mädchen sich in ethnisch homogenen Peergroups zusammenschließen. Die Peergroup aus Mädchen derselben kulturellen/nationalen Herkunft kann aber für eingewanderte Mädchen eine besondere Bedeutung bekommen, weil sie hier Rückhalt von anderen Mädchen erhalten können, die sich in einer ähnlichen Lebenssituation mit den damit zusammenhängenden Benachteiligungen und Zuschreibungen befinden. Gemeinsam können die Mädchen „über ihre Eltern herziehen und sich alternative Entwürfe überlegen, ausprobieren und diese Erfahrungen austauschen, das heißt, sie können sich durchaus in zahlreichen Aspekten von ihrer Elterngeneration distanzieren, ohne dass dies als eine generelle Absage an ihre gesamte Herkunftskultur gedeutet wird. Sie können Neues mit Altem verbinden oder auch unvermittelt nebeneinander stehen lassen, ohne dass ihre Entwürfe an einer imaginierten deutschen ‚Normalbiographie' gemessen und als noch nicht integriert bzw. deutsch genug bezeichnet werden" (Otyakmaz 1999a, S. 90).

In der pädagogischen Arbeit besteht nicht selten der Anspruch, Mädchen verschiedener Nationalitäten einander näher zu bringen, wenn sie sich in herkunftshomogene Gruppen aufspalten. An dieser Stelle ist es angebracht, über einen Perspektivenwechsel nachzudenken und Trennungen unter den Mädchen entlang ihrer nationalen Herkünfte nicht ausschließlich als ein Problem anzusehen, sondern auch die positiven Aspekte (vgl. Otyakmaz 1999a, S. 90) wahrzunehmen, die ein solcher Zusammenschluss für die Mädchen mit sich bringt. In konkreten Situationen in der Arbeit, bei denen zu beobachten ist, wie sich verschiedene Mädchencliquen voneinander abgrenzen, wäre es wichtig, eine „untersuchende Haltung" (Leiprecht 1999, S. 7) einzunehmen, um herausfinden zu können, welche Bedeutung dieses Verhalten für die Mädchen jeweils hat, und nicht davon auszugehen, darüber im Grunde schon Bescheid zu wissen. Es geht darum, gegenseitige Abwertungen unter den Mädchen nicht zu akzeptieren und ihnen eine offene und wertschätzende Haltung gegenüber den jeweils 'anderen' zu vermitteln, ohne jedoch zu erwarten, die Mädchen müssten sich unabhängig von ihrer kulturellen/nationalen Zugehörigkeit mischen. Wenn man Solidarisierungsprozesse initiieren möchte, muss die Arbeit an der Lebenswelt der Jugendlichen ansetzen. Gleiche Interessen können dabei Anknüpfungspunkte bieten, und gemeinsame Aktivitäten angeregt werden. Außerdem können die Mädchen dazu ermutigt werden, in ihrer Biographie nach einander vergleichbaren Erfahrungen zu suchen, anstatt zuerst die Unterschiede in den Blick zu nehmen, die gleichwohl nicht ignoriert werden dürfen (vgl. Otyakmaz 1999b, S. 14).

Zweisprachigkeit

Die Zweisprachigkeit von jungen Migrantinnen kann auf verschiedene Weise in der Mädchenarbeit eine Rolle spielen: Teilweise ist zu beobachten, dass die Sprache einen Einfluss auf die Gruppenbildung von Mädchen haben kann. Darüber hinaus können sich die Mädchen durch ihre Sprachkompetenzen Freiräume schaffen, in denen sie außerhalb des Zugriffs von Pädagoginnen kommunizieren können, sofern diese ihre Muttersprache nicht selbst beherrschen. Das beinhaltet natürlich auch einen Machtzuwachs für die zweisprachigen Mädchen gegenüber den Pädagoginnen. Sprachkompetenzen von MitarbeiterInnen mit Migrationhintergrund haben für die Arbeit mit MigrantInnen – dies wird in der Literatur immer wieder betont – v.a. in Zusammenhang mit Beratungsgesprächen eine große Bedeutung, da solche Gespräche in besonderem Maße auch emotionale Themen betreffen. Dennoch kann nicht davon ausgegangen werden, dass die Muttersprache für alle MigrantInnen gleich relevant ist. Eine befragte Pädagogin kritisiert in diesem Zusammenhang an pädagogischen Konzepten wie z.B. Ansätzen zur zweisprachigen Erziehung, dass diese die Wichtigkeit der Muttersprache für *alle* MigrantInnenkinder annehmen, ohne danach zu fragen, wie die einzelnen Jugendlichen das überhaupt empfinden. Die subjektive Bedeutung der Muttersprache ist bei den Jugendlichen aber offenbar unterschiedlich.

4. Antirassistische Ausrichtung als Grundlage interkultureller Arbeit

Wichtige Grundlage interkultureller Mädchenarbeit ist eine antirassistische Ausrichtung. Antirassistische Handlungsansätze stellen das Machtungleichgewicht zwischen ‚einheimischer' Mehrheit und ‚eingewanderten' Minderheiten ins Zentrum ihres Interesses, während sie den Aspekt kultureller Unterschiede sowohl in der Analyse als auch in der praktischen Arbeit eher vernachlässigen (Attia 1997, S. 271f.). Das Ziel antirassistischer Ansätze ist es, die Machtungleichheit zwischen der Mehrheit und Minderheiten in der Bevölkerung abzubauen. Sie können bei den Mehrheitsangehörigen ansetzen, wobei diese ihre rassistischen Einstellungen reflektieren und auflösen sollen, aber auch bei den Angehörigen von Minderheiten, die befähigt werden sollen, für die Umverteilung von Macht zu kämpfen (Attia 1997, S. 274).

Antirassistische Angebote

Es scheint schwierig zu sein, thematische antirassistische Angebote für die Praxis interkultureller Mädchenarbeit zu entwerfen. Der Grund dafür liegt vermutlich darin, dass projektbezogenes Arbeiten in Einrichtungen der offenen Arbeit schwer umsetzbar ist, weil die Mädchen dort eher „abhängen" und „ihre Freizeit genießen" wollen und „sich weniger für politische Themen interessieren" – wie es eine interviewte Pädagogin formuliert. Daher wäre es sinnvoll, über kurzfristige, unverbindliche und offene Angebote nachzudenken, die den Bedürfnissen der Mädchen eher entsprechen. Vorschläge dafür liefern Mitarbeiterinnen eines Mädchentreffs (des Vereins Dolle Deerns e.V.), die in ihrer Arbeit in festen Gruppenangeboten gezielt zu Vorurteilen arbeiten: Sie zeigen z.B. eine Dia-Show von verschiedenen Mädchen aus der Türkei und aus Deutschland, welche die gängigen Klischees durcheinander bringt und die Mädchen anspricht, weil sie sich in der Lebenssituation der vorgestellten Mädchen wieder erkennen. Oder sie hängen Gedichte zum Thema Rassismus auf, um dadurch die Mädchen zum Gespräch anzuregen (Dolle Deerns e.V. 1992, S. 23-28).

Einbezug von Rassismuserfahrungen

Antirassistische Arbeit muss auch heißen, Rassismuserfahrungen junger MigrantInnen als eine für diese prägende Lebenserfahrung anzuerkennen und sie in die alltägliche Arbeit mit ihnen einzubeziehen. Die erlebten Formen von Rassismus können dabei unterschiedlich sein und auch von den Betroffenen individuell verschieden erlebt werden. Rassismuserfahrungen haben aber auf jeden Fall belastende Folgen und erzeugen mögliche Reaktionen wie Wut, Verbitterung, ‚reaktiven Rassismus', aber auch Angst, Unsicherheit und Scham (vgl. Mecheril 1995, S. 104). Menschen, die Diskriminierungen ausgesetzt sind, müssen sich zu diesen verhalten. Das können sie in unterschiedlicher Weise tun: sie können das Erlebte verdrängen, den Kontakt zu ihren UnterdrückerInnen meiden, politisch aktiv werden für eine Veränderung der Verhältnisse, sich mit ihrer eigenen Entwicklung auseinander setzen oder sich bemühen, auf die Seite der UnterdrückerInnen zu wechseln (Essed/Mullard 1991, zitiert nach Attia 1997, S. 278). Damit sie die produktiven Bewältigungsstrategien unter den aufgezählten anwenden – die sich je nach Person und Situation unterscheiden können – ist es für MigrantInnen hilfreich, sich mit Rassismus auseinander zu setzen. Dafür ist es notwendig, auch in der pädagogischen Praxis die Bedeutung von Rassismus im Leben von MigrantInnen anzuerkennen, damit sie hier nicht erneut Rassismuserfahrungen ausgesetzt sind und ihnen eine Auseinandersetzung mit ihren Erfahrungen ermöglicht wird. Das heißt auch, diskriminierende Erfahrungen von MigrantInnen nicht zu bagatellisieren (Attia 1997, S. 277). In den Interviews mit Pädagoginnen der Mädchenarbeit fiel in diesem Zusammenhang auf, dass diejenigen, die selbst einen Migrationshintergrund hatten, es für besonders wichtig erachteten, sensibel zu sein für alltägliche Rassismuserfahrungen der Mädchen (z.B. in der Schule). Sie hielten es für notwendig, auf Andeutungen, welche die Mädchen „zwischen Tür und Angel" diesbezüglich fallen lassen, zu reagieren, nachzuhaken und sie in ihrer Auseinandersetzung mit dem Erlebten zu unterstützen. Deutsche Pädagoginnen hingegen bewerteten Erlebnisse von alltäglichem Rassismus nicht in gleichem Maße als gravierend. Es scheint daher notwendig, dass gerade deutsche PädagogInnen in diesem Zusammenhang eigene „blinde Flecken" reflektieren, um Jugendliche bei der Bewältigung rassistischer Erlebnisse unterstützen zu können.

Position beziehen

Nicht nur bezüglich Rassismuserfahrungen, die die Mädchen außerhalb der Mädchenarbeit machen, ist es wichtig, Stellung zu beziehen, sondern auch wenn Mädchen sich untereinander diskriminierend verhalten. Solche diskriminierenden Verhaltensweisen können z.B. so aussehen, dass einige deutsche Mädchen Migrantinnen diskriminieren, indem sie gebrochen deutsch mit ihnen sprechen oder nicht mitessen, wenn türkisch gekocht wurde mit der Begründung „Türkenfraß esse ich nicht" (Dolle Deerns 1992, S. 17). Antirassistische Arbeit muss sich also auf das gesamte Klima im Projekt auswirken (vgl. Leiprecht 1999, S. 3). Darüber hinaus bedeutet antirassistische Arbeit auch, politische Öffentlichkeitsarbeit zu machen und sich für die Gleichstellung von MigrantInnen zu engagieren.

Kulturarbeit zur Erweiterung des kulturellen Repertoires

Neben Ansätzen zur antirassistischen Arbeit mit Jugendlichen stehen solche einer so genannten „interkulturellen Pädagogik". Dabei lassen sich zwei verschiedene Richtungen „interkultureller Pädagogik" ausmachen: Die eine Richtung will ‚interkulturelle' Konflikte gemeinsam bearbeiten, was zunächst die Bewusstmachung solcher Konflikte voraussetzt, die andere Richtung stellt die Bereicherung durch die Begegnung mit fremden Kulturen in den Mittelpunkt (Auernheimer 1995, S. 166). Mehrere Punkte sind bezogen auf die meisten dieser Ansätze zu kritisieren: die Konzentration auf die vermeintlich fremden Kulturen, während die Kultur der ‚Einheimischen' wenig thematisiert wird (Attia 1997, S. 268), das Ausblenden von Fragen der gesellschaftlichen Machtverteilung (Lutz 1988, S. 33) und die Vernachlässigung des Themas Rassismus innerhalb interkultureller Ansätze (Leiprecht 1999, S. 2).

Kulturarbeit als eine Methode „interkultureller Pädagogik" kann für die Arbeit mit Jugendlichen unterschiedlicher Herkunft allerdings eine gute Ergänzung antirassistischer Arbeit sein: Film- und Videoarbeit, Fotografie, Malen, Basteln, Theaterarbeit, Musik usw. sind geeignete Möglichkeiten für Jugendliche, Formen symbolischer Darstellung ihrer multiplen Erfahrungen zu finden, ihr kulturelles Repertoire zu erweitern und kulturelle Synthesen ausprobieren zu können (vgl. Auernheimer 1995, S. 240f.).

Neben diesen Aspekten inhaltlicher Art ist es ebenso wichtig, auch auf der strukturellen Ebene Signale einer interkulturellen Arbeit zu setzen, z.B. PädagogInnen nichtdeutscher Herkunft einzustellen.

5. Interkulturelle Teams als Voraussetzung interkultureller Arbeit

In der Mädchenarbeit sind – wie in der Jugendarbeit im Allgemeinen – Pädagoginnen mit Migrationshintergrund noch immer der Ausnahmefall. Interkulturelle Teams sind aber im Sinne einer gleichstellungsorientierten Migrationspolitik notwendig (vgl. Otyakmaz, 1999b, S. 12). Sie bieten den Pädagoginnen gleichzeitig vielfältige Lern- und Auseinandersetzungsmöglichkeiten im Rahmen ihrer täglichen Zusammenarbeit: Ein gleichberechtigtes Miteinander von Migrantinnen und Deutschen kann hier erprobt werden und als Vorbild für die Mädchen dienen, wenn z.B. die Pädagoginnen den Mädchen signalisieren, dass sie selbst gut miteinander auskommen und Ausgrenzungen unter den Mädchen nicht akzeptieren. In solchen Teams kann zugleich die Bedeutung der jeweiligen kulturellen Herkunft der einzelnen MitarbeiterInnen relativiert werden. Eine Interviewpartnerin beschrieb in diesem Zusammenhang ihre Erfahrung, dass sie Verständigungsschwierigkeiten nicht etwa mit ihren Kolleginnen mit einem anderen ethnischen Hintergrund als sie selbst habe, sondern gerade mit derjenigen Kollegin, deren kulturelle Herkunft der ihrigen gleicht.

PädagogInnen mit Migrationshintergrund

Pädagoginnen mit eigenem Migrationshintergrund können für junge Migrantinnen wichtig sein als Vorbilder und Identifikationsfiguren, die Abwertungsprozesse bei sich und bei anderen sowohl in Bezug auf ihr Geschlecht als auch auf ihre ethnische Herkunft nicht zulassen. Die Mädchen können bei ihnen Lebensentwürfe kennen lernen, die anders sind als diejenigen, die z.B. ihre Mütter ihnen vorleben, und sie können erfahren, wie „Bikulturalität" befriedigend gelebt werden kann, so eine Interviewpartnerin. Allerdings verweisen Pädagoginnen mit Migrationshintergrund die Mädchen auch auf ihre subjektiven Gestaltungsmöglichkeiten und Spielräume und stellen damit Argumentationsmuster der Mädchen in Frage, die ihre Lebensplanung allein durch Begrenzungen ihrer Lebenssituation bestimmt sehen, so eine andere Pädagogin. Damit können sie auch Widersprüche in den Erfahrungen der Mädchen aufdecken.

Durch ihre vergleichbaren Erfahrungen können eingewanderte Pädagoginnen den Mädchen in besonderem Maße Verständnis, aber auch Kritik entgegenbringen: „Mitarbeiterinnen mit einem ähnlichen Hintergrund (können) in differenzierterer Weise um kulturelle Symbole, Konzepte und Praktiken wissen. Wobei dies nicht einfach nur eine verstehende nachvollziehende Haltung impliziert, es bedeutet auch, bei prinzipieller Parteilichkeit aus einem ähnlichen Erfahrungshintergrund heraus dysfunktionale Denkmuster zu hinterfragen." (Otyakmaz 1999b, S. 12)

Mitarbeiterinnen mit Migrationshintergrund können allerdings nicht nur dysfunktionale Denkmuster der Mädchen eher hinterfragen als ihre deutschen Kolleginnen, sie können auch leichter Kritik üben z.B. an Geschlechterverhältnissen ihrer Herkunftskultur, ohne damit diese als ganze zu diskreditieren: So kritisiert eine nichtdeutsche Pädagogin im Interview heftig den „Fundamentalismus" von Männern aus dem ‚islamischen Kulturkreis' als rein machtpolitisch, d.h. sie sieht den Grund solcher Haltungen von Männern in deren Interesse der eigenen Machterhaltung im Kontext des Geschlechterverhältnisses und nicht in der islamischen Kultur oder Religion begründet. Im Unterschied dazu formulierte eine deutsche Pädagogin den Anspruch an sich, nicht mit einem westlichen Wertmaßstab zu urteilen, wenn muslimische Mädchen ihr erzählen, dass sie sämtlicher Rechte beraubt werden und z.B. geschlagen werden könnten, wenn sie nicht mehr jungfräulich heirateten. Der Wunsch, andere Kulturen zu respektieren macht es ihr schwer, solche berichteten Gewaltverhältnisse zu kritisieren, wobei deutlich wird, dass sie einen kulturbezogenen Blick auf die Mädchen hat, während die nichtdeutsche Pädagogin (s.o.) einen kritischen Blick auf das geschlechtshierarchische Verhältnis wirft, welches für sie nicht spezifisch für ‚die islamische Kultur' ist.

Aufgrund ihrer eigenen Migrationsgeschichte haben sich eingewanderte Pädagoginnen Kompetenzen angeeignet, die gerade für die Arbeit mit jungen Migrantinnen wichtig sein können. Dazu zählen beispielsweise ihre Zweisprachigkeit, ihre eigenen Migrationserfahrungen und häufig ihr Wissen um ausländerrechtliche Regelungen. In diesem Zusammenhang ist es allerdings wichtig, zu betonen, dass eingewanderte PädagogInnen dennoch nicht auf eine Spezialistinnenrolle für eingewanderte Jugendliche reduziert werden dürfen. Nicht selten wird nämlich an die wenigen eingewanderten PädagogInnen, die es in der Jugendarbeit gibt, das ‚ethnisch Spezifische' delegiert, d.h. sie sind dann für ‚ihre' Jugendlichen zuständig (vgl. Auernheimer 1995, S. 235). Eine solche Aufgabenteilung bestätigte sich auch in den Interviews mit Pädagoginnen der Mädchenarbeit, z.B. wenn die Vernetzung zum Thema Interkulturalität und die Reflexion der Arbeit bezogen auf Interkulturalität im Team hauptsächlich von der nichtdeutschen Kollegin eingebracht wird oder wenn v.a. sie Beratungsgespräche mit jungen Migrantinnen übernimmt. In einem interkulturellen Team ist es daher notwendig, die Arbeitsteilung regelmäßig zu reflektieren mit dem Ziel, die Arbeit mit eingewanderten Jugendlichen nicht allein den eingewanderten PädagogInnen zuzuweisen.

Interkulturelle Fortbildungen

Deutsche PädagogInnen haben oft das Gefühl, ihnen fehle das Hintergrundwissen in der Arbeit mit MigrantInnen. Beispielhaft dafür sei eine interviewte deutsche Pädagogin erwähnt, die ihr fehlendes Wissen gegenüber Mädchen ‚aus dem islamischen Kulturkreis' thematisiert und ihnen gegenüber aufgrund von unterschiedlichen Lebenserfahrungen ein Gefühl von Fremdheit empfindet. In ‚interkulturellen Fortbildungen' bemühen sich deutsche PädagogInnen, Informationen über die Lebensweisen von MigrantInnen zu erhalten, um sie aufgrund des erhaltenen ‚Wissens' besser verstehen und kompetent mit ihnen arbeiten zu können. Ein solches ‚Wissen' kann aber, wenn es nicht reflexiv ist, das Sehen und Analysieren einer konkreten Situation sogar verhindern (Kalpaka 1998, S. 32). Herkömmliche Konzepte der Aus- und Weiterbildung, die durch die Vermittlung von Informationen über die Kulturen und Religionen in den Herkunftsländern der MigrantInnen Sicherheit im Umgang mit ‚den Fremden' vermitteln wollen, sind daher fragwürdig. In Fortbildungen sollte anstelle der Landeskunde der Herkunftsländer von ImmigrantInnen der Blick auf die hiesige Gesellschaft gelenkt und eine „Deutschlandkunde" (Kalpaka 1998, S. 31) entworfen werden, um unsere Gesellschaft und ihre Veränderungen durch Migrationsbewegungen zu erkunden. Dabei ist es notwendig, die eigene Wahrnehmung und den eigenen Umgang mit diesen Veränderungen zu thematisieren sowie die Frage nach der eigenen Position im gesellschaftlichen Macht- und Hierarchiegefüge zu stellen. Außerdem müssen die gesetzlichen Rahmenbedingungen, die subtilen und offenen Formen von Diskriminierung und die Art und Weise, wie die Menschen damit umgehen, thematisiert werden (ebd.).

6. Schluss

Interkulturelle Jugendarbeit – hier exemplarisch dargestellt an interkultureller Mädchenarbeit – muss vor allem orts- und subjektbezogen sein. Es kann nicht darum gehen, theoretische Ansätze über praktische Verhältnisse zu stülpen (vgl. Leiprecht 1999, S. 7).

In der Jugendarbeit zeigt sich, dass ‚Kultur' in den Interaktionen der Jugendlichen sehr Verschiedenes beinhalten kann. Sowohl die Muttersprache als auch die kulturelle oder nationale Zugehörigkeit der Jugendlichen kann im alltäglichen Miteinander bedeutungslos sein und jeweils nur in bestimmten Situationen für die Jugendlichen bedeutsam werden. Dabei hängt es nicht zuletzt von den einzelnen Individuen ab, wie wichtig für sie ihre Herkunft und Muttersprache sind. Jugendliche können ihre eigene Herkunft oder die anderer auch strategisch dazu verwenden, ihre Interessen durchzusetzen: Eine Pädagogin berichtet, wie eine Clique von Mädchen die Räume der Einrichtung für sich alleine beanspruchen wollte und dies durch Argumente umzusetzen versuchte, die sich auf kulturalistische und rassistische Diskurse bezogen. Für derartige Argumentationsmuster gilt es, sensibel zu sein, um solche Erklärungen für Interessenskonflikte unter den Jugendlichen nicht zu übernehmen.

Es wird deutlich, dass in der Arbeit mit Jugendlichen unterschiedlicher kultureller Herkunft eine Sensibilität für die vielfältigen Bedeutungsebenen von ‚Kultur' in alltäglich stattfindenden Interaktionen erforderlich ist, um nicht zu vorschnellen Deutungen in ethnisierender Weise zurückzugreifen. Allerdings ist es angesichts des Handlungsdrucks in der pädagogischen Praxis manchmal schwierig, einem solchen analytischen und reflexiven Anspruch gerecht zu werden. Gerade deshalb sind PädagogInnen in der Jugendarbeit dazu aufgefordert, ihre Arbeitskonzepte sowie ihr konkretes Handeln immer wieder bezogen auf das Thema Interkulturalität hin zu reflektieren und ihre Sichtweisen auf die Befangenheit in gängigen Diskursen über kulturelle Differenzen zu befragen. Dabei soll es „nicht um die generelle Zurückweisung eines ‚kulturellen Blicks' auf Jugendliche, wohl aber um Einlassungen und Widerständigkeit gegen seinen hegemonialen Erklärungsanspruch im Alltag von Jugendlichen" (Dannenbeck u.a. 1999, S. 238) gehen.

Es ist also wichtig, dass PädagogInnen in der interkulturellen Jugendarbeit jugendliche MigrantInnen ‚so wie alle anderen auch' wahrnehmen, ohne dass sie damit Erwartungen verbinden, die Jugendlichen müssten sich einer – wie auch immer vorgestellten – ‚Normalität' anpassen (vgl. Ester/Hamburger 1991, zitiert nach Auernheimer 1995, S. 238). In diesem Zusammenhang lässt sich auf eine Parallele zur aktuellen Diskussion in der Mädchenforschung hinweisen – die bereits Einfluss auf die Jugendforschung hat – in der ebenfalls das prekäre Verhältnis von Gleichheit und Differenz diskutiert wird. Dies wurde in der Shellstudie bezogen auf Mädchen so formuliert: „Sowohl das Insistieren auf einem kategorialen Unterschied (Mädchenleben sei etwas ‚ganz anderes' als Jungenleben) als auch die nivellierende Gleichmacherei (im Prinzip bestehe zwischen Mädchen und Jungen keinerlei Unterschied) treffen nicht zu." (Fritzsche/Münchmeier 2000, S. 347f.)

Lebensweltliche Unterschiede ernst zu nehmen und zugleich soziale Zuschreibungsprozesse zu dekonstruieren ist daher eine Herausforderung in der Jugendarbeit, sowohl bezogen auf Mädchen und Jungen, als auch bezogen auf Jugendliche unterschiedlicher kultureller Herkunft.

Diskriminierungen von Migrantenjugendlichen sind ein bedeutender lebensweltlicher Unterschied zwischen Migrantenjugendlichen und deutschen

Jugendlichen. Für interkulturelle Jugendarbeit folgt daraus zum einen die Notwendigkeit einer antirassistischen Ausrichtung ihrer Arbeitskonzepte und alltäglichen Praxen, zum anderen stößt interkulturelle Jugendarbeit auch hier auf die in der Pädagogik bereits bekannte Schwierigkeit, politische Probleme nicht pädagogisch lösen zu können. Sie kommt daher nicht umhin, sich auch als politische Arbeit zu begreifen, und sich dem Anspruch nach dafür zu engagieren, die rechtlichen und gesellschaftlichen Benachteiligungen von MigrantInnen abzuschaffen. PädagogInnen stoßen hier allerdings häufig auf die Unmöglichkeit, neben der alltäglichen (und notwendigen!) Arbeit Zeit und Ressourcen für politisches Engagement und Öffentlichkeitsarbeit zu finden. Dennoch lohnt es sich in einem umfassenderen Sinn, trotz Handlungsnotwendigkeit im Alltag immer wieder auch politisch weiterzudenken. Besonders notwendig ist darüber hinaus die Einstellung von PädagogInnen mit Migrationshintergrund in Einrichtungen der Jugendarbeit – eine Anforderung, an der sich auch die Bereitschaft messen lässt, interkulturelle Jugendarbeit voranzubringen.

Literatur zur Vertiefung

Dannenbeck, Clemens/Esser, Felicitas/Lösch, Hans (Hrsg.) (1999): Herkunft (er)zählt: Befunde über Zugehörigkeiten Jugendlicher. Interkulturelle Bildungsforschung 4. Münster/New York/München/Berlin.

Herwartz-Emden, Leonie (1997): Die Bedeutung der sozialen Kategorien Geschlecht und Ethnizität für die Erforschung des Themenbereichs Jugend und Einwanderung. In: Zeitschrift für Pädagogik, Geschlechterforschung, Bildung, Heft Nov./Dez., S. 895-913.

Kalpaka, Anita (1998): Kompetentes (sozial-)pädagogisches Handeln in der Einwanderungsgesellschaft. Anforderungen an Aus- und Fortbildung. In: Paritätisches Bildungswerk, LV. Bremen e.V., Institut für soziale Weiterbildung (Hrsg.): Interkulturelle Kompetenz als Anforderungsprofil für pädagogische und soziale Arbeit. Dokumentation eines Fachtages 18.7.1998, S. 23-42.

Otyakmaz, Berrin Özlem (1999): Lebenswelten jugendlicher Migrantinnen. Konsequenzen für die Interkulturelle Mädchenarbeit. In: ajs-Informationen (Fachzeitschrift der Aktion Jugendschutz), Heft 3, S. 9-15.

Literatur

Aktas, Nursen (2000): Let's talk about sex. Erfahrungen und Eindrücke aus einer sexualpädagogischen Beratungsstelle. In: I. Attia/H. Marburger (Hrsg.): Alltag und Lebenswelten von Migrantenjugendlichen. Frankfurt a.M., S. 157-171.

Apostolidou, Natascha (1994): Quotierung für Migrantinnen – eine ambivalente, aber notwendige Forderung. In: C. Eichhorn/S. Grimm (Hrsg.): Gender Killer. Texte zu Feminismus und Politik. Berlin/Amsterdam, S. 65-67.

Attia, Iman (1997): Antirassistisch oder interkulturell? Sozialwissenschaftliche Handlungskonzepte im Kontext von Migration, Kultur und Rassismus. In: P. Mecheril/T. Teo (Hrsg.): Psychologie und Rassismus. Reinbek bei Hamburg, S. 259-285.

Auernheimer, Georg (1995): Einführung in die interkulturelle Erziehung, 2. Aufl. Darmstadt.

Balibar, Etienne (1989): Gibt es einen neuen Rassismus? In: Das Argument, Heft 175, S. 369-380.
Beauftragte der Bundesregierung für Ausländerfragen (2000): Bericht der Beuftragten der Bundesregierung für Ausländerfragen über die Lage der Ausländer in der Bundesrepublik Deutschland. Berlin.
Beauftragte der Bundesregierung für die Belange der Ausländer (1997): In der Diskussion: Integration oder Ausgrenzung? Zur Bildungs- und Ausbildungssituation von Jugendlichen ausländischer Herkunft. Bonn.
Beiträge zur feministischen Theorie und Praxis (1996): Ent-fremdung. Migration und Dominanzgesellschaft, Heft 42.
Bentner, Ariane (1997): Einige Voraussetzungen einer interkulturellen und geschlechterdifferenten Pädagogik, in: J. Ehlers (1997): Mädchen zwischen den Kulturen: Anforderungen an eine interkulturelle Pädagogik, Frankfurt a.M, S. 183-205.
Dannenbeck, Clemens/Esser, Felicitas/Lösch, Hans (Hrsg.) (1999): Herkunft (er)zählt: Befunde über Zugehörigkeiten Jugendlicher. Interkulturelle Bildungsforschung 4. Münster/New York/München/Berlin.
Deutsche Shell (Hrsg.) (2000): Jugend 2000. 13. Shell Jugendstudie. Bd. 1 u. 2. Opladen.
Diehm, Isabell (1997): Chancen und Grenzen der interkulturellen Erziehung, in: J. Ehlers: Mädchen zwischen den Kulturen: Anforderungen an eine interkulturelle Pädagogik, Frankfurt a.M., S. 207-216.
Dittrich, Eckhard/Radtke, Frank-Olaf (Hrsg.) (1990): Der Beitrag der Wissenschaften zur Konstruktion ethnischer Minderheiten. In: Diess.: Ethnizität. Wissenschaft und Minderheiten. Darmstadt, S. 11-40.
Dolle Deerns e.V./Mädchentreff Kirchdorf-Süd (1992): Gedanken zur antirassistischen feministischen Mädchenarbeit (Broschüre zu beziehen über den Mädchentreff Kirchdorf-Süd).
Dolle Deerns e.V. (Verein zur Förderung feministischer Mädchenarbeit): 10 Jahre (Broschüre zum 10-jährigen Bestehen des Vereins), Juni 1993.
Glücks, Elisabeth/Ottemeier-Glücks, Franz Gerd (Hrsg.) (1994): Geschlechtsbezogene Pädagogik. Ein Bildungskonzept zur Qualifizierung koedukativer Praxis durch parteiliche Mädchenarbeit und antisexistische Jungenarbeit. Münster.
Granato, Mona (1999): Pluralisierung und Individualisierung jugendlicher Lebenslagen – ein Forschungsdesiderat? Aspekte der Forschung zu Jugendlichen mit in- und ausländischem Pass. In: Timmermann, Heiner/Wessela, Eva (Hrsg.): Jugendforschung in Deutschland. Opladen, S. 95-114.
Granato Mona/Meissner, Vera (1994): Hochmotiviert und abgebremst. Junge Frauen ausländischer Herkunft in der Bundesrepublik Deutschland. Eine geschlechtsspezifische Analyse ihrer Bildungs- und Lebenssituation. Bielefeld.
Gümen, Sedef (1993): Der westliche Diskurs aus einem kritischen Blickwinkel. Frauenbewegungen in der Türkei – Immigrantinnen-Bewegung in der Bundesrepublik Deutschland. In: Zeitschrift für Migration und soziale Arbeit, Heft 4, S. 87-94.
Gümen, Sedef (1996): Die sozialpolitische Konstruktion „kultureller" Differenzen in der bundesdeutschen Frauen- und Migrationsforschung. In: Beiträge zur feministischen Theorie und Praxis: Ent-fremdung. Migration und Dominanzgesellschaft, Heft 42, S. 77-89.
Gürsel, Nazim (1993): Die ausländische Fachkraft in einem deutschen Team. Ein Erfahrungsbericht. In: F. Nestmann/T. Niepel (Hrsg.): Beratung von Migranten. Neue Wege der psychosozialen Versorgung. Berlin, S. 164-175.
Hagemann-White, Carol (1984): Sozialisation: Weiblich – männlich? Opladen.

Hall, Stuart (1989): Ausgewählte Schriften. Ideologie, Kultur, Medien, Neue Rechte, Rassismus. Hamburg/Berlin.
Hamburger, Franz (1990): Der Kulturkonflikt und seine pädagogische Kompensation. In: E. Dittrich/F.-O. Radtke (Hrsg.): Ethnizität, Wissenschaft und Minderheiten. Darmstadt, S. 311-328.
Heiliger, Anita/Kuhne, Tina (Hrsg.) (1993): Feministische Mädchenpolitik. München.
Held, Josef/Horn, Hans-Werner/Marvakis, Athanasios (1996): Gespaltene Jugend. Politische Orientierungen jugendlicher ArbeitnehmerInnen. Opladen.
Herwartz-Emden, Leonie (1997): Die Bedeutung der sozialen Kategorien Geschlecht und Ethnizität für die Erforschung des Themenbereichs Jugend und Einwanderung. In: Zeitschrift für Pädagogik, Geschlechterforschung, Bildung, Heft Nov./Dez., S. 895-913.
Jäger, Siegfried (1997): Zur Konstituierung rassistisch verstrickter Subjekte. In: P. Mecheril (Hrsg.): Psychologie und Rassismus. Reinbek bei Hamburg, S. 132-152.
Kalpaka, Anita (1998a): Interkulturelle Kompetenz: Kompetentes (sozial-)pädagogisches Handeln in der Einwanderungsgesellschaft. In: Zeitschrift für Migration und soziale Arbeit, Heft 3-4, S. 77-79.
Kalpaka, Anita (1998b): Kompetentes (sozial-)pädagogisches Handeln in der Einwanderungsgesellschaft. Anforderungen an Aus- und Fortbildung. In: Paritätisches Bildungswerk, LV. Bremen e.V., Institut für soziale Weiterbildung (Hrsg.): Interkulturelle Kompetenz als Anforderungsprofil für pädagogische und soziale Arbeit. Dokumentation eines Fachtages 18.7.1998, S. 23-42.
Kalpaka, Anita/Räthzel, Nora (Hrsg.) (1990): Die Schwierigkeit, nicht rassistisch zu sein, 2. völlig überarbeitete Auflage. Leer.
Keupp, Heiner (1988): Auf der Suche nach der verlorenen Identität. In: Ders.: Riskante Chancen. Das Subjekt zwischen Psychokultur und Selbstorganisation. Sozialpsychologische Studien. Heidelberg, S. 131-151.
Klaczko-Ryndziun, Tania (Mädchenetage der interkulturellen Frauenarbeit – infrau e.V., 1996): Interkulturelle Mädchenarbeit. In: Mädchenpolitisches Forum (Rundbrief der Landesarbeitsgemeinschaft Mädchenpolitik in Hessen): Schwerpunktthema: interkulturelle Mädchenarbeit, Heft 2, S. 23-25.
Koch, Sabine (2000): Mädchenarbeit in der Einwanderungsgesellschaft. „Multikulturelle" Arbeit in Mädchenprojekten als Alltag und Herausforderung. Diplomarbeit, Tübingen.
Lafranchi, Andrea (1996): Unterwegs zur multikulturellen Gesellschaft. Sich hinschleppend auf Krücken oder schwebend mit einem fliegenden Teppich? Interkulturelle Kompetenz in psychosozialen Berufen: handlungsbezogene Schwerpunkte. In: Zeitschrift für Migration und soziale Arbeit, Heft 3-4, S. 30-37.
Leiprecht, Rudolf (Hrsg.) (1992): Unter Anderen. Rassismus und Jugendarbeit. Duisburg.
Leiprecht, Rudolf (1996): Von sozialer Repräsentation bis subjektiver Möglichkeitsraum. – Eine Theorieskizze zur Einordnung von Grundbegriffen unserer Forschung, In: M. Svob/J. Held (Hrsg.): Jugend zwischen Ausgrenzung und Integration. Theorien und Methoden eines internationalen Projekts. Zagreb/Tübingen, S. 41-66.
Leiprecht, Rudolf (1999): Interkulturelle und antirassistische Pädagogik. In: ajs-Informationen (Fachzeitschrift der Aktion Jugendschutz), Heft 3, S. 1-8.
Lenz, Ilse (1994): Wir wollen sein ein einig Volk von Brüdern. Zur sozialen Konstruktion von Geschlecht und Ethnizität. In: Ch. Tillner, (Hrsg.): Frauen – Rechtsextremismus, Rassismus, Gewalt: feministische Beiträge. Münster, S. 49-63.
Lutz, Helma (1991): Welten verbinden. Türkische Sozialarbeiterinnen in den Niederlanden und in der Bundesrepublik Deutschland. Frankfurt a.M.

Lutz, Helma (1992): Ist Kultur Schicksal? Über die gesellschaftliche Konstruktion von Kultur und Migration. In: R. Leiprecht (Hrsg.): Unter Anderen. Rassismus und Jugendarbeit. Duisburg, S. 43-62.

Lutz, Helma/Huth-Hildebrandt, Christine (1998): Geschlecht im Migrationsdiskurs. Neue Gedanken über ein altes Thema. In: Das Argument, Heft 224, S. 159-173.

Mädchenpolitisches Forum (Rundbrief der Landesarbeitsgemeinschaft Mädchenpolitik in Hessen, 1996): Schwerpunktthema: interkulturelle Mädchenarbeit, Heft 2.

Marvakis, Athanasios (1998): Wenn aus sozialen Ungleichheiten kulturelle Differenzen werden. Zum Verhältnis von multikultureller Gesellschaft und Neorassismus. In: Forum Kritische Psychologie, Heft 39, S. 42-58.

Mecheril, Paul (1997): „Halb-halb". Über Hybridität, Zugehörigkeit und subjektorientierte Migrationsforschung. In: Zeitschrift für Migration und Soziale Arbeit, Heft 3-4, S. 32-37.

Otyakmaz, Berrin Özlem (1995): Auf allen Stühlen: das Selbstverständnis junger türkischer Migrantinnen in Deutschland. Köln.

Otyakmaz, Berrin Özlem (1999a): „Und die denken dann von vornherein, das läuft irgendwie ganz anders ab." Selbst- und Fremdbilder junger Migrantinnen türkischer Herkunft, in: Beiträge zur feministischen Theorie und Praxis, Heft 51, S. 79-92.

Otyakmaz, Berrin Özlem (1999b): Lebenswelten jugendlicher Migrantinnen. Konsequenzen für die Interkulturelle Mädchenarbeit. In: ajs-Informationen (Fachzeitschrift der Aktion Jugendschutz), Heft 3, S. 9-15.

Otyakmaz, Berrin Ö. (2000): Ressourcenorientierung im interkulturellen Beratungskontext. In: Körner, Wilhelm/Hörmann, Georg (Hrsg.): Handbuch der Erziehungsberatung, Bd.2. Göttingen, S. 155-170.

Pörnbacher, Ulrike (1999): Ambivalenzen der Moderne – Chancen und Risiken der Identitätsarbeit von Jugendlichen. Opladen.

Prasad, Nivedita (1994): Verinnerlichter Kolonialismus. In: O. Uremovic/G. Oerter (Hrsg.): Frauen zwischen Grenzen. Rassismus und Nationalsozialismus in der feministischen Diskussion. Frankfurt a.M./New York, S. 161-166.

Riegel, Christine (1997): Die Bedeutung der Geschlechterverhältnisse für Prozesse der Ausgrenzung und Integration. In: Svob, M./Held, J.: Jungend zwischen Ausgrenzung und Integration – Theorien und Methoden eines internationalen Projektes. Zagreb/Tübingen, S. 23-38.

Rommelspacher, Birgit (1995): Dominanzkultur. Texte zu Fremdheit und Macht. Berlin.

Rommelspacher, Birgit (1997): Identität und Macht. Zur Internalisierung von Diskriminierung und Dominanz. In: H. Keupp/R. Höfer (Hrsg.): Identitätsarbeit heute. Klassische und aktuelle Perspektiven der Identitätsforschung. Frankfurt a.M., S. 250-269.

Schmid, Magdalene (2001): Junge Migrantinnen im Blick der Schulsozialarbeit. Eine Darstellung theoretischer Aspekte und subjektiver Sichtweisen junger Migrantinnen. Diplomarbeit (Manuskript). Tübingen.

Spohn, Cornelia (1996): Die Beziehung zum „Fremden" als Wahrnehmung des „Eigenen", in: Mädchenpolitisches Forum (Rundbrief der Landesarbeitsgemeinschaft Mädchenpolitik in Hessen): Schwerpunktthema: interkulturelle Mädchenarbeit, Heft 2, S. 2-4.

Stegmann, Michael (2000): Soziale Integration von Kindern und Jugendlichen ausländischer Herkunft. In: Zeitschrift für Migration und soziale Arbeit, Heft 2, S. 61-66.

Treibel, Annette (1990): Migration in modernen Gesellschaften. Soziale Folgen von Einwanderung und Gastarbeit. Weinheim/München.

Paul Fülbier

Jugendsozialarbeit

Zusammenfassung: In diesem Kapitel wird die Jugendsozialarbeit als Arbeitsbereich der Jugendhilfe, aber auch der Bildungs- und Arbeitsmarktpolitik behandelt. Nach einer Betrachtung der Entwicklungsgeschichte werden die Rechtsgrundlagen, Zielsetzungen, Zielgruppen, Handlungsfelder und pädagogischen Prinzipien dargestellt und perspektivisch diskutiert.

1. Kurzbeschreibung

Jugendsozialarbeit (JSA), arbeitsweltbezogene JSA, Jugendberufshilfe, berufsbezogene Jugendhilfe sind Begriffe, die oftmals synonym verwandt werden. Dies ist verwirrend. Der Zuständigkeitsbereich der JSA lässt sich auch nicht aus dem Wort selbst ableiten, wie dies etwa bei Begriffen wie Jugendgerichtshilfe, Heimerziehung, Drogenberatung u.Ä. möglich ist, und sie ist vor allen Dingen nicht gleichzusetzen mit jeder Form von sozialer Arbeit für junge Menschen.

JSA ist im Kern ein in §13 KJHG näher beschriebener Teilbereich der Jugendhilfe. Ihr Ziel ist die berufliche und gesellschaftliche Integration junger Menschen und deren Teilhabe am Leben in der Gesellschaft. Ihre Zielgruppen sind vor allen Dingen individuell beeinträchtigte und sozial benachteiligte junge Menschen (nach §7 KJHG bis zum 27. Lebensjahr). Aber nicht nur im Kontext von Jugendhilfe wird JSA durchgeführt. Sie ist ein „Mischbereich" aus Jugend-, Bildungs- und Arbeitsmarktpolitik, aber auch Sozial- und Wohnungsbaupolitik spielen eine bedeutsame Rolle. JSA bietet sozial-, schul- und berufspädagogische Hilfen an, die auf einem ganzheitlichen Förderkonzept fußen. D.h. Personalisations- und Sozialisationshilfen sind ebenso Teil des praktischen Handelns, wie die Vermittlung von beruflichen Fähigkeiten, Fertigkeiten und beruflicher Qualifikationen (vgl. Gögercin 1999, Fülbier/Münchmeier 2001).

Handlungsfelder der JSA sind:

- Jugendberufshilfe (JBH),
- Migrationshilfen für AussiedlerInnen und AusländerInnen,
- Jugendwohnen,
- Geschlechtsspezifische Arbeit,
- Schulsozialarbeit,
- Aufsuchende Arbeit.

Träger von JSA sind die Einrichtungen der Trägergruppen, die in der Bundesarbeitsgemeinschaft Jugendsozialarbeit (BAG JAW) zusammengeschlossen sind.

Diese sind:

- die Bundesarbeitsgemeinschaft Evangelische Jugendsozialarbeit (BAG EJSA) mit 16 Mitgliedern, darunter: Diakonisches Werk der EKD, Arbeitsgemeinschaft der Evangelischen Jugend in Deutschland (aej), Christliches Jugenddorfwerk Deutschlands (CJD);
- die Bundesarbeitsgemeinschaft freier Jugendsozialarbeit, bestehend aus dem Deutschen Roten Kreuz (DRK), dem Paritätischen Wohlfahrtsverband (DPWV) und dem Internationalen Bund (IB);
- die Bundesarbeitsgemeinschaft Katholische Jugendsozialarbeit (BAG KJS) mit 15 Mitgliedern, die sich zusammensetzen aus Bundesorganisationen, wie z.B. dem Deutschen Caritas Verband, IN VIA Katholische Mädchensozialarbeit, Kolping, Bund Deutscher Katholischer Jugend (BDKJ) usw. und Katholische Landesarbeitsgemeinschaften;
- die Sozialistische Trägergruppe, bestehend aus dem Bundesverband der Arbeiterwohlfahrt sowie AWO-Landes- und Bezirksverbänden;
- die örtlich-regionale Trägergruppe, bestehend aus örtlichen und regionalen Trägern, meist mit kommunaler Beteiligung.

Der Arbeitskreis „Benachteiligte Jugendliche" im Bundesverband Deutscher Privatschulen (VDP) arbeitet ebenfalls in der BAG JAW mit.

JSA, insbesondere JBH, wird zudem durch öffentliche Träger, aber auch von Bildungseinrichtungen des Handwerks und durch kommerzielle Träger angeboten. Außerdem sind die Grenzen zu anderen Handlungsfeldern der Jugendhilfe (z.B. Jugendarbeit, Erziehungshilfen) fließend, denn auch dort werden arbeitsweltbezogene und berufsqualifizierende Hilfen angeboten.

2. Geschichte der JSA

Die Geschichte der JSA ist noch nicht geschrieben. Die dazu erforderlichen Quellen sind nur im geringen Maße publiziert und entsprechende Studien sind noch nicht in Auftrag gegeben. Mit Breuer (1989) kann aber gesagt werden, dass JSA, als solche verstanden, erst nach dem 2. Weltkrieg beginnt (vgl. auch BAG JAW 1999). Aber auch im 19. Jahrhundert und in der Weimarer Republik existierten schon vielfältige Formen von Beratungs-, Ausbildungs- und Beschäftigungshilfen (vgl. Hermanns 2001). JSA nach 1945 lässt sich zumindest bis zur Vereinigung der beiden deutschen Staaten in Anlehnung an Breuer (1989) in fünf Phasen unterteilen, die hier um zwei Entwicklungslinien ergänzt werden.

Kriegsfolgenhilfe

JSA verstand sich in dieser Phase in erster Linie als Hilfe für eltern-, heimat-, wohnungs- und berufslose Jugendliche. In dieser Zeit entwickelten sich schon die ersten Ansätze und Institutionen der JSA heraus, die letztlich heute noch, wenn auch in modifizierter Form, existieren:

- Hilfen zum Wohnen,
- Hilfen zum Beruf im Beruf,
- Sozialpädagogische Begleitung und Eingliederungshilfen für junge AussiedlerInnen.

Not der Vertriebenenjugend

Diese Nachkriegsphase war ergänzend zu den schon erwähnten Problembereichen durch den Verlust der Heimat, die Entwurzelung aus Kultur und Religion, sowie die Arbeitslosigkeit einer großen Anzahl von vertriebenen Jugendlichen geprägt. In dieser Phase wurden vor allen Dingen die offenen Jugendgemeinschaftswerke sowie die mobilen und ambulanten Beratungseinrichtungen eingerichtet bzw. ausgebaut. Förderschulen für ausgesiedelte Jugendliche entstanden ebenso, wie Eingliederungsseminare und Eingliederungsfreizeiten.

Aufbau der Bundesrepublik – Re-Industralisierung

Insbesondere in der Zeit zwischen 1949 und 1965 wurden die berufs-, eingliederungs- und wohnungsbezogenen Hilfen der JSA ausgebaut und ausdifferenziert. Hierzu gehörten:

- der Aufbau eines bundesweiten Ausgleichssystems für Berufsanfänger (Förderung der Mobilitätsbereitschaft),
- der Aus- und Aufbau von Lehrlingsheimen,
- die Entwicklung diverser Systeme von Erziehungs- und Ausbildungshilfen.

JSA in der Bildungsgesellschaft

In dieser Phase (Mitte der 60er bis 70er-Jahre) hat sich die JSA vor allen Dingen um Aus-, Fort- und Weiterbildung bemüht. Sie war mit ihren Trägern und Einrichtungen am Auf- und Ausbau des zweiten Bildungsweges sowie des Fernunterrichts beteiligt. In dieser Zeit lag ihre spezifische Leistung aber im Aufbau von Modellversuchen zur Schulsozialarbeit (vgl. BAG JAW 1973-1978). Die Entwicklung von Einrichtungen für Jugendliche mit Behinderung, Lernstörungen und psychosozialen Beeinträchtigungen wurde ebenfalls in dieser Zeit intensiviert. Für diesen Personenkreis hat die JSA gemeinsam mit der Arbeitsverwaltung und den Sozial- und Jugendbehörden ein System von Hilfen aufgebaut, das vom nachträglichen Erwerb qualifizierter Schulabschlüsse und der Vermittlung sprachlicher Kompetenzen, insbesondere für AussiedlerInnen und AusländerInnen, über berufsvorbereitende Lehrgänge bis hin zur Erschließung von beruflicher Ausbildung, insbesondere für behinderte oder benachteiligte Jugendliche reichte (vgl. Breuer 1989, S. 15). Insgesamt sind in dieser Phase die zentralen Handlungsansätze der JSA entwickelt worden, die auch heute noch prägend für das Arbeitsgebiet sind.

Ausbildungsstellennot und Jugendarbeitslosigkeit

Seit Mitte der 70er-Jahre steht die Ausbildungsstellennot und Jugendarbeitslosigkeit im Zentrum der JSA. Zunächst war es Ziel von JSA im Rahmen von Jugendhilfe, psychosoziale Folgewirkungen von Jugendarbeitslosigkeit durch flankierende sozialpädagogische Maßnahmen aufzufangen, um einer weiteren sozialen Marginalisierung betroffener junger Menschen entgegenzutreten.

Mit dem weiteren Anstieg der Jugendarbeitslosigkeit und Ausbildungsstellnot nach 1978, ergab sich für die JSA die Notwendigkeit selber Berufsausbildung anzubieten – sich einzumischen. Die Einmischungsstrategie der Jugendhilfe (vgl. Mielenz 1984, Peters i.d.B.) hat hier ihren Ursprung.

In dieser Zeit wurde auch das Benachteiligtenprogramm der Bundesregierung (jetzt: Förderung der Berufsausbildung benachteiligter Jugendlicher nach SGB III) mit den Handlungsansätzen: außerbetriebliche Ausbildung und ausbildungsbegleitende Hilfen aufgelegt. Dieses Förderkonzept der Arbeitsmarktpolitik wird zum größten Teil von Trägern der JSA umgesetzt.

Seit Mitte der 80er-Jahre mischt sich die JSA über den Bereich der Ausbildung hinaus auch aktiv in „qualifizierende Beschäftigung" ein. Es entstanden diverse Beschäftigungsprojekte für Jugendliche und junge Erwachsene auf dem sog. zweiten Arbeitsmarkt ebenso wie Handlungsansätze zur Integration in den sog. ersten Arbeitsmarkt (z.B. das Programm 501 in Berlin). Als jüngste Phase in dieser Entwicklung ist die Einrichtung von Jugendberufshilfebetrieben anzusehen, die nicht zuletzt durch Modellprojekte des Kinder- und Jugendplans der Bundesregierung (KJP) erprobt werden. Diese Beschäftigungsprojekte sind betrieblich organisiert, d.h. der Arbeitsalltag gestaltet sich für die jungen Menschen nach betrieblichen Regeln und die Erwirtschaftung von Eigenkapital hat in der Mehrzahl der Projekte eine hohe Priorität (vgl. Lex 2000). Erwähnt sei noch das Sofortprogramm der Bundesregierung zur Bekämpfung der Jugendarbeitslosigkeit – Ausbildung, Qualifizierung und Beschäftigung Jugendlicher. Auch dieses Programm wird maßgeblich von Trägern der JSA durchgeführt.

Vereinigung der beiden deutscher Staaten

Die Vereinigung der Bundesrepublik Deutschland mit der Deutschen Demokratischen Republik stellte die JSA vor neuen Herausforderungen. Ausbildungslosigkeit und Arbeitslosigkeit in den neuen Bundesländern, der Aufbau einer neuen Infrastruktur, Mobilitätshilfen für junge Menschen usw. brachten es mit sich, dass die JSA in den 90er-Jahren einen wesentlichen Schwerpunkt ihrer Arbeit im Aufbau von Strukturen in den neuen Bundesländern hatte. Diese Entwicklung kann sicherlich im Breuerischen Sinne als sechste Phase der JSA bezeichnet werden. Zwar sind kaum neue Handlungsansätze entstanden; aber vor allem die JBH hat eine immense quantitative Erweiterung erfahren, und deren Zielgruppen wurden zumindest zeitweise ausgedehnt.

Entwicklung der geschlechtsspezifischen Arbeit

Quer zu den hier beschriebenen Entwicklungsphasen hat sich die geschlechtsspezifische Arbeit – insbesondere die Arbeit mit Mädchen und jungen Frauen – seit Ende der 60er-Jahre entwickelt und ist vermehrt in den Blick der JSA gerückt. Besondere Benachteiligungen von Mädchen und jungen Frauen auf dem Ausbildungs- und Arbeitsmarkt führten dazu, dass in den Qualifizierungs- und Beschäftigungsprojekten mädchen- und frauenspezifische Aspekte und Förderansätze entwickelt wurden – wenn auch teilweise nur modellhaft und nicht flächendeckend (vgl. von Bothmer 2001). Jungenspezifische Ansätze sind in der JSA bisher kaum vorhanden.

Aus dieser kurzen Skizze der Entwicklungsgeschichte der JSA lässt sich zusammenfassend Folgendes ableiten:

a) „JSA ist kein statisch zu beschreibender Handlungsbereich dessen Inhalte, Zielsetzungen und Methoden dauerhaft festzuschreiben sind.

b) Die Zielgruppen der JSA lassen sich ebenfalls nicht statisch definieren. Gesellschaftliche Entwicklungen und Widersprüche produzieren unterschiedliche Adressatengruppen der JSA

c) JSA hat in der jeweiligen gesellschaftlich-historischen Situation nicht (nur) als ‚Flickschuster' aufzutreten, sondern muss sich im Sinne einer offensiven Jugend-, Berufs- bzw. Eingliederungshilfe in verschiedene, dass Handlungsfeld bestimmende Bereiche einmischen – sie muss gesellschaftlichen Fehlentwicklungen entgegentreten ..."(Fülbier/Schnapka 1991, S. 276-277).

3. Zielgruppen der JSA

Wie schon erwähnt, sind insbesondere individuell beeinträchtigte und sozial benachteiligte junge Menschen, AdressatInnen von JSA. Nach Munder u.a. gehören dazu junge Menschen mit sozialen Benachteiligungen, d.h. mit defizitärer Sozialisation in den Bereichen Familie, Schule und Ausbildung, Berufsleben und sonstige Umwelt. Zu den Benachteiligungen gehören insbesondere solche, „...die durch das soziale Umfeld, die ökonomische Situation, familiäre Konstellationen und Situationen, defizitäre Bildung oder durch das Geschlecht, die ethnische oder kulturelle Herkunft bedingt sind" (Münder u.a. 1998, § 13 Rz 13). Individuelle Beeinträchtigungen sind nach Münder u.a. 1998 „alle psychischen, physischen oder sonstigen persönlichen Beeinträchtigungen individueller Art (z.B. Abhängigkeit, Überschuldung, Delinquenz, Behinderung, aber auch wirtschaftliche Benachteiligung). Dazu zählen insbesondere Lernbeeinträchtigung, Lernstörungen, -schwächen, Leistungsbeeinträchtigung, -störungen und -schwächen, Entwicklungsstörungen" (§ 13 Rz 14).

In den für JSA maßgeblichen Rechtsgrundlagen und Durchführungsanweisungen des SGB III werden ebenfalls individuell beeinträchtigte und sozial benachteiligte Personengruppen beispielhaft aufgeführt. Empirisch belegt sind es vornehmlich folgende Zielgruppen, die in Projekten und Maßnahmen der JSA wieder zu finden sind:

- Haupt- und SonderschülerInnen mit schlechtem oder ohne Abschluss,
- AbbrecherInnen schulischer Bildungsgänge,
- AusbildungsabbrecherInnen,
- Jugendliche mit Sozialisationsdefiziten,
- Jugendliche aus dem Bereich der Erziehungshilfen,
- Jugendliche mit kriminellen Karrieren und Drogenerfahrungen,
- Behinderte Jugendliche (vor allen Dingen Lernbehinderte)
- Ausländische Jugendliche,
- Jugendliche SpätaussiedlerInnen.

Es geht somit um die Personengruppen „die auf Grund von wirtschaftlichen Umstrukturierungsprozessen absehbar oder auf Dauer auf der Strecke bleiben. Das Phänomen der Jugendarbeitslosigkeit ist bei dieser Zielgruppe in den meisten Fällen nur ein Indikator einer vielschichtigen, individuellen sozialen bzw. gesellschaftlich verursachten Notlage..." (Fülbier/Schnapka 1991, S. 281). Unter den genannten Zielgruppen sind jeweils Mädchen und junge Frauen besonders zu benennen, da diese allein schon qua Geschlecht auf dem Ausbildungsstellen- und Arbeitsmarkt benachteiligt sind bzw. ergänzend zu vorhandenen sozialen Problemen durch ihre Geschlechtszugehörigkeit noch einmal zusätzlich benachteiligt werden.

4. Rechtsgrundlagen und Finanzierungsquellen der JSA

Zunächst ist hier § 13 KJHG (SGB VIII) zu nennen. § 13 Abs. 1 KJHG verpflichtet die Jugendhilfe im Rahmen einer Sollleistung für junge Menschen, die zum Ausgleich sozialer Benachteiligungen oder zur Überwindung individueller Beeinträchtigungen in erhöhtem Maße auf Unterstützung angewiesen sind, sozialpädagogische Hilfen anzubieten, die ihre schulische und berufliche Ausbildung, Eingliederung in die Arbeitswelt und ihre soziale Integration fördern. Die sozialpädagogischen Hilfen werden nicht näher definiert. Ob sie in einer Gebietskörperschaft im Rahmen des allgemeinen sozialen Dienstes (ASD) angeboten werden, oder eine Beratungsstelle für Jugendberufshilfe als notwendig erachtet wird, obliegt der Definitionsgewalt und der politischen Entscheidung der jeweiligen Kommunen. Eine nähere Beschreibung dessen, was mit sozialpädagogischen Hilfen gemeint ist, wäre daher einerseits hilfreich. Andererseits besteht durch diese unpräzise Formulierung für die JSA die Möglichkeit der fachlichen Interpretation. So sind z.B. die schülerInnenbezogene Arbeit aus fachlicher Sicht Teil der JSA, ebenso wie aufsuchende Ansätze als sozialpädagogische Hilfen nach §13 Abs. 1 KJHG anzusehen sind, obschon sie bis auf wenige Ausnahmen in Landesausführungsgesetzen nicht explizit erwähnt werden.

Konkreter werden die Aufgaben der JSA nach §13 Abs. 2 KJHG definiert. Danach können sozialpädagogisch begleitete Ausbildungs- und Beschäftigungsangebote für individuelle beeinträchtigte und sozial benachteiligte junge Menschen angeboten werden, so weit derartige Angebote nicht durch andere Maßnahmeträger – hiermit ist insbesondere die Bundesanstalt für Arbeit gemeint – sichergestellt sind. In §13 Abs. 2 KJHG wird zwar eine konkrete Hilfe aufgeführt, dies aber nur als „Kann-Leistung" und subsidiär gegenüber allen anderen Maßnahmen unterschiedlichster Finanzierungsträger. Außerdem richtet sich §13 Abs. 2 KJHG ebenfalls nur an die in §13 Abs. 1 KJHG genannten Zielgruppen. Angesicht der schwierigen Situation auf dem Ausbildungsstellen- und Arbeitsmarkt wäre es notwendig, auf die Beschreibung individueller Defizite als Leistungsvoraussetzung zu verzichten und grundsätzlich jungen Menschen, die Probleme vom Übergang von der Schule in den Beruf haben, als AdressatInnen der JSA zu benennen (analog zu §13 Abs. 3 KJHG s.u.). Im Übrigen würde dies aufzeigen, dass Ausbildungs- und Arbeitslosigkeit in erster Linie ein gesellschaftlich verursachtes Problem ist und nicht ein zu individualisierendes, das den AdressatInnen ein negatives Stigma „aufdrückt". Auch könnten dann vermehrt präventive Ansätze zur Vermeidung von individuellen Beeinträchtigungen und sozialen Benachteiligungen nach §13 KJHG angeboten werden.

In §13 Abs. 3 KJHG geht es um das sozialpädagogisch begleitete Jugendwohnen. Jungen Menschen kann während schulischer oder beruflicher Bildungsmaßnahmen Unterkunft in sozialpädagogischen Wohnformen angeboten werden. Hierbei handelt es sich auch nur um eine „Kann-Leistung" der Jugendhilfe. Erwähnenswert ist aber, dass in §13 Abs. 3 KJHG keine Eingrenzung der Zielgruppe auf individuell beeinträchtigte oder sozial benachteiligte junge Menschen vorgenommen wird. Jeder junge Mensch kann prinzipiell Adressat dieser Hilfeform werden. Diese Ausnahme erhält insbesondere angesichts der Wohnraumverknappung und der Verteuerung von Wohnungen in Ballungsgebieten, wie auch der beruflichen Mobilität innerhalb der Bundesrepublik (neue Länder / alte Länder), aber auch durch die Öffnung europäischer Grenzen aktuelle Bedeutung.

In §13 Abs. 4 KJHG wird die JSA aufgefordert, ihre Maßnahmen und Projekte mit anderen Angeboten abzustimmen. Dies ist jedoch keine einseitige Bringschuld der Jugendhilfe. Eine ähnliche Abstimmungsaufforderung ist z.B. in §9 Abs. 3 SGB III vorhanden. §13 Abs. 4 KJHG sollte daher konstruktiv aufgegriffen werden, in dem man ihn als Aufforderung zur Gestaltung von Verbundsystemen und zur sozialräumlichen Vernetzung der Handlungsansätze interpretiert und nutzt (vgl. Münder u.a. 1998, §13 Rz 23).

JSA wird neben den Kommunen auch von den Ländern und vom Bund finanziert. Zu nennen sind hier spezifische Landesprogramme (z.B. zur Förderung von Jugendwerkstätten, und der KJP der Bundesregierung, mit dessen Förderungsinstrumenten bundeszentrale Träger (wie z.B. die BAG JAW) und Modellprojekte der arbeitweltbezogenen JSA finanziert werden. Als weitere Förderungsart der JSA aus dem Bereich der Jugendhilfe sind die Eingliederungsdienste für die Jugendgemeinschaftswerke und der Garantiefonds (beides Bundesmittel und seit 1999 zusammengefasst) aufzuführen. Die Förderung der Jugendgemeinschaftswerke (JGW) erfolgt grundsätzlich nach den Richtlinien des KJP, beinhaltet aber Ausnahmeregelungen, z.B. bei den Personal- und Sachkosten. Der Garantiefonds hat die Aufgabe, durch die Finanzierung von Sprachkursen, Förderklassen, Nachhilfeunterricht usw. im Rahmen einer Beihilfe/Zuwendung die sprachliche, schulische, berufliche und damit die soziale Integration von jungen SpätaussiedlerInnen, Asylberechtigten und Kontingentflüchtlingen zu fördern (vgl. Laubach 2001).

Welche Bedeutung hat aber die JSA im Rahmen der Jugendhilfe? Dies lässt sich am besten anhand der statistischen Angaben des Statistischen Bundesamtes nachzeichnen. So wurden im Jahr 1997 ca. 33 Milliarden DM für die Jugendhilfe aufgewandt (ohne Personalausgaben für die Jugendhilfeverwaltung). Auf die JSA nach §13 KJHG entfielen 1997 lediglich 1,3% dieser Ausgaben. Differenziert nach unterschiedlichen öffentlichen Trägern der Jugendhilfe ergibt sich, dass 1997 die örtlichen Jugendämter lediglich 1% ihrer Finanzmittel explizit für JSA aufbrachten. Kreisangehörige Gemeinden ohne Jugendamt 0,3%, Landesjugendämter 3,8%, Oberste Landesjugendbehörden 2,7% und der Bund 11,6% (vgl. Statistisches Bundesamt 1999 und näheres dazu Fülbier/Schaefer 2001). Nach Untersuchungen des DJI (vgl. Seckinger u.a. 1998, S. 107) ist sogar noch von einem weiteren Rückgang, insbesondere bei der Finanzierung von Arbeitslosenprojekten auszugehen, obschon aller Orten und auch innerhalb der Jugendhilfe die Bedeutung gerade dieses Arbeitsgebietes hervorgehoben wird.

Der größte Finanzier der JSA ist – insbesondere der JBH – ist, basierend auf SGB III, die Bundesanstalt für Arbeit. Eingliederungshilfen für jugendliche SpätaussiedlerInnen (§418 SGB III) und Sprachförderung (§§419, 420 SGB III) werden hierdurch ebenfalls mitfinanziert.

Darüber hinaus hat die JSA auch Finanzierungsquellen im BSHG. Zu nennen sind z.B. „die Hilfen zur Arbeit" nach §19 BSHG. Europäische Förderinstrumente wie z.B. der ESF spielen zudem eine immer größere Rolle (vgl. Wisser 2001).

5. Handlungsfelder der JSA

Jugendberufshilfe

Die JBH ist das quantitativ größte Handlungsfeld der JSA. Nur: JBH als rechtlich verankerten Leistungskatalog und definierten Begriff gibt es weder im SGB III noch im SGB VIII. Auch in den anderen erwähnten Rechtsgrundlagen wird man diesen Begriff nicht finden. JBH steht als Oberbegriff für sämtliche Aktivitäten, die Berufsvorbereitung, Berufsausbildung benachteiligter Jugendlicher und Qualifizierung und Beschäftigung sowie Weiterbildung usw. zum Inhalt haben. Neben Jugendwerkstätten und weiteren landesspezifischen Instrumenten sowie den arbeitsweltbezogenen Modellprojekten des KJP sind es vor allen Dingen die Maßnahmen der Arbeitsverwaltung, die dieses Handlungsfeld prägen. Berufsvorbereitende Bildungsmaßnahmen (Tip-Lehrgänge, G-Lehrgänge, F- und BBE-Lehrgänge) stehen hier neben der Benachteiligtenförderung durch außerbetriebliche Ausbildung (BaE) und ausbildungsbegleitende Hilfen (abH) und der Integration in Beschäftigung (z.B. Arbeitsbeschaffungsmaßnahmen).

Nach einer Statistik der BAG JAW zu den berufsfördernden und berufsbildenden Maßnahmen der JSA ist die Berufsausbildung benachteiligter Jugendlicher rein quantitativ gesehen der größte Bereich der JBH, gefolgt von Berufsvorbereitung, Qualifizierung und Beschäftigung (vgl. Fülbier 1998). Ein besonderes „Markenzeichen" der JBH ist, dass in den verschiedenen Arbeitsgebieten und Maßnahmenformen die zielgruppenspezifische Förderung (z.B. durch den Kompetenzansatz) gemeinsam durch Berufs-, Schul- und Sozialpädagogik realisiert wird. Wünschenswert wäre, wenn die vorhandenen Konzepte systematisch zu einer „Pädagogik der Benachteiligtenförderung" zusammengefügt würden (vgl. Rützel 2000). Hierzu gehört auch die systematische Verzahnung der unterschiedlichen Angebote, wie dies z.B. die Arbeitsgruppe „Aus- und Weiterbildung" des Bündnisses für Arbeit für die Verknüpfung von schulischer und außerschulischer Ausbildungs-/Berufsvorbereitung und Berufsausbildung empfiehlt (vgl. Bündnis für Arbeit 1999). Aber auch der zielgruppenspezifische Zu- und Umgang mit neuen Kommunikationsmedien muss ausgebaut werden. So sollte Berufsausbildung auch in diesem Bereich für benachteiligte Jugendliche möglich sein. Zudem geht es um die Vermittlung allgemeiner Medienkompetenz für benachteiligte Jugendliche und um eine neue Form der Methodik und Didaktik (Pädagogik als Moderation).

Wenn auch die Hilfen beim Übergang an der ersten Schwelle des Arbeitsmarktes (Schule-Ausbildung) und an der zweiten Schwelle (Ausbildung, Beschäftigung) im Mittelpunkt der JBH stehen, und sie sich insofern als „Brücke zur Arbeitswelt" versteht, muss angesichts der realen Situation auf dem Ausbildungsstellen- und Arbeitsmarkt auch die Vorbereitung auf ein Leben ohne dauerhafte Erwerbsarbeit und die gesellschaftliche Integration von individuell beeinträchtigten und sozial benachteiligten jungen Menschen jenseits von beruflicher Integration, Ziel von JSA und JBH sein (vgl. BAG JAW 1999, Krafeld 2000).

Migrationshilfen

Die Arbeit mit jungen SpätaussiedlerInnen und mit jungen AusländerInnen ist seit einigen Jahren konzeptionell zum Handlungsfeld Migrationshilfen zusammengefasst, auch wenn die Einrichtungen und Finanzierungsquellen im Wesentlichen getrennt sind. Zu nennen sind vor allen Dingen die JGWs, die jungen SpätaussiedlerInnen bei ihrer schulischen, beruflichen und sozialen Integration behilflich sind. Hierzu werden die AdressatInnen frühzeitig nach der Ankunft aufgesucht und beraten; zudem werden Sprachkurse und Freizeitangebote u.a.m. unterbreitet. Außerdem leisten die JGWs Casemanagement, indem sie in Kooperation mit anderen Institutionen (wie z.B. Schulen und außerbetriebliche Ausbildungseinrichtungen) den jungen SpätaussiedlerInnen helfen, ihren eigenen Integrationsweg zu finden und zu gehen. Bei Bedarf werden therapeutische Einrichtungen und Drogen- bzw. Schuldnerberatungsstellen involviert (vgl. Mies- van Engelshoven 2001).

Auch wenn durchaus ausländerspezifische Ansätze in der JSA vorhanden sind, existieren insgesamt zu wenige zielgruppenspezifische Förderangebote für diesen AdressatInnenkreis, z.B. im Kontext von JBH. Interkulturelle Ansätze zur verbesserten Integration zugewanderter junger Menschen sind daher zwingend einzufordern (vgl. BAG JAW 2000). Hierzu gehört zum einen die spezifischen Kompetenzen (z.B. Bikulturalität, Zweisprachlichkeit) der MigrantInnen ernst zu nehmen und in die pädagogische Interaktion zu integrieren. Zum anderen gehört dazu, dass zum Fachpersonal auch Fachkräfte mit Migrationshintergrund gehören und/oder zumindest die Fachkräfte in der JSA für die Arbeit mit MigrantInnen eine spezialisierte Fortbildung erfahren. Die Fachkompetenz der JGWs kann hierzu genutzt werden, um eine neue Form der übergreifenden Migrationsarbeit zu entwickeln.

Jugendwohnen im Rahmen der JSA

„Wohnen zählt zu den Grundbedürfnissen menschlicher Existenz und ist eine Voraussetzung für ein menschenwürdiges Leben. Für junge Frauen und Männer hat die Möglichkeit, angemessen zu wohnen eine fundamentale Bedeutung für das schulische und berufliche Leben, Lernen und Weiterkommen bzw. für den Abbau von Benachteiligung" (BAG JAW 1999, S. 123). Jugendwohnen im Rahmen von JSA beinhaltet verschiedenste Formen berufsbedingter Unterbringung junger Menschen außerhalb des Elternhauses, verbunden mit einer sozialpädagogischen Begleitung und bezieht es sich nicht – wie oben schon erwähnt – ausschließlich auf individuell beeinträchtigte und sozial benachteiligte junge Menschen.

Zielgruppen des Jugendwohnens sind, zusammengefasst, junge Menschen, die:

- „eine schulische oder berufliche Orientierung durchlaufen,
- sich in der Vorbereitung zur Aufnahme einer schulischen oder beruflichen Ausbildung befinden,
- eine schulische oder berufliche Ausbildung beginnen,
- zur Aufnahme einer schulischen oder beruflichen Bildungsmaßnahme oder zur Unterstützung der Mobilität einer sozialpädagogischen begleiteten Wohnform bedürfen,
- in schwierigen, familiären und persönlichen Lebenslagen besondere Hilfen und Angebote benötigen,
- als MigrantInnen auf spezifische Integrationshilfen angewiesen sind,
- ohne Arbeit und/oder Wohnung eine Perspektive entwickeln" (BAG JAW 1999, S. 122).

Die Angebotsformen des Jugendwohnens sind im Wesentlichen:

- sozialpädagogisch begleitete Jugendwohnheime,
- sozialpädagogisch begleitete Wohngemeinschaften,
- Außenwohngruppen,
- sozialpädagogische begleitetes Einzelwohnen, z.B. Krisenwohnen, Wohnen für junge Mütter u.v.a.m. (vgl. BAG JAW 1999, S. 123).

Neuere Ansätze innerhalb dieses Spektrums wurden in den letzten Jahren vor allen Dingen durch Modellprojekte des KJP zur arbeitsweltbezogenen JSA erprobt (vgl. DJI 1999). Beispielhaft seien hier drei Ansätze benannt:

- Jugend schafft selber Wohnraum,
- Krisenwohnen,
- Regionalstelle für die Vergabe von Wohnraum.

Das Jugendwohnen wird in der nächsten Zeit vor neuen Herausforderungen stehen. Europäische Wanderungsbewegungen junger Menschen, aber auch die Mobilitätshilfen durch das Sofortprogramm der Bundesregierung und damit die Mobilität innerhalb der Bundesrepublik seien hier nur beispielhaft erwähnt.

Aufsuchende JSA

Innerhalb der aufsuchenden Ansätze der Jugendhilfe haben sich in den letzten Jahren drei Grundtypen herauskristallisiert:
- mobile Jugendarbeit, die die stadtteilorientierten, gemeinwesen- bzw. sozialraumorientierte und quartierbezogenen sowie regionalkonzentrierten Ansätze umfasst;
- Streetwork, als Szene – bzw. zielgruppenorientierte Projektform, vor allen Dingen als aufsuchende Beratung und Unterstützung bestimmter subkultureller Gruppierungen (wie z.b. drogenkonsumierende Jugendliche, Punks, Prostituierte, Stricher usw);
- Aufsuchende JSA, die eng mit Jugendberufshilfe nach §13 SGB VIII in Verbindung mit SGB III zu verordnen ist, aber auch andere Bereiche der JSA, z.b. die Migrationsarbeit im Blick hat (vgl. Fülbier/Steimle 2001)

„Streetwork und mobile Jugendarbeit orientieren sich in ihrem Selbstverständnis an folgenden Arbeitsprinzipien:
- Aufsuchen, Niedrigschwelligkeit und Flexibilität der Angebote,
- Bedürfnis-, Lebenswelt- und Altersorientierung,
- Freiwilligkeit und Akzeptanz, Vertrauensschutz und Anonymität,
- Parteilichkeit und Transparenz,
- Verbindlichkeit und Kontinuität.

Für die aufsuchende JSA im Rahmen des §13 KJHG bzw. des erwähnten Sofortprogramms der Bundesregierung gelten diese Prinzipien ebenfalls. In diesem Kontext ist aber die Zielsetzung etwas spezifischer und bezieht sich vor allen Dingen auf die berufliche und soziale Integration. Insofern ist der Zugang der JSA zu aufsuchenden Ansätzen ...." etwas mehr an vordefinierte Ziele gebunden und somit normativer als dies im Kontext von Streetwork und mobiler Jugendarbeit der Fall ist" (Fülbier/Steimle 2001). In diesem Zusammenhang ist es logisch und konsequent, dass die weitere Arbeit mit erreichten Jugendlichen nicht beim Aufsuchen und Erstellen von Beziehungen verbleibt. Die Jugendlichen sollten „...schrittweise unter Einbeziehung der zur Verfügung stehenden Hilfen und geeigneter Maßnahmen an die Anforderungen der Arbeitswelt herangeführt werden. Letztlich gilt es doch, die immer höher werdenden Schwellen zum Ausbildungs- und Arbeitsmarkt zu überwinden" (Kramer/Ingelmann 1997, S. 16).

Niedrigschwelligkeit heißt, den potentiellen AdressatInnen zu helfen, wieder in Maßnahmen und Projekte der JSA zu gehen. Hierfür ist es aber zunächst unabdingbar, ohne größere Anforderungen und ohne normative Vorstellungen von einer gelingenden Lebensführung mit den jungen Menschen in Kontakt zu kommen. „Dazu ist vor allem und zunächst ein Paradigmenwechsel bei den ‚Profis' notwendig. Sie müssen diese jungen Menschen nicht zuerst und vor allem in und mit ihren Defiziten sehen, sondern sie müssen lernen, die nicht so offensichtlichen Stärken und Kompetenzen wahrzunehmen... An diesen gilt es anzuknüpfen und sie zu verstärken, um so einen Ressourcenaufbau und eine Ressourcenentwicklung zu initiieren..." (von Bothmer 2000, S. 96).

Schulsozialarbeit

Seit dem Schulverweigerung in aller Munde ist, wird Schulsozialarbeit bzw. schul- und schülerInnenbezogene JSA (wieder) intensiv diskutiert. Geht man aber davon aus, dass „Jung sein" heute vor allen Dingen heißt „Schüler sein" (Münchmeier 1995), dann ist Schule ein wichtiger Teilbereich der Lebenswelt aller jungen Menschen. Schulsozialarbeit hat somit einen weit größeren Aufgabenkatalog als nur bei Schulverweigerung als Krisenmanager aufzutreten, auch wenn dies zweifelsohne notwendig ist. Daran mitzuwirken, Schule insgesamt als positive Lebenswelt für junge Menschen zu gestalten, ist die erweiterte Aufgabe von Schulsozialarbeit, die aber nicht von ihr alleine, sondern gemeinsam mit LehrerInnen etc. zu bewältigen ist. Zudem gilt es, im Rahmen von schul- bzw. schülerInnenbezogener JSA für benachteiligte junge Menschen den Übergang von der Schule in die Berufsausbildung zu begleiten. Hierzu gehören z.b. berufsbezogene Beratungen und Informationen; aber auch die Auseinandersetzung mit geschlechtsspezifischen Berufsrollen- und Berufsorientierungen (vgl. Ludewig/Paar 2001).

Geschlechtsspezifische JSA

Geschlechtsspezifische JSA ist insbesondere als Mädchen- und Frauenförderung nicht neu. Sie hat z.B. im Fachverband „IN VIA Kath. Mädchensozialarbeit" eine lange Tradition. Des Weiteren finden sich Verwurzelungen der Mädchensozialarbeit in der emanzipatorischen und feministischen Frauenbewegung der 70er-Jahre. Mittlerweile ist es in der JSA unstrittig, dass Mädchensozialarbeit einen eigenständigen Ansatz und eine Querschnittsaufgabe darstellt, um geschlechtsspezifische Hilfen anzubieten, und dass in den Angeboten und Maßnahmen weibliche Stärken und Lebenskonzepte zu berücksichtigen und (gesellschaftliche) Benachteiligungen abzubauen sind. Dies spiegelt sich jedoch nicht immer in den verschiedenen Projekten und Maßnahmen wider, so dass noch Entwicklungsarbeit geleistet werden muss (vgl. Joswig von Bothmer 1993).

Die besondere Förderung von Jungen und jungen Männern hat im Gegensatz zur Mädchensozialarbeit noch keine besondere Tradition und ist auch im Verhältnis zu diesem Handlungsansatz in der Projektlandschaft der JSA eher dünn gesät. Der bewusste Umgang mit der Geschlechterrolle und dem Geschlechterrollenverständnis ist aber unverzichtbarer Bestandteil der JSA. Für die pädagogische Praxis bedeutet dies, dass neben den koedukativen Ansätzen vermehrt geschlechtsspezifische Angebote unterbreitet werden müssen. Dies setzt aber voraus, dass das Personal gefördert und qualifiziert wird. Die neue Debatte um Gender-Mainstreaming (vgl. G.I.B. 2000) wird hoffentlich dazu führen, dass das Thema geschlechtsspezifische Ansätze in der JSA weiterentwickelt wird.

Freiwilligendienste für benachteiligte Jugendliche

Die bekannten Freiwilligendienste „Freiwilliger sozialer Dienst" (FSJ) und „Freiwilliger ökologischer Dienst" (FÖJ) sind zwar in der Bundesrepublik seit vielen Jahren bekannt, haben aber kaum Relevanz für die AdressatInnengruppen der JSA. Durch diese Dienste fühlen sich überwiegend junge Frauen mit höherem Bildungsabschluss angesprochen. Erst in jüngster Zeit – verstärkt durch die Intentionen des KJP zur Einrichtung eines „Freiwilligen Sozialen Trainingsjahres" (vgl. Kupferschmid 2000) und durch Projekte im Rahmen der Europäischen Freiwilligendienste für benachteiligte Jugendliche – rückt die Zielsetzung, auch benachteiligten Jugendlichen national und international Freiwilligendienste zu Möglichkeiten in den Mittelpunkt der fachlichen Debatte. Die wenigen Erfahrungen, die bisher vorliegen (z.B. im ENVOL-Programm – vgl. Rolles 2001), zeigen aber, dass auch benachteiligte Jugendliche national sowie international in derartigen „quasiberuflichen" Arbeitszusammenhängen" wertvolle Lebenserfahrungen sammeln und Kompetenzen erwerben können, die es mehr als rechtfertigen, derartige Förderkonzepte für diesen AdressatInnenkreis weiterzuentwickeln.

Neue Anforderungen an JSA

Neben den in den einzelnen Handlungsfeldern schon erwähnten Notwendigkeiten zur Weiterentwicklung sei abschließend noch auf einige Aspekte hingewiesen, die für die JSA aktuell von Bedeutung sind oder zumindest aber mittelfristig von Bedeutung sein werden.

JSA und politische Bildung

Politische Bildung wird vornehmlich durch Jugendverbandsarbeit und Einrichtungen der politischen Jugend- und Erwachsenenbildung angeboten. Der AdressatInnenkreis der JSA ist bei den, in diesen Kontexten angebotenen, Seminaren und Fortbildungen in der Regel nicht anzutreffen. Gründe hierfür liegen einerseits in dem mangelnden Politikinteresse dieser jungen Menschen, andererseits aber auch in der eher „seminaristisch verkopften" Struktur der Angebote.

Hier muss JSA neue Wege gehen, um nicht zuletzt auch einen Beitrag zur Vermeidung bzw. Reduzierung von Fremdenfeindlichkeit, Gewaltbereitschaft und Rechtsradikalismus zu liefern (vgl. Glass 2001).

Sozialräumliche Ansätze

JSA kann kein isoliertes Angebot sein. Die qualifizierte Maßnahmeverknüpfung ist das eine. Die sozialräumliche Einbettung in die Infrastruktur einer Kommune, Region, eines Stadtteils das andere. Projekte der JSA müssen mit Jugendverwaltung, Schule, aber auch mit lokaler Wirtschaft vernetzt werden. Nur so lässt sich für betroffene der unüberschaubare „Angebotsdschungel" lichten. Aus diesem Grunde ist es notwendig, dass die JSA intensiv am „E&C-Programm" der Bundesregierung partizipiert (vgl. Kupferschmid 2000).

JSA und demografische Entwicklung

JSA muss sich mit der demografischen Entwicklung befassen. Auszugehen ist davon, dass zwar für die nächsten 5-6 Jahre keine wesentlichen Änderungen auf die JSA zukommen werden; es sei denn, die Rahmenbedingungen ändern sich gravierend z.B. durch eine neue Einwanderungspolitik der Bundesregierung. Vieler Orts wird aber schon darüber „philosophiert" ob z.B. die JBH nur noch 5-6 Jahre „untertunneln" müsse, denn danach würde sich das Problem der Ausbildungsstellennot und Jugendarbeitslosigkeit demografisch lösen. Die Einrichtungen der JSA und JBH müssen sich frühzeitig auf diese Entwicklung einstellen, auch wenn davon auszugehen ist, dass benachteiligte und individuell beeinträchtigte junge Menschen auch zukünftig Hilfen zur beruflichen und sozialen Integration benötigen. Angesichts der geschichtlichen Entwicklungsetappen der JSA ist zudem davon auszugehen, dass neue Aufgaben, die z.Zt. noch gar nicht erkennbar sind, auf die JSA zukommen werden, auf die flexibel reagiert werden muss.

Literatur zur Vertiefung

Fülbier, P./Münchmeier, R. (Hrsg.) (2001): Handbuch Jugendsozialarbeit, Münster, 2 Bände
Gögercin, S. (1999): Jugendsozialarbeit – Eine Einführung, Freiburg
Krafeld, F.G. (2000): Die überflüssige Jugend der Arbeitsgesellschaft – Eine Herausforderung an die Pädagogik, Opladen

Literatur

Bothmer, H., von (2000): Niedrigschwellige Angebote in der Benachteiligtenförderung, in: hiba (Hrsg.) Impulse und Perspektiven – 20 Jahre Benachteiligtenförderung, S. 94-100, Berlin
Bothmer, H., von (2001): Handlungsfelder der Jugendsozialarbeit – ein Überblick, in: Fülbier, P./Münchmeier, R. (Hrsg.), Handbuch Jugendsozialarbeit, Münster, S. 443-468
Breuer, K.-H. (1989) Vier Jahrzehnte Jugendsozialarbeit – ein Rückblick, in: Jahrbuch Jugendsozialarbeit Nr. X, S. 149-162, Köln

Bündnis für Arbeit, Ausbildung und Wettbewerbsfähigkeit (1999): Ergebnisse der Arbeitsgruppe Aus- und Weiterbildung – Presse- und Informationsamt der Bundesregierung

Bundesarbeitsgemeinschaft Jugendsozialarbeit (BAG JAW) (1973-1978): Schriften zur Schulsozialarbeit, Bd. 1-5, Bonn

Bundesarbeitsgemeinschaft Jugendsozialarbeit (BAG JAW) (1999): Diskussionspapier des Fachausschusses III „Grundsatzfragen der Jugendsozialarbeit" der BAG JAW" Jugendsozialarbeit und (Erwerbs)-Arbeit

Bundesarbeitsgemeinschaft Jugendsozialarbeit (BAG JAW) (1999): Diskussionspapier des Fachausschusses III „Grundsatzfragen der Jugendsozialarbeit" der BAG JAW „Jugendwohnen im Rahmen der Jugendsozialarbeit"

Bundesarbeitsgemeinschaft Jugendsozialarbeit (BAG JAW) (1999): 50 Jahre BAG JAW – Zeitzeugnisse und historische Dokumente, Bonn

Bundesarbeitsgemeinschaft Jugendsozialarbeit (BAG JAW) (2000): Entwurf eines Diskussionspapiers der BAG JAW zur „Förderung von zugewanderten jungen Menschen in der Jugendberufshilfe", Bonn

Cramer, M./Ingelmann, F.J. (1997: Regionale Arbeitsstelle zur beruflichen Eingliederung junger Menschen in Niedersachsen (RAN), in: BAG JAW (Hrsg.) Jugend Beruf Gesellschaft, H 1, S. 13-19

Deutsches Jugendinstitut (1999): Arbeitsweltbezogene Jugendsozialarbeit, Modellversuche zur qualifizierenden und sozialen Integration von benachteiligten Jugendlichen, S. 112-149, München

Fülbier, P./Schnapka, M. (1991: Jugendsozialarbeit im Kinder- und Jugendhilfegesetz- Neue Rechtsgrundlage für bewährte Praxis, in: Wiesner R./Zarbock, W.H. (Hrsg.) Das neue Kinder- und Jugendhilfegesetz und seine Umsetzung in die Praxis, Köln, Berlin, Bonn, München

Fülbier, P. (1998): Berufsfördernde und berufsbildende Maßnahmen der Jugendsozialarbeit – Stichtagserhebung 01.01.98, in: BAG JAW (Hrsg.) Berufsfördernde und berufsbildende Maßnahmen der Jugendsozialarbeit, Jugend Beruf Gesellschaft-Statistik, S. 1-19, Bonn

Fülbier, P./Schaefer, H.P. (2001): Umsetzung des §13 KJHG auf kommunaler Ebene, in: Fülbier, P./Münchmeier, R. (Hrsg.), Handbuch Jugendsozialarbeit, Münster, S. 281-294

Fülbier, P./Steimle, H.-E. (2001): Streetwork, Mobile Jugendarbeit und Aufsuchende Jugendsozialarbeit, in: Fülbier, P./Münchmeier, R. (Hrsg.), Handbuch Jugendsozialarbeit, Münster, S. 589-604

Fülbier, P./Münchmeier, R. (Hrsg.) (2001): Handbuch Jugendsozialarbeit, Münster

Gesellschaft für innovative Beschäftigung gGmbH (G.I.B.) (2000): Gender Mainstreaming Chancengleichheit von Frauen und Männern auf dem Arbeitsmarkt, Bottrop

Glass, Ch. (2001): Politische Bildung und Jugendsozialarbeit, in: Fülbier, P./Münchmeier, R. (Hrsg.), Handbuch Jugendsozialarbeit, Münster, S. 833-840

Hermanns, M. (2001) Ursprünge der Jugendsozialarbeit in der Weimarer Republik, in: Fülbier, P./Münchmeier, R. (Hrsg.), Handbuch Jugendsozialarbeit, Münster, S. 20-37

Gögercin, S. (1999): Jugendsozialarbeit – Eine Einführung, Freiburg

Joswig von Bothmer, K. (1993): Das KJHG – Rechtliche Relevanz für eine geschlechtsspezifische Arbeit – unter besonderer Berücksichtigung der Zielgruppe Mädchen, in: BAG JAW (Hrsg.), §9 Abs. 3 KJHG, Rechtsverbindlichkeit und Handlungsforderungen an die Jugendsozialarbeit – Anregungen, Bonn

Krafeld, F.G. (2000): Die überflüssige Jugend der Arbeitsgesellschaft – Eine Herausforderung an die Pädagogik, Opladen

Kupferschmid, P. (2000): Modellprogramm: „Freiwilliges Soziales Trainingsjahr" des Bundesministeriums für Familie, Senioren, Frauen und Jugend, in: BAG JAW (Hrsg.) Jugend Beruf Gesellschaft, H 1, S. 51-54

Kupferschmid, P. (2000): Entwicklung und Chancen junger Menschen in sozialen Brennpunkten (E&C), in: BAG JAW (Hrsg.) Jugend Beruf Gesellschaft, H 1, S. 7-8

Laubach, H. (2001): Rechtliche und finanzielle Grundlagen der Eingliederungshilfen für junge AussiedlerInnen, in: Fülbier, P./Münchmeier, R. (Hrsg.), Handbuch Jugendsozialarbeit, Münster, S. 252-261

Lex, T. (2000): Jugendhilfebetrieb – Jugendhilfe zwischen Arbeitsförderung und Marktorientierung, Literaturbericht und Bibliographie, DJI, Werkstattbericht, München

Ludewig, J./Paar, M. (2001): Schulsozialarbeit als Handlungsfeld der Jugendsozialarbeit, in:, Fülbier, P./Münchmeier, R. (Hrsg.), Handbuch Jugendsozialarbeit, Münster, S. 516-533

Mielenz, I. (1984): Aufgaben der Jugendhilfe bei Jugendarbeitslosigkeit und Berufsnot junger Menschen – Praxisbeispiele zur Einmischungsstrategie, Hg. Arbeitsgemeinschaft für Jugendhilfe (AGJ), Bonn

Mies-van Engelshoven, B. (2001): Jugendsozialarbeit mit zugewanderten jungen Menschen, in: Fülbier, P./Münchmeier, R. (Hrsg.), Handbuch Jugendsozialarbeit, Münster, S. 613-631

Münchmeier, R. (1995): Schüler sein – Herausforderung an die Jugendsozialarbeit durch den Strukturwandel der Jugendphase, in: BAG JAW (Hrsg.), Jugendsozialarbeit und Schule – Dokumentation einer Fachtagung, Bonn

Münder J. u.a. (1998): Frankfurter Lehr- und Praxiskommentar zum KJHG/SGB VIII, Münster

Rolles, Ch. (2001): EU-Freiwilligendienste, auch für Benachteiligte? in: Fülbier, P./ Münchmeier, R. (Hrsg.), Handbuch Jugendsozialarbeit, Münster, S. 678-689

Rützel, J. (2000): Fachvortrag auf der Fachtagung des Forum Bildung vom 27./28.09.2000 zum Thema „Berufsausbildung benachteiligter Jugendlicher", (MS), Bonn

Seckinger, M. u.a. (1998): Situation und Perspektiven der Jugendhilfe – eine empirische Zwischenbilanz, Weinheim und München

Statistisches Bundesamt (1999): Sozialleistungen, Statistik Jugendhilfe, Teil IV, Ausgaben und Einnahmen 1997, Wiesbaden

Wisser, U. (2001): Europäische Politik – ihre Finanzinstrumente und ihre Relevanz für die Jugendsozialarbeit, in:, Fülbier, P./Münchmeier, R. (Hrsg.), Handbuch Jugendsozialarbeit Münster, S. 311-327

Gertrud Oelerich

Kinder- und Jugendhilfe im Kontext der Schule

Zusammenfassung: Das Handlungsfeld Jugendhilfe im Kontext der Schule knüpft an der Lebenslage von Kindern und Jugendlichen als Schülerinnen und Schüler an. Zwischen den zunächst weitgehend separierten Institutionen hat sich mittlerweile ein ausdifferenziertes Handlungsfeld der Jugendhilfe im Kontext der Schule entwickelt, das hier mit den Schwerpunkten Hilfen zur Erziehung und Schule, Jugendarbeit und Schule und Schulsozialarbeit skizziert wird. Angebote der Jugendhilfe, die sich auf den schulischen Kontext beziehen, werden derzeit sowohl in quantitativer wie zum Teil auch in qualitativer Hinsicht ausgebaut. Für diesen Bereich der Jugendhilfe zeigt sich zugleich eine charakteristische Spannung zwischen den Handlungsprämissen der Jugendhilfe auf der einen und den Rahmenvorgaben des schulischen Kontextes auf der anderen Seite.

1. Kinder- und Jugendhilfe im Kontext der Schule – Zur Bestimmung des Gegenstands

Jugendhilfe bezeichnet denjenigen Bereich Sozialer Arbeit, in dem auf der strukturierenden Grundlage eines einheitlichen Gesetzes (Kinder- und Jugendhilfegesetz, KJHG) öffentliche Aufgaben und spezifische, organisatorische Arrangements der Erziehung, Bildung und der sozialen Daseinsfürsorge für Kinder, Jugendliche und deren Eltern *außerhalb* von Familie, Schule und Berufsausbildung institutionalisiert sind. Ihr Arbeitsfeld verortet die Jugendhilfe[1] somit „außerhalb von Schule und Familie" (vgl. Achter Jugendbericht 1990, S. 75; Jordan/Sengling 2000, S. 14). Im Feld unterschiedlicher Angebote der öffentlichen Bildung und Erziehung positioniert sich Jugendhilfe also explizit *außerhalb* oder *neben* den anderen hier relevanten Institutionen, was sie aber nicht daran hindert, trotz ihrer nicht primären Zuständigkeit ein Interesse an der Schule zu formulieren (vgl. Achter Jugendbericht 1990, S. 119) – insofern nämlich, als Anforderungen, Belastungen und Probleme aus der „Allgegenwärtigkeit von Schule im Leben junger Menschen und insbesondere deren negativer Auswirkungen" (ebd.) entstehen. Das macht die Besonderheit dieses Handlungsfeldes der Jugendhilfe aus: Jugendhilfe hat es hier mit einer anderen öffentlichen Institution – eben der *Schule* – zu tun, und zwar mit einer Institution, die aufgrund der

---

1 Im Folgenden wird der Begriff ‚Jugendhilfe' synonym für ‚Kinder- und Jugendhilfe' verwendet.

Schulpflicht als Regelinstitution von *allen* Kindern und Jugendlichen im Alter von ca. sechs bis sechzehn Jahren besucht wird bzw. werden muss.

Zwischen den Institutionen Jugendhilfe und Schule hat sich eine Vielfalt an Bezügen entwickelt, zum Teil bestehen sie bereits seit dem Beginn institutionalisierter Jugendhilfe, zum Teil haben sie sich erst in neuerer Zeit herausgebildet. Dies zeigt sich nicht zuletzt an der terminologischen Ausdifferenzierung dieses Feldes wie z.B. „schulbezogene Jugendarbeit" (Nörber 1995; KJHG), „Schuljugendarbeit" (Elsner 1999; Landesinstitut für Schule und Weiterbildung 1997), „schulbezogene Jugendhilfe" (Prüß 1996), „schulbezogene Jugendsozialarbeit" (Bundesarbeitsgemeinschaft Jugendsozialarbeit 1996), „Schulsozialarbeit" (Raab/Rademacker/Winzen 1987), „Heimerziehung und Schule" (Thimm 2000b). Bereits an dieser kurzen Aufzählung zeigt sich – erstens – die *Vielfalt unterschiedlicher Bezüge* von Jugendhilfe und Schule, die sich nahezu auf das *gesamte Feld* der Jugendhilfe erstreckt und sowohl *spezialisierte Handlungsbereiche* der Jugendhilfe im Kontext der Schule – z.B. Schulsozialarbeit – beinhaltet als auch allgemeine *Kooperationen* zwischen verschiedenen Einzelbereichen beider Institutionen – z.B. Hilfen zur Erziehung und Schule. Zweitens wird unterstrichen, dass unterschiedliche *Schwerpunktsetzungen* im Handlungsfeld von Jugendhilfe und Schule bestehen.

Nun stellt sich die Frage, warum Jugendhilfe als eine öffentliche Institution der Bildung und Erziehung Dienstleistungen im Kontext einer anderen öffentlichen Institution der Bildung und Erziehung – eben der Schule – erbringt bzw. erbringen soll. Denn vor dem Hintergrund fortschreitender gesellschaftlicher Differenzierung könnte argumentiert werden, dass beide Institutionen ihre eigenen Aufgaben nur innerhalb ihres je eigenen Kontextes erbringen. Auf die Frage nach der *Begründung* eines Handlungsfeldes Kinder- und Jugendhilfe im Kontext der Schule lassen sich zwei Antworten geben: Eine erste Begründung ergibt sich daraus, dass beide Institutionen neben je spezifischen Aufgabenstellungen auch *gemeinsame Aufgaben* zu erfüllen haben, nämlich soziale Integration, Bildung und Erziehung. Zwar verfolgen beide Institutionen diese Aufgaben mit je unterschiedlichen Schwerpunktsetzungen und in einem nachrangigen Verhältnis – die Schule als Regelinstitution und die Jugendhilfe in vielen Bereichen als nachgeordnete Spezialinstitution, aber die Zielrichtung öffentlicher Erziehung und Bildung bleibt ihnen gemeinsam und damit auch ein – historisch variabler – Überschneidungsbereich ihrer Aufgaben und Funktionen.

Ein zweiter grundlegender Bezugspunkt der Jugendhilfe zur Schule entsteht aus der allgemeinen und zentralen Orientierung der Jugendhilfe an der Lebenslage bzw. Lebenswelt ihrer Adressatinnen und Adressaten (vgl. Böhnisch 1982; Achter Jugendbericht 1990). Wenn nun für die Gruppe der Kinder und Jugendlichen die Situation als Schülerinnen und Schüler ein zentrales Bestimmungsmerkmal ihrer Lebenslage ist („Lebenslage Schülersein") (vgl. Schefold 1987; Böhnisch 1992), dann wird es, vermittelt über diese allgemeine Orientierung der Jugendhilfe an der Lebenslage bzw. Lebenswelt ihrer AdressatInnen, möglich und notwendig, in die Perspektiven, Maßnahmen und Angebote der Jugendhilfe auch die Lebenssituation der AdressatInnen als SchülerInnen – und damit auch die Institution Schule – mit einzubeziehen (vgl. Oelerich 1997, 1998).

Diesen beiden Beziehungsdimensionen der Jugendhilfe zur Schule – der gemeinsame Aufgabenbereich und die „Lebenslage Schülersein" – stehen auf der *organisatorischen Ebene* zwei voneinander getrennte und unabhängige Einrichtungen gegenüber, mit eigenständigen gesetzlichen Regelungen und separierten, sich in vielen Bereichen deutlich unterscheidenden organisatorischen Grundstrukturen, so z.B. das weitgehend ausdifferenzierte, spezialisierte, von unterschiedlichen Trägern und häufig dezentral organisierte Angebot der Jugendhilfe auf der einen und das relativ homogen organisierte und zentral verwaltete Schulsystem auf der anderen Seite, oder die für viele Bereiche der Jugendhilfe prägende Einzelfallarbeit einerseits und die prinzipiell kollektive Unterrichtung von Schülerinnen und Schülern in Schulklassen andererseits. Und schließlich unterscheidet sich die weitgehende Freiwilligkeit der Angebote der Jugendhilfe deutlich von dem Pflichtcharakter der Schule, der durch die allgemeine Schulpflicht vorgegeben ist. Ohne diese Aufzählung von Unterschieden zwischen den beiden Institutionen weiterführen zu wollen, soll hier deutlich werden, dass es Jugendhilfe in diesem Handlungsfeld mit einer spezifischen organisatorischen Rahmenstruktur der Schule zu tun hat, die sich nachdrücklich von der der Jugendhilfe unterscheidet.

Die *gesetzliche Grundlage*, auf der sich das Handlungsfeld der Jugendhilfe im Kontext der Schule bewegt, ist im Wesentlichen durch §11, Abs. 3 KJHG bestimmt, der „schulbezogene Jugendarbeit" vorsieht, sowie durch §13, Abs. 1 KJHG, Förderung „schulischer Ausbildung" im Falle sozialer Benachteiligung durch Maßnahmen der Jugendsozialarbeit. Zudem fordert §81 KJHG ausdrücklich eine allgemeine Zusammenarbeit der Träger der öffentlichen Jugendhilfe mit anderen öffentlichen Institutionen und Einrichtungen, wobei die Schule hier an erster Stelle genannt wird.[2]

2. Die Entwicklung der Kinder- und Jugendhilfe im Kontext der Schule

Mit der Einrichtung der institutionalisierten Jugendhilfe in den 20er-Jahren des zwanzigsten Jahrhunderts konstituierten sich in Deutschland beide Institutionen – Jugendwohlfahrt und Schule – als klar voneinander abgegrenzt. Bis in die 1950er und 1960er-Jahre wurde dieses institutionelle Nebeneinander von Jugendhilfe und Schule kaum zum Gegenstand der Dis-

---

2 Zur rechtlichen Grundlage der Jugendhilfe im schulischen Kontext vgl. Hartnuß/Maykus 2000; Wulfers 1997.

kussion (vgl. Rademacker 1996). Dies änderte sich erst gegen Ende der 1960er-Jahre, als in den alten Bundesländern insbesondere ausländische Kinder, die in so genannten sozialen Brennpunkten lebten, in ihrer schulischen Entwicklung mithilfe sozialpädagogischer Angebote unterstützt werden sollten. Im Zuge der Bildungsreform wurde zudem mit der Einrichtung der ersten Projekte der Schulsozialarbeit – insbesondere an den neu eingeführten Gesamtschulen – begonnen. In der Folgezeit konnten sich die Modellprojekte und die wenigen etablierten Angebote der Schulsozialarbeit freilich häufig nicht weiter ausbauen oder wurden sogar wieder eingestellt. Letztlich gelang es nur wenigen Angeboten, sich tatsächlich auch unbefristet zu etablieren. Die Jugendarbeitslosigkeit der 1970er und 1980er-Jahre lenkte die Aufmerksamkeit auf den Übergang von der Schule in den Beruf und die Schulsozialarbeitsprojekte erhielten entsprechende Arbeitsschwerpunkte. Zwar wurde die Diskussion um „Jugendhilfe und Schule" seit den späten 1960er-Jahren kontinuierlich fortgeführt, ein eigenständiges und abgesichertes Feld der Jugendhilfe konnte bis zu diesem Zeitpunkt jedoch nicht entstehen.

In der ehemaligen DDR stellte sich die Situation weitgehend anders dar. Da auf der einen Seite die Einheitsschule eine stark ausgeprägte sozialpädagogische Zielsetzung verfolgte (vgl. Olk u.a. 2000, S. 35) und sich die Jugendhilfe auf der anderen Seite zumeist auf den engeren Bereich der Erziehungshilfe und hoheitliche Aufgaben beschränkte (ebd. S. 36), fand im Verhältnis der beiden Institutionen zueinander kaum Bewegung statt.

Seit dem Beginn der 1990er-Jahre hat das Interesse an der Diskussion um Jugendhilfe und Schule in der gesamten Bundesrepublik spürbar zugenommen und wird mittlerweile auf nahezu allen relevanten Ebenen der Jugendhilfe geführt. In verschiedenen Bundesländern wurden explizite Förderprogramme aufgelegt und eine ganze Anzahl an Projekten konnte sich in diesem Bereich bundesweit etablieren. Viele Anstöße zur Debatte und viele Bemühungen um einen Ausbau dieses Handlungsfeldes kommen hierbei aus den neuen Bundesländern.

Für die *aktuelle Situation* zum Beginn des 21. Jahrhunderts kann nun davon ausgegangen werden, dass das Handlungsfeld der Jugendhilfe im schulischen Kontext verstärkt ins bildungs- und jugendhilfepolitische Bewusstsein gelangt ist. Es hat sich etablieren und verstetigen können und ein breites Spektrum an unterschiedlichen Ansätzen und Kontakten zur Schule ausgebildet. Zur Unterstützung dieser Entwicklung haben verschiedene Faktoren beigetragen[3], insbesondere die veränderten Anforderungen an und Problemlagen von Kindern und Jugendlichen in qualitativer wie quantitativer Hinsicht und nicht zuletzt auch die intensiven Umorientierungen und Flexibilisierungen, die sich seit einiger Zeit innerhalb des Schulsystems vollziehen und die ein Interesse der Schule an der Jugendhilfe und an einer enge-

---

3 Zu den Gründen vgl. u.a. Olk/Bathke/Hartnuß. 2000; Oelerich 1997.

ren Kooperation mit Einrichtungen außerhalb der Schule maßgeblich ermöglicht und befördert haben.

3. Handlungsfelder der Kinder- und Jugendhilfe im Kontext der Schule

Lange Zeit wurde das Handlungsfeld der Jugendhilfe im Kontext der Schule mit Schulsozialarbeit gleichgesetzt, einem am Beginn der 1970er-Jahre entstandenen Spezialdienst der Jugendhilfe, der als eigenständiges sozialpädagogisches Angebot in der Schule oder im unmittelbaren Umfeld der Schule angesiedelt ist. Wenngleich eine z.T. unklar verwendete Begrifflichkeit eine präzise Abgrenzung einzelner Schwerpunkte dieses Handlungsfeldes ebenso erschwert wie die tatsächlich vielfältigen Ausdifferenzierungen und Überschneidungen der sozialpädagogischen Angebote vor Ort, so erscheint eine Engführung der Auseinandersetzung auf die Angebote der Schulsozialarbeit heute unangemessener denn je. Im Folgenden sollen daher anhand von drei *Schwerpunktsetzungen* zentrale Bereiche des umfassenden Handlungsfeldes Jugendhilfe im Kontext der Schule skizziert werden. Hierbei geht es nicht darum, letztgültige Abgrenzungen der Bereiche voneinander vorzunehmen. Ziel ist vielmehr eine Fokussierung auf zentrale Schwerpunkte der Diskussion, die allerdings durchaus zu einer weiteren Profilierung des Handlungsfeldes Jugendhilfe im schulischen Kontext beitragen kann. Zunächst liegt der Fokus auf den Hilfen zur Erziehung und Schule (3.1), dann auf dem Bereich Jugendarbeit und Schule (3.2) und schließlich auf den Angeboten der Schulsozialarbeit (3.3).

3.1 Hilfen zur Erziehung und Schule

Der Bereich Hilfen zur Erziehung im Kontext der Schule ist nur z.T. als ein eigenständiges Angebot der Jugendhilfe zu verstehen, wenngleich sich seit einiger Zeit auch hier eine Tendenz zur Etablierung abzeichnet. Von erheblicher Bedeutung sind vielmehr auch die alltäglichen Kooperationen zwischen Professionellen der Erziehungshilfe auf der einen und LehrerInnen bzw. SchulleiterInnen auf der anderen Seite. Sie erstrecken sich auf alle Bereiche der Hilfen zur Erziehung wie die Erziehungsberatung, die ambulanten Angebote (z.B. soziale Gruppenarbeit), die teilstationären oder stationären Angebote wie auch auf den Allgemeinen Sozialen Dienst / Jugendamt. Zentraler Ausgangspunkt ist die Tatsache, dass der größte Teil aller Kinder und Jugendlichen, die AdressatInnen und NutzerInnen dieser Jugendhilfedienstleistungen sind, tagtäglich zur Schule geht, die Schule somit auch für diejenigen Jugendlichen, die von Seiten der Erziehungshilfe betreut werden, zu einem zentrale Charakteristikum ihrer Lebenslage gehört.

Entstehen die Kontakte zu oder Kooperationen mit den Einrichtungen der Erziehungshilfe auf Initiative der Schule, dann geht es insbesondere um solche SchülerInnen, die innerhalb der Schule Probleme zeigen bzw. dort Probleme bereiten, die den Schulbesuch verweigern oder für die eine Überweisung auf eine Sonder-/Förderschule oder eine Schule für Erziehungshilfe eingeleitet werden soll. In einigen Bundesländern sind bei einer geplanten Sonderschulüberweisung entsprechende Kooperationen ausdrücklich vorgesehen, zum Teil bestehen auf kommunaler Ebene Vorgaben für den Umgang mit einzelnen weiteren Problemen dieses Bereichs (z.B. andauerndes Schulschwänzen) aber zumeist finden sich hierzu jedoch keine Regelungen.

Auch wenn der Kontakt von Seiten der Erziehungshilfe ausgeht, stehen schulische Problemlagen von Kindern und Jugendlichen im Vordergrund. So z.B. im Rahmen der Erziehungsberatung oder der ambulanten oder (teil-)stationären Erziehungshilfen (vgl. Dillig 1999; Bundesministerium für Familie, Senioren, Frauen und Jugend 1998). Hier spielen Schulprobleme als Veranlassung einer Hilfe zur Erziehung eine wichtige Rolle. Schließlich muss davon ausgegangen werden, dass viele Jugendliche, die in (teil-)stationärer Unterbringung betreut werden, schulische Probleme haben, Schulprobleme in diesem Bereich der Jugendhilfe also eher die Regel als die Ausnahme sind. Im Rahmen der Betreuung durch das Jugendamt (Allgemeiner Sozialer Dienst, Bezirkssozialdienst etc.) stehen Schulprobleme schließlich zumeist nicht im Vordergrund, sind aber als „regelmäßiger Bestandteil der Problemlagen des Klientels des Jugendamtes" von fortwährender Bedeutung (vgl. Oelerich 1998, S. 136).

Wenngleich zu diesem Bereich der Jugendhilfe im Kontext der Schule nur wenige Untersuchungen vorliegen, lassen sich dennoch typische Probleme und Handlungsabläufe erkennen. So wird vielfach kritisiert, dass die Fachkräfte der Jugendhilfe erst dann mit Schulproblemen von Kindern und Jugendlichen befasst sind, wenn es bereits zu Problemeskalationen in der Schule gekommen ist. Würden sozialpädagogische Hilfen jedoch frühzeitig genug mit den schulischen Angeboten abgestimmt und verknüpft, dann könnten in vielen Fällen Heimunterbringungen verhindert werden (vgl. Bundesarbeitsgemeinschaft der Landesjugendämter 1993, S. 14).[4] Insgesamt kann die Zusammenarbeit der beiden Gruppen von Professionellen in diesem Bereich als wenig ausgebaut bezeichnet werden (vgl. Oelerich 1998; Thimm 2000b).

---

4 In eine ähnliche Richtung weisen auch zwei empirische Untersuchungen, die aufzeigen, dass der Kontakt zu Einrichtungen der Hilfen zur Erziehung, insbesondere zum Jugendamt, das hier eine zentrale koordinierende Rolle spielt, von der Schule erst zu einem recht späten Zeitpunkt der Problementwicklung aufgenommen wird (vgl. Schliep 1995; Oelerich 1998). Damit sind eher ungünstige Bedingungen für eine inter-institutionelle Kooperation verbunden, weil die Schüler zu diesem Zeitpunkt häufig die Schule verlassen sollen, der ‚Fall' von der Jugendhilfe somit möglichst ‚übernommen', d.h. der Schule ‚abgenommen' werden soll.

Trotz der eher geringen Beachtung, die dieser Handlungsbereich der Jugendhilfe im Kontext der Schule auch in der Fachöffentlichkeit derzeit findet, hat sich hier eine zaghafte Etablierung eigenständiger Angebote vollzogen. So wurde in einigen Kommunen die Kooperation zwischen den MitarbeiterInnen des Allgemeinen Sozialen Dienstes/Bezirkssozialdienstes und der Schule deutlich ausgebaut (z.B. Modellprojekt des Landesjugendamtes Baden). Die SozialarbeiterInnen des Jugendamtes halten Sprechstunden in der Schule ab, führen dort eigenständige Angebote durch oder nehmen regelmäßig an Projekttagen und Lehrerkonferenzen teil. Sie stellen ihre Arbeit somit nicht nur in den Schulen ihres Bezirkes vor, wie es mittlerweile vielerorts selbstverständlich geworden ist, sondern sie suchen im Rahmen ihrer Tätigkeit im Allgemeinen Sozialen Dienst unverkennbar einen intensiveren Kontakt zur Schule.

Als zweiter Bereich der Intensivierung der Arbeit der Erziehungshilfe im Kontext von Schule kann exemplarisch die Arbeit des Zentrums für Erziehungshilfe in Frankfurt gelten (vgl. Affeln/Kleemann 2000). Ausgehend von der Frage, „wie den ansteigenden Zahlen wahrgenommener und gemeldeter SchülerInnen mit Verhaltensauffälligkeiten pädagogisch sinnvoll begegnet werden kann" (ebd., S. 214), wurde in Kooperation von Schule und Jugendhilfe ein Zentrum für Erziehungshilfe gegründet, das einen ambulanten Teilbereich umfasst, der SchülerInnen mit besonderem Förderbedarf im Bereich Erziehungshilfe direkt in Regelschulen unterstützen will, mit dem Ziel, mittels sonderpädagogischer *und* sozialpädagogischer Vorgehensweisen eine Sonderbeschulung zu vermeiden. Als ein zweiter Angebotsschwerpunkt werden Jugendliche in einem Tagesheim – einer „Lernwerkstatt" – teilstationär betreut, um insbesondere Schulverweigerern neue Wege des Lernens zu eröffnen (ebd., S. 216).

Beide Beispiele verweisen auf eine sich zunehmend verstärkende interinstitutionelle Zusammenarbeit zwischen der Erziehungshilfe und der Schule. Das zweite Beispiel zeigt darüber hinaus, dass sich insbesondere bei Problemen wie Schulverweigerung und anderen gravierenden Schulproblemen, die eine Überweisung auf eine Sonderschule notwendig erscheinen lassen, Kooperationen der Jugendhilfe nicht zuletzt mit Sonderschulen entwickelt haben (vgl. hierzu auch Thimm 2000a).

3.2 Jugendarbeit im Kontext der Schule

Wie es für das gesamte Feld der Jugendhilfe typisch ist, so besteht auch für das Gebiet der Jugendarbeit im Kontext der Schule ein ausdifferenziertes Angebot, das sich zugleich auf die offene Jugendarbeit wie auf die verbandliche Arbeit bezieht, auf öffentliche Träger ebenso wie auf Vereine oder Verbände. Für die Jugendarbeit kann insgesamt davon ausgegangen werden, dass in ihren Einrichtungen heute in deutlich stärkerem Maße als in der Vergangenheit Angebote mit einem Bezug zum schulischen Kontext (schulbezogene Jugendarbeit) ausgebaut werden.

Zwar existiert hier eine lange Tradition der Zusammenarbeit mit der Schule, z.B. Schulendtage, Jugendbildungsarbeit mit Schulkassen etc., sie verblieb aber lange Zeit in einem eher geringen quantitativen Umfang. Zugleich findet sich in diesem Bereich traditionell eine Abgrenzung von der Schule, die historisch insbesondere bei der institutionellen Etablierung der Jugendarbeit eine konzeptionelle Rolle gespielt hat. So wurde und wird Jugendarbeit häufig ausdrücklich als *außerschulische Jugend(bildungs)arbeit* verstanden. Ihr Profil versuchte sie insbesondere auch dadurch zu gewinnen, dass sie Jugendlichen Räume zur Verfügung stellt, die von schulischen (Leistungs-)Anforderungen frei sind und als Orte ungebundener Entfaltung und Entwicklung genutzt werden können. Die Angebote der Jugendarbeit orientieren sich an Prämissen wie Freiwilligkeit, Altersheterogenität, Flexibilität etc. und damit explizit an Prämissen, die schulischen Prinzipien zumeist entgegenstehen (vgl. Nörber 1997). Der Bereich Jugendarbeit im Kontext der Schule war bzw. ist somit sowohl durch eine Distanzierung von der Schule wie auch in den vergangenen Jahren durch eine vorsichtig zunehmende Kooperation gekennzeichnet.[5]

Im Rahmen des hier in Rede stehenden Bereichs der Jugendarbeit, der auf den Kontext der Schule bezogen ist, lassen sich mindestens zwei Schwerpunkte erkennen: Zum ersten Freizeit- und Kulturangebote und zum zweiten Betreuungsangebote für jüngere Jugendliche. Bei der auf die Schule bezogenen *Freizeit- und Kulturarbeit* geht es weniger darum, das konkrete Angebot der Jugendarbeit inhaltlich auf den schulischen Kontext auszurichten. Vielmehr soll mit dem allgemeinen Angebot der Jugendarbeit ein *spezifischer AdressatInnenkreis* – nämlich SchülerInnen – angesprochen werden. In diesem Rahmen werden u.a. Projektwochen durchgeführt, kontinuierliche Gruppenarbeit angeboten oder Einzelveranstaltungen arrangiert. Nicht zuletzt aufgrund eines zurückgehenden Interesses von Jugendlichen an den allgemeinen Angeboten offener Jugendarbeit und einem Wandel der Besucherstruktur, die im Bereich der Kinder deutliche Zunahmen verzeichnet (vgl. ebd.), hat eine vorsichtige Neuorientierung der Jugendarbeit in Richtung auf Schule stattgefunden.

Der zweite Schwerpunkt der Jugendarbeit im Kontext der Schule richtet sich auf Angebote im Zusammenhang mit der *Betreuung von Schulkindern*. Ein steigender Betreuungsbedarf im Grundschulbereich (und zum Teil auch im Bereich der Sekundarstufe I) hat bei gleichzeitig fehlenden Hortplätzen und Ganztagsschulangeboten[6] zu Kooperationsmodellen zwischen Schulen und Trägern der Jugendarbeit (z.B. Jugendhäusern) geführt, die konzeptionelle Grundelemente wie Mittagessen, Betreuung über die Mittagszeit, Schulaufgabenbetreuung, pädagogisches Angebot und Freiraum beinhalten. Gemeinsam ist den zum Teil recht unterschiedlichen Betreuungsangeboten,

---

5 Stellvertretend für eine Vielzahl an Diskussionsbeiträgen vgl. Brenner/Nörber 1992; Kalb/Petry/Sitte 1994; Nörber 1995.
6 Dieser Fehlbedarf gilt insbesondere für die alten Bundesländer.

dass sie ein nicht unerheblich über das im Rahmen der herkömmlichen Jugendarbeit hinausreichendes Maß an Übernahme von Aufsichtspflichten und Verbindlichkeiten vorsehen, das innerhalb der Jugendarbeit deshalb auch kontrovers diskutiert wird (vgl. Deinet 1996, S. 83). Wie für den Gesamtbereich der Jugendarbeit angesprochen, bewegt sich damit auch dieses Betreuungsangebot der Jugendarbeit im *Spannungsfeld* zwischen einer intendierten *Kooperation* mit der Schule auf der einen und der *Abgrenzung* von den Regelvorgaben der Schule und deren Arbeitsprinzipien auf der anderen Seite. Für die Jugendarbeit besteht hier die Chance, im Nachmittagsbereich der Schule eine größere Anzahl von Kindern und Jugendlichen zu erreichen und ihnen Angebote zur Verfügung zu stellen. Damit ist aber gleichzeitig die Notwendigkeit verbunden, die eigenen Handlungsprämissen professioneller Jugendarbeit unter den Rahmenbedingungen der Schule und den festen Betreuungsvorgaben konzeptionell und organisatorisch sicherzustellen.

Zur *Finanzierung* entsprechender Betreuungsangebote wurden in etlichen Bundesländern spezielle Förderprogramme insbesondere für die Grundschule aber auch für den Bereich der Sekundarstufe I aufgelegt[7], die nicht zuletzt für einen deutlichen Ausbau dieses Handlungsfeldes der Jugendhilfe im Kontext der Schule geführt haben.

Organisatorisch sind entsprechende Einrichtungen der Jugendarbeit im Kontext der Schule zum Teil unmittelbar an die Schule angebunden, wie z.B. im Kontext von Schulzentren, Gesamtschulen oder in Konzeptionen wie der Schülerclubarbeit. In ihrer überwiegenden Mehrzahl aber sind diese Angebote der schulbezogenen Jugendarbeit als ein erweitertes bzw. zusätzliches Angebot der offenen bzw. verbandlichen Jugendarbeit organisiert, welches das reguläre Angebot dieser Einrichtungen lediglich ergänzt (vgl. Nörber 1997). Die Veranstaltungen finden dann sowohl in den Einrichtungen der Jugendarbeit wie auch in den Schulen statt.

Auch der Bereich der freizeit- und kulturbezogenen Jugendarbeit im Kontext von Schule wurde durch landesweite Programme gefördert und deutlich ausgebaut, z.B. in Sachsen und Thüringen[8], zum Teil aus Mitteln der Schule, zum Teil aus Mitteln der Jugendhilfe. Wie für Thüringen dokumentiert wurde im Verlauf des Programms deutlich, dass neben dem zunächst deutlich präferierten Schwerpunkt der freizeit- und kulturbezogenen Jugendarbeit sozialpädagogische Angebote der Beratung und Einzelfallunterstützung in der Schule – und damit ein Grundelement der Schulsozialarbeit (s.u.) – zunehmend Gewicht erhielten (vgl. Seithe 1998).

Auch für diesen Bereich der Jugendhilfe im Kontext der Schule kann festgehalten werde, dass die Entwicklung der vergangenen Jahre nach einer Zeit der Abgrenzung eine deutliche Annäherung zwischen den beiden Insti-

---

7 Vgl. hierzu Zehnter Jugendbericht 1998, S. 217.
8 Vgl. Seithe 1998; Elsner 1999

tutionen gebracht hat und die Anzahl entsprechender Angebote sowohl mit freizeit- und kulturpädagogischem Schwerpunkt als auch mit einem Betreuungsschwerpunkt deutlich zugenommen hat. Zugleich zeigt sich aber auch hier die Spannung zwischen den Handlungsprämissen des schulischen Rahmens auf der einen und der Jugendarbeit auf der anderen Seite.

3.3 Schulsozialarbeit

Die intensivste Form des Engagements der Jugendhilfe im Kontext der Schule ist die Schulsozialarbeit. Tatsächlich finden sich in der Diskussion nun unterschiedliche Facetten eines Verständnisses von Schulsozialarbeit. Nicht zuletzt, weil in dem vorliegenden Beitrag spezifische Schwerpunkte des Handlungsfeldes Jugendhilfe im Kontext der Schule markiert werden sollen, wird hier ein enggeführter Begriff von Schulsozialarbeit zugrunde gelegt, „der sich lediglich auf diejenigen Einrichtungen mit sozialpädagogischen Fachkräften bezieht, die direkt in der Schule verortet oder ... unmittelbar und zentral auf Schule bezogen sind" (Oelerich 1998, S. 13).

Erste Modellprojekte der Schulsozialarbeit entstehen am Ende der 1960er-Jahre – in vielen Fällen im Zusammenhang mit der Einrichtung von Gesamtschulen. Diese Projekte verfolgten das Ziel, Chancengleichheit und Förderung „bildungsferner" Schichten in der Schule mit sozialpädagogischen Mitteln zu unterstützen (vgl. Tillmann 1981). Obwohl sich die Angebote der Schulsozialarbeit in den anschließenden zwei Jahrzehnten zunächst nicht in größerem Umfang durchsetzen konnten, blieben sie dennoch – mit veränderten Schwerpunktsetzungen – in der Jugendhilfelandschaft präsent.

Während zu Beginn der frühen 1970er-Jahre eine eher schulkritische Perspektive vorherrschte (vgl. ebd.), setzte sich in den 1980er-Jahren eine pragmatische Tendenz durch, die sich in den 1990er-Jahren zunehmend zu einer schulakzeptierenden Haltung der Kooperation mit der Schule entwickelt hat (vgl. Neunter Jugendbericht 1994). Heute stellt die Schulsozialarbeit zwar nach wie vor kein quantitativ sehr umfängliches Handlungsfeld der Jugendhilfe dar, konnte sich aber als ein eigenständiges Angebot der Jugendhilfe konsolidieren und etablieren (vgl. z.B. Rademacker 1996).[9]

Das *Angebotsprofil* der Schulsozialarbeit erstreckt sich von der Beteiligung der SchulsozialarbeiterInnen an Unterrichtsprojekten über offene Freizeitangebote, Schülercafés, Hausaufgabenhilfen oder Mittagsbetreuung bis zu Einzelfallhilfen und Beratungsangeboten. Vermittelt über die Beteiligung an Schulkonferenzen, Beratung von Lehrern und Schulleitung oder Unterrichtshospitationen etc. ist Schulsozialarbeit an vielen Standorten auch direkt an schulischen Prozessen beteiligt. Trotz aller Unterschiedlichkeit der einzelnen Ansätze stellt die sozialpädagogische *Beratungsarbeit* und *Ein-*

---

9 Vgl. für weitere Verweise Raab/Rademacker/Winzen 1987; Wulfers 1991; Rademacker 1996; Olk u.a. 2000.

zelfallhilfe gewissermaßen den „roten Faden" der Schulsozialarbeitsprojekte dar, auch wenn sie nicht in jedem Fall im Vordergrund steht.[10] Dieser Beratungsschwerpunkt wird zumeist durch freizeitpädagogische Angebote, sozialpädagogische Gruppenarbeit und/oder gemeinwesenbezogene Ansätze ergänzt.

Zwar richten die Schulsozialarbeitsprojekte ihre Leistungen in der Regel an *alle* Schülerinnen und Schüler bzw. Eltern einer Schule, sie konzentrieren ihre Arbeit aber häufig auf *Jugendliche in besonderen* – schulischen wie außerschulischen – *Problem- oder Konfliktlagen*. Über den unmittelbaren und alltäglichen Kontakt der SchulsozialarbeiterInnen zu den Kindern und Jugendlichen ist es möglich, Problemlagen frühzeitig zu erkennen, Kinder und Jugendliche frühzeitig zu fördern, sie zu unterstützen und ggf. unmittelbare Hilfestellung zu leisten. In vielen Fällen übernimmt die Schulsozialarbeit hierbei Aufgaben der Vermittlung an andere Dienste der Jugendhilfe bzw. andere Einrichtungen psycho-sozialer Hilfe. Kinder, Jugendliche und Eltern erhalten durch die ständige Präsenz der SozialarbeiterInnen in der Schule – und damit innerhalb eines Teils ihres Alltags – die Möglichkeit, „durch sozialpädagogische Fachkräfte in den Schulen einen Zugang zu den Dienstleistungen der Kinder- und Jugendhilfe" zu bekommen (Zehnter Jugendbericht 1998, S. 214). Schulsozialarbeit erfüllt somit nicht nur wichtige Aufgaben für die Schülerinnen und Schüler wie für die Schulen, sondern auch wichtige Netzwerkfunktionen innerhalb der Landschaft sozialer Dienstleistungen eines Stadtteils.

Als *Träger* der Schulsozialarbeitsprojekte treten schließlich – analog zum Schwerpunkt Jugendarbeit und Schule – zumeist öffentliche wie freie Träger der Jugendhilfe auf, zum Teil befindet sich die Schulsozialarbeit aber auch direkt in Trägerschaft der Schule.

Aufgrund der unmittelbaren Nähe zur Schule und einer institutionellen Konstellation, die für die Jugendhilfe gegenüber Schule und Elternhaus in vielen Bereichen eine nachrangige Aufgabenstellung vorsieht, steht die Schulsozialarbeit – noch stärker als die schulbezogene Jugendarbeit (s.o.) – in der Gefahr, in ihrer täglichen Arbeit von den Zielen und Zwecken der Schule vereinnahmt und für einen reibungslosen Ablauf des Schulbetriebs funktionalisiert und instrumentalisiert zu werden, ohne dabei die spezifischen Ziele der Jugendhilfe verwirklichen zu können. Diesem Balanceakt zwischen der Unterstützung der Schülerinnen und Schüler im Schulalltag auf der einen und der Entlastung der Schule von eigenen Aufgaben auf der anderen Seite kann sich Schulsozialarbeit nicht entziehen. Hier können nur strukturelle und konzeptionelle Vorkehrungen getroffen werden, die ein eigenständiges, jugendhilfetypisches Profil einer professionellen Sozialarbeit in der Schule ermöglichen.

---

10 S.u.; vgl. hierzu auch Olk u.a. 2000.

Das Handlungsfeld Schulsozialarbeit hat ebenso wie der Bereich der Jugendarbeit im Kontext der Schule durch verschiedene Förderprogramme und Initiativen in den neuen Bundesländern einen besonderen Ausbau erhalten. Die außergewöhnlichen Bedingungen des Auf- und Umbaus der Schul- wie Jugendhilfestrukturen im Osten der Republik wurden hierbei zum Motor der Weiterentwicklung.[11] Ob und wie die neu eingerichteten Angebote der Schulsozialarbeit tatsächlich langfristig in der Jugendhilfelandschaft verankert werden können, ist derzeit kaum sicher einzuschätzen.

Schließlich hat sich für die neuen wie auch insbesondere für die alten Bundesländer die Förderung von Jugendlichen beim Übergang von der Schule in den Beruf als ein besonderer Arbeitsschwerpunkt der Schulsozialarbeit – bzw. der Jugendsozialarbeit an Schulen, wie in den Richtlinien von Baden-Württemberg formuliert – herauskristallisiert. Es wird auch hier zu beobachten sein, inwieweit es diesem Arbeitsschwerpunkt der Schulsozialarbeit gelingt, wirksame und eigenständige Unterstützungsleistungen zu entwickeln.

4. Schlussbemerkung

Das Handlungsfeld der Jugendhilfe im Kontext der Schule markiert eine Schnittstelle der Jugendhilfe zu anderen öffentlichen Sozialisations- und Erziehungsinstitutionen. Das macht die Besonderheit dieses Handlungsfeldes aus. Nun haben im Zuge gesellschaftlicher Modernisierungsprozesse sowohl innerhalb der privaten Erziehungs- und Sozialisationskontexte als auch in der Schule merkliche Veränderungen stattgefunden, die wiederum zu veränderten Anforderungen an die Jugendhilfe geführt haben. Insofern ist es konsequent, dass sich das hier beschriebene Handlungsfeld in Bewegung befindet. Wie in kaum einem anderen Bereich der Jugendhilfe fand hier in den vergangenen Jahren eine quantitative wie qualitative Expansion statt. Allerdings ist für dieses Feld der Jugendhilfe zugleich die Spannung zwischen der Realisierung der eigenen professionellen Orientierungen einer modernen Jugendhilfe auf der einen und den Handlungsprämissen und Rahmenvorgaben der – gesellschaftlich mächtigen – Institution Schule auf der anderen Seite kennzeichnend. Vor diesem Hintergrund ist die Jugendhilfe aufgefordert, ihr Profil in den einzelnen Schwerpunkten weiter zu stärken und die notwendigen Rahmenbedingungen einer professionellen Jugendhilfe sicherzustellen. Die Unterstützung und Förderung der Kinder und Jugendlichen in ihrer „Lebenslage Schülersein" stellt hierbei die Aufgabe, die es für die Jugendhilfe in einem inter-institutionellen Handlungsfeld zu bearbeiten gilt.

---

11 Vgl. hierzu Rademacker 1996; Neunter Jugendbericht 1994; Prüß 1996; Flösser/Otto/Tillmann 1996; Olk u.a. 2000.

Literatur zur Vertiefung

Deinet, Ulrich (Hrsg.) (1996): Schule aus – Jugendhaus? Praxishandbuch. Ganztagskonzepte und Kooperationsmodelle in Jugendhilfe und Schule. Münster

Olk, Thomas; Bathke, Gustav-Wilhelm; Hartnuß, Birger (2000): Jugendhilfe und Schule. Empirische Befunde und theoretische Reflexionen zur Schulsozialarbeit. München

Rademacker, Hermann (1996): Schulsozialarbeit vor neuen Herausforderungen – Bilanz und Perspektiven der Schulsozialarbeit in den alten und neuen Bundesländern. In: Schubarth, Wilfried u.a. (Hrsg.): Gewalt an Schulen. Ausmaß, Bedingungen und Prävention. Opladen, S. 216-238

Literatur

Affeln, Vera; Kleemann, Christoph (2000): Arbeit mit Schulverweigerern. In: Warzecha, Birgit (Hrsg.): Institutionelle und soziale Desintegrationsprozesse bei schulpflichtigen Heranwachsenden. Eine Herausforderung an Netzwerke der Kooperation. Hamburg, S. 214-234

Böhnisch, Lothar (1982): Der Sozialstaat und seine Pädagogik. Neuwied

Böhnisch, Lothar (1992): Sozialpädagogik des Kindes- und Jugendalters. Eine Einführung. Weinheim

Brenner, Gerd; Nörber, Martin (Hrsg.) (1992): Jugendarbeit und Schule. Kooperation statt Rivalität um die Freizeit. München

Bundesarbeitsgemeinschaft der Landesjugendämter (1993): Empfehlungen zum Thema: „Jugendhilfe und Schule". Münster, Ms.

Bundesarbeitsgemeinschaft Jugendsozialarbeit (BAG JAW) (1996): Stellungnahme der BAG JAW zur schulbezogenen Jugendsozialarbeit. In: Forum Jugendhilfe, H. 1, S. 28-31

Bundesministerium für Familie, Senioren, Frauen und Jugend (1994): Neunter Jugendbericht. Bericht über die Situation der Kinder und Jugendlichen und die Entwicklung der Jugendhilfe in den neuen Bundesländern. Bonn (zit. als Neunter Jugendbericht)

Bundesministerium für Familie, Senioren, Frauen und Jugend (Hrsg.) (1998): Leistungen und Grenzen von Heimerziehung. Ergebnisse einer Evaluationsstudie stationärer und teilstationärer Erziehungshilfen. (Forschungsprojekt Jule: D. Baur; M. Finkel; M. Hamberger; A. Kühn; Projektleitung: H. Thiersch). Stuttgart

Bundesministerium für Familie, Senioren, Frauen und Jugend (1998): Zehnter Kinder- und Jugendbericht. Bericht über die Lebenssituation von Kindern und die Leistungen der Kinderhilfen in Deutschland. Bonn (zit. als Zehnter Jugendbericht)

Bundesministerium für Jugend, Familie, Frauen und Gesundheit (Hrsg.) (1990): Achter Jugendbericht. Bericht über die Bestrebungen und Leistungen der Jugendhilfe. Bonn (zit. als Achter Jugendbericht)

Deinet, Ulrich (Hrsg.) (1996): Schule aus – Jugendhaus? Praxishandbuch. Ganztagskonzepte und Kooperationsmodelle in Jugendhilfe und Schule. Münster

Dillig, Peter (1999): Ausgewählte Kooperationsmodelle zwischen Schule und Erziehungsberatung in Bayern. In: Bundeskonferenz für Erziehungsberatung e.V. (Hrsg.): Jahrbuch für Erziehungsberatung. Bd. 3. Weinheim - München, S. 109-125

Elsner, Grit (Hrsg.) (1999): Bericht der wissenschaftlichen Begleitung des Landesprogramms „Schuljugendarbeit in Sachsen". Deutsches Jugendinstitut, Arbeitspapier Nr. 1-147. München

Flösser, Gaby.; Otto, Hans-Uwe; Tillmann, Klaus-Jürgen (Hrsg.) (1996): Schule und Jugendhilfe. Neuorientierung im deutsch-deutschen Übergang. Opladen
Hartnuß, Birger; Maykus, Stephan (2000): Schulbezogene Angebote der Jugendhilfe im KJHG und in den Landesausführungsgesetzen – der Stellenwert einer bundesrechtlichen Neuverortung. In: Nachrichtendienst des Deutschen Verein, H. 10, S. 321-326.
Jordan, Erwin; Sengling, Dieter (2000): Kinder- und Jugendhilfe. Einführung in Geschichte und Handlungsfelder, Organisationsformen und gesellschaftliche Problemlagen. Weinheim
Kalb, Peter E.; Petry, Christian; Sitte, Karin (Hrsg.) (1994): Jugendarbeit und Schule. Für eine andere Jugendpolitik. Weinheim
Landesinstitut für Schule und Weiterbildung (Hrsg.) (1997): Kooperation zwischen Schule und Jugendhilfe – Schuljugendarbeit. Soest
Nörber, Martin (1995): Schulbezogene Jugendarbeit. Zur Situation und zu den Perspektiven einer Kooperation von Jugendarbeit und Schule. Dissertation an der Fakultät für Sozial- und Verhaltenswissenschaften der Universität Heidelberg
Nörber, Martin (1997): Offene Jugendarbeit und Schule. Situation und Perspektive schulbezogener offener Jugendarbeit. In: Gilde Soziale Arbeit. Rundbrief, 51. Jg., H. 2, S. 22-30
Oelerich, Gertrud (1997): Anmerkungen zum Verhältnis von Jugendhilfe und Schule. In: Landschaftsverband Westfalen – Lippe, Landesjugendamt (Hrsg.): Kooperation zwischen Jugendhilfe und Schule. Reihe: Ideen & Konzepte der Fachberatung Jugendarbeit. Münster, S. 19-46
Oelerich, Gertrud (1998): Zum Verhältnis der Jugendhilfe zur Schule. Systematische Restrukturierung und empirische Analyse inter-institutioneller Beziehungen. Dissertation an der Fakultät für Sozial- und Verhaltenswissenschaften der Universität Heidelberg
Olk, Thomas; Bathke, Gustav-Wilhelm; Hartnuß, Birger (2000): Jugendhilfe und Schule. Empirische Befunde und theoretische Reflexionen zur Schulsozialarbeit. München
Prüß, Franz (1996): Die Situation von Schülern in Ostdeutschland – Anforderungen an die Jugendhilfe. In: Verein für Kommunalwissenschaften e.V. (Hrsg.): Lebenslagen von Kindern und Jugendlichen im Wandel: Neue Anforderungen an Jugendhilfe und Schule. Berlin, S. 36-69
Raab, Erich; Rademacker, Hermann; Winzen, Gerda (1987): Handbuch Schulsozialarbeit. Konzeption und Praxis sozialpädagogischer Förderung von Schülern. München
Rademacker, Hermann (1996): Schulsozialarbeit vor neuen Herausforderungen – Bilanz und Perspektiven der Schulsozialarbeit in den alten und neuen Bundesländern. In: Schubarth, Wilfried u.a. (Hrsg.): Gewalt an Schulen. Ausmaß, Bedingungen und Prävention. Opladen, S. 216-238
Schefold, Werner (1987): Organisierte Sozialisation und individualisierte Hilfe. Sozialpädagogische Probleme am Beispiel von „Schülerhilfen". In: Zeitschrift für Pädagogik, 33. Jg., H. 5, S. 615-633.
Schliep, Ilse (1995): Probleme der Zusammenarbeit von Schule und öffentlicher Jugendhilfe bei der Förderung von Kindern und Jugendlichen mit schwerwiegenden Verhaltensauffälligkeiten am Beispiel der Stadt Frankfurt am Main. Dissertation an der Universität Frankfurt/M.
Seithe, Mechthild (1998): Abschlussbericht „Jugendarbeit an Thüringer Schulen". Jena
Thimm, Karlheinz (2000a): Schulverweigerung. Zur Begründung eines neuen Verhältnisses von Sozialpädagogik und Schule. Münster

Thimm, Karlheinz (2000b): Kooperation: Heimerziehung und Schule. Schriftenreihe der Landeskooperationsstelle Schule-Jugendhilfe Brandenburg. Berlin

Tillmann, Klaus – Jürgen (1981): Zur Begründung von Schulsozialarbeit als konstitutiver Bestandteil von Schulreform. In: Raab, Erich; Rademacker, Hermann (Hrsg.): Schulsozialarbeit. Beiträge und Berichte von einer Expertentagung. Reihe Materialien zur Schulsozialarbeit. Bd. 1. München, S. 14-16

Wulfers, Wilfried (1991): Schulsozialarbeit. Ein Beitrag zur Öffnung, Humanisierung und Demokratisierung der Schule. Hamburg

Wulfers, Wilfried (1997): Kinder- und Jugendhilfegesetz (KJHG) und Schulsozialarbeit – Gesetzliche Grundlagen und ihre Realisierungmöglichkeiten. In: Fathke, Reinhard; Valtin, Renate (Hrsg.): Sozialpädagogik in der Grundschule. Aufgaben, Handlungsfelder und Modelle. Frankfurt/M., S. 54-67

Gerd Engels

Kinder- und Jugendschutz

Zusammenfassung: Der Kinder- und Jugendschutz ist nur zu einem Teil ein Handlungsfeld der Jugendhilfe, und dabei ist er sowohl eine Fach- wie eine Querschnittsaufgabe. Ausgehend von der Grundlage des §1 Abs. 3 des KJHG sollen Kinder und Jugendliche dabei unterstützt werden, sich zu selbstständigen und gemeinschaftsfähigen Persönlichkeiten zu entwickeln. Dabei orientiert sich der Kinder- und Jugendschutz an der Vorstellung, dass unsere Gesellschaft den Kindern und Jugendlichen nicht nur vielfältige Möglichkeiten der Entwicklung bietet, sondern auch Bedingungen, die eine solche Entwicklung hemmen und beeinträchtigen können. Die Arbeit der Institutionen des organisierten Kinder- und Jugendschutzes richtet sich an Kinder und Jugendliche, an Erziehungsberechtigte, an die Gesellschaft insgesamt und gegen gefährdende Personen und Strukturen.

1. Entwicklung

Parallel zur Entstehung der Vorstellung, dass Kindheit als eigene Phase der menschlichen Entwicklung anzusehen ist, wurde dem Gedanken Raum gegeben, dass die kleinen Menschen nicht wie Erwachsene belastet und behandelt werden können. Die ersten Schutzvorschriften hatten allerdings einen weiteren Hintergedanken: der Jugendarbeitsschutz verdankt seine Entstehung dem Umstand, dass die damaligen Autoritäten mit dem Gesundheitszustand der jungen Rekruten beim Militär unzufrieden waren und einsahen, dass man die jungen Menschen nicht vorzeitig durch Schwerstarbeit verschleißen durfte. Spätestens seit Beginn unseres Jahrhunderts steht ein zweiter Gedanke im Vordergrund neben der Gefahr für die Gesundheit, nämlich die Gefahr, durch „Schmutz und Schund" verdorben zu werden. Die besondere Ausfächerung und Ausgestaltung des Kinder- und Jugendschutzes in Deutschland ist ein Zeichen kultureller Tradition und unterscheidet sich in vielen Fällen von den Gewohnheiten bei unseren europäischen Nachbarn.

Begrifflich sind der ältere Ausdruck Jugendschutz und, wie es heute heißt, Kinder- und Jugendschutz unscharf, weil sich dahinter Tätigkeiten in der Gesundheitsvorsorge ebenso verbergen können wie im Umweltschutz, in Rechtsfragen wie in der Gestaltung der erwähnten Arbeitsverhältnisse. Dies zeigt sich auch in der Vielfalt der beteiligten Disziplinen: Psychologie und Soziologie, Recht und Medizin, Pädagogik und Sozialarbeit, Verkehrplanung und Städtebau leisten hier wissenschaftliche Beiträge. Aber der Kinder- und Jugendschutz zieht seine Legitimation nicht allein aus der Verhinderung wissenschaftlich nachweisbarer Schädigungen oder statistisch signifikanter Gefährdungen, auch heute noch zeigt sich in ihm die Grundannahme von Moral, von der Vorstellung, dass die zukünftige Generation ein Recht darauf hat, in einer Welt aufzuwachsen, die nicht allein von Fakten diktiert wird, sondern auch von Werten.

2. Kinder- und Jugendschutz als Teil der Kinder- und Jugendhilfe

Kinder- und Jugendschutz muss in der Jugendhilfe als Fach- und Querschnittsaufgabe verstanden werden. Nicht allein im §14 SGB VIII, wo der erzieherische Kinder- und Jugendschutz beschrieben wird, erschöpft sich der Jugendhilfeteil der Aufgabe. An den öffentlichen Träger der Jugendhilfe werden auch Erwartungen gestellt, den Schutz junger Menschen gegenüber den eigentlichen Erziehungsberechtigten wahrzunehmen. Kinder- und Jugendschutz wird auch von zahlreichen weiteren staatlichen Stellen wahrgenommen; seien es Polizei, Gewerbeaufsicht oder Gerichte. Bei den Aufgaben im Rahmen der Jugendhilfe geht es zunächst auch um Schutz vor Gefährdung, aber auch um einen Beitrag zur Entwicklung der jungen Menschen zu selbstständigen, eigenverantwortlichen und verantwortungsbewussten jungen Menschen. Für Jugendverbände und andere Einrichtungen gehört es zu den selbstverständlichen Aufgaben, dass bei ihnen Kinder vor Gefahren geschützt werden und sich entsprechend entwickeln können.

3. Wichtige Aufgabenfelder des Kinder- und Jugendschutzes

Die Sorge um die körperliche Entwicklung der zukünftigen Generationen ist ein wichtiges Standbein des Kinder- und Jugendschutzes, aber Gesundheit im umfassenden Sinne ist vom strengen Verständnis her keine Aufgabe des Kinder- und Jugendschutzes. Hier scheint sich ein Umdenken abzuzeichnen. So kommen zum Beispiel immer häufiger Fragen auf, die eher etwas mit Verbraucherschutz und Produktqualität zu tun haben, wie zum Beispiel die Unfallgefahr bei manchen Spielplatzgeräten. Die bisherige Ausrichtung des Kinder- und Jugendschutzes in diesem Zusammenhang bezog sich mehr auf Fragen der Gesundheitsgefährdung durch außerordentliche Risiken, durch Rauchen, Alkoholgenuss und andere Suchtmittel wie illegale Drogen. Neben der körperlichen spielten stets Fragen der „geistigen Gesundheit" eine große Rolle. Kinder- und Jugendschutz war und ist aber auch Kampf gegen Manipulation und ethische Desorientierung.

3.1 Sucht

Sucht oder Abhängigkeit ist in aller Regel die krankmachende Übersteigerung des Konsums von Stoffen oder auch der Herstellung von Situationen, die als genussvoll erlebt wurden. Früher spielten hier vor allem die stoffgebundenen Abhängigkeiten eine große Rolle, bei denen zunächst im Organismus eine Gewöhnung aufgebaut wurde. Die Abhängigkeit zeigt sich körperlich durch Entzugserscheinungen oder seelisch durch ein starkes Verlangen nach einer Wiederholung. *Suchtvorbeugung* wurde mit Blick auf die stoffgebundenen Abhängigkeiten verstanden als Aufklärung über die schädlichen Wirkungen und vor allem eben als Warnung vor der Abhängigkeit. Im Mittelpunkt stand die einzelne Droge; heute geht man davon aus, dass dieser Ansatz zu kurz greift, und dass neben dem Stoff die Persönlichkeit, das soziale Umfeld und die Gesellschaft auch eine große Bedeutung für die Entwicklung von Abhängigkeiten haben. Auch stehen die stoffungebundenen Süchte im Vordergrund des öffentlichen Interesses, ob es sich um die verschiedenen Formen der Magersucht oder die Gier nach Pokémon-Karten handelt.

Wesentlicher Ansatz für die Suchtvorbeugung im Zusammenhang des Kinder- und Jugendschutzes ist die Tatsache, dass viele Abhängigkeiten nicht mehr auftreten, wenn die Gewöhnung nicht bereits im Jugendalter eingesetzt hat.

Moderne Prophylaxe-Konzepte richten sich auf die Gesamtpersönlichkeit und versuchen die Stärken der Person zu stabilisieren, damit der Suchthaltung, die jeder Mensch besitzt, etwas entgegengesetzt werden kann. Primärprävention dreht sich nicht um bestimmte Stoffe und will auch nicht mehr wie früher abschrecken. Weil über die Ursachen des Suchtverhaltens wenig bekannt ist, man aber davon ausgeht, dass auf der einen Seite Willensstärke, auf der anderen Seite Verhaltensalternativen weiterhelfen, gehen die Maßnahmen oft in diese Richtung. Im Wissen um die Attraktivität vieler Suchtmittel und um die Risikobereitschaft vieler Jugendlicher liegen „safer use"-Konzepte im Trend. Ganzheitliche Ansätze werden auch vor dem Hintergrund der vielen möglichen Suchtursachen und -auslöser bevorzugt.

3.2 Gewalt

Ursprünglich war ausschließlich die Verhinderung von Gewalt gegen Kinder Aufgabe des Kinder- und Jugendschutzes, aber im Zuge der präventiven Ausrichtung kam auch die Gewaltprävention als Thema hinzu. Sie richtet ihr Augenmerk auf Erziehungssituationen, die geeignet sind, das natürliche Aggressionspotential in konstruktive Wege zu lenken. Aktuell ist in diesem Zusammenhang die Debatte um gewaltfreie Erziehung, die verhindern soll, dass Kinder Gewalt als probates Konfliktlösemodell durch ihre Eltern kennen lernen. Erlebnisse von Ohnmacht, Schwäche und Hilflosigkeit, die Auslöser für aggressives Verhalten nach außen sein können, sollen den Kindern erspart werden. Der Kinder- und Jugendschutz kann in diesem Zusammenhang über gewaltbegünstigende Risikofaktoren aufklären und pädagogische Maßnahmen anregen, begleiten und durchführen. In der Jugendhilfe insgesamt haben Ansätze von Erlebnispädagogik, aufsuchender Arbeit mit gewaltbereiten Cliquen usw. als Zuwendung an Auffällige, aber auch traditionelle Ansätze der Jugend-(verbands-)arbeit und Jugendberatung als Vorbeugung die Aufgabe, Statuserwerb und Solidarität, Aktion und „fun" zu ermöglichen und damit die Aggressivität nicht in Gewalt umschlagen zu lassen.

Gewalt gegen Kinder ist bereits in einem hohen Maße gesellschaftlich geächtet, dennoch kommt es in jedem Jahr zu spektakulären Fällen, die auch von den Medien aufgegriffen werden. Besonders im Blick ist hier der *sexuelle Missbrauch*, zu dem es inzwischen glücklicherweise eine öffentliche Debatte gibt, nachdem bis in die 80er Jahre dieses durchaus weit verbreitete Verbrechen als Tabu galt. Zu diesem Verhalten passt auch, dass die ersten Aufklärungsmaterialien stets die Warnung vor dem Fremden enthielten, wobei inzwischen als sicher gilt, dass die Täter und Täterinnen in der Mehrheit Verwandte oder Bekannte sind. Bei den vielfältigen individuellen, biographischen, soziokulturellen und situativen Ursachen, die zum sexuellen Missbrauch führen, verbietet sich jede monokausale Erklärung. Präventionskonzepte zur Verhinderung des sexuellen Missbrauchs wollen das Selbstvertrauen der Kinder stärken, ihnen Möglichkeiten vermitteln, die für sie gefährlichen Situationen zu erkennen und eventuell zu vermeiden.

Wird der Missbrauch dann auch noch im Film oder Bild festgehalten, kommt noch ein weiteres Motiv hinzu, denn Kinderpornographie lässt sich auch vermarkten. Kinderpornographie macht Kinder zweimal zu Opfern. Ihr Leid wird einer interessierten Öffentlichkeit geoffenbart, auch sind sie mit den Bildern zu Weiterem und eventuell Weitergehendem erpressbar. Erfreulicherweise haben auf diesem Gebiet der Gesetzgeber und die Strafverfolgungsbehörden in letzter Zeit deutliche Zeichen gesetzt.

3.3 Arbeit

In der Bundesrepublik Deutschland ist grundsätzlich Kindern und Jugendlichen vor Beendigung der Schulpflicht das Arbeiten verboten. Seit der letzten Novellierung des Jugendarbeitsschutzgesetzes (JArbSchG), die aus Anlass der Angleichung an eine entsprechende EU-Richtlinie notwendig geworden war, liegt das Beschäftigungsmindestalter bei 15 Jahren. Weitere Beschränkungen beziehen sich auf Dauer der Arbeit, Ruhezeiten, Sonn- und Feiertage und Arbeiten mit gefährlichen Stoffen. In der *Kinderarbeitsschutzverordnung,* die die Bundesregierung als Teil der Schutzvorschriften des JArbSchG erlassen hat, sind die Ausnahmen beschrieben, die es dreizehn- und vierzehnjährigen Jugendlichen erlauben, leichten Tätigkeiten nachzugehen. In der Praxis werden die Vorschriften oft umgangen. Zwar zeigen Untersuchungen der Gewerbeaufsichtsämter, dass in normalen Beschäftigungsverhältnissen die Gesetzestreue recht hoch ist, aber im Bereich der „kleinen Jobs", mit denen Schülerinnen und Schüler ihr Taschengeld aufbessern, sind Verstöße gegen die Vorschriften häufig. Zu Beginn der industriellen Entwicklung in Deutschland waren Kinder als billige Arbeitskräfte Teil des Systems. In der Industrie und im Handwerk spielt die Kinderarbeit heute keine bedeutende Rolle, eher wird das Gesetz im Handel und in der Distribution unterlaufen. Man hält sich weder an die zugelassenen Tätigkeiten noch an die Angaben zur Schwere der Belastung der Kinder. Argumentiert wird in der Regel mit Verweis darauf, dass die gesetzlich zugelassenen Hilfsdienste im Haushalt und in landwirtschaftlichen Familienbetrieben oft auch ein Maß erreichen könnten, das viel schwerer sei als die gerade angebotene Beschäftigung. Auch werden aus dem Katalog der erlaubten Tätigkeiten vergleichbare Arbeiten herangezogen. Sowohl Arbeitgeber wie auch Jugendliche und ihre Eltern nehmen den Verstoß in Kauf, weil er alle Seiten zufrieden stellt. Die Jugendlichen bessern ihr Taschengeld auf, die Eltern sind angesichts der Konsumwünsche ihrer Kinder entlastet, der Arbeitgeber erhält eine billige Arbeitskraft. Deshalb fordern viele Jugendschützer auch eine Konzentration auf die Beschreibung der Arbeitsbedingungen, um den Schutz der Kinder und Jugendlichen aufrecht zu erhalten. Auf die präzisen Beschreibungen der Arbeitsfelder könne man verzichten. Die Altersgrenze muss natürlich auch erhalten bleiben. Die Arbeit des organisierten Kinder- und Jugendschutzes besteht vor allem in der Aufklärung über die Vorschriften.

In jüngster Zeit wird verstärkt über die Arbeit von Kindern und Jugendlichen in Theater, Film und Fernsehen diskutiert. Die im Vergleich zu anderen europäischen Ländern rigiden und bürokratischen Vorschriften würden eine Produktion in Deutschland so verlängern und verteuern, dass man keine Filme mit jungen Darstellern mehr machen könne. Hier ist aber eine Initiative zur Lockerung derzeit nicht zu erkennen. Eine aktuelle Frage im Zusammenhang mit den Medien ist, ob es nicht nötig ist, Regelungen für Liveauftritte von Jugendlichen und Kindern (vor allem in Talkshows) zu schaffen. Schließlich können diese oftmals nicht übersehen, welche Folgen es für sie hat, wenn sie sich in der Öffentlichkeit bloßstellen.

3.4 Medien

Kinder und Jugendliche sind nicht in erster Linie Akteure in den Medien, von denen im vergangenen Abschnitt die Rede war, sondern KonsumentInnen und RezipientInnen. Informations- und Kommunikationstechnologien, aber auch die Unterhaltungselektronik haben in den letzten Jahren ungeheure Fortschritte gemacht. Sie sind in einer Intensität in das Alltagsleben eingedrungen, die den Kindern und Jugendlichen ihre Nutzung selbstverständlich macht. Damit erweist sich jeder Versuch, die Kinder vor den Auswirkungen von als schädlich empfundenem *Medienkonsum* zu bewahren, als aussichtslos. Auch wenn es immer noch einzelne Versuche in dieser Richtung gibt, so kann der Kinder- und Jugendschutz sich nicht darin verschleißen, einzelne Medien von den Kindern fern zu halten, er muss sich sorgfältig mit den Gefährdungen in den einzelnen Medien auseinander setzen und dabei mitwirken, dass Schädigungen und Gefährdungen vermieden werden. Gedrucktes und Kinofilme ließen sich noch gut kontrollieren, weil über Buch- und Zeitschriftenhandel sowie Filmtheater die Verbreitung überschaubar war. Das Fernsehen wurde in dem Augenblick zum Problem, wo nicht mehr ausschließlich öffentlich- rechtliche Gremien, sondern auch an Gewinn interessierte Kapitaleigner die Sender kontrollierten. Durch den Konkurrenzdruck um Zuschauerzahlen und damit Werbegewinne wurde der kulturelle Auftrag in den Hintergrund gedrängt. Auf dem Videomarkt ist mit Blick auf den Kinder- und Jugendschutz auch Vieles getan worden; problematisch ist in diesem Zusammenhang, dass zwar die Verbreitung durch den legalen Handel, aber nicht der Konsum von Videos kontrolliert werden kann. Wenn Erwachsene Kindern im privaten oder familiären Bereich Videos zugänglich machen, die für sie nicht geeignet sind, dann versagen die Regelungsmechanismen.

Bei den so genannten neuen Medien, deren Verbreitungswege die CD, die Diskette oder das Internet sind und die über Playstation und Computer erreichbar sind, kann bisher nicht von hinreichendem Kinder- und Jugendschutz gesprochen werden. Zwar macht sich hier wie bei den anderen Medien auch derjenige strafbar, der pornographische, gewaltverherrlichende oder rassistische Inhalte verbreitet, zwar gibt es auch hier Vorschriften zum Kinder- und Jugendschutz, aber durch die Internationalität und die Anonymität dieser Medien ist es immer schwerer, den Täter zu ermitteln. Die Internationalität ist deshalb ein Problem, weil z.B. rassistische und nationalsozialistische Propaganda in vielen Ländern als legale Meinungsäußerung gilt oder Darstellungen sexuellen Inhalts dort mit mehr Toleranz geduldet werden. Beim Internet kommt die schiere Größe hinzu, die eine Überwachung auch nur der strafrechtlich zu verfolgenden Taten nahezu unmöglich macht.

Deshalb ist man im Bereich der neuen Medien auch einen anderen Weg als den gesetzlicher Sanktionierung gegangen. Im Rahmen freiwilliger Selbstkontrollen sollen im Vorfeld die Belange des Kinder- und Jugendschutzes sichergestellt werden, bevor staatliche Stellen Sanktionen verhängen. Dies hat allerdings zu einer Vielzahl von Organisationen geführt, die selbst von Fachleuten nicht leicht zu überblicken ist.

Da die Medien auf der einen Seite zum selbstverständlichen Alltagsgegenstand geworden sind und eine Kontrolle im Sinne des Ausschlusses jugendgefährdender Inhalte nicht vollständig sein kann, hat der Kinder- und Jugendschutz hier die Aufgabe, Kindern und Jugendlichen dabei zu helfen, sich alleine und selbstverantwortlich mit den Medien auseinander zu setzen. Medienpädagogische Inhalte werden von zahlreichen Trägern außerschulischer Bildung, aber auch von den Schulen angeboten, Aus- und Fortbildung sowie Information von Eltern und ErzieherInnen mit dem Fokus Kinder- und Jugendschutz sind ein aktueller Schwerpunkt der Organisationen des Kinder- und Jugendschutzes.

3.5 Destruktive Kulte

Neue religiöse Bewegungen wurden seit den 70er-Jahren in Europa zunehmend populär, man nannte sie vorschnell Jugendsekten. Von diesen Gruppierungen ging insofern eine Gefährdung aus, als sie die Begeisterungsfähigkeit gerade junger Menschen zu wecken wussten und sie ihrer gewohnten Umgebung entfremdeten und teilweise in geistige und körperliche Abhängigkeit brachten. Pauschalurteile waren auch damals schon unangebracht und sind es erst recht heute. Die Frage nach der Beschäftigung des organisierten Kinder- und Jugendschutzes mit diesen Phänomenen stellt sich in regelmäßigen Abständen, zumal das Rekrutierungsinteresse vieler problematischer Gruppen nicht mehr auf Kinder und Jugendliche zielt. Vor einigen Jahren gewann das Thema angesichts von neuheidnischen Kulten, Geisterbeschwörungen und Satansanbetern, die kurzzeitig Konjunktur bei jungen Menschen hatten, wieder an Bedeutung. Heute liegen dem Zweig des organisierten Kinder- und Jugendschutzes, der sich mit diesen Fragen beschäftigt, zwei Dinge am Herzen: Immer wieder tauchen neue Gruppen auf, die mit den gleichen Mechanismen Menschen in Abhängigkeit bringen wollen. Über diese Gruppen und ihre Techniken muss aufgeklärt werden. Die zweite Aufgabe betrifft die Kinder und Jugendlichen, die durch ihre Eltern in eine problematische Gruppierung hineingebracht werden und durch die Regeln ihrer Gemeinschaft gehindert werden, sich wie ihre Altersgenossen zu entwickeln. Es bedarf keines besonderen Hinweises, dass man in dieser Frage sehr sensibel sein muss.

3.6 Anwalt von Kindheit

Die verschiedenen Organisationen des Kinder- und Jugendschutzes verstehen ihre Aufgabe nicht zuletzt darin, auf der Seite der Kinder und Jugendlichen zu stehen. Die Jugendhilfe insgesamt und auch der Kinder- und Jugendschutz wurden lange Zeit als Agentur verstanden, um den jungen Menschen die möglichst bruchlose Integration in die Gesellschaft zu erleichtern. Heute muss man sich eingestehen, dass dies nicht für alle geht. Entwicklungsmuster und Entwicklungsziele sind im Umbruch. Gefährdete und Grenzgänger sollen deshalb auch ins Blickfeld des Kinder- und Jugendschutzes rücken. Kinder- und Jugendschutz wird, nachdem die „bewahrpädagogische" Perspektive überwunden ist, nicht als Disziplinierungsinstrument für Kinder und Jugendliche verstanden, sondern als ein Recht(-sanspruch) auf gedeihliche, förderliche Entwicklungsumstände. Kinder am Rande der Gesellschaft, „arme" Kinder und Kinder aus Wohngebieten mit schlechtem Leumund sind deshalb immer wieder Themen und Adressaten von Maßnahmen des Kinder- und Jugendschutzes.

4. Die Handlungsfelder des Kinder- und Jugendschutzes

Als Faustformel für die Abgrenzung der Handlungsfelder gilt: Der gesetzliche Jugendschutz beschäftigt sich mit den Gefährdern, der erzieherische Jugendschutz mit den Gefährdeten (und ihren Erziehern), der strukturelle Jugendschutz will zu Lebensbedingungen beitragen, die die Gefährdungen verringern. Auch wenn heute der Sinn gesetzlicher Verbote im Kinder- und Jugendschutz oft kritisch hinterfragt wird, so erscheint die Trias der Handlungsfelder doch weiterhin als unverzichtbar – das eine Element wird vom anderen gehalten und sie ergänzen sich gegenseitig.

4.1 Gesetzlicher Kinder- und Jugendschutz

In der historischen Perspektive ist der gesetzliche Kinder- und Jugendschutz die erste Form des Jugendschutzes als Fachaufgabe. Natürlich hat sich Kinder- und Jugendschutz als pädagogische Grundhaltung auch vorher schon im Verhalten von Eltern und Erziehungsberechtigten niedergeschlagen, aber zunächst standen für Staat und Gesellschaft repressive Maßnahmen im Mittelpunkt. Neben der Regelung im Grundgesetz (Art. 5,2) finden wir Vorschriften im Bürgerlichen wie im Strafgesetzbuch, in der Bundesseuchenverordnung wie in der Straßenverkehrsordnung. Gesetzlicher Jugendschutz im engeren Sinne bezieht sich auf das Jugendarbeitsschutzgesetz (JArbSchG), auf das Gesetz zum Schutz der Jugend in der Öffentlichkeit (JÖSchG) und auf das Gesetz zur Verbreitung jugendgefährdender Schriften und Medieninhalte (GJS). Hier vor allem ist festgelegt, ab welchem Alter ein Jugendlicher rauchen, in Gaststätten gehen, Alkohol trinken und sich welchen Film ansehen darf. Die Vorschriften richten sich (bis auf das Rauchen) an Gewerbetreibende oder insgesamt Erwachsene, denen verboten wird, Kindern und Jugendliche die gefährdenden Dinge zugänglich zu machen.

Auf dem Gebiet des gesetzlichen Jugendschutzes gibt es einen hohen Reformdruck. Manche gesetzlichen Regelungen werden in der Öffentlichkeit kaum noch akzeptiert, sind aber auch teilweise kaum noch einsichtig zu machen. Die Bestimmungen sind oft unübersichtlich, finden sich wie beschrieben in verschiedensten Gesetzeswerken. Bei manchen Altersgrenzen zweifelt man an, ob sie noch zeitgemäß sind. Deshalb hat eine Diskussion eingesetzt, wie man die Jugendschutzregelungen der Zeit anpassen kann, ohne den Schutz zu verwässern. Den meisten Fachleuten geht es hier um eine Straffung der zahllosen Einzelvorschriften, vor allem im Bereich der Medien. Aber auch insgesamt könnten einige wenige nachvollziehbare und überschaubare Altersgrenzen und -regelungen den Schutz wirksamer machen.

4.2 Erzieherischer Kinder- und Jugendschutz

Nach dem §14 SGB VIII soll der erzieherische Kinder- und Jugendschutz einerseits Jugendlichen selbst, aber auch ihren Eltern und Erziehungsberechtigten Hilfestellung geben, mit den Gefährdungen umzugehen, die ihnen bei ihrer Entwicklung begegnen. Der erzieherische Kinder- und Jugendschutz setzt nicht allein bei akuten Gefährdungstatbeständen an und wird von allen Erziehungsinstanzen geleistet. Dies geschieht in vielen verschiedenen Facetten. Neben pädagogischen Angeboten wie Jugendarbeit in Verbänden und offenen Einrichtungen spielen Information und Beratung eine große Rolle. Die Fortbildung von Multiplikatorinnen und Multiplikatoren ist ein weiteres Element, ebenso die Entwicklung und Erprobung neuer Methoden und Konzepte. Das Zusammenwirken der Fachkräfte wird durch Kooperations- und Informationsnetze unterstützt. Durch Kontakte zu den Medien und andere Aktionen soll die Öffentlichkeit mobilisiert werden.

Für die Zukunft des Kinder- und Jugendschutzes als Fachaufgabe wird es wichtig sein, sie gegen die allgemeine Aufgabe der Prävention sauber abzugrenzen. Primärpräventive Konzepte, wie sie von allen Jugendhilfeträgern angeboten werden, machen die Aufklärungsarbeit nicht überflüssig. Ebenso leisten die Jugendschutz-Fachleute in der Weiterentwicklung der Konzepte ihren Beitrag. Bei Finanzverhandlungen wird oft der Umstand, dass alle Erziehungsinstanzen ihren Beitrag zum Kinder- und Jugendschutz leisten, als Argument bei Kürzungen an der Fachaufgabe genutzt. Aber z.B. ist die Unterstützung der Polizei in den Präventionsräten wichtig, mit polizeilichen Mitteln allein kann man dennoch die Aufgaben des Kinder- und Jugendschutzes nicht lösen. Ebenso haben z.B. Kinder und Jugendliche in Jugendverbänden alle Chancen, sich selbstbewusst und solidarisch zu selbstbestimmten und verantwortungsbewussten jungen Menschen zu entwickeln, aber es ist nicht die Aufgabe der Jugendverbände, z.B. Fortbildungen mit Erzieherinnen zu machen.

4.3 Struktureller Kinder- und Jugendschutz

Während sich der gesetzliche und der erzieherische Jugendschutz auf das Verhalten beziehen, will der strukturelle Jugendschutz die Verhältnisse verändern. Wir wissen aus vielen Untersuchungen zu Jugendschutzfragen, dass nicht allein die Persönlichkeit, sondern auch das Umfeld und die Situation die Entwicklung junger Menschen gefährden können. Deshalb geht der Kinder- und Jugendschutz in Wahrnehmung der Einmischungsfunktion der Jugendhilfe offensiv auf andere Bereiche (z.B. Stadtplanung, Raumordnung, Wohnungsbau, Straßen- und Kindergarten-/Spielplatzgestaltung) zu und versucht auf diesem Wege, die Lebens- und Sozialisationsbedingungen junger Menschen so zu verändern, dass Gefährdungssituationen vermieden oder verringert werden.

5. Organisierter Kinder- und Jugendschutz

Aufgaben aus dem Spektrum des Kinder- und Jugendschutzes werden, wie bereits erwähnt, von vielen staatlichen und privaten Stellen, von den freien wie den öffentlichen Trägern der Jugendhilfe im Rahmen ihrer sonstigen Arbeit wahrgenommen. Darüber hinaus gibt es eine Reihe von Fachorganisationen, die sich auf einzelne Aspekte des Kinder- und Jugendschutzes spezialisiert haben (Kinderschutzzentren, Selbsthilfegruppen zu Suchtproblemen, Kindernottelefon etc.). Daneben gibt es in fast allen Bundesländern eine Arbeitsgemeinschaft für Kinder- und Jugendschutz, die die Aufgabe hat, Informationen und Aufklärung zu allen Fragen des Kinder- und Jugendschutzes zu geben, Aus- und Fortbildung für Fachkräfte anzubieten, den Fachkräften für Kooperationen und koordinierende Aufgaben zur Verfügung zu stehen, die Öffentlichkeit zu informieren und das Interesse an Jugendschutzfragen bei allen Beteiligten wach zu halten.

Die Bundesarbeitsgemeinschaft Kinder- und Jugendschutz (BAJ) ist ein Verein auf Bundesebene, in dem die Landesarbeitsgemeinschaften, die großen Wohlfahrtsverbände und viele Fachorganisationen Mitglied sind. Die BAJ kooperiert mit den Mitgliedern bei gemeinsamen Aktivitäten und bildet das Forum für die Meinungsbildung. Gemeinsame Stellungnahmen richten sich an die Öffentlichkeit wie an Exekutive und Legislative auf der Bundesebene. 1951 wurde die BAJ als Bundesarbeitgemeinschaft Aktion Jugendschutz gegründet, um der Gefahr der Verrohung und Verwahrlosung der Jugend nach dem zweiten Weltkrieg entgegen zu wirken. In Massenveranstaltungen wurden Anfang der fünfziger Jahre Ärzte, Lehrer und Eltern über die Gefahren aufgeklärt, die den jungen Menschen drohen. Später wurde es zur vordringlichen Aufgabe der BAJ, den Diskurs der unterschiedlichen wissenschaftlichen Disziplinen, die sich mit Kinder- und Jugendschutz befassen, zu organisieren. Heute wird wieder die Kommunikation mit der Öffentlichkeit und den politischen Entscheidungsträgern in den Vordergrund gestellt.

6. Aktuelle Herausforderungen

Die europäische Perspektive, die im Kinder- und Jugendschutz naturgemäß vor allem über den Jugendmedienschutz an Bedeutung gewinnt, verdeutlicht, dass in der Bundesrepublik viele Dinge gesetzlich geregelt sind, die in anderen Ländern dem Aushandlungsprozess in der Familie unterworfen sind. Falls es zu einer Harmonisierung der europäischen Regelungen im gesamten Bereich des Kinder- und Jugendschutzes käme, würden sich für Deutschland viele Änderungen ergeben.

In Deutschland ist es notwendig, den öffentlichen Dialog über Jugendschutzfragen wach zu halten. Dabei ist es wichtiger, die Menschen an ihre Gesamtverantwortung für die nachkommenden Generationen zu erinnern, als für jedes auftretende Problem ein neues Gesetz zu fordern.

Schließlich sei auf die Geschlechterperspektive hingewiesen. In Maßnahmen des Kinder- und Jugendschutzes wird das Geschlecht der Teilnehmerinnen und Teilnehmer berücksichtigt und es wird auch geschlechtsspezifisch gearbeitet, aber es wird in der Öffentlichkeit noch zu wenig wahrgenommen, dass viele Jugendschutzprobleme in erster Linie ein bestimmtes Geschlecht betreffen. Lösungen zeichnen sich noch nicht ab, aber dies wird ebenso eine Zukunftsfrage sein wie die noch nicht ausreichend erfüllte Forderung nach Partizipation junger Menschen an allen sie betreffenden Fragen, nicht zuletzt an der, wie sie geschützt werden wollen.

Literatur zur Vertiefung

Arbeitsgemeinschaft Kinder- und Jugendschutz Landesstelle NRW (Hrsg.) (2000): Kinder- und Jugendschutzrecht. Köln
Bienemann, Georg u.a. (1995): Handbuch des Kinder- und Jugendschutzes. Münster
Bundesarbeitsgemeinschaft Kinder- und Jugendschutz (Hrsg.): Kind Jugend Gesellschaft. Zeitschrift für Jugendschutz. Luchterhand Verlag. Neuwied

Literatur

Arbeitsgemeinschaft Kinder- und Jugendschutz Landesstelle NRW (Hrsg.) (2000): Kinder- und Jugendschutzrecht. Köln
Baum, Detlef u.a. (1999): Kinder- und Jugendschutz als Querschnittsaufgabe. In: Weigel, Georg u.a. (1999): Kinder- und Jugendhilfe. (Materialien zum 10. Kinder- und Jugendbericht Bd. 5). München
Bienemann, Georg u.a. (1995): Handbuch des Kinder- und Jugendschutzes. Münster
Bundesarbeitsgemeinschaft Kinder- und Jugendschutz (Hrsg.): Kind Jugend Gesellschaft. Zeitschrift für Jugendschutz. Luchterhand Verlag. Neuwied
Bundesarbeitsgemeinschaft Kinder- und Jugendschutz (Hrsg.) (2000): Medienkontrollinstitutionen in Deutschland. Neuwied
Hurrelmann, Klaus (1999): Grundlagen und Ziele der Suchtprävention. In: Bundesarbeitsgemeinschaft Kinder- und Jugendschutz (Hrsg.) (1999): Suchtprävention im Kinder- und Jugendschutz. Eigenverlag Bonn. S. 5-11
Lüders, Christian (1999): Prävention und „Kinder stark machen": Zauberworte oder fachliche Prinzipien? In: Bundesarbeitsgemeinschaft Kinder- und Jugendschutz (Hrsg.) (1999): Bevor es zu spät ist. Präventiver Kinder- und Jugendschutz in sozialen Brennpunkten. Eigenverlag. Bonn. S. 10-29
Nikles, Bruno (1996): Kinder- und Jugendschutz – nur eine Fiktion? In: Jugendwohl 2, S. 67-75
Zmarzlik, Johannes und Anzinger, Rudolf (1998): Jugendarbeitsschutzgesetz. München

Theresia Höynck

Jugendgerichtshilfe

Zusammenfassung: Der Beitrag beschreibt nach einer kurzen Einführung zu Begriff und Geschichte der Jugendgerichtshilfe das Handlungsfeld Jugendgerichtshilfe in seinem die Praxis prägenden Verhältnis zur Jugendgerichtsbarkeit und Jugendkriminalpolitik, die Bedeutung der Einbettung in die jugendkriminalpolitische Diskussion und die Konfliktpunkte, die sich aus der Schnittstellenlage und den Kooperationsnotwendigkeiten mit den Strafverfolgungsinstanzen ergeben. Dargestellt werden der gesetzliche und organisatorische Rahmen einschließlich der Frage der Spezialisierung sowie verschiedene Aufgaben und Maßnahmen- bzw. Hilfeformen der Jugendgerichtshilfe: Verfahrensbegleitung, Schaffung der Voraussetzungen für Diversion, Untersuchungshaftvermeidung und im Rahmen der so genannten ambulanten Maßnahmen die Betreuung von Arbeitsleistungen, die Durchführung von sozialen Trainingskursen, Betreuungsweisungen und Täter-Opfer-Ausgleich.

1. Begriff, Geschichte

Die Jugendgerichtshilfe als bei den Jugendämtern angesiedeltes Bindeglied zwischen Jugendstrafrecht und Jugendhilfe entwickelte sich zu Anfang des 20. Jahrhunderts mit dem Entstehen eigenständiger Jugendgerichte. Die Wurzeln der heutigen Konstruktion des Zusammenwirkens von Jugendstrafrecht und Jugendhilferecht liegen in den 1922 bzw. 1923 in Kraft getretenen Gesetzen Reichsjugendwohlfahrtsgesetz (RJWG) und Reichsjugendgerichtsgesetz (RJGG) (zur Geschichte vgl. Laubenthal 1993, S. 3ff.). Die Sonderrolle der Jugendgerichtshilfe kommt bereits in ihrem Namen zum Ausdruck: Jugendgerichtshilfe, was einerseits Jugend- andererseits auch Gerichtshilfe bedeuten kann. Häufig wird der Begriff „Jugendgerichtshilfe" kritisiert und befürwortet, entsprechend dem Gesetzestext des SGB VIII „Jugendhilfe im Jugendstrafverfahren" zu verwenden (vgl. z.B. Klier et al. 1995, S. 15f.). Gleichwohl hat in der Praxis die Bezeichnung Jugendgerichtshilfe (JGH) erhebliches Beharrungsvermögen und scheint auch in der Regel eher als schlicht und griffig das Handlungsfeld beschreibende Bezeichnung denn als ein bestimmte Inhalte meinender Begriff benutzt zu werden. Im Folgenden wird entsprechend ‚Jugendgerichtshilfe' bzw. „JGH' in diesem Sinne verwendet.

2. Verhältnis zur Jugendgerichtsbarkeit und Jugendkriminalpolitik

Das Handlungsfeld Jugendgerichtshilfe ist gekennzeichnet durch die Schnittstellenlage insbesondere zur (Jugendstraf)Justiz. Diese unterscheidet sich von der mit straffälligen jungen Menschen arbeitenden Jugendhilfe in weitreichender Weise vor allem durch Handlungsanlass, handlungsleitende Prinzipien und Menschenbild (aus praktischer JGH-Perspektive mit Beispielsfällen s. hierzu Brehmer 1997). Während Handlungsanlass der Justiz eine in der Vergangenheit begangene strafbare Handlung ist, zunächst losgelöst von ihren sozialen und sonstigen Bezügen, ist für die Jugendhilfe in diesem Zusammenhang bedeutsam der an das Kindeswohl anknüpfende erzieherische Bedarf, in dessen Rahmen strafbare Handlungen und deren zukünftige Verhinderung allenfalls zwei von vielen relevanten Größen sind. Handlungsleitend innerhalb der Strafjustiz sind Gesichtspunkte wie Wahrheitsfindung, Rechtsstaatlichkeit, tatangemessenes Strafen und Normgeltung. Dagegen hat die Jugendhilfe des KJHG den Schutz vor Gefahren für das Wohl von Kindern und Jugendlichen, die Ausrichtung auf Förderung und Herstellung positiver Lebensbedingungen und die Stärkung der primär erziehungszuständigen Eltern zum Ziel. Das Menschenbild des Jugendhilferechts geht aus von einer autonomen, gleichzeitig aber sozial in ihrer realen Lebenswelt eingebundenen Persönlichkeit, die zur Wahrnehmung der eigenen Rechte fähig, eigenverantwortliches Rechtssubjekt ist und die in der Eigenartigkeit ihres Lebensentwurfes ausdrücklich respektiert wird. Das (Jugend)Strafrecht kann, da es individuelle Verantwortung zuschreiben und sanktionieren muss, solche Komplexität nicht verarbeiten, es orientiert sich zwangsläufig – bei allen Versuchen, dem Menschen gerecht zu werden – an sehr viel simpleren Kausalmodellen menschlichen Handelns.

Die aus Jugendhilfeperspektive wichtigen Punkte in die eher rasterhaften Entscheidungsmodelle der Justiz einzubringen, ist eine der Aufgaben der Jugendgerichtshilfe, vor allem auch, um den Erziehungsgedanken im Jugendstrafrecht zu realisieren. Dieser eine Täter- eher denn eine Tatorientierung vorgebende Erziehungsgedanke ist fundamental für das Jugendstrafrecht: Die Straftat wird, anders als bei Erwachsenen, im Jugendgerichtsgesetz (JGG) vor allem als Ausdruck eines – mit Mitteln des Jugendstrafrechts auszugleichendes – Sozialisationsdefizites gesehen. Daher sind andere Reaktionen als bei Erwachsenen – nämlich vorrangig erzieherische – im Hinblick auf das spezialpräventive Ziel, d.h. Rückfallverhinderung, sinnvoller und gleichzeitig generalpräventiv, d.h. im Hinblick auf Abschreckung und Normbestätigung, ausreichend. Das Erziehungsziel des JGG bezieht sich hierbei allein auf die zukünftige Straffreiheit, es besteht kein allgemeiner Erziehungsauftrag. Trotz dieser vermeintlich klaren Prämissen ist das Verhältnis von Strafe und Erziehung nach wie vor rechtlich wie tatsächlich ungeklärt und vermutlich auch unauflöslich – der Erziehungsgedanke ist daher thematischer „Dauerbrenner" im Diskurs über Jugendkriminalität.

Selbstverständnis und Aufgabenentwicklung der Jugendgerichtshilfe sind eingebettet einerseits in Entwicklungen und Diskussionen der Jugendhilfe was etwa Methoden, Qualität und Organisationsformen angeht, insofern kann auf die entsprechenden Kapitel in diesem Band verwiesen werden. Darüber hinaus ist die JGH aber Akteurin und Produkt der jugendkriminalpolitischen Debatten, die gerade seit den 80er-Jahren einen erheblichen Aufgabenwandel bei der Jugendgerichtshilfe verursacht haben (die jugendkriminalpolitischen Debatten lassen sich gut ablesen und verfolgen anhand der von der DVJJ herausgegebenen Dokumentationen der alle drei Jahre stattfindenden Jugendgerichtstage, zum Stand 1998 s. z.B. Heinz 1999 sowie Pfeiffer et al. 1999 jeweils mit umfangreichen weiteren Nachweisen; zur Einführung in das Thema Jugendkriminalität s. umfassend Walter 1995). Die in den 80er-Jahren vollzogene Ablösung der defizitorientierten Resozialisierungsperspektive durch die so genannte Normalitätsperspektive – nach der Jugendkriminalität zum überwiegenden Teil normal, ubiquitär und episodenhaft ist – brachte mit der Diversionsidee (zur Diversion im Einzelnen unten) die Notwendigkeit einer konzeptionellen Umorientierung (vgl. Thiem-Schräder 1990), deren Leitgrößen Stigmatisierungsvermeidung und die Reduktion der Intervention auf das Notwendigste waren.

Seit etwa Mitte der neunziger Jahre ist im Zuge der Debatte um ansteigende Zahlen in den einschlägigen polizeilichen und gerichtlichen Statistiken ein neuer Akzent in die Debatte gekommen, der die mit der Reform des JGG von 1990 in gesetzliche Formen gegossene Normalitätsidee mit ihren auf möglichst geringe Intervention zielenden Schlussfolgerungen zum Teil in Frage stellt. Verschärfungstendenzen und -forderungen, Zweifel am Nutzen und der Legitimation sozialpädagogischer Intervention und der Siegeszug der Idee der Prävention in ihren politisch sehr verschiedenen Ausprägungen betreffen sowohl den Bagatellbereich der Kriminalität, als auch denjenigen schwerer, insbesondere Gewaltdelikte. Die im Sommer 2000 anlässlich einiger medial intensiv verfolgten Taten wieder aufgeflammte Debatte um rechtsorientierte Gewalt bei jungen Menschen hat diese Diskussion nochmals zugespitzt. In diesem Zusammenhang ist eine stärkere Einbindung der Jugendgerichtshilfe in die sozial- und kriminalpolitische Arbeit zum Beispiel durch Mitwirkung in Präventionsräten gefordert und vielfach vollzogen worden, in der sich die Jugendgerichtshilfe auch als spezialisierte Lobby straffällig gewordener junger Menschen versteht (vgl. Brunner 1997). Es ist davon auszugehen, dass dieser Bereich noch an Bedeutung gewinnen wird.

Neben dieser eher politischen Rolle entsteht auch sehr konkrete Nachfrage nach Einsatz der JGH in für sie neuen Bereichen: Dem Geltungsbereich des JGG entsprechend, betrifft der Zuständigkeitsbereich der Jugendgerichtshilfe primär Jugendliche im Sinne des JGG, also 14- bis unter 18-Jährige sowie in bestimmten (häufigen) Fällen (vgl. §105 JGG) Heranwachsende, also 18- bis unter 21-Jährige. Kinder, d.h. unter 14-Jährige, sind nicht strafmündig und können daher nicht von einem Jugendstrafverfahren betroffen sein. Im Zuge der ansteigenden Zahlen registrierter Straftaten von Kindern und vermehrter Aufmerksamkeit für diese Gruppe wird unterschiedlich gesehen, ob die Institutionen, die sich mit Strafmündigen befassen, im Sinne von Prävention und der Kenntnis der speziellen Problemlagen sich auch strafunmündigen Kindern widmen sollten, oder ob das Aktiv-Werden von auf Straffälligkeit spezialisierten Institutionen zu Stigmatisierung und Rollenverfestigung beiträgt. Daneben sind im Bereich der Bagatellkriminalität Debatten darüber entstanden, ob etwa Projekte zum Ladendiebstahl (Wochenendkurse u.Ä.) auch ohne besonders festgestellten Jugendhilfebedarf sinnvoll und Aufgabe der Jugend(gerichts)hilfe sind (vgl. Breymann/Fischer 2000). Wie zumeist, sind schematische Antworten auf derartige Fragen nicht angemessen. Betont zu werden verdient allerdings immer wieder, dass in so sensiblen Bereichen die politische Signalwirkung vermeintlich pragmatischer Aktivitäten nicht zu unterschätzen ist – die Jugendhilfe sollte ihre Definitionsmacht im Sinne ihres Auftrages insoweit offensiv nutzen.

3. Gesetzlicher und organisatorischer Rahmen

Den gesetzlichen Rahmen für die Arbeit der Jugendgerichtshilfe bilden vor allem §52 SGB VIII und §38 JGG. Sowohl das SGB VIII als auch das JGG wurden 1990 novelliert, hierbei aber trotz zahlreicher Überschneidungsbereiche nicht aufeinander abgestimmt. Durch die Gesetzesänderungen gestärkt wurde die weitgehende Abschaffung des klassischen so genannten Gerichtsgängertums mit besonderen JGH-MitarbeiterInnen, die nur aufgrund von Aktenkenntnis alle Gerichtstermine wahrnahmen, zu einem System durchgehender Betreuung für die Dauer des Verfahrens (§§52 Abs. 3 SGB VIII, 38 Abs. 2 Satz 4 JGG).

Jugendgerichtshilfe wird vom Träger der öffentlichen Jugendhilfe als andere Aufgabe i.S.d. §3 Abs. 3 SGB VIII wahrgenommen. Nur in wenigen Ausnahmefällen findet eine Abgabe der Betreuung während des Verfahrens an freie Träger statt. Diese betreffen hauptsächlich Jugendgerichtshilfe für ausländische (insbesondere türkische) Jugendliche in einigen großen Städten. Die Delegation auch der Verfahrensbegleitung an freie Träger wird zwar gelegentlich diskutiert, vor allem aus Anlass von Einsparungsnotwendigkeiten. Bislang haben sich jedoch die Gründe, die für eine Wahrnehmung durch öffentliche Träger sprechen, durchsetzen können: eine Kostenersparnis ist bei gleich bleibender Angebotsqualität nicht zu erwarten, außerdem sind gerade in einem so kooperationsintensiven Arbeitsfeld stabile, dauerhafte Verhältnisse wichtig. Darüber hinaus wäre es jedenfalls problemanfällig, wenn der Maßnahmevorschlag von dem freien Träger geleistet würde, der die ambulanten Maßnahmen später selbst durchführt (zur rechtlichen Bewertung vgl. Eisenberg 2000 §38, Rz. 6).

Wie in anderen Handlungsfeldern der Jugendhilfe auch, besteht für den Bereich der Jugendgerichtshilfe seit langem Streit über die Frage des angemessenen Grades an *Spezialisierung*. Begriffe sind irreführend: ein Spezial- oder Fachdienst mit einem kleinen Zuständigkeitsbereich mag mehr Nicht-JGH-Aufgaben wahrnehmen, als ein ASD-Mitarbeiter mit Vertiefungsgebiet Jugendgerichtshilfe in einem Brennpunktbezirk – eine genaue Analyse der Aufgaben ist daher notwendig. Eine bundesweite Umfrage bei den Jugendgerichtshilfen zeigte, dass Selbstbeschreibungen in Begriffen wie Spezialdienst, Vertiefungsgebiet etc. angesichts tatsächlich für JGH-Aufgaben verwendeter Arbeitszeit nicht sehr aussagekräftig waren (Trenczek, 1999 (1), S. 156f.) Nachdem bis etwa Mitte der neunziger Jahre der Trend in Richtung Spezialisierung ging und daher derzeit weitgehend in spezialisierter Form gearbeitet wird, werden seitdem an einigen Orten Entspezialisierungen durchgeführt, die in Einzelfällen allerdings auch schon wieder zurückgenommen wurden. Befürworter einer möglichst weitgehenden Spezialisierung argumentieren mit der Notwendigkeit erheblicher spezieller Fachkenntnisse und stabiler Kooperationsbeziehungen mit den anderen Beteiligten am Jugendstrafverfahren, die nur bei ausreichenden Fallzahlen der einzelnen Bearbeiter zu gewährleisten seien. Gegner einer weitgehenden Spezialisierung sehen die Gefahr der zu starken Justizorientierung und fehlenden Ganzheitlichkeit (s. etwa Brunner/Dölling 1996, §38, Rz.3 für spezialisierte JGH sowie Wiesner 2000, Mörsberger, §52, Rz 60 eher für eine Entspezialisierung). Inzwischen entspricht diese Gegensätzlichkeit von Ganzheitlichkeit und Spezialisierung wohl nicht mehr der Aufgabenverständnis der Jugendgerichtshilfe (auch der spezialisiert arbeitenden). Ergebnisse der o.g. Untersuchung zur JGH deuten außerdem darauf hin, dass die immer wieder vermutete mangelnde Jugendhilfeorientierung der spezialisierten JGH nicht zutreffend ist und dass es insgesamt eher regionale Kulturen der Aufgabenwahrnehmung sind, die Selbstverständnis und Praxis prägen, als formelle Kriterien wie Spezialisierungsgrad o.Ä. (Trenczek, 1999 (2), 389). Auch der zu Anfang der Entspezialisierungsdiskussion eingeführte Gegensatz von Spezialisierung und Regionalisierung ist nicht mehr realitätsgerecht (zum Diskussionsstand Anfang der 90er-Jahre ausführlich Laubenthal 1993, S. 47ff.; zur neueren Debatte z.B. Ostendorf, 2000, §38, 4a, Münder 1998, §52,10), so dass sich in dieser Debatte neue Akzente ergeben könnten.

4. Einzelne Aufgaben

a) Verfahrensbegleitung

Wie bereits mehrfach angedeutet, besteht eine der Hauptaufgaben der JGH in der Begleitung des von einem Strafverfahren betroffenen Jugendlichen oder Heranwachsenden in allen Stadien dieses Verfahrens. Kooperationspartner hierbei sind vor allem Polizei, Gericht, Staatsanwaltschaft und der

ASD. Nach den „Standards für den Fachdienst Jugendgerichtshilfe" (vgl. BAG JGH, S. 5f.) sollten bei der Aufgabenwahrnehmung im Sinne inhaltlicher Prioritäten im Vordergrund stehen: Untersuchungs-, Strafhaft- und Arrestvermeidung, u.a. durch alternative ambulante oder stationäre Angebote, Haftbetreuung mit dem Ziel der Haftverkürzung und Wiedereingliederung sowie die Betreuung von strafrechtlich mehrfach belasteten und schwer erreichbaren jungen Menschen. In der Praxis dominieren – was den zeitlichen Aufwand angeht – auf das Gerichtsverfahren bezogene Aufgaben wie informelle Betreuung, Persönlichkeitserforschung, Erarbeitung von Stellungnahmen und die Wahrnehmung von Gerichtsterminen (Trenczek, 1999 (2), S. 377).

Die verfahrensrechtliche Stellung der JGH wird als „Prozessorgan eigener Art" bezeichnet (Diemer et al. 1999, Sonnen §38 Rz. 21, Brunner/Dölling 1996, §38, Rz. 3). Jedenfalls wird eine eigenständige Verfahrensrolle ausgeübt, die JGH ist weisungsfreier Gehilfe für das Gericht, gleichzeitig parteiliche Jugendhilfe (Ostendorf, zuletzt 2000, §38, Rz. 6 spricht von einer „Doppelagentin").

Eine eminent wichtige Rolle kommt der JGH im Vorverfahren bzw. Ermittlungsverfahren zu. Nach der Polizeidienstvorschrift (PDV) 382 „Bearbeitung von Jugendsachen" 3.2.7 von 1995 ist das Jugendamt unverzüglich zu unterrichten, wenn schon während der polizeilichen Ermittlungen erkennbar wird, dass Leistungen der Jugendhilfe in Frage kommen, in anderen Fällen spätestens mit der Abgabe der Ermittlungsvorgänge an die Staatsanwaltschaft. Unabhängig von Benachrichtigungs- und Einbeziehungspflichten, die in der Praxis nicht immer respektiert werden, ist es Aufgabe der Jugendgerichtshilfe, sich auch oder gerade aus eigener Initiative in allen Verfahrensabschnitten zu beteiligen (vgl. BAG JGH 1997, S. 5).

Neben der Begleitung des jungen Menschen gilt es zu einem möglichst frühen Zeitpunkt, die Möglichkeiten der Diversion zu prüfen und gegebenenfalls die entsprechenden Voraussetzungen zu schaffen. Im Rahmen des Jugendstrafverfahrens existieren gegenüber dem Erwachsenenstrafrecht erweiterte Wege, das begonnene förmliche Verfahren in einem möglichst frühen Stadium abzubrechen und in informelle Bahnen zu lenken. Zunächst kann das Verfahren von der Staatsanwaltschaft, später, nach Anklageerhebung, durch den Richter eingestellt werden. Etwa zwei Drittel aller Jugendstrafverfahren enden auf diese Weise – ein breites Aktionsfeld für die Jugend(gerichts)hilfe, die durch das Angebot geeigneter Maßnahmen dazu beitragen kann, Einstellungsvoraussetzungen zu schaffen. Der JGH obliegt es, hier geeignete Maßnahmen (im Einzelnen dazu s.u.) einzuleiten oder auch selbst durchzuführen und mit Staatsanwaltschaft und Gericht die entsprechenden Absprachen zu treffen.

Besonders dringender Handlungsbedarf entsteht im Jugendstrafverfahren, wenn Jugendliche in Untersuchungshaft genommen wurden oder Untersuchungshaft droht. Die Untersuchungshaft dient der Sicherung der ordnungsgemäßen Durchführung des Strafverfahrens und darf nur wegen Flucht-, Verdunklungs- oder Wiederholungsgefahr angeordnet werden (vgl. §§112, 112a StPO, i.V.m. §2 JGG). Gemäß §72 JGG darf Untersuchungshaft bei Jugendlichen nicht angeordnet werden, wenn der Verfahrenssicherungszweck auch durch andere Maßnahmen – praktisch in der Regel Unterbringung in Einrichtungen der Jugendhilfe – erreicht werden kann. Die Jugendgerichtshilfe ist unverzüglich zu unterrichten, wenn ein Haftbefehl erlassen oder vollstreckt werden soll (§72 a JGG), damit sie die *Untersuchungshaftvermeidung* oder -verkürzung betreiben kann. Erforderlich ist hierfür, dass Informations- und Kooperationswege etabliert sind und Vereinbarungen mit Einrichtungen bestehen, die bereit und in der Lage sind, eine Betreuung zu gewährleisten, die den Notwendigkeiten der Justiz wie der Jugendhilfe gleichermaßen gerecht wird. Die U-Haftvermeidung ist sehr unterschiedlich entwickelt und ausgestaltet, was sich etwa im Vorhalten von Bereitschaftsdiensten rund um die Uhr und am Wochenende äußert, die an vielen Orten noch nicht gewährleistet sind. Modelle z.B. der Kooperation verschiedener Ämter mit rotierenden Diensten zeigen aber, dass auch außerhalb von Ballungszentren ein Bereitschaftsdienst mit vertretbarem Aufwand zu leisten ist.

Aufgabe der JGH im Hinblick auf das Hauptverfahren sind Persönlichkeitserforschung und Ermittlungshilfe mit dem Zweck, die erzieherischen, sozialen und fürsorgerischen Aspekte in das Verfahren einzubringen. In der Hauptverhandlung wird hierzu ein Bericht abgegeben und ein Sanktionsvorschlag gemacht. Es liegt auf der Hand, dass in diesem Teil der Arbeit der JGH die Doppelrolle besonders konfliktträchtig ist und den Betroffenen gegenüber rechtzeitig offen gelegt werden muss. Der Rollenkonflikt spitzt sich in verschiedenen praktischen Problemen immer wieder zu, z.B. Mitwirkungspflicht, schriftliche Berichtspflicht, Akteneinsichtsrecht, Verwertbarkeit von durch die JGH eingebrachten neuen Tatsachen, zeugenschaftliche Vernehmung der JGH-MitarbeiterInnen und Zulässigkeit der Aktenbeschlagnahme bei verweigerter Mitwirkung der JGH (s. hierzu aktuell die Entscheidung des LG Trier in DVJJ-Journal 3/2000, S. 314ff.). Problematisch ist auch immer wieder der Datenschutz: §61 Abs. 3 SGB VIII verweist für den Sozialdatenschutz auf das JGG, das keine ausdrücklichen Datenschutzvorschriften enthält, §38 JGG stellt seinerseits keine datenschutzrechtliche Befugnisnorm dar, sodass auf allgemeine Regelungen zurückgegriffen werden muss (zu allen o.g. Problemen vgl. die Kommentarliteratur zu SGB VIII und JGG).

Die Stellungnahme der JGH in der Hauptverhandlung endet mit einem aus sozialpädagogischer bzw. sozialarbeiterischer Sicht sinnvollen Sanktionsvorschlag, der für das Gericht nicht bindend ist. Schwierig ist hierbei, ein angemessenes Maß an Orientierung an der Perspektive des Gerichts bzw. dessen antizipiertem Entscheidungsverhalten zu entwickeln, das die Fachlichkeit der JGH zur Geltung bringt und dem jungen Menschen nicht schadet. Nicht ganz unproblematisch ist darüber hinaus, dass zu diesem Zeitpunkt die Schuldfrage durch das Gericht nicht entschieden ist, also noch nicht klar ist, ob und gegebenenfalls wegen welchen Straftatbestandes verurteilt wird.

Forderungen nach Stärkung der gesetzlichen Rechte der JGH werden immer wieder erhoben. Man sollte sich hier allerdings keinen Illusionen darüber hingeben, dass gesetzliche Regelungen alle Kooperationsprobleme der notwendigerweise sehr verschiedenen Beteiligten zu lösen in der Lage sind.

b) Ambulante Maßnahmen

Die speziellen Maßnahmen bzw. Hilfeformen, an denen junge Menschen im Zusammenhang mit einem Strafverfahren teilnehmen, stehen in engstem Zusammenhang mit dem Rahmen, den das Jugendgerichtsgesetz vorgibt. Auch der in der Jugendhilfe überholte Begriff der „Maßnahme", der hier weiterhin verwendet wird, erklärt sich hieraus. Das Jugendstrafrecht kennt drei Reaktionsformen bzw. Sanktionsarten: Erziehungsmaßregeln, Zuchtmittel und Jugendstrafe. Erziehungsmaßregeln können aus Anlass der Straftat angeordnet werden (§5 Abs. 1 JGG), sie werden als reine Erziehungsmaßnahmen ohne besonderen Sanktionscharakter verstanden. Von Bedeutung sind vor allem die so genannten Weisungen (§10 JGG) z.B. Arbeitsweisung, Betreuungsweisung, sozialer Trainingskurs, Täter-Opfer-Ausgleich (zu den einzelnen Punkten s.u.). Zuchtmittel (§5 Abs. 2 JGG) haben nach dem Gesetzeswortlaut auch Ahndungsfunktion, insoweit ist bei ihrer Verhängung neben der Erziehungsbedürftigkeit auch der Unrechtsgehalt der Straftat zu berücksichtigen. Es handelt sich neben der Verwarnung um die so genannten Auflagen (Wiedergutmachung, Arbeitsleistungen, Geldzahlung) sowie den Jugendarrest (§§13ff. JGG). Zu Jugendstrafe (§§17ff. JGG) von 6 Monaten bis zu 10 Jahren kann mit oder ohne Bewährung verurteilt werden, wenn so genannte „schädliche Neigungen" vorliegen oder wegen Schwere der Schuld.

Ambulante Maßnahmen (dazu insgesamt: BAG ambulante Maßnahmen 2000) werden, wie oben erwähnt, im Zusammenhang mit Diversion durchgeführt oder, wenn die Beendigung des Verfahrens in einem frühen Stadium nicht möglich ist, im Wege des Urteils als Weisung oder Auflage angeordnet. In letzterem Fall, vor allem was sozialen Trainingskurse und Betreuungsweisungen angeht, werden sie verstanden als Alternativen zu Arrest und Jugendstrafe. Diese genannten Weisungen stimmen zwar inhaltlich mit Hilfen zur Erziehung (soziale Gruppenarbeit §29 SGB VIII, Betreuungshelfer §30 SGB VIII) überein, sind aber weder begrifflich noch sonst mit dem KJHG abgestimmt und mit ihrem Zwangselement – im Falle der Nichtteilnahme an dem Angebot droht Jugendarrest – auch systemfremd, was entgegen gelegentlich geäußerten Auffassungen allerdings nicht zu einer prinzipiellen Unvereinbarkeit führt (vgl. Drewniak/Höynck 1998). Im Rahmen des jugendstrafrechtlichen Verfahrens werden also Maßnahmen angeordnet, die von der Jugendhilfe durchzuführen sind, was finanzielle und inhaltliche

Reibungspunkte nach sich zieht sowie Fragen der Beteiligung der Jugendämter. Nachdem in den Anfängen der ambulanten Maßnahmen weitgehend Konzeptlosigkeit regierte – Hauptsache irgendetwas Pädagogisches und keine Jugendstrafe – werden nunmehr seit vielen Jahren Debatten über Konzepte, Methoden, Evaluation, sozialpädagogische Handlungsmöglichkeiten etc. geführt.

Nach Abschluss der Hauptverhandlung oder im Zusammenhang mit der Verfahrenseinstellung im Vorfeld, stellt sich die Frage, wem sinnvollerweise die Durchführung der angeordneten ambulanten Maßnahmen obliegt. Die Frage, ob diese durch die JGH selbst durchgeführt werden sollten, oder ob ihre Rolle besser die einer Clearingstelle sein sollte, die mit den unmittelbar die Angebote bereithaltenden freien Trägern zusammenarbeitet, wird unterschiedlich beurteilt. Die JGH hat insoweit jedenfalls eine Überwachungsfunktion (§38 Abs. 2 Satz 5 JGG) und muss gegebenenfalls mit dem Gericht über die mögliche Änderungen von Auflagen oder Weisungen sowie Folgen von Zuwiderhandlungen verhandeln. Die – abgesehen vom Subsidiaritätsgrundsatz (§4 Abs. 2 SGB VIII) – für eine weitgehende Abgabe an freie Träger sprechenden Argumente der räumlichen und personellen Trennung vom Jugendamt und vom Gericht, der Möglichkeit der weitergehenden Betreuung und Erstellung eines zielgruppengerechten Angebotes, sind prinzipiell auch durch öffentliche Träger zu gewährleisten. Die Entwicklung scheint dennoch weiterhin dahin zu gehen, dass dort, wo es nicht eine tradierte Regionalkultur der eigenen Durchführung durch die Jugendgerichtshilfe gibt, in der Regel freie Träger diese Aufgaben wahrnehmen.

Einen erheblichen Teil der besonderen Reaktionsformen des JGG machen durch die jungen Menschen zu erbringende Arbeitsleistungen aus. Die Anordnung dieser in der Regel nach Stunden bemessenen Arbeitsleistungen erfolgt im Rahmen der Diversion, als symbolische Wiedergutmachung, aber vor allem als Arbeitsweisung nach §10 JGG und zunehmend auch als Arbeitsauflage nach §15 JGG. Obwohl der ursprüngliche Zweck solcher Arbeitsleistungen, Sanktion für „Arbeitsscheue" zu sein, in Zeiten knapper Arbeit seinen Sinn verloren hat, sind Arbeitsleistungen bei der Justiz recht beliebt wegen ihres Strafcharakters und der Möglichkeit, in Taxen zu denken. Die Durchführung ist höchst unterschiedlich: vielfach wird durch die Jugendgerichtshilfe schlicht an eine gemeinnützige Stelle vermittelt, wo der junge Mensch die Stunden ableistet, etwa durch Hilfsarbeiten, und eine entsprechende Rückmeldung an die JGH ergeht. Es wird in einigen Regionen zunehmend schwierig, Arbeitsstunden abzuleisten, da viele Träger beim Angebot von Arbeitsplätzen zurückhaltend geworden sind. Diese reinen Arbeitsleistungen sind zumindest umstritten, vor allem wenn sie keinerlei Bezug zur Tat oder zur Person des Jugendlichen haben. Während sie als Auflage mit Sanktionscharakter möglicherweise einen Sinn haben, sind sie als Weisung, also eigentlich reine Erziehungsmaßregel, kaum zu rechtfertigen. Es existieren daher eine Reihe von Projekten bei der JGH oder bei freien Trägern, die betreute Arbeitsweisungen durchführen im Sinne einer pädagogisch konzipierten Gruppenaktivität, in der nicht ein bestimmtes Arbeitsergebnis im Vordergrund steht.

Inhaltlich originär sozialpädagogisch sind *Soziale Trainingskurse* (soziale Gruppenarbeit in der Diktion des JGG), die eher seltener von der Jugendgerichtshilfe selbst angeboten werden. Das Spektrum der Trainingskurse reicht von thematisch fokussiert, geschlossen und zeitlich begrenzt bis offen und fortlaufend mit flexiblem Schwerpunkt. Besondere Aufmerksamkeit finden derzeit Kurse verschiedener Bezeichnungen und Konzeptionen zu Gewalt und Aggression.

Bei *Betreuungsweisungen* (§10 Abs. 1 Satz 3 Nr. 5 JGG, §30 SGB VIII) liegt der Schwerpunkt auf der Einzelbetreuung, die nach dem Gesetzeswortlaut (§38 Abs. 2 Satz 7 JGG) immer von der JGH ausgeübt wird, sofern nicht ausdrücklich eine andere Person mit der Aufgabe betraut wird. In der Praxis erfolgt die Durchführung vielfach durch freie Träger. Üblicherweise hat die Betreuungsweisung eine Laufzeit von 6-12 Monaten, sodass die Frage nach der Notwendigkeit eines Hilfeplanverfahrens hier besonders virulent wird, nachdem gemäß §36 Abs. 2 SGB VIII für länger dauernde Hilfen ein Hilfeplanverfahren durchzuführen ist. Bei den Jugendgerichtshilfen wird die Erstellung eines Hilfeplans i.S.d. SBG VIII teilweise für selbstverständlich gehalten, teilweise aber auch nie durchgeführt. Dies hängt offenbar vor allem davon ab, wie Hilfeplanverfahren vor Ort generell verstanden und durchgeführt werden – eher im Gesetzessinne als Fachkonferenz oder aber als stark formalisiertes Verfahren, das vor allem finanzielle Aspekte zum Gegenstand hat.

Eine Sonderrolle unter den ambulanten Maßnahmen und bei der Tätigkeit der Jugendgerichtshilfe spielt aufgrund der Vermittlungstätigkeit und der Tatnähe der *Täter-Opfer-Ausgleich* (TOA), der meist im Wege der Diversion mit dem Ziel einer Verfahrenseinstellung angeboten wird. Seit Mitte der 80er-Jahre wurde der TOA, auch zur Stärkung der Opferinteressen, in Modellversuchen erprobt und zunehmend gesetzlich etabliert, zuletzt mit der Einführung des §155 a StPO, der festschreibt, dass in jedem Stadium des Verfahrens geprüft werden soll, ob die Möglichkeit eines TOA besteht. Ziel ist die Konfliktregulierung zwischen Opfer und Täter durch einen neutralen Vermittler. Durch Bearbeitung der interpersonellen Ebene soll die Entpersonalisierung von Konflikten aufgehoben werden, die durch Mobilisierung des (Straf)rechts eintritt. Geeignet sind primär Delikte, bei denen die Geschädigten natürliche Personen sind und Einigkeit über den zugrunde liegenden Sachverhalt besteht. Praktisch betreffen ca. die Hälfte der TOA-Fälle Gewaltdelikte. Im Jugendbereich wird TOA in der Regel durch die Jugendhilfe angeboten und finanziert und ist organisatorisch angesiedelt bei der JGH oder bei freien Trägern der Jugendhilfe (manchmal auch Straffälligen- oder Opferhilfevereine oder eigene TOA-Vereine). Im Erwachsenenbereich ist der TOA zum Teil auch den sozialen Diensten der Justiz zugeordnet. Entscheidend bei der Durchführung ist die Kontaktaufnahme mit Opfer und Täter zur Abklärung der Teilnahmenbereitschaft, sowie einzelne Vorgespräche zur Klärung der Erwartungen. Erst dann findet das eigentliche Ausgleichsgespräch statt, im Rahmen dessen die Vereinbarung einer immateriellen oder materiellen Wiedergutmachung angestrebt wird. Insgesamt sind die Fallzahlen immer noch niedrig im Vergleich zum Potential, das auf etwa 10% des Arbeitsanfalls bei Staatsanwaltschaften im Jugendbereich geschätzt wird (insgesamt zur quantitativen wie inhaltlichen Entwicklung vgl. Bundesministerium der Justiz 1998).

5. Statistik, Evaluation

Das Handlungsfeld JGH ist, wie deutlich geworden sein dürfte, außerordentlich heterogen und zwar sowohl inhaltlich als auch empirisch. Zu den Dauerbrennern der Diskussion im Bereich JGH gehört daher auch die Forderung nach einer sinnvollen, möglichst bundeseinheitlichen Statistik, nachdem in der allgemeinen Kinder- und Jugendhilfestatistik insoweit keine speziellen Daten erhoben werden und verschiedene Versuche, eine bundesweite JGH-Statistik zu initiieren, gescheitert sind. Es existieren praktisch keine zuverlässigen einheitlichen Daten zur Arbeit der Jugendgerichtshilfe, die Qualität der Datenerhebung und -auswertung vor Ort ist sehr unterschiedlich. Im Zuge der immer stärkeren Verbreitung von PCs an den Arbeitsplätzen und nachdem einige kommerzielle Anbieter nunmehr mit Spezialprogrammen an den Markt drängen, ist Bewegung in diese Debatte gekommen. In engem Zusammenhang mit der statistischen Dokumentation der Arbeit der JGH steht ihre Evaluation, um die es ebenfalls weniger gut bestellt ist, als man angesichts des politisch sehr interessierenden Feldes meinen möchte. Zu den ambulanten Maßnahmen existieren einige wenige Untersuchungen, das spezielle Arbeitsfeld der JGH ist weitestgehend Forschungsbrachland.

Literatur zur Vertiefung

Bundesarbeitsgemeinschaft Jugendgerichtshilfe in der Deutschen Vereinigung für Jugendgerichte und Jugendgerichtshilfen e.V. (DVJJ) (1997): Standards für den Fachdienst Jugendgerichtshilfe, Mitwirkung der Jugendhilfe in Verfahren nach dem Jugendgerichtsgesetz. Hannover (zit.: BAG JGH)
Bundesministerium der Justiz (Hrsg.): Jugendgerichtshilfe – Quo vadis? Frankfurter Symposium. Bonn
Klier, Rudolf/Brehmer, Monika/Zinke, Susanne (1995): Jugendhilfe in Strafverfahren – Jugendgerichtshilfe. Berlin/Bonn/Regensburg (Neuauflage ist angekündigt)

Literatur

Bundesarbeitsgemeinschaft für ambulante Maßnahmen nach dem Jugendrecht in der DVJJ e.V. (Hrsg.) (2000): Ambulante Maßnahmen – Grundlagen, Hintergründe, Praxis. Mönchengladbach (zit.: BAG ambulante Maßnahmen 2000)

Bundesarbeitsgemeinschaft Jugendgerichtshilfe in der Deutschen Vereinigung für Jugendgerichte und Jugendgerichtshilfen e.V. (DVJJ) (1997): Standards für den Fachdienst Jugendgerichtshilfe, Mitwirkung der Jugendhilfe in Verfahren nach dem Jugendgerichtsgesetz. Hannover (zit.: BAG JGH)

Brehmer, Monika (1997): Vom Verdacht zur Anklage: Zusammenarbeit zwischen Polizei, Staatsanwaltschaft und JGH. In: DVJJ (Hrsg.): Sozialer Wandel und Jugendkriminalität, Dokumentation des 23. Deutschen Jugendgerichtstages vom 23.-27. September 1995 in Potsdam. Bonn, S. 329ff.

Breymann, Klaus/Fischer, Henning (2000): Projekte der Jugendhilfe gegen Ladendiebstahl. In: DVJJ-Journal 3, S. 291ff.

Bundesministerium der Justiz (Hrsg.) (1998): Täter-Opfer-Ausgleich in Deutschland, Bestandsaufnahme und Perspektiven. Bonn

Brunner, Raimund (1997): Mitwirkung und Einflussnahme dort, wo sie nicht vorgesehen ist. In: DVJJ-Journal 3, S. 230ff.

Brunner, Rudolf/Dölling, Dieter (1996): Jugendgerichtsgesetz, Kommentar, 10. Auflage. Berlin/New York

Diemer, Herbert/Schoreit, Armin/Sonnen, Bernd-Rüdeger (1999): Jugendgerichtsgesetz, Kommentar, 3. Auflage. Heidelberg (zit.: Diemer et al. 1999, Bearbeiter, Paragraph, Randziffer)

Drewniak, Regine/Höynck, Theresia (1998): Soziale Gruppenarbeit/Soziale Trainingskurse: Eine theoretische Erklärung. In: Zentralblatt für Jugendrecht, Nr. 12, S. 487ff.

Eisenberg, Ulrich (2000): Jugendgerichtsgesetz, Kommentar, 8. Auflage. München (zit. Eisenberg 2000, Paragraph, Randziffer)

Heinz, Wolfgang (1999): Milde zahlt sich aus – stimmt die These noch? In: DVJJ (Hrsg.): Kinder und Jugendliche als Opfer und Täter – Prävention und Reaktion, Dokumentation des 24. Deutschen Jugendgerichtstages vom 18. bis 22. September 1998 in Hamburg. Mönchengladbach, S. 400ff.

Klier, Rudolf /Brehmer, Monika/Zinke, Susanne (1995): Jugendhilfe in Strafverfahren – Jugendgerichtshilfe. Berlin/Bonn/Regensburg (Neuauflage ist angekündigt)

Laubenthal, Klaus (1993): Jugendgerichtshilfe im Strafverfahren. Köln/Berlin/Bonn/ München

Münder, Johannes u.a. (1998): Frankfurter Lehr- und Praxiskommentar zum KJHG/SGB VIII, 3. Auflage. Münster (zit.: Münder 2000, Paragraph, Randziffer)

Ostendorf, Heribert (2000): Jugendgerichtsgesetz, Kommentar, 5. Auflage. Köln/Berlin/ Bonn/München (zit.: Ostendorf 2000, Paragraph, Randziffer)

Pfeiffer, Christian/Delzer, Ingo/Enzmann, Dirk/Wetzels, Peter In: DVJJ (Hrsg.): Kinder und Jugendliche als Opfer und Täter – Prävention und Reaktion, Dokumentation des 24. Deutschen Jugendgerichtstages vom 18. bis 22. September 1998 in Hamburg. Mönchengladbach, S. 58ff.

Thiem-Schräder, Brigitte (1990): Zur Konzeption von Jugendgerichtshilfe – Versuch einer Orientierung. In: Bundesministerium der Justiz (Hrsg.): Jugendgerichtshilfe – Quo vadis? Frankfurter Symposium. Bonn

Trenczek, Thomas (1999, 1): Die JGH – Das (un)bekannte Wesen im Kriminalverfahren, Erste Ergebnisse der JGH-Umfrage. In: DVJJ-Journal 2, S. 151ff.

Ders.: (1999, 2) Was tut die Jugendhilfe im Strafverfahren? – Arbeitsinhalte- und -abläufe in der Jugendgerichtshilfe. In: DVJJ-Journal 4, S. 375ff.
Walter, Michael (1995): Jugendkriminalität. Stuttgart u.a. (Neuauflage ist angekündigt)
Wiesner, Reinhard (Hrsg.) (2000): SGB VIII, Kinder- und Jugendhilfe, 2. Auflage. München (zit.: Wiesner 2000, Bearbeiter, Paragraph, Randziffer)

In der von der Deutschen Vereinigung für Jugendgerichte und Jugendgerichtshilfen e.V. herausgegebenen Zeitschrift „DVJJ-Journal", in der regelmäßig Beiträge zur JGH abgedruckt sind, werden die alle drei Jahre stattfindenden Bundeskongresse Jugendgerichtshilfe dokumentiert (zuletzt Heft 3/2000).

Auf der Homepage der DVJJ – www.dvjj.de – findet sich eine Literaturliste zur Jugendgerichtshilfe, in der auch die zum Teil sehr guten und informativen von einigen Landesjugendämtern/Landeswohlfahrtsverbänden erstellten Positionspapiere/Arbeitshilfen für die JGH aufgeführt sind.

Karin Wehner

Kinder- und Jugendhilfe und Psychiatrie

Zusammenfassung: Zwischen den definierten Aufgabengebieten der Kinder- und Jugendhilfe und der Kinder- und Jugendpsychiatrie besteht ein breiter Überschneidungsbereich, der zur Folge hat, dass ein erheblicher Teil ihrer Klientel hinsichtlich seiner Probleme und Symptome oder sogar als Person identisch ist. Im folgenden Beitrag wird die These vertreten, dass Erziehungshilfeeinrichtungen diesen Überschneidungsbereich zur Abschiebung von Klient/inn/en nutzen, bei denen sie an die Grenzen ihrer Hilfsmöglichkeiten stoßen. Es wird erörtert, unter welchen Bedingungen sich solche Abschiebungsprozesse vollziehen und aufgezeigt, wie sie verhindert werden können. Zentraler Ansatzpunkt dafür ist die Bewahrung der eigenständigen (sozial-/pädagogischen) Professionalität der Kinder- und Jugendhilfe gegenüber dem medizinisch-therapeutischen Paradigma.

1. Kinder- und Jugendhilfe und Kinder- und Jugendpsychiatrie

Die Kinder- und Jugendhilfe und die Kinder- und Jugendpsychiatrie sind prinzipiell zwei eigenständige und voneinander unabhängige Hilfesysteme. Sie haben jeweils ihre eigene Geschichte, Theorie und Methodik, d.h. sie unterscheiden sich in ihren Denk- und Handlungsstrukturen wie auch in ihren Aufgabendefinitionen, Rechtsgrundlagen, Finanzierungsquellen, Zugangswegen und ihrer Organisationsform. Trotzdem gibt es einen breiten Überschneidungsbereich zwischen ihnen. Ein erheblicher Teil der Klientel von Kinder- und Jugendhilfe auf der einen und Kinder- und Jugendpsychiatrie auf der anderen Seite ist in den Charakteristika, die den Hilfebedarf bedingen, oder sogar in persona identisch.

Die erstgenannte Überschneidung ergibt sich aus den Definitionen der Aufgabenbereiche. Diese sind in beiden Hilfesystemen sehr weit gefasst und enthalten einen hohen Auslegungsspielraum. Das Aufgabengebiet der Kinder- und Jugendpsychiatrie wird in den Richtlinien der Bundesärztekammer wie folgt benannt: „Die Kinder- und Jugendpsychiatrie und -psychotherapie umfasst die Erkennung, nichtoperative Behandlung, Prävention und Rehabilitation bei psychischen, psychosomatischen, entwicklungsbedingten und neurologischen Erkrankungen oder Störungen sowie bei psychischen und sozialen Verhaltensauffälligkeiten im Kindes- und Jugendalter." Anspruch auf Hilfe zur Erziehung nach dem Kinder- und Jugendhilfegesetz besteht, „wenn eine dem Wohl des Kindes oder des Jugendlichen entsprechende Erziehung nicht gewährleistet ist und die Hilfe für seine Entwicklung geeignet und notwendig ist" (§27). In den Paragraphen 28 bis 35 KJHG, die einzelne Maßnahmen der Erziehungshilfe in ihren Aufgaben darstellen, finden sich Problemdefinitionen wie „Entwicklungsschwierigkeiten", „Verhaltensprobleme", „Konflikte und Krisen".

Aus dieser Darstellung wird ersichtlich, dass eine Vielzahl von Symptomen, die Kinder und Jugendliche in Lebenskrisen zeigen, sowohl als behandlungsbedürftig definiert und damit dem Tätigkeitsfeld der Psychiatrie zugeordnet als auch zum Erziehungsbedarf erklärt werden kann, womit sie ins Aufgabengebiet der Kinder- und Jugendhilfe fällt.

Für die betroffenen jungen Menschen macht es allerdings einen großen Unterschied, ob sie dem einen oder dem anderen System zugeordnet werden, denn die Art der Hilfe, die ihnen dort zuteil wird, unterscheidet sich idealtypischerweise sehr stark. Psychiatrische Hilfe bedeutet in erster Linie Diagnostik und Therapie. In einem personell und materiell verhältnismäßig gut ausgestatteten Schonraum wenden sich die dort tätigen professionellen Helfer/innen den individuellen Störungen und/oder Verhaltensauffälligkeiten ihrer Patient/inn/en zu, suchen nach deren Ursachen und nach Wegen, die Störungen oder Verhaltensauffälligkeiten zu beheben. Doch auch wenn Ursachen ermittelt werden, „schließen [Diagnosen] in der Regel keinerlei ursachenbezogene Handlungskonsequenzen oder Anleitung mit ein" (Köttgen/Kretzer 1990, S. 89). Die Hilfen richten sich i. d. R. auf die einzelnen Lebensbeeinträchtigungen und Symptome und damit auf das einzelne Individuum. Zwar existieren in der Kinder- und Jugendpsychiatrie auch systemische Denk- und Handlungsansätze, die sich hauptsächlich in Familientherapien niederschlagen, doch diese beherrschen nicht die Szene. Das tun eher verhaltenstherapeutische und medikamentöse sowie psychoanalytische Verfahren. Die Tendenz geht in der Psychiatrie eindeutig zu individuumsbezogenen Erklärungen und Behandlungen, denn „die Jugendpsychiatrie muss [...] als medizinische Disziplin von der Krankheit des einzelnen, ihr zugewiesenen Menschen ausgehen. Auch wenn Krankheit anders und weiter definiert wird, geschieht grundsätzlich Krankheitsbehandlung" (Gintzel 1989, S. 14). Daher liegt es in der Natur der Sache, dass schulische, berufliche und (sozial)pädagogische Förderung im Rahmen kinder- und jugendpsychiatrischer Hilfeleistungen zugunsten der Krankenbehandlung eher randständig bleiben (vgl. Köttgen/Kretzer a.a.O.).

Die Kinder- und Jugendhilfe als eine sozialpädagogische Disziplin hat ihren Ansatzpunkt in der sozialen Bedingtheit menschlichen Handelns. Sie fragt nach den Lebensverhältnissen, die Heranwachsende in ihrer Entwicklung beeinträchtigen oder/und sie dazu zwingen, mit auffälligem Verhalten auf ihre Not aufmerksam zu machen, weniger nach den psychischen Prozessen, die zur Symptomausbildung (oder -rückbildung) führen. Zugleich fragt sie nach Bedingungen, die Heranwachsende in ihrer Entwicklung fördern, und hat den Anspruch, solche Bedingungen in der unmittelbaren Umgebung der jungen Menschen herzustellen oder sie ihnen in Einrichtungen der Kinder-

und Jugendhilfe ersatzweise anzubieten. Damit setzt Kinder- und Jugendhilfe am Alltag an und am Lebensort. Sie will die Lebenszusammenhänge ihrer Klient/inn/en in ihrer Komplexität durchdringen und mitgestalten, gegebenenfalls einen Lebensort und einen strukturierten Alltag mit stabilen und verlässlichen sozialen Beziehungen zur Verfügung stellen – zumindest ist das ihr Anspruch.

Welche fatalen Folgen es für Kinder und Jugendliche haben kann, wenn die (stationäre) Psychiatrie zu ihrem „Lebensort" wird, darauf macht vor allem die engagierte Kinder- und Jugendpsychiaterin Charlotte Köttgen in ihren Veröffentlichungen immer wieder aufmerksam. In ihren Augen kann ein zu langer stationärer Psychiatrieaufenthalt aus zwei Gründen zur Falle werden (vgl. Köttgen 1996, 1996a, 1998a,b). Zum Ersten, weil er nicht auf ein normales Leben außerhalb der Psychiatrie vorbereiten kann. Ganz besonders dann, wenn der Aufenthalt wichtige Entwicklungsjahre des/der Heranwachsenden umfasst, weil es dann sein kann, „dass er [der Jugendliche, K.W.] sich gar nicht oder schwer wieder in das stressreiche Leben draußen gewöhnt" (1996a, S. 51); ein Problem, das die Autorin mit dem Begriff „erschwerte Resozialisierung" (ebd.) bezeichnet. Zum Zweiten aufgrund der Hospitalisierungsgefahr: Diese besteht gerade dann, wenn ein/e Patient/in Vertrauen zu einer therapeutischen Bezugsperson entwickelt, weil dieses Vertrauen dazu führen kann, dass der/die Patient/in seine/ihre Symptome aufrechterhält, um die neu gewonnene Beziehung aufrechtzuerhalten. Ganz akut ist diese Gefahr bei jungen Menschen, die außerhalb der Klinik keine weiteren unterstützenden Beziehungen haben. Folgen beider Arten von Falle verdeutlicht Charlotte Köttgen anhand tief beeindruckender Fallgeschichten (1996, 1998b). Außerdem weist sie darauf hin, dass ein Aufenthalt in der Psychiatrie eine bis zu lebenslange Stigmatisierung der Betroffenen bedeutet, die bei der Lehrstellen- oder Arbeitsplatzsuche, beim Versuch, eine Versicherung abzuschließen, o.Ä. ganz reale Benachteiligungen nach sich ziehen kann.

Wie Köttgen & Kretzer (1990) feststellen, kommen nahezu alle Kinder und Jugendlichen mit psychischen und Verhaltensproblemen aus schwierigen Beziehungsverhältnissen. „Psychiatrische Patienten leiden unter ähnlich komplexen Problemen, wie sie auch für Heimkinder bekannt sind. Schwierige familiäre Verhältnisse, frühe oder häufige Beziehungsabbrüche einhergehend mit Verlusten, spannungsreiche, emotionale und soziale Beziehungskonstellationen in der Primärfamilie, bei neu zusammengesetzten Familien oder bei späteren Unterbringungen, traumatische belastende Erlebnisse in der Vorgeschichte sowie psycho-somatische und hirnorganische Schädigungen oder Vorschädigungen können auf vielfältige Weise interagieren" (S. 93). Kinder, die in ihren wichtigsten sozialen Beziehungen, nämlich den Primärbeziehungen, innerlich verletzt wurden, brauchen ergänzende Beziehungsangebote – und zwar solche, die stabil sind, die Sicherheit und Vertrauen geben. Dies können sie aber nur, wenn sie dauerhaft sind, und dauerhaft können bzw. sollten sie aus o. g. Gründen im Rahmen institutioneller Hilfe nur im System der Kinder- und Jugendhilfe sein. Ein Krankenhausaufenthalt dagegen sollte grundsätzlich nur für die Behandlung einer akuten Krankheitsepisode genutzt und gestattet werden (vgl. Köttgen 1990).

2. Fehlplatzierung von Kindern und Jugendlichen

Wenn nun festgestellt werden muss, dass eine Reihe von Kindern und Jugendlichen im dargestellten Sinne grundsätzlich oder ab einem bestimmten Zeitpunkt in Einrichtungen der stationären Kinder- und Jugendpsychiatrie „fehlplatziert" ist (zu Zahlenangaben siehe Köttgen/Kretzer 1990), liegt das keineswegs immer daran, dass die Psychiatrie sich ihr Arbeitsfeld sichern und deshalb Patient/inn/en „behalten" will. Nur zu oft sind es Einrichtungen der Kinder- und Jugendhilfe, häufig der Heimerziehung i.w.S., die Kinder- und Jugendliche an die (stationäre) Psychiatrie „überweisen". Dadurch entsteht ein weiteres gravierendes Problem: Beziehungswechsel/Beziehungsabbruch durch Übergang in ein anderes Hilfesystem, womit das Trauma der erlittenen Beziehungsverletzungen für die Betroffenen verstärkt wird.

In einem von Ullrich Gintzel & Reinhold Schone in den Jahren 1987-1989 im Landschaftsverband Westfalen-Lippe durchgeführten Forschungsprojekt ergab eine Stichtagserhebung, dass 13% der Patient/inn/en kinder- und jugendpsychiatrischer Kliniken bzw. Klinikabteilungen stationäre Vorerfahrungen in Heimen der Kinder- und Jugendhilfe hatten (vgl. Gintzel/Schone 1989). Bei der Analyse einzelfallbezogener Fachkräfteinterviews in Heimen der Erziehungshilfe gingen Gintzel & Schone (ebd.) der Frage nach, wie es zu den Überweisungen kommt. (Sie untersuchten auch Überweisungsprozesse von Kliniken in Heime, doch darauf soll hier nicht eingegangen werden.) Sie fanden drei Muster der Überweisung vom Heim in eine Klinik: Überweisung aufgrund (1.) permanenter Ratlosigkeit, (2.) plötzlich auftretender Hilflosigkeit und (3.) langfristiger Eskalation; darüber hinaus ein Muster mehrfacher Überweisung im Rahmen längerfristiger Eskalation mit wechselseitiger Beteiligung der Institutionen. Was bei allen Mustern deutlich wird, ist, dass die Heimeinrichtungen sich zunächst für die Betreuung des jeweiligen Kindes oder Jugendlichen zuständig fühlten, dann aber an ihre Grenzen stießen. Da nicht einmal der Hälfte der Kinder und Jugendlichen, die vom Heim in eine Klinik überwiesen wurden, eine Wiederaufnahme im Heim zugesichert wurde und nur bei einem Drittel der Überweisungen umfangreichere Verständigungsprozesse der Fachkräfte von Heimen und Kliniken zustande kamen, ist offensichtlich, dass Klinikeinweisungen von Einrichtungen der Erziehungshilfe auch als „Instrument der Abschiebung" (Gintzel/Schone 1995) benutzt werden. Junge Menschen werden zu „Grenzfällen", weil Institutionen an ihre Grenzen stoßen und daraufhin ihre Zuständigkeit begrenzen (vgl. Wolf 1995).

Vor dem Hintergrund einer Fallstudie erläutert Klaus Wolf (1998) strukturelle Probleme von Heimerziehung, die eine Überweisung bzw. „Abgabe" von Kindern an die Psychiatrie für Pädagog/inn/en reizvoll erscheinen lassen, und stellt diese Reize sehr plastisch dar. Das erste Problem nennt er „Kampf um Attributionen". Attribution heißt Ursachenzuschreibung und meint die alltägliche subjektive Erklärung von Ereignissen durch Ursachen. Mit dem Begriff „Kampf um Attributionen" fasst Klaus Wolf das Problem, dass die Mitarbeiter/inn/en in der Heimerziehung die Schwierigkeiten der ihnen anvertrauten Heranwachsenden erklären, also auf Ursachen zurückführen müssen und dabei unter dem Zwang stehen, ihr eigenes Handeln zu legitimieren. Können sie die Schwierigkeiten eines Kindes mit Problemen erklären, die in der Person des Kindes liegen, haben sie eher die Möglichkeit, Fragen aus dem Weg zu gehen, die den eigenen Selbstwert belasten könnten. Nun ist es aber durchaus möglich oder sogar wahrscheinlich, dass das Kind seine Schwierigkeiten mit anderen Ursachen erklärt, die außerhalb seiner Person liegen. Dann entbrennt der „Kampf um Attributionen", und genau hier sieht Klaus Wolf eine wichtige Funktion des Verdachts auf eine psychische Erkrankung, denn: „Wer erfolgreich unter den Verdacht gestellt wird, psychisch krank zu sein, hat erheblich schlechtere Chancen, die Probleme auf andere Faktoren zurückzuführen" (S. 48). Wird in der Kinder- und Jugendpsychiatrie dann tatsächlich eine psychiatrische Diagnose gestellt, kann das den Selbstwert der Erwachsenen erheblich schützen und ihr Gewissen entlasten. Zur Vermeidung falscher Schlüsse sei hier allerdings angemerkt, dass Klaus Wolf die beschriebene Legitimationsstrategie als ein Vorgehen ansieht, das den Betreffenden nicht unbedingt bewusst sein muss. Und es sei ergänzt, dass das Vorhandensein einer psychiatrischen Diagnose, selbst wenn sie vor langer Zeit gestellt wurde, oder einfach das Wissen um einen früheren Psychiatrieaufenthalt die Fachkräfte verschiedenster Einrichtungen und Institutionen regelrecht dazu verführt, die Schwierigkeiten des Kindes in seiner (gestörten) Person zu verorten. Wie schnell dadurch ganze psychiatrische Karrieren entstehen können, zeigt eine Untersuchung von Inge Cobus-Schwertner (1984) in sehr eindrucksvoller Weise.

Das zweite Problem sieht Klaus Wolf in der Komplexität der Erziehungssituation, weil sie ebenso „komplexe[ ], indirekte[ ] und vielleicht diffuse[ ]" (S. 53) pädagogische Handlungsstrategien erfordert. Dagegen würde der Anspruch vieler psychotherapeutischer „und allemal der psychiatrischen Interventionen" (ebd.), die als Behandlungsmethoden im Gegensatz zu pädagogischen Arbeitsmethoden einen linearen Ursache-Wirkungs-Zusammenhang bei der Veränderung von Menschen voraussetzen, „verführerisch überschaubar, unmittelbar und zielgerichtet" (ebd.) erscheinen. Paradoxerweise werden Psychiater/innen und Psychotherapeut/inn/en aber i.d.R. besser bezahlt als Pädagog/inn/en, haben einen höheren gesellschaftlichen Status und verfügen in ihren Institutionen zumeist auch über eine bessere personelle und materielle Ausstattung. Insofern liegt es nahe, die Probleme zu lösen, indem man die als „Problemkinder" stigmatisierten „Störer/innen" an diese

Fachleute delegiert. Immerhin wäre zu erwarten, dass in Spezialinstitutionen auch bessere Behandlungsangebote bereitgehalten werden (vgl. Köttgen/Kretzer 1990).

Zwei Faktoren, die die Intensität der Ausgrenzung von Kindern und Jugendlichen aus Einrichtungen der Erziehungshilfe beeinflussen, nennt Klaus Wolf in einer anderen Veröffentlichung (1995a): die gesellschaftlichen Erwartungen und die Struktur der jeweiligen Einrichtung in Bezug auf Rigidität versus Flexibilität im Umgang mit Normen. „Je stärker sich die gesellschaftliche Erwartung an die Heime auf die Einhaltung von Normen bezieht und je stärker die Beurteilung über Kriterien erfolgreicher Kontrolle der Kinder erfolgt, desto stärker ist der Druck, Defizite und Probleme in der Person der Kinder zu suchen und zu definieren. Das Gleiche gilt für die Struktur innerhalb der Einrichtungen: Je rigider dort Normen und Regelsysteme vertreten werden, desto stärker ist sie zur Stabilisierung auf die Ausgrenzung und Drohung mit Ausgrenzung angewiesen" (S. 232) (s.a. Rössler 1990).

Der Preis, den die Kinder- und Jugendhilfe für die Ausgrenzung und die dazu nötige Pathologisierung der Betroffenen zahlt, ist Handlungsunfähigkeit (vgl. Wolf 1998). Aus dem Umkehrschluss ergibt sich die einzige Möglichkeit, die der Kinder- und Jugendhilfe bleibt, wenn sie ihrem Auftrag bzw. ihrem eigenen Anspruch gerecht werden will – und zwar jedem jungen Menschen das „Recht auf Förderung seiner Entwicklung und auf Erziehung zu einer eigenverantwortlichen und gemeinschaftsfähigen Persönlichkeit" (§1 KJHG) einzulösen und Art und Umfang der Hilfe zur Erziehung nach dem erzieherischen Bedarf im Einzelfall zu richten (§27 KJHG) – die Kinder- und Jugendhilfe muss ihre Handlungsfähigkeit erweitern.

Gintzel und Schone (1989) kamen in der oben zitierten Untersuchung zu dem Ergebnis, dass Überweisungsprozesse zwischen Heimen und psychiatrischen Kliniken in hohem Zusammenhang mit festgestellter Selbst- oder Fremdgefährdung der betroffenen jungen Menschen stehen. Werner Freigang (1999) zieht ein ähnliches Fazit, wenn er feststellt, dass Anfragen von Heimen auf Behandlung ihrer Klient/inn/en in der stationären Psychiatrie nur selten aufgrund eines konkreten Verdachts auf eine psychische Erkrankung gestellt werden, sondern in der Regel aus Hilflosigkeit gegenüber Aggressionen oder Verweigerung resultieren. Deshalb kann ein Ansatzpunkt zur Stärkung der Handlungsfähigkeit der Kinder- und Jugendhilfe in der Erweiterung der praktischen Handlungskompetenzen der Mitarbeiter/innen in den Erziehungshilfeeinrichtungen in Bezug auf Krisenintervention und den Umgang mit selbst- oder fremdgefährdendem Verhalten gesehen werden.

Einige praktische Vorschläge für den Umgang mit Eskalationen körperlicher Gewalt in stationären Einrichtungen von Kinder- und Jugendhilfe wie auch von Kinder- und Jugendpsychiatrie unterbreitet Mathias Schwabe

(1996). Er reflektiert derartige Eskalationsprozesse auf vier Ebenen: der individual-psychologischen, der prozessimmanenten, der familiendynamischen und der ökologisch-systemischen und leitet daraus Erklärungs- und Handlungsvorschläge ab. Diese stehen zum Teil im Widerspruch zueinander, doch Schwabe sieht als Konsequenz die Möglichkeit, dass sich jede Einrichtung einige Sicht- und Handlungsweisen auswählen könne, mit denen sich die Mehrheit der Mitarbeiter/innen identifizieren kann.

Herbert E. Colla (1999) fordert von der Heimerziehung, suizidales Verhalten junger Menschen als eigene Aufgabe wahrzunehmen und nicht an die Kinder- und Jugendpsychiatrie zu delegieren. Damit meint er allerdings nicht nur das Management akuter Krisensituationen, sondern in erster Linie die Herstellung von Lebensbedingungen im wahrsten Sinne des Wortes, um Kinder und Jugendliche durch die Gestaltung ihres Lebensfeldes und ihrer sozialen Beziehungen im Leben zu halten, durch Lebensbeziehungen miteinander zu verbinden, Bedingungen innerer und äußerer Freiheit sicherzustellen und Suizidalität zu verhindern. Als Voraussetzung dafür nennt Colla die Auseinandersetzung mit individuellen Problemlagen und Krisensituationen von Heranwachsenden, die Sensibilisierung und professionelle Qualifizierung der professionell Tätigen im Hinblick auf das Erkennen und den Umgang mit Suizidalität sowie die Beschäftigung der Praktiker/innen mit Suizidologie, um sich Deutungsmöglichkeiten für Situationen und Bewältigungsmöglichkeiten anzueignen.

3. Sozialpädagogische Professionalität

Eine andere Möglichkeit, die Handlungsfähigkeit und sozialpädagogische Professionalität in der Kinder- und Jugendhilfe zu erhöhen, liegt bei den berufsbezogenen Einstellungen und Alltagstheorien der Mitarbeiter/inne/n, die die alltägliche Betreuung und Erziehung der Heranwachsenden leisten. „Ausgrenzung auch in kritischen Situationen zu vermeiden erfordert [...] ein Wahrnehmen, Denken und Handeln, das quer liegt zu verbreiteten Denkweisen" (Wolf 1996, S. 89). Klaus Wolf (ebd.) skizziert Haltungen und theoretische Überzeugungen, die, wenn sie von Mitarbeiter/inne/n in Einrichtungen der Kinder- und Jugendhilfe vertreten werden, Ausgrenzungsprozesse legitimieren und forcieren können. Dazu gehören die Ableitung von Erziehungszielen aus unreflektierten gesellschaftlichen Normalitätsvorstellungen ohne Berücksichtigung der Lebenserfahrungen und deren Interpretation durch die Heranwachsenden; der „Machbarkeitsmythos" als Überzeugung, dass alle sozialen Probleme prinzipiell lösbar seien, wenn sie nur richtig angegangen würden; die Annahme, dass Menschen dazu in der Lage sind, ihr Verhalten vollständig rational und widerspruchsfrei zu steuern; die Einstellung, dass das bisherige Leben der Kinder und Jugendlichen misslungen und deshalb mit einem klaren Schnitt abzutrennen sei; die Bevorzugung „harter", strafender Erziehungsmaßnahmen sowie zu geringes Vertrauen in die Wirkung positiver Lebenserfahrungen und das Normalitätspotential der jungen Menschen. Wo solche Haltungen und Überzeugungen reflektiert und bearbeitet werden, vollzieht sich erzieherisches Handeln professioneller, hilfreicher und auch für die Erziehenden angenehmer bzw. mit weniger Druck und Selbstzweifeln. Diese Bearbeitung aber kann von den einzelnen Mitarbeiter/inne/n und auch von den einzelnen Einrichtungen nicht als „private" Leistung verlangt werden, sondern muss von der Institution Kinder- und Jugendhilfe unterstützt und abgesichert werden.

Eine ganz grundsätzliche und zentrale Forderung für die Erweiterung der Handlungsfähigkeit der Kinder- und Jugendhilfe ist, die Kinder- und Jugendhilfe wieder stärker zu einer sozial-/pädagogischen Disziplin zu machen bzw. die Erhaltung ihrer professionellen Eigenständigkeit oder eigenständigen Professionalität gegenüber der Psychiatrie zu sichern und sie vor der Kolonialisierung durch medizinisch-therapeutisches Denken zu schützen (vgl. Becker/Koch 1999; Freigang 1999; Müller 1999; Wolf 1998). Dorothee Bittscheidt (1998) geht sogar so weit, vom KJHG Verbote zu fordern, „die der Jugendhilfe gegen das Vordringen des medizinischen Paradigmas den Rücken stärken" (S. 32). Sie fordert dies vor allem „zur Vermeidung einer Verwahrung Jugendlicher in der Psychiatrie als moderne Form ihrer geschlossenen Unterbringung" (ebd.), ein Problem, das mit der Abschaffung geschlossener Unterbringung in der Heimerziehung in einigen Bundesländern im Zusammenhang steht und zurzeit wieder verstärkt auftritt (vgl. Köttgen 1998a; Meyer 1998; Wolf 1995).

Als (sozial)pädagogische Institution sollte die Kinder- und Jugendhilfe ihre Klient/inn/en zuvorderst als in Bildung begriffene Subjekte ansehen, die in ihrer Bildungsbewegung zu fördern sind. Um diese Förderung auf den individuellen Erziehungsbedarf der Kinder und Jugendlichen ausrichten zu können, fehlt der Kinder- und Jugendhilfe nach Ansicht von Mollenhauer & Uhlendorff (1992) aber Wissen, um einen Erziehungsplan aufzustellen, nach dem eine konkrete Lebens- und Lernsituation für ein Kind oder eine/n Jugendliche/n gestaltet werden kann.

Aus dieser Kritik heraus haben Klaus Mollenhauer und Uwe Uhlendorff ein Verfahren entwickelt und in der Jugendhilfepraxis erprobt, das sie „Sozialpädagogische Diagnosen" nennen (Mollenhauer/Uhlendorff 1992, 1995; Uhlendorff 1997). Es besteht aus Leitfadeninterviews mit den Klient/inn/en der Jugendhilfe zu deren Lebenssituation und Erfahrungen und aus einer sozialpädagogisch-hermeneutischen Analyse bzw. Interpretation des entstehenden Interviewmaterials. Da mit dieser Art von Diagnostik „erzieherische Diagnosen" gestellt werden sollen, ist sie auf die „gegenwärtigen Sorgen und Themen [der Jugendlichen; K.W.] und deren Lokalisierung im biographischen Kontext" (Uhlendorff 1997, S. 153) gerichtet. Drei Aufgaben sind damit zu erfüllen:

1. „Eine genaue, möglichst dichte Beschreibung der Lebenslage der Betroffenen, ihrer wichtigsten biographischen Erfahrungen und Konfliktbelastungen.

2. Hypothesen zur Lebensthematik und zu denjenigen Entwicklungsaufgaben, mit denen das einzelne Individuum beschäftigt und überfordert ist.
3. Prognosen über die Bedingungen, unter denen die Betreffenden ihre Lebensaufgaben voraussichtlich leichter bewältigen und in ihrer Bildungsbewegung vorankommen können." (ebd.; Herv. i. O.)

Als zentrale Instrumente sozialpädagogischer Diagnose dienen ein Entwicklungsaufgabenmodell und das Konzept „Selbstdeutungsmuster".

In einem umfangreichen Forschungsprojekt mit einer spezifischen psychosozial stark belasteten Klientel von Hilfen zur Erziehung haben Mollenhauer und Uhlendorff unter Bezugnahme auf die Entwicklungskonzepte von Robert Kegan und Robert L. Selman ein heuristisches Entwicklungsaufgabenmodell erarbeitet, das mehr als 60 Entwicklungsaufgaben auf vier hierarchisch aufeinander aufbauenden Entwicklungsetappen beschreibt. Die Aufgaben sind auf fünf Bildungsdimensionen bezogen: Körper, Selbst- und Personenwahrnehmung, Zeit, normative Orientierung und Interaktion.

Mit dem Konzept „Selbstdeutungsmuster" gehen Mollenhauer und Uhlendorff davon aus, dass die Entwicklungsaufgaben, die einem jungen Menschen Schwierigkeiten bereiten, in seinen Selbstdeutungen zum Ausdruck kommen und daher in Gesprächen diagnostiziert werden können. „Die Deutungsmuster sind Indikatoren für ‚erzieherischen Bedarf', wie es im Kinder- und Jugendhilfegesetz heißt" (Uhlendorff 1997, S. 166).

Der Diagnoseleitfaden beschreibt in den genannten Dimensionen für jede Entwicklungsetappe die Kompetenzen und Schwächen, die ein/e Heranwachsende/r zu Beginn der Etappe hat, und die Entwicklungsaufgaben, mit denen er/sie auf dieser Etappe konfrontiert wird bzw. werden muss. Dazu benennt er die Deutungsmuster, die auf Bewältigungsschwierigkeiten mit Aufgaben der einzelnen Etappen hinweisen.

Mit Hilfe dieses Leitfadens kann für jedes Kind/jeden Jugendlichen eine individuelle pädagogische Aufgabenstellung gefunden und ein „pädagogisches Milieu" geplant werden, mit der bzw. dem der junge Mensch in seiner Bildungsbewegung unterstützt werden kann. Dies meint der Begriff „erzieherische Diagnose": eine Diagnose, die erzieherische Problemstellungen und pädagogische Handlungsspielräume in den Mittelpunkt stellt (vgl. Uhlendorff 1997).

Damit kann der Forderung entsprochen werden, Aufgaben zur konkreten Alltagsgestaltung zu erarbeiten, die sich an den Bedürfnissen und dem biographischen Hintergrund der Kinder und Jugendlichen orientieren, und nicht nur Ziele anzuvisieren, die auf die (Verminderung der) Symptomatik und den Leistungsbereich bezogen sind (vgl. Freigang 1986; Wolf 1998). Es kann agiert statt nur reagiert werden, womit Abschiebungstendenzen aus Hilflosigkeit entgegengewirkt werden kann, wie sie Freigang (1986) an Fallbeispielen aus der Heimerziehung zeigt. Der Klient oder die Klientin wird im „Status eines sich selbst entwerfenden Individuums ernst[genommen], wie immer merkwürdig diese Selbstentwürfe auch anmuten" (Mollenhauer 1990, S. 99), und nicht als Träger oder Trägerin „wegzuerziehender" oder „abzutrainierender" Symptome. Die Autoren betonen allerdings, dass die sozialpädagogische Diagnose nicht als Alternative, sondern als Ergänzung zu anderer Art von Diagnostik anzusehen ist.

Auf der Ebene der Organisation der erzieherischen Hilfen ist zur Vermeidung von Abschiebung und Ausgrenzung eine konsequente Durchsetzung des Prinzips der Entspezialisierung erforderlich (vgl. Bittscheidt 1998; Freigang 1999; Wolf 1995a). Spezialisierung von Einrichtungen führt grundsätzlich zu einer Konzentration auf die Defizite der Klient/inn/en. Im Mittelpunkt der Suche nach der „richtigen" Spezialeinrichtung steht immer das Problem und nicht die Person des Klienten/der Klientin. Ihre soziale Situation, ihre Erfahrungen und Bedürfnisse wie auch ihre Kompetenzen geraten zwangsläufig in den Hintergrund. Der Wunsch, Kinder und Jugendliche in andere Einrichtungen zu verlegen, kann ungehindert in die Tat umgesetzt werden, wenn es Spezialeinrichtungen gibt, die spezifischen Problemen und Störungen vermeintlich besser und qualifizierter begegnen können, v.a. wenn diese besser ausgestattet sind und ein besonderes professionelles Prestige besitzen. Gibt es keine Spezialeinrichtungen, stehen jede „allgemeine" Einrichtung und deren Mitarbeiter/innen grundsätzlich in der Verantwortung, die Betreuung der ihnen zugewiesenen Kinder und Jugendlichen selbst sicherzustellen und werden eher dazu herausgefordert, individuelle Betreuungsarrangements zu entwickeln. In dem Maße, in dem die Möglichkeit schwindet, Klient/inn/en in andere Einrichtungen zu verlegen, weil sie sich in das vorhandene Angebot nicht einpassen, erhöht sich die Notwendigkeit, das Angebot den Nutzer/inne/n anzupassen.

Ebenfalls in den Hintergrund geraten bei einer solchen Orientierung (Ausdifferenzierung von Institutionen) die Funktion und Bedeutung des problematischen Verhaltens der Kinder und Jugendlichen und deren eigene Situationsdeutungen. Nur wenn diese zur Geltung gebracht werden, was das KJHG ja fordert, geraten auch soziale Rahmenbedingungen wie soziale Chancen- und Perspektivlosigkeit in den Blick, die zu Problemen und Verhaltensauffälligkeiten von Kindern und Jugendlichen führen können. Diese aber verlangen weniger eine Spezialerziehung in differenzierten Einrichtungen als vielmehr die Veränderung der sozialen Rahmenbedingungen und die Vergrößerung sozialer Teilhabe (vgl. Bittscheidt 1998). Deshalb fordert Bittscheidt (ebd.) neben der wachsenden pädagogischen Qualifikation der Jugendhilfe „wieder mehr sozialpolitische Sensibilität und Kompetenz, um den Beitrag ihrer eigenen Hilfestrukturen für die Probleme ihres Kientels zu durchschauen und mehr soziale Teilhabechancen zum Ausgleich bestehender Benachteiligungen und zur Bewältigung individueller Defizite anbieten zu können" (S. 37).

4. Der Paragraph 35a KJHG

Forderungen zur Spezialisierung von Betreuungsformen und Einrichtungen der Kinder- und Jugendhilfe sind seit der Einführung des §35a KJHG (Eingliederungshilfe für seelisch behinderte Kinder und Jugendliche) wieder verstärkt zu vernehmen (z.B. Günter 1995; Mueller 1998), und es wird heftig darüber diskutiert, ob sich vorhandene Angebote der Kinder- und Jugendhilfe weiterentwickeln und qualifizieren lassen oder ob neue behindertenspezifische Sondereinrichtungen benötigt werden (vgl. Schmidt-Nieraese 1996). Dabei ist strittig, ob es eine seelische Behinderung bei Kindern und Jugendlichen überhaupt geben kann, da mit dem Begriff Behinderung ein verfestigter Zustand bzw. die Chronizität eines Leidens beschrieben wird, bei Kindern aber von einer weitgehenden Offenheit ihres Entwicklungsprozesses auszugehen ist (vgl. Cobus-Schwertner 1996; Fegert 1994).

Jörg-M. Fegert (1996) charakterisiert den Begriff der seelischen Behinderung daher als sozialrechtliches Konstrukt, das zur Verwirklichung des Rechtsanspruchs auf Eingliederungshilfe benötigt wird. Diesen Rechtsanspruch haben die Kinder und Jugendlichen, denen das Vorliegen oder die Bedrohung von einer seelischen Behinderung durch eine Ärztin oder einen Arzt bescheinigt wird, selbst und befinden sich damit in einer einzigartigen Situation, da bei allen anderen Leistungen, die nach dem Kinder- und Jugendhilfegesetz in Anspruch genommen werden können, die Anspruchsberechtigten immer die Eltern bzw. Personensorgeberechtigten der betroffenen Kinder oder Jugendlichen sind.

Die Sonderstellung, die der §35a dadurch im KJHG einnimmt, macht ihn zum Gegenstand einer sehr kontrovers geführten Diskussion, in der es sowohl um den praktischen Umgang mit dem Paragraphen geht als auch seine Sinnhaftigkeit überhaupt in Frage gestellt wird. Eine bedeutende Veränderung, die durch die Einführung des §35a ausgelöst wurde, ist, dass die als (wesentlich) seelisch behindert bezeichneten Kinder und Jugendlichen, die vordem der Sozialhilfe zugeordnet waren, nun in den Zuständigkeitsbereich der Kinder- und Jugendhilfe fallen. Die Kinder- und Jugendhilfe trägt damit auch für die Klient/inn/en die Verantwortung, die sich in schweren Krisen befinden und psychische Probleme haben. Insofern ist sie dazu herausgefordert, über ihre Hilfesettings nachzudenken und diese weiter zu qualifizieren.

Allerdings stellt sich die Frage, worin sich die Hilfen nach dem §35a von den Hilfen nach den §§27ff. KJHG unterscheiden. Darauf ist zu erwidern: grundsätzlich überhaupt nicht. Inge Cobus-Schwertner (1998) macht darauf aufmerksam, dass die Kinder- und Jugendhilfe durch die Regelungen des §35a um kein ihr bislang fremdes Hilfeangebot ergänzt wird, sondern in diesem Rahmen genau die Hilfen gegeben werden, die auch vorher schon im Leistungskatalog enthalten waren. Klemens Richter (1997) bestätigt dies aus Praktikersicht für den Bereich der Heimerziehung. Hier erweisen sich die §§34 und 35a nur als unterschiedliche Zugangswege zur Hilfe, während deren konkrete Formen identisch sein können bzw. für jedes Kind gleichermaßen individuell zusammengestellt werden. Immerhin ist im §27 KJHG festgeschrieben, dass sich erstens Art und Umfang der Hilfen zur Erziehung nach dem erzieherischen Bedarf richten (Absatz 2) und dass sie zweitens neben pädagogischen auch therapeutische Leistungen umfassen (Absatz 3).

Der entscheidende Vorteil, den die Verfechter/innen des §35a in seiner Bevorzugung vor den §§27ff. sehen, besteht darin, dass die betroffenen Kinder und Jugendlichen selbst anspruchsberechtigt sind. Sie sind nicht auf eine Antragstellung durch ihre Personensorgeberechtigten angewiesen, diese werden nicht als erziehungsunfähig stigmatisiert und das Jugendamt muss die Hilfe gewähren, egal, in welcher finanziellen Situation es sich befindet (vgl. Fegert 1994, Harnach-Beck 1996). Dem stellen die Kritiker/innen gegenüber, dass dadurch aber die hilfeempfangenden Heranwachsenden stigmatisiert werden, womit der ganzheitliche Hilfeansatz des KJHG konterkariert wird, da die Kinder dann eben nicht mehr in erster Linie als Kinder (in schwierigen Lebenssituationen), sondern als Behinderte angesehen werden (vgl. Cobus-Schwertner 1998). Zugleich erhält die Forderung nach Spezialeinrichtungen Nahrung (s.o.). Eine Vielzahl von Vertreter/inne/n der Kinder- und Jugendhilfe, z.T. aber auch der Kinder- und Jugendpsychiatrie fordert deshalb, den §35a nicht zu benutzen und stattdessen die §§27ff. anzuwenden (vgl. Cobus-Schwertner 1998; Köttgen 1998c; Ministerium für Bildung, Jugend und Sport des Landes Brandenburg 1995; Schmidt-Nieraese 1996).

Ein anderer zentraler Aspekt des §35a, der kontrovers diskutiert wird, ist die explizite Kooperationsverpflichtung zwischen Vertreter/inne/n der Kinder- und Jugendhilfe und der Kinder- und Jugendpsychiatrie durch den §36 Absatz 3, der für die Aufstellung und Änderung des Hilfeplans die Beteiligung eines Arztes verlangt, der über besondere Erfahrungen in der Hilfe für Behinderte verfügt. Einigkeit herrscht in der Diskussion darüber, dass diese Kooperationsverpflichtung grundsätzlich ein positiver Beitrag dazu ist, die Zusammenarbeit der Kinder- und Jugendhilfe mit der Kinder- und Jugendpsychiatrie und vor allem den interdisziplinären Austausch – zumindest in Bezug auf Einzelfälle Hilfesuchender – zu fördern. Irritationen gibt es allerdings in Bezug auf die Rollenverteilung unter den Fachkräften der einzelnen Disziplinen, da diese im KJHG nicht eindeutig geklärt ist. So wird darüber gestritten, wer welches Definitionsmonopol hat hinsichtlich der Feststellung des Hilfebedarfs und der Durchführung der Hilfeplanung. Ein Beispiel dafür ist die Auseinandersetzung zwischen Jörg-M. Fegert und Andreas Hilliger in der Zeitschrift „Jugendhilfe" (vgl. Fegert 1996, 1997; Hilliger 1996).

5. Ausblick

Eine echte Kooperation von Kinder- und Jugendhilfe und Kinder- und Jugendpsychiatrie kann nur entstehen und stattfinden, wenn sich beide Hilfesysteme als gleichberechtigte Partner gegenübertreten. Dazu gehört vor allem eine Gleichrangigkeit der fachspezifischen Denk- und Handlungsstrukturen. Um diese zu erreichen, muss jede Disziplin aber ihre theoretischen Positionen erst einmal ins Feld führen und verteidigen. Der Kinder- und Jugendhilfe sei deshalb dringend empfohlen, sich auf ihre eigenen – nämlich die sozialpädagogischen – Wurzeln zu besinnen und dem medizinisch-therapeutischen Paradigma selbstbewusst entgegenzutreten, auch wenn das Handlungskonsequenzen hat, die wesentlich schwieriger zu bewältigen sind als eine Abgabe von Problemen (getarnt als „Problemkinder") an ein anderes Hilfesystem. Die Kinder- und Jugendhilfe sollte diese Herausforderung als ihre Chance begreifen – und zwar nicht nur zum Statusgewinn, sondern vor allem, um als konsequente Fürsprecherin und Fürsorgerin für die ihr verantworteten Heranwachsenden ernst genommen zu werden und sich auch selbst ernst nehmen zu können.

Junge Menschen mit psychischen Problemen und/oder Verhaltensauffälligkeiten sind in erster Linie als in Entwicklung begriffene Kinder und Jugendliche anzusehen, die eine entwicklungsfördernde soziale Umgebung mit stabilen sozialen Beziehungen brauchen. Dies kann auf Dauer nur im Rahmen von Kinder- und Jugendhilfe geschehen. Die Psychiatrie sollte als begleitende und als Krisenhilfe in Anspruch genommen werden, nicht aber als Annahmestelle für unbequeme Klient/inn/en.

Literatur zur Vertiefung

Gintzel, Ullrich/Schone, Reinhold (Hrsg.) (1990): Zwischen Jugendhilfe und Jugendpsychiatrie. Konzepte – Methoden – Rechtsgrundlagen. Münster: Votum

Köttgen, Charlotte (Hrsg.) (1998): Wenn alle Stricke reißen. Kinder und Jugendliche zwischen Erziehung, Therapie und Strafe. Bonn: Psychiatrie-Verlag

Mollenhauer, Klaus/Uhlendorff, Uwe: Sozialpädagogische Diagnosen. Weinheim und München: Juventa; Bd.1 (1992) +2 (1995) verf. von Mollenhauer, K./Uhlendorff, U.; Bd. 3 (1997) verf. von Uhlendorff, U.

Literatur

Becker, Peter & Koch, Josef (1999): Wenn Abweichungen definiert und behandelt werden sollen. Risiken der Therapeutisierung. In: Dies. (Hrsg.): Was ist normal? Normalitätskonstruktionen in Jugendhilfe und Jugendpsychiatrie. Weinheim und München: Juventa, S. 7-18

Bittscheidt, Dorothee (1998): Repression statt Perspektiven. Über die ordnungspolitische Zurichtung der Jugendhilfe. In: Köttgen, Charlotte (Hrsg.): Wenn alle Stricke reißen. Kinder und Jugendliche zwischen Erziehung, Therapie und Strafe. Bonn: Psychiatrie-Verlag, S. 25-39

Cobus-Schwertner, Inge (1984): Von der Jugendhilfe in die Psychiatrie. Eine Untersuchung über den Beitrag sozialpädagogischer Institutionen zur Entstehung psychiatrischer Karrieren bei Jugendlichen. München: Deutsches Jugendinstitut

Cobus-Schwertner, Inge (1996): „Behinderte Kinder sind in erster Linie Kinder ...". Anmerkungen zur Neufassung des Kinder- und Jugendhilfegesetzes. In: Soziale Psychiatrie, 20. Jg., Heft 1, S. 13-14

Cobus-Schwertner, Inge (1998): Behinderte Kinder sind in erster Linie Kinder. Anmerkungen zum §35a des KJHG. In: Köttgen, Charlotte (Hrsg.): Wenn alle Stricke reißen. Kinder und Jugendliche zwischen Erziehung, Therapie und Strafe. Bonn: Psychiatrie-Verlag, S. 40-45

Colla, Herbert E. (1999): Suizidales Verhalten junger Menschen – eine nicht wahrgenommene Aufgabe in der Heimerziehung. In: Colla, Herbert E. u.a. (Hrsg.): Handbuch Heimerziehung und Pflegekinderwesen in Europa. Neuwied; Kriftel: Luchterhand, S. 541-573

Fegert, Jörg M. (1994): Was ist seelische Behinderung? Anspruchsgrundlagen und kooperative Umsetzung von Hilfen nach §35a KJHG. Münster: Votum

Fegert, Jörg-M. (1996): Positive und negative Irritationen um den §35a KJHG. Zusammenarbeit von Jugendhilfe und Kinder- und Jugendpsychiatrie und -psychotherapie. In: Jugendhilfe, 34. Jg., Heft 4, S. 195-202

Fegert, Jörg M. (1997): Diskussion um „Macht- und Definitionsmonopole". Anmerkungen zur Replik von Andreas Hilliger in Jugendhilfe 6/96. In: Jugendhilfe, 35. Jg., Heft 1, S. 37-40

Freigang, Werner (1986): Verlegen und Abschieben. Zur Erziehungspraxis im Heim. Weinheim und München: Juventa

Freigang, Werner (1999): Praxis der Heimeinweisung. In: Colla, Herbert u.a. (Hrsg.): Handbuch Heimerziehung und Pflegekinderwesen in Europa. Neuwied; Kriftel: Luchterhand, S. 687-693

Gintzel, Ullrich (1989): Jugendhilfe und Jugendpsychiatrie – Zwischen Konkurrenz und Kooperation. In: Soziale Praxis, Heft 7, S. 10-22

Gintzel, Ullrich & Schone, Reinhold (1989): Erziehungshilfen im Grenzbereich von Jugendhilfe und Jugendpsychiatrie. Problemlagen junger Menschen, Entscheidungsprozesse, Konflikte und Kooperationen. Frankfurt/M.: IGfH

Gintzel, Ullrich & Schone, Reinhold (1995): Der §35a KJHG: Stein des Weisen oder altes Eisen? In: Forum Erziehungshilfen, 1. Jg., Heft 4, S. 149-155

Günter, Michael (1995): Hilfeangebote für seelisch behinderte Kinder und Jugendliche: Qualifizierung von Regeleinrichtungen – Aufbau von Spezialeinrichtungen. In: Praxis der Kinderpsychologie und Kinderpsychiatrie, 44. Jg., Heft 9, S. 366-369

Harnach-Beck, Viola (1996): Seelische Behinderung – was ist das? Eingliederungshilfe für seelisch behinderte Kinder und Jugendliche – wofür ist das Jugendamt zuständig? In: Sozialmagazin, 21. Jg., Heft 12, S. 20-33

Hilliger, Andreas (1996): Weg von Kategorisierungen – hin zu individuellen Hilfen. Replik zum Beitrag von Jörg M. Fegert in Jugendhilfe 4/96. In: Jugendhilfe, 34. Jg., Heft 6, S. 360-364

Köttgen, Charlotte (1990): Ist die kindliche Seele unendlich teilbar? Anmerkungen zum Expertenbericht Kinder- und Jugendpsychiatrie. In: Gintzel, Ullrich/Schone, Reinhold (Hrsg.): Zwischen Jugendhilfe und Jugendpsychiatrie. Konzepte – Methoden – Rechtsgrundlagen. Münster: Votum, S. 53-65

Köttgen, Charlotte (1996): Wenn alle Stricke reißen ... ab in die Psychiatrie? – Kinder und Jugendliche zwischen den Hilfesystemen. In: Soziale Psychiatrie 20. Jg., Heft 1, S. 4-9

Köttgen, Charlotte (1996a): Kein Ausbau der Psychiatrie-Betten für Kinder und Jugendliche? Stellungnahme des DGSP-Fachausschusses ‚Kinder und Jugendliche' zum Artikel im ‚Weser Kurier' vom 21. Mai 1996. In: Soziale Psychiatrie, 20. Jg., Heft 4, S. 50-52

Köttgen, Charlotte (1998a): Seelische Verletzung bei Kindern und Jugendlichen als Folge von Armut und Ausgrenzung. In: Dies. (Hrsg.): Wenn alle Stricke reißen. Kinder und Jugendliche zwischen Erziehung, Therapie und Strafe. Bonn: Psychiatrie-Verlag, S. 12-24

Köttgen, Charlotte (1998b): Lars oder wie man ein perfekter Psychiatrie-Patient wird. In: Dies. (Hrsg.): Wenn alle Stricke reißen. Kinder und Jugendliche zwischen Erziehung, Therapie und Strafe. Bonn: Psychiatrie-Verlag, S. 62-70

Köttgen, Charlotte (1998c): Integration statt Konkurrenz. Möglichkeiten der Kooperation zwischen Kinder- und Jugendpsychiatrie und Jugendhilfe. In: Dies. (Hrsg.): Wenn alle Stricke reißen. Kinder und Jugendliche zwischen Erziehung, Therapie und Strafe. Bonn: Psychiatrie-Verlag, S. 233-247

Köttgen, Charlotte & Kretzer, Dieter (1990): „Grenzfälle" zwischen Heimen und Psychiatrie – am Beispiel Hamburgs. In: Köttgen, Charlotte; Kretzer, Dieter & Richter, Stephan (Hrsg.): Aus dem Rahmen fallen: Kinder und Jugendliche zwischen Erziehung und Psychiatrie. Bonn: Psychiatrie-Verlag, S. 85-112

Meyer, Eberhardt (1998): Geschlossene Unterbringung in der Kinder- und Jugendpsychiatrie. Indikation, Vorgehensweise und rechtliche Aspekte. In: Sozialmagazin, 23. Jg., Heft 11, S. 22-27

Ministerium für Bildung, Jugend und Sport des Landes Brandenburg (28.2.1995): Empfehlungen zum Verhältnis der Hilfen zur Erziehung zu den Eingliederungshilfen gem. §35a KJHG

Mollenhauer, Klaus (1990): Pädagogisch-hermeneutische Diagnose in der Jugendhilfe. In: Gintzel, Ullrich & Schone, Reinhold (Hrsg.): Zwischen Jugendhilfe und Jugendpsychiatrie. Konzepte – Methoden – Rechtsgrundlagen. Münster: Votum, S. 90-100

Mollenhauer, Klaus & Uhlendorff, Uwe (1992): Sozialpädagogische Diagnosen. Über Jugendliche in schwierigen Lebenslagen. Weinheim und München: Juventa

Mollenhauer, Klaus & Uhlendorff, Uwe (1995): Sozialpädagogische Diagnosen II. Selbstdeutungen verhaltensschwieriger Jugendlicher als empirische Grundlage für Erziehungspläne. Weinheim und München: Juventa

Mueller, Karl-Heinz (1998): Seelisch behinderte Kinder und Jugendliche. Seelisch behinderte oder von seelischer Behinderung bedrohte junge Menschen. Eine Herausforderung an eine moderne Heimerziehung. Eine Orientierungshilfe. Frankfurt/M.: R.G. Fischer

Müller, Hans Rüdiger (1999): Erziehung und Therapie in der Heimerziehung. In: Colla, Herbert u.a. (Hrsg.): Handbuch Heimerziehung und Pflegekinderwesen in Europa. Neuwied; Kriftel: Luchterhand, S. 405-413

Richter, Klemens (1997): Haben sich durch §35a KJHG Auftrag und Arbeitsweise der Hilfen verändert? Ein Beitrag aus der Praxis zur Kooperation von Erziehungshilfe und Kinder- und Jugendpsychiatrie. In: Jugendhilfe, 35. Jg., Heft 2, S. 91-101

Rössler, Jochen (1990): Aufgabengebiet und Selbstverständnis der Jugendhilfe. Standortbestimmung im Hinblick auf das Aufgabengebiet der Kinder- und Jugendpsychiatrie. In: Köttgen, Charlotte; Kretzer, Dieter & Richter, Stephan (Hrsg.): Aus dem Rahmen fallen: Kinder und Jugendliche zwischen Erziehung und Psychiatrie. Bonn: Psychiatrie-Verlag, S. 131-144

Schmidt-Nieraese, Helga (1996): Hilfe ganzheitlich gestalten. Der §35a KJHG in der Praxis des Jugendamtes. In: Soziale Psychiatrie 20. Jg., Heft 1, S. 15-17

Schwabe, Mathias (1996): Eskalation und De-Eskalation von körperlicher Gewalt in stationären Einrichtungen der Jugendhilfe bzw. Kinder- und Jugendpsychiatrie. In: bsj. e. V. Projekt Radschlag (Hrsg.): „Bambule". Gewalt im Kontext von Jugendhilfe und Jugendpsychiatrie. Dokumentation einer Fachtagung. Marburg, S. 19-45

Uhlendorff, Uwe (1997): Sozialpädagogische Diagnosen III. Ein sozialpädagogisch-hermeneutisches Diagnoseverfahren für die Hilfeplanung. Weinheim und München: Juventa

Wolf, Klaus (1995): Das Verhältnis von Jugendhilfe und Jugendpsychiatrie aus der Sicht der Jugendhilfe. In: Bock, Thomas u.a. (Hrsg.): Abschied von Babylon. Verständigung über Grenzen in der Psychiatrie. Bonn: Psychiatrie-Verlag, S. 510-518

Wolf, Klaus (1995a): Zum Verhältnis von Jugendhilfe und Jugendpsychiatrie oder: Warum die Jugendhilfe nicht die Verlängerung der Psychiatrie ins normale Leben sein kann. In: Ders. (Hrsg.): Entwicklungen in der Heimerziehung. 2. Aufl., Münster: Votum, S. 231-240

Wolf, Klaus (1996): Ausgrenzung forcierende und legitimierende Alltagstheorien in der Jugendhilfe. In: Forum Erziehungshilfen, 2. Jg., Heft 2, S. 86-90

Wolf, Klaus (1998): Sozialpädagogische Betreuung oder Behandlung? Kinder zwischen Heimerziehung und Psychiatrie. In: Köttgen, Charlotte (Hrsg.): Wenn alle Stricke reißen. Kinder und Jugendliche zwischen Erziehung, Therapie und Strafe. Bonn: Psychiatrie-Verlag, S. 46-60

Teil VI
Handlungsformen der Kinder- und Jugendhilfe

Teil VI

Peter Hansbauer

Methoden der Kinder- und Jugendhilfe

Zusammenfassung: Nach einer Definition des Methodenbegriffs folgt eine kurze Darstellung der Hauptlinien der Methodendiskussion. Ausgehend von der Frage, wie die Angemessenheit methodischen Handelns bestimmt werden kann, wird dann auf „empowerment", sozialpädagogisches Fallverstehen und Formen der (Selbst-)Evaluation als Kernbestandteil sozialpädagogischer Fachlichkeit in der Kinder- und Jugendhilfe verwiesen. Diese Primär- oder Schlüsselmethoden sind deshalb unverzichtbar, weil erst durch sie erkennbar wird, ob das methodische Vorgehen den besonderen Bedingungen des Falls entspricht. Es wird deshalb dafür plädiert, diese Methoden als konstitutives Element der Kinder- und Jugendhilfe anzusehen und in der Ausbildung dafür zu sorgen, dass sie sozialpädagogischen Fachkräften vermittelt werden.

Einleitung

Hätte man Fachkräfte in der Kinder- und Jugendhilfe in den 60er-Jahren gefragt, mit welchen Methoden sie arbeiten, so wären in den Antworten wahrscheinlich bald die Begriffe *Einzelfallhilfe, soziale Gruppenarbeit* oder *Gemeinwesenarbeit* gefallen. Würde man dieselbe Frage heute stellen, so wären die Antworten vermutlich vielfältiger: So führt, zum Beispiel, Galuske (1998) in seiner Einführung in die Methoden Sozialer Arbeit 18 verschiedene Methoden auf – darunter „klientenzentrierte Gesprächsführung", „Case Management", „Mediation", „Erlebnispädagogik", „Streetwork" und andere mehr –, die vielfach auch in der Kinder- und Jugendhilfe Anwendung finden. Offenbar hat dieser Zuwachs an neuen Methoden aber eher zu einem Mehr an Konfusion als zur theoretischen und begrifflichen Klärung des Methodenbegriffs beigetragen: noch immer finden sich deshalb sehr unterschiedliche Definitionen des Begriffs „Methode" (vgl. a.a.O., S. 19ff.). Versucht man den Kern dieser Definitionen herauszuarbeiten, so scheinen dies insbesondere die folgenden Punkte zu sein:

Einigkeit herrscht in der sozialpädagogischen Methodendiskussion weitgehend darüber, dass methodisches Handeln Planung voraussetzt. Prägnant formuliert: „Die Methode ist ein vorausgedachter Plan der Vorgehensweise" (Geißler/Hege 1995, S. 24). Damit ist implizit schon ein weiteres Merkmal von Methoden angesprochen, nämlich dass sie zielorientiert sind, denn die Planung von Handeln setzt qua Definition voraus, dass man eine bestimmte Absicht damit verfolgt, ansonsten ist Planung überflüssig. Entscheidungstheoretisch gewendet sind Methoden damit eine mehr oder minder lange Abfolge von Wahlmöglichkeiten zwischen Handlungsalternativen, über die eine zuvor festgelegte Absicht verfolgt wird. Die Auswahlkriterien für die eine oder andere Handlungsalternative basieren in der Regel auf berufsständischen Vorstellungen, was sinnvolle Präferenzen sein können und erfahrungsgestütztem Wissen darüber, wie sie zu erreichen sind. So gesehen sind Methoden kollektiv geltend gemachte und individuell verfügbare professionelle Entscheidungsregeln. Die Systematisierung solcher Entscheidungsregeln (z.B. mache dies, wenn ... oder unterlasse jenes, wenn ...) erlaubt es, Verfahrensschritte festzulegen und diese auf vergleichbare Fälle zu übertragen. Insofern ist ein weiteres Merkmal von Methoden, dass sie standardisierte Elemente enthalten, die übertragbar und deren Einhaltung kontrollierbar ist. (Es ist diese Eigenschaft von Methoden, die sie lehr- bzw. erlernbar macht.) Unterschiedlich strikt wird bei einzelnen Methoden die Kombination von Verfahrensschritten gehandhabt: Je loser die Kombination, desto eher kann die Methode auf die besonderen Bedingungen des individuellen Falls und der bestehenden Kontextbedingungen abgestimmt werden, desto höher ist aber gleichzeitig der Bedarf an plausiblen fachlichen Begründungen für solche Kombinationen. Zusammenfassend lässt sich eine Methode dann beschreiben als eine mehr oder minder lange Sequenz professioneller Entscheidungsregeln und daran geknüpfter (standardisierter) Verfahrensschritte, die mit Blick auf ein bestimmtes Ziel hin kombiniert werden und sich dabei intersubjektiv nachvollziehbarer fachlicher Begründungsmuster bedienen.

Hauptlinien der Entwicklung der Methodendiskussion

Zu den „klassischen" Methoden der Kinder- und Jugendhilfe, die noch bis in die 70er-Jahre hinein in den einschlägigen Ausbildungsstätten überwiegend vermittelt wurden, zählten neben der *Einzelfallhilfe*, die *soziale Gruppenarbeit* und die *Gemeinwesenarbeit*.[1] Die Wurzeln dieser Methoden, die sich zuerst über ihren Adressatenkreis unterscheiden, lagen allesamt in den USA, auch wenn sie schon während des ersten Drittels des 20. Jahrhunderts in Deutschland rezipiert wurden. Ohne Zweifel war diese „Methoden-Trias" ein Fortschritt gegenüber einer auf intuitive spontane Hilfe setzenden Sozialarbeit, insofern sie den Versuch darstellt, ausbildungsvermittelt – durch verlässliche und kalkulierbare Handlungsperspektiven und die Bereitstellung entsprechender Techniken – die Gestaltung von Hilfeprozessen von den individuellen Eigenarten sozialpädagogischer Fachkräfte abzulösen. Die Vermittlung dieser Methoden in der Ausbildung war deshalb ein wichtiger Schritt auf dem Weg zu einer Professionalisierung der Sozialen Arbeit (vgl. ausführlich Müller, C.W. 1988; Landwehr/Baron 1991; Wendt 1995).

---

1 Als Einführung und Überblick zur Einzel-, Gruppen- und Gemeinwesenarbeit, vgl. Müller, C.W. (1988), Galuske (1998, S. 63ff.) und Shulman (1999).

Ab den 70er-Jahren geriet diese klassische Methoden-Trias zunehmend in die Kritik. Diese konzentrierte sich vor allem auf drei Aspekte: Erstens, auf die fehlende theoretische Fundierung dieser Methoden und damit zusammenhängend, die mangelnde Wahrnehmung des „Kontrollmoments" in der Sozialen Arbeit; zweitens wurde ihnen vorgeworfen, sie würden die Gesellschaft von strukturellen Problemlösungen entlasten, da sie gesellschaftlich verursachte Problemlagen auf individueller Ebene der gesellschaftlichen Bearbeitung zuführten und schließlich, dass sie durch ihre Nähe zu medizinischen Handlungsmodellen dazu neigten, die Adressaten von Hilfen zu pathologisieren (vgl. ausführlich Galuske 1998, S. 101ff.). Gleichzeitig setzte in den 70er-Jahren eine Beschleunigung gesellschaftlicher Wandlungsprozesse ein, die u.a. zu einem raschen Zuwachs sozialpädagogisch ausgebildeter Fachkräfte in der Kinder- und Jugendhilfe führte (vgl. Rauschenbach/Schilling 1997), begleitet von einer Zunahme neuer Handlungsfelder (vgl. Kreft/Lukas 1990). Auch angesichts dieser raschen Ausdifferenzierung der Kinder- und Jugendhilfe wurde allmählich deutlich, dass die genannten Methoden kaum noch ausreichten, um professionelles Handeln in den verschiedenen Handlungsfeldern der Jugendhilfe tatsächlich anzuleiten.

Mit der Abkehr von den klassischen Methoden wurde jedoch alsbald offenbar, was Burkard Müller (1991, S. 26ff.) später einmal als das „ungelöste Methodenproblem" der Sozialen Arbeit bezeichnet hat, denn mit der – in Teilen sicherlich berechtigten – Kritik an diesen Methoden trat insgesamt die Frage nach angemessenen Methoden und Handlungsmodellen in den Hintergrund. Stattdessen wurde als einigendes Band sozialpädagogischer Fachlichkeit nun vor allem eine gesellschaftskritische und auf Solidarisierung mit der Klientel gerichtete Grundhaltung expliziert, während die Frage nach der praktischen Umsetzung dieser Grundhaltung in Theorie und Ausbildung eher zurückhaltend behandelt und der Pragmatik eines unübersichtlich gewordenen Berufsfeldes überlassen wurde. Die Folge war, dass sozialpädagogische Fachkräfte zwar häufig über viel guten Willen und kritische Normativität, aber wenig fachliches Rüstzeug verfügten und so der Möglichkeit beraubt waren, sich innerhalb des eigenen Berufsfeldes systematisch über die Bedeutung und Folgen des eigenen Handelns bewusst zu werden.

Einwände wie diese führten dann Anfang der 80er-Jahre zu einer erneuten Intensivierung der Diskussion um Fragen sozialpädagogischer Professionalität (z.B. Müller, S. u.a. 1982). Diese „Handlungskompetenz-Debatte" trug der erfolgten Ausdifferenzierung sozialpädagogischer Handlungsfelder insofern Rechnung, als nun versucht wurde, zu bestimmen, über welche methodischen Voraussetzungen und Kompetenzen sozialpädagogische Fachkräfte in einzelnen Arbeitsfeldern verfügen sollten. In der Folgezeit differenzierte sich diese Diskussion aber selbst immer stärker aus, sodass die Generaldebatte nun immer stärker zu einer Spezialdebatte wurde. Methodendiskussionen wurden also zunehmend arbeitsfeldspezifisch geführt – dort jedoch mit unterschiedlicher Intensität und oftmals im Rückgriff auf

Diskurse in den Referenzwissenschaften der Sozialen Arbeit. Parallel dazu setzte sich immer stärker die Einsicht durch, dass methodisches Handeln in der Sozialen Arbeit weniger mit „operativem Rezeptwissen" zu tun hat, als mit situativer Deutungskompetenz, mit der Fähigkeit angemessene Hilfsangebote zu entwickeln und der Fähigkeit, eine reflexiv-selbstkritische Haltung gegenüber dem eigenen Handeln einzunehmen. (All dies sind zentrale fachliche Prämissen, die auch heute wieder den Methodendiskurs bestimmen.)

Wenn nun seit einigen Jahren wieder ein verstärktes arbeitsfeldübergreifendes Interesse an Methodenfragen zu beobachten ist, so dürfte dies vor allem auf die veränderten Kontextbedingungen zurückzuführen sein, unter denen Soziale Arbeit heute erbracht wird: Immer weniger können soziale Dienstleistungen inzwischen auf eine voraussetzungslose gesellschaftliche Akzeptanz hoffen, sodass sich die Kinder- und Jugendhilfe nach einer Phase des kontinuierlichen Angebotsausbaus in den 70er und 80er-Jahren inzwischen zunehmend mit Legitimationsanforderungen im Hinblick auf den Nachweis einer rationellen Aufgabenerfüllung konfrontiert sieht (vgl. Merchel 1998, S. 11f.). Gestützt auf Effektivierungs- und Reorganisationsbemühungen der gesamten öffentlichen Verwaltung rücken damit „kritische" Fragen nach der Wirksamkeit von Jugendhilfeleistungen und daraus resultierend, Fragen nach einer planvollen, nachvollziehbaren und überprüfbaren Durchführung von Hilfeverfahren, zunehmend in den Vordergrund (fach-)öffentlicher Debatten.

Zentrale Fragen bei der Auswahl von Methoden

Zwei Fragen stehen im Kern der Methodendiskussion in der Kinder- und Jugendhilfe: Erstens, wie lässt sich eine als unbefriedigend definierte Ausgangssituation durch gezielte Interventionen – in der Kinder- und Jugendhilfe hat sich dafür der Begriff der „Hilfe" bzw. des „Angebots" eingebürgert – so verändern, dass die daraus entstehende Situation befriedigender ist als die ursprüngliche? Und zweitens, wie lassen sich die dabei vorhandenen Kontingenzen – d.h. andere Verfahrensschritte könnten möglicherweise besser geeignet sein, das angestrebte Ziel zu erreichen – so eingrenzen, dass daraus verlässliche Orientierungen für professionelles Handeln resultieren? Damit wird deutlich, dass Methoden nicht nur dem Adressaten nutzen sollen, sondern diese für die Profession die Funktion haben, durch generalisierte Erwartungen Handlungssicherheit zu gewährleisten.

Beide Aspekte stehen in einem kaum aufhebbaren Spannungsverhältnis zueinander, denn während die Profession, um das „Kontingenzproblem" zu mindern, dazu neigt, soziale Regelmäßigkeiten systematisch zu nutzen und einmal beobachtete Zusammenhänge in „Wenn-dann"-Entscheidungsregeln zu übertragen, muss der Adressat der Hilfe ein Interesse daran haben, dass seiner Individualität in vollem Umfang Rechnung getragen wird, denn nur so kann eine Situation entstehen, die für ihn befriedigender ist als die vorherige. Angesichts dieser widersprüchlichen Bedürfnislagen zwischen professionellen Helfern einerseits und den Adressaten der Hilfe andererseits sowie der Notwendigkeit, zwischen ihnen zu vermitteln, sind bei der Wahl einer dem Fall angemessenen Methode mindestens drei Fragenkomplexe virulent: (a) Die Frage nach den *ethischen Prämissen* methodischen Handelns in der Kinder- und Jugendhilfe; (b) die Frage des Umgangs mit dem „strukturellen *Technologiedefizit*" der Pädagogik und schließlich (c) die Frage nach dem Umgang mit dem Problem diffus werdender Präferenzen („*Zieldiffusität*") angesichts einer sich immer stärker abzeichnenden Erosion der „Normalbiographie".

Ad (a): Methoden, also die planvolle und überprüfbare Gestaltung von Entscheidungs- und Hilfeprozessen, setzen grundsätzlich auf ethischen Prämissen auf, die definieren, welche Art von Interventionen innerhalb einer Profession als zulässig gilt bzw. welche dort nicht auf Akzeptanz hoffen darf. Da es sich hier um eine „berufsständische Moral" handelt – auch wenn sie durch gesellschaftlich anerkannte Moralvorstellungen begrenzt wird – folgt daraus, dass Professionen als soziale Gruppen sich darin unterscheiden können, welches methodische Vorgehen ihnen grundsätzlich zulässig erscheint. Deshalb dürfte, zum Beispiel, in der Sozialen Arbeit ein methodisch-diagnostisches Vorgehen kaum auf Akzeptanz hoffen, das auf einer strukturell programmierten Machtasymmetrie zwischen Experten und Laien aufbaut (vgl. Stichweh 1988) und dabei den Patienten/Klienten zum Objekt der Vermittlung von Erkenntniswissen „degradiert". Vielmehr verpflichtet das aktuell vorherrschende lebensweltlich orientierte Leitkonzept der Kinder- und Jugendhilfe die Soziale Arbeit auf die unbedingte Respektierung des Selbstvertrauens, der Selbstachtung und Selbstschätzung der potentiellen Adressaten von Hilfen.

Dies muss zwangsläufig Konsequenzen für die Auswahl von Methoden haben: Wenn eine Unterscheidung von Laien- und Expertenrolle aus ethischen Gründen nicht akzeptabel erscheint, dann ist kaum zu rechtfertigen, dass die Wahl der Methode in das Belieben des Professionellen gestellt wird, ohne den Adressaten an dieser Entscheidung zu beteiligen. Gleichzeitig verfügen sozialpädagogische Fachkräfte in der Regel über mehr Orientierungsmittel und Informationen als die Adressaten ihrer Angebote. Den Adressaten Alternativen bei der Wahl der Methoden anzubieten, ist deshalb eine zwar notwendige, aber keine hinreichende Voraussetzung für eine adäquate Beteiligung, vielmehr muss eine solche Absicht getragen sein vom Bemühen, potentielle Adressaten von Hilfen dahingehend zu bemächtigen, dass sie gleichberechtigt bei der Wahl von Methoden mitbestimmen können. Insofern ist es sinnvoll an dieser Stelle eine Hierarchisierung von Methoden einzuführen: Aus welchen Gründen auch immer die Wahl auf eine bestimmte Methode fällt, sie muss überlagert werden vom methodisch angeleiteten Bemühen den Adressaten zur Entscheidungsautonomie zu befähigen und damit einhergehend, einer Nivellierung der faktisch bestehenden

Differenz an Orientierungsmitteln zwischen Adressaten und Professionellen. In diesem Sinne lässt sich dann „*empowerment*" als eine Primär- oder *Schlüsselmethode* ansehen, deren Realisierung erst die Voraussetzungen für eine adäquate Form der Methodenwahl schafft.

Ad (b): Soziale Arbeit hat es immer mit sozialen Objekten (vgl. ausführlich Wheeler 1974) zu tun, die über die Fähigkeit zur Selbstreferenz – oder schlicht: Eigensinn – verfügen. Sämtliche Personenänderungsstrategien unterliegen damit dem Risiko, angesichts dieses Eigensinns zu „verpuffen". Luhmann/Schorr (1982, S. 14) sprechen deshalb von einem strukturell bedingten Technologiedefizit der Pädagogik. Strukturell deshalb, weil dieses Technologiedefizit durch eine bessere Forschungslage – d.h. durch wissenschaftliches Wissen – nicht grundsätzlich überwunden werden kann. Vielmehr ist die unvermeidliche Offenheit pädagogischer Prozesse eine unhintergehbare Bedingung pädagogischen Handelns überhaupt. Faktisch sind deshalb der Methodisierung enge Grenzen gesetzt (vgl. Japp 1986, S. 88), da „Personenänderungsstrategien" stets auf anderen individuellen Voraussetzungen aufsetzen, sodass nie definitiv entscheidbar ist, ob diese Ausgangsbedingungen, die Methode oder vielleicht sogar eine weitere Drittvariable (z.B. die Tatsache, dass der Professionelle besonders „nett" ist) für den Erfolg der Methode ausschlaggebend sind.

Dies hat u.a. Auswirkungen auf die Verwendung wissenschaftlichen Wissens: damit ein solches Wissen – z.B. über Familiensozialisation, abweichendes Verhalten oder Stigmatisierungseffekte – überhaupt Anwendung finden kann, muss dieses Wissen oder dadurch begründete Handlungsregeln fall- und situationsbezogen umgesetzt werden. „So gesehen werden wissenschaftlich begründete Regeln nicht befolgt, sondern ausgenutzt. Man muss sehen, wofür sie taugen, muss ihre Gültigkeit und vor allem deren Grenzen abschätzen können" (Dewe u.a. 1995, S. 18). Methoden in der Kinder- und Jugendhilfe sind also weder richtig noch falsch, sondern bestenfalls angemessen oder nicht. Um jedoch entscheiden zu können, welche Methoden der Problemlage angemessen sind – d.h. um möglichen Adressaten von Hilfen sinnvolle Alternativen anbieten zu können –, muss vor und bei jeder Revision von Methodenentscheidungen immer das Bemühen um ein angemessenes Fallverständnis stehen. Es gilt also, methodisch angeleitet und gestützt auf wissenschaftliches Wissen, das Besondere im Allgemeinen kenntlich zu machen. Insofern kann, ebenso wie das „empowerment", auch das *sozialpädagogische Fallverstehen* als eine Primär- oder Schlüsselmethode gesehen werden, die der eigentlichen Methodenwahl vorausgeht bzw. sie dauerhaft überlagert.

Ad (c): In den 80er-Jahren wurde die Erosion kollektiv geteilter Normalitätsvorstellungen und darauf sich stützender subjektiver Identitätsstrukturen gesellschaftlich zunehmend deutlicher wahrgenommen (man denke an den Bedeutungsverlust von Normalarbeitsverhältnissen; die Veränderungen in der Rollenverteilung zwischen Männern und Frauen sowie zwischen Kindern und Erwachsenen; den Wandel der Familienformen; die Umgestaltung des Verhältnisses von privatem und öffentlichem Raum usw.). Im Bereich der Kinder- und Jugendhilfe führte dies dazu, dass tradierte Handlungs- und Deutungsmuster in wachsendem Umfang prekär wurden, da die für die traditionelle Normalisierungsarbeit konstitutive Vorstellung einer Komplementarität von institutionalisierten und subjektiv praktizierten Lebensentwürfen immer weniger als „quasi-selbstverständlich" vorausgesetzt werden konnte (Böllert 1995, S. 102). Aus einer quasi an objektiven kulturellen und sozialen Vorgaben orientierten Wert-Erziehung wurde so allmählich eine wertgeleitete Verständigung mit unentschiedenem Ausgang. Das Ergebnis dieser Verständigungsarbeit war also nicht mehr ohne weiteres verfügbar oder pädagogisch kalkulierbar, sondern ungewiss und offen (vgl. Münchmeier 1992, S. 42).

Auch dies hat Konsequenzen für die Methodenwahl: Wenn das Ziel methodischen Handelns nicht mehr vorausgesetzt werden kann, sondern variabel an immer wieder sich verändernde Lebenslagen und Perspektiven angepasst werden muss, dann können auch Methoden nicht statisch gehandhabt werden, also gewissermaßen kontrafaktisch gegenüber sich wandelnden Zielvorstellungen durchgehalten werden. Notwendig werden damit immer wieder Vergewisserungen über die Effekte methodischen Handelns und dessen Auswirkungen auf Lebenslagen und Zukunftsperspektiven der Adressaten, verbunden mit der Notwendigkeit, die Wahl der Methode immer wieder hierauf abzustimmen. Insofern kann *Evaluation* ebenfalls zu den Primär- und Schlüsselmethoden gezählt werden, da sie wie die zwei zuvor genannten Schlüsselmethoden immer in Anschlag gebracht werden muss, um angemessene Methoden auszuwählen.

Damit verweisen schließlich alle drei Fragekomplexe auf die Kernkompetenz jeglichen professionellen sozialpädagogischen Handelns: nämlich *Reflexivität*. Im Bewusstsein der Gefahr einer technologischen oder schematischen Übernahme von Diagnose- und Bearbeitungstechniken, die immer die Tendenz in sich trägt, sich gegenüber den Handlungsadressaten zu verselbstständigen und die Interaktionsbeziehung zu technisieren (vgl. Gildemeister 1992, S. 215), wird deshalb in der aktuellen Methodendiskussion zu Recht immer wieder auf die Notwendigkeit von Reflexivität als Zentralkategorie eines methodisch angeleiteten sozialpädagogischen Vorgehens in der Kinder- und Jugendhilfe hingewiesen. Ausgehend von den Reflexivität fördernden Eigenschaften der drei genannten Primär- oder Schlüsselmethoden lässt sich dann argumentieren, dass eben diese den methodischen Kernbestand der Kinder- und Jugendhilfe bilden, über den sich diese teilweise auch von anderen Feldern sozialstaatlicher Dienstleistungserbringung abgrenzen lässt.

Schlüsselmethoden als konstitutive Elemente der Kinder- und Jugendhilfe

Aus der Distanz betrachtet, handelt es sich bei der Kinder- und Jugendhilfe um eine Ansammlung historisch gewachsener Tätigkeitsfelder, die 1922 mit der Einführung des Reichsjugendwohlfahrtsgesetzes erstmals systematisch unter der Leitpräferenz „Erziehung" zusammengefasst und hierdurch von anderen sozialstaatlichen Unterstützungsangeboten abgegrenzt wurden (vgl. Hansbauer 1999). Angesichts der schon damals bestehenden und seither kontinuierlich fortschreitenden Ausdifferenzierung dieser Tätigkeitsfelder scheint es zunächst wenig sinnvoll, für die gesamte Kinder- und Jugendhilfe von einer einheitlichen Methodik auszugehen. Gleichzeitig eröffnet die im letzten Abschnitt angedeutete Hierarchisierung von Methoden die Möglichkeit, jenseits von auch methodischen Ausdifferenzierungen auf der Ebene einzelner Tätigkeitsfelder, die gesetzlich vollzogene Zusammenfassung sozialstaatlicher Unterstützungsangebote nunmehr auch methodisch einzuholen und so die Einheit der Kinder- und Jugendhilfe auf dieser Ebene neu zu begründen.

Wurde oben behauptet, Methoden seien eine mehr oder minder lange Sequenz professioneller Entscheidungsregeln und daran geknüpfter (standardisierter) Verfahrensschritte, die mit Blick auf ein bestimmtes Ziel kombiniert werden und dem Ausweis der Begründbarkeit unterliegen, so gilt es nun diese Schritte bezogen auf die drei genannten Schlüsselmethoden des (a) „empowerments", des (b) sozialpädagogischen Fallverstehens und (c) der (Selbst-)Evaluation kurz zu skizzieren.[2] Dabei ist darauf hinzuweisen, dass die hier herangezogenen Autoren eher exemplarischen Charakter haben, sodass die konkrete Umsetzung dieser Methoden im Detail durchaus von deren Verfahrensvorschlägen abweichen kann, sofern sie auf eine vergleichbare, intersubjektiv nachvollziehbare Plausibilität verweisen können.

Ad (a): Die „Empowerment-Diskussion"[3] stammt ursprünglich aus dem angloamerikanischen Raum und hat ihre Wurzeln in der Kommunitarismus-, Selbsthilfe- und Netzwerkdebatte. Zunächst vor allem auf soziale Selbstorganisationsprozesse gerichtet, erfuhr die Diskussion in Deutschland, vor allem durch Herriger (1994, 1997), eine jugendhilfepolitische Akzentuierung. Laut Herriger (1997, S. 85) ist „empowerment", ein „mit Blick auf die Handlungsmethodik (...) offenes Projekt, das vielfältige Instrumente nutzt und diese in bunten Puzzlen miteinander verknüpft." Empowerment meint damit zunächst eine professionelle Haltung, also eine eher lose Kombination von Verfahrensschritten, durch die die Adressaten befähigt werden sollen, ihre Angelegenheiten in die eigene Hand zu nehmen. Die erste Hand-

---

2 Angesichts des begrenzten Umfangs dieses Beitrags, können diese drei Methoden hier nur kurz gestreift werden. Bei einem tiefergehenden Interesse sei daher auf die zugrundegelegte Originalliteratur verwiesen.
3 Vgl. hierzu auch Herriger (1994) sowie Stark (1996).

lungsregel für sozialpädagogische Fachkräfte hierbei lautet: Nimm einen Perspektivwechsel vor und versuche weniger die Defizite des Adressaten als vielmehr dessen Stärken zu sehen. Sodann: Versuche diese Ressource zu fördern und weiterzuentwickeln, sowohl auf der Ebene des Individuums und innerhalb von sozialen Gruppen als auch auf institutioneller Ebene. Hierfür liefert Herriger (a.a.O., S. 85ff.) dann verschiedene, teilweise aus anderen Arbeitsbereichen entlehnte Verfahrenselemente und Techniken, beispielsweise das „Unterstützungsmanagement", das „biographische Lernen", den „Kompetenzdialog" oder die verschiedenen Instrumente zur Förderung der Selbstorganisation sozialer Gruppen.

Ad (b): Die Anfänge eines methodisch reflektierten sozialpädagogischen Fallverstehens lassen sich in Deutschland auf die 20er-Jahre des letzten Jahrhunderts datieren, als Alice Salomon mit ihrem Buch „Soziale Diagnose" (vgl. Salomon 1926) die amerikanische Methodendebatte dieser Zeit nach Deutschland importierte. Bis zum Beginn der 90er-Jahre verstummte dann jedoch, von punktuellen Ausnahmen abgesehen, diese Diskussion fast vollständig, bevor sie vor allem durch die Veröffentlichungen von Mollenhauer/Uhlendorff (1992, 1995) und Burkhard Müller (1993) wieder stärker in den Blick der Fachöffentlichkeit gerückt wurde. Trotz der grundsätzlichen Unterschiedlichkeit beider Ansätze, besteht eine ihrer Gemeinsamkeiten darin, dass sie zu vermitteln versuchen zwischen „szientifischen" Verfahren zur Erkenntnisgewinnung einerseits, die versuchen die Besonderheiten des Einzelfalls aus allgemeinen Wissensbeständen und Klassifikationen heraus verständlich zu machen, und einer Logik des Verstehens andererseits, die gerade die Individualität jedes einzelnen Falls immer wieder hervorhebt und sich gegenüber Etikettierungen, Typisierungen und Zuschreibungen verweigert. Zentral für die sozialpädagogische Fallarbeit ist deshalb, in den Worten Burkard Müllers, „dass das zur Fallarbeit jeweils notwendige Expertenwissen eingebettet ist in ein intuitiv und/oder selbstreflexiv gewonnenes Wissen über die Struktur der je besonderen Beziehung, innerhalb deren jenes Expertenwissen in die ‚Arbeit am Fall' eingebracht wird" (Müller, B. 1995, S. 698f.). Hierzu führt Müller (1993) – ebenfalls im Sinne eines bewussten Perspektivwechsels – die Unterscheidung zwischen dem „Fall von" (von Jugendgerichtshilfe, von Inobhutnahme, von Hilfen zur Erziehung usw.), dem „Fall mit" (d.h. mit Jugendlichen, mit Eltern und mit all den menschlichen Eigenarten) und dem „Fall für" (für die Justiz, für die Psychiatrie usw.) ein. Diese dreiseitige Betrachtung des Falls wird dann mit Arbeitsregeln, also standardisierten Verfahrenselementen kombiniert, die zur weiteren Reflexion anregen und dazu beitragen sollen, zu angemessenen Handlungsweisen zu gelangen.

Ad (c): Gerade die Diskussion um verschiedene Verfahren zur (Selbst-)Evaluation Sozialer Arbeit hat im Gefolge der Diskussionen um die Wirksamkeit Sozialer Arbeit im Verlauf des letzten Jahrzehnts in der Kinder- und Jugendhilfe erheblich an Bedeutung gewonnen. Auch hier sind mittlerweile die Einflüsse der amerikanischen Diskussion kaum noch zu übersehen (vgl. z.B.

Joint Committee on Standards for Educational Evaluation/Sanders 1999), in der pragmatisch Arbeitsschritte und Verfahrensvorschläge formuliert werden, die auch in der deutschen Diskussion zunehmend Anklang finden. Auf allgemeinster Ebene kann Evaluation dabei verstanden werden als „die Auswertung und Bewertung von Programmen, Projekten und Prozessen auf der Grundlage systematisch erhobener Informationen" (Heiner 1992, S. 123). Im Gegensatz zur Fremdevaluation setzt die Selbstevaluation[4] hierbei vor allem auf (Selbst-)Beobachtung sozialpädagogischer Fachkräfte, die Verdeutlichung von Zielen, die kontrollierte Erhebung von „Interventionsdaten" sowie die Dokumentation dieser Informationen innerhalb alltäglicher Arbeitsabläufe. Durch die hierdurch ermöglichte Verfeinerung der Informations- und Entscheidungsgrundlagen, die Sensibilisierung für die aktuelle Arbeitssituation, die systematische Strukturierung von Reflexionsprozessen durch die Evaluation bisheriger Erfahrungen sowie die Beurteilung und Erklärung von Erfolgen und Misserfolgen, erhalten diese Orientierungen für nachfolgendes Handeln und erweitern ihre Möglichkeiten, neue Problemlösungsansätze zu entwickeln, zu beschreiben und zu erproben.

Die erfolgte Ausdifferenzierung methodischen Handelns in den letzten Jahrzehnten und die damit einhergehende Diffusität kinder- und jugendhilfespezifischer Handlungsformen, lässt es sinnvoll erscheinen, sich auf den eben formulierten Kernbestand methodischen Handelns als einigendes Band einer kinder- und jugendhilfespezifischen Fachlichkeit zu besinnen. Denn erst die drei genannten Primär- oder Schlüsselmethoden erlauben eine sinnvolle Auswahl weiterer Methoden, die der Spezifik des Falls, den institutionellen und rechtlichen Rahmenbedingungen sowie den Zielen der Intervention angemessen sind. Mit anderen Worten: erst aus den drei genannten Primärmethoden heraus lässt sich begründen, weshalb dieses oder jenes methodische Vorgehen gewählt wird. Eben dies macht sie zu einem unverzichtbaren Element fachlichen Handelns in der Kinder- und Jugendhilfe, denn ohne diese Primärmethoden bleibt jede Entscheidung für ein bestimmtes methodisches Vorgehen beliebig und muss sich den Vorwurf gefallen lassen, letztlich aus professionslogischen Motiven, nicht aus den Bedürfnissen des Einzelfalls heraus in Anschlag gebracht worden zu sein.

Methode und Kompetenz

Professionelle Handlungskompetenz besteht „in der Fähigkeit zur Bewältigung unterschiedlicher Anforderungen in beruflichen Arbeitssituationen" (Dewe u.a. 1986, S. 235). Sie kann daher als die Summe des Wissens und Könnens verstanden werden, das Sozialarbeiter dazu befähigt, neue berufliche Anforderungssituationen durch die situationsadäquate Anwendung von bereits Bekanntem zu bewältigen (ähnlich auch Olk 1986, S. 187). *Kompe-*

---

[4] Hierzu ausführlich die verschiedenen Arbeiten von Maja Heiner (1989, 1996, 1998) und Hiltrud von Spiegel (1993).

tenz heißt also nicht, schon Gekonntes zu reproduzieren, es heißt vor allem, aus dem Gekonnten immer wieder Neues zu generieren. Insofern kann sozialpädagogische Handlungskompetenz keinesfalls auf die alleinige Beherrschung von Methoden reduziert werden, vielmehr umfasst sie neben instrumentellen – also der Methodenbeherrschung und der Verfügbarkeit dafür notwendiger rechtlicher und wissenschaftlicher Wissensbestände – auch soziale und insbesondere reflexive Kompetenzen (vgl. Geißler/Hege 1995, S. 227ff.). Und wie bereits oben erwähnt, bedarf gerade die Beherrschung der eben genannten Schlüsselmethoden reflexiver Kompetenzen, um sich nicht gegenüber dem eigentlichen Adressaten der Hilfe zu verselbstständigen und sich gegenüber nicht-intendierten Folgen methodischen Handelns abzusichern.

Zieht man vor diesem Hintergrund die professionsanalytischen Untersuchungen von Keiner u.a. (1997), Thole (1998) oder Ackermann/Seek (1999) heran, so scheint insbesondere bei der Ausbildung instrumentell-technischer Kompetenzen und der Verfügbarkeit über methodisches Wissen bei sozialpädagogischen Fachkräften der Kinder- und Jugendhilfe noch „Ausbaubedarf" zu bestehen. Auch wenn sozialpädagogische Fachlichkeit sich nicht auf die Beherrschung solcher Kompetenzen reduzieren lässt, so wird man doch kaum bestreiten wollen, dass die Verfügbarkeit über verschiedene Handlungsmethoden und der sie fundierenden Wissens- und Könnensbestände die Wahrscheinlichkeit fachlich guter Arbeit erhöht. An dieser Stelle sind deshalb vor allem die Fachhochschulen gefragt, die noch immer den größten Teil der SozialpädagogInnen/SozialarbeiterInnen ausbilden, verstärkt instrumentell-technische Kompetenzen zu vermitteln.

Es gilt deshalb zukünftig verstärkt darauf hinzuarbeiten, dass in der Kinder- und Jugendhilfe die drei genannten Schlüsselmethoden von angehenden SozialpädagogInnen nach Abschluss der Ausbildung kompetent beherrscht werden. Ein solches „Reformprojekt" scheint gerade auch deshalb notwendig, weil ohne solche Kompetenzen und dem Fehlen nachvollziehbarer Begründungsmuster die „Kontamination" durch fachfremde Handlungslogiken droht. Mit anderen Worten, nur eine ausgeprägte sozialpädagogische Fachlichkeit und mit ihr die methodische Beherrschung von „empowerment", sozialpädagogischem Fallverstehen und Formen der (Selbst-)Evaluation wird mittelfristig verhindern können, dass die Soziale Arbeit angesichts der andauernden Reformprozesse in der Kinder- und Jugendhilfe bzw. der öffentlichen Verwaltung in den Sog einer vor allem an einer administrativen Verwaltungs- oder ökonomistischen Managementlogik orientierten Fachlichkeit gerät (vgl. z.B. Schnurr 1998).

Literatur zur Vertiefung

Galuske, Michael (1998): Methoden der Sozialen Arbeit. Eine Einführung. Weinheim und München

Heiner, Maja/Meinhold, Marianne/von Spiegel, Hiltrud/Staub-Bernasconi, Silvia: Methodisches Handeln in der Sozialen Arbeit. Freiburg, S. 138-219
Müller, Carl Wolfgang (1988): Wie Helfen zum Beruf wurde: Eine Methodengeschichte der Sozialarbeit (Bd. I: 1883-1945/Bd. II: 1945-1985). Weinheim und Basel, 2. überarb. und erw. Aufl.

Literatur

Ackermann, Friedhelm/Seek, Dietmar (1999): Soziale Arbeit in der Ambivalenz von Erfahrung und Wissen. In: Neue Praxis, 29. Jg./Heft 1, S. 7-22
Böllert, Karin (1995): Zwischen Intervention und Prävention. Eine andere Funktionsbestimmung Sozialer Arbeit. Neuwied, Kriftel und Berlin
Dewe, Bernd/Ferchhoff, Wilfried/Peters, Friedhelm/Stüwe, Gerd (1986): Professionalisierung – Kritik – Deutung. Soziale Dienste zwischen Verwissenschaftlichung und Wohlfahrtsstaatskrise. ISS-Materialien 27. Frankfurt a.M.
Dewe, Bernd/Ferchhoff, Wilfried/Scherr, Albert/Stüwe, Gerd (1995): Professionelles soziales Handeln: Soziale Arbeit im Spannungsfeld zwischen Theorie und Praxis. Weinheim und München, 2. überarbeitete Aufl.
Galuske, Michael (1998): Methoden der Sozialen Arbeit. Eine Einführung. Weinheim und München
Geißler, Karlheinz A./Hege, Marianne (1995): Konzepte sozialpädagogischen Handelns. Ein Leitfaden für soziale Berufe. Weinheim und Basel. 7. Aufl.
Gildemeister, Regine (1992): Neuere Aspekte der Professionalisierungsdebatte. In: Neue Praxis, 22. Jg./Heft 3, S. 207-219
Hansbauer, Peter (1999): Traditionsbrüche in der Heimerziehung. Analysen zur Durchsetzung der ambulanten Einzelbetreuung. Münster
Heiner, Maja (1989): Selbstevaluation. Orientierung und Bilanz in der sozialen Arbeit. In: Olk, Thomas/Otto, Hans-Uwe (Hrsg.): Soziale Dienste im Wandel. Band II: Entwürfe sozialpädagogischen Handelns. Neuwied und Frankfurt a.M., S. 169-198
Heiner, Maja (1992): Evaluation und berufliche Handlungskompetenz. In: Blätter der Wohlfahrtspflege, 139. Jg./Heft 5, S. 123-126
Heiner, Maja (1998): Reflexion und Evaluation methodischen Handelns in der Sozialen Arbeit: Basisregeln, Arbeitshilfen und Fallbeispiele. In: Heiner, Maja/Meinhold, Marianne/von Spiegel, Hiltrud/Staub-Bernasconi, Silvia: Methodisches Handeln in der Sozialen Arbeit. Freiburg, S. 138-219
Heiner, Maja (Hrsg.) (1996): Qualitätsentwicklung durch Evaluation. Freiburg
Herriger, Norbert (1994): Risiko Jugend. Konflikthafte Lebensbewältigung und Empowerment in der Jugendhilfe. In: Archiv für Wissenschaft und Praxis der sozialen Arbeit, 25. Jg./Heft 4, S. 298-315
Herriger, Norbert (1997): Empowerment in der Sozialen Arbeit. Eine Einführung. Stuttgart, Berlin und Köln
Japp, Klaus Peter (1986): Wie psychosoziale Dienste organisiert werden. Widersprüche und Auswege. Frankfurt a.M. und New York
Joint Committee on Standards for Educational Evaluation/Sanders, James R. (Hrsg.) (1999): Handbuch der Evaluationsstandards. Opladen
Keiner, Edwin/Kroschel, Manfred/Mohr, Heidi/Mohr, Regine (1997): Studium für den Beruf? Prospektiven und Retrospektiven von Pädagoginnen und Pädagogen. In: Zeitschrift für Pädagogik, 43. Jg./Heft 5, S. 803-825
Kreft, Dieter/Lukas, Helmut (1990): Perspektivwandel in der Jugendhilfe. Band II: Expertisentexte „Neue Handlungsfelder in der Jugendhilfe". Nürnberg

Landwehr, Rolf/Baron, Rüdiger (Hrsg.) (1991): Geschichte der Sozialarbeit: Hauptlinien ihrer Entwicklung im 19. und 20. Jahrhundert. Weinheim/Basel, 2., unveränd. Aufl.

Luhmann, Niklas/Schorr, Karl-Eberhard (1982): Das Technologiedefizit der Erziehung und die Pädagogik. In: dies. (Hrsg.): Zwischen Technologie und Selbstreferenz: Fragen an die Pädagogik. Frankfurt a.M., S. 11-40

Merchel, Joachim (1998): Einleitung: Die Qualitätsdebatte – ein Erfolg versprechender Qualifizierungsimpuls für die Jugendhilfe? In: ders. (Hrsg.): Qualität in der Jugendhilfe: Kriterien und Bewertungsmöglichkeiten. Münster, S. 9-17

Mollenhauer, Klaus/Uhlendorff, Uwe (1992): Sozialpädagogische Diagnosen: Über Jugendliche in schwierigen Lebenslagen. Weinheim und München

Mollenhauer, Klaus/Uhlendorff, Uwe (1995): Sozialpädagogische Diagnosen II: Sebstdeutungen verhaltensschwieriger Jugendlicher als empirische Grundlage für Erziehungspläne. Weinheim und München

Müller, Burkhard (1991): Die Last der großen Hoffnungen: methodisches Handeln und Selbstkontrolle in sozialen Berufen. Weinheim und München, überarb. Neuausgabe

Müller, Burkhard (1993): Sozialpädagogisches Können: Ein Lehrbuch zur multiperspektivischen Fallarbeit. Freiburg

Müller, Burkhard (1995): Das Allgemeine und das Besondere beim sozialpädagogischen und psychoanalytischen Fallverstehen. In: Zeitschrift für Pädagogik, 41. Jg./Heft 5, S. 697-708

Müller, Carl Wolfgang (1988): Wie Helfen zum Beruf wurde: Eine Methodengeschichte der Sozialarbeit (Bd. I: 1883-1945/Bd. II: 1945-1985). Weinheim und Basel, 2. überarb. und erw. Aufl.

Müller, Siegfried/Otto, Hans-Uwe/Peter, Hilmar/Sünker, Heinz (Hrsg.) (1982): Handlungskompetenz in der Sozialarbeit/Sozialpädagogik (Bd. I: Interventionsmuster und Praxisanalysen/Bd. II: Theoretische Konzepte und gesellschaftliche Strukturen). Bielefeld

Münchmeier, Richard (1992): Paradigmenwechsel in der sozialpädagogischen Arbeit? In: Vahsen, Friedhelm G. (Hrsg.): Paradigmenwechsel in der Sozialpädagogik. Bielefeld, S. 24-48

Olk, Thomas (1986): Abschied vom Experten: Sozialarbeit auf dem Weg zu einer alternativen Professionalität. Weinheim und München

Rauschenbach, Thomas/Schilling, Matthias (1997): Das Ende der Fachlichkeit? Soziale Berufe und die Personalstruktur im vereinten Deutschland. In: Neue Praxis, 27. Jg./Heft 1, S. 22-54

Salomon, Alice (1926): Soziale Diagnose. Berlin

Schnurr, Stefan (1998): Jugendamtsakteure im Steuerungsdiskurs. In: Neue Praxis, 28. Jg./Heft 4, S. 362-382

Shulman, Lawrence (1999): The Skills of Helping: Individuals, Families, Groups and Communities. Itasca, Ill. (Peacock Publishers)

Spiegel, Hiltrud von (1993): Aus Erfahrung lernen: Qualifizierung durch Selbstevaluation. Münster

Stark, Wolfgang (1996): Empowerment. Neue Handlungsperspektiven in der psychosozialen Praxis. Freiburg

Stichweh, Rudolf (1988): Inklusion in Funktionssysteme der modernen Gesellschaft. In: Mayntz, Renate u.a.: Differenzierung und Verselbstständigung: Zur Entwicklung gesellschaftlicher Teilsysteme. Frankfurt a.M. und New York. S. 261-293

Thole, Werner (1998): Die MitarbeiterInnen. In: Deinet, Ulrich/Sturzenhecker, Benedikt (Hrsg.): Handbuch Offene Jugendarbeit. Münster, S. 42-59

Wendt, Wolf Rainer (1995): Geschichte der sozialen Arbeit. Stuttgart, 4., neubearb. Aufl.

Wheeler, Stanton (1974): Die Struktur formal organisierter Sozialisationsanstalten. In: Brim, Orville G./Wheeler, Stanton: Erwachsenen-Sozialisation: Sozialisation nach Abschluss der Kindheit. Stuttgart, S. 53-125

Uwe Uhlendorff

Hilfeplanung

Zusammenfassung: Das Kinder- und Jugendhilfegesetz macht bei der Entscheidung über die im Einzelfall angezeigte Hilfe zur Erziehung die kollegiale Beratung im Fachteam zur Pflicht. Bei der Aufstellung des Hilfeplans, der Angaben zum erzieherischen Bedarf, zur Hilfeart und den Leistungen enthält, sollen die Betroffenen beteiligt werden (Mitwirkung). Die gemeinsame Problemeinschätzung und der mit den Eltern, Kindern, bzw. Jugendlichen abgestimmte Lösungsweg steht im Zentrum der Bemühungen. Diese neue Form der Entscheidungsfindung und Planung, welche die Betroffenen als Leistungsempfänger ernst nimmt, setzt eine andere Einstellung der Mitarbeiter/innen und veränderte Strukturen im Jugendamt voraus. In den 90er Jahren wurden eine Reihe von Konzepten entwickelt, die allerdings noch in der Erprobungsphase sind. Strittig ist die Frage, ob und in welcher Form Diagnosen bei Feststellung des erzieherischen Bedarfs erforderlich sind.

1. Die im Einzelfall angezeigte Hilfeart – ein historischer Rückblick

Die Entscheidung über die im Einzelfall angezeigte Hilfeart markiert ein Grundproblem der Jugendhilfe. Welche Hilfe ist für den Fall X oder Y die Beste? Wie kann angesichts der Komplexität von Lebensverhältnissen eine Hilfe gefunden werden, die mit relativ hoher Voraussicht die Lebenssituation eines Kindes oder Jugendlichen merklich verbessert? Mit dieser Aufgabe stellt sich zugleich die Frage nach geeigneten Verfahrensweisen. Welche Methoden eignen sich, um die Lebensschwierigkeiten eines Individuums, einer Familie mit relativer Sicherheit zu erkennen?

Das Problem der Entscheidungsfindung und Begründbarkeit von Hilfen ist relativ alt; es tauchte schon in der Entstehungsphase moderner öffentlicher Jugendhilfe auf. Zwei Faktoren kamen zusammen: (1.) Im ausgehenden 19. Jahrhundert hatte man erkannt, dass die Familienpflege – die Unterbringung von Waisenkindern in Pflegefamilien – pädagogisch sinnvoller war als die Erziehung in Anstalten. Die Waisenhäuser und „Rettungshäuser" sollten den Kindern vorbehalten bleiben, die sich aufgrund von Krankheit oder Verhaltensschwierigkeiten für Familienerziehung nicht eigneten. Die Armenbehörden fortschrittlicher Städte – diese waren zunächst noch für die Waisenpflege zuständig – wurden angewiesen, bei jedem Einzelfall nach pädagogischen Gesichtspunkten zu überprüfen, ob Familien- oder Heimerziehung infrage kam. (2.) Parallel dazu setzte sich die Überzeugung durch, dass der zunehmenden Verwahrlosung und Kriminalität der Jugend durch öffentliche, staatlich beaufsichtigte Ersatzerziehung zu begegnen sei. Die Zwangserziehung, später Fürsorgeerziehung genannt, wurde in den einzelnen Ländern des Deutschen Reiches nach und nach eingeführt, zuerst in Preußen (1876) (Peukert 1986, S. 116ff.; Sachße/Tennstedt 1988, S. 33f.). Damals sahen sich die Administrationen, die für Zwangserziehung zuständig waren (Armen-, und Polizeibehörde, Vormundschaftsgericht, Bürgermeister) vor ein erhebliches Problem gestellt: Auch hier musste bei jedem Jugendlichen, bei dem öffentliche Erziehung angebracht erschien, begründet werden, ob Familienerziehung oder Unterbringung in einer Erziehungs- und Besserungsanstalt angezeigt war.

Schon bald zeigte sich, dass die bestehenden Behörden mit der Aufgabe überfordert waren. Progressive Sozialreformer forderten die Einführung erzieherisch kompetenter Behörden, bei denen alle Aufgaben der Jugendfürsorge zentralisiert werden sollten. Ihr Einsatz hatte Erfolg: In einigen Städten entstanden im ersten Jahrzehnt des 20. Jahrhunderts die ersten Jugendbehörden, Vorläufer des späteren Jugendamtes (z.B. die „städtische Zentrale für Jugendfürsorge" in Mainz oder die „Behörde für öffentliche Jugendfürsorge" in Hamburg). Im Nachhinein kann man also sagen, dass das Verwaltungsproblem, öffentliche Erziehungsmaßnahmen zu begründen, für die Entstehung des Jugendamtes sehr bedeutsam war (vgl. Uhlendorff 1998; Uhlendorff 2000). Die Jugendbehörden in Mainz und Hamburg lösten die Schwierigkeit folgendermaßen: Die Entscheidung über die angezeigte Hilfeart wurde in einem Kollegium aus Fachleuten (das sich aus erzieherisch kompetenten Bürgern, Verwaltungsfachleuten, Arzt, Lehrer, Pastor zusammensetzte) gefällt. Jeder Fall wurde ausführlich vorgestellt, die Entscheidung in einem Fallbericht festgehalten. Schwierige Fälle überwies man für eine Übergangszeit in spezielle Beobachtungsstationen (meist im Waisenhaus), wo sie sich einer Untersuchung bzw. Abklärung unterziehen mussten. In anderen Kommunen wurde ähnlich verfahren.

Die Einführung spezieller Jugendbehörden war mit einem bedeutsamen institutionellen Lernprozess verbunden. Die Mitarbeiter der Jugendadministrationen mussten sich völlig umstellen, denn die Arbeit setzte ein für die damalige Zeit unübliches Verwaltungsdenken und -handeln voraus. In der Armenverwaltung hatte sich eine Form der Aufgabenerledigung durchgesetzt, die sich an konkreten Tatbeständen orientierte und konditional programmiert war. D.h. es wurde nach dem Muster gehandelt: „Wenn die Tatbestandsmerkmale a, b, c ... gegeben sind, dann tue X!". Fielen beispielsweise die Einkünfte einer Familie unter eine bestimmte Grenze, dann war öffentliche Armenhilfe angezeigt. Dieses Prinzip ließ sich aber nur schwer auf die Jugendfürsorge übertragen, denn hier musste die soziale Situation eines Kindes oder Jugendlichen in ihrer Gesamtheit eingeschätzt werden. Die Herausnahme eines Kindes aus der Familie, die Entscheidung über Familien- oder Anstaltserziehung ließ sich nur individuell begründen. Die Aufgabenerledigung musste folglich nach anderen Prinzipien organisiert werden; in der Verwaltungswissenschaft nennt man diesen Organisationstyp „Zweckprogrammierung" (vgl.Ortmann 1994, S. 47ff.): D.h. die Leistungen der Jugendfürsorge orientierten sich an allgemeinen Zielen, wie „Bekämpfung der Verwahrlosung", „Erziehung zu tüchtigen Staatsbürgern", Verbesserung der Jugendwohlfahrt etc. Die Mittel zur Erreichung dieser Ziele waren im Einzelfall den handelnden Personengruppen der Verwaltung überlassen.

Dass die Entscheidungsfindung in den Kollegien sehr zeitaufwendig war, belegen die umfangreichen Akten in den Archiven (beispielsweise in Hamburg). Bei der Hamburger Jugendbehörde, die sich im Jahr mit mehr als 35 000 Kinder und Jugendliche befasste, war der Arbeitsaufwand für die Entscheidungsfindung und Aktenführung so groß, dass man schon bald über Veränderungen nachdachte. Ab 1912 wird die Verwaltung zunehmend Rationalisierungen unterworfen. Dies betraf zunächst nur die Aktenführung. In den 20er Jahren versuchte man auch Entscheidungsprozesse zu rationalisieren, und zwar durch die Einführung wissenschaftlicher Methoden. Die Entscheidung über die angezeigte Hilfeart wurde z.B. in Hamburg an einen Mediziner bzw. Psychiater delegiert. Auch bekamen die beruflichen Fürsorgerinnen in den Außendiensten des Jugendamtes zunehmend mehr Entscheidungskompetenz übertragen. In dieser Zeit wurde auch, inspiriert durch Mary Richmond, die Idee der „sozialen Diagnose" und der Fallarbeit („case-work") in Deutschland vorangetrieben, insbesondere von Alice Salomon und Siddy Wronsky (Salomon 1926). Es zeigte sich aber, dass die Zeit für diese Art von Methoden noch nicht reif war.

Erst in den 70er Jahren wurden in der Jugendhilfe so genannte „multifaktorielle Diagnosen" eingeführt. Niedersachsen war u.a. eines der ersten Bundesländer, das die *psychosoziale Diagnose* bei der Einleitung von Heimerziehung (insbesondere bei der Entscheidung über die so genannte Fürsorgeerziehung und über die Freiwillige Erziehungshilfe) vorschrieb. Das Ziel, Zuweisungskriterien für bestimmte Hilfen zu entwickeln, wurde allerdings nie befriedigend gelöst. Die Indikation Heimerziehung blieb ein ungelöstes Problem. Die Praxis der Entscheidungsfindung in den Jugendämtern stieß in den 70er Jahren zunehmend auf Kritik der fortschrittlichen Fachöffentlichkeit. Ausgehend von der Rezeption des *symbolischen Interaktionismus*, insbesondere des „*Labeling-Approachs*" (Mollenhauer 1972; Thiersch 1973; Thiersch 1977), wurde den Jugendämtern vorgeworfen, dass sie mit der Diagnose- und Zuschreibungspraxis Jugendliche etikettierten und so abweichendes Verhalten verfestigten. Die Entscheidungspraxis und die Erziehungsplanung geriet seit den 80er Jahren zunehmend ins Abseits. Ein Grund dafür war das veränderte Selbstverständnis der Sozialpädagogik: Eine stärkere Alltags- bzw. Lebensweltorientierung wurde eingefordert (Thiersch 1986). Nicht mehr in der Behandlung von Verhaltensschwierigkeiten (in Anlehnung an Therapiemodelle) wurde die Aufgabe der Jugendhilfe gesehen, sondern in der Bereitstellung von pädagogisch produktiven Orten, die selbstbestimmtes Handeln ermöglichen (Winkler 1988, S. 263ff.). Hilfe zur Lebensbewältigung wurde für genauso wichtig erachtet wie Sozialintegration (Böhnisch/Schefold 1985). In der Praxis entwickelten sich neue Hilfemaßnahmen (sozialpädagogische Familienhilfe, soziale Gruppenarbeit, Tagesgruppen etc.) und fachliche Konzepte (Elger/Jordan/Münder 1987). Die Erfahrungen zeigten, dass dort die Hilfen erfolgreich verliefen, wo gemeinsam mit den Eltern und Kindern einvernehmliche Lösungen gefunden wurden. Das Jugendamt Kassel war eines der ersten Ämter, das eine „Erziehungskonferenz" (ein Fachgremium, in dem Einzelfallentscheidungen gefällt wurden) einführte. Zuvor hatten die Kommunale Gemeinschaftsstelle für Verwaltungsvereinfachung und der Deutsche Verein auf die Vorteile der Gruppenarbeit, der Entscheidung über Erziehungshilfen im Team, hingewiesen (Deutscher Verein 1976; Deutscher Verein 1983; KGSt 1975).

Die hoffnungsvollen Erwartungen an Diagnose, Zuweisungskriterien und wissenschaftliche Methoden wichen zunehmend der pragmatischen Einschätzung, dass es keine allgemein gültige Zuordnung von Problem und Hilfeart gibt (Merchel 1998, S. 89), dass komplexe Familiensituationen nur schwer objektivierbar und Entscheidungen immer mit Risiken verbunden sind. Letztendlich zeigte sich auch, dass formale Verfahren nicht zu den Erfordernissen einer kommunikativen Jugendhilfepraxis passten.

Mit der Verabschiedung des Kinder- und Jugendhilfegesetzes wurde diesen Tendenzen entsprochen. Es unterstützt nicht nur die Mitsprache der Betroffenen, sondern räumt der Beteiligung der Eltern und Kinder bei der Hilfeplanung einen hoher Stellenwert ein. Auch knüpft es an die ursprüngliche Idee des *Jugendamtes als kollegiale Behörde* an. Die Entscheidung über die Hilfeart soll nun im Team von Fachleuten unter *Mitwirkung der Betroffenen* gefällt werden. Damit stehen wir in der Jugendhilfe vor einem ähnlich eingreifenden institutionellen Lernprozess wie vor hundert Jahren. Das Jugendhilfesystem hat auf der Grundlage seiner neuen rechtlichen Konzeption einen bedeutsamen Schritt nach vorn gemacht: Es geht nicht nur um die Ausgestaltung der Hilfe nach individuellen Maßstäben und dem jeweiligen erzieherischen Bedarf, sondern auch um die Einbeziehung der Eltern, Kinder und Jugendlichen bei den Entscheidungprozessen. Die Einbeziehung der Sichtweise der Betroffenen, die Berücksichtigung ihrer Wünsche und ihre potentielle Stellung als Anspruchsberechtigte bilden einen bedeutsamen Perspektivenwechsel innerhalb der Geschichte der modernen Jugendhilfe. Die gemeinsame Problemeinschätzung und der mit den Betroffenen abgestimmte Lösungsweg steht im Zentrum der Bemühungen, die man Hilfeplanung nennt. Die Diagnose des Fachmanns, der Fachfrau ist dabei in den Hintergrund getreten. Zudem soll sich die Hilfeform am erzieherischen Bedarf des Einzelfalls orientieren. Das Gesetz schlägt zwar ein Spektrum von erzieherischen Hilfen vor (von der Erziehungsberatung bis zur Heimerziehung), es lässt aber aufgrund einer Öffnungsklausel gleichzeitig auch ungewöhnliche, auf den Fall zugeschnittene individuelle Lösungen zu (§27 Abs. 2 KJHG; vgl. auch Münder 1993, S. 238f.). Den Berichten zufolge scheint dieser institutionelle Lern- und Umstellungsprozess noch nicht abgeschlossen zu sein (vgl. Zehnter Kinder- und Jugendbericht, Bundesministerium für Familie, Senioren, Frauen und Jugend 1998).

2. Hilfeplanung aus der Perspektive des Kinder- und Jugendhilfegesetzes

Das Kinder- und Jugendhilfegesetz (SGB VIII) versteht sich als ein modernes Leistungsgesetz. Das Gesetz spricht ausdrücklich von Leistungsberechtigten (vgl. §5). Hierzu zählen Mütter, Väter, andere Erziehungsberechtigte und junge Menschen (vgl. §16). Das Gesetz bietet diesen nicht nur ein breites Spektrum an Hilfen und Erziehungsangeboten an, sondern räumt ihnen auch zahlreiche Rechte (aber auch Pflichten) ein:

- Personensorgeberechtigte haben bei der Erziehung ihrer Kinder bzw. Jugendlichen Anspruch auf Hilfe, wenn eine dem Wohl des Kindes oder des Jugendlichen entsprechende Erziehung nicht gewährleistet ist und die Hilfe für die Entwicklung des Minderjährigen geeignet und notwendig ist. Die Hilfe richtet sich nach dem individuellen erzieherischen Bedarf, wobei das engere soziale Umfeld des Kindes bzw. des Jugendlichen einbezogen werden soll (Hilfe zur Erziehung §27 Abs. 1).
- Die Leistungsberechtigten haben das Recht, zwischen Einrichtungen und Diensten verschiedener Träger zu wählen und Wünsche hinsichtlich der Gestaltung der Hilfe zu äußern (Wunsch- und Wahlrecht §5; §36 Abs. 1 Satz 4).
- Kinder und Jugendliche sollen entsprechend ihrem Entwicklungsstand an allen sie betreffenden Entscheidungen der öffentlichen Jugendhilfe beteiligt werden (Beteiligung von Kindern und Jugendlichen §8 Abs. 1).
- Bei der Ausgestaltung der Hilfen und Leistungen ist die von den Personensorgeberechtigten bestimmte Grundrichtung der Erziehung zu beachten (§9 Nr. 1).

Voraussetzung für Hilfe zur Erziehung – darunter fallen Erziehungsberatung, soziale Gruppenarbeit, Erziehungsbeistandschaft, sozialpädagogische Familienhilfe, Tagesgruppenbetreuung, Heimerziehung, intensive sozialpädagogische Einzelbetreuung, Vollzeitpflege – ist die Erklärung (Antrag) der Personensorgeberechtigten, dass sie ohne Hilfe von Außen nicht in der Lage sind, eine Erziehung für das Wohl ihrer Kinder zu gewährleisten. Bemerkenswert ist, dass das KJHG im Unterschied zum Reichsjugendwohlfahrtsgesetz vom 9. Juli 1922 und dem Jugendwohlfahrtsgesetz in der Fassung vom 6. August 1970 auf nähere Bestimmungen und Auflistungen anspruchsberechtigender Defizite, Gefährdungen oder Schädigungen als Voraussetzung öffentlicher Hilfen verzichtet. Der Anspruch auf Erziehungshilfen leitet sich nicht von Mängeln, sondern einzig und allein von dem festgestellten erzieherischen Bedarf ab.

Die Ermittlung des erzieherischen Bedarfs und die Beteiligung der Betroffenen bei der Planung der Hilfe werden im §36 („Mitwirkung, Hilfeplan") genauer geregelt. Das Verwaltungsverfahren umfasst im Wesentlichen vier gesetzliche Aufgaben:

1. Bevor überhaupt über eine Hilfe entschieden wird, sollen die Personensorgeberechtigten und das Kind oder der/die Jugendliche beraten werden und auf die möglichen Folgen für die Entwicklung des Kindes oder Jugendlichen hingewiesen werden. Kommt eine langfristige Hilfe außerhalb der Familie in Betracht, gilt es zu überprüfen, ob die Annahme als Kind (Adoption) möglich ist.

2. Die *Entscheidung über die im Einzelfall angezeigte Hilfeart* soll, wenn die Hilfe voraussichtlich für längere Zeit zu leisten ist (in der Regel länger als sechs Monate), im Zusammenwirken mehrerer Fachkräfte getroffen werden. Das Gesetz schreibt also ausdrücklich die *Teamarbeit* bei der fachlichen Entscheidungsfindung vor.

3. Die Fachkräfte sollen als Grundlage für die Ausgestaltung der Hilfe mit dem Personensorgeberechtigten und dem Kind bzw. dem Jugendlichen einen Hilfeplan aufstellen, der Feststellungen über den Bedarf, die zu gewährende Art der Hilfe sowie die notwendigen Leistungen enthält. Sie sollen danach regelmäßig prüfen, ob die gewählte Hilfeart auch weiterhin geeignet und notwendig ist. Das Gesetz schreibt außerdem vor, dass bei der Aufstellung und Fortschreibung des Hilfeplans auch die Personen, Dienste und Einrichtungen zu beteiligen sind, die bei der Durchführung der Hilfe tätig sind. Handelt es sich um eine Eingliederungshilfe für seelisch behinderte Kinder und Jugendliche, so soll bei der Aufstellung und Fortschreibung des Hilfeplans ein Facharzt einbezogen werden (§36 Abs. 3).

4. Bei Hilfen außerhalb der Familie sind die Personensorgeberechtigten, Kinder oder Jugendlichen bei der Auswahl der Einrichtung oder Pflegestelle zu beteiligen. Ihrer Wahl und ihren Wünschen ist zu entsprechen, sofern nicht unverhältnismäßige Mehrkosten entstehen.

Wie das Verfahren der Hilfeplanung im Einzelnen zu gestalten ist, wird im Gesetz nicht genauer bestimmt. Offen bleibt auch die Frage nach der Rechtsverbindlichkeit des Hilfeplans und nach der Verantwortlichkeit hinsichtlich des Hilfeprozesses. Der einschlägigen Fachliteratur zufolge liegt die Fachverantwortung für den Einzelfall bei der fallzuständigen Fachkraft (Merchel 1998, S. 75f.; Nothacker, §36 Rz. 46 GK-SGB VIII; Schimke 1994, S. 35f.). Sie muss letztendlich die Qualität der Beratung und der Entscheidung einfordern. Im Allgemeinen geht man davon aus, dass die kollegiale Beratung im Team der Fachkraft zwar bei der Übernahme individueller Verantwortung helfen, die persönliche Verantwortlichkeit für den Verlauf der Hilfeplanung aber nicht ersetzen kann. Das KJHG fordert keine „Teamentscheidung", sondern die „Entscheidung im Team". Im Zusammenwirken der Fachkräfte sollen Lösungen gesucht und erörtert werden, die im Sinne einer fachlichen Plausibilitätskontrolle nachvollzogen und in diesem Sinne von den Teammitgliedern mitgetragen werden können. Die letzte Entscheidung bleibt aber in der Verantwortung der fallzuständigen Fachkraft (Merchel 1998, S. 75).

Hinsichtlich der rechtlichen Bedeutung ist der Hilfeplan lediglich ein vorbereitendes Instrument der Jugendhilfe (vgl. Maas 1996, S. 119; Münder 1993, S. 290; Nothacker §36 Rz. 49 GK-SGB VIII). Er ist nicht gleichzusetzen mit dem eigentlichen Verwaltungsakt, worunter die Verfügung, Entscheidung oder sonstige hoheitliche Maßnahme verstanden wird, die eine Behörde zur Regelung eines Einzelfalls auf dem Gebiet des öffentlichen Rechts trifft und die auf eine unmittelbare Rechtswirkung nach außen gerichtet ist (vgl. §31 SGB X, vgl. auch Fieseler §2 Rz. 24 GK-SGB VIII). In diesem Sinne ist die Hilfebewilligung durch das Jugendamt der eigentliche Verwaltungsakt (vgl. Häbel §27 Rz. 75f. GK-SGB VIII). Erst mit dem Bescheid der Jugendhilfeadministration über die konkrete Leistungsgewährung an die Leistungsempfänger wird eine verbindliche Regelungswirkung den Personensorgeberechtigten gegenüber gewährleistet. Nur gegen diesen Bescheid (nicht gegen den Hilfeplan) kann Widerspruch und Klage erhoben werden. Allerdings kommt dem Hilfeplan indirekt eine Rechtsverbindlichkeit zu. Seine Erstellung entspricht dem Verwaltungsverfahren, das den Verwaltungsakt vorbereitet. Er bildet als unumgängliche Voraussetzung des Verwaltungsaktes die sachliche Begründung des Bewilligungsbescheids. Da die Weisungsbefugnis der Jugendamtsleitung oder anderer Vorgesetzter eingeschränkt ist, spielt die Entscheidung der Fachkräfte des Jugendamtes über die Hilfeart im Rahmen der kollegialen Beratung eine entscheidende Rolle. Denn gegen die inhaltlichen Komponenten des Hilfeplans und die Zweckmäßigkeit der Hilfe kann die Amtsleitung keine Einwände erheben, ihr kommt hinsichtlich der Entscheidung nur eine Rechtsaufsicht zu. D.h. sie kann nur Einwände erheben, wenn die gesetzlichen Bestimmungen bei der Hilfeplanung nicht eingehalten wurden (vgl. Merchel 1998, S. 76; Münder 1993, S. 290; Schimke 1994, S. 20; Wiesner 1995 §36 Rz 49; Nothacker §36 Rz. 46 GK-SGB VIII). Da auf die Hilfe ein Rechtsanspruch besteht, hat auch die Abteilung „wirtschaftliche Jugendhilfe" kein grundsätzliches Vetorecht.

3. Konzepte und Praxisformen

Weil es keine detaillierten gesetzlichen Vorschriften zur Gestaltung des Hilfeplanverfahrens gibt, steht es den einzelnen Jugendämtern (unter Berücksichtigung von Landesvorschriften) frei, wie sie die Hilfeplanung gestalten. Schwierigkeiten bereitet die Umsetzung deshalb, weil die gesetzlichen Vorschriften zum Hilfeplan mit den bisher üblichen Formen der Entscheidungsfindung brechen und Kompetenzen sowie Spielräume in der Verwaltung voraussetzen, die erst noch entwickelt werden müssen. Untersuchungen zeigen, dass das Hilfeplanverfahren bisher nur unzureichend in den Jugendämtern umgesetzt worden ist (Becker 1999a; Becker 1999b). Unklarheit herrscht auch über Rolle und Einsatz psychosozialer Diagnosen im Rahmen des Hilfeplans. In den 90er Jahren wurden in der Fachöffentlichkeit zwei Idealmodelle kontrovers diskutiert:

1. Einen wichtigen Vorstoß im Hinblick auf ein geeignetes Hilfeplanverfahren machten 1994 der Deutsche Verein für öffentliche und private Jugendfürsorge und eine Autorengruppe, die im Namen des Instituts für soziale Arbeit e.V. eine Schrift zur Hilfeplanung und Betroffenenbeteiligung veröffentlichte. Beide Autorengruppen bzw. Organisationen gehen von einem Aushandlungscharakter der Hilfeplanung aus, d.h. von einem Aushandlungsprozess zwischen den Betroffenen (Eltern, Jugendlichen, Kindern) und den Fachleuten. Begründet wird dies mit dem Leistungscharakter der Hilfen zur Erziehung und der prinzipiellen „Subjektstellung" der Hilfesuchenden (Deutscher Verein 1994, S. 318; Jordan 1994). Das vorgeschlagene Modell untergliedert sich grob in folgende Phasen bzw. Arbeitsschritte (Deutscher Verein 1994, S. 319; Schrapper 1994, S. 72ff.):

- Kontaktaufnahme, Beratung, Beschreibung der Lebens- und Erziehungssituation des Kindes/Jugendlichen aus dessen Sicht sowie aus der Sicht der Eltern einschließlich der Vorstellungen über mögliche und angestrebte Veränderungen;
- Beratung des Falles und erste fachliche Einschätzung im Fachteam, Erstellung einer ersten Problemanalyse mit Überlegungen zu angemessenen Angeboten und Maßnahmen;
- Erörterung der Situationsbewertung und der Vorschläge geeigneter Hilfeangebote mit den Eltern und betroffenen Kindern bzw. Jugendlichen;
- Beratung und Entscheidung über die angezeigte Hilfeart im Fachteam;
- Erstellen des Hilfeplans (schriftlich) in Abstimmung mit den Betroffenen – gegebenenfalls unter Mitwirkung von Mitarbeitern der infrage kommenden sozialpädagogischen Einrichtung – als Grundlage für die Hilfegewährung;
- Fortschreibung des Hilfeplans.

Weil das Konzept den Aushandlungscharakter der Hilfeplanung betont, wird pädagogischen und psychologischen Diagnosen eine untergeordnete Rolle eingeräumt: „Statt vor der Hilfeplanung umfassende, auf die Persönlichkeit zielende diagnostische und anamnestische Beurteilungen vorzunehmen, ist Aufgabe der zuständigen Fachkraft, innerhalb des Prozesses der Hilfeplanung die Lebens- und Beziehungssituation des Kindes/Jugendlichen zu beschreiben und diese Situation im Hinblick auf Problemdefinitionen zu bewerten. Diese Situationsbewertung ist mit anderen Fachkräften zu beraten, sowie mit den Personensorgeberechtigten und dem Kind/Jugendlichen zu erörtern. Damit verlieren aufwendige Diagnose- und/oder Anamnese-Verfahren, wie sie in der Vergangenheit zum Teil praktiziert wurden, an Bedeutung. Dies schließt nicht aus, dass bei besonders schwierig einzuschätzenden Fällen weitere psychologisch fundierte Beurteilungen als Teil des Hilfeplanungsverfahrens hinzugezogen werden" (Deutscher Verein 1994, S. 320).

Bei dem Modell handelt es sich um einen interaktiven Ansatz. Es motiviert die Betroffenen (insbesondere die Eltern, aber auch die Kinder und Jugendlichen) zu einer eigenen Problemsicht und zu einer Positionierung ihrer Wünsche und Erwartungen. Auf diese Weise sollen ganz unterschiedliche Interpretationen im Fachteam zusammengetragen und kontrastiert werden. Aushandlung findet auf zwei Ebenen statt, zwischen Fachkraft und potenziellen Leistungsempfängern sowie unter den Fachkräften selbst (Merchel 1995, S. 111; Merchel 1998, S. 45). Das Ergebnis des Prozesses sollen eine Problemsicht und ein Lösungsweg sein, auf die sich alle Beteiligten am Ende einigen. Der Hilfeplan ist somit ein Kontrakt, der durchaus gegensätzliche Positionen festhalten kann, aber dennoch auf einen von allen gemeinsam getragenen Lösungsweg (Hilfeart) abzielt. Diagnosen, so die Kritik, würden diesen Aushandlungscharakter untergraben, weil sie von vornherein eine bestimmte Problemsicht ins Spiel bringen und Verhandlungsspielräume verengen. Die sozialen, familiären und psychischen Verhältnisse seien so komplex, dass sie mit Hilfe regelgeleiteter diagnostischer Verfahren nur begrenzt erfassbar seien. Die psychosoziale Diagnose beanspruche eine Objektivität, die letzten Endes nicht einlösbar sei. Die soziale Wirklichkeit sei nur hypothesenhaft im Sinne eines hermeneutischen Prozesses des Suchens und der Gegenüberstellung verschiedener Deutungen abbildbar (Merchel 1997; Merchel 1999).

Trotz der Kritik an der psychosozialen Diagnosepraxis der Jugendämter verzichtet das Aushandlungsmodell nicht auf eine gründliche Beurteilung des Falls aus fachlicher Sicht. Allerdings wird eine Problemanalyse vorgeschlagen, die im Zusammenwirken mehrere Fachkräfte entstehen und die Problemsicht der Betroffenen berücksichtigen soll.

2. Bei dem zweiten Hilfeplanmodell spielt die psychosoziale Diagnose weiterhin eine zentrale Rolle. Voraussetzung und Grundlage des Entscheidungsprozesses ist ein standardisiertes Verfahren, das von der zuständigen Fachkraft durchgeführt werden soll. Der Prozess der Datengewinnung, an dem Eltern, Kinder bzw. Jugendliche, Verwandte und mit Einwilligung der Personensorgeberechtigten auch Außenstehende (Lehrer/innen, Erzieher/innen etc.) beteiligt werden, erfolgt nach bestimmten Kategorien, wie Entwicklung und Verhalten des Kindes, Lebensbedingungen der Familie, personale und materielle Ressourcen des sozialen Umfeldes (vgl. Becker/Petermann 1997, S. 258). Die Diagnose besteht im Wesentlichen aus fünf Analyseschritten: einer Problem-, einer Bedingungs- und einer Entwicklungsanalyse (mit Prognose) und einer fachlichen Beurteilung des erzieherischen Bedarfs (Harnach-Beck 1995, S. 110ff.). An die Diagnose knüpft sich eine Erläuterung an, ob bei den Antragsberechtigten eine Hilfebedarf vorliegt. Die psychosoziale Diagnose hat eine handlungsanleitende Funktion

und zwar in dem Sinne, dass sie die Begründung für die zu treffende Entscheidung liefert und vorläufige Hinweise für die Ausgestaltung der Leistung gibt (Harnach-Beck 1999, S. 39). Als Problembeschreibung bildet sie also die Grundlage für die Entscheidung über im Einzelfall angezeigte Hilfeart sowie für die Formulierung erzieherischer Perspektiven und Zielsetzungen (Harnach-Beck 1995, S. 133). Auch bei diesem Modell sollen die Fachleute zusammenarbeiten und eine kollegiale Entscheidung herbeiführen, die dann mit den Eltern, Kindern, Jugendlichen abgestimmt wird.

Die psychosoziale Diagnose ist eine psychologische Fallanalyse, die in einer bestimmten Theorie- und Wissenschaftstradition – in erster Linie der Verhaltenstherapie und Humanistischen Psychologie – steht. Das Modell geht von Verhaltensstörungen bzw. Fehlverhalten, von Kategorien wie „normal – abweichend" aus: „Die wesentlichen Erziehungsprobleme müssen herausgefiltert werden und ihre Entstehung erklärt werden. Es muss begründet werden, inwiefern hier eine „Mängellage" vorliegt, für deren Behebung öffentliche Erziehung notwendig und geeignet ist. Das bedeutet, dass Aussagen darüber getroffen werden müssen, welche Verhaltensweisen als „erwünscht" oder „unerwünscht", „unproblematisch" oder „problematisch", „gesund" oder „krank" anzusehen sind, welche Erziehungsbedingungen als „ungünstig", „ungeeignet" und dergleichen betrachtet werden können" (Harnach-Beck 1995, S. 121). Der Diagnostiker folgt somit einer Subsumtionslogik abweichender Verhaltensweisen. Die anvisierte Hilfe zielt auf Verhaltensänderung, auf Verbesserung der psychischen Situation ab. Das Modell leitet sich letztendlich von dem Paradigma Heilung bzw. Behebung von Störungen ab (vgl. Harnach-Beck 1995, S. 95, 110, 120, 139).

Die Befürworter psychosozialer Diagnosen im Hilfeplanverfahren gehen davon aus, dass nur standardisierte, methodische und damit kontrollierbare Verfahren zu einer auch für Außenstehende nachprüfbaren Beurteilung des erzieherischen Bedarfs führen. Es gehe vorrangig um die Ermittlung objektiver Tatbestände: „Erst die diagnostisch abgesicherte Bewertung der Lebens- und Beziehungssituation des jungen Menschen ermöglicht die Bestimmung des erzieherischen Bedarfs und die diesem Bedarf entsprechende Auswahl der Hilfeart (Subsumtion). Eine in diesem Sinne verstandene psychosoziale Diagnose ist daher notwendiger Bestandteil eines korrekt ermittelten Sachverhaltes" (Maas 1996, S. 116; vgl. auch Harnach-Beck 1999). Als Begründung werden die Bestimmungen des §35 SGB X herangezogen, wonach ein Verwaltungsakt schriftlich begründet werden muss – in der Begründung sind „... die wesentlichen tatsächlichen und rechtlichen Gründe mitzuteilen, die die Behörde zu ihrer Entscheidung bewogen haben". Hieran knüpft die Kritik an dem Aushandlungsmodell an: Aushandlung könne die detaillierte Prüfung der objektiven Voraussetzungen einer Hilfe nicht ersetzen.

Gegen die obligatorische Einführung psychosozialer Diagnosen bei der Entscheidung über die im Einzelfall angezeigte Hilfeart lässt sich nun Folgendes einwenden: SGB X schreibt (soweit keine besonderen Rechtsvorschriften bestehen) für das Verwaltungsverfahren, also für die Prüfung der Voraussetzungen und Vorbereitung des Erlasses, keine bestimmten Formen vor (§§8 u. 9 SGB X). Das KJHG sieht lediglich vor, dass die Entscheidung über die im Einzelfall angezeigte Hilfeart, wenn längere Hilfen zu leisten sind, im Zusammenwirken mehrerer Fachkräfte zu treffen ist. Von Diagnosen oder anderen standardisierten Verfahren der Ermittlung von Sozialdaten ist also nicht die Rede. Will man, wie Maas und Harnach-Beck fordern, die Feststellung des erzieherischen Bedarfs von Diagnosen im Sinne regelgeleiteter Ermittlung von Sozialdaten abhängig machen, dann müssten auch andere Diagnosen einbezogen werden. Denn erzieherischer Bedarf wird im KJHG sehr weit gefasst, und zwar im Hinblick auf Förderung der Entwicklung zu einer eigenverantwortlichen und gemeinschaftsfähigen Persönlichkeit. Dies schließt auch individuelle Entwicklungs- und Bildungsprozesse ein, die nicht nach Normalitätskriterien gemessen werden können (vgl. Mollenhauer/Uhlendorff 1992; Mollenhauer/Uhlendorff 1995). Die psychosoziale Diagnose kann nur begrenzt den erzieherischen Bedarf ermitteln, weil sie eine eingeschränkte, an Normalitätsstandards und an psychologischen Erklärungsmustern orientierte Sichtweise auf Erziehungsprozesse hat und zudem einer Subsumtionslogik folgt. In der Jugendhilfe trifft man auf Familien, Kinder und Jugendliche, bei denen Begriffe wie Störung, Abweichung etc. nicht zutreffen (beispielsweise bei allein erziehenden Elternteilen) und erzieherischer Bedarf eher im Sinne von Subsidiarität, einer ergänzenden Leistung durch öffentliche Erziehung, verstanden werden muss. Würde man die Feststellung des erzieherischen Bedarfs von Diagnosen abhängig machen, dann müssten auch andere, pädagogische Diagnoseverfahren bei jeder Entscheidung einbezogen werden. Es ist fraglich, ob dieser Aufwand zu rechtfertigen ist.

Gegen die obligatorische Einführung von Diagnoseverfahren spricht auch §20 SGB X, wonach der Behörde freigestellt wird, wie sie ermittelt: „Die Behörde ermittelt den Sachverhalt von Amts wegen. Sie bestimmt Art und Umfang der Ermittlungen". Von daher sind dem jeweiligen Fall angepasste, nichtstandardisierte Problemanalysen, die verschiedene Sozialdaten, unterschiedliche Blickrichtungen zusammenbringen und gegebenenfalls psychologische oder sozialpädagogische Diagnosen hinzuziehen, dem Untersuchungsgrundsatz angemessener. Wichtig ist, dass der erzieherische Bedarf festgestellt und begründet wird. Wie und mit welchen Verfahren dies im Einzelfall zu leisten ist, ist Sache des Jugendamtes.

Wie angesichts dieser beiden gegensätzlichen Modelle in der Praxis tatsächlich verfahren wird, zeigen die folgenden Fallbeispiele.

4. Praxisbeispiele

Im Folgenden sollen die Hilfeplanverfahren des städtischen Jugendamtes Kassel, der Jugendämter des Landes Brandenburg und Hamburg vorgestellt werden. Dabei wird auf die bestehenden Arbeitshilfen oder Arbeitsrichtlinien Bezug genommen (ISA-Oranienburg 1998; Jugendamt Stadt Kassel 1999; Projektgruppe des Amtes für Jugend und der Bezirksämter Hamburg 1999). Die Konzepte sehen fünf Phasen vor: Beratungsphase/Vorphase, Klärungsphase, *Hilfeplankonferenz* mit anschließender Konkretisierung des Hilfeplans, Fortschreibung des Hilfeplans.

A) Beratungsphase/Vorphase: In allen drei Praxiskonzepten geht der Einleitung des eigentlichen Hilfeplanverfahrens eine intensive Beratungsphase voraus. Allerdings findet diese Phase in den Jugendämtern der Stadt Kassel und des Landes Hamburg und Brandenburg eine unterschiedliche Gewichtung. Die Arbeitsrichtlinien der Jugendämter Kassel und Hamburg stellen, bevor erzieherische Hilfen in Aussicht gestellt werden, eine intensive Vorarbeit voran, bei der versucht wird, mit den Erziehungsberechtigten, Kindern und Jugendlichen Erziehungsprobleme zu klären. Dabei sollen die Betroffenen dazu aktiviert werden, die auftretenden Konflikte und Krisen selbst zu lösen. In Hamburg wird versucht, diese Vorphase stärker zu strukturieren. Ziel ist, dass beide Seiten, die Klienten und die Fachkraft des JA, auf der Basis der aktuell zugänglichen Informationen zu einer annähernden Einschätzung der anstehenden Probleme sowie der vorhandenen Möglichkeiten zu deren Bewältigung kommen. Dabei spielt das Netzwerkkonzept eine bedeutsame Rolle. Es geht also um die Frage, ob die Ressourcen und Kompetenzen der Familie ausreichen, um Belastungssituationen und Problemlagen ohne Hilfen von außen zu bewältigen, oder ob zusätzliche Unterstützungen im näheren Umfeld möglich sind, beispielsweise Beratungsstellen, Kindertagesangebote, offene Kinder- und Jugendarbeit im Stadtteil. Die so genannte Vorphase wird abgeschlossen mit einer Kurzdokumentation des Beratungsverlaufs und der -ergebnisse mittels eines detaillierten Dokumentationsrasters (Problemsicht der Betroffenen, Ressourcen, Problemlösung außerhalb Hilfen zur Erziehung, Begründung, warum keine Alternativlösungen zu Hilfen zur Erziehung entwickelt werden konnten).

B) Klärungsphase: Konnte im Vorfeld keine Problemlösungen entwickelt werden und erscheinen Hilfen zur Erziehung über einen längeren Zeitraum für angebracht, beginnt die eigentliche Klärungsphase. Sie wird eingeleitet durch den Antrag der Personensorgeberechtigten auf Hilfe zur Erziehung. Während dieser Phase werden der erzieherische Bedarf geklärt und eine entsprechende Hilfeart entwickelt. Die Ergebnisse dieses Klärungsprozesses werden in Form einer Problemanalyse festgehalten. Der Prozess wird in den drei Konzepten unterschiedlich strukturiert:

Die Arbeitsrichtlinien der Stadt Kassel schreiben lediglich die Erstellung einer Problemanalyse durch die fallzuständige Fachkraft des Allgemeinen Sozialen Dienstes vor. Wie sie das im Einzelnen löst, bleibt ihr überlassen.

In der Praxis haben sich zwei Formen durchgesetzt: Bei leicht zu überschauenden Erziehungssituationen wird die Problemanalyse von der zuständigen Fachkraft allein erarbeitet, bei schwierigeren Fällen wird das Regionalteam und „Spezialisten" (Kollegen/innen mit bestimmten Zusatzausbildungen, Supervisoren und Fachkräfte anderer Abteilungen) zur Beratung hinzugezogen. Die Problemanalyse enthält in der Regel folgende Angaben: Eine Zusammenfassung der Problemsicht der Betroffenen, Beschreibung der Probleme und Bewertung der aktuellen Erziehungssituation aus der Sicht der Fachkraft, eine fachliche Einschätzung der sozialen Ressourcen der Familie zur Problemlösung, eine Zusammenfassung aller vorhandenen Befunde und Gutachten, soweit sie für das Hilfeplanverfahren bedeutsam sind, mögliche Hilfeangebote.

Gegenüber dem Kasseler Modell sehen die Arbeitshilfen Brandenburg und Hamburg für die Klärung der Erziehungsprobleme grundsätzlich die Beratung im Fachteam vor. Nach dem Brandenburger Konzept gestaltet sich der Klärungsprozess folgendermaßen: Die zuständige Fachkraft verfasst anhand der Gespräche mit Eltern, Kindern bzw. Jugendlichen, (unter Einwilligung der Eltern) gegebenenfalls auch mit Verwandten und Institutionen eine schriftliche sozialpädagogische Analyse. Sie enthält Angaben über den Anlass der Kontaktaufnahme, zur Lebenssituation der Familienmitglieder, zur Familiengeschichte, zum Beziehungsgefüge sowie Einschätzungen Dritter, aber auch die Vorstellungen, Wünsche und Befürchtungen der Betroffenen. Diese Analyse wird von der Sozialarbeiterin bzw. dem Sozialarbeiter im Beratungsteam vorgestellt. Anschließend werden die Problemsichten der Beteiligten zusammengetragen. Es erfolgt eine erste fachliche Einschätzung. Das Team soll zu Lösungsvorschlägen kommen, die es dann mit den Eltern und Kindern abzuklären gilt. Kann zwischen Fachkräften und Anspruchsberechtigten kein Konsens erzielt werden, sollen alternative Varianten geklärt werden. Das Modell setzt also eindeutig auf den Aushandlungscharakter der Hilfeplanung. Der gesamte Prozess wird schriftlich protokolliert. Das Protokoll enthält Angaben über Anlass der Beratung, zur Familiensituation, eine Problembeschreibung und Angaben zum erzieherischen Bedarf aus der Sicht des Teams, den Vorschlag einer Hilfeform sowie Anmerkungen zu den Zielen, zum Umfang und den voraussichtlichen Kosten der Hilfe. Zu dem Protokoll gehört als Anlage eine ausführliche Problemdarstellung („anspruchbegründender Bericht") der zuständigen Fachkraft.

Das Hamburger Konzept hebt ausdrücklich die potentielle Gleichrangigkeit der Problemsichten der Beteiligten (Eltern, Fachkräfte des Jugendamtes, Experten) und den Aushandlungscharakter der Hilfeplanung hervor. Auch hier wird von der zuständigen Fachkraft eine vorläufige Problemanalyse verfasst, der ein umfangreicher Leitfaden zugrunde liegt (familiäre Situation, Probleme des Kindes, Entwicklungsgeschichte ab der Schwangerschaft, bisherige Lösungsversuche, Wünsche der Eltern/Kinder/Jugendlichen). Die Problemanalyse ist Gegenstand ausführlicher Beratung im Fachteam. Anschließend werden die Ergebnisse der kollegialen Beratung mit den Betroffenen besprochen und dabei die konsensfähigen Ergebnisse sowie strittigen Fragen festgehalten. Über das Protokoll wird dann wiederum im Fachteam beraten. Die wechselseitigen Beratungen im Team und Verhandlungen mit den Betroffenen dauern so lange, bis eine konsensfähige Problemanalyse vorliegt. Sie bildet die Grundlage für die Erziehungskonferenz. Während der Klärungsphase werden also zwei Berichte erstellt: ein Bericht über den Verlauf, die Konfliktpunkte und die Ergebnisse des Beratungsprozesses; eine zusammenfassende Darstellung der Gesamtsituation mit den darauf bezogenen Einschätzungen der Familienmitglieder und Fachkräfte einschließlich der Problemanalyse. Letztere fungiert als hilfebegründender Bericht und umfasst neben Angaben zur Familie, Darstellung der Problemlage, Ressourcen und Wünsche der Familie eine fachliche und rechtliche Beurteilung des erzieherischen Bedarfs. Bei der Bedarfsanalyse sollen analytische Aspekte berücksichtigt werden (entwicklungspsychologische und sozialisationstheoretische Erkenntnisse, spezifische Entwicklungsprobleme in besonderen Lebenslagen).

Mit dem Vorliegen der Berichte und Problemanalysen ist die Klärungsphase abgeschlossen. Nun beginnt der eigentliche Entscheidungsprozess über die endgültige Hilfeart, die Auswahl des Trägers und die Festlegung der konkreten Inhalte der Hilfe:

C) *Hilfeplankonferenz, Konkretisierung des Hilfeplans*: Aufgabe der Fachkonferenz und des anschließenden Hilfeplangesprächs ist die Beratung über die bisherigen Ergebnisse mit dem Ziel, die Grundzüge der Erziehungsmaßnahme in Form eines Hilfeplans zu entwickeln und festzuschreiben. Der Hilfeplan dient als Koordinierungsinstrument zwischen Jugendamt, den durchführenden Einrichtungen bzw. Personen und den Hilfeempfängern. Er enthält genaue Angaben zu den Zielen der Hilfe und den Aufgaben der Beteiligten. Alle drei Konzepte sehen dafür zwei Arbeitsschritte vor: Zunächst wird der erzieherische Bedarf und die Hilfeart im Rahmen einer Fachkonferenz offiziell vereinbart. Im zweiten Schritt wird mit allen an der Hilfe beteiligten Personen und Einrichtungen der konkrete Hilfeplan erarbeitet und unterzeichnet.

In Kassel beruft die zuständige Fachkraft, nachdem alle Beteiligten einschließlich Amts- und Abteilungsleitung des ASD die Problemanalyse erhalten haben und offene Fragen mit der Amts- und Abteilungsleitung geklärt worden sind, die so genannte regionale Hilfeplankonferenz ein. An dem Fachgespräch nehmen die Mitglieder der örtlich zuständigen regionalen Arbeitsgruppe des ASD teil sowie Fachkräfte anderer Abteilungen und Einrichtungen, die zukünftig am Fall beteiligt sind. Die Teilnahme der Amtsleitung und Abteilungsleitung des ASD ist möglich, aber nicht zwingend. Außerdem dürfen die Antragsteller (Eltern, Jugendliche) teilnehmen. Während der Konferenz erfolgt eine Beratung und Beschlussfassung über die Formulierung des Erziehungshilfeangebots. Stimmberechtigt sind ausschließlich die Mitarbeiter der zuständigen Regionalgruppe und die Amts-

und Abteilungsleitung (bzw. deren Vertreter mit jeweils einer Stimme). Beschlüsse müssen einstimmig gefasst werden. Ist dies nicht der Fall, folgt eine Vertagung. Kann auch hier keine Einstimmigkeit erzielt werden, dann zählt die Mehrheit der Stimmen. An die Hilfeplankonferenz schließt sich als gesonderter Termin ein Hilfeplangespräch an. Teilnehmer sind die zuständige Fachkraft, die Sorgeberechtigten, das Kind bzw. der Jugendliche sowie Vertreter/innen der Einrichtungen, die mit der Durchführung der Erziehungshilfe beauftragt werden sollen. Hier werden die Hilfeangebote des Jugendamtes mit den Betroffenen erörtert. Das Gespräch dient zur Formulierung der Grundzüge eines vorläufigen Hilfeplans. Lehnen die Sorgeberechtigten oder jungen Volljährigen das Hilfeangebot ab, so wird über ein verändertes oder erweitertes Hilfeangebot in der regionalen Hilfeplankonferenz beraten und entschieden. Der von allen Beteiligten unterschriebene Hilfeplan enthält u.a. Angaben über die Art der Hilfe, die Gründe für die Wahl der entsprechenden Hilfeform (aus der Sicht der Sorgeberechtigten, der Kinder bzw. Jugendlichen und aus der Sicht des Jugendamtes), Angaben zu den Zielen (aus der jeweiligen Sicht der Beteiligten), die konkreten Schritte zur Verwirklichung der Ziele, zum zeitlichen und finanziellen Rahmen der Hilfe. Mit allen Beteiligten soll zunächst ein vorläufiger Hilfeplan erarbeitet werden, der endgültige Hilfeplan erfolgt drei Monate später.

Das für das Land Brandenburg vorgesehene Verfahren ist ähnlich. Allerdings ist der Kreis, der an der Hilfekonferenz teilnehmenden Personen etwas kleiner, da der Konferenz im Regelfall eine intensive kollegiale Beratung im Team vorausgeht. Teilnehmer sind neben den Personensorge- und Anspruchberechtigten die zuständige Fachkraft sowie die Fachkräfte der Dienste und Einrichtungen, die bei der Umsetzung der Hilfen beteiligt werden. Die Teilnehmer der Hilfekonferenz einigen sich über Anlass, Art und Umfang der Hilfen sowie über die Ziele und den Zeitraum der Hilfemaßnahme. Wird keine Einigung erzielt, so wird ein Kompromiss angestrebt, oder das Jugendamt verzichtet (unter der Voraussetzung, dass keine Gefährdung des Kindeswohls besteht) auf die Einleitung von Hilfemaßnahmen. Wird ein positives Ergebnis erzielt, so werden anschließend die Ergebnis im Hilfeplan festgehalten und von allen unterschrieben.

Die Zusammensetzung der Erziehungskonferenz ist in Hamburg ähnlich wie bei dem Brandenburger Modell, allerdings wird eine zweite Fachkraft hinzugezogen. Im Unterschied zum Kasseler und zum Brandenburger Konzept ist die Teilnahme von Vertretern einer Einrichtung regelhaft nicht vorgesehen, zumal dann nicht, wenn die Hilfeart noch offen ist. Im Mittelpunkt der Konferenz steht die grundsätzliche Klärung und Einigung über die Hilfeart, deren Inhalte, Ziele und zeitlichen Umfang. Grundlage der gemeinsamen Erörterung bildet eine Tischvorlage, in der die Problembeschreibung der Betroffenen, die diagnostische Einschätzung der Fachkraft und bisherigen Absprachen zusammengefasst sind. Die Beteiligten einigen sich auf ein Protokoll, das Angaben zur aktuellen Situation (aus der jeweiligen Sicht der Beteiligten), Angaben zu Hilfebedarf und Hilfezielen einschließlich der strittigen Fragen enthält. Auf der Basis der Ergebnisse der Erziehungskonferenz entscheidet die fallzuständige Fachkraft über den Hilfeantrag. Das Votum der Erziehungskonferenz bildet also die Grundlage für die formale Hilfeentscheidung durch die fallzuständige Fachkraft sowie für die konkreten Vereinbarungen zwischen den Beteiligten. Auf der Basis des Protokolls wird im Anschluss an die Erziehungskonferenz der Hilfeplan mit den Personensorgeberechtigten, Kindern oder Jugendlichen und den an der Durchführung beteiligten Personen bzw. Diensten konkretisiert und unterzeichnet.

Der gesetzlich vorgeschriebene Hilfeplan enthält folgende Dokumente:

- in Hamburg: eine Problemanalyse, das Protokoll der Erziehungskonferenz und den eigentlichen (vom Jugendamt, Eltern, Kinder, Jugendlichen und sozialpädagogischen Einrichtung unterzeichneten) Hilfeplan,
- in Brandenburg: den anspruchsbegründenden Bericht (sozialpädagogische Analyse), das Protokoll der Teamberatung, den Hilfeplan,
- in Kassel: eine fachliche Problemdarstellung (Problemanalysen), das Protokoll der Regionalen Hilfeplankonferenz und den vorläufigen Hilfeplan.

Nach der Unterzeichnung erhalten die Antragsteller einen rechtsmittelfähigen Bescheid. Der Bescheid bildet den eigentlichen Verwaltungsakt. Das Verwaltungsverfahren wird von den Jugendämtern unterschiedlich gehandhabt. In Kassel wird der von der Hilfeplankonferenz gefasste Beschluss und der mit den Beteiligten vorläufig erarbeitete Hilfeplan im Rahmen einer Abschlusskonferenz, die sich aus Amtsleitung und Abteilungsleitung des ASD zusammensetzt, schriftlich bestätigt. Auf Veranlassung der fallzuständigen Fachkraft ergeht dann der Bescheid an die Sorgeberechtigten bzw. jungen Volljährigen sowie eine Kostenzusicherung an die zur Durchführung der Hilfe beauftragte Einrichtung bzw. Dienst. Das Sachgebiet „Wirtschaftliche Hilfe" wird über den Vorgang in Kenntnis gesetzt. Das Brandenburger Modell sieht hinsichtlich der Bescheiderteilung lediglich vor, dass der Hilfeplan dem oder der Sachgebietsleiter/in Hilfen zur Erziehung zur Mitunterzeichnung vorgelegt wird. Beim Hamburger Modell ist die fallführende Fachkraft für die formale Hilfeentscheidung auf der Basis der Ergebnisse der Erziehungskonferenz zuständig.

D) Fortschreibung des Hilfeplans: Das KJHG sieht vor, dass die Fachkräfte zusammen mit den Personensorgeberechtigten, dem Kind oder Jugendlichen und mit den Personen oder Mitarbeitern der Einrichtung, die mit der Hilfe beauftragt worden sind, regelmäßig prüfen sollen, ob die Hilfe weiterhin geeignet und notwendig ist (§36 Abs. 2).

In Kassel wird zur Fortschreibung der Hilfeplanung von der zuständigen Fachkraft des Jugendamtes spätestens nach einem Jahr ein Hilfeplangespräch einberufen, an der neben ihr die Personensorgeberechtigten, das Kind bzw. der Jugendliche und ein Vertreter der Einrichtung, von der das Kind betreut wird, anwesend sind. Zur Vorbereitung erhält die Fachkraft von der Einrichtung eine schriftliche Rückmeldung über den Hilfeverlauf der zurückliegenden Betreuungszeit und Hinweise, die für die Fortschreibung der Hilfe von Bedeutung sind. Während des Hilfeplangesprächs überprüfen die Beteiligten die vereinbarten Ziele. Jeder Beteiligte, auch die Eltern und Kinder, geben eine Einschätzung über den Erfolg der Hilfe. Die Zielbeurteilung wird schriftlich festgehalten. In dem Gespräch werden schließlich die Ziele für der weiteren Betreuung protokolliert und als gemeinsame Willenserklärung von allen unterzeichnet. Zur Fortschreibung der Hilfe legt die fallzuständige Fachkraft der Regionalen Hilfeplankonferenz eine schriftliche Wertung zur kollegialen Beratung und Kontrolle vor. Die Konferenz kann den Hilfeplan bestätigen, aber auch Anregungen und Verbesserungsvorschläge geben. Der Hilfeplan wird anschließend der Abschlusskonferenz zur Bestätigung vorgelegt.

Während in Kassel die Fortschreibung des Hilfeplans in mehreren Beratungen erfolgt, sieht das Brandenburger und Hamburger Konzept lediglich eine Verhandlungsrunde vor. Hier ruft die zuständige Fachkraft eine Hilfekonferenz (Brandenburg) bzw. Verlaufskonferenz (Hamburg) ein, an der neben ihr, die Personensorgeberechtigten, Kinder bzw. Jugendliche und Vertreter der Einrichtung teilnehmen.

5. Ausblick

Angesichts der skizzierten Verfahren werden einige Tendenzen deutlich erkennbar: Bei der Abstimmung der Hilfeart spielen Fachdiagnosen keine zentrale Rolle mehr. Mehrschichtige Aushandlungsprozesse – als kollegialer Beratung im Fachteam und als Abstimmungsprozess der Hilfe mit den Eltern, Kindern und Jugendlichen – setzten sich in der Praxis immer mehr durch. Die Konzepte zielen auf eine von allen gemeinsam getragene Hilfe (auch in Form eines Kompromisses) ab und motivieren die Eltern, Kinder und Jugendlichen zu einer eigenen Problemdeutung. Ihre Sichtweise wird gegenüber der Deutung der Fachleute ein potentiell gleichrangiger Stellenwert eingeräumt. Trotz Aushandlungscharakter wird an detaillierten sozialpädagogischen Problemanalysen durch die Fachkräfte des Jugendamtes festgehalten, die im Unterschied zu psychologischen Diagnosen nicht mehr von Verhaltens-, Entwicklungs- oder Beziehungsstörungen ausgehen, sondern auf pädagogischen Sachverhalte rekurrieren. Die Fallanalysen sind somit das Produkt von kollegialen Deutungsprozessen, die an die Betroffenen rückgekoppelt wurden. In einigen Jugendämtern wird zwar immer noch an einer ausführlichen Familienanamnese festgehalten, dennoch liegt der Hauptschwerpunkt in der Beschreibung der gegenwärtigen Erziehungsschwierigkeiten und pädagogischer Lösungen.

Hinsichtlich der kollegialen Beratung scheinen sich in der Praxis von Jugendamt zu Jugendamt unterschiedliche Formen der Zusammenarbeit zu entwickeln. In einigen Jugendämtern wird schon im Vorfeld im Team der erzieherische Bedarf und die Hilfeart abgestimmt und mit den Betroffenen verhandelt. Die Hilfeplankonferenz hat dann nur noch einen formalen Charakter. In anderen Jugendämtern werden die endgültigen Perspektiven in der Fachkonferenz ausgehandelt. Auffällig ist auch, dass einige Ämtern im Rahmen der Hilfeplanung Hierarchien zugunsten dezentraler Teamentscheidung abbauen. Andere halten an Hierarchien fest, allerdings haben die Leitungen hier stärker eine beratende Funktion.

Die Art der Falldokumentation hat sich im Vergleich zu früher verändert. Anstelle von Gutachten sind Protokolle von Beratungen und Konferenzen, Zielvereinbarungen sowie Zielreflexionen getreten. Der Kontrakt zwischen allen Beteiligten spielt eine bedeutsame Funktion, weil er für alle den Mittel- bzw. Referenzpunkt der Hilfe bildet.

Auch zeichnet sich (wenn auch nur bei wenigen Jugendämtern) die Tendenz ab, vor Einleitung von Hilfen zur Erziehung nach Alternativen unter Einbeziehung des näheren sozialen Umfelds zu suchen. Auch bei der Bestimmung der Hilfeart wird auf eine flexible Ausgestaltung, die das Lebensumfeld der Betroffenen einbezieht, Wert gelegt.

Ob die z.T. anspruchsvollen Konzepte in der Praxis voll zum Tragen kommen, bleibt abzuwarten. Anhand der Praxisberichte lassen sich Mängel und Schwierigkeiten aufzeigen, die es in der Zukunft zu bewältigen gilt. Die Hilfeplanung setzt kommunikative Kompetenzen und Spielräume voraus, die im Rahmen des Verwaltungshandelns z.T. nur schwer zum Tragen kommen. Die Effektivität von Teamarbeit setzt vor allen Dingen flache Hierarchien voraus, oder zumindest eine Leitung, die sich als beratend definiert. Teamentscheidungen, die von der Leitung abgelehnt werden, wirken für die Mitarbeiter frustrierend und stellen das Konzept infrage. Als Schwierigkeiten bei der Umsetzung eines modernen Hilfeplanverständnisses sind im Einzelnen zu nennen (vgl. ISA-Oranienburg 1998; Becker 1999a; Becker 1999b; Merchel 1998):

- Viele Mitarbeiter und Mitarbeiterinnen des Jugendamtes sehen Hilfeplanung noch nicht als Aushandlungsprozess an. Oft beruhen die Hilfen auf Einzelentscheidungen der jeweils zuständigen Fachkraft. Dabei wird die Entscheidung zwar mit den Betroffenen abgestimmt und vom Team sachlich, inhaltlich und verwaltungsrechtlich geprüft, sie ist aber nicht das Ergebnis eines offenen Aushandlungsprozesses. Die kollegiale Beratung ist oft nur eine Formalität.
- Der Hilfeplan als Ergebnis eines vielschichtigen Interaktionsprozesses setzt eine professionelle Konflikt- und Verhandlungsfähigkeit bei den einzelnen Mitarbeitern voraus. Diese wird aber in der Praxis zu wenig gefördert oder ist bei Mitarbeitern zu wenig ausgeprägt bzw. kann sich aufgrund starrer Hierarchien nicht entwickeln.
- Manche Jugendämter muten den Mitarbeitern wenig Handlungsautonomie zu. Dies hat zur Folge, dass bei Konfliktsituationen oder bei schwierigen Fällen keine Eigenverantwortung übernommen wird und Problem-

lösungen an Leitungskräfte delegiert werden. Andere Jugendämter räumen ihren Mitarbeitern aufgrund einer dezentralen Arbeitsstruktur zu viel Autonomie ein, was oft zu Überforderungen führt.

- Bei den Entscheidungen über die Hilfeart wird noch überwiegend das vorhandene Angebotsspektrum bestehender Einrichtungen und Dienste vorausgesetzt. Es wird also weiterhin von einer Zuordnungslogik von Problem und Hilfeart ausgegangen. Die Praktiker machen noch zu wenig Gebrauch von individuellen, unkonventionellen Hilfelösungen, die auch das nähere Lebensumfeld einbeziehen.
- Die Hilfepläne enthalten teilweise zu allgemein formulierte Ziele. Gerade bei Kindern und Jugendlichen mit einer besonders belastenden Biographie ergeben sich aus den Hilfeplänen keine konkreten pädagogischen Handlungsperspektiven. Der Hilfeplan wird so zur Formalität. Es fehlen Konzepte, welche die Konkretisierung der Hilfen unterstützen.

Die gegenwärtige Fachdiskussion zieht folgende Lösungen und Verbesserungen in Betracht:

- Es müssen Weiterbildungs- und Supervisionskonzepte entwickelt werden, welche nicht nur das Grundlagenwissen der Mitarbeiter erweitern, sondern auch Teamarbeit bzw. die dafür notwendigen kommunikativen Fähigkeiten fördern. Nur so können die Entscheidungskompetenzen auf der Ebene der Fachkräfte des ASD gestärkt und flache Entscheidungshierarchien ermöglicht werden.
- Eine zusätzliche und besondere Qualifizierung der Mitarbeiter und Mitarbeiterinnen des ASD in so genannten Vertiefungsgebieten erscheint wünschenswert, damit im Team differenzierte Sichtweisen und komplementäre Formen der Aufgabenlösung sich ausbilden können.
- Eine Förderung der diagnostischen Kompetenzen der Mitarbeiter des Jugendamtes, die Einführung „weicher" Diagnoseverfahren in schwierigen Klärungssituationen erscheint angebracht, da es immer wieder Fälle gibt, die Ratlosigkeit hinsichtlich der geeigneten Hilfe erzeugen. Hier haben sich in letzter Zeit Diagnoseverfahren entwickelt, welche die „hermeneutische Suchbewegung"(Merchel) der Fachteams nach Lösungen unterstützen (z.B. die sozialpädagogisch-hermeneutische Diagnose, vgl. Uhlendorff 1997; einen Überblick über die Verfahren findet sich bei Peters 1999).
- Auch erscheint eine dichtere Vernetzung und Zusammenarbeit mit den Jugendhilfeträgern und Diensten vor Ort sowie eine stärkere Einbindung der Hilfeplanung in das Lebensumfeld der Betroffenen und die Nutzung der regionalen Infrastruktur notwendig (so genannte *integrierte* bzw. *flexible Hilfen*).
- Weil fachliche Entscheidungen mit der Inanspruchnahme von finanziellen (öffentlichen) Mitteln einhergehen, sollten Fachverantwortung (Entscheidung über die Hilfeart) und Ressourcenverantwortung organisatorisch zu-

sammengelegt werden (zur Integration von Fach- und Finanzverantwortung vgl. Merchel 1998, S. 87f.). In diesem Zusammenhang lässt sich auf eine stärkere dezentrale Ressourcenverantwortung bzw. sozialraumbezogene Budgetisierung hinweisen.

Ob diese Vorschläge in der Praxis umgesetzt werden können, bleibt abzuwarten. Allerdings lässt sich eines mit relativer Sicherheit sagen: Der mit der Hilfeplanung verbundene institutionelle Lernprozess wird sich noch über mehrere Jahre hinziehen.

Literatur zur Vertiefung

Institut für soziale Arbeit e.V. (Hrsg.) (1994): Hilfeplanung und Betroffenenbeteiligung. Münster
Merchel, J. (1998): Hilfeplanung bei Hilfen zur Erziehung: §36 SGB VIII. Stuttgart, München, Hannover u.a.
Peters, F. (Hrsg.) (1999): Diagnosen – Gutachten – hermeneutisches Fallverstehen. Rekonstruktive Verfahren zur Qualifizierung individueller Hilfeplanung. Frankfurt/M.

Literatur

Becker, P. N. (1999a): Neue Erkenntnisse zum Hilfeplan: Wodurch zeichnen sich gute Pläne aus. In: Nachrichtendienst des Deutschen Vereins für öffentliche und private Fürsorge, 10/1999
Becker, P. N. (1999b): Welche Qualität haben Hilfepläne? Bundesweite Strukturanalyse und Konzeption eines Handlungsleitfadens. Frankfurt/M
Becker, P. N./Petermann, F. (1997): Diagnostik und Indikation im Rahmen der Hilfeplanerstellung. In: Jugendwohl – Zeitschrift für Kinder- und Jugendhilfe, 6/1997
Böhnisch, L./Schefold, W. (1985): Lebensbewältigung. Weinheim/München
Bundesministerium für Familie, Senioren, Frauen und Jugend (1998): Zehnter Kinder- und Jugendbericht. Bericht über die Lebenssituation von Kindern und die Leistungen der Kinderhilfen in Deutschland. Bonn
Deutscher Verein für öffentliche und private Fürsorge (1976): Empfehlungen zur Teamarbeit in sozialen Diensten. Frankfurt/M.
Deutscher Verein für öffentliche und private Fürsorge (1983): Empfehlungen zur Organisation des kommunalen Allgemeinen Sozialdienstes. Frankfurt/M.
Deutscher Verein für öffentliche und private Fürsorge (1994): Empfehlungen des Deutschen Vereins zur Hilfeplanung nach §36 KJHG. In: Nachrichtendienst des Deutschen Vereins für öffentliche und private Fürsorge, 9/1994
Elger, W./Jordan, E./Münder, J. (1987): Erziehungshilfen im Wandel. Untersuchung über Zielgruppen, Bestand und Wirkung ausgewählter Erziehungshilfen des Jugendamtes der Stadt Kassel. Münster
Faltermeier, J./Fuchs, P./u.a. (Hrsg.) (1996): Hilfeplanung konkret – Praktische und fachpolitische Handlungsstrategien zur Qualitätssicherung in der Jugendhilfe. Franfurt/M.
Fieseler, G./Herborth R. (1996): Recht der Familie und Jugendhilfe. Arbeitsplatz Jugendamt/Sozialer Dienst. Neuwied

Fieseler, G./Schleicher, H. (Hrsg.) (1998): Kinder – und Jugendhilferecht. Gemeinschaftskommentar zum SGB VIII (GK-SGB VIII). Neuwied
Harnach-Beck, V. (1995): Psychosoziale Diagnose in der Jugendhilfe: Grundlagen und Methoden für Hilfeplan und Stellungnahme. Weinheim und München
Harnach-Beck, V. (1999): Ohne Prozessqualität keine Ergebnisqualität. Sorgfältige Diagnostik als Voraussetzung für erfolgreiche Hilfe zur Erziehung. In: Peters, F. (Hrsg.): Diagnosen – Gutachten – hermeneutisches Fallverstehen. Rekonstruktive Verfahren zur Qualifizierung individueller Hilfeplanung, Frankfurt/Main 1999
Institut für soziale Arbeit e.V. (Hrsg.) (1994): Hilfeplanung und Betroffenenbeteiligung. Münster
ISA – Gesellschaft für soziale Arbeit mbH Oranienburg (1998): Hilfeplanung als Prozessgestaltung. Ein Modellprojekt der ISA – gemn. Gesellschaft für soziale Arbeit mbH Oranienburg in Zusammenarbeit mit Jugendämtern des Landes Brandenburg und dem Ministerium für Bildung, Jugend und Sport des Landes Brandenburg. Abschlussbericht (Leitner, H. (Hrsg.), zu beziehen beim Votum-Verlag.
Jordan, E. (1994): Entscheidungsfindung und Hilfeplanung im Kontext des KJHG. In: Institut für soziale Arbeit e.V., (Hrsg.): Hilfeplanung und Betroffenenbeteiligung, Münster
Jugendamt Stadt Kassel(1999): Arbeitsrichtlinien für das Hilfeplanverfahren gemäß §36 KJHG. Kassel
KGSt, Kommunale Gemeinschaftsstelle für Verwaltungsvereinfachung (1975): Organisation des Jugendamtes: Allgemeiner Sozialdienst. Bericht Nr. 6/. Köln
Kunkel, P.-C. (1998): Rechtsfragen der Hilfe zur Erziehung und des Hilfeplanverfahrens nach den Reformgesetzen. In: Zentralblatt für Jugendrecht, 6/1998
Maas, U. (1996): Der Hilfeplan nach §36 KJHG und das jugendrechtliche Verwaltungsverfahren. In: Zentralblatt für Jugendrecht, 4/96 113-119
Merchel, J. (1995): Hilfeplanung als Aushandlung des Hilfebedarfs. In: Blätter der Wohlfahrtspflege – Deutsche Zeitschrift für Sozialarbeit, 5/95 110-116
Merchel, J. (1997): Der missverstandene Charakter von Hilfeplanung. In: Nachrichtendienst des Deutschen Vereins für öffentliche und private Fürsorge, 7/1997
Merchel, J. (1998): Hilfeplanung bei Hilfen zur Erziehung: §36 SGB VIII. Stuttgart, München, Hannover u.a.
Merchel, J. (1999): Zwischen „Diagnose" und „Aushandlung": Zum Verständnis des Charakters von Hilfeplanung in der Erziehungshilfe. In: Peters, F. (Hrsg.): Diagnosen – Gutachten – hermeneutisches Fallverstehen. Rekonstruktive Verfahren zur Qualifizierung individueller Hilfeplanung, Frankfurt/M.
Mollenhauer, K. (1972): Theorien zum Erziehungsprozess. Weinheim
Mollenhauer, K./Uhlendorff, U. (1992): Sozialpädagogische Diagnosen I. Über Jugendliche in schwierigen Lebenslagen. Weinheim und München
Mollenhauer, K./Uhlendorff, U (1995): Sozialpädagogische Diagnosen II. Selbstdeutungen verhaltensschwieriger Jugendlicher als empirische Grundlage für Erziehungspläne. Weinheim und München
Münder, J., u.a. (1993/1998): Frankfurter Lehr- und Praxiskommentar zum Kinder- und Jugendhilfegesetz. Münster
Nothacker, G. (1998): §36 SGB VIII. In: Fieseler, G./Schleicher, H. (Hrsg.) (1998): Kinder – und Jugendhilferecht. Gemeinschaftskommentar zum SGB VIII (GK-SGB VIII). Neuwied
Ortmann, F. (1994): Öffentliche Verwaltung und Sozialarbeit: Lehrbuch zu Strukturen, bürokratischer Aufgabenbewältigung und sozialpädagogischem Handeln der Sozialverwaltung. Weinheim und München

Peters, F. (Hrsg.) (1999): Diagnosen – Gutachten – hermeneutisches Fallverstehen. Rekonstruktive Verfahren zur Qualifizierung individueller Hilfeplanung. Frankfurt/M.
Peukert, D. J. K.(1986): Grenzen der Sozialdisziplinierung: Aufstieg und Krise der deutschen Jugendfürsorge von 1978 bis 1932. Köln
Projektgruppe des Amtes für Jugend und der Bezirksämter Hamburg/Freie und Hansestadt Hamburg, Amt für Jugend (1999): Arbeitshilfe zur Hilfeplanung, zu beziehen beim Votum-Verlag
Sachße, C. (1996): Recht auf Erziehung – Erziehung durch Recht. Entstehung, Entwicklung und Perspektiven des Jugendhilferechts. In: Zeitschrift für Sozialreform
Sachße, C./Tennstedt, F. (1988): Geschichte der Armenfürsorge in Deutschland. Bd. 2 Fürsorge und Wohlfahrtspflege 1871 bis 1929. Stuttgart, Berlin, Mainz
Salomon, A. (1926): Soziale Diagnose. Berlin
Schefold, W./Glinka, H.-J./Neuberger, C./Tilemann, F. (1998): Hilfeverfahren und Elternbeteiligung. Frankfurt/M.
Schimke, H.-J. (1994): Der Hilfeplan als Teil eines rechtsstaatlichen Entscheidungsprozesses. In: Institut für soziale Arbeit e.V. (Hrsg.): Hilfeplanung und Betroffenenbeteiligung, Münster
Schrapper, C. (1994): Der Hilfeplanprozess – Grundsätze, Arbeitsformen und methodische Umsetzung. In: Institut für soziale Arbeit e.V. (Hrsg.): Hilfeplanung und Betroffenbeteiligung, Münster
Soest, G. von (1998): Der Hilfeplan im Rahmen einer partizipativen Jugendhilfe. Kassel. Diss
Thiersch, H. (1973): Institution Heimerziehung. In: Giesecke, H. (Hrsg.): Offensive Sozialpädagogik, Göttingen
Thiersch, H. (1977): Kritik und Handeln. Interaktionistische Aspekte der Sozialpädagogik. Neuwied/Darmstadt
Thiersch, H. (1986): Die Erfahrung der Wirklichkeit. Perspektiven einer alltagsorientierten Sozialpädagogik. Weinheim/München
Uhlendorff, U. (1997): Sozialpädagogische Diagnosen III. Ein sozialpädagogisch-hermeneutisches Diagnoseverfahren für die Hilfeplanung. Weinheim; München
Uhlendorff, U. (1998): Heimrevolten in Hamburg. Erste Versuche einer Entideologisierung der Sozialpädagogik im Wilhelminischen Reich. In: neue praxis, 5/98
Uhlendorff, U. (2000): Auf der Suche nach einem Verhältnis von Öffentlich und Privat. Jugendfürsorgeleitbilder im Wilhelminischen Reich. In: neue praxis, 2/2000
Wiesner, R., u.a., (1995/2000): SGB VIII. Kinder- und Jugendhilfe. München
Winkler, M. (1988): Eine Theorie der Sozialpädagogik. Über Erziehung als Rekonstruktion der Subjektivität. Stuttgart

Franz Herrmann

Jugendhilfeplanung

Zusammenfassung: Der Begriff der Jugendhilfeplanung bezeichnet ein gesetzlich vorgeschriebenes, methodisch strukturiertes und prozesshaftes Vorgehen, mit dem ein bedarfsgerechtes Angebot von Jugendhilfeleistungen innerhalb eines definierten Sozialraums sichergestellt und gestaltet werden soll. Mit einer Kombination von sozialwissenschaftlichen Erhebungen und partizipativ gestalteten Aushandlungs- und Entscheidungsprozessen übernimmt Jugendhilfeplanung eine in der Praxis oft konfliktreiche Vermittler- und Brückenfunktion zwischen den Akteuren innerhalb einer lokalen Jugendhilfelandschaft. Ziel ist die Herstellung von Balancen zwischen Bedürfnissen und Problemlagen der AdressatInnen und NutzerInnen, gesetzlichen und fachlichen Anforderungen sowie trägerspezifischen und jugendpolitischen Interessen.

1. Geschichte und Entwicklung der Jugendhilfeplanung

Der Planungsgedanke in der Jugendhilfe hat bis zu seiner Verankerung als Pflichtaufgabe für die Träger der öffentlichen Jugendhilfe durch das Kinder- und Jugendhilfegesetz (KJHG) am 1.1.1991 eine kurze, wechselhafte und spannungsreiche Geschichte erlebt (vgl. ausführlich Merchel 1994, S. 12ff.). Nach einer Phase der Planungsabstinenz bis ca. Mitte der 60er-Jahre wurde Planung von der Politik als „wesentliches Instrument einer auf soziale Gerechtigkeit ausgerichteten Reformpolitik" (Merchel 1994, S. 13) entdeckt. Die erste Planungseuphorie verflog allerdings rasch, nachdem klar wurde, dass die hohen Erfolgserwartungen an das Instrument Planung – zumindest über die damals praktizierten Verfahren – nicht einlösbar waren. Ab Ende der 70er-Jahre war deshalb eine allgemeine Ernüchterung und Skepsis in der Theoriebildung zu beobachten. Auch in der Praxis nahmen die fachlichen Zweifel am Nutzen von Planung stark zu, ferner verknappte der Rückgang des wirtschaftlichen Wachstums zunehmend die im öffentlichen Sektor für Veränderungen zur Verfügung stehenden finanziellen Mittel.

Zwar beinhaltete bereits das Jugendwohlfahrtsgesetz (JWG) in §7 eine Aufforderung an die Jugendämter zu einem planvollen Zusammenwirken von öffentlicher und freier Jugendhilfe, dennoch hat sich das Gestaltungsinstrument Jugendhilfeplanung erst mit In-Kraft-Treten der gesetzlichen Verpflichtung in den §§79 und 80 SGB VIII wirklich in der Praxis durchgesetzt. Eine Untersuchung von Simon (1997) belegt die mittlerweile hohe Verbreitung in Kommunen und Landkreisen nachhaltig, auch wenn sich verbindliche methodisch-fachliche Standards bzgl. der Gestaltung von Planung in der Praxis (noch) nicht durchgesetzt haben und so deren Qualität erheblich variiert. Simon (1997, S. 77) spricht hier von einer „extremen Heterogenität in den Zugängen, Fragestellungen, Standards und Methoden".

Wirft man einen Blick auf die theoretischen Konzepte von Planung, die die Diskussion seit Mitte der 60er-Jahre geprägt haben, so zeigt sich – vereinfacht gesagt – ein beständiger fachlicher Streit zwischen zwei unterschiedlichen Richtungen: dem ‚wissenschaftlich-technologischen' und dem ‚kommunikativ-partizipativen' Paradigma.

Wissenschaftlich-technologische Planungskonzepte gehen von der Möglichkeit aus, zu objektiv gesicherten Kenntnissen über das jeweilige soziale Feld, die bestehenden Probleme und die erforderlichen Maßnahmen zu gelangen. Die zu klärenden Zusammenhänge über Handlungserfordernisse, Ziele und Maßnahmen können zumindest grob über wissenschaftliche Verfahren ermittelt werden. Unter dieses Planungs-Paradigma fallen z.B. der so genannte ‚bedarfsorientierte' Ansatz (Beneke u.a. 1975), der versucht, planerischen Bedarf quasi objektiv messbar zu machen, der ‚sozialökologische' Ansatz von Bourgett u.a. (1977), der stark auf sozialen Indikatoren zur Charakterisierung von Lebensverhältnissen basiert, sowie die aktuellen Konzepte „Outputorientierter Steuerung der Jugendhilfe" der Kommunalen Gemeinschaftsstelle (z.B. KGSt 1994, 1996 und 1998).

Kommunikativ-partizipative Planungskonzepte gehen dagegen von einer Vielzahl nicht objektivierbarer, im Grunde politischer Auswahl-, Interpretations- und Entscheidungsprozesse in Planungsvorgängen aus, die sich nur kommunikativ, unter Beteiligung der Entscheidungsbetroffenen, sinnvoll gestalten lassen. Wissenschaftliche Daten und Erhebungsinstrumente haben hier nur einen begrenzten Stellenwert und dienen primär zur Qualifizierung der örtlichen Diskussions- und Entscheidungsprozesse. Unter dieses Planungs-Paradigma fallen z.B. der Ansatz von Scharpf (1973), der Planung als primär politischen Prozess begreift, der ‚bedürfnisorientierte' Ansatz von Ortmann (z.B. 1983) sowie die Konzepte ‚kommunikativer Planung' von Jordan/Schone (1992 und 1998), Merchel (1992 und 1994), Gläss/Herrmann (1994) und Bolay/Herrmann (1995) bzw. Ansätze, die Geschlechterthemen sowie die gesellschaftliche Geschlechterhierarchie und ihre Auswirkungen in der Jugendhilfe in den Mittelpunkt des Interesses stellen (z.B. Bitzan/Funk 1995; Bohn 1998; SPI 1999).

2. Der gesetzliche Auftrag von Jugendhilfeplanung

Jugendhilfeplanung steht nach §79 Abs. 1 SGB VIII als Pflichtaufgabe in der Gesamtverantwortung des jeweiligen Trägers der öffentlichen Jugendhilfe. Im Rahmen dieser Zuständigkeit hat dieser darauf zu achten, dass vor Ort ein bedarfsgerechtes Jugendhilfeangebot zur Verfügung steht, das gemäß §79 Abs. 2 SGB VIII bestimmten fachlichen Kriterien genügen muss: „Die Träger der öffentlichen Jugendhilfe sollen gewährleisten, dass die zur Erfüllung der Aufgaben nach diesem Buch erforderlichen und geeigneten

Einrichtungen, Dienste und Veranstaltungen den verschiedenen Grundrichtungen der Erziehung entsprechend rechtzeitig und ausreichend zur Verfügung stehen". Mit den unbestimmten Rechtsbegriffen „erforderlich", „geeignet", „rechtzeitig" und „ausreichend" sind – wenn auch relativ vage und aushandlungsbedürftige – Orientierungspunkte für die Jugendhilfeplanung benannt, die bei der Bewertung und Weiterentwicklung der örtlichen Infrastruktur zu berücksichtigen sind.

Aufgaben, Ziele und Rahmenbedingungen der Planung werden in §80 SGB VIII weiter konkretisiert:

- als (Mindest)Aufgaben der Planung definiert Abs.1 eine Bestandsaufnahme der örtlichen Einrichtungen und Dienste der Jugendhilfe, die Bedarfsermittlung unter Berücksichtigung der Bedürfnisse und Interessen der AdressatInnen sowie die rechtzeitige und ausreichende Planung von Angeboten entsprechend des festgestellten Bedarfs.
- Weitere Zielvorgaben für die Gestaltung der Jugendhilfe-Infrastruktur (und damit auch Kriterien zur Überprüfung vorhandener Strukturen) werden in Abs. 2 benannt: Lebensweltbezug, Vernetzung, Förderung familialer Kontakte, bessere Vereinbarkeit von Familien- und Erwerbsarbeit, besondere Förderung von jungen Menschen und Familien in gefährdeten Wohn- und Lebensbereichen.
- In Abs. 3 wird die Verpflichtung zur frühzeitigen Beteiligung der anerkannten freien Träger der Jugendhilfe in allen Phasen der Planung festgeschrieben, die z.B. über den Jugendhilfeausschuss und die Arbeitsgemeinschaften nach §78 erfolgt.
- In Abs. 4 wird die Notwendigkeit einer Abstimmung von Jugendhilfeplanungen mit anderen örtlichen und überörtlichen Planungen von Institutionen, deren Tätigkeit sich auf die Lebenssituation der Jugendhilfe-Zielgruppen auswirkt, betont.

Eine teilweise Konkretisierung bzw. Erweiterung dieser Vorgaben wird in den Ausführungsgesetzen der einzelnen Bundesländer (LKJHGs) vorgenommen.

Nach dem Verständnis des KJHG ist Planung als kontinuierliche Aufgabe zu sehen, die sich nicht darin erschöpft, ab und zu einen umfangreichen Planungsbericht zu erstellen – wie immer noch teilweise in der Praxis zu beobachten ist. Denn Lebensbedingungen und Problemlagen der Jugendhilfe-Zielgruppen verändern sich permanent im Spannungsfeld gesellschaftlicher Modernisierungsprozesse, so dass eine kontinuierliche Überprüfung der Passung von Angeboten und Strukturen der Jugendhilfe mit den lebensweltlichen Anforderungen zur Notwendigkeit wird. Angesichts der Kontinuität und Komplexität der wahrzunehmenden Planungsaufgaben (vgl. Abschnitt 3) ist dies nur möglich, wenn vor Ort qualifiziertes Personal in ausreichendem Umfang zur Verfügung steht.

3. Planungsansätze und Verfahren der Jugendhilfeplanung

In der Praxis sind vor allem die folgenden Planungsansätze zur Strukturierung des Vorgehens verbreitet:

1. Arbeitsfeldorientierter Ansatz: Ausgangspunkt sind hier die verschiedenen Arbeitsfelder der Jugendhilfe (Kindertagesbetreuung, Jugendarbeit, verschiedene Formen der Beratung, Hilfen zur Erziehung etc.), die einzeln oder in Kombination untersucht werden. In der Regel erfolgt hier zuerst eine Bestandsaufnahme der Angebote und Einrichtungen sowie eine Bewertung des Bestandes im Hinblick auf rechtliche und fachliche Anforderungen bzw. die Bedürfnisse der Zielgruppen. Auf dieser Basis werden dann Vorschläge zur quantitativen bzw. qualitativen Umgestaltung der Angebote und Einrichtungen vor Ort entwickelt. Planung geht hier quasi additiv nach einem „Baukastenprinzip" (Merchel) vor, in dem nach und nach die verschiedenen Arbeitsfelder abgearbeitet werden.

2. Sozialraumorientierter Ansatz: Ausgangpunkt sind hier abgrenzbare räumliche Gebiete (Stadtteile, Wohngebiete etc.), die einer sozialräumlichen Analyse im Hinblick auf soziale Merkmale und Bedürfnisse der BewohnerInnen, Wohn- und Lebensqualität, Belastungsfaktoren, Ressourcen etc. unterzogen werden. Auf dieser Basis sollen dann Hilfe- und Unterstützungsangebote möglichst passgenau auf die Lebenssituation der BewohnerInnen zugeschnitten werden. Genutzt werden Planungen dieses Typs, die momentan starke Verbreitung erfahren (vgl. Abschnitt 5), auch, um die Problembelastung verschiedener Sozialräume vergleichbar zu machen und so Kriterien für die Verteilung von Jugendhilferessourcen zu gewinnen.

3. Zielgruppenorientierter Ansatz: Bezugspunkt sind hier die Bedürfnisse bzw. Problemlagen bestimmter Zielgruppen der Jugendhilfe, für die vor Ort ein besonderer Handlungsbedarf angenommen wird (z.B. Alleinerziehende; Jugendliche, die an der Schwelle Schule → Berufsausbildung besondere Schwierigkeiten haben). Typisches Vorgehen ist hier eine Passungsanalyse zwischen vorhandenen Angeboten und Bedürfnissen/Problemlagen der ausgewählten Zielgruppen, aus der dann Konsequenzen für die Veränderung von Angeboten und Einrichtungen gezogen werden.

Kennzeichen aller dieser Ansätze ist, dass sie jeweils spezifische Vor- und Nachteile haben.[1] In der Praxis werden deshalb häufig mehrere Vorgehensweisen miteinander kombiniert.

---

[1] Beispielhaft seien hier erwähnt:
Bereichsorientierter Ansatz: Vorteil dieses Ansatzes ist seine pragmatische Nähe zur Aufbaulogik der gesetzlichen Grundlage der Jugendhilfe (KJHG), Nachteil ist sein „Strukturkonservatismus" (vgl. Jordan/Schone 1992), d.h. seine starke Orientierung an bereits vorhandenen Strukturen und gegeneinander abgegrenzten Arbeitsfeldern, so dass die Entwicklung neuer Strukturen oder arbeitsfeldübergreifende Bezüge leicht aus

Kernaufgabe von Jugendhilfeplanung ist die *Bedarfsbestimmung*, d.h. die Ermittlung des jeweiligen Handlungsbedarfs zur Bewältigung sozialer oder organisatorischer Probleme innerhalb der Jugendhilfe sowie die Umsetzung der erforderlichen Handlungskonzepte. Die Aufgabe der Bedarfsbestimmung kann in fünf Arbeitsschritte differenziert werden:

- Auswahl der planungsrelevanten Frage- oder Problemstellung
- Festlegung des passenden Planungskonzepts
- Ermittlung der 'Wissensbasis', die zur Klärung der ausgewählten Problemstellung für erforderlich gehalten wird
- Interpretation und Gewichtung dieser 'Wissensbasis' durch die beteiligten Akteure
- ‚Übersetzung' des hierdurch gewonnenen allgemeinen Bedarfs in soziale Dienste, Angebote, institutionelle Konzepte etc.

1. Auswahl der Themenstellung und Festlegung des Planungskonzepts: In den ersten beiden Schritten geht es um die Entscheidung, welche Themen und Probleme für wichtig genug erachtet werden, planerisch bearbeitet zu werden. Außerdem geht es darum, welcher Planungsansatz, welche Ziele, Organisationsform, zeitlichen und personellen Rahmenbedingungen festgelegt werden, bzw. wie die Einbeziehung der politischen EntscheidungsträgerInnen, der freien Träger der Jugendhilfe und der betroffenen Kinder, Jugendlichen und Familien in den Prozess erfolgt.

2. Ermittlung der ‚Wissensbasis': Sozialwissenschaftliche Erhebungs-, Analyse- und Bewertungsverfahren spielen primär bei der Ermittlung der erforderlichen ‚Wissensbasis' eine Rolle, bei der verschiedene Einflussgrößen zu berücksichtigen sind. Die wichtigsten der *bedarfsrelevanten Einflussgrößen* sind:

- Bedürfnisse und Interessen der im ausgewählten Themenkontext betroffenen Kinder, Jugendlichen bzw. Familien;
- Lebensbedingungen und Problemlagen dieser Zielgruppen;
- Örtlicher Bestand an Einrichtungen und Angeboten;
- Wissen und Veränderungsideen der örtlichen, im Kontext der Problemstellung tätigen haupt- und ehrenamtlichen Fachkräfte;

---

dem Blick geraten.
Sozialraumorientierter Ansatz: Vorteil dieses Ansatzes ist sein ganzheitlicher Zugang, der die Chance bietet, die komplexen Bezüge zwischen sozialräumlichen Bedingungen und sozialem Leben sichtbar zu machen und so jugendhilfeübergreifende Handlungsstrategien in den Blick rückt. Nachteile sind insbesondere der meist sehr hohe Erhebungsaufwand, den Sozialraumanalysen erfordern, und das Risiko, dass die Umsetzung von themen- und ressortübergreifenden Erkenntnissen an den starren Strukturen der Kommunalverwaltungen scheitert.

- Rechtliche Vorgaben zur Gestaltung der institutionellen Strukturen und Angebote;
- Erkenntnisse der Fachdiskussion zum Thema, die auf die jeweilige örtliche Situation übertragbar sind.

Die Informationen und Daten zu den vier erstgenannten Einflussgrößen werden in der Regel über eine planerische Bestandsaufnahme ermittelt: Erstens wird eine Bestandsaufnahme der jugendhilferelevanten Einrichtungen und Angebote mittels Fragebogen, ExpertInnengesprächen, Sekundäranalysen vorhandener Daten etc. vorgenommen. Sie soll Auskunft geben über Umfang, Art, Arbeitsformen, Verteilung und Qualität der vorhandenen Angebote. Zweitens wird über sozialstrukturelle Analysen, Befragungen von Zielgruppen und ExpertInnen etc. eine Erfassung der Lebensverhältnisse, Bedürfnisse und Problemlagen der jeweiligen Zielgruppen vorgenommen, um Anhaltspunkte über die Qualität und Passung zwischen Angebot und Bedarf zu gewinnen.

Eine genauere Betrachtung dieser Einflussgrößen zeigt, dass eine exakte, quasi ‚objektivierbare Wissensbasis' planerisch nicht zu ermitteln ist: Denn selbst in vermeintlich objektivierbaren Tätigkeiten (Bedürfnisermittlung, Bestandsaufnahme etc.) kommen je nach Methodenwahl und inhaltlichem Fokus unterschiedliche Perspektiven und Ausschnitte der Realität zutage. Ferner ist keine der Größen (quantitativ) exakt zu bestimmen, einige unterliegen ständigen Veränderungen. Außerdem kann die Relevanz der einzelnen Größen unterschiedlich gewichtet werden und können die Ergebnisse im Kontext einzelner Größen durchaus im Widerspruch zu anderen stehen.

3. Interpretation und Gewichtung der ‚Wissensbasis': Aufgrund der Vieldeutigkeit der Informationen zu den bedarfsrelevanten Einflussgrößen ist es erforderlich, sie mit den relevanten Akteuren vor Ort (öffentlicher und freie Träger, politische EntscheidungsträgerInnen, andere Lobbyorganisationen, NutzerInnen von Angeboten etc.) einem Prozess der Gewichtung und Interpretation zu unterziehen und so den weiteren Umgang mit der ‚Wissensbasis' festzulegen. Spätestens hier wird der *politische Charakter von Jugendhilfeplanung* überdeutlich sichtbar: Denn hier treffen Akteure mit höchst unterschiedlichen Wertpräferenzen, Interessen, Ressourcen, Einflussmöglichkeiten und Strategien aufeinander, außerdem werden in der Regel bestimmte Akteursgruppen von diesen Bewertungsvorgängen ausgeschlossen. Außerdem bestimmt die aktuelle ‚politische Konjunktur' eines Themas (d.h. seine Dringlichkeit und Brisanz in den Augen der EntscheidungsträgerInnen) die Ergebnisse des Aushandlungsprozesses nachhaltig. Aufgrund dieser Asymmetrien und Exklusionsprozesse traditioneller Interpretations- und Entscheidungsverfahren ist eine demokratisch-partizipative Öffnung der Bedarfsermittlung insbesondere für die Planungsbetroffenen (Zielgruppen der Jugendhilfe, Fachkräfte) unumgänglich.

4. Übersetzung des allgemeinen Bedarfs in Angebote der Jugendhilfe: Das Ergebnis des Aushandlungsprozesses im vorigen Schritt muss abschließend konkretisiert und übersetzt werden in Angebote, Konzepte, Förderprogramme und andere institutionelle oder personelle Bedingungen in der Jugendhilfe. Da in der Praxis die finanziellen Mittel für die Umsetzung von Planungsempfehlungen knapp sind, erfolgt hier meist eine Prioritätenfestlegung, bei der zeitliche, räumliche und fachliche Rangfolgen für die Umsetzung festgelegt werden. Das Kernproblem in solchen Entscheidungsvorgängen liegt darin, „Nicht-Vergleichbares vergleichbar zu machen. (...) Es muss entschieden werden, ob der Ausbau sozialpädagogischer Familienhilfe wichtiger ist als die Intensivierung von Familienbildung oder als Angebote der mobilen Jugendarbeit, ob ein Tageseltern-Projekt im Stadtteil X eine höhere Priorität erhalten soll als ein Mädchenarbeitsprojekt in der offenen Jugendarbeit des Stadtteils Y etc." (Merchel 1994, S. 143f.). Auch hier hängen die Ergebnisse solcher Entscheidungen stark von der Zusammensetzung der beteiligten Akteure und deren Kriterien ab.

Der Prozess der Bedarfsermittlung kann zusammenfassend charakterisiert werden als Eingrenzung und Aushandlung von Bedürfnissen, Rechten, Interessen und Sachinformationen zu einem Problem in der Jugendhilfe auf das „aufgrund politischer Entscheidungen für erforderlich und gleichzeitig machbar Gehaltene" (Merchel 1992, S. 102) und als Übersetzung dieses Bedarfs in Formen sozialer Dienste. Wissenschaftlich-technologische Planungsansätze (vgl. Abschnitt 1) werden in ihrer Vernachlässigung der Verständigungs- und Aushandlungsprozesse sowie der politischen Dimension sozialer Planung den fachlichen Spezifika der Bedarfsermittlung zu wenig gerecht.

Zwei zentrale fachliche Standards heutiger Jugendhilfeplanung sollen kurz angesprochen werden: Die partizipative und geschlechtsdifferenzierende Gestaltung von Planungsprozessen.

Partizipation: Während freien Trägern bereits durch das KJHG weitgehende Beteiligungsrechte an der Jugendhilfeplanung zugestanden werden (vgl. Abschnitt 2), ist die Beteiligung von Zielgruppen oder Fachkräften der Jugendhilfe rechtlich weit weniger klar und verbindlich geregelt und so weitgehend dem Willen des jeweiligen öffentlichen Träger der Jugendhilfe überlassen. Aus fachlichen Gründen ist aber deren Beteiligung an Planungsprozessen von zentraler Bedeutung:

- Fachkräfte der Jugendhilfe erwerben über ihre Arbeit eine Fülle von Kenntnissen über Zielgruppen und ihre Lebenswelten und entwickeln auch unabhängig von Planungsprozessen Ideen und Konzepte zur Verbesserung der Angebote. Außerdem sind sie es, die Ergebnisse der Planung in ihrer Arbeit umsetzen müssen und dafür überzeugt und gewonnen werden müssen.

- Das Wissen von Zielgruppen und NutzerInnen über Probleme, Ressourcen, Bewältigungsstrategien etc. ist ein wichtiges Korrektiv für die ‚blinden Flecken' in der Wahrnehmung der Profis und deren Eigeninteressen, die notwendige Veränderungen blockieren können. Außerdem ist die Wirksamkeit von Angeboten und Maßnahmen stark abhängig von ihrer Passung in Bezug auf die Bedürfnisse ihrer NutzerInnen.

So wichtig eine partizipative Gestaltung von Planungsprozessen ist, so schwierig ist es, Formen gelingender Partizipation in der Praxis umzusetzen. Denn gelingende Partizipation ist im Grunde als konfliktreicher kollektiver Lernprozess zwischen unterschiedlichsten Akteuren zu verstehen, der etablierte Machtstrukturen, eingespielte Entscheidungsabläufe, Denk- und Wahrnehmungsmuster der Beteiligten ziemlich auf die Probe stellen kann (zu Voraussetzungen gelingender Partizipation, Gestaltung von Partizipationsverfahren etc. vgl. Herrmann 1998, S. 119-152; Jordan/Stork 1998, S. 519-573).

Die Notwendigkeit *geschlechterdifferenzierender Planung* ergibt sich aus der Tatsache, dass sich Sozialisationsbedingungen, Lebenslagen und Lebensbewältigungsformen von Mädchen und Jungen, Männern und Frauen deutlich voneinander unterscheiden (vgl. z.B. Böhnisch 1997) sowie der geschlechterhierarchischen Strukturierung der Jugendhilfe (vgl. z.B. Bitzan/Funk 1995), die sich z.B. in männlich dominierten Entscheidungsstrukturen oder in fachlichen Konzepten ausdrückt, in denen geschlechtsspezifisch unterschiedliche Bedürfnisse und Problemlagen nicht ausreichend berücksichtigt werden. Auch das KJHG gibt hierzu in §9 Abs. 3 entsprechende Vorgaben für die Gestaltung der Jugendhilfe und ihrer Planung. Die planerischen Konsequenzen, die aus diesen Charakteristika der Jugendhilfe und den gesetzlichen Vorgaben für die Gestaltung von Erhebungen, Verfahren und Rahmenbedingungen gezogen werden, sind allerdings umstritten (vgl. die Kontroverse zwischen „mädchengerechter" und „integrierter mädchenbewusster" Planung z.B. in SPI 1999 und Bohn 1998) .

4. „Ja, mach nur einen Plan ..." – Das Problem der Umsetzung von Planungsergebnissen

Im Gegensatz zu wissenschaftlichen Untersuchungen und Expertisen geht der Gestaltungsauftrag von Jugendhilfeplanung über die Produktion methodisch abgesicherter Ergebnisse und Handlungsempfehlungen hinaus und muss auch deren Umsetzungsdimension ins Kalkül ziehen. Diese Aufgabe ist schwierig und heikel, da PlanerInnen bei der Umsetzung von Planungsergebnissen auf eine gelingende Kooperation mit einer Fülle von Akteuren angewiesen sind. Hindernisse sind hierbei vor allem in vier Bereichen zu erwarten:

- Begrenzte rechtliche Verbindlichkeit von Planungsergebnissen: Die Ergebnisse einer Jugendhilfeplanung sind zuerst lediglich fachliche und jugendpolitische Willenserklärungen. „Welche Verbindlichkeit diese Willenserklärung bekommt, ist abhängig davon, welche (politischen; F.H.) Gremien über Ergebnisse der Jugendhilfeplanung beschließen" (Münder u.a. 1998, S. 615) und wie verbindlich sich diese Gremien an ihre Beschlüsse gebunden fühlen.

- Finanzkraft der öffentlichen Haushalte: Eine weitere Grenze für die Umsetzung von Planungsergebnissen bildet die Finanzkraft des jeweiligen öffentlichen Trägers. Allerdings ist zu beachten, dass es hier auch um politische Verteilungsfragen geht (also z.B. wie viel der Jugendhilfe im Vergleich zu anderen Ressorts zugestanden wird). Außerdem zeigen Untersuchungen, dass eine vermeintliche Finanzknappheit von EntscheidungsträgerInnen auch als Alibi benutzt werden kann, „wenn es darum geht, unerwünschte, den eigenen professionellen Interessen zuwiderlaufende oder die eigenen Handlungsdomänen bedrohende Planungsvorhaben abzuwehren" (Floerecke 1990, S. 204).

- Machtverhältnisse, Interessen und Interessengegensätze im planerischen Feld: In der Praxis ist zu beobachten, dass bei heiklen oder kontroversen Planungsergebnissen, die grundlegendere Veränderungen vor Ort fordern, manchmal „der Status Quo im gemeinsamen Konsens zwischen Politik, (öffentlicher; F.H.) Verwaltung und Trägern wider besseren fachlichen Wissens nicht angetastet wird, um unliebsame Querelen zu vermeiden und momentane ‚Besitzstände' nicht zu gefährden" (Gläss/Herrmann 1994, S. 164).

- Widerstände in Organisationen gegen Veränderung: Ein Kennzeichen von Organisationen ist ihr „strukturelles Beharrungsvermögen" (Türk), das Innovation und Veränderung nur unter bestimmten Bedingungen möglich macht. Denn jede Veränderung bedeutet eine mehr oder weniger große Störung der eingespielten Handlungsabläufe und der Handlungsspielräume der davon betroffenen Organisationsmitglieder. Veränderungen gegen den Willen der Betroffenen durchsetzen zu wollen, heißt auch, eine Fülle offener oder verdeckter Widerstände zu mobilisieren, die Innovationsprozesse zumindest gefährden.

In der Praxis zeigt sich allerdings, dass solche Umsetzungsrisiken durch kommunikativ-partizipative Planungsansätze, bei denen die örtlichen EntscheidungsträgerInnen in alle Planungsschritte verantwortlich miteinbezogen werden, die Entscheidungsbetroffenen gehört und ernst genommen werden sowie durch ein strategisch geschicktes Agieren von Planungsfachkräften meist entschärft werden können.

5. Entwicklungsperspektiven der Jugendhilfeplanung

Ein Blick auf die Trends der letzten Jahre und die aktuellen Diskussionsthemen im Kontext von Jugendhilfeplanung zeigt eine ganze Reihe von fachlichen Kontroversen und möglichen Entwicklungsperspektiven auf, die im Folgenden kurz umrissen werden.

1. Kommunikativ-partizipative Ansätze von Jugendhilfeplanung haben mittlerweile ihren ‚Exotenstatus' verloren und finden in der Praxis zunehmend Anklang. Ihre wachsende Verbreitung erklärt sich einerseits aus ihrer besseren Passung zu den Spezifika planerischer Felder und Aufgaben im Vergleich zu wissenschaftlich-technologischen Konzepten. Gleichzeitig ist ihre Verbreitung aber auch Ausdruck der Offenheit, ja Beliebigkeit von Begriffen wie ‚Kommunikation', ‚Aushandlungsprozess' oder ‚Partizipation', die von TheoretikerInnen wie PraktikerInnen mit unterschiedlichsten Interessen, Inhalten und Methoden verknüpft werden. Da sich verbindliche fachliche Standards zur Gestaltung von Planungsprozessen in der Praxis (noch) nicht durchgesetzt haben, ist das kommunikative Paradigma nach den kritischen Impulsen, die zu Beginn der 90er-Jahre von ihm ausgingen, heute oft zu einer unverbindlichen Leerformel geworden, unter die von PlanerInnen wie Planungsverantwortlichen Verfahren jeglicher Art und Qualität in der Praxis gefasst werden (zu Qualitätskriterien von Planungsprozessen vgl. Punkt 3).

2. Die hohe Akzeptanz, die Modelle von Verwaltungsmodernisierung unter den Titeln *„Neue Steuerung"* oder *„Outputorientierter Steuerung der Jugendhilfe"* (vgl. KGSt 1994, 1996 und 1998) in den letzten Jahren insbesondere bei PolitikerInnen und Verwaltungen gefunden haben, zeigt, dass wissenschaftlich-technologische Formen von Steuerung und Planung weiterhin Konjunktur haben. Ihre Verbreitung erklärt sich aber kaum aus ihrer Überlegenheit in der Praxis, sondern speist sich aus ihrer Nähe zu Kontroll- und Effizienzwünschen, die sich vor allem auf Seiten fachlicher und politischer EntscheidungsträgerInnen im Feld finden lassen. Denn die bisher vorliegenden Erfahrungs- und Untersuchungsberichte zeigen, dass die Erwartungen in der Praxis bislang bei weitem nicht erfüllt wurden. Merchel (1999, S. 140ff.) fasst einige Gründe für die ausgebliebenen bzw. nur teilweise realisierten Effekte dieser Modernisierungs-Modelle zusammen:

- naive Erwartungen bzgl. einer Steuerbarkeit komplexer Organisationen durch eine einfache Veränderung von Strukturen und Ablaufplänen,
- die Vernachlässigung der menschlichen Seite von Veränderungsprozessen, die ohne Motivierung, Qualifizierung und Partizipation der Betroffenen vor allem Widerstände erzeugen,
- die oft unrealistisch geringen zeitlichen Vorgaben für Veränderungsprozesse,
- die Verkürzung der eigentlichen Intention outputorientierter Steuerung nach einem effizienteren Einsatz der Ressourcen auf das Motiv, „in mög-

lichst kurzen Zeiträumen und auf eine möglichst sozial verträgliche Weise Finanzmittel einzusparen" (Merchel 1999, S. 141).

Inzwischen sind allerdings in der Praxis wie in der theoretischen Diskussion Positionen zu beobachten, die – jenseits naiver Befürwortung und Umsetzung bzw. vernichtender Kritik – versuchen, die positiven Impulse wie Grenzen des Modells für die Jugendhilfe differenzierter zu bewerten (vgl. z.B. die Beiträge in Merchel/Schrapper 1996).

3. Als quasi fachliche Antwort der pädagogischen Profession auf die vor allem betriebswirtschaftlich beeinflussten Modelle Neuer Steuerung ist die aktuelle Qualitätsdebatte zu betrachten, die sicher auch die künftige Arbeit in der Jugendhilfeplanung nachhaltig prägen wird. Die besondere Bedeutung, die sich momentan in der Diskussion um *Qualitätsstandards und Modelle der Qualitätsentwicklung* für die Jugendhilfe zeigt, liegt einerseits in der Chance, fachliche „Korrektive gegenüber einer verkürzten (auf das Ziel der Kostenreduktion reduzierten) Steuerungsdiskussion anzubringen" (Jordan 1998, S. 255). Dynamisiert wird die Diskussion aber auch durch Vorgaben des KJHG in den §§78a bis g, die seit 01.01.1999 in Kraft sind: Dort wird für die teilstationären und stationären Leistungen der Jugendhilfe vorgeschrieben, dass zwischen öffentlichen und freien Trägern der Jugendhilfe künftig Vereinbarungen geschlossen werden müssen, die u.a. über die Qualität der Angebote sowie die Sicherung und Entwicklung ihrer Qualität Auskunft geben müssen. Damit wurde von Seiten des Gesetzgebers die Qualitätsdebatte in der Jugendhilfe eröffnet, auch wenn sie sich vorläufig nur auf die besonders kostenträchtigen Angebote bezieht. In der Fachdiskussion wie in der Praxis ist aber bereits eine vielfältige Ausweitung der Diskussion in andere Arbeitsfelder auszumachen (vgl. z.B. Projektgruppe WANJA 2000 im Bereich offener Jugendarbeit oder die Beiträge in Merchel 1998a).

Mit ihrer Aufgabe, die Jugendhilfe-Infrastruktur bedarfsgerecht zu gestalten, steht Jugendhilfeplanung quasi im Zentrum der Qualitätsdebatten vor Ort, denn „Infrastrukturgestaltung ist elementar gekoppelt mit Bewertungen zum qualitativen Stand der Angebote und mit Aussagen zur gewollten künftigen Qualität der Angebote" (Merchel 1998, S. 411). Im Sinne eines Qualitätsmanagements in der Jugendhilfe ist Planung in dreifacher Hinsicht gefordert:

- „bei der Definition qualitativer Kriterien für die Gestaltung des Versorgungssystems insgesamt (Infrastrukturqualität),
- bei der Definition von Qualitätsmaßstäben für die Arbeit in Einrichtungen und Diensten sowie
- bei der Evaluation der Wirkungen einzelner Angebote und von Effekten der Jugendhilfeplanung selbst" (Merchel 1998, S. 412).

Darüber hinaus ist Jugendhilfeplanung gefordert, Qualitätskriterien für die eigene Arbeit formulieren, begründen und überprüfen zu können (zu Qualitätsstandards von Jugendhilfeplanungen auf der Struktur-, Prozess- und Ergebnisebene vgl. z.B. Herrmann 1998, S. 199-202). Denn systematische Evaluationen zu Nutzen, Wirkungen und Qualität von Jugendhilfeplanungen fehlen momentan noch fast vollständig.

4. Ein verstärkte Aufmerksamkeit für die sozialräumlichen Bezüge in der Jugendhilfe und eine entsprechende Ausdifferenzierung sozialraumbezogener Planungsansätze ist derzeit in doppelter Hinsicht zu beobachten:

- Es gibt eine ‚Renaissance' von Planungsansätzen auf der Basis sozialer Indikatoren, die u.a. durch neuere empirische Ergebnisse über die Zusammenhänge zwischen sozialräumlichen Strukturen und Hilfebedarfen bei Kindern, Jugendlichen und Familien ausgelöst wurde (vgl. z.B. Bürger 1999). Ziel dieser Ansätze ist es erstens, Sozialräume kleinräumig anhand ausgewählter Daten und Belastungsindikatoren, deren empirische Bedeutung nachgewiesen wurde, zu charakterisieren, und damit auch Anhaltspunkte für aktuelle Hilfebedarfe, Prognosen zur Bedarfsentwicklung sowie präventives Handeln zu gewinnen. Zweitens sollen damit aber auch politisch-fachliche Entscheidungen zur Verteilung personeller und finanzieller Ressourcen in der Jugendhilfe empirisch abgesichert und damit quasi ‚verobjektiviert' werden. So sinnvoll solche Versuche sind, so deutlich zeigen sich im Moment noch ihre Grenzen: Denn die bisherigen Datenmodelle sind unterkomplex und brauchen z.B. Ergänzungen im Hinblick auf multivariante Analysen, Ergänzungen hinsichtlich regionaler Spezifika oder längerer Untersuchungszeitreihen, um jenseits von ‚Momentaufnahmen' aussagekräftigere Entwicklungstrends sichtbar zu machen. Insofern sind Verteilungsentscheidungen über Ressourcen, die allein auf solchen Daten zu Sozialräumen basieren, momentan recht fragwürdig (vgl. Pluto u.a. 1999). Trotz dieser Grenzen sind solche Ansätze bereits heute ein wertvoller Bezugspunkt kommunikativ-partizipativer Planungskonzepte, weil sie in der Lage sind, Aushandlungsprozesse zwischen den Akteuren vor Ort nachhaltig zu qualifizieren. Sie werden aber auch künftig solche Bewertungs- und Aushandlungsprozesse nicht ersetzen können.

- Zu beobachten ist ferner insbesondere in größeren Städten ein Trend zur Verbindung von Jugendhilfeplanung mit übergreifenden Fragestellungen der sozialen Stadt- und Stadtteilentwicklung, wie sie momentan im Zusammenhang mit der Lokalen Agenda 21 oder der Bund-Länder-Gemeinschaftsinitiative „Soziale Stadt" thematisiert werden (vgl. ausführlich Schubert 2000). Der Begriff der ‚nachhaltigen Entwicklung' (d.h. Entwicklung unter Schonung natürlicher Ressourcen) spielt hierbei eine zentrale Rolle, wobei für den sozialen Bereich insbesondere Fragen der Armutsbekämpfung, die Lösung von Gesundheitsproblemen und der Verbesserung der Wohnsituationen im Mittelpunkt stehen. Im Programm „Soziale Stadt" geht es um die Entwicklung interdisziplinärer Handlungskonzepte zwischen Sozialer Arbeit, Sozialplanung, Ökonomie und

Architektur für Stadtteile, die z.B. aufgrund von Segregationsprozessen ins soziale Abseits zu rutschen drohen. Jugendhilfeplanung ist in solchen komplexen Programmen nicht nur mit ihren Methodenkenntnissen zu Partizipation, Aushandlungsprozessen oder sozialwissenschaftlichen Erhebungen gefragt, sondern muss auch ihren ‚Einmischungsauftrag' im Sinne der Bedürfnisse und Interessen von Kindern, Jugendlichen und Familien wahrnehmen. Denn in der Praxis ist zu beobachten, dass ökonomische und ökologische Themen meist dominieren und der „Aufgabenbereich sozialer Entwicklungsziele (...) mancherorts ganz vernachlässigt oder auf den Bereich Wohnen/Siedlungsstruktur beschränkt (wird)" (Happel-Tominski 1999, S. 10).

Literatur zur Vertiefung

Bitzan, Maria/Funk, Heide (1995): Geschlechterdifferenzierung als Qualifizierung der Jugendhilfeplanung. In: Bolay, Eberhard/Herrmann, Franz (Hrsg.) (1995): Jugendhilfeplanung als politischer Prozess. Neuwied/Kriftel/Berlin, S. 71-123

Herrmann, Franz (1998): Jugendhilfeplanung als Balanceakt. Umgang mit Widersprüchen, Konflikten und begrenzter Rationalität. Neuwied/Kriftel/Berlin

Jordan, Erwin/Schone, Reinhold (Hrsg.) (1998): Handbuch Jugendhilfeplanung. Grundlagen, Bausteine, Materialien. Münster

Literatur

Beneke, Eckhard/Müller, Manfred K. u.a. (1975): Planung in der Jugendhilfe. Grundlagen eines bedarfsorientierten Planungsansatzes. Kronberg im Taunus

Bitzan, Maria/Funk, Heide (1995): Geschlechterdifferenzierung als Qualifizierung der Jugendhilfeplanung. In: Bolay, Eberhard/Herrmann, Franz (Hrsg.) (1995): Jugendhilfeplanung als politischer Prozess. Neuwied/Kriftel/Berlin, S. 71-123

Bohn, Irina (1998): Mädchenbewusste Jugendhilfeplanung. In: Jordan, Erwin/Schone, Reinhold (Hrsg.) (1998): Handbuch Jugendhilfeplanung. Münster, S. 499-518

Böhnisch, Lothar (1997): Sozialpädagogik der Lebensalter. Eine Einführung. Weinheim/München

Bolay, Eberhard/Herrmann, Franz (Hrsg.) (1995): Jugendhilfeplanung als politischer Prozess. Beiträge zu einer Theorie sozialer Planung im kommunalen Raum. Neuwied/Kriftel/Berlin

Bourgett, Jörg/Preusser, Norbert u.a. (1977): Jugendhilfe und kommunale Sozialplanung. Eine sozialökologische Studie. Weinheim/Basel

Bürger, Ulrich (1999): Die Bedeutung sozialstruktureller Bedingungen für den Bedarf an Jugendhilfeleistungen. In: Institut für Soziale Arbeit e.V. (Hrsg.) (1999): Soziale Indikatoren und Sozialraumbudgets in der Kinder- und Jugendhilfe. Münster, S. 9-34

Floerecke, Peter (1990): Warum Jugendhilfeplanung so oft scheitert. In: Jugendwohl, 71. Jg., S. 202-213

Gläss, Holger/Herrmann, Franz (1994): Strategien der Jugendhilfeplanung. Theoretische und methodische Grundlagen für die Praxis. Weinheim/München

Happel-Tominski, Sabine (1999): Lokale Agenda 21. Thema für Jugendhilfeplanung. In: VSOP – Rundbrief 3/99 des Vereins für Sozialplanung. Speyer, S. 10-11

Herrmann, Franz (1998): Jugendhilfeplanung als Balanceakt. Umgang mit Widerprüchen, Konflikten und begrenzter Rationalität. Neuwied/Kriftel/Berlin

Jordan, Erwin/Schone, Reinhold (1992): Jugendhilfeplanung – Aber wie ? Eine Arbeitshilfe für die Praxis. Münster
Jordan, Erwin/Schone, Reinhold (Hrsg.) (1998): Handbuch Jugendhilfeplanung. Grundlagen, Bausteine, Materialien. Münster
Jordan, Erwin/Stork, Remi (1998): Beteiligung in der Jugendhilfeplanung; In: Jordan, Erwin/Schone, Reinhold (Hrsg.) (1998): Handbuch Jugendhilfeplanung. Münster, S. 519-573
Jordan, Erwin (1998): Qualitätsentwicklung und Verwaltungsmodernisierung – neue Herausforderungen an die Jugendhilfeplanung. In: Jordan, Erwin/Schone, Reinhold (Hrsg.) (1998): Handbuch Jugendhilfeplanung. Münster, S. 251-327
KGSt (Kommunale Gemeinschaftsstelle) (1994): Outputorientierte Steuerung in der Jugendhilfe. Bericht 9/94. Köln
KGSt (1996): Integrierte Fach- und Ressourcenplanung in der Jugendhilfe. Bericht 3/96, Köln
KGSt (1998): Kontraktmanagement zwischen öffentlichen und freien Trägern der Jugendhilfe. Bericht 12/98. Köln
Merchel, Joachim (1992): Jugendhilfeplanung als kommunikativer Prozess. In: neue praxis, 22. Jg., S. 93-106
Merchel, Joachim (1994): Kooperative Jugendhilfeplanung. Eine Einführung. Opladen
Merchel, Joachim (1998): Qualitätsentwicklung durch Jugendhilfeplanung. In: Merchel, Joachim (Hrsg.) (1998a): Qualität in der Jugendhilfe. Münster, S. 411-431
Merchel, Joachim (Hrsg.) (1998a): Qualität in der Jugendhilfe. Kriterien und Bewertungsmöglichkeiten. Münster
Merchel, Joachim (1999): Wohin steuert die Jugendhilfe? In: Jugendhilfe, 37. Jg., Heft 3/99, S. 138-149
Merchel, Joachim/Schrapper, Christian (Hrsg.) (1996): Neue Steuerung. Tendenzen der Organisationsentwicklung in der Sozialverwaltung. Münster
Münder, Johannes u.a. (1998): Frankfurter Lehr- und Praxiskommentar zum KJHG/SGB VIII. Münster
Projektgruppe WANJA (2000): Handbuch zum Wirksamkeitsdialog in der Offenen Kinder- und Jugendarbeit. Qualität sichern, entwickeln und verhandeln. Münster
Ortmann, Friedrich (1983): Bedürfnis und Planung in sozialen Bereichen. Opladen
Pluto, Liane/Pothmann, Jens u.a. (1999): Zauber der Zahlen und Zahlenzauber – Sozialindikatoren und Fremdunterbringung. In: Institut für Soziale Arbeit e.V. (Hrsg.) (1999): Soziale Indikatoren und Sozialraumbudgets in der Kinder- und Jugendhilfe. Münster, S. 9-34
Scharpf, Fritz (1973): Planung als politischer Prozess. Aufsätze zur Theorie der planenden Demokratie, Frankfurt/M.
Schubert, Herbert (2000): Von der AGENDA 21 zur sozialen Stadt. Integrierte Perspektiven für die Soziale Arbeit beim Stadtteilmanagement; in: neue praxis, 30. Jg., Heft 3/2000, S. 286-296
Simon, Titus (Hrsg.) (1997): Jugendhilfeplanung. Ergebnisse einer bundesweiten Untersuchung. Hohengehren
SPI (Sozialpädagogisches Institut Berlin – Bundesmodell „Mädchen in der Jugendhilfe") (Hrsg.) (1999): Neue Maßstäbe. Mädchen in der Jugendhilfeplanung. Berlin
Türk, Klaus (1989): Neue Entwicklungen in der Organisationsforschung. Ein Trend Report. Stuttgart

Friedhelm Peters

Einmischungsauftrag der Kinder- und Jugendhilfe

Zusammenfassung: Der Einmischungsauftrag der Jugendhilfe kann sich nach der Verabschiedung des SGB VIII (KJHG) nunmehr auch rechtlich legitimieren, nachdem seine Grundidee (die sog. Einmischungsstrategie) schon seit Beginn der achtziger Jahre ausformuliert worden war. Obgleich damit ein bewährtes Konzept vorliegt, tut sich die Jugendhilfe mit der Umsetzung schwer. Hauptgründe liegen in der nach wie vor bestehenden politischen Randständigkeit der Jugendhilfe(politik) im Kontext gesamtkommunaler Politiken und der fachpolitisch (zu) wenig qualifizierten Arbeit der Jugendhilfeausschüsse.

1. Die Geschichte der Einmischungsstrategie

Die Idee der Einmischungsstrategie wurde vor dem Hintergrund eines offensiven Verständnisses der Jugendhilfepolitik erstmals 1980 im „Wörterbuch Soziale Arbeit" (hrsg. von Dieter Kreft/Ingrid Mielenz) publiziert und dann zunehmend populärer durch einen Artikel von I. Mielenz mit dem Titel „Die Strategie der Einmischung – Soziale Arbeit zwischen Selbsthilfe und kommunaler Politik" (Neue Praxis, Sonderheft 6 „Sozialarbeit als soziale Kommunalpolitik", 1981) und ist seitdem fester, wenngleich oftmals nicht eingelöster Bestandteil progressiver Jugendhilfe bzw. Jugendhilfepolitik.

Inhaltlich ging es I. Mielenz um die Überwindung einer mit sich selbst beschäftigten, reaktiven, spezialisierten sozialen Arbeit zugunsten einer sozialen Arbeit, die „über den engen (traditionell zugeschriebenen – d.V.) Kompetenzbereich hinaus sich in die Bereiche einzumischen (hätte), in denen Probleme sozialer Arbeit entstehen, um nach längerfristigen, umfassenden Problemlösungsstrategien zu suchen. Soziale Arbeit als Selbsthilfe und/oder kommunale Politik – als aktive Gestaltung lokaler Lebensbedingungen – ist ohne Einmischung in angrenzende Tätigkeitsbereiche kaum denkbar. Sowohl im kommunalen als auch im übergreifenden regionalen Bezugsrahmen wird es in Zukunft insbesondere darum gehen, für komplexe Problemzusammenhänge auch komplexe Problemlösungsstrategien zu entwickeln" (Mielenz 1981, S. 58) – eine Perspektive, die frühe Weitsichtigkeit deutlich macht und an Modernität nichts verloren hat.

Die Strategie der Einmischung ist aus der Praxis der (damals noch: West-)Berliner kommunalen Jugendhilfepraxis entstanden, in der I. Mielenz eine leitende Funktion hatte, und fußt auf der nach wie vor aktuell anmutenden

Analyse, dass die „Expansion sozialer Arbeit in den vergangenen Jahren ungeheuer vorangeschritten (ist), ohne dass damit jedoch die Wirksamkeit gestiegen wäre. Die (permanente) ‚Krise' sozialer Arbeit liegt wohl eher an einer tief greifenden Konzeptionslosigkeit, an unzureichender Kompetenz, an mangelhaftem Mut und Initiative und vielleicht auch falscher Bescheidenheit" (Mielenz 1982, S. 58f.) – und nicht primär am fehlenden Personal und Geld.

Gegen eine ‚fatalistische Haltung' und ‚Fallbezogenheit' (zur Kritik vgl. auch Hinte u.a. 1999) setzt I. Mielenz auf eine soziale Arbeit und Jugendhilfe, die eine neue Qualität dadurch gewinnt, dass sie sich „im Sinne einer Gesellschaftspolitik vor Ort" (ebd, S. 60) als „soziale Kommunalpolitik (und – d.V.) aktive Gestaltung lokaler Lebensbedingungen" (ebda.) einbringt und einmischt in prinzipiell alle Fragen der lokalen Zukunftsgestaltung. Dies setzt voraus, dass soziale Arbeit selbstbewusst Ziele formuliert und Bündnispartner auch außerhalb ihres traditionellen Sektors sucht, wofür die Chancen heute besser sein dürften als vor zwanzig Jahren, gibt es doch vielerorts Initiativen für eine (erneuerte) soziale Stadt, die Agenda 21, das Programm E&C usw. (vgl. auch: Kreft 2000, S. 171ff.).

2. Beispiele gelungener Einmischung

Die Beispiele gelungener Einmischung aus der ‚ersten Generation' beziehen sich zumeist auf Stadtentwicklungsprojekte, die „Leben, Wohnen, Arbeiten" unter größtmöglicher Beteiligung von ‚Problembetroffenen' im Sinne eines „community development" neu thematisieren und gestalten (das seinerzeit bekannteste Beispiel: „Strategien für Kreuzberg"; vgl. Mielenz, S. 59, 63ff.) und auf Varianten außerbetrieblicher, sozialpädagogisch gestützter Ausbildung für (am Arbeitsmarkt benachteiligte) Jugendliche in Antwort auf die Ausbildungsplatzmisere sowie auf Formen der Selbsthilfe(-gruppen-)förderung. In all diesen Beispielen kommt der Jugendhilfe eine Koordinierungsfunktion zu, die sie zu leisten nur in der Lage ist, wenn und insoweit sie Grenzen tradierter Zuständigkeiten, Haushaltsstellen wie Ämter, überschreitet und problembezogen Ressourcen (Mittel und Personal) bündelt. Im Fall der außerbetrieblichen Ausbildung, in der z.B. Jugendliche sich in ihrem Qualifizierungsprozess selber Wohnraum schaffen, können BSHG und KJHG-Mittel, Mittel aus der Städtebauförderung, ggfs. Mittel aus EG-Projekten, Mittel der Bundesanstalt für Arbeit etc. zusammengefasst werden, um sie für jugendhilfepolitische Zwecke und darüber hinaus ein funktionierendes Gemeinwesen einzusetzen (vgl. Mielenz, ebda.).

Eine solche Strategie, die AkteurInnen verlangt, die sich in den diversen Förderungsprogrammen und -möglichkeiten ebenso auskennen wie in Managementaktivitäten und fall- wie gemeinwesenbezogenen Hilfen und keine Berührungsängste gegenüber auch der sozialen Arbeit zunächst (scheinbar oder tatsächlich) entfernt stehenden Institutionen und Personen haben, gewinnt insbesondere über die Förderung von Selbsthilfepotentialen, die oftmals neue Ansätze problemadäquaterer und stärker responsiv ausgerichteter sozialer Arbeit kreieren (vgl. u.v. grundlegend: Kickbusch/Trojan 1981), mehr und auch neue Problemlösungskapazitäten.

3. Gesetzliche Grundlagen im KJHG

Eine Einmischungsstrategie der Jugendhilfe kann sich heute – nach der Einführung des KJHG 1990/91 – in wesentlichen Fragen auf das KJHG berufen: In §1 Absatz 3, Nr. 4 fordert das KJHG, die Jugendhilfe soll „dazu beitragen, positive Lebensbedingungen für junge Menschen und ihre Familien sowie eine kinder- und familienfreundliche Umwelt zu erhalten oder zu schaffen". Hiermit ist die rechtliche Grundlage für einmischungsorientiertes Handeln im Grundsatz legitimiert, sodass sich eigentlich keine(r) mehr damit herausreden kann, man dürfe das ja gar nicht.... Weitere Hinweise, die ein einmischendes Handeln der Jugendhilfe legitimieren, finden sich in den §§9 (Geschlechterorientierung der Jugendhilfe, Abbau von Benachteiligungen von Mädchen), 13 (Jugendsozialarbeit mit ausdrücklicher Erwähnung sozialpädagogisch gestalteter Berufsausbildung), 25 (Unterstützung selbstorganisierter Förderung von Kindern) sowie in §80 (Jugendhilfeplanung), insbesondere Abs. 2 und §81 (Zusammenarbeit mit anderen Stellen und öffentlichen Einrichtungen), sodass man sagen kann, dass es quasi einen *Einmischungsauftrag* der Jugendhilfe gibt, auch wenn dieser sehr unterschiedlich oder bisweilen – ob der empirisch sehr unterschiedlichen kommunalen Jugendhilfepolitiken und des vorherrschenden Einzelfallblicks sowie eines mangelnden sozialpolitischen Verständnisses von Jugendhilfe – kaum wahrgenommen wird (vgl. Kreft 2000, S. 173).

4. Schwierigkeiten bei der Umsetzung des Einmischungsauftrags

Ganz generell weisen die Schwierigkeiten der Umsetzung einer Einmischungsstrategie auf den nach wie vor im öffentlichen Bewusstsein wie in der kommunalpolitischen Wahrnehmung randständigen Charakter der Jugendhilfe hin. Jugendhilfe ist kein ‚Thema' jenseits spektakulärer Skandalisierungen von Einzelfällen und/oder jenseits von Bemühungen, in denen es um Einsparmöglichkeiten bezüglich kommunaler Haushaltskonsolidierungen geht. Dabei ist die Jugendhilfe seit Jahren ein überproportional expandierender Sektor sowohl hinsichtlich der Finanzvolumina wie hinsichtlich der hier Beschäftigten und der NutzerInnen der Leistungen der Jugendhilfe. Zwar muss man deutliche regionale, ja örtliche Unterschiede bezüglich des Standings und der Bedeutung der Jugendhilfe im Kontext der jeweiligen Kommunalpolitiken in Rechnung stellen, aber grundsätzlich gilt wohl (noch), dass eine „offensive Jugendhilfe", verstanden als aktive Gestaltung von Lebensverhältnissen, eine Minderheitenposition und -praxis darstellt.

Nicht zuletzt trägt das KJHG selbst zu dieser Situation bei: Obgleich es ‚eigentlich' (s.o.) einen Einmischungsauftrag beinhaltet, bietet es durch die Unterscheidung in Muss- und Solleistungen (zwingende Rechtsansprüche finden sich vorzugsweise in den §§24 – Rechtsanspruch auf einen Kindergartenplatz – und 27ff. – Rechtsanspruch auf Hilfe zur Erziehung sowie in den §§18, 21 – vgl. Münder u.a. 1994) sowie durch die damit verbundenen unterschiedlichen Finanzierungssicherheiten, die einseitig individuell (fallbezogene) und rechtlich einklagbare Ansprüche bevorteilen, die Folie, nach der nach wie vor individuell reaktive Maßnahmen das Bild der Praxis kennzeichnen. Trotz alternativer normativer Vorgaben (im KJHG sowie z.B. in den Kinder- und Jugendberichten), nach denen als „Strukturmaximen" seit dem 8. Jugendbericht (1990) „Dezentralisierung/Regionalisierung, Entinstitutionalisierung, Integration und Normalisierung, Lebensweltorientierung" usw. im Fachdiskurs unwidersprochen gelten, bleibt die Praxis im engeren Bereich erzieherischer Hilfen überwiegend dem ‚reaktiven Einzelfallmodell' verhaftet, das sie zudem dann noch in den nur beispielhaft in den §§28ff. des KJHG aufgelisteten Hilfearten in institutionell auf Dauer gestellten Settings/spezialisierten Organisationen zu realisieren sucht (zur Kritik u.v.: s. Klatetzki 1994; Peters/Trede/Winkler 1998).

Den Weg „vom Fall zum Feld" (Hinte u.a. 1998) zu fordern ist so leicht wie richtig, aber bricht sich offensichtlich an den Finanzierungsstrukturen und den handlungsleitenden Wissensbeständen des Personals vor Ort (vgl. Müller, 2000, S. 167-175). Wie schwierig es ist, „fallunspezifische Arbeitsanteile" finanziert zu bekommen, zeigen die Verhandlungen zwischen öffentlichen und freien Trägern landauf landab – und wie schwierig es ist, das Personal im Bereich erzieherischer Hilfen auf neue generative Handlungsmuster auch ‚nur' in Richtung der normativen Vorgaben z.B. des 8. Jugendberichts zu bewegen, zeigen Veröffentlichungen z.B. zu Reformprozessen bzw. alten Relikten in der Heimerziehung, die trotz aller stattgehabten Veränderungen ganz offensichtlich ihre Normalitäts-, Gerechtigkeits- wie Individualisierungsversprechen nicht in der Lage ist ausreichend einzulösen (vgl. Wolff 1999; Hansbauer/Kriener 2000).

5. Neuere Beispiele, in denen sich die Einmischungsstrategie bewährt hat

Dass sich dennoch etwas im Bewusstsein der JugendhilfepraktikerInnen und von PolitikerInnen positiv in Richtung der Einmischungsstrategie gewandelt hat, zeigen – neben den zwischenzeitlich unspektakulären, aber materiell natürlich folgenreichen, weil Lebenslagen beeinflussenden, zahlreichen sozialpädagogischen Ausbildungs- und Arbeitsprojekten, die mehr oder weniger zum Standardangebot der Jugendhilfe (Jugendsozialarbeit) geworden sind – jüngere erfolgreiche Beispiele einer Einmischungspolitik, von denen nur drei[1] exemplarisch angeführt werden sollen:

5.1 Mädchenbewusste/Mädchengerechte Jugendhilfeplanung

Fachlich unstrittig und als Querschnittsaufgabe anerkannt ist inzwischen, dass geschlechtsspezifische Fragestellungen in der Jugendhilfeplanung und Praxis Berücksichtigung zu finden haben. Dies – wie die Repräsentanz dieses Gedanken im KJHG – ist ganz überwiegend Verdienst von (Fach-)Frauen, die sich eingemischt haben ... in Mädchenprojekten, Frauenhäusern, Selbsthilfegruppen, in der Frauenbewegung allgemein. Das KJHG vollzog auch hier eine Praxis und ein grundrechtliches Anliegen nach Gleichberechtigung und Chancengleichheit nach.

Allerdings wird über das ‚Wie', wie frauen- oder mädchenspezifische Anliegen im Kontext der Jugendhilfe zu berücksichtigen sind, nach wie vor gestritten. Der Streitpunkt kulminiert in der Frage „mädchengerechte oder mädchenbewusste Jugendhilfeplanung"? Während die erste Position das Geschlecht bzw. die Selbstbetroffenheit als zentrale Kompetenz ausweist, nach der ausschließlich Frauen in Planungsprozessen einen Anspruch auf die Vertretung der Anliegen von Mädchen erheben können, setzt die integrierte mädchenbewusste Jugendhilfeplanung auf eine (fach-)politisch abgesicherte systematische Berücksichtigung von Mädcheninteressen bzw. auf eine geschlechterdifferenzierende Jugendhilfeplanung qua Integration mädchenbewusster Verfahren in das methodische Gesamtsetting der Jugendhilfeplanung auf allen Ebenen. Frauen verlieren somit zwar ihren exklusiven Vertretungsanspruch, aber das Anliegen wird gleichsam breiter verankert (vgl. Bohn 1996). Die Differenzen des ‚Wie' resultieren bei gleichen politischen Zielsetzungen im Wesentlichen aus unterschiedlichen Ansatzpunkten der Betrachtung: Geht die erst genannte Position von einer Analyse real benachteiligter Lebens- und Artikulationsbedingungen von Mädchen/Frauen auch im System Jugendhilfe aus, die entsprechend von ‚außen' zunehmend eigenbewusst thematisiert und in Planungsprozesse eingebracht werden sollen (vgl. Bitzan 1999), so die zweite vom ‚System der Jugendhilfeplanung' und dessen Funktionsmechanismen, die qua Verfahren mädchen- bzw. geschlechterbewusster resp. perspektivisch geschlechterdifferenzierend (hierin treffen sich beide Positionen!) zu gestalten seien.

---

1 Die Beschränkung auf drei Beispiele ist natürlich in gewissem Sinne willkürlich. Ebenso könnten weitere Beispiele mit nahezu gleichem Recht angeführt werden: die Entwicklung flexibler, integrierter, sozialräumlich ausgerichteter Hilfen (INTEGRA), die verschiedenen Formen von intensiven familienbezogenen Hilfen, das rheinland-pfälzische Projekt ‚Praxisentwicklung aus der Praxis', das BMFSFJ-Projekt ‚Mehr Chancen für Kinder und Jugendliche', die BMFSFJ Initiative ‚Qualitätssicherung', diverse Versuche, das Inter-Net für die Jugendhilfe attraktiv und nutzbar zu machen (vgl. ex. die diesbezüglichen Aktivitäten in Bayern oder NRW), usw., usw., aber ich denke, dass die ausgewählten Beispiele eine besondere Tiefenwirkung haben bzw. den Einmischungsaspekt besonders verdeutlichen.

Anders formuliert geht es um die Überwindung (Dekonstruktion) der sozialen (und machtvollen ideologischen) Kategorie ‚Geschlecht' auf der „... interaktiven Ebene der handlungspraktischen Realisierung der Geschlechts-Kategorie(n), ihrer institutionellen Abstützung und (basalen) kulturellen Klassifikation" (Gildemeister/Wetter nach Wallner 1997, S. 222), also weder um die Betonung von Gleichheit oder Differenz und nicht lediglich um den Abbau von Geschlechterhierarchien, sondern um Überwindung dessen, was uns schon immer als ‚männlich' oder ‚weiblich' mit jeweils spezifischen ‚Möglichkeitsräumen' als bekannt und selbstverständlich erscheint.

Während die letzten Formulierungen eher auf einen theoretischen Diskurs verweisen, der in der Praxis nur in Ansätzen rezipiert ist, sind beide erst genannten Varianten – obwohl die örtliche Praxis oftmals den Ansprüchen keiner dieser Positionen genügt – eine der erfolgreichsten und folgenreichsten Beispiele der Einmischungsstrategie.

5.2 Der ‚Kinder haben Rechte Diskurs'

Von Bedeutung hat sich der ‚Kinder haben Rechte Diskurs' – Diskurs verstanden als eine „artikulatorische Praxis (...), die soziale Verhältnisse nicht passiv repräsentiert, sondern diese als Fluss von sozialen Wissensvorräten durch die Zeit aktiv konstruiert und organisiert" (Jäger1999, S. 23) – erwiesen. Nicht zuletzt die Verabschiedung der UN- Kinderrechtskonvention (1989), die Gründung des Vereins „Kinder haben Rechte e.V." (Münster mit eigenständigen ‚Außenstellen'/Vereinen in Frankfurt/M und Tübingen), die Bildung der „National Coalition" zur Umsetzung der UN-Kinderrechtskonvention (1995), der mittlerweile mehr als 90 bundesweit tätige Organisationen angehören, sowie zahlreiche Veröffentlichungen (vgl. unter vielen: IGFH 1996) und Diskussionen in Fachverbänden, Zeitschriften und unter MitarbeiterInnen der Erziehungshilfe haben für Grund- und Beteiligungsrechte für Kinder/Jugendliche nicht nur sensibilisiert, sondern eben auch zu einer Veränderung des (fach-)politisch gestalteten Umgangs mit Rechten von Kindern/Jugendlichen geführt. Das „Gesetz zur Ächtung von Gewalt in der Erziehung" (1999) ist hierfür ebenso Ausdruck wie das Wiedererstarken von Beteiligungsforen, Heim- und sonstigen Beiräten (vgl. exempl. Dettmar/Deubel 1998, S. 152; Gintzel 1998, S. 168f.; Blandow u.a. 1999) sowie die Forderung nach unabhängigen Beschwerdestellen, an die sich Kinder/Jugendliche (und deren Sorgeberechtigte) wenden können sollen, wenn sie sich vom Jugendhilfesystem schlecht oder falsch oder in ihren Rechten eingeschränkt behandelt glauben.

5.3 Agenda 21 und das Programm ‚soziale Stadt'

Mit der Agenda 21 und dem Programm ‚Soziale Stadt' sind politische Eckpunkte gesetzt worden, die der ursprünglichen Programmatik der ‚Einmischungsstrategie' nicht nur nicht nahe kommen, sondern deren Anliegen gleichsam in Gänze aufgenommen zu haben und zu bündeln scheinen: Im Mittelpunkt der Agenda 21, die 1992 anlässlich einer Konferenz der Vereinten Nationen für Umwelt und Entwicklung in Rio de Janeiro verabschiedet wurde (vgl. BMUNR 1992), steht zwar der Erhalt der Naturressourcen, aber gleichermaßen werden die sozialen Bedingungen einer nachhaltigen sozioökonomischen Entwicklung (als Voraussetzung zum Erhalt der Naturressourcen) thematisiert. Zentrale Momente sind hier Armutsbekämpfung, demographische Faktoren, Gesundheitsschutz und -förderung, nachhaltige Siedlungsentwicklung, nachhaltige Verbrauchsgewohnheiten sowie Produktionsmuster (vgl. Schubert 2000, S. 286) – im Großen und Ganzen alles Themen klassischer sozialer Arbeit. Deren Bedeutung wird – ohne dass sie explizit genannt wird – noch dadurch gestärkt, dass die Agenda 21 für die Erreichung einer nachhaltigen Entwicklung die umfassende Beteiligung der Öffentlichkeit voraussetzt und bestimmte gesellschaftliche Gruppen – z.T. traditionelle Zielgruppen sozialer Arbeit, z.T. Ansprechpartner im Sinne der klassischen Einmischungsstrategie – hervorhebt, weil ihr Engagement die weitere Entwicklung besonders fördern kann. Es sind dies (1) die Frauen, (2) Kinder und Jugendliche, (3) „die indigenen Gemeinschaften der Bevölkerung", (4) die Arbeitnehmerinnen und Arbeitnehmer, (5) die WissenschaftlerInnen und Fachleute, (6) die Bäuerinnen und Bauern sowie als korporative Akteure (7) Privatwirtschaft und Gewerkschaften, (8) Wissenschaftssektor und Technik, (9) die Kommunen und (10) die nicht staatlichen Organisationen (NGO's). Unter den korporativen Akteuren nehmen die Kommunen einen besonderen Stellenwert ein. Sie „errichten, verwalten und unterhalten die technische, wirtschaftliche und soziale Infrastruktur, sind für Planungen und Entwicklungen verantwortlich und gestalten dabei die Zukunft der Lebensräume. Weil die kommunale Politik- und Verwaltungsebene den Bürgerinnen und Bürgern am nächsten ist, schreibt die Agenda 21 den Kommunen die entscheidende Rolle ... zu" (Schubert 2000, S. 287f.). Unter sozialen Gesichtspunkten bezüglich der Umsetzung der Ziele besonders interessant sind die Punkte „Stärkung der Schul-, Aus- und Fortbildung" und die „Förderung von Kooperationsnetzen" (ebd.), sprich: die Vernetzung sektoraler Handlungsansätze wie bereits in der Einmischungsstrategie vorgedacht.

Die 11. Habitat-Konferenz der Vereinten Nationen über menschliche Siedlungen (Istanbul 1996) und deren Ergebnistransfer („Nachhaltige Stadtentwicklung" – BfLR, 1996) führte – abkürzend (vgl. Schubert 2000) – zum bundespolitischen Programm der ‚sozialen Stadt(-entwicklung)', deren Spaltungstendenzen (Borja/Castells 1997) durch die Erarbeitung integrativer Maßnahmenkonzepte und die Mobilisierung der lokalen Selbstorganisationskräfte (Hinte 1998) und der Neuentdeckung eines Konzeptes kommunaler Sozialpolitik (Peters 1983) wie der Schaffung neuer ‚Sozialagenturen' (Stadtteilmanagement), die dauerhaft als Katalysator wirken und Arbeit, Beschäftigung, lokale Wertschöpfung und bürgerschaftliche Vergemeinschaftung sichern, entgegen gewirkt werden soll.

Folgerichtig wurde 1999 die Bund-Länder-Gemeinschaftsinitiative „soziale Stadt" in Fortführung nordrhein-westfälischer Erfahrungen ins Leben gerufen, die als zentralen Ansatzpunkt zur Belebung von Stadt- und Ortsteilen, die in Folge sozialräumlicher Segregation davon bedroht sind, ins soziale Abseits zu rutschen, „integrierte Handlungskonzepte" sozialer Arbeit, Ökonomie, Architektur und Stadtplanung vorsieht, die von der Wiederbelebung der Gemeinwesenarbeit, Stadtteilkonferenzen und -foren und Stadtteilbüros bis hin zu neuen Formen sozialräumlich ausgerichteter multiprofessioneller Leistungen – der Phantasie sind hier eigentlich jenseits nach wie vor z.T. enger finanztechnischer Regelungen *kaum* Grenzen gesetzt – reichen können.

Vor diesem Hintergrund und den wohl ausformulierten Konzepten einer Alltags- und Lebensweltorientierung sowie der zum sozialpolitischen Handeln verpflichtenden Einmischungsstrategie verfügt die Jugendhilfe (in Kombination mit den jüngeren eher sozialtechnologischen Rationalisierungsstrategien) – laut Kreft – über ein Arsenal kompetenter Strategien für ihren schwierigen Arbeitsalltag. Doch wird dieses nicht – zumindest nicht immer – ausreichend genutzt: „Möchten die Träger der Jugendhilfe doch endlich verinnerlichen und annehmen, was sich entwickelt hat, um es selbstbewusst zu nutzen – auch gegenüber traditionslosen, nichtswissenden oder nichtswissend-wollenden Ignoranten" (Kreft 2000, S. 174f.).

6. Die besondere Bedeutung des Jugendhilfeausschusses bei der Generierung oder dem Scheitern einer Einmischungsstrategie

Leitungen, Funktionäre und PolitikerInnen, kurz: die Ebene, die über kommunale Leistungen oder Nichtleistungen bzw. über die Art ihrer Erbringung entscheidet, ist hier angesprochen und damit noch einmal die (fach-)politische Ebene und die Frage nach den Realisierungsbedingungen einer Einmischungsstrategie (vgl. auch Kap. 4).

Oben wurde angeführt, dass die Jugendhilfe und der Jugendhilfeausschuss im Konzert der kommunalen Ausschüsse und politischen Entscheidungen und Politiken eine eher randständige Position einnimmt. Trotz des Fehlens jüngerer empirischer Forschung kann man wohl davon ausgehen, dass der Jugendhilfeausschuss kein Ausschuss für ‚politische Schwergewichte' ist, was u.a. seitens der Parteien auch dadurch verfestigt wird, dass in diesen Ausschuss zuvörderst Frauen und/oder NachwuchspolitikerInnen gewählt werden, die sich hier für weitere Aufgaben ‚empfehlen' oder ‚profilieren' können, je nach dem wie gut sie die Parteiinteressen umsetzen können ...

Hier setzen sich, da es ja ‚nur' um allen bekannte Themen von Erziehung und Hilfe geht, quasi archaische und völlig unprofessionelle Muster nach wie vor durch, was auch dadurch dokumentiert wird, dass die Parteien kaum von der Möglichkeit Gebrauch machen, in der Jugendhilfe erfahrene Frauen und Männer jenseits ihres je eigenen Parteiklientels zu nominieren, so dass Fachlichkeit oftmals nicht – zumindest nicht von Anfang an – gegeben ist. Nicht viel besser sind die VertreterInnen der freien Jugendhilfe, die zudem häufig auch ‚nach Proporz' aus der „Liga der freien Wohlfahrtspflege" und den Landes-/Stadtjugendringen und somit etablierten großen Trägern/Trägerverbänden entsandt werden; auch deren Fachlichkeit darf (zumal einmal mehr in den ostdeutschen Bundesländern) manches Mal angezweifelt werden, zumal deren VertreterInnen häufig nur Partial- und/oder Eigeninteressen vertreten und bei übergreifenden und/oder komplizierteren Fragen sich auch nicht als ‚entscheidungsbefugt' darstellen bzw. sie sich den Argumenten der aus strukturellen Gründen – auf welchem Niveau auch immer – informierteren Verwaltung fügen.

In der Konsequenz führt dies dazu, dass die ‚interessierenden Themen' in den Jugendhilfeausschüssen sich überwiegend auf die Tagesbetreuung von Kindern und die offene Jugendarbeit (ggfs. noch: Projekte um/mit/gegen rechtsradikale Jugendliche) beschränken, bei denen es auch noch um eine Verteilung von (knappem) Geld geht, während der kompliziertere Bereich der erzieherischen Hilfen von den Verwaltungen der Jugendämter oftmals auch aus allen Diskussionen mit dem Hinweis auf gesetzliche Pflichtleistungen und individuelle Rechtsansprüche, die über eine differenzierte Palette institutionell durch freie Träger vorzuhaltender Hilfeangebote sicher zu stellen seien, herausgehalten wird, sodass sich auch kaum eine politische Meinung und ein Interesse an diesem Bereich der Jugendhilfe bilden kann.

All dies sind keine förderlichen Bedingungen, unter denen sich eine Einmischungsstrategie als Gegenstrategie zu klassischen Ressort-, Interessen- oder Abteilungspolitiken etablieren könnte, aber es gibt dennoch absehbar keinen besseren Ort, an dem sich eine auch umsetzbare (fach-)politisch und demokratisch legitimierte Meinung überhaupt bilden könnte als den Jugendhilfeausschuss. Hierzu bedarf es allerdings einer Qualifizierung der Mitglieder und der Arbeit der örtlichen Jugendhilfeausschüsse einschließlich seiner Unterausschüsse und den Arbeitsgemeinschaften nach §78 KJHG sowie der Unterstützung durch eine partizipatorische Jugendhilfeplanung. Selbstverständliche Praxis sollte werden, dass z.B. Jugendhilfeausschüsse ihren eigenen Fortbildungsbedarf definieren und sich – zumindest in groben Zügen – in die handlungsleitenden Konzepte der Jugendhilfe einweisen lassen, damit man in Zukunft nicht mehr von „traditionslosen oder nichtswissend-wollenden Ignoranten" (s.o.) sprechen kann. Nur wenn es gelingt, die Fachlichkeit der Entscheidungsgremien deutlich zu erhöhen, Entscheidungen transparenter zu gestalten und mit Wirkungskontrollen zu versehen, wozu es ausreichend Hinweise aus der Diskussion um neue Steuerungsmodelle sowie gesetzliche Handlungsmöglichkeiten durch die Einführung der §§78 a-g KJHG gibt, kann sich eine nachhaltige Jugendhilfepolitik im Kontext anderer kommunaler Politikfelder sukzessive entwickeln. Mit der Einmischungsstrategie liegt dazu – zumal vor dem Hintergrund jüngerer Entwicklungen (rechtliche Möglichkeiten des KJHG, Agenda 21, neues Interesse an einer ‚sozialen Stadt' auch als Standortfaktor) – eine bewährte Handlungsstrategie vor, die allerdings noch weitgehend ihrer Umsetzung harrt.

Literatur zur Vertiefung

BMJFFG (Hrsg.) (1990): Achter Jugendbericht – Bericht über Bestrebungen und Leistungen der Jugendhilfe. Bonn
Hinte, W. (1998): Bewohner ermutigen, aktivieren organisieren. Methoden und Strukturen für ein effektives Stadtteilmanagement. In: Alisch, M. (Hrsg.): Stadtteilmanagement. Voraussetzungen und Chancen für eine soziale Stadt. Opladen
Mielenz, I. (1981): Die Strategie der Einmischung – Soziale Arbeit zwischen Selbsthilfe und kommunaler Sozialpolitik. In: Neue Praxis (Sonderheft 6), S. 57-66

Literatur

BfLR/Bundesforschungsanstalt für Landeskunde und Raumordnung (Hrsg.) (1996): Nachhaltige Stadtentwicklung. Herausforderung an einen ressourcenschonenden und umweltverträglichen Städtebau. Städtebaulicher Bericht. Bonn
Bitzan, M. (1999): Jugendhilfeplanung im Interesse von Mädchen – zur aktuellen Entwicklung der Fachdiskussion. In: SPI Berlin (Hrsg.): Neue Maßstäbe – Mädchen in der Jugendhilfeplanung, Berlin. S. 57-73
Blandow, J./Gintzel, U./Hansbauer, P. (1999): Partizipation als Qualitätsmerkmal in der Heimerziehung. Eine Diskussionsgrundlage. Münster
BMJFFG (Hrsg.) (1990): Achter Jugendbericht – Bericht über Bestrebungen und Leistungen der Jugendhilfe. Bonn
BMUNR/Bundesministerium für Umwelt, Naturschutz und Reaktorsicherheit (Hrsg.) (1992): Agenda 21. Konferenz der Vereinten Nationen für Umwelt und Entwicklung im Juni 1992 in Rio de Janeiro. Dokumente. Bonn
Bohn, I., (Hrsg.) (1996): Von der mädchengerechten zur integrierten mädchenbewussten Jugendhilfeplanung. Bonn (Schriftenreihe des BMFSJ Bd. 134)
Borja, J./Castells, M. (1997): Local and Global Management of Cities in the Information Age. London
Dettmar, K./Deubel, F. (1998): Treffen des Landesheimrats Hessen mit Ministerpräsident Eichel. In: Forum Erziehungshilfen, 4.Jg., Heft 3. S. 152
Gintzel, U. (1998): Rechte von Mädchen und Jungen in der Heimerziehung. In: Forum Erziehungshilfen, 4. Jg., Heft 3, S. 166-168
Hansbauer, P./Kriener, M. (2000): Soziale Aspekte der Dienstleistungsqualität in der Heimerziehung. In: Neue Praxis, 30. Jg., Heft 2, S. 254-270
Hinte, W. (1998): Bewohner ermutigen, aktivieren organisieren. Methoden und Strukturen für ein effektives Stadtteilmanagement. In: Alisch, M. (Hrsg.): Stadtteilmanagement. Voraussetzungen und Chancen für eine soziale Stadt. Opladen
Hinte, W./Litges, G./Springer, W. (1999): Soziale Dienste: Vom Fall zum Feld. Berlin
IGfH (Hrsg.) (1996): Rechte haben – Recht kriegen. Ein Ratgeber-Handbuch für Jugendliche in Erziehungshilfen. Münster
Jäger, S. (1999): Kritische Diskursanalyse. Eine Einführung. Duisburg
Kickbusch, I./Trojan, A. (Hrsg.) (1981): Gemeinsam sind wir stärker. Selbsthilfegruppen und Gesundheit. Reinbek
Klatetzki, Th., (Hrsg.) (1994): Flexible Erziehungshilfen. Münster

Kreft, D. (2000): Einmischungsstrategie und offensive Jugendhilfe – heute notwendiger denn je? In: BMFSFJ (Hrsg.): Mehr Chancen für Kinder und Jugendliche ..., Bd. 1, S. 171-176. Bonn

Kreft, D./Mielenz, I. (Hrsg.) (1980): Wörterbuch der Sozialen Arbeit. Weinheim

Mielenz, I. (1981): Die Strategie der Einmischung – Soziale Arbeit zwischen Selbsthilfe und kommunaler Sozialpolitik. In: Neue Praxis (Sonderheft 6), S. 57-66

Münder, J., u.a. (Hrsg.) (1994): Frankfurter Lehr und Praxiskommentar zum KJHG. Münster (2. Aufl.)

Müller, M. (2000): Berufsbiografie und Orientierungsschemata in der sozialen Arbeit der DDR. In: Neue Praxis, 30. Jg., Heft 2, S. 167-175

Peters, F. (1983): Gemeinwesenarbeit im Kontext lokaler Sozialpolitik. Eine theoretische Skizze zur Einführung. In: Ders. (Hrsg.): Gemeinwesenarbeit im Kontext lokaler Sozialpolitik, S. 9-38. Bielefeld

Peters, F./Trede, W./Winkler, M. (Hrsg.) (1998): Integrierte Erziehungshilfen. Qualifizierung der Jugendhilfe durch Flexibilisierung und Integration? Frankfurt/M.

Schubert, H. (2000): Von der Agenda 21 zur sozialen Stadt. In: Neue Praxis, 30. Jg., Heft 3, S. 286-296

Wallner, C. (1997): Feministische Mädchenarbeit im Dilemma zwischen Differenz und Integration. In: Gintzel, U./Schone, R. (Hrsg.): Jahrbuch der Sozialen Arbeit 1997, S. 208-223. Münster

Wolf, K. (1999): Machtprozesse in der Heimerziehung. Münster

Simone Menz

Organisation und biografischer Zugang

Zusammenfassung: Die Kinder- und Jugendhilfe kann dazu beitragen, plurale und individualisierte Lebenskonzepte zu ermöglichen (vgl. Böhnisch in diesem Band). Hierfür bedarf es auch einer entsprechenden Gestaltung der Organisation. In der Organisation treffen sich divergierende Interessen der Beteiligten und verschiedene pädagogische Zugänge. Tendenziell rationalisierende einerseits und handlungsorientierte Ansätze andererseits streiten um den erfolgreichen Organisationsentwurf in Theorie und Praxis. Als ein aktueller und handlungsleitender Zugang pädagogischer Unterstützung und Einmischung erweist sich die biografische Sichtweise anschlussfähig an bestehende lebensweltorientierte Ansätze. Gleichzeitig liefert sie durch die konsequente Hinwendung zum Subjekt eine notwendige Erweiterung der Lebensweltperspektive. Beispielhaft wird das Modell einer beweglichen Organisation mit Hilfe des biografischen Zuganges um die subjektive Perspektive der Betroffenen ergänzt. Hieraus ergeben sich Möglichkeiten neuer Partizipation und Mitgestaltung aller Agierenden.

1. Organisation in der Jugendhilfe

Ich beginne mit einem Beispiel aus der Praxis der erzieherischen Hilfen. Ein Mädchen nistet sich inoffiziell in eine betreute Wohngemeinschaft ein. Sie nutzt die Gelegenheit der Bekanntschaft einer in dieser Gemeinschaft lebenden Freundin für die eigene Versorgung und vorübergehende Unterkunft. Das Mädchen selbst befindet sich in einer angespannten familialen Situation, verschiedene Angebote des Jugendamtes hat sie „probiert" und als dauernde Hilfemaßnahmen wieder verworfen. Nun beobachtet sie das Verhältnis zwischen den Mitarbeiterinnen der betreuenden Einrichtung und ihrer Freundin, sie vergewissert sich der Weise und Intensität der Hilfe aus einer geschützten Position heraus, sie ist nicht die Betroffene. Nach dieser „Prüfung" geht sie zum Jugendamt und fragt um diese Art einer flexiblen Betreuung an. Sie beschließt für sich, genau durch jene Organisation betreut zu werden, sie beobachtet deren BetreuerInnen in ihrem Auftreten, Agieren und Wirken. „Wenn ich mir eine Betreuung vorstellen konnte, dann diese!" Diese klare Aussage äußert die junge Frau allerdings Jahre später während des abschließenden Hilfeplangespräches. Es braucht mehrere Anläufe und einen intensiven Aushandlungsprozess, bis die durch das Mädchen angestrebte Betreuungskonstellation realisiert werden kann. Die Maßnahme wird über drei Jahre aufrecht gehalten.

Nicht jeder junge Mensch, nicht jede Familie in einer ungeklärten vagen oder heftigen Situation hat die Chance, sich bereits im Vorfeld der Maßnahme ein derart deutliches Bild einer gewollten Hilfe zu verschaffen. Es kann nicht zum pädagogischen Maßstab erhoben werden, selbstreflektiert und der Lage gegenwärtig um Unterstützung anzufragen. Die Auslösung einer Jugendhilfemaßnahme ist eher über die Existenz von Krisen und unbewältigten Problemlagen beschreibbar. Oft demonstrieren die Betroffenen Abstand zum Hilfesystem, sie wehren sich gegen Einmischungen von außen. Sie organisieren eigene Mittel und Gelegenheiten. Auch eine Verweigerungshaltung ist als ein möglicher Ausdruck biografischer Orientierung zu respektieren. Das verfügbare Handlungsspektrum scheint jedoch ausgereizt. Unüberschaubares oder Bedrohliches kann in eigener Regie nur unzufrieden bewältigt werden. Die aktuelle Lage kann als ohnmächtig und wenig gestaltbar erlebt werden. Ich bringe das Beispiel der jungen Frau dennoch an, um auf das vorhandene Potential der Agierenden und die wünschenswerte Möglichkeit einer gesuchten und selbstinitiierten Hilfe hinzuweisen. Das Vermögen des Mädchens ist keinesfalls zufällig, anmaßend oder frei jeglicher Selbstverantwortung. Im angeführten Beispiel ordnet die junge Frau rückblickend den intensiven Kontakt zu der Hilfeorganisation und deren MitarbeiterInnen in ihr eigenes Selbstkonzept ein, sie verleiht der Maßnahme somit eine biografische Relevanz. Es ist ihre subjektive Sicht auf den gewordenen Betreuungsverlauf. Dieses Beispiel aus dem Bereich der erzieherischen Hilfen will insbesondere die Bedeutung der Verhandlung biografischer und organisationsinterner Aspekte der Gestaltung des Hilfeprozesses deutlich machen. Gleichzeitig ist es Ausdruck des Individualisierungsschubes, welcher nicht allein die erzieherischen Hilfen erfasst. Biografisierte Formen von Vergesellschaftung werden im gesamten sozialen System gelebt.

Mit dem biografischen Ansatz ist ein pädagogischer Zugang formuliert, welcher subjektive Betroffenheiten unter den Forderungen und Zumutungen sozialer Integration und Verortung als zentrale erfahrbare und zu bewältigende Herausforderung jedes Menschen thematisiert (vgl. Böhnisch 1999). Im Mittelpunkt des Erkenntnisinteresses steht die gelebte und zu lebende Biografie, betrachtet werden die aktiven Momente der *Selbstthematisierung* und Selbstgestaltung der Agierenden. Der subjektive Nachvollzug geht keinesfalls mit einer Abkehr von Gesellschaftlichkeit einher. Jede Biografie wird aus den Möglichkeiten und Widersprüchen des gesellschaftlichen Systems entworfen. Auseinandersetzungen müssen ausgehalten und in den biografischen Verlauf eingepasst werden. Das Konzept sucht innerhalb individueller Entwicklungen soziale Determinierungen wieder zu finden. Eigensinn und -entwurf der Handelnden werden gerade in den Reibungen mit gesellschaftlichen Erwartungen sichtbar. Der biografische Zugang erschließt subjektbezogene Prozesse und Erwartungen des modernen Vergesellschaftungsmodus und entwickelt hieraus pädagogische Ideen und Handlungsstrategien. Die erzieherischen Hilfen haben es insbesondere mit kantigen und auffälligen, aber auch stillen oder mühsam geglätteten Biografieverläufen zu tun. Gesellschaftliche Freisetzungen und Verluste sozialer

Verbindlichkeiten drängen die Betroffenen nicht selten in entwürdigende oder verletzende Situationen. Vielleicht kämpfen sie auch, um „das Beste aus der Situation herauszuholen". Trotz vorhandener Begrenzungen will der biografische Zugang die selbstaktiven Kräfte der Handelnden mobilisieren oder erschließen helfen. Auch eine benachteiligte Biografie ist aktiv gestaltet, entwickelt sich entlang den verfügbaren Möglichkeiten, enthält Potential eigener Definierung und Bewältigung.

Die innerhalb des Systems Jugendhilfe geführte Diskussion um Qualität und Qualitätsentwicklung argumentiert ebenfalls vor dem Hintergrund der modernen Vergesellschaftung des öffentlichen und privaten Lebens (vgl. Merchel 1998). Allerdings werden weniger die Agierenden und deren Selbstbeschreibungen, denn die ökonomischen und institutionellen Rahmenbedingungen und Zwänge fokussiert. Entsprechend werden Schlussfolgerungen für Funktion und Gestaltung der Organisation formuliert. Die BefürworterInnen einer wirtschaftlich orientierten *Umsteuerung* des Hilfesystems neigen dazu, eben jene gesellschaftlichen Prozesse der Rationalisierung und Beschleunigung für die aktuelle Dynamik des sich vollziehenden organisatorischen Wandels verantwortlich zu machen. Doch geht der Prozess gesellschaftlicher Rationalisierung in privaten und reproduktiven Bereichen einher mit der Reaktivierung tradierter bis regressiver Normen und Ordnungen.

Der Zusammenhang zwischen sozialpolitischer Regression und einer sich verschärfenden wirtschaftlichen Rechtfertigungssituation des sozialen Systems wird in diesem Aufsatz nicht ignoriert. Indessen verweisen kritische Stimmen auf die Folgen der Vermengung von Wirtschaftlichkeit und pädagogischem Arbeitsgegenstand. Ein zentraler Kritikpunkt lautet, dass vielschichtige und interaktive Zusammenhänge durch den Einzug technokratischer Steuerungsmechanismen für eine effizientere Verwaltung von Problemen und Problemfeldern zurecht gestutzt werden. Peters und Struck betonen, dass nicht erst die Diskussion um die Wirtschaftlichkeit des sozialen Systems zur Umsetzung des modernen Dienstleistungsverständnisses des KJHGs führte. Der ersehnte Perspektivwechsel in Richtung Flexibilisierung und stärkerer Adressatenorientierung war bereits eingeleitet. Die Autoren führen vergangene Debatten über das Zusammenspiel von Hilfe und Kontrolle innerhalb der Jugendhilfe an. Sie erinnern an professionsinterne Auseinandersetzungen um die Etablierung subjektorientierter Fachlichkeit und Handlungskompetenz. Es galt das Selbstverantwortungspotential der Betroffenen freizulegen. Entsprechend wurden und werden offene, dezentrale, lebensweltnahe Organisationen gefordert. Insbesondere sollten bürokratisches und normierendes Handlungsinteresse der Professionellen selbstkritisch reflektiert und abgebaut werden, aktuell scheint jenes Interesse neue Legitimation zu finden (vgl. Peters/Struck 1998, S. 75ff.).

Auch Thiersch verwehrt sich gegen den Eindruck von Vergänglichkeit und fehlender Wirksamkeit pädagogischer Traditionslinien. Das Konzept der

Lebensweltorientierung fragt nach den konkreten Verhältnissen des Menschen, nach den alltäglichen und typisierten Deutungs- und Handlungsmustern der Agierenden. Thiersch definiert die Lebenswelt als die Schnittstelle des Subjektiven und Objektiven. Innerhalb dieser bemühen die Agierenden ihre Mittel und Muster, den Alltag zu bewältigen, sich mit dem Vorhandenen zu arrangieren oder dieses zu verändern. Thiersch zeichnet die über zwei Jahrzehnte währende Auseinandersetzung und Entwicklung des Konzeptes der Lebensweltorientierung und deren konkrete und praktische Umsetzungen in der Sozialen Arbeit nach. Diesen Prozess wiederum bettet er deutlich in den Gesamtzusammenhang der Gesellschaft. In diesem Sinne stellt der sozialpädagogische Ansatz der Lebensweltorientierung eine Möglichkeit der Einlösung postmoderner Bedürfnisse, Ideen und Zumutungen freigesetzter und auf sich (zurück) verwiesener Menschen dar (vgl. Thiersch 1998, S. 24ff.).

Der mit dem Lebensweltkonzept formulierte Anspruch der Ermöglichung bzw. Wiedererlangung von Handlungsfähigkeit und Selbstzuständigkeit des Menschen scheint beträchtlich angesichts der Brüchigkeit und Ungleichheit in der Gesellschaft. Die Spanne zwischen ModernisierungsgewinnerInnen und -verliererInnen wird größer, auch wenn individuelle Verluste durch Momente scheinbarer gesellschaftlicher Teilhabe aufgehoben werden. Die konkreten sozialpädagogischen Angebote zur Schaffung echter Partizipation bzw. der Legalisierung und Normalisierung eigenwilliger Bewältigungsmuster müssen entsprechend komplex und ordnungsbildend entworfen werden.

In den 80er Jahren antwortet Klatetzki auf diese Anforderung mit dem Entwurf des Praxiskonzeptes der *Flexiblen Hilfen*. Neben diesem populären Modell flexibler erzieherischer Hilfen müssen weitere Praxisentwürfe einer sich deutlich der Lebenswelt der AdressatInnen verpflichtenden sozialen Arbeit erwähnt werden. Etwa parallel entwickelt Hekele das nicht minder bekannte Konzept „Sich am Jugendlichen orientieren". In der Folge entstehen weitere anspruchsvolle, jedoch weniger popularisierte Modelle. Peters und Struck werten den Anfang der 90er-Jahre erreichten Stand des lebensweltbezogenen Theorie- und Praxistransfers folgendermaßen: „Neu ist die praktische Radikalität, mit der Jugendhilfestationen, -einheiten und -zentren derzeit (erfolgreich) versuchen, sich als konkurrierenden Widerspruch zur herkömmlichen Praxis der Jugendhilfe zu etablieren und das konsequente Ansetzen an der Organisationsform der Hilfen" (Peters/Struck 1998, S. 76).

Auch Wolff zeichnet den kritischen Diskurs um die Einführung lebensweltorientierter Konzepte und/oder einzelner Kategorien in der Praxis nach. „Wie es für Reformprozesse typisch zu sein scheint, sind sie (die Praxisansätze, Ergänzung durch die Autorin) dem Zwang einer fachlichen Legitimation und theoretischen Ausgewiesenheit unterworfen. Da sie weitreichende Implikationen für die Organisation der Jugendhilfe, für die pädagogischen Zugänge sowie für das Professionalitätsverständnis in der Jugendhilfe enthalten, müssen sie sich fachlich ausweisen, um in der Praxis ihre Berechtigung zu finden" (Wolff 2000, S. 34). Wolff würdigt die Bedeutung des fachlichen Diskurses für die Weiterentwicklung von Organisationsansätzen innerhalb der Jugendhilfe. Allerdings müssen sich die VertreterInnen von lebensweltlichen Praxismodellen gegen den permanenten Vorwurf eines Theoriedefizits erwehren. Während den technokratisch ausgerichteten Praxisentwürfen vorgehalten wird, komplexe Zusammenhänge und Problemlagen der Betroffenen zu rationalisieren und somit Normierungs- und Kontrollmechanismen zu neuer Rechtfertigung zu verhelfen, werden den lebensweltorientierten Praxiskonzepten ungenügende Transparenz, Beliebigkeit und Generalisierung vorgeworfen. Rationalisierende einerseits und generalisierende Konzepte andererseits werden um ihre jeweilige Fachlichkeit hinterfragt. Beide Richtungen neigen in ihren praktischen Umsetzungen dazu, die Betrachtung und Gestaltung von Organisation in den Mittelpunkt der Aufmerksamkeit zu heben. Die Praxismodelle sind enorm angestrengt, den geeigneten und effizienten Organisationsentwurf zu definieren. Provozierender formuliert, die Organisation dreht sich um sich selbst. Im kommunalen Kampf um Qualität und Auslastung verlieren sich einige Hilfeeinrichtungen über diese Bemühungen. Nur allzu schnell werden Organisationskonzepte mit trendigen Begrifflichkeiten aus den Fachdiskursen aufgefüllt, um sich dieses Vorwurfs zu erwehren. Wenn jedoch eine zuerst an der Wirtschaftlichkeit der Hilfen ausgerichtete Angebotspalette mit vermeintlichem Lebensweltbezug fachlich aufgewertet werden soll, werden weder der Qualitätsdiskurs noch Inhalte der Lebensweltorientierung ausreichend gespiegelt. Mit folgendem Urteil blickt von Wolffersdorff auf die entstandene Jugendhilfelandschaft: „Es wimmelt heute geradezu von höchst *lernfähigen Organisationen*, die sich vor allem dadurch auszeichnen, dass sie eine vorgegebene Zielsetzung ohne den Zeit raubenden Umweg der Reflexion über Inhalte jeweils ein bisschen schneller, ein bisschen effizienter und systematischer als andere erledigen können – und eben dies als ‚Standortvorteil' für sich verbuchen. Gerade aus der Kombination von hoher Lernfähigkeit und geringem Reflexionsaufwand erwächst jene stromlinienförmige Anpassungsbereitschaft, die moderne Organisationen benötigen, um erfolgreich zu sein. Dabei gehört es heute, unter dem Diktat einer perfektionierten Werbeästhetik, zu den wichtigsten Voraussetzungen ihres Erfolges, dass sie das Leben beschwören und sich zur Bewahrung der Lebenswelt bekennen" (Wolffersdorff 1997, S. 101/102).

Aus welchen professionsinternen Lagern auch immer Kritik an bestehenden Praxiskonzepten und deren Organisationen geübt wird, es wird sich gegen eine Reduzierung und Vereinfachung komplexer und prozessualer Zusammenhänge und Inhalte der Sozialen Arbeit ausgesprochen. Kritisiert wird die transportierte Botschaft einer rationalisierten Jugendhilfe. Diese verlangt mündige Hilfeempfänger, welche Interessen und Probleme deutlich artikulieren und entsprechend entworfene Hilfeangebote annehmen. Diese Botschaft jedoch führt an zahlreichen Biografien und Realitäten der AdressatInnen sozialer Hilfen vorbei. Viele Betroffene können oder wollen schlicht einer effizienten Jugendhilfe nicht genügen. Nebenbei wird in diesem Verständnis Sozialer Arbeit nicht selten das Geschlecht der Kunden wegrationalisiert bzw. wird sich dessen in abstrakter Weise bedient. Rationalisierung und Distanz erlauben den Professionellen, eine dramatische Situation zu „brechen", normalisierende Momente zu definieren bzw. fachliche Interventionen zu rechtfertigen. Dieser Abstand jedoch kann von den Kindern oder Familien in der konkreten Situation oftmals nicht aufgebracht werden. Nicht selten überwiegt das Gefühl, durch die hilfeführende Einrichtung und/oder das Jugendamt zusätzlich kontrolliert und gegängelt zu werden. Sie können und wollen eventuell schwer bekunden, was ihnen bei der Umsetzung und Legalisierung ungewöhnlicher bis ver-rückter Lebens- und Bewältigungsstrategien tatsächlich helfen könnte. Es ist politischer Auftrag der Jugendhilfe, ermöglichende Bedingungen und Situationen zu schaffen, um Benachteiligungen ausgleichen zu können. Organisationen, die nicht in der Lage sind, auch auf die Zurückhaltenden, die Stillen und die Unangepassten der Gesellschaft zu zugehen, normieren erneut, anstatt zu ermöglichen. Von Wolffersdorff u.a. machen auf die Gefahren einer zunehmenden Spaltung der Jugendhilfe aufmerksam: „Abzusehen ist ..., dass sich Tendenzen zu einer ‚gespaltenen' Jugendhilfe zunächst an den Rändern des Systems festsetzen und von dort aus ihre Wirksamkeit entfalten. Die in Krisensituationen periodisch aufflackernde Forderung nach Strafverschärfungen vermittelt eine Ahnung davon..." (Wolffersdorff 1997, S. 107). Auf diese Weise schleicht sich über die Erwartung bzw. Zumutung einer mündigen Hilfebekundung der Betroffenen eine neue Form der Kontrolle ein. Mit dem bloßen Postulat einer organisatorischen Vielfalt und Flexibilität werden die unangepassten, die abweichenden, die delinquenten und erst recht die „unsichtbaren" (vgl. Reutlinger in diesem Band) Kinder, Jugendlichen und Familien nicht erreicht. Ihnen wird der Raum für eine erkennende und handlungsleitende Selbstthematisierung nicht geboten. Diese ist notwendig, um Hilfen und Interventionen mit den Betroffenen selbst zu verhandeln, zumindest jedoch nachvollziehbar zu gestalten. Die Reform der Organisation ist eine wesentliche Voraussetzung für eine lebensweltbezogene Jugendhilfe. Diese muss jedoch in eine diskursive und reflexive Reform des gesamten Hilfesystems eingebettet werden.

2. Die Idee der Organisation als Kultur

Klatetzkis Idee der Organisation als Kultur kann aus eben jener diskursiven Verantwortung des Hilfesystems hergeleitet werden. Klatetzki denkt das Praxiskonzept einer flexiblen Organisation weiter in Richtung der Vorstellung von Organisation als Kultur (vgl. Klatetzki 1998, 1995). Er verweist auf eine innerhalb der Fachdiskussion unscharfe Nutzung des Begriffes der Organisation. Klatetzki bedient sich soziologischer Zugänge und Definitionen und bereitet diese für eine pädagogische Verwendung auf. Die aktuelle

Diskussion betont die Handlungsmöglichkeiten der Agierenden in und mit den geschaffenen Organisationen. Diese stellen keine ökonomischen oder funktionalen Unumstößlichkeiten dar, sondern können in ihrer gestaltbaren Relativität gedacht werden (vgl. Riegraf 2000, S. 150). Konsequenterweise betrachtet Klatetzki – vornehmlich für den Bereich erzieherischer Hilfen – zunächst die Tätigkeit des Organisierens und verweist somit auf den prozessualen und aktiven Charakter derselben. Substanz und Bedeutung der Tätigkeit des Organisierens ergeben sich aus den Ereignissen und Wertigkeiten der Betroffenen. Die Agierenden sind in diesem Modell zunächst die professionellen MitarbeiterInnen, welche nun ihrerseits die Ereignisse aufgreifen. „Organisieren meint interpretieren und entscheiden und das heißt, dass das Organisieren den Sinn für das Handeln stiftet. (...) Diese Sinnstiftung (...) ist dabei stets eine soziale Aktivität, auch wenn sie nur von einer Person ausgeübt wird. Das pädagogische Handeln in Jugendhilfeeinrichtungen ist ein kollektives Handeln und die Bestimmung seines Sinns bleibt damit nicht den willkürlichen Überlegungen einzelner Personen überlassen. (...) Der Vorgang der Sinnstiftung wird auf diese Weise durch die Relationen zwischen den Personen bestimmt, er erhält eine bestimmte soziale Form und aus diesem Grund lässt sich das Gebilde, das mit dem Wort ‚Organisation' bezeichnet wird, als ein Interpretations- und Entscheidungssystem verstehen" (Klatetzki 1998, S. 62).

Deutlich wird die klare Abkehr einer technokratischen oder rein strukturellen Definierung. „Der eigenständige Charakter von Organisation" (ebenda, S. 63) wird hervorgehoben. In diesem Sinn wird die Organisation zur Ressource pädagogischen Handelns, sie verleiht der konkreten Praxis eine sinn- und normgebende Legitimation und Perspektive für weiteres Agieren. Als wichtiges Potential erweist sich, unterschiedliche Norm- und Legitimationsmuster unter einem Dach zu zulassen oder vereinen zu können. Eine gute Jugendhilfeorganisation zeichnet sich demzufolge durch einen möglichst großen interpretativen Spielraum und ein plurales Deutungssystem aus. Erst dieser Rahmen ermöglicht es den MitarbeiterInnen der Einrichtung, auf die komplexen und vielfältigen Lebens- und Bewältigungskonstellationen der Betroffenen angemessen zu reagieren. Eine reflektierte Flexibilität im Deuten und Handeln kann sich nur in einer entsprechend gestalteten kollegialen Kommunikations- und Diskussionskultur entfalten. Klatetzki umreißt die Qualität einer organischen Arbeitseinheit, sie ist offen für konstruktive Kritik, sie erzeugt ein Klima innerhalb dessen Verhandlung und Konfrontation möglich werden. Der Gebrauch und Einsatz von Macht und Machtmitteln der Professionellen kann und muss thematisiert werden. Werte und Regeln der Einrichtung werden auf diese Weise kommuniziert und reproduziert. Das Vorhandensein einer organischen Arbeitskultur hinterfragt fortlaufend Sinn und Bedeutung formaler Organisationsstrukturen. Hier liegt Wert, aber auch Beschränkung dieser Idee einer beweglichen und interpretativen Organisation. Klatetzki öffnet den vornehmlich strukturell geprägten pädagogischen Fachdiskurs für kommunikative und handlungsorientierte Sichtweisen von Organisation. Dennoch bleiben es Überlegungen der Professionellen, sicherlich aus den Problemlagen und Deutungen der AdressatInnen gewonnen. In der vorgeschlagenen Organisationseinheit wirken nicht die Betroffenen selbst, sie erscheinen nicht. Es deuten, agieren und reagieren die pädagogischen MitarbeiterInnen. Die praktischen Schlüsse folgen dieser Logik, es sind die kollegialen Findungsprozesse, welche die notwendige Pluralität im Denken und Handeln der MitarbeiterInnen ermöglichen sollen. Beschrieben wird eine professionale Kultur auf hohem Reflexionsniveau. Klatetzki äußert die Vermutung, „...dass sich positive Auswirkungen einer solchen organischen Kommunikationskultur in der Form niederschlagen, dass Kinder, Jugendliche und alle sonstigen Beteiligten sich verstanden und angemessen behandelt fühlen" (Klatetzki 1998, S. 72). Diese einfache Übertragung einer gelungenen kollegialen Organisationskultur und -atmosphäre auf die Interaktionsebene der Hilfesuchenden greift zu kurz. Kinder, Jugendliche und Familien reden und handeln auf der Ebene der Betroffenheit – damit tendenziell weniger planbar. Wenn aus Mangel oder jugendkulturellem Protest heraus gehandelt wird, stellen sich Ereignisse und Situationen als noch wenig bis nicht reflektiert dar. Deutungen der Betroffenen sind subjektiv, sie können originell und produktiv, aber auch voreingenommen, verkürzt und destruktiv sein. In jedem Fall folgen sie dem Bedürfnis, sich eben „irgendwie durchzuschlagen", wieder Zufriedenheit mit sich selbst und der Welt herzustellen. Es gilt in schwierigen oder undurchschaubaren Situationen handlungsfähig zu bleiben oder es wieder zu werden. Hier stehen sich kindliche, jugendliche oder familiale, konforme oder abweichende Kulturen einerseits und eine professionale Organisations- und Konfliktkultur andererseits gegenüber. Die Angemessenheit der Kommunikation muss sicher gestellt werden. Ohne Zweifel stecken in einem Austausch der jeweiligen Deutungs- und Handlungsmuster Chancen auf Annäherung und gemeinsamer Bewältigung belastender und konfliktgeladener Konstellationen der HilfeempfängerInnen. Wichtiger jedoch als eine notwendig begrenzt ausfallende Teilhabe der Betroffenen an der Kultur der Professionellen ist es, die Kulturen, die Lebensweisen, die Bewältigungskonzepte der Agierenden selbst zu erschließen. Dies geschieht in alltäglichen, retrospektiven oder künftigen Situationen, welche die Betroffenen selbst entwerfen und dominieren bzw. unter denen sie leiden.

An dieser Stelle muss die Ebene der Organisationskultur, durch Klatetzki selbst als kollegiale Arbeitskultur konstruiert, verlassen und der Blick deutlicher auf das Gewordensein und die Handlungsebenen der Betroffenen gerichtet werden. Der biografische Ansatz bietet die Chance, Deutungen und Handlungsweisen der Betroffenen als auch der Professionellen aufzugreifen. Im folgenden Abschnitt wird eine mögliche Verbindung aufgezeigt.

3. Organisation und biografischer Zugang

Der Prozess der *Biografisierung* individueller Lebenswege stellt die subjektbezogene Seite einer sich zunehmd individualisierenden Gesellschaft dar. Aufgegriffen wird der wachsende Selbstbezug der Menschen, im Zentrum der Lebensführung steht das sich selbst entwerfende Individuum. Diese Selbstthematisierung ist weniger Ausdruck einer sich formierenden egoistischen Generation, vielmehr werden die Menschen gezwungen, sich zunehmend mit sich selbst auseinander zusetzen. Das „Projekt der eigenen Biografie" (Böhnisch 1999, S. 12) meint nicht zuvörderst die Erweiterung privater Freiheiten, sondern trägt deutlich eine gesellschaftliche Botschaft. Es ist die Aufforderung, sich selbst zu verantworten, sich in der Gesellschaft zu verorten und somit dem Leben eine eigene und sinnvolle Ordnung zu sichern. Diese Erwartung wird nicht ohne Widersprüche und normative Auflagen formuliert, die Verfügung über sich selbst, über das eigene Lebensprojekt bedeutet, auch Brüche, Reibung oder Krisen aus Verhandlungen mit dem sozial Gegebenem selbst aushalten zu müssen. Der biografische Ansatz fokussiert die Selbstentwürfe und somit die kleinste Ordnung der Integration, den Menschen selbst. Diese Ordnung stellt keine feste und unverrückbare Struktur oder Idee des Lebens dar, vielmehr ist sie Ergebnis der sich ständig verändernden Auseinandersetzungen des Individuums. Ansatzpunkte pädagogischer Bemühungen sind die biografischen Leistungen der Menschen zur Erlangung einer mit sich selbst zufriedenen Ordnung aus gelebter, gegenwärtiger und noch zu lebender Perspektive.

Dieser Gestaltungsprozess verläuft nicht nach rationalen Ordnungsmechanismen, sondern je nach dem individuellen Streben nach biografischer Handlungsfähigkeit. Chancen und Risiken der Individualisierung müssen im eigenen Entwurf bewältigt und in den Lauf des Lebens eingegliedert werden. Somit nimmt der Biografieansatz den gesellschaftlichen Auftrag der Sozialen Arbeit im Sinne des Lebensweltkonzeptes wahr (vgl. Böhnisch 1999, S. 70/71). Der Entwurf und die Erwartung der Selbstwerdung sind nur vor dem Hintergrund vielfältiger gesellschaftlicher Widersprüche und anomischer Konstellationen zu deuten. „Das Streben nach Handlungsfähigkeit steht also im Bezug zur sozialen Einbindung des Individuums. Der darauf abzielende Begriff der sozialen Integration hat eine normative und interaktive Komponente. Er beinhaltet die Annahme, dass das Individuum in kritischen biografischen Situationen in Problemzonen der Normbindung – in die Spannung zwischen Konformitätsdruck und abweichendem Verhalten – geraten kann und dass sozialer Rückhalt und sozialer Anschluss gefährdet werden" (ebenda, S. 24). In diesem Streben nach Handlungsfähigkeit versucht der Einzelne *seine* Form der sozialen Integration zu realisieren. Diese kann von durchschnittlichen Integrationsformen abweichen, muss aber nicht abweichendes Verhalten bedeuten, sondern kann durchaus eine sozialverträgliche Integrationsform sein. Das Leben in diesen Integrationsformen verhindert sogar oft das „Abrutschen" in abweichendes Verhalten, verweist aber oft auf die Nicht-Erreichbarkeit der Normalbiografie. Vor diesem Hintergrund sollen Hilfen eine gelingende und mit sich zufriedene Bilanzierung des eigenen Gewordenseins bei gleichzeitiger sozialer Integration *ermöglichen*. Dabei ist es die Aufgabe der Jugendhilfe, weniger geordnete und integrierte Biografieentwürfe zu stützen, zu mobilisieren oder zu normalisieren. Dies ist gerade erforderlich, wenn die individuelle Perspektive der Betroffenen mit dem Regelwerk der Gesellschaft kollidiert, wenn sich bewusst außerhalb von Konventionen bewegt wird oder selbst Möglichkeiten begrenzter gesellschaftlicher Teilhabe unerkannt bleiben oder verwehrt werden. Auch diese Situationen müssen biografisch geordnet und sozial integriert werden. Das Subjekt handelt in der Weise, dass sich die Ereignisse, die Phasen, die Höhen und Tiefen des Lebens in den jeweiligen Lauf fügen, dass sie biografisch Sinn machen. Vor der eigenen und privaten Geschichte kann eine heftige Lebensphase, z.B. eine Phase jugendkulturellen Auslebens, als wesentlicher bewertet werden, als vor der geglätteten und öffentlichen Bildungs- und Arbeitsbiografie. Beide Lebensgeschichten sind wahr, beide Geschichten gehören zum Selbstentwurf der Person, sie bilden die „in soziale Ansprüche gefasste *biografische Integrität*" (ebenda, S. 70). Brüche und Krisen im biografischen Verlauf, Phasen heftiger Auseinandersetzungen oder Phasen des Ausharrens erhalten somit lebensgeschichtlichen Belang. Genauso werden Institutionen und Einrichtungen in Bedeutung verleihender oder eben relativierender Weise in die Biografie eingeschrieben. Phasen und Momente der Biografie werden in Verbindung gebracht mit den jeweils agierenden Menschen.

Ich kehre zum eingangs erwähnten Beispiel der jungen Erwachsenen zurück. Sie stuft den langjährigen Kontakt zur gewählten Hilfeorganisation als sinnbringend ein. Die junge Frau gewichtet während eines Rückblickes auf ihr bisheriges Leben die Möglichkeiten, die Beziehungen und Auseinandersetzungen, welche sie mit der Jugendhilfemaßnahme in Verbindung bringt. Sie urteilt vor dem Hintergrund der augenblicklichen Bilanz des Erreichten oder Nichterreichten. Ein biografisch orientierter Nachvollzug des Selbstkonzeptes wirft Fragen auf. Diese können im Dialog mit anderen oder sich selbst beantwortet werden. Die subjektiven Erfahrungen des Mädchens erhalten die Chance einer Rekonstruktion, einer Annahme oder Relativierung. Ihre Geschichte erfährt nachträglich Bestätigung und Kontinuität. Welche Ideen und Ziele konnte das Mädchen realisieren. Welche Verrücktheiten konnten ausgelebt werden, mit welchen hat sie gegen gängige Normen und Regeln rebellieren müssen, um ihr Selbstkonzept zu verteidigen? Wo stieß sie auf deutliche Grenzen? Welche Auseinandersetzungen haben sie und ihre BetreuerInnen führen oder aushalten müssen, wann fühlte sie sich aufgehoben und geschützt, wann unverstanden und bevormundet? Welche Anregungen für eine Ausdehnung des persönlichen Handlungsspektrums hat sie durch die Einrichtung erhalten? Welche Ressourcen für eine erweiterte gesellschaftliche Teilhabe der jungen Frau konnten erschlossen werden? Diese Fragen führen auch zurück auf die Organisation und Organisationskultur der Hilfe. An dieser Stelle greift der biografische Ansatz auf bereits formulierte pädagogische Konzepte zurück, originell ist die konsequente Umsetzung der Idee des Subjektbezuges. Wurde und wird mit dem Konzeptentwurf der Lebensweltorientierung ein radikaler organisatorischer Wandel der heftig kritisierten institutionellen und normierenden Ausrichtung der gewordenen Jugendhilfelandschaft verbunden und in Teilen ausgelöst, gerät mit dem biografischen Zugang das Subjekt der Hilfe in den Vordergrund des sozialpädagogischen Interesses. Der gewählte Fokus hat sich verändert. In lebensweltorientierter Perspektive wird die Situation, das Gegebene und zu Verhandelnde der Betroffenen aufgegriffen. Die Hilfe wird in der konkreten Lebenslage angesiedelt. Nun wird der Versuch unternommen, die Betroffenen und ihre Lebenskonzepte selbst in den Mittelpunkt zu rücken. Ansatz und Reibungsfläche pädagogischer Unterstützung und Intervention bietet der biografisierte Lebenslauf. Der biografische Zugang kann als eine subjektive Vertiefung des Lebensweltkonzeptes gedacht werden. Im Sinne des ordnungsbildenden Vergesellschaftungsmodus in Richtung einer steigenden Selbstverantwortung erweist sich der biografische Ansatz als die logische und notwendige Weiterführung des Lebensweltkonzeptes. Aus dieser Perspektive heraus zeigt sich Organisation als eine wichtige, doch optionale Bedingung eines zufriedenen Subjektentwurfes. Organisation wird nun aus der Sicht der Betroffenen thematisiert und gestaltet.

4. Ein Ausblick

Die formulierte Möglichkeit einer durch die Agierenden gestalteten Organisation muss jedoch in ihrer strukturellen Beschränktheit betrachtet werden. So ist sie keinesfalls als grenzenlose Gestaltbarkeit oder Beliebigkeit des pädagogischen und organisatorischen Rahmens in einem machtfreien Raum gedacht – dies würde den pädagogischen Alltag weit verfehlen. Allerdings wird diese Auslegung nicht selten über die Idee der Lernfähigkeit von Organisation transportiert. Unterstellt wird eine prinzipiell progressive und demokratische Entwicklung und Verfassung der Organisation (vgl. Wolffersdorff 1997, S. 101ff.; Riegraf 2000, S. 150ff.). Die Betroffenen einerseits und die pädagogischen MitarbeiterInnen andererseits agieren jedoch unter hochgradig differierenden materiellen und kulturellen Bedingungen. Ein egales und machtfreies pädagogisches Verhältnis ist weder interaktiv noch strukturell herstellbar und somit auch von keiner Organisationsform ableitbar. Dennoch unterscheiden sich die Organisationen erheblich im Grad ihrer Gestaltbarkeit, Reflexivität und Kommunikationskultur. Ein wichtiges Kriterium für eine gelingende Mitwirkung stellt die Erlebbarkeit der Einrichtung durch die Betroffenen dar. In welcher Weise sind sie an der Organisation ihrer Hilfe beteiligt? Wie agieren die MitarbeiterInnen? Werden vorhandene Regel- und Normensysteme mit den HilfeempfängerInnen diskutiert? Sind vorhandene Strukturen greifbar und angreifbar? Welche Machtmittel werden durch die Organisation legitimiert, welche werden den Kindern, Jugendlichen oder Familien zugestanden und eröffnet? Hier treffen sich auf fachlicher Ebene der Organisationsdiskurs und der neue Diskurs über *Beteiligung und Partizipation*. „Partizipation muss dann im Sinne von Emanzipation heißen, dass Inhalte und Organisation von Erziehung in der Perspektive der Beteiligten immer wieder zu prüfen und zu verändern sind und dass Beteiligung von Mädchen und Jungen so weit realisiert wird wie möglich" (Kriener 1999, S. 118). Teilhabe und emanzipatorische Mitbestimmung müssen jedoch erlernt werden, und genau diese Erfahrungen konnten viele Betroffene in ihrem bisherigen Biografieverlauf nicht machen. Erworbene Kommunikationsmuster können als aggressiv, verletzend, zurückhaltend, oberflächlich bis wenig verbindlich oder einfach als differierend zu den professionalen umschrieben werden. Die autoritäre Argumentation der Mächtigen, der Einsatz familialer oder subkultureller Sanktionsmittel etc. festigen erlernte Routinen. Demokratisches Verhandeln der Interessen aller Beteiligten ist nicht das erste Merkmal exzessiver Jugendszenen oder „kaputter" Familien. Diejenigen, die über die geringsten Rechte, Räume und Mittel verfügen, lernen unter diesen Bedingungen schwerlich den selbstreflexiven und -verantwortlichen Umgang im kritischen und konstruktiven Diskurs. Diesen führen die Professionellen. Die Qualität einer Jugendhilfeorganisation kann darüber definiert werden, ob und wie sie es vollbringt, auch die Unangepassten oder Zurückhaltenden zu erreichen und diese am gesellschaftlichen Reichtum partizipieren zu lassen. Gelingt es, plurale Lebenskonzepte zu zulassen und zu kommunizieren, den Einzelnen größere Zufriedenheit und Integrität zu ermöglichen, werden erfolgreiche Jugendhilfemaßnahmen verhandelt und stellen Organisationen den rechten Rahmen her.

Die neuere Diskussion um Partizipation setzt sich kritisch mit den vorhandenen institutionellen Mitbestimmungskonzepten auseinander. Gewarnt wird davor, den Beteiligten hochgradig formalisierte und stilisierte Mitbestimmungsmodelle aufzudrücken. Ein weiteres Mal würden die HilfeempfängerInnen um ihre eigene Art und Weise der Problematisierung schwer aushaltbarer oder durchschaubarer Situationen gebracht werden (vgl. Boomgaarden 1999, S. 165ff.). Die Betroffenen bringen unterschiedlichste Erfahrungen und Weisen ein, entwickeln Entwürfe, die mit keinen standarisierten Verfahren zu erfassen oder von primär wirtschaftlich ausgerichteten Organisationen zu bewältigen sind. Gefordert sind Partizipationsmodelle, welche individualisierte und biografisch gebrochene Lebens- und Bewältigungssituationen der Betroffenen berücksichtigen. In der Praxis erzieherischer Hilfen wird allerdings erst vereinzelt über Partizipation in individualisierten Betreuungsarrangements berichtet (vgl. Kriener 1999, S. 115). Das „Prinzip der *Aushandlung*" (Boomgaarden 1999, S. 173) – eingebunden in eine bewegliche und erlebbare Organisationskultur – stellt eine praktizierte Möglichkeit des Abgleichs unterschiedlicher Erwartungen, struktureller Einbindungen und biografischer Erfahrungen aller Beteiligten dar. Vor dem Hintergrund der Erfahrung und Reflexion dieses Partizipationsansatzes geht Boomgaarden „... davon aus, dass das Prinzip der Aushandlung als pädagogischer Leitgedanke sich nicht auf einen einmaligen oder jährlich stattfindenden Akt der Hilfeplanung beschränken darf, sondern auch im alltäglichen pädagogischen Prozess handlungsleitend bleiben sollte. Dabei sollte immer davon ausgegangen werden, dass diese Aushandlungsprozesse, die handelnde Subjekte voraussetzen, keine harmonisch verlaufenden Prozesse sind. Vielmehr sind Personen und auch Institutionen mit z.T. höchst divergierenden Interessen, Funktionen, Aufgaben und Rollen beteiligt" (ebenda, S. 173).

Der zukünftige Organisationsdiskurs sollte nicht in einer alleinigen Betrachtung der Entwicklung der optimalen Arbeitseinheiten und Strukturen verharren, sondern muss den Anschluss an subjektorientierte Diskussionen suchen, will er dem lebensweltorientierten und politischen Anspruch Sozialer Arbeit genügen. Eine interpretative und handlungsorientierte Öffnung der Fachdiskussion gelang mit der Vorstellung der Organisation als Kultur. Die sinnvolle Verbindung zwischen professionellen Kulturen und denen der Subjekte stellt der biografische Ansatz her. Eine lebendige Jugendhilfeorganisation ist in der Lage, den Seins- und Handlungskonzepten der Betroffenen neue und reichere Chancen der Realisierung zu verschaffen. Im besten Fall werden allen Agierenden Möglichkeiten der Partizipation und Gestaltung organisiert. In diesem Sinn ist Qualität in der Jugendhilfe zu sichern und herzustellen

Literatur zur Vertiefung

Böhnisch, Lothar (1999): Sozialpädagogik der Lebensalter. Eine Einführung. Weinheim und München
Klatetzki, Thomas (1998): Qualitäten in der Organisation. In: Merchel, Joachim: Qualität in der Jugendhilfe. Kriterien und Bewertungsmöglichkeiten. Münster
Wolff, Mechthild (2000): Integrierte Erziehungshilfen. Eine exemplarische Studie über neue Konzepte in der Jugendhilfe. Weinheim und München

Literatur

Böhnisch, Lothar (1999): Abweichendes Verhalten. Eine pädagogisch-soziologische Einführung. Weinheim und München
Böhnisch, Lothar (1999): Sozialpädagogik der Lebensalter. Eine Einführung. Weinheim und München
Boomgaarden, Theo (1999): Kollektive Partizipation von Kindern und Jugendlichen in der Jugendhilfe – qui bono? In: Kriener, Martina/Petersen, Kerstin (Hrsg.): Beteiligung in der Jugendhilfe. Sozialpädagogische Strategien zur Partizipation in Erziehungshilfen und bei Vormundschaften. Münster
Klatetzki, Thomas (Hrsg.) (1995): Flexible Erziehungshilfen: ein Organisationskonzept in der Diskussion. Münster
Klatetzki, Thomas (1998): Qualitäten in der Organisation. In: Merchel, Joachim: Qualität in der Jugendhilfe. Kriterien und Bewertungsmöglichkeiten. Münster
Kriener, Martina (1999): Beteiligung von Mädchen und Jungen als Chance für mehr Demokratie in der Heimerziehung. In: Kriener, Martina/Petersen, Kerstin (Hrsg.):

Beteiligung in der Jugendhilfepraxis. Sozialpädagogische Strategien zur Partizipation in den Erziehungshilfen und bei Vormundschaften. Münster

Merchel, Joachim (1998): Zwischen Effizienzsteigerung, fachlicher Weiterentwicklung und Technokratisierung: Zum sozialpolitischen und fachpolitischen Kontext der Qualitätsdebatte in der Jugendhilfe. In: Merchel, Joachim: Qualität in der Jugendhilfe. Kriterien und Bewertungsmöglichkeiten. Münster

Peters, Friedhelm/Struck, Norbert (1998): Flexible Hilfen und das Neue Steuerungsmodell – oder: warum Flexibilität nicht gleich Flexibilität ist. In: Peters, Friedhelm/Trede, Wolfgang/Winkler, Michael: Integrierte Erziehungshilfen. Qualifizierung der Jugendhilfe durch Flexibilisierung und Integration. Frankfurt/Main

Riegraf, Birgit (2000): Organisationswandel, Organisationslernen und das Geschlechterverhältnis. In: Lenz, Ilse/Nickel, Hildegard Maria/Riegraf, Birgit (Hrsg.): Geschlecht, Arbeit, Zukunft. Münster

Thiersch, Hans (1998): Notizen zum Zusammenhang von Lebenswelt, Flexibilität und flexible Hilfen. In: Peters, Friedhelm/Trede, Wolfgang/Winkler, Michael: Integrierte Erziehungshilfen. Qualifizierung der Jugendhilfe durch Flexibilisierung und Integration. Frankfurt/Main

Wolff, Mechthild (2000): Integrierte Erziehungshilfen. Eine exemplarische Studie über neue Konzepte in der Jugendhilfe. Weinheim und München

Wolffersdorff, Christian (1997): Lebensweltorientierung braucht lernfähige Organisationen – Wie lernfähig ist die Jugendhilfe? In: Wolff, Mechthild/Schröer, Wolfgang/Möser, Sigrid (Hrsg.): Lebensweltorientierung konkret – Jugendhilfe auf dem Weg zu einer veränderten Praxis. Frankfurt/Main

Kerstin Petersen

Partizipation

Zusammenfassung: Partizipation/Beteiligung sind gesetzlich normierte und konzeptionelle Prämissen in der Jugendhilfe. Die beiden Begriffe, die im folgenden Text synonym gebraucht werden, sind fachlich positiv besetzt, ohne dass sie für das sozialpädagogische Handeln inhaltlich und methodisch hinreichend ausgearbeitet wären. Vor allem aber zeigen die Erfahrungen aus Jugendhilfeforschung und -praxis, dass Partizipation/Beteiligung in Hilfen- und Unterstützungsprozessen von Kindern, Jugendlichen sowie ihren Eltern in der Erziehungshilfe bei weitem noch nicht ausreichend umgesetzt worden sind. Diesem fachlichen Defizit wird im folgenden Text versucht entgegenzuwirken, indem zunächst die Ziele, die Wirkungsbereiche und die Haltungen beschrieben werden, die mit Partizipation verbunden sind. Schließlich wird es darum gehen eine eindeutige Definition vorzuschlagen, aus der hervorgeht, dass von Partizipation nur dann die Rede sein kann, wenn daraus Konsequenzen für die Machtverteilung in der Jugendhilfe zwischen Fachkräften und Adressat/innen, hier insbesondere am Beispiel der Kinder und Jugendlichen erfolgen. Schließlich werden die gesetzlichen Grundlagen beschrieben, aus denen der Auftrag für die Umsetzung von Beteiligung von Kindern und Jugendlichen in der Jugendhilfe hervorgeht. Der Hauptteil des Textes beschäftigt sich mit Ansätzen und Methoden zur Umsetzung von Partizipation in ausgewählten Aufgabenbereichen der Jugendhilfe: der Information und Beratung, der Jugendhilfeplanung, der Erziehungshilfe und den Bereichen Vormundschaften und Verfahrenspflegschaften.

1. Grundsätze von Partizipation

Partizipation ist ein politischer Begriff aus Demokratiekonzepten, durch den die Perspektive der Bürger/innen gegenüber der Perspektive der Regierenden vor allem in Bezug auf die ungleiche Machtverteilung bei politischen Entscheidungen in den Vordergrund gerückt wird. Dementsprechend sind auch in der Kinder- und Jugendpolitik Ansätze entwickelt worden, die auf eine verstärkte Beteiligung von Kindern und Jugendlichen an Planungs- und Entscheidungsprozessen abzielen. Seit In-Kraft-Treten des Kinder- und Jugendhilfegesetzes (KJHG/SGB VIII) gibt es hier ebenfalls Leitnormen, die die Beteiligung von Kindern und Jugendlichen in der Jugendhilfe betonen. Damit hat das KJHG Minderjährige im Spannungsverhältnis zwischen Eltern-Kind-Staat mit zusätzlichen eigenen Rechten ausgestattet. Es kommt hiermit zum Ausdruck, dass weder Eltern noch Kinder und Jugendliche nur als Objekte von Planung und Entscheidung zu sehen sind, sondern dass sie als Personen und Träger mit subjektiven Rechten also mit je eigenen Interessen ernst genommen werden sollen. Partizipation wird in den Zusammenhang mit dem verfassungsrechtlichen Verständnis gebracht, dass das Elternrecht auf Erziehung und Pflege ihrer Kinder (Art. 6 GG) ein Recht ist, das mit den Grundrechten der Kinder zu vereinbaren ist (vgl. Münder 1999).

In der Jugendhilfe ist Partizipation von Kindern und Jugendlichen jedoch nicht nur gesetzlich normiert und deshalb ein fester Bestandteil. Jugendliche selbst legen großen Wert darauf an Entscheidungsprozessen im Jugendamt beteiligt zu werden. In einer Befragung beurteilte die Gruppe von Jugendlichen mit hohen Beteiligungschancen im Jugendamt die erhaltenen Leistungen des Jugendamtes positiv. Diese Jugendlichen meinten außerdem, dass sich ihre Lebensbedingungen durch die Unterstützung des Jugendamtes verbessert hätten. Demgegenüber bewerteten die Jugendlichen mit geringen Beteiligungschancen die erhaltenen Jugendamtsleistungen negativ. Sie behaupteten außerdem, dass sich ihre Lebensbedingungen durch das Jugendamt nicht verbessert ja sogar verschlechtert hätten (vgl. Petersen 1999b). Insgesamt konnte in dieser Studie festgestellt werden, dass nur ein Viertel der Jugendlichen aus der Gesamtpopulation überhaupt im Jugendamt beteiligt wurden. Das heißt trotz der gesetzlichen Normierung von Partizipation im KJHG und obwohl laut zitierter Untersuchungsergebnisse Partizipation zu mehr Effektivität der Jugendhilfeleistungen führen kann, ist Partizipation bis heute weder ausreichend in den Organisationen der Jugendhilfe verankert, noch scheint sie eine grundlegende Handlungsorientierung für sozialpädagogische Fachkräfte darzustellen.

1.1 Ziele

Partizipation junger Menschen soll dazu beitragen, dass ihre Rechte gesichert werden. Ihre Kompetenzen, Vorstellungen, Interessen und Bedürfnisse sollen in die Gestaltungs- und Entscheidungsprozesse der Jugendhilfe einfließen. Dabei soll die partnerschaftliche Aushandlung als Basis für diese Entscheidungsprozesse angestrebt werden. Jungen und Mädchen sollen durch Partizipation

- Lösungsprozesse und Alltag mit gestalten und mit Leben füllen,
- ihre individuellen Interessen und Bedürfnisse in Entscheidungen berücksichtigt finden,
- ‚Machtquellen' wie z.B. materielle Versorgung, Sinnkonstruktion, Orientierungsmittel u.a. (vgl. Wolf 1999) übertragen bekommen,
- Handlungsspielräume für eigene Erfahrungen erhalten.

Aus der Perspektive der Jugendhilfe soll Partizipation von Kindern und Jugendlichen

- einen Beitrag zur besseren Qualität und Flexibilisierung der Jugendhilfeangebote leisten, d.h. den Erfolg von Hilfeprozessen unterstützen,
- eine Orientierung im organisatorischen und professionellen Jugendhilfe-Alltag darstellen.

1.2 Wirkungsbereiche

Als gesetzlich verankerte Leitnorm der gesamten Jugendhilfe betont Partizipation das Dienstleistungsverständnis der Jugendhilfe. Sie soll in allen Bereichen und Tätigkeitsfeldern sowie auf allen organisatorischen Ebenen zur Durchsetzung einer Nachfrage- bzw. Adressatenorientierung beitragen. In der Praxis bedeutet das, statt des obrigkeitsstaatlichen Denkens wird der Fokus auf die Aktivierung und Befähigung der Adressaten gelegt. Partizipation bezieht sich folglich auf alle Aufgabenbereiche der Jugendhilfe, z.B. die Jugendarbeit, die Jugendsozialarbeit, die Kindertagesstätten, die Hilfen zur Erziehung, die Hilfeplanung und die Jugendhilfeplanung, um nur einige Bereiche zu nennen. Bei der Umsetzung spielt es nicht nur eine Rolle, dass Kinder und Jugendliche an den Gestaltungs- und Entscheidungsprozessen der Jugendhilfe beteiligt werden. Auch auf der kollegialen Aushandlungsebene der sozialpädagogischen Fachkräfte hat deren Partizipation z.B. an organisatorischen Entscheidungsprozessen eine zentrale Bedeutung, um beispielsweise eigene Handlungsspielräume für Kinder und Jugendlichen flexibel nutzen zu können. Partizipation kann insgesamt eine große Reichweite und einen hohen Wirkungsgrad erreichen und zu einer Flexibilisierung und Demokratisierung der Jugendhilfestruktur beitragen.

1.3 Haltungen

Das Interesse an der sozialpädagogischen Aktivierung und Umsetzung von Partizipationsrechten junger Menschen korrespondiert mit grundsätzlichen professionellen Haltungen oder spezifischen Vorstellungen vom Heranwachsen junger Menschen. Es besteht zum einen die Möglichkeit Kindern und Jugendlichen vor allem eine ‚biographische Kompetenz' (vgl. Schulze 1996) zuzuschreiben, die sie sich aufgrund spezifischer Sozialisationsbedingungen und individueller Eigenschaften angeeignet haben (Kompetenzorientierung). Auffälliges Verhalten wie z.B. Drogen- oder Magersucht, Gewalt oder Nichtsesshaftigkeit wären aus dieser Sicht immer auch verbunden mit individuellen Formen der Lebensbewältigung, die fokussiert und sozialpädagogisch unterstützt werden. Es gibt andererseits die Möglichkeit auffälliges Verhalten von Kindern und Jugendlichen vor allem als defizitär oder (psychisch) krank einzuordnen (Defizitorientierung). Aus dieser Sicht steht behandlungs- oder sanktionierungsbedürftiges Verhalten von Kindern und Jugendlichen im Zentrum des sozialpädagogischen Handlungsinteresses. Die zuerst beschriebene Haltung ist eher eine partizipationsfördernde, weil Kinder und Jugendliche hier zu Expert/innen ihrer eigenen Lebensgestaltung werden. Mit Hilfe sensibler sozialpädagogischer Unterstützung und Ermutigung zur Partizipation an Gesprächs-, Lösungs- oder Entscheidungsprozessen wissen sie am besten, welches Jugendhilfeangebot das Richtige für sie sein könnte. In der zuletzt beschriebenen Haltung wird davon ausgegangen, dass die sozialpädagogischen Fachkräfte die alleinigen Expert/innen sind, die wissen, welche Hilfe die Richtige ist. Diese wird u.U. mit dem Gegenteil von Partizipation, nämlich durch reglementierende Defizitbehandlung durchzusetzen versucht.

1.4 Definition

Aus den Paragraphen des Kinder- und Jugendhilfegesetzes, in denen Beteiligung thematisiert wird, lassen sich keine Details über Inhalte des Begriffs ableiten. Grundsätzlich ist Partizipation/Beteiligung ein positiv bewerteter Terminus. Niemand in Politik und auch nicht in der Jugendhilfe würde behaupten, dass er/sie gegen Beteiligung wäre. Weil Beteiligung demnach sehr unterschiedlich verstanden werden kann und insofern auch als Alibi-Begriff missbraucht wird, ohne dass tatsächliche Konsequenzen für eine veränderte Machtverteilung folgen müssen, ist es notwendig eine Begriffsbestimmung vorzunehmen. Um Partizipation thematisch einzugrenzen, muss zunächst die Frage beantwortet werden „Wer wird wie woran beteiligt?" Die Beantwortung dieser Frage spezifiziert jeweils unterschiedliche und gleichzeitig umfassende Themengebiete. Wenn es im Folgenden darum gehen wird, mit welchen Formen (wie) Kinder und Jugendliche (wer) an Entscheidungsprozessen der Jugendhilfe (woran) beteiligt werden können, dann trifft diese Wahl ein klassisches sozialpädagogisches Thema der Jugendhilfe. Beteiligung bzw. Partizipation wird hier verstanden als ein Prozess der sozialpädagogischen Befähigung zu partnerschaftlichem Aushandeln und letztendlich zur Befähigung, dass Heranwachsende mit ‚Machtquellen' (s.o.) ausgestattet werden, um selbstständig entscheiden zu können. Dieser Befähigungsprozess wird als Stufenmodell dargestellt, durch das Partizipation von Nicht-Beteiligung und Quasi-Beteiligung unterschieden werden kann (vgl. Kriener/Petersen 1999). Es geht dabei um die Relativierung eines ungleichen Machtverhältnisses zwischen sozialpädagogischen Fachkräften einerseits und Kindern und Jugendlichen andererseits:

Das Stufenmodell der Partizipation als Befähigungs- und Aktivierungsprozess

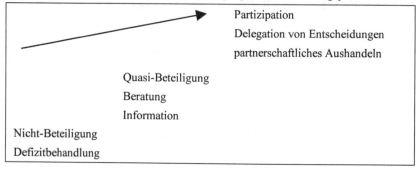

Nicht-Beteiligung

Entscheidungen werden einseitig von Fachkräften durch eine reglementierende Defizitbehandlung getroffen. Es wird auf dieser Stufe der Nicht-Beteiligung nicht beabsichtigt die Einseitigkeit der Entscheidungsmacht zu verändern, so dass Kinder und Jugendliche keine Beteiligungsmöglichkeiten erhalten und ihnen keine Machtquellen (Informationen, materielle Versorgung, Orientierungsmittel u.a.) zur Verfügung gestellt werden. Kinder und Jugendliche können deshalb auch keinen gezielten Einfluss auf Entscheidungen nehmen, von denen sie betroffen sind. Ihnen fehlt es an Ermutigung und unterstützender sozialpädagogischer Beratung z.B. in Bezug auf ihre Rechte, in Bezug auf mögliche Jugendhilfeangebote und in Bezug auf ihre biographischen Kompetenzen zur Lebensbewältigung, um für eine eigene Gestaltung und Wahl der Hilfe befähigt zu werden.

Quasi-Beteiligung

Auf dieser Stufe werden Kinder und Jugendliche zur Beteiligung befähigt. Sie werden allgemein über alles Notwendige informiert (z.B. über ihre Rechte) und individuell beraten (z.B. in Bezug auf die Gestaltung möglicher Hilfeangebote). Dadurch werden Mädchen und Jungen Machtquellen übertragen und ein Vertrauensverhältnis zwischen Fachkraft und Kindern/Jugendlichen kann aufgebaut werden. Die Bewältigungsmuster der Mädchen und Jungen, die sie sich aus ihren Sozialisationsbedingungen angeeignet haben, werden heraus gearbeitet. Auf diese Stufe der Quasi-Beteiligung entfaltet sich der Befähigungsprozess zur Beteiligung als seine Vorstufe. Kinder und Jugendliche können hier jedoch noch nicht entscheiden oder eine Entscheidung revidieren. Sie teilen lediglich ihre Interessen und Wünsche mit, die in der Entscheidung der Fachkraft Berücksichtigung finden. Ohne die Möglichkeit der Entscheidung und Revision der Entscheidung hat diese Form der Beteiligung nur eine Alibi-Funktion. Machtstrukturen bleiben auf diese Weise erhalten.

Partizipation/Beteiligung

Mädchen und Jungen sind in dieser Phase in der Lage eigene Entscheidungen zu treffen. Auf der Basis einer sicheren Informationsgrundlage und ausgestattet mit Machtquellen (s.o.) handeln sie gleichberechtigt mit der sozialpädagogischen Fachkraft aus, welche die richtige Entscheidung oder die angemessene Alltagsgestaltung für sie ist. Partizipation bedeutet mitzuentscheiden und Entscheidungen auch wieder revidieren zu können. Wichtig ist hier zu erwähnen, dass Partizipation von Kindern und Jugendlichen auf dieser Stufe grundsätzliche Veränderungen hinsichtlich der Macht- und Jugendhilfestrukturen mit sich bringen kann. Boomgaarden (1999) macht darauf aufmerksam, das Partizipation sich nicht nur auf bestehende Institutionen beziehen darf (z.B. Heime). Vielmehr muss es durch Partizipation zu einer Flexibilisierung und „Ambulantisierung" der Jugendhilfeangebote kommen. Das bedeutet,

Kinder und Jugendliche sind zu einem sehr frühen Zeitpunkt und in einem sehr umfassenden Maß z.B. hinsichtlich der (Neu-)Gestaltung des Jugendhilfeangebots und nicht nur bei seiner Auswahl zu beteiligen.

2. Gesetzlicher Auftrag zur Partizipation

Neben dem Kinder- und Jugendhilfegesetz lassen sich aus der UN-Kinderrechtskonvention und den Verfassungsrechten der Bundesrepublik Deutschland Beteiligungsrechte von Kindern und Jugendlichen ableiten.

2.1 UN-Kinderrechtskonvention

Im April 1992 ist in Deutschland die UN-Konvention über die Rechte der Kinder in Kraft getreten. In diesem Völker- und Menschenrecht bildet der Artikel 12 die Grundlage für die Partizipation junger Menschen. Die Vertragsstaaten sichern Kindern, die fähig sind, sich eine eigene Meinung bilden, das Recht zu, diese an allen sie berührenden Angelegenheiten frei zu äußern. Sie sollen angemessen und entsprechend dem Alter und der Reife berücksichtigt werden. Kinder sollen insbesondere in sie betreffenden Gerichts- und Verwaltungsverfahren unmittelbar durch einen Vertreter oder durch eine geeignete Stelle im Einklang mit den innerstaatlichen Verfahrensvorschriften gehört werden (vgl. Bundesarbeitsgemeinschaft der Landesjugendämter 1998).

2.2 Bürgerrechte

Die Bürgerrechte des Grundgesetzes gelten auch für Kinder und Jugendliche. Dies hat das Bundesverfassungsgericht in seinen Urteilen ausdrücklich immer wieder seit 1968 formuliert. In Artikel 2 (GG) geht es um die Würde des Menschen, die unantastbar ist. Die Würde des Menschen ist getroffen, „wenn der konkrete Mensch zum Objekt, zu einem bloßen Mittel, zur vertretbaren Größe herabgewürdigt wird." (Marquardt/Lossen 1999, S. 20). Als Indizien für eine solche Erniedrigung des Menschen zum Objekt werden Situationen gewertet, die bestimmt sind vom Gefühl des Sich-nicht-entziehen-Könnens, der Demütigung, des Ausgeliefertseins und der Ohnmacht.

2.3 Kinder und Jugendhilfegesetz (KJHG)

In den Einleitungsvorschriften des KJHG, die eine orientierende Funktion haben und inhaltliche Vorstellungen und Absichten des Gesetzes kennzeichnen, sind in §8 die Beteiligungsrechte von Kindern und Jugendlichen verankert. Diese sind – laut §8 – entsprechend ihrem Entwicklungsstand an allen sie betreffenden Entscheidungen der öffentlichen Jugendhilfe zu beteiligen. Auch in den §§9, 17, 36, 80 wird die Beteiligung von Kindern und

Jugendlichen betont: Die wachsende Fähigkeit und das wachsende Bedürfnis des Kindes oder des Jugendlichen zu selbstständigem Handeln sowie die sozialen und kulturellen Bedürfnisse sind zu berücksichtigen, wird in §9 Abs. 2 KJHG beschrieben. In §17 wird die Beteiligung des Kindes oder Jugendlichen bei der Beratung in Fragen der Partnerschaft, Trennung und Scheidung der Eltern formuliert. §36 bezieht sich auf die Beteiligung von Kindern und Jugendlichen an der Hilfeplanung. Es heißt hier, dass Kinder und Jugendliche vor der Entscheidung zu beraten und bei der Auswahl der Einrichtung zu beteiligen sind, wenn eine langfristig zu leistende Hilfe außerhalb der Familie in Betracht kommt. Des Weiteren ist Partizipation von Kindern und Jugendlichen an der Jugendhilfeplanung, dem zentralen Instrument zur Erfüllung der Aufgaben der Jugendhilfe vorgeschrieben. Diese Planung soll „insgesamt den Bedürfnissen und Interessen der jungen Menschen Rechnung tragen" (§80, Abs. 4).

3. Ansätze und Methoden zur Umsetzung von Partizipation der Kinder und Jugendlichen aus den Hilfen zur Erziehung

Zur Umsetzung von Partizipation bieten sich verschiedene Ansätze und Methoden an, die im Folgenden beschrieben werden. Bei der Kontaktaufnahme sowie auf der Gesprächsebene mit Kindern und Jugendlichen ist es vor allem wichtig ihnen für den Kontakt oder das Gespräch notwendige Informationen zu geben und sie individuell zu beraten, damit sie die Bedingungen des Gesprächs und die Beziehung zur sozialpädagogischen Fachkraft einschätzen können. In den besonderen Aufgabenfeldern der Jugendhilfe z.B. der Jugendhilfeplanung, der Erziehungshilfe und hier insbesondere der Hilfeplanung und der Heimerziehung haben sich einige Ansätze, die beschrieben werden, bereits bewährt. Vormünder/innen und Verfahrenspfleger/innen sind Fachkräfte, die als Interessensvertreter/innen von Minderjährigen eingesetzt werden und deshalb die Aufgabe haben, für ihre Beteiligung an für sie wichtigen Entscheidungsprozessen zu sorgen.

3.1 Information und Beratung

Für die Befähigung und Aktivierung von Kindern und Jugendlichen zur Partizipation ist es notwendig, dass sie ausreichend informiert und beraten werden (siehe oben: Stufenmodell der Partizipation). Auf der institutionellen Ebene der Jugendhilfe, d.h. auf der Ebene der geregelten, fest installierten und schriftlich fixierten Informationsvermittlung, gibt es folgende Möglichkeiten Informationen an Kinder und Jugendliche heran zutragen:

(1) Faltblätter, Info-Broschüren oder andere Arten auch umfassenderer Veröffentlichungen wie z.B. Handbücher, in denen jungen Menschen in altersgruppengerechter Sprache und Gestaltung z.B. ihre Rechte aus dem

KJHG und dem neuen Kindschaftsrecht, Hilfeangebote usw. erklärt werden.

(2) Auch über die zentrale Bedeutung und die Inhalte der Hilfeplanung müssen Mädchen und Jungen informiert werden.

(3) Die technischen Informationsmedien spielen eine wichtige Rolle bei der Information von Kindern und Jugendlichen. Um Kinder und Jugendliche in einer angemessenen Sprache und in attraktiver Weise zu informieren, ist es notwendig, diese an den Veröffentlichungen in Form von gemeinsamen Projekten direkt zu beteiligen. Dementsprechend ist beispielsweise zurzeit eine kind- und jugendgerechte Kommentierung des KJHGs geplant. Neben der schriftlichen Informationsvermittlung, gibt es mündliche Formen, die hier exemplarisch und zur Anregung genannt werden:

(1) Bei der Aufnahme eines Kindes oder Jugendlichen in ein Heim oder eine Wohngruppe sollte dieses durch gleichaltrige bereits dort wohnende Kinder und durch Betreuungspersonen eingewiesen werden. So werden aus zwei verschiedenen Perspektiven auch unterschiedliche Informationen weitergegeben.

(2) Die Vorbereitung, Durchführung und Fortschreibung der Hilfeplanung sollte mit Kindern und Jugendlichen gemeinsam geschehen. Hierzu müssen Leitfäden entwickelt und schriftlich formuliert werden, die den Fachkräften dabei eine Orientierung bieten.

(3) Kollektive Formen der Informationsvermittlung und Beratung sind geregelte Termine zu gemeinsamen Treffen von Kindern und Jugendlichen. Dies sind z.B. wöchentlich stattfindende Gruppenabende von Kindern und Jugendlichen in Einrichtungen, oder monatlich stattfindende Treffen eines Kinderbeirats oder Heimbeirats (s.u.).

(4) Zu den individuellen Formen der mündlichen Informationsvermittlung und Beratung gehört z.B. ein festinstallierter Informationsteil am besten an jedem Anfang eines Gesprächs zwischen einer sozialpädagogischen Fachkraft und dem Kind. Während der Gespräche sind methodische Aspekte der Gesprächsführung und der Kommunikation von besonderer Bedeutung für die Aktivierung und Befähigung zur Partizipation. In einer Befragung von Kindern haben diese belastende und entlastende Faktoren in gerichtlichen und außergerichtlichen Gesprächssituationen genannt (vgl. Fegert 1999): Zu den entlastenden Faktoren gehört die Begleitung durch eine Vertrauensperson, der Verzicht auf zu schwere Fragen, die Klärung der Beziehung zwischen dem Erwachsenen und dem Kind, die Information über Länge und Bedeutung des Gesprächs u.a. Besonders wichtig ist die Anwendung der Aspekte einer personenbezogenen Gesprächsführung, in der eine freundliche, einfühlsame, echte und zugewandte Haltung umgesetzt wird.

3.2 Jugendhilfeplanung

Damit den Bedürfnissen und Interessen der Kinder und Jugendlichen in der Jugendhilfeplanung Rechnung getragen werden kann (vgl. §80 KJHG), sind neben Sozialraumanalysen mit den unterschiedlichen quantitativen Methoden, weitere Strategien notwendig, um den Bedarf von Jugendhilfeangebote nicht nur quantitativ von potentiellen Adressat/innen der Jugendhilfe zu erheben, sondern auch qualitativ mit Personen, die Jugendhilfe aktuell nutzen. Folgende praktikable Möglichkeiten werden vorgeschlagen, um Partizipation von Kindern und Jugendlichen aus der Erziehungshilfe an der Jugendhilfeplanung zu aktivieren:

(1) Veranstaltung von Seminaren mit Kindern und Jugendlichen aus der Erziehungshilfe,

(2) Initiierung von Jugendräten der Erziehungshilfe im Jugendamt,

(3) Initiierung von Adressat/innenbeiräten der Jugendhilfe,

(4) Einrichtung von ‚Räumen' für Mädchen

Zu (1): Veranstaltung von Seminaren mit Kindern und Jugendlichen aus der Erziehungshilfe

Zur Veranstaltung von Seminaren mit Kindern und Jugendlichen aus der Erziehungshilfe liegen dem Kinder haben Rechte e.V. Münster vielfältige Erfahrung z.B. in Kreis Segeberg, Stadt Greven und in Jugendseminaren in Vlotho vor (vgl. Gintzel 1999). Mädchen und Jungen, die in Heimen und Wohngruppen leben werden vom Jugendamt zu einem Seminar eingeladen. Diese Seminare müssen gut vorbereitet werden und ein attraktives Rahmenprogramm für die Kinder und Jugendlichen bieten. Am Anfang steht der Erfahrungsaustausch. Dann werden u.a. folgende Fragen erörtert: Sind ausreichend Informationen über die Jugendhilfe gegeben worden und welche fehlen? Welche Angebote fehlen im Stadtteil oder in der Region? Wie werden welche Angebote erlebt und erfahren? Wie könnte ein Fragebogen für alle Kinder und Jugendlichen dazu aussehen? Im Ergebnis kann festgestellt werden, dass Kinder und Jugendliche, wenn sie dazu in eigens für sie konzipierten Veranstaltungen motiviert werden, Einschätzungen, Erfahrungen und Vorstellungen zur Jugendhilfe klar und deutlich und ohne zu überziehen, artikulieren können.

Zu (2): Initiierung von Jugendräten der Erziehungshilfe im Jugendamt

Zur Aktivierung der Beteiligung von Kindern und Jugendlichen ist es empfehlenswert, in Jugendämtern einen ständigen Jugendrat zu installieren. Wahlverfahren und Zusammensetzung ist mit den Jugendlichen zu entwickeln. Dabei sollte gewährleistet sein, dass Jugendliche in wohnortferneren Einrichtungen die Möglichkeit zur Mitarbeit erhalten. Zu den Aufgaben des Jugendrates gehören beispielsweise die Erarbeitung von Stellungnahmen und Empfehlungen zu grundsätzlichen Fragen der Erziehungshilfe in der

Kommune und andere Fragen im Rahmen der Jugendhilfeplanung (vgl. Gintzel 1999).

Zu (3): Initiierung von Adressat/innenbeiräten der Jugendhilfe

Parallel zu den Planungsgruppen und den Arbeitsgemeinschaften nach §78 KJHG kann beim Jugendamt ein Adressat/innenbeirat konstituiert werden. Diesem Beirat können neben Vertreter/innen der Jugendverbände, der Schülermitbestimmungsgremien, der Stadtteilinitiativen, der Elternverbände usw. und eine Anzahl von Jugendlichen aus Heimen und Wohngruppen angehören. Dieses Gremium könnte als beratende Stimme der Jugendhilfeplanung und des Jugendhilfeausschusses dienen.

Zu (4): Einrichten von „Räumen" für Mädchen

Mädchen werden nicht nur im Alltag, sondern auch in der Erziehungshilfe weniger beachtet als Jungen (vgl. z.B. Birtsch/Hartwig/Retza 1991). Außerdem sind Mädchenrealitäten auch heute noch durch ein Leben mit widersprüchlichen Anforderungen gekennzeichnet. So ist das Besondere am „Modernen-Mädchen-Sein" die Weiblichkeit und die Unabhängigkeit gleichzeitig und so sind es die gesellschaftlichen Erwartungen an die gleichberechtigte Teilnahme an beruflicher Karriere, Freizeitaktivitäten usw. in Verbindung mit den faktischen Hürden ihrer Realisierung. Diese bestehen aus Beeinträchtigungen in den beruflichen Optionen, in der öffentlichen Raumaneignung, oder im Hinblick auf die ständig drohende Gewalterfahrung. Diese Widersprüchlichkeiten (Bitzan/Daigler 1999) nehmen Mädchen als Scheitern wahr, verbergen dieses Scheitern aber, indem sie sich zufrieden und kompetent repräsentieren. Mädchen deuten reale Behinderungen um und leben eine Fassade des „Alles ist in Ordnung". Aus diesen Gründen ist es notwendig Mädchen „Räume" – auch symbolisch im Sinne von zeitlichen Räumen oder Möglichkeiten der Entfaltung – für kreative Formen der Selbstdarstellung zur Verfügung zu stellen, in denen sie über die sprachlichen Ausdrucksmöglichkeiten hinaus alternative Vorstellungen entwickeln können. Hierzu gehören Filmprojekte, Tanzaufführungen, Theater, Erzählkaffee oder das Fotografieren. Beteiligung von Mädchen in der Jugendhilfeplanung braucht Projekte, aber auch professionelles Verstehen und Übersetzungsprozesse, durch die die tatsächlichen Interessen und Bedürfnisse von Mädchen aufgedeckt werden müssen.

3.3 Erziehungshilfe

Die Beteiligungsrechte junger Menschen im KJHG stellen in der Erziehungshilfe gemäß §§27ff. KJHG, insbesondere gemäß §36 KJHG, spezifische Anforderungen an die Fachkräfte. Sie müssen das eigene berufliche Selbstverständnis mit den darin enthaltenen Vorstellungen ständig zugunsten der Vorstellungen der Kinder und Jugendlichen systematisch z.B. durch kollegiale Beratungsformen reflektieren. Außerdem ist es notwendig Ansätze und Methoden zur Aktivierung und Befähigung zur Beteiligung von Kindern und Jugendlichen mit ihnen zu praktizieren und zu entwickeln. Dies bedarf aufgrund der nicht immer günstigen Rahmenbedingungen z.B. fehlende konzeptionelle Leitlinien oder hohe Fall- und Betreuungszahlen besonderer Anstrengungen bei der Aktivierung der Beteiligung von Kindern und Jugendlichen an den Entscheidungs- und Gestaltungsprozessen der Erziehungshilfe. Praktikabel sind in dieser Hinsicht

(1) die beteiligungsorientierte Gestaltung der Hilfeplanung gemäß §36 KJHG,

(2) das Veranstalten von Beteiligungsseminaren,

(3) die Implementierung der „Gerechten Gemeinschaften" in Wohngruppen,

(4) die Initiierung und Begleitung von Kinder- und Jugendvertretungen (KJV).

Zu (1): Beteiligungsorientierte Gestaltung der Hilfeplänen gemäß §36 KJHG

Kinder und Jugendliche müssen in einer ihrem Alter entsprechenden Form über ihre Rechte informiert und hinsichtlich der Hilfe- und Unterstützungsmöglichkeiten für die individuelle Situation beraten werden. Aus der Sicht von Kindern und Jugendlichen gibt es diesbezüglich große Defizite. Dies konnte in Beteiligungsseminaren mit Kindern und Jugendlichen aus der Erziehungshilfe eruiert werden (siehe weiter unten, vgl. Kriener 1999). Aufgabe der zuständigen Fachkräfte aus dem Jugendamt ist es deshalb, eine Hilfeplanung zu gestalten, die die Beteiligung des Kindes oder Jugendlichen stärker ermöglicht als bisher. Dies bezieht sich u.a. darauf, einen entsprechenden Gesprächsrahmen und eine Gesprächsatmosphäre herzustellen. Dazu gehört wiederum die Benutzung einer kindgerechten Sprache, eine wohl wollende und freundliche Haltung, die Erlaubnis Fragen zu stellen oder Fragen nicht beantworten zu müssen (siehe oben unter „Information und Beratung"). Für die Durchführung und Fortschreibung der Hilfeplangespräche müssen u.a. folgende Aspekte berücksichtigt werden: Erstens die gemeinsame Vorbereitung, zweitens die altersgerechte Durchführung und drittens die Dokumentation.

Erstens: Die Hilfeplangespräche müssen mit dem Mädchen oder Jungen vorbereitet werden. Hier sind die Themen zu besprechen, die sie für wichtig erachten. Dazu gehören außerdem z.B. Information über die Bedeutung des Hilfeplangesprächs, die Folgen der Entscheidung für eine bestimmte Hilfe, die anwesenden Personen, die Teilnahme einer Vertrauensperson, der zeitliche Rahmen, der Ort, die Themen, die besprochen werden und die nicht besprochen werden sollen.

Zweitens: Für die Hilfeplangespräche ist die Gesprächsatmosphäre für die Beteiligung der Kinder und Jugendlichen maßgeblich. Zu achten ist hier besonders auf die Anzahl der Erwachsenen, die Anwesenheit von Vertrauenspersonen z.B. auch einer Freundin oder eines Freundes, die Beachtung der Redeanteile, die Dauer des Gesprächs und die Sprache. Insgesamt sind hier hohe Anforderungen an die zuständige Fachkraft des Jugendamtes gestellt, die für die Moderation der Gesprächsrunden im Hilfeplanverfahren verantwortlich ist.

Drittens: Auch die schriftliche Dokumentation der Hilfeplangespräche soll für Kinder und Jugendliche verständlich geschrieben werden und ihnen zum Lesen angeboten werden. Besonders wichtig ist es, dass die Redebeiträge, „wer hat was gesagt?" deutlich von einander unterschieden werden, so dass Meinungsverschiedenheiten festgehalten werden. Hier bietet es sich an, dem Kind oder Jugendlichen freizustellen, ob es zu der Dokumentation etwas Schriftliches beitragen möchte.

Zu (2): Veranstaltung von Beteiligungsseminaren

Die Erfahrungen, die der Kinder haben Rechte e.V., Münster mit Kindern und Jugendlichen aus der Erziehungshilfe mit eigens für sie konzipierten Seminaren gemacht hat, sind durchweg positiv (vgl. Kriener 1999). Auch wenn sich Kinder und Jugendliche anfänglich nicht begeistert über die Teilnahme an einem Seminar zeigen, so sind sie schon während der Veranstaltung und im Nachhinein überzeugt, dass so etwas öfter stattfinden müsste. Sie erhalten Informationen z.B. über ihre Rechte, die sie vorher nicht genau kannten und sie fühlen sich ernst genommen. Letztendlich drücken sie in ihren Aktivitäten bei Gesprächen oder Rollenspielen nicht nur ein hohes Engagement und Kreativität aus, sondern auch Lebendigkeit, Spaß und Freude. Diese Beteiligungsseminare sind ein- oder zweitägige Veranstaltungen, die von einer Referentin oder einem Referenten initiiert und durchgeführt werden. Je nach Konzept und Vereinbarung mit dem Träger nehmen die Kinder und Jugendlichen mit oder ohne Betreuungspersonen teil. Sehr wichtig ist eine gute und intensive Vorbereitung, ein attraktives Rahmenprogramm, kinder- und jugendgerechte Räumlichkeiten und die Zustimmung der Betreuungspersonen, damit Mädchen und Jungen für die Teilnahme an der Veranstaltungen gewonnen werden können. Als Ergebnisse dieser Veranstaltungen können festgehalten werden: Die Wünsche, Interessen und Vorstellungen der Kinder und Jugendlichen sind nicht überzogen oder unrealistisch. Sie fühlen sich insgesamt schlecht informiert. Sie thematisieren vor allem die Regeln in der Einrichtung, die ihren Alltag strukturieren sowie Regelverstöße. Ihnen ist die Beziehung zu ihren Bezugsbetreuern wichtig. Von ihnen hängen ihrer Meinung nach häufig ihre Beteiligungschancen ab.

Zu (3): Implementierung der „Gerechten Gemeinschaften" in Wohngruppen

Als Alternative zur traditionellen (Wohn-)Gruppenpädagogik ist vom Institut für Soziale Praxis des Rauen Hauses in Hamburg das Modell der „just communities", der „Gerechten Gemeinschaften" entwickelt und erprobt worden (vgl. Soest-Westphal 1999). Es ist ein Konfliktlösungsmodell, das sich an Lawrence Kohlbergs Ideen zur Entwicklung der moralischen Urteilfähigkeit des Menschen anlehnt. In 14-tägig stattfindenden Gemeinschaftssitzungen mit einem bestimmten schematischen Ablauf, der durch eine externe Moderatorin begleitet wird, können Jugendliche in betreuten Wohngruppen einen fairen und demokratischen Umgang miteinander praktizieren. In den „Gerechten Gemeinschaftssitzungen" ist u.a. festgelegt, dass jedes Gruppenmitglied ein für es wichtiges Thema, ohne unterbrochen zu werden, formulieren darf. Alle Themen werden gesammelt und besprochen. Es gibt keine Mehrheitsentscheidungen, sondern nur Kompromisse. Es werden pro Sitzung ein oder zwei Themen besprochen. Dabei steht zunächst das Verstehen im Vordergrund, was nicht heißt auch der gleichen Ansicht zu sein. Die Gruppe verständigt sich gemeinsam auf eine Lösung und legt auch gemeinsam sog. „faire Konsequenzen" fest, wenn gegen die demokratisch erarbeitete Lösung verstoßen wird. Eine 'faire Konsequenz' ist z.B. die Festlegung der Gruppe, wenn sich jemand nicht an den gemeinsamen Putzplan hält, muss er für die Wohngruppe kochen.

Zu (4): Initiierung und Begleitung von Kinder- und Jugendvertretungen (KJV)

Laut „Entwurfsfassung zur Neufassung des Erlasses ‚Grundrechte und Heimerziehung 1972'" (Peters 1999, S. 161) soll in allen Einrichtungen der Erziehungshilfe eine Form einer Kinder- und Jugendvertretung (KJV) gebildet und ausgestaltet werden. Diese häufig als Heimräte bezeichneten Gremien, die sich aus Kindern, Jugendlichen sowie Fachkräften aus der Heimerziehung zusammensetzen, haben folgende Aufgaben: Informieren über die Rechte von Kindern sowie die Entwicklung von geeigneten Formen der Beteiligung bei allen Fragen und Angelegenheiten des Zusammenlebens in der Einrichtung, z.B. Gestaltung des Lebens- und Wohnraums, Personalplanung und Dienstplangestaltung, Bauplanung, Finanzplanung, Umzüge innerhalb der Einrichtung und anderes mehr. Als wichtige Voraussetzung für einen Aufbau von Kinder- und Jugendvertretungen werden aus Sicht von Jugendlichen engagierte Sozialpädagog/innen erachtet. Sie initiieren die ersten Treffen, schlagen Umgangsformen vor und sorgen z.B. für die Wahlen von Gruppensprecher/innen aus den Wohngruppen, möglicherweise bis das Gremium eigene Arbeitsformen gefunden hat, durch die möglichst alle Kinder und Jugendlichen der Einrichtung erreicht und beteiligt werden können. Zur Unterstützung der Heimratsarbeit lädt das Landesjugendamt in Hessen landesweit Kinder und Jugendliche sowie Sozialpädagog/innen aus der Heimerziehung jährlich zur „Dörnbergtagung" ein. Beim letzten Termin ging es um die Überarbeitung des Erlasses „Grundrechte und Heimerziehung 1972".

3.4 Vormünder als Interessenvertreter/innen junger Menschen

Wenn Eltern als Sorgeberechtigte für ihre Kinder ausfallen, weil sie eine Kindeswohlgefährdung nicht verhindern konnten oder weil sie selbst dazu beitrugen, entzieht das Familiengericht die elterliche Sorge und richtet eine Vormundschaft ein. In der Regel wird das Jugendamt bestellt (Petersen 1999a). Das Jugendamt hat in diesem Fall die Aufgabe für einen geeigneten Vormund zu sorgen oder die Vormundschaft selbst zu übernehmen (Amtsvormundschaft). Die Person, die die Vormundschaft übernommen hat, ist nun anstelle der Eltern in allen Belangen für die Interessenvertretung des Kindes zuständig. Grundlegend für diese parteilich für das Kind wahrzunehmende Aufgabe wäre ein auf Vertrauen aufbauender Kontakt zum Minderjährigen (Mündel), die Teilnahme an der Hilfeplanung sowie an allen anderen wichtigen Ereignissen. Da derzeitige strukturelle und konzeptionelle Bedingungen eine so verstandene Wahrnehmung der Vormundschaftsaufgaben behindern, sind in den letzten Jahren Arbeits- und Orientierungshilfen erarbeitet worden (vgl. z.B. Landesjugendämter Rheinland und Westfalen-Lippe), durch die dieser Aufgabenbereich zugunsten der Rechte von Kindern in Bewegung gerät. Fachlicher Anspruch ist es hier Kindern und Jugendlichen ein kontinuierliches Beziehungsangebot machen zu können, das sie vor allem im Rahmen der Heimerziehung so häufig vermissen müssen.

3.5 Verfahrenspfleger/innen

Seit In-Kraft-Treten der Kindschaftsrechtsreform im Jahr 1998 sollen Gerichte für Kinder und Jugendliche, die wegen Familienstreitigkeiten in gerichtliche Verfahren involviert sind, eine/n Verfahrenspfleger/in bestellen (§50 Gesetz der Freiwilligen Gerichtsbarkeit, FGG). Diese Person hat die Aufgabe den Jungen oder das Mädchen anwaltlich zu beraten und seine Interessen z.B. in Sorgerechts- und Umgangsrechtsstreitigkeiten der Eltern oder bei Kindeswohlgefährdung im Gericht zu vertreten. Verfahrenspfleger/innen sind somit zuständig für die Unterstützung von Kindern und Jugendlichen, damit sie in gerichtlichen Verfahren von den Erwachsenen gehört und an den für sie wichtigen Entscheidungen beteiligt werden.

4. Ausblick

In der Jugendhilfepraxis und -forschung erweist sich die Umsetzung von Partizipation in der Erziehungshilfe als schwierig. Warum das so ist, versucht Ullrich Gintzel mit vier Argumenten zu beantworten (vgl. Gintzel 2000, siehe auch Blandow u.a 1999).

Argument 1: Pädagog/inn/en bezeichnen „Dinge" als Partizipation (z.B. regelmäßig mit den Kids reden), die keine Partizipation sind.

Argument 2: Eine ernst zunehmende Beteiligung von Mädchen und Jungen in Einrichtungen und Projekten der Erziehungshilfe bedarf großer Anstrengungen der Fachkräfte, die über die Anforderungen der unmittelbaren Alltagsgestaltung hinaus geleistet werden müssen.

Argument 3: Angst vor Machtverlust führt dazu, dass es zu riskant erscheint, Kinder und Jugendliche mitreden und mitbestimmen zu lassen, weil damit die eigene Autorität untergraben werden könnte.

Argument 4: Nur in einer qualitativ hoch stehenden (guten) Organisation kann eine für Mädchen und Jungen und die Mitarbeiter/innen akzeptable und attraktive Beteiligungspraxis entstehen.

Angesichts der vier Argumente wird deutlich, dass die Umsetzung von Partizipation ein sehr umfassendes gesellschaftliches, organisatorisches, pädagogisches und psychologisches Problem berührt, das zu lösen schwierig bleiben wird. Die Gründe liegen in fehlenden, aber notwendigen Reflexions- und Bewusstseinsprozessen auf den genannten Ebenen verborgen. Wenn wir als Pädagog/innen jedoch aufgrund von Praxiserfahrungen davon ausgehen, dass Kinder und Jugendliche bei der Lebensbewältigung am ehesten unterstützt werden können, wenn wir sie an für sie wichtigen Gestaltungs- und Entscheidungsprozessen beteiligen und dass Kinder und Jugendliche, wenn sie nicht beteiligt werden, größeren Schaden an Leib und Seele erfahren können, als ihnen das im Rahmen ihrer Sozialisationsbedingungen bisher geschehen ist, dann werden wir nicht müde werden, uns für die Aktivierung und Befähigung von Kindern und Jugendlichen zur Beteiligung in der Jugendhilfe einzusetzen.

Literatur zur Vertiefung

Blandow, Jürgen/Gintzel, Ullrich/Hansbauer, Peter (1999): Partizipation als Qualitätsmerkmal in der Heimerziehung. Eine Diskussionsgrundlage. Münster
Kriener, Martina/Petersen, Kerstin (1999): Beteiligung in der Jugendhilfepraxis. Münster
Petersen, Kerstin (1999): Neuorientierung im Jugendamt. Neuwied
Wolf, Klaus (1999): Machtprozesse in der Heimerziehung. Münster

Literatur

Birtsch, Vera/Hartwig, Luise/Retza, Burglinde (1991): Mädchenwelten – Mädchenpädagogik. Perspektiven zur Mädchenarbeit in der Jugendhilfe. Frankfurt a.M.
Blandow, Jürgen/Gintzel, Ullrich/Hansbauer, Peter (1999): Partizipation als Qualitätsmerkmal in der Heimerziehung. Eine Diskussionsgrundlage. Münster

Boomgaarden, Theodor (1999): Kollektive Partizipation von Kindern und Jugendlichen – qui bono? In: Kriener, Martina/Petersen, Kerstin (1999): Beteiligung in der Jugendhilfepraxis. Münster

Bundesarbeitsgemeinschaft der Landesjugendämter (1998): Positionspapier „Beteiligung von Kindern und Jugendlichen", Manuskript. Kassel

Fegert, Jörg (1999): Welches Wissen erleichtert dem Verfahrenspfleger die Kommunikation mit dem Kind? In: Familie, Partnerschaft, Recht, Nr. 6, S. 321-327

Gintzel, Ullrich (1999): Jugendhilfeplanung mit Mädchen und Jungen aus Erziehungshilfen. In: Kriener, Martina/Petersen, Kerstin (1999): Beteiligung in der Jugendhilfepraxis. Münster

Gintzel, Ullrich (2000): Warum ist Beteiligung in der Erziehungshilfe so schwierig? In: Kinder haben Rechte e.V. Münster: Info-Broschüre 3, Mai 2000, S. 12-14

Marquart, Claudia/Lossen, Jutta (1999): Sexuell missbrauchte Kinder in Gerichtsverfahren. Münster

Kriener, Martina/Petersen, Kerstin (Hrsg.) (1999): Beteiligung in der Jugendhilfepraxis. Münster

Kriener, Martina (1999): Beteiligung als Chance für mehr Demokratie in der Heimerziehung. In: Kriener, Martina/Petersen, Kerstin (Hrsg.) (1999): Beteiligung in der Jugendhilfepraxis. Münster, S. 112-129

Münder, Johannes u.a. (1998): Frankfurter Lehr- und Praxiskommentar zum KJHG/SGB VIII. Münster

Münder, Johannes (1999): Eröffnungsreferat: Beteiligung von Mädchen und Jungen: §8 SGB VIII – zwischen Worthülse, rechtlicher Verpflichtung und methodischer Hilflosigkeit, unveröffentlichtes Manuskript

Landesjugendämter Rheinland und Westfalen-Lippe: Das Leistungsprofil der Amtsvormünderin und des Amtsvormundes. In: DAVorm 1999, Nr. 7/8

Petersen, Kerstin (1999a): Neuorientierung im Jugendamt. Neuwied

Petersen, Kerstin (1999b): Qualitätsentwicklung im Bereich Vormundschaften. In: Kriener, Martina/Petersen, Kerstin (Hrsg.) (1999): Beteiligung in der Jugendhilfepraxis. Münster, S. 221-236

Schulze, Theodor, 1996: Erziehungswissenschaftliche Biographieforschung. Anfänge – Fortschritte – Ausblicke. In: Krüger, Heinz-Hermann/Marotzki, Winfried (Hrsg.) (1996): Erziehungswissenschaftliche Biographieforschung, Opladen

Soest-Westphal, Petra (1999): „Gerechte Gemeinschaften" – ein Mitbestimmungsmodell wirkt. Ein Modellprojekt zum Erlernen demokratischer Konfliktlösungen in der Jugendhilfe. In: Kriener, Martina/Petersen, Kerstin (1999): Beteiligung in der Jugendhilfepraxis. Münster, S. 144-156

Wolf, Klaus (1999): Machtprozesse in der Heimerziehung. Münster

Helga Treeß

Prävention und Sozialraumorientierung

Zusammenfassung: Sozialräumlich konzipierte und organisierte Kinder- und Jugendhilfe kann im komplexen sozialen Kontext eines Gemeinwesens Wirkungen entfalten, welche die Chancen für ein gelingendes Aufwachsen deutlich verbessern. Sie muss allerdings konzeptionell begründet sein, um ihre Methodenvielfalt entfalten zu können. Mit Kindern und Jugendlichen im Sozialraum zu kooperieren, ist Pädagogik. Pädagogische Grundhaltungen und Grundsätze sozialräumlichen Handelns müssen widerspruchsfrei sein. Prävention und Sozialraumorientierung eignet sich nur bedingt als Begriffspaar, welches die Erweiterung des Blickwinkels einzelfallbezogener Kinder- und Jugendhilfe signalisieren soll: Prävention trifft das Anliegen partizipativer, kooperativ-integrativer Pädagogik nicht. Sozialraumorientierung verstellt derzeit durch eine verkürzte Fachdiskussion den Blick auf das dahinterliegende, anspruchsvolle methodenintegrative Arbeitskonzept.

1. Vorbemerkungen zum Stichwortpaar Prävention und Sozialraumorientierung

Prävention und Sozialraumorientierung als Begriffspaar in einem Handbuch für Kinder- und Jugendhilfe hat es in sich. Es markiert einerseits eine konzeptionelle Wende in der Kinder- und Jugendhilfe, die – immer wieder empfohlen und propagiert – erste praktische Umsetzungen zeigt. Andererseits ist der Präventionsbegriff nicht nur für positive Assoziationen geeignet, und Sozialraumorientierung ist eher eine modernistische Verkürzung des Arbeitsprinzips Gemeinwesenarbeit, bzw. der stadtteilbezogenen sozialen Arbeit, wehrlos gegenüber Umdeutungen und Instrumentalisierungen, wenn die dahinterliegende Philosophie unbekannt bleibt. Diese „Schwächen" der beiden Begriffe können zu Missverständnissen führen, die möglichst von vornherein ausgeschlossen werden sollen:

1.1 Prävention

Prävention zählt zu den Strukturmaximen lebensweltlicher Jugendhilfe. In diesem Sinne setzt sie als primäre Prävention auf lebenswerte, stabile Verhältnisse und sieht als sekundäre Prävention vorbeugend Hilfen in erfahrungsgemäß belastenden Situationen, die sich zu Krisen ausweiten könnten, vor. Die Schattenseiten dieses Konzepts wurden bereits im Achten Jugendbericht der Bundesregierung jedoch auch benannt: Jugendhilfe im Konzept von Prävention zu sehen, könnte bedeuten, alle ihre Aktivitäten unter dem Gesichtspunkt der Verhütung von Schwierigkeiten ... zu verstehen und so ...

Wirklichkeit zu pathologisieren ... Dies aber wäre eine schreckliche Konsequenz (vgl. 8. Jugendbericht, S. 85-86).

In der Kinder- und Jugendhilfe wurde fortan immer wieder darauf hingewiesen, dass zu den Pflichtaufgaben des öffentlichen Jugendhilfeträgers alle präventiven gehören, die eine spätere Intervention verhindern helfen. Mal sollte die offene Kinder- und Jugendarbeit die Hilfen zur Erziehung verhindern (im Vorfeld), mal die ambulanten Hilfen zur Erziehung die stationären. Die Hoffnungen, eine Hilfeart könne eine andere verhindern und damit präventiv im Hinblick auf z.b. drohende Stigmatisierung (zum Fall werden) oder Entfremdung von der eigenen Lebenswelt (z.B. durch Fremdunterbringung) wirken, mussten allerdings durch die Praxis und durch die Ergebnisse zahlreicher empirischer Untersuchungen (z.B. Bürger 1998, Thiersch u.a. 1998) ebenso regelmäßig begraben werden.

Die wohl radikalste Abrechnung mit dem Präventionsbegriff in der letzten Zeit hat M. Kappeler geliefert (1999). Er verweist den Begriff klar und eindeutig in die Mottenkiste repressiver Ansprüche an die soziale Arbeit und fordert „eine Begrenzung des metastasenhaften Wucherns der Prävention im Körper der Jugendhilfe" (Kappeler 1999, S. 29). Dass diese Aufforderung zumindest teilweise berechtigt ist, zeigen Entwicklungen in der Praxis: so werden inzwischen ganz normale Regelaufgaben der Kinder- und Jugendhilfe nur noch über Versprechungen finanziert, sie könnten gewaltpräventiv oder gar kriminalitätspräventiv wirken, obwohl von solcher Reichweite der Kinder- und Jugendhilfeleistungen an keiner Stelle des KJHG die Rede ist. Dieses Spiel kann die Kinder- und Jugendhilfe nicht gewinnen. Die Präventionsfalle (Kappeler) klappt zu, wenn ihre VertreterInnen kleinlaut immer wieder zugeben müssen, dass z.B. auch eine Rund-um-die-Uhr-Betreuung keine Garantie gegen Drogenmissbrauch samt Beschaffungskriminalität, Gewaltausbrüchen und Brandstiftung ist.

Aber auch die Domänen, aus denen der Begriff in die Sozialarbeit importiert wurde (Strafrecht/Generalprävention und Medizin, Psychiatrie/Primär-, Sekundär-, Tertiärprävention[1]) sollten den ansonsten eher systemkritischen SozialarbeiterInnen zu denken geben. Immanent ist deren Präventionsmodellen die kritiklose Unterwerfung unter das herrschende Ordnungsprinzip der Gesellschaft, der Normalität.

---

1 „Präventionen sollen a) das Auftreten psychischer Störungen verhindern (Primärprävention), b) die weitere Ausprägung und Verfestigung früh erkannter psychischer Störungen verhindern oder ihre Verlaufsform und -dauer beeinflussen (Sekundärprävention), c) die durch psychische Störungen entstandenen Behinderungen verringern (Tertiär-Prävention)." Die Sequentierung stammt von Caplan (1964). Er hatte für die „präventive Alternative" noch beansprucht, dass der „Gesundheitsgrad unter der Bevölkerung einer Gemeinde steigen und die Zahl der Leidenden abnehmen" würde (zit. nach G. Hellerich, Stichwort Prävention; Handbuch der psychosozialen Intervention, S. 98-99). Entgegen dieser gesundheitspolitischen Prognose konstruierte die „präventive Praxis" jedoch immer mehr Problemfälle. Die o.a. genannte Psychiatrie-Enquete nennt bereits 20% der Bevölkerung behandlungsbedürftig.

Nun hatte (und hat) soziale Arbeit als Kinder- und Jugendhilfe selbst auch ihre klinischen Bestandteile, die mit dem A-D-B-Dreischritt (Anamnese, Diagnose, Behandlung) gekürzelt werden kann (vgl. dazu ausführlich Kunstreich 1998). Insoweit ist nicht zu erwarten, dass sich die Profession hier von allem gleichzeitig emanzipiert und den Präventionsbegriff umstandslos mit tilgt.

1.2 Sozialraumorientierung

Für die Entwicklung eines sozialräumlichen Blicks, der Ausschöpfung der Methodenvielfalt und der Effizienz gemeinwesenorientierter sozialer Arbeit ist der Präventionsbegriff entbehrlich. Hier sind handlungsleitende Prinzipien *Partizipation, Kooperation* und *Integration.*

Im Kontext der aktuellen Diskussion in der Kinder- und Jugendhilfe, insbesondere der Hilfen zur Erziehung werden Sozialraumorientierung, sozialräumliches Handeln u.Ä. auch von langjährigen ProtagonistInnen dieses Arbeitsprinzips inzwischen synonym zu Gemeinwesenarbeit, stadtteilbezogene Sozialarbeit, Milieuarbeit, Dorf- oder Stadtentwicklung, Stadtteilmanagement benutzt (Hinte 1999, S. 86). Das ist benutzerfreundlich und für die Vermittlung auch in andere Arbeitsfelder außerhalb der sozialen Arbeit zunächst hilfreich. In all diesen Konzepten ist das professionelle Handeln ausgerichtet an der Verbesserung der räumlich definierten Lebenswelt der Menschen.

Die Konjunktur, die die Sozialraumorientierung derzeit erlebt, gründet sich allerdings im Wesentlichen auf enttäuschte Hoffnungen an die Hilfen zur Erziehung, deren ausdifferenziertes, hochspezialisiertes und an den Paragraphen 27ff. des KJHG klebendes Reparatursystem sich zudem als unbezahlbar erwies. Das ist keine optimale Ausgangssituation für eine erfolgreiche Erprobung. So ist zu befürchten, dass eine konzeptionelle Wende von der Herrschaft des Einzelfalls (Hinte) hin zu einem anspruchsvollen methodenintegrativen Ansatz sozialer Arbeit auf eine administrative Maßnahme reduziert, mit Einsparzwängen belegt und noch mit Versprechungen erkauft wird, die nicht einzuhalten sind. Schon heute werden mit dieser neuen Arbeitsweise (die alles andere als neu ist) in Verbindung mit Prävention Erwartungen an die Jugendhilfe gerichtet, sie möge möglichst alle bestehenden Probleme der Jugend, bzw. mit der Jugend gleichzeitig erschlagen: Gewalt, Kriminalität, Schulverweigerung – am besten wohl auch Pickel.

Dabei könnte ein inhaltlich-konzeptionelles sozialräumliches Konzept für die Kinder- und Jugendhilfe in Verbindung mit dem Rahmenkonzept der *Lebensweltorientierung, partizipativer Pädagogik* und kluger Finanzierungsinstrumente einen wichtigen Beitrag zu einem qualitativen Sprung aus den Monokulturen der einzelfallbezogenen Hilfen zur Erziehung, der familienunterstützenden Maßnahmen und der einrichtungsbezogenen offenen Kinder- und Jugendarbeit sowie der Kindertagesbetreuung leisten.

2. Grundlagen der Sozialraumorientierung: Historisches, Ansprüche und Widersprüche

2.1 Historisches

Das *Arbeitsprinzip Gemeinwesenarbeit* (GWA), stadtteilbezogene Soziale Arbeit und Milieuarbeit, welche die eigentliche Philosophie für Sozialraumorientierung liefern, sind allesamt inhaltlich-konzeptionell äußerst anspruchsvolle Arbeitsansätze, die sowohl die Werte einer demokratischen Gesellschaft, insbesondere die soziale Gerechtigkeit, verteidigen als auch gesellschaftskritisch deren Auswüchse skandalisieren, sich einerseits solidarisch auf die Seite der Schwächeren schlagen, ihnen aber andererseits nicht die Verantwortung für sich und andere aus der Hand zu nehmen gedenken. Sozialraumorientierung ist ein Kind der Praxistheorie des Pragmatismus[2]. Zentrale Kategorien daraus wie „Brauchbarkeit", Wirkung", „Kritik in Verbundenheit", „learning by doing", werden hierzulande erst allmählich wieder diskursfähig. Sie schlagen sich aber in allen Grundsätzen sozialräumlichen Handelns (s. weiter unten) nieder. Im Nachkriegsdeutschland von der bloßen „Methode" neben Gruppen- und Einzelarbeit über disruptive, konfliktorientierte, emanzipatorische „Befreiungsarbeit" bis hin zum Arbeitsprinzip sozialer Arbeit schlechthin, hat GWA alle erdenklichen Phasen überlebt: So erschien auf der internationalen Tagung des Verbandes für sozialkulturelle Arbeit e.V. über „Möglichkeiten und Grenzen konfliktorientierter GWA" folgende Todesanzeige. „Nach einem kurzen, aber arbeitsreichen Leben verstarb unser liebstes und eigenwilligstes Kind GWA an Aufständigkeit, Eigenbrötelei und Profilneurose, methodischer Schwäche und theoretischer Schwindsucht, finanzieller Auszehrung und politischer Disziplinierung. Wir, die trauernden Hinterbliebenen, fragen uns verzweifelt, ob dieser frühe Tod nicht hätte verhindert werden können?" (Boulet/Oelschlägel 1975).

Dieser angebliche Tod wurde verkündet, als an den noch jungen Fachhochschulen Schwerpunktstudiengänge zu Gemeinwesenarbeit liefen und diese alles andere als tot war, sondern vielmehr außerordentlich lebendig in zahlreichen Projekten bereits die Verknüpfung von Theorie und Praxis während

---

2 U.a. auch der von den meisten GWA-Theorie-Praktikern geschätzte S. Alinsky war ein radikaler Pragmatist (Alinsky 1973). Andere berühmte Vertreter, z.B. G.H. Mead, sind hierzulande spät bekannt geworden. Mead hat z. B. als Hauptvertreter des „Symbolischen Interaktionismus" der Chicagoer Schule vor allem als überzeugter Sozialreformer und Pragmatist agiert und schon am Ende des letzten Jahrhunderts gemeinsam mit SozialarbeiterInnen (SozialwissenschaftlerInnen) wie Jane Addams und Ellen Gates Starr in den von diesen gegründeten Hull house mitgearbeitetet und damit die Chicagoer settlement-Bewegung begründet (vgl. hierzu Staub-Bernasconi 1995, H. Wenzel 1990, Langnickel 1994). Ausführlich behandelt wird die Geschichte der Gemeinwesenarbeit u.a. in Ebbe/Friese durch Wendt, in C.W. Müller, Bd. II, in M. Mohrlok u.a., einen „Schnellkurs" erlaubt der Beitrag von M. Wolff (2000).

des Studiums erlaubte. Allerdings - und das wurde dem Arbeitsansatz schon bald zum fast endgültigen Verhängnis - sah die Ausbildung von der zweiten Hälfte der 70er-Jahre keinen GWA-Schwerpunkt mehr vor. Die Studierenden der Sozialpädagogik in den späten 70er, 80er und 90er-Jahren hörten davon nur noch am Rande. Der Schwerpunkt der Ausbildung lag in der Beratung, der Therapie und damit in der Spezialisierung auf die Arbeit mit problematischen Einzelfällen, bzw. mit randständigen Zielgruppen (z.b. Obdachlosen, straffällig gewordenen oder drogenkonsumierenden Jugendlichen). Schwerpunkte wurden auch altersgruppenweise gesetzt, also z.b. „Vorschularbeit" oder geschlechtsspezifisch „Mädchenarbeit", „Jungenarbeit". Sozialpädagogische Beratung sollten auch Familien erhalten, Scheidungswillige, Schuldner, behinderte Menschen u.v.a. mehr. Das Gemeinwesen kam nicht mehr vor, jeder sozialräumliche Kontext wurde ausgeblendet. Dieser „Paradigmenwechsel vom Feld zum Fall", den die Ausbildungsinstitutionen auch heute noch nicht rückgängig gemacht haben, hat dem sozialräumlichen Arbeiten schwer geschadet[3].

Die Praxis hat sich aber trotz, nicht mit Hilfe der Ausbildung und gegen den Zeitgeist individualisierender sozialer Arbeit durch zahlreiche Projekte entwickelt, sodass es ausreichend Erfahrungswissen mit der Reaktivierung von Mitverantwortung und Mitgestaltung sozialer Räume durch die Menschen, die dort leben, weiterzugeben gibt - denn das war und ist der zentrale Anspruch von Gemeinwesenarbeit. (Darstellungen von Praxisprojekten älteren Datums vgl. Victor-Gollancz-Stiftung 1973, AG SPAK 1-6, Boulet/Oelschlägel 1983, Hinte 1989, Ebbe/Friese 1987). Neuere Dokumentationen sind nachzulesen in Peters 1998, INTEGRA-Projekt der IGFH).

2.2 Ansprüche

Die Bedeutung der Raumstruktur auf die sozialen Beziehungen und deren Rückwirkungen auf die räumlichen Bedingungen sind soziologisch unbestritten. Der Verlust öffentlicher Räume als Spielraum für Kinder hat in den letzten Jahrzehnten dramatische Züge angenommen und wird in seinen Auswirkungen und unerwünschten Nebenwirkungen immer deutlicher. Zahlreiche, vor allem größere Städte bemühen sich inzwischen wieder um kinderfreundliche Stadtquartiere (z.B. Freiburg,), Neubauprojekte in den Speckgürteln von Metropolen (z.B. Norderstedt bei Hamburg) werden schon einmal zu Musterbeispielen für die Beteiligung kindlicher Experten ernannt. Sozialarbeiter, Stadtentwickler, bzw. Stadtplaner und Quartiersmanager begegnen sich in Stadtteilen, die in Armut zu versinken drohen und/oder von Bildungsnot-

---

3 Seit vielen Jahren „gegen den Strom" schwamm lediglich das Institut für stadtteilbezogene soziale Arbeit und Beratung der Gesamthochschule Essen. Einen beachtenswerten Kurswechsel hat auch die Evangelische Fachhochschule des Rauhen Hauses in Hamburg vollzogen. Im Kontext einer Studienreform wird seit 1995 das gesamte Hauptstudium (4.-8. Sem.) für die Theorie-Praxis-Arbeit in regionalen Studienverbünden organisiert.

stand, Gewalt und Kriminalität gebeutelt sind. Erste gemeinsame Erfahrungen zeigen dass die unterschiedlichen beruflichen Identitäten nicht automatisch zu einem Gewinn für das Gemeinwesen führen. Vielmehr kommt es auf Seiten der SozialpädagogInnen häufig zur unkritischen Übernahme eigenartiger Beteiligungsmethoden und Instrumente aus den anderen Arbeitsfeldern, deren bloße Anwendung bereits mit Partizipation und gemeinwesenorientierter Arbeit verwechselt wird. Auch das sind Anzeichen äußerst oberflächlicher Rezeption der Möglichkeiten sozialräumlicher Arbeit und Hinweise auf fehlendes Grundlagenwissen:

In einem fachlich fundierten sozialräumlichen Arbeitskonzept werden zuvor als solche von seinen BewohnerInnen definierte Sozialräume – ein Gemeinwesen, ein Stadtteil, ein Wohnquartier oder auch ein Dorf – zum Ausgangspunkt sozialpädagogischen Handelns gemacht[4]. Dabei werden voneinander abgegrenzte Arbeitsfelder, Hilfesysteme und Institutionen (also z.B. Kinder- und Jugendhilfe auf der einen Seite – Schule, Gesundheitsförderung, Arbeitsförderung, Wohnungsbau auf der anderen), in ihrer Funktionalität, bzw. Dysfunktionalität für die Kooperation lokaler Akteure bewusst in den Blick genommen. Integriert werden sowohl alle geeigneten sozialwissenschaftlichen Methoden und Ansätze (z.B. Aktionsforschung), als auch Methoden und Instrumente der Öffentlichkeitsarbeit sowie der sozialen und pädagogischen Aktion, um Teilhabechancen bei der aktuellen Gestaltung der lokalen Verhältnisse als auch im Sinne von Kompetenzerwerb für zukünftige Lebenssituationen zu erhöhen.

Sozialraumorientierung ist in diesem Sinne originär ein „non-problem-approach", also ein Zugang, der nicht von bereits zugespitzten individuellen Problemlagen ausgeht, wohl aber von Schwierigkeiten, die sich unter den infrastrukturellen Bedingungen eines Gemeinwesens für das soziale, interkulturelle Zusammenleben seiner Bewohner ergeben.

Eine Problemsetzung kann dagegen nur durch die praktisch-konkrete Kooperation mit allen mit einem Thema befassten Menschen erfolgen. Sie ist ein offenes Ergebnis dialogischer sozialräumlicher Erkundung, keine vorweggenommene Diagnose oder Sozialraumanalyse (zur unberechtigten Inanspruchnahme von GWA als alternatives A-D-B-Konzept vgl. Kunstreich 1998, S. 305ff.).

Sozialraumorientierung dieser Qualität ist einem veränderungsorientierten Paradigma verpflichtet. Neben den Bedingungen für die heranwachsende Generation gilt es auch zwanghaft aufrecht erhaltene Konkurrenzbeziehun-

---

4 Nicht immer kann ein bestimmter Sozialraum gleichzeitig Steuerungsgröße für die Verteilung von Finanzmitteln sein (wenn es sich z.B. um ein räumlich isoliertes Wohnquartier mit lediglich 2000 Menschen handelt). Auch die Organisation sozialer Arbeit muss möglicherweise verschiedene Sozialräume zusammenfassen, um effizient sein zu können. Wichtig ist nur, dass überhaupt sozialräumliche Aspekte eine gewichtige Rolle in beiden Zusammenhängen spielen (Vorschläge hierzu im KGST-Bericht 1998)

gen zwischen Trägern zu überwinden, die sich in einem Gemeinwesen im Sinne des 10. Jugendberichts – für eine *Kultur des Aufwachsens* engagieren und mit den Menschen gemeinsam ein tragfähiges für alle gedeihliches sozialräumliches Wirkungsfeld schaffen sollen. Für die Kinder- und Jugendhilfe spielt vor allem die Frage eine Rolle, welche Auswirkungen dieser jugendpolitische Anspruch auf die Arbeit mit Kindern und Jugendlichen haben muss. Politik für und mit Kindern ist Pädagogik (Bartscher 1998) und der Pädagoge ist Politiker und Künstler (Freire). Wenn Entscheidungen zugunsten oder zu Lasten eines Gemeinwesens nicht dort fallen, sondern in den Zentralen von Finanz-, Wirtschafts-, Verkehrs- Bau- oder Sozialverwaltungen und in geschlossenen Gesellschaften wie Parteiklüngeln, beginnt das, was W. Hinte den Tanz mit den Wölfen nennt, die Wanderung zwischen Wiese (Lebenswelt: Gemeinwesen) und Dschungel (System: Behörden, Politik, Wirtschaft). Das alles bedarf einer hohen Disziplin, denn dafür müssen bei den meisten Betroffenen Politik- und Bündnisfähigkeit (wieder) aufgebaut werden.

2.3 Widersprüche

Der Bericht der Kommunalen Gemeinschaftsstelle für Verwaltungsvereinfachung (KGST) 1998 enthielt erstmals mit deutlicher Bindung an ein sozialräumliches Konzept Empfehlungen, wie sich die Qualität der Hilfen zur Erziehung als diskursiv anzulegender Prozess zwischen allen Beteiligten verbessern könnte. Er analysiert und reflektiert die bestehenden Schwierigkeiten im Arbeitsfeld der ambulanten Hilfen zur Erziehung (für welches die Empfehlungen jedoch nicht ausschließlich gedacht sind) und befasst sich besonders kritisch mit dessen widersprüchlichen strukturellen und fachlichen Orientierungen. Die Diskussion über den KGST-Bericht wurde in manchen Teilen der Republik zunächst gar nicht und dann immens verkürzt auf die strukturellen, sprich finanziellen Aussagen geführt. Dabei ist der Bericht eine einzige Herausforderung, sich vor allem der inhaltlich-konzeptionellen Dimension zuzuwenden. Dieses geschieht über die Nennung von qualitativen Standards und Indikatoren, die allesamt an den Grundsätzen sozialer Arbeit orientiert sind (vgl. hierzu auch Hinte 1989, Treeß 1999). Des Weiteren baut der KGST-Bericht denjenigen eine Brücke, die ihre professionelle Identität durch und aus der Fallarbeit schöpfen. Er nennt drei Tätigkeitssegmente, die für eine gute Fachpraxis der Kinder- und Jugendhilfe von hohem Wert sind:

1. Ebene: Fallspezifische Arbeit,
d.h. Arbeit mit einzelnen Personen, allenfalls mit der jeweiligen Familie, am häufigsten in beraterisch-therapeutischen Settings und/oder als Unterstützung zur Bewältigung des Alltags;

2. Ebene: Fallübergreifende Arbeit (fallspezifische Ressourcenmobilisierung),
d.h. fallbezogene Organisations-, Koordinations- und Vernetzungsarbeit (zu

Nachbarschaften, Cliquen, anderen Netzwerken) zur Verbesserung von Teilhabe-/Integrationschancen einer Person/einer Familie;

3. Ebene: Fallunspezifische Arbeit,
d.h. Aneignung von Kenntnissen über einen sozialen Raum, Aufbau kooperativer Strukturen zwischen professionellen, semi-professionellen und nicht-professionellen Netzwerken (mitzubringen sind die eigenen professionellen Kompetenzen!). Dieses Segment dient vor allem der Verhinderung von HzE-Fällen, ist jedoch auch für die zügige Bearbeitung von entstehenden Problemfällen unverzichtbar.

Unter den Sparzwängen gegenwärtiger Haushaltspolitik ist Wachsamkeit im Hinblick auf falsche Weichenstellungen im Namen der Sozialraumorientierung für bestimmte Arbeitsfelder geboten. So sind auch die Bedenken zu verstehen, die in Form offener Fragen im Rahmen des Projektes INTEGRA der IGFH (vgl. Trede 2000) gegenüber integrierten, flexiblen und sozialraumbezogenen Erziehungshilfen diskutiert werden müssen. Sozialraumorientierung wird unter bestimmten politischen Konstellationen ganz einfach umgedeutet zu einer Legitimation, Ausgaben für die Kinder- und Jugendhilfe umzusteuern, bzw. zu begrenzen und zwar über ein Sozialraumbudget.

Sozialraumbudgets werden wiederum – ganz im Widerspruch zu den Empfehlungen der KGST – gern als gedeckelte Haushalte definiert und widersprechen mit dieser Logik den gesetzlich geforderten, am erzieherischen Bedarf ausgerichteten Hilfen zur Erziehung. Sie verstellen derzeit außerdem noch weitestgehend den Blick darauf, dass die finanziellen Ressourcen eines definierten Sozialraums sich keinesfalls auf die Geldmittel beschränken, die aus der Kinder- und Jugendhilfe dorthin fließen. Der weitergehende Vorschlag, die Transferleistungen an BürgerInnen sozialräumlich zusammenzufassen und in einem demokratischen Verfahren neu zu verteilen, wird unter dem Stichwort *kommunaler Ressourcenfond* diskutiert (vgl. Kunstreich 1999). Diese reale Utopie wird sich zwar kurzfristig nicht verwirklichen lassen, rückt aber mit jedem Praxisprojekt näher, deren Akteure sich – indem sie mit einem Teilbudget beginnen – darüber erstmals überhaupt in formalisierte Kontraktbeziehungen begeben (vgl. Modellvertrag Landesjugendamt Stuttgart/freier Träger 1998).

3. Sozialraumorientierte Kinder- und Jugendhilfe: partizipativ, kooperativ-integrativ

Da Kinder und Jugendliche diejenigen Familienmitglieder sind, deretwegen sich Kinder- und Jugendhilfe in einem Gemeinwesen engagiert, muss ein pädagogisches Konzept integraler Bestandteil der sozialräumlich konzipierten, geplanten und organisierten sozialpädagogischen Aktion sein. Das heißt nicht, dass nunmehr alle Menschen eines Stadtteils in schlechtem Sinne pädagogisiert werden sollen. Nicht individualisierende Pädagogik (Hinte in Wendt 1996) ist gemeint, nicht Besserwisserei ist angesagt – weder gegenüber den Kindern noch den Erwachsenen – sondern respektvolle, ehrliche Kooperation, aber eben auf der Entwicklungsstufe, auf der sich das Gegenüber befindet. Die GemeinwesenarbeiterInnen, die praktisch tätig waren und sind, dürften im Übrigen wie ihre Adressaten selber – weitestgehend immun gegen die Pädagogisierung ganzer Stadtteile sein. Zu deutlich werden ihnen die lebendigen Menschen gezeigt haben, welche Umgangsformen erfolgreich sind und welchen Strategien sie geradezu dazu herausfordern, den Profi gegen die Wand laufen zu lassen.

4. Grundsätze sozialräumlichen Handelns – pädagogisches Selbstverständnis und Grundhaltungen – Praxisbeispiele

Genannt und erläutert werden im Folgenden in einem jeweiligen Dreischritt:

1. Die Grundsätze sozialräumlichen Handelns (vgl.u.a. KGST 1998, Hinte/Karas 1989 u.a.).
2. Pädagogisches Selbstverständnis und pädagogische Grundhaltungen, die sich aus theoretisch formulierten und praktisch seit Jahren erprobten Ansätzen partizipativer Pädagogik ergeben. Berücksichtigt sind vor allem der sog. *Situationsansatz, die Reggio-Pädagogik* und das für beide gleichermaßen gültige Basiskonzept der *PsychoMotorik* (vgl. zu diesen Stichworten u.a. Zimmer/Preissing u.a. 1998, Steenken in Kunstreich 1998, Schäfer 1999, Treeß/Möller 1990).
3. Ein hierfür geeignetes Praxisbeispiel aus einem Sozialraumprojekt (vgl. hierzu Treeß 1997, 2000).

4.1 Erster Grundsatz sozialräumlicher Arbeit: Im Zentrum stehen die geäußerten Bedürfnisse der Wohnbevölkerung

Was wollen die Menschen, und wie erwerben wir ihr Vertrauen, es uns zu sagen? Das ist die Schlüsselfrage, die diesem Grundsatz hinterlegt ist. Welchen Gebrauchswert hat unsere Arbeit für das Zusammenleben im Stadtteil, welche belastenden Verhältnisse können Menschen durch Selbstaktivierung unter Inanspruchnahme unserer professionellen Ressourcen zu Gunsten aller verändern? All das finden wir nur gemeinsam mit den Menschen heraus, durch konkret-praktische Kooperation. Dabei gehen wir methodisch vor, ohne auf bestimmte Methoden festgelegt zu sein. In einem Wohngebiet mag eine aktivierende Befragung geeignet sein, ein anderes ist mit Planning for Real (Gibson 1994) aufzuschließen. Im dritten erfahren wir das Wichtigste über die Bedürfnisstruktur der BewohnerInnen durch Vertrauens- und

Schlüsselpersonen oder eher zufällig über eine völlig ungeplante Begegnung auf dem Wochenmarkt, der Post oder in der Kneipe.

Dazu gehöriges pädagogisches Selbstverständnis, Grundhaltungen: Kindliche Bedürfnisse sind Grundbedürfnisse. Sie reichen von physiologischen über das Schutzbedürfnis, Verständnis und sozialer Bindung und Wertschätzung sowie Anregung, Spiel und Leistung, Wissen und Verstehen bis zur Selbstverwirklichung und der Bewältigung existenzieller Lebensängste. Mit Kindern muss in deren 100 Sprachen kommuniziert werden, d.h. nicht vorrangig verbal, sondern vor allem durch das Erkennen ihrer Körpersignale, über Bewegung und Spiel und konkret-sinnliche Aktion. Partizipation von Kindern brauchen wir nicht künstlich herzustellen. Kinder beteiligen sich immer. Sie sind Aktivitätszentren (eine lesenswerte Neukonstruktion und Erweiterung der Piagetschen Entwicklungstheorie bei Schäfer 1999).

Praxisbeispiel: In einem vergessenen Hamburger Wohnquartier äußerten ältere Kinder ihre Bedürfnisse nach spannenden, ihrem Entwicklungsstand entsprechenden Tätigkeiten nachhaltig durch Zerstörung von Gebäuden, Bedrohung von schwächeren MitbewohnerInnen, solange bis sie endlich verstanden wurden. Die Beteiligung der Kinder an der Gestaltung ihres sozialen Umfeldes war sichtbar, aber nicht so, wie es für ein zufrieden stellendes Zusammenleben mit dem Rest der Welt erforderlich war. Diesen Widerspruch zu verstehen, fiel vor dem Hintergrund entwicklungslogischer Erkenntnisse nicht allzu schwer. Wie ein offenes Buch ermöglichten ihre destruktiven Aktivitäten eine konstruktive Wendung.

Das geschah zunächst über körper- und bewegungsbezogene Aktivitäten (attraktive Veranstaltungen mit Sportidolen, abenteuerliche Kletteraktionen, Kanutouren und Segeltörns, verlässliche, regelmäßige Sportangebote), mit denen ihre wahrlich bescheidenen Wünsche erfüllt wurden. Die weiterführende Kooperation erfolgte über die Problemsetzung durch die Jugendlichen selber. Sie umfasste sowohl Identitätskonflikte, Schulprobleme und familiale Ablösungsprobleme.

4.2 Zweiter Grundsatz sozialräumlicher Arbeit: Stärkung der Selbsthilfekräfte und Eigeninitiative

Nicht für sondern mit den Menschen des Gemeinwesens wird nachgedacht und geplant. Das ist häufig eine ungewohnte Übung für beide Seiten, hat man miteinander doch eher Hilflosigkeit gelernt und vergessen, wie wirksam gut koordiniertes, gemeinsames Handeln sein kann. Dieser Grundsatz birgt vor allem den Anspruch an viele Professionelle, sich so zu verändern, dass sie nicht ständig Menschen kommunikativ entmündigen, als defizitäres Wesen, als zu behandelnde Sache oder als ausgeliefertes Objekt behandeln (Hinte 1997, S. 286-287).

Dazu gehöriges pädagogisches Selbstverständnis, Grundhaltungen: Mit und für Kinder sind pädagogische Situationen zu schaffen, in denen sie eigenaktiv wirksam werden (partizipieren) und zwanglos Rollen und Regeln lernen können. Lernen geschieht im frühen Kindesalter durch vielfältige, eigenaktive, selbststeuernde, körperlich intensive Bewegungs- und Spielmöglichkeiten und sinnlich konkrete, operationale Erfahrungen. Die Bedeutung sensomotorischer, d.h. basaler und fundamentaler Betätigungsmöglichkeiten für den Ausdruck und den Aufbau der Psyche/des Selbst für die kindliche Entwicklung gehört eigentlich zum Basiswissen von sozialpädagogischen Fachkräften. Sie wurde jedoch erst und vor allem im Hamburger Psycho-Motorik-Konzept[5] nicht nur theoretisch, sondern praxisrelevant und - verändernd für zahlreiche Kindertagesstätten und Schulen realisiert.

Die pädagogische Grundhaltung dieses Ansatzes zielt auf die von Beginn an potentiell bei Kindern vorhandene Bereitschaft und Kompetenz zu kooperieren und Verantwortung für ihr Handeln zu übernehmen. PädagogInnen ermöglichen expansives Lernen, statt Einengung und frühe enge Grenzsetzung zu fordern. Aufgebaut werden können hiermit selbstbewusste, soziale, kooperative und kreative Handlungskompetenz. Verhindert werden Rückzug, Hemmung und Resignation, Aggressivität und zwanghafte Opposition.

Praxisbeispiel: Das Verhältnis der Heranwachsenden zu den älteren Bewohnerinnen eines Wohnquartiers war seit den Zerstörungen von Gemeindehaus und Einkaufszentrum durch Jugendliche zerrüttet. Die Mitarbeiterinnen und Mitarbeiter eines sozialräumlichen Projektes (KiFaZ) machten sich als intermediäre Instanzen an die Entfeindung der verkorksten Beziehungen: im Ratschlag, dem Beteiligungsgremium im Quartier, flogen die Fetzen, weil die Kids keine Lust auf „langes Gelaber" hatten. Die Profis schlugen daraufhin einen alternativen Treffpunkt vor: Turnhalle. Nach einem gemeinsamen Spiel- und Sportfest, auf dem die Alten den Jungen Spiele von Gestern und die Jungen den Alten Trendsport zeigten, konnten sich beide Seiten wieder besser verständigen. Sie starteten sogar ein gemeinsames Projekt: die Jungen wollen ein hässliches Parkhaus durch eine Kletteraktion nach den Motiv-Wünschen der Senioren besprühen.

4.3 Dritter Grundsatz sozialräumlicher Arbeit: Nutzung der Ressourcen des sozialen Raums

Die Entdeckung von personellen und räumlichen Ressourcen in einem territorial begrenzten Raum gehört zu den spannendsten und aufregendsten Tä-

---

5 Die Abgrenzung zu anderen Konzepten, z. B. den motopädagogischen des Aktionskreises Psychomotorik (AKP), aber auch den rein einrichtungsbezogenen, ist vor allem deshalb erforderlich, weil sich diese nicht in einen sozialräumlichen Kontext integrieren und z. T. noch sehr funktions- statt situationsbezogenen Konzepten anhängen (zur weitergehenden Kritik s. Schäfer 1999 a.a.O.).

tigkeiten sozialräumlicher Kinder- und Jugendhilfe. Sie erfordert ein hohes Maß an Kommunikationslust und den Einsatz der eigenen Ressourcen in Gestalt von Verlässlichkeit, Kompetenz und Präsenz. Ressourcen entdeckt und erschließt man am besten durch Kooperation, durch die gegenseitiges Vertrauen gebildet und so die Voraussetzungen für längerfristige, gelingende Prozesse geschaffen werden.

Dazu gehöriges pädagogisches Selbstverständnis, Grundhaltungen: Alle Kinder eines Sozialraums sind Ressourcen. Sie befinden sich in jungen Jahren allerdings zu einem hohen Prozentsatz bereits in sozialpädagogischen Einrichtungen (Krippen, Tagesmütter, Kitas usw.) und werden bestenfalls auf Spielplätzen gesichtet. Die damit verbundene Vertreibung von Kindern aus dem öffentlichen Raum steht der Entwicklung von Ortsidentität, also Vertrautheit, Handlungssicherheit und Verantwortungsübernahme entgegen. Kinder brauchen ausreichend wilde Räume und Spielzeit ohne sozialpädagogische Kontrolle, um ihre sozialräumlich relevanten Angelegenheiten ohne Störung durch Erwachsene zu regeln (vgl. Krappmann 1998). Eine Pädagogik des Sozialraums hätte sich dementsprechend auch um die Ermöglichung von Umlernprozessen für pädagogische und therapeutische Fachkräfte in Kitas und Lehrkräfte in Schulen zu bemühen. Sie sind neben den Familien die wichtigsten Ressourcen und Agenten, wenn es um wirkliche Kooperation mit den Kindern geht und um das zwanglose Lernen von Regeln für den Aufbau und den Erhalt demokratischer Strukturen in einem Gemeinwesen.

Praxisbeispiel: Mit dem ortsansässigen Kindergarten, einer Gruppe von Müttern und Kindern (auch solchen, die nicht den Kindergarten besuchten) werden Spielräume renaturiert, ein Außengelände verwildert und eine Spielstraße gefordert. Die Voraussetzungen werden im „Ratschlag" getroffen, der die zuständigen BehördenvertreterInnen von den beabsichtigten Veränderungen unterrichtet. Die streckenweise schwierigen Verhandlungen führen die Profis im Beisein der Aktivisten.

4.4 Vierter Grundsatz sozialräumlicher Arbeit: Zielgruppen- und arbeitsfeldübergreifendes Arbeiten

Im Gemeinwesen sind alle Menschen zunächst einmal Nachbarn. Sie nach bestimmten Zielgruppen zu kategorisieren, liegt bei der Organisation sozialer Arbeit zwar nahe, ist darüber hinaus jedoch kontraproduktiv. Als intermediäre Instanz kann sozialräumliche Arbeit dazu beitragen, Beziehungen von Jung und Alt, Eingeborenen und Einwanderern, Behinderten und Nichtbehinderten usw. zu entfeinden. Dazu müssen möglichst viele Menschen des Gemeinwesens gewonnen werden, unabhängig davon, welcher Zielgruppe sozialer Arbeit sie gerade zugerechnet werden.

Dazu gehöriges pädagogisches Selbstverständnis, Grundhaltungen: Sozialraumorientierte Pädagogik ist eine Pädagogik für alle Kinder. Besondere

Zielgruppen, wie z.B. Kinder ausländischer Herkunft, behinderte Kinder nach §39 BSHG, seelisch behinderte Kinder nach 35 a KJHG erhalten die für sie erforderliche besondere Förderung (z.b. Sprachförderung, psychomotorische Entwicklungsförderung, schulische Förderung) grundsätzlich im Rahmen von regelhaften Angeboten. Der Grundsatz Inklusion statt Exklusion soll (und kann) dabei den stets beklagten, aber vom System Kinder- und Jugendhilfe sowie der Schule immer von neuem hervorgebrachte Aussonderungs- und Ausgrenzungsprozess durchbrechen. Damit wird auch ein wesentlicher Schritt getan, den Zusammenhalt eines Gemeinwesens für Kinder zu erhalten. Nichts trennt z.b. Kinder mit und ohne Behinderungen mehr als der Besuch der behinderten Kinder von i.d.R. nicht im Stadtteil/der Gemeinde liegenden Sonderschulen.

Praktisches Beispiel: Ein Träger schließt seine herkömmliche Tagesgruppe nach §32 SGB VIII und vereinbart mit einer oder mehreren Regeleinrichtungen für die entsprechende Altersgruppe (z.B. Hort, Schulkinderclubs, Häuser der Jugend), dort integrative Tagesgruppenarbeit mit dem deutlichen Akzent der personellen Verstärkung dieser Einrichtungen anzubieten.

4.5 Fünfter Grundsatz sozialräumlicher Arbeit: Koordination und Kooperation aller sozialen Dienste

Was sich so leicht ausspricht, ist häufig der Hauptgrund für die Mühsal sozialräumlicher Arbeit: die sozial Tätigen koordinieren sich nicht positiv, sondern negativ. Sie kooperieren nicht, sondern konkurrieren und richten damit bestenfalls nichts aus, schlechtestenfalls Schaden für die BewohnerInnen an. Das sozialräumliche Konzept braucht kooperationsfähige, handelnde Profis, die sich interessiert dem Gemeinwesen zuwenden (Beteiligung!) und sich nicht hinter Fallzuständigkeit und Arbeitsüberlastung verschanzen. Das System der Sozialverwaltungen muss in diesem Sinne von Grund auf renoviert werden (hierzu Hinte/Litges/Springer 1999, KGST-Bericht, Stuttgarter Erfahrungen). Außerdem sind die Konkurrenzbeziehungen unter freien Trägern, die von vielen Jugendämtern auf der Suche nach dem billigsten Anbieter geschürt werden, nicht kompatibel mit diesem Grundsatz.

Dazu gehöriges pädagogisches Selbstverständnis, Grundhaltungen: Dieser Grundsatz sozialräumlichen Handelns ist – pädagogisch gewendet – eine Aufforderung an alle sozial Tätigen in einem Gemeinwesen, im Interesse der und nicht gegen Kinder zu agieren (Vernetzung kann auch eine Falle für Kids sein) und sich gegenseitig immer wieder darauf aufmerksam zu machen, dass die eigentlichen Adressaten des KJHG die Kinder und Jugendlichen sind.

Pädagogische Fachlichkeit verlangt ..., „durch eine sozialpädagogische Organisation von Lebensbedingungen Lern- und Entwicklungsprozesse anzustoßen, um den Subjekten Veränderung, vielleicht sogar – im emphatischen Ausdruck – Bildung zu ermöglichen" (Winkler 1998, S. 288). Das muss fachlicher Konsens in einem sozialräumlichen Konzept der Kinder- und Jugendhilfe sein.

Praxisbeispiele: Der ASD, die Mütterberatungsstelle, der weit entfernte Kinderarzt bieten auch im entlegensten Sozialraum Sprechstunden an. Im Trägerbeirat eines Kinder- und Familienhilfezentrums beschließen alle am Ort sozial Tätigen eine gemeinsame Fortbildung zum Thema Kinderkultur. Schulverweigerung wird weder als individuelles noch als ausschließliches Problem der Schule diskutiert. Kinder spielen Schule als Ort der Erniedrigung und des Verlassenseins im Rahmen eines gemeinsamen Projektes, eine Schule verändert ihre Unterrichtsrhythmen, nimmt behinderte Kinder auf, öffnet Räume für außerschulische Aktivitäten[6].

Literatur zur Vertiefung

Alisch, M. (Hrsg.) (1998): Stadtteilmanagement – Voraussetzungen und Chancen für die soziale Stadt. Opladen
Ebbe, K.; Friese, P. (1989): Milieuarbeit. Grundlagen präventiver Sozialarbeit im lokalen Gemeinwesen. Stuttgart
Hinte, W. (1994): Intermediäre Instanzen in der Gemeinwesenarbeit – die mit den Wölfen tanzen. München
Hinte, W.; Litges, G.; Springer, W. (1999): Soziale Dienste: Vom Fall zum Feld. Soziale Räume statt Verwaltungsbezirke. Berlin
ISA e. V. (Hrsg.) (1999): Soziale Indikatoren und Sozialraumbudgets in der Kinder- und Jugendhilfe (Soziale Praxis Heft 20) Münster
Koch, J.; Lenz, St. (Hrsg.) (1999): Auf dem Weg zu einer integrierten und sozialräumlichen Kinder- und Jugendhilfe. Frankfurt/M.

Literatur

Alinsky, S. (1973): Die Stunde der Radikalen. Gelnhausen, Berlin
Alinsky, S. (1973): Leidenschaft für den Nächsten. Gelnhausen, Berlin
Alisch, M. (Hrsg.) (1998): Stadtteilmanagement – Voraussetzungen und Chancen für die soziale Stadt. Opladen
Bartscher, Matthias (1998): Partizipation von Kindern in der Kommunalpolitik. Freiburg
Bitzan, M.; Klöck, T. (Hrsg.) (1994): Jahrbuch Gemeinwesenarbeit 5. Politikstrategien – Wendungen und Perspektiven. München
Boulet, J.; Krauss, J.E.; Oelschlaegel, D. (1980): Gemeinwesenarbeit. Eine Grundlegung. Bielefeld
Bürger, U. (1998): Ursachen der unterschiedlichen Inanspruchnahme von Heimerziehung. Frankfurt/M.

---

6 Hinsichtlich der Veränderungspotentiale von Schule in Richtung „community education" gibt es viel weitergehende Beispiele bei Negt (1997), von Hentig (1993), Thurn, Tillmann (1997) und Feuser (1989). Letztere sind vor allem aus dem Anspruch auf gemeinsame Erziehung behinderter und nicht behinderter Kinder entstanden. Analog dazu ist eine Verbesonderung von Kindern, die sozial benachteiligt sind, aber ebenso wenig hinzunehmen, vor allem, wenn man „Behinderung" als soziale Kategorie anerkennt.

Bundesministerium für Jugend, Familie, Frauen und Gesundheit (1990): Achter Jugendbericht. Bonn
Bundesministerium für Familie, Senioren, Frauen und Jugend (1998): Zehnter Kinder- und Jugendbericht. Bonn
Ebbe, K.; Friese, P. (1989): Milieuarbeit. Grundlagen präventiver Sozialarbeit im lokalen Gemeinwesen. Stuttgart
Feuser, G. (1989): Allgemeine integrative Pädagogik und entwicklungslogische Didaktik: In: Behindertenpädagogik 28, S. 4-48
Freire, Paulo (1974): Der Lehrer ist Politiker und Künstler. Reinbek bei Hamburg
Gibson, T. (1994): Seeing is Believing – Von der Überzeugungskraft der eigenen Anschauung. In: Lokale Ökonomie. Berlin
Hellerich, G. (1988): Prävention. In: Hörmann, G., Nestmann, F. (Hrsg.): Handbuch der psychosozialen Intervention. Opladen
Hentig, v., H. (1993): Die Schule neu denken. München, Wien
Hinte, W. (1985): Von der Gemeinwesenarbeit zur stadtteilbezogenen Sozialen Arbeit – oder: die Entpädagogisierung einer Methode. In: Mühlfeld, C. u.a.: Gemeinwesenarbeit. (Schwerpunktheft). Frankfurt/M., S. 23ff.
Hinte, W.; Karas, F. (1989): Studienbuch Gruppen- und Gemeinwesenarbeit. Eine Einführung für Ausbildung und Praxis. Neuwied, Frankfurt/M.
Hinte, W. (1994): Intermediäre Instanzen in der Gemeinwesenarbeit – die mit den Wölfen tanzen. München
Hinte, W. (1998): Bewohner ermutigen, aktivieren, organisieren. In: Alisch, M. (Hrsg.) (1998): a.a.O.
Hinte, W. (1999): Fallarbeit und Lebensweltgestaltung – Sozialraumbudgets statt Fallfinanzierung. In: ISA e.V. (Hrsg.) (1999): a.a.O., S. 86
Hinte, W.; Litges, G.; Springer, W. (1999): Soziale Dienste: Vom Fall zum Feld. Soziale Räume statt Verwaltungsbezirke. Berlin
ISA e.V. (Hrsg.) (1999): Soziale Indikatoren und Sozialraumbudgets in der Kinder- und Jugendhilfe (Soziale Praxis Heft 20) Münster
Joas, Hans (1992): Pragmatismus und Gesellschaftstheorie. Frankfurt/M.
Kappeler, M. (1999): Bedeutung und Funktion von Prävention in der Jugendhilfe – Teil 1 und 2. In: FORUM für Kinder- und Jugendarbeit 2 und 3. Hamburg
Kommunale Gemeinschaftsstelle für Verwaltungsvereinfachung (1998): Kontraktmanagement zwischen öffentlichen und freien Trägern in der Jugendhilfe. Bericht Nr. 12. Köln
Koch, J.; Lenz, St. (Hrsg.) (1999): Auf dem Weg zu einer integrierten und sozialräumlichen Kinder- und Jugendhilfe. Frankfurt/M.
Koch, J. (2000): Entwicklungen, Probleme, offene Fragen bei der Entwicklung flexibler, integrierter und sozialräumlich angelegter Erziehungshilfen. In: INTEGRA-Rundbrief 2, Frankfurt/M., IGfH-Eigenverlag
Krappmann, L.; Kleineidam, V. (1998): Interaktionspragmatische Herausforderungen des Subjekts. Beobachtungen der Interaktionen zehnjähriger Kinder. In: Leu, H.R.; Krappmann: Zwischen Autonomie und Verbundenheit, Frankfurt/M., S. 241-265.
Kunstreich, T. (1998) Grundkurs Soziale Arbeit. Bd. II. Hamburg
Kunstreich, T. (1999): Skizze für ein mögliches Forschungsprojekt Partizipation/Kommunaler Ressourcenfond (KoReF). Hamburg (Manuskript)
Landeshauptstadt Stuttgart, Jugendamt, Jugendhilfeplanung: Modellvertrag zur sozialräumlichen Budgetierung von Trägern der Hilfen zur Erziehung (27ff. KJHG). Stuttgart 1999

Langnickel, H. (1994): Zwischen Gesellschaftskritik und Pragmatismus. Der Kommunitarismus in einer politischen Theorie der Sozialarbeit. In: Bitzan, M.; Klöck, T. (Hrsg.) (1994): a.a.O, S. 58ff.

Mohrlok, M.; Neubauer, R. Neubauer, Neubauer, M.; Schönfelder, W (1993): Lets organize! Gemeinwesenarbeit und Community Organization im Vergleich. München

Müller, C.W. (1982, 1988): Wie Helfen zum Beruf wurde (Bd. I und II). Weinheim, Basel

Negt, O. (1997): Kindheit und Schule in einer Welt der Umbrüche. Göttingen

Peters, F., Trede, W., Winkler, M. (Hrsg.) (1998): Integrierte Erziehungshilfen. Qualifizierung der Jugendhilfe durch Flexibilisierung und Integration? Frankfurt/M.

Schäfer, G. E. (1999): Sinnliche Erfahrung bei Kindern. In: Kindliche Entwicklungspotentiale (Materialien zum 10. Jugendbericht, Band 1). München

Sozialistisches Büro (Hrsg.) (1997): Zur Politischen Produktivität von Gemeinwesenarbeit. Zeitschrift Widersprüche, Heft 65

Staub-Bernasconi, S. (1995): Systemtheorie, soziale Probleme und soziale Arbeit. Lokal, national, international. Bern, Stuttgart, Wien

Steenken, A.: Die Kinder sind die Regisseure, wir die Assistentinnen und Assistenten. In Kunstreich (1998): a.a.O., S. 335-343.

Thiersch, H.; Baur, D.; Finkel, M.; Hamberger, A.; Kühn, D. (1998): JUgendhilfe-LEistungen (JULE). Zentrale Ergebnisse der Untersuchung zur Darstellung und Bewertung stationärer und teilstationärer Erziehungshilfen. In: Evangelische Jugendhilfe 3

Trede, W. (2000): Probleme in der praktischen Umsetzung von integrierten, flexiblen und sozialraumbezogenen Erziehungshilfen. In: INTEGRA-Rundbrief 2, Frankfurt/M., IGfH-Eigenverlag, S. 15-17

Treeß, H.; Treeß, U.; Möller, M. (1990): Soziale Kommunikation und Integration. Reihe psychomotorische Entwicklungsförderung. Dortmund

Treeß, H. (1993): Psychomotorik und Gemeinwesenarbeit in der Erprobung. Zwei Arbeitskonzepte für Integration und Kooperation im Stadtteil. In: gemeinsam leben Heft 2, S. 55ff.

Treeß, H. (1997): Kinder- und Jugendhilfe als Gemeinwesenarbeit am Beispiel sozialer Praxis in einem Kinder- und Familienhilfezentrum. In: Zeitschrift Widersprüche, Heft 65, S. 57-75

Treeß, H. (1998): Tagespflege und teilstationäre Hilfen zur Erziehung. Was können Tagspflege und Tagesgruppen als Teil einer kooperativ-integrierten Kinder- und Jugendhilfe leisten? In: Peters, F.; Trede W.; Winkler, M. (Hrsg.) (1998): a.a.O., S. 201-221

Treeß, H. (1999 a): Zu einer integrierten Sichtweise sozialer Arbeit. In: Koch, J.; Lenz St. (Hrsg.) (1999): a.a.O., S. 71ff.

Treeß, H. (1999 b): Global denken, lokal handeln. Sozialräumliches Handeln in der Kinder- und Jugendhilfe als Gemeinwesenarbeit. In: standpunkt: sozial: methoden sozialer arbeit. Nr. 3, Hamburg, S. 32-40.

Trojan, A. (1995): Zukunftsmodelle der Prävention. In: Kauppen-Haas, H.; Rothmaler Ch. (Hrsg.): Doppelcharakter der Prävention. (Sozialhygiene und Public Health – Band 3). Frankfurt/M.

Thurn, S.; Tillmann, K. (Hrsg.) (1997): Das Beispiel Laborschule Bielefeld: Unsere Schule ist ein Haus des Lernens. Reinbek bei Hamburg

Wenzel, H. (1990): George Herbert Mead zur Einführung. Hannover

Wendt, W. R. (1989): Gemeinwesenarbeit. Ein Kapitel zu ihrer Entwicklung und zu ihrem gegenwärtigen Stand. In: Ebbe, K.; Friese, P. (1989): a.a.O.

Winkler, M. (1998): Fachlichkeit durch Auflösung – Überlegungen zur Situation der Jugendhilfe. In: Peters, F.; Trede, W.; Winkler, M. (Hrsg.) (1998): a.a.O., S. 269-296

Wolff, M. (2000): Orientierung am Sozialraum, an der Lebenswelt, am Gemeinwesen, am Lebensfeld, am Stadtteil? – Versuch einer Klärung von Begriffsverwirrungen und -verirrungen in der Jugendhilfe. In: EREV Schriftenreihe 1, S. 6ff.

Zimmer, J.; Preissing, C.; Thiel T.; Heck, A.; Krappmann, L. (1997): Kindergärten auf dem Prüfstand. Dem Situationsansatz auf der Spur. (Abschlussbericht zum Projekt – Zur Evaluation des Erprobungsprogramms.) Seelze, Velber

Teil VII
Spannungsfelder in den Organisationen der Kinder- und Jugendhilfe

Reinhold Schone

Hilfe und Kontrolle

Zusammenfassung: Der folgende Beitrag bezieht sich auf ein spezifisches, in der Jugendhilfe (insbesondere bezogen auf die Arbeit des Jugendamtes) schon immer virulentes Problem. Unter dem Schlagwort des Doppelmandates von Hilfe und Kontrolle wird schon immer diskutiert, dass Jugendhilfe einerseits helfend, fördernd, beratend, unterstützend für Kinder, Jugendliche und Familien tätig werden soll und muss, um individuelle oder soziale Krisen und Problemlagen überwinden zu helfen, und dass sie andererseits eingreifend tätig werden muss, wenn das Wohl von Kindern und Jugendlichen gefährdet ist, und die Eltern nicht – auch nicht mit öffentlicher Hilfe – bereit oder in der Lage sind, diese Gefährdungen von ihren Kindern abzuwenden. Der Beitrag macht ausgehend von rechtlichen Überlegungen (Elternrecht, staatliches Wächteramt) den sozialpädagogischen Handlungsauftrag des Jugendamtes deutlich und leitet daraus Anforderungen für die Arbeit des Jugendamtes ab.

Einleitung

Das Kinder- und Jugendhilfegesetz (KJHG) betont im Vergleich mit dem alten JWG deutlich den sozialpädagogischen Sozialleistungscharakter der Jugendhilfe, der insbesondere durch die breite Palette der Leistungen der Jugendhilfe in den §§ 11-41 SGB VIII zum Ausdruck kommt. In der Jugendhilfe wurde diese „Philosophie" des KJHG, eingriffsorientierte Interventionen zugunsten von familien- und kindbezogenen Förderleistungen zurücktreten zu lassen, bezogen auf das Jugendamt als Orientierungswechsel – manchmal sogar als Paradigmenwechsel – unter dem Stichwort „Von der Ordnungsbehörde zur Leistungsbehörde" kommentiert und diskutiert. Nicht mehr wie ehedem die Kontrolle primärer Sozialisationsgefüge (Familien), sondern die hilfreiche Kooperation mit den Beteiligten sollte nunmehr in den Vordergrund der Handlungsorientierung rücken.

Indes: Es handelt sich hierbei nicht um eine einseitige Auflösung des o.g. Spannungsfeldes. Der Aspekt des staatlichen Wächteramtes wurde mitnichten aus dem Aufgabenspektrum der Jugendhilfe gestrichen. Unter der Kapitelüberschrift „Andere Aufgaben der Jugendhilfe" werden weiterhin Aufgaben für die Jugendämter formuliert, die unabhängig davon sind, ob die Betroffenen dies wollen oder beantragen. Hierzu gehört u.a. auch die Eingriffsverpflichtung des §50 Abs. 3 SGB VIII: „Hält das Jugendamt zur Abwendung einer Gefährdung des Wohls des Kindes das Tätigwerden des Gerichts für erforderlich, so hat es das Gericht anzurufen." Auch wenn die Verantwortung für Hilfe- und Unterstützungsleistungen und die Wahrnehmung des staatlichen Wächteramtes immer schon im Jugendamt zusammenfielen, so ist 10 Jahre nach In-Kraft-Treten des KJHG doch zu fragen, ob und ggf. wie sich im Zeichen der primären Leistungsorientierung dieses Gesetzes eine Neujustierung der beiden genannten Aufgaben herausgebildet hat.

1. Elternrecht und staatliches Wächteramt

Ausgangspunkt aller Überlegungen zum Thema „Hilfe und Kontrolle" in der Jugendhilfe ist das in Art. 6 Abs. 2 Satz 1 GG verankerte (und in §1 Abs. 2 SGB VIII wörtlich wiederholte) Elternrecht, welches den Eltern gegenüber dem Staat den Vorrang als Erziehungsträger garantiert: „Pflege und Erziehung der Kinder sind das natürliche Recht der Eltern und die zuvörderst ihnen obliegende Pflicht. Über ihre Betätigung wacht die staatliche Gemeinschaft." Das Elternrecht gewährt den Eltern gemäß der Tradition liberaler Grundrechte ein Abwehrrecht gegen staatliche Eingriffe in die Erziehung der Kinder. Dies geschieht kraft der Annahme, dass „in aller Regel Eltern das Wohl des Kindes mehr am Herzen liegt, als irgend einer anderen Person oder Institution" (BVerfGE 59, 360, 376; 61, 358, 371).

Trotz der generellen Annahme, dass den Eltern das Wohl ihrer Kinder in besonderer Weise am Herzen liegt und der daraus folgenden Annahme, dass die Sicherung der Elternautonomie zugleich das Kindeswohl sichert, wird nicht in allen Fällen die Persönlichkeitsentfaltung des Kindes durch die Eltern gewährleistet werden (können). Dies begründet den besonderen Charakter des Elternrechts, denn das Elternrecht nach Art. 6 Abs. 2 GG ist nicht – wie andere Grundrechte – ein Grundrecht, das eigennützig allein im Interesse des Grundrechtsinhabers besteht, sondern ist ein fremdnütziges Recht im Interesse der Kinder. „Eine Verfassung, welche die Würde des Menschen in den Mittelpunkt ihres Wertesystems stellt, kann bei der Ordnung zwischenmenschlicher Beziehungen grundsätzlich niemandem Rechte an der Person eines anderen einräumen, die nicht zugleich pflichtgebunden sind und die Menschenwürde des anderen respektieren" (BVerfGE 24, 119, 144). Als fremdnütziges Recht umfasst die elterliche Erziehungsverantwortung nicht nur das Recht, sondern als wesensbestimmender Bestandteil auch die Pflicht zur Pflege und Erziehung der Kinder. „Die Anerkennung der Elternverantwortung in Art. 6 Abs. 1 GG findet daher Rechtfertigung nur darin, dass das Kind des Schutzes und der Hilfe bedarf, um sich zu einer eigenverantwortlichen Persönlichkeit innerhalb der Gemeinschaft zu entwickeln (BVerfGE 24, 119, 144). Entsprechendes muss für andere Gewaltverhältnisse gelten, die einer Person das Recht einräumen, das Leben einer anderen Person verbindlich zu gestalten (z.B. Vormund). Diese Rechte sind also nicht Selbstzweck. Sie dienen der Verwirklichung des Wohles schutzbedürftiger Personen. Nur so weit ihre Ausübung diesen Zweck im Auge behält, ist sie rechtmäßig" (Hesselberger 1996, S. 68).

Das Grundgesetz schützt das Elternrecht zur Pflege und Erziehung der Kinder als Grundrecht. Jedoch können Eltern, die sich der Verantwortung für Pflege und Erziehung ihrer Kinder entziehen, sich gegen staatliche Eingriffe zum Wohle des Kindes nicht auf ihr Elternrecht berufen (BVerfGE 24, 119, 135). Das Kind hat als Grundrechtsträger Anspruch auf den Schutz des Staates, der Staat ist zum Schutze des Kindes verpflichtet (BVerfGE 24, 119, 144). „Das Kind hat ein Recht auf pflichtgemäße Ausübung der elterlichen Sorge und darüber hinaus zugleich ein Recht auf staatliches Einschreiten bei elterlichem Versagen" (Münchner Kommentar – Hinz 1992 §1626 BGB Rz 9ff.). Das hier angesprochene staatliche Wächteramt begründet also nicht nur (Abwehr-)Rechte im Verhältnis Eltern-Staat, sondern auch (Rechtsschutz-)Rechte im Verhältnis Kind-Staat. Die staatliche Gemeinschaft ist befugt, die Eltern bei der Ausübung ihrer Erziehungs- und Pflegerechte zu überwachen und ggf. in ihre Rechte einzugreifen. Nach Art. 6 Abs. 3 GG ist unter den dort aufgeführten Voraussetzungen auch die völlige Trennung des Kindes von den Eltern als schwerwiegendster Eingriff zugunsten des Wohls des Kindes möglich, allerdings nur auf der Grundlage eines Gesetzes (vgl. Art. 6 Abs. 3 GG).

§1666 BGB konkretisiert das staatliche Wächteramt im Sinne von Art. 6 Abs. 2 Satz 2 GG. Danach hat das Gericht die zur Abwendung der Gefahr erforderlichen Maßnahmen zu treffen, wenn das körperliche, geistige oder seelische Wohl des Kindes (oder sein Vermögen) durch missbräuchliche Ausübung der elterlichen Sorge, durch Vernachlässigung des Kindes, durch unverschuldetes Versagen der Eltern oder durch das Verhalten eines Dritten gefährdet wird und wenn die Eltern nicht gewillt oder nicht in der Lage sind, die Gefahr abzuwenden (§1666 Abs. 1 Satz 1 BGB).

Nach dem am 1.1.1980 in Kraft getretenen Gesetz zur Neuregelung der elterlichen Sorge ist ein Verschulden der Eltern – wie noch §1666 BGB (alte Fassung) als Vorbedingung für staatliches Eingreifen zur Sicherung des Kindeswohls interpretiert wurde – nicht mehr nötig. (BT-Drucks. 8/2788, S. 1, 33, 38ff., 57ff.). Damit wurde einerseits die Schwelle der Eingriffsbefugnisse des Staates gesenkt, andererseits hervorgehoben, dass die Eltern bei der Gefahrenabwehr nicht übergangen werden dürfen. „Erforderliche Maßnahmen" darf das Gericht nur dann und insoweit treffen, als die Eltern nicht gewillt oder nicht in der Lage sind zur Abwehr der Gefahr des Kindeswohls beizutragen. Ferner dürfen nach der in §1666a BGB enthaltenen Subsidiaritätsklausel nur als letztes Mittel Anordnungen getroffen werden, mit denen eine Trennung des Kindes von der Elternfamilie verbunden ist. Vorrangig zu prüfen sind zunächst andere geeignete Maßnahmen der Gefahrenabwehr, auch öffentliche Hilfen.[1] Die Entziehung der gesamten Personensorge ist

---

1 § 1666a BGB lautet:
   „(1) Maßnahmen, mit denen eine Trennung des Kindes von der elterlichen Familie verbunden ist, sind nur zulässig, wenn der Gefahr nicht auf andere Weise, auch nicht durch öffentliche Hilfen, begegnet werden kann.

nur zulässig, wenn andere Maßnahmen erfolglos geblieben sind oder wenn anzunehmen ist, dass sie zur Abwehr der Gefahr nicht ausreichen (§ 1666a Abs. 2 BGB).

Bei alledem handelt es sich beim Begriff des Kindeswohls um einen unbestimmten Rechtsbegriff, der trotz seiner Unbestimmtheit zwei wichtige Aufgaben erfüllen soll. Er dient zum einen als Legitimationsgrundlage für staatliche Eingriffe und soll zum anderen als sachlicher Maßstab in gerichtlichen Verfahren dienen, an dem sich die Notwendigkeit gerichtlicher Maßnahmen festmachen lässt. Es ist Aufgabe des Jugendamtes und der dort mit der Wahrnehmung des staatlichen Wächteramtes beauftragten Fachkräfte (in der Regel der Allgemeine Sozialdienst – ASD), diese Norm des Grundgesetzes in praktisches soziapädagogisches Handeln umzusetzen.

2. Der sozialpädagogische Handlungsrahmen des Jugendamtes

Das KJHG macht bereits in der Leitnorm den schwierigen gesetzlichen Auftrag der Jugendhilfe deutlich. Neben der wörtlichen Wiederholung des Art. 6 Abs. 2 GG wird in § 1 Abs. 3 SGB VIII u.a. formuliert, dass es Aufgabe der Jugendhilfe ist, Eltern und andere Erziehungsberechtigte bei der Erziehung zu beraten und zu unterstützen und Kinder und Jugendliche vor Gefahren für ihr Wohl zu schützen. Schon in der Leitnorm des SGB VIII wird also das Spannungsfeld zwischen dem Elternrecht, der Elternpflicht und dem staatlichen Wächteramt thematisiert und der gesetzliche Auftrag formuliert, in diesem Spannungsfeld tätig zu werden. Für die Jugendhilfe und die hier tätigen Fachkräfte bedeutet dies die gleichzeitige Verpflichtung,

- einerseits die Eltern auf deren Wunsch und mit deren Zustimmung bei der Wahrnehmung ihrer grundgesetzlich garantierten Rechte und Pflichten gegenüber dem Kind und zum Wohle des Kindes zu unterstützen und
- andererseits Kinder und Jugendliche vor Gefahren für ihr Wohl – ggf. auch gegen den Willen der Eltern – zu schützen.

Dieses Spannungsfeld ist grundsätzlich unauflösbar und ein konstitutives Merkmal der Sozialpädagogik überhaupt – wohlgemerkt: das Gesetz bezeichnet dies als Aufgabe der gesamten Jugendhilfe, nicht nur als Aufgabe des Jugendamtes –, auch wenn diesbezüglich den öffentlichen Trägern und insbesondere den Allgemeinen Sozialen Diensten die letztendliche Pflicht für die Wahrnehmung des Wächteramtes zufällt.

---

(2) Die gesamte Personensorge darf nur dann entzogen werden, wenn andere Maßnahmen erfolglos geblieben sind oder wenn anzunehmen ist, dass sie zur Abwendung der Gefahr nicht ausreichen."

Vor dem Hintergrund dieser Ausgangslage sind die einzelnen Leistungen und Aufgaben der Jugendhilfe im SGB VIII normiert. Das Jugendamt befindet sich dabei nicht nur in dem Spannungsfeld von Elternunterstützung und Kindesschutz, sondern hat schon im Vorfeld konkreter Fallbearbeitung das Verhältnis zwischen offensiver (präventiver) Arbeit einerseits und Konflikt- und Krisenbewältigung andererseits zu justieren.[2]

Das zentrale Instrument zur Gewährleistung einer dem Wohl des Kindes entsprechenden Erziehung und damit implizit auch zur Abwehr von Gefährdungsmomenten für das Kindeswohl sind die im KJHG normierten Hilfen zur Erziehung (§§27ff. SGB VIII). Bei Vorliegen entsprechender Voraussetzungen besteht für die Personensorgeberechtigten ein Rechtsanspruch bzw. für das Jugendamt eine Leistungsverpflichtung.

Da im SGB VIII eine zwingende Antragserfordernis nicht vorgeschrieben ist, darf und muss das Jugendamt von Amts wegen tätig werden, sobald ihm Anhaltspunkte für das Vorliegen eines Hilfebedarfs bekannt wird (vgl. Münder u.a. 1998, Anhang Verfahren Rz 21, S. 706). Allerdings kann eine Hilfe zur Erziehung nur dann gewährt werden, wenn die Leistungsberechtigten damit zumindest einverstanden sind. „Das Vorliegen der Tatbestandsvoraussetzungen begründet für den Jugendhilfeträger die Rechtspflicht zur Erbringung von Hilfen zur Erziehung. Formelle Anträge sind nicht notwendig (...). Allerdings darf den Leistungsberechtigten nicht eine von den Fachkräften für sinnvoll erachtete Hilfe zur Erziehung aufgenötigt werden. Rechtspositionen erlangt der öffentliche Träger beim Vorliegen der Tatbestandsvoraussetzungen nicht. So steht ihm insbesondere kein eigenständiges Erziehungsrecht zu, auch dann nicht, wenn im Rahmen der Hilfen

---

2 Dabei lassen sich die geforderten Aktivitäten zur Verwirklichung der Rechte von jungen Menschen und ihren Eltern prinzipiell als hierarchisches System darstellen:
  1. An oberster Stelle steht der Auftrag, dazu beizutragen, positive Lebensbedingungen für junge Menschen und ihre Familien sowie eine kinder- und familienfreundliche Umwelt zu erhalten oder zu schaffen (vgl. § 1 Abs. 3 SGB VIII).
  2. Für alle Familien mit Kindern sollen dann Beratungs-, Unterstützungs- und Entlastungsangebote zur Verfügung stehen, die die Eltern bei der Erziehung unterstützen.
  3. Für Familien in spezifischen Krisen- und Belastungssituationen gilt es darüber hinaus, ein besonderes Angebot zur Krisenbewältigung (z.B. Beratung bei Problemen der Trennung und Scheidung, § 17 SGB VIII, Betreuung und Versorgung des Kindes in Notsituationen, § 20 SGB VIII) oder zur Hilfe zur Erziehung (§§ 27ff. SGB VIII) bereitzuhalten und im Einzelfall, wenn eine dem Wohl des Kindes entsprechende Erziehung nicht gewährleistet ist, „notwendige und geeignete" Hilfen zu entwickeln und anzubieten.
  4. Wenn dennoch das Kindeswohl – trotz der Angebote und Leistungen der Jugendhilfe – gefährdet ist, müssen die Fachkräfte der Jugendhilfe prüfen (§ 50 Abs. 3 SGB VIII), ob es erforderlich ist, das Gericht einzuschalten, damit das staatliche Wächteramt ausgeübt werden kann. In Notfällen und bei Gefahr im Verzug kann die Jugendhilfe gem § 42 SGB VIII (Inobhutnahme von Kindern und Jugendlichen) und § 43 SGB VIII (Herausnahme des Kindes oder des Jugendlichen ohne Zustimmung des Personensorgeberechtigten) selbst die Existenzrechte des Kindes durchsetzen und sichern.

zur Erziehung Minderjährige außerhalb der Herkunftsfamilie untergebracht sind (...)." (Münder u.a. 1998, §27 Rz 10, S. 264)

Ein Rechtsanspruch auf Hilfe zur Erziehung nach §27 SGB VIII („... wenn eine dem Wohl des Kindes oder des Jugendlichen entsprechende Erziehung nicht gewährleistet ist") schließt immer auch einen Rechtsanspruch im Fall einer Kindeswohlgefährdung im Sinne des §1666 BGB mit ein. Die Gefährdung des Kindeswohls ist immer ein Spezialfall der „Nichtgewährleistung einer dem Wohl des Kindes entsprechenden Erziehung", allerdings mit dem Unterschied, dass in diesem Fall – falls erforderlich – eine gerichtliche Entscheidung im Rahmen von §1666 BGB herbeigeführt werden kann.[3]

Die Übersicht macht diesen Zusammenhang deutlich.

Übersicht: Nichtgewährleistung/Gefährdung des Kindeswohls und Fähigkeit/Bereitschaft der Eltern zur Annahme von Hilfe (zur Erziehung)

	Eltern wollen und können Hilfe (zur Erziehung) annehmen	Eltern wollen und/oder können Hilfe (zur Erziehung) *nicht* annehmen
Eine dem Wohl des Kindes oder Jugendlichen entsprechende Erziehung ist „nur" nicht gewährleistet.	A	C
Das Wohl des Kindes oder Jugendlichen ist gefährdet.	B	D

Die *Fallgruppen A und B* stellen die klassischen Fälle der Hilfen zur Erziehung dar. Häufig wäre das Wohl der Kinder als eindeutig gefährdet anzusehen, jedoch stellt sich diese Frage in der Praxis nicht, da Eltern ihre Bereitschaft und ihre Fähigkeit zeigen, die Situation des Kindes oder Jugendlichen mit Unterstützung des Jugendamtes zu verbessern. Eine Hauptaufgabe der ASD-Fachkräfte ist hierbei die Motivationsarbeit zur Inanspruchnahme bestimmter Hilfeleistungen.

Allerdings gelingt dies in Fällen der *Fallgruppe B* oft nur unter dem Druck der Lebensverhältnisse und u.U. durch von den Fachkräften zusätzlich ausgeübten Druck der angekündigten Einbeziehung des Gerichts. In diesen Fällen gelingt es auch bei einer angenommenen Kindeswohlgefährdung, eine „freiwillige" Basis in der Zusammenarbeit mit den Eltern herzustellen. Die Ankündigung der Einbeziehung des Gerichts – sofern sie als realistische Maßnahme tatsächlich im Raum steht und keine „leere Drohung" darstellt – ist aus der Sicht der sozialpädagogischen Fachlichkeit die Offenlegung von möglichen zukünftigen Handlungsoptionen.

---

3 Zur Differenzierung der Nicht-Gewährleistung einer dem Wohl des Kindes entsprechenden Erziehung nach § 27 SGB VIII und einer Gefährdung des Kindeswohls nach § 1666 BGB vgl. u.a. Münder u.a. 1998, § 27 Rz 5 und 22, S. 262/S. 267

Werden die Eltern mit solchen Prämissen konfrontiert, ist es möglich, dass sie einer Hilfe zur Erziehung zustimmen, ohne dass dies jedoch noch einer positiven Einlösung eines Rechtsanspruchs gleichkommt. In solchen Fällen dient die Annahme der Hilfe oft eher der Abwendung eines möglichen und in den Folgen für sie oft unüberschaubaren Eingriffs. In solchen Fällen geben Eltern zwar ihre „Zustimmung" oder „Einwilligung" zu einer Hilfe; de facto ist in solchen Situationen die Rechtskonstruktion des §27 SGB VIII (Hilfen zur Erziehung) jedoch nur noch eine formale Hülle. Der Charakter der Hilfe hat (für die Eltern) oft schon einen informellen Eingriffscharakter angenommen. Gerade in diesem Grenzbereich zur Kindeswohlgefährdung werden die durch die Lebenslage des Kindes begründeten Rechtsansprüche auf Hilfen zur Erziehung häufiger stellvertretend durch die Fachkräfte der Jugendhilfe und seltener durch überforderte, zurückhaltende, reservierte oder abweisende Eltern formuliert, was durchaus zur Folge haben kann, dass die dann realisierten Hilfsangebote von den Eltern eigentlich nicht gewollt, sondern z.T. nur geduldet oder gar *er*duldet werden.

Für die Fachkräfte tut sich über die beschriebene Situation noch ein weiteres fachlich-institutionelles Dilemma auf: Auf der einen Seite müssen sie versuchen, Eltern mit sehr viel Mühe und Aufwand zu motivieren, Hilfen in Anspruch zu nehmen (auch schon im Vorfeld konkreter Gefährdungslagen von Kindern), auf der anderen Seite hat ihre Institution – das Jugendamt – immer auch ein Interesse an einer Kosteneingrenzung. In dem Maße wie einzelne Fachkräfte sich dafür engagieren, dass Eltern Leistungen in Anspruch nehmen, entstehen „negative" Effekte auf der Ausgabenseite des Jugendamtes. Da die fachlichen Qualitäten der Fachkräfte (insbesondere im Zuge der „Neuen Steuerung") zunehmend an beiden Polen (Qualität der Hilfeleistung für die BürgerInnen – Reduzierung von Kosten für den öffentlichen Träger) gemessen werden, bedarf es in diesem Arbeitsfeld eines hohen Maßes an fachlicher Selbstvergewisserung.

Die *Fallgruppe C* kennzeichnet die Familien, die trotz vorliegender Rechtsansprüche auf notwendige und geeignete Hilfen zur Erziehung diese nicht in Anspruch nehmen – und dazu auch nicht gezwungen werden können. Es bleibt den Eltern – solange keine Gefährdungsschwelle überschritten wird – überlassen, zu entscheiden, ob sie Hilfen annehmen wollen oder nicht, auch dann, wenn die Lebenssituation der Kinder/Jugendlichen objektiv als defizitär und belastend anzusehen ist und geeignete Mittel zur Änderung dieser Situation bereitstünden. Ein solches Verhalten der Eltern ist durch das Elternrecht abgedeckt, nach dem die Eltern selbst die Erziehung ihrer Kinder bestimmen können und über das Maß der ihnen zumutbaren Belastungen befinden können. Dies trifft sowohl für den Fall zu, dass Eltern nicht willens sind, die Situation zu verändern, als auch für den Fall, dass sie hierzu nicht in der Lage sind (vgl. auch Münder u.a. 1998, §27 Rz 22, S. 267). Eine Verpflichtung, Hilfen in Anspruch zu nehmen, wenn eine dem Wohl des Kindes entsprechende Erziehung nicht gewährleistet ist, gibt es nicht.

Genau an dieser Stelle eröffnet sich das zentrale Problem sozialpädagogischer Praxis im ASD. Auch wenn die Anspruchsvoraussetzungen eindeutig sind, sind viele Menschen nicht allein dadurch schon gewillt und in der Lage, Hilfen in Anspruch zu nehmen. Dann stehen die Fachkräfte des Jugendamtes vor einer schwierigen Situation, da sie – unterhalb einer nachweisbaren Gefährdung – nicht ohne Bereitschaft zur Mitarbeit oder zumindest ohne Zustimmung der Eltern tätig werden können. Sie müssen im Interesse der Verbesserung der Situation der Kinder Motivationsarbeit bei den Eltern leisten, da es ihr sozialpädagogischer Auftrag nicht – wie im Bereich anderer Sozialgesetze – zulässt, dass sie tatenlos warten, bis Eltern ihre Rechtsansprüche aus eigener Kraft und Motivation geltend machen.

Anders verhält sich dies mit *Fallgruppe D*, die die Definition des §1666 BGB widerspiegelt. Eine nachweisbare Gefährdung des Kindeswohls führt bei gleichzeitiger Verweigerung oder Unfähigkeit der Eltern, Hilfen in Anspruch zu nehmen, zur Verpflichtung des Jugendamtes, das Gericht einzuschalten. Dies wird bei den gegebenen Voraussetzungen die für die Hilfeleistung relevanten Teilrechte elterlicher Sorge entziehen und sie auf andere, im Sinne des Kindeswohls entscheidungsfähige Personen (Vormünder/Pfleger) übertragen. Diese können dann im Rahmen ihres Wirkungskreises alle notwendigen Schritte unternehmen, um für das Kind/den Jugendlichen notwendige und geeignete Hilfen zu realisieren. Durch die Übertragung von Sorgerechten auf handlungsfähige und handlungsbereite Vormünder und Pfleger entsteht dann eine Konstellation, die der Fallgruppe B entspricht, mit dem Unterschied, dass statt der Eltern die Vormünder/Pfleger zu den anspruchsberechtigten Personen werden. Insofern lässt sich auch bezogen auf den Eingriff (ins Elternrecht) feststellen, dass er immer mit dem Ziel der Leistungserbringung fürs Kind verbunden ist.

Soziale Arbeit im Zusammenhang mit einer Kindeswohlgefährdung findet also auf einem Kontinuum statt, wobei Jugendhilfe als sozialpädagogische Dienstleistung für Familien (Eltern und Kinder) eine Seite des Kontinuums ausmachen und der Eingriff zum Schutz der Kinder die andere Seite. Das Besondere an dieser Aufgabe ist, dass die beiden Aufgaben oft nicht eindeutig voneinander zu trennen sind und nicht zwei verschiedene in sich kohärente Aufgaben- und Arbeitsformen repräsentieren. So steht auch die Gewährung von Jugendhilfeleistungen als Dienstleistung (im Feld B) mitunter schon in einem eindeutigen Zwangskontext – nämlich dann, wenn Eltern Hilfe erst dann annehmen, wenn sie entweder durch äußeren Druck (von Schule, Kindergarten, Nachbarn, Verwandten) dazu gezwungen werden, oder wenn sie durch den Hinweis auf gerichtliche Maßnahmen durch die Fachkräfte des Jugendamtes selbst einer „freiwilligen" Hilfe zustimmen. Wenn zu dem inneren Druck durch nicht bewältigte Lebensverhältnisse der beschriebene äußere Druck hinzukommt und Eltern in dieser Situation „resignieren" und einer Hilfe durch das Jugendamt – bis hin zur Fremdunterbringung der Kinder – zustimmen, lässt sich der Zwangskontext allein dadurch beschreiben, dass den betroffenen Eltern de facto die Rolle des

„autonomen Kunden" nicht offen steht, da ihnen die entscheidende Wahlmöglichkeit (nämlich nicht Kunde sein zu wollen) fehlt.

Auf der anderen Seite des Kontinuums sind aber auch Eingriffstätigkeiten (im Feld D) zum Schutz von Kindern nicht immer eindeutig als ausschließliche Zwangstätigkeit zu charakterisieren. Es gilt für Jugendamt und Gericht stets die Maxime des geringstmöglichen Eingriffs. Also selbst im Zwangskontext des gerichtlichen Verfahrens gilt ein stetes Bemühen der Gewinnung von Eltern, zumindest Teile der elterlichen Sorge selbst verantwortungsvoll wahrzunehmen. So stellt ein Entzug des Aufenthaltsbestimmungsrechts zwar einen extremen Eingriff in elterliche Rechte dar, andererseits bedeutet er aber auch, dass die Eltern die ihnen verbleibenden Sorgerechte nach ihren Vorstellungen weiterhin realisieren können sollen – sofern dies keine Gefährdung für das Kind bedeutet. Bezogen auf die verbleibenden Sorgerechte muss das Jugendamt mit den Eltern in eine Diskussion eintreten, die im Prinzip – wenn auch unter der Prämisse des erfolgten massiven Eingriffs – wieder durch eine eher „freiwillige" Mitarbeit der Eltern zu charakterisieren wäre.

Es lässt sich festhalten, dass sich in der Tätigkeit des ASD im Kontext einer potentiellen Kindeswohlgefährdung kundenorientierte Dienstleistungsaufgaben und wächterorientierte Eingriffsaufgaben auf einem Kontinuum übergangslos miteinander verzahnen und verschränken. Wenn das Jugendamt mit Familien arbeitet, in denen das Wohl der Kinder potentiell *gefährdet* ist – und dies beginnt oft schon dann, wenn im Rahmen der Hilfe zur Erziehung festgestellt werden muss, dass eine dem Wohl des Kindes entsprechende Erziehung *nicht gewährleistet* ist –, durchdringen sich dienstleistungs- und wächterorientierte Aufgaben oft so miteinander, dass für die Familien Zwangskontexte unterschiedlicher Dichte und Intensität entstehen.

3. Notwendige Rahmenbedingungen qualifizierter ASD-Arbeit im Spannungsfeld von Hilfe und Kontrolle

Die sozialpädagogischen Fachkräfte des Jugendamtes geraten angesichts der hier beschriebenen unabweisbaren Anforderungen und Strukturen des Handlungsfeldes oft in eine fachliche Zerreißprobe. In jedem Einzelfall bleibt stets die prekäre Gratwanderung – das „quälende Dilemma" (Goldstein u.a. 1988) – zwischen „zu früh, zu spät, zu viel oder zu wenig". Die Diskussion um die Garantenpflicht der SozialarbeiterInnen des Jugendamtes und die Erfahrung, dass KollegInnen strafrechtlicher Verfolgung ausgesetzt sind, wenn Kinder in betreuten Familien zu Schaden oder zu Tode kommen (vgl. z.B. Mörsberger/Restemeier 1997), stellen weitere erhebliche Belastungen für die Fachkräfte in diesem Feld dar. Eine konstruktive Bewältigung dieser Belastungen setzt spezifische Rahmenbedingungen für die Arbeit voraus:

Organisatorische Rahmenbedingungen

Auch zehn Jahre nach In-Kraft-Treten des KJHG wird immer wieder deutlich, dass viele Jugendämter keine hilfreichen Organisationsformen entwickelt haben, um den komplexen Anforderungen moderner ASD-Arbeit unter den Ansprüchen des KJHG gerecht zu werden. Insbesondere fehlt es an verbindlichen Strukturen, wie das Zusammenwirken mehrerer Fachkräfte durch kollegiale Beratung als das gesetzlich verbindlich vorgeschriebene Verfahren bei der Hilfeplanung umzusetzen ist. Ein hohes Maß an Handlungsunsicherheit von ASD-Fachkräften ist als ‚hausgemacht' anzusehen, da ihnen solche verbindlichen, Sicherheit schaffenden Arbeitsformen nicht angemessen zur Verfügung stehen.

Als solche Arbeitsformen wären anzusehen:

1. Die uneingeschränkte Fallverantwortung der fallführenden Fachkraft: Sie muss sich – wie wir im Extrem an den strafgerichtlichen Verfahren sehen – für die Qualität ihrer Beratungen und Entscheidungen rechtfertigen. Das Team kann ihr diese individuelle Verantwortung nicht abnehmen, muss den Einzelnen aber in der Wahrnehmung seiner Verantwortung stärken. Dies geschieht durch kollegiale Beratung und Kontrolle und über die fachlichen Aushandlungsprozesse über Problemwahrnehmung und Hilfeperspektiven. Findet eine solche kollegiale Beratung und Aushandlung – insbesondere in unsicheren Fällen – nicht statt, wird die individuelle Fallverantwortung nicht professionell wahrgenommen. Der Versuch, bindende Teamentscheidungen zum Entscheidungsmodus im Jugendamt zu erheben, entbindet die Fachkraft nicht ihrer individuellen Verantwortung, schwächt ihre Position gegenüber der Familie und ist ein Schritt in die falsche Richtung (organisierte Unverantwortlichkeit).

2. Verankerung der Verpflichtung zur kollegialen Beratung, Reflexion und Kontrolle in den Arbeitsplatzbeschreibungen der ASD-Fachkräfte und Schaffung eines verbindlichen organisatorischen Rahmens (Zeiten, Orte) für diese Arbeitsform: Als Qualitätskriterium hierfür gilt für Schrapper, der sich mit Qualitätskriterien der Arbeit des ASD beschäftigt hat (vgl. Schrapper 1998, S. 286ff.), dass

    - mindestens 30% der Arbeitszeit für Teamgespräche und kollegiale Beratung zur Verfügung stehen,
    - 20% für einzelfallübergreifende Aufgaben (z.B. GWA, JHP),
    - „nur" 50% für unmittelbar fallbezogene Arbeit, wovon wiederum nur ein Teil für direkten Klientenkontakt zur Verfügung steht (S. 298).

3. Absicherung der kollegialen Beratung, Reflexion und Kontrolle durch die kompetente Wahrnehmung von Leitungsaufgaben (ASD-LeiterInnen): Die Leitungsverantwortung bezieht sich dabei einerseits auf das Verhältnis nach „innen" auf die ASD-Fachkräfte und Teams (zur Begleitung, Moderation, Beratung, Kontrolle) zum anderen aber auch auf die Rahmenbedin-

gungen der Arbeit. Leitung ist verantwortlich dafür, dass professionelle kollegiale Beratung stattfinden kann und auch tatsächlich auf einem guten Niveau stattfindet. Ggf. hat Leitung in diesem Zusammenhang auch externe Unterstützung und Beratung in Form von Supervision und Fallberatung zu sichern. Leitung trägt die Prozessverantwortung für die Einhaltung von Standards und Verfahren im Rahmen der ASD-Arbeit bzw. Hilfeplanung. Es wird aber oft nicht erkannt, dass gerade in diesem Feld eine spezifische Leitungskompetenz gefordert ist, die auch ausgebildet und durch stete Qualifizierung gesichert werden muss. Die Leitung ist die Schlüsselposition zur Gewährleistung eines qualifizierten, motivierten und engagierten ASD.

Sicherung des Kindesschutzes in der Hilfeplanung

Von Seiten der Fachkräfte des Jugendamtes wird im Umgang mit den Familien der Kontrollaspekt der sozialpädagogischen Tätigkeit nur ganz selten offen thematisiert. Die Eltern wiederum haben – oft genährt durch eigene frühere Erfahrungen – sehr häufig ein anderes Bild vom Jugendamt. Jeglichem Thematisieren von Defiziten im familiären oder sozialen Lebenszusammenhang und jeglicher Prüfung (!), ob die Voraussetzungen für eine Hilfe zur Erziehung vorliegen, wohnt ein Kontrollaspekt inne. So ist es nur verständlich, wenn aus der Sicht der Familie „die Leute vom Jugendamt" oft gänzlich anders wahrgenommen werden, als diese wahrgenommen werden möchten oder sich selbst sehen. Hieraus kann sich in der Praxis eine merkwürdig paradoxe Kommunikation entwickeln, die die geforderte Beteiligung und Mitwirkung der Betroffenen im Hilfeplanverfahren nahezu unmöglich macht. Die SozialarbeiterInnen auf der einen Seite leugnen ihren Schutz- und Kontrollauftrag oder versuchen – in Erfüllung ihrer Dienstleistungspflichten –, ihn so gut wie möglich zu verbergen; die Familien wiederum wissen um diesen Auftrag – und spüren ihn in der gesamten Kommunikation – und werden umso misstrauischer, je versteckter die Fachkräfte damit umgehen. So entsteht in der Folge jeweils ein unterschiedlich fokussierter Blick auf die beiden Aspekte sozialarbeiterischer Tätigkeit, der einen fruchtbaren gemeinsamen Dialog verhindert.

Die Folgerung hieraus ist – aller Umprofilierung der Jugendhilfe von der Ordnungstätigkeit zur Dienstleistung (die damit nicht in Frage gestellt werden soll!) zum Trotz –, dass der Handlungsauftrag der Fachkräfte von Anfang an in beiden Teilen – Leistungsaspekt und Schutz- und Kontrollaspekte – gegenüber den Eltern thematisiert werden muss, sobald die Einschätzung besteht, dass das Kind gefährdet ist. Konkret bedeutet dies, dass es zunächst im Rahmen der kollegialen Beratung und dann auch gegenüber den Familien notwendig ist, den Doppelcharakter der eigenen Rolle zu thematisieren, damit er sich nicht unter der Hand durchsetzt und mögliche Hilfeansätze zunichte macht.

Gerade in Gefährdungssituationen von kleinen Kindern, wo nicht davon auszugehen ist, dass diese sich selbst aktiv Gehör verschaffen können, müssen Hilfeplanungsprozesse immer auch unter dem Aspekt gestaltet und geplant werden, welche Wirkungen von den eingeleiteten Hilfen erwartet werden und wer, wann, wo und wie oft diese Wirkungen kontrolliert. Das heißt, jedes Hilfekonzept (*in Fallgruppe B*) bedarf im Falle einer (drohenden) Kindeswohlgefährdung neben dem auf den Einzelfall abgestimmten *Leistungskonzept* (Hilfen zur Erziehung) auch ein dazugehöriges *Schutz- und Kontrollkonzept*, welches sowohl für Eltern als auch für den ASD die notwendige Verbindlichkeit und Eindeutigkeit herstellt. Leistungskonzept und Schutzkonzept sind beides Bestandteile einer umfassenden Hilfeplanung bei Familien, in denen das Wohl der Kinder gefährdet ist. Dass auch das Schutzkonzept Teil (und nicht Antipode) des Hilfekonzeptes ist, ergibt sich daraus, dass ein solches Schutzkonzept gerade dazu dient, die Hilfe gegenüber dem Kind auch dann sicherzustellen, wenn Eltern nicht (mehr) in der Lage sind, Hilfen anzunehmen und damit Gefährdungen für das Kind abzuwenden. Insofern hat auch das Schutzkonzept und ein daraus ggf. resultierender Eingriff ins Elternrecht einen Hilfe- und Leistungscharakter zugunsten des Kindes.

Ein solches Schutz- und Kontrollkonzept muss dann auch genau und verlässlich definieren, was Gegenstand der Kontrolle ist. Dabei kann den vernachlässigenden Eltern deutlich gemacht werden, dass sich das staatliche Wächteramt nicht auf Kontrolle und Eingriff ihnen gegenüber reduziert, sondern dass es darum geht, die Kinder vor Gefahren zu schützen und damit letztlich auch die Eltern davor zu schützen, wissentlich oder unwissentlich ihrem Kind Schaden zuzufügen und in letzter Konsequenz schuldhaft gegenüber ihrem Kind zu handeln. Die Vereinbarungen/Vorgaben werden von den HelferInnen stetig entsprechend des Schutz- und Kontrollkonzeptes auf Einhaltung und Fortentwicklung hin kontrolliert. Diese Kontrolle gewährleistet den größtmöglichen Schutz des Kindes und signalisiert zugleich an die Eltern, dass die HelferInnen an positiven Entwicklungen auch tatsächlich interessiert sind, und dass ein Unterschreiten der definierten basalen Versorgungsleistungen im Interesse des Kindes nicht hingenommen werden kann.

Sozialpädagogische Infrastruktur im Bereich der Hilfen zur Erziehung

Der ASD ist bei bestehenden Erziehungshilfebedarfen zentral darauf angewiesen, dass es vor Ort ein leistungsfähiges Angebot an Erziehungshilfen gibt. Die qualifizierteste Aufgabenwahrnehmung auf den ersten beiden genannten Ebenen versandet, wenn die „notwendigen und geeigneten" Hilfen nicht zur Verfügung stehen.

Die sozialpädagogische Fachlichkeit ist also abhängig davon, dass die „erforderlichen und geeigneten Einrichtungen, Dienste und Veranstaltungen den verschiedenen Grundrichtungen der Erziehung entsprechend rechtzeitig und ausreichend zur Verfügung stehen", wie es wörtlich in §79 SGB VIII als Gewährleistungsverpflichtung des öffentlichen Trägers der Jugendhilfe formuliert wird. Im Rahmen seiner fachlichen, fachpolitischen und kommunalpolitischen Verantwortung ist es also Aufgabe des jeweiligen öffentlichen Trägers, dafür Sorge zu tragen, dass Hilfebedarfe von Kindern und Familien auch befriedigt werden können.

Da die Begriffe „erforderlich", „geeignet", „rechtzeitig" und „ausreichend" aber unbestimmte Rechtsbegriffe sind, ist es wiederum Aufgabe des ASD, aus der Praxis der von ihm zu bewältigenden Aufgaben zu formulieren, an welchen Stellen und wie das örtliche Hilfe- und Unterstützungsangebot Lücken aufweist und durch welche Maßnahmen diese Lücken zu schließen sind (Jugendhilfeplanung).

4. Schlussbemerkung

Sozialpädagogische Arbeit im hier beschriebenen Kontext der Gefährdung von Kindern und Jugendlichen kann dem Doppelcharakter von Hilfe und Kontrolle nicht entfliehen. Es lässt sich festhalten, dass sich in der Tätigkeit des ASD im Kontext einer potentiellen Kindeswohlgefährdung kundenorientierte Dienstleistungsaufgaben und wächterorientierte Eingriffsaufgaben auf einem Kontinuum übergangslos miteinander verzahnen und verschränken und für die Familien Zwangskontexte unterschiedlicher Dichte und Intensität entstehen. Für die Jugendhilfe stellt dies die zentrale Herausforderung dar: Sie will und soll sich – gestützt durch das seit 1990 verabschiedete neue Jugendhilferecht (KJHG) – weg von der Ordnungstätigkeit hin zu einer stärkeren Orientierung am Konzept sozialpädagogischer Dienstleistung profilieren. Auch wenn diese Profilierung durchaus als deutlich vorangeschritten angesehen werden kann (vgl. die vielfältigen und zum Teil sehr flexiblen Hilfsangebote ambulanter, teilstationärer und stationärer Art, die heute in der Regel in den Jugendamtsbezirken zur Verfügung stehen), verbleiben nicht wenige Eltern – wie die jährlich ca. 9.000 Anzeigen an das Gericht und die knapp 8.000 ganzen oder teilweisen Sorgerechtsentzüge in Deutschland zeigen –, die über diese Dienstleistungen nicht zu erreichen sind. Ein Vergleich nur auf Westdeutschland bezogen zeigt, dass sich hier seit den 80er-Jahren keine relevanten Veränderungen ergeben haben (vgl. Münder/Mutke/Schone 2000). Insgesamt lässt sich diesbezüglich das Fazit formulieren, dass die „zivilrechtliche Spitze des Eisbergs" der Kindeswohlgefährdung vor Gericht durch das KJHG nur geringfügig abgeschmolzen werden konnte. Obwohl sich die Spielräume im Vorfeld gerichtlicher Verfahren erweitert haben, stehen auch diese „Angebote" z.T. unter einem deutlichen Zwangskontext, der es den Betroffenen oft schwer oder gar unmöglich macht, sich als „autonome Kunden" zu fühlen und zu realisieren. Die Fülle von gescheiterten sozialpädagogischen Hilfen vor gerichtlichen Verfahren[4] zeigt, dass produktive

---

4 Knapp zwei Drittel der Familien, wo das Jugendamt das Gericht wegen einer Kindeswohlgefährdung einschaltet, haben vor dieser Einschaltung bereits eine sozialpädagogische Erziehungshilfe erhalten (vgl. Münder/Mutke/Schone 2000).

Arbeitsbündnisse zwischen Eltern und dem Jugendamt unter diesen Bedingungen oft nicht zu realisieren sind. Oft wird gerade der nunmehr gescheiterte Dienstleistungsvorgang zur letzten Legitimation für die Berechtigung oder die Notwendigkeit eines Eingriffs.

Literatur zur Vertiefung

Goldstein, J./Freud, A./Solnit, A. J./Goldstein, S. (1988): Das Wohl des Kindes. Grenzen professionellen Handelns. Frankfurt/M.
Münder, J./Mutke, B./Schone, R. (2000): Kindeswohl zwischen Jugendhilfe und Justiz. Münster
Schrapper, Ch.(1998): „Gute Arbeit machen" oder „Die Arbeit gut machen"? – Entwicklung und Gewährleistung von Qualitätsvorstellungen für die Arbeit im Allgemeinen Sozialen Dienst. In: Merchel, J. (Hrsg.) 1998, S. 286-310

Literatur

Goldstein, J./Freud, A./Solnit, A. J./Goldstein, S. (1988): Das Wohl des Kindes. Grenzen professionellen Handelns. Frankfurt/M.
Hesselberger, D. (1996): Das Grundgesetz. Kommentar für die politische Bildung. 10. Aufl., Neuwied
Institut für soziale Arbeit e.V. (Hrsg.) (1994): Hilfeplanung und Betroffenenbeteiligung. Soziale Praxis, Heft 15, Münster
Merchel, J. (Hrsg.) (1998): Qualität in der Jugendhilfe. Kriterien und Bewertungsmöglichkeiten. Münster
Mörsberger, Th./Restemeier, J. (Hrsg.) (1997): Helfen mit Risiko. Zur Pflichtenstellung des Jugendamtes bei Kindesvernachlässigung. Dokumentation eines Strafverfahrens gegen eine Sozialarbeiterin in Osnabrück. Neuwied
Münchner Kommentar zum BGB, Bd. 8 (1992): Familienrecht II, 3. Aufl., München
Münder, J./Jordan, E./Kreft, D./Lakies, Th./Lauer, H./Proksch, R./Schäfer, K. (1998): Frankfurter Lehr- und Praxiskommentar zum KJHG/SGBVIII. 3. vollst. überarb. Aufl., Münster
Münder, J./Mutke, B./Schone, R. (1998): Quantitative und qualitative Aspekte der Sicherung des Kindeswohls zwischen Jugendhilfe und Justiz. In: Recht der Jugend und des Bildungswesens, Heft 2/1998, S. 195-205
Münder, J./Mutke, B./Schone, R. (2000): Kindeswohl zwischen Jugendhilfe und Justiz, Münster
Schrapper, Ch.(1998): „Gute Arbeit machen" oder „Die Arbeit gut machen"? – Entwicklung und Gewährleistung von Qualitätsvorstellungen für die Arbeit im Allgemeinen Sozialen Dienst. In: Merchel, J. (Hrsg.) 1998, S. 286-310
Simitis, S./Rosenkötter, L./Vogel, R./Boost-Muss, B./Frommann, M./Hopp, J./Koch, H./Zenz, G. (1979): Kindeswohl. Eine interdiziplinäre Untersuchung über seine Verwirklichung in der vormundschaftsgerichtlichen Praxis. Frankfurt/M.

Luise Hartwig

Spezialisierung versus Entspezialisierung

Zusammenfassung: In dem Beitrag werden Entwicklungslinien aufgezeigt, die die Grundlage für den Diskurs pro und contra Spezialisierung in der Jugendhilfe und in der Frauen- und Mädchenarbeit bilden. Für beide Bereiche wird gezeigt, dass Spezialisierungen wichtige Impulse für die Qualifizierung der Sozialen Arbeit liefern, dass aber im Grundsatz nur eine Entspezialisierung der Hilfen der gesellschaftlichen Entwicklung im Hinblick auf die sich verändernden Lebenswelten von Kindern, Jugendlichen und Familien Rechnung tragen kann. Eine darüber hinaus dem Anspruch der Geschlechtergerechtigkeit genügende Jugendhilfe (Gender Mainstream) benötigt Spezialwissen in Sachfragen aus der Frauen- und Mädchenarbeit, kann aber als Hilfe ganzheitlich und sozialraumorientiert entwickelt werden. Hierzu sind spezifische Kompetenzen von MitarbeiterInnen erforderlich; spezialisierte Einrichtungen als Lebensorte hingegen sind weitgehend verzichtbar.

1. Woher stammt die Diskussion?

„In einer sich verändernden Gesellschaft muss sich Sozialarbeit generell, Jugendhilfe aber im Besonderen permanent verändern. Je schneller und je genauer es ihr gelingt, auf veränderte Umstände zu reagieren, auf neue Fragen neue Antworten zu finden, andere Aufgaben aus ihren andersartigen Bedingungen zu verstehen und mit adäquaten Mitteln und Methoden anzugehen, desto hilfreicher und wirkungsvoller ist die Jugendhilfe" (Bäuerle 1969). Diese Einschätzung legte vor gut dreißig Jahren den Grundstein für ein Verständnis von flexibler Jugendhilfe und flexiblen Erziehungshilfen. Die Jugendhilfe sollte dazu in der Lage sein, auf sich verändernde gesellschaftliche Entwicklungen zu reagieren und nicht erwarten, dass sich die Individuen bestehenden Maßnahmen und (Groß)-institutionen anpassen. Das Heim als „totale Institution" galt als Spezialeinrichtung und weniger als „lohnender Lebensort". Es wurde im Hinblick auf seine stigmatisierenden, zentralisierenden, isolierenden und reglementierenden Strukturen und Wirkungsweisen in den Blick genommen. Die Probleme der Kinder wurden vielfach auf Symptome reduziert und reale Problemlagen vernachlässigt. Die Gedanken Bäuerles waren eine Voraussetzung für die kritische Auseinandersetzung mit der Spezialisierung von Einrichtungen und stellten die Grundlagen der Jugendhilfe in den 60er und 70er-Jahren in einen neuen Zusammenhang.

Bereits die *Kritik der Heimerziehung* hat in den 70er-Jahren eine Dezentralisierung von Heimen gefordert, um den aufgezeigten Problemen der Erziehung von Kindern in Großinstitutionen entgegenzuwirken und die Handlungslogik der Heime im Sinne der totalen Institution aufzulösen. Erziehungsheime sollten mehr an überschaubaren kleinen Organisationsformen wie familialen Lebensgemeinschaften und Wohngruppen orientiert werden. Das Ziel war in dieser Zeit die Anbindung der Hilfen an die regionalen Gegebenheiten und den Alltag der Betroffenen durch die Dezentralisierung des Großheimes und die Schaffung kleinerer Erziehungseinheiten (vgl. Birtsch u.a. 1980).

Auch der Zwischenbericht der Kommission Heimerziehung, der in Folge der Heimrevolte zentrale Kritikpunkte der Heimerziehung untersuchte, befürwortete einerseits eine Anbindung der Heime an den Lebensraum von Kindern und Familien (Dezentralisierung), und maß andererseits der „Despezialisierung" von Maßnahmen und Einrichtungen zum bedarfsgerechten Umbau von Hilfen große Bedeutung bei (vgl. Zwischenbericht der Kommission Heimerziehung 1977, S. 171f.). Das milieunahe Heim sollte qualifiziert werden und auf hohem Niveau arbeiten, um mit abweichendem Verhalten jeder Art umgehen zu können und in die Herkunftsfamilien hinein stabilisierend zu wirken. Diese Einschätzung der Kommission fand keine ungeteilte Zustimmung. Die Diskussion pro und contra Spezialisierung und Therapeutisierung der Jugendhilfe beschäftigte die Fachleute (vgl. Wolf 1993). Die pädagogische Handlungslogik orientierte sich vielfach an dem medizinischen Modell: Auffälligkeiten werden diagnostiziert und von Spezialisten behandelt. Parallel zu dieser Diskussion entstanden in den 70er und 80er-Jahren diverse spezialisierte Angebote und Einrichtungen wie z.B. heilpädagogische Heime.

Die BefürworterInnen der *Spezialisierung* sehen einen besonderen Förderungsbedarf der jeweiligen Zielgruppe, den es nur mit Spezialisten und in eigenen Einrichtungen zu bearbeiten gilt. Sie gehen davon aus, dass neben der besonderen Förderung der Zielgruppe auch ein Schutz für jeweils von anderen Problemlagen betroffenen Jugendlichen wichtig ist, damit spezielle Probleme mit besonderem Förderungsbedarf nicht „Schule machen" für andere Jugendliche. Der Focus dieser Fachrichtung liegt auf der Orientierung an den Problemen von Kindern. Die Auffälligkeiten der Kinder sollen mit speziellen Maßnahmen behoben werden. Dafür sind wiederum spezielle Einrichtungen in räumlicher Distanz vorzuhalten. „Abweichendes Verhalten" soll als Orientierung für andere Jugendliche vermieden werden. Der Gedanke ist von der Sorge getragen, dass z.B. in der Praxis der Jugendhilfe alle Mädchen anfangen, sich zu prostituieren, alle Jugendliche beginnen, Drogen zu konsumieren, alle Jungen zu kriminellen Crash-Kids werden etc. Der Gedanke der Spezialisierung bezieht sich dabei einerseits auf die MitarbeiterInnen wie z.B. Psychologinnen und Psychologen in gruppenübergreifenden Diensten und andererseits auf die Angebote wie therapeutische Spezialgruppen für z.B. aidsinfizierte oder drogengebrauchende, sexuell missbrauchte oder sich prostituierende Jugendliche, kriminelle Kids oder rechte Jugendliche.

Die GegnerInnen der Spezialisierung fordern grundlegende Integration aller auftretenden jugendlichen Problemlagen in die jeweiligen Arbeitskonzepte, damit die Jugendlichen nicht stigmatisiert und auf ihre besondere Problemlage festgelegt werden und in Sondereinrichtungen untergebracht bzw. abgeschoben werden. Der Focus dieser Fachrichtung liegt darauf, eine ganzheitliche Perspektive auf das Kind als Subjekt seiner Entwicklung und der Problembewältigung in seinem Lebensraum einzunehmen. Die Probleme sollen dort gelöst werden, wo sie entstehen. Im Extremfall sprechen sich die GegnerInnen der Spezialisierung für individuelle Hilfen in Form von Einzelmaßnahmen aus (§35 KJHG). Münder u.a. (1998) kommentieren aber auch den Regelfall der Erziehungshilfe §34 KJHG Heimerziehung, sonstige betreute Wohnform mit den Schlüsselbegriffen Dezentralisierung, Entspezialisierung und Flexibilisierung als Garanten für eine sich wandelnde moderne Erziehungshilfe.

Grundsätzlich legt *Professionalisierung* Spezialisierung nahe. Je mehr sich eine Profession (wissenschaftlich) weiterentwickelt und ausdifferenziert, desto spezialisierter werden auch die einzelnen Ausbildungsbereiche. Dieses Phänomen ist z.B. in der Medizin schon lange zu beobachten. Je größer ein Problem oder je schwerer eine Krankheit ist, desto eher geht man zum Spezialisten. Dieses Prinzip wird in der Medizin angewandt und auch kritisch gesehen, in der Sozialpädagogik wird es ähnlich kontrovers diskutiert. Die Spezialisierung von Einrichtungen in Erziehungshilfen fördert das Verlegen und Abschieben von Kindern. Lebensfeldwechsel, Bezugspersonenwechsel und eine Vielzahl von Folgeproblemen sind die Auswirkungen auf die Kinder (vgl. Freigang 1986). Insoweit ist Spezialisierung in der Arbeit mit dem ganzen Menschen ein Problem, auch wenn sie nicht grundsätzlich verzichtbar ist. Es geht darum, Spezialwissen in alltagsorientierte Angebote zu integrieren.

Soziale Dienstleistungen, die sich lediglich auf einen kleinen Ausschnitt aus der Lebenswelt des Klienten oder der Klientin beziehen, vernachlässigen häufig unerwünschte Nebenwirkungen. Ein Kind, das wegen Schulschwierigkeiten in einer psychologischen Beratungsstelle vorgestellt wird, die nicht zunächst darüber nachdenkt, ob dieses Kind überhaupt einen Ort hat, an dem es essen, geschweige denn Schulaufgaben machen kann, hat wichtige Faktoren aus dem Auge verloren. Ein drogengebrauchender Jugendlicher, der als Stricher arbeitet, um seinen Drogengebrauch zu finanzieren, steht zwischen der Drogen- und Stricher- bzw. Gesundheitshilfe und möchte vielleicht zunächst ein Dach über dem Kopf. Eine Schulverweigerin, die zuhause ihre Mutter vor gewalttätigen Übergriffen des Vaters schützt, ist mit schulmotivierenden Einzelmaßnahmen nicht zu erreichen, weil sie zunächst Hilfe für ihre Mutter organisieren muss. Diese Beispiele zeigen die Vielschichtigkeit von Problemlagen, die nur mit Hilfe einer ganzheitlichen und damit entspezialisierten Perspektive zu lösen sind.

Die in den letzten 30 Jahren geführte Fachdiskussion um Geschlossene Unterbringung für einen sog. nicht mehr tragbaren Jugendlichen ruht auf eben dieser konträren Ausgangsposition. Die Einen möchten die Kinder vor sich und anderen schützen und in Geschlossener Unterbringung besonders fördern, die Anderen wollen sie im Netz bestehender Hilfen betreuen und so Verlegungen und Abbrüche vermeiden. Auch die Diskussion um die Integration behinderter Kinder und Jugendlicher in den Zuständigkeitsbereich des KJHGs ist ein Ausdruck dieses integrierenden Jugendhilfeverständnisses. Zunächst sind es Kinder und Jugendliche und darüber hinaus haben sie Beeinträchtigungen. Für die seelischen Behinderungen (§35a) ist der Gesetzgeber diesem Gedanken gefolgt, für körperliche Behinderungen oder mehrfach behinderte Kinder und Jugendliche nicht.

2. Aktueller Stand und Lebensweltkonzept

Eine Zwischenauswertung der geführten Diskurse kann einen fachlichen Trend Richtung *Entspezialisierung* und Lebensweltorientierung ausmachen. Aktuelle Kommentare zum KJHG nehmen eindeutig Stellung im Hinblick auf Entspezialisierung und fordern diese auszubauen und weiterreichend zu berücksichtigen.

Die neuere Diskussion der Jugendhilfe seit in Kraft treten des KJHGs unterscheidet zwei Ebenen in der Diskussion über Entspezialisierung:

a) eine strukturelle, die sich mit der Frage befasst, wie können Hilfen so organisiert werden, dass nicht die Eigendynamik der Organisation von Hilfen und Institutionen sowie der Träger, die Problemlagen der Betroffenen konterkarieren. Dahinter steht die Idee, Hilfen vernetzt und kooperierend von einer Stelle aus anzubieten. Und

b) eine personorientierte, die sich fragt, wie können Mitarbeiterinnen und Mitarbeiter so qualifiziert werden, dass sie bereit und in der Lage sind, differenzierte Hilfen „aus einer Hand" – das meint in der Praxis der Jugendhilfe aus der Einheit eines professionellen Teams – zu gewährleisten?

Es geht also um die (Neu-)Organisation von Hilfen und die Qualifikation und (Neu-)Orientierung von MitarbeiterInnen. Der rechtliche Rahmen für diese Veränderungen ist durch das KJHG geschaffen worden und schlägt sich z.B. in der Gleichrangigkeit aller erzieherischer Hilfen und einer nicht abschließenden Aufzählung möglicher Formen nieder. Die kritische Diskussion, bezogen auf die Gliederung der einzelnen Hilfen, erfasst dann auch die Struktur der Aufgabenbereiche der Jugendhilfe insgesamt. Das KJHG legt mit seiner Struktur der Trennung von offenen Angeboten wie Familienförderung, Beratung und offener Kinder- und Jugendarbeit einerseits, und seinem spezifischen Leistungsspektrum erzieherischer Hilfen mit Rechtsanspruch für die Erziehungsberechtigten andererseits, eine Spezialisierung der

Angebote auf spezifische Problemlagen sowie der freien Träger auf spezifische Zielgruppen und Maßnahmen nahe. Die „Versäulung" der Angebote und die Rangfolge der einzelnen Paragraphen im KJHG vermitteln eine Organisation der Jugendhilfe, die sich eher an Verwaltungsprinzipien wie Zuständigkeiten und Finanzierungsgrundlagen und weniger an den Bedarfslagen und Lebensräumen von Familien und einzelnen Individuen orientiert. Böhnisch (1998, S. 19f.) verweist in diesem Zusammenhang darauf, dass die organisatorische Eigenständigkeit der Träger als Grundlage der Mittelbezuschussung und -bewirtschaftung einer breiten Vernetzung der Träger entgegenstehe. Er fordert „Hilfen aus einer Hand", die sozialräumlich-integrativ angelegt sind und gleichzeitig eine biographische Integrationshilfe für Ratsuchende anbietet. Es geht um die Ausrichtung der Hilfe an den sozialstrukturellen Verhältnissen des Stadtteils im Sinne der Verbesserung der sozialen Infrastruktur und gleichzeitig einer Personorientierung der Hilfe auf der Basis von Fallverstehen als Grundlage für Hilfeplanung in der Lebenswelt der Betroffenen. *Sozialraumorientierung* kann somit eine Voraussetzung zur Abschaffung der Maßnahmeorientierung sein. Dieser Ansatz wird in der Praxis durch neue Konzepte der Gemeinwesenarbeit in sozialen Brennpunkten und dem Programm der Bundesregierung zur sozialen Stadt umzusetzen versucht (vgl. Stiftung SPI u.a. 2000; Bitzan 1998). Auch hier wird davon ausgegangen, dass ein innerer Zusammenhang zwischen individuellen Problemlagen der BewohnerInnen und sozialstrukturellen Problemen eines Stadtteils besteht.

Organisatorisch ist die Diskussion um Entspezialisierung einzelner Hilfeformen in dem Konzept der „Flexiblen Betreuung" aufgegriffen und umgesetzt worden (vgl. Klatetzki 1994; Boomgaarden 1998). Dieser Ansatz wendet sich gegen eine spezialisierte Betreuungsorganisation, die aufgrund höchst ausdifferenzierter und relativ fester Strukturen wenig in der Lage ist, auf individuelle Bedürfnisse von Kindern und Jugendlichen einzugehen. Der Leitgedanke ist dabei, nicht die Jugendlichen sollen sich bestehenden Angeboten anpassen, sondern Betreuungsformen sollen sich flexibel den individuellen Bedürfnissen und Problemlagen von Kindern und Familien anpassen. Damit soll auch der zunehmenden Individualisierung von Lebensläufen und der Pluralisierung von Lebenswelten Rechnung getragen werden. Das Betreuungssetting gilt als individuelle Dienstleistung sowohl für die Fachkraft als auch für den HilfeempfängerInnen. Diese Individualisierung von Hilfen birgt für die Betroffenen wie für die BetreuerInnen erhebliche Schwierigkeiten (vgl. Hartwig/Kriener 1993). Diese Hilfeorganisation verlangt häufig eine institutionelle Freisetzung, die die MitarbeiterInnen wie die zu Betreuenden betrifft. Der Wegfall institutioneller Strukturen und sozialer Kontakte, z.B. die Gruppe als sinnstiftendes soziales und kommunikatives Mittel; das Team in gleicher Betreuungsveranwortung und alltäglichem Erlebens- und Arbeitszusammenhang gewährt den Beteiligten ein Orientierungsmaß, das durch individuelle Arrangements nur schwerlich zu kompensieren ist.

Auf die Auswirkungen dieser individuellen Betreuungssettings im Sinne der Vereinsamung und Überforderung der Jugendlichen macht Sladek (2000) nachdrücklich aufmerksam. Die zunehmend kompensatorisch organisierten flankierenden Maßnahmen in Gruppen sowohl für die BetreuerInnen durch die Zusammensetzung als Teams mit Beratung und für die Jugendlichen in Gruppenangeboten der Versorgung und der Freizeitgestaltung können alltägliches Zusammenleben als pädagogisches Prinzip nur z.T. kompensieren. Damit zeitigen Konzepte zur Entspezialisierung auch neue Schwierigkeiten. Wenig erforscht und erprobt sind z.B. auch Konzepte, die die Verschränkung von Angeboten der offenen Jugendarbeit mit erzieherischen Hilfen vorsehen (vgl. Bürger 1998). Ebenso ist die Idee integrierter Erziehungshilfen bislang vorrangig konzeptionellen Diskursen und modellhaften Erprobungen geschuldet (vgl. Wolff 2000; Peters u.a. 1998).

Für soziale Fachkräfte ist das Gebot der Ganzheitlichkeit in der Problemerkennung bedeutsam, auch wenn Hilfekonzepte immer Prioritäten verlangen und Handlungskonzepte klarer Zielbenennungen bedürfen. SozialpädagogInnen können als Fachkräfte für das Allgemeine Zusammenhänge in der Problembearbeitung berücksichtigen, ohne auf eigenes Spezialwissen für Einzelsymptome verzichten zu müssen. Diese Erkenntnis, die sich in der Diskussion um Schlüsselqualifikationen für Sozialberufe niederschlägt, deutet auf die Notwendigkeit der Zusammenführung von Spezialwissen und grundlegende Allgemeinkompetenzen hin. Sie vermittelt die Herausforderung an die Jugendhilfe, Qualifikationsprofile von MitarbeiterInnen jenseits vom Spezialistentum einzufordern, ohne den Anspruch auf Spezialwissen auch aus angrenzenden Disziplinen einzuschränken. Dieser Anspruch ist zentral, damit Despezialisierung nicht als rechtfertigendes Argument für Dequalifizierung angeführt wird.

Im Bereich der Mädchen- und Frauenarbeit wird die Notwendigkeit dieses doppelten Anforderungsprofils nur zu deutlich: einerseits verlangt die Arbeit mit Mädchen und Frauen als Querschnittsaufgabe eine Berücksichtigung der spezifischen Kenntnisse aus der geschlechtsbezogenen Arbeit wie z.B. sexueller Gewalt, Familienplanung, Berufsintegration etc., andererseits zeigt sich gerade in den gemischtgeschlechtlichen Arbeitsbereichen, dass dieser Anspruch weder eingelöst noch das entsprechende Spezialwissen vorhanden ist. Die u.a. aus dieser Erkenntnis gegründeten feministischen Projekte wie Mädchenhäuser, Frauenhäuser und Projekte der frauenbezogenen Jugendsozialarbeit werden als Spezialprojekte kritisiert, ergänzen aber die Jugendhilfe um innovative Projekte in Arbeitsbereichen, die nur unzureichend für geschlechtsbezogene Arbeit qualifiziert sind. Dies trifft z.B. auf die Erziehungshilfe zu (vgl. BMFSFJ 1998). Dieser Aspekt wird im Folgenden in der Diskussion um Gender Mainstream eingehender betrachtet.

3. Frauen- und Mädchenarbeit, eine Spezialmaßnahme oder Querschnittsaufgabe der Jugendhilfe: die Gender-Mainstream-Debatte

In der *Mädchen- und Frauenarbeit* gehören Ganzheitlichkeit und Partizipation, Parteilichkeit und Autonomie seit den 80er-Jahren als Handlungsmaximen zu den Konzepten feministischer Arbeit. Trotz dieses ganzheitlichen Arbeitsansatzes gelten z.B. Mädchenhäuser mit ihren integrierten Arbeitskonzepten im Sinne der Zusammenführung von Beratungsangeboten, erzieherischen Hilfen und offener Mädchenarbeit, in der Jugendhilfe als Spezialmaßnahmen, die wenig Einfluss auf die Veränderung fachlicher Standards in der Erziehungshilfe haben (vgl. Kriener/Hartwig 1997). Dieser offensichtliche Widerspruch hat eine mögliche Ursache in der fehlenden Vernetzung der Diskurse in der Jugendhilfe und der Frauenforschung. Im Folgenden wird deshalb zunächst die Entwicklung der Frauenarbeit als Grundlage der Gender-Mainstream-Debatte dargestellt, um anschließend mögliche Auswirkungen auf die Jugendhilfe zu betrachten.

Der Begründungszusammenhang der Frauenarbeit stammt aus den Erkenntnissen der Frauenbewegung, die sich auf die Perspektive des Alltags von Frauen, der Zusammengehörigkeit von Privatem und Politischem verständigt hat. Die Diskurse bewegten sich zwischen der Ablehnung von Spezialwissen auf der einen Seite und gezielter Frauenförderung in Institutionen auf der anderen Seite. Einerseits galt das weibliche Prinzip der Enthierarchisierung durch Hinterfragen von Spezialistenwissen: als Betroffene gleicher Problemlagen sind Frauen grundsätzlich kompetent und gleich. Andererseits wurde strategisch auf Machterwerb von Frauen in Institutionen gesetzt. Inhaltlich bezog sich die Diskussion z.B. auf den Bereich der Gewalt gegen Frauen und Mädchen und den Opferschutz. Für die Organisation der Arbeit galt das Prinzip der Basisdemokratie – das Frauenplenum als Ort unmittelbarer Entscheidungsfindung – ohne institutionalisiertes Vertretungswesen wie es in Gewerkschaften und Parteien anzutreffen ist. Die autonomen Frauenbündnisse jenseits parlamentarischer Strukturen, sollten einen Blick auf individuelle und strukturelle Herrschaftsverhältnisse zulassen, die nur aus der Distanz zu reflektieren und zu verändern sind.

Diese Annahmen hatten und haben für die Entwicklung sozialer Arbeit weitreichende Konsequenzen. Die Frau im Mittelpunkt des Erkenntnisinteresses förderte eine Perspektive weg von den Problemen, die die Gesellschaft mit ihnen hat, hin zu denen, die sie selbst als beeinträchtigend empfindet. Die Selbsthilfebewegung lebte und lebt von diesen Gedanken und organisiert so niederschwellige Hilfen in selbstbestimmten Zusammenhängen. Die Angebote können problemspezifiziert sein, müssen aber aus der Selbstbestimmung der Subjekte entstehen. Dadurch ist eine Zielgruppenbezogenheit ohne Stigmatisierung möglich.

Andere Annahmen wurden von der Frauenbewegung verworfen: die Erkenntnis, dass nicht alle Frauen aufgrund ihres Frauseins einen gleichen Zugang zur Welt haben, nicht alle Frauen gesellschaftliche Problemlagen geschlechtsbezogen interpretieren und lösen möchten, führte zu einer Differenzierung der Hilfen und der Angebote und auch zu einer Professionalisierung der Sozialen Arbeit. Allerdings werden einige Handlungsmaximen nach wie vor, wenn auch in modifizierter und qualifizierter Form angewandt (vgl. Hartwig/Weber 2000). Ganzheitlichkeit und Parteilichkeit, Partizipation und Autonomie gelten nach wie vor als Gütekriterien feministischer Arbeit. Die Erkenntnis, Probleme nicht isoliert zu betrachten, sondern sie aus dem Lebenszusammenhang der Frau zu verstehen und sie dort zu klären wo sie entstehen, ist eine grundlegende Handlungsmaxime aus der Sozialarbeit von und mit Frauen.

Insoweit ist im Bereich der Frauen- und Mädchenarbeit – lange vor der Diskussion um Entspezialisierung aufgrund von Lebensweltorientierung – ein Zugang zu dem Thema ganzheitliche Hilfen geschaffen worden. Grundlegende Opposition zu bestehenden Institutionen und Handlungskonzepten führte in der Frauenbewegung zunächst zu umfassenden Hilfsangeboten für Betroffene von Gewalt. Diese Grundsätze haben in der Sozialen Arbeit nur in kleinen Bereichen Eingang in die Organisation der Jugendhilfe gefunden. Durch die Ablehnung der institutionalisierten und vor allem staatlichen Interventionsstrategien hat sich die Frauen- und Mädchenarbeit trotz finanzieller Abhängigkeit vom Staat in kritischer Distanz zu bestehenden Organisationen und staatlichen Institutionen gehalten. Der Beginn der Frauenhausarbeit und später der Mädchenhäuser sind von ihrer Philosophie her einer lebensweltorientierten Jugendhilfe verbunden, von der Praxis der Organisation der Jugendhilfe sind sie z.T. weit entfernt. Das Konzept des Gender Mainstream bietet nun eine Chance, Frauen- und Mädchenarbeit vom Status der speziellen Hilfe zu befreien und die fachlichen Standards als grundlegende Arbeits- und Organisationsprinzipien in die Jugendhilfe zu integrieren.

Gender Mainstream

Die neue Frauenpolitik aus Brüssel versucht mit dem Konzept des Gender Mainstream, Frauenpolitik als Querschnittsaufgabe in alle Politikbereiche einzuführen und einer institutionalisierten Kontrolle zu unterziehen. Damit löst sie die Diskussion um Frauen- und Mädchenarbeit als autonomes Organisationsprinzip ab. Oder, um der Argumentation von Stiegler (1998) zu folgen, ergänzt sie um eine grundlegende Perspektive. Es soll nicht mehr nur um Frauen- und Mädchenprojekte als Spezialaufgabe der Jugendhilfe, sondern um Frauen und Mädchen in allen Jugendhilfebereichen im Sinne einer Querschnittsaufgabe gehen. Die sog. Frauenfrage in Jugendhilfe und Politik, in der es um Frauen und Mädchen als Betroffene und Klientel geht, wird erweitert um alle Politik- und Jugendhilfefelder, von deren Auswirkungen Frauen betroffen sind, und die auf beide Geschlechter bezogen reflektiert werden sollen. Die Geschlechterperspektive soll gerade auch dort eingenommen werden, wo die Frauenrelevanz einer Verordnung oder eines politischen Themas auf Landes-, Bundes- oder Europaebene nicht vorhanden zu sein scheint. Diese Vorgehensweise zielt darauf ab, den Status von Frauen als das „Besondere-Mindere-Andere" (Knapp 1987, S. 257) zu überwinden und in jeglicher Hinsicht auf eine gerechtere Betrachtung und Bearbeitung gesellschaftlicher Entwicklung für beide Geschlechter zu achten. Damit ist das Gender-Mainstream-Konzept Ziel und Methode zugleich (vgl. Karsten/Hetzer/Riesen 2000).

Die Idee, eigenständige Frauenpolitik zugunsten einer Geschlechter-Querschnittspolitik aufzulösen und damit einen breiteren Wirkungsbereich für die Frauenpolitik zu schaffen, realisiert sich nur langsam. Dieses Anliegen, das unter anderem in der Praxis der Verwaltungsreform in den Institutionen durch die Auflösung eigener Ressorts für Frauen, wie z.B. Frauenministerien und die Schaffung von Frauenreferaten in allen Ministerien umgesetzt wird und werden soll, zeigt einige gravierende Probleme. Gender Mainstream wird an Prämissen ausgerichtet, die (noch) nicht gegeben sind. Eine Ausrichtung von Politik im Allgemeinen an dem Kriterium der *Geschlechtergerechtigkeit* benötigt einen gesellschaftlichen Konsens hierzu und eine Machtbalance in der geschlechtsbezogenen Interessenvertretung, der bislang nur in Ansätzen gegeben ist. Die Gedanken zur neuen Frauenpolitik, die sich an der Dekonstruktion des Geschlechterverhältnisses orientieren, scheinen der Praxis in Politik und Jugendhilfe noch nicht zu entsprechen.

Es gilt für die Zukunft zu fragen, wie kann eine Gender-Mainstream-Orientierung, die Männer und Frauen in ihrer Arbeit qualifiziert und damit insbesondere auch die Institutionen in den Blick nimmt, aufrechterhalten werden, ohne die Errungenschaften der Frauenbewegung und der Mädchenarbeit, die ihre Qualität auch aus den autonomen Zusammenhängen schöpft, zu vernachlässigen. Die aktuelle Entwicklung deutet auf eine Doppelstrategie hin: die Anpassung von Frauen an männliche Prinzipien in Institutionen verlangt eine Kompensation durch autonome Diskussionsforen für Frauen und die Arbeit in Frauen- und Mädchenprojekten. Neuerlich wird diese Idee viel unter den Stichworten Vernetzung und Mentoring diskutiert. Des Weiteren verlangt die Abschaffung der Zuständigkeit von Frauen für Frauenfragen und die Schaffung einer Zuständigkeit von Frauen für alle Politik- und Jugendhilfebereiche eine neue Qualität von institutioneller Veränderung. Nunmehr sind auch Frauen, die nicht primär aufgrund ihres Geschlechts einen Beruf ergreifen, sondern ihrer beruflichen Qualifikation in Behörden, Politik und Verwaltung in den Vordergrund stellen, für einen Einstieg in Gender-Mainstream-Arbeit zu gewinnen, da sie sich weder dem Feminismus verpflichtet fühlen müssen, noch das Thema Frauen zu ihrem primären Arbeitsschwerpunkt als Voraussetzung der Mitarbeit gebunden ist. Schließlich eröffnet Gender Mainstream als integriertes Arbeitsprinzip neue Optionen für Frauen gerade auch in der Kooperation mit Männern.

Damit sind zentrale Voraussetzungen für die Entspezialisierung eines Themas geschaffen, das immerhin 52% der Bevölkerung betrifft.

4. Perspektiven

Auf die Entwicklung der Jugendhilfe übertragen bedeutet Gender Mainstream: die Ausrichtung von Konzepten und Maßnahmen an der Kategorie Geschlecht befördert Erkenntnisse für alle Jugendhilfebereiche. Sie ist insoweit unverzichtbar, weil Gender Mainstream als aufwendiges Verfahrenskonzept weder in den Verbänden und noch bei freien Trägern oder in der öffentlichen Jugendhilfe grundlegend verbreitet ist. Das Thema Geschlechtergerechtigkeit als Organisationsprinzip und Handlungskonzept von Jugendhilfe ist wenig verbreitet. Es meint Entspezialisierung der „Frauenfrage" in einer Nische der Jugendhilfe und Neuorganisation der Maßnahmen mit dem Ziel, ein geschlechtergerechtes Strukturprinzip jeglicher Planung und Umsetzung zu schaffen. Mädchenprojekte gehören dann wie Jungenprojekte und Projekte für beide Geschlechter als Regelangebote in die Jugendhilfe, wenn sie dem Ziel der Geschlechtergerechtigkeit verpflichtet sind. Da ein Erreichen dieses Zieles in weiter Ferne liegt, ist in der aktuellen Situation jede Form der kompensierenden Arbeit zur Strukturverbesserung gerechtfertigt.

Insoweit gilt es für die Praxis der Jugendhilfe bei allen Ungleichzeitigkeiten in der Entwicklung von Hilfen und Konzepten an verschiedenen Entwicklungslinien anzuknüpfen. Die Lebensweltorientierung mit der Vorgabe Entspezialisierung zur milieunahen Deckung von Bedarfen und gleichzeitig der Frauen- und Mädchenarbeit zur parteilichen Unterstützung i.S. der Schaffung von Geschlechtergerechtigkeit. Für die betroffenen Mädchen und Jungen in der Jugendhilfe schafft die mögliche Auswahl der Angebote Wahlfreiheit und neue Orientierung. Für die MitarbeiterInnen bietet sie die Ausrichtung ihrer Arbeit an unterschiedlichen theoretischen Orientierungen: die Mädchengruppe als Spezialangebot oder als ganzheitliche Hilfe in einer bislang wenig durch Gender Mainstream geprägten Jugendhilfelandschaft? Die Orientierung der Jugendhilfeträger an Kindern und Jugendlichen und weniger an Mädchen und Jungen ist ein Zeichen hierfür. Aber auch die Stellenbesetzung in Leitungspositionen oder die Verwendung von Ressourcen ohne geschlechterdifferenzierte Zielvorgaben und Evaluation. Die Ausrichtung der Sozialen Arbeit an spezifischen Zielen zur Qualitätsentwicklung verlangt auch ein handhabbares Instrumentarium zur Überprüfung der Entwicklung. Daran mangelt es auch weil mögliche Sanktionen bei Nichtbearbeitung des Ziels Gender Mainstream wenig effektiv sind.

Eine Veränderung der Jugendhilfe in Richtung Entspezialisierung hat durch Gender Mainstream ein wichtiges inhaltliches und organisatorisches Qualitätsmerkmal erhalten. Geschlechtergerechtigkeit als Strukturprinzip kann die Angebote der Jugendhilfe, die Qualifikation der MitarbeiterInnen und die Organisation der Träger und Verbände zu einem Innovationsschub in die Organisation der Träger und Verbände zu einem Innovationsschub in Richtung auf mehr Demokratie und soziale Gerechtigkeit verhelfen. Dazu sind Konzepte erforderlich, die kleinräumig und ressourcenorientiert von Kindern, Jugendlichen und Familien in ihrer Lebenswelt ausgehen. Biografische, interinstitutionelle und sozialräumliche Integrationsbemühungen von sozialen Fachkräften sind die besten Voraussetzungen für Entspezialisierung in der Jugendhilfe.

Literatur zur Vertiefung

Peters, Friedhelm/Trede, Wolfgang/Winkler, Michael (Hrsg.) (1998): Integrierte Erziehungshilfen. Qualifizierung der Jugendhilfe durch Flexibilisierung und Integration? Frankfurt a.M., (Eigenverlag der IGfH)

Stiegler, Barbara (1998): Frauen im Mainstreaming. Politische Strategien und Theorien zur Geschlechterfrage. Expertisen zur Frauenforschung. Friedrich Ebert Stiftung. Bonn

Wolff, Mechthild (2000): Integrierte Erziehungshilfen. Eine exemplarische Studie über neue Konzepte in der Jugendhilfe. Weinheim und München.

Literatur

Bäuerle, Wolfgang (1996): Einführung in Theorie und Praxis der Sozialpädagogik und Sozialarbeit (aus einer Vorlesung). Wiederabdruck in: Frommann, Anne/Haag, Gerhard (Hrsg.) (1983): Wolfgang Bäuerle. Jugendhilfe und Sozialarbeit. Ausgewählte Vorträge und Schriften. Frankfurt a.M., (Eigenverlag der IGfH), S. 108-122

Birtsch, Vera/Eberstaller, Michael/Halbleib, Egon (1980): Außenwohngruppen – Heimerziehung außerhalb des Heims. Institut für Sozialarbeit und Sozialpädagogik (Hrsg.). Materialien 11. Frankfurt a.M.

Bitzan, Maria (1998): Zwischen Struktur und Person: Geschlechtsdifferenzierende und sozialpolitische Handlungskompetenz als Grundlage für sozialraumorientierte Hilfe. In: Peters, Friedhelm/Trede, Wolfgang/Winkler, Michael (Hrsg.) (1998): Integrierte Erziehungshilfen. Frankfurt a.M., (Eigenverlag der IGfH), S. 52-73

BMFSFJ (Hrsg.) (1998): Leistungen und Grenzen von Heimerziehung. Ergebnisse einer Evaluationsstudie stationärer und teilstationärer Erziehungshilfen. Stuttgart, Berlin, Köln

Böhnisch, Lothar (1998): Milieubildung und Netzwerkorientierung. In: Peters, Friedhelm/Trede, Wolfgang/Winkler, Michael (Hrsg.) (1998): Integrierte Erziehungshilfen. Qualifizierung der Jugendhilfe durch Flexibilisierung und Integration? Frankfurt a.M. (IGfH Eigenverlag), S. 11-24

Boomgaarden, Theo (1998): Qualitätskriterien und Qualitätsbeurteilung für flexible erzieherische Hilfen. In: Merchel, Joachim (Hrsg.) (1998): Qualität in der Jugendhilfe. Münster, S. 264-286

Bürger, Ulrich (1998): Ambulante Erziehungshilfen und Heimerziehung. Empirische Befunde und Erfahrungen von Betroffenen mit ambulanten Hilfen vor einer Heimunterbringung. Frankfurt a.M.

Freigang, Werner (1986): Verlegen und Abschieben. Zur Erziehungspraxis im Heim. Weinheim und München

Hartwig, Luise/Kriener, Martina (1993): Die Bedeutung von Geschlechtsrollen und Geschlechterverhältnissen in der pädagogischen Praxis. Ansätze zu einer feministischen Jugendhilfe. In: Peters, Friedhelm (Hrsg.) (1993): Professionalität im Alltag. Entwicklungsperspektiven in der Heimerziehung Bd.2. Bielefeld, S. 134-149

Hartwig, Luise/Weber, Monika (2000): Parteilichkeit als Konzept der Mädchen- und Frauenarbeit. In: Hartwig, Luise/Merchel, Joachim (Hrsg.) (2000): Parteilichkeit in der Sozialen Arbeit. Münster, S. 24-48

Karsten, Marie-Eleonore/Hetzer, Silke/Riesen, van Kathrin (2000): Mädchenarbeit und die Politik des Mainstreaming. In: Betrifft Mädchen, H. 4, S. 32-33

Knapp, Gudrun-Axeli (1987): Arbeitsteilung und Sozialisation: Konstellationen von Arbeitsvermögen und Arbeitskraft im Lebenszusammenhang von Frauen. In: Beer, Ursula (Hrsg.) (1987): Klasse Geschlecht. Feministische Gesellschaftsanalyse und Wissenschaftskritik. Bielefeld, S. 236-274

Klatetztki, Thomas (Hrsg.) (1994): Flexible Erziehungshilfen. Ein Organisationskonzept in der Diskussion. Münster

Kriener, Martiner/Hartwig, Luise (1997): Mädchen in der Erziehungs- und Jugendhilfe – Feministische Analysen und Ansätze in der Praxis. In: Friebertshäuser, Barbara/Jakob, Gisela/Klees-Möller, Renate (Hrsg.) (1997): Sozialpädagogik im Blick der Frauenforschung. Weinheim, S. 195-209

Münder, Johannes u.a. (Hrsg.) (1998): Frankfurter Lehr- und Praxiskommentar zum KJHG/SGB VIII. Münster

Peters, Friedhelm/Trede, Wolfgang/Winkler, Michael (Hrsg.) (1998): Integrierte Erziehungshilfen. Qualifizierung der Jugendhilfe durch Flexibilisierung und Integration? Frankfurt a.M., (Eigenverlag der IGfH)

Stiegler, Barbara (1998): Frauen im Mainstreaming. Politische Strategien und Theorien zur Geschlechterfrage. Expertisen zur Frauenforschung. Friedrich Ebert Stiftung. Bonn

Stiftung SPI/MÄDEA/Interkulturelles Zentrum für Mädchen und junge Frauen/Bachor, Ursula (Hrsg.) (2000): Mädchen in Sozialen Brennpunkten. Berlin

Wolf, Klaus (1993): Veränderungen der Heimerziehungspraxis: Die großen Linien. In: Ders. (Hrsg.) (1993): Entwicklungen in der Heimerziehung. Münster, S. 12-65

Wolff, Mechthild (2000): Integrierte Erziehungshilfen. Eine exemplarische Studie über neue Konzepte in der Jugendhilfe. Weinheim und München.

Zwischenbericht der Kommission Heimerziehung der Obersten Landesjugendbehörden und der Bundesarbeitsgemeinschaft der Freien Wohlfahrtspflege (1977): Heimerziehung und Alternativen – Analysen und Ziele für Strategien. Frankfurt a.M., (Eigenverlag der IGFH)

Gaby Flösser

Qualität

Zusammenfassung: Ausgehend von der zunehmenden Bedeutung der Qualitätsfrage in der Sozialen Arbeit, wird zunächst die historische Entwicklung des systematischen Stellenwerts der Qualitätsdebatte in der Kinder- und Jugendhilfe erörtert. Anschließend werden als Modelle der Qualitätsbemessung das Anbietermodell, das Nachfragemodell und die Phasenbezogene Qualitätsbemessung vorgestellt. Sodann wird ein Überblick über Modelle der Qualitätsentwicklung und -sicherung gegeben. Abschließend werden Gefahren der Qualitätssicherung diskutiert.

Einleitung

Die Qualität Sozialer Arbeit ist auf den Prüfstand geraten. Seit Mitte der 90er-Jahre dominiert die Qualitätsfrage die Fachdiskussion und forciert theoretische wie pragmatische Auseinandersetzungen um einen angemessenen Nachweis der Leistungen und ihrer Wirkungen in ihren unterschiedlichen Arbeitsfeldern. Im Verlaufe dieser Debatte wurde der Qualitätsbegriff selbst vielen Wandlungen unterzogen, wobei sich gegenwärtig ein hohes Maß an Übereinstimmung mit produktionstypusunabhängigen Qualitätsmodellen durchzusetzen scheint. Qualität bezeichnet danach „ein komplexes Maß (...), das sich aus verschiedenen vorher definieren Eigenschaften der Gesamtleistung einer Organisation ergibt" (Reiss 1995, S. 62f.). Verwiesen wird in diesem Zusammenhang auf die generelle Notwendigkeit effizienter Betriebsstrukturen, worunter transparente Kosten- und Leistungsstrukturen, entsprechende Organisationsformen und -strategien sowie Personalentwicklung, Corporate Identity-Entwicklungen und Marktanalysen verstanden werden (Allemeyer 1995b, S. 3). Auch für die Jugendhilfe stehen damit im Zentrum der Überlegungen weniger der pädagogische Prozess der Leistungserbringung, sondern vielmehr der organisatorisch festgelegte Erbringungsrahmen. Die entscheidende Qualitätsverantwortung kommt hier den Anbietern sozialer Dienstleistungen – insbesondere der ‚Führung' und ‚Leitung' der Unternehmen zu. Entsprechend schlussfolgert Bauer (1996, 27): „Die Qualitätskriterien für soziale Dienstleistungen werden in Anlehnung an Vorbilder aus dem Produktionsbereich deduktiv entwickelt, zentral vorgegeben und dezentral implementiert".

Dass der Qualitätsfrage z. Zt. so viel Bedeutung beigemessen wird, mag darin begründet liegen, dass unter sich verschärfenden sozialpolitischen Bedingungen die Leistungsanbieter verstärkt herausgefordert werden, Qualitätsnachweise ihrer Arbeit zu erbringen, um sich die Förderung durch öffentliche Mittel und damit ihre eigene Existenz zu sichern. Gerade im Zuge der Auslagerung von bisher durch öffentliche Träger erbrachten Leistungen und der dadurch bedingten Implementierung von Wettbewerb, die im Modell des viel diskutierten und, wie es scheint, sich durchsetzenden ‚contracting-out' (vgl. Backhaus-Maul/Olk 1995, S. 10f., vgl. Naschold 1995a, S. 35ff.) vorgesehen ist, gewinnt die Festlegung von der Arbeit zugrunde liegenden Qualitätsstandards zunehmend an Bedeutung.

1. Der systematische Stellenwert der Qualitätsdebatte in der Jugendhilfe

Nicht zuletzt die Hochkonjunktur der Veröffentlichungen zu dem Thema verweist auf den beständigen Bedeutungszuwachs der Frage nach der Qualität der Jugendhilfe (vgl. Meinhold 1994; Merchel 1995; 1998; Pollitt/Bouckaert 1995). Genährt wird diese Konjunktur von vielen Seiten, Motive und Zielsetzungen der Debatten sind so zahlreich wie die Akteurinnen und Akteure selbst: Ökonomische Zwänge und zu erwartende Kürzungen führen auf Seiten der Träger bzw. Anbieterinnen und Anbieter sozialer Dienstleistungen zu einem hohen Druck, ihre Leistungen unter den sich verschärfenden (Markt-)Bedingungen als öffentlich legitimierbare, förderungswürdige Angebote unter Beweis zu stellen. Gleichzeitig wird die Leistungsqualität aus Sicht der Abnehmerinnen und Abnehmer in Frage gestellt, wenn der „kritische Blick auf soziale Dienstleistungen (...) einhergeht mit der Meinung vieler Bürger, dass diese Leistungen in der Trägerschaft des öffentlichen Dienstes oder vergleichbarer Organisationen nicht kompetent ausgeführt werden" (Meinhold 1994, S. 41). Für die an der Leistungserstellung beteiligten Mitarbeiterinnen und Mitarbeiter wiederum steht die „Suche nach verbindlichen Qualitätsstandards" im Vordergrund (vgl. ebd.).

Angesichts dieser mehrdimensionalen Anforderungen, Nachweise des Gelingens sozialarbeiterischer Praxis zu liefern, gilt es in einem ersten Schritt jedoch, sich zu vergewissern, dass die Frage nach der Qualität von Jugendhilfeleistungen keineswegs neu ist. Mit ihrer Thematisierung wurden in der jüngeren Vergangenheit je unterschiedliche Aspekte angesprochen, die im Wesentlichen drei Epochen charakterisieren (vgl. hierzu auch Bauer/Hansen 1996):

1. Unmittelbar nach dem 2. Weltkrieg standen im Nachkriegsdeutschland flächendeckende und kurzfristige Hilfemaßnahmen für weite Bevölkerungskreise auf der sozialpolitischen Tagesordnung. Der Nachweis einer gewissen Infrastruktur wohlfahrtsstaatlicher Organisationen über die Anzahl der Einrichtungen, Mitglieder, freiwillige Helferinnen und Helfer etc. innerhalb umrissener Regionen galt als zentraler Qualitätsstandard, da hierüber Aussagen über das Versorgungsniveau gewonnen werden konnten. Vor allem die Wohlfahrtsverbände als komplexe intermediäre Organisationen prägten mit ihrem Selbstverständnis als anwaltschaftliche Interessenvertretung benachteiligter Bevölkerungsgruppen und ihrer jeweiligen Orientierung an bestimmten Werten und Tradi-

tionen spezifischer Sozialmilieus die Vorstellungen qualitativ guter sozialer Arbeit, insofern sie Bürgernähe und bürgerschaftliches Engagement als Demokratisierungsbestrebungen dokumentierten. Weiterreichende Qualitätskriterien wurden vor dem Hintergrund der vorrangig erforderlichen Etablierung einer Grundversorgung erst einmal nicht entwickelt. Entsprechend verwundert es nicht, dass auch bei der Wiederbelebung der klassischen Gestaltungsprinzipien der Sozialpolitik in den 50er-Jahren, dem Solidaritäts- und dem Subsidiaritätsprinzip, Fragen nach der Qualität geleisteter Arbeit durch soziale Dienste keine Rolle in der politischen Debatte spielten.

2. Diese Aufbau- und Konsolidierungsepoche bundesrepublikanischer Sozialpolitik wurde in den 60er und 70er-Jahren abgelöst durch die Einführung vor allem formal-rechtlicher Kriterien der Qualitätssicherung. Beispielhaft lässt sich für den Bereich der Jugendhilfe anhand der Novellierung des Jugendwohlfahrtsgesetzes 1961 zeigen, dass Maßnahmen zur Sicherung bzw. Steigerung der Qualität Sozialer Arbeit vorrangig mit der Festlegung gewisser Minimalstandards in der organisatorischen Ausstattung, der Festschreibung institutioneller Verfahrensregeln sowie der Berichterstattungspflicht in Form der Bundesjugendberichte intendiert wurden. Trotz des in erster Linie instrumentellen Charakters dieser Vorgaben zur Sicherstellung der Qualität muss auf die erstmalige Verankerung von individuellen Rechtsansprüchen auf soziale Dienstleistungen hingewiesen werden, die jedoch aufgrund zahlreicher Ausnahmeregelungen und nur geringfügiger Berücksichtigung in der sozialpolitischen Debatte sehr schwach ausgebildet blieben.

3. Anfang der 70er-Jahre wurden die Qualifizierung der in der Sozialen Arbeit Tätigen und die damit verknüpften Debatten um eine Professionalisierung Sozialer Arbeit erstmals als qualitätssichernder Garant angesehen. Berufspolitische Ambitionen in Verbindung mit einem szientifischen Handlungsverständnis mündeten in der Figur der Expertin/des Experten, die eine rationale, fachlich begründete Problembearbeitung gewährleisten sollte. Der Erneuerungsdruck durch die Kritik der mit dem Aufkommen der Neuen Sozialen Bewegungen der 70er und 80er-Jahre entstehenden Selbsthilfeinitiativen hatte in der Folge großen Einfluss auf die Bestimmung einer ‚guten' Sozialen Arbeit. Vehement beanstandet wurden insbesondere expertokratische Problemlösungen, ein entmündigender Zugriff auf die Autonomie der Lebenspraxis der Subjekte und die Parzellierung der Problemlagen. Als Reaktion folgte mit dem „Abschied vom Experten" (Olk 1986) eine stärkere Zuwendung zu einer kompetenztheoretischen Fundierung der Sozialen Arbeit, die in der Programmatik einer „Neuen Fachlichkeit" ihr vorläufiges Ende fand.

Es ist der Verdienst des Achten Jugendberichts (vgl. BMFFJG 1990) für den Bereich der Jugendhilfe Strukturmaximen entwickelt zu haben, die eine Überprüfung des erreichten Entwicklungsstandes des Feldes und damit eine Qualitätsbemessung ermöglichen, die oftmals jedoch praxeologisch verkürzt, lediglich als Festschreibung des Status Quo dienen. In jüngster Zeit werden diese inhaltlich-fachlichen Bemühungen allerdings überlagert von fiskalischen Zwängen, die einen umfassenden Rückbau sozialpolitischer Leistungen bedingen. Extern geforderte Effizienznachweise reduzieren dabei die professionelle und disziplinär geführte Debatte um die Qualität Sozialer Arbeit alleinig auf Aspekte der Kostenersparnis.

Eine Einordnung der Qualitätsdebatte in einen demgegenüber erweiterten Rahmen ist von daher wichtig, weil sich hieraus bestimmte Anforderungen an die Modelle der Qualitätsentwicklung bzw. -sicherung ergeben: Die derzeit durchaus kontrovers diskutierten Instrumente zur Qualitätssicherung müssen hiernach eine notwendige und eine hinreichende Bedingung erfüllen: Sie müssen – das ist die notwendige Bedingung – dazu geeignet sein, die – aus der Sicht der sozialen Dienste – extern eingeforderten Legitimierungen der Dienstleistungsproduktion, also das Kontrollbedürfnis des Staates und Wettbewerbsbedingungen, zu befriedigen. Darüber hinaus sollten sie geeignet sein, die Güte der Dienstleistungsproduktion intern zu steigern, dies wäre die hinreichende Bedingung. Modelle, die nur eine Seite in den Blick nehmen, greifen, in diesem Kontext zu kurz.

2. Modelle der Qualitätsbemessung

Die Qualität der Jugendhilfe – so lässt sich übereinstimmend festhalten – ist keine absolute Größe. Schon die Dienstleistungsdiskussion hat herausgearbeitet, dass die relationale Verwiesenheit der Akteure Sozialer Arbeit aufeinander in entscheidendem Maße qualitätsgenerierend ist, mithin sowohl die Anbieter als auch die Adressaten der Dienstleistungen Einfluss auf die Qualität der Sozialen Arbeit nehmen. Entsprechend differiert die Qualität „(...) je nach Bezugspunkt, d.h. je nach dem, welcher Ausschnitt aus der Realität einer Beurteilung unterzogen und aus welcher Perspektive diese Beurteilung vorgenommen wird" (Piel 1995, 7). Die Beurteilung der Qualität als gut oder schlecht ergibt sich dabei aus dem Grad an Übereinstimmung mit den Erwartungshaltungen der Akteure, die diese im Hinblick auf eine Dienstleistung oder ein Produkt formulieren: „(...) quality is not a thing, but a concept, a particular construction or abstraction of reality. It has no independent existence in the world" (Osborne 1992).

Wirft man nun einen Blick auf die aktuell debattierten Modelle, so lassen diese sich zudem dahingehend unterscheiden, ob die Qualität der zu erbringenden Dienstleistungen eher aus der Perspektive der Anbieter oder aus der Perspektive der NachfragerInnen definiert wird.

2.1 Anbieterorientierte Qualitätsbemessung

Als anbieterorientierte Modelle der Qualitätsbemessung können diejenigen Ansätze und Konzepte bezeichnet werden, die – häufig in Analogie zur industriellen Produktion – die Güte der Ergebnisse eines Produktionsprozesses, also Dienstleistungen oder Produkte mittels vorab definierter Standards bemessen. Die Definition der Standards, die gute von schlechten Produkten zu unterscheiden helfen, liegt dabei ausschließlich in der Verantwortung des Anbieters. Insofern handelt es sich genau genommen lediglich um ein Qualitätsversprechen der Anbieter, wenn keine exakten Kenntnisse über die Qualitätserwartungen der Adressaten vorliegen bzw. zur Bestimmung der Qualität herangezogen werden. Folgende anbieterorientierten Modelle können dabei unterschieden werden:

- Der *produktbezogene* Ansatz bezeichnet Qualität als präzise messbare Größe, wobei Qualitätsunterschiede aus angebbaren Differenzen in den Eigenschaften der Produkte resultieren. Diesem Ansatz liegt ein klassisches Organisationsverständnis zugrunde: „Inward-looking organisations concentrate on the features of the product, or the element of the service delivery system with an eye on efficiency or cost rather than the benefits to the customers" (Flynn 1988, S. 29). Die Varianz in den Eigenschaften der Produkte kann dabei z.B. durch den Einsatz spezifischer Rohstoffe oder deren Variation im Mischungsverhältnis begründet werden.
- Der *fertigungsbezogene* Ansatz definiert Qualität über fixierte Gütekriterien, die den Ablauf des Produktionsprozesses betreffen. Betriebsinterne Fehlerkontrollen sichern hier, dass Abweichungen von den normierten Abläufen minimiert werden (vgl. Oppen 1993, S. 14).
- Der *expertokratische* Ansatz überlässt die Definition der Qualität allein den handelnden Professionellen, von denen er allerdings eine strikte Orientierung an den geltenden fachlichen Standards erwartet. Fachliche Standards resultieren diesen Ansätzen zufolge aus dem exklusiven Wissen der Professionellen und sind einer Überprüfung nur durch Formen der Selbstkontrolle bzw. der Kollegialkontrolle zugänglich.

Schon aus der groben Skizzierung der anbieterorientierten Ansätze der Qualitätsbemessung wird ihre ursprüngliche Entwicklung für die industrielle Fertigung deutlich. Trotzdem sind Parallelen auch zu den Diskussionen in der Sozialen Arbeit unverkennbar: So haben sich die Reformbestrebungen der sozialen Dienste in der Vergangenheit immer auch bemüht, prozessuale und ergebnisorientierte Merkmale in der Produktion sozialer Dienstleistungen zu standardisieren und als Gütekriterien zu fixieren (z.B. in der Diskussion um die Bürgernähe bzw. Bürgerfreundlichkeit der Dienste). Die scharfe Auseinandersetzung um die Expertokratisierung der Dienstleistungsberufe hat zudem die Begrenzung der Gewährleistung von qualitativ guter Arbeit durch fachliche Standards allein hervorgehoben.

2.2 Nachfrageorientierte Qualitätsbemessung

An der Schnittstelle zwischen anbieter- und nachfrageorientierten Modellen der Qualitätsbemessung liegen *wertbezogene* Ansätze, die sich auf die Relationierung der Interessen der Produzenten und der Abnehmer der Leistungen oder Produkte stützen. Das bekannteste Prinzip hierfür ist das Preis-Leistungs-Verhältnis, das als Indikator für die Qualität angesehen werden kann: Die Qualität stimmt dann, wenn die interessierten Kundinnen und Kunden bereit sind, den geforderten Preis für das Produkt oder die Leistung zu zahlen. Obwohl diesen Ansätzen nach der Kunde letztendlich über die Qualität entscheidet, indem er kauft oder auch nicht, sind diese Ansätze jedoch nicht als ausschließlich nachfrageorientiert zu bezeichnen, da der Produzent der Leistung versuchen wird, die Erwartungshaltungen der Kunden in vieler Hinsicht zu beeinflussen und der Preis nicht immer das ausschließliche Entscheidungskriterium ist.

Gerade für die Soziale Arbeit ist in diesem Zusammenhang der Kundenbegriff, der für das marktwirtschaftliche Prinzip der Preisbildung konstitutiv ist, kompliziert. Mindestens vier Kundenbegriffe sind für die Soziale Arbeit relevant: Kunde von sozialen Diensten können danach sein: zum Ersten die Auftraggeber, zum Zweiten die Finanziers, drittens die Mitarbeiterinnen und Mitarbeiter und viertens die Bürgerinnen und Bürger. In der Regel fallen diese Kundenrollen auseinander, sodass die sozialen Dienste mehrperspektivisch agieren und die u.U. differierenden Erwartungshaltungen austarieren müssen. Von entscheidender Bedeutung für die wertorientierten Ansätze ist jedoch, dass in den meisten Fällen derjenige, der die Leistung erhält, nicht dafür zahlt.

Konsumeristische Ansätze radikalisieren die Bedeutung, die den Adressaten für die Qualitätsbemessung zukommt: „ (...) quality is that which gives complete consumer satisfaction" (Ellis 1988, S. 7). Obwohl mit diesem Ansatz der aus der Dienstleistungsdebatte resultierenden Forderung nach einer Privilegierung des Adressatenstatus in Ansätzen Rechnung getragen würde, ist eine konsequente Verlagerung der Definitionsmacht zu den Adressaten der Dienstleistungen illusorisch. Zu berücksichtigen ist zum einen, dass öffentlich erbrachte Dienstleistungen – im Unterschied zu privatwirtschaftlichen Gütern – an Bedarfskriterien orientiert sind und nicht an subjektiven Bedürfnissen oder Wünschen der Konsumenten. Die Konsumentenzufriedenheit ist für die Soziale Arbeit mithin höchstens ein erfreuliches Nebenprodukt, keinesfalls aber der zentrale Qualitätsindikator. Zum anderen sind die Adressaten der Sozialen Arbeit häufig durch das Merkmal mangelnder Konsumentensouveränität gekennzeichnet, was mit einer der Prämissen des Konsumerismus kollidiert: „(...) that consumers know what they want and (...) that they can articulate these wants by making demands" (Morrison 1988, S. 207). Eine konsequente Missachtung der eingeschränkten Konsumentensouveränität widerspricht aber dem sozialpolitischen Auftrag Sozialer Arbeit, der auf den Abbau von Benachteiligungen und Chancenausgleich abzielt, da ansonsten die strikte Orientierung an den Ideen des Konsumerismus dazu führen kann, dass „(...) unabhängig von den vorhandenen Ressourcen und Fähigkeiten (...) den nicht zum Zuge gekommenen Gruppen die Verantwortung dafür, dass sie die ‚Dienstleistungen' nicht ‚nachgefragt' hätten, nun selbst zugeschoben werden" (May 1994, S. 69).

2.3 Phasenbezogene Qualitätsbemessung

In Anlehnung an Donabedian (1982, S. 6) wird in vielen Qualitätsbemessungsmodellen zwischen der Struktur- bzw. Inputqualität, der Prozessqualität und der Output- bzw. Outcomequalität unterschieden. Diese bilden Subqualitäten der eigentlichen Dienstleistungsqualität. Sie lassen sich auf einer Zeitachse zwischen dem Beginn und dem Ende des Produktionsprozesses anordnen. Die Struktur- bzw. Inputqualität wird danach definiert als „‚structure' refers to the resources used in the provision of (social work, G.F.), and to the more stable arrangements under which (social work, G.F.) is produced; ‚process' refers to the activities that constitute (social work, G.F.); and the ‚outcomes' are the consequences to (individual welfare, G.F.)" (Donabedian 1982, S. 6).

Für eine Übersetzung dieser allgemeinen Definition auf das Feld der Jugendhilfe ist für die *Struktur- bzw. Inputqualität* weiterhin relevant, dass aus dem Fehlen eines Transferobjektes zwischen Anbieter und Nachfrager der Leistung die Identität von Leistungserstellung und Leistungsvermittlung in Rechnung gestellt werden muss. Leistungen, insbesondere personenbezogene Dienstleistungen, „(...) können demzufolge nur in Form eines Leistungsversprechens, d.h. durch die Bereitstellung von Leistungsfähigkeiten angeboten werden, nicht hingegen die eigentliche Leistung selbst" (Piel 1995, S. 25). Die Struktur- bzw. Inputqualität ergibt sich mithin aus der Qualität der organisatorisch zur Verfügung gestellten Potentiale. Die Transformation dieser Potentiale in ein Ergebnis wird als *Prozessqualität* bezeichnet. Für die Prozessqualität sind allerdings in der Dienstleistungsproduktion nicht mehr die sozialen Dienste alleine verantwortlich. Aus den Problemlösungskapazitäten der Adressaten ergeben sich relevante Einflussfaktoren, die über die Güte der Transformation mitentscheiden. Die Prozessqualität wird somit durch die Art und Weise der Relationierung zwischen Dienstleistungsanbietern und -nachfragern (Grad der Responsivität) gebildet. Die *Output- bzw. Ergebnisqualität* beschreibt das prozessuale Endergebnis der Leistungserstellung, wobei für pädagogische Prozesse nochmals zwischen dem Ergebnis der Dienstleistungsproduktion und ihren Wirkungen in den subjektiven Lebensvollzügen der Adressaten (outcome) unterschieden werden muss. Der Outcome ist dabei von den sozialen Diensten zwar intendiert, aber kaum steuerbar.

An dieser Trisektion der Qualitätsdimensionen wird bisweilen aus den Reihen der Sozialen Arbeit deutliche Kritik geäußert, da es „bisweilen problematisch (ist, G.F.) genauere Abgrenzungen vorzunehmen zwischen den Elementen Strukturqualität, Prozessqualität und Ergebnisqualität. Dies ist nicht nur ein formales Problem der Zuordnung zu Kategorien, sondern es wirkt auch in die Vorgänge der Überprüfung von Qualität hinein. Schließlich macht es einen Unterschied, ob ein Sachverhalt im Kontext der Voraussetzungen (Strukturqualität) zum Erreichen von guten Ergebnissen, oder im Kontext der Qualität von pädagogischen Prozessen interpretiert und bewertet wird" (Merchel 1998, S. 14), trotzdem wird sie als pragmatische Strukturierungshilfe oftmals eingesetzt.

3. Modelle der Qualitätsentwicklung und -sicherung

Ansätze zur Operationalisierung des Produktionsprozesses sozialer Dienstleistungen ermöglichen es, den komplexen Ablauf (sozial-)pädagogischer Dienstleistungsproduktion unter analytischen Gesichtspunkten zu differenzieren, sie enthalten allerdings selbst keine Standards bzw. Gütekriterien für die Qualitätsbemessung. Hierfür werden Qualitätssicherungsmodelle entwickelt, die mit unterschiedlichen Methoden und Verfahren die bestehende Qualität der Produktion sicherstellen und Anreize für qualitative Optimierungen geben wollen. „Qualitätssicherung umfasst alle Aktivitäten, die darauf zielen, die Erwartungen der Beteiligten zu erkunden und im Verhältnis zu den vorhandenen Ressourcen aufeinander abzustimmen sowie aus dem Ergebnis dieser Abstimmung verbindliche Qualitätsziele zu entwickeln; Qualitätssicherung umfasst ferner alle Maßnahmen und Aktivitäten, die dem Erreichen und Überprüfen der Qualitätsziele dienen" (Meinhold 1994, S. 42).

Trotz dieser formalen Anschlussfähigkeit von Qualitätssicherungsmodellen an die aktuellen Diskussionen in der Jugendhilfe, reagiert diese mit einer gewissen Zurückhaltung gegenüber denjenigen Modellen, die die Prämissen des modernen Qualitätsmanagements in einer technologischen Weise interpretieren. Betont werden in diesem Zusammenhang als konstitutive Merkmale Sozialer Arbeit, dass die Qualität als Ergebnis eines komplexen Bedingungsgefüges angesehen werden muss, dem die Unterstellung linearer oder monokausaler Wirkungsketten nicht gerecht werden (vgl. Merchel 1998, S. 34). Entsprechend umstritten ist der Begriff der Qualitätssicherung, da seine technologischen Konnotationen irreführend seien: „Neben den unangemessenen Assoziationen in Richtung technischer Herstellbarkeit sprechen noch weitere Gründe dafür, den Begriff der Qualitätssicherung in der Sozialen Arbeit nicht zu verwenden. So kann nur ‚gesichert' werden, was bereits klar definiert und mit inhaltlichen Dimensionen versehen ist; demgegenüber herrscht in den meisten Feldern der Sozialen Arbeit vielfach Unklarheit darüber, was Qualität eigentlich konkret bedeutet und wie Konzeptbegriffe (Lebensweltorientierung, Prävention, Förderung von Identitätsentwicklung etc.) in bewertbare Qualitätsmaßstäbe übersetzt werden können. Statt ‚Qualitätssicherung' ist vielfach zunächst einmal ‚Qualitätsentwicklung' die vordringliche Aufgabe" (Merchel 1998, S. 35; hierzu auch: Heiner 1996). Mit Recht wird hier aus einer systemimmanenten Perspektive für die Jugendhilfe geltend gemacht, dass diese in der Definition ihrer Qualitätsstandards noch am Anfang steht und qualitätsgenerierende Indikatoren noch entwickelt werden müssen. Dieser Fokus blendet jedoch aus, dass die Qualitätsdebatte nicht eine rein professionell zu führende Diskussion ist: Die unter Druck geratenen sozialen Dienste müssen vielmehr ihre Qualität nachweisen, was auch Belege des erreichten Status quo beinhaltet und nicht allein Freiräume zur konstruktiven Weiterentwicklung. Die Rede von der Qualitätssicherung verdeutlicht nochmals, dass in Deutschland wie in anderen westeuropäischen Staaten auch eine reaktive Diskussion um die Qualität sozialer Dienstleistungen vorherrscht, die in erster Linie erworbene Standards sichern will. Der allerorts thematisierte Ab- oder Umbau des Sozialstaates erzwingt also eine defensiven Umgang mit der Qualität, die Verteidigung des Erreichten steht über der Suche und Weiterentwicklung der Professionalität von morgen (vgl. Hansen 1997).

Aus diesem terminologischen Richtungsstreit lässt sich für die Jugendhilfe ein doppeltes Anforderungsprofil entwickeln: Modelle der Qualitätssicherung müssen danach dazu geeignet sein, sowohl standardgenerierende wie auch legitimatorische Effekte zu zeitigen (vgl. hierzu auch Thiersch 1997).

Abb. 1: Modelle der Qualitätssicherung

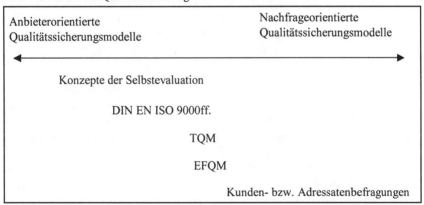

Entsprechend diesem Anforderungsprofil sind viele Organisationen der Jugendhilfe angetreten, qualitätssichernde Verfahren zu entwickeln (vgl. z.B. den Sammelband von Merchel 1998, die Schriftenreihe des BMFSFJ zur Qualitätssicherung in der Jugendhilfe (QS-Hefte)). Orientiert wird sich hierbei trotz des Einspruchs, der auf die Notwendigkeit qualitätsgenerierender Konzepte verweist, an Modellen aus dem industriellen Sektor. Erleichtert wird dies, da erste Erfahrungsberichte zeigen, dass selbst die auf den Sektor der Sozialen Arbeit angepasste Übernahme von im Kern technologisch orientierten Konzepten (z.B. die Einführung von Zertifizierungsmodellen) dazu beiträgt, Qualitätsstandards in den Einrichtungen zu definieren und nicht nur den Status quo zu sichern (vgl. Drabner/Pawelleck 1997).

Hiernach drängt sich der Eindruck auf, dass die Einführung von Qualitätsmanagementmodellen gleich welcher Couleur dazu geeignet ist, die Reflexionsfähigkeit der sozialen Dienste im Hinblick auf ihr Leistungsangebot zu steigern. Einer praktischen Erprobung der unterschiedlichen Ansätze sind hierdurch kaum Grenzen gesetzt. Um einen systematischeren Zugang zu den derzeit favorisierten Qualitätssicherungsmodellen zu bekommen, ist eine Differenzierung in Analogie zu den Qualitätsbemessungsmodellen hilfreich. Auch die Qualitätssicherungsmodelle können danach dahingehend klassifiziert werden, ob sie eher anbieter- oder eher nachfragedominiert sind. Schematisch – und deshalb notwendigerweise verkürzt – lassen sich die Hauptmodelle etwa anordnen wie in Abbildung 1 dargestellt.

4. Gefahren der Qualitätssicherung

Der Ruf nach Qualitätsmanagement- und Qualitätssicherungskonzepten ist vor dem Hintergrund prekärer, z.T. existenzbedrohender Ausgangslagen immer richtig, ihre Institutionalisierung zum Zweck der Bestandssicherung einzelner Einrichtungen sehr wahrscheinlich sogar notwendig. Das Problem dabei ist nur, dass je nach präferiertem Modell die Beiträge zu dem, was die „Güte" der erbrachten Dienstleistungen ausmacht, sehr unterschiedlich zu bewerten sind. Qualitätsmanagement in einer ausschließlich instrumentellen Form lenkt also u.U. mehr oder weniger vom Thema ab, da profunde Erkenntnisse über das, was eine gute Arbeit in den unterschiedlichen Arbeitsbereichen ausmacht, durch den programmatischen Verweis auf die Existenz eines Qualitätssicherungskonzeptes ersetzt werden.

Die Konzepte der Qualitätsentwicklung und -sicherung setzen insgesamt einen Schwerpunkt ihrer Bemühungen auf die Herstellung von Transparenz im Produktionsprozess sozialer Dienstleistungen. Die Herstellung von Transparenz erfolgt gemeinhin über die Methoden der Standardisierung und der Normierung. Produktbeschreibungen, Kennzifferentwicklungen, Rechenschafts- und Dokumentationssysteme sind nur einige der beschrittenen Wege, um diese Transparenz herzustellen. Das Motto hier lautet: „Was man nicht messen kann, kann man auch nicht verbessern". Verbunden sind hiermit jedoch die Fallstricke einer Taylorisierung der Arbeitsabläufe in den sozialen Organisationen: Im Zentrum stehen dann die Zerlegung der Arbeitsabläufe, die Normierung der Handlungsweisen und ihre separate Bewertung in Form von Leistungsbemessungen. Die vielerorts aufgestellten Produktpläne der Verwaltungen sind beredtes Zeugnis dieser Überlegungen. Diese Ansätze, die sich auf traditionelle betriebswirtschaftliche Organisationstheorien, anglo-amerikanische Management- und die frühe deutsche Organisationslehre bis in die 50er-Jahre zurückführen lassen, verkennen, dass gerade der Aspekt der Mitarbeiterzufriedenheit hier vollständig vernachlässigt wurde. Sinn und Zweck des Organisierens ist dann einzig, eine Synthese von Spezialisierungsanforderungen auf der einen und eine Koordination der zerlegten Arbeitsabläufe auf der anderen Seite zu garantieren. Organisationen haben danach keinen anderen Zweck, als den, sich mit sich selbst zu beschäftigen, eine Zielbestimmung, die von den Prämissen des Qualitätsmanagements, die gerade Innovationsfreudigkeit signalisieren, weit entfernt ist und vielmehr an idealisierte Bürokratiemodelle anknüpft.

Aus den bislang vorliegenden Erkenntnissen zum Stand der Einführung von Qualitätssicherungskonzepten in der Sozialen Arbeit lässt sich schlussfolgern, dass allein diejenigen Indikatoren in das Blickfeld von Qualitätsmanagementmodellen geraten, auf die die Organisationen um ihrer selbst willen Einfluss nehmen können: Diese Indikatoren werden durch die Voraussetzungen der Herstellung einer Dienstleistung gebildet, da der Produktionsprozess sozialer Dienstleistungen selbst durch erhebliche Unsicherheiten, die nicht zuletzt durch die Rolle des Adressaten als Ko-Produzenten hervorgerufen werden, gekennzeichnet ist. Entsprechend sind der Prozess oder die Ergebnisse, die Effekte der Dienstleistungen kein Gegenstand der Standardisierung bzw. Normierung, es wird sich auf die organisationsbezogenen Voraussetzungen der Produktion beschränkt. Unter diesen Gesichtspunkten ist es dann auch nicht zufällig, dass z.B. die Kundenzufriedenheit bislang gar nicht systematisch erfasst wird, da erst eine Transformation der Zufriedenheit mit den erhaltenen Leistungen in eine Inputvariable stattfinden müsste. Die Konzentration auf den Input führt ihrerseits aber u.U. zu schweren Enttäuschungen bei all denjenigen, die gehofft haben, durch die Einführung der neuen Konzepte genauere Kenntnisse über die Ergebnisse ihres Handelns zu erhalten, mithin „gute" von „schlechten" Dienstleistungen unterscheiden zu können. Das Problem das sich hier zeigt, liegt darin, dass mit wenigen Ausnahmen bislang lediglich konkrete Übersetzungsschritte für die Ebene der Strukturen vorliegen, während Prozesse oder gar Ergebnisse noch kaum in den Griff bekommen werden.

Literatur zur Vertiefung

EREV (Hrsg.) (2000): Hand- und Werkbuch „Soziales Qualitätsmanagement". Hannover

Heiner, M. (Hrsg.) (1996): Qualitätsentwicklung durch Evaluation. Freiburg i.B.

Merchel, J. (Hrsg.) (1998): Qualität in der Jugendhilfe. Kriterien und Bewertungsmöglichkeiten. Münster

Naschold, F. (1995): Ergebnissteuerung, Wettbewerb, Qualitätspolitik. Entwicklungspfade des öffentlichen Sektors in Europa. Berlin

Literatur

Allemeyer, J. (1995): Soziale Einrichtungen im Umbruch. Zukunftssicherung durch Qualität, Effektivität und Innovation. In: Handbuch Sozialmanagement. Teil A.2.1. Wiesbaden: 1-18

Backhaus-Maul, H./Olk, Th. (1995): Vom Korporatismus zum Pluralismus? – Aktuelle Tendenzen in den Staat-Verbände-Beziehungen am Beispiel des Sozialsektor. Zentrum für Sozialpolitik, Arbeitspapier Nr. 11. Bremen

Bauer, R. (1996): „Hier geht es um Menschen, dort um Gegenstände" – Über Dienstleistungen, Qualität und Qualitätssicherung. In: Widersprüche, H. 61, 11-49
Bauer, R./Hansen, E. (1998): Quality assurance of voluntary welfare organisations. A question of moral, law, contract or participation? In: Flösser, G./Otto, H.-U. (eds.): Towards more Democracy in Social Services. Berlin/New York, 395- 407
Bundesministerium für Jugend, Familie, Frauen und Gesundheit (1990): Achter Jugendbericht. Bericht über die Bestrebungen und Leistungen der Jugendhilfe. Bonn
Donabedian, A. (1982): The Criteria and Standards of Quality. Vol. II. Explorations in Quality Assessment and Monitoring. Ann Arbor
Drabner, C./Pawelleck, Th. (1997): Qualitätsmanagement in sozialen Einrichtungen am Beispiel der Jugendhilfe. Freiburg i.Br.
Ellis, R. (1988): Quality Assurance and Care. In: ders. (ed.), Professional Competence and Quality Assurance in the Caring Professions. London, 5-42
EREV (Hrsg.) (2000): Hand- und Werkbuch „Soziales Qualitätsmanagement". Hannover
Flynn, N. (1988): A Consumer-Oriented Culture? In: Public Money and Management, vol. 8, 27-31
Hansen, E. (1997): Qualitätsaspekte Sozialer Dienstleistungen zwischen Professionalisierung und Konsumentenorientierung. Qualitätsdiskurse in Großbritannien und Deutschland. In: Zeitschrift für Sozialreform, H.1, 43. Jg., 1- 28
May, M. (1994): Soziale Dienstleistungsproduktion und Legitimationsprobleme des Sozialstaates. In: Widersprüche, 14. Jg., H. 52, 65-72
Meinhold, M. (1994): Was heißt „Qualitätssicherung" bei sozialen Dienstleistungen? In: Widersprüche, 14. Jg, H. 53, 41-49
Merchel, J. (Hrsg.) (1998): Qualität in der Jugendhilfe. Kriterien und Bewertungsmöglichkeiten. Münster
Morrison, Ch. (1988): Consumerism – Lessons from Community Work. In: Public Administration, vol. 66, no.2, 205-213
Naschold, F. (1995): Ergebnissteuerung, Wettbewerb, Qualitätspolitik. Entwicklungspfade des öffentlichen Sektors in Europa. Berlin
Olk, Th. (1986): Abschied vom Experten. Sozialarbeit auf dem Weg zu einer alternativen Professionalität. Weinheim und München
Oppen, M. (1995): Qualitätsmanagement. Grundverständnisse, Umsetzungsstrategien und ein Erfolgsbericht: die Krankenkassen. Berlin
Osborne, St. P. (1992): The Quality Dimension: Evaluating Quality of Service and Quality of Life in Human Services. In: The British Journal of Social Work. Vol. 22, 437-454
Piel, K. (1995): Kriterien zur Bestimmung der Qualität personenbezogener sozialer Dienstleistungen: am Beispiel der Jugendhilfe. Diplomarbeit. Bielefeld
Pollitt, Ch./Bouckaert, G. (1995): Defining Quality. In: Pollitt, Ch./Bouckaert, G. (eds.), Quality Improvement in European Public Services. Concepts, Cases and Commentary. London/Thousand Oaks/New Delhi, 3-19
Reiss, H.-Ch. (1995): Qualitätssicherung in Sozialen Diensten als Controllingproblem. In: Badelt, Ch. (Hrsg.), Qualitätssicherung in den Sozialen Diensten. Beiträge zur Interdisziplinären Fachtagung Januar 1995. Krems, 59-90
Thiersch, H. (1997): Leistungen der Jugendhilfe – am Beispiel einer Untersuchung zur Heimerziehung. In: EREV (Hrsg.) Leistung und Qualität in der Jugendhilfe. Hannover, 14-28

Bernd Halfar

Finanzierung

Zusammenfassung: Zunächst werden grundlegende sozioökonomische Aspekte der Leistungen der Kinder- und Jugendhilfe dargestellt und gefragt, welche Leistungen eigentlich mit welchen Begründungsformen in die öffentlichen Finanzierungsstrukturen eingebunden werden und welche nicht. Anschließend wird nach dem Zusammenhang von Finanzierungsformen und der Quantität und Qualität der angebotenen Dienstleistungen gefragt. In diesem Kontext werden Kriterien zur Überprüfung der Rationalität von Finanzierungsstrukturen zur Diskussion gestellt. Im Anschluss daran werden Zuwendungen und Entgelte als grundlegende Finanzierungsinstrumente der Kinder- und Jugendhilfe dargestellt und schließlich Ausschreibungsverfahren und Gutscheinmodelle als neuere Optionen skizziert.

1. Sozialökonomische Aspekte von Leistungen in der Kinder- und Jugendhilfe

So ganz eindeutig ist es nicht, wenn wir von der Finanzierung in der Kinder- und Jugendhilfe sprechen. Eine Vielzahl von Leistungen wird privat erbracht und privat finanziert, ob es sich hier um Erziehung handelt, um Jugendarbeit, um Kinderkulturarbeit oder um Urlaubsreisen mit Kindern und Jugendlichen. Die Funktionssysteme „Familie" und „Wirtschaft" decken wahrscheinlich den allergrößten Bereich derjenigen Leistungen für Kinder und Jugendliche ab, die sich gemeinhin als Sozialisation beschreiben lassen. Die allermeisten Güter und Dienstleistungen, die zur Sozialisation von Kindern und Jugendlichen dienen, werden somit auf dem Markt gekauft und weder staatlich organisiert noch finanziert.

Es handelt sich hierbei in aller Regel um Individualgüter, für die sich auf dem Markt Angebot und Nachfrage, und ein entsprechender Preis bilden. Es ist weder Aufgabe staatlicher Jugendhilfeplanung, sich über den Bedarf an Inlineskatern, Pokemons, Horrorvideos, Gutenachtgeschichten oder Tatoos Gedanken zu machen noch entsprechende Finanzierungen sicherzustellen. Welche Güter und Dienstleistungen von und für Kinder und Jugendliche erworben werden, entscheidet die Zahlungsbereitschaft, Zahlungsfähigkeit und individuelle Präferenzstruktur, wobei auf der Nachfrageseite der souveräne, informierte und entscheidungsfähige Konsument auftritt. Bei den allermeisten Gütern und Dienstleistungen für Kinder und Jugendliche ist es offensichtlich auch unproblematisch, dass private Güter durch das „Ausschlussprinzip" gekennzeichnet sind. Durch den Kauf werden alleinige Konsumrechte an dem Gut erworben und andere prinzipiell vom Konsum ausgeschlossen. Die individuelle Nutzeneinschätzung sowie dieses Ausschlussprinzip sind zentrale Voraussetzungen für die Zahlungsbereitschaft. In diesem Sinne liegt der Konsumanreiz im Nutzen, der Kaufanreiz privater Güter jedoch in den internen Effekten, die die Konsumtion von der Zahlung abhängig machen. Insofern herrscht vollständige Rivalität im Konsum und für Haushalte, die den Marktpreis nicht zahlen, tritt eine Exklusion vom Konsum ein, da private Güter für die Nichtzahler auch keine externen Effekte aufweisen. (Vgl. Halfar 1999b)

Gegenüber diesem Gros der Güter und Dienstleistungen, die über den Markt organisiert und privat finanziert werden, kennen wir einige im KJHG aufgelistete Leistungen, die unter gewissen Bedingungen durch öffentliche Haushaltsmittel komplett finanziert oder doch zumindest subventioniert werden. Nun handelt es sich bei den Leistungen des KJHGs wiederum im Kern nicht um öffentliche Güter, sondern strukturell um private Güter, mit internen Effekten, Ausschlussprinzip und individuellen Präferenzstrukturen, die somit über den Markt organisiert werden könnten. Sowohl die Betreuung im Kindergarten als auch die Heimerziehung als auch die Erlebnispädagogik als auch die Erziehungsberatung als auch die Sozialpädagogische Familienhilfe könnten als Individualgüter ihren Marktpreis finden, zu dem sich Anbieter und Nachfrager treffen könnten.

Die Entscheidung, über Art, Menge und Qualität von manchen Leistungen der Jugendhilfe als öffentliche Güter politisch entscheiden zu wollen, und damit den Marktmechanismus außer Kraft zu setzen, ist an theoretisch zu begründende Voraussetzungen geknüpft. Eine Begründungslinie könnte zur Theorie des Marktversagens laufen. Ein funktionierender Jugendhilfemarkt würde auf der Nachfrageseite den souveränen, gut informierten, zahlungsfähigen, zahlungsbereiten, mit einer stabilen und stringenten Präferenzstruktur versehenen Klienten voraussetzen, der sich einem konkurrenten Angebot von sozialen Dienstleistern gegenübersieht. Der Nachfrager kennt sein Problem, den Nutzen der Problemlösung und den dafür akzeptablen Preis, der Anbieter kennt seine Gewinnererwartungen und den dafür für ihn akzeptablen Preis. Angesichts der typischen Klientenstruktur in der Jugendhilfe fällt die Prognose nicht schwer, dass sich in einigen Problemfelder keine Nachfrage bilden würde, in anderen, trotz Nachfrage, keine Angebote entstehen würden und der vollkommene Markt mit der Grundannahme des souveränen Konsumenten eine Fata Morgana bleibt.

Eine weitere mögliche Begründung für staatliche Intervention und öffentliche Finanzierung in der Jugendhilfe wäre die, möglicherweise wissenschaftlich gestützte, Annahme, dass die individuellen Konsumpräferenzen korrigiert werden müssen. Diese Korrektur könnte sich aus potenziellen externen Effekten sozialpädagogischer Dienste ableiten, die vom Klienten möglicherweise nicht gesehen, unterschätzt oder schlichtweg vernachlässigt werden. Als Beispiel ließe sich hier anbringen, dass die deeskalierende Jugendarbeit mit Hooligans ja nicht nur dem Hooligan nützt, sondern auch dritten Personen. Und schließlich könnte man mit einer marktskeptischen Konzeption von Verteilungsgerechtigkeit operieren und deshalb manche Leistungen der Jugendhilfe öffentlich finanzieren. Eine solche Argumentation würde ebenfalls an der besonderen Werthaftigkeit mancher Güter im Vergleich zu anderen Gütern anschließen und deshalb den Ausschluss mancher Jugendlichen bzw. Familien von diesen Gütern und Dienstleistungen verneinen. Solche meritorischen Güter unterliegen freilich politischen Definitionsprozessen, sodass Entscheidungen im System der Jugendhilfe, dieser oder jener Leistung meritorischen Charakter zuzuerkennen, im Zeitverlauf überdacht werden müssen.

Neben diesen meritorischen Gütern, deren Organisation und Finanzierung aus dem Marktsystem herausgelöst werden soll, kennen wir einige andere Güter, deren Allokation aufgrund ihrer Struktur nicht über den Markt laufen kann. Solche Güter sind dadurch charakterisiert, dass von ihrer Konsumtion andere nicht ausgeschlossen werden können. Aufgrund dieses Nicht-Ausschlussprinzips entwickelt sich auf der einen Seite keine Zahlungsbereitschaft, auf der anderen Seite kein privates Angebot. Das klassische Beispiel öffentlicher Güter ist der Leuchtturm, für die Jugendhilfe ließen sich hier insbesondere präventive Leistungen der Jugendarbeit anführen.

2. Zur Rationalität von Finanzierungsregelungen in der Jugendhilfe

Nach der theoretischen Begründung für die öffentliche bzw. private Finanzierung von Leistungen für die Sozialisation von Kindern und Jugendlichen, stellt sich nunmehr die Frage nach der Rationalität von Finanzierungsregelungen. Geld hat nicht nur die Eigenschaft, knapp zu sein, sondern bringt einen auch auf Gedanken, wie man noch mehr Geld bekommen könnte. Wenn der Markt als Allokationssystem in der Jugendhilfe weitgehend nicht gelten soll, muss das politische System bei der Entscheidung für Finanzierungsformen und Finanzierungsregelungen entweder den Markt simulieren oder andere Verfahren installieren, die Angaben über den zu befriedigenden Bedarf und über die Angebotsart, Angebotsmenge und Angebotsqualität liefern. Für welche konkreten Verfahren zur Bedarfsermittlung und Angebotsstrukturierung die Jugendhilfeplanung auch plädiert, muss sie vielmehr als bislang berücksichtigen, dass die gewählten Finanzierungsregelungen Auswirkungen auf die Qualität, Art und Menge der entstehenden Angebote in der Jugendhilfe haben. Finanzierungsregelungen sind hinsichtlich ihrer Inzidenz nicht neutral – und insofern stellt sich nicht nur die Frage, wie viel Geld für welche Leistung zur Verfügung steht, sondern auch die Frage, welche Auswirkungen die jeweilige Finanzierungsform auf die Qualität und Menge der jeweiligen Leistungsart hat.

Zu überprüfen ist die Rationalität des Finanzierungssystems, für die sich einige Kriterien zur Diskussion stellen lassen.

1. In der Investitionsfinanzierung stationärer Einrichtungen sollte das Objektprinzip durch das Subjektprinzip abgelöst werden. Anstelle einer politischen Bedarfsentscheidung mit staatlicher Investitionsförderung im Rahmen der öffentlichen Sozialplanung sollen Standortentscheidungen für den Bau sozialer Einrichtungen durch unternehmerische Investitionsentscheidungen des Trägers getroffen werden. Das „Bedarfsrisiko" soll auf den Investor verlagert werden, wobei im Tageskostensatz entsprechende Refinanzierungsbestandteile der Investition enthalten sind. Bei der Subjektförderung kann sich die Sozialplanung im politischen System nicht mehr irren und insofern auch kein Geld fehlinvestieren. Ob Investitionen von sozialen Trägern getätigt werden oder nicht, hängt eben nicht mehr von einer politischen Bedarfsplanung ab, sondern von der durch den Investor geschätzten Nachfrage bzw. Inanspruchnahme.

2. Wer Trägern der Sozialarbeit ein enormes finanzielles Risiko zumutet, stiftet bei den Trägern eine Verbesserung der Entscheidungsrationalität über Investitionen an. Man wird sich sehr detailliert und überlegt mit Fragen der eigenen Marktstärke, mit der Berechnung der Deckungsbeiträge, mit der Personalauswahl, mit der Nachfrageentwicklung und dem Facilitymanagement auseinander setzen.

3. Der Weg zur öffentlichen Subjektförderung im stationären Bereich verlangt jedoch nicht nur bei den freien Trägern, sondern ebenso bei den öffentlichen Trägern eine Verbesserung des Entscheidungsniveaus in der Belegungspraxis bei stationären bzw. teilstationären Einrichtungen. Nicht der billigste, sondern der wirtschaftlichste Anbieter ist zu wählen, und Wirtschaftlichkeit lässt sich nur als Verhältnis zwischen Preis, Qualität und Menge definieren.

4. Das politische System sollte sich als Feinsteuerungsinstanz weitgehend zurückziehen und sich auf die Produktion von qualitativen Rahmenbedingungen und Wettbewerbsregeln in der Jugendhilfe beschränken. Durch Betriebserlaubnisverfahren, Versorgungsverträge, Qualitätsvereinbarungen und durch die Definition baulicher, personeller und konzeptioneller Mindeststrukturmerkmale entscheidet die Politik, welche Einrichtung eine sozialpädagogische Einrichtung ist und im Wettbewerb der Anbieter „mitspielen" darf.

5. Wenn die Entscheidungsrationalität über die Ressourcenallokation durch die Zuweisung eines investiven Risikos verbessert werden soll, muss auch eine Risikokultur entwickelt werden. Wer Risiko zuweist, muss auch Gewinnchancen ermöglichen; d.h. in die Finanzierung von Einrichtungen der Jugendhilfe müssen Risikoprämien eingebaut werden.

6. Auch wenn die öffentlichen Finanzierungsträger kulturell immer noch von der Ideologie des Kostendeckungsprinzip geprägt sind, – und die Akzeptanz von Profit schwer fällt –, dürfen Kosten- und Leistungsvereinbarungen nicht mit der Einsichtnahme in das Rechnungswesen der Einrichtung verbunden werden. Die Frage, zu welchen Kosten es eine

Einrichtung schafft, die vereinbarte Leistungsmenge und Leistungsqualität herzustellen, darf nicht Gegenstand der Verhandlungen sein.

7. In der Konsequenz müsste es dann, entgegen dem geltenden Gemeinnützigkeitsrecht, möglich sein, Rücklagen und Rückstellungen in erheblichem Umfang zu bilden.

8. Finanzierungsregelungen sollten so konstruiert sein, dass Qualitätssteigerung und nicht Qualitätsdumping bei der Erbringung der sozialen Dienstleistung angestiftet wird. Denkbar wäre hier die (finanzielle) Förderung bei der Implementation von Qualitätsmanagementverfahren, die Knüpfung der Finanzierungshöhe an Qualitätsaudits und/oder die Erweiterung der Auswahlmöglichkeiten für die Klienten.

9. Pauschalfinanzierungen, wie zum Beispiel in institutionellen Zuwendungen, sowie andere weitgehend nachfrage- und auslastungsunabhängige Finanzierungsformen sollten in der Jugendhilfe auf solche Arbeitsfelder beschränkt werden, in denen plausibel vermutet werden kann, dass Klientengruppen entweder keinen Wert auf die Qualität einer Dienstleistung legen oder die Notwendigkeit einer sozialen Dienstleistung systematisch nicht beurteilen können.

10. Finanzierungsregelungen sollten so geschnitten sein, dass der Anbieter einer Dienstleistung nicht in ein Entscheidungsdilemma gerät, das er nur durch die systematische Ausdehnung der Menge der dargebotenen Dienstleistungen, „notfalls" auch über die Sättigungsmenge hinaus, lösen kann. Es muss finanzielle Belohnungen geben, wenn aus Klienten „Nichtklienten" werden.

11. Die Tendenz zu einer suboptimalen Mengenexpansion in der Jugendhilfe wird dadurch unterstützt, dass die Beziehung zwischen dem Anbieter und dem Klienten durch eine systematische Informationsasymmetrie geprägt ist. Mit der Einschätzung, welche erzieherische Hilfe, in welcher Menge und Zeitdauer notwendig ist, ist der Klient häufig ebenso überfordert wie bei der Beurteilung der Leistungsqualität der konkurrierenden Anbieter. Das Finanzierungssystem muss insofern auch Bezahlungen von Nicht-Leistungen oder von Verzicht auf Leistungsausweitung vorsehen, damit die Triebfedern einer angebotsinduzierten Nachfrage gestoppt werden können.

12. Neben der Angebotsinduzierung der Nachfrage steckt eine weitere Schaltung auf Mengenexpansion in der Jugendhilfe in der Kollektivgutproblematik mancher sozialer Dienste. Kollektivgüter, von deren Nutzen niemand ausgeschlossen werden kann, auch der nicht, der sich an der Herstellung nicht beteiligt, sind ihrer Produktion auf Zwangsfinanzierung durch Kostenumlage angewiesen. Wer jedoch zu einer kollektiven Kostenbeteiligung zwangsverpflichtet ist, wird sich bei der Konsumtion des Kollektivgutes wahrscheinlich nicht sparsam verhalten, sondern versuchen, den Zwangsbeitrag wieder „reinzuholen". Der Verzicht auf Preise bedeutet Verzicht auf Information über Präferenzen. Insofern ist

es auch plausibel, dass unter der Bedingung der Umlagefinanzierung die Konsummenge eines Gutes höher ist als unter der Bedingung von Marktpreisen – wenn das Gut individuellen Nutzen stiftet.

13. Bei der Gestaltung von Finanzierungsregelungen sollte die Gefahr einer „Welfarisation" und einer „Sozialdisziplinierung" der Klienten bedacht werden, die sich als Resultate einer suboptimalen „Überinanspruchnahme" sozialer Dienstleistungen einstellen können. Wenn irgend möglich sollten Leistungsverläufe deshalb einen degressiven Verlauf nehmen, um Gewöhnungseffekten an dauerhafte, zeitlich womöglich unbegrenzte Hilfechancen vorzubeugen. Die Finanzierungsweise muss hier sowohl für den Klienten als auch für den Anbieter in der Jugendhilfe Anreize stiften, die Inanspruchnahme von sozialen Hilfen zu begrenzen.

14. Durch Finanzierungsregeln sollten nicht Transparenz und Ehrlichkeit bestraft und statistische Raffinesse belohnt werden. Wer am Jahresende die Inanspruchnahme einer Einrichtung oder Dienstleistung durch Klienten statistisch belegen muss, um die Finanzierung auch für die kommenden Perioden zu sichern, wird gezwungen sein, nicht nur eine gute ex-post Auslastung, sondern womöglich eine Überbelastung des sozialen Dienstes zu dokumentieren. Die Gefahr, dass ein konkurrenter Anbieter eine noch imposantere Auslastungsquote nachweist, um sich dadurch in eine politische Dringlichkeitshierarchie hineinzurechnen, besteht immer; und so bleibt als einzige Chance, dass die eigenen Zahlen nicht so sind wie sie sind. Solche in der Zuwendungsfinanzierung beheimateten Logikschübe produzieren in der nächsten Subventionsrunde zwar keine Ausweitung der Zuwendungsmittel, aber sie zwingen den Finanzierungsträger zur Irrationalität in der Finanzierung.

15. Ein weiterer Gradmesser für die Rationalität von Finanzierungsregelungen ist die Paradoxiewahrscheinlichkeit der Finanzierung. Paradoxe Finanzierungsformen lassen sich daran belegen, dass soziale Einrichtungen in die Zwangssituation geraten, ihre Funktionsbestimmung, Exklusionen zu vermeiden oder, bei bereits stattgefundener Exklusion, Re-Inklusionen zu fördern, zu konterkarieren.

16. Finanzierungsregelungen in der Jugendhilfe sollten eine rationale Mittelallokation auch insofern unterstützen, dass im System der Sozialen Arbeit an denjenigen Systemstellen das Geld eingesetzt wird, wo der Grenznutzen der Sozialen Arbeit am größten ist.

3. Finanzierungsarten in der Kinder- und Jugendhilfe

3.1 Zuwendungen

Immer noch sind Zuwendungen ein klassisches Finanzierungsinstrument in der Jugendhilfe und insbesondere in der Jugendarbeit. Modell- und Pilotprojekte werden fast ausschließlich durch Zuwendungen finanziert. Zuwendungen sind öffentliche, zweckgebundene Zuschüsse für sozialpädagogische Projekte (bzw. Institutionen), an denen zwar öffentliches Interesse besteht, aber von denen sich der Finanzierungsträger keine Gegenleistung erwartet. Zuwendungsbescheide zur Förderung eines sozialen Projekts sind insofern keine Leistungsverträge, sondern Subventionen. Voraussetzung für die Berechtigung, Zuwendungen zu erlangen, ist die Gemeinnützigkeit des Trägers. Aus der Gemeinnützigkeit des Zuwendungsempfängers schließt der Zuwendungsgeber wiederum auf ein gewisses Interesse bei der Durchführung des Projektes und auf das Vorhandensein gewisser Eigenmittel. In aller Regel decken deshalb Zuwendungen nur einen Teil der Projektkosten, weil man einen finanziellen Eigenanteil des Zuwendungsempfängers als zumutbar erachtet. Zumutbar soll dies deshalb sein, weil gemeinnützige Non Profit-Organisationen steuerrechtlich gegenüber Profit-Organisationen privilegiert sind. Neben Besonderheiten bei der Umsatzsteuer und der Körperschaftssteuer betrifft das Steuerprivileg insbesondere die Möglichkeit, Spenden für gemeinnützige Zwecke zu empfangen, die der Spender als Sonderausgaben von seinem zu versteuerndem Einkommen absetzen darf. Aufgrund ihrer sozial- und steuerpolitischen Sonderstellung wird den freien Trägern der Wohlfahrtspflege deshalb nur dann eine alle Projektkosten deckende Vollfinanzierung durch Zuwendungen zugestanden, wenn ein staatliches Interesse an einer sozialpädagogischen Maßnahme bei den Freien Trägern nicht auf ein gewisses Eigeninteresse stößt.

3.1.1 Institutionelle und projektbezogene Zuwendungen

Bei Zuwendungen unterscheidet man zwischen der institutionellen und der projektbezogenen Förderung. Bei der institutionellen Förderung, die allerdings in der Sozialarbeit die Ausnahme darstellt, wird die Organisation als solche gefördert. Dies kann die pauschale Förderung der Spitzenverbände der Jugendhilfe oder Jugendarbeit auf Bundes- und Landesebene betreffen, oder die prinzipielle Förderung einer Fortbildungsakademie für Jugendverbände, oder eines Forschungsinstituts, aber natürlich auch einzelne Träger einzelner sozialer Maßnahmen.

In der überwiegenden Mehrheit beziehen sich Zuwendungen hingegen auf einzelne, konkrete sozialpädagogische Projekte, die zeitlich, sachlich und kostenmäßig abgrenzbar sind. Von wenigen Ausnahmen abgesehen, werden Zuwendungen für ein Jahr vergeben, sodass sich bei länger laufenden Projekten immer wieder das Problem einstellt, dass man aufgrund der Finanzierungsregelung nicht mittelfristig planen kann, aber fachlich und personell mittelfristig planen muss. Bei der Projektförderung müssen im Zuwendungsantrag bereits präzise Angabe über den Projektzweck, Projektablauf, Projektmethoden, Personal- und Sachkosten vermerkt werden, sowie die gewünschte Zuwendungsart.

3.1.2 Teil- oder Vollfinanzierung durch Zuwendungen

Hier ist die Vollfinanzierung von der Teilfinanzierung zu unterscheiden. Die Teilfinanzierung von Projekten durch Zuwendungen stellt den Regelfall dar, wobei hier drei Finanzierungsformen zu unterscheiden sind. Unter *Anteilsfinanzierung* versteht man entweder die Übernahme eines gewissen Prozentsatzes oder die Übernahme einer Kostenart der (zuwendungsfähigen) Projektkosten. Eine häufig gewählte Variante der Anteilsfinanzierung sichert die Übernahme von 80-90 Prozent der Projektkosten durch die öffentliche Hand zu, sodass dem Projektträger noch die Aufbringung der restlichen 10 bis 20 Prozent bleiben. Mit dem Zuwendungsbescheid wird nicht nur der Prozentsatz der Zuwendungsfinanzierung mitgeteilt, sondern auch der absolute Höchstbetrag sowie die Referenzgröße der „zuwendungsfähigen Ausgaben". Vielfach praktiziert wird auch die anteilige Übernahme gewisser Kostenarten, ebenfalls bis zu einer definierten Obergrenze, durch den Zuwendungsgeber. Denkbar wäre die Übernahme der Personalkosten durch den Zuwendungsgeber, während die Sachkosten durch den Träger zu decken wären.

Bei Projekten, die an sich Einnahmen erwirtschaften können, tritt häufig die *Fehlbedarfsfinanzierung* in Kraft. Im Zuwendungsbescheid wird die Übernahme etwaiger Defizite bis zu einem Höchstbetrag zugesichert. Diese Finanzierungsform ist bei Projekten zu erwägen, deren Einnahmeseite nicht ausreichend präzise zu schätzen ist (z.B. verkaufte Eintrittskarten für eine Open-Air Veranstaltung, Anmeldungen zu Kongressen, Teilnehmerbeiträge bei Jugendfreizeiten). Bei der Fehlbedarfsfinanzierung ist zur Vermeidung von Fehlsteuerungen darauf zu achten, dass die zugesagte Deckung des Fehlbetrags nicht die Motivation zur Verbesserung der Einnahmeseite schmälert.

Bei der *Festbetragsfinanzierung* wird, unabhängig von den finanziellen Dimensionen des Projektes, das sozialpolitische Interesse des Staates an einer sozialpädagogischen Maßnahme dokumentiert. Diese Zuwendungsform wird häufig auf Größeneinheiten – fester Zuschussbetrag pro Teilnehmer, pro Seminar, pro Beratungsstelle etc. – bezogen, wobei nicht der Festbetrag, wohl aber die Anzahl der zuschussfähigen Einheiten nach im Zuwendungsbescheid zu begrenzen ist.

3.2 Entgeltregelungen als Pflege- und Kostensätze

Zur Finanzierung stationärer und teilstationärer Einrichtungen in der Jugendhilfe werden gemäß §§78a-78g KJHG zumeist Pflege- bzw. Kostensätze zwischen dem Finanzierungsträger und der sozialen Einrichtung ausgehandelt (vgl. Kröger 1999, Struck 1999b, Wiesner 1999). Solche Pflegesätze werden auf Tages- oder Stundenbasis ermittelt, sodass die soziale Einrichtung pro Tag/Stunde und Klient ihren Deckungsbeitrag berechnen kann. Durch solche Tagespflegesätze finanziert werden in aller Regel Einrichtungen wie Kinder- und Jugendheime, Tagesstätten, therapeutische Wohngemeinschaften oder Kinder- und Jugendnotdienste.

Kostensätze können jedoch auch auf Stundenbasis vereinbart werden, so zum Beispiel für Erziehungsberatungsstellen oder für die Dienste der sozialpädagogischen Familienhilfe.

Eine weitere „stückkostenbezogene" Finanzierung sozialer Dienste besteht in der Vergütung von Fallpauschalen. Pro Fall wird dann, zum Beispiel bei Beratungsstellen, ein Festbetrag an den sozialen Dienstleister bezahlt. Diese Fallpauschale kann, je nach Vereinbarung, durch etwaige Erfolgsprämien weiter aufgestockt werden.

Die Anzahl der abrechnungsfähigen Fachleistungsstunden oder Pflegesatztage wird in der Regel durch Bewilligungszeiträume begrenzt. Die Anzahl der Fachleistungsstunden und Pflegetage pro Fall wird in der Hilfeplankonferenz nach KJHG limitiert, die Notwendigkeit der Leistungsgewährung soll nach spätestens sechs Monaten überprüft werden.

Seit dem 1.Januar 1999 sind Entgeltvereinbarungen zwischen dem Finanzierungsträger und den Leistungsanbietern integraler Bestandteil eines gesamten Vertrages, in dem nicht nur die Finanzierung, sondern auch die Qualitätsentwicklung und die Leistungsarten vereinbart werden. Eingebettet sind diese Vereinbarungen in auf Landesebene zu schließende Rahmenverträge, die zwischen den Spitzenverbänden der Kommunen und Kreise auf der einen Seite und den Spitzenverbänden der Leistungserbringer – unter Einbezug des überörtlichen Jugendhilfeträgers (je nach Bundesland z.B. Landesjugendamt, Ministerium) geschlossen werden. Für Konfliktfälle in den Verhandlungen über Leistungsart, Leistungsqualität und Entgelte werden auf Landesebene Schiedsstellen eingerichtet.

Im Prinzip folgt der Kinder- und Jugendhilfebereich auch hier den Regelungen im Pflegeversicherungsgesetz und im Bundessozialhilfegesetz, wonach kein einheitlicher Tagessatz mehr vereinbart wird, sondern nach Grundleistungen, individuellen Sonderleistungen und Investitionskosten differenziert wird. Auch wenn man die Grundleistungen nochmals in Hotelkosten als Regelleistungen und konzeptionsbedingte Leistungen unterteilt, bleiben bei der Berechnung der Kostensätze zwei Stolpersteine. Zum einen die verfahrensmäßige Operationalisierung der individuellen Sonderleistungen, die ja hohe methodische Anforderungen an die Hilfeplanung stellt, und zum anderen die Festlegung derjenigen Auslastungsquote, die ein positives betriebswirtschaftliches Ergebnis garantieren soll.

Unterschiedlich gehandhabt wird zwischen den einzelnen Bundesländern, aber teilweise auch innerhalb eines Bundeslandes die Verhandlungsführung auf Seiten der Kostenträger. An sich sieht der §78e das örtliche Jugendamt als Verhandlungspartner vor, aber möglich sind auch die Gründung von gemeinsamen Kommissionen, die überörtlich die entsprechenden „Pflegesatz"-Verhandlungen führen.

3.3 Leistungsverträge nach Ausschreibungsverfahren

Neben den, zumeist projektbezogenen, Zuwendungen und den klientenbezogenen Pflege- und Kostensätzen werden in der Jugendhilfe zunehmend Finanzierungsverfahren ausprobiert, die mit dem Verfahren der öffentlichen Ausschreibung operieren. Solche Finanzierungsmuster sind interessante Entwicklungen, weil sie dazu beitragen, den „gordischen Knoten" der Sozialökonomie zu durchschlagen. In den sozialökonomischen Modellen wurde immer nach Vorschlägen gesucht, die weder Qualitätsdumping noch (suboptimale) Mengenexpansion forcieren. Leistungsverträge nach Ausschreibungsverfahren zur Übernahme von Leistungspaketen zu einem festen Preis und für einen festen Zeitraum führen in der Jugendhilfe beim Leistungsanbieter zum Anreiz, möglichst wenige Leistungen und möglichst gute Leistungen zu erbringen. An einer nicht-rationalen Mengenexpansion besteht beim Anbieter kein Interesse, weil die entsprechenden Kosten gewinnreduzierend wirken. Er wird versuchen, seine Leistungsmenge und Leistungsarten auf das fachlich sinnvolle und notwendige Maß zu beschränken. Gleichzeitig besteht bei dieser Finanzierungsart jedoch ein Anreiz, die Leistungsqualität auszubauen, da diese zu einem entscheidenden Beurteilungskriterium für die Gewinnung neuer Aufträge wird. Mit hoher Wahrscheinlichkeit werden solche Finanzierungsformen die Effizienz und Effektivität sozialpädagogischer Leistungen fördern, die Leistungsqualität anstiften und zu einer Selbstprüfung der Leistungserbringer führen, ob denn nicht auf manche soziale Angeboten ganz oder teilweise verzichtet werden kann.

Bei der Vorbereitung solcher Leistungsverträge lassen sich verschiedene Ausschreibungsverfahren denken:

- die Ausschreibung der Leistungsart und Leistungsmenge. In diesem Fall würden der Preis als auch die Leistungsqualität die Wettbewerbsparameter bilden;
- die Ausschreibung der zur Verfügung stehenden Finanzen und der Leistungsart. Im Sinne des target costing würde die Konkurrenz dann dafür sorgen, dass man den Bewerber mit dem besten Mengen-Qualitätsverhältnis auswählen kann;
- die Ausschreibung des sozialen Problems. In einem solchen „pitch" ließen sich die Angebote nach Problemlösungskreativität, Preis, Leistungsmenge und Leistungsqualität sortieren.

Die Sozialarbeit beschreitet hier interessante neue Finanzierungspfade, wenn beispielsweise in der Jugendhilfe „Sozialraumbudgets" vergeben werden oder Konzepte zum „Stadtteilmanagement" ausgeschrieben werden. Positive Nebeneffekte dieser Finanzierungskonzepte lassen sich auch hinsichtlich der Trägerkonstellationen in der Sozialen Arbeit erwarten. Je nach Ausschreibungsvolumen und Ausschreibungsregion werden sich verbands- und unternehmensübergreifende Anbietergruppen bilden, da einzelne Träger vielleicht nicht das notwendige Leistungsspektrum abdecken oder an vorhandene Infrastrukturen anknüpfen wollen. Die vielfach gewünschte träger- und einrichtungsübergreifende Vernetzung würde somit durch die Hintertür eingeführt.

Allerdings zeigen auch die frisch implementierten Ausschreibungsverfahren erste Schwächen. Neben ausschreibungstechnischen Problemen, die im Sozialbereich maßgeblich auf fehlende Routine in der Praktizierung der sog. „Verdingungsordnungen" zurückzuführen sind, soll auf eine Problematik besonders hingewiesen werden. Gerade bei der Ausschreibung sozialraumorientierter Budgets und bei der folgenden Auftragsvergabe produziert das Jugendamt möglicherweise ein ernstes Folgeproblem, weil der unterlegene Anbieter angesichts der Monopolstellung des Jugendamtes im Prinzip nicht in andere Geschäftsfelder oder zu anderen Auftraggebern ausweichen kann. Bei einer in der Jugendhilfe durchaus sinnvollen zwei bis vierjährigen Auftragsdauer müssten also nicht zum Zuge gekommene Anbieter Kapazitäten über diesen Zeitraum vorhalten, um bei einer Neuausschreibung des Vergabeverfahrens wieder mitbieten zu können. Diese Gefahr, dass sich regionale Angebots- und Nachfragemonopole bilden und gegenüberstehen, wächst mit dem Ausschreibungsvolumen und dem Vernetzungsgrad der ausgeschriebenen Leistungen.

3.4 Gutscheinmodelle

Zur Simulation von marktförmigen Strukturen, bei gleichzeitiger Vermeidung des marktimpliziten Ausschlussprinzips, werden in der Finanzierung von Kindertagesstätten zunehmend Gutscheinmodell diskutiert. Kindertagesstätten werden in aller Regel durch ein Finanzierungsmix des öffentlichen Trägers, des Einrichtungsträgers und aus Elterneigenbeteiligungen getragen. Zur Vereinfachung des Finanzierungsverfahrens auf der einen Seite, aber insbesondere zur allokativen Steuerung des Angebots – als Alternative zur klassischen Jugendhilfeplanung –, könnten Gutscheine eine entscheidende Steuerungswirkung bekommen. Eltern mit Kindern im Alter, in dem ein Rechtsanspruch auf eine Unterbringung in einer Kindertagesstätte besteht, erhalten Gutscheine, die in Kindertagesstätten eingelöst werden können. Diese Gutscheine decken zum einen die laufenden „fallbezogenen" Betreuungskosten und enthalten weiterhin einen Bestandteil zur Investitionsfinanzierung. Abgerechnet werden diese Gutscheine dann zwischen dem Einrichtungsträger und dem zuständigen örtlichen Jugendamt. Solche Voucherlösungen haben den Vorteil, dass die Zahlungsfähigkeit aller Eltern – simulativ – sichergestellt wird und auch die Zahlungsbereitschaft stabilisiert wird, weil der Gutschein eben nur zweckgebunden für Kindertagesbetreuung verwendet werden kann. Zwischen den Trägern würde sich, wahrscheinlich, ein konzeptioneller Wettbewerb einstellen, der die Angebotsvielfalt und Leistungsqualität in dieser Branche verbessern würde. Der öffentliche Jugendhilfeträger könnte sich, ceteris paribus, darauf verlassen, dass die durch Gutscheine garantierte Nachfragemenge auch ein Angebot finden würde. Als öffentliche Zuständigkeit bliebe im Wesentlichen die Zulassung der Wettbewerber aufgrund von Qualitätsvereinbarungen, die mit dem Jugendamt abzuschließen wären.

Literatur zur Vertiefung

Halfar, Bernd (Hrsg.) (1999): Finanzierung sozialer Einrichtungen und Dienste. Baden-Baden

Kröger, Rainer (Hrsg.) (1999): Leistungs-, Entgelt- und Qualitätsentwicklung in der Jugendhilfe. Neuwied

Lütjen, Ulf (1997): Organisation und Finanzierung von Trägern der freien Jugendhilfe. Neuwied

Literatur

Halfar, Bernd (1997): Finanzierung sozialer Dienste. In: Arnold,B./Maelicke, B. (Hrsg.): Lehrbuch der Sozialwirtschaft. Baden-Baden, S. 402-442

Halfar, Bernd (Hrsg.) (1999a): Finanzierung sozialer Einrichtungen und Dienste. Baden-Baden

Halfar, Bernd (1999b): Geld und das System Sozialer Arbeit. In: Halfar, Bernd (1999a): Finanzierung sozialer Einrichtungen und Dienste. Baden-Baden, S. 1-42

Halfar, Bernd (1999c): Finanzierungsarten und Finanzierungsformen in der Sozialen Arbeit. In: Halfar, Bernd (1999a), S. 43-77

Halfar, Bernd (2000): Zum Konsum kollektiver Güter. In: Schneider, Norbert/Rosenkranz, Doris (Hrsg.): Konsum. Opladen S. 207-232

Kröger, Rainer (Hrsg.) (1999): Leistungs, Entgelt und Qualitätsentwicklung in der Jugendhilfe. Neuwied

Prölß, Rainer (1999): Finanzierung im Bereich Erzieherische Hilfen, Kinder- und Jugendnotdienste. In: Halfar, Bernd (1999a) S. 111-138

Ristok, Bruno (1999): Leistungsgerechte Entgelte. Betriebswirtschaftliche Aspekte eines neuen Vergütungsprinzips im BSHG und SGB XI; in: Halfar (1999a)

Struck, Norbert (1999a): Die Entwicklung neuer Entgeltregelungen. In: Kröger (1999) S. 37-57

Struck, Norbert (1999b): Finanzierung und Kostenstruktur stationärer Einrichtungen der Jugendhilfe. In: Halfar, Bernd (1999a) S. 181-201

Wätzold, Brigitte (1999): Rahmenverträge nach §78f SGB VIII. In: Kröger 1999) S. 58-67

Wiesner, Reinhard (1999): Die jugendhilfepolitische Bedeutung der Neuordnung der Entgeltfinanzierung. In: Kröger (1999) S. 3-16

Mathias Schwabe

Jugendhilfeforschung und -praxis

Zusammenfassung: Im ersten Teil wird der Begriff „Jugendhilfe-Forschung" differenziert: Jugendhilfe-Forschung erweist sich dabei sowohl bezüglich ihrer Organisation und ihrer Themen als auch ihrer Nähe zur Praxis als äußerst heterogenes Feld. Im zweiten Teil wird diskutiert, was unter „Jugendhilfe-Praxis" zu verstehen ist: Unterschiedliche Gruppierungen werden erkennbar, die zum Teil ähnliche, zum Teil unterschiedliche Anliegen an Forschung formulieren und diese auf dem Hintergrund je eigener Interessen rezipieren. Im dritten Teil werden einige für die Jugendhilfe zentrale Spannungsfelder von Praxis und Forschung vorgestellt und sowohl hinsichtlich ihrer Unvermeidbarkeit als auch ihrer Bewältigbarkeit thematisiert.

Einführung

Das Verhältnis von Jugendhilfeforschung und Jugendhilfepraxis, so könnte man zunächst vermuten, müsse ein inniges sein: Praxis formuliert Problemstellungen aus ihrem sozialpädagogischen Alltag, die von Forschung aufgegriffen, sachlich erhellt und in Form von praxisrelevanten Empfehlungen zurückgespielt werden. Forschung wendet sich mit theoretischen Fragestellungen an Praxis und entfaltet an beobachteten oder erfragten „Materialien" neue Perspektiven der Reflexion, die sowohl PraktikerInnen als auch ForscherInnen zu neuen Diskursen anregen. Beide wären aufeinander angewiesen, suchten den Austausch mit dem jeweiligen Gegenüber und holten sich von diesem, was für die eigene (Theorie- oder Praxis-)Arbeit nützlich ist.

Hört man sich in den beiden Feldern um, scheinen jedoch wechselseitige Enttäuschungen zu überwiegen: PraktikerInnen erleben, dass ihre drängendsten Fragestellungen von Forschung überhaupt nicht wahrgenommen oder so umformuliert werden, dass sie kaum noch als eigene wiedererkannt werden. Von den Forschungsergebnissen fühlen sie sich entweder überfordert („unverständlich", „nicht praxisrelevant") oder denunziert („Was diese Forscher über unsere Arbeit herausgefunden haben wollen..."). WissenschaftlerInnen erleben, dass ihre Fragestellungen als Zumutungen und ihre Forschungsinstrumente (Interviews, Fragebögen etc.) überwiegend als Störungen der Alltagsroutinen wahrgenommen werden; sie begegnen mehr oder weniger offenen bzw. subtilen Widerständen gegenüber der Beforschung bei den Praxis-MitarbeiterInnen und werden angefeindet, wenn ihre Forschungsergebnisse nicht zur Rechtfertigung der von diesen betriebenen Praxis taugen.

Aber stimmt das wirklich? Rufen nicht jeden Tag PraktikerInnen der Jugendhilfe in Forschungsinstituten, Fachhochschulen, Universitäten etc. an und bitten die Dozenten um diesen Vortrag oder jene Praxisevaluation? Kontaktieren WissenschaftlerInnen nicht jeden Tag FachreferentInnen aus Verbänden und Einrichtungsleiter aus der Jugendhilfepraxis, auf der Suche nach interessanten Projekten und Erfahrungsberichten aus der Praxis? Diskutieren nicht Vertreter beider Gruppierungen in Verbänden, Gremien und Fachtagungen sozialpädagogische und fachpolitische Themen miteinander, und zwar durchaus mit gegenseitiger Achtung und Respekt? Ist das tatsächliche Verhältnis beider Systeme also besser als sein Ruf? Hat sich an diesem, eventuell gerade in den letzten (fünf)zehn Jahren, grundlegend etwas gewandelt?

Und noch grundsätzlicher gefragt: Gibt es überhaupt „Forschung" und „Praxis" als eindeutig voneinander abgegrenzte und in sich homogene Felder oder verbergen sich hinter diesen Begriffen nicht sehr unterschiedliche Phänomene und Gruppierungen? Kann es deswegen ein einziges Verhältnis zwischen der Praxis und der Forschung geben oder muss man nicht von mehreren unterschiedlichen Beziehungen zwischen Teilkomplexen der Praxis und solchen der Forschung ausgehen? Treffen die aufgezeigten Vorurteile zwar für manche solcher Bereiche zu, lassen aber konstruktive Formen des Umgangs in anderen Bereichen unberührt?

Um diese Fragen zu erhellen, wird die Blickrichtung von Forschung auf Praxis und von Praxis auf Forschung immer wieder wechseln. Auf die Diskussion methodischer Fragestellungen und auf eine weitergehende theoretische Einschätzung des Komplexes „Forschung/Praxis" musste im Rahmen dieses Aufsatzes verzichtet werden.

1. Organisationsformen und Themen der Jugendhilfeforschung

Jugendhilfeforschung konstituiert sich regelmäßig durch ein Dreiecksverhältnis: Wissenschaft untersucht mittels ausgewiesener Forschungsmethoden institutionalisierte Praxen der Jugendhilfe im Zusammenhang mit ihren zentralen Ko-Produzenten, d. h. den KlientenInnen bzw. NutzerInnen (Kinder, Jugendliche, Eltern bzw. Personensorgeberechtigte) und/oder den MitarbeiterInnen. Das kann sich auf aktuelle oder vergangene, aus Dokumenten zu rekonstruierende Praxen beziehen (vgl. Mannschatz 1994; Niemeyer/Schröer/Böhnisch 1997). Im Gegensatz zur Jugendforschung oder Organisationssoziologie, von denen jeweils wichtige Impulse ausgehen (vgl. z.B. Marefka/Nave-Herz 1989; Seibel 1996), geht es in der Jugendhilfeforschung nicht in erster Linie um die Besonderheiten einer Altersgruppe bzw. eines Institutionstypus, sondern um das spannungsreiche Zusammenspiel von Organisation, Person und Generation auf mehreren Ebenen: In den Institutionen der Jugendhilfe treffen Erwachsene (Professionelle und Ehrenamtliche) in erster Linie auf Kinder und Jugendliche, und zwar im (direkten oder vermittelten) Auftrag der Eltern bzw. der BürgerInnen des Gemeinwesens, sofern sie sich von den Problemen, die Kinder/Jugendliche und Familien haben und/oder machen, betroffen sehen (vgl. Lüders 1998, S. 121). Wo ein Element des Dreiecks und des thematischen Zusammenhangs (Organisation, Person, Generation) fehlt, mag Bedeutsames geforscht werden, aber es ist nicht Jugendhilfeforschung. Jugendhilfeforschung ist demnach ebenso ein Teilbereich sozialpädagogischer Forschung (oder wenn man möchte: der Sozialarbeitswissenschaft; siehe zu dieser Diskussion: Puhl 1996) wie der Erziehungswissenschaft (vgl. Krüger 1995). Das für Forschung konstitutive Methodenrepertoire schöpft sie einerseits aus der geisteswissenschaftlichen Tradition (Hermeneutik) und andererseits aus den (empirischen) Sozialwissenschaften, zu denen auch die Ethnologie zu rechnen ist.

Ob es Jugendhilfeforschung als ein eigenes „Label" geben muss, oder ob ihre Propagierung nicht zwangsläufig zur weiteren Überspezialisierung von Forschungsthemen und der Zersplitterung von Forschungszusammenhängen beiträgt, ist eine ganz andere Frage (vgl. Lüders 1998, S. 113ff.). Hier gehen wir davon aus, dass Jugendhilfeforschung etwas ist, das eigene Konturen besitzt und Sinn macht.

1.1 Organisationsformen der Jugendhilfeforschung

In bisherigen Veröffentlichungen zur Jugendhilfeforschung und ihrem Verhältnis zur Praxis (Flösser/Otto/Rauschenbach/Thole 1998; Schubarth 1999, S. 118ff.; Lüders/van Santen 1996) wurde die Abhängigkeit der Produktion von wissenschaftlichem Wissen von ihren Organisationsformen weitgehend ausgeblendet. Deswegen erfährt sie in diesem Artikel eine besondere Akzentuierung.

Bezüglich der Organisationsformen von Jugendhilfeforschung sind zwei Fragestellungen relevant. Erstens, von welchen Institutionen wird Jugendhilfeforschung angeboten und betrieben und zweitens, in welchen Formen wird Forschung von diesen Institutionen organisiert? Es geht bezüglich der Organisationsformen also sowohl um das „who" als auch um das „how":

Institutionen der Jugendhilfeforschung

Ohne mit der Reihenfolge eine Prioritätensetzung hinsichtlich Menge und Qualität der geleisteten Forschungsarbeit vornehmen zu wollen, sind zu nennen:

- Universitäten; dabei macht es einen großen Unterschied, ob an Lehrstühlen hin und wieder einzelne Doktorarbeiten vergeben werden oder Jugendhilfethemen einen personell und inhaltlich vernetzten Forschungsschwerpunkt darstellen, wie das z.B. an den Universitäten in Berlin (TU), Bielefeld, Dresden, Tübingen u.v.a. der Fall ist. Den Universitäten kommt bezüglich der Möglichkeit zu promovieren nach wie vor eine Monopolstellung zu. Gerade deswegen ziehen sie auch PraktikerInnen an, die ihre Promotion neben der Berufstätigkeit oder mit Materialien aus eben dieser Praxis bestreiten. Etwa die Hälfte aller Promotionen über spezifische Jugendhilfethemen dürfte von der „außer-universitären" Berufsgruppe erbracht werden, die diese Qualifikation benötigen, um im eigenen Berufsfeld aufzusteigen oder um (später) FachhochschulprofessorInnen (oder DozentInnen an Universitäten) zu werden. Der beiderseitige Gewinn der Kooperation von etablierten WissenschaftlerInnen und wissenschaftsinteressierten PraktikerInnen liegt auf der Hand.

- Dem gegenüber koordiniert die Deutsche Gesellschaft für Erziehungswissenschaft (DGFE) in ihren Sektionen „Sozialpädagogik" und „Frühe Kindheit" vor allem die inneruniversitäre Jugendhilfeforschung. Bezüglich der Teilnahme an den Diskursen der einschlägigen Sektionen sind im Feld arbeitende PraktikerInnen kaum einbezogen, da die Mitgliedschaft in der DGFE eine Promotion voraussetzt

- Einzigartig ist das Deutsche Jugendinstitut (DJI) mit Sitz in München und Zweigstelle in Leipzig u.a., insofern es überwiegend mit Bundes- und Landesmitteln gefördert wird, deswegen auf einer relativ gesicherten Finanzierungsgrundlage arbeiten kann und bundesweit tätig ist. Das DJI kann im Vergleich mit den Institutionen der nächsten Sparte auf die längste und dichteste Forschungstradition zurückblicken und hat hinsichtlich der Fülle und Qualität seiner Publikationen (Monographien und Periodika wie die Zeitschrift „Diskurs") einen hohen Standard etabliert. Trotz seiner weitgehenden Förderung durch das Bundesministerium für Familie, Senioren, Frauen und Jugend (BMFSFJ), ist es ihm gelungen, sich den Ruf eines unabhängigen Institutes zu bewahren.

- In vielen Städten und Regionen haben sich in den letzten 20 Jahren regional und überregional tätige Vereine mit eigenen Instituten gegründet, die ihre Aufgabe in der Beratung von Institutionen der Sozialen Arbeit (mit den Schwerpunkten Organisations- und Politikberatung, Qualifizierung von MitarbeiterInnen und Projektevaluation) bzw. der damit befassten kommunalpolitischen Körperschaften sehen. Im Zuge dieses umfangreichen Dienstleistungsmix fallen auch Jugendhilfe-Forschungsarbeiten mit dem Ziel einer genaueren Erhellung unterschiedlicher institutioneller Praxen an. Diese frei-gemeinnützigen Vereine erhalten – sofern es sich nicht um wohlfahrtsverbandseigene, ausgelagerte Forschungsinstitute handelt – keine bzw. eine niedrige Sockelfinanzierung und müssen sich für (fast) jedes Projekt auf dem sich neu entwickelnden kombinierten Forschungs-, Beratungs- und Fortbildungsmarkt bewerben. Dementsprechend arbeiten manche von ihnen gezwungenermaßen mit flexiblem Mitarbeiterstamm und/oder der Bereitschaft zur Selbstausbeutung, was ihre Dienste z.T. beträchtlich kostengünstiger macht. Spezialisiert auf Erziehungshilfe-Fragestellungen ist dabei u.a. der Verein „Planungsgruppe PETRA", der zugleich die längste Tradition in diesem Feld besitzt und als einer von wenigen Vereinen auch Träger von eigenen Erziehungshilfe-Einrichtungen ist. Das Institut für Soziale Arbeit (ISA) mit Sitz in Münster, das Institut für Sozialarbeit und Sozialpädagogik (ISS) mit Sitz in Frankfurt/Main und das ISM in Mainz zählen zu den bekanntesten dieser Institute. Spezialisiert auf mädchen- und frauenspezifische Fragestellungen ist z.b. das Tübinger Institut für frauenpolitische Sozialforschung (TIFS).

- In den letzten 10 Jahren haben eine ganze Reihe von Fachhochschulen eigene Institute mit ähnlichen Aufgaben und Zielen wie die der oben genannten frei-gemeinnützigen Vereine gegründet. Eine Besonderheit der Fachhochschul-Forschung liegt in der engen Verzahnung von Forschung und Lehre, in die auch StudentInnen eingebunden werden. Diese können bereits während ihres Studiums unter Anleitung von DozentInnen an Forschungsprojekten teilnehmen bzw. erhalten die Möglichkeit, im Seminar gelernte Forschungsmethoden relativ schnell in Praxisfeldern anzuwenden (Maier 1999). Sicherlich werden StudentInnen in diesem Feld mitunter als billige Arbeitskräfte ausgebeutet oder dazu missbraucht, voraussetzungsreiche Methoden (wie z.B. narrative Interviews) im Schnellverfahren zu erlernen und „halbverdaut" anzuwenden. Trotzdem erfreuen sich diese Praxis-Forschungs-Seminare bei den StudentInnen großer Beliebtheit und eröffnen Spielräume für selbstorganisierte Lernprozesse.

- Zu den Forschungsinstitutionen können auch die Jugendhilfeforschungs-Kolloquien oder -Foren gezählt werden. Beispielhaft sei das regelmäßig jährlich stattfindende Heimerziehungsforschungs-Kolloquium erwähnt, das seit vielen Jahren in Kooperation von Internationaler Gesellschaft für erzieherische Hilfen (IGFH) und ISS-Frankfurt/M. organisiert wird. Es dient dazu, eigene in Arbeit befindliche Forschungsprojekte einem Kreis interessierter und erfahrener (Forscher-)KollegInnen vorzustellen.

In den letzten 10-15 Jahren kann von einer erheblichen Zunahme von Forschungsinstitutionen und einem sich verstärkenden Konkurrenzkampf dieser Institutionen um Forschungsaufträge ausgegangen werden. Dabei dürften Vor- und Nachteile sowohl für die Forschungsinstitutionen als auch für die Forschung nachfragenden Gruppierungen entstanden sein: Vor allem Universitäten und alteingesessene Institute werden durch diese Entwicklung von regionalen Forschungsmonopolisten zu Anbietern unter anderen; das ermöglicht den Forschungsaufträge vergebenden Gruppierungen bezüglich eines Auftrags mehrere Angebote einzuholen und bezüglich der in Aussicht gestellten Leistungen und Kosten vergleichen zu können. Allerdings entwickelt sich damit auch die Gefahr, dass „neue" Institute, die auf dem „Forschungsmarkt" Fuß fassen wollen, Konditionen eingehen, die einer kritischen Überprüfung weder inhaltlich noch finanziell standhalten. Billigere und/oder „genehmere" Forschung mag kurzfristige Vorteile für den Auftraggeber ermöglichen, führt aber längerfristig in eine Abwertungsdynamik von Forschung und deren Ergebnissen, an der auch dem Auftraggeber nicht gelegen sein kann.

Forschungsformen und -aufträge

- Extern angestoßene Auftragsforschung
  Bei dieser Form von Auftragsforschung spielt die Aushandlung zwischen Auftraggeber, zu untersuchendem Projekt und beauftragtem Forschungsinstitut bezüglich der inhaltlichen Fragestellungen, der methodischen Instrumente (Fragebögen, Interviews etc.) und der Verfügung über die Veröffentlichung von Ergebnissen eine entscheidende Rolle. Dabei sollte man in den meisten Fällen von unterschiedlichen und u. U. einander widerstreitenden Interessen auf den verschiedenen Seiten des Dreiecksverhältnisses ausgehen. Diese offen zu legen und in einem für alle Seiten annehmbaren Kontrakt zu gestalten, stellt einen ersten unverzichtbaren Schritt in der Entwicklung des Forschungskonzeptes dar. Trotz dieser Komplikation kann in diesem Bereich mit relativ kurzen Zeitspannen (ein bis drei Jahre) zwischen Auftragsvergabe und Veröffentlichung der Ergebnisse gerechnet werden.

- Intern motivierte Forschung in den wissenschaftlichen Institutionen
  Im Gegensatz zur Auftragsforschung bilden bei dieser Form wissenschaftsintern generierte Fragestellungen den Ausgangspunkt. Ein oder mehrere WissenschaftlerInnen (die auch PraktikerInnen sein können) beschließen, dieses oder jenes Thema zu beforschen. Wissenschaftsbetriebsinterne Abhängigkeiten und Rücksichtnahmen können dabei eine Rolle spielen, beispielsweise bei der Zulassung eines Themas als Gegenstand einer Dissertation durch einen „Doktorvater" etc. In der Regel aber sind die ForscherInnen bezüglich der Wahl ihres Forschungsobjekts und der Forschungsmethoden relativ autonom. Dafür müssen sie sich zumindest während des Forschungsprozesses in eine einseitige Abhängigkeit der zu erforschenden Praxisfelder begeben. Nach Abschluss der Daten- bzw. Materialsammlung gerät man nicht selten in wissenschafts-interne Debatten, die vordergründig Qualität und Reichweite des eigenen Forschungsprojekts betreffen, aber auch oder überwiegend der Sicherung von Positionen innerhalb des Wissenschaftsbetriebs dienen. Diese Forschungsform ist entweder selbst finanziert (etwa im Rahmen einer individuellen Dissertation) oder kann sich auf Mittel stützen, die aus dem Wissenschaftssystem zur Verfügung gestellt werden (z.B. Mittel der DFG). Das Antragswesen dafür ist allerdings kompliziert und aufwendig; zwischen ersten Vorarbeiten und publizierbaren Ergebnissen liegen in der Regel drei bis fünf Jahre und mehr.

Bezüglich der Unabhängigkeit und Originalität von Forschungsergebnissen ist keine der beiden Formen generell als qualifizierter zu betrachten: WissenschaftlerInnen können ebenso bestimmten, jeweils eingeschränkten Hypothesen und Ergebnispräferenzen im Rahmen eigener Überzeugungen und Forschungsstrategien aufsitzen wie PraktikerInnen aus Projekten oder die Auftraggeber solcher Studien. Allerdings dürfte die Abhängigkeit der freien Forschungsinstitute von weiteren Aufträgen gegenüber bestimmten

Stellen höher sein als die von universitären Einzelforschern oder Lehrstühlen mit mittelfristig gesicherter Perspektive.

1.2 Themen der Jugendhilfeforschung – ein Sytematisierungsversuch

Als Alternative zu der (zu)weit gefassten und unübersichtlichen Darstellung von Jugendhilfeforschung, wie sie Flösser/Otto/Rauschenbach/Thole vornehmen (1998, S. 229), schlage ich eine Matrix vor, die thematische und forschungssystematische Dimensionen miteinander verbindet. Vier jugendhilfespezifische Themengruppen stehen drei sozialpädagogischen Forschungstypen gegenüber und erlauben so eine systematische Zuordnung verschiedener (beispielhafter) Forschungsbeiträge. Die gestrichelten Linien der Matrix verweisen auf thematische Überschneidungen bzw. Mehrfachaspekte, die vielen Arbeiten zu Eigen sind. In einem nächsten Schritt könnte man dieses zweidimensionale Modell als Würfel konzipieren, indem man den Themen und Forschungstypen noch die jeweils angewandten Methoden an die Seite stellt.

- Arbeitsfeld- und angebotsbezogene Kinder- und Jugendhilfeforschung
  Dazu gehören Studien aus den Arbeitsfeldern Kindertageseinrichtungen, Jugendarbeit und Erziehungshilfen, aber auch über die das Feld organisierenden „Meta-Institutionen" Jugendamt und Wohlfahrtsverbände (vgl. z.B. Allert u.a. 1994; Krafeld 1996). Forschungsarbeiten in diesem Feld fragen nach der organisatorischen, konzeptionellen und alltäglich-realen Gestaltung von Einrichtungen, Diensten und Settings zwischen Erfordernissen der Institution, Bedürfnissen der Adressaten, Möglichkeiten der Professionellen und Erwartungen der Politik bzw. der Gesellschaft. Die zur Beantwortung vieler Fragen notwendige Datenbasis wurde erst in den letzten Jahren erarbeitet (vgl. Bürger 1996; Ames/Bürger 1998 u. 1999; Rauschenbach/Schilling 1997). In dieses Feld gehören Studien zu institutionellen Schnittfeldern, handele es sich dabei um jugendhilfe-interne (z.B. Kooperation Jugendamt/Heimeinrichtung oder KITA/Fachberatung) oder um jugendhilfe-externe Kooperationspartner (Schule, Psychiatrie, Polizei etc.). Zu diesem Themenfeld zählt die Evaluationsforschung, insofern sie nach dem Verhältnis von institutioneller Struktur- (input) und Ergebnisqualität (outcome) fragt (vgl. Petermann/Schmidt 1997); ebenso der noch schwach entwickelte Zweig der international-vergleichenden Jugendhilfeforschung (z.B. Nationale Betreuungskapazitäten in Kindertagesstätten oder Entwicklung des Heim- und Pflegekinderwesens im Ländervergleich etc., vgl. Treptow 1996).

- AdressatInnenbezogene Kinder- und Jugendhilfeforschung
  Diese Studien fragen nach dem Zugang der AdressatInnen zu ihrem Erleben von und der biographischen Entwicklung nach (dem Herauswachsen bzw. der Entlassung aus) Kinder- und Jugendhilfeangeboten. Quantitative Studien erfassen beispielsweise, welche AdressatInnengruppen (Migran-

ten, Mädchen, Drogenkonsumierende) zu welchen Angeboten einen bzw. keinen Zugang finden und lassen Schlüsse auf Zugangsbarrieren oder Ausgrenzungsmechanismen zu. Qualitative Studien fokussieren dagegen das subjektive Erleben der AdressatInnen in Einrichtungen der Kinder- und Jugendhilfe (z.b. Landenberger/Trost 1988; Gehres 1997). Insofern sich Evaluationsforschung mit den persönlichen Bilanzen und den objektivierbaren, individuellen Gewinnen aus dem Besuch solcher Einrichtungen beschäftigen, gehören sie in diese Themengruppe; ebenso die Forschungsarbeiten, die den von Jugendhilfe (bisher) schwer erreichbaren Gruppen (wie Straßenkinder, Schulverweigerer, Autocrashkids bzw. risikosuchende Jugendliche etc.) nachspüren (z.B. Birtsch/ Kluge/Trede 1993; Thimm 2000). Der geschlechterdifferenzierenden NutzerInnen-Perspektive kommt in dieser Themengruppe eine besondere Bedeutung zu, die ausdrücklich im KJHG vorgesehen ist (Hartwig 1990).

- Auf sozialpädagogische Kernprozesse bezogene Kinder- und Jugendhilfeforschung
Diese Studien fragen nach arbeitsfeldspezifischen Kernprozessen (z.B. die Eingewöhnungsphase in der Kindertagesstätte, Regeletablierung im Jugendfreizeitheim, Hilfeplanung bei den Erziehungshilfen, vgl. z.B. Adler 1998). Dabei interessiert, welche methodischen Erfordernisse und Kompetenzen mit diesen Kernprozessen verbunden sind, aber auch welche institutionellen Gestaltungsspielräume und Zwänge die jeweiligen methodischen Zugänge präformieren. Typischerweise berühren sich in diesem Themenkomplex praktische und genuin theoretische Fragen: Beispielsweise in der Frage des Fallverstehens und der Kasuistik (Müller 1994; Mollenhauer/Uhlendorff 1992 u. 1995) oder in der Frage, ob und wie sozialpädagogische Kernprozesse planbar und über institutionelle Verfahren zu regeln sind bzw. in welcher Hinsicht sie sich dem methodischen Zugriff entziehen und jeweils individualisierte, situative Verständigungsprozesse erfordern (Müller/Hörster 1996; Schwabe 1999). Evaluationsstudien gehören in diese Themengruppe sofern sie nach Elementen der Prozessqualität, d. h. nach fachlichen Standards fragen, sei es hinsichtlich ihrer Begründbarkeit, sei es hinsichtlich ihrer Umsetzung in die Praxis (Blandow/Gintzel/Hansbauer 1999).

- Ausbildungs- und MitarbeiterInnen-bezogene Kinder- und Jugendhilfeforschung
Diese Studien fragen nach den für unterschiedliche Arbeitsfelder notwendigen Kompetenzen und nach den Voraussetzungen und Bedingungen wie diese qua Ausbildung in unterschiedlichen Curricula und Lehr- bzw. Studiengängen (Fachschule, Fachhochschule, Universität) erworben werden können. Studien über typische Phasen und Krisen der beruflichen Sozialisation (Blinkert 1979; Gildemeister 1983) gehören ebenso in diese Themengruppe wie die Erforschung berufsbiographischer, geschlechtsspezifischer Verlaufskurven (Schütze 1996) oder die Reflexion von Professionalitätsmodellen (Stahlmann 1993). Schließlich sind Studien zur

Arbeitsmarktentwicklung zu nennen, die Statistiken aus der Kinder- und Jugendhilfe und Arbeitsmarktdaten miteinander in Beziehung setzen (Rauschenbach/Schilling 1997; Trede 1993) und auch den Bedingungen und Konsequenzen eines Frauenarbeitsplatzes nachgehen (vgl. Andres/Dippelhofer-Stiem 1991).

Forschungssystematisch lassen sich die unterschiedlichen Untersuchungen und Monographien, einem Vorschlag von Thole folgend, drei Typen zuordnen (vgl. Thole 1999, S. 234):

- Praxisforschung hat den Anspruch, aus der Beobachtung und Analyse von als gelungen und/oder misslungen beurteilter Interaktionen (überwiegend) zwischen Professionellen und Klienten konkretes Handlungswissen hervorzubringen, das die Praxis unmittelbar anleiten oder optimieren soll.
- Professionsforschung hat den Anspruch, die sozialpädagogische Praxis hinsichtlich ihrer Voraussetzungen, Bedingungen, Möglichkeiten und Begrenzungen zu reflektieren: Die theoretisch angeleitete Erhellung bzw. (Re-)Konstruktion der Handlungspraxis erfolgt mittels explorativer Studien. Die Frage, ob Professionsforschung das praktische Handeln anleiten kann, bleibt sekundär.
- Disziplinforschung dient der Hervorbringung von wissenschaftlichem Wissen. Dazu zählen Grundlagenforschung und Reflexion der Praxis- bzw. Professionsforschung. Die Aufgabe von Disziplinforschung ist dabei, die aus der Professionsforschung gewonnenen Erkenntnisse systematisch zueinander in Beziehung zu setzen und einer theoriegeleiteten Integration zu unterziehen.

Die ersten beiden Forschungstypen zeichnen sich durch einen mehr oder weniger dezidierten Bezug auf die Praxis aus; ob und wieweit damit auch Praxisrelevanz aus der Perspektive der dort Tätigen verbunden ist, muss offen bleiben, da - wie wir noch sehen werden - dieser Begriff für recht verschiedene Desiderate in Anspruch genommen werden kann (siehe 2.1).

Setzt man die Themengruppen und Forschungstypen in Verbindung, ergibt sich eine Matrix, auf der verschiedene Studien eingeordnet werden können. Dabei wird deutlich, dass sich etliche von ihnen hinsichtlich der Themengruppen in mehreren Feldern bewegen, während die jeweiligen Forschungstypen relativ eingrenzbar erscheinen.

Matrix 1 zeigt die Zuordnung exemplarischer Studien aus den Bereichen Kindertageseinrichtungen und Familienbildung (s. nächste Seite).

Matrix 2 zeigt die Zuordnung exemplarischer Studien aus den Bereichen Jugendarbeit und Erziehungshilfen (s. nächste Seite).

Matrix 1: Kindertagesstätten und Familienbildung

Thema / Typ	Praxisforschung		Professionsforschung		Disziplinforschung
Organisation Arbeitsfelder Angebote	Struck, J. Gemeinsam forschend lernen: Die Praxis-Reflexion im Offenen Kindergarten München 2000	Kühne, T. Die Rahmenbedingungen dürfen uns nicht egal sein 2000	Amoneit, K./ Nieslony, F. Zur Tagesbetreuung unter dreijähriger Kinder 1992	Textor, M. Allgemeine Förderung der Erziehung in Familien Stuttgart 1996	Erning, G./Neumann, K./ Reyer, J. (HG) Geschichte des Kindergartens Bd. 1 und 2 Freiburg 1987
Kernprozesse		Heimlich, U. Projekt Gemeinsam spielen: Zur Gestaltung integrativer Spielsituationen - ein Zwischenbericht Stuttgart 1993	Fthenakis, W./Erich, H. (HG) Erziehungsqualität im Kindergarten Freiburg 1998		Schäfer, G.E. Bildungsprozesse im Kindesalter Weinheim/München 1995
AdressatInnen	Tulinow, L. Familienbildung für AussiedlerFamilien Hannover 2000		Scarbath, H./Plewig, H.-J./ Wegner, T. Selbstthematisierung von Kindern im Tagheim angesichts drohender Devianz Weinheim und Basel 1981		Andresen, S. „Die Kindheit im Sozialismus ist eine glückliche Zeit" vom Wandel des Kindheitskonzeptes in der DDR und seiner Bedeutung für die soz.-päd. Praxis 2000
MitarbeiterInnen Ausbildung	Wagner, P. Interkulturelle Öffnungen von Kindergärten - Anforderungen an Ausbildung und Praxis von Erzieherinnen Weinheim/München 1999		Andres B./Dippelhofer-Stiem, B. Die Kinderkrippe - Diskurs über einen typischen Frauenarbeitsplatz Bielefeld 1991		Wolfram, W. W. Das pädagogische Verständnis der Erzieherin Weinheim/München 1985

Matrix 2: Jugendarbeit und Erziehungshilfen

Thema / Typ	Praxisforschung		Professionsforschung		Disziplinforschung	
Organisation Arbeitsfelder Angebote	Institut für Sozialarbeit und Sozialpädagogik (ISS): Dritter Zwischenbericht aus Evaluation des JKPP-Programms Jena 1999	Gabriel, G./ Holthusen, B./ Schäfer, H. Projekte gegen Kinder- und Jugendkriminalität München 1999	Moch, M. Familienergänzende Hilfen im Lebensfeld Frankfurt a.M. 1990	Bürger, U. Ambulante Erziehungshilfen und Heimerziehung Frankfurt a.M. 1997	Planungsgruppe PETRA Analyse von Leistungsfeldern der Heimerziehung Frankfurt a.M. 1987	Niederberger, J.M. Kinder in Heimen und Pflegefamilien Bielefeld 1997	Böhnisch, L./ Münchmeier, R. Pädagogik des Jugendraums München/ Weinheim 1990
Kernprozesse	Mollenhauer, K./ Uhlendorff, U. Sozialpädagogische Diagnosen Bd. 1 und 2 1992, 1995	Institut für Soziale Arbeit (ISA) Hilfeplanung und Betroffenen-Beteiligung Münster 1994	Wolf, K. Machtprozesse in der Heimerziehung Münster 1999	Krafeld, F.J. Die Praxis akzeptierender der Jugendarbeit Opladen 1996		Müller, B. Die Last der großen Hoffnungen München/ Weinheim 1987	
AdressatInnen		Gehres, W. Das zweite Zuhause - Lebensgeschichte und Persönlichkeitsentwicklung von Heimkindern Opladen 1987	Freigang, W. u. a Mädchen in Einrichtungen der Jugendhilfe Opladen 1986				
MitarbeiterInnen Ausbildung	Günther, R./Bergler, M. Arbeitsplatz stationäre Jugendhilfe Frankfurt a.M. 1992		Stahlmann, M. Die berufliche Sozialisation in der Heimerziehung, Bern 1993		Hafeneger, B. Jugendarbeit als Beruf. Geschichte einer Profession in Deutschland Opladen 1993		

2. Von der Praxis/Forschungs-Dichotomie zu PraktikerInnen-Gruppierungen mit je eigenen Forschungsinteressen

2.1 Praktikergruppen: Interesse an und Funktionalisierung von Forschung

Wenn man im Zusammenhang mit Forschung von „Praxis" und „PraktikernInnen" spricht, suggeriert das eine Eindeutigkeit und Homogenität, die sich auf den zweiten Blick auflöst. Mindestens vier PraktikerInnen-Gruppierungen kommen als Rezipienten von bzw. Auftraggeber für Forschung in Frage:

a) MitarbeiterInnen aus Diensten/Einrichtungen/Projekten der Jugendhilfe, die mit der Zielgruppe, d. h. den Kindern, Jugendlichen und Eltern direkt zusammenarbeiten; nennen wir sie „primäre PraktikerInnen".

b) Leitungskräfte, die mit dem Management von Diensten/Einrichtungen/Projekten, also auch mit der Expansion oder dem Umbaus des „Unternehmens" Jugendhilfe bzw. mit dessen wirtschaftlicher Absicherung befasst sind. Nennen wir sie „Praxis-ManagerInnen".

c) FachreferentInnen aus Verbänden, die mit inhaltlich-konzeptionellen (z.B. Fort- und Weiterbildung, Weiterentwicklung der Angebote und Organisationsformen) aber auch politischen (Sitz und Stimme in Jugendhilfeausschüssen,

d) Suche nach Bündnispartnern, Formulierung von sozialpolitischen Resolutionen) und ökonomischen (kommunale Sparzwänge, Entgeldvereinbarungen etc.) Fragestellungen befasst sind. Auch die MitarbeiterInnen der Landesjugendämter (Landschaftsverbände, Landeswohlfahrtsverbände) gehören in dieses Praxisfeld. Nennen wir sie „Praxis-Funktionäre".

e) Mit der Steuerung von kommunaler und regionaler Jugendhilfe-Planung und -Politik befasste Personen; zu dieser Gruppe zählen BürgermeisterInnen (mit und ohne Sitz im deutschen Städtetag) ebenso wie (ehrenamtlich tätige) Partei-PolitikerInnen, die in den Jugendhilfeausschuss delegiert sind, DirektorInnen von Landeswohlfahrts- bzw. Landschaftsverbänden ebenso wie MinisterialdirigentInnen etc. In dieser Gruppierung dominieren im Unterschied zu der relativ homogenen, professionellen Sozialisation der ersten drei Gruppen, unterschiedlichste Ausbildungswege und Professionen. Nennen wir sie die „politischen Weichensteller für Praxis".

Die Vertreter dieser vier Gruppierungen können jeweils anders akzentuierte, einander überlappende Ansinnen und Aufträge an Forschung richten. Dabei sollte man die Erwartungen der einzelnen Gruppierungen an Forschung nicht mehr trivialisieren als nötig. Alleine von der Gruppe der „primären PraktikerInnen" mit regelmäßigem Klientkontakt, können sehr unterschiedliche Forschungserträge als praxisrelevant eingeschätzt werden, wenn und sofern sie Teilantworten auf folgende Themenkomplexe zu geben vermögen:

- Handlungsempfehlungen und methodische Anleitungen zur Auswahl und Steuerung von Handlungen, die dem/der PraktikerIn unmittelbar bei seiner Alltagsarbeit im Feld nützlich sein können.
- Reflexionswissen bzw. methodische Anleitungen zur Reflexion, welche die der Praxis immanenten Anforderungen und Schwierigkeiten für MitarbeiterInnen und KlientInnen deutlich werden lassen und so den PraktikerInnen (und allen an der Praxis Interessierten) ermöglichen, die Komplexität und Relevanz der eigenen Praxis „mit neuen Augen" zu betrachten.
- Reflexionswissen, das die Relevanzbereiche des personengebundenen sozialpädagogischen Handelns und der institutionellen (und gesellschaftlichen) Rahmenbedingungen dieses Handelns voneinander abgrenzt und die Spielräume aber auch Beschränkungen des einen für den anderen Bereich aufzuklären vermag.
- Reflexionsbezüge, die dem/der PraktikerIn Zugang zu professionellen Leitbildern bzw. einer positiv besetzten Berufsrollenidentität verschaffen, auch wenn sich diese nicht unmittelbar oder vollständig in konkrete Handlungen umsetzen lassen. So wurden auch von „primären PraktikerInnen" Leitbilder und Konzepte wie das einer „emanzipatorischen Jugendhilfe", das von „Beziehungsarbeit" und das von „Lebensweltorientierung" geradezu begierig aufgegriffen und der eigenen Berufsidentität einverleibt.
- Legitimationswissen, das die eigene Praxis als „richtig" und/oder „wichtig" darstellt und dem/der PraktikerIn Argumente an die Hand gibt, diese Praxis gegenüber tatsächlichen oder vermeintlichen Anfeindungen der eigenen „Zunft" (z.B. HeimmitarbeiterInnen gegen Mobile JugendarbeiterInnen) oder anderer (Berufs-)Gruppen zu vertreten.

Dagegen wird Forschung von „primären PraktikerInnen" entweder nicht wahrgenommen oder als „falsch" zurückgewiesen, wenn sie den Eindruck erweckt,

- die Komplexität einzunehmender Perspektiven im Arbeitsfeld oder die fachlichen (und damit auch moralischen) Ansprüche an die eigene Arbeit zu erhöhen, ohne Entlastung durch Handlungsanweisungen mitzuliefern;
- die Komplexität oder die fachlichen Ansprüche zu erhöhen, ohne dass dabei auf die notwendigen institutionellen Rahmenbedingungen hingewiesen wird, die gegeben sein oder geschaffen werden müssten, um diesen Ansprüchen gerecht werden zu können;
- die Darstellung der eigenen Praxis und der für sie adäquaten Handlungsformen zu einfach oder zu wenig komplex darzustellen, der Forscher also zu wenig „Feldkompetenz" erkennen lässt.

Ähnliche, jeweils spezifische Erwartungs- und Vermeidungshorizonte gegenüber Forschung könnten für alle Praktiker-Gruppierungen erarbeitet werden. So interessieren sich z.B. die „politischen Weichensteller für Praxis" kaum für die Handlungsanweisungen, die für „primäre PraktikerInnen" relevant sind. Gleichzeitig wäre es zu einfach, ihnen zu unterstellen, sie würden sich nur für Forschungsergebnisse interessieren, die die „mögliche Vermeidung von Jugendhilfekosten" thematisieren. Auch sie erwarten sich z.B. Aufklärung darüber, wie Jugendliche und/oder Eltern denken und wie diese ihre Erfahrungen mit der Jugendhilfe bilanzieren; oder Orientierungswissen darüber, welche fachlichen und politischen Steuerungsversuche auf welchen Ebenen Erfolg versprechend sind und welche Phänomene sich der fachlichen oder politischen Steuerung entziehen. Dagegen werden sie Forschungsergebnisse abwehren, die „nur" Unterversorgung fokussieren und damit eine Expansion sozialer Dienste proklamieren bzw. ihnen eine Steuerungsfähigkeit hinsichtlich dieser Prozesse unterstellen, die sie selbst nicht bei sich ansiedeln.

Allerdings darf sich der/die ForscherIn nicht einbilden, durch Berührung oder Vermeidung je spezifischer Themenkomplexe, die Aufmerksamkeit der Rezipienten so fokussieren zu können, dass eine (aus seiner Perspektive) adäquate Rezeption seiner Forschungsergebnisse erfolgt. Jedes Forschungsergebnis wird von Praktiker-Gruppen in spezifische, schwer voraussagbare Verwendungszusammenhänge einbezogen werden. Dabei reformulieren die Praktiker das wissenschaftliche Wissen auf neue Art und Weise (vgl. Lüders/van Santen 1996; Schubarth 2000, S. 123ff.). Diese selbst generierten Verständnisweisen können beträchtlich von der Bedeutungsgebung und dem Forschungszusammenhang differieren, die der Wissenschaftler seinen Ergebnissen zugedacht hatte.

Wissenschaftliches Wissen wird von allen Praktiker-Gruppen demnach auf dem Hintergrund einer oder mehrerer der folgenden (einander nicht notwendigerweise ausschließenden) Funktionen rezipiert. Es wird auf seine Tauglichkeit hin geprüft,

- das eigene Handeln, ein spezifisches Setting oder eine (sozialpädagogische, organisatorische, politische) Entscheidung zu qualifizieren. Dabei wird erwartet, dass wissenschaftliches Wissen eindeutige und nachvollziehbare Kriterien für die Gestaltung von Prozessen liefert, von denen man sich überfordert und für die man (zum Teil quälenden) Handlungs- bzw. Entscheidungsbedarf sieht. Dies könnte man als Qualifizierungsfunktion von wissenschaftlichem Wissen bezeichnen;
- das eigene Handeln, ein spezifisches Setting oder eine bestimmte (politische) Entscheidung, die man selbst für gut und richtig hält, zu legitimieren. Das gilt übrigens nicht nur für Bewährtes und Tradiertes, sondern auch für innovative eventuell noch umstrittene Projekte, von deren Bedeutung man überzeugt ist, für die man sich (zusätzlich zu der eigenen Argumentation) „wissenschaftliche Schützenhilfe" erwartet. Dies könnte

man als Legitimationsfunktion von wissenschaftlichem Wissen bezeichnen.
- eigene Wissenslücken zu schließen und/oder unklare Beziehungen zwischen verschiedenen Themen und (Problem-)Ebenen zu strukturieren, sodass man klarere Gedanken und/oder Haltungen zu bestimmten komplexen Fragestellungen entwickeln kann. Dies könnte man als Orientierungsfunktion von wissenschaftlichem Wissen bezeichnen.
- neues, bisher nicht bekanntes, als anregend empfundenes Wissen (Ideen, Haltungen etc.) bereitzustellen, von dem man selbst noch nicht weiß, wozu es dient, von dem man aber bereit ist, es zu speichern, weil man sich zukünftigen Nutzen erhofft. Es wird als Erweiterung des eigenen Wissenshorizonts betrachtet. Dies könnte man als Anregungsfunktion von wissenschaftlichem Wissen bezeichnen.

2.2 Praxis-Funktionäre zwischen Wissenschaft und institutionalisierter Jugendhilfe: Pfadfinder, Übersetzer und Makler

„Primäre PraktikerInnen" kämen als selbstbewusste Auftraggeber für Forschung und potentielle Konsumenten von wissenschaftlichem Wissen zwar durchaus in Frage, aber sie suchen den Dialog mit Wissenschaft aus eigenem Antrieb tatsächlich kaum. Dazu erscheint ihnen diese „andere Welt" als zu fern und undurchschaubar und drängen sich die Mühen des eigenen Alltags zu sehr in den Vordergrund. Deswegen kommt vor allem der Gruppe der Praxis-Manager und Praxis-Funktionäre bei der Anregung von (Praxis-)Forschungsprojekten und der Vermittlung ihrer Ergebnisse eine wichtige Rolle zu. Die Gruppe der Praxis-Funktionäre fungiert dabei

- als kundige „Pfadfinder", auf der Suche nach interessanten Forschungsergebnissen; sie entdecken neue Quellen und Namen und schließen diese für die Jugendhilfe-Praxis auf, z.B. in Form von Einladungen von WissenschaftlerInnen zu Tagungen von Praxis-ManagerInnen, in Form von mündlichen Empfehlungen in Gremien oder Rezensionen in verbandseigenen Fachblättern etc.
- als „Übersetzer", denen es gelingt, die „hohe" Wissenschaftssprache auf ein von anderen Praktikergruppen („primäre PraktikerInnen" aber auch „politische Weichensteller der Jugendhilfepraxis") verstehbares Niveau zu transformieren oder die (verdeckten) Relevanzen der Forschung für Jugendhilfepraxis aufzuspüren und deutlich zu machen.
- als „Makler", insofern als sie sowohl anfragenden Jugendhilfe-Institutionen als auch Jugendhilfe-PolitikerInnnen die Adressen von „guten" WissenschaftlerInnen vermitteln bzw. umgekehrt, den ihnen bekannten WissenschaftlerInnen Kontakte zu erforschbaren Jugendhilfe-Praxen eröffnen. So werden Personen, Themen und finanzielle Mittel aus unterschiedlichen Systemen miteinander in Kontakt gebracht. Viele Forschungsauf-

träge kommen nur aufgrund einer solchen Maklertätigkeit zustande, vor allem wenn bzw. weil sich die „Praxis-Funktionäre" bereit erklären, die angebahnten Kontakte zwischen Wissenschaft und Praxis dauerhaft auf formalen (z.B. über Sitz in „Wissenschaftlichen Beiräten") oder informellen Wegen zu begleiten.

Systemtheoretisch betrachtet, kommt „Praxis-Funktionären" eine „intermediäre Position" zu: Sie vermitteln Wissen und Kontakte zwischen den Systemen Jugendhilfe, Wissenschaft und Politik. Sie können das, weil sie häufig als einzige Kontakte in alle drei Systeme unterhalten und die unterschiedlichen „Sprach-Codes" der unterschiedlichen Systeme beherrschen. Dabei verfolgen die „Praxis-Funktionäre" bei dieser Drehscheiben-Tätigkeit ebenso eigene Ziele wie alle anderen Gruppierungen auch. Selbstverständlich wollen sie der Jugendhilfe „dienen" und sehen ihre Aufgabe darin, eine „Lobby" für die Jugendhilfe aufzubauen bzw. zu pflegen. Die konkreten Ziele der Praxis-Funktionäre werden aber von der Basis, den „primären PraktikerInnen" oder den „Praxis-ManagerInnen" nicht immer geteilt. So können z.B. sich als progressiv verstehende „Praxis-Funktionäre" sozialraum-orientierte, flexible Erziehungshilfen favorisieren und dafür sorgen, dass Forschungsaufträge und -gelder in diese Projekte fließen, auch wenn die Basis überwiegend in Heimen arbeitet oder an versäulten Hilfeformen festhalten will. Für Praxis-Funktionäre kann die Vermittlung eines/r bestimmten Wissenschaftlers/in an einen bestimmten Auftraggeber oder die Initiierung eines bestimmten Forschungsvorhabens demnach ein strategisches Element im Rahmen einer eigenen, längerfristig angelegten Fach- bzw. Machtpolitik darstellen. Ob und wie die Praxisfunktionäre als Vertreter des „pädagogischen Establishments" (Luhmann/Schorr 1978) von ihrer Basis kontrolliert oder zu einer transparenten Macht- und Wissenschaftspolitik angehalten werden können, ist eine offene Frage.

Eine zweite Unbekannte betrifft die spezifischen Bedeutung von Forschungsergebnissen für die Entscheidungspraxis von PolitikerInnen (oder Praxis-ManagerInnen). Manche Auftraggeber oder ForscherInnen trauen wissenschaftlichen Untersuchungen eine all zu hohe bzw. direkte Interventionsmacht zu. Dass PolitikerInnen mit ihren Steuerungsvorhaben unmittelbar der Forschungslage folgen, muss aus verschiedenen Gründen bezweifelt werden. Erstens haben auch PolitikerInnen mittlerweile erkannt, dass Forschung selten eindeutige Ergebnisse produziert bzw. dass verschiedene ForscherInnen unterschiedliche Ergebnisse hervorbringen, ohne dass ohne weiteres zu unterscheiden wäre, welches „wahrer" ist als das andere. Zweitens können Erwägungen der PolitikerInnen bezüglich der Finanzspielräume, der Parteilinie oder des Machterhalts etc. die Fachargumente, mögen sie wissenschaftlich noch so untermauert sein, ohne weiteres neutralisieren (vgl. Willke 1998). Forschungsergebnisse und -empfehlungen gehen deshalb nur als eines von vielen Kriterien in politische Entscheidungen ein. Weder darf die Relevanz von Wissenschaft über- noch unterschätzt werden; eher als ein stabiler dürfte Forschung ein variabler Faktor sein, der je nach

Situation, Personenkonstellation und auf dem Spiel stehende Interessen, mal mehr mal weniger schwer wiegt.

3. Spannungen zwischen Forschung und Praxis und wie man mit ihnen umgehen kann

Die Schilderung der folgenden Spannungsfelder und Fallstricke ist sicher nicht vollständig. Ihre Kenntnisnahme mag alle an der Forschungs-Praxis-Konstellation Beteiligte zunächst verunsichern, stellt aber auch eine Chance dar, ihre Beziehung zu professionalisieren.

Spannungsverhältnis 1: Zwischen Fremdheit und Komplizenschaft

Forschung setzt zugleich Vertrautheit mit und Distanz zu der zu erforschenden Praxis voraus. Das betrifft in der Jugendhilfeforschung auch das Verhältnis von ForscherInnen und PraktikerInnen. Ohne ein gewisses Maß an Respekt und Wertschätzung der ForscherInnen für die PraktikerInnen und ihren Alltag wird der/die ForscherIn keinen „tieferen" Zugang zur Praxis finden: die PraktikerInnen können die Annäherung der ForscherInnen an das Feld auf verschiedene Weisen vorstrukturieren oder blockieren (dabei denke ich an halbbewusste Selektionsprozesse, nur in Ausnahmefällen an bewusste Täuschung), sodass bestimmte Beobachtungen gar nicht oder nur verzerrt gemacht werden können. Aber gerät man mit dem Eingehen von Beziehungen nicht vom „Regen in die Traufe"? Kann man noch unvoreingenommen wahrnehmen und interpretieren oder neue, eventuell auch schmerzliche Erkenntnisse formulieren, wenn man Fremdheit reduziert und zu eng aneinander angekoppelt hat? So gerät der/die ForscherIn meist in ein Dilemma der Beziehungsgestaltung: Abstinenz bezüglich Beziehung wirkt arrogant und erhöht die Unsicherheit und Angstspannung aufseiten der Erforschten. Zu große Vertrautheit blockiert den möglichen Erkenntnisgewinn. Zeitweilige Enttäuschungen und Ärger auf beiden Seiten sind deswegen wahrscheinlicher als ein glattes Verhältnis. Einige Studien haben das Problem so gelöst, dass sie zu den Kindern/Jugendlichen engere, zu den PädagogInnen distanziertere Beziehungen eingegangen sind (z.B. Landenberger/Trost 1988; Wolffersdorff/Sprau-Kuhlen 1990 oder auch Wolf 1999). Aber das hebt das Dilemma nicht auf, da der Gewinn von Informationen auf der einen Seite (der Kinder/Jugendlichen) durch die schwieriger werdende Interpretation dieser „intimeren" Informationen erkauft wird: Die Kinder/Jugendlichen oder Eltern selektieren ebenso wie die PädagogInnen; deswegen bedürfen ihre Informationen ebenso der Konfrontierung mit anderen Perspektiven wie die der PädagogInnen. Neutralität wird so zum forscherischen Gebot und ist doch angesichts der Erwartungen von Beziehung und Vertrautheit aufseiten der zu erforschenden Kinder oder MitarbeiterInnen kaum aufrecht zu erhalten. Vieles hängt davon ab, wie deutlich das Thema „Ausbalancierung von Nähe und Distanz" in der Kontraktphase angesprochen und wie offensiv und sensibel während des Prozesses damit umgegangen wird. Eine die Forschung begleitende System-Supervision kann dabei hilfreich sein.

Spannungsverhältnis 2: Zwischen Auftrag und Instrumentalisierung

Damit Forschung und Praxis längerfristig kooperieren können, bedarf es handfester Interessen auf beiden Seiten. Dabei ist es sinnvoll, prinzipiell von sehr unterschiedlichen Interessen auszugehen. Während für die Einrichtung die „wissenschaftlich begleitete" Evaluation ihrer Arbeit eine Frage des Überlebens sein kann, geht es dem/der beauftragten ForscherIn beispielsweise „nur" um seine/ihre Dissertation. Allerdings kann deren termingerechte Abgabe auch eine Frage des Überlebens für den/die ForscherIn bedeuten, während sich für die Einrichtung die den Forschungsauftrag motivierenden Probleme in der Zwischenzeit auf ganz andere Art gelöst haben können. Fragen des wechselseitigen Nutzens sollte man deswegen vor allem in der Kontraktphase größere Aufmerksamkeit schenken. Kein System betreibt sein Geschäft bzw. die Kooperation mit dem anderen System ohne Kalkulation von erwarteten Vorteilen. Je klarer diese gefasst sind, umso besser. Allerdings bedürfen wechselseitige Instrumentalisierungen auch einer gemeinsamen Interessensbasis: Wenn beide Partner wie Vampire aneinander hängen und sich gegenseitig möglichst effektiv „aussaugen" wollen (der/die ForscherIn braucht Material, die PraktikerInnen Legitimation), führt das schnell zu Enttäuschungen und Zerwürfnissen. Insofern kommt dem Forschungskontrakt die Aufgabe zu, sowohl die gemeinsamen Ziele und Interessen als auch die jeweils einseitigen Erwartungen festzuhalten.

Spannungsverhältnis 3: Zwischen Wahrheit und Konstruktion

Bei empirischen Untersuchungen, aber auch bei qualitativen, ist häufig gar nicht oder nur für (Statistik- oder Narratives Interview-)Experten nachzuvollziehen wie die Ergebnisse zustande kommen. Jeder, der empirische Forschung betrieben hat, weiß, dass er über die Formulierung der Hypothesen, die Wahl der Auswertungsmethoden, die Art der (graphischen) Darstellung etc. Ergebnisse so oder anders konstruieren kann. Deswegen stellt sich die forschungsethische Frage: Wie sehr darf man die Darstellung der Forschungsergebnisse (die immer eine selektive bleiben wird) und den Rezeptionsprozess der Studie durch PraktikerInnen oder PolitikerInnen steuern? Bis wohin ist man für die „falsche" Interpretation der Daten noch verantwortlich? Ab wann hat man sich aus der Diskussion herauszuhalten, um der eigenen für richtig gehaltenen Interpretation nicht zu großes Gewicht zu verleihen? Wie lange darf man sich mit der Propagierung bestimmter Ergebnisse als „engagierter Jugendhilfelobbyist" fühlen, ab wann macht man sich der Glättung oder Unterschlagung von widersprüchlichen und unklaren Ergebnissen schuldig?

Eine Konsequenz aus diesen Fragen wäre, das eigene empirische Material (ob statistische Daten oder Interviews etc.) regelmäßig einer anderen (von einer relativ neutralen Stelle auszuwählenden) Forschungsgruppe zu überlassen und einen gleichsam parallelen Prozess der Konstruktion von Ergebnissen zu ermöglichen. Im Vergleich der Verarbeitungsprozeduren des Datenrohmaterials, in der Reichhaltigkeit der jeweiligen Hypothesenbildungen, in der unterschiedlichen Gewichtung gleicher und unterschiedlicher Ergebnisse könnte die Potentialität des jeweiligen Datensatzes ausgeleuchtet werden. Die Qualität der jeweiligen Konkurrenzstudie wäre nicht an der Gleichheit ihrer Ergebnisse bezüglich der ersten abzulesen, sondern an der Transparenz mit der sie den von ihr beschrittenen Forschungsprozess darstellt. Ein erster Schritt hierzu bestünde in der zentralen Sammlung und Veröffentlichung aller Datensätze (d.h. auch Interviewmaterialien etc.), wie sie z.B. von den Mitgliedern der „Deutschen Gesellschaft für Statistik" praktiziert wird.

Von einer solchen dem Konstruktivismus verpflichteten Forschungsethik sind wir in der Jugendhilfe weit entfernt. Im Moment hütet fast jede Forschergruppe ihren Datensatz und gibt ihn sehr ungern aus der Hand. Bis auf weiteres wäre deshalb auf eine Selbstreflexion der ForscherInnen zu setzen. Sie müssten neben dem Ergebnisbericht immer auch einen Prozessbericht veröffentlichen, der die internen Diskussionen bezüglich des Forschungsvorgehens und die Kreuzungen, an denen man sich für oder gegen einen bestimmten Weg entschieden hat, transparent machen.

Spannungsverhältnis 4: Zwischen Macht und Wunsch nach Wissen

Forschungsprozesse werden häufig von Praxis-ManagerInnen, Praxis-FunktionärInnen und/oder PolitikerInnen angestoßen. Diese wünschen sich die Erforschung von Praxis auch deswegen, weil sie häufig wenig oder nur durch die „primären PraktikerInnen" gestalteten Einblick in die Praxis besitzen. Sie haben Macht, aber wenig Wissen. Im „kleinen Kreis" hört man z.B. Formulierungen wie: „Was zum Teufel machen die denn in der Intensiven Sozialpädagogischen Einzelbetreuung? Werden da ausgeflippte Jugendliche von Sozialpädagogen gehätschelt oder werden die da auch konfrontiert und erzogen? Und warum bekommen wir so viele Beschwerden von Eltern über diese Hilfeform?"

Solche Forschungsansinnen fließen häufig nur verklausuliert in den offiziellen Auftrag ein. Aber, wenn solche immanenten oder geheimen Aufträge durch die ForscherInnen nicht auch bedient werden, haben sie u. U. ihren letzten Auftrag erhalten. Was die Auftraggeber daran hindert, solche Anliegen offen zu formulieren, ist die Kontrolloption, die sich dahinter verbirgt: Die Forschungsergebnisse sollen den Auftraggeber oder die Entscheidungsgremien in die Lage versetzen, die Arbeit anderer (manchmal sind es unterstellte MitarbeiterInnen) zu beurteilen, wobei dieses Urteil Konsequenzen haben wird. Welche ist oft nicht bekannt und erhöht die Angst bei den MitarbeiterInnen. Selbst wenn deren Stellen gar nicht akut in Gefahr sind, steht eine solche Phantasie relativ schnell im Raum. So irrational manche Ängste der primären PraktikerInnen sind, so treffend ist ihr Eindruck, dass Forschung hier potentiell in den Dienst von Machtinteressen genommen werden kann. Dass diese keine Rolle spielen dürfen, wäre allerdings ein Trugschluss der primären PraktikerInnen. Denn auch sie selbst besitzen Macht und haben eigene, zum Teil bornierte Interessen (z.B. günstige Arbeitszeiten sichern und nicht nach den Zeiterwartungen der KlientInnen fragen). Die Frage ist hier viel eher, wie mit Macht im wechselseitigen Verhältnis von primären PraktikerInnen und ihren Gegenübern (Praxis-ManagerInnen, Praxis-FunktionärInnen etc.) umgegangen werden soll.

Auch hier empfiehlt sich für den/die ForscherIn ein mögliches transparentes Vorgehen nach allen Seiten: Die unterschwelligen Aufträge müssen thematisiert werden, was gelingt, wenn man sie als berechtigte Anliegen definiert. Allerdings müssen die Auftraggeber möglichst klar machen, wofür sie das Forschungswissen verwenden wollen und inwiefern es Auswirkungen für die Arbeit in der Praxis haben wird. Da konkrete Konsequenzen oftmals erst aus den Ergebnissen hervorgehen können, ist es zumindest sinnvoll, vorher klar zu machen, was nicht im Erwartungshorizont vorgesehen ist, wie z.B. die Schließung der Einrichtung etc. Der/die ForscherIn wird häufig nicht umhin kommen, solche Klärungsprozesse zwischen den an der Forschung beteiligten Hierarchie-Ebenen (z.B. zwischen „primären PraktikerInnen" und „Praxis-ManagerInnen") anzustoßen und zu moderieren (nur mit einer Gruppe Vorgespräche zu führen, wäre fahrlässig); auch wenn sie nicht direkter Teil seiner Arbeit sind, können sie diese erheblich erleichtern oder – wenn man sie vernachlässigt – erschweren.

Spannungsverhältnis 5:
Zwischen Forschungsqualität und politischem Proporz

Die Vergabe von (größeren) Forschungsaufträgen ist immer (auch) ein politischer Akt. Dieser wird primär von der internen Logik des politischen Systems bestimmt. So entscheidungs-relevant wie das Interesse an möglichst vielfältiger und anregender Information, sind in diesem System Fragen der Stabilisierung von Macht und des Ausgleichs von Machtdifferenzen. So hat sich bei einigen relevanten Vergabe-Institutionen (z.B. Bundesministerium für Familie, Frauen, Senioren und Jugend) ein Verfahren herausgebildet, nach dem Forschungsaufträge nach Proporz verteilt werden, d. h. die Forschungsmittel und -institute werden nach Bedeutung der großen Verbände (Caritas, Diakonie, Paritätischer etc.) aufgeteilt und diesen zugestellt. Dabei finden auch kleinere Forschungsinstitute wie z.B. „Planungsgruppe Petra" Berücksichtigung, um eine möglichst differenzierte und pluralistische Forschungslandschaft zu erhalten. Andere Landesministerien „bedienen" überwiegend das organisatorisch selbstständige, „eigene" Institut und schreiben Forschungsaufträge gar nicht oder nur pro forma aus. Beide Typen – Proporz-Prinzip und „Haus-Institut" – bergen Vor- und Nachteile. Die Frage ist, ob bei solchen Prozeduren die Unabhängigkeit und Qualität von Forschung Schaden nehmen können. Wenn z.B. die IGFH, die sich seit Jahren für „flexible, integrierte Hilfen" stark macht, einen umfassend angelegten Evaluationsauftrag für eben diese Projekte bekommt und dafür ForscherInnen einstellt, die der IGFH und diesen Projekten inhaltlich und von persönlichen Beziehungen her verbunden sind, dann birgt das neben Vorteilen (z.B. die Bekanntheit ermöglicht zügig zur Sache zu kommen, ohne viel Zeit für vertrauensbildende Maßnahmen aufwenden zu müssen etc.), auch Gefahren. Und sei es nur die, dass die Forschungsergebnisse eventuell weniger ernst genommen werden als wenn sie von einem weniger verflochtenen Forscherteam erarbeitet worden wären.

Auch hier spielt die Frage, ob und wie stark Wohlfahrtsverbände auf Forschungsergebnisse und deren Darstellung und Rezeption Einfluss nehmen wollen und können, eine entscheidende Rolle. Kurzfristigen Gewinnen aus solchen Einflussnahmen steht die Gefahr einer generellen Abwertung von Forschung als „auftragsabhängige, partikulare Interessen bedienende Veranstaltung" gegenüber.

Noch sind wir in der Jugendhilfe von Zuständen in Bereichen wie der Wirtschaft oder der Technikfolgen-Abschätzung weit entfernt. Dort werden Inhalte primär auf der Folie gelesen, wer sie produziert hat: Sag mir das Institut und ich sage dir, was es herausbekommen hat. Ob dieser Zustand die logische Konsequenz der Ausdehnung von Forschung ist, die sich mit ihrer massenhaften Anwendung zugleich auch selbst entwertet oder ob diese Dynamik durch Qualitätsstandards aufgehoben oder aufgeschoben werden kann, ist eines der spannenden Beobachtungsfragen in Bezug auf die Jugendhilfeforschung in den nächsten Dezennien.

Literatur zur Vertiefung

Lüders, C./van Santen, E. (1996): Praxisrelevanz wissenschaftlichen Wissens – ein Literaturbericht. In: Diskurs, 1, S. 71-78.
Rauschenbach, T./Thole, W.(Hrsg.) (1998): Sozialpädagogische Forschung. Weinheim/ München
Thole, W. (1999): Die Sozialpädagogik und ihre Forschung. In: Neue Praxis, Heft 3, S. 224-244.
Willke, H. (1998): Systemtheorie, Bd. 3: Steuerungstheorie. Stuttgart

Literatur

Allert T. u.a. (1994): Familie, Milieu und sozialpädagogische Intervention. München
Ames, A./Bürger, U. (1996): Untersuchung der Ursachen der unterschiedlichen Inanspruchnahme vollstationärer Heimerziehung im Verbandsgebiet. Teilbericht I. LWV-Broschüre. Stuttgart
Ames, A./Bürger, U. (1997): Ursachen der unterschiedlichen Inanspruchnahme von Heimerziehung. In: NDV, Heft 12, S. 373-378.

Amoneit, K./Nieslony, F. (1992): Zur Tagesbetreuung unter dreijähriger Kinder - Politische Notwendigkeit und kommunaler Bedarf. In: Theorie und Praxis der Sozialen Arbeit, Heft 8, S. 300-307.
Andres, B./Dippelhofer-Stiem, B. (1991): Die Kinderkrippe – Diskurs über einen typischen Frauenarbeitsplatz. Bielefeld
Andresen, S. (2000): „Die Kindheit im Sozialismus ist eine glückliche Zeit" – Vom Wandel des Kindheitsbildes in der DDR und seiner Bedeutung für die sozialpädagogische Praxis. In: Neue Praxis, Heft 2, S. 120-134.
Bahnmüller, R. u.a. (1988): Diplom-Pädagogen auf dem Arbeitsmarkt. Weinheim/München
BFSFJ (1998): Leistungen und Grenzen der Heimerziehung. Stuttgart
Bienemann, G. u.a.(Hrsg.) (1995): Handbuch des Kinder- und Jugendschutzes. München
Birtsch, V./Kluge, C./Trede, W. (1993): Autocrashing, S-Bahn-Surfen, Drogenkonsum – Analysen jugendlichen Risikoverhaltens. Frankfurt/M
Blinkert, B. (1979): Berufskrisen in der Sozialarbeit. Weinheim
Böhnisch, L./Münchmeier, R. (1990): Pädagogik des Jugendraumes. Weinheim/München
Bürger, U. (1990): Heimerziehung und soziale Teilnahmechancen. Pfaffenweiler
Bürger, U. (1998): Ambulante Erziehungshilfen und Heimerziehung. Frankfurt/M.
Eisenbraun, A./Lux, S./Mayer, E. M. (1998): Partizipation konkret – Erfahrungen mit Hilfeplangesprächen aus Sicht der beteiligten Jugendlichen. In: Evangelische Jugendhilfe, Heft 2, S. 79-96.
Erning, G./Neumann, K./Reyer, J. (Hrsg.) (1987): Geschichte des Kindergartens, Bd.1 und 2. Freiburg
Flösser, G./Otto, H.-U./Rauschenbach, T./Thole, W. (1998): Jugendhilfeforschung – Beobachtungen zu einer wenig beachteten Forschungslandschaft. In: Rauschenbach, T./Thole, W. (Hrsg.), Sozialpädagogische Forschung. Weinheim/München, S. 225-262.
Freigang, W. (1986): Verlegen und Abschieben. Weinheim/München
Freigang, W. u.a. (1986): Mädchen in Einrichtungen der Jugendhilfe. Opladen
Fthenakis, W./Eirich, H. (Hrsg.) (1998): Erziehungsqualität im Kindergarten. Freiburg
Gabriel, G./Holthusen, B./Schäfer, H. (1999): Projekte gegen Kinder- und Jugendkriminalität. Prävention – Was wirkt? In: DJI (Hrsg.): Das Forschungsjahr 1998. München, S. 45-55
Gehres, W. (1997): Das zweite Zuhause. Lebensgeschichte und Persönlichkeitsentwicklung von Heimkindern. Opladen
Gildemeister, R. (1983): Als Helfer überleben. Neuwied
Günther, R./Bergler, M. (1992): Arbeitsplatz Stationäre Jugendhilfe. Frankfurt/M.
Hartwig, L. (1990): Sexuelle Gewalterfahrungen von Mädchen. Konfliktlagen und Konzepte mädchenorientierter Heimerziehung. Weinheim/München
Höltershinken, D./Ullrich, D. (1991): Institutionelle Tagesbetreuung von Kindern unter 3 Jahren. Bochum
Hafeneger, B. (1992): Jugendarbeit als Beruf. Geschichte einer Profession in Deutschland. Opladen
Heimlich, U. (1993): Projekt „Gemeinsam spielen": zur Gestaltung integrativer Spielsituationen. In: Gemeinsam leben, Heft 1, S. 14-19.
Hörster, R./Müller, B. (1996): Zur Struktur sozialpädagogischer Kompetenz. In: Combe, A./Helsper, W. (Hrsg.): Pädagogische Professionalität. Frankfurt/M., S. 614-648.
ISA (Hrsg.) (1994): Hilfeplanung und Betroffenenbeteiligung. Münster

ISS (1999): 3. Zwischenbericht zur Evaluation des JKPP-Programms. Jena
Krafeld, F. J. (1996): Die Praxis Akzeptierender Jugendarbeit. Opladen
Krüger, H. H. (1995): Erziehungswissenschaft und ihre Teildisziplinen. In: Krüger, H. H./ Helsper, W. (Hrsg.): Einführung in die Erziehungswissenschaft, Bd.1, Grundlagen und Grundbegriffe. Opladen
Kühne, T. (2000): Die Rahmenbedingungen dürfen uns nicht egal sein: offene Arbeit setzt gute Bedingungen und Zeit voraus. In: Theorie und Praxis der Sozialen Arbeit, Heft 2, S. 22-25.
Landenberger G./Trost, R. (1988): Lebenserfahrung im Erziehungsheim. Frankfurt/M.
Lüders, C. (1999): Das Programm der rekonstruktiven Sozialpädagogik. In: ZfPäd, 39. Beiheft Erziehung und Sozialer Wandel, S. 203-222.
Lüders, C. (1998): Sozialpädagogische Forschung - was ist das? Annäherung aus der Perspektive qualitativer Sozialforschung. In: Rauschenbach, T./Thole, W. (Hrsg.): Sozialpädagogische Forschung. Weinheim/ München, S. 113-132.
Lüders, C./van Santen, E. (1996): Praxisrelevanz wissenschaftlichen Wissens – ein Literaturbericht. In: Diskurs, 1, S. 71-78.
Luhmann, N./Schorr, K. E. (1978): Reflexionsprobleme im Erziehungssystem. Stuttgart
Maier, K. (Hrsg.) (1999): Forschung an Fachhochschulen für Soziale Arbeit. Freiburg
Marefka, M./Nave-Herz, R. (Hrsg.) (1989): Handbuch der Familien- und Jugendforschung, Bd. 2: Jugendforschung. Neuwied/Frankfurt/M.
Mollenhauer, K./Uhlendorff, U. (1992): Sozialpädagogische Diagnosen: Über Jugendliche in schwierigen Lebenslagen. Weinheim/München
Mollenhauer, K./Uhlendorff, U. (1995): Sozialpädagogische Diagnosen II: Selbstdeutungen verhaltens-schwieriger Jugendlicher als empirische Grundlage für Erziehungspläne. Weinheim/München
Müller, B. (1993): Sozialpädagogisches Können. Ein Lehrbuch zur multiperspektivischen Fallarbeit. Freiburg
Niederberger, J. M. (1997): Kinder in Heimen und Pflegefamilien - Fremdplatzierung in Geschichte und Gesellschaft. Bielefeld
Niemeyer, C. (1993): Markus stört. Sozialpädagogische Kasuistik von Ausgrenzungsprozessen auf attributionstheoretischer Grundlage. In: Peters, F. (Hrsg.): Professionalität im Alltag. Bielefeld, S. 37-76.
Niemeyer, C./Schröer, W./Böhnisch, L. (1997): Grundlinien Historischer Sozialpädagogik. Weinheim/München
Moch, M. (1990): Familienergänzende Hilfen im Lebensfeld. Frankfurt/M.
Oevermann, U. (1993): Die objektive Hermeneutik als unverzichtbare Grundlage für die Analyse von Subjektivität. In: Jung, T./Müller-Dohm, S. (Hrsg.): „Wirklichkeit" im Deutungsprozess. Frankfurt/M., S. 106-1989.
Petermann, F./Schmidt, M.R. (1997): Qulitätssicherung in der Jugendhilfe. In: Kindheit und Entwicklung 6, 2, S. 3-8.
Planungsgruppe PETRA (1987): Analyse von Leistungsfeldern der Heimerziehung. Frankfurt/Bern/New York/Paris
Puhl, R. (Hrsg.) (1996): Sozialarbeitswissenschaft. Neue Chancen für theoriegeleitete Soziale Arbeit. Weinheim/München
Rauschenbach, T./Thole, W.(Hrsg.) (1998): Sozialpädagogische Forschung. Weinheim/München
Schütze, F. (1996): Organisationszwänge und hoheitsstaatliche Rahmenbedingungen im Sozialwesen. In: Combe, A./Helsper, W.(Hrsg.): Pädagogische Professionalität. Frankfurt/M., S. 183-276.
Scarbath, H./Plewig, H.-J./Wegner, T. (1981):Selbstthematisierung von Kindern im Tagheim angesichts drohender Devianz. In: ZfPäd, Heft 27, S. 363-378.

Schäfer, G. E. (1996): Bildungsprozesse im Kindesalter: Selbstbildung, Erfahrung und Lernen in der frühen Kindheit. Weinheim/München

Schubarth, W. (2000): Gewaltprävention in Schule und Jugendhilfe. Neuwied

Schwabe, M. (1999): Zwischen Planbarkeit und Technologiedefizit: Sozialpädagogische Prozesse in den Erziehungshilfen. In: ZfPäd., 39. Beiheft, S. 117-130.

Schwabe, M. (2000): Eskalation und De-Eskalation – Konstruktiver Umgang mit Aggression und Gewalt in Einrichtungen der Jugendhilfe. Frankfurt/M.

Stahlmann, M. (1993): Die berufliche Sozialisation in der Heimerziehung. Bern

Struck, J. (2000): Gemeinsam forschend lernen: die Praxisreflexion im Offenen Kindergarten. In: Theorie und Praxis der Sozialen Arbeit, Heft 2, S. 12-14.

Textor, M. (1996): Allgemeine Förderung der Erziehung in der Familie. Stuttgart

Thimm, K. (2000): Schulverweigerung. Zur Begründung eines neuen Verhältnisses von Sozialpädagogik und Schule. Münster

Thole, W. (1999): Die Sozialpädagogik und ihre Forschung. In: Neue Praxis, Heft 3, S. 224-244.

Trede, W. (1993): Welches Fachpersonal braucht die Heimerziehung? In: Peters, F. (Hrsg.): Profession im Alltag, S. 29-36.

Treptow, R. (Hrsg.) (1996): Internationaler Vergleich und Soziale Arbeit. Rheinfelden/Berlin

Tulinow, L. (2000): Familienbildung für Aussiedlerfamilien: empirische Erhebung zu Bedarf und Methodik. In: Theorie und Praxis der Sozialen Arbeit, Heft 7, S. 266-272.

Wagner, P. (1999): Interkulturelle Öffnungen von Kindergärten – Anforderungen für die Ausbildung und Praxis von Erzieherinnen. In: Ebert S./Metzner, H. (Hrsg.): Erziehung im interkulturellem Handlungsfeld

Willke, H. (1998): Systemtheorie, Bd. 3: Steuerungstheorie. Stuttgart

Wolf, K. (1999): Machtprozesse in der Heimerziehung. Münster

Wolff, S. (1984): Die Produktion von Fürsorglichkeit. Bielefeld

Wolffersdorff, C. v./Sprau-Kuhlen, V. (1990): Geschlossene Unterbringung in Heimen. Kapitulation der Jugendhilfe? München

Wolfram, W. W. (1995): Das pädagogische Verständnis der Erzieherinnen. Einstellungen und Problemwahrnehmungen. Weinheim/München

Christian Niemeyer

Professionalisierung von Erziehung

Zusammenfassung: Gezeigt werden soll, dass das naturwissenschaftliche Erkenntnisideal, wie es sich lange Jahre im Berufsideal des Arztes manifestierte, keine Maxime für sämtliche Berufe abgeben kann. Meinte man in den sechziger Jahren noch, die Wissenschaftstheorie normiere das Prozedere von Einzelwissenschaften, wohingegen die Professionalisierungstheorie das Prozedere der jeweils zugeordneten Berufsgruppen normiere, hat sich in der Zwischenzeit die Einsicht durchgesetzt, dass Wissenschafts- wie Professionalisierungstheorie dem Selbstverständnis der Einzelwissenschaften Raum zu geben haben. Damit sowie aufgrund der neuartigen Herausforderungen, wie sie die Erziehungswirklichkeit der Gegenwartsgesellschaft – auch und gerade im Bereich der Kinder- und Jugendhilfe – stellt, rückt auch die pädagogische Tradition auf neue Weise in den Aufmerksamkeitshorizont der Theoriebildung. Nur auf diese Weise scheint die Professionalisierung von Erziehung möglich.

1. Professionalisierung durch Pädagogisierung

Vor gut zweihundert Jahren war Pestalozzi im Rahmen seines Stanser Erziehungsexperiments mit 70-80 Waisenkindern noch davon ausgegangen, „daß die Vorzüge, die die häusliche Erziehung hat, von der öffentlichen müssen nachgeahmt werden, und daß die letztere nur durch die Nachahmung der ersteren für das Menschengeschlecht einen Wert hat" (Pestalozzi 1799, S. 98). Ähnlich sah wenig später Herbart die Sache, als er meinte, der Schullehrer sei „allzu entfernt von den Familien, und allzu bestimmt verantwortlich gegen den Staat", und er verlöre damit die „Freiheit des Künstlerlebens" und, der Masse der zu Unterrichtenden wegen, die Chance zur „Anschließung an Individuen" (Herbart 1810, S. 81). Formuliert waren damit zentrale Standards für jene, die eine Professionalisierung von Erziehung für notwendig hielten bzw. davon ausgingen, die Erziehung allein im häuslichen Rahmen reiche nicht aus. Diese Standards begleiteten über Jahrzehnte hinweg die unaufhaltsam voranschreitende Vergesellschaftung der Erziehung und verdichteten sich in der Weimarer Epoche in dem, was Nohl mit dem Stichwort des ‚pädagogischen Bezugs' – als „Grundlage aller wahrhaft erzieherischen Arbeit" (Nohl 1927, S. 78) – zu umreißen suchte, um es den damals noch dominierenden konfessionellen Fürsorgeerziehungsträgern im Rahmen einer breit angelegten Pädagogisierungs- wie Professionalisierungsstrategie zu Bedenken zu geben.

Aber obgleich die Sozialpädagogik seit dieser Zeit fast unermüdlich damit beschäftigt war, für die Notwendigkeit jenes ‚pädagogischen Bezugs' gerade im Aufgabenzusammenhang der Kinder- und Jugendhilfe Reklame zu machen, schwand bald das Vertrauen, als sei damit allein der Umfangsbereich dessen, was Professionalisierung von Erziehung meint und erfordert, erfüllt oder als habe man hinreichend die Nebenfolgen dieser Professionalisierungsstrategie bedacht. Schon Aloys Fischer, der Pestalozzi mit einigem Spott vorhielt, dass er der Schule „familienhaften Geist einhauchen wollte" (Fischer 1924, S. 216f.), erklärte die Verberuflichung sozialer Arbeit an sich für „eine Art Not- und Irrweg" im Vergleich zu einer dem weiteren „Verfall der Familienerziehung" vorbeugenden „Gesellschaftsreform" (Fischer 1921, S. 33f.). Allerdings wollte er nicht ausschließen, dass sich die neuen sozialen Berufe auf lange Sicht als „rein pädagogische" darstellten, hielt aber daran fest, dass sie „vielleicht nicht nötig gewesen wären, wenn alle Vertreter des Lehrstandes ihrer Erziehungsfunktion bewußt geblieben" und „alle Träger der natürlichen Erziehung ihre Pflicht" (ebd., S. 46f.) getan hätten. Im Ergebnis registrierte Fischer „in allen beamteten Fürsorgeberufen" eine Spannung zwischen „dem frei persönlichen Verhältnis" und der „amtlichen Bestellung" (Fischer 1925, S. 320), die ihn „eine gewisse Unmöglichkeit in der Berufsmäßigkeit sozialer Hilfsarbeit" (ebd., S. 324) entdecken ließ.

Einen etwas anderen Akzent setzte Siegfried Bernfeld mit seinem provozierenden Hinweis, dass der Erwachsene an sich keineswegs Kinder liebe, abgesehen von den eigenen, „die er lieben muss, weil er sie nicht hassen darf" (Bernfeld 1925, S. 135). Kinder, so Bernfeld weiter, „stören, machen Lärm und Schmutz, schwatzen Unsinn, belästigen in jeder erdenklichen Weise" – nur nicht den „gute(n) Onkel, der schrulligerweise Kinder liebt" und dafür „belächelt und entschuldigt" wird, weil er eben nicht weiß, „wie sie sind in ihrer sie nicht liebenden Umgebung." (ebd.) Das Fazit stand für Bernfeld außer Frage: „Der Erzieher ist (...) der gute Onkel, der die Onkelhaftigkeit zum Beruf gemacht hat" (ebd.). Mit diesem Hinweis wollte Bernfeld einer Professionalisierungstheorie zuarbeiten, die die Augen öffnet für die dunkle Seite der gerade von Pestalozzi immer wieder reklamierten pädagogischen Liebe. Sie nämlich war, in Bernfelds Sicht, zunächst nicht viel mehr als das Ergebnis des zielstrebig als a-pädagogisch gescholtenden Hasses auf Kinder. Dieses Gefühl nicht zu verleugnen und nicht durch ein auf dieser Verleugnung aufbauendes Berufsethos zu überformen, sondern es zunächst einmal zuzulassen und dann mit psychoanalytischen Denkmitteln durchzuarbeiten, war das Ziel, auf das Bernfeld hinführen wollte.

Aber nicht nur die theoretische Schlüssigkeit der sich von Pestalozzi herleitenden Professionalisierungsstrategie stand zunehmend in Frage. Auch die gegebene Lebenswirklichkeit ließ es zunehmend fraglich werden, ob überhaupt noch von den ‚Vorzügen' häuslicher Erziehung geredet werden dürfe, die es – durch öffentliche Erziehung – nachzuahmen lohne. Zumal mit Blick auf die Gegenwart wird man noch hinzuzufügen haben, dass mancherorts auch die Realität öffentlicher Erziehung selbst desillusionierend ist und kaum noch erkennen lässt, wo die in ihr Handelnden den ihnen obliegenden Erziehungsauftrag in einer relativ einheitlichen Weise wahrnehmen (vgl. Giesecke 1996, S. 392), geschweige denn: wahrnehmen können. Denn das erziehungsfähige Subjekt, so scheint es, hat sich unter der Last der auf es einwirkenden Mächte und infolge des Verlustes sinngebender Orientierungen verflüchtigt, und der Jugendliche, auf den es angewiesen ist, vermag zwar vielleicht noch seine Not zu erkennen und zum Ausdruck zu bringen. Aber nur selten noch würde er die hinter dieser Not verborgene Erziehungsbedürftigkeit zugestehen. Viel eher verzieht er sich in eine Welt des Scheins und der Selbstüberhebung, in deren jugendkulturellen Ausdrucksformen er sein Recht auf Selbsterziehung bestätigt sieht und angesichts derer – wie Reinhard Hörster und Burkhard Müller unter Bezug auf einen Medienbericht über eine Jugendclique in Troisdorf meinten – das Beharren auf „liebevolle(r) Zuwendung" sowie „gewaltfreier und vernünftiger Verständigung" ausgespielt hat und sich ganz andere Kompetenzanforderungen stellen: „Ohne ausgebuffte Strategien der Selbstinszenierung, ohne genügende Angstfreiheit (...), ohne Kenntnis der subtilen Differenzen zwischen adoleszenten Gewaltphantasien und gewalttätiger Praxis (...), wird bei diesem anspruchsvollen Publikum wenig zu holen sein." (Hörster/Müller 1996, S. 637) Damit steht das überlieferte Professionalisierungsmodell, das ohne das Streben nach Pädagogisierung nicht zu denken ist, nicht notwendig vor dem Aus. Aber es sieht sich ganz neuen Herausforderungen ausgesetzt.

2. Professionalisierungskritik in der Phase der Versozialwissenschaftlichung der Disziplin

In dieser Situation scheint es ein Vorteil zu sein, dass neuere Professionalisierungsmodelle weniger in der pädagogischen Tradition und den in ihr verborgenen Imperativen für gutes und richtiges Handeln beheimatet sind, sondern in modernen sozialwissenschaftlichen Theorien. Einen ersten zentralen Akzent setzte hier Helge Peters mit seiner These, dass der Sozialarbeiter gewissermaßen die Mitte zu halten habe in seinem Bestreben nach Professionalisierung: Einerseits müsse er auf fürsorgerischen Handlungsmustern insistieren, um nicht den – nach Peters' Meinung allein wissenschafts- und professionalisierungsfähigen – sozialpolitischen Lösungsmustern, zu deren Exekution es seiner in letzter Konsequenz nicht bedarf, Referenz zu erweisen. Andererseits aber könne er sich auch nicht ganz auf die „Rolle des Helfers" (Peters 1971, S. 120) zurückziehen, also am Arzt oder Rechtsanwalt sich orientieren, weil dann sein Reproduktionsinteresse gleichfalls gefährdet sei. Denn ein „frei praktizierende(r) Sozialarbeiter (...), der von den Honoraren seiner Klienten" (ebd.) lebt, kann natürlich nur für die von Interesse sein, die einen Leidensdruck empfinden, zugleich aber auch zahlen können – eine Bedingung, die unrealistisch ist und zugleich notwendig macht, dass der Sozialstaat seine Verantwortung erkennt. Der Preis dafür liegt auf der Hand: Der Sozialarbeiter muss sich auch bereit zeigen, seine Rolle als Kontrolleur zu übernehmen – und verliert eben damit jene Autonomie, die es allein erlauben würde, ihn als Professionellen zu bezeichnen.

Fraglich wurde für Peters aber auch die vermeintlich unwissenschaftliche Tradition der Sozialpädagogik – etwa in der Logik des kasuistischen Vorgehens der Einzelfallhilfe –, die er einer kaum sozialpolitisch oder wissenschaftstheoretisch reflektierten Neigung zurechnete, „die Ursachen in den je individuellen Umständen des jeweiligen Falles zu suchen." (Peters 1971, S. 105f.) Diese Kritik reflektierte auf eine Professionalisierungstheorie, die gekonntes Handeln abhängig machte von der Aneignung und Anwendung „systematisierten Wissens" (Hartmann 1968, S. 41) im Sinne fallübergreifender, falsifizierbarer Theorien. Eine Folge dessen war der Versuch der Ausdifferenzierung in die Rolle jener, die ‚nur' die Effizienz des anzuwendenden systematisierten Wissens zu beachten hatten ('Beruf'), sowie in die Rolle der anderen (‚Profession'), denen auch die Funktion der Erklärung oblag. Hierzu passte dann die Subordination des Heimerziehers unter den Heimleiter resp. Heimpsychologen oder die Annahme, der Diplom-Pädagoge „vergeude" seine Qualifikation, wenn er erziehungspraktisch arbeite (vgl. Hartmann/Hartmann 1982). Dazu gehörte aber auch die Vorstellung, man könne zwischen einem Erziehungs-Praktiker und einem – gleichsam aufsichtsführenden – Meta-Praktiker unterscheiden (vgl. Rössner 1982, S. 123). Allerdings widerstrebte gerade die letztgenannte Vorstellung der aus Perspektive der geisteswissenschaftlicher Pädagogik – und der für sie maßgebenden Rede von einem ‚erkennenden Subjekt' (Dilthey) – nahe liegenden Forderung, dass des Praktikers Erkenntnis „ein unentbehrliches Moment in seinem Wirken selbst" bleibt und die „nachträgliche Durchleuchtung eines Tuns" (Litt 1921, S. 62) aus pädagogischen Gründen nur von untergeordneter Bedeutung sei.

Gleichwohl: Dass die Sozialpädagogik „ein von anderen Wissensgebieten abgrenzbares Fachwissen" (Otto 1971, S. 91) ausprägen müsse und sicherzustellen habe, dass der professionelle Sozialarbeiter in der Konkurrenz zu anderen Professionen ebenso besteht wie in der Konkurrenz mit dem „Alltagswissen des ‚Laienpublikums'" (Sachße 1984, S. 289), stand damals kaum in Zweifel. Professionalisierung wurde zum Code, der den Verteilungskampf (‚claim making activity') zwischen den Vertretern verschiedener Berufe regelt und der insoweit hilfreich war, Märkte in Beschlag zu nehmen und Rechte auf bestimmte Klientelgruppen zu reklamieren. Dieser Kampf hatte sich infolge der Einrichtung des universitären Diplom-Studiengangs verschärft, da Sozialpädagogen nun in Substitutionskonkurrenz mit Psychologen traten. Deren Befürchtung, „daß, in Anbetracht einer für die nächsten Jahre relativ unklaren Berufsperspektive, ein beträchtlicher Teil der zukünftigen Diplom-Pädagogen versuchen wird, in den Bereich der Beratung und der Psychotherapie zu expandieren" (Wittchen/Fichter 1980, S. 212), war nicht unberechtigt angesichts der Verlautbarung des Berufsverbandes der Sozialarbeiter und Sozialpädagogen, wonach „sowohl Beratung als auch Behandlung zu den Arbeitsvollzügen von S.A./S.P. gehört"

(Melzer 1979, S. 212). Hinzu trat noch die die Erzieher einbeziehende Überzeugung, Heimerziehung sei „nur als eine pädagogisch-therapeutisch qualifizierte zu rechtfertigen" (Wendt 1978, S. 88). Man schien, anders gesagt, allseits gut gerüstet für die Entscheidungsschlacht um die analoge Klientel (vgl. auch Niemeyer 1988).

Nicht minder brisant war die Frage, ob und inwiefern sich – universitär ausgebildete – Sozialpädagogen von den sog. ‚klassischen' Professionen, also Ärzten und Anwälten, unterschieden oder nicht. Den dabei zugrundegelegten Kriterien – normalerweise Wissen sowie Können – zufolge galt die Sozialpädagogik zunächst allein schon deswegen als defizitär, weil ihr Schwerpunkt eher auf der Seite des kunstförmigen Handelns zu liegen schien, nicht aber auf der des gekonnten Anwendens regelgeleitet gewonnenen systematisierten Wissens, wie es insbesondere für die Medizin typisch ist oder jedenfalls doch sein sollte. Hier schien der im Vorhergehenden angesprochene Rückgriff auf das Professionalisierungsmodell Hartmanns zumindest insoweit gute Dienste zu leisten, als man sich auf Seiten der Sozialpädagogik um die Abschwächung der Distanz in Sachen des Stellenwerts systematisierten Wissens bemühte. Die Professionalisierung von Erziehung wurde dadurch allerdings kaum begünstigt, zumal unklar blieb, ob dieser Bereich nicht anderen Regulativen gehorcht, die im weitesten Sinne in Personenvariablen beheimatet sind. Entsprechende Hinweise gab dann auch die aufbrechende Debatte um sozialpädagogische Handlungskompetenz (vgl. Müller u.a. 1982, 1984). Auf diese Weise blieb die Sozialpädagogik allerdings dem Fremdverdacht ausgesetzt, allenfalls den Status einer ‚Semi-Profession' beanspruchen zu können.

In dieser Situation war es nicht ungünstig, dass sich – namentlich am Beispiel des Juristen – die Auffassung durchsetzte, dass auch die klassischen Professionen im weit größeren Ausmaß, als von ihnen in der Regel zugestanden wird, auf den Typus kasuistischen Wissenserwerbs angewiesen sind und insoweit ein berufliches Können ausprägen müssen, das durch Einfühlung, zumindest aber durch Fallverstehen gekennzeichnet ist (vgl. Oevermann 1981). Folgenreich war in diesem Zusammenhang vor allem die Argumentation von Dieter Rüschemeyer gewesen, der davon ausging, dass ein „großer Teil der Kompetenz eines Juristen nur sehr indirekt, wenn überhaupt, mit seinem juristischen Wissen verknüpft (ist)." (Rüschemeyer 1964, S. 171) Diese auf den ersten Blick überraschende These begründete er damit, dass das Recht „ein generalisierter Mechanismus sozialer Kontrolle" sei, sodass sich „seine Anwendung auf die verschiedensten sozialen Situationen" erstrecke, was eine Kenntnis dieser Situationen ebenso wichtig mache wie die des entsprechenden Gesetzes. „Aus diesem Grunde", so Rüschemeyers Fazit, „wird man von einem guten Anwalt allgemein die Fähigkeit, Situationen adäquat zu erfassen, und ein gutes Maß an ‚Weltkenntnis' erwarten", ganz abgesehen von „interpersonale(n) Fähigkeiten (...) bei der Prozeßführung und in Verhandlungen" (ebd.). Auch die Professionalisierung ärztlichen Handelns sah Rüschemeyer nicht allein durch den Rückgriff auf systematisiertes Wissen gewährleistet. Vielmehr erwarte man vom Arzt auch „die Kunst der Diagnose aufgrund vager und unzureichender Symptome, ein gewisses handwerkliches Geschick oder (den) bewußte(n) Einsatz zwischenmenschlicher Beziehungen im Heilungsprozeß" (ebd., S. 170).

Infolge derartiger Überlegungen war die Substitutionskonkurrenz zwischen ähnlich gerichteten beruflichen Orientierungen zwar nicht entfallen, wohl aber auf eine neue Grundlage gestellt, die sich in der zunehmend verbreiteten Rede von den ‚helfenden Berufen' spiegelt. Denn diese Rede, die insbesondere Ärzten, Psychologen und Sozialpädagogen ein gemeinsames Dach zu geben sucht, unterstellt nicht mehr, das der eine sein Handwerk, im Blick auf die für ihn maßgebende Wissensdimension, besser verstünde als der andere. Sie unterstellt vielmehr, dass allen drei Berufen die Orientierung am Begriff helfenden Handelns gemeinsam ist, der sie allerdings je auf ihre Art – und dies meint: nach Maßgabe der von ihnen im Fallbezug entwickelten Könnensdimension – Rechnung tragen. Den Verteilungskampf zwischen den verschiedenen Vertretern ‚helfender Berufe' entscheidet dann der Adressat selbst, insofern, im Idealfall, nicht mehr die Autorität der Symbole von Professionalität – etwa in Gestalt des vielzitierten Arztes als ‚Gott in Weiß' – den Ausschlag gibt für die Entscheidung, an wen er sich zu wenden hat. Viel eher rückt die Frage in den Vordergrund, wo der eigenen Problematik mit der größtmöglichen Empathie Rechnung getragen wird.

3. Professionalisierung als Folge begrenzten Könnens

Diese Entwicklung der Professionalisierungsdebatte, die der Sozialpädagogik insofern entgegenkam, als sie sich als gleichsam gleichberechtigtes Mitglied in die Familie ‚helfender Berufe' aufgenommen sah, wird in neuerer Zeit allerdings mit einer gewissen Skepsis betrachtet. Ein Kritikpunkt richtet sich dabei gegen den Hilfebegriff als solchen, allgemeiner: gegen die im Fach verbreiteten semantischen Unklarheiten, denn – so Klaus Prange in seiner harschen Sozialpädagogikkritik – vom „Helfen und Therapieren, Interagieren und Kommunizieren, Kooperieren und was noch alles" sei inzwischen in dieser Disziplin die Rede, von „‚Arbeit' in den mannigfachsten Kombinationen, als Trauerarbeit und Gruppenarbeit, als Kulturarbeit und Gemeinwesenarbeit, als Jugendarbeit und als Frauenarbeit und schließlich gar als ‚Verarbeitungsarbeit'" (Prange 1991, S. 103), nur nicht mehr von einem: vom Erziehen. Die neuere sozialpädagogische Professionalisierungsstrategie, so darf man diesen Einwand vielleicht auch übersetzen, habe in ihrem Streben, sich einen Zugang zu jenem integrierenden Dach der ‚helfenden Berufe' zu erarbeiten, das aus den Augen verloren, was sich das Fach, von seinem Ursprung her gedacht, als Ziel gesetzt hat: eben die Professionalisierung von Erziehung.

Der jüngst von Hermann Giesecke eingeklagte „Paradigmenwechsel von Erziehung zu Lernhilfe" steht nur scheinbar im Widerspruch zu der in diese

Pointe auslaufenden Kritik. Zwar beurteilt Giesecke die Sozialpädagik ungleich günstiger als Prange und gesteht ihr zu, in Sachen dieses Paradigmenwechsels „erheblich weiter vorangekommen" zu sein im Vergleich zur „älteren Pädagogen-Generation", für die der Erziehungsbegriff „eine identitätsstiftende Bedeutung hat" (Giesecke 1996, S. 403). Aber entscheidend ist in diesem Fall nicht der Begriff – auch Prange nutzt die Formel vom Erzieher als eines „Experten für Lernhilfe" (Prange 1991, S. 115) –, sondern das sich hinter ihm verbergende Professionalisierungsmodell. Und in dieser Hinsicht bleibt Giesecke ganz der überlieferten Vorstellung verhaftet, wonach sich die pädagogische Profession – so wie auch Ärzte und Anwälte – „von einem jeweils begrenzten Können her definieren (muß)" (Giesecke 1996, S. 395), was für die Sozialpädagogik bedeutet: sich ihrer ‚Allzuständigkeit' zu entledigen, missverständliche Solidarisierungen mit ihrer Klientel, zumal dort, wo sie nicht als ‚Lernhilfe' einzuordnen sind, zu unterlassen und zur Not auch einmal zu akzeptieren, dass man „per schlichter Dienstanweisung veranlaßt werden (kann), dies zu tun oder jenes zu lassen." (ebd., S. 397) Was auf diese Weise verbleibt, ist der fade Geschmack, als habe sich die Sozialpädagogik den letzten Schneid, den sie sich aus Zeiten ihrer sozialwissenschaftlichen Selbstaufklärung noch erhielt, abkaufen lassen – und dies für den Preis des Versprechens, sie erhalte dafür eine begrenzt taugliche Technokratie.

Ein weiterer, davon nicht weit entfernter Einwand operiert mit der Rückerinnerung an das ‚medizinische Modell', das aus fachlicher Sicht eigentlich – wegen seiner stigmatisierenden Wirkungen – längst schon als obsolet gilt und durch das ‚sozialwissenschaftliche Modell' ersetzt wurde. Es war Teil dieses Paradigmenwechsels, wenn im Rahmen alltagsorientierter Sozialpädagogik ein Beratungskonzept gefordert wurde, das „gegen die Rigidität von Verwaltung, Sanktion, Professionalisierung und Psychologisierung partiell gefeit" (Frommann u.a. 1976, S. 726) blieb und nicht – in der Logik des „engen Amtsauftrages" des Jugendamtes – genötigt war, „die Konfliktdefinitionen von Schule und Arbeitsstelle, so wie sie die Jugendlichen belasten, zu übernehmen" (ebd., S. 721). Inzwischen freilich legt sich – eben im Rahmen einer Art Wiederentdeckung des ‚medizinischen Modells' – mancherorts die in seiner Logik zu fordernde präzise psychosoziale Diagnose auch und gerade im Kinder- und Jugendhilfebereich (vgl. Harnach-Beck 1995) nahe. Udo Maas beispielsweise hielt die Implikate dieses Modells für weit weniger bedenklich als etwa die durch die Überlegungen zum Hilfeplan nach §36 KJHG und den dadurch nahe gelegten Begriff „der ‚Aushandelung' geförderte Vorstellung, eine fachlich begründete und vom Jugendamt verantwortete Feststellung des konkreten erzieherischen Bedarfs erübrige sich." (Maas 1997, S. 74) Die Sozialpädagogik, so darf man diesen Einwand in Analogie zu dem von Prange vorgebrachten vielleicht auch übersetzen, hat nicht nur für die Professionalisierung von Erziehung, sondern auch für die Professionalisierung von Diagnostik Sorge zu tragen. Wie Letzteres als integraler Bestandteil sozialpädagogischen Handelns – und nicht nur qua Übernahme der Befundberichte Dritter – geschehen könne, wird allerdings nicht hinreichend verdeutlicht. Wenig Rat gibt hier allerdings auch der Versuch, die Aushandlungsperspektive an die Hoffnung zu knüpfen auf ein Professionsverständnis, das „offensive Suchbewegung(en) in den Normalitätsdiffusionen der Moderne" (Galuske/Thole 1999, S. 197) ermöglicht.

4. Professionalisierung als Folge der Selbstaufklärung handelnder Subjekte

In dieser Situation ist es vielleicht hilfreich, an die pädagogische Tradition zurückzuerinnern. Denn sie hält keineswegs nur – wie eingangs am Beispiel Pestalozzi und Herbart gesehen – inhaltliche Standards für gekonntes pädagogisches Handeln bereit. Vielmehr hat sie ihrerseits den Praktiker als – wenn man so will – Agens ‚offensiver Suchbewegungen' konzipiert, am Beispiel gesprochen: Spätestens seit Herbarts Rede vom ‚pädagogischen Takt' hat man in der Pädagogik allen Anlass – und der weiter vorne gegebene Hinweis auf Litt und, allgemeiner, die geisteswissenschaftliche Pädagogik sollte dies schon verdeutlichen –, darüber nachzudenken, wie der Praktiker sich eigentlich verhält in Situationen, „welche die Theorie leer ließ" (Herbart 1802, S. 286), Situationen also, wie man vielleicht etwas frei übersetzen darf, die überraschend kommen und für die es noch keine Rezepte gibt. Auch die neuere Professionalisierungstheorie bezieht derartige Ungewissheiten, die im Wissensanwendungsmodell nicht mehr abgebildet werden können, zunehmend ein (vgl. Merten/Olk 1996, S. 577) und rechnet – etwa im Problemzusammenhang psychischer Krankheiten oder im Rahmen von Kriseninterventionen, allgemeiner: im Kontext interaktionsaufwendiger personenbezogener Dienstleistungen – mit dem Versagen klassischer ‚Wenn-dann-Programmierungen', wodurch der Professionelle in ganz neuer Weise gefordert wird (vgl. Müller/Otto 1980, S. 13) und, auch mit seinen Vorbehalten, auf sich selbst gestellt ist. Herbarts damalige Antwort rückte denn auch dieses ‚selbst' ins Zentrum: „nicht (...) seine künftigen Handlungen in einzelnen Fällen", so schrieb er damals, habe der Praktiker vorzubereiten, sondern „sich selbst, sein Gemüth, seinen Kopf und sein Herz, zum richtigen Aufnehmen, Auffassen, Empfinden und Beurtheilen der Erscheinungen, die seiner warten, und der Lage, in die er gerathen wird" (Herbart 1802, S. 286).

Diese Antwort ist in der Folge auch in der Sozialpädagogik zur Kenntnis genommen worden, wie sich an Thiersch und dessen Resümee zeigen ließe: „Alltagshandeln bleibt notwendig und unaufhebbar immer kasuistisch" oder, in der Umkehrung gesprochen: „konkrete Situationen () können nicht aus Reflexionen und Forschungsergebnissen einfach deduziert werden" (Thiersch 1978, S. 16). Im Prinzip ist damit kein neuer Stand erreicht, sondern nur noch einmal mit anderen Worten umschrieben, welche Bedeutung der Fallbezug gerade für die Sozialpädagogik als Profession hat. Und doch ist der Vorteil dieser Einordnung des Themas vor dem Hintergrund der im Vorhergehenden erhobenen Einwände gegen die Sozialpädagogik und ihr Professionsverständnis erheblich: Nicht mehr über Fragen wie Hilfe vs. Erziehung (Prange) oder Aushandelung vs. Diagnostik (Maas) wäre dann zu streiten, sondern allein darüber, ob die Sozialpädagogik mittels der von ihr hervorgebrachten oder adaptierten Theorien sowie der von ihr verantworteten Ausbildung sicherstellt, dass der ihrer Obhut unterliegende Praktiker angesichts der vielen ‚leeren Stellen' (Herbart) theoriefähig bleibt und sich „als Kontrolleur seiner eigenen Praxis" (Colla 1999, S. 359) erweist, also im gegebenen Fall – dem der Heimerziehung – diese als sein Forschungsfeld begreift (vgl. Niemeyer 1999). Was damit wegfiele, wäre die dogmatische Engführung, als müsse alles, was in der Sozialpädagogik Anspruch auf Wert erhebt, immer gleich auf ‚Erziehung' zulaufen oder jedenfalls doch durch professionelle Diagnostik gestützt sein. Was man hingegen gewönne, wäre die Freisetzung von Vorstellungen darüber, welcher Art das Subjekt eigentlich sein müsste, dem man Theoriebildungsfähigkeit zubilligen kann.

Eine derartige Professionalisierungsstrategie scheint sehr durch die verbreitete postmoderne Infragestellung der Illusion eines handlungsmächtigen intentionalen Subjekts eingeschränkt (vgl. Wimmer 1996, S. 444). Aber selbst Adorno, der die gesellschaftlichen Prozesse nicht übersah, „die dem ‚Individuum' zum Handeln und zu echter Individuation nur wenig Freiheit lassen" (Adorno 1973 u.a., S. 307), hielt immerhin noch daran fest, dass sich „Subjektivität", wenn auch kaum noch realiter, so jedenfalls doch idealiter nur in beidem erfüllt: in „Erfahrung und Begriff" (Adorno 1959, S. 115). Und dass Universitäten nach wie vor den Auftrag haben, jene ‚Begriffe' zur Verfügung zu stellen, ohne die die bloße ‚Erfahrung', zumal in postmodernen Zeiten, in die Gefahr gerät, zur bloßen Halbbildung zu verkommen, scheint unstrittig. Von hier ausgehend ließe sich dann die Frage stellen, durch welche Merkmale sich, zumal in Handlungsfeldern der Sozialpädagogik, verantwortlich handelnde Subjekte auszeichnen und woran ihr Gegentyp erkennbar wird. Einen wichtigen Hinweis gab hier wiederum Adorno mit seiner Unterscheidung zweier Gruppen: der Vorurteilsvollen und der Vorurteilsfreien (vgl. Adorno 1973 u.a., S. 307). Dabei liegt es in der Linie von Adornos Begriffsgebrauch, hierbei mit Vorstellungen zu operieren wie der einer psychologisch subtilen Offenheit für das eigene Andere und das Fremde des Anderen im Sinne von Ressentimentfreiheit – Begriffskonzepte, die gerade heutzutage auf der Tagesordnung stehen, die aber auch schon Mollenhauer im Schilde führte, als er gegen Nohl einwandte, er habe ‚stigmatisierend' auf den Abweichenden geblickt und bezeuge insofern „die Furcht des Bürgers vor dem, was er für eine Bedrohung seiner eigenen Vernunft hält" (Mollenhauer 1972, S. 247). Allerorten rät die Sozialpädagogik seitdem, zumal der für sie als maßgeblich empfundenen Ethik nach, zur Offenheit und empfiehlt die von ihr ins Rennen geschickten Berufsträger mitunter gar als die eigentlichen Fachkräfte für das Fremde und

Andere, auf das man in unserer Gesellschaft überall stößt und für das sich ansonsten kaum noch jemand interessiert, geschweige denn verantwortlich fühlt.

Von hier aus liegt die Frage nahe, ob man die Vorurteilsfreiheit nicht als Professionalisierungsressource zur Geltung zu bringen hat und in ihren Effekten im Blick auf nicht-stigmatisierende sozialpädagogische Berufspraxis – sowie vice versa – in Betracht ziehen muss. Um ein Beispiel zu geben: Fallbeobachtungen (vgl. Müller u.a. 1986, S. 12f.) legen mitunter den Eindruck nahe, dass Heimerzieher ungeachtet ihrer ihnen zu Gebote stehenden gleichsam berufsoffiziellen Theorien heimlich der Sehnsucht nach Wiedereinführung geschlossener Heime allein deswegen Ausdruck verleihen, weil sie einen bestimmten Heimjugendlichen nur noch als ‚störend' und ‚nervend' zu erleben in der Lage sind. Ebenso leicht wird man sich das Bild eines Bewährungshelfers oder eines Vertreters der Erziehungsbeistandschaft vor Augen führen können, der, obgleich wohlgesonnen und sozialpädagogisch aufgeklärt, nicht ganz von der durch §3 JGG zum Ausdruck gebrachten Vorstellung lassen kann, er habe es bei dem von ihm zu betreuenden Jugendlichen mit einem strafrechtlich verantwortlichen Täter zu tun, dem eigentlich die Einsicht in „das Unrecht der Tat" ebenso zu Gebote hätte stehen müssen wie die Fähigkeit, „nach dieser Einsicht" zu handeln. Ob diese Vorstellung berechtigt ist oder auch nur in sich einen Rechtsgrund hat, ist nicht entscheidend. Entscheidend ist, dass sie sich hindernd auswirken dürfte auf die Bereitschaft, eben diesen Jugendlichen als ‚leere Stelle' (Herbart) zu empfinden, für die es eine Theorie erst noch zu entwickeln gilt.

So gesehen müsste ein Professionalisierungskonzept für die Zukunft allererst dazu beitragen, die Tendenz des im Berufsalltag – auch von Theoretikern – überforderten Praktikers zu unterlaufen, sein Heil in der Flucht hin zum Typus regelgeleiteten Handelns zu suchen, um, im Gegenzug, kasuistische Handlungskompetenzen zu stärken. Dazu gehört zweifellos auch die Beihilfe zum Schutz vor Ressentiments – und deren Wiederkehr –, und dies nicht nur im Blick auf Kollegen oder vermeintlich untaugliche Theoriekonzepte, sondern auch im Blick auf den Adressaten (vgl. Niemeyer 1998). Denn es sind durchaus nicht immer nur ‚die anderen', die dessen Stigmatisierung betreiben. Der sicherste Weg zu einem solchen Konzept dürfte darin bestehen, die Sozialpädagogik neu zu fordern und ihr abzuverlangen, die von ihr auszubildenden Praktiker als ressentimentfreie, (theorie-)bildungsfähige und dies meint in der Summe auch: als verantwortlich handelnde Subjekte einzubeziehen. Nicht um Ideologiekritik des überlieferten Alten hätte es dann in erster Linie zu gehen, sondern um den Aufweis der – psychologischen – Bedingungen, die dem sozialpädagogischen Praktiker das Denken des Neuen ebenso möglich machen wie ein Handeln gemäß dieses Denkens. Der Versuch, die daraus zu ziehenden Konsequenzen curricular und hochschuldidaktisch umzusetzen, könnte es erforderlich machen, die Auszubildenden von ihrem für sie oft zentralen „Interesse an der ‚sozialen Gesinnung'" und an anwendungsfähigem Wissen – zunächst – wegzuführen hin zu einer stärker forscherischen und man muss vielleicht noch hinzusetzen: eigenforscherischen Grundhaltung, die eine nicht unwichtige Pointe hat: „Die affirmative Haltung wird durch eine experimentelle ersetzt, die Neigung, Gekanntes anzuwenden, von der Lust, Neues zu entwickeln" (Ramb 1999, S. 849; vgl. auch Hörster/Müller 1996, S. 643ff.). In dieser Logik könnte das Studium dann vielleicht auch sicherstellen, dass sich der Studierende als Subjekt zur Geltung bringen kann und nicht nur als Adressat normativer Parolen Dritter erfährt. Dann auch, so scheint es, könnte die Sozialpädagogik ihre aktuelle Subjekt- wie Pädagogikvergessenheit überwinden und kompetentere Beiträge leisten zur Durchsetzung ihrer Programmatik im Kinder- und Jugendhilfebereich. Und es wäre zumindest ansatzweise möglich, was Bernfeld fast für ausgeschlossen hielt: nämlich dass der „Hexenring" durchbrochen wird, „in dem die Pädagogik gebannt ihre wunderlichen Tänze zelebriert" (Bernfeld 1925, S. 132).

Literatur zur Vertiefung

Fischer, Aloys (1925): Die Problematik des Sozialbeamtentums. In: Leben und Werk. Bd. 3/4. Hrsg. v. K. Kreitmair. München o.J., S. 319-349

Hörster, Reinhard/Müller, Burkhard (1996): Zur Struktur sozialpädagogischer Kompetenz. Oder: Wo bleibt das Pädagogische der Sozialpädagogik? In: Combe, Arno/Helsper, Werner (Hrsg.): Pädagogische Professionalität. Untersuchungen zum Typus pädagogischen Handelns. Frankfurt/M., S. 614- 648

Merten, Roland/Olk, Thomas (1996): Sozialpädagogik als Profession. Historische Entwicklung und zukünftige Perspektiven. In: Combe, Arno/Helsper, Werner (Hrsg.): Pädagogische Professionalität. Untersuchungen zum Typus pädagogischen Handelns. Frankfurt/M., S. 570-613

Niemeyer, Christian (1999): Theorie und Praxis der Sozialpädagogik. Münster

Literatur

Adorno, Theodor W. (1959): Theorie der Halbbildung. In: Gesammelte Schriften, Bd. 8, Frankfurt/M. 1997, S. 93-121

Adorno, Theodor W. u.a. (1973): Studien zum autoritären Charakter. Frankfurt/M.

Bernfeld, Siegfried (1925): Sisyphos oder die Grenzen der Erziehung. Frankfurt/M. 1973

Colla, Herbert E. (1999): Personale Dimension des (sozial-)pädagogischen Könnens – der pädagogische Bezug. In: Ders.u.a. (Hrsg.): Handbuch Heimerziehung und Pflegekinderwesen in Europa. Neuwied, Kriftel 1999, S. 341-362

Fischer, Aloys (1921): Erziehung als Beruf. In: Leben und Werk. Bd. 2. Hrsg. v. K. Kreitmair. München o.J., S. 31-71

Fischer, Aloys (1924): Das Verhältnis der Jugend zu den sozialen Bewegungen und der Begriff der Sozialpädagogik. In: Leben und Werk. Bd. 3/4. Hrsg. v. K. Kreitmair. München o.J., S. 167-262

Fischer, Aloys (1925): Die Problematik des Sozialbeamtentums. In: Leben und Werk. Bd. 3/4. Hrsg. v. K. Kreitmair. München o.J., S. 319-349

Frommann, Anne u.a. (1976): Sozialpädagogische Beratung. In: Zeitschrift für Pädagogik, 22. Jg., Heft 5, S. 715- 741.

Galuske, Michael/Thole, Werner (1999): „Raus aus den Amtsstuben ...!" Niedrigschwellige, aufsuchende und akzeptierende sozialpädagogische Handlungsansätze – Methoden mit Zukunft? In: Fatke, Reinhard u.a. (Hrsg.): Erziehung und sozialer Wandel (= 39. Beiheft der Zeitschrift für Pädagogik) Weinheim, Basel, S. 183-202

Giesecke, Hermann (1996): Das ‚Ende der Erziehung'. Ende oder Anfang pädagogischer Professionalisierung. In: Combe, Arno/Helsper, Werner (Hrsg.): Pädagogische Professionalität. Untersuchungen zum Typus pädagogischen Handelns. Frankfurt/M., S. 391-403

Harnach-Beck, Viola (1995): Psychosoziale Diagnostik in der Jugendhilfe. Weinheim, München

Hartmann, Heinz (1968): Arbeit, Beruf, Profession. In: Luckmann, Thomas/Sprondel, W.M. (Hrsg.) (1972): Berufssoziologie. Köln, S. 36-52

Hartmann, Heinz/Hartmann, Marianne (1982): Vom Elend der Experten: Zwischen Akademisierung und Deprofessionalisierung. Kölner Zeitschrift für Soziologie und Sozialpsychologie, 34. Jg., S. 193-223

Herbart, Johann Friedrich (1802): Zwei Vorlesungen über Pädagogik. In: Sämtliche Werke. Bd. 1. Hrsg. v. Karl Kehrbach u. Otto Flügel, Langensalza 1887, S. 279-290

Herbart, Johann Friedrich (1810): Über Erziehung unter öffentlicher Mitwirkung. In: Sämtliche Werke. Bd. 3. Hrsg. v. Karl Kehrbach u. Otto Flügel, Langensalza 1888, S. 75-82

Hörster, Reinhard/Müller, Burkhard (1996): Zur Struktur sozialpädagogischer Kompetenz. Oder: Wo bleibt das Pädagogische der Sozialpädagogik? In: Combe, Arno/Helsper, Werner (Hrsg.): Pädagogische Professionalität. Untersuchungen zum Typus pädagogischen Handelns. Frankfurt/M., S. 614- 648

Merten, Roland/Olk, Thomas (1996): Sozialpädagogik als Profession. Historische Entwicklung und zukünftige Perspektiven. In: Combe, Arno/Helsper, Werner (Hrsg.): Pädagogische Professionalität. Untersuchungen zum Typus pädagogischen Handelns. Frankfurt/M., S. 570-613

Litt, Theodor (1921): Das Wesen des Pädagogischen Denkens. In: Röhrs, Hermann (Hrsg.): Erziehungswissenschaft und Erziehungswirklichkeit. Frankfurt/M. ^{2}1967, S. 58-84.

Melzer, Gerd (1979): Sozialtherapie als Handlungskonzept in der Sozialarbeit. In: Archiv für Wissenschaft u. Praxis d. sozialen Arbeit, 10. Jg., S. 211-219

Maas, Udo (1997): Das missverstandene KJHG. In: Zentralblatt für Jugendrecht 84

Mollenhauer, Klaus (1972): Bewertung und Kontrolle abweichenden Verhaltens — Aporien bürgerlich-liberaler Pädagogik. In: Hoffmann, Dieter u.a. (Hrsg.): Realistische Erziehungswissenschaft. Hannover, 241-257

Müller, Burkhard u.a. (Hrsg.) (1986): Sozialpädagogische Kasuistik. Analysen und Arbeitsmaterial zu einem Fall. Bielefeld

Müller, Siegfried/Otto, Hans-Uwe (1980): Gesellschaftliche Bedingungen und Funktionsprobleme der Organisation sozialer Arbeit im Kontext staatlichen Handelns. In: Diess. (Hrsg.): Sozialarbeit als Sozialbürokratie? (= Neue Praxis, 10. Jg., Sonderheft 5), S. 5-29

Müller, Siegfried u.a. (Hrsg.) (1982): Handlungskompetenz in der Sozialarbeit/Sozialpädagogik I. Bielefeld.

Müller, Siegfried u.a. (Hrsg.) (1984): Handlungskompetenz in der Sozialarbeit/Sozialpädagogik II. Bielefeld.

Niemeyer, Christian (1988): Die Zukunft professionellen Handelns in der Heimerziehung. In: Ders.: Theorie und Praxis der Sozialpädagogik. Münster 1999, S. 120-139.

Niemeyer, Christian (1998): Jenseits der Ressentiments. Vision einer ‚vornehmen' *neuen praxis* sozialer Arbeit. In: Ders.: Theorie und Praxis der Sozialpädagogik. Münster 1999, S. 228-234.

Niemeyer, Christian (1999): Heimerziehung als Forschungsfeld des Praktikers. In: Colla, H. u.a. (Hrsg.): Handbuch Heimerziehung und Pflegekinderwesen in Europa. Neuwied, Kriftel, S. 823-827

Nohl, Herman (1927): Gedanken zur Pestalozzifeier. In: Ders.: Pädagogische Aufsätze. Langensalza ^{2}1929, S. 70-80.

Oevermann, Ulrich (1981): Pofessionalisierung der Pädagogik – Professionalisierbarkeit pädagogischen Handelns. Unv. Ms.

Otto, Hans-Uwe (1971): Zum Verhältnis von systematisiertem Wissen und praktischem Handeln in der Sozialarbeit. In: Otto, Hans-Uwe/Utermann, Kurt (Hrsg.): Sozialarbeit als Beruf. München, S. 87-98.

Pestalozzi, Johann Heinrich (1799): Brief an einen Freund über seinen Aufenthalt in Stans. In: Thole,W. u.a. (Hrsg.) (1998): KlassikerInnen der Sozialen Arbeit. Neuwied, Kriftel, S. 43-63.

Peters, Helge (1971): Die misslungene Professionalisierung der Sozialarbeit. In: Otto, Hans-Uwe/Utermann, Kurt (Hrsg.): Sozialarbeit als Beruf. München, S. 99-124

Prange, Klaus (1991): Pädagogik im Leviathan. Bad Heilbrunn.

Ramb, Winfried (1999): Das schwierige Verhältnis von Sozialpädagogik und Jugendpsychiatrie. In: Colla, Herbert u.a. (Hrsg.): Handbuch Heimerziehung und Pflegekinderwesen in Europa. Neuwied, Kriftel, S. 847-858.

Rössner, Lutz (1982): Effektivitätsorientierte Erziehungswissenschaft. In: König, Eckhard/Zedler, Peter (Hrsg.): Erziehungswissenschaftliche Forschung: Positionen, Perspektiven, Probleme. Paderborn, S. 109-124

Rüschemeyer, Dieter (1964): Ärzte und Anwälte: Bemerkungen zur Theorie der Profession. In: Luckmann, Thomas u.a. (Hrsg.): Berufssoziologie. Köln, S. 169-181

Sachße, Cristoph (1984): Die Pädagogisierung der Gesellschaft und die Professionalisierung der Sozialarbeit. In: Müller, Siegfried u.a. (Hrsg.): Handlungskompetenz in der Sozialarbeit/Sozialpädagogik II. Bielefeld, S. 283-295.

Thiersch, Hans (1978): Zum Verhältnis von Sozialarbeit und Therapie. In: Neue Praxis, 8. Jg., Sonderheft, S. 6-23

Wendt, Wolf Rainer (1978): Perspektiven der Heimerziehung im Entwurf des Jugendhilfegesetzes und im Bericht der Heimkommission. In: Blätter der Wohlfahrtspflege, 125. Jg., S. 87-90.

Wimmer, Michael (1996): Zerfall des Allgemeinen – Wiederkehr des Singulären. Pädagogische Professionalität und der Wert des Wissens. In: Combe, Arno/Helsper, Werner (Hrsg.): Pädagogische Professionalität. Frankfurt/M., S. 404-447

Wittchen, H.-U./Fichter, M. M. (1980): Psychotherapie in der Bundesrepublik. Weinheim, Basel

Teil VIII
Entwicklungsperspektiven der Kinder- und Jugendhilfe im Rahmen der Sozialpolitik

Lothar Böhnisch

Jugendhilfe im gesellschaftlichen Wandel

Zusammenfassung: Die moderne Jugendhilfe in Deutschland ist ein Kind des 20. Jahrhunderts, präziser: der sozialstaatlichen Modernisierung, die diese Epoche in der Weimarer Republik und später in der Bundesrepublik Deutschland prägte. Im Jugendhilferecht, wie es nach dem Ersten Weltkrieg sozialstaatlich begründet und zu Ende des 20. Jahrhunderts wieder sozialstaatlich reformiert (KJHG) wurde, fand eine für die Kinder- und Jugendhilfe typische Verschränkung von Sozialstaatspostulat und gesellschaftlicher Definition der Jugend ihren institutionellen Niederschlag. Heute ist dieser sozialstaatliche Schirm löchrig geworden. Die Jugendhilfe ist gezwungen, ihren sozialpolitischen Horizont selbst abzustecken und sich jugendpolitische neu zu verorten.

1. Jugendhilfe, Jugend und Gesellschaft

Globalisierung und Digitalisierung der Arbeitsgesellschaft haben die zentralen sozialpädagogischen Probleme der industriekapitalistischen Gesellschaft – Freisetzungsproblematik und Jugendfrage – zugespitzt. Die Gleichgültigkeit des digitalisierten und globalisierten Kapitalismus gegenüber den sozialen Gestaltungsbedürfnissen der Menschen und den Entwicklungsproblemen der Jugend hat zugenommen. Wenn in diesem Zusammenhang von Jugend gesprochen wird, so meinen wir die *gesellschaftliche Jugenddefinition*: Jugend als gesellschaftlich eingerichtete Lern- und Qualifikationsphase, in der eine gesellschaftliche Gruppe – die Jugend – zum Zwecke des Lernens zeitweise aus der Gesellschaft ausgegliedert wird, um später – nun auf einem je individuellen Qualifikations- und biografischen Entwicklungsniveau – wieder eingegliedert, *integriert* zu werden. Der Wohlfahrtsstaat flankiert diese Phase mit mehr oder minder verlässlichen Zukunftsgarantien und Gewährleistungen sozialer Sicherheit. Vor allem aber hält er für die Jugendlichen und jungen Erwachsenen, welche an dem gesellschaftlichen Anforderungssetting Jugend scheitern oder über unzureichende Bewältigungsressourcen verfügen, besondere Integrationsangebote bereit. Auch wenn Jugendliche aus der gängigen Statuspassage Jugend herausfallen, sich neben der oder gegen die gesellschaftliche Normalität bewegen, sozial abweichend oder delinquent werden, werden für sie prinzipiell Möglichkeiten organisiert, gesellschaftlichen Anschluss zu behalten: Jugendhilfe – und vor allem ihr institutioneller Kern, die Erziehungshilfen – versteht sich auf solche Prozesse *„sekundärer Normalisierung"* (vgl. Böhnisch 1994).

Denn die moderne Jugendphase enthält ein doppeltes Risiko: Zum einen ist sie den sozialen Risiken der industriellen Arbeitsteilung früh und besonders (Einstiegsprobleme) ausgesetzt, zum anderen ist sie entwicklungsbedingt riskant. Die Jugendpubertät gilt als Phase „potentieller Devianz". Wenn Jugendliche – das zeigen die 1920er genauso wie die 1990er-Jahre – früh in die Schatten sozialer Probleme geraten, das Jugendmoratorium gesellschaftlich nicht mehr abgesichert, die sozialstaatliche Abschirmung der Jugendphase geschwächt ist, kann es zu einem riskanten Gemisch kommen: Die pubertäre Unbefangenheit gegenüber gesellschaftlichen Normen vermengt sich mit dem Zwang zur frühen Abwehr von sozialem Stress. Jugendliche geraten zu einer Zeit in die soziale und ökonomische Generationenkonkurrenz, in der sie eigentlich Zeitraum für entwicklungsbedingtes Experimentieren haben müssten. Jugendkulturelles Risikoverhalten und soziales Bewältigungsverhalten können dann unter diesem frühen Druck in eins gehen, abweichendes Verhalten – sonst im Jugendalter passager – kann sich zu sozialem Scheitern verstetigen.

Hier lag und liegt das Interventionsterrain der Jugendhilfe, hier zeigt sich aber auch, dass dies ein schwankender Boden ist. Denn die Jugendhilfe ist in den wechselnden Konjunkturen des Sozialen stärker und hinsichtlich ihrer sozialen Interventions- und Gestaltungschancen wesentlich direkter ausgesetzt als ihr großes wohlfahrtsstaatliches Pendant, die Schule. Diese hat sich um den harten Kern der gesellschaftlichen Jugenddefinition – Lernen und Qualifikation – gebildet, die Jugendhilfe dagegen ist auf die fragilen Peripherien verwiesen: Dort wo, junge Leute aus den Normalbiografien herausfallen, wo Familien nicht in der Lage sind, ihre Kinder in diese Normalbiografien einzufädeln, tritt die Jugendhilfe auf den Plan. Die Schule dagegen versucht sich auf ihr gesellschaftliches Bildungs- und Qualifikationsmonopol mit einer Selbstverständlichkeit zu berufen, die sie im Strukturwandel der Arbeitsgesellschaft aber immer weniger aufrechterhalten kann. Mit einer ähnlichen, fast naturalistischen Selbstverständlichkeit, ist die Familie gesellschaftlich ausgestattet. Sie gilt als biografischer Ort des emotionalen Rückhalts, als basale Entwicklungsagentur von Identität und Sozialcharakter.

So nimmt es nicht Wunder, dass die Jugendhilfe als Institution sowohl von ihrer gesellschaftlichen Funktionszuweisung her als auch in ihrem eigenen professionellen Selbstverständnis seit den 1920 Jahren als Erziehungs- und Bildungsbereich „neben" Schule und Familie gegolten hat (vgl. Bäumer 1929). Dieses „Neben" hatte und hat eine räumliche und eine soziofunktionale Bedeutung: Die Jugendhilfe agiert eher an den gesellschaftlichen Rändern und ihr Erziehungshandeln gilt als sekundär, kompensatorisch, reaktiv. Sicher hat sie – unter systemtheoretischen Gesichtspunkten – über Institutionalisierung und Professionalisierung eine gewisse Systemautonomie erlangt. Jugendhilfe wird zwar nach wie vor strukturell gebraucht, aber dies wurde bisher kaum als Legitimation für einen gesellschaftlichen Gestaltungsauftrag genutzt. Dass sie aber zunehmend unter Legitimationsdruck gerät, wird heute angesichts der schwindenden sozialpolitischen Gestaltungskraft des Sozialstaates, in dessen Legitimationskreis die Jugendhilfe bisher agiert, unabweisbar.

Vorerst aber bleibt für das 20. Jahrhundert die epochale Bilanz, dass dieses strukturelle Gebrauchtwerden der Jugendhilfe – neben und verbunden mit der wechselnden Gestaltungskraft des Sozialstaates – die Jugendhilfe zu der institutionellen und organisatorischen Extensität geführt hat, wie wir sie nicht in Deutschland, sondern auch in anderen modernen Industrieländern beobachten können.

2. Das Koordinatensystem der Jugendhilfe: sozialökonomische Arbeitsteilung und Bewältigungsfrage, industrie-kapitalistischer Sozialkompromiss, sozialstaatlicher Auftrag und gesellschaftliche Jugenddefinition

Die Logik des gesellschaftlichen Gebrauchtwerdens der Jugendhilfe kommt aus einer typischen gesellschaftlichen Hintergrundkonstellation, von der sich auch die Jugend- und Sozialstaatsformel als Konstituenten der Jugendhilfe ableiten. Diese Hintergrundkonstellation ist einerseits durch die *sozialökonomische Arbeitsteilung* (vgl. Durkheim 1988), zum anderen durch den *industriekapitalistischen Sozialkompromiss* (vgl. Böhnisch 1982) strukturiert. Damit ist der historisch-gesellschaftliche Bedingungskontext aufgezogen, in dem Jugendhilfe hinsichtlich ihrer Bedeutung, Reichweite und ihrer Gestaltungsmöglichkeiten bisher und zukünftig thematisiert und eingeschätzt werden kann: *Die Entwicklung der Jugendhilfe bewegt sich im Spannungsfeld von sozialökonomischer Arbeitsteilung, industriekapitalistischem Sozialkompromiss, gesellschaftlicher Jugenddefinition und Sozialstaatsverständnis*. Verschiebungen oder gar Brüche in diesem interpedenten Gefüge – so wie wir sie heute erleben – fordern deshalb eine entsprechende gesellschaftliche Standortdiskussion der Jugendhilfe heraus.

Die Notwendigkeit von Jugendhilfe – wie die Notwendigkeit von Sozialarbeit überhaupt – liegt in der Struktur der sozialökonomischen Arbeitsteilung begründet. Indem die ökonomische Arbeitsteilung mit ihren Prozessen der Differenzierung und Zerlegung der Produktionsvorgänge auch die Lebensbereiche der Menschen, die an sie gebunden sind, entsprechend erfasst hat und laufend umstrukturiert, ist die Bewältigungsfrage zur zentralen Frage der Lebensgestaltung in modernen Industriegesellschaften geworden: Wie halte ich Schritt mit der Dynamik der Arbeitsteilung, bewältige ich Übergänge und Brüche, verhindere ich, dass ich aus der arbeitsgesellschaftlichen Normalbiografie herausfalle. Die biografische Suche nach sozialer Integration und die Abwehr sozialer Desintegration bilden damit das Grundthema, das die industrielle Arbeitsteilung vorgibt und das sich dem modernen Menschen als Bewältigungsthematik stellt. Je komplexer die Arbeitsteilung im 20. Jahrhundert geworden ist, desto vielschichtiger wurden auch die Bewältigungsprobleme. In der Sprache der Sozialpolitik ausgedrückt: In den ersten Phasen der Entwicklung der industriellen Arbeitsteilung waren die Risiken, welche die industrielle Produktion hervorbrachte noch allgemeiner existentieller Natur: Unfall, Arbeitsplatzverlust oder -aufgabe durch Invalidität, Alter und Krankheit (vgl. Ewald 1993). Mit der weiteren Ausdifferenzierung des arbeitsteiligen Prozesses und der enormen Erhöhung der Anforderungen bezüglich Ausbildung, Qualifikation, Mobilität, Flexibilität, physischer und psychischer Regeneration, Abwehr sozialer Ausgrenzung etc. waren die Risiken nicht mehr nur materiell und allgemein ausgleichbar, sondern erforderten soziale und psychologische Dienste, die auf die Bewältigungseigenheiten und -schwierigkeiten der individuellen Biografie gerichtet sind (vgl. Mennicke 1930). An der Entwicklung und Ausdifferenzierung der Jugendhilfe – von der ersten professionellen Ordnung der Erziehungshilfen in den 1920er-Jahren bis zu den vielfältigen biografischen Beratungs- und Berufshilfen heute – lässt sich ablesen, wie sich die zunehmende Ausdifferenzierung der industriellen Arbeitsteilung und der Strukturwandel der Arbeitsgesellschaft in der institutionellen und professionellen Entwicklung der Jugendhilfe entsprechend niederschlagen.

Dass die Risiken und Probleme der sozialen Desintegration im Zuge der Ausdifferenzierung der industriellen Arbeitsteilung zu entsprechenden sozialpolitischen Maßnahmen der Daseinsvorsorge und zu institutionalisierten, gewährleistenden Formen sozialer Intervention geführt haben, ist vor allem auch auf einen politischen Prozess im ausgehenden 19. und beginnenden 20. Jahrhundert zurückzuführen, den wir mit dem Begriff des *industriekapitalistischen Sozialkompromisses* erfassen können. Damit ist gemeint, dass der Kapitalismus um seines stetigen profitorientierten Wachstums und damit seiner Modernisierung willen auf eine qualifizierte, gebildete und sozial gesicherte Massenarbeiterschaft angewiesen war. Im historischen Zusammenspiel von Arbeiterbewegung, Angewiesensein der kapitalistischen Ökonomie auf das Humankapital und staatlicher Moderation, entstand so in den westlichen Industrieländern und vor allem – aufgrund einer besonderen staatlichen Tradition – in Deutschland jenes Prinzip des *Sozialpolitischen* (vgl. Böhnisch/Arnold/Schröer 1999), das bis heute die Jugendhilfe gesellschaftspolitisch legitimiert: Wie muss der Mensch im industriekapitalistischen System zur Geltung gebracht, wie kann dieses sozial ausbalanciert werden? Daraus resultiert auch die öffentliche Aufgabe, die sozial desintegrativen Wirkungen der Ökonomie aufzufangen und den Menschen soziale Chancen auch dann zu vermitteln, wenn sie an der Arbeitsgesellschaft scheitern sollten und/oder sozial ausgegrenzt werden. Gleichzeitig ist damit eine Bildungsaufgabe des Sozialstaats formuliert: Den Menschen soziale Kompetenzen zu vermitteln, die es ihnen nicht nur ermöglichen, biografische Probleme sozialer Desintegration selbst oder mit professioneller Hilfe zu bewältigen, sondern darüber hinaus auch soziales Wissen zu erlangen, um integrative Formen des sozialen

Zusammenlebens und soziale Gestaltungsperspektiven aus den Lebenswelten heraus entwickeln zu können. Soziales Interventions- und soziales Bildungsprinzip – so sozialpolitisch abgeleitet und freilich in unterschiedlicher Gewichtung durchsetzbar – bilden seitdem die zentralen gesellschaftlichen Legitimationsbezüge der Jugendhilfe.

Der epochale industriekapitalistische Sozialkompromiss, aus dem auch die Jugendhilfe hervorgegangen ist, ist zwar ein prinzipieller, aber kein dauerhaft stabiler. Er ist immer Schwankungen ausgesetzt, abhängig davon, wie das historische Pendel ausschlägt: ob mehr nach der ökonomischen oder mehr nach der sozialen Seite. Daran bemisst sich schließlich auch, ob der Sozialstaat auf die sozialen Folgeprobleme der ökonomischen Entwicklung nur reagieren, oder ob er selbst sozial gestalten und der Ökonomie auch erweiterte soziale Gestaltungsprinzipien aufzwingen kann. Die 1960er/1970er-Jahre in Westdeutschland setzten in diesem Zusammenhang ein bisher nicht mehr erreichtes Beispiel der erweiterten Gestaltungsmacht des Sozialstaates. Die Ökonomie war wie nie zuvor auf ein hoch qualifiziertes und sozial intelligentes Humankapital und die entsprechenden Reform- und Regulationsprogramme des Sozialstaates angewiesen. Damit war auch Raum genug gegeben, um soziale Anforderungen aus der Gesellschaft an die Wirtschaft zu stellen (z.B. Humanisierung der Arbeitswelt; vgl. Nahnsen 1975). In dieser Zeit des expandierenden und gestaltenden Sozialstaates hat auch die Jugendhilfe ihr heutiges modernes Profil in Praxis, Wissenschaft, Ausbildung und Fortbildung erhalten. In den sektoralen Reform- und Modellbewegungen dieser Zeit entwickelte sich die Infrastruktur der Jugendhilfepraxis und der entsprechenden Ausbildungs- und Fortbildungssysteme als Voraussetzung für die Professionalisierung der Jugendhilfe.

Die sozialen Gestaltungsmöglichkeiten der Jugendhilfe sind allerdings nicht nur vom allgemeinen Zustand der Sozialpolitik abhängig, sie sind auch wesentlich von der Art und Weise berührt, wie Jugend jeweils gesellschaftlich definiert wird. Sowohl die 1920er als auch die 1970er-Jahre, in denen die deutsche Jugendhilfe ihre entscheidenden Entwicklungs- und Modernisierungsschübe erhielt, waren durch ein positives bis euphorisches gesellschaftliches Jugendbild geprägt. Zu beiden Zeiten – ohne dass die Jugendlichen im einzelnen immer davon profitiert hätten – galt die Jugend als Symbol der Modernisierung, als neues Humankapital und Träger des Fortschritts (vgl. Mannheim 1970). Indem dass die junge Generation jeweils neu in die gesellschaftliche und ökonomische Entwicklung eintritt, wird sie zwangsläufig zur Projektionsgruppe gesellschaftlicher Erwartungen, aber auch von entsprechenden Ängsten. In Zeiten der Wirtschafts- und Wohlfahrtsprosperität mit relativer Vollbeschäftigung galt Jugend als das Symbol einer sich weiterentwickelnden dynamischen Gesellschaft – Jugend als Faktor sozialen Wandels –, dass auch die Schatten des Misstrauens, die man der Jugend ob ihrer lebensaltertypischen Rücksichtslosigkeit gegenüber dem Traditionellen entgegenbringt, überstrahlte. In der Krise der Arbeitsgesellschaft und des Sozialstaates wird Jugend dagegen leicht zum Störfaktor, zum Symbol sozialer Desintegration, nicht zuletzt auch deshalb, weil sich die Bewältigungs- und Zukunftsprobleme der Gesellschaft in der Befindlichkeit der Jugend am ehesten spiegeln. Die Jugendhilfe bekommt das jeweils veränderte jugendideologische Klima bis in ihre lokalen Bezirke hinein zu spüren: Soziale Gestaltung ist dann kein Thema mehr, generalpräventive und kontrollierende Interventionen gegenüber Jugendlichen werden verlangt. Die Frage also, was der Gesellschaft Kinder und Jugendliche jeweils wert sind, ist deshalb keine rhetorische, sondern durchaus eine existentielle Frage für die Jugendhilfe.

3. Zur Verschiebung des Koordinatensystems der Jugendhilfe: Strukturwandel der Arbeitsgesellschaft, brüchiger Sozialkompromiss, hilfloser Sozialstaat und Entwertung der Jugend

Dieses epochenspezifische Koordinatensystem, in dem sich die Jugendhilfe im 20. Jahrhundert entwickelt und verstetigt hat, hat sich zu Beginn des 21. Jahrhunderts – was sich in den 1980/90er-Jahren schon andeutete – drastisch verschoben. Wenn wir die einzelnen Koordinaten durchgehen, zeigt sich, dass alle tragenden Elemente dieses Bedingungskontextes verändert sind. Die Jugendhilfe ist von daher dem unabweisbaren – weil strukturellem – Zwang ausgesetzt, sich gesellschaftlich wie institutionell neu zu verorten.

Der Strukturwandel der Arbeitsgesellschaft, wie er sich zu Beginn des neuen Jahrhunderts in den technologischen und räumlichen Dimensionen der Rationalisierung und Globalisierung abzeichnet, ist deshalb sozial so dramatisch, weil das technologisch verselbstständigte Kapital für sein Wachstum nicht mehr auf die Masse des Humankapitals (d.h. der arbeitenden Menschen) angewiesen ist, die national angeboten wird. Immer mehr Menschen müssen sich nicht nur permanent umorientieren, es werden auch Menschen freigesetzt, die keine Aussicht auf befriedigende Arbeit mehr haben und als „Nichtproduktive" ökonomisch schlichtweg überflüssig werden. Damit ergeben sich auf der einen Seite neue Aufgaben für die Jugendhilfe, indem sie Jugendlichen und jungen Erwachsenen, die an der neuen segmentierten Arbeitsgesellschaft scheitern oder Bewältigungsprobleme haben, Sozialkompetenzen für die Aufschließung biografischer Möglichkeiten auch außerhalb der traditionellen Arbeitsgesellschaft vermittelt. Gleichzeitig läuft sie aber Gefahr, auf die neuen Zonen sozialer Ausgrenzung festgelegt zu werden und damit wieder in den Status der Randgruppenarbeit zurückzusinken (vgl. Krafeld 2000). Der traditionelle sozialpolitische Unterstützungshintergrund – Sozialkompromiss und sozialstaatliche Gestaltungsmacht – ist brüchig geworden.

Der historische *Sozialkompromiss* wird in dem Maße durchlöchert, in dem das technologisch verselbstständigte und über die Globalisierung national entbettete Kapital nicht mehr auf alle qualifizierte Massenarbeit angewiesen ist, die von den Menschen angeboten wird. Schon im „Grünbuch" der EU-Kommission zur Sozialpolitik (1993) wurde vor den sozialen Folgen gewarnt, die eine solche Entwicklung zur „Obsoleszenz" des Humankapitals nach sich ziehen kann: die Ökonomisierung der sozialen Welt und damit die Legitimation sozialer Ausgrenzung über das nun gesellschaftsbeherrschende ökonomische Prinzip. Soziale Gestaltungsinitiativen außerhalb der ökonomische Logik werden dadurch immer schwerer legitimierbar, die Nichtgebrauchten, d.h. Überflüssigen rutschen in den Status zu verwaltender Randgruppen, zu Menschen dritter Klasse ab. Die Jugendhilfe merkt das nicht nur an der Art und Weise *wie* ihr ökonomische Prinzipien der Leistungssteuerung und -evaluation aufgezwungen werden, sondern auch daran, dass das sozialstaatliche Integrationsangebot für alle zunehmend der selektiven kriminalpolitischen Präventions- und Kontrollzumutung weicht. Gerade in den Städten ist ein Sozialklima entstanden, in dem die Tendenz zur sozialen Spaltung, hervorgerufen durch den Konflikt zwischen außengelenkter ökonomischer Standort- und innengerichteter sozialer Integrationsorientierung, spürbar wird (vgl. Dangschat 1999). Die Jugendhilfe gerät dabei in Gefahr, von der städtischen Entwicklungspolitik, die zunehmend in den Globalisierungssog überregionaler Standortkonkurrenz gerät, abgekoppelt zu werden und zur Armutsverwaltung zu verkommen.

Dies umso mehr, als mit dem Brüchigwerden des Sozialkompromisses auch der *Sozialstaat* in eine *Legitimationskrise* geraten ist, die von ökonomischer Seite – soziale Sicherheit als Mehrkostenfaktor und angeblicher Standortnachteil – am Gären gehalten wird. Die sozialstaatliche Politik weicht inzwischen so davor zurück, dass sie ihre eigene Gestaltungsmacht aufgibt und damit nicht mehr auf die Gestaltungsimpulse reagieren kann, die aus der Jugendhilfe kommen. Die Jugendhilfe wiederum erhält keine sozialpolitischen Aufforderungen mehr, ihre dichte Infrastruktur verbleibt als ungeliebter, wenn auch notgedrungen akzeptierter Dienstleistungsbereich im vorpolitischen Raum.

Ungeliebt ist sie umso mehr, als auch die Jugend im digitalen Kapitalismus an ökonomischer und gesellschaftlicher Attraktivität verloren hat. Diese schleichende *Entwertung der Jugend* ist nicht nur darauf zurückzuführen, dass sich der demografische Aufbau der Gesellschaft zum Alter hin gedreht hat. Mit der Digitalisierung der Ökonomie hat die Wirtschaftsgesellschaft die Geduld verloren, Qualifikationen werden nach Bedarf und Wechsel abgefragt, lange soziokulturelle Lern- und Entwicklungszeiten – das Merkmal der Jugendphase – sind inzwischen fast verpönt. Jugendliche sollen möglichst schnell ihre Jugend überwinden und in die Generationenkonkurrenz eintreten (vgl. Böhnisch/Schröer 2001). Lernen müssen nun alle, zu jeder biografischen Phase, wollen sie in den Umbrüchen der Arbeitsgesellschaft bestehen. Das Neue, das der jungen Generation bislang anhaftete, der Hauch des Wandels, der sie umgab, ist gewichen. Geblieben ist die Aura des Risikos, des abweichenden Verhaltens. Der einzelne Jugendliche, der sich durchboxt und früh Verdrängungsqualitäten zeigt, ist gefragt. Die Jugend insgesamt, als gesellschaftliche Zukunftsfigur, ist von der Ökonomie aber fallen gelassen worden, das Neue ist digitalisiert, bedarf keiner soziokulturellen Entwicklungszeit. Diese Entwertung der Jugend, der der Sozialstaat nur rhetorisch entgegensteuert, während seine kontrollpolitische Schlagseite immer spürbarer wird, droht der Jugendhilfe den gesellschaftlichen Schwung zu nehmen.

4. Die neuen Koordinaten: Sozialpolitische Reflexivität, Netzwerkorientierung, Generationenperspektive und biografischer Ansatz

Diese Verschiebung des gesellschaftlichen Koordinatensystems der Jugendhilfe zur Zeit der jetzigen Jahrhundertwende betrifft also alle tragenden Elemente, hat grundlegenden Charakter. Die Jugendhilfe kann sich gesellschaftlich auf so gut wie nichts mehr von dem verlassen, auf das sie bisher relativ selbstverständlich ihre Legitimation aufgebaut hat. Was ihr allerdings bleibt, ist, dass sie nach wie vor im Sinne der industriegesellschaftlichen Strukturlogik gebraucht wird. Aber auch dieser Grundpfeiler trägt nur noch ihre gesellschaftliche Existenz, nicht aber ihren sozialen und jugendpolitischen Gestaltungsanspruch. Dennoch ist dieser Grundpfeiler – Jugendhilfe als Medium sozialer Integration – auch in der postmodernen Industriegesellschaft unbedingt grundlegend, er zumindest reicht aus, um eine neue gesellschaftliche Plattform aufzubauen.

Dabei kommt der Jugendhilfe im 21. Jahrhundert ein typisches Systemproblem der technologisch gewandelten industriekapitalistischen Gesellschaft entgegen. Indem sich die ökonomisch-technologischen Systeme gegenüber dem Sozialen verselbstständigen, schwindet die Rigidität, mit der zu früheren Zeiten systemische Rationalitäten in entsprechenden Formen der alltäglichen Arbeitsregimes und der individuellen Lebensführung durchgesetzt wurden. Die mit der kapitalistischen Modernisierung herbeigeführte und durch den Konsumkapitalismus beschleunigte Individualisierung und Pluralisierung der Lebensverhältnisse hat mit der sozialen Entbettung der Ökonomie im Globalisierungsprozess einen neuen Schub erhalten: Die technologisch verselbstständigte globalisierte Wirtschaft ist nicht mehr auf die massenhafte Inkorporation durch alle, auf die Durchsetzung der Normalarbeiterfigur angewiesen, wie das zu fordistischen Zeiten der Fall war. In einer Zeit, in der aufgrund der zunehmenden Segmentierung der Arbeitsgesellschaft (vgl. Sengenberger 1987) und der Schrumpfung des Anteils qualifizierter Erwerbsarbeit (bei steigender technologisch induzierter Produktivität) die klassische Normalbiografie mit lebenslangem Beruf und entsprechender tariflich-sozialer Absicherung in die Minderzahl gerät, wird es sogar gesellschaftlich notwendig, unterschiedlichste Lebensentwürfe und Tätigkeitsbiografien auch außerhalb der traditionellen Erwerbsarbeitsgesellschaft zu fördern. Darüber hinaus hat sich die Pluralisierung der Sozialbiografien als ökonomisch antriebsstarker Konsumfaktor erwiesen.

Die Jugendhilfe kann diesen strukturell vorgegebenen Wandel der Lebensformen als Gelegenheit ansehen und produktiv wenden. Sie muss mit ihren erzieherischen Angeboten nicht länger in der Verlegenheit der „sekundären Normalisierung" verharren, im Schatten der (sowieso heillos überforderten) Familie bleiben und kann ihre eigenständigen Anteile an der *Förderung von Biografien* in den Vordergrund stellen. Natürlich sind die hässlichen Assoziationen, die sich mit dem herkömmlichen Begriff der „Jugendhilfekarriere" verbinden, nicht so ohne weiteres aus der Welt zu schaffen. Dennoch könnte vielmehr als bisher von der Jugendhilfe öffentlich deutlich gemacht und sicher auch wissenschaftlich evaluiert werden, dass erzieherische Hilfen – von der Heimerziehung bis über das betreute Wohnen und die alltägliche Beratung und Begleitung von Jugendlichen – nicht nur sekundärer Familienersatz, sondern eigenständig biografische Hilfen sind, die es Kindern und Jugendlichen ermöglichen, als Subjekte an ihrer eigenen Biografie bauen zu können. Das bedeutet aber nicht, dass die Jugendhilfe ihr Klientel jetzt – immer noch mit geringeren Marktchancen – dem offenen Wettbewerb der biografischen Erfüllungszwänge aussetzt, wie ihn die individualisierte Verdrängungsgesellschaft vorgibt. Vielmehr soll sie jetzt erst recht ihr jahrelang akkumuliertes Wissen über biografische *Bewältigungsprobleme* (vgl. Schefold 1993) einsetzen und ausspielen können. D.h. sie sollte darauf bestehen, Kindern und Jugendlichen auch jene entsprechende Spielräume des Innehaltens und Zu-Sich-Kommens einräumen zu können, die inzwischen als Voraussetzung für den Erwerb sozialer Kompetenzen in einer anomischen Gesellschaft gelten (vgl. Böhnisch 1999). Eine in diesem Sinne *ermöglichende Jugendhilfe* orientiert sich nicht länger an den gesellschaftlich zugeschriebenen Defiziten, sondern an den – meist verdeckten und verschütteten – Stärken ihrer Kinder und Jugendlichen und löst sich so von der traditionellen Befangenheit gegenüber den Erziehungsinstanzen Familie und Schule, die die Kinder in diese deprivierte Lage gebracht haben.

Über einen so konsequenten *biografischen Ansatz* (vgl. Böhnisch 1997) könnte sich die Jugendhilfe nicht nur in einem eigenständigen Erziehungsauftrag profilieren und emanzipieren, sie könnte auch ihren – nie so richtig anerkannten – und selbst meist nur rhetorisch in Anspruch genommenen *Bildungsauftrag* neu generieren. Je länger die Schule nicht biografisch orientiert, sondern im traditionellen Sinne arbeitsgesellschaftlich fixiert ist, desto mehr übergeht sie die Kompetenzen, die für die *Bewältigung* der neuen sozialen Anforderungen im gesellschaftlichen Umbruch notwendig sind. Denn die Botschaften der entstrukturierten und in den Anforderungen wechselnden segmentierten Arbeitsgesellschaft, so wie sie der Jugendhilfe entgegenkommen, lauten auch: Lernen ist heute mehr als Schule. Damit ist nicht nur das „lebenslange Lernen" gemeint, das erhebliche Bewältigungsleistungen verlangt und auch der Jugendhilfe eine Generationenperspektive abfordert. Damit ist auch ausgedrückt, dass die sozialen Schlüsselqualifikationen, die zukünftig für eine sozial verträgliche Entwicklung der je eigenen Biografie gebraucht werden, und die nicht mehr milieugegeben sind, am wenigsten in der Schule, sondern eher in den außerschulischen Lebenswelten ihre Formung finden werden: Entwicklung eines multiplen Selbstwertkonzeptes, Konfliktfähigkeit, aber auch Empathie und soziale Integrationsfähigkeit. Die Ausmaße und negativen Konsequenzen „wilden Lernens" – selbstwertlabile Jugendliche suchen sich Modelle für Bewältigungshandeln auch in sozial destruktiven Gesellungsformen – sind längst brisant geworden. Gerade die erzieherischen Hilfen und die Jugendarbeit wären Felder, in denen selbstwertfördernde Orientierungen möglich „andere Erwachsene" erreichbar und Gelegenheiten, etwas bewirken zu können, gestaltbar sind. So kann die Jugendhilfe zu einem Zukunftsbereich produktiven sozialen Lernens werden.

Die Zukunft des Lernens wird also insgesamt nicht mehr von der Schule bestimmt werden, sondern von der Art und Weise abhängen, wie in einem regionalen Netzwerk unterschiedliche Lern- und Qualifikationsorte aufeinander bezogen werden können. Einrichtungen und Angebote der Jugendhilfe haben in diesem Netzwerk ihren eigenen Anteil an der Organisation sozialen Bewältigungslernens und des Erlangens zivilgesellschaftlicher Kompetenzen. Insofern ist die herkömmliche Diskussion um des Verhältnis von Schule und Jugendhilfe, in der die Schule immer noch die Vorgaben macht, ein Übergangsphänomen. Schon heute gibt es erste kommunale Ansätze, in denen – in Abstimmung mit dem regionalen Gewerbe – soziale Qualifikationen, die außerhalb der Schule erworben werden, den gleichen Stellenwert erhalten, wie die Leistungen in schulischen Fächern. Das bedeutet aber auch, dass die Jugendhilfe sich förderungspolitisch und institutionell-professionell von ihrer traditionellen *Maßnahmeorientierung* verabschiedet und sich dem *Netzwerkkonzept* verschreibt (vgl. Walther 2000). Maßnahmefixierte Förderung und Intervention versäulen das Feld und schaffen Konkurrenzen zwischen Einrichtungen und Projekten, eine Entwicklung, die angesichts leerer öffentlicher Kassen sich verstetigen kann. Die Jugendhilfe hat mit der Strategie der „integrierten Hilfen" (vgl. Wolff 2000) den ersten wichtigen Schritt getan. Dieses Konzept braucht aber – stringenter und theoretisch elaborierter als bisher – einen interventionsleitenden Bezugsrahmen, der an der Biografieperspektive entlang orientiert und strukturiert werden muss. Bisher sind die Konzepte noch zu binnenzentriert auf die institutionelle Zusammenführung der Jugendhilfemaßnahmen ausgerichtet. Auch das in den 1990er-Jahren propagierte Metakonzept einer „lebensweltorientierten Jugendhilfe" (Thiersch 1992) kann in diesem Zusammenhang nur als Übergangskonzept gelten. Abgesehen davon, dass es über eine formale Zieldefinition hinaus wenig sozialisatorische Substanz hat, weil es ja vornehmlich aus der Kritik einer institutionen-borniertem Jugendhilfe heraus entwickelt wurde und damit selbst nur ein „indirektes" Konzept ist, ist es inzwischen zur Jugendhilferhetorik verkommen und wird von den unterschiedlichsten Interessengruppen in der Jugendhilfe auch bei widersprüchlichsten Zielstellungen gebraucht und dient nicht selten als Mittel dafür, konträre Interessen von Verwaltung, Arbeitsbildung und Praxis gegeneinander auszuspielen. Regionale soziale Netzwerke, in die die Jugendhilfe eingebettet ist und in denen sie ihre Angebote und Einrichtungen anschlussfähig halten muss, brauchen eine Förderungspolitik, die in der Praxis auf ein regionales integriertes *Sozialraumbudget* für das Bildungs-, Sozial- und Kulturwesen hinausläuft.

Netzwerke verknüpfen aber nicht nur Angebote und Hilfen in einem biografieorientierten Gesamtkonzept, sie schaffen auch sozialpolitisch relevante Strukturen und sozialpolitisches Gewicht. Die Zersplitterung in Einzelprojekte hat die SozialarbeiterInnen schon immer auseinander dividiert, hat regionale Bündnisse mit Lehrer/Innen und anderen sozialpolitisch relevanten Gruppen bis heute eher verhindert. Ein *sozialräumliches integriertes Netzwerk* schafft nicht nur eine Plattform für sozialpolitische Bewegungen von unten, sondern auch eine eigene Öffentlichkeit und ein gegenseitiges Unterstützungssystem. Das wirkt sich nicht nur auf die regionale Interessenvertretung von Bildungs- und Sozialbelangen aus, sondern schafft auch ein variables Informations- und Verständigungssystem bei brisanten sozialen Problemen, von denen einzelne Maßnahmen und Projekte meist überfordert sind. Rechtsextremistische Täter z.B. bewegen sich in der Regel nicht in den Präventions- und Antigewaltprojekten, sondern „dazwischen". So bekommen sie nie eine kollektive Abwehr, sondern nur individuelles Zurückschrecken zu spüren, das ihren aggressiven Selbstwert aber eher noch steigert als zurückdrängt. In einem aktivierbaren Netzwerk, das auch gleichzeitig soziale Äquivalente für solche jungen Leute vermitteln kann, würde der Raum für rassistische Aggressionen enger, der psychische Ertrag für die Täter geringer, die Chance sie aus Szenen „organisch" herauszulösen, größer.

Aber auch über das Präventions- und Interventionsspektrum (vgl. Nestmann 1989) hinaus versprechen sozialpolitisch aufgeladene regionale Netzwerke neue Sozialeffekte. In ihnen können sich sozialökonomische Kompetenzen in Richtung regionaler Arbeits- und Dienstleistungsmodelle entwickeln, die über soziale Gegenseitigkeit und nicht über Märkte, die den regionalen Zusammenhang in der Regel übersteigen und auflösen, entstehen können.

Damit könnten auch Ausbildung und Beschäftigung jener Jugendlicher eingebettet und abgestützt werden, die bisher nicht oder nur schwer auf dem Arbeitsmarkt zum Zuge kamen. Gerade die Qualifikations- und Beschäftigungsprojekte der modernen Jugend- und Berufshilfe haben die Erfahrung gemacht, wie Jugendliche inzwischen – was ihre Arbeitsmarktchancen betrifft – unter Generationenkonkurrenz stehen und die digitale Ökonomie mit ihren segmentieren Arbeitsmärkten nicht mehr – wie bisher das nationale Ausbildungs- und Erwerbssystem – auf die Jugend wartet. Die Jugendberufshilfe (vgl. Arnold 2000) hat es deshalb heute immer schwerer, mit der Selbstverständlichkeit eines besonderen Jugendstatus und einer besonderen Bedürftigkeit der Jugend zu argumentieren. Somit steht ihr eine doppelte

Legitimationsarbeit ins Haus: Sie muss die Besonderheiten der Jugend gegenüber anderen Generationen neu begründen und gleichzeitig die Jugend – von den Kids bis zu den jungen Erwachsenen – im gesamten *Generationenzusammenhang* sehen und das Verhältnis der Generationen zueinander genauso in den Mittelpunkt und ihrer Arbeit stellen, wie die neu zu definierende Jugendfrage. Dies wiederum wäre von zwei Seiten zu thematisieren: Zum einen ist aufzuzeigen, dass Jugendliche trotz all ihrer gezeigten kulturellen Selbstständigkeit (und manchmal jugendtypischen Rücksichtslosigkeit) nicht von sich aus in die Erwachsenenaura und damit in die Generationenkonkurrenz drängen, sondern das dies vor allem auf die Freisetzungsdynamik der digitalen Ökonomie zurückzuführen ist. Jugendliche müssen sich – und das macht das Besondere der Jugendphase gegenüber anderen Generationen aus – sozial risikolos entwickeln können und benötigen deshalb weiterhin gesellschaftlich gewollte moratoriumsähnliche Experimentier- und Rückzugsräume. Gleichzeitig aber – und das wäre die zivilgesellschaftliche Perspektive einer Jugendpolitik – brauchen Jugendliche mehr gesellschaftliche Resonanz, müssen heute früh erfahren können, dass sie sozial etwas sind und etwas bewirken können. Soll dies nicht noch weiter über Formen sozial abweichenden oder extremistischen Verhaltens geschehen, dann braucht es soziale, ökonomische und kulturelle Projektanstöße in den Städten und Regionen, die von den Jugendlichen und jungen Erwachsenen selbst getragen und verantwortet werden. Diese müssen so anerkannt und gleichgestellt sein, dass sie nicht nur Ideen in die soziale, ökonomische und kulturelle Entwicklung des lokalen Umfeldes bringen, sondern auch Formen neuer Arbeit – organisch über die Initiativen der Frühgeforderten – anregen, mit denen die jungen Leute – unbefangener und kreativer als manche Erwachsene – damit experimentieren können. Das hat natürlich auch Folgen für die Schule, die sich regionalen Projekten nicht nur in Praktika, sondern auch selbst lernend und außerschulische Leistungen anerkennend öffnen muss. Dies verweist wiederum auf die Logik und die Möglichkeiten der regionalen sozialen Netzwerke, in die diese Initiativen eingebettet und aufeinander bezogen sind.

Diese regionale Netzwerkorientierung kann auch – fast zwangsläufig – *die Generationen- und die Jugendperspektive zusammenführen*. Es entwickelt sich ein intergenerationaler Lern-, Sorge- und Arbeitszusammenhang in der Gemeinde, dem Stadtteil und der engeren Region, in dem die jungen Leute nicht nur die Lernenden, sondern auch die Lehrenden, die Älteren, nicht nur die Unproduktiven, sondern auch die Produktiven sein können. Das fängt beim Beispiel jenes süddeutschen Ortsbürgermeisters an, der seinen Kindergarten in das Seniorenheim baut, Jugendliche zu Computerfachleuten in Gemeindeangelegenheiten und zu PC-Instrukteuren für Ältere macht, Aussiedlerjugendliche nicht in Sonderprojekten, sondern in Gemeinschaftsprojekten des Ortes ‚mitschaffen' und erfolgreich sein lässt – bis hin zu den Stadtteilbüros in den Großstädten, die soziale, ökonomisch und kulturelle Initiativen miteinander zu verknüpfen versuchen. Hier gibt es inzwischen eine Anzahl von Beispielen, aus denen sich das neue Denken in der Jugendhilfe speisen könnte. Was diesen Praxisbeispielen oft fehlt, ist die übergreifende sozialpolitische Reflexivität, welche diese Verbindungen und gegenseitigen Bezüge erst zu dem machen, was unter einem regionalen sozialpolitischen Netzwerk verstanden werden kann, das sich nicht in sich erschöpft, sondern Hintergrundsicherung und Anregungsmilieu für neue Arbeit, ziviles Engagement und gegenseitige Hilfe sein kann. Aus solchen regionalen Netzwerken entstehen die Anforderungen an einen Sozialstaat, der weiterhin als *hintergrundsichernder* (vgl. Evers/Nowotny 1987) und *ermöglichender Staat* gebraucht wird, dem aber nun Gestaltungsimpulse und -richtungen aus den regionalen Initiativen vorgegeben und abgefordert werden.

Die Jugendhilfe ist in diesen sozialpolitisch aufgeladenen sozialen Netzwerken mehrfach beteiligt und behelligt. Die bisherigen Praxisbeispiele zeigen, dass es gerade SozialpädagogInnen sind, die in solchen Netzwerken moderierend und mediatisierend agieren. *Social agency* könnte man diese neue sozialpolitische Praxis der Jugendhilfe nennen, für die die Professionellen aber besser sozialpolitisch ausgebildet und wofür ihnen in der Praxis größere Spielräume eingeräumt werden müssten.

Genauso wichtig aber ist in diesem Zusammenhang, dass sich die Jugendhilfe nun auch regional-sozialräumlich besser zu verorten versteht. Im zivilgesellschaftlichen bewegten, durch sozialstaatliche Hintergrundsicherung gestützten Regionalverbund gegenseitiger Hilfe und neuer Arbeit sind die Projekte der Jugendhilfe nicht mehr ausgegrenzt (und deshalb im gewissen Sinne auch sekundär stigmatisiert) wie bisher.

Die Projekte der Erziehungshilfen, die in der jeweiligen Besonderheit der interpersonalen und fallgerechten Bewältigungshilfen weiterhin ihre Eigenart behalten, gehen immer wieder und wechseln in sozialen, ökonomischen und kulturellen Projekten der regionalen Community auf. Die sozialstaatliche Gewährleistungs- und Förderungspolitik bezieht sich dabei auf den vernetzten Sozialraum und nicht mehr auf die einzelnen Maßnahmen. Der sozialpolitische Diskurs erhält so seine Zweiseitigkeit.

Treibt man die Vision solcher regionalen Netzwerke weiter, so besticht daran die Möglichkeit der Verknüpfung von Sozialem und Ökonomie, die der industriekapitalistische Markt mehr denn je spaltet und auseinander dividiert. Im regionalen System gegenseitige Hilfe, im Ideenaustausch der Generationen, im lokalen Aufeinanderangewiesensein angesichts globalisierter Unübersichtlichkeit wächst die neue Arbeit aus dem Sozialen und wirkt in regionale Strukturen ein, die nicht wieder durch überregionales oder gar globales Marktkalkül zerstört werden.

In diesem regionalen Zusammenwachsen von Ökonomischem und Sozialem wird neben dem neuen Intergenerationenbezug auch ein sozial verträgliches Geschlechterverhältnis entstehen und Antriebskraft der regionalen

Sozialpolitik sein können. Denn in dem Maße, in dem der traditionellen Arbeitsgesellschaft die Erwerbsarbeit ausgeht, wächst die Gefahr der *Rollenlosigkeit* vor allem für die *Männer* (vgl. Böhnisch 2001), die in der Regel existentiell stärker an diese Erwerbsarbeit gebunden sind und weniger Alternativen haben als die Frauen. Im organischen Zusammenspiel von Arbeit und Care (vgl. Brückner 2000), wie wir es uns in solchen regionalen Netzwerken erhoffen, erwächst auch ein neuer Sozialisationsraum mit reproduktiven Rollenperspektiven für die Männer, die sonst im Zwangsruhestand oder in der Arbeitslosigkeit wenig mit sich anzufangen wüssten. Das Ausbalancieren des Geschlechterverhältnisses wird ein wichtiger sozialer Regulator für die Zukunft einer der ökonomischen Vereinnahmung gegenüber widerständigen Gesellschaft sein. Gerade hier könnte die Jugendhilfe ihre gereiften Erfahrungen aus der Jungen-, Männer-, Mädchen- und Frauenarbeit sozialpolitisch transformieren.

In dieser Gesamtperspektive ist die Jugendhilfe in die Mitte der Gesellschaft gerückt. Sie ist nicht mehr das inferiore Erziehungsfeld „neben" Familie und Schule, sondern gesellschaftlich und sozialisatorisch eigenwertiges Praxisfeld einer Sozialpolitik, die sich zunehmend als *Politik der Bewältigung* (vgl. Böhnisch/Schröer 2001) verstehen muss. „Politik der Bewältigung" deshalb, weil der weiter gebrauchte Sozialstaat in Zukunft nicht mehr die Maßstäbe und Rahmenbedingungen sozialen Zusammenlebens vorgeben kann, sondern die sozial produktiven Bewältigungsmuster und -modelle, wie sie sich in den Eigen- und Gegenwelten (zur Globalisierung) regionaler sozialer Netzwerke entwickeln, fördern („ermöglichen") und (überregional) politisch transformieren muss.

Literatur zur Vertiefung

Böhnisch, L. (1997): Sozialpädagogik der Lebensalter. Weinheim und München.
Böhnisch, L./Schröer, W. (2001): Pädagogik und Arbeitsgesellschaft. Weinheim und München.
Evers, A./Nowotny, H. (1987): Über den Umgang mit Unsicherheit. Die Entdeckung der Gestaltbarkeit von Gesellschaft. Frankfurt a.M.
Walther, A. (2000): Spielräume im Übergang in die Arbeit. Weinheim und München.

Literatur

Arnold, H. (2000): Der Strukturwandel der Arbeitsgesellschaft und das sozialpolitische Mandat der Jugendberufshilfe. Dissertation. Technische Universität Dresden.
Bäumer, G. (1929): Die historischen und sozialen Voraussetzungen der Sozialpädagogik und die Entwicklung ihrer Theorie. In: Nohl, H./Pallat, L.: Handbuch der Pädagogik. 5. Bd. Langensalza.
Böhnisch, L. (1982): Der Sozialstaat und seine Pädagogik. Neuwied.
Böhnisch, L. (1994): Gespaltene Normalität. Weinheim und München.
Böhnisch, L. (1997): Sozialpädagogik der Lebensalter. Weinheim und München.

Böhnisch, L. (1999): Abweichendes Verhalten. Weinheim und München.
Böhnisch, L./Arnold, H./Schröer, W. (1999): Sozialpolitik. Weinheim und München.
Böhnisch, L. (2001): Männlichkeiten und Geschlechterbeziehungen – einer männertheoretischer Durchgang. In: Brückner, M./Böhnisch, L. (Hrsg.): Geschlechterverhältnisse. Weinheim und München.
Böhnisch, L./Schröer, W. (2001): Pädagogik und Arbeitsgesellschaft. Weinheim und München.
Brückner, M. (2000): Geschlechterverhältnisse im Spannungsfeld von Liebe, Fürsorge und Gewalt. In: Brückner, M./Böhnisch, L. (Hrsg.): Geschlechterverhältnisse. Weinheim und München.
Dangschat, J. S. (Hrsg.) (1999): Modernisierte Stadt – Gespaltene Gesellschaft. Opladen.
Durkheim, E. (1988): Über soziale Arbeitsteilung. Frankfurt a.M.
Evers, A./Nowotny, H. (1987): Über den Umgang mit Unsicherheit. Die Entdeckung der Gestaltbarkeit von Gesellschaft. Frankfurt a.M.
Ewald, F. (1993): Der Vorsorgestaat. Frankfurt a.M.
Grünbuch Europäische Sozialpolitik (1993). Kommission der Europäischen Gemeinschaft (Hrsg.). Luxemburg.
Heimann, E. (1929): Soziale Theorie des Kapitalismus. Frankfurt a.M. 1980.
Krafeld, F.-J. (2000): Die überflüssige Jugend. Opladen.
Mannheim, K. (1970): Das Problem der Generationen. In: Mannheim, K.: Wissenssoziologie. Neuwied/Berlin.
Mennicke C. (1930): Die sozialen Berufe. In: Gablentz v.d., O./Mennicke, C. (Hrsg.): Deutsche Berufskunde. Leipzig.
Nahnsen, I. (1975): Bemerkungen zum Begriff und zur Geschichte des Arbeitsschutzes. In: Osterland, M.: (Hrsg.): Arbeitssituation; Lebenslage und Konfliktpotential. Frankfurt a.M.
Nestmann, F. (1989): Förderung sozialer Netzwerke – eine Perspektive pädagogischer Handlungskompetenz? In: neue praxis 19.
Schefold, W. (1993): Ansätze zu einer Theorie der Jugendhilfe. In: Diskurs, Heft 2/1993.
Sengenberger, W. (1987): Struktur und Funktionsweise von Arbeitsmärkten. Frankfurt a.M. 1987.
Thiersch, H. (1992): Lebensweltorientierte Soziale Arbeit. Weinheim und München.
Walther, A. (2000): Spielräume im Übergang in die Arbeit. Weinheim und München.
Wolff, M. (2000): Integrierte Erziehungshilfen. Weinheim und München.

Matthias Bartscher und Martina Kriener

Rechte von Kindern und Jugendlichen

Zusammenfassung: Die Entwicklung der Rechte von Kindern und Jugendlichen ist eng an das jeweilige historische Verständnis von Kindheit gekoppelt und begründet unterschiedliche Konzepte kinderpolitischen Engagements. Die Neubestimmung von Kindheit zwischen Schutz, Förderung und – in den letzten Jahren verstärkt gefordert und rechtlich verankert – Partizipation führt in der Jugendhilfe zu Diskussionen über das Verhältnis von Eltern- und Kinderrechten, über eine notwendige Neubestimmung der pädagogischen Beziehung und über die Notwendigkeit von Beteiligungsmöglichkeiten für Mädchen und Jungen. Die Kinderrechte bedeuten für die Jugendhilfe die nachdrückliche Aufforderung, sich über ihren Zuständigkeitsbereich hinaus einzumischen und im Rahmen von Sozialpolitik tragfähige Lebensräume und -bedingungen für Kinder zu schaffen. Dies lässt sich an Themenbereichen wie Armut von Kindern, Gestaltung einer kinderfreundlichen städtischen Lebensumgebung und Jugend und Arbeit besonders verdeutlichen.

Einleitung

In den letzten beiden Jahrzehnten wird eine breite öffentliche Auseinandersetzung über die Rechte von Kindern und Jugendlichen geführt. Gefordert wird die Stärkung der Rechte von Mädchen und Jungen und eine Verbesserung der Bedingungen des Aufwachsens für die „Schwächsten" in der Gesellschaft. Unter den Begleiterscheinungen des gesellschaftlichen Wandels, wie z.B. veränderte Familienformen, die prekäre ökonomische Situation vieler Familien, die ungleiche Stellung von Männern und Frauen, das unzulängliche Angebot ergänzender familialer Betreuungs- und Bildungsleistungen, die knapper gewordene Erwerbsarbeit und die städtebaulichen Veränderungen der Lebensumwelten, haben gerade Kinder besonders zu leiden. Vielfach wird das Verhältnis unserer Gesellschaft zu ihren Kindern mit Begriffen wie „Kinderfeindlichkeit", „strukturelle Rücksichtslosigkeit" oder „kinderentwöhnte Gesellschaft" beschrieben (vgl. BMFSFJ 1998). Darüber, dass wichtige Bedingungen des Aufwachsens für Kinder verbessert werden müssen, herrscht weitgehend Einigkeit.

Die Debatte um die Kinderrechte, die durch die UN-Kinderrechtskonvention von 1989 (in Deutschland 1992 ratifiziert) beträchtlich an Gewicht gewonnen hat, führte auch in der Jugendhilfe zu Diskussionen über die Sicherung und Förderung der Rechte von Kindern und Jugendlichen. In diesen Diskussionen werden bestehende Spannungsfelder in der Jugendhilfe deutlich, z.B. um die Gewichtung zwischen Kinder- und Elternrechten, zwischen Schutz- und Autonomiebedürfnissen von Kindern oder im Hilfeverständnis zwischen traditioneller Fürsorge und Lebensweltorientierung. Hier ist die Jugendhilfe stärker als bisher gefordert, die Rechte von Mädchen und Jungen wahrzunehmen und zu sichern, sowohl innerhalb als auch außerhalb ihres Aufgabenbereiches. Welche Herausforderungen und Perspektiven Kinderrechte für die Jugendhilfe bedeuten, dieser Frage wollen wir in dem vorliegenden Beitrag nachgehen. Im ersten Schritt werden wir einen Überblick über die Entwicklung der Rechte von Kindern und Jugendlichen geben, die eng an das jeweilige historische Verständnis von Kindheit gekoppelt ist. Auch heute hat die Vorstellung, was Kindheit gesellschaftlich ausmacht, Bedeutung für die unterschiedlichen fachlichen Positionen (1). Im zweiten Schritt wird die aktuelle Kinderrechtsdebatte und ihre Rezeption in der Jugendhilfe diskutiert (2). Im letzten Teil werden wir notwendige Schritte für die Weiterentwicklung von Kinderrechten, wie sie von maßgeblichen Fachleuten und Institutionen formuliert werden, darstellen. Als wesentliche Herausforderung erscheint uns, dass die Jugendhilfe ihre Perspektive über ihren unmittelbaren Aufgabenbereich hinaus erweitert und deutlich auf die Gestaltung einer kinder- und familienfreundlichen[1] Umwelt richtet. Diese zentrale These werden wir an drei ausgewählten Beispielen konkretisieren (3).

1. Kinderrechte, Kindheit und Kinderpolitik

Kinderrechte stehen in einem direkten Zusammenhang zu den Vorstellungen von Kindheit. Sie stellen die rechtliche Kristallisation von anthropologischen, pädagogischen und psychologischen Einsichten in ihrem je spezifischen historisch-gesellschaftlichen Kontext dar. Diese Vorstellungen sind – auch historisch – nie eindeutig gewesen, vielmehr gab es in der Auffassung, was „Kindheit" ausmacht, immer differierende Auffassungen. Diese sind jeweils handlungsleitend für konkrete kinderpolitische Positionen.

1.1 Die Entwicklung von Kinderrechten

Historisch gesehen waren die Kinderrechte zunächst eine Frage des Kinderschutzes. Die radikale Verelendung der Kinder im beginnenden Industriezeitalter schuf das Bewusstsein von ihren leiblich-seelischen Bedürfnissen, von ihrem Recht auf ein kindliches Leben und von ihrer Schutzbedürftigkeit (vgl. Flitner 1987). Zu Beginn des 19. Jahrhunderts entstanden die ersten Gesetze zum Kinder-Arbeitsschutz („Preußisches Regulativ" 1839: Verbot der Arbeit von Kindern unter neun Jahren, Beschränkung der Arbeitszeit der Neun- bis Fünfzehnjährigen auf zehn Stunden täglich). Der Schutz von Kindern ist im Laufe der Zeit um den Schutz vor Gewalt und

---

[1] Familie hier immer verstanden als die verschiedenen Lebensformen, in denen Kinder aufwachsen.

Missbrauch erweitert worden und umfasst heute auch den Schutz vor Vernachlässigung und den Schutz der seelischen Gesundheit (z.B. aktuell das Gesetz zur gewaltfreien Erziehung). Seit Mitte des 19. Jahrhunderts wurde deutlich, dass für die Entwicklung der Kinder über den Schutz hinaus eine Förderung notwendig war. Die Schulpflicht, im Sinn von Unterrichtspflicht im Jahr 1717 in Preußen eingeführt, musste damals gegen die weit verbreitete Kinderarbeit durchgesetzt werden und verband die Schutzperspektive mit der Förderung im Sinne schulischer Bildung. Der Gedanke einer durchgreifenden, über Schulbildung hinausgehenden Fördernotwendigkeit von Kindern, setzte sich erst in der zweiten Hälfte des 19. Jahrhunderts durch, z.B. mit der „Erfindung" des Kindergartens. Im §1 des Reichsjugendwohlfahrtsgesetzes wurde 1922 das „Recht auf Erziehung zur leiblichen, seelischen und gesellschaftlichen Tüchtigkeit" verankert. Nach der Neuordnung des Kinder- und Jugendhilferechts (1991) heißt es heute: „Jeder junge Mensch hat ein Recht auf Erziehung zu einer eigenverantwortlichen und gemeinschaftsfähigen Persönlichkeit" (§1 KJHG).

Eine dritte Etappe der „Entdeckung" kindlicher Rechte bezieht sich auf den Aspekt der Partizipation. Die reformpädagogische Bewegung forderte bereits zum Ausgang des 19. Jahrhunderts eine radikale Bezugnahme auf die Subjekthaftigkeit von Kindern und das Ernstnehmen ihrer Meinungs- und Willensäußerungen. Deren Bemühungen wurden durch den Nationalsozialismus ein Ende gesetzt. Erst in Folge der durch die studentischen Protestbewegungen Ende der sechziger Jahre ausgelösten Demokratisierungsbestrebungen und verstärkt durch das Internationale Jahr des Kindes (1979) erhielten auch eigenständige Beteiligungsrechte von Kindern Gewicht. Wichtige Stationen der Kinderrechtsentwicklung waren in den letzten 20 Jahren:

- 1990: Kinder- und Jugendhilfegesetz mit dem für alle Aufgaben geltenden Grundsatz der „Beteiligung von Kindern" (§8 KJHG).
- 1992: Deutsche Ratifizierung der UN-Kinderrechtskonvention, die gleichermaßen Schutzrechte und Partizipationsrechte (freie Meinungsäußerung, rechtliches Gehör, Versammlungsfreiheit, Informationsfreiheit etc.) betont.
- 1998: Kindschaftsrechtsreform mit dem Recht des Kindes auf Umgang mit beiden Eltern (§1684 BGB), dem Recht auf Beteiligung bzgl. der Wahrnehmung der elterlichen Sorge (§17 KJHG) oder dem Recht auf eine/n VerfahrenspflegerIn zur Wahrnehmung der kindlichen Interessen vor Gericht (§50 FGG).
- 1996: Die Änderung der Gemeindeordnungen in Schleswig-Holstein und weiteren Bundesländern mit dem Auftrag an die Kommunen, Kinder und Jugendliche in geeigneter Weise an kommunalen Entscheidungen zu beteiligen.
- 2000: Das Gesetz zur Ächtung der Gewalt in der Erziehung stellt fest: Kinder haben ein Recht auf gewaltfreie Erziehung. Körperliche Bestrafungen, seelische Verletzungen und andere entwürdigende Maßnahmen sind unzulässig.

Insgesamt kann die Geschichte der Kinderrechte als eine kumulative Entwicklung gezeichnet werden, in der nach dem Recht auf Schutz (protection) und dem Recht auf Förderung (promotion) das Recht auf Beteiligung (participation) als dritte Säule kinderrechtlicher Bemühungen hinzu kam.

1.2 Konstruktionen von Kindheit

Kinderrechte haben, das wurde in den vorausgegangenen Überlegungen deutlich, einen besonderen Status. Auf der einen Seite sind Kinder im Verhältnis zu Erwachsenen grundsätzlich gleichwertige Menschen. Das Bundesverfassungsgericht entschied 1968, dass Kinder „Wesen mit eigener Menschenwürde und einem eigenen Recht auf Entfaltung ihrer Persönlichkeit im Sinne der Art. 1 Abs. 1 und Art. 2 Grundgesetz" (BverfG 24, 119, 144) sind. Gleichzeitig sind Kinder in ihrem Aufwachsen und Selbstständigwerden physisch und psychisch auf die Erwachsenen angewiesen und haben im Unterschied zu Erwachsenen ein Recht auf eine Entwicklungsphase. Entsprechend ist die Pflege und Erziehung das „natürliche Recht und die zuvörderst ihnen obliegende Pflicht der Eltern", über deren Betätigung die staatliche Gemeinschaft wacht (§1 Abs. 2 KJHG). Die rechtliche Subjektstellung der Minderjährigen steht damit in einem nicht auflösbaren Spannungsverhältnis zur Verantwortung der Eltern und des Staates für die Bedingungen des Aufwachsens von Mädchen und Jungen.

Die Bewertung bzw. Interpretation dieses Spannungsverhältnisses prägt unterschiedliche Wahrnehmungsmuster von Kindheit sowie verschiedene Legitimationsmuster für das Engagement im Interesse von Kindern und Jugendlichen. So wird schon die historische Entwicklung der Kindheit als exklusive Phase höchst unterschiedlich gesehen. Ariès bewertet die Geschichte der Kindheit als einen Prozess zunehmender Beherrschung und Objekthaftigkeit von Kindern. Nahmen Kinder im Mittelalter und der frühbürgerlichen Epoche eher unauffällig am Leben der Erwachsenen teil, seien sie durch die Familie und die Schule aus der Gesellschaft der Erwachsenen herausgerissen worden. „Die Besorgnis der Familie, der Kirche, der Moralisten und der Verwaltungsbeamten hat dem Kind die Freiheit genommen, deren es sich unter den Erwachsenen erfreute" (Ariès 1975, S. 562). Ganz anders interpretiert de Mause die Geschichte der Kindheit als eine zunehmende Befreiung des Kindes: „Die Geschichte der Kindheit ist ein Alptraum, aus dem wir gerade erst erwachen. Je weiter wir in die Geschichte zurück gehen, desto unzureichender wird die Pflege der Kinder, die Fürsorge für sie, und desto größer die Wahrscheinlichkeit, dass Kinder getötet, ausgesetzt, geschlagen, gequält und sexuell missbraucht werden" (de Mause 1977, S. 12). Er sieht die Befreiung in einem sich verändernden Erwachsenen-Kind-Verhältnis, in dem die Eltern zunehmend lernen, auf autoritäres Verhalten und Disziplinierung zu verzichten und Erziehung schließlich durch Beziehung zu ersetzen. Unterstreicht Ariès die Subjekthaftigkeit und direkten Teilhaberechte von Kindern, knüpft de Mause die Realisierung der Kinderrech... ...tlich an die Elternverantwortung.

Die verstärkte Betonung und Forderung von Partizipation ... Kinderrechtsdebatte steht für einen neuen Blick auf Kindheit. Kinder we... dabei als eigenständige Subjekte gesehen, die sich von der Welt der Erwac... nicht durch einen „Entwicklungsrückstand", sondern durch eine andere G... stalt ihrer Subjektivität unterscheiden, auch wenn sie zu den gesellschaftlichen Gruppen gehören, denen für die Äußerung ihrer Ansprüche (aufgrund ihrer Minderjährigkeit) kaum formale Verfahren zur Verfügung stehen. Erst die Wahrnehmung und Anerkennung der eigenständigen kulturellen Muster von Kindheit ermöglichen eine Kinderpolitik, die auf die Gleichwertigkeit von Kinder- und Erwachseneninteressen setzt. In einer solchen Perspektive werden Kinder nicht mehr nur unter dem Paradigma der *Entwicklung* zum Erwachsenen gesehen, sondern dieses wird ersetzt bzw. ergänzt durch das Paradigma der *Differenz* zum Erwachsenen (vgl. Honig/Leu/Nissen 1996).

1.3 Kindheitskonzepte als Basis für kinder- und jugendpolitische Optionen

Die aufgezeigten Positionen sind kennzeichnend für verschiedene Ansätze der Kinderpolitik. Hierzu unterscheidet Lüscher idealtypisch drei kinderpolitische Leitbilder: „Bemühung um Fürsorge und Anwaltschaft", „Bemühung um Emanzipation" und „Bemühung um eine Ökologie menschlicher Entwicklung" (vgl. Lüscher 1996). Der erste Ansatz betont die spezifischen Bedürfnisse nach Erziehung und Schutz von Kindern und unterstreicht entwicklungsbedingte Unterschiede zwischen Kindern und Erwachsenen. Entsprechend liegen Schwerpunkte dieser kinderpolitischen Konzeption in der Forderung nach anwaltlicher Vertretung von Kinderinteressen z.B. durch Kinderanwälte sowie nach Lobbyarbeit für Kinder z.B. durch Kinderbüros und Ombudspersonen. Auch Forderungen, eine kinderfreundliche Umwelt zu gestalten und „Kinderverträglichkeitsprüfungen" durchzuführen, lassen sich als Bestandteil dieses Leitbildes interpretieren. Das zweite Leitbild „Bemühung um Emanzipation" verweist auf die Subjekthaftigkeit von Kindern und darauf, dass die Rechte, Bedürfnisse und Wünsche von Kindern prinzipiell gleichrangig mit denen der Erwachsenen sind. Eine demokratische Gesellschaft muss daher Mädchen und Jungen Wege der Beteiligung und Mitentscheidung innerhalb und außerhalb parlamentarischer Verfahren eröffnen. Praktische Anknüpfungspunkte sind vor allem direkte Formen der Beteiligung von Jugendlichen in Schülergremien, Jugendparlamenten, als Mitglieder von Jugendhilfeausschüssen etc., aber auch Forderungen nach eigenen Antragsrechten oder besserer Absicherung von Kindern gegen Erwachseneninteressen folgen diesem Leitbild. Das dritte Leitbild „Bemühung um eine Ökologie menschlicher Entwicklung" zielt auf die Gleichwertigkeit von Kinder- und Erwachseneninteressen. Beteiligung ist nach diesem Konzept ohnehin Bestandteil jeder vernünftigen Erziehung, wobei „Vernunft" insbe-

...chen" Bestreben von Kindern nach Umweltsondere meint, dem ...aum zu geben. In diesem Modell – das auch im und Selbstaneignung nicht vertreten wird – bedeutet die Entwicklung von Kin- Zehnten Jugend... sowohl als Förderungsverpflichtung der Eltern und der derrechten Gemeinschaft zu sehen, als auch Kindern die ihrem Alter angestaatlich...en Selbstbestimmungs- und Beteiligungsrechte sowie geeignete me... Räume zur Übernahme von Verantwortung zu sichern. Politik für Kinder in diesem Sinne muss mit den aufgezeigten Spannungen zwischen Autonomiebestrebungen und Schutzbedürfnissen umgehen. Gefahren bestehen dabei zum einen in einer bevormundenden Haltung, die Kinder nicht ernst nimmt und ihnen den Respekt versagt, zum anderen in einer Überforderung der Kinder durch Abwälzung der Erwachsenenverantwortung (vgl. BMFSFJ 1998). An das sozialökologische Kinderpolitikmodell knüpfen damit alle jene Ansätze an, die auf kindgerechte Beteiligungsmodelle setzen und im Rahmen derer sich Erwachsene für die Belange von Kindern einsetzen, die Lebensverhältnisse mit Blick auf das Wohlergehen von Mädchen und Jungen analysieren und wirkungsvoll gestalten (vgl. Blandow/Gintzel/Hansbauer 1999).

2. Aktuelle Diskussionen zur Umsetzung der Rechte von Kindern und Jugendlichen in der Jugendhilfe

Die Kinderrechtsdebatte führte auch innerhalb der Jugendhilfe zu einer Diskussion über Partizipationsrechte und -möglichkeiten von Kindern. Als zentrale Diskussionspunkte können dabei das Spannungsverhältnis zwischen Kinder- und Elternrechten (2.1), Anforderungen an die pädagogische Beziehung (2.2) sowie die Frage nach Beteiligung und Verantwortung (in der Praxis häufig als Frage nach Pflichten formuliert) (2.3) ausgemacht werden.

2.1 Das Spannungsverhältnis zwischen Eltern- und Kinderrechten

Das KJHG unterstreicht deutlich die Schutzwürdigkeit und entwicklungsbezogenen Förderungsnotwendigkeiten von Kindern und betont damit nach wie vor die Elternrechte (vgl. z.B. Münder 1999). Auch wenn bei der Verabschiedung des KJHG versucht wurde, die elternlastige Dominanz des ersten Entwurfes durch die Einfügung des §8 KJHG (Beteiligung von Kindern an allen sie betreffenden Entscheidungen) auszugleichen und auch wenn über die Reformen zum KJHG Minderjährigen selbst unmittelbar mehr Rechte eingeräumt wurden (z.B. §24 KJHG Anspruch auf einen Kindergartenplatz, §35a Anspruch seelisch behinderter Kinder auf Eingliederungshilfe), konnte „der Gesetzgeber das Spannungsverhältnis zwischen Elternrechten und Kindesrechten im Bereich der Jugendhilfe (...) nicht lösen" (Münder 1999, S. 7). Münder ist allerdings auch der Auffassung, dass der Ausgleich dieses Spannungsverhältnisses auf der Gesetzesebene nicht prinzipiell zu realisieren ist. Die völlige Gleichstellung von Kindern und Erwachsenen ist weder sachlich zu begründen noch praktisch durchzusetzen. Bzgl. der rechtlichen Stellung von Kindern wird die Aufgabe der nächsten Dekade darin bestehen, das Spannungsverhältnis auf verschiedenen konkreten Ebenen konstruktiv zu gestalten. Dazu gehört:

- die stärkere Berücksichtigung des Kindeswillens in den jeweiligen Einzelentscheidungen in Gerichts- und Verwaltungsverfahren (vgl. Münder 1999, S. 11),
- die Schaffung weiterer Teilmündigkeiten für Mädchen und Jungen analog zur kommunalen Wahlberechtigung von 16-Jährigen in einigen Bundesländern,
- die Formulierung von Antragsrechten für Jugendliche im KJHG entsprechend zum §36 SBG I[2],
- die strukturelle Verankerung der Beteiligung in kommunalen Hilfeplanrichtlinien
- sowie die Umsetzung der gesetzlich formulierten Beteiligungsrechte im Alltag von Kindern und Jugendlichen in pädagogischen Einrichtungen, im Stadtteil und in der Kommune.

2.2 Beteiligung von Kindern und Jugendlichen als Prämisse in der pädagogischen Beziehung

Die durchgehende Beteiligung von Mädchen und Jungen innerhalb der Jugendhilfe, in der Schule und in kommunaler Politik ist auf der rechtlichen Ebene und in programmatischen Forderungen grundsätzlich abgesichert. Doch ist nach wie vor nicht davon auszugehen, dass die Jugendhilfe den Beteiligungsgedanken konsequent aufgegriffen und umgesetzt hat. Vielmehr werden zurzeit eher die politischen Profilierungschancen genutzt, indem das Themenspektrum mit exemplarischen und befristeten Ansätzen bzw. Projekten abgedeckt wird (vgl. Bartscher 1998, S. 21ff.; Winklhofer/ Schneider 1998). Die Berücksichtigung von partizipatorischen Elementen ist über die konzeptionelle Ebene oder vereinzelte Modellprojekte selten hinausgekommen (vgl. Bartscher 1998, S. 121ff.; Hoffstadt/Malmede 1995). Es gibt zwar vielfältige Ansätze und Methoden, dennoch „ist nach wie vor eine deutliche Diskrepanz zwischen öffentlichkeitswirksamer Darstellung und realer Verbreitung festzustellen (...)" (BMFSfJ 1998, S. 154).

Mit der Konkretisierung von Beteiligungsrechten wird eine Auseinandersetzung um das pädagogische Selbstverständnis von Erwachsenen notwendig. Während im pädagogischen Handeln, das sich auf Schutz- und Fördermotive begrenzt, immer die Gefahr besteht, Kinder und Jugendliche zu Objekten besserer oder wohl gemeinter Absichten zu machen (vgl. Grusch-

---

2 §36 Abs. 1 SGB I: „Wer das fünfzehnte Lebensjahr vollendet hat, kann Anträge auf Sozialleistungen stellen und verfolgen sowie Sozialleistungen entgegennehmen."

ka 1988), bringt die Erweiterung um die Dimension der „participation" eine größere Chance mit sich, Erziehung als intersubjektiven Prozess zu praktizieren. Die Meinungen, Wünsche und Willensäußerungen von Kindern sind eigenwertig und können nicht unbegründet und nicht ohne reguläre Verfahren übergangen werden. Im Erziehungsalltag deutet sich dieser Trend seit längerem an: „Es gibt im Umgang von Erwachsenen mit Kindern eine Tendenz vom Befehlen und Gehorchen zum Verhandeln. (...) Kinder dürfen heute umfassender mitreden und von den Erwachsenen Begründungen für ihre Gebote und Verbote einfordern" (Wolf 2000, S. 15). Diese Entwicklung verläuft durchaus ungleichzeitig, auch heute gibt es Kinder, die härteste Drangsalierungen durch Erwachsene erleben. Wolf macht allerdings auch darauf aufmerksam, dass mit der Verlagerung auf eine Verhandlungsstrategie Machtunterschiede zwischen Kindern und Erwachsenen nicht generell nivelliert, sondern tendenziell von den Kindern internalisiert werden. Dabei besteht die Gefahr, dass der äußere Erziehungsdruck über Gebühr auf die innere Gewissensebene der Kinder verlagert wird. Beteiligung als Prämisse pädagogischen Handelns verlangt Reflexivität und „Verständigung als professionelle Aufgabe" (ebd. S. 17), d.h. es gilt danach zu fragen, wie Kinder pädagogische Arrangements erleben, wie sie das, was Erwachsene tun, interpretieren und welche eigenen Gestaltungsmöglichkeiten sie sehen. Insgesamt lässt sich Beteiligung allerdings nicht nur auf die Beziehungsebene reduzieren (nach dem Motto: es reicht, wenn Kinder im Kontakt mit Erzieher/innen ernst genommen werden), vielmehr ist gleichzeitig die Schaffung praktikabler Partizipationsverfahren und -ansätze (parlamentarische Formen wie z.B. Kinderräte, offene Formen wie z.B. Foren oder projektorientierte Formen zu bestimmten Themen) in allen pädagogischen Zusammenhängen unabdingbar (vgl. Kriener 1999).

2.3 Beteiligung als Schaffung von Verantwortungsräumen

Wenn im Rahmen der Kinderrechte-Diskussion in den jeweiligen Zusammenhängen mehr Mitsprache- und Beteiligungsrechte für Kinder und Jugendliche eingefordert werden, stellt sich die Frage nach der Übernahme von damit verbundenen Verantwortlichkeiten. Diese Frage wird oftmals eher apologetisch einer konservativen Wertepädagogik zugerechnet und diskreditiert, die dieses Themenfeld bisher okkupiert, indem sie der Forderung nach Kinderrechten verkürzend entgegnet, Kinder sollten zunächst einmal lernen, Pflichten zu übernehmen (vgl. MAGS 1997). Dabei suggeriert der Begriff der „Pflicht" pseudo-objektive Werte und Normen, gegen die sich Kinder, Jugendliche und viele Erwachsene (mit Recht) auflehnen. Verantwortung meint in unserem Verständnis viel mehr die Bejahung und die Bereitschaft, für die Konsequenzen des eigenen Handelns und der eigenen Willensäußerungen einzustehen, sofern die Rahmenbedingungen dies ermöglichen, zulassen oder sogar begünstigen. Dass es nicht darum gehen kann, Kindern und Jugendlichen Verantwortlichkeiten aufzubürden, mit denen Erwachsene sich entlasten wollen, ist evident (vgl. BMFSFJ 1998,

S. 144f.). Genauso sollen Kindern und Jugendlichen „verantwortungsfreie" Spiel- und Lebensbereiche verbleiben.

Zu wachsenden Partizipationsräumen und ihrer positiven Ausgestaltung gehört essentiell dazu, dass Mädchen und Jungen in dem jeweils geschaffenen Rahmen Verantwortung übernehmen können, ihnen Verantwortlichkeit zugemutet wird. Dies ist entscheidend für ihre weitere Entwicklung, weil die Voraussetzungen zu verantwortlichem Handeln vor allem dadurch erworben werden, dass Gelegenheiten bestehen, verantwortlich zu handeln. Hierzu gibt es in der konkreten Lebenswelt vielfältige Ansätze und Möglichkeiten, und alle praktischen Erfahrungen zeigen, dass Kinder und Jugendliche unter geeigneten Bedingungen bereit sind, Verantwortung zu übernehmen. Dazu gehört, dass Beteiligungsangebote bzw. Verantwortungsräume an der Lebenswelt, d.h. an den konkreten Erfahrungen und Anliegen der Mädchen und Jungen ansetzen, dass sie zeitlich überschaubar sind und möglichst konkrete Realisierungschancen haben und dass sie alters-, geschlechts- und kulturspezifische Formen und Methoden verwenden. Jugendhilfe wird mit der konsequenten Realisierung von Beteiligung – verstanden als zunehmende Übernahme von Verantwortung – dem Anspruch gerecht, Kinder und Jugendliche als Subjekte ihrer Entwicklung zu verstehen. Für Mädchen und Jungen gibt es Freiräume, in denen sie Verantwortung übernehmen können, z.B. in der Familie (z.B. bzgl. Regeln oder Aufgaben), im Kindergarten (z.B. Zeit für eigene Spielpräferenzen, Kinderversammlungen), in der Jugendarbeit (z.B. Angebotsgestaltung), in der Erziehungshilfe (z.B. Regeln im Betreuungsalltag, Heimräte) oder im kommunalen Bereich (z.B. Stadtteil- oder Spielflächengestaltung).

Nachhaltig betont der Zehnte Kinder- und Jugendbericht, dass die Frage der Verantwortlichkeit von Kindern und Jugendlichen in der Fachdiskussion bisher viel zu kurz kommt: „Angesichts der Bedeutung, die die Bereitschaft und Fähigkeit der nachwachsenden Generation zur Übernahme von Verantwortung zukommt, ist es erstaunlich, wie wenig dieses Thema in den Wissenschaften, die sich mit der Entstehung von Handlungsfähigkeit beschäftigen, vorkommt" (BMFSFJ 1998, S. 144f.).

3. Kinderrechte als Entwicklungsperspektiven für Jugendhilfe und Sozialpolitik

Haben die Kinderrechte bisher überwiegend zu Diskussionen bzgl. Partizipationsmöglichkeiten von Kindern innerhalb der Jugendhilfe geführt, gilt es zukünftig sehr viel stärker als bislang, die Realisierung der Kinderrechte als sozialpolitische Aufgabe wahrzunehmen. Dass dies dringend notwendig ist, unterstreicht auch die demographische Entwicklung, die zeigt, dass Kinder im Generationenverhältnis zunehmend eine kleinere Gruppe bilden. So nimmt die Altersgruppe der unter 12-Jährigen bis 2010 um ca. 18% ab (vgl. LJA Westfalen-Lippe u.a. 2000).

In Bezug auf die rechtliche Weiterentwicklung von Kinderrechten ist ihre verfassungsrechtliche Verankerung, wie sie der Zehnte Kinder- und Jugendbericht und die National Coalition fordern, weiter zu verfolgen (vgl. National Coalition 1999; BMFSFJ 1998). Auch wenn die Aufnahme eines entsprechenden Passus in das deutsche Grundgesetz keine De-facto-Neuerung bringt, dient sie der symbolischen und nachdrücklichen Klarstellung der Tatsache, dass Grundrechte auch für Mädchen und Jungen gelten und dass sie einen gleichwertigen gesellschaftlichen Status haben. Mit gleichem Ziel wird die Aufnahme eines entsprechenden Passus in die europäische Grundrechte-Charta angestrebt. Die konsequente Umsetzung dieser „Programmatik" eines erweiterten Art. 6 des Grundgesetzes verlangt auch die Aufnahme des Rechtes der Kinder auf Erziehung in das Familienrecht, wodurch ebenfalls die Subjektstellung des Kindes verdeutlicht würde (vgl. BMFSFJ 1998). Zur Umsetzung der verbesserten Rechtsstellung von Kindern in Familien sollen, so wurde vor allem in Verbindung mit dem Gewaltverbot in der Erziehung klargestellt, die Beratungsangebote intensiviert werden. „Die Verstärkung des Leitbildes der elterlichen Verantwortung muss mit der Verbesserung durch praktische Hilfen verknüpft sein" (ebd., S. 174) (umfassend zur stärkeren rechtlichen Umsetzung der Kinderrechte vgl. BMFSFJ 1998; National Coalition 1999).

Insgesamt steht die Entwicklung der Kinderrechte heute an einem Punkt, bei dem es nun das dringlichste Anliegen ist, die rechtlichen Vorgaben und Orientierungen umzusetzen, denn das Recht stellt kein umfassendes normatives System der Gesellschaft dar und ist somit kein Ersatz für Politik und Jugendhilfepraxis. Notwendig ist eine Kinder- und Jugendpolitik, die, um Kinderrechte umfassend zur Realisierung zu bringen, über das Ressort Kinder- und Jugendhilfe hinaus auch immer eine Querschnittsfunktion übernimmt, indem sie kinderbezogene Gesichtspunkte in anderen Politikbereichen wie z.B. der Stadtplanung, Verkehrs-, Arbeitsmarkt-, Sozial-, Bildungs-, Umwelt-, Kultur- und Gesundheitspolitik zur Geltung bringt. Schon Anfang der achtziger Jahre entwickelte Mielenz für die Jugendhilfe den Begriff der Einmischungsstrategie (vgl. Mielenz 1981). Auch der Achte Jugendbericht forderte „sozialpolitische und kommunalpolitische Aktivitäten zur Gestaltung von Lebensverhältnissen, z.B. Hilfen und Unterstützung der Institutionen, die die heutigen Lebenslagen bestimmen, also der Familie, der Schule, des Arbeitsmarktes" (BMJFFG 1990, S. 85), um frühzeitig die Entstehung von Problemsituationen zu vermeiden. Im Kinder- und Jugendhilfegesetz ist solch eine Querschnittspolitik nun auch rechtlich verankert: „Jugendhilfe soll (...) dazu beitragen, positive Lebensbedingungen für junge Menschen und ihre Familien sowie eine kinder- und familienfreundliche Umwelt zu erhalten oder zu schaffen" (§1 Abs. 3.4). Aus dem Begriff der „Umwelt" leitet Merk die Notwendigkeit ab, Kinderfreundlichkeit nicht nur als Interessenwahrnehmung für die aktuelle Kindergeneration, sondern darüber hinaus auch als Wahrung der Interessen von zukünftigen Generationen von Kindern zu organisieren, was gerade in den Bereichen Rentenpolitik,

Staatsverschuldung und Umweltpolitik von großer Relevanz ist (vgl. Merk 1995). Die Reichweite dieses gesellschaftlichen Gestaltungsauftrages ist in weiten Bereichen der Jugendhilfe noch zu wenig zur Kenntnis genommen worden.

Ein weiterer Schritt zur Realisierung der Kinderrechte als Querschnittsaufgabe ist der Art. 3 der UN-Kinderrechtskonvention, der die vorrangige Berücksichtigung des Kindeswohls für Rechtsprechung und Verwaltungsvorgänge vorschreibt. „Das gesamte gesetzgeberische Handeln in Bund, Ländern und Gemeinden muss eine Folgenabschätzung für die nachwachsende Generation vornehmen" (National Coalition 1999, S. 6). Gerichte haben nach diesem Artikel in allen Kinder betreffende Entscheidungen ihr Ermessen unter Berücksichtigung des Kindeswohlvorrangs auszuüben. Öffentliche Verwaltungen sind gehalten, in allen Planungen und Entscheidungen transparent zu dokumentieren, in welcher Weise sie Kinderinteressen vorrangig berücksichtigt haben. Hier ist insbesondere die Sozialpolitik gefragt, die mit ihren Kernbereichen sozialer Sicherung, Arbeitsmarktpolitik, Sozialhilfe, Familien-, Bevölkerungs- und Wohnungspolitik zentralen Einfluss auf Lebensbedingungen und Teilhabechancen von Mädchen und Jungen hat. Kinderrechte und Kinderpolitik als „Bemühen um eine Ökologie menschlicher Entwicklung" (ebd.) erfordert dabei auch in der Sozialpolitik insgesamt ein Umdenken. Basierend auf der grundsätzlich privaten Organisation gesellschaftlicher Produktion und Reproduktion orientiert sich Sozialpolitik traditionell zum einen an der lebenslangen (männlichen) Erwerbsbiografie und zum anderen an den reproduktiven (weiblichen) Leistungen von Familie. Sozialpolitik verfestigt damit nicht nur Geschlechterrollen und -hierarchie, sondern nimmt Kinder eher als „Besitz" von Familie wahr (Generationshierarchie). Die Anerkennung einer eigenen (anderen) Subjektivität von Kindern, die Neubestimmung von Kindheit zwischen Schutz, Entwicklung und Eigenständigkeit erfordert eine Neubestimmung im Rahmen einer Sozialpolitik, die sich der Gestaltung, Erhaltung und Schaffung kindlicher Lebenswelten und -bedingungen annimmt. Dabei kann Kindheit nicht als abstrakte Kategorie verstanden werden, sondern muss in ihren spezifischen Ausdifferenzierungen und Entwicklungsschritten gesehen werden.

Die Realisierung der Kinderrechte muss sich an der tatsächlichen Wirkung und an der tatsächlichen Gestaltungskraft für die jeweiligen Lebenswelten von Kindern messen lassen. So weisen aktuell MädchenarbeiterInnen darauf hin, dass die geschlechtsneutral formulierten Rechte die geschlechtshierarchischen Strukturen und die unterschiedlichen Lebens- und Problemlagen von Mädchen und Jungen zumindest rechtlich außer Acht lassen. Sie müssen in Verbindung mit dem Diskriminierungsverbot sozusagen nachträglich eingelesen werden. In Bezug auf die Realisierung von Mädchenrechten stellt sich für Sozialpädagoginnen die Anforderung, die Kinderrechte vor dem Hintergrund der Wünsche und Bedürfnisse und der realen Lebens- und Problemlagen von Mädchen zu überprüfen und entsprechende Strategien zu identifizieren (vgl. FEM 2000). Beispielsweise haben Mädchenarbeiterinnen darauf aufmerksam gemacht, dass Mädchen Gewalt überwiegend innerfamilial erfahren und deshalb spezifische Angebote wie z.B. Zufluchten benötigen. Die Umsetzung der Kinderrechte vor dem Hintergrund geschlechtsspezifischer Lebens- und Problemlagen von Mädchen und Jungen ist ein Prüfstein dafür, ob die Diskussion um Kinderrechte eher legitimatorischen Wert für politische Debatten hat oder ob sie tatsächlich auf die Sicherung und Schaffung ausreichender kindlicher Lebenswelten und Bedingungen für gelingendes Aufwachsen zielt.

Ebenfalls schreibt der Artikel 2 (Diskriminierungsverbot) der Kinderrechtskonvention u.a. vor, die Rechte der Kinder unabhängig ihrer Rasse, Herkunft oder Behinderung zu achten. Tatsächlich sind Kinder in Familien mit Migrationserfahrungen grundsätzlich benachteiligt, wie die National Coalition in ihrer Stellungnahme zum Weltkindergipfel nachdrücklich feststellt (vgl. National Coalition 2000). Besonders Kinder ohne deutschen Pass sind Einreisebeschränkungen und einer verschärften Ausweisung bei Straffälligkeit oder bei Inanspruchnahme von Hilfen zur Erziehung unterworfen, die es dringend aufzuheben gilt. So ist mit Blick auf die Situation der Flüchtlingskinder umgehend die deutsche Interpretationserklärung zurück zu nehmen, die die Beachtung der Kinderrechte im Ausländer- und Asylrecht einschränkt. Für Schul- und Betreuungsangebote wird ein Mangel eines strukturell verankerten interkulturellen Ansatzes fest gestellt und von allen Institutionen, die Kinder betreuen, pflegen, fördern und bilden, die Entwicklung eines generellen bildungspolitischen und antirassistischen Konzeptes zum Umgang mit internationaler Mobilität und kultureller Vielfalt gefordert (ebd.). Ein weiteres Beispiel sind Kinder mit so genannten Behinderungen, die der Gesetzgeber mit der Einführung des §35 a KJHG (Eingliederungshilfe für seelisch behinderte Kinder und Jugendliche) stärker in die Jugendhilfe integrieren wollte. In der Praxis zeigt sich jedoch häufig, dass Definitionsprobleme dessen, was seelische Behinderungen sind, dazu führen, dass Eingliederungshilfe und Erziehungshilfe eher in Konkurrenz zueinander diskutiert werden und so zur Abgrenzung, denn zur Integration führen. Der Zehnte Jugendbericht spricht sich daher langfristig für eine generelle Zuständigkeit der Jugendhilfe für alle Mädchen und Jungen aus, unabhängig davon, ob bei ihnen eine geistige und körperliche Behinderungen vorliegt (vgl. BMFSFJ 1998).

Im Folgenden soll an drei Beispielen die Notwendigkeit einer Umorientierung in der Jugendhilfe hin zu einer stärker sozialpolitisch ausgerichteten Perspektive aufgezeigt werden:

3.1 Armut von Kindern und Jugendlichen

Im Jahr 1998 waren ca. drei Millionen Personen auf Sozialhilfe angewiesen, darunter etwa eine Million Kinder und Jugendliche. Hinzu kommt eine etwa gleich große Gruppe, die mit ihrer Familie unterhalb der Sozialhilfegrenze lebt, aber aus verschiedenen Gründen ihren Sozialhilfeanspruch nicht realisiert. Im Jahr 1998 lebte etwa jedes siebte Kind bzw. jeder siebte Jugendliche in einer Familie, die mit weniger als der Hälfte des durchschnittlichen Einkommens auskommen muss und damit als „(einkommens-)arm" bezeichnet wird (vgl. Hock u.a. 2000). Besonders armutsgefährdet sind Kinder, die bei Alleinerziehenden (fast ausschließlich Müttern) und in kinderreichen sowie in ausländischen Familien leben. Die unter 18-Jährigen weisen im Vergleich zu anderen Altersgruppen die höchste Armutsbetroffenheit auf. Kommunale Armutsberichte zeigen die Problematik auch im jeweiligen örtlichen Zusammenhang auf (vgl. beispielsweise Stadt Hamm 2000). Schon zu Beginn der neunziger Jahre wurde deshalb der Begriff der „Infantilisierung der Armut" geprägt.

Mit den Kriterien Sozialhilfebezug oder Einkommensarmut werden Kinder „nur" als Teilgruppe oder Mitbetroffene armer Familien erfasst. Um zu ergründen, wie sich Armut auf die Lebenswirklichkeit von Kindern auswirkt, ist ein mehrdimensionaler Lebenslagenansatz hilfreich, der Armut als Unterversorgung und Benachteiligung bezogen auf die gesamte Lebenssituation begreift. Entsprechend erweitern Hock u.a. (vgl. AWO 2000) in ihrer Studie zur Armut von Kindern und Jugendlichen den Aspekt der finanziellen Situation um vier zusätzliche Lebensbereiche: materielle Versorgung des Kindes (Wohnen, Nahrung, Kleidung, materielle Partizipationsmöglichkeiten), Versorgung im kulturellen Bereich (z.B. kognitive Entwicklung, sprachliche und kulturelle Kompetenzen, Bildung), Situation im sozialen Bereich (soziale Kontakte, soziale Kompetenzen) und psychische und physische Lage (Gesundheitszustand, körperliche Entwicklung). Die Ergebnisse zeigen, dass mehr als jedes dritte arme[3] Kind im Vorschulalter zu der Gruppe gehört, die in mehreren Lebensbereichen eingeschränkt sind („multiple Deprivation"); dass ca. 40% zu der Gruppe gehören, bei der in einigen wenigen Bereichen aktuell Defizite festzustellen sind („Benachteiligung"), aber auch dass immerhin etwa ein Viertel der armen Kinder in keinem der zentralen Lebensbereiche Einschränkungen aufweist („Wohlergehen"). Für das kindliche Wohlergehen begünstigend sind regelmäßige Aktivitäten in der Familie, gutes Familienklima, Deutschkenntnisse mindestens eines Elternteils (bei Migrantenkindern), keine Überschuldung und keine beengten Wohnverhältnisse (ebd.).

Vor diesem Hintergrund kommt auch in der Bundesrepublik die UN-Kinderrechtskonvention zur Geltung: Mit Artikel 27 erkennen die Vertragsstaaten die Rechte jedes Kindes auf einen seinem Entwicklungsstand angemessenen Lebensstandard an. Kinderarmut fordert die Jugendhilfe und Sozialpolitik besonders heraus, Kinderrechte deutlicher als eigenständige Rechte abzusichern und mehrere Strategien zu verfolgen, die auf die Verbesserung der Lebenslagen der Kinder zielen. Diese müssen reichen von der Sicherung der materiellen Situation von Kindern (Festsetzung eines Existenzmi-

---

3 Die AutorInnen sprechen von Armut nur dann, wenn familiäre Armut vorliegt (AWO 2000).

nimums für Kinder, Erhöhung des Kindergeldes), der Sicherung von Betreuungsmöglichkeiten (Verbesserung der Regelungen zum Erziehungsurlaub und Erziehungsgeld für Mütter *und* Väter, gezielter Ausbau von Tageseinrichtungen, Zugang für alle Kinder unabhängig vom Aufenthaltsstatus, Betreuungsdauer unabhängig von der Arbeitssituation der Eltern), Sicherung befriedigender Wohnsituationen (Stärkung unterversorgter Wohnviertel, Erhöhung der Wohngeldsätze), Sicherung von Bildungschancen (Bildungsauftrag der vorschulischen Einrichtungen, Qualifizierung der Grundschulen), über den Ausbau präventiver und sozialräumlich orientierter Angebote (Elternbildung und -beratung, Nachbarschaftszentren, niedrigschwellige Beratungsmöglichkeiten) bis hin zu Hilfen im Einzelfall (vgl. BMFSFJ 1998; AWO 2000).

3.2 Gestaltung einer kinderfreundlichen städtischen Lebensumgebung als elementare Sozialisationsbedingung

Es gibt mittlerweile hinreichende Belege für die bedeutende Funktion des städtischen Raumes im Sozialisationsprozess von Kindern und Jugendlichen. Die Qualität des städtischen Freiraums beeinflusst die motorische, soziale und intellektuelle Entwicklung von Kindern unabhängig von ihrer sozialen Situation (vgl. Degen-Zimmermann 1992; Schröder 1996). Sie hat Einfluss auf den Bedarf nach Betreuung und kulturellen Angeboten und korreliert mit zentralen Verhaltensweisen wie z.B. der Mediennutzung (vgl. Blinkert 1994). Die räumliche Lebensumgebung hat darüber hinaus eine eminente Bedeutung für die geschlechtsspezifische, auch politische Sozialisation (zum Zusammenhang von Kindheit, Geschlecht und Raum ausführlich Nissen 1998, zur politischen Sozialisation Bartscher 1998). Die Bundesregierung folgert daraus: „Die Entwicklung von Wohnen und Wohnumfeld ist als Teil einer generationen-, familien- und geschlechterbezogenen sozialen Strukturpolitik zu sehen" (BMFSFJ 1998, S. VIII). Diese Einsichten haben zu Aktivitäten städtischer Kinderbeauftragter, Kinderbüros und einer Reihe von Jugendämtern geführt, mit denen unter methodischen, strategischen und substantiellen Gesichtspunkten gezeigt worden ist, wie die räumliche Lebensumgebung von Kindern unter ihrer Einbeziehung positiv beeinflusst werden kann (vgl. Bartscher 1998). Allerdings haben diese Ansätze innerhalb der Jugendhilfe nach wie vor eine randständige Position und blieben auf wenige inhaltliche Bereiche beschränkt. Erfolgreich wurden von Kindern und Jugendlichen v.a. die Gestaltung von Jugendtreffs und Jugendangeboten sowie die Umgestaltung von für Kinder und Jugendliche reservierte Freiflächen beeinflusst (vgl. DJI 1999, S. 73). Während der Bereich der Spielraumentwicklung mittlerweile sehr intensiv bearbeitet wird, fehlt eine Auseinandersetzung und frühzeitige Einmischung der Jugendhilfe in die Bereiche der Flächennutzungs- und Bauleitplanung, der Verkehrsplanung, der Straßenausbauplanung und der Freiflächenentwicklung.

Perspektivisch gilt es zum einen, stadtraumbezogenes Denken und Handeln in alle Arbeitsbereiche der Jugendhilfe zu integrieren, wobei sich hierzu als Umsetzungsperspektiven unter anderem ergeben:

- Die Einrichtung und strukturelle Absicherung von verwaltungsinternen Querschnittsstellen (Kinderbeauftragte, Stadtteilmanagement etc.): Der Querschnittsauftrag der Kinder- und Jugendpolitik wird sich auf Dauer nur leisten lassen, wenn hierfür spezielle Positionen und Ressourcen geschaffen werden.
- Die Verknüpfung der Wohnumfeld- und Lebensraumgestaltung mit der Sozial- und Jugendhilfeplanung.
- Die verstärkte Einmischung sozial-/pädagogischer Institutionen in jeweilige Planungen: Die konkreten Erfahrungen zeigen, dass Projekte zu den unterschiedlichen raumbezogenen Planungen und Gestaltungsprozessen interessante und lebendige Arbeitsinhalte darstellen können. Gleichzeitig ist die stärkere Gemeinwesenorientierung eine der weitgehend uneingelösten Ansprüche relevanter Konzepte in Tageseinrichtungen, Jugendarbeit und Schule (z.B. Situationsansatz in Kindertageseinrichtungen, Projektarbeit oder das GÖS-Programm für Schulen in NRW).

Des Weiteren geht es darum, dass sich Jugendhilfe und -politik gemeinsam mit anderen Ressorts der Gesamtentwicklung von Wohn- und Lebensräumen annimmt. Eine aktuelle sozialpolitische Strategie hierzu ist die Bund-Länder-Initiative „Soziale Stadt" (Hey 2000), die auf die Verbesserung der Situation von Stadtteilen mit besonderem Entwicklungsbedarf zielt. Hintergrund ist die Erkenntnis, dass sich soziale Problemlagen sozialräumlich verdichten und dass in diesen Quartieren eine Unterversorgung bzgl. des baulichen Bestands, des Wohnumfelds, der Infrastruktur sowie des Ausbildungs- und Arbeitsplatzangebotes besteht. Das Programm soll als Leitprogramm für eine integrierte Förderung verschiedener Ressorts wie Arbeitsmarkt-, Sozial-, Frauen-, Jugendpolitik etc. dienen. Mit dem Bundesprogramm „Entwicklung und Chancen für junge Menschen in sozialen Brennpunkten" eröffnet Jugendpolitik die Chance, dass die Lebenssituation junger Menschen Eingang findet in die Diskussion um die Soziale Stadt. Auch hier sind die AkteurInnen vor Ort gefordert, sich gezielt mit den Lebenslagen von Mädchen und Jungen in den jeweiligen Lebensräumen auseinander zu setzen (ebd.).

3.3 Jugend und Arbeit

Von allen Problemen beschäftigen die Jugend am stärksten die Probleme der Arbeitswelt. Das belegt die 12. Shell-Jugendstudie (1997, S. 14). Sie unterstreicht, dass die Krise der Arbeitsgesellschaft die Jugend erreicht hat. Viele Probleme, mit denen sich Jugendhilfe beschäftigt, entstehen erst daraus, dass einem erheblichen Teil der Jugendlichen die Perspektive fehlt, gesellschaftliche Teilhabe über eine eigenständige (berufliche) Existenzsicherung zu erreichen. Dabei darf nicht übersehen werden, dass im modernen ‚Turbo-Kapitalismus' Vollbeschäftigung zunehmend in Frage gestellt ist, tradierte Muster der Lebensführung und Daseinssicherung sich auflösen, das Verhältnis zwischen Frauen und Männern sich wandelt und entsprechend die traditionelle Verteilung von Produktion und Reproduktion obsolet geworden ist. „Wir haben weder ein Problem mit der Produktivität unserer Arbeit, noch haben wir ein Reichtumsproblem. Wir haben in erster Linie ein Verteilungsproblem, da (...) die ‚Einkommensschere' in den letzten Jahren zunehmend auseinander klafft" (Galuske 1999, S. 201). Hier sind Jugendhilfe und Sozialpolitik deutlich gefordert, dies gesellschaftspolitisch zu thematisieren und zu skandalisieren. Weitere Herausforderungen bestehen in:

- der Schaffung und Förderung von betrieblichen Ausbildungsplätzen und Unterstützung bei der Berufseinmündung;
- der Übernahme einer Anwaltsfunktion von Jugendhilfe für Mädchen und Jungen, die Ausbildungsangebote nicht annehmen oder abbrechen (BMJFFG 1990, S. 130);
- der Integration des Themas „Entwicklung beruflicher Perspektiven und Beteiligung auf dem Arbeitsmarkt" in alle Arbeitsbereiche der Jugendhilfe mit dem Ziel, notwendige Schlüsselqualifikationen ergänzend zu Schule, Ausbildung und arbeitsmarktpolitischen Maßnahmen zu vermitteln;
- der Orientierung und Abstimmung der Aus- bzw. Bildungsberatungen, der Ausbildungen und der Förderungs- und Qualifizierungsangebote auf die Bedürfnisse unterschiedlicher Zielgruppen (z.B. MigrantInnen, junge Mütter);
- der ganzheitlichen Orientierung auf Erwerbsarbeit und reproduktive Arbeit, was Werthmanns-Reppekus (1998, S. 53) mit folgendem Kernsatz auf den Punkt bringt: „Teilen Jungs heißt: Arbeitsplätze teilen, Karrierechancen teilen, Hausarbeit teilen, Sorgearbeit teilen, Zuständigkeit für Konten und Kindergeburtstage teilen";
- der Begleitung und Unterstützung bei der Suche nach und Ausprobieren von neuen Formen der Lebensgestaltung und Existenzsicherung angesichts erodierender „Normalarbeitsverläufe".

Zum Schluss ...

Die Kinderrechtsentwicklung leistet heute einen wichtigen Beitrag für die Weiterentwicklung der Jugendhilfe. Zum einen fordert sie die Jugendhilfe zu einer sozialpolitischen Strategie, d.h. zu einem strategischen arbeitsfeld- und politikübergreifenden Denken und Handeln auf. Zum anderen verpflichtet sie die Jugendhilfe, ihr Handeln konsequent auf den Lebensalltag von Mädchen und Jungen als Entstehungsort von Politik und als Umsetzungsebene von Kinderrechten zu beziehen. „So sind, beispielsweise, Vereinbarungen, die Eltern, Lehrer und Schüler als Betroffene für die Organisation des Schullebens treffen und an denen sie sich dann für die Koordination ihres Handelns verbindlich orientieren, durch und durch politisch, auch wenn sie weder durch das politische System gegangen noch rechtsförmlich fixiert worden sind" (Meyer 1994, S. 215). Damit sind Aktivitäten zur Beteiligung von Mädchen und Jungen in eine gesamtgesellschaftliche Demokratisierungsstrategie einzuordnen.

Allerdings darf nicht passieren, was in der Ökologiefrage vielfach zu Frust und Gleichgültigkeit geführt hat: Die Kinder sollen besser machen, was die Erwachsenen nicht (genügend) schaffen. Insofern ist die Repolitisierung Sozialer Arbeit vorgängige Voraussetzung. Dazu liegt eine Perspektive darin, Öffentlichkeit herzustellen, die darauf zielt, gesellschaftliche (Macht-)Ansprüche mit den Lebens- und Problemlagen von Kindern und Jugendlichen zu konfrontieren, sollen sie nicht weiter aus dem öffentlichen Bewusstsein ausgeklammert werden (vgl. Frühauf 2000). Hier sind die PraktikerInnen vor Ort aufgefordert, ihre Erfahrungen und Deutungen in den öffentlichen Diskurs über die Bedingungen und Strukturen der Sozialräume und Lebenslagen der Kinder einzubringen. „Behutsam, um vorschnelle Stigmatisierungen zu vermeiden, aber bestimmt, um auf die tatsächlichen Notlagen hinzuweisen" (ebd. S. 242).

Literatur zur Vertiefung

BMFSFJ Bundesministerium für Familie, Senioren, Frauen und Jugend (Hrsg.) (1998): Zehnter Kinder- und Jugendbericht – Bericht über die Lebenssituation von Kindern und die Leistungen der Kinderhilfen in Deutschland. Bonn

Merk, K. P. (1995): Kinderfreundlichkeit – Das Mandat der Jugendhilfe. Expertise im Auftrag des Ministeriums für Arbeit, Gesundheit und Soziales des Landes NRW. Düsseldorf

National Coalition (Hrsg.) (1999): Kinderrechte sind Menschenrechte – Impulse für die zweite Dekade 1999-2009. Bonn

Literatur

Apel, P./Pach, R. (1997): Kinder planen mit. Stadtplanung unter Einbeziehung von Kindern. Unna

Ariès, Ph. (1975/1978): Geschichte der Kindheit. München

Arnold, Th./Wüstendörfer, W. (1994): Auf der Seite der Kinder. Kinderbeauftragte in Deutschland. Frankfurt/M.

AWO (Arbeiterwohlfahrt Bundeskonferenz (2000): Gute Kindheit – schlechte Kindheit. Armut und Zukunftschancen von Kindern und Jugendlichen. Bonn, Eigenverlag

Bartscher, M. (1998): Partizipation von Kindern in der Kommunalpolitik. Freiburg im Breisgau

Blandow, J./Gintzel, U./Hansbauer, P. (1999): Partizipation als Qualitätsmerkmal in der Heimerziehung. Münster

Blinkert, B. (1993): Aktionsräume von Kindern in der Stadt. Pfaffenweiler

BMJFFG – Bundesministerium für Jugend, Familie, Frauen und Gesundheit (Hrsg.) (1990): Achter Jugendbericht – Bericht über Bestrebungen und Leistungen der Jugendhilfe. Bonn

BMFSFJ Bundesministerium für Familie, Senioren, Frauen und Jugend (Hrsg.) (1998): Zehnter Kinder- und Jugendbericht – Bericht über die Lebenssituation von Kindern und die Leistungen der Kinderhilfen in Deutschland. Bonn

Degen-Zimmermann, D./Hollenweger, J./Hüttenmoser, M. (1992): Zwei Welten. Zwischenbericht zum Projekt „Das Kind in der Stadt". Zürich

de Mause, L. (1977): Hört ihr die Kinder weinen. Eine psychogenetische Geschichte der Kindheit. Frankfurt/M.

DJI – Deutsches Jugendinstitut (1999): Beteiligung von Kindern in der Kommune – Ergebnisse einer bundesweiten Befragung. München

FEM (Feministische Mädchenarbeit e.V.) (Hrsg.) (2000): Mädchenrechte 2000 – Recht auf Zukunft. Frankfurt/M., Eigenverlag

Flade, A./Kustor, B. (Hrsg.) (1993): Mädchen in der Stadtplanung. Bolzplätze – und was sonst? Weinheim

Flitner, A. (1987): Kindheit. In: Eyferth, H. u.a. (Hrsg.): Handbuch zur Sozialarbeit/Sozialpädagogik. Neuwied, S. 624-635

Frühauf, H.-P.: Die Rede vom armen Kind. In: Der pädagogische Blick, Nr. 4, S. 235-243

Galuske, M. (1999): Wandlung oder Zusammenbruch? Jugend und die Zukunft der Arbeitsgesellschaft – ein „polemischer Überblick". In: Forum Erziehungshilfen, Nr. 4, S. 196-205

Gruschka, A. (1988): Negative Pädagogik. Einführung in die Pädagogik mit kritischer Theorie. Münster

Hey, Ch. (2000): Soziale Stadtteilentwicklung: Wege aus der Armut eröffnen und Wege in die Armut verhindern. In: Stiftung SPI u.a.: Mädchen in sozialen Brennpunkten. Berlin, S. 98-107

Hoffstadt, P./Malmede, H. (1995): Vordenker und Vorläufer. Mitbestimmung und Partizipation von Kindern und Jugendlichen im 20. Jahrhundert. In: MAGS 1995a

Honig, M.-S./Leu, H.-R./Nissen, U. (1996): Kinder und Kindheit. Weinheim

Jugendwerk der Deutschen Shell (Hrsg.) (1997): Jugend 97: Zukunftsperspektiven, gesellschaftliches Engagement, Politische Orientierungen. Opladen

Kriener, M. (1999): Beteiligung als Chance für mehr Demokratie in der Heimerziehung. In: Kriener, M./Petersen, K. (Hrsg.): Beteiligung in der Jugendhilfepraxis – Sozialpädagogische Strategien zur Partizipation in Erziehungshilfen und bei Vormundschaften. Münster

LJA (Landesjugendamt) Westfalen-Lippe u.a. (2000): Auswirkungen des Bevölkerungsrückgangs auf die Kinder- und Jugendhilfe bis zum Jahr 2010 in Westfalen-Lippe

Lind, G./Raschert, J. (Hrsg.) (1987): Moralische Urteilsfähigkeit. Eine Auseinandersetzung mit Lawrence Kohlberg. Weinheim

Lüscher, K. (1996): Politik für Kinder – Politik mit Kindern. In: Recht der Jugend und des Bildungswesens

MAGS – Ministerium für Arbeit, Gesundheit und Soziales des Landes Nordrhein-Westfalen (Hrsg.) (1995a): Mehr Demokratie durch Kinderbeteiligung. Chancen und Probleme der Partizipation von Kindern. Düsseldorf

MAGS – Ministerium für Arbeit, Gesundheit und Soziales des Landes Nordrhein-Westfalen (Hrsg.) (1997): Tagungsdokumentation „Kinderrechte! Kinderpflichten?". Düsseldorf

Merk, K. P. (1995): Kinderfreundlichkeit – Das Mandat der Jugendhilfe. Expertise im Auftrag des Ministeriums für Arbeit, Gesundheit und Soziales des Landes NRW. Düsseldorf

Meyer, Th. (1994): Die Transformation des Politischen. Frankfurt/M.

Meyer, Th. (1995): Kinder und Politik. In: MAGS 1995

Mielenz, I. (1981): Die Strategie der Einmischung. In: Neue Praxis, Sonderheft 6

Münder, J. (1999): Beteiligung von Mädchen und Jungen: §8 SGB VIII zwischen Worthülse, rechtlicher Verpflichtung und methodischer Hilflosigkeit. In: Kinder haben Rechte e.V. (Hrsg.): Dokumentation der Fachtagung „Kinder haben Rechte – Beteiligung beim Wort genommen" des Jugendamtes der Stadt Düsseldorf vom 11.11.-12.11.99, zu beziehen beim Jugendamt Düsseldorf

National Coalition (Hrsg.) (1999): Kinderrechte sind Menschenrechte – Impulse für die zweite Dekade 1999-2009. Bonn

National Coalition (2000): Bericht der National Coalition anlässlich der Sondersitzung der Vereinten Nationen zum Weltkindergipfel 2001. Bonn

Nissen, U. (1998): Kindheit, Geschlecht und Raum. Sozialisationstheoretische Zusammenhänge geschlechtsspezifischer Raumaneignung. Weinheim, München

Schröder, R. (1995): Kinder reden mit! Beteiligung an Politik, Stadtplanung und Stadtgestaltung. Weinheim

Schröder, R. (1996): Freiräume für Kinder(t)räume. Weinheim

Stadt Hamm (2000): Lebenslagen benachteiligter Menschen in Hamm – Kommunaler Armutsbericht. Hamm

Werthmanns-Reppekus, U. (1998): „Das Orientierungsdilemma oder – teilen Jungs!". In: Jugend – Beruf – Gesellschaft, Nr. 1, S. 49-54

Winklhofer, U./Schneider, H. (1998): Partizipation von Kindern und Jugendlichen. Ein Literaturbericht. In: Deutsches Jugendinstitut (Hrsg.): Literaturreport 1997. München, S. 123-191

Wolf, K. (2000): Heimerziehung aus Kindersicht als Evaluationsstrategie. In: Sozialpädagogisches Institut im SOS-Kinderdorf e.V.: Heimerziehung aus Kindersicht. München

Mechthild Wolff

Lebenswelt, Sozialraum und Region

Zusammenfassung: Lebenswelt- und Sozialraumorientierung sowie Regionalisierung galten in der Kinder- und Jugendhilfe lange Zeit als konzeptionell sehr eng miteinander verwobene Begriffe und wurden z.T. synonym verwendet. Argumentiert wird in diesem Beitrag, dass die drei Begriffe aus den Logiken unterschiedlicher Diskussionsstränge stammen und der Umsetzung verschiedener Interessen dienen. Stellte die Lebensweltorientierung in den 80er-Jahren das Subjekt ins Zentrum allen pädagogischen und verwaltungsbezogenen Handelns, so dient die Diskussion um die Sozialraumorientierung, wie sie derzeit geführt wird, der Umsetzung einer sozialplanerischen Logik. Aus dieser Perspektive wird der Sozialraum als selbstdefinierte Größe von Subjekten unzureichend berücksichtigt. Der Ansatz der integrierten Hilfen hatte in den 90er-Jahren einen gangbaren Weg gewiesen, die geforderte Subjektorientierung in der Kinder- und Jugendhilfe methodisch umzusetzen. Im Kontext der sozialpolitischen Diskussion der letzten zehn Jahre und angesichts einer europäischen Sozialpolitik, die regionale Politiken zukünftig zunehmend beeinflussen wird, muss die Kinder- und Jugendhilfe die hier diskutierten Begriffe im Hinblick auf die damit verbundenen pädagogisch-konzeptionellen Perspektiven neu vermessen und zugleich eine entsprechende sozialpolitische Reflexivität entwickeln.

1. Lebensweltorientierung als pädagogisches Rahmenkonzept der Kinder- und Jugendhilfe der 80er und 90er-Jahre

In dem Handlungsfeld Sozialer Arbeit, der Kinder- und Jugendhilfe, die sich mit den Lebens- und Problemlagen von Kindern, Jugendlichen und ihren Familien beschäftigt, wurde lange konzeptionell darüber debattiert, wie man sowohl dem Einzelfall als auch dem sozialpolitischen Auftrag gerecht werden kann. Vor dem Hintergrund dieser Diskussionslinie sprach Hans Thiersch bereits in den 80er-Jahren vom Konzept der lebensweltorientierten Sozialen Arbeit (vgl. Thiersch 1981). Gemäß seinem Selbstverständnis sollte sich Soziale Arbeit nicht allein als individuelle, emotionale und materielle Unterstützung zur Lebensbewältigung und Integration verstehen, sondern zudem Interessenvertretung sein, um soziale Gerechtigkeit und Chancengleichheit herzustellen. Die Koppelung von Subjektorientierung mit einer politischen Einflussnahme fordert von den Fachkräften in diesem Feld eine lebensweltorientierte Professionalität. Ressourcen und Netzwerkarbeit gewinnen auf regionaler Ebene an Bedeutung und werden zu wichtigen Bestandteilen, um dieses Programm einzulösen. Das Anfang der 90er-Jahre im

Achten Jugendbericht entfaltete Konzept der Lebensweltorientierung bündelte das Selbstverständnis der Jugendhilfe, die ihren sozialdisziplinierenden Charakter durch das Grundverständnis eines Leistungsangebots ersetzen, die sich für neue Problem und Problemgruppen offen halten und sich der Strategie der Einmischung bedienen, die einen beratenden und Selbsthilfe stärkenden Ansatz verfolgen und Alltagserfahrungen und Ressourcen einbinden sollte (vgl. Bundesminister für Jugend, Familie, Frauen und Gesundheit 1990, S. 81). Die Programmatik des Achten Jugendberichts war auf Öffnung, Einmischung und Vernetzung ausgerichtet, Jugendhilfe sollte sich nicht auf die Funktion eines Reparaturbetriebs für benachteiligte Gruppen und Individuen reduzieren lassen, sondern davon geleitet sein, „Situationsdeutungen und Handlungsformen neu zu finden und zusätzliche Aufgaben in unstrukturierten Feldern zu übernehmen" (ebd., S. 202). Der Paradigmenwechsel, der durch dieses Rahmenkonzept eingeleitet wurde, bestand darin, die direkte Orientierung an den Betroffenen und ihren Lebenswelten einzulösen, sich für den pädagogischen Blick auf die Lebens- und Problemlagen von Kindern und Jugendlichen stark zu machen und sich mit diesem für die Sozialpolitik eckigen Konzept einzumischen. Unter Lebenswelt wurde hierbei kein genau zu definierender Raum und keine lokale Größe verstanden, sondern ein raum-zeitliches soziales Konstrukt.

Die paradigmatische Ausrichtung der Lebensweltorientierung, wie sie in den Maximen des Achten Jugendberichts ausdifferenziert wurde, galt als wesentliche Grundlage für das Kinder- und Jugendhilfegesetz. Der Paradigmenwechsel wurde insofern im Kinder- und Jugendhilfegesetz abgebildet, als mit seinem In-Kraft-Treten eine Bandbreite spezialisierter Hilfeformen zur Verfügung gestellt wurde, die im Einzelfall Abhilfen schaffen sollten. Darüber hinaus sollte Jugendhilfe jedoch auch in der Gestaltung des Gemeinwesens wirksam werden und eine präventive Funktion übernehmen (vgl. §1, Absatz 3 KJHG). Vor diesem Hintergrund muss das Rahmenkonzept der Lebensweltorientierung als pädagogisch reflexives Paradigma gelesen werden, das die Jugendhilfe dazu aufruft, die pädagogische Perspektive, d.h. den Menschen in seinen für ihn sinngebenden Bezügen nicht aus den Augen zu verlieren. Will die Jugendhilfe ihrem sozialpädagogischen Auftrag gerecht werden, muss sie die Frage beantworten können, wie die Jugendhilfe günstige Bedingungen für Bildungs-, Erfahrungs- und Sozialisationsprozesse von jungen Menschen schaffen kann und wie fördernde Umwelten und Ressourcen für diese Prozesse aktiviert werden können. Es bedarf darum dieses reflexiven Ansatzes, um immer wieder neu zu prüfen, ob die Jugendhilfe die Lebenswelten der Kinder und Jugendlichen noch versteht. Angesichts von spezialisierten professionellen Handlungsmustern, institutionellen Konfliktdefinitionen und Verwaltungslogiken drohen die Lebenswelten aus dem Blickfeld zu geraten. Da die Sozialpolitik über kein pädagogisches Inventar verfügt, das nach dem Zusammenleben und den Interaktionen zwischen Menschen sowie nach Sinnstiftung und Subjektwerdung fragt, ist das Paradigma der Lebensweltorientierung notwendig, weil es nicht nur die pädagogischen Fragen und Sichtweisen, sondern zugleich den Menschen mit seinen Bedürftigkeiten in die Sozialpolitik hinein vermittelt.

Ähnliche Argumentationslinien finden sich in der seit den 80er-Jahren geführten Diskussion um die flexiblen und integrierten Hilfen (vgl. dazu insgesamt: Wolff 2000). Die Lebensweltorientierung war nicht nur Hintergrund für deren Entwicklung, sondern mit der Debatte um die integrierten und flexiblen Hilfen wurde die methodische Ausdifferenzierung der Lebensweltorientierung überhaupt erst geleistet. Im Folgenden wird nachgezeichnet, mit welchen Grundgedanken die integrierten Hilfen angetreten sind und welche Bedeutung die Sozialraumorientierung in dieser Diskussion hat.

2. Integrierte und flexible Hilfen als methodische Ausdifferenzierung der Lebensweltorientierung seit den 80er-Jahren

Das Hauptanliegen der ProtagonistInnen von flexiblen und integrierten Hilfen bestand darin, dem hochgerüsteten und hochspezialisierten Apparat der Erziehungshilfen Einhalt zu gebieten. Eingefordert wurde eine stärkere Orientierung an den Lebenswirklichkeiten und den subjektiven Sinngebungen der sozialpädagogischen Klientel, weil sich die Hilfesysteme drohten von den Bedürfnissen der Betroffenen abzukoppeln. Professionelle Handlungsmuster sollten aufgebrochen werden, weil sie sich primär an den institutionellen Konfliktdefinitionen und Verwaltungslogiken orientierten, anstatt die Hilferessourcen von Jugendlichen einzubinden und Möglichkeiten der Unterstützung in den Lebenswelten der KlientInnen aufzuschließen. Ein wesentliches Argument der flexiblen und integrierten Hilfen richtete sich gegen „praktische Ideologien" (vgl. Klatetzki 1998). Klatetzki zeichnete in diesem Zusammenhang nach, wie sich in versäulten und spezialisierten Organisationen Deutungs- und Handlungsmuster entwickeln, die Professionelle dazu verleiten, den Bedarf von den Organisationen und weniger von den Betroffenen aus zu definieren. Kritisiert wurde zudem, dass sich die Hilfen für Kinder und Jugendliche an den Institutionslogiken und dem kommunalpolitisch angenommenen Bedarf ausrichtet. Argumentiert wurde des Weiteren, dass sich die verschiedenen sozialpädagogischen Hilfen, die Kinder, Jugendliche und ihre Familien in Problemsituationen in Anspruch nehmen können, so stark spezialisiert haben, dass sie dem biografischen Eigensinn und den Bedürfnislagen vieler KlientInnen nicht mehr gerecht werden. Die Skepsis richtete sich demnach auf den Umstand, dass die Spezialisierung in den verschiedenen Hilfeformen (§§27 ff.) zu einer Versäulung beigetragen hat und die Fachkräfte nicht mehr flexibel auf die individuellen Lebenssituationen und Bedürfnisse reagieren können (vgl. Klatetzki 1993). Bemängelt wurde auch die fehlende Konstanz in den Hilfesettings. Die empirische

Kenntnis darüber, dass professionelle Hilfe für die oft widersprüchlichen und eigenwilligen Bedürfnislagen vieler KlientInnen in Verschiebepraktiken und Beziehungsabbrüchen münden (vgl. Freigang 1986), wurde als Begründung für die Umorganisation sozialer Hilfen für Kinder, Jugendliche und ihre Familien angeführt.

Auf der Grundlage dieser Kritik wurde die Anforderung laut, ein neues Verständnis für soziale Situationen der Betroffenen zu entwickeln, das sich nicht an den vorgegebenen institutionellen Lösungswegen ausrichtet. Handlungsstrategien sollten flexibler gestaltet und Organisationen lernfähiger werden. In den vergangenen Jahren haben sich neue Organisationsmodelle in den erzieherischer Hilfen entwickelt (vgl. Koch/Lenz 1999; Evangelischer Erziehungsverband e.V. 2000), die ihre Angebote am konkreten Hilfebedarf und dem Bedürfnis der Betroffenen ausrichten und „individuelle Hilfearrangements" (Klatetzki 1995) „aus einer Hand" organisieren. Diese Form der Hilfeorganisation versucht die Nachteile einer immer spezialisierteren und darin notwendig selektiven Jugendhilfe zu vermeiden. Stattdessen setzt sie auf die Kooperation zwischen Trägern und bezieht angrenzende Leistungsfelder ein. In den vielen Modellen und Konzepten integrierter und flexibler Hilfen entwickelte sich die Einsicht, dass die Jugendhilfe allein keine Gewähr für die im §1 des Jugendhilfegesetzes geforderte Verbesserung von Lebensbedingungen leisten kann. Das Argument einer sozialräumlichen Verantwortung der Professionellen und ein Selbstverständnis der Professionellen als SozialraumexpertInnen wurde Mitte der 90er in die Debatte geworfen. Damit war gemeint, die Fälle in dem jeweiligen Einzuggebiet des Projekts zu bearbeiten, d.h. die Probleme dort anzugehen, wo sie entstehen. Unter einer sozialräumlichen Orientierung in den integrierten Hilfen wurde zudem die Notwendigkeit einer breiteren Vernetzung und Kooperation zu anderen Professionellen und nicht-professionellen Instanzen im Gemeinwesen verstanden, die für Kinder und Jugendliche bedeutsam sind. Alle Netzwerke der Betroffenen sollten in die Hilfegestaltung eingebunden und ein breites Kooperationsnetzwerk geschaffen werden. Die Arbeitsweise der integrierten Hilfen lehnte sich damit an Traditionen der Gemeinwesenarbeit an. Diese bereits im Zusammenhang mit den integrierten Hilfen aufkommenden konzeptionellen Grundgedanken haben in der aktuellen Diskussion um die sozialraumorientierte Jugendhilfe einen Namen bekommen: Wolfgang Hinte (1999) propagiert den Ansatz „Vom Fall zum Feld" und in dem Stuttgarter Experiment einer sozialräumlichen Jugendhilfe wird von der „fallunspezifischen Arbeit" gesprochen (Früchtel/Scheffer 1999), womit die Leistungen eines Trägers bezeichnet werden, die sich fallunabhängig auf Vernetzung, Gestaltung und Kooperation im Gemeinwesen beziehen. Zwischenzeitig wird davon gesprochen, „Maßanzüge für die Leistungsberechtigten" (Hinte 2000, S. 134) zu kreieren. Keine grundlegenden neuen Ansätze, allerdings hat die Sozialraumorientierung immer mehr an Bedeutung gewonnen, denn verstärkt wird unter dieser Debatte die Frage der Finanzierung in Form von Sozialraumbudgets und die Aufteilung von Städten in planungsfähige Sozialräume verstanden (vgl. Institut für soziale Arbeit e.V. 1999; Koch/Lenz 2000; Früchtel/Krieg/Scheffer 2000).

Die integrierten Hilfen stellen derzeitig nur einen Teilaspekt für die methodischen Umsetzung einer sozialraumorientierten Jugendhilfe dar, denn mitten in dieser Entwicklung gewinnt aktuell die mit sozialstaatlichen Fragen angereicherte Debatte um das Bund-Länder-Programm „Soziale Stadt" (vgl. dazu im Internet: www.sozialestadt.de) große Aufmerksamkeit. Diese Initiative zielt auf die Gesamtentwicklung von Wohn- und Lebensumwelten und dient der Verbesserung der Situation von Stadtteilen mit besonderem Entwicklungsbedarf. Florierende Stadtteile gelten zur Zielvorgabe für die Stadtentwicklung sowie die Stadtplanung und man hat auch hier längst erkannt, dass Probleme von Kindern und Jugendlichen im Sozialraum gelöst werden und Ressourcen im Gemeinwesen aktiviert werden können und müssen. Da dieses Programm die Gefahr birgt, zu einer Kosten sparenden Veranstaltung Sozialer Arbeit zu werden, kann sich die Kinder- und Jugendhilfe nicht damit begnügen, ihr pädagogisches Feld abzustecken. Die Lebensweltorientierung droht dabei in den integrierten Hilfen zu einem Handlungsparadigma zu verkommen, darum muss die Kinder- und Jugendhilfe insgesamt eine verstärkte sozialpolitische Reflexivität entfalten, um nicht zu einer ordnungspolitischen Instanz zurückgestutzt zu werden. Die Gefahr besteht zudem, dass sowohl der Sozialraumgedanke, wie er von den integrierten Hilfen in die Debatte geworfen wurde als auch das zugrunde liegende Paradigma der Lebensweltorientierung von einer sozialstaatlichen Finanz- und Planungsdebatte überschattet werden und ihre eigenen Konturen verlieren. Darum soll im Folgenden nachgezeichnet werden, in welcher Gemengelage sich der Ansatz der Sozialraumorientierung zwischenzeitig bewegt.

3. Sozialraumorientierung als Stadtentwicklungskonzept und dessen Bedeutung für die Kinder- und Jugendhilfe

Am Beginn des 21. Jahrhunderts konstruiert sich die Frage einer lebensweltorientierten Kinder- und Jugendhilfe neu, zumal sich die sozialstaatlichen Bedingungen gravierend verändert haben. Der Strukturwandel der Arbeitsgesellschaft bringt es mit sich, in der Sozialen Arbeit neu darüber nachzudenken, welche Aufgaben ihr unter diesen Bedingungen zukommen. Die Krise des Sozialstaates hat für die Betroffenen den Effekt, dass sozialstaatliche Leistungen zurück gehen, jedoch die sozialen Unterschiede immer offenkundiger werden und soziale Missstände und Ausgrenzungsprozesse deutlicher sichtbar werden als in den 80er und zu Beginn der 90er-Jahre. Welchen Effekt hat dies für Jugendliche? Es liegt in der Natur des Erwachsenwerdens, dass Jugendliche biografische Brüche meistern müssen. Die Bewältigung von Krisen gehört entwicklungspsychologisch zu einer der wesentlichen Entwicklungsaufgaben und muss als Chance für den Erwerb von notwendigen Lebenskompetenzen angesehen werden. Unter dem Druck steigender sozialer Missstände, von denen Familien insgesamt betroffen sind, bedeutet dies für Jugendliche heute, dass sie nicht nur die biografischen Brüche der Eltern mit ausbalancieren, sondern auch ihre eigenen bewältigen müssen. Die Bewältigung von Brüchen und Krisen stellt umso höhere Anforderungen an die Kinder und Jugendlichen, zumal es ihnen oft an einer grundlegenden Zukunftsperspektive mangelt. Ihnen fehlen zudem Orte des Aufwachsens, an denen sie gemeinsam mit anderen konstruktive Formen der Gesellung und der Selbstorganisation üben können. Die Jugendraumforschung konstatiert, dass sich Lebensorte für Kinder und Jugendliche immer mehr entfremdet haben, weil sie keine eigenen Zugänge mehr herstellen können. Eine weitere These geht von einer „Verinselung" (vgl. Zeiher 1994) der Lebensumwelten aus, d.h. Kinder und Jugendliche können nur noch Ausschnitte wahrnehmen, die für sie reserviert werden oder zu denen sie transportiert werden: zu Wohnungen von Freunden, zum Spielplatz, zum Kindergarten, zum Ort des Sporttrainings, zu Einkaufsorten in der Innenstadt, zum Wochenend- und Urlaubsort. Die „gespaltene Stadt" (vgl. Dangschat 1999) hat für Kinder und Jugendliche den Effekt, dass Sozialräume für den Wettbewerb immer stärker funktionalisiert und ökonomisch zugerichtet und für die gehobenen neuen Investitions-, Produktions- und Konsumniveaus gestylt werden, sodass Kinder und Jugendliche im Sozialraum gänzlich überflüssig werden. Jugendliche, die den gesellschaftlichen Anforderungen nicht genügen, werden verstärkt an den Rand der Gesellschaft gedrängt und sind besonders von sozialer Ausgrenzung bedroht. Die Effekte dieser Missstände entladen sich vermehrt in gewaltförmigem und abweichendem Verhalten, das im Sozialraum sichtbar wird. Der Sozialraum droht zum „Mülleimer des Sozialen" (Sennett) zu werden (vgl. Böhnisch/Schröer 2001).

Gleichzeitig steht Soziale Arbeit unter dem Damoklesschwert knapper werdender öffentlicher Mittel, sodass sich der Druck auf die Soziale Arbeit erhöht. Das Konzept, Ressourcen in den Sozialräumen zu mobilisieren und zu aktivieren, klingt angesichts der Großwetterlage eines „aktivierenden Staates" aussichtsreich und verspricht zudem ein Kosten sparendes Unterfangen zu werden. Die vor diesem Hintergrund geführte Debatte um den „Umbau des Sozialstaates" führte in der Kinder- und Jugendhilfe zu einer grundlegenden Verwaltungsreform. Seit Mitte der 90er-Jahre wurde, vor allem ausgelöst durch das 1994 von der Kommunalen Gemeinschaftsstelle (KGST) veröffentlichte Grundsatzpapier zur „Outputorientierten Steuerung in der Jugendhilfe" (vgl. Kommunale Gemeinschaftsstelle 1994), der Programmsatz von einem „Umbau statt Ausbau" der Jugendhilfe propagiert. Als Zielvorgabe wurde die Reduzierung der kostenintensiven stationären Fallzahlen zugunsten eines Ausbaus ambulanter Erziehungshilfen proklamiert. Dadurch angeschobene Strukturveränderungen bestanden u.a. darin, die Zuständigkeit für alle Leistungen im Rahmen der Kinder- und Jugendhilfe auf die kommunale Ebene zu verlegen. Die administrative Verantwortung sollte dort hin verlegt werden, wo die Probleme auftauchen und Ressourcen sollten in Form von Budgets in die Stadtteile oder Gebiete gegeben werden, um vor Ort wirksam zu werden. Mit dieser Diskussion trat seit den 90er-Jahren der Sozialraum wieder ins Zentrum der Diskussionen. Seither wird der Sozialraum noch verstärkter als Seismograph und Kristallisationspunkt für soziale Notlagen zugleich angesehen. Es wird davon ausgegangen, dass soziale Notlagen vom Sozialraum ausgehen und gleichzeitig darin kumulieren.

Die all diesen Diskussionssträngen zugrunde liegende Logik besteht darin, dass sich die Krise des Sozialstaates in den Sozialräumen aus eigener Kraft regulieren soll. Mit dieser Anforderung rücken die konkreten Lebensorte mit ihren sozialen Gestaltungspotentialen ins Blickfeld der Stadt-, Jugend- und Sozialpolitik. Aktivierung von Ressourcen und die Belebung von Sozialräumen unter Beteiligung von BürgerInnen auf der Grundlage harmonisierender Gemeinwesenkonzepte gelten als Zauberformeln und euphorische Innovation der Sozial- und Jugendpolitik. Worin jedoch der primäre Handlungsauftrag der Systeme Sozialer Arbeit gesehen wird, ist dort professionelle Abhilfe zu leisten und soziale Missstände zu regulieren, wo sie auftreten, d.h. die Problemlösungen werden wieder in den Stadtteil zurückgegeben und es entsteht eine Pädagogik des „Rests". Der Kinder- und Jugendhilfe kann angesichts dessen aber nicht die Aufgabe zukommen, Krisenintervention zu betreiben oder ordnungspolitisch durchzugreifen, wenn Kinder und Jugendliche Räume einnehmen, die nicht für sie bestimmt sind. Mit dieser Strategie würde Sozialarbeit zu einem Management für soziale Missstände. Es kann auch nicht ausreichen, mit sozialpädagogisch aufgerüsteten Programmen wirksam zu werden oder erlebnisorientierte Events zu inszenieren oder gar den appellativen Aufruf „Mehr Zeit für Kinder!" auszugeben.

Die Kinder- und Jugendhilfe kann sich auch nicht damit begnügen, Sozialräume entsprechend den Logiken und Zuständigkeiten der Behörden, d.h. entsprechend den Verwaltungsperspektiven oder Jugendhilfeinstitutionen zu definieren und als Territorien abzustecken. Ein Sozialraumkonzept, das dem Anspruch nachkommen will, von Kindern und Jugendlichen auszugehen, muss auch die Lebensstile und Milieus von Kindern und Jugendlichen in den Blick bekommen, zumal sich deren räumliche wie zeitliche Orientierungen nicht mit denen von Erwachsenen decken. Sie orientieren sich an den Milieus, an ihren Freunden, an einer weit entfernt liegenden Disco, die ihnen mehr ein Gefühl der Zugehörigkeit geben können, als ein neu errichteter Abenteuerspielplatz um die Ecke. Insgesamt wäre es zweifelhaft zu glauben, dass Finanzierungsstrukturen sozialpädagogische Aufgaben bewältigen könnten. Auch kann das Finanzierungsmodell des Sozialraumbudgets die Aufgaben, die sich eine sozialräumlich verortete und handelnde Jugendhilfe stellt, allein nicht steuern, denn administrative Logiken können nicht die Sinnfrage für den Menschen klären. Hier ist die Sozialpädagogik gefragt, denn die pädagogische Frage für die Kinder- und Jugendhilfe muss an dieser Stelle heißen: Wie kann die Biografie und wie kann die Sozialisation von Kindern und Jugendlichen durch sinnstiftende Erfahrungen gefördert werden, d.h. wie können Jugendliche Räume besser einnehmen und für sich besetzen und wie können sie im Sozialraum sinnstiftende Erlebnisse haben? Die Kinder- und Jugendhilfe muss ihr Selbstverständnis wesentlich breiter anlegen, weil es um die Förderung von Kommunikation, um ein menschenwürdiges Zusammenleben von Menschen, um Beziehungsfindung und letztlich um Lebensgestaltung geht. Eine aktivierende Arbeit ist gefordert, deren vordringliches Ziel es zunächst sein muss, zu verstehen, wie Kinder und Jugendliche ihre inneren Landkarten zeichnen. Statistiken oder durch die Verwaltung definierte Planungsbereiche der Behörden können dies nicht erfassen. Ein differenziertes kleinräumiges Prognoseinstrumentarium ist gefragt, das jugendhilfepolitisch bewusste partizipatorische Planungsverfahren einsetzt, die §80 SGB VIII als Rahmen zur Verfügung stellt. Angesichts dieser Einsicht kann sich Jugendhilfe nicht auf interventionsorientierte und fallbezogene Sozialarbeit richten, sondern benötigt einen hohen Anteil an sozialräumlichen Methoden.

Böhnisch und Münchmeier haben bereits in ihrer Pädagogik des Jugendraums erarbeitet, dass der Sozialraum nicht nur als natürliches Territorium definiert werden kann, sondern einen symbolischen Gehalt gerade für die Sozialisation von Kindern und Jugendliche hat und haben muss. Sie machen deutlich, dass sich Prozesse von Abgrenzung und Zugehörigkeit zu Cliquen und Szenen über den Sozialraum vermitteln und sich symbolisch in ihm ausdrücken (vgl. Böhnisch/Münchmeier 1993). Die geistig-sinnliche Wahrnehmung von Sozialräumen wird darum zu einer wichtigen Komponente der Identitätsbildung von Kindern und Jugendlichen. Die Jugendhilfe muss sicherstellen, dass sich Kinder und Jugendliche nicht nur territoriale Räume aneignen können, sondern auch Möglichkeiten der geistig-sinnlichen Besetzung von Räumen durch selbstbestimmte Inhalte sowie durch ihnen gemäße, kulturell bestimmte Milieus geschaffen werden. Die Wahrung, Schaffung und Sicherstellung von Raum in seiner doppelten Bedeutung (als räumliche und sinnlich erfahrbare Größe) wird zu einer bedeutsamen Anforderung. Böhnisch spricht in seinem Milieukonzept von einer „milieuinspirierten" Sozialpädagogik und Sozialarbeit (vgl. Böhnisch 1994, S. 213). Deren Aufgabe sieht er darin, nicht einfach neue oder andere Milieus herzustellen, sondern Arbeitsformen so zu gestalten, dass sie „qualitative Milieubildung" fördern, d.h. dass sie milieuorientiert sind (vgl. ebd., S. 212f.). Der Sozialraum kann somit nicht als statisches Modell oder als Ort verstanden werden, vielmehr muss er breiter in den Blick genommen werden, zumal Kinder und Jugendliche im Sozialraum ihr Leben konstruieren und ihm Sinn geben. Die Fragen müssen demnach gestellt werden, was sie in den Räumen, die sie aufsuchen, an Sinnstiftung erfahren oder nicht, wie sie sich eigene Räume schaffen und diese für sich einnehmen. In diesem Sinne geht es also darum, zu verstehen, welche inneren Landkarten

Kinder und Jugendliche in ihren Städten selbst zeichnen und welche Bedeutung ihnen zukommt.

Für die Jugendhilfe scheint es heute schwieriger geworden zu sein, die Landkarten der Kinder und Jugendlichen, die in den Sozialräumen häufig unsichtbar bleiben (vgl. Reutlinger in diesem Handbuch), aufzufinden und zu verstehen, denn gerade dieser Personenkreis bedarf der Hilfe und Unterstützung durch die Jugendhilfe am meisten. Unterstützung kann aber nicht nur darin bestehen, für die Kinder und Jugendliche Räume aufzuschließen und Unterstützung bei der Bewältigung von Problemlagen zu geben, sondern sie muss auch darin bestehen, eine sozialpolitische Einmischungsstrategie zu entwickeln, zumal nicht alle Probleme, die im Sozialraum entstehen, dort reguliert werden können. Folgeprobleme von Arbeitslosigkeit und Armut werden zwar im Gemeinwesen sichtbar, sie können aber mit den Methoden der Kinder- und Jugendhilfe allein nicht bearbeitet werden. Die Befriedigung individueller Rechtsansprüche im Sinne des Kinder- und Jugendhilfegesetzes ist nur eine Seite der Medaille. Hinzu kommen muss die Parteinahme für die „abgehängten" Jugendlichen, die von gesellschaftlicher Teilhabe ausgeschlossen sind. Eine sozialraumorientierte Kinder- und Jugendhilfe wird damit zu einem wesentlichen Kernbereich von Stadtentwicklung, weil sie Nahtstellen zum Alltagsleben der Menschen herstellt. Die Lebensweltorientierung kann dabei als Rahmenkonzept die Richtung weisen. Ihre pädagogische Perspektive wird dann immer im Widerstreit zu anderen Perspektiven liegen, weil sie die Bedürfnisse von Betroffenen wahrnehmen und verstehen muss. Sie wird und muss dabei oft quer zur Logik der Verwaltung liegen und anecken, weil es hier all zu oft um die Aspekte von Bedarfsaushandlung und Machbarkeit geht. Viel wesentlicher ist jedoch, dass die Lebensweltorientierung heute noch deutlicher in die Richtung eines politischen Mandats fungieren muss – und dies aus pädagogischer Perspektive! Dass ein solches mit hohen sozialpädagogischen Anforderungen ausgestattetes Vorhaben auch Auswirkungen auf eine Budgetierung haben muss, ist selbstredend.

4. Region als sozialpolitische Größe in der Europapolitik

Deutlich wurde in diesen Ausführungen zur Sozialraumdiskussion in der Kinder- und Jugendhilfe, dass sowohl das Konzept des Sozialraums als auch der Region, das in diesem Zusammenhang ebenfalls thematisiert werden muss, von einer Dynamisierung lokaler Politiken ausging. So wurde mit dem Konzept der Region, z.B. in der Diskussion um die Sozialentwicklung auf dem Land, eine, die überkommenen Strukturen öffnende Innovation, verbunden. Soziale Arbeit und die Kinder- und Jugendhilfe waren in diesem Prozess durchaus in lebensweltorientierter Perspektive, darauf ausgerichtet, dass die einzelnen Subjekte mit ihren Bedürfnissen an diesem Umgestaltungsprozess partizipieren können. Gegenwärtig ist es schwieriger geworden, in der Politik der Regionen, die sozialpädagogische Perspektive zu integrieren, auch wenn es viele Ansatzpunkte gibt (vgl. Walther 2000). Die Grundprämissen europäischer Planungs- und Förderphilosophie wurden in der Kinder- und Jugendhilfe bislang nur wenig zur Kenntnis genommen und haben in ihrem Selbstverständnis wenig Eingang gefunden. Festzustellen ist, dass Städte und Kommunen sich der Anforderung ausgesetzt sehen, in der Konkurrenz der Städte mithalten zu müssen – auch im europäischen Vergleich. Städte sind nicht nur für den Prozess der jeweiligen biografischen Entwciklung von Bedeutung, sondern sie gelten vornehmlich als Wirtschaftsstandorte. Für die Stadtentwicklung hat dies den Effekt, Konzepte auf den Weg zu bringen, um auf europäischer Ebene bestehen zu können. Diese gilt es derzeit an die europäische Sozialpolitik anzubinden, zumal diese darin besteht, nationalstaatliche Regulierungsformen aufzugeben zugunsten einer Politik, die die Region als entscheidende Dimension für Planungs- und Politikmaßnahmen annimmt. In gezielten europäischen Regionalentwicklungsprogrammen für bestimmte Regionen werden kulturelle Eigenarten und Dynamiken berücksichtigt, wobei Regionen nicht als kulturell abgeschlossene Größen gelten. Gesprochen wird in diesem Zusammenhang vom „Europa der Regionen" (vgl. insgesamt zu diesem Thema: Leibfried/Pierson 1998 und Walther in diesem Handbuch). Förderpolitisch hat dies die Konsequenz, dass in den entsprechenden Programmen vornehmlich ausgewiesene Regionen gefördert werden. Ihnen sollen Entwicklungspotentiale in einem zusammenwachsenden Europa eröffnet werden. Jede Region wird als Standort gesehen und muss sich ebenfalls in der Konkurrenz zu anderen beweisen. Gelingt dies nicht, wird in der impliziten Terminologie, die auf europäischer Ebene gewählt wird, von der „abgehängten Region" gesprochen. Eine Begleiterscheinung dieser Entwicklung besteht darin, dass die vielfältigen Interessen und subjektiven Bewältigungsherausforderungen der Menschen, die sich nicht unbedingt auf die Regionen beziehen, angesichts dieser neuen Anforderungen, die an Städte und Kommunen gestellt werden, in der „community identity" einer Region in den Hintergrund zu rücken drohen.

Diese europäische Perspektive hat nicht nur direkte Auswirkungen auf die Kinder- und Jugendhilfe, sondern sie sollte für ihre konzeptionelle Weiterentwicklung ein wichtiger Ausgangspunkt sein. Festzustellen ist aber, dass die Kinder- und Jugendhilfe einer Terminologie anhaftet, die längst überholt zu sein scheint. Der Achte Jugendbericht hatte unter dem Begriff der Regionalisierung einen weitergefassten Raum der Lebenswelt von Menschen verstanden. In den 90er-Jahren hat sich dieses Konzept ausdifferenziert und Sozialraum und Region können mittlerweile nicht mehr in einer Linie gesehen werden. Die Region hat in der europäischen Politikdiskussion eine viel weiter gefasste Bedeutung (vgl. Böhnisch/Arnold/Schröer 1999). Wenn man heute in der Kinder- und Jugendhilfe von Regionalisierung spricht, kann man nicht mehr von einer Verlängerung der Sozialraumperspektive reden. Im Europäisierungsprozess muss die Region in der Kinder- und Jugendhilfe neu definiert werden. Derzeit wird in der Kinder- und

Jugendhilfe der Sozialraum als fördernder Raum angesehen und Methoden des Empowerments, der Netzwerkarbeit und der Gemeindepsychiatrie sollen helfen, die Ressourcen zu mobilisieren. Doch angesichts der europäischen Dimension besteht das bereits erwähnte Spannungsfeld darin, dass Problemlagen von Arbeitslosigkeit nicht im Sozialraum geregelt werden können; ein viel wichtigeres Spannungsfeld ist darin zu sehen, dass eine regionale Standortpolitik mit den subjektiven Lebenswelten im Widerstreit steht. Gerade die Kinder und Jugendlichen, die in diesem dynamischen europäischen Entwicklungsprozess nicht mithalten können, werden heute umso mehr als Störfaktoren angesehen und stehen in der Gefahr, zu einer unsichtbaren Größe zu werden. Eine sozialraumorientierte Kinder- und Jugendhilfe, die vom Jugendlichen ausgehen will, wird mit einer Sozialverwaltung anecken müssen, die sich auf einer europäisch ausgerichteten Ebene von Regionalpolitik behaupten will. Es ist darum dringend angezeigt, dass sich die Kinder- und Jugendhilfe selbst in der Regionalpolitik behauptet und nicht nur die Bedürftigkeiten einer Jugendkultur in der Region Gehör verschafft, sondern in dem sie die europäische Perspektive aufnimmt und die Begriffe wie Sozialraum im Rahmen der Verwaltungsreform kritisch diskutiert. Die in diesem Beitrag geforderte sozialpolitische Reflexivität der Kinder- und Jugendhilfe bekommt in dieser Hinsicht einen weiteren Akzent, da es um eine Ausweitung der Politikstrategie im europäischen Kontext geht.

5. Ausblick

Es war das Grundliegen dieses Beitrags, aufzuzeigen, in welchem Spannungsverhältnis die Begriffe Lebensweltorientierung, Sozialraum und Region in der Jugendhilfe zueinander stehen und welche Perspektiven sich hieraus für die Sozialpolitik ableiten lassen. Deutlich wurde, dass die Lebensweltorientierung in der Kinder- und Jugendhilfe vornehmlich als pragmatisches pädagogisches Paradigma rezipiert wurde, aber seine sozialpolitische Schärfe und Zielrichtung verloren hat. Angesichts grundlegend neuer sozialstaatlicher Voraussetzungen im neuen Jahrhundert und einer Verwaltungsreform, die aus der sog. Krise des Sozialstaates – auch in der Kinder- und Jugendhilfe – geboren wurde, sind politische Aushandlungsprozesse gefragt, um sich für die Bedürfnislagen gerade der „abgehängten" und „überflüssigen" (vgl. Krafeld 2000) Kinder und Jugendlichen stark zu machen, weil diese drohen, in den Hintergrund gedrängt zu werden. Neuere Ansätze fordern die notwendig gewordene Repolitisierung der Lebenswelt offensiv ein (vgl. Bitzan 2000). Dies bedeutet, dass die Lebensweltperspektive sich ihrer pädagogischen Subjektorientierung wieder deutlicher bewusst werden muss und aus dieser Warte kritisch Konzepte zu hinterfragen hat, die gegenwärtig im Kontext anderer sozialer Logiken (Verwaltungsreform – europäische Sozialpolitik) diskutiert werden. Darum ist es wichtig, z.B. bei dem Begriff Sozialraum genau darauf zu achten, in welchem Kontext dieser aktuell diskutiert wird. Ansonsten verliert die Kinder- und Jugendhilfe ihre sozialpolitische Schärfe, die ja gerade von den Bildungs- und Bewältigungsherausforderungen ihren Ausgangspunkt nehmen soll. In diesem Kontext wird man es in der Kinder- und Jugendhilfe zukünftig lernen müssen, dass unterschiedliche soziale Logiken in Konflikt miteinander geraten und diese nicht unbedingt durch einfache Aushandlungsverfahren reguliert werden können, sondern dass die Kinder- und Jugendhilfe selbst bereits in ganz grundsätzliche sozialpolitische Auseinandersetzungen geraten ist, ohne dass sie es wahrhaben will.

Literatur zur Vertiefung

Böhnisch, Lothar/Arnold, Helmut/Schröer, Wolfgang (1999): Sozialpolitik. Eine sozialwissenschaftliche Einführung. Weinheim und München

Dangschat, Jens S. (Hrsg.) (1999): Modernisierte Stadt – Gespaltene Gesellschaft. Ursachen von Armut und sozialer Ausgrenzung. Opladen

Leibfried, Stefan/Pierson, Paul (1998): Halbsouveräne Wohlfahrtsstaaten: Der Sozialstaat in der Europäischen Mehrebenen-Politik. In: dies. (Hrsg.): Standort Europa. Sozialpolitik zwischen Nationalstaat und Europäischer Integration. Frankfurt am Main

Walther, Andreas (2000): Spielräume im Übergang in die Arbeit. Junge Erwachsene an den Grenzen der Arbeitsgesellschaft in Großbritannien, Italien und Deutschland. Weinheim und München

Literatur

Bitzan, Maria (2000): Konflikt und Eigensinn. Die Lebenswelt repolitisieren. In: neue praxis, Heft 4, S. 335-346

Böhnisch, Lothar/Arnold, Helmut/Schröer, Wolfgang (1999): Sozialpolitik. Eine sozialwissenschaftliche Einführung. Weinheim und München

Böhnisch, Lothar/Schröer, Wolfgang (2001): Pädagogik und Arbeitsgesellschaft. Weinheim und München

Dangschat, Jens S. (Hrsg.) (1999): Modernisierte Stadt – Gespaltene Gesellschaft. Ursachen von Armut und sozialer Ausgrenzung. Opladen

Der Bundesminister für Jugend, Familie, Frauen und Gesundheit (Hrsg.) (1990): Achter Jugendbericht. Bericht über Bestrebungen und Leistungen der Jugendhilfe. Bonn

Evangelischer Erziehungsverband e.V. (EREV) (Hrsg.) (2000): Jugendhilfe im Sozialraum. Lippenbekenntnis oder neue Verantwortung für die Sozialverwaltung und freie Träger in der Jugendhilfe? Hannover

Freigang, Werner (1986): Verlegen und Abschieben. Zur Erziehungspraxis im Heim. Weinheim und München

Früchtel, Frank/Scheffer, Thomas (1999): Fallunspezifische Arbeit oder: Wie lassen sich Ressourcen mobilisieren? In: Forum Erziehungshilfen, 5. Jg., Heft 5, S. 304-310

Früchtel, Frank/Krieg-Rau, Christine/Scheffer, Thomas (2000): Eine neue Fachlichkeit und ihr Finanzierungsinstrument: Budgetierung in den Hilfen zur Erziehung. In: Forum Erziehungshilfen, 6. Jg., Heft 3, S. 146-156

Hinte, Wolfgang/Litges, Gerd/Springer, Werner (1999): Soziale Dienste: Vom Fall zum Feld. Soziale Räume statt Verwaltungsbezirke. Berlin

Institut für soziale Arbeit e.V. (ISA) (Hrsg.) (1999): Soziale Indikatoren und Sozialraumbudgets in der Kinder- und Jugendhilfe (Soziale Praxis Heft 20). Münster

Klatetzki, Thomas (1993): Professionelles Handeln als Problemsetzung. Das Konzept der flexibel organisierten Erziehungshilfen. In: Peters, Friedhelm (Hrsg.): Professionalität im Alltag. Entwicklungsperspektiven in der Heimerziehung. Bd. 2. Bielefeld, S. 105-117

Klatetzki, Thomas (1995): Eine kurze Einführung in die Diskussion über flexible Erziehungshilfen. In: Klatetzki, Thomas (Hrsg.): Flexible Erziehungshilfen. Ein Organisationskonzept in der Diskussion. 2. Aufl., Münster, S. 5-12

Klatetzki, Thomas (1998): Einige Aspekte, die vielleicht die Qualität von Organisationsstrukturen in Jugendhilfeeinrichtungen verbessern. In: Wolff, Mechthild (Hrsg.): Pädagogische Qualität in der Jugendhilfe. Beiträge zu Jugendhilfe-Fachtagen in Dresden. TU-Eigenverlag. Dresden, S. 57-68

Koch, Josef/Lenz, Stefan (Hrsg.) (1999): Auf dem Weg zu einer integrierten und sozialräumlichen Kinder- und Jugendhilfe. Frankfurt am Main

Koch, Josef/Lenz, Stephan (Hrsg.) (2000): Integrierte Hilfen und sozialräumliche Finanzierungsformen. Zum Stand und den Perspektiven einer Diskussion. Frankfurt am Main

Kommunale Gemeinschaftsstelle (KGST) (1994): Outputorientierte Steuerung in der Jugendhilfe. Bericht 9. Köln

Krafeld, Franz Josef (2000): Die überflüssige Jugend. Opladen

Leibfried, Stefan/Pierson, Paul (1998): Halbsouveräne Wohlfahrtsstaaten: Der Sozialstaat in der Europäischen Mehrebenen-Politik. In: dies. (Hrsg.): Standort Europa. Sozialpolitik zwischen Nationalstaat und Europäischer Integration. Frankfurt am Main

Thiersch, Hans (1981): Alltagshandeln und Sozialpädagogik. In: Neue Praxis, Heft 1, S. 6-15

Walther, Andreas (2000): Spielräume im Übergang in die Arbeit. Junge Erwachsene an den Grenzen der Arbeitsgesellschaft in Großbritannien, Italien und Deutschland. Weinheim und München

Wolff, Mechthild (2000): Integrierte Erziehungshilfen. Eine exemplarische Studie über neue Konzepte in der Jugendhilfe. Weinheim und München

Zeiher, Helga (1994): Kindheitsräume. Zwischen Eigenständigkeit und Abhängigkeit. In: Beck, Ulrich/Beck-Gernsheim, Elisabeth: Riskante Freiheiten. Frankfurt am Main, S. 353-375

Werner Schefold

Hilfeprozesse und Hilfeverfahren

Zusammenfassung: Personbezogene Dienstleistungen des Sozialstaates sind in der Gegenwart auf eine Vielzahl sich differenzierender Problem- und Bedarfslagen bezogen. Um „Hilfen" wirksam erbringen zu können, sind Verfahren notwendig, die in einem Verbund professioneller Methoden und Beteiligungsformen fallbezogene Hilfe prozessieren. Der Hilfeplan in der Kinder- und Jugendhilfe kann dafür als Prototyp gelten, er etabliert ein „soziales System", in dem Hilfen partizipativ, prozessorientiert und reflexiv gestaltet werden können. Verfahren dieser Art ermöglichen trotz aller Paradoxien Flexibilisierung und Ressourcenorientierung, sie helfen Sozialraumorientierung in Hilfeprozessen umzusetzen. Sie erfordern differenzierte fachliche Kompetenzen vor allem des Fallverstehens und der Kooperation. Kinder- und Jugendhilfe eröffnet sich darin die Chance einer zukunftsweisenden Form von Wohlfahrtsproduktion.

1. Einleitung

Personbezogene soziale Dienstleistungen sind wie andere sozialpolitische Leistungsformen in der gegenwärtigen Phase der Gesellschaftsentwicklung unter dem Druck sich differenzierender Versorgungs- und Problemlagen, steigender Wohlfahrts- und Sicherheitserwartungen der Bevölkerung und strukturell bedrohter öffentlicher Finanzen in einen starken Wandlungsdruck geraten. Dies kennzeichnet die Situation der Kinder- und Jugendhilfe, aber auch anderer Leistungsbereiche wie der Sozialhilfe oder der Arbeitsförderung. Durch, aber auch gegen die forcierten Trends der Modernisierung der öffentlichen Verwaltung und der ordnungspolitischen Umschichtungen in Richtung marktförmiger Dienstleistungsproduktion entwickeln sich in einzelnen Leistungsbereichen neue Praxisformen, welche die Herausforderungen durch Problemlagen und Rationalisierungserwartungen durch Innovationen auf der Ebene der Praxisentwicklung, in der Arbeit mit den Adressaten selbst in Richtung einer verbesserten Professionalität aufzunehmen versuchen.

Dieser Beitrag[1] will eine dieser Entwicklungen diskutieren, die in der Kinder- und Jugendhilfe zu finden sind, aber darüber hinaus auch andere Bereiche personenbezogener sozialer Dienste betreffen. Sozialstaatliche Leistungen werden zunehmend in der Form von *Fallarbeit,* die auf individuelle Bedarfs- und

---

1 Dieser Beitrag lehnt sich in Teilen an eine Veröffentlichung an, die im 39. Beiheft der Zeitschrift für Pädagogik, „Erziehung und sozialer Wandel" unter dem Titel „Sozialstaatliche Hilfen als ‚Verfahren'. Pädagogisierung der Sozialpolitik – Politisierung Sozialer Arbeit?" 1999 erschienen ist.

Problemlagen bezogen ist, erbracht und in institutionalisierten *Verfahren* und spezifischen professionellen Arbeitsvollzügen unter den Gütekriterien der Beteiligung und neuen Fachlichkeit durchgeführt. Verfahren bestehen aus geregelten *Interaktionssystemen* zwischen Fachkräften und Anspruchberechtigten und haben eigene Prozessstrukturen und Kompetenzanforderungen ausgebildet; sie wirken im Prozess der Leistungserbringung als mitbestimmende Größe. In der Kinder- und Jugendhilfe haben diese Verfahren ihre Grundlage im Hilfeplan nach §36 SGB VIII.

Diese Verfahren repräsentieren neue Formen der Steuerung und Begleitung von Hilfeprozessen, die zwei konstitutive Momente sozialstaatlicher Leistungserbringungen verbinden: einmal die gegebenen Bedarfslagen der Adressaten, zum anderen die Strukturen der Leistungsanbieter; sie zielen demnach auf den Wandel in Praxis-, Personal- und Organisationsentwicklung. Das macht m. E. dieses Feld für die Debatte um die Transformation des Sozialstaates so interessant und wichtig, als die konstitutive Gebrauchswerte schaffende Eigenschaft von Dienstleistungsproduktion, die Koproduktion durch „Produzenten" und „Konsumenten" (vgl. Schaarschuch 1999) als Einheit geplant und reflektiert werden kann und nicht in separate Bereiche und Diskurse auseinander fällt; eine Gefahr, in die viele Maßnahmen des Qualitätsmanagements geraten.

Hier soll zunächst kurz die Bedeutung des Hilfeplans für die Kinder- und Jugendhilfe ins Gedächtnis gerufen werden, nach diesen eher programmatischen Argumenten sollen Ergebnisse einer empirischen Studie vorgestellt werden, in der die Praxis der Hilfeplanung aus der Sicht der Adressaten der Hilfen rekonstruiert wurde. Diese eher ernüchternden Befunde erweisen sich für die weitere Beschäftigung mit Verfahren als produktiv; angesichts der Widersprüche zwischen Ansprüchen und Alltagsroutinen soll aufgezeigt werden, was Hilfeverfahren im KJHG in einer sozialwissenschaftlichen Sicht sind und was sie leisten können bzw. müssen; dies insbesondere im Lichte aktueller Entwicklungen – Stichwort: Flexibilisierung der Kinder- und Jugendhilfe – die die Anforderungen an die Zielgenauigkeit und Effektivität der Kinder- und Jugendhilfe einerseits als Veränderungsimpuls aufnehmen, andererseits die internen Herausforderungen an Profession und Organisation nochmals deutlich erhöhen. Abschließend sollen einige Probleme wie auch Konsequenzen für die Entwicklung Sozialer Arbeit im Bereich der Kinder- und Jugendhilfe diskutiert werden.

2. Tendenzen in der Erbringung sozialstaatlicher Leistungen

„Fallorientierte sozialstaatliche Leistungen" finden sich in Teilen der Sozialhilfe (BSHG), der Arbeitsförderung (AFG), der Wohnhilfen und Wohnungsversorgung, der kommunalen Ausländer- und Flüchtlingspolitik, der Pflegeversicherung, wenn auch oft in einer gegenüber den in diesem Beitrag skizzierten Vorstellungen rudimentären Weise. In Leistungsbereichen, in denen gegenüber sehr differenzierten Lebens- und Bedarfslagen gezielt und reflektiert Unterstützung in die Lebensverhältnisse und Biographien von Personen hinein erbracht werden soll, scheinen diese Verfahren für einen effektiven Sozialstaat unumgehbar. Die Einlösung sozialpolitischer Leistungsansprüche gegenüber individualisierten Problemlagen verlangt unter dem Vorzeichen von Ressourcenverknappung eine neue berufliche Praxis, die zwischen den Herausforderungen von Problemlagen, effektiver sozialstaatlicher Versorgung, Professionalität und bürgerrechtlicher Beteiligung eine Balance finden muss. Dies gilt für den Leistungsbereich des KJHG wie auch für andere Bereiche.

Sozialstaatliche Leistungen und Leistungssysteme sind sukzessive entstanden und durch eigene Gesetze geregelt. Das BSHG, das AFG, das KJHG u.a., jüngst das Pflegeversicherungsgesetz bestimmen Leistungen, Anspruchstatbestände, Verfahren. Diese Gesetze sind Grundlage von Institutionen geworden, welche die Hilfen organisieren. Diese beziehen sich auf unterschiedliche Aspekte der Lebensführung und Tatbestände von Lebens- und Problemlagen, stehen aus der Sicht der Bürger nebeneinander.

Auch in Politik und öffentlichen Debatten werden diese Leistungssysteme weitgehend getrennt verhandelt; Bezüge zwischen monetären Leistungssystemen werden unter Gesichtspunkten wie denen der Versorgungslücken, des Missbrauchs, der Kumulation von Leistungen u.a. hergestellt; in der neoliberalen Debatte um die Leistungen des Sozialstaates werden Niveaus einzelner Systeme, weit weniger dagegen das Ineinandergreifen von unterschiedlichen Leistungsformen wie Geldleistungen, Zugangsrechte zu Institutionen oder Dienstleistungen im Prozess faktischer, individuell zurechenbarer Wohlfahrtsproduktion thematisiert.

Dieser Druck in Richtung einer neuen beruflichen Praxis bestimmt auch die Situation der Kinder- und Jugendhilfe in diesem Jahrhundert. Das System der Kinder- und Jugendhilfe hat sich in den vergangenen Jahrzehnten nach den Prinzipien „einfacher Modernisierung" (Beck 1993) entwickelt: durch Differenzierung, Spezialisierung, Institutionalisierung und eine spezifische, maßnahmenorientierte Professionalisierung. Nun wandeln sich die Aufgaben: die Lebensverläufe und Lebensumstände von Kindern, Jugendlichen, Familien werden immer vielfältiger, teilweise auch schwieriger; der Hilfebedarf steigt und wird seinerseits vielfältiger. Die starren Binnenstrukturen des Systems werden zunehmend dysfunktional, Überlastungs-, Zuständigkeitsprobleme häufen sich. Das gesellschaftspolitische Fazit: Auch Hilfesysteme – wie andere Leistungsbereiche der Gesellschaft – müssen offener, komplexer, schneller, effektiver – „flexibler" – werden.

Aus der Sicht von biographischen Verläufen stellen sich Hilfen in vielen Fällen als synchrone und diachrone Assoziationen unterschiedlicher Hilfen dar, die sich entlang der Lebenszeit zu nichtintendierten „Karrieren" addieren, horizontal zu meist willkürlich agglomerierten „welfare mixes" (vgl. dazu Schefold 1999). Das beinhaltet nicht nur eine zeitliche Kette von Hilfen zur Erziehung, die nach dem – bewussten oder unbewussten – Muster aufgebaut wird, dass zunächst billige, ambulante Hilfen gewährt werden und, bei deren Misserfolg, die Palette in Richtung teilstationärer und schließlich stationärer Hilfen gesteigert wird; es umfasst auch Leistungen nach anderen Gesetzen. Es ist fast überflüssig zu sagen, dass Lücken, „unterlassener Hilfeleistungen", institutionelles Vergessen konstitutiv zu diesen Mischungen gehören.

In diesen „Assoziationen" einfach modernisierter Hilfen entsteht ein komplexes, nur durch sorgfältige Rekonstruktionen entwirrbares Knäuel aus Hilfen und Unterstützungen, die untereinander und mit den vielfältigen teils kontingenten Ereignissen in der Biografie interagieren[2]:

- Leistungen konditionieren sich wechselseitig in ihrer Programmatik wie in ihrem faktischen Wirken. Eine Maßnahme des Arbeitsamtes in Richtung Qualifizierung einer allein stehenden Mutter setzt z.B. voraus, dass die Mutter den Rücken für die damit verbundene Lebensführung frei hat. Die Kinder müssen gut betreut sein, Leistungen der Jugendhilfe sind nötig.
- Leistungen kontextualisieren sich. Die Herstellung stabiler helfender Beziehungen, in denen sich persönliche Zuwendung mit einem besonderen Unterstützungsverhältnis mischen kann, mag Vertrauen und Partizipationsbereitschaft auch gegenüber anderen Angeboten vermitteln.
- Verschiedene Leistungen verbinden sich periodisch zu Arrangements, welche erst in dieser Verbindung die je aktuelle Lebenslage beeinflussen bzw. verändern können. So ermöglichen Subsistenztransfers Moratorien vom Karussell Erwerbsarbeit/Familie und eröffnen therapeutischen Leistungen Wirkungsmöglichkeiten. Ein neuer „Wohlfahrtsmix" (zum ordnungspolitischen Konzept: Evers 1990; Backhaus-Maul/Olk 1992) entsteht; dies sowohl bezogen auf den ordnungspolitischen Charakter der helfenden Instanzen – Freundin, ASD, Jugendamt –, wie auch, innerhalb des „Staatssektors", auf die Qualität der Hilfen. Dieser Mix fügt sich in der sukzessiven Wirkung, die sich aus der biografischen Sicht rekonstruieren lässt, zu einer eigenen Struktur.
- Leistungen haben teilweise gemäß ihrer institutionellen Zielsetzungen, teilweise über nicht intendierte Folgen konstitutiven Anteil an der Emergenz neuer Situationen. Sie haben über ihre offiziellen Zwecke hinaus ihre eigene prozessabhängige Produktivität.
- Leistungen bringen biografische Prozessabläufe voran; sie bremsen Verlaufskurven, initiieren Wandlungsprozesse, schaffen damit neue individuelle Optionen. Da sozialpolitische Leistungen immer aktiv angeeignet, umgesetzt und verwertet werden, ist dies für Interventionen von höchster Bedeutung.

---

2 Die folgenden Ergebnisse sind induktiv aus einem Fall gewonnen, der in seinem Zusammenhang in Schefold (1999) dargestellt ist.

- Leistungen „erziehen": sie schaffen gute oder schlechte Erfahrungen, ein biografisch geronnenes subjektives Hilfeverständnis, sie beeinflussen „passive Hilfekompetenzen", die in den Klientenmodellen und Handlungsrationalitäten der Leistungssysteme vorausgesetzt sind. Sie bilden gleichsam strukturell, über persönliche Haltungen und Dispositionen Kontexte für die Responsivität und Wirksamkeit der sozialstaatlichen Systeme.

Diese und andere Zusammenhänge zwischen den „Ereignissen" sozialstaatlicher Leistungen lassen sich auch aus biografieanalytisch vorgehenden Arbeiten, die das Thema Hilfe aufnehmen, entnehmen (z.B. Riemann 1987; Nölke 1995, Ludwig 1995).

Über diese wechselseitige Einflussnahme der Hilfeformen hinaus lassen Fallgeschichten ebenso erkennen, dass sich Leistungen auf *Zusammenhänge* von Lebenslagen und Formen der Lebensführung beziehen. Situationen, in denen Hilfebedarf entsteht, sind auf zumindest zwei Prozesslinien entstanden und von daher zu verstehen: Einer Knappheit von Ressourcen und – damit in sehr unterschiedlich gekoppelten Zusammenhängen – aus persönlichen Problemen, die aus sozialen Beziehungen und ihren Dynamiken, aus biografischen Dispositionen bzw. Verletzungsanfälligkeiten heraus zu verstehen sind.

Die Differenzierung unterschiedlicher Leistungssysteme und Anspruchstatbestände fügt sich aus einer die Dynamik der Lebenszeit in Blick nehmenden Sichtweise zu einem Zusammenhang. Sozialstaatliche Leistungen werden als Kontexte von Biografien sichtbar, als Teil von Handlungszusammenhängen und Prozessverläufen, die diesen Leistungen eigene Wirkungs- und Sinndimensionen geben. Diese fallen nicht mit den gesetzlich festgelegten Zielen und Zwecken von Maßnahmen zusammen. Sie lassen sich auf den sozialwissenschaftlichen Folien von Lebensverlauf und Biografie darstellen.

Die subjektorientierte Betrachtungsweise impliziert kein Urteil über die rechtliche Fundierung sozialstaatlicher Leistungen in dem Sinne, als biografisch vermittelte Kontingenzen der Wirksamkeit nun zu einer kontingenten Gewährleistung führen sollte. Rechte und Chancen auf Leistungen, die der Sozialstaat gewährleistet, sind Teil der Lebenslagen von Gruppen. Als solche sind sie in der Sozialpolitik gerade gegen willkürliche Formen der Unterstützung positiv abgegrenzt worden (vgl. Ehrenberg/Fuchs 1982). Im Zuge des sozialen Wandels, der mit den Stichworten „Pluralisierung der Lebenslagen" und „Individualisierung der Formen der Lebensführung" hier nur angedeutet werden soll, haben sich nun freilich Anspruchs- und Interventionssachverhalte differenziert. Sozialpolitik hat mit ihren Sicherungsleistungen in Richtung eines sozialstaatlich abgesicherten Lebenslaufregimes die Modernisierung der Gesellschaft auf der Ebene individueller Lebensformen und Lebensführung möglich gemacht (vgl. Leibfried/Leisering 1995) und steht nun vor der Herausforderung, die neuen Problemlagen und Anforderungen, die aus dieser Modernisierung entstehen, in ihren Systemen berücksichtigen zu müssen. Dies berührt auch die Praxis der Leistungsvermittlung, die hier mit dem Begriff „Verfahren" thematisiert wird.

Es gehört zu den Grundproblemen der durch „einfache Modernisierung" (Beck 1993) qua Differenzierung, Spezialisierung, Institutionalisierung und organisationsbezogener Professionalisierung entstandenen Hilfesysteme, dass Wirkungszusammenhänge bei den Adressaten den einzelnen Institutionen und Fachkräften latent bleiben bzw. an den Rand der Arbeit gerückt werden, die zu thematisieren zu aufwendig, zu bearbeiten aus der Logik der Zuständigkeit heraus illegitim und dysfunktional scheinen.

In Verfahren wie dem *Hilfeplan* nach §36 KJHG werden diese Zusammenhänge ansatzweise explizit Gegenstand der Strukturierung von Hilfen. Hilfe gewinnt damit eine reflexive Qualität. Der Prozess der Hilfe wird in seinen zeitlichen, sachlichen und sozialen Zusammenhängen zwischen den Hilfebeteiligten zum Thema.

3. Hilfe nach Verfahren in der Kinder- und Jugendhilfe

Die Zusammenhänge unterschiedlicher sozialstaatlicher Leistungen sind den einzelnen helfenden Instanzen und Personen, welche die Leistungen erbracht haben, während ihrer Arbeit am Fall vielleicht bewusst, sie sind jedoch selten Thema ausführlicher, fokussierter Kommunikation in und vor allem zwischen den Ämtern. Die Vorschriften des §36 SGB VIII sehen nun vor, nicht nur zu helfen, sondern in einem Verfahren über den Hilfeprozess zu kommunizieren. Dafür sind vor allem in den lokalen Hilfeplanmodellen eigene Situationen und Interaktionszusammenhänge, Regeln, Rollen und professionelle Standards ausformuliert. Hilfe, so die Intention des KJHG, wird damit in ihren faktischen Abläufen, in ihrer sozialen, sachlichen und zeitlichen Extension zum Thema. Damit werden im Hilfeprozess neue Interaktions- und Handlungsmöglichkeiten unter den professionellen Helfern und zwischen Helfern und Klienten/Kunden eröffnet bzw. modifiziert.

3.1 Der Hilfeplan nach §36 KJHG als Prototyp einer neuer Dienstleistungsform

Der Hilfeplan nach §§27 und 36 KJHG ist als Projekt zu sehen, die Zuteilung von Hilfen zur Erziehung nach einem spezifischen Verfahren zu regeln: eine problemlösende Hilfe soll über Entscheidungen und Prozesse in Gang gebracht werden, die den Kriterien der Beteiligung der Eltern, der Fachlichkeit, der Kooperation von Fachleuten und der laufenden Überprüfung der Maßnahmen gerecht werden. Kern der Normierung dieses Verfahrens ist die parallele Gültigkeit der Prinzipien von Fachlichkeit und Beteiligung (vgl. Münder u.a. 1993; Institut für Soziale Arbeit 1994; Bayerisches Landesjugendamt 1994; Faltermeier 1994; Richter 1995; Merchel 1995; Wiesner 1995; Schwabe 1999).

In einem „Verfahren" verbinden sich mehrere Strukturierungsebenen, die insgesamt erst die soziale Wirklichkeit von regulierten Abläufen ausmachen:

zunächst die des *Rechts* als Regelungssystem für Handlungsabläufe. Das Hilfeplanverfahren hat gegenüber dem Jugendwohlfahrtsgesetz wie gegenüber anderer älteren Leistungsgesetzen, in denen Prozeduren kaum elaboriert sind, eine grundlegende Neuerung gebracht. Münder (1995) zählt das Hilfeplanverfahren neben der Kinder- und Jugendhilfeplanung zu den „maßgeblichen gesetzlichen Stellwerken" (Münder 1995, S. 212), welche die Entwicklung der Kinder- und Jugendhilfe ermöglichen und vorantreiben. Der rechtliche Status des Hilfeplans als Verfahren ist freilich umstritten (Maas 1994; Merchel 1997). In juristischer Sicht begründet die im Gesetz bestimmte Mitwirkung und Beteiligung der Kinder, Jugendlichen, Eltern und anderer Personen an Hilfeplanverfahren keine verfahrensrechtlichen Instrumente im Sinne des Sozialgesetzbuches; Eltern gelten nicht als Verfahrensbeteiligte mit genau fixierten Rechten (Maas 1994, S. 190). In *praktizierten* Hilfeplanmodellen wie z.B. dem der Stadt München wird jedoch in einer sehr differenzierten Weise für alle Hilfen zur Erziehung verbindlich geregelt, wie Mitarbeiter der Ämter und der Freien Träger bei der Prozessierung von Hilfen zur Erziehung vorzugehen haben, welche Arbeitsschritte (Diagnose, Festlegung des erzieherischen Bedarfs u.a.), Gesprächssituationen (z.B. Hilfeplangespräche, Fachteambesprechungen u.a.) und Entscheidungen in welcher Weise und unter Berücksichtigung festgelegter Gütekriterien zu bewerkstelligen sind. Die Beteiligung der Eltern wird dabei stark betont (vgl. Hilfeplanmodell der Stadt München).

Das KJHG zwingt jedenfalls zur Modifikation der vielen individuellen „Verfahren" von Sozialarbeitern in ihrem Arbeitsalltag, die sich als routinisierte Aufgabenbewältigung ausgebildet haben. In der Folge der Umsetzung des KJHG sind nach Vorarbeiten der Landesjugendämter sowie von Fachorganisationen und Instituten (s. oben) *lokale Modelle* entwickelt worden (im Überblick vgl. Becker 1999). Sie haben die Ziele in der Regel nochmals ausführlich dargestellt und interpretiert.

Schließlich bilden sich in diesem Rahmen in den vielfältigen Praxen der Fachkräfte etc. *Handlungsroutinen* aus, die zwischen den meist differenzierten Vorschriften und Empfehlungen und den für Soziale Arbeit traditionellen Restriktionen des Berufsalltags Balance suchen.

Dieser Alltag der Verfahren der Hilfegewährung soll nun kurz am Beispiel der Stadt München dargestellt werden. Stadtjugendamt und Allgemeiner Sozialdienst der Stadt München haben 1995 ein differenziertes Hilfeplanmodell entwickelt.

Dieses Modell ist nach einem Jahr evaluiert worden. Zur Beantwortung der zentralen Frage, wie denn Eltern an dem Hilfeplangeschehen beteiligt wären, ist vom Institut für Pädagogische Praxis und Erziehungswissenschaftliche Forschung der Universität der Bundeswehr München eine empirische Studie erstellt worden (vgl. Schefold u.a.1998)[3]. Aus ihr sollen kurz wichtige Befunde skizziert werden.

---

3 Die Ergebnisse stammen aus einer empirischen Studie über „Elternbeteiligung an Hilfeprozessen und Hilfeplanverfahren" (vgl. Schefold u.a. 1998). Das Projekt wurde 1996/1997 im Rahmen der Evaluation des Hilfeplanmodells der Stadt München im Auftrag des ASD und des Stadtjugendamtes München durchgeführt. Eltern, überwiegend alleinerziehende Mütter von Kindern und Jugendlichen, die nach den §§27 bis 36 KJHG Hilfen zur Erziehung erhielten, wurden nach ihren Erfahrungen rund um ihr Hilfeplanverfahren befragt. Dies geschah in insgesamt 14 autobiographisch-narrativen bzw. narrativ-episodischen Interviews. Die Fokussierung des Projektes auf Elternbetei-

Eine der prägnanten Ergebnisse der Studie war, dass das Hilfeplanschema der Stadt München zwar die Arbeit der Fachkräfte in einem hohen Maße strukturiert, in der Erfahrung der Eltern als eigenes Schema jedoch nur rudimentär und sehr diffus präsent ist. Der Hilfeplan hat aus der Sicht der Eltern[4] durchweg nicht die Bedeutung gehabt, den Hilfeprozess zentral zu regulieren. Keine der Erzählungen über die Fallgeschichten folgte den Abläufen, welche der Hilfeplan vorgibt. Vielmehr bestimmten die Beziehungen zu den helfenden Personen, Ereignisse und Entscheidungen in der Fallgeschichte selbst, wie sie sich nach deren „Logiken" entfalten, die Falldarstellungen. Einzelne Regelungsbereiche des Hilfeplanverfahrens treten hervor: die Information über eigene Rechte, die Verbindlichkeit einer Unterschrift, Sicherheit durch das Verfahren u.a. So ist das Ablaufschema ein Skript für Fachkräfte, jedoch noch ein gutes Stück davon entfernt, Skript für Eltern bei der Bewältigung der Hilfeprozesse und der Vertretung ihrer Anliegen zu sein.

Wie steht es um die Realisierung des Prinzips der Beteiligung oder „Mitwirkung"? Beteiligung von Eltern materialisiert sich beim genauen Hinsehen in ein sehr breit gefächertes, von Fall zu Fall unterschiedliches Spektrum von Handlungsformen, -möglichkeiten und -blockaden, das auf die Lebensgeschichte von Personen zurückgeht, im Zusammenhang mit Fall- und Hilfeentwicklungen steht und von der Interaktion zwischen Personen und helfenden Instanzen und Personen bestimmt ist. Beteiligung heißt aus der Sicht der Eltern:

- sich in den ersten Kontakten mit Amtspersonen mit seinen Problemen richtig einbringen zu können; in diesen ersten Kontakten zu einer guten Beziehung zu den helfenden Personen zu kommen, die Vertrauen entstehen lässt;
- in der „Abklärung der Lebenssituation und des erzieherischen Bedarfs", wie sie zu Beginn des Verfahrens erfolgen sollen, mit seinen eigenen Deutungen der Lebens- und Fallgeschichte Akzeptanz, zumindest Verständnis zu finden; dies gilt vor allem für die bis dato schon meist vorhandenen „subjektiven Hilfepläne";
- den richtigen Zeitpunkt für die Hilfe im Kontext der eigenen Fallgeschichte zu finden: nicht zu spät, so dass etwa Auffälligkeiten sich schon verfestigt haben, nicht zu früh, so dass Hilfebedarf deutlich wird;

---

ligung bringt mit sich, dass hier die Mütter, weniger die Kinder, im Mittelpunkt stehen. Die sehr ausgiebigen Erzählungen wurden transkribiert und, orientiert an den Verfahren, die vor allem von F. Schütze entwickelt wurden (1987), in einem Arbeitsrahmen analog einer „Forschungswerkstatt" detailliert ausgewertet.

4 In den narrativen Interviews haben wir bewusst die Erzählaufforderungen so formuliert, dass die Lebens-, Fall- und Hilfegeschichten so erinnert und geäußert werden sollten, wie sie in der Erfahrungsaufschichtung der Eltern präsent sind. Damit sollte ein üblicher Interviewfehler vermieden werden, der darin besteht, durch thematische Vorgaben von Seiten der Interviewerinnen und Interviewer Kenntnisse zu unterstellen und Relevanzen zu setzen, die u.U. die Informanten gar nicht haben.

- aus einer Lebenssituation heraus handeln und argumentieren zu können, die Spielräume offen lässt; eine persönliche Perspektive zu haben oder entwickeln zu können;
- „alltägliche Helfer" zu haben, z.B. Therapeutinnen, auch Mitarbeiterinnen der Ämter, die einen unterstützen und bei der eigenen biografischen Arbeit fördern;
- eine „passive Hilfebereitschaft" zu haben, die paradoxerweise vom Einzelnen aktiv hergestellt werden muss;
- informiert sein über Möglichkeiten, welche die Jugendhilfe zur Bearbeitung des eigenen Falles bereitstellt; eine keineswegs selbstverständliche Voraussetzung für Kooperation;
- im Hilfeplanverfahren eigene Rechte und Handlungsmöglichkeiten zu sehen; Formalien zu kennen und richtig einzuschätzen;
- Transparenz über das Verfahren zu haben; wissen, was die Ämter und Einrichtungen untereinander – „hinter dem eigenen Rücken" – tun;
- die eigenen Interessen und die Interessen des Kindes so vereinbaren zu können, dass Hilfe nicht zur Aktion gegen einen selbst wird; bei der Hilfe nicht überflüssig oder gar hinderlich zu werden.

Die Regelungen, welche im Hilfeplanmodell vorgesehen sind, sind notwendige, nicht hinreichende Bedingungen für eine Mitwirkung der Eltern und Erziehungsberechtigten an Hilfeprozessen. Entscheidende Bedingungen liegen in den hoch varianten Abläufen der Fall- und Hilfegeschichten selbst. Die Verfahren müssen dafür offen sein, sie müssen *Reflexivität* und *Reversibilität* zulassen. Das Recht der Beteiligung ist in jedem Fall kontextbezogen, durch Interaktion zwischen Mitarbeiterinnen und Mitarbeitern und Eltern umzusetzen.

Solche Kontexte liegen wesentlich in der *Lebensgeschichte*: ob Mütter und Väter in einer biografischen Situation sind, die in der Biografietheorie als „Verlaufskurvenentwicklung" (vgl. Schütze 1996) beschrieben wird, sie also längst die Kontrolle über ihre Lebensführung verloren haben oder ob sie ein Handlungsschema biografischer Planung verfolgen; sie liegen in der *Fallgeschichte*: herausragend ist hier die Qualität der Beziehungen zu den helfenden Personen; sie liegen in der *Struktur der Maßnahme* selbst, die Eltern einen marginalen oder zentralen Status im Hilfeprozess zuweisen können und so ihre Beteiligungschancen strukturieren.

Ein ähnlicher Sachverhalt betrifft die Entscheidungen. Sie sollen im Hilfeplangespräch fallen. Vorschläge der Fachkräfte, die unter den Fachkräften selbst und im engen Kontakt mit den Anspruchberechtigten und Kindern bzw. Jugendlichen ausgearbeitet worden sind, sollen von den Eltern ratifiziert werden. In der Rekonstruktion der Fälle zeigt sich nun, dass die heuristische Kategorie der „Entscheidung" auf unterschiedliche Prozesse und Ereignisse verweist, die im Fall „entscheidenden" Charakter hatten: Entscheidung zeigt sich als Trial and Error-Prozess, wird als „Sachzwang" – bzw. Gesetzeszwang vollzogen; Entscheidungen fallen als Folge der Inszenierung von Evidenz seitens der Eltern in einem gleichsam dramaturgischen Prozess; Entscheidungen fallen über alltäglichen Konsens in guten Beziehungen, aber auch als Oktroyierung eines fremden Willens; Entscheidungen reifen als langsamer innerer Prozess.

Beteiligung wie Entscheidungen in Hilfeplanverfahren können nicht allein durch ein formelles Verfahren hergestellt werden. Das formelle Verfahren hat die Aufgabe und Funktion, reflexiv auf die vielfältigen Prozesse und Sachverhalte in den Fallgeschichten bezug zu nehmen, in denen Wirklichkeit konstituiert wird, und diese für die Hilfe relevanten Wirklichkeitskonstruktionen ein Stück weit kommunikativ so zu bearbeiten, dass gute Lösungen für die Kinder und Jugendlichen im Interesse aller Beteiligten möglicher und wahrscheinlicher werden. Es gehört zu den Funktionen des Verfahrens, ebenso auch zu den Kompetenzen professionell handelnder Mitarbeiterinnen und Mitarbeiter, dabei das *Recht* der Eltern und Kinder/Jugendlichen, selbstständig am Hilfeprozess teilzunehmen, umzusetzen.

3.2 Hilfeverfahren als soziales System

Was nun verfahrensbezogene Hilfe bedeutet, lässt sich am besten verdeutlichen und analysieren, wenn „Verfahren" in einem sozialwissenschaftlichen Bezugsrahmen als spezifisches *soziales System* zur Bewältigung von Aufgaben verstanden werden.

Diese Perspektive hat Luhmann (1975) in einer älteren Arbeit entwickelt. Er thematisiert Verfahren als soziale Systeme, welche die Funktion haben, Entscheidungen in und gegenüber einer komplexen Umwelt, komplexen Problemen zu erarbeiten. Sie werden durch selektive Entscheidungen der Beteiligten, die Alternativen eliminieren, Komplexität reduzieren, Ungewissheit absorbieren, vorangetrieben (vgl. S. 40). Verfahren ermöglichen damit eine sinnvolle Orientierung des Handelns zur Lösung von Problemen, zur Bewältigung von Prozessen. Strukturiert sind sie durch Regeln, sie differenzieren Rollen aus, Situationen, sequentielle Handlungen, welche die elementare Interaktion der Beteiligten ermöglichen und begrenzen.

Verfahren regeln also Kommunikationen, die zu Entscheidungen führen, ohne diese Entscheidungen selbst vorwegzunehmen. Die Beteiligten haben Spielräume, ihre Perspektiven und Interessen unterzubringen, noch „offene Komplexität" aufzunehmen (vgl. Luhmann 1975, S. 47). Verfahren beziehen sich auf eine Umwelt: auf Aufgaben, Probleme, Prozesse; dies freilich in einer strukturierten Form, welche die gemeinsame „Bearbeitung" dieser Umwelt ermöglicht und begrenzt.

Hilfeplanmodelle wie das der Stadt München weisen diese Strukturen auf: Prinzipien und Regeln sind definiert, welche die Rollen der „Kunden", der „federführenden" Mitarbeiter, des Fachteams, anderer Experten differenzieren und normieren. Sequenzen in der Bearbeitung eines Falles sind festgelegt, fixieren soziale Situationen mit eigenen Aufgaben und Funktionen, so das Erstgespräch, das Hilfeplangespräch, die Evaluation der Maßnahme. Hilfeplanverfahren regeln so Hilfeprozesse, indem sie die kooperativen – oder auch sehr konflikthaften – Tätigkeiten und Interaktionen der Beteiligten strukturieren. Sie haben so eine gewisse Autonomie gegenüber ihrer Umwelt, den Ämtern, z.B. den Vorgesetzten, den beteiligten Familien, gegenüber anderen in eine Fallgeschichte involvierten Personen oder Institutionen.

Hilfepläne strukturieren damit gleichsam *über* den sozialpädagogischen Handlungsprozessen der Erziehung, Beratung, Unterstützung eine eigene Ebene, in der es um die Verhandlung über unterschiedliche Leistungsformen, deren Angemessenheit, Situierung und zuletzt um deren Evaluation geht. Zwischen Formen der Hilfe, die „irgendwie" in einer zeitlich, sachlich und sozial nur ad hoc strukturierten Interaktion zwischen Fachkräften und Klienten zustande kommen, und der Zuordnung von standardisierten Leistungen zu tendenziell standardisierten Bedarfslagen deutet sich ein neuer Weg der Wohlfahrtsproduktion an. Hilfe gewinnt gegenüber den engen Abläufen standardisierter Hilfen und der Unbestimmbarkeit persönlicher Zuwendung den Status geregelter Interaktion zwischen den Fachleuten und Anspruchsberechtigten und unter den Fachleuten selbst, in der Prozessverläufe verfolgt und einzelne Akte verhandelt werden können. Hilfe wird damit in einer sozial strukturierten Weise reflexiv, sich selbst zum Thema. Die Institutionalisierung von Erwartungssicherheit und Enttäuschungsfestigkeit, nach Luhmann (1972) Kennzeichen von Hilfe in modernen Gesellschaften, fokussiert sich auf eine spezifische Qualität der *Kommunikationsprozesse*, in der Leistungen auf der Grundlage subjektiv-rechtlicher Ansprüche erbracht werden.

Damit ist eine Grundmaxime des KJHG – vom Eingriffsrecht zum Leistungsrecht – prozedural umgesetzt. Die beiden grundlegenden Imperative der Fachlichkeit und Beteiligung werden in ein geregeltes Interaktionssystem eingebracht und sollen darin balanciert werden. In den geläufigen Praktiken der Einzelfallarbeit war das Ziel, Partizipation der Betroffenen zu ermöglichen, allein an die methodische und professionsethische Selbstverpflichtung der Fachleute bzw. an die Selbstvertretungsmächtigkeit der Adressaten gebunden. Diese Faktoren sind beileibe nicht entwertet worden; das Geschehen der Beteiligung soll nun jedoch in einer neuen Qualität in einer Abfolge von im Prinzip *symmetrisch* strukturierten Interaktionssituationen gewährleistet werden.

3.3 Hilfeverfahren im Prozess der Flexibilisierung der Kinder- und Jugendhilfe

Hilfe nach Verfahren ist durch den aktuellen Trend der Flexibilisierung, welcher die Entwicklung der Kinder- und Jugendhilfe gegenwärtig stark beeinflusst, besonderen Herausforderungen ausgesetzt. Im Folgenden soll auf der Grundlage empirischer Ergebnisse einer wissenschaftlichen Modellbegleitung (vgl. Schefold, W./Neuberger, Ch./Schmidberger, S. 2001) diskutiert werden, welche Anforderungen daraus für Hilfen durch Verfahren entstehen.

Flexibilisierung der Kinder- und Jugendhilfe lässt sich, neben und in Verbund mit den Konzepten der „neuen Steuerung", als Leitidee der Entwicklung der Jugendhilfe in den 90er-Jahren bezeichnen. Spätestens seit dem In-Kraft-Treten des KJHG, verstärkt durch den Aufbau der Jugendhilfe in den neuen Bundesländern, die – ohne über ein versäultes System zu verfügen – schnell enorme Dienstleistungskapazitäten in diesem Bereich benötigten (vgl. Klatetzki 1995), lassen sich in vielen Kommunen Projekte beobachten, in denen versucht wird, die zunehmenden Nachteile einer versäulten Jugendhilfe in Richtung integrierter Angebote zu überwinden (vgl. Peters u.a. 1998, Evang. Erziehungsverband e.V. 2000a, 2000b u.a.). Diese Tendenz der Entwicklung geht zudem auf das Konzept von Kinder- und Jugendhilfe zurück, das im Achten Jugendbericht der Bundesregierung 1990 formuliert worden ist. Gegenwärtig laufen in einer Vielzahl von Städten Reformprojekte in diese Richtung; so, seit 1997, mit einem beachtlichen Aufwand an Konzeptualisierung und Organisation der Umbau der gesamte Jugendhilfe in Stuttgart (vgl. Stuttgart 2000); ein Bundes-Modellprojekt „Integra" der Internationalen Gesellschaft für Erzieherische Hilfen (IGfH) in Celle, Erfurt, Dresden (Wolff 2000), Frankfurt/O. und Tübingen, Projekte im Bereich von Rheinland-Pfalz (Hamburger 2000) des Landschaftsverbandes Westfalen/Lippe in Borken, Siegen (Landschaftsverband Westfalen-Lippe 2000) u.v.m.

Dabei sind unterschiedliche Konzepte der Flexibilisierung, unterschiedliche Pfade der Reform, unterschiedliche Formen des Projektmanagements zu beobachten, die den lokalen Gegebenheiten Rechnung tragen. Gemeinsam ist allen Reformbestrebungen die Idee, durch problemadäquate, ressourcen- und sozialraumorientierte Hilfen das Leistungspotential der Jugendhilfe zu verbessern, um steigenden Kosten[5] entgegenzuwirken bzw. steigende Nachfrage überhaupt noch aufnehmen zu können.

Zentrales Ergebnis der Modellbegleitung in München war, dass Flexibilisierung von Erziehungshilfen vor allem einer neue Qualität von Fallarbeit bedarf. Dies mag als Widerspruch erscheinen, wenn „Fallarbeit" in der alten Tradition der Einzelfallhilfe mit allen diskutierten Nachteilen (vgl. Karberg 1984) interpretiert wird und nicht als Chiffre für die Fokussierung von Hilfen auf konkrete Kinder, Jugendliche und Familien gesehen wird; unter dieser Prämisse – dass Hilfen zur Erziehung nach §27ff. SGB VIII eine

---

5 Dies wird an der Entwicklung der Ausgaben für Kinder- und Jugendhilfe im ganzen Bundesgebiet deutlich. Sie sind auch in den 90er Jahren kontinuierlich gestiegen. Beliefen sich die Ausgaben für die Hilfen zur Erziehung 1992 noch auf 5,806 Milliarden DM, waren es 1998 schon 8,677 Milliarden (Statistisches Jahrbuch 1994 bzw. 2000).

Verantwortung der Jugendhilfeträger für die Qualität von Hilfen gegenüber identifizierbaren Anspruchsberechtigten bedeutet, erwies sich „Fallarbeit" in all ihren sozialwissenschaftlich-hermeneutischen, handlungsmethodischen und alltäglichen Komponenten als der strategische Ort des – geplanten und ungeplanten – Wandels.

Dabei ist ein deutlicher Bedeutungszuwachs für das Fallverstehen – die Fall*abklärung* – zu verzeichnen. Dies scheint angesichts der Intention, Hilfen als „Maßanzüge" – um eine im Fachdiskurs beliebte Orientierungsmetapher aufzunehmen – zu erbringen und Diagnose nicht mehr auf die Plausibilisierung der Zuordnung eines Falles zu einer standardisierten Maßnahme zu verstehen, verständlich. Flexibilisierung enthält ja zwei Botschaften, die zusammen genommen die Komplexität der Fallarbeit enorm steigern: Es sollen Kindern und Jugendlichen *individuell* passende Hilfearrangements aus einer deutlich gesteigerten *Vielfalt von Optionen*, so z.B. den vielfältigen Ressourcen des Sozialraums, arrangiert werden.

Dies berührt unterschiedliche *Stadien* des Hilfeprozesses:

- die „Fallabklärung": von der ersten Information über eine Auffälligkeit bis hin zur Definition des „erzieherischen Bedarfs" verlangen flexible Hilfen einen in Quantität und Qualität deutlich gesteigerten Aufwand an sozialpädagogischer Diagnose. Insbesondere die Identifizierung unkonventioneller, jenseits der etablierten Maßnahmen liegenden Ressourcen an Zugängen, sozialen Orten, Personen, Beziehungen, Zuwendung, Orientierung und Perspektiven etc. für das einzelne Kind, den Jugendlichen setzt eine sehr gute, subjektnahe Vertrautheit mit den Prozesslinien der Fallgeschichte, mit den Lebensumständen voraus; dabei gehen nach unseren Erfahrungen vielfältige Formen der „Beteiligung" mit den Bemühungen einer professionellen sozialwissenschaftlich-hermeneutisch orientierten Rekonstruktion des Falles zusammen; professionelles Verstehen und Beteiligung verschränken sich in der Bemühung um die Sichtweisen, Interessen und Möglichkeiten der Subjekte. Angesichts dieser Herausforderungen an eine „sozialpädagogische Diagnostik" erweisen sich die faktischen Methoden der Fallabklärung als sehr uneinheitlich, teils unzureichend.
- die Fallführung: Die Suche nach fehlenden Ressourcen, die für den Prozess des Aufwachsens von Kindern und Jugendlichen entscheidend sein könnten, sowie die Aktivierung dieser Ressourcen in einem Prozess bedarf der sorgfältigen Organisation und Begleitung. Ungeachtet der programmatischen, oft allzu naiven Koppelung der Bejahung von Ressourcenorientierung mit der Ablehnung von Defizitorientierung ist dabei die Suche nach Hilfen zur Erziehung ohne das vorhergehende Entdecken von Mängeln schwer vorstellbar. Flexible Hilfen benötigen zudem ein gutes case management (vgl. Schefold u.a. 2001). Je stärker Ressourcen aus dem Sozialraum ins Spiel kommen, desto höher ist der Anteil an laufender Verständigung über Erfahrungen im Prozess.

Flexible Hilfen sind weit stärker als „versäulte Hilfen" als *ein* Prozess zu sehen, der von vielen Akteuren unterhalten wird. Neben der Differenzierung von Helfern und Anspruchsberechtigten, die auch unter dem Etikett der Koproduktion von Dienstleistung nicht verschwindet, gibt es zeitliche, sachliche, soziale Aufgabentrennungen: zwischen Fallaufnahme und Fallbearbeitung, Leistungsgewährung und Leistungserbringung, zwischen Fall- bzw. Federführung und zwischen einzelnen hilfreichen Personen u.a. Kooperation ist notwendig, um strukturelle Probleme im Ablauf des Hilfeprozesses zu lösen. So fallen z.B. Festlegungen der Hilfen nach Art, Umfang und Dauer unter dem Vorzeichen der Flexibilisierung, ebenso wie die Hilfeplanentscheidungen, -vereinbarungen und -überprüfungen in die Zuständigkeit der öffentlichen Träger, in der Regel der Bezirkssozialarbeit, *inhaltlich* sind sie von den pädagogischen Teams mitzuentscheiden und flexibel in Fluss zu halten. Formale Hülsen der Kooperation müssen durch schnelle und effektive Kommunikationsprozesse gefüllt werden. Dies schafft eine oft ungewohnte Transparenz in der Fallarbeit, Chancen und Risiken wechselseitiger Kontrolle. Eine Balance von Verfahrenssicherheit und gegenseitigem Vertrauen ist gefragt.

Bezieht man diese Ergebnisse auf die Vorstellungen von Hilfe als Verfahren, so wird das Konzept der Etablierung eines von den praktischen Handlungen differenzierten Kommunikationssystems deutlich aufgewertet. Flexible Hilfen sind gerade wegen ihrer hohen von Fall zu Fall auszumachenden Gebrauchswertversprechungen oft unkonventionell, periodisch, riskant; die Verständigung zwischen allen Koproduzenten in der Arbeit an einem schwierigen Fall wird von der ersten Meldung von Anlässen bis hin zur Evaluation wesentlich. Die deutliche Bedeutungszunahme der Phase der Fallabklärung – in einer Vereinbarung zwischen ASD und den regionalen Teams für ambulante Erziehungshilfen wurden bis zu drei Monate für diese Aufgabe zugestanden – lässt sich als Versuch der Inszenierung einer „Reflexionsphase" zwischen Beteiligten und HelferInnen deuten, oft als Moratorium in turbulenten Verlaufskurvenprozessen, in denen es – gerade wegen des Verzichts auf standardisierte Interventionen seitens der Jugendhilfe – darum geht, zusammen an Lösungen zu arbeiten. Nebenbei: die hier unter diesen Begriffen gehandelten Prozesse sind nicht professionellen Beobachtern kaum als „Reflexion" identifizierbar. So wird die rekursive Verstetigung einer Kommunikation über Prozesse Ausgangspunkt ressourcen- und sozialraumorientierter Hilfen. Professionelle Leistungen wie amtsinterne Ressourcen – Geld, Zeit, Können – sind hier gefragt. Flexible Hilfen verschieben nach unseren Erfahrungen den Mitteleinsatz auf Prozesse im Verfahrenssystem; Einsparungen an teuren teilstationären, vor allem stationären Maßnahmen werden aus dieser Sicht erwünschte Nebenfolge deutlicher Investitionen in Hilfe*verfahren*.

Bezogen auf das Hilfeplanmodell selbst legt das Projekt der Flexibilisierung eine Rückkehr zum „Geist" des Verfahrens, wie er in §36 KJHG beschrieben ist, nahe: Hilfen als einen reflektierten Prozess zu verstehen. Das

Münchner Hilfeplanmodell z.B. diente einerseits als Rahmen für die Verständigung über den Ablauf der Ambulanten Erziehungshilfen, es erwies sich andererseits für diese Aufgabe als zu wenig flexibel. Hilfepläne werden sehr oft als sperrige Formalien gesehen, die angesichts der Vielfältigkeit der Fälle mal zu undifferenziert, dann wieder zu differenziert sind. Eine Flexibilisierung des Hilfeplanverfahrens sollte ermöglichen, einerseits Grundzüge der Fallbearbeitung festzuhalten, andererseits den federführenden Fachkräften erlauben, wichtige Phasen nach eigener Entscheidung differenziert zu gestalten und zu dokumentieren.

3.4 Hilfeprozesse, -verfahren und Sozialraumorientierung

Sozialräumliche Orientierung war neben und in Verbund mit der Orientierung an Ressourcen die Vorgabe für den Flexibilisierungsprozess in München. Damit wurde eine wesentliche Dimension der gegenwärtigen Modernisierungsbestrebungen gegenüber der Kinder- und Jugendhilfe aufgenommen, die in zahlreichen fachöffentlichen Beiträgen (so z.B. Hinte u.a.1999) unter der Devise „Vom Fall zum Feld" programmatisch formuliert ist. Diese kinder- und jugendpolitische Forderung – man kann von einer Tendenz sprechen – steht in Zusammenhang mit anderen, schon erwähnten Veränderungen: sie zeigt sich auf der Ebene der Jugendpolitik in neuen Steuerungsformen, auf der Ebene der Organisation als Flexibilisierung von Hilfen, auf der Ebene des professionellen Handelns als Anspruch einer neuen Fachlichkeit.

Die Devise „Vom Fall zum Feld" hat eine ordentliche Portion jugendhilfepolitischer Kontroversen im Gepäck, die in der Kritik an der Therapeutisierung und Psychologisierung der Sozialen Arbeit, ihrer Entpolitisierung etc. entfaltet worden sind. Sie hat als Kritik an der Einzelfallhilfe Tradition. Freilich darf nicht vergessen werden, dass oft synchron zu dieser Kritik einer Engführung Sozialer Arbeit am Fall durch Personalisierung und Therapeutisierung Programmatiken und Praxisformen der Gemeinwesenarbeit dahingehend kritisiert worden sind, dass sie in ihren Adressierungen auf ansprechbare und mobilisierbare Gruppen gerade die Personen, die aus sozialen Bezügen desintegriert sind und Hilfen notwendig hätten, nicht erreichten.

Diese Diskussionen haben beide Arbeitsansätze immer als Gegensätze verstanden. Die individualisierende, therapeutisierende, nur das Einzelschicksal in den Blick nehmende Fallarbeit stand auf der einen Seite, die auf Gruppen, Soziale Räume, Stadtteile, auf Lebenslagen und soziale Verhältnisse bezogene Feldorientierung auf der anderen. Gegenwärtig feiert dieses zweiwertige Denken wieder fröhlich Urständ; so wenn Sozialarbeitern „Fallsucht" attestiert wird (Hinte u.a.1999, S. 87).

Neu an der alten Kontroverse sind die jugendhilfepolitischen Horizonte, die da entgegengehalten werden. So war die Kritik an der Einzelfallhilfe (vgl.

Karberg 1984) immer auch politisch motiviert, gegen eine individualisierende Hilfe gedacht; mit der Feldorientierung sollte Soziale Arbeit ihre gesellschaftsverändernden Möglichkeiten aufnehmen. Dieses Motiv ist verblasst, heute scheint Feldorientierung ganz im Zeichen von Effektivierung und Effizienzsteigerung zu stehen. Das Feld – der Stadtteil, die Sozialregion, der soziale Raum – wird als Kosmos von Möglichkeiten der Unterstützung gesehen, als Hort von Ressourcen, die – so die Suggestion – eine allzu psychologisierende Soziale Arbeit nur zu entdecken bräuchte.

Damit ist die Situation sicher überpointiert, wenn auch nicht unzutreffend dargestellt. Im Folgenden sollen einer manchmal allzu leichtgängigen Programmatik empirische Ergebnisse entgegengehalten werden, die deutlich machen, das die Losung „vom Fall zu Feld" zwar nicht falsch ist, aber die Gefahr für die Träger und Verantwortlichen der Jugendhilfe birgt, wieder mal allzu kurz zu springen. Angesagt ist m.E. für die Erstellung effektiver und effizienter Hilfen eine Verknüpfung beider Ansätze, die freilich sorgfältig erarbeitet und reflektiert werden will.

Die Ergebnisse einer Befragung aller von den Modellteams flexibler ambulanter Erziehungshilfe in München 2000 bearbeiteten Fälle (vgl. Schefold u.a. 2001) zeigen, dass die Einbeziehung des Sozialraumes sehr schwierig ist. Die Schwerpunkte der Arbeit liegen klar bei Familienmitgliedern, hier: überwiegend bei den Müttern, andere Personen (Lehrerinnen, Verwandte) spielen eine deutlich geringere Rolle. In fast der Hälfte der Fälle[6] sind zusätzliche Dienste tätig, z.B. Schulsozialarbeit, Hausaufgabenhilfen, therapeutische Hilfen. In rd. 29% der Fälle gibt es konkrete Vereinbarungen mit Personen aus dem Umfeld, hier vor allem mit LehrerInnen und SchulsozialarbeiterInnen. In rd. 37% der Fälle wurden Stellen/Organisationen aus der Sozialregion regelmäßig in die Hilfe einbezogen, dabei überwiegend soziale Dienste (inkl. Kinder- und Jugendhilfe); daneben Gesundheitsdienste, Betreuer, Kirchengemeinde, Ehrenamtliche, Sportvereine mit etwa je 2 Nennungen. Honorarkräfte für Gruppenarbeit, Hausaufgabenhilfen, Dolmetschen kamen deutlich besser zum Zuge (26 Nennungen).

Diese Zahlen zeigen eine Öffnung der Jugendhilfe weg vom professionellen Helfersystem an. Von den Ansprüchen sozialraumorientierter Hilfe her gesehen, scheinen sie noch entwicklungsfähig. Fortschritte sind nach Meinung der Fachkräfte freilich nur mit einem erheblichen Zeitaufwand für eine Netzwerkarbeit, die auf verlässliche Einbindung anderer Personen und Stellen zielt, und mit einem guten case management zu erzielen.

Sozialraumorientierung und Fallorientierung der Jugendhilfe implizieren unterschiedliche Handlungslogiken. Während Sozialraumorientierung auf Gruppen zielt, z.B. für Jugendliche Gelegenheitsstrukturen schafft oder erschließt, haben Hilfen zur Erziehung den einzelnen Fall verantwortlich zu

---

6 Es waren bei zwei Teams mit einer Personalstärke von zusammen 9,5 Stellen insgesamt 94 Fälle.

bearbeiten: Verlässlichkeit, Sicherheit der Hilfen sind hier wichtig, insbesondere dann, wenn ambulante Hilfen nachhaltig sein wollen, auch als Substitut für stationäre Hilfen wirken sollen.

Soziale Arbeit kann hier nicht ohne weitere intensive Anstrengungen mit der Ressource „Sozialraum" – als Ensemble übersehener, inaktivierter Ressourcen im Sozialraum – rechnen, sie wird vielmehr Zeuge realer „Exklusionsdriften", die Familien, Kinder und Jugendliche schon hinter sich haben. Gerade im Reflexionsrahmen der systemtheoretischen Beiträge zur Sozialen Arbeit (vgl. Merten 1998) lässt sich der Sachverhalt gut formulieren, dass im Sozialraum Akteure, seien es Institutionen, Organisationen der Gruppen zugange sind, die ihre eigenen Regeln der Inklusion haben; dies trifft für Schulen ebenso zu wie für Sportvereine oder altershomogene Cliquen. Das Problem der Adressaten erzieherischer Hilfen liegt, wie die zahlreichen Fallanalysen zeigen, gerade darin, dass sie massive Ausschlusserfahrungen hinter sich haben, ihr „Wiederanschluss" an soziale Netze setzt Adressierbarkeit bei einzelnen Akteuren voraus; dass dies bei den professionell betriebenen bzw. orientierten Helfersystemen nach unseren Ergebnissen weit häufiger gelingt wie bei anderen Organisationen und Gruppen im Sozialraum, betont die Schärfe, in der sich das Problem der Inklusion bzw. Integration bestimmter Adressaten der Sozialen Arbeit stellt.

3.5 Probleme und Paradoxien des Hilfeverfahrens

Wird mit dem Hilfeplanverfahren – wie oft in der Sozialpädagogik – nicht zu viel Innovation beschworen? Gesellschaftliche Entwicklungen und die Versuche des Sozialstaates, diese zu verarbeiten sprechen für die Gewichtigkeit des Themas. Die sich wandelnden Konstellationen von Lebenslagen und Unterstützungsanforderungen stellen faktische Anforderungen an neue, personbezogene, ganzheitliche Formen der Hilfe. Sie müssen unter dem Vorzeichen des Umbaus des Sozialstaates unter hohen Effektivitäts- und Effizienzdruck organisiert werden. Ohne dass die Bedeutung klar kodifizierter sozialstaatlicher Ansprüche zu verringern wäre, entstehen damit auch Formen und Desiderate einer moderneren Kooperation zwischen Sozialstaat und Bürger.

Hilfeplanverfahren bleiben trotz aller plausiblen Ansätze zur Innovation durch das Paradox gekennzeichnet, dass eine soziale Symmetrie der Beziehungen in einem prinzipiell asymmetrischen Hilfeprozess zur Geltung gebracht werden soll. Bürger nehmen als Staatsbürger und Sozialstaatsbürger an diesen Verfahren teil. Trotz aller Verschränkung liegt die Bedeutung des Verfahrens jedoch darin, dass beide Rahmen – Beteiligung und Fachlichkeit – als Norm- und Sinnbezug durch alle Partner interaktionsleitend ins Spiel gebracht werden können.

Das Hilfeplanverfahren lässt sich, zusammenfassend, als organisatorisch-professioneller Kern einer Modernisierung der Jugendhilfe verstehen, die als „reflexiv" gesehen werden kann, insofern nun auch Folgeprobleme „einfacher" Modernisierung sozialer Hilfen zur Bearbeitung anstehen (Beck 1993). Die Differenzierung von Hilfearten nach dem KJHG gerät in den Verhandlungsprozessen in Bewegung, Kombinationen von Maßnahmen und neue Hilfeformen können ausgehandelt werden. Die Spezialisierung zwischen Fachkräften in den Ämtern und den Maßnahmeorten, zwischen externen Experten und den „Experten des Alltags", die sich in Hilfeprozessen oft als unbefragte Kumulation von Falldeutungen in den Akten verselbstständigt, kann thematisiert werden; Grenzen, die Institutionalisierungsprozesse schaffen, werden durchlässiger.

Diese mögliche Dynamik hat Folgen für die Organisation der Ämter bzw. Verbände. Sie treibt eine Enthierarchisierung von Entscheidungsvollmachten voran, betont, damit im Zusammenhang, die Notwendigkeit horizontaler Kommunikation unter den MitarbeiterInnen, fördert eine Dezentrierung von Perspektiven (vgl. Müller 1992). Sie steuert auch Informationen und Impulse zu den Planungsprozessen bei, welche die Reproduktion der Infrastruktur sozialpolitischer Leistungen dienen, so z.B. der Kinder- und Jugendhilfeplanung (§§80 KJHG).

4. Verfahren als teilautonomer Bereich der Wohlfahrtsproduktion? Sozialpolitische Aspekte

Viele Informationen aus dem sozialen Sektor legen nahe, von Tendenzen zur Ausweitung fallbezogener, durch Verfahren geregelter Wohlfahrtsproduktion in klassischen Feldern der Sozialpolitik zu sprechen.

Die Krise des Sozialstaates hat auch die Facette, dass in einer Gesellschaft im Individualisierungstrend neben den „retrospektiv bilanzierenden Systemen", der „abstrakten Leistungsbestimmung" die „situationsspezifischen Systeme", die Lebensläufe prospektiv strukturieren und eine „konkrete Leistungsbestimmung" haben, wichtiger werden (Allmendinger 1995, S. 183). Neben den überkommenen, konditionalen „wenn-dann"-Formen sozialstaatlicher Leistungserbringung treten neue lebensweltlich und biografisch zielgenauere, finale „um zu"-Hilfeformen. Lebensläufe, -verläufe und Biografien rücken als Bezugspunkte für die Definition von Leistungen in den Vordergrund. Die Dimension der Lebenszeit wird in sozialpolitischen Leistungszusammenhängen immer bedeutsamer (Leibfried/Leisering 1995). Bei konkreter Leistungsbestimmung müssen die „individuell obwaltenden Lebensumstände in ein Bedarfsmaß gebracht werden" (S. 183), es gibt Ermessensspielräume seitens der Fachkräfte, es müssen Verhaltensvorschriften seitens der Anspruchsberechtigten erfüllt werden. Konkrete Systeme gewähren *„das für den Fall Richtige"* (Allmendinger 1995, S. 183), das Verfahren tritt in den Vordergrund.

Damit deutet sich eine stärkere Integration sozialpolitischer und sozialarbeiterischer Leistungsformen an. Differenzen verlieren an Bedeutung: so die Differenz von Politik und Pädagogik als sozialstrukturbezogener bzw. personbezogener Praxis; so die Differenz von kodifizierten Rechtsgrundlagen und kontingenter Nächstenliebe als Grundlagen des Handelns, von Geld und guten Worten als Operationsweisen von Sozialpolitik und Sozialer Arbeit. Neben den symbolisch generalisierten Ressourcen bzw. Steuerungsmedien Recht und Geld als Medien der Sozialpolitik werden, nach Luhmanns Begriffen (Luhmann 1997, Bd. 2) die Steuerungsmedien „Liebe" und „Sinn" wichtig.

Es wäre sicher überzogen, hier von einer durchgehenden Tendenz zu sprechen, welche alle großen sozialpolitischen Leistungssysteme erfasst. Der Trend zur sozialpädagogischen Vermittlung sozialpolitischer Leistungen lässt sich jedoch in allen Leistungsbereichen vermuten, in denen Leistungen nach differenzierten Bedarfslagen bzw. Anspruchsvoraussetzungen vermittelt werden; sie beziehen sich, über einzelne Elemente von Lebenslagen hinaus, in der Regel unmittelbar auf Personen in ihrer Lebensführung.

Dieser Wandel in den Formen sozialstaatlicher Leistungserbringung berührt weitere Bereiche. Die Befunde der Armutsforschung rehabilitieren die im BSHG im Prinzip auf individuelle Hilfe angelegten Ablaufmuster, die durch die Funktionalisierung der Sozialhilfe für die Versorgung neuer Armutspopulationen überdeckt worden sind (vgl. Leibfried/Leisering 1995; Ludwig 1995). In lokalen Reformprojekten, etwa dem Projekt der *Sozialbürgerhäuser* in München – alle Dienstleistungsbereiche des Sozialreferates sollen in dezentralen, lokalen Einrichtungen kompakt angeboten werden – soll Hilfe „ganzheitlich", in „Prozessverantwortung einer Fachkraft, welche die Federführung im Einzelfall übernimmt", angeboten werden; ein „Maßnahmenplan" soll dies gewährleisten, er soll die aktive Einbindung der Kunden, Kooperation der Fachleute, Verbindlichkeit, Transparenz und Verantwortung für alle Beteiligten sichern (Landeshauptstadt München, S. 3). Die Ebenen von Organisation, Interaktion und professionellem Handeln werden in den Reformbemühungen verschränkt. Ein ähnliches Muster weisen die Pläne der Bundesanstalt für Arbeit im Bezug auf die Dienstleistungen zur Vermittlung von Arbeitsplätzen aus. Sie weisen freilich auch genau auf die Grenzen der Effektivität dieses Ansatzes.

Diese Entwicklungen sind freilich nur auf der Grundlage gesetzlich verbriefter Leistungsansprüche möglich. Die Individualisierung von Hilfe qua Verfahren würde ohne subjektiv-rechtliche Ansprüche oder Gewährleistungsverpflichtungen der Institutionen wohl schnell ausgehöhlt. Leistungsansprüche und Beteiligungsregeln konstituieren Sicherheit und Flexibilität moderner Hilfe. So geht z.B. die Modernisierung sozialer Dienste in Form der „Sozialbürgerhäuser" von sozialstaatlichen Gesetzen aus. Im Rahmen dieser gesetzlichen Vorgaben müssen die zuständigen staatlichen und kommunalen Träger bzw. Haushalte Mittel bereitstellen. Sind diese Bedingungen erfüllt, können Verfahren eine eigene Qualität entfalten. Ohne diese etatistischen ordnungspolitischen Vorgaben wären die staatsbürgerlichen Freiheiten, auf welche die Verfahren setzen, leer, die Beiträge von Organisations- und Professionsentwicklung ohne Substanz.

Die über Verfahren organisierte Fallbezogenheit sozialer Leistungserbringung wirft eine Reihe von *Fragen* auf, welche Legitimations- wie Nutzenprobleme betreffen. Zunächst: Stellen die hier skizzierten Entwicklungen in den Traditionen des sozialen Sektors wirklich etwas Neues dar? Verfahren in der hier diskutierten Struktur gehen weit über traditionale sozialarbeiterische Fallarbeit hinaus; sie lassen auch die Hilfekonzepte der klassischen Fürsorgetheorie (z.B. Scherpner 1974) hinter sich. Hilfe ist nicht allein durch methodische Konzepte der Fachleute reguliert. Hilfe ist doppelt fundiert: in staatsbürgerlichen und sozialstaatlichen Rechten, in sozialen Leistungen und in Interaktionsregeln, in Ansprüchen auf Ressourcen und Ansprüchen auf Kommunikation. Sie *zusammen* sollen Reflexivität im Bezug auf den Hilfeprozess, Effektivität in den je individuellen Zusammenhängen von Lebensführung und Lebenslage gewährleisten.

Verfahren können als Weg in der Lösung des aktuellen Problems diskutiert werden, wie sozialstaatliche Leistungen eine bessere „Zielgenauigkeit" gewinnen können und damit sowohl dem politischen Postulat sozialer Gerechtigkeit als auch dem ökonomischen Postulat effektiven Mitteleinsatzes besser genügen können. Die seit Jahren anhaltend in der Öffentlichkeit geführten Debatten um diese Dilemmata kranken daran, dass nahezu alle empirischen Bezugsfälle, in denen es um die Angemessenheit von Leistungen bzw. deren Kürzungen geht, Plausibilität in beiden Richtungen – Vertretbarkeiten und Unvertretbarkeit – erzeugen und Stellungnahmen so oft zu Offenlegungen des jeweiligen sozialpolitischen Credo werden. Die Einsicht, dass diese Dilemmata prozedurale und nicht allein materiale Probleme in der Wohlfahrtsproduktion spiegeln, drängt sich auf.

Dennoch: Fallspezifische, verfahrenregulierte sozialstaatliche Leistungserbringung steht in Dilemmata: Leistungen werden kontingent, von Interaktionen, mithin von Personen und ihren Kompetenzen abhängig. Die Hilfe wird personnäher, damit vielleicht auch funktionaler, gleichzeitig erhöhen sich Kontrollmöglichkeiten. Eine Problemstellung wird verschärft, die in der Sozialpädagogik vor Jahren unter dem Begriff des „Sozialisationsstaates" diskutiert worden ist (vgl. Barabas u.a. 1978). Bekämen im Rahmen einer umfassenden, wenn auch verfahrensgeleiteten Konzeption von Hilfe sozialstaatliche Dienstleistungen nicht doch wieder stärker den Status willkürlicher Hilfen, würde, wie U. K. Preuss dies 1981 in Bezug auf soziale Dienstleistungen meinte, „Herrschaft unmittelbar persönlich und konkret?" (Preuss, zitiert nach Nagel 1993; S. 151). Konditionale Programmierungen von Hilfe können universalistisch ansetzen, sie verallgemeinern Bedarfslagen und Interventionen. Sie schaffen „Gleichheit", bürokratische Verteilungsgerechtigkeit. Dies setzt freilich eine starke Spezifizierung und Standardisierung von Bedarfslagen, sozialen „Umwelten" und Ressourcenarten bzw. „Medien" voraus, in denen Hilfe stattfindet.

In diese Debatte ist einzubringen, dass diese Dilemmata sozialstaatlicher Hilfe auch und gerade in den funktional notwendigen Formen rudimentärer Fallarbeit in vielen monetär geprägten Leistungsbereichen längst virulent sind. Klassische sozialpolitische Leistungssysteme für den „abstrakten Staatsbürger" haben zudem immer schon ihre Kontingenzformeln gebraucht; so die Formel des „Ermessensspielraums", des „Härtefalls" als Institutionalisierung der Außerkraftsetzung von Normen. Verfahren bieten gerade die Möglichkeit, diese Paradoxien jeder Hilfe in geregelten und für den Staatsbürger und Sozialstaatsbürger transparenten Kommunikationsformen zu bearbeiten.

Durch eine fall- bzw. personbezogene Hilfe unter Aspekten der Rechtsstaatlichkeit *und* Sozialstaatlichkeit werden Dilemmata in den Bereich des Aushandelns, mithin auch in den Bereich professionellen Handelns verschoben. „Unterhalb" der Regeln konstituieren sich in der Interaktion zwischen Personen aus unterschiedlichen, einander fremden sozialen Welten Beziehungen höchst unterschiedlicher Qualität. Diese Prozesse werden zentrales Thema sozialpädagogischer Hilfeforschung sein müssen. Das Recht der Eltern auf Mitwirkung ist im Ablauf der Interaktionen oft nur wirksam, wenn, wie die Studie über Elternbeteiligung zeigt (Schefold u.a. 1998), „Mitwirkung" als Ziel auch in das verfahrensgeleitete Interaktionsgeschehen und in die professionelle Orientierung der MitarbeiterInnen der Ämter eingeht. Der sozialen Arbeit stellt sich die oft kontrafaktisch unterstellte Mündigkeit des Wahlbürgers, des Konsumenten immer auch noch als pädagogische Herausforderung. Der Bereich professionellen Handelns wird sowohl in Bezug auf Methoden wie auf ethische Orientierungen aufgewertet. Damit verstärken sich freilich auch Paradoxien moderner sozialpädagogischer Professionalität (vgl. Schütze 1995).

Reflexive Modernisierung durch Verfahren mag als Beitrag zur Diskussion um Wohlfahrtsproduktion angesichts der Dynamiken, die von den Gutachten der Kommunalen Gemeinschaftsstelle zur Verwaltungsvereinfachung ausgelöst worden sind und unter dem Label „Neue Steuerungsmodelle" Politik, Träger und Fachöffentlichkeiten beschäftigen, veraltet oder utopisch wirken. Lösen die Trends zur Ökonomisierung der Sozialpolitik bzw. „Verbetriebswirtschaftlichung" der Jugendhilfe nicht alle Probleme, die durch die eingangs erwähnte epochale Problemlage des sozialen Sektors gegeben sind? Die kritische sozialpädagogische Debatte um diese Modernisierungsbewegung (vgl. Müller 1996; Merchel/Schrapper 1996; Flösser/Otto 1996; im Überblick: Peters 1997) zeigt gerade Defizite eigener, professions- und disziplinspezifischer Positionen und Wissensbestände auf. Eine reflektiert eigenständige Auseinandersetzung, die z.B. den eigenständigen Charakter der Kinder- und Jugendhilfe gegenüber marktstrukturierten Orientierungen betont (vgl. Wabnitz 1998), wird gefordert.

Verfahren entsprechen dem hochgehalten Grundgedanken der neuen Steuerungsmodelle, Leistungen für die Betroffenen (Kunden) zu optimieren; freilich in einer Form, welche den Aufgaben und Strukturen sozialer Arbeit entspricht, wie sie sich z.B. in den Hilfen zur Erziehung darstellen. Verfahren sind gerade keine Kaufakte; der „Kunde" in Hilfeprozessen ist in vielen biografie- und lebensweltgeprägten „Rollen" Teilnehmer an einem komplexen, dem regulativen Prinzip einer problemlösenden Hilfe unterstellten Kommunikations- und Entscheidungsprozess. Verträge können als Fixierung von Konsens und Kooperationsverpflichtungen Teil dieses Prozesses sein.

Man kann dies auch als Beleg für die Einsicht sehen, dass Funktionssysteme (in Anlehnung an Luhmann 1997) unterschiedliche Codes und Programme haben und Hilfen – im alltäglichen Sinn – in Biografien nicht allein in den Medien Recht und Geld operieren können, sondern integrativ auch Bindungen, Zuwendung und Sinn in Anspruch nehmen. Dafür sind komplexe Arrangements notwendig, in die unterschiedliche Operationsweisen eingehen.

5. Herausforderungen und Impulse für die Sozialpädagogik

Sozialstaatliche Leistungserbringung im Rahmen von Verfahren erfordert auch von der sozialen Arbeit Entwicklungsschübe; sie lassen sich auf die Struktur des Verfahren sowie auf das Handeln der Akteure beziehen.

- *Strukturelle Differenzierung*: In vielen, insbesondere in schwierigen Fällen agiert die federführende Fachkraft in widersprüchlichen Bezügen: als Leiterin des Verfahrens, als Sachwalterin der Belange des Jugendamtes, des Kindeswohls, der Eltern. Diese Widersprüchlichkeit ist im §36 des KJHG in der Hoffnung auf kommunikativen Ausgleich angelegt. Eine strukturelle Differenzierung des Verfahren wäre oft sinnvoll: Die Verfahrensleitung könnte z.B. einer Fachperson übergeben werden, die nur damit beschäftigt ist.
- *Anerkennung neuer Helferrollen*: Insbesondere in schwierigen Fällen sollten Eltern die Möglichkeit haben, sich durch Personen begleiten und beraten zu lassen, die ihr Vertrauen haben und zugleich bei Ämtern akzeptiert sind: „Scharnierpersonen", die gleichermaßen Zugang zu den Eltern wie zu den Ämtern und Mitarbeiterinnen haben.
- *Transparenz und Dokumentation des Verfahrens*: Hilfeprozesse und -verfahren sind komplex, Transparenz wird vor allem für die Eltern zum Problem, insbesondere in Bezug auf die Verhandlungen in den Fachteams oder zwischen den Ämtern und Einrichtungen. Über die gängige Aktenführung hinaus müssten kreative Informationswege eröffnet werden. Sie wären Voraussetzung für Revisionsmöglichkeiten von Entscheidungen.

- *Integration unterschiedlicher Hilfen*: Hilfeprozesse, die aus der Sicht der Eltern erfolgreich waren, sind meist Prozesse, in denen Hilfen nach dem KJHG und andere Formen sozialstaatlicher Unterstützung wie informelle Hilfen integriert sind. Dies hätte einen Ausbau des Hilfeplanverfahrens im Sinne einer Kooperation unterschiedlicher Leistungsträger zur Folge. In diese Richtung geht das Modell des „Maßnahmenplans" im Rahmen der Münchner Sozialbürgerhäuser.

Verfahren geben professionellem Handeln in der Sozialen Arbeit einen eigenen sozialen Ort. Die Rollen der „federführenden Fachkraft" oder des „Verfahrensverwalters" im Hilfeplanprozess überschreiten Rahmenbedingungen, die in der langen Debatte um Professionalität als Manko sozialer Arbeit galten: So die Einbindung in bürokratische Hierarchien, die Zu- oder Unterordnung unter andere Professionen, den Mangel an originären, kodifizierten gesellschaftlichen Aufgaben (Olk 1987). In der Denkfigur des „doppelten Mandats": amtliche Bindungen würden durch Verfahrensregeln und Beteiligungsrechte gerahmt (vgl. Böhnisch/Lösch 1969).

Für die Weiterentwicklung professionellen Handelns sollen einige Kompetenzbereiche hervorgehoben werden:

- Kommunikation wird in den Verfahren zentral. Fähigkeiten der Gesprächsführung, der „klientenzentrierten" Beratung u.a. werden enorm aufgewertet und eingefordert. Das bedeutet für Sozialpädagoginnen, dass die Fähigkeiten, mit fremden Welten und Menschen umzugehen, immer wichtiger wird. Darüber hinaus verlangen Verfahren verstärkt Fähigkeiten zur Arbeit in Gruppen, so z.B. im Fachteam.
- Flexible Hilfen, die unkonventionell Ressourcen im Sozialraum erschließen wollen, verlangen neue Formen der Kooperation jenseits des etablierten Helfersystems: Integration in andere, oft fremde Gruppen und Szenen, die Kunst, Verbindlichkeiten herzustellen, Vereinbarungen zu treffen.
- Hilfeverfahren fordern, damit in Zusammenhang, die besondere Kompetenz der Fachleute und Fachteams, Fallgeschichten als Ganze in den Blick nehmen zu können.

Neben die Biografie und fallverstehend in enger Verbindung damit (vgl. Glinka 1994) treten Milieus, Szenen und Sozialräume; sie wechseln im Lebensverlauf und zeigen immer wieder neu zu rekonstruierende Konstellationen.

In diese Richtung gibt es im Bereich der sozialpädagogischen Fallarbeit Entwicklungsbedarf. Gegenwärtig wird in der Fachdiskussion die alte Methode der Fallanalyse durch neue, aus den Sozialwissenschaften stammende Methode qualitativer Sozialforschung verändert, verbessert und aufgewertet (vgl. Jakob/v. Wensierski 1996). Der Hilfeplan legt Qualifizierung in Richtung einer genuin sozialpädagogischen Fallarbeit nahe. Damit verbunden werden neue Orte praxisnaher Reflexion vorgeschlagen, so Innovationswerkstätten, die an alltägliche Arbeitsabläufe in den Dienststellen adaptiert sind (vgl. z.B. Glinka 1997).

Diese Entwicklungen in Strukturen und Kompetenzen können in der Sozialen Arbeit nur über Lernprozesse von Personen und Organisationen vorangetrieben werden. Im Umbruch des Sozialstaates eröffnen sich vielen Akteuren Chancen, durch Projekte, durch wissenschaftlich gestützte Selbst-Evaluation, durch darauf gestützte Diskurse ihre Traditionen und Kompetenzen für die Zukunft des Sozialstaates praktisch zu nutzen.

Literatur zur Vertiefung

Luhmann, N.: Legitimation durch Verfahren. Frankfurt a.M. 1997
Peters, F./Trede, W./Winkler, M. (Hrsg.): Integrierte Erziehungshilfen. Internationale Gesellschaft für erzieherische Hilfen, Frankfurt a.M. 1998
Schefold, W./Glinka, H.-J./Neuberger, C./Tilemann, F. Hilfeplanverfahren und Elternbeteiligung. Deutscher Verein für öffentliche und private Fürsorge, Frankfurt a.M. 1998

Literatur

Adler, H. (1998): Fallanalyse beim Hilfeplan nach §36 KJHG. Frankfurt a.M.
Allmendinger J.: Die sozialpolitische Bilanzierung von Lebensverläufen, in: Beck, U. (1993): Die Erfindung des Politischen. Frankfurt a.M.
Backhaus-Maul, H./Olk, Th. (1992): Intermediäre Organisationen als Gegenstand sozialwissenschaftlicher Forschung. In: Schmähl; W. (Hrsg.): Sozialpolitik im Prozess der deutschen Einigung. Frankfurt a.M. und New York, S. 91-132
Baecker; D. (1994): Soziale Hilfe als Funktionssystem der Gesellschaft. In: Zeitschrift für Soziologie, Heft 2, S. 93-110
Barabas; F:/Blanke, Th./Sachße, Ch./Stascheit, U. (1978): Zur Theorie der Sozialarbeit. Sozialisation als gesellschaftliche Praxis. In: Dies. (Hrsg.): Jahrbuch der Sozialarbeit (1978), Reinbek bei Hamburg, S. 490-535
Bayerisches Landesjugendamt (1994): Vorschlag zum Hilfeplan. München 1994
Beck, U. (1993): Die Erfindung des Politischen. Frankfurt a.M.
Becker, P. (1999): Welche Qualität haben Hilfepläne? Frankfurt a.M.
Böhnisch, L. (1982): Der Sozialstaat und seine Pädagogik. Neuwied und Darmstadt
Böhnisch, L. (1997): Sozialpädagogik der Lebensalter. Weinheim und München
Böhnisch, L./Lösch, H. (1973): Das Handlungsverständnis des Sozialarbeiters und seine institutionelle Determination. In: Otto, H.-U./Schneider; S. (Hrsg.): Gesellschaftliche Perspektiven der Sozialarbeit 2, Neuwied und Darmstadt, S. 21-40
Ehrenberg, H./Fuchs, A. (1982): Sozialstaat und Freiheit. Opladen
Evers, A. (1990): Im intermediären Bereich. Soziale Träger und Projekte zwischen Haushalt, Staat und Markt. In: Journal für Sozialforschung, Heft 2, S. 189-211
Erziehungshilfen im 21. Jahrhundert (2000): (Kongressmappe) Fachkongress der Stadt Stuttgart
Evang. Erziehungsverband e.V. (Hrsg.) (2000): Jugendhilfe im Sozialraum. Hannover
Faltermeier, J. (Hrsg.) (1994): Hilfeplanung konkret. Schriften des Deutschen Vereins für öffentliche und private Fürsorge, 34, Frankfurt

Flösser, G./Otto, H.-U. (Hrsg.) (1996): Neue Steuerungsmodelle für die Jugendhilfe. Neuwied/Kriftel/Berlin
Glinka, H.-J. (1997): Die Innovations- und Forschungswerkstatt. Eine ideelle und konzeptionelle Rahmung für besondere Lern- und Lehrorte zur Hervorbringung erkenntnisgenerierender und professioneller Handlungsorientierungen in sozialpädagogischen Arbeitsfeldern. In: ARCHIV – Zeitschrift für Wissenschaft und Praxis der sozialen Arbeit. Frankfurt a.M., Heft 4
Hambuger, F./Müller, H./Porr, C. (1998): Innovation und Steuerung aus der Praxis. Mainz
Hinte, W./Litges, G./Springer, W. (1999): Soziale Dienste. Vom Fall zum Feld. Soziale Räume statt Verwaltungsbezirke. Berlin
Hornstein, W. (1997): Jugendhilferecht und Sozialpädagogik. In: Recht der Jugend und des Bildungswesens, 45. Jg., Heft 1, S. 26-30
Institut für Soziale Arbeit (Hrsg.) (1994): Hilfeplan und Beteiligung. Münster
Jakob, G./v. Wensierski, H.-J. (Hrsg.) (1996): Rekonstruktive Sozialpädagogik. Weinheim und München
Karberg, S. (1984): Einzelfallhilfe. In: Eyferth, H./Otto, H.-U./Thiersch, H. (Hrsg.) Handbuch Sozialarbeit/Sozialpädagogik. Opladen
Klatetzki, Th. (Hrsg.) (1995): Flexible Erziehungshilfen. Ein Organisationskonzept in der Diskussion. Münster
Landeshauptstadt München, Sozialreferat (1997): Das erste Sozialbürgerhaus im Münchner Süden. Konzept für eine neue Dienstleistungsorganisation. München
Landeshauptstadt München, Sozialreferat (1998): Hilfeplanmodell für die Stadt München. München
Landschaftsverband Westfalen-Lippe (Hrsg.) (2000): Flexibilisierung erzieherischer Hilfen. Münster
Leibfried, S./Leisering, L. (1995): Zeit der Armut. Frankfurt a.M.
Luhmann, N. (1972): Formen des Helfens im Wandel gesellschaftlicher Bedingungen. In: Otto, H.-U./Schneider, S. (Hrsg.): Gesellschaftliche Perspektiven der Sozialarbeit, Bd. 1, Neuwied, S. 21-43
Luhmann, N. (1975): Legitimation durch Verfahren. Darmstadt und Neuwied
Luhmann, N. (1997): Die Gesellschaft der Gesellschaft. 2 Bde. Frankfurt
Maas, U. (1994): Soziale Arbeit als Verwaltungshandeln. Weinheim und München
Maas, U. (1997): das mißverstandene KJHG. Privatisierung der öffentlichen Jugendhilfe als „Neue Fachlichkeit": Kein Auftrag, keine Verantwortung – keine Kompetenz. In: Zentralblatt für Jugendrecht, 84. Jg., Heft 3, S. 70-76
Müller, B. (1992): Sozialpädagogisches Können. Freiburg
Müller, B. (1996): Qualitätsprodukt Jugendhilfe. Kritische Thesen und praktische Vorschläge. Freiburg
Münder, J. u.a. (1993): Frankfurter Lehr- und Praxiskommentar zum KJHG. Münster 1993
Münder, J. (1995): Die maßgeblichen gesetzlichen Stellwerke für Jugendhilfe als Dienstleistung. In: Jugendhilfe, S. 212-217
Merchel, J. (1997): Der mißverstandene Charakter von Hilfeplanung. Anmerkungen zum Beitrag von Udo Maas in: ZfJ, Nr. 3, 1997. In: Zentralblatt für Jugendrecht, 84. Jg., heft 10, S. 368-372
Merchel, J./Schrapper, Ch. (1996): Neue Steuerung. Tendenzen der Organisationsentwicklung in der Sozialverwaltung. Münster
Nagel, U. (1993): Hilfe als Profession. In: Leisering, L./Geissler, B. Mergner, U./Rabe-Kleberg, U. (Hrsg.): Moderne Lebensläufe im Wandel. Weinheim, S. 149-162
Nölke, E. (1995): Jugend und Marginalisierung. Weinheim
Olk, Th. (1987): Abschied vom Experten. Weinheim und München

Peters, F.: Neuere Steuerungsmodelle in der Jugend- und Sozialarbeit. In: Sozialwissenschaftliche Literatur Rundschau, 20.Jg. (1997), H. 2, S. 37-48
Peters, F./Trede, W./Winkler, M. (Hrsg.) (1998): Integrierte Erziehungshilfen. Frankfurt a.M.
Preuss, U. K. (1981): Rechtsstaat-Steuerstaat-Sozialstaat. Eine Problemskizze. In: Abendroth, W./Blanke, B./Preuss, U. K.(Hrsg.): Ordnungsmacht? Über das Verhältnis von Legalität, Konsens und Herrschaft. Frankfurt a.M, S. 46-68
Riemann, G. (1987): Das Fremdwerden der eigenen Biographie. München
Schaarschuch, A. (1999): Theoretische Grundelemente Sozialer Arbeit als Dienstleistung. Ein analytischer Zugang zur Neuorientierung Sozialer Arbeit. In: Neue Praxis, Heft 6, S. 543-560
Schefold, W. (1999): Hilfe als „Verfahren" – Sozialpädagogisierung der Sozialpolitik, Sozialpolitisierung Sozialer Arbeit? In: Zeitschrift für Pädagogik, 39. Beiheft
Schefold, W./Glinka, H. G./Neuberger, C./Tilemann; F. (1998): Hilfeplanverfahren und Elternbeteiligung. Deutscher Verein für öffentliche und private Fürsorge, Frankfurt a.M.
Schefold, W./Neuberger, C./Schmidberger, S. (2001): Flexibilisierung ambulanter Erziehungshilfen in München. Auswertungsbericht der Modellbegleitung. Deutscher Verein für öffentliche und private Fürsorge, Frankfurt a.M.
Scherpner, H.: Theorie der Fürsorge, 1974, 2. Aufl.
Schütze, F. (1996): Sozialarbeit als bescheidene Profession. In: Dewe, B. u.a. (Hrsg.): Erziehen als Profession. Opladen 1992, S. 113-147
Schütze, F. (1996): Verlaufskurven des Erleidens als Forschungsgegenstand der interpretativen Soziologe. In: Krüger, H.-H./Marotzki, W. (Hrsg.): Erziehungswissenschaftliche Biographieforschung, Opladen (2. Aufl.), S. 116-158
Schwabe, M. (1999): Sozialpädagogische Prozesse in Erziehungshilfen zwischen Planbarkeit und Technologie-Defizit. In: Zeitschrift für Pädagogik, 39. Beiheft
Thiersch, H. (1999): Flexible, integrierte und sozialraumorientierte Hilfen – Schwachstellen und Perspektiven. Vortrag auf dem Fachtag des Bundesmodells „Integra", Tübingen
Wabnitz, R. J. (1998): Neue Steuerungsmodelle und Qualitätssicherung. Zur Frage ihrer Vereinbarkeit mit den Rahmenbedingungen und Strukturprinzipien der Kinder und Jugendhilfe, insbesondere der Jugendverbandsarbeit. In: deutsche jugend, 46. Jg., S. 59-69
Wolff, M. (2000): Integrierte Erziehungshilfen. Weinheim und München

Fabian Kessl

Ökonomisierung

Zusammenfassung: Der Prozess der Einführung betriebswirtschaftlicher Steuerungsinstrumente und Organisationslogiken innerhalb der Dienstleistungsinstitutionen der Kinder- und Jugendhilfe ist seit Anfang der 1990er-Jahre in der Bundesrepublik in vollem Gange. Glaubt man den Programmen der KGSt steuern die Institutionen der Kinder- und Jugendhilfe schon seit Jahren um und neu. Der Ökonomisierungsprozess der Institutionen im Bereich der Kinder- und Jugendhilfe wird weitreichend in Profession und Disziplin diskutiert, über die tatsächlichen Implementierungsprozesse im Bereich der Kinder- und Jugendhilfe liegen allerdings noch sehr wenige empirische Ergebnisse vor. Neben dieser organisationstheoretischen Dimension des Ökonomisierungsprozesses ist eine sozialtheoretische bisher zumeist unberücksichtigt geblieben. Im Anschluss an die späten Arbeiten Foucaults kennzeichnet die Ökonomisierung einen veränderten Regierungstyp, gesellschaftliche Regulierung zur individuellen Selbstdisziplinierung, oder anders gesprochen: die Aktivierung der Selbstkontrolle mit dem Ziel des ‚Unternehmertums jedes Einzelnen'.

1. Ökonomisierung – gibt es das überhaupt? Zur Diskurs- und Datenlage des Untersuchungsgegenstandes

Der Blick in Handbücher der Sozialen Arbeit und der Sozialpolitik zeigt, dass die Stichworte ‚Ökonomie' bzw. ‚Ökonomisierung' bisher keine Aufnahme gefunden haben. Ökonomie(sierung) scheint bisher begrifflich als Terminus der Kinder- und Jugendhilfe nur in Form des unbestimmten Rechtsbegriffs ‚Wirtschaftlichkeit' unter §78b, Absatz 2, KJHG aufzutauchen. ‚Wirtschaftlichkeit' stellt hierbei – neben Sparsamkeit und Leistungsfähigkeit – einen der drei Grundsätze für Leistungsvereinbarungen im Rahmen der Kinder- und Jugendhilfe dar. Der Grundsatz der Wirtschaftlichkeit ist – im Anschluss an einen Beschluss des OVG Lüneburg (vgl. OVG Lüneburg, FEVS 34, 64) – dann gegeben, „wenn mit dem geringstmöglichen Aufwand bestmöglicher Erfolg erstrebt wird" (Schellhorn 2000, S. 439).

Die Frage der ‚Ökonomisierung der Kinder- und Jugendhilfe' bzw. der Sozialen Arbeit insgesamt hat als systematisch-analytischer Terminus bisher keinen Eingang in den Fachdiskurs gefunden. Gleichzeitig ist der Prozess der Einführung betriebswirtschaftlicher Steuerungsinstrumente und Organisationslogiken innerhalb der Dienstleistungsinstitutionen der Kinder- und Jugendhilfe seit Anfang der 1990er-Jahre in der Bundesrepublik in vollem

Gange. Die KGSt hatte 1993 durch die Veröffentlichung ihres ersten und grundlegenden Berichts zum ‚Neuen Steuerungsmodell' die Entwicklung des Ökonomisierungsprozesses der Kinder- und Jugendhilfe in der Bundesrepublik angestoßen (vgl. KGSt-Bericht 1993). Für die Jugendhilfe wurden kurz darauf spezifisch zugeschnittene Berichte verfasst und publiziert (vgl. ebd. 1994 und 1996). Inzwischen liegen bereits eine umfangreiche und ausdifferenzierte Zahl von Handreichungen zu Einzelfragen der Implementation der managerialen Organisations- und Steuerungsinstrumente in der Kommunalverwaltung, der Sozialen Arbeit und der Kinder- und Jugendhilfe vor (vgl. u.a. KGSt-Berichte 8-11/2000). Im Implementationsprozess der Ökonomisierung der Kinder- und Jugendhilfe hat also – zumindest auf der Konzeptebene – nach einer ersten grundlegenden Phase der ‚Programmierung' bereits eine zweite Phase der ‚feldspezifischen Fixierung' begonnen.

Obwohl bereits Mitte der 1990er-Jahre von bereits vollzogener Implementation des Ökonomisierungsprozesses in weiten Bereichen der Kinder- und Jugendhilfe ausgegangen wurde (vgl. Tegethoff 1995, v.a. S. 143ff.), bleibt weiterhin relativ unklar, inwieweit die Institutionen bereits i.S. des ‚New Public Management' (NPM) oder ähnlicher Ökonomisierungsprogramme umstrukturiert bzw. ‚neugesteuert' wurden und werden. Empirische Untersuchungen sind bisher noch relativ dünn gesät.

Van Santen berichtet 1998 auf der Basis einiger Teile der Ergebnisse des DJI-Projektes „Dauerbeobachtung von Jugendhilfe", 21% der Jugendämter hätten bereits Umstrukturierungsmaßnahmen i.S. der KGSt-Empfehlungen vorgenommen und weitere 41% strebten dieselben in nächster Zeit an (vgl. van Santen 1998, S. 37). Hinsichtlich der Verteilung nach Ost und West ergibt sich, folgt man van Santen, ein zu vernachlässigender Überhang ‚zugunsten' der Jugendämter in den westlichen Bundesländern. Außerdem verweist der Autor auf einen Großstadtbias: „Alle in der Erhebung befragten Großstadtjugendämter führen Umstrukturierungen durch. Der Anteil von Landkreisjugendämtern (...) liegt dagegen bei 12%" (ebd.).

Vergleicht man diese Daten mit denen, die Boeßenecker 2000 auf Basis einer Pilotstudie für Nordrhein-Westfalen (NRW) bezüglich des organisatorischen Privatisierungsprozesses, d.h. der Auslagerung (outsourcing) einzelner Aufgabenbereiche oder ganzer Organisationseinheiten präsentiert, liegt die Vermutung nahe, dass der Ökonomisierungsprozess weiter anhält. Von 90 befragten Fachämtern (Gesundheit, Jugend und Soziales) gaben laut Boeßenecker 36 an, „Auslagerungen bzw. Privatisierungen realisiert zu haben" (Boeßenecker 2000, S. 89). Damit wäre für NRW zu konstatieren, dass sich bereits 4 von 10 Fach- und damit auch Jugendämtern ‚ökonomisiert haben'.

Riediger/Wohlfahrt verweisen auf die Differenzierung der Realisierungsformen von Privatisierung und Ausgliederungsprozessen auf Basis freiwilliger Datenmeldungen der Kommunen in NRW. Sie beschreiben vier Ausgliederungstypen: Ausgliederung in „freie gemeinnützige Träger ohne Personalüberleitungen", in „freigemeinnützige Träger mit Personalüberleitungen", an „private Anbieter" bzw. in „privatrechtliche Organisationsform" (Riediger/Wohlfahrt 2000, S. 141ff.).

Schnurr weist im einzigen bisher vorliegenden Beitrag zur Rekonstruktion der Reaktion der Professionellen auf den Prozess der Ökonomisierung auf Basis einer ersten Pilotstudie darauf hin, dass ein sehr heterogenes Feld von Akteurstypen vorliegt (vgl. Schnurr 1998). Inwieweit sich diese Heterogenität auch in einer, wohl anzunehmenden, Heterogenität der organisationsbezogenen Umsetzungsverfahren widerspiegelt, bleibt mit Verweis auf die Abschlussergebnisse des Bielefelder DFG-Forschungsprojekts abzuwarten.

Diese ersten empirischen Rekonstruktionsversuche bleiben großteils im Bereich der Annäherung bzw. der Forschungsprojektkonstitution. Dennoch geben sie zumindest Hinweise darauf, dass der Ökonomisierungsprozess der Kinder- und Jugendhilfe – zumindest unter einer *organisationstheoretischen* Perspektive[1] – einen weit greifenden, aber bisher noch als vielschichtig und ergebnisoffen zu beschreibenden Prozess charakterisiert.

Die Instrumente der outputorientierten Ressourcensteuerung, der Budgetierung, des Lean Managements, des Qualitätsmanagements und der Qualitätskontrolle oder umfassender gesprochen des NPM/der ‚Neuen Steuerung' haben folgerichtig längst eine nationale Debatte über die Frage der Einschätzung bzw. mögliche Konsequenzen für Profession und Organisation ausgelöst (vgl. u.a. Flösser/Otto 1992; Widersprüche 52/1994; dies. 53/1994; Reichard/Wollmann 1996). Damit schließt die nationale Debatte zur internationalen auf, die bereits seit Anfang der 1980er-Jahre zu beobachten ist (vgl. Kamerman/Kahn 1989; Otto/Schnurr 2000).[2] Diese Debatte manifestiert sich auch im deutschsprachigen Bereich in ersten Hand- und Lehrbüchern zu verschiedenen Aspekten des Ökonomisierungsprozesses (vgl. Bandemer u.a. 1998; Boessenecker u.a. 2000; Dahme/Wohlfahrt 2000; Hauser u.a. 2000).

Während also davon ausgegangen werden kann, dass die – primär deskriptive – Rekonstruktion der empirischen Ökonomisierungsforschung im Laufe der nächsten Jahre auch erste systematische Ergebnisse präsentieren wird, stehen Versuche der analytisch-kategorialen Rekonstruktion noch aus. Der vorliegende Beitrag versucht im Folgenden eine Annäherung an eine

---

1 Auf zumindest eine weitere Dimension der Einschätzung des Ökonomisierungsprozesses, eine *sozialtheoretische* nämlich – d.h. dem Versuch der Annäherung an eine Rekonstruktion der Prozesslogiken des Ökonomisierungsprozesses im Bereich der Kinder- und Jugendhilfe – wird im weiteren Text noch eingegangen.
2 International ist v.a. für den angelsächsischen Bereich festzuhalten, dass Ökonomisierungsprozesse bereits Anfang der 1980er Jahre den Sozialen Bereich in Neuseeland und Australien, in Großbritannien und den USA erreicht haben (vgl. dazu u.a. Muetzelfeldt 2000; White 2000; Duncan/Worrall 2000, alle in: Widersprüche 77/2000).

solche Rekonstruktion.[3] Dazu wird in diesem Beitrag folgenden Fragen nachgegangen:

- Was heißt Ökonomisierung der Kinder- und Jugendhilfe?
- Wie wird das Phänomen der Ökonomisierung der Kinder- und Jugendhilfe diskutiert?
- Welche Logiken kennzeichnen den Prozess der Ökonomisierung der Kinder- und Jugendhilfe?

Wenden wir uns zur Vorbereitung einer Begriffsbestimmung der sprachlichen Herkunft und Bedeutung des Begriffes der ‚Ökonomisierung' zu.

2. Vergewisserung 1: Ökonomisierung – was heißt das? Zur sprachlichen Herkunft und Bedeutung des Begriffs

Der Blick in Lexika der deutschen Sprache verweist auf eine Doppelbedeutung des Begriffes ‚ökonomisch'. Einerseits werden *Aspekte* ‚die Wirtschaft betreffend' als ‚ökonomisch' bezeichnet und andererseits *Prozesse*, die als ‚sparsam' charakterisiert werden können. Ökonomisierungsprozesse kennzeichnen damit Entwicklungen, deren Charakteristikum der ‚überlegte Einsatz von Mitteln' darstellt. Der Prozess der Ökonomisierung der Kinder- und Jugendhilfe wäre damit (1.) als eine Entwicklung der Kinder- und Jugendhilfe in Richtung eines nach wirtschaftlichen Gesichtspunkten agierenden Bereiches und (2.) durch den sparsamen Einsatz von Mitteln gekennzeichnet.

Etymologisch leitet sich der Begriff der Ökonomie bzw. der Ökonomisierung vom griechischen *oikonómos*, der ‚Hausverwalter', und dem lateinischen *oeconomia*, die ‚Haushaltung' oder ‚Verwaltung', ab. Die Ursprungsbedeutung des Begriffes ‚Ökonom' bezeichnete diejenige männliche Person, die verantwortlich für die Leitung eines Haushaltes war. Zu diesem Haushalt „gehört alles, was er besitzt" klärt bereits Xenophon in *Oikonomikos* auf (zit. nach Foucault 2000[6], S. 195). Voraussetzung für die Verwaltung bzw. das haushälterische Tun war somit nicht nur die Existenz eines Privateigentümers, der Eigentümer selbst war derjenige, der verwaltete oder haushälterisch wirkte.

---

3 Die Frage einer möglichen systematischen ‚Theorie der Ökonomisierung der Kinder- und Jugendhilfe' bleibt an dieser Stelle aus zwei Gründen bewusst ausgespart. Der vorliegende Beitrag stellt – erstens – die Frage der analytisch-kategorialen Rekonstruktion des Phänomens der Ökonomisierung der Kinder- und Jugendhilfe in den Mittelpunkt, deren Klärung m.E. der Frage einer systematisch-theoretischen ‚Umschließung' der Ökonomisierung vorausgeht. Zweitens steht die Frage einer Theorie der Kinder- und Jugendhilfe selbst noch auf der Tagesordnung, womit der Versuch einer ‚Theorie der Ökonomisierung der Kinder- und Jugendhilfe' sich in dem Dilemma der Theoriekonstruktion eines Detailphänomens des Gegenstandes zuwenden würde, dessen theoretische Rekonstruktion selbst noch aussteht.

Der Prozess der Ökonomisierung der Kinder- und Jugendhilfe stellt sich im Anschluss an die etymologische Bestimmung als ein paradoxer dar. Kinder- und Jugendhilfe stellt als gesetzlich definierter Bereich (vgl. SGB VIII: KJHG) einen gesellschaftlich verfassten der Unterstützung von Kindern, Jugendlichen und ihren Familien dar. Kinder- und Jugendhilfe kennzeichnet also einen *öffentlichen* Bereich. Wird dieser nun einem ‚Ökonomisierungsprozess' unterzogen, wäre – zumindest mit Blick auf die Herkunft des Begriffes Ökonomisierung – eine *Privatisierungs*perspektive eingenommen. Wer übernimmt nun im Ökonomisierungsprozess der Kinder- und Jugendhilfe den Posten des ‚Haushälters' und auf Basis welchen ‚Privateigentums'? Diese Frage erfährt im Rahmen des nachfolgenden Einordnungsversuchs der Prozesslogiken eine erste Antwort. Halten wir an dieser Stelle fest, was der Prozess der Ökonomisierung der Kinder- und Jugendhilfe im Anschluss an die dargestellte Diskurs- und Datenlage und die sprachliche Vergewisserung beschreibt.

Ökonomisierung bezeichnet einen Prozess der betriebswirtschaftlichen Umstrukturierung bzw. Neusteuerung der Institutionen der Kinder- und Jugendhilfe. Der zentrale Fokus dieses Ökonomisierungsprozesses gilt einer Reduzierung des Einsatzes der Mittel und zielt auf eine Privatisierung des Feldes.[4] Der Ökonomisierungsprozess weist in diesem Sinne eine organisationstheoretische Dimension auf. Wenn man sich nun den bisher vorliegenden Begriffsbestimmungen innerhalb der sozialpädagogischen Debatte um Ökonomisierung der Leistungserbringungsinstitutionen zuwendet, lassen sich vier zentrale Perspektiven rekonstruieren, um die sich die jeweiligen Beiträge gruppieren.

---

4 Welche Mittel im Prozess der Ökonomisierung eingespart werden, scheint einerseits noch nicht ausgemacht, andererseits wird die Reduzierung der messbaren Mittel proklamiert, womit v.a. die Finanzmittel in den Mittelpunkt gerückt sind. Allerdings deutet einiges darauf hin, dass der Prozess monetärer Einsparungen im Ökonomisierungsprozess nicht nachweisbar ist, also nur eine politische Absichtserklärung darstellt (vgl. Hodge 1999), die Reduzierung der fachlichen Qualität der Dienstleistung (De-Professionalisierungsthese) und die Reduzierung öffentlicher Versorgung und Unterstützung zugunsten privater ‚Selbstsorge' dagegen den Ökonomisierungsprozess kennzeichnen (Privatisierungsthese).

2. Vergewisserung 2: Ökonomisierung – wer redet von was?
Zur Systematisierung der bisher vorliegenden Beiträge

Abb. 1: Gruppierung zentraler Perspektiven innerhalb der sozialpädagogischen Debatte um Ökonomisierung

Ökonomisierung als ...	Begründungsmuster	BezugsautorInnen (u.a.)
... notwendige betriebwirtschaftliche Umsteuerung.	Überwindung bisheriger Ineffizienz. Bürokratiekritik. Klient als Kunde.	Dettling 1995 KGSt u.a. 1993, 1994
.. unabweisbare Herausforderung.	Reaktion auf quasi-naturwüchsigen Prozess. Umsteuerungschance zur Stärkung der Nachfragerseite. Nutzung der positiven Aspekte der betriebswirtschaftlichen Steuerungslogiken.	Flösser 1994 Freier 2000 Maelicke 2000 Marquard 1999 Olk 2000 Tegethoff 1995
... Eindringen einer feldfremden Logik (Marktlogik) in den Sozialsektor.	Qualität muss professionell codiert werden. Widersprüchliche Logiken von Markt und (Sozial)Staat bzw. von Betriebswirtschaft und Sozialer Arbeit.	Olk 1994 Klatetzki 1994 Speck 2000
... Teil neoliberalen Wohlfahrtsstaatsabbaus bzw. neue Form sozialer Regulierung.	Standortsicherung durch Produktionskostensenkung. Verwaltung der Spaltung von Gesellschaft. Normalisierung als Disziplinierung und Regulierung.	Krölls 2000 Lindenberg 2000 Schaarschuch 1996 Wohlfahrt 2000

1. Eine erste Gruppe von AutorInnen sieht im Ökonomisierungsprozess als betriebswirtschaftlichen Umstrukturierungs- und Neusteuerungsprozess (Effizienz- und Outputorientierung) die einzige ‚Überlebenschance' für die bundesrepublikanische Sozialverwaltung. Ökonomisierung stelle eine notwendige und unausweichliche Reaktion auf die Situation gewachsener Sozialausgaben und die Anforderungen an soziale Sicherungsstrukturen unter globalisierten Bedingungen dar (vgl. u.a. KGSt 5/1993; dies. 9/1994). Auf Basis einer radikalen Kritik der bisherigen Organisationsform der bundesrepublikanischen Sozialverwaltung plädieren Vertreter dieser Form der Ökonomisierung für eine völlige Neustrukturierung v.a. der kommunalen Administration i.S. der Logik des New Public Management/der Neuen Steuerung (vgl. Dettling 1995).

2. Eine zweite Gruppe von AutorInnen beschreibt die „zunehmende *Ökonomisierung*" (Flösser 1994, S. 147) als durchaus kritikable, aber unab-

weisbare Herausforderung für die bundesrepublikanische Sozialverwaltung im gesellschaftlichen Prozess reflexiver Modernisierung. Diesen AutorInnen zu Folge ist Ökonomisierung eine Entwicklung, die „erst einmal nur bedeute(n), dass betriebswirtschaftliche Konzepte zunehmenden Einfluss auf die Soziale Arbeit entfalten" (ebd., S. 181). Ökonomisierung wird in dieser zweiten Begriffsdimension als ein quasi naturwüchsiger Veränderungsprozess in den bestehenden Sozialverwaltungen identifiziert, dem es mit konzeptionellen Neustrukturierungsvorschlägen zu begegnen sei. Es solle untersucht werden, so z.B. Tegethoff, „welche Vorschläge das Neue Steuerungsmodell der KGSt zur Modernisierung der Jugendhilfe enthält, bevor nach den Rahmenbedingungen für eine erfolgreiche *Umsetzung* gefragt wird" (Tegethoff 1995, S. 143, Hervorh., F.K.; vgl. dazu auch 7. Kinder- und Jugendbericht NRW 1999, S. 208f.). Umstrukturierung und Neusteuerung seien entlang einer Orientierung an den Wünschen der Klienten als ‚Nutzer' vorzunehmen, wobei das Innovationspotential, das im Bereich betriebswirtschaftlicher Organisationssteuerung vorliege, genutzt werden solle. Denn „(i)n diesem Zusammenhang (Olk bezieht sich an dieser Stelle auf das Konzept des ‚aktivierenden Sozialstaats', F.K.) weisen viele Instrumente und Verfahren der Verwaltungsmodernisierung, wie sie im Zusammenhang mit dem ‚new public management' bislang vor allem auf kommunaler Ebene institutionalisiert worden sind, durchaus in die richtige Richtung" (Olk 2000, S. 110).

3. Eine dritte Gruppe von AutorInnen identifiziert Ökonomisierung als Eindringen der Marktlogik in die Sozialverwaltungen, die es prinzipiell kritisch zu beurteilen oder ganz abzulehnen gelte. Die AutorInnen verweisen auf die unterschiedliche Logik von Markt und (Sozial)Staat bzw. von Betriebswirtschaft und Sozialer Arbeit. Allerdings dürfe es, folgt man diesen Einschätzungen, nicht bei einer reinen Verteidigungsstrategie des status quo in der Organisation der Kinder- und Jugendhilfe bleiben. Kinder- und Jugendhilfe müsse sich durchaus Leistungsbeurteilungen unterziehen, allerdings i.S. 'professioneller Qualitätsmerkmale' (vgl. Klatetzki 1994, S. 38f.) bzw. einer „personenbezogenen Dienstleistung" (Effinger 1994, S. 41ff.).

4. Eine vierte Gruppe von AutorInnen ordnet die Ökonomisierung der Kinder- und Jugendhilfe i.S. einer Privatisierung und Deregulierung des Sozialbereichs teilweise als reine Kostensenkungsstrategie, teilweise als Neuregulierung sozialer Kontrollstrategien ein. Ökonomistische Positionen einiger AutorInnen sortieren die Ökonomisierungsprozesse im Bereich der Sozialen Arbeit und der Kinder- und Jugendhilfe in das neoliberale Programm des ‚Abbaus sozialstaatlicher Sicherungsstrukturen' ein. Ökonomisierung bezeichne dabei ein Programm „der Verbilligung der Produktionskosten sozialer Dienstleistungen" (Krölls 1996, S. 50). Jegliche Versuche diesen Prozess i.S. einer Kunden- oder Klientenorientierung umzudeuten, müssten daher von Anbeginn an scheitern. Regulationstheoretische und neofoucaultianische Positionen anderer AutorInnen analysieren den Ökonomisierungsprozess dagegen als veränderten Regierungstyp, ein zunehmendes

,Regieren aus der Distanz'. Aus der sozialadministrativen bzw. sozialarbeiterischen Intervention werde zunehmend eine regulierende Prävention. „Regierung aus der Distanz beschreibt den Versuch, das Steuer in der Hand zu behalten, jedoch andere zum Rudern zu veranlassen" (Lindenberg 2000, S. 105). Alltagspraxis Sozialer Arbeit und Jugendhilfe spiegele in diesem Sinne „die gesellschaftliche Spaltung, die sie zu moderieren (habe)" (ebd., S. 108).

Damit wird nach diesem Überblick über einen Teil der bisher vorliegenden Beiträge zur Frage der Ökonomisierung der Kinder- und Jugendhilfe Folgendes deutlich. Der Ökonomisierungsprozess wird einerseits sehr unterschiedlich beurteilt. Andererseits gleichen sich die Bestimmungsversuche der überwiegenden Mehrheit der AutorInnen dahingehend, dass der Ökonomisierungsprozess organisationstheoretisch gefasst wird. Nur unter den AutorInnen der 4. Gruppe deutet sich ein sozialtheoretisch verankerter Bestimmungsversuch an.[5] Was verbirgt sich unter der Perspektive eines Einordnungsversuchs der Prozesslogiken, d.h. der eines sozialtheoretischen Bestimmungsversuchs des Ökonomisierungsprozesses im Bereich der Kinder- und Jugendhilfe?

3. Systematisierung:
Ökonomisierung – warum gerade jetzt?
Zur sozialtheoretischen Bestimmung des Phänomens

Mollenhauer beschrieb das Strukturprinzip der Jugendhilfe 1964 in seiner *Einführung in die Sozialpädagogik* als: „den Bereich der Erziehungswirklichkeit, der im Zusammenhang der industriellen Entwicklung als ein System gesellschaftlicher Eingliederungshilfen notwendig geworden ist" (Mollenhauer 1993, S. 13). Kinder- und Jugendhilfe war für Mollenhauer also Substitutionsinstanz für die Marginalisierungsprozesse des Marktes. Müller/Otto deuten 1980 Soziale Arbeit als den die Kinder- und Jugendhilfe umfassenden Bereich strukturhomolog als die „spezifische Strategie der staatlichen Sicherstellung der Lohnarbeiterexistenz" (Müller/Otto 1980, zit. nach: Schaarschuch 1999, S. 62). Diese Tatsache lässt sich m.E. für die Kinder- und Jugendhilfe sehr eindrücklich an der Jugendberufshilfe veranschaulichen, deren Aufgabenbeschreibung bis Anfang der 80er-Jahre als ,Motivation zur Lohnarbeit' definiert werden konnte. Sozialpädagogisches Handeln in der Kinder- und Jugendhilfe wurde unter *fordistischen* (Re)Produktionsbedingungen somit als Sicherung der Reproduktion der Arbeits-

---

5 An dieser Stelle ist darauf hinzuweisen, dass die mehrheitlich kritisch formulierten Einschätzungen nicht missdeutet werden sollten. Denn der Großteil der AutorInnen (Gruppen 1-3) kritisiert den Ökonomisierungsprozess zwar als Implementierungsprozess ,reiner' betriebswirtschaftlicher Instrumente und Methoden, präferiert aber gleichzeitig die ,Umdeutung' des Prozesses i.S. einer Bestimmung von Qualitätskontrollmethoden oder der Beschreibung von Leistungsmerkmalen i.S. der Kinder- und Jugendhilfe.

kräfte einerseits und institutionalisierter Ausdruck des fordistischen Klassenkompromisses andererseits bestimmt.[6] Das Verhältnis von Ökonomie und Kinder- und Jugendhilfe war damit unter den Bedingungen einer fordistischen Gesellschaftsformation eines der funktionalen Zuordnung der Jugendhilfe zur Ökonomie i.S. einer Substitution defizitärer Konsequenzen ökonomischer Prozesse.

Unter gesellschaftlichen Bedingungen, die als *nach-* oder *postfordistisch* bezeichnet werden können (vgl. Hirsch 1996²), scheint die Funktion von Sozialpolitik und Sozialer Arbeit bzw. Kinder- und Jugendhilfe einer systematischen Veränderung zu unterliegen (vgl. Schaarschuch 1990). Mit der Verfestigung struktureller Marginalisierungsprozesse, v.a. auf Basis fehlender Existenzsicherungsmöglichkeiten durch Lohnarbeit, verliert diese ihre Funktion als „allumfassende Integrationsformel" (ebd., S. 156). Damit wird eine Funktionsbestimmung der Sozialpolitik als aktive und passive Proletarisierung hinfällig, sie wird für die Bereitstellung „eine(s) flexiblen Rahmen(s)" für verschiedene Arten der Reproduktion – man könnte von ‚sektoraler Integrationssicherung' sprechen – zuständig (Schaarschuch 1999, S. 63f.). Soziale Arbeit wird zur psychosozialen Unterstützungsinstanz in der Realität zunehmender *Entkoppelung*sprozesse (vgl. Castel 2000).[7]

Welche Bedeutung hat diese Analyse nun für die systematisch-rekonstruktive Bestimmung des Ökonomisierungsprozesses der Kinder- und Jugendhilfe? Die Überwindung des spezifisch fordistischen Reproduktionsmusters, der Lohnarbeiterexistenz[8], stellt die Zielorientierung der Kinder- und Jugendhilfe in Frage. Die Frage ist nun nicht mehr: ‚Wer muss integriert werden?', sondern ‚*Wohin* wird wer integriert?'[9] Das Feld der Jugendberufshil-

---

6 Fordismus kennzeichnet den Gesellschaftstyp v.a. westlicher Industriegesellschaften bis in die 70er Jahre des 20.Jahrhunderts (vgl. Hirsch 1996², S. 75ff.). Zentrale Kennzeichen des Fordismus sind Massenproduktion und -konsumtion (vgl. für den sozialpädagogischen Diskurs: Chassé 1988; Schaarschuch 1990).

7 Inwieweit Kinder- und Jugendhilfe wie Soziale Arbeit insgesamt somit auch als „Management der Spaltung der Gesellschaft" (Schaarschuch 1990, S. 157) – bzw. strukturhomolog, aber in einem anderen theoretischen Korpus, als „Exklusionsverwaltung" (Bommes/Scherr 1996) – bezeichnet werden kann, ist an anderer Stelle zu diskutieren. Hier kann nur der Hinweis gegeben werden, dass Castel im Gegensatz zu den genannten Beiträgen von Entkoppelung verschiedener gesellschaftlicher Bereiche (*Integration – Verwundbarkeit – Entkoppelung*) spricht, um die Relationalität des strukturellen Marginalisierungsprozesses im Postfordismus kenntlich zu machen und damit die Figur der *Spaltung* oder *Exklusion* als eine der Beschreibung einer Fixierung von Ausschluss ablehnt (vgl. Castel 2000, S. 14ff.). Diese Fixierung ziele an einer exakten Beschreibung des *relationalen* Prekarisierungsprozesses als zentralem Kennzeichen des Postfordismus vorbei.

8 Die männliche Form ist hier ganz bewusst gewählt, denn die fordistische Lohnarbeiterfigur war eine ‚männliche': Das zugrundeliegende Modell war das eines 45 Jahre im Vollerwerb tätigen Mannes.

9 Die Integrationsorientierung steht hier als allgemeine, aber gleichzeitig unbestimmte Zielorientierung Sozialer Arbeit. Diese Setzung ist sich der Problematik der Integrationsformel für sozialpädagogisches Handeln bewusst. Allerdings kann die *notwendige*

fe ist auch hierfür wieder symptomatisch: Die Aktivierung von Motivation zur Lohnarbeit wird in vielen Fällen, in denen die Perspektive einer Lebensgestaltung und -sicherung durch Lohnarbeit illusionär geworden ist, paradox. Konzeptionen unter der Überschrift der *Lebenslagen-* bzw. *Lebensweltorientierung* versuchen die Substitution der fordistischen Lohnarbeitsorientierung (vgl. Galuske 1999).[10] Das ‚Subjekt', das Kind bzw. der Jugendliche und die individuellen Möglichkeiten der Lebensgestaltung rücken dabei in den Blick.

Eine solche Perspektive steht aber in der Gefahr, ein grundsätzliches Problem zu übergehen. Die spezifischen Subjektivierungsweisen unter postfordistischen Bedingungen stellen das Subjekt aus *ökonomischen* Gründen in den Mittelpunkt der Betrachtungen (vgl. Lemke 2000). Zwar stellt der Prozess der Flexibilisierung im Postfordismus im Sinne einer Überwindung der Lohnarbeiterfixierung hinsichtlich sozialpolitischer und sozialpädagogischer Konzeptionierungen einen Prozess der Vergrößerung individueller Lebensgestaltungsfreiheit dar. Dementsprechend bezeichnen manche Modernisierungstheoretiker die gesellschaftlichen Akteure auch als „Kinder der Freiheit" (Beck 1997). Bemerkenswerterweise bezeichnen sie dieselben Akteure an anderer Stelle aber auch als ‚Unternehmer ihrer selbst' (vgl. u.a. Beck/Beck-Gernsheim 1994, S. 217), betonen also neben den Gestaltungs*möglichkeiten* die Gestaltungs*notwendigkeit*.

Diese Einschätzung weist bereits in eine Richtung, die Foucault in seinen späten Arbeiten unter der Überschrift ‚Regierung' bzw. ‚Gouvernementalität' zur Untersuchung postfordistischer Subjektivierungsweisen fokussiert hat und die m.E. zur Rekonstruktion der Logik des Prozesses der Ökonomisierung der Kinder- und Jugendhilfe von zentraler Bedeutung ist.

4. Vergewisserung 3: Ökonomisierung des Sozialen – individuelle Autonomie im Interesse der Ökonomie?

Nachdem sich Foucault in den 70er-Jahren der Untersuchung nichtdiskursiver Praktiken, der so genannten ‚Mikrophysik der Macht', zugewandt hatte, von denen er damals annahm, sie durchdrängen die moderne Gesellschaft bis in den letzten Winkel, schien ihm diese Perspektive mit Beginn der 1980er-Jahre unzureichend. Denn die Ebene der Machtverhält-

---

Auseinandersetzung um die Frage der Integrationsorientierung Sozialer Arbeit und damit auch der Kinder- und Jugendhilfe an dieser Stelle nicht geführt werden.

10 Auf die systematischen Differenzen zwischen Lebenslagen- und Lebensweltkonzept und auch die innerhalb der inzwischen zahlreichen Ausdeutungen beider Konzepte kann an dieser Stelle nicht eingegangen werden. Hier stehen die strukturhomologen Momente im Vordergrund.

nisse, so Foucault im weiteren, erkläre nicht ausreichend die Bedingungen der Subjektkonstitution unter postfordistischen Bedingungen.[11]

Foucault versuchte deshalb den Prozess der Subjektkonstitution in der *Normalisierungsgesellschaft* als Zusammenspiel von Herrschafts- *und* Selbsttechnologien, Fremd- *und* Selbstdisziplinierung zu fassen. So charakterisiert Foucault die neoliberale Regierungsform an einer Stelle als: „die Regierung des Selbst durch sich selbst in seiner Artikulation mit den Beziehungen zum anderen" (ebd. 1981, zit. nach: Lemke 1997, S. 297). Normalisierung ist als ein Prozess der (gesellschaftlichen) Regulierung und (individuellen) Selbstdisziplinierung gekennzeichnet, wobei letztere die entscheidende ist und durch die erste motiviert wird. Nicht die Disziplinierung, die Foucault exemplarisch am Gefängnis als Ausdruck der Mikrophysik darstellt (vgl. Foucault 1979) und damit die Manifestation dauerhafter Drohung hinsichtlich potentiell abweichendem Verhaltens, stellt für Foucault also das entscheidende Kennzeichen der Subjektkonstitution in der Normalisierungsgesellschaft dar, sondern die *Selbst*disziplinierung der Subjekte selbst. Folgender Vergleich verdeutlicht diese Analyse. Gefängnisse dienen, so Foucault, nicht der Resozialisierung der Gefängnisinsassen, sondern der Disziplinierung der restlichen Bevölkerung. Die zugrunde liegende Sanktionsdrohung ist allerdings nur unter der Bedingung real existierender Gefängnisinsassen wirksam. Wäre ein Gefängnis ausschließlich ein leerer Bau zur symbolischen Drohung mit einer potentiellen Inhaftierung ohne de facto genutzt zu werden, verlöre die Drohung jegliche Wirkung. Dies ist eine scheinbar banale Erkenntnis. Der Vergleich zur Regulierungsweise in der Normalisierungsgesellschaft verdeutlicht den Erkenntniswert. Im Postfordismus wird die beschriebene Drohungslogik der Mikrophysik ‚überwunden'. So ist z.B. die Wirkung der Videoüberwachung öffentlicher Plätze, eines aktuellen Normalisierungsinstrumentariums, letztlich unabhängig von der *realen* Überwachung, d.h. der Auswertung der aufgezeichneten Bilder. Entscheidend ist die Auswirkung auf das *Verhalten* der Menschen, die an der real oder eben auch nur vermeintlich installierten Videokamera vorbeigehen bzw. auf diese reagieren. Das Beispiel der Geschwindigkeitskontrolle von AutofahrerInnen verdeutlicht den Qualitätsunterschied in seiner weiteren Entwicklung noch einmal. Symbolisierten die so genannten ‚Starenkästen' dem passierenden Autofahrer noch die Drohung möglicher Geschwindigkeitskontrolle, ohne ihn unbedingt tatsächlich zu kontrollieren, muss der Autofahrer inzwischen damit rechnen, dass jedes parkende Auto ein ziviles Fahndungsfahrzeug mit installierter mobiler Geschwindigkeitskontrollkamera sein könnte. Selbstdisziplinierung meint die ‚präventive' Einhaltung

---

11 Foucault spricht in seinen Arbeiten nicht von *Postfordismus*, sondern von der *Normalisierungsgesellschaft*. Mir scheint die Anschlussfähigkeit der regulationstheoretischen Arbeiten (Fordismus-Postfordismus-Konzeption) an die Gouvernementalitätsarbeiten Foucaults (Normalisierungsgesellschaftskonzeption) tragfähig für ein umfassenderes gesellschafts- und subjekttheoretisches Verständnis moderner Gesellschaftlichkeit (vgl. dazu u.a. Lemke 1997).

einer gesellschaftlichen Norm ohne ihre situative Überprüfung hinsichtlich Sinn und Gültigkeit.

Der ‚Unternehmer seiner selbst' – als reproduzierender und sich selbst disziplinierender Akteur – erweist sich als Produkt postfordistischer Subjektivierungsweisen. Selbstverständlich ist die hegemoniale Wirkung dieser Entwicklung keineswegs zufällig und damit interessensfrei. Die Frage ist: Wer ist Gewinner und wer Verlierer? Der sich selbst kontrollierende gesellschaftliche Akteur, der sich durch zunehmende ‚individuelle Selbstbeschreibungen', ‚individuelle Lebenskonstruktion' und ‚-gestaltung' und ‚selbstbestimmtes Leben' auszeichnet und zunehmend kollektiv-öffentliche Standards ablehnt (kollektive Sicherungssysteme wie die bundesrepublikanischen Sozialversicherungen und damit die Einbezahlung von Lohnnebenkosten, flächentarifrechtliche Sicherungen, öffentliche Infrastruktursicherung, wie z.B. Wasser, Energie, Transport oder Kommunikation), gleichzeitig individuell-private befürwortet (private Rentenfürsorge oder Krankenversicherung, freie Gestaltung von Ladenschlusszeiten, individuelle Bezahlung und Nutzung der Infrastruktur)?

Der ‚Unternehmer seiner selbst' erweist sich als idealer Typus eines Arbeitnehmers im (Re)Produktionsprozess: Er ist der nur an seinem Eigeninteresse interessierte Einzelne, der Arbeitgeber nicht durch die Einforderung ‚irgendwelcher' Arbeitsschutz, -zeit oder -rechts-Forderungen im Akkumulationsprozess ‚behindert'. Die ‚Autonomie' wird zu einer „Verbündete(n) des ökonomischen Erfolgs" (Miller/Rose 1994, S. 101). Kinder- und Jugendhilfe, die nun ‚kunden-', ‚nutzer-' oder ‚lebensweltorientiert' den Einzelnen in den Mittelpunkt ihrer Tätigkeiten rückt, ohne diese Subjektivierungslogik kritisch zu bedenken und sie damit in ihrer Funktion als sozialpolitischer Akteur ausblendet, muss sich den Vorwurf der Beförderung der „Ökonomisierung des Sozialen" im beschriebenen Sinne gefallen lassen (vgl. Bröckling/Krasmann/Lemke 2000). In diesem Fall stellt sich die Frage der Legitimationsberechtigung der Kinder- und Jugendhilfe. Kindern und Jugendlichen in Lebenssituationen, die durch Notlagen und damit häufig durch Marginalisierungsprozesse geprägt sind, muss der Hinweis auf individuelle Lebensgestaltungsverantwortung wie der Vorwurf klingen, dieser nicht nachgekommen zu sein. Der ‚Sozialhilfeempfänger' wird zum ‚Sozialschmarotzer'. Sozialstrukturelle Bedingungen werden ausgeblendet und in individuelle Verantwortung übersetzt. Kinder- und Jugendhilfe im Sinne des §1 KJHG karikiert.

Aus dem Dargestellten wird deutlich, dass der Prozess der Ökonomisierung der Kinder- und Jugendhilfe neben der *organisationstheoretischen* Dimension Teil des Prozesses der ‚Ökonomisierung der Gesellschaft' an sich ist, also eine *sozialtheoretische* Dimension aufweist. Als solcher ist der Ökonomisierungsprozess der Kinder- und Jugendhilfe mit größter Aufmerksamkeit kritisch zu beobachten und gesellschaftspolitisch zu begleiten.

5. Ausblick: Ökonomisierung – wie mit dem Phänomen weiter umgehen?

Zusammenfassend bleibt festzuhalten, dass weitere Versuche der analytischen Rekonstruktion des Prozesses der Ökonomisierung der Kinder- und Jugendhilfe und die aktive sozialpolitische Auseinandersetzung mit diesem Prozess unerlässlich sind. Abschließend seien noch einmal die Gründe für eine analytische Rekonstruktion benannt.

Erstens kann nur analytisch-rekonstruktiv ein Reflexionsniveau erreicht werden, das eine schlichte funktionale Einpassung der Kinder- und Jugendhilfe in den Ökonomisierungsprozess auf Handlungsebene zu verhindern hilft und damit der Kinder- und Jugendhilfe bzw. den RepräsentantInnen ihrer Arbeitsfelder das notwendige Engagement als sozialpolitische Akteure i.S. eines ‚aufgeklärten' politischen Handelns ermöglicht.

Denn – zweitens – befinden sich alle Akteure (Kinder, Jugendliche, Eltern, SozialarbeiterInnen und Öffentlichkeit) in der Ambivalenz von pädagogischer Zielorientierung als Ermöglichung möglichst weitgehender ‚Autonomie' für die Einzelnen einerseits und dem ‚Ökonomisierungsprozess des Sozialen', der sich u.a. im Bereich der Kinder- und Jugendhilfe repräsentiert, andererseits.

Drittens ist die weitere analytische Rekonstruktion schlicht deswegen vonnöten, da es sich bei dem Untersuchungsgegenstand um ein historisch noch relativ junges Phänomen handelt.

Vier Aspekte sind für die weitere analytische Rekonstruktion von zentraler Bedeutung.

Es gilt:

1. das *Programm* der Privatisierung mit dem Ziel der Umstrukturierung und Neusteuerung einzelner Institutionen wie des gesamten Feldes der Kinder- und Jugendhilfe *[demokratie- und organisationstheoretische Perspektive]* und
2. die *Logik* des Prozesses als eine der Aktivierung der Selbstkontrolle mit dem Ziel des 'Unternehmertums des Einzelnen' *[gesellschafts- und kontrolltheoretische Perspektive]*

systematisch zu rekonstruieren.

Außerdem gilt es:

3. die *Instrumente* der betriebswirtschaftlichen Umstrukturierung und Neusteuerung, d.h. den Aspekt des Ökonomisierungsprozesses, der als Managerialismus bezeichnet werden kann und
4. den *Gegenstand* der Qualitätsentwicklung bzw. der Effizienz, d.h. primär die Outputorientierung,

systematisch als empirische Phänomene zu erfassen.

Literatur zur Vertiefung

Lindenberg, Michael (Hrsg.) (2000): Von der Sorge zur Härte: kritische Beiträge zur Ökonomisierung Sozialer Arbeit, Bielefeld.
Schaarschuch, Andreas (1996): Der Staat, der Markt, der Kunde und das Geld...? Öffnung und Demokratisierung – Alternativen zur Ökonomisierung sozialer Dienste, in: Flösser/Otto (Hrsg.) (1996): Neue Steuerungsmodelle für die Jugendhilfe, Neuwied/Kriftel/Berlin, S. 12-32.
Otto, Hans-Uwe/Schnurr, Stefan (Hrsg.) (2000): Privatisierung und Wettbewerb in der Jugendhilfe, Neuwied/Kriftel.

Literatur

Bandemer, Stephan von/Blanke, Bernhard/Nullmeier, Frank/Wewer, Göttrik (Hrsg.) (1998): Handbuch zur Verwaltungsreform, Opladen.
Beck, Ulrich/Beck-Gernsheim, Elisabeth (1994): Individualisierung in modernen Gesellschaften – Perspektiven und Kontroversen einer subjektorientierten Soziologie, in: dies. (Hrsg.) (1994): Riskante Freiheiten, Frankfurt a.M., S. 10-39.
Beck, Ulrich (Hrsg.) (1997): Kinder der Freiheit, Frankfurt a.M.
Boeßenecker, Karl-Heinz (2000): Privatisierung und Ausgliederung im Sozialsektor: ein Balanceakt zwischen Neuer Steuerung und Subsidiarität, in: Boeßenecker/Trube/Wohlfahrt (Hrsg.) (2000): Privatisierung im Sozialsektor: Rahmenbedingungen, Verlaufsformen und Probleme der Ausgliederung sozialer Dienste, Münster.
Boeßenecker, Karl-Heinz/Trube, Achim/Wohlfahrt, Norbert (Hrsg.) (2000): Privatisierung im Sozialsektor: Rahmenbedingungen, Verlaufsformen und Probleme der Ausgliederung sozialer Dienste, Münster.
Bommes, M.; Scherr, A. (1996): Soziale Arbeit als Exklusionsvermeidung, Inklusionsvermittlung und/oder Exklusionsverwaltung, in: Merten/Sommerfeld/Koditek (Hrsg.) (2000): Sozialarbeitswissenschaft – Kontroverse und Perspektiven, Neuwied, S. 93-119.
Bröckling, U./Krasmann, S./Lemke, T. (Hrsg.) (2000): Gouvernementalität der Gegenwart: Studien zur Ökonomisierung des Sozialen, Frankfurt a.M.
Castel, Robert (2000): Metamorphosen der Sozialen Frage: eine Chronik der Lohnarbeit, Konstanz.
Dahme, Heinz-Jürgen/Wohlfahrt, Norbert (2000): Auf dem Weg zu einer neuen Ordnungsstruktur im Sozial- und Gesundheitssektor. Zur politischen Inszenierung von Wettbewerb und Vernetzung, in: neue praxis 4/2000, S. 317-334.
Dettling, Wanfried (1995): Politik und Lebenswelt. Vom Wohlfahrtsstaat zur Wohlfahrtsgesellschaft, Gütersloh.
Elsen, Susanne (1998): Gemeinwesenökonomie – eine Antwort auf Arbeitslosigkeit, Armut und soziale Ausgrenzung?: soziale Arbeit, Gemeinwesenarbeit und Gemeinwesenökonomie im Zeitalter der Globalisierung, Neuwied/Kriftel.
Chassé, Karl-August (1988): Armut nach dem Wirtschaftswunder: Lebensweisen und Sozialpolitik, Frankfurt a.M.
Effinger, Herbert (1994): Soziale Arbeit als Kundendienst – Innovation oder Repression? Professionelle Begleitung in schwierigen Lebenspassagen als personenbezogene Dienstleistung in intermediären Organisationen, in: Widersprüche 52/1994, S. 29-53.
Flösser, Gaby (1994): Soziale Arbeit jenseits der Bürokratie: über das Management des Sozialen, Neuwied/Kriftel/Berlin.

Foucault, Michel (2000[6]): Sexualität und Wahrheit. Bd. 2. Der Gebrauch der Lüste, Frankfurt a.M.
Freier, Dietmar (2000): Bestimmung Sozialer Dienstleistungen über den Markt, in: Theorie und Praxis der Sozialen Arbeit, 8/2000, S. 301-307.
Galuske, M. (1999): Integration als Problem der Jugendberufshilfe, in: Treptow/ Hörster (Hrsg.): Sozialpädagogische Integration: Entwicklungsperspektiven und Konfliktlinien, Weinheim/München, S. 57- 68.
Handler, Joel F. (1996): Down from Bureaucracy: the ambiguity of privatization and empowerment, Princeton (Princeton University Press).
Hauser, Albert/Neubarth, Norbert/Obermair, Wolfgang (Hrsg.) (2000): Praxis-Handbuch soziale Dienstleistungen, Neuwied/Kriftel.
Hirsch, Joachim (1996[2]): Der nationale Wettbewerbsstaat: Staat, Demokratie und Politik im globalen Kapitalismus, Berlin.
Hodge, G. (1999): Privatization: An International Review of Performances, Boulder/CO (Westview Press).
Kamerman, Sheila B./Kahn, Alfred J. (eds.) (1989): Privatization and the Welfare State, Princeton (Princeton University Press).
Klatetzki, Thomas (1994): Zwei Modelle zur Beurteilung von Non-Profit-Organisationen, in: Widersprüche 53/1994, S. 35-40.
Krölls, Albert (1996): Zwecke, Folgewirkungen und Ideologien staatlicher Privatisierungspolitik, in: Widersprüche 59/1996, S. 45-56.
Lemke, Thomas (2000): Neoliberalismus, Staat und Selbsttechnologien. Ein kritischer Überblick über die governmentality studies, in: PVS, Heft 1, März 2000, S. 31-47.
Lemke, Thomas (1997): Eine Kritik der politischen Vernunft: Foucaults Analyse der modernen Gouvernmentalität, Berlin/Hamburg.
Lindenberg, Michael (Hrsg.) (2000): Von der Sorge zur Härte: kritische Beiträge zur Ökonomisierung Sozialer Arbeit, Bielefeld.
Lindenberg, Michael (2000): „Ökonomisierung Sozialer Arbeit?" Gegen die These der ausschließlichen Bestimmung dieser Diskussion aus staatlicher Zwecksetzung, in: Lindenberg (Hrsg.) (2000): Von der Sorge zur Härte: kritische Beiträge zur Ökonomisierung Sozialer Arbeit, Bielefeld, S. 89-109.
Maelicke, Bernd (2000): Soziale Innovationen unter erschwerten Bedingungen. Warum wir uns mit dem Neuen so schwer tun, in: Blätter der Wohlfahrtspflege 7+8/2000: 145-146.
Marquard, Peter (1999): Verwaltungsmodernisierung als Demokratisierung: Überlegungen zur Verknüpfung von Modernisierung, Partizipation und neuer Steuerung, in: Blätter der Wohlfahrtspflege 1+2/1999, S. 25-27.
Miller, Peter/Rose, Nikolas (1994): Das ökonomische Leben regieren, in: Donzelot/ Meuret /Miller /Rose (1994): Zur Genealogie der Regulation: Anschlüsse an Michel Foucault, Mainz, S. 54-108.
Mollenhauer, Klaus (1993): Einführung in die Sozialpädagogik: Probleme und Begriffe der Jugendhilfe, Weinheim/Basel 1993[10].
Olk, Thomas (2000): Der ‚aktivierende Staat'. Perspektiven einer lebenslagenbezogenen Sozialpolitik für Kinder, Jugendliche, Frauen und ältere Menschen, in: Müller/Sünker/Olk/Böllert (Hrsg.) (2000): Soziale Arbeit: gesellschaftliche Bedingungen und professionelle Perspektiven, Neuwied/Kriftel, S. 99-118.
Otto, Hans-Uwe/Schnurr, Stefan (Hrsg.) (2000): Privatisierung und Wettbewerb in der Jugendhilfe, Neuwied/Kriftel.
Reichard, Christoph/Wollmann, Helmut (1996): Kommunalverwaltung im Modernisierungsschub? Basel/Boston/Berlin.
Rlediger, Susanne/Wohlfahrt, Norbert (2000): Privatisierung und Ausgliederung bei sozialen Diensten, in: Boeßenecker/Trube/Wohlfahrt (Hrsg.) (2000): Privatisie-

rung im Sozialsektor: Rahmenbedingungen, Verlaufsformen und Probleme der Ausgliederung sozialer Dienste, Münster.

Santen, Eric van (1998): ‚Output' und ‚outcome' der Implementierung Neuer Steuerung. Empirische Befunde zu den Erscheinungsformen und Folgen der Neuen Steuerung in der Kinder- und Jugendhilfe, in: neue praxis 1/1998, S. 36-49.

Schaarschuch, Andreas (1990): Zwischen Regulation und Reproduktion: gesellschaftliche Modernisierung und die Perspektiven sozialer Arbeit, Bielefeld.

Schaarschuch, Andreas (1999): Integration ohne Ende? Soziale Arbeit in der gespaltenen Gesellschaft, in: Treptow/Hörster (Hrsg.) (1999): Sozialpädagogische Integration: Entwicklungsperspektiven und Konfliktlinien, Weinheim/München, S. 57- 68.

Schnurr, Stefan (1998): Jugendamtsakteure im Steuerungsdiskurs, in: neue praxis 4/1998, S. 362- 382.

Speck, Otto (1999): Die Ökonomisierung sozialer Qualität: zur Qualitätsdiskussion in Behindertenhilfe und sozialer Arbeit, München/Basel.

Tegethoff, Hans Georg (1995): Schlankheitskur für die Jugendhilfe. Rationalisierung nach dem Modell der Kommunaler Gemeinschaftsstelle für Verwaltungsvereinfachung (KGSt), in: neue praxis 2/1995, S. 132-150.

Klaus Schäfer

Kinder- und Jugendhilfe und Politik

Zusammenfassung: Das Verhältnis von Jugendhilfe und Politik stellt sich ambivalent dar. Es ist geprägt durch unterschiedliche Erwartungen hinsichtlich der Rahmenbedingungen für ein gelingendes Aufwachsen junger Menschen und sich daraus ableitenden Aufgabenstellungen und der Ausstattung der Jugendhilfe. Der gesellschaftliche Wandel fordert Politik und Jugendhilfe gleichermaßen heraus. Dabei ist die Jugendhilfe nicht allein auf die Rolle des Erbringers sozialer Leistungen zu reduzieren. Sie nimmt dazu auch ein kinder- und jugendpolitisches Mandat wahr. Dieses muss sie offensiv gestalten und sich für die Belange junger Menschen stark machen. Politik ist dabei gefordert, die erforderlichen Ressourcen und gesetzlichen Grundlagen zu schaffen und der Jugendhilfe den Raum zu geben, der für die Aufgabenerfüllung erforderlich ist. Jugendhilfe ist gefordert, nicht in ihren Traditionen zu verharren, sondern offen und offensiv neue Aufgaben anzupacken und auch ihre Angebote pass- und zielgenauer zu gestalten.

1. Zum Verhältnis von Kinder- und Jugendhilfe und Politik

Die Praxis der Jugendhilfe erfährt in jüngster Zeit die Folgen des gesellschaftlichen Wandels vor allem durch gravierende Veränderungen in den Rahmenbedingungen des Aufwachsens von Kindern und Jugendlichen. Sie zeigen sich in einer Zunahme sozialer Konfliktlagen, einer Steigerung der Inanspruchnahme von Beratungs- und Hilfeangeboten und auch in der tendenziellen Überforderung eines wachsenden Teils von Eltern in der Erziehung und Bildung ihrer Kinder.

Jugendhilfe hat auf diese Entwicklung reagiert und ihr Leistungsprofil in vielen Bereichen verbessert. Doch trotz ihres allgemein anerkannten Erziehungs- und Bildungsauftrages und ihres kinder- und jugendpolitischen Mandats gerät sie mehr und mehr in die Defensive und in Legitimationszwang. Dies zeigt sich insbesondere an dem steigenden Erwartungsdruck seitens der Politik, soziale Probleme zu lösen, an den Diskussionen über ihre Effektivität und Effizienz und ihre Strukturen sowie deren finanzielle und personelle Ausstattung und an der Kritik gegenüber klassischen Organisationen der Jugendhilfe, wie z.B. der Wohlfahrtspflege, Jugendverbänden etc.

Demgegenüber belegen Entwicklungen, die an Aktualität gewonnen haben, wie z.B. der Ausbau von Ganztagsangeboten für Kinder im schulpflichtigem Alter, die Schaffung neuer präventiver Handlungsmöglichkeiten zum frühzeitigen Erkennen sozialer Konfliktlagen und rechtzeitiger und passgenauer Hilfen, die Forderungen nach mehr und wirkungsvollen Beteiligungsmöglichkeiten für Kinder und Jugendliche, der Umsetzung der Kinderrechte im Rahmen der UN-Kinderrechtskonvention, die Verbesserung der Integrationsmöglichkeiten junger Migrantinnen und Migranten, dass für die Jugendhilfe noch weit mehr Aufgaben anstehen, wenn sie ihre gesetzlichen Aufträge erfüllen und den festgestellten tatsächlichen Bedarfen gerecht werden will.

In diesem Spannungsbogen zwischen wachsenden Anforderungen und aufkommender Kritik an der bestehenden Angebotsstruktur sowie der Probleme hinsichtlich der finanziellen und personellen Ausstattung stellt sich das Verhältnis von Jugendhilfe zur Politik immer wieder neu. Es wird – neben zahlreichen anderen Faktoren – auch von dem stetigen Wandel der gegenseitigen Erwartungen ausgelöst und von gesellschaftlichen Veränderungsprozessen geprägt.

Politik soll das Gemeinwohl fördern und die hierzu erforderlichen Ressourcen bereithalten. Sie erhofft sich, dass durch die öffentliche Förderung die Jugendhilfe ihren Teil dazu beiträgt, dass die Folgen sozialer und individueller Fehlentwicklungen abgemildert werden und die Jugendhilfe ihren Präventions- und Integrationsaufgaben gerecht wird.

Jugendhilfe ihrerseits erwartet von der Politik, dass sie Rahmenbedingungen für Kinder und Jugendliche schafft und sichert, die ein gelingendes Aufwachsen ermöglichen, und die für sie erforderlichen Handlungsoptionen in diesem Bereich der Erziehung und Bildung zur Verfügung stehen.

Allerdings liegt auf der Hand, dass Jugendhilfe ihre Grenzen bei der Erfüllung dieser Erwartungshaltung hat. Sie kann z.B. durch ihre fachliche Kompetenz, durch eine inhaltliche Veränderung ihrer Angebotsstruktur, durch niederschwellige Beratungs- und Unterstützungsmöglichkeiten neue Wege des Zugangs zu jungen Menschen und Familien eröffnen. Ihre Grenzen aber erfährt sie jedes mal dort, wo es um die Beseitigung der strukturellen Ursachen für das Anwachsen sozialer Problemlagen geht. Diese können in der Regel von ihr kaum beeinflusst werden.

Es sind im Wesentlichen die gesellschaftlichen Ursachen, die es der Jugendhilfe schwer machen, sich zu behaupten. Die Jugendhilfe muss sich immer wieder neu auf die gesellschaftlichen Dimensionen ihres Handelns einstellen. Ganz deutlich wird dies durch die Ergebnisse der Jugendforschung (vgl. insbesondere Shell Jugendstudien 1997, 2000). Diese bestätigen, dass gerade junge Menschen in ihren Grundhaltungen und Selbsteinschätzungen stark geprägt sind von bestehenden oder vermuteten Unsicherheiten, wachsenden Risiken und Orientierungsproblemen und dass es für sie immer schwerer wird, für sich selbst verbindliche Zukunftsplanungen zu entwickeln.

Gerade aber hier setzt eine zentrale Aufgabe von Jugendhilfe an. Neben der Schule und der Familie kann sie jungen Menschen Kompetenzen vermitteln, die sie stärken, mit dem gesellschaftlichen Wandel besser umzugehen. Denn wie stark die Polarisierungen in unserer Gesellschaft zunehmen, belegen die in den Jugendberichten der Bundesregierung aufgezeigten Einschnitte in den Alltag junger Menschen (vgl. insbesondere BMJFG 1990, BMFSJ 1998). Bereits der 10. Jugendbericht hat auf die zunehmende Armut von Kindern hingewiesen und die sich daraus ergebenen Folgen für die Entwicklung und Entfaltung dargestellt (BMFSFJ 1998).

Hier ist in aller erster Linie Politik in ihrer Gesamtheit gefordert. Sie beeinflusst durch ihre Entscheidungen Rahmenbedingungen, unter denen Kinder und Jugendliche aufwachsen, auch wenn z.B. bei der Bekämpfung der Arbeitslosigkeit zu allererst die Wirtschaft gefordert ist. Darüber hinaus stellen Stadtentwicklungsprozesse, Wohnumfeldgestaltungen, Sicherung der natürlichen Lebensgrundlagen zentrale Bereiche für das Aufwachsen von Kindern dar und beeinflussen deren individuelle Entfaltungsmöglichkeiten.

Auch entscheidet Politik über die Grundlagen für die Ausgestaltung der Erziehungs- und Bildungsbereiche und stellt Ressourcen auch für die Jugendhilfe bereit. Für den Jugendhilfebereich ergibt sich dies aus der Gesamtverantwortung und Planungsverantwortung des örtlichen öffentlichen Trägers nach §79 SGB VIII; für die Länder nach §82 SGB VIII, der sie verpflichtet, die Jugendämter bei der Wahrnehmung ihrer Aufgaben zu unterstützen, bzw. nach Maßgabe der jeweils länderspezifischen gesetzlichen Grundlagen (Kindertagesstättengesetze und Jugendfördergesetze) und anderen Instrumenten zu handeln, z.B. durch Landesjugendpläne.

2. Kinder- und Jugendhilfe im Kontext gesellschaftlicher Veränderungen

Jugendhilfe findet in der Regel dort statt, wo Menschen leben und aufwachsen, in den Städten, Kreisen und Gemeinden. Vor Ort entwickeln die Träger Handlungsstrategien, erproben neue Konzepte zur Lösung sozialer Probleme und wirken gestaltend an der Entwicklung des Gemeinwesens mit. Auch ihr Verhältnis zur Politik wird hier konkret. Denn sie wird unmittelbar konfrontiert mit den Folgen positiver wie verfehlter kommunalpolitischer Entscheidungen.

Allerdings ist Jugendhilfe nicht politiklos. Sie verfügt über Instrumente, den kommunalpolitischen Entscheidungsprozess zu beeinflussen, so. z.B. über die Mitwirkung von Trägern im Jugendhilfeausschuss, durch die kommunale Jugendhilfeplanung, durch die Arbeitsgemeinschaften nach §78 SGB VIII, durch Partzipationsmodelle unter Beteiligung junger Menschen und schließlich durch Aktivitäten im politischen Vorraum. Diese Möglichkeiten direkter und indirekter Einflussnahme aber auch offensiv zu nutzen, setzt voraus, dass Jugendhilfe sich ihrer Rolle im Gemeinwesen bewusst ist und vor allem:

- ihre Angebotsstruktur so gestaltet, dass sie sich kontinuierlich neuen veränderten Problemlagen der Menschen anpassen und somit wirksamer handeln kann und
- ihr kinder- und jugendpolitisches Mandat offensiv und kompetent ausfüllt.

Eine klare Antwort auf diese Anforderungen und die kritische Reflexion ihrer Strukturen und Ansätze macht sie auch gegenüber der Politik stärker. So darf sie nicht in herkömmlichen bzw. klassischen Handlungsmustern verharren. Dies erfordert neue, offenere Konzepte ebenso, wie mehr Transparenz und Niederschwelligkeit ihrer Strukturen und Angebote sowie direkterer Beteiligungsformen ihrer Zielgruppen. Denn wie bei vielen gesellschaftlichen Organisationen gilt auch für die Jugendhilfe, insbesondere aber in dem Handlungsfeld Jugendarbeit, dass es ihr gelingen muss, mehr partizipative Elemente aufzugreifen und diese zu verbinden mit tragfähigen Konzepten der Selbsthilfe und der Bildung sozialer Netze und Kooperationen mit anderen Partnern.

Hierfür hat sie gute Voraussetzungen. Ihre Handlungsgrundlagen haben sich in den letzten dreißig Jahren wesentlich verbessert. Seit 1970 hat sie einen deutlichen Ausbau ihrer Angebotsstruktur erfahren; ihre Verankerung in den Lebenswelten der Kinder und Jugendlichen wurde zudem durch eine enorme fachliche Ausdifferenzierung und der gewachsenen Zahl der professionell Tätigen erreicht. Längst ist sie nicht mehr von dem Selbstverständnis geprägt, „die Aufrechterhaltung der öffentlichen Sicherheit und Ordnung, die Ausgrenzung verwahrloster Jugendlicher durch geschlossene Unterbringung und Arbeitserziehung oder die Rettung von Kindern vor gefährdendem Einfluss ihrer Eltern" zu sichern, sondern „von dem gesetzlichen Auftrag die Förderung der Entwicklung junger Menschen und ihre Integration in die Gesellschaft" zu unterstützen (Wiesner 1998).

Mit dem Kinder- und Jugendhilfegesetz (KJHG-SGB VIII) erhielt die Jugendhilfe die rechtliche Grundlage für den bereits von der Sachverständigenkommission des Achten Jugendberichtes der Bundesregierung geforderten Paradigmenwechsel (BMJFFG 1990). Das Gesetz hat nicht alle Hoffnungen erfüllt und wesentliche Fortschritte ausgeklammert (z.B. das selbstständige Antragsrecht für Kinder), aber es hat sich inzwischen als eine gute Grundlage für jugendpolitisches Handeln in den Ländern und Gemeinden erwiesen. Hinsichtlich der pädagogischen Leistungen, die das Gesetz aufgenommen hat, sind vor allem die Förderung der Jugendarbeit als eine Pflichtaufgabe der Kommunen (§11), der – wenn auch erst 1995 mit dem Schwangeren- und Familienhilfegesetz aufgenommene – Rechtsanspruch auf einen Kindergartenplatz (§24), der Rechtsanspruch auf erzieherische Hilfen (§27), die Gesamtverantwortung und Gewährleistungsverpflichtung des öffentlichen Trägers (§79) und die Verpflichtung zur kommunalen Jugendhilfeplanung (§80) hervorzuheben.

Mit der Aufgabenstellung des §1 Abs. 3, nämlich soziale Benachteiligungen zu verhindern und eine kinder- und familienfreundliche Lebensumwelt zu schaffen, untermauert das KJHG zugleich die Anwaltsfunktion der Jugendhilfe und sichert „die offensive Erweiterung institutionellen Handelns in alle Lebensfelder, die für Minderjährige relevant sind, und damit die kontinuierliche *Einmischung* von Jugendhilfe in andere Politikfelder" (Münder u.a. 1998).

In einer Zeit, in der die Grundlagen der zukünftigen politischen, gesellschaftlichen und sozialen Struktur entschieden werden, verpflichtet das KJHG die Jugendhilfe dazu, ihren spezifischen Beitrag zu leisten, um eine „Kultur des Aufwachsens" zu schaffen, in der junge Menschen in ihren Entwicklungschancen gefördert und unterstützt werden. Weil der öffentliche Sektor der Erziehung und Bildung gegenüber privater Erziehung an Bedeutung gewinnt und diese auch weiter zunehmen werden, ist es umso wichtiger, in der Jugendhilfe Voraussetzungen zu schaffen, damit den daraus sich ergebenen Aufgaben, z.B. im Rahmen von Ganztagsangeboten für Schulkinder, Rechnung getragen werden kann.

Allerdings werden die Bemühungen der Jugendhilfe, sich für die Belange von Kindern und Jugendlichen einzusetzen, belastet durch die aktuellen Entwicklungen. Im Kern sind dies:

Die *Zukunft des Sozialstaates:* So zielen die Diskussionen um die Rolle des Staates, insbesondere um die Ausgestaltung des Sozialstaates auf eine Aushöhlung seiner kollektiven Schutzinstrumente ab. Soziale Leistungen reduzieren sich mehr und mehr auf unverzichtbare Mindestleistungen; individuelle Absicherungsstrategien werden bedeutsamer. „Mehr Eigenverantwortung" statt des „Rundum-Sorglos-Staates", mehr „Eigenvorsorge" statt staatlich abgesicherter „Fürsorge", sind Slogans, die eine scheinbare Versorgungsmentalität kritisieren und deutliche Einschnitte ins soziale Netz fordern.

Die Folgen des wirtschaftlichen *Strukturwandels,* in dem die „Globalisierung" der Wirtschaft und die Technologisierung aller Lebensbereiche durch neue Medien die Lebenswelten grundsätzlich verändert – wenn die Entwicklung auch eher ambivalent ist. Einerseits bringt dieser Wandel neue und gerade für junge Menschen vielfältige Handlungsoptionen mit sich (Multioptionsgesellschaft). Flexibilität, Mobilität und lebenslanges Lernen sind zentrale Forderungen und die Grundvoraussetzung für eine gelingende Zukunft und verlässliche Berufsperspektiven (Bastelexistenzen). Andererseits ist der Preis hierfür hoch: Soziale Bindungen verlieren mehr und mehr an Bedeutung; die bisher gekannten Zugänge zu einer stabilen beruflichen Perspektive funktionieren nicht mehr; eigenständig Lösungen zu entwickeln wird zur Regel.

Wachsende soziale *Ausgrenzungsprozesse* sind feststellbar. Massenarbeitslosigkeit und Armut sind die Gegenwelt einer im Grundsatz immer noch reichen Gesellschaft. Die Schere zwischen Arm und Reich wird größer, ganze Stadtteile verlieren ihre urbane Kraft und werden zu sozial belasteten Inseln. Schien noch in den 80er-Jahren die „soziale Frage" als weitgehend gelöst, so zeigt sich ganz real, dass die Formel von der „Zweidrittel Gesellschaft" inzwischen Wirklichkeit geworden ist. Eine immer größer werdende Zahl von Kindern und Jugendlichen lebt heute in Haushalten, die von der Arbeitslosigkeit geprägt sind, ein überdurchschnittlich hohes Armutsrisiko haben oder deren Lebenssituation als prekär bezeichnet wird (Butterwege 2000).

3. Handlungsoptionen der Kinder- und Jugendhilfe

Die Konsequenzen für die Jugendhilfe, die sich aus diesen Entwicklungen ergeben, sind z.B. steigende Nachfrage an Beratungs-, Hilfe- und auch Interventionsmaßnahmen, Anstieg der Zahl derjenigen Menschen, die vor allem Leistungen der erzieherischen Hilfen oder allgemeine Beratungsleistungen in Anspruch nehmen, nach Orientierungen suchen, Hilfe beim Übergang von der Schule in den Beruf erwarten usw.

In dem Maße aber, wie Präventions- und Integrationsstrategien nicht in der erforderlichen Breite gelingen und trotz einer differenzierten pädagogischen Angebotsstruktur Kriminalität, Drogenmissbrauch, Gewalt, Vandalismus etc. wachsen, werden Forderungen nach mehr und direkterer repressiver Intervention wieder lauter.

So erfährt Jugendhilfe trotz der Verbesserung ihrer Qualität und Ausweitung ihrer Handlungsmöglichkeiten stärkere Zweifel an der Wirksamkeit ihrer Erziehungsleistungen. Ganz deutlich zeigt sich dies an den Diskussionen um die Grenzen ihrer Einflussnahme und der Wiederentdeckung z.B. der geschlossenen („verbindlichen") Unterbringung, dem Vorhalten freiheitsentziehender Einrichtungen nach §1631b BGB und den Forderungen nach Verschärfung des Jugendstrafrechts. Die im Bundesrat immer wieder vorgenommenen Versuche einiger Länder, das Jugendstrafrecht zu verschärfen und die Forderung nach geschlossener Unterbringung durchzusetzen, sind ein Indiz für den Veränderungsdruck.

Demgegenüber macht sich, trotz eines erheblichen Ausbaus der Jugendhilfeleistungen, aktuell der Kostendruck vor allem im Bereich der Prävention bemerkbar. Ein weiterer notwendiger Ausbau der Leistungspalette ist in vielen Bereichen nur in Einzelfällen durchsetzbar. Die Konzentration des überwiegenden Teils der öffentlichen Förderung auf den Kindergarten und die erzieherischen Hilfen wirkt sich häufig zum Nachteil der Bereiche ohne Rechtsanspruch, wie z.B. Jugendarbeit, Jugendsozialarbeit, Familienbildung etc. aus. Dies kann auch nicht dadurch gemildert werden, dass neue Konzepte einer Kosten-Nutzung-Rechnung nach betriebswirtschaftlichen Kategorien entstehen. Eine rein auf ökonomische Effekte abzielende Betrachtungs- und Bewertungsweise führt in die Enge.

Jugendhilfe muss deshalb gegenüber Politik deutlich machen, dass sie ein unverzichtbarer Bestandteil der sozialen Infrastruktur ist und sich mit ihren unterschiedlichen Kompetenzen in den Veränderungsprozess einbringen wird:

- Als Anwalt für Kinder und Jugendliche indem sie mit der Politik (manchmal auch gegen sie) darüber streitet, wie und auf welche Weise die Ressourcen für junge Menschen gesichert und optimiert werden können. Dies wird sie am besten dadurch erreichen, dass sie Kräfte mobilisiert, die zu einer Politisierung des Gemeinwesens beitragen können. Denn nur so wird Jugendhilfe zur Gemeinwesenpolitik und kann Instrumente der öffentlichen Diskussion nutzen.
- Als Erbringer pädagogischer Leistungen, in dem sie weiterführende Handlungskonzepte entwickelt, neue Wege erprobt und ihr professionelles Handeln darauf anlegt, wirksamer zu arbeiten, stärker zu vernetzen bzw. kooperieren. Sie wird dabei den Bezug zu anderen Politikfeldern suchen müssen, will sie ihrer Querschnittsfunktion gerecht werden. Denn mehr und mehr bedeutet der Lebensweltbezug, dass ganzheitliche Lösungsansätzen entwickelt werden müssen. Ohne die Einbeziehung anderer Bereiche, wie z.B. die Schule, wird dies kaum gelingen.
- Als eigenständiges Handlungsfeld der Erziehung und Bildung, in dem sie für ihre Trägervielfalt und -unterschiedlichkeit eintritt und die plurale Struktur sichern hilft. Hierzu gehört vor allem auch das Wunsch- und Wahlrecht der Betroffenen und die Orientierung der Jugendhilfeplanung an den Bedürfnissen der Kinder, Jugendlichen und ihrer Familien.

Bei alledem tritt ein grundlegender Auftrag der Jugendhilfe immer stärker in den Vordergrund: ihr Bildungsauftrag. Dass dieser in besonderer Weise betont werden muss und somit Ansprüche angemeldet werden müssen, wird darin deutlich, dass die derzeitige Bildungsdiskussion sich im Wesentlichen auf Schule, Ausbildung und Fort- und Weiterqualifizierung konzentriert. Der Bildungsaspekt der Jugendhilfe findet dabei keine Berücksichtigung. Als Sozialisationsinstanz, die sich an alle Kinder und Jugendlichen richtet und die vielfältige Förderangebote vom Kindergarten über die Jugendarbeit bis hin zu erzieherischen Hilfen und der Familienbildung vorhält, vermittelt sie jungen Menschen Fähigkeiten, die diese für die Entwicklung eigener Bewältigungsstrategien brauchen.

Denn Bildung ist mehr als Aneignung von Qualifikation. Sie prägt nicht nur die Persönlichkeit, sie ist auch Grundlage für die gesellschaftliche Teilhabe. Gerade weil Bildung und Ausbildung immer mehr zum entscheidenden Nadelöhr für gesellschaftliche Teilhabe werden, gewinnen soziale Kompetenzen für jeden Einzelnen an Bedeutung. Die hierfür erforderlichen Schlüsselqualifikationen sind Voraussetzung für berufliches Weiterkommen und für das „Sich-zurechtfinden" in der Informations- und Kommunikationsgesellschaft. Dabei ist die Sicherung der Chancengerechtigkeit eine besondere Aufgabe, weil die Zahl derjenigen Kinder wächst, die bereits in ihrer frühen

Kindheit entsprechend gefördert werden müssen. Viele, die in sozial benachteiligten Verhältnisse aufwachsen, brauchen eine ergänzende Förderung durch geeignete Angebote außerhalb von Regelsystemen.

4. Die Politik muss günstige Rahmenbedingungen für das Aufwachsen schaffen

Die Integration der nachwachsenden Generation in die Erwachsenengesellschaft zu sichern und für sie Zukunftsmöglichkeiten zu erschließen, wird die zentrale Aufgabe für die nächsten Jahre sein. Vor allem geht es darum, die Ursachen für die Entstehung sozialer Ausgrenzungsprozesse zu beseitigen und den Sozialstaat so zu gestalten, dass Kinderarmut verhindert und Zukunftsperspektiven für junge Menschen möglich werden. Deshalb bedarf es ganz unterschiedlicher Maßnahmebündel:

- Von zentraler Bedeutung ist die Bekämpfung der Arbeitslosigkeit und der Jugendarbeitslosigkeit vor allem mit dem Ziel, dass nicht Arbeitslosigkeit finanziert und der Sozialhilfebezug zur regelmäßigen Perspektive weiter Kreise junger Menschen wird.
- Die Rahmenbedingungen für Familien mit Kindern müssen deutlich verbessert werden. Hierzu gehören nicht nur materielle Sicherungen für die Familien (z.B. Kindergeld, steuerliche Entlastungen etc), hierzu gehört auch die Sicherung der Generationengerechtigkeit. Politikgestaltung muss dabei für die junge Generation Optionen und Teilhabechancen offen halten, damit sie ihre Vorstellungen von der zukünftigen Gesellschaft einbringen und verwirklichen können.
- Die Weiterentwicklung des Sozialstaates wird, wenn sie auch nicht mehr immer mit zusätzlichen finanziellen Ressourcen verbunden sein wird, so ausgestaltet sein müssen, dass der Sektor der öffentlichen Erziehung und Bildung die erforderlichen Chancen und Möglichkeiten für alle Kinder und Jugendlichen vermitteln kann. Hierzu müssen die verschiedenen Bereiche sich miteinander verbinden, Verknüpfungen und Brücken schlagen, um so die Handlungsvielfalt der unterschiedlichen Lebensbereiche, wie Familie, Kindergarten, Jugendarbeit und Schule in Übereinstimmung zu bringen.

Bei der Frage, welche Aufgaben die Jugendhilfe zukünftig erfüllen muss, wird sich Politik positionieren müssen, wie sie den Erziehungs- und Bildungsauftrag der Jugendhilfe sichern will und vor allem mit welchen Ressourcen sie dies tun will. Sicherlich ist dies angesichts der Situation der öffentlichen Haushalte kein leichtes Unterfangen. Die pflichtige Wahrnehmung der Gesamtverantwortung und der Planungsverantwortung erfordert deshalb eine Verständigung zwischen allen Beteiligten darüber, welche tatsächlichen Bedarfe bestehen bzw. zu erwarten sind und wie die Rahmenbedingungen aussehen müssen.

Will Politik eine offensive Jugendhilfe, die ihre kinder-, jugend- und familienpolitische Funktion ebenso wahrnimmt wie ihre pädagogischen Aufgaben, dann darf ihre Finanzierung nicht allein auf den Abschluss von Leistungsverträgen nach §78 a ff SGB VIII reduziert werden. Vielmehr müssen die Träger so ausgestattet sein, dass sie gesellschaftspolitische Aufgaben auch wahrnehmen können. Hierzu gehören auch, die Strukturen der Jugendhilfe zu sichern. Gerade in der Gestaltung des örtlichen Jugendamtes, vor allem in der Zweigliedrigkeit liegt – bei allen Schwächen, die es abzubauen gilt – die Chance, die Wahrnehmung der Interessen für jungen Menschen auszubauen.

Auch gilt es, die Beteiligungsformen für junge Menschen konsequent auszuweiten und effizienter zu gestalten. Was gebraucht wird, sind keine „schein-parlamentarischen Formen"; benötigt werden echte Formen der Mitgestaltung und Mitentscheidung.

5. Ausblick

Sollen junge Menschen, mit ihren Perspektiven für die Zukunft nicht zu Verlierern in dem Prozess der gesellschaftlichen Modernisierung, der Umbrüche und der Individualisierung werden, so haben Staat und Gesellschaft hierbei eine besondere Verantwortung. Um dies umzusetzen, ist es notwendig, Rahmenbedingungen für den Prozess des Aufwachsens zu schaffen, die auf Förderung, Entfaltung und Abbau der Benachteiligung abgestellt sind.

Bund, Länder und Gemeinden haben deshalb wichtige Beiträge zur Realisierung dieses Ziel zu leisten. Denn erst die soziale Gestaltung des Gemeinwesens und positive Rahmenbedingungen für das Aufwachsen sind die Grundlagen für die Zukunftsfähigkeit der Gesellschaft.

Literatur zur Vertiefung

Aleman, Ulrich von; Heinze, Rolf G.; Wehrhöfer, Ulrich (Hrsg.) (1999): Bürgergesellschaft und Gemeinwohl. Analyse, Diskussion, Praxis. Opladen

Beniers, S. u.a. (Hrsg.) (2000): Wie jugendhilfefähig ist Politik – wie politikfähig ist Jugendhilfe? – Beiträge zur IGFH Jahrestagung 1999; Frankfurt/M.

Bundesministerium für Familie, Senioren, Frauen und Jugend (Hrsg.) (1998): Zehnter Jugendbericht – Bericht über die Lebenssituation von Kindern und die Leistungen der Kinderhilfen in Deutschland. Bonn

Bundesministerium für Jugend, Familie und Gesundheit (Hrsg.) (1990): Achter Jugendbericht – Bericht über die Leistungen und Bestrebungen der Jugendhilfe. Bonn

Butterwege, Christoph (Hrsg.) (2000): Kinderarmut in Deutschland, Ursachen, Erscheinungsformen und Gegenmaßnahmen. Frankfurt/M.

Literatur

Aleman, Ulrich von; Heinze, Rolf G.; Wehrhöfer, Ulrich (Hrsg.) (1999): Bürgergesellschaft und Gemeinwohl. Analyse, Diskussion, Praxis. Opladen

Beck, Ulrich (1986): Risikogesellschaft. Auf dem Weg in eine andere Moderne. Frankfurt/M.

Beniers, S. u.a. (Hrsg.) (2000): Wie jugendhilfefähig ist Politik – wie politikfähig ist Jugendhilfe? – Beiträge zur IGFH Jahrestagung 1999. Frankfurt/M.

Bundesministerium für Familie, Senioren, Frauen und Jugend (Hrsg.) (1998): Zehnter Jugendbericht – Bericht über die Lebenssituation von Kindern und die Leistungen der Kinderhilfen in Deutschland. Bonn

Bundesministerium für Jugend, Familie und Gesundheit (Hrsg.) (1990): Achter Jugendbericht – Bericht über die Leistungen und Bestrebungen der Jugendhilfe. Bonn

Butterwege, Christoph (Hrsg.) (2000): Kinderarmut in Deutschland, Ursachen, Erscheinungsformen und Gegenmaßnahmen. Frankfurt/M.

Fischer, Birgit: Statt eines Vorwortes: Mit einer sozial tiefgespalteten Gesellschaft ins dritte Jahrtausend?! In: Christoph Butterwegge (Hrsg.) (2000): Kinderarmut in Deutschland, Ursachen, Erscheinungsformen und Gegenmaßnahmen. Frankfurt/M.

Münder, Johannes A. (Hrsg.) (1998): Frankfurter Lehr- und Praxiskommentar zum KJHG/SGB VIII, 3. vollständig überarbeitete Auflage, Münster

Wiesner, Reinhard (1998): Vom JWG zum KJHG. In: Arbeitsgemeinschaft für Jugendhilfe (Hrsg.): Einheit der Jugendhilfe – 50 Jahre Arbeitsgemeinschaft für Jugendhilfe. Bonn

Andreas Walther

Kinder- und Jugendhilfe und Europa

Zusammenfassung: Inwiefern bekommt die Jugendhilfe in Deutschland Europa konkret zu spüren? Wo orientiert sie sich an einem weiteren europäischen Kontext? Und was könnte sie sich davon versprechen? Eine europäische Dimension der Jugendhilfe lässt sich nur indirekt ausmachen: zum einen weil der europäische Integrationsprozess seine soziale Dimension in erster Linie über den Arbeitsmarkt definiert, zum anderem, weil die Jugendhilfe selbst die Möglichkeiten europäischer Programme zu interkultureller Kooperation nur ansatzweise nutzt. Dass die europäische Dimension durchaus Potentiale jugendpolitischer Weiterentwicklung birgt und wie sie genutzt werden können, lässt sich an konkreten Beispielen aufzeigen.

Einleitung

Man hat sich inzwischen daran gewöhnt, dass Fragen nach gesellschaftlichen Verhältnissen und Entwicklungen auch mit einem Verweis auf Europa beantwortet werden. Doch was hat nun die Jugendhilfe als Teil gesellschaftlicher Verhältnisse und Entwicklungen in Deutschland konkret mit Europa zu tun?

Vorab muss dabei jedoch klar sein, dass man sich dem Thema ‚Jugendhilfe und Europa' nur indirekt nähern kann, und zwar aus zwei Gründen: Zum einen ist auf der europapolitischen Ebene ‚Jugend' in erster Linie in Bezug auf arbeitsmarkt- und bildungspolitische Fragestellungen relevant, Jugend als Humanressource für Wachstum und Wettbewerbsfähigkeit und als strategische Gruppe für den Erhalt sozialer Integration. Damit ist nur ein Aspekt der Jugendhilfe, nämlich die arbeitsweltbezogene Jugendsozialarbeit, direkt betroffen. Zum anderen hat die deutsche Jugendhilfe als Komplex, in dem Heimerziehung und Jugendarbeit, Jugendberufshilfe und politische Bildung gleichermaßen verrechtlicht (im Kinder- und Jugendhilfegesetz), institutionalisiert und sozialpädagogisch professionalisiert sind, kein Pendant in anderen europäischen Ländern, wo die Unterstützung bzw. Regulierung der Jugendphase anderen institutionellen Mustern unterliegt. Dieser Beitrag nähert sich der europäischen Dimension deshalb in erster Linie über die sozialpolitischen Rahmenbedingungen der Jugendhilfe und ihre Europäisierung. Begreift man mit Walter Hornstein und Gerd Mutz (1993) die europäische Einigung als gesellschaftlichen Prozess oder sogar als „Bildungsprojekt" (ebd.: 249ff.), so fragt dieser Beitrag, ausgehend von der Auseinandersetzung mit dem institutionellen Prozess des ‚Europas von oben' nach den AkteurInnen und Potentialen eines sozialen Europas, in dem die Bedürfnisse, Interessen und Teilhaberechte von Kindern, Jugendlichen und jungen Erwachsenen aufgehoben sind.

Ich möchte im Folgenden drei Aspekte des Themas Jugendhilfe und Europa anreißen: erstens die sozialpolitische Dimension der europäischen Integration und ihre Auswirkungen auf die deutsche Jugendhilfe am Beispiel konkreter EU-Institutionen und -programme; zweitens Perspektiven von Vergleich und Kooperation, mittels derer die Jugendhilfe sich mit ihrem europäischen Kontext auch jenseits institutionell ‚passender' Zuständigkeitsgrenzen produktiv auseinander setzen könnte, und drittens exemplarische Diskurse, die derzeit in verschiedenen europäischen Kontexten geführt werden und in die sich die Jugendhilfe möglicherweise Gewinn bringend einklinken könnte. Wenn sich dieser Beitrag hauptsächlich mit dem EU-Europa befasst, dann deshalb, weil besonders in Bezug auf Mittel- und Osteuropa Informationen und Kooperationserfahrungen bislang nur in geringem Maße vorliegen. Nicht nur mit Blick auf die geplante Osterweiterung der EU, sondern aufgrund der spezifischen Freisetzungsprozesse in den Transformationsgesellschaften ist jedoch davon auszugehen, dass gerade dieser Aspekt des Themas Jugendhilfe und Europa ein besonders dynamischer ist.

1. Die Jugendhilfe und der Prozess der europäischen Integration

Folgt man den Prophezeiungen, denen zufolge der Prozess der europäischen Einigung das soziale Leben in allen europäischen Ländern erheblich beeinflussen werde, müsste dies auch auf die Jugendhilfe zutreffen. Gleichzeitig weisen alltägliche Praxis, einschlägige Zeitschriften oder Überblicksveröffentlichungen (z.B. Jordan/Sengling 2000) kaum darauf hin, dass für die deutsche Jugendhilfe Europa ein relevantes Thema sein könnte. Die stärkste Aufmerksamkeit erhält das Thema Jugendhilfe und Europa seit der Errichtung des europäischen Binnenmarktes in den „Blättern der deutschen Wohlfahrtspflege,„. Die ersten zwei Themenhefte (1990 und 1993) waren vor allem von zwei Befürchtungen geprägt: zum einen, die sozialpolitische Harmonisierung könne die Rahmenbedingungen sozialer Arbeit und freier Wohlfahrtspflege erheblich verschlechtern; zum anderen, durch die Freizügigkeit von Kapital, Personen, Dienstleistungen und Waren könne der Jugendhilfe Konkurrenz von Seiten ausländischer Billiganbieter erwachsen (Henningsen 1990; Pfaffenberger 1990; Brauns 1990; Hesse-Schiller 1993). Nachdem keine der beiden Varianten im befürchteten Ausmaß eingetreten ist, scheinen die meisten AkteurInnen das Thema Europa jedoch wieder ad acta gelegt zu haben, wenn man einmal von den Arbeitsbereichen absieht, in denen Zuschüsse aus Brüssel winken, wie etwa die arbeitsweltbezogene Jugendsozialarbeit. Das dritte Themenheft (1998) weist deshalb darauf hin, dass Europa auch Chancen bietet, die eine kritische Auseinandersetzung wert sind (Herrmann 1998; Lorenz 1998; Schulte 1998). Dass der Bundeskongress Soziale Arbeit 2001 unter dem Titel Europa tagt, ist zwar keine Garantie für eine Trendwende, aber immerhin eine Gelegenheit.

Die soziale Dimension Europas

Die Frage nach der ‚sozialen Dimension Europas', in deren Kontext man das Thema Jugendhilfe und Europa verorten kann, entstammt der Kritik daran, der europäische Einigungsprozess verfolge in erster Linie kapitalistisch-ökonomische Ziele, wie sie sich auch in den vier dem Binnenmarkt zugrunde liegenden Freiheiten niederschlagen: Freizügigkeit von Waren, Dienstleistungen, Kapital und Personen. Wenn auch an dieser Sichtweise viel Wahres ist, so gilt es den Einigungsprozess und seine soziale bzw. sozialpolitische Dimension jedoch differenziert als „Mehrebenen-System" wahrzunehmen (Leibfried/Pierson 1998). Die Europäische Union mit ihren verschiedenen institutionellen Ebenen – Rat, Kommission, Parlament, Gerichtshof – steht dabei in einem wechselseitigen Verhältnis mit den Mitgliedsstaaten, die ihren Einfluss zwar limitieren, gleichzeitig jedoch selber zunehmend europäisch geprägt werden.

Auf der Ebene des *Europäischen Rates* und der Einigungsverträge – der Legislative der Europäischen Union – kamen sozialpolitische Aspekte erst spät auf die gemeinsame Agenda. Der Einigungsprozess folgte eher der Logik „negativer Integration" durch den Abbau von Hemmnissen (Deregulierung) für einen gemeinsamen Markt (Leibfried 1990: 296). 1989 wurden mit der Europäischen Sozialcharta erstmals ArbeitnehmerInnenfragen wie Arbeitsschutz und Sozialversicherung Gegenstand gemeinschaftlicher Regelung, die 1992 als Abkommen an den Vertrag von Maastricht angehängt und 1997 in den Amsterdamer Vertrag (Art. 136 bis 141) aufgenommen wurde. Seitdem entwickelt sich – im Sinne einer „positiven Integration" (Leibfried) entlang gemeinsamer Normen und Ziele – eine gemeinschaftliche Politik, allerdings beschränkt auf den Bereich der Arbeitsmarkt- und Beschäftigungspolitik. Auf dem Luxemburger „Beschäftigungsgipfel" 1997 wurden 20 Leitlinien verabschiedet, an denen sich die Mitgliedsstaaten orientieren müssen, worüber in jährlichen beschäftigungspolitischen Aktionsplänen (z.B. 1998; 1999; 2000) gegenüber der Kommission Rechenschaftspflicht besteht. Ein Beispiel für die Auswirkung dieses gemeinschaftspolitischen Aktes auf nationaler Ebene ist das deutsche Sofortprogramm zum Abbau der Jugendarbeitslosigkeit (JUMP), das sich deutlich an der ersten EU-Leitlinie orientiert, nach der „allen Jugendlichen ein Neuanfang in Form einer Ausbildung, einer Umschulung, einer Berufserfahrung, eines Arbeitsplatzes oder einer anderen die Beschäftigungsfähigkeit fördernden Maßnahme ermöglicht wird, ehe sie sechs Monate lang arbeitslos sind; ..." (Europäische Kommission 1997). In der Aufzählung der Palette möglicher Maßnahmen wird bereits ein zentrales Merkmal europäischer Sozialpolitik deutlich: das Subsidiaritätsprinzip. Entgegen seiner Bedeutung in der katholischen Soziallehre (bzw. der deutschen Wohlfahrtspflege), die auf die höhere Problemlösungsfähigkeit adressatennaher Instanzen abhebt, bedeutet Subsidiarität auf EU-Ebene in erster Linie die Berücksichtigung unterschiedlicher nationaler Systeme und Traditionen, d.h. ein hohes Maß an Auslegungsoffenheit (Streeck 1998: 397ff.). Dies gilt umso mehr als mit der geplanten Osterweiterung die Spanne zu regulierender Arbeits- und Lebensverhältnisse einerseits und die Leistungsfähigkeit sozialstaatlicher Strukturen andererseits eher noch weiter auseinander klaffen dürfte. Die Entwicklungsdynamik der Transformationsgesellschaften beschreiben Siyka Kovacheva und Claire Wallace gerade in Bezug auf die Integrationsperspektiven Jugendlicher und junger Erwachsener als einen Modernisierungsprozess, der – im Sinne des „Aufspringens auf den fahrenden Zug" – die ‚erste (institutionalisierte) Moderne' überspringt und direkt in post-moderne Verhältnisse mit all ihren Chancen, Brüchen und Risiken führt. Die mit dem hohen Anteil informeller – d.h. ungesicherter und gering bezahlter – Arbeit verbundenen Risiken werden bislang (wenn überhaupt) allein von den Familien aufgefangen (Wallace/Kovacheva 1998).

In diesem Sinne orientieren sich Integrationsstrategien inzwischen weniger an der ‚Harmonisierung' staatlicher Strukturen als am Konzept des ‚Benchmarking': der Vereinbarung quantitativer „Zielkorridore", die keineswegs auf gleiche Weise erreicht werden müssen (Europäisches Beschäftigungsobservatorium 1998). Dass auch dies für nationale Politik folgenreich ist, hat die Währungsunion gezeigt, deren Teilnahmekriterien für die meisten Staaten enorme Anpassungsleistungen bedeuteten.

Ein weiterer Kritikpunkt am Integrationsprozess und seiner sozialen Dimension ist neben ihrer arbeitsmarktpolitischen Reduzierung und ihrer scheinbar beliebigen Umsetzung ihr „demokratisches Defizit". Das *Europäische Parlament* hat nur geringfügige Anhörungs- und Kontrollbefugnisse, während die Entscheidung auf den Rat und die Umsetzung auf die Kommission beschränkt sind. An diesem Punkt zeigt sich die Ambivalenz eines sozialen Europas in besonderem Maße: Wie für die Nationalstaaten könnte auch für die Europäische Union Sozialpolitik eine wichtige Legitimationsquelle darstellen. Gleichzeitig ist Sozialpolitik als Ausdruck gesellschaftlicher Solidarität in besonderem Maße auf Legitimation angewiesen. Die Ausweitung europäischer Sozialpolitik bedeutet deshalb auf der einen Seite einen Verlust an Souveränität für die Nationalstaaten, auf der anderen Seite lässt sich ihre Legitimation aufgrund der schwachen Ausprägung demokratischer Entscheidungswege auf der EU-Ebene nur begrenzt herstellen. Die Perspektiven eines Europa von unten bzw. „Europa des Alltags" (Hornstein/Mutz 1993: 28) scheinen deshalb von vornherein eingeschränkt. Die Resistenz des Nationalstaates als Steuerungsebene ist dabei keineswegs nur unter den Gesichtspunkten institutioneller Beharrlichkeit oder des Systemerhalts zu bewerten, sondern – im Wechselspiel mit der regionalen Ebene – als unerlässliche Ressource kollektiver Identität, die Ansprüche und Zumutungen im Kontext sozialer Gerechtigkeit erst möglich macht (Böhnisch u.a. 1999: 306).

Weitaus weniger öffentlich wahrgenommen, dafür aber umso wirkungsvoller agiert der *Europäische Gerichtshof* in Fragen der sozialen Sicherung von ArbeitnehmerInnen als auch in Bezug auf die Gleichstellung von Frauen und Männern auf dem Arbeitsmarkt. Jane Lewis und Ilona Ostner (1998) weisen jedoch auf die Ambivalenz einer bürgerrechtlich inspirierten, aber auf den Arbeitsmarkt beschränkten Gleichstellungspolitik, die den Aspekt der Familienpolitik ausklammert. Stefan Leibfried und Paul Pierson sprechen auch von einer „Integration durch Recht", innerhalb der die Sozialpolitik nicht nur eine kompensatorische Reaktion auf den Binnenmarkt darstellt, sondern dessen integrale Voraussetzung.

Dies zeigt sich auch in den Programmen der *Europäischen Kommission*, dem operativen Arm bzw. der Exekutive der Europäischen Union. Unterhalb des Kommissionspräsidenten und der KommissarInnen gliedert sie sich in 24 Generaldirektionen. Für die Jugendhilfe bzw. den sozialen Bereich in erster Linie relevant sind ‚Bildung und Kultur', ‚Arbeit und Soziales' sowie ‚Regionalpolitik'. Die Generaldirektionen agieren auf der Grundlage gemeinsamen Rechts anhand von Programmen, die sich hinsichtlich ihres Finanzvolumens sowie ihrer Differenzierung erheblich voneinander unterscheiden. Da es hierbei um konkrete finanzielle Mittel geht, von denen zumindest in Teilbereichen auch Träger der Jugendhilfe profitieren, sollen einige davon kurz vorgestellt werden (vgl. Internetadressen der Europäischen Kommission, siehe unten):

a) Die Europäischen Strukturfonds (z.B. Europäischer Sozialfonds) sind die ältesten eigenständigen sozialpolitisch relevanten Instrumente der Europäischen Kommission (von den indirekten Wirkungen der Agrarpolitik einmal abgesehen). Die Strukturfonds sind per se erst einmal ein Infrastrukturprogramm mit einer regionalen Umverteilungskomponente zugunsten der „Regionen mit Entwicklungsrückstand", deren Bruttosozialprodukt deutlich unter dem europäischen Durchschnitt liegt. Jeffrey Anderson (1998) zufolge ist die regionale und infrastrukturelle Ausrichtung die ‚Hintertür', durch die eine „positive Integration" in der Sozialpolitik erst möglich geworden ist. Bereits Ende der 1980er-Jahre wurde der Strukturfonds durch die Differenzierung in Agrarfonds, Regionalfonds und Sozialfonds explizit um eine soziale Komponente erweitert, die sich auf vom Arbeitsmarkt benachteiligte Zielgruppen konzentriert: Arbeitslose und Langzeitarbeitslose sowie Frauen und Jugendliche beim (Wieder)Einstieg in den Arbeitsmarkt. In der Förderperiode 2000-2006 werden die Strukturfonds durch folgende Ziele strukturiert: Entwicklung der Regionen mit Entwicklungsrückstand (Ziel 1), ökonomischer und sozialer Wandel strukturschwacher Regionen, die nicht unter Ziel 1 fallen (Ziel 2), sowie Förderung der Humanressourcen unabhängig von regionalen Kriterien (Ziel 3).

b) Die *Gemeinschaftsinitiativen* INTERREG (grenzüberschreitende Maßnahmen), LEADER (Regionalentwicklung in ländlichen Regionen), EQUAL (Maßnahmen gegen Diskriminierung und Ungleichheit sowie für einen erweiterten Zugang zum Arbeitsmarkt) und URBAN (soziale und ökonomische Regeneration städtischer Krisenregionen) sind zwar ein Teil des Strukturfonds, unterliegen jedoch einheitlicheren Richtlinien und beinhalten eine transnationale Komponente, d.h. sie setzen eine Kooperation mit Trägern aus anderen Mitgliedsstaaten voraus. Für Träger etwa der Jugendberufshilfe haben der Europäische Sozialfonds und Gemeinschaftsinitiativen Bedeutung erlangt, seit die verfügbaren Mittel für arbeitslose Jugendliche und Langzeitarbeitslose auch in Deutschland erheblich gestiegen sind (vgl. Meyer auf der Heide 1993; Stein 1995).

b) Die Bildungsprogramme Leonardo da Vinci und Sokrates: Nicht erst seit dem Amsterdamer Vertrag hat die Europäische Kommission Bildungsprogramme aufgelegt, die – dem Grundton gemeinschaftlicher Politik folgend – vor allem auf die Anpassung der Arbeitskräfte an den Arbeitsmarkt zielen. Während das Berufsbildungsprogramm Leonardo da Vinci von Trägern der Jugendhilfe in erster Linie zur Entwicklung neuer Maßnahmen für Jugendliche mit Schwierigkeiten beim Übergang in Ausbildung oder Arbeit genutzt wird, ist das auf die allgemeine Bildung bezogene Programm Sokrates, zu dem auch das Austauschprogramm ERASMUS gehört, auch für die Entwicklung einer europäischen Dimension der sozialen Arbeit selber relevant. Beispiel dafür ist etwa das Ausbildungsnetzwerk ECCE (European Center for Community Education) bestehend aus in der sozialarbeiterischen/sozialpädagogischen Ausbildung tätigen Hochschulen in 19 europäischen Ländern, das sowohl den Austausch von Studierenden, PraktikantInnen und DozentInnen organisiert als auch inhaltlich versucht, eine europäische Dimension in der Ausbildung bzw. Fachlichkeit sozialer Arbeit zu etablieren (Seibel 1994; Lorenz 1998; Internetadresse siehe unten).

c) Das Programm „Jugend' (früher Jugend für Europa) ist von seiner Ausstattung wesentlich unbedeutender als die Strukturfonds und auch als die Bildungsprogramme, dafür allerdings auch weniger stark arbeitsmarktorientiert. Es werden lokale Jugendinitiativen finanziert, Jugendaustauschmaßnahmen, der Europäische Freiwilligendienst, europäische Fortbildungs- und Austauschmaßnahmen für Fachkräfte, die mit Jugendlichen arbeiten. In seiner Ausrichtung orientiert sich das Programm stark an der Jugendarbeit, weniger dagegen an Interventionen wie etwa den Erziehungshilfen. In den letzten Jahren ist der Aspekt des interkulturellen Lernens immer wichtiger geworden – sowohl in antirassistischer Perspektive als auch hinsichtlich der Entwicklung einer ‚europäischen Identität', einem Lieblingsthema der Kommission (Europäische Kommission 1997a; 1997b).

d) Programme gegen Armut und soziale Ausgrenzung: Einen relativ innovativen Ansatz zur Bekämpfung und Verhinderung von Armut und sozialer Ausgrenzung stellten die Programme ARMUT 1-3 dar, in denen auf lokaler Ebene Partnerschaften finanziert wurden, die soziale und ökonomische Integrationsstrategien verknüpften (vgl. Herrmann 1995a). Dieses Programm wurde seit 1995 nicht mehr fortgeführt, da Deutschland im Ministerrat seine Zustimmung für das Folgeprogramm verweigerte. Offizielle Begründung: mangelnde Berücksichtigung des Subsidiaritätsprinzips; fachliche Interpretation: Abschottung der nationalen Politik, die die soziale Tatsache Armut negiert (Herrmann 1995b: 4f.). Seit 1998 wird dieses Programm durch jährliche „vorbereitende Maßnahmen zur Bekämpfung sozialer Ausgrenzung" ersetzt.

e) Die sozialwissenschaftlichen Forschungsprogramme: Im Rahmen des vierten und fünften Rahmenprogramms für Forschung, Entwicklung und Technologie der Europäischen Kommission wird zum ersten Mal auch sozialwissenschaftliche Forschung explizit gefördert, wenn auch in geringem Umfang. Beispiel ist etwa das Forschungsnetzwerk EGRIS, das sich mit den sozialpolitischen Konsequenzen einer Entstandardisierung von Übergängen zwischen Jugend und Erwachsen-Sein auseinandersetzt (vgl. Stauber/Walther in diesem Band).

Zusammenfassend lässt sich die europäische Sozialpolitik – als ein möglicher Bezugsrahmen einer europäischen Jugendpolitik und Jugendhilfe – weniger bezüglich ihres Fehlens kritisieren als bezüglich ihrer einseitigen Beschäftigungsorientierung und ihrer Abhängigkeit von nationalen Zuständigkeiten. Dass die europäische Arbeitsmarktpolitik über ihre funktionalistischen Aspekte im Kontext des Binnenmarktes hinaus durchaus progressive Ansätze aktiver Arbeitsmarktpolitik entwickelt hat, lässt sich damit begründen, dass in der Phase der EG/EU-Reformen dieser Politikbereich in den Mitgliedsstaaten noch nicht in dem Maße politisch ‚besetzt' war wie etwa die Bereiche soziale Sicherung oder Familienpolitik. Gleichzeitig waren die Mitgliedsstaaten aufgrund der drastischen Verschlechterung der Arbeitsmarktlage und des tief greifenden Strukturwandels der Arbeitsgesellschaft auf neue politische Impulse angewiesen (Pierson/Leibfried 1998: 26). So hat sich im Prozess der europäischen Integration ein Mehrebenen-System „halbsouveräner Wohlfahrtsstaaten" (Leibfried/Pierson) entwickelt. Aufgrund des damit verbundenen Steuerungsdefizits ist europäische Sozialpolitik auf Formen ‚weicher Regulierung' angewiesen, z.B.:

- Kohäsion durch Ausnahme, d.h. Optionen des Ausklinkens (z.B. Großbritannien);
- Einheit durch Subsidiarität, d.h. Umsetzungsspielräume der Mitgliedsstaaten;
- Steuerung durch Empfehlung, Expertise und Konsultation, d.h. Standards;

- Steuerung durch Alternativen, d.h. Programme enthalten unterschiedliche Optionen;
- Homogenität durch Diffusion, d.h. Verbreitung europäischer Standards und ‚good practices' (Streeck 1998: 409ff.).

Diese Dynamiken und Strukturen lassen erhebliche Zweifel daran aufkommen, ob und welche Potentiale der europäische Rahmen für die Jugendhilfe birgt, die sich in erster Linie der Orientierung an den Lebenswelten Jugendlicher verschrieben hat, v.a. was die weniger direkt arbeitsmarktbezogenen Bereiche betrifft. Andererseits können Strukturen der Jugendhilfe – etwa in den Bereichen Erziehungshilfen, Heimerziehung oder auch Jugendarbeit – dahingehend kritisiert werden, dass sie sich viel zu lange von arbeitsmarktpolitischen Fragestellungen abgeschottet haben, obwohl sie es mit Jugendlichen und jungen Erwachsenen zu tun haben, deren Lebenslagen zumindest teilweise vom Übergang in die Arbeit geprägt sind. Wenn auch hauptsächlich im Kontext knapper Kassen dem Ruf des Geldes folgend, haben jedoch inzwischen viele Träger schon eine beachtliche Kreativität dabei entwickelt, diese Bezüge in ihren Konzeptionen herzustellen bzw. herauszustreichen, um Anträge auf EU-Projektfinanzierungen zu rechtfertigen. Welche inhaltlichen Potentiale Vergleich und Kooperation in Europa sowie die produktive Auseinandersetzung mit den ‚von oben' installierten Diskursen bergen, soll in den nächsten Abschnitten ausgelotet werden.

2. Interkultureller Vergleich und Kooperation in Europa

Kooperation und/oder Vergleich sind in vielen europäischen Programmen Bedingung für eine Projektfinanzierung. Allein dadurch hat sich durchgesetzt, dass interkulturell und europäisch orientierte Methoden als ‚irgendwie' notwendig, wichtig und interessant gelten. Doch „*Wozu Vergleich?*" Diese Frage wird nicht immer explizit gestellt (vgl. Treptow 1996a). Vergleichsstudien und transnationale Netzwerke entstehen, deren Erkenntnisgewinn oder Innovationsgehalt nicht immer von vornherein offensichtlich ist. Hauptmotivation vieler Kooperationsprojekte ist häufig erst einmal die zusätzliche Finanzierung, für die man die transnationale Partnerschaft in Kauf nimmt und bestenfalls als ‚interessant' abhakt, ohne sich jedoch auf einen tatsächlichen Austausch einzulassen. Mögliche Anregungen, die die eigene Praxis in Frage stellen oder mühsame Prozesse der Umstrukturierung und Neukonzeptionierung bedeuten könnten, werden dann mit einem „Da ist ja sowieso alles ganz anders" abgetan. Auf der Ebene des sozialwissenschaftlichen Vergleichs entsprechen dieser Haltung Sammelbände, in denen Vergleich in erster Linie „additiv" erfolgt, d.h. in Form einer Aneinanderreihung von Länderberichten ‚Jugend in X', ‚Jugend in Y' etc. (Hübner-Funk/du Bois-Reymonds 1995). Diese Form des Vergleichs ist darüber hinaus deswegen irreführend, weil die Länderberichte aufgrund ihrer notwendigen Komprimierung Differenzierungen in Bezug auf die Lebenslagen von Kindern, Jugendlichen oder jungen

Erwachsenen (Geschlecht, Region, Schicht oder Ethnizität) nur unzureichend berücksichtigen können. Rainer Treptow weist zudem darauf hin, dass gerade in sozialpolitischen Fragestellungen Vergleiche häufig der Legitimation spezifischer Interessen dienen und dadurch den Vergleich von vornherein normativ kanalisieren – sei es zur Forderung höherer Standards, die in anderen Ländern erreicht scheinen, sei es zur Rechtfertigung des Abbaus von vergleichsweise „opulenten" sozialen Leistungen (Treptow 1996a: 13f.). Eine weitere Verzerrung kann dadurch entstehen, dass Vergleiche leicht auf die normative Schiene des Vergleichs zwischen ‚modern' und ‚traditionell' beschränkt werden, ein Erbe aus den Anfängen der Ethnologie und ihrer Funktion der Bestätigung der Fortschrittlichkeit des westlich-kapitalistischen Gesellschaftsmodells (vgl. Fischer 1992; Matthes 1992).

Ein Interesse am Vergleich kann aber auch sein, von anderen lernen zu wollen, das eigene Repertoire an Erklärungen, Deutungen, Bewertungen genauso wie institutionellen Ansätzen und praktischen Methoden zu erweitern – die „Erweiterung des menschlichen Diskursuniversums" wie es der Ethnologe Clifford Geertz (1987: 20) ausdrückt. Diese Erweiterung findet dabei notwendigerweise in zwei Richtungen statt: sowohl in Bezug auf ‚das Eigene' als auch auf ‚das Fremde'. Der ‚Umweg' über die Auseinandersetzung mit anderen Kontexten und die Erfahrung ihrer Andersartigkeit kann zu einer Horizonterweiterung bzw. Infragestellung jeweils zugrunde liegender Normalitätsannahmen führen, zur Erfahrung, dass andere anderes als ‚normal' empfinden, dass Normalität nicht Naturgesetzlichkeit und Unveränderbarkeit bedeutet. Ausgehend davon kann ein Vergleich den Unterschieden in den historischen Entwicklungspfaden und den kulturellen Symbolen und Deutungsmuster, die sich in unterschiedlichen sozialpolitischen Institutionen und pädagogischen Methoden niederschlagen, nachgehen. Forschung oder Praxisentwicklung wechseln dann wie in einer Pendelbewegung zwischen regionaler und europäischer Ebene hin und her (Stauber/Walther 1996: 221ff.). So erweitert sich gleichzeitig das Wissen um den eigenen Kontext, der nicht mehr selbstverständlich erscheint, und auch der regionale bzw. nationale Bestand an Wissen und Strategien bezogen auf den gesellschaftlichen Umgang mit den Lebenslagen Jugendlicher (vgl. Walther 2000: 65ff.). Dazu muss dieses Interesse jedoch transparent sein und die Forschungsmethoden darauf ausgerichtet sein. Vergleiche sind dann nicht additiv, sondern integrativ zu führen, d.h. gemeinsam entwickelte Fragestellungen und Interpretationsrahmen zu entwickeln. Über das Nebeneinanderstellen von Daten hinaus bedeutet Vergleich einen Prozess des Verstehens und Sich-Verständlich-Machens, in dem Sprache zentral ist; nicht nur weil in der Regel fremdsprachliche Kompetenzen gefordert sind, sondern weil sich hinter scheinbar vergleichbaren Begriffen oft völlig unterschiedliche Bedeutungskonstellationen verbergen, die im wechselseitigen Nachfragen und Erklären geklärt werden müssen (Hübner-Funk/du Bois-Reymonds 1995; Bynner/Chisholm 1998; EGRIS 2001). Und dies gilt keineswegs nur für wissenschaftliches Vergleichen, sondern auch für transnationale Praxisprojekte, etwa bei der Beschreibung von

Zielgruppen oder der Definition von Projektzielen. Aus dem abwehrenden „Da ist ja sowieso alles ganz anders" kann ein Prozess entstehen, in dem für dieses ‚Andere' nach „funktionalen Äquivalenten" gesucht wird. So können z.B. die Bedingungsfaktoren eines in einem fremden Kontext sehr erfolgreichen Projektansatzes ‚übersetzt' werden in Strukturen, die das Funktionieren eines solchen Ansatzes im eigenen Kontext ermöglichen (Walther 2000: 93).

Es gibt durchaus Anzeichen dafür, dass ein solches Verständnis interkulturellen Vergleichens und Kooperierens zunimmt und Austausch per se an Legitimationskraft verliert. Zum einen hat die EU-Kommission selbst aus ihren Erfahrungen mit Kooperationsprogrammen und Vergleichsstudien gelernt und die Anforderungen an Projektanträge hinsichtlich der transnationalen Aspekte wesentlich erhöht. Kooperationsprojekte müssen die transnationale Partnerschaft, ihre Methoden und Ziele detailliert beschreiben, Vergleichsstudien müssen begründen, welcher zusätzliche Erkenntnisgewinn durch den Vergleich gegenüber einer regionalen oder nationalen Studie zu erwarten ist. Gleichzeitig hat auch auf der Seite der AkteurInnen in den Praxisprojekten und Forschungsnetzwerken eine Sensibilisierung für die Potentiale interkulturellen Lernens stattgefunden (z.B. Pohl/Schneider 2000).

Ein *Beispiel* für einen solchen Ansatz ist eine Studie, die angesichts abnehmender *„Spielräume im Übergang in die Arbeit"* (Walther 2000) italienische und britische Projektansätze auf ihren Anregungsgehalt für die deutsche Jugendsozialarbeit hin analysiert. Konkret geht es um die Förderung von Unternehmensgründungen junger Erwachsener in der Emilia-Romagna und um Projekte im englischen Liverpool, in denen arbeitslose junge Frauen und Männer über die ausschließliche Beschäftigung mit darstellenden Künsten (anstatt mit traditionellen berufsvorbereitenden Inhalten und Tätigkeiten) sowohl Selbstvertrauen erwerben als auch individuelle Karrieren im kultur- oder jugendarbeitsbezogenen ‚Dritten Sektor' entwickeln. Die detaillierte ethnographische Untersuchung der Fallbeispiele verdeutlicht, warum entsprechende Ansätze in Deutschland als weder realisierbar noch hilfreich gelten und unter welchen Bedingungen – und mit welchen Varianten – solche Innovationen möglich wären. Vor allem wird deutlich, dass sozialwissenschaftlicher Vergleich und sozialpolitische oder sozialpädagogische Kooperation eher verschränkt als isoliert voneinander erfolgen müssen. Der Vergleich präzisiert dabei strukturelle und kulturelle Unterschiede (und Gemeinsamkeiten) und erklärt woher sie kommen:

a) So ist ein wesentlicher Aspekt der britischen und italienischen Projekte, der jungen Erwachsenen Spielräume eröffnet, etwas auszuprobieren, die *wohlfahrtsstaatliche Regulierung* der Existenzsicherung. In Großbritannien haben alle BürgerInnen ab 18 Jahren automatisch einen individuellen Anspruch auf Sozialhilfe. In der Emilia-Romagna dagegen, wo für junge Erwachsene kein individueller Sozialhilfeanspruch besteht, leben diese oft bis zum Alter von 35 Jahren bei bzw. von ihren Eltern. Auch wenn dies oft (vor allem für junge Frauen) Einschränkungen in Bezug auf eine eigenständige Lebensführung bedeutet, ist der Zugang zu dieser Unterstützung weitaus selbstverständlicher und weder vom Druck, irgendeinen ‚bad job' anzunehmen (wie etwa in Großbritannien), noch von den entwürdigenden Ritualen der Antragsstellung auf deutschen Sozialämtern begleitet. In Deutschland haben junge Erwachsene ‚im Prinzip' Anspruch auf Sozialhilfe, doch hat bis 27 Jahren die Familie Versorgungspriorität und öffentliche Maßnahmen (in denen nicht immer eine Vergütung vorgesehen ist) zielen eher darauf, junge Erwachsene in eine reguläre duale Ausbildung zu bringen als ihnen ein eigenständiges Leben in der Übergangsphase abzusichern. Solche Unterschiede sozialstaatlicher Rahmenbedingungen lassen sich mit der Studie „Worlds of Welfare Capitalism" des schwedischen Soziologen Gøsta Esping-Andersen (1990) erklären. Aufgrund der Struktur der Sozialleistungen und ihrer sozialgeschichtlichen Entstehungskonstellationen entwickelt er eine Typologie nationaler „Wohlfahrtsregimes":

- *sozialdemokratische Wohlfahrtsstaaten* (vor allem in Skandinavien), die sich durch ein Recht auf Arbeit, individuelle Ansprüche aller BürgerInnen auf umfassende Sozialleistungen und einen hohen Beschäftigungsanteil im öffentlichen Sektor auszeichnen;
- *liberale Wohlfahrtsstaaten* (z.B. USA und Großbritannien), in denen ein universeller und individueller Anspruch auf eine ‚residuale' Grundsicherung besteht, während die Sicherung des Lebensstandards in erster Linie der privaten Vorsorge obliegt;
- *konservative Wohlfahrtsstaaten* (z.B. Deutschland, Frankreich) stellen über die Einbindung korporatistischer Akteure und Institutionen (Sozialpartner, Berufsstände, Kirchen) eine umfassende Sozialversicherung spezifischer Gruppen und Lebenslagen, wie z.B. das Normalarbeitsverhältnis, in den Mittelpunkt.

Die Lebenslagen Jugendlicher und junger Erwachsener und die wohlfahrtsstaatlichen Institutionen, die sie strukturieren, lassen sich entlang dieses Modells dahingehend unterscheiden, ob Jugendliche (vor allem ab 18 Jahren) eher als individuelle BürgerInnen (in den liberalen und vor allem sozialdemokratischen Wohlfahrtsstaaten) gelten oder eher als Noch-Nicht-Erwachsene, denen auf den normalbiographischen Weg geholfen werden muss (in den konservativen Wohlfahrtsstaaten; für Deutschland vgl. Böhnisch 1982: 33ff.). Unter den zahlreichen Erweiterungen und Differenzierungen dieses Modells soll an dieser Stelle nur die von Jane Lewis und Ilona Ostner erwähnt werden, die die Typologie mit Blick auf die soziale Sicherung von Frauen erweitert und modifiziert. Sie unterscheiden „starke Ernährer-Ehemann-Staaten", in denen verheiratete Frauen und Mütter nur geringe oder keine eigenständigen Ansprüche auf Sicherung haben von den „schwachen Ernährer-Ehemann-Staaten" (wiederum vor allem in Skandinavien, aber auch Frankreich), wo über das Recht auf Arbeit und/oder individuellen Anspruch auf Sozialleistungen Frauen weitaus weniger von ihren

Ehemännern abhängig sind. Dass Deutschland zu den starken Ernährer-Ehemann-Staaten zählt, zeigt die Situation allein erziehender Frauen, die nach wie vor als vom Normallebenslauf abweichende Gruppe behandelt werden und nicht als eine Form von Elternschaft unter anderen im Kontext der Pluralisierung und Entstandardisierung weiblicher und männlicher Lebensläufe (Lewis/Ostner 1994; Ostner 1995).

Insbesondere mit Blick auf die unterschiedlichen Erfolge nationaler Beschäftigungspolitik sind Systemvergleiche inzwischen ein wichtiger Bestandteil von Forschung und Politikberatung. Die Befürchtungen, dass damit einseitig der Abbau von Sozialleistungen befördert würde, haben sich bislang als unbegründet erweisen. Im Gegenteil sind es sozialdemokratische Wohlfahrtsregimes wie etwa Dänemark, deren soziales Netz eine weitgehende Flexibilisierung des Arbeitsmarktes erlaubt (z.B. Bündnis für Arbeit 2000).

b) Ein anderer Aspekt, der in der oben angeführten Studie mit Bezug auf die Rahmenbedingungen von Übergangshilfen deutlich wurde, ist die Frage nach den Zielgruppen spezifischer Unterstützungsmaßnahmen bzw. die Frage nach der *gesellschaftlichen Konstruktion von ‚Benachteiligung'*. Bedingt durch seinen Einzug in die Richtlinien europäischer Programme ist der Begriff ‚benachteiligter Jugendlicher' inzwischen europaweit ein stehender Begriff. In der Studie zeigte sich jedoch, dass der Benachteiligungsbegriff unterschiedlich verwendet werden kann: entweder zur Beschreibung der Auswirkung von Arbeitslosigkeit oder zur Erklärung von Arbeitslosigkeit aufgrund individueller Defizite. Zweitens wurde deutlich, dass sich der Zusammenhang von Benachteiligung und Arbeitslosigkeit noch deutlicher relativiert, wenn – wie in Italien oder Liverpool – ein Drittel aller jungen Frauen und Männer unter 25 Jahren arbeitslos ist. Drittens zeigte sich, dass die Konstruktion von Benachteiligung in einem engen Zusammenhang mit den verschiedenen *Bildungssystemen* steht, vor allem unter Berücksichtigung dessen, dass in Deutschland (unabhängig von den Förderrichtlinien des Arbeitsförderungsgesetzes (SGB III)) inzwischen Jugendliche mit Hauptschulabschluss bei der Berufsberatung als benachteiligt oder schwer vermittelbar gelten. Während in Italien und Großbritannien die Sekundarstufe bis zum Erreichen der Schulpflicht als Gesamtschule organisiert ist und auch der Übergang in die Sekundarstufe II – und damit zum Erwerb der Hochschulreife – mehr von individuellen Entscheidungen als von Schulnoten abhängt, ist das deutsche Schulsystem durch seine Dreigliedrigkeit (wenn auch mit regionalen Unterschieden, was die Rigidität seiner Umsetzung betrifft) stark selektiv strukturiert. Individuelle Entscheidungsmöglichkeiten sind stark eingeschränkt, der Wechsel zwischen den Schulgängen sehr voraussetzungsvoll. Durch die standardisierte Form des Berufsbildungssystems und seine enge Koppelung an berufliche Positionen bergen schlechte bzw. niedrige Schulabschlüsse für den gesamten Lebenslauf geringere Chancen (vgl. Allmendinger 1989; Allmendinger/Hinz 1997). Schulische Selektion bietet so die Möglichkeit, Arbeitslosigkeit individuellen Defiziten zuzuschreiben und die im Normalarbeitsverhältnis enthaltene Vollbeschäftigungsillusion – wer qualifiziert ist, findet auch Arbeit – aufrechtzuerhalten. Einem solchen defizitorientierten Benachteiligungsbegriff entsprechen kompensatorische Maßnahmen – vor allem der Jugendsozialarbeit –, die auf das ‚Aufholen' der individuellen Defizite zielen anstatt auf die Eröffnung zusätzlicher Integrationswege. Auch der dadurch bedingte Motivationsverlust wird den ‚Benachteiligten' als Defizit zugeschrieben. Die Problematik des Benachteiligungsbegriffes liegt in erster Linie darin, dass er das einzige Deutungsmuster von Übergangsproblemen ist und gleichzeitig – über die Defizitorientierung – stigmatisierend wirkt. Er muss deshalb als „Cooling-out"-Mechanismus kritisiert werden (Goffman 1963), als ‚Abkühlung' gesellschaftlich erzeugter berufsbiographischer Ansprüche, als Anpassung an gesellschaftliche Selektion und als Instrument zur Individualisierung und Pädagogisierung struktureller Arbeitslosigkeit (vgl. Mariak/Seus 1993).

So weit das Beispiel. Bedingt durch fehlende Finanzierungsinstrumente stehen für andere Bereiche der Jugendhilfe ähnliche interkulturellen Erfahrungen noch weitgehend aus. Zwar liegen für die *Heimerziehung* quantitative Erhebungen innerhalb der EU vor, doch lassen sich die Ergebnisse – etwa der höhere Anteil an Heimunterbringung in Deutschland, auch wenn der Trend parallel zu allen EU-Staaten abnimmt – kaum weitergehend interpretieren (vgl. Colton/Hellinckx 1993; Madge 1994; Sellick 1998). Darüber, was jeweils Heim oder Pflege heißt und welche Alternativen bestehen, herrscht „mehr Ahnung als Wissen" (Trede 1996).

In der *Jugendarbeit* ist die Lage aufgrund der noch größeren Vielfalt der Strukturen und Konzepte noch wesentlich unübersichtlicher. Am ehesten ermöglichen Austauschprojekte, finanziert durch Jugend für Europa (siehe oben) Kontakte, die jedoch in der Regel partikular und auf die Beteiligten beschränkt bleiben und keineswegs zu einer europaweiten Plattform führen. Ein Beispiel dafür ist, dass etwa die European Confederation of Youth Club Organisations weitgehend unbekannt und aufgrund fehlender Ressourcen kaum in der Lage ist, Interessen und Erfahrungen lokaler, regionaler oder nationaler Akteure zu bündeln (ECYC 1999). Dies ist umso schwieriger als nicht einmal ein europaweit anerkannter (und in allen Sprachen ähnlich verwendeter) Begriff von Jugendarbeit (bzw. Jugendhilfe) existiert. Ist die Verständigung zwischen deutsch- und englischsprachigen sowie skandinavischen Ländern über Jugendarbeit/youth work noch relativ unproblematisch, so werden in den südeuropäischen Ländern ‚animatori culturali' (eher in der Jugendarbeit) und ‚educateurs sociales' (eher in der Jugendhilfe) unterschieden (vgl. Lorenz 1996).

In den letzten Jahren entstand jedoch in Kooperation zwischen dem ‚Youth Directorate' des Europarates und der Europäischen Kommission ein europäisches Fortbildungsprogramm für JugendarbeiterInnen mit dem Ziel der Förderung einer interkulturell-europäischen Dimension in der Jugendarbeit

(Europäische Kommission 1997c; Internetadressen siehe unten). Ermöglicht durch die weitere Reichweite des durch den Europarat vertretenen Europas ist dieses Angebot vor allem für ehren- und hauptamtliche Fachkräfte aus den mittel- und osteuropäischen Staaten von erheblicher Bedeutung. Gerade über den Bereich der *sozialpädagogischen/sozialarbeiterischen Ausbildung* erhofft man sich dort eine Entwicklung angemessener professioneller Hilfestrukturen und über die Stärkung bislang vor allem von Nichtregierungsorganisationen (NGO) Initiativen im Sozial- bzw. Jugendbereich (staatliche Intervention beschränkt sich weitestgehend auf die – teils präventive, teil repressive – Eindämmung von Jugendkriminalität). Diese Prozesse sind dabei in hohem Maße abhängig von europäischen Kooperationsprojekten und Finanzierungen (neben dem Europarat etwa durch das EU-Programm PHARE). Einerseits werden sie dadurch zwar erst strukturell ermöglicht, andererseits bestehen Risiken, dass die Entwicklung einer eigenständigen, in die jeweilige soziale Struktur und Kultur eingebetteten Professionalität durch eingeführte Standards der jeweiligen westlichen ‚Entwicklungshelfer' erschwert wird (vgl. Majewska-Galęziak 1998; Sellick 1998; Constable u.a. 1999).

Ein sehr erfolgreiches Beispiel für europäische Kooperation ist dagegen das etablierte Netzwerk ECCE (European Centre for Community Education), das seit Ende der 1980er-Jahre das Austauschprogramm für Studierende ERASMUS (siehe oben) nutzt, um über die Ausbildung von Fachkräften eine europäische Dimension in der Sozialarbeit/Sozialpädagogik zu entwickeln. Neben dem Austausch von Studierenden, PraktikantInnen und DozentInnen und der Einrichtung europabezogener Studiengänge (in Deutschland an der Fachhochschule Koblenz) sind in diesem Kontext auch Forschungsprojekte durchgeführt worden (Internetadresse siehe unten). In Deutschland liegen in der Reihe „Studien zur vergleichenden Sozialpädagogik und Internationalen Sozialarbeit" sowohl länderbezogene Studien (z.B. Hamburger/Höffer-Mehlmer 1992; Höffer-Mehlmer 1994; Guerra/Sander 1993) als auch thematische Sammelbände vor (z.B. Herrmann 1995; Treptow 1996b).

Daneben gibt es kleinere Netzwerke in der *Jugendforschung*, von denen nur zwei erwähnt werden sollen: CYRCE (Circle for Youth Research Cooperation in Europe), das die ‚Yearbooks for Youth Policy and Research' herausgibt (CYRCE 1995; 1999), sowie EGRIS (European Group for Integrated Social Research), eine Forschungsgruppe zu den Konsequenzen entstandardisierter Übergänge zwischen Jugend und Erwachsensein für sozialpolitische und (sozial)pädagogische Institutionen (Walther u.a. 1997; EGRIS 2001). In internationaler HerausgeberInnenschaft wurden zudem in den letzten Jahren europäische Zeitschriften gegründet, etwa das *European Journal of Social Work* oder das *Journal of Youth Studies*.

All diese Erfahrungen belegen, dass Vergleich und Kooperation nur dann einen europäischen ‚Mehrwert' beinhalten (so heißt es in europäischen Programmrichtlinien), wenn Klarheit und Transparenz über Interessen und Ziele bestehen. Neben fachlichen, politischen oder wissenschaftlichen Zielsetzungen sind dabei subjektive Motive keineswegs zu vernachlässigen. Die finanziellen Ressourcen sind in der Regel so knapp, der kommunikative Aufwand dagegen so hoch, dass vor allem diejenigen dabei bleiben, die gleichzeitig persönliche Erfahrungen und Interessen einbringen können (vgl. Hübner-Funk/du Bois-Reymonds 1995; Walther 2000).

3. Europäische Diskurse: zwischen Ideologie und sozialer Gerechtigkeit

Die Europäisierung von Sozialpolitik und sozialer Arbeit wirkt sich also keineswegs so konkret und direkt aus wie – je nach Perspektive – erhofft oder befürchtet worden ist. Viel eher bilden sich europäische Diskurse, die von den AkteurInnen auf lokaler, regionaler und nationaler Ebene in unterschiedlicher Art und Weise genutzt und umgesetzt werden können – oder könnten, da nicht alle sich bietenden Optionen tatsächlich auch wahrgenommen und genutzt werden. Einige dieser Diskurse sollen abschließend benannt werden – einschließlich der Ambivalenz, die sie aufgrund ihrer zwangsläufigen Allgemeinheit auch haben.

Lifelong learning ist spätestens seit dem Weißbuch „Wachstum, Wettbewerbsfähigkeit, Beschäftigung„ eines der wichtigsten Schlagworte auf europäischer Ebene: „Dazulernen ein Leben lang, so heißt das große Projekt." (Europäische Kommission 1993: 18; vgl. 1996). Gegen entsprechende Sonntagsreden hat sich schnell Kritik formiert, die darin lediglich die Legitimation fortbestehender sozialer Ungleichheit und Selektion sieht, zumal darunter konventionell kompensatorische Maßnahmen für Arbeitslose genauso gefasst werden wie ganzheitliche Ansätze in der Managerschulung (Walther/Stauber 1999; Coffield 1999a). Der Begriff eröffnet jedoch auch eine erweiterte Perspektive, aus der sich Kritik an selektiven und funktionalistischen Bildungskonzepten erneuern lässt. Lebenslanges Lernen bedeutet, den institutionellen Zusammenhang zwischen individuellen Lebensläufen und sozialen Institutionen neu zu fassen. Aus der biographischen Perspektive der Individuen kann Lernmotivation nicht mehr nur aus späteren Erträgen abgeleitet werden, sondern muss durch Partizipation und Vereinbarkeit mit dem Arbeits-, Familien- oder jugendkulturellen Alltag individuell hergestellt werden. Darüber hinaus beanspruchen Formen informellen Lernens (z.B. Jugendarbeit) zunehmend Anerkennung (Coffield 1999b). Aus dieser Perspektive erweist sich das auf den ersten Blick auf den Bereich der Weiterbildung beschränkte Konzept als potentiell kritisches sozialpädagogisches und sozialpolitisches Konzept. Weder soziale Arbeit noch Jugendhilfe haben sich dies bisher richtig bewusst gemacht, geschweige denn finanziellen oder politischen Nutzen daraus gezogen (vgl. Walther/Stauber 1998).

Der Begriff *‚Employability'* (deutsch ‚Beschäftigungsfähigkeit') wurde im Tory-Großbritannien der 1980er-Jahre geprägt und im Zuge der gemeinschaftlichen Beschäftigungspolitik zum europäischen Diskurs (z.B. Beschäftigungspolitischer Aktionsplan 2000). Entsprechend seiner neoliberalen Herkunft vereint der Begriff Selbstverantwortlichkeit der Individuen für den Tauschwert ihrer Arbeitskraft (Fähigkeit) und eine passive Rolle auf dem Arbeitsmarkt, nämlich die des ‚Beschäftigt-Werdens'. Auch dieser Begriff kann jedoch aus deutscher Perspektive den Blick dafür öffnen, dass sich arbeitsweltbezogene Maßnahmen, zumal wenn sie – wie häufig – für die Betroffenen Kompromisse hinsichtlich ihrer Interessen bedeuten, nur über ihre Beschäftigungswirksamkeit legitimieren lassen. Wenn dabei nicht einmal anständig bezahlte Jobs, sondern nur Maßnahmekarrieren oder die Verschiebung zwischen Ansprüchen auf Sozialhilfe und Arbeitslosengeld herauskommen, wird ihre Cooling-out-Funktion offensichtlich.

Der *Dritte Sektor* bezeichnet einen anderen Pol der aktuellen Beschäftigungspolitik der Kommission: die Förderung gesellschaftlicher Arbeit jenseits von Markt und Staat im Non-Profit-Bereich. In internationalen Studien zum wachsenden Beschäftigungspotential des Dritten Sektors nimmt Deutschland nur einen mittleren Platz ein, obwohl (oder weil) dieser mit der freien Wohlfahrtspflege wesentlich stärker institutionalisiert ist als in vielen anderen Ländern (Salamon/Anheier 1994). Häufig haben weder die politischen Akteure noch die Jugendhilfe selbst ein Bewusstsein für die eigenen arbeitsmarktpolitische Potentiale. So versteht sich die Jugendberufshilfe zwar als Integrationshilfe in den Arbeitsmarkt, ohne sich selber als Teil eines Arbeitsmarktes zu sehen, in dem gerade Jugendliche und junge Erwachsene als ExpertInnen eingebunden werden und dabei subjektiv bedeutsame und individuell zugeschnittene ‚Karrieren' machen könnten; dies gilt umso mehr im Bereich der Jugendarbeit (AGJF 2000; Schwarz 2000). Gleichzeitig bedarf es jedoch eines kritischen Blicks darauf, inwieweit lediglich Stellenabbau im öffentlichen Sektor in höchst prekäre, weil befristete und unterbezahlte Arbeitsverhältnisse im Dritten Sektor umgewandelt werden und wie weit Potentiale informellen Lernens durch die formalen Einstiegskriterien im Bildungssystem zunichte gemacht werden (vgl. Walther/Stauber 1999).

Gender Mainstreaming bezeichnet seit Mitte der 90er-Jahre die gemeinschaftliche Politik zur Herstellung von Chancengleichheit zwischen den Geschlechtern und auch dieses Konzept birgt Chancen und Risiken: zum einen die Chance, Geschlechterpolitik aus dem Ghetto von Quoten und spezifischen Förderprogrammen zu befreien, die häufig auch den Nebeneffekt haben, individualisierende Zuschreibungen geschlechtsspezifischer Benachteiligungen zu reproduzieren. Mit diesem Argument hat auch die Bundesregierung Mainstreaming zur offiziellen Politik erhoben. Darüber hinaus bietet sich so die Möglichkeit Geschlechterpolitik nicht auf Frauenförderung zu reduzieren, sondern das Geschlechterverhältnis zwischen Frauen und Männern als Ganzes in den Blick zu bekommen. Gleichzeitig formiert sich berechtigte Kritik an den Risiken eines ‚backlash' bzw. einer Verwässerung geschlechterpolitischer Ziele, wenn Zuständigkeiten aufgebrochen und auch solchen Institutionen zugeschoben werden, die bislang eher als verantwortlich für die Aufrechterhaltung partriarchaler Strukturen gegolten haben, etwa der Bildungs- und Arbeitsmarktpolitik (Goltz u.a. 1999).

Citizenship oder: von der Jugendhilfe zur Jugendpolitik? Abschließend möchte ich ein Konzept andiskutieren, das aus meiner Sicht in besonderem Maße für die deutsche Jugendhilfe relevant werden könnte: ‚citizenship'. Deutsche Übersetzungen schwanken zwischen Staatsbürgerschaft und Staatsbürgerrechten (Marshall 1992), wobei Letzteres sicher treffender, aber dennoch unzureichend ist, da ‚citizenship' über die Bürgerrechte hinaus auf Identität zielt im Sinne eines Sich-Zugehörig-Fühlens zum Gemeinwesen, des Sich-Identifizierens mit dem Kollektiv, aus dem sich Teilhaberechte und die Institutionen zu ihrer Durchsetzung ableiten (vgl. Isin/Wood 1999; Böhnisch u.a. 1999: 314ff.). Die Europäische Kommission interessiert sich zwar in erster Linie für ‚European citizenship', ohne genau präzisieren zu können, ob damit mehr gemeint ist, als die Europäische Union ‚gut zu finden' und die mit ihr verbundenen Anforderungen und Zumutungen zu akzeptieren (vgl. Münch 1992). Mit dem Setzen auf ‚citizenship' öffnet sie sich jedoch für einen britischen Diskurs, der – bezogen auf Jugendliche und junge Erwachsene – stärker sozialpolitisch als zivilgesellschaftlich ausgerichtet ist (z.B. Coles 1995; Chisholm u.a. 1997). Ausgehend von der Theorie Thomas Marshalls (1992) aus den 1960er-Jahren, dass Bürgerrechte nur dann bestehen, wenn sie durch soziale Rechte abgesichert werden, wird darauf hingewiesen, dass jenseits der Gültigkeit der erwerbsarbeitszentrierten Normalbiographie auch und gerade die Teilhabe Jugendlicher und junger Erwachsener neu definiert und sicher gestellt werden muss. Angesichts der Unsicherheit des Erreichens gesellschaftlicher Teilhabe über stabile Erwerbspositionen lassen sich wohlfahrtsstaatliche Maßnahmen nicht mehr allein über das Versprechen späterer Teilhabe legitimieren. Vielmehr müssen sie grundsätzlich und von vornherein partizipatorisch strukturiert sein, d.h. Jugendlichen und jungen Erwachsenen weitgehende Mitsprache-, Wahl und Entscheidungsrechte einräumen. Bob Coles (1995) etwa interpretiert „active citizenship" in Form einer Charta von Rechten junger Menschen einschließlich des Anspruchs auf eigenständige materielle Absicherung. Dies muss nicht einmal in Widerspruch zur neuen Rhethorik von Rechten und Pflichten stehen – solange die Definitionsmacht darüber, was angemessene Rechte und Pflichten sind, zwischen Subjekten und Institutionen gleich verteilt ist.

‚Citizenship' als Konzept kann damit die deutsche Jugendhilfe herausfordern, die sich sowohl aus der Tradition der Wohlfahrtsverbände als auch über ihre sozialpädagogische Fachlichkeit immer noch stärker auf die Hilfe für bedürftige (benachteiligte, defizitäre) Jugendliche bezieht, als auf deren Interessen, Ansprüche und Rechte. Der Begriff der Jugend‚hilfe' ist eine deutsche Eigenheit, während die meisten anderen europäischen Staaten zwischen Youth Care (z.B. Heimerziehung) und Youth Policy unterscheiden. Die immer wiederkehrenden Versuche, eine ‚offensive Jugendhilfe' zu formulieren, tragen diesen Widerspruch in sich. Eine an Teilhaberechte orientierte Jugendpolitik täte sich vielleicht etwas leichter.

Europa-relevante Internetadressen:

EU-Server	www.europa.eu.int
Generaldirektion Arbeit und Soziales	www.europa.eu.int/comm/dgs/employment_social
Generaldirektion Bildung und Kultur	www.europa.eu.int/comm/dgs/education_culture
Youth Directorate beim Europarat	www.coe.fr/Youth
Ausbildungsnetzwerk Sozialarbeit ECCE	www.fh-koblenz.de/fhkoblenz/institute/ecce
Forschungsnetzwerk EGRIS	www.iris-egris.de/egris

Literatur zur Vertiefung

CYRCE (Hrsg.) (1995): The Puzzle of Integration. European Yearbook on Youth Policy and Research, Vol. 1. Berlin und New York.
CYRCE (Hrsg.) (1999): Intercultural Reconstruction. European Yearbook on Youth Policy and Research, Vol. 2. Berlin und New York.
Esping-Andersen, Gøsta (1990): The Three Worlds of Welfare Capitalism. Cambridge.
Leibfried, Stefan/Pierson, Paul (1998b): Halbsouveräne Wohlfahrtsstaaten: Der Sozialstaat in der Europäischen Mehrebenen-Politik, in: dies. (Hrsg.): Standort Europa. Sozialpolitik zwischen Nationalstaat und Europäischer Integration. Frankfurt am Main.
Treptow, Rainer (1996): Wozu vergleichen? Komparatistisches Denken in der Sozialpädagogik/Sozialarbeit, in: Ders. (Hrsg.): Internationaler Vergleich und Soziale Arbeit. Theorie, Anwendung und Perspektiven. Rheinfelden/Berlin.
Walther, Andreas (2000): Spielräume im Übergang in die Arbeit. Junge Erwachsene an den Grenzen der Arbeitsgesellschaft in Großbritannien, Italien und Deutschland. Weinheim und München.

Literatur

AGJF (Arbeitsgemeinschaft der Jugend- und Freizeitstätten Baden-Württemberg e.V.) (2000): Offene Jugendarbeit, Themenheft „Dritter Sektor", Heft 2.
Allmendinger, Jutta (1989): Educational Systems and Labour Market Outcomes, in: European Sociological Review (5).
Allmendinger, Jutta/Hinz, Thomas (1997): Mobilität im Lebensverlauf: Deutschland, Großbritannien und Schweden im Vergleich, in: Hradil, S./Immerfall, S. (Hrsg.): Die westeuropäischen Gesellschaften im Vergleich. Opladen.

Anderson, J. Jeffrey (1998): Die ‚soziale Dimension' der Strukturfonds: Springbrett oder Stolperstein, in: Leibfried, Stefan/Pierson, Paul (Hrsg.): Standort Europa. Sozialpolitik zwischen Nationalstaat und Europäischer Integration. Frankfurt am Main.

Beschäftigungpolitischer Aktionsplan der Bundesrepublik Deutschland (1998), (1999) und (2000), hrsg. von der Bundesregierung, Bonn.

Böhnisch, Lothar/Arnold, Helmut/Schröer, Wolfgang (1999): Sozialpolitik. Eine sozialwissenschaftliche Einführung. Weinheim und München.

Brauns, Hans-Jochen (1990): Was tun? Wie sich ein Wohlfahrtsverband auf den EG-Binnenmarkt vorbereitet, in: Blätter der Wohlfahrtspflege, Heft 2.

Bündnis für Arbeit (2000): Aktivierung der Arbeitsmarktpolitik. Thesen der Benchmarking-Gruppe des Bündnisses für Arbeit, Ausbildung und Wettbewerbsfähigkeit. Internet-Dokument http://www.buendnis.de.

Bynner, John/Chisholm, Lynne (1998): Comparative Youth Transition Research: Methods, Meanings, and Research Relations. European Sociological Review, Vol. 14 No. 2, 131-150.

Chisholm, Lynne/Bynner, John/Furlong, Andy (1997): Youth, Citizenship and Social Change in a European Perspective. Aldershot.

Coffield, Frank (1999a): Nine Learning Fallacies and their Replacement by a National Strategy for Lifelong Learning, in: ders. (Hrsg.): A National Strategy for Lifelong Learning. Konferenzdokumentation Universität Newcastle.

Coffield, Frank (1999b): The necessity of informal learning. Bristol.

Coles, Bob (1995): Youth and Social Policy. Youth citizenship and youth careers. London.

Colton, M.J./Hellinckx, W. (Hrsg.) (1993): Child Care in the EC. A country-specific guide to foster and residential care. Aldershot.

Constable, Robert/Kulys, regina/Harrison, W. David (1999): Developing social work education in Lithuania, in: European Journal of Social Work, Vol. 2, No. 3.

CYRCE (Hrsg.) (1995): The Puzzle of Integration. European Yearbook on Youth Policy and Research, Vol. 1. Berlin und New York.

CYRCE (Hrsg.) (1999): Intercultural Reconstruction. European Yearbook on Youth Policy and Research, Vol. 2. Berlin und New York.

ECYC (European Confederation of Youth Club Organisations) (1999): Open Youth Work Training. Working Paper.

EGRIS (European Group for Integrated Social Research) (2001): Misleading Trajectories. Transition Dilemmas of Young Adults in Europe, in: Journal for Youth Studies, Vol. 4, No. 1.

Esping-Andersen, Gøsta (1990): The Three Worlds of Welfare Capitalism. Cambridge.

Europäische Kommission (1993): Weißbuch „Wachstum, Wettbewerbsfähigkeit und Beschäftigung". Luxemburg.

Europäische Kommission (1996): Weißbuch „Lehren und Lernen. Auf dem Weg zur kognitiven Gesellschaft". Luxemburg.

Europäische Kommission (1997a): Sondertagung des europäischen Rates über Beschäftigungsfragen, Luxemburg, 20./21. November 1997, Schlussfolgerungen des Vorsitzes. Internet-Dokument.

Europäische Kommission (1997b): Junge Europäer, Eurobarometer 47.2.

Europäische Kommission (1997c): The contribution of community action programmes in the fields of education, training and youth to the development of citizenship with a European dimension, final synthesis report by Audrey Osler. Internet-document http://www.europa.eu.int/comm/education/citizen/index.html.

Europäisches Beschäftigungsobservatorium (1998): MISEP, Maßnahmen Nr. 61. Berlin.
Fischer, Hartmut (1992): Was ist Ethnologie? in: Ders. (Hrsg.): Ethnologie. Einführung und Überblick. Berlin.
Geertz, Clifford (1987): Dichte Beschreibung. Beiträge zum Verstehen kultureller Systeme. Frankfurt am Main.
Goffman, Erving (1963): On ‚cooling the mark out': Some aspects of adaptation and failure. In: Rose, A. (Hrsg.): Human Behaviour and Social Processes. Boston.
Goltz, Jutta/Schwarz, Anne/Stauber, Barbara (1999a): Wider die Kategorisierung von Weiterbildung für Frauen! Oder: Welche Voraussetzungen brauchen Frauen, um sich sinnvoll weiterbilden zu können, in: neue praxis, Heft 3.
Guerra, Luigi/Sander, Günther (Hrsg.) (1993): Sozialarbeit in Italien. Rheinfelden.
Hamburger, Franz/Höffer-Mehlmer (Hrsg.) (1992): Jugendhilfe in Deutschland und Spanien. Rheinfelden.
Henningsen, Bernd (1990): Europas vernachlässigte soziale Dimension, in: Blätter der Wohlfahrtspflege, Heft 2.
Herrmann, Peter (1995a) (Hrsg.): Europäische Integration und Politik der Armutsprogramme. Rheinfelden.
Herrmann, Peter (1995b): Sozialismus für Arme? Gedanken zum EU-Programm „Armut 3", in: neue praxis, Heft 5.
Herrmann, Peter (1998): Europa als Chance. Die europäische Einigung ist eine Herausforderung für die Sozialpolitik und für soziale Organisationen, in: Blätter der Wohlfahrtspflege, Heft 1+2.
Hesse-Schiller, Werner (1993): Wachsamkeit ist geboten. Mögliche Einflüsse der Europäischen Gemeinschaft auf rechtliche und finanzielle Rahmenbedingungen freier Wohlfahrtspflege in der Bundesrepublik Deutschland, in: Blätter der Wohlfahrtspflege 1/93.
Höffer-Mehlmer, Markus (1994): Modernisierung und Sozialarbeit in Spanien. Rheinfelden.
Hornstein, Walter/Mutz, Gerd (1993): Die europäische Einigung als gesellschaftlicher Prozeß. Soziale Problemlagen, Partizipation und kulturelle Transformation. Baden-Baden.
Hübner-Funk, Sybille/du Bois-Reymond, Manuela (1995): Youth Research in a Changing Europe, in: CYRCE (Hrsg.): The Puzzle of Integration. European Yearbook on Youth Policy and Research, Vol. 1.
Isin, Engin F./Wood, Patricia K. (1999): Citizenship and Identity. London.
Leibfried, Stefan/Pierson, Paul (1998a) (Hrsg.): Standort Europa. Sozialpolitik zwischen Nationalstaat und Europäischer Integration. Frankfurt am Main.
Leibfried, Stefan/Pierson, Paul (1998b): Halbsouveräne Wohlfahrtsstaaten: Der Sozialstaat in der Europäischen Mehrebenen-Politik, in: dies. (Hrsg.): Standort Europa. Sozialpolitik zwischen Nationalstaat und Europäischer Integration. Frankfurt am Main.
Lewis, Jane/Ostner, Ilona (1994): Gender and the Evolution of European Social Policies. ZeS-Arbeitspapier 4/94, Bremen.
Lewis, Jane/Ostner, Ilona (1998): Geschlechterpolitik zwischen europäischer und nationalstaatlicher Regelung, in: Leibfried, Stefan/Pierson, Paul (Hrsg.): Standort Europa. Sozialpolitik zwischen Nationalstaat und Europäischer Integration. Frankfurt am Main.
Lorenz, Walter (1998): Soziale Fachkräfte in einem sozialen Europa. Die Ausbildung von sozialen Berufen in Europa – von den Schwierigkeiten eines gemeinsamen Professionsverständnisses, in: Blätter der Wohlfahrtspflege, Heft 1+2.

Madge, Nicola (1994): Children and residential care in Europe. London.
Majewska-Galęziak, Alicja (1998): Educating for social work in Poland – challenges of the transformation period, in: European Journal of Social Work, Vol. 1, No. 1.
Mariak, Volker/Seus, Lydia (1993): Stolpersteine an der ‚ersten Schwelle': Selektion, Aspiration und Abkühlung in Schule und Berufsausbildung. In: Leisering, L. u.a. (Hrsg.): Moderne Lebensläufe im Wandel. Weinheim.
Marshall, Thomas (1992): Bürgerrechte und soziale Klassen: zur Soziologie des Wohlfahrtsstaates Herausgegeben, übersetzt und mit einem Vorwort versehen von Elmar Rieger. Frankfurt am Main.
Matthes, Joachim (1992): The Operation Called „Vergleichen", in: Ders: (Hrsg.): Zwischen den Kulturen, Soziale Welt, Sonderband 8. Göttingen.
Meyer auf der Heide, Achim (1993): Neue Inhalte, altes Verfahren. Förderung von Beschäftigung und Qualifizierung durch den Europäischen Sozialfonds – aktuelle Tendenzen nach Maastricht, in: Blätter der Wohlfahrtspflege, Heft 1.
Ostner, Ilona (1995): Wandel der Familienformen und soziale Sicherung der Frau oder: Von der Status- zur Passagensicherung, in Döring, D./Hauser, R. (Hrsg.): Soziale Sicherheit in Gefahr. Frankfurt a.M.
Pfaffenberger, Hans (1990): Der EG-Binnenmarkt und seine Folgen für die Sozialarbeit und Sozialpädagogik, in: Blätter der Wohlfahrtspflege 2/90.
Pierson, Paul/Leibfried, Stefan (1998): Mehrebenen-Politik und die Entwicklung des ‚Sozialen Europa', in: Leibfried, Stefan/Pierson, Paul (Hrsg.): Standort Europa. Sozialpolitik zwischen Nationalstaat und Europäischer Integration. Frankfurt am Main.
Pohl, Axel/Schneider, Sabine (2000): Was britische ‚fast lanes' mit deutschen ‚Überholspuren' zu tun haben: Überlegungen zum Dialog zwischen Forschung und Praxis auf regionaler und internationaler Ebene, in: dies. (Hrsg.): Sackgassen, Umleitungen, Überholspuren? Ausgrenzungsrisiken und neue Perspektiven im Übergang in die Arbeit. Tübingen.
Salamon, Lester M./Anheier, Helmut K. (1994): The Emerging Sector. Baltimore.
Schulte, Bernd 1998: Europa wird Alltag, in: Blätter der Wohlfahrtspflege, Heft 1+2.
Schwarz, Anne (2000): Kinder- und Jugendarbeit vor neuen Herausforderungen: Unterstützung und Qualifizierung arbeits- und orientierungsloser Jugendlicher, in: Offene Jugendarbeit, Heft 2, S. 28-34.
Seibel, Friedrich W. (Hrsg.) (1994): European Dimensions in the Initial Training of Youth and Community Workers. Koblenz: ECCE.
Sellick, Clive (1998): The use of institutional care for children across Europe, in: European Journal of Social Work, Vol. 1, No. 3.
Stauber, Barbara/Walther, Andreas (1996): All different – all equal? Erkundung des Geländes für einen europäischen Diskurs ‚Junge Erwachsene', in: Walther, A. (Hrsg.): a.a.O.
Stein, Gebhard (1995): Die institutionelle Entwicklung der ‚Jugendberufshilfe', in: Stauber, Barbara/Walther, Andreas: Nur Flausen im Kopf? Berufs- und Lebensentscheidungen von Mädchen und Jungen als Frage regionaler Optionen. Bielefeld.
Streeck, Wolfgang (1998): Vom Binnenmarkt zum Bundesstaat? Überlegungen zur politischen Ökonomie der europäischen Sozialpolitik, in: Leibfried, Stefan/Pierson, Paul (Hrsg.): Standort Europa. Sozialpolitik zwischen Nationalstaat und Europäischer Integration. Frankfurt am Main.
Trede, Wolfgang (1996): Mehr Ahnung als Wissen. Heinerziehung und Heimerziehungsforschung im internationalen Vergleich, in: Treptow, R. (Hrsg.): Internati-

onaler Vergleich und Soziale Arbeit. Theorie, Anwendung und Perspektiven. Rheinfelden.
Treptow, Rainer (1996b): Internationaler Vergleich und Soziale Arbeit. Theorie, Anwendung und Perspektiven. Rheinfelden.
Treptow, Rainer (1996b): Wozu vergleichen? Komparatistisches Denken in der Sozialpädagogik/Sozialarbeit, in: Ders. (Hrsg.): Internationaler Vergleich und Soziale Arbeit. Theorie, Anwendung und Perspektiven. Rheinfelden/Berlin.
Wallace, Claire/Kovacheva, Siyka (1998): Youth in Society. The Construction and Deconstruction of Youth in East and West Europe. Macmillams und St.Martin.
Walther, Andreas (2000): Spielräume im Übergang in die Arbeit. Junge Erwachsene an den Grenzen der Arbeitsgesellschaft in Großbritannien, Italien und Deutschland. Weinheim und München: Juventa.
Walther, Andreas/Stauber, Barbara/Bolay, Eberhard/du Bois-Reymond, Manuela/Mørch, Sven/Pais, José Machado/Schröer, Andreas (1997): Junge Erwachsenen in Europa – Neue Übergänge zwischen Jugend und Erwachsen-Sein. Ein interkultureller Entwurf, in: neue praxis, Heft 3.
Walther, Andreas/Stauber, Barbara (Hrsg.) (1998): Lebenslanges Lernen in Europa, Band 1: Optionen für die Vereinbarkeit von Leben, Lernen und Arbeiten / Lifelong Learning in Europe, Vol. 1: Options for the Integration of Living, Learning and Working, Tübingen.
Walther, Andreas/Stauber, Barbara (Hrsg.) (1999): Lifelong Learning in Europe, Vol. 2: Differences and Divisions. Tübingen.

Schlagwortregister

Abweichendes Verhalten 510, 960

Adoleszenz 128, 687, 725

Adoption 436, 598, 647, 648-663, 852

Alkohol 504, 505, 656, 796

Alleinerziehende 292, 627, 673, 686, 872

Alltag 55, 62, 63, 115, 130, 147, 166, 178, 206, 234, 244, 247, 257, 277, 297, 314, 315, 322, 341, 403, 430, 437, 438, 471, 482, 483, 486, 547, 612, 640, 661, 681, 687, 691, 707, 708, 718, 722, 734, 735, 743, 750, 751, 817, 898, 905, 910, 911, 918, 920, 960, 995, 1011, 1057, 1092, 1131, 1153

Aneignung 56, 74, 88, 123, 136, 178, 200, 204-207, 258, 286, 330-334, 339, 614, 625, 710, 932, 1022, 1135

Arbeit 419, 575, 735, 929, 930, 1085, 1121

Arbeitsgesellschaft 9, 81, 82, 90, 93, 115, 135, 177, 211-221, 229-234, 259, 293, 295, 320, 321, 329, 338, 339, 349, 465, 466, 468, 478, 685, 1035-1043, 1048, 1065, 1075, 1145

Arbeitslosigkeit 49, 82, 93, 102-104, 116, 216, 219, 226, 232, 280, 293, 295, 368, 371, 378, 402, 403, 469, 495, 510, 602, 626, 656, 674, 685, 686, 757-761, 1048, 1079, 1081, 1131-1136, 1150

Arbeitsteilung 87, 89, 163, 216, 263, 510, 660, 716, 720, 749, 1036-1038

Armut 21, 25, 33, 49, 178, 179, 189, 265, 292, 349, 359, 360, 361, 362, 363, 364, 366, 367, 368, 369, 370, 371, 372, 373, 386, 468, 522, 611, 647, 651, 685, 929, 1051, 1062, 1063, 1079, 1131, 1133, 1145

Armutsforschung 362, 370-373, 1104

Ausbildung 48, 83, 99, 111, 113, 124, 129, 135, 162, 168, 196, 202-204, 207, 211, 216, 218, 222-235, 283-287, 302, 344, 352, 371, 378, 382, 383, 404, 415, 443, 617, 624, 636, 660, 668, 687, 719, 758-765, 775, 833, 834, 835, 843, 884, 929, 1002, 1027, 1038, 1039, 1045, 1066, 1135, 1141, 1144, 1149, 1152

Ausgrenzung 75, 122, 127, 189, 263, 267, 287, 294, 343, 351, 422, 487, 489, 508, 716, 736, 738, 820, 821, 824, 1038, 1040, 1041, 1076, 1132, 1145

Ausländerfeindlichkeit 294, 343, 350, 351, 352, 465, 466, 509

Ausländergesetz 348

Aussiedler 283, 348

Autonomie 66, 77, 88, 118, 206, 263, 319, 332, 402, 436, 437, 487, 488, 547, 567, 568, 589, 622, 684, 715-718, 865, 965, 966, 973, 1022, 1096, 1122-1125

Bedarf 66, 71, 125, 187, 194, 201, 225, 291, 300, 303, 364, 449, 457, 484, 503, 520, 522, 554, 558, 571, 612, 627, 633, 635, 651, 656, 719, 764, 802, 820, 823, 826, 834, 847, 850-852, 856-860, 863, 870, 874, 917, 932, 983, 985, 1041, 1064, 1073

Bedürfnis 42, 44, 67, 68, 74, 75, 122, 185, 187, 250, 303, 315, 325, 460, 479, 496, 497, 685, 766, 902, 915, 933, 1074

Behindertenhilfe 461, 462

Behinderungen 49, 441, 442, 445, 451, 455, 460, 532, 542, 918, 926, 937, 962, 1062

Benachteiligte 124, 137, 192, 195, 418, 420, 756

Benachteiligungen 94, 177, 186, 315, 344, 351, 354, 436, 534, 549, 696, 698, 720, 721, 725, 735, 737, 738, 742, 743, 751, 759-761, 767, 817, 824, 885, 900, 976, 1133, 1154

Beratung 133, 187, 192, 196, 250, 296, 297, 417, 437, 456, 473, 535, 549, 558, 598-600, 604, 633, 640, 641,

655, 659, 660, 672, 675, 703, 709, 719, 738, 766, 781, 782, 797, 847, 852-854, 859-864, 872, 909, 912, 913, 915, 916, 919, 929, 949, 954, 955, 962, 964, 998, 1022, 1043, 1096, 1108

Bereitschaftspflege 659

Berichtswesen 213, 559

Beruf 61, 64, 107, 113, 119, 130, 170, 187, 190, 192, 217, 229, 285, 287, 293, 320, 334, 435, 443, 468, 483, 487, 614, 687, 717, 738, 757, 761, 776, 784, 967, 1020, 1022, 1042, 1134

Berufsvorbereitung 721, 763

Beschäftigung 117, 124, 135, 179, 211, 216, 226, 233-235, 283, 285, 294, 344, 384, 424, 430, 462, 583, 595, 758, 763, 764, 793, 795, 821, 889, 1045, 1086, 1148, 1153

Beteiligung 74, 122, 300, 348, 452, 546, 548, 549, 552-554, 558, 570, 576, 637, 694, 726, 756, 782, 809, 818, 826, 837, 850-852, 870, 871, 875, 884, 889, 906, 909, 912-915, 917-923, 929, 934, 937, 955, 1053-1059, 1066, 1067, 1077, 1086, 1087, 1090-1096, 1098, 1102, 1131

Betreuung 40, 71, 72, 73, 75, 199, 385, 401, 436, 449, 450, 453, 456, 457, 519, 520, 535, 536, 558, 581, 598, 600, 611, 613, 633, 636, 638, 649, 653, 659, 671, 687, 706, 708, 778, 780, 801, 804, 806, 807, 809, 818, 821, 824, 863, 895, 926, 949, 963, 984, 1064, 1169

Bewältigung 22, 47, 72, 85, 93, 95, 115, 123, 125, 129, 134, 187, 190, 202, 204, 208, 211, 228, 230, 265, 266, 287, 288, 304, 326, 327, 330, 334, 344, 387, 405, 469, 479, 485, 488, 489, 619, 621, 631, 639-641, 644, 686, 687, 729, 746, 824, 842, 858, 873, 897, 902, 931, 934, 953, 1043, 1048, 1075, 1079, 1093, 1095

Bildung 9, 11, 23, 27, 40, 42, 47, 48, 83, 86, 91, 94, 95, 99, 115, 117, 122, 128, 134, 135, 177, 179, 181, 185, 189, 192, 194, 208, 214, 222, 231, 264, 279, 284, 286, 334, 343, 345, 347, 348, 351, 352, 353, 361, 377-389, 393, 397, 398, 399, 406, 413,

416, 417, 419, 421, 423, 424, 443, 445, 457, 458, 460, 581, 586, 591, 637, 693-696, 699, 760, 768, 773, 774, 794, 822, 826, 857, 888, 937, 1053, 1063, 1129-1136, 1139, 1143, 1144, 1156, 1169

Bildungsauftrag 231, 385, 388, 406, 624, 1043, 1064, 1135, 1136

Bildungsmoratorium 114, 298

Bildungsreform 379, 402, 776

Bindung 44-49, 61, 405, 475-477, 510, 512, 513, 555, 585, 591, 622, 931, 934

Biografie/Biographie 58, 114, 229, 235, 341, 470, 718, 734, 896, 897, 903, 904, 1038, 1043, 1044, 1078, 1088, 1089, 1108

Biografisierung/Biographisierung 97, 239, 341, 407, 471, 472, 903

Budget 461, 575

Chancengleichheit 11, 313, 351, 352, 384, 443, 485, 716, 718, 721, 722, 727, 730, 782, 887, 1071, 1154

Clique 66-70, 75, 130, 245, 332, 389, 431, 465, 466, 504, 639, 644, 700, 731, 750

Delinquenz 265, 383, 482, 497, 498, 503, 512, 513, 515, 517, 522, 760

Dezentralisierung 191, 518, 549, 552, 572, 638, 886, 959-961

Diagnose 377, 380, 589, 682, 819, 823, 824, 839, 841, 849, 850, 854-857, 865, 927, 930, 1024, 1025, 1092, 1098

Dienstleistung 158, 163, 213, 218, 219, 232, 286, 461, 545, 547, 551, 586, 774, 783, 836, 952, 955, 957, 961, 963, 971-988, 1026, 1085, 1087, 1099, 1104, 1105, 1117, 1119, 1140, 1141

Diskriminierung 315, 350, 352, 729, 737, 739, 749, 1144

Diversion 801, 803, 806, 808-810

Drogen 415, 468, 495, 505, 519, 674, 764, 790, 911, 960, 961

Ehe 149, 155-158, 163, 164-170, 369, 370, 403, 611, 654, 673, 740

Ehrenamt 215, 587, 589, 696

Eigensinn 91, 93-95, 186, 189, 199, 203, 838, 896, 1073
Ein-Elter-Familie 150-152, 168
Eingliederungshilfe 441, 457, 460, 461, 530, 532, 534, 535, 541, 543, 598, 600, 759, 825, 852, 1056, 1062
Einmischungsauftrag 881, 883, 885, 886
Einzelbetreuung 519, 520, 597, 599, 600, 632, 634, 639, 810, 851, 1013
Einzelfall 46, 541, 555, 556, 631-635, 639, 820, 847, 849, 852, 856, 857, 949, 953, 956, 1064, 1071, 1072, 1104
Einzelfallhilfe 783, 833, 834, 1022, 1097, 1100
Eltern 150, 154, 416, 949, 1092, 1093
Elternhaus 49, 61, 91, 117, 118, 154, 161, 204, 332, 427, 428, 429, 435, 437, 511, 531, 612, 618, 637, 639, 643, 693, 694, 783
Elternrecht 545, 556, 910, 945-952, 956
Emanzipation 180, 203, 263, 312, 621, 699, 906, 1055
Empowerment 136, 419, 461, 641, 840
Entfremdung 216, 264, 926
Entgelt 215, 539, 556, 571
Entspezialisierung 11, 638, 805, 824, 959-966, 968
Entstandardisierung 113, 127, 128, 386, 1145, 1150
Erlebnispädagogik 792, 833, 984
Ernährung 42, 50, 386, 414, 416, 421
Erwachsenenalter 91, 93, 212, 228, 395, 399, 403, 404, 406, 421, 469
Erziehung 938, 949, 950, 1085
Erziehungsbeistand 600
Erziehungsberatung 345, 600, 605, 631-635, 639, 640, 642, 777, 778, 850, 851, 984
Erziehungshilfe 434, 453, 531, 575, 631, 633-644, 651, 655, 658, 659, 776-779, 816, 818, 820, 849, 861, 888, 909, 915, 917-923, 957, 961, 964, 965, 998, 1059, 1062, 1101
Ethnizität 128, 350, 355, 736, 1147
Europa 275, 277, 281, 298, 353, 701, 795, 1080, 1139-1146, 1151, 1156, 1170

Europäischer Sozialfond 1143
Evaluation 541, 558, 723, 809, 811, 833, 839-843, 879, 968, 1012, 1092, 1096, 1099, 1109
Fachkräfte 228, 538, 557, 668, 676, 723, 727, 764, 778, 783, 797, 798, 818, 819, 833-837, 841, 842, 852, 853, 855, 857, 859, 860, 861, 862, 863, 865, 873-875, 910-912, 915, 918, 919, 923, 936, 948, 949, 950, 951, 952, 953, 954, 955, 964, 1027, 1073, 1092-1094, 1101, 1103, 1144, 1152
Fallarbeit 841, 849, 931, 1085, 1097-1100, 1105, 1106, 1108
Familie 148, 150, 154, 717, 947, 1052
Familienbildung 50, 152, 540, 672, 673, 875, 1003, 1134, 1135
Familienhilfe 598-600, 604, 631, 632, 634, 649, 667, 669-676, 727, 850, 851, 875, 984, 991
Familienpolitik 148, 397, 1143, 1145
Finanzierung 212, 213, 321, 368, 377, 450, 456, 457, 461, 556, 575, 606, 762, 781, 983-986, 988, 990-993, 1074, 1137, 1146
Flexibilisierung 125, 135, 221, 222, 293, 518, 574, 611, 624, 897, 911, 913, 961, 1085, 1086, 1096-1100, 1122, 1150
Fortbildung 191, 465, 538, 719, 764, 794, 797, 798, 889, 938, 1039
Freiheitsentziehende Maßnahmen 543
Freizeit 65, 73, 74, 78, 88, 120, 130, 184, 187, 190, 194, 199-202, 204, 206, 213, 247, 284, 288, 300, 332, 344, 361, 399, 400, 403, 405, 431, 445, 581, 582, 643, 700, 745, 780
Fremdenfeindlichkeit 293, 355, 467, 509, 768
Fremdplatzierung 532, 651, 657, 661
Fremdunterbringung 604, 647, 648, 652, 653, 660, 677, 682, 926, 952
Freundschaft 69, 427, 438
Frühförderung 448, 459, 460, 461, 620
Geburt 18, 39-45, 121, 152, 162, 167, 169, 345, 382, 430, 436, 615, 616, 650, 668, 673
Gefängnis 508, 684, 1123

Gemeinwesen 177, 286, 288, 552, 574, 622, 642, 676, 884, 929-937, 1074, 1075, 1079, 1131, 1155

Gemeinwesenarbeit 551, 570, 833, 834, 890, 925, 927-929, 963, 1024, 1074, 1100, 1168

Gemeinwohl 565, 573, 1130

Gender 117, 317, 727, 768, 959, 964-968, 1154

Gender Mainstream 727, 959, 964, 966, 967, 968, 1154

Generation 9, 61, 83, 86, 88-92, 102, 103, 150, 155, 160, 200, 203-205, 211, 217, 219, 220, 229, 247, 265, 281, 282, 346, 369, 393-406, 434, 588, 669, 687, 698, 790, 884, 903, 930, 996, 1025, 1039, 1041, 1059, 1061, 1136

Generationenverhältnis 15, 16, 20, 24, 28, 34, 88, 247, 386, 394, 396, 397, 400, 1059

Geschlecht 17, 23, 68, 77, 115, 118, 122, 128, 162, 165, 252, 311-326, 331, 335-338, 352, 399, 428, 430, 443, 482, 487, 489, 602, 716, 718, 724, 725, 728-730, 736, 737, 747, 760, 799, 887, 888, 900, 968, 1064, 1147

Geschlechterforschung 315, 320, 725, 728

Geschlechterhierarchie 314, 316, 481, 482-486, 492, 493, 870

Geschlechterverhältnis 119, 327, 715, 716, 739, 1047, 1154

Geschlossene Unterbringung 543, 962

Gesundheit 24, 41, 42, 44, 48, 161, 361, 386, 413-423, 434, 461, 789, 790, 1053, 1060, 1072, 1114, 1169, 1170

Gesundheitsförderung 50, 413, 417-424, 930

Gewalt 50, 101, 122, 183, 185, 187, 190, 201, 204, 245, 249, 293, 301, 314, 321, 327, 332, 346, 386, 430, 433, 434, 438, 465, 468-509, 517, 520-522, 611, 656, 681, 683, 685, 688-690, 719, 729, 791, 792, 803, 810, 820, 888, 911, 927, 930, 964-966, 1052, 1053, 1062, 1134

Gewaltbereitschaft 294, 465, 470, 472, 478, 481, 503, 522, 768

Gleichaltrige 199, 284, 405, 493, 703

Gleichaltrigengruppe 61, 65-69, 490, 591

Großeltern 154, 400, 649, 656, 659, 673

Grundbedürfnisse 41, 42, 934

Gruppenarbeit 220, 581, 583, 591, 592, 597, 600, 604, 632, 643, 777, 780, 783, 808, 810, 833, 834, 850, 851, 1024, 1101

Haftvermeidung 807

Heimerziehung 345, 496, 516, 518, 597, 600, 604, 631, 632, 634-643, 647, 649, 652, 654, 656, 660, 662, 663, 676, 755, 774, 818-825, 847, 849, 850, 851, 886, 915, 921, 922, 959-961, 984, 1023, 1027, 1043, 1139, 1146, 1151, 1156

Heimreform 654

Hilfen zur Erziehung 190, 460, 532, 533, 535-550, 597-605, 631-633, 639, 642, 655, 667, 773-778, 808, 823, 826, 841, 854, 858, 862, 864, 872, 911, 915, 926, 927, 931, 932, 949, 950, 951, 956, 1062, 1088, 1090, 1092, 1097, 1098, 1101, 1107

Hilfeplan 600, 852, 853, 855, 860-865, 1025, 1085, 1086, 1090, 1093, 1108

Hilfeplanung 533, 550, 657, 826, 850-854, 859, 862, 864-866, 907, 911, 915, 916, 919, 922, 954-956, 963, 991, 1002, 1086

Homosexualität 430, 431

Hooligans 205, 505, 984

Identität 99, 118, 121, 130, 131, 193, 194, 215, 216, 221, 274, 315, 317, 328-335, 423, 427, 432, 438, 662, 709, 721, 931, 977, 1036, 1142, 1144, 1155

Individualisierung 9, 33, 85, 100, 114, 121, 129, 132, 135, 163, 202, 260, 286, 330, 380, 404, 405, 416, 492, 509, 522, 547, 671, 697, 710, 728, 729, 903, 963, 1042, 1089, 1104, 1137, 1151

Interessenvertretung 546, 695, 703, 704, 922, 967, 972, 1045, 1071

Interkulturalität 343, 344, 347, 353, 354, 386, 736, 741, 748, 750

Interkulturelle Pädagogik 351

Schlagwortregister 1165

Intervention 26, 137, 335, 352, 417, 546, 547, 556, 632, 639, 643, 674, 675, 689, 803, 842, 905, 926, 984, 1038, 1044, 1120, 1134, 1152

Jahrhundert des Kindes 15-18

Jugendamt 190, 536, 538, 545, 546, 551-556, 558, 572, 576, 634, 653, 660, 670, 672, 676, 689, 762, 777, 778, 806, 809, 826, 847, 850, 853, 858, 860-863, 895, 900, 910, 917-919, 922, 945, 949-958, 991, 993, 1001, 1025, 1088

Jugendarbeit 53, 70-78, 111, 187, 190, 192, 199, 203, 207, 231, 288, 295, 296, 300, 301, 312, 316, 318, 325, 327, 329, 335, 355, 377, 385, 393, 402-406, 413, 432, 434, 438, 496, 501, 534, 540, 541, 546, 548, 567, 581, 584, 587, 588, 591, 598-606, 631, 634, 643, 693, 694, 695-710, 716, 719, 721, 726, 735, 736, 747-751, 756, 766, 773-784, 797, 858, 872, 875, 879, 891, 911, 926, 927, 962, 964, 983-985, 988, 989, 1001, 1003, 1024, 1044, 1059, 1065, 1132, 1134-1136, 1139, 1144, 1146, 1151, 1153, 1154, 1167, 1170

Jugendbericht 26, 33, 134, 292, 313, 347, 369, 458, 539, 547, 549, 552, 557, 570, 671, 715, 718-720, 734, 773, 774, 781-784, 851, 886, 925, 1056, 1059, 1060, 1062, 1072, 1080, 1097, 1119, 1131

Jugendberufshilfe 111, 136, 211, 225, 232, 233, 235, 304, 385, 755, 761, 763, 766, 1045, 1120, 1122, 1139, 1144, 1154, 1167

Jugendbildung 190, 192, 598, 600, 694, 702, 703

Jugendgerichtshilfe 596, 755, 801-811, 841

Jugendhilfeausschuss 538, 553, 569, 571, 575, 576, 723, 871, 890, 891, 1006, 1131

Jugendhilfeforschung 11, 255, 265, 266, 515, 909, 995-998, 1001, 1002, 1011, 1015

Jugendhilfeplanung 325, 533-538, 551, 553-555, 557, 558, 569, 570, 602, 603, 710, 723, 726, 727, 869 880, 885, 887, 891, 909, 911, 915-918,
957, 983, 985, 993, 1065, 1091, 1103, 1131, 1132, 1135

Jugendhilfestationen 574, 634, 898

Jugendhilfestatistik 541, 563, 595-606, 649, 811, 1169

Jugendkultur 58, 75, 115, 122, 123, 137, 196, 203, 206, 280, 298, 352, 421, 465, 470, 1081

Jugendpflege 87, 201, 531, 532, 565, 582, 586-588, 698

Jugendphase 9, 55-62, 84, 85, 91, 93, 100, 103, 111, 113, 124, 125, 128, 200, 202, 205, 230, 295, 298, 393, 394, 398-405, 430, 465-472, 582, 697, 709, 1036, 1041, 1046, 1139

Jugendpolitik 86, 134, 545, 592, 909, 1046, 1060, 1065, 1077, 1100, 1145, 1155, 1156

Jugendräume 200, 704

Jugendschutz 251, 534, 600, 696, 727, 789-798

Jugendsozialarbeit 111, 129, 318, 534, 535, 546, 600, 601, 606, 697, 719, 726, 755, 756, 774, 775, 784, 885, 886, 911, 964, 1134, 1139, 1140, 1148, 1151, 1167

Jugendstrafe 508, 808

Jugendsurvey 293

Jugendverbände 296, 565, 567, 581-592, 693, 696-703, 790, 797, 918, 989

Jugendwohlfahrt 200, 201, 775, 849

Jugendzentrum 431, 432, 704

Junge Erwachsene 113, 124, 128, 132

Junge Volljährige 124

Jungenarbeit 77, 312-327, 335-339, 431, 518, 591, 705, 707, 716, 723, 725, 730, 929

Justiz 495-497, 499, 518-521, 644, 802, 807, 809, 810, 841

Kids 21, 53-78, 205, 325, 326, 332, 466, 495, 923, 935, 937, 960, 1046

Kinder- und Jugendhilfegesetz 10, 47, 124, 125, 320, 325, 348, 397, 413, 457, 460, 497, 529, 546, 548, 612, 647, 648, 667, 681, 698, 720, 726, 773, 815, 823, 825, 847, 850, 851, 869, 909, 912, 914, 945, 1053, 1060, 1072, 1079, 1132, 1139

Kinder- und Jugendschutz 385, 534, 600, 602, 727, 789-799, 1167

Kinderarmut 364, 368, 1063, 1136

Kindergarten 47, 49, 170, 207, 261, 277, 284, 420, 450, 451, 459, 613, 614, 617-628, 668, 687, 797, 936, 952, 984, 1046, 1059, 1076, 1134-1136

Kindergeld 668, 670, 1136

Kinderkrippe 453

Kinderladen 567, 622

Kinderpolitik 1052, 1055, 1061

Kinderrechtskonvention 41, 348, 888, 914, 1051, 1053, 1061, 1062, 1063, 1130

Kinderschutz 555, 674

Kindertagesbetreuung 605, 611, 612, 622, 626, 627, 726, 872, 927, 993

Kindheit 9, 10, 13, 15-44, 49, 50, 53-68, 75, 76, 83, 84, 87, 91, 100, 114, 199, 200, 202, 244, 260, 261, 264, 265, 274, 393, 398-406, 436, 478, 512, 611, 613, 623, 719, 789, 795, 998, 1051-1055, 1061, 1064, 1136

Koedukation 318, 716

Konsum 55, 58, 65, 73, 87, 88, 90, 115, 118, 122, 123, 129, 189, 203, 276, 284, 331, 344, 404, 794, 983

Kontrolle 61, 64, 65, 121, 188, 200, 201, 218, 221, 251, 267, 284, 286, 288, 429, 498, 512-514, 521, 633, 642, 643, 653, 668, 674, 689, 696, 794, 820, 863, 897, 900, 936, 945, 946, 953-957, 966, 1023, 1094, 1099

Kooperation 39, 180, 185, 190-196, 225, 288, 451, 455, 459, 519, 546, 547-551, 558, 573, 576, 603, 675, 706, 708, 710, 764, 777-782, 807, 827, 876, 889, 927, 930-937, 945, 967, 998-1001, 1012, 1074, 1085, 1090, 1094, 1099, 1102, 1104, 1108, 1139, 1140, 1144, 1146, 1148, 1151, 1152

Körper 120, 192, 245, 317, 416, 429, 433, 434, 438, 443, 504, 823, 926

Krankheit 189, 267, 282, 413, 415, 417, 448, 668, 816, 847, 961, 1038

Kriminalität 201, 204, 495, 497, 500, 512, 522, 803, 847, 927, 930, 1134

Land 86, 103, 273-291, 296, 351, 399, 453, 460, 639, 650, 706, 709, 737, 861, 1079

Lebensbewältigung 26, 81, 94, 177, 192, 195, 200, 211, 235, 245, 347, 348, 384, 386, 390, 471, 472, 488, 492, 588, 699, 706, 709, 849, 911, 913, 923, 1071

Lebensführung 16, 55, 61, 73, 118, 124, 134, 136, 169, 204, 212, 216, 217, 229, 233, 235, 261, 264, 300, 321, 333, 334, 364, 398, 400, 421, 651, 729, 766, 903, 1042, 1066, 1087, 1088, 1089, 1094, 1104, 1105, 1149

Lebenslage 100, 113, 115, 117, 126, 127, 131, 132, 191, 194, 222, 233, 287, 337, 362, 406, 449, 488, 651, 668, 671, 672, 675, 773, 774, 775, 777, 784, 822, 905, 951, 1088, 1105

Lebenslauf 45, 90, 91, 127, 135, 212, 260, 378, 394, 397, 684, 905, 1150

Lebensstil 115, 122, 131, 386, 443

Lebensunterhalt 363-371, 633

Lebenswelt 29, 30, 32, 67, 111, 182, 186, 189, 190, 194, 196, 206, 207, 256, 299, 325, 378-382, 388, 399, 401, 405, 491, 518, 545, 612, 693, 695, 697, 706, 707, 710, 744, 766, 767, 774, 802, 898, 899, 926, 927, 931, 961, 963, 969, 1059, 1071, 1072, 1080, 1081

Lebensweltorientierung 136, 405, 518, 519, 549, 551, 638, 849, 886, 890, 898, 899, 905, 927, 962, 966, 968, 978, 1007, 1052, 1071-1073, 1075, 1079, 1081, 1122

Lehrer 64, 107, 185, 194, 229, 246, 395, 476, 490, 588, 617, 798, 848, 855, 1045, 1067, 1170

Leiblichkeit 17, 20, 21, 32, 34, 317

Lernen 21, 177, 180, 183, 185, 189, 193, 196, 199, 225, 231, 379, 396, 455, 475, 512, 523, 613, 614, 621-623, 764, 841, 935, 936, 1036, 1041, 1043, 1133, 1153

Lernhilfen 177

Mädchenarbeit 10, 77, 312, 314, 316, 317, 318, 319, 325, 336, 433, 483, 484, 591, 707, 715-730, 735-749, 929, 959, 965, 966-968

Mädchenforschung 101, 484, 718, 724, 750

Medien 54, 58, 65, 99, 101, 108, 109, 125, 181, 189, 202, 243-252, 280, 331, 344, 379, 396, 403, 432, 468, 496, 507, 591, 611, 726, 739, 792-797, 1104, 1106, 1107, 1133

Medienpädagogik 243, 244, 250-252

Menschenrecht 349, 914

Migranten 275, 294, 639, 742, 1002, 1130

Migration 189, 273, 274, 275, 347, 349

Milieu 29, 160, 161, 181, 186, 467, 472, 515, 657, 675, 823

Mitbestimmung 555, 637, 703, 906

Mutter 42-48, 106, 117, 150-155, 161, 163, 169, 217, 250, 436, 449, 475, 477, 650, 657, 659, 661, 668, 673, 681, 682, 684, 686, 688-690, 715, 716, 961, 1088, 1093

Mutterschaft 120, 152, 153, 164, 435, 436

Netzwerk 574, 659, 1044-1047, 1152

Neue Steuerung 551, 557, 572, 878, 1106, 1119

Normalbiographie 115, 120, 126, 129-134, 260, 329, 330, 743, 837, 1155

Normalisierung 134, 211, 233, 318, 512, 551, 631, 683, 690, 886, 898, 1035, 1043, 1118, 1123

Ökologie 43, 201, 726, 1055, 1061

Ökonomisierung 11, 25, 215, 563, 1041, 1106, 1113-1125

Opfer 18, 128, 234, 249, 314, 333, 474, 479, 488, 500, 501, 502, 506, 521, 685, 720, 725, 801, 808, 810

Organisation 66, 151, 212, 216, 383, 397, 529, 550, 551, 558, 565, 569, 581, 582, 635, 705, 824, 895, 897-907, 923, 930, 936, 937, 962, 965, 966, 969, 971, 985, 989, 995, 996, 1044, 1061, 1067, 1086, 1097, 1098, 1100, 1103, 1104, 1115, 1119

Organisationsentwicklung 1086

Pädagogisierung 25, 33, 933, 1019, 1021, 1085, 1151

Parteilichkeit 193, 312, 318, 691, 717, 748, 766, 965, 966

Partizipation 11, 25, 34, 136, 195, 288, 349, 388, 442, 443, 513, 549, 553, 627, 644, 693-697, 726, 799, 875-881, 895, 898, 906-917, 922, 923, 927, 930, 934, 965, 966, 1051-1055, 1096, 1153

Partnerschaft 45, 49, 105, 106, 115, 120, 122, 149, 156, 170, 344, 427, 430, 434, 438, 535, 545, 548, 551, 552, 570, 571, 600, 673, 684, 915, 1146, 1148

Peergroup 43, 402, 743

Peer-Kultur 186, 189

Personensorge 600, 657, 672, 861, 947, 948

Pflegefamilie 436, 632, 639, 647, 649, 657-663

Pflegekind 649, 650, 658, 662

Pflegekinderwesen 636, 648-663, 691

Pflichtaufgaben 534, 926

Pluralisierung 9, 33, 85, 114, 125, 170, 221, 231, 286, 330, 332, 334, 386, 389, 405, 567, 568, 697, 710, 963, 1042, 1089, 1150

Polizei 104, 349, 514, 538, 790, 797, 805, 1001

Prävention 191, 232, 364, 417, 420, 424, 497, 513, 519-522, 547, 549, 556, 575, 696, 797, 803, 804, 815, 925-927, 978, 1120, 1134

Privatisierung 11, 129, 278, 572, 1114, 1117, 1119, 1125

Profession 397, 559, 668, 836, 837, 879, 927, 961, 1022-1027, 1086, 1113, 1115

Professionalisierung 200, 419, 584, 590, 611, 614, 627, 636, 699, 705, 834, 961, 966, 973, 1019-1026, 1036, 1039, 1087, 1090

Professionalität 297, 437, 550, 551, 638, 658, 668, 709, 727, 815, 821, 822, 835, 979, 1024, 1071, 1085, 1087, 1106, 1108, 1152

Prostitution 158, 349, 430, 439

Protest 199, 202, 205, 574, 902

Psychiatrie 816-827, 841, 926, 1001

Pubertät 59, 68, 82, 84, 92, 427, 429-434, 468, 724

Qualifizierung 39, 48, 222, 349, 384, 584, 587, 652, 704, 707, 711, 716, 758, 763, 821, 865, 870, 878, 891, 955, 959, 973, 998, 1064, 1088, 1108

Qualitätsentwicklung 452, 626, 703, 723, 727, 879, 897, 968, 971, 974, 978, 980, 991, 1125

Qualitätsmanagement 232, 980

Qualitätssicherung 558, 626, 711, 887, 971-980

Quartier 935

Rassismus 352, 483, 736, 745, 747

Rechte von Kindern 343, 921, 922, 1051

Rechtsanspruch 47, 453, 456, 460, 535-538, 543, 631-633, 647, 655, 825, 853, 886, 949, 950, 962, 993, 1132, 1134

Rechtsextremismus 346, 468, 470, 481

Region 23, 128, 274, 277, 286-287, 297, 454, 549, 769, 917, 1046, 1079-1081, 1147

Regionalisierung 277, 550, 559, 638, 805, 886, 1071, 1080

Resozialisierung 495, 496, 516, 817, 1123

Ressource 62, 68, 231, 246, 504, 633, 644, 697, 708, 841, 901, 1102, 1142

Säugling 20, 28, 39, 45, 46

Scheidung 49, 150, 157, 168, 189, 371, 535, 600, 659, 672, 915, 949

Schlüsselqualifikationen 185, 195, 378, 964, 1044, 1066, 1135

Schule 416, 778, 928, 938

Schüler 64, 111, 181-186, 195, 251, 379, 444, 445, 454, 490, 515, 584, 767, 773, 774, 778, 783, 792, 1067

Schülerrolle 64, 192

Schülersein 55, 774, 775, 784

Schulpflicht 23, 381, 600, 774, 775, 792, 1053, 1150

Schulschwänzen 778

Schulsozialarbeit 191, 192, 195, 385, 755, 757, 767, 773-784, 1101

Schulverweigerung 767, 779, 927, 938

Schwangerschaft 152, 167, 435, 436, 859

Selbstbestimmung 91, 121, 199, 206, 249, 350, 379, 380, 422, 435-438, 536, 547, 548, 555, 623, 693, 695-698, 715, 716, 965

Selbstbildung 40, 380, 381, 386

Selbsthilfe 137, 405, 548, 550, 567, 840, 883, 884, 1072, 1132

Selbstreflexivität 381, 387

Selbstverwaltung 545, 546, 551, 552, 705

Sexualerziehung 429, 438, 439, 623

Sexualität 115, 120, 121, 164, 165, 180, 249, 250, 344, 395, 414, 416, 427-439, 469, 472, 508, 623

Situationsansatz 611, 621, 622, 626, 933, 1065

Social agency 1047

Sonderschule 453-455, 459, 779

Sozialberichterstattung 558, 559, 603

Soziale Trainingskurse 810

Sozialhilfe 124, 364, 367, 369-373, 441, 450, 452, 457, 520, 542, 558, 686, 825, 1061, 1062, 1085, 1086, 1104, 1148, 1154

Sozialpolitik 11, 83, 89, 95, 134, 135, 214, 397, 522, 545, 551, 624, 668, 889, 973, 1033, 1038-1041, 1048, 1051, 1059-1072, 1077, 1080-1089, 1103, 1104, 1106, 1113, 1121, 1141-1145, 1153

Sozialraum 191, 200, 208, 256, 575, 635, 710, 925, 930, 938, 1047, 1071, 1075-1081, 1098, 1102, 1108

Sozialraumorientierung 548, 550, 553, 559, 570, 574, 576, 634, 925-932, 963, 1071-1075, 1085, 1100, 1101

Sozialstaat 16, 93, 359, 566, 1021, 1039-1048, 1087, 1089, 1102, 1136

Spezialisierung 56, 195, 229, 258, 552, 707, 801, 805, 824, 825, 929, 959-962, 1073, 1087, 1090, 1103

Spiel 26, 47, 192, 297, 386, 431, 504, 600, 614, 617, 620, 622, 625, 694, 703, 705, 747, 855, 926, 934, 935, 1011, 1059, 1098, 1102

Sport 386, 445, 460, 505, 586, 600, 694, 703, 826

Sprachentwicklung 44

Stadtentwicklung 889, 927, 1075, 1079, 1080

Stadtteilmanagement 889, 927, 992, 1065

Steuerungsmodell 557, 1114, 1119

Stigmatisierung 191, 225, 422, 513, 515, 739, 804, 817, 926, 965, 1028

Straffälligenhilfe 495, 515, 516, 518, 519, 521, 522

Straße 199-207, 256, 258, 385, 467, 496, 643, 797

Straßenkinder 266, 1002

Straßensozialarbeit 519, 520

Streetwork 632, 705, 766, 833

Subjekt 16, 18, 34, 54, 88, 123, 132, 251, 319, 353, 377, 379-381, 388, 557, 737, 895, 904, 905, 961, 1021, 1022, 1027, 1029, 1071, 1122

Subkultur 503, 511, 637

Subsidiarität 546, 569, 857, 1142, 1145

Sucht 371, 420, 445, 790

Szene 121, 129, 130, 132, 202, 467, 470, 509, 632, 766, 816

Tageseinrichtung 601

Tagesgruppe 49, 597, 632, 639, 937

Täter 249, 474, 486, 501, 502, 510, 514, 521, 792, 794, 801, 802, 808, 810, 1028, 1045

Täter-Opfer-Ausgleich 521, 801, 808, 810

Team 312, 448, 635, 658, 706, 749, 850, 852, 859, 860, 861, 863, 864, 865, 954, 963

Trennung 25, 44, 46, 47, 49, 57, 68, 118, 150, 162, 266, 337, 338, 350, 371, 430, 441, 535, 600, 621, 650, 662, 672, 689, 691, 699, 809, 915, 947, 949, 962

UN-Kinderrechtskonvention 41, 888, 914, 1051, 1053, 1061, 1063, 1130, 1169

Unterricht 64, 177, 183, 184, 186, 187, 189, 196, 397, 421, 453, 454, 455, 653

Vater 42, 45, 47, 106, 150, 152, 153, 161, 164, 338, 427, 477, 681, 682, 686, 689, 690

Vaterschaft 152, 153

Verein 83, 118, 129, 130, 543, 558, 653, 698, 798, 850, 854, 855, 998, 1168

Vernetzung 50, 190, 192, 437, 574, 576, 706, 748, 762, 865, 871, 889, 937, 963, 965, 967, 993, 1072, 1074

Verwahrlosung 87, 515, 516, 798, 847, 849

Verwaltungsreform 11, 557, 570, 573, 711, 967, 1076, 1081

Vollzeitpflege 597, 600, 604, 631, 647-663, 851

Vormundschaft 535, 922

Wächteramt 10, 555, 556, 691, 945, 946, 947, 948, 949, 956

Waisenhaus 652, 848

Wirtschaftlichkeit 571, 577, 897, 899, 986, 1113

Wohlfahrtspflege 538, 565, 566, 567, 573, 673, 891, 989, 1129, 1140, 1142, 1154

Wohlfahrtsstaat 127, 1035

Wohlfahrtsverbände 220, 565, 566, 567, 573, 798, 972, 1001, 1015, 1155

Wohnen 115, 117, 153, 445, 518, 520, 637, 757, 764, 765, 881, 884, 1043, 1063, 1064

Wohngemeinschaft 129, 436, 895

Wohngruppe 916, 921

Wunsch- und Wahlrecht 534, 555, 568, 635, 730, 851, 1135

Zielgruppe 54, 311, 325, 328, 329, 333, 334, 390, 450, 454, 455, 656, 760, 761, 936, 960, 1006

Zuflucht 522

AutorInnen

Andresen, Sabine, Dr., Dipl.-Päd., wissenschaftliche Assistentin an der Universität Zürich

Arnold, Helmut, Dr., Dipl.-Päd., wissenschaftlicher Mitarbeiter am Institut für Erwachsenen- und Sozialpädagogik der Universität Leipzig

Beher, Karin, Dipl.-Soz., wissenschaftliche Mitarbeiterin an der Universität Dortmund

Böhnisch, Lothar, Dr., Professor für Sozialpädagogik der Lebensalter an der Technischen Universität Dresden

Bartscher, Matthias, Dipl.-Päd., Kinderbeauftragter und Leiter des Kinderbüros der Stadt Hamm

Deinet, Ulrich, Dr., Dipl.-Päd., Referent für Jugendarbeit beim Landesjugendamt Westfalen-Lippe in Münster

Drößler, Thomas, Dipl.-Päd, wissenschaftlicher Mitarbeiter in der Fakultät Erziehungswissenschaft an der Universität Leipzig

Ecarius, Jutta, Dr., PD, Akademische Rätin an der Universität Koblenz-Landau für Allgemeine Pädagogik

Engels, Gerd, M.A., Geschäftsführer der Bundesarbeitsgemeinschaft Kinder- und Jugendschutz (BAJ) in Bonn

Flösser, Gaby, Dr., Dipl.-Päd., Professorin für Erziehungswissenschaft mit dem Schwerpunkt Sozialpädagogik an der Universität Dortmund

Fritz, Karsten, Dipl.-Päd., wissenschaftlicher Mitarbeiter am Institut für Sozialpädagogik und Sozialarbeit der Technischen Universität und der Hochschule Mittweida (FH)

Frühauf, Theodor, Dr., Sonderschullehrer und Dipl.-Päd.; Mitglied der Bundesgeschäftsführung der Bundesvereinigung Lebenshilfe in Marburg

Fülbier, Paul, Dipl. Soz.-Wiss., Dipl. Soz.-Arb., Referent für Grundsatzfragen der Jugendsozialarbeit und Jugendberufshilfe bei der Bundesarbeitsgemeinschaft Jugendsozialarbeit (BAG JAW) in Bonn

Funk, Heide, Dr., Professorin im Fachbereich Soziale Arbeit an der Fachhochschule Mittweida

Gängler, Hans, Prof. Dr., Professur für Sozialpädagogik einschl. Ihrer Didaktik an der TU Chemnitz und der TU Dresden

Gemende, Marion, Dr., PD., wissenschaftliche Mitarbeiterin an der Technischen Universität Dresden und der ev. Fachhochschule Dresden

Hafeneger, Benno, Dr., Professor am Institut für Erziehungswissenschaft der Philipps-Universität Marburg.

Halfar, Bernd, Dr., Professor an der Fachhochschule Neubrandenburg

Hansbauer, Peter, Dr., Dipl.-Sozialpäd., Dipl. Soz., Geschäftsführer des Instituts für soziale Arbeit e.V. Münster

Hartwig, Luise, Dr., Dipl.-Päd., Professorin für Erziehungswissenschaft an Fachhochschule Münster

Henseler, Joachim, Dr., Dipl.-Päd., Hochschulassistent am Institut für Sonder- und Sozialpädagogik der Universität Erfurt

Herrmann, Franz, Dr., Dipl.-Päd., Dipl. Soz.-Arb. (FH); Professor für Soziale Dienste und Gemeinwesenarbeit an der FH Esslingen – Hochschule für Sozialwesen; außerdem freiberuflicher Jugendhilfeplaner seit 1990

Höynck, Theresia, Assessorin, L.L.M., wissenschaftliche Mitarbeiterin am Kriminologischen Forschungsinstitut Niedersachsen in Hannover

Jaletzke, Cordula, Dr., Dipl.-Päd., M.A., wissenschaftliche Mitarbeiterin am Institut für Sozialpädagogik der Freien Universität Berlin

Karn, Steffi, Dipl.-Päd., Mitarbeiterin bei der LAG „Mädchen und junge Frauen in Sachsen" e.V. und nebenberuflich tätige Medienpädagogin in Dresden

Kessl Fabian, M.A., wissenschaftlicher Mitarbeiter der Fakultät für Pädagogik an der Universität Bielefeld

Koch, Sabine, Dipl.-Päd., Ostfildern

Koditek, Thomas, Dr., Dipl.-Päd., wissenschaftlicher Assistent am Institut für Sozialpädagogik der Freien Universität Berlin

Kriener, Martina, Dipl.-Päd., wissenschaftliche Mitarbeiterin beim Verein „Kinder haben Rechte" e.V. in Münster

Lenz, Karl, Dr., Professor für Mikrosoziologie an der Technischen Universität Dresden

Liebscher-Schebiella, Patricia, Dipl.-Päd., wissenschaftliche Mitarbeiterin am Institut für Sozialpädagogik und Sozialarbeit an der Technischen Universität Dresden

Marquard, Peter, Dipl.-Päd., Leiter des Sozial- und Jugendamtes der Stadt Freiburg i.Br.

Maurer, Susanne, Dr., Dipl.-Päd., wissenschaftliche Mitarbeiterin im Fachbereich für Erziehungswissenschaften an der Universität Tübingen

Maywald, Jörg, Dr., Dipl.-Soz., Geschäftsführer der Deutschen Liga für das Kind und stellvertretender Sprecher der National Coalition für die Umsetzung der UN-Kinderrechtskonvention in Deutschland.

Menz, Simone, Dipl.-Päd., Wissenschaftliche Mitarbeiterin am Institut für Sozialpädagogik der Technischen Universität Dresden und Pädagogische Mitarbeiterin in der Flexiblen Betreuung Outlaw gGmbH

Merten, Roland, Dr., M.A., Dipl. Soz.-Päd. (FH), Hochschulassistent am Institut für Pädagogik an der Martin-Luther-Universität Halle

Möller, Berith, Dr., wissenschaftliche Mitarbeiterin am Institut für Soziologie und Institut für Sozialpädagogik und Sozialarbeit der Technischen Universität Dresden

Müller, Martina, M.A., Referentin und Fortbildnerin in Leipzig

Niemeyer, Christian, Dr., Dipl.-Päd., Dipl.-Psych., Professor für soziokulturelle Erziehung und Bildung an der Technischen Universität Dresden

Nörber, Martin, Dr., M.A., Referent für politische Bildung beim Hessischen Jugendring in Wiesbaden

Oehme, Andreas, Dipl.-Päd., wissenschaftlicher Mitarbeiter am Institut für regionale Innovation und Sozialforschung in Meißen

Gertrud Oelerich, Dr., Dipl.-Päd, tätig als wissenschaftliche Begleitung und Evaluatorin im Jugendhilfebereich in Bielefeld

Peters, Friedhelm, Dr., Dipl.-Soz., Dipl. Soz.-Arb., Professor für Sozialpädagogik mit dem Schwerpunkt Arbeitsformen und Institutionen sozialer Arbeit am Fachbereich Sozialwesen der Fachhochschule Erfurt

Petersen, Kerstin, Dr., Dipl.-Päd., Referatsleitung Sozialpädagogische Grundsatzfragen im Amt für Jugend, Hamburg

Reutlinger, Christian Thomas; Dipl-Geogr., wissenschaftlicher Referent am Deutschen Jugendinstitut Leipzig

Rudolph, Martin, Dr., Dipl.-Päd., akademischer Rat am Institut für Sozialpädagogik und Sozialarbeit der Technischen Universität Dresden

Schäfer, Klaus, Dipl.-Päd., Gruppenleiter „Jugendhilfe" im Ministerium für Frauen, Jugend, Familie und Gesundheit in Nordrhein-Westfalen

Schefold, Werner, Dr., Professor für Sozialpädagogik an der Universität der Bundeswehr München

Schilling, Matthias, Dipl.-Päd., Geschäftsführer der Arbeitsstelle „Kinder- und Jugendhilfestatistik" an der Universität Dortmund

Schone, Reinhold, Dr., Professor für Erziehungswissenschaft am Fachbereich Sozialpädagogik der Fachhochschule Dortmund

Schröer, Wolfgang, Dr., wissenschaftlicher Assistent am Institut für Sozialpädagogik und Sozialarbeit an der Technischen Universität Dresden

Schwabe, Mathias, Dr., Dipl.-Päd., Professor für Methoden der sozialen Arbeit an der Evangelischen Fachhochschule Berlin

Stauber, Barbara, Dr., Dipl.-Päd., Wissenschaftlerin und Koordinatorin „Europa" am Institut für regionale Innovation und Sozialforschung (IRIS e.V.) in Tübingen

Stecklina, Gerd, Dipl.-Päd., wissenschaftlicher Mitarbeiter am Institut für Sozialpädagogik und Sozialarbeit der Technischen Universität Dresden

Sting, Stephan, Dr., Hochschuldozent für Sozialarbeit im Gesundheitswesen an der Technischen Universität Dresden

Sturzenhecker, Benedikt, Dr., Dipl.-Päd., Supervisor (DGSV), Referent für Jugendarbeit beim Landesjugendamt Westfalen-Lippe in Münster

Struck, Norbert, Dipl.-Päd.; Jugendhilfereferent beim Paritätischen Wohlfahrtsverband – Gesamtverband

Thimm, Karlheinz, Dr., Lehrer und Dipl.-Päd.; Berater in der Landeskooperationsstelle Schule – Jugendhilfe Potsdam

Trede, Wolfgang, Dipl.-Päd., Geschäftsführer der Internationalen Gesellschaft für erzieherische Hilfen

Treeß, Helga, Dipl.-Soz., Dipl.-Soz.-Päd., Leiterin der Kinder- und Jugendhilfeabteilung des Rauen Hauses Hamburg.

Uhlendorff, Uwe, PD, Dr., Hochschulassistent für Geschichte und Theorie der Sozialen Arbeit an der Universität Gesamthochschule Kassel

Walther, Andreas, Dr., Dipl.-Päd., Wissenschaftler und Koordinator „Europa" am Institut für regionale Innovation und Sozialforschung (IRIS e.V.) in Tübingen

Weber, Monika, Dr., Koordinatorin der Landesstelle „Frauen und Gesundheit" Nordrhein-Westfalen beim Internationalen Zentrum für Frauen, Gesundheit gGmbH in Bad Salzuflen

Wehner, Karin, Dipl.-Päd., wissenschaftliche Mitarbeiterin am Institut für Sozialpädagogik und Sozialarbeit der Technischen Universität Dresden

Wolf, Klaus, Dr., Dozent an der FH Neubrandenburg

Wolff, Mechthild, Dr., M.A., Dozentin für Kinder- und Jugendhilfe an der Diakonischen Akademie Deutschland

Wolffersdorff v., Christian, Dr., Professor für Sozialpädagogik an der Universität Leipzig